人民法院
执行工作规范全集

（第二版）

——分解·提示·适用——

RENMINFAYUAN ZHIXING GONGZUO GUIFAN QUANJI

主 编 江必新
副主编 李海军 栾焕舸

人民法院出版社

图书在版编目（CIP）数据

人民法院执行工作规范全集／江必新主编 . —2 版 . —北京：人民法院出版社，2017.10

ISBN 978 – 7 – 5109 – 1893 – 3

Ⅰ.①人… Ⅱ.①江… Ⅲ.①法院—执行（法律）—法律规范—中国 Ⅳ.①D926.2

中国版本图书馆 CIP 数据核字（2017）第 220542 号

人民法院执行工作规范全集（第二版）

江必新　主编
李海军　栾焕舸　副主编

责任编辑	王　婷
出版发行	人民法院出版社
地　　址	北京市东城区东交民巷 27 号（100745）
电　　话	（010）67550617（责任编辑）　67550558（发行部查询）
	65223677（读者服务部）
客　服 QQ	2092078039
网　　址	http://www.courtbook.com.cn
E – mail	courtpress@sohu.com
印　　刷	三河市国英印务有限公司
经　　销	新华书店

开　　本	787×1092 毫米　1/16
字　　数	2432 千字
印　　张	82.25
版　　次	2017 年 10 月第 2 版　2019 年 1 月第 3 次印刷
书　　号	ISBN 978 – 7 – 5109 – 1893 – 3
定　　价	238.00 元（上下册）

版权所有　侵权必究

前　言

执行工作是人民法院依法运用国家强制力，实现生效法律文书确定的义务，维护当事人合法权益的一项重要司法工作。离开国家强制力作后盾，生效裁判文书所确定的内容就难以由应然转化为实然，难以从纸上的权利转化为现实的权利。西方有一句古老的法谚："执行乃法律之终局及果实。"前苏联著名法学家雅维茨也曾说过："只要在社会中存在法，法的实现就一直并永远是社会关系的法律形式存在的特殊方式。如果法的规定不能在人们和他们的组织的活动中，在社会关系中得到实现的话，那法就什么也不是。"因此，执行工作在人民法院的工作体系中，处于与审判工作同等重要的地位，在化解社会矛盾和纠纷，维护和实现当事人的合法权益，彰显法律权威，树立司法公信力等各个方面均具有更为直接、实在的功能。有效发挥执行工作的职能作用，依法调整好市场主体、社会成员之间的利益冲突，实现司法"定分止争"的内在要求，对于营造诚信社会，促进社会和谐，维护社会稳定，推动依法治国战略的实施，有着重要的现实意义和深远的历史意义。因此，广大执行干警要树立崇高的职业荣誉感和责任感，更好地担负起中国特色社会主义事业建设者、捍卫者的神圣使命。

自上世纪九十年代以来，随着我国法治建设进程的不断推进，执行工作越来越成为社会公众和法律业界关注的一个热点问题，"执行难""执行乱"更是热点中的焦点。要有效解决"执行难""执行乱"问题，一方面要根据中共中央和中央政法委以及最高人民法院与中央有关部委联合下发的文件精神，健全完善执行联动机制，构建党委领导、人大监督、政府支持、人民法院主办、社会各界配合的执行工作格局，形成解决"执行难"问题的强大合力。另一方面，人民法院内部要不断加强和改进执行工作，有效解决执行权合理配置和科学运行的问题,从内部形成解决"执行难""执行乱"问题的长效机制。

从执行工作本身来看,强化执行干警的综合素质,包括政治素质、道德素质、业务素质,这是加强执行队伍建设,增强执行队伍司法能力,规范执行行为,提高执行工作效率和质量的重要途径。2012年修正的《民事诉讼法》、2015年公布并实施的《最高人民法院关于适用〈中华人民共和国民事诉讼法〉的解释》等对执行程序作了修改,最高人民法院制定了一系列有关执行工作的司法解释和规范性文件。执行干警只有全面理解和掌握有关执行的法律、法规、司法解释和相关规定,包括法官的职业道德和职业纪律规范,正确地适用法律,公正、高效地行使好强制执行权,积极、能动地担负起协调社会关系、规范社会行为、解决社会问题、化解社会矛盾、促进社会公正、应对社会风险、保持社会稳定的历史责任,才能实现好、维护好当事人的合法权益,满足人民群众日益增长的司法需求,在推动国家治理体系和治理能力现代化上有所作为。

规范执行行为是疏解"执行难"问题的客观需要。"执行难"问题,是纵横交织、内外错综、多因一果所致,既有外因,也有内因;既有体制层面的因素,也有观念层面的因素;既有法律因素,也有道德因素;既有传统文化因素,也有现实利益因素,等等。但是,毋庸讳言,从法院自身来看,执行行为的不规范是造成"执行难"问题的一个重要原因,主要表现为消极执行、"执行乱"和"滥执行"。这些问题必须引起我们的高度重视。因此,规范执行行为是从法院内部疏解"执行难""执行乱"问题的关键。

规范执行行为是法律规范性的内在要求。执行行为既是一个司法过程,也是一种司法行为,与人民法院的审判过程和审判行为一样,具有极强的法律性。而规范性是法律的一项基本属性,作为司法过程和司法行为的执行行为,自然具有规范性的内在要求。如果违背了这一内在要求,执行行为便会如脱缰之马,挣脱法律规范的约束,必然导致消极执行、"执行乱"和"滥执行",从而加剧"执行难"问题。

规范执行行为是维护当事人合法权益的必然要求。执行行为有国家强制力作后盾,与公民、法人和其他主体的权利、义务密切相关,一旦失去规范性,会导致合法的权益得不到及时、有效的保护,甚至蒙受损害,也会使违法的行为受不到应有的制裁,变相地损害他人的合法权益。所以说,要切实履行好维护合法权益,制裁违法行为的法定职责,必须始终坚持执行行为的规范性。

规范执行行为是确保执行过程有序进行的必然要求。执行是一项复杂的系统工程,涉及被执行财产的调查、控制、处分、分配等诸多环节,具有极强的程序性、法律性,必须严谨细密,丝毫不可马虎。在执行过程中,如果执行行为出现瑕疵、纰漏或者错误,很容易造成执行缺位、执行越位,或者是分配不公等问题,给法院工作带来被动。

规范执行行为是树立执行队伍良好形象的客观要求。没有规矩,不成方圆。消极执行、"执行乱"和"滥执行"现象的存在,在很大程度上是由于执行人员不守规矩造成的。执行人员不守规矩的结果,客观上加剧了"执行难",也引起了当事人和社会公众对执行队伍的反感和诟病。只有有效克服执行行为的随意性、粗放性,大力倡导执行行为的规范性、制约性,才能遏制消极执行、"执行乱"和"滥执行"现象,从而树立起执行队伍良好社会形象。

规范执行行为必须多管齐下。规范执行行为是一项多层面的立体工程,必须从以下方面予以考量和把握:

执行人员要强化法治理念。作为执行国家法律的群体,执行人员务必强化以法自律的法治理念,准确把握和掌握法律的基本原则和精神,并以此指导和约束自己的行为,从而确保执行行为的合法性、规范性。

执行人员要知法、懂法。知法、懂法是执行人员的基本素质要求,如果做不到这一点,就会出现"本领恐慌",难以正确应对执行工作中所遇到的各种情况和问题,难以胜任所承担的职责。所以,要成为一名合格的执行干警,就必须勤学苦练,扎扎实实地练好基本功,正确理解和适用涉及执行工作的法律、法规和司法解释,才能在从事执行工作时从容不迫,游刃有余,满足人民群众日益增长的司法需求。也唯有如此,才能确保执行行为的规范性。

执行人员要善意执法。善意执法是规范执行的观念基础,"恶意"执法必然导致执行不规范,进而衍生出冷酷、刁难及贪婪,严重玷污执行队伍的形象。因此,执行人员要秉持诚信、良善的心态,着眼于维护当事人的合法权益,不仅要有执法如山的"霹雳手段",更要有司法为民的"菩萨心肠";既要注重实现生效法律文书确定的内容,也不能忽视被执行人的生存权;既要追求法律效果,也要在不突破法律底线的前提下使社会效果最大化。

探索规范执行的新举措。法律不可能解决社会生活中的所有问题。为此，全国各级法院在执行实践中，针对如何规范执行行为的问题，创造了许多新经验、新做法，出台了一些指导性意见，对规范执行行为起到了很好的推动作用。但是，规范执行行为不是一蹴而就的，而是一个持之以恒的课题。各级法院要始终坚持改革创新的理念，不断探索规范执行的新思路、新举措。

当事人及社会公众的参与监督。执行当事人和社会公众的法律意识的强弱以及参与程度，在很大程度上影响着执行行为的效果和结局。要规范执行行为，引导包括执行当事人在内的社会公众树立正确的法律意识、积极参与执行过程并进行理性的监督也是不可缺失的重要环节。

要培育以诚实、良善心态遵守法律的社会氛围。执行工作中，要注意并善于利用各种社会资源和法律手段，大力培育包括执行当事人在内的社会公众的守法意识，引导其以诚实良善心态遵守法律，而不是规避法律，倡导诚信守法为荣，背信违法可耻的观念，并以国家强制执行力为后盾，不断加深社会群体记忆，为规范执行行为营造良好的社会环境。

执行当事人学法、知法、用法。执行行为直接关系到执行当事人的切身利益。而判断执行行为是否中规中矩，是否影响到其合法权益，自身如何作为才能确保自己利益的最大化，必须以法律作为判断标准。所以，执行当事人只有学法、知法、用法，才能作到遵守法律规范，并运用法律规范保护自身权利。社会公众养成遇事找法、维护权益靠法的习惯，无疑会促进执行行为的规范化进程。

社会各界对执行行为的监督要以法律规范为依据。社会各界对执行行为的监督，势必促使执行人员越来越严格地规范自身的执行行为。但是，社会监督必须以法律规范为依据，而不能仅凭自己的感觉或者好恶来加以评判。因此，将执行工作的有关法律规定公诸于社会，必然会促进人民法院与社会公众的良性互动。

近年来，最高人民法院陆续出台了《关于进一步加强和规范执行工作的若干意见》和《关于执行权合理配置和科学运行的若干意见》等规定，人民法院执行机构的职责范围不断扩大，从单一的民事案件执行扩展到行政案件执行、财产刑案件执行、强制清算案件执行、财产保全案件执行等诸多方面，执行工作中所涉及的法律领域也相应增多。实用的参考工具书则可以帮助执行人员快速、准确掌握工作规范，提升工作效率。

工欲善其事，必先利其器。为了给全国法院广大执行干警提供一套权威、全面、使用便捷的执行工作手册，同时，也给予包括执行程序当事人在内的社会公众维护自身合法权益，监督执行人依法执行的操作规范，进一步规范人民法院执行行为，提高执行工作的效率和质量，预防和减少执行中的错误和瑕疵，编者以适应当前执行工作的实际需要，规范执行行为为着眼点，编纂了《人民法院执行工作规范全集——分解·提示·适用》一书，涵盖有关执行工作的法律、法规、司法解释、规范性文件及最高人民法院权威观点。本书不是简单地收录有关执行工作的法律、法规、司法解释、复函等法律文件，而是独辟蹊径，创新体例，结合执行工作的实际需要，将有关执行工作的规定和司法观点，依据其内容或者法律问题类型进行分门别类，归纳了每一章节的主旨，提纲挈领，直指要义，并与执行各环节相衔接。同时，本书特别收录了权威刊物上登载的与执行工作相关的司法观点，作为参考资料，方便读者理解和掌握。可以说，本书的编纂体例具有新颖性、内容很具有实用性。另外，书中还部分收录了执行法官的职业纪律和行为规范，便于广大执行干警在学习法律知识、提高业务能力的同时，警钟长鸣，增强遵纪守法的意识，恪守职业道德和职业纪律，从而推进人民法院的执行队伍建设。

我们期待本书的出版发行能够对提升全国法院执行规范化水平，提升执行队伍综合素质尽一份绵力，从而更好地维护法律尊严与权威，维护当事人合法权益，促进社会公平正义，让人民法院的执行工作在实现国家治理体系和治理能力的现代化和法治中国建设的宏伟事业中做出更多、更大的贡献！

江必新

2015 年 5 月

编写说明

本书结合执行工作的实际需要,将执行程序中各个节点所涉及的法律问题进行了归纳整理并分解,便于在执行工作中根据具体情况快捷地找到所需要的法律依据或者相关司法观点。

本次修订根据最新法律、法规、司法解释等的修改情况将原版中已经失效的文件加注释并作区别性文字处理,且作了统一更新和替换。对所收录的法律、法规、司法解释以及相关司法文件,均根据《中华人民共和国民事诉讼法》的最新修改情况进行了注释,并对条文序号进行了调整。

《人民法院办理执行案件规范》是在周强院长的直接关心下,最高人民法院执行局组织专门力量,对现行有效的执行规范进行梳理,形成的一套以操作规程为核心、覆盖执行工作各重要节点的执行案件办理规范。本次修订将《人民法院办理执行案件规范》的重要内容按照本书体例摘编,分门别类收录至相应章节,使得本书的内容更为扎实、更具有操作性。

本书中还收录了《人民司法》等期刊中的一些司法观点,作为执行工作的具体参考。

为了便于理解,编者将有关司法解释、个案批复或者司法观点中的要旨进行了归纳,并以[提示]的方式引导阅读,便于读者判断相关司法解释、个案批复或者司法观点的主旨。

为突出各章节重点、避免重复收录文件,本书以节录和全文收录两种形式编排文件,既全面覆盖又各有侧重。

由于本书收录司法文件种类多样,效力等级各异,为了让读者能够更方便、快捷地学习和查阅,在编辑体例上也做了改进,即在原版基础之上将各章节文件按照效力等级顺位重新规划、排列，具体排列顺序为：

——法律

——最高人民法院司法解释

——最高人民法院司法政策精神

——最高人民法院答复

——指导性案例、公报案例、最高人民法院裁判文书、最高人民法院公布的典型案例

——人民法院办理执行案件规范

——案例评析

——司法信箱、审判实务解答

——行政主管机关的相关文件

其中，部分政策精神、案例评析、相关文件等为相应法律、司法解释或答复等的附录文件，我们均以【附：答记者问】【附：相关理解与适用】【附：案例评析】【附：相关文件】等形式排列于相应司法文件之后，便于读者理解与适用。

全书涵盖民事案件、行政案件、海事案件、财产刑案件、仲裁案件、公证债权案件等的执行以及财产保全、证据保全等程序问题，为从事执行、保全、异议审查、异议之诉审理的法官和执行员提供了资料详尽的参考依据。

因时间仓促，编者水平所限，书中难免有错漏之处，请读者不吝赐教、指正，以便在第三版时加以补正。

编者

2017 年 10 月

总 目 录

第一编　综合规定 ………………………………………………………（ 1 ）

　　第一章　基本解决执行难工作纲要 …………………………………（ 3 ）
　　第二章　执行机构 ……………………………………………………（ 8 ）
　　第三章　执行管辖 ……………………………………………………（ 13 ）
　　第四章　法院之间的委托执行、协助执行、协同执行 ……………（ 26 ）
　　第五章　执行监督 ……………………………………………………（ 38 ）
　　第六章　执行争议的协调 ……………………………………………（ 48 ）
　　第七章　执行代理 ……………………………………………………（ 60 ）
　　第八章　协助执行义务和执行联动机制 ……………………………（ 68 ）
　　第九章　回　避 ………………………………………………………（ 98 ）
　　第十章　期　间 ………………………………………………………（ 102 ）
　　第十一章　送　达 ……………………………………………………（ 103 ）
　　第十二章　执行费用 …………………………………………………（ 137 ）
　　第十三章　执行方式 …………………………………………………（ 140 ）
　　第十四章　执行办案期限 ……………………………………………（ 141 ）
　　第十五章　迟延履行责任 ……………………………………………（ 147 ）
　　第十六章　法律制裁措施 ……………………………………………（ 153 ）
　　第十七章　执行工作纪律与行为规范 ………………………………（ 222 ）

第二编　执行程序的启动 ………………………………………………（ 249 ）

　　第十八章　执行依据 …………………………………………………（ 251 ）
　　第十九章　执行立案 …………………………………………………（ 316 ）
　　第二十章　执行开始 …………………………………………………（ 345 ）

第三编　金钱给付的执行 ………………………………………………（ 357 ）

　　第二十一章　执行措施 ………………………………………………（ 359 ）
　　第二十二章　对银行存款的查询、冻结、扣划 ……………………（ 454 ）

第二十三章　对收入、收益及其他资金的冻结、扣划 …………………（477）
　　第二十四章　对房屋、土地的执行 ……………………………………（485）
　　第二十五章　对知识产权的执行 ………………………………………（532）
　　第二十六章　对铁路运输货物的执行 …………………………………（535）
　　第二十七章　对海关监管货物的执行 …………………………………（536）
　　第二十八章　对股权、投资权益的执行 ………………………………（536）
　　第二十九章　对到期债权的执行 ………………………………………（589）
　　第三十章　抚养费案件的执行 …………………………………………（617）
　　第三十一章　破产案件的执行 …………………………………………（618）
　　第三十二章　海事案件的执行 …………………………………………（671）
　　第三十三章　涉军案件的执行 …………………………………………（692）
　　第三十四章　清算案件的执行 …………………………………………（694）
　　第三十五章　劳动争议案件的执行 ……………………………………（700）
　　第三十六章　禁止或者限制执行财产 …………………………………（710）

第四编　交付财产和完成行为 ……………………………………………（733）

　　第三十七章　交付财产 …………………………………………………（735）
　　第三十八章　完成行为 …………………………………………………（752）

第五编　行政案件、刑事裁判涉财产部分的执行 ………………………（775）

　　第三十九章　行政案件、刑事裁判涉财产部分的执行 ………………（777）
　　第四十章　国家赔偿案件的执行 ………………………………………（804）
　　第四十一章　财产刑案件的执行 ………………………………………（807）

第六编　执行当事人的变更与追加 ………………………………………（817）

　　第四十二章　申请执行人的追加与变更 ………………………………（819）
　　第四十三章　被执行人的追加与变更 …………………………………（837）
　　第四十四章　婚姻存续期间债务的执行 ………………………………（887）
　　第四十五章　对被执行人遗产的执行 …………………………………（902）

第七编　参与分配 …………………………………………………………（907）

　　第四十六章　参与分配 …………………………………………………（909）

第八编　执行阻却与执行结案 ……………………………………………（949）

　　第四十七章　执行阻却 …………………………………………………（951）
　　第四十八章　执行结案 …………………………………………………（1006）

第九编　保全、先予执行和证据保全 (1013)

第四十九章　保　全 (1015)
第五十章　先予执行 (1029)
第五十一章　刑事诉讼和附带民事诉讼中的保全和先予执行 (1031)
第五十二章　行政诉讼中的保全和先予执行 (1033)
第五十三章　国内仲裁案件中的保全和先予执行 (1034)
第五十四章　海事保全 (1035)
第五十五章　涉外仲裁中的保全 (1042)
第五十六章　受理认可港、澳、台判决申请之前或者之后的保全 (1043)
第五十七章　对不服保全和先予执行裁定异议的审查处理 (1044)
第五十八章　对错误的保全和先予执行所造成损失的赔偿 (1046)
第五十九章　证据保全 (1051)

第十编　执行救济 (1057)

第六十章　对执行异议的审查处理 (1059)
第六十一章　对案外人异议的审查处理 (1092)
第六十二章　执行回转 (1138)
第六十三章　执行减免、司法救助 (1149)
第六十四章　执行赔偿 (1152)

第十一编　涉港澳台、涉外案件执行程序 (1163)

第六十五章　涉港澳台案件执行程序 (1165)
第六十六章　涉外执行程序 (1202)

第十二编　执行工作管理制度 (1251)

第六十七章　执行立案、结案标准 (1253)
第六十八章　执行公开制度 (1258)
第六十九章　执行工作的统一管理制度 (1265)
第七十章　执行工作的督促检查 (1266)
第七十一章　执行款物管理 (1268)
第七十二章　执行文书立卷归档 (1275)
第七十三章　司法建议 (1279)
第七十四章　涉执行信访处置 (1282)

目 录

（上册）

第一编　综合规定 …………………………………………………………（1）

第一章　基本解决执行难工作纲要 ………………………………………（3）
第二章　执行机构 …………………………………………………………（8）
　第一节　执行机构的设置 ………………………………………………（8）
　第二节　执行机构的职责 ………………………………………………（10）
第三章　执行管辖 …………………………………………………………（13）
　第一节　执行地域管辖和级别管辖 ……………………………………（13）
　第二节　执行管辖异议 …………………………………………………（16）
第四章　法院之间的委托执行、协助执行、协同执行 …………………（26）
　第一节　法院之间的委托执行 …………………………………………（26）
　第二节　法院之间的协助执行 …………………………………………（33）
　第三节　法院之间的协同执行 …………………………………………（36）
第五章　执行监督 …………………………………………………………（38）
第六章　执行争议的协调 …………………………………………………（48）
第七章　执行代理 …………………………………………………………（60）
第八章　协助执行义务和执行联动机制 …………………………………（68）
　第一节　协助执行义务 …………………………………………………（68）
　第二节　执行联动机制 …………………………………………………（92）
第九章　回避 ………………………………………………………………（98）
第十章　期间 ………………………………………………………………（102）
第十一章　送达 ……………………………………………………………（103）
　第一节　内地送达 ………………………………………………………（103）
　第二节　涉港澳台送达 …………………………………………………（111）
　第三节　涉外送达 ………………………………………………………（125）
　第四节　海事送达 ………………………………………………………（136）
第十二章　执行费用 ………………………………………………………（137）
　第一节　申请执行费用 …………………………………………………（137）

第二节　执行中实际支出费用的负担 …………………………………（139）
第十三章　执行方式 ……………………………………………………………（140）
第十四章　执行办案期限 ………………………………………………………（141）
第十五章　迟延履行责任 ………………………………………………………（147）
第十六章　法律制裁措施 ………………………………………………………（153）
　　第一节　拘　传 ……………………………………………………………（153）
　　第二节　罚款、拘留 ………………………………………………………（154）
　　第三节　刑事制裁 …………………………………………………………（165）
　　第四节　执行突发事件的防范与处理 ……………………………………（176）
　　第五节　司法警察的职责 …………………………………………………（180）
　　第六节　限制出境 …………………………………………………………（181）
　　第七节　征信系统记录 ……………………………………………………（186）
　　第八节　通过媒体公布 ……………………………………………………（204）
　　第九节　限制高消费及有关消费 …………………………………………（205）
　　第十节　对规避执行行为的制裁 …………………………………………（208）
第十七章　执行工作纪律与行为规范 …………………………………………（222）

第二编　执行程序的启动 ……………………………………………………（249）

第十八章　执行依据 ……………………………………………………………（251）
　　第一节　执行依据的种类 …………………………………………………（251）
　　第二节　执行依据的鉴别 …………………………………………………（252）
　　第三节　对法院所作法律文书的审查处理 ………………………………（278）
　　第四节　对仲裁文书的审查处理 …………………………………………（280）
　　第五节　对公证债权文书的审查处理 ……………………………………（297）
　　第六节　不予执行非诉文书的程序要求 …………………………………（311）
第十九章　执行立案 ……………………………………………………………（316）
　　第一节　执行的申请和移送 ………………………………………………（316）
　　第二节　申请执行时应提交的文件材料 …………………………………（320）
　　第三节　申请执行期间 ……………………………………………………（322）
　　第四节　执行案件的受理条件和要求 ……………………………………（336）
　　第五节　执行案件的立案 …………………………………………………（341）
　　第六节　执行前财产保全 …………………………………………………（343）
第二十章　执行开始 ……………………………………………………………（345）
　　第一节　执行通知 …………………………………………………………（345）
　　第二节　被执行财产的调查 ………………………………………………（347）

第三编　金钱给付的执行 ……………………………………………………（357）

第二十一章　执行措施 …………………………………………………………（359）
　　第一节　综合规定 …………………………………………………………（359）

    第二节 控制性执行措施相关规定 ………………………………（373）
    第三节 处分性执行措施相关规定 ………………………………（405）
第二十二章 对银行存款的查询、冻结、扣划 ………………………（454）
第二十三章 对收入、收益及其他资金的冻结、扣划 ………………（477）
第二十四章 对房屋、土地的执行 ……………………………………（485）
第二十五章 对知识产权的执行 ………………………………………（532）
第二十六章 对铁路运输货物的执行 …………………………………（535）
第二十七章 对海关监管货物的执行 …………………………………（536）
第二十八章 对股权、投资权益的执行 ………………………………（536）
    第一节 一般规定 …………………………………………………（536）
    第二节 对有限责任公司股权的执行 ……………………………（548）
    第三节 对股份有限公司股权的执行 ……………………………（550）
    第四节 对公司股东知情权案件的执行 …………………………（551）
    第五节 对上市公司国有股和社会法人股的执行 ………………（552）
    第六节 对证券和证券交易结算资金的查询、冻结、扣划 ……（568）
    第七节 对期货交易所、期货公司和客户的执行 ………………（587）
第二十九章 对到期债权的执行 ………………………………………（589）
    第一节 对未经生效法律文书确认的到期债权的执行 …………（589）
    第二节 对已经生效法律文书确认的到期债权的执行 …………（609）
第三十章 抚养费案件的执行 …………………………………………（617）
第三十一章 破产案件的执行 …………………………………………（618）
    第一节 执行案件移送破产审查 …………………………………（618）
    第二节 破产案件的执行 …………………………………………（623）

第一编

综合规定

第一章 基本解决执行难工作纲要

最高人民法院
关于印发《关于落实"用两到三年时间基本解决执行难问题"的工作纲要》的通知

2016年4月29日　　法发〔2016〕10号

各省、自治区、直辖市高级人民法院，解放军军事法院，新疆维吾尔自治区高级人民法院生产建设兵团分院：

"用两到三年时间基本解决执行难问题"，是最高人民法院经过认真研判和广泛征求意见后作出的重大决策部署，是当前和今后一段时期人民法院工作的重中之重。为实现基本解决执行难总体目标，全面强化各项执行工作，最高人民法院制定了《关于落实"用两到三年时间基本解决执行难问题"的工作纲要》，对基本解决执行难的总体思路、主要任务及组织保障提出了明确、具体要求。

现将《关于落实"用两到三年时间基本解决执行难问题"的工作纲要》印发给你们，请结合实际认真贯彻执行。执行中发现情况和问题请及时报告最高人民法院。

附：
关于落实"用两到三年时间基本解决执行难问题"的工作纲要

2016年3月13日，周强院长在十二届全国人大四次会议上报告最高人民法院工作时庄严承诺："用两到三年时间基本解决执行难问题"，这是人民法院满足人民群众日益增长的多元司法需求、提升司法公信力的内在要求，是人民法院为实现全面建成小康社会和"四个全面"战略布局目标提供有力司法保障的应有之义，是对人民法院执行工作的极大鞭策和鼓舞。各级人民法院要牢固树立政治意识、大局意识、为民意识，切实增强使命感、责任感和紧迫感，求真务实、锐意进取，勇于担当、奋发有为，全力推进各项执行工作健康快速发展，确保在两到三年期限内完成基本解决执行难目标任务，切实"让人民群众在每一个司法案件中感受到公平正义"。

一、基本解决执行难的总体目标与评价体系

（一）总体目标

全面推进执行体制、执行机制、执行模式改革，加强正规化、专业化、职业化执行队伍建设，建立健全信息化执行查控体系、执行管理体系、执行指挥体系及执行信用惩戒体系，不断完善执行规范体系及各种配套措施，破解执行难题，补齐执行短板，在两到三年内实现以下目标：被执行人规避执行、抗拒执行和外界干预执行现象基本得到遏制；人民法院消极执行、选择性执行、乱执行的情形基本消除；无财产可供执行案件终结本次执行的程序标准和实质标准把握不严、恢复执行等相关配套机制应用不畅的问题基本解决；有财产可供执行案件在法定期限内基本执行完毕，人民群众对执行工作的满意度显著提升，人民法院执行权威有效树立，司法公信力进一步增强。

（二）评价体系

引入第三方评估机构研究制定基本解决执行难的评价体系，确定两到三年内解决执行难的具体目标及指标体系，广泛征求意见后向社会公开发布。两到三年期限届满前由该第三方评估机构及参与单位按照既定的评价体系进行效果评估，向社会发布评估结果。

二、基本解决执行难应坚持的原则

基本解决执行难，要把握新时期执行工作基本规律，坚持问题导向，秉持发展理念，系统设计、整体布局、突出重点、多措并举。

1. 坚持党的领导，确保正确方向。要始终坚持和依靠党的领导，积极主动向党委汇报解决执行难的各项工作部署，充分发挥党委总揽全局、协调各方的领导核心作用,帮助解决工作推进中的重大问题。同时也要充分发挥主观能动性,开拓进取,积极作为,按照总体要求和部署坚持不懈狠抓落实。

2. 加强顶层设计,鼓励改革创新。最高人民法院要立足中国国情,科学谋划解决执行难的顶层设计。作为有益补充,各地法院要紧紧围绕提高执行工作效率、增强司法公信力目标,在执行理念、执行方式、执行管理等方面勇于探索、大胆创新,不断积累解决执行难的实践经验。

3. 实行整体推进,强调重点突破。解决执行难涉及方方面面的工作,必须整体布局、有序推进,同时也要突出重点,集中精力破解影响整体工作推进的瓶颈和障碍,确保各项工作部署顺利进行。

4. 坚持标本兼治,注重长远发展。破解执行难是一项系统工程,需多措并举、标本兼治。既要立足现实,着力解决当前工作推进中的突出问题;也要着眼长远,从影响执行难的全局性问题入手,积极推动社会诚信体系建设和破产、保险、救助等制度完善,谋划解决执行难的长效治本之策。

三、基本解决执行难的主要任务

基本解决执行难,要坚持以信息化建设为抓手,着力强化执行规范化建设和专业化建设,切实完善执行体制机制,努力实现执行工作各个领域的深刻变革。

(一)实现执行模式改革

全力推进执行信息化进程,联合惩戒失信被执行人,畅通被执行人及其财产发现渠道,基本改变"登门临柜"查人找物的传统模式,真正破解查人找物传统执行难题。

1. 实现网络执行查控系统全覆盖。建成以最高人民法院"总对总"网络执行查控系统为核心、以地方各级法院"点对点"网络执行查控系统为补充、覆盖全国地域存款及其他金融产品、车辆、证券、股权、房地产等主要财产形式的网络化、自动化执行查控体系,实现全国四级法院互联互通、全面应用,所有负责办理执行实施案件的执行人员均能熟练使用系统,快速查找、控制所承办案件的被执行人及其财产。

2. 强力惩戒失信被执行人。贯彻落实党中央关于加强社会诚信建设的战略部署,制定出台关于加快建立失信被执行人信用监督、威慑和惩戒机制的意见,不断拓展对失信被执行人联合信用惩戒的范围和深度。确保最高人民法院、国家发改委等44家单位达成的联合惩戒合作协议落地生根,形成多部门、多行业、多领域、多手段联合信用惩戒工作新常态,让失信被执行人寸步难行、无处逃遁,迫使其自动履行法定义务。

3. 拓宽被执行财产发现渠道。严格落实被执行人财产申报制度,对拒不申报或申报不实的被执行人依法进行制裁;探索、推行委托审计调查、委托律师调查、悬赏举报等制度,最大限度发现被执行人财产。

(二)实现执行体制改革

要按照党的十八届四中全会确定的"完善司法管理体制,推动实行审判权和执行权相分离的体制改革试点"要求,蹄疾步稳推进执行体制改革,让改革成果更多惠及执行当事人,促进解决执行难。

4. 实行执行权和审判权科学合理分离。进一步优化执行权的科学配置,设立执行裁判庭,审理执行程序中涉及实体权利的重大事实和法律争议,形成审判权对执行权的有效制约和监督。

5. 强化执行工作统一管理体制。依托执行指挥系统,强化全国四级法院统一管理、统一指挥、统一协调的执行工作管理体制,规范指定执行、提级执行、异地交叉执行的提起和审批程序,提高执行实施效率。

6. 探索改革基层法院执行机构设置。采取两种模式进行试点:一是中级人民法院打破行政区划设立执行分局、负责执行实施原基层人民法院的执行案件;二是强化中级人民法院执行局对基层人民法院执行人员、实施案件、执行装备的统一管理、调度和指挥职能,在破除地方保护主义、提高执行工作效率方面进行探索。

(三)实现执行管理改革

要以全国法院执行案件信息管理系统为依

托,强化对执行程序各个环节的监督制约,严格规范执行行为,切实提高执行效率,努力增强司法公信力。

7. 全面运行案件流程信息管理系统。建立全国四级法院一体化的执行案件办案平台、案件节点管理系统,强化节点管控,自动生成、公开相关流程信息,形成执行法院、上级法院、当事人对执行案件多位一体的监督功能,堵塞廉政漏洞,有效解决消极执行、拖延执行、选择执行、乱执行等失范执行、违法执行问题。

8. 开展执行案款专项清理活动。在全国法院部署开展执行案款专项清理,集中解决执行案款管理中的历史遗留问题。通过清理活动建章立制,制定出台执行案款管理办法,全面实现执行款物的信息化管理,确保对执行案款的流转与发放透明高效,全程留痕、全程公开。

9. 推动建立执行救助制度。积极推动普遍建立执行救助制度,结合执行案款清理工作,研究扩充救助资金来源,充分体现国家和社会对弱势群体的人文关怀,彰显人民法院司法为民的核心宗旨。

（四）实现财产处置改革

要针对当前经济增速放缓、经济下行压力加大的形势,树立互联网思维,加大被执行财产的处置力度,及时、有效兑现债权人权益。

10. 推行网络司法评估管理。对拟处置的被执行人财产,通过网络平台进行流程管理,自动筛选评估机构,按照预设的程序进行价值评估,避免暗箱操作、低值高估、高值低估等侵害执行当事人权益现象,斩断利益输送链条,为后续拍卖工作奠定基础。

11. 推广网络司法拍卖。广泛推动各地法院以网络司法拍卖方式处置被执行财产,从源头上减少和杜绝串通压价、恶意竞买等有损公平公正的现象,祛除权力寻租空间,实现当事人利益最大化。

（五）完善执行工作机制

要在人民法院内部深挖潜力,理顺各种关系,完善相关工作衔接机制,努力提高执行工作效率。

12. 建立无财产可供执行案件退出和恢复执行机制。建立健全无财产可供执行案件终结本次执行程序的实质标准和程序标准;终结本次执行程序后,在一定年限内继续对被执行人采取限制高消费及有关消费的跟进措施;被执行人恢复履行能力后,执行法院依职权或依当事人申请启动恢复执行程序;全国法院执行案件流程信息管理系统设置专门数据库集中管理无财产可供执行案件,实现退出和恢复执行程序自动衔接。

13. 完善保全和先予执行协调配合机制。在立案阶段强化执行风险告知和保全、先予执行申请提示,支持、鼓励财产保全保险担保,做好保全申请与执行查控系统的有序衔接,提高保全债务人财产的及时性、有效性,以保全促调解、促和解、促执行,从源头上减少进入执行程序的案件数量,降低申请执行人权利落空的风险。

14. 建立和完善行为执行机制。加强对要求被执行人履行作为或不作为义务强制执行的专题研究,有针对性地解决实践中对行为履行义务的强制执行难题,出台相关指导意见。

15. 建立执行与破产有序衔接机制。将被执行人中大量资不抵债、符合破产条件的"僵尸企业"依法转入破产程序,充分发挥破产法律制度消化执行积案、缓解执行难的功能,促进市场经济按照规律健康有序发展。

16. 完善异地执行协作机制。树立全国执行一盘棋的理念,总结推广各地法院之间开展异地执行协作的经验,修改完善委托执行规定,以执行事项委托为主,建立全国统一的协作协助执行工作机制。

17. 建立繁简分流办案机制。根据执行案件财产查找、争议解决、拍卖处置等环节的难易程度,结合执行人员的个人专长,建立和完善案件分配、人员组合机制,最大限度发挥执行人员个人优势和人民法院集体优势。

18. 完善执行纠错机制。建立执行与赔偿的联动对接机制,对国家赔偿审理中发现的应当由执行监督程序解决的案件,及时进行审查纠正;完善执行回转案件的执行机制,确保原执行依据被撤销后当事人依法享有的执行回转权利能够得到及时行使,最大限度减少当事人因裁判错误受到的损失。

（六）完善执行规范体系

要针对执行工作实践中执法办案的法律适用难题,着力解决执行中因法律资源不足、法律空白点多、法律规定不明确、缺乏可操作性导致的执行人员规范意识淡薄、执行行为失范等现象,及时制定出台相关司法解释、规范性文件、指导意见,形成比较完善的执行工作司法解释规范体系。

19. 及时出台单行司法解释或指导性意见。出台变更追加执行主体、财产申报和财产调查、财产保全、网络司法拍卖、执行和解、仲裁裁决执行、公证债权文书执行、参与分配、股权执行等系列单行司法解释或指导性意见。

20. 全面梳理司法解释体系。对现行执行司法解释进行系统梳理,消除矛盾冲突,填补规则漏洞,提高司法解释的系统性。

21. 推动强制执行单独立法进程。配合立法机关深入开展强制执行法调研起草工作,形成比较完善的草案稿,提交立法机关审议,推动强制执行法尽快出台。

（七）完善执行监督体系

要健全和强化执行监督体系,从内到外、从上至下全方位加强对执行工作的监督制约,确保执行权高效、廉洁、有序运行。

22. 加强法院内部监督。最高人民法院要充分运用执行综治考核办法、执行工作约谈办法两个规范性文件,切实加强和改进执行监督工作。上级法院要适时成立督查组,对下级法院应用执行案件流程信息管理系统、清理执行案款、办理重点督办案件等方面的落实情况,进行全面督查指导,发现问题及时问责。

23. 主动接受人大监督。定期或不定期向各级人大报告执行工作,邀请人大代表到法院视察,及时办理代表议案和质询,主动接受监督。

24. 依法接受检察监督。与检察机关联合出台规范民事执行活动法律监督的规定,主动邀请检察机关对具有重大影响以及群体性、敏感性的执行案件,被执行人为特殊主体或因不当干预难以执行的案件,被执行人以暴力或其他方式抗拒执行的案件等进行监督,改善执行环境,维护当事人的合法权益。

25. 广泛接受社会监督。全力打造中国执行信息公开网,将执行案件流程信息、失信被执行人名单信息、执行裁判文书等及时向社会公开,保障当事人和社会公众对执行案件及执行工作的知情权、监督权,让执行权在阳光下运行。

（八）完善专项治理机制

要针对严重制约和影响执行质效的突出问题,持续深入开展反消极执行、反规避执行、反抗拒执行等整治行动,将专项治理要求转变为长期性、常态化工作机制。

26. 建立反消极执行长效机制。利用案件流程信息管理系统对消极执行现象进行自动筛查,发现问题及时予以警示、督促,经警示后在一定期限内仍消极不作为的,视情节轻重追究有关人员的责任。

27. 建立特别案件执行长效机制。继续深化涉党政机关执行积案清理专项活动,通过联合通报机制督促自动履行,推动将特殊主体的债务纳入预算管理,形成破解涉党政机关执行积案的合力与机制；建立涉民生案件执行常态化、随时性、优先性机制,将功夫用在平时,逐步改变每逢年节要靠组织开展集中清理活动突击解决问题的状况。

28. 建立反规避执行长效机制。持续深入开展反规避执行整治行动,提高查处规避执行行为的司法能力,完善相关协调配合工作机制,加大依法制裁力度,全面压缩规避执行行为的存在空间。

29. 建立反抗拒执行长效机制。依法加大对抗拒执行、阻碍执行甚至暴力抗法行为的惩治力度。执行过程中及时收集、固定被执行人或相关人员抗拒执行的音视频证据,充分利用罚款、拘留强制措施,以及公诉、自诉两种渠道追究拒不执行判决、裁定罪责任等手段进行依法制裁,定期公布典型案例,形成打击抗拒执行违法犯罪的高压态势。

四、基本解决执行难的组织保障

基本解决执行难,任务艰巨、责任重大、时间紧迫,要切实做好相关组织保障工作,确保各项安排部署有计划、按步骤顺利推进,达到预期目标。

(一)加强组织领导工作

1. 强化组织领导。各级人民法院党组要高度重视、切实加强对解决执行难工作的组织领导,要将解决执行难工作作为"一把手工程"来抓,各级法院党组书记、院长作为第一责任人要亲自过问、亲自部署、亲自协调,集中各方力量,确保抓出成效。

(二)加强执行队伍建设

要努力建设一支专业化、职业化、清正廉明的执行队伍,为基本解决执行难提供强有力的人力支撑。

2. 加强力量配备。认真落实《中共中央关于转发〈中共最高人民法院党组关于解决人民法院"执行难"问题的报告〉的通知》(中发〔1999〕11号)要求,合理确定和配备从事执行工作的人员比例,并确保执行人员具备必要的政治素质、专业素质和任职资格,对不具备相应任职资格的现有人员进行调整,严格杜绝将不具备任职资格的人员安排到执行工作岗位。

3. 推行人员分类管理。在法官员额制改革中对执行部门原具备法官资格的人员要与其他业务部门同等对待;执行局及执行裁判庭的法官员额比例总体不低于其他业务部门;积极推动现有执行人员的分类管理改革,在执行机构配备法官以及法官助理、司法警察等司法辅助人员,分别落实相应待遇,分工负责行使执行权。

4. 强化教育培训。始终以加强思想政治工作为核心,增强广大执行干警的政治意识、大局意识、责任意识、核心意识、看齐意识,确保执行工作方向正确;以强化党风廉政建设为关键,坚决整治执行队伍在纪律作风方面存在的突出问题,确保廉洁司法;以提升业务素养为重点,鼓励和保障广大执行干警钻研执行业务、优化知识结构、强化实践锻炼,确保执行队伍的司法能力。

(三)强化物质装备建设

要进一步落实科技强院的工作方针,强化对执行工作的物质装备建设,抓好技术、经费、设备三大保障。

5. 全面完成执行指挥系统建设。坚持高标准、高起点,全面完成执行指挥系统的软硬件建设,实现全国四级法院执行指挥系统音视频互联互通。

6. 加强执行队伍装备建设。为执行机构配备必要的执法车辆、通讯系统,给每一位从事执行实施工作的人员配备单兵执法仪以及其他必要的物质装备,加强执行人员人身安全保障,确保应急处置工作及时到位。

(四)切实加大宣传力度

要充分认识新闻宣传工作的重要性,充分利用各种新闻平台,加大执行工作宣传力度,凝聚全社会理解执行、尊重执行、协助执行的广泛共识,推动形成良好的法治环境。

7. 不断宣传执行工作新成效。通过多种形式在报纸、广播、电视、新媒体、户外广场、社区等平台或场所,全面展示一定时期内执行工作取得的成效,扩大影响。讲究宣传策略,重点选择正反两方面典型案例进行宣传报道,惩戒失信,褒奖诚信,营造形成守法光荣、违法可耻的社会氛围,促进社会诚信体系建设。

8. 宣传对执行难的理性认识。通过大力宣传,让人民群众深刻认识到,被执行人无财产可供执行、丧失履行能力的案件虽然在形式上表现为生效法律文书确定的权利义务未能最终实现,但其本质上属于当事人应当自己承担的商业风险、交易风险或法律风险,不属于应由人民法院解决的执行难。

最高人民法院
关于加快建设智慧法院的意见

2017年4月12日　　法发〔2017〕12号

(八)依托信息化破解执行难题。建设覆盖全国各级法院的执行指挥系统,融入案款管理、终本案件管理、执行会商、执行委托、舆情监管、绩效考核、数据分析等内容,发挥实时监控、上传下达、异地调度、快速反应等功效,形成全国法院上下一体、协调统一的运行机制;充分应用人民法院执行案件流程信息管理系统,实现四级法院执行案件信息统一管理,立体多维的监控与纠错,加强业务管理和廉政风险防控;进一步完善网络查控系统,全面拓展提升查控广度和力度,实现与查控单位的业务协同,深入虚拟网络空间,分析挖掘隐匿涉案财物线索;持续加强信用惩戒系统建设和应用,实现与社会诚信体系的全面联动,多维关联分析被执行人信用数据,扩大信用惩戒范围,加大信用惩戒力度;大力推广网络拍卖系统建设和应用,支持全国法院网络司法拍卖工作,提高被执行财产处置效率。

最高人民法院
关于为改善营商环境提供司法保障的若干意见

2017年8月7日　　法发〔2017〕23号

三、保障市场交易公平公正,切实维护市场交易主体合法权益

14. 加强执行工作,充分保障胜诉当事人合法权益的实现。全面构建综合治理执行难工作格局,按照《关于落实"用两到三年时间基本解决执行难问题"的工作纲要》要求,完善执行法律规范体系,加强执行信息化建设,加大执行力度,规范执行行为,切实增强执行威慑,优化执行效果。严格依据刑法及司法解释的规定,依法追究拒不执行人民法院判决、裁定的被执行人、协助执行义务人、担保人的刑事责任。

第二章　执行机构

第一节　执行机构的设置

中华人民共和国民事诉讼法[①]

2017年6月27日

第二百二十八条　执行工作由执行员进行。
采取强制执行措施时,执行员应当出示证件。执行完毕后,应当将执行情况制作笔录,由在场的有关人员签名或者盖章。
人民法院根据需要可以设立执行机构。

最高人民法院
关于人民法院执行工作若干问题的规定(试行)

1998年7月8日　　法释〔1998〕15号

1. 人民法院根据需要,依据有关法律的规定,设立执行机构,专门负责执行工作。

---

① 本书收录的法律文件标明的时间为最后修正的时间,全书同。——编者注

中共中央
关于转发《中共最高人民法院党组关于解决人民法院"执行难"问题的报告》的通知

1999年7月7日　　中发〔1999〕11号

六、……要强化执行机构的职能作用，加强执行工作的统一管理和协调。各省（自治区、直辖市）范围内的人民法院执行工作由高级人民法院统一管理和协调，并负责同外省（自治区、直辖市）高级人民法院执行机构协调处理执行争议案件。

最高人民法院
关于进一步加强和规范执行工作的若干意见

2009年7月17日　　法发〔2009〕43号

三、继续推进执行改革

（一）优化执行职权配置。一是进一步完善高级人民法院执行机构统一管理、统一协调的执行工作管理机制，中级人民法院（直辖市除外）对所辖地区执行工作实行统一管理、统一协调。进一步推进"管案、管事、管人"相结合的管理模式。二是实行案件执行重心下移，最高人民法院和高级人民法院作为执行工作统一管理、统一协调的机构，原则上不执行具体案件，案件主要由中级人民法院和基层人民法院执行，也可以指定专门法院执行某些特定案件，以排除不当干预。三是科学界定执行审查权和执行实施权，并分别由不同的内设机构或者人员行使。将财产调查、控制、处分及交付和分配、采取罚款、拘留强制措施等事项交由实施机构办理，对各类执行异议、复议、案外人异议及变更执行法院的申请等事项交由审查机构办理。四是实行科学的执行案件流程管理，打破一个人负责到底的传统执行模式，积极探索建立分段集约执行的工作机制。指定专人负责统一调查、控制和处分被执行财产，以提高执行效率。要实施以节点控制为特征的流程管理制度，充分发挥合议庭和审判长（执行长）联席会议在审查、评议并提出执行方案方面的作用。

（二）统一执行机构设置。各级人民法院统一设立执行局，并统一执行局内设机构及职能。高级人民法院设立复议监督、协调指导、申诉审查以及综合管理机构，中级人民法院和基层人民法院设执行实施、执行审查、申诉审查和综合管理机构。复议监督机构负责执行案件的监督，并办理异议复议、申请变更执行法院和执行监督案件；协调指导机构负责跨辖区委托执行案件和异地执行案件的协调和管理，办理执行请示案件以及负责与同级政府有关部门的协调；申诉审查机构负责执行申诉信访案件的审查和督办等事项；综合管理机构负责辖区执行工作的管理部署、巡视督查、评估考核、起草规范性文件、调研统计等各类综合性事项。

（三）合理确定执行机构与其他部门的职责分工。要理顺执行机构与法院其他相关部门的职责分工，推进执行工作专业化和执行队伍职业化建设。实行严格的归口管理，明确行政非诉案件和行政诉讼案件的执行，财产保全、先予执行、财产刑等统一由执行机构负责实施。加强和规范司法警察参与执行工作。基层人民法院审判监督庭和高、中级人民法院的质效管理部门承担执行工作质量监督、瑕疵案件责任分析等职能。

四、强化执行监督制约机制（略）

五、进一步加强执行队伍建设

各级人民法院要高度重视执行队伍建设。要加强对各级人民法院执行局负责人和执行人员的培训，开展执行人员与各业务部门审判人员的定期交流。要突出加强执行队伍廉政建设，逐步在执行机构配备廉政监察员，加大执行中容易产生腐败的重点环节的监督力度；加强对执行人员的职业道德教育、权力观教育和警示教育；规范执行人员与当事人、律师的交往，细化岗位职责，强化工作管理措施，化解廉政风险；建立顺畅的举报、检举、控告渠道和强有力的违法违纪行为的查纠机制，确保"五个严禁"在执行工作中得到全面贯彻。要根据执行工作的实际需要，配齐配强执行人员，确保实现中发〔1999〕11号文件规定的执行人员比例不少于全体干警现有编制总数15%的要求，确保执行人员的文化程度不低于所在法院人员的平均水平。要尽快制定下发《人民法院执行员条例》，对执行员的任职条件、任免程序、工作职责、考核培训等内容作出规定，努力建设一支公正、高效、廉洁、文明的执行队伍。

第二节　执行机构的职责

中华人民共和国民事诉讼法

2017年6月27日

第二百二十八条　执行工作由执行员进行。

采取强制执行措施时，执行员应当出示证件。执行完毕后，应当将执行情况制作笔录，由在场的有关人员签名或者盖章。

人民法院根据需要可以设立执行机构。

最高人民法院
关于人民法院执行工作若干问题的规定（试行）

1998年7月8日　　法释〔1998〕15号

2. 执行机构负责执行下列生效法律文书：

（1）人民法院民事、行政判决、裁定、调解书，民事制裁决定、支付令，以及刑事附带民事判决、裁定、调解书；

（2）依法应由人民法院执行的行政处罚决定、行政处理决定；

（3）我国仲裁机构作出的仲裁裁决和调解书；人民法院依据《中华人民共和国仲裁法》有关规定作出的财产保全和证据保全裁定；

（4）公证机关依法赋予强制执行效力的关于追偿债款、物品的债权文书；

（5）经人民法院裁定承认其效力的外国法院作出的判决、裁定，以及国外仲裁机构作出的仲裁裁决；

（6）法律规定由人民法院执行的其他法律文书。

4. 人民法庭审结的案件，由人民法庭负责执行。其中复杂、疑难或被执行人不在本法院辖区的案件，由执行机构负责执行。

5. 执行程序中重大事项的办理，应由三名以上执行员讨论，并报经院长批准。

6. 依据民事诉讼法第二百一十三条[①]或第二百五十八条[②]的规定对仲裁裁决是否有不予执行事由进行审查的，应组成合议庭进行。

7. 执行机构应配备必要的交通工具、通讯设备、音像设备和警械用具等，以保障及时有效地履行职责。

8. 执行人员执行公务时，应向有关人员出示工作证和执行公务证，并按规定着装。必要时应由司法警察参加。

执行公务证由最高人民法院统一制发。

9. 上级人民法院执行机构负责本院对下级人民法院执行工作的监督、指导和协调。

最高人民法院
关于进一步加强和规范执行工作的若干意见

2009年7月17日　　法发〔2009〕43号

三、继续推进执行改革

（三）合理确定执行机构与其他部门的职责分工。要理顺执行机构与法院其他相关部门的职责分工，推进执行工作专业化和执行队伍职业化建设。实行严格的归口管理，明确行政非诉案件和行政诉讼案件的执行，财产保全、先

[①] 民事诉讼法原第二百一十三条现已修改为第二百一十七条。——编者注
[②] 民事诉讼法原第二百五十八条现已修改为第二百七十四条。——编者注

予执行、财产刑等统一由执行机构负责实施。加强和规范司法警察参与执行工作。基层人民法院审判监督庭和高、中级人民法院的质效管理部门承担执行工作质量监督、瑕疵案件责任分析等职能。

最高人民法院
关于执行权合理配置和科学运行的若干意见

2011年10月19日　　法发〔2011〕15号

为了促进执行权的公正、高效、规范、廉洁运行，实现立案、审判、执行等机构之间的协调配合，完善执行工作的统一管理，根据《中华人民共和国民事诉讼法》和有关司法解释的规定，提出以下意见。

一、关于执行权分权和高效运行机制

1. 执行权是人民法院依法采取各类执行措施以及对执行异议、复议、申诉等事项进行审查的权力，包括执行实施权和执行审查权。

2. 地方人民法院执行局应当按照分权运行机制设立和其他业务庭平行的执行实施和执行审查部门，分别行使执行实施权和执行审查权。

3. 执行实施权的范围主要是财产调查、控制、处分、交付和分配以及罚款、拘留措施等实施事项。执行实施权由执行员或者法官行使。

4. 执行审查权的范围主要是审查和处理执行异议、复议、申诉以及决定执行管辖权的移转等审查事项。执行审查权由法官行使。

5. 执行实施事项的处理应当采取审批制，执行审查事项的处理应当采取合议制。

6. 人民法院可以将执行实施程序分为财产查控、财产处置、款物发放等不同阶段并明确时限要求，由不同的执行人员集中办理，互相监督，分权制衡，提高执行工作质量和效率。执行局的综合管理部门应当对分段执行实行节点控制和流程管理。

7. 执行中因情况紧急必须及时采取执行措施的，执行人员经执行指挥中心指令，可依法采取查封、扣押、冻结等财产保全和其他控制性措施，事后两个工作日内应当及时补办审批手续。

8. 人民法院在执行局内建立执行信访审查处理机制，以有效解决消极执行和不规范执行问题。执行申诉审查部门可以参与涉执行信访案件的接访工作，并应当采取排名通报、挂牌督办等措施促进涉执行信访案件的及时处理。

9. 继续推进全国法院执行案件信息管理系统建设，积极参与社会信用体系建设。执行信息部门应当发挥职能优势，采取多种措施扩大查询范围，实现执行案件所有信息在法院系统内的共享，推进执行案件信息与其他部门信用信息的共享，并通过信用惩戒手段促使债务人自动履行义务。

二、关于执行局与立案、审判等机构之间的分工协作

10. 执行权由人民法院的执行局行使；人民法庭可根据执行局授权执行自审案件，但应接受执行局的管理和业务指导。

11. 办理执行实施、执行异议、执行复议、执行监督、执行协调、执行请示等执行案件和案外人执行异议之诉、申请执行人执行异议之诉、执行分配方案异议之诉、代位析产之诉等涉执行的诉讼案件，由立案机构进行立案审查，并纳入审判和执行案件统一管理体系。

人民法庭经授权执行自审案件，可由其自行办理立案登记手续，并纳入执行案件的统一管理。

12. 案外人执行异议之诉、申请执行人执行异议之诉、执行分配方案异议之诉、代位析产之诉等涉执行的诉讼，由人民法院的审判机构按照民事诉讼程序审理。逐步促进涉执行诉讼审判的专业化，具备条件的人民法院可以设立专门审判机构，对涉执行的诉讼案件集中审理。

案外人、当事人认为据以执行的判决、裁定错误的，由作出生效判决、裁定的原审人民法院或其上级人民法院按照审判监督程序审理。

13. 行政非诉案件、行政诉讼案件的执行申请，由立案机构登记后转行政审判机构进行合法性审查；裁定准予强制执行的，再由立案机构办理执行立案登记后移交执行局执行。

14. 强制清算的实施由执行局负责,强制清算中的实体争议由民事审判机构负责审理。

15. 诉前、申请执行前的财产保全申请由立案机构进行审查并作出裁定;裁定保全的,移交执行局执行。

16. 诉中财产保全、先予执行的申请由相关审判机构审查并作出裁定;裁定财产保全或者先予执行的,移交执行局执行。

17. 当事人、案外人对财产保全、先予执行的裁定不服申请复议的,由作出裁定的立案机构或者审判机构按照民事诉讼法第九十九条①的规定进行审查。

当事人、案外人、利害关系人对财产保全、先予执行的实施行为提出异议的,由执行局根据异议事项的性质按照民事诉讼法第二百零二条②或者第二百零四条③的规定进行审查。

当事人、案外人的异议既指向财产保全、先予执行的裁定,又指向实施行为的,一并由作出裁定的立案机构或者审判机构分别按照民事诉讼法第九十九条④和第二百零二条⑤或者第二百零四条⑥的规定审查。

18. 具有执行内容的财产刑和非刑罚制裁措施的执行由执行局负责。

19. 境外法院、仲裁机构作出的生效法律文书的执行申请,由审判机构负责审查;依法裁定准予执行或者发出执行令的,移交执行局执行。

20. 不同法院因执行程序,执行与破产、强制清算、审判等程序之间对执行标的产生争议,经自行协调无法达成一致意见的,由争议法院的共同上级法院执行局中的协调指导部门处理。

21. 执行过程中依法需要变更、追加执行主体的,由执行局按照法定程序办理;应当通过另诉或者提起再审追加、变更的,由审判机构按照法定程序办理。

22. 委托评估、拍卖、变卖由司法辅助部门负责,对评估、拍卖、变卖所提异议由执行局审查。

23. 被执行人对国内仲裁裁决提出不予执行抗辩的,由执行局审查。

24. 立案、审判机构在办理民商事和附带民事诉讼案件时,应当根据案件实际,就追诉讼当事人、申请诉前、诉中和申请执行前的财产保全等内容向当事人作必要的释明和告知。

25. 立案、审判机构在办理民商事和附带民事诉讼案件时,除依法缺席判决等无法准确查明当事人身份和地址的情形外,应当在有关法律文书中载明当事人的身份证号码,在卷宗中载明送达地址。

26. 审判机构在审理确权诉讼时,应当查询所要确权的财产权属状况,发现已经被执行局查封、扣押、冻结的,应当中止审理;当事人诉请确权的财产被执行局处置的,应当撤销确权案件;在执行局查封、扣押、冻结后确权的,应当撤销确权判决或者调解书。

27. 对符合法定移送执行条件的法律文书,审判机构应当在法律文书生效后及时移送执行局执行。

---

① 民事诉讼法原第九十九条现已修改为第一百零八条。——编者注
② 民事诉讼法原第二百零二条现已修改为第二百二十五条。——编者注
③ 民事诉讼法原第二百零四条现已修改为第二百二十七条。——编者注
④ 民事诉讼法原第九十九条现已修改为第一百零八条。——编者注
⑤ 民事诉讼法原第二百零二条现已修改为第二百二十五条。——编者注
⑥ 民事诉讼法原第二百零四条现已修改为第二百二十七条。——编者注

第三章　执行管辖

第一节　执行地域管辖和级别管辖

中华人民共和国民事诉讼法

2017 年 6 月 27 日

第一百九十六条　申请实现担保物权，由担保物权人以及其他有权请求实现担保物权的人依照物权法等法律，向担保财产所在地或者担保物权登记地基层人民法院提出。

第一百九十七条　人民法院受理申请后，经审查，符合法律规定的，裁定拍卖、变卖担保财产，当事人依据该裁定可以向人民法院申请执行；不符合法律规定的，裁定驳回申请，当事人可以向人民法院提起诉讼。

第二百二十四条　发生法律效力的民事判决、裁定，以及刑事判决、裁定中的财产部分，由第一审人民法院或者与第一审人民法院同级的被执行的财产所在地人民法院执行。

法律规定由人民法院执行的其他法律文书，由被执行人住所地或者被执行的财产所在地人民法院执行。

第二百三十四条　人民法院制作的调解书的执行，适用本编的规定。

最高人民法院
关于适用《中华人民共和国民事诉讼法》的解释

2015 年 1 月 30 日　　法释〔2015〕5 号

第四百六十二条　发生法律效力的实现担保物权裁定、确认调解协议裁定、支付令，由作出裁定、支付令的人民法院或者与其同级的被执行财产所在地的人民法院执行。

认定财产无主的判决，由作出判决的人民法院将无主财产收归国家或者集体所有。

最高人民法院
关于人民法院执行工作若干问题的规定（试行）

1998 年 7 月 8 日　　法释〔1998〕15 号

10. 公证机关依法赋予强制执行效力的公证债权文书，由被执行人住所地或被执行的财产所在地人民法院执行。

前款案件的级别管辖，参照各地法院受理诉讼案件的级别管辖的规定确定。

11. 在国内仲裁过程中，当事人申请财产保全，经仲裁机构提交人民法院的，由被申请人住所地或被申请保全的财产所在地的基层人民法院裁定并执行；申请证据保全的，由证据所在地的基层人民法院裁定并执行。

12. 在涉外仲裁过程中，当事人申请财产保全，经仲裁机构提交人民法院的，由被申请人住所地或被申请保全的财产所在地的中级人民法院裁定并执行；申请证据保全的，由证据所在地的中级人民法院裁定并执行。

13. 专利管理机关依法作出的处理决定和处罚决定，由被执行人住所地或财产所在地的省、自治区、直辖市有权受理专利纠纷案件的中级人民法院执行。

14. 国务院各部门、各省、自治区、直辖市人民政府和海关依照法律、法规作出的处理决定和处罚决定，由被执行人住所地或财产所在地的中级人民法院执行。

15. 两个以上人民法院都有管辖权的，当事人可以向其中一个人民法院申请执行；当事人向两个以上人民法院申请执行的，由最先立案的人民法院管辖。

17. 基层人民法院和中级人民法院管辖的执行案件，因特殊情况需要由上级人民法院执行的，可以报请上级人民法院执行。

最高人民法院
关于适用《中华人民共和国民事诉讼法》执行程序若干问题的解释

2008年11月3日　　法释〔2008〕13号

第二条　对两个以上人民法院都有管辖权的执行案件，人民法院在立案前发现其他有管辖权的人民法院已经立案的，不得重复立案。

立案后发现其他有管辖权的人民法院已经立案的，应当撤销案件；已经采取执行措施的，应当将控制的财产交先立案的执行法院处理。

第三条　人民法院受理执行申请后，当事人对管辖权有异议的，应当自收到执行通知书之日起十日内提出。

人民法院对当事人提出的异议，应当审查。异议成立的，应当撤销执行案件，并告知当事人向有管辖权的人民法院申请执行；异议不成立的，裁定驳回。当事人对裁定不服的，可以向上一级人民法院申请复议。

管辖权异议审查和复议期间，不停止执行。

第四条　对人民法院采取财产保全措施的案件，申请执行人向采取保全措施的人民法院以外的其他有管辖权的人民法院申请执行的，采取保全措施的人民法院应当将保全的财产交执行法院处理。

最高人民法院
关于适用《中华人民共和国仲裁法》若干问题的解释

2006年8月23日　　法释〔2006〕7号

第二十九条　当事人申请执行仲裁裁决案件，由被执行人住所地或被执行的财产所在地的中级人民法院执行。

最高人民法院
关于人民调解协议司法确认程序的若干规定

2011年3月23日　　法释〔2011〕5号

第九条　人民法院依法作出确认决定后，一方当事人拒绝履行或者未全部履行的，对方当事人可以向作出确认决定的人民法院申请强制执行。

最高人民法院
关于铁路运输法院案件管辖范围的若干规定

2012年7月17日　　法释〔2012〕10号

第四条　铁路运输基层法院就本规定第一条至第三条所列案件作出的判决、裁定，当事人提起上诉或铁路运输检察院提起抗诉的二审案件，由相应的铁路运输中级法院受理。

第五条　省、自治区、直辖市高级人民法院可以指定辖区内的铁路运输基层法院受理本规定第三条以外的其他第一审民事案件，并指定该铁路运输基层法院驻在地的中级人民法院或铁路运输中级法院受理对此提起上诉的案件。此类案件发生管辖权争议的，由该高级人民法院指定管辖。

省、自治区、直辖市高级人民法院可以指定辖区内的铁路运输中级法院受理对其驻在地基层人民法院一审民事判决、裁定提起上诉的案件。

省、自治区、直辖市高级人民法院对本院及下级人民法院的执行案件，认为需要指定执行的，可以指定辖区内的铁路运输法院执行。

最高人民法院
关于刑事裁判涉财产部分
执行的若干规定

2014年10月30日　　法释〔2014〕13号

第二条　刑事裁判涉财产部分，由第一审人民法院执行。第一审人民法院可以委托财产所在地的同级人民法院执行。

最高人民法院
关于因申请诉中财产保全损害责任
纠纷管辖问题的批复

2017年8月1日　　法释〔2017〕14号

浙江省高级人民法院：

你院《关于因申请诉中财产保全损害责任纠纷管辖问题的请示》（〔2015〕浙立他字第91号）收悉。经研究，批复如下：为便于当事人诉讼，诉讼中财产保全的被申请人、利害关系人依照《中华人民共和国民事诉讼法》第一百零五条规定提起的因申请诉中财产保全损害责任纠纷之诉，由作出诉中财产保全裁定的人民法院管辖。

此复。

人民法院办理执行案件规范[①]

2017年4月

1.【执行管辖的一般规定】
发生法律效力的民事判决、裁定、调解书，由第一审人民法院或者与第一审人民法院同级的被执行的财产所在地人民法院执行。

刑事裁判涉财产部分，由第一审人民法院执行。第一审人民法院可以委托财产所在地的同级人民法院执行。

知识产权法院审理的第一审案件，生效判决、裁定、调解书需要强制执行的，知识产权法院所在地的高级人民法院可指定辖区内其他中级人民法院执行。

发生法律效力的实现担保物权裁定、确认调解协议裁定、支付令，由作出裁定、支付令的人民法院或者与其同级的被执行财产所在地的人民法院执行。认定财产无主的判决，由作出判决的人民法院将无主财产收归国家或者集体所有。

法律规定由人民法院执行的其他法律文书，由被执行人住所地或者被执行的财产所在地人民法院执行。

2.【请求外国法院承认与执行】
人民法院作出的发生法律效力的判决、裁定，被执行人或者其财产不在中华人民共和国领域内，当事人请求执行的，可以由当事人直接向有管辖权的外国法院申请承认和执行，也可以由人民法院依照中华人民共和国缔结或者参加的国际条约的规定，或者按照互惠原则，请求外国法院承认和执行。

中华人民共和国涉外仲裁机构

3.【"被执行的财产所在地"的确定】
被执行的财产为不动产的，该不动产的所在地为被执行的财产所在地。

被执行的财产为股权或者股份的，该股权或者股份的发行公司住所地为被执行的财产所在地。

被执行的财产为商标权、专利权、著作权等知识产权的，该知识产权权利人的住所地为被执行的财产所在地。

被执行的财产为到期债权的，被执行人的住所地为被执行的财产所在地。

4.【选择管辖】
两个以上人民法院都有管辖权的，当事人可以向其中一个人民法院申请执行；当事人向

[①] 最高人民法院执行局编：《人民法院办理执行案件规范》，人民法院出版社2017年版，全书同。——编者注

两个以上人民法院申请执行的，由最先立案的人民法院管辖。

5.【管辖竞合】

对两个以上人民法院都有管辖权的执行案件，人民法院在立案前发现其他有管辖权的人民法院已经立案的，不得重复立案。

立案后发现其他有管辖权的人民法院已经立案的，应当撤销案件；已经采取执行措施的，应当将控制的财产交先立案的执行法院处理。

6.【管辖争议的处理】

人民法院之间因执行管辖权发生争议的，由双方协商解决；协商不成的，报请双方共同的上级人民法院指定管辖。

7.【指定执行、提级执行】

上级人民法院对下级人民法院的执行案件，认为需要提级执行、指定执行的，可以裁定提级执行、指定执行。高级人民法院、中级人民法院对本院的执行案件，认为需要指定执行的，可以指定执行。高级人民法院对最高人民法院函示指定执行、提级执行的案件，中级人民法院对高级人民法院函示指定执行、提级执行的案件，应当裁定指定执行、提级执行。

基层人民法院和中级人民法院管辖的执行案件，因特殊情况需要由上级人民法院执行的，可以报请上级人民法院执行。

8.【提级执行的情形】

上级人民法院对下级人民法院的下列案件可以裁定提级执行：

（一）上级人民法院指令下级人民法院限期执结，逾期未执结需要提级执行的；

（二）下级人民法院报请上级人民法院提级执行，上级人民法院认为应当提级执行的；

（三）疑难、重大和复杂的案件，上级人民法院认为应当提级执行的。

9.【管辖异议的处理】

人民法院受理执行申请后，当事人自收到执行通知书之日起十日内对管辖权提出异议的，由执行审查机构审查处理。管辖权异议审查和复议期间，不停止执行。

10.【执行程序中发现无管辖权的处理】

执行程序中，执行法院发现本院确无管辖权的，应当撤销案件，并告知申请执行人向有管辖权的人民法院申请执行。

已经控制财产的，经征询申请执行人意见，执行法院也可以将案件移送有管辖权的人民法院执行，并撤销案件。受移送的人民法院应当受理。受移送的人民法院认为依照规定不属于本院管辖的，应当报请上级人民法院指定管辖，不得再自行移送。

无管辖权的人民法院依照前款规定将案件移送有管辖权的人民法院执行的，移送人民法院对被执行的财产采取的查封、扣押、冻结措施，视为受移送人民法院采取的查封、扣押、冻结措施，查封期限届满后受移送人民法院可凭移送人民法院的移送执行函直接办理续行查封、扣押、冻结手续。但移送执行时查封、扣押、冻结措施的有效期限不足一个月的，移送法院应当先行办理续行查封、扣押、冻结手续，再行移送。

第二节 执行管辖异议

最高人民法院
关于人民法院执行工作若干问题的规定（试行）

1998年7月8日　　法释〔1998〕15号

16. 人民法院之间因执行管辖权发生争议的，由双方协商解决；协商不成的，报请双方共同的上级人民法院指定管辖。

最高人民法院
关于适用《中华人民共和国民事诉讼法》执行程序若干问题的解释

2008年11月3日　　法释〔2008〕13号

第三条 人民法院受理执行申请后，当事人对管辖权有异议的，应当自收到执行通知书之日起十日内提出。

人民法院对当事人提出的异议，应当审查。异议成立的，应当撤销执行案件，并告知当事人向有管辖权的人民法院申请执行；异议不成立的，裁定驳回。当事人对裁定不服的，可以向上一级人民法院申请复议。

管辖权异议审查和复议期间，不停止执行。

最高人民法院执行工作办公室关于湖北安陆市政府反映河南焦作中院"错误裁定"、"错误执行"案及河南高院反映焦作中院在执行安陆市政府时遭到暴力抗法案的复函

2002年12月25日　〔2002〕执监字第262号

河南省高级人民法院：

关于湖北省安陆市政府向我院反映焦作市中级人民法院执行湖北三鹏化工股份有限公司一案的有关问题，经研究，现提出如下处理意见：

经核查，焦作市中级人民法院立案执行的依据是河南省修武县公证处〔2001〕修证经字第18号"具有强制执行效力的债权文书公证书"。该公证书认定湖北三鹏化工股份有限公司如不能在约定的期限内履行还款义务，申请人丁慈咪有权向申请人所在地人民法院申请强制执行。

本院认为，关于此类执行管辖问题，《中华人民共和国民事诉讼法》第201条[①]第2款、最高人民法院《关于适用〈中华人民共和国民事诉讼法〉若干问题的意见》[②]第256条和《关于人民法院执行工作若干问题的规定（试行）》第10条均已有明确规定，即公证机关依法赋予强制执行效力的公证债权文书，由被执行人住所地或被执行人的财产所在地人民法院执行。据此，当事人无权约定执行管辖，公证机关也无权确认当事人约定执行管辖，焦作市中级人民法院更不能依据当事人的约定予以立案执行。请你院监督焦作市中级人民法院依法撤销案件及相关法律文书，并告知申请人依法向有管辖权的人民法院申请执行。

【附：案例评析】

湖北安陆市政府反映河南焦作中院"错误裁定"、"错误执行"案及河南高院反映焦作中院在执行安陆市政府时遭到暴力抗法案

最高人民法院的处理意见：

关于此类执行管辖问题，民事诉讼法第二百零七条第二款、最高人民法院《关于适用〈中华人民共和国民事诉讼法〉若干问题的意见》第256条和《关于人民法院执行工作若干问题的规定（试行）》第10条均明确规定，即公证机关依法赋予强制执行效力的公证债权文书，由被执行人住所地或被执行人的财产所在地人民法院执行。据此，当事人无权约定执行管辖，公证机关也无权确认当事人约定执行管辖，焦作市中级人民法院更不能依据当事人的约定予以立案执行。应责成河南省高级人民法院监督焦作市中级人民法院依法撤销案件及相关法律文书，并告知申请人依法向有管辖权的人民法院申请执行。

对本案的评析意见：

本案中争议双方当事人在具有强制执行效力的债权文书中约定了申请执行人住所地人民法院为强制执行的管辖法院，笔者认为这一约定是违反现行法律规定的，不应予以支持。理由如下：

1.《最高人民法院关于适用〈中华人民共和国民事诉讼法〉若干问题的意见》第256条、民事诉讼法第201条第2款规定的由人民法院执行的其他法律文书，包括仲裁裁决书、公证债权文书、其他法律文书，由被执行人住所地或者被执行人的财产所在地人民法院执行；当事人分别向上述人民法院申请执行的，由最先接受申请的人民法院执行。《最高人民法院关于人民法院执行工作若干问题的规定（试行）》第10条规定，仲裁机构作出的国内仲裁裁决、公证机关依法赋予强制执行效力的公证债权文书，由被执行人住所地或被执行人的财产所在地人民法院执行。

笔者认为，上述规定明确了公证债权文书属于"由人民法院执行的其他法律文书"，而且明确了这类文书应由被执行人住所地或者由被执行人

---

① 民事诉讼法原第二百零一条现已被修改为第二百二十四条，下同。——编者注
② 最高人民法院《关于适用〈中华人民共和国民事诉讼法〉若干问题的意见》已被最高人民法院《关于适用〈中华人民共和国民事诉讼法〉的解释》（法释〔2015〕5号）废止，下同。——编者注

的财产所在地人民法院执行。

2. 与上述法律规定和笔者观点可能有冲突的是民事诉讼法第25条规定，"合同的双方当事人可以在书面合同中协议选择被告住所地、合同履行地、合同签订地、原告住所地、标的物所在地人民法院管辖"。

有观点认为，《公证暂行条例》第24条的规定没有明确"有管辖权"的基层人民法院都包括哪些，而结合《民事诉讼法》第25条的规定，申请人所在地似乎可以类比为原告住所地。因此得出结论，公证债权文书可以协议管辖，本案中三鹏公司与丁慈咪约定强制执行的法院为丁慈咪所在地法院，即后来的焦作中院，是合法的。

关于此点，笔者认为，《民事诉讼法》第25条的规定由于处在总则部分，应属原则规定。具体到执行问题上，《民事诉讼法》第201条、《民事诉讼法意见》第256条及最高人民法院关于执行工作的规定第10条都作了非常明确的规定。笔者认为法律这样的规定应按"特别法优于普通法"的原则来进行理解。也就是说在民事诉讼中，如果分则或特别法中没有规定的，可以按总则规定或按总则所体现的法律精神来处理，但是一旦分则及特别法中有了规定的，就必须依法律规定处理。

另外《公证暂行条例》第24条规定的级别管辖与最高人民法院关于执行工作若干问题的规定第10条第2款规定也不一致。因为前者规定"向有管辖权的基层人民法院申请"，而后者规定，"……的级别管辖，参照各地法院受理诉讼案件的级别管辖的规定确定"。这里涉及到司法解释与行政法规的矛盾。承办人认为，级别管辖在人民法院司法活动中，人民法院可依职权进行调整，故在本案中仍应以司法解释为工作准则。①

最高人民法院执行局
关于法院能否以公司证券登记结算地为财产所在地获得管辖权问题的复函

2010年7月15日　〔2010〕执监字第16号

广东省高级人民法院：

关于唐山钢铁集团有限责任公司执行申诉一案，你院《关于深圳中院执行中华乐业有限公司与唐山钢铁集团有限责任公司仲裁裁决一案的情况报告》收悉。经研究，答复如下：

经核查，唐山钢铁集团有限责任公司作为上市公司，其持有的证券在上市交易前存管于中国证券登记结算有限责任公司深圳分公司，深圳市中级人民法院（以下简称深圳中院）以此认定深圳市为被执行人的财产所在地受理了当事人一方的执行申请。本院认为，证券登记结算机构是为证券交易提供集中登记、存管与结算服务的机构，但证券登记结算机构存管的仅是股权凭证，不能将股权凭证所在地视为股权所在地。由于股权与其发行公司具有最密切的联系，因此，应当将股权的发行公司住所地认定为该类财产所在地。深圳中院将证券登记结算机构所在地认定为上市公司的财产所在地予以立案执行不当。

请你院监督深圳中院依法撤销案件及相关法律文书，并告知申请人依法向有管辖权的人民法院申请执行。同时，鉴于深圳中院对被执行人的股权已采取冻结措施，为防止已冻结财产被转移，请你院监督深圳中院做好已控被执行人财产与新的执行法院的衔接工作，避免申请执行人的权益受到损害。

---

① 吴宪光：《湖北安陆市政府反映河南焦作中院"错误裁定"、"错误执行"案及河南高院反映焦作中院在执行安陆市政府时遭到暴力抗法案》，载沈德咏主编、最高人民法院执行工作办公室编：《强制执行指导与参考》2003年第1辑（总第5辑），法律出版社2003年版，第216～223页。

【附：案例评析】

中华乐业有限公司与唐山钢铁集团有限责任公司仲裁裁决执行案——法院能否以公司证券登记结算地为财产所在地获得管辖权

广东高院的处理意见：

广东高院认为，81号裁决的第二、三项是具体明确的，完全可执行，唐钢公司所持股票存管在中国证券登记结算有限责任公司深圳分公司，深圳市是被执行人的财产所在地之一；中乐公司有权根据法律规定，选择向被申请人住所地或者财产所在地的中级人民法院申请执行。深圳中院根据申请人的申请依法立案执行于法有据。而对于81号裁决第一项内容是否具体明确可执行的问题，深圳中院正研究，如不可执行，将驳回此项执行请求，但不影响裁决第二、三项的执行。

最高人民法院的处理意见：

在案件审查过程中，合议庭成员一致认为，首先必须要解决管辖权的问题，下一步才能解决案涉仲裁裁决是否具有可执行性的问题。而对于深圳中院对本案是否具有管辖权，形成了两种不同的意见：

第一种意见认为，深圳中院对本案具有管辖权。理由是：涉外仲裁裁决的执行，其确定管辖的连接点有两个，一是被申请人的住所地，二是被申请人的财产所在地。根据证券法律相关规定，证券持有人持有的债权，在上市交易时，应当全部存管在证券登记结算机构。唐钢公司所持股票存管在中国证券登记结算有限责任公司深圳分公司，深圳市是被执行人的财产所在地之一，中乐公司有权根据法律规定，选择向被申请人住所地或者财产所在地的中级人民法院申请执行。因此，深圳中院根据申请人的申请依法立案执行于法有据。

第二种意见认为，深圳中院对本案不具有管辖权。理由是：唐钢公司作为上市公司，其持有证券在上市交易前虽然存管于证券登记结算机构，但此处"存管"是指将股权的物质载体存管于证券登记结算机构，在实践中，应当排除这种将股权的物质载体所在地视为股权所在地的观点，否则对于全国执行上市公司股权的案件，深圳与上海中院都将获得管辖权，这也违背了民事诉讼管辖的一般原则。由于股权与其所发行公司具有最密切的联系，应将股权的发行公司所在地认定为股权所在地，其管辖应当由公司所在地即公司注册登记地或主要营业地、主要办事机构所在地法院管辖。因此，深圳不是唐钢公司持有的"唐钢股份"股权所在地，深圳中院不能依此获得对此案的执行管辖权。

随后就此问题向最高人民法院民一庭、民二庭、研究室征求意见，三个庭室的意见一致，均同意第二种意见，认为证券登记结算机构所在地不能被认为是上市公司的财产所在地之一，深圳中院不能以此为连接点取得对执行案件的管辖权。

结合上述意见，合议庭经讨论后一致同意第二种意见，认为深圳中院将证券登记结算机构所在地认定为上市公司的财产所在地予以立案执行不当，决定发函广东高院，监督深圳中院依法撤销案件及相关法律文书，并告知申请人依法向有管辖权的人民法院申请执行。同时，为防止已冻结财产被转移，监督深圳中院做好已控被执行人财产与新的执行法院的衔接工作，避免申请执行人的权益受到损害。对于案涉仲裁裁决是否具有可执行性的问题，待确定新的执行法院后再由其进行审查。

对本案争议焦点的分析：

（一）证券登记结算地的性质

证券登记结算机构是为证券交易提供集中登记、存管与结算服务的机构，其所在地即为证券登记结算地。证券登记结算机构通过证券登记，可以确认证券合法持有人和处分权人的资格。证券登记结算公司根据证券发行人、上市公司或证券经营机构提供的股东名册及其持股资料，将股东名册与其持股情况作出统一性认定，借此确认特定股东及持券情况，将其记载于法定表册中。证券托管，有时也称"存管"或"保管"，指托管委托人将其名下持有或受托保管的实物证券，交存给托管人实行代保管的活动。证券结算是将买卖双方及证券公司之间的证券买卖数量和金额分别予以抵销，计算应收应付证券和款项的特殊程序，以实现证券和款项的最少实际交割数量。通过上述分析可以看出，证券登记结算地实际上是证券登记结算机构对股票进行记载、对实物证券进行存放以及对证券买卖数量进行结算的地点？

（二）公司股权所在地的确定

股权有广义及狭义之分，广义的股权，泛指

股东得以向公司主张的各种权利；狭义的股权，则仅指股东基于股东资格而享有的、从公司获取经济利益并参与公司经营管理的权利。从这个意义上讲，股权是指股东因出资而取得的、依法定或者公司章程的规定和程序参与事务并在公司中享受财产利益的、具有可转让性的权利。被执行人享有的股权构成被执行人的财产，股权财产价值的实现只能在该股权发行公司获得，股权的发行、转让等行为的效果实质上都是发生在发行公司的住所地。由此可知，发行公司的住所地与股权具有最密切的联系，故应将股权的发行公司住所地认定为该类财产所在地。

（三）如何以财产所在地为连接点确定管辖

股票是财产权（股权）的凭证。通过以上分析可知，权证所在地与财产所在地不是一个概念。股票所代表的财产所在地应当是该股票的发行公司的住所地，而不能是股票的托管地。否则，如将证券登记结算机构所在地视为上市公司的财产所在地，全国执行上市公司股权的案件，深圳或上海中院都将取得管辖权。这也违反了管辖的一般原则。

（四）案涉仲裁裁决是否具备可执行性的问题

81号裁决的第二、三项内容是具体明确的，完全可以执行。81号裁决的第一项内容是："被申请人按照609合同与补充协议书的规定继续履行其未履行的合同义务。"笔者认为，民事判决主文中关于"继续履行"的内容具有强制执行力。但应如何具体执行，存在以下几个难点问题：

1.81号裁决第一项主文确认被申请人唐钢公司按照609合同与补充协议书的规定继续履行其未履行的合同义务。而609合同与补充协议书中约定中乐公司与唐钢公司双方需要分阶段分步骤履行若干相对应的复杂义务，因为原协议中约定的交货期限、交货批次、交货数量、付款时间均已时过境迁，那么在现阶段的履行中，上述履约内容应如何确定？由谁确定？是否应当由执行人员根据原合同约定内容按照原批次、数量、单价要求唐钢公司履行出卖钢坯的义务，并相应调整唐钢公司的交货时间及中乐公司的付款期限？如对上述给付内容不予明确，客观上会造成执行困难。

2.如执行法院按照原合同内容对该裁决第一项强制执行，面临的一大难题就是执行成本过高的问题。执行人员是否有足够的能力与精力监督及促使唐钢公司按原合同及补充协议履行约定？尤其本案涉及双方互负分阶段分步骤若干相对应的复杂义务，如何取得良好的执行效果，是个非常棘手的难题。

解决继续履行类判决执行中的问题需要进一步积累实践经验，所以最高人民法院答复函文中对这一问题未予明确表态，留由执行法院审查处理。①

最高人民法院
执行裁定书

〔2015〕执申字第42号

申诉人：大庆筑安建工集团有限公司。住所地：黑龙江省大庆市龙凤区卧里屯大街52巷6号。

法定代表人：霍某，该公司总经理。

委托代理人：董某，北京市炜衡律师事务所律师。

委托代理人：路某，北京市易行律师事务所律师。

申诉人（被执行人）：大庆筑安建工集团有限公司曲阜分公司。住所地：山东省济宁市曲阜市东门大街11号。

负责人：郝某，该公司总经理。

委托代理人：董某，北京市炜衡律师事务所律师。

委托代理人：路某，北京市易行律师事务所律师。

被申诉人（申请执行人）：中煤第六十八工程有限公司。住所地：山东省邹城市矿建东路1号。

法定代表人：汤某，总经理。

---

① 朱燕：《中华乐业有限公司与唐山钢铁集团有限责任公司仲裁裁决执行案——法院能否以公司证券登记结算地为财产所在地获得管辖权》，载江必新主编、最高人民法院执行局编：《执行工作指导》2011年第3辑（总第39辑），人民法院出版社2011年版，第59～64页。

委托代理人：郭某，该公司法律顾问。

申诉人大庆筑安建工集团有限公司、大庆筑安建工集团有限公司曲阜分公司不服山东省高级人民法院〔2014〕鲁执复议字第4号执行裁定，向本院申诉。本院受理后，依法组成合议庭进行审查。2015年6月24日本院组织听证，大庆筑安建工集团有限公司和大庆筑安建工集团有限公司曲阜分公司的委托代理人、中煤第六十八工程有限公司的委托代理人参加了听证。本案现已审查终结。

本院经审查查明，中煤第六十八工程有限公司与大庆筑安建工集团有限公司曲阜分公司施工合同纠纷一案，2011年8月5日，青岛仲裁委员会作出青仲裁字〔2008〕第453号裁决书，裁决大庆筑安建工集团有限公司曲阜分公司向中煤第六十八工程有限公司支付工程款5367813.65元、支付利息840295.79元、支付维修金及罚款467000元。因被执行人大庆筑安建工集团有限公司曲阜分公司未履行生效法律文书确定的义务，申请执行人中煤第六十八工程有限公司于2012年5月11日向青岛市中级人民法院申请强制执行，该院立〔2012〕青执字第160号案件执行，于同年5月16日制作执行通知，同年7月20日向被执行人大庆筑安建工集团有限公司曲阜分公司寄出执行通知，要求其履行义务。当月28日，被执行人大庆筑安建工集团有限公司曲阜分公司向青岛市中级人民法院提出执行管辖异议。青岛市中级人民法院立〔2013〕青执裁字第25号案件审查。同年8月15日，大庆筑安建工集团有限公司曲阜分公司因对方同意协商处理，遂决定撤回书面管辖异议。此后，双方未协商达成一致意见，大庆筑安建工集团有限公司曲阜分公司对执行管辖坚持异议。2013年5月19日，大庆筑安建工集团有限公司向青岛市中级人民法院提出管辖异议。同年11月12日，青岛市中级人民法院作出〔2013〕青执裁字第25号执行裁定，驳回大庆筑安建工集团有限公司与大庆筑安建工集团有限公司曲阜分公司对本案执行管辖的异议。后大庆筑安建工集团有限公司、大庆筑安建工集团有限公司曲阜分公司不服该裁定，分别于2013年11月19日和20日向山东省高级人民法院申请复议，请求撤销该裁定。

另查明，被执行人大庆公司曲阜分公司由大庆筑安建工集团有限公司于2002年9月30日在曲阜市工商局注册成立，属于无法人资格的分支机构。经营范围是施工承包、专业承包。注册资本0万元。该公司工商年检至2009年，目前该分公司处于吊销营业执照状态。

另查明，2012年10月5日被执行人大庆筑安建工集团有限公司曲阜分公司向青岛市中级人民法院申请不予执行仲裁裁决。青岛市中级人民法院于2013年4月19日作出〔2013〕青执裁字第13号执行裁定，裁定驳回了大庆公司曲阜分公司不予执行仲裁裁决的申请。

另查明，2012年10月8日，申请执行人中煤第六十八工程有限公司向青岛市中级人民法院申请追加大庆筑安建工集团有限公司为被执行人。青岛市中级人民法院于2013年11月13日作出〔2013〕青执裁字第24号执行裁定，追加大庆筑安建工集团有限公司为青岛市中级人民法院〔2012〕青执字第160号案件的被执行人。大庆筑安建工集团有限公司不服该裁定，向青岛市中级人民法院提出执行异议，青岛市中级人民法院于2014年5月6日作出〔2014〕青执异字第10号执行裁定，驳回了大庆筑安建工集团有限公司的执行异议。

另查明，2012年11月12日，青岛市中级人民法院作出〔2012〕青执字第160号执行裁定，裁定终结本次执行程序。

山东省高级人民法院认为，按照《最高人民法院关于适用〈中华人民共和国民事诉讼法〉执行程序若干问题的解释》第三条第一款的规定，本案被执行人大庆筑安建工集团有限公司曲阜分公司在法定期限内提出了执行管辖权异议。在青岛市中级人民法院审查期间，大庆筑安建工集团有限公司曲阜分公司决定撤回了管辖权异议，同意青岛市中级人民法院对该案行使管辖权，是其真实意思表示，无证据证明违反了自愿原则，因此不违反法律规定。2012年10月25日，被执行人大庆筑安建工集团有限公司曲阜分公司向青岛市中级人民法院提出不予执行该仲裁裁决的申请，说明其认可青岛市中级人民法院对该案具有执行管辖权。青岛市中级人民法院依法驳回大庆筑安建工集团有限公司、大庆筑安建工集团有限公司曲阜分公司的异议并无不当。综上，申请复议人大庆筑安建工集团有限公司及大庆筑安建工集团有限公司曲阜分公司的复议理由不成立。该院于2014年1月27日作出〔2014〕鲁执复议字第4号执行裁定，驳回大庆筑安建工集团有限公司及大庆筑安建工集团有限公司曲阜分公司的复议申请。

申诉人大庆筑安建工集团有限公司、大庆筑安建工集团有限公司曲阜分公司对上述裁定不服，向我院申诉，请求撤销山东省高级人民法院〔2014〕鲁执复议字第4号执行裁定，指定有管辖权的法院执行。主要理由是：（1）根据《中华人民共和国民事诉讼法》第二百二十四条、第二百三十七条及《最高人民法院关于适用〈中华人民共和国仲裁法〉若干问题的解释》的相关规定，仲裁裁决可以由被执行人住所地或被执行的财产所在地的中级人民法院管辖。青岛市中级人民法院既不是被执行人住所地也不是被执行的财产所在地的中级人民法院，该院无权立案、受理、管辖本案。（2）我国法律及司法解释并未规定当事人可以自由选择法定管辖之外的法院执行的权利，即使双方均选择法定管辖之外的法院执行，也是违反法律强制性规定的，应属于无效的约定。青岛市中级人民法院及山东省高级人民法院认为对该案行使管辖权是当事人真实意思表示，不违反法律规定是错误的。

中煤第六十八工程有限公司答辩称：鉴于被执行人大庆筑安建工集团有限公司曲阜分公司称其与济宁市中级人民法院和大庆市中级人民法院有特殊关系，如果由上述法院执行，无法实现债权。此外，大庆筑安建工集团有限公司曲阜分公司向青岛市中级人民法院提出撤销仲裁裁决申请被驳回。故向青岛市中级人民法院申请执行。立案执行后，大庆筑安建工集团有限公司曲阜分公司提出管辖权异议、不予执行仲裁裁决申请等拖延执行，逃避执行，致使仲裁裁决至今没有得到执行。

本院经审查认为，本案的焦点问题是青岛市中级人民法院对本案的执行是否有管辖权。《中华人民共和国民事诉讼法》第二百二十四条及《最高人民法院关于适用〈中华人民共和国仲裁法〉若干问题的解释》第二十九条对仲裁案件执行的级别管辖和地域管辖作出明确规定，具有强制约束力。仲裁裁决的执行，其确定管辖的连接点只有两个：一是被执行人住所地；二是被执行的财产所在地。民事诉讼法属于公法性的法律规范，法律没有赋予的权力就是属于禁止。虽然民事诉讼法没有明文禁止当事人可协商执行管辖法院，但法律对当事人就执行案件管辖权的选择限定于上述两个连接点之间，当事人只能依法选择其中的一个有管辖权的法院提出执行申请，不得以任何方式改变法律规定的执行管辖法院。《中华人民共和国民事诉讼法》有关应诉管辖的规定适用于诉讼程序，在执行程序中适用没有法律依据、法理依据。因此，当事人通过协议方式选择，或通过不提管辖异议、放弃管辖异议等默认方式来确定无执行管辖权的法院享有管辖权，均不符合法律的规定。就本案而言，被执行人大庆筑安建工集团有限公司曲阜分公司的住所地或财产所在地均不在青岛市中级人民法院管辖范围内，青岛市中级人民法院对本案执行没有管辖权。申请执行人中煤第六十八工程有限公司以被执行人称其与住所地或财产所在地的法院有特殊关系为由，不向有管辖权的法院提出申请执行，而向无管辖权的青岛市中级人民法院申请执行，青岛市中级人民法院明知自己无管辖权仍然受理本案，不符合法律的规定。本案被执行人大庆筑安建工集团有限公司曲阜分公司在法定期限内提出了执行管辖权异议，青岛市中级人民法院应当依法予以审查，并依据法律规定确定其异议是否成立。虽然在此期间，大庆筑安建工集团有限公司曲阜分公司决定撤回管辖权异议，并且还向青岛市中级人民法院提出不予执行该仲裁裁决的申请，但当事人的上述行为均不能改变法律的规定而使青岛市中级人民法院取得对本案的执行管辖权。综上，大庆筑安建工集团有限公司曲阜分公司申诉理由成立，青岛市中级人民法院和山东省高级人民法院关于本案执行管辖异议的处理缺乏法律依据，应予纠正。在法院确定执行管辖权时，大庆筑安建工集团有限公司不是本案的当事人，而是法院基于另一当事人申请追加的当事人，其无权就本案的管辖权确定提出异议。鉴于大庆筑安建工集团有限公司不是仲裁裁决案件的当事人，该仲裁裁决案件执行管辖的确定不能以其住所地或财产所在地作为根据，应以仲裁裁决案件中被执行人住所地或被执行的财产所在地作为确定执行管辖法院的根据，即被执行人大庆筑安建工集团有限公司曲阜分公司住所地或者被执行的财产所在地的中级人民法院有管辖权。鉴于青岛市中级人民法院对本案不具有执行管辖权，为方便有执行管辖权法院顺利执行本案，排除执行程序中的障碍，故青岛市中级人民法院所作出的涉及本案非财产控制措施的相关执行裁定应予以一并撤销。综上，依据《中华人民共和国民事诉讼法》第二百二十四条、《最高人民法院关于适用〈中华人民共和国仲裁法〉若干问题的解释》第二十九条、《最高人民法院关于人民法院执行工作若干问题的规定（试行）》第一百二十九条之规定，参照《中华人民共和国民事诉讼法》第一百七十条第一款第二项之规定，裁定如下：

一、撤销山东省高级人民法院〔2014〕鲁执复议字第4号执行裁定。

二、撤销青岛市中级人民法院作出的〔2012〕青执字第160号、〔2013〕青执裁字第25号、〔2013〕青执裁字第13号、〔2013〕青执裁字第24号、〔2014〕青执异字第10号执行裁定。

三、申请执行人依法向有管辖权的人民法院申请执行。

本裁定送达后即发生法律效力。

【附：案例评析】

无执行管辖权的法院能否因当事人约定或默认获得仲裁裁决的执行管辖权——大庆筑安建工集团有限公司、大庆筑安建工集团有限公司曲阜分公司执行申诉案例评析

四、最高人民法院的意见

最高人民法院经审查认为：本案的焦点问题是青岛市中级人民法院对本案的执行是否有管辖权。《中华人民共和国民事诉讼法》第二百二十四条及《最高人民法院关于适用〈中华人民共和国仲裁法〉若干问题的解释》第二十九条对仲裁案件执行的级别管辖和地域管辖作出明确规定，具有强制约束力。仲裁裁决的执行，其确定管辖的连接点只有两个：一是被执行人住所地；二是被执行的财产所在地。民事诉讼法属于公法性的法律规范，法律没有赋予的权力就是属于禁止。虽然民事诉讼法没有明文禁止当事人可协商执行管辖法院，但法律对当事人就执行案件管辖权的选择限定于上述两个连接点之间，当事人只能依法选择其中的一个有管辖权的法院提出执行申请，不得以任何方式改变法律规定的执行管辖法院。《中华人民共和国民事诉讼法》有关应诉管辖的规定适用于诉讼程序，在执行程序中适用没有法律依据、法理依据。因此，当事人通过协议方式选择，或通过不提管辖异议、放弃管辖异议等默认方式来确定无执行管辖权的法院享有管辖权，均不符合法律的规定。就本案而言，被执行人大庆筑安建工集团有限公司曲阜分公司的住所地或财产所在地均不在青岛市中级人民法院管辖范围内，青岛市中级人民法院对本案执行没有管辖权。申请执行人中煤第六十八工程有限公司以被执行人称其与住所地或财产所在地的法院有特殊关系为由，不向有管辖权的法院提出申请执行，而向无管辖权的青岛市中级人民法院申请执行，青岛市中级人民法院明知自己无管辖权仍然受理本案，不符合法律的规定。本案被执行人大庆筑安建工集团有限公司曲阜分公司在法定期限内提出了执行管辖权异议，青岛市中级人民法院应当依法予以审查，并依据法律规定确定其异议是否成立。虽然在此期间，大庆筑安建工集团有限公司曲阜分公司决定撤回管辖权异议，并且还向青岛市中级人民法院提出不予执行该仲裁裁决的申请，但当事人的上述行为均不能改变法律的规定而使青岛市中级人民法院取得对本案的执行管辖权。综上，大庆筑安建工集团有限公司曲阜分公司申诉理由成立，青岛市中级人民法院和山东省高级人民法院关于本案执行管辖异议的处理缺乏法律依据，应予纠正。在法院确定执行管辖权时，大庆筑安建工集团有限公司不是本案的当事人，而是法院基于另一当事人申请追加的当事人，其无权就本案的管辖权确定提出异议。鉴于

大庆筑安建工集团有限公司不是仲裁裁决案件的当事人,该仲裁裁决案件执行管辖的确定不能以其住所地或财产所在地作为根据,应以仲裁裁决案件中被执行人住所地或被执行的财产所在地作为确定执行管辖法院的根据,即被执行人大庆筑安建工集团有限公司曲阜分公司住所地或者被执行的财产所在地的中级人民法院有管辖权。鉴于青岛市中级人民法院对本案不具有执行管辖权,为方便有执行管辖权法院顺利执行本案,排除执行程序中的障碍,故青岛市中级人民法院所作出的涉及本案非财产控制措施的相关执行裁定应予以一并撤销。综上,依据《中华人民共和国民事诉讼法》第二百二十四条、《最高人民法院关于适用〈中华人民共和国仲裁法〉若干问题的解释》第二十九条、《最高人民法院关于人民法院执行工作若干问题的规定(试行)》第一百二十九条之规定,参照《中华人民共和国民事诉讼法》第一百七十条第一款第二项之规定,裁定如下:

1. 撤销山东省高级人民法院(2014)鲁执复议字第4号执行裁定。

2. 撤销青岛市中级人民法院作出的(2012)青执字第160号、(2013)青执裁字第25号、(2013)青执裁字第13号、(2013)青执裁字第24号、(2014)青执异字第10号执行裁定。

3. 申请执行人依法向有管辖权的人民法院申请执行。

五、评析意见

本案的焦点问题是无执行管辖权的法院能否因当事人通过协议或者通过不提管辖异议、放弃管辖异议等默认方式而确定其享有对仲裁裁决的执行管辖权问题。

(一)关于民事执行管辖与民事诉讼管辖的关系问题

民事执行管辖解决的是不同级别以及同一级别不同地域的民事执行机关行使民事执行权的范围问题。我国的民事执行机关是人民法院,因此民事执行管辖就是指上下级人民法院之间以及同一级人民法院之间受理和执行民事案件的权限和分工。我国的民事执行管辖制度是结合民事执行工作的特点并参照民事诉讼管辖制度建立起来的。民事执行管辖与民事诉讼管辖虽然都是为了保护当事人的合法权益、实现民事权利的公力救济,都体现了不同级别、不同地域人民法院的权限和分工,甚至一些民事纠纷案件的诉讼管辖和执行管辖的法院都是一致的,因此两者存在密切的联系。但是,民事执行管辖又不同于民事诉讼管辖。民事执行管辖解决的是生效法律文书由哪一级、哪一个人民法院执行的问题,而民事诉讼管辖解决的是民事案件由哪一级、哪一个人民法院裁判的问题。在具体的制度上,民事执行管辖与民事诉讼管辖也存在明显的差异,例如,民事执行案件不允许当事人通过协议选择执行法院,而民事诉讼案件允许当事人通过协议选择管辖法院。民事执行管辖中不适用应诉管辖制度,而民事诉讼管辖中允许适用应诉管辖制度等。

(二)民事执行管辖是否适用协议管辖制度的问题

我国协议管辖制度体现在《民事诉讼法》第三十四条规定之中,即"合同或者其他财产权益纠纷的当事人可以书面协议选择被告住所地、合同履行地、合同签订地、原告住所地、标的物所在地等与争议有实际联系的地点的人民法院管辖,但不得违反本法对级别管辖和专属管辖的规定。"我国2012年修订的《民事诉讼法》对协议管辖制度作了比较大的调整,一方面协议管辖制度对于国内的案件适用范围在一定程度上得到了扩展,使国内与涉外民事诉讼可适用的案件范围得以统一;另一方面该制度可选择的管辖法院不只限于原来五个具有联系点的法院,增加了与案件争议有实际联系的法院。另外,在民事诉讼中也开始承认默示协议管辖制度(默示协议管辖亦称应诉管辖,见后文详述)。《民事诉讼法》中有关协议管辖的规定只适用于诉讼程序,在执行程序中适用没有法律依据、法理依据。因此,当事人通过协议方式选择确定无执行管辖权的法院享有管辖权,不符合法律的规定。

(三)关于民事执行管辖是否适用应诉管辖制度的问题

我国2012年的《民事诉讼法》确立了应诉管辖制度。《民事诉讼法》第一百二十七条第二款规定:"当事人未提出管辖异议,并应诉答辩的,视为受诉人民法院有管辖权,但违反级别管辖和专属管辖规定的除外。"《最高人民法院关于适用〈中华人民共和国民事诉讼法〉的解释》第二百二十三条第二款规定:"当事人未提出管辖异议,就案件实体内容进行答辩、陈述或者反诉的,可以认定为民事诉讼法第一百二十七条第二款规定的应诉答辩。"应诉管辖也称为默示协议管辖、拟制的协议管辖（我国台湾地区）、由于不责问的辩论而生的管辖（德国），是指原告在向没有管辖权的人民法院提起诉讼后，被告没有向受诉法院提出管辖权异议并且进行了应诉答辩或者向该受诉法院提起针对原告的反诉，且受诉法院受理该案件没有违反级别管辖和专属管辖的规定，那么视为该法院对该案有管辖权。这如同双方当事人通过协议对管辖法院加以确定了一样，使得原本没有管辖权的法院拥有了对案件的管辖权。应诉管辖需要具备以下几项条件：一是当事人未在答辩期内提出管辖权异议；二是当事人应诉答辩；三是不得违反级别管辖和专属管辖的规定。在理论上，根据管辖权所确定的方式分类，协议管辖可以分为明示的协议管辖和默示的协议管辖两种。将书面明示方式选择管辖法院的方式称为明示协议管辖，将通过原告起诉且被告应诉而不提出管辖权异议的方式称为默示协议管辖。《民事诉讼法》中有关应诉管辖的规定只适用于诉讼一审程序，在立法的体例上，也是规定的一审程序之中，并未将作为一般原则予以规定，因此，在执行程序中予以适用，也就没有法律依据、法理依据。因此，当事人通过不提管辖异议、放弃管辖异议等默认方式来确定无执行管辖权的法院享有管辖权，亦不符合法律的规定。

（四）关于仲裁裁决执行法院的确定问题

仲裁裁决的执行法院应当由当事人在法律规定的两个连接点中选择确定。《民事诉讼法》第二百二十四条规定："发生法律效力的民事判决、裁定，以及刑事判决、裁定中的财产部分，由第一审人民法院或者与第一审人民法院同级的被执行的财产所在地人民法院执行。法律规定由人民法院执行的其他法律文书，由被执行人住所地或者被执行的财产所在地人民法院执行。"《最高人民法院关于适用〈中华人民共和国仲裁法〉若干问题的解释》第二十九条规定："当事人申请执行仲裁裁决案件，由被执行人住所地或者被执行的财产所在地的中级人民法院管辖。"上述规定对仲裁案件执行的级别管辖和地域管辖作出的明确规定，具有强制约束力。仲裁裁决的执行，其确定管辖的连接点只有两个：一是被执行人住所地；二是被执行的财产所在地。关于"被执行人住所地"的具体含义，

参照《最高人民法院关于适用〈中华人民共和国民事诉讼法〉的解释》第三条对被告住所地的规定，被执行人住所地也应当区分被执行人的两种情况：一是被执行人是公民时，公民的住所地是指公民的户籍所在地；二是被执行人是法人或者其他组织时，法人或者其他组织的住所地是指法人或者其他组织的主要办事机构所在地。法人或者其他组织的主要办事机构所在地不能确定的，法人或者其他组织的注册地或者登记地为住所地。关于"被执行的财产所在地"的具体含义，其含义可以作文意解释，即被执行财产的所在地。在司法实践中，关于被执行的财产所在地这个连接点，往往出现当一个执行案件中存在多个被执行的财产所在地时，执行管辖要如何确定的问题？民事诉讼法属于公法性的法律规范，法律没有赋予的权力就是属于禁止。虽然民事诉讼法没有明文禁止当事人可协商执行管辖法院，但法律对仲裁裁决的执行，其确定管辖的连接点只有两个：一是被执行人住所地；二是被执行的财产所在地。当事人就执行案件管辖权的选择限定于上述两个连接点之间，当事人只能依法选择其中的一个有管辖权的法院提出执行申请，不得以任何方式改变法律规定的执行管辖法院。法律赋予了当事人在"被执行人住所地"和"被执行的财产所在地"这两个连接点之间的选择权，虽然没有进一步明确选择的标准，但是当事人有权在这两个连接点之间进行选择权。即使存在多个"被执行的财产所在地"时，不论当事人选择向其中哪一个被执行的财产所在地申请执行，人民法院都应当尊重当事人在法定范围内的选择权。

（五）关于无执行管辖权法院所作文书是否撤销的问题

关于无执行管辖权的法院在案件执行过程中所作出的相关执行文书是否要全部撤销的问题。这一问题是在处理法院不具有执行管辖权案件中，不可避免的后续问题。为方便有执行管辖权的法院对案件能够顺利执行，排除执行程序中的障碍，故对没有执行管辖权的法院所作出的涉及案件非财产控制措施的相关执行裁定应予以一并撤销，包括：追加变更被执行人的裁定、驳回不予执行申请的裁定等。但对于查封、扣押、冻结等财产控制措施的相关执行裁定，为方便已控被执行人

财产与新执行法院的衔接工作,避免申请执行人的权益受到损害,故不应撤销。同时,对于已采取执行措施而控制的财产,应当移交依法定程序确定的执行法院。①

人民法院办理执行案件规范

2017年4月

9.【管辖异议的处理】

人民法院受理执行申请后,当事人自收到执行通知书之日起十日内对管辖权提出异议的,由执行审查机构审查处理。管辖权异议审查和复议期间,不停止执行。

第四章 法院之间的委托执行、协助执行、协同执行

第一节 法院之间的委托执行

中华人民共和国民事诉讼法

2017年6月27日

第二百二十九条 被执行人或者被执行的财产在外地的,可以委托当地人民法院代为执行。受委托人民法院收到委托函件后,必须在十五日内开始执行,不得拒绝。执行完毕后,应当将执行结果及时函复委托人民法院;在三十日内如果还未执行完毕,也应当将执行情况函告委托人民法院。

受委托人民法院自收到委托函件之日起十五日内不执行的,委托人民法院可以请求受委托人民法院的上级人民法院指令受委托人民法院执行。

**最高人民法院
关于人民法院执行工作若干问题的规定(试行)**

1998年7月8日　法释〔1998〕15号

111. 凡需要委托执行的案件,委托法院应在立案后一个月内办妥委托执行手续。超过此期限委托的,应当经对方法院同意。

112. 委托法院明知被执行人有下列情形的,应当及时依法裁定中止执行或终结执行,不得委托当地法院执行:

(1) 无确切住所,长期下落不明,又无财产可供执行的;

(2) 有关法院已经受理以被执行人为债务人的破产案件或者已经宣告其破产的。

113. 委托执行一般应在同级人民法院之间进行。经对方法院同意,也可委托上一级的法院执行。

被执行人是军队企业的,可以委托其所在

---

① 何东宁、徐霖:《无执行管辖权的法院能否因当事人约定或默认获得仲裁裁决的执行管辖权——大庆筑安建工集团有限公司、大庆筑安建工集团有限公司曲阜分公司执行申诉案例评析》,载江必新、刘贵祥主编,最高人民法院执行局编:《执行工作指导》2016年第2辑(总第58辑),国家行政学院出版社2016年版,第107~119页。

地的军事法院执行。

执行标的物是船舶的,可以委托有关海事法院执行。

114. 委托法院应当向受委托法院出具书面委托函,并附送据以执行的生效法律文书副本原件、立案审批表复印件及有关情况说明,包括财产保全情况、被执行人的财产状况、生效法律文书履行的情况,并注明委托法院地址、联系电话、联系人等。

115. 委托执行案件的实际支出费用,由受托法院向被执行人收取,确有必要的,可以向申请执行人预收。委托法院已经向申请执行人预收费用的,应当将预收的费用转交受托法院。

116. 案件委托执行后,未经受托法院同意,委托法院不得自行执行。

117. 受托法院接到委托后,应当及时将指定的承办人、联系电话、地址等告知委托法院;如发现委托执行的手续、资料不全,应及时要求委托法院补办。但不得据此拒绝接受委托。

118. 受托法院对受托执行的案件应当严格按照民事诉讼法和最高人民法院有关规定执行,有权依法采取强制执行措施和对妨害执行行为的强制措施。

119. 被执行人在受托法院当地有工商登记或户籍登记,但人员下落不明,如有可供执行的财产,可以直接执行其财产。

120. 对执行担保和执行和解的情况以及案外人对非属法律文书指定交付的执行标的物提出的异议,受托法院可以按照有关法律规定处理,并及时通知委托法院。

121. 受托法院在执行中,认为需要变更被执行人的,应当将有关情况函告委托法院,由委托法院依法决定是否作出变更被执行人的裁定。

122. 受托法院认为受托执行的案件应当中止、终结执行的,应提供有关证据材料,函告委托法院作出裁定。受托法院提供的证据材料确实、充分的,委托法院应当及时作出中止或终结执行的裁定。

123. 受托法院认为委托执行的法律文书有错误,如执行可能造成执行回转困难或无法执行回转的,应当首先采取查封、扣押、冻结等保全措施,必要时要将保全款项划到法院账户,然后函请委托法院审查。受托法院按照委托法院的审查结果继续执行或停止执行。

最高人民法院
关于委托执行若干问题的规定

2011年5月3日　　　法释〔2011〕11号

为了规范委托执行工作,维护当事人的合法权益,根据《中华人民共和国民事诉讼法》的规定,结合司法实践,制定本规定。

第一条 执行法院经调查发现被执行人在本辖区内已无财产可供执行,且在其他省、自治区、直辖市内有可供执行财产的,应当将案件委托异地的同级人民法院执行。

执行案件中有三个以上被执行人或者三处以上被执行财产在本省、自治区、直辖市辖区以外,且分属不同异地的,执行法院根据案件具体情况,报经高级人民法院批准后可以异地执行。

第二条 案件委托执行后,受托法院应当依法立案,委托法院应当在收到受托法院的立案通知书后作委托结案处理。

委托异地法院协助查询、冻结、查封、调查或者送达法律文书等有关事项的,受托法院不作为委托执行案件立案办理,但应当积极予以协助。

第三条 委托执行应当以执行标的物所在地或者执行行为实施地的同级人民法院为受托执行法院。有两处以上财产在异地的,可以委托主要财产所在地的人民法院执行。

被执行人是现役军人或者军事单位的,可以委托对其有管辖权的军事法院执行。

执行标的物是船舶的,可以委托有管辖权的海事法院执行。

第四条 委托执行案件应当由委托法院直接向受托法院办理委托手续,并层报各自所在的高级人民法院备案。

事项委托应当以机要形式送达委托事项的相关手续,不需报高级人民法院备案。

第五条　案件委托执行时，委托法院应当提供下列材料：

（一）委托执行函；

（二）申请执行书和委托执行案件审批表；

（三）据以执行的生效法律文书副本；

（四）有关案件情况的材料或者说明，包括本辖区无财产的调查材料、财产保全情况、被执行人财产状况、生效法律文书的履行情况等；

（五）申请执行人地址、联系电话；

（六）被执行人身份证件或者营业执照复印件、地址、联系电话；

（七）委托法院执行员和联系电话；

（八）其他必要的案件材料等。

第六条　委托执行时，委托法院应当将已经查封、扣押、冻结的被执行人的异地财产，一并移交受托法院处理，并在委托执行函中说明。

委托执行后，委托法院对被执行人财产已经采取查封、扣押、冻结等措施的，视为受托法院的查封、扣押、冻结措施。受托法院需要继续查封、扣押、冻结，持委托执行函和立案通知书办理相关手续。续封续冻时，仍为原委托法院的查封冻结顺序。

查封、扣押、冻结等措施的有效期限在移交受托法院时不足1个月的，委托法院应当先行续封或者续冻，再移交受托法院。

第七条　受托法院收到委托执行函后，应当在7日内予以立案，并及时将立案通知书通过委托法院送达申请执行人，同时将指定的承办人、联系电话等书面告知委托法院。

委托法院收到上述通知书后，应当在7日内书面通知申请执行人案件已经委托执行，并告知申请执行人可以直接与受托法院联系执行相关事宜。

第八条　受托法院如发现委托执行的手续、材料不全，可以要求委托法院补办。委托法院应当在30日内完成补办事项，在上述期限内未完成的，应当作出书面说明。委托法院既不补办又不说明原因的，视为撤回委托，受托法院可以将委托材料退回委托法院。

第九条　受托法院退回委托的，应当层报所在辖区高级人民法院审批。高级人民法院同意退回后，受托法院应当在15日内将有关委托手续和案卷材料退回委托法院，并作出书面说明。

委托执行案件退回后，受托法院已立案的，应当作销案处理。委托法院在案件退回原因消除之后可以再行委托。确因委托不当被退回的，委托法院应当决定撤销委托并恢复案件执行，报所在的高级人民法院备案。

第十条　委托法院在案件委托执行后又发现有可供执行财产的，应当及时告知受托法院。受托法院发现被执行人在受托法院辖区外另有可供执行财产的，可以直接异地执行，一般不再行委托执行。根据情况确需再行委托的，应当按照委托执行案件的程序办理，并通知案件当事人。

第十一条　受托法院未能在6个月内将受托案件执结的，申请执行人有权请求受托法院的上一级人民法院提级执行或者指定执行，上一级人民法院应当立案审查，发现受托法院无正当理由不予执行的，应当限期执行或者作出裁定提级执行或者指定执行。

第十二条　执行法院赴异地执行案件时，应当持有其所在辖区高级人民法院的批准函件，但异地采取财产保全措施和查封、扣押、冻结等非处分性执行措施的除外。

异地执行时，可以根据案件具体情况，请求当地法院协助执行，当地法院应当积极配合，保证执行人员的人身安全和执行装备、执行标的物不受侵害。

第十三条　高级人民法院应当对辖区内委托执行和异地执行工作实行统一管理和协调，履行以下职责：

（一）统一管理跨省、自治区、直辖市辖区的委托和受托执行案件；

（二）指导、检查、监督本辖区内的受托案件的执行情况；

（三）协调本辖区内跨省、自治区、直辖市辖区的委托和受托执行争议案件；

（四）承办需异地执行的有关案件的审批事项；

（五）对下级法院报送的有关委托和受托执行案件中的相关问题提出指导性处理意见；

（六）办理其他涉及委托执行工作的事项。

第十四条　本规定所称的异地是指本省、自治区、直辖市以外的区域。各省、自治区、直辖市内的委托执行，由各高级人民法院参照本规定，结合实际情况，制定具体办法。

第十五条　本规定施行之后，其他有关委托执行的司法解释不再适用。

最高人民法院
关于刑事裁判涉财产部分执行的若干规定

2014 年 10 月 30 日　　法释〔2014〕13 号

第二条　刑事裁判涉财产部分，由第一审人民法院执行。第一审人民法院可以委托财产所在地的同级人民法院执行。

最高人民法院
关于人民法院相互办理委托事项的规定

1993 年 9 月 25 日　　法发〔1993〕26 号

全国地方各级人民法院、各级军事法院、各铁路运输中级法院和基层法院、各海事法院：

为了使人民法院相互办理委托事项的工作进一步规范化、制度化，防止推诿扯皮、贻误工作，保证已生效的判决、裁定及其他法律文书及时依法执行，从而提高审判工作的效率，现根据民事诉讼法的有关规定，结合审判工作经验，对人民法院相互办理委托事项，规定如下：

一、人民法院在案件审理和执行过程中，根据需要，可以委托其他人民法院代为调查、送达、宣判和代为执行。

二、被调查人或者被调查的事项在外地的，受理案件的人民法院可以委托当地基层人民法院代为调查。必要时也可以委托当地中级人民法院代为调查。

三、委托外地人民法院代为调查，委托人民法院应当出具委托书，提出明确的调查事项和要求。必要时，应当简要介绍案情或者附具调查提纲。

根据情况需要，受委托人民法院也可以主动作补充调查。

四、委托调查，受委托人民法院应当在收到委托书之日起三十日内完成。委托书中对完成委托调查的时间有特殊要求的，应当在要求的期限内完成。因故不能完成的，应当在上述期限内函告委托人民法院，说明情况。

五、人民法院在审理案件过程中，需要勘验现场的，一般不应委托其他人民法院代为调查。

六、受送达人在外地，或者虽在本地但由受理案件的人民法院直接送达有困难的，可以委托送达，由受理案件的人民法院将需要送达的诉讼文书交由受送达人住所地的基层人民法院代为送达。

七、委托送达，委托人民法院应当出具委托书，并附需要送达的诉讼文书和送达回证。委托人民法院对送达诉讼文书有特殊要求的，应当在委托书中说明。

受委托送达的人民法院应当在收到委托书之日起七日内完成，并将送达回证寄回委托人民法院。因故无法送达的，应当在上述期限内函告委托人民法院。

八、受送达人下落不明，或者诉讼文书需要由有关单位转交送达的，受理案件的人民法院不得委托其他人民法院代为送达。

九、接受宣判的当事人在外地的，受理案件的人民法院可以委托当地基层人民法院代为宣判。明知接受宣判的当事人下落不明的，不应委托宣判。

十、委托宣判，委托人民法院应当出具委托书和需要宣判的法律文书。委托人民法院对委托宣判事项有特殊要求的，应当在委托书中说明。

受委托人民法院应当在收到委托书之日起七日内完成，并将宣判情况制作笔录；宣判后，及时将宣判笔录和送达回证寄回委托人民法院。

十一、在执行中，被执行人、被执行的财产在外地的，负责执行的人民法院可以委托当地基层人民法院代为执行。

十二、委托执行,委托人民法院应当出具委托书和生效的法律文书。委托书应当提出明确的执行要求。有关需要说明的事项,应当另附函件。

十三、委托执行,受委托人民法院必须接受,并应当严格按照生效法律文书的规定和委托人民法院的要求执行,不对生效的法律文书进行审查。

十四、受委托人民法院必须在收到委托书和生效法律文书之日起十五日内开始执行,并在开始执行后,及时告知委托人民法院。

对债务人履行债务的时间、期限和方式需要变通的,应当征得委托人民法院的同意。

十五、受委托人民法院在办理委托执行过程中,有权依法采取必要的执行措施。

十六、在委托执行中,被执行人和申请人自行和解达成协议,受委托人民法院应当及时将协议内容告知委托人民法院。

一方当事人不履行和解协议或者翻悔的,对方当事人应当向委托人民法院申请恢复执行,并由委托人民法院通知受委托人民法院。

十七、在委托执行中,被执行人申请提供担保,并经申请执行人同意的,受委托人民法院应当及时函告委托人民法院,由委托人民法院决定是否暂缓执行及暂缓执行的期限。

十八、在委托执行中,案外人对执行标的提出异议的,受委托人民法院应当函告委托人民法院处理。

十九、受委托人民法院遇有需要中止执行或者终结执行的情形,应当及时函告委托人民法院,由委托人民法院作出裁定。受委托人民法院不得自行裁定中止执行或者终结执行。

二十、被执行人的财产不足以清偿所有申请人的债权,受委托人民法院应当在征得委托人民法院的同意后,严格按照规定的清偿顺序执行。

二十一、执行完毕后,受委托人民法院应当将执行结果及时函复委托人民法院;如果在三十日内还未执行完毕,也应当将执行情况函告委托人民法院。

二十二、委托人民法院自委托书和生效法律文书发送之日起三十日内,没有收到受托人民法院关于开始执行的通知的,可以请求受托人民法院的上一级人民法院指令受委托人民法院执行。

受委托人民法院的上一级人民法院在接到委托人民法院的请求后,应当在五日内指令受委托人民法院执行,并将这一情况及时告知委托人民法院。

委托人民法院自向受委托人民法院的上一级人民法院发出指令执行的请求之日起二十日内,没有收到该人民法院关于已经指令执行的通知的,可以再行向该人民法院的上级人民法院逐级请求。上级人民法院必须及时指令执行。

二十三、委托执行,受委托人民法院的执行员应当将执行情况制作笔录,在执行完毕后,交由委托人民法院存档备查。

二十四、在委托执行的执行过程中,受委托人民法院发现委托执行的法律文书有错误的,应当及时函请委托人民法院进行审查。在委托人民法院作出答复后,受委托人民法院如有异议,可以向委托人民法院的上一级人民法院反映,但不得停止执行。

二十五、办理委托执行,委托人民法院不应收取执行费,受委托人民法院也不得向委托人民法院收取费用。在执行中实际支出的费用,按照《人民法院诉讼收费办法》收取。

二十六、被执行人、被执行的财产在外地的,根据需要,人民法院可以直接到外地执行;要求当地人民法院协助执行的,当地人民法院应当积极配合,不得推脱、阻挠执行。

二十七、办理委托调查、送达、宣判事项,由人民法院审判庭负责。办理委托执行事项,由人民法院执行庭负责;尚未设立执行庭的,由有关审判庭负责。

二十八、受委托人民法院办理委托事项,应当建立登记制度,登记内容包括:委托人民法院、委托时间、委托事项和办理结果等。

二十九、上级人民法院应当督促下级人民法院及时办理委托事项。受委托人民法院应当向上一级人民法院报告办理委托事项的情况。委托人民法院也可定期或不定期向受委托人民法院的上一级人民法院反映受委托人民法院办理委托事项的情况。

三十、受委托人民法院要把办理委托事项作为考核干部的一项重要内容，纳入岗位责任制，同其他工作一样进行考核和奖惩。

三十一、上级人民法院对下级人民法院不依法办理委托事项，造成重大影响或后果的，应当予以通报批评；情节严重的，追究相应的行政和法律责任。

中央政法委　最高人民法院
关于规范集中清理执行积案结案标准的通知

2009年3月19日　　法发〔2009〕15号

三、对有财产可供执行的案件，应依法按规定结案；对无财产可供执行的案件，可按下列条件和方式结案。

1. 符合法律或司法解释规定的终结执行情形的，可依法结案。仲裁裁决、公证债权文书被裁定不予执行的，可依法结案。

2. 被执行人可供执行的财产执行完毕后，申请执行人书面表示放弃剩余债权的，可依法结案。

3. 案件执行标的款全部执行到执行款专户，因申请执行人下落不明无法领取或不愿领取，执行法院已依法予以提存的，可以作结案处理。

4. 委托执行的案件，受托法院可以按照新收执行案件办理，委托法院不得作结案处理。待受托法院将案件依法结案后，委托法院的案件一并依法结案。

5. 中止执行的案件，不得作结案处理。

6. 提级执行或指定执行的案件，提级执行的法院或被指定执行的法院应当按照新收执行案件办理，原执行法院可作销案处理，不得作结案处理。

7. 因重复立案移送管辖的案件，原执行法院应作销案处理，不得作结案处理。

8. 无财产可供执行的案件，执行程序在一定期间无法继续进行，且有下列情形之一的，经合议庭评议，可裁定终结本次执行程序后结案：

（1）被执行人确无财产可供执行，申请执行人书面同意人民法院终结本次执行程序的；

（2）因被执行人无财产而中止执行满两年，经查证被执行人确无财产可供执行的；

（3）申请执行人明确表示提供不出被执行人的财产或财产线索，并在人民法院穷尽财产调查措施之后对人民法院认定被执行人无财产可供执行书面表示认可的；

（4）被执行人的财产无法拍卖变卖，或者动产经两次拍卖、不动产或其他财产权经三次拍卖仍然流拍，申请执行人拒绝接受或者依法不能交付其抵债，经人民法院穷尽财产调查措施，被执行人确无其他财产可供执行的；

（5）作为被执行人的企业法人被撤销、注销、吊销营业执照或者歇业后既无财产可供执行，又无义务承受人，也没有能够依法追加变更执行主体的；

（6）经人民法院穷尽财产调查措施，被执行人确无财产可供执行或虽有财产但不宜强制执行，当事人达成分期履行和解协议的；

（7）被执行人确无财产可供执行，申请执行人属于特困群体，执行法院已经给予其适当救助资金的。

9. 裁定终结本次执行程序的，应当符合下列要求：

（1）裁定书中应当载明执行标的总额、已经执行的债权数额和剩余的债权数额，并写明申请执行人在具备执行条件时，可以向有管辖权的人民法院申请执行剩余债权。

（2）执行法院终结本次执行程序，在下达裁定前应当告知申请执行人。申请执行人对终结本次执行程序有异议的，执行法院应当另行派员组织当事人就被执行人是否有财产可供执行进行听证；申请执行人提供被执行人财产线索的，执行法院应当就其提供的线索重新调查核实，发现被执行人有财产可供执行的，应当继续执行。

10. 裁定终结本次执行程序后，如发现被执行人有财产可供执行的，申请执行人可以再次提出执行申请。申请执行人再次提出执行申请不受申请执行期间的限制。

申请执行人申请或者人民法院依职权恢复执行的,应当重新立案。

各地法院对清理积案活动以来已经报结的执行案件要重新进行核查,对不符合本通知要求的已结案件要抓紧整改。清理积案领导小组将适时派出检查组进行检查验收。发现故意弄虚作假、欺上瞒下等情况的,将坚决依照有关规定严肃处理。

人民法院办理执行案件规范

2017 年 4 月

236.【委托执行】

被执行人或者被执行的财产在外地的,可以委托当地人民法院代为执行。受委托人民法院收到委托函件后,必须在十五日内开始执行,不得拒绝。执行完毕后,应当将执行结果及时函复委托人民法院;在三十日内如果还未执行完毕,也应当将执行情况函告委托人民法院。

受委托人民法院自收到委托函件之日起十五日内不执行的,委托人民法院可以请求受托人民法院的上级人民法院指令受委托人民法院执行。

237.【受委托执行的法院】

委托执行应当以执行标的物所在地或者执行行为实施地的同级人民法院为受托执行法院。

被执行人是现役军人或者军事单位的,可以委托对其有管辖权的军事法院执行。

238.【事项委托】

人民法院在执行过程中,根据需要,可以委托其他法院代为办理查询、冻结、查封、划拨、调查或者送达法律文书等有关事项。委托法院应当出具委托执行函,受托法院应当积极予以协助。

人民法院需要对异地的财产进行评估、拍卖、变卖的,经协商一致,可以委托财产所在地人民法院办理。

具备相关技术条件的,可以通过网络方式进行事项委托。

239.【委托查询、调查】

委托其他法院查询、调查的,委托法院应当出具委托执行函,提出明确、具体的查询、调查事项和要求。

240.【委托查封、冻结、扣押、划拨】

委托其他法院查封、冻结、扣押、划拨的,委托法院应当出具委托执行函,并附相关法律文书和送达回证。委托法院对查封、冻结、扣押、划拨有特殊要求的,应当在委托执行函中说明。

委托续行查封、冻结、扣押的,一般应在查封、冻结、扣押期限届满一个月前发出委托手续。

241.【委托送达】

委托其他人民法院代为送达的,委托法院应当出具委托函,并附需要送达的执行文书和送达回证。委托法院对送达法律文书有特殊要求的,应当在委托执行函中说明。

委托送达的,受托法院应当自收到委托函及相关执行文书之日起十日内代为送达。

法律文书能够邮寄送达的,一般不委托其他法院送达。

242.【受托事项的办理】

除本规范另有规定的外,受托法院应当在收到委托执行函后及时予以办理,不得拒绝、拖延。受托法院如发现委托执行的手续、材料不全,可以要求委托法院补办。

受托法院应将办理委托事项的相关情况及材料及时反馈委托法院。委托续行查封、冻结、扣押的,受托法院应在查封、冻结、扣押期限届满前完成委托事项。

委托事项不符合相关规定的,受托法院应当将委托材料退回并说明相关情况。

243.【受托事项的登记】

受托法院办理委托事项,应当进行登记,登记内容包括:委托法院、委托时间、委托事项和办理结果等。

244.【事项委托的监督】

受托法院的上级法院发现受托法院拒绝、拖延办理委托事项的,应督促其及时办理。

第二节　法院之间的协助执行

最高人民法院
关于适用《中华人民共和国民事诉讼法》的解释

2015年1月30日　　法释〔2015〕5号

第一百七十九条　被拘留人不在本辖区的,作出拘留决定的人民法院应当派员到被拘留人所在地的人民法院,请该院协助执行,受委托的人民法院应当及时派员协助执行。被拘留人申请复议或者在拘留期间承认并改正错误,需要提前解除拘留的,受委托人民法院应当向委托人民法院转达或者提出建议,由委托人民法院审查决定。

最高人民法院
关于人民法院执行工作若干问题的规定（试行）

1998年7月8日　　法释〔1998〕15号

124. 人民法院在异地执行时,当地人民法院应当积极配合,协同排除障碍,保证执行人员的人身安全和执行装备、执行标的物不受侵害。

最高人民法院
关于人民法院相互办理委托事项的规定

1993年9月25日　　法发〔1993〕26号

全国地方各级人民法院、各级军事法院、各铁路运输中级法院和基层法院、各海事法院：

为了使人民法院相互办理委托事项的工作进一步规范化、制度化,防止推诿扯皮、贻误工作,保证已生效的判决、裁定及其他法律文书及时依法执行,从而提高审判工作的效率,现根据民事诉讼法的有关规定,结合审判工作经验,对人民法院相互办理委托事项,规定如下：

一、人民法院在案件审理和执行过程中,根据需要,可以委托其他人民法院代为调查、送达、宣判和代为执行。

二、被调查人或者被调查的事项在外地的,受理案件的人民法院可以委托当地基层人民法院代为调查。必要时也可以委托当地中级人民法院代为调查。

三、委托外地人民法院代为调查,委托人民法院应当出具委托书,提出明确的调查事项和要求。必要时,应当简要介绍案情或者附具调查提纲。

根据情况需要,受委托人民法院也可以主动作补充调查。

四、委托调查,受委托人民法院应当在收到委托书之日起三十日内完成。委托书中对完成委托调查的时间有特殊要求的,应当在要求的期限内完成。因故不能完成的,应当在上述期限内函告委托人民法院,说明情况。

五、人民法院在审理案件过程中,需要勘验现场的,一般不应委托其他人民法院代为调查。

六、受送达人在外地,或者虽在本地但由受理案件的人民法院直接送达有困难的,可以委托送达,由受理案件的人民法院将需要送达的诉讼文书交由受送达人住所地的基层人民法院代为送达。

七、委托送达,委托人民法院应当出具委托书,并附需要送达的诉讼文书和送达回证。委托人民法院对送达诉讼文书有特殊要求的,应当在委托书中说明。

受委托送达的人民法院应当在收到委托书之日起七日内完成,并将送达回证寄回委托人民法院。因故无法送达的,应当在上述期限内函告委托人民法院。

八、受送达人下落不明,或者诉讼文书需

要由有关单位转交送达的，受理案件的人民法院不得委托其他人民法院代为送达。

九、接受宣判的当事人在外地的，受理案件的人民法院可以委托当地基层人民法院代为宣判。明知接受宣判的当事人下落不明的，不应委托宣判。

十、委托宣判，委托人民法院应当出具委托书和需要宣判的法律文书。委托人民法院对委托宣判事项有特殊要求的，应当在委托书中说明。

受委托人民法院应当在收到委托书之日起七日内完成，并将宣判情况制作笔录；宣判后，及时将宣判笔录和送达回证寄回委托人民法院。

十一、在执行中，被执行人、被执行的财产在外地的，负责执行的人民法院可以委托当地基层人民法院代为执行。

十二、委托执行，委托人民法院应当出具委托书和生效的法律文书。委托书应当提出明确的执行要求。有关需要说明的事项，应当另附函件。

十三、委托执行，受委托人民法院必须接受，并应当严格按照生效法律文书的规定和委托人民法院的要求执行，不对生效的法律文书进行审查。

十四、受委托人民法院必须在收到委托书和生效法律文书之日起十五日内开始执行，并在开始执行后，及时告知委托人民法院。

对债务人履行债务的时间、期限和方式需要变通的，应当征得委托人民法院的同意。

十五、受委托人民法院在办理委托执行过程中，有权依法采取必要的执行措施。

十六、在委托执行中，被执行人和申请人自行和解达成协议的，受委托人民法院应当及时将协议内容告知委托人民法院。

一方当事人不履行和解协议或者翻悔的，对方当事人应当向委托人民法院申请恢复执行，并由委托人民法院通知受委托人民法院。

十七、在委托执行中，被执行人申请提供担保，并经申请执行人同意的，受委托人民法院应当及时函告委托人民法院，由委托人民法院决定是否暂缓执行及暂缓执行的期限。

十八、在委托执行中，案外人对执行标的提出异议的，受委托人民法院应当函告委托人民法院处理。

十九、受委托人民法院遇有需要中止执行或者终结执行的情形，应当及时函告委托人民法院，由委托人民法院作出裁定。受委托人民法院不得自行裁定中止执行或者终结执行。

二十、被执行人的财产不足以清偿所有申请人的债权，受委托人民法院应当在征得委托人民法院的同意后，严格按照规定的清偿顺序执行。

二十一、执行完毕后，受委托人民法院应当将执行结果及时函复委托人民法院；如果在三十日内还未执行完毕，也应当将执行情况函告委托人民法院。

二十二、委托人民法院自委托书和生效法律文书发送之日起三十日内，没有收到受托人民法院关于开始执行的通知的，可以请求受委托人民法院的上一级人民法院指令受委托人民法院执行。

受委托人民法院的上一级人民法院在接到委托人民法院的请求后，应当在五日内指令受委托人民法院执行，并将这一情况及时告知委托人民法院。

委托人民法院自向受委托人民法院的上一级人民法院发出指令执行的请求之日起二十日内，没有收到该人民法院关于已经指令执行的通知的，可以再行向该人民法院的上级人民法院逐级请求。上级人民法院必须及时指令执行。

二十三、委托执行，受委托人民法院的执行员应当将执行情况制作笔录，在执行完毕后，交由委托人民法院存档备查。

二十四、在委托执行的执行过程中，受委托人民法院发现委托执行的法律文书有错误的，应当及时函请委托人民法院进行审查。在委托人民法院作出答复后，受委托人民法院如有异议，可以向委托人民法院的上一级人民法院反映，但不得停止执行。

二十五、办理委托执行，委托人民法院不应收取执行费，受委托人民法院也不得向委托人民法院收取费用。在执行中实际支出的费用，按照《人民法院诉讼收费办法》收取。

二十六、被执行人、被执行的财产在外地

的，根据需要，人民法院可以直接到外地执行；要求当地人民法院协助执行的，当地人民法院应当积极配合，不得推脱、阻挠执行。

二十七、办理委托调查、送达、宣判事项，由人民法院审判庭负责。办理委托执行事项，由人民法院执行庭负责；尚未设立执行庭的，由有关审判庭负责。

二十八、受委托人民法院办理委托事项，应当建立登记制度，登记内容包括：委托人民法院、委托时间、委托事项和办理结果等。

二十九、上级人民法院应当督促下级人民法院及时办理委托事项。受委托人民法院应当向上一级人民法院报告办理委托事项的情况。委托人民法院也可定期或不定期向受委托人民法院的上一级人民法院反映受委托人民法院办理委托事项的情况。

三十、受委托人民法院要把办理委托事项作为考核干部的一项重要内容，纳入岗位责任制，同其他工作一样进行考核和奖惩。

三十一、上级人民法院对下级人民法院不依法办理委托事项，造成重大影响或后果的，应当予以通报批评；情节严重的，追究相应的行政和法律责任。

最高人民法院
关于坚决制止对被执行人违法采取强制拘留措施的紧急通知

1997年6月25日

六、在异地执行时必须与当地法院取得联系，取得当地法院的协助。当地法院必须提供方便，依法予以协助，不得向当事人通风报信，不得设置障碍，故意拖延甚至顶着不办。对需要扣押的车辆，应先到有关部门查询车辆登记的权属情况后，依法办理扣押手续；对正在执行任务或营运中的车辆，不得拦截。

最高人民法院
关于人民法院预防和处理执行突发事件的若干规定（试行）

2009年9月22日　　法发〔2009〕50号

第十八条　异地执行发生执行突发事件的，执行人员应当在第一时间将有关情况通报发生地法院，发生地法院应当积极协助组织开展应急处理工作。发生地法院必须立即派员赶赴现场，同时报告当地党委和政府，协调公安等有关部门出警控制现场，采取有效措施进行控制，防止事态恶化。

最高人民法院
关于进一步加强人民法院涉军案件审判工作的通知

2010年7月28日　　法〔2010〕254号

10. 确保生效裁判的及时执行。切实加强涉军案件执行工作，保障当事人合法权益。在向军队一方当事人送达裁判文书时，要释明有关法律规定，指导其及时申请执行；军队一方为申请执行人的，要加大执行力度，必要时可请上级人民法院提级执行；军队一方为被执行人的，可通过部队组织督促被执行人履行法定义务，必要时可以请部队所在地的军事法院协助执行。

人民法院办理执行案件规范

2017年4月

245.【异地执行的协助】
人民法院在异地执行时，当地人民法院应当积极配合，协同排除障碍，保证执行人员的人身安全和执行装备、执行标的物不受侵害。

246.【异地突发事件的协助】
异地执行发生执行突发事件的，执行人员

应当在第一时间将有关情况通报发生地法院，发生地法院应当积极协助组织开展应急处理工作。发生地法院必须立即派员赶赴现场，同时报告当地党委和政府，协调公安等有关部门出警控制现场，采取有效措施进行控制，防止事态恶化。

247.【涉军案件的协助执行】

以军队单位或军人、军属为被执行人的，可通过部队组织督促被执行人履行法定义务，必要时可以请部队所在地的军事法院协助执行。

734.【协作机制】

有需要时，执行法院可以要求负责办理减刑、假释案件的人民法院协助执行生效裁判中的财产性判项。

执行法院在执行继续追缴或者责令退赔的事项中，可以要求人民检察院、公安机关、国家安全机关、司法行政机关等予以配合。

第三节　法院之间的协同执行

最高人民法院
关于人民法院执行工作若干问题的规定（试行）

1998年7月8日　　法释〔1998〕15号

132. 上级法院发现下级法院的执行案件（包括受委托执行的案件）在规定的期限内未能执行结案的，应当作出裁定、决定、通知而不制作的，或应依法实施具体执行行为而不实施的，应当督促下级法院限期执行，及时作出有关裁定等法律文书，或采取相应措施。

对下级法院长期未能执结的案件，确有必要的，上级法院可以决定由本院执行或与下级法院共同执行，也可以指定本辖区其他法院执行。

最高人民法院
关于加强中级人民法院协同执行基层人民法院执行实施案件的通知

2017年5月23日　　法〔2017〕158号

各省、自治区、直辖市高级人民法院，解放军军事法院，新疆维吾尔自治区高级人民法院生产建设兵团分院：

中级人民法院在执行工作中具有承上启下的作用，是实现执行工作统一管理、统一指挥、统一协调的关键环节。执行指挥中心在执行工作中处于枢纽地位，对统筹执行力量、强化系统管理、提升执行质效、破解执行难题具有重要意义。为充分发挥中级人民法院执行指挥中心的功能优势，推动解决重大、疑难、复杂案件执行，根据有关规定，就加强中级人民法院对辖区法院执行实施案件的协同执行工作通知如下：

一、中级人民法院要发挥协调和统筹优势，统一调度使用辖区法院执行力量，协同、帮助基层人民法院对重大、疑难、复杂或长期未结案件实施强制执行。

二、基层人民法院难以执行的下列执行实施案件，可报请中级人民法院协同执行：

（一）长期未结案件；

（二）受到严重非法干预的案件；

（三）有重大影响，社会高度关注的案件；

（四）受暴力、威胁或其他方法妨碍、抗拒执行的案件；

（五）多个法院立案受理的系列、关联案件；

（六）被执行人主要财产在其他法院辖区的案件；

（七）其他重大、疑难、复杂案件。

上级人民法院在督办、信访、巡查等工作中发现下级法院立案执行的执行实施案件存在上述情形的，可以指定或决定实施协同执行。

三、实施协同执行的，中级人民法院应作出《协同执行决定书》，决定书同时送交执行法院和参与协同执行的相关法院。执行法院报请的案件不符合协同执行条件的，中级人民法院应告知其自行执行。

四、协同执行由执行指挥中心具体负责，中级人民法院执行指挥中心应指定专人负责协同执行，与执行法院共同商定执行实施方案，及时组织实施强制执行。

协同执行案件不移送、不提级，办案主体仍是执行法院，仍由执行法院以本院名义对外出具法律文书。参与协同执行的其他法院执行干警可以凭《协同执行决定书》和公务证件开展具体执行工作。

五、中级人民法院应统筹考虑辖区法院执行案件数量、执行力量等因素，均衡开展协同执行，优先协助案多人少矛盾更加突出的辖区法院。应按照就近、便利原则开展协同执行，统筹使用辖区法院执行力量，最大限度节约执行成本，防止频繁、大跨度调用执行力量对辖区法院正常办案造成影响。

六、中级人民法院每年应办理一定数量的协同执行案件，办案数量和质效纳入执行考核范围，具体办案数量由高级人民法院根据辖区各中级人民法院实际情况确定。

七、上级人民法院要加强对协同执行工作的监督、管理和考核，每半年将协同执行工作开展情况予以通报。人民法院执行指挥中心要建立协同执行案件管理模块，加强对协同执行案件的信息化管理。

八、协同执行工作方案中，应明确中级人民法院、执行法院和参与协同执行的相关法院具体职责。各法院应分工负责、密切配合，存在消极执行、乱执行等不规范执行的，追究相应责任。

九、高级人民法院应就协同执行案件具体条件，职责分工，辖区各中级人民法院办理协同执行案件数量，协同执行的监督、指导、考核等制定实施细则并报最高人民法院备案。

十、高级人民法院可参照本通知要求，就辖区中基层法院需要协同执行的执行实施案件开展协同执行。

十一、本通知自2017年7月1日起实施，实施过程有何问题和建议，及时层报最高人民法院。

特此通知。

附件：协同执行决定书（样式）

附件

××××人民法院
执行决定书

（××××）×× 执字第××号

××××人民法院：

你院执行的×××与×××……（写明执行依据、当事人姓名或名称和案由）一案，因……（写明协同执行的事实和理由），依照《最高人民法院关于人民法院执行工作若干问题的规定（试行）》132条第2款规定，决定如下：

该案由本院与你院及×××人民法院（写明参与协同执行的相关法院名称）协同执行。

××××年××月××日
（院印）

第五章　执行监督

中华人民共和国民事诉讼法

2017年6月27日

第十四条　人民检察院有权对民事诉讼实行法律监督。

第二百二十六条　人民法院自收到申请执行书之日起超过六个月未执行的,申请执行人可以向上一级人民法院申请执行。上一级人民法院经审查,可以责令原人民法院在一定期限内执行,也可以决定由本院执行或者指令其他人民法院执行。

最高人民法院
关于人民法院执行工作若干问题的规定(试行)

1998年7月8日　　法释〔1998〕15号

十五、执行监督

129. 上级人民法院依法监督下级人民法院的执行工作。最高人民法院依法监督地方各级人民法院和专门法院的执行工作。

130. 上级法院发现下级法院在执行中作出的裁定、决定、通知或具体执行行为不当或有错误的,应当及时指令下级法院纠正,并可以通知有关法院暂缓执行。

下级法院收到上级法院指令后必须立即纠正。如果认为上级法院的指令有错误的,可以在收到该指令后五日内请求上级法院复议。

上级法院认为请求复议的理由不成立,而下级法院仍不纠正的,上级法院可直接作出裁定或决定予以纠正,送达有关法院及当事人,并可直接向有关单位发出协助执行通知书。

131. 上级法院发现下级法院执行的非诉讼生效法律文书有不予执行事由,应当依法作出不予执行裁定而不制作的,可以责令下级法院在指定时限内作出裁定,必要时可直接裁定不予执行。

132. 上级法院发现下级法院的执行案件(包括受委托执行的案件)在规定的期限内未能执行结案的,应当作出裁定、决定、通知而不制作的,或应当依法实施具体执行行为而不实施的,应当督促下级法院限期执行,及时作出有关裁定等法律文书,或采取相应措施。

对下级法院长期未能执结的案件,确有必要的,上级法院可以决定由本院执行或与下级法院共同执行,也可以指定本辖区其他法院执行。

133. 上级法院在监督、指导、协调下级法院执行案件中,发现据以执行的生效法律文书确有错误的,应当书面通知下级法院暂缓执行,并按照审判监督程序处理。

134. 上级法院在申诉案件复查期间,决定对生效法律文书暂缓执行的,有关审判庭应当将暂缓执行的通知抄送执行机构。

135. 上级法院通知暂缓执行的,应同时指定暂缓执行的期限。暂缓执行的期限一般不得超过三个月。有特殊情况需要延长的,应报经院长批准,并及时通知下级法院。

暂缓执行的原因消除后,应当及时通知执行法院恢复执行。期满后上级法院未通知继续暂缓执行的,执行法院可以恢复执行。

136. 下级法院不按照上级法院的裁定、决定或通知执行,造成严重后果的,按照有关规定追究有关主管人员和直接责任人员的责任。

最高人民法院关于适用《中华人民共和国民事诉讼法》执行程序若干问题的解释

2008年11月3日　　法释〔2008〕13号

第十一条 依照民事诉讼法第二百零三条①的规定，有下列情形之一的，上一级人民法院可以根据申请执行人的申请，责令执行法院限期执行或者变更执行法院：

（一）债权人申请执行时被执行人有可供执行的财产，执行法院自收到申请执行书之日起超过六个月对该财产未执行完结的；

（二）执行过程中发现被执行人可供执行的财产，执行法院自发现财产之日起超过六个月对该财产未执行完结的；

（三）对法律文书确定的行为义务的执行，执行法院自收到申请执行书之日起超过六个月未依法采取相应执行措施的；

（四）其他有条件执行超过六个月未执行的。

第十二条 上一级人民法院依照民事诉讼法第二百零三条规定责令执行法院限期执行的，应当向其发出督促执行令，并将有关情况书面通知申请执行人。

上一级人民法院决定由本院执行或者指令本辖区其他人民法院执行的，应当作出裁定，送达当事人并通知有关人民法院。

第十三条 上一级人民法院责令执行法院限期执行，执行法院在指定期间内无正当理由仍未执行完结的，上一级人民法院应当裁定由本院执行或者指令本辖区其他人民法院执行。

第十四条 民事诉讼法第二百零三条规定的六个月期间，不应当计算执行中的公告期间、鉴定评估期间、管辖争议处理期间、执行争议协调期间、暂缓执行期间以及中止执行期间。

最高人民法院关于执行案件督办工作的规定（试行）

2006年5月18日　　法发〔2006〕11号

第一条 最高人民法院对地方各级人民法院执行案件进行监督。高级人民法院、中级人民法院对本辖区内人民法院执行案件进行监督。

第二条 当事人反映下级法院有消极执行或者案件长期不能执结，上级法院认为情况属实的，应当督促下级法院及时采取执行措施，或者在指定期限内办结。

第三条 上级法院应当在受理反映下级法院执行问题的申诉后十日内，对符合督办条件的案件制作督办函，并附相关材料函转下级法院。遇有特殊情况，上级法院可要求下级法院立即进行汇报，或派员实地进行督办。

下级法院在接到上级法院的督办函后，应指定专人办理。

第四条 下级法院应当在上级法院指定的期限内，将案件办理情况或者处理意见向督办法院作出书面报告。

第五条 对于上级法院督办的执行案件，被督办法院应当按照上一级法院的要求，及时制作案件督办函，并附案件相关材料函转至执行法院。被督办法院负责在上一级法院限定的期限届满前，将督办案件办理情况书面报告上一级法院，并附相关材料。

第六条 下级法院逾期未报告工作情况或案件处理结果的，上级法院根据情况可以进行催报，也可以直接调卷审查，指定其他法院办理，或者提级执行。

第七条 上级法院收到下级法院的书面报告后，认为下级法院的处理意见不当的，应当提出书面意见函告下级法院。下级法院应当按

---

① 民事诉讼法原第二百零三条现已修改为第二百二十六条，下同。——编者注

照上级法院的意见办理。

第八条 下级法院认为上级法院的处理意见错误，可以按照有关规定提请上级法院复议。

对下级法院提请复议的案件，上级法院应当另行组成合议庭进行审查。经审查认为原处理意见错误的，应当纠正；认为原处理意见正确的，应当拟函督促下级法院按照原处理意见办理。

第九条 对于上级法院督办的执行案件，下级法院无正当理由逾期未报告工作情况或案件处理结果，或者拒不落实、消极落实上级法院的处理意见，经上级法院催办后仍未纠正的，上级法院可以在辖区内予以通报，并依据有关规定追究相关法院或者责任人的责任。

第十条 本规定自公布之日起施行。

最高人民法院
关于高级人民法院统一管理执行工作若干问题的规定

2000年1月14日　　法发〔2000〕3号

一、高级人民法院在最高人民法院的监督和指导下，对本辖区执行工作的整体部署、执行案件的监督和协调、执行力量的调度以及执行装备的使用等，实行统一管理。

地方各级人民法院办理执行案件，应当依照法律规定分级负责。

二、高级人民法院应当根据法律、法规、司法解释和最高人民法院的有关规定，结合本辖区的实际情况制定统一管理执行工作的具体规章制度，确定一定时期内执行工作的目标和重点，组织本辖区内的各级人民法院实施。

三、高级人民法院应当根据最高人民法院的统一部署或本地区的具体情况适时组织集中执行和专项执行活动。

五、高级人民法院有权对下级人民法院的违法、错误的执行裁定、执行行为函告下级法院自行纠正或直接下达裁定、决定予以纠正。

八、高级人民法院对本院及下级人民法院的执行案件，认为需要指定执行的，可以裁定指定执行。

高级人民法院对最高人民法院函示指定执行的案件，应当裁定指定执行。

九、高级人民法院对下级人民法院的下列案件可以裁定提级执行：

1. 高级人民法院指令下级人民法院限期执结，逾期未执结需要提级执行的；

2. 下级人民法院报请高级人民法院提级执行，高级人民法院认为应当提级执行的；

3. 疑难、重大和复杂的案件，高级人民法院认为应当提级执行的。

高级人民法院对最高人民法院函示提级执行的案件，应当裁定提级执行。

十三、下级人民法院不执行上级人民法院对执行工作和案件处理作出的决定，上级人民法院应通报批评；情节严重的，可以建议有关部门对有关责任人员予以纪律处分。

最高人民法院
关于进一步加强和规范执行工作的若干意见

2009年7月17日　　法发〔2009〕43号

四、强化执行监督制约机制

各级人民法院要把强化执行监督制约机制作为长效机制建设的重要内容，切实抓紧抓好。一是按照分权制衡的原则对执行权进行科学配置。区分执行审查权和执行实施权，分别由不同的内设机构或者人员行使，使各项权能之间相互制约、相互监督，保证执行权的正当行使。二是对执行实施的重点环节和关键节点进行风险防范。除编制很少的地区外，应当对执行实施权再行分解，总结出重点环节和关键节点，划分为若干阶段，由不同组织或人员负责，加强相互监督和制约，以此强化对执行工作的动态管理，防止执行权的滥用。三是加大上级法院对下级法院的监督力度。认真实施、严格落实修改后的民事诉讼法，通过办理执行异议、执行复议和案外人异议案件，以及上级法院提级执行、指定执行、交叉执行等途径，纠正违法执行和消极执行行为,加强对执行权行使的监督。四是进一步实行执行公开,自觉接受执行各方当事人的监督。建立执行立案阶段发放廉政监督卡或者执行监督卡、送达执行文书时公布或告知举报电话、当事人正当参与执行等制度。要抓好执行公开制度的贯彻落实,利用信息化手段和网络增强执行工作透明度,严禁暗箱操作,切实保障当事人的知情权、参与权、监督权,预防徇私枉法、权钱交易、违法干预办案等问题的发生,确保执行公正。五是拓宽监督渠道,主动接受社会各界对执行工作的监督。完善党委、人大、舆论等各类监督机制,探索人民陪审员和执行监督员参与执行工作的办法和途径,提高执行的公信力。

最高人民法院
关于建立执行约谈机制的若干规定

2016年3月8日　　法发〔2016〕7号

为进一步规范全国法院执行工作,及时发现、纠正下级法院在执行履职中存在的消极执行、违法执行等问题,促进解决"执行难",根据《中华人民共和国民事诉讼法》等法律、司法解释的规定,结合人民法院执行工作实际,制定本规定。

第一条 本规定所称约谈,是指最高人民法院在本规定明确的有关情形发生时,约见未履行职责或履行职责不到位的高级人民法院相关负责人,进行告诫谈话、指出问题、责令整改纠正的一种执行监督措施。

第二条 有下列情形之一的,可进行约谈:

(一)通过全国法院执行案件流程信息管理系统发现高级人民法院辖区内超期执行案件超过已受理案件比例5%,或存在有财产可供执行案件无正当理由超期不作为等其他严重消极执行问题的;

(二)通过信访渠道等发现辖区内违法执行等问题突出,产生不良影响的;

(三)对最高人民法院有明确处理意见的监督、督办案件,无正当理由在规定期限内或者在合理期限内不予落实或者落实不到位的;

(四)对最高人民法院部署的重点执行工作、专项工作等不予落实或者落实情况未达到要求的;

(五)其他需要约谈的情形。

第三条 最高人民法院执行局在履行执行监督、管理职责中,认为符合本规定第二条规定的情形,有必要进行约谈的,经局长办公会研究同意后,可先向拟约谈的高级人民法院发出《约谈预通知》,指出其存在的问题、提出整改要求及时限,并明确整改不落实将予以正式约谈。

高级人民法院收到《约谈预通知》后,未能落实整改要求且无合理解释的,经最高人民法院相关院领导批准后,向其正式发出《约谈通知》,启动约谈程序。

第四条 《约谈通知》一般以最高人民法院执行局名义于约谈前七个工作日发出,告知被约谈人关于约谈的事由、方式、时间、地点、参加人等事项。

第五条 约谈工作由最高人民法院执行局组织实施,必要时可报请院领导参加。

约谈可由最高人民法院执行局单独实施,也可邀请最高人民法院监察部门等其他部门共同实施;邀请相关部门共同实施的,应提前就约谈事项与其进行沟通、会商。

第六条 约谈具体程序如下:

(一)向被约谈人说明约谈的事由和目的;

(二)向被约谈人提出处理意见,明确整改要求及时限;

(三)被约谈人对落实处理意见、整改要求进行表态。

第七条 约谈结束后应制作约谈纪要,主要内容包括约谈事由、处理意见、整改要求及时限等。

约谈纪要报批准约谈的院领导同意后,以最高人民法院执行局名义印发被约谈人。

第八条 最高人民法院执行局监督、指导被约谈人落实约谈提出的处理意见和整改要求,并将落实情况层报批准约谈的院领导。

对按期落实处理意见和整改要求的,不再

处理;对超期未落实或者落实不到位的,可采取以下方式处理:

(一)向被约谈人所在高级人民法院党组通报;

(二)在全国法院系统通报;

(三)涉嫌违法违纪的,向最高人民法院监察部门通报情况,并提出对相关责任人员进行调查处理的建议;

(四)在社会治安综合治理目标责任考核中予以相应的扣分。

第九条 就社会舆论关注事项进行的约谈,可视情况对外公布约谈情况及结果,也可邀请媒体及相关公众代表列席约谈。

第十条 本规定自2016年3月9日起施行。

最高人民法院 最高人民检察院
关于民事执行活动法律监督若干问题的规定

2016年11月2日　　法发〔2016〕30号

为促进人民法院依法执行,规范人民检察院民事执行法律监督活动,根据《中华人民共和国民事诉讼法》和其他有关法律规定,结合人民法院民事执行和人民检察院民事执行法律监督工作实际,制定本规定。

第一条 人民检察院依法对民事执行活动实行法律监督。人民法院依法接受人民检察院的法律监督。

第二条 人民检察院办理民事执行监督案件,应当以事实为依据,以法律为准绳,坚持公开、公平、公正和诚实信用原则,尊重和保障当事人的诉讼权利,监督和支持人民法院依法行使执行权。

第三条 人民检察院对人民法院执行生效民事判决、裁定、调解书、支付令、仲裁裁决以及公证债权文书等法律文书的活动实施法律监督。

第四条 对民事执行活动的监督案件,由执行法院所在地同级人民检察院管辖。

上级人民检察院认为确有必要的,可以办理下级人民检察院管辖的民事执行监督案件。下级人民检察院对有管辖权的民事执行监督案件,认为需要上级人民检察院办理的,可以报请上级人民检察院办理。

第五条 当事人、利害关系人、案外人认为人民法院的民事执行活动存在违法情形向人民检察院申请监督,应当提交监督申请书、身份证明、相关法律文书及证据材料。提交证据材料的,应当附证据清单。

申请监督材料不齐备的,人民检察院应当要求申请人限期补齐,并明确告知应补齐的全部材料。申请人逾期未补齐的,视为撤回监督申请。

第六条 当事人、利害关系人、案外人认为民事执行活动存在违法情形,向人民检察院申请监督,法律规定可以提出异议、复议或者提起诉讼,当事人、利害关系人、案外人没有提出异议、申请复议或者提起诉讼的,人民检察院不予受理,但有正当理由的除外。

当事人、利害关系人、案外人已经向人民法院提出执行异议或者申请复议,人民法院审查异议、复议期间,当事人、利害关系人、案外人又向人民检察院申请监督的,人民检察院不予受理,但申请对人民法院的异议、复议程序进行监督的除外。

第七条 具有下列情形之一的民事执行案件,人民检察院应当依职权进行监督:

(一)损害国家利益或者社会公共利益的;

(二)执行人员在执行该案时有贪污受贿、徇私舞弊、枉法执行等违法行为、司法机关已经立案的;

(三)造成重大社会影响的;

(四)需要跟进监督的。

第八条 人民检察院因办理监督案件的需要,依照有关规定可以调阅人民法院的执行卷宗,人民法院应当予以配合。

通过拷贝电子卷、查阅、复制、摘录等方式能够满足办案需要的,不调阅卷宗。

人民检察院调阅人民法院卷宗,由人民法院办公室(厅)负责办理,并在五日内提供,因特殊情况不能按时提供的,应当向人民检察院说明理由，并在情况消除后及时提供。

人民法院正在办理或者已结案尚未归档的案件，人民检察院办理民事执行监督案件时可以直接到办理部门查阅、复制、拷贝、摘录案件材料，不调阅卷宗。

第九条 人民检察院因履行法律监督职责的需要，可以向当事人或者案外人调查核实有关情况。

第十条 人民检察院认为人民法院在民事执行活动中可能存在怠于履行职责情形的，可以向人民法院书面了解相关情况，人民法院应当说明案件的执行情况及理由，并在十五日内书面回复人民检察院。

第十一条 人民检察院向人民法院提出民事执行监督检察建议，应当经检察长批准或者检察委员会决定，制作检察建议书，在决定之日起十五日内将检察建议书连同案件卷宗移送同级人民法院。

检察建议书应当载明检察机关查明的事实、监督理由、依据以及建议内容等。

第十二条 人民检察院提出的民事执行监督检察建议，统一由同级人民法院立案受理。

第十三条 人民法院收到人民检察院的检察建议书后，应当在三个月内将审查处理情况以回复意见函的形式回复人民检察院，并附裁定、决定等相关法律文书。有特殊情况需要延长的，经本院院长批准，可以延长一个月。

回复意见函应当载明人民法院查明的事实、回复意见和理由并加盖院章。不采纳检察建议的，应当说明理由。

第十四条 人民法院收到检察建议后逾期未回复或者处理结果不当的，提出检察建议的人民检察院可以依职权提请上一级人民检察院向其同级人民法院提出检察建议。上一级人民检察院认为应当跟进监督的，应当向其同级人民法院提出检察建议。人民法院应当在三个月内提出审查处理意见并以回复意见函的形式回复人民检察院，认为人民检察院的意见正确的，应当监督下级人民法院及时纠正。

第十五条 当事人在人民检察院审查案件过程中达成和解协议且不违反法律规定的，人民检察院应当告知其将和解协议送交人民法院，由人民法院依照民事诉讼法第二百三十条的规定进行处理。

第十六条 当事人、利害关系人、案外人申请监督的案件，人民检察院认为人民法院民事执行活动不存在违法情形的，应当作出不支持监督申请的决定，在决定之日起十五日内制作不支持监督申请决定书，发送申请人，并做好释法说理工作。

人民检察院办理依职权监督的案件，认为人民法院民事执行活动不存在违法情形的，应当作出终结审查决定。

第十七条 人民法院认为检察监督行为违反法律规定的，可以向人民检察院提出书面建议。人民检察院应当在收到书面建议后三个月内作出处理并将处理情况书面回复人民法院；人民法院对于人民检察院的回复有异议的，可以通过上一级人民法院向上一级人民检察院提出。上一级人民检察院认为人民法院建议正确的，应当要求下级人民检察院及时纠正。

第十八条 有关国家机关不依法履行生效法律文书确定的执行义务或者协助执行义务的，人民检察院可以向相关国家机关提出检察建议。

第十九条 人民检察院民事检察部门在办案中发现被执行人涉嫌构成拒不执行判决、裁定罪且公安机关不予立案侦查的，应当移送侦查监督部门处理。

第二十条 人民法院、人民检察院应当建立完善沟通联系机制，密切配合，互相支持，促进民事执行法律监督工作依法有序稳妥开展。

第二十一条 人民检察院对人民法院行政执行活动实施法律监督，行政诉讼法及有关司法解释没有规定的，参照本规定执行。

第二十二条 本规定自2017年1月1日起施行。

最高人民法院
关于执行监督程序中裁定不予执行仲裁裁决几个问题的请示案的复函

2004年12月24日　〔2004〕执他字第13号

广东省高级人民法院：

你院《关于执行监督程序中裁定不予执行仲裁裁决几个问题的请示》收悉。经研究，答复如下：

一、关于审判部门裁定驳回当事人撤销仲裁裁决的申请后，执行部门能否再裁定不予受理的问题。

本院正在起草适用《中华人民共和国仲裁法》司法解释，其中涉及此问题已有意见，请你院待该司法解释生效后，按有关规定办理。

二、关于当事人未向审判部门提出撤销仲裁裁决的申请而在执行阶段申请不予执行的，是否由执行部门审查并依法作出裁定的问题。

《中华人民共和国民事诉讼法》第二百一十七条[①]规定："被申请人提出证据证明仲裁裁决有下列情形之一的，经人民法院组成合议庭审查核实，裁定不予执行……"。据此，只要是人民法院的审判人员组成的合议庭都符合法律规定。各法院可按照法院内部各部门之间业务分工的规定办理。

三、关于上级法院执行部门是否有权监督下级法院作出的不予执行仲裁裁决裁定，是否适用法复〔1996〕8号批复的问题。

本院《关于人民法院执行工作若干问题的规定（试行）》（以下简称《执行规定》）第一百三十条第一款规定："上级法院发现下级法院在执行中作出的裁定、决定、通知或具体执行行为不当或有错误的，应当及时指令下级法院纠正，并可以通知有关法院暂缓执行。"该条规定赋予了上级法院对下级法院在执行中作出的不当或错误裁定的监督权。上级法院的执行部门代表人民法院行使职权，有权依据《执行规定》第一百三十条监督纠正下级法院作出的不予执行仲裁裁决的裁定。而最高人民法院法复〔1996〕8号批复是针对当事人申请再审而言的，并不影响上级法院对下级法院执行工作的监督权。

此复。

【附：案例评析】
关于对不予执行裁定如何进行执行监督问题请示案

最高人民法院意见：

本院正在起草适用《中华人民共和国仲裁法》司法解释，其中涉及审判部门裁定驳回当事人撤销仲裁裁决的申请后，执行部门能否再裁定不予执行的问题，待该司法解释生效后，按有关规定办理。

关于当事人未向审判部门提出撤销仲裁裁决的申请而在执行阶段申请不予执行的，是否由执行部门审查并依法作出裁定的问题。依据《中华人民共和国民事诉讼法》第二百一十七条规定，只要是人民法院的审判人员组成的合议庭都符合法律规定。各法院可按照法院内部各部门之间业务分工的规定办理。

本院《关于人民法院执行工作若干问题的规定（试行）》（以下简称《执行规定》）第一百三十条第一款规定赋予了上级法院对下级法院在执行中作出的不当或错误裁定的监督权。上级法院的执行部门代表人民法院行使职权，有权依据《执行规定》第一百三十条监督纠正下级法院作出的不予执行仲裁裁决的裁定。而最高人民法院法复〔1996〕8号批复是针对当事人申请再审而言的，并不影响上级法院对下级法院执行工作的监督权。

评析意见：

（一）关于审判部门裁定驳回当事人撤销仲裁裁决的申请后，执行部门能否再裁定不予执行的问题

目前对此问题存在两种观点。一种观点认为，申请撤销仲裁裁决和不予执行仲裁裁决是两个不同的诉讼程序。《中华人民共和国仲裁法》第五十九条规定："当事人申请撤销裁决的，应当自收到裁决书之日起六个月内提出"。由此可见，申请撤

[①]　民事诉讼法原第二百一十七条现已修改为第二百三十七条，下同。——编者注

销仲裁裁决的时间是收到裁决书之日起六个月内。而不予执行仲裁裁决则发生在执行程序中。这两个程序应该是独立的，当事人在不同阶段享有不同的诉讼权利。此外，《中华人民共和国仲裁法》第五十八条规定的申请撤销裁决条件与《中华人民共和国民事诉讼法》第二百一十七条规定的不予执行条件不尽相同，而且法律也未明确规定当事人申请撤销仲裁裁决和申请不予执行只能选择其一，因此，一般情况下，应允许当事人在不同的诉讼阶段，行使法律赋予的不同的诉讼权利。但是，由于法律规定的申请撤销裁决和不予执行的事由有些是相同的。因此，如果当事人撤销仲裁裁决的申请被人民法院审判部门裁定驳回后，当事人又以同一事实和理由向人民法院的执行机构申请不予执行仲裁裁决，执行机构不得作出与审判部门相矛盾的裁定书。如果当事人基于不同的事由申请不予执行，人民法院依法可以作出不予执行的裁定。另一种观点认为，当事人向人民法院申请撤销仲裁裁决被驳回后，又在执行程序中提出不予执行仲裁裁决申请的，人民法院不予受理。该种观点主要是坚持"一事不再理"的原则，最高法院起草的适用仲裁法司法解释中基本采纳此观点。

（二）关于当事人未向审判部门提出撤销仲裁裁决的申请而在执行阶段申请不予执行的，由执行部门审查并依法作出裁定的问题

对此问题尚存不同的观点。一种观点认为，《中华人民共和国民事诉讼法》第二百一十七条规定："对依法设立的仲裁机构的裁决，一方当事人不履行的，对方当事人可以向有管辖权的人民法院申请执行，受申请的人民法院应当执行。被申请人提出证据证明仲裁裁决有下列情形之一的，经人民法院组成合议庭审查核实，裁定不予执行……"可见，本条所说的"被申请人"实际上是指被执行人，本条是对执行程序中不予执行的规定。因此，当事人未向审判部门提出撤销仲裁裁决的申请而在执行阶段中申请不予执行的，依据上述条款，执行部门有权审查并依法作出裁定。一种观点认为，《中华人民共和国民事诉讼法》第二百一十七条未规定由哪个职能部门组成合议庭，因而只要是法院的审判人员组成的合议庭都符合法律的规定。一种观点认为，该问题属于执行部门与审判部门之间的分工，应当按照各有关法院业务分工的规定办理。目前，有些法院是由执行部门处理，有些是移送审判部门处理。从执法统一的角度出发，应当由执行部门移送审判部门处理为宜。

（三）关于上级人民法院执行部门是否有权监督纠正下级法院作出的不予执行仲裁裁决的裁定，是否适用法复〔1996〕8号批复的问题

《执行规定》第一百三十条第一款规定："上级法院发现下级法院在执行中作出的裁定、决定、通知或具体执行行为不当或有错误的，应当及时指令下级法院纠正，并可以通知有关法院暂缓执行。"该条规定赋予了上级人民法院对下级法院在执行中作出的不当或错误的裁定、决定、通知或具体执行行为有监督权。依据该条规定，下级法院在执行程序中作出的不予执行裁定，上级法院认为有错误的，有权而且应当及时指令下级法院纠正。而且该条还规定了执行监督的具体方式，依据第三款，上级法院可直接作出裁定或决定予以纠正。

深圳中院依据《中华人民共和国民事诉讼法》第一百七十七条①和《执行规定》第一百三十三条，认为已经发生法律效力的民事裁定出现错误应按照审判监督程序处理。而最高人民法院《关于当事人因对不予执行仲裁裁决的裁定不服而申请再审人民法院不予受理的批复》中规定："人民法院对仲裁裁决依法裁定不予执行，当事人不服而申请再审的，没有法律依据，人民法院不予受理"。因此，由于不予执行仲裁裁决的裁定不能进行再审，该裁决一裁终局；且法律也规定了相应的救济途径，当事人可以通过重新仲裁或起诉维护自己的权利，而不能再以监督的程序撤销不予执行仲裁裁决的裁定。

笔者不同意深圳中院的意见。首先，《中华人民共和国民事诉讼法》第一百七十七条是关于对已经发生法律效力的判决、裁定，发现确有错误，如何再审的相关规定，但不排斥《执行规定》第一百三十条对执行中错误裁定的执行监督。因此，不能理解为对不予执行的错误裁定只能按照审判监督程序进行再审，不能依据《执行规定》第一百三十条进行执行监督。其次，《执行规定》第一

---

① 民事诉讼法原第一百七十七条现已修改为第一百九十八条。——编者注

百三十三条是关于执行依据错误,也就是案件实体问题出现错误,如何处理的规定。如果发现执行程序中不予执行裁定错误,不能适用该条的规定来处理。

关于上级人民法院执行部门监督纠正下级法院作出的不予执行仲裁裁决的裁定,是否适用法复〔1996〕8 号批复的问题。笔者认为,法复〔1996〕8 号批复是 1996 年最高法院对四川高院关于当事人认为人民法院对仲裁裁决作出的不予执行裁定有错误而申请再审,人民法院应否受理的请示的答复,认为依据《中华人民共和国民事诉讼法》第二百一十七条的规定,人民法院对仲裁裁决依法裁定不予执行,当事人不服申请再审的,没有法律依据,人民法院不予受理。可见,此批复是针对当事人申请再审而言的。《执行规定》第一百三十条为人民法院纠正错误的不予执行裁定,提供了法律依据。因此,人民法院纠正错误的不予执行裁定应适用《执行规定》第一百三十条的规定,而不适用法复〔1996〕8 号批复。深圳中院以法复〔1996〕8 号批复来否定人民法院对不予执行裁定的监督权是错误的。如果说法复〔1996〕8 号批复内容与上述第一百三十条的规定有冲突,依据《执行规定》第一百三十七条"本院以前作出的司法解释与本规定有抵触的,以本规定为准"的规定,人民法院对不予执行裁定是否有权监督纠正,应适用《执行规定》第一百三十条的规定,而不是法复〔1996〕8 号批复。此外,从理论和实践上讲,对不予执行裁定进行执行监督也是非常必要的。不予执行裁定一般都是由执行机构作出的,在目前执行工作总体水平不是很高的情况下,执行监督在制止和纠正违法作出的不予执行裁定,保障仲裁裁决顺利执行,维护当事人合法权益方面,起到了很大的作用。因此,《执行规定》第一百三十条的规定意义重大,有必要依据此规定,赋予上级人民法院依据该条监督纠正下级法院作出的错误的不予执行仲裁裁决的裁定的权力。而不能片面地强调对不予执行裁定不能进行再审,也不能以监督的程序撤销不予执行仲裁裁决的裁定。①

人民法院办理执行案件规范

2017 年 4 月

974.【执行监督案件的类型】

符合下列情形之一的,人民法院应当按执行监督案件立案审查:

(一)人民法院自收到申请执行书之日起超过六个月未执行,申请执行人向上一级法院申请执行,上一级法院决定督促执行的;

(二)执行案件的当事人、利害关系人、案外人向上级法院申诉,上级法院认为确有必要并决定执行监督的;

(三)上级法院发现下级法院执行行为不当或有错误,决定进行执行监督的;

(四)检察机关提出民事执行监督检察建议的;

(五)执行法院发现本院执行行为确有错误需要纠正,决定进行执行监督的;

(六)人民法院认为应当执行监督的其他情形。

975.【上级法院对下级法院的监督】

上级人民法院依法监督下级人民法院的执行工作。最高人民法院依法监督地方各级人民法院和专门法院的执行工作。

976.【对执行行为不当的监督】

上级法院发现下级法院在执行中作出的裁定、决定、通知或具体执行行为不当或有错误的,应当及时指令下级法院纠正,并可以通知有关法院暂缓执行。

下级法院收到上级法院的指令后必须立即纠正。如果认为上级法院的指令有错误,可以在收到该指令后五日内请求上级法院复议。

上级法院认为请求复议的理由不成立,而下级法院仍不纠正的,上级法院可直接作出裁定或决定予以纠正,送达有关法院及当事人,并可直接向有关单位发出协助执行通知书。

---

① 刘涛:《关于对不予执行裁定如何进行执行监督问题请示案》,载最高人民法院执行工作办公室编:《强制执行指导与参考》2004 年第 3 集(总第 11 集),法律出版社 2004 年版,第 45~52 页。

977.【对不作为的监督】

上级法院发现下级法院的执行案件(包括受委托执行的案件)在规定的期限内未能执行结案的,应当作出裁定、决定、通知而不制作的,或应当依法实施具体执行行为而不实施的,应当督促下级法院限期执行,及时作出有关裁定等法律文书,或采取相应措施。

978.【执行依据错误的处理】

上级法院在监督下级法院执行案件中,发现下级法院据以执行的生效法律文书确有错误的,应当书面通知下级法院暂缓执行,并按照审判监督程序处理。

979.【监督期间的暂缓执行与恢复执行】

上级法院通知暂缓执行的,应同时指定暂缓执行的期限。暂缓执行的期限一般不得超过三个月。有特殊情况需要延长的,应报经院长批准,并及时通知下级法院。

暂缓执行的原因消除后,应当及时通知执行法院恢复执行。期满后上级法院未通知继续暂缓执行的,执行法院可以恢复执行。

980.【不落实监督意见的责任】

下级法院不按照上级法院的裁定、决定或通知执行,造成严重后果的,按照有关规定追究有关主管人员和直接责任人员的责任。

981.【督促执行的一般规定】

人民法院自收到申请执行书之日起超过六个月未执行的,申请执行人可以向上一级人民法院申请执行。上一级人民法院经审查,可以责令原人民法院在一定期限内执行,也可以决定由本院执行或者指令其他人民法院执行。

前款规定的六个月期间,不应当计算执行中的公告期间、鉴定评估期间、管辖争议处理期间、执行争议协调期间、暂缓执行期间以及中止执行期间。

982.【申请督促执行的形式要件】

申请执行人向上一级人民法院申请督促执行的,应当采用书面形式。申请书应当载明申请执行人的基本情况、执行法院名称、执行案件编号或执行依据的文号、执行案件立案时间、向上一级人民法院申请执行的事实及理由等内容。并附下列材料:

(一)申请执行人的身份证明;

(二)相关证据材料;

(三)送达地址和联系方式。

983.【执行完毕情形的处理】

督促执行案件审查期间,执行实施案件依法执行完毕的,终结督促执行案件的审查程序。

984.【督促执行的审查处理】

有下列情形之一的,上一级人民法院可以根据申请执行人的申请,责令执行法院限期执行或者裁定变更执行法院:

(一)债权人申请执行时被执行人有可供执行的财产,执行法院自收到申请执行书之日起超过六个月对该财产未执行完结的;

(二)执行过程中发现被执行人有可供执行的财产,执行法院自发现财产之日起超过六个月对该财产未执行完结的;

(三)对法律文书确定的行为义务的执行,执行法院自收到申请执行书之日起超过六个月未依法采取相应执行措施的;

(四)其他有条件执行超过六个月未执行的。

上一级人民法院责令执行法院限期执行的,应当向其发出督促执行令,并将有关情况书面通知申请执行人。上一级人民法院决定由本院执行或者指令本辖区其他人民法院执行的,应当作出裁定,送达当事人并通知有关人民法院。

上一级人民法院责令执行法院限期执行,执行法院在指定期间内无正当理由仍未执行完结的,上一级人民法院应当裁定由本院执行或者指令本辖区其他人民法院执行。

992.【同级法院的受理与回复】

人民检察院提出的民事执行监督检察建议,统一由同级人民法院立案受理。

人民法院收到人民检察院的检察建议书后,应当在三个月内将审查处理情况以回复意见函的形式回复人民检察院,并附裁定、决定等相关法律文书。有特殊情况需要延长的,经本院院长批准,可以延长一个月。

回复意见函应当载明人民法院查明的事实、回复意见和理由并加盖院章。不采纳检察建议的,应当说明理由。

993.【上级法院的受理与回复】

人民法院收到检察建议后逾期未回复或者

处理结果不当的，提出检察建议的人民检察院可以依职权提请上一级人民检察院向其同级人民法院提出检察建议。上一级人民检察院认为应当跟进监督的，应当向其同级人民法院提出检察建议。人民法院应当在三个月内提出审查处理意见并以回复意见函的形式回复人民检察院，认为人民检察院的意见正确的，应当监督下级人民法院及时纠正。

994.【检察监督行为不当的处理】

人民法院认为检察监督行为违反法律规定的，可以向人民检察院提出书面建议。人民检察院应当在收到书面建议后三个月内作出处理并将处理情况书面回复人民法院；人民法院对于人民检察院的回复有异议的，可以通过上一级人民法院向上一级人民检察院提出。上一级人民检察院认为人民法院建议正确的，应当要求下级人民检察院及时纠正。

995.【检察监督案件的审查】

检察机关提出民事执行监督检察建议的案件，可以参照执行申诉案件审查。

第六章 执行争议的协调

最高人民法院关于人民法院执行工作若干问题的规定（试行）

1998年7月8日　　法释〔1998〕15号

125. 两个或两个以上人民法院在执行相关案件中发生争议的，应当协商解决。协商不成的，逐级报请上级法院，直至报请共同的上级法院协调处理。

执行争议经高级人民法院协商不成的，由有关的高级人民法院书面报请最高人民法院协调处理。

126. 执行中发现两地法院或人民法院与仲裁机构就同一法律关系作出不同裁判内容的法律文书的，各有关法院应当立即停止执行，报请共同的上级法院处理。

127. 上级法院协调处理有关执行争议案件，认为必要时，可以决定将有关款项划到本院指定的账户。

128. 上级法院协调下级法院之间的执行争议所作出的处理决定，有关法院必须执行。

最高人民法院关于首先查封法院与优先债权执行法院处分查封财产有关问题的批复

2016年4月12日　　法释〔2016〕6号

福建省高级人民法院：

你院《关于解决法院首封处分权与债权人行使优先受偿债权冲突问题的请示》（闽高法〔2015〕261号）收悉。经研究，批复如下：

一、执行过程中，应当由首先查封、扣押、冻结（以下简称查封）法院负责处分查封财产。但已进入其他法院执行程序的债权对查封财产有顺位在先的担保物权、优先权（该债权以下简称优先债权），自首先查封之日起已超过60日，且首先查封法院就该查封财产尚未发布拍卖公告或者进入变卖程序的，优先债权执行法院可以要求将该查封财产移送执行。

二、优先债权执行法院要求首先查封法院将查封财产移送执行的，应当出具商请移送执行函，并附确认优先债权的生效法律文书及案件情况说明。

首先查封法院应当在收到优先债权执行法院商请移送执行函之日起15日内出具移送执行函，将查封财产移送优先债权执行法院执行，并告知当事人。

移送执行函应当载明将查封财产移送执行及首先查封债权的相关情况等内容。

三、财产移送执行后，优先债权执行法院在处分或继续查封该财产时，可以持首先查封法院移送执行函办理相关手续。

优先债权执行法院对移送的财产变价后，应当按照法律规定的清偿顺序分配，并将相关情况告知首先查封法院。

首先查封债权尚未经生效法律文书确认的，应当按照首先查封债权的清偿顺位，预留相应份额。

四、首先查封法院与优先债权执行法院就移送查封财产发生争议的，可以逐级报请双方共同的上级法院指定该财产的执行法院。

共同的上级法院根据首先查封债权所处的诉讼阶段、查封财产的种类及所在地、各债权数额与查封财产价值之间的关系等案件具体情况，认为由首先查封法院执行更为妥当的，也可以决定由首先查封法院继续执行，但应当督促其在指定期限内处分查封财产。

此复。

附件：1.××××人民法院商请移送执行函

2.××××人民法院移送执行函

附件1：

××××人民法院
商请移送执行函

（××××）……号

××××人民法院：

……（写明当事人姓名或名称和案由）一案的……（写明生效法律文书名称）已经发生法律效力。由于……［写明本案债权人依法享有顺位在先的担保物权（优先权）和首先查封法院没有及时对查封财产进行处理的情况，以及商请移送执行的理由］。根据《最高人民法院关于首先查封法院与优先债权执行法院处分查封财产有关问题的批复》之规定，请你院在收到本函之日起15日内向我院出具移送执行函，将……（写明具体查封财产）移送我院执行。

附件：1.据以执行的生效法律文书

2.有关案件情况说明［内容包括本案债权依法享有顺位在先的担保物权（优先权）的具体情况、案件执行情况、执行员姓名及联系电话、申请执行人地址及联系电话等］

3.其他必要的案件材料

××××年××月××日

（院印）

本院地址：　　邮　编：
联系人：　　联系电话：

附件2：

××××人民法院
移送执行函

（××××）……号

××××人民法院：

你院（××××）……号商请移送执行函收悉。我院于××××年××月××日对……（写明具体查封财产，以下简称查封财产）予以查封（或者扣押、冻结），鉴于你院（××××）……号执行案件债权人对该查封财产享有顺位在先的担保物权（优先权），现根据《最高人民法院关于首先查封法院与优先债权执行法院处分查封财产有关问题的批复》之规定及你院的来函要求，将上述查封财产移送你院执行，对该财产的续封、解封和变价、分配等后续工作，交由你院办理，我院不再负责。请你院在后续执行程序中，对我院执行案件债权人××作为首先查封债权人所享有的各项权利依法予以保护，并将执行结果及时告知我院。

附件：1.据以执行的生效法律文书

2.有关案件情况的材料和说明（内容包括查封财产的查封、调查、异议、评估、处置和剩余债权数额等案件执行情况、执行员姓名及联系电话、申请执行人地址及联系电话等）

3.其他必要的案件材料

××××年××月××日

（院印）

本院地址：　　邮　编：
联系人：　　联系电话：

最高人民法院
关于高级人民法院统一管理执行工作若干问题的规定

2000年1月14日　　法发〔2000〕3号

六、高级人民法院负责协调处理本辖区内跨中级人民法院辖区的法院与法院之间的执行争议案件。对跨高级人民法院辖区的法院与法院之间的执行争议案件，由争议双方所在地的两地高级人民法院协商处理；协商不成的，按有关规定报请最高人民法院协调处理。

七、对跨高级人民法院辖区的法院与公安、检察等机关之间的执行争议案件，由执行法院所在地的高级人民法院与有关公安、检察等机关所在地的高级人民法院商有关机关协调解决，必要时可报请最高人民法院协调处理。

最高人民法院
关于进一步规范跨省、自治区、直辖市执行案件协调工作的通知

2006年9月30日　　法〔2006〕285号

各省、自治区、直辖市高级人民法院，解放军军事法院，新疆维吾尔自治区高级人民法院生产建设兵团分院：

为了充分发挥高级人民法院对执行工作统一管理、统一协调的职能作用，进一步规范跨省、自治区、直辖市（以下简称省）执行案件协调工作，现就有关事项通知如下：

一、跨省执行争议案件需要报请最高人民法院协调处理的，应当在上报前，经过争议各方高级人民法院执行局（庭）负责人之间面对面协商；对重大疑难案件，必要时，应当经过院领导出面协商。

协商应当形成书面记录或者纪要，并经双方签字。

二、相关高级人民法院应当对本辖区法院执行争议案件的事实负责。对于下级法院上报协调的案件，高级人民法院应当对案件事实进行核查，必要时应当采取听证方式进行。

三、高级人民法院报请最高人民法院协调的执行争议案件，必须经过执行局（庭）组织研究，形成处理意见，对下级法院报送的意见不得简单地照抄照转。

四、相关高级人民法院在相互协商跨省执行争议案件过程中，发现本辖区法院的执行行为存在错误的，应当依法纠正。

五、相关高级人民法院之间对处理执行争议的法律适用问题不能达成一致意见的，应当各自经审委会讨论后形成倾向性意见。

六、请求最高人民法院协调跨省执行争议案件的报告，应当经高级人民法院主管院领导审核签发，一式五份。报告应当附相关法律文书和高级人民法院之间的协调记录或纪要，必要时应附案卷。

七、跨省执行争议案件，一方法院提出协商处理请求后，除采取必要的控制财产措施外，未经争议各方法院或者最高人民法院同意，任何一方法院不得处分争议财产。

八、跨省执行争议案件经最高人民法院协调达成一致处理意见的，形成协调纪要。相关高级人民法院应当负责协调意见的落实；协调不成的，由最高人民法院作出处理意见。必要时，最高人民法院可以作出决定或者裁定，并直接向有关部门发出协助执行通知书。

最高人民法院经济审判庭
关于大庆市中级人民法院、望奎县人民法院对大同市中级人民法院已经实施冻结的银行存款及扣押的财产擅自扣划启封问题的复函

1992年11月4日　　法经〔1992〕169号

山西省高级人民法院、黑龙江省高级人民法院：

山西省高级人民法院〔1990〕晋法经字第5号请示报告和黑龙江省高级人民法院黑法经字〔1991〕158号报告均已收悉。关于大庆市中级人民法院、望奎县人民法院对大同市中级人民法院已经实施冻结的银行存款及扣押的财

产擅自扣划、启封的问题，经研究答复如下：

大同市中级人民法院在审理山西省石油公司大同分公司（下称"大同分公司"）诉黑龙江省大庆市牧工商联合公司炼油厂（下称"炼油厂"，系刘清波个人开办，未经当地工商行政管理局注册登记）购销合同纠纷案中，于1989年10月10日以〔1989〕法经裁字第66号裁定冻结了炼油厂270万元银行存款（该账户实际存款仅有16.1万元）。刘清波为了偿还欠款，以欺诈手段，与吉林省石油公司双辽支公司签订了一份购销500吨柴汽油的合同。10月28日，吉林省石油公司双辽支公司将70万元货款汇入该账户中。对这笔货款，大庆市中级人民法院于11月8日先以便函通知被告开户行不准扣划，1990年1月5日又以〔1989〕经裁字第23号先行给付裁定和〔1990〕执划字第1号扣划存款通知扣划退还给了吉林省石油公司双辽支公司。1990年3月19日，刘清波被招聘为望奎县石油化工厂负责人。5月20日，刘清波擅自以该厂的全部资产作为对大同分公司债务的担保。大同市中级人民法院于1990年6月23日依据刘清波提供的债务担保查封扣押了望奎县石油化工厂的两台油槽车。但这一被查封、扣押物，又被望奎县政府于1990年10月30日擅自解封，退还给了望奎县石油化工厂。望奎县人民法院参与了这项活动。大庆市中级人民法院扣划已经大同市中级人民法院冻结的当事人银行账户上的存款和望奎县人民法院参与当地县政府擅自解封已经大同市中级人民法院查封、扣押的财产尽管有一定原因，刘清波骗取吉林省石油公司双辽支公司的货款及擅自以望奎县石油化工厂的资产为自己债务担保，属于无效行为，不受法律保护，受骗人的合法权益应当依法保护。但在做法上应通过两地法院依法协调处理，由大同市中级人民法院给予解封，当地法院在未征得查封法院同意前自行解封，是违反法律规定的。鉴于本案债务大部分已基本了结，对尚留债务，大庆市中级人民法院和望奎县人民法院应当积极协助大同市中级人民法院执行，并应当注意今后不要再发生类似问题。

此复。

最高人民法院执行工作办公室 关于河北省安平县法院与江苏省 张家港市法院执行争议案的 处理意见

2002年11月11日　〔2002〕执协字第3号

河北省高级人民法院、江苏省高级人民法院：

河北省高级人民法院〔2001〕冀高法执字第10号《关于安平县法院与江苏张家港市法院执行同一房产发生争议的情况报告》和江苏省高级人民法院〔2001〕苏执他字第132号《关于江苏省张家港市法院执行一房产与河北省安平县法院发生争议的情况报告》均收悉。经研究，答复如下：

一、河北省安平县法院在审理安平县供销合作社联合社（以下简称安平县供销社）与海南省黄金岛联合实业开发公司、第三人张家港黄金岛公司返回投资款纠纷案件时，于1999年12月16日以〔1999〕安经初字第53号民事调解书，将张家港保税区黄金岛经济开发公司（以下简称张家港黄金岛公司）投资开发的、位于张家港保税区的锦帆国际贸易大厦（以下简称锦帆大厦）的第4、5、6层房屋，确权给予安平县供销社。而张家港市法院在执行张家港市东莱建筑工程有限责任公司（以下简称东莱公司）诉张家港黄金岛公司工程纠纷一案的生效判决时，于2001年4月5日以〔2000〕张民执字第1190号民事裁定书，将锦帆大厦按整体评估价以4474745元抵偿给申请执行人东莱公司抵偿全部债款。本院在协调中查明，张家港市法院在明知锦帆大厦4、5、6层房屋已确权给安平县供销社的情况下，依然裁定将整幢锦帆大厦以物抵债给东莱公司，侵犯了安平县供销社的合法权益，依法应予纠正。

二、据被执行人张家港黄金岛公司向我院反映，该公司对锦帆大厦投资1958万元，而张家港市法院执行案件的标的只有400余万元，却在审理阶段即将锦帆大厦整体保全查封，严重超标的；执行中又未经拍卖、变卖程序将锦帆大厦以447万余元抵债，既未将评估价格通知被执行人，也未征求被执行人的意见，直接裁定以物抵债。经查，此反映的情况属实。张家港市法院的上述执行行为违反了我院《关于适用〈中华人民共和国民事诉讼法〉若干问题的意见》第301条①和《关于人民法院执行工作若干问题的规定（试行）》第39条、第46条的规定，依法应予纠正。

三、请江苏高院接此函后立即指令苏州市中级人民法院裁定撤销张家港市法院〔2000〕张民执字第1190号民事裁定书，由苏州市中级人民法院重新委托法定评估机构对锦帆大厦（扣除安平县法院已确权的第4、5、6层）进行评估并依法予以拍卖。鉴于张家港市法院以物抵债裁定生效后，锦帆大厦被东莱公司委托东莱镇政府以200万元的价格转让给了张家港华润玻璃有限公司，华润玻璃有限公司又对锦帆大厦进行了整体装修，故对华润玻璃有限公司受让后添附的部分费用，苏州市中级人民法院在处理拍卖款时可从中给予华润玻璃有限公司适当补偿。

请江苏高院指导、监督苏州市中级人民法院尽快落实我院的意见，并将结果及时报告我院。

【附：案例评析】

河北省安平县法院与江苏省张家港市法院就执行"锦帆大厦"发生争议协调案

最高人民法院的意见：

最高人民法院执行工作办公室对本案研究后认为：

（一）位于张家港市保税区的锦帆大厦的第4、5、6层，安平县法院在审理安平县供销社与海南省黄金岛联合实业开发公司、第三人张家港保税区黄金岛经济开发公司返回投资款纠纷案件时，就以民事调解书的形式确权给了安平县供销社（该调解书于1999年12月16日作出）。而张家港市法院在审理东莱公司诉黄金岛公司工程款纠纷一案时，却于2001年4月5日以〔2000〕张民执字第1190号民事裁定书，将整幢锦帆大厦按评估变现价4474745元抵顶申请执行人东莱公司的全部欠款。根据最高人民法院〔1997〕经他字第23号《关于新疆石河子地区中级人民法院裁定转移给石河子八一棉纺织厂的财产不应列入承德市针织二厂破产财产问题的复函》的精神，即"讼争房地产权利转移的具体时间应以人民法院的判决、裁定生效时间为准"。由于调解书与判决书具有同等的法律效力，张家港市法院在明知锦帆大厦第4、5、6层已确权给安平县供销社的情况下，依然将整幢锦帆大厦裁定以物抵债侵犯了他人的合法权益，依法应予纠正。

（二）张家港市法院在执行锦帆大厦时，违反法定程序随意执行。据被执行人反映，锦帆大厦仅投资就达1958万余元，而张家港市法院却将锦帆大厦评估作价400余万元，评估价格也未通知被执行人，更未对锦帆大厦进行公开拍卖或变卖，在未征求被执行人意见的情况下，直接裁定将锦帆大厦以物抵债损害了被执行人的合法权益。张家港市法院的上述做法有违执行工作的公开、公正原则，依法应予纠正。鉴于张家港市法院以物抵债裁定作出后，锦帆大厦又被东莱公司以200万元的价格转让给了张家港华润玻璃有限公司，华润公司又对锦帆大厦进行了装修，故在具体处理时，对受让人添附的部分，可给予适当补偿。

案件评析：

笔者认为，张家港市法院在已知锦帆大厦部分楼层已确权给其他债权人的情况下（张家港黄金岛公司经理韩继先反映，安平县法院的调解书于2000年1月14日交给张家港市法院副院长许云才和民庭庭长蔡毓），于2001年1月18日依然对锦帆大厦全部查封，且未依法通知被执行人，在对查封财产进行处理时，张家港市法院既未依法公开拍卖，也未将评估价格通知被执行人，更没有征得被执行人的同意，直接裁定以物抵债，违反了我院《关于人民法院执行工作若干问题的规定（试行）》第38条、第39条、第46条、第47条和《民事诉讼法》第84条、第224条②及民事诉讼法适用意见第301条的规定。纵观全案，张

---

① 该条规定已被最高人民法院《关于适用〈中华人民共和国民事诉讼法〉的解释》（法释〔2015〕5号）第四百九十一条所修改，下同。

② 民事诉讼法原第八十四条现已修改为第九十二条；原第二百二十四条现已修改为二百四十五条，下同。——编者注

家港市法院的执行明显存在显失公平及未严格依法办案的情况。如《民事诉讼法》第84条规定，受送达人下落不明，或者用本节规定的其他方式无法送达的，公告送达。此条规定的公告送达，笔者认为，只有在穷尽其他送达方式仍不能送达的，方适用公告送达的方式。而张家港市法院在仅因黄金岛公司人员不在张家港，并知其下落的情况下，却采用公告送达，与法律规定不符。对此，我们认为，张家港市法院的上述做法，依法应予以纠正。①

最高人民法院关于辽宁省沈阳市中级人民法院与北京市第一中级人民法院执行争议案的处理意见

2004年7月5日　〔2003〕执协字第23号

北京市高级人民法院、辽宁省高级人民法院：

北京市高级人民法院《关于再次请求协调我市第一中级人民法院受理的北京北美物产集团诉本溪满族自治县天民集团公司、辽宁省财务开发总公司加工承揽合同纠纷执行一案的报告》和辽宁省高级人民法院《关于最高人民法院访〔2003〕第104号的答复》及相关卷宗收悉。经研究，现答复如下：

经审核查明：沈阳市中级人民法院于1997年7月31日在执行辽宁省财务开发总公司（以下简称财务公司）与辽宁本溪满族自治县天民集团公司（以下简称天民公司）、本溪满族自治县绢纺厂（以下简称绢纺厂）借款合同强制执行公证债权文书一案时，强制执行证书中明确载明："天民公司和绢纺厂履行债务的期限是1997年8月10日前"。而沈阳市中级人民法院采取强制执行措施时，债务人履行债务的期限尚未届满。1997年7月31日，沈阳市中级人民法院向上述二被执行人下发了执行通知书和查封裁定书，查封存放在辽宁省纺织工业供销公司储运库（以下简称供销公司）的落棉102吨、绢纱72吨，但并未向财产保管单位供销公司送达查封裁定书和协助执行通知书。

1997年8月1日，北京市第一中级人民法院在审理北京北美物产集团诉天民公司、第三人财务公司、第三人辽宁中泰实业发展公司加工承揽合同纠纷一案时，作出查封上述争议财产的诉讼保全裁定。同时，分别向被执行人、协助执行人送达了保全裁定书和协助执行通知书，并制作了查封笔录，张贴了查封封条。1997年8月6日，沈阳市中级人民法院裁定将上述争议财产抵债给申请人财务公司时，明知该财产已被北京市第一中级人民法院查封，仍继续采取强制执行措施。

我们认为，沈阳市中级人民法院在债务人履行期限届满前即对债务人采取强制执行的做法缺乏事实和法律依据。虽然沈阳市中级人民法院作出查封争议财产裁定的时间在先，但因没有向争议财产保管人供销公司送达有关查封裁定书和协助执行通知书等法律文书，对争议财产并未取得实际有效的控制，故沈阳市中级人民法院的查封不能对抗北京市第一中级人民法院合法有效的查封，依法应予以纠正。

鉴于沈阳市中级人民法院在执行公证债权文书一案中存在的错误做法，请辽宁省高级人民法院在监督沈阳市中级人民法院纠错的同时，应积极协助北京市高级人民法院做好下一步的执行工作。

明知被执行人房产中的部分楼层已确权给其他债权人，仍然采取查封措施，直接裁定以物抵债，依法应予以纠正。

最高人民法院执行工作办公室关于山西省大同市矿区法院执行案与湖南省株洲市中院破产案冲突请求我院协调的答复函

2006年8月28日　〔2006〕执协字第14—1号

山西省高级人民法院：

---

① 张小林：《河北省安平县法院与江苏省张家港市法院就执行"锦帆大厦"发生争议协调案》，载最高人民法院执行工作办公室编：《强制执行指导与参考》2003年第3辑（总第7辑），法律出版社2004年版，第244～252页

你院〔2006〕晋执协字第1—1号《关于我省大同市矿区人民法院在湖南株洲执行受阻要求协调的报告》收悉。经研究，答复如下：

大同市矿区人民法院在执行大同煤矿集团有限责任公司（以下简称大同煤矿）与湖南省株洲市株洲光明玻璃集团有限公司（以下简称株洲光明公司）买卖合同纠纷一案中，于2005年11月22日冻结了被追加为被执行人的株洲市国有资产投资经营有限公司在建设银行株洲市城北支行的存款2000万元，但株洲市中级人民法院已于2005年11月2日受理了以株洲光明公司为申请人的破产还债案。根据民事诉讼法及相关司法解释的有关规定，大同市矿区人民法院应当中止对被执行人株洲光明公司的民事执行程序，同时告知债权人大同煤矿持生效法律文书向受理株洲光明公司破产案件的株洲市中级人民法院申报债权，参与破产企业的财产分配。如果债权人大同煤矿对株洲市中级人民法院宣告株洲光明公司破产有异议，可依法申诉。请你院接此函后，通知执行法院依法办理相关法律手续。

【附：案例评析】

受理破产案发生冲突请求最高人民法院协调案

最高人民法院处理意见：

本院经研究，认为矿区法院2005年11月22日冻结被追加被执行人株洲市国有资产投资经营有限公司在建设银行株洲市城北支行的存款2000万元时，被执行人光明玻璃公司已向株洲市中级人民法院申请公司破产，而且该院已于2005年11月2日受理了被执行人的破产还债案。根据民事诉讼法及其相关司法解释的有关规定，矿区法院应当中止对被执行人光明玻璃公司的民事执行程序，同时告知债权人大同煤矿持生效法律文书向受理被执行人光明玻璃公司破产案件的株洲市中级人民法院申报债权，参与破产企业的财产分配。如果债权人对株洲市中级人民法院宣告光明玻璃公司破产有异议，可依法申诉。

案件评析：

笔者认为，该案所涉及的问题主要是案件的执行程序与破产程序的冲突问题，而该问题主要是由债权人的债权性质的不同及在破产程序中行使方式的不同引起的。下面就常见的具体冲突问题进行分析。

（一）本案产生的冲突及解决办法

该案应归结为普通债权的民事执行程序与破产程序的冲突问题。根据执行规定第一百零二条、一百零五条的规定，"人民法院已受理以被执行人为债务人的破产申请的"，人民法院应当裁定中止执行；"在执行中，被执行人被人民法院裁定宣告破产的，执行法院应当依照民事诉讼法第二百三十五条①的规定，裁定终结执行"。本案中，从现有材料反映情况看，矿区法院冻结株洲公司的银行存款时间是2005年11月22日，而株洲市中院受理被执行人破产的案件的时间是2005年11月2日。也就是说，在法院执行期间，被执行人进入了破产程序。根据上述相关规定，执行法院应该告知债权人向破产审理法院株洲市中院进行债权申报，参与破产企业的清算工作，在债权人会议上充分行使自己的权利，要求法院将上述财产依法追回，纳入到破产财产范围，并请求法院重新审查被执行人是否符合破产案件的受理条件。如果破产法院认为被执行人确实符合破产案件的受理条件，并且将执行法院冻结的有关款项依法追回，纳入到破产财产范围，债权人就应该放弃法院的执行而参与破产企业的财产分配；如果破产法院没有将执行法院冻结的款项列入破产财产的范围，债权人可以要求清算组追回。同时，债权人可以依据我院《关于审理企业破产案件若干问题的规定》第三十八条的规定向湖南省高院申诉。但此均应建立在债权人自身积极寻求法律救济的基础上，执行法院不能代替债权人进行申诉。

（二）对不动产的民事执行程序与破产程序的冲突问题

所谓对不动产的执行，是指执行法院为实现债权人的金钱债权，对债务人所有的不动产采取的强制执行的行为。不动产因其具有固定性和登记生效制度，因此，不动产的权利归属及变动情形较为明确。但在不动产上常有他项物权和租赁权存在，权利义务关系复杂，为了兼顾不动产所有权人、债权人、债务人及其他权利人的利益，

---

① 民事诉讼法原第二百三十五条现已修改为第二百五十七条。——编者注

在执行程序中应慎重处理，尤其是在与破产程序相冲突时。根据民事诉讼法及其相关司法解释的有关规定，执行法院在执行不动产的过程中，如果收到了受理以债务人为破产申请人的法院出具的破产受理通知书时，应视对不动产的执行程度而定。如果执行法院仅是处于对被执行人所有的不动产查封、评估以及前期的拍卖阶段，就应当依法裁定中止执行程序，等待法院对破产案件的进一步审理。如果被执行人被人民法院裁定宣告破产，执行法院就应当依照民事诉讼法第二百三十五条的规定，裁定终结执行程序，告知债权人持生效法律文书向受理被执行人破产的法院申报债权，参与破产企业的财产分配。如果执行法院已经进入拍卖阶段，并且已经拍定成交，根据最高人民法院《关于人民法院民事执行中拍卖、变卖财产的规定》第二十九条的规定，不动产应自拍卖成交或者抵债裁定送达买受人或者承受人时起转移。至此，不动产的所有权在相关登记部门虽未发生根本性的转变，即尚未办理或正在办理过户程序中，但从法律上已经承认了买受人或承受人是该不动产的所有权人。此时，即便是被执行人进入破产程序，也不能将该不动产纳入破产财产范围。对此，最高人民法院曾有典型案例。当然，根据法律规定，如果被执行人被人民法院审理终结后，裁定不被宣告破产，执行法院可以恢复对相关不动产的执行。

（三）其他特殊财产权案件的民事执行程序与破产程序冲突问题

所谓特殊财产权是指因实现债权人的金钱给付请求权，而对被执行人所有的动产、不动产、存款、收入以及对第三人到期债权以外的具有财产性权利，这些财产属非典型性财产。主要有如下财产：

1. 知识产权。主要指：著作权中的财产权部分、商标权和专利权。对上述财产的执行，人民法院在被执行人不履行生效法律文书确定的义务时，人民法院有权裁定禁止被执行人予以转让。但是，对于被执行人已经申请破产，进入破产程序的案件，执行法院应视破产案件的审理情况而定，如果被执行人经法院审理裁定其宣告破产，执行法院应当依法裁定案件终结执行，同时，告知债权人向受理被执行人破产案件的法院申报债权，参与破产企业的财产分配。这其中涉及到一个时间点问题，即执行法院变更知识产权所有权人的裁定作出的时间，如果执行法院在受理以被执行人申请破产的通知下发前，已经裁定变更了知识产权的所有人的，承受人正在办理变更登记期间的，笔者倾向于应认定该权利已经转移，不应纳入破产财产范围。否则，应当纳入破产企业的财产清算范围。

2. 股息、红利。该权利是指执行人从有关企业中应得的已到期的股息或红利等收益，人民法院对该部分财产权利有权裁定禁止被执行人提取和有关企业向被执行人支付，并要求有关企业直接向申请执行人支付。对被执行人预期从有关企业中应得的股息和红利等收益，人民法院可以采取冻结措施，禁止到期后被执行人提取和有关企业向被执行人支付。如果被执行人进入破产程序，应视股权到期与否而定，对于已经到期的股息和红利，应比照动产或不动产案件的执行。但对于预期的股息和红利，应视为破产企业的财产，依法纳入清算范围。

3. 有价证券。所谓有价证券是被执行人持有的具有表彰财产上权利的凭证，而其权利的发生、转移或行使，则与证券本身具有不可分性。有价证券分为记名证券（如记名股票、公司证券及票据等）、无记名证券（如无记名股票、国债公司证券及票据等）和指示证券（如提单、仓单、载货凭证等）。对上述证券的执行，其实质是执行该证券上所表彰的财产权利。但由于证券流通迅速，其权利的行使和处分须占有和交付。因此，证券所表彰的权利与证券本身不可分。在交易上与动产的转移相同，即谁持有证券谁就享有对该证券所表彰权利的行使权。当其在执行程序中与破产程序发生冲突时，应比照解决动产的解决办法处置。

（四）财产保全案件的执行与破产程序冲突问题

关于财产保全案件的执行究竟由执行机构执行，还是由立案庭来执行，目前法律尚未作出明确规定。实践中二者均有参与。但不管是哪个部门实施，均应依据民事诉讼法及其相关司法解释和破产法及其相关司法解释来执行。在此仅讨论财产保全措施的执行与破产程序的冲突问题。如果财产保全措施在实施期间，债务人向法院申请破产，而且法院业已受理的情况下，财产保全措施应停止执行；如果财产保全措施在债务人向人民法院申请破产前已经实施完毕,当破产案件审理法院作出破产宣告裁定时,应依据最高人民法院《关于审理企业破产案件若干问题的规定》第二十条的规定,应当撤销对相关财产的保全措施。因为不论财产保全发生在诉前还是诉讼中,破产宣告裁定作出后,诉讼程序均应当终结。

(五)工程价款民事案件的执行与破产程序冲突问题

建筑工程价款主要指承包人为建设工程应当支付的工作人员报酬、材料款等实际支出的费用,不包括承包人因发包人违约所造成的损失。依据最高人民法院《关于建设工程价款优先受偿权问题的批复》,人民法院在审理房地产纠纷案件和办理执行案件中,应当依照《中华人民共和国合同法》第二百八十六条的规定,认定建筑工程的承包人的优先受偿权优于抵押权和其他债权。由此笔者认为,即使被执行人被人民法院裁定宣告破产,在清算受偿顺序上工程款受偿的顺序应该在优先拨付破产费用后首先偿还债务人拖欠的工程款,其次是偿还享有担保权的债权人。

(六)税收债权的执行案件与破产程序冲突问题

税收债权的产生在我国较为普遍,大多企业纳税意识较差,因此容易产生欠税问题。税收债权应该属于公权利,普通民事债权应该属于私权利。在国外私权利优先的背景下,我国仍采用公权利优先的原则。这一点从即将实施的新破产法中仍可以见到其影子。但税收债权在企业进入破产程序后,在清偿顺序上应该是在除去破产费用、工程价款、别除权、工人工资和劳动保险等债权后,普通债权之前受偿。也就是说,税收债权仅优先于普通债权受偿。

(七)罚款债权案件执行与破产程序冲突问题

罚款债权主要指国家执法机关对债务人的违法行为给予一定的金钱处罚行为而产生的。罚款债权应该视为除斥债权,因此,不能作为破产债权予以受偿。因为罚款在实现对债务人惩罚的同时,还要将罚款上缴国库,纳入国家财产。如果将其列为破产债权无异于将此财产嫁于无辜的其

他债权人头上,惩罚的对象显然已经不是债务人了,而是债务人的所有债权人,处罚目的也不能达到。笔者认为,如果债务人破产申请被人民法院受理,并下发受理通知书后,罚款就应该中止执行,等待法院对债务人破产申请的进一步审理,如果法院最终裁定宣告债务人破产,罚款将终结执行,而且不能参与破产企业的财产分配。①

最高人民法院
关于四川、新疆两地法院执行四川达钢公司争议协调案的处理函

2009年12月3日　　〔2009〕执协字第23—1号

四川省高级人民法院、新疆维吾尔自治区高级人民法院:

四川省高级人民法院(下称四川高院)报送的《关于请求协调处理四川同昊科技有限公司申请执行新疆正元节能科技有限公司、第三人四川达州钢铁集团有限公司委托合同纠纷一案的报告》和新疆维吾尔自治区高级人民法院(下称新疆高院)报送的《关于涉新疆正元节能科技有限公司执行争议的协调意见》均收悉。我院审查期间也曾组织两院进行协调,但未果。经研究,提出以下处理意见:

新疆高院〔2008〕新民三终字第22号民事判决认为,在四川达州钢铁集团有限公司(下称达钢公司)和新疆正元节能科技有限公司(下称正元公司)的技术服务合同纠纷中,达钢公司应向正元公司支付相应的节能款。而正元公司与四川同昊科技有限公司(下称同昊公司)的合同则属于另一法律关系,可另案解决,并不影响该案的处理。四川省达州市通川区人民法院(下称通川法院)〔2008〕通川民初字第1018号民事判决正是对正元公司和同昊公司的委托关系作了裁判,同时将达钢公司列为第三人,并认为,依正元公司和同昊公司的委托合同,双方形成委托代

---

① 董志强:《关于山西省大同市矿区法院执行案与湖南省株洲市中院受理破产案发生冲突请求我院协调案》,载最高人民法院执行工作办公室编:《执行工作指导》2006年第3辑(总第19辑),人民法院出版社2006年版,第112~118页。

理关系，同昊公司应取得上述节能款的收益权，并判令达钢公司直接向同昊公司支付。综上，该笔节能款为两份生效判决共同指向的特定债务，同昊公司应为该笔节能款的最终权利人，达钢公司不应重复该笔付款履行义务。据此，应由通川法院执行该笔节能款。

请你们接此函后，监督执行法院落实我院上述意见。

特此函告。

【附：案例评析】

四川、新疆两地法院执行四川达钢公司争议协调案

双方高院的协调意见和协调情况：

（一）四川高院的意见

四川高院认为，本案存在两个冲突：

1. 执行依据冲突。通川法院、乌鲁木齐中院对同一事实作出了两个不同判决，义务人均为达钢公司，权利人分别为同昊公司、正元公司，只能执行一份判决。

2. 执行程序冲突。通川法院已先行作出〔2008〕通川民初字第1018-1号民事裁定，冻结达钢公司除支付正元公司31.84万元节能款后的每月节能款，而乌鲁木齐中院扣划的正是该节能款。正元公司对达钢公司享有的31～84万元节能款以外的权利实际已被通川法院查封，即使有生效法律依据确认，乌鲁木齐中院也不得强制执行。该院认为，乌鲁木齐中院应撤销冻结、扣划达钢公司存款的裁定，由通川法院执行后，乌鲁木齐中院作结案处理。

（二）新疆高院的意见

新疆高院认为，乌鲁木齐中院依据新疆高院〔2008〕新民三终字第22号民事判决所采取的执行行为符合法律规定；四川高院也认为两案执行依据产生冲突，新疆高院将遵照最高法院的协调处理意见办理。

（三）案件协调情况

因本案涉及执行依据的冲突问题，经最高人民法院执行局组织协调，双方高院未达成一致。但在以下问题上双方意见相同：（1）通川法院在诉讼过程中保全的是正元公司对达钢公司的债权，乌鲁木齐中院在执行过程中冻结的是达钢公司的存款。（2）本案涉及的节能款是特定的，达钢公司不能向同昊公司和正元公司支付两次节能款。

评析意见：

本案争议的焦点是，两地法院均认为据以执行的两份生效判决内容冲突，随之而来的问题是，双方据此采取的执行行为在程序上也相互冲突。因此，解决执行依据的冲突问题是本案解决双方争议的关键，并决定着案件今后的执行程序应如何进行。

（一）本案的执行依据是否冲突

这是处理本案需要首先回答的问题。乌鲁木齐中院据以执行的法律文书是新疆高院〔2008〕新民三终字第22号民事判决，该判决判令达钢公司一次性支付正元公司剩余59个月的节能效益款3217295元。通川法院据以执行的法律文书是该院〔2008〕通川民初字第1018号民事判决，该判决确认了同昊公司和正元公司系委托代理关系，正元公司在第三人达钢公司处收取节能款31.84万元后，达钢公司以后应支付的节能款在300万元范围内的，其收益权转移归同昊公司所有，并由达钢公司直接向同昊公司支付。由此可见，两份执行依据的矛盾之处在于：除去31.84万元后，剩余的节能款应由达钢公司支付给正元公司，还是直接支付给同昊公司。

如果单从两份判决的主文来看，本案争议的执行标的是上述剩余的节能款，而且判决确定的义务主体均为达钢公司，新疆高院的判决判令达钢公司向正元公司支付该笔节能款，通川法院的判决判令达钢公司直接向同昊公司支付上述节能款。据此，很容易得出两份执行依据相冲突的结论。但通读两份判决的全部内容之后就会发现，这两份判决实质上是对不同的当事人，根据不同的事实，对不同的实体权利义务纠纷作出的裁判。也就是说，本案实际上涉及两对不同的当事人和两个不同的诉讼标的，两份判决针对的是两个不同的诉讼，而这两个诉讼之间又存在着紧密的关联关系。

新疆高院的判决审理的是正元公司和达钢公司之间的技术服务合同纠纷，该案的诉讼标的是两公司之间因技术服务合同产生的民事权利义务争议。通川法院的判决审理的是正元公司和同昊公司之间的委托合同纠纷，同昊公司为委托人，正元公司作为受托人与其他市场主体开展业务往来，该案的诉讼标的是正元公司和同昊公司之间的委托合同关系。因此，从诉的要素角度看，两份判决的当事人不同，诉讼标的不同，诉的理由也不相同，两地法院审理的是两起独立的诉讼，

并非对同一诉讼作了不同的判决,不存在对同一争议实体法律关系重复判决的问题。认为两地法院"对同一事实作出了两个不同判决"的观点不能成立。

那么,这两起诉讼的裁判结论是否冲突呢?新疆高院判决书的裁判理由中提到,"正元公司与同昊公司的合同属于另一法律关系,可另案解决,并不影响该案的处理。"可见,新疆高院在二审期间已经意识到正元公司和达钢公司的纠纷涉及第三方同昊公司,虽然乌鲁木齐中院的一审判决并未提到正元公司和同昊公司的纠纷,但从新疆高院的判决理由中可以得知,其并不排斥由其他法院审理正元公司和同昊公司的委托代理关系,而通川法院的判决是对两公司的委托关系作了裁判,并将达钢公司列为第三人。所以,从这个层面讲,两者的裁判对象并无冲突。本案涉及三方当事人之间产生的委托代理和技术服务两项实体纠纷。四川、新疆两地法院的判决分别只涉及到其中的一个方面,单独依据任何一方的判决,均不足以对整个案件作出完整的结论。要对三方当事人之间的争议作出公正合理的判断,必须综合审查两份判决的内容。否则,最后的结论必然是片面的。因此,两份执行依据的关系其实是相辅相成的,缺少任何一方的判决都会影响整个案件处理的公正性、合法性。分析到此,本案执行依据冲突的问题实际上已经解决,剩下的问题是两份判决确定的权利主体不一致。如果机械的拘泥于判决主文形式上的表达,而忽视判决确定的权利在实质上的归属,则必然导致用僵化的形式合法性取代实质合法性的错误。所以,本案协调结论的落脚点应当确定谁是最终的权利承受人。

(二)本案应如何执行

从上文的分析中,我们不难看出,本案其实是一个应由第三方当事人参与的第三人参加之诉。根据民事诉讼法对第三人参加诉讼的有关规定,审理案件的法院应将两个诉讼合并审理,一并作出判决,防止出现前后判决相互冲突和当事人争议得不到解决的情况。但在先受理案件的乌鲁木齐中院未将两案合并审理,仅对其中的技术服务合同纠纷作了裁判。当事人又就委托合同纠纷另行起诉,最终导致该案在两地法院形成两个判决。

民事诉讼理论一般认为,第三人参加的诉讼中,本诉和参加之诉为可分之诉,第三人可在本诉审理完毕后,另行提起诉讼。两地法院针对不同纠纷分别作出判决并未违反法律规定,但判决确定的同一笔节能款给付义务指向的权利主体却是不同的,导致执行程序中两地法院产生了执行依据冲突的争议。笔者认为,这种情况属于审判、执行工作中的正常现象,并非不能通过执行程序解决。如上文所述,本案的处理需要综合两份判决的内容确定最终的权利人。正元公司基于与同昊公司的委托合同,和达钢公司开展技术服务业务,新疆高院判令达钢公司就该业务应当支付相应的节能款,通川法院认定正元公司和同昊公司的委托代理关系成立,正元公司在达钢公司处收取节能款 31.84 万元后,"达钢公司以后应支付的节能款在 300 万元范围内的,其收益权转移归同昊公司所有,并由达钢公司直接向同昊公司支付"。从上述判决的内容可以看出,同昊公司应为剩余节能款的最终权利人。因此,本案应当将该笔节能款执行给同昊公司,故最高法院作出了由通川法院执行本案的意见。因上述节能款是特定的款项,通川法院执行后,乌鲁木齐中院客观上已不能就该款项再作执行。

(三)小结

本案的上述处理结果并不存在以执代审的问题,以执代审是执行机构在执行程序中将当事人之间未经审判并作出结论的实体法律关系直接进行处理。本案的协调意见是根据两地法院已经生效的判决作出的,所涉当事人间的权利义务关系均由两份生效判决确定,并未对当事人创设新的权利,规定新的义务,完全在判决判定的给付内容范围之内解决案件的执行问题,不存在以执代审的情形。

本案中,两地法院的执行争议源于诉讼程序对当事人纠纷的处理方式,虽然案件的处理涉及对执行依据的解释问题,但通过执行机构对执行依据的审查判断,能够为本案争议问题找到解决的途径。所以,在执行程序中,并非只要涉及执行依据的问题,都要考虑通过再审或诉讼的方式处理,也应当根据执行依据的具体内容和案件的执行情况作出判断。①

---

① 乔宇:《四川、新疆两地法院执行四川达钢公司争议协调案》,载江必新主编、最高人民法院执行局编:《执行工作指导》2010 年第 3 辑(总第 35 辑),人民法院出版社 2010 年版,第 105~110 页。

人民法院办理执行案件规范

2017 年 4 月

996.【协调案件的适用范围】

下列案件,人民法院应当按照执行协调案件予以立案:

(一)不同法院因执行程序、执行与破产、强制清算、审判等程序之间对执行标的产生争议,经自行协调无法达成一致意见,向共同上级法院报请协调处理的;

(二)对跨高级人民法院辖区的法院与公安、检察等机关之间的执行争议案件,执行法院报请所属高级人民法院与有关公安、检察等机关所在地的高级人民法院商有关机关协调解决或者报请最高人民法院协调处理的;

(三)当事人对内地仲裁机构作出的涉港澳仲裁裁决分别向不同人民法院申请撤销及执行,受理执行申请的人民法院对受理撤销申请的人民法院作出的决定撤销或者不予撤销的裁定存在异议,亦不能直接作出与该裁定相矛盾的执行或者不予执行的裁定,报请共同上级人民法院解决的;

(四)当事人对内地仲裁机构作出的涉港澳仲裁裁决向人民法院申请执行且人民法院已经作出应予执行的裁定后,一方当事人向人民法院申请撤销该裁决,受理撤销申请的人民法院认为裁决应予撤销且该人民法院与受理执行申请的人民法院非同一人民法院时,报请共同上级人民法院解决的;

(五)跨省、自治区、直辖市的执行争议案件报请最高人民法院协调处理的;

(六)其他依法报请协调的。

997.【执行争议的协调】

两个或两个以上人民法院在执行相关案件中发生争议的,应当协商解决。协商不成的,逐级报请上级法院,直至报请共同的上级法院协调处理。

高级人民法院负责协调处理本辖区内跨中级人民法院辖区的法院与法院之间的执行争议案件。对跨高级人民法院辖区的法院与法院之间的执行争议案件,由争议双方所在地的两地高级人民法院协商处理;协商不成的,按有关规定报请最高人民法院协调处理。

对跨高级人民法院辖区的法院与公安、检察等机关之间的执行争议案件,由执行法院所在地的高级人民法院与有关公安、检察等机关所在地的高级人民法院商有关机关协调解决,必要时可报请最高人民法院协调处理。

998.【协调处理决定的效力】

上级法院协调下级法院之间的执行争议所作出的处理决定,有关法院必须执行。

999.【特殊情形的处理】

上级法院在协调下级法院执行案件中,发现据以执行的生效法律文书确有错误的,应当书面通知下级法院暂缓执行,并按照审判监督程序处理。

执行中发现两地法院或人民法院与仲裁机构就同一法律关系作出不同裁判内容的法律文书的,各有关法院应当立即停止执行,报请共同的上级法院处理。

上级法院协调处理有关执行争议案件,认为必要时,可以决定将有关款项划到本院指定的账户。

1000.【协调案件的结案方式】

执行协调案件的结案方式包括:

(一)撤回协调请求,即执行争议法院自行协商一致,撤回协调请求的;

(二)协调解决,即经过协调,执行争议法院达成一致协调意见,将协调意见记入笔录或者向执行争议法院发出协调意见函的。

甲地法院能否通过诉讼程序确认乙地法院的拍卖行为无效?

问题:在办理某公司申请执行某煤矿一案中,乙地人民法院委托甲地拍卖公司对登记在某煤矿名下的房产进行拍卖。经过公开拍卖程序,涉案房产由李某竞得,乙地人民法院下达了拍卖成交裁定。事后,案外人张庆以拥有对拍卖房产的所有权为由,以拍卖公司和李某为被告,向甲地法院提起民事诉讼,要求确认拍卖程序无效。请问:甲地人民法院有权通过诉讼程序确定乙地人民法院的拍卖行为无效吗?

《人民司法》研究组认为:甲地人民法院的做

法是错误的。与平等主体之间的委托拍卖不同，强制拍卖是人民法院执行措施的一种，拍卖当事人之间的法律地位并不平等。本案中，拍卖公司作为专业机构，受人民法院的委托对涉案房产进行拍卖的行为性质上属于公法行为，拍卖机构的地位类似于鉴定人，该行为依法不可诉。当事人或者利害关系人如果不服，只能向执行法院或者执行法院的上级法院通过执行监督程序进行救济。因此，案外人张某可以向乙地人民法院或者其上级法院提起执行异议，要求乙地法院纠正执行错误，而不能向人民法院提起诉讼确认强制拍卖房产的行为无效。①

第七章　执行代理

中华人民共和国民事诉讼法

2017年6月27日

第五十七条　无诉讼行为能力人由他的监护人作为法定代理人代为诉讼。法定代理人之间互相推诿代理责任的，由人民法院指定其中一人代为诉讼。

第五十八条　当事人、法定代理人可以委托一至二人作为诉讼代理人。

下列人员可以被委托为诉讼代理人：

（一）律师、基层法律服务工作者；

（二）当事人的近亲属或者工作人员；

（三）当事人所在社区、单位以及有关社会团体推荐的公民。

第五十九条　委托他人代为诉讼，必须向人民法院提交由委托人签名或者盖章的授权委托书。

授权委托书必须记明委托事项和权限。诉讼代理人代为承认、放弃、变更诉讼请求，进行和解，提起反诉或者上诉，必须有委托人的特别授权。

侨居在国外的中华人民共和国公民从国外寄交或者托交的授权委托书，必须经中华人民共和国驻该国的使领馆证明；没有使领馆的，由与中华人民共和国有外交关系的第三国驻该国的使领馆证明，再转由中华人民共和国驻该第三国使领馆证明，或者由当地的爱国华侨团体证明。

第六十条　诉讼代理人的权限如果变更或者解除，当事人应当书面告知人民法院，并由人民法院通知对方当事人。

第六十一条　代理诉讼的律师和其他诉讼代理人有权调查收集证据，可以查阅本案有关材料。查阅本案有关材料的范围和办法由最高人民法院规定。

第二百六十三条　外国人、无国籍人、外国企业和组织在人民法院起诉、应诉，需要委托律师代理诉讼的，必须委托中华人民共和国的律师。

第二百六十四条　在中华人民共和国领域内没有住所的外国人、无国籍人、外国企业和组织委托中华人民共和国律师或者其他人代理诉讼，从中华人民共和国领域外寄交或者托交的授权委托书，应当经所在国公证机关证明，并经中华人民共和国驻该国使领馆认证，或者履行中华人民共和国与该所在国订立的有关条约中规定的证明手续后，才具有效力。

最高人民法院
关于适用《中华人民共和国民事诉讼法》的解释

2015年1月30日　　法释〔2015〕5号

第八十三条　在诉讼中，无民事行为能力

---

① 载《人民司法》2007年第15期。

人、限制民事行为能力人的监护人是他的法定代理人。事先没有确定监护人的，可以由有监护资格的人协商确定；协商不成的，由人民法院在他们之中指定诉讼中的法定代理人。当事人没有民法通则第十六条第一款、第二款或者第十七条第一款规定的监护人的，可以指定该法第十六条第四款或者第十七条第三款规定的有关组织担任诉讼中的法定代理人。

第八十四条　无民事行为能力人、限制民事行为能力人以及其他依法不能作为诉讼代理人的，当事人不得委托其作为诉讼代理人。

第八十五条　根据民事诉讼法第五十八条第二款第二项规定，与当事人有夫妻、直系血亲、三代以内旁系血亲、近姻亲关系以及其他有抚养、赡养关系的亲属，可以当事人近亲属的名义作为诉讼代理人。

第八十六条　根据民事诉讼法第五十八条第二款第二项规定，与当事人有合法劳动人事关系的职工，可以当事人工作人员的名义作为诉讼代理人。

第八十七条　根据民事诉讼法第五十八条第二款第三项规定，有关社会团体推荐公民担任诉讼代理人的，应当符合下列条件：

（一）社会团体属于依法登记设立或者依法免予登记设立的非营利性法人组织；

（二）被代理人属于该社会团体的成员，或者当事人一方住所地位于该社会团体的活动地域；

（三）代理事务属于该社会团体章程载明的业务范围；

（四）被推荐的公民是该社会团体的负责人或者与该社会团体有合法劳动人事关系的工作人员。

专利代理人经中华全国专利代理人协会推荐，可以在专利纠纷案件中担任诉讼代理人。

第八十八条　诉讼代理人除根据民事诉讼法第五十九条规定提交授权委托书外，还应当按照下列规定向人民法院提交相关材料：

（一）律师应当提交律师执业证、律师事务所证明材料；

（二）基层法律服务工作者应当提交法律服务工作者执业证、基层法律服务所出具的介绍信以及当事人一方位于本辖区内的证明材料；

（三）当事人的近亲属应当提交身份证件和与委托人有近亲属关系的证明材料；

（四）当事人的工作人员应当提交身份证件和与当事人有合法劳动人事关系的证明材料；

（五）当事人所在社区、单位推荐的公民应当提交身份证件、推荐材料和当事人属于该社区、单位的证明材料；

（六）有关社会团体推荐的公民应当提交身份证件和符合本解释第八十七条规定条件的证明材料。

第八十九条　当事人向人民法院提交的授权委托书，应当在开庭审理前送交人民法院。授权委托书仅写"全权代理"而无具体授权的，诉讼代理人无权代为承认、放弃、变更诉讼请求，进行和解，提出反诉或者提起上诉。

适用简易程序审理的案件，双方当事人同时到庭并径行开庭审理的，可以当场口头委托诉讼代理人，由人民法院记入笔录。

第五百二十五条　外国人、外国企业或者组织的代表人在人民法院法官的见证下签署授权委托书，委托代理人进行民事诉讼的，人民法院应予认可。

第五百二十六条　外国人、外国企业或者组织的代表人在中华人民共和国境内签署授权委托书，委托代理人进行民事诉讼，经中华人民共和国公证机构公证的，人民法院应予认可。

第五百二十七条　当事人向人民法院提交的书面材料是外文，应当同时向人民法院提交中文翻译件。

当事人对中文翻译件有异议的，应当共同委托翻译机构提供翻译文本；当事人对翻译机构的选择不能达成一致的，由人民法院确定。

第五百二十八条　涉外民事诉讼中的外籍当事人，可以委托本国人为诉讼代理人，也可以委托本国律师以非律师身份担任诉讼代理人；外国驻华使领馆官员，受本国公民的委托，可以以个人名义担任诉讼代理人，但在诉讼中不享有外交或者领事特权和豁免。

第五百二十九条　涉外民事诉讼中，外国驻华使领馆授权其本馆官员，在作为当事人的本国国民不在中华人民共和国领域内的情况下，可以以外交代表身份为其本国国民在中华人民共和国聘请中华人民共和国律师或者中华人民共和国公民代理民事诉讼。

最高人民法院
关于人民法院执行工作若干问题的规定（试行）

1998年7月8日　　法释〔1998〕15号

22. 申请执行人可以委托代理人代为申请执行。委托代理的，应当向人民法院提交经委托人签字或盖章的授权委托书，写明委托事项和代理人的权限。

委托代理人代为放弃、变更民事权利，或代为进行执行和解，或代为收取执行款项的，应当有委托人的特别授权。

最高人民法院
关于诉讼代理人查阅民事案件材料的规定

2002年11月15日　　法释〔2002〕39号

为保障代理民事诉讼的律师和其他诉讼代理人依法行使查阅所代理案件有关材料的权利，保证诉讼活动的顺利进行，根据《中华人民共和国民事诉讼法》第六十一条的规定，现对诉讼代理人查阅代理案件有关材料的范围和办法作如下规定：

第一条　代理民事诉讼的律师和其他诉讼代理人有权查阅所代理案件的有关材料。但是，诉讼代理人查阅案件材料不得影响案件的审理。诉讼代理人为了申请再审的需要，可以查阅已经审理终结的所代理案件有关材料。

第二条　人民法院应当为诉讼代理人阅卷提供便利条件，安排阅卷场所。必要时，该案件的书记员或者法院其他工作人员应当在场。

第三条　诉讼代理人在诉讼过程中需要查阅案件有关材料的，应当提前与该案件的书记员或者审判人员联系；查阅已经审理终结的案件有关材料的，应当与人民法院有关部门工作人员联系。

第四条　诉讼代理人查阅案件有关材料应当出示律师证或者身份证等有效证件。查阅案件有关材料应当填写查阅案件有关材料阅卷单。

第五条　诉讼代理人在诉讼中查阅案件材料限于案件审判卷和执行卷的正卷，包括起诉书、答辩书、庭审笔录及各种证据材料等。案件审理终结后，可以查阅案件审判卷的正卷。

第六条　诉讼代理人查阅案件有关材料后，应当及时将查阅的全部案件材料交回书记员或者其他负责保管案卷的工作人员。书记员或者法院其他工作人员对诉讼代理人交回的案件材料应当当面清查，认为无误后在阅卷单上签注。阅卷单应当附卷。诉讼代理人不得将查阅的案件材料携出法院指定的阅卷场所。

第七条　诉讼代理人查阅案件材料可以摘抄或者复印。涉及国家秘密的案件材料，依照国家有关规定办理。复印案件材料应当经案卷保管人员的同意。复印已经审理终结的案件有关材料，诉讼代理人可以要求案卷管理部门在复印材料上盖章确认。复印案件材料可以收取必要的费用。

第八条　查阅案件材料中涉及国家秘密、商业秘密和个人隐私的，诉讼代理人应当保密。

第九条　诉讼代理人查阅案件材料时不得涂改、损毁、抽取案件材料。人民法院对修改、损毁、抽取案卷材料的诉讼代理人，可以参照民事诉讼法第一百零二条①第一款第（一）项的规定处理。

第十条　民事案件的当事人查阅案件有关材料的，参照本规定执行。

第十一条　本规定自公布之日起施行。

---

① 民事诉讼法原第一百零二条现已修改为第一百一十一条。——编者注

最高人民法院
关于印发《第二次全国涉外商事海事审判工作会议纪要》的通知

2005年12月26日　　法发〔2005〕26号

18. 外国当事人在我国境外出具的授权委托书，应当履行相关的公证、认证或者其他证明手续。对于未履行相关手续的诉讼代理人，人民法院对其代理资格不予认可。

19. 外国自然人在人民法院办案人员面前签署的授权委托书无需办理公证、认证或者其他证明手续，但在签署授权委托书时应出示身份证明和入境证明，人民法院办案人员应在授权委托书上注明相关情况并要求该外国自然人予以确认。

20. 外国自然人在我国境内签署的授权委托书，经我国公证机关公证，证明该委托书是在我国境内签署的，无需在其所在国再办理公证、认证或者其他证明手续。

21. 外国法人、其他组织的法定代表人或者负责人代表该法人、其他组织在人民法院办案人员面前签署的授权委托书，无需办理公证、认证或者其他证明手续，但在签署授权委托书时，外国法人、其他组织的法定代表人或者负责人除了向人民法院办案人员出示自然人身份证明和入境证明外，还必须提供该法人或者其他组织出具的能够证明其有权签署授权委托书的证明文件，且该证明文件必须办理公证、认证或者其他证明手续。人民法院办案人员应在授权委托书上注明相关情况并要求该法定代表人或负责人予以确认。

22. 外国法人、其他组织的法定代表人或者负责人代表该法人、其他组织在我国境内签署的授权委托书，经我国公证机关公证，证明该委托书是在我国境内签署，且该法定代表人或者负责人向人民法院提供了外国法人、其他组织出具的办理了公证、认证或者其他证明手续的能够证明其有权签署授权委托书的证明文件的，该授权委托书无需在外国当事人的所在国办理公证、认证或者其他证明手续。

23. 外国当事人将其在特定时期内发生的或者将特定范围的案件一次性委托他人代理，人民法院经审查可以予以认可。该一次性委托在一审程序中已办理公证、认证或者其他证明手续的，二审或者再审程序中无需再办理公证、认证或者其他证明手续。

最高人民法院
关于人民法院执行公开的若干规定

2006年12月23日　　法发〔2006〕35号

第十六条　人民法院对执行过程中形成的各种法律文书和相关材料，除涉及国家秘密、商业秘密等不宜公开的文书材料外，其他一般都应当予以公开。

当事人及其委托代理人申请查阅执行卷宗的，经人民法院许可，可以按照有关规定查阅、抄录、复制执行卷宗正卷中的有关材料。

最高人民法院
关于进一步做好边境地区涉外民商事案件审判工作的指导意见

2010年12月8日　　法发〔2010〕57号

四、境外当事人在我国境外出具授权委托书，委托代理人参加诉讼，人民法院应当要求其就授权委托书办理公证、认证手续。如果境外当事人在我国境内出具授权委托书，经我国的公证机关公证后，则不再要求办理认证手续。境外当事人是自然人或法人时，该自然人或者有权代表该法人出具授权委托书的人亲自到人民法院法官面前签署授权委托书的，无需办理公证、认证手续。

最高人民法院
关于民事诉讼委托代理人在执行程序中的代理权限问题的批复

1997年1月23日　　法复〔1997〕1号

陕西省高级人民法院：

你院陕高法〔1996〕78号《关于诉讼委托代理人的代理权限是否包括执行程序的请示》收悉。经研究，答复如下：

根据民事诉讼法的规定，当事人在民事诉讼中有权委托代理人。当事人委托代理人时，应当依法向人民法院提交记明委托事项和代理人具体代理权限的授权委托书。如果当事人在授权委托书中没有写明代理人在执行程序中有代理权及具体的代理事项，代理人在执行程序中没有代理权，不能代理当事人直接领取或者处分标的物。

此复。

最高人民法院办公厅
关于案件当事人及其代理人查阅诉讼档案有关问题的复函

2005年9月15日　　法办〔2005〕415号

湖北省高级人民法院：

你院《关于案件当事人及其代理人查阅诉讼档案有关问题的请示》（鄂高法〔2005〕260号）收悉。

经研究，我们认为，按照《人民法院档案管理办法》和《最高人民法院关于诉讼代理人查阅民事案件材料的规定》（法释〔2002〕39号）的规定，当事人也可以查阅刑事案件、行政案件和国家赔偿案件的正卷。

此复。

最高人民法院
关于民事诉讼法第二百四十条在执行程序中亦应适用的答复

2010年4月23日　　〔2010〕执他字第5号

安徽省高级人民法院：

你院〔2009〕皖执字第00002号《关于百事达（美国）企业有限公司申请执行中美合资安徽饭店有限公司清算委员会侵权纠纷一案的请示报告》收悉。经研究，我院认为：

执行程序亦属广义的诉讼程序的范畴，因此，《中华人民共和国民事诉讼法》第240条[①]在执行程序中亦应予以适用。本案中，百事达（美国）企业有限公司在案件进入执行程序后，另外委托信永中会计事务所有限责任公司对中美合资安徽饭店有限公司就有关公司清算的财务会计进行特别审计，如果该授权委托书是从中华人民共和国领域外寄交或者托交的，应当经所在国公证机关证明，并经中华人民共和国驻该国使领馆认证，或者履行中华人民共和国与该所在国订立的有关条约中规定的证明手续后，才具有效力。

【附：相关理解与适用】

民事诉讼法第二百四十条在执行程序中的适用

评析意见：

该案焦点问题是：外国企业在执行程序中委托律师或者其他人代理查账的行为是否适用《中华人民共和国民事诉讼法》第二百四十条规定。《民事诉讼法》第二百四十条规定："在中华人民共和国领域内没有住所的外国人、无国籍人、外国企业和组织委托中华人民共和国律师或者其他人代理诉讼，从中华人民共和国领域外寄交或者托交的授权委托书，应当经所在国公证机关证

[①] 民事诉讼法原第二百四十条现已修改为第二百六十四条，下同。——编者注

明，并经中华人民共和国驻该国使领馆认证，或者履行中华人民共和国与该所在国订立的有关条约中规定的证明手续后，才具有效力。"第二百四十条的立法本意是基于国外当事人的特殊性，确保诉讼中主体的合法性和意思表示的真实性。适用该条文应当同时具备两个条件，一是在中华人民共和国领域内没有住所的外国人、无国籍人、外国企业和组织委托中华人民共和国律师或者其他人代理诉讼；二是授权委托书是从中华人民共和国领域外寄交或者托交的。只有同时具备这两个条件，授权委托书才应当经所在国公证机关证明，并经中华人民共和国驻该国使领馆认证，或者履行中华人民共和国与该所在国订立的有关条约中规定的证明手续后，才具有效力。对于上述规定中的"诉讼"的含义应作广义的理解，民事诉讼法第三编对执行程序作出了相关的规定，因此，执行程序亦应属于广义的"诉讼"程序的范畴，故上述规定在执行程序中亦应予以适用。

具体涉及到本案中美国公司出具的委托书是否需要办理公证认证手续问题，百事达（美国）企业有限公司在案件进入执行程序后，另外委托信永中和会计师事务所有限责任公司对中美合资安徽饭店有限公司就有关公司清算的财务会计进行特别审计，亦应当履行这一程序要求，但还需考察委托书出具的地点。如果委托书是在我国"领域外寄交或者托交"的，即委托书不是在我国境内出具的，则需依照上述规定办理公证认证手续。如果委托书是在我国境内出具的，则无需再按照上述规定办理公证认证手续，但按照最高人民法院第二次涉外商事海事审判工作会议纪要确定的原则，仍需办理一定的证明手续。此时存在两种情况，一种情况是当事人直接到人民法院签署授权委托书，即外国法人、其他组织的法定代表人或者负责人代表该法人、其他组织在人民法院办案人员面前签署的授权委托书，无需办理公证、认证或者其他证明手续，但在签署授权委托书时，外国法人、其他组织的法定代表人或者负责人除了向人民法院办案人员出示自然人身份证明和入境证明外，还必须提供该法人或者其他组织出具的能够证明其有权签署授权委托书的证明文件，且该证明文件必须办理公证、认证或者其他证明手续。人民法院办案人员应在授权委托书上注明相关情况并要求该法定代表人或者负责人予以确认。另一种情况是外国法人、其他组织的法定代表人或者负责人代表该法人、其他组织在我国境内签署的授权委托书，经我国公证机关公证，证明该委托书是在我国境内签署，且该法定代表人或者负责人向人民法院提供了外国法人、其他组织出具的办理了公证、认证或者其他证明手续的能够证明其有权签署授权委托书的证明文件的，该授权委托书无需在外国当事人的所在国办理公证、认证或者其他证明手续。[①]

人民法院办理执行案件规范

2017 年 4 月

38.【执行案件的委托代理】

当事人、法定代理人可以委托一至二人作为执行案件的代理人。

下列人员可以被委托为执行案件的代理人：

（一）律师、基层法律服务工作者；

（二）当事人的近亲属或者工作人员；

（三）当事人所在社区、单位以及有关社会团体推荐的公民。

39.【委托代理手续】

委托他人代理执行案件的，应当向人民法院提交经委托人签字或盖章的授权委托书，写明委托事项和代理人的权限。

委托代理人代为放弃、变更民事权利，或代为进行执行和解，或代为收取执行款物的，应当有委托人的特别授权。

侨居在国外的中华人民共和国公民从国外寄交或者托交的授权委托书，必须经中华人民共和国驻该国的使领馆证明；没有使领馆的，由与中华人民共和国有外交关系的第三国驻该国的使领馆证明，再转由中华人民共和国驻该

---

① 李海军：《民事诉讼法第二百四十条在执行程序中的适用》，载江必新主编、最高人民法院执行局编：《执行工作指导》2010 年第 2 辑（总第 34 辑），人民法院出版社 2010 年版，第 101～104 页。

第三国使领馆证明,或者由当地的爱国华侨团体证明。

人民法院认为确有必要的,可以要求当事人到庭核实委托代理的相关情况,并制作笔录入卷。

40.【外籍当事人的委托代理】

执行案件中的外籍当事人,可以委托本国人为代理人,也可以委托本国律师以非律师身份担任代理人;需要委托律师作为代理人的,必须委托中华人民共和国的律师。外国驻华使领馆官员,受本国公民的委托,可以以个人名义担任执行案件代理人,但在执行程序中不享有外交或者领事特权和豁免权。

外国驻华使领馆授权其本馆官员,在作为当事人的本国国民不在中华人民共和国领域内的情况下,可以以外交代表身份为其本国国民在中华人民共和国聘请中华人民共和国律师或者中华人民共和国公民代理执行案件。

41.【外籍当事人的委托代理手续】

代表外国企业或者组织参加执行程序的人,应当向人民法院提交其有权作为代表人参加执行程序的证明,该证明应当经该企业或者组织的设立登记地国或者办理了营业登记手续的第三国所在国公证机关公证,并经中华人民共和国驻该国使领馆认证,或者履行中华人民共和国与该所在国订立的有关条约中规定的证明手续。

外国人、外国企业或者组织的代表人委托代理人代理执行案件,在人民法院法官的见证下签署授权委托书,或者在中华人民共和国境内签署授权委托书,经中华人民共和国公证机构公证的,人民法院应予认可。

在中华人民共和国领域内没有住所的外国人、无国籍人、外国企业和组织委托中华人民共和国律师或者其他人代理执行案件,从中华人民共和国领域外寄交或者托交的授权委托书,应当经所在国公证机关证明,并经中华人民共和国驻该国使领馆认证,或者履行中华人民共和国与该所在国订立的有关条约中规定的证明手续后,才具有效力。

依照本条第一、三款规定,需要办理公证、认证手续,而外国当事人所在国与中华人民共和国没有建立外交关系的,可以经该国公证机关公证,经与中华人民共和国有外交关系的第三国驻该国使领馆认证,再转由中华人民共和国驻该第三国使领馆认证。

42.【港澳台当事人的委托代理手续】

我国台湾地区、香港特别行政区、澳门特别行政区当事人委托他人代理执行案件,应当向人民法院提交由委托人签名或者盖章的授权委托书。授权委托书应当履行相关的公证、认证或者其他证明手续,但授权委托书在人民法院法官的见证下签署或者经中国大陆公证机关公证证明是在中国大陆签署的除外。

被执行人能否委托代理人?

问题:最高人民法院《关于人民法院执行工作若干问题的规定》(试行)(以下简称《规定》)第22条第1款规定了申请执行人可以委托代理人代为申请执行,但没有明确规定被执行人能否委托代理人。另外,《规定》第97条规定:"对必须到人民法院接受询问的被执行人或被执行人的法定代表人或负责人,经两次传票传唤,无正当理由拒不到场的,人民法院可以对其进行拘传。"请问被执行人或被执行人的法定代表人或负责人能否委托代理人? 请予解答。

《**人民司法**》研究组认为:被执行人或被执行人的法定代表人、负责人有行为能力的,可以根据自己的需要委托代理人,除法律另有规定外。执行程序中的代理人适用民事诉讼法和民法通则关于代理的规定。[①]

人民陪审员作为所在单位的诉讼代理人,在其任职法院参加诉讼活动是否适用回避制度?

问:朱某系我院选任的人民陪审员,又是某医院的职工。在我院审理的一起以该医院为被告的人身损害赔偿纠纷案件中,朱某作为被告方的诉讼代理人参加诉讼。原告向本院提出申请朱某回避。对此,我院有两种意见:第一种意见认为,朱某虽然是我院选任的人民陪审员,但不是审判

---

① 载《人民司法》2001年第8期。

人员和法院其他工作人员,其仅限于作为人民陪审员依法履行审判职责期间参照法官适用回避制度,而其作为所在单位的诉讼代理人参加诉讼,并非履行陪审员职责,不适用回避。另一种意见认为,朱某在本案中作为一方当事人的诉讼代理人,在其任职法院参加诉讼活动,可能影响案件的公正审理,应当参照有关法官回避的法律规定执行。请问哪种意见正确?

答: 全国人大常委会《关于完善人民陪审员制度的决定》第十二条规定:"人民陪审员的回避,参照有关法官回避的法律规定执行。"民事诉讼法对审判人员的回避作出了明确规定。为了保证案件的公正审理,最高人民法院也颁布了《关于审判人员严格执行回避制度的若干规定》,其中第4条规定了审判人员及法院其他工作人员离任后,担任原任职法院审理案件的诉讼代理人,对方提出异议的,人民法院不予准许该人员担任诉讼代理人的情形;同时又规定人民陪审员的回避问题参照审判人员回避的有关内容执行。从以上规定看,在对方当事人提出申请回避的情况下,仍然具有人民陪审员身份的朱某不能在任职法院担任本案的诉讼代理人。因此,我们同意后一种意见。①

最高人民法院民事审判第四庭涉外商事海事审判实务问题解答(一)

10. 如何认定境外当事人出具的授权委托书的效力?

答: 对于境外当事人出具的授权委托书,人民法院应当根据不同当事人的具体情况进行审查。对于自然人的,应当由其本人或者其法定监护人出具授权委托书;对于法人的,应当由其法定代表人或者有权出具授权委托书的部门或者个人出具;属于其他组织的,应当由其负责人出具。上述当事人出具的授权委托书,均应当履行公证及认证手续,否则没有法律效力。

11. 诉讼代理人的代理资格未进行公证、认证,如何处理?

答: 人民法院审理涉外商事案件,应当依法审查诉讼代理人的代理资格。对于境外当事人委托的诉讼代理人,人民法院应要求其提供经公证、认证的授权委托书,并严格审查其代理权限。对于未履行公证、认证手续的诉讼代理人,人民法院应当不允许其出庭代理诉讼。

12. 外国律师、港澳台律师能否在国内代理涉外商事诉讼?

答: 根据《中华人民共和国民事诉讼法》第241条②的规定,外国人、无国籍人、外国企业和组织在人民法院起诉、应诉,需要委托律师代理诉讼的,必须委托我国的律师。对于港澳台律师在内地代理涉外商事诉讼的,亦应照此办理,但港澳地区部分律师已经取得内地执业资格的除外。

13. 外国驻华使、领馆官员能否在国内代理诉讼?

答: 受其本国公民或者企业的委托,外国驻华使、领馆官员可以其个人名义担任诉讼代理人参加有关诉讼,但在诉讼中不享有外交特权和豁免权。

---

① 载《人民司法》2001年第8期。
② 民事诉讼法原第二百四十一条现已修改为第二百六十三条。——编者注

第八章 协助执行义务和执行联动机制

第一节 协助执行义务

中华人民共和国民事诉讼法

2017年6月27日

第六十七条 人民法院有权向有关单位和个人调查取证，有关单位和个人不得拒绝。

人民法院对有关单位和个人提出的证明文书，应当辨别真伪，审查确定其效力。

第一百一十四条 有义务协助调查、执行的单位有下列行为之一的，人民法院除责令其履行协助义务外，并可以予以罚款：

（一）有关单位拒绝或者妨碍人民法院调查取证的；

（二）有关单位接到人民法院协助执行通知书后，拒不协助查询、扣押、冻结、划拨、变价财产的；

（三）有关单位接到人民法院协助执行通知书后，拒不协助扣留被执行人的收入、办理有关财产权证照转移手续、转交有关票证、证照或者其他财产的；

（四）其他拒绝协助执行的。

人民法院对有前款规定的行为之一的单位，可以对其主要负责人或者直接责任人员予以罚款；对仍不履行协助义务的，可以予以拘留；并可以向监察机关或者有关机关提出予以纪律处分的司法建议。

第二百四十二条 被执行人未按执行通知履行法律文书确定的义务，人民法院有权向有关单位查询被执行人的存款、债券、股票、基金份额等财产情况。人民法院有权根据不同情形扣押、冻结、划拨、变价被执行人的财产。人民法院查询、扣押、冻结、划拨、变价的财产不得超出被执行人应当履行义务的范围。

人民法院决定扣押、冻结、划拨、变价财产，应当作出裁定，并发出协助执行通知书，有关单位必须办理。

第二百四十三条 被执行人未按执行通知履行法律文书确定的义务，人民法院有权扣留、提取被执行人应当履行义务部分的收入。但应当保留被执行人及其所扶养家属的生活必需费用。

人民法院扣留、提取收入时，应当作出裁定，并发出协助执行通知书，被执行人所在单位、银行、信用合作社和其他有储蓄业务的单位必须办理。

第二百四十九条 法律文书指定交付的财物或者票证，由执行员传唤双方当事人当面交付，或者由执行员转交，并由被交付人签收。

有关单位持有该项财物或者票证的，应当根据人民法院的协助执行通知书转交，并由被交付人签收。

有关公民持有该项财物或者票证的，人民法院通知其交出。拒不交出的，强制执行。

第二百五十一条 在执行中，需要办理有关财产权证照转移手续的，人民法院可以向有关单位发出协助执行通知书，有关单位必须办理。

中华人民共和国婚姻法

2001年4月28日

第四十八条 对拒不执行有关扶养费、抚养费、赡养费、财产分割、遗产继承、探望子女等判决或裁定的,由人民法院依法强制执行。有关个人和单位应负协助执行的责任。

最高人民法院
关于适用《中华人民共和国民事诉讼法》的解释

2015年1月30日　　法释〔2015〕5号

第一百五十八条　人民法院对债务人到期应得的收益,可以采取财产保全措施,限制其支取,通知有关单位协助执行。

第一百九十二条　有关单位接到人民法院协助执行通知书后,有下列行为之一的,人民法院可以适用民事诉讼法第一百一十四条规定处理:

(一)允许被执行人高消费的;

(二)允许被执行人出境的;

(三)拒不停止办理有关财产权证照转移手续、权属变更登记、规划审批等手续的;

(四)以需要内部请示、内部审批,有内部规定等为由拖延办理的。

第四百八十五条　人民法院有权查询被执行人的身份信息与财产信息,掌握相关信息的单位和个人必须按照协助执行通知书办理。

第五百零二条　人民法院在执行中需要办理房产证、土地证、林权证、专利证书、商标证书、车船执照等有关财产权证照转移手续的,可以依照民事诉讼法第二百五十一条规定办理。

最高人民法院
关于人民法院执行工作若干问题的规定(试行)

1998年7月8日　　法释〔1998〕15号

28. 申请执行人应当向人民法院提供其所了解的被执行人的财产状况或线索。被执行人必须如实向人民法院报告其财产状况。

人民法院在执行中有权向被执行人、有关机关、社会团体、企业事业单位或公民个人,调查了解被执行人的财产状况,对调查所需的材料可以进行复制、抄录或拍照,但应当依法保密。

32. 查询、冻结、划拨被执行人在银行(含其分理处、营业所和储蓄所)、非银行金融机构、其他有储蓄业务的单位(以下简称金融机构)的存款,依照中国人民银行、最高人民法院、最高人民检察院、公安部《关于查询、冻结、扣划企业事业单位、机关、团体银行存款的通知》的规定办理。

33. 金融机构擅自解冻被人民法院冻结的款项,致冻结款项被转移的,人民法院有权责令其限期追回已转移的款项。在限期内未能追回的,应当裁定该金融机构在转移的款项范围内以自己的财产向申请执行人承担责任。

34. 被执行人为金融机构的,对其交存在人民银行的存款准备金和备付金不得冻结和扣划,但对其在本机构、其他金融机构的存款,及其在人民银行的其他存款可以冻结、划拨,并可对被执行人的其他财产采取执行措施,但不得查封其营业场所。

35. 作为被执行人的公民,其收入转为储蓄存款的,应当责令其交出存单。拒不交出的,人民法院应当作出提取其存款的裁定,向金融机构发出协助执行通知书,并附生效法律文书,由金融机构提取被执行人的存款交人民法院或存入人民法院指定的账户。

36. 被执行人在有关单位的收入尚未支取的,人民法院应当作出裁定,向该单位发出协助执行通知书,由其协助扣留或提取。

37. 有关单位收到人民法院协助执行被执行人收入的通知后,擅自向被执行人或其他人支付的,人民法院有权责令其限期追回;逾期未追回的,应当裁定其在支付的数额内向申请执行人承担责任。

38. 被执行人无金钱给付能力的,人民法院有权裁定对被执行人的其他财产采取查封、扣押措施。裁定书应送达被执行人。

采取前款措施需有关单位协助的,应当向有关单位发出协助执行通知书,连同裁定书副本一并送达有关单位。

41. 对动产的查封,应当采取加贴封条的方式。不便加贴封条的，应当张贴公告。

对有产权证照的动产或不动产的查封，应当向有关管理机关发出协助执行通知书，要求其不得办理查封财产的转移过户手续，同时可以责令被执行人将有关财产权证照交人民法院保管。必要时也可以采取加贴封条或张贴公告的方法查封。

既未向有关管理机关发出协助执行通知书，也未采取加贴封条或张贴公告的办法查封的，不得对抗其他人民法院的查封。

50. 被执行人不履行生效法律文书确定的义务，人民法院有权裁定禁止被执行人转让其专利权、注册商标专用权、著作权（财产权部分）等知识产权。上述权利有登记主管部门的，应当同时向有关部门发出协助执行通知书，要求其不得办理财产权转移手续，必要时可以责令被执行人将产权或使用权证照交人民法院保存。

对前款财产权，可以采取拍卖、变卖等执行措施。

51. 对被执行人从有关企业中应得的已到期的股息或红利等收益，人民法院有权裁定禁止被执行人提取和有关企业向被执行人支付，并要求有关企业直接向申请执行人支付。对被执行人预期从有关企业中应得的股息或红利等收益，人民法院可以采取冻结措施，禁止到期后被执行人提取和有关企业向被执行人支付。到期后人民法院可从有关企业中提取，并出具提取收据。

53. 对被执行人在有限责任公司、其他法人企业中的投资权益或股权，人民法院可以采取冻结措施。

冻结投资权益或股权的，应当通知有关企业不得办理被冻结投资权益或股权的转移手续，不得向被执行人支付股息或红利。被冻结的投资权益或股权，被执行人不得自行转让。

56. 有关企业收到人民法院发出的协助冻结通知后，擅自向被执行人支付股息或红利，或擅自为被执行人办理已冻结股权的转移手续，造成已转移的财产无法追回的，应当在所支付的股息或红利或转移的股权价值范围内向申请执行人承担责任。

最高人民法院
关于行政机关根据法院的协助执行通知书实施的行政行为是否属于人民法院行政诉讼受案范围的批复

2004 年 7 月 13 日　　法释〔2004〕6 号

山东省高级人民法院：

你院"关于行政机关根据法院的协助执行通知书实施的行政行为是否属于人民法院行政诉讼受案范围的请示"收悉。经研究，批复如下：

行政机关根据人民法院的协助执行通知书实施的行为，是行政机关必须履行的法定协助义务，不属于人民法院行政诉讼受案范围。但如果当事人认为行政机关在协助执行时扩大了范围或违法采取措施造成其损害，提起行政诉讼的，人民法院应当受理。

此复。

最高人民法院
关于人民法院民事执行中查封、扣押、冻结财产的规定

2004 年 11 月 4 日　　法释〔2004〕15 号

第一条 人民法院查封、扣押、冻结被执行人的动产、不动产及其他财产权，应当作出裁定，并送达被执行人和申请执行人。

采取查封、扣押、冻结措施需要有关单位或者个人协助的，人民法院应当制作协助执行通知书，连同裁定书副本一并送达协助执行人。查封、扣押、冻结裁定书和协助执行通知书送达时发生法律效力。

最高人民法院
关于扣押与拍卖船舶适用法律若干问题的规定

2015年2月28日　　法释〔2015〕6号

第一条　海事请求人申请对船舶采取限制处分或者抵押等保全措施的,海事法院可以依照民事诉讼法的有关规定,裁定准许并通知船舶登记机关协助执行。前款规定的保全措施不影响其他海事请求人申请扣押船舶。

最高人民法院办公厅
关于转发国家工商行政管理局《关于立即停止对法院办案取证收费的函》的通知

1989年8月14日　　法办〔1989〕78号

各省、自治区、直辖市高级人民法院,解放军军事法院:

国家工商行政管理局于1989年8月5日发出了《关于立即停止对法院办案取证收费的函》,现转发给你们,以便工作中参照执行。

【附:相关文件】

国家工商行政管理局关于立即停止对法院办案取证收费的函

1989年8月5日　　工商政字〔1989〕第170号

深圳市工商行政管理局:

据最高人民法院反映,你局在法院因办案需要了解被告办理企业登记的情况时,向法院收取咨询费,这种做法不对。按照《刑事诉讼法》和《民事诉讼法》的有关规定,人民法院审理案件,有权向有关国家机关、企事业单位、人民团体和个人收集和调取证据。法院收集、调取证据不同于一般的业务咨询,不得对此搞"有偿服务"。希望你局立即停止这种收费。

最高人民法院　中国人民银行
关于依法规范人民法院执行和金融机构协助执行的通知

2000年9月4日　　法发〔2000〕21号

为依法保障当事人的合法权益,维护经济秩序,根据《中华人民共和国民事诉讼法》,现就规范人民法院执行和银行(含其分理处、营业所和储蓄所)以及其他办理存款业务的金融机构(以下统称金融机构)协助执行的有关问题通知如下:

一、人民法院查询被执行人在金融机构的存款时,执行人员应当出示本人工作证和执行公务证,并出具法院协助查询存款通知书。金融机构应当立即协助办理查询事宜,不需办理签字手续,对于查询的情况,由经办人签字确认。对协助执行手续完备拒不协助查询的,按照民事诉讼法第一百零二条[1]规定处理。

人民法院对查询到的被执行人在金融机构的存款,需要冻结的,执行人员应当出示本人工作证和执行公务证,并出具法院冻结裁定书和协助冻结存款通知书。金融机构应当立即协助执行。对协助执行手续完备拒不协助冻结的,按照民事诉讼法第一百零二条规定处理。

人民法院扣划被执行人在金融机构存款的,执行人员应当出示本人工作证和执行公务证,并出具法院扣划裁定书和协助扣划存款通知书,还应当附生效法律文书副本。金融机构应当立即协助执行。对协助执行手续完备拒不协助扣划的,按照民事诉讼法第一百零二条规定处理。

人民法院查询、冻结、扣划被执行人在金融机构的存款时,可以根据工作情况要求存款人开户的营业场所的上级机构责令该营业场所做好协助执行工作,但不得要求该上级机构协助执行。

二、人民法院要求金融机构协助冻结、扣

---

[1]　民事诉讼法原第一百零二条现已修改为第一百一十一条,下同。——编者注

划被执行人的存款时，冻结、扣划裁定和协助执行通知书适用留置送达的规定。

三、对人民法院依法冻结、扣划被执行人在金融机构的存款，金融机构应当立即予以办理，在接到协助执行通知书后，不得再扣划应当协助执行的款项用以收贷收息；不得为被执行人隐匿、转移存款。违反此项规定的，按照民事诉讼法第一百零二条的有关规定处理。

四、金融机构在接到人民法院的协助执行通知书后，向当事人通风报信，致使当事人转移存款的，法院有权责令该金融机构限期追回，逾期未追回的，按照民事诉讼法第一百零二条的规定予以罚款、拘留；构成犯罪的，依法追究刑事责任，并建议有关部门给予行政处分。

五、对人民法院依法向金融机构查询或查阅的有关资料，包括被执行人开户、存款情况以及会计凭证、账簿、有关对账单等资料（含电脑储存资料），金融机构应当及时如实提供并加盖印章；人民法院根据需要可抄录、复制、照相，但应当依法保守秘密。

六、金融机构作为被执行人，执行法院到有关人民银行查询其在人民银行开户、存款情况的，有关人民银行应当协助查询。

七、人民法院在查询被执行人存款情况时，只提供单位账户名称而未提供账号的，开户银行应当根据银发〔1997〕94号《关于贯彻落实中共中央政法委〈关于司法机关冻结、扣划银行存款问题的意见〉的通知》第二条的规定，积极协助查询并书面告知。

八、金融机构的分支机构作为被执行人的，执行法院应当向其发出限期履行通知书，期限为十五日；逾期未自动履行的，依法予以强制执行；对被执行人未能提供可供执行财产的，应当依法裁定逐级变更其上级机构为被执行人，直至其总行、总公司。每次变更前，均应当给予被变更主体十五日的自动履行期限；逾期未自动履行的，依法予以强制执行。

九、人民法院依法可以对银行承兑汇票保证金采取冻结措施，但不得扣划。如果金融机构已对汇票承兑或者已对外付款，根据金融机构的申请，人民法院应当解除对银行承兑汇票保证金相应部分的冻结措施。银行承兑汇票保证金已丧失保证金功能时，人民法院可以依法采取扣划措施。

十、有关人民法院在执行由两个人民法院或者人民法院与仲裁、公证等有关机构就同一法律关系作出的两份或者多份生效法律文书的过程中，需要金融机构协助执行的，金融机构应当协助最先送达协助执行通知书的法院，予以查询、冻结，但不得扣划。有关人民法院应当就该两份或多份生效法律文书上报共同上级法院协调解决，金融机构应当按照共同上级法院的最终协调意见办理。

十一、财产保全和先予执行依照上述规定办理。

此前的规定与本通知有抵触的，以本通知为准。

最高人民法院　国土资源部　建设部
关于依法规范人民法院执行和国土资源房地产管理部门协助执行若干问题的通知

2004年2月10日　　法发〔2004〕5号

各省、自治区、直辖市高级人民法院，解放军军事法院，新疆维吾尔自治区高级人民法院生产建设兵团分院；各省、自治区、直辖市国土资源厅（国土环境资源厅、国土资源和房屋管理局、房屋土地资源管理局、规划和国土资源局），新疆生产建设兵团国土资源局；各省、自治区建设厅，新疆生产建设兵团建设局，各直辖市房地产管理局：

为保证人民法院生效判决、裁定及其他生效法律文书依法及时执行，保护当事人的合法权益，根据《中华人民共和国民事诉讼法》、《中华人民共和国土地管理法》、《中华人民共和国城市房地产管理法》等有关法律规定，现就规范人民法院执行和国土资源、房地产管理部门协助执行的有关问题通知如下：

一、人民法院在办理案件时，需要国土资源、房地产管理部门协助执行的，国土资源、房地产管理部门应当按照人民法院的生效法律文书和协助执行通知书办理协助执行事项。

国土资源、房地产管理部门依法协助人民法院执行时，除复制有关材料所必需的工本费外，不得向人民法院收取其他费用。登记过户的费用按照国家有关规定收取。

二、人民法院对土地使用权、房屋实施查封或者进行实体处理前，应当向国土资源、房地产管理部门查询该土地、房屋的权属。

人民法院执行人员到国土资源、房地产管理部门查询土地、房屋权属情况时，应当出示本人工作证和执行公务证，并出具协助查询通知书。

人民法院执行人员到国土资源、房地产管理部门办理土地使用权或者房屋查封、预查封登记手续时，应当出示本人工作证和执行公务证，并出具查封、预查封裁定书和协助执行通知书。

三、对人民法院查封或者预查封的土地使用权、房屋，国土资源、房地产管理部门应当及时办理查封或者预查封登记。

国土资源、房地产管理部门在协助人民法院执行土地使用权、房屋时，不对生效法律文书和协助执行通知书进行实体审查。国土资源、房地产管理部门认为人民法院查封、预查封或者处理的土地、房屋权属错误的，可以向人民法院提出审查建议，但不应当停止办理协助执行事项。

四、人民法院在国土资源、房地产管理部门查询并复制或者抄录的书面材料，由土地、房屋权属的登记机构或者其所属的档案室（馆）加盖印章。无法查询或者查询无结果的，国土资源、房地产管理部门应当书面告知人民法院。

五、人民法院查封时，土地、房屋权属的确认以国土资源、房地产管理部门的登记或者出具的权属证明为准。权属证明与权属登记不一致的，以权属登记为准。

在执行人民法院确认土地、房屋权属的生效法律文书时，应当按照人民法院生效法律文书所确认的权利人办理土地、房屋权属变更、转移登记手续。

六、土地使用权和房屋所有权归属同一权利人的，人民法院应当同时查封；土地使用权和房屋所有权归属不一致的，查封被执行人名下的土地使用权或者房屋。

七、登记在案外人名下的土地使用权、房屋，登记名义人（案外人）书面认可该土地、房屋实际属于被执行人时，执行法院可以采取查封措施。

如果登记名义人否认该土地、房屋属于被执行人，而执行法院、申请执行人认为登记为虚假时，须经当事人另行提起诉讼或者通过其他程序，撤销该登记并登记在被执行人名下之后，才可以采取查封措施。

八、对被执行人因继承、判决或者强制执行取得，但尚未办理过户登记的土地使用权、房屋的查封，执行法院应当向国土资源、房地产管理部门提交被执行人取得财产所依据的继承证明、生效判决书或者执行裁定书及协助执行通知书，由国土资源、房地产管理部门办理过户登记手续后，办理查封登记。

九、对国土资源、房地产管理部门已经受理被执行人转让土地使用权、房屋的过户登记申请，尚未核准登记的，人民法院可以进行查封，已核准登记的，不得进行查封。

十、人民法院对可以分割处分的房屋应当在执行标的额的范围内分割查封，不可分割的房屋可以整体查封。

分割查封的，应当在协助执行通知书中明确查封房屋的具体部位。

十一、人民法院对土地使用权、房屋的查封期限不得超过二年。期限届满可以续封一次，续封时应当重新制作查封裁定书和协助执行通知书，续封的期限不得超过一年。确有特殊情况需要再续封的，应当经过所属高级人民法院批准，且每次再续封的期限不得超过一年。

查封期限届满，人民法院未办理继续查封手续的，查封的效力消灭。

十二、人民法院在案件执行完毕后，对未处理的土地使用权、房屋需要解除查封的，应当及时作出裁定解除查封，并将解除查封裁定书和协助执行通知书送达国土资源、房地产管理部门。

十三、被执行人全部缴纳土地使用权出让金但尚未办理土地使用权登记的，人民法院可以对该土地使用权进行预查封。

十四、被执行人部分缴纳土地使用权出让金但尚未办理土地使用权登记的，对可以分割的土地使用权，按已缴付的土地使用权出让金，由国土资源管理部门确认被执行人的土地使用权，人民法院可以对确认后的土地使用权裁定预查封。对不可以分割的土地使用权，可以全部进行预查封。

被执行人在规定的期限内仍未全部缴纳土地出让金的，在人民政府收回土地使用权的同时，应当将被执行人缴纳的按照有关规定应当退还的土地出让金交由人民法院处理，预查封自动解除。

十五、下列房屋虽未进行房屋所有权登记，人民法院也可以进行预查封：

（一）作为被执行人的房地产开发企业，已办理了商品房预售许可证且尚未出售的房屋；

（二）被执行人购买的已由房地产开发企业办理了房屋权属初始登记的房屋；

（三）被执行人购买的办理了商品房预售合同登记备案手续或者商品房预告登记的房屋。

十六、国土资源、房地产管理部门应当依据人民法院的协助执行通知书和所附的裁定书办理预查封登记。土地、房屋权属在预查封期间登记在被执行人名下的，预查封登记自动转为查封登记，预查封转为正式查封后，查封期限从预查封之日起开始计算。

十七、预查封的期限为二年。期限届满可以续封一次，续封时应当重新制作预查封裁定书和协助执行通知书，预查封的续封期限为一年。确有特殊情况需要再续封的，应当经过所属高级人民法院批准，且每次再续封的期限不得超过一年。

十八、预查封的效力等同于正式查封。预查封期限届满之日，人民法院未办理预查封续封手续的，预查封的效力消灭。

十九、两个以上人民法院对同一宗土地使用权、房屋进行查封的，国土资源、房地产管理部门为首先送达协助执行通知书的人民法院办理查封登记手续后，对后来办理查封登记的人民法院作轮候查封登记，并书面告知该土地使用权、房屋已被其他人民法院查封的事实及查封的有关情况。

二十、轮候查封登记的顺序按照人民法院送达协助执行通知书的时间先后进行排列。查封法院依法解除查封的，排列在先的轮候查封自动转为查封；查封法院对查封的土地使用权、房屋全部处理的，排列在后的轮候查封自动失效；查封法院对查封的土地使用权、房屋部分处理的，对剩余部分，排列在后的轮候查封自动转为查封。

预查封的轮候登记参照第十九条和本条第一款的规定办理。

二十一、已被人民法院查封、预查封并在国土资源、房地产管理部门办理了查封、预查封登记手续的土地使用权、房屋，被执行人隐瞒真实情况，到国土资源、房地产管理部门办理抵押、转让等手续的，人民法院应当依法确认其行为无效，并可视情节轻重，依法追究有关人员的法律责任。国土资源、房地产管理部门应当按照人民法院的生效法律文书撤销不合法的抵押、转让等登记，并注销所颁发的证照。

二十二、国土资源、房地产管理部门对被人民法院依法查封、预查封的土地使用权、房屋，在查封、预查封期间不得办理抵押、转让等权属变更、转移登记手续。

国土资源、房地产管理部门明知土地使用权、房屋已被人民法院查封、预查封，仍然办理抵押、转让等权属变更、转移登记手续的，对有关的国土资源、房地产管理部门和直接责任人可以依照民事诉讼法第一百零二条①的规定处理。

二十三、在变价处理土地使用权、房屋时，土地使用权、房屋所有权同时转移；土地使用权与房屋所有权归属不一致的，受让人继受原权利人的合法权利。

二十四、人民法院执行集体土地使用权时，经与国土资源管理部门取得一致意见后，可以裁定予以处理，但应当告知权利受让人到国土资源管理部门办理土地征用和国有土地使用权

---

① 民事诉讼法原第一百零二条现已修改为第一百一十一条。——编者注

出让手续，缴纳土地使用权出让金及有关税费。

对处理农村房屋涉及集体土地的，人民法院应当与国土资源管理部门协商一致后再行处理。

二十五、人民法院执行土地使用权时，不得改变原土地用途和出让年限。

二十六、经申请执行人和被执行人协商同意，可以不经拍卖、变卖，直接裁定将被执行人以出让方式取得的国有土地使用权及其地上房屋经评估作价后交由申请执行人抵偿债务，但应当依法向国土资源和房地产管理部门办理土地、房屋权属变更、转移登记手续。

二十七、人民法院制作的土地使用权、房屋所有权转移裁定送达权利受让人时即发生法律效力，人民法院应当明确告知权利受让人及时到国土资源、房地产管理部门申请土地、房屋权属变更、转移登记。

国土资源、房地产管理部门依据生效法律文书进行权属登记时，当事人的土地、房屋权利应当追溯到相关法律文书生效之时。

二十八、人民法院进行财产保全和先予执行时适用本通知。

二十九、本通知下发前已经进行的查封，自本通知实施之日起计算期限。

三十、本通知自 2004 年 3 月 1 日起实施。

中心支行应当予以查询。

三、人民法院查询被执行人结算账户开户银行名称的，由被执行人注册地（身份证发证机关所在地）所在省（自治区、直辖市）高级人民法院（另含深圳市中级人民法院）统一集中批量办理。

四、高级人民法院（另含深圳市中级人民法院）审核汇总有关查询申请后，应当就协助查询被执行人名称（姓名、身份证号码）、注册地（身份证发证机关所在地）、执行法院、执行案号等事项填写《协助查询书》（见附件1），加盖高级人民法院（另含深圳市中级人民法院）公章后于每周一上午（节假日顺延）安排专人向所在地人民银行上述机构送交《协助查询书》（并附协助查询书的电子版光盘）。

五、人民银行上述机构接到高级人民法院（另含深圳市中级人民法院）送达的《协助查询书》后，应当核查《协助查询书》的要素是否完备。经核查无误后，在 5 个工作日内通过人民币银行结算账户管理系统查询被执行人的银行结算账户开户行名称，根据查询结果如实填写《协助查询答复书》（见附件2）。并加盖人民银行公章或协助查询专用章。经核查《协助查询书》要素不完备的，人民银行上述机构不予查询，并及时通知相关人民法院。

最高人民法院　中国人民银行
关于人民法院查询和人民银行协助查询被执行人人民币银行结算账户开户银行名称的联合通知①

2010 年 7 月 14 日　　法发〔2010〕27 号

二、人民法院需要查询被执行人银行结算账户开户银行名称的，人民银行上海总部，被执行人注册地（身份证发证机关所在地）所在省（自治区、直辖市）人民银行各分行、营业管理部、省会（首府）城市中心支行及深圳市

最高人民法院办公厅
关于印发《审理公司登记行政案件若干问题的座谈会纪要》的通知

2012 年 3 月 7 日　　法办〔2012〕62 号

五、执行生效裁判和仲裁裁决的问题

对登记机关根据生效裁判、仲裁裁决或者人民法院协助执行通知书确定的内容作出的变更、撤销等登记行为，利害关系人不服提起行政诉讼的，人民法院不予受理，但登记行为与文书内容不一致的除外。

公司登记依据的生效裁判、仲裁裁决被依

---
① 参见本书第 472 页文件。——编者注

法撤销，利害关系人申请登记机关重新作出登记行为，登记机关拒绝办理，利害关系人不服提起行政诉讼的，人民法院应予受理。

多份生效裁判、仲裁裁决或者人民法院协助执行通知书涉及同一登记事项且内容相互冲突，登记机关拒绝办理登记，利害关系人提起行政诉讼的，人民法院经审理应当判决驳回原告的诉讼请求，同时建议有关法院或者仲裁机关依法妥善处理。

最高人民法院　国家工商总局
关于加强信息合作规范执行与协助执行的通知

2014年10月10日　法〔2014〕251号

各省、自治区、直辖市高级人民法院，解放军军事法院，新疆维吾尔自治区高级人民法院生产建设兵团分院；各省、自治区、直辖市工商行政管理局：

按照中央改革工商登记制度的决策部署，根据全国人大常委会、国务院对注册资本登记制度改革涉及的法律、行政法规的修改决定，以及国务院印发的《注册资本登记制度改革方案》《企业信息公示暂行条例》，最高人民法院、国家工商行政管理总局就加强信息合作、规范人民法院执行与工商行政管理机关协助执行等事项通知如下：

一、进一步加强信息合作

1. 各级人民法院与工商行政管理机关通过网络专线、电子政务平台等媒介，将双方业务信息系统对接，建立网络执行查控系统，实现网络化执行与协助执行。

2. 人民法院与工商行政管理机关要积极创造条件，逐步实现人民法院通过企业信用信息公示系统自行公示相关信息。

3. 已建立网络执行查控系统的地区，可以通过该系统办理协助事项。

有关网络执行查控系统要求、电子文书要求、法律效力等规定，按照《最高人民法院关于网络查询、冻结被执行人存款的规定》（法释〔2013〕20号）执行。通过网络冻结、强制转让股权、其他投资权益（原按照法释〔2013〕20号第九、十条等规定执行）的程序，按照本通知要求执行，但协助请求、结果反馈的方式由现场转变为通过网络操作。

4. 未建成网络执行查控系统的地区，工商行政管理机关有条件的，可以设立专门的司法协助窗口或者指定专门的机构或者人员办理协助执行事务。

5. 各级人民法院与工商行政管理机关通过网络专线、电子政务平台等媒介，建立被执行人、失信被执行人名单、刑事犯罪人员等信息交换机制。工商行政管理机关将其作为加强市场信用监管的信息来源。

二、进一步规范人民法院执行与工商行政管理机关协助执行

6. 人民法院办理案件需要工商行政管理机关协助执行的，工商行政管理机关应当按照人民法院的生效法律文书和协助执行通知书办理协助执行事项。

人民法院要求协助执行的事项，应当属于工商行政管理机关的法定职权范围。

7. 工商行政管理机关协助人民法院办理以下事项：

（1）查询有关主体的设立、变更、注销登记，对外投资，以及受处罚等情况及原始资料（企业信用信息公示系统已经公示的信息除外）；

（2）对冻结、解除冻结被执行人股权、其他投资权益进行公示；

（3）因人民法院强制转让被执行人股权，办理有限责任公司股东变更登记；

（4）法律、行政法规规定的其他事项。

8. 工商行政管理机关在企业信用信息公示系统中设置"司法协助"栏目，公开登载人民法院要求协助执行的事项。

人民法院要求工商行政管理机关协助公示时，应当制作协助公示执行信息需求书，随协助执行通知书等法律文书一并送达工商行政管理机关。工商行政管理机关按照协助公示执行信息需求书，发布公示信息。

公示信息应当记载执行法院，执行裁定书及执行通知书文号，被执行人姓名（名称），被冻结或转让的股权、其他投资权益所在市场主体的姓名（名称）、股权、其他投资权益数额、受让人，协助执行的时间等内容。

9. 人民法院对股权、其他投资权益进行冻结或者实体处分前，应当查询权属。

人民法院应先通过企业信用信息公示系统查询有关信息。需要进一步获取有关信息的，可以要求工商行政管理机关予以协助。

执行人员到工商行政管理机关查询时，应当出示工作证或者执行公务证，并出具协助查询通知书。协助查询通知书应当载明被查询主体的姓名（名称）、查询内容，并记载执行依据、人民法院经办人员的姓名和电话等内容。

10. 人民法院对从工商行政管理机关业务系统、企业信用信息公示系统以及公司章程中查明属于被执行人名下的股权、其他投资权益，可以冻结。

11. 人民法院冻结股权、其他投资权益时，应当向被执行人及其股权、其他投资权益所在市场主体送达冻结裁定，并要求工商行政管理机关协助公示。

人民法院要求协助公示冻结股权、其他投资权益时，执行人员应当出示工作证或者执行公务证，向被冻结股权、其他投资权益所在市场主体登记的工商行政管理机关送达执行裁定书、协助公示通知书和协助公示执行信息需求书。

协助公示通知书应当载明被执行人姓名（名称），执行依据，被冻结的股权、其他投资权益所在市场主体的姓名（名称），股权、其他投资权益数额，冻结期限，人民法院经办人员的姓名和电话等内容。

工商行政管理机关应当在收到通知后三个工作日内通过企业信用信息公示系统公示。

12. 股权、其他投资权益被冻结的，未经人民法院许可，不得转让，不得设定质押或者其他权利负担。

有限责任公司股东的股权被冻结期间，工商行政管理机关不予办理该股东的变更登记、该股东向公司其他股东转让股权被冻结部分的公司章程备案，以及被冻结部分股权的出质登记。

13. 工商行政管理机关在多家法院要求冻结同一股权、其他投资权益的情况下，应当将所有冻结要求全部公示。

首先送达协助公示通知书的执行法院的冻结为生效冻结。送达在后的冻结为轮候冻结。有效的冻结解除的，轮候的冻结中，送达在先的自动生效。

14. 冻结股权、其他投资权益的期限不得超过两年。申请人申请续行冻结的，人民法院应当在本次冻结期限届满三日前按照本通知第11条办理。续冻期限不得超过一年。续行冻结没有次数限制。

有效的冻结期满，人民法院未办理续行冻结的，冻结的效力消灭。按照前款办理了续行冻结的，冻结效力延续，优先于轮候冻结。

15. 人民法院对被执行人股权、其他投资权益等解除冻结的，应当通知当事人，同时通知工商行政管理机关公示。

人民法院通知和工商行政管理机关公示的程序，按照本通知第11条办理。

16. 人民法院强制转让被执行人的股权、其他投资权益，完成变价等程序后，应当向受让人、被执行人或者其股权、其他投资权益所在市场主体送达转让裁定，要求工商行政管理机关协助公示并办理有限责任公司股东变更登记。

人民法院要求办理有限责任公司股东变更登记的，执行人员应当出示工作证或者执行公务证，送达生效法律文书副本或者执行裁定书、协助执行通知书、协助公示执行信息需求书、合法受让人的身份或资格证明，到被执行人股权所在有限责任公司登记的工商行政管理机关办理。

法律、行政法规对股东资格、持股比例等有特殊规定的，人民法院要求工商行政管理机关办理有限责任公司股东变更登记前，应当进行审查，并确认该公司股东变更符合公司法第二十四条、第五十八条的规定。

工商行政管理机关收到人民法院上述文书后，应当在三个工作日内直接在业务系统中办理，不需要该有限责任公司另行申请，并及时公示股东变更登记信息。公示后，该股东权利

17. 人民法院可以对有关材料查询、摘抄、复制，但不得带走原件。

工商行政管理机关对人民法院复制的书面材料应当核对并加盖印章。人民法院要求提供电子版，工商行政管理机关有条件的，应当提供。

对于工商行政管理机关无法协助的事项，人民法院要求出具书面说明的，工商行政管理机关应当出具。

18. 工商行政管理机关对按人民法院要求协助执行产生的后果，不承担责任。

当事人、案外人对工商行政管理机关协助执行的行为不服，提出异议或者行政复议的，工商行政管理机关不予受理；向人民法院起诉的，人民法院不予受理。

当事人、案外人认为人民法院协助执行要求存在错误的，应当按照民事诉讼法第二百二十五条之规定，向人民法院提出执行异议，人民法院应当受理。

当事人认为工商行政管理机关在协助执行时扩大了范围或者违法采取措施造成其损害，提起行政诉讼的，人民法院应当受理。

19. 人民法院冻结股权、其他投资权益的通知在2014年2月28日之前送达工商行政管理机关、冻结到期日在2014年3月1日以后的，工商行政管理机关应当在2014年11月30日前将冻结信息公示。公示后续行冻结的，按照本通知第11条办理。

冻结到期日在2014年3月1日以后、2014年11月30日前，人民法院送达了续行冻结通知书的，续行冻结有效。工商行政管理机关还应当在2014年11月30日前公示续行冻结信息。

人民法院对股权、其他投资权益的冻结未设定期限的，工商行政管理机关应当在2014年11月30日前将冻结信息公示。从公示之日起满两年，人民法院未续行冻结的，冻结的效力消灭。

各高级人民法院与各省级工商行政管理局可以根据本通知，结合本地实际，制定贯彻实施办法。对执行本通知的情况和工作中遇到的问题，要及时报告最高人民法院、国家工商行政管理总局。

附件：主要文书参考样式（略）

最高人民法院
关于银行擅自划拨法院已冻结的款项如何处理问题的函

1989年3月26日

江西省高级人民法院：

你院赣法经〔1986〕第03号关于对银行擅自划拨已冻结款项如何处理的请示收悉，经研究答复如下：

根据《民事诉讼法（试行）》[①] 第一百六十四条和最高人民法院、中国人民银行《关于查询、冻结和扣划企业事业单位、机关、团体的银行存款的联合通知》的规定，银行有义务协助人民法院冻结企业事业单位、机关、团体的银行存款；已被冻结款项的解决，应以人民法院的通知为凭，银行不得自行解冻，只有超过六个月冻结期限，法院未办理继续冻结手续的才视为自动撤销冻结。南宁市常乐贸易公司的银行存款于1985年6月27日被法院依法冻结。据你院来文所述，九江市中级人民法院的执行人员于1985年12月18日到工商银行南宁市支行民生路信用部要求划拨被冻结的款项时，该款已被民生路信用部扣划抵还其贷款。民生路信用部的行为，显属违反《民事诉讼法（试行）》和最高人民法院、中国人民银行联合通知的规定，应责成信用部将款追回并可依据《民事诉讼法（试行）》第七十七条的规定对直接人员追究责任。

---

① 该法已被《中华人民共和国民事诉讼法》废止。——编者注

最高人民法院研究室
关于对有义务协助执行单位拒不协助予以罚款后又拒不执行应如何处理问题的答复

1993年9月27日

湖南省高级人民法院：

你院湘高法研字〔1993〕第1号《关于对罚款决定书拒不执行应如何处理的请示报告》收悉。经研究，答复如下：

根据《中华人民共和国民事诉讼法》第一百零三条[①]第一款第（二）项和第二款的规定，人民法院依据生效判决、裁定，通知有关银行协助执行划拨被告在银行的存款，而银行拒不划拨的，人民法院可对该银行或者其主要负责人或者直接责任人员予以罚款，并可向同级政府的监察机关或者有关机关提出给予纪律处分的司法建议。被处罚人拒不履行罚款决定的，人民法院可以根据民事诉讼法第二百三十一条[②]的规定，予以强制执行。执行中，被处罚人如以暴力、威胁或者其他方法阻碍司法工作人员执行职务的，依照民事诉讼法第一百零二条第一款第（五）项、第二款规定，人民法院可对被处罚人或对有上述行为的被处罚单位的主要负责人或者直接责任人员予以罚款、拘留，构成犯罪的，依照刑法第一百五十七条的规定追究刑事责任。

最高人民法院
关于三亚市城乡建设土地开发总公司将有关款项缴付给公安机关其是否对债权人承担民事赔偿责任问题的复函

1995年12月7日　　法函〔1995〕156号

上海市高级人民法院：

你院沪高法〔1995〕93号和沪高法〔1995〕122号请示报告收悉。经研究，答复如下：

上海市闵行区人民法院在审理上海南和工业公司（下称南和公司）诉天津万行企业总公司（下称万行公司）购销合同纠纷案时，以万行公司在海南省三亚市城乡建设土地开发总公司（下称三亚开发公司）存有用于房地产开发的900万元款项为由，作出了财产保全的民事裁定，并向三亚开发公司送达了裁定书和协助执行通知书，三亚开发公司亦在送达回证上签字并盖章。但是，闵行区人民法院并未冻结三亚开发公司相应的银行账户存款，也未向有关金融机构送达法律文书。1994年2月26日，山西省太原市公安局经济案件侦查处以"此款为万行公司诈骗款"为由，将万行公司存于三亚开发公司的900万元款项支付给山西铁路局875万元，支付给海南省国际经济与法律事务总公司25万元。1994年5月11日，闵行区人民法院向三亚市河西信用社出具了民事裁定书和协助执行通知书，通知其办理扣划三亚开发公司账户存款400万元并冻结人民币500万元。我们认为，闵行区人民法院在万行公司存于三亚开发公司的900万元款项已被公安机关追缴并支付给其他债权人的情况下，再次扣划并冻结三亚开发公司的款项明显不当，应当依法予以纠正。三亚开发公司对南和公司不应承担民事赔偿责任。

最高人民法院
关于法院冻结财产的户名与账号不符银行能否自行解冻的请示的答复

1997年1月20日　　法经〔1997〕32号

江西省高级人民法院：

你院赣高法研〔1996〕6号请示收悉，经研究，答复如下：

[①] 民事诉讼法原第一百零三条现已修改为第一百一十四条。——编者注
[②] 民事诉讼法原第二百三十一条现已修改为第二百五十二条。——编者注

人民法院根据当事人申请，对财产采取冻结措施，是我国民事诉讼法赋予人民法院的职权，其他单位、组织和个人均不得加以妨碍。人民法院在完成对财产冻结手续后，银行如发现被冻结的户名与账号不符时，应主动向法院提出存在的问题，由法院更正，而不能自行解冻；如因自行解冻不当造成损失，应视其过错程度承担相应的法律责任。

此复。

最高人民法院
对国家知识产权局《关于如何协助执行法院财产保全裁定的函》的答复意见

2000年1月28日　〔2000〕法知字第3号函

国家知识产权局：

贵局《关于如何协助执行法院财产保全裁定的函》收悉。经研究，对有关问题的意见如下：

一、专利权作为无形财产，可以作为人民法院财产保全的对象。人民法院对专利权进行财产保全，应当向国家知识产权局送达协助执行通知书，写明要求协助执行的事项，以及对专利权财产保全的期限，并附人民法院作出的裁定书。根据《中华人民共和国民事诉讼法》第九十三条、第一百零三条①的规定，贵局有义务协助执行人民法院对专利权财产保全的裁定。

二、贵局来函中提出的具体意见第二条中拟要求人民法院提交"中止程序请求书"似有不妥。依据人民法院依法作出的财产保全民事裁定书和协助执行通知书，贵局即承担了协助执行的义务，在财产保全期间应当确保专利申请权或者专利权的法律状态不发生变更。在此前提下，贵局可以依据《专利法》和《专利审查指南》规定的程序，并根据法院要求协助执行的具体事项，自行决定中止有关专利程序。

三、根据最高人民法院《关于适用〈中华人民共和国民事诉讼法〉若干问题意见》第一百零二条规定，对出质的专利权也可以采取财产保全措施，但质权人有优先受偿权。至于专利权人与被许可人已经签订的独占实施许可合同，则不影响专利权人的权利状态，也可以采取财产保全。

四、贵局协助人民法院对专利权进行财产保全的期限为6个月，到期可以续延。如到期未续延，该财产保全即自动解除。

以上意见供参考。

最高人民法院
关于工商行政管理局以收取查询费为由拒绝人民法院无偿查询企业登记档案人民法院是否应予民事制裁的复函

2000年6月29日　法函〔2000〕43号

甘肃省高级人民法院：

你院〔1999〕甘经他字第180号《关于工商行政管理局以收取查询费为由拒绝人民法院无偿查询企业登记档案，人民法院是否应予民事制裁的请示》收悉。经研究，答复如下：

你省在请示中反映，张掖地区中级人民法院在审理经济合同纠纷案件中，向张掖市工商行政管理局查明某一企业工商登记情况时，该局依内部规定，以法院未交查询费为由，拒绝履行协助义务，妨碍了人民法院依法调查取证。张掖地区中级人民法院依照《中华人民共和国民事诉讼法》的有关规定，作出了对张掖市工商行政管理局罚款两万元的决定。张掖市工商行政管理局不服，向省高级人民法院提出复议申请。你院就《关于工商行政管理局以收到查询费为由拒绝人民法院无偿查询企业登记档案，人民法院是否应予民事制裁的问题》，向我院请示。我院就此问题征求了国务院法制办公室的意见，经国务院法制办公室与国家工商行政管理局协商，国家工商行政管理局以工商企字〔2000〕第81号《关于修改〈企业登记档案资

---

① 民事诉讼法原第九十三、一百零三条现已修改为第一百零一、一百一十四条。——编者注

料查询办法》第十条的通知》，对工商企字〔1996〕第 398 号《企业登记档案资料查询办法》进行了修改。第十条第一款改为："查询、复制企业登记档案资料，查询人应当交纳查询费、复制费。公、检、法、纪检监察、国家安全机关查询档案资料不交费。"

我们认为，张掖地区中级人民法院依照《中华人民共和国民事诉讼法》的有关规定，作出对张掖市工商行政管理局罚款两万元的决定是正确的。但是鉴于国家工商行政管理局已经于 2000 年 4 月 29 日，修改了《企业登记档案资料查询办法》的有关规定，故建议你院撤销张掖地区中级人民法院作出的〔1999〕张中法执法罚字第 01 号罚款决定书，并及时与甘肃省工商行政管理局做好协调工作。

最高人民法院
关于人民法院能否提取投保人在保险公司所投的第三人责任险应得的保险赔偿款问题的复函

2000 年 7 月 13 日　　〔2000〕执他字第 15 号

江苏省高级人民法院：

你院〔1999〕苏法执他字第 15 号《关于人民法院能否提取投保人在保险公司所投的第三人责任险应得的保险赔偿款的请示》收悉。经研究，答复如下：

人民法院受理此类申请执行案件，如投保人不履行义务时，人民法院可以依据债权人（或受益人）的申请向保险公司发出协助执行通知书，由保险公司依照有关规定理赔，并给付申请执行人；申请执行人对保险公司理赔数额有异议的，可通过诉讼予以解决；如保险公司无正当理由拒绝理赔的，人民法院可依法予以强制执行。

最高人民法院
就新疆高院《关于执行我院〔1999〕新经初字第 10 号民事判决书而义务协助单位持不同意见要求协调的报告》的复函

2000 年 9 月 4 日　　〔2000〕执协字第 34 号

新疆维吾尔自治区高级人民法院：

你院〔1999〕新执字第 35－2 号《关于执行我院〔1999〕新经初字第 10 号民事判决书而义务协助单位持不同意见要求协调的报告》收悉。经研究，答复如下：

北京三峡兴业商贸公司三门峡分公司（以下简称兴业公司）向中国农业银行河南省三门峡市湖滨区支行营业部（以下简称湖滨支行）申请办理银行承兑汇票，以张朝钧在湖滨支行的人民币 240 万元存款作担保，并将存单交给湖滨支行作质押，取得湖滨支行开出的金额为人民币 240 万元的银行承兑汇票。中国农业银行杭州市西湖支行（以下简称西湖支行）依据此银行承兑汇票依法办理了贴现手续，支付了对价款，同时成为此银行汇票的合法持票人；在该汇票到期日，承兑行湖滨支行应无条件向西湖支行支付此笔票款项。依据《担保法》的有关规定，湖滨支行对张朝钧出质的人民币 240 万元存单享有质权。故你院〔1999〕新执字第 35－1 号民事裁定书裁定扣划湖滨支行享有质权的存款人民币 240 万元及相应利息、裁定"终止执行"西湖支行合法持有的 VIV03784522 号银行承兑汇票是错误的。请你院在接到此件后，十日内撤销〔1999〕新执字第 35－1 号民事裁定书。

最高人民法院执行工作办公室
关于被执行人拒不申报退税款，税务机关又不协助应如何处理的请示的答复

2000 年 12 月 19 日　　〔2000〕执他字第 33 号

天津市高级人民法院：

你院〔1999〕津高法执请字第 32 号《关于被执行人拒不申报退税款，税务机关又不协助应如何处理的请示报告》收悉。经研究，答复如下：

根据国家税务总局《出口货物退（免）税管理办法》的有关规定，企业出口退税款，须经出口企业申请，由国家税务机关审查批准后，通过银行办理退税款事项。如果作为被执行人的出口企业拒不办理申报手续及负有协助执行义务的机关拒不协助，可以依照民事诉讼法第 102、103 条①的有关规定分别追究责任。

此复。

最高人民法院执行工作办公室
关于山东省菏泽市中级人民法院执行江西省鹰潭市月湖城市信用社赔偿一案的函

2001 年 9 月 27 日　　〔2001〕执协字第 1 号

山东省高级人民法院、江西省高级人民法院：

山东省高级人民法院鲁高法函〔2001〕1 号《关于菏泽市中级人民法院执行干警在江西省鹰潭市执行受阻的情况报告》和江西省高级人民法院赣高法明传〔2001〕160 号《关于请求协调处理山东省菏泽市中级人民法院执行江西省鹰潭市月湖城市信用社赔偿一案的报告》及山东省高级人民法院〔2001〕鲁法执他字（一）第 17 号《关于山东省菏泽市中级人民法院再次赴江西鹰潭执行案件情况的报告》均收悉。经研究答复如下：

山东巨野国家粮食储备库与山东菏泽地区粮食转运站分别诉江西皓玉面粉有限公司购销小麦欠款纠纷一案，经菏泽中院审理并作出判决，共计判令江西皓玉面粉股份有限公司偿付两原告 175.8 万余元。两案进入执行程序后，菏泽市中院于 2000 年 9 月 21 日上午对皓玉公司在鹰潭市月湖城市信用社（以下简称月湖信用社）所开设账户上的 150 余万元存款采取冻结、划拨措施，送达相关法律文书时，该信用社主任拒绝签字办理。执行人员在做工作无效的情况下，依法留置送达了扣划上述款项的法律文书。当日下午，菏泽市中院执行人员再次到该信用社，遭到皓玉公司 240 余名职工围攻辱骂和殴打，并被非法限制人身自由达 23 个小时。执行干警在生命健康受到威胁，案件卷宗面临毁失的情况下，被迫写了解除冻结存款的便函。月湖信用社随即协助皓玉公司将冻结款项全部提走。菏泽市中院于 2000 年 10 月 1 日作出责令该信用社在其非法转移款项的范围内以自己的财产向申请执行人承担民事赔偿责任的裁定，并委托鹰潭市中院送达。

我们认为，月湖信用社作为有义务协助人民法院执行的单位，在菏泽中院对冻结的 150 万元执行款发出扣划通知后，本应立即协助扣划，但该信用社拒不配合，导致在发生暴力抗拒事件后使该项执行款流失；菏泽中院执行人员在生命、卷宗安全受到严重威胁的情况下，被迫写下的解除冻结款项的便函，不是菏泽中院的真实意思表示，不具有法律效力。月湖信用社妨碍执行生效法律文书的行为情节严重，菏泽中院依据最高人民法院《关于人民法院执行工作若干问题的规定（规定）》第 37 条之规定，裁定月湖信用社在流失财产的范围内对申请执行人承担赔偿责任，于法有据，应予支持。

接函后，请江西高院协助山东法院依法执行。执行中如有新的情况发生，请及时报告我院。

此复。

---

①　民事诉讼法原第一百零二、一百零三条现已修改为第一百一十一、一百一十四条。——编者注

最高人民法院
对海关总署《关于请求明确民事调解书认定事实法律效力的函》的答复

2002年11月7日　　法函〔2002〕87号

海关总署：

你署署法函〔2002〕442号《关于请求明确民事调解书认定事实法律效力的函》收悉。经研究，答复如下：

民事案件中当事人在不违反法律、行政法规的强制性规定的前提下，可以自由处置自己的实体权利和程序权利，包括对他人侵权行为的追究。在实践中，当事人也可能会基于诉讼成本的考虑或者其他原因放弃侵权抗辩或者侵权认定。民事诉讼法第八十五条①规定"在事实清楚的基础上，分清是非，进行调解"与当事人自主处分其民事权利并不矛盾。在当事人已达成协议的情况下，人民法院可以在民事调解书中不对有关行为的侵权性质作出明确认定。

本案民事调解书即上海市第一中级人民法院〔2002〕沪一中民五（知）初字第141号民事调解书所确认的协议系双方当事人自愿并在对有关事实无争议的基础上达成的对有关行为的责任和当事人之间权利和义务的协议，符合民事诉讼法的有关规定。该民事调解书应属合法有效，当事人和有关行政执法部门应当执行该生效司法文书。

如涉及对该民事调解书具体内容的理解问题，应当由采取扣留措施的海关向出具该民事调解书的人民法院进行了解或请求该人民法院对有关问题作出解释。

最高人民法院执行办公室
关于中国工商银行西安市东新街支行对陕西省高级人民法院强制执行2000万元提出异议一案的处理意见

2003年5月13日　　〔2000〕执监字第346—2号

陕西省高级人民法院：

中国工商银行西安市东新街支行（原中国工商银行陕西省分行，以下简称陕西工行）对你院强制执行该行2000万元人民币提出异议一案，本院已审查完毕，作出如下处理意见：

一、基本事实

1996年初，陕西省高级人民法院（以下简称陕西高院）分别审理了西安证券公司诉青海证券有限责任公司、湖北省潜江市城市信用社、海南省证券公司、海南省三亚市国债券经营有限公司、海南省东方八所城市信用社等五起国债回购纠纷案件。1996年8月12日、8月23日，根据原告的诉讼保全申请和五被告的证明，陕西高院分别作出〔1996〕陕经初字第23、24、25、26、31号民事裁定书，保全查封了五被告交存在西安证券交易中心（以下简称西交中心）总面值为1330万元、到期兑现值为1908余万元及利息的国债券。1996年9月至1997年1月，陕西高院对上述五案依法分别作出判决书、调解书，确认五被告应分别退还原告购券款及利息。在此期间，西交中心曾提出对上述国债券享有质押权的异议，经陕西高院审查后认为异议理由不成立并予书面驳回。上述五案进入执行程序后，陕西高院向西交中心发出协助执行通知书，但西交中心以国债券不存在为由拒不协助执行。陕西高院遂以西交中心擅自处分法院冻结财产且在指定的期限内未能追回为由，于1998年6月19日裁定冻结了西交中心在陕西工行营业部273033—38账户上的存款

---

① 民事诉讼法原第八十五条现已修改为第九十三条。——编者注

2000万元人民币。后陕西高院裁定扣划上述款项时,发现该账户已于1998年7月10日销户,冻结款项全部流失。因陕西工行擅自解冻行为造成法院冻结款项流失,陕西高院责令陕西工行在限期内追回已转移的款项,并拟强制执行陕西工行已追回的2000万元款项。对此陕西工行向本院提出异议,请求本院监督陕西高院的执行行为。

二、相关法院和当事人的意见和理由

陕西高院认为,西交中心属于不以营利为目的的事业法人,无权以债权债务主体的身份直接进行交易,故其对铺底券(国债券)享有的质押权因其进行国债回购交易行为本身违法而无效。券商欠西交中心的债务只能是佣金和有关费用,如因此以券商交存的铺底券作为质押物应有明确的约定,故西交中心关于对国债券享有质押权的异议不成立。西交中心擅自处分法院冻结的国债券且在限期内未能追回,应承担相应的责任。该院冻结西交中心在陕西工行营业部273033—38账户内的存款合法有效,并未超标的冻结。西交中心在存续期间进行了大量的自营业务,273033—38账户是混合账户,该账户上的资金既包括证券清算资金,也有西交中心的自营资金。该院冻结的2000万元并未超出西交中心的自营资金部分。陕西工行擅自解冻法院冻结账户内的款项,已按照要求追回,应以该款承担相应的责任。

陕西工行认为,西交中心在该行开立的273033—38账户是证券交易账户,该账户内的资金均是股民保证金,陕西高院冻结该账户违反了最高人民法院的有关司法解释,影响了证券资金结算业务。

三、分析意见

本院认为,陕西高院对五被告人寄存在西交中心的国债券实施查封时,除海南省证券公司外,其余四被告人在西交中心均实际存有与查封数额相等的国债券实物。陕西高院未对海南省证券公司的300万元国债券实物是否存在进行核实确有失误,故对该笔300万元国债券的查封效力不予认可。对其余四被告人交存的国债券查封手续完备,程序合法,查封效力应予维持。陕西高院驳回西交中心对国债券享有质押权主张的理由成立,本院予以支持。西交中心作为协助执行人拒不履行协助义务,并擅自处分已被法院查封的国债券,且在限期内不能追回,根据最高人民法院《关于执行工作若干问题的规定(试行)》第四十四条的规定,应承担相应的赔偿责任。陕西高院冻结西交中心的银行存款合法有效。陕西工行所举证据不足以证明273033—38账户为股民保证金账户,亦不足以证明该账户上的资金全部为股民保证金。陕西工行未经人民法院许可,将273033—38账户销户致使该账户内的资金流失,是擅自解冻被人民法院冻结款项的行为,根据最高人民法院《关于执行工作若干问题的规定(试行)》第33条的规定,应在转移款项范围内承担责任。

四、处理结论

陕西工行的异议理由不成立,本院不予支持。接到本函后陕西高院可恢复执行,但应按照有效查封保全的国债券价值重新核对应执行的数额后,在已冻结的2000万元人民币范围内依法执行,并将落实情况于1个月内报告我院。

【附:案例评析】

金融机构及协助执行人擅自处分法院查封物应承担责任的认定与法律适用

最高人民法院经审查认为,根据西交中心的性质、章程和业务范围,该中心只是提供与证券投资者进场交易有关的组织、管理和服务,其本身并不能进行证券交易。投资者向证券交易中心交纳的铺底券具有担保的性质和功能,类似于担保法中的权利质押。不同之处在于,铺底券作为担保物处分时,担保的对象即债权人是不特定的,行使担保物处分权的是证券交易中心。当约定的情况出现时,证券交易中心可以将铺底券交付给投资者的债权人,用以清偿投资者的债务。本案中被告作为交易中心的会员交存的国债券可视为货币的等价物,交易中心为减低交易风险,规定证券投资者在进场交易时必须交纳一笔费用,以保证清算的顺利进行,并不违反有关规定。但是,投资者对国债券的所有权并未转移给交易中心,国债券仍是属于证券投资者的。交易中心所享有的权利,只是在投资者的交易金额不足清算时,用国债券本身或其具有的价值清偿投资者的债务。此时的债权人是不特定的,但只能是投资者的债权人，而不是交易中心本身。本案中的原告恰恰是被告券商的债权人，产生的纠纷也是国债回购纠纷，法院在审理期间已对属于被告所有的国债券进行了查封，原、被告双方均予以认可，在无其他债权人对国债券主张权利的情况下，原告当然有权取得国债券实物或相应的价款。西交中心的异议实质是主张自己是铺底券的质押权人。但是，如果西交中心因进行了自营交易而产生与证券投资者之间的债权债务，并因此主张对铺底券的优先受偿权，则违反了当时证券市场的有关规定且超出了其经营范围，在券商债权人的合法债权未得清偿前，不应首先保护西交中心违法自营的利益。换句话说，西交中心并不享有优先于其他债权人受偿的权利。如果西交中心主张的质押优先受偿权不是因直接交易而产生，则因为铺底券本身具有的性质和功能，应首先用于清偿证券投资者的债务，故西交中心的异议主张不能成立。

关于陕西工行提出的异议，最高人民法院经审查认为，因该账户的开户申请书上并未注明资金性质，且与西交中心工商登记档案上的开户银行和账户不符，故开户申请书不能证明该账户是股民保证金账户。陕西省人民银行提供的关于该账户性质的证明，因该行是西交中心的开办单位，与本案有实际的利害关系，且不是开户行，故不足以证明该账户的性质。因此，只能从资金流转情况综合分析判断该账户上的资金是否为股民保证金性质的资金。经审计，本着有利于异议人的原则，只要是从该账户直接划转给深圳证券登记有限公司及各家券商的资金，均认定为是股民保证金。但有三笔资金却划到了西交中心清算部在陕西省人行营业部的账户上，异议人提供的相关证明并未形成完整的证据链条，不足以证明该账户内的资金全部是股民保证金。

所以，最终确认西交中心关于对国债券享有质押权的理由不成立，陕西工行提出的证据不足以证明273033—38账户是股民保证金账户，也无证据证明该账户在销户前划出的资金全部是股民保证金。其作为协助执行义务人应依法履行协助查封和执行的义务。西交中心、陕西工行两异议人作为协助执行人拒不履行协助义务，且擅自处分已被法院查封、冻结的财产，且未能追回，理应承担相应的赔偿责任。

本案的法律适用问题：

陕西高院裁定西交中心承担赔偿责任的裁定书适用了《民事诉讼法》第102、221、228条①的规定，因上述条款只规定了人民法院有权要求协助执行人配合工作及其不配合时可以采取罚款、拘留等强制措施，并未明确规定协助执行人的民事赔偿责任，故适用该3条作为确定协助执行人赔偿责任的法律依据，属适用法律不正确。由于陕西高院作出执行裁定时最高人民法院《关于人民法院执行工作若干问题的规定（试行）》（以下简称《执行规定》）已经生效，本案当时尚处于执行过程，因此可以适用《执行规定》的有关条款裁定协助执行人承担赔偿责任。

除《执行规定》之外，最高人民法院《关于信用社非法转移人民法院冻结款项应如何承担法律责任的复函》（法函〔1995〕51号）、《关于信用社擅自解冻被执行人存款造成款项流失能否要求该信用社承担相应的偿付责任问题的复函》（法函〔1996〕96号），均明确了协助执行人非法转移或擅自解冻人民法院冻结财产应承担相应赔偿责任的原则，对该两个复函的精神也可以比照适用。

评析意见：

本案的实际意义，是确立了协助执行人或第三人违反人民法院有关执行通知、未经人民法院许可将法院查封冻结的被执行人财产转移应向申请执行人承担实体责任的原则。本案中的西交中心和陕西工行是协助人民法院执行的人，换句话说，他们是在人民法院的执行程序中负有一定义务的人。

人民法院查封、扣押、冻结财产，是为申请人（权利人）的利益而间接或直接地控制、占有被执行人的财产，被执行人对该财产的处分权已被剥夺。在协助执行人或第三人协助人民法院保管该财产时，他是受人民法院的指定或委托而占有该财产，直接对人民法院和权利人负有妥善保管的责任，而不是对被执行人负责。如果他擅自转移该财产（不论其是否协助被执行人转移），既妨害了人民法院的执行工作，又侵害了申请执行人的实体权益，除应承担程序法上的妨害执行的

---

① 民事诉讼法原第一百零二条现已修改为第一百一十一条；第二百二十一条现已修改为第二百四十一条；第二百二十八条现已修改为二百四十九条。——编者注

责任外，还应承担实体法上的赔偿责任。按照新刑法和最高人民法院有关司法解释，这种行为也可能构成犯罪。最高人民法院在1995年5月法函〔1995〕51号复函中，对信用社擅自转移人民法院冻结款项应向申请执行人承担责任的问题提出了明确意见：任何金融机构都有义务协助人民法院依法冻结有关单位的账户，成都市新华东路信用社在案件当事人的存款账户被冻结期间与被冻结账户的当事人串通，转走应入被冻结账户的款项，非法将资金转移，致使人民法院生效的法律文书无法执行，其行为是违法的。根据民事诉讼法第103条的规定，信用社应承担妨害民事诉讼的法律责任，什邡县法院对其处罚是正确的。同时，由于信用社的行为还侵犯了债权人的权益，信用社亦应在被转移的款项数额内承担连带赔偿责任。

可以说，协助执行人和第三人在这种情况下承担的是实体责任，但却是由于程序上的原因而引起的。这是由法院在执行中的特殊地位所决定的。法院发出的协助执行通知书实际上就是法院发出的命令，协助执行人必须听从。被通知冻结的财产或交付的财产，实际上处于法院的特殊保护之下，此时申请执行人的利益就寄托在有关财产之上，协助执行人擅自转移该财产就产生了上述的双重责任，即妨害执行的责任和对于申请执行人的赔偿责任。

至于追究协助执行人赔偿责任的程序，首先应责令转移财产的协助执行人追回财产，其次是在不能追回的情况下裁定其承担责任。关于责令追回的形式，在执行时可以根据个案的具体情况决定采取适当的形式。①

最高人民法院执行办公室
关于对案外人未协助法院冻结债权应如何处理问题的复函

2003年6月14日　〔2002〕执他字第19号

江苏省高级人民法院：

你院《关于案外人沛县城镇郝小楼村村委员未协助法院冻结债权应如何处理的请示报告》收悉。经研究，答复如下：

徐州市中级人民法院在诉讼中做出了查封冻结盐城金海岸建筑安装有限公司（下称建筑公司）财产的裁定，并向沛县城镇郝小楼村村委会（下称村委会）发出了冻结建筑公司对村委会的债权的协助执行通知书。当你院〔2001〕苏民终字第154号民事调解书确定建筑公司对村委会的债权时，徐州中院对该债权的冻结尚未逾期，仍然有效，因此村委会不得就该债权向建筑公司支付。如果村委会在收到上述调解书后，擅自向建筑公司支付，致使徐州中院的生效法律文书无法执行，则除可以根据《中华人民共和国民事诉讼法》第一百零二条②的规定，对村委会妨害民事诉讼的行为进行处罚外，也可以根据最高人民法院《关于执行工作若干问题的规定（试行）》第四十四条的规定，责令村委会限期追回财产或承担相应的赔偿责任。

【附：案例评析】

关于案外人未协助法院冻结债权应如何处理的请示与答复

江苏省高级人民法院的意见：

第一种意见认为：根据最高人民法院法释〔1998〕10号《关于对案外人的财产能否进行保全问题的批复》规定："对于债务人的财产不能满足保全请求，但对案外人有到期债权的，人民法院可以依债权人的申请，裁定该案外人不得对债务人清偿。"该裁定的协助执行通知书送达给村委会后，接受协助执行通知书的村委会未协助法院执行，却履行了到期债务，应在其履行的范围内承担赔偿责任。本案应当适用《执行规定》第37条"有关单位收到人民法院协助执行被执行人收入的通知后，擅自向被执行人或其他人支付的，人民法院有权责令其限期追回；逾期未追回的，应当裁定其在支付的数额内向申请执行人承担责任"的规定执行。

第二种意见认为：本案不适用《执行规定》

---

① 于泓：《金融机构及协助执行人擅自处分法院查封物应承担责任的认定与法律适用》，载最高人民法院执行工作办公室编：《强制执行指导与参考》2003年第2辑（总第6辑），法律出版社2003年版，第288~296页。

② 民事诉讼法原第一百零二条现已修改为第一百一十一条。——编者注

第37条，而应当适用《中华人民共和国民事诉讼法》（简称《民诉法》）第103条①的规定，对村委会不协助执行的行为进行制裁处理。对于已向债务人履行的到期债权，由于缺少其承担实体义务的法律规定，故不能要求其承担实体义务。

第三种意见认为：村委会是本案被执行人盐城建筑公司的到期债务人，对其不履行到期债务的行为，应当按照《执行规定》第61条规定的原则执行。

最高人民法院处理意见：

最高人民法院对本案提出了以下处理意见：徐州中院在诉讼中做出了查封冻结盐城建筑公司财产的裁定，并向村委会发出了冻结盐城建筑公司对村委会的债权的协助执行通知书。当江苏高院〔2001〕苏民终字第154号民事调解书确定盐城建筑公司对村委会的债权时，徐州中院对该债权的冻结尚未逾期，仍然有效，因此村委会不得就该债权向盐城建筑公司支付。如果村委会在收到上调解书后，擅自向盐城建筑公司支付，致使徐州中院的生效法律文书无法执行，则除可以根据《民诉法》第102条的规定，除对村委会妨害民事诉讼的行为进行处罚外，也可以根据最高人民法院《执行规定》第44条的规定，责令村委会限期追回财产或承担相应的赔偿责任。

评析意见：

一、本案如何适用《民诉法》的问题

本案如何适用《民诉法》涉及到两个问题。

一是应适用《民诉法》哪一条规定处理本案；二是本案是否只能适用《民诉法》对村委会进行制裁，而不能让其承担实体法上的责任问题。

《民诉法》第103条适用的对象主要是针对有义务协助法院调查、执行而拒绝协助执行的部门。有义务协助执行的部门可以是特定的、经常性的需要协助法院执行的部门，比如房地产管理部门或被执行人的工资发放单位等，也可以是人民法院向其发出协助执行通知书的其他部门，如本案中的村委会。《民诉法》第103条规定的处罚措施包括责令责任人履行协助执行义务并可以予以罚款。《民诉法》第102条适用的对象则比较宽泛，包括诉讼或执行中具有妨碍司法、拒不履行生效法律文书的诉讼参与人或者其他人。从相应的处罚措施来讲，《民诉法》第102条处罚比《民诉法》第103条重。《民诉法》第102条除可以罚款外，也可以拘留；构成犯罪的，还可以依法追究刑事责任。本案村委会将人民法院冻结的财产擅自处分，拒不协助法院执行，适用《民诉法》第103条也是可以的。但是，如果从另一个角度看，村委会不仅妨碍了人民法院的执行工作，而且具有不履行人民法院生效法律文书的行为，适用《民诉法》第102条似更适合本案的具体情节。另外，最高人民法院、中国人民银行《关于依法规范人民法院执行和金融机构协助执行的通知》中明确规定了金融机构拒不协助人民法院执行的，适用《民诉法》第102条的规定处理。因此，对这类拒不协助人民法院执行的行为，可以按照《民诉法》第102条规定的精神处理。

至于本案是否只能适用《民诉法》对村委会进行制裁，而不能让其承担实体法上的责任问题，笔者认为，只能适用《民诉法》令其承担妨碍执行的责任。不能让村委会承担实体义务的理由是把程序问题与实体问题分开进行考虑的。本案村委会是协助执行人，其对盐城建筑公司履行了人民法院禁止其履行的债务。这种行为既妨害了人民法院的执行工作，也侵害了申请执行人的实体权益，除要其承担程序法上的妨害执行的责任的同时，也要承担实体上的赔偿责任，应该适用另外的法律规定，这就是《执行规定》。《执行规定》第33条、第37条、第44条以及第67条都是对拒不协助人民法院执行，擅自处分人民法院查封冻结的财产的协助执行人应当承担实体责任的具体规定。

二、关于村委会承担实体责任的法律依据

《执行规定》第44条规定，擅自处分已被人民法院查封、扣押、冻结财产的协助执行人应当承担责任。本案徐州中院在诉讼中做出了查封冻结盐城建筑公司财产的裁定，并向村委会发出了冻结盐城建筑公司对村委会的债权的协助执行通知书，规定了冻结债权期限为一年。徐州中院发出通知时，村委会对盐城建筑公司的债务还没有到期。债务到期后，徐州中院对该债权的冻结尚未逾期，仍然有效。因此，村委会不得就该债权自行向盐城建筑公司支付。另外，村委会在收到徐州中院冻结盐城建筑公司债权的通知后，未提

---

① 民事诉讼法原第一百零三条现已修改为第一百一十四条。——编者注

出异议，说明其对该债权也是认可的。随后，江苏高院的调解书也确认了村委会与盐城建筑公司的债权债务关系。因此，徐州中院的协助执行通知书是合法有效的，村委会应当协助执行。对不协助执行，擅自处分已被查封、冻结财产的，可以依照《执行规定》第44条关于"被执行人或其他人擅自处分已被查封、扣押、冻结财产的，人民法院有权责令责任人限期追回财产或承担相应的赔偿责任"的规定处理。需要说明一点，制定《执行规定》时，第44条并不是针对债权的，而是针对当事人和其他人擅自处分已被法院查封、冻结的动产和不动产的。但其将动产和不动产表述为"财产"，独立地看这一条，也可以理解为针对所有财产，而且条文中的"其他人"也涵盖协助执行人。因此，依照《执行规定》第44条责令村委会限期追回财产或承担相应的赔偿责任是适当的。

《执行规定》第37条与第44条都是对协助执行人违反人民法院的协助执行通知，擅自向被执行人支付被人民法院冻结的财产，应当向申请执行人承担实体责任的规定。但《执行规定》第37条特指被执行人的工资发放单位不协助法院扣留被执行人收入时，对协助执行人的处罚措施。虽然《执行规定》第37条和第44条规定协助执行人违法行为的性质和对其的处罚结果是一致的，但具体到本案适用《执行规定》第44条更合适。

三、关于到期债权的法律适用

江苏高院第三种意见认为本案应当适用《执行规定》第61条先向村委会发出履行到期债务的通知，而不能适用《执行规定》第37条直接追究其擅自处分人民法院冻结财产的责任。笔者对此种观点表示理解，但本案在人民法院还未发出履行到期债务的通知时，问题就已经出了。因此，处理本案不能完全套用有关到期债权的规定。根据本案案情分析，盐城建筑公司对村委会的未到期债权，经过江苏高院二审调解生效，即为到期债权。徐州中院可依据《执行规定》第61条的规定向村委会发出履行到期债务的通知，要求村委会直接向申请执行人徐州一中百货商店履行其对被执行人盐城建筑公司所负的债务，并不得向盐城建筑公司清偿。如果徐州中院向村委会发出履行到期债务的通知后，其仍然向盐城建筑公司履行债务，则应当适用《执行规定》第67条关于对到期债权执行的规定进行处理。但是，本案在执行中，徐州中院未向村委会发出履行到期债务的通知，盐城建筑公司对村委会的到期债权仍处于保全冻结状态，案件尚未进入履行到期债务的程序，故可以不按照到期债权的规定处理。[1]

最高人民法院执行工作办公室
关于撤销协助执行通知书的有关法律适用问题的请示的答复

湖北省高级人民法院：

你院鄂高法〔2005〕400号《关于撤销协助执行通知书的有关法律适用问题的请示》收悉。经研究，答复如下：

根据民事诉讼法的有关规定，协助执行通知书是为执行民事裁定书而出具的具体法律手续，应当与民事裁定书同时使用。当协助执行通知书与民事裁定书的内容不一致时，应以裁定书为准。人民法院在执行中如果发现协助执行通知书有错误，应当按照《最高人民法院关于人民法院执行工作若干问题的规定（试行）》第130条规定的精神，及时作出纠正，纠正文书应送达协助执行单位及相关当事人。

此复。

最高人民法院
关于广发证券股份有限公司执行异议一案的答复

〔2006〕执监字第115—1号

广东省高级人民法院：

关于广发证券股份有限公司（下称广发证券）执行异议一案，你院〔2006〕粤高法执督字第259、271号之一号报告已收悉。经厂研究，答复如下：

---

[1] 王惠君：《关于案外人未协助法院冻结债权应如何处理的请示与答复》，载最高人民法院执行工作办公室编：《强制执行指导与参考》2003年第2辑（总第6辑），法律出版社2003年版，第281~288页。

同意你院的审查意见。广州市越秀区人民法院（下称越秀区法院）的扣划裁定先于海南省洋浦经济开发区法院的冻结裁定送达协助义务人。人民法院在执行程序中的扣划裁定具有控制财产的效力，可以对抗其他法院后续的执行措施，不因协助义务人的不予协助行为而失去其对拟扣划财产的约束力。广发证券两营业部在未经在先法院同意的情况下，却协助在后的法院扣划同一笔款项，越秀区法院因此认定广发证券两营业部擅自解冻并无不当，在不能追回有关款项的情况下裁定其承担责任于法有据。

此复。

协助执行义务人在诉讼保全时没有提出异议，在执行阶段提出异议的，应否支持？

问题：张某在诉前申请对被告天林公司缴存在甲市宏达公司的 300 万元质量保证金进行保全，法院裁定予以准许，并向宏达公司送达了协助执行通知书。宏达公司在保全时没有提出异议。后法院判决天林公司偿还张某借款 300 万元及利息。执行过程中，法院要求扣划天林公司在宏达公司的质量保证金 300 万元，宏达公司称该笔质量保证金实际上只有 100 万元，只愿意在 100 万元的范围内进行协助，此时距法院保全已达 6 个月。由于天林公司无其他财产可供执行，法院遂以宏达公司擅自处分冻结的财产为由，裁定其在 200 万元范围内向张某承担赔偿责任。宏达公司以法院的裁定与客观事实不符为由，要求撤销承担赔偿责任的裁定。请问宏达公司的异议理由成立吗？

《人民司法》研究组认为：宏达公司的异议理由不能成立。协助义务人的法律责任问题不光牵涉到法律问题，实际上还有技术问题。由于债务人在第三人处是否有财产、财产数额是多少等等信息完全由债务人和协助义务人掌握，执行法院、债权人与协助义务人之间存在信息不对称的问题，所以，在法院送达协助执行通知书后，协助义务人必须及时提出异议，以便债权人寻找债务人的其他财产进行保全。协助义务人不及时提出异议的，按照最高人民法院《关于人民法院执行工作若干问题的规定（试行）》第 37 条的解释精神，则自有关冻结裁定和协助执行通知送达协助人时，就对协助义务人产生法律上的约束力，从法律上应当视为债务人在第三人处确实有财产。本案中，由于宏达公司没有及时提出异议，导致债权人张某丧失保全债务人其他财产的机会，并最终导致张某的债权不能受偿。所以，不论宏达公司的陈述是否属实，宏达公司都应当对张某的损失承担赔偿责任。又由于法院的财产保全为公法行为，债权人无法通过普通民事诉讼进行救济，只能由执行法院裁定宏达公司承担赔偿责任。①

法院可否对协助执行人采取搜查措施？

问题：在我院执行姜某一案中，申请人向法院提供线索，称姜某在 A 公司的收入可能未全部支取，要求对这部分财产依法执行。法院执行人员到 A 公司调查取证，而其以种种理由拒绝提供。请问，为了获取证据，法院可否对 A 公司进行搜查？

《人民司法》研究组认为：我国民事诉讼法第 227 条②规定，被执行人不履行法律文书确定的义务，并隐匿财产的，人民法院有权发出搜查令，对被执行人及其住所或财产隐匿地进行搜查。最高人民法院《执行规定》第 30 条规定，被执行人拒绝按人民法院的要求提供有关其财产状况的证据材料的，人民法院可以按照民事诉讼法第 227 条的规定进行搜查。据此，人民法院在执行过程中采取搜查措施的条件是：被执行人拒不履行法律文书确定的义务，并故意隐匿财产或拒绝按照人民法院的要求提供有关财产状况的证据材料。本案中，A 公司只是协助执行人，不是被执行人。因此，在 A 公司拒不提供证据的情况下，不应适用上述规定对其进行搜查。人民法院如认为姜某在 A 公司尚有收入未支取的，应作出裁定，向 A 公司发出协助执行通知书，由其协助扣留或提取。A 公司不予协助的，人民法院可以依民事诉讼法第 103 条③及最高人民法院《执行规定》第 37 条的规定予以处理。④

---

① 载《人民司法》2009 年第 3 期。
② 民事诉讼法原第二百二十七条现已修改为第二百四十八条。——编者注
③ 民事诉讼法原第一百零三条现已修改为第一百一十四条。——编者注
④ 载《人民司法》2001 年第 3 期。

中国人民银行关于发布《金融机构协助查询、冻结、扣划工作管理规定》的通知

2002年1月15日　　银发〔2002〕1号

中国人民银行各分行、营业管理部、省会（首府）城市中心支行，各政策性银行、国有独资商业银行、股份制商业银行、国家邮政储汇局、总行直接监管的财务公司：

为规范金融机构协助有权机关查询、冻结和扣划单位、个人在金融机构存款的行为，现发布《金融机构协助查询、冻结、扣划工作管理规定》，请各金融机构遵照执行。

请人民银行各分行、营业管理部将本通知翻印发至辖内城市商业银行、城乡信用社、财务公司。

附件：

金融机构协助查询、冻结、扣划工作管理规定

第一条　为规范金融机构协助有权机关查询、冻结和扣划单位、个人在金融机构存款的行为，根据《中华人民共和国商业银行法》及其他有关法律、行政法规的规定，制定本规定。

第二条　本规定所称"协助查询、冻结、扣划"是指金融机构依法协助有权机关查询、冻结、扣划单位或个人在金融机构存款的行为。

协助查询是指金融机构依照有关法律或行政法规的规定以及有权机关查询的要求，将单位或个人存款的金额、币种以及其他存款信息告知有权机关的行为。

协助冻结是指金融机构依照法律的规定以及有权机关冻结的要求，在一定时期内禁止单位或个人提取其存款账户内的全部或部分存款的行为。

协助扣划是指金融机构依照法律的规定以及有权机关扣划的要求，将单位或个人存款账户内的全部或部分存款资金划拨到指定账户上的行为。

第三条　本规定所称金融机构是指依法经营存款业务的金融机构（含外资金融机构），包括政策性银行、商业银行、城市和农村信用合作社、财务公司、邮政储蓄机构等。

金融机构协助查询、冻结和扣划存款，应当在存款人开户的营业分支机构具体办理。

第四条　本规定所称有权机关是指依照法律、政策法规的明确规定，有权查询、冻结、扣划单位或个人在金融机构存款的司法机关、行政机关、军事机关及行使行政职能的事业单位（详见附表）。

第五条　协助查询、冻结和扣划工作应当遵循依法合规、不损害客户合法权益的原则。

第六条　金融机构应当依法做好协助工作，建立健全有关规章制度，切实加强协助查询、冻结、扣划的管理工作。

第七条　金融机构应当在其营业机构确定专职部门或专职人员，负责接待要求协助查询、冻结和扣划的有权机关，及时处理协助事宜，并注意保守国家秘密。

第八条　办理协助查询业务时，经办人员应当核实执法人员的工作证件，以及有权机关县团级以上（含，下同）机构签发的协助查询存款通知书。

第九条　办理协助冻结业务时，金融机构经办人员应当核实以下证件和法律文书：

（一）有权机关执法人员的工作证件；

（二）有权机关县团级以上机构签发的协助冻结存款通知书，法律、行政法规规定应当由有权机关主要负责人签字，应当由主要负责人签字；

（三）人民法院出具的冻结存款裁定书、其他有权机关出具的冻结存款决定书。

第十条　办理协助扣划业务时，金融机构经办人员应当核实以下证件和法律文书：

（一）有权机关执法人员的工作证件；

（二）有权机关县团级以上机构签发的协助扣划存款通知书，法律、行政法规规定应当由有权机关主要负责人签字的，应当由主要负责人签字；

（三）有关生效法律文书或行政机关的有关决定书。

第十一条　金融机构在协助冻结、扣划单位或个人存款时，应当审查以下内容：

（一）"协助冻结、扣划存款通知书"填写的需被冻结或扣划存款的单位或个人开户金融机构名称、户名和账号、大小写金额；

（二）协助冻结或扣划存款通知书上的义务人应与所依据的法律文书上的义务人相同；

（三）协助冻结或扣划存款通知书上的冻结或扣划金额应当是确定的。如发现缺少应附的法律文书，以及法律文书有关内容与"协助冻结、扣划存款通知书"的内容不符，应说明原因，退回"协助冻结、扣划存款通知书"或所附的法律文书。

有权机关对个人存款户不能提供账号的，金

融机构应当要求有权机关提供该个人的居民身份证号码或其他足以确定该个人存款账户的情况。

第十二条　金融机构应当按照内控制度的规定建立和完善协助查询、冻结和扣划工作的登记制度。

金融机构在协助有权机关办理查询、冻结和扣划手续时，应对下列情况进行登记：有权机关名称，执法人员姓名和证件号码，金融机构经办人员姓名，被查询、冻结、扣划单位或个人的名称或姓名，协助查询、冻结、扣划的时间和金额，相关法律文书名称及文号，协助结果等。

登记表应当在协助办理查询、冻结、扣划手续时填写，并由有权机关执法人员和金融机构经办人签字。

金融机构应当妥善保存登记表，并严格保守有关国家秘密。

金融机构协助查询、冻结、扣划存款，涉及内控制度中的核实、授权和审批工作时，应当严格按内控制度及时办理相关手续，不得拖延推诿。

第十三条　金融机构对有权机关办理查询、冻结和扣划手续完备的，应当认真协助办理。在接到协助冻结、扣划存款通知书后，不得再扣划应当协助执行的款项用于收贷收息，不得向被查询、冻结、扣划单位或个人通风报信，帮助隐匿或转移存款。

金融机构在协助有权机关办理完毕查询手续后，有权机关要求予以保密的，金融机构应当保守秘密。金融机构在协助有权机关办理完毕冻结、扣划存款手续后，根据业务需要可以通知存款单位或个人。

第十四条　金融机构协助有权机关查询的资料应限于存款资料，包括被查询单位或个人开户、存款情况以及与存款有关的会计凭证、账簿、对账单等资料。对上述资料，金融机构应当如实提供，有权机关根据需要可以抄录、复制、照相，但不得带走原件。

金融机构协助复制存款资料等支付了成本费用的，可以按相关规定收取工本费。

第十五条　有权机关在查询单位存款情况时，只提供被查询单位名称而未提供账号的，金融机构应当根据账户管理档案积极协助查询，没有所查询的账户的，应如实告知有权机关。

第十六条　冻结单位或个人存款的期限最长为六个月，期满后可以续冻。有权机关应在冻结期满前办理续冻手续，逾期未办理续冻手续的，视为自动解除冻结措施。

第十七条　有权机关要求对已冻结的存款再行冻结的，金融机构不予办理并应当说明情况。

第十八条　在冻结期限内，只有在原作出冻结决定的有权机关作出解冻决定并出具解除冻结存款通知书的情况下，金融机构才能对已经冻结的存款予以解冻。被冻结存款的单位或个人对冻结提出异议的，金融机构应告知其与作出冻结决定的有权机关联系，在存款冻结期限内金融机构不得自行解冻。

第十九条　有权机关在冻结、解冻工作中发生错误，其上级机关直接作出变更决定或裁定的，金融机构接到变更决定书或裁定书后，应当予以办理。

第二十条　金融机构协助扣划时，应当将扣划的存款直接划入有权机关指定的账户。有权机关要求提取现金的，金融机构不予协助。

第二十一条　查询、冻结、扣划存款通知书与解除冻结、扣划存款通知书均应由有权机关执法人员依法送达，金融机构不接受有权机关执法人员以外的人员代为送达的上述通知书。

第二十二条　两个以上有权机关对同一单位或个人的同一笔存款采取冻结或扣划措施时，金融机构应当协助最先送达协助冻结、扣划存款通知书的有权机关办理冻结、扣划手续。

两个以上有权机关对金融机构协助冻结、扣划的具体措施有争议的，金融机构应当按照有关争议机关协商后的意见办理。

第二十三条　本规定由中国人民银行负责解释。

第二十四条　本规定自2002年2月1日起施行。

第二节 执行联动机制

中央纪律检查委员会 中央组织部 中央宣传部 中央政法委员会 中央社会治安综合治理委员会办公室 最高人民法院 最高人民检察院 国务院法制工作办公室 国家发展和改革委员会 公安部 监察部 司法部 民政部 国土资源部 住房和城乡建设部 中国人民银行 国家税务总局 国家工商行政管理总局 中国银监会 中国证监会

关于建立和完善执行联动机制若干问题的意见

2010年7月7日　　法发〔2010〕15号

为深入贯彻落实中央关于解决执行难问题的指示精神，形成党委领导、人大监督、政府支持、社会各界协作配合的执行工作新格局，建立健全解决执行难问题长效机制，确保生效法律文书得到有效执行，切实维护公民、法人和其他组织的合法权益，维护法律权威和尊严，推进社会诚信体系建设，依据有关法律、政策规定，现就建立和完善执行联动机制提出以下意见。

第一条 纪检监察机关对人民法院移送的在执行工作中发现的党员、行政监察对象妨碍人民法院执行工作和违反规定干预人民法院执行工作的违法违纪线索，应当及时组织核查；必要时，应当立案调查。对于党员、行政监察对象妨碍人民法院执行工作或者违反规定干预人民法院执行工作，以及拒不履行生效法律文书确定义务的，应当依法依纪追究党纪政纪责任。

第二条 组织人事部门应当通过群众信访举报、干部考察考核等多种途径，及时了解和掌握党员、公务员拒不履行生效法律文书以及非法干预、妨害执行等情况，对有上述问题的党员、公务员，通过诫勉谈话、函询等形式，督促其及时改正。对拒不履行生效法律文书、非法干预或妨碍执行的党员、公务员，按照《中国共产党纪律处分条例》和《行政机关公务员处分条例》等有关规定处理。

第三条 新闻宣传部门应当加强对人民法院执行工作的宣传，教育引导社会各界树立诚信意识，形成自觉履行生效法律文书确定的义务、依法协助人民法院执行的良好风尚；把握正确的舆论导向，增强市场主体的风险意识。配合人民法院建立被执行人公示制度，及时将人民法院委托公布的被执行人名单以及其他干扰、阻碍执行的行为予以曝光。

第四条 综合治理部门应当将当地党委、人大、政府、政协重视和支持人民法院执行工作情况、被执行人特别是特殊主体履行债务情况、有关部门依法协助执行的情况、执行救助基金的落实情况等，纳入社会治安综合治理目标责任考核范围。建立健全基层协助执行网络，充分发挥基层组织的作用，配合人民法院做好执行工作。

第五条 检察机关应当对拒不执行法院判决、裁定以及其他妨害执行构成犯罪的人员，及时依法从严进行追诉；依法查处执行工作中出现的渎职侵权、贪污受贿等职务犯罪案件。

第六条 公安机关应当依法严厉打击拒不执行法院判决、裁定和其他妨害执行的违法犯罪行为；对以暴力、威胁方法妨害或者抗拒执行的行为，在接到人民法院通报后立即出警，依法处置。协助人民法院查询被执行人户籍信息、下落，在履行职责过程中发现人民法院需要拘留、拘传的被执行人的，及时向人民法院通报情况；对人民法院在执行中决定拘留的人员，及时予以收押。协助限制被执行人出境，协助人民法院办理车辆查封、扣押和转移登记等手续；发现被执行人车辆等财产时，及时将有关信息通知负责执行的人民法院。

第七条 政府法制部门应当依法履行备案审查监督职责，加强备案审查工作，对报送备案的规章和有关政府机关发布的具有普遍约束力的行政决定、命令，发现有超越权限、违反上位法规定、违反法定程序、规定不适当等情形，不利于人民法院开展执行工作的，应当依照《法规规章备案条例》等规定予以处理。

第八条 民政部门应当对生活特别困难的申请执行人，按照有关规定及时做好救助工作。

第九条 发展和改革部门应当协助人民法院依法查询被执行人有关工程项目的立项情况及相关资料；对被执行人正在申请办理的投资项目审批、核准和备案手续，协调有关部门和地方，依法协助人民法院停止办理相关手续。

第十条 司法行政部门应当加强法制宣传教育，提高人民群众的法律意识，提高债务人主动履行生效法律文书的自觉性。对各级领导干部加强依法支持人民法院执行工作的观念教育，克服地方和部门保护主义思想。对监狱、劳教单位作为被执行人的案件，督促被执行人及时履行。指导律师、公证人员和基层法律服务工作者做好当事人工作，积极履行生效法律文书确定的义务。监狱、劳教所、强制隔离戒毒所对服刑、劳教人员和强制隔离戒毒人员作为被执行人的案件，积极协助人民法院依法执行。

第十一条 国土资源管理部门应当协助人民法院及时查询有关土地使用权、探矿权、采矿权及相关权属等登记情况，协助人民法院及时办理土地使用权、探矿权、采矿权等的查封、预查封和轮候查封登记，并将有关情况及时告知人民法院。被执行人正在办理土地使用权、采矿权、探矿权等权属变更登记手续的，根据人民法院协助执行通知书的要求，停止办理相关手续。债权人持生效法律文书申请办理土地使用权变更登记的，依法予以办理。

第十二条 住房和城乡建设管理部门应当协助人民法院及时查询有关房屋权属登记、变更、抵押等情况，协助人民法院及时办理房屋查封、预查封和轮候查封及转移登记手续，并将有关情况及时告知人民法院。被执行人正在办理房屋所有权转移登记等手续的，根据人民法院协助执行通知书的要求，停止办理相关手续。轮候查封的人民法院违法要求协助办理房屋登记手续的，依法不予办理。债权人持生效法律文书申请办理房屋转移登记手续的，依法予以办理。协助人民法院查询有关工程项目的规划审批情况，向人民法院提供必要的经批准的规划文件和规划图纸等资料。被执行人正在申请办理涉案项目规划审批手续的，根据人民法院协助执行通知书的要求，停止办理相关手续。将房地产、建筑企业不依法履行生效法律文书义务的情况，记入房地产和建筑市场信用档案，向社会披露有关信息。对拖欠房屋拆迁补偿安置资金的被执行人，依法采取制裁措施。

第十三条 人民银行应当协助人民法院查询人民币银行结算账户管理系统中被执行人的账户信息；将人民法院提供的被执行人不履行法律文书确定义务的情况纳入企业和个人信用信息基础数据库。

第十四条 银行业监管部门应当监督银行业金融机构积极协助人民法院查询被执行人的开户、存款情况，依法及时办理存款的冻结、轮候冻结和扣划等事宜。对金融机构拒不履行生效法律文书、拒不协助人民法院执行的行为，依法追究有关人员的责任。制定金融机构对被执行人申请贷款进行必要限制的规定，要求金融机构发放贷款时应当查询企业和个人信用信息基础数据库，并将被执行人履行生效法律文书确定义务的情况作为审批贷款时的考量因素。对拒不履行生效法律文书义务的被执行人，涉及金融债权的，可以采取不开新户、不发放新贷款、不办理对外支付等制裁措施。

第十五条 证券监管部门应当监督证券登记结算机构、证券、期货经营机构依法协助人民法院查询、冻结、扣划证券和证券交易结算资金。督促作为被执行人的证券公司自觉履行生效裁判文书确定的义务；对证券登记结算机构、证券公司拒不履行生效法律文书确定义务、拒不协助人民法院执行的行为，督促有关部门依法追究有关负责人和直接责任人员的责任。

第十六条 税务机关应当依法协助人民法院调查被执行人的财产情况，提供被执行人的纳税情况等相关信息；根据人民法院协助执行通知书的要求，提供被执行人的退税账户、退税金额及退税时间等情况。被执行人不缴、少缴税款的，请求法院依照法定清偿顺序追缴税款，并按照税款预算级次上缴国库。

第十七条 工商行政管理部门应当协助人民法院查询有关企业的设立、变更、注销登记等情况；依照有关规定，协助人民法院办理被执行人持有的有限责任公司股权的冻结、转让登记手续。对申请注销登记的企业，严格执行清算制度，防止被执行人转移财产，逃避执行。逐步将不依法履行生效法律文书确定义务的被执行人录入企业信用分类监管系统。

第十八条 人民法院应当将执行案件的有关信息及时、全面、准确地录入执行案件信息管理系统，并与有关部门的信息系统实现链接，为执行联动机制的顺利运行提供基础数据信息。

第十九条 人民法院认为有必要对被执行人采取执行联动措施的，应当制作协助执行通知书或司法建议函等法律文书，并送达有关部门。

第二十条 有关部门收到协助执行通知书或司法建议函后，应当在法定职责范围内协助采取执行联动措施。有关协助执行部门不应对生效法律文书和协助执行通知书、司法建议函等进行实体审查。对人民法院请求采取的执行联动措施有异议的，可以向人民法院提出审查建议，但不应当拒绝采取相应措施。

第二十一条 被执行人依法履行了生效法律文书确定的义务或者申请执行人同意解除执行联动措施的，人民法院经审查，认为符合有关规定的，应当解除相应措施。被执行人提供担保请求解除执行联动措施的，由人民法院审查决定。

第二十二条 为保障执行联动机制的建立和有效运行，成立执行联动机制工作领导小组，成员单位有中央纪律检查委员会、中央组织部、中央宣传部、中央政法委员会、中央社会治安综合治理委员会办公室、最高人民法院、最高人民检察院、国家发展和改革委员会、公安部、监察部、民政部、司法部、国土资源部、住房和城乡建设部、中国人民银行、国家税务总局、国家工商行政管理总局、国务院法制办公室、中国银监会、中国证监会等有关部门。领导小组下设办公室，具体负责执行联动机制建立和运行中的组织、协调、督促、指导等工作。

各成员单位确定一名联络员，负责执行联动机制运行中的联络工作。

各地应成立相应的执行联动机制工作领导小组及办公室。

第二十三条 执行联动机制工作领导小组由各级政法委员会牵头，定期、不定期召开会议，通报情况，研究解决执行联动机制运行中出现的问题，确保执行联动机制顺利运行。

第二十四条 有关单位不依照本意见履行职责的，人民法院可以向监察机关或其他有关机关提出相应的司法建议，或者报请执行联动机制领导小组协调解决，或者依照《中华人民共和国民事诉讼法》第一百零三条①的规定处理。

第二十五条 为确保本意见贯彻执行，必要时，人民法院可以会同有关部门制定具体的实施细则。

最高人民法院
关于进一步加强和规范执行工作的若干意见

2009年7月17日　　法发〔2009〕43号

二、加快执行工作长效机制建设

（一）建立执行工作联席会议制度。各级人民法院要在各级党委的领导下，充分发挥执行工作联席会议制度的作用，组织排查和清理阻碍执行的地方性规定和文件，解决执行工作中遇到的突出困难和法院自身难以解决的问题，督促查处党政部门、领导干部非法干预执行或特殊主体阻碍、抗拒执行的违法违纪行为，协调处理可能影响社会稳定的重大突发事件或暴力抗法事件、重大执行信访案件；组织集中清理执行积案活动，对各类重点执行案件实行挂牌督办；对政府机关、国有企业等特殊主体案件，研究解决办法。重大执行事项经联席会讨论作出决定或形成会议纪要后，交由相关部门负责落实，落实情况纳入综合治理考核范围。

（二）加快执行联动威慑机制建设。各级人民法院要努力争取党委的支持，动员全社会的

---

① 民事诉讼法原第一百零三条现已修改为第一百一十四条。——编者注

力量共同解决执行难问题。要在制度上明确与执行工作相关的党政管理部门,包括纪检监察、组织人事、新闻宣传、综合治理、检察、公安、政府法制、财政、民政、发展和改革、司法行政、国土资源管理、住房和城乡建设管理、人民银行、银行业监管、税务、工商行政管理和证券监管等部门在执行工作中的具体职责,积极协助人民法院开展有关工作。要建设好全国法院执行案件信息管理系统,积极参与社会信用体系建设,实现执行案件信息与其他部门信用信息的共享,并通过信用惩戒手段促使债务人自动履行义务。

(三)实施严格的执行工作考评机制。要完善和细化现有的执行工作考核体系,科学设定执行标的到位率、执行申诉率、执行结案率、执行结案合格率、自行履行率等指标,合理分配考核分值,建立规范有效的考核评价机制。考核由各级人民法院在辖区范围内定期、统一进行,考核结果实行公开排位,并建立末位情况分析制、报告制以及责任追究制。实行执行案件质量评查和超期限分析制度,将执行案件的质量和效率纳入质效管理部门的监管范围。各级人民法院要建立执行人员考评机制,建立质效档案,并将其作为考评定级、提职提级、评优评先的重要依据。要规定科学的结案标准,建立严格的无财产案件的程序终结制度,并作结案统计。建立上级法院执行局和本院质效管理部门对执行错案和瑕疵案件的分析和责任倒查制度。上级法院撤销或改变下级法院裁定或决定时,要附带对案件进行责任分析。本院质效管理部门发现执行案件存在问题的,也要进行责任分析。

最高人民法院
关于人民法院为防范化解金融风险和推进金融改革发展提供司法保障的指导意见

2012年2月10日　　法发〔2012〕3号

12. 继续加大金融案件执行力度。各级人民法院要在最高人民法院的指导和部署下,继续通过集中时间、集中力量、统一调度、强化力度等多种方式,有计划地开展金融案件专项执行活动。在必要时,要在各级党委领导下,各级政府支持下,通过执行联动机制,加大金融案件的执行力度,确保金融案件的顺利执行。要妥善运用诸如资产使用权抵债、资产抵债返租、企业整体承包经营、债权转股权以及托管等执行方式,努力解决难以执行的金融纠纷案件。

最高人民法院
关于扩大诉讼与非诉讼相衔接的矛盾纠纷解决机制改革试点总体方案

2012年4月10日　　法〔2012〕116号

14. 完善执行联动机制。建立健全党委政法委组织协调、人民法院主办、有关部门联动、社会各界参与的执行工作长效机制,加强执行法院之间、执行法院与政府及其他有关部门之间的联动,积极促成执行和解,促进执行案件的协调解决。

最高人民法院
关于认真学习贯彻《全国人民代表大会常务委员会关于修改〈中华人民共和国民事诉讼法〉的决定》的通知

2012年11月28日　　法〔2012〕289号

五、做好与相关部门的沟通协调工作

民事诉讼法修改决定新增加了一些需要与其他部门进行协调、沟通、配合的制度。各高级人民法院要与有关部门加强工作层面的沟通协调,建立完善相应工作机制,确保民事诉讼法修改决定的贯彻实施。一要与财政部门进行沟通,为人民法院在特定情形下,先行垫付证人出庭费用及误工损失等工作做好准备;二要与统计部门进行沟通,为人民法院受理小额诉讼案件做好准备;三要与检察机关进行沟通协调,为贯彻实施民事诉讼法修改决定有关检察建议和执行法律监督等制度做好准备；四要与协助执行的相关单位进行沟通，继续完善执行联动机制，为贯彻实施民事诉讼法修改决定有关协助执行制度做好准备。

最高人民法院
关于切实践行司法为民大力加强公正司法不断提高司法公信力的若干意见

2013年9月6日　　法发〔2013〕9号

33. 深化执行制度机制改革。建立统一管理、统一协调、分权制约的执行模式，完善执行联动机制。创新执行工作方式，完善被执行人财产调查制度，强化落实被执行人财产申报制度，用足用好强制执行措施，有效运用各种手段制裁抗拒执行或规避执行的行为。加快执行信息化建设，推动执行案件信息共享，实施失信被执行人名单公开制度，并将该名单与社会征信体系对接。加强执行规范化建设，进一步规范执行程序和执行行为，促进处理执行异议、复议和涉执行审判工作的专业化。进一步完善执行考评机制，加大对消极执行、违法执行行为的责任追究力度。

最高人民法院
中国银行业监督管理委员会
关于人民法院与银行业金融机构开展网络执行查控和联合信用惩戒工作的意见

2014年10月24日　　法〔2014〕266号

各省、自治区、直辖市高级人民法院，解放军军事法院，新疆维吾尔自治区高级人民法院生产建设兵团分院；各银监局；各政策性银行、国有商业银行、股份制商业银行、邮储银行、各省级农村信用联社：

为维护司法权威，防范金融风险，保障当事人合法权益，推动社会信用体系建设，根据《中华人民共和国民事诉讼法》《中华人民共和国商业银行法》及《关于建立和完善执行联动机制若干问题的意见》等规定，结合工作实际，最高人民法院和中国银行业监督管理委员会就人民法院和银行业金融机构开展网络执行查控和联合信用惩戒工作，提出如下意见：

一、最高人民法院、中国银行业监督管理委员会鼓励和支持各级人民法院与银行业金融机构通过网络信息化方式，开展执行与协助执行、联合对失信被执行人进行信用惩戒等工作。

二、最高人民法院、中国银行业监督管理委员会鼓励和支持银行业金融机构与人民法院建立网络执行查控机制，通过网络查询被执行人存款和其他金融资产信息，办理其他协助事项。

银行业金融机构应当推进电子信息化建设，协助人民法院建立网络执行查控机制。

三、中国银行业监督管理委员会督促指导各银行业金融机构确定专门机构和人员负责网络执行查控工作，及时准确反馈办理结果；鼓励和支持开发批量自动查控功能，实现查询数据的准确和高效。

四、中国银行业监督管理委员会鼓励和支持人民法院与银行业金融机构在完备法律手续、保证资金安全的情况下，逐步通过网络实施查询、冻结、扣划等执行措施。

银行业金融机构尚未与人民法院建立网络执行查控机制，或者协助事项不能通过网络办理的，应当根据法律、司法解释和有关规定，协助人民法院现场办理。

五、中国银行业监督管理委员会鼓励和支持银行业金融机构与人民法院以全国法院执行案件信息系统为基础，建立全国网络执行查控机制。

全国网络执行查控机制建设主要采取两种模式。一是"总对总"联网，即最高人民法院通过中国银行业监督管理委员会金融专网通道与各银行业金融机构总行网络对接。各级人民法院通过最高人民法院网络执行查控系统实施查控。二是"点对点"联网，即高级人民法院通过当地银监局金融专网通道与各银行业金融机构省级分行网络对接。本地人民法院通过高级人民法院执行查控系统实施本地查控，外地法院通过最高人民法院网络中转接入当地高级人民法院执行查控系统实施查控。

各级人民法院与银行业金融机构及其分支机构已协议通过专线或其他网络建立网络查控机制的，可继续按原有模式建设和运行。本意见下发后，采用第二款以外模式建设的，应当经最高人民法院和中国银行业监督管理委员会同意。

六、人民法院与银行业金融机构建立了网络执行查控机制的，通过网络执行查控系统对被执行人存款或其他金融资产采取查控措施，按照《最高人民法院关于网络查询、冻结被执行人存款的规定》（法释〔2013〕20号）执行。

七、各级法院应当加强管理，确保依照法律、法规、司法解释以及金融监管规定，查询和使用被执行人银行账户等信息，确保有关人员严格遵守保密规定。

八、最高人民法院、中国银行业监督管理委员会鼓励和支持银行业金融机构与人民法院建立联合信用惩戒机制。银行业金融机构与人民法院通过网络传输等方式，共享失信被执行人名单及其他执行案件信息；银行业金融机构依照法律、法规规定，在融资信贷等金融服务领域，对失信被执行人等采取限制贷款、限制办理信用卡等措施。

九、上级法院和银行业监管机构应当加强对网络执行查控机制和联合信用惩戒机制建设的监督指导，协调处理两个机制建设和运行中产生的分歧和争议。

建立了合作关系的人民法院、银行业金融机构应当安排专人协调处理两个机制运行中发生的争议。协调无果的，可通过上级法院、银行业监管机构协调解决。

建立了合作关系的人民法院、银行业金融机构应当制定应急预案，配备专门的技术人员处理两个机制运行中的突发事件，保障系统安全。

十、银行业金融机构依法协助人民法院办理网络执行查控措施，当事人或者利害关系人有异议的，银行业金融机构应当告知其根据民事诉讼法第二百二十五条之规定向执行法院提出，但银行业金融机构未按照协助执行通知书办理的除外。

十一、人民法院与银行业金融机构关于协助执行的有关规范性文件与本意见不一致的，以本意见为准。

最高人民法院
发布失信被执行人名单制度典型案例

2013年11月6日

案例2

郭红某与郭淑某人身损害赔偿纠纷执行案

（一）基本案情

郭红某诉郭淑某人身损害赔偿纠纷一案，河南省洛阳市中级人民法院判令被告郭淑某赔偿郭红某医疗费、住院伙食补助费、营养费、护理费、误工费、残疾赔偿金、精神损害抚慰金等共计8万余元。

由于郭淑某拒绝履行生效判决所确定的给付义务，郭红某于2012年1月1日向洛阳市涧西区人民法院申请执行。执行法院立案后，除向被执行人送达了执行通知书、报告财产令等法律文书外，还向其送达了风险提示书、诚信诉讼承诺书等，但被执行人始终不履行义务。执行法院多次查询被执行人的银行账户，均无财产可供执行。被执行人名下有房产一套，但出于保障被执行人生活需要，执行法院未能采取强制措施。由于被执行人无其他财产可供执行，案件执行一度陷入困境。

全国法院失信被执行人名单信息公布与查询平台于2013年10月24日面向社会开通。通过该平台，全国各级人民法院录入的失信被执行人及相关信息可以对外公布，郭淑某也在名单之列。郭淑某感觉到了舆论的压力和信用惩戒的风险，主动找到执行法官表示愿意配合执行。此外，执行法院通过刚刚成立的涧西区网络化执行联动指挥中心，与辖区工商、税务、房管、国土、银行等多家单位形成了执行联动，迅速查到郭淑某另有一套房产被隐匿。得知此信息后，执行法官立即依法查封了该套房产并告知郭淑某尽早履行法定义务。后郭淑某积极配合法院工作,将全部款项主动交至执行法院。

(二) 典型意义

本案体现了人民法院执行信息化建设和执行联动机制建设的成果。失信被执行人名单信息的公布,有力震慑了失信行为,打击了各种妨碍、抗拒执行以及规避执行的行为。执行指挥中心为执行联动搭建了平台,通过发挥网络化的执行联动效应,人民法院能够及时获取被执行人的相关财产信息,促使被执行人履行义务,保障案件顺利执结。

第九章 回 避

中华人民共和国民事诉讼法

2017年6月27日

第四十四条 审判人员有下列情形之一的,应当自行回避,当事人有权用口头或者书面方式申请他们回避:

(一) 是本案当事人或者当事人、诉讼代理人近亲属的;

(二) 与本案有利害关系的;

(三) 与本案当事人、诉讼代理人有其他关系,可能影响对案件公正审理的。

审判人员接受当事人、诉讼代理人请客送礼,或者违反规定会见当事人、诉讼代理人的,当事人有权要求他们回避。

审判人员有前款规定的行为的,应当依法追究法律责任。

前三款规定,适用于书记员、翻译人员、鉴定人、勘验人。

第四十五条 当事人提出回避申请,应当说明理由,在案件开始审理时提出;回避事由在案件开始审理后知道的,也可以在法庭辩论终结前提出。

被申请回避的人员在人民法院作出是否回避的决定前,应当暂停参与本案的工作,但案件需要采取紧急措施的除外。

第四十六条 院长担任审判长时的回避,由审判委员会决定;审判人员的回避,由院长决定;其他人员的回避,由审判长决定。

第四十七条 人民法院对当事人提出的回避申请,应当在申请提出的三日内,以口头或者书面形式作出决定。申请人对决定不服的,可以在接到决定时申请复议一次。复议期间,被申请回避的人员,不停止参与本案的工作。人民法院对复议申请,应当在三日内作出复议决定,并通知复议申请人。

最高人民法院
关于适用《中华人民共和国民事诉讼法》的解释

2015年1月30日　　法释〔2015〕5号

第四十三条 审判人员有下列情形之一的,应当自行回避,当事人有权申请其回避:

(一) 是本案当事人或者当事人近亲属的;

(二) 本人或者其近亲属与本案有利害关系的;

(三) 担任过本案的证人、鉴定人、辩护人、诉讼代理人、翻译人员的;

(四) 是本案诉讼代理人近亲属的;

(五) 本人或者其近亲属持有本案非上市公司当事人的股份或者股权的;

(六) 与本案当事人或者诉讼代理人有其他利害关系,可能影响公正审理的。

第四十四条 审判人员有下列情形之一的,当事人有权申请其回避:

(一) 接受本案当事人及其受托人宴请,或者参加由其支付费用的活动的;

(二) 索取、接受本案当事人及其受托人财物或者其他利益的；

（三）违反规定会见本案当事人、诉讼代理人的；

（四）为本案当事人推荐、介绍诉讼代理人，或者为律师、其他人员介绍代理本案的；

（五）向本案当事人及其受托人借用款物的；

（六）有其他不正当行为，可能影响公正审理的。

第四十五条 在一个审判程序中参与过本案审判工作的审判人员，不得再参与该案其他程序的审判。

发回重审的案件，在一审法院作出裁判后又进入第二审程序的，原第二审程序中合议庭组成人员不受前款规定的限制。

第四十六条 审判人员有应当回避的情形，没有自行回避，当事人也没有申请其回避的，由院长或者审判委员会决定其回避。

第四十七条 人民法院应当依法告知当事人对合议庭组成人员、独任审判员和书记员等人员有申请回避的权利。

第四十八条 民事诉讼法第四十四条所称的审判人员，包括参与本案审理的人民法院院长、副院长、审判委员会委员、庭长、副庭长、审判员、助理审判员和人民陪审员。

第四十九条 书记员和执行员适用审判人员回避的有关规定。

最高人民法院
关于审判人员在诉讼活动中执行回避制度若干问题的规定

2011年6月10日　　法释〔2011〕12号

为进一步规范审判人员的诉讼回避行为，维护司法公正，根据《中华人民共和国人民法院组织法》、《中华人民共和国法官法》、《中华人民共和国民事诉讼法》、《中华人民共和国刑事诉讼法》、《中华人民共和国行政诉讼法》等法律规定，结合人民法院审判工作实际，制定本规定。

第一条 审判人员具有下列情形之一的，应当自行回避，当事人及其法定代理人有权以口头或者书面形式申请其回避：

（一）是本案的当事人或者与当事人有近亲属关系的；

（二）本人或者其近亲属与本案有利害关系的；

（三）担任过本案的证人、翻译人员、鉴定人、勘验人、诉讼代理人、辩护人的；

（四）与本案的诉讼代理人、辩护人有夫妻、父母、子女或者兄弟姐妹关系的；

（五）与本案当事人之间存在其他利害关系，可能影响案件公正审理的。

本规定所称近亲属，包括与审判人员有夫妻、直系血亲、三代以内旁系血亲及近姻亲关系的亲属。

第二条 当事人及其法定代理人发现审判人员违反规定，具有下列情形之一的，有权申请其回避：

（一）私下会见本案一方当事人及其诉讼代理人、辩护人的；

（二）为本案当事人推荐、介绍诉讼代理人、辩护人，或者为律师、其他人员介绍办理该案件的；

（三）索取、接受本案当事人及其受托人的财物、其他利益，或者要求当事人及其受托人报销费用的；

（四）接受本案当事人及其受托人的宴请，或者参加由其支付费用的各项活动的；

（五）向本案当事人及其受托人借款，借用交通工具、通讯工具或者其他物品，或者索取、接受当事人及其受托人在购买商品、装修住房以及其他方面给予的好处的；

（六）有其他不正当行为，可能影响案件公正审理的。

第三条 凡在一个审判程序中参与过本案审判工作的审判人员，不得再参与该案其他程序的审判。但是，经过第二审程序发回重审的案件，在一审法院作出裁判后又进入第二审程序的，原第二审程序中合议庭组成人员不受本条规定的限制。

第四条 审判人员应当回避，本人没有自行回避，当事人及其法定代理人也没有申请其回避的，院长或者审判委员会应当决定其回避。

第五条 人民法院应当依法告知当事人及其法定代理人有申请回避的权利，以及合议庭组成人员、书记员的姓名、职务等相关信息。

第六条 人民法院依法调解案件，应当告知当事人及其法定代理人有申请回避的权利，以及主持调解工作的审判人员及其他参与调解工作的人员的姓名、职务等相关信息。

第七条 第二审人民法院认为第一审人民法院的审理有违反本规定第一条至第三条规定的，应当裁定撤销原判，发回原审人民法院重新审判。

第八条 审判人员及法院其他工作人员从人民法院离任后二年内，不得以律师身份担任诉讼代理人或者辩护人。

审判人员及法院其他工作人员从人民法院离任后，不得担任原任职法院所审理案件的诉讼代理人或者辩护人，但是作为当事人的监护人或者近亲属代理诉讼或者进行辩护的除外。

本条所规定的离任，包括退休、调离、解聘、辞职、辞退、开除等离开法院工作岗位的情形。

本条所规定的原任职法院，包括审判人员及法院其他工作人员曾任职的所有法院。

第九条 审判人员及法院其他工作人员的配偶、子女或者父母不得担任其所任职法院审理案件的诉讼代理人或者辩护人。

第十条 人民法院发现诉讼代理人或者辩护人违反本规定第八条、第九条的规定的，应当责令其停止相关诉讼代理或者辩护行为。

第十一条 当事人及其法定代理人、诉讼代理人、辩护人认为审判人员有违反本规定行为的，可以向法院纪检、监察部门或者其他有关部门举报。受理举报的人民法院应当及时处理，并将相关意见反馈给举报人。

第十二条 对明知具有本规定第一条至第三条规定情形不依法自行回避的审判人员，依照《人民法院工作人员处分条例》的规定予以处分。

对明知诉讼代理人、辩护人具有本规定第八条、第九条规定情形之一，未责令其停止相关诉讼代理或者辩护行为的审判人员，依照《人民法院工作人员处分条例》的规定予以处分。

第十三条 本规定所称审判人员，包括各级人民法院院长、副院长、审判委员会委员、庭长、副庭长、审判员和助理审判员。

本规定所称法院其他工作人员，是指审判人员以外的在编工作人员。

第十四条 人民陪审员、书记员和执行员适用审判人员回避的有关规定，但不属于本规定第十三条所规定人员的，不适用本规定第八条、第九条的规定。

第十五条 自本规定施行之日起，《最高人民法院关于审判人员严格执行回避制度的若干规定》（法发〔2000〕5号）即行废止；本规定施行前本院发布的司法解释与本规定不一致的，以本规定为准。

最高人民法院关于对配偶子女从事律师职业的法院领导干部和审判执行岗位法官实行任职回避的规定（试行）

2011年2月10日　　法发〔2011〕5号

为维护司法公正和司法廉洁，防止法院领导干部及法官私人利益与公共利益发生冲突，依照《中华人民共和国公务员法》、《中华人民共和国法官法》和《中国共产党党员领导干部廉洁从政若干准则》，制定本规定。

第一条 人民法院领导干部和审判、执行岗位法官，其配偶、子女在其任职法院辖区内从事律师职业的，应当实行任职回避。

本规定所称法院领导干部，是指各级人民法院的领导班子成员及审判委员会专职委员。

本规定所称审判、执行岗位法官，是指各级人民法院未担任院级领导职务的审判委员会委员以及在立案、审判、执行、审判监督、国家赔偿等部门从事审判、执行工作的法官和执行员。

本规定所称从事律师职业，是指开办律师

事务所、以律师身份为案件当事人提供诉讼代理或者其他有偿法律服务。

第二条 人民法院在选拔任用干部时，不得将具备任职回避条件的人员作为法院领导干部和审判、执行岗位法官的拟任人选。

第三条 人民法院在补充审判、执行岗位工作人员时，不得补充具备任职回避条件的人员。

人民法院在补充非审判、执行岗位工作人员时，应当向拟补充的人员释明本规定的相关内容。

第四条 在本规定施行前具备任职回避条件的法院领导干部和审判、执行岗位法官，应当自本规定施行之日起六个月内主动提出任职回避申请；相关人民法院应当自本规定施行之日起十二个月内，按照有关程序为其办理职务变动或者岗位调整的手续。

第五条 在本规定施行前不具备任职回避条件，但在本规定施行后具备任职回避条件的法院领导干部和审判、执行岗位法官，应当自任职回避条件具备之日起一个月内主动提出任职回避申请；相关人民法院应当自申请期限届满之日起六个月内，按照有关程序为其办理职务变动或者岗位调整的手续。

第六条 具备任职回避条件的法院领导干部和审判、执行岗位法官在前述规定期限内没有主动提出任职回避申请的，相关人民法院应当自申请期限届满之日起六个月内，按照有关程序免去其所任领导职务或者将其调离审判执行岗位。

第七条 应当实行任职回避的法院领导干部和审判、执行岗位法官的任免权限不在人民法院的，相关人民法院可向具有干部任免权的机关提出为其办理职务调动或者免职手续的建议。

第八条 因配偶、子女从事律师职业而辞去现任职务或者退出审判、执行岗位的法院领导干部和法官，应当尽可能按原职级待遇重新安排工作岗位，但在重新安排工作时，不得违反本规定第二条、第三条的要求。

第九条 具备任职回避条件的法院领导干部及审判、执行岗位法官具有下列情形之一的，应当酌情给予批评教育、组织处理或者纪律处分：

（一）隐瞒配偶、子女从事律师职业情况的；

（二）采取弄虚作假手段规避任职回避的；

（三）拒不服从组织调整或者拒不办理公务交接的；

（四）具有其他违反任职回避规定行为的。

第十条 法院领导干部和审判、执行岗位法官的配偶、子女不在本规定所限地域范围内从事律师职业的，该法院领导干部和审判、执行岗位法官不实行任职回避，但其配偶、子女采取暗中代理等方式在本规定所限地域范围内从事律师职业的，应当责令其辞去领导职务或者将其调离审判、执行岗位；其本人知情的，还应当同时给予其相应的纪律处分。

第十一条 本规定由最高人民法院负责解释。

第十二条 本规定自发布之日起施行。

人民法院办理执行案件规范

2017 年 4 月

13.【执行回避情形之一】

执行人员有下列情形之一的，应当自行回避，当事人有权申请其回避：

（一）是本案当事人或者当事人近亲属的；

（二）本人或者其近亲属与本案有利害关系的；

（三）担任过本案的证人、鉴定人、辩护人、诉讼代理人、翻译人员的；

（四）是本案诉讼、执行程序代理人近亲属的；

（五）本人或者其近亲属持有本案非上市公司当事人的股份或者股权的；

（六）与本案当事人或者诉讼、执行程序代理人有其他利害关系，可能影响公正执行的。

14.【执行回避情形之二】

执行人员有下列情形之一的，当事人有权

申请其回避：

（一）接受本案当事人及其受托人宴请，或者参加由其支付费用的活动的；

（二）索取、接受本案当事人及其受托人财物或者其他利益的；

（三）违反规定会见本案当事人、诉讼或执行程序代理人的；

（四）为本案当事人推荐、介绍诉讼或执行程序代理人，或者为律师、其他人员介绍代理本案的；

（五）向本案当事人及其受托人借用款物的；

（六）有其他不正当行为，可能影响公正执行的。

15.【执行回避的程序】

当事人对执行人员有申请回避的权利。

审判人员、执行员、书记员的回避由院长决定。其他人员的回避由审判长、执行局长决定。审判人员、执行员、书记员有应当自行回避的情形，没有自行回避，当事人也没有申请其回避的，由院长或者审判委员会决定其回避。

人民法院对当事人提出的回避申请，应当在申请提出的三日内，以口头或书面形式作出决定。申请人对决定不服的，可以在接到决定时申请复议一次。复议期间，被申请回避的人员，不停止参与本案的工作。人民法院对复议申请，应当在三日内作出复议决定，并通知复议申请人。

第十章　期　间

中华人民共和国民事诉讼法

2017 年 6 月 27 日

第八十二条　期间包括法定期间和人民法院指定的期间。

期间以时、日、月、年计算。期间开始的时和日，不计算在期间内。

期间届满的最后一日是节假日的，以节假日后的第一日为期间届满的日期。

期间不包括在途时间，诉讼文书在期满前交邮的，不算过期。

第八十三条　当事人因不可抗拒的事由或者其他正当理由耽误期限的，在障碍消除后的十日内，可以申请顺延期限，是否准许，由人民法院决定。

最高人民法院
关于适用《中华人民共和国民事诉讼法》的解释

2015 年 1 月 30 日　　法释〔2015〕5 号

第一百二十五条　依照民事诉讼法第八十二条第二款规定，民事诉讼中以时起算的期间从次时起算；以日、月、年计算的期间从次日起算。

第十一章 送 达

第一节 内地送达

中华人民共和国民事诉讼法

2017 年 6 月 27 日

第八十四条 送达诉讼文书必须有送达回证,由受送达人在送达回证上记明收到日期,签名或者盖章。

受送达人在送达回证上的签收日期为送达日期。

第八十五条 送达诉讼文书,应当直接送交受送达人。受送达人是公民的,本人不在交他的同住成年家属签收;受送达人是法人或者其他组织的,应当由法人的法定代表人、其他组织的主要负责人或者该法人、组织负责收件的人签收;受送达人有诉讼代理人的,可以送交其代理人签收;受送达人已向人民法院指定代收人的,送交代收人签收。

受送达人的同住成年家属,法人或者其他组织的负责收件的人,诉讼代理人或者代收人在送达回证上签收的日期为送达日期。

第八十六条 受送达人或者他的同住成年家属拒绝接收诉讼文书的,送达人可以邀请有关基层组织或者所在单位的代表到场,说明情况,在送达回证上记明拒收事由和日期,由送达人、见证人签名或者盖章,把诉讼文书留在受送达人的住所;也可以把诉讼文书留在受送达人的住所,并采用拍照、录像等方式记录送达过程,即视为送达。

第八十七条 经受送达人同意,人民法院可以采用传真、电子邮件等能够确认其收悉的方式送达诉讼文书,但判决书、裁定书、调解书除外。

采用前款方式送达的,以传真、电子邮件等到达受送达人特定系统的日期为送达日期。

第八十八条 直接送达诉讼文书有困难的,可以委托其他人民法院代为送达,或者邮寄送达。邮寄送达的,以回执上注明的收件日期为送达日期。

第八十九条 受送达人是军人的,通过其所在部队团以上单位的政治机关转交。

第九十条 受送达人被监禁的,通过其所在监所转交。

受送达人被采取强制性教育措施的,通过其所在强制性教育机构转交。

第九十一条 代为转交的机关、单位收到诉讼文书后,必须立即交受送达人签收,以在送达回证上的签收日期,为送达日期。

第九十二条 受送达人下落不明,或者用本节规定的其他方式无法送达的,公告送达。自发出公告之日起,经过六十日,即视为送达。

公告送达,应当在案卷中记明原因和经过。

最高人民法院
关于适用《中华人民共和国民事诉讼法》的解释

2015 年 1 月 30 日　　法释〔2015〕5 号

第一百三十条 向法人或者其他组织送达诉讼文书,应当由法人的法定代表人、该组织的主要负责人或者办公室、收发室、值班室等负责收件的人签收或者盖章,拒绝签收或者盖章的,适用留置送达。

民事诉讼法第八十六条规定的有关基层组织和所在单位的代表,可以是受送达人住所地的居民委员会、村民委员会的工作人员以及受送达人所在单位的工作人员。

第一百三十一条 人民法院直接送达诉讼文书的,可以通知当事人到人民法院领取。当事人到达人民法院,拒绝签署送达回证的,视为送达。审判人员、书记员应当在送达回证上注明送达情况并签名。

人民法院可以在当事人住所地以外向当事人直接送达诉讼文书。当事人拒绝签署送达回证的,采用拍照、录像等方式记录送达过程即视为送达。审判人员、书记员应当在送达回证上注明送达情况并签名。

第一百三十二条 受送达人有诉讼代理人的,人民法院既可以向受送达人送达,也可以向其诉讼代理人送达。受送达人指定诉讼代理人为代收人的,向诉讼代理人送达时,适用留置送达。

第一百三十三条 调解书应当直接送达当事人本人,不适用留置送达。当事人本人因故不能签收的,可由其指定的代收人签收。

第一百三十四条 依照民事诉讼法第八十八条规定,委托其他人民法院代为送达的,委托法院应当出具委托函,并附需要送达的诉讼文书和送达回证,以受送达人在送达回证上签收的日期为送达日期。

委托送达的,受委托人民法院应当自收到委托函及相关诉讼文书之日起十日内代为送达。

第一百三十五条 电子送达可以采用传真、电子邮件、移动通信等即时收悉的特定系统作为送达媒介。

民事诉讼法第八十七条第二款规定的到达受送达人特定系统的日期,为人民法院对应系统显示发送成功的日期,但受送达人证明到达其特定系统的日期与人民法院对应系统显示发送成功的日期不一致的,以受送达人证明到达其特定系统的日期为准。

第一百三十六条 受送达人同意采用电子方式送达的,应当在送达地址确认书中予以确认。

第一百三十七条 当事人在提起上诉、申请再审、申请执行时未书面变更送达地址的,其在第一审程序中确认的送达地址可以作为第二审程序、审判监督程序、执行程序的送达地址。

第一百三十八条 公告送达可以在法院的公告栏和受送达人住所地张贴公告,也可以在报纸、信息网络等媒体上刊登公告,发出公告日期以最后张贴或者刊登的日期为准。对公告送达方式有特殊要求的,应当按要求的方式进行。公告期满,即视为送达。

人民法院在受送达人住所地张贴公告的,应当采取拍照、录像等方式记录张贴过程。

第一百三十九条 公告送达应当说明公告送达的原因;公告送达起诉状或者上诉状副本的,应当说明起诉或者上诉要点,受送达人答辩期限及逾期不答辩的法律后果;公告送达传票,应当说明出庭的时间和地点及逾期不出庭的法律后果;公告送达判决书、裁定书的,应当说明裁判主要内容,当事人有权上诉的,还应当说明上诉权利、上诉期限和上诉的人民法院。

第一百四十条 适用简易程序的案件,不适用公告送达。

第一百四十一条 人民法院在定期宣判时,当事人拒不签收判决书、裁定书的,应视为送达,并在宣判笔录中记明。

最高人民法院
关于以法院专递方式邮寄送达民事诉讼文书的若干规定

2004年9月17日　　法释〔2004〕13号

为保障和方便双方当事人依法行使诉讼权利,根据《中华人民共和国民事诉讼法》的有关规定,结合民事审判经验和各地的实际情况,制定本规定。

第一条 人民法院直接送达诉讼文书有困难的,可以交由国家邮政机构(以下简称邮政机构)以法院专递方式邮寄送达,但有下列情形之一的除外:

(一)受送达人或者其诉讼代理人、受送达人指定的代收人同意在指定的期间内到人民法院接受送达的;

(二)受送达人下落不明的;

(三)法律规定或者我国缔结或者参加的国际条约中约定有特别送达方式的。

第二条 以法院专递方式邮寄送达民事诉讼文书的,其送达与人民法院送达具有同等法律效力。

第三条 当事人起诉或者答辩时应当向人民法院提供或者确认自己准确的送达地址,并填写送达地址确认书。当事人拒绝提供的,人民法院应当告知其拒不提供送达地址的不利后果,并记入笔录。

第四条 送达地址确认书的内容应当包括送达地址的邮政编码、详细地址以及受送达人的联系电话等内容。

当事人要求对送达地址确认书中的内容保密的,人民法院应当为其保密。

当事人在第一审、第二审和执行终结前变更送达地址的,应当及时以书面方式告知人民法院。

第五条 当事人拒绝提供自己的送达地址,经人民法院告知后仍不提供的,自然人以其户籍登记中的住所地或者经常居住地为送达地址;法人或者其他组织以其工商登记或者其他依法登记、备案中的住所地为送达地址。

第六条 邮政机构按照当事人提供或者确认的送达地址送达的,应当在规定的日期内将回执退回人民法院。

邮政机构按照当事人提供或确认的送达地址在五日内投送三次以上未能送达,通过电话或者其他联系方式又无法告知受送达人的,应当将邮件在规定的日期内退回人民法院,并说明退回的理由。

第七条 受送达人指定代收人的,指定代收人的签收视为受送达人本人签收。

邮政机构在受送达人提供或确认的送达地址未能见到受送达人的,可以将邮件交给与受送达人同住的成年家属代收,但代收人是同一案件中另一方当事人的除外。

第八条 受送达人及其代收人应当在邮件回执上签名、盖章或者捺印。

受送达人及其代收人在签收时应当出示其有效身份证件并在回执上填写该证件的号码;受送达人及其代收人拒绝签收的,由邮政机构的投递员记明情况后将邮件退回人民法院。

第九条 有下列情形之一的,即为送达:

(一)受送达人在邮件回执上签名、盖章或者捺印的;

(二)受送达人是无民事行为能力或者限制民事行为能力的自然人,其法定代理人签收的;

(三)受送达人是法人或者其他组织,其法人的法定代表人、该组织的主要负责人或者办公室、收发室、值班室的工作人员签收的;

(四)受送达人的诉讼代理人签收的;

(五)受送达人指定的代收人签收的;

(六)受送达人的同住成年家属签收的。

第十条 签收人是受送达人本人或者是受送达人的法定代表人、主要负责人、法定代理人、诉讼代理人的,签收人应当当场核对邮件内容。签收人发现邮件内容与回执上的文书名称不一致的,应当当场向邮政机构的投递员提出,由投递员在回执上记明情况后将邮件退回人民法院。

签收人是受送达人办公室、收发室和值班室的工作人员或者是与受送达人同住成年家属,受送达人发现邮件内容与回执上的文书名称不一致的,应当在收到邮件后的三日内将该邮件退回人民法院,并以书面方式说明退回的理由。

第十一条 因受送达人自己提供或者确认的送达地址不准确、拒不提供送达地址、送达地址变更未及时告知人民法院、受送达人本人或者受送达人指定的代收人拒绝签收,导致诉讼文书未能被受送达人实际接收的,文书退回之日视为送达之日。

受送达人能够证明自己在诉讼文书送达的过程中没有过错的,不适用前款规定。

第十二条 本规定自2005年1月1日起实施。

我院以前的司法解释与本规定不一致的,以本规定为准。

最高人民法院
实施《关于以法院专递方式邮寄送达民事诉讼文书的若干规定》的通知

2004年11月8日　　法〔2004〕241号

各省、自治区、直辖市高级人民法院，解放军军事法院，新疆维吾尔自治区高级人民法院生产建设兵团分院：

为保障和便于当事人依法行使诉讼权利，保证民事诉讼活动的正常进行，最高人民法院审判委员会第1324次会议讨论通过了《关于以法院专递方式邮寄送达民事诉讼文书的若干规定》（以下简称《规定》），该《规定》将于2005年1月1日起正式实施。为了使各级法院更好地贯彻执行这一司法解释，经与国家邮政局协商，现将执行《规定》中应当注意的几个问题通知如下：

一、各高级人民法院应当根据《规定》的内容与省级邮政管理机关共同制定执行细则。在本《规定》实施前已经开展"法院专递"业务的，应当检查和修改相关制度中的内容，保证《规定》在全国范围内得到统一的贯彻实施。

二、各高级人民法院可以根据本辖区内经济发展的水平与各省邮政管理机关协商决定"法院专递"的资费标准。在确定收费标准时，应当充分考虑同城与异地、城市与乡村等综合因素，切实考虑农村和城市中特困群体的实际困难，合理确定"法院专递"的资费标准。

三、各高级人民法院可以根据本辖区内法院的办公经费状况确定"法院专递"费用的负担方式。办公经费确实无力负担的，可以依照《人民法院诉讼收费办法》第十九条第三款的规定由当事人负担，但根据《〈人民法院诉讼收费办法〉补充规定》第四条第二款具备司法救助条件的当事人可以例外。

四、各级人民法院应当建立统一的"法院专递业务管理办公室"，负责本院"法院专递"的收发业务。

五、邮政机构的工作人员在送达民事诉讼文书过程中遇到受送达人拒绝接收，并请求当地基层人民法院或者人民法庭予以协助的，当地基层人民法院或者人民法庭应当给予协助。

六、各高级人民法院应当采取灵活多样的方式，抓紧培训立案和民事审判业务部门的法官，力求准确。全面地掌握《规定》的内容，为2005年1月1日《规定》的正式实施做好准备。

七、在学习和贯彻《规定》过程中发现的问题，请及时报告最高人民法院，以便进一步修改、完善。

以上通知，请遵照执行。

最高人民法院
关于依据原告起诉时提供的被告住址无法送达应如何处理问题的批复

2004年11月25日　　法释〔2004〕17号

近来，一些高级人民法院就人民法院依据民事案件的原告起诉时提供的被告住址无法送达应如何处理问题请示我院。为了正确适用法律，保障当事人行使诉讼权利，根据《中华人民共和国民事诉讼法》的有关规定，批复如下：

人民法院依据原告起诉时所提供的被告住址无法直接送达或者留置送达，应当要求原告补充材料。原告因客观原因不能补充或者依据原告补充的材料仍不能确定被告住址的，人民法院应当依法向被告公告送达诉讼文书。人民法院不得仅以原告不能提供真实、准确的被告住址为由裁定驳回起诉或者裁定终结诉讼。

因有关部门不准许当事人自行查询其他当事人的住址信息，原告向人民法院申请查询的，人民法院应当依原告的申请予以查询。

最高人民法院
关于进一步推进案件繁简分流优化司法资源配置的若干意见

2016年9月12日　　法发〔2016〕21号

3. 完善送达程序与送达方式。当事人在纠纷发生之前约定送达地址的,人民法院可以将该地址作为送达诉讼文书的确认地址。当事人起诉或者答辩时应当依照规定填写送达地址确认书。积极运用电子方式送达;当事人同意电子送达的,应当提供并确认传真号、电子信箱、微信号等电子送达地址。充分利用中国审判流程信息公开网,建立全国法院统一的电子送达平台。完善国家邮政机构以法院专递方式进行送达。

最高人民法院
关于进一步加强民事送达工作的若干意见

2017年7月19日　　法发〔2017〕19号

送达是民事案件审理过程中的重要程序事项,是保障人民法院依法公正审理民事案件、及时维护当事人合法权益的基础。近年来,随着我国社会经济的发展和人民群众司法需求的提高,送达问题已经成为制约民事审判公正与效率的瓶颈之一。为此,各级人民法院要切实改进和加强送达工作,在法律和司法解释的框架内,创新工作机制和方法,全面推进当事人送达地址确认制度,统一送达地址确认书格式,规范送达地址确认书内容,提升民事送达的质量和效率,将司法为民切实落到实处。

一、送达地址确认书是当事人送达地址确认制度的基础。送达地址确认书应当包括当事人提供的送达地址、人民法院告知事项、当事人对送达地址的确认、送达地址确认书的适用范围和变更方式等内容。

二、当事人提供的送达地址应当包括邮政编码、详细地址以及受送达人的联系电话等。同意电子送达的,应当提供并确认接收民事诉讼文书的传真号、电子信箱、微信号等电子送达地址。当事人委托诉讼代理人的,诉讼代理人确认的送达地址视为当事人的送达地址。

三、为保障当事人的诉讼权利,人民法院应当告知送达地址确认书的填写要求和注意事项以及拒绝提供送达地址、提供虚假地址或者提供地址不准确的法律后果。

四、人民法院应当要求当事人对其填写的送达地址及法律后果等事项进行确认。当事人确认的内容应当包括当事人已知晓人民法院告知的事项及送达地址确认书的法律后果,保证送达地址准确、有效,同意人民法院通过其确认的地址送达诉讼文书等,并由当事人或者诉讼代理人签名、盖章或者捺印。

五、人民法院应当在登记立案时要求当事人确认送达地址。当事人拒绝确认送达地址的,依照《最高人民法院关于登记立案若干问题的规定》第七条的规定处理。

六、当事人在送达地址确认书中确认的送达地址,适用于第一审程序、第二审程序和执行程序。当事人变更送达地址,应当以书面方式告知人民法院。当事人未书面变更的,以其确认的地址为送达地址。

七、因当事人提供的送达地址不准确、拒不提供送达地址、送达地址变更未书面告知人民法院,导致民事诉讼文书未能被受送达人实际接收的,直接送达的,民事诉讼文书留在该地址之日为送达之日;邮寄送达的,文书被退回之日为送达之日。

八、当事人拒绝确认送达地址或以拒绝应诉、拒接电话、避而不见送达人员、搬离原住所等躲避、规避送达,人民法院不能或无法要求其确认送达地址的,可以分别以下列情形处理:

(一)当事人在诉讼所涉及的合同、往来函件中对送达地址有明确约定的,以约定的地址为送达地址;

(二)没有约定的,以当事人在诉讼中提交的书面材料中载明的自己的地址为送达地址;

(三)没有约定、当事人也未提交书面材料或者书面材料中未载明地址的,以一年内进行其他诉讼、仲裁案件中提供的地址为送达地址;

(四)无以上情形的,以当事人一年内进行民事活动时经常使用的地址为送达地址。

人民法院按照上述地址进行送达的,可以同时以电话、微信等方式通知受送达人。

九、依第八条规定仍不能确认送达地址的,自然人以其户籍登记的住所或者在经常居住地登记的住址为送达地址，法人或者其他组织以其工商登记或其他依法登记、备案的住所地为送达地址。

十、在严格遵守民事诉讼法和民事诉讼法司法解释关于电子送达适用条件的前提下，积极主动探索电子送达及送达凭证保全的有效方式、方法，有条件的法院可以建立专门的电子送达平台，或以诉讼服务平台为依托进行电子送达，或者采取与大型门户网站、通信运营商合作的方式，通过专门的电子邮箱、特定的通信号码、信息公众号等方式进行送达。

十一、采用传真、电子邮件方式送达的，送达人员应记录传真发送和接收号码、电子邮件发送和接收邮箱、发送时间、送达诉讼文书名称，并打印传真发送确认单、电子邮件发送成功网页，存卷备查。

十二、采用短信、微信等方式送达的，送达人员应记录收发手机号码、发送时间、送达诉讼文书名称，并将短信、微信等送达内容拍摄照片，存卷备查。

十三、可以根据实际情况，有针对性地探索提高送达质量和效率的工作机制，确定由专门的送达机构或者由各审判、执行部门进行送达。在不违反法律、司法解释规定的前提下，可以积极探索创新行之有效的工作方法。

十四、对于移动通信工具能够接通但无法直接送达、邮寄送达的，除判决书、裁定书、调解书外，可以采取电话送达的方式，由送达人员告知当事人诉讼文书内容，并记录拨打、接听电话号码、通话时间、送达诉讼文书内容，通话过程应当录音以存卷备查。

十五、要严格适用民事诉讼法关于公告送达的规定，加强对公告送达的管理，充分保障当事人的诉讼权利。只有在受送达人下落不明，或者用民事诉讼法第一编第七章第二节规定的其他方式无法送达的，才能适用公告送达。

十六、在送达工作中，可以借助基层组织的力量和社会力量，加强与基层组织和有关部门的沟通、协调，为做好送达工作创造良好的外部环境。有条件的地方可以要求基层组织协助送达，并可适当支付费用。

十七、要树立全国法院一盘棋意识，对于其他法院委托送达的诉讼文书，要认真、及时进行送达。鼓励法院之间建立委托送达协作机制，节约送达成本，提高送达效率。

人民法院办理执行案件规范

2017 年 4 月

266.【送达回证】
送达执行文书必须有送达回证，由受送达人在送达回证上记明收到日期，并签名或者盖章。

受送达人在送达回证上的签收日期为送达日期。

267.【送达地址确认书】
执行中当事人应当向人民法院提供或者确认自己准确的送达地址，并填写送达地址确认书。当事人拒绝提供的，人民法院应当告知其拒不提供送达地址的不利后果，并记入笔录。

268.【送达地址确认书的内容】
送达地址确认书的内容应当包括送达地址的邮政编码、详细地址以及受送达人的联系电话等内容。

当事人要求对送达地址确认书中的内容保密的，人民法院应当为其保密。

当事人在执行终结前变更送达地址的，应当及时以书面方式告知人民法院。

受送达人同意采用电子方式送达的，应当在送达地址确认书中予以确认。

269.【不告知送达地址的处理】
当事人拒绝提供自己的送达地址，经人民法院告知后仍不提供的，自然人以其户籍登记中的住所地或者经常居住地为送达地址；法人或者其他组织以其工商登记或者其他依法登记、备案中的住所地为送达地址。

270.【一审程序送达地址在执行程序的适用】
当事人在提起上诉、申请再审、申请执行时未书面变更送达地址的，其在第一审程序中确认的送达地址可以作为第二审程序、审判监督程序、执行程序的送达地址。

271.【直接送达】

送达执行文书,应当直接送交受送达人。受送达人是公民的,本人不在交他的同住成年家属签收;受送达人是法人或者其他组织的,应当由法人的法定代表人、其他组织的主要负责人或者该法人、组织负责收件的人签收;受送达人有诉讼代理人的,可以送交其代理人签收;受送达人已向人民法院指定代收人的,送交代收人签收。

受送达人的同住成年家属,法人或者其他组织的负责收件的人,诉讼代理人或者代收人在送达回证上签收的日期为送达日期。

272.【公民的留置送达】

受送达人或者他的同住成年家属拒绝接收执行文书的,送达人可以邀请有关基层组织或者所在单位的代表到场,说明情况,在送达回证上记明拒收事由和日期,由送达人、见证人签名或者盖章,把执行文书留在受送达人的住所;也可以把执行文书留在受送达人的住所,并采用拍照、录像等方式记录送达过程,即视为送达。

前款规定的有关基层组织和所在单位的代表,可以是受送达人住所地的居民委员会、村民委员会的工作人员以及受送达人所在单位的工作人员。

273.【法人或者其他组织的留置送达】

向法人或者其他组织送达执行文书,应当由法人的法定代表人、该组织的主要负责人或者办公室、收发室、值班室等负责收件的人签收或者盖章,拒绝签收或者盖章的,适用留置送达。

274.【在法院送达】

人民法院直接送达执行文书的,可以通知当事人到人民法院领取。当事人到达人民法院,拒绝签署送达回证的,视为送达。执行人员、书记员应当在送达回证上注明送达情况并签名。

275.【在住所地以外送达】

人民法院可以在当事人住所地以外向当事人直接送达执行文书。当事人拒绝签署送达回证的,采用拍照、录像等方式记录送达过程即视为送达。执行人员、书记员应当在送达回证上注明送达情况并签名。

276.【诉讼代理人的送达】

受送达人有诉讼代理人的,人民法院既可以向受送达人送达,也可以向其诉讼代理人送达。受送达人指定诉讼代理人为代收人的,向诉讼代理人送达时,适用留置送达。

277.【电子送达】

经受送达人同意并在送达地址确认书中予以确认,人民法院可以采用电子送达等能够确认其收悉的方式送达执行文书,但裁定书除外。

前款规定的电子送达可以采用传真、电子邮件、移动通信等即时收悉的特定系统作为送达媒介,以传真、电子邮件等到达受送达人特定系统的日期为送达日期。到达受送达人特定系统的日期,为人民法院对应系统显示发送成功的日期,但受送达人证明到达其特定系统的日期与人民法院对应系统显示发送成功的日期不一致的,以受送达人证明到达其特定系统的日期为准。

278.【委托送达】

直接送达执行文书有困难的,可以委托其他人民法院代为送达。

委托其他人民法院代为送达的,委托法院应当出具委托函,并附需要送达的执行文书和送达回证,以受送达人在送达回证上签收的日期为送达日期。

委托送达的,受委托人民法院应当自收到委托函及相关执行文书之日起十日内代为送达。

279.【邮寄送达】

人民法院直接送达执行文书有困难的,可以交由国家邮政机构以法院专递方式邮寄送达,但有下列情形之一的除外:

(一)受送达人或者其诉讼代理人、受送达人指定的代收人同意在指定的期间内到人民法院接受送达的;

(二)受送达人下落不明的;

(三)法律规定或者我国缔结或者参加的国际条约中约定有特别送达方式的。

以法院专递方式邮寄送达执行文书的,其送达与人民法院送达具有同等法律效力,以回执上注明的收件日期为送达日期。

280.【邮寄送达的签收】

邮寄送达中,有下列情形之一的,即为

送达：

（一）受送达人签收；

（二）受送达人是无民事行为能力或者限制民事行为能力的自然人，其法定代理人签收的；

（三）受送达人是法人或者其他组织，其法人的法定代表人、该组织的主要负责人或者办公室、收发室、值班室的工作人员签收的；

（四）受送达人的诉讼代理人签收的；

（五）受送达人指定的代收人签收的；

（六）受送达人的同住成年家属签收的。

前款的签收是指在邮件回执上签名、盖章或者捺印。

281.【邮寄送达的视为送达】

因受送达人自己提供或者确认的送达地址不准确、拒不提供送达地址、送达地址变更未及时告知人民法院、受送达人本人或者受送达人指定的代收人拒绝签收，导致执行文书未能被受送达人实际接收的，文书退回之日视为送达之日。

受送达人能够证明自己在执行文书送达的过程中没有过错的，不适用前款规定。

282.【转交送达】

受送达人是军人的，通过其所在部队团以上单位的政治机关转交。

受送达人被监禁的，通过其所在监所转交。

受送达人被采取强制性教育措施的，通过其所在强制性教育机构转交。

代为转交的机关、单位收到执行文书后，必须立即交受送达人签收，以受送达人在送达回证上注明的签收日期为送达日期。

283.【公告送达】

受送达人下落不明，或者用其他方式无法送达的，公告送达。自发出公告之日起，经过六十日，即视为送达。

公告送达可以在法院的公告栏和受送达人住所地张贴公告，也可以在报纸、信息网络等媒体上刊登公告，发出公告日期以最后张贴或者刊登的日期为准。对公告送达方式有特殊要求的，应当按要求的方式进行。公告期满，即视为送达。

人民法院在受送达人住所地张贴公告的，应当采取拍照、录像等方式记录张贴过程。

公告送达应当说明公告送达的原因。公告送达裁定书的，应说明裁判主要内容及救济途径。

公告送达，应当在案卷中记明原因和经过。

本案能否视为已留置送达？

问题：我院在受理借款纠纷案中，电话通知被告到庭。庭审中被告提交了一份书面材料，但却拒绝签收起诉状副本、应诉通知书及开庭传票。当时审判庭内有3位审判人员在场。请问：此案诉讼文书能否视为已送达？

《人民司法》研究组认为：民事诉讼法对于留置送达问题有专门的规定。送达诉讼文书应当直接送交受送达人，如果受送达人或者其同住成年家属拒绝接收的，才适用留置送达，而且应当邀请有关见证人签名或盖章。从来信所讲情况看，本案诉讼文书不能视为已送达并适用缺席判决。首先，从地点上看，留置送达应送到受送人住处而非留置于法院。其次，从见证人的角度分析，民事诉讼法规定的见证人范围应该是受送达人一方或与其相关的人员，诸如邻居、所在单位的人员等。而本案中在场的只有本院的3名审判人员，不能起到民事诉讼法本义的证明已送达给受送达人的作用。①

人民法院能否依据与民事诉讼被告亲属的谈话笔录，适用公告送达程序送达诉讼文书

问：因民事案件被告外出务工，人民法院无法送达诉讼文书。法官向其父母询问被告下落并制作谈话笔录。如被告外出务工已久，去处不明，与家人失去联系，人民法院可否以此为据公告送达诉讼文书？

讨论中形成两种不同意见：一种意见认为该谈话笔录可以作为公告送达的依据；另一种意见认为，谈话笔录不能作为公告送达的依据，而应由当地基层政府出具被告下落不明证明。

答：《民事诉讼法》第84条②规定，受送达人下落不明，或者用直接送达、留置送达、委托

---

① 载《人民司法》2001年第5期。

② 民事诉讼法原第八十四条现已修改为第九十二条。——编者注

送达、转交送达、邮寄送达五种送达方式无法送达的，公告送达。该条第 2 款规定，公告送达，应当在案卷中记明原因和经过。据此，法律没有规定需经当地基层组织出具被告下落不明的书证后，才能适用公告送达程序送达诉讼文书。多数情况下，当地基层组织并不了解被告生活和工作情况，无法证明被告下落不明。人民法院询问受送达人亲属并制作谈话笔录，记明通过其他法定送达形式无法送达原因和经过后，即可认定受送达人下落不明，适用公告送达程序送达。①

第二节　涉港澳台送达

最高人民法院
关于内地与香港特别行政区法院相互委托送达民商事司法文书的安排

1999 年 3 月 29 日　　法释〔1999〕9 号

根据《中华人民共和国香港特别行政区基本法》第九十五条的规定，经最高人民法院与香港特别行政区代表协商，现就内地与香港特别行政区法院相互委托送达民商事司法文书问题规定如下：

一、内地法院和香港特别行政区法院可以相互委托送达民商事司法文书。

二、双方委托送达司法文书，均须通过各高级人民法院和香港特别行政区高等法院进行。最高人民法院司法文书可以直接委托香港特别行政区高等法院送达。

三、委托方请求送达司法文书，须出具盖有其印章的委托书，并须在委托书中说明委托机关的名称、受送达人的姓名或者名称、详细地址及案件的性质。

委托书应当以中文文本提出。所附司法文书没有中文文本的，应当提供中文译本。以上文件一式两份。受送达人为两人以上的，每人一式两份。

受委托方如果认为委托书与本安排的规定不符，应当通知委托方，并说明对委托书的异议。必要时可以要求委托方补充材料。

四、不论司法文书中确定的出庭日期或者期限是否已过，受委托方均应送达。委托方应当尽量在合理期限内提出委托请求。

受委托方接到委托书后，应当及时完成送达，最迟不得超过自收到委托书之日起两个月。

五、送达司法文书后，内地人民法院应当出具送达回证；香港特别行政区法院应当出具送达证明书。出具送达回证和证明书，应当加盖法院印章。

受委托方无法送达的，应当在送达回证或者证明书上注明妨碍送达的原因、拒收事由和日期，并及时退回委托书及所附全部文书。

六、送达司法文书，应当依照受委托方所在地法律规定的程序进行。

七、受委托方对委托方委托送达的司法文书的内容和后果不负法律责任。

八、委托送达司法文书费用互免。但委托方在委托书中请求以特定送达方式送达所产生的费用，由委托方负担。

九、本安排中的司法文书在内地包括：起诉状副本、上诉状副本、授权委托书、传票、判决书、调解书、裁定书、决定书、通知书、证明书、送达回证；在香港特别行政区包括：起诉状副本、上诉状副本、传票、状词、誓章、判案书、判决书、裁决书、通知书、法庭命令、送达证明。

上述委托送达的司法文书以互换司法文书样本为准。

十、本安排在执行过程中遇有问题和修改，应当通过最高人民法院与香港特别行政区高等法院协商解决。

---

① 《人民法院能否依据与民事诉讼被告亲属的谈话笔录，适用公告送达程序送达诉讼文书》，载《民事审判指导与参考》2009 年第 1 集（总第 37 集），法律出版社 2009 年版，第 301 页。

最高人民法院
印发《关于内地与香港特别行政区法院相互委托送达民商事司法文书的安排》的通知

1999年3月30日　　法〔1999〕42号

各省、自治区、直辖市高级人民法院，解放军军事法院，新疆维吾尔自治区高级人民法院生产建设兵团分院：

最高人民法院《关于内地与香港特别行政区法院相互委托送达民商事司法文书的安排》（以下简称《安排》）已于1999年3月30日以最高人民法院司法解释形式发布实施。

在执行《安排》过程中应当注意以下问题：

1.《安排》发布前，内地需要送达香港特别行政区的司法文书有一定的积压。为避免香港特区高等法院短时间内送达负担过重，各高级人民法院应区分轻重缓急，分期分批进行送达：自3月30日至4月30日，北京、天津、上海、重庆、广东、福建省高级人民法院为第一批送达本辖区涉港民商事司法文书的法院；4月30日以后，各高级法院均可依《安排》送达。

2.《安排》发布后，法律或者司法解释规定的原有其他送达方式仍可继续沿用。

3.《安排》规定，内地与香港特别行政区相互委托送达的司法文书以互换的司法文书样本为准。文书样本及委托书随本"通知"一同下发。

各地在执行《安排》中遇有情况和问题，请及时报告我院。

最高人民法院
关于内地与澳门特别行政区法院就民商事案件相互委托送达司法文书和调取证据的安排

2001年8月27日　　法释〔2001〕26号

根据《中华人民共和国澳门特别行政区基本法》第九十三条的规定，最高人民法院与澳门特别行政区代表经协商，现就内地与澳门特别行政区法院就民商事案件相互委托送达司法文书和调取证据问题规定如下：

一、一般规定

第一条　内地人民法院与澳门特别行政区法院就民商事案件　在内地包括劳动争议案件，在澳门特别行政区包括民事劳工案件　相互委托送达司法文书和调取证据，均适用本安排。

第二条　双方相互委托送达司法文书和调取证据，均须通过各高级人民法院和澳门特别行政区终审法院进行。最高人民法院与澳门特别行政区终审法院可以直接相互委托送达和调取证据。

本安排在执行过程中遇有问题，应当通过最高人民法院与澳门特别行政区终审法院协商解决。

第三条　各高级人民法院和澳门特别行政区终审法院相互收到对方法院的委托书后，应当立即将委托书及所附司法文书和相关文件转送根据其本辖区法律规定有权完成该受托事项的法院。

如果受委托方法院认为委托书不符合本安排规定，影响其完成受托事项时，应当及时通知委托方法院，并说明对委托书的异议。必要时可以要求委托方法院补充材料。

第四条　委托书应当以中文文本提出。所附司法文书及其他相关文件没有中文文本的，应当提供中文译本。

第五条　委托方法院应当在合理的期限内提出委托请求，以保证受委托方法院收到委托书后，及时完成受托事项。

受委托方法院应优先处理受托事项。完成受托事项的期限，送达文书最迟不得超过自收到委托书之日起两个月，调取证据最迟不得超过自收到委托书之日起三个月。

第六条　受委托方法院应当根据本辖区法律规定执行受托事项。委托方法院请求按照特殊方式执行委托事项的，如果受委托方法院认为不违反本辖区的法律规定，可以按照其特殊方式执行。

第七条　委托方法院无须支付受委托方法

院在送达司法文书或调取证据时发生的费用或税项。但受委托方法院根据其本辖区法律规定，有权在调取证据时，要求委托方法院预付鉴定人、证人、翻译人员的费用，以及因采用委托方法院在委托书中请求以特殊方式送达司法文书或调取证据所产生的费用。

第八条 受委托方法院收到委托书后，不得以其本辖区法律规定对委托方法院审理的该民商事案件享有专属管辖权或不承认对该请求事项提起诉讼的权利为由，不予执行受托事项。

受委托方法院在执行受托事项时，如果该事项不属于法院职权范围，或者内地人民法院认为在内地执行该受托事项将违反其基本法律原则或社会公共利益，或者澳门特别行政区法院认为在澳门特别行政区执行该受托事项将违反其基本法律原则或公共秩序的，可以不予执行，但应当及时向委托方法院书面说明不予执行的原因。

二、司法文书的送达

第九条 委托方法院请求送达司法文书，须出具盖有其印章的委托书，并在委托书中说明委托机关的名称、受送达人的姓名或者名称、详细地址及案件性质。如果执行方法院请求按特殊方式送达或者有特别注意的事项的，应当在委托书中注明。

第十条 委托书及所附司法文书和其他相关文件一式两份，受送达人为两人以上的，每人一式两份。

第十一条 完成司法文书送达事项后，内地人民法院应当出具送达回证；澳门特别行政区法院应当出具送达证明书。出具的送达回证和送达证明书，应当注明送达的方法、地点和日期，及司法文书接收人的身份，并加盖法院印章。

受委托方法院无法送达的，应当在送达回证或者送达证明书上注明妨碍送达的原因、拒收事由和日期，并及时退回委托书及所附全部文件。

第十二条 不论委托方法院司法文书中确定的出庭日期或者期限是否已过，受委托方法院均应送达。

第十三条 受委托方法院对委托方法院委托送达的司法文书和所附相关文件的内容和后果不负法律责任。

第十四条 本安排中的司法文书在内地包括：起诉状副本、上诉状副本、反诉状副本、答辩状副本、授权委托书、传票、判决书、调解书、裁定书、支付令、决定书、通知书、证明书、送达回证以及其他司法文书和所附相关文件；在澳门特别行政区包括：起诉状复本、答辩状复本、反诉状复本、上诉状复本、陈述书、申辩书、声明异议书、反驳书、申请书、撤诉书、认诺书、和解书、财产目录、财产分割表、和解建议书、债权人协议书、传唤书、通知书、法官批示、命令状、法庭许可令状、判决书、合议庭裁判书、送达证明书以及其他司法文书和所附相关文件。

最高人民法院
关于涉台民事诉讼文书送达的若干规定

2008年4月17日　　法释〔2008〕4号

为维护涉台民事案件当事人的合法权益，保障涉台民事案件诉讼活动的顺利进行，促进海峡两岸人员往来和交流，根据民事诉讼法的有关规定，制定本规定。

第一条 人民法院审理涉台民事案件向住所地在台湾地区的当事人送达民事诉讼文书，以及人民法院接受台湾地区有关法院的委托代为向住所地在大陆的当事人送达民事诉讼文书，适用本规定。

涉台民事诉讼文书送达事务的处理，应当遵守一个中国原则和法律的基本原则，不违反社会公共利益。

第二条 人民法院送达或者代为送达的民事诉讼文书包括：起诉状副本、上诉状副本、反诉状副本、答辩状副本、授权委托书、传票、判决书、调解书、裁定书、支付令、决定书、通知书、证明书、送达回证以及与民事诉讼有关的其他文书。

第三条 人民法院向住所地在台湾地区的

当事人送达民事诉讼文书，可以采用下列方式：

（一）受送达人居住在大陆的，直接送达。受送达人是自然人，本人不在的，可以交其同住成年家属签收；受送达人是法人或者其他组织的，应当由法人的法定代表人、其他组织的主要负责人或者该法人、组织负责收件的人签收；

受送达人不在大陆居住，但送达时在大陆的，可以直接送达；

（二）受送达人在大陆有诉讼代理人的，向诉讼代理人送达。受送达人在授权委托书中明确表明其诉讼代理人无权代为接收的除外；

（三）受送达人有指定代收人的，向代收人送达；

（四）受送达人在大陆有代表机构、分支机构、业务代办人的，向其代表机构或者经受送达人明确授权接受送达的分支机构、业务代办人送达；

（五）受送达人在台湾地区的地址明确的，可以邮寄送达；

（六）有明确的传真号码、电子信箱地址的，可以通过传真、电子邮件方式向受送达人送达；

（七）按照两岸认可的其他途径送达。

采用上述方式不能送达或者台湾地区的当事人下落不明的，公告送达。

第四条 采用本规定第三条第一款第（一）、（二）、（三）、（四）项方式送达的，由受送达人、诉讼代理人或者有权接受送达的人在送达回证上签收或者盖章，即为送达；拒绝签收或者盖章的，可以依法留置送达。

第五条 采用本规定第三条第一款第（五）项方式送达的，应当附有送达回证。受送达人未在送达回证上签收但在邮件回执上签收的，视为送达，签收日期为送达日期。

自邮寄之日起满三个月，如果未能收到送达与否的证明文件，且根据各种情况不足以认定已经送达的，视为未送达。

第六条 采用本规定第三条第一款第（六）项方式送达的，应当注明人民法院的传真号码或者电子信箱地址，并要求受送达人在收到传真件或者电子邮件后及时予以回复。以能够确

认受送达人收悉的日期为送达日期。

第七条 采用本规定第三条第一款第（七）项方式送达的，应当由有关的高级人民法院出具盖有本院印章的委托函。委托函应当写明案件各方当事人的姓名或者名称、案由、案号；受送达人姓名或者名称、受送达人的详细地址以及需送达的文书种类。

第八条 采用公告方式送达的，公告内容应当在境内外公开发行的报刊或者权威网站上刊登。

公告送达的，自公告之日起满三个月，即视为送达。

第九条 人民法院按照两岸认可的有关途径代为送达台湾地区法院的民事诉讼文书的，应当有台湾地区有关法院的委托函。

人民法院收到台湾地区有关法院的委托函后，经审查符合条件的，应当在收到委托函之日起两个月内完成送达。

民事诉讼文书中确定的出庭日期或者其他期限逾期的，受委托的人民法院亦应予送达。

第十条 人民法院按照委托函中的受送达人姓名或者名称、地址不能送达的，应当附函写明情况，将委托送达的民事诉讼文书退回。

完成送达的送达回证以及未完成送达的委托材料，可以按照原途径退回。

第十一条 受委托的人民法院对台湾地区有关法院委托送达的民事诉讼文书的内容和后果不负法律责任。

最高人民法院
关于涉港澳民商事案件司法文书送达问题若干规定

2009年3月9日　　法释〔2009〕2号

为规范涉及香港特别行政区、澳门特别行政区民商事案件司法文书送达，根据《中华人民共和国民事诉讼法》的规定，结合审判实践，制定本规定。

第一条 人民法院审理涉及香港特别行政区、澳门特别行政区的民商事案件时，向住所

地在香港特别行政区、澳门特别行政区的受送达人送达司法文书，适用本规定。

第二条 本规定所称司法文书，是指起诉状副本、上诉状副本、反诉状副本、答辩状副本、传票、判决书、调解书、裁定书、支付令、决定书、通知书、证明书、送达回证等与诉讼相关的文书。

第三条 作为受送达人的自然人或者企业、其他组织的法定代表人、主要负责人在内地的，人民法院可以直接向该自然人或者法定代表人、主要负责人送达。

第四条 除受送达人在授权委托书中明确表明其诉讼代理人无权代为接收有关司法文书外，其委托的诉讼代理人为有权代其接受送达的诉讼代理人，人民法院可以向该诉讼代理人送达。

第五条 受送达人在内地设立有代表机构的，人民法院可以直接向该代表机构送达。

受送达人在内地设立有分支机构或者业务代办人并授权其接受送达的，人民法院可以直接向该分支机构或者业务代办人送达。

第六条 人民法院向在内地没有住所的受送达人送达司法文书，可以按照最高人民法院《关于内地与香港特别行政区法院相互委托送达民商事司法文书的安排》或者《最高人民法院关于内地与澳门特别行政区法院就民商事案件相互委托送达司法文书和调取证据的安排》送达。

按照前款规定方式送达的，自内地的高级人民法院或者最高人民法院将有关司法文书递送香港特别行政区高等法院或者澳门特别行政区终审法院之日起满三个月，如果未能收到送达与否的证明文件且不存在本规定第十二条规定情形的，视为不能适用上述安排中规定的方式送达。

第七条 人民法院向受送达人送达司法文书，可以邮寄送达。

邮寄送达时应附有送达回证。受送达人未在送达回证上签收但在邮件回执上签收的，视为送达，签收日期为送达日期。

自邮寄之日起满三个月，虽未收到送达与否的证明文件，但存在本规定第十二条规定情形的，期间届满之日视为送达。

自邮寄之日起满三个月，如果未能收到送达与否的证明文件，且不存在本规定第十二条规定情形的，视为未送达。

第八条 人民法院可以通过传真、电子邮件等能够确认收悉的其他适当方式向受送达人送达。

第九条 人民法院不能依照本规定上述方式送达的，可以公告送达。公告内容应当在内地和受送达人住所地公开发行的报刊上刊登，自公告之日起满三个月即视为送达。

第十条 除公告送达方式外，人民法院可以同时采取多种法定方式向受送达人送达。

采取多种方式送达的，应当根据最先实现送达的方式确定送达日期。

第十一条 人民法院向在内地的受送达人或者受送达人的法定代表人、主要负责人、诉讼代理人、代表机构以及有权接受送达的分支机构、业务代办人送达司法文书，可以适用留置送达的方式。

第十二条 受送达人未对人民法院送达的司法文书履行签收手续，但存在以下情形之一的，视为送达：

（一）受送达人向人民法院提及了所送达司法文书的内容；

（二）受送达人已经按照所送达司法文书的内容履行；

（三）其他可以确认已经送达的情形。

第十三条 下级人民法院送达司法文书，根据有关规定需要通过上级人民法院转递的，应当附申请转递函。

上级人民法院收到下级人民法院申请转递的司法文书，应当在七个工作日内予以转递。

上级人民法院认为下级人民法院申请转递的司法文书不符合有关规定需要补正的，应当在七个工作日内退回申请转递的人民法院。

【附：相关理解与适用】

《最高人民法院关于涉港澳民商事案件司法文书送达问题若干规定》的理解与适用

一、制定该司法解释的背景和目的

司法文书送达程序是诉讼程序的重要组成部分，送达的有效性直接影响案件审理的效率。人民法院只有合法且有效地送达了司法文书才能行使司法审判权,诉讼过程中许多诉讼的期间也是从有关司法文书的送达开始计算的。对受送达人而言,其只有在收到司法文书并获悉司法文书的内容之后才能确定如何行使诉讼权利、承担诉讼义务。近年来,人民法院受理的涉港澳民商事案件数量逐年增多,此类案件中存在的向当事人送达司法文书难的问题也逐渐显现出来。司法实践中的送达难问题长期掣肘人民法院民事裁判的公正和效率,影响当事人在诉讼中程序权利和实体权利的实现,送达难已经成为长期困扰人民法院涉港澳民商事审判工作的一大问题。这一问题引起了最高人民法院的高度重视,最高人民法院将其作为调研课题,进行了广泛深入的调研。从调研的情况看,造成涉港澳民商事案件中向当事人送达司法文书难的原因是多方面的,而其中非常重要的一个原因就是有关司法文书送达方面的法律法规、司法解释不完备,缺乏系统性、连贯性,有些送达的具体程序缺乏相应的法律规定,因此造成法律适用方面的空白。为此,最高人民法院考虑通过制定相关司法解释,解决在涉港澳民商事案件司法文书送达中存在的一些问题,进一步规范司法行为。

《涉港澳送达规定》在起草过程中征求了全国人大法工委、国务院法制办、国务院港澳办、全国各高级人民法院以及最高人民法院相关庭、室的意见,同时又通过涉外商事海事审判网站向社会征求意见,并在此基础上经过多次充分讨论、修改后,提交最高人民法院审判委员会讨论。最高人民法院审判委员会经讨论,于2009年2月16日第1463次会议上通过了本规定。

二、对相关内容的说明

关于《涉港澳送达规定》的适用范围

涉港澳民商事案件司法文书的送达广义上包括两种情形,一种是内地人民法院受理的案件,需要向港澳地区的当事人送达;另一种情形是港澳地区法院受理的案件,需要通过司法协助程序,委托内地人民法院代为送达。《涉港澳送达规定》第1条强调本规定适用于人民法院审理的涉港澳民商事案件需向住所地在港澳地区的受送达人送达司法文书的情况。对于港澳地区相关机构通过司法协助程序委托内地相关机构送达司法文书的情形,《涉港澳送达规定》暂不涉及。《涉港澳送达规定》适用的案件范围包括人民法院审理的涉港澳民商事案件,既包括传统的涉港澳民事案件,如涉港澳的婚姻家庭、劳动争议、不当得利、无因管理等案件,也包括了当事人在经济贸易活动中发生的涉港澳合同、侵权等商事纠纷案件。另外,考虑到司法文书这一概念从外延上比诉讼文书更为宽泛,且内地与香港特区和澳门特区分别签署的最高人民法院《关于内地与香港特别行政区法院相互委托送达民商事司法文书的安排》(以下简称《与香港送达安排》)和最高人民法院《关于内地与澳门特别行政区法院就民商事案件相互委托送达司法文书和调取证据的安排》(以下简称《与澳门送达安排》)均使用了司法文书的概念,故《涉港澳送达规定》中亦使用了司法文书的概念。

向在内地出现的港澳地区的受送达人直接送达的问题

由于对涉港澳民商事案件司法文书送达方面长期以来缺乏明确系统的规定,人民法院在审理涉港澳民商事案件时,在司法文书的送达以及其他一些程序方面,法律适用上均参照适用涉外案件的有关规定,因此民事诉讼法第二百四十五条关于对涉外案件送达方面的规定一直在人民法院审理的涉港澳民商事案件中参照适用。该条规定了7种送达方式,但对于在我国内地没有住所的港澳地区的受送达人在我国内地出现时可否向其直接送达,没有明确规定。《涉港澳送达规定》第3条对该问题予以了明确,即作为受送达人的港澳地区的自然人或者企业、其他组织的法定代表人、主要负责人在内地的,人民法院可以向其直接送达。该条规定进一步丰富了涉港澳民商事案件司法文书的送达方式。随着内地与港澳地区经济交往的加深,港澳地区的企业与内地企业开展合资、合作经营,或者在内地设立独资企业,港澳地区的相关人员也经常来往内地,因此,明确规定此种送达方式,也是有效解决司法文书送达难的一个有效途径。

向受送达人的诉讼代理人、代表机构、分支机构、业务代办人送达的问题

民事诉讼法第二百四十五条第(四)项规定人民法院对在中华人民共和国领域内没有住所的当事人,可以向受送达人委托的有权代其接受送达的诉讼代理人送达。《涉港澳送达规定》第4条结合审判实践,对于何为有权接受送达的诉讼代理人作了明确规定,即:除受送达人在授权委托

书中明确表明其诉讼代理人无权代为接收有关司法文书外,其委托的诉讼代理人为有权代其接受送达的诉讼代理人,人民法院可以向该诉讼代理人送达。从调研的情况看,在一些案件的审理过程中,有的案件当事人为了拖延诉讼,在人民法院向其诉讼代理人送达司法文书时,其诉讼代理人以授权委托书中未明确授权其可以接受有关司法文书的送达为由,拒绝接受人民法院送达的相关司法文书。现在《涉港澳送达规定》针对该问题作出明确规定,可以防止受送达人以此为理由拖延诉讼,从而保证诉讼程序的顺利进行。

《涉港澳送达规定》第5条参照民事诉讼法第二百四十五条第(五)项的规定,明确受送达人在我国内地设立有代表机构的,人民法院向受送达人送达司法文书,可以送达给其在内地的代表机构。而对于受送达人在内地的分支机构和业务代办人,《涉港澳送达规定》强调受送达人授权其分支机构或者业务代办人可以接受送达的,人民法院才可以向该分支机构和业务代办人送达。这是特别需要注意的地方,即向受送达人的代表机构送达不需要受送达人的授权,只要是受送达人的代表机构,人民法院即可以向其直接送达,而如果是受送达人的分支机构或者业务代办人,则必须经过其授权,人民法院才可以向其送达相关司法文书。从调研的情况看,一些人民法院在向港澳地区的当事人在我国内地设立的分支机构或者业务代办人送达时,存在着在受送达人没有授权的情况下即向其分支机构或者业务代办人送达的情况,而民事诉讼法第二百四十五条第(五)项规定的是向受送达人在我国领域内有权接受送达的分支机构、业务代办人送达。参照上述规定,笔者认为,有权接受送达应该理解为经过受送达人的授权,如果未经受送达人的授权即向其分支机构或者业务代办人送达,显然与民事诉讼法的规定是相悖的。

适用两个安排规定方式送达的问题

《涉港澳送达规定》第6条强调了了对于最高人民法院分别与香港特区代表及澳门特区代表签订的《与香港送达安排》和《与澳门送达安排》的适用。上述两个安排是香港、澳门回归后,根据香港特别行政区基本法和澳门特别行政区基本法的规定,最高人民法院与香港特区代表和澳门特区代表经过协商分别签署的,并由最高人民法院于1998年12月和2001年8月以司法解释的形式发布。据上述两个《安排》的规定,内地法院和香港法院、内地法院和澳门法院可以相互委托送达民商事司法文书,委托送达司法文书均须通过各高级人民法院和香港特别行政区高等法院、澳门特别行政区终审法院进行。送达司法文书应当依照受委托方所在地法律规定的程序进行。两个《安排》是区际司法协助的一个典范,在人民法院受理的涉港澳民商事案件中,两个《安排》在人民法院送达司法文书方面发挥了积极的作用。

从调研的情况看,由于两个《安排》规定双方委托送达司法文书时,内地需通过高级人民法院和最高人民法院进行,因此内地的基层人民法院和中级人民法院审理涉港澳民商事案件需要适用两个《安排》规定的方式委托港澳地区法院送达司法文书时,必须通过上级人民法院进行转递。司法实践中存在着由于转递环节出现问题,下级人民法院长时间得不到送达结果,送达的情况往往难以把握,从而使得司法文书的送达长时间处于不确定的状态,影响了人民法院审理案件的效率。《涉港澳送达规定》第6条结合审判实践,对于如何认定不能通过两个《安排》规定的方式送达作出了明确规定,即自内地的高级人民法院或者最高人民法院将有关司法文书递送香港特别行政区高等法院或者澳门特别行政区终审法院之日起满3个月,如果未能收到送达与否的证明文件且不存在本规定第12条规定情形的,视为不能适用上述安排中规定的方式送达。这样可以使得人民法院在一个相对确定的时间内对能否适用该种方式送达作出判断,以便于在这种方式不能送达的情况下人民法院及时采取其他的送达方式,避免案件因为送达问题长时间地搁置而处于久拖不决的状态。这里将判断是否可以适用安排送达的期限确定为3个月,主要是考虑到两个《安排》中均规定了受委托方接到关于送达司法文书的委托后,应当在两个月内完成,再加上转递的时间,3个月应该是判断是否可以适用该种方式送达的一个较为合理的时间。

同时,考虑到采用邮寄方式向港澳地区受送达人送达司法文书同样存在长时间没有结果的情况,《涉港澳送达规定》在第7条中对于如何认定不能通过邮寄方式送达亦作出了规定,即自邮寄之日起满3个月,如果未能收到送达与否的证明文件,且不存在本规定第12条规定情形的,视为未送达,理由同上。

适用其他适当方式送达

《涉港澳送达规定》第8条借鉴海事诉讼特别程序法的相关规定，规定人民法院可以通过传真、电子邮件等能够确认收悉的其他适当方式向受送达人送达，即将传真、电子邮件等方式也确定为法定的送达方式。随着电子计算机技术和国际互联网业务的迅速发展，现代通信方式已不局限于传统的邮件，通过电子邮件和传真传送信息日趋普遍，这使法院已具备通过国际互联网送达民事诉讼文书的物质条件。在国外，许多国家的法律也已经认可通过传真、电子邮件等方式送达。例如，英国民事诉讼规则第6.2条规定可以以传真或其他电子通讯方式送达。在美国，许多州允许电子送达。欧盟对于电子送达也持积极的肯定态度。2000年5月29日欧盟理事会第1348号规则公布的关于成员国间送达民事或商事司法或司法外文书的欧洲规则第4（2）条款规定：只要所接收的文件内容真实，忠于发送件，文件中所有信息易于辨认，文件、请求书、确认书、收据、证书和其他文书均可在传送机构与接收机构之间以任何适当的方式进行传递。规则第17条d项要求欧盟委员会制定相应规则，赋予加快文件传输和送达的措施以法律效力。另外，新西兰、立陶宛、波兰、德国等国家均有相关的规定。在我国，随着互联网技术的高速发展，人民法院也已具备通过国际互联网等方式送达民事诉讼文书的条件。当然，该条规定的适用必须慎重，特别是必须确认受送达人已经收悉，例如通过电子邮件方式送达，当事人明确向人民法院予以回复，才可以确认受送达人已经收悉，以充分保护相关当事人的诉讼权利。

公告送达期限的问题

人民法院受理涉港澳民商事案件，对住所地在港澳地区的当事人进行公告送达的期限问题，一直以来缺乏明确的法律规定，而最高人民法院公布的一些批复、会议纪要等法律文件，规定的内容亦不尽相同，存在矛盾的地方，例如1987年10月9日最高人民法院发布的法（经）发（1987）28号《关于审理涉港澳经济纠纷案件若干问题的解答》（以下简称《审理涉港澳案件解答》）第5项规定，对于港澳地区的当事人公告送达，"自公告之日起，满6个月，即视为送达"。该规定显然是参照适用了民事诉讼法（试行）关于审理涉外案件的有关规定。1989年6月12日最高人民法院发布的法（经）发（1989）12号《全国沿海地区涉外、涉港澳经济审判工作座谈会纪要》（以下简称《第一次会议纪要》）在第三部分第7条"公告送达、答辩和上诉期限的问题"中规定："对于在港澳地区的当事人公告送达的期限可以适用民事诉讼法（试行）第七十五条的规定。"而民事诉讼法（试行）第七十五条是关于国内案件公告送达期限的规定，该条规定："受送达人下落不明，或者用本章规定的其他方式无法送达的，公告送达。自发出公告之日起，经过3个月，即视为送达。"因此，按照《第一次会议纪要》的要求，对于港澳当事人公告送达期限是适用国内案件的有关规定。而最高人民法院2001年8月7日针对上海高院的请示答复的（2001）民四他字第29号复函又表明："对港澳台当事人在内地诉讼时的公告送达期限和答辩、上诉的期限，应参照我国民事诉讼法涉外篇的有关规定执行。"按照该批复的内容，对于港澳台当事人的公告送达期限适用民事诉讼法涉外编的有关规定，应为6个月。2005年12月26日，最高人民法院发布的《第二次涉外商事海事审判工作座谈会纪要》第38条又规定："通过公告方式向住所地在香港特别行政区、澳门特别行政区、台湾地区的当事人送达司法文书，自公告之日起满60日，即视为送达。"即适用国内案件关于公告送达期限的有关规定。可见，对于涉港澳民商事案件当事人公告送达的期限问题，最高人民法院的一些批复、纪要等在内容上存在不尽相同的地方，且严格讲由于上述规定既非法律、亦非司法解释，因此也难以认定哪一项规定更具有法律效力。由于对该问题缺乏明确、有效的规定，因此导致实践中混乱情况的出现，有的人民法院采用涉外案件6个月的期限，有的人民法院采用国内案件60日的期限。最高人民法院于2008年4月23日公布施行的《关于涉台民事诉讼文书送达的若干规定》（以下简称《涉台送达规定》）第8条规定了涉台案件公告送达的期限为3个月，《涉港澳送达规定》参照了该条的规定，也规定自公告之日起满3个月即视为送达，即确定涉港澳民商事案件公告送达的期限为3个月，这样与涉台案件规定的公告送达期限相一致，而且也可以突出涉港澳案件既不同于涉外案件，也不同于国内案件的特征。

同时采取多种方式送达

为了提高司法文书送达的效率，《涉港澳送达规定》第 10 条规定除公告送达方式外，可以同时采取多种方式进行送达，例如在采取邮寄送达方式送达的同时，可以一并按照两个《安排》规定的方式送达，但考虑到可能存在多种方式均成功送达的情况，为了避免在此种情况下难以确定送达日期，规定还强调应该根据最先实现送达的送达方式确定送达日期。这里特别需要注意的是，即民事诉讼法第二百四十五条第（七）项明确规定："不能用上述方式送达的，公告送达。"参照上述规定，同时采取的多种送达方式，是指公告送达方式以外的送达方式，只有在不能用其他方式送达的时候，才能公告送达，公告送达方式不能与其他方式一并适用。

留置送达方式的适用

对于受送达人来说，签收诉讼文书不仅是其应该履行的诉讼义务，亦是其享有的诉讼权利，但在司法实践中，常常碰到受送达人拒绝签收相关法律文书的情况，这既不利于法院送达职能的行使，也不利于当事人权利的保障，因为作为当事人来讲，其只有收到诉讼文书并获悉诉讼文书的内容，才能确定自己如何行使诉讼权利和承担诉讼义务，为此法律特别规定了留置送达。《涉港澳送达规定》第 11 条规定人民法院向受送达人在我国内地的法定代表人、主要负责人、诉讼代理人、代表机构以及有权接受送达的分支机构、业务代办人送达司法文书，可以适用留置送达的方式。对于该问题，实际上最高人民法院在 2002 年 6 月 22 日公布施行的法释〔2002〕15 号关于向外国公司送达司法文书能否向其驻华代表机构送达并适用留置送达问题的批复中已经作出了类似规定，该批复明确规定可以向外国公司驻华代表机构适用留置送达。参照上述批复及民事诉讼法的相关规定，《涉港澳送达规定》作出了该规定。对于该问题需要注意的是，即在对受送达人在我国领域内的代表机构和有权接受的分支机构适用留置送达时，应该是向这些机构有权签收相关司法文书的人员送达，其拒绝接受的，人民法院才能适用留置送达，而不能到了这些机构，在没有找到有权签收的人员的情况下，把司法文书随意留下即算送达了，这种做法是不正确的。根据最高人民法院《关于适用民事诉讼法若干问题的意见》第 81 条的规定，上述机构的代表人、主要负责人或者办公室、收发室、值班室等负责收件的人员，可以认定为有权签收的人员。

在受送达人未履行签收手续时如何认定已经送达

《涉港澳送达规定》第 12 条结合审判实践，对在受送达人未履行签收手续的情况下，如何认定已经合法送达作了规定，包括两种具体的情形，一是受送达人向人民法院提及了所送达司法文书的内容；二是受送达人已经按照所送达司法文书的内容履行。如人民法院向受送达人送达了开庭传票，受送达人虽然未履行签收手续，但其通过书面形式向人民法院提出了延期开庭的申请，或者人民法院向作为被告的受送达人送达了应诉通知书、起诉状副本等，受送达人没有履行签收手续，但按照应诉通知书的内容向人民法院提交了答辩状以及相关证据材料等，如果存在上述情形，显然可以认定受送达人已经收到了送达的相关司法文书，知晓了司法文书的内容。该条第三项是一项兜底性的规定，主要是考虑到司法实践中具体情况比较复杂，司法解释中难以完全概括，人民法院可以根据该项规定，在具体案件中具体把握，但该项的适用必须遵循从严掌握的原则，不能为了及时结案、片面追求结案串而随意扩大该项的适用。

其他规定

《涉港澳送达规定》针对司法实践中存在的上下级人民法院转递司法文书等有关问题，亦作出了相应的规定。[①]

最高人民法院
关于人民法院办理海峡两岸送达文书和调查取证司法互助案件的规定

2011 年 6 月 14 日　　法释〔2011〕15 号

为落实《海峡两岸共同打击犯罪及司法互助协议》（以下简称协议），进一步推动海峡两岸司法互助业务的开展，确保协议中涉及人民法院有关送达文书和调查取证司法互助工作事项的顺利实施，结合各级人民法院开展海峡两

---

① 载《人民司法》2009 年第 7 期。

岸司法互助工作实践，制定本规定。

一、总则

第一条 人民法院依照协议，办理海峡两岸民事、刑事、行政诉讼案件中的送达文书和调查取证司法互助业务，适用本规定。

第二条 人民法院应当在法定职权范围内办理海峡两岸司法互助业务。

人民法院办理海峡两岸司法互助业务，应当遵循一个中国原则，遵守国家法律的基本原则，不得违反社会公共利益。

二、职责分工

第三条 人民法院和台湾地区业务主管部门通过各自指定的协议联络人，建立办理海峡两岸司法互助业务的直接联络渠道。

第四条 最高人民法院是与台湾地区业务主管部门就海峡两岸司法互助业务进行联络的一级窗口。最高人民法院台湾司法事务办公室主任是最高人民法院指定的协议联络人。

最高人民法院负责：就协议中涉及人民法院的工作事项与台湾地区业务主管部门开展磋商、协调和交流；指导、监督、组织、协调地方各级人民法院办理海峡两岸司法互助业务；就海峡两岸调查取证司法互助业务与台湾地区业务主管部门直接联络，并在必要时具体办理调查取证司法互助案件；及时将本院和台湾地区业务主管部门指定的协议联络人的姓名、联络方式及变动情况等工作信息通报高级人民法院。

第五条 最高人民法院授权高级人民法院就办理海峡两岸送达文书司法互助案件，建立与台湾地区业务主管部门联络的二级窗口。高级人民法院应当指定专人作为经最高人民法院授权的二级联络窗口联络人。

高级人民法院负责：指导、监督、组织、协调本辖区人民法院办理海峡两岸送达文书和调查取证司法互助业务；就办理海峡两岸送达文书司法互助案件与台湾地区业务主管部门直接联络，并在必要时具体办理送达文书和调查取证司法互助案件；登记、统计本辖区人民法院办理的海峡两岸送达文书司法互助案件；定期向最高人民法院报告本辖区人民法院办理海峡两岸送达文书司法互助业务情况；及时将本院联络人的姓名、联络方式及变动情况报告最高人民法院，同时通报台湾地区联络人和下级人民法院。

第六条 中级人民法院和基层人民法院应当指定专人负责海峡两岸司法互助业务。

中级人民法院和基层人民法院负责：具体办理海峡两岸送达文书和调查取证司法互助案件；定期向高级人民法院层报本院办理海峡两岸送达文书司法互助业务情况；及时将本院海峡两岸司法互助业务负责人员的姓名、联络方式及变动情况层报高级人民法院。

三、送达文书司法互助

第七条 人民法院向住所地在台湾地区的当事人送达民事和行政诉讼司法文书，可以采用下列方式：

（一）受送达人居住在大陆的，直接送达。受送达人是自然人，本人不在的，可以交其同住成年家属签收；受送达人是法人或者其他组织的，应当由法人的法定代表人、其他组织的主要负责人或者该法人、其他组织负责收件的人签收。

受送达人不在大陆居住，但送达时在大陆的，可以直接送达。

（二）受送达人在大陆有诉讼代理人的，向诉讼代理人送达。但受送达人在授权委托书中明确表明其诉讼代理人无权代为接收的除外。

（三）受送达人有指定代收人的，向代收人送达。

（四）受送达人在大陆有代表机构、分支机构、业务代办人的，向其代表机构或者经受送达人明确授权接受送达的分支机构、业务代办人送达。

（五）通过协议确定的海峡两岸司法互助方式，请求台湾地区送达。

（六）受送达人在台湾地区的地址明确的，可以邮寄送达。

（七）有明确的传真号码、电子信箱地址的，可以通过传真、电子邮件方式向受送达人送达。

采用上述方式均不能送达或者台湾地区当事人下落不明的，可以公告送达。

人民法院需要向住所地在台湾地区的当事人送达刑事司法文书，可以通过协议确定的海峡两岸司法互助方式，请求台湾地区送达。

第八条 人民法院协助台湾地区法院送达司法文书，应当采用民事诉讼法、刑事诉讼法、行政诉讼法等法律和相关司法解释规定的送达方式，并应当尽可能采用直接送达方式，但不采用公告送达方式。

第九条 人民法院协助台湾地区送达司法文书，应当充分负责，及时努力送达。

第十条 审理案件的人民法院需要台湾地区协助送达司法文书的，应当填写《〈海峡两岸共同打击犯罪及司法互助协议〉送达文书请求书》附录部分，连同需要送达的司法文书，一式二份，及时送交高级人民法院。

需要台湾地区协助送达的司法文书中有指定开庭日期等类似期限的，一般应当为协助送达程序预留不少于六个月的时间。

第十一条 高级人民法院收到本院或者下级人民法院《〈海峡两岸共同打击犯罪及司法互助协议〉送达文书请求书》附录部分和需要送达的司法文书后，应当在七个工作日内完成审查。经审查认为可以请求台湾地区协助送达的，高级人民法院联络人应当填写《〈海峡两岸共同打击犯罪及司法互助协议〉送达文书请求书》正文部分，连同附录部分和需要送达的司法文书，立即寄送台湾地区联络人；经审查认为欠缺相关材料、内容或者认为不需要请求台湾地区协助送达的，应当立即告知提出请求的人民法院补充相关材料、内容或者在说明理由后将材料退回。

第十二条 台湾地区成功送达并将送达证明材料寄送高级人民法院联络人，或者未能成功送达并将相关材料送还，同时出具理由说明给高级人民法院联络人的，高级人民法院应当在收到之日起七个工作日内，完成审查并转送提出请求的人民法院。经审查认为欠缺相关材料或者内容的，高级人民法院联络人应当立即与台湾地区联络人联络并请求补充相关材料或者内容。

自高级人民法院联络人向台湾地区寄送有关司法文书之日起满四个月，如果未能收到送达证明材料或者说明文件，且根据各种情况不足以认定已经送达的，视为不能按照协议确定的海峡两岸司法互助方式送达。

第十三条 台湾地区请求人民法院协助送达台湾地区法院的司法文书并通过其联络人将请求书和相关司法文书寄送高级人民法院联络人的，高级人民法院应当在七个工作日内完成审查。经审查认为可以协助送达的，应当立即转送有关下级人民法院送达或者由本院送达；经审查认为欠缺相关材料、内容或者认为不宜协助送达的，高级人民法院联络人应当立即向台湾地区联络人说明情况并告知其补充相关材料、内容或者将材料送还。

具体办理送达文书司法互助案件的人民法院应当在收到高级人民法院转送的材料之日起五个工作日内，以"协助台湾地区送达民事（刑事、行政诉讼）司法文书"案由立案，指定专人办理，并应当自立案之日起十五日内完成协助送达，最迟不得超过两个月。

收到台湾地区送达文书请求时，司法文书中指定的开庭日期或者其他期限逾期的，人民法院亦应予以送达，同时高级人民法院联络人应当及时向台湾地区联络人说明情况。

第十四条 具体办理送达文书司法互助案件的人民法院成功送达的，应当由送达人在《〈海峡两岸共同打击犯罪及司法互助协议〉送达回证》上签名或者盖章，并在成功送达之日起七个工作日内将送达回证送交高级人民法院；未能成功送达的，应当由送达人在《〈海峡两岸共同打击犯罪及司法互助协议〉送达回证》上注明未能成功送达的原因并签名或者盖章，在确认不能送达之日起七个工作日内，将该送达回证和未能成功送达的司法文书送交高级人民法院。

高级人民法院应当在收到前款所述送达回证之日起七个工作日内完成审查，由高级人民法院联络人在前述送达回证上签名或者盖章，同时出具《〈海峡两岸共同打击犯罪及司法互助协议〉送达文书回复书》，连同该送达回证和未能成功送达的司法文书，立即寄送台湾地区联络人。

五、附则

第二十二条 人民法院对于台湾地区请求协助所提供的和执行请求所取得的相关资料应当予以保密。但依据请求目的使用的除外。

第二十三条 人民法院应当依据请求书载明的目的使用台湾地区协助提供的资料。但最高人民法院和台湾地区业务主管部门另有商定的除外。

第二十四条 对于依照协议和本规定从台湾地区获得的证据和司法文书等材料，不需要办理公证、认证等形式证明。

第二十五条 人民法院办理海峡两岸司法互助业务，应当使用统一、规范的文书样式。

第二十六条 对于执行台湾地区的请求所发生的费用，由有关人民法院负担。但下列费用应当由台湾地区业务主管部门负责支付：

（一）鉴定费用；

（二）翻译费用和誊写费用；

（三）为台湾地区提供协助的证人和鉴定人，因前往、停留、离开台湾地区所发生的费用；

（四）其他经最高人民法院和台湾地区业务主管部门商定的费用。

第二十七条 人民法院在办理海峡两岸司法互助案件中收到、取得、制作的各种文件和材料，应当以原件或者复制件形式，作为诉讼档案保存。

第二十八条 最高人民法院审理的案件需要请求台湾地区协助送达司法文书和调查取证的，参照本规定由本院自行办理。

专门人民法院办理海峡两岸送达文书和调查取证司法互助业务，参照本规定执行。

第二十九条 办理海峡两岸司法互助案件和执行本规定的情况，应当纳入对有关人民法院及相关工作人员的工作绩效考核和案件质量评查范围。

第三十条 此前发布的司法解释与本规定不一致的，以本规定为准。

最高人民法院
关于印发《第二次全国涉外商事海事审判工作会议纪要》的通知

2005年12月26日　　法发〔2005〕26号

三、关于司法文书送达

（二）涉港澳台案件司法文书的送达

34. 住所地在香港特别行政区、澳门特别行政区的当事人如果在内地没有可以代其接受送达的代理人或者相关机构，需要向其送达司法文书时，分别按照《最高人民法院关于内地与香港特别行政区法院相互委托送达民商事司法文书的安排》或者《最高人民法院关于内地与澳门特别行政区法院就民商事案件相互委托送达司法文书和调查取证的安排》办理。按照上述两个安排送达司法文书，自内地的高级人民法院或者最高人民法院将有关司法文书递送香港特别行政区高等法院或者澳门特别行政区终审法院之日起满三个月，如未收到送达与否的证明文件，且根据其他情况不足以认定已经送达的，视为不能适用上述安排中规定的方式送达。

35. 人民法院向住所地在香港特别行政区、澳门特别行政区、台湾地区的当事人送达司法文书，可以邮寄送达。邮寄送达时应附有送达回证，如果当事人未在送达回证上签收，但在邮件回执上签收，视为已经送达。自邮寄之日起满二个月，虽未得到送达与否的证明文件，但根据其他情况足以认定已经送达的，期间届满之日视为送达。自邮寄之日起满二个月，未得到送达与否的证明文件，且根据其他情况不足以认定已经送达的，视为不能适用邮寄方式送达。

36. 住所地在香港特别行政区、澳门特别行政区的当事人如果在内地没有可以代其接受送达的代理人或者相关机构，人民法院也不能通过两个安排规定的方式或者邮寄方式送达的，可以通过公告方式送达。

37. 住所地在台湾地区的当事人如果在大陆没有可以代其接受送达的代理人或者相关机

构，人民法院也不能通过邮寄方式送达的，可以通过公告方式送达。

38.通过公告方式向住所地在香港特别行政区、澳门特别行政区、台湾地区的当事人送达司法文书，自公告之日起满六十日，即视为送达。

人民法院办理执行案件规范

2017年4月

298.【涉港澳送达的法律适用】

人民法院执行涉及香港特别行政区、澳门特别行政区的民商事案件时，向住所地在香港特别行政区、澳门特别行政区的受送达人送达司法文书，适用《最高人民法院关于涉港澳民商事案件司法文书送达问题若干规定》。

299.【司法文书的范围】

本部分所称司法文书，是指起诉状副本、上诉状副本、反诉状副本、答辩状副本、传票、判决书、调解书、裁定书、支付令、决定书、通知书、证明书、送达回证等与诉讼相关的文书。

300.【直接送达】

作为受送达人的自然人或者企业、其他组织的法定代表人、主要负责人在内地的，人民法院可以直接向该自然人或者法定代表人、主要负责人送达。

301.【诉讼代理人的送达】

除受送达人在授权委托书中明确表明其诉讼代理人无权代为接收有关司法文书外，其委托的诉讼代理人为有权代其接受送达的诉讼代理人，人民法院可以向该诉讼代理人送达。

302.【代表机构、分支机构、业务代办人的送达】

受送达人在内地设立有代表机构的，人民法院可以直接向该代表机构送达。

受送达人在内地设立有分支机构或者业务代办人并授权其接受送达的，人民法院可以直接向该分支机构或者业务代办人送达。

303.【内地没有住所的受送达人的送达】

人民法院向在内地没有住所的受送达人送达司法文书，可以按照《最高人民法院关于内地与香港特别行政区法院相互委托送达民商事司法文书的安排》或者《最高人民法院关于内地与澳门特别行政区法院就民商事案件相互委托送达司法文书和调取证据的安排》送达。

按照前款规定方式送达的，自内地的高级人民法院或者最高人民法院将有关司法文书递送香港特别行政区高等法院或者澳门特别行政区终审法院之日起满三个月，如果未能收到送达与否的证明文件且不存在本规范第309条规定情形的，视为不能适用上述安排中规定的方式送达。

304.【邮寄送达】

人民法院向受送达人送达司法文书，可以邮寄送达。

邮寄送达时应附有送达回证。受送达人未在送达回证上签收但在邮件回执上签收的，视为送达，签收日期为送达日期。

自邮寄之日起满三个月，虽未收到送达与否的证明文件，但存在本规范第309条规定情形的，期间届满之日视为送达。

自邮寄之日起满三个月，如果未能收到送达与否的证明文件，且不存在本规范第309条规定情形的，视为未送达。

305.【电子送达】

人民法院可以通过传真、电子邮件等能够确认收悉的其他适当方式向受送达人送达。

306.【公告送达】

人民法院不能依照上述方式送达的，可以公告送达。公告内容应当在内地和受送达人住所地公开发行的报刊上刊登，自公告之日起满三个月即视为送达。

307.【多种方式同时送达及送达日期的确定】

除公告送达方式外，人民法院可以同时采取多种法定方式向受送达人送达。

采取多种方式送达的，应当根据最先实现送达的方式确定送达日期。

308.【留置送达】

人民法院向在内地的受送达人或者受送达人的法定代表人、主要负责人、诉讼代理人、代表机构以及有权接受送达的分支机构、业务代办人送达司法文书，可以适用留置送达的方式。

309.【视为送达】

受送达人未对人民法院送达的司法文书履行签收手续，但存在以下情形之一的，视为送达：

（一）受送达人向人民法院提及了所送达司法文书的内容；

（二）受送达人已经按照所送达司法文书的内容履行；

（三）其他可以确认已经送达的情形。

310.【上级法院转递】

下级人民法院送达司法文书，根据有关规定需要通过上级人民法院转递的，应当附申请转递函。

上级人民法院收到下级人民法院申请转递的司法文书，应当在七个工作日内予以转递。

上级人民法院认为下级人民法院申请转递的司法文书不符合有关规定需要补正的，应当在七个工作日内退回申请转递的人民法院。

311.【涉台送达的法律适用】

人民法院办理海峡两岸执行案件中的向住所地在台湾地区的当事人送达执行文书，适用《最高人民法院关于涉台民事诉讼文书送达的若干规定》、《最高人民法院关于人民法院办理海峡两岸送达文书和调查取证司法互助案件的规定》。

312.【一个中国原则】

涉台执行文书送达事务的处理，应当遵守一个中国原则和法律的基本原则，不违反社会公共利益。

313.【送达方式】

人民法院向住所地在台湾地区的当事人送达民事司法文书，可以采用下列方式：

（一）受送达人居住在大陆的，直接送达。受送达人是自然人，本人不在的，可以交其同住成年家属签收；受送达人是法人或者其他组织的，应当由法人的法定代表人、其他组织的主要负责人或者该法人、其他组织负责收件的人签收。

受送达人不在大陆居住，但送达时在大陆的，可以直接送达。

（二）受送达人在大陆有诉讼代理人的，向诉讼代理人送达。但受送达人在授权委托书中明确表明其诉讼代理人无权代为接收的除外。

（三）受送达人有指定代收人的，向代收人送达。

（四）受送达人在大陆有代表机构、分支机构、业务代办人的，向其代表机构或者经受送达人明确授权接受送达的分支机构、业务代办人送达。

（五）受送达人在台湾地区的地址明确的，可以邮寄送达。

（六）有明确的传真号码、电子信箱地址的，可以通过传真、电子邮件方式向受送达人送达。

（七）通过协议确定的海峡两岸司法互助方式，请求台湾地区送达。

（八）按照两岸认可的其他途径送达。

采用上述方式均不能送达或者台湾地区当事人下落不明的，可以公告送达。

314.【留置送达】

采用本规范第313条第一款第一、二、三、四项方式送达的，由受送达人、诉讼代理人或者有权接受送达的人在送达回证上签收或者盖章，即为送达；拒绝签收或者盖章的，可以依法留置送达。

315.【邮寄送达】

采用本规范第313条第一款第五项方式送达的，应当附有送达回证。受送达人未在送达回证上签收但在邮件回执上签收的，视为送达，签收日期为送达日期。

自邮寄之日起满三个月，如果未能收到送达与否的证明文件，且根据各种情况不足以认定已经送达的，视为未送达。

316.【电子送达】

采用本规范第313条第一款第六项方式送达的，应当注明人民法院的传真号码或者电子信箱地址，并要求受送达人在收到传真件或者电子邮件后及时予以回复。以能够确认受送达人收悉的日期为送达日期。

317.【其他方式送达的手续】

采用本规范第313条第一款第八项方式送

达的,应当由有关的高级人民法院出具盖有本院印章的委托函。委托函应当写明案件各方当事人的姓名或者名称、案由、案号;受送达人姓名或者名称、受送达人的详细地址以及需送达的文书种类。

318.【公告送达】

采用公告方式送达的,公告内容应当在境内外公开发行的报刊或者权威网站上刊登。

公告送达的,自公告之日起满三个月,即视为送达。

第三节　涉外送达

中华人民共和国民事诉讼法

2017年6月27日

第二百六十七条　人民法院对在中华人民共和国领域内没有住所的当事人送达诉讼文书,可以采用下列方式:

(一)依照受送达人所在国与中华人民共和国缔结或者共同参加的国际条约中规定的方式送达;

(二)通过外交途径送达;

(三)对具有中华人民共和国国籍的受送达人,可以委托中华人民共和国驻受送达人所在国的使领馆代为送达;

(四)向受送达人委托的有权代其接受送达的诉讼代理人送达;

(五)向受送达人在中华人民共和国领域内设立的代表机构或者有权接受送达的分支机构、业务代办人送达;

(六)受送达人所在国的法律允许邮寄送达的,可以邮寄送达,自邮寄之日起满三个月,送达回证没有退回,但根据各种情况足以认定已经送达的,期间届满之日视为送达;

(七)采用传真、电子邮件等能够确认受送达人收悉的方式送达;

(八)不能用上述方式送达的,公告送达,自公告之日起满三个月,即视为送达。

第二百七十六条　根据中华人民共和国缔结或者参加的国际条约,或者按照互惠原则,人民法院和外国法院可以相互请求,代为送达文书、调查取证以及进行其他诉讼行为。

外国法院请求协助的事项有损于中华人民共和国的主权、安全或者社会公共利益的,人民法院不予执行。

第二百七十七条　请求和提供司法协助,应当依照中华人民共和国缔结或者参加的国际条约所规定的途径进行;没有条约关系的,通过外交途径进行。

外国驻中华人民共和国的使领馆可以向该国公民送达文书和调查取证,但不得违反中华人民共和国的法律,并不得采取强制措施。

除前款规定的情况外,未经中华人民共和国主管机关准许,任何外国机关或者个人不得在中华人民共和国领域内送达文书、调查取证。

第二百七十八条　外国法院请求人民法院提供司法协助的请求书及其所附文件,应当附有中文译本或者国际条约规定的其他文字文本。

人民法院请求外国法院提供司法协助的请求书及其所附文件,应当附有该国文字译本或者国际条约规定的其他文字文本。

第二百七十九条　人民法院提供司法协助,依照中华人民共和国法律规定的程序进行。外国法院请求采用特殊方式的,也可以按照其请求的特殊方式进行,但请求采用的特殊方式不得违反中华人民共和国法律。

最高人民法院
关于适用《中华人民共和国民事诉讼法》的解释

2015年1月30日　法释〔2015〕5号

第五百三十四条　对在中华人民共和国领域内没有住所的当事人,经用公告方式送达诉讼文书,公告期满不应诉,人民法院缺席判决后,仍应当将裁判文书依照民事诉讼法第二百六十七条第八项规定公告送达。自公告送达裁判文书满三个月之日起，经过三十日的上诉期当事人没有上诉的，一审判决即发生法律效力。

第五百三十五条 外国人或者外国企业、组织的代表人、主要负责人在中华人民共和国领域内的，人民法院可以向该自然人或者外国企业、组织的代表人、主要负责人送达。

外国企业、组织的主要负责人包括该企业、组织的董事、监事、高级管理人员等。

第五百三十六条 受送达人所在国允许邮寄送达的，人民法院可以邮寄送达。

邮寄送达时应当附有送达回证。受送达人未在送达回证上签收但在邮件回执上签收的，视为送达，签收日期为送达日期。

自邮寄之日起满三个月，如果未收到送达的证明文件，且根据各种情况不足以认定已经送达的，视为不能用邮寄方式送达。

第五百三十七条 人民法院一审时采取公告方式向当事人送达诉讼文书的，二审时可径行采取公告方式向其送达诉讼文书，但人民法院能够采取公告方式之外的其他方式送达的除外。

最高人民法院
关于涉外民事或商事案件司法文书送达问题若干规定

2006年8月10日　　法释〔2006〕5号

为规范涉外民事或商事案件司法文书送达，根据《中华人民共和国民事诉讼法》（以下简称民事诉讼法）的规定，结合审判实践，制定本规定。

第一条 人民法院审理涉外民事或商事案件时，向在中华人民共和国领域内没有住所的受送达人送达司法文书，适用本规定。

第二条 本规定所称司法文书，是指起诉状副本、上诉状副本、反诉状副本、答辩状副本、传票、判决书、调解书、裁定书、支付令、决定书、通知书、证明书、送达回证以及其他司法文书。

第三条 作为受送达人的自然人或者企业、其他组织的法定代表人、主要负责人在中华人民共和国领域内的，人民法院可以向该自然人或者法定代表人、主要负责人送达。

第四条 除受送达人在授权委托书中明确表明其诉讼代理人无权代为接收有关司法文书外，其委托的诉讼代理人为民事诉讼法第二百四十五条[①]第（四）项规定的有权代其接受送达的诉讼代理人，人民法院可以向该诉讼代理人送达。

第五条 人民法院向受送达人送达司法文书，可以送达给其在中华人民共和国领域内设立的代表机构。

受送达人在中华人民共和国领域内有分支机构或者业务代办人的，经该受送达人授权，人民法院可以向其分支机构或者业务代办人送达。

第六条 人民法院向在中华人民共和国领域内没有住所的受送达人送达司法文书时，若该受送达人所在国与中华人民共和国签订有司法协助协定，可以依照司法协助协定规定的方式送达；若该受送达人所在国是《关于向国外送达民事或商事司法文书和司法外文书公约》的成员国，可以依照该公约规定的方式送达。

受送达人所在国与中华人民共和国签订有司法协助协定，且为《关于向国外送达民事或商事司法文书和司法外文书公约》成员国的，人民法院依照司法协助协定的规定办理。

第七条 按照司法协助协定、《关于向国外送达民事或商事司法文书和司法外文书公约》或者外交途径送达司法文书，自我国有关机关将司法文书转递受送达人所在国有关机关之日起满六个月，如果未能收到送达与否的证明文件，且根据各种情况不足以认定已经送达的，视为不能用该种方式送达。

第八条 受送达人所在国允许邮寄送达的，人民法院可以邮寄送达。

邮寄送达时应附有送达回证。受送达人未

[①] 民事诉讼法原第二百四十五条现已修改为第二百六十七条，下同。——编者注

在送达回证上签收但在邮件回执上签收的，视为送达，签收日期为送达日期。

自邮寄之日起满六个月，如果未能收到送达与否的证明文件，且根据各种情况不足以认定已经送达的，视为不能用邮寄方式送达。

第九条 人民法院依照民事诉讼法民事诉讼法第二百四十五条第（七）项规定的公告方式送达时，公告内容应在国内外公开发行的报刊上刊登。

第十条 除本规定上述送达方式外，人民法院可以通过传真、电子邮件等能够确认收悉的其他适当方式向受送达人送达。

第十一条 除公告送达方式外，人民法院可以同时采取多种方式向受送达人进行送达，但应根据最先实现送达的方式确定送达日期。

第十二条 人民法院向受送达人在中华人民共和国领域内的法定代表人、主要负责人、诉讼代理人、代表机构以及有权接受送达的分支机构、业务代办人送达司法文书，可以适用留置送达的方式。

第十三条 受送达人未对人民法院送达的司法文书履行签收手续，但存在以下情形之一的，视为送达：

（一）受送达人书面向人民法院提及了所送达司法文书的内容；

（二）受送达人已经按照所送达司法文书的内容履行；

（三）其他可以视为已经送达的情形。

第十四条 人民法院送达司法文书，根据有关规定需要通过上级人民法院转递的，应附申请转递函。

上级人民法院收到下级人民法院申请转递的司法文书，应在七个工作日内予以转递。

上级人民法院认为下级人民法院申请转递的司法文书不符合有关规定需要补正的，应在七个工作日内退回申请转递的人民法院。

第十五条 人民法院送达司法文书，根据有关规定需要提供翻译件的，应由受理案件的人民法院委托中华人民共和国领域内的翻译机构进行翻译。

翻译件不加盖人民法院印章，但应由翻译机构或翻译人员签名或盖章证明译文与原文一致。

第十六条 本规定自公布之日起施行。

最高人民法院
关于向外国公司送达司法文书能否向其驻华代表机构送达并适用留置送达问题的批复

2002年6月18日　　法释〔2002〕15号

北京市高级人民法院：

你院京高法〔2001〕216号《关于对外国公司送达司法文书能否向其驻华代表机构送达并适用留置送达的请示》收悉。经研究，答复如下：

《关于向国外送达民事或商事司法文书和司法外文书公约》（以下简称海牙送达公约）第一条规定："在所有民事或商事案件中，如有须递送司法文书或司法外文书以便向国外送达的情形，均应适用本公约。"根据《中华人民共和国民事诉讼法》（以下简称民事诉讼法）第二百四十五条①的规定，人民法院对在中华人民共和国领域内没有住所的当事人送达诉讼文书，可以依照受送达人所在国与中华人民共和国缔结或者共同参加的国际条约中规定的方式送达；当受送达人在中华人民共和国领域内设有代表机构时，便不再属于海牙送达公约规定的"有须递送司法文书或司法外文书以便向国外送达的情形"。因此，人民法院可以根据民事诉讼法第二百四十五条第（五）项的规定向受送达人在中华人民共和国领域内设立的代表机构送达诉讼文书，而不必根据海牙送达公约向国外送达。

根据民事诉讼法第二百三十五条②的规定，人民法院向外国公司的驻华代表机构送达诉讼

---

① 民事诉讼法原第二百四十五条现已修改为第二百六十七条。——编者注
② 民事诉讼法原第二百三十五条现已修改为第二百五十九条。——编者注

文书时,可以适用留置送达的方式。

此复。

最高人民法院
关于中、日两国之间委托送达法律文书使用送达回证问题的通知

1982年10月12日

各省、市、自治区高级人民法院:

外交部领事司与日本驻华大使馆就中、日两国之间委托送达法律文书使用送达回证问题进行商谈后约定:自1982年11月1日起,中、日双方委托对方代为送达法律文书,由受委托一方依照本国法律的有关规定出具送达回证。据此,地方各级人民法院自今年11月1日起,凡需通过外交途径发往日本国的法律文书,经高级人民法院审查后送外交部领事司转递时,可不再附送我人民法院的送达回证,由日方受委托的裁判所出具送达回证;日本国委托我方送达的法律文书,则由我国受委托的人民法院出具送达回证。请即告知下级人民法院照此办理。

特此通知。

最高人民法院 外交部 司法部
关于我国法院和外国法院通过外交途径相互委托送达法律文书若干问题的通知

1986年8月14日   外发〔1986〕47号

全国各有关法院、各驻外使领馆:

目前,在我国与外国没有双边协议的情况下,有关涉外民事、经济等方面诉讼的法律文书,一般按互惠原则通过外交途径送达。过去,由于送达的法律文书不多,没有制定统一的规定。随着我国实行对外开放政策,涉外民事、经济等方面诉讼案件中需要送达的法律文书日益增多,为适应新的形势,针对过去在法律文书送达方面的问题,现根据我国民事诉讼法(试行)的有关规定,对我国法院和外国法院通过外交途径相互委托送达民事、经济等方面诉讼的法律文书的若干问题通知如下:

一、凡已同我国建交国家的法院,通过外交途径委托我国法院向我国公民或法人以及在华的第三国或无国籍当事人送达法律文书,除该国同我国已订有协议的按协议办理外,一般根据互惠原则按下列程序和要求办理:

1. 由该国驻华使馆将法律文书交外交部领事司转递给有关高级人民法院,再由该高级人民法院指定有关中级人民法院送达给当事人。当事人在所附送达回证上签字后,中级人民法院将送达回证退高级人民法院,再通过外交部领事司转退给对方;如未附送达回证,则由有关中级人民法院出具送达证明交有关高级人民法院,再通过外交部领事司转给对方。

2. 委托送达法律文书须用委托书。委托书和所送法律文书须附有中文译本。

3. 法律文书的内容有损我国主权和安全的,予以驳回;如受送达人享有外交特权和豁免,一般不予送达;不属于我国法院职权范围或因地址不明或其他原因不能送达的,由有关高级人民法院提出处理意见或注明妨碍送达的原因,由外交部领事司向对方说明理由,予以退回。

二、外国驻华使、领馆可以直接向其在华的本国国民送达法律文书,但不得损害我国主权和安全,不得采取强制措施。如对方通过外交途径委托我方向其在华的该国国民送达法律文书,亦可按第一条的规定予以送达。

三、对拒绝转递我国法院通过外交途径委托送达法律文书的国家或有特殊限制的国家,我可根据情况采取相应措施。

四、我国法院通过外交途径向国外当事人送达法律文书,应按下列程序和要求办理:

1. 要求送达的法律文书须经省、自治区、直辖市高级人民法院审查,由外交部领事司负责转递。

2. 须准确注明受送达人姓名、性别、年龄、国籍及其在国外的详细外文地址,并将该案的基本情况函告外交部领事司,以便转递。

3. 须附有送达委托书。如对方法院名称不明，可委托当事人所在地区主管法院。委托书和所送法律文书还须附有该国文字或该国同意使用的第三国文字译本。如该国对委托书及法律文书有公证、认证等特殊要求，将由外交部领事司逐案通知。

五、我国法院向在外国领域内的中国籍当事人送达法律文书，如该国允许我使、领馆直接送达，可委托我驻该国使、领馆送达。此类法律文书可不必附有外文译本。

六、我国法院和外国法院通过外交途径相互委托送达法律文书的收费，一般按对等原则办理。外国法院支付我国法院代为送达法律文书的费用，由外交部领事司转交有关高级人民法院；我国法院支付外国法院代为送达法律文书的费用，由有关高级人民法院交外交部领事司转递。但应委托一方要求用特殊方式送达法律文书所引起的费用，由委托一方负担。

七、中、日（本）双方法院委托对方法院代为送达法律文书，除按上述有关原则办理外，还应依照最高人民法院一九八二年十月十二日《关于中、日两国之间委托送达法律文书使用送达回证问题的通知》办理。

八、我国法院和外国法院通过外交途径相互委托代为调查或取证，参照以上有关规定办理。

本通知自发出之日起实行，执行中有何问题，请报有关单位。

最高人民法院、外交部、司法部
关于执行《关于向国外送达民事或商事司法文书和司法外文书公约》有关程序的通知

1992年3月4日　　外发〔1992〕8号

全国各有关法院、各驻外使领馆：

一九九一年三月二日，第七届全国人民代表大会常务委员会第十八次会议决定批准我国加入一九六五年十一月十五日订于海牙的《关于向国外送达民事或商事司法文书和司法外文书公约》（以下简称《公约》），并指定司法部为中央机关和有权接收外国通过领事途径转递的文书的机关。该公约已自一九九二年一月一日起对我国生效。现就执行该公约的有关程序通知如下：

一、凡公约成员国驻华使、领馆转送该国法院或其他机关请求我国送达的民事或商事司法文书，应直接送交司法部，由司法部转递给最高人民法院，再由最高人民法院交有关人民法院送达给当事人。送达证明由有关人民法院交最高人民法院退司法部，再由司法部送交该国驻华使、领馆。

二、凡公约成员国有权送交文书的主管当局或司法助理人员直接送交司法部请求我国送达的民事或商事司法文书，由司法部转递给最高人民法院，再由最高人民法院交有关人民法院送达给当事人。送达证明由有关人民法院交最高人民法院退司法部，再由司法部送交该国主管当局或司法助理人员。

三、对公约成员国驻华使、领馆直接向其在华的本国公民送达民事或商事司法文书，如不违反我国法律，可不表示异议。

四、我国法院若请求公约成员国向该国公民或第三国公民或无国籍人送达民事或商事司法文书，有关中级人民法院或专门人民法院应将请求书和所送司法文书送有关高级人民法院转最高人民法院，由最高人民法院送司法部转送给该国指定的中央机关；必要时，也可由最高人民法院送我国驻该国使馆转送给该国指定的中央机关。

五、我国法院欲向在公约成员国的中国公民送达民事或商事司法文书，可委托我国驻该国的使、领馆代为送达。委托书和所送司法文书应由有关中级人民法院或专门人民法院送有关高级人民法院转最高人民法院，由最高人民法院径送或经司法部转送我国驻该国使、领馆送达给当事人。送达证明按原途径退有关法院。

六、非公约成员国通过外交途径委托我国法院送达的司法文书按最高人民法院、外交部、司法部一九八六年八月十四日联名颁发的外发〔1986〕47号《关于我国法院和外国法院通过外交途径相互委托送达法律文书若干问题的通知》办理。公约成员国在特殊情况下通过外交途径请求我国法院送达的司法文书，也按上述文件办理。

七、我国与公约成员国签订有司法协助协定的，按协定的规定办理。

八、执行公约中需同公约成员国交涉的事项由外交部办理。

九、执行公约的其它事项由司法部商有关部门办理。

司法部　最高人民法院　外交部
关于印发《关于执行海牙送达
公约的实施办法》的通知

1992年9月19日　　司发通〔1992〕093号

有关人民法院、驻外使领馆、司法厅（局）：

1992年3月4日，我们发出了《关于执行〈关于向国外送达民事或商事司法文书和司法外文书公约〉有关程序的通知》。现将根据该通知制定的《关于执行海牙送达公约的实施办法》印发给你们，请遵照执行。

附：

关于执行海牙送达公约的实施办法

为了正确、及时、有效地按照《关于向国外送达民事或商事司法文书和司法外文书公约》（下称《公约》）向在《公约》成员国的当事人送达文书和执行成员国提出的送达请求，根据最高人民法院、外交部和司法部"外发〔1992〕8号"《关于执行〈关于向国外送达民事或商事司法文书和司法外文书公约〉有关程序的通知》（下称《通知》），制定本实施办法。

一、司法部收到国外的请求书后，对于有中文译本的文书，应于五日内转给最高人民法院；对于用英文或法文写成，或者附有英文或法文译本的文书，应于七日内转给最高人民法院；对于不符合《公约》规定的文书，司法部将予以退回或要求请求方补充、修正材料。

二、最高人民法院应于五日内将文书转给送达执行地高级人民法院；高级人民法院收文后，应于三日内转有关的中级人民法院或者专门人民法院；中级人民法院或者专门人民法院收文后，应于十日内完成送达，并将送达回证尽快交最高人民法院转司法部。

三、执行送达的法院不管文书中确定的出庭日期或期限是否已过，均应送达。如受送达人拒收，应在送达回证上注明。

四、对于国外按《公约》提交的未附中文译本而附英、法文译本的文书，法院仍应予以送达。除双边条约中规定英、法文译本为可接受文字者外，受送达人有权以未附中文译本为由拒收。凡当事人拒收的，送达法院应在送达回证上注明。

五、司法部接到送达回证后，按《公约》的要求填写证明书，并将其转回国外请求方。

六、司法部在转递国外文书时，应说明收到请求书的日期、被送达的文书是否附有中文译本、出庭日期是否已过等情况。

七、我国法院需要向公约成员国居住的该国公民、第三国公民、无国籍人送达文书时，应将文书及相应文字的译本各一式三份（无需致外国法院的送达委托书及空白送达回证）按《通知》规定的途径送最高人民法院转司法部。译文应由译者签名或翻译单位盖章证明无误。

八、司法部收到最高人民法院转来向国外送达的文书后，应按《公约》附录中的格式制作请求书、被送达文书概要和空白证明书，与文书一并送交被请求国的中央机关；必要时，也可由最高人民法院将文书通过我国驻该国的使馆转交该国指定的机关。

九、我国法院如果需要通过我驻公约成员国的使领馆向居住在该国的中国公民送达文书，应将被送达的文书、致使领馆的送达委托书及空白送达回证按《通知》规定的途径转最高人民法院，由最高人民法院径送或经司法部转送我驻该国使领馆送达当事人。

十、司法部将国内文书转往公约成员国中央机关两个半月后，如果未收到证明书，将发函催办；请求法院如果直接收到国外寄回的证明书，应尽快通报最高人民法院告知司法部。

十一、本办法中的"文书"兼指司法文书和司法外文书。

十二、本办法自下发之日起施行。

最高人民法院办公厅
关于就外国执行民商事文书送达收费事项的通知

2003年7月29日　　法办〔2003〕242号

各省、自治区、直辖市高级人民法院：

自2003年6月1日，美国由一私人送达公司 PROCESS FORWARDINC INTERNATIONAL（PFI）代为行使《海牙送达公约》美国中央机关的部分职能，为期五年，并就每件向其国民送达请求收取执行费用。我国与新加坡根据中新司法协助双边条约规定的途径办理司法协助事宜以来，新方根据中新条约第10条的规定已对我国请求向其国民送达事宜，要求执行送达后支付执行费用；加拿大根据《海牙送达公约》的规定声明向请求提供司法协助的国家进行收费。实践中亦已实际对我国请求向其国民送达事宜进行收费。现将上述三个国家有关支付送达费用的具体要求通知如下：

一、向美国支付送达执行费用的具体要求：

支付时间：预付

支付方式：汇票

支付金额：89美元（2003年），91美元（2004年），93美元（2005年），95美元（2007年）

汇票收款人：美国"PROCESS FORWARDING INTERNATIONAL"

二、向新加坡支付送达执行费用的具体要求：

支付时间：执行后支付

支付方式：汇票

支付金额：根据送达情况收取费用数额不等（由20新元到130新元或更高）。

汇票收款人："The Registrar, Supreme Court, Singapore"。

三、向加拿大支付送达费用的具体要求：

支付时间：预付

支付方式：汇票

支付金额：50加元

汇票收款人：根据下列不同的省填写不同的名称：

　　Alberta：Provincial Treasurer of Alberta

　　British Columbia：Minister Of Finance Of British Columbia

　　Rifle Edward island：Provincial Treasurer Of Prairie Edward island

　　Manitoba：Minister of Finance Of Manitoba

　　New Brunswick：Minister of Finance Of New Brunswick

　　Nova Scotia：Minister of Finance of Nova Scotia

　　Ontario：Treasurer of Ontario

　　Quebec：Minlstre des Finances du Quebec

　　Saskatchewan：Department Of Justice Of Saskatchewan-Sher-iff Services

　　Newfoundland：Newfoundland Exchequer Account

　　Yukon Territorial：Treasurer Of the Government Of Yukon

　　Northwest Territories：Government Of the Northwest Territories

　　Nunavut：Government Of Nunavut

请各高级法院有关部门照此办理。对美国、加拿大的送达，将汇票连同送达文书一并送最高人民法院外事局转递。对新加坡的送达，在文书送达后，按新方确定的送达费用支付，汇票经最高人民法院外事局转递。

请求送达的当事人可根据我院转发国家外汇管理局（法〔2003〕73号）的通知，到当地外汇管理部门申购所需外汇，办理有关汇票。

最高人民法院
关于进一步做好边境地区涉外民商事案件审判工作的指导意见

2010年12月8日　　法发〔2010〕57号

二、为更有效地向各方当事人送达司法文书和与诉讼相关的材料，切实保护当事人诉讼程序上的各项权利，保障当事人参与诉讼活动，人民法院可以根据边境地区的特点，进一步探索行之有效的送达方式。采用公告方式送达的，除人身关系案件外，可以采取在边境口岸张贴公告的形式。采用公告方式送达时，其他送达方式可以同时采用。

最高人民法院
关于向居住在外国的我国公民送达司法文书问题的复函

1993年11月19日

外交部领事司：

你司转来的我国驻纽约总领事馆"关于向我国公民和华人送达司法文书事的请示"收悉。经研究，现答复如下：

一、关于我国人民法院向海牙送达公约成员国送达民、商事司法文书的程序问题，最高人民法院、外交部、司法部外发〔1992〕8号《关于执行〈关于向国外送达民事或商事司法文书和司法外文书公约〉有关程序的通知》和司发通〔1992〕093号《关于印发〈关于执行海牙送达公约〉的实施办法的通知》中已有明确规定，即我国法院若请求公约成员国向该国公民或第三国公民或无国籍人送达民事或商事司法文书，有关中级人民法院或专门人民法院应将请求书和所送司法文书送有关高级人民法院转最高人民法院，由最高人民法院送司法部转送给该国指定的中央机关；必要时也可由最高人民法院送我国驻该国使馆转送给该国指定的中央机关。我国法院向在公约成员国的中国公民送达民事或商事司法文书，可委托我国驻该国的使、领馆代为送达。委托书和所送司法文书应由有关中级人民法院或专门人民法院送有关高级人民法院转最高人民法院，由最高人民法院径送或经司法部转送我国驻该国使领馆送达给当事人。送达证明按原途径退委托法院。

二、接到我国法院委托送达司法文书的使、领馆发现委托法院有违反规定的送达程序或者司法文书的格式不规范、地址不详细等情况以致不能完成送达时，应备函说明原因，将司法文书及时退回原委托法院。

三、一方或双方居住在外国的中国公民就同一案件，不论其起诉案由如何，分别向我国法院和外国法院起诉，我国法院已经受理，或者正在审理，或者已经判决的案件，不发生人民法院承认和执行外国法院判决的问题。在我国领域内，我国法院发生法律效力的判决，或者我国法院裁定承认的外国法院判决，对当事人具有拘束力。

四、关于我驻纽约总领事馆请示函所提司法文书邮寄给当事人后，当事人未及时退回送达回证，应如何回复原委托法院问题，我们意见仍按外交部领事司领五函〔1991〕12号《关于送达司法文书若干问题的说明》第三、四、五的规定办理。对使、领馆在驻在国通过邮寄方式送达的诉讼文书，经过一定时间（由使领馆根据具体情况掌握，如一个月内），送达回证、回执等没有退回，但根据各种情况足以认定已经送达的，可以将情况写明函复委托法院，由委托法院依法确定送达日期。

人民法院办理执行案件规范

2017年4月

284.【涉外送达的方式】

人民法院对在中华人民共和国领域内没有住所的当事人送达执行文书，可以采用下列方式：

（一）依照受送达人所在国与中华人民共和国缔结或者共同参加的国际条约中规定的方式送达；

（二）通过外交途径送达；

（三）对具有中华人民共和国国籍的受送达人，可以委托中华人民共和国驻受送达人所在国的使领馆代为送达；

（四）向受送达人委托的有权代其接受送达的诉讼代理人送达；

（五）向受送达人在中华人民共和国领域内设立的代表机构或者有权接受送达的分支机构、业务代办人送达；

（六）受送达人所在国的法律允许邮寄送达

的，可以邮寄送达，自邮寄之日起满三个月，送达回证没有退回，但根据各种情况足以认定已经送达的，期间届满之日视为送达；

（七）采用传真、电子邮件等能够确认受送达人收悉的方式送达；

（八）不能用上述方式送达的，公告送达，自公告之日起满三个月，即视为送达。

285.【自然人或企业、组织的代表人、主要负责人的送达】

外国人或者外国企业、组织的代表人、主要负责人在中华人民共和国领域内的，人民法院可以向该自然人或者外国企业、组织的代表人、主要负责人送达。

外国企业、组织的主要负责人包括该企业、组织的董事、监事、高级管理人员等。

286.【诉讼代理人的送达】

除受送达人在授权委托书中明确表明其诉讼代理人无权代为接收有关司法文书外，其委托的诉讼代理人为本规范第284条第四项规定的有权代其接受送达的诉讼代理人，人民法院可以向该诉讼代理人送达。

287.【代表机构、分支机构或业务代办人的送达】

人民法院向受送达人送达司法文书，可以送达给其在中华人民共和国领域内设立的代表机构。

受送达人在中华人民共和国领域内有分支机构或者业务代办人的，经该受送达人授权，人民法院可以向其分支机构或者业务代办人送达。

288.【留置送达】

人民法院向受送达人在中华人民共和国领域内的法定代表人、主要负责人、诉讼代理人、代表机构以及有权接受送达的分支机构、业务代办人送达司法文书，可以适用留置送达的方式。

289.【邮寄送达】

受送达人所在国允许邮寄送达的，人民法院可以邮寄送达。

邮寄送达时应当附有送达回证。受送达人未在送达回证上签收但在邮件回执上签收的，视为送达，签收日期为送达日期。

自邮寄之日起满三个月，如果未收到送达的证明文件，且根据各种情况不足以认定已经送达的，视为不能用邮寄方式送达。

290.【司法协助送达】

人民法院向在中华人民共和国领域内没有住所的受送达人送达司法文书时，若该受送达人所在国与中华人民共和国签订有司法协助协定，可以依照司法协助协定规定的方式送达；若该受送达人所在国是《关于向国外送达民事或商事司法文书和司法外文书公约》的成员国，可以依照该公约规定的方式送达。

受送达人所在国与中华人民共和国签订有司法协助协定，且为《关于向国外送达民事或商事司法文书和司法外文书公约》成员国的，人民法院依照司法协助协定的规定办理。

291.【司法协助送达不能】

按照司法协助协定、《关于向国外送达民事或商事司法文书和司法外文书公约》或者外交途径送达司法文书，自我国有关机关将司法文书转递受送达人所在国有关机关之日起满六个月，如果未能收到送达与否的证明文件，且根据各种情况不足以认定已经送达的，视为不能用该种方式送达。

292.【公告送达】

人民法院依照本规范第284条第八项规定的公告方式送达时，公告内容应在国内外公开发行的报刊上刊登。

293.【电子送达】

除司法协助、外交途径、邮寄送达、公告送达等送达方式外，人民法院可以通过传真、电子邮件等能够确认收悉的其他适当方式向受送达人送达。

294.【多种方式送达及送达日期的确定】

除公告送达方式外，人民法院可以同时采取多种方式向受送达人进行送达，但应根据最先实现送达的方式确定送达日期。

295.【视为送达】

受送达人未对人民法院送达的司法文书履行签收手续，但存在以下情形之一的，视为送达：

（一）受送达人书面向人民法院提及了所送达司法文书的内容；

（二）受送达人已经按照所送达司法文书的内容履行；

（三）其他可以视为已经送达的情形。

296.【上级法院转递】

人民法院送达司法文书，根据有关规定需要通过上级人民法院转递的，应附申请转递函。

上级人民法院收到下级人民法院申请转递的司法文书，应在七个工作日内予以转递。

上级人民法院认为下级人民法院申请转递的司法文书不符合有关规定需要补正的，应在七个工作日内退回申请转递的人民法院。

297.【涉外司法文书的翻译】

人民法院送达司法文书，根据有关规定需要提供翻译件的，应由受理案件的人民法院委托中华人民共和国领域内的翻译机构进行翻译。

翻译件不加盖人民法院印章，但应由翻译机构或翻译人员签名或盖章证明译文与原文一致。

最高人民法院民事审判第四庭涉外商事海事审判实务问题解答（一）

22. 人民法院在审理涉外商事案件中能否采用传真或者电子送达方式？

答：我国民事诉讼法没有规定采取传真送达或者电子送达的方式。采用传真送达或者电子送达方式方便、快捷，有助于人民法院提高审判工作效率。如果人民法院在审理涉外商事案件中认为需要采用传真送达或者电子送达方式，且受送达人所在国法律也允许使用的，可以使用传真或者电子送达方式，但应当确认受送达人已经收到有关诉讼文书。

23. 《海牙送达公约》的成员国有哪些？

答：截至 2003 年年底，批准或者加入《关于向国外送达民事或者商事诉讼文书和司法外文书公约》（简称《海牙送达公约》）的国家有：中国、美国、英国、埃及、丹麦、挪威、瑞典、芬兰、日本、比利时、土耳其、法国、加拿大、以色列、葡萄牙、卢森堡、荷兰、联邦德国、意大利、希腊、西班牙、博茨瓦纳、巴巴多斯、巴基斯坦、马拉维、塞舌尔、捷克、斯洛伐克、塞浦路斯、安提瓜与巴布达、瑞士、爱尔兰、委内瑞拉、斯里兰卡、巴哈马、科威特、圣马力诺、乌克兰、阿根廷、白俄罗斯、保加利亚、爱沙尼亚、韩国、斯洛文尼亚、俄罗斯、波兰、拉脱维亚、立陶宛、墨西哥。

24. 如何按照《海牙送达公约》送达涉外商事诉讼文书？

答：根据最高法院、外交部、司法部 1992 年 3 月 4 日《关于执行〈关于向国外送达民事或者商事诉讼文书和司法外文书公约〉有关程序的通知》的要求，我国法院若请求公约成员国向该国公民或者第三国公民或者无国籍人送达民事或者商事诉讼文书，有关中级人民法院或者专门人民法院应将请求书和所送达诉讼文书送有关高级人民法院转最高人民法院，由最高人民法院送司法部转送给该国指定的中央机关；必要时，也可由最高人民法院送我国驻该国使馆转送给该国指定的中央机关。因此，向成员国的公民或者第三国公民或者无国籍人送达诉讼文书的途径是：有关中院→高院→最高法院→司法部→成员国指定的中央机关；或者有关中院→高院→最高法院→我国驻有关成员国使馆→成员国指定的中央机关。

我国法院若向居住在公约成员国的中国公民送达民事或者商事诉讼文书，可委托我国驻该国的使、领馆代为送达。委托书和所送诉讼文书应由有关中级人民法院或者专门人民法院送有关高级人民法院转最高人民法院，由最高人民法院径送或者经司法部转送我国驻该国使、领馆送达给当事人。送达证明按原途径退有关法院。因此，向成员国境内的我国公民送达诉讼文书的途径是：有关中院→高院→最高法院→司法部→我国驻成员国的使、领馆；或者有关中院→高院→最高法院→我国驻成员国的使、领馆。

25. 诉讼文书的送达能否减少中间环节，由有关中院直接递送最高法院？

答：在目前情况下，仍应逐级递送。为提高送达效率，需要有关法院之间密切配合。一方面，有关中级法院应当严格按照规定递交需要送达的诉讼文书，其内容应当准确、无误；另一方面，有关高级法院在收到中级法院递交的诉讼文书后，应当及时、无迟延地将其转递最高法院。

26. 我国与哪些国家签订了民商事司法协助协定？

答：截至 2003 年年底，与我国缔结民商事司法协助条约或者协定的国家有：法国、比利时、意大利、西班牙、泰国、保加利亚、摩洛哥、匈牙利、新加坡、突尼斯、阿根廷、土耳其、埃及、塞浦路斯、韩国、波兰、蒙古、罗马尼亚、古巴、俄罗斯、乌克兰、白俄罗斯、哈萨克斯坦、希腊、吉尔吉斯、塔吉克斯坦、乌兹别克斯坦、越南、老挝、立陶宛。

27. 外交途径送达的前提是什么？如何进行？

答：如果受送达人所在国与我国没有签订司法协助条约或者协定，也不是《海牙送达公约》的成员国，人民法院可以通过外交途径送达有关诉讼文书，根据1986年8月14日最高人民法院、外交部、司法部联合颁布的《关于我国法院和外国法院通过外交途径相互委托送达法律文书若干问题的通知》的规定，一般做法是：经省、自治区、直辖市高级人民法院审查后，由外交部领事司负责转递。

28. 向诉讼代理人送达诉讼文书是否需要有关当事人的特别授权？

答：根据《中华人民共和国民事诉讼法》第247条①第4项的规定，人民法院对在我国领域内没有住所的当事人送达诉讼文书，可以向受送达人委托的有权代其接受送达的诉讼代理人送达。接收诉讼文书是诉讼代理人的基本义务，因此，只要当事人在授权委托书中没有明确诉讼代理人无权接收人民法院送达的诉讼文书，人民法院就可以通过诉讼代理人向当事人送达诉讼文书。

29. 人民法院向《海牙送达公约》缔约国的境外当事人的驻华代表机构送达诉讼文书，是否违反了《海牙送达公约》的规定？

答：向境外当事人的驻华代表机构送达诉讼文书并不违反海牙送达公约的规定。《海牙送达公约》第1条规定："在所有民事或商事案件中，如有须递送司法文书或司法外文书以便向国外送达的情形，均应适用本公约。"根据《中华人民共和国民事诉讼法》第247条的规定，人民法院对在我国领域内没有住所的当事人送达诉讼文书，可以依照受送达人所在国与我国缔结或者共同参加的国际条约中规定的方式送达；当受送达人在我国领域内设有代表机构时，便不再属于《海牙送达公约》规定的"有须递送司法文书或司法外文书以便向国外送达的情形"。因此，人民法院可以根据《中华人民共和国民事诉讼法》第247条第5项的规定向受送达人在中华人民共和国领域内设立的代表机构送达诉讼文书，而不必根据《海牙送达公约》向国外送达。

30. 人民法院能否向境外当事人在华设立的办事处送达诉讼文书？有关办事处拒绝签收的，能否留置送达？

答：境外当事人在我国设立的办事处在性质上是外国公司在华的代表机构，人民法院可以向境外当事人在我国设立的办事处送达有关诉讼文书。如果有关办事处拒绝签收，根据《中华人民共和国民事诉讼法》第237条②的规定，人民法院可以留置送达。

31. 人民法院能否向境外当事人在我国境内设立的分公司或者与境外当事人有商务代理关系的代理机构送达诉讼文书？可否适用留置送达的规定？

答：根据《中华人民共和国民事诉讼法》第247条第5项的规定，人民法院对于在我国领域内没有住所的当事人，可以向受送达人在我国领域内设立的代表机构或者有权接受送达的分支机构、业务代办人送达。因此，境外当事人在我国境内设立的分公司在有明确授权的情况下，人民法院可以向其送达诉讼文书；对于有商务代理关系的代理机构，也需要经过境外当事人明确授权才可以进行送达。如果未经授权，则不能向分公司或有商务代理关系的代理机构送达。至于留置送达，只能对有权接受诉讼文书的有关机构送达时方才适用。

32. 如何对国外当事人进行邮寄送达？

答：邮寄送达方式必须适用其所在国法律允许通过邮寄方式送达的受送达人。特快专递是邮寄送达的方式之一。邮寄送达时应附有送达回证，以受送达人在送达回证上的签收行为来确认邮寄送达的效力。如果当事人未在送达回证上签收，但在邮件回执上签收，亦可视为已经合法送达。送达回证及邮局回执均没有退回，自邮寄之日起六个月，根据各种情况足以认定已经送达的，期间届满之日视为送达。

33. 人民法院对于通过有关途径送达后长期没有回音的，能否视为已经送达而无需公告送达？

答：《中华人民共和国民事诉讼法》第247条明确规定，通过公约、外交、诉讼代理人、代表

---

① 民事诉讼法原第二百四十七条现已修改为第二百六十七条。——编者注
② 民事诉讼法原第二百三十七条现已修改为第二百六十一条。——编者注

机构或者邮寄等途径不能送达的，应当进行公告送达。对于通过其他途径送达长期没有回音的，如果人民法院根据案件的有关情况能够合理地推断已经不能送达的，即可以公告送达。

34. 公告送达应当如何进行？

答：最高人民法院《关于适用〈中华人民共和国民事诉讼法〉若干问题的意见》第88条①规定，"公告送达，可以在法院的公告栏、受送达人原住所地张贴公告，也可以在报纸上刊登公告；对公告送达方式有特殊要求的，应按要求的方式进行公告。"对于涉外案件的外方当事人公告送达，应当通过国内外公开发行的报纸刊登公告。

第四节　海事送达

中华人民共和国海事诉讼特别程序法

1999年12月25日

第八十条　海事诉讼法律文书的送达，适用《中华人民共和国民事诉讼法》的有关规定，还可以采用下列方式：

（一）向受送达人委托的诉讼代理人送达；

（二）向受送达人在中华人民共和国领域内设立的代表机构、分支机构或者业务代办人送达；

（三）通过能够确认收悉的其他适当方式送达。

有关扣押船舶的法律文书也可以向当事船舶的船长送达。

第八十一条　有义务接受法律文书的人拒绝签收，送达人在送达回证上记明情况，经送达人、见证人签名或者盖章，将法律文书留在其住所或者办公处所的，视为送达。

最高人民法院关于适用《中华人民共和国海事诉讼特别程序法》若干问题的解释

2003年1月6日　　法释〔2003〕3号

六、关于送达

第五十三条　有关海事强制令、海事证据保全的法律文书可以向当事船舶的船长送达。

第五十四条　应当向被告送达的开庭传票等法律文书，可以向被扣押的被告船舶的船长送达，但船长作为原告的除外。

第五十五条　海事诉讼特别程序法第八十条第一款（三）项规定的其他适当方式包括传真、电子邮件（包括受送达人的专门网址）等送达方式。

通过以上方式送达的，应确认受送达人确已收悉。

---

① 最高人民法院《关于适用〈中华人民共和国民事诉讼法〉的解释》（法释〔2015〕5号）第一百三十八条将该条修改为："公告送达可以在法院的公告栏和受送达人住所地张贴公告，也可以在报纸、信息网络等媒体上刊登公告，发出公告日期以最后张贴或者刊登的日期为准。对公告送达方式有特殊要求的，应当按要求的方式进行。公告期满，即视为送达。人民法院在受送达人住所地张贴公告的，应当采取拍照、录像等方式记录张贴过程。"

第十二章　执行费用

第一节　申请执行费用

中华人民共和国民事诉讼法

2017 年 6 月 27 日

第一百一十八条　当事人进行民事诉讼，应当按照规定交纳案件受理费。财产案件除交纳案件受理费外，并按照规定交纳其他诉讼费用。

当事人交纳诉讼费用确有困难的，可以按照规定向人民法院申请缓交、减交或者免交。

收取诉讼费用的办法另行制定。

诉讼费用交纳办法

2006 年 12 月 19 日

第十条　当事人依法向人民法院申请下列事项，应当交纳申请费：

（一）申请执行人民法院发生法律效力的判决、裁定、调解书，仲裁机构依法作出的裁决和调解书，公证机构依法赋予强制执行效力的债权文书；

第十四条　申请费分别按照下列标准交纳：

（一）依法向人民法院申请执行人民法院发生法律效力的判决、裁定、调解书，仲裁机构依法作出的裁决和调解书，公证机关依法赋予强制执行效力的债权文书，申请承认和执行外国法院判决、裁定以及国外仲裁机构裁决的，按照下列标准交纳：

1. 没有执行金额或者价额的，每件交纳 50 元至 500 元。

2. 执行金额或者价额不超过 1 万元的，每件交纳 50 元；超过 1 万元至 50 万元的部分，按照 1.5% 交纳；超过 50 万元至 500 万元的部分，按照 1% 交纳；超过 500 万元至 1000 万元的部分，按照 0.5% 交纳；超过 1000 万元的部分，按照 0.1% 交纳。

3. 符合民事诉讼法第五十五条①第四款规定，未参加登记的权利人向人民法院提起诉讼的，按照本项规定的标准交纳申请费，不再交纳案件受理费。

第二十条　案件受理费由原告、有独立请求权的第三人、上诉人预交。被告提起反诉，依照本办法规定需要交纳案件受理费的，由被告预交。追索劳动报酬的案件可以不预交案件受理费。

申请费由申请人预交。但是，本办法第十条第（一）项、第（六）项规定的申请费不由申请人预交，执行申请费执行后交纳，破产申请费清算后交纳。

本办法第十一条规定的费用，待实际发生后交纳。

第二十二条　原告自接到人民法院交纳诉讼费用通知次日起 7 日内交纳案件受理费；反诉案件由提起反诉的当事人自提起反诉次日起 7 日内交纳案件受理费。

上诉案件的案件受理费由上诉人向人民法院提交上诉状时预交。双方当事人都提起上诉的，分别预交。上诉人在上诉期内未预交诉讼费用的，人民法院应当通知其在 7 日内预交。

申请费由申请人在提出申请时或者在人民法院指定的期限内预交。

当事人逾期不交纳诉讼费用又未提出司法救助申请，或者申请司法救助未获批准，在人

---

① 民事诉讼法原第五十五条现已修改为第五十四条。——编者注

民法院指定期限内仍未交纳诉讼费用的,由人民法院依照有关规定处理。

第二十六条 中止诉讼、中止执行的案件,已交纳的案件受理费、申请费不予退还。中止诉讼、中止执行的原因消除,恢复诉讼、执行的,不再交纳案件受理费、申请费。

第三十八条 本办法第十条第(一)项、第(八)项规定的申请费由被执行人负担。

执行中当事人达成和解协议的,申请费的负担由双方当事人协商解决;协商不成的,由人民法院决定。

本办法第十条第(二)项规定的申请费由申请人负担,申请人提起诉讼的,可以将该申请费列入诉讼请求。

本办法第十条第(五)项规定的申请费,由人民法院依照本办法第二十九条规定决定申请费的负担。

最高人民法院
关于适用《中华人民共和国民事诉讼法》的解释

2015年1月30日　　法释〔2015〕5号

第二百零四条 实现担保物权案件,人民法院裁定拍卖、变卖担保财产的,申请费由债务人、担保人负担;人民法院裁定驳回申请的,申请费由申请人负担。

申请人另行起诉的,其已经交纳的申请费可以从案件受理费中扣除。

第二百零五条 拍卖、变卖担保财产的裁定作出后,人民法院强制执行的,按照执行金额收取执行申请费。

最高人民法院
关于人民法院执行工作若干问题的规定(试行)

1998年7月8日　　法释〔1998〕15号

23. 申请人民法院强制执行,应当按照人民法院诉讼收费办法的规定缴纳申请执行的费用。

最高人民法院
关于诉讼收费监督管理的规定

2007年9月20日　　法发〔2007〕30号

第四条 各级人民法院收取诉讼费用应当到指定的价格主管部门办理收费许可证。

第五条 各级人民法院应当严格执行收费公示制度的有关规定,在立案场所公示收费许可证,诉讼费用交纳范围、交纳项目、交纳标准,以及投诉部门和电话等。

第六条 各级人民法院收取诉讼费用应当按照财务隶属关系使用国务院财政部门或者省级人民政府财政部门印制的财政票据,不得私自印制或者使用任何其他票据进行收费。

第八条 各级人民法院不得违反规定预收执行申请费和破产申请费用。

人民法院办理执行案件规范

2017年4月

166.【执行申请费的标准】

执行人民法院发生法律效力的判决、裁定、调解书,仲裁机构依法作出的裁决和调解书,公证机关依法赋予强制执行效力的债权文书,申请承认和执行外国法院判决、裁定以及国外仲裁机构裁决的,应当按照下列标准收取执行申请费:

(一)没有执行金额或者价额的,每件交纳50元至500元。

(二)执行金额或者价额不超过1万元的,每件交纳50元;超过1万元至50万元的部分,按照1.5%交纳;超过50万元至500万元的部分,按照1%交纳;超过500万元至1000万元的部分,按照0.5%交纳;超过1000万元的部分,按照0.1%交纳。

人民法院办理刑事裁判涉财产部分执行案

件，不应收取执行申请费。

167.【执行申请费的收取】

执行申请费由被执行人负担，不由申请执行人预交，人民法院在执行生效法律文书确定的内容之外直接向被执行人收取。

第二节　执行中实际支出费用的负担

中华人民共和国民事诉讼法

2017年6月27日

第二百五十二条　对判决、裁定和其他法律文书指定的行为，被执行人未按执行通知履行的，人民法院可以强制执行或者委托有关单位或者其他人完成，费用由被执行人承担。

最高人民法院
关于人民法院执行工作若干问题的规定（试行）

1998年7月8日　法释〔1998〕15号

60. 被执行人拒不履行生效法律文书中指定的行为的，人民法院可以强制其履行。

对于可以替代履行的行为，可以委托有关单位或他人完成，因完成上述行为发生的费用由被执行人承担。

对于只能由被执行人完成的行为，经教育，被执行人仍拒不履行的，人民法院应当按照妨害执行行为的有关规定处理。

最高人民法院
关于适用《中华人民共和国民事诉讼法》执行程序若干问题的解释

2008年11月3日　法释〔2008〕13号

第三十九条　依照民事诉讼法第二百三十一条①的规定，执行法院可以依职权或者依申请执行人的申请，将被执行人不履行法律文书确定义务的信息，通过报纸、广播、电视、互联网等媒体公布。

媒体公布的有关费用，由被执行人负担；申请执行人申请在媒体公布的，应当垫付有关费用。

最高人民法院
关于人民法院民事执行中拍卖、变卖财产的规定

2004年11月15日　法释〔2004〕16号

第九条　保留价确定后，依据本次拍卖保留价计算，拍卖所得价款在清偿优先债权和强制执行费用后无剩余可能的，应当在实施拍卖前将有关情况通知申请执行人。申请执行人于收到通知后五日内申请继续拍卖的，人民法院应当准许，但应当重新确定保留价；重新确定的保留价应当大于该优先债权及强制执行费用的总额。

依照前款规定流拍的，拍卖费用由申请执行人负担。

人民法院办理执行案件规范

2017年4月

168.【实现担保物权案件执行申请费的收取】

拍卖、变卖担保财产的裁定作出后，人民法院强制执行的，按照执行金额收取执行申请费。

---

① 民事诉讼法原第二百三十一条现已修改为第二百五十五条。——编者注

169.【执行和解中执行申请费的收取】
执行中当事人达成和解协议的，申请费的负担由双方当事人协商解决；协商不成的，由人民法院决定。

170.【保管、仓储、运输等费用的预交与承担】
因强制执行而发生的保管、仓储、运输等费用，由申请执行人预交并直接支付，人民法院不得收代付。案款执行到位后，该费用从案款中支付申请执行人。

171.【媒体曝光的费用承担】
将被执行人不履行法律文书确定义务的信息，通过报纸、广播、电视、互联网等媒体公布的，有关费用由被执行人负担。申请执行人申请在媒体公布的，应当垫付有关费用。

172.【执行费用的计算单位】
执行费用以人民币为计算单位。以外币为计算单位的，依照人民法院决定受理案件之日国家公布的汇率换算成人民币计算。

第十三章　执行方式

最高人民法院
关于远程视频办理执行案件若干问题的规定

2016年4月28日　法〔2016〕143号

为推动执行案件办理方式改革，充分运用现代信息技术提高工作效率，创新司法便民措施，规范执行案件办理过程中远程视频的应用，制定本规定。

第一条 人民法院执行机构办理执行案件中的下列事项可以采用远程视频方式进行：
（一）询问当事人；
（二）听证；
（三）组织当事人质证；
（四）进行法律释明；
（五）人民法院认为可以采用远程视频方式进行的其他事项。

案件当事人申请会见案件承办人员的，承办人员可以采用远程视频方式会见。

人民法院采用远程视频方式组织听证或组织当事人对提交的证据进行质证的，需经双方当事人同意。

第二条 人民法院决定以远程视频方式办理执行案件的，应当通过人民法院执行指挥系统进行。人民法院执行指挥室应当配备打印、扫描、传真设备和投影设备。

第三条 远程视频的发起端为办理案件的人民法院执行指挥室，对端地点一般为执行法院执行指挥室。案件当事人及其代理人与执行法院不在同一地的，对端地点也可以是当事人及其代理人所在地的中级、基层人民法院执行指挥室。

对端人民法院应当至少有一名执行机构工作人员参与远程视频。

第四条 需要鉴定机构、评估机构的相关人员参加远程视频的，鉴定机构、评估机构的相关人员可以就近选择发起端人民法院或对端人民法院参加视频。

第五条 人民法院决定通过远程视频方式办理执行案件的，应当将确定的视频连接时间、对端人民法院执行指挥室所在地点、参加视频的人员等信息，提前通知案件当事人及其代理人。

第六条 发起端人民法院应当提前将约定的视频连接时间告知对端人民法院执行机构，对端人民法院执行机构接到通知后应当予以配合。发起端人民法院和对端人民法院应当在视频连接的前一日完成设备调试工作，并对视频连接提供全程技术保障。发起端人民法院或对端人民法院执行指挥室因其他活动需调整视频连接时间的，发起端人民法院应当及时调整视频连接时间。

第七条 参加远程视频的相关人员身份核实、执行指挥室远程视频的现场秩序等分别由所在端人民法院执行机构工作人员负责。

参加视频连接的各端人民法院工作人员均应着法官服，佩戴小法徽。

第八条 视频连接过程中，当事人及其代理人出示证据材料的，由所在端人民法院执行机构工作人员核对、复印后交由当事人及其代理人签名，并将签名后的复印件通过机要寄至发起端人民法院承办案件的合议庭。

第九条 发起端人民法院负责对视频全程的各端视频画面进行不间断同步录音、录像，录音、录像的起止时间、有无间断等情况应当记入笔录。录音、录像内容应当存入案件电子卷宗。

第十条 远程视频结束后，发起端人民法院应当当场将笔录的电子文本通过人民法院专网发送至对端人民法院，对端人民法院执行机构在场工作人员下载打印后由案件当事人及其代理人等核对、签名。

案件当事人及其代理人等对笔录修改较多或有重要修改的，对端人民法院执行机构在场工作人员应当告知发起端人民法院办案人员。案件当事人及其代理人等核对、签名完毕后，对端人民法院执行机构在场工作人员应当当场将笔录扫描后发送至发起端人民法院或传真至发起端人民法院核对，并尽快将案件当事人及其代理人签名后的笔录原件通过机要寄至发起端人民法院承办案件的合议庭。远程视频笔录应当存入案件卷宗。

人民法院对已结案件的当事人及其代理人远程视频进行法律释明的，可以不制作笔录。

第十一条 人民法院之间对执行案件进行协调，上级法院对下级法院的执行案件进行督办等，可以根据需要采用远程视频方式进行。

第十二条 本规定自2016年5月1日起施行。

第十四章　　执行办案期限

中华人民共和国民事诉讼法

2017年6月27日

第二百二十五条 当事人、利害关系人认为执行行为违反法律规定的，可以向负责执行的人民法院提出书面异议。当事人、利害关系人提出书面异议的，人民法院应当自收到书面异议之日起十五日内审查，理由成立的，裁定撤销或者改正；理由不成立的，裁定驳回。当事人、利害关系人对裁定不服的，可以自裁定送达之日起十日内向上一级人民法院申请复议。

第二百二十六条 人民法院自收到申请执行书之日起超过六个月未执行的，申请执行人可以向上一级人民法院申请执行。上一级人民法院经审查，可以责令原人民法院在一定期限内执行，也可以决定由本院执行或者指令其他人民法院执行。

第二百二十七条 执行过程中，案外人对执行标的提出书面异议的，人民法院应当自收到书面异议之日起十五日内审查，理由成立的，裁定中止对该标的的执行；理由不成立的，裁定驳回。案外人、当事人对裁定不服，认为原判决、裁定错误的，依照审判监督程序办理；与原判决、裁定无关的，可以自裁定送达之日起十五日内向人民法院提起诉讼。

第二百二十九条 被执行人或者被执行的财产在外地的，可以委托当地人民法院代为执行。受委托人民法院收到委托函件后，必须在十五日内开始执行，不得拒绝。执行完毕后，应当将执行结果及时函复委托人民法院；在三十日内如果还未执行完毕，也应当将执行情况函告委托人民法院。

受委托人民法院自收到委托函件之日起十五日内不执行的，委托人民法院可以请求受委托人民法院的上级人民法院指令受委托人民法院执行。

最高人民法院
关于人民法院执行工作若干问题的规定（试行）

1998年7月8日　　法释〔1998〕15号

24. 人民法院决定受理执行案件后，应当在三日内向被执行人发出执行通知书，责令其在指定的期间内履行生效法律文书确定的义务，并承担民事诉讼法第二百二十九条①规定的迟延履行期间的债务利息或迟延履行金。

107. 人民法院执行生效法律文书，一般应当在立案之日起六个月内执行结案，但中止执行的期间应当扣除。确有特殊情况需要延长的，由本院院长批准。

最高人民法院
关于适用《中华人民共和国民事诉讼法》执行程序若干问题的解释

2008年11月3日　　法释〔2008〕13号

第五条 执行过程中，当事人、利害关系人认为执行法院的执行行为违反法律规定的，可以依照民事诉讼法第二百零二条②的规定提出异议。

执行法院审查处理执行异议，应当自收到书面异议之日起十五日内作出裁定。

第六条 当事人、利害关系人依照民事诉讼法第二百零二条规定申请复议的，应当采取书面形式。

第七条 当事人、利害关系人申请复议的书面材料，可以通过执行法院转交，也可以直接向执行法院的上一级人民法院提交。

执行法院收到复议申请后，应当在五日内将复议所需的案卷材料报送上一级人民法院；上一级人民法院收到复议申请后，应当通知执行法院在五日内报送复议所需的案卷材料。

第八条 上一级人民法院对当事人、利害关系人的复议申请，应当组成合议庭进行审查。

第九条 当事人、利害关系人依照民事诉讼法第二百零二条规定申请复议的，上一级人民法院应当自收到复议申请之日起三十日内审查完毕，并作出裁定。有特殊情况需要延长的，经本院院长批准，可以延长，延长的期限不得超过三十日。

第十条 执行异议审查和复议期间，不停止执行。

被执行人、利害关系人提供充分、有效的担保请求停止相应处分措施的，人民法院可以准许；申请执行人提供充分、有效的担保请求继续执行的，应当继续执行。

第十一条 依照民事诉讼法第二百零三条③的规定，有下列情形之一的，上一级人民法院可以根据申请执行人的申请，责令执行法院限期执行或者变更执行法院：

（一）债权人申请执行时被执行人有可供执行的财产，执行法院自收到申请执行书之日起超过六个月对该财产未执行完结的；

（二）执行过程中发现被执行人可供执行的财产，执行法院自发现财产之日起超过六个月对该财产未执行完结的；

（三）对法律文书确定的行为义务的执行，执行法院自收到申请执行书之日起超过六个月未依法采取相应执行措施的；

（四）其他有条件执行超过六个月未执行的。

第十二条 上一级人民法院依照民事诉讼法第二百零三条规定责令执行法院限期执行的，应当向其发出督促执行令，并将有关情况书面通知申请执行人。

上一级人民法院决定由本院执行或者指令

---

① 民事诉讼法原第二百二十九条现已修改为第二百五十三条，下册。——编者注
② 民事诉讼法原第二百零二条现已修改为第二百二十五条。——编者注
③ 民事诉讼法原第二百零三条现已修改为第二百二十六条。——编者注

本辖区其他人民法院执行的，应当作出裁定，送达当事人并通知有关人民法院。

第十三条 上一级人民法院责令执行法院限期执行，执行法院在指定期间内无正当理由仍未执行完结的，上一级人民法院应当裁定由本院执行或者指令本辖区其他人民法院执行。

第十四条 民事诉讼法第二百零三条规定的六个月期间，不应当计算执行中的公告期间、鉴定评估期间、管辖争议处理期间、执行争议协调期间、暂缓执行期间以及中止执行期间。

最高人民法院
关于严格执行案件审理期限制度的若干规定

2000年9月22日　　法释〔2000〕29号

为提高诉讼效率，确保司法公正，根据刑事诉讼法、民事诉讼法、行政诉讼法和海事诉讼特别程序法的有关规定，现就人民法院执行案件审理期限制度的有关问题规定如下：

一、各类案件的审理、执行期限

第一条 适用普通程序审理的第一审刑事公诉案件、被告人被羁押的第一审刑事自诉案件和第二审刑事公诉、刑事自诉案件的期限为一个月，至迟不得超过一个半月；附带民事诉讼案件的审理期限，经本院院长批准，可以延长两个月。有刑事诉讼法第一百二十六条规定情形之一的，经省、自治区、直辖市高级人民法院批准或者决定，审理期限可以再延长一个月；最高人民法院受理的刑事上诉、刑事抗诉案件，经最高人民法院决定，审理期限可以再延长一个月。

适用普通程序审理的被告人未被羁押的第一审刑事自诉案件，期限为六个月；有特殊情况需要延长的，经本院院长批准，可以延长三个月。

适用简易程序审理的刑事案件，审理期限为二十日。

第二条 适用普通程序审理的第一审民事案件，期限为六个月；有特殊情况需要延长的，经本院院长批准，可以延长六个月，还需延长的，报请上一级人民法院批准，可以再延长三个月。

适用简易程序审理的民事案件，期限为三个月。

适用特别程序审理的民事案件，期限为三十日；有特殊情况需要延长的，经本院院长批准，可以延长三十日，但审理选民资格案件必须在选举日前审结。

审理第一审船舶碰撞、共同海损案件的期限为一年；有特殊情况需要延长的，经本院院长批准，可以延长六个月。

审理对民事判决的上诉案件，审理期限为三个月；有特殊情况需要延长的，经本院院长批准，可以延长三个月。

审理对民事裁定的上诉案件，审理期限为三十日。

对罚款、拘留民事决定不服申请复议的，审理期限为五日。

审理涉外民事案件，根据民事诉讼法第二百四十八条①的规定，不受上述案件审理期限的限制。

审理涉港、澳、台的民事案件的期限，参照涉外审理民事案件的规定办理。

第三条 审理第一审行政案件的期限为三个月；有特殊情况需要延长的，经高级人民法院批准可以延长三个月。高级人民法院审理第一审案件需要延长期限的，由最高人民法院批准，可以延长三个月。

审理行政上诉案件的期限为两个月；有特殊情况需要延长的，由高级人民法院批准，可以延长两个月。高级人民法院审理的第二审案件需要延长期限的，由最高人民法院批准，可以延长两个月。

第四条 按照审判监督程序重新审理的刑事案件的期限为三个月；需要延长期限的，经本院院长批准，可以延长三个月。

裁定再审的民事、行政案件，根据再审适

---

① 民事诉讼法原第二百四十八条现已修改为第二百七十条。——编者注

用的不同程序,分别执行第一审或第二审审理期限的规定。

第五条 执行案件应当在立案之日起六个月内执结,非诉执行案件应当在立案之日起三个月内执结;有特殊情况需要延长的,经本院院长批准,可以延长三个月,还需延长的,层报高级人民法院备案。

委托执行的案件,委托的人民法院应当在立案后一个月内办理完委托执行手续,受委托的人民法院应当在收到委托函件后三十日内执行完毕。未执行完毕,应当在期限届满后十五日内将执行情况函告委托人民法院。

刑事案件没收财产刑应当即时执行。

刑事案件罚金刑,应当在判决、裁定发生法律效力后三个月内执行完毕,至迟不超过六个月。

二、立案、结案时间及审理期限的计算

第六条 第一审人民法院收到起诉书(状)或者执行申请书后,经审查认为符合受理条件的应当在七日内立案;收到自诉人自诉状或者口头告诉的,经审查认为符合自诉案件受理条件的应当在十五日内立案。

改变管辖的刑事、民事、行政案件,应当在收到案卷材料后的三日内立案。

第二审人民法院应当在收到第一审人民法院移送的上(抗)诉材料及案卷材料后的五日内立案。

发回重审或指令再审的案件,应当在收到发回重审或指令再审裁定及案卷材料后的次日内立案。

按照审判监督程序重新审判的案件,应当在作出提审、再审裁定(决定)的次日立案。

第七条 立案机构应当在决定立案的三日内将案卷材料移送审判庭。

第八条 案件的审理期限从立案次日起计算。

由简易程序转为普通程序审理的第一审刑事案件的期限,从决定转为普通程序次日起计算;由简易程序转为普通程序审理的第一审民事案件的期限,从立案次日起连续计算。

第九条 下列期间不计入审理、执行期限:

(一)刑事案件对被告人作精神病鉴定的期间;

(二)刑事案件因另行委托、指定辩护人,法院决定延期审理的,自案件宣布延期审理之日起至第十日止准备辩护的时间;

(三)公诉人发现案件需要补充侦查,提出延期审理建议后,合议庭同意延期审理的期间;

(四)刑事案件二审期间,检察院查阅案卷超过七日后的时间;

(五)因当事人、诉讼代理人、辩护人申请通知新的证人到庭、调取新的证据、申请重新鉴定或者勘验,法院决定延期审理一个月之内的期间;

(六)民事、行政案件公告、鉴定的期间;

(七)审理当事人提出的管辖权异议和处理法院之间的管辖争议的期间;

(八)民事、行政、执行案件由有关专业机构进行审计、评估、资产清理的期间;

(九)中止诉讼(审理)或执行至恢复诉讼(审理)或执行的期间;

(十)当事人达成执行和解或者提供执行担保后,执行法院决定暂缓执行的期间;

(十一)上级人民法院通知暂缓执行的期间;

(十二)执行中拍卖、变卖被查封、扣押财产的期间。

第十条 人民法院判决书宣判、裁定书宣告或者调解书送达最后一名当事人的日期为结案时间。如需委托宣判、送达的,委托宣判、送达的人民法院应当在审限届满前将判决书、裁定书、调解书送达受托人民法院。受托人民法院应当在收到委托书后七日内送达。

人民法院判决书宣判、裁定书宣告或者调解书送达有下列情形之一的,结案时间遵守以下规定:

(一)留置送达的,以裁判文书留在受送达人的住所日为结案时间;

(二)公告送达的,以公告刊登之日为结案时间;

(三)邮寄送达的,以交邮日期为结案时间;

(四)通过有关单位转交送达的,以送达回证上当事人签收的日期为结案时间。

三、案件延长审理期限的报批

第十一条 刑事公诉案件、被告人被羁押的自诉案件，需要延长审理期限的，应当在审理期限届满七日以前，向高级人民法院提出申请；被告人未被羁押的刑事自诉案件，需要延长审理期限的，应当在审理期限届满十日前向本院院长提出申请。

第十二条 民事案件应当在审理期限届满十日前向本院院长提出申请；还需延长的，应当在审理期限届满十日前向上一级人民法院提出申请。

第十三条 行政案件应当在审理期限届满十日前向高级人民法院或者最高人民法院提出申请。

第十四条 对于下级人民法院申请延长办案期限的报告，上级人民法院应当在审理期限届满三日前作出决定，并通知提出申请延长审理期限的人民法院。

需要本院院长批准延长办案期限的，院长应当在审限届满前批准或者决定。

四、上诉、抗诉二审案件的移送期限

第十五条 被告人、自诉人、附带民事诉讼的原告人和被告人通过第一审人民法院提出上诉的刑事案件，第一审人民法院应当在上诉期限届满后三日内将上诉状连同案卷、证据移送第二审人民法院。被告人、自诉人、附带民事诉讼的原告人和被告人直接向上级人民法院提出上诉的刑事案件，第一审人民法院应当在接到第二审人民法院移交的上诉状后三日内将案卷、证据移送上一级人民法院。

第十六条 人民检察院抗诉的刑事二审案件，第一审人民法院应当在上诉、抗诉期届满后三日内将抗诉书连同案卷、证据移送第二审人民法院。

第十七条 当事人提出上诉的二审民事、行政案件，第一审人民法院收到上诉状，应当在五日内将上诉状副本送达对方当事人。人民法院收到答辩状，应当在五日内将副本送达上诉人。

人民法院受理人民检察院抗诉的民事、行政案件的移送期限，比照前款规定办理。

第十八条 第二审人民法院立案时发现上诉案件材料不齐全的，应当在两日内通知第一审人民法院。第一审人民法院应当在接到第二审人民法院的通知后五日内补齐。

第十九条 下级人民法院接到上级人民法院调卷通知后，应当在五日内将全部案卷和证据移送，至迟不超过十日。

五、对案件审理期限的监督、检查

第二十条 各级人民法院应当将审理案件期限情况作为审判管理的重要内容，加强对案件审理期限的管理、监督和检查。

第二十一条 各级人民法院应当建立审理期限届满前的催办制度。

第二十二条 各级人民法院应当建立案件审理期限定期通报制度。对违反诉讼法规定，超过审理期限或者违反本规定的情况进行通报。

第二十三条 审判人员故意拖延办案，或者因过失延误办案，造成严重后果的，依照《人民法院审判纪律处分办法（试行）》第五十九条的规定予以处分。

审判人员故意拖延移送案件材料，或者接受委托送达后，故意拖延不予送达的，参照《人民法院审判纪律处分办法（试行）》第五十九条的规定予以处分。

第二十四条 本规定发布前有关审理期限规定与本规定不一致的，以本规定为准。

最高人民法院
关于刑事裁判涉财产部分执行的若干规定

2014年10月30日　　法释〔2014〕13号

第三条 人民法院办理刑事裁判涉财产部分执行案件的期限为六个月。有特殊情况需要延长的，经本院院长批准，可以延长。

最高人民法院
关于人民法院执行公开的若干规定

2006年12月23日　　法发〔2006〕35号

第十五条 人民法院未能按照最高人民法

院《关于人民法院办理执行案件若干期限的规定》中规定的期限完成执行行为的，应当及时向申请执行人说明原因。

最高人民法院
关于人民法院办理执行案件若干期限的规定

2006年12月23日　　法发〔2006〕35号

为确保及时、高效、公正办理执行案件，依据《中华人民共和国民事诉讼法》和有关司法解释的规定，结合执行工作实际，制定本规定。

第一条　被执行人有财产可供执行的案件，一般应当在立案之日起6个月内执结；非诉执行案件一般应当在立案之日起3个月内执结。

有特殊情况须延长执行期限的，应当报请本院院长或副院长批准。

申请延长执行期限的，应当在期限届满前5日内提出。

第二条　人民法院应当在立案后7日内确定承办人。

第三条　承办人收到案件材料后，经审查认为情况紧急、需立即采取执行措施的，经批准后可立即采取相应的执行措施。

第四条　承办人应当在收到案件材料后3日内向被执行人发出执行通知书，通知被执行人按照有关规定申报财产，责令被执行人履行生效法律文书确定的义务。

被执行人在指定的履行期间内有转移、隐匿、变卖、毁损财产等情形的，人民法院在获悉后应当立即采取控制性执行措施。

第五条　承办人应当在收到案件材料后3日内通知申请执行人提供被执行人财产状况或财产线索。

第六条　申请执行人提供了明确、具体的财产状况或财产线索的，承办人应当在申请执行人提供财产状况或财产线索后5日内进行查证、核实。情况紧急的，应当立即予以核查。

申请执行人无法提供被执行人财产状况或财产线索，或者提供财产状况或财产线索确有困难，需人民法院进行调查的，承办人应当在申请执行人提出调查申请后10日内启动调查程序。

根据案件具体情况，承办人一般应当在1个月内完成对被执行人收入、银行存款、有价证券、不动产、车辆、机器设备、知识产权、对外投资权益及收益、到期债权等资产状况的调查。

第七条　执行中采取评估、拍卖措施的，承办人应当在10日内完成评估、拍卖机构的遴选。

第八条　执行中涉及不动产、特定动产及其它财产需办理过户登记手续的，承办人应当在5日内向有关登记机关送达协助执行通知书。

第九条　对执行异议的审查，承办人应当在收到异议材料及执行案卷后15日内提出审查处理意见。

第十条　对执行异议的审查需进行听证的，合议庭应当在决定听证后10日内组织异议人、申请执行人、被执行人及其他利害关系人进行听证。

承办人应当在听证结束后5日内提出审查处理意见。

第十一条　对执行异议的审查，人民法院一般应当在1个月内办理完毕。

需延长期限的，承办人应当在期限届满前3日内提出申请。

第十二条　执行措施的实施及执行法律文书的制作需报经审批的，相关负责人应当在7日内完成审批程序。

第十三条　下列期间不计入办案期限：

1. 公告送达执行法律文书的期间；

2. 暂缓执行的期间；

3. 中止执行的期间；

4. 就法律适用问题向上级法院请示的期间；

5. 与其他法院发生执行争议报请共同的上级法院协调处理的期间。

第十四条　法律或司法解释对办理期限有明确规定的，按照法律或司法解释规定执行。

第十五条　本规定自2007年1月1日起施行。

第十五章　迟延履行责任

中华人民共和国民事诉讼法

2017年6月27日

第二百五十三条　被执行人未按判决、裁定和其他法律文书指定的期间履行给付金钱义务的，应当加倍支付迟延履行期间的债务利息。被执行人未按判决、裁定和其他法律文书指定的期间履行其他义务的，应当支付迟延履行金。

最高人民法院
关于适用《中华人民共和国民事诉讼法》的解释

2015年1月30日　　法释〔2015〕5号

第五百零六条　被执行人迟延履行的，迟延履行期间的利息或者迟延履行金自判决、裁定和其他法律文书指定的履行期间届满之日起计算。

第五百零七条　被执行人未按判决、裁定和其他法律文书指定的期间履行非金钱给付义务的，无论是否已给申请执行人造成损失，都应当支付迟延履行金。已经造成损失的，双倍补偿申请执行人已经受到的损失；没有造成损失的，迟延履行金可以由人民法院根据具体案件情况决定。

最高人民法院
关于人民法院执行工作若干问题的规定（试行）

1998年7月8日　　法释〔1998〕15号

24. 人民法院决定受理执行案件后，应当在三日内向被执行人发出执行通知书，责令其在指定的期间内履行生效法律文书确定的义务，并承担民事诉讼法第二百二十九条规定的迟延履行期间的债务利息或迟延履行金。

最高人民法院
关于人民法院民事调解工作若干问题的规定

2004年9月16日　　法释〔2004〕12号

第十九条　调解书确定的担保条款条件或者承担民事责任的条件成就时，当事人申请执行的，人民法院应当依法执行。

不履行调解协议的当事人按照前款规定承担了调解书确定的民事责任后，对方当事人又要求其承担民事诉讼法第二百二十九条规定的迟延履行责任的，人民法院不予支持。

【附：相关理解与适用】

调解协议约定的民事责任，不是指调解协议约定的给付内容本身，而是指不履行协议约定的给付内容而承担的额外责任的民事责任

通常当事人可以在调解协议中约定两种民事责任：一是替代责任，如约定一方向另一方赔礼道歉，如果到时不赔礼道歉则应当支付赔款10000元，则赔款就是替代赔礼道歉的民事责任；二是加重责任，如约定一方应当于10月1日前清偿另一方借款本金100万元，如果到期未清偿完100万元，则应当一并再支付所欠利息25万元；再如约定一方在10日内可以只支付10万元，如果逾期1个月应支付15万元，逾期2个月则支付25万元；再如约定如果不能按照协议约定支付价款，则按照每日1%支付罚息等。对于替代性的民事责任，只要发生到期不履行调解协议的情形，原本的履行即替换为新的一种履行，因此，不存在民事诉讼法第229条规定的迟延履行责任问题。对于加重性的民事责任，加重的责任本身就是对不履行调解协议或者调解书一方的惩罚，因此，民事诉讼法第229条规定的迟延履行责任与当事人在调解协议中约定的加重责任是竞合关系，当事人只能选择其中一种行使，不得同时行使两种权利。基于约定优于法定之原则，当事人的约定可以优先行使，不得以法律已有迟延履行责任的规定而认定当事人的约定无效。

当事人可以为调解协议的履行设定担保。第一种方式是当事人自行设定担保。当事人自行担保也分为两种形式：一是当事人为自己的债务提供担保，如抵押、质押。二是当事人为他人债务提供担保，则可以是保证，也可以是抵押、质押。第二种方式是当事人之外的案外人提供担保。案外人提供担保的形式，可以是保证，也可以是抵押、质押。为调解协议的履行设定担保，符合担保法规定的生效条件则发生法律效力。设定的担保要记入调解协议，制作调解书的应当记入调解书。案外人提供担保的，人民法院应当在制作的调解书中列明担保人，并将调解书送交担保人。①

最高人民法院关于执行程序中计算迟延履行期间的债务利息适用法律若干问题的解释

2014年7月7日　　法释〔2014〕8号

为规范执行程序中迟延履行期间债务利息的计算，根据《中华人民共和国民事诉讼法》的规定，结合司法实践，制定本解释。

第一条　根据民事诉讼法第二百五十三条规定加倍计算之后的迟延履行期间的债务利息，包括迟延履行期间的一般债务利息和加倍部分债务利息。

迟延履行期间的一般债务利息，根据生效法律文书确定的方法计算；生效法律文书未确定给付该利息的，不予计算。

加倍部分债务利息的计算方法为：加倍部分债务利息＝债务人尚未清偿的生效法律文书确定的除一般债务利息之外的金钱债务×日万分之一点七五×迟延履行期间。

第二条　加倍部分债务利息自生效法律文书确定的履行期间届满之日起计算；生效法律文书确定分期履行的，自每次履行期间届满之日起计算；生效法律文书未确定履行期间的，自法律文书生效之日起计算。

第三条　加倍部分债务利息计算至被执行人履行完毕之日；被执行人分次履行的，相应部分的加倍部分债务利息计算至每次履行完毕之日。

人民法院划拨、提取被执行人的存款、收入、股息、红利等财产的，相应部分的加倍部分债务利息计算至划拨、提取之日；人民法院对被执行人财产拍卖、变卖或者以物抵债的，计算至成交裁定或者抵债裁定生效之日；人民法院对被执行人财产通过其他方式变价的，计算至财产变价完成之日。

非因被执行人的申请，对生效法律文书审查而中止或者暂缓执行的期间及再审中止执行的期间，不计算加倍部分债务利息。

第四条　被执行人的财产不足以清偿全部债务的，应当先清偿生效法律文书确定的金钱债务，再清偿加倍部分债务利息，但当事人对清偿顺序另有约定的除外。

第五条　生效法律文书确定给付外币的，执行时以该种外币按日万分之一点七五计算加倍部分债务利息，但申请执行人主张以人民币计算的，人民法院应予准许。

以人民币计算加倍部分债务利息的，应当先将生效法律文书确定的外币折算或者套算为人民币后再进行计算。

外币折算或者套算为人民币的，按照加倍部分债务利息起算之日的中国外汇交易中心或者中国人民银行授权机构公布的人民币对该外币的中间价折合成人民币计算；中国外汇交易中心或者中国人民银行授权机构未公布汇率中间价的外币，按照该日境内银行人民币对该外

---

① 《最高人民法院〈关于人民法院民事调解工作若干问题的规定〉的理解与适用》，载最高人民法院研究室编：《最高人民法院司法解释正式文本理解与适用（2004年卷）》，法律出版社2005年版，第86～102页。

币的中间价折算成人民币,或者该外币在境内银行、国际外汇市场对美元汇率,与人民币对美元汇率中间价进行套算。

第六条 执行回转程序中,原申请执行人迟延履行金钱给付义务的,应当按照本解释的规定承担加倍部分债务利息。

第七条 本解释施行时尚未执行完毕部分的金钱债务,本解释施行前的迟延履行期间债务利息按照之前的规定计算;施行后的迟延履行期间债务利息按照本解释计算。

本解释施行前本院发布的司法解释与本解释不一致的,以本解释为准。

最高人民法院
关于在民事判决书中增加向当事人告知民事诉讼法第二百二十九条[①]规定内容的通知

2007年2月7日　　法〔2007〕19号

全国地方各级人民法院、各级军事法院、各铁路运输中级法院和基层法院、各海事法院,新疆生产建设兵团各级法院:

根据《中共中央关于构建社会主义和谐社会若干重大问题的决定》有关"落实当事人权利义务告知制度"的要求,为使胜诉的当事人及时获得诉讼成果,促使败诉的当事人及时履行义务,经研究决定,在具有金钱给付内容的民事判决书中增加向当事人告知民事诉讼法第二百二十九条规定的内容。现将在民事判决书中具体表述方式通知如下:

一、一审判决中具有金钱给付义务的,应当在所有判项之后另起一行写明:如果未按本判决指定的期间履行给付金钱义务,应当依照《中华人民共和国民事诉讼法》民事诉讼法第二百二十九条之规定,加倍支付迟延履行期间的债务利息。

二、二审判决作出改判的案件,无论一审判决是否写入了上述告知内容,均应在所有判项之后另起一行写明第一条的告知内容。

三、如一审判决已经写明上述告知内容,二审维持原判的判决,可不再重复告知。

特此通知。

最高人民法院
关于暂缓执行期间是否计算双倍贷款利息的问题的答复

〔2005〕执监字第59—1号

山东省高级人民法院:

根据你院《关于执行华和国际租赁有限公司与中国建设银行费县支行融资租赁合同担保纠纷一案的情况汇报》,现就有关的法律适用问题提出如下意见:

关于暂缓执行期间是否计算双倍贷款利息的问题,按照《民事诉讼法》第二百三十二条[②]的规定,被执行人未按判决履行的,即应当加倍支付迟延履行期间的债务利息。暂缓执行并未改变被执行人未按判决履行的状态,而且此案暂缓执行是因被执行人申诉,为被执行人的利益而采取的。在申诉复查期间暂缓执行已经保护了被执行人的利益,申诉被驳回的,被执行人应当承担未按判决履行的不利后果。

【附:案例评析】

暂缓执行期间如何计算迟延履行期间的债务利息

山东省高级人民法院意见:

山东省高级人民法院认为:关于上级法院调卷审查并决定暂缓执行期间,如何计算迟延履行金问题,法律没有明确规定。这期间不是被执行人不履行判决书所确定的义务,而是因最高人民法院认为原判决可能存在问题,需要审查再审,暂缓原判决的执行。法律规定加倍支付迟延利息的目的是惩罚藐视司法权威、拖延履行判决义务的行为,使其在经济上受到惩罚。本案不是被执

[①] 民事诉讼法原第二百二十九条已修改为第二百五十三条,下同。——编者注
[②] 民事诉讼法原第二百三十二条现已修改为第二百五十三条。——编者注

行人对法院判决执行的迟延,而是因被执行人意志以外的原因(法院暂缓执行),而不能履行,这显然不符合《民事诉讼法》第232条规定的情形。本着公平原则,最高人民法院审查再审期间按银行最高贷款利率单倍计息比较适宜。

最高人民法院意见:

最高人民法院执行办经审判长联席会讨论,一致认为应当从有利于债权人的角度解释争议问题,最大限度实现债权人的合法权益。因申诉人申诉无理被驳回的,暂缓执行期间应当双倍计算迟延履行利息。此应作为今后处理类似问题的原则。

对本案的分析:

1. 关于暂缓执行期间是否计算双倍贷款利息的问题,法律没有明确规定,但在有关法律的条文中也没有排除暂缓执行期间的双倍计算。《民事诉讼法》第232条规定:"被执行人未按判决、裁定和其他法律文书指定的期间履行给付义务的,应当加倍支付迟延履行期间的债务利息。"依此规定,加倍支付迟延利息的条件是"未按判决"履行义务。暂缓执行并未改变被执行人未按判决履行的状态,而且在执行中对这一争议问题的处理,应当在平衡双方利益的前提下,尽量作有利于债权人的解释。这样才能避免被执行人无理缠诉,通过申诉侵害债权人利益。

2. 最高人民法院起草的《强制执行法草案》和有关司法解释稿中,就此问题的解决方案,均提到:依被执行人的申请而暂缓执行或者中止执行的,暂缓执行或者中止执行期间的利息,由被执行人负担。这一精神应当用于指导当前的执行实践。

3. 申诉期间的暂缓执行不能解释为被执行人意志以外的原因,而应当解释为经过被执行人的努力才取得的效果,故与被执行人意志有关。而且该暂缓执行完全是因被执行人方面的原因造成的,是根据被执行人的请求为被执行人的利益采取的措施。在此期间暂缓执行本身已经是对被执行人的利益保护措施,已经损害债权人利益。在因申诉无理被驳回后,不能再损害申请人的利益。故申诉复查期间单倍计算利息实质上并不公平。①

人民法院办理执行案件规范

2017年4月

149.【迟延履行期间债务利息和迟延履行金的一般规定】

被执行人未按判决、裁定和其他法律文书指定的期间履行给付金钱义务的,应当加倍支付迟延履行期间的债务利息。被执行人未按判决、裁定和其他法律文书指定的期间履行其他义务的,应当支付迟延履行金。

150.【2014年8月1日前产生的迟延履行期间债务利息的计算方法】

《最高人民法院关于执行程序中计算迟延履行期间的债务利息适用法律若干问题的解释》施行时(2014年8月1日)尚未执行完毕部分的金钱债务,解释施行前的迟延履行期间债务利息按照之前的规定计算。

151.【2014年8月1日前已清偿部分债务的本息的确定】

2014年8月1日前已清偿部分债务的,应当根据并还原则按比例计算已清偿的法律文书确定的金钱债务金额与迟延履行期间的债务利息金额,但当事人在执行和解中对清偿顺序另有约定的除外。

152.【2014年8月1日前应付执行款的计算】

2014年8月1日前的应付执行款,按照下列方法计算:

执行款＝清偿的法律文书确定的金钱债务＋清偿的迟延履行期间的债务利息。

清偿的迟延履行期间的债务利息＝清偿的法律文书确定的金钱债务×同期贷款基准利率×2×迟延履行期间。

---

① 黄金龙:《暂缓执行期间如何计算迟延履行期间的债务利息》,载最高人民法院执行工作办公室编:《执行工作指导》2007年第1辑(总第21辑),人民法院出版社2007年版,第60～62页

153.【2014年8月1日前迟延履行期间债务利息的计算基数】

2014年8月1日前迟延履行期间的债务利息计算基数包括执行依据确定的债务本金、利息、罚息、滞纳金、违约金、评估费、鉴定费、公告费等因诉讼或仲裁所支出的费用,不包括案件受理费、保全申请费、其他申请费。

154.【2014年8月1日前迟延履行期间债务利息起算日等问题的法律适用】

2014年8月1日前迟延履行期间债务利息的起算日、给付期间的扣除、外币给付的利息计算方法,参照本章关于加倍部分债务利息的相关规定。

155.【2014年8月1日后产生的迟延履行期间债务利息的计算方法】

《最高人民法院关于执行程序中计算迟延履行期间的债务利息适用法律若干问题的解释》施行后(2014年8月1日后)产生的迟延履行期间债务利息,包括迟延履行期间的一般债务利息和加倍部分债务利息。

迟延履行期间的一般债务利息,根据生效法律文书确定的方法计算;生效法律文书未确定给付该利息的,不予计算。

加倍部分债务利息的计算方法为:加倍部分债务利息=债务人尚未清偿的生效法律文书确定的除一般债务利息之外的金钱债务×日万分之一点七五×迟延履行期间。

156.【加倍部分债务利息的起算日】

加倍部分债务利息自生效法律文书确定的履行期间届满之日起计算;生效法律文书确定分期履行的,自每次履行期间届满之日起计算;生效法律文书未确定履行期间的,自法律文书生效之日起计算。

157.【加倍部分债务利息的截止日及一般债务利息的参照适用】

加倍部分债务利息计算至被执行人履行完毕之日;被执行人分次履行的,相应部分的加倍部分债务利息计算至每次履行完毕之日。

人民法院划拨、提取被执行人的存款、收入、股息、红利等财产的,相应部分的加倍部分债务利息计算至划拨、提取之日;人民法院对被执行人财产拍卖、变卖或者以物抵债的,计算至成交裁定或者抵债裁定生效之日;人民法院对被执行人财产通过其他方式变价的,计算至财产变价完成之日。

生效法律文书确定一般债务利息计算至被执行人履行完毕之日的,截止日参照本条前两款关于加倍部分债务利息的截止日确定。

158.【加倍部分债务利息计付期间的扣除】

非因被执行人的申请,对生效法律文书审查而中止或者暂缓执行的期间及再审中止执行的期间,不计算加倍部分债务利息。

159.【本息清偿顺序】

被执行人的财产不足以清偿全部债务的,应当先清偿生效法律文书确定的金钱债务,再清偿加倍部分债务利息,但当事人对清偿顺序另有约定的除外。

160.【给付外币的加倍部分债务利息的计算方法】

生效法律文书确定给付外币的,执行时以该种外币按日万分之一点七五计算加倍部分债务利息,但申请执行人主张以人民币计算的,人民法院应予准许。

以人民币计算加倍部分债务利息的,应当先将生效法律文书确定的外币折算或者套算为人民币后再进行计算。

外币折算或者套算为人民币的,按照加倍部分债务利息起算之日的中国外汇交易中心或者中国人民银行授权机构公布的人民币对该外币的中间价折合成人民币计算;中国外汇交易中心或者中国人民银行授权机构未公布汇率中间价的外币,按照该日境内银行人民币对该外币的中间价折算成人民币,或者该外币在境内银行、国际外汇市场对美元汇率,与人民币对美元汇率中间价进行套算。

161.【同期贷款基准利率】

"同期贷款基准利率"的适用,具体把握如下:

(一)根据未履行期间的长短确定应当适用的中国人民银行公布的同档贷款基准利率:未履行期间不超过6个月的,适用中国人民银行公布的6个月以内(含6个月)档的贷款基准利率;未履行期间逾6个月、不超过1年的,适用中国人民银行公布的6个月至1年(含1

年）档的贷款基准利率；未履行期间逾1年、不超过3年的，适用中国人民银行公布的1至3年（含3年）档的贷款基准利率；未履行期间逾3年、不超过5年的，适用中国人民银行公布的3至5年（含5年）档的贷款基准利率；未履行期间逾5年的，适用中国人民银行公布的5年以上档的贷款基准利率。

（二）中国人民银行公布的同期贷款基准利率发生变化的，根据该利率的变化分段计算。

（三）未履行期间逾1年的，每整年的利息按照同期贷款基准利率的年利率计算，剩余期间的利息按照同期贷款基准利率的日利率计算。日利率按照同期贷款基准利率的年利率除以365天计算。

162.【迟延履行金的计算方法】

被执行人未按判决、裁定和其他法律文书指定的期间履行非金钱给付义务的，无论是否已给申请执行人造成损失，都应当支付迟延履行金。已经造成损失的，双倍补偿申请执行人已经受到的损失；没有造成损失的，迟延履行金可以由人民法院根据具体案件情况决定。

163.【未明示放弃迟延履行期间债务利息、迟延履行金的执行】

申请执行人在执行立案时或执行过程中未明确表示放弃迟延履行期间债务利息或迟延履行金的，执行标的额包括迟延履行期间债务利息或迟延履行金。

164.【迟延履行期间债务利息、迟延履行金的单独申请执行】

执行依据生效后申请执行前，债务人已自动履行完毕执行依据确定的其他债务，债权人以债务人未支付或未完全支付迟延履行期间债务利息或迟延履行金为由单独申请执行的，人民法院应予受理。但债权人已认可债务履行完毕的除外。

165.【调解书执行中迟延履行期间债务利息或迟延履行金的处理】

民事调解书确定了一方不履行调解协议应承担的民事责任，且不履行该协议的当事人已承担了该民事责任，对方当事人又要求其承担迟延履行责任的，人民法院不予支持。

给付债务本金及利息的判决生效后，被执行人逾期没有给付，如何计算迟延履行期间的债务利息？

问题：在执行借款纠纷案件中，判决书中确定判决生效后给付5万元，并同时给付利息1.2万元。判决生效后被执行人逾期未履行义务。现就依据《民事诉讼法》第232条①的规定计算迟延履行期间的债务利息有两种意见：一种意见是只计算本金5万元的迟延履行期间的债务利息。第二种意见将本金5万元和利息1.2万元加在一起计算迟延履行期间的债务利息。

《人民司法》研究组认为：我们认为，第二种意见是正确的。《民事诉讼法》第232条规定："被执行人未按判决、裁定和其他法律文书指定的期间履行给付金钱义务的，应当加倍支付迟延履行期间的债务利息。被执行人未按判决、裁定和其他法律文书指定的期间履行其他义务的，应当支付迟延履行金。"此规定中的"债务"，指的是判决确认的义务人应向权利人支付的金钱数额的整体。本案是借款合同之债，包括本金和利息，即本案的执行标的额为6.2万元。迟延履行期间的债务利息以6.2万元为计算基数。采取此计算方法，可以体现对怠于履行义务的被执行人的惩罚性。②

借款纠纷案件判决主文中利息应计算至何时？

问题：我们在判决借款纠纷案件时，对利息计算的时间问题，在判决主文表述上有三种不同意见：第一种意见认为利息应计算至起诉时止；第二种意见认为利息应计算至法院宣判时止；第三种意见认为利息应计算至法院判决当事人履行义务期满之日止。以上三种意见哪一种最合理、合法？请予答复。

《人民司法》研究组认为：关于借款纠纷案件中判决主文对于有关利息应计算至何时止的表述，我们认为：判决立即支付的，利息应计算至判决生效之日止；判决有一定履行期限的，利息应计

---

① 民事诉讼法原第二百三十二条现已修改为第二百五十三条，下同。——编者注
② 载《人民司法》2003年第1期。

算至判决确定的履行期届满之日止。逾期未支付的，则根据民事诉讼法第二百三十二条之规定："被执行人未按判决、裁定和其他法律文书指定的期间履行给付金钱义务的，应当加倍支付迟延履行期间的债务利息"，由债务人加倍支付迟延履行期间的债务利息。这样有利于保护债权人的合法权益，同时督促债务人尽快执行法院的生效判决。来信中的三种观点，计算至起诉时止、计算至法院宣判时止以及计算至法院判决当事人履行义务期满之日止等，均不够合理。①

第十六章　法律制裁措施

第一节　拘　传

中华人民共和国民事诉讼法

2017 年 6 月 27 日

第一百零九条　人民法院对必须到庭的被告，经两次传票传唤，无正当理由拒不到庭的，可以拘传。

第一百一十六条　拘传、罚款、拘留必须经院长批准。

拘传应当发拘传票。

罚款、拘留应当用决定书。对决定不服的，可以向上一级人民法院申请复议一次。复议期间不停止执行。

第一百一十七条　采取对妨害民事诉讼的强制措施必须由人民法院决定。任何单位和个人采取非法拘禁他人或者非法私自扣押他人财产追索债务的，应当依法追究刑事责任，或者予以拘留、罚款。

最高人民法院
关于适用《中华人民共和国民事诉讼法》的解释

2015 年 1 月 30 日　　法释〔2015〕5 号

第一百七十五条　拘传必须用拘传票，并直接送达被拘传人；在拘传前，应当向被拘传人说明拒不到庭的后果，经批评教育仍拒不到庭的，可以拘传其到庭。

第四百八十四条　对必须接受调查询问的被执行人、被执行人的法定代表人、负责人或者实际控制人，经依法传唤无正当理由拒不到场的，人民法院可以拘传其到场。

人民法院应当及时对被拘传人进行调查询问，调查询问的时间不得超过八小时；情况复杂，依法可能采取拘留措施的，调查询问的时间不得超过二十四小时。

人民法院在本辖区以外采取拘传措施时，可以将被拘传人拘传到当地人民法院，当地人民法院应予协助。

最高人民法院
关于人民法院执行工作若干问题的规定（试行）

1998 年 7 月 8 日　　法释〔1998〕15 号

97. 对必须到人民法院接受询问的被执行人或被执行人的法定代表人或负责人，经两次传票传唤，无正当理由拒不到场的，人民法院可以对其进行拘传。

---

① 载《人民司法》2001 年第 5 期。

98. 对被拘传人的调查询问不得超过二十四小时，调查询问后不得限制被拘传人的人身自由。

99. 在本辖区以外采取拘传措施时，应当将被拘传人拘传到当地法院，当地法院应予以协助。

人民法院办理执行案件规范

2017 年 4 月

173.【拘传的适用条件和程序】

对必须接受调查询问的被执行人、被执行人的法定代表人、负责人或者实际控制人，经依法传唤无正当理由拒不到场的，人民法院可以拘传其到场。

拘传必须经院长批准。

拘传必须用拘传票，并直接送达被拘传人；在拘传前，应当向被拘传人说明拒不到庭的后果，经批评教育仍拒不到庭的，可以拘传其到庭。

174.【拘传中的调查询问】

人民法院应当及时对被拘传人进行调查询问，调查询问的时间不得超过八小时；情况复杂，依法可能采取拘留措施的，调查询问的时间不得超过二十四小时。

调查询问后不得限制被拘传人的人身自由。

175.【辖区外的拘传】

人民法院在本辖区以外采取拘传措施时，可以将被拘传人拘传到当地人民法院，当地人民法院应予协助。

第二节　罚款、拘留

中华人民共和国民事诉讼法

2017 年 6 月 27 日

第一百一十条　诉讼参与人和其他人应当遵守法庭规则。

人民法院对违反法庭规则的人，可以予以训诫，责令退出法庭或者予以罚款、拘留。

人民法院对哄闹、冲击法庭，侮辱、诽谤、威胁、殴打审判人员，严重扰乱法庭秩序的人，依法追究刑事责任；情节较轻的，予以罚款、拘留。

第一百一十一条　诉讼参与人或者其他人有下列行为之一的，人民法院可以根据情节轻重予以罚款、拘留；构成犯罪的，依法追究刑事责任：

（一）伪造、毁灭重要证据，妨碍人民法院审理案件的；

（二）以暴力、威胁、贿买方法阻止证人作证或者指使、贿买、胁迫他人作伪证的；

（三）隐藏、转移、变卖、毁损已被查封、扣押的财产，或者已被清点并责令其保管的财产，转移已被冻结的财产的；

（四）对司法工作人员、诉讼参加人、证人、翻译人员、鉴定人、勘验人、协助执行的人，进行侮辱、诽谤、诬陷、殴打或者打击报复的；

（五）以暴力、威胁或者其他方法阻碍司法工作人员执行职务的；

（六）拒不履行人民法院已经发生法律效力的判决、裁定的。

人民法院对有前款规定的行为之一的单位，可以对其主要负责人或者直接责任人员予以罚款、拘留；构成犯罪的，依法追究刑事责任。

第一百一十二条　当事人之间恶意串通，企图通过诉讼、调解等方式侵害他人合法权益的，人民法院应当驳回其请求，并根据情节轻重予以罚款、拘留；构成犯罪的，依法追究刑事责任。

第一百一十三条　被执行人与他人恶意串通，通过诉讼、仲裁、调解等方式逃避履行法律文书确定的义务的，人民法院应当根据情节轻重予以罚款、拘留；构成犯罪的，依法追究刑事责任。

第一百一十四条　有义务协助调查、执行的单位有下列行为之一的，人民法院除责令其履行协助义务外，并可以予以罚款：

（一）有关单位拒绝或者妨碍人民法院调查

取证的；

（二）有关单位接到人民法院协助执行通知书后，拒不协助查询、扣押、冻结、划拨、变价财产的；

（三）有关单位接到人民法院协助执行通知书后，拒不协助扣留被执行人的收入、办理有关财产权证照转移手续、转交有关票证、证照或者其他财产的；

（四）其他拒绝协助执行的。

人民法院对有前款规定的行为之一的单位，可以对其主要负责人或者直接责任人员予以罚款；对仍不履行协助义务的，可以予以拘留；并可以向监察机关或者有关机关提出予以纪律处分的司法建议。

第一百一十五条 对个人的罚款金额，为人民币十万元以下。对单位的罚款金额，为人民币五万元以上一百万元以下。

拘留的期限，为十五日以下。

被拘留的人，由人民法院交公安机关看管。在拘留期间，被拘留人承认并改正错误的，人民法院可以决定提前解除拘留。

第一百一十六条 拘传、罚款、拘留必须经院长批准。

拘传应当发拘传票。

罚款、拘留应当用决定书。对决定不服的，可以向上一级人民法院申请复议一次。复议期间不停止执行。

第一百一十七条 采取对妨害民事诉讼的强制措施必须由人民法院决定。任何单位和个人采取非法拘禁他人或者非法私自扣押他人财产追索债务的，应当依法追究刑事责任，或者予以拘留、罚款。

最高人民法院
关于适用《中华人民共和国民事诉讼法》的解释

2015年1月30日　　法释〔2015〕5号

第一百七十六条 诉讼参与人或者其他人有下列行为之一的，人民法院可以适用民事诉讼法第一百一十条规定处理：

（一）未经准许进行录音、录像、摄影的；

（二）未经准许以移动通信等方式现场传播审判活动的；

（三）其他扰乱法庭秩序，妨害审判活动进行的。

有前款规定情形的，人民法院可以暂扣诉讼参与人或者其他人进行录音、录像、摄影、传播审判活动的器材，并责令其删除有关内容；拒不删除的，人民法院可以采取必要手段强制删除。

第一百七十七条 训诫、责令退出法庭由合议庭或者独任审判员决定。训诫的内容、被责令退出法庭者的违法事实应当记入庭审笔录。

第一百七十八条 人民法院依照民事诉讼法第一百一十条至第一百一十四条的规定采取拘留措施的，应经院长批准，作出拘留决定书，由司法警察将被拘留人送交当地公安机关看管。

第一百七十九条 被拘留人不在本辖区的，作出拘留决定的人民法院应当派员到被拘留人所在地的人民法院，请该院协助执行，受委托的人民法院应当及时派员协助执行。被拘留人申请复议或者在拘留期间承认并改正错误，需要提前解除拘留的，受委托人民法院应当向委托人民法院转达或者提出建议，由委托人民法院审查决定。

第一百八十条 人民法院对被拘留人采取拘留措施后，应当在二十四小时内通知其家属；确实无法按时通知或者通知不到的，应当记录在案。

第一百八十一条 因哄闹、冲击法庭，用暴力、威胁等方法抗拒执行公务等紧急情况，必须立即采取拘留措施的，可在拘留后，立即报告院长补办批准手续。院长认为拘留不当的，应当解除拘留。

第一百八十二条 被拘留人在拘留期间认错悔改的，可以责令其具结悔过，提前解除拘留。提前解除拘留，应报经院长批准，并作出提前解除拘留决定书，交负责看管的公安机关执行。

第一百八十三条 民事诉讼法第一百一十条至第一百一十三条规定的罚款、拘留可以单独适用,也可以合并适用。

第一百八十四条 对同一妨害民事诉讼行为的罚款、拘留不得连续适用。发生新的妨害民事诉讼行为的,人民法院可以重新予以罚款、拘留。

第一百八十五条 被罚款、拘留的人不服罚款、拘留决定申请复议的,应当自收到决定书之日起三日内提出。上级人民法院应当在收到复议申请后五日内作出决定,并将复议结果通知下级人民法院和当事人。

第一百八十六条 上级人民法院复议时认为强制措施不当的,应当制作决定书,撤销或者变更下级人民法院作出的拘留、罚款决定。情况紧急的,可以在口头通知后三日内发出决定书。

第一百八十七条 民事诉讼法第一百一十一条第一款第五项规定的以暴力、威胁或者其他方法阻碍司法工作人员执行职务的行为,包括:
(一)在人民法院哄闹、滞留,不听从司法工作人员劝阻的;
(二)故意毁损、抢夺人民法院法律文书、查封标志的;
(三)哄闹、冲击执行公务现场,围困、扣押执行或者协助执行公务人员的;
(四)毁损、抢夺、扣留案件材料、执行公务车辆、其他执行公务器械、执行公务人员服装和执行公务证件的;
(五)以暴力、威胁或者其他方法阻碍司法工作人员查询、查封、扣押、冻结、划拨、拍卖、变卖财产的;
(六)以暴力、威胁或者其他方法阻碍司法工作人员执行职务的其他行为。

第一百八十八条 民事诉讼法第一百一十一条第一款第六项规定的拒不履行人民法院已经发生法律效力的判决、裁定的行为,包括:
(一)在法律文书发生法律效力后隐藏、转移、变卖、毁损财产或者无偿转让财产、以明显不合理的价格交易财产、放弃到期债权、无偿为他人提供担保等,致使人民法院无法执行的;
(二)隐藏、转移、毁损或者未经人民法院允许处分已向人民法院提供担保的财产的;
(三)违反人民法院限制高消费令进行消费的;
(四)有履行能力而拒不按照人民法院执行通知履行生效法律文书确定的义务的;
(五)有义务协助执行的个人接到人民法院协助执行通知书后,拒不协助执行的。

第一百八十九条 诉讼参与人或者其他人有下列行为之一的,人民法院可以适用民事诉讼法第一百一十一条的规定处理:
(一)冒充他人提起诉讼或者参加诉讼的;
(二)证人签署保证书后作虚假证言,妨碍人民法院审理案件的;
(三)伪造、隐藏、毁灭或者拒绝交出有关被执行人履行能力的重要证据,妨碍人民法院查明被执行人财产状况的;
(四)擅自解冻已被人民法院冻结的财产的;
(五)接到人民法院协助执行通知书后,给当事人通风报信,协助其转移、隐匿财产的。

第一百九十条 民事诉讼法第一百一十二条规定的他人合法权益,包括案外人的合法权益、国家利益、社会公共利益。
第三人根据民事诉讼法第五十六条第三款规定提起撤销之诉,经审查,原案当事人之间恶意串通进行虚假诉讼的,适用民事诉讼法第一百一十二条规定处理。

第一百九十一条 单位有民事诉讼法第一百一十二条或者第一百一十三条规定行为的,人民法院应当对该单位进行罚款,并可以对其主要负责人或者直接责任人员予以罚款、拘留;构成犯罪的,依法追究刑事责任。

第一百九十二条 有关单位接到人民法院协助执行通知书后,有下列行为之一的,人民法院可以适用民事诉讼法第一百一十四条规定处理:
(一)允许被执行人高消费的;
(二)允许被执行人出境的;
(三)拒不停止办理有关财产权证照转移手续、权属变更登记、规划审批等手续的;
(四)以需要内部请示、内部审批,有内部规定等为由拖延办理的。

第一百九十三条 人民法院对个人或者单位采取罚款措施时,应当根据其实施妨害民事诉讼行为的性质、情节、后果，当地的经济发展水平，以及诉讼标的额等因素，在民事诉讼法第一百一十五条第一款规定的限额内确定相应的罚款金额。

第五百二十一条 在执行终结六个月内，被执行人或者其他人对已执行的标的有妨害行为的，人民法院可以依申请排除妨害，并可以依照民事诉讼法第一百一十一条规定进行处罚。因妨害行为给执行债权人或者其他人造成损失的，受害人可以另行起诉。

最高人民法院
关于人民法院执行工作若干问题的规定（试行）

1998年7月8日　　法释〔1998〕15号

100. 被执行人或其他人有下列拒不履行生效法律文书或者妨害执行行为之一的，人民法院可以依照民事诉讼法第一百零二条的规定处理：

（1）隐藏、转移、变卖、毁损向人民法院提供执行担保的财产的；

（2）案外人与被执行人恶意串通转移被执行人财产的；

（3）故意撕毁人民法院执行公告、封条的；

（4）伪造、隐藏、毁灭有关被执行人履行能力的重要证据，妨碍人民法院查明被执行人财产状况的；

（5）指使、贿买、胁迫他人对被执行人的财产状况和履行义务的能力问题作伪证的；

（6）妨碍人民法院依法搜查的；

（7）以暴力、威胁或其他方法妨碍或抗拒执行的；

（8）哄闹、冲击执行现场的；

（9）对人民法院执行人员或协助执行人员进行侮辱、诽谤、诬陷、围攻、威胁、殴打或者打击报复的；

（10）毁损、抢夺执行案件材料、执行公务车辆、其他执行器械、执行人员服装和执行公务证件的。

公安部、最高人民法院
关于执行民事诉讼法（试行）第七十八条有关拘留的规定的联合通知

1983年2月19日

各省、市、自治区高级人民法院、公安厅（局）：

《中华人民共和国民事诉讼法（试行）》已从1982年10月1日起在全国试行。现就执行民事诉讼法（试行）第七十八条关于拘留的规定，通知如下：

（一）民事诉讼中的拘留是对妨害民事诉讼的一种强制措施。人民法院采用这种强制措施，必须十分慎重，只有对极少数有严重妨害民事诉讼的行为的人，经过多次耐心教育，仍坚持不改时，方可实行拘留，以保证诉讼活动的顺利进行。

（二）人民法院根据民事诉讼法（试行）第七十七条的规定决定采用拘留措施时，应当作出《拘留决定书》，经院长批准，由司法警察将《拘留决定书》连同被拘留人一并送交当地公安机关，当地公安机关凭人民法院的《拘留决定书》接受被拘留人并予看管。被拘留人要自带被褥，并负担被拘留期间的伙食费用。

（三）公安机关可以将这种因妨害民事诉讼而被拘留的人放在行政拘留场内看管，但不要将他们同受刑事拘留和逮捕的未决犯混杂在一起看管。

（四）人民法院决定提前解除拘留的，应当作出《提前解除拘留决定书》，经院长批准后，交由当地公安机关执行。

最高人民法院
关于采取民事强制措施不得逐级变更由行为人的上级机构承担责任的通知

2004年7月9日　　法〔2004〕127号

各省、自治区、直辖市高级人民法院，解放军军事法院，新疆维吾尔自治区高级人民法院生产建设兵团分院：

近一个时期，一些地方法院在执行银行和非银行金融机构（以下简称金融机构）作为被执行人或者协助执行人的案件中，在依法对该金融机构采取民事强制措施，作出罚款或者司法拘留决定后，又逐级对其上级金融机构直至总行、总公司采取民事强制措施，再次作出罚款或者司法拘留决定，造成不良影响。为纠正这一错误，特通知如下：

一、人民法院在执行程序中，对作为协助执行人的金融机构采取民事强制措施，应当严格依法决定，不得逐级变更由其上级金融机构负责。依据我院与中国人民银行于2000年9月4日会签下发的法发〔2000〕21号即《关于依法规范人民法院执行和金融机构协助执行的通知》第八条的规定，执行金融机构时逐级变更其上级金融机构为被执行人须具备五个条件：其一，该金融机构须为被执行人，其债务已由生效法律文书确认；其二，该金融机构收到执行法院对其限期十五日内履行偿债义务的通知；其三，该金融机构逾期未能自动履行偿债义务，并经过执行法院的强制执行；其四，该金融机构未能向执行法院提供其可供执行的财产；其五，该金融机构的上级金融机构对其负有民事连带清偿责任。金融机构作为协助执行人因其妨害执行行为而被采取民事强制措施，不同于金融机构为被执行人的情况，因此，司法处罚责任应由其自行承担；逐级变更由其上级金融机构承担此责任，属适用法律错误。

二、在执行程序中，经依法逐级变更由上级金融机构为被执行人的，如该上级金融机构在履行此项偿债义务时有妨害执行行为，可以对该上级金融机构采取民事强制措施。但人民法院应当严格按照前述通知第八条的规定，及时向该上级金融机构发出允许其于十五日内自动履行偿债义务的通知，在其自动履行的期限内，不得对其采取民事强制措施。

三、采取民事强制措施应当坚持过错责任原则。金融机构的行为基于其主观上的故意并构成妨害执行的，才可以对其采取民事强制措施；其中构成犯罪的，也可以通过法定程序追究其刑事责任。这种民事强制措施和刑事惩罚手段只适用于有故意过错的金融机构行为人，以充分体现国家法律对违法行为的惩罚性。

四、金融机构对执行法院的民事强制措施即罚款和司法拘留的决定书不服的，可以依据《民事诉讼法》第105条[①]的规定，向上一级法院申请复议；当事人向执行法院提出复议申请的，执行法院应当立即报送上一级法院，不得扣押或者延误转交；上一级法院受理复议申请后，应当及时审查处理；执行法院在上一级法院审查复议申请期间，可以继续执行处罚决定，但经上一级法院决定撤销处罚决定的，执行法院应当立即照办。

以上通知，希望各级人民法院认真贯彻执行。执行过程中有什么情况和问题，应当及时层报我院执行工作办公室。

中央纪律检查委员会　中央组织部　中央宣传部　中央政法委员会　中央社会治安综合治理委员会办公室　最高人民法院　最高人民检察院　国务院法制工作办公室　国家发展和改革委员会　公安部　监察部　司法部　民政部　国土资源部　住房和城乡建设部　中国人民银行　国家税务总局　国家工商行政管理总局　中国银监会　中国证监会

关于建立和完善执行联动机制若干问题的意见

2010年7月7日　　法发〔2010〕15号

第六条　公安机关应当依法严厉打击拒不执行法院判决、裁定和其他妨害执行的违法犯罪行为；对以暴力、威胁方法妨害或者抗拒执行的行为，在接到人民法院通报后立即出警，

---

① 民事诉讼法原第一百零五条现已修改为第一百一十六条。——编者注

依法处置。协助人民法院查询被执行人户籍信息、下落，在履行职责过程中发现人民法院需要拘留、拘传的被执行人的，及时向人民法院通报情况；对人民法院在执行中决定拘留的人员，及时予以收押。协助限制被执行人出境；协助人民法院办理车辆查封、扣押和转移登记等手续；发现被执行人车辆等财产时，及时将有关信息通知负责执行的人民法院。

最高人民法院
关于依法制裁规避执行行为的若干意见

2011年5月27日　　法〔2011〕195号

五、充分运用民事和刑事制裁手段，依法加强对规避执行行为的刑事处罚力度

15. 对规避执行行为加大民事强制措施的适用。被执行人既不履行义务又拒绝报告财产或者进行虚假报告、拒绝交出或者提供虚假财务会计凭证、协助执行义务人拒不协助执行或者妨碍执行、到期债务第三人提出异议后又擅自向被执行人清偿等，给申请执行人造成损失的，应当依法对相关责任人予以罚款、拘留。

最高人民法院经济审判庭
对上饶市人民法院关于依法拘留郭某的情况报告的有关问题的复函

1992年1月7日　　法经〔1992〕5号

江西省高级人民法院：

你院经济审判庭赣法（经）函〔1991〕5号及转来的《上饶市人民法院关于依法拘留郭琳的情况报告》收悉。经审查，提出以下意见：

一、上饶市人民法院制作的支付令，委托濮阳市中级人民法院送达，濮阳市中级人民法院又移至濮阳市市区人民法院送达。濮阳市市区人民法院经济庭证明，该院是1991年8月3日送达被申请人的。上饶市人民法院所派人员于1991年7月25日向债务人送达支付令后，于8月3日即拘留了债务人的委托代理人、副经理郭某。根据民事诉讼法第一百九十一条①第二款的规定："债务人应当自收到支付令之日起十五日内清偿债务，或者向人民法院提出书面异议。"上饶市人民法院的支付令送达后未满十五日，就将郭某拘禁至上饶市，是违反法律规定的。

二、在《上饶市人民法院关于依法拘留郭琳的情况报告》中，没有提供足够的证据证明郭琳妨害诉讼的行为已达到应当拘留的程度。

鉴于上述情况，上饶市人民法院违反《民事诉讼法》规定剥夺被申请人自动清偿债务或提出书面异议的权利，拘留郭某是错误的，应立即释放。如果债务人对支付令提出异议，应终止督促程序，由债权人向有管辖权的人民法院提起诉讼。请你院迅速责成上饶市人民法院纠正错误，并妥善处理有关事宜。全部情况及处理结果望告。

最高人民法院
关于对因妨害民事诉讼被罚款拘留的人不服决定申请复议的期间如何确定问题的批复

1993年2月23日　　〔1993〕法民字第7号

广东省高级人民法院：

你院《关于对因妨害民事诉讼被罚款拘留的人不服决定申请复议的期间如何确定问题的请示》收悉。经研究，同意你院意见，即不服人民法院作出的罚款、拘留决定的人，可在接到决定书之次日起三日内，向作出决定的人民法院提出书面申请，要求上一级人民法院复议，或直接向上一级人民法院申请复议。对提出书面申请有困难的，可以口头申请。当事人的口头申请，应当记入笔录，由当事人签名或者盖章。

---

① 民事诉讼法原第一百九十一条现已修改为第二百一十六条。——编者注

最高人民法院研究室
关于对有义务协助执行单位拒不协助予以罚款后又拒不执行应如何处理问题的答复

1993年9月27日

湖南省高级人民法院：

你院湘高法研字〔1993〕第1号《关于对罚款决定书拒不执行应如何处理的请示报告》收悉。经研究，答复如下：

根据《民事诉讼法》第一百零三条①第一款第（二）项和第二款的规定，人民法院依据生效判决、裁定，通知有关银行协助执行划拨被告在银行的存款，而银行拒不划拨的，法院可对该银行或者其主要负责人或者直接责任人员予以罚款，并可向同级政府的监察机关或者有关机关提出给予纪律处分的司法建议。被处罚人拒不履行罚款决定的，人民法院可以根据民事诉讼法第二百三十一条②的规定，予以强制执行。执行中，被处罚人如以暴力、威胁或者其他方法阻碍司法工作人员执行职务的，依照民事诉讼法第一百零二条③第一款第（五）项、第二款规定，人民法院可对被处罚人或对有上述行为的被处罚单位的主要负责人或者直接责任人员予以罚款、拘留，构成犯罪的，依照刑法第一百五十七条的规定追究刑事责任。

人民法院在具体执行过程中，应首先注意向有关单位和人员宣传民事诉讼法的有关规定，多做说服教育工作，坚持文明执法、严肃执法。

最高人民法院
关于工商行政管理局以收取查询费为由拒绝人民法院无偿查询企业登记档案人民法院是否应予民事制裁的复函

2000年6月29日　　法函〔2000〕43号

甘肃省高级人民法院：

你院〔1999〕甘经他字第180号《关于工商行政管理局以收取查询费为由拒绝人民法院无偿查询企业登记档案，人民法院是否应予民事制裁的请示》收悉。经研究，答复如下：

你省在请示中反映，张掖地区中级人民法院在审理经济合同纠纷案件中，向张掖市工商行政管理局查明某一企业工商登记情况时，该局依内部规定，以法院未交查询费为由，拒绝履行协助义务，妨碍了人民法院依法调查取证。张掖地区中级人民法院依照《中华人民共和国民事诉讼法》的有关规定，作出了对张掖市工商行政管理局罚款两万元的决定。张掖市工商行政管理局不服，向省高级人民法院提出复议申请。你院就《关于工商行政管理局以收到查询费为由拒绝人民法院无偿查询企业登记档案，人民法院是否应予民事制裁的问题》，向我院请示。我院就此问题征求了国务院法制办公室的意见，经国务院法制办公室与国家工商行政管理局协商，国家工商行政管理局以工商企字〔2000〕第81号《关于修改〈企业登记档案资料查询办法〉第十条的通知》，对工商企字〔1996〕第398号《企业登记档案资料查询办法》进行了修改。第十条第一款改为："查询、复制企业登记档案资料，查询人应当交纳查询费、复制费。公、检、法、纪检监察、国家安

---

① 民事诉讼法原第一百零三条现已修改为第一百一十四条。——编者注
② 民事诉讼法原第二百三十一条现已修改为第二百五十二条。——编者注
③ 民事诉讼法原第一百零二条现已修改为第一百一十一条，下同。——编者注

全机关查询档案资料不交费。"

我们认为,张掖地区中级人民法院依照《中华人民共和国民事诉讼法》的有关规定,作出对张掖市工商行政管理局罚款两万元的决定是正确的。但是鉴于国家工商行政管理局已经于2000年4月29日,修改了《企业登记档案资料查询办法》的有关规定,故建议你院撤销张掖地区中级人民法院作出的〔1999〕张中法执法罚字第01号罚款决定书,并及时与甘肃省工商行政管理局做好协调工作。

人民法院办理执行案件规范

2017年4月

176.【违反法庭规则的罚款、拘留】

诉讼参与人和其他人应当遵守法庭规则。

人民法院对违反法庭规则的人,可以予以训诫,责令退出法庭或者予以罚款、拘留。

人民法院对哄闹、冲击法庭,侮辱、诽谤、威胁、殴打审判人员,严重扰乱法庭秩序的人,依法追究刑事责任;情节较轻的,予以罚款、拘留。

诉讼参与人或者其他人有下列行为之一的,人民法院可以适用前三款相关规定处理:

(一)未经准许进行录音、录像、摄影的;

(二)未经准许以移动通信等方式现场传播审判活动的;

(三)其他扰乱法庭秩序,妨害审判活动进行的。

有本条第四款规定情形的,人民法院可以暂扣诉讼参与人或者其他人进行录音、录像、摄影、传播审判活动的器材,并责令其删除有关内容;拒不删除的,人民法院可以采取必要手段强制删除。

177.【对妨碍作证行为的罚款、拘留】

诉讼参与人或者其他人有下列行为之一的,人民法院可以根据情节轻重予以罚款、拘留;构成犯罪的,依法追究刑事责任:

(一)伪造、毁灭重要证据,妨碍人民法院审理案件的;

(二)以暴力、威胁、贿买方法阻止证人作证或者指使、贿买、胁迫他人作伪证的;

(三)证人签署保证书后作虚假证言,妨碍人民法院审理案件的。

人民法院对有前款规定的行为之一的单位,可以对其主要负责人或者直接责任人员予以罚款、拘留;构成犯罪的,依法追究刑事责任。

178.【对擅自处分行为的罚款、拘留】

诉讼参与人或者其他人有下列行为之一的,人民法院可以根据情节轻重予以罚款、拘留;构成犯罪的,依法追究刑事责任:

(一)隐藏、转移、变卖、毁损已被查封、扣押的财产,或者已被清点并责令其保管的财产,转移已被冻结的财产的;

(二)擅自解冻已被人民法院冻结的财产的。

人民法院对有前款规定的行为之一的单位,可以对其主要负责人或者直接责任人员予以罚款、拘留;构成犯罪的,依法追究刑事责任。

179.【对妨碍公务行为的罚款、拘留】

诉讼参与人或者其他人有下列行为之一的,人民法院可以根据情节轻重予以罚款、拘留;构成犯罪的,依法追究刑事责任:

(一)对司法工作人员、诉讼参加人、证人、翻译人员、鉴定人、勘验人、协助执行的人,进行侮辱、诽谤、诬陷、围攻、威胁、殴打或者打击报复的;

(二)在人民法院哄闹、滞留,不听从司法工作人员劝阻的;

(三)故意毁损、抢夺人民法院法律文书、查封标志的;

(四)哄闹、冲击执行公务现场,围困、扣押执行或者协助执行公务人员的;

(五)毁损、抢夺、扣留案件材料、执行公务车辆、其他执行公务器械、执行公务人员服装和执行公务证件的;

(六)以暴力、威胁或者其他方法阻碍司法工作人员查询、查封、扣押、冻结、划拨、拍卖、变卖财产的;

(七)妨碍人民法院依法搜查的;

(八)以暴力、威胁或者其他方法阻碍司法工作人员执行职务、妨碍或抗拒执行的其他行为。

人民法院对有前款规定的行为之一的单位，可以对其主要负责人或者直接责任人员予以罚款、拘留；构成犯罪的，依法追究刑事责任。

180.【对拒不履行判决、裁定行为的罚款、拘留】

诉讼参与人或者其他人有下列行为之一的，人民法院可以根据情节轻重予以罚款、拘留；构成犯罪的，依法追究刑事责任：

（一）被执行人与他人恶意串通，通过诉讼、仲裁、调解等方式逃避履行法律文书确定的义务的；

（二）案外人与被执行人恶意串通转移被执行人财产的；

（三）被执行人拒绝报告、虚假报告或者无正当理由逾期报告财产情况的；

（四）伪造、隐藏、毁灭或者拒绝交出有关被执行人履行能力的重要证据，妨碍人民法院查明被执行人财产状况的；

（五）指使、贿买、胁迫他人对被执行人的财产状况和履行义务的能力问题作伪证的；

（六）在法律文书发生法律效力后隐藏、转移、变卖、毁损财产或者无偿转让财产、以明显不合理的价格交易财产、放弃到期债权、无偿为他人提供担保等，致使人民法院无法执行的；

（七）隐藏、转移、毁损或者未经人民法院允许处分已向人民法院提供担保的财产的；

（八）违反人民法院限制消费令进行消费的；

（九）有履行能力而拒不按照人民法院执行通知履行生效法律文书确定的义务的；

（十）在执行终结六个月内，被执行人或者其他人对已执行的标的有妨害行为的；

（十一）有义务协助执行的个人接到人民法院协助执行通知书后，拒不协助执行的；

（十二）接到人民法院协助执行通知书后，给当事人通风报信，协助其转移、隐匿财产的；

（十三）到期债权执行中的次债务人提出异议后又擅自向被执行人清偿，给申请执行人造成损失的；

（十四）其他拒不履行人民法院已经发生法律效力的判决、裁定的。

人民法院对有前款规定的行为之一的单位，可以对其主要负责人或者直接责任人员予以罚款、拘留；构成犯罪的，依法追究刑事责任。

181.【对协助执行义务单位的罚款、拘留】

有义务协助调查、执行的单位有下列行为之一的，人民法院除责令其履行协助义务外，并可以予以罚款：

（一）有关单位拒绝或者妨碍人民法院调查取证的；

（二）有关单位接到人民法院协助执行通知书后，拒不协助查询、扣押、冻结、划拨、变价财产的；

（三）有关单位接到人民法院协助执行通知书后，拒不协助扣留被执行人的收入、办理有关财产权证照转移手续、转交有关票证、证照或者其他财产的；

（四）有关单位接到人民法院协助执行通知书后，允许被执行人高消费及非生活或者经营必需的有关消费的；

（五）有关单位接到人民法院协助执行通知书后，允许被执行人出境的；

（六）有关单位接到人民法院协助执行通知书后，拒不停止办理有关财产权证照转移手续、权属变更登记、规划审批等手续的；

（七）有关单位接到人民法院协助执行通知书后，以需要内部请示、内部审批，有内部规定等为由拖延办理的；

（八）有关单位持有法律文书指定交付的财物或者票证，人民法院发出协助执行通知后，拒不转交的；

（九）其他拒绝协助执行的。

人民法院对有前款规定的行为之一的单位，可以对其主要负责人或者直接责任人员予以罚款；对仍不履行协助义务的，可以予以拘留；并可以向监察机关或者有关机关提出予以纪律处分的司法建议。

182.【罚款的金额】

对个人的罚款金额，为人民币十万元以下。对单位的罚款金额，为人民币五万元以上一百万元以下。

人民法院对个人或者单位采取罚款措施时，

应当根据其实施妨害民事诉讼行为的性质、情节、后果，当地的经济发展水平，以及诉讼标的额等因素，在前款规定的限额内确定相应的罚款金额。

183.【罚款的批准与文书】

采取罚款措施的，必须经院长批准，作出罚款决定书。

人民法院作出罚款决定时，应当告知被罚款人申请复议的权利和期限。

184.【拘留的期限】

拘留的期限，为十五日以下。

185.【拘留的批准与文书】

采取拘留措施的，必须经院长批准，作出拘留决定书。

人民法院作出拘留决定时，应当告知被拘留人申请复议的权利和期限。

因哄闹、冲击法庭，用暴力、威胁等方法抗拒执行公务等紧急情况，必须立即采取拘留措施的，可在拘留后，立即报告院长补办批准手续。院长认为拘留不当的，应当解除拘留。

186.【被拘留人的移送及看管】

人民法院采取拘留措施的，由司法警察将被拘留人送交当地公安机关看管。

送交公安机关看管时，应向公安机关送达拘留决定书和执行拘留通知书。

公安机关收拘被拘留人后，应当向人民法院出具回执。

187.【辖区外的拘留】

被拘留人不在本辖区的，作出拘留决定的人民法院应当派员到被拘留人所在地的人民法院，请该院协助执行，受委托的人民法院应当及时派员协助执行。被拘留人申请复议或者在拘留期间承认并改正错误，需要提前解除拘留的，受委托人民法院应当向委托人民法院转达或者提出建议，由委托人民法院审查决定。

188.【被拘留人家属的通知】

人民法院对被拘留人采取拘留措施后，应当在二十四小时内通知其家属；确实无法按时通知或者通知不到的，应当记录在案。

189.【提前解除拘留】

被拘留人在拘留期间认错悔改，可以责令其具结悔过，提前解除拘留。提前解除拘留，应报经院长批准，并作出提前解除拘留决定书，交负责看管的公安机关执行。

190.【人大代表的拘留】

对县级以上的各级人民代表大会代表，需要依法采取拘留措施的，应当先行报经该级人民代表大会主席团或者人民代表大会常务委员会许可。

乡、民族乡、镇的人民代表大会代表被采取拘留措施的，执行法院应当立即报告乡、民族乡、镇的人民代表大会。

191.【政协委员的拘留】

对各级中国人民政治协商会议委员会委员，确需依法采取司法拘留措施的，应当向该级中国人民政治协商会议委员会通报。

192.【罚款、拘留的单用与并用】

本规范第176条至第180条规定的罚款、拘留可以单独适用，也可以合并适用。

单位有本规范第181条规定的行为之一的，可以对其主要负责人或者直接责任人员予以罚款；对仍不履行协助义务的，可以予以拘留。

193.【连续罚款、拘留的禁止和再次罚款、拘留】

对同一妨害民事诉讼行为的罚款、拘留不得连续适用。发生新的妨害民事诉讼行为的，人民法院可以重新予以罚款、拘留。

被执行人不履行法律文书指定的行为，且该项行为只能由被执行人完成的，人民法院进行罚款、拘留后，被执行人在人民法院确定的履行期间内仍不履行的，人民法院可以再次罚款、拘留。

194.【对罚款、拘留的复议】

被罚款、拘留的人对罚款、拘留决定不服的，可以向上一级人民法院申请复议一次。复议应当自收到决定书之日起三日内提出。复议期间不停止执行。

上级人民法院应当在收到复议申请后五日内作出决定，并将复议结果通知下级人民法院和当事人。上级人民法院复议时认为强制措施不当的，应当制作决定书，撤销或者变更下级人民法院作出的拘留、罚款决定。情况紧急的，可以在口头通知后三日内发出决定书。

195.【外国人的拘留】

执行过程中，对外国人依法作出拘留决定的，应当层报所属高级人民法院，由高级人民法院通知有关外国驻华使、领馆。

对外国人实行拘留措施的案件，执行法院应当将有关案情、处理情况于采取措施的四十八小时内层报所属高级人民法院，同时通报同级人民政府外事办公室。

高级人民法院接到报告后，应当将外国人的外文姓名、性别、入境时间、护照或证件号码、案件发生的时间、地点及有关情况，当事人违法的主要事实，已采取的法律措施及法律依据通知有关外国驻华使、领馆。

执行程序中认定被执行人的开办单位承担出资不实责任的条件和程序——宝鸡市财政局、宝鸡市人民政府、中国农业发展银行宝鸡市分行申请复议案

评析意见：

湖北省高级人民法院的一个执行案件引发了三个复议案件，三个案件既各自独立，又有内在联系，争议焦点逐案分别为：宝鸡市财政局申请复议案的争议问题有二：一是财政局是否履行了出资义务；二是财政局的复议申请是否超范围。宝鸡市人民政府申请复议案的争议问题是：被冻结账户内资金的实际所有人及该资金的性质。宝鸡农发行申请复议案的争议问题是：对该不予协助执行的行为应否进行罚款以及罚款的幅度。下面逐案进行分析：

（一）宝鸡市财政局的主要理由（略）

（二）宝鸡市人民政府申请复议案（略）

（三）宝鸡农发行申请复议案

此案的争议焦点是对于宝鸡农发行的不予协助扣划行为应否进行罚款处罚及处罚的幅度。这里面又分为了三个层次：

第一，湖北省高级人民制作罚款决定书是否存在不当。最高人民法院认为，湖北省高级人民法院的罚款决定虽然是以或然将发生的情形为据预先制作的，但在送达前已经发生了决定所认定的事实，故不能以预先制作而认为该决定缺乏事实依据。第二，应否对宝鸡农发行的行为给予处罚。最高人民法院认为，协助人民法院执行是金融机构的法定义务，金融机构作为协助执行人无权对人民法院的相关法律文书进行实质审查。本案中，湖北省高级人民法院对已被冻结的 2902 账户内的存款进行扣划，扣划手续与冻结裁定指向的对象是相符的，扣划义务人是明确的，宝鸡农发行应当予以协助，其拒不协助扣划违反法律规定，构成妨害民事诉讼的行为，故应给予处罚。第三，处罚的幅度。虽然应给予处罚，但鉴于宝鸡市人民政府向最高人民法院申请复议的理由成立，即被冻结账户内的资金系宝鸡市人民政府所有的专项资金，宝鸡农发行不予协助扣划是为了保证该笔专项资金的安全，且是在宝鸡市人民政府已经提出异议的情况下发生的，也没有造成资金流失等严重后果，故应当酌情减轻处罚。①

对逃避债务在外的被执行人予以拘留后，应在何地看管？

在我院执行一起债务案件的过程中，被执行人因债务缠身，遂躲避在外地打工。我院依法欲对其采取强制措施，但对其关押在何地有两种意见：一是押回原户籍地予以看管；二是送交当地公安机关予以看管。请问：该被执行人应关押在何地呢？

《人民司法》研究组认为：最高人民法院《关于适用民事诉讼法若干问题的意见》第 115 条②规定："被拘留人不在本辖区的，作出拘留决定的人民法院应派员到被拘留人所在地的人民法院，

---

① 于泓：《执行程序中认定被执行人的开办单位承担出资不实责任的条件和程序——宝鸡市财政局、宝鸡市人民政府、中国农业发展银行宝鸡市分行申请复议案》，载江必新主编、最高人民法院执行局编：《执行工作指导》2009 年第 4 辑（总第 32 辑），人民法院出版社 2009 年版，第 94~107 页。

② 该条已被最高人民法院《关于适用〈中华人民共和国民事诉讼法〉的解释》（法释〔2015〕5 号）第一百七十九条所替代，内容修改为："被拘留人不在本辖区的，作出拘留决定的人民法院应当派员到被拘留人所在地的人民法院，请该院协助执行，受委托的人民法院应当及时派员协助执行。被拘留人申请复议或者在拘留期间承认并改正错误，需要提前解除拘留的，受委托人民法院应当向委托人民法院转达或者提出建议，由委托人民法院审查决定。"——编者注

请该院协助执行,受委托的人民法院应及时派员协助执行。"第114条①规定:"需要对诉讼参与人和其他人采取拘留措施的,应经院长批准,作出拘留决定书,由司法警察将被拘留人送交公安机关看管。"

因此,在异地拘留时,人民法院应当请求或委托当地人民法院予以协助,将被拘留人送交当地公安机关看管。②

对有履行能力而不履行义务的被执行人能否进行罚款、拘留?

被执行人在确有履行能力的情况下,未按生效法律文书的要求履行义务,其行为已符合民事诉讼法第一百零二条③第一款第(六)项的规定,但是不属于《关于人民法院执行工作若干问题的规定(试行)》第100条列举的10种情形时,人民法院能否对其罚款、拘留?对此,我们有两种意见。一种意见认为:由于被执行人不履行法院生效法律文书的行为不属于司法解释列举的10种情形,故不应对被执行人罚款、拘留。另一种意见认为:被执行人不履行法院生效法律文书确定的义务,虽然不属于该司法解释列举的10种情形,但是其行为已经符合民事诉讼法第一百零二条第一款第(六)项的规定,故人民法院可以对被执行人罚款、拘留。请问上述意见哪种正确?

《人民司法》研究组认为:《关于人民法院执行工作若干问题的规定(试行)》第100条不是对民事诉讼法第一百零二条第一款第(六)项的否定,而是对其作出的补充性规定,以便于执行人员在实践中准确把握妨害执行行为的类型。因此,我们认为,来信中的另一种意见符合司法解释的本意,是正确的。④

国家工商行政管理局关于修改《企业登记档案资料查询办法》第十条的通知

2000年4月29日　　工商企字〔2000〕第81号

各省、自治区、直辖市及计划单列市工商行政管理局:

经研究,现对《企业登记档案资料查询办法》(工商企字〔1996〕第398号)第十条进行修改。第十条第一款改为"查询、复制企业登记档案资料,查询人应当交纳查询费、复制费。公、检、法、纪检监察、国家安全机关查询档案资料不交费。"请遵照执行。

人民法院的罚款决定虽然是以或然将发生的情形为据预先制作的,但在送达前已经发生了决定所认定的事实,故不能以预先制作而认为该决定缺乏事实依据。

第三节　刑事制裁

中华人民共和国刑法

2015年8月29日

第二百七十七条　以暴力、威胁方法阻碍国家机关工作人员依法执行职务的,处三年以下有期徒刑、拘役、管制或者罚金。

以暴力、威胁方法阻碍全国人民代表大会和地方各级人民代表大会代表依法执行代表职务的,依照前款的规定处罚。

在自然灾害和突发事件中,以暴力、威胁方法阻碍红十字会工作人员依法履行职责的,依照第一款的规定处罚。

---

① 该条已被最高人民法院《关于适用〈中华人民共和国民事诉讼法〉的解释》(法释〔2015〕5号)第一百七十八条所替代,内容修改为:"人民法院依照民事诉讼法第一百一十条至第一百一十四条的规定采取拘留措施的,应经院长批准,作出拘留决定书,由司法警察将被拘留人送交当地公安机关看管。"——编者注

② 载《人民司法》2003年第2期。

③ 民事诉讼法原第一百零二条现已修改为第二百一十一条。——编者注

④ 载《人民司法》2011年第9期。

故意阻碍国家安全机关、公安机关依法执行国家安全工作任务,未使用暴力、威胁方法,造成严重后果的,依照第一款的规定处罚。

第三百一十三条 对人民法院的判决、裁定有能力执行而拒不执行,情节严重的,处三年以下有期徒刑、拘役或者罚金。

第三百一十四条 隐藏、转移、变卖、故意毁损已被司法机关查封、扣押、冻结的财产,情节严重的,处三年以下有期徒刑、拘役或者罚金。

全国人大常委会
关于《中华人民共和国刑法》第三百一十三条的解释

2002年8月29日

全国人民代表大会常务委员会讨论了《刑法》第三百一十三条规定的"对人民法院的判决、裁定有能力执行而拒不执行,情节严重"的含义问题,解释如下:

《刑法》第三百一十三条规定的"人民法院的判决、裁定",是指人民法院依法作出的具有执行内容并已发生法律效力的判决、裁定。人民法院为依法执行支付令、生效的调解书、仲裁裁决、公证债权文书等所作的裁定属于该条规定的裁定。

下列情形属于《刑法》第三百一十三条规定的"有能力执行而拒不执行,情节严重"的情形:

(一)被执行人隐藏、转移、故意毁损财产或者无偿转让财产、以明显不合理的低价转让财产,致使判决、裁定无法执行的;

(二)担保人或者被执行人隐藏、转移、故意毁损或者转让已向人民法院提供担保的财产,致使判决、裁定无法执行的;

(三)协助执行义务人接到人民法院协助执行通知书后,拒不协助执行,致使判决、裁定无法执行的;

(四)被执行人、担保人、协助执行义务人与国家机关工作人员通谋,利用国家机关工作人员的职权妨害执行,致使判决、裁定无法执行的;

(五)其他有能力执行而拒不执行,情节严重的情形。

国家机关工作人员有上述第四项行为的,以拒不执行判决、裁定罪的共犯追究刑事责任。国家机关工作人员收受贿赂或者滥用职权,有上述第四项行为的,同时又构成《刑法》第三百八十五条、第三百九十七条规定之罪的,依照处罚较重的规定定罪处罚。

现予公告。

中华人民共和国民事诉讼法

2017年6月27日

第一百一十一条 诉讼参与人或者其他人有下列行为之一的,人民法院可以根据情节轻重予以罚款、拘留;构成犯罪的,依法追究刑事责任:

(一)伪造、毁灭重要证据,妨碍人民法院审理案件的;

(二)以暴力、威胁、贿买方法阻止证人作证或者指使、贿买、胁迫他人作伪证的;

(三)隐藏、转移、变卖、毁损已被查封、扣押的财产,或者已被清点并责令其保管的财产,转移已被冻结的财产的;

(四)对司法工作人员、诉讼参加人、证人、翻译人员、鉴定人、勘验人、协助执行的人,进行侮辱、诽谤、诬陷、殴打或者打击报复的;

(五)以暴力、威胁或者其他方法阻碍司法工作人员执行职务的;

(六)拒不履行人民法院已经发生法律效力的判决、裁定的。

人民法院对有前款规定的行为之一的单位,可以对其主要负责人或者直接责任人员予以罚款、拘留;构成犯罪的,依法追究刑事责任。

第一百一十二条 当事人之间恶意串通,企图通过诉讼、调解等方式侵害他人合法权益的,人民法院应当驳回其请求,并根据情节轻重予以罚款、拘留；构成犯罪的，依法追究刑事责任。

第一百一十三条　被执行人与他人恶意串通，通过诉讼、仲裁、调解等方式逃避履行法律文书确定的义务的，人民法院应当根据情节轻重予以罚款、拘留；构成犯罪的，依法追究刑事责任。

第一百一十七条　采取对妨害民事诉讼的强制措施必须由人民法院决定。任何单位和个人采取非法拘禁他人或者非法私自扣押他人财产追索债务的，应当依法追究刑事责任，或者予以拘留、罚款。

最高人民法院
关于适用《中华人民共和国民事诉讼法》的解释

2015年1月30日　　法释〔2015〕5号

第一百八十七条　民事诉讼法第一百一十一条第一款第五项规定的以暴力、威胁或者其他方法阻碍司法工作人员执行职务的行为，包括：

（一）在人民法院哄闹、滞留，不听从司法工作人员劝阻的；

（二）故意毁损、抢夺人民法院法律文书、查封标志的；

（三）哄闹、冲击执行公务现场，围困、扣押执行或者协助执行公务人员的；

（四）毁损、抢夺、扣留案件材料、执行公务车辆、其他执行公务器械、执行公务人员服装和执行公务证件的；

（五）以暴力、威胁或者其他方法阻碍司法工作人员查询、查封、扣押、冻结、划拨、拍卖、变卖财产的；

（六）以暴力、威胁或者其他方法阻碍司法工作人员执行职务的其他行为。

第一百八十八条　民事诉讼法第一百一十一条第一款第六项规定的拒不履行人民法院已经发生法律效力的判决、裁定的行为，包括：

（一）在法律文书发生法律效力后隐藏、转移、变卖、毁损财产或者无偿转让财产、以明显不合理的价格交易财产、放弃到期债权、无偿为他人提供担保等，致使人民法院无法执行的；

（二）隐藏、转移、毁损或者未经人民法院允许处分已向人民法院提供担保的财产的；

（三）违反人民法院限制高消费令进行消费的；

（四）有履行能力而拒不按照人民法院执行通知履行生效法律文书确定的义务的；

（五）有义务协助执行的个人接到人民法院协助执行通知书后，拒不协助执行的。

第一百八十九条　诉讼参与人或者其他人有下列行为之一的，人民法院可以适用民事诉讼法第一百一十一条的规定处理：

（一）冒充他人提起诉讼或者参加诉讼的；

（二）证人签署保证书后作虚假证言，妨碍人民法院审理案件的；

（三）伪造、隐藏、毁灭或者拒绝交出有关被执行人履行能力的重要证据，妨碍人民法院查明被执行人财产状况的；

（四）擅自解冻已被人民法院冻结的财产的；

（五）接到人民法院协助执行通知书后，给当事人通风报信，协助其转移、隐匿财产的。

第一百九十条　民事诉讼法第一百一十二条规定的他人合法权益，包括案外人的合法权益、国家利益、社会公共利益。

第三人根据民事诉讼法第五十六条第三款规定提起撤销之诉，经审查，原案当事人之间恶意串通进行虚假诉讼的，适用民事诉讼法第一百一十二条规定处理。

第一百九十一条　单位有民事诉讼法第一百一十二条或者第一百一十三条规定行为的，人民法院应当对该单位进行罚款，并可以对其主要负责人或者直接责任人员予以罚款、拘留；构成犯罪的，依法追究刑事责任。

第一百九十二条　有关单位接到人民法院协助执行通知书后，有下列行为之一的，人民法院可以适用民事诉讼法第一百一十四条规定处理：

（一）允许被执行人高消费的；

（二）允许被执行人出境的；
（三）拒不停止办理有关财产权证照转移手续、权属变更登记、规划审批等手续的；
（四）以需要内部请示、内部审批，有内部规定等为由拖延办理的。

最高人民法院
关于人民法院执行工作若干问题的规定（试行）

1998年7月8日　　法释〔1998〕15号

101. 在执行过程中遇有被执行人或其他人拒不履行生效法律文书或者妨害执行情节严重，需要追究刑事责任的，应将有关材料移交有关机关处理。

最高人民法院
关于审理拒不执行判决、裁定刑事案件适用法律若干问题的解释

2015年7月20日　　法释〔2015〕16号

为依法惩治拒不执行判决、裁定犯罪，确保人民法院判决、裁定依法执行，切实维护当事人合法权益，根据《中华人民共和国刑法》《中华人民共和国刑事诉讼法》《中华人民共和国民事诉讼法》等法律规定，就审理拒不执行判决、裁定刑事案件适用法律若干问题，解释如下：

第一条　被执行人、协助执行义务人、担保人等负有执行义务的人对人民法院的判决、裁定有能力执行而拒不执行，情节严重的，应当依照刑法第三百一十三条的规定，以拒不执行判决、裁定罪处罚。

第二条　负有执行义务的人有能力执行而实施下列行为之一的，应当认定为全国人民代表大会常务委员会关于刑法第三百一十三条的解释中规定的"其他有能力执行而拒不执行，情节严重的情形"：

（一）具有拒绝报告或者虚假报告财产情况、违反人民法院限制高消费及有关消费令等拒不执行行为，经采取罚款或者拘留等强制措施后仍拒不执行的；

（二）伪造、毁灭有关被执行人履行能力的重要证据，以暴力、威胁、贿买方法阻止他人作证或者指使、贿买、胁迫他人作伪证，妨碍人民法院查明被执行人财产情况，致使判决、裁定无法执行的；

（三）拒不交付法律文书指定交付的财物、票证或者拒不迁出房屋、退出土地，致使判决、裁定无法执行的；

（四）与他人串通，通过虚假诉讼、虚假仲裁、虚假和解等方式妨害执行，致使判决、裁定无法执行的；

（五）以暴力、威胁方法阻碍执行人员进入执行现场或者聚众哄闹、冲击执行现场，致使执行工作无法进行的；

（六）对执行人员进行侮辱、围攻、扣押、殴打，致使执行工作无法进行的；

（七）毁损、抢夺执行案件材料、执行公务车辆和其他执行器械、执行人员服装以及执行公务证件，致使执行工作无法进行的；

（八）拒不执行法院判决、裁定，致使债权人遭受重大损失的。

第三条　申请执行人有证据证明同时具有下列情形，人民法院认为符合刑事诉讼法第二百零四条第三项规定的，以自诉案件立案审理：

（一）负有执行义务的人拒不执行判决、裁定，侵犯了申请执行人的人身、财产权利，应当依法追究刑事责任的；

（二）申请执行人曾经提出控告，而公安机关或者人民检察院对负有执行义务的人不予追究刑事责任的。

第四条　本解释第三条规定的自诉案件，依照刑事诉讼法第二百零六条的规定，自诉人在宣告判决前，可以同被告人自行和解或者撤回自诉。

第五条　拒不执行判决、裁定刑事案件，一般由执行法院所在地人民法院管辖。

第六条　拒不执行判决、裁定的被告人在一审宣告判决前，履行全部或部分执行义务的，可以酌情从宽处罚。

第七条 拒不执行支付赡养费、扶养费、抚育费、抚恤金、医疗费用、劳动报酬等判决、裁定的,可以酌情从重处罚。

第八条 本解释自发布之日起施行。此前发布的司法解释和规范性文件与本解释不一致的,以本解释为准。

【附:答记者问】

最高人民法院执行局负责人就《关于审理拒不执行判决、裁定刑事案件适用法律若干问题的解释》答记者问

7月21日,最高人民法院召开新闻发布会,通报集中打击拒不执行判决、裁定等犯罪行为专项行动的情况,并公布10起典型案例,同时发布最高人民法院《关于审理拒不执行判决、裁定刑事案件适用法律若干问题的解释》(以下简称《解释》)最高法院执行局副局长吴少军就《解释》主要内容接受了记者的采访。

问: 请介绍一下出台拒执罪司法解释的背景。

答: 首先,出台拒执罪司法解释是司法实践的需要。近年来,法院执行工作坚持"一性两化"的总体思路,不断加强执行工作的强制性、规范化和信息化,为从根本上解决执行难问题打开了新局面,其中打击拒不执行判决、裁定罪是进一步加强执行工作强制性的一个重要抓手。随着执行工作的持续发展和不断深入,司法实践中办理拒不执行判决、裁定刑事案件时,在定罪量刑以及追诉程序上存在的争议问题愈加凸显出来,一定程度上阻碍了其强制性作用的发挥,需要及时予以解决。

出台拒执罪司法解释也是司法形势的需要。党的十八届四中全会作出关于"切实解决执行难"、"完善惩戒拒不执行生效裁判和决定等违法犯罪行为的法律规定"的重要决定后,最高人民法院院长周强作了"要集中打击拒执犯罪"的指示。2014年11月,最高人民法院联合最高人民检察院、公安部开展了集中打击拒不执行判决、裁定等犯罪行为的专项行动。

为了使中央的重要决定落到实处,使专项活动顺利进行并达到预期效果,同时根据司法实践的需要,进一步明确拒不执行判决、裁定刑事案件法律适用问题,出台相关司法解释已经势在必行。

问: 起草制定拒执罪司法解释的过程中,遵循了哪些原则?

答: 起草过程中,我们主要把握了以下原则:一是确保相关规定符合立法精神,充分考虑与现有的立法解释相关规定和即将出台的《刑法修正案(九)》的内容衔接。二是兼顾刑事审判及执行工作的规律和特点,确保解释符合审判、执行工作实际。三是充分体现刑罚的谦抑性和宽严相济刑事政策,严格入罪条件,明确酌情从宽处罚、酌情从重处罚情形。

问: 拒执罪司法解释主要规定了哪些方面的问题?

答: 解释全文共八条,既有对拒执罪定罪量刑的实体规定,也有对拒执罪追诉及管辖的程序规定。

实体方面,主要在全国人大常委会立法解释的基础上,进一步明确拒执罪"情节严重"情形的具体表现,列举规定了三类共八项可以构成拒执罪的拒执行为;还分别规定了量刑的酌情从宽和酌情从重处罚情节。

程序方面,一是规定了部分拒执罪案件可以按照自诉程序进行追诉。解释明确拒执罪案件符合刑事诉讼法第二百零四条规定条件的,人民法院可以按自诉案件立案受理;同时,按照刑事诉讼法第二百零六条的规定,自诉人在宣判前可以同被告人自行和解或者撤回自诉,从而把拒执罪案件的追诉程序由单一的公诉程序改为公诉与自诉并行的程序。二是规定了对拒执罪案件的一般管辖原则。明确一般情况下拒执罪案件由执行法院所在地法院审理。

问: 符合其他"情节严重"情形的具体表现有哪些?

答: 除人大常委会立法解释中规定的四种情形外,本解释列举了三类八项情形可以构成拒执罪。第一类为"经采取罚款、拘留等强制措施后仍拒不执行的"情形,比如具有拒绝报告或者虚假报告财产情况、违反限制高消费及有关消费令等拒执行为,被采取民事强制措施后仍拒不执行的,应属情节严重情形;第二类为"致使人民法院判决、裁定无法执行的或者致使执行工作无法进行的"情形,比如以暴力、威胁方法阻碍执行人员进入执行现场或者聚众哄闹、冲击执行现场,对执行人员进行侮辱、围攻、扣押、殴打等致使执行工作无法进行的行为。这些行为多是"发生在法官眼皮底下"的拒执行为,且具有一定的暴

力性，极大侵害了司法公信力，阻碍了人民法院的执行工作，应严厉打击；第三类是致使债权人遭受重大损失的情形。

问：规定拒不执行判决、裁定的被告人在一审宣告判决前，履行全部或部分执行义务的，可以酌情从宽处罚，出于哪方面的考虑？

答：主要为了在打击和惩罚拒执犯罪的同时，鼓励被告人积极履行判决、裁定确定的法律义务，使执行案件得到实际执行。适用此规定应注意以下两点：一是予以从轻的期限为"一审宣判前"，即在一审宣判前，负有执行义务的人履行执行义务的，均有机会在量刑上获得从宽处罚。二是履行全部或部分执行义务的，均可以从宽处罚，至于从宽的幅度，由刑事法官根据其履行义务的份额、案件具体情节等综合考量，酌情予以从轻或者免除处罚。

问：规定部分拒执罪案件可以按自诉案件处理，会不会导致拒执罪的自诉案件数量激增？

答：首先应该明确的是，并不是所有的拒执罪案件都以自诉程序进行追诉，而是公诉程序与自诉程序并行；其次，进入自诉程序的拒执罪要同时满足法律规定的两个条件，缺一不可。即申请执行人要有证据证明：1. 负有执行义务的人拒不执行判决、裁定，侵犯了申请执行人的人身、财产权利，应当依法追究刑事责任的；2. 申请执行人曾经提出控告，而公安机关或者人民检察院对负有执行义务的人不予追究刑事责任的。法院认为符合自诉案件立案条件的予以立案审理。至于立案、审理等具体操作程序问题我们将下发通知进一步细化和明确。预计《解释》发布后会有部分案件由公诉转为自诉程序，具体案件数量还有待实践去检验。

问：如何理解"一般由执行法院所在地人民法院审理"？

答：按照刑事诉讼法及其解释的相关规定，刑事案件由犯罪地法院管辖，犯罪地包括犯罪行为发生地及犯罪结果地，而拒执犯罪行为的主要结果就是致使判决、裁定无法执行，所以，执行法院所在地可以纳入犯罪结果地范围，由执行法院管辖合乎法律规定。

2007年"两院一部"联合发出通知，规定拒执犯罪案件由犯罪行为发生地司法机关管辖。实践中，执行法院以外的其他法院对拒执行为的惩处缺乏积极性，不利于相关证据的收集和固定，不利于对拒执犯罪的追诉和打击，因此有必要对管辖的一般原则进一步明确；同时，兼顾到拒执罪案件审判的级别管辖问题，执行法院与审理拒执罪的法院会出现不一致情况，故规定为"一般由执行法院所在地人民法院审理"。

问：本解释与此前发布的规范性文件效力如何衔接？

答：《解释》在起草过程中，已经充分考虑了与此前发布的司法解释和规范性文件的相互衔接，基本上是对原有规定的补充和进一步细化，原有的相关规定本解释没有进行重复规定，仍然适用；原有的相关规定与本解释不一致的以本解释为准。具体说来，不一致的地方主要有以下方面：

1. 关于第二条第（五）（六）（七）项拒执行为的定性。按照2007年"两院一部"通知规定，一律以妨害公务罪处罚，本解释则规定负有执行义务的人实施了上述行为之一，以拒执罪处罚。如果具体案件中存在与其他犯罪行为的竞合、牵连等情形，以及负有执行义务人以外的其他人实施规定的相关行为构成共犯的，由刑事法官根据具体情况依法处理。

2. 关于追诉程序。1998年六部委规定，将拒执罪案件规定为公诉案件，但在2012年刑事诉讼法修改后，"六部委"重新作出《关于实施刑事诉讼法若干问题的规定》，对拒执罪案件是否属于公诉案件未予明确。本解释则规定可公诉、自诉并行。

3. 关于管辖。按照2007年两院一部通知的规定，由犯罪行为发生地法院管辖，本解释则规定一般情况下由执行法院所在地人民法院审理。

最高人民法院　最高人民检察院　公安部关于依法严肃查处拒不执行判决裁定和暴力抗拒法院执行犯罪行为有关问题的通知

2007年8月30日　　法发〔2007〕29号

各省、自治区、直辖市高级人民法院、人民检察院、公安厅（局），新疆维吾尔自治区高级人民法院生产建设兵团分院，新疆生产建设兵团人民检察院、公安局：

近年来，在人民法院强制执行生效法律文书过程中，一些地方单位、企业和个人拒不执行或以暴力手段抗拒人民法院执行的事件时有发生且呈逐年上升的势头。这种违法犯罪行为性质恶劣，社会危害大，严重影响了法律的尊严和执法机关的权威，已经引起了党中央的高度重视。中央政法委在《关于切实解决人民法院执行难问题的通知》（政法〔2005〕52号文件）中，特别提出公、检、法机关应当统一执法思想，加强协作配合，完善法律制度，依法严厉打击暴力抗拒法院执行的犯罪行为。为贯彻中央政法委指示精神，加大对拒不执行判决、裁定和暴力抗拒执行犯罪行为的惩处力度，依据《中华人民共和国刑法》、《中华人民共和国刑事诉讼法》、全国人大常委会《关于〈中华人民共和国刑法〉第三百一十三条的解释》等规定，现就有关问题通知如下：

一、对下列拒不执行判决、裁定的行为，依照《刑法》第三百一十三条的规定，以拒不执行判决、裁定罪论处。

（一）被执行人隐藏、转移、故意毁损财产或者无偿转让财产，以明显不合理的低价转让财产，致使判决、裁定无法执行的；

（二）担保人或者被执行人隐藏、转移、故意毁损或者转让已向人民法院提供担保的财产，致使判决、裁定无法执行的；

（三）协助执行义务人接到人民法院协助执行通知书后，拒不协助执行，致使判决、裁定无法执行的；

（四）被执行人、担保人、协助执行义务人与国家机关工作人员通谋，利用国家机关工作人员的职权妨害执行，致使判决、裁定无法执行的；

（五）其他有能力执行而拒不执行，情节严重的情形。

二、对下列暴力抗拒执行的行为，依照《刑法》第二百七十七条的规定，以妨害公务罪论处。

（一）聚众哄闹、冲击执行现场，围困、扣押、殴打执行人员，致使执行工作无法进行的；

（二）毁损、抢夺执行案件材料、执行公务车辆和其他执行器械、执行人员服装以及执行公务证件，造成严重后果的；

（三）其他以暴力、威胁方法妨害或者抗拒执行，致使执行工作无法进行的。

三、负有执行人民法院判决、裁定义务的单位直接负责的主管人员和其他直接责任人员，为了本单位的利益实施本《通知》第一条、第二条所列行为之一的，对该主管人员和其他直接责任人员，依照《刑法》第三百一十三条和第二百七十七条的规定，分别以拒不执行判决、裁定罪和妨害公务罪论处。

四、国家机关工作人员有本《通知》第一条第四项行为的，以拒不执行判决、裁定罪的共犯追究刑事责任。

国家机关工作人员收受贿赂或者滥用职权，有本《通知》第一条第四项行为的，同时又构成《刑法》第三百八十五条、第三百九十七条规定罪的，依照处罚较重的规定定罪处罚。

五、拒不执行判决、裁定案件由犯罪行为发生地的公安机关、人民检察院、人民法院管辖。如果由犯罪嫌疑人、被告人居住地的人民法院管辖更为适宜的，可以由犯罪嫌疑人、被告人居住地的公安机关、人民检察院、人民法院管辖。

六、以暴力、威胁方法妨害或者抗拒执行的，公安机关接到报警后，应当立即出警，依法处置。

七、人民法院在执行判决、裁定过程中，对拒不执行判决、裁定情节严重的人，可以先行司法拘留；拒不执行判决、裁定的行为人涉嫌犯罪的，应当将案件依法移送有管辖权的公安机关立案侦查。

八、人民法院、人民检察院和公安机关在办理拒不执行判决、裁定和妨害公务案件过程中，应当密切配合、加强协作。对于人民法院移送的涉嫌拒不执行判决、裁定罪和妨害公务罪的案件，公安机关应当及时立案侦查，检察机关应当及时提起公诉，人民法院应当及时审判。

在办理拒不执行判决、裁定和妨害公务案件过程中，应当根据案件的具体情况，正确区分罪与非罪的界限，认真贯彻"宽严相济"的刑事政策。

九、人民法院认为公安机关应当立案侦查而不立案侦查的，可提请人民检察院予以监督。人民检察院认为需要立案侦查的，应当要求公安机关说明不立案的理由。人民检察院认为公安机关不立案理由不能成立的，应当通知公安机关立案，公安机关接到通知后应当立案。

十、公安机关侦查终结后移送人民检察院审查起诉的拒不执行判决、裁定和妨害公务案件，人民检察院决定不起诉，公安机关认为不起诉决定有错误的，可以要求复议；如果意见不被接受，可以向上一级人民检察院提请复核。

十一、公安司法人员在办理拒不执行判决、裁定和妨害公务案件中，消极履行法定职责，造成严重后果的，应当依法依纪追究直接责任人责任直至追究刑事责任。

十二、本通知自印发之日起执行，执行中遇到的情况和问题，请分别报告最高人民法院、最高人民检察院、公安部。

中央纪律检查委员会 中央组织部 中央宣传部 中央政法委员会 中央社会治安综合治理委员会办公室 最高人民法院 最高人民检察院 国务院法制工作办公室 国家发展和改革委员会 公安部 监察部 司法部 民政部 国土资源部 住房和城乡建设部 中国人民银行 国家税务总局 国家工商行政管理总局 中国银监会 中国证监会

关于建立和完善执行联动机制若干问题的意见

2010年7月7日　　法发〔2010〕15号

第五条 检察机关应当对拒不执行法院判决、裁定以及其他妨害执行构成犯罪的人员，及时依法从严进行追诉；依法查处执行工作中出现的渎职侵权、贪污受贿等职务犯罪案件。

第六条 公安机关应当依法严厉打击拒不执行法院判决、裁定和其他妨害执行的违法犯罪行为；对以暴力、威胁方法妨害或者抗拒执行的行为，在接到人民法院通报后立即出警，依法处置。协助人民法院查询被执行人户籍信息、下落，在履行职责过程中发现人民法院需要拘留、拘传的被执行人的，及时向人民法院通报情况；对人民法院在执行中决定拘留的人员，及时予以收押。协助限制被执行人出境；协助人民法院办理车辆查封、扣押和转移登记等手续；发现被执行人车辆等财产时，及时将有关信息通知负责执行的人民法院。

最高人民法院关于依法制裁规避执行行为的若干意见

2011年5月27日　　法〔2011〕195号

五、充分运用民事和刑事制裁手段，依法加强对规避执行行为的刑事处罚力度

16. 对构成犯罪的规避执行行为加大刑事制裁力度。被执行人隐匿财产、虚构债务或者以其他方法隐藏、转移、处分可供执行的财产，拒不交出或者隐匿、销毁、制作虚假财务会计凭证或资产负债表等相关资料，以虚假诉讼或者仲裁手段转移财产、虚构优先债权或者申请参与分配，中介机构提供虚假证明文件或者提供的文件有重大失实，被执行人、担保人、协助义务人有能力执行而拒不执行或者拒不协助执行等，损害申请执行人或其他债权人利益，依照刑法的规定构成犯罪的，应当依法追究行为人的刑事责任。

17. 加强与公安、检察机关的沟通协调。各地法院应当加强与公安、检察机关的协调配合，建立快捷、便利、高效的协作机制，细化拒不执行判决裁定罪和妨害公务罪的适用条件。

18. 充分调查取证。各地法院在执行案件过程中，在行为人存在拒不执行判决裁定或者妨害公务行为的情况下，应当注意收集证据。认为构成犯罪的，应当及时将案件及相关证据材料移送犯罪行为发生地的公安机关立案查处。

19. 抓紧依法审理。对检察机关提起公诉的拒不执行判决裁定或者妨害公务案件，人民法院应当抓紧审理，依法审判，快速结案，加大判后宣传力度，充分发挥刑罚手段的威慑力。多做说服教育工作，坚持文明执法、严肃执法。

最高人民法院研究室
关于对有义务协助执行单位拒不协助予以罚款后又拒不执行应如何处理问题的答复

1993 年 9 月 27 日

湖南省高级人民法院：

你院湘高法研字〔1993〕第 1 号《关于对罚款决定书拒不执行应如何处理的请示报告》收悉。经研究，答复如下：

根据《中华人民共和国民事诉讼法》第一百零三条①第一款第（二）项和第二款的规定，人民法院依据生效判决、裁定，通知有关银行协助执行划拨被告在银行的存款，而银行拒不划拨的，人民法院可对该银行或者其主要负责人或者直接责任人员予以罚款，并可向同级政府的监察机关或者有关机关提出给予纪律处分的司法建议。被处罚人拒不履行罚款决定的，人民法院可以根据民事诉讼法第二百三十一条②的规定，予以强制执行。执行中，被处罚人如以暴力、威胁或者其他方法阻碍司法工作人员执行职务的，依照民事诉讼法第一百零二条③第一款第（五）项、第二款规定，人民法院可对被处罚人或对有上述行为的被处罚单位的主要负责人或者直接责任人员予以罚款、拘留，构成犯罪的，依照《刑法》第一百五十七条的规定追究刑事责任。

人民法院在具体执行过程中，应首先注意向有关单位和人员宣传民事诉讼法的有关规定，

最高人民法院
关于发布第 15 批指导性案例的通知

2017 年 1 月 3 日　　法〔2016〕449 号

指导案例 71 号：

毛建文拒不执行判决、裁定案

关键词

刑事 拒不执行判决、裁定罪 起算时间

裁判要点

有能力执行而拒不执行判决、裁定的时间从判决、裁定发生法律效力时起算。具有执行内容的判决、裁定发生法律效力后，负有执行义务的人有隐藏、转移、故意毁损财产等拒不执行行为，致使判决、裁定无法执行，情节严重的，应当以拒不执行判决、裁定罪定罪处罚。

相关法条

《中华人民共和国刑法》第 313 条

基本案情

浙江省平阳县人民法院于 2012 年 12 月 11 日作出（2012）温平鳌商初字第 595 号民事判决，判令被告人毛建文于判决生效之日起 15 日内返还陈先银挂靠在其名下的温州宏源包装制品有限公司投资款 200000 元及利息。该判决于 2013 年 1 月 6 日生效。因毛建文未自觉履行生效法律文书确定的义务，陈先银于 2013 年 2 月 16 日向平阳县人民法院申请强制执行。立案后，平阳县人民法院在执行中查明，毛建文于 2013 年 1 月 17 日将其名下的浙 CVU661 小型普通客车以 150000 元的价格转卖，并将所得款项用于个人开销，拒不执行生效判决。毛建文于 2013 年 11 月 30 日被抓获归案后如实供述了上述事实。

---

① 民事诉讼法原第一百零三条现已修改为第一百一十四条。——编者注
② 民事诉讼法原第二百三十一条现已修改为第二百五十二条。——编者注
③ 民事诉讼法原第一百零二条现已修改为第一百一十一条。——编者注

裁判结果

浙江省平阳县人民法院于 2014 年 6 月 17 日作出（2014）温平刑初字第 314 号刑事判决：被告人毛建文犯拒不执行判决罪，判处有期徒刑十个月。宣判后，毛建文未提起上诉，公诉机关未提出抗诉，判决已发生法律效力。

裁判理由

法院生效裁判认为：被告人毛建文负有履行生效裁判确定的执行义务，在人民法院具有执行内容的判决、裁定发生法律效力后，实施隐藏、转移财产等拒不执行行为，致使判决、裁定无法执行，情节严重，其行为已构成拒不执行判决罪。公诉机关指控的罪名成立。毛建文归案后如实供述了自己的罪行，可以从轻处罚。

本案的争议焦点为，拒不执行判决、裁定罪中规定的"有能力执行而拒不执行"的行为起算时间如何认定，即被告人毛建文拒不执行判决的行为是从相关民事判决发生法律效力时起算，还是从执行立案时起算。对此，法院认为，生效法律文书进入强制执行程序并不是构成拒不执行判决、裁定罪的要件和前提，毛建文拒不执行判决的行为应从相关民事判决于 2013 年 1 月 6 日发生法律效力时起算。主要理由如下：第一，符合立法原意。全国人民代表大会常务委员会对刑法第三百一十三条规定解释时指出，该条中的"人民法院的判决、裁定"，是指人民法院依法作出的具有执行内容并已发生法律效力的判决、裁定。这就是说，只有具有执行内容的判决、裁定发生法律效力后，才具有法律约束力和强制执行力，义务人才有及时、积极履行生效法律文书确定义务的责任。生效法律文书的强制执行力不是在进入强制执行程序后才产生的，而是自法律文书生效之日起即产生。第二，与民事诉讼法及其司法解释协调一致。《中华人民共和国民事诉讼法》第一百一十一条规定：诉讼参与人或者其他人拒不履行人民法院已经发生法律效力的判决、裁定的，人民法院可以根据情节轻重予以罚款、拘留；构成犯罪的，依法追究刑事责任。《最高人民法院关于适用〈中华人民共和国民事诉讼法〉的解释》第一百八十八条规定：民事诉讼法第一百一十一条第一款第六项规定的拒不履行人民法院已经发生法律效力的判决、裁定的行为，包括在法律文书发生法律效力后隐藏、转移、变卖、毁损财产或者无偿转让财产、以明显不合理的价格交易财产、放弃到期债权、无偿为他人提供担保等，致使人民法院无法执行的。由此可见，法律明确将拒不执行行为限定在法律文书发生法律效力后，并未将拒不执行的主体仅限定为进入强制执行程序后的被执行人或者协助执行义务人等，更未将拒不执行判决、裁定罪的调整范围仅限于生效法律文书进入强制执行程序后发生的行为。第三，符合立法目的。拒不执行判决、裁定罪的立法目的在于解决法院生效判决、裁定的"执行难"问题。将判决、裁定生效后立案执行前逃避履行义务的行为纳入拒不执行判决、裁定罪的调整范围，是法律设定该罪的应有之意。将判决、裁定生效之日确定为拒不执行判决、裁定罪中拒不执行行为的起算时间点，能有效地促使义务人在判决、裁定生效后即迫于刑罚的威慑力而主动履行生效裁判确定的义务，避免生效裁判沦为一纸空文，从而使社会公众真正尊重司法裁判，维护法律权威，从根本上解决"执行难"问题，实现拒不执行判决、裁定罪的立法目的。

人民法院办理执行案件规范

2017 年 4 月

223.【非法处置查封、扣押、冻结的财产罪】

隐藏、转移、变卖、故意毁损已被人民法院查封、扣押、冻结的财产，情节严重的，依照刑法第三百一十四条的规定，以非法处置查封、扣押、冻结的财产罪追究刑事责任。

224.【妨害公务罪】

对下列暴力抗拒执行的行为，依照刑法第二百七十七条的规定，以妨害公务罪论处：

（一）聚众哄闹、冲击执行现场，围困、扣押、殴打执行人员，致使执行工作无法进行的；

（二）毁损、抢夺执行案件材料、执行公务

车辆和其他执行器械、执行人员服装以及执行公务证件，造成严重后果的；

（三）其他以暴力、威胁方法妨害或者抗拒执行，致使执行工作无法进行的。

负有执行人民法院判决、裁定义务的单位直接负责的主管人员和其他直接责任人员，为了本单位的利益实施前款所列行为之一的，对该主管人员和其他直接责任人员，依照刑法第二百七十七条的规定，以妨害公务罪论处。

225.【拒不执行判决、裁定罪】

被执行人、协助执行义务人、担保人等负有执行义务的人对人民法院的判决、裁定有能力执行而拒不执行，情节严重的，应当依照刑法第三百一十三条的规定，以拒不执行判决、裁定罪处罚。

226.【判决、裁定的范围】

刑法第三百一十三条规定的"人民法院的判决、裁定"，是指人民法院依法作出的具有执行内容并已发生法律效力的判决、裁定。人民法院为依法执行支付令、生效的调解书、仲裁裁决、公证债权文书等所作的裁定属于该条规定的裁定。

227.【有能力执行而拒不执行、情节严重的情形】

下列情形属于刑法第三百一十三条规定的"有能力执行而拒不执行，情节严重"的情形：

（一）被执行人隐藏、转移、故意毁损财产或者无偿转让财产，以明显不合理的低价转让财产，致使判决、裁定无法执行的；

（二）担保人或者被执行人隐藏、转移、故意毁损或者转让已向人民法院提供担保的财产，致使判决、裁定无法执行的；

（三）协助执行义务人接到人民法院协助执行通知书后，拒不协助执行，致使判决、裁定无法执行的；

（四）被执行人、担保人、协助执行义务人与国家机关工作人员通谋，利用国家机关工作人员的职权妨害执行，致使判决、裁定无法执行的；

（五）其他有能力执行而拒不执行，情节严重的情形。

国家机关工作人员有上述第四项行为的，以拒不执行判决、裁定罪的共犯追究刑事责任。国家机关工作人员收受贿赂或者滥用职权，有上述第四项行为的，同时又构成刑法第三百八十五条、第三百九十七条规定之罪的，依照处罚较重的规定定罪处罚。

228.【其他有能力执行而拒不执行、情节严重的情形】

负有执行义务的人有能力执行而实施下列行为之一的，应当认定为本规范第227条第一款第五项规定的"其他有能力执行而拒不执行，情节严重的情形"：

（一）具有拒绝报告或者虚假报告财产情况、违反人民法院限制高消费及有关消费令等拒不执行行为，经采取罚款或者拘留等强制措施后仍拒不执行的；

（二）伪造、毁灭有关被执行人履行能力的重要证据，以暴力、威胁、贿买方法阻止他人作证或者指使、贿买、胁迫他人作伪证，妨碍人民法院查明被执行人财产情况，致使判决、裁定无法执行的；

（三）拒不交付法律文书指定交付的财物、票证或者拒不迁出房屋、退出土地，致使判决、裁定无法执行的；

（四）与他人串通，通过虚假诉讼、虚假仲裁、虚假和解等方式妨害执行，致使判决、裁定无法执行的；

（五）以暴力、威胁方法阻碍执行人员进入执行现场或者聚众哄闹、冲击执行现场，致使执行工作无法进行的；

（六）对执行人员进行侮辱、围攻、扣押、殴打，致使执行工作无法进行的；

（七）毁损、抢夺执行案件材料、执行公务车辆和其他执行器械、执行人员服装以及执行公务证件，致使执行工作无法进行的；

（八）拒不执行法院判决、裁定，致使债权人遭受重大损失的。

229.【拒不执行判决、裁定的起算时间】

有能力执行而拒不执行判决、裁定的时间从判决、裁定发生法律效力时起算。

具有执行内容的判决、裁定发生法律效力后，负有执行义务的人有隐藏、转移、故意毁损财产等拒不执行行为，致使判决、裁定无法执行，情节严重的，应当以拒不执行判决、裁定罪定罪处罚。

230.【拒不执行判决、裁定罪的先行拘留和移送侦查】

人民法院在执行判决、裁定过程中，对拒不执行判决、裁定情节严重的人，可以先行司法拘留；拒不执行判决、裁定的行为人涉嫌犯罪的，应当将案件依法移送有管辖权的公安机关立案侦查。

231.【拒不执行判决、裁定罪的自诉案件】

申请执行人有证据证明同时具有下列情形，人民法院认为符合刑事诉讼法第二百零四条第三项规定的，以自诉案件立案审理：

（一）负有执行义务的人拒不执行判决、裁定，侵犯了申请执行人的人身、财产权利，应当依法追究刑事责任的；

（二）申请执行人曾经提出控告，而公安机关或者人民检察院对负有执行义务的人不予追究刑事责任的。

前款规定的自诉案件，依照刑事诉讼法第二百零六条的规定，自诉人在宣告判决前，可以同被告人自行和解或者撤回自诉。

232.【拒不执行判决、裁定刑事案件的管辖】

拒不执行判决、裁定刑事案件，一般由执行法院所在地人民法院管辖。

233.【酌情从宽情形】

拒不执行判决、裁定的被告人在一审宣告判决前，履行全部或部分执行义务的，可以酌情从宽处罚。

234.【酌情从重情形】

拒不执行支付赡养费、扶养费、抚育费、抚恤金、医疗费用、劳动报酬等判决、裁定的，可以酌情从重处罚。

235.【不立案侦查的检察监督】

人民法院认为公安机关应当立案侦查而不立案侦查的，可提请人民检察院予以监督。人民检察院认为需要立案侦查的，应当要求公安机关说明不立案的理由。人民检察院认为公安机关不立案理由不能成立的，应当通知公安机关立案，公安机关接到通知后应当立案。

第四节　执行突发事件的防范与处理

最高人民法院
关于必须严格控制对被执行人采取拘捕措施的通知

1996年10月9日　　法〔1996〕96号

各省、自治区、直辖市高级人民法院，解放军军事法院：

近年来，各级人民法院坚持严肃执法，克服困难，依法执结了大批案件，为保护当事人的合法权益，维护社会稳定，做出了应有的贡献。但是，最近一个时期，在执行过程中接连发生执行人员或被执行人伤亡等严重事件。为防止类似事件再次发生。做好执行工作，特通知如下：

一、人民法院在执行生效法律文书的过程中，应当依法及时采取各种有效措施，切实保护当事人的合法权益。对采取暴力、胁迫或其他方法妨害或抗拒执行的被执行人及其他人员必须采取拘留措施时，应当严格履行法定手续，并持证、着装进行、执行中，遇有其他执法部门拦截或盘查时，应当主动出示证件并讲明情况，不得强行通过。必要时，要报告当地党委协调解决。

二、对被执行人采取逮捕措施，必须十分慎重。凡被执行人已经提出申诉或申请再审，执行依据的生效法律文书可能有实体处理错误的，或者被执行人确无财产可供执行的，均不得逮捕。对企业的法定代表人实施逮捕可能影响该企业生产秩序和社会稳定的，一般不得逮捕。对人大代表和政协委员采取逮捕措施时，应当严格按照有关法律规定报批或通报。未经批准的，不得逮捕。

三、基层人民法院、中级人民法院在执行中认为被执行人的行为已经构成犯罪的，需要作出逮捕决定的，一律逐级报经省、自治区、直辖市高级人民法院审批。

四、高级人民法院批准逮捕后，受案法院应当制作逮捕决定书，交由同级公安机关执行。执行逮捕是公安机关的法定职责，即使公安机关不执行，人民法院也不得自行逮捕，应当及时报告当地党委解决。

五、各高级人民法院自收到本通知之日起至今年年底，对本辖区内各级人民法院自去年以来在执行中采取拘捕措施和对被执行人及有关人员定罪判刑的案件进行一次检查，凡发现错抓错判的，应当坚决纠正，其中造成人员伤亡等严重后果的，必须严肃查处，追究主管人员和直接责任人员的法律责任。检查情况及时书面报告我院。

最高人民法院
关于谨防发生暴力抗拒执行事件的紧急通知

2001年5月22日　　法明传〔2001〕244号

各省、自治区、直辖市高级人民法院：

最近一个时期，一些地方因暴力抗拒执行而致执行干警被打伤的事件时有发生，特别是在乡镇、农村地区更为突出。最高人民法院对在暴力抗拒执行中被打伤、打残的执行干警表示慰问。在暴力抗拒情况下的强制执行所产生的负面影响极大，应当引起各级人民法院的特别关注。

发生暴力抗拒执行事件的原因是多方面的，其中既有基层政权组织疏于管理或怂恿对抗执行行为及被执行人执行意识差、群众法治观念淡薄等外部原因，也有执行干警工作不讲策略、违反程序、方法简单、粗心大意、言行失准、激化矛盾等内部原因。但是，相关法院关于暴力抗拒执行的报告大多只找外部原因，极少从内部找原因。事实上，只要执行法院、执行干警在个案执行中，能够坚持从实际出发，冷静地面对现实，严格地依法执行，全方位地做好工作，许多暴力抗拒执行事件是可以避免的。为此，特通知如下：

一、增强社情意识。执行工作直接面对社会，面对群众，必须深入了解当时当地的社情民情。执行人员在个案执行过程中，对被执行人特别是居住在乡镇、农村、林场、农场、矿区等地的被执行人，要注重了解当地基层政权、基层组织的领导管理情况，公安派出所的协助执行能力，民族风情及民众的法律意识，被执行人的文化修养、道德品质、性格特征、精神状态及其家族势力等，并有针对性地确定执行方案。

凡经调查分析认为有激化矛盾可能的，都应当事先通知基层政权组织和公安派出所协助执行；如果执行人员认为可以独自到被执行人居住地或被执行人财产所在地执行而不需要通知基层政权组织和公安机关协助执行并可以防止激化矛盾的，须将工作方案报经分管院长或执行局长批准。

二、提高程序公正意识。执行工作必须坚持程序正义原则，严格按照法定程序进行，在任何情况下都不可图"便捷"而舍弃法定程序。执行人员在执行程序中必须一丝不苟地按照法定程序操作，切实有效地防止矛盾激化，保持良好的执行秩序。

对于居住在偏远山区或易于引发群体对抗的被执行人，应当邮寄送达执行通知书，改变当面送达即予执行的做法；如果经查被执行人暂无可供执行的财产，可促成其与申请执行人达成和解协议，不可不经工作即以拘留、拘传等方式"追债"；被执行人对据以执行的生效法律文书或执行行为有异议，并提供证据证明的，应当当场停止执行，并在事后认真审查，依法处理；被执行人提出执行异议虽没有当场提供证据证明，但以异议理由当场对抗执行的，也应当为防激化矛盾而停止执行，事后依法妥处；凡被执行人或案外人当众有暴力抗拒执行的言行，或以自焚、自缢、自溺等自杀手段相要挟的，如无公安机关协助配合，不宜当场采取拘留等措施，并应立即停止执行，以缓解矛盾，但应于事后对暴力抗拒执行者予以司法拘留或追究其刑事责任，按法定程序处理。

三、注重执行形象。执行人员就地执行，直接面对社会的各种矛盾，置身于人民群众的监督中，要通过规范的言行举止，充分体现国家的人民民主专政的形象，充分体现人民法院最讲理、最公正、最可信赖的形象，充分体现法院干警为人民的公仆形象，从而，赢得执行当事人、现场群众和基层政权机关的信赖和支持。

为此，执行人员应当首先明确执行工作追求的司法价值是执行程序公正，端正执行工作的终极目的；应当充分尊重执行当事人双方的法定权利，特别是对被执行人的执行异议，必须认真审查，及时答复，不得不予理睬或有反感情绪或不予审查即予以驳回；坚持对执行异议采取听证、质证、辩证等方式予以审查，努力保持执行透明度，增强执行公信度；改变超职权主义的执行观念和执行方法，充分尊重执行当事人双方的意思自治表示；应当持证着装，规范执行用语，并善于教育说服工作，善于对暴力抗拒行为人晓之以德，治之以法；在矛盾激化时，应当保持理智，不发怒、不失言、不过度，冷静、沉着、果断地化妥矛盾，妥处突发事件，保持法官的风度。

四、加强社会协作。执行工作的社会性较强，要求执行人员必须作好社会工作，善于将司法工作和社会工作紧密地结合起来，将依法独立执行与依靠地方党委领导紧密结合起来，将执行专门工作与坚持群众路线紧密结合起来，力求执行个案形成社会合力，并扩大法治宣传效果。

执行人员在个案执行中，对有可能激化矛盾、发生暴力抗拒执行行为的，应当及时向当地党委报告或通报情况，争取其支持和协助；对暴力抗拒执行情节严重的行为人，要及时依靠党委并会同公安机关和检察机关追究其刑事责任，并同时报告上级法院；对地方官员支持、怂恿、袒护暴力抗拒执行的行为人，要逐级上报，坚决追究其党政纪律和法律责任；对于暴力抗拒执行的典型事例，要依靠媒体及时公正批评，扩大法制宣传的社会效果，充分发挥舆论引导和监督作用。

五、强化自我保护意识。执行工作是人民法院司法工作的"第一线"，是维护司法公正的最后一道"防线"。各地法院执行机构是现代"商战"必争的"制高点"；执行干警既处于社会矛盾冲突的旋涡中，又置身于反腐败斗争的"风口浪尖"上，因而，必须强化自我保护意识，为此，执行干警要懂得"公生明、廉生威"的道理，坚持廉洁奉公，一身正气，以优良的

素质和气质感召群众，团结群众，化解矛盾；要懂得"知己知彼"的重要性，力戒麻痹大意，盲目自信，坚持制作切实可行的执行方案，并对一切可以预见到的暴力抗拒执行的因素作出防范预案，把握工作的主动权；要以社会稳定为己任，注重执行的社会效果与司法效果的统一，尤其在就地执行出现群体围观、参与时，要以社会效果为重，力避激化矛盾；要善于总结经验教训，凡发生暴力抗拒执行事件，都要及时剖析执行瑕疵，找准内部原因，予以通报批评，并"对症下药"，改进工作。

最高人民法院
关于在民事审判和执行工作中依法保护金融债权防止国有资产流失问题的通知

2005年3月16日　　法〔2005〕32号

七、在执行涉及金融不良债权案件时，要做好处理突发事件的预案，防范少数不法人员煽动、组织不明真相的职工和群众冲击法院和执行现场，围攻法院工作人员和集体到党政机关上访。发生重大突发性事件，要及时向地方党委、人大和上级人民法院报告。

最高人民法院
关于人民法院预防和处理执行突发事件的若干规定（试行）

2009年9月22日　　法发〔2009〕50号

为预防和减少执行突发事件的发生，控制、减轻和消除执行突发事件引起的社会危害，规范执行突发事件应急处理工作，保护执行人员及其他人员的人身财产安全，维护社会稳定，根据《中华人民共和国民事诉讼法》、《中华人民共和国突发事件应对法》等有关法律规定，结合执行工作实际，制定本规定。

第一条　本规定所称执行突发事件，是指

在执行工作中突然发生，造成或可能危及执行人员及其他人员人身财产安全，严重干扰执行工作秩序，需要采取应急处理措施予以应对的群体上访、当事人自残、群众围堵执行现场、以暴力或暴力相威胁抗拒执行等事件。

第二条 按照危害程度、影响范围等因素，执行突发事件分为特别重大、重大、较大和一般四级。

特别重大的执行突发事件是指严重影响社会稳定、造成人员死亡或3人以上伤残的事件。

除特别重大执行突发事件外，分级标准由各高级人民法院根据辖区实际自行制定。

第三条 高级人民法院应当加强对辖区法院执行突发事件应急处理工作的指导。

执行突发事件的应急处理工作由执行法院或办理法院负责。各级人民法院应当成立由院领导负责的应急处理工作机构，并建立相关工作机制。

异地执行发生突发事件时，发生地法院必须协助执行法院做好现场应急处理工作。

第四条 执行突发事件应对工作实行预防为主、预防与应急处理相结合的原则。执行突发事件应急处理坚持人身安全至上、社会稳定为重的原则。

第五条 各级人民法院应当制定执行突发事件应急处理预案。执行应急处理预案包括组织与指挥、处理原则与程序、预防和化解、应急处理措施、事后调查与报告、装备及人员保障等内容。

第六条 执行突发事件实行事前、事中和事后全程报告制度。执行人员应当及时将有关情况报告本院执行应急处理工作机构。

异地执行发生突发事件的，发生地法院应当及时将有关情况报告当地党委、政府。

第七条 各级人民法院应当定期对执行应急处理人员和执行人员进行执行突发事件应急处理有关知识培训。

第八条 执行人员办理案件时，应当认真研究全案执行策略，讲究执行艺术和执行方法，积极做好执行和解工作，从源头上预防执行突发事件的发生。

第九条 执行人员应当强化程序公正意识，严格按照法定执行程序采取强制执行措施，规范执行行为，防止激化矛盾引发执行突发事件。

第十条 执行人员必须严格遵守执行工作纪律有关规定，廉洁自律，防止诱发执行突发事件。

第十一条 执行人员应当认真做好强制执行准备工作，制定有针对性的执行方案。执行人员在采取强制措施前，应当全面收集并研究被执行人的相关信息，结合执行现场的社会情况，对发生执行突发事件的可能性进行分析，并研究相关应急化解措施。

第十二条 执行人员在执行过程中，发现有执行突发事件苗头，应当及时向执行突发事件应急处理工作机构报告。执行法院必须启动应急处理预案，采取有效措施全力化解执行突发事件危机。

第十三条 异地执行时，执行人员请求当地法院协助的，当地法院必须安排专人负责和协调，并做好应急准备。

第十四条 发生下列情形，必须启动执行突发事件应急处理预案：

（一）涉执上访人员在15人以上的；

（二）涉执上访人员有无理取闹、缠诉领导、冲击机关等严重影响国家机关办公秩序行为的；

（三）涉执上访人员有自残行为的；

（四）当事人及相关人员携带易燃、易爆物品及管制刀具等凶器上访的；

（五）当事人及相关人员聚众围堵，可能导致执行现场失控的；

（六）当事人及相关人员在执行现场使用暴力或以暴力相威胁抗拒执行的；

（七）其他严重影响社会稳定或危害执行人员安全的。

第十五条 执行突发事件发生后，执行人员应当立即报告执行突发事件应急处理工作机构。应急处理工作机构负责人应当迅速启动应急处理机制，采取有效措施防止事态恶性发展。同时协调公安机关及时出警控制现场，并将有关情况报告党委、政府。

第十六条 执行突发事件造成人伤亡或财产损失的，执行应急处理人员应当及时协调公安、卫生、消防等部门组织力量进行抢救，全力减轻损害和减少损失。

第十七条 对继续采取执行措施可能导致现场失控、激发暴力事件、危及人身安全的，执行人员应当立即停止执行措施，及时撤离执行现场。

第十八条 异地执行发生执行突发事件的，执行人员应当在第一时间将有关情况通报发生地法院，发生地法院应当积极协助组织开展应急处理工作。发生地法院必须立即派员赶赴现场，同时报告当地党委和政府，协调公安等有关部门出警控制现场，采取有效措施进行控制，防止事态恶化。

第十九条 执行突发事件发生后，执行法院必须就该事件进行专项调查，形成书面报告材料，在5个工作日内逐级上报至高级人民法院。对特别重大执行突发事件，高级人民法院应当立即组织调查，并在3个工作日内书面报告最高人民法院。

第二十条 执行突发事件调查报告应包括以下内容：
（一）事件发生的时间、地点和经过；
（二）事件后果及人员伤亡、财产损失；
（三）与事件相关的案件；
（四）有关法院采取的预防和处理措施；
（五）事件原因分析及经验、教训总结；
（六）事件责任认定及处理；
（七）其他需要报告的事项。

第二十一条 执行突发事件系由执行人员过错引发，或执行应急处理不当加重事件后果，或事后瞒报、谎报、缓报的，必须按照有关纪律处分办法追究相关人员责任。

第二十二条 对当事人及相关人员在执行突发事件中违法犯罪行为，有关法院应当协调公安、检察和纪检监察等有关部门，依法依纪予以严肃查处。

第二十三条 本规定自2009年10月1日起施行。

第五节 司法警察的职责

最高人民法院
关于适用《中华人民共和国民事诉讼法》的解释

2015年1月30日　　法释〔2015〕5号

第一百七十八条 人民法院依照民事诉讼法第一百一十条至第一百一十四条的规定采取拘留措施的，应经院长批准，作出拘留决定书，由司法警察将被拘留人送交当地公安机关看管。

最高人民法院
关于进一步加强和规范执行工作的若干意见

2009年7月17日　　法发〔2009〕43号

一、进一步加大执行工作力度

（一）建立执行快速反应机制。要努力提高执行工作的快速反应能力，加强与公安、检察等部门的联系，及时处理执行线索和突发事件。高、中级人民法院应当成立执行指挥中心，组建快速反应力量。有条件的基层人民法院根据工作需要也可以成立执行指挥中心。指挥中心负责人由院长或其授权的副院长担任，执行局长具体负责组织实施。为了便于与纪检、公安、检察等有关部门的协调，统一调用各类司法资源，符合条件的执行局长可任命为党组成员。指挥中心办事机构设在执行局，并开通24小时值班电话。快速反应力量由辖区法院的执行人员、司法警察等人员组成，下设快速反应执行小组，根据指挥中心的指令迅速采取执行行动。

三、继续推进执行改革

（三）合理确定执行机构与其他部门的职责分工。要理顺执行机构与法院其他相关部门的职责分工，推进执行工作专业化和执行队伍职业化建设。实行严格的归口管理，明确行政非诉案件和行政诉讼案件的执行，财产保全、先予执行、财产刑等统一由执行机构负责实施。

加强和规范司法警察参与执行工作。基层人民法院审判监督庭和高、中级人民法院的质效管理部门承担执行工作质量监督、瑕疵案件责任分析等职能。

<h2 style="text-align:center">最高人民法院
关于执行权合理配置和科学
运行的若干意见</h2>

2011 年 10 月 19 日　　法发〔2011〕15 号

三、关于执行工作的统一管理

31. 上级人民法院在组织集中执行、专项执行或其他重大执行活动中，可以统一指挥和调度下级人民法院的执行人员、司法警察和执行装备。

<h2 style="text-align:center">最高人民法院
关于印发《人民法院司法
警察条例》的通知</h2>

2012 年 10 月 29 日　　法发〔2012〕23 号

省、自治区、直辖市高级人民法院，新疆维吾尔自治区高级人民法院生产建设兵团分院：

《人民法院司法警察条例》已经最高人民法院审判委员会讨论通过。现予颁布，自 2012 年 12 月 1 日起施行。

附：

人民法院司法警察条例
第二章　职权

第七条　人民法院司法警察的职责：

（一）维护审判秩序；

（二）对进入审判区域的人员进行安全检查；

（三）刑事审判中押解、看管被告人或者罪犯，传带证人、鉴定人和传递证据；

（四）在生效法律文书的强制执行中，配合实施执行措施，必要时依法采取强制措施；

（五）执行死刑；

（六）协助机关安全和涉诉信访应急处置工作；

（七）执行拘传、拘留等强制措施；

（八）法律、法规规定的其他职责。

第九条　对以暴力、威胁或者其他方法阻碍司法工作人员执行职务的，人民法院司法警察应当及时予以控制，根据需要进行询问、提取或者固定相关证据，依法执行罚款、拘留等强制措施。

第十一条　在生效法律文书的强制执行中，人民法院司法警察可以依法配合实施搜查、查封、扣押、强制迁出等执行行为。

第十四条　遇有脱逃、拦劫囚车、抢夺枪支或者其他暴力行为的紧急情况，人民法院司法警察可以依照国家有关规定适用警械；使用警械不能制止或者不使用武器制止可能发生严重后果的，可以依照国家有关规定使用武器。

第六节　限制出境

<h2 style="text-align:center">中华人民共和国出境入境管理法</h2>

2012 年 6 月 30 日

第十二条　中国公民有下列情形之一的，不准出境：

（一）未持有效出境入境证件或者拒绝、逃避接受边防检查的；

（二）被判处刑罚尚未执行完毕或者属于刑事案件被告人、犯罪嫌疑人的；

（三）有未了结的民事案件，人民法院决定不准出境的；

（四）因妨害国（边）境管理受到刑事处罚或者因非法出境、非法居留、非法就业被其他国家或者地区遣返，未满不准出境规定年限的；

（五）可能危害国家安全和利益，国务院有关主管部门决定不准出境的；

（六）法律、行政法规规定不准出境的其他情形。

第二十八条　外国人有下列情形之一的，不准出境：

（一）被判处刑罚尚未执行完毕或者属于刑事案件被告人、犯罪嫌疑人的，但是按照中国与外国签订的有关协议，移管被判刑人的除外；

（二）有未了结的民事案件，人民法院决定不准出境的；

（三）拖欠劳动者的劳动报酬，经国务院有关部门或者省、自治区、直辖市人民政府决定不准出境的；

（四）法律、行政法规规定不准出境的其他情形。

中华人民共和国民事诉讼法

2017年6月27日

第二百五十五条　被执行人不履行法律文书确定的义务的，人民法院可以对其采取或者通知有关单位协助采取限制出境，在征信系统记录、通过媒体公布不履行义务信息以及法律规定的其他措施。

最高人民法院关于适用《中华人民共和国民事诉讼法》执行程序若干问题的解释

2008年11月3日　法释〔2008〕13号

第三十六条　依照民事诉讼法第二百三十一条①规定对被执行人限制出境的，应当由申请执行人向执行法院提出书面申请；必要时，执行法院可以依职权决定。

第三十七条　被执行人为单位的，可以对其法定代表人、主要负责人或者影响债务履行的直接责任人员限制出境。

被执行人为无民事行为能力人或者限制民事行为能力人的，可以对其法定代理人限制出境。

第三十八条　在限制出境期间，被执行人履行法律文书确定的全部债务的，执行法院应当及时解除限制出境措施；被执行人提供充分、有效的担保或者申请执行人同意的，可以解除限制出境措施。

最高人民法院　最高人民检察院 公安部　国家安全部 印发《关于依法限制外国人和中国公民出境问题的若干规定》的通知

1987年3月10日　〔1987〕公发16号

各省、自治区、直辖市高级人民法院，人民检察院，公安厅、局，国家安全厅、局：

根据《中华人民共和国外国人入境出境管理法》和《中华人民共和国公民出境入境管理法》②的规定，已入境的外国人或华侨、港澳台同胞，以及需出境的中国公民，可凭有效护照或其他有效出入境证件出境，不需再办理签证，同时还规定了上述人员中不准出境的条件。

过去由于对不准外国人和中国公民出境的限制办法无明确规定，以致某些刑事、民事案件的诉讼当事人借出境之机逃避司法机关追究法律责任，给国家在经济上造成重大损失、政治上带来不利的影响；还有些本可以通过其他方法解决的，却采取限制出境甚至扣留证件的办法，也造成了不好影响。为有效地执行两个出入境管理法，处理好不准出境的问题，特制定《关于依法限制外国人和中国公民出境问题的若干规定》，现印发给你们，请认真执行。

---

① 民事诉讼法原第二百三十一条现已修改为第二百五十五条。——编者注
② 《中华人民共和国外国人入境出境管理法》《中华人民共和国公民出境入境管理法》已被《中华人民共和国出境入境管理法》废止。——编者注

附：

关于依法限制外国人和中国公民出境问题的若干规定

《中华人民共和国外国人入境出境管理法》第二十三条和《中华人民共和国公民出境入境管理法》第八条规定了对某些外国人和中国公民不准其出境，现将贯彻执行中的若干问题规定如下：

（一）需要限制已入境的外国人出境或者限制中国公民出境的，必须严格依照法律规定执行。在执行中应当注意：凡能尽早处理的，不要等到外国人或中国公民临出境时处理；凡可以通过其他方式处理的，不要采取扣留证件的办法限制出境；凡能在内地处理的，不要到出境口岸处理，要把确需在口岸阻止出境的人员控制在极少数。

（二）限制外国人或中国公民出境的审批权限：

1. 公安机关和国家安全机关认定的犯罪嫌疑人或有其他违反法律的行为尚未处理并需要追究法律责任的，其限制出境的决定需经省、自治区、直辖市公安厅、局或国家安全厅、局批准。

2. 人民法院或人民检察院认定的犯罪嫌疑人或有其他违反法律的行为尚未处理并需要追究法律责任的，由人民法院或人民检察院决定限制出境并按有关规定执行，同时通报同级公安机关。

3. 国家安全机关对某些外国人或中国公民采取限制出境措施时，要及时通报公安机关。

4. 有未了结民事案件（包括经济纠纷案件）的，由人民法院决定限制出境并执行，同时通报公安机关。

5. 对其他需要在边防口岸限制出境的人员，可按1985年公安部、国家安全部《关于做好入出境查控工作的通知》（〔1985〕公发24号文件）精神办理。

（三）人民法院、人民检察院、公安机关和国家安全机关在限制外国人和中国公民出境时，可以分别采取以下办法：

1. 向当事人口头通知或书面通知，在其案件（或问题）了结之前，不得离境；

2. 根据案件性质及当事人的具体情况，分别采取监视居住或取保候审的办法，或令其提供财产担保或交付一定数量保证金后准予出境；

3. 扣留当事人护照或其他有效出入境证件。但应在护照或其他出入境证件有效期内处理了结，同时发给本人扣留证件的证明。人民法院、人民检察院或国家安全机关扣留当事人护照或其他有效出入境证件，如在出入境证件有效期内不能了结的，应当提前通知公安机关。

（四）人民法院、人民检察院、国家安全机关及公安机关对某些不准出境的外国人和中国公民，需在边防检查站阻止出境的，应填写《口岸阻止人员出境通知书》（样式附后，自行印制）。在本省、自治区、直辖市口岸阻止出境的，应向本省、自治区、直辖市公安厅、局交控。在紧急情况下，如确有必要，也可先向边防检查站交控，然后按本通知的规定，补办交控手续。控制口岸超出本省、自治区、直辖市的，应通过有关省、自治区、直辖市公安厅、局办理交控手续。

外交部　最高人民法院　最高人民检察院　公安部　国家安全部　司法部
关于处理涉外案件若干问题的规定

1995年6月20日　　外发〔1995〕17号

二、关于涉外案件的内部通报问题

（一）遇有下列情况之一，公安机关、国家安全机关、人民检察院、人民法院，以及其他主管机关应当将有关案情、处理情况，以及对外表态口径于受理案件或采取措施的四十八小时内报上一级主管机关，同时通报同级人民政府外事办公室。

1. 对外国人实行行政拘留、刑事拘留、司法拘留、拘留审查、逮捕、监视居住、取保候审、扣留护照、限期出境、驱逐出境的案件；

2. 外国船舶因在我国内水或领海损毁或搁浅，发生海上交通、污染等事故，走私及其他违法或违反国际公约的行为，被我主管部门扣留或采取其他强制措施的案件；

3. 外国渔船在我管辖水域违法捕捞，发生碰撞或海事纠纷，被我授权执法部门扣留的案件；

4. 外国船舶因经济纠纷被我法院扣留、拍卖的案件；

5. 外国人在华死亡事件或案件；

6. 涉及外国人在华民事和经济纠纷的案件；

7. 其他认为应当通报的案件。

同级人民政府外事办公室在接到通报后应当立即报外交部。案件了结后，也应当尽快向外交部通报结果。

（四）通知机关

5. 外国船舶因经济纠纷被我海事法院扣留、拍卖的，由海事法院通知有关外国驻华使、领馆。如船籍国与我有外交关系，不论是否订有双边领事条约，均应通知。

五、关于探视被监视居住、拘留审查、拘留、逮捕或正在监狱服刑的外国公民以及与其通信问题

（四）扣留外国人护照问题

根据《中华人民共和国外国人入境出境管理法》和最高人民法院、最高人民检察院、公安部、国家安全部《关于依法限制外国人和中国公民出境问题的若干规定》（〔1987〕公发16号），除我公安机关、国家安全机关、司法机关以及法律明确授权的机关外，其他任何单位或者个人都无权扣留外国人护照，也不得以任何方式限制外国人的人身自由；公安机关、国家安全机关、司法机关以及法律明确授权的机关扣留外国人护照，必须按照规定的权限报批，履行必要的手续，发给本人扣留护照的证明，并把有关情况及时上报上级主管部门，通报同级人民政府外事办公室，有关外事办公室应当及时报告外交部。

最高人民法院

关于当前经济审判工作应当注意的几个问题

1998年11月23日

（五）关于审理涉外、涉港澳台案件问题

近年来，涉外、涉港澳台经济纠纷案件上升幅度较大，审理时要特别注意以下问题：

第三，严格把握限制出境问题。在审理涉外、涉港澳台案件中，对当事人采取限制出境措施，应当适用于当事人在我国境内有未了结经济纠纷案件，如其出境可能造成案件无法审理、无法执行的情况。对境外企业法人在我国有尚未了结的经济纠纷案件，可对该企业法定代表人和业务的主管人员依法限制出境。对在我国的外商投资企业，如果该企业资不抵债，应当按照公司法、中外合资经营企业法等有关法律处理，不应限制外方的代表人和投资者出境；只有在外方股东利用投资蓄意欺诈的情况下，方可限制外方股东的法定代表人出境。确需限制外方当事人出境的，要严格按照《中华人民共和国外国人入境出境管理法》的规定执行。具体执行中要特别注意有理、有利、有节，同时必须注意限制外方当事人出境，绝不能限制其人身自由；对于任何限制其人身自由的做法，必须坚决依法予以制止。

最高人民法院

关于印发《第二次全国涉外商事海事审判工作会议纪要》的通知

2005年12月16日　　法发〔2005〕26号

八、关于限制当事人出境

93. 人民法院在审理涉外商事纠纷案件中，对同时具备下列条件的有关人员，可以采取措施限制其出境：（1）在我国确有未了结的涉外商事纠纷案件；（2）被限制出境人员是未了结案件中的当事人或者当事人的法定代表人、负责人；（3）有逃避诉讼或者逃避履行法定义务的可能；（4）其出境可能造成案件难以审理、无法执行的。

采取限制出境措施必须严格依照最高人民法院、最高人民检察院、公安部、国家安全部〔1987〕公发16号《关于依法限制外国人和中国公民出境问题的若干规定》审查办理，从严掌握。

94. 限制出境措施在案件一方当事人提出申请后采取。人民法院在必要时，可以责令申请人提供有效的担保。

95. 限制出境采取扣留有效出境证件方式的，被扣证人或者其担保人向人民法院提供有效担保（提供担保的数额应相当于诉讼请求的数额）或者履行了法定义务后，人民法院应立即口头通知被扣证人解除限制，收回扣留证件证明，发还所扣留的证件，由被扣证人签收，限制其出境的扣证决定自行撤销。作出扣证决定的人民法院应将解除出境限制的有关情况书面通知公安、边检部门。

96. 人民法院采取限制出境措施过程中产生的费用，由申请人预交，最终应判令由败诉一方当事人负担。

中央纪律检查委员会 中央组织部 中央宣传部 中央政法委员会 中央社会治安综合治理委员会办公室 最高人民法院 最高人民检察院 国务院法制工作办公室 国家发展和改革委员会 公安部 监察部 司法部 民政部 国土资源部 住房和城乡建设部 中国人民银行 国家税务总局 国家工商行政管理总局 中国银监会 中国证监会

关于建立和完善执行联动机制若干问题的意见

2010年7月7日　　法发〔2010〕15号

第六条　公安机关应当依法严厉打击拒不执行法院判决、裁定和其他妨害执行的违法犯罪行为；对以暴力、威胁方法妨害或者抗拒执行的行为，在接到人民法院通报后立即出警，依法处置。协助人民法院查询被执行人户籍信息、下落，在履行职责过程中发现人民法院需要拘留、拘传的被执行人的，及时向人民法院通报情况；对人民法院在执行中决定拘留的人员，及时予以收押。协助限制被执行人出境；协助人民法院办理车辆查封、扣押和转移登记等手续；发现被执行人车辆等财产时，及时将有关信息通知负责执行的人民法院。

最高人民法院
关于进一步做好边境地区涉外民商事案件审判工作的指导意见

2010年12月8日　　法发〔2010〕57号

七、人民法院在审理案件过程中，对外国人采取限制出境措施，应当从严掌握，必须同时具备以下条件：

（一）被采取限制出境措施的人只能是在我国有未了结民商事案件的当事人或当事人的法定代表人、负责人；

（二）当事人有逃避诉讼或者逃避履行法定义务的可能；

（三）不采取限制出境措施可能造成案件难以审理或者无法执行。

人民法院办理执行案件规范

2017年4月

196.【限制出境的一般规定】
被执行人不履行法律文书确定的义务的，人民法院可以对其采取或者通知有关单位协助采取限制出境措施。

被执行人为单位的，可以对其法定代表人、主要负责人或者影响债务履行的直接责任人员限制出境。

被执行人为无民事行为能力人或者限制民事行为能力人的，可以对其法定代理人限制出境。

197.【限制出境的办理程序】
依照本规范第196条规定对被执行人限制出境的，应当由申请执行人向执行法院提出书面申请；必要时，执行法院可以依职权决定。

人民法院决定采取限制出境措施的，应当制作执行决定书。执行决定书应当送达当事人。

人民法院作出限制出境决定时，应当告知被限制出境人申请复议的权利和期限。

198.【限制出境措施的解除】

在限制出境期间,被执行人履行法律文书确定的全部债务的,执行法院应当及时解除限制出境措施;被执行人提供充分、有效的担保或者申请执行人同意的,可以解除限制出境措施。

解除限制出境措施的,应当制作执行决定书。

199.【限制出境的复议】

被限制出境的人认为对其限制出境错误的,可以自收到限制出境决定之日起十日内向上一级人民法院申请复议。上一级人民法院应当自收到复议申请之日起十五日内作出决定。复议期间,不停止原决定的执行。

200.【外国人的限制出境】

对外国人实行扣留护照、限期出境等措施的案件,应当将有关案情、处理情况于采取措施的四十八小时内报上一级主管机关,同时通报同级人民政府外事办公室。

第七节 征信系统记录

中华人民共和国民事诉讼法

2017年6月27日

第二百五十五条 被执行人不履行法律文书确定的义务的,人民法院可以对其采取或者通知有关单位协助采取限制出境,在征信系统记录、通过媒体公布不履行义务信息以及法律规定的其他措施。

最高人民法院
关于适用《中华人民共和国民事诉讼法》的解释

2015年1月30日 法释〔2015〕5号

第五百一十八条 被执行人不履行法律文书确定的义务的,人民法院除对被执行人予以处罚外,还可以根据情节将其纳入失信被执行人名单,将被执行人不履行或者不完全履行义务的信息向其所在单位、征信机构以及其他相关机构通报。

最高人民法院
关于公布失信被执行人名单信息的若干规定

2017年2月28日 法释〔2017〕7号

为促使被执行人自觉履行生效法律文书确定的义务,推进社会信用体系建设,根据《中华人民共和国民事诉讼法》的规定,结合人民法院工作实际,制定本规定。

第一条 被执行人未履行生效法律文书确定的义务,并具有下列情形之一的,人民法院应当将其纳入失信被执行人名单,依法对其进行信用惩戒:

(一)有履行能力而拒不履行生效法律文书确定义务的;

(二)以伪造证据、暴力、威胁等方法妨碍、抗拒执行的;

(三)以虚假诉讼、虚假仲裁或者以隐匿、转移财产等方法规避执行的;

(四)违反财产报告制度的;

(五)违反限制消费令的;

(六)无正当理由拒不履行执行和解协议的。

第二条 被执行人具有本规定第一条第二项至第六项规定情形的,纳入失信被执行人名单的期限为二年。被执行人以暴力、威胁方法妨碍、抗拒执行情节严重或具有多项失信行为的，可以延长一至三年。

失信被执行人积极履行生效法律文书确定义务或主动纠正失信行为的，人民法院可以决定提前删除失信信息。

第三条 具有下列情形之一的，人民法院不得依据本规定第一条第一项的规定将被执行人纳入失信被执行人名单：

（一）提供了充分有效担保的；

（二）已被采取查封、扣押、冻结等措施的财产足以清偿生效法律文书确定债务的；

（三）被执行人履行顺序在后，对其依法不应强制执行的；

（四）其他不属于有履行能力而拒不履行生效法律文书确定义务的情形。

第四条 被执行人为未成年人的，人民法院不得将其纳入失信被执行人名单。

第五条 人民法院向被执行人发出的执行通知中，应当载明有关纳入失信被执行人名单的风险提示等内容。

申请执行人认为被执行人具有本规定第一条规定情形之一的，可以向人民法院申请将其纳入失信被执行人名单。人民法院应当自收到申请之日起十五日内审查并作出决定。人民法院认为被执行人具有本规定第一条规定情形之一的，也可以依职权决定将其纳入失信被执行人名单。

人民法院决定将被执行人纳入失信被执行人名单的，应当制作决定书，决定书应当写明纳入失信被执行人名单的理由，有纳入期限的，应当写明纳入期限。决定书由院长签发，自作出之日起生效。决定书应当按照民事诉讼法规定的法律文书送达方式送达当事人。

第六条 记载和公布的失信被执行人名单信息应当包括：

（一）作为被执行人的法人或者其他组织的名称、统一社会信用代码（或组织机构代码）、法定代表人或者负责人姓名；

（二）作为被执行人的自然人的姓名、性别、年龄、身份证号码；

（三）生效法律文书确定的义务和被执行人的履行情况；

（四）被执行人失信行为的具体情形；

（五）执行依据的制作单位和文号、执行案号、立案时间、执行法院；

（六）人民法院认为应当记载和公布的不涉及国家秘密、商业秘密、个人隐私的其他事项。

第七条 各级人民法院应当将失信被执行人名单信息录入最高人民法院失信被执行人名单库，并通过该名单库统一向社会公布。

各级人民法院可以根据各地实际情况，将失信被执行人名单通过报纸、广播、电视、网络、法院公告栏等其他方式予以公布，并可以采取新闻发布会或者其他方式对本院及辖区法院实施失信被执行人名单制度的情况定期向社会公布。

第八条 人民法院应当将失信被执行人名单信息，向政府相关部门、金融监管机构、金融机构、承担行政职能的事业单位及行业协会等通报，供相关单位依照法律、法规和有关规定，在政府采购、招标投标、行政审批、政府扶持、融资信贷、市场准入、资质认定等方面，对失信被执行人予以信用惩戒。

人民法院应当将失信被执行人名单信息向征信机构通报，并由征信机构在其征信系统中记录。

国家工作人员、人大代表、政协委员等被纳入失信被执行人名单的，人民法院应当将失信情况通报其所在单位和相关部门。

国家机关、事业单位、国有企业等被纳入失信被执行人名单的，人民法院应当将失信情况通报其上级单位、主管部门或者履行出资人职责的机构。

第九条 不应纳入失信被执行人名单的公民、法人或其他组织被纳入失信被执行人名单的，人民法院应当在三个工作日内撤销失信信息。

记载和公布的失信信息不准确的，人民法院应当在三个工作日内更正失信信息。

第十条 具有下列情形之一的，人民法院应当在三个工作日内删除失信信息：

（一）被执行人已履行生效法律文书确定的义务或人民法院已执行完毕的；

（二）当事人达成执行和解协议且已履行完

毕的；

（三）申请执行人书面申请删除失信信息，人民法院审查同意的；

（四）终结本次执行程序后，通过网络执行查控系统查询被执行人财产两次以上，未发现有可供执行财产，且申请执行人或者其他人未提供有效财产线索的；

（五）因审判监督或破产程序，人民法院依法裁定对失信被执行人中止执行的；

（六）人民法院依法裁定不予执行的；

（七）人民法院依法裁定终结执行的。

有纳入期限的，不适用前款规定。纳入期限届满后三个工作日内，人民法院应当删除失信信息。

依照本条第一款规定删除失信信息后，被执行人具有本规定第一条规定情形之一的，人民法院可以重新将其纳入失信被执行人名单。

依照本条第一款第三项规定删除失信信息后六个月内，申请执行人申请将该被执行人纳入失信被执行人名单的，人民法院不予支持。

第十一条 被纳入失信被执行人名单的公民、法人或其他组织认为有下列情形之一的，可以向执行法院申请纠正：

（一）不应将其纳入失信被执行人名单的；

（二）记载和公布的失信信息不准确的；

（三）失信信息应予删除的。

第十二条 公民、法人或其他组织对被纳入失信被执行人名单申请纠正的，执行法院应当自收到书面纠正申请之日起十五日内审查，理由成立的，应当在三个工作日内纠正；理由不成立的，决定驳回。公民、法人或其他组织对驳回决定不服的，可以自决定书送达之日起十日内向上一级人民法院申请复议。上一级人民法院应当自收到复议申请之日起十五日内作出决定。

复议期间，不停止原决定的执行。

第十三条 人民法院工作人员违反本规定公布、撤销、更正、删除失信信息的，参照有关规定追究责任。

中共中央办公厅　国务院办公厅
关于加快推进失信被执行人信用监督、警示和惩戒机制建设的意见

2016年9月25日

人民法院通过司法程序认定的被执行人失信信息是社会信用信息重要组成部分。对失信被执行人进行信用监督、警示和惩戒，有利于促进被执行人自觉履行生效法律文书确定的义务，提高司法公信力，推进社会信用体系建设。为加快推进失信被执行人信用监督、警示和惩戒机制建设，现提出以下意见。

一、总体要求

（一）指导思想

全面贯彻落实党的十八大和十八届三中、四中、五中全会精神，深入学习贯彻习近平总书记系列重要讲话精神，紧紧围绕统筹推进"五位一体"总体布局和协调推进"四个全面"战略布局，牢固树立新发展理念，按照培育和践行社会主义核心价值观、推进信用信息共享、健全激励惩戒机制、提高全社会诚信水平的有关要求，进一步提高人民法院执行工作能力，加快推进失信被执行人跨部门协同监管和联合惩戒机制建设，构建一处失信、处处受限的信用监督、警示和惩戒工作体制机制，维护司法权威，提高司法公信力，营造向上向善、诚信互助的社会风尚。

（二）基本原则

——坚持合法性。对失信被执行人信用监督、警示和惩戒要严格遵照法律法规实施。

——坚持信息共享。破除各地区各部门之间以及国家机关与人民团体、社会组织、企事业单位之间的信用信息壁垒，依法推进信用信息互联互通和交换共享。

——坚持联合惩戒。各地区各部门要各司其职，相互配合，形成合力，构建一处失信、处处受限的信用监督、警示和惩戒体系。

——坚持政府主导和社会联动。各级政府要发挥主导作用，同时发挥各方面力量，促进全社会共同参与、共同治理，实现政府主导与

社会联动的有效融合。

（三）建设目标

到2018年，人民法院执行工作能力显著增强，执行联动体制便捷、顺畅、高效运行。失信被执行人名单制度更加科学、完善，失信被执行人界定与信息管理、推送、公开、屏蔽、撤销等合法高效、准确及时。失信被执行人信息与各类信用信息互联共享，以联合惩戒为核心的失信被执行人信用监督、警示和惩戒机制高效运行。有效促进被执行人自觉履行人民法院生效裁判确定的义务，执行难问题基本解决，司法公信力大幅提升，诚实守信成为全社会共同的价值追求和行为准则。

二、加强联合惩戒

（一）从事特定行业或项目限制

1. 设立金融类公司限制。将失信被执行人相关信息作为设立银行业金融机构及其分支机构，以及参股、收购银行业金融机构审批的审慎性参考，作为设立证券公司、基金管理公司、期货公司审批，私募投资基金管理人登记的审慎性参考。限制失信被执行人设立融资性担保公司、保险公司。

2. 发行债券限制。对失信被执行人在银行间市场发行债券从严审核，限制失信被执行人公开发行公司债券。

3. 合格投资者额度限制。在合格境外机构投资者、合格境内机构投资者额度审批和管理中，将失信状况作为审慎性参考依据。

4. 股权激励限制。失信被执行人为境内国有控股上市公司的，协助中止其股权激励计划；对失信被执行人为境内国有控股上市公司股权激励对象的，协助终止其行权资格。

5. 股票发行或挂牌转让限制。将失信被执行人信息作为股票发行和在全国中小企业股份转让系统挂牌公开转让股票审核的参考。

6. 设立社会组织限制。将失信被执行人信息作为发起设立社会组织审批登记的参考，限制失信被执行人发起设立社会组织。

7. 参与政府投资项目或主要使用财政性资金项目限制。协助人民法院查询政府采购项目信息；依法限制失信被执行人作为供应商参加政府采购活动；依法限制失信被执行人参与政府投资项目或主要使用财政性资金项目。

（二）政府支持或补贴限制

1. 获取政府补贴限制。限制失信被执行人申请政府补贴资金和社会保障资金支持。

2. 获得政策支持限制。在审批投资、进出口、科技等政策支持的申请时，查询相关机构及其法定代表人、实际控制人、董事、监事、高级管理人员是否为失信被执行人，作为其享受该政策的审慎性参考。

（三）任职资格限制

1. 担任国企高管限制。失信被执行人为个人的，限制其担任国有独资公司、国有资本控股公司董事、监事、高级管理人员，以及国有资本参股公司国有股权方派出或推荐的董事、监事、高级管理人员；已担任相关职务的，按照有关程序依法免去其职务。

2. 担任事业单位法定代表人限制。失信被执行人为个人的，限制其登记为事业单位法定代表人。

3. 担任金融机构高管限制。限制失信被执行人担任银行业金融机构、证券公司、基金管理公司、期货公司、保险公司、融资性担保公司的董事、监事、高级管理人员。

4. 担任社会组织负责人限制。失信被执行人为个人的，限制其登记或备案为社会组织负责人。

5. 招录（聘）为公务人员限制。限制招录（聘）失信被执行人为公务员或事业单位工作人员，在职公务员或事业单位工作人员被确定为失信被执行人的，失信情况应作为其评先、评优、晋职晋级的参考。

6. 入党或党员的特别限制。将严格遵守法律、履行生效法律文书确定的义务情况，作为申请加入中国共产党、预备党员转为正式党员以及党员评先、评优、晋职晋级的重要参考。

7. 担任党代表、人大代表和政协委员限制。失信被执行人为个人的，不作为组织推荐的各级党代会代表、各级人大代表和政协委员候选人。

8. 入伍服役限制。失信被执行人为个人

的，将其失信情况作为入伍服役和现役、预备役军官评先、评优、晋职晋级的重要参考。

（四）准入资格限制

1. 海关认证限制。限制失信被执行人成为海关认证企业；在失信被执行人办理通关业务时，实施严密监管，加强单证审核或布控查验。

2. 从事药品、食品等行业限制。对失信被执行人从事药品、食品安全行业从严审批；限制失信被执行人从事危险化学品生产经营储存、烟花爆竹生产经营、矿山生产和安全评价、认证、检测、检验等行业；限制失信被执行人担任上述行业单位主要负责人及董事、监事、高级管理人员，已担任相关职务的，按规定程序要求予以变更。

3. 房地产、建筑企业资质限制。将房地产、建筑企业不依法履行生效法律文书确定的义务情况，记入房地产和建筑市场信用档案，向社会披露有关信息，对其企业资质作出限制。

（五）荣誉和授信限制

1. 授予文明城市、文明村镇、文明单位、文明家庭、道德模范、慈善类奖项限制。将履行人民法院生效裁判情况作为评选文明村镇、文明单位、文明家庭的前置条件，作为文明城市测评的指标内容。有关机构及其法定代表人、实际控制人、董事、监事、高级管理人员为失信被执行人的，不得参加文明单位、慈善类奖项评选，列入失信被执行人后取得的文明单位荣誉称号、慈善类奖项予以撤销。失信被执行人为个人的，不得参加道德模范、慈善类奖项评选，列入失信被执行人后获得的道德模范荣誉称号、慈善类奖项予以撤销。

2. 律师和律师事务所荣誉限制。协助人民法院查询失信被执行人的律师身份信息、律师事务所登记信息；失信被执行人为律师、律师事务所的，在一定期限内限制其参与评先、评优。

3. 授信限制。银行业金融机构在融资授信时要查询拟授信对象及其法定代表人、主要负责人、实际控制人、董事、监事、高级管理人员是否为失信被执行人，对拟授信对象为失信被执行人的，要从严审核。

（六）特殊市场交易限制

1. 从事不动产交易、国有资产交易限制。协助人民法院查询不动产登记情况，限制失信被执行人及失信被执行人的法定代表人、主要负责人、实际控制人、影响债务履行的直接责任人员购买或取得房产、土地使用权等不动产；限制失信被执行人从事土地、矿产等不动产资源开发利用，参与国有企业资产、国家资产等国有产权交易。

2. 使用国有林地限制。限制失信被执行人申报使用国有林地项目；限制其申报重点林业建设项目。

3. 使用草原限制。限制失信被执行人申报草原征占用项目；限制其申报承担国家草原保护建设项目。

4. 其他国有自然资源利用限制。限制失信被执行人申报水流、海域、无居民海岛、山岭、荒地、滩涂等国有自然资源利用项目以及重点自然资源保护建设项目。

（七）限制高消费及有关消费

1. 乘坐火车、飞机限制。限制失信被执行人及失信被执行人的法定代表人、主要负责人、实际控制人、影响债务履行的直接责任人员乘坐列车软卧、G字头动车组列车全部座位、其他动车组列车一等以上座位、民航飞机等非生活和工作必需的消费行为。

2. 住宿宾馆饭店限制。限制失信被执行人及失信被执行人的法定代表人、主要负责人、实际控制人、影响债务履行的直接责任人员住宿星级以上宾馆饭店、国家一级以上酒店及其他高消费住宿场所；限制其在夜总会、高尔夫球场等高消费场所消费。

3. 高消费旅游限制。限制失信被执行人及失信被执行人的法定代表人、主要负责人、实际控制人、影响债务履行的直接责任人员参加旅行社组织的团队出境旅游，以及享受旅行社提供的与出境旅游相关的其他服务；对失信被执行人在获得旅游等级评定的度假区内或旅游企业内消费实行限额控制。

4. 子女就读高收费学校限制。限制失信被执行人及失信被执行人的法定代表人、主要负责人、实际控制人、影响债务履行的直接责任人员以其财产支付子女入学就读高收费私立学校。

5. 购买具有现金价值保险限制。限制失信被执行人及失信被执行人的法定代表人、主要负责人、实际控制人、影响债务履行的直接责任人员支付高额保费购买具有现金价值的保险产品。

6. 新建、扩建、高档装修房屋等限制。限制失信被执行人及失信被执行人的法定代表人、主要负责人、实际控制人、影响债务履行的直接责任人员新建、扩建、高档装修房屋，购买非经营必需车辆等非生活和工作必需的消费行为。

（八）协助查询、控制及出境限制

协助人民法院依法查询失信被执行人身份、出入境证件信息及车辆信息，协助查封、扣押失信被执行人名下的车辆，协助查找、控制下落不明的失信被执行人，限制失信被执行人出境。

（九）加强日常监管检查

将失信被执行人和以失信被执行人为法定代表人、主要负责人、实际控制人、董事、监事、高级管理人员的单位，作为重点监管对象，加大日常监管力度，提高随机抽查的比例和频次，并可依据相关法律法规对其采取行政监管措施。

（十）加大刑事惩戒力度

公安、检察机关和人民法院对拒不执行生效判决、裁定以及其他妨碍执行构成犯罪的行为，要及时依法侦查、提起公诉和审判。

（十一）鼓励其他方面限制

鼓励各级党政机关、人民团体、社会组织、企事业单位使用失信被执行人名单信息，结合各自主管领域、业务范围、经营活动，实施对失信被执行人的信用监督、警示和惩戒。

三、加强信息公开与共享

（一）失信信息公开

人民法院要及时准确更新失信被执行人名单信息，并通过全国法院失信被执行人名单信息公布与查询平台、有关网站、移动客户端、户外媒体等多种形式向社会公开，供公众免费查询；根据联合惩戒工作需要，人民法院可以向有关单位推送名单信息，供其结合自身工作依法使用名单信息。对依法不宜公开失信信息的被执行人，人民法院要通报其所在单位，由其所在单位依纪依法处理。

（二）纳入政府政务公开

各地区各部门要按照中共中央办公厅、国务院办公厅印发的《关于全面推进政务公开工作的意见》的有关要求，将失信被执行人信用监督、警示和惩戒信息列入政务公开事项，对失信被执行人信用监督、警示和惩戒要依据部门权力清单、责任清单和负面清单依法开展。

（三）信用信息共享

各地区各部门之间要进一步打破信息壁垒，实现信息共享，通过全国信用信息共享平台，加快推进失信被执行人信息与公安、民政、人力资源社会保障、国土资源、住房城乡建设、财政、金融、税务、工商、安全监管、证券、科技等部门信用信息资源共享，推进失信被执行人信息与有关人民团体、社会组织、企事业单位信用信息资源共享。

（四）共享体制机制建设

加快推进失信被执行人信用信息共享体制机制建设，建立健全政府与征信机构、信用评级机构、金融机构、社会组织之间的信用信息共享机制。建立社会信用档案制度，将失信被执行人信息作为重要信用评价指标纳入社会信用评价体系。

四、完善相关制度机制

（一）进一步提高执行查控工作能力

1. 加快推进网络执行查控系统建设。加大信息化手段在执行工作中的应用，整合完善现有法院信息化系统，实现网络化查找被执行人和控制财产的执行工作机制。要通过政务网、专网等实现人民法院执行查控网络与公安、民政、人力资源社会保障、国土资源、住房城乡建设、工商、交通运输、农业、人民银行、银行监管、证券监管、保险监管、外汇管理等政府部门，及各金融机构、银联、互联网企业等企事业单位之间的网络连接，建成覆盖全国地域及土地、房产、存款、金融理财产品、证券、股权、车辆等主要财产形式的网络化、自动化执行查控体系，实现全国四级法院互联互通、全面应用。

2. 拓展执行查控措施。人民法院要进一步拓展对被告和被执行人财产的查控手段和措施。研究制定被执行人财产报告制度、律师调查被执行人财产制度、公告悬赏制度、审计调查制度等财产查控制度。

3. 完善远程执行指挥系统。最高人民法院和各高级、中级人民法院以及有条件的基层人民法院要建立执行指挥中心和远程指挥系统，实现四级法院执行指挥系统联网运行。建立上下一体、内外联动、规范高效、反应快捷的执行指挥工作体制机制。建立四级法院统一的网络化执行办案平台、公开平台和案件流程节点管理平台。

（二）进一步完善失信被执行人名单制度

1. 完善名单纳入制度。各级人民法院要根据执行案件的办理权限，严格按照法定条件和程序决定是否将被执行人纳入失信名单。

2. 确保名单信息准确规范。人民法院要建立严格的操作规程和审核纠错机制，确保失信被执行人名单信息准确规范。

3. 风险提示与救济。在将被执行人纳入失信名单前，人民法院应当向被执行人发出风险提示通知。被执行人认为将其纳入失信名单错误的，可以自收到决定之日起 10 日内向作出决定的人民法院申请纠正，人民法院应当自收到申请之日起 3 日内审查，理由成立的，予以撤销；理由不成立的，予以驳回。被执行人对驳回不服的，可以向上一级人民法院申请复议。

4. 失信名单退出。失信被执行人全部履行了生效法律文书确定的义务，或与申请执行人达成执行和解协议并经申请执行人确认履行完毕，或案件依法终结执行等，人民法院要在 3 日内屏蔽或撤销其失信名单信息。屏蔽、撤销信息要及时向社会公开并通报给已推送单位。

5. 惩戒措施解除。失信名单被依法屏蔽、撤销的，各信用监督、警示和惩戒单位要及时解除对被执行人的惩戒措施。确需继续保留对被执行人信用监督、警示和惩戒的，必须严格按照法律法规的有关规定实施，并明确继续保留的期限。

6. 责任追究。进一步完善责任追究制度，对应当纳入而不纳入、违法纳入以及不按规定屏蔽、撤销失信名单等行为，要按照有关规定追究责任。

（三）进一步完善党政机关支持人民法院执行工作制度

1. 进一步加强协助执行工作。各地区各部门要按照建立和完善执行联动机制的有关要求，进一步抓好落实工作。各级执行联动机制工作领导小组要制定具体的工作机制、程序，明确各协助执行单位的具体职责。强化协助执行工作考核与问责，组织人事、政法等部门要建立协助执行定期联合通报机制，对协助执行不力的单位予以通报和追责。

2. 严格落实执行工作综治考核责任。将失信被执行人联合惩戒情况作为社会治安综合治理目标责任考核的重要内容。严格落实人民法院执行工作在社会治安综合治理目标责任考核中的有关要求。

3. 强化对党政机关干扰执行的责任追究。党政机关要自觉履行人民法院生效裁判，并将落实情况纳入党风廉政建设主体责任和监督责任范围。坚决落实中共中央办公厅、国务院办公厅印发的《领导干部干预司法活动、插手具体案件处理的记录、通报和责任追究规定》，以及《司法机关内部人员过问案件的记录和责任追究规定》，对有关部门及领导干部干预执行、阻挠执行、不配合执行工作的行为，依纪依法严肃处理。

五、加强组织领导

（一）加强组织实施

各地区各部门要高度重视对失信被执行人信用监督、警示和惩戒工作，将其作为推进全面依法治国、推进社会信用体系建设、培育和践行社会主义核心价值观的重要内容，切实加强组织领导。进一步加强和完善社会信用体系建设部际联席会议制度，形成常态化工作机制。各成员单位要确定专门机构、专业人员负责统筹协调、督促检查各项任务落实情况，并向部际联席会议报告，对工作落实不到位的，予以通报批评，强化问责。负有信息共享、联合惩戒职责的部门要抓紧制定实施细则，确定责任部门，明确时间表、路线图，确保各项措施在2016年年底前落实到位。各联合惩戒单位要在2016年年底前完成与全国信用信息共享平台联合惩戒系统的对接，通过网络自动抓取失信被执行人名单信息，及时反馈惩戒情况。同时要加快惩戒软件开发使用进度，将失信被执行人名单信息嵌入单位管理、审批、工作系统中，实现对失信被执行人名单信息的自动比对、自动拦截、自动监督、自动惩戒。

（二）强化工作保障

各地区各部门要认真落实中央关于解决人民法院执行难问题的要求，强化执行机构的职能作用，配齐配强执行队伍，大力推进执行队伍正规化、专业化、职业化建设。加快推进人民法院执行查控系统与执行指挥系统的软硬件建设，加快推进全国信用信息共享平台建设，加快推进各信息共享单位、联合惩戒单位的信息传输专线、存储设备等硬件建设和软件开发，加强人才、资金、设备、技术等方面的保障。

（三）完善相关法律规定

加快推进强制执行法等相关法律法规、司法解释及其他规范性文件的立改废释工作，及时将加强执行工作、推进执行联动、信用信息公开和共享、完善失信被执行人名单制度、加强联合惩戒等工作法律化、制度化，确保法律规范的科学性、针对性、实用性。

（四）加大宣传力度

加大对失信被执行人名单和信用惩戒的宣传力度，充分发挥新闻媒体的宣传、监督和舆论引导作用。利用报纸、广播、电视、网络等媒体，依法将失信被执行人信息、受惩戒情况等公之于众，形成舆论压力，扩大失信被执行人名单制度的影响力和警示力。

中央纪律检查委员会　中央组织部　中央宣传部　中央政法委员会　中央社会治安综合治理委员会办公室　最高人民法院　最高人民检察院　国务院法制工作办公室　国家发展和改革委员会　公安部　监察部　司法部民政部　国土资源部　住房和城乡建设部　中国人民银行　国家税务总局　国家工商行政管理总局　中国银监会　中国证监会

关于建立和完善执行联动机制若干问题的意见

2010年7月7日　　法发〔2010〕15号

第十三条 人民银行应当协助人民法院查询人民币银行结算账户管理系统中被执行人的账户信息；将人民法院提供的被执行人不履行法律文书确定义务的情况纳入企业和个人信用信息基础数据库。

第十四条 银行业监管部门应当监督银行业金融机构积极协助人民法院查询被执行人的开户、存款情况，依法及时办理存款的冻结、轮候冻结和扣划等事宜。对金融机构拒不履行生效法律文书、拒不协助人民法院执行的行为，依法追究有关人员的责任。制定金融机构对被执行人申请贷款进行必要限制的规定，要求金融机构发放贷款时应当查询企业和个人信用信息基础数据库，并将被执行人履行生效法律文书确定义务的情况作为审批贷款时的考量因素。对拒不履行生效法律文书义务的被执行人，涉及金融债权的，可以采取不开新户、不发放新贷款、不办理对外支付等制裁措施。

第十七条 工商行政管理部门应当协助人民法院查询有关企业的设立、变更、注销登记等情况；依照有关规定，协助人民法院办理被执行人持有的有限责任公司股权的冻结、转让登记手续。对申请注销登记的企业，严格执行清算制度，防止被执行人转移财产，逃避执行。逐步将不依法履行生效法律文书确定义务的被执行人录入企业信用分类监管系统。

第十八条 人民法院应当将执行案件的有关信息及时、全面、准确地录入执行案件信息管理系统,并与有关部门的信息系统实现链接,为执行联动机制的顺利运行提供基础数据信息。

最高人民法院
关于依法制裁规避执行
行为的若干意见

2011年5月27日　　法〔2011〕195号

六、依法采取多种措施,有效防范规避执行行为

21. 建立健全征信体系。各地法院应当逐步建立健全与相关部门资源共享的信用平台,有条件的地方可以建立个人和企业信用信息数据库,将被执行人不履行债务的相关信息录入信用平台或者信息数据库,充分运用其形成的威慑力制裁规避执行行为。

最高人民法院　国家发展改革委员会
工业和信息化部　住房和城乡建设部
交通运输部　水利部　商务部
国家铁路局　中国民用航空局
关于在招标投标活动中对失信
被执行人实施联合惩戒的通知

2016年8月30日　　法〔2016〕285号

为贯彻党的十八届三中、四中、五中全会精神,落实《中央政法委关于切实解决人民法院执行难问题的通知》(政法〔2005〕52号)、《国务院关于促进市场公平竞争维护市场正常秩序的若干意见》(国发〔2014〕20号)、《国务院关于印发社会信用体系建设规划纲要(2014—2020年)的通知》(国发〔2014〕21号)、《关于对失信被执行人实施联合惩戒的合作备忘录》(发改财金〔2016〕141号)要求,加快推进社会信用体系建设,健全跨部门失信联合惩戒机制,促进招标投标市场健康有序发展,现就在招标投标活动中对失信被执行人实施联合惩戒的有关事项通知如下:

一、充分认识在招标投标活动中实施联合惩戒的重要性

诚实信用是招标投标活动的基本原则之一。在招标投标活动中对失信被执行人开展联合惩戒,有利于规范招标投标活动中当事人的行为,促进招标投标市场健康有序发展;有利于建立健全"一处失信,处处受限"的信用联合惩戒机制,推进社会信用体系建设;有利于维护司法权威,提升司法公信力,在全社会形成尊重司法、诚实守信的良好氛围。各有关单位要进一步提高认识,在招标投标活动中对失信被执行人实施联合惩戒,有效应用失信被执行人信息,推动招标投标活动规范、高效、透明。

二、联合惩戒对象

联合惩戒对象为被人民法院列为失信被执行人的下列人员:投标人、招标代理机构、评标专家以及其他招标从业人员。

三、失信被执行人信息查询内容及方式

(一)查询内容

失信被执行人(法人或者其他组织)的名称、统一社会信用代码(或组织机构代码)、法定代表人或者负责人姓名;失信被执行人(自然人)的姓名、性别、年龄、身份证号码;生效法律文书确定的义务和被执行人的履行情况;失信被执行人失信行为的具体情形;执行依据的制作单位和文号、执行案号、立案时间、执行法院;人民法院认为应当记载和公布的不涉及国家秘密、商业秘密、个人隐私的其他事项。

(二)推送及查询方式

最高人民法院将失信被执行人信息推送到全国信用信息共享平台和"信用中国"网站,并负责及时更新。

招标人、招标代理机构、有关单位应当通过"信用中国"网站或各级信用信息共享平台查询相关主体是否为失信被执行人,并采取必要方式做好失信被执行人信息查询记录和证据留存。投标人可通过"信用中国"网站查询相关主体是否为失信被执行人。

国家公共资源交易平台、中国招标投标公共服务平台、各省级信用信息共享平台通过全国信用信息共享平台共享失信被执行人信息,各省级公共资源交易平台通过国家公共资源交易平台共享失信被执行人信息，逐步实现失信被执行人信息推送、接收、查询、应用的自动化。

四、联合惩戒措施

各相关部门应依据《中华人民共和国民事诉讼法》《中华人民共和国招标投标法》《中华人民共和国招标投标法实施条例》《最高人民法院关于公布失信被执行人名单信息的若干规定》等相关法律法规，依法对失信被执行人在招标投标活动中采取限制措施。

（一）限制失信被执行人的投标活动

依法必须进行招标的工程建设项目，招标人应当在资格预审公告、招标公告、投标邀请书及资格预审文件、招标文件中明确规定对失信被执行人的处理方法和评标标准，在评标阶段，招标人或者招标代理机构、评标专家委员会应当查询投标人是否为失信被执行人，对属于失信被执行人的投标活动依法予以限制。

两个以上的自然人、法人或者其他组织组成一个联合体，以一个投标人的身份共同参加投标活动的，应当对所有联合体成员进行失信被执行人信息查询。联合体中有一个或一个以上成员属于失信被执行人的，联合体视为失信被执行人。

（二）限制失信被执行人的招标代理活动

招标人委托招标代理机构开展招标事宜的，应当查询其失信被执行人信息，鼓励优先选择无失信记录的招标代理机构。

（三）限制失信被执行人的评标活动

依法建立的评标专家库管理单位在对评标专家聘用审核及日常管理时，应当查询有关失信被执行人信息，不得聘用失信被执行人为评标专家。对评标专家在聘用期间成为失信被执行人的，应及时清退。

（四）限制失信被执行人招标从业活动

招标人、招标代理机构在聘用招标从业人员前，应当明确规定对失信被执行人的处理办法，查询相关人员的失信被执行人信息，对属于失信被执行人的招标从业人员应按照规定进行处理。

以上限制自失信被执行人从最高人民法院失信被执行人信息库中删除之时起终止。

五、工作要求

（一）有关单位要根据本《通知》，共同推动在招标投标活动中对失信被执行人开展联合惩戒工作，指导、督促各地、各部门落实联合惩戒工作要求，确保联合惩戒工作规范有序进行。

（二）有关单位应在规范招标投标活动中，建立相关单位和个人违法失信行为信用记录，通过全国信用信息共享平台、国家公共资源交易平台和中国招标投标公共服务平台实现信用信息交换共享和动态更新，并按照有关规定及时在"信用中国"网站予以公开。

（三）有关单位应当妥善保管失信被执行人信息，不得用于招标投标以外的事项，不得泄露企业经营秘密和相关个人隐私。

最高人民法院
关于为改善营商环境提供司法保障的若干意见

2017年8月7日　　法发〔2017〕23号

五、推动社会信用体系建设，为持续优化营商环境提供信用保障

20. 充分运用信息化手段，促进社会信用体系建设的持续完善。探索社会信用体系建设与人民法院审判执行工作的深度融合路径，推动建立健全与市场主体信用信息相关的司法大数据的归集共享和使用机制，加大守信联合激励和失信联合惩戒工作力度。

21. 严厉惩处虚假诉讼行为，推进诉讼诚信建设。严格依照法律规定，追究虚假诉讼、妨害作证等行为人的刑事法律责任。适时出台相关司法解释，明确虚假诉讼罪的定罪量刑标准。完善对提供虚假证据、故意逾期举证等不诚信诉讼行为的规制机制，严厉制裁诉讼失信行为。

22. 强化对失信被执行人的信用惩戒力度，推动完善失信惩戒机制。按照中共中央办公厅、国务院办公厅印发的《关于加快推进失信被执行人信用监督、警示和惩戒机制建设的意见》要求，持续完善公布失信被执行人名单信息、限制被执行人高消费等制度规范，严厉惩戒被执行人失信行为。推动完善让失信主体"一处失信、处处受限"的信用惩戒大格局，促进社会诚信建设，实现长效治理。

最高人民法院
关于"是否可以取消失信被执行人
中标资格"问题的答复

2017 年 8 月 1 日

来信人何政毅反映：是否可以以《关于在招标投标活动中对失信被执行人实施联合惩戒的通知》（法〔2016〕285 号）为理由，取消失信被执行人的中标资格。

答复意见：中共中央办公厅、国务院办公厅印发《关于加快推进失信被执行人信用监督、警示和惩戒机制建设的意见》（中办发〔2016〕64 号，以下简称《意见》），要求依法限制失信被执行人作为供应商参加政府采购活动，限制参与政府投资项目或主要使用财政性资金项目。

最高人民法院、国家发展和改革委员会、工业和信息化部、住房和城乡建设部、交通运输部、水利部、商务部、国家铁路局、中国民用航空局联合签署《关于在招投标活动中对失信被执行人实施联合惩戒的通知》（法〔2016〕285 号），要求各有关单位要在招标投标活动中对失信被执行人实施联合惩戒，限制失信被执行人的投标活动、招标代理活动、评标活动和招标从业活动；招标人应当在资格预审公告、招标公告、投标邀请书及资格预审文件、招标文件中明确规定对失信被执行人的处理方法和评标标准，在评标阶段，招标人或者招标代理机构、评标专家委员会应当查询投标人是否为失信被执行人，对属于失信被执行人的投标活动依法予以限制。

综上，招标公告、招标文件未按照《关于在招投标活动中对失信被执行人实施联合惩戒的通知》的要求，对失信被执行人参与招标投标活动予以限制，可以据此向招标人或招标代理机构提出异议。

最高人民法院公布五起"失信
被执行人"典型案例

2013 年 7 月 20 日

案例 1

张海峰等三人与郑州龙腾混凝土
有限公司劳务合同纠纷执行案

（一）基本案情

张海峰等三名进城务工人员申请执行郑州龙腾混凝土有限公司（以下简称郑州龙腾公司）劳务合同纠纷一案，河南省荥阳市人民法院判令郑州龙腾公司支付张海峰等三人劳务工资 22 万元及利息。

由于郑州龙腾公司未履行生效判决所确定的义务，张海峰等三人向荥阳市人民法院申请强制执行。执行法院经多次查询郑州龙腾公司银行账户，账户均无存款；同时查明郑州龙腾公司经营场所、机器设备系租赁他人，不能强制执行。之后，执行法院多次传唤郑州龙腾公司法定代表人，其表示企业现经营困难，没有能力支付工资，案件一度陷入困局。执行法院调查发现该公司仍在正常经营，但经采取多种强制执行措施仍未取得明显成效后，执行法院将案件有关情况逐级上报河南省高级人民法院（以下简称河南高院）。河南高院执行局决定依法将其列入失信被执行人名单，并在河南高院政务网、新浪网、《大河报》、《河南商报》等网络和报刊上进行公开发布，同时向建委、国土、房管、工商、税务等部门和银行等金融机构进行了通报，使其在贷款融资、工商注册、减免税、购置土地、房产等方面受到限制，压缩其经营发展空间，对其进行信用惩戒，敦促其履行法律义务。

失信被执行人名单发布后，郑州龙腾公司迫于舆论和失信被执行人名单的威慑，担心今后没有生意可做，遂积极配合法院工作，将全部案件款主动交付执行法院，这起涉及农民工工资案件得以顺利执结,申请执行人对此表示满意。

(二)典型意义

执行法院严格按照河南高院《关于建立失信被执行人名单的若干意见(试行)》的相关规定,将长期不履行生效法律文书义务的被执行人列入失信被执行人名单,在网络和报刊上进行公开发布,同时以公告的形式向相关联动单位通报,使其在贷款融资、工商注册、减免税、购置土地、房产等方面受到限制,压缩其经营发展空间,对其进行信用惩戒,敦促其履行法律义务。

案例 2

郑州一建商品混凝土有限公司申请执行河南国建建设工程有限公司买卖合同纠纷执行案

(一)基本案情

郑州一建商品混凝土有限公司(以下简称郑州一建公司)申请执行河南国建建设工程有限公司(以下简称河南国建公司)买卖合同纠纷一案,郑州市惠济区人民法院(以下简称惠济区法院)判决河南国建公司支付郑州一建公司货款 210013.85 元及 12226 元的违约金等实际费用。

河南国建公司没有按照判决内容履行法律义务,郑州一建公司向惠济区法院申请强制执行。

执行立案后,惠济区法院向河南国建公司送达了执行通知书和申报财产令,限其三日内自动履行义务,河南国建公司未按执行通知书履行义务,也未向执行法院申报财产。经执行法院调查,河南国建公司无银行存款等可供执行的财产,但该公司仍在正常经营。执行人员到河南国建公司位于金水区的办公场所进行现场执行,双方当事人因利息数额等问题发生争执打斗,场面一度失控。经执行法院耐心做工作,河南国建公司支付部分案件款,后经多次传唤拒不到庭,且随后变更公司办公地址逃避执行。

2013 年 5 月,河南高院将河南国建公司列为失信被执行人,并在河南高院政务网等相关网络及报刊上进行公开发布,同时向工商、税务等部门和银行等金融机构进行了通报,使其在贷款融资、工商注册等方面受到限制。河南国建公司在申请贷款遭银行拒绝后,又在报纸和网站上看到该公司的一系列不诚信披露信息,迫于舆论和经营的双重压力,主动找到惠济区法院将所欠款项主动履行完毕,双方当事人达成和解协议,一度争吵甚至动手的双方当事人握手言和。

(二)典型意义

执行法院通过在网络和报刊上公布失信被执行人名单,同时向相关联动单位及时移送,使其在贷款融资、房产等方面受到限制,对被执行人的生产经营活动产生了重大影响。失信被执行人名单制度融联动机制、失信信息共享等制度的作用于一体,具有强大的威慑力和影响力,在案件执行上发挥着积极的作用。

案例 3

青州市农村信用合作联社与青州市汇丰建筑安装有限公司金融借款合同纠纷执行案

(一)基本案情

山东省青州市农村信用合作联社(以下简称青州农信社)与青州市汇丰建筑安装有限公司(以下简称青州汇丰公司)及其他三公司金融借款合同纠纷一案,青州市人民法院(以下简称青州市法院)经调解结案,其中青州汇丰公司对借款本金 100 万元及利息承担连带清偿责任。后因该案的借款人、保证人均未按期履行义务,青州农信社申请强制执行。

法院立案执行后,除向各被执行人送达了执行通知书、报告财产令等法律文书外,还向其送达了"诚信诉讼提示书"、"诚信诉讼承诺书"等。法院执行中发现,青州汇丰公司因未履行生效法律文书确定的义务,被依法强制执行的案件还有两起。在上述三案执行过程中,该公司拒不申报财产等失信行为均被进行了采集,并录入至青州市法院诉讼诚信信息库,其失信等级被评定为"严重失信"。

执行法院根据青州汇丰公司涉案多起、均未履行,且已达到"严重失信"的情况,向包括青州市工商行政管理局等在内的多家诉讼诚信体系联动部门进行了披露,工商局将这一信息录入至该企业的电子档案。2012 年 8 月份,该公司到工商局欲进行股权变更，但工商局经过查询该公司的企业电子档案，发现该公司存在因未履行法律义务失信的不良信息，遂告知该公司暂不能为其办理；并告知其应先行到法院履行相关手续，法院同意后方可办理。

该公司终于引起重视，随后对于近几年涉案的履行情况进行了认真排查，并对另两起自身为直接义务人的案件积极履行完毕。后该公司向法院提出申请，请求青州市法院撤销该公司在青州市工商行政管理局的不良信息记录。青州市法院受理后，经审查，发现该公司承担直接还款责任的案件确已履行完毕，但在青州农信社申请执行的案件中，该公司承担的是连带清偿责任，而该案的主债务人并未履行完毕法律义务，因此青州汇丰公司所负的连带清偿责任并未免除。青州市法院将该情况告知青州汇丰公司，责令其督促主债务人尽快履行法律义务，否则其失信不良记录不会被撤销。

（二）典型意义

执行法院将被执行人的失信信息披露后，联动单位青州市工商局将该信息录入，该公司的股权变更登记等将受限制，无法获得投标资格，国土、房地产管理部门也将停止办理产权转移、权属变更等手续。本案被执行人涉案多起，在履行法律义务时存在拖延情况。法院诉讼诚信体系运行之后，该公司认识到了问题的严重性，主动联系执行法院并及时将本公司作为直接债务人的两起案件履行完毕。

案例 4

李某与上海松东百味佳餐饮经营管理有限公司买卖合同纠纷执行案

（一）基本案情

李某与上海松东百味佳餐饮经营管理有限公司（以下简称百味佳餐饮公司）买卖合同纠纷一案，上海市松江区人民法院（以下简称松江区法院）判决百味佳餐饮公司给付李某货款90100元。

判决生效后，百味佳餐饮公司未履行生效判决所确定的义务，李某向松江区法院申请执行。执行法院向百味佳餐饮公司送达执行通知，该公司法定代表人郝某到法院声称公司经营困难，希望法院暂缓执行。执行法院通过上海法院协助执行网络对百味佳餐饮公司的财产状况进行了调查，未发现有价值的财产线索。但在实地走访时，执行法院发现该公司宾客满座，生意火爆，法官随机走访了几名客人，他们都表示是在网上团购的套餐，价廉物美。执行法院随即封存了该公司的账册，并进行了更深入调查，发现该餐饮公司在上海市松江区小有名气，其最大的业务量来自于网上团购，占到其全部业务量的80%左右。

执行法院为敦促百味佳餐饮公司履行义务，结合其经营特点，根据《中华人民共和国民事诉讼法》第二百五十五条可以通过媒体公布被执行人不履行义务信息的规定，依法在上海法院互联网"阳光执行"平台、上海市松江区的《松江报》等媒体上将其未履行法院判决的失信行为予以曝光，并在该公司几个连锁门店的显著位置张贴其未履行生效判决的公告，让其目标客户——网民知悉其失信行为。一开始，百味佳餐饮公司对执行法院曝光其未履行义务的失信行为并不在意。但其后不到半个月，该公司多次致电执行法院，表示认识到不履行义务的错误，但确实一时难以全额支付所欠债务，将争取与申请执行人李某协商还款事宜，请求撤销曝光其失信行为的措施。经调查，自从执行法院对百味佳餐饮公司未履行法院判决的行为通过网络、报纸、公告等形式予以曝光后，该消息迅速传播，导致该公司业务量直线下降。对于百味佳餐饮公司提出的撤销曝光其失信行为的请求，执行法院告知其在未履行判决所确定的义务之前，撤销不诚信信息于法无据，不予支持。慑于曝光失信行为的威力，百味佳餐饮公司与申请执行人李某达成了执行和解协议，约定还款方案，通过分期履行的方式将全部钱款支付给了申请执行人李某，执行法院也依法撤销了对百味佳餐饮公司所采取的曝光措施，案件得以顺利执结。

（二）典型意义

执行法院抓住商家重视商业信誉的特点，通过互联网、报刊、公告等途径对其未履行法院判决的行为予以曝光，促使被执行人通过与申请执行人达成执行和解协议的途径履行生效判决所确定的义务，使得案件得以顺利执结。

案例 5

浙江某建设公司所涉 40 余起合同纠纷执行案

（一）基本案情

2007 至 2009 年间，被执行人浙江某建设公司在浙江省杭州、台州、湖州、金华、舟山等地法院有 40 余件案件未履行，涉及标的金额共计 2600 多万元。这些案件的案由包括买卖合同纠纷、建设工程承包合同纠纷、承揽合同纠纷、租赁合同纠纷等。

在执行过程中，被执行人认为这些纠纷引起的债务应由各地的项目经营部或项目经理个人承担，项目经营部与公司总部之间财务独立，公司总部不应承担履行义务，因而态度消极，对调查财产等很少配合。2009 年 3 月，浙江省高级人民法院（以下简称浙江高院）执行局与浙江省信用中心建立了联建共享省公共联合征信平台的工作机制，浙江高院通过全省法院执行案件管理系统将全省各级法院所有超过 3 个月未实际执结的案件信息提取出来，包括被执行人姓名（单位名称、法定代表人姓名）、身份证号码（组织机构代码）、住址、未履行金额、案号、执行法院等信息，分别形成个人和单位未履行生效裁判失信信息数据库，交省信用中心导入省联合公共征信平台，在信用浙江网上予以公开，供社会各界开放查询，并应用于金融、招投标和政府监管等领域，促进信用联防奖惩机制的形成。该建筑公司的上述 40 余起案件均在公布之列，形成 40 多条失信记录。

根据浙江省在重点建设工程招投标领域应用企业信用报告的有关规定，建筑施工企业参与重点工程招投标都必须提供由信用评级机构作出的企业信用报告，对信用等级没有达到一定条件的，取消投标资格。而根据此项规定，只要在信用浙江网上有两条失信记录的，企业的信用评级就会下调，丧失投标资格。

执行失信信息被公布之后，该被执行人在建筑企业资质评定和工程招投标上受到严重影响。为改善自身信用情况，从 2010 年 2 月份起，该被执行人主动到各执行法院寻求履行办法，通过督促项目部负责人积极筹款履行义务、余额由公司总部划拨资金垫付等办法，到年底全部履行了债务。不仅如此，该公司还从中总结汲取教训，采取措施加强风险管控，取得了涉诉纠纷逐年下降的良好效果。

（二）典型意义

法院通过与信用中心联建共享公共联合征信平台，形成失信信息数据库，在网上予以公开，供社会各界开放查询。本案中，被执行人因失信信息被公布导致其信用评级较低，在建筑企业资质评定和工程招投标上受到严重影响。为改善自身信用状况，被执行人主动履行了清偿义务。

最高人民法院发布失信被执行人名单制度典型案例

2013 年 11 月 6 日

案例 1

张某与河南某食品工业有限公司买卖合同纠纷执行案

（一）基本案情

张某与河南某食品工业有限公司买卖合同纠纷一案，河南省辉县市人民法院判令河南某食品工业有限公司偿还张某 94 万余元及利息。

后本案指定新乡市牧野区人民法院执行。执行法院向被执行人送达执行通知书和报告财产令后，当事人双方达成和解协议，但被执行人于 2013 年 1 月 30 日偿还 20 万元后，便以各种理由拖延履行。执行法院多次劝说被执行人法定代表人继续履行和解协议，被执行人于 2013 年 5 月 20 日偿还 5000 元，此后未再继续履行义务。

《最高人民法院关于公布失信被执行人名单信息的若干规定》施行后，执行法院于 2013 年 10 月 9 日作出决定书，将河南某食品工业有限公司纳入失信被执行人名单，并录入最高人民法院失信被执行人名单库统一对外公布。被执行人迫于舆论压力，为避免对其商业信誉造成更为严重的影响，遂于 2013 年 10 月 15 日向申请执行人偿还了 8 万元现金和一辆汽车。鉴于一次性履行全部义务确有较大困难，被执行人主动与申请执行人达成和解协议，每月偿还 5 万元，直至全部清偿。

（二）典型意义

面向全社会统一公布失信被执行人名单信息，通过公开曝光的方式将被执行人的失信情况公之于众，减损了失信被执行人的名誉，迫使其为了恢复名誉而积极履行法律文书确定的义务，达到了促进执行的目的，取得了良好的社会效果。本案被执行人为恢复其商业信誉，主动向申请执行人履行了部分义务，虽然一次性履行全部义务存在困难，但其通过与申请执行人达成和解协议等方式，积极承担了责任和义务。

案例 2

郭红某与郭淑某人身损害赔偿纠纷执行案

（一）基本案情

郭红某诉郭淑某人身损害赔偿纠纷一案，河南省洛阳市中级人民法院判令被告郭淑某赔偿郭红某医疗费、住院伙食补助费、营养费、护理费、误工费、残疾赔偿金、精神损害抚慰金等共计 8 万余元。

由于郭淑某拒绝履行生效判决所确定的给付义务，郭红某于 2012 年 1 月 1 日向洛阳市涧西区人民法院申请执行。执行法院立案后，除向被执行人送达了执行通知书、报告财产令等法律文书外，还向其送达了风险提示书、诚信诉讼承诺书等，但被执行人始终不履行义务。执行法院多次查询被执行人的银行账户，均无财产可供执行。被执行人名下有房产一套，但出于保障被执行人生活需要，执行法院未能采取强制措施。由于被执行人无其他财产可供执行，案件执行一度陷入困境。

全国法院失信被执行人名单信息公布与查询平台于 2013 年 10 月 24 日面向社会开通。通过该平台，全国各级人民法院录入的失信被执行人及相关信息可以对外公布，郭淑某也在名单之列。郭淑某感觉到了舆论的压力和信用惩戒的风险，主动找到执行法官表示愿意配合执行。此外，执行法院通过刚刚成立的涧西区网络化执行联动指挥中心，与辖区工商、税务、房管、国土、银行等多家单位形成了执行联动，迅速查到郭淑某另有一套房产被隐匿。得知此信息后，执行法官立即依法查封了该套房产并告知郭淑某尽早履行法定义务。后郭淑某积极配合法院工作，将全部款项主动交至执行法院。

（二）典型意义

本案体现了人民法院执行信息化建设和执行联动机制建设的成果。失信被执行人名单信息的公布，有力震慑了失信行为，打击了各种妨碍、抗拒执行以及规避执行的行为。执行指挥中心为执行联动搭建了平台，通过发挥网络化的执行联动效应，人民法院能够及时获取被执行人的相关财产信息，促使被执行人履行义务，保障案件顺利执结。

案例 3

北京某汽车装饰中心等 50 余人与北京某汽车制造有限公司系列执行案

（一）基本案情

自 2000 年起至今，北京某汽车制造有限公司作为被执行人在北京市丰台区人民法院有大批执行案件，未执行到位标的额高达 4000 余万元。

执行过程中，执行法院查封了被执行人北京某汽车制造有限公司的生产线和其他财产，但因被执行人未尽到保管责任，造成部分查封财产毁损灭失。经北京市价格认证中心鉴定，被查封财产已失去变现条件。之后，执行法院多方查找，均未发现被执行人名下有任何可供执行的银行存款、车辆、房产等财产。被执行人法定代表人长期下落不明，拒不到庭报告财产。众多申请执行人对此十分不满。

失信被执行人名单制度出台后，申请人之一北京某汽车装饰中心向执行法院提出申请，要求将被执行人纳入失信被执行人名单。执行法院经过审查，以被执行人违反财产报告制度为由，决定将其纳入失信被执行人名单，并通过《京华时报》、《北京青年报》、《北京晨报》、《法制晚报》、《新京报》、《北京晚报》进行了曝光。之后，北京电视台《都市晚高峰》、《法治进行时》、北京广播电台《北京新闻》、中国法院网、北京法院网等媒体也进行了报道，人民网、新华网、光明网、凤凰网等几十家网站纷纷转载。被执行人看到相关报道后，迫于失信被执行人名单的威慑和舆论压力，主动与执行法院联系，并派代理律师到法院核实其未履行案款数额，表示会尽快通过多种方式履行义务，以消除不良影响。同时，申请执行人通过媒体看到公布失信被执行人信息后,专程向执行法院寄去感谢信,对执行法院的工作表示了理解。

(二)典型意义

执行法院将失信被执行人名单信息录入最高人民法院失信被执行人名单库,统一向社会公布,并同时通过报纸、广播、电视、网络等其他方式予以公布。被执行人作为企业,迫于社会压力,为维护其在经济交往中的名声,主动向执行法院表示尽快履行义务,失信被执行人名单制度的信用惩戒功能得以有效发挥。

案例 4

郑彦某与郑庆某买卖合同纠纷执行案

(一)基本案情

郑彦某与郑庆某买卖合同纠纷一案,生效调解书确认郑庆某于 2012 年 7 月 19 日即调解协议签订之日给付郑彦某 10000 元,余款 23930 元于 2012 年 12 月 31 日全部付清。

然而,郑庆某除签订调解协议时给付的 10000 元外,余款 23930 元并未按协议如期履行。2013 年 4 月 22 日,郑彦某向河北省枣强县人民法院申请执行。该案进入执行程序后,执行法院依法向被执行人送达了执行通知书、报告财产令,但被执行人既未履行调解书确定的义务,也未向执行法院报告财产,更不依传票传唤到庭接受调查。执行法院将被执行人在枣强县农村信用合作联社的存款 2400 元予以强制扣划,此外再未发现被执行人名下有可供执行的财产。后经执行法院查明,被执行人曾向某客户出售过一批兔皮。为此,执行法院决定以被执行人拒不报告财产、有履行能力而拒不履行生效法律文书确定的义务为由对被执行人予以司法拘留。

后执行法院在调查中了解到,由于皮毛市场行情看好,为把生意做大,被执行人正在办理银行贷款和公司注册登记手续。针对上述情况,执行法院向枣强县各金融机构、工商管理部门等送达了《枣强县人民法院不予办理失信被执行人申请事项建议书》,建议有关机构和部门在该案未执行结案前不为被执行人办理贷款业务和公司登记等事项。2013 年 8 月 20 日,被执行人郑庆某来到执行法院,称因自己的失信行为,银行不同意向其发放贷款,工商部门也已停止为其办理公司注册登记。被执行人表示愿意主动履行民事调解书确定的义务,请求人民法院将其从失信被执行人名单中删除。同年 8 月 22 日,当事人双方达成和解协议,郑庆某一次性给付郑彦某货款 20000 元(含执行法院自信用社强制扣划部分),余款郑彦某自愿放弃。此案最终顺利结案。

(二)典型意义

向有关单位定向通报失信被执行人名单信息,由受通报单位在政府采购、招标投标、行政审批、政府扶持、融资信贷、市场准入、资质认定等方面对失信被执行人施以信用惩戒,是失信被执行人名单制度发挥功能和效果的一个重要渠道。本案被执行人正是由于在贷款、开办公司等方面受到了限制,导致无法开展经营活动,社会生存空间被挤压,于是主动向执行法院履行了义务。

案例 5

李某与杨某借款合同纠纷执行案

(一)基本案情

李某与杨某借款合同纠纷一案,经云南省昆明市五华区人民法院判决,李某偿还杨某借款 1340547 元本金及利息。

判决生效后,李某一直未能主动履行法律文书所确定的义务,杨某遂于 2013 年 9 月 5 日向云南省昆明市五华区人民法院申请强制执行。执行过程中,执行法院依法查封、冻结了被执行人李某名下的房产、股权,并告知其如不及时履行生效法律文书所确定的义务,执行法院将严格按照《最高人民法院关于公布失信被执行人名单信息的若干规定》,将其纳入失信被执行人名单,一旦对外公布,将对被执行人的出行、信贷、经营活动及家庭生活等各方面产生重大影响。得知这一法律后果,正在办理出国签证的被执行人李某为避免对其日后出国、出境造成不利影响,遂于国庆节期间四处筹措资金,国庆假期结束当日便主动找到执行法院,全部履行了生效法律文书确定的义务。

(二)典型意义

本案中,执行法院在依法采取查封、冻结等强制措施的同时,向被执行人告知了纳入失信被执行人名单的风险,使其感到来自日常生活、商业往来等各方面的压力,最终促使被执行人主动履行了生效法律文书确定的义务，失信被执行人名单制度的威慑作用得以有效发挥，彰显了司法权威。

人民法院办理执行案件规范

2017 年 4 月

201.【信用惩戒一般规定】

被执行人不履行法律文书确定的义务的，人民法院可以在征信系统记录、通过媒体公布不履行义务信息以及法律规定的其他措施，还可以根据情节将其纳入失信被执行人名单，将被执行人不履行或者不完全履行义务的信息向其所在单位、征信机构以及其他相关机构通报。

202.【纳入失信名单的情形】

被执行人未履行生效法律文书确定的义务，并具有下列情形之一的，人民法院应当将其纳入失信被执行人名单，依法对其进行信用惩戒：

（一）有履行能力而拒不履行生效法律文书确定义务的；

（二）以伪造证据、暴力、威胁等方法妨碍、抗拒执行的；

（三）以虚假诉讼、虚假仲裁或者以隐匿、转移财产等方法规避执行的；

（四）违反财产报告制度的；

（五）违反限制消费令的；

（六）无正当理由拒不履行执行和解协议的。

203.【纳入失信名单的期限】

被执行人具有本规范第 202 条第二项至第六项规定情形的，纳入失信被执行人名单的期限为二年。被执行人以暴力、威胁方法妨碍、抗拒执行情节严重或具有多项失信行为的，可以延长一至三年。

失信被执行人积极履行生效法律文书确定义务或主动纠正失信行为的，人民法院可以决定提前删除失信信息。

204.【不得纳入失信名单的情形】

具有下列情形之一的，人民法院不得依照本规范第 202 条第一项的规定将被执行人纳入失信被执行人名单：

（一）提供了充分有效担保的；

（二）已被采取查封、扣押、冻结等措施的财产足以清偿生效法律文书确定债务的；

（三）被执行人履行顺序在后，对其依法不应强制执行的；

（四）其他不属于有履行能力而拒不履行生效法律文书确定义务的情形。

205.【未成年人纳入失信名单的禁止】

被执行人为未成年人的，人民法院不得将其纳入失信被执行人名单。

206.【纳入失信名单的程序】

人民法院向被执行人发出的执行通知中，应当载明有关纳入失信被执行人名单的风险提示等内容。

申请执行人认为被执行人具有本规范第 202 条规定情形之一的，可以向人民法院申请将其纳入失信被执行人名单。人民法院应当自收到申请之日起十五日内审查并作出决定。人民法院认为被执行人具有本规范第 202 条规定情形之一的，也可以依职权决定将其纳入失信被执行人名单。

人民法院决定将被执行人纳入失信被执行人名单的，应当制作决定书，决定书应当写明纳入失信被执行人名单的理由，有纳入期限的，应当写明纳入期限。决定书由院长签发，自作出之日起生效。决定书应当按照民事诉讼法规定的法律文书送达方式送达当事人。

207.【失信名单信息的内容】

记载和公布的失信被执行人名单信息应当包括：

（一）作为被执行人的法人或者其他组织的名称、统一社会信用代码（或组织机构代码）、法定代表人或者负责人姓名；

（二）作为被执行人的自然人的姓名、性别、年龄、身份证号码；

（三）生效法律文书确定的义务和被执行人的履行情况；

（四）被执行人失信行为的具体情形；

（五）执行依据的制作单位和文号、执行案号、立案时间、执行法院；

（六）人民法院认为应当记载和公布的不涉

及国家秘密、商业秘密、个人隐私的其他事项。

208.【失信名单的公布】

各级人民法院应当将失信被执行人名单信息录入最高人民法院失信被执行人名单库,并通过该名单库统一向社会公布。

各级人民法院可以根据各地实际情况,将失信被执行人名单通过报纸、广播、电视、网络、法院公告栏等其他方式予以公布,并可以采取新闻发布会或者其他方式对本院及辖区法院实施失信被执行人名单制度的情况定期向社会公布。

209.【失信名单的通报】

人民法院应当将失信被执行人名单信息,向政府相关部门、金融监管机构、金融机构、承担行政职能的事业单位及行业协会等通报,供相关单位依照法律、法规和有关规定,在政府采购、招标投标、行政审批、政府扶持、融资信贷、市场准入、资质认定等方面,对失信被执行人予以信用惩戒。

人民法院应当将失信被执行人名单信息向征信机构通报,并由征信机构在其征信系统中记录。

国家工作人员、人大代表、政协委员等被纳入失信被执行人名单的,人民法院应当将失信情况通报其所在单位和相关部门。

国家机关、事业单位、国有企业等被纳入失信被执行人名单的,人民法院应当将失信情况通报其上级单位、主管部门或者履行出资人职责的机构。

210.【失信信息的撤销和更正】

不应纳入失信被执行人名单的公民、法人或其他组织被纳入失信被执行人名单的,人民法院应当在三个工作日内撤销失信信息。

记载和公布的失信信息不准确的,人民法院应当在三个工作日内更正失信信息。

211.【失信信息的删除】

具有下列情形之一的,人民法院应当在三个工作日内删除失信信息:

(一)被执行人已履行生效法律文书确定的义务或人民法院已执行完毕的;

(二)当事人达成执行和解协议且已履行完毕的;

(三)申请执行人书面申请删除失信信息,

人民法院审查同意的;

(四)终结本次执行程序后,通过网络执行查控系统查询被执行人财产两次以上,未发现有可供执行财产,且申请执行人或者其他人未提供有效财产线索的;

(五)因审判监督或破产程序,人民法院依法裁定对失信被执行人中止执行的;

(六)人民法院依法裁定不予执行的;

(七)人民法院依法裁定终结执行的。

有纳入期限的,不适用前款规定。纳入期限届满后三个工作日内,人民法院应当删除失信信息。

依照本条第一款规定删除失信信息后,被执行人具有本规定第一条规定情形之一的,人民法院可以重新将其纳入失信被执行人名单。

依照本条第一款第三项规定删除失信信息后六个月内,申请执行人申请将该被执行人纳入失信被执行人名单的,人民法院不予支持。

212.【失信信息的纠正申请】

被纳入失信被执行人名单的公民、法人或其他组织认为有下列情形之一的,可以向执行法院申请纠正:

(一)不应将其纳入失信被执行人名单的;

(二)记载和公布的失信信息不准确的;

(三)失信信息应予删除的。

213.【失信信息纠正的审查和处理】

公民、法人或其他组织对被纳入失信被执行人名单申请纠正的,执行法院应当自收到书面纠正申请之日起十五日内审查,理由成立的,应当在三个工作日内纠正;理由不成立的,决定驳回。公民、法人或其他组织对驳回决定不服的,可以自决定书送达之日起十日内向上一级人民法院申请复议。上一级人民法院应当自收到复议申请之日起十五日内作出决定。

复议期间,不停止原决定的执行。

对公民、法人或其他组织的纠正申请,人民法院认为理由不成立作出驳回决定时,应当告知其申请复议的权利和期限。

214.【法律责任】

人民法院工作人员违反本节规定公布、撤销、更正、删除失信信息的,参照有关规定追究责任。

第八节 通过媒体公布

中华人民共和国民事诉讼法

2017年6月27日

第二百五十五条 被执行人不履行法律文书确定的义务的,人民法院可以对其采取或者通知有关单位协助采取限制出境,在征信系统记录、通过媒体公布不履行义务信息以及法律规定的其他措施。

最高人民法院
关于适用《中华人民共和国民事诉讼法》执行程序若干问题的解释

2008年11月3日　　法释〔2008〕13号

第三十九条 依照民事诉讼法第二百三十一条①的规定,执行法院可以依职权或者依申请执行人的申请,将被执行人不履行法律文书确定义务的信息,通过报纸、广播、电视、互联网等媒体公布。

媒体公布的有关费用,由被执行人负担;申请执行人申请在媒体公布的,应当垫付有关费用。

中央纪律检查委员会　中央组织部　中央宣传部　中央政法委员会　中央社会治安综合治理委员会办公室　最高人民法院　最高人民检察院　国务院法制工作办公室　国家发展和改革委员会　公安部　监察部　司法部　民政部　国土资源部　住房和城乡建设部　中国人民银行　国家税务总局　国家工商行政管理总局　中国银监会　中国证监会
关于建立和完善执行联动机制若干问题的意见

2010年7月7日　　法发〔2010〕15号

第三条 新闻宣传部门应当加强对人民法院执行工作的宣传,教育引导社会各界树立诚信意识,形成自觉履行生效法律文书确定的义务、依法协助人民法院执行的良好风尚;把握正确的舆论导向,增强市场主体的风险意识。配合人民法院建立被执行人公示制度,及时将人民法院委托公布的被执行人名单以及其他干扰、阻碍执行的行为予以曝光。

最高人民法院
关于依法制裁规避执行行为的若干意见

2011年5月27日　　法〔2011〕195号

六、依法采取多种措施,有效防范规避执行行为

22.加大宣传力度。各地法院应当充分运

---

① 民事诉讼法原第二百三十一条现已修改为第二百五十五条。——编者注

用新闻媒体曝光、公开执行等手段，将被执行人因规避执行被制裁或者处罚的典型案例在新闻媒体上予以公布，以维护法律权威，提升公众自觉履行义务的法律意识。

第九节　限制高消费及有关消费

最高人民法院
关于限制被执行人高消费及有关消费的若干规定

2015年7月20日　　法释〔2015〕17号

为进一步加大执行力度，推动社会信用机制建设，最大限度保护申请执行人和被执行人的合法权益，根据《中华人民共和国民事诉讼法》的有关规定，结合人民法院民事执行工作的实践经验，制定本规定。

第一条　被执行人未按执行通知书指定的期间履行生效法律文书确定的给付义务的，人民法院可以采取限制消费措施，限制其高消费及非生活或者经营必需的有关消费。

纳入失信被执行人名单的被执行人，人民法院应当对其采取限制消费措施。

第二条　人民法院决定采取限制消费措施时，应当考虑被执行人是否有消极履行、规避执行或者抗拒执行的行为以及被执行人的履行能力等因素。

第三条　被执行人为自然人的，被采取限制消费措施后，不得有以下高消费及非生活和工作必需的消费行为：

（一）乘坐交通工具时，选择飞机、列车软卧、轮船二等以上舱位；

（二）在星级以上宾馆、酒店、夜总会、高尔夫球场等场所进行高消费；

（三）购买不动产或者新建、扩建、高档装修房屋；

（四）租赁高档写字楼、宾馆、公寓等场所办公；

（五）购买非经营必需车辆；

（六）旅游、度假；

（七）子女就读高收费私立学校；

（八）支付高额保费购买保险理财产品；

（九）乘坐G字头动车组列车全部座位、其他动车组列车一等以上座位等其他非生活和工作必需的消费行为。

被执行人为单位的，被采取限制消费措施后，被执行人及其法定代表人、主要负责人、影响债务履行的直接责任人员、实际控制人不得实施前款规定的行为。因私消费以个人财产实施前款规定行为的，可以向执行法院提出申请。执行法院审查属实的，应予准许。

第四条　限制消费措施一般由申请执行人提出书面申请，经人民法院审查决定；必要时人民法院可以依职权决定。

第五条　人民法院决定采取限制消费措施的，应当向被执行人发出限制消费令。限制消费令由人民法院院长签发。限制消费令应当载明限制消费的期间、项目、法律后果等内容。

第六条　人民法院决定采取限制消费措施的，可以根据案件需要和被执行人的情况向有义务协助调查、执行的单位送达协助执行通知书，也可以在相关媒体上进行公告。

第七条　限制消费令的公告费用由被执行人负担；申请执行人申请在媒体公告的，应当垫付公告费用。

第八条　被限制消费的被执行人因生活或者经营必需而进行本规定禁止的消费活动的，应当向人民法院提出申请，获批准后方可进行。

第九条　在限制消费期间，被执行人提供确实有效的担保或者经申请执行人同意的，人民法院可以解除限制消费令；被执行人履行完毕生效法律文书确定的义务的，人民法院应当在本规定第六条通知或者公告的范围内及时以通知或者公告解除限制消费令。

第十条　人民法院应当设置举报电话或者邮箱，接受申请执行人和社会公众对被限制消费的被执行人违反本规定第三条的举报，并进行审查认定。

第十一条　被执行人违反限制消费令进行

消费的行为属于拒不履行人民法院已经发生法律效力的判决、裁定的行为，经查证属实的，依照《中华人民共和国民事诉讼法》第一百一十一条的规定，予以拘留、罚款；情节严重，构成犯罪的，追究其刑事责任。

有关单位在收到人民法院协助执行通知书后，仍允许被执行人进行高消费及非生活或者经营必需的有关消费的，人民法院可以依照《中华人民共和国民事诉讼法》第一百一十四条的规定，追究其法律责任。

【附：答记者问】

最大限度保护申请执行人合法权益——最高人民法院执行局负责人就《最高人民法院关于限制被执行人高消费的若干规定》答记者问

最高人民法院今年7月14日公布了《最高人民法院关于限制被执行人高消费的若干规定》（以下简称《规定》），《规定》自10月1日起施行。记者日前就相关问题采访了最高人民法院执行局负责人。

通过限制被执行人高消费，避免恶意逃债，最终迫使其主动履行义务，最大限度保护申请执行人的合法权益

问：请介绍一下该司法解释的起草背景和起草过程？

答：当前，由于我国的信用体系尚不健全等原因，一些被执行人一方面拒不履行生效法律文书确定的义务，另一方面又从事各种高消费行为，严重损害了法律权威和申请执行人的合法权益。为惩治这些"老赖"，一些地方法院相继出台了关于限制被执行人高消费的相关规定，通过限制被执行人高消费，迫使其主动履行义务。这一举措在实践中推动了不少"骨头案"的解决，取得了较好的法律效果和社会效果。我们是在总结各地经验的基础上，本着建立执行长效机制的思路，起草本司法解释的。目的是要通过限制被执行人高消费，避免恶意逃债，最终迫使其主动履行义务，最大限度保护申请执行人的合法权益，更好地维护司法权威。

为使本司法解释更具有针对性和可操作性，在起草过程中，我们搜集了各地关于限制被执行人高消费的规定，并在全国法院执行工作座谈会上征求了与会代表意见。通过对意见的归纳、总结，确定了本司法解释的框架体系和主要内容。此后，我们召开了专家研讨会，专门听取了专家学者的意见。同时，在报纸、网络等相关媒体上广泛征求了社会各界意见，共收到社会意见340余条。其中99.4%的社会意见表示赞同。综合上述意见，数易其稿，最终形成了目前的司法解释。

限制高消费主要是针对那些有清偿能力却拒不履行义务的被执行人

问：请谈谈限制高消费的对象？

答：根据《规定》的制定目的，限制高消费主要是针对那些有清偿能力却拒不履行义务的被执行人。因此，人民法院在决定采取限制高消费措施时，应当考虑被执行人履行义务的态度和履行能力。被执行人有拒不申报财产或者申报不实、拒不配合法院查找财产等消极履行的行为、规避执行的行为或者抗拒执行的行为，法院有权对其采取限制高消费措施。相反，如果被执行人如实申报了财产，且积极配合法院查找财产的，法院则一般不必限制其高消费。

为增强操作性，便于社会监督和举报被执行人的行为，通过列举方式规定限制高消费范围

问：请问哪些行为是本司法解释要限制的高消费？

答：为增强本司法解释的操作性，便于社会监督和举报被执行人的行为，本司法解释第三条通过列举方式规定了限制高消费的范围。为防止列举不全面，还规定了兜底条款。被执行人为自然人的，被限制高消费后，不得有以下以其财产支付费用的行为：（1）乘坐交通工具时，选择飞机、列车软卧、轮船二等以上舱位；（2）在星级以上宾馆、酒店、夜总会、高尔夫球场等场所进行高消费；（3）购买不动产或者新建、扩建、高档装修房屋；（4）租赁高档写字楼、宾馆、公寓等场所办公；（5）购买非经营必需车辆；（6）旅游、度假；（7）子女就读高收费私立学校；（8）支付高额保费购买保险理财产品；（9）其他非生活和工作必需的高消费行为。以上几类行为都属于我们老百姓所理解的"高消费"行为。需注意的是，为防止被执行人规避本条规定，我们认为，不管被执行人自己高消费，还是被执行人以他人名义高消费，或者他人用被执行人的财产高消费，只要有证据证明是以被执行人的财产支付费用，导致被执行人财产减少的高消费行为都应在禁止之列。另外，如果被执行人是单位的，被限制高

消费后，不仅单位本身不得高消费，其法定代表人、主要负责人、影响债务履行的直接责任人员也不得以单位的财产从事高消费。

限制高消费是一种补充性、间接性的执行措施，不影响其他直接执行措施的适用

问：请问限制高消费期间，法院发现了被执行人财产的，如何处理？

答：限制高消费是一种补充性、间接性的执行措施，不影响其他直接执行措施的适用。在限制高消费期间，如果法院发现了被执行人的财产，可依照法定程序采取查封、扣押、冻结、拍卖等强制执行措施处置被执行人的财产。如果通过处置被执行人的财产，足额清偿了申请执行人的债权，人民法院应当及时解除限制高消费令。

限制高消费的启动有两种方式：一是当事人申请；二是法院依职权启动

问：请问如何启动限制高消费？

答：限制高消费的启动有两种方式：一是当事人申请；二是法院依职权启动。一般情况下，限制高消费应由申请执行人向法院提出书面申请，法院审查决定。申请执行人申请限制被执行人高消费的，可以在向法院申请执行时一并提出，也可以在执行通知书指定的履行期限届满后提出。法院受理了申请之后，应根据被执行人履行义务的态度、履行能力等情况，决定是否限制被执行人高消费。当事人对法院的决定不服，可以参照《中华人民共和国民事诉讼法》第二百零二条①和第二百零四条②的规定提出异议和复议。除当事人向法院申请启动限制高消费之外，法院有权根据案件执行需要，必要时依职权决定对拒不履行义务的被执行人采取限制高消费的措施。

被执行人违反限制高消费令进行消费，属于拒不履行人民法院已经发生法律效力的判决、裁定的行为，法院有权追究其责任

问：被执行人违反限制高消费令有什么后果？

答：被执行人违反限制高消费令进行消费，属于拒不履行人民法院已经发生法律效力的判决、裁定的行为，人民法院有权适用《中华人民共和国民事诉讼法》第一百零二条第（六）项和第一百零四条的规定对其罚款、拘留，情节严重构成犯罪的，依照《中华人民共和国刑法》第三百一十三条的规定，追究其拒不执行判决、裁定罪的刑事责任。

负有协助义务的单位在收到协助执行通知书之后，不履行协助义务的，人民法院可以对其予以处罚

问：有义务协助调查、执行的单位拒不配合的，应如何处理？

答：有关消费场所以及国土、银行、工商、税务有关部门都有义务配合人民法院的工作。人民法院根据案件需要和被执行人的情况可以向这些场所或者部门送达协助执行通知书，以形成社会合力，迫使被执行人主动履行义务。负有协助义务的单位在收到协助执行通知书之后，不履行协助义务的，人民法院可以依照《中华人民共和国民事诉讼法》第一百零三条的规定对其予以处罚。③

最高人民法院关于依法制裁规避执行行为的若干意见

2011年5月27日　　法〔2011〕195号

六、依法采取多种措施，有效防范规避执行行为

23. 充分运用限制高消费手段。各地法院应当充分运用限制高消费手段，逐步构建与有关单位的协作平台，明确有关单位的监督责任，细化协作方式，完善协助程序。

人民法院办理执行案件规范

2017年4月

215.【限制消费的一般规定】
被执行人未按执行通知书指定的期间履行

---

① 民事诉讼法原第二百零二条现已修改为第二百二十五条。——编者注
② 民事诉讼法原第二百零四条现已修改为第二百二十七条。——编者注
③ 载《人民法院报》2010年7月15日。

生效法律文书确定的给付义务的，人民法院可以采取限制消费措施，限制其高消费及非生活或者经营必需的有关消费。纳入失信被执行人名单的被执行人，人民法院应当对其采取限制消费措施。

人民法院决定采取限制消费措施时，应当考虑被执行人是否有消极履行、规避执行或者抗拒执行的行为以及被执行人的履行能力等因素。

216.【受限制的消费行为】

被执行人为自然人的，被采取限制消费措施后，不得有以下高消费及非生活和工作必需的消费行为：

（一）乘坐交通工具时，选择飞机、列车软卧、轮船二等以上舱位；

（二）在星级以上宾馆、酒店、夜总会、高尔夫球场等场所进行高消费；

（三）购买不动产或者新建、扩建、高档装修房屋；

（四）租赁高档写字楼、宾馆、公寓等场所办公；

（五）购买非经营必需车辆；

（六）旅游、度假；

（七）子女就读高收费私立学校；

（八）支付高额保费购买保险理财产品；

（九）乘坐G字头动车组列车全部座位、其他动车组列车一等以上座位等其他非生活和工作必需的消费行为。

被执行人为单位的，被采取限制消费措施后，被执行人及其法定代表人、主要负责人、影响债务履行的直接责任人员、实际控制人不得实施前款规定的行为。因私消费以个人财产实施前款规定行为的，可以向执行法院提出申请。执行法院审查属实的，应予准许。

217.【限制消费的启动】

限制消费措施一般由申请执行人提出书面申请，经人民法院审查决定；必要时人民法院可以依职权决定。

218.【限制消费令】

人民法院决定采取限制消费措施的，应当向被执行人发出限制消费令。限制消费令由人民法院院长签发。限制消费令应当载明限制消费的期间、项目、法律后果等内容。

219.【限制消费的实施】

人民法院决定采取限制消费措施的，可以根据案件需要和被执行人的情况向有义务协助调查、执行的单位送达协助执行通知书，也可以在相关媒体上进行公告。

限制消费令的公告费用由被执行人负担；申请执行人申请在媒体公告的，应当垫付公告费用。

220.【生活、经营必需消费的申请与批准】

被限制消费的被执行人因生活或者经营必需而进行本节规定禁止的消费活动的，应当向人民法院提出申请，获批准后方可进行。

221.【限制消费令的解除】

在限制消费期间，被执行人提供确实有效的担保或者经申请执行人同意的，人民法院可以解除限制消费令；被执行人履行完毕生效法律文书确定的义务的，人民法院应当在本规范第219条第一款通知或者公告的范围内及时以通知或者公告解除限制消费令。

222.【违反限制消费令的举报】

人民法院应当设置举报电话或者邮箱，接受申请执行人和社会公众对被限制消费的被执行人违反本规范第216条的举报，并进行审查认定。

第十节 对规避执行行为的制裁

中华人民共和国民事诉讼法

2017年6月27日

第一百一十二条 当事人之间恶意串通，企图通过诉讼、调解等方式侵害他人合法权益的，人民法院应当驳回其请求，并根据情节轻重予以罚款、拘留；构成犯罪的，依法追究刑事责任。

第一百一十三条 被执行人与他人恶意串通，通过诉讼、仲裁、调解等方式逃避履行法律文书确定的义务的，人民法院应当根据情节轻重予以罚款、拘留；构成犯罪的，依法追究刑事责任。

最高人民法院副院长江必新在全国法院开展反规避执行专项活动第一次视频会议上的讲话

2011年4月12日

一、要在统一思想认识上再下功夫

这次专项活动是在最高法院党组和王胜俊院长亲自关心下部署安排的。针对被执行人规避执行、严重影响执行秩序和执行效果的突出现状，王胜俊院长早在去年12月召开的全国高级法院院长会议上就特别指出，要着力解决被执行人规避执行问题，适时开展反规避执行专项活动，切实维护债权人的合法权益。在今年人大会上的工作报告中，王胜俊院长又明确提出要开展反规避执行专项行动，从严惩处抗拒执行的行为。最高法院党组和王胜俊院长关于开展反规避执行专项活动的部署，是站在事关依法治国基本方略贯彻实施、事关社会管理体系进步完善、事关市场经济健康发展的高度，为突出解决执行工作重大问题及时作出的重大决策。应该说，大多数法院能充分认识到开展反规避执行专项活动的必要性和重要性，但仍有个别地方行动缓慢，措施乏力，需要进一步强化思想认识。

开展反规避执行专项活动是保护执行当事人合法权益的重大举措。一个时期以来，相当一部分有履行能力的被执行人采取各种手段规避执行，或玩个体"人间蒸发"，千呼万唤难觅踪影；或直接转移、隐匿财产，造成资产状况不明的假象；或恶意处分名下财产，使得追加执行困难重重；或搞假离婚、假破产甚至假诉讼，玩"金蝉脱壳"，悬空债务等等。可谓心思费尽，花样翻新，且手段日趋隐蔽，大有愈演愈烈之势。这些规避行为使得大量生效法律文书得不到执行，执行当事人的合法权益得不到有效保护，司法权威和法制尊严受到严重损害，必须加以遏制。

开展反规避执行专项活动是破解执行难的有效方式。执行难的长期存在，总的来说虽是多种因素相互交织、各种矛盾相互作用的集中体现，但从现阶段的情况来看，部分被执行人及相关主体道德水准低下、诚信意识缺失、法制观念淡薄，极尽所能规避执行也是重要原因之一。据初步估计，执行难的案件中大约有15%左右是由于被执行人规避执行所致。深入剖析规避执行的种种表现，开展专项活动进行集中整治，建立和完善相关反制机制，压缩规避执行存在的空间，可有效提高案件的实际执结率，在一定程度上缓解执行难现状。同时，通过大张旗鼓地开展反规避执行专项活动，揭露当前规避执行的种种表象，能全面加深社会各界对执行难原因的认识，共同抵制各种规避行为，为人民法院执行工作提供强有力的支持与配合，有利于执行难问题的解决。

开展反规避执行专项活动是巩固清理积案活动成果的必然要求。自2008年以来，我们先后开展了大规模集中清理执行积案活动和以委托执行案件为目标的专项清理活动，都取得了非常显著的成效。为从根本上解决执行积案问题，走出"清了又积、积了又清"的怪圈，真正实现收结案的良性循环，就必须针对工作中发现的影响执行效果、具有普遍意义的薄弱环节进行集中整治，建立解决问题的长效机制。规避执行问题正是当前影响执行难的突出表象，亟需重点解决的问题。

开展反规避执行专项活动是构建社会诚信体系的当务之急。规避执行行为不仅直接妨害人民法院的执行工作，更为严重的是，一旦失信逃债行为得不到惩处反而能占到经济上的便宜，将直接冲击"诚实有信"的传统道德观念。大量通过规避获利的实例又势必引起他人效仿，进一步催生失信行为，社会诚信危机将随之产生并日益加剧，其危害性绝不可低估。市场经济就是信用经济，失去诚信基础的市场经济注定无法真正实现信息交流、商品交换和资金融通的有序运行。规避执行是当前社会上种种失信逃债行为的重要表现，是催生和加剧社会诚信危机不可忽略的重要因素，开展专项活动进行坚决有力的惩治,已成为构建社会诚信体系的紧迫任务。

开展反规避执行专项活动是深入推进三项重点工作的重要体现。规避执行之所以能大行其道,除了行为人自身因素外,主要是由于我国社会管理体系尚不够健全,相关监管措施未跟上甚至存在严重漏洞,给不良动机者留下了规避空间。人民法院通过组织开展反规避执行的专项活动,与有关职能部门联动制约,在舆论宣传、制度构建等各个方面加强对各种规避行为的防范和惩治,促进社会管理体系的完善,从本质上说,既是解决当前执行工作面临突出问题的迫切需要,也是深入推进社会矛盾化解、社会管理创新、公正廉洁执法三项重点工作的具体实践。

二、要在加大反规避执行的宣传教育上再下功夫

开展反规避执行专项活动,要始终高度重视宣传教育工作。要针对执行当事人和社会各界开展全方位、多层次的反规避执行的系列宣传教育活动,在一定时期掀起舆论高潮,做到家喻户晓,形成强大声势,切实增强当事人和社会公众的法治意识,强化生效法律文书必须履行的理念,提高自动履行和协助履行的自觉性,树立司法权威。

要把执行当事人作为宣传教育的首选对象。执行当事人是案件利益关系的直接承受者,对其有针对性地开展反规避执行的宣传教育活动,能起到最直接的警示和教育效果。执行当事人应当成为我们开展反规避宣传教育的首选对象,以往我们在这方面重视不够,需要在今后的工作中加以注意。现在要立即着手建立这样一种制度,人民法院在作出有实体处置内容的法律文书时,就同时向当事人发出"不得规避执行告知书",明确告知当事人必须自觉履行生效法律文书确定的义务,不得采取任何手段进行规避,否则将面临加倍罚息、罚款、拘留甚至追究刑事责任的严重后果。告知书要概括列举属于规避执行的具体情形和范围,对规避者可能采取相关制裁措施的法律依据等内容。告知书对当事人双方均能起到宣传教育作用,对债务人来说,就是要让其知晓规避执行将会付出更大的代价,促使其正确面对执行,打消侥幸心理,自动履行义务。对债权人来说,也能起到较好的提示作用,对债务人可能规避执行有个心理预期,可借此调动其查找被执行人财产线索的主动性,及早防范规避行为的发生。各地法院执行局要立即着手印制这样的告知书,并协调好与立案、审判部门做好有关送达衔接工作。

要以典型案例为主线广泛开展舆论宣传。系列报道反规避执行的典型案例,是整个专项活动舆论宣传的主线,选准选好案例是确保宣传效果的前提。一是要选好反制规避执行的典型案例。最高法院在专项活动方案下发之后,专门收集了被执行人规避执行以及执行法院采取有力措施破解规避执行的150多个典型案例,从中挑选了20余例,提供给人民日报、新华社、中央电视台等十多家媒体进行宣传报道。另外,还收集了一批适用拒执罪打击规避执行的案例,也准备近期向社会发布。在整个活动开展期间,最高法院都将收集案例适时进行宣传报道。各地法院也要精心挑选本辖区办结的典型案例,高级法院不得少于20个,中级、基层法院不得少于10个,联系新闻媒体进行系列报道。二是要适当选择正面典型进行宣传。宣传工作要讲究策略,既要曝光规避执行的反面典型,揭露支持、纵容规避行为的单位和个人,也要选择一定数量的正面典型,大力宣传和表扬那些诚实守信、克服困难千方百计自觉履行义务的债务人,宣传那些敢于同规避行为划清界限的单位和个人,要让社会公众知道,失信逃债的只是少数,诚信守法的毕竟是大多数,弘扬主旋律,增强全社会同各种规避行为做斗争的勇气和信心。需要注意的是,无论是何种类型的案例,选用和报道都必须经过层层把关,既要考虑具有较强的代表性,又要确保处理的程序和结果合法、文明。对个别法律关系复杂,把握不准,可能引发争议的案例暂时不要报道。还要特别强调的是,案例作为素材提供给新闻单位后,不能放手不管,必须要求在稿件正式报道前,还要作最后审核,确保不出纰漏。

要加强与各新闻媒体的协调沟通。一是要注重宣传形式和内容的多样化。要通过电视、

报刊、网络、广播等各种新闻平台，采取新闻发布、案例曝光、法官访谈、热点评论、跟踪报道、专栏连载等方式，开展反规避执行的立体报道。既要重点报道反规避的典型案例，也要深入报道专项活动的组织开展情况，解读有关规范性文件的制定精神；既要报道面上的情况，也要深入剖析规避行为产生的思想、社会根源及危害后果。新闻报道的载体、内容、形式等均可不限，只要是有利于推动专项活动深入开展，都可以选择。二是要主动协调与各新闻媒体的关系。要高度重视与新闻媒体的沟通联系，及时、主动、准确、全面、权威地向其提供新闻线索。要牢牢把握舆论宣传主导权，对涉及宣传方面的重大问题，要及时采取召开新闻通气会等形式，邀请来院座谈，统一思想，统一步调。对受邀来访的新闻记者，要热情接待，积极配合，确保最大限度地发挥媒体的正面宣传作用。三是要将宣传工作贯穿专项活动始终。舆论宣传是专项活动的重要组成部分，在活动开展的各个阶段都要做好宣传方案，认真组织，积极跟进，防止前紧后松，草草收兵。要通过开展广泛深入的系列宣传教育活动，使社会各界充分认识到反规避执行的重要性，凝聚共识，形成声势，营造反制规避执行的强大舆论氛围。

三、要在强化发现被执行人及其财产的手段上再下功夫

及时发现被执行人及其财产，是反制规避执行的重要途径和手段。过往执行案件主要依靠人民法院花费大量精力去查找可供执行的财产，而且不一定有效，这种观念和做法必须切实加以转变。当前，要增强发现和查控被执行人财产的及时性、有效性，必须坚持多管齐下，迅速建立以下四项制度。

一是要建立被执行人财产申报制度。没有人比被执行人更清楚自己的财产状况，强化其财产申报义务亦具有充分的法律依据，2007年修订后的民诉法对此有明确规定。我们一定要充分依据法律规定，真正将被执行人财产申报制度建立起来。要进一步拓宽、细化被执行人报告财产的内容，切实加强对财产报告情况的核查，对拒不申报或者经调查发现申报不全或不实的，必须依法进行制裁。如果没有过硬的制裁手段，财产申报制度就不会发挥应有的威慑作用，这项制度就会逐步流于形式。

二是要完善财产查询制度。调查被执行人财产涉及社会管理的方方面面，需要与工商、税务、银行、证券、房管、公安等掌握身份信息、财产登记的部门联动制约，否则难以奏效。各地法院要主动与上述单位和部门协调沟通，充分利用现代化信息手段，简化财产调查手续，拓宽财产调查渠道，提高财产调查效率。这项工作做好了，意义将非常重大。有些地方如北京高院走在了前面，已经建立起覆盖全市的信息查询中心，与各财产登记部门直接联网，可以统一办理全市法院的信息查询业务，非常简便高效。最高法院正与中央有关部门沟通，探索建立调查执行财产的统一网络系统，力争尽快在实现与房产、车辆、出入境登记管理系统互联等方面取得突破。各高级法院要不等不靠，继续加大工作力度，争取在完善财产查询制度方面有进一步的作为，要先易后难，逐一突破，谈好一个，建立一个，最后以点带面，建成一片。只要我们坚定信念，紧紧依靠党的领导，把握时机，注意方法，相信会得到有关部门的支持配合。在这里需要说明的是，最高法院去年与人民银行联合出台了查询被执行人人民币银行结算账户开户银行名称的通知，这是新增、拓宽了查询渠道，并非今后只能通过这个渠道进行查询，有的地方包括个别金融机构对此有误解，必须坚决予以澄清。各专业银行协助人民法院查询、控制被执行人财产，是法定职责，不容推卸。

三是要建立财产悬赏举报制度。近年来，不少地方为扩大查明被执行人财产的渠道，积极探索、试行了被执行人财产悬赏举报制度，实践证明效果良好，适合普遍铺开。最高法院正在研制这方面的规范性意见，在正式出台前，各地可结合实际进行操作，但要注意规范以下问题：第一，必须充分尊重申请人的意愿，根据其书面申请向社会发出悬赏公告，不能越俎代庖；第二，凡举报人提供的财产线索经查证属实并实际执行到位的，必须按照申请人承诺的标准或比例奖励举报人，不能失信于人；第三，要对举报人的身份进行保密，消除其顾虑；第四，要严明纪律，防止个别执行人员与他人不正当往来，导致对通过不正当手段获取财产线索的"举报人"进行了奖赏。

四是要建立协助执行联络员制度。要依靠党委、人大、政府的支持，普遍建立起多层次的、覆盖全社会的协助执行联络员体系。要切实增强这项制度的可操作性，第一，要选择在一些重点部门和基层组织中聘请执行联络员，发挥其"千里眼、顺风耳"的优势，及时提供被执行人及其财产线索。第二，要适时对执行联络员进行培训，增强责任意识和法律意识。第三，要争取必要的经费，用于执行联络员的交通、通讯、误工等方面的补贴。第四，要对成绩突出的协助执行联络员给予适当奖励，并向其主管组织和部门提出表彰建议。只有这些方面都考虑到了，协助执行联络员制度的作用才能充分展现出来。

四、要在加大对规避执行行为的制裁力度上再下功夫

失信行为的产生，是行为人比较失信成本低于失信收益后的自然选择。要促使被执行人自觉履行义务，打消规避念头，必须切实加大对现实生活中各种规避行为的打击力度，从民事、经济、行政甚至刑事等多层面构筑相应的惩戒机制，形成足够的威慑。

要尽快制定反规避执行的规范性文件。开展反规避执行专项活动尚属首次，没有现成的实践经验可以借鉴。要对规避执行行为进行有力制裁，其中一项重要的前提和基础性工作，就是要制定反规避执行的规范性文件，明确哪些行为属于规避执行，应当如何适用法律进行反制。为配合此次专项行动，最高法院在去年下半年就着手研制《关于在民事执行中反规避执行的指导意见》，就如何有效开展反规避执行活动，全面建立强有力的反制机制，提出原则性的指导意见。目前已数易其稿，待进一步修改完善后尽快下发。各高级法院以及有条件的中级法院也要结合本地实际，尽快制定本辖区开展反规避执行的规范性文件。刚才江苏高院介绍了他们制定出台《关于反规避执行若干问题的意见》的经验，很有针对性，值得借鉴。

要依法大胆适用制裁手段。对规避行为，一经发现，不论涉及到谁，都要敢于依法制裁，不能手软，绝不能让规避行为形成气候，绝不能让规避者占到经济上的便宜，只有这样，才能对那些潜在的规避者起到应有的震慑作用。要敢于坚持原则，对来自各方面的说情和干扰坚决予以抵制，不为所动。特别是各级法院领导，要为在一线工作的执行人员撑腰，顶住各方面的压力，切实维护司法公正。既要依法制裁规避者本人，也要制裁那些庇护、纵容和配合规避行为的单位和个人，决不迁就；既要加大对规避行为本身的惩戒力度，也要注意不能以罚代执，该追加的要追加，该回转的要回转，该赔偿的要赔偿，充分维护申请执行人的合法权益。

要充分发挥不同制裁手段的惩戒作用。要根据规避行为的严重程度，充分适用不同的制裁手段。一是要依法适用罚款、拘留等民事强制措施。对查实的一般规避行为，要充分运用民事诉讼法规定的罚款、拘留等强制措施予以惩戒，罚款和拘留措施可以并用。二是要积极协调有关部门对规避者实施信用惩戒。要积极协调有关部门对规避者采取公开曝光、限制高消费、限制出境、降低信用等级或取消行业准入资格等手段，进行信用惩戒，全面挤压规避者的市场活动空间。三是要充分发挥刑罚手段在反规避执行中不可替代的作用。对情节严重的规避行为，要依法适用拒不执行判决、裁定罪和非法处置查封、扣押、冻结财产罪等移送侦查起诉，追究刑事责任。最近，最高法院对近三年来适用拒执罪的情况调研发现，各地的适用比例非常悬殊，有的省市仅10余例，这些省市应当查一查，究竟是那里的执行环境好而使得追究拒执罪少，还是打击不力造成追究拒执罪少，要好好总结。从调研收集到的判例执行效果来看，进入刑事追诉程序的被执行人基本上都在刑事判决前全部履行了债务，充分说明刑罚手段对企图规避执行的当事人具有相当大的威慑力。对确有必要追究刑事责任的要积极移送，主动协调与公安、检察机关的关系，确保打击到位。在与相关部门的沟通协调中，院领导甚至一把手要出面。双边协调有困难的，要报告党委政法委进行协调。要争取联合公安、检察机关出台共同打击规避执行行为的规范性文件，统一执法思想，明确各自职责，细化操作程序和衔接办法。今后，最高法院将把各地对这方面的犯罪案件移送后的侦查、起诉和处理情况作为对当地综合治理考核的重要内容。

要提高查处规避执行行为的司法能力。大多数规避行为都具有一定程度的隐蔽性，查处起来并非易事。全体执行人员除了要熟练掌握法律专业知识外，还需要具备竭力维护当事人合法权益的责任感、辨识规避行为的敏锐性和金融、证券、财会等相关领域的专业技能。要加强对执行人员的业务培训，不断提高查处规避行为的司法能力，这是有效反制规避执行的基础和保证。最高法院在出台反规避执行的规范性文件后，将适时组织这方面的培训。

五、要在完善反制规避执行的长效机制上再下功夫

开展反规避执行的专项活动具有现实的必要性和重要性，但仅仅依靠专项活动不能从根本上解决问题。要根治规避执行现象，必须从源头上抓起，寻求治本之策，建立长效机制。对人民法院来说，就是要全面系统地分析规避执行存在的空间和环节，有针对性地建立和完善反制规避执行的相关机制，为构建长效机制打下基础。

要建立和完善执行联动工作机制。规避执行现象的存在和发展，是诸多因素综合作用的结果，仅靠人民法院自身力量难以有效解决，必须充分发挥我国特有的政治优势，在党的领导下，建立和完善执行联动工作机制，将具有法定协助义务和工作配合责任的单位和个人的积极因素调动起来，形成合力，压缩规避行为存在的空间，使其无处藏身。这是建立反制规避执行长效机制的关键所在。最高法院已与中央19个部门联合签署《关于建立和完善执行联动机制若干问题的意见》，有些地方迅速进行了转发。尚未转发的地方一定要以开展此次专项活动为动力，调动一切可以调动的资源，利用一切可以利用的力量，加强与地方各有关部门的沟通协调，争取尽快以人大决议或者党委政府"两办"文件的形式转发，将执行联动机制真正建立起来，将这件大事办好。

要建立和完善立审执统一协调机制。要整合法院内部的审判和执行资源，加强相互协作配合，形成反制规避执行的内部合力。在立案、审判阶段，要注重对当事人进行风险提示，告知当事人积极主动收集被告方的财产线索，并根据其申请依法适用财产保全，防止被告方转移、隐匿或变卖财产。特别是对当事人提出的诉前保全申请，只要事实清楚、法律依据充分，在要求提供担保的条件和比例上可作适当放宽，从源头上降低进入执行程序后规避行为发生的机率。

要建立和完善执行激励与惩戒机制。要积极配合政府及有关部门建立和完善社会诚信体系，将债务人履行债务的情况作为信用等级评价的一项重要指标，直接与其在商业经营活动中的信誉挂钩，引导和促使被执行人自觉履行义务。同时，要研究新形势下如何进一步完善罚款、拘留、追究刑事责任等惩戒机制的适用，更好地发挥制裁手段的威慑作用。

要积极探索反制规避执行的新机制。我国执行工作本身起步就比较晚，立法体系还不够完善，相关司法解释的出台又相对滞后，而现实生活中规避执行的手段和方式不断翻新，呈现多元化、深层次化的态势，现有的法律和司法解释难以适应反制规避执行工作的需要，这就要求我们在遵循宪法和法律基本原则和精神的前提下，积极探索、勇于创新反制机制，有效破解各种规避执行行为。比如执行过程中如何追加或变更被执行人，目前尚无明确的法律规定，最高法院正着手调研起草这方面的司法解释。各高级法院也要根据需要，及时制定反制规避执行的指导性意见，为强制执行法草案的完善和正式出台提供实践基础。探索新机制，只要是不违背正当程序，不损害基本权利，有利于问题的解决，都可以尝试、总结和推行。

要大力推行反规避工作机制方面的交流。多年来，各地法院在反制规避执行方面积累了不少有益经验，施行效果良好，值得肯定。在此次专项活动中，相信各地还将建立和完善一些具有典型意义的工作机制。我们要不断总结这方面好的经验，通过一定的平台，将制度成果推介出去，促进相互交流，实现成果共享。既可以是各省市法院之间的横向交流，也可以是上下级法院之间的纵向交流。只要是切实可行、有代表性的好措施，都可以成为交流学习的对象。最高法院执行局将充分利用《执行工作动态》内部刊物，及时登载各地建立反制规避执行机制方面的经验，供参考借鉴。对各地探索建立反制机制方面行之有效的经验和做法，最高法院将充分吸纳、融入有关司法解释和规范性文件中，扩大适用范围和效果。

六、要在加强对反规避执行专项活动的组织领导上再下功夫

反规避执行专项活动能否取得实效，关键在于组织领导。各级法院要总结以往组织开展清积活动的成功经验，发扬连续作战的精神，精心部署，全力推进，保障整个活动健康有序进行。

要制定和适时调整工作计划。各地法院一定要紧密结合当地实际制定工作方案，突出重点、体现特色，逐步展开、渐次推进，及时总结、不断完善。既不能安于平淡，搞泛泛而谈，也不能好高骛远，不着边际，一定要切实可行，要具有可操作性。活动过程中遇到新情况、新问题，还可以对方案进行适时调整。极个别尚未制定工作方案的地方，必须在尽可能短的时间内完成。

要成立专门的领导小组。反制规避执行是个系统工程，仅靠人民法院搞单打独斗、孤军奋战，是难以取得实质进展的，必须充分发挥主观能动性，积极争取各方的支持和配合，方能奏效。各地法院要成立专门的领导小组，邀请政法委领导牵头，其他有关联动单位负责人参加，确保领导有力、行动迅速、效果良好。

要确保专项活动规范有序开展。开展反规避执行专项活动的目的就是要针对工作中发现的突出问题，集中时间、集中精力进行攻坚克难，扩大整治效果。但是，在任何时候都要注意，不能够为了实现正当目的而采取过激的手段，制裁、曝光规避执行的典型案例，都必须确保严格依法进行，出台规范性文件不能突破法律的现有规定，不能搞矫枉过正，用一种倾向掩盖另一种倾向，侵害被执行人及案外人的正当权益。

要求真务实搞好督促检查。要加强对辖区法院组织开展专项活动情况的督促、检查、指导，及时解决活动开展中存在的问题。最高法院将适时派出检查组，重点检查各地是否按照要求建立起了相关的工作机制，是否存在走过场、流于形式，发现问题，责令整改。衡量一个地方反规避执行专项活动是否取得实效，最终要落脚到是否确实提高了案件的实际执结率，要见到实实在在的成绩。我们要求至少较活动开展前提高5个百分点。

要统筹兼顾其他各项工作。执行工作千头万绪，任务重、难度大，既要突出工作重点，又要做到统筹兼顾，实现各项执行工作的平衡发展。要把开展反规避执行专项活动与狠抓执法办案的日常工作，以及创建"无执行积案先进法院"活动有机结合起来，做到相互配合、相互促进、共同提高。

同志们，反规避执行的意义非常重大。我们一定要认真落实最高法院党组和王胜俊院长的指示精神，高度重视、精心组织好这次反规避执行的专项活动，力求在进一步改善执行环境、有效缓解执行难、切实增强执行权威方面取得新的突破，为推动"十二五"计划开局之年的经济社会发展作出积极贡献。

最高人民法院
印发《关于依法制裁规避执行行为的若干意见》的通知

2011年5月27日　　法〔2011〕195号

为了最大限度地实现生效法律文书确认的债权，提高执行效率，强化执行效果，维护司法权威，现就依法制裁规避执行行为提出以下意见：

一、强化财产报告和财产调查，多渠道查明被执行人财产

1. 严格落实财产报告制度。对于被执行人未按执行通知履行法律文书确定义务的，执行法院应当要求被执行人限期如实报告财产，并告知拒绝报告或者虚假报告的法律后果。对于被执行人暂时无财产可供执行的,可以要求被执行人定期报告。

2. 强化申请执行人提供财产线索的责任。各地法院可以根据案件的实际情况,要求申请执行人提供被执行人的财产状况或者财产线索,并告知不能提供的风险。各地法院也可根据本地的实际情况,探索尝试以调查令、委托调查函等方式赋予代理律师法律规定范围内的财产调查权。

3. 加强人民法院依职权调查财产的力度。各地法院要充分发挥执行联动机制的作用,完善与金融、房地产管理、国土资源、车辆管理、工商管理等各有关单位的财产查控网络,细化协助配合措施,进一步拓宽财产调查渠道,简化财产调查手续,提高财产调查效率。

4. 适当运用审计方法调查被执行人财产。被执行人未履行法律文书确定的义务,且有转移隐匿处分财产、投资开设分支机构、入股其他企业或者抽逃注册资金等情形的,执行法院可以根据申请执行人的申请委托中介机构对被执行人进行审计。审计费用由申请执行人垫付,被执行人确有转移隐匿处分财产等情形的,实际执行到位后由被执行人承担。

5. 建立财产举报机制。执行法院可以依据申请执行人的悬赏执行申请,向社会发布举报被执行人财产线索的悬赏公告。举报人提供的财产线索经查证属实并实际执行到位的,可按申请执行人承诺的标准或者比例奖励举报人。奖励资金由申请执行人承担。

二、强化财产保全措施,加大对保全财产和担保财产的执行力度

6. 加大对当事人的风险提示。各地法院在立案和审判阶段,要通过法律释明向当事人提示诉讼和执行风险,强化当事人的风险防范意识,引导债权人及时申请财产保全,有效防止债务人在执行程序开始前转移财产。

7. 加大财产保全力度。各地法院要加强立案、审判和执行环节在财产保全方面的协调配合,加大依法进行财产保全的力度,强化审判与执行在财产保全方面的衔接,降低债务人或者被执行人隐匿、转移财产的风险。

8. 对保全财产和担保财产及时采取执行措施。进入执行程序后,各地法院要加大对保全财产和担保财产的执行力度,对当事人、担保人或者第三人提出的异议要及时进行审查,审查期间应当依法对相应财产采取控制性措施,驳回异议后应当加大对相应财产的执行力度。

三、依法防止恶意诉讼,保障民事审判和执行活动有序进行

9. 严格执行关于案外人异议之诉的管辖规定。在执行阶段,案外人对人民法院已经查封、扣押、冻结的财产提起异议之诉的,应当依照《中华人民共和国民事诉讼法》第二百零四条[①]和《最高人民法院关于适用民事诉讼法执行程序若干问题的解释》第十八条的规定,由执行法院受理。

案外人违反上述管辖规定,向执行法院之外的其他法院起诉,其他法院已经受理尚未作出裁判的,应当中止审理或者撤销案件,并告知案外人向作出查封、扣押、冻结裁定的执行法院起诉。

10. 加强对破产案件的监督。执行法院发现被执行人有虚假破产情形的,应当及时向受理破产案件的人民法院提出。申请执行人认为被执行人利用破产逃债的,可以向受理破产案件的人民法院或者其上级人民法院提出异议,受理异议的法院应当依法进行监督。

11. 对于当事人恶意诉讼取得的生效裁判应当依法再审。案外人违反上述管辖规定,向执行法院之外的其他法院起诉,并取得生效裁判文书将已被执行法院查封、扣押、冻结的财产确权或者分割给案外人,或者第三人与被执行人虚构事实取得人民法院生效裁判文书申请参与分配,执行法院认为该生效裁判文书系恶意串通规避执行损害执行债权人利益的,可以向作出该裁判文书的人民法院或者其上级人民法院提出书面建议,有关法院应当依照《中华人民共和国民事诉讼法》和有关司法解释的规定决定再审。

[①] 民事诉讼法原第二百零四条现已修改为第二百二十七条。——编者注

四、完善对被执行人享有债权的保全和执行措施，运用代位权、撤销权诉讼制裁规避执行行为

12. 依法执行已经生效法律文书确认的被执行人的债权。对于被执行人已经生效法律文书确认的债权，执行法院可以书面通知被执行人在限期内向有管辖权的人民法院申请执行该生效法律文书。限期届满被执行人仍怠于申请执行的，执行法院可以依法强制执行该到期债权。

被执行人已经申请执行的，执行法院可以请求执行该债权的人民法院协助扣留相应的执行款物。

13. 依法保全被执行人的未到期债权。对被执行人的未到期债权，执行法院可以依法冻结，待债权到期后参照到期债权予以执行。第三人仅以该债务未到期为由提出异议的，不影响对该债权的保全。

14. 引导申请执行人依法诉讼。被执行人怠于行使债权对申请执行人造成损害的，执行法院可以告知申请执行人依照《中华人民共和国合同法》第七十三条的规定，向有管辖权的人民法院提起代位权诉讼。

被执行人放弃债权、无偿转让财产或者以明显不合理的低价转让财产，对申请执行人造成损害的，执行法院可以告知申请执行人依照《中华人民共和国合同法》第七十四条的规定向有管辖权的人民法院提起撤销权诉讼。

五、充分运用民事和刑事制裁手段，依法加强对规避执行行为的刑事处罚力度

15. 对规避执行行为加大民事强制措施的适用。被执行人既不履行义务又拒绝报告财产或者进行虚假报告、拒绝交出或者提供虚假财务会计凭证、协助执行义务人拒不协助执行或者妨碍执行、到期债务第三人提出异议后又擅自向被执行人清偿等，给申请执行人造成损失的，应当依法对相关责任人予以罚款、拘留。

16. 对构成犯罪的规避执行行为加大刑事制裁力度。被执行人隐匿财产、虚构债务或者以其他方法隐藏、转移、处分可供执行的财产，拒不交出或者隐匿、销毁、制作虚假财务会计凭证或资产负债表等相关资料，以虚假诉讼或者仲裁手段转移财产、虚构优先债权或者申请参与分配，中介机构提供虚假证明文件或者提供的文件有重大失实，被执行人、担保人、协助义务人有能力执行而拒不执行或者拒不协助执行等，损害申请执行人或其他债权人利益，依照刑法的规定构成犯罪的，应当依法追究行为人的刑事责任。

17. 加强与公安、检察机关的沟通协调。各地法院应当加强与公安、检察机关的协调配合，建立快捷、便利、高效的协作机制，细化拒不执行判决裁定罪和妨害公务罪的适用条件。

18. 充分调查取证。各地法院在执行案件过程中，在行为人存在拒不执行判决裁定或者妨害公务行为的情况下，应当注意收集证据。认为构成犯罪的，应当及时将案件及相关证据材料移送犯罪行为发生地的公安机关立案查处。

19. 抓紧依法审理。对检察机关提起公诉的拒不执行判决裁定或者妨害公务案件，人民法院应当抓紧审理，依法审判，快速结案，加大判后宣传力度，充分发挥刑罚手段的威慑力。

六、依法采取多种措施，有效防范规避执行行为

20. 依法变更追加被执行主体或者告知申请执行人另行起诉。有充分证据证明被执行人通过离婚析产、不依法清算、改制重组、关联交易、财产混同等方式恶意转移财产规避执行的，执行法院可以通过依法变更追加被执行人或者告知申请执行人通过诉讼程序追回被转移的财产。

21. 建立健全征信体系。各地法院应当逐步建立健全与相关部门资源共享的信用平台，有条件的地方可以建立个人和企业信用信息数据库，将被执行人不履行债务的相关信息录入信用平台或者信息数据库，充分运用其形成的威慑力制裁规避执行行为。

22. 加大宣传力度。各地法院应当充分运用新闻媒体曝光、公开执行等手段，将被执行人因规避执行被制裁或者处罚的典型案例在新闻媒体上予以公布，以维护法律权威，提升公众自觉履行义务的法律意识。

23. 充分运用限制高消费手段。各地法院应当充分运用限制高消费手段，逐步构建与有关单位的协作平台，明确有关单位的监督责任，细化协作方式，完善协助程序。

24. 加强与公安机关的协作查找被执行人。对于因逃避执行而长期下落不明或者变更经营场所的被执行人，各地法院应当积极与公安机关协调，加大查找被执行人的力度。

最高人民法院执行工作办公室
关于被执行人为逃避赔偿义务伙同其亲属处分肇事车辆，能否在执行程序中裁定非法占有车款的被执行人亲属交出车款用以偿还被执行人债务的问题的答复

2001年2月22日　〔2000〕执他字第26号

青海省高级人民法院：

你院〔2000〕青法执字第12号请示报告收悉。经研究，现答复如下：

关于你院〔1998〕青刑终字第68号刑事附带民事判决执行一案，如确实查明被执行人为逃避对受害人的赔偿义务，伙同其亲属处分肇事车辆，并虚构与其亲属间的债权债务关系，将卖车款分给其亲属非法占有，可以在执行程序中裁定非法占有车款的被执行人亲属交出车款，用以偿还被执行人的债务。如不符合上述条件，且被执行人无其他财产可供执行，可以中止执行。

最高人民法院
关于反规避执行的九起典型案例

2011年8月24日

1. 首都师范大学与中建物业管理公司供用热力合同纠纷执行案

【案情摘要】首都师范大学与中建物业管理公司供用热力合同纠纷一案，北京市海淀区人民法院判决中建物业管理公司给付首都师范大学供暖费2913715.7元以及利息270025.17元。一审判决后，中建物业管理公司提起上诉。北京市第一中级人民法院二审判决驳回上诉，维持原判。

由于中建物业管理公司未履行生效判决确定的义务，首都师范大学向北京市海淀区人民法院申请执行。执行法院要求中建物业管理公司申报财产情况。中建物业管理公司申报了中国工商银行和兴业银行两个银行账户，执行法院对两个账户进行了冻结，仅扣划到9800元。执行法院进一步调查发现，中建物业管理公司在中国建设银行还开立有一个账户，执行法院遂冻结了该账上仅有的存款13289.02元。执行法院要求中建物业管理公司负责人到庭说明为何没有如实申报财产，并要求中建物业管理公司提供3个银行账号的对账单和会计凭证供调查。中建物业管理公司负责人未到庭，且未提供对账单和会计凭证。鉴于此，执行法院对中建物业管理公司的办公场所进行了搜查。通过查阅搜查获取的会计账簿，发现中建物业管理公司以工资、药费、差旅费等名义向中建北配楼招待所支付了大笔费用，累计近百万元。执行法院调取了中建物业管理公司的中国建设银行账户交易记录，显示在执行法院发出执行通知书后，中建物业管理公司仍有多笔大额资金往来。执行法院到中建北配楼招待所的经营场所进行调查，发现招待所条件十分简陋，仅有6名员工，月经营收入为20000至30000元。

经过调查，执行法院掌握了大量确凿的证据，证明中建物业管理公司在收到执行通知书后，未如实申报财产情况，其将经营收入等大笔资金转入中建北配楼招待所的银行账户，以达到转移财产，规避执行的目的。因此，执行法院对中建物业管理公司的负责人采取了拘留措施，并决定对中建物业管理公司的账目进行审计。执行法院采取强制措施后，中建物业管理公司迫于压力，3日内向法院支付了180余万元执行款，并与申请人首都师范大学达成了执行和解协议，并已分期履行完毕。

【典型意义】执行法院严格落实财产报告制度，加大依职权调查财产的力度，适当运用审计方法调查被执行人财产，使得该案得以顺利执结。

2. 张曲与陈适、吴洋英民间借贷纠纷执行案

【案情摘要】张曲与陈适、吴洋英民间借贷

纠纷一案，福建省福州市中级人民法院判令陈适偿还张曲188万元及利息；被告吴洋英承担连带清偿责任。一审判决后，陈适、吴洋英提起上诉。福建省高级人民法院二审判决驳回上诉，维持原判。

由于陈适、吴洋英未履行生效判决所确定的义务，张曲向福州市中级人民法院申请强制执行。执行法院决定对诉讼阶段保全查封的吴洋英名下的位于福州市晋安区新店镇福飞北路136号福州新慧嘉苑5号楼一层02号房屋进行强制拍卖。被执行人吴洋英向法院出示了一份其与弟弟签订的关于上述房屋的租赁合同，合同约定每月租金950元，租期15年，租金一次性支付。吴洋英称，她在法院查封前已经将房屋出租给弟弟，并一次收取了租金17万元，其弟弟在签订合同后，又转租给第三人（次承租人）。吴洋英不能出具金融机构的相关转账凭证，证明她一次性收取了17万元租金。对此，吴洋英辩称，她是向弟弟借钱买了房屋，约定用该房屋的租金偿还。申请人张曲向执行法院提交报告，称她曾亲眼看到吴洋英亲自向次承租人收取租金，她认为吴洋英出示的租赁合同系吴洋英姐弟串通伪造而成。执行人员向房屋前后几个承租人调查了解情况，几个承租人证实，每个月租金均由吴洋英收取，租金为每月3000元。执行人员在掌握充分证据后，约谈了吴洋英的弟弟。吴洋英弟弟承认，吴洋英知道房屋被法院查封后，以他的名义将房屋转租给次承租人，转租合同上的签名系吴洋英所签，吴洋英直接向次承租人收取租金。

执行法院认为，查封财产上的租赁关系不影响对查封财产的处置。执行法院决定对查封房屋进行拍卖，并在拍卖公告中告知被执行人有权提出异议。吴洋英没有在规定期限内提出异议。吴洋英的弟弟在法院决定强制拍卖房屋之前，主动退出了租赁、转租的三方租赁合同关系。执行法院依法对房屋进行了评估拍卖。拍卖成交后，原次承租人仍享有租赁权，改向买受人交付租金。

【典型意义】人民法院强化财产保全措施，加大对保全财产的执行力度，使得该案得以顺利执行。

3. 上海金地石化有限公司与上海立宇贸易有限公司侵权损害赔偿纠纷执行案

【案情摘要】上海金地石化有限公司（以下简称金地公司）与上海立宇贸易有限公司（以下简称立宇公司）侵权损害赔偿纠纷一案，上海市高级人民法院作出民事调解书，确认立宇公司支付金地公司880万元；杨丽萍在740万元范围内对立宇公司的支付义务承担连带责任。

立宇公司与杨丽萍未履行调解书约定的付款义务，金地公司向该案一审法院上海市第一中级人民法院申请强制执行。执行法院查明，立宇公司因涉嫌刑事案件，经相关机构鉴定，已无偿债能力；杨丽萍名下原有四套房产，但在原告金地公司提起诉讼前两天，杨丽萍与龚某（杨丽萍之子）签订了3份《上海市房地产买卖合同》，将其名下四套房产中的三套"售与"龚某，随后办理了房产过户手续。

执行立案后，金地公司向上海市闵行区人民法院提起撤销杨丽萍与龚某之间的房地产买卖合同的诉讼，上海市第一中级人民法院遂依法裁定该案中止执行。上海市闵行区人民法院在审理中查明，杨丽萍系立宇公司股东，其在接受公安机关讯问时，明确回答龚某实际未支付房款；龚某在受让房产时年仅二十岁，且一直在国外读书，生活来源需父母供给，并不具备支付房款的能力。法院认为，杨丽萍预见到可能承担责任后，将其房屋产权无偿过户至龚某名下，主观上具有逃避债务的恶意，且事实上致使其清偿债务能力减弱，损害了债权人的利益。因此，判决撤销了杨丽萍、龚某签订的3份《上海市房地产买卖合同》。随后，金地公司申请恢复执行，要求处理已恢复至杨丽萍名下的房产。执行法院恢复执行后，金地公司与杨丽萍达成和解协议，杨丽萍将其名下的一套房产过户至金地公司名下，并补偿金地公司16万元，金地公司放弃其他债权主张。案件执行终结。

【典型意义】被执行人无偿转让财产，对申请执行人造成损害，申请执行人依照《合同法》相关规定向有管辖权的人民法院提起撤销权诉讼，有效地反制规避执行行为。

4. 湖北宏鑫建设工程有限公司、团风县方高坪建筑公司与亿源科大磁性材料有限公司及黄冈中机汽车销售有限公司工程款担保纠纷执行案

【案情摘要】湖北宏鑫建设工程有限公司（下称宏鑫公司）、团风县方高坪建筑公司（下称方高坪建筑公司）与亿源科大磁性材料有限公司（下称亿源公司）、黄冈中机汽车销售有限公司（下称中机公司）工程款担保纠纷执行一案，湖北省黄冈市中级人民法院于2008年3月3日立案执行。亿源公司以其法定代表人丁某为市政协委员的特殊身份及无还款能力为由拒不履行生效判决确定的义务。经执行法院调查，亿源公司在人民银行登记备案的几个银行账户均只有几元到几百元不等的存款，公司不动产已设定抵押，无其他可供执行财产；中机公司早已歇业，无可供执行财产。2008年5月19日，申请执行人向执行法院提供线索，亿源公司有75万元货款从深圳汇回。执行人员随即查询亿源公司在人民银行登记备案的几个银行账户，未发现该笔款项。后执行人员查询到亿源公司于工商银行开立的一账户（该账户未在人民银行备案），查到该笔汇款，但款项已被转走。经调查，该款汇入当天即转入亿源公司会计邓某个人账户。根据上述情况，执行法院认为亿源公司有隐匿资产、规避执行的嫌疑，立即冻结了邓某个人账户上的65万元存款。邓某提出执行异议，称被冻结账户上的款项系亿源公司偿还他的借款，系其个人财产。执行法院依法对异议进行审查，经核对亿源公司和邓某账户，发现自2007年11月至2008年5月，亿源公司账户所有大额资金（共22笔，156.5万元）均于到账当日或次日转入邓某个人账户，邓某个人账户除由公司账户转入的22笔款项外，无其他存款记录。审查过程中，邓某出示一份盖有亿源公司印章、金额为86万元的借条。经对亿源公司会计账目进行调查，没有该笔借款记录。执行法院查明，邓某50多岁，下岗职工，配偶无职业，家庭生活拮据。据此推断邓某与亿源公司的借贷关系不合常理。执行法院要求邓某说明资金来源和给付方式，并告知虚假陈述的法律责任。邓某含糊搪塞，主动要求收回借据。执行法院遂依审查中查明的情况，认定亿源公司为邓某账户款项的实际所有人，依法裁定驳回邓某的异议。邓某签收裁定后，向执行法院提起异议之诉，又于开庭前撤诉。

执行法院以故意隐匿资产、妨碍执行为由，对亿源公司处以罚款，同时积极征得黄冈市政协的同意和支持，对亿源公司法定代表人丁某处以拘留。亿源公司及丁某均未提任何异议、复议或申诉。案件得以顺利执行。

【典型意义】被执行人虚假报告财产，虚构债务隐藏、转移财产，给申请执行人造成损失的，执行法院依法对被执行人及其相关责任人处以罚款、拘留，使得案件得以顺利执结。

5. 广东省惠东县建筑工程总公司与万事达商贸城（惠东）有限公司工程款纠纷执行案

【案情摘要】广东省惠东县建筑工程总公司与万事达商贸城（惠东）有限公司工程款纠纷执行一案，广东省惠东县人民法院于2010年1月13日向被执行人万事达商贸城（惠东）有限公司发出执行通知书及财产申报令，责令被执行人万事达商贸城（惠东）有限公司于同年1月20日支付80万元工程款给申请执行人。被执行人万事达商贸城（惠东）有限公司接到执行通知书后，派人到庭，但未申报公司财产状况，同时表示希望申请执行人在其指定的一家酒店消费30万元了结该案。经执行法院调查，被执行人万事达商贸城（惠东）有限公司为港资企业，法定代表人李幼生系香港居民，公司的银行存款仅有1000多元，登记在公司名下的房地产占地面积共计16357平方米，已在银行办理了抵押登记，且该房地产已被万事达商贸城（惠东）有限公司出租给某酒店，租赁期限为60年，且租金已由被执行人一次性收取，该房产无法处置变现。

因被执行人万事达商贸城（惠东）有限公司法定代表人李幼生系香港居民，执行法院决定对其采取限制出境措施。2010年3月25日晚，正准备在深圳罗湖口岸出境的李幼生被限制出境。随后，执行法院决定对其采取拘留措施。被拘留后，李幼生主动承认了不申报财产和不履行法律文书确定义务的错误。最终，申请执行人广东省惠东县建筑工程总公司与被执行人万事达商贸城（惠东）有限公司达成执行和解协议，被执行人分两期将80万元工程款全部支付给了申请执行人。

【典型意义】由于被执行人不履行法律文书确定的义务，执行法院依法对被执行人法定代表人采取限制出境和拘留措施，在强大的法律威慑下，被执行人履行了义务，案件得以顺利执结。

6. 周明利拒不执行判决、裁定案

【案情摘要】被告人周明利，男，汉族，1972年4月6日出生于安徽省砀山县，初中文化，农民，捕前暂住于北京市海淀区永丰乡屯佃村。

2007年7月20日，被告人周明利驾驶车牌号为京HQ4771的吉利牌小客车在北京市海淀区太舟坞东路砖瓦厂路口发生交通事故，将行人孙爱龙撞伤。经交通管理部门认定，周明利负事故全部责任。后孙爱龙将周明利诉至北京市海淀区人民法院，北京市海淀区人民法院于2008年6月18日判令周明利赔偿孙爱龙人民币43398.26元。

上述判决生效期间，周明利从安邦财产保险股份有限公司领取事故赔偿款人民币62872.3元，但并未履行对孙爱龙的赔偿义务，而是挪作他用。其在得知孙爱龙申请执行后，又将所有的吉利牌小客车过户到他人名下。2008年8月15日，周明利被传唤至北京市海淀区人民法院后，如实交代了其为逃避执行而转移财产的行为。同日，周明利被北京市海淀区人民法院决定司法拘留，后被移送公安机关。

北京市海淀区人民检察院以周明利涉嫌构成拒不执行判决、裁定罪向北京市海淀区人民法院提起公诉。北京市海淀区人民法院经开庭审理后认为，被告人周明利在对人民法院的判决有执行能力的情况下，采取转移财产的方式拒不执行，情节严重，其行为已构成拒不执行判决、裁定罪。鉴于周明利经电话传唤后主动到案，如实供述了其罪行，属于自首；同时结合其认罪态度较好，受到刑事追究后履行了民事判决确定的赔偿义务，对其可从轻处罚。据此，以拒不执行判决、裁定罪判处被告人周明利有期徒刑八个月。

【典型意义】周明利发生交通事故后，在保险公司领取了专门用于赔付因交通事故造成的第三者经济损失的保险理赔款，未支付给受害人，而是挪作他用，且将车辆过户到案外人名下，造成生效判决无法执行，其拒不执行判决的行为受到了刑罚制裁。该案件的处理，对于当前在交通事故损害赔偿案件中，义务人存在的挪用机动车辆保险赔偿款以及转移、隐匿机动车辆等规避执行行为起到了较好的教育和示范效应，具有一定的典型意义。

7. 李永辉拒不执行判决、裁定案

【案情摘要】被告人李永辉，男，汉族，1964年7月30日出生于新疆维吾尔自治区乌鲁木齐市，大学文化程度，系新疆协和天然物产有限公司法定代表人，捕前住乌鲁木齐市幸福花园32号楼2单元402室。

2007年4月20日，新疆维吾尔自治区博尔塔拉蒙古自治州中级人民法院对原告新疆华冶国际贸易有限公司与被告新疆协和天然物产有限公司、李永辉买卖合同纠纷、代理合同纠纷两案依法作出判决，共判令新疆协和天然物产有限公司偿还新疆华冶国际贸易有限公司货款及利息等900余万元，李永辉个人承担连带清偿责任。判决生效进入执行程序后，博尔塔拉蒙古自治州中级人民法院依法向李永辉送达了执行通知书。李永辉不但不履行义务，反而将博尔塔拉蒙古自治州中级人民法院于2007年4月11日裁定扣押的新A－92691号江淮客车、新AC－3362号富康车以及2007年8月24日扣押的新A67700号桑塔纳轿车转移、隐藏至浙江省杭州市等地，其本人也藏匿于杭州市等地，并停止使用原来的手机号码，致使判决无法执行。

2008年1月，李永辉被博尔塔拉蒙古自治州中级人民法院司法拘留，后被移送公安机关。同年11月，新疆维吾尔自治区博乐市人民检察院以李永辉涉嫌构成拒不执行判决、裁定罪向博乐市人民法院提起公诉。

博乐市人民法院经开庭审理后认为，被告人李永辉无视法院生效判决，有能力履行但拒不执行判决所确定的给付义务，采取转移、隐

匿法院扣押的财产和停用手机号码并躲藏到外地的方式，逃避法院强制执行，情节严重，其行为已构成拒不执行判决、裁定罪，据此依法判处其有期徒刑二年六个月。宣判后，李永辉提出上诉。博尔塔拉蒙古自治州中级人民法院审理后认为，原审判决认定事实清楚，证据确实、充分，定性准确，适用法律正确，量刑适当，裁定驳回上诉，维持原判。

【典型意义】被执行人李永辉在执行过程中，隐藏、转移已被查封的财产，致使判决无法执行，依照最高人民法院司法解释规定，属于拒不执行人民法院判决、裁定的行为"情节严重"，依法应当以拒不执行判决、裁定罪追究刑事责任。本案的处理，对于依法打击实践中个别被执行人擅自隐藏、转移、变卖、毁损已被依法查封、扣押或者已被清点并责令其保管的财产等不法行为，具有一定的教育宣传作用。

8. 陈少欢、洪桂成拒不执行判决、裁定案

【案情摘要】被告人陈少欢，女，汉族，1969年2月2日出生，小学文化，农民。被告人洪桂成，男，汉族，1965年12月16日出生，小学文化，居民。二人系夫妻关系，捕前住广东省深圳市宝安区松岗镇洪桥头东三巷15号。

2008年4月3日，福建省建瓯市人民法院对原告建瓯市立伟塑料有限公司与被告深圳市德扬塑胶电木有限公司、陈少欢、洪桂成买卖合同纠纷一案依法作出判决，判令深圳市德扬塑胶电木有限公司向建瓯市立伟塑料有限公司支付货款人民币509250元及违约金，陈少欢、洪桂成个人对上述欠款承担保证责任。

该判决生效后，陈少欢、洪桂成夫妇于2008年5月8日将两人名下位于深圳市宝安区松岗街道塘下涌社区一村新区三巷18号的房产以220万元的价格出售；同年7月，二人又将深圳市德扬塑胶电木有限公司的机器设备以11.5万元的价格出售。二人并未将获得的款项用于履行生效判决所确定的债务，而是将款项转至别处，致使法院判决无法执行。

2009年4月8日，陈少欢被建瓯市公安机关刑拘；同月27日，洪桂成主动投案自首。案发后，二被告人与申请执行人建瓯市立伟塑料有限公司达成和解协议并于同年6月履行完毕。

福建省建瓯市人民检察院以陈少欢、洪桂成涉嫌构成拒不执行判决、裁定罪提起公诉后，建瓯市人民法院经开庭审理认为，被告人陈少欢、洪桂成在法院民事判决已发生法律效力的情况下，为逃避债务，故意将可执行财产予以变卖转移，造成法院判决无法执行，情节严重，其行为均已构成拒不执行判决、裁定罪。鉴于二人在案发后认罪态度好，全部履行了义务，洪桂成还具有自首情节，可分别从轻处罚。据此，以拒不执行判决、裁定罪分别判处陈少欢、洪桂成有期徒刑二年，缓期三年执行和有期徒刑一年六个月，缓期二年执行。

【典型意义】实践中，被执行人为逃避履行生效判决确定的义务，千方百计转移、隐匿财产，其中常见的手法是将名下房产予以变卖、处置，对这种行为必须予以严厉制裁。本案中，被执行人夫妇在判决生效后，出售房屋并转移售房得款，很显然属于有能力执行而拒不执行，依法应当追究刑事责任。而且本案还从另一个角度说明，对于那些涉嫌构成拒不执行判决、裁定罪的被执行人，只要能认清形势，主动投案并积极履行义务，依照宽严相济的刑事政策，可以得到从轻处罚。

9. 李勇明与被执行人丁浙良虚假诉讼案

【案情摘要】被告人李勇明，男，汉族，1971年9月22日出生于浙江省嵊州市，初中文化，无业。曾因犯抢劫罪于1994年8月被判处有期徒刑三年六个月，1997年8月刑满释放。

被告人丁浙良，男，汉族，1977年6月28日出生于浙江省嵊州市，初中文化，农民，捕前住嵊州市崇仁镇福坑口村王龙湾60号。

2007年9月，丁浙良因与他人发生经济纠纷，致其位于浙江省嵊州市仙湖路877号锦绣嘉园东苑15幢二单元501室的房产被嵊州市人民法院查封。2008年，嵊州市人民法院陆续受理了4件以丁浙良为被执行人的案件，总标的额为140余万元。同年11月，丁浙良被查封的房产被以37万元的价格拍卖。

2006年，丁浙良因经营所需，曾先后向李勇明借款共计10万元。2007年12月，李勇明指使丁浙良与其伪造了一张房屋租赁合同，约定以10万元的价格承租上述房屋，租期为20

年，落款时间为该房产被查封之前的2007年6月。2008年2月，李勇明为了多分得债权利益，又指使丁浙良与其伪造了一张由丁浙良向其借款35万元的借条，并于同年3月起诉至嵊州市人民法院，庭审前双方达成还款调解协议，嵊州市人民法院作出〔2008〕嵊民二初字第592号民事调解书予以确认。

李勇明依据嵊州市人民法院作出的前述民事调解书申请执行，要求参与分配，并以已向丁浙良一次性付清10万元房租为由，要求法院先行退还剩余的房屋租赁费。多名债权人依法受偿丁浙良房产拍卖款项时，对李勇明与被执行人丁浙良之间的借条提出异议。嵊州市人民法院经查发现，李勇明与丁浙良存在虚构债务的虚假诉讼情况，遂于2009年4月29日决定对该案进行再审，并于2009年7月15日作出撤销原民事调解书的判决。其后，嵊州市人民法院将李勇明、丁浙良虚假诉讼涉嫌犯罪的线索，移交公安机关立案侦查。2009年11月12日，李勇明、丁浙良主动向嵊州市公安局投案。

2010年4月9日，嵊州市人民检察院以李勇明、丁浙良分别涉嫌构成妨害作证罪，帮助伪造证据罪提起公诉。嵊州市人民法院经开庭审理后认为，被告人李勇明为多分得债权利益，指使他人伪造借条，向人民法院提起诉讼并申请执行，严重妨害了司法机关正常的诉讼活动，其行为已构成妨害作证罪。被告人丁浙良为使李勇明多分得债权利益，帮助其伪造借条，情节严重，其行为已构成帮助伪造证据罪。鉴于二人犯罪后能自动投案，如实供述自己的罪行，属于自首，均可从轻处罚。据此，以妨害作证罪判处李勇明有期徒刑一年，以帮助伪造证据罪判处丁浙良有期徒刑八个月。

【典型意义】司法实践中，债务人与个别债权人或案外人串通进行虚假诉讼，对债务人名下财产主张权利，侵害其他债权人利益的现象偶有发生，必须坚决依法予以打击。本案债权人李勇明为了多分得债权利益，指使债务人丁浙良与其伪造了一张由丁浙良向其借款35万元的借条，起诉到法院后以民事调解书予以确认，并据此申请参与分配，导致其他债权人受偿数额减少，侵害了他人合法权益。案发后，人民法院根据查明的事实，对李勇明、丁浙良分别以妨害作证罪、帮助伪造证据罪定罪量刑，准确适当。本案的处理给有关当事人能起到一定的警示作用，进行虚假诉讼，情节严重的，将依法追究刑事责任。

第十七章　执行工作纪律与行为规范

最高人民法院印发《关于"五个严禁"的规定》和《关于违反"五个严禁"规定的处理办法》的通知

2009年1月8日　　法发〔2009〕2号

全国地方各级人民法院、各级军事法院、各铁路运输中级法院和基层法院、各海事法院，新疆生产建设兵团各级法院：

最高人民法院《关于"五个严禁"的规定》和《关于违反"五个严禁"规定的处理办法》已经最高人民法院党组讨论通过，现印发给你们，请认真执行。

附一：

最高人民法院关于"五个严禁"的规定

一、严禁接受案件当事人及相关人员的请客送礼；

二、严禁违反规定与律师进行不正当交往；

三、严禁插手过问他人办理的案件；

四、严禁在委托评估、拍卖等活动中徇私舞弊；

五、严禁泄露审判工作秘密。

人民法院工作人员凡违反上述规定，依纪依法追究纪律责任直至刑事责任。从事审判、执行工作的，一律调离审判、执行岗位。

附二：

最高人民法院关于违反"五个严禁"规定的处理办法

第一条 为了严肃人民法院工作纪律、确保"五个严禁"规定落到实处，特制定本办法。

第二条 "五个严禁"规定所称"接受案件当事人及相关人员的请客送礼"，是指接受案件当事人、辩护人、代理人以及受委托从事审计、评估、拍卖、变卖、鉴定或者破产管理等单位人员的钱物、请吃、娱乐、旅游以及其他利益的行为。

第三条 "五个严禁"规定所称"违反规定与律师进行不正当交往"，是指违反最高人民法院、司法部《关于规范法官和律师相互关系维护司法公正的若干规定》以及最高人民法院的相关制度规定，与律师进行不正当交往的行为。

第四条 "五个严禁"规定所称"插手过问他人办理的案件"，是指违反规定插手、干预、过问、打听他人办理的案件，或者向案件承办单位（部门）的领导、合议庭成员、独任审判人员或者其他辅助办案人员打招呼、说情等行为。

第五条 "五个严禁"规定所称"在委托评估、拍卖等活动中徇私舞弊"，是指在委托审计、评估、拍卖、变卖、鉴定或者指定破产管理人等活动中徇私情、谋私利，与相关机构和人员恶意串通、弄虚作假、违规操作等行为。

第六条 "五个严禁"规定所称"泄露审判工作秘密"，是指违反规定泄露合议庭或者审判委员会讨论案件的具体情况及其他审判、执行工作秘密的行为。

第七条 人民法院行政编制、事业编制人员违反"五个严禁"规定之一的，要依纪依法追究纪律责任直至刑事责任；从事审判、执行工作的，一律调离审判、执行岗位。

人民法院聘用制人员违反"五个严禁"规定之一的，一律解除聘用合同。

第八条 人民法院工作人员违反"五个严禁"规定的线索，由人民法院纪检监察部门统一管理，人民法院其他部门接到群众举报或者自行发现线索后，应当及时移送纪检监察部门。

第九条 人民法院纪检监察部门要按照管辖权限及时对违反"五个严禁"规定的线索进行核查。一经核实，需要调离审判、执行岗位的，应当及时提出处理意见报院党组决定。

第十条 人民法院政工部门根据院党组的决定，对违反"五个严禁"规定的人员履行组织处理手续。

第十一条 需要对违反"五个严禁"规定的人员追究纪律责任的，由人民法院纪检监察部门和机关党组织分别按照程序办理；需要追究刑事责任的，由纪检监察部门负责移送相关司法部门。

第十二条 违反"五个严禁"规定受到处理的人员，当年考核等次应当确定为不称职。

第十三条 本办法由最高人民法院负责解释。

第十四条 本办法自颁布之日起施行。

建立健全执行监督制约机制将执行工作纳入规范化轨道

——最高人民法院副院长江必新在第四次全国集中清理执行积案活动视频会议上的讲话

2009年2月6日

一、建立健全执行监督制约机制的必要性和紧迫性

应当说，近些年来，随着执行工作的不断发展，各级人民法院对加强执行监督形成了一定的共识，不少法院在这方面进行了积极探索，做了许多工作，取得了一些成果。但是，总体上看，执行监督制约乏力的问题还相当突出，人民法院的自我约束机制还很不完善，执行体制内部上下级机构之间的监督作用还没有充分有效发挥，这项工作还必须大力加强。

（一）建立健全执行监督制约机制，是由执行工作的性质和特点决定的。与审判工作相比，人民法院的执行权相对分散，而执行人员权力过分集中。同时，执行工作社会性、流动性强，

跟复杂的社会环境接触多，与钱物打交道多，容易出问题的环节多。执行工作基本上是户外作业、流动作业，难以做到全面、及时的监督。

（二）建立健全执行监督制约机制，是由执行队伍廉政建设的现状决定的。近些年来，执行领域已成为人民法院违法违纪行为高发区。据统计，执行干警占全国法院干警总数的13%左右，但被查处的违法违纪人员所占比例却始终在20%左右，有的违法犯罪行为情节严重，数额巨大，并发生一些串案、窝案，造成了恶劣的社会影响，严重损害了执行队伍的整体形象。其中一个很重要的原因是执行权过分集中，监督渠道不顺畅，监督手段不健全。这种状况亟待改变。

（三）建立健全执行监督制约机制，是由执行工作的规范化程度不高决定的。与审判工作相比，执行工作起步晚，经验不足，法律法规不健全，司法解释滞后，在诸多执行环节上缺乏法律约束。有的法院尚没有形成内部监督制约机制和制度；有的制度虽有，但有效性、规范性、可操作性程度不高；有的缺乏监督手段，已经建立的机制和规章制度没有得到很好的落实，实际上形同虚设。规范化程度不高，执法随意性大，使得建立监督制约机制更为必要和迫切。

（四）建立健全执行监督制约机制，是推进执行体制和机制改革的重要内容。根据中发〔2008〕19号文件，改革和完善民事、行政案件执行体制和机制是此次深化司法体制和工作机制改革的重要内容。文件明确提出，要建立执行裁决权和执行实施权分权制约体制，要加强对执行工作的检察监督，其主要目的就是要通过建立执行工作的监督制约机制，确保执行工作廉洁高效进行。

（五）建立健全执行监督制约机制，是解决执行难的治本之策。执行难是人民群众和党政领导多年期盼人民法院解决而没有能够有效解决的顽症，我们深知执行难是社会矛盾和社会管理机制不健全的综合反映，在实践中也确实存在"被执行人难找，执行财产难寻，协助执行人难求，应执行财产难动"等四难状况。解决执行难确实是一项系统工程，必须全社会共同参与；必须继续强化解决执行难的联动机制、威慑机制等长效机制的建设；必须加大建构执行外部环境和条件的工作力度。但是也应当看到，外因往往通过内因而起作用，执行中的腐败行为、消极不作为行为和乱作为行为，无疑使这些环境和条件更加恶化，使外部的干扰和阻力因此放大或成为现实，有的甚至是由于内部的原因而招来外部的干扰和阻力的。因此，正人先须正己，"治难"必先"治内"。只有在继续加大治理外部环境和建构执行条件的同时，建立强有力的自我约束机制，执行难问题也才有可能从根本上解决。

二、各地探索的一些经验和做法

近些年来，不少法院以强化执行监督、促进执行公正为目标，从执行工作的实际出发，积极探索，大胆实践，取得了可喜成绩，摸索出了一些行之有效的办法。

（一）有的法院建立执行工作监督审查机制，根据现行执行工作缺乏内部监督机制的状况，将案件执行流程分为执行实施阶段和执行监督审查阶段。执行机构内部行使监督审查的部门，对执行实施部门办理案件的过程和结果进行主动审查，包括财产调查、处分情况、执行措施是否穷尽，执行行为是否合法，案件处理意见是否公正，执行程序是否规范等，并通过一定程序作出决定或裁定。这种制度不同于一般的执行异议制度，是一种主动的监督，是案件流程的重要组成部分。这种制度弥补了执行异议和复议制度的不足，是对整个执行案件进行全方位的、动态的监督审查，符合执行工作的规律性，收到了很好的监督效果。

（二）有的法院把案件流程分为几段，分由不同的机构和人员负责，各段之间相互配合，相互制约。同时，要求执行人员把每个环节的工作情况都及时告知当事人或委托代理人。这是一项全新的执行工作机制，以加强内部监督、权力制约为重点，强化执行规范化建设，在实现执行公正、破解执行难问题上提供了新思路、新方法。该流程机制在反思一案一人包到底传统执行模式的基础上，重点在于解决执行权力制衡问题。执行流程通过分段执行，起到了互相监督、分权制约的作用，有效地防止了执行权的滥用。

（三）有的法院实行执行权分权制约制度。在执行局内设立两个机构，一个负责执行实施工作和对消极执行行为进行督办，一个负责审查各类执行异议。由于是两个互不隶属的机构之间监督制约，力度更大，更有利于执行权的公正行使。

（四）有的法院大力推行执行公开制度，将案件执行过程和执行程序予以公开。公开采取执行措施，公开选定评估、拍卖机构，公开案件执行进展情况，并建立执行告知制度和执行听证制度。通过执行公开，使执行工作的每一个环节都公开透明，置于当事人和社会公众的监督之下，杜绝暗箱操作，提高执行工作的社会公信度。

（五）有的法院针对中止执行随意性大的问题，专门制定了穷尽执行措施的硬性标准。明确要求只有穷尽了执行措施确实无法找到被执行人的财产，才能裁定中止执行，较好地解决了乱中止的问题。

上面讲到的这些经验和做法，为我们建立健全执行监督制约机制提供了有益的启发和借鉴。这些经验告诉我们，健全执行监督制约制度，必须以三个方面的内容为重点：一是执行过程中容易产生腐败的问题；二是执行过程中的消极不作为问题；三是执行过程中的乱作为问题。

这些经验告诉我们，健全执行监督制约机制：第一，必须对执行权进行科学合理的分解和分化，并使各项权能相互制约、相互监督；第二，必须大力推行执行公开制度，增加执行活动的透明度，将执行活动置于当事人和社会公众的监督之下；第三，必须逐步扩大申请执行人和被执行人在执行活动中的参与权、知情权、请求权或选择权；第四，必须在执行的关键环节、关键部位建立硬性标准、明确规定动作、确定时间要求、设定约束禁令；第五，必须在明确岗位职责和责任主体、责任构成要件的基础上，建立完善的执行责任制和责任追究制；第六，必须在法定的执行程序框架内，进一步细化程序规则，使执行程序具备有效性、科学性、正当性和可操作性；第七，必须建立

顺畅的举报、检举、控告渠道，并建立强有力的违法违纪、违规行为的查纠机制。

三、关于建立健全执行监督制约机制的几点要求

（一）要提高认识，高度重视。建立健全执行监督制约机制是一项极其重要的工作，事关执行工作的全局和长远发展，事关执行队伍整体素质的全面提高，事关执行的公正和效率，事关执行难问题的根本有效解决，事关人民法院执行工作的前途和命运。我们要清醒地看到，执行权的行使还缺乏有效的监督和制约，执行不公和执行中的腐败问题还比较突出，人民群众对执行工作还有许多不满意的地方。解决执行难，树立执行队伍的良好现象，提高执行工作社会满意度，必须从自身做起，必须加强自我约束，自我监督。各级法院要紧密结合正在开展的集中清案活动，把这项工作当作近期的重点工作，作为长效机制建设的重要内容，切实抓紧抓好。

（二）要加强制度化、规范化建设。建立健全监督制约机制，不能满足于思想教育和开会强调，也不能停留在一般号召和普遍要求层面，必须加强制度化建设。各级各地法院都要制定具体、明确、操作性强的具体规定，要形成系统的制度，覆盖执行工作的各个环节、各个方面。特别是要针对执行工作中容易出问题的重点岗位和环节，建立起比较完善的监督体系。这些重点岗位和环节包括：财产调查、查封、扣押、冻结，委托评估、拍卖、变卖，执行标的物和价款的保管与交付，对执行异议的审查和处理，执行中止和终结，暂缓执行，执行担保等。通过建立严密的、完善的监督制约机制，防止执行权的滥用。最高法院已将监督制约机制作为执行工作长效机制建设的重要内容，目前正在起草有关规定。我们将进一步加快工作进度，争取能够早日出台。各地法院也不要等待，要从本地实际出发，查找漏洞，多动脑筋，多想办法，创造性地开展工作，力争在今年六月底以前，建立起防止执行工作中的腐败现象、防止执行消极不作为、防止乱作为的规章制度，今年下半年将要进行检查。今后，凡是某个地方的执行队伍出现问题，因执行消极不作为或

乱作为而造成重大不良影响，而又没有建立相应制度的，分管院领导和执行局长必须承担连带责任或渎职责任。

（三）要高度重视制度和规范的针对性、有效性。一些地方制度订了不少，规范条款也不少，但作用不大，究其主要原因在于制度和规范的质量不高。要提高制度和规范的质量，需要注意以下几个问题：一是要理清问题，有的放矢，对症下药。当前，要认真解决好执行中的腐败现象、消极执行和乱执行三大问题。其中执行中的腐败现象和消极执行为重中之重，消极执行与违法执行相比，更难监督，更难纠正，甚至怎么界定消极执行都是个问题。但是，这个问题客观存在，而且相当严重，当事人和社会各界的反映也很多。对解决这个问题我们的办法还不够多，有些法院实施了流程管理，对采取各类执行措施规定了严格的期限要求，有的法院专门制定了制止消极执行的规定，实行责任追究制。虽然取得了一些效果，但还是不理想，难以监督和监督不到位的问题仍然比较突出。必须下猛药、出硬招解决这个问题。二是要在机制建构上多动脑筋。制度规范建设不能简单地规定应当如何，不准如何，而应当在机制建设上下真功夫。要善于运用利益导向机能，在执行过程中寻找监督制约的力量，寻找制度自我实现的"势能"，寻找执行程序健康流转的推动力。三是要按照前述"七个必须"的要求，形成监督制约的闭合系统，使制度规范环环相扣，不留死角，不会断档。四是要依法有序地引入外部监督制约力量。我们要进一步拓宽监督思路，让申请执行人更多地参与进来，让人大代表、政协委员更多地参与进来，让聘请或特邀的执行监督员更多地参与进来。据了解有几个法院实行申请执行人挑选或者申请更换承办人制度，效果不错。可能有人担心这样会导致承办人偏袒申请执行人，为申请执行人谋取非法利益。我个人认为相比较而言，违法执行更容易被发现，更容易被纠正。我希望同志们对消极执行给予足够的重视，想出更多更有效的办法解决这个问题。

（四）要加强和改进上级法院的监督。要认真落实最高人民法院《关于执行案件督办工作的规定》，上级法院履行监督职能，必须先了解实情，对有关事实，必须认真调查核实，并注意听取下级法院的意见，要避免偏听偏信，要力戒颐指气使，更不能利用监督地位办关系案、人情案和金钱案。对于上级法院督办的执行案件，下级法院必须认真对待，绝不可以消极怠慢，绝不能阳奉阴违，更不能暗示或唆使当事人采取不正当手段对抗上级法院的监督。对无正当理由逾期未报告工作情况或者案件处理结果，或者拒不落实、消极落实上级法院的处理意见，经上级法院催办后仍未纠正的，上级法院可以在辖区内予以通报，并依据有关规定追究相关法院或者责任人的责任。要认真贯彻落实民事诉讼法的有关规定。修改后的民事诉讼法规定了执行异议、执行复议及案外人异议制度，目的一方面在于加强对当事人的救济，同时也在于加强对执行机构和执行人员的监督。中级以上法院要成立专门负责这项工作的内设机构，通过办理好执行异议、执行复议和案外人异议案件，纠正违法执行行为，加强对执行权行使的监督，保障当事人的合法权益。

（五）要以执行改革为契机，建立科学的分权运行机制。工作机制改革是目前正在推进的执行改革的重要内容，要把对执行权的监督问题作为改革的重中之重。要将执行程序中的实体争议事项交给审判机构审理，同时科学界定执行裁决权和执行实施权，并分别由不同的内设机构或者人员行使，从而在执行机构内部建立起有效的监督制约机制，防止权力过度集中。据我了解，不少地方都实行了执行裁决权和执行实施权的分离，产生了一定的积极效果，但也有一些新的问题需要解决。对这个问题要进一步深入研究，综合考虑执行公正和执行效率，对执行裁决事项和执行实施事项进行详细列举和划分，做到科学界定、分工明确、责任到位。

（六）要进一步健全和落实执行公开制度。2006年年底，最高人民法院印发了《关于人民法院执行公开的若干规定》，当前，一要进一步抓好《关于人民法院执行公开的若干规定》等制度的贯彻落实，增强执行工作透明度，严禁暗箱操作，保障当事人的知情权和监督权，预防徇私枉法、权钱交易、违法干预办案等问题的发生。二要进一步完善相关制度，利用信息化手段和网络进一步增强执行工作的透明度。三要通过明察暗访等方式，督促各项制度在基层得以落实。

（七）要实现内部监督与外部监督的有机结合。经验告诉我们：不强化自我约束，外在约束必然加剧；内部监督乏力，迟早将以外部监督作为代偿。辩证唯物主义告诉我们：外因是变化的条件，内因是变化的根据，外因通过内因而起作用。完善监督制约机制，也需要外呼内应，内外结合。因此，在加强内部监督制约的同时，还必须强化外部监督，包括党委的监督、人大的监督、新闻媒体的监督、人民群众的监督和当事人的监督。尤其要高度重视新闻媒体和人民群众的监督。我们必须正确认识、正确对待外部监督，做到自觉接受外部监督，使外部监督规范化、理性化、科学化。只有这样，才能建立真正有效、理性的监督制约机制，执行工作才能健康发展。这里有必要讲讲检察监督问题。这是个重大、敏感问题，争议也很大。近年来，对人民法院执行工作进行检察监督的呼声渐起，而且越来越高。完善检察机关对民事、行政诉讼和民事执行工作实施法律监督，已经列入正在进行的司法体制和工作机制改革的范围，有关部门正在对监督的范围和程序进行调查研究。同志们必须正确认识这个问题，严肃对待，必须痛下决心，下大力气解决好我们自身的问题，避免被动。

（八）要继续大力加强执行队伍建设。再好的法律和制度也要靠人去实施。建设一支高素质的执行队伍是搞好执行工作的根本保障，也是落实监督制约机制的根本保障。一要加强政治思想建设，继续深入开展社会主义法治理念教育活动，纠正执法理念上的偏差，坚定正确的政治方向；二要继续抓好廉政建设，坚持不懈地进行反腐倡廉教育，坚决执行最高法院"五个严禁"的规定，坚决清除害群之马，以树立执行队伍的新形象；三要加强作风建设，努力培养亲民、守纪、严谨、勤勉的工作作风；四要加强能力建设，切实加强执行法律制度的教育培训，特别要抓好基层执行负责人和一线执行干警的执法培训，深入开展岗位学法活动，

学习执行技能，提高执行能力。总之，要经过几年的努力，把执行队伍建成一支政治坚定、公正廉洁、业务精通、作风过硬，既特别能战斗，又深受人民群众爱戴的队伍。

最高人民法院印发《关于在人民法院审判执行部门设立廉政监察员的实施办法（试行）》的通知

2009年2月20日　　法发〔2009〕8号

第一条　为了加强对审判执行工作人员纪律作风状况的日常监督，促进司法廉洁、维护司法公正，根据《中华人民共和国法官法》、《人民法院监察工作条例》等有关规定，制定本办法。

第二条　人民法院应当在审判执行部门设立廉政监察员。廉政监察员一般应当由具有同级正职或者副职非领导职务的资深法官担任，也可以由部门副职领导兼任。

第三条　廉政监察员在所在部门主要负责人和本院监察部门的双重领导下开展工作，以所在部门主要负责人领导为主。

第四条　廉政监察员履行下列职责：

（一）协助所在部门主要负责人分析本部门反腐倡廉工作形势，组织落实反腐倡廉工作任务；

（二）协助所在部门主要负责人对本部门人员遵守和执行法律、法规、纪律以及各项规章制度的情况进行监督检查；

（三）协助所在部门主要负责人了解掌握本部门人员思想动态，对本部门人员进行职业道德、纪律作风和廉洁司法教育；

（四）协助所在部门主要负责人健全完善本部门的廉政制度；

（五）协助本院监察部门受理人民群众对所在部门及其人员纪律作风问题的举报；

（六）向所在部门人员提供廉政指导和廉政咨询，对所在部门人员在纪律作风方面存在的苗头性、倾向性问题及时进行提醒；

（七）完成所在部门主要负责人和本院监察部门交办的其他反腐倡廉工作任务。

第五条 廉政监察员除履行本办法第四条规定的职责外，还可以兼任所在部门党支部副书记、政治协理员等职务，兼管本部门的思想政治工作，并享受与所在部门副职同等的工作待遇。

第六条 廉政监察员根据监督工作需要，可以采取下列监督方式：

（一）出席所在部门召开的庭（局）务会议等部门会议；

（二）经所在部门主要负责人或者本院监察部门同意，查阅有关案卷、文件、资料；

（三）协助本院有关部门或者根据所在部门主要负责人的安排组织开展案件评查等工作；

（四）根据所在部门主要负责人或者本院监察部门的安排，听取案件当事人及其他相关人员的意见和反映，向案件当事人及其他相关人员了解情况；

（五）经所在部门主要负责人或者本院监察部门的同意，要求本部门工作人员就有关问题作出解释或者说明；

（六）法律、法规和人民法院规章制度规定的其他监督方式。

第七条 组织人事部门在审判执行部门考察干部时，应当听取其所在部门廉政监察员的意见。

第八条 廉政监察员应当结合所在部门的实际情况，向所在部门主要负责人或者本院监察部门提出加强廉政建设、改进工作作风的建议。

第九条 廉政监察员发现所在部门存在纪律作风问题时，应当向所在部门主要负责人报告，并提出纠正建议，建议未被采纳时，也可以直接向本院监察部门报告。

廉政监察员认为发现的问题已经涉嫌违纪、需要追究纪律责任时，应当在向所在部门主要负责人报告的同时，及时报告本院监察部门。

第十条 人民法院监察部门根据工作需要，可以调集廉政监察员协助或者参与对违纪案件的初核、调查、审理工作。

第十一条 人民法院监察部门要经常召开廉政监察员会议，对廉政监察员的工作进行部署、指导、检查。组织开展廉政监察员业务培训、工作交流等活动。

第十二条 廉政监察员必须忠于职守，秉公办事，遵纪守法，保守秘密，不得以权谋私，不得滥用职权干预审判组织和审判执行人员依法办案。

廉政监察员滥用职权，或者因不认真履行职责而导致所在部门发生严重违法犯罪问题的，应当按照有关规定追究其责任。

第十三条 廉政监察员的任免、调动、奖惩，应当事先征求监察部门的意见。

专职廉政监察员一般不从本部门产生，同时要不定期进行交流。

第十四条 廉政监察员每年要就本人履行廉政监察员职责的情况向所在部门主要负责人和本院监察部门进行述职。

廉政监察员的年终考评等次，应当在征求本院监察部门的意见后确定。

第十五条 人民法院可以参照本规定，在审判执行部门以外的部门设立廉政监察员。

第十六条 本办法由最高人民法院负责解释。

第十七条 本办法自发布之日起施行。

最高人民法院
关于印发《人民法院有关部门配合监察部门核查违纪违法线索暂行办法》的通知

2009年11月24日　　法发〔2009〕56号

第一条 为健全人民法院有关部门与监察部门相互配合的工作机制，促进审判监督与纪律监督的有机结合，根据《人民法院监察工作条例》，制定本办法。

第二条 监察部门对违纪违法线索实行统一管理。人民法院有关部门及工作人员收到的违纪违法线索材料，应当交由监察部门统一处理。

有关部门在案件立案、审理、执行及案件再审、案件复查、案件评查等工作中发现的违纪违法线索，应当经部门领导签字后出具线索移送函，连同相关线索材料一并移送监察部门处理。

第三条 监察部门对收到的违纪违法线索，可以抽调有关部门的人员参与监察部门的核查，也可以交由本院有关部门协助核查。

参加核查工作的人员，应该保守秘密、注意方式方法，减少对审判执行工作和法院工作人员的不良影响。

第四条 监察部门将违纪违法线索交由有关部门协助核查时，应当经监察部门负责人批准；需要抽调有关部门人员参与核查的，应当经院领导批准。

第五条 有关部门收到监察部门交由本部门协助核查的违纪违法线索后，原则上应当交由廉政监察员牵头办理，尚未配备廉政监察员的部门，可以由部门主要负责人指定专人牵头办理；有关部门收到监察部门商请参与核查的通知后，应当按监察部门的要求指定廉政监察员或者其他人员予以配合。

有关部门在开展核查工作时，核查人员不得少于二人。

第六条 有关部门配合核查的违纪违法线索涉及已结案件的，核查人员可以要求所涉案件的办案人员就相关问题作出解释和说明；可以向线索举报人、案件当事人及其他知情人员了解情况；可以在报经本部门或者监察部门负责人批准后调阅案件卷宗。

第七条 有关部门配合核查的违纪违法线索涉及正在办理的案件的，核查人员可以要求所涉案件的办案人员就相关问题作出解释和说明；可以向线索举报人了解情况；可以在报经本部门或者监察部门负责人批准后查阅案件案卷、向案件当事人及其他知情人员了解情况。

第八条 有关部门对监察部门交由本部门核查的违纪违法线索进行核查后，应当写出核查报告，连同有关材料及本部门主要负责人意见报送监察部门审核。监察部门审核后，分别做出如下处理：

（一）已经涉嫌违纪，可能给予纪律处分的，应当决定立案调查或者进一步核查。

（二）违纪行为轻微，不需要给予纪律处分的，可以建议对被核查人员进行诫勉谈话；对

其中需要进行组织处理的，可以向具有干部管理权限的组织人事部门提出书面建议。

（三）不构成违纪，但存在工作态度、工作作风方面问题的，可以建议对被核查人员进行提醒谈话或者批评教育。

（四）举报内容失实的，应当终结核查程序，并采取适当方式在一定范围内为被核查人员澄清事实、消除影响。

第九条 有关部门对监察部门交由本部门核查的违纪违法线索进行核查后，认为涉及的案件需要进行复查或者按照审判监督程序处理的，应当在征得监察部门同意后，转相关部门依法处理。

第十条 有关部门对监察部门交由本部门核查的违纪违法线索进行核查后，应当就如何答复信访举报人的问题向纪检监察部门提出书面建议意见，并共同做好答复信访举报人的工作。

第十一条 监察部门转交有关部门处理的申请再审类、申诉类、批评建议类信访材料，应当由部门主要负责人阅批处理，并将处理结果直接回复信访人。监察部门要求反馈处理结果的，有关部门应当将处理结果及本部门主要负责人的意见书面反馈监察部门。

第十二条 各部门应当对反映本部门问题的信访举报材料进行分析，从中发现带有苗头性、倾向性的问题，及时研究提出改进工作的措施并抄报监察部门。

第十三条 对违纪违法线索材料隐瞒不报或者违规泄露线索材料内容的，应当追究有关责任人的纪律责任。

第十四条 本办法由最高人民法院负责解释。

第十五条 本办法自发布之日起施行。

最高人民法院
关于印发《人民法院工作人员
处分条例》的通知

2009年12月31日　　法发〔2009〕61号

全国地方各级人民法院、各级军事法院、

各铁路运输中级法院和基层法院、各海事法院、新疆生产建设兵团各级法院：

现将《人民法院工作人员处分条例》印发给你们，请认真贯彻执行。执行中有何问题请及时向我院报告。

附：

人民法院工作人员处分条例
第一章 总则
第一节 目的、依据、原则和适用范围

第一条 为了规范人民法院工作人员行为，促进人民法院工作人员依法履行职责，确保公正、高效、廉洁司法，根据《中华人民共和国公务员法》和《中华人民共和国法官法》，制定本条例。

第二条 人民法院工作人员因违反法律、法规或者本条例规定，应当承担纪律责任的，依照本条例给予处分。

第三条 人民法院工作人员依法履行职务的行为受法律保护。非因法定事由、非经法定程序，不受处分。

第四条 给予人民法院工作人员处分，应当坚持以下原则：

（一）实事求是，客观公正；

（二）纪律面前人人平等；

（三）处分与违纪行为相适应；

（四）惩处与教育相结合。

第五条 人民法院工作人员违纪违法涉嫌犯罪的，应当移送司法机关处理。

第二节 处分的种类和适用

第六条 处分的种类为：警告、记过、记大过、降级、撤职、开除。

第七条 受处分的期间为：

（一）警告，六个月；

（二）记过，十二个月；

（三）记大过，十八个月；

（四）降级、撤职，二十四个月。

第八条 受处分期间不得晋升职务、级别，其中，受记过、记大过、降级、撤职处分的，不得晋升工资档次；受撤职处分的，应当按照规定降低级别。

第九条 受开除处分的，自处分决定生效之日起，解除与人民法院的人事关系，不得再担任公务员职务。

第十条 同时有两种以上需要给予处分的行为的，应当分别确定其处分种类。应当给予的处分种类不同的，执行其中最重的处分；应当给予撤职以下多个相同种类处分的，执行该处分，并在一个处分期以上、多个处分期之和以下，决定应当执行的处分期。

在受处分期间受到新的处分的，其处分期为原处分期尚未执行的期限与新处分期限之和。

处分期最长不超过四十八个月。

第十一条 二人以上共同违纪违法，需要给予处分的，根据各自应当承担的纪律责任分别给予处分。

人民法院领导班子、有关机构或者审判组织集体作出违纪违法决定或者实施违纪违法行为，依照前款规定处理。

第十二条 有下列情形之一的，应当在本条例分则规定的处分幅度以内从重处分：

（一）在共同违纪违法行为中起主要作用的；

（二）隐匿、伪造、销毁证据的；

（三）串供或者阻止他人揭发检举、提供证据材料的；

（四）包庇同案人员的；

（五）法律、法规和本条例分则中规定的其他从重情节。

第十三条 有下列情形之一的，应当在本条例分则规定的处分幅度以内从轻处分：

（一）主动交待违纪违法行为的；

（二）主动采取措施，有效避免或者挽回损失的；

（三）检举他人重大违纪违法行为，情况属实的；

（四）法律、法规和本条例分则中规定的其他从轻情节。

第十四条 主动交待违纪违法行为，并主动采取措施有效避免或者挽回损失的，应当在本条例分则规定的处分幅度以外降低一个档次给予减轻处分。

应当给予警告处分，又有减轻处分情形的，免予处分。

第十五条 违纪违法行为情节轻微，经过

批评教育后改正的，可以免予处分。

第十六条　在人民法院作出处分决定前，已经被依法判处刑罚、罢免、免职或者已经辞去领导职务，依照本条例需要给予处分的，应当根据其违纪违法事实给予处分。

被依法判处刑罚的，一律给予开除处分。

第十七条　人民法院工作人员退休之后违纪违法，或者在任职期间违纪违法、在处分决定作出前已经退休的，不再给予纪律处分；但是，应当给予降级、撤职、开除处分的，应当按照规定相应降低或者取消其享受的待遇。

第十八条　对违纪违法取得的财物和用于违纪违法的财物，应当没收、追缴或者责令退赔。没收、追缴的财物，一律上缴国库。

对违纪违法获得的职务、职称、学历、学位、奖励、资格等，应当建议有关单位、部门按规定予以纠正或者撤销。

第三节　处分的解除、变更和撤销

第十九条　受开除以外处分的，在受处分期间有悔改表现，并且没有再发生违纪违法行为的，处分期满后应当解除处分。

解除处分后，晋升工资档次、级别、职务不再受原处分的影响。但是，解除降级、撤职处分的，不视为恢复原级别、原职务。

第二十条　有下列情形之一的，应当变更或者撤销处分决定：

（一）适用法律、法规或者本条例规定错误的；

（二）对违纪违法行为的事实、情节认定有误的；

（三）处分所依据的违纪违法事实证据不足的；

（四）调查处理违反法定程序，影响案件公正处理的；

（五）作出处分决定超越职权或者滥用职权的；

（六）有其他处分不当情形的。

第二十一条　处分决定被变更，需要调整被处分人员的职务、级别或者工资档次的，应当按照规定予以调整；处分决定被撤销的，应当恢复其级别、工资档次，按照原职务安排相应的职务，并在适当范围内为其恢复名誉。因变更而减轻处分或者被撤销处分人员的工资福利受到损失的，应当予以补偿。

第二章　分　则

第一节　违反政治纪律的行为

第二十二条　散布有损国家声誉的言论，参加旨在反对国家的集会、游行、示威等活动的，给予记大过处分；情节较重的，给予降级或者撤职处分；情节严重的，给予开除处分。

因不明真相被裹挟参加上述活动，经批评教育后确有悔改表现的，可以减轻或者免予处分。

第二十三条　参加非法组织或者参加罢工的，给予记大过处分；情节较重的，给予降级或者撤职处分；情节严重的，给予开除处分。

因不明真相被裹挟参加上述活动，经批评教育后确有悔改表现的，可以减轻或者免予处分。

第二十四条　违反国家的民族宗教政策，造成不良后果的，给予记大过处分；情节较重的，给予降级或者撤职处分；情节严重的，给予开除处分。

因不明真相被裹挟参加上述活动，经批评教育后确有悔改表现的，可以减轻或者免予处分。

第二十五条　在对外交往中损害国家荣誉和利益的，给予记大过处分；情节较重的，给予降级或者撤职处分；情节严重的，给予开除处分。

第二十六条　非法出境，或者违反规定滞留境外不归的，给予记大过处分；情节较重的，给予降级或者撤职处分；情节严重的，给予开除处分。

第二十七条　未经批准获取境外永久居留资格，或者取得外国国籍的，给予记大过处分；情节较重的，给予降级或者撤职处分；情节严重的，给予开除处分。

第二十八条　有其他违反政治纪律行为的，给予警告、记过或者记大过处分；情节较重的，给予降级或者撤职处分；情节严重的，给予开除处分。

第二节　违反办案纪律的行为

第二十九条　违反规定，擅自对应当受理

的案件不予受理，或者对不应当受理的案件违法受理的，给予警告、记过或者记大过处分；情节较重的，给予降级或者撤职处分；情节严重的，给予开除处分。

第三十条 违反规定应当回避而不回避，造成不良后果的，给予警告、记过或者记大过处分；情节较重的，给予降级或者撤职处分；情节严重的，给予开除处分。

明知诉讼代理人、辩护人不符合担任代理人、辩护人的规定，仍准许其担任代理人、辩护人，造成不良后果的，给予警告、记过或者记大过处分；情节较重的，给予降级处分；情节严重的，给予撤职处分。

第三十一条 违反规定会见案件当事人及其辩护人、代理人、请托人的，给予警告处分；造成不良后果的，给予记过或者记大过处分。

第三十二条 违反规定为案件当事人推荐、介绍律师或者代理人，或者为律师或者其他人员介绍案件的，给予警告处分；造成不良后果的，给予记过或者记大过处分。

第三十三条 违反规定插手、干预、过问案件，或者为案件当事人通风报信、说情打招呼的，给予警告、记过或者记大过处分；情节较重的，给予降级或者撤职处分；情节严重的，给予开除处分。

第三十四条 依照规定应当调查收集相关证据而故意不予收集，造成不良后果的，给予警告、记过或者记大过处分；情节较重的，给予降级或者撤职处分；情节严重的，给予开除处分。

第三十五条 依照规定应当采取鉴定、勘验、证据保全等措施而故意不采取，造成不良后果的，给予警告、记过或者记大过处分；情节较重的，给予降级或者撤职处分；情节严重的，给予开除处分。

第三十六条 依照规定应当采取财产保全措施或者执行措施而故意不采取，或者依法应当委托有关机构审计、鉴定、评估、拍卖而故意不委托，造成不良后果的，给予警告、记过或者记大过处分；情节较重的，给予降级或者撤职处分；情节严重的，给予开除处分。

第三十七条 违反规定采取或者解除财产保全措施，造成不良后果的，给予警告、记过或者记大过处分；情节较重的，给予降级或者撤职处分；情节严重的，给予开除处分。

第三十八条 故意违反规定选定审计、鉴定、评估、拍卖等中介机构，或者串通、指使相关中介机构在审计、鉴定、评估、拍卖等活动中徇私舞弊、弄虚作假的，给予警告、记过或者记大过处分；情节较重的，给予降级或者撤职处分；情节严重的，给予开除处分。

第三十九条 故意违反规定采取强制措施的，给予警告、记过或者记大过处分；情节较重的，给予降级或者撤职处分；情节严重的，给予开除处分。

第四十条 故意毁弃、篡改、隐匿、伪造、偷换证据或者其他诉讼材料的，给予记大过处分；情节较重的，给予降级或者撤职处分；情节严重的，给予开除处分。

指使、帮助他人作伪证或者阻止他人作证的，给予降级或者撤职处分；情节严重的，给予开除处分。

第四十一条 故意向合议庭、审判委员会隐瞒主要证据、重要情节或者提供虚假情况的，给予警告、记过或者记大过处分；情节较重的，给予降级或者撤职处分；情节严重的，给予开除处分。

第四十二条 故意泄露合议庭、审判委员会评议、讨论案件的具体情况或者其他审判执行工作秘密的，给予记过或者记大过处分；情节较重的，给予降级或者撤职处分；情节严重的，给予开除处分。

第四十三条 故意违背事实和法律枉法裁判的，给予降级或者撤职处分；情节严重的，给予开除处分。

第四十四条 因徇私而违反规定迫使当事人违背真实意愿撤诉、接受调解、达成执行和解协议并损害其利益的，给予警告、记过或者记大过处分；情节较重的，给予降级或者撤职处分；情节严重的，给予开除处分。

第四十五条 故意违反规定采取执行措施，造成案件当事人、案外人或者第三人财产损失的，给予记大过处分；情节较重的，给予降级或者撤职处分；情节严重的，给予开除处分。

第四十六条 故意违反规定对具备执行条件的案件暂缓执行、中止执行、终结执行或者不依法恢复执行,造成不良后果的,给予记大过处分;情节较重的,给予降级或者撤职处分;情节严重的,给予开除处分。

第四十七条 故意违反规定拖延办案的,给予警告、记过或者记大过处分;情节较重的,给予降级或者撤职处分;情节严重的,给予开除处分。

第四十八条 故意拖延或者拒不执行合议庭决议、审判委员会决定以及上级人民法院判决、裁定、决定、命令的,给予警告、记过或者记大过处分;情节较重的,给予降级或者撤职处分;情节严重的,给予开除处分。

第四十九条 私放被羁押人员的,给予记大过处分;情节较重的,给予降级或者撤职处分;情节严重的,给予开除处分。

第五十条 违反规定私自办理案件的,给予警告、记过或者记大过处分;情节较重的,给予降级或者撤职处分;情节严重的,给予开除处分。

内外勾结制造假案的,给予降级、撤职或者开除处分。

第五十一条 伪造诉讼、执行文书,或者故意违背合议庭决议、审判委员会决定制作诉讼、执行文书的,给予记大过处分;情节较重的,给予降级或者撤职处分;情节严重的,给予开除处分。

送达诉讼、执行文书故意不依照规定,造成不良后果的,给予警告、记过或者记大过处分。

第五十二条 违反规定将案卷或者其他诉讼材料借给他人的,给予警告处分;造成不良后果的,给予记过或者记大过处分。

第五十三条 对外地人民法院依法委托的事项拒不办理或者故意拖延办理,造成不良后果的,给予警告、记过或者记大过处分;情节严重的,给予降级或者撤职处分。

阻挠、干扰外地人民法院依法在本地调查取证或者采取相关财产保全措施、执行措施、强制措施的,给予警告、记过或者记大过处分;情节较重的,给予降级或者撤职处分;情节严重的,给予开除处分。

第五十四条 有其他违反办案纪律行为的,给予警告、记过或者记大过处分;情节较重的,给予降级或者撤职处分;情节严重的,给予开除处分。

第三节 违反廉政纪律的行为

第五十五条 利用职务便利,采取侵吞、窃取、骗取等手段非法占有诉讼费、执行款物、罚没款物、案件暂存款、赃款赃物及其孳息等涉案财物或者其他公共财物的,给予记大过处分;情节较重的,给予降级或者撤职处分;情节严重的,给予开除处分。

第五十六条 利用司法职权或者其他职务便利,索取他人财物及其他财产性利益的,或者非法收受他人财物及其他财产性利益,为他人谋取利益的,给予记大过处分;情节较重的,给予降级或者撤职处分;情节严重的,给予开除处分。

利用司法职权或者其他职务便利为他人谋取利益,以低价购买、高价出售、收受干股、合作投资、委托理财、赌博等形式非法收受他人财物,或者以特定关系人"挂名"领取薪酬或者收受财物等形式,非法收受他人财物,或者违反规定收受各种名义的回扣、手续费归个人所有的,依照前款规定处分。

第五十七条 行贿或者介绍贿赂的,给予记过或者记大过处分;情节较重的,给予降级或者撤职处分;情节严重的,给予开除处分。

向审判、执行人员行贿或者介绍贿赂的,依照前款规定从重处分。

第五十八条 挪用诉讼费、执行款物、罚没款物、案件暂存款、赃款赃物及其孳息等涉案财物或者其他公共财物的,给予记过或者记大过处分;情节较重的,给予降级或者撤职处分;情节严重的,给予开除处分。

第五十九条 接受案件当事人、相关中介机构及其委托人的财物、宴请或者其他利益的,给予警告、记过或者记大过处分;情节较重的,给予降级或者撤职处分;情节严重的,给予开除处分。

违反规定向案件当事人、相关中介机构及其委托人借钱、借物的,给予警告、记过或者记大过处分。

第六十条 以单位名义集体截留、使用、私分诉讼费、执行款物、罚没款物、案件暂存款、赃款赃物及其孳息等涉案财物或者其他公共财物的，给予警告、记过或者记大过处分；情节较重的，给予降级或者撤职处分；情节严重的，给予开除处分。

第六十一条 利用司法职权，以单位名义向公民、法人或者其他组织索要赞助或者摊派、收取财物的，给予记过或者记大过处分；情节较重的，给予降级或者撤职处分；情节严重的，给予开除处分。

第六十二条 故意违反规定设置收费项目、扩大收费范围、提高收费标准的，给予警告、记过或者记大过处分；情节较重的，给予降级或者撤职处分；情节严重的，给予开除处分。

第六十三条 违反规定从事或者参与营利性活动，在企业或者其他营利性组织中兼职的，给予记过或者记大过处分；情节较重的，给予降级或者撤职处分；情节严重的，给予开除处分。

第六十四条 利用司法职权或者其他职务便利，为特定关系人谋取不正当利益，或者放任其特定关系人、身边工作人员利用本人职权谋取不正当利益的，给予记过或者记大过处分；情节较重的，给予降级或者撤职处分；情节严重的，给予开除处分。

第六十五条 有其他违反廉政纪律行为的，给予警告、记过或者记大过处分；情节较重的，给予降级或者撤职处分；情节严重的，给予开除处分。

第四节 违反组织人事纪律的行为

第六十六条 违反议事规则，个人或者少数人决定重大事项，或者改变集体作出的重大决定，造成决策错误的，给予警告、记过或者记大过处分；情节较重的，给予降级或者撤职处分；情节严重的，给予开除处分。

第六十七条 故意拖延或者拒不执行上级依法作出的决定、决议的，给予警告、记过或者记大过处分；情节严重的，给予开除处分。

第六十八条 对职责范围内发生的重大事故、事件不按规定报告、处理的，给予记过或者记大过处分；情节较重的，给予降级或者撤职处分；情节严重的，给予开除处分。

第六十九条 对职责范围内发生的违纪违法问题隐瞒不报、压案不查、包庇袒护的，或者对上级交办的违纪违法案件故意拖延或者拒不办理的，给予记大过处分；情节较重的，给予降级或者撤职处分；情节严重的，给予开除处分。

第七十条 压制批评，打击报复，扣压、销毁举报信件，或者向被举报人透露举报情况的，给予记过或者记大过处分；情节较重的，给予降级或者撤职处分；情节严重的，给予开除处分。

第七十一条 在人员录用、招聘、考核、晋升职务、晋升级别、职称评定以及岗位调整等工作中徇私舞弊、弄虚作假的，给予警告、记过或者记大过处分；情节较重的，给予降级或者撤职处分；情节严重的，给予开除处分。

第七十二条 弄虚作假，骗取荣誉，或者谎报学历、学位、职称的，给予警告、记过或者记大过处分；情节较重的，给予降级或者撤职处分；情节严重的，给予开除处分。

第七十三条 拒不执行机关的交流决定，或者在离任、辞职、被辞退时，拒不办理公务交接手续或者拒不接受审计的，给予警告、记过或者记大过处分；情节较重的，给予降级或者撤职处分；情节严重的，给予开除处分。

第七十四条 旷工或者因公外出、请假期满无正当理由逾期不归，造成不良后果的，给予警告、记过或者记大过处分；情节较重的，给予降级或者撤职处分；情节严重的，给予开除处分。

第七十五条 以不正当方式谋求本人或者特定关系人用公款出国，或者擅自延长在国外、境外期限，或者擅自变更路线，造成不良后果的，给予警告、记过或者记大过处分；情节较重的，给予降级或者撤职处分；情节严重的，给予开除处分。

第七十六条 有其他违反组织人事纪律行为的，给予警告、记过或者记大过处分；情节较重的，给予降级或者撤职处分；情节严重的，给予开除处分。

第五节 违反财经纪律的行为

第七十七条 违反规定进行物资采购或者工程项目招投标，造成不良后果的，给予警告、记过或者记大过处分；情节较重的，给予降级或者撤职处分；情节严重的，给予开除处分。

第七十八条 违反规定擅自开设银行账户或者私设"小金库"的，给予警告处分；情节较重的，给予记过或者记大过处分；情节严重的，给予降级或者撤职处分。

第七十九条 伪造、变造、隐匿、毁弃财务账册、会计凭证、财务会计报告的，给予警告、记过或者记大过处分；情节较重的，给予降级或者撤职处分；情节严重的，给予开除处分。

第八十条 违反规定挥霍浪费国家资财的，给予警告处分；情节较重的，给予记过或者记大过处分；情节严重的，给予降级或者撤职处分。

第八十一条 有其他违反财经纪律行为的，给予警告、记过或者记大过处分；情节较重的，给予降级或者撤职处分；情节严重的，给予开除处分。

第六节 失职行为

第八十二条 因失职导致依法应当受理的案件未予受理，或者不应当受理的案件被违法受理，造成不良后果的，给予警告、记过或者记大过处分。

第八十三条 因过失导致错误裁判、错误采取财产保全措施、强制措施、执行措施，或者应当采取财产保全措施、强制措施、执行措施而未采取，造成不良后果的，给予警告、记过或者记大过处分；造成严重后果的，给予降级、撤职或者开除处分。

第八十四条 因过失导致所办案件严重超出规定办理期限，造成严重后果的，给予警告、记过或者记大过处分。

第八十五条 因过失导致被羁押人员脱逃、自伤、自杀或者行凶伤人的，给予记过或者记大过处分；造成严重后果的，给予降级、撤职或者开除处分。

第八十六条 因过失导致诉讼、执行文书内容错误，造成严重后果的，给予警告、记过或者记大过处分。

第八十七条 因过失导致国家秘密、审判执行工作秘密及其他工作秘密、履行职务掌握的商业秘密或者个人隐私被泄露，造成不良后果的，给予警告、记过或者记大过处分；情节较重的，给予降级或者撤职处分；情节严重的，给予开除处分。

第八十八条 因过失导致案卷或者证据材料损毁、丢失的，给予警告、记过或者记大过处分；造成严重后果的，给予降级或者撤职处分。

第八十九条 因过失导致职责范围内发生刑事案件、重大治安案件、重大社会群体性事件或者重大人员伤亡事故的，使公共财产、国家和人民利益遭受重大损失的，给予记过或者记大过处分；情节严重的，给予降级、撤职或者开除处分。

第九十条 有其他失职行为造成不良后果的，给予警告、记过或者记大过处分；情节较重的，给予降级或者撤职处分；情节严重的，给予开除处分。

第七节 违反管理秩序和社会道德的行为

第九十一条 因工作作风懈怠、工作态度恶劣，造成不良后果的，给予警告、记过或者记大过处分。

第九十二条 故意泄露国家秘密、工作秘密，或者故意泄露因履行职责掌握的商业秘密、个人隐私的，给予记过或者记大过处分；情节较重的，给予降级或者撤职处分；情节严重的，给予开除处分。

第九十三条 弄虚作假，误导、欺骗领导和公众，造成不良后果的，给予警告、记过或者记大过处分；情节较重的，给予降级或者撤职处分；情节严重的，给予开除处分。

第九十四条 因酗酒影响正常工作或者造成其他不良后果的，给予警告、记过或者记大过处分；情节较重的，给予降级、撤职处分；情节严重的，给予开除处分。

第九十五条 违反规定保管、使用枪支、弹药、警械等特殊物品，造成不良后果的，给予警告、记过或者记大过处分；情节较重的，给予降级或者撤职处分；情节严重的，给予开除处分。

第九十六条　违反公务车管理使用规定，发生严重交通事故或者造成其他不良后果的，给予警告、记过或者记大过处分；情节较重的，给予降级或者撤职处分；情节严重的，给予开除处分。

第九十七条　妨碍执行公务或者违反规定干预执行公务的，给予记过或者记大过处分；情节较重的，给予降级或者撤职处分；情节严重的，给予开除处分。

第九十八条　以殴打、辱骂、体罚、非法拘禁或者诽谤、诬告等方式侵犯他人人身权利的，给予记过或者记大过处分；情节较重的，给予降级或者撤职处分；情节严重的，给予开除处分。

体罚、虐待被羁押人员，或者殴打、辱骂诉讼参与人、涉诉上访人的，依照前款规定从重处分。

第九十九条　与他人通奸，造成不良影响的，给予警告、记过或者记大过处分；情节较重的，给予降级或者撤职处分；情节严重的，给予开除处分。

与所承办案件的当事人或者当事人亲属发生不正当两性关系的，依照前款规定从重处分。

第一百条　重婚或者包养情人的，给予撤职或者开除处分。

第一百零一条　拒不承担赡养、抚养、扶养义务，或者虐待、遗弃家庭成员的，给予警告、记过或者记大过处分；情节较重的，给予降级或者撤职处分；情节严重的，给予开除处分。

第一百零二条　吸食、注射毒品或者参与嫖娼、卖淫、色情淫乱活动的，给予撤职或者开除处分。

第一百零三条　参与赌博的，给予警告或者记过处分；情节较重的，给予记大过或者降级处分；情节严重的，给予撤职或者开除处分。

为赌博活动提供场所或者其他便利条件的，给予警告、记过或者记大过处分；情节较重的，给予降级、撤职处分；情节严重的，给予开除处分。

在工作时间赌博的，给予记过、记大过或者降级处分；屡教不改的，给予撤职或者开除处分。

挪用公款赌博的，给予撤职或者开除处分。

第一百零四条　参与迷信活动，造成不良影响的，给予警告、记过或者记大过处分。

组织迷信活动的，给予降级处分；情节较重的，给予撤职处分；情节严重的，给予开除处分。

第一百零五条　违反规定超计划生育的，给予降级处分；情节较重的，给予撤职处分；情节严重的，给予开除处分。

第一百零六条　有其他违反管理秩序和社会道德行为的，给予警告、记过或者记大过处分；情节较重的，给予降级或者撤职处分；情节严重的，给予开除处分。

第三章　附　则

第一百零七条　本条例所称"人民法院工作人员"是指人民法院行政编制内的工作人员。

人民法院事业编制工作人员参照本条例执行。

人民法院聘用人员不适用本条例。

第一百零八条　本条例所称"特定关系人"，是指与人民法院工作人员具有近亲属、情人以及其他密切关系的人。

第一百零九条　本条例所称"以上"、"以下"，包含本数。

第一百一十条　本条例由最高人民法院负责解释。

第一百一十一条　本条例自发布之日起施行。最高人民法院此前颁布的《关于人民法院工作人员纪律处分的若干规定（试行）》、《人民法院审判纪律处分办法（试行）》、《人民法院执行工作纪律处分办法（试行）》、最高人民法院《关于严格执行〈中华人民共和国法官法〉有关惩戒制度若干规定》同时废止。

最高人民法院
关于重新印发《中华人民共和国法官职业道德基本准则》的通知

2010年12月6日　　法发〔2010〕53号

各省、自治区、直辖市高级人民法院，解放军军事法院，新疆维吾尔自治区高级人民法院生产建设兵团分院：

现将修订后的《中华人民共和国法官职业道德基本准则》重新印发，请认真贯彻执行。

附：
中华人民共和国法官职业道德基本准则
第一章　总　则

第一条　为加强法官职业道德建设，保证法官正确履行法律赋予的职责，根据《中华人民共和国法官法》和其他相关规定，制定本准则。

第二条　法官职业道德的核心是公正、廉洁、为民。基本要求是忠诚司法事业、保证司法公正、确保司法廉洁、坚持司法为民、维护司法形象。

第三条　法官应当自觉遵守法官职业道德，在本职工作和业外活动中严格要求自己，维护人民法院形象和司法公信力。

第二章　忠诚司法事业

第四条　牢固树立社会主义法治理念，忠于党、忠于国家、忠于人民、忠于法律，做中国特色社会主义事业建设者和捍卫者。

第五条　坚持和维护中国特色社会主义司法制度，认真贯彻落实依法治国基本方略，尊崇和信仰法律，模范遵守法律，严格执行法律，自觉维护法律的权威和尊严。

第六条　热爱司法事业，珍惜法官荣誉，坚持职业操守，恪守法官良知，牢固树立司法核心价值观，以维护社会公平正义为己任，认真履行法官职责。

第七条　维护国家利益，遵守政治纪律，保守国家秘密和审判工作秘密，不从事或参与有损国家利益和司法权威的活动，不发表有损国家利益和司法权威的言论。

第三章　保证司法公正

第八条　坚持和维护人民法院依法独立行使审判权的原则，客观公正审理案件，在审判活动中独立思考、自主判断，敢于坚持原则，不受任何行政机关、社会团体和个人的干涉，不受权势、人情等因素的影响。

第九条　坚持以事实为根据，以法律为准绳，努力查明案件事实，准确把握法律精神，正确适用法律，合理行使裁量权，避免主观臆断、超越职权、滥用职权，确保案件裁判结果公平公正。

第十条　牢固树立程序意识，坚持实体公正与程序公正并重，严格按照法定程序执法办案，充分保障当事人和其他诉讼参与人的诉讼权利，避免执法办案中的随意行为。

第十一条　严格遵守法定办案时限，提高审判执行效率，及时化解纠纷，注重节约司法资源，杜绝玩忽职守、拖延办案等行为。

第十二条　认真贯彻司法公开原则，尊重人民群众的知情权，自觉接受法律监督和社会监督，同时避免司法审判受到外界的不当影响。

第十三条　自觉遵守司法回避制度，审理案件保持中立公正的立场，平等对待当事人和其他诉讼参与人，不偏袒或歧视任何一方当事人，不私自单独会见当事人及其代理人、辩护人。

第十四条　尊重其他法官对审判职权的依法行使，除履行工作职责或者通过正当程序外，不过问、不干预、不评论其他法官正在审理的案件。

第四章　确保司法廉洁

第十五条　树立正确的权力观、地位观、利益观，坚持自重、自省、自警、自励，坚守廉洁底线，依法正确行使审判权、执行权，杜绝以权谋私、贪赃枉法行为。

第十六条　严格遵守廉洁司法规定，不接受案件当事人及相关人员的请客送礼，不利用职务便利或者法官身份谋取不正当利益，不违反规定与当事人或者其他诉讼参与人进行不正当交往，不在执法办案中徇私舞弊。

第十七条　不从事或者参与营利性的经营活动，不在企业及其他营利性组织中兼任法律顾问等职务，不就未决案件或者再审案件给当事人及其他诉讼参与人提供咨询意见。

第十八条 妥善处理个人和家庭事务，不利用法官身份寻求特殊利益。按规定如实报告个人有关事项，教育督促家庭成员不利用法官的职权、地位谋取不正当利益。

第五章 坚持司法为民

第十九条 牢固树立以人为本、司法为民的理念，强化群众观念，重视群众诉求，关注群众感受，自觉维护人民群众的合法权益。

第二十条 注重发挥司法的能动作用，积极寻求有利于案结事了的纠纷解决办法，努力实现法律效果与社会效果的统一。

第二十一条 认真执行司法便民规定，努力为当事人和其他诉讼参与人提供必要的诉讼便利，尽可能降低其诉讼成本。

第二十二条 尊重当事人和其他诉讼参与人的人格尊严，避免盛气凌人、"冷硬横推"等不良作风；尊重律师，依法保障律师参与诉讼活动的权利。

第六章 维护司法形象

第二十三条 坚持学习，精研业务，忠于职守，秉公办案，惩恶扬善，弘扬正义，保持昂扬的精神状态和良好的职业操守。

第二十四条 坚持文明司法，遵守司法礼仪，在履行职责过程中行为规范、着装得体、语言文明、态度平和，保持良好的职业修养和司法作风。

第二十五条 加强自身修养，培育高尚道德操守和健康生活情趣，杜绝与法官职业形象不相称、与法官职业道德相违背的不良嗜好和行为，遵守社会公德和家庭美德，维护良好的个人声誉。

第二十六条 法官退休后应当遵守国家相关规定，不利用自己的原有身份和便利条件过问、干预执法办案，避免因个人不当言行对法官职业形象造成不良影响。

第七章 附 则

第二十七条 人民陪审员依法履行审判职责期间，应当遵守本准则。人民法院其他工作人员参照执行本准则。

第二十八条 各级人民法院负责督促实施本准则，对于违反本准则的行为，视情节后果予以诫勉谈话、批评通报；情节严重构成违纪违法的，依照相关纪律和法律规定予以严肃处理。

第二十九条 本准则由最高人民法院负责解释。

第三十条 本准则自发布之日起施行。最高人民法院2001年10月18日发布的《中华人民共和国法官职业道德基本准则》同时废止。

最高人民法院
关于印发《法官行为规范》的通知

2010年12月6日　　法发〔2010〕54号

各省、自治区、直辖市高级人民法院，解放军军事法院，新疆维吾尔自治区高级人民法院生产建设兵团分院：

现将《法官行为规范》印发给你们，请认真贯彻执行。最高人民法院2005年11月4日发布的《法官行为规范（试行）》同时废止。

附：

法官行为规范

为大力弘扬"公正、廉洁、为民"的司法核心价值观，规范法官基本行为，树立良好的司法职业形象，根据《中华人民共和国法官法》和《中华人民共和国公务员法》等法律，制定本规范。

一、一般规定

第一条 忠诚坚定。坚持党的事业至上、人民利益至上、宪法法律至上，在思想上和行动上与党中央保持一致，不得有违背党和国家基本政策以及社会主义司法制度的言行。

第二条 公正司法。坚持以事实为根据、以法律为准绳，平等对待各方当事人，确保实体公正、程序公正和形象公正，努力实现办案法律效果和社会效果的有机统一，不得滥用职权、枉法裁判。

第三条 高效办案。树立效率意识，科学合理安排工作，在法定期限内及时履行职责，努力提高办案效率，不得无故拖延、贻误工作、浪费司法资源。

第四条 清正廉洁。遵守各项廉政规定，不得利用法官职务和身份谋取不正当利益，不得为当事人介绍代理人、辩护人以及中介机构，不得为律师、其他人员介绍案源或者给予其他不当协助。

第五条 一心为民。落实司法为民的各项规定和要求，做到听民声、察民情、知民意，坚持能动司法，树立服务意识，做好诉讼指导、风险提示、法律释明等便民服务，避免"冷硬横推"等不良作风。

第六条 严守纪律。遵守各项纪律规定，不得泄露在审判工作中获取的国家秘密、商业秘密、个人隐私等，不得过问、干预和影响他人正在审理的案件，不得随意发表有损生效裁判严肃性和权威性的言论。

第七条 敬业奉献。热爱人民司法事业，增强职业使命感和荣誉感，加强业务学习，提高司法能力，恪尽职守，任劳任怨，无私奉献，不得麻痹懈怠、玩忽职守。

第八条 加强修养。坚持学习，不断提高自身素质；遵守司法礼仪，执行着装规定，言语文明，举止得体，不得浓妆艳抹，不得佩带与法官身份不相称的饰物，不得参加有损司法职业形象的活动。

六、执行

第五十五条 基本要求

（一）依法及时有效执行，确保生效法律文书的严肃性和权威性，维护当事人的合法权益；

（二）坚持文明执行，严格依法采取执行措施，坚决避免不作为和乱作为；

（三）讲求方式方法，注重执行的法律效果和社会效果。

第五十六条 被执行人以特别授权为由要求执行人员找其代理人协商执行事宜

（一）应当从有利于执行考虑，决定是否与被执行人的代理人联系；

（二）确有必要与被执行人本人联系的，应当告知被执行人有义务配合法院执行工作，不得推托。

第五十七条 申请执行人来电或者来访查询案件执行情况

（一）认真做好记录，及时说明执行进展情况；

（二）申请执行人要求查阅有关案卷材料的，应当准许，但法律规定应予保密的除外。

第五十八条 有关当事人要求退还材料原件

应当在核对当事人提交的副本后将原件退还，并由该当事人签字或者盖章后归档备查。

第五十九条 被执行财产的查找

（一）申请执行人向法院提供被执行财产线索的，应当及时进行调查，依法采取相应的执行措施，并将有关情况告知申请执行人；

（二）应当积极依职权查找被执行人财产，并及时依法采取相应执行措施。

第六十条 执行当事人请求和解

（一）及时将和解请求向对方当事人转达，并以适当方式客观说明执行的难度和风险，促成执行当事人达成和解；

（二）当事人拒绝和解的，应当继续依法执行；

（三）申请执行人和被执行人达成和解的，应当制作书面和解协议并归档，或者将口头达成的和解协议内容记入笔录，并由双方当事人签字或者盖章。

第六十一条 执行中的暂缓、中止、终结

（一）严格依照法定条件和程序采取暂缓、中止、终结执行措施；

（二）告知申请执行人暂缓、中止、终结执行所依据的事实和相关法律规定，并耐心做好解释工作；

（三）告知申请执行人暂缓、中止执行后恢复执行的条件和程序；

（四）暂缓、中止、终结执行确有错误的，应当及时依法纠正。

第六十二条 被执行人对受委托法院执行管辖提出异议

（一）审查案件是否符合委托执行条件，不符合条件的，及时向领导汇报，采取适当方式纠正；

（二）符合委托执行条件的，告知被执行人受委托法院受理执行的依据并依法执行。

第六十三条 案外人对执行提出异议

（一）要求案外人提供有关异议的证据材料，并及时进行审查；

（二）根据具体情况，可以对执行财产采取限制性措施，暂不处分；

（三）异议成立的，采取适当方式纠正；异议不成立的，依法予以驳回。

第六十四条 对被执行人财产采取查封、扣押、冻结、拍卖、变卖等措施

（一）严格依照规定办理手续，不得超标的、超金额查封、扣押、冻结被执行人财产；

（二）对采取措施的财产要认真制作清单，记录好种类、数量，并由当事人签字或者盖章予以确认；

（三）严格按照拍卖、变卖的有关规定，依法委托评估、拍卖机构，不得损害当事人合法利益。

第六十五条 执行款的收取

（一）执行款应当直接划入执行款专用账户；

（二）被执行人即时交付现金或者票据的，应当会同被执行人将现金或者票据交法院财务部门，并及时向被执行人出具收据；

（三）异地执行、搜查扣押、小额标的执行或者因情况紧急确需执行人员直接代收现金或者票据的，应当即时向交款人出具收据，并及时移交法院财务部门；

（四）严禁违规向申请执行人和被执行人收取费用。

第六十六条 执行款的划付

（一）应当在规定期限内办理执行费用和执行款的结算手续，并及时通知申请执行人办理取款手续；

（二）需要延期划付的，应当在期限届满前书面说明原因，并报有关领导审查批准；

（三）申请执行人委托或者指定他人代为收款的，应当审查其委托手续是否齐全、有效，并要求收款人出具合法有效的收款凭证。

第六十七条 被执行人以生效法律文书在实体或者程序上存在错误而不履行

（一）生效法律文书确有错误的，告知当事人可以依法按照审判监督程序申请再审或者申请有关法院补正，并及时向领导报告；

（二）生效法律文书没有错误的，要及时做好解释工作并继续执行。

第六十八条 有关部门和人员不协助执行

（一）应当告知其相关法律规定，做好说服教育工作；

（二）仍拒不协助的，依法采取有关强制措施。

八、业外活动

第八十条 基本要求

（一）遵守社会公德，遵纪守法；

（二）加强修养，严格自律；

（三）约束业外言行，杜绝与法官形象不相称的、可能影响公正履行职责的不良嗜好和行为，自觉维护法官形象。

第八十一条 受邀请参加座谈、研讨活动

（一）对与案件有利害关系的机关、企事业单位、律师事务所、中介机构等的邀请应当谢绝；

（二）对与案件无利害关系的党、政、军机关、学术团体、群众组织的邀请，经向单位请示获准后方可参加。

第八十二条 受邀请参加各类社团组织或者联谊活动

（一）确需参加在各级民政部门登记注册的社团组织的，及时报告并由所在法院按照法官管理权限审批；

（二）不参加营利性社团组织；

（三）不接受有违清正廉洁要求的吃请、礼品和礼金。

第八十三条 从事写作、授课等活动

（一）在不影响审判工作的前提下，可以利用业余时间从事写作、授课等活动；

（二）在写作、授课过程中，应当避免对具体案件和有关当事人进行评论，不披露或者使用在工作中获得的国家秘密、商业秘密、个人隐私及其他非公开信息；

（三）对于参加司法职务外活动获得的合法报酬，应当依法纳税。

第八十四条 接受新闻媒体与法院工作有关的采访

（一）接受新闻媒体采访必须经组织安排或者批准；

（二）在接受采访时，不发表有损司法公正的言论，不对正在审理中的案件和有关当事人进行评论，不披露在工作中获得的国家秘密、商业秘密、个人隐私及其他非公开信息。

第八十五条 本人或者亲友与他人发生矛盾

（一）保持冷静、克制，通过正当、合法途径解决；

（二）不得利用法官身份寻求特殊照顾，不得妨碍有关部门对问题的解决。

第八十六条 本人及家庭成员遇到纠纷需通过诉讼方式解决

（一）对本人的案件或者以直系亲属代理人身份参加的案件，应当依照有关法律规定，平等地参与诉讼；

（二）在诉讼过程中不以法官身份获取特殊照顾，不利用职权收集所需证据；

（三）对非直系亲属的其他家庭成员的诉讼案件，一般应当让其自行委托诉讼代理人，法官本人不宜作为诉讼代理人参与诉讼。

第八十七条 出入社交场所注意事项

（一）参加社交活动要自觉维护法官形象；

（二）严禁乘警车、穿制服出入营业性娱乐场所。

第八十八条 家人或者朋友约请参与封建迷信活动

（一）不得参加邪教组织或者参与封建迷信活动；

（二）向家人和朋友宣传科学，引导他们相信科学、反对封建迷信；

（三）对利用封建迷信活动违法犯罪的，应当立即向有关组织和公安部门反映。

第八十九条 因私出国（境）探亲、旅游

（一）如实向组织申报所去的国家、地区及返回的时间，经组织同意后方可出行；

（二）准时返回工作岗位；

（三）遵守当地法律，尊重当地民风民俗和宗教习惯；

（四）注意个人形象，维护国家尊严。

九、监督和惩戒

第九十条 各级人民法院要严格要求并督促本院法官遵守本规范，具体由各级法院的政治部门和纪检监察部门负责。

第九十一条 上级人民法院指导、监督下级人民法院对本规范的贯彻执行，最高人民法院指导和监督地方各级人民法院对本规范的贯彻执行。

第九十二条 地方各级人民法院应当结合本院实际，研究制定具体的实施细则或实施办法，切实加强本规范的培训与考核。

第九十三条 各级人民法院广大法官要自觉遵守和执行本规范，对违反本规范的人员，情节较轻且没有危害后果的，进行诫勉谈话和批评教育；构成违纪的，根据人民法院有关纪律处分的规定进行处理；构成违法的，根据法律规定严肃处理。

十、附则

第九十四条 人民陪审员以及人民法院其他工作人员参照本规范执行，法官退休后应当参照本规范有关要求约束言行。

第九十五条 本规范由最高人民法院负责解释。

第九十六条 本规范自发布之日起施行，最高人民法院2005年11月4日发布的《法官行为规范（试行）》同时废止。

最高人民法院
关于人民法院落实廉政准则防止利益冲突的若干规定

2012年2月27日　　法发〔2012〕6号

第一条 为进一步规范人民法院工作人员的行为，促进人民法院工作人员公正廉洁执法，根据《中华人民共和国法官法》，并参照《中国共产党党员领导干部廉洁从政若干准则》，制定本规定。

第二条 人民法院工作人员不得接受可能影响公正执行公务的礼金、礼品、宴请以及旅游、健身、娱乐等活动安排。

违反本条规定的，依照《人民法院工作人员处分条例》第五十九条的规定处理。

第三条 人民法院工作人员不得从事下列

营利性活动：

（一）本人独资或者与他人合资、合股经办商业或者其他企业；

（二）以他人名义入股经办企业；

（三）以承包、租赁、受聘等方式从事经营活动；

（四）违反规定拥有非上市公司（企业）的股份或者证券；

（五）本人或者与他人合伙在国（境）外注册公司或者投资入股；

（六）以本人或者他人名义从事以营利为目的的民间借贷活动；

（七）以本人或者他人名义从事可能与公共利益发生冲突的其他营利性活动。

违反本条规定的，依照《人民法院工作人员处分条例》第六十三条的规定处理。

第四条 人民法院工作人员不得为他人的经济活动提供担保。

违反本条规定的，依照《人民法院工作人员处分条例》第六十五条的规定处理。

第五条 人民法院工作人员不得利用职权和职务上的影响，买卖股票或者认股权证；不得利用在办案工作中获取的内幕信息，直接或者间接买卖股票和证券投资基金，或者向他人提出买卖股票和证券投资基金的建议。

违反本条规定的，依照《人民法院工作人员处分条例》第六十三条的规定处理。

第六条 人民法院工作人员在审理相关案件时，以本人或者他人名义持有与所审理案件相关的上市公司股票的，应主动申请回避。

违反本条规定的，依照《人民法院工作人员处分条例》第三十条的规定处理。

第七条 人民法院工作人员不得违反规定在律师事务所、中介机构及其他经济实体、社会团体中兼职，不得违反规定从事为案件当事人或者其他市场主体提供信息、介绍业务、开展咨询等有偿中介活动。违反本条规定的，依照《人民法院工作人员处分条例》第六十三条的规定处理。

第八条 人民法院工作人员在离职或者退休后的规定年限内，不得具有下列行为：

（一）接受与本人原所办案件和其他业务相关的企业、律师事务所、中介机构的聘任；

（二）担任原任职法院所办案件的诉讼代理人或者辩护人；

（三）以律师身份担任诉讼代理人、辩护人。

违反本条规定的，分别依照《人民法院工作人员处分条例》第十七条、第三十条、第六十三条的规定处理。

第九条 人民法院工作人员不得利用职权和职务上的影响，指使他人提拔本人的配偶、子女及其配偶、以及其他特定关系人。

违反本条规定的，依照《人民法院工作人员处分条例》第七十一条的规定处理。

第十条 人民法院工作人员不得利用职权和职务上的影响，为本人的配偶、子女及其配偶、以及其他特定关系人支付、报销学习、培训、旅游等费用。

违反本条规定的，分别依照《人民法院工作人员处分条例》第五十五条、第五十九条、第六十四条的规定处理。

第十一条 人民法院工作人员不得利用职权和职务上的影响，为本人的配偶、子女及其配偶、以及其他特定关系人出国（境）定居、留学、探亲等向他人索取资助，或者让他人支付、报销上述费用。

违反本条规定的，分别依照《人民法院工作人员处分条例》第五十六条、第六十四条的规定处理。

第十二条 人民法院工作人员不得利用职权和职务上的影响妨碍有关机关对涉及本人的配偶、子女及其配偶、以及其他特定关系人案件的调查处理。

违反本条规定的，依照《人民法院工作人员处分条例》第九十七条的规定处理。

第十三条 人民法院工作人员不得利用职权和职务上的影响进行下列活动：

（一）放任本人的配偶、子女及其配偶、以及其他特定关系人收受案件当事人及其亲属、代理人、辩护人、执行中介机构人员以及其他关系人的财物；

（二）为本人的配偶、子女及其配偶、以及其他特定关系人经商、办企业提供便利条件；

(三) 放任本人的配偶、子女及其配偶、以及其他特定关系人以本人名义谋取私利。

违反本条规定的，分别依照《人民法院工作人员处分条例》第五十六条、第六十三条、第六十四条的规定处理。

第十四条 人民法院领导干部和审判执行岗位法官不得违反规定放任配偶、子女在其任职辖区内开办律师事务所、为案件当事人提供诉讼代理或者其他有偿法律服务。

违反本条规定的，依照《人民法院工作人员处分条例》第六十五条的规定处理。

第十五条 人民法院领导干部和综合行政岗位人员不得放任配偶、子女在其职权和业务范围内从事可能与公共利益发生冲突的经商、办企业、有偿中介服务等活动。

违反本条规定的，依照《人民法院工作人员处分条例》第六十五条的规定处理。

第十六条 人民法院工作人员不得违反规定干预和插手市场经济活动，从中收受财物或者为本人的配偶、子女及其配偶、以及其他特定关系人谋取利益。

违反本条规定的，分别依照《人民法院工作人员处分条例》第五十六条、第六十四条的规定处理。

第十七条 人民法院工作人员不得违反规定干扰妨碍有关机关对建设工程招投标、经营性土地使用权出让、房地产开发与经营等市场经济活动进行正常监管和案件查处。

违反本条规定的，依照《人民法院工作人员处分条例》第九十七条的规定处理。

第十八条 人民法院工作人员违反本规定，能够及时主动纠正的，可以从宽处理。对其中情节较轻的，可以免予处分，但应当给予批评教育；对其中情节较重的，可以从轻或者减轻处分，必要时也可以给予相应的组织处理。

人民法院工作人员违反本规定，需要接受行政处罚或者涉嫌犯罪的，应当依法移送有关机关处理。

第十九条 人民法院工作人员违反本规定所获取的经济利益应当予以收缴；违反本规定所获取的其他利益应当依照法律或者有关规定予以纠正或者撤销。

第二十条 本规定所称"人民法院工作人员"，是指各级人民法院行政编制和事业编制内的工作人员。

本规定所称"人民法院领导干部"，是指各级人民法院的领导班子成员及审判委员会专职委员。

本规定所称"审判、执行岗位法官"，是指各级人民法院未担任院级领导职务的审判委员会委员以及在立案、审判、执行、审判监督、国家赔偿等部门从事审判、执行工作的法官和执行员。

本规定所称"综合行政岗位人员"，是指在各级人民法院内设部门从事综合行政管理、司法辅助业务的人民法院工作人员。

第二十一条 本规定所称"其他特定关系人"，是指人民法院工作人员配偶、子女及其配偶之外的其他近亲属和具有密切关系的人。

第二十二条 最高人民法院此前颁布的有关规定与本规定不一致的，以本规定为准。

第二十三条 本规定由最高人民法院负责解释。

第二十四条 本规定自发布之日起施行。

最高人民法院
关于在审判执行工作中切实规范自由裁量权行使保障法律统一适用的指导意见

2012年2月28日　　法发〔2012〕7号

中国特色社会主义法律体系如期形成，标志着依法治国基本方略的贯彻实施进入了一个新阶段，人民法院依法履行职责、维护法制统一、建设社会主义法治国家的责任更加重大。我国正处在重要的社会转型期，审判工作中不断出现新情况、新问题；加之，我国地域辽阔、人口众多、民族多样性等诸多因素，造成经济社会发展不平衡。这就要求人民法院在强化法律统一适用的同时，正确运用司法政策，规范行使自由裁量权，充分发挥自由裁量权在保障法律正确实施，维护当事人合法权益，维护司法公正，提升司法公信力等方面的积极作用。现就人民法院在审判执行工作中切实规范自由裁量权行使，保障法律统一适用的若干问题，提出以下指导意见：

一、正确认识自由裁量权。自由裁量权是人民法院在审理案件过程中，根据法律规定和立法精神，秉持正确司法理念，运用科学方法，对案件事实认定、法律适用以及程序处理等问题进行分析和判断，并最终作出依法有据、公平公正、合情合理裁判的权力。

二、自由裁量权的行使条件。人民法院在审理案件过程中，对下列情形依法行使自由裁量权：（一）法律规定由人民法院根据案件具体情况进行裁量的；（二）法律规定由人民法院从几种法定情形中选择其一进行裁量，或者在法定的范围、幅度内进行裁量的；（三）根据案件具体情况需要对法律精神、规则或者条文进行阐释的；（四）根据案件具体情况需要对证据规则进行阐释或者对案件涉及的争议事实进行裁量认定的；（五）根据案件具体情况需要行使自由裁量权的其他情形。

三、自由裁量权的行使原则。（一）合法原则。要严格依据法律规定，遵循法定程序和正确裁判方法，符合法律、法规和司法解释的精神以及基本法理的要求，行使自由裁量权。不能违反法律明确、具体的规定。（二）合理原则。要从维护社会公平正义的价值观出发，充分考虑公共政策、社会主流价值观念、社会发展的阶段性、社会公众的认同度等因素，坚持正确的裁判理念，努力增强行使自由裁量权的确定性和可预测性，确保裁判结果符合社会发展方向。（三）公正原则。要秉持司法良知，恪守职业道德，坚持实体公正与程序公正并重。坚持法律面前人人平等，排除干扰，保持中立，避免偏颇。注重裁量结果与社会公众对公平正义普遍理解的契合性，确保裁判结果符合司法公平正义的要求。（四）审慎原则。要严把案件事实关、程序关和法律适用关，在充分理解法律精神、依法认定案件事实的基础上，审慎衡量、仔细求证，同时注意司法行为的适当性和必要性，努力实现办案的法律效果和社会效果的有机统一。

四、正确运用证据规则。行使自由裁量权，要正确运用证据规则，从保护当事人合法权益、有利查明事实和程序正当的角度，合理分配举证责任，全面、客观、准确认定证据的证明力，严格依证据认定案件事实，努力实现法律事实与客观事实的统一。

五、正确运用法律适用方法。行使自由裁量权，要处理好上位法与下位法、新法与旧法、特别法与一般法的关系，正确选择所应适用的法律；难以确定如何适用法律的，应按照立法法的规定报请有关机关裁决，以维护社会主义法制的统一。对同一事项同一法律存在一般规定和特别规定的，应优先适用特别规定。要正确把握法律、法规和司法解释中除明确列举之外的概括性条款规定，确保适用结果符合立法原意。

六、正确运用法律解释方法。行使自由裁量权，要结合立法宗旨和立法原意、法律原则、国家政策、司法政策等因素，综合运用各种解释方法，对法律条文作出最能实现社会公平正义、最具现实合理性的解释。

七、正确运用利益衡量方法。行使自由裁量权，要综合考量案件所涉各种利益关系，对相互冲突的权利或利益进行权衡与取舍，正确处理好公共利益与个人利益、人身利益与财产利益、生存利益与商业利益的关系，保护合法利益，抑制非法利益，努力实现利益最大化、损害最小化。

八、强化诉讼程序规范。行使自由裁量权，要严格依照程序法的规定，充分保障各方当事人的诉讼权利。要充分尊重当事人的处分权，依法保障当事人的辩论权，对可能影响当事人实体性权利或程序性权利的自由裁量事项，应将其作为案件争议焦点，充分听取当事人的意见；要完善相对独立的量刑程序，将量刑纳入庭审过程；要充分保障当事人的知情权，并根据当事人的要求，向当事人释明行使自由裁量权的依据、考量因素等事项。

九、强化审判组织规范。要进一步强化合议庭审判职责，确保全体成员对案件审理、评议、裁判过程的平等参与，充分发挥自由裁量权行使的集体把关机制。自由裁量权的行使涉及对法律条文的阐释、对不确定概念的理解、对证据规则的把握以及其他可能影响当事人重大实体性权利或程序性权利事项,且有重大争议的,可报请审判委员会讨论决定,确保法律适用的统一。

十、强化裁判文书规范。要加强裁判文书中对案件事实认定理由的论证,使当事人和社会公众知悉法院对证据材料的认定及采信理由。要公开援引和适用的法律条文,并结合案件事实阐明法律适用的理由,充分论述自由裁量结果的正当性和合理性,提高司法裁判的公信力和权威性。

十一、强化审判管理。要加强院长、庭长对审判活动的管理。要将自由裁量权的行使纳入案件质量评查范围,建立健全长效机制,完善评查标准。对自由裁量内容不合法、违反法定程序、结果显失公正以及其他不当行使自由裁量权的情形,要结合审判质量考核的相关规定予以处理;裁判确有错误,符合再审条件的,要按照审判监督程序进行再审。

十二、合理规范审级监督。要正确处理依法改判与维护司法裁判稳定性的关系,不断总结和规范二审、再审纠错原则,努力实现裁判标准的统一。下级人民法院依法正当行使自由裁量权作出的裁判结果,上级人民法院应当依法予以维持;下级人民法院行使自由裁量权明显不当的,上级人民法院可以予以撤销或变更;原审人民法院行使自由裁量权显著不当的,要按照审判监督程序予以撤销或变更。

十三、加强司法解释。最高人民法院要针对审判实践中的新情况、新问题,及时开展有针对性的司法调研。通过司法解释或司法政策,细化立法中的原则性条款和幅度过宽条款,规范选择性条款和授权条款,统一法律适用标准。要进一步提高司法解释和司法政策的质量,及时清理已过时或与新法产生冲突的司法解释,避免引起歧义或规则冲突。

十四、加强案例指导。各级人民法院要及时收集、整理涉及自由裁量权行使的典型案例,逐级上报最高人民法院。最高人民法院在公布的指导性案例中,要有针对性地筛选出在诉讼程序展开、案件事实认定和法律适用中涉及自由裁量事项的案例,对考量因素和裁量标准进行类型化。上级人民法院要及时掌握辖区内自由裁量权的行使情况,不断总结审判经验,提高自由裁量权行使的质量。

十五、不断统一裁判标准。各级人民法院内部对同一类型案件行使自由裁量权的,要严格、准确适用法律、司法解释,参照指导性案例,努力做到类似案件类似处理。下级人民法院对所审理的案件,认为存在需要统一裁量标准的,要书面报告上级人民法院。在案件审理中,发现不同人民法院对同类案件的处理存在明显不同裁量标准的,要及时将情况逐级上报共同的上级人民法院予以协调解决。自由裁量权的行使涉及具有普遍法律适用意义的新型、疑难问题的,要逐级书面报告最高人民法院。

十六、加强法官职业保障。要严格执行宪法、法官法的规定,增强法官职业荣誉感,保障法官正当行使自由裁量权。要大力建设学习型法院,全面提升司法能力。要加强法制宣传,引导社会和公众正确认识自由裁量权在司法审判中的必要性、正当性,不断提高社会公众对依法行使自由裁量权的认同程度。

十七、防止权力滥用。要进一步拓展司法公开的广度和深度,自觉接受人大、政协、检察机关和社会各界的监督。要深入开展廉洁司法教育,建立健全执法过错责任追究和防止利益冲突等制度规定,积极推进人民法院廉政风险防控机制建设,切实加强对自由裁量权行使的监督,对滥用自由裁量权并构成违纪违法的人员,要依据有关法律法规及纪律规定进行严肃处理。

最高人民法院
关于全面推进人民法院廉政风险防控机制建设的指导意见

2012年5月3日　　法〔2012〕122号

为全面推进人民法院廉政风险防控机制建设,进一步规范和深化人民法院的廉政风险防控工作,根据中央纪委《关于加强廉政风险防控的指导意见》，结合人民法院工作实际，现提出如下指导意见。

一、指导思想、工作原则和总体目标

1. 指导思想。要以邓小平理论和"三个代表"重要思想为指导，深入贯彻落实科学发展观，按照"在坚决惩治腐败的同时，更加注重治本、更加注重预防、更加注重制度建设"的要求，以制约和监督司法权运行为核心，以岗位风险防控为基础，以加强制度建设为重点，以现代信息技术为支撑，全面构建权责清晰、流程规范、风险明确、监控有力、制度管用、预警及时、处置得当的廉政风险防控机制，不断提高人民法院反腐倡廉建设的科学化、制度化和规范化水平。

2. 工作原则。要坚持围绕中心，使廉政风险防控工作与人民法院的执法办案工作紧密结合，将廉政风险防控工作融入到各部门的业务工作和管理流程之中，实现廉政风险防控工作与人民法院审判业务、队伍建设和行政管理工作的相互促进、协调发展；要坚持法院特色，使廉政风险防控工作符合司法规律、符合法院实际，具有较强的针对性和操作性；要坚持系统治理，用系统的思维、统筹的观念、科学的方法推进工作，拓展从源头上防治腐败工作领域；要坚持改革创新，尊重基层法院和广大干警的首创精神，勇于实践，探索惩治和预防腐败的新思路、新办法、新途径；要坚持因地制宜，针对不同地区、不同部门、不同岗位的特点，合理确定工作目标、任务、方法、步骤，加强分类指导，实行分类管理，循序渐进、积极稳妥地推进工作。

3. 工作目标。要以腐败问题易发多发的工作岗位和工作环节为重点，全面构建覆盖各级人民法院及所有内设部门和事业单位的廉政风险防控机制，并在充分实践的基础上，确保防控机制结构合理并运行顺畅，相关制度配套完善并执行有力，预防腐败成效明显并不断提高。

二、工作步骤

4. 摸清职权底数。要按照职权法定、权责一致的要求，对人民法院依法享有的各类职权进行分项梳理，编制职权目录，明确各部门、各岗位的职权名称、主要内容、行使主体和法律依据等，并在此基础上，针对每一项职权，绘制权力运行流程图，优化运行流程，明确办理主体、条件、程序、期限和监督方式等，实现权力运行公开化、岗位职责明确化、工作流程标准化。

5. 排查廉政风险。要通过自我查找、群众评议、专家建议、领导提示、案例分析、组织审定等方式，重点查找各部门、各岗位在权力行使、制度机制、外部环境以及干警思想道德等方面存在的廉政风险。在权力行使方面，要重点查找由于权力过于集中、运行程序不规范和自由裁量幅度过大，可能造成权力滥用的风险；在制度机制方面，要重点查找由于规章制度不健全、监督制约机制不完善，可能导致权力失控的风险；在外部环境方面，要重点查找由于利益诱惑、人情干扰以及其他非正常因素的影响，可能导致司法不公的风险；在干警思想道德方面，要重点查找由于理想信念不坚定、工作作风不扎实和职业道德不牢固，可能诱发行为失范的风险。

6. 评定风险等级。要根据权力的重要程度、自由裁量权的大小、腐败现象发生的概率及其危害程度等因素，按照"高"、"中"、"低"三个等级评定风险等级，并对不同等级的廉政风险实行分级管理、分级负责、责任到人。

7. 制定防控措施。要根据法律法规、职责权限、工作标准和廉政要求，对查找出来的廉政风险，制定具体管用、切实可行的防控措施，并绘制廉政风险防控工作示意图。属于权力行使方面的，要建立健全权力运行程序规定，探索分权、控权的有效办法，规范权力行使；属于制度机制方面的，要按照建立健全惩治与预防腐败体系的要求，深入推进司法体制和工作机制改革，不断完善反腐倡廉制度体系，切实抓好已有制度的落实；属于外部环境方面的，要通过深入推进司法公开，全面加强内外监督，努力构建抵御外部干扰的"隔离墙"；属于干警思想道德方面的，要通过开展经常性的党性党风党纪教育、职业道德教育、职业纪律教育，增强广大干警风险防范意识，提高廉洁司法和廉洁从政的自觉性。

8. 实施预警处置。要针对腐败现象易发多发的工作岗位和工作环节，通过司法巡查、审务督察、审判监督、案件评查、信访接待、舆情分析等工作，全面收集廉政风险信息，对可能引发腐败的苗头性、倾向性问题进行风险预警，综合运用风险提示、诫勉谈话、责令纠错等方式进行及时处置。

9. 坚持动态管理。要结合社会发展、法律调整、职能变化以及人民群众对人民法院反腐倡廉建设的新要求，及时对廉政风险内容、等级和防控措施进行评估和调整，不断完善廉政风险防控的工作机制，不断增强廉政风险防控的工作实效。

三、工作要求

10. 加强组织领导。各级人民法院要把廉政风险防控机制建设与加强机关党的建设、落实党风廉政建设责任制结合起来，各级人民法院党组及内设部门的主要负责人要对本单位和本部门的廉政风险防控工作负总责，带头抓好自身和管辖范围内的廉政风险防控工作。各级人民法院的纪检监察部门和廉政监察员要主动承担起组织协调和督促检查任务，积极推动廉政风险防控工作的落实。

11. 确保全员参与。各级人民法院要动员全体干警广泛参与廉政风险防控机制构建活动，切实做到不留死角，同时要将查找廉政风险、制定防控措施的过程作为每个部门、每位干警自我教育、自我警示并加强自我约束的过程，促使广大干警牢固树立"忠诚、为民、公正、廉洁"的政法干警核心价值观，进一步增强广大干警抵御干扰、拒腐防变和公正司法的能力。

12. 突出防控重点。各级人民法院要在全面防控廉政风险的基础上，重点加强对法院领导干部、审判执行岗位及人、财、物管理岗位的廉政风险防控工作。在刑事审判活动中要重点加强对从轻处罚、减轻处罚、免除处罚、发回重审、再审改判等环节的风险防控；在民商事和行政审判活动中要重点加强对立案审查、财产保全、调解和解、发回重审、指令再审、上级提审等环节的风险防控；在执行活动中要重点加强对委托评估、拍卖、变卖以及执行财产分割等环节的风险防控；在人事行政管理活动中要加强对干部任用、资产管理、财务报销、物资采购、工程建设等环节的风险防控。

13. 完善制度机制。各级人民法院要针对权力运行的"关节点"、内部管理的"薄弱点"、问题易发的"风险点"，全面建立事前预防、事中监控、事后惩治的风险防控制度体系，切实做到用制度管权、按制度办事、靠制度管人。同时要对人民法院的各项职权进行科学配置，建立健全决定权、执行权、监督权既相互制约又相互协调的权力结构和运行机制。确保审判裁决权、裁判执行权、办案监督权、干部任用权、资金管理权等重要职权的正确行使，严防权力暗箱操作和权力寻租。

14. 加强科技防控。各级人民法院要把现代信息技术手段融入廉政风险防控的制度设计和管理流程之中，建立健全对权力运行进行实时监控的信息管理平台，逐步做到权力运行网上公开、权力行使网上监控、廉政风险网上预警、举报投诉网上受理，不断提高廉政风险防控工作的科技化水平。

15. 务求取得实效。各级人民法院要力戒形式主义，确保本单位的廉政风险防控机制建设取得实效。要将廉政风险防控机制建设的情况纳入对党风廉政建设责任制以及惩治和预防腐败体系建设的检查考核之中，并将检查考核结果作为领导干部评价和任免的重要依据。要以年度为周期，采取自我检查、上级抽查、社会评议等方式，定期对廉政风险防控工作的成效进行检查评估，确保廉政风险防控机制建设扎实推进并取得实效。

最高人民法院
关于适用《人民法院工作人员处分条例》有关问题的答复

2010年4月6日　　法〔2010〕148号

湖南省高级人民法院：

你院《关于如何适用〈人民法院工作人员处分条例〉几个问题的请示》收悉。经研究，答复如下：

一、《人民法院工作人员处分条例》（以下

简称《条例》）不溯及既往。《条例》发布前已做出处分决定的案件，如需要进行复议复查，适用当时的规定。尚未做出处分决定的案件，如果行为发生时的规定不认为是违纪，而本《条例》认为是违纪的，依照当时的规定处理；如果行为发生时的规定认为是违纪，依照当时的规定处理，但是如果本《条例》不认为是违纪或者处理较轻的，依照本《条例》处理。

二、人民法院工作人员退休以后因违纪违法应当降低或者取消所享受的待遇的，应由其原所在法院监察部门参照监察部《关于对犯错误的已退休国家公务员追究行政纪律责任若干问题的通知》（监发〔2001〕3号）和监察部《关于对犯错误的已退休国家公务员追究行政纪律责任中如何扣减退休金问题的答复》（监法复〔2004〕1号）的精神，向组织人事部门提出监察建议，并由该部门办理有关手续。

三、原属于上级法院监察部门监察对象的法院领导干部退休以后，因违纪违法需要给予降低或者取消所享受待遇的，由上级法院向退休人员原所在法院提出监察建议，并由该法院组织人事部门办理有关手续。

此复。

人民法院规范执行行为"十个严禁"

2017年4月6日　　法办〔2017〕54号

一、严禁在办理执行案件过程中"冷硬横推"及消极执行、拖延执行、选择性执行；

二、严禁明显超标的额查封、扣押、冻结财产及违规执行案外人财产；

三、严禁违规评估、拍卖财产及违规以物抵债；

四、严禁隐瞒、截留、挪用执行款物及拖延发放执行案款；

五、严禁违规适用终结本次执行程序及对纳入终结本次执行程序案件不及时定期查询、司法救济、恢复执行；

六、严禁违规使用执行查控系统查询与案件无关的财产信息；

七、严禁违规纳入、删除、撤销失信被执行人名单；

八、严禁在办理执行案件过程中违规会见当事人、代理人、请托人或与其同吃、同住、同行；

九、严禁在办理执行案件过程中"吃拿卡要"或让当事人承担不应由其承担的费用；

十、严禁充当诉讼掮客、违规过问案件及泄露工作秘密。

第二编
执行程序的启动

第十八章 执行依据

第一节 执行依据的种类

中华人民共和国民事诉讼法

2017年6月27日

第一百九十四条 申请司法确认调解协议，由双方当事人依照人民调解法等法律，自调解协议生效之日起三十日内，共同向调解组织所在地基层人民法院提出。

第一百九十五条 人民法院受理申请后，经审查，符合法律规定的，裁定调解协议有效，一方当事人拒绝履行或者未全部履行的，对方当事人可以向人民法院申请执行；不符合法律规定的，裁定驳回申请，当事人可以通过调解方式变更原调解协议或者达成新的调解协议，也可以向人民法院提起诉讼。

第一百九十六条 申请实现担保物权，由担保物权人以及其他有权请求实现担保物权的人依照物权法等法律，向担保财产所在地或者担保物权登记地基层人民法院提出。

第一百九十七条 人民法院受理申请后，经审查，符合法律规定的，裁定拍卖、变卖担保财产，当事人依据该裁定可以向人民法院申请执行；不符合法律规定的，裁定驳回申请，当事人可以向人民法院提起诉讼。

第二百二十四条 发生法律效力的民事判决、裁定，以及刑事判决、裁定中的财产部分，由第一审人民法院或者与第一审人民法院同级的被执行的财产所在地人民法院执行。

法律规定由人民法院执行的其他法律文书，由被执行人住所地或者被执行的财产所在地人民法院执行。

第二百三十四条 人民法院制作的调解书的执行，适用本编的规定。

最高人民法院
关于适用《中华人民共和国民事诉讼法》的解释

2015年1月30日　　法释〔2015〕5号

第四百六十二条 发生法律效力的实现担保物权裁定、确认调解协议裁定、支付令，由作出裁定、支付令的人民法院或者与其同级的被执行财产所在地的人民法院执行。

认定财产无主的判决，由作出判决的人民法院将无主财产收归国家或者集体所有。

最高人民法院
关于人民法院执行工作若干问题的规定（试行）

1998年7月8日　　法释〔1998〕15号

2. 执行机构负责执行下列生效法律文书：

（1）人民法院民事、行政判决、裁定、调解书，民事制裁决定、支付令，以及刑事附带民事判决、裁定、调解书；

（2）依法应由人民法院执行的行政处罚决定、行政处理决定；

（3）我国仲裁机构作出的仲裁裁决和调解书；人民法院依据《中华人民共和国仲裁法》有关规定作出的财产保全和证据保全裁定；

（4）公证机关依法赋予强制执行效力的关于追偿债款、物品的债权文书；

（5）经人民法院裁定承认其效力的外国法院作出的判决、裁定，以及国外仲裁机构作出的仲裁裁决；

（6）法律规定由人民法院执行的其他法律

最高人民法院
关于人民调解协议司法确认程序的若干规定

2011年3月23日　　法释〔2011〕5号

第九条　人民法院依法作出确认决定后，一方当事人拒绝履行或者未全部履行的，对方当事人可以向作出确认决定的人民法院申请强制执行。

人民法院办理执行案件规范

2017年4月

16.【执行依据种类】
下列发生法律效力的具有给付内容的法律文书是人民法院据以强制执行的依据：

（一）民事判决，准予实现担保物权、确认调解协议、财产保全、证据保全、先予执行等民事裁定，民事调解书，民事制裁决定，支付令；

（二）行政判决、裁定、调解书；

（三）刑事裁判涉财产部分内容，刑事附带民事判决、裁定；

（四）仲裁裁决、调解书；

（五）劳动人事争议仲裁裁决书、调解书；

（六）公证债权文书；

（七）法律、司法解释规定的其他应由人民法院执行的法律文书。

18.【撤回上诉时的执行依据】
当事人在二审期间达成诉讼外和解协议后撤回上诉，一方当事人不履行或不完全履行和解协议的，另一方当事人可以向人民法院申请执行一审判决。

第二节　执行依据的鉴别

最高人民法院
关于适用《中华人民共和国民事诉讼法》的解释

2015年1月30日　　法释〔2015〕5号

第三百条　对第三人撤销或者部分撤销发生法律效力的判决、裁定、调解书内容的请求，人民法院经审理，按下列情形分别处理：

（一）请求成立且确认其民事权利的主张全部或部分成立的，改变原判决、裁定、调解书内容的错误部分；

（二）请求成立，但确认其全部或部分民事权利的主张不成立，或者未提出确认其民事权利请求的，撤销原判决、裁定、调解书内容的错误部分；

（三）请求不成立的，驳回诉讼请求。

对前款规定裁判不服的，当事人可以上诉。原判决、裁定、调解书的内容未改变或者未撤销的部分继续有效。

最高人民法院
关于审理涉及人民调解协议的民事案件的若干规定

2002年9月16日　　法释〔2002〕29号

第十条　具有债权内容的调解协议，公证机关依法赋予强制执行效力的，债权人可以向被执行人住所地或者被执行人的财产所在地人民法院申请执行。

最高人民法院
关于适用《中华人民共和国民事诉讼法》审判监督程序若干问题的解释

2008年11月25日　　法释〔2008〕14号

第三十六条 当事人在再审审理中经调解达成协议的,人民法院应当制作调解书。调解书经各方当事人签收后,即具有法律效力,原判决、裁定视为被撤销。

最高人民法院
关于劳动争议仲裁委员会的复议仲裁决定书可否作为执行依据问题的批复

1996年7月21日　　法复〔1996〕10号

河南省高级人民法院:

你院〔1995〕豫法执请字第1号《关于郑劳仲复裁字〔1991〕第1号复议仲裁决定书能否作为执行依据的请示》收悉。经研究,答复如下:

仲裁一裁终局制度,是指仲裁决定一经作出即发生法律效力,当事人没有提请再次裁决的权利,但这并不排除原仲裁机构发现自己作出的裁决有错误进行重新裁决的情况。劳动争议仲裁委员会发现自己作出的仲裁决定书有错误而进行重新仲裁,符合实事求是的原则,不违背一裁终局制度,不应视为违反法定程序。因此对当事人申请执行劳动争议仲裁委员会复议仲裁决定的,应予立案执行。如被执行人提出申辩称该复议仲裁决定书有其他应不予执行的情形,应按照民事诉讼法第二百一十七条①的规定,认真审查,慎重处理。

最高人民法院
关于劳动行政部门作出责令用人单位支付劳动者工资报酬、经济补偿和赔偿金的劳动监察指令书是否属于可申请法院强制执行的具体行政行为的答复

1998年5月17日　　〔1998〕法行字第1号

广东省高级人民法院:

你院《关于如何处理〈劳动监察指令书〉问题的请示》收悉。经研究,原则同意你院意见,即:劳动行政部门作出责令用人单位支付劳动者工资报酬、经济补偿和赔偿金的劳动监察指令书,不属于可申请人民法院强制执行的具体行政行为,人民法院对此类案件不予受理。劳动行政部门作出责令用人单位支付劳动者工资报酬、经济补偿和赔偿金的行政处理决定书,当事人既不履行又不申请复议或者起诉的,劳动行政部门可以依法申请人民法院强制执行。

[提示] 再审民事调解书生效后,原生效判决即已被撤销

最高人民法院执行工作办公室
关于深圳金安集团公司和深圳市鹏金安实业发展有限公司执行申诉案的复函

2001年11月23日　　〔2001〕执监字第188号

广东省高级人民法院:

关于深圳金安集团公司(以下简称金安公司)、深圳市鹏金安实业发展有限公司(以下简称鹏金安公司)申诉一案,本院现已审查完毕,经研究,提出处理意见如下:

一、关于金安公司是否全面履行你院

---

① 民事诉讼法原第二百一十七条现已修改为二百三十七条。——编者注

〔1999〕粤高法审监民再字第 7、8 号民事调解书所确定的义务问题，经查金安公司向本院提供的证据材料，虽能证明其曾向深圳市龙岗区国土局申报过要求转让相关土地给广东建邦集团有限公司（以下简称建邦集团），但国土局已以"资金不落实"、"与龙东村非农建设用地有冲突，不同意选址"为由，退回金安公司有关办文资料。因土地转让存有瑕疵，建邦公司的权利无法实现，所以不能认定金安公司已全面履行了民事调解书所确定的义务。

二、关于本案的执行依据问题

根据《最高人民法院关于适用〈中华人民共和国民事诉讼法〉若干问题的意见》第 201 条①的规定，你院〔1999〕粤高法审监民再字第 7、8 号民事调解书发生法律效力后，原生效判决即〔1997〕深中法房初字第 75 号民事判决和〔1998〕粤法民终字第 28 号民事判决即已被撤销，故你院据两份判决作出〔2001〕粤高法执指字第 5 号民事裁定，指令广州铁路运输中级人民法院执行原判决错误，而应依法执行〔1999〕粤高法审监民再字第 7、8 号民事调解书所确定的金安公司应承担的债务。

三、关于执行深圳市金来顺饮食有限公司、深圳市京来顺饮食有限公司和深圳市东来顺饮食有限公司的问题

请你院监督执行法院进一步核实此三公司的注册资本投入和鹏金安公司受让深圳市金来顺饮食有限公司和深圳市京来顺饮食有限公司各 90% 股权的情况，如三公司确系金安公司全部或部分投资，现有其他股东全部或部分为名义股东，可依据《最高人民法院关于人民法院执行工作若干问题的规定（试行）》第 53 条、第 54 条的规定，执行金安公司在三公司享有的投资权益。但不应在执行程序中直接裁定否定三公司的法人资格。

此复。

【附：案例评析】

深圳金安集团公司、深圳市鹏金安实业发展有限公司执行申诉案

最高人民法院的处理意见：

1. 金安公司提供的证据材料，虽能证明其曾向深圳市龙岗区国土局申报过要求转让相关土地给建邦公司，但国土局已以"资金不落实"、"与龙东村非农建设用地有冲突，不同意选址"为由，退回金安公司有关办文资料。因土地转让存有瑕疵，建邦公司的权利无法实现，所以不能认定金安公司已全面履行了民事调解书所确定的义务。

2. 根据《最高人民法院关于适用〈中华人民共和国民事诉讼法〉若干问题的意见》第 201 条②的规定，广东省高级法院〔1999〕粤高法审监民再字第 7、8 号民事调解书发生法律效力后，原生效判决即〔1997〕深中法房初字第 75 号民事判决和〔1998〕粤法民终字第 28 号民事判决即已被撤销，故广东省高级法院据两份判决作出〔2001〕粤高法执指字第 5 号民事裁定，指令广州铁路运输中级人民法院执行原判决错误，而应依法执行〔1999〕粤高法审监民再字第 7、8 号民事调解书所确定的金安公司应承担的债务。

3. 请广东省高级法院监督执行法院进一步核实此三公司的注册资本投入和鹏金安公司受让金来顺公司和京来顺公司各 90% 股权的情况，如三公司确系金安公司全部或部分投资，现有其他股东全部或部分为名义股东，可依据《最高人民法院关于人民法院执行工作若干问题的规定（试行）》第 53 条、第 54 条的规定，执行金安公司在三公司享有的投资权益。但不应在执行程序中直接裁定否定三公司的法人资格。

评析意见：

1. 金安公司未能依照〔1999〕粤高法审监民再字第 7、8 号民事调解书的规定全面履行义务。

---

① 该条已被最高人民法院《关于适用〈中华人民共和国民事诉讼法〉审判监督程序若干问题的解释》（法释〔2008〕4 号）第三十六所替代，内容修改为："当事人在再审审理中经调解达成协议，人民法院应当制作调解书。调解书经各方当事人签收后，即具有法律效力，原判决、裁定视为被撤销。"

② 最高人民法院《关于适用〈中华人民共和国民事诉讼法〉若干问题的意见》已被最高人民法院《关于适用〈中华人民共和国民事诉讼法〉的解释》（法释〔2015〕5 号）废止，文中该条规定已被最高人民法院《关于适用〈中华人民共和国民事诉讼法〉审判监督程序若干问题的解释》（法释〔2008〕4 号）所取代。——编者注

经审查，我们发现金安公司提供的履行义务的证据材料国土局的回执，只能证明其曾向龙岗区国土局申报过要求转让相关地块给建邦公司，该国土局收到申报材料，不能证明国土局对其申请办文的处理意见。我们针对双方当事人争议的履行情况到龙岗区国土局进行了调查。金安公司称第1项义务已履行完毕，龙岗区国土局给其出示的办文编号为52-993291B00的回执，但该办文申请国土局以〔2000〕征地处（科）退01号退文通知书因资金不落实为由作退文处理。第2项21000平方米的别墅用地，经调查，国土局核定的面积只有16303.51平方米，因金安公司未按调解书规定补偿农民的全部补偿费，故国土局将这块地的办文原件退回。另外9000平方米的商住用地也因与龙东村非农建设用地（村民住宅用地）有冲突，不同意选址，国土局将办文资料退回。上述事实表明，金安公司拟转让给建邦公司的土地是有瑕疵的，金安公司虽然向国土局递交了申请，但都被国土局拒绝办理，予以退回。因此，建邦公司的权利无法实现，金安公司认为其已履行了全部义务的主张不能予以支持。

2. 如何理解本案中再审调解书和原生效判决的关系。

广东省高级人民法院在再审期间，在该院的主持下，双方当事人一致同意将两个案件协商解决，并根据已经发生法律效力的〔1997〕深中法房初字第75号民事判决和〔1998〕粤法民终字第28号民事判决，双方经协商，同意就判决书规定的内容达成和解协议。从和解协议的内容看，并不否定原生效判决，而是依据原生效判决，且在双方当事人不履行该协议约定的义务时，应继续履行原生效判决。该和解协议，性质上实际等同于执行和解协议。但广东省高院却将该和解协议的内容制作了民事调解书，即作出了认可原生效判决内容的调解书。依据《最高人民法院关于适用〈中华人民共和国民事诉讼法〉若干问题的意见》第201条的规定：按审判监督程序决定再审或提审的案件，达成调解协议的，调解书送达后，原判决、裁定即视为撤销。因此，严格来讲，建邦公司不应再申请恢复执行原判决。尽管调解书确定继续履行原判决，但我们认为该民事调解书存在一定瑕疵，不应将已撤销的原判决再在调解书中明确继续履行，而应明确具体权利义务，以免误导当事人认为原判决未撤销，继续申请法院执行原判决。我们认为，本案中，应将继续履行原判决作为调解书确定的金安公司的一项义务，法院可依据该调解书确定的义务对金安公司强制执行。

3. 如何认定东来顺公司、金来顺公司、京来顺公司的财产权益的归属？

广州铁路运输中院在〔2001〕广铁中法执字第8-3号民事裁定书中认定，东来顺公司、金来顺公司和京来顺公司各自的注册资金100万元，均是金安公司出资投入，但都以游伟云、游伟光个人名义出资。金安公司实际享有股东权利。该院认为，被执行人金安公司于法院依法立案执行之后，假借他人名义，并向工商行政管理部门提供虚假材料成立金来顺、京来顺、东来顺公司。其注册成立三公司的真正目的是为了非法转移财产，逃避债务。故裁定：三公司不具备法人资格，其名义财产属于被执行人金安公司所有。我们认为，如广州铁路运输中院查明的情况属实，三公司确系金安公司出资，金安公司在法院立案执行之后，出资成立三公司，却以非实际出资人为名义股东，不享有股东权益，而金安公司实际享有股东权益，其实质是隐瞒金安公司的财产，意图逃避债务。因此，三公司的财产权益实际应归金安公司所有。金安公司对其享有100%的股权。

目前，鹏金安公司主张其对金来顺公司、京来顺公司享有90%的股权，理由是游伟云已将其持有的京来顺公司90%的股权转让给了鹏金安公司，并已办理了工商变更登记。此事实应由广州铁路运输中院进一步核查，即核实三公司的注册资本投入情况，股权转让给鹏金安公司的情况，如三公司确系金安公司全部或部分投资，现有股东全部或部分为名义股东，可据此认定金安公司对三公司享有全部或部分股权。

4. 关于法院能否直接执行东来顺、金来顺、京来顺三公司的财产？

东来顺、金来顺、京来顺三公司均经工商机关核准登记为企业法人，三公司一经成立，便在法律上获得了独立的人格，具有其独立的名称，公司可以自己的名义对公司财产享有所有权，具有独立于其股东成员的权利能力和行为能力，对外独立承担民事责任。本案中，金安公司已经实际出资成立了具有法人资格的三公司，其投入到三公司的资产，已变成三公司的法人财产，法人财产与其股东财产是相分离的，因此，金安公司对其投入的资产不再享有直接支配权，不能随意处分。人民法院只可依据最高法院《关于人民法院执行工作若干问题的规定（试行）》第53条、54条的规定，对金安公司在三公司的投资权益予以转让，以转让所得清偿其对申请执行人的债务，而不能直接裁定执行三公司的财产。

5. 关于法院能否在执行程序中直接用裁定来否认公司法人资格。

一个企业是否是独立的法人，具有法人资格，是由工商行政机关予以审核，并颁发企业法人营业执照的。法院在执行过程中，往往发现有些企业法人实际并不符合企业法人成立要件，并不具有企业法人资格。有些法院的执行机构直接裁定该企业法人不具有法人资格，否认其法人资格。我们认为，法院不宜在执行程序中直接裁定否定公司的法人资格，而应依照一定的诉讼程序，通过实体审判来解决企业法人资格真实与否问题。执行机构应以工商登记为准来处理相关事宜。因此，广州铁路运输中院在执行程序中直接作出〔2001〕广铁中法执字第8—3号民事裁定书裁定金来顺公司、京来顺公司、东来顺公司不具备法人资格不当。①

最高人民法院执行工作办公室关于中奥（珠海）塑料包装有限公司执行申诉一案的复函

2002年1月17日　〔2001〕执监字第80号

广东省高级人民法院：

你院〔1999〕粤高法执督字第57号函收悉，经研究，答复如下：

一、珠海王子实业有限公司在执行程序中提供的汇率结算协议书，未经实体判决认定，在执行程序中不能采信。债务人应按生效判决之判定以美元给付债权人。若给付美元不能的，应按实际给付之日的国家外汇牌价汇率予以折算成人民币给付。

二、珠海市中级人民法院根据珠海市人民政府的协调安排意见，裁定由中奥（珠海）塑料包装有限公司承担11套职工住房转让款及租金，缺乏法律依据，且改变了〔1996〕粤高法审监经字第4号民事判决的内容，应予纠正。

三、中奥公司将其位于珠海市拱北夏湾二路排洪沟北侧的10,853平方米土地及地上附着物5878平方米建筑物抵押给中国银行珠海分行的抵押登记时间是1999年12月26日，而此时依〔1998〕珠法执字第62—1号民事裁定书，珠海王子实业有限公司尚欠中奥（珠海）塑料包装有限公司3,493,025.13元人民币，故不能认定中奥（珠海）塑料包装有限公司为逃避债务恶意抵押。珠海市中级人民法院在执行程序中裁定登记机关的抵押登记行为失当，应予纠正。

请你院按照上述意见予以办理。

【附：案例评析】

中奥（珠海）塑料包装有限公司执行申诉案

最高人民法院的处理意见：

最高法院于2002年1月17日作出〔2001〕执监字第80号函，函的内容如下：（1）王子公司在执行程序中提供的汇率结算协议书，未经实体判决认定，在执行程序中不能采信。债务人应按生效判决之判定给付债权人。若美元给付不能的，应按实际给付之日的国家外汇牌价汇率予以折算成人民币给付。（2）珠海中院根据珠海市政府的协调安排意见，裁定中奥公司承担11套职工住房转让款及租金，缺乏法律依据，且改变了〔1996〕粤高法审监经字第4号民事判决的内容，应予纠正。（3）中奥公司将其位于珠海市拱北夏湾二路排洪沟北侧的10,853平方米土地及地上附着物5878平方米建筑物抵押给中国银行珠海分行的抵押登记时间是1999年12月26日，而此时依〔1998〕珠法执字第62—1号民事裁定书，王子公司尚欠中奥公司三百多万元，因此不能认定该抵押系中奥公司逃避王子公司的债务而进行的恶意抵押。珠海市中级人民法院在执行程序中裁定登记机关的抵押登记行为无效不妥，应该予以

---

① 刘涛：《深圳金安集团公司、深圳市鹏金安实业发展有限公司执行申诉案》，载最高人民法院执行工作办公室编：《强制执行指导与参考》2002年第3辑（总第3辑），法律出版社2003年版，第220~231页。

纠正。

本案评析意见：

1. 未经实体判决判定的约定在执行程序中采信属于以执代审

中奥公司由申请执行人变成被执行人的关键证据就是1990年4月27日中奥公司与王子公司在结算文件中对美元汇率的换算约定，该函的真实性及是否采信是各方争议的焦点之一。从证据法的一般原理和有关证据规则看，广东省高级人民法院确认该函真实有效的两个证据明显存在不充分，对中奥公司提出否定汇率折算函效力的几个证据没有进一步查证，却在确认该函效力的《执行意见函》中认为"本案判决书未提及美元兑换人民币的汇率问题，当事人双方在1990年4月约定按汇率1∶3.7216将美元折算成人民币来结算双方的债权债务，执行中应尊重当事人的约定。"并以此作为执行的依据。既然要尊重当事人的约定，那在执行程序中就只能依靠当事人的自觉履行，而不能进入法院的强制执行程序，因为作为有实体权利义务内容的自由约定只有依赖于法院的实体判决判定后才能有强制执行力，在执行程序中通过裁定予以采信，实质上是以执行程序中的裁定替代审判程序中的判决，这种以执代审是在执行程序中经常易犯的错误。

美元作为给付的判项，在强制执行时如何折算成人民币来执行也是我们经常遇到的问题。美元本身作为判决书判定给付的特定标的物，是有确定的给付内容，也是可实际执行的，在执行程序中一般应严格按照判项的内容来执行，只有确实在该类标的物在给付不能时，才能按实际给付之日的国家外汇牌价折算成人民币后予以给付。

2. 行政文件不能作为法院强制执行的依据

1999年7月18日生效的《关于人民法院执行工作若干问题的规定（施行）》第2条明确规定了人民法院执行机构据以强制执行的生效法律文书的种类，珠海市中级人民法院将珠海市政府的办公会议纪要和协调安排意见作为执行依据，显然缺乏法律依据。何况，该争议的事项在再审判决中已明确判定"此13套房应由中技公司与住户另行解决"，珠海市政府办公会议纪要和珠海市政府办公室给珠海中院指令函要求中奥公司承担房款

289.776万元，此款不属本案的执行款项，王子公司要求中奥公司支付该款项不属法院执行内容，珠海中院在执行中以行政文件作为执行依据，没有法律根据，应予纠正。

3. 抵押登记的效力不宜在执行程序中直接裁定

在本案中，可以从两个方面认定中奥公司的抵押不是恶意的：首先，中奥公司欠中国银行珠海分行的贷款是真实的，1996年8月13日至1997年8月28日间中奥公司共贷了1200万元。其次，在1999年12月26日抵押时，中奥公司并不欠王子公司的债务，相反，此时依据珠海中院1999年10月25日的执行裁定，中奥公司还是王子公司的债权人，债权人肯定不会存在逃避债务的问题。因此，珠海市中级人民法院认定该抵押行为系在执行中转移财产、逃避债务是缺乏依据的。另外，中奥公司将土地及附着物抵押给中国银行珠海市分行的抵押合同本身是否有效，中国银行珠海市分行是否对该抵押物享有优先受偿权，均应通过民事诉讼解决，登记机关的登记行为的效力也应通过行政复议或行政诉讼来解决，珠海市中级人民法院在执行中直接认定该房地产登记管理中心的登记行为无效的做法是不当的。①

最高人民法院
对能否以判决主文或判决理由作为执行依据的请示致辽宁省高级人民法院的复函

〔2004〕执他字第19号

辽宁省高级人民法院：

你院〔2003〕辽执监字第157号《关于营口市鲅鱼圈区海星建筑工程公司与营口东方外国语专修学校建筑工程欠款纠纷执行一案的疑请报告》收悉。经研究，答复如下：

同意你院审判委员会少数人意见。判决主文是人民法院就当事人的诉讼请求作出的结论，

---

① 黄年：《中奥（珠海）塑料包装有限公司执行申诉案》，载最高人民法院执行工作办公室编：《强制执行指导与参考》2004年第1集（总第9集），法律出版社2004年版，第89～95页。

而判决书中的"本院认为"部分,是人民法院就认定的案件事实和判决理由所作的叙述,其本身并不构成判项的内容。人民法院强制执行只能依据生效判决的主文,而"本院认为"部分不能作为执行依据。但在具体处理上,你院可根据本案的实际情况,依法保护各方当事人的合法权益。

此复。

【附:案例评析】

以判决主文或判决理由作为执行依据请示案

最高人民法院的意见:

最高人民法院认为,判决主文是人民法院就当事人的诉讼请求作出的结论,而判决书中的"本院认为"部分,是人民法院就认定的案件事实和判决理由所作的叙述,其本身并不构成判项的内容。人民法院强制执行只能依据生效判决的主文,如果判决主文中没有相应的判项,则"本院认为"部分所作的论述不能作为执行依据。

评析意见:

笔者认为,此案的焦点问题实际上涉及判决既判力的客观范围问题。最高人民法院之所以同意辽宁高院审委会的少数人意见,主要基于以下理由:

关于判决既判力的客观范围,各国民事诉讼法都有一定的规定。如德国《民事诉讼法》第三百二十二条第一款、日本《民事诉讼法》第一百一十四条第一款都规定,原则上既判力的客观范围只限于法院在判决书主文中显示的判断。判决书主文显示的判断既包括当事人向法院提出的请求,即作为诉讼标的的法律关系,也包括法院对当事人申请的适当与否作出的判断。国外的判决书一般由主文(显示法官对当事人请求作出的最终判断,简言之就是结论)、事实、理由和其他记载事项构成。我国的判决书一般由开头(当事人、案件基本事实)、法院认定事实和适用法律及判决主文等部分组成。通常,法官在判决主文中只就当事人的诉讼请求作出结论,且该结论是在对相关事实的审查和判决理由叙述的基础上显示的。可以说是叙述在前,结论在后。然而,各国法律为什么没有规定与结论密切相关的判决理由中的判断具有既判力呢?原因有三:一是理由判断所涉及的当事人提出的诉讼请求本身,并未经当事人作为争点在诉讼中认真加以辩论,因而为了避免对未经当事人认真对待的请求作出判断而造成突然袭击,不能认可关于此的理由判断具有既判力;二是如果允许法院对当事人没有认真争执的争点作出的判断产生既判力,当事人就丧失了在今后别的诉讼中就未经争执的争点展开争执的可能,而且也不能提出与被作出了判断的争点相矛盾的主张;三是从法院的立场上说,如果法院在前诉关于结论的理由判断不具有既判力,则法院在后诉可以迅速且有效地进行诉讼指挥。总之,作为判决理由中判断对象的当事人主张,相对于诉讼上的请求而言,处于一种手段性、次元性的地位,正是基于这种判断的手段性和次元性,故不承认判决理由中的判断产生既判力。

本案原告建筑公司的一审诉讼请求是:(一)请求判决第一被告(专修学校)给付所欠工程款及滞纳金;(二)请求判决第二被告(东北大学成教学院营口分院)给付所欠工程款及滞纳金;(三)要求二被告承担诉讼费用。从原告的诉讼请求可以看出,其只要求二被告给付所欠工程价款及滞纳金,并未要求对双方所签订的还款协议的内容进行裁判。所以一审法院在判决主文中只判令被告给付原告工程款及滞纳金和利息,而没有对还款协议进行裁判,符合不告不理的原则。至于在"本院认为"部分认为还款协议合法有效,是基于对被告欠付原告工程款及签订还款协议这一事实的判断,签订还款协议的事实证明了被告欠款未还,但法院在审理中并未对还款协议的内容进行裁判,当事人也没有提出相应的诉讼请求。故该判断与判决主文中的判断是不同的,其根本区别在于:判决理由中的判断相对于判决主文中的判断而言,居于一种手段性、次元性的地位,是为了说明作出判决的理由。该种判断没有既判力,故不能作为法院强制执行的依据。[①]

[①] 于泓:《以判决主文或判决理由作为执行依据请示案》,载最高人民法院执行工作办公室编:《强制执行指导与参考》2004年第4集(总第12集),法律出版社2005年版,第84~88页。

最高人民法院（2014）
执他字第 35 号函

2014 年 10 月 28 日

河北省高级人民法院：

你院《关于刘振树与隆化县郭家屯镇人民政府、姜凤春承包合同纠纷执行一案的请示报告》收悉。经研究，答复如下：

一、关于执行依据中具体执行内容的判断。具体执行内容应主要根据执行依据主文进行判断。必要时，应结合执行依据的其他部分，比如判决书的说理、当事人诉讼请求等内容综合判断。

本案判决的具体内容为"交付岩矿经营权"，该判决能够强制执行。理由如下：第一，本案执行依据的终审判决主文表述为："……岩矿自××年××月××日起归原告经营"，体现了在规定时间交付经营权的意思；第二，上述终审判决在"本院认为"部分也体现了协议期限届满后，涉案岩矿的经营应恢复到协议前由原告经营状态的意思；第三，当事人的诉讼请求也是要求交还岩矿（包括手续变更）。

二、关于"岩矿经营权"与采矿权证办理的关系。采矿权是一种经行政许可的权利，对于采矿权的执行涉及司法权与行政权的界限。作为本案执行依据的终审判决谨慎地处理了"岩矿经营权"与采矿权证的关系。该判决在"本院认为"部分一方面认定原告享有"岩矿经营权"，同时认为采矿权资格的审查、采矿权属的变更都属于行政机关的职权范围。基于这一判断，判决书在主文中确认了岩矿在规定时间归原告经营，同时撤销了一审主文关于"被告协助原告办理过户手续"的内容。忠实遵照执行依据进行执行，是执行程序的基本原则。由于作为本案执行依据的终审判决已经明确区分了"岩矿的经营权"与"采矿权证的许可"，并将判决的内容限定在前者的范围内，所以执行程序应当严格依判决内容执行。

三、关于"交付岩矿经营权"的具体执行。由于占有是经营的基础，所以在执行程序中应当移交涉案岩矿的占有；由于执行依据区分了"岩矿经营权"与采矿权证的办理，所以执行程序中不能要求行政机关办理采矿权过户手续。如果岩矿经营的权利人因采矿权的许可发生了争议，应当通过其他途径进行救济。

请你院根据上述意见，结合案件具体情况，依法妥善处理相关案件。

【附：案例评析】

"岩矿归原告经营"的判决能否执行及如何执行的请示与答复

四、评析

本案中，存在争议的判决主文为"位于隆化县郭家屯镇干沟门村大北沟的珍珠岩矿自 2010 年 1 月 1 日起归刘振树经营"。由于岩矿的经营涉及采矿权这一行政性的审批权力，所以如何把握执行的内容范围，即执行中是否要强制办理采矿权权属的变更登记，容易发生分歧。河北两级法院对此也是存在不同认识，并因此请示最高法院。

本案中，判断执行内容的主要根据是二审判决的主文。当对判决主文的理解存在分歧时，应当参考判决的说理部分及案件的审理过程。首先确定了执行依据中待实现的事项，才能讨论能否执行与如何执行的问题。

（一）本案具体需要实现的判决事项

作为本案执行依据的河北高院二审判决[①]主文为：一、撤销承德中院（2009）承民初字第 166 号民事判决第二项，维持该判决第一、第三、第四项；二、位于隆化县郭家屯镇干沟门村大北沟的珍珠岩矿自 2010 年 1 月 1 日起归刘振树经营。

而承德中院的一审判决主文为：一、被告隆

[①] 需要说明的是，本案经我院指定河北高院再审，河北高院 2011 你那 7 月 28 日（2011）冀民再终字第 119 号维持了本案的二审判决。对于再审维持原判的，哪个法律文书是执行依据可能存在争议，这里为了行文的方便，回避了该争议，直接视原二审判决为执行依据。

化县郭家屯镇政府与被告姜凤春于2001年4月19日所签订的《珍珠岩矿山开采权经营协议书》中关于被告姜凤春享有的自2010年1月1日起至2031年10月1日止珍珠岩矿山开采权的约定无效；二、本案讼争的位于隆化县郭家屯镇干沟门村大北沟的珍珠岩矿自2010年1月1日起归原告刘振树经营，由被告隆化县郭家屯镇政府、被告姜凤春协助办理相关权属变更手续；三、被告隆化县郭家屯镇政府于本判决生效后十日内向原告刘振树支付违约金10万元；四、驳回原告刘振树其他诉讼请求。

对比一审、二审判决主文，可以看出，作为执行依据的二审判决驳回了原告关于权属手续变更的诉讼请求。① 即本案执行依据的该项主文中，待实现的权利内容不包括办理权属变更手续，而仅限于"岩矿归刘振树经营"。

（二）执行依据排除办理权属变更手续的原因

原告刘振树诉讼请求为：确认两被告郭家屯镇政府与姜凤春签订的合同无效、两被告交还涉案岩矿（包括手续变更）及支付违约金等内容。一审判决可以说全面支持原告的诉讼请求。但是二审判决却撤销了两被告协助办理相关权属变更手续的内容，仅保留涉案岩矿自2010年1月1日起归刘振树经营的判项。至于判项变更的原因，二审判决的"本院认为"部分有清楚的表述："是否批准授予采矿许可是有关行政部门的职能范围，不是人民法院的职能范围。但是，当事人的某些民事行为却是构成采矿权的基础要素，人民法院正是需要对这些基础的民事行为进行审理和认定。"……"1984年成立的三道营乡干沟门珍珠岩矿是刘振树自筹资金设立的挂靠干沟门村集体名下的企业，实际权利义务由刘振树享有与承担。"……"镇政府与刘振树1995年《协议》约定的合作期限为15年，即到2009年12月31日止。协议期限届满该珍珠岩矿的经营应当恢复为协议前的状况。《协议》前刘振树是三道营乡干沟门珍珠岩矿的权利义务人，并持有负责人为刘振树的三道营乡干沟门珍珠岩矿采矿许可证，一直并没有被撤销，因此，刘振树享有三道门乡干沟门珍珠岩矿现为郭家屯镇干沟门村大北沟的珍珠岩矿的经营权。本案的审理目的在于，确认和捋清当事人之间的民事权利义务关系脉络，为相关行政部门批准采矿许可提供基础民事事实的司法评判。但是本案采矿权的行政许可，还需相应行政部门审查批准，办理相应的采矿许可权证书。"

二审判决的说理部分解释了撤销一审关于"协助办理权属变更手续"的原因，也印证了二审判项中"岩矿归刘振树经营"的具体含义，即该判项中并不包含直接要求行政机关办理权属变更登记的内容。因为人民法院审判的职能是捋清当事人之间的权利义务关系，而采矿权证的许可是相关行政机构的职能范围。且刘振树持有涉案岩矿的采矿许可证一直未被撤销。

可以说，本案二审判决清楚表明了对于涉案岩矿经营权的归属与行政许可、权属变更关系的态度，在执行中应予以充分尊重。

（三）"岩矿归刘振树经营"是否具有可执行性

判断执行依据是否具有可执行性，主要看是否具有给付内容，及给付的内容是否明确。本案中，判决主文"岩矿归刘振树经营"，显然具有交付岩矿给原告经营的内容，应该说该内容是具体而明确的。即在一般意义上来说，该项内容能够予以强制执行。

本案的特殊之处在于，"岩矿的经营"需要取得采矿权，是一种需要取得行政许可的权利。执行程序中仅仅转移经营权而不同时办理权属变更登记，是否合法并且妥当，会存在争议。② 其实河北高院二审判决的"本院认为"已经解决了该问题。"本院认为"明确区分了岩矿经营与权属变更两个问题。认为"采矿权证的许可是相关行政机构的职能范围"；同时认为，原告持有的三道营乡干沟门珍珠岩矿采矿许可证一直未被撤销，因此"享有三道门乡干沟门珍珠岩矿现为郭家屯镇干沟门村大北沟的珍珠岩矿的经营权"。由此可见，仅将岩矿经营权交付给原告是否合法的问题，已经被执行依据所论证，执行程序只需忠实实现执行依据的确认的权利义务即可。

---

① 原告刘振树诉讼请求为：确认两被告郭家屯镇政府与姜凤春签订的合同无效、两被告交还涉案岩矿（包括手续变更）及支付违约金等内容。

② 具有明确给付内容的判决并非都能强制执行，理论上一个典型而极端的例子是"同居义务"，"同居义务"是明确而具体的，但是一般认为，不能予以强制执行。

（四）本案应如何执行

第一，应当移交涉案岩矿。由于判决确定涉案岩矿归刘振树经营，而占有是经营的基础。所以，应将涉案岩矿移交刘振树占有。

第二，不能直接责令行政机关办理采矿权过户手续。由于判决明确区分了人民法院及行政机关的职能，认为是否颁发采矿权证书属于行政职能范围，因此执行程序中不能直接责令行政机关办理采矿权过户手续。

第三，刘振树可申请办理新证、提起行政诉讼。根据二审判决，刘振树持有涉案岩矿的采矿许可证一直未被撤销。如果能够依据该许可证经营，刘振树可依据该许可证经营。如需要办理新证或者权属变更，刘振树应申请办理新证。如果对于相关行政行为不服，可提起行政诉讼进行救济。

另外需要说明的是，上述处理是基于二审判决作出。如果当事人对于二审判决不服，当然可以按照审判监督程序进行救济。①

最高人民法院
关于发布第一批指导性案例的通知

2011年12月20日　　法〔2011〕354号

指导案例2号：

吴梅诉四川省眉山西城纸业有限公司买卖合同纠纷案

关键词

民事诉讼 执行 和解 撤回上诉 不履行和解协议申请执行一审判决

裁判要点

民事案件二审期间，双方当事人达成和解协议，人民法院准许撤回上诉的，该和解协议未经人民法院依法制作调解书，属于诉讼外达成的协议。一方当事人不履行和解协议，另一方当事人申请执行一审判决的，人民法院应予支持。

相关法条

《中华人民共和国民事诉讼法》第二百零七条②第二款

基本案情

原告吴梅系四川省眉山市东坡区吴梅收旧站业主，从事废品收购业务。约自2004年开始，吴梅出售废书给被告四川省眉山西城纸业有限公司（简称西城纸业公司）。2009年4月14日双方通过结算，西城纸业公司向吴梅出具欠条载明：今欠到吴梅废书款壹佰玖拾柒万元整（￥1970000.00）。同年6月11日，双方又对后期货款进行了结算，西城纸业公司向吴梅出具欠条载明：今欠到吴梅废书款伍拾肆万捌仟元整（￥548000.00）。因经多次催收上述货款无果，吴梅向眉山市东坡区人民法院起诉，请求法院判令西城纸业公司支付货款251.8万元及利息。被告西城纸业公司对欠吴梅货款251.8万元没有异议。

一审法院经审理后判决：被告西城纸业公司在判决生效之日起十日内给付原告吴梅货款251.8万元及违约利息。宣判后，西城纸业公司向眉山市中级人民法院提起上诉。二审审理期间，西城纸业公司于2009年10月15日与吴梅签订了一份还款协议，商定西城纸业公司的还款计划，吴梅则放弃了支付利息的请求。同年10月20日，西城纸业公司以自愿与对方达成和解协议为由申请撤回上诉。眉山市中级人民法院裁定准予撤诉后，因西城纸业公司未完全履行和解协议，吴梅向一审法院申请执行一审判决。眉山市东坡区人民法院对吴梅申请执行一审判决予以支持。西城纸业公司向眉山市中级人民法院申请执行监督，主张不予执行原一审判决。

裁判结果

眉山市中级人民法院于2010年7月7日作出〔2010〕眉执督字第4号复函认为：根据吴梅的申请，一审法院受理执行已生效法律文书并无不当，应当继续执行。

---

① 葛洪涛：《"岩矿归原告经营"的判决能否执行及如何执行的请示与答复》，载江必新、刘贵祥主编，最高人民法院执行局编：《执行工作指导》2015年第2辑（总第54辑），国家行政学院出版社2015年版，第126～135页。

② 民事诉讼法原第二百零七条现已修改为第二百三十条。——编者注

裁判理由

法院认为：西城纸业公司对于撤诉的法律后果应当明知，即一旦法院裁定准予其撤回上诉，眉山市东坡区人民法院的一审判决即为生效判决，具有强制执行的效力。虽然二审期间双方在自愿基础上达成的和解协议对相关权利义务做出约定，西城纸业公司因该协议的签订而放弃行使上诉权，吴梅则放弃了利息，但是该和解协议属于双方当事人诉讼外达成的协议，未经人民法院依法确认制作调解书，不具有强制执行力。西城纸业公司未按和解协议履行还款义务，违背了双方约定和诚实信用原则，故对其以双方达成和解协议为由，主张不予执行原生效判决的请求不予支持。

最高人民法院
执行裁定书

〔2014〕执监字第80号

申诉人（申请执行人）：伊宁市华强新型建材有限责任公司。住所地：伊宁边境经济合作区福州路136号（伊宁市锦城家园7号楼二楼）。

法定代表人：王某，该公司董事长。

委托代理人：吴帆，新疆伊力佳律师事务所律师。

被申诉人（被执行人）：李某，男，汉族，1965年3月18日出生，住新疆伊宁市巴彦岱镇基建队路基建队，身份证号（略）。

委托代理人：李军，新疆同济律师事务所律师。

申诉人伊宁市华强新型建材有限责任公司（以下简称华强公司）不服新疆维吾尔自治区高级人民法院〔2013〕新执二监字第148号执行裁定，向本院提出申诉。本院受理后，依法组成合议庭审查。2014年6月13日本院组织听证，华强公司法定代表人及委托代理人、李某及委托代理人参加了听证。本案现已审查终结。

本院经审查查明，华强公司与李某买卖合同纠纷一案，伊宁市人民法院于2010年5月25日作出了〔2010〕伊民初字第1514号民事调解书，主要内容为：（1）被告李某自2010年5月1日起至2010年11月30日止给原告华强公司供烧结多孔砖1350万块（其中5月份供砖150万块，6—8月份每月供砖270万块，9—10月份每月供砖170万块，11月份供砖50万块），单价每块0.36元，由被告负责运输（伊宁市范围内，运输地点由原告提前1天告知被告）。另每座窑存砖超过一圈时，原告支付超过部分每块0.015元；（2）被告李某若不能按约定完成当月的供砖量，必须在次月内补足，若次月仍未补足则按不足部分每块0.29元补偿给原告华强公司；（3）原告华强公司每月30日与被告李某结算，并在5个工作日内结清当月所购砖款，逾期每日按日万分之五承担违约金，被告李某总计提供200万元国家认可的税务发票（普通发票）；（4）被告李某在完成当月约定的供砖量后方可自行销砖，原告华强公司不得阻碍，在供砖期间，被告不得自行与原告的客户联系结算；（5）双方严格履行上述协议，若原告未按约定付款，则承担未付款部分30%的违约金，若被告未供够砖数，除每块按0.29元补偿原告外，还应承担未供部分30%的违约金；（6）双方再无其他纠纷。本案受理费4828元，邮寄费60元，由原告负担3000元，被告负担1888元。

李某按上述调解书确定的内容履行至2010年6月后再未继续履行。华强公司分别于同年7月3日、9月6日向伊宁市人民法院申请执行，要求李某履行调解书确定的供砖义务，李某亦因履行调解书确定的义务向伊宁市人民法院提出相关要求，法院组织双方进行了协商。后李某于2010年7月16日向新疆维吾尔自治区高级人民法院伊犁哈萨克自治州分院申请再审，请求撤销伊宁市人民法院〔2010〕伊民初字第1514号民事调解书，2011年4月6日新疆维吾尔自治区高级人民法院伊犁哈萨克自治州分院作出〔2010〕伊州民申字第157号民事裁定，驳回李某的再审申请。2011年4月25日，李某向新疆维吾尔自治区高级人民法院申请再审，新疆维吾尔自治区高级人民法院于2012年11月26日作出〔2012〕新民申字第1210号民事裁定，驳回李某的再审申请。

2011年5月20日,华强公司向伊宁市人民法院申请执行,要求被执行人李某支付违约金4350326.94元,迟延履行金52万元。2012年1月9日,伊宁市人民法院立案执行,2012年1月11日,伊宁市人民法院向被执行人李某发出〔2012〕伊执字第31号执行通知书,通知被执行人李某3日内履行向华强公司支付案款4350326.94元的义务,负担申请执行费45903元。因被执行人李某未按执行通知书履行支付案款的义务,伊宁市人民法院于2012年2月27日作出〔2012〕伊执字第31号执行裁定,内容为:冻结、划拨被执行人李某存款4396229.94元;扣留、提取被执行人李某收入4396229.94元;查封、扣押、冻结、拍卖、变卖被执行人李某的财产4396229.94元。被执行人李某不服该裁定,向伊宁市人民法院提出执行异议申请,2012年5月20日,伊宁市人民法院作出〔2012〕伊执异字第31-1号执行裁定,驳回被执行人李某的执行异议。李某不服该裁定,于2012年6月5日向新疆维吾尔自治区高级人民法院伊犁哈萨克自治州分院提出复议申请,2013年3月21日,新疆维吾尔自治区高级人民法院伊犁哈萨克自治州分院作出〔2012〕伊州执复字第00012号执行裁定,驳回李某的复议申请。

2013年4月8日,李某向新疆维吾尔自治区高级人民法院申诉,认为伊宁市人民法院作出的〔2010〕伊民初字第1514号民事调解书中的违约条款不具有可执行性。该调解书内容上是对原买卖合同条款的变更,通过法院达成了一个新的买卖协议;华强公司申请执行并未提供李某违约的证据,而李某于2010年6月26日委托伊犁公证处对华强公司的违约行为进行了公证,证明华强公司的违约事实,但执行法院不予采纳;华强公司至今尚欠其砖款,该调解书在履行过程中违约的责任人是华强公司;在执行程序中直接裁定确定李某违约责任及违约金额,剥夺了李某对违约责任及违约金数额的上诉权利。

新疆维吾尔自治区高级人民法院经审查认为,在执行中,双方当事人对在履行伊宁市人民法院〔2010〕伊民初字第1514号民事调解书过程中谁应负违约责任,产生较大分歧,双方都举证对方违约。执行法院在执行程序中适用实体法直接确认当事人在履行调解书过程中的违约责任,超出了执行审查的范围,该违约责任的确定需通过诉讼程序解决。伊宁市人民法院作出的〔2012〕伊执异字第31-1号执行裁定和新疆维吾尔自治区高级人民法院伊犁哈萨克自治州分院作出的〔2012〕伊州执复字第00012号执行裁定均超出了执行裁定的范围,不利于保护双方当事人的合法权益,应予撤销。据此,新疆维吾尔自治区高级人民法院于2013年12月9日作出〔2013〕新执二监字第148号执行裁定,裁定撤销了上述两份裁定。

申诉人华强公司不服新疆维吾尔自治区高级人民法院作出的〔2013〕新执二监字第148号执行裁定,向本院申诉称:(1)新疆维吾尔自治区高级人民法院直接作出裁定撤销了伊宁市人民法院作出的〔2012〕伊执异字第31-1号执行裁定和新疆维吾尔自治区高级人民法院伊犁哈萨克自治州分院作出的〔2012〕伊州执复字第00012号执行裁定,没有给申诉人陈述和申辩的权利,有违公正、公平和公开的司法原则。(2)新疆维吾尔自治区高级人民法院的裁定适用法律存在问题。本案系买卖合同纠纷,依法成立的合同,当事人应当全面履行。根据《最高人民法院关于人民法院民事调解工作若干问题的规定》第19条规定:"调解书确定的担保条款条件或者承担民事责任的条件成就时,当事人申请执行的,人民法院应当依法执行。"该条中"担保条款或者民事责任的条件"均涉及民事实体法,并且都包含一方履行、另一方接受履行的过程。对于先履行的一方如不履行义务,对方即可以申请法院强制执行,无须再进行民事诉讼审理后执行。本案的调解书中,双方的履行有先后顺序:李某供货,华强公司接货并按约定支付价款。如李某不供货,华强公司即可向法院申请执行。李某关于华强公司没有向其发出供货提示的辩解不成立。首先,假设华强公司不履行调解书,李某可以采取提存、申请执行的方式来履行,但李某没有这样做。其次,华强公司申请李某履行供砖义务,李某立即向法院申请再审,要求撤销调解书,不履行供货义务。再次,华强公司申请执行时,建筑用砖已大幅涨价，远高于调解书确认的价格。综上，请求撤销新疆维吾尔自治区高级人民法院作出的〔2013〕新执二监字第148号执行裁定，维持伊宁市人民法院作出的〔2012〕伊执异字第31—1号执行裁定和新疆维吾尔自治区高级人民法院伊犁哈萨克自治州分院作出的〔2012〕伊州执复字第00012号执行裁定。

被申诉人李某称：华强公司的申诉请求不能成立，请求依法驳回。主要理由是：（1）李某没有违约，调解内容显然是对2009年的销售合同的变更，约定对方自提，还约定结算方式和违约责任。李某一直按合同履行，对方为提高砖价，不拉砖，造成砖厂的砖堆积，没办法正常生产，有公证为据。（2）本案重点是调解书是否具有可执行性，一般调解书对权利义务约定非常明确，不存在争议。而本案调解书是对双方权利义务的约定，若一方违约，才支付违约金，到底是谁违约，存在很大争议，不宜在执行程序中直接确定，调解书不适合直接执行。

本院经审查认为，依法生效的调解书不仅是对当事人在自愿、合法基础上达成的权利义务协议内容的确定，而且也是具有强制执行效力的法律文书。根据《最高人民法院关于人民法院执行工作若干问题的规定（试行）》第18条的规定，申请执行的法律文书应当有给付内容，且执行标的和被执行人明确。故对于可采取强制执行措施的生效法律文书所确定的内容必须具有给付性，如果一方当事人不按照确定的给付内容履行，另一方当事人可以就该确定的给付内容向人民法院申请强制执行。因此，人民法院在受理执行案件时，首先应对申请人的债权请求权是否存在予以审查，即有权对调解书等法律文书是否具有可执行性进行审查，主要包括审查法律文书是否已经生效、义务人是否在法律文书确定的期限内履行义务、法律文书确定的强制执行条件是否明确等。就本案而言，调解书的主文主要有两个方面的内容：一是当事人双方互负给付义务，即被告李某负有给付原告华强公司烧结多孔砖1350万块的义务，原告华强公司负有按照单价每块0.36元给付价款的义务。可见，就调解书确定的双方互负给付义务而言，调解书具有给付内容，本案属于具有执行内容的案件。当事人一方未按调解书确定的内容履行时，另一方可以向人民法院申请执行。二是违约责任的约定。违约责任的约定体现在四个条款中，即第一条约定：每座窑存砖超过一圈时，原告支付超过部分每块0.015元；第二条约定：被告李某若不能按约定完成当月的供砖量，必须在次月内补足，若次月仍未补足则按不足部分每块0.29元补偿给原告华强公司；第三条约定：原告华强公司每月30日与被告李某结算，并在5个工作日内结清当月所购砖款，逾期每日按日万分之五承担违约金；第五条约定：双方严格履行上述协议，若原告未按约定付款，则承担未付款部分30%的违约金，若被告未供够砖数，除每块按0.29元补偿原告外，还应承担未供部分30%的违约金。由此可见，因调解书并没有明确一方当事人已经违约所应承担的责任，需要对该调解书所约定的违约责任的确定性予以判断，不属于本应在该案诉讼中应当解决而没有解决的问题，不可通过审判监督程序予以解决，且本案当事人李某已分别向新疆维吾尔自治区高级人民法院伊犁哈萨克自治州分院和新疆维吾尔自治区高级人民法院申请再审，均因不符合法律规定的条件而被驳回。本案调解书中所确定的基于双方违约责任而导致的给付义务，取决于未来发生的事实，即当事人双方在履行生效调解书过程中是否违约以及违约程度等，属于与案件审结后新发生事实相结合而形成的新的实体权利义务争议，并非简单的事实判断，在执行程序中直接予以认定，缺乏程序的正当性和必要的程序保障。为能够更加有效地保障各方当事人的合法权益，应允许当事人通过另行提起诉讼的方式予以解决。华强公司认为新疆维吾尔自治区高级人民法院适用法律错误的理由不能成立，新疆维吾尔自治区高级人民法院〔2013〕新执二监字第148号执行裁定的结论并无不当，应予维持。参照《中华人民共和国民事诉讼法》第204条之规定，根据《最高人民法院关于人民法院执行工作若干问题的规定（试行）》第129条之规定，裁定如下：

驳回伊宁市华强新型建材有限责任公司的

申诉请求。

本裁定送达后即发生法律效力。

【附：案例评析】

执行依据确定的因将来违约产生的给付义务应允许当事人另诉——伊宁市华强新型建材有限责任公司执行申诉案评析

三、最高人民法院意见

最高人民法院认为，依法生效的调解书不仅是对当事人在自愿、合法基础上达成的权利义务协议内容的确定，而且也是具有强制执行效力的法律文书。根据《最高人民法院关于人民法院执行工作若干问题的规定（试行）》第18条的规定，申请执行的法律文书应当有给付内容，且执行标的和被执行人明确。故对于可采取强制执行措施的生效法律文书所确定的内容必须具有给付性，如果一方当事人不按照确定的给付内容履行，另一方当事人可以就该确定的给付内容向人民法院申请强制执行。因此，人民法院在受理执行案件时，首先应对申请人的债权请求权是否存在予以审查，即有权对调解书等法律文书是否具有可执行性进行审查，主要包括审查法律文书是否已经生效、义务人是否在法律文书确定的期限内履行义务、法律文书确定的强制执行条件是否明确等。就本案而言，调解书的主文主要有两个方面的内容：一是当事人双方互负给付义务，即被告李某负有给付原告华强公司烧结多孔砖1350万块的义务，原告华强公司负有按照单价每块0.36元给付价款的义务。可见，就调解书确定的双方互负给付义务而言，调解书具有给付内容，本案属于具有执行内容的案件。当事人一方未按调解书确定的内容履行时，另一方可以向人民法院申请执行。二是违约责任的约定。违约责任的约定体现在四个条款中，即第一条约定：每座窑存砖超过一圈时，原告支付超过部分每块0.015元；第二条约定：被告李某若不能按约定完成当月的供砖量，必须在次月内补足，若次月仍未补足则按不足部分每块0.29元补偿给原告华强公司；第三条约定：原告华强公司每月30日与被告李某结算，并在5个工作日内结清当月所购砖款，逾期每日按日万分之五承担违约金；第五条约定：双方严格履行上述协议，若原告未按约定付款，则承担未付款部分30%的违约金，若被告未供够砖数，除

每块按0.29元补偿原告外，还应承担未供部分30%的违约金。由此可见，因调解书并没有明确一方当事人已经违约所应承担的责任，需要对该调解书所约定的违约责任的确定性予以判断，不属于本应在该案诉讼中应当解决而没有解决的问题，不可通过审判监督程序予以解决，且本案当事人李某已分别向新疆维吾尔自治区高级人民法院伊犁哈萨克自治州分院和新疆维吾尔自治区高级人民法院申请再审，均因不符合法律规定的条件而被驳回。本案调解书中所确定的基于双方违约责任而导致的给付义务，取决于未来发生的事实，即当事人双方在履行生效调解书过程中是否违约以及违约程度等，属于与案件审结后新发生事实相结合而形成的新的实体权利义务争议，并非简单的事实判断，在执行程序中直接予以认定，缺乏程序的正当性和必要的程序保障。为能够更加有效地保障各方当事人的合法权益，应允许当事人通过另行提起诉讼的方式予以解决。华强公司认为新疆维吾尔自治区高级人民法院适用法律错误的理由不能成立，新疆维吾尔自治区高级人民法院〔2013〕新执二监字第148号执行裁定的结论并无不当，应予维持。参照《中华人民共和国民事诉讼法》第204条之规定，根据《最高人民法院关于人民法院执行工作若干问题的规定（试行）》第129条之规定，裁定驳回伊宁市华强新型建材有限责任公司的申诉请求。

四、评析意见

对于人民法院依法调解的案件，在制作调解书时，既要审查调解是否符合自愿原则、调解协议内容是否违反法律强制性规定，也要审查调解协议内容是否具有可执行性。但在某些情况下，调解协议的部分条款可能不具有可执行性。对于不具有可执行性的调解协议条款，如果属于本应在该案诉讼中解决的问题而没有解决（如遗漏诉讼请求）的，则应通过审判监督程序解决；如果与案件审结后新发生的事实相结合而形成新的纠纷的，则应提起新的诉讼解决。就本案而言，根据双方当事人提供的申诉和答辩的意见以及听证会的意见，本案的焦点是调解书确认双方约定的违约条款是否具有可执行性问题。即调解书中第五条规定，"双方严格履行上述协议，若原告未按约定付款，则承担未付款部分30%的违约金，若被告未供够砖数，除每块按0.29元补偿原告外，还应承担未供部分30%的违约金。"上述内容确定

的是对双方当事人预期违约责任的明确,当事人在履行生效的调解书时,对预期违约责任发生争议时,是由执行法院确定还是由当事人另行诉讼?

(一)关于调解书是否具有给付内容的问题

人民法院经过审查后制作的调解书,一经送达双方当事人签收后,与判决书、裁定书具有同等法律效力,对各方当事人具有约束力,具有强制性。对于生效法律文书是否采取强制执行措施,首先要明确的是生效法律文书确定内容的性质,是确权、形成还是给付。一般而言,主要是审查生效法律文书主文内容的表述,给付不仅包括一般等价物的金钱给付、物的给付,也包括作为或者不作为。如果属于给付之诉,那么,生效的给付之诉裁判,就是宣告一方当事人(被告)应当向另一方当事人(原告)进行给付,当然也可能存在双方当事人相互之间均有给付内容。如果一方当事人不按照确定裁判为履行,则另一方当事人可以就该确定裁判向法院申请强制执行。就本案而言,调解书的主文表述具有交付内容,被告李某负有给付原告华强公司烧结多孔砖1350万块的义务,原告华强公司负有按单价每块0.36元给付价款的义务。可见,调解书具有给付内容,本案属于具有执行内容的案件,当事人一方未按调解书确定的内容履行时,另一方可以向人民法院申请执行。

(二)关于调解书有关违约责任的约定可否履行的问题

对于当事人所约定的违约责任,能否执行的关键在于该约定是否具体明确,具有可执行性。实践中,对于违约责任明确可以分两种情形:一种是直接规定一方当事人违约后,应当承担一定数额的违约金;另一种是规定一方当事人违约后,按一定比例承担违约金,该违约金数额需要通过计算确定。就本案而言,当事人就违约责任的约定在四个条款中有约定。即第一条约定:每座窑存砖超过一圈时,原告支付超过部分每块0.015元;第二条约定:被告李某若不能按约定完成当月的供砖量,必须在次月内补足,若次月仍不足则按不足部分每块0.29元补偿给原告伊宁市华强新型建材有限责任公司;第三条约定:原告伊宁市华强新型建材有限责任公司每月30日与被告李某结算,并在5个工作日内结清当月所购砖款,逾期每日按日万分之五承担违约金;第五条约定:双方严格履行上述协议,若原告未按约定付款,则承担未付款部分30%的违约金,若被告未供够砖数,除每块按0.29元补偿原告外,还应承担未供部分30%的违约金。

关于违约责任的约定可否履行的问题,笔者认为,(1)对于第一条约定每座窑存砖超过一圈时,原告华强公司支付超过部分每块0.015元。对此,当砖窑库存超过一圈时,李某可依照民事调解书确定的方法计算出的金额,要求华强公司支付,如果华强公司不履行支付义务,李某可向人民法院申请强制执行。如果华强公司不履行提货义务,导致李某砖厂存砖过多,李某可依据《合同法》第101条的规定,将相应数量的砖予以提存。但实际上,李某没有按调解书确定的内容履行,而是以此作为调解书导致其砖厂停产而申请再审。(2)对于第二条约定李某若不能按约定完成当月的供砖量,必须在次月内补足,若次月仍未补足则按不足部分每块0.29元补偿给华强公司。从听证的情况来看,李某在调解书约定的第二个月即6月份因没有按期交足相应的砖,补交了10万元。(3)对于第三条约定:华强公司每月30日与李某结算,并在5个工作日内结清当月所购砖款,逾期每日按日万分之五承担违约金。从听证的情况来看,双方对于调解书所确定的7月份前都已正常履行,华强公司已支付了李某相应的砖款,李某提出7月份已履行了部分供砖义务,但华强公司没有履行付款义务。对于该违约责任是可以确定,根据上述约定可以计算出。(4)对于第五条约定,双方严格履行上述协议,若原告未按约定付款,则承担未付款部分30%的违约金,若被告未供够砖数,除每块按0.29元补偿原告外,还应承担未供部分30%的违约金。上述违约责任也是可以通过计算予确定的。

(三)关于在执行程序中对当事人履行调解书确定义务的违约责任由谁判断的问题

因在调解书中确定违约责任是较为普遍的做法,本案涉及的执行法院是否有权认定违约及确定违约主体等问题具有普遍的法律适用意义,而目前法律或者司法解释都没有十分明确的规定。对该问题的处理有三种不同意见:第一种意见认为,执行法院可以认定是否违约并决定是否执行。该案调解书已发生法律效力,对各方当事人具有约束力。调解书所确认的权利义务具有给付内容,可以作为执行依据。一方当事人不履行调解书,对方当事人可以依法申请法院执行。调解书所确定的违约责任,虽然双方存在争议,但由于已经经过诉讼并经生效调解书确认，不能再行诉讼，也不符合再审条件，可以在执行程序中对相关事实进行审查认定，决定是否应当执行及采取相应的执行措施，当事人不能就是否违约问题另行起诉。第二种意见认为，执行法院无权认定是否违约，当事人可以另诉解决争议。该案调解书虽然已经发生法律效力，但其内容实质是对当事人协议的确认，没有直接的可执行内容，该调解书不能作为执行依据。对调解书确定的协议，是否存在违约事实、违约金数额如何确定等问题尚需要经过诉讼程序确认后才可执行。如果一方当事人认为对方违约，可以根据调解书确定的协议内容向法院另行提起诉讼。第三种意见认为，执行法院有权认定是否违约，当事人同时可以另诉讼。该案调解书所确定的当事人之间的权利义务关系基本明确，为提高执行效率，应当允许执行法院在对事实进行审查后直接确定是否违约及是否执行，当事人可以对此提出异议、申请复议。谁违约、是否违约的问题并未被调解书确定，不属于再审事由，当事人也未就此问题充分行使诉讼权利，为保障当事人的程序性权利，在执行法院决定是否违约、谁违约之后，当事人可以另行诉讼。在另行诉讼期间，不中止执行。被执行人提供充分、有效的担保请求中止执行的，可以裁定中止执行；申请执行人提供充分、有效的担保请求继续执行的，应当继续执行。当事人另行取得确认是否违约的判决书后，可以再次向执行法院提出执行异议。

笔者赞同第二种意见，调解书所确认的权利义务具有给付内容，可以作为执行依据；一方当事人不履行调解书，对方当事人可以依法申请法院执行。调解书所确定的违约责任，如果双方存在争议，由于已经经过诉讼并经生效调解书确认，就调解书本身而言是不能再行诉讼，而应审查是否符合再审条件，本案的当事人李某已向几级法院申请再审，但均因不符合法律规定的条件而被驳回。对于具有可执行性的调解协议条款，如果与案件审结后新发生的事实相结合而形成新纠纷的，则应提起新的诉讼解决。本案由于当事人双方就履行生效调解书过程中是否违约以及违约程度，在执行程序中难以作出认定，就当事人有关违约情况的认定，取决于未来发生的事实，即当

事人双方在履行生效调解书过程中是否违约以及违约程度等，属于与案件审结后新发生事实相结合而形成的新的实体权利义务争议，并非简单的事实判断，在执行程序中直接予以认定，缺乏程序的正当性和必要的程序保障。为能够更加有效地保障各方当事人的合法权益，应允许当事人通过另行提起诉讼的方式予以解决。①

最高人民法院
执行裁定书

〔2014〕执监字第185号

申诉人（原申请执行人）：上海安暨实业工程有限公司。住所地，上海市浦东新区航头镇沪南公路5588号306室。

法定代表人：钟×，该公司董事长。

被申诉人（原被执行人）：上海百达工贸实业有限公司。住所地，上海市普陀区同普路1030号。

法定代表人：王×，该公司董事长。

上海安暨实业工程有限公司（以下简称安暨公司）因与上海百达工贸实业有限公司（以下简称百达公司）执行复议一案，不服上海市高级人民法院（以下简称上海高院）（2013）沪高执复议字第11号裁定，向本院申诉。本院受理后，依法组成合议庭进行审查，现已审查终结。

安暨公司诉百达公司合资合作开发房地产纠纷一案，上海高院于2007年9月12日作出（2007）沪高民一（民）终字第75号民事判决。百达公司应支付安暨公司工程款82450元及利息。2008年3月11日，安暨公司向上海市第二中级人民法院（以下简称上海二中院）申请执行。

上海二中院审查查明，2008年3月14日，上海二中院向被执行人百达公司发出执行通知

---

① 何东宁、徐霖：《执行依据确定的因将来违约产生的给付义务应允许当事人另诉——伊宁市华强新型建材有限责任公司执行申诉案评析》，载江必新、刘贵祥主编，最高人民法院执行局编：《执行工作指导》2016年第1辑（总第57辑），国家行政学院出版社2016年版，第24～37页。

书，要求其立即支付安暨公司 82450 元，并承担相应的利息及诉讼费 5534 元、审计费 5000 元、评估费 20000 元。百达公司收到执行通知后，于同年 3 月 24 日向上海二中院支付 10 万元。扣除相关执行费用 1136.75 元，上海二中院于同年 4 月 22 日将 98863.25 元发还给安暨公司。

因安暨公司不服生效判决，向最高人民检察院申诉，最高人民检察院向本院提出抗诉。2011 年 8 月 16 日，本院作出（2010）民抗字第 37 号民事判决，判令撤销（2007）沪高民一（民）终字第 75 号民事判决、撤销（2006）沪二中民二（民）重字第 2 号民事判决；百达公司于判决生效后十五天内支付安暨公司工程款 153650 元，利息从 2001 年 5 月 1 日起计算，至付清时止，已经执行的款项应予扣减。利息按照同期中国人民银行贷款利率计算。逾期履行依照《中华人民共和国民事诉讼法》（2007 年修订）第二百二十九条的规定处理；驳回安暨公司其他诉讼请求。案件受理费 105534 元，双方各承担 52767 元，审价费、评估费共计 92000 元，安暨公司承担 70000 元，百达公司承担 22000 元。安暨公司和百达公司均于 2011 年 10 月 27 日收到该判决。

2011 年 11 月 28 日，安暨公司依据上述判决向上海二中院申请执行。上海二中院于当日向百达公司发出执行通知书，要求其立即履行生效判决确定的义务。百达公司于同年 12 月 14 日向上海二中院支付 144200 元。扣除相关执行费用 2204 元，上海二中院于 2012 年 5 月 29 日将 141996 元发还给安暨公司。同年 7 月 10 日，上海二中院冻结了百达公司在上海农村商业银行真北支行的银行存款 26 万元并于同年 10 月 31 日将其扣划至法院。执行过程中，2013 年 4 月 23 日，上海二中院告知双方当事人安暨公司和百达公司，经该院委托金融机构计算，本案利息金额应为 98915.33 元。安暨公司对上述结果不服，提出执行异议。

上海二中院经审查后认为，关于判决确定的债务利息的计算，根据本院（2010）民抗字第 37 号民事判决，并结合双方当事人认可的履行金额及计息起止日期，本案判决确定的债务利息应为 86700.13 元。关于本案迟延履行期间的债务利息的计算，被执行人未按判决、裁定和其他法律文书指定的期间履行给付金钱义务的，应当加倍支付迟延履行期间的债务利息。本案中，因被执行人百达公司未能按照本院（2010）民抗字第 37 号民事判决指定的期间履行给付金钱义务，故应当加倍支付安暨公司迟延履行期间的债务利息。截至本院生效判决规定的债务履行截止日 2011 年 11 月 11 日，百达公司还应支付安暨公司剩余本金 71200 元，及截至 2011 年 11 月 11 日依照生效法律文书所产生的利息 86186.79 元。因安暨公司认可 2008 年 3 月 24 日其除了收到本金 82450 元外还收到利息 16413.25 元，故 16413.25 元应在迟延履行期间的债务利息计算基数中扣除。安暨公司还认可其于 2011 年 12 月 14 日收到余款 141996 元，故双方认可迟延履行期间的债务利息应以 2011 年 12 月 14 日为节点分段计算。本案中百达公司应支付安暨公司迟延履行期间的债务利息为 1554.96 元。鉴于百达公司已经在诉讼中缴纳了 52767 元上诉费，故诉讼费不应作为本案执行标的计入执行款，更不能计算利息及迟延履行期间的债务利息。百达公司同意在执行过程中向安暨公司支付 20000 元审价费，但审价费不是判决确定的债务本金及利息，故亦不能计算利息和迟延履行期间的债务利息。

上海二中院于 2013 年 11 月 7 日作出（2013）沪二中执异字第 29 号执行裁定，依照《中华人民共和国民事诉讼法》第二百二十五条之规定，撤销该院要求百达公司向安暨公司支付利息人民币 98915.33 元的执行行为；百达公司应向安暨公司支付利息人民币 86700.13 元、迟延履行期间的债务利息 1554.96 元。安暨公司不服，向上海高院申请复议。

上海高院经审查确认上海二中院裁定认定的事实。

上海高院认为，复议审查的范围限于执行法院作出的执行行为。就本案而言，上海二中院的执行行为即为该院要求被执行人百达公司向安暨公司支付案件利息及迟延履行期间的债务利息。上海二中院（2013）沪二中执异字第 29 号执行裁定中已经明确，诉讼费不作为执行标的计入执行款，而审价费、评估费不是判决确定的债务本金及利息，均不能计算利息和迟延履行期间的债务利息。故安暨公司要求百达公司支付评估费 22000 元、诉讼费 52767 元的复议请求，该院不予支持，安暨公司应通过其他途径予以解决。

关于安暨公司所称 71200 元相应利息的起算日期及适用利率有误的问题。2013 年 10 月 23 日，上海二中院约谈双方当事人，双方当事人在谈话笔录中均确认，百达公司于 2008 年 3 月 24 日归还安暨公司本金 82450 元，利息 16413.25 元。上述本金 153650 元扣除 82450 元后剩余的 71200 元应从归还次日，即 2008 年 3 月 25 日起继续计息。至于利率，双方当事人在上述谈话笔录中均确认，应以央行同期贷款基准利率为准，满五年的以五年基准利率计算，满三年不满五年的以三年基准利率计算；满一年不满三年的以一年基准利率计算；不满一年的，按照银行有关规定计算。同时双方当事人还确认，利息的计算截止日期应以百达公司实际付款的日期为截止点。因剩余本金 71200 元自 2008 年 3 月 25 日至百达公司再次还款日 2011 年 12 月 14 日满三年不满五年，故上海二中院以同期央行三年贷款基准利率计息并无不当。安暨公司的复议请求缺乏法律和事实依据，不予支持。综上，上海高院于 2014 年 1 月 14 日作出（2013）沪高执复议字第 11 号裁定，依照《中华人民共和国民事诉讼法》第二百二十五条和《最高人民法院关于适用〈中华人民共和国民事诉讼法〉执行程序若干问题的解释》第八条之规定，驳回安暨公司的复议申请。

安暨公司不服上海高院上述裁定，向本院申诉，请求按照本院（2010）民抗字第 37 号之判决，执行被申诉人诉讼费 52767 元，并按十年期贷款利率对被申诉人未付工程款计息。其理由为：第一，裁定认定被申请人不承担诉讼费错误。第二，关于未付工程款的计息起算日期及利率标准。最高人民法院的判决明确，工程款 153650 元的计息日期应当从 2001 年 5 月 1 日起算。虽然被申诉人于 2008 年 3 月 24 日归还了本金 82450 元和利息 16413.2 元，余款 71200 元，但根据判决，该 71200 元应当支付的日期是 2001 年 5 月 1 日，71200 元之后的利息计算时利率标准的确定也应当从其应付之日起算。因此，对该笔工程款的利率标准，应适用十年期人民银行同期贷款利率，而非三年期之标准。

本院经审查，除确认异议程序及复议程序中查明的事实外，另查明：2014 年 2 月 13 日，上海二中院将扣划的百达公司银行存款 26 万元中的 88255.09 元发还给安暨公司。

本院认为，本案争议焦点有二：一是安暨公司要求执行百达公司诉讼费 52767 元的问题；二是安暨公司要求按十年期贷款利率对本金 71200 的工程款计息的问题。

一、关于安暨公司要求执行百达公司诉讼费 52767 元的问题。关于案件受理费的负担，本院（2010）民抗字第 37 号民事判决书判定"案件受理费 105534 元，双方各承担 52767 元"。诉讼中，当事人预交的案件受理费超出了生效法律文书最终确定其应当承担的数额，根据人民法院诉讼费管理的相关规定，应当向有关法院申请退还超额部分。因案件受理费退费事宜不属于本案执行事项，应当通过其他途径解决，安暨公司要求法院强制执行百达公司诉讼费的申诉请求没有事实与法律依据，本院不予支持。

二、关于安暨公司要求按十年期贷款利率对本金 71200 元的工程款计息的问题。本案中，安暨公司共计取得三笔执行款：第一笔为百达公司于 2008 年 3 月 24 日交付法院，法院于同年 4 月 22 日发还安暨公司的款项 98863.25 元，双方确认其中包括本金 82450 元以及利息 16413.25 元；第二笔为百达公司 2011 年 12 月 14 日交付法院，法院于 2012 年 5 月 29 日发还安暨公司的 141996 元；第三笔为百达公司 2012 年 7 月 10 日被法院冻结，法院于 2014 年 2 月 13 日发还安暨公司的 88255.09 元。三笔款项合计 329114.34 元。

根据本院（2010）民抗字第 37 号民事判决，百达公司应支付安暨公司工程款本金 153650 元，利息从 2001 年 5 月 1 日起计算，至付清时止，已经执行的款项应予扣减，利息按照同期中国人民银行贷款利率计算。本案再审结案，分两次执行，因此执行法院对利息分段计算。本案争议的该笔71200元的工程款，判决书确定的利息自2001年5月1日起至付清时止，时间超过五年，应当适用中国人民银行五年以上贷款基准利率计算。上述本金71200元的工程款在2001年5月1日至2008年3月24日期间的利息，已与第一次归还的本金82450元合并为本金153650元，适用同期中国人民银行五年以上贷款基准利率统一计算。而2008年3月24日百达公司归还工程款本金82450元及部分利息后，剩余本金71200元应当自2008年3月25日起继续计息。该笔71200元本金在2008年3月25日至2011年12月14日期间内，计息时不应当适用同期中国人民银行三年贷款基准利率计算。申诉人安暨公司主张该笔工程款的利率标准应适用十年期人民银行同期贷款利率，因中国人民银行最高贷款利率标准即为五年以上贷款利率，因此申诉人的上述主张不予支持，该笔工程款应当适用五年以上贷款基准利率计算。上海二中院适用三年贷款基准利率计算上述利息以及上海高院（2013）沪高执复议字第11号裁定关于"因剩余本金71200元自2008年3月25日至百达公司再次还款日2011年12月14日满三年不满五年，故二中院以同期央行三年贷款基准利率计算利息并无不当"的认定，确有错误。经查，中国人民银行在2008年3月25日至2011年12月14日期间，公布适用五年以上贷款基准利率共计11次，其中最高为年利率7.83%，最低为年利率5.94%。经测算，即使适用五年以上贷款基准利率，剩余本金71200元在上述期间产生的利息差额以及因此而导致的迟延履行期间债务利息差额两者之和，与此前计算结果并无显著差别。且上海二中院又发还给安暨公司88255.09元，安暨公司已受偿本金、利息、迟延履行期间债务利息及评估费等共计329114.34元，其债权已经依法得到充分保护，执行过程中利率适用错误问题实际上已经得以纠正，安暨公司利益并未受到损害。

综上所述，参照《中华人民共和国民事诉讼法》第二百零四条，根据《最高人民法院关于人民法院执行工作若干问题的规定（试行）》第129条之规定，裁定如下：

驳回上海安暨实业工程有限公司的申诉请求。

本裁定送达后立即生效。

【附：案例评析】

上海安暨实业工程有限公司执行申诉案评析

六、最高人民法院意见

最高人民法院认为，关于安暨公司要求执行百达公司诉讼费52767元的问题，案件受理费退费事宜不属于本案执行事项，应当通过其他途径解决，该项申诉请求不能支持；而关于安暨公司要求按十年期贷款利率对本金71200的工程款计息的问题：因中国人民银行最高贷款利率标准即为五年以上贷款利率，因此安暨公司的该项申诉请求不能支持。百达公司归还本金82450元及部分利息后，剩余本金71200元计息时应当适用五年以上贷款基准利率计算，上海二中院适用三年贷款基准利率计算利息以及上海高院在复议裁定中的相关认定，都确有错误。但因上海二中院又发还给安暨公司88255.09元后，安暨公司的债权已经依法得到充分保护，执行过程中利率适用错误问题实际上已经得以纠正，安暨公司利益并未受到损害。最终，最高人民法院裁定驳回了安暨公司的全部申诉请求。

七、本案评析意见

本案争议焦点有二：一是安暨公司要求执行百达公司诉讼费52767元的问题；二是安暨公司要求按十年期贷款利率对本金71200的工程款计息的问题。

（一）关于安暨公司要求执行百达公司诉讼费52767元的问题

本案最终生效法律文书即（2010）民抗字第37号民事判决书中对于案件受理费的负担判定为"案件受理费105534元，双方各承担52767元。"安暨公司的此项申诉请求实际上应当是要求退还其多支付的案件受理费52767元。根据人民法院诉讼费管理的相关规定，案件受理费应当由原告或上诉人预交并由生效法律文书最终确定如何负担，如果当事人预交的诉讼费用超出了判决最终确定其应当承担的数额，该笔费用不应当由申请执行人在执行过程中直接向被执行人索取，而是应当向有关法院申请办理诉讼费退费手续。这种做法更加符合诉讼费的征收以及退还的法理，且在司法实践中可以避免因被执行人无支付能力而导致申请执行人无法取回多预交的诉讼费用部分，是最符合当事人利益的处理方式。但不可否认，在司法实践中，如因当事人没有聘请律师或对相关程序不熟悉，确实可能在办理过程中遭遇挫折。虽然该事项不属于执行局本职工作范围，但也应与相关业务庭室联系，积极协助申请执行人办理该笔费用申请退回事宜，以方便人民群众。

本案处理的较为认真负责，复议案件承办人向上海高院原审部门民一庭核实，确实安暨公司预交诉讼费相比判决最终确定其应当承担的数额多了52767元，该笔费用应由安暨公司向上海高院申请退回。复议期间，上海高院分别于2014年1月3日及1月8日两次通过上海法院短信平台向安暨公司法定代表人发送短信告知其申请退费事宜，上海高院民一庭也已安排专人负责处理退费事宜，因多次联系安暨公司法定代表人未果，上海高院执行局还委托上海二中院执行局代为转告。在本案申诉审查期间，合议庭约谈申请执行人时，安暨公司法定代表人承认收到了上海高院发送的短信及短信的内容。合议庭再次告知其应该按照诉讼费管理的相关规定向上海高院申请退费，并向其详细解释了案件受理费退费的原因、流程以及相关办理手续。因案件受理费的退费事宜不属于本案执行事项，安暨公司要求法院强制执行百达公司诉讼费的申诉请求没有事实与法律依据，不能予以支持。（二）关于安暨公司要求按十年期贷款利率对本金71200元的工程款计息的问题

本案中，安暨公司共计取得三笔执行款：第一笔为百达公司于2008年3月24日交付法院，法院于同年4月22日发还安暨公司的款项98863.25元，双方确认其中包括本金82450元以及利息16413.25元；第二笔为百达公司2011年12月14日交付法院，法院于2012年5月29日发还安暨公司的141996元；第三笔为百达公司2012年7月10日被法院冻结，法院于2014年2月13日发还安暨公司的88255.09元。三笔款项合计329114.34元。

根据（2010）民抗字第37号民事判决，百达公司应支付安暨公司工程款本金153650元，利息从2001年5月1日起计算，至付清时止，已经执行的款项应予扣减。利息按照同期中国人民银行贷款利率计算。因本案再审结案，分为两次执行的原因，执行法院对本案利息分段计算。根据（2013）沪二中执异字第29号执行裁定书附件一，本案判决确定的债务利息，关于本金153650元的利息计算并无错误；但是关于2008年3月24日被执行人交纳第一笔执行款后剩余本金71200元的利息计算方式有误。表中显示，该笔71200元本金的计息起止时间为2008年3月25日至2011年12月14日，利率为同期央行三年贷款基准利率，利息额计算结果为20458.2元。上海高院复议裁定中认为"因剩余本金71200元自2008年3月25日至百达公司再次还款日2011年12月14日满三年不满五年，故二中院以同期央行三年贷款基准利率计算利息并无不当。"（2010）民抗字第37号民事判决判定工程款项的利息从2001年5月1日起计算，至付清时止，时间超过五年，应当适用中国人民银行五年以上贷款基准利率计算。因此，该笔71200元本金的计息起止时间为2008年3月25日至2011年12月14日并无错误，但是利率不能为同期央行三年贷款基准利率，应按照五年期以上的贷款基准利率计算。上述本金71200元的工程款在2001年5月1日至2008年3月24日期间的利息，已与第一次归还的本金82450元合并为本金153650元，适用同期中国人民银行五年以上贷款基准利率统一计算。而2008年3月24日百达公司归还工程款本金82450元及部分利息后，剩余本金71200元应当自2008年3月25日起继续计息。该笔71200元本金在2008年3月25日至2011年12月14日期间内，计息时不应适用同期中国人民银行三年贷款基准利率计算。申诉人安暨公司主张该笔工程款的利率标准应适用十年期人民银行同期贷款利率，因中国人民银行最高贷款利率标准即为五年以上贷款利率，因此申诉人的上述主张不予支持，该笔工程款应当适用五年以上贷款基准利率计算。上海二中院适用三年贷款基准利率计算上述利息以及上海高院（2013）沪高执复议字第11号裁定关于"因剩余本金71200元自2008年3月25日至百达公司再次还款日2011年12月14日满三年不满五年，故二中院以同期央行三年贷款基准利率计算利息并无不当"的认定，确有错误。

从实际计算结果来看，适用五年以上中国人民银行贷款基准利率与适用三年贷款基准利率产生的差别并不大。经查，中国人民银行在2008年3月25日至2011年12月14日这一期间，公布适用的

五年期以上贷款利率共计11次，按照同期贷款基准利率的标准要求，则2008年3月25日至2008年9月16日适用7.83%；2008年9月17日至2008年10月9日适用7.74%；2008年10月10日至2008年10月30日适用7.47%；2008年10月31日至2008年11月27日适用7.20%；2008年11月28日至2008年12月23日适用6.12%；2008年12月24日至2010年10月20日适用5.94%；2010年10月21日至2010年12月26日适用6.14%；2010年12月27日至2011年2月9日适用6.40%；2011年2月10日至2011年4月6日适用6.60%；2011年4月7日至2011年7月7日适用6.80%；2011年7月8日至2011年12月14日适用7.05%。即使根据其中最高的7.83%的年利率，数次测算的结果与上海二中院计算结果相差不超过300元，虽然迟延履行利息也因此稍有差异，但是两者之和与此前计算结果也无重大差别。此外，2014年2月13日，上海二中院将扣划的26万元中88255.09元发还给安暨公司。因此，给付安暨公司的钱款总计已经超出了其要求的数额。

综上，上海二中院在计算利息时适用利率以及上海高院复议裁定中的相关认定虽然存在错误，但是在本案执行中，安暨公司已全额受偿本金、利息、迟延履行期间债务利息及评估费等共计329114.34元，其债权已经得到全额保护，在这种执行法院后续执行行为已经纠正了此前执行行为中的错误的情况下，如果再撤销相关裁定将造成司法资源的极大浪费，并不可取。①

最高人民法院
执行裁定书

〔2015〕执申字第52号

申诉人（原被执行人）：金某，男，汉族。

被申诉人（原申请执行人）：王某，男，汉族。

金某因与王某民间借贷纠纷执行复议一案，不服内蒙古自治区高级人民法院（以下简称内蒙高院）〔2012〕内执复字第9号执行裁定，向本院申诉。本院依法组成由审判员赵晋山担任审判长，代理审判员潘勇锋、葛洪涛参加的合议庭进行了审查，书记员刘伟担任记录，本案现已审查终结。

内蒙高院查明，王某与金某借款合同纠纷一案，内蒙古自治区鄂尔多斯市中级人民法院（以下简称鄂尔多斯市中院）于2011年9月22日作出〔2011〕鄂中法民一初字第00014号民事调解书，内容为：一、由被告金某退还原告王某股金400万元，于调解书生效之日给付200万元，同时，原告王某申请解除诉前财产保全；剩余200万元于2011年10月10日付清，如不能按时付清，则金鹿矿业公司的探矿权证及财产全部归原告王某。二、双方于2010年3月30日签订的股权转让合同、同日又签订的选矿合作合同、2010年4月14日签订的股权转让合同补充协议、2010年5月16日签订的协议均宣布作废，双方的合作事宜解除。三、双方探矿合作中所欠工人工资由原告王某负责清偿。四、高某的问题由原告王某负责处理。五、选矿厂及采挖出的矿石归属于原告王某。因双方履行了部分款项，2011年10月19日王某向鄂尔多斯市中院申请执行调解书约定的第五项内容。

执行过程中，鄂尔多斯市中院于2011年11月9日作出〔2011〕鄂中法执字第185号执行裁定，查封金某与韩某合伙经营的选矿厂及采挖出的矿石。金某提出执行异议，认为执行裁定查封金某与韩某合伙经营的选矿厂及采挖出的矿石属于执行标的错误，申请解除对金某与韩某合伙经营选矿厂及采挖出矿石的查封。鄂尔多斯市中院认为，2011年11月9日，鄂尔多斯市中院查封了金某与韩某投资的金某选矿厂。鄂尔多斯市中院作出的该案调解书中，已经对于诉讼保全的内容作出了约定：王某申请解除诉前财产保全，该保全的内容查封了金某在金某选矿厂的股份，而且王某也做了解除申请。据此，可以认定该调解书中第五项内容所约定的选矿厂并不是金某选矿厂。而金某选矿厂是

---

① 潘勇锋：《上海安暨实业工程有限公司执行申诉案评析》，载江必新、刘贵祥主编，最高人民法院执行局编：《执行工作指导》2015年第3辑（总第55辑），国家行政学院出版社2015年版，第82～94页。

由金某与韩某合伙经营的选矿厂,在鄂尔多斯市中院调解的案件中,韩某并不是案件的当事人。现案件的被执行人为金某,查封的是金某与韩某合伙经营的金某选矿厂及采挖出的矿石,属于执行措施不当,异议人提出的理由成立,应当纠正。该院于2012年3月12日作出〔2011〕鄂中法执字第227号执行裁定,依照《中华人民共和国民事诉讼法》(2007年修正,以下简称《民事诉讼法》)第202条和《最高人民法院关于适用〈中华人民共和国民事诉讼法〉执行程序若干问题的解释》(以下简称《执行程序解释》)第5条的规定,撤销〔2011〕鄂中法执字第185号执行裁定。王某不服上述裁定,向内蒙高院申请复议,请求撤销〔2011〕鄂中法执字第227号执行裁定。

内蒙高院认为,鄂尔多斯市中院依据金某提供的合作协议即认定2010年3月3日包头市达茂旗金鹿矿业有限责任公司(金某)与包头市宇工贸有限公司(韩某)签订的共同合作建选矿厂的协议生效,同时认定双方各持50%的股权。而从工商档案中反映,金某选矿厂是个体经营,经营者金某,并不是股份制。所以该认定缺乏事实和法律依据,程序违法。鄂尔多斯市中院还认为,在调解中已经对诉讼保全的内容作出了约定,王某申请解除对金某在金某选矿厂股份的查封,所以调解书第五项内容约定的选矿厂不是金某选矿厂。这种推定同样缺乏事实和法律依据。综上,鄂尔多斯市中院认定事实不清,程序违法,王某的复议理由成立。内蒙高院于2012年5月17日作出〔2012〕内执复字第9号执行裁定,依据《民事诉讼法》(2007年修正)第202条与《执行程序解释》第8条、第9条规定,裁定撤销鄂尔多斯市中院〔2011〕鄂中法执字第227号执行裁定。

金某不服内蒙高院上述裁定,向本院申诉,请求撤销内蒙高院上述执行裁定及鄂尔多斯市中院〔2011〕鄂中法执字第185号执行裁定。其主要理由为:第一,〔2011〕鄂中法执字第185号执行裁定没有任何执行依据和法律依据,是完全错误的。(1)〔2011〕鄂中法民一初字00014号民事调解书第五项内容中确定的选矿厂和〔2011〕鄂中法执字第185号执行裁定中裁定执行的选矿厂不是同一选矿厂。对金某和案外人韩某合作建设的选矿厂予以执行缺乏事实依据。金某所投资的选矿厂有两处:一处为金某与韩某合作建设的"金某选矿厂"(该选矿厂已在相关部门进行登记);一处为金某与王某约定投资新建的选矿厂,由于未完全建成,所以没有登记领取营业执照。〔2011〕鄂中法执字第185号执行裁定所查封的选矿厂的名称为"金某选矿厂",是金某于2009年4月5日向他人购买,并于2010年和韩某共同投资扩建后开始经营的。该选矿厂与王某无任何关系。调解书第五项所指的选矿厂是金某与王某签订的一系列协议书约定的"新建的选铁粉厂"。该新建的选矿厂具体位置位于"金某选矿厂"南约300米处。调解书生效后,该选矿厂及场地中堆放的采挖出的矿石已由王某全部接收。金某不存在不履行调解书确定义务的情形。〔2011〕鄂中法执字185号执行裁定书裁定执行金某和韩某合作建设的选矿厂是完全错误的。(2)王某申请执行生效民事调解书第五项内容不具备立案条件,鄂尔多斯市中院予以立案执行并作出〔2011〕鄂中法执字第185号执行裁定缺乏执行依据和法律依据。金某全面履行了生效调解书确定的给付义务,在这种情况下予以立案,明显缺乏执行依据。本案不符合《最高人民法院关于人民法院执行工作若干问题的规定》(以下简称《执行规定》)第18条和《最高人民法院关于适用〈中华人民共和国民事诉讼法〉的解释》(以下简称《民事诉讼法解释》)第463条规定的受理执行案件的条件。首先,本案生效民事调解书第五项涉及的执行标的不明确,人民法院只有在确认并明确具体的给付内容后,方可执行。其次,民事调解书第五项不具备给付内容,只是确认了选矿厂及采挖出矿石的归属问题。确认之判不具给付内容不予执行。再次,金某已全部履行了义务,金某和王某合作的选矿厂及采挖出的矿石已由王某实际行使所有权即接收。第二,〔2012〕内执复字第9号执行裁定程序违法,未查清事实,剥夺了金某的合法权益。(1)违反法定程序:王某提起复议申请后,内蒙高院与鄂尔多斯市中院没有向金某送达复议申请书,未通知金某举证答辩,剥夺了金某的举证和答辩的权利。（2）该执行裁定没有查清事实。该裁定以"鄂尔多斯市中院认定事实不清，程序违法"为由支持了王某的复议理由，但该裁定书没有查清事实，也没有发回重新审查。（3）金某提起的异议是否成立并没有解决，该执行裁定剥夺了金某的申诉权利。〔2011〕鄂中法民一初字第00014号民事调解书是金某和王某的真实意思表示，调解书约定的选矿厂是金某和王某合作建设的选矿厂，而不是金某和韩某合作的已建成的选矿厂。〔2011〕鄂中法执字第185号执行裁定将金某和韩某合建选矿厂作为执行标的缺乏事实依据、执行依据和法律依据，〔2012〕内执复字第9号执行裁定违反法定程序，没有查清事实并且剥夺了金某的权利。

王某答辩认为：金某的执行异议申请无事实和法律依据，应驳回其全部异议请求。第一，金某申请撤销〔2011〕鄂中法执字第185号裁定的理由与事实不符，且错误援引相关法律规定，其目的是为了逃避法律责任。（1）王某与金某在本案生效调解书中涉及的选矿厂就是经工商部门登记的金某选矿厂。（2）本执行案件权利义务主体明确，执行标的也明确，就是指金某选矿厂。（3）本案生效调解书第五项给付内容明确。（4）金某从未将任何选矿厂交付给王某，直至目前仍未履行调解书第五项的内容。〔2011〕鄂中法执字第185号裁定认定事实清楚，适用法律正确，不应撤销。第二，内蒙高院〔2012〕内执复字第9号执行裁定认定事实清楚，适用法律正确，不应撤销。（1）内蒙高院在复议过程中没有违反法定程序。相关法律与司法解释仅规定审查复议申请时应当组成合议庭进行审查，对审查程序则没有作出强制性规定，没有要求复议案件需要向被申请人送达复议申请，也没有要求必须通知被申请人举证答辩。金某关于内蒙高院复议审查时剥夺其举证和答辩权利的主张没有法律依据。（2）内蒙高院〔2012〕内执复字第9号执行裁定符合《最高人民法院关于执行案件立案、结案若干问题的意见》第25条第三项"撤销或变更异议裁定，即异议裁定认定事实错误或者适用法律错误，复议理由成立的"规定，且上述规范性文件自2015年1月1日起才正式施行，内蒙高院裁定形成于2012年，按照"法不溯及既往"原则，金某的异议理由也不成立。本案目前各级人民法院的所有法律文书都是基于王某与金某的债权债务纠纷一案而出具的，王某对金某享有1000万元债权是最基本的事实，请求法院驳回金某全部再审请求，保障王某的合法权益。

本院经审查，除确认内蒙高院查明的事实外，另查明：2011年11月9日，鄂尔多斯市中院作出〔2011〕鄂中法执字第185号执行通知书，责令金某自通知书送达之日起五日内向王某移交选矿厂及采挖出的矿石。同日，该执行通知书留置送达。

本院认为，根据申诉人的申诉以及被申诉人的答辩，本案焦点问题有三：一是生效调解书第五项是否具有给付内容；二是本案执行依据是否明确；三是本案的审查程序问题。

关于本案生效调解书第五项是否具有给付内容的问题。生效法律文书必须要有给付内容才具有执行力，在债务人不履行生效法律文书确定义务的情况下，债权人可以依法申请人民法院强制执行。本案中，生效调解书第五项内容为"选矿厂及采挖出的矿石归属于原告王某"，并无直接的给付内容。然而，金某与王某在协议中约定"选矿厂及采挖出的矿石归属于原告王某"，选矿厂与矿石的所有权并不因该约定而直接移转，王某此时享有的只是债权而不是物权。因此，当事人的真实意思可以明确为是将采挖出的矿石交付王某，将选矿厂交付王某实际占有控制并办理相应的权属变更登记。这种情况下如果要求王某必须另行提起交付选矿厂及矿石的给付之诉，取得生效法律文书后才能申请强制执行则徒增当事人讼累。鄂尔多斯市中院在执行程序中将生效调解书第五项内容确认为金某向王某移交选矿厂及采挖出的矿石，从而使其具有执行力，既不违反当事人真实意思表示，也有利于减轻当事人讼累，并无不妥。金某关于本案生效民事调解书第五项不具备给付内容，应当不予执行的申诉理由，本院不予支持。

关于本案执行依据是否明确的问题。《执行规定》第18条第一款规定了人民法院受理执行案件应当符合的条件,其中第四项为"申请执行的法律文书有给付内容,且执行标的和被执行人明确";而《民事诉讼法解释》第463条第一款明确规定,"当事人申请人民法院执行的生效法律文书应当具备下列条件:(一)权利义务主体明确;(二)给付内容明确。"可见,据以向人民法院申请强制执行的生效法律文书必须符合给付内容明确的条件。对于交付特定物的案件,就要求法律文书中应当载明特定物的名称、数量、规格等信息,以使该特定物区别于其他物。本案中,生效调解书第五项载明的是"选矿厂及采挖出的矿石",没有指明该选矿厂及矿石的特定信息,双方当事人对执行依据指向的特定物也存在严重分歧,显属执行依据给付内容不明确。本院认为,已经受理的执行案件,发现执行依据内容不明确的,执行机构在执行程序中可以结合执行依据文义,审查确定其具体给付内容。执行程序中无法确定给付内容的,则应当提请生效法律文书的作出机构结合案件审理期间查明的情况,对不明确的执行内容予以补正或者进行解释说明。

关于本案的审查程序问题。本案中,内蒙高院以鄂尔多斯市中院认定事实不清、程序违法为由撤销了〔2011〕鄂中法执字第227号裁定,但对该裁定撤销的〔2011〕鄂中法执字第185号执行裁定的效力未予涉及,对金某提出的执行异议请求也未作出处理。内蒙高院〔2012〕内执复字第9号执行裁定对生效调解书第五项所述"选矿厂"是否系本案争议的金某选矿厂等事实也没有做进一步查明。目前,本案中的主要事实尚未查清,即生效调解书第五项中选矿厂及矿石的具体指向尚不明确,需要继续查清事实或提请生效法律文书的作出机构进行补正或解释说明,明确本案执行依据内容。从程序上看,撤销〔2011〕鄂中法执字第227号执行裁定只是撤销了该异议案件的处理结果,而金某提出的异议申请已经被法院受理审查,但尚未处理。申诉人金某关于本案事实没有查清、其提起的异议是否成立没有解决的申诉理由成立,应予支持。

综上,依据《中华人民共和国民事诉讼法》第154条、《最高人民法院关于人民法院执行工作若干问题的规定(试行)》第129条之规定,裁定如下:

变更内蒙古自治区高级人民法院〔2012〕内执复字第9号执行裁定为:一、撤销鄂尔多斯市中级人民法院〔2011〕鄂中法执字第227号执行裁定。二、本案发回鄂尔多斯市中级人民法院重新审查处理。

本裁定送达后立即生效。

【附:案例评析】

执行程序中如何处理执行依据不明确问题

六、评析意见

本案例中涉及的焦点问题主要为执行程序中发现执行依据不明确应当如何处理的问题,此外,案件中还涉及复议裁定的审查处理程序问题,都具有典型意义。分析如下:

(一)关于生效调解书第五项是否具有给付内容的问题

生效法律文书的执行力,是指在债务人不履行义务的情况下,债权人依法申请人民法院强制执行,迫使债务人履行的效力。生效法律文书产生执行力必须要有给付内容。本案执行依据为〔2011〕鄂中法民一初字第00014号民事调解书第五项,具体内容为"选矿厂及采挖出的矿石归属于原告王某",应为确认某种法律关系存在或不存在的确认之诉的法律文书。按照大陆法系民事执行法理论,确认之诉的法律文书一般无给付内容,原则上不具执行性。然而,从我国执行实践来看,确认之诉并非一概不承认其执行力。为减轻当事人的诉累,对于确认之诉,执行程序中如果能确认具体的执行内容,一般将其作为给付之诉给予其相应的执行力。

本案中,金某与王某在调解协议中协商约定"选矿厂及采挖出的矿石归属于原告王某",当事人虽有即时转移所有权的意思表示,但根据物权法定原则,在当事人完成不动产所有权的过户登记或动产交付前,所有权并不转移,王某此时享有的只是债权而不是物权,调解书第五项的真实意思可以明确为是将采挖出的矿石交付王某,将选矿厂交付王某实际占有控制并办理相应的权属变更登记。这种情况下如果要求王某必须另行提起交付选矿厂及矿石的给付之诉,取得生效法律文书后才能申请强制执行则徒增当事人讼累。执行法院在执行程序中将生效调解书第五项内容确认为金某向王某移交选矿厂及采挖出的矿石,从而使其具有执行力,既不违反当事人真实意思表示,也有利于减轻当事人讼累,并无不妥。因此可以认为本案执行依据具有执行力。

(二)关于执行依据不明确,应当如何处理的问题

生效法律文书产生执行力还要求文书界定权利义务的内容要具体、明确,给付的范围要明确。《民事诉讼法解释》第463条第一款明确规定,"当事人申请人民法院执行的生效法律文书应当具备下列条件:(一)权利义务主体明确;(二)给付内容明确。"对于给付内容不明确的法律文书,一概不予执行或按照自己的理解"创造性"的加大力度执行,都容易引起一方甚至双方当事人的不满。

交付特定物的案件,法律文书中应当载明特定物的名称、数量、规格等信息,以使该特定物区别于其他物。本案中调解书第五项载明交付的是"选矿厂及采挖出的矿石",没有指明该选矿厂及矿石的特定信息,导致双方当事人对执行依据指向的特定物发生严重争议。对于这种给付内容不明确的执行依据,已经裁定受理了应该如何处理的问题,执行实践中一直在积极探索:可以告知当事人向作出文书的法院或其他机构,以裁定等方式对不明确的执行内容予以补正或者说明;可以与作出执行依据的法院或者其他机构进行沟通,尽量结合案件审理期间查明的情况,明确执行依据内容。但无论何种情况下,执行的首要前提是明确执行依据,如果通过各种途径依然不能明确执行依据的给付内容,则应当裁定驳回执行申请。

(三)对特定物执行的过程中,原物不存在时能否折价赔偿的问题

本案是交付特定物的执行,作为特定物的执行,如果为动产,应当将该动产交付申请执行人;如果为不动产或其他需要办理权属登记的财产,则应当将实物交付申请执行人占有,同时应办理权属变更手续。如果原物执行不能时,应当如何执行?《最高人民法院关于适用〈中华人民共和国民事诉讼法〉若干问题的意见》第284条规定:"执行的标的物为特定物的,应执行原物。原物确已不存在的,可折价赔偿。"《执行规定》第57条对此进一步明确,规定:"生效法律文书确定被执行人交付特定标的物的,应当执行原物。原物被隐匿或非法转移的,人民法院有权责令其交出。原物确已变质、损坏或灭失的,应当裁定折价赔偿或按标的物的价值强制执行被执行人的其他财产。"但折价赔偿的数额涉及实体法上的判断,执行机关事实中难以估算,实践中不易操作,因此《民事诉讼法解释》变更为除非当事人达成一致,否则应该终结执行,当事人另诉解决赔偿问题。该解释第494条规定:"执行标的物为特定物的,应当执行原物。原物确已毁损或者灭失的,经双方当事人同意,可以折价赔偿。双方当事人对折价赔偿不能协商一致的,人民法院应当终结执行程序。申请执行人可以另行起诉。"

本案的执行是交付特定物选矿厂及矿石,执行过程中应当慎重确认是否"原物确已毁损或者灭失"。如果审查后确定该特定物确已经灭失,包括法律上的灭失,则应当按照《民事诉讼法解释》第494条的规定处理。司法实践中,执行法院对这类案件往往倾向于积极促成当事人达成执行和解。这有利于促成债权实现,保障债权人的合法权益,但是需要注意的是,当事人在执行过程中达成的和解协议,一方不履行的,人民法院不能强制执行和解协议。

(四)关于复议裁定的处理程序问题

本案中,内蒙高院复议裁定以鄂尔多斯市中院认定事实不清,程序违法为由撤销了其作出的异议裁定,但对异议裁定撤销的查封裁定的效力没有发表意见,也没有对金某提出的执行异议申请作出处理。而鄂尔多斯市中院其后也没有通过引导当事人通过诉讼程序或者其他合理程序由生效调解书的作出机构对执行依据内容予以明确,而是理解为撤销了异议裁定就应当继续执行本案争议的金某选矿厂。事实上,调解书第五项中的选矿厂到底是指哪一个选矿厂这一问题至今尚未明确。

复议裁定以认定事实不清为由撤销了原异议裁定,本身也没有对事实进行审查,说明本案中的主要事实尚未查清,即本案争议的金某选矿厂是否就是调解书第五项中所指的选矿厂,实际是不明确的。而撤销异议裁定只是撤销了异议案件的处理结果,从程序上看,金某提出的异议申请已经被法院受理审查,该异议案件依然客观存在,目前尚未有处理结果。因此,本案中复议裁定在处理程序上存在错误,其不应当仅仅撤销异议裁

定，而是应当撤销后将案件发回鄂尔多斯市中院重新审查处理；或者由内蒙高院在复议程序中查清事实后，如能确认调解书第五项所指的选矿厂与矿石就是本案争议的金某选矿厂及矿石，则可以直接撤销异议裁定，维持查封裁定，驳回金某提出的异议请求。

针对本案目前异议裁定已经被撤销的状态，最高人民法院最终是通过监督裁定变更了复议裁定主文，将其变更为撤销异议裁定，本案发回鄂尔多斯市中院重新审查处理，理顺了本案的审查程序。理顺审查程序，保障当事人的应有的纠纷救济途径是一个重要问题，且带有一定普遍性，应当引起重视。①

当事人本人未签收的调解书是否具有法律效力？

问题： 原告与被告经法院调解达成调解协议。法院送达调解书，原告签收了调解书，当时被告不在家，由其妻代为签收。后被告未履行调解书确定的债务，原告向法院申请强制执行。被告认为自己没有在调解书上签收，所以调解书还没有发生法律效力，法院不得以调解书为强制执行的法律依据。请问该调解书是否具有法律效力？能否作为强制执行的法律依据？

《人民司法》研究组认为： 案件经过人民法院调解，双方当事人达成调解协议后，除按照民事诉讼法第九十条规定不需要制作调解书的以外，人民法院应当按照调解协议制作调解书。按照民事诉讼法第八十九条的规定，调解书由审判人员、书记员署名，加盖人民法院印章，经双方当事人签收后，即具有法律效力。因此，由双方当事人签收是调解书发生法律效力的必要条件。此处的签收，不同于一般的送达，最高人民法院《关于适用民事诉讼法若干问题的意见》第84条②规定："调解书应当直接送达当事人本人，不适用留置送达。当事人本人因故不能签收的，可由其指定的代收人签收。"本案中，被告的妻子并不是受被告指定代为签收调解书的人，所以她的签收行为不能认为是被告授权的签收行为。因被告没有签收调解书，调解书当然不发生法律效力，不能作为强制执行的法律依据。③

双方在二审期间达成和解协议，人民法院应执行一审生效判决还是二审达成的和解协议？

问题： 刘某诉甲公司承揽合同纠纷一案，某县人民法院一审判决甲公司向刘某支付工程款若干。甲公司不服，提起上诉。后项法官主持下，双方在该案二审期间达成和解协议，甲公司遂撤回上诉。和解协议履行过程中，刘某向某县法院申请执行一审生效判决。对刘某的申请，有两种意见：第一种意见认为，双方和解协议未经法院依法确认，甲公司撤回上诉，一审判决即生效，刘某的申请应予支持。第二种意见认为，双方在二审期间达成和解协议，应当指出，和解协议虽未经法院确认，但依合同法规定："依法成立的合同，对当事人具有法律约束力。当事人应当按照约定履行自己的义务，不得擅自变更或者解除合同。依法成立的合同，受法律保护。"据此，人民法院对刘某的执行申请应裁定不予执行，双方应继续按和解协议履行各自义务。请问哪种意见正确？

《人民司法》研究组认为： 人民法院所作出的给付判决，一旦生效便具有执行力，债权人一旦提出申请，除执行力处于中止状态或者执行依据本身无法付诸执行的情形，人民法院必须执行。而能导致执行力中止的情形，按照现行法律只有两种，即：原执行依据处于再审状态；当事人在执行程序中达成和解协议。应当指出，诉讼中的和解协议不具有阻止执行的效力。当然，本案中执行一审生效判决，并非就意味着，诉讼中的和解协议对当事人没有约束力。甲公司可以以刘某违反和解协议约定为由另行提起诉讼，要求刘某承担违约责任。④

---

① 潘勇锋：《执行程序中如何处理执行依据不明确问题》，载江必新、刘贵祥主编，最高人民法院执行局编：《执行工作指导》2016年第1辑（总第57辑），国家行政学院出版社2016年版，第38～51页。

② 该条已被最高人民法院《关于适用〈中华人民共和国民事诉讼法〉的解释》（法释〔2015〕5号）第一百三十三条所替代。——编者注

③ 载《人民司法》2004年第8期。

④ 载《人民司法》2009年第13期。

申请另行组织调解并出具民事调解书？

问题： 我院在审理甲公司（房地产开发公司）与乙某（自然人）房屋买卖不当得利纠纷一案中，已判决乙某归还甲公司不当得利款。但在上诉期间内，双方又申请法院调解，请求法院出具调解书。一种意见认为，诉讼调解贯穿于审判的始终，在判决书尚未生效前，仍属一审法院审理中，故法院可以出具调解书，以实现化解纠纷，案结事了之目的。另一种意见认为，法院判决宣判日期为结案时间，即一审法院法官宣判权已行使终止，不应再有任何审判活动。同时根据最高人民法院《关于人民法院民事调解工作若干问题的规定》第1条的规定：人民法院对受理的第一审民事案件，可以在答辩期满后裁判作出前进行调解。本案裁判已经作出，故不应再调解．否则同一法院对同一案件作出两种实体处理，有违程序公正。请问以上哪种意见正确？

《人民司法》研究组认为： 最高人民法院《关于适用民事诉讼法若干问题的意见》第163条①规定："一审宣判后，原审人民法院发现判决有错误，当事人在上诉期内提出上诉的，原审人民法院可以提出原判决有错误的意见，报送第二审人民法院，由第二审人民法院按照第二审程序进行审理；当事人不上诉的，按照审判监督程序处理。"由此可见，一审法院即使认为一审判决有错误，也不能随意更改，必须经由二审程序或审判监督程序加以改正。这是因为人民法院的判决具有确定性，不管是一审判决还是二审判决，一旦作出并已送达情况下，没有法定事由，不得随意变更。而且一审的诉讼活动到判决书送达当事人时已经结束，当事人如果上诉，则案件进入二审案件；当事人如果均不上诉，则上诉期满之后，一审判决发生效力，案件进入执行阶段。关于本案，当事人在一审判决作出后申请调解或是和解已属判决的执行问题，当事人可以自行和解，也可以在法院执行部门的主持下达成和解，当然也可以根据最高人民法院《关于适用民事诉讼法若干问题的意见》第191条②规定，上诉后由二审法院主持达成和解协议并制作调解书。所以，我们同意你院的第一种意见。③

第三节　对法院所作法律文书的审查处理

中华人民共和国民事诉讼法

2017年6月27日

第一百九十八条　各级人民法院院长对本院已经发生法律效力的判决、裁定、调解书，发现确有错误，认为需要再审的，应当提交审判委员会讨论决定。

最高人民法院对地方各级人民法院已经发生法律效力的判决、裁定、调解书，上级人民法院对下级人民法院已经发生法律效力的判决、裁定、调解书，发现确有错误的，有权提审或者指令下级人民法院再审。

第一百九十九条　当事人对已经发生法律效力的判决、裁定，认为有错误的，可以向上一级人民法院申请再审；当事人一方人数众多或者当事人双方为公民的案件，也可以向原审人民法院申请再审。当事人申请再审的，不停止判决、裁定的执行。

第二百条　当事人的申请符合下列情形之一的，人民法院应当再审：

（一）有新的证据，足以推翻原判决、裁定的；

（二）原判决、裁定认定的基本事实缺乏证据证明的；

---

① 该条已被最高人民法院《关于适用〈中华人民共和国民事诉讼法〉的解释》（法释〔2015〕5号）第二百四十二条所取代，内容未变。——编者注

② 该条已被最高人民法院《关于适用〈中华人民共和国民事诉讼法〉的解释》（法释〔2015〕5号）第三百三十九条所取代，内容未变。——编者注

③ 载《人民司法》2007年第21期。

（三）原判决、裁定认定事实的主要证据是伪造的；

（四）原判决、裁定认定事实的主要证据未经质证的；

（五）对审理案件需要的主要证据，当事人因客观原因不能自行收集，书面申请人民法院调查收集，人民法院未调查收集的；

（六）原判决、裁定适用法律确有错误的；

（七）审判组织的组成不合法或者依法应当回避的审判人员没有回避的；

（八）无诉讼行为能力人未经法定代理人代为诉讼或者应当参加诉讼的当事人，因不能归责于本人或者其诉讼代理人的事由，未参加诉讼的；

（九）违反法律规定，剥夺当事人辩论权利的；

（十）未经传票传唤，缺席判决的；

（十一）原判决、裁定遗漏或者超出诉讼请求的；

（十二）据以作出原判决、裁定的法律文书被撤销或者变更的；

（十三）审判人员审理该案件时有贪污受贿，徇私舞弊，枉法裁判行为的。

第二百零一条 当事人对已经发生法律效力的调解书，提出证据证明调解违反自愿原则或者调解协议的内容违反法律的，可以申请再审。经人民法院审查属实的，应当再审。

第二百零二条 当事人对已经发生法律效力的解除婚姻关系的判决、调解书，不得申请再审。

第二百零三条 当事人申请再审的，应当提交再审申请书等材料。人民法院应当自收到再审申请书之日起五日内将再审申请书副本发送对方当事人。对方当事人应当自收到再审申请书副本之日起十五日内提交书面意见；不提交书面意见的，不影响人民法院审查。人民法院可以要求申请人和对方当事人补充有关材料，询问有关事项。

第二百零四条 人民法院应当自收到再审申请书之日起三个月内审查，符合本法规定的，裁定再审；不符合本法规定的，裁定驳回申请。有特殊情况需要延长的，由本院院长批准。

因当事人申请裁定再审的案件由中级人民法院以上的人民法院审理，但当事人依照本法第一百九十九条的规定选择向基层人民法院申请再审的除外。最高人民法院、高级人民法院裁定再审的案件，由本院再审或者交其他人民法院再审，也可以交原审人民法院再审。

第二百零五条 当事人申请再审，应当在判决、裁定发生法律效力后六个月内提出；有本法第二百条第一项、第三项、第十二项、第十三项规定情形的，自知道或者应当知道之日起六个月内提出。

第二百零六条 按照审判监督程序决定再审的案件，裁定中止原判决、裁定、调解书的执行，但追索赡养费、扶养费、抚育费、抚恤金、医疗费用、劳动报酬等案件，可以不中止执行。

第二百零七条 人民法院按照审判监督程序再审的案件，发生法律效力的判决、裁定是由第一审法院作出的，按照第一审程序审理，所作的判决、裁定，当事人可以上诉；发生法律效力的判决、裁定是由第二审法院作出的，按照第二审程序审理，所作的判决、裁定，是发生法律效力的判决、裁定；上级人民法院按照审判监督程序提审的，按照第二审程序审理，所作的判决、裁定是发生法律效力的判决、裁定。

人民法院审理再审案件，应当另行组成合议庭。

第二百零八条 最高人民检察院对各级人民法院已经发生法律效力的判决、裁定，上级人民检察院对下级人民法院已经发生法律效力的判决、裁定，发现有本法第二百条规定情形之一的，或者发现调解书损害国家利益、社会公共利益的，应当提出抗诉。

地方各级人民检察院对同级人民法院已经发生法律效力的判决、裁定，发现有本法第二百条规定情形之一的，或者发现调解书损害国家利益、社会公共利益的，可以向同级人民法院提出检察建议，并报上级人民检察院备案；也可以提请上级人民检察院向同级人民法院提出抗诉。

各级人民检察院对审判监督程序以外的其

他审判程序中审判人员的违法行为,有权向同级人民法院提出检察建议。

第二百零九条 有下列情形之一的,当事人可以向人民检察院申请检察建议或者抗诉:

(一)人民法院驳回再审申请的;

(二)人民法院逾期未对再审申请作出裁定的;

(三)再审判决、裁定有明显错误的。

人民检察院对当事人的申请应当在三个月内进行审查,作出提出或者不予提出检察建议或者抗诉的决定。当事人不得再次向人民检察院申请检察建议或者抗诉。

第二百一十条 人民检察院因履行法律监督职责提出检察建议或者抗诉的需要,可以向当事人或者案外人调查核实有关情况。

第二百一十一条 人民检察院提出抗诉的案件,接受抗诉的人民法院应当自收到抗诉书之日起三十日内作出再审的裁定;有本法第二百条第一项至第五项规定情形之一的,可以交下一级人民法院再审,但经该下一级人民法院再审的除外。

第二百一十二条 人民检察院决定对人民法院的判决、裁定、调解书提出抗诉的,应当制作抗诉书。

第二百一十三条 人民检察院提出抗诉的案件,人民法院再审时,应当通知人民检察院派员出席法庭。

最高人民法院
关于支付令生效后发现确有错误应当如何处理给山东省高级人民法院的复函

1992年7月13日　　法函〔1992〕98号

山东省高级人民法院:

你院鲁高法函〔1992〕35号请示收悉。经研究,答复如下:

一、债务人未在法定期间提出书面异议,支付令即发生法律效力,债务人不得申请再审;超过法定期间债务人提出的异议,不影响支付令的效力。

二、人民法院院长对本院已经发生法律效力的支付令,发现确有错误,认为需要撤销的,应当提交审判委员会讨论通过后,裁定撤销原支付令,驳回债权人的申请。

第四节　对仲裁文书的审查处理

中华人民共和国民事诉讼法

2017年6月27日

第二百三十七条 对依法设立的仲裁机构的裁决,一方当事人不履行的,对方当事人可以向有管辖权的人民法院申请执行。受申请的人民法院应当执行。

被申请人提出证据证明仲裁裁决有下列情形之一的,经人民法院组成合议庭审查核实,裁定不予执行:

(一)当事人在合同中没有订有仲裁条款或者事后没有达成书面仲裁协议的;

(二)裁决的事项不属于仲裁协议的范围或者仲裁机构无权仲裁的;

(三)仲裁庭的组成或者仲裁的程序违反法定程序的;

(四)裁决所根据的证据是伪造的;

(五)对方当事人向仲裁机构隐瞒了足以影响公正裁决的证据的;

(六)仲裁员在仲裁该案时有贪污受贿,徇私舞弊,枉法裁决行为的。

人民法院认定执行该裁决违背社会公共利益的,裁定不予执行。

裁定书应当送达双方当事人和仲裁机构。

仲裁裁决被人民法院裁定不予执行的,当事人可以根据双方达成的书面仲裁协议重新申请仲裁,也可以向人民法院起诉。

中华人民共和国仲裁法

2009年8月27日

第三章 仲裁协议

第十六条 仲裁协议包括合同中订立的仲裁条款和以其他书面方式在纠纷发生前或者纠纷发生后达成的请求仲裁的协议。

仲裁协议应当具有下列内容：

（一）请求仲裁的意思表示；

（二）仲裁事项；

（三）选定的仲裁委员会。

第十七条 有下列情形之一的，仲裁协议无效：

（一）约定的仲裁事项超出法律规定的仲裁范围的；

（二）无民事行为能力人或者限制民事行为能力人订立的仲裁协议；

（三）一方采取胁迫手段，迫使对方订立仲裁协议的。

第十八条 仲裁协议对仲裁事项或者仲裁委员会没有约定或者约定不明确的，当事人可以补充协议；达不成补充协议的，仲裁协议无效。

第十九条 仲裁协议独立存在，合同的变更、解除、终止或者无效，不影响仲裁协议的效力。

仲裁庭有权确认合同的效力。

第二十条 当事人对仲裁协议的效力有异议的，可以请求仲裁委员会作出决定或者请求人民法院作出裁定。一方请求仲裁委员会作出决定，另一方请求人民法院作出裁定的，由人民法院裁定。

当事人对仲裁协议的效力有异议，应当在仲裁庭首次开庭前提出。

第六章 执 行

第六十二条 当事人应当履行裁决。一方当事人不履行的，另一方当事人可以依照民事诉讼法的有关规定向人民法院申请执行。受申请的人民法院应当执行。

第六十三条 被申请人提出证据证明裁决有民事诉讼法第二百一十三条①第二款规定的情形之一的，经人民法院组成合议庭审查核实，裁定不予执行。

第六十四条 一方当事人申请执行裁决，另一方当事人申请撤销裁决的，人民法院应当裁定中止执行。

人民法院裁定撤销裁决的，应当裁定终结执行。撤销裁决的申请被裁定驳回的，人民法院应当裁定恢复执行。

第七章 涉外仲裁的特别规定

第六十五条 涉外经济贸易、运输和海事中发生的纠纷的仲裁，适用本章规定。本章没有规定的，适用本法其他有关规定。

第六十六条 涉外仲裁委员会可以由中国国际商会组织设立。

涉外仲裁委员会由主任一人、副主任若干人和委员若干人组成。

涉外仲裁委员会的主任、副主任和委员可以由中国国际商会聘任。

第六十七条 涉外仲裁委员会可以从具有法律、经济贸易、科学技术等专门知识的外籍人士中聘任仲裁员。

第六十八条 涉外仲裁的当事人申请证据保全的，涉外仲裁委员会应当将当事人的申请提交证据所在地的中级人民法院。

第六十九条 涉外仲裁的仲裁庭可以将开庭情况记入笔录，或者作出笔录要点，笔录要点可以由当事人和其他仲裁参与人签字或者盖章。

第七十条 当事人提出证据证明涉外仲裁裁决有民事诉讼法第二百五十八条②第一款规定的情形之一的，经人民法院组成合议庭审查核实，裁定撤销。

第七十一条 被申请人提出证据证明涉外仲裁裁决有民事诉讼法第二百五十八条第一款规定的情形之一的，经人民法院组成合议庭审

---

① 民事诉讼法原第二百一十三条现已修改为第二百三十七条。——编者注
② 民事诉讼法原第二百五十八条现已修改为第二百七十四条，下同。——编者注

查核实，裁定不予执行。

第七十二条 涉外仲裁委员会作出的发生法律效力的仲裁裁决，当事人请求执行的，如果被执行人或者其财产不在中华人民共和国领域内，应当由当事人直接向有管辖权的外国法院申请承认和执行。

第七十三条 涉外仲裁规则可以由中国国际商会依照本法和民事诉讼法的有关规定制定。

最高人民法院
关于适用《中华人民共和国民事诉讼法》的解释

2015年1月30日　　法释〔2015〕5号

第四百七十七条 仲裁机构裁决的事项，部分有民事诉讼法第二百三十七条第二款、第三款规定情形的，人民法院应当裁定对该部分不予执行。

应当不予执行部分与其他部分不可分的，人民法院应当裁定不予执行仲裁裁决。

第四百七十八条 依照民事诉讼法第二百三十七条第二款、第三款规定，人民法院裁定不予执行仲裁裁决后，当事人对该裁定提出执行异议或者复议的，人民法院不予受理。当事人可以就该民事纠纷重新达成书面仲裁协议申请仲裁，也可以向人民法院起诉。

第四百七十九条 在执行中，被执行人通过仲裁程序将人民法院查封、扣押、冻结的财产确权或者分割给案外人的，不影响人民法院执行程序的进行。

案外人不服的，可以根据民事诉讼法第二百二十七条规定提出异议。

第四百八十一条 当事人请求不予执行仲裁裁决或者公证债权文书的，应当在执行终结前向执行法院提出。

最高人民法院
关于适用《中华人民共和国仲裁法》若干问题的解释

2006年8月23日　　法释〔2006〕7号

第二十六条 当事人向人民法院申请撤销仲裁裁决被驳回后，又在执行程序中以相同理由提出不予执行抗辩的，人民法院不予支持。

第二十七条 当事人在仲裁程序中未对仲裁协议的效力提出异议，在仲裁裁决作出后以仲裁协议无效为由主张撤销仲裁裁决或者提出不予执行抗辩的，人民法院不予支持。

当事人在仲裁程序中对仲裁协议的效力提出异议，在仲裁裁决作出后又以此为由主张撤销仲裁裁决或者提出不予执行抗辩，经审查符合仲裁法第五十八条或者民事诉讼法第二百一十三条①、第二百五十八条②规定的，人民法院应予支持。

第二十八条 当事人请求不予执行仲裁调解书或者根据当事人之间的和解协议作出的仲裁裁决书的，人民法院不予支持。

【附：答记者问】

司法解释对执行仲裁裁决案件的法律适用问题有哪些重要规定？

答：在执行仲裁裁决方面，司法解释主要解决了司法实践中的两个主要问题：一是执行法院级别过低，在确定执行或者不予执行仲裁裁决时随意性较大。司法解释第二十九条规定"当事人申请执行仲裁裁决案件，由被执行人住所地或者被执行的财产所在地的中级人民法院管辖"。这就把执行法院由原先的基层法院提高到中级法院，使审理撤销仲裁裁决和不予执行仲裁裁决法院级别得到统一，解决了不予执行仲裁裁决案件审理级别过低的问题，能够确保审判的质量。二是当

---

① 民事诉讼法原第二百一十三条现已修改为第二百三十二条。——编者注
② 民事诉讼法原第二百五十八条现已修改为第二百七十四条。——编者注

事人先申请撤销仲裁裁决,后又以相同事由申请不予执行仲裁裁决,滥用不予执行申请权故意拖延裁决执行的情形。司法解释第二十六条规定"当事人向人民法院申请撤销仲裁裁决被驳回后,又在执行程序中以相同理由提出不予执行抗辩的,人民法院不予支持"。这一规定解决了当事人以相同事由先申请撤销后申请不予执行仲裁裁决拖延诉讼的问题,也可以避免法院之间或者同一法院裁定维持仲裁裁决效力后又作出不予执行仲裁裁决裁定,导致相互冲突的问题。第二十七条第一款还规定"当事人在仲裁程序中未对仲裁协议的效力提出异议,在仲裁裁决作出后以仲裁协议无效为由主张撤销仲裁裁决或者提出不予执行抗辩的,人民法院不予支持"。这有利于督促当事人积极行使异议权,提高仲裁效率,维护仲裁裁决效力。[①]

最高人民法院
关于审理劳动争议案件适用法律若干问题的解释

2001年4月16日　　法释〔2001〕14号

第十八条　劳动争议仲裁委员会对多个劳动者的劳动争议作出仲裁裁决后,部分劳动者对仲裁裁决不服,依法向人民法院起诉的,仲裁裁决对提出起诉的劳动者不发生法律效力;对未提出起诉的部分劳动者,发生法律效力,如其申请执行的,人民法院应当受理。

第十九条　用人单位根据《劳动法》第四条之规定,通过民主程序制定的规章制度,不违反国家法律、行政法规及政策规定,并已向劳动者公示的,可以作为人民法院审理劳动争议案件的依据。

第二十条　用人单位对劳动者作出的开除、除名、辞退等处理,或者因其他原因解除劳动合同确有错误的,人民法院可以依法判决予以撤销。

对于追索劳动报酬、养老金、医疗费以及工伤保险待遇、经济补偿金、培训费及其他相关费用等案件,给付数额不当的,人民法院可以予以变更。

第二十一条　当事人申请人民法院执行劳动争议仲裁机构作出的发生法律效力的裁决书、调解书,被申请人提出证据证明劳动争议仲裁裁决书、调解书有下列情形之一,并经审查核实的,人民法院可以根据《民事诉讼法》第二百一十三条[②]之规定,裁定不予执行:

(一)裁决的事项不属于劳动争议仲裁范围,或者劳动争议仲裁机构无权仲裁的;

(二)适用法律确有错误的;

(三)仲裁员仲裁该案时,有徇私舞弊、枉法裁决行为的;

(四)人民法院认定执行该劳动争议仲裁裁决违背社会公共利益的。

人民法院在不予执行的裁定书中,应当告知当事人在收到裁定书之次日起30日内,可以就该劳动争议事项向人民法院起诉。

最高人民法院
关于审理劳动争议案件适用法律若干问题的解释(二)

2006年8月14日　　法释〔2006〕6号

第八条　当事人不服劳动争议仲裁委员会作出的预先支付劳动者部分工资或者医疗费用的裁决,向人民法院起诉的,人民法院不予受理。

用人单位不履行上述裁决中的给付义务,劳动者依法向人民法院申请强制执行的,人民法院应予受理。

---

① 载《人民法院报》2006年9月14日。
② 民事诉讼法原第二百一十三条现已修改为第二百三十二条。——编者注

最高人民法院关于审理劳动争议案件适用法律若干问题的解释（三）

2010年9月13日　　法释〔2010〕12号

第十八条 劳动人事争议仲裁委员会作出终局裁决，劳动者向人民法院申请执行，用人单位向劳动人事争议仲裁委员会所在地的中级人民法院申请撤销的，人民法院应当裁定中止执行。

用人单位撤回撤销终局裁决申请或者其申请被驳回的，人民法院应当裁定恢复执行。仲裁裁决被撤销的，人民法院应当裁定终结执行。

用人单位向人民法院申请撤销仲裁裁决被驳回后，又在执行程序中以相同理由提出不予执行抗辩的，人民法院不予支持。

最高人民法院关于未被续聘的仲裁员在原参加审理的案件裁决书上签名人民法院应当执行该仲裁裁决书批复

1998年8月31日　　法释〔1998〕21号

广东省高级人民法院：

你院〔1996〕粤高法执函字第五号《关于未被续聘的仲裁员继续参加审理并作出裁决的案件，人民法院应否立案执行的请示》收悉。经研究，答复如下：

在中国国际经济贸易仲裁委员会深圳分会对深圳东鹏实业有限公司与中国化工建设深圳公司合资经营合同纠纷案件仲裁过程中，陈野被当事人指定为该案的仲裁员时具有合法的仲裁员身份，并参与了开庭审理工作。之后，新的仲裁员名册中没有陈野的名字，说明仲裁机构不再聘任陈野为仲裁员，但这只能约束仲裁机构以后审理的案件，不影响陈野在此前已合法成立的仲裁庭中的案件审理工作。其在该仲裁庭所作的〔1994〕深国仲结字第四十七号裁决书上签字有效。深圳市中级人民法院应当根据当事人的申请对该仲裁裁决书予以执行。

最高人民法院关于认真贯彻仲裁法依法执行仲裁裁决的通知

1995年10月4日　　法发〔1995〕21号

各省、自治区、直辖市高级人民法院：

《中华人民共和国仲裁法》（简称仲裁法）已于1994年8月31日由第八届全国人民代表大会常务委员会第九次会议通过，自今年9月1日起实施。根据《仲裁法》第七十九条的规定，国务院和省、自治区人民政府、自治州人民政府以及县级人民政府的工商、城建、科技等部门设立的现有仲裁机构自今年9月1日起终止，设在直辖市和省、自治区人民政府所在地的市以及其他设区的市现有隶属于行政部门的仲裁机构最迟到明年9月1日终止。为保证仲裁法的贯彻实施，公正、及时地执行仲裁裁决，特通知如下：

一、各级人民法院于今年9月1日起，都应当严格执行仲裁法，并依照民事诉讼法、经济法合同法和我国加入的1958年《承认及执行外国仲裁裁决公约》的规定，认真处理好每一起向人民法院请求作出裁定，申请撤销或者执行的仲裁裁决案件，真正做到严肃执法。

二、根据国办发〔1995〕38号《关于进一步做好重新组建仲裁机构工作的通知》要求，现有仲裁机构在依法终止前受理的案件应当自该仲裁机构依法终止之日起6个月内作出仲裁裁决。因此，仲裁机构在此期间将当事人的财产保全申请提交人民法院的，人民法院应当依照民事诉讼法的有关规定作出裁决，予以受理或者驳回申请；仲裁机构在此期间按照仲裁程序作出的裁决书、调解书，一方当事人不履行，另一方当事人依照民事诉讼法的有关规定向人民法院申请执行的,受申请的人民法院应当执行。但被申请人提出证据证明裁决有民事诉讼法第二百一十三条①第二款和第二百五十八条②第一款规定的情形之一的,或者当事人提出证据证明裁决有民事诉讼法第二百五十八条第一款、仲裁法第五十八条规定的情形之一的,应当分别作出不予执行和撤销裁决的裁定。一方当事人申请执行,另一方当事人申请撤销裁决的,人民法院应当裁定中止执行。

最高人民法院
**关于仲裁协议无效是否可以裁定
不予执行的处理意见**

2002年6月20日　〔1999〕执监字第174—1号

广东省高级人民法院:

你院〔1999〕粤高法执监字第65—2号"关于中国农业银行杭州市延安路支行申请执行杭州市经济合同仲裁和会杭裁字〔1996〕第80号裁决书一案"的报告收悉,经研究,答复如下:

申请人中国农业银行浙江省信托投资公司(现为中国农业银行杭州市延安路支行,以下简称农业银行)与被申请人深圳政华实业公司(以下简称政华公司)、招商银行深圳福田支行(以下简称招商银行)合作投资担保合同纠纷一案,杭州市经济合同仲裁委员会于1996年10月25日作出杭裁字〔1996〕第80号裁决书裁决:政华公司在裁决生效后十日内归还农业银行借款及利息人民币617万余元,招商银行承担连带偿付责任。在执行该仲裁裁决过程中,被执行人招商银行向深圳市中级人民法院申请不予执行该仲裁裁决。深圳市中级人民法院认为:由于当事人只约定了仲裁地点,未约定仲裁机构,且双方当事人事后又未达成补充协议,故仲裁协议无效,杭州市经济合同仲裁和会无权对本案进行仲裁。因此,以〔1997〕深中法执字第10—15号民事裁定书裁定不予执行。

本院认为:本案的仲裁协议只约定仲裁地点而没有约定具体的仲裁机构,应当认定无效,但仲裁协议无效并不等于没有仲裁协议。仲裁协议无效的法律后果是不排除人民法院的管辖权,当事人可以选择由法院管辖而排除仲裁管辖,当事人未向法院起诉而选择仲裁应诉的,应视为当事人对仲裁庭管辖权的认可。招商银行在仲裁裁决前未向人民法院起诉,而参加仲裁应诉,应视为其对仲裁庭关于管辖权争议的裁决的认可。本案仲裁庭在裁决驳回管辖权异议后作出的仲裁裁决,在程序上符合仲裁法和民诉法的规定,没有不予执行的法定理由。执行法院不应再对该仲裁协议的效力进行审查。执行法院也不能将"仲裁协议无效"视为"没有仲裁协议"而裁定不予执行。因此,深圳市中级人民法院裁定不予执行错误,本案仲裁裁决应当恢复执行。

请你院监督执行法院按上述意见办理,在两个月内执结此案并报告本院。

此复。

【附:案例评析】

**中国农业银行杭州市延安路支行申请执行
仲裁裁决案——仲裁协议无效是否可以
裁定不予执行问题分析**

最高人民法院执行工作办公室在办理题述执行监督案中,对仲裁协议无效是否可以裁定不予执行问题,引起了讨论,经征求有关部门的意见,达成了共识。最后,经法定程序审查,最高人民法院对该案作出了处理意见:仲裁协议无效不是裁定不予执行的法定理由(处理意见原文附后)。此处理意见具有一定的实践指导意义和理论研究意义,故在此作进一步分析。

评析意见:

1. 裁定不予执行的法律依据评析

深圳市中级人民法院裁定对本案仲裁裁决不予执行的法律依据是《仲裁法》第18条和《民事诉讼法》第217条③第2款第(1)项。

---

① 民事诉讼法原第二百一十三条现已修改为第二百三十二条。——编者注
② 民事诉讼法原第二百五十八条现已修改为第二百七十四条,下同。——编者注
③ 民事诉讼法原第二百一十七条现已修改为第二百三十七条。——编者注

《仲裁法》第18条规定："仲裁协议对仲裁事项或者仲裁委员会没有约定或者约定不明确的，当事人可以补充协议；达不成补充协议的，仲裁协议无效。"该法条是对仲裁协议效力的规定，而不是对不予执行仲裁裁决事项的法律规定。《民事诉讼法》第217条第2款规定："被申请人提出证据证明仲裁裁决有下列情形之一的，经人民法院组成合议庭审查核实，裁定不予执行"，其中该款第（1）项的规定是当事人在合同中没有订有仲裁条款或者事后没有达成书面仲裁协议的。该法条是对裁定不予执行仲裁裁决的法定条件的规定。执行法院对本案仲裁裁决依据该两个条文裁定不予执行的基本逻辑应该是：根据《仲裁法》第18条可以认定该仲裁协议无效，而仲裁协议无效的后果是对当事人没有约束力，因而可视为在当事人之间没有仲裁协议，因此依据《民事诉讼法》第217条第2款第（1）项可裁定不予执行该仲裁裁决。然而这种逻辑推理是值得进一步研究的。

有没有仲裁协议是事实认定问题，而仲裁协议有没有效力是法律分析问题。在执行程序中不能将"仲裁协议无效"视为"没有仲裁协议"而裁定不予执行已作出的仲裁裁决。《民事诉讼法》第217条要求执行法院只作事实判断，没有要求对存在仲裁协议的条件下作仲裁协议是否有效的法律分析。为什么《民事诉讼法》只规定"没有仲裁协议"而不是规定"没有有效的仲裁协议"呢？因为仲裁协议的效力判断，《仲裁法》和《民事诉讼法》已经规定了另外的程序来予以解决，不能在执行程序中予以解决，必须通过仲裁程序或诉讼程序解决。因此，执行法院在审查是否裁定不予执行仲裁裁决时，只适用《民事诉讼法》第217条（涉外仲裁适用《民事诉讼法》第260条①），不必适用《仲裁法》第18条。

2. 仲裁协议的效力评析

仲裁协议的效力判断，涉及到不同的判断主体和程序。当事人可以根据自己的理解进行判断；仲裁庭可以根据仲裁程序进行判断；人民法院可以根据诉讼程序（不是执行程序）进行判断；学者可以根据自己的学识进行判断。不同的判断主体和程序可能会产生不同的效力结果，对同一仲裁协议，有人会作出有效的判断，有人会作出无效的判断；不同的判断主体和程序作出的判断结论会有不同的法律后果，学者的判断结果对当事人没有约束力，仲裁庭和法院依法定程序所作的判断结果对当事人具有约束力。

本案仲裁申请人农业银行对该仲裁协议效力所作出的判断是仲裁协议有效，因此提交仲裁机构解决实体争议。本案仲裁被申请人政华公司和招商银行对该仲裁协议效力所作出的判断是仲裁协议无效，因此向仲裁庭提出了管辖异议。任何一方当事人认为仲裁协议无效的，法律都对该方当事人赋予了一种权利：既可以向仲裁庭提出主张，请求仲裁庭作出仲裁决定，也可以直接向人民法院起诉，请求人民法院对此作出裁定。然而，当事人向仲裁庭还是向人民法院提出主张，选择权在当事人。当事人只向仲裁庭提出主张而没有向人民法院起诉，那么人民法院就无法进入诉讼程序。这是由司法裁判的"被动性原则"（即"不告不理"原则）决定的，因而当事人不起诉也就谈不上人民法院的裁定。这时，仲裁庭作出的关于仲裁协议效力的决定是"有权判断"，对当事人具有约束力。当然，当事人在仲裁裁决作出前，向人民法院起诉的，人民法院根据诉讼程序所作出的关于仲裁协议效力的裁定是司法判断，仲裁庭的决定不得对抗人民法院的裁定。本案在当事人对仲裁协议有争议时，被申请人没有向人民法院起诉，而选择了仲裁应诉，那么仲裁庭作出的关于仲裁协议效力的决定对当事人具有约束力，仲裁庭作出的关于实体权利义务的裁决就应予执行。

本案仲裁协议究竟应作有效认定还是无效认定？本文作者从案例分析的角度，也可以作出"学理判断"。我们认为，该仲裁协议客观上讲，应是无效的仲裁协议。其理由与被申请人和执行法院所述理由大同小异，在此不作详述。因此，执行法院的错误并不是认定仲裁协议无效的错误，而是执行程序解决了诉讼程序解决的问题的错误。

3. 仲裁协议无效的法律后果评析

这里讲的仲裁协议无效的法律后果，仅指仲裁庭和人民法院所作出的仲裁协议无效的决定或裁定后所产生的法律后果。当仲裁庭作出仲裁协议无效的决定后，就排除了仲裁庭的管辖权，除非当事人达成新的仲裁协议，根据新的仲裁协议

---

① 民事诉讼法原第二百六十条现已修改为第二百七十四条。——编者注

进行仲裁。当人民法院作出仲裁协议无效的裁定后，不管仲裁庭如何认识，都排除了仲裁管辖，人民法院就产生了管辖实体争议的管辖权。但是，人民法院的管辖是以当事人向人民法院起诉为前提的，而当事人的起诉又必须在仲裁庭作出实体裁决之前进行。为了体现人民法院管辖权的权威性，当人民法院对仲裁协议的效力争议进行管辖后，仲裁庭如已受理仲裁案件，那么该仲裁案就应中止审理。如果人民法院认为仲裁协议有效的，仲裁庭才可恢复审理，如果人民法院认为仲裁协议无效的，仲裁庭应终结审理。综上所述，仲裁协议无效的法律后果概括地说是：确立人民法院对实体争议的司法管辖权，通过诉讼程序来解决实体争议。

本仲裁案的被申请人政华公司和招商银行虽然认为仲裁协议无效，但是只向仲裁庭提出管辖异议，没有向人民法院起诉，应认为当事人把判断仲裁协议效力的权力交给了仲裁庭。在仲裁庭作出仲裁协议有效的决定后，当事人又没有向人民法院起诉，继续参加仲裁应诉，应视为当事人对仲裁裁决程序解决争议的认可。因此，当仲裁庭作出裁决后，当事人应当履行仲裁裁决。在执行程序中，当事人不再具有以仲裁协议无效为由申请不予执行的权利，执行法院不再对仲裁协议的效力进行审查，仲裁协议无效不是裁定不予执行的法定理由。

4. 仲裁协议对担保人的约束力评析

本案的主合同《合作投资协议》约定了仲裁条款，从合同《担保函》没有约定仲裁条款，而担保人没有在主合同上签字盖章，这就涉及到主合同的仲裁条款对从合同的担保人是否具有约束力的问题。对此，仲裁庭作出的裁决是：《担保函》是《合作投资协议》的组成部分，是对主合同的认同。因此，推论出仲裁条款对担保人也具有约束力。执行法院在不予执行该仲裁裁决的裁定中对此未作阐述。我们认为，主合同的仲裁条款对担保人是否具有约束力的问题，现行法律没有明确具体的规定，从法理上可作两种理解。

第一种理解：担保合同不是对主合同所有条款的承认，而只是对债务人履行债务的担保，尽管担保人在担保主债务时知道主合同的内容，当然也明知主合同的仲裁条款，但仲裁条款对担保人的约束力必须是明示的，而不能是默示的，也就是说在没有明确约定的情况下，仲裁条款对担保人没有约束力。因而本案的担保人与主债务人之间没有仲裁条款，据此可以对担保人承担连带偿付责任的仲裁裁决在执行程序中裁定不予执行。

第二种理解：主合同与从合同是一个整体，作为担保人所出具的《担保函》是主合同《合作投资协议》的组成部分，离开主合同，《担保函》不成其为完整的从合同，《担保函》只有单方签字盖章，必须与主合同的签字盖章结合起来才构成担保合同关系。因此，担保人在《担保函》中的签字盖章应视为在主合同中的签字盖章，主合同仲裁条款的效力及于担保人。从这个意义上讲，担保人与主债务人的"仲裁协议"是存在的，而"仲裁协议"的效力也应及于担保人。

面对两种理解，在选择哪一种理解作为定案的意见时，还应考虑其他相关因素。鉴于本案在《担保函》中有"无条件"担保的内容；又鉴于该案已有仲裁庭作出了决定，且担保人参加了仲裁应诉；还鉴于本文后面将要分析的公正与效率评析中所涉的观点，故最高人民法院的处理意见选择了：招商银行在仲裁裁决作出前未向人民法院起诉而参加仲裁应诉，应视为对仲裁庭关于管辖权争议的裁决的认可。该处理意见中的"认可"指的是法律后果上的认识，而不是当事人真实感情的评价，可能当事人的真实感情是不认可仲裁庭的决定，但在法律上只要作出了"仲裁应诉"，即视为"认可"。

5. 不予执行仲裁裁决的公正与效率评析

在执行程序中，执行法院可以对仲裁裁决进行审查，在符合法定条件的情形发生时可以裁定不予执行。执行法院在适用法律时，要严格依法裁定不予执行。当执行法院在审查是否不予执行仲裁裁决时，对法律规定的理解有歧义时，要参考各种应该参考的因素，根据案件的实际情况予以处理。在参考其他因素时，"公正与效率"这一主题也是不可忽视的因素。

裁定不予执行，当事人可以向人民法院起诉，通过审判再来断定是非曲直，这样做更趋公正；但已有了仲裁再进行诉讼，从效率上会受到影响，公正与效率在此产生碰撞。公正与效率虽然是统一的，但也在矛盾之中。作者对解决这对矛盾的思路是：对本质的公正受到挑战时，效率不应对抗公正，此时应倡导公正第一；对非本质的公正受到影响时，公正应该服从效率，坚持效率优先，此时应倡导效率第一。本案的债权债务关系明确，担保责任关系明确,即使人民法院进行审判,判决结果与仲裁裁决的结果也是一样的。故此,效率就提升到了重要的地位,执行该仲裁裁决更符合效率原则。审查仲裁裁决是否不予执行,境外司法机关也有过"效率"原则的思考。节约诉讼成本是现代司法中必须考虑的一个重要问题。

处理意见:

仲裁协议无效的法律后果是不排除人民法院的管辖权,当事人可以向人民法院起诉而排除仲裁管辖。但当事人未向人民法院起诉而选择仲裁应诉的,应视为当事人对仲裁庭管辖权的认可。招商银行在仲裁裁决作出前未向人民法院起诉,而参加仲裁应诉,应视为其对仲裁庭关于管辖权争议的决定的认可。因此,深圳市中级人民法院裁定不予执行错误,本案仲裁裁决应当恢复执行。①

最高人民法院执行工作办公室
关于广东省高级人民法院请示的交通银行汕头分行与汕头经济特区龙湖乐园发展有限公司申请不予执行仲裁裁决案的复函

2003年7月30日　〔2003〕执他字第10号

广东省高级人民法院:

你院〔2003〕粤高法47号"关于交通银行汕头分行与汕头经济特区龙湖乐园发展有限公司申请不予执行仲裁裁决一案的请示"收悉。经研究,现答复如下:

我国《合同法》第114条第2款规定:"约定的违约金低于造成的损失的,当事人可以请求人民法院或者仲裁机构予以增加;约定的违约金过分高于造成的损失的,当事人可以请求人民法院或者仲裁机构予以适当减少。"违约金由双方当事人自由约定,只要不违反法律规定和不损害第三人合法权益,国家一般不予干涉。国家认为双方当事人约定的违约金过高或者过低的,可以予以调整,但必须是基于一方当事人的请求。在本案中,交通银行汕头分行作为仲裁案件的被申请人和向汕头市中级人民法院申请不予执行仲裁裁决的申请人,始终未就违约金提出异议。依据我国《民法通则》第112条规定,当事人可以在合同中约定赔偿额的计算方法,本仲裁庭对本案违约金的计算和确认的数额并无不当。因此,本仲裁案的裁决不存在《民事诉讼法》第217条②第2款第(5)项规定的适用法律确有错误的情形,人民法院应予执行。

此复。

【附:案例评析】

关于广东省高级人民法院请示的交通银行汕头分行与汕头经济特区龙湖乐园发展有限公司申请不予执行仲裁裁决案

评析意见:

首先,关于仲裁裁决执行案件的性质问题。仲裁是当事人签订仲裁协议后,自愿将他们之间已经发生的或者可能发生的争议提交给中立的第三者(仲裁机构或仲裁员),而由该第三者作出的对双方当事人有约束力的裁决。该裁决应该是当事人的授权,是当事人自由处分其民事权利的体现。同时也排除了法院的管辖权,即一份有效的仲裁协议可以排除法院对该仲裁协议项下争议的司法管辖权。对此,我国《仲裁法》第5条"当事人达成仲裁协议,一方向人民法院起诉的,人民法院不予受理,但仲裁协议无效的除外"和第26条"当事人达成仲裁协议,一方向人民法院起诉未声明有仲裁协议,人民法院受理后,另一方在首次开庭前提交仲裁协议的,人民法院应当驳回起诉,但仲裁协议无效的除外;另一方在首次开庭前未对人民法院受理该案提出异议的,视为放弃仲裁协议,人民法院应当继续审理"都有明确的规定。也就是说,通常情况下,法律对当事人自由处分其民事权利而签订的仲裁协议的效力,一般是采取"倾向仲裁"的政策,并尽可能缩小无效仲裁协议的范围,以便利用仲裁协议解决实体问题,从而减少讼累。因此,我

---

① 葛行军、张根大:《中国农业银行杭州市延安路支行申请执行仲裁裁决案——仲裁协议无效是否可以裁定不予执行问题分析》,载最高人民法院执行工作办公室编:《强制执行指导与参考》2002年第2辑(总第2辑),法律出版社2002年版,第185~194页。

② 民事诉讼法原第二百一十七条现已修改为第二百三十七条。——编者注

国《民事诉讼法》第 140 条①第 1 款第（11）项、第 2 款和第 141 条②的规定以及最高人民法院法复〔1997〕5 号《关于人民法院裁定撤销仲裁裁决或驳回当事人申请后当事人能否上诉问题的批复》规定"对人民法院依法作出的撤销仲裁裁决或驳回当事人申请的裁定，当事人无权上诉"。最高院法释〔1999〕6 号《关于当事人对人民法院撤销仲裁裁决的裁定不服申请再审人民法院是否受理问题的批复》规定"当事人对人民法院撤销仲裁裁决的裁定不服申请再审的，人民法院不予受理。"等，都是上述"倾向仲裁"精神，在法律和最高人民法院批复上的具体表述。因而，法律赋予法院作出的不予执行仲裁裁决申请的裁定，为终审裁定，当事人是无权上诉的。

其次，关于汕头交行申诉仲裁程序违法的问题。仲裁庭未在组庭之日起 4 个月内作出裁决，因为案件复杂，需征求有关主管部门的意见，仲裁庭成员工作调动。原仲裁庭首席仲裁员蔡镇顺调到广州工作，是其主动提出辞去仲裁员职务，并经过仲裁委主任批准。仲裁委亦通知了双方当事人重新协商首席仲裁员事宜，双方未取得一致意见，仲裁委主任遂指定蔡翀为首席仲裁员。关于首席仲裁员蔡翀回避问题，仲裁委主任批示：回避理由不充分，不予采纳。蔡翀是以仲裁委专家咨询委员身份参加旁听。因此，仲裁庭驳回汕头交行回避请求正确，仲裁程序不违反法律规定。

第三，关于交通银行总行申诉仲裁裁决违约金的数额过高的问题。首先，我国《合同法》第 114 条第 2 款规定约定的违约金低于造成的损失的，当事人可以请求人民法院或者仲裁机构予以增加；约定的违约金过分高于造成的损失的，当事人可以请求人民法院或者仲裁机构予以适当减少。"此条款的含义是违约金作为违约责任的一种形式，它不仅仅是双方当事人预先约定的事项，也是国家以法律形式设定的责任形式，当法院或者仲裁机构认为约定的违约金有过高或者过低情形时，国家倾向予以调整。但国家予以调整是基于一方当事人请求的前提下才采取的措施。而在本案中，作为仲裁案件的被申请人和向汕头市中级人民法院申请不予执行仲裁裁决的申请人汕头交行，始终未提出违约金过高的问题，

只是在仲裁裁决和汕头市中级人民法院的裁定生效后，交通银行总行在给广东省高级人民法院的信函中提出的，与我国《合同法》规定的情形不符。况且我国《民法通则》第 112 条规定，合同当事人是可以在合同中约定赔偿额的计算方法的。因此，在此情况下，作为上级法院的执行机构不宜再作审查。其次，违约金的数额是本案双方当事人在合同中对等约定的，任何一方违约都按照合同约定的违约金数额计算，也就不存在显失公平的问题。最后，违约金的高低，属于仲裁庭自由裁量的问题，是一个合理与否的价值判断，而不是合法与否的问题。

第四，关于执行程序中人民法院对仲裁裁决进行司法审查的问题。国外仲裁制度，在司法与仲裁的关系上，都明显地反映了进一步弱化司法干预，将干预限制在必不可少的限度内的趋势。从各国的仲裁法和各国际组织制定的仲裁规则看，都无一例外地承认法院对仲裁裁决的司法审查。但规定的审查范围或宽或窄，不尽相同，总体而言，可分为两种形式的司法审查。第一种将审查的范围限于仲裁中的程序性问题，第二种审查的范围宽得多，既要审查仲裁过程中的程序性问题，又要审查裁决认定事实和适用法律是否正确。第一种审查有利于维护仲裁裁决的终局性，可以充分发挥仲裁的特点和长处；第二种审查虽然有助于纠正仲裁裁决在认定事实和适用法律方面的错误，但仲裁裁决的终局性和仲裁的快捷性却会因此而受到损害。因此，各国对国际商事仲裁一般都采取第一种司法审查的方式，以减少法院对这类仲裁裁决的干预。1958 年通过的《纽约公约》和《示范法》均采用第一种司法审查。缩小司法审查的范围，弱化法院对仲裁的监督和干预，是国际上仲裁立法和实践的一般趋势。

我国国内仲裁与诉讼关系，1991 年《民事诉讼法》在第 217 条③就国内仲裁和涉外仲裁的司法审查问题作了规定，1994 年 8 月《仲裁法》第 58 条规定了当事人申请撤销国内仲裁裁决时法院的司法审查范围。分析《仲裁法》和《民事诉讼法》的上述规定，可以对国内仲裁裁决司法审查的范围作出以下判断：首先，《仲裁法》实际上允许当事人以协议预先排除法院在执行程序中对裁决实体方面的审查。

---

① 民事诉讼法原第一百四十条现已修改为第一百五十四条。——编者注
② 民事诉讼法原第一百四十一条现已修改为第一百五十五条。——编者注
③ 民事诉讼法原第二百一十七条现已修改为第二百三十七条。——编者注

该法第 54 条规定："裁决书应当写明仲裁请求、争议事实、裁决理由、裁决结果、仲裁费用的负担和裁决日期。当事人协议不愿写明争议事实和裁决理由的，可以不写。"而裁决书如按当事人的协议不写明争议事实和裁决理由，执行程序中被申请人就无法以证据证明该裁决认定事实的主要证据或者适用法律确有错误，于是便排除了实体方面的审查；而且，该条文只要求裁决写明"仲裁请求、争议事实、裁决理由、裁决结果"，并未要求写明裁决认定的事实和适用的法律，所以法院事实上无法对裁决适用法律是否正确作严格的审查；其次，尽管《民事诉讼法》授权法院在执行程序中审查裁决适用法律是否正确，但这一审查与上诉审法院审查一审裁判适用法律有无错误有相当的差别，它是一种较为"宽松"的审查，在审查中，法院与其要查明仲裁裁决是否准确地适用了实体法的相应条文，毋宁说要审查其是否违反了法律中的禁止性和强制性规定。《仲裁法》允许以仲裁方式解决的纠纷为民事法律范围内当事人得自由处置的那些争议，事关国家和社会公益的婚姻、收养、监护、扶养、继承纠纷，不在仲裁范围之列，这表明对于允许仲裁的事项作出的裁决，即使仲裁机构适用法律有不当之处，只要不是严重违法，国家就不予以干预。

综上，本案是仲裁一方当事人申诉的案件，根据本案的事实以及我国《合同法》规定的精神，应认定当事人所签订的合同有效；违约金的问题，当事人在所签订的售房合同中是对等约定的且在仲裁和申请不予执行时，均未向仲裁庭和法院提出，故法院不应予以干预。①

最高人民法院
关于执行监督程序中裁定不予执行仲裁裁决几个问题的请示案的复函

2004 年 12 月 24 日　〔2004〕执他字第 13 号

广东省高级人民法院：

你院《关于执行监督程序中裁定不予执行仲裁裁决几个问题的请示》收悉。经研究，答复如下：

一、关于审判部门裁定驳回当事人撤销仲裁裁决的申请后，执行部门能否再裁定不予受理的问题。

本院正在起草适用《中华人民共和国仲裁法》司法解释，其中涉及此问题已有意见，请你院待该司法解释生效后，按有关规定办理。

二、关于当事人未向审判部门提出撤销仲裁裁决的申请而在执行阶段申请不予执行的，是否由执行部门审查并依法作出裁定的问题。

《中华人民共和国民事诉讼法》第二百一十七条②规定："被申请人提出证据证明仲裁裁决有下列情形之一的，经人民法院组成合议庭审查核实，裁定不予执行……"。据此，只要是人民法院的审判人员组成的合议庭都符合法律规定。各法院可按照法院内部各部门之间业务分工的规定办理。

三、关于上级法院执行部门是否有权监督下级法院作出的不予执行仲裁裁决裁定，是否适用法复〔1996〕8 号批复的问题。

本院《关于人民法院执行工作若干问题的规定（试行）》（以下简称《执行规定》）第一百三十条第一款规定："上级法院发现下级法院在执行中作出的裁定、决定、通知或具体执行行为不当或有错误的，应当及时指令下级法院纠正，并可以通知有关法院暂缓执行。"该条规定赋予了上级法院对下级法院在执行中作出的不当或错误裁定的监督权。上级法院的执行部门代表人民法院行使职权，有权依据《执行规定》第一百三十条监督纠正下级法院作出的不予执行仲裁裁决的裁定。而最高人民法院法复〔1996〕8 号批复是针对当事人申请再审而言的，并不影响上级法院对下级法院执行工作的监督权。

此复。

---

① 裴莹硕：《关于广东省高级人民法院请示的交通银行汕头分行与汕头经济特区龙湖乐园发展有限公司申请不予执行仲裁裁决案》，载最高人民法院执行工作办公室编：《强制执行指导与参考》2003 年第 3 辑（总第 7 辑），法律出版社 2004 年版，第 218～225 页。

② 民事诉讼法原第二百一十七条现已修改为第二百三十七条。——编者注

最高人民法院
对新疆维吾尔自治区高级人民法院
《关于新疆建工集团建设工程有限责任
公司与新疆宝亨房地产开发有限公司
一案中有关问题的请示》的复函

2009年4月16日　〔2007〕执他字第9号

新疆维吾尔自治区高级人民法院：

你院《关于新疆建工集团建设工程有限责任公司与新疆宝亨房地产开发有限公司一案中有关问题的请示》收悉。现对有关法律问题答复如下：

在人民法院已经查封的财产又被仲裁裁决确权给案外人的情况下，执行法院可以依照民事诉讼法第二百一十三条①第三款的规定对仲裁裁决进行审查。如果认定当事人恶意串通进行仲裁裁决损害其他债权人的利益，妨害执行秩序，执行法院应当依法将该裁决视为有违背社会公共利益的情形而裁定不予执行。同时，还应将此种行为视为妨害人民法院执行的行为，依法予以制裁。

此复。

【附：案例评析】

关于人民法院能否在执行程序中依职权对确认执行标的物权属的仲裁裁决效力进行审查的请示案——兼谈妨害执行秩序的公共利益属性

评析意见：

被执行人与案外人恶意串通在执行程序中通过诉讼或者仲裁确权程序来达到逃避执行的目的，已经成为执行程序中的突出问题，如果处理不当将给执行程序带来严重损害。确切地说，本案的被执行人与案外人是否构成恶意串通，并不是我们关心的问题。毕竟，本案作为请示案件，涉及个案事实的认定是下级法院的职责和权限。我们关心的是本案所抽象出来的法律问题，即：在仲裁裁决将人民法院正在执行的标的物确权给案外人以后，人民法院能否对仲裁裁决进行程序和实体审查，根据审查的结果予以确认或者不予确认其效力？

应该说这个问题触及到了法律的空白点。法律上的难点在于，就债权人而言，其对被执行人与案外人之间形成的损害其利益的仲裁裁决即使存在异议也无法启动审查程序。按照我国仲裁法第五十八条的规定，能够提起撤销裁决司法审查程序的主体只能是仲裁当事人，债权人并不在此列。同样，按照我国民事诉讼法第二百一十三条②第二款规定，能够提起不予执行仲裁裁决审查程序的仅限于仲裁裁决的被申请人，而确权法律文书的被申请人都是被执行人，债权人同样无法推动此程序的启动。可见，民事诉讼法也好，仲裁法也好，在保护仲裁裁决以外的第三人的合法权利方面存在明显的疏漏。当然，民事诉讼法第二百一十三条第三款也规定了人民法院可以依职权对有关仲裁裁决裁定进行审查，但是该款规定的条件十分严苛，仅限于"该裁决违背社会公共利益的"。那么，题述请示案件所列情形属于人民法院依职权审查的职权范围吗？

笔者认为，在目前有关法律没有给予债权人对损害其利益的仲裁裁决以救济渠道的情况下，人民法院有权依职权对仲裁裁决的效力从程序和实体上进行审查，理由如下：

（一）民事诉讼法规定了人民法院有依职权对仲裁裁决进行监督的权力人民法院对仲裁裁决进行监督是民事诉讼法和仲裁法所规定的一项原则，这里的监督既包括因一方当事人的请求而引起的监督，也应当包括在仲裁裁决损害第三人或者公共利益的情形下，依职权所进行的监督。民事诉讼法第二百一十三条第三款规定，显然已经赋予了人民法院在仲裁当事人没有提起请求的情况下，可以依职权对违背社会公共利益的仲裁裁决直接裁定不予执行。关键是，在被执行人与案外人恶意串通所损害的利益是否为公共利益的理解上可能存在分歧。有人会认为，被执行人与案外人恶意串通损害的只能是债权人的利益，并不涉及公共利益。而公共利益必然是不特定的众多人的利益，把损害债权人的利益列为公共利益没有法律依据。

---

① 民事诉讼法原第二百一十三条现已修改为第二百三十二条。——编者注
② 民事诉讼法原第二百一十三条现已修改为第二百三十二条。——编者注

笔者则认为，此种情形应当视为损害公共利益的情形。笔者的观点建立在这样几点认识的基础上：

1. 公共利益并无确定概念，是随着社会经济的发展变化而变化

一般认为，社会公共利益在于强调其"公共性"，包括社会利益和国家利益，至于利益主体数量上的多寡，并不是其考虑因素。本案中，将人民法院依职权审查仲裁裁决的范围仅限于对人民法院已经查封的财产进行恶意串通确权的行为，着眼点并不在于这样的裁决损害了多少债权人的利益，而在于这样的仲裁裁决，损害了法院执行的公法秩序，是对法院司法权威的公然蔑视。把人民法院的执行秩序列入公共利益，从法理上没有任何问题。

2. 社会公共利益条款本身就是一个弹性条款，是为法院应对各种复杂的情势而设的

目前，对法院查封、冻结、扣押的财产通过仲裁确权来逃避执行，具有一定的普遍性。对这种行为我们必须加以制裁，而社会公共利益条款就为我们提供了防渗补漏的武器。

3. 最高人民法院并不是一个单纯地僵化地适用法律的机关

因为法律永远落后于社会生活，而最高人民法院就负有在法律适用中及时通过解释法律来弥补法律漏洞的职责。法院解释法律无非两种途径：第一，通过个案的审理创制新的规则。比如，最高人民法院执行局曾经在法律没有规定的情况下，设定了执行回转的债权在破产程序中享有优先权就是明显的一例（〔2005〕执他字第27号）。第二，对法律不明确的地方进行明确或者赋予法律以新的涵义。本案中，从新疆维吾尔自治区高级人民法院的认定事实看，当事人与其关联公司涉嫌互相串通，对人民法院已经查封的财产通过仲裁确权的方式转移财产权属。这种行为一方面侵害了执行程序中债权人的利益，另一方面也是对人民法院公法执行秩序的公然挑战。本案将债务人与案外人恶意串通对法院查封财产的确权看作对执行秩序——这一公共利益的损害，应当是司法能动性的应有之意。

（二）仲裁程序的特点决定了债权人不可能介入被执行人与案外人之间的仲裁程序

仲裁程序具有封闭性和私密性，当事人之间如果没有仲裁协议，仲裁庭无法将债权人纳入仲裁程序。仲裁程序也没有第三人制度，债权人无法以第三人的身份参与仲裁程序。并且，仲裁庭在没有当事人申请的情况下不会公开开庭审理。这些特点决定了债权人根本就无法介入到仲裁确权程序中来，无法在仲裁确权程序中对执行标的物的真正权属发表意见，进行质证。这样的程序特点为执行人通过仲裁裁决损害第三人特别是在执行程序中与案外人串通损害债权人利益留下了制度缺口，这就要求执行法院必须有权对损害第三人利益的仲裁裁决有进行审查的权力。

（三）现有法律的疏漏导致债权人对损害其利益的仲裁裁决没有救济渠道

首先，如果说对于被执行人利用判决确权程序来逃避执行，当事人还可以通过再审程序来对确权判决进行救济的话，仲裁程序由于没有再审制度，债权人无法对损害其利益仲裁裁决通过再审程序进行救济。其次，现行法律将对仲裁裁决撤销和不予执行的程序启动权仅赋予给了仲裁当事人和人民法院，债权人无法通过申请撤销和不予执行仲裁裁决来保护自己的合法权益。因此，有必要将恶意串通损害债权人利益的仲裁裁决也纳入到"违背社会公共利益"的范围，由人民法院依职权裁定不予确认，以防止被执行人逃避执行。

（四）如果执行法院对仲裁结果无条件确认，将使执行程序遭受严重损害

如果执行程序中执行法院对仲裁确权程序不能审查而改为无条件确认其效力，被执行人将极有可能利用这一程序，串通关联方随时通过仲裁确权程序来排除人民法院的执行。甚至在人民法院执行程序终结后，被执行人也可串通案外人进行确权，进而要求人民法院纠正执行错误。因为，现行执行程序并没有对案外人提出执行监督程序的期间进行限制。那样的话，以本案为例，就会形成这样的结果，在宝亨集团作为被执行人时，其会以宝亨大厦登记在宝亨房地产公司名下作为抗辩理由；而在宝亨房地产公司作为被执行人时，宝亨集团又会凭借仲裁确权程序来使债权人受偿的希望落空。最终，将给被执行人转移财产、逃避执行，从法律制度上开了一个大大的口子。应该说，从最高人民法院监督的一些案件来看，目前已经出现了这样的苗头。

应当指出，对执行标的物的仲裁确权裁决赋予执行法院司法审查权，仅仅是权宜之计，因为

对于通过判决或者调解确权，尤其对是通过执行法院辖区以外的法院所作出的确权判决或者调解，执行法院就显得鞭长莫及、力有不逮。同时，虽然我们可以将不予执行仲裁裁决宽泛解释成可以包括不予确认其效力。但从法律条文的规定内容看，对确权仲裁裁决裁定不予执行，总给人文不对题的感觉。所以，最根本的解决之道是赋予执行法院对执行实体异议的专属管辖权，即人民法院已经查封、扣押、冻结的财产，案外人主张实体权益的，一律应当向执行法院提起执行异议或者第三人异议之诉，不能另案确权。唯如此，方能公平保护债权人、债务人、案外人的合法权益，彰显正当程序的光辉。同时，此类问题还牵涉到民法上的一个重大问题，即确权裁决本身能否成为物权变动的原因？因此问题涉及理论和实践问题甚大，容另文详述，本文不赘。①

最高人民法院执行局
关于仲裁裁决部分裁项适用法律确有错误如何裁定不予执行的问题的复函

2010年11月29日　〔2010〕执监字第117号

广东省高级人民法院：

拓盈实业（深圳）有限公司反映深圳市中级人民法院（以下简称深圳中院）违法执行仲裁裁决、福建省第五建筑工程公司深圳分公司要求督促执行两案，本院经调卷审查，现提出如下处理意见：

关于仲裁裁决部分裁项适用法律确有错误如何裁定不予执行的问题，本院认为，应当综合裁决的具体情况和公平原则考虑，如果仲裁裁决的裁项可分，参照《最高人民法院关于适用〈中华人民共和国民事诉讼法〉若干问题的意见》第277条②的规定，只应当对适用法律确有错误的部分裁定不予执行，对适用法律正确的部分则应予执行。你院〔2006〕粤高法执督字第216号函文和〔2009〕粤高法执监字第72号函文，在仅认定涉案仲裁裁决关于违约金部分的裁项适用法律错误的情况下，要求深圳中院对涉案仲裁裁决裁定全部不予执行不当，应予纠正。深圳中院〔2010〕深中法执再字第2号民事裁定正确，应予维持。

以上意见，请遵照执行。

【附：案例评析】

仲裁裁决部分错误的不予执行问题——拓盈公司与福建五建不予执行仲裁裁决案

评析意见：

本案的焦点有三个：（1）仲裁裁决是否存在认定事实的主要证据不足的情形？（2）仲裁裁决是否存在适用法律确有错误的情形？（3）能否裁定仲裁裁决部分不予执行？

（一）本案据以执行的仲裁裁决是否存在认定事实的主要证据不足的情形

关于证据问题，双方争议的焦点主要在于福建五建提交的三张签署有拓盈公司公章的"付款说明"是否真实？这个问题对于裁决拓盈公司是否已足额支付福建五建的工程款至关重要。

从有关银行凭证看，拓盈公司向福建五建支付的款项总额为208,023,750元，其中有3000万元又于2003年4月9日退回拓盈公司，实际支付178,023,000元，福建五建对其中176,500,000元开具了工程款发票，1,523,750元出具了收款收据。福建五建对付款情况提供了三份签署拓盈公司公章的付款情况说明：第一份出具日期为2003年2月21日，内容为："截止到2003年2月20日，我司已共计支付给贵司人民币8650万元。以上款项中有5650万元系我司委托贵司支付给我司股东杨添丁、刘克的荔林春晓项目投资款本金及税后利润（其中投资款本金3000万元、税后利润

---

① 范向阳：《关于人民法院能否在执行程序中依职权对确认执行标的物权属的仲裁裁决效力进行审查的请示案——兼谈妨害执行秩序的公共利益属性》，载江必新主编、最高人民法院执行局编：《执行工作指导》2009年第2辑（总第30辑），人民法院出版社2009年版，第128～134页。

② 该条已被最高人民法院《关于适用〈中华人民共和国民事诉讼法〉的解释》（法释〔2015〕5号）第四百七十六条修改为："仲裁机构裁决的事项，部分有民事诉讼法第二百三十七条第二款、第三款规定情形的，人民法院应当裁定对该部分不予执行。应不予执行部分与其他部分不可分的，人民法院应当裁定不予执行仲裁裁决。"，下同。——编者注

2650万元)";第二份出具于2003年3月7日,内容为:"我司于2003年3月5日支付给贵司人民币1,523,750元,该款项系支付给贵司为我司股东杨添丁、刘克的荔林春晓项目投资税后利润款2650万元开具建筑安装工程发票所需的税金,请贵司查收";第三份出具于2003年4月9日,内容为:"截止到2003年4月8日,我司已共计支付给贵司人民币12,250万元,请贵司查收。我司曾于2月20日前合计支付给贵司8650万元,其中有3000万元系委托贵司支付给我司股东杨添丁、刘克的荔林春晓项目投资款本金,该款目前尚在贵司账户中未转给我司股东。现我公司决定,不再需要贵司协助划转该款,请贵司将该款人民币3000万元返还给我司,另作处理。"同日,福建五建按照拓盈公司的要求,将3000万元退还给拓盈公司。根据三份情况说明以及杨添丁、刘克证言、相关股东会决议等证据,仲裁庭认定拓盈公司实际支付工程款150,000,000元,工程总造价177,140,019.31元,尚欠工程款本金27,140,019.31元。

在庭审中,拓盈公司提出上述三份函件系该公司原高管人员杨某某等人利用职务之便,在离开公司之前在空白纸张上加盖了"拓盈实业(深圳)有限公司"的印鉴,伪造了证据。拓盈公司于2005年1月14日提交《文书鉴定申请》,要求:(1)对函件中打印文字、日期形成时间与盖章形成时间的先后顺序进行鉴别。(2)对三份函件打印文字是否为同一时间形成进行鉴定。(3)对三份函件上的印章是否同一时间加盖进行鉴定。仲裁庭于2005年3月22日委托西南政法大学司法鉴定中心进行技术鉴定,于2005年7月21日收到该中心出具的《鉴定书》,鉴定结论为:(1)不能确定三份检材上"拓盈实业有限公司"红色公章印文与打印字迹的先后顺序。(2)不能确定三份检材上打印字迹是否为同时打印形成。(3)三份检材上的"拓盈实业有限公司"红色公章印文应是短时间内连续盖印形成,其独特的时段性特征在送检的与三份检材同期的样本中未发现,基于目前条件,不能确定三份检材印文的具体形成时间。在仲裁庭第二次开庭质证时,拓盈公司对鉴定结论无异议,但认为:《鉴定书》的分析说明所表述的内容中,第一,"三份检材上红色公章印文与打印字迹不交叉,不具备直接鉴定二者形成时间先后顺序的基本条件",正是福建五建为避免鉴定而故意制作成印文与字迹不交叉的文件格式;第二,"三份检材上打印字迹各方面特征的一致性反映出是同机同期打印形成",说明三份函件是同时打印形成的;第三,"三份检材上的'拓盈实业(深圳)有限公司'红色公章印文呈现出的多处共同且明显的时段性特征是一次性连续盖印的反映",说明三份函件是同一天盖印的。拓盈公司认为上述鉴定结论能够证明三份函件是伪造的。福建五建对鉴定结论无异议,认为:印文与字迹不交叉是发文单位即拓盈公司的原因造成的;"同期打印"不能理解为"同时打印";"一次性连续盖印"在鉴定结论中已明确为"短时间内连续盖印",三份函件的形成时间为2003年2月?4月,符合"短时间内连续盖印"的特征。

同时,仲裁庭在裁决过程中还查明以下事实:(1)杨添丁(占股50%)、刘克(占股30%)和胡伟军的个人公司ETERNALGAIN INVESTMENT公司(占股20%)是香港东建投资有限公司的股东;拓盈公司系香港东建投资有限公司在深圳市成立的全资子公司,实际投资人为杨添丁和刘克。2003年3月5日前,杨添丁担任拓盈公司的副董事长,刘克担任董事,二人共投资人民币3000万元,拓盈公司由胡伟军承包经营(出任法定代表人),开发"荔林春晓"房地产项目,该项目的施工总包给杨添丁指定的建筑公司承建。(2)胡伟军承诺在18个月内返还投资本金3000万元,并支付杨添丁、刘克税后利润人民币2400万元,到期未能还款则每月再加5%计算税后利润;如果胡伟军需要工程发票,则由杨添丁指定的施工队负责,但税金由胡伟军负责缴纳;杨添丁、刘克承诺在收到本金和利润款后一周内退出香港东建投资有限公司。(3)福建五建提交的香港东建投资有限公司于2001年8月16日作出的《股东会决议》表明,拓盈公司的公章委托陈水木管理,公司对外所有的可能产生借贷关系及一切可能发生债权债务的合同、协议、信函等文件,均需杨添丁、刘克、胡伟军一致同意后方可盖公司公章。(4)杨添丁、刘克、胡伟军约定以2003年2月20日为支付税后利润款结算日,胡伟军应支付杨添丁和刘克税后利润款人民币2650万元,该款由福建五建于2003年2月20日当天划转至杨添丁担任法定代表人的深圳市雄江投资发展有限公司(以下简称雄江公司)账户上,杨添丁再将刘克应分得的款项支付给刘克;税后利润款人民币 2650 万元的税金 1,523,750 元由拓盈公司于 2003 年 3 月 5 日支付给福建五建。2003 年 2 月 21 日，雄江公司向福建五建出具了收款收据，拓盈公司对该收据的真实性表示怀疑，于 2005 年 1 月 31 日提交《证据调取申请》，仲裁庭于 2005 年 7 月 14 日前往雄江公司进行调查，该公司称收据存根已经找不到，但承认该收据系该公司所出具，对其真实性予以确认。拓盈公司认为雄江公司是杨添丁控股的公司，故意隐匿了收据存根。（5）杨添丁、刘克收到税后利润款后，于 2003 年 2 月 24 日退出香港东建投资有限公司，于同年 3 月 5 日退出拓盈公司。仲裁庭所确认的上述事实，有福建五建向仲裁庭提交的杨添丁、刘克的证词以及中国委托公证人吴少鹏律师出具的《证明书》、香港东建投资有限公司的股东会决议和拓盈公司的董事会决议、工商登记资料、转款凭证等证据在案为凭。拓盈公司对于福建五建提交的上述证据，认为：涉及香港公司的材料缺乏必要的公证手续；杨添丁是福建五建的保证人并为福建五建提供了财产保全的担保而与本案有利害关系；雄江公司是福建五建的关联人；胡伟军已于本案纠纷发生前的 2004 年 7 月 20 日离开香港东建投资有限公司，其与拓盈公司也无任何关联，胡伟军与杨添丁、刘克之间的利润分红问题与本案无关。因此，对上述证据均不予认可。

笔者认为，审查仲裁裁决的主要证据是否不足应当从仲裁中福建五建或者拓盈公司所提交的全部证据，整体考量。从本案全案证据看，福建五建对自己的诉讼请求已经提供了比较充分的证据，这些证据之间相互印证，并形成了完整的证据链条。拓盈公司如果否认对方的诉讼请求，只能推翻或者撕裂这个证据链条。事实上，拓盈公司选择了两个突破口意图对福建五建的证据进行颠覆，即：（1）质疑福建五建提交的有关股东会议决议、香港东建公司的工商登记资料的形式合法性，认为香港律师的证明没有经过公证，这些证据没有直接的证明力，而证人杨添丁、刘克和本案有利害关系。（2）三份付款说明是福建五建伪造的。

对于第一点，仲裁庭认为，香港吴少鹏律师受中华人民共和国司法部的委托出具证明书，具有证明力；同时，杨添丁的证词与另一证人刘克的证词及本案其他证据相互印证，因此，关于杨添丁证词不予采用的抗辩不予支持。应当说仲裁庭对于此争议点的裁决是正确的。

对于第二点，涉及对鉴定结论的理解问题。从鉴定书得出的结论看，福建五建所提交的三份付款说明确实违反一般常规：（1）日期没有像拓盈公司以往所出具的文书形式签署在尾部，并与日期交叉，而打印在开头部分；（2）印章为一次性连续形成。但此违反常理部分却有三种可能性，一是福建五建事先获取了拓盈公司公章印文，为避免鉴定而故意采取上述方式；二是拓盈公司为日后可能发生的纠纷故意埋下疑点；三是也可能根本就是一种无意识的反常行为。应当说三种可能性都存在，不能得出是福建五建伪造的唯一结论。而且，和第一份说明相互印证的证据，即福建五建收到拓盈公司 3000 万元后又退回的这一事实，拓盈公司却并没有否认。同时，从举证责任上说，拓盈公司作为自己公章的控制方，在其承认公章印文本身真实的情况下，对于相关签署有其公章印文的相关文书虚假的抗辩主张，必须承担更重的举证责任，即提交充分的证据证明该公章印文确系伪造。而仅凭现有证据，拓盈公司并不能推翻福建五建所提交的证据。

所以，法院在执行监督程序中无法得出仲裁裁决认定事实的主要证据不足的结论。

（二）仲裁裁决是否存在适用法律确有错误的情形

仲裁裁决书认定拓盈公司存在违约付款的期间为七个月，对于前三个月按照双方约定的比例计算违约金，而对于后四个月，则确定为 4% 的比例进行计算。在双方当事人对违约付款所产生的违约金，相关合同中有明确约定的仅仅有三个月，则仲裁庭对于三个月后没有明确约定的违约期间部分直接确定是否构成适用法律确有错误，是问题的核心。

这个问题涉及对违约金的法律适用问题，《合同法》第 107 条规定："当事人一方不履行合同义务或者履行合同义务不符合约定的，应当承担继续履行、采取补救措施或者赔偿损失等违约责任。"第 113 条规定："当事人一方不履行合同义务或者履行合同义务不符合约定，给对方造成损失的，损失赔偿额应当相当于因违约所造成的损失，包括合同履行后可以获得的利益，但不得超过违反合同一方订立合同时预见到或者应当预见到的因违反合同可能造成的损失。"第 114 条规定："当事人可以约定一方违约时应当根据违约情况向对方支付一定数额的违约金,也可以约定因违约产生的损失赔偿额的计算方法。约定的违约金低于造成的损失的,当事人可以请求人民法院或者仲裁机构予以增加;约定的违约金过分高于造成的损失的,当事人可以请求人民法院或者仲裁机构予以适当减少。"这三条规定说明:(1)一方当事人要求另一方当事人承担违约责任的方式一般有两类三种,即非金钱责任的继续履行、采取补救措施或者金钱责任的赔偿损失;(2)损失以利益损失为限;(3)为了损失计算上的方便,当事人可以约定违约金,但违约金的适用应以双方约定为前提;(4)约定的违约金过高或者过低,经一方当事人申请,法院或者仲裁机构可以调整。

双方的补充合同中约定:乙方(指福建五建)从桩基开始一直垫资至该工程结构全部封顶。因乙方原因造成取得桩基开工证后二十个月内未能取得竣工证,延期第一个月应按乙方工程结算总额的2%向甲方交付违约金,延期第二个月应按乙方工程结算总额的4%向甲方交付违约金,延期第三个月应按乙方工程结算总额的8%向甲方交付违约金。甲方(指拓盈公司)未按本合同第3条约定付款,第一个月按未付金额的2%罚款支付给乙方,第二个月按所未付金额的4%罚款支付给乙方,第三个月按所有未付金额的8%罚款支付给乙方,至封顶后三个月止,甲方还未能按约定付款,乙方有权停工,并且自停工之日起,甲方必须支付乙方停工后所欠所有款项的利息,利息按银行同期贷款利率计算,并且停工后所造成的怠工费、机械停滞费等由甲方负责赔偿。乙方未能按约定的时间垫资至结构封顶,乙方须赔偿甲方因此而造成的所有损失,甲方有权更换施工队伍,办理中间结算。

从合同条款看,当事人实际上约定了两种计算损失和承担责任的方式:一是在违约的前三个月的期间内按照双方约定违约金比率计算违约金,其后则是停工,并且要支付按银行同期贷款利率计算的利息、怠工费、机械停滞费。

仲裁庭在双方没有约定的情况下,对三个月后的违约期间擅自确定违约金的计算方法确属错误,广东高院认定冲裁裁决关于违约金部分的计算属于适用法律确有错误是正确的。

(三)仲裁裁决能否裁定部分不予执行

在仲裁裁决仅仅有部分裁项适用法律不当的情况下,是全案裁定不予执行还是仅对适用法律确有错误的部分裁定不予执行,应当说法律对此规定并不明确,应当综合裁决的总体情况和公平原则考虑。笔者认为,如果裁项之间可分,则只应当对适用确有错误的裁项裁定不予执行,而对适用法律正确的部分则应予执行。如果仅因部分裁项错误却对全案都裁定不予执行,对债权人而言是不公平的。这一点,亦可从最高人民法院民四庭的相关个案批复中得到印证。民四庭在答复重庆高院的《关于国际经济贸易仲裁委员会深圳分会作出的〔2001〕深国仲结字第31号裁决是否应予执行的复函》(2003年5月27日〔2002〕民四他字第39号)中,认为:"《合资经营重庆台华公司房地产开发有限公司合同书》(以下称合资经营合同)订有股权转让的内容和仲裁条款,鲍扬波、重庆上桥实业总公司和重庆沙坪坝区物资公司均为该合同的当事人,他们之间因股权转让而产生的纠纷应当提交仲裁解决。据此,有关上述三方当事人之间股权转让行为效力的裁决应为有效,可予以执行。""因重庆晨光实业发展(集团)有限责任公司(以下称晨光公司)不是本案合资经营合同的主体,合资经营合同的仲裁条款对其没有约束力,且晨光公司与本案其他几方当事人的股权转让合同中没有订立仲裁条款,事后也未达成仲裁协议,故上述裁决中涉及晨光公司股权转让的内容超出仲裁范围,不应予以执行。"

综上,广东高院认定仲裁裁决违约金计算属于适用法律确有错误正确,但要求深圳中院全部裁定不予执行错误,应予纠正。深圳中院〔2010〕深中法执再字第2号民事裁定正确,应予维持。[①]

人民法院办理执行案件规范

2017年4月

700.【立案和管辖】

对依法设立的仲裁机构的裁决,一方当事

[①] 范向阳:《仲裁裁决部分错误的不予执行问题——拓盈公司与福建五建不予执行仲裁裁决案》,载江必新主编、最高人民法院执行局编:《执行工作指导》2011年第3辑(总第39辑),人民法院出版社2011年版,第47~58页。

人不履行的，对方当事人可以向有管辖权的人民法院申请执行。受申请的人民法院应当执行。

当事人申请执行仲裁裁决案件，由被执行人住所地或者被执行的财产所在地的中级人民法院管辖。

当事人向人民法院申请执行我国仲裁机构作出已经发生法律效力的仲裁裁决和调解书的，应提交符合本规范第 31 条、第 32 条规定要求的材料。

701.【仲裁案卷的调阅】

根据执行仲裁裁决案件的实际需要，人民法院可以要求仲裁机构作出说明或者向相关仲裁机构调阅仲裁案卷。

人民法院在办理涉及仲裁的案件过程中作出的裁定，可以送相关的仲裁机构。

702.【申请撤销仲裁裁决对执行程序的影响】

人民法院受理当事人撤销仲裁裁决的申请后，另一方当事人申请执行同一仲裁裁决的，受理执行申请的人民法院应当在受理后裁定中止执行。

一方当事人申请执行裁决，另一方当事人申请撤销裁决的，人民法院应当裁定中止执行。

人民法院裁定撤销裁决的，应当裁定终结执行。撤销裁决的申请被裁定驳回的，人民法院应当裁定恢复执行。

703.【不予执行】

当事人在执行程序终结前向执行法院提起对仲裁裁决申请不予执行的，参照本规范第二十五章第三节的相关规定处理。

被执行人提出不予执行请求，并提供适当担保的，人民法院应当依照本规范第 100 条第八项规定裁定中止执行。

704.【结案】

执行实施案件立案后，被执行人对仲裁裁决提出不予执行申请，经人民法院审查，裁定不予执行的，以"不予执行"方式结案；

人民法院裁定撤销裁决的，以"终结执行"方式结案；

其他情形下，参照本规范第二十章第七节的其他相关规定结案。

第五节　对公证债权文书的审查处理

中华人民共和国公证法

2015 年 4 月 24 日

第三十七条　对经公证的以给付为内容并载明债务人愿意接受强制执行承诺的债权文书，债务人不履行或者履行不适当的，债权人可以依法向有管辖权的人民法院申请执行。

前款规定的债权文书确有错误的，人民法院裁定不予执行，并将裁定书送达双方当事人和公证机构。

中华人民共和国民事诉讼法

2017 年 6 月 27 日

第二百三十八条　对公证机关依法赋予强制执行效力的债权文书，一方当事人不履行的，对方当事人可以向有管辖权的人民法院申请执行，受申请的人民法院应当执行。

公证债权文书确有错误的，人民法院裁定不予执行，并将裁定书送达双方当事人和公证机关。

最高人民法院
关于适用《中华人民共和国民事诉讼法》的解释

2015 年 1 月 30 日　　法释〔2015〕5 号

第四百八十条　有下列情形之一的，可以认定为民事诉讼法第二百三十八条第二款规定的公证债权文书确有错误：

（一）公证债权文书属于不得赋予强制执行

效力的债权文书的;
（二）被执行人一方未亲自或者未委托代理人到场公证等严重违反法律规定的公证程序的;
（三）公证债权文书的内容与事实不符或者违反法律强制性规定的;
（四）公证债权文书未载明被执行人不履行义务或者不完全履行义务时同意接受强制执行的。

人民法院认定执行该公证债权文书违背社会公共利益的，裁定不予执行。

公证债权文书被裁定不予执行后，当事人、公证事项的利害关系人可以就债权争议提起诉讼。

第四百八十一条 当事人请求不予执行仲裁裁决或者公证债权文书的，应当在执行终结前向执行法院提出。

最高人民法院
关于审理涉及公证活动相关
民事案件的若干规定

2014 年 5 月 16 日　　法释〔2014〕6 号

第三条 当事人、公证事项的利害关系人对公证书所公证的民事权利义务有争议的，可以依照公证法第四十条规定就该争议向人民法院提起民事诉讼。

最高人民法院　司法部
关于公证机关赋予强制执行效力的
债权文书执行有关问题的联合通知

2000 年 9 月 1 日　　司法通〔2000〕107 号

为了贯彻《中华人民共和国民事诉讼法》、《中华人民共和国公证暂行条例》的有关规定，规范赋予强制执行效力债权文书的公证和执行行为，现就有关问题通知如下:

一、公证机关赋予强制执行效力的债权文书应当具备以下条件:
（一）债权文书具有给付货币、物品、有价证券的内容;
（二）债权债务关系明确，债权人和债务人对债权文书有关给付内容无疑义;
（三）债权文书中载明债务人不履行义务或不完全履行义务时，债务人愿意接受依法强制执行的承诺。

二、公证机关赋予强制执行效力的债权文书的范围:
（一）借款合同、借用合同、无财产担保的租赁合同;
（二）赊欠货物的债权文书;
（三）各种借据、欠单;
（四）还款（物）协议;
（五）以给付赡养费、扶养费、抚育费、学费、赔（补）偿金为内容的协议;
（六）符合赋予强制执行效力条件的其他债权文书。

三、公证机关在办理符合赋予强制执行的条件和范围的合同、协议、借据、欠单等债权文书公证时，应当依法赋予该债权文书具有强制执行效力。

未经公证的符合本通知第二条规定的合同、协议、借据、欠单等债权文书，在履行过程中，债权人申请公证机关赋予强制执行效力的，公证机关必须征求债务人的意见;如债务人同意公证并愿意接受强制执行的，公证机关可以依法赋予该债权文书强制执行效力。

四、债务人不履行或不完全履行公证机关赋予强制执行效力的债权文书的，债权人可以向原公证机关申请执行证书。

五、公证机关签发执行证书应当注意审查以下内容:
（一）不履行或不完全履行的事实确实发生;
（二）债权人履行合同义务的事实和证据，债务人依照债权文书已经部分履行的事实;
（三）债务人对债权文书规定的履行义务有无疑义。

六、公证机关签发执行证书应当注明被执行人、执行标的和申请执行的期限。债务人已经履行的部分，在执行证书中予以扣除。因债务人不履行或不完全履行而发生的违约金、利息、滞纳金等,可以列入执行标的。

七、债权人凭原公证书及执行证书可以向有管辖权的人民法院申请执行。

八、人民法院接到申请执行书,应当依法按规定程序办理。必要时,可以向公证机关调阅公证卷宗,公证机关应当提供。案件执行完毕后,由人民法院在十五日内将公证卷宗附结案通知退回公证机关。

九、最高人民法院、司法部《关于执行〈民事诉讼法(试行)〉中涉及公证条款的几个问题的通知》和《关于已公证的债权文书依法强制执行问题的答复》自本联合通知发布之日起废止。

最高人民法院 司法部 中国银监会
关于充分发挥公证书的强制执行效力服务银行金融债权风险防控的通知

2017年7月13日　　司发通〔2017〕76号

各省、自治区、直辖市高级人民法院、司法厅(局),解放军军事法院,新疆维吾尔自治区高级人民法院生产建设兵团分院、新疆生产建设兵团司法局;各银监局,各政策性银行、大型银行、股份制银行、邮储银行、外资银行,金融资产管理公司,其他有关金融机构:

为进一步加强金融风险防控,充分发挥公证作为预防性法律制度的作用,提高银行业金融机构金融债权实现效率,降低金融债权实现成本,有效提高银行业金融机构防控风险的水平,现就在银行业金融机构经营业务中进一步发挥公证书的强制执行效力,服务银行金融债权风险防控通知如下:

一、公证机构可以对银行业金融机构运营中所签署的符合《公证法》第37条规定的以下债权文书赋予强制执行效力:

(一)各类融资合同,包括各类授信合同、借款合同、委托贷款合同、信托贷款合同等各类贷款合同,票据承兑协议等各类票据融资合同,融资租赁合同,保理合同,开立信用证合同,信用卡融资合同(包括信用卡合约及各类分期付款合同)等;

(二)债务重组合同、还款合同、还款承诺等;

(三)各类担保合同、保函;

(四)符合本通知第二条规定条件的其他债权文书。

二、公证机构对银行业金融机构运营中所签署的合同赋予强制执行效力应当具备以下条件:

(一)债权文书具有给付货币、物品、有价证券的内容;

(二)债权债务关系明确,债权人和债务人对债权文书有关给付内容无疑义;

(三)债权文书中载明债务人不履行义务或不完全履行义务时,债务人愿意接受依法强制执行的承诺。该项承诺也可以通过承诺书或者补充协议等方式在债权文书的附件中载明。

三、银行业金融机构申办强制执行公证,应当协助公证机构完成对当事人身份证明、财产权利证明等与公证事项有关材料的收集、核实工作;根据公证机构的要求通过修改合同、签订补充协议或者由当事人签署承诺书等方式将债务人、担保人愿意接受强制执行的承诺、出具执行证书前的核实方式、公证费和实现债权的其他费用的承担等内容载入公证的债权文书中。

四、公证机构在办理赋予各类债权文书强制执行效力的公证业务中应当严格遵守法律、法规规定的程序,切实做好当事人身份、担保物权属、当事人内部授权程序、合同条款及当事人意思表示等审核工作,确认当事人的签约行为的合法效力,告知当事人申请赋予债权文书强制执行效力的法律后果,提高合同主体的履约意识,预防和降低金融机构的操作风险。

五、银行业金融机构申请公证机构出具执行证书应当在《中华人民共和国民事诉讼法》第二百三十九条所规定的执行期间内提出申请,并应当向公证机构提交经公证的具有强制执行效力的债权文书、申请书、合同项下往来资金结算的明细表以及其他与债务履行相关的证据,并承诺所申请强制执行的债权金额或者相关计算公式准确无误。

六、公证机构受理银行业金融机构提出出具执行证书的申请后，应当按照法律法规规定的程序以及合同约定的核实方式进行核实，确保执行证书载明的债权债务明确无误，尽力减少执行争议的发生。

公证机构对符合条件的申请，应当在受理后十五个工作日内出具执行证书，需要补充材料、核实相关情况所需的时间不计算在期限内。

七、执行证书应当载明被执行人、执行标的、申请执行的期限。因债务人不履行或不完全履行而发生的违约金、利息、滞纳金等，以及按照债权文书的约定由债务人承担的公证费等实现债权的费用，有明确数额或计算方法的，可以根据银行业金融机构的申请依法列入执行标的。

八、人民法院支持公证机构对银行业金融机构的各类债权文书依法赋予强制执行效力，加大对公证债权文书的执行力度，银行业金融机构提交强制执行申请书、赋予债权文书强制执行效力公证书及执行证书申请执行公证债权文书符合法律规定条件的，人民法院应当受理，切实保障银行业金融机构快速实现金融债权，防范金融风险。

九、被执行人提出执行异议的银行业金融机构执行案件，人民法院经审查认为相关公证债权文书确有错误的，裁定不予执行。个别事项执行标的不明确，但不影响其他事项执行的，人民法院应对其他事项予以执行。

十、各省（区、市）司法行政部门要会同价格主管部门合理确定银行业金融债权文书强制执行公证的收费标准。公证机构和银行业金融机构协商一致的，可以在办理债权文书公证时收取部分费用，出具执行证书时收齐其余费用。

十一、银行业监督管理机构批准设立的其他金融机构，以及经国务院银行业监督管理机构公布的地方资产管理公司，参照本通知执行。

最高人民法院执行工作办公室关于中国银行海南省分行质押股权异议案的复函

2003年8月26日　〔2000〕执监字第126号

你院〔1998〕琼高法执字第26－8号《关于执行海口管道燃气股份有限公司750万股权的报告》收悉，经研究，答复如下：

依据最高法院和司法部于1985年4月9日作出的《关于已公证的债权文书依法强制执行问题的答复》，公证机关能够证明有强制执行效力的，仅限于《中华人民共和国公证暂行条例》第四条第（十）项规定的"追偿债款、物品的文书"；即使此后的司法解释扩大了公证管辖的范围，仍不包括担保协议。海南省第二公证处于1997年11月26日对本案的《抵押协议》作出〔1997〕琼二证字第1527号并注明具有强制执行的法律效力的公证书，不符合法律规定。

根据《中华人民共和国民事诉讼法（试行）》第168条的规定，受申请的人民法院发现公证文书确有错误的，不予执行，并通知原公证机关。故你院依据上述1527号公证书强制执行担保人海南赛格燃气有限公司显属不妥。

请你院接此函后，依法妥善处理，并将结果径复异议人中国银行海南省分行。

【附：案例评析】

海南省高级人民法院执行中国银行海南省分行质押股权执行异议案

依据最高法院和司法部于1985年4月9日作出的《关于已公证的债权文书依法强制执行问题的答复》，公证机关能够证明有强制执行效力的，仅限于《中华人民共和国公证暂行条例》① 第4条第（10）项规定的"追偿债款、物品的文书"；即使此后的司法解释扩大了公证管辖的范围，仍不包括担保协议。海南省第二公证处于1997年11

---

① 《中华人民共和国公证暂行条例》已被《中华人民共和国公证法》代替。——编者注

月26日对本案的《抵押协议》作出〔1997〕琼二证字第1527号并注明具有强制执行的法律效力的公证书,不符合法律规定。

根据《中华人民共和国民事诉讼法(试行)》第168条的规定,受申请的人民法院发现公证文书确有错误的,不予执行,并通知原公证机关。故海南高院依据上述1527号公证书强制执行担保人海南赛格燃气有限公司显属不妥。

评析意见:

本案最核心的问题是海南高院执行本案的执行依据问题,即海南高院依据公证文书执行担保人的财产是否正确。

1. 关于海南高院执行案件的《抵押协议》是否生效。笔者认为国泰证券与赛格信托、赛格燃气1997年11月25日签订的《抵押协议》并未依法生效。该协议约定:国泰证券同意赛格信托以赛格燃气持有的海口管道公司的法人股750万股为抵押,作为部分还款担保。该协议自抵押物出质登记之日起生效。但三方并未办理上述股权的抵押登记。依据《担保法》第78条第1款的规定:"以依法可以转让的股票出质的,出质人与质权人应当订立书面合同,并向证券登记机构办理出质登记。质押合同自登记之日起生效。"因此,上述三方签订的《抵押协议》并未生效,是一份尚未发生法律效力的担保文书。

2. 关于国泰证券对抵押物是否享有抵押权。笔者认为,本案中,债务人为赛格信托,抵押人为赛格燃气,赛格燃气自愿以其持有的海口管道公司的法人股为赛格信托欠国泰证券的债务作抵押担保。抵押合同因未办理出质登记而未生效,国泰证券对该抵押物并不享有抵押权(或质权)。赛格燃气与国泰证券和赛格信托签订抵押协议后,未办理抵押登记,后赛格燃气又将未办理抵押登记的792.5万股法人股质押给海南中行,并办理了质押登记,在未经法定程序认定该792.5万股法人股质押无效的情况下,海南高院不可以在执行程序中否定后者而直接强制执行赛格燃气抵押给国泰证券抵押物即750万股法人股。

3. 关于海南高院依据公证债权文书执行抵押担保人是否适当。本案中三方签订的《抵押协议》,海南省第二公证处对此作出〔1997〕琼二证字第1527号公证书,并注明该公证书具有强制执行的法律效力。依据当时的法律,最高法院和司法部《关于已公证的债权文书依法强制执行问题的答复》(1985年4月9日),公证机关能够证明有强制执行效力的,仅限于《中华人民共和国公证暂行条例》第4条第(10)项规定的"追偿债款、物品的文书"。而且,要经过审查,认为这种追偿债款、物品的文书是无疑义的,公证机关才在该文书上证明"有强制执行的效力"。因此,上述1527号公证书不应证明《抵押协议》具有强制执行的效力,根据《中华人民共和国民事诉讼法(试行)》第168条的规定,受申请人的人民法院发现公证文书确有错误的,不予执行,并通知原公证机关。海南高院不应依据上述1527号公证书强制执行赛格燃气。即使依据最高法院和的《关于公证机关赋予强制执行效力的债权文书执行有关问题的联合通知》,公证机关赋予强制执行效力的债权文书的范围也不包括抵押协议。

本案中,抵押协议因未办理抵押登记而未生效,未办理登记,责任在谁,谁应承担责任并不明确,赛格燃气是否应承担责任,承担多大的责任,应通过实体审判予以解决。海南高院在执行中,依据公证文书直接强制执行抵押人赛格燃气750万股权。也就是说,该院执行赛格燃气缺乏合法的执行依据。

4. 本案中,海南高院对公证文书立案执行,于1998年6月2日裁定冻结抵押人赛格燃气的股权,但冻结裁定书只送达了当事人,未及时向有关登记机关送达冻结手续。法院冻结股权裁定下达后赛格燃气又将冻结的股权质押给银行贷款,于1998年6月30日签订了《质押合同》并办理了质押登记,该《质押合同》是否有效?质权人基于登记的公信力享有的质权是否能对抗人民法院的冻结股权裁定书?

笔者认为海南高院关于冻结赛格燃气所持有的股权的裁定,虽已依法生效且送达了当事人,但对公司股份进行财产保全的法律效果并不因裁定书的生效或送达当事人而自然产生,必须在依生效裁定实施了执行措施后方能产生限制股份转让、设质等效果。在海南高院的该裁定未送达股份登记机构协助执行的情况下,曾收到裁定书的持股人另行以该部分股份出质,属于其自身拒绝履行生效裁定或妨碍民事诉讼的问题,在质权人及登记机构没有过错亦不存在其他足以导致无效的情节的情况下,应当认为该出质及登记行为有效。基于登记公信力而取得的质权,未经法定程序撤销登记之前,可以对抗其他任何请求权,亦不能为人民法院事后的冻结该部分股份的裁定所否定。

5. 本案中，赛格燃气与海南中行于1998年6月30日签订792.5万股权《质押合同》，鉴于1998年6月19日燃气股份公司股东大会审议通过10送2股转增8股的分红方案，质押合同双方虽然在质押登记申请书中要求将可分配的该192.5万股发起人股所派生的红股一并质押登记。由于红股当时未到账，根据深圳登记有限公司的质押登记规则其红股不能进行质押登记，故只登记了本股，并签发了《股份抵押登记证明书》，后红股到账后，也未就792.5万股本股的红股进行质押登记。随后，海南高院将上述792.5万股派生红股冻结并执行。海南高院的执行是否侵犯海南中行的质权？

我国担保制度中的质权属于收益质权，质权的效力及于质物的孳息。股份质权的效力及于股份的孳息，即意味着设立质押包括进行质押登记时无须特别就股份的孳息另行约定和登记，股份的质押一经生效，由其所产生的孳息包括送、增股份当然具有同样的质押效果。法院在执行中当然也无权将已设质之股份所产生的送股、转增股另行执行给质权人之外的任何人，否则将构成对质权的侵害。

综上，海南高院执行赛格燃气缺乏合法的执行依据，海南高院对赛格燃气的强制执行应当予以纠正。但海南中行质押借款一案中，质押的效力需通过另案予以解决，不宜在执行程序中认定。如果质押有效，执行中应保护其优先受偿权。①

最高人民法院执行工作办公室
关于赋予强制执行效力的公证债权文书申请执行期限如何起算问题的函

〔2006〕执监字第56—1号

贵州省高级人民法院：

关于中国工商银行贵阳市万东支行申请执行贵州豪力房地产开发有限公司、贵州华新房地产开发有限公司借款担保合同纠纷一案，你院〔2006〕黔高执字第1号报告收悉。经研究，现就本案涉及的有关法律适用问题答复如下：

根据最高人民法院和司法部《关于公证机关赋予强制执行效力的债权文书执行有关问题的联合通知》（下称《联合通知》）的精神，原公证书和执行证书一起构成人民法院强制执行的依据。但该《联合通知》并未明确规定执行证书在什么期限内出具。虽然司法部《公证程序规则》第五十五条明确了执行证书应当在法律规定的执行期限内出具，但该《公证程序规则》自2006年7月1日施行，对本案不具有溯及力。故在司法部《公证程序规则》施行前，债权人申请执行的期限可理解为从公证机构签发执行证书后起算。

【附：案例评析】

关于赋予强制执行效力的公证债权文书申请执行期限如何起算问题监督案

最高人民法院意见：

首先应该明确的是，申请执行期限是不变期间应严格按照《民事诉讼法》第二百一十九条②的规定执行：即双方或者一方当事人是公民的为1年，双方是法人或者其他组织的为6个月。前款规定的期限，从法律文书规定履行期间的最后一日起计算；法律文书规定分期履行的，从规定的每次履行期间的最后一日起计算。

其次，《联合通知》第七条明确规定，债权人凭原公证书及执行证书可以向有管辖权的人民法院申请执行。也就是说，债权人必须取得执行证书才能申请执行，法院也才能受理。从广义上说，执行证书与原公证书一起构成法院强制执行的依据。但是，二者是有区别的。其一，赋予强制执行效力的公证债权文书是《民事诉讼法》和最高人民法院《关于执行工作若干问题的规定（试行）》规定的六种执行依据之一，其作为人民法院负责执行的生效法律文书是由法律和司法解释明

---

① 刘涛：《海南省高级人民法院执行中国银行海南省分行质押股权执行异议案》，载最高人民法院执行工作办公室编：《强制执行指导与参考》2004年第2辑（总第10集），法律出版社2004年版，第116~121页。
② 民事诉讼法原第二百一十九条现已修改为第二百三十九条，相关规定已修改。——编者注

文规定的。而执行证书是《联合通知》规定的，并不能单独作为向法院申请执行的依据。其二，从内容上看，赋予强制执行效力的公债权文书是符合条件的合同、协议、借据、欠单等债权文书，即债务人负有给付义务，且承诺在其不履行或不完全履行义务时接受强制执行的债权文书。而执行证书是在债务人不履行或不完全履行的事实已经发生后，公证机关根据债权人的申请签发的、注明被执行人、执行标的和申请执行期限的证书，相当于公证机关对原公证书作出之后发生的事实及债务人具有给付义务的再确认。

最后，在赋予强制执行效力的公证债权文书作为执行依据时，公证机关签发执行证书并不构成对申请执行期限的变更。关于这个问题，《联合通知》中没有明确规定，《公证程序规则》中也没有明确规定。司法部《关于如何适用〈公证程序规则〉第三十五条第二款规定的批复》（司复〔2005〕18号）中曾经涉及这个问题。该批复全文如下："西藏自治区司法厅：你厅关于如何理解和掌握《公证程序规则》第三十五条第二款的请示收悉。经研究，批复如下：债权人根据《公证程序规则》第三十五条第二款申请公证机构签发执行证书的，应当在《民事诉讼法》第二百一十九条规定的期限内提出；逾期的，公证机关不予受理。公证机构在办理符合赋予强制执行条件和范围的债权文书公证，依法赋予该债权文书具有强制执行效力时，应当告知或者注明《民事诉讼法》第二百一十九条规定的期限为申请签发执行证书的期限，同时也是凭原公证书及执行证书向有管辖权的人民法院申请执行的期限"2006年7月1日施行的《公证程序规则》第五十五条"……执行证书应当在法律规定的执行期限内作出。"对赋予强制执行效力的公证债权文书的申请执行期限的起算点问题的解答就有了明确的依据。即公证机构签发执行证书并不能改变法律规定的期限，公证机构应该在法律规定的执行期限内签发执行证书，债权人应当在法律规定的执行期限内申请强制执行。

本案的处理及评析：

首先，就本案而言，新的《公证程序规则》自2006年7月1日起实施，故对本案不具有溯及力。司法部司复〔2005〕18号批复也不适用，该批复规定了公证机构在办理具有强制执行效力的公证债权文书时，负有告知或注明债权人应在什么期限内申请签发执行证书的义务，该批复应自作出之日（2005年10月14日）起对公证机构具有约束力。本案公证债权文书在2004年作出，当时公证机关并没有注明或告知的义务。

其次，根据《联合通知》第6条的规定，"公证机关签发执行证书应当注明被执行人、执行标的和申请执行的期限。债务人已经履行的部分，在执行证书中予以扣除。因债务人不履行或不完全履行而发生的违约金、利息、滞纳金等，可以列入执行标的"，说明申请执行的期限应按照执行证书中注明的期限掌握。之所以这样规定，本意应该是告知债权人应在什么期限内行使申请执行权，避免因超过期限未申请而导致强制执行请求权的丧失。如果在执行证书中注明的申请执行期限在签发执行证书前已经开始起算甚至超期，则在逻辑上存在悖论，对债权人无疑是不公平的。

所以，在《联合通知》和旧的《公证程序规则》没有明确规定执行证书应在什么期限内作出的情况下，对申请执行期限问题应作出有利于债权人的解释，即申请执行的起算点应从公证机关签发执行证书后开始计算。[①]

最高人民法院
关于赋予强制执行效力的公证债权文书在签发执行证书时当事人应否到场问题的请示的答复

2006年6月19日　〔2006〕执他字第1号

陕西省高级人民法院：

你院〔2005〕陕执复字第02号报送的《关于西安国际投资有限公司依据公证债权文申请执行陕西东隆投资有限公司、西部信用担保有限公司、宋胜广借款担保的六起案件的请示报告》收悉。经研究，答复如下：

对最高人民法院和司法部于2000年9月21

---

① 于泓：《关于赋予强制执行效力的公证债权文书申请执行期限如何起算问题监督案》，载最高人民法院执行工作办公室编：《执行工作指导》2006年第4辑（总第20辑），人民法院出版社2007年版，第63～67页。

日会签联合发布了《关于公证机关赋予强制执行力的债权文书执行有关问题的联合通知》第5条相关内容应理解为：公证机关在作出赋予强制执行力的公证债权文书时，已要求当事人到场接受询问或作出承诺，因此，公证机关在签发执行证书时，只要依照上述《联合通知》的规定进行审查即可，并未有要求债务人、担保人再次接受询问的明确规定。至于请示中所涉的案件，请陕西省高级人民法院依照法律和上述《联合通知》的精神予以处理。对担保人申诉中提出的一些问题，也请陕西省高级人民法院认真予以审查并依法妥善处理。

此复。

【附：案例评析】

关于赋予强制执行效力的公证债权文书在签发执行证书时当事人应否到场问题的请示案

最高人民法院的答复意见：

最高人民法院经研究认为，对最高人民法院和司法部于2000年9月21日会签联合发布的《关于公证机关赋予强制执行效力的债权文书执行有关问题的联合通知》第五条相关内容应理解为：公证机关在作出赋予强制执行效力的公证债权文书时，已要求当事人到场接受询问或作出承诺，因此，公证机关在签发执行证书时，只要依照上述联合通知的规定进行审查即可，并未有要求债务人、担保人再次接受询问的明确规定。至于请示中所涉的案件，请陕西省高级人民法院依照法律和上述联合通知的精神予以处理。对担保人申诉中提出的一些问题，也请陕西省高级人民法院认真予以审查并依法妥善处理。

评析意见：

本案请示问题的核心内容是，公证机关在签发执行证书时是否必须通知借款人和担保人到场，以及是否再次征询借款人和担保人是否愿意接受强制执行的意见。上述问题涉及对最高人民法院和司法部2000年9月21日共同发布的《关于公证机关赋予强制执行效力的债权文书执行有关问题的联合通知》第五条相关内容的理解。该《联合通知》第五条规定：公证机关签发执行证书时应当注意审查以下内容：（一）不履行或不完全履行的事实确实发生；（二）债权人履行合同义务的事实和证据，债务人依照债权文书已经部分履行的事实；（三）债务人对债权文书规定的履行义务有无疑义。笔者认为，最高人民法院和司法部的上述通知第五条规定内容实质应为在签发执行证书时应审查不履行或不完全履行的事实是否确已发生，合同确定的数额是否已部分履行，债权债务是否真实存在。该审查应为形式审查，也即对公证债权文书进行审查，并不要求必须通知债务人和担保人到场接受审查。应当指出，办理赋予强制执行效力的债权文书，据笔者了解，最高人民法院和司法部会签联合通知时只强调在办理公证时债权人、债务人及担保人应当到场，并未要求签发执行证书时还要到场。只要债权债务真实存在，并已办理了赋予强制执行的公证文书，当债务人未履行债务或未完全履行债务即可依法申请强制执行。①

最高人民法院（2014）执他字第 25 号函

2014 年 10 月 9 日

山东省高级人民法院：

你院《关于公证机关赋予强制执行效力的包含担保协议的公证债权文书能否强制执行的请示》（〔2014〕鲁执复议字第47号）收悉。经研究，答复如下：

原则同意你院执行复议审查意见。人民法院对公证债权文书的执行监督应从债权人的债权是否真实存在并合法，当事人是否自愿接受强制执行等方面进行审查。《中华人民共和国民事诉讼法》第二百三十八条第二款规定，公证债权文书确有错误的，人民法院裁定不予执行，并将裁定书送达双方当事人和公证机关。现行法律、司法解释并未对公证债权文书所附担保协议的强制执行作出限制性规定，公证机构可

---

① 张小林：《关于赋予强制执行效力的公证债权文书在签发执行证书时当事人应否到场问题的请示案》，载最高人民法院执行工作办公室编：《执行工作指导》2006年第2辑（总第18辑），人民法院出版社2006年版，第72~76页。

以对附有担保协议债权文书的真实性与合法性予以证明，并赋予其强制执行效力。

本案当事人泰安志高实业集团有限责任公司、淮南志高动漫文化科技发展有限责任公司、江东廷、岳洋、江焕溢等，在公证活动中，提交书面证明材料，认可本案所涉《股权收益权转让及回购合同》《支付协议》《股权质押合同》《抵押合同》《保证合同》等合同的约定，承诺在合同、协议不履行或不适当履行的情况下，放弃诉权，自愿直接接受人民法院强制执行。但当债权人申请强制执行后，本案担保人却主张原本由其申请的公证事项不合法，对公证机构出具执行证书提出抗辩，申请人民法院不予执行，作出前后相互矛盾的承诺与抗辩，有违诚实信用原则，不应予以支持。公证机构依法赋予强制执行效力的包含担保协议的公证债权文书，人民法院可以强制执行。

此复。

【附：案例评析】

含担保协议的公证债权文书是否应予执行的法律问题

评析：

本案所涉法律适用问题产生争议的根源在于《联合通知》中没有明确公证效力是否及于担保人、担保物。2003年，最高人民法院执行局刊物《强制执行指导与参考》公布《海南中行股权质押复函》，认为担保协议不属于公证管辖范围。此后，关于公证机构赋予强制执行效力包含担保协议的公证债权文书能否强制执行的法律适用问题产生争议，长期困扰公证机构和执行部门，实践中各地做法不一，亟待予以规范。

一、公证机关可以赋予附担保协议的债权文书强制执行效力

从法理看，公证活动属民事法律行为。《中华人民共和国公证法》将公证定义为一种证明活动，公证纠纷本身也属民事纠纷，适用民事诉讼程序解决，公证机构承担民事责任，因此，公证法律关系就其实质仍属民事法律关系范畴。相对行政法律关系的"法无许可即禁止"原则；民事法律关系采用"法无禁止即许可"原则。所以，不能因为没有法律、法规的明确规定，就将担保合同排除在公证程序之外，否定公证程序对其适用，降低赋予强制执行效力公证债权文书的作用。

从立法看，现行法律并未单独对公证债权文书所附担保协议的强制执行作出限制性规定。合法有效的公证债权文书及其强制执行公证书作为人民法院执行依据之一，其执行效力所及的范围应当与判决书、调解书、仲裁裁决书等其他执行依据相同；如果单独对附担保协议的公证债权文书执行效力作出限制，显然缺乏法律规定。根据《中华人民共和国物权法》和《中华人民共和国民事诉讼法》，担保物权人可以依据抵押合同、质押合同直接申请人民法院强制执行，担保物权实现方式呈现更多样、更便捷、更效率的立法价值取向。据此，未经公证的担保合同可以通过非诉程序，直接申请人民法院强制执行；那么当事人认可的担保协议，经过公证机构确认并出具执行证书后，当然具有强制执行效力，否则有违立法精神。

从实践看，人民法院关于债权所附担保协议能否公证并赋予强制执行效力的司法观点产生变化。《海南中行股权质押复函》所涉案情是公证机构单独针对担保协议的公证，这种单独针对从合同所作的公证债权文书，其事实与本案差别很大，而且函文所引《中华人民共和国公证暂行条例》和《最高人民法院、司法部关于已公证的债权文书依法强制执行问题的答复》均被废止。随着社会经济的发展，现实中，前述观点没有获得认可，部分省份出台地方规范性文件，没有采纳《海南中行股权质押复函》观点，实践中大量担保债权经公证后，进入执行程序。最高人民法院官方微博和裁判文书公开网相继发布的两个案例均支持附担保协议的公证债权文书可以被赋予强制执行效力，体现出司法观点因社会发展而产生新的变化。

从合同看，借款合同所附的担保协议具备成为公证债权文书的特点。第一，内容特定性。无担保的商业性借贷属高风险的融资行为，绝大多数的商业性借贷都有担保，而债权文书中最重要的类型就是借款合同。担保合同作为借款合同的从合同，其内容也表现为以货币、物品、不动产、有价证券以及财产性权益等偿付债务，符合公证债权文书特点。第二，债权确定性。担保方式中保证、抵押、质押等法律关系均具有担保债权内容明确具体，各方当事人无异议的特点。至于留置、定金两种担保方式：根据留置权的定义与特

征，留置物为债权人直接占用，不涉及强制执行；而且留置权的行使一般不会事先约定，极少出现留置合同申请公证的情形。定金通常出现在当事人双方存在对待给付义务的双务合同中，由于公证仅对给付义务由一方债务人承担，债权债务关系已明确的债权文书予以公证，并赋予强制执行效力。因此，对定金这种担保方式而言，主合同不符合公证赋予强制执行效力的条件，也就不会产生担保协议是否具有强制执行效力的争议。第三，当事人自愿性。如果担保是由债务人提供，担保义务与债务履行主体合一，担保人与债务人意思表示也是一致的，在自愿申请公证的前提下，担保人肯定属于自愿。如担保合同是由第三人提供的担保，公证机构则应当取得担保人的同意，即担保人同意赋予附担保协议债权文书强制执行效力，并同意在债务人不履行的情况下接受人民法院强制执行。

从执行看，附担保协议的债权文书被公证机构赋予强制执行效力后，担保合同的执行效力具有独立性。根据《中华人民共和国担保法》第五条和《中华人民共和国物权法》第一百七十二条规定，主合同无效担保合同无效；反之即使担保合同无效，主合同仍然有效。前述规定的意义在于明确了担保合同的相对独立性和主合同的完全独立性，因此，在有担保协议的债权文书中，主合同与从合同分别存在的。此时的从合同，既可能是单独订立的书面合同；也包括主合同中的担保条款，当事人之间具有担保性质的信函、传真等。既然合同有主从之分，当附担保协议的债权文书进入公证程序发生强制执行效力时，担保合同的执行效力也应与主合同有所区分。根据《联合通知》第一条之规定，债权文书具备"债权债务关系明确，债权人和债务人对给付内容无异议，债务人有接受强制执行意思表示"的情况下，公证机构有权赋予其强制执行效力。此时，主合同具有强制执行效力，在没有取得担保人（仅指第三人担保情形）明示同意的情况下，担保合同没有强制执行效力，公证机构亦不能对担保人出具执行证书；执行法院对担保人财产也不能采取强制执行措施。此外，根据《联合通知》，债权债务关系是否"明确"是公证机构对债权文书赋予强制执行效力的法定条件。虽然，有担保的债权合同相对于无担保的债权合同，待证事实有可能会更复杂，但其债权债务的法律关系并不一定含糊不清，有无担保不应成为衡量债权债务是否明确的

标准；更不能将有担保的债权债务关系认定为法律关系不明确，进而拒绝对担保合同予以公证。在担保合同内容真实、合法、明确，且担保人明示者债务人不履行或不适当履行给付义务，自愿接受强制执行的情况下，公证机构据此公证并赋予强制执行效力并无不当，人民法院依法应予立案执行。

二、适用民事诉讼的诚实信用原则

《中华人民共和国民事诉讼法》将"诚实信用原则"明文化、法定化，明确要求诉讼主体行使诉讼权利应当善意、合法，符合民事诉讼制度设置的目的；不得滥用诉权，意图拖延、阻挠、规避、逃避人民法院的强制执行。执行程序中，如果一方当事人在立案前或执行中的言行已使对方当事人产生某种合理的期待，当对方按照此期待行动或完成时，一方当事人却做出与此前自己的言行相反或相矛盾的言行，从而侵害对方当事人的利益。这种情况下，人民法院可依诚实信用原则否定该行为的法律效果，驳回其主张。

本案公证阶段，担保人承诺放弃诉权，提交证明材料，认可包括《股权收益权转让及回购合同》《支付协议》《股权质押合同》《抵押合同》《保证合同》等在内的公证内容，在合同、协议不履行或不适当履行的情况下，自愿直接接受人民法院强制执行。但当本案进入执行阶段后，担保人出现前后相互矛盾的诉行为，主张公证内容违法，对公证机构出具执行证书的合法性提出抗辩。当本案担保人有义务根据公证债权文书内容，从事对方预期的一定行为时，实际上实施的却是完全违背对方预期的行为。这种前后矛盾，损害对方当事人权益，破坏执行程序正常进行的行为，属背信行为而应当禁止。因此，从维护民事诉讼诚实信用的角度分析，人民法院执行部门应当认可公证机构依法对担保债权赋予的强制执行效力。

综上，人民法院对公证债权文书的执行监督应围绕两方面：一是债权人的债权是否真实存在并合法；二是包括担保人在内的当事人是否自愿接受强制执行。第一方面的审查主要针对公证债权文书制发程序和证明内容是否合法，债权文书所载给付内容是否真实明确，所涉当事人是否具有自愿接受强制执行的意思表示。至于，担保合同是否属适格的公证对象，不属于判断公证债权文书是否合法的标准。第二方面的审查主要针对当事人在公证程序、执行程序中是否诚信，是否假借民事权利、诉讼权利之名，行损害对方当事

人、增加人民法院负担、违反诉讼制度目的之实。对于这类行为，执行法院应当适用诚实信用原则加以规制。①

人民法院办理执行案件规范

2017 年 4 月

709.【立案和管辖】

一方当事人不履行公证机关依法赋予强制执行效力的债权文书，对方当事人可以凭原公证书及执行证书，向被执行人住所地或被执行的财产所在地人民法院申请执行，受申请的人民法院应当执行。

公证债权文书执行的级别管辖，参照各地法院受理诉讼案件的级别管辖的规定确定。

710.【公证机关赋予强制执行效力的债权文书的条件】

公证机关赋予强制执行效力的债权文书应当具备以下条件：

（一）债权文书具有给付货币、物品、有价证券的内容；

（二）债权债务关系明确，债权人和债务人对债权文书有关给付内容无疑义；

（三）债权文书中载明债务人不履行义务或不完全履行义务时，债务人愿意接受依法强制执行的承诺。

711.【公证机关赋予强制执行效力的债权文书的范围】

公证机关赋予强制执行效力的债权文书的范围：

（一）借款合同、借用合同、无财产担保的租赁合同；

（二）赊欠货物的债权文书；

（三）各种借据、欠单；

（四）还款（物）协议；

（五）以给付赡养费、扶养费、抚育费、学费、赔（补）偿金为内容的协议；

（六）符合赋予强制执行效力条件的其他债权文书。

712.【债权文书强制执行力的赋予】

公证机关在办理符合赋予强制执行的条件和范围的合同、协议、借据、欠单等债权文书公证时，应当依法赋予该债权文书具有强制执行效力。

未经公证的符合本规范第 711 条规定的合同、协议、借据、欠单等债权文书，在履行过程中，债权人申请公证机关赋予强制执行效力的，公证机关必须征求债务人的意见；如债务人同意公证并愿意接受强制执行的，公证机关可以依法赋予该债权文书强制执行效力。

713.【执行证书】

债务人不履行或不完全履行公证机关赋予强制执行效力的债权文书的，债权人可以向原公证机关申请执行证书。

公证机关签发执行证书应当注明被执行人、执行标的和申请执行的期限。债务人已经履行的部分，在执行证书中予以扣除。因债务人不履行或不完全履行而发生的违约金、利息、滞纳金等，可以列入执行标的。

714.【公证卷宗的调阅】

人民法院接到申请执行书，应当依法按规定程序办理。必要时，可以向公证机关调阅公证卷宗，公证机关应当提供。案件执行完毕后，由人民法院在十五日内将公证卷宗附结案通知退回公证机关。

715.【不予执行】

当事人在执行程序终结前向执行法院提起对公证债权文书申请不予执行的，参照本规范第二十五章第三节的相关规定处理。

716.【结案】

执行实施案件立案后，被执行人对公证债权文书提出不予执行申请，经人民法院审查，裁定不予执行的，以"不予执行"方式结案。

其他情形下，参照本规范第二十章第七节的其他相关规定结案。

---

① 刘少阳：《含担保协议的公证债权文书是否应予执行的法律问题》，载江必新、刘贵祥主编，最高人民法院执行局编：《执行工作指导》2015 年第 1 辑（总第 53 辑），国家行政学院出版社 2015 年版，第 135～143 页。

当事人申请执行前就生效公证债权重新签订了还款协议，该案是裁定不予执行还是终结执行？

问题： 我院在执行一起公证债权案件中，查明双方当事人在公证书生效后，在未向法院申请执行前又重新签订了还款协议，对还款时间重新做了约定，故原公证债权对双方当事人丧失了约束力。对该案如何处理有两种观点：第一种观点是从程序上裁定不予执行，第二种观点是从实体上裁定终结执行。请问哪一种观点正确？

《人民司法》研究组认为： 我们认为第二种观点是正确的。

依照民事诉讼法的规定，只有对仲裁裁决、公证债权文书的执行中才存在不予执行的问题。不予执行是对公证活动的合法性、正确性在执行中进行司法监督的重要方式。因而，民事诉讼法第218条①第2款明确规定："公证债权文书确有错误的，人民法院裁定不予执行，并将裁定书送达双方当事人和公证机关。"也即公证债权文书确有错误才可依法裁定不予执行。本案中公证债权文书本身并无错误，不应适用关于不予执行的规定。

本案既已进入执行程序，且因当事人达成了新的协议，故已不能继续执行公证书，可以适用民事诉讼法第235条②第6款之规定，裁定终结执行。因为当事人达成新的还款协议，产生了新的民事法律关系，经过公证的民事法律关系已被新的还款协议所取代，双方当事人对该还款协议的履行如有争议，可另行通过诉讼等程序解决。③

司法部 中国人民建设银行关于建设银行借款合同办理公证有关事宜的通知

1996年1月26日　　司发通〔1996〕018号

二、《中华人民共和国民事诉讼法》规定："对公证机关依法赋予强制执行效力的债权文书，一方当事人不履行的，对方当事人可以向有管辖权的人民法院申请执行，受申请的人民法院应当执行。"为保证公证债权文书的强制执行，经公证的合同或借款人因到期未清偿借款本息而与建行达成的还款协议中，应当明确在法律无其他规定时应优先受偿，并应在合同的其他约定条款或还款协议中约定"借款人不能按期还款愿接受强制执行"。到期未履行的，由建行申请公证处出具强制执行证书。

司法部关于经公证的具有强制执行效力的合同的债权依法转让后，受让人能否持原公证书向公证机构申请出具执行证书问题的批复

2006年8月15日　　司复〔2006〕13号

四川省司法厅：

你厅《关于能否办理赋予强制执行效力的借款合同的债权转让后债权人持原公证书申办执行证书能否出证的请示》（川司法〔2005〕68号）收悉。经研究，并征求最高人民法院意见，批复如下：

债权人将经公证的具有强制执行效力的合同的债权依法转让给第三人的，受让人持原公证书、债权转让协议以及债权人同意转让申请人民法院强制执行的权利的证明材料，可以向公证机构申请出具执行证书。

此复。

中国公证协会办理具有强制执行效力债权文书公证及出具执行证书的指导意见

2008年4月23日

第一条　为了规范公证机构办理具有强制执行效力的债权文书公证及出具执行证书活动，根据《中华人民共和国民事诉讼法》、《中华人民共和国公证法》、《公证程序规则》和《最高人民法院、司法部关于公证机关赋予强制执行效力的债权文书执行有关问题的联合通知》（以下简称《联合通知》）的有关规定，制定本指导意见。

第二条　当事人申请办理具有强制执行效力的债权文书公证，应当由债权人和债务人共同向公证机构提出。涉及第三人担保的债权文书，担保人（包括保证人、抵押人、出质人、反担保人，

---

① 民事诉讼法原第二百一十八条现已修改为第二百三十八条。——编者注
② 民事诉讼法原第二百三十五条现已修改为第二百五十七条。——编者注
③ 载《人民司法》2001年第11期。

下同）承诺愿意接受强制执行的，担保人应当向公证机构提出申请。

申请出具执行证书由债权人向公证机构提出。

第三条　公证机构办理具有强制执行效力的债权文书公证，债权文书应当以给付为内容，具体范围为《联合通知》第二条规定的债权文书。

第四条　符合《联合通知》第二条规定未经公证的债权文书，当事人就履行过程中出现的争议或者违约订立新的协议，并就新的协议共同向公证机构申请办理具有强制执行效力债权文书公证的，公证机构可以受理，但应当要求当事人提供原债权真实、合法的证明材料，并对证明材料采取适当的方式进行核实。

第五条　申请办理具有强制执行效力公证的债权文书应当对债权债务的标的、数额（包括违约金、利息、滞纳金）及计算方法、履行期限、地点和方式约定明确。

当事人互为给付、债权文书附条件或者附期限，以及债权债务的数额（包括违约金、利息、滞纳金）、期限不固定的情形不属于债权债务关系不明确。

第六条　当事人申请办理具有强制执行效力的债权文书公证，债权文书中应当载明当债务人（包括担保人）不履行或者不适当履行义务时，其愿意接受强制执行的承诺。

债务人（包括担保人）仅在债权文书的附件（包括补充条款、承诺书）中载明愿意接受强制执行承诺的，当事人应当在附件上签名（盖章）。该附件应当与债权文书一并装订在公证书中。

当事人在公证申请表、询问笔录等债权文书（包括附件）以外的其他文书上所作的愿意接受强制执行的承诺，不宜单独作为公证机构办理具有强制执行效力的债权文书公证的依据。

第七条　债务人（包括担保人）的委托代理人代理申办公证时，在债权文书中增设愿意接受强制执行承诺条款的，其授权委托书中应当包括授权增设愿意接受强制执行承诺的内容，或者包括授权申办具有强制执行效力债权文书公证的内容，或者包括授权代理签订合同的内容。

第八条　公证机构办理具有强制执行效力的债权文书公证，除需要按照《公证程序规则》规定的事项进行审查外，还应当重点审查下列事项：

（一）债务人（包括担保人）愿意接受强制执行的承诺是否真实，债务人（包括担保人）对做出愿意接受强制执行承诺的法律意义和后果是否清楚；

（二）债权债务关系是否明确，债权人和债务人（包括担保人）对债权文书的下列给付内容是否无疑义：

1. 债权债务的标的、数额（包括违约金、利息、滞纳金）及计算方法、履行期限、地点和方式；

2. 债务为分期履行的，对分期履行债务的强制执行的条件和范围的约定。

（三）对核实债务不履行或者不适当履行的方式所作的约定是否明确。

第九条　公证机构可以指导当事人就出具执行证书过程中双方当事人的举证责任和对债务人（包括担保人）不履行或者不适当履行债务的核实方式做出约定。债务人（包括担保人）可以约定采用"公证处信函核实"或者"公证处电话（传真）核实"等核实方式。该约定可以记载在债权文书或者其附件（包括补充条款、承诺书）中。

"公证处信函核实"方式是指公证机构在出具执行证书前，应当根据当事人约定的寄送方式和通讯地址向债务人（包括担保人）以信函方式核实债务人（包括担保人）不履行或者不适当履行债务的事实。

"公证处电话（传真）核实"方式是指公证机构在出具执行证书前，应当根据当事人约定的通讯号码向债务人（包括担保人）以电话（传真）方式核实债务人（包括担保人）不履行或者不适当履行债务的事实。

第十条　公证机构办理具有强制执行效力的债权文书公证，除需要按照《公证程序规则》规定向当事人进行告知外，还应当重点告知下列内容：

（一）申办具有强制执行效力债权文书公证的法律意义和后果；

（二）债权人申请出具执行证书的程序、期限和举证责任；

（三）债务人（包括担保人）对债权人申请出具执行证书提出异议的程序、期限和举证责任。

公证机构告知上述内容可以采用告知书、询问笔录等方式，书面告知应当由当事人签名。

第十一条　债权人向公证机构申请出具执行证书，应当提交下列材料：

（一）申请公证机构出具执行证书的申请书，

申请书应当包括债权人保证所提交证明材料真实的承诺；

（二）经公证的具有强制执行效力的债权文书；

（三）委托代理人的，提交授权委托书；

（四）已履行了债权文书约定义务的证明材料。

债权人如有债务人（包括担保人）不履行或者不适当履行债务的证明材料，应当向公证机构提交。

第十二条 公证机构出具执行证书，除需要按照《联合通知》第五条规定的内容进行审查外，还应当重点审查下列内容：

（一）债权人提交的已按债权文书约定履行了义务的证明材料是否充分、属实；

（二）向债务人（包括担保人）核实其对债权文书载明的履行义务有无疑义，以及债权人提出的债务人（包括担保人）不履行或者不适当履行债务的主张是否属实。

第十三条 公证机构在出具执行证书前，对债务人（包括担保人）不履行或者不适当履行债务的事实进行核实时，当事人对核实方式有约定的，应当按照当事人约定的方式核实；当事人没有约定的，可以依据本指导意见第九条的规定自行决定核实方式。

公证机构按照当事人约定的方式进行核实时，无法与债务人（包括担保人）取得联系，或者债务人（包括担保人）未按约定方式回复，或者债务人（包括担保人）回复时提出异议但未能提出充分证明材料，不影响公证机构按照法定程序出具执行证书。

第十四条 有下列情形之一的，公证机构不予出具执行证书：

（一）债权人未能对其已经履行义务的主张提出充分的证明材料；

（二）债务人（包括担保人）对其已经履行义务的主张提出了充分的证明材料；

（三）公证机构无法在法律规定的执行期限内完成核实；

（四）人民法院已经受理了当事人就具有强制执行效力的债权文书提起的诉讼。

第十五条 公证机构在出具执行证书时，应当向债权人告知其向有管辖权的人民法院申请执行的期限。

第十六条 公证机构出具执行证书后，应当将核实债权文书履行状况的过程和结果制作成询问笔录、工作记录等书面材料归档保存。

第十七条 公证机构办理具有强制执行效力的债权文书公证及出具执行证书，应当注意下列问题：

（一）可以要求当事人在债权文书、询问笔录和告知书上捺指印；

（二）债权文书涉及股权、不动产的，以查阅登记机构档案的方式进行核实；

（三）信函核实宜采用国家邮政机构寄送的方式；

（四）电话（传真）核实宜以录像、录音的方式保全核实过程；

（五）对民间借贷、非金融机构的还款协议，以及《联合通知》第二条第（六）项规定的其他债权文书、第三条第二款规定的债权文书办理具有强制执行效力公证的，宜更加谨慎。

（六）当事人对债权文书中的修改、补充内容应当记载在债权文书中或者另行订立补充条款，不得以载入询问笔录代替。

第十八条 本指导意见由中国公证协会常务理事会负责解释。

司法部关于进一步做好依法赋予债权文书强制执行效力公证工作的通知

2009年3月3日　　司法通〔2009〕13号

各省、自治区、直辖市司法厅（局），新疆生产建设兵团司法局、监狱管理局：

为了进一步提高依法赋予债权文书强制执行效力公证（以下简称"强制执行公证"）的质量，充分发挥公证工作预防民商事纠纷、维护当事人合法权益的职能作用，使公证工作更好地适应经济社会发展的要求，现就进一步做好强制执行公证工作通知如下：

一、充分认识做好强制执行公证工作的重要性

强制执行公证，是《民事诉讼法》和《公证法》规定的一项重要制度。自改革开放以来，各地公证机构依法认真办理强制执行公证，取得了良好法律效果和社会效果，促进了民商事活动的依法有序进行。经过几十年的实践，强制执行公证制度得到了全社会的普遍认可。为解决《公证

法》有关条款的法律适用问题，2008年12月，最高人民法院作出《关于当事人对具有强制执行效力的公证债权文书的内容有争议提起诉讼人民法院是否受理问题的批复》（法释〔2008〕17号），明确规定依法赋予强制执行效力的公证债权文书不具有可诉性，进一步完善了强制执行公证制度。当前，适应我国经济社会发展的客观要求，以及构建多元化矛盾纠纷解决机制的现实需求，强制执行公证业务呈现出持续增长之势，在民商事活动中，越来越多的公民和市场主体选择强制执行公证方式预防纠纷、维护权益。因此，做好强制执行公证工作，对于进一步拓展和规范公证法律服务，充分发挥公证工作的职能作用，促进社会和谐稳定具有重要意义。

二、进一步提高办理强制执行公证的质量和水平

1. 加强学习培训。近年来，随着我国经济社会的发展，强制执行公证业务呈现出一些新的特点，公证事项的标的额越来越大，涉及的法律关系越来越复杂，当事人的要求越来越高，这些变化对公证员的业务素质和执业技能提出了更高的要求。各地要结合实际，通过开展培训、研讨、交流等形式，使公证员全面掌握《公证法》、《公证程序规则》等公证法律、法规和规章的规定，掌握与强制执行公证业务相关的实体法和程序法，熟悉强制执行类要素式公证书格式的实务操作，进一步提高公证业务素质和岗位技能。

2. 严格办证程序。《公证法》、《公证程序规则》，以及《最高人民法院、司法部关于公证机关赋予强制执行效力的债权文书执行有关问题的联合通知》（司发通〔2000〕107号），对办理强制执行公证的程序做出了具体、明确的规定。各地公证机构要严格按照规定的条件、范围、程序办理强制执行公证，认真履行审查核实责任，确保公证文书质量，确保经公证的债权文书符合作为人民法院"强制执行的证据"的标准和要求。

3. 强化质量内控。公证机构应当建立健全公证业务管理制度和公证质量管理制度，完善工作程序，细化工作标准。有条件的公证机构可确定专人负责强制执行公证业务的审核把关，对于易发生问题的工作环节进行重点监督检查。实行重大、疑难公证事项集体讨论制度，做到不留疑点，不留隐患。

三、切实加强工作指导和监督检查

司法行政机关、公证协会要认真履行监督管理职责，加强工作指导和监督检查。要制定和完善强制执行公证质量标准，定期组织开展专项检查，及时发现和解决办理强制执行公证工作中存在的问题。要加强与人民法院的沟通协调，研究解决依法赋予强制执行效力公证债权文书执行工作中存在的问题，促进公证工作与执行工作有机衔接。对于公证债权文书确有错误，人民法院裁定不予执行的，要督促和指导公证机构查找原因，采取有效措施进行整改。要严格公证法律责任，严肃查处公证机构及其公证员因过错导致公证债权文书错误的行为，切实维护强制执行公证的公信力。

第六节　不予执行非诉文书的程序要求

中华人民共和国民事诉讼法

2017年6月27日

第一百五十四条　裁定适用于下列范围：

（一）不予受理；

（二）对管辖权有异议的；

（三）驳回起诉；

（四）保全和先予执行；

（五）准许或者不准许撤诉；

（六）中止或者终结诉讼；

（七）补正判决书中的笔误；

（八）中止或者终结执行；

（九）撤销或者不予执行仲裁裁决；

（十）不予执行公证机关赋予强制执行效力的债权文书；

（十一）其他需要裁定解决的事项。

对前款第一项至第三项裁定，可以上诉。

裁定书应当写明裁定结果和作出该裁定的理由。裁定书由审判人员、书记员署名，加盖人民法院印章。口头裁定的，记入笔录。

第一百五十五条　最高人民法院的判决、裁定，以及依法不准上诉或者超过上诉期没有

上诉的判决、裁定，是发生法律效力的判决、裁定。

第二百三十七条 对依法设立的仲裁机构的裁决，一方当事人不履行的，对方当事人可以向有管辖权的人民法院申请执行。受申请的人民法院应当执行。

被申请人提出证据证明仲裁裁决有下列情形之一的，经人民法院组成合议庭审查核实，裁定不予执行：

（一）当事人在合同中没有订有仲裁条款或者事后没有达成书面仲裁协议的；

（二）裁决的事项不属于仲裁协议的范围或者仲裁机构无权仲裁的；

（三）仲裁庭的组成或者仲裁的程序违反法定程序的；

（四）裁决所根据的证据是伪造的；

（五）对方当事人向仲裁机构隐瞒了足以影响公正裁决的证据的；

（六）仲裁员在仲裁该案时有贪污受贿，徇私舞弊，枉法裁决行为的。

人民法院认定执行该裁决违背社会公共利益的，裁定不予执行。

裁定书应当送达双方当事人和仲裁机构。

仲裁裁决被人民法院裁定不予执行的，当事人可以根据双方达成的书面仲裁协议重新申请仲裁，也可以向人民法院起诉。

第二百三十八条 对公证机关依法赋予强制执行效力的债权文书，一方当事人不履行的，对方当事人可以向有管辖权的人民法院申请执行，受申请的人民法院应当执行。

公证债权文书确有错误的，人民法院裁定不予执行，并将裁定书送达双方当事人和公证机关。

最高人民法院
关于适用《中华人民共和国
民事诉讼法》的解释

2001 年 1 月 30 日　法释〔2015〕5 号

第四百七十八条 依照民事诉讼法第二百三十七条第二款、第三款规定，人民法院裁定不予执行仲裁裁决后，当事人对该裁定提出执行异议或者复议的，人民法院不予受理。当事人可以就该民事纠纷重新达成书面仲裁协议申请仲裁，也可以向人民法院起诉。

第四百八十条 有下列情形之一的，可以认定为民事诉讼法第二百三十八条第二款规定的公证债权文书确有错误：

（一）公证债权文书属于不得赋予强制执行效力的债权文书的；

（二）被执行人一方未亲自或者未委托代理人到场公证等严重违反法律规定的公证程序的；

（三）公证债权文书的内容与事实不符或者违反法律强制性规定的；

（四）公证债权文书未载明被执行人不履行义务或者不完全履行义务时同意接受强制执行的。

人民法院认定执行该公证债权文书违背社会公共利益的，裁定不予执行。

公证债权文书被裁定不予执行后，当事人、公证事项的利害关系人可以就债权争议提起诉讼。

最高人民法院
关于审理劳动争议案件适用法律
若干问题的解释

2001 年 4 月 16 日　法释〔2001〕14 号

第二十一条 当事人申请人民法院执行劳动争议仲裁机构作出的发生法律效力的裁决书、调解书，被申请人提出证据证明劳动争议仲裁裁决书、调解书有下列情形之一，并经审查核实的，人民法院可以根据《民事诉讼法》第二百一十三条之规定，裁定不予执行：

（一）裁决的事项不属于劳动争议仲裁范围，或者劳动争议仲裁机构无权仲裁的；

（二）适用法律确有错误的；

（三）仲裁员仲裁该案时，有徇私舞弊、枉法裁决行为的；

(四) 人民法院认定执行该劳动争议仲裁裁决违背社会公共利益的。

人民法院在不予执行的裁定书中，应当告知当事人在收到裁定书之次日起三十日内，可以就该劳动争议事项向人民法院起诉。

最高人民法院
关于当事人对具有强制执行效力的公证债权文书的内容有争议提起诉讼人民法院是否受理问题的批复

2008年12月22日　　法释〔2008〕17号

各省、自治区、直辖市高级人民法院，解放军军事法院，新疆维吾尔自治区高级人民法院生产建设兵团分院：

关于当事人对具有强制执行效力的公证债权文书的内容有争议提起诉讼人民法院是否受理的问题，我院陆续收到江苏、重庆等高级人民法院的请示，经研究，批复如下：

根据《中华人民共和国民事诉讼法》第二百一十四条①和《中华人民共和国公证法》第三十七条的规定，经公证的以给付为内容并载明债务人愿意接受强制执行承诺的债权文书依法具有强制执行效力。债权人或者债务人对该债权文书的内容有争议直接向人民法院提起民事诉讼的，人民法院不予受理。但公证债权文书确有错误，人民法院裁定不予执行的，当事人、公证事项的利害关系人可以就争议内容向人民法院提起民事诉讼。

最高人民法院
关于审理涉及公证活动相关民事案件的若干规定

2014年5月16日　　法释〔2014〕6号

第三条　当事人、公证事项的利害关系人对公证书所公证的民事权利义务有争议的，可以依照公证法第四十条规定就该争议向人民法院提起民事诉讼。

当事人、公证事项的利害关系人对具有强制执行效力的公证债权文书的民事权利义务有争议直接向人民法院提起民事诉讼的，人民法院依法不予受理。但是，公证债权文书被人民法院裁定不予执行的除外。

最高人民法院
关于规范人民法院再审立案的若干意见（试行）

2002年9月10日　　法发〔2002〕13号

第十四条　人民法院对下列民事案件的再审申请不予受理：

（一）人民法院依照督促程序、公示催告程序和破产还债程序审理的案件；

（二）人民法院裁定撤销仲裁裁决和裁定不予执行仲裁裁决的案件；

（三）人民法院判决、调解解除婚姻关系的案件，但当事人就财产分割问题申请再审的除外。

最高人民法院
关于防范和制裁虚假诉讼的指导意见

2016年6月20号　　法发〔2016〕13号

8. 在执行公证债权文书和仲裁裁决书、调解书等法律文书过程中，对可能存在双方恶意串通、虚构事实的，要加大实质审查力度，注重审查相关法律文书是否损害国家利益、社会公共利益或者案外人的合法权益。如果存在上述情形，应当裁定不予执行。必要时，可向仲裁机构或者公证机关发出司法建议。

---

① 民事诉讼法原第二百一十四条现已修改为第二百三十八条。——编者注

最高人民法院
关于当事人因对不予执行仲裁裁决的裁定不服而申请再审人民法院不予受理的批复

1996年6月26日　　法复〔1996〕8号

四川省高级人民法院：

你院川高法〔1995〕198号《关于当事人认为人民法院对仲裁裁决作出的不予执行的裁定有错误而申请再审，人民法院应否受理的请示》收悉。经研究，答复如下：

依照《中华人民共和国民事诉讼法》第二百一十三条[①]的规定，人民法院对仲裁裁决依法裁定不予执行，当事人不服而申请再审的，没有法律依据，人民法院不予受理。

最高人民法院
关于下级法院撤销仲裁裁决后又以院长监督程序提起再审应如何处理问题的复函

2004年8月27日　　〔2003〕民立他字第45号

黑龙江省高级人民法院：

你院2003年8月18日〔2003〕黑立民他字第1号《关于下级法院撤销仲裁裁决后又以院长监督程序进行再审应如何处理的请示》收悉。经研究，答复如下：

黑龙江国祥房地产开发有限公司与黑龙江省九利建筑工程公司欠款纠纷一案，经哈尔滨市中级人民法院裁定撤销仲裁裁决后，当事人可以依据《中华人民共和国仲裁法》第九条的规定重新达成仲裁协议申请仲裁，也可以向人民法院提起诉讼。哈尔滨市中级人民法院不应以院长发现撤销仲裁裁决的裁定确有错误为由提起再审。已经再审的，你院应当通知该院予以纠正。

人民法院办理执行案件规范

2017年4月

948.【不予执行的一般规定】

申请执行人申请执行仲裁裁决或公证机关依法赋予强制执行效力的债权文书，人民法院受理执行申请后，被执行人可以向执行法院申请不予执行该仲裁裁决或公证债权文书。

949.【不予执行申请的期限】

当事人请求不予执行仲裁裁决或者公证债权文书的，应当在执行终结前向执行法院提出。

950.【不予执行仲裁裁决的审查处理】

被执行人提出证据证明仲裁裁决有下列情形之一的，经审查核实，裁定不予执行：

（一）当事人在合同中没有订有仲裁条款或者事后没有达成书面仲裁协议的；

（二）裁决的事项不属于仲裁协议的范围或者仲裁机构无权仲裁的；

（三）仲裁庭的组成或者仲裁的程序违反法定程序的；

（四）裁决所根据的证据是伪造的；

（五）对方当事人向仲裁机构隐瞒了足以影响公正裁决的证据的；

（六）仲裁员在仲裁该案时有贪污受贿，徇私舞弊，枉法裁决行为的。

经审查不符合前款规定情形的，裁定驳回不予执行仲裁裁决申请。

人民法院认定执行该裁决违背社会公共利益的，裁定不予执行。

裁定不予执行仲裁裁决的，裁定书应当送达双方当事人和仲裁机构。

951.【仲裁裁决的部分不予执行】

仲裁机构裁决的事项，部分有本规范第950条第一款、第三款规定情形的，人民法院应当裁定对该部分不予执行。

应当不予执行部分与其他部分不可分的，

[①] 民事诉讼法原第二百一十三条现已修改为第二百三十七条，下同。——编者注

人民法院应当裁定不予执行仲裁裁决。

952.【不予执行仲裁裁决的救济途径】

人民法院裁定不予执行仲裁裁决、驳回不予执行仲裁裁决申请后,当事人对该裁定提出执行异议或者复议的,人民法院不予受理。

仲裁裁决被人民法院裁定不予执行的,当事人可以根据双方达成的书面仲裁协议重新申请仲裁,也可以向人民法院起诉。

953.【不予执行仲裁裁决审查期间的执行】

不予执行仲裁裁决案件审查期间,不停止执行。被执行人提供适当担保的,应当裁定中止执行。

954.【没有仲裁协议、违反法定程序的认定】

本规范第950条第一款第一项规定的"没有仲裁协议"是指当事人没有达成仲裁协议。仲裁协议被认定无效或者被撤销的,视为没有仲裁协议。

本规范第950条第一款第三项规定的"违反法定程序",是指违反仲裁法规定的仲裁程序和当事人选择的仲裁规则可能影响案件正确裁决的情形。

955.【撤销与不予执行相同理由抗辩的禁止】

当事人向人民法院申请撤销仲裁裁决被驳回后,又在执行程序中以相同理由提出不予执行抗辩的,人民法院不予支持。

956.【仲裁协议效力的抗辩】

当事人在仲裁程序中未对仲裁协议的效力提出异议,在仲裁裁决作出后以仲裁协议无效为由提出不予执行抗辩的,人民法院不予支持。

当事人在仲裁程序中对仲裁协议的效力提出异议,在仲裁裁决作出后又以此为由提出不予执行抗辩,经审查符合本规范第950条、第770条规定的,人民法院应予支持。

957.【仲裁调解书申请不予执行的禁止】

当事人请求不予执行仲裁调解书或者根据当事人之间的和解协议作出的仲裁裁决书的,人民法院不予支持。

958.【仲裁机构的配合】

根据审查不予执行仲裁裁决案件的实际需要,人民法院可以要求仲裁机构作出说明或者向相关仲裁机构调阅仲裁案卷。

人民法院在审查不予执行仲裁裁决案件过程中作出的裁定,可以送相关的仲裁机构。

959.【申请不予执行涉外仲裁裁决、香港、澳门仲裁裁决的审查处理】

对涉外仲裁裁决、香港仲裁裁决、澳门仲裁裁决的不予执行申请,适用本规范第770条、第771条、第811条、第840条的规定审查处理。

960.【申请不予执行劳动争议仲裁裁决的处理】

申请执行人申请人民法院执行劳动争议仲裁机构作出的发生法律效力的裁决书、调解书,被执行人提出证据证明劳动争议仲裁裁决书、调解书有下列情形之一,并经审查核实的,人民法院可以根据民事诉讼法第二百三十七条之规定裁定不予执行:

(一)裁决的事项不属于劳动争议仲裁范围,或者劳动争议仲裁机构无权仲裁的;

(二)适用法律确有错误的;

(三)仲裁员仲裁该案时,有徇私舞弊、枉法裁决行为的;

(四)人民法院认定执行该劳动争议仲裁违背社会公共利益的。

人民法院在不予执行裁定书中,应当告知当事人在收到裁定书之次日起三十日内,可以就该劳动争议事项向人民法院起诉。

961.【劳动仲裁裁决撤销与不予执行相同理由抗辩的禁止】

对劳动人事争议仲裁委员会作出的终局裁决,用人单位向人民法院申请撤销劳动仲裁裁决被驳回后,又在执行程序中以相同理由提出不予执行抗辩的,人民法院不予支持。

962.【不予执行公证债权文书的审查处理】

有下列情形之一的,可以认定公证债权文书确有错误,应当裁定不予执行:

(一)公证债权文书属于不得赋予强制执行效力的债权文书的;

(二)被执行人一方未亲自或者未委托代理人到场公证等严重违反法律规定的公证程序的;

(三)公证债权文书的内容与事实不符或者违反法律强制性规定的;

（四）公证债权文书未载明被执行人不履行义务或者不完全履行义务时同意接受强制执行的。

经审查不符合前款规定情形的，裁定驳回不予执行公证债权文书申请。

人民法院认定执行该公证债权文书违背社会公共利益的，裁定不予执行。

裁定不予执行公证债权文书的，裁定书应当送达双方当事人和公证机关。

963.【公证债权文书的部分不予执行】

公证债权文书的事项，部分有本规范第962条规定情形的，人民法院应当裁定对该部分不予执行。

应当不予执行部分与其他部分不可分的，人民法院应当裁定不予执行公证债权文书。

964.【不予执行公证债权文书审查后的救济途径】

公证债权文书被裁定不予执行后，当事人对该裁定提出执行异议或者复议的，人民法院不予受理。当事人、公证事项的利害关系人可以就债权争议提起诉讼。

当事人不服驳回不予执行公证债权文书申请的裁定的，可以自收到裁定之日起十日内向上一级人民法院申请复议。人民法院作出裁定时，应当告知其申请复议的权利和期限。

965.【担保债务公证债权文书的不予执行】

公证债权文书对主债务和担保债务同时赋予强制执行效力的，人民法院应予执行；仅对主债务赋予强制执行效力未涉及担保债务的，对担保债务的执行申请不予受理；仅对担保债务赋予强制执行效力未涉及主债务的，对主债务的执行申请不予受理。

人民法院受理担保债务的执行申请后，被执行人仅以担保合同不属于赋予强制执行效力的公证债权文书范围为由申请不予执行的，不予支持。

第十九章　执行立案

第一节　执行的申请和移送

中华人民共和国民事诉讼法

2017年6月27日

第一百九十四条　申请司法确认调解协议，由双方当事人依照人民调解法等法律，自调解协议生效之日起三十日内，共同向调解组织所在地基层人民法院提出。

第一百九十五条　人民法院受理申请后，经审查，符合法律规定的，裁定调解协议有效，一方当事人拒绝履行或者未全部履行的，对方当事人可以向人民法院申请执行；不符合法律规定的，裁定驳回申请，当事人可以通过调解方式变更原调解协议或者达成新的调解协议，也可以向人民法院提起诉讼。

第一百九十六条　申请实现担保物权，由担保物权人以及其他有权请求实现担保物权的人依照物权法等法律，向担保财产所在地或者担保物权登记地基层人民法院提出。

第一百九十七条　人民法院受理申请后，经审查，符合法律规定的，裁定拍卖、变卖担保财产，当事人依据该裁定可以向人民法院申请执行；不符合法律规定的，裁定驳回申请，当事人可以向人民法院提起诉讼。

第二百三十六条　发生法律效力的民事判决、裁定，当事人必须履行。一方拒绝履行的，对方当事人可以向人民法院申请执行，也可以由审判员移送执行员执行。

调解书和其他应当由人民法院执行的法律文书，当事人必须履行。一方拒绝履行的，对方当事人可以向人民法院申请执行。

第二百三十七条 对依法设立的仲裁机构的裁决，一方当事人不履行的，对方当事人可以向有管辖权的人民法院申请执行。受申请的人民法院应当执行。

被申请人提出证据证明仲裁裁决有下列情形之一的，经人民法院组成合议庭审查核实，裁定不予执行：

（一）当事人在合同中没有订有仲裁条款或者事后没有达成书面仲裁协议的；

（二）裁决的事项不属于仲裁协议的范围或者仲裁机构无权仲裁的；

（三）仲裁庭的组成或者仲裁的程序违反法定程序的；

（四）裁决所根据的证据是伪造的；

（五）对方当事人向仲裁机构隐瞒了足以影响公正裁决的证据的；

（六）仲裁员在仲裁该案时有贪污受贿，徇私舞弊，枉法裁决行为的。

人民法院认定执行该裁决违背社会公共利益的，裁定不予执行。

裁定书应当送达双方当事人和仲裁机构。

仲裁裁决被人民法院裁定不予执行的，当事人可以根据双方达成的书面仲裁协议重新申请仲裁，也可以向人民法院起诉。

第二百三十八条 对公证机关依法赋予强制执行效力的债权文书，一方当事人不履行的，对方当事人可以向有管辖权的人民法院申请执行，受申请的人民法院应当执行。

公证债权文书确有错误的，人民法院裁定不予执行，并将裁定书送达双方当事人和公证机关。

第一百九十四条 申请司法确认调解协议，由双方当事人依照人民调解法等法律，自调解协议生效之日起三十日内，共同向调解组织所在地基层人民法院提出。

第一百九十五条 人民法院受理申请后，经审查，符合法律规定的，裁定调解协议有效，一方当事人拒绝履行或者未全部履行的，当事人可以向人民法院申请执行；不符合法律规定的，裁定驳回申请，当事人可以通过调解方式变更原调解协议或者达成新的调解协议，也可以向人民法院提起诉讼。

第一百九十六条 申请实现担保物权，由担保物权人以及其他有权请求实现担保物权的人依照物权法等法律，向担保财产所在地或者担保物权登记地基层人民法院提出。

第一百九十七条 人民法院受理申请后，经审查，符合法律规定的，裁定拍卖、变卖担保财产，当事人依据该裁定可以向人民法院申请执行；不符合法律规定的，裁定驳回申请，当事人可以向人民法院提起诉讼。

中华人民共和国仲裁法

2009 年 8 月 27 日

第六十二条 当事人应当履行裁决。一方当事人不履行的，另一方当事人可以依照民事诉讼法的有关规定向人民法院申请执行。受申请的人民法院应当执行。

第七十二条 涉外仲裁委员会作出的发生法律效力的仲裁裁决，当事人请求执行的，如果被执行人或者其财产不在中华人民共和国领域内，应当由当事人直接向有管辖权的外国法院申请承认和执行。

中华人民共和国劳动争议
调解仲裁法

2007 年 12 月 29 日

第四十四条 仲裁庭对追索劳动报酬、工伤医疗费、经济补偿或者赔偿金的案件，根据当事人的申请，可以裁决先予执行，移送人民法院执行。

仲裁庭裁决先予执行的，应当符合下列条件：

（一）当事人之间权利义务关系明确；

（二）不先予执行将严重影响申请人的生活。

劳动者申请先予执行的，可以不提供担保。

最高人民法院
关于人民法院执行工作若干问题的规定（试行）

1998年7月8日　　法释〔1998〕15号

19. 生效法律文书的执行，一般应当由当事人依法提出申请。

发生法律效力的具有给付赡养费、扶养费、抚育费内容的法律文书、民事制裁决定书，以及刑事附带民事判决、裁定、调解书，由审判庭移送执行机构执行。

最高人民法院
关于刑事裁判涉财产部分执行的若干规定

2014年10月30日　　法释〔2014〕13号

第七条 由人民法院执行机构负责执行的刑事裁判涉财产部分，刑事审判部门应当及时移送立案部门审查立案。

移送立案应当提交生效裁判文书及其附件和其他相关材料，并填写《移送执行表》。《移送执行表》应当载明以下内容：

（一）被执行人、被害人的基本信息；

（二）已查明的财产状况或者财产线索；

（三）随案移送的财产和已经处置财产的情况；

（四）查封、扣押、冻结财产的情况；

（五）移送执行的时间；

（六）其他需要说明的情况。

人民法院立案部门经审查，认为属于移送范围且移送材料齐全的，应当在七日内立案，并移送执行机构。

【附：答记者问】

人民法院办理财产刑执行案件，可参照适用民事执行规定

问：财产刑的执行是否可以适用民诉法的规定？是否可以参照民事执行的有关规定？法院在执行财产刑时，若案外人对被执行财产提出权属异议时，法院应当如何处理？

答：由于我国尚未出台专门规范财产刑执行的具体立法规定，对于刑事诉讼中的财产刑执行法律适用问题，实践中一直不够明确，存在一定的争议。《规定》起草过程中，就刑事执行裁定可否援引民事诉讼法的规定，也存在意见分歧。

考虑到财产刑执行所需要采取的很多执行措施和执行手段，以及财产刑执行中遇到的家庭财产分割等问题，都类似于民事判决、裁定以及刑事判决、裁定中财产部分的执行，因此，《规定》明确规定了财产刑执行可适用的法律依据，规定人民法院办理财产刑执行案件，可以参照适用民事执行的有关规定。并规定对于执行财产刑时，案外人对被执行财产提出权属异议的，人民法院应当审查并参照民事诉讼法的有关规定处理。

《规定》首次明确财产刑执行可参照适用民事诉讼的有关规定，解决了司法实践中长期存在的财产刑执行法律依据不明确的困扰，有利于保障财产刑执行工作的顺利进行。[①]

最高人民法院
关于进一步做好边境地区涉外民商事案件审判工作的指导意见

2010年12月8日　　法发〔2010〕57号

十、人民法院在审理边境地区涉外民商事纠纷案件的过程中，应当加强对当事人的诉讼指导。对在我国没有住所又没有可供执行的财产的被告提起诉讼，人民法院应当给予原告必要的诉讼指导，充分告知其诉讼风险，特别是

[①] 《最高人民法院研究室负责人就〈关于财产刑执行问题的若干规定〉答记者问》，载《人民法院报》2010年5月31日。

无法有效送达的风险和生效判决在我国境内无法执行的风险。

败诉一方当事人在我国境内没有财产或者其财产不足以执行生效判决时，人民法院应当告知胜诉一方当事人可以根据我国与其他国家缔结的民商事司法协助国际条约的相关规定，向可供执行财产所在地国家的法院申请承认和执行我国法院的民商事判决。

最高人民法院
关于人民法院推行立案登记制度改革的意见

2015 年 4 月 15 日　　法发〔2015〕6 号

二、登记立案范围

（四）生效法律文书有给付内容且执行标的和被执行人明确，权利人或其继承人、权利承受人在法定期限内提出申请，属于受申请人民法院管辖的。

人民法院办理执行案件规范

2017 年 4 月

17.【申请执行的一般规定】

发生法律效力的法律文书，当事人必须履行。一方当事人未履行的，对方当事人可以依法向人民法院申请执行。

19.【担保人承担担保责任后的直接申请执行】

生效法律文书已确认担保人承担担保责任后可以向主债务人行使追偿权，担保人承担责任后直接向人民法院申请执行主债务人的，人民法院应当受理。

20.【连带责任人承担责任后的直接申请执行】

生效法律文书已确认连带责任人有权追偿的数额，连带责任人承担连带责任后直接向人民法院申请执行其他连带责任人的，人民法院应当受理。

21.【移送执行】

民事制裁决定、具有缴纳诉讼费用内容的法律文书，以及具有财产内容的刑事裁判文书发生法律效力后，义务人未履行义务的，由审判部门移送立案部门立案后，交由执行机构执行。移送执行应由审判部门填写移送执行书，明确需执行的事项和应注意的问题，连同生效的法律文书一并移送。

财产保全、证据保全、先予执行裁定生效后，参照前款规定办理。

33.【申请执行的实质要件】

当事人申请执行应当符合下列条件：

（一）申请执行的法律文书已经生效且该文书确定的履行义务所附的条件已经成就或者所附的期限已经届满；

（二）申请执行人是生效法律文书确定的权利人或其继承人、权利承受人；

（三）申请执行的法律文书权利义务主体明确；

（四）申请执行的法律文书具有给付内容且给付内容具体、明确；

（五）生效法律文书确定的义务未履行或未全部履行；

（六）属于受申请执行的人民法院管辖。

前款第二项规定的"权利承受人"，在法律文书生效后进入执行程序前合法承受权利的，权利承受人可直接申请执行，无需作出变更申请执行人的裁定。

法律文书确定继续履行合同的，应当明确继续履行的具体内容。

34.【申请执行受理和立案登记】

对申请执行，人民法院立案部门应当一律接收申请执行材料，出具书面凭证并注明收到日期。对符合法律规定的申请执行，应当当场予以登记立案，移交执行机构执行。对不符合法律规定的申请执行，应当予以释明。当事人经释明后，仍然坚持提出申请的，裁定不予受理。

对当场不能判定申请执行是否符合法律规定的，应当在七日内决定是否立案。

35.【申请执行材料的补正】

当事人提交的申请执行书和相关材料不符

合要求的，人民法院立案部门应当一次性书面告知在指定期限内补正。当事人在指定期限内补正的，人民法院决定是否立案的期间，自收到补正材料之日起计算。

当事人在指定期限内没有补正的，退回申请执行材料并记录在册；坚持提出申请的，裁定不予受理。经补正仍不符合要求的，裁定不予受理。

第二节　申请执行时应提交的文件材料

最高人民法院
关于人民法院执行工作若干问题的规定（试行）

1998年7月8日　　法释〔1998〕15号

20. 申请执行，应向人民法院提交下列文件和证件：

（1）申请执行书。申请执行书中应当写明申请执行的理由、事项、执行标的，以及申请执行人所了解的被执行人的财产状况。

申请执行人书写申请执行书确有困难的，可以口头提出申请。人民法院接待人员对口头申请应当制作笔录，由申请执行人签字或盖章。

外国一方当事人申请执行的，应当提交中文申请执行书。当事人所在国与我国缔结或共同参加的司法协助条约有特别规定的，按照条约规定办理。

（2）生效法律文书副本。

（3）申请执行人的身份证明。公民个人申请的，应当出示居民身份证；法人申请的，应当提交法人营业执照副本和法定代表人身份证明；其他组织申请的，应当提交营业执照副本和主要负责人身份证明。

法人或者其他组织为申请执行人或者被执行人的，

（4）继承人或权利承受人申请执行的，应当提交继承或承受权利的证明文件。

（5）其他应当提交的文件或证件。

21. 申请执行仲裁机构的仲裁裁决，应向人民法院提交有仲裁条款的合同书或仲裁协议书。

申请执行国外仲裁机构的仲裁裁决，应当提交经我国驻外使领馆认证或我国公证机关公证的仲裁裁决书中文本。

最高人民法院
关于适用《中华人民共和国民事诉讼法》执行程序若干问题的解释

2008年11月3日　　法释〔2008〕13号

第一条　申请执行人向被执行的财产所在地人民法院申请执行的，应当提供该人民法院辖区有可供执行财产的证明材料。

最高人民法院　司法部
关于公证机关赋予强制执行效力的债权文书执行有关问题的联合通知

2000年9月1日　　司发通〔2000〕107号

为了贯彻《中华人民共和国民事诉讼法》、《中华人民共和国公证暂行条例》的有关规定，规范赋予强制执行效力债权文书的公证和执行行为，现就有关问题通知如下：

一、公证机关赋予强制执行效力的债权文书应当具备以下条件：

（一）债权文书具有给付货币、物品、有价证券的内容；

（二）债权债务关系明确，债权人和债务人对债权文书有关给付内容无疑义；

（三）债权文书中载明债务人不履行义务或不完全履行义务时，债务人愿意接受依法强制执行的承诺。

二、公证机关赋予强制执行效力的债权文书的范围：

（一）借款合同、借用合同、无财产担保的租赁合同；

（二）赊欠货物的债权文书；

（三）各种借据、欠单；

（四）还款（物）协议；

（五）以给付赡养费、扶养费、抚育费、学费、赔（补）偿金为内容的协议；

（六）符合赋予强制执行效力条件的其他债权文书。

三、公证机关在办理符合赋予强制执行的条件和范围的合同、协议、借据、欠单等债权文书公证时，应当依法赋予该债权文书具有强制执行效力。

未经公证的符合本通知第二条规定的合同、协议、借据、欠单等债权文书，在履行过程中，债权人申请公证机关赋予强制执行效力的，公证机关必须征求债务人的意见；如债务人同意公证并愿意接受强制执行的，公证机关可以依法赋予该债权文书强制执行效力。

四、债务人不履行或不完全履行公证机关赋予强制执行效力的债权文书的，债权人可以向原公证机关申请执行证书。

五、公证机关签发执行证书应当注意审查以下内容：

（一）不履行或不完全履行的事实确实发生；

（二）债权人履行合同义务的事实和证据，债务人依照债权文书已经部分履行的事实；

（三）债务人对债权文书规定的履行义务有无疑义。

六、公证机关签发执行证书应当注明被执行人、执行标的和申请执行的期限。债务人已经履行的部分，在执行证书中予以扣除。因债务人不履行或不完全履行而发生的违约金、利息、滞纳金等，可以列入执行标的。

七、债权人凭原公证书及执行证书可以向有管辖权的人民法院申请执行。

八、人民法院接到申请执行书后，应当依法按规定程序办理。必要时，可以向公证机关调阅公证卷宗，公证机关应当提供。案件执行完毕后，由人民法院在十五日内将公证卷宗附结案通知退回公证机关。

九、最高人民法院、司法部《关于执行〈民事诉讼法（试行）〉中涉及公证条款的几个问题的通知》和《关于已公证的债权文书依法强制执行问题的答复》自本联合通知发布之日起废止。

人民法院办理执行案件规范

2017年4月

31.【申请执行的一般形式要件】

当事人申请执行应当提交下列文件和证件：

（一）申请执行书。申请执行书中应当写明双方当事人的基本情况、申请执行的理由、事项、执行标的、送达地址、联系方式，以及申请执行人所了解的被执行人的财产状况。申请执行人书写申请执行书确有困难的，可以口头提出申请。人民法院立案部门对口头申请应当制作笔录，由申请执行人签字或盖章。外籍当事人申请执行的，应当提交中文申请执行书。当事人所在国与中华人民共和国缔结或共同参加的司法协助条约有特别规定的，按照条约规定办理。

（二）生效法律文书副本。

（三）申请执行人的身份证明。自然人申请的，应当出示公民身份证、护照、港澳通行证、军官证等身份证明；法人申请的，应当提交法人营业执照副本（或统一社会信用代码证书副本）、法定代表人身份证明；其他组织申请的，应当提交营业执照（或统一社会信用代码证书）副本、主要负责人身份证明。

（四）继承人或权利承受人申请执行的，应当提交继承或承受权利的证明文件。

（五）委托代理人代为申请执行的，应当提交法律规定的委托代理手续等材料。

（六）向被执行的财产所在地人民法院申请执行的，应当提交该人民法院辖区有可供执行财产的证明材料。

（七）已申请财产保全的，应提交相关财产保全材料。

（八）其他应当提交的文件或证件。

实行网上立案的，申请执行人提交前款规定的文件和证件，可以是符合有关规定的电子化文件和证件。

32.【申请执行的特殊形式要件】

申请执行仲裁机构的仲裁裁决，应当向人民法院提交有仲裁条款的合同书或仲裁协议书。申请执行国外仲裁机构的仲裁裁决的，应当提交经我国驻外使领馆认证或我国公证机关公证的仲裁裁决书中文文本。

申请执行公证债权文书的，应当提交公证债权文书及执行证书。

申请执行农村土地承包仲裁委员会作出的先予执行裁定的，应当一并提交申请执行人提供的担保情况。

第三节 申请执行期间

中华人民共和国民事诉讼法

2017年6月27日

第二百三十九条　申请执行的期间为二年。申请执行时效的中止、中断，适用法律有关诉讼时效中止、中断的规定。

前款规定的期间，从法律文书规定履行期间的最后一日起计算；法律文书规定分期履行的，从规定的每次履行期间的最后一日起计算；法律文书未规定履行期间的，从法律文书生效之日起计算。

第二百五十四条　人民法院采取本法第二百四十二条、第二百四十三条、第二百四十四条规定的执行措施后，被执行人仍不能偿还债务的，应当继续履行义务。债权人发现被执行人有其他财产的，可以随时请求人民法院执行。

最高人民法院
关于适用《中华人民共和国民事诉讼法》的解释

2015年1月30日　　法释〔2015〕5号

第四百八十三条　申请执行人超过申请执行时效期间向人民法院申请强制执行的，人民法院应予受理。被执行人对申请执行时效期间提出异议，人民法院经审查异议成立的，裁定不予执行。

被执行人履行全部或者部分义务后，又以不知道申请执行时效期间届满为由请求执行回转的，人民法院不予支持。

第五百一十七条　债权人根据民事诉讼法第二百五十四条规定请求人民法院继续执行的，不受民事诉讼法第二百三十九条规定申请执行时效期间的限制。

第五百一十九条　经过财产调查未发现可供执行的财产，在申请执行人签字确认或者执行法院组成合议庭审查核实并经院长批准后，可以裁定终结本次执行程序。

依照前款规定终结执行后，申请执行人发现被执行人有可供执行财产的，可以再次申请执行。再次申请不受申请执行时效期间的限制。

第五百二十条　因撤销申请而终结执行后，当事人在民事诉讼法第二百三十九条规定的申请执行时效期间内再次申请执行的，人民法院应当受理。

第五百二十一条　在执行终结六个月内，被执行人或者其他人对已执行的标的有妨害行为的，人民法院可以依申请排除妨害，并可以依照民事诉讼法第一百一十一条规定进行处罚。因妨害行为给执行债权人或者其他人造成损失的，受害人可以另行起诉。

最高人民法院
关于适用《中华人民共和国民事诉讼法》执行程序若干问题的解释

2008年11月3日　　法释〔2008〕13号

第二十七条　在申请执行时效期间的最后

六个月内，因不可抗力或者其他障碍不能行使请求权的，申请执行时效中止。从中止时效的原因消除之日起，申请执行时效期间继续计算。

第二十八条 申请执行时效因申请执行、当事人双方达成和解协议、当事人一方提出履行要求或者同意履行义务而中断。从中断时起，申请执行时效期间重新计算。

第二十九条 生效法律文书规定债务人负有不作为义务的，申请执行时效期间从债务人违反不作为义务之日起计算。

最高人民法院
关于人民法院对经劳动争议仲裁
裁决的纠纷准予撤诉或驳回
起诉后劳动争议仲裁裁决
从何时起生效的解释

2000年7月10日　　法释〔2000〕18号

为正确适用法律审理劳动争议案件，对人民法院裁定准予撤诉或驳回起诉后，劳动争议仲裁裁决从何时起生效的问题解释如下：

第一条 当事人不服劳动争议仲裁裁决向人民法院起诉后又申请撤诉，经人民法院审查准予撤诉的，原仲裁裁决自人民法院裁定送达当事人之日起发生法律效力。

第二条 当事人因超过起诉期间而被人民法院裁定驳回起诉的，原仲裁裁决自起诉期间届满之次日起恢复法律效力。

第三条 因仲裁裁决确定的主体资格错误或仲裁裁决事项不属于劳动争议，被人民法院驳回起诉的，原仲裁裁决不发生法律效力。

最高人民法院
关于审理劳动争议案件适用法律
若干问题的解释（二）

2006年8月14日　　法释〔2006〕6号

第十五条 人民法院作出的财产保全裁定中，应当告知当事人在劳动仲裁机构的裁决书或者在人民法院的裁判文书生效后三个月内申请强制执行。逾期不申请的，人民法院应当裁定解除保全措施。

【附：相关理解与适用】

最高人民法院关于审理劳动争议案件适用法律若干问题的解释（二）第十五条解读

根据《民事诉讼法》第二百一十九条①第一款的规定："申请执行的期间为二年。申请执行时效的中止、中断，适用法律有关诉讼时效中止、中断的规定。"这个申请执行期间是指当事人向人民法院寻求司法强制执行生效法律文书的期间。当事人逾期不申请的，其丧失寻求司法强制力保护的权利。而本条规定的期间，是指诉讼保全措施采取后，维持该措施时间效力的期限。当事人逾期不申请执行的法律后果是诉讼保全措施的解除，但当事人并不丧失向人民法院寻求司法强制力执行生效法律文书的权利。②

---

① 民事诉讼法原第二百一十九条现已修改为第二百三十九条，相关规定已修改。——编者注
② 最高人民法院民事审判第一庭编著：《最高人民法院劳动争议司法解释的理解与适用》，人民法院出版社2006年版，第309页。

中央政法委 最高人民法院
关于规范集中清理执行积案结案标准的通知

2009年3月19日　　法发〔2009〕15号

10. 裁定终结本次执行程序后，如发现被执行人有财产可供执行的，申请执行人可以再次提出执行申请。申请执行人再次提出执行申请不受申请执行期间的限制。

申请执行人申请或者人民法院依职权恢复执行的，应当重新立案。

最高人民法院执行工作办公室
关于权利人逾期申请执行保证人不应予以执行立案的答复

2000年12月21日　　〔2000〕执他字第18号

广东省高级人民法院：

你院粤高法〔2000〕27号《关于是否受理深圳蛇口社会保险公司申请强制执行京光（广州）房地产实业有限公司一案的请示》，收悉。经研究，答复如下：

同意你院审委会倾向性意见。鉴于深圳蛇口社会保险公司没有在法定申请执行期限内，向人民法院申请强制执行保证人京光（广州）房地产实业有限公司的财产，应视为对该项权利的放弃。深圳蛇口社会保险公司逾期申请强制执行京光（广州）房地产实业有限公司的财产，已丧失了法定立案条件，人民法院不应予以执行立案。

此复。

最高人民法院
关于当事人对人民法院生效法律文书所确定的给付事项超过申请执行期限后又重新就其中的部分给付内容达成新的协议的应否立案的批复

2002年1月30日　　〔2001〕民立他字第34号

四川省高级人民法院：

你院报送的川高法〔2001〕144号《关于当事人对人民法院生效法律文书所确定的给付事项超过申请执行期限后又重新就其中的部分给付内容达成新的协议的应否立案的请示》收悉。经研究，同意你院审判委员会多数人意见。当事人就人民法院生效裁判文书所确定的给付事项超过执行期限后又重新达成协议的，应当视为当事人之间形成了新的民事法律关系，当事人就该新协议向人民法院提起诉讼的，只要符合《民事诉讼法》立案受理的有关规定的，人民法院应当受理。

此复。

最高人民法院执行工作办公室
关于如何确定判决书送达日期和申请执行期限起算时间问题的复函

2002年7月19日　　〔2002〕执他字第9号

海南省高级人民法院：

你院《关于如何确定判决书送达日期和申请执行期限起算时间的请示报告》收悉。经研究，答复如下：

同意你院审判委员会的第二种意见。根据《中华人民共和国民事诉讼法》第七十八条[①]（编者注：现行《民事诉讼法》修改为第八十五

---

① 原民事诉讼法第七十八条，现行民事诉讼法修改为第八十五条——编者注

条)、最高人民法院《关于适用〈中华人民共和国民事诉讼法〉若干问题的意见》第83条①之规定，海南华能租赁有限公司（以下简称华能公司）的诉讼代理人明向阳签收诉讼文书，属于一般授权，不需要华能公司的特别授权。你院于1998年10月28日所实施的送达行为符合上述法律规定，应为有效。但你院未依照最高人民法院、最高人民检察院、公安部、司法部《关于律师参加诉讼的几项具体规定的联合通知》向代理律师送达诉讼文书副本，应以适当形式予以补正。你院于2001年4月9日给华能公司送达判决书为第二次送达，不影响1998年10月28日送达的效力。华能公司的申请执行期限应从1998年10月28日起算，本案已超过法定的申请执行期限，应不予立案执行。

此复。

最高人民法院
关于中国工商银行运城市分行广场分理处与中国建设银行太原市分行承兑汇票纠纷执行争议案的复函

2002年11月19日　〔2001〕执监字第26号

山西省高级人民法院：

你院〔2001〕晋法执字第54号《关于申请人中国工商银行运城分行广场办事处解州分理处与被执行人中国建设银行太原市分行承兑汇票纠纷一案执行情况的报告》收悉，经研究，答复如下：

1. 你院〔1998〕晋经监字第2号再审判决为本案最终执行依据，该判决明确判定了中国建设银行太原市分行（以下简称建行太原分行）、中国工商银行运城分行广场办事处解州分理处（现为中国工商银行运城分行城建办事处解州分理处，以下简称工行运城分行）、山西宏宝贸易公司（以下简称宏宝公司）、山西省朔州市物贸中心（以下简称朔州物贸）、山西金丰实业有限公司（以下简称金丰公司）具有返还义务的法律责任，且各方当事人的权利义务明确，各债权人可据以单独申请执行。

2. 依据《民事诉讼法》第二百零七条②、二百一十六条③、二百一十九条④和《最高人民法院关于人民法院执行工作若干问题的规定（试行）》第十九条之规定，你院〔1998〕晋经监字第2号再审判决生效后，债权人未向法院申请执行的，法院不应依职权进行执行。本案只有朔州物贸、工行运城分行向太原市中级人民法院申请执行，且朔州物贸申请执行宏宝公司后，在太原市中级人民法院主持下，双方已于2000年11月达成执行和解协议并已履行完毕。工行运城分行申请执行建行太原分行后，因后者申诉而至今尚未执行。其他债权人均未申请执行，且已过法定申请执行期限，放弃申请执行的后果只能由其自行承担。建行太原分行未在法定期限内向法院申请强制执行，不能因其债权未实现而拒绝履行其应向工行运城分行返还款项的义务。

3. 你院〔1997〕晋经终字第102号二审判决生效后，金丰公司于1997年12月14日向太原市中级人民法院申请执行，该院于同年12月22日立案后将冻结在建行太原分行账户上贴现款486.4597万元全部执行给金丰公司。二审判决执行完毕后，你院又以〔1998〕晋经终字第2号再审判决撤销了你院二审判决。本案由于判决的错误而造成执行的错误，根据《民事诉讼法》第二百一十四条⑤和《最高人民法院关于人民法院执行工作若干问题的规定（试行）》

---

① 该条已被最高人民法院《关于适用〈中华人民共和国民事诉讼法〉的解释》法释（〔2015〕5号）第一百三十二条所替代，条文内容不变——编者注
② 民事诉讼法原第二百零七条现已修改为第二百二十四条。——编者注
③ 民事诉讼法原第二百一十六条现已修改为第二百三十六条。——编者注
④ 民事诉讼法原第二百一十九条现已修改为第二百三十九条，相关规定已修改。——编者注
⑤ 民事诉讼法原第二百一十四条现已修改为第二百三十三条。——编者注

第一百零九条之规定，应依职权对金丰公司依据二审判决获得的款项执行回转，并返还建行太原分行，以维护其合法权益。

4. 请你院按上述意见函复本案有关的执行当事人。

【附：案例评析】

中国工商银行运城市分行广场分理处与中国建设银行太原市分行承兑汇票执行争议案

最高人民法院处理意见：

1. 山西省高级法院〔1998〕晋经监字第2号再审判决书为本案最终执行依据，该判决明确判定了建行太原分行、工行运城分行、宏宝公司、朔州物贸、金丰公司具有返还义务的法律责任，且各方当事人的权利义务明确，各债权人可据以单独申请执行。

2. 依据《民事诉讼法》第207、216、219条和《最高人民法院关于人民法院执行工作若干问题的规定（试行）》第19条之规定，你院〔1998〕晋经监字第2号再审判决生效后，债权人未向法院申请执行的，法院不应依职权进行执行。本案只有朔州物贸、工行运城分行向太原市中级人民法院申请执行，且朔州物贸申请执行宏宝公司后，在太原市中级人民法院主持下，双方已于2000年11月达成执行和解协议并已履行完毕。工行运城分行申请执行建行太原分行后，因后者申诉而至今尚未执行。其他债权人均未申请执行，且已过法定申请执行期限，放弃申请执行的后果只能由其自行承担。建行太原分行未在法定期限内向法院申请强制执行，不能因其债权未予实现而拒绝履行其应向工行运城分行返还款项的义务。

3. 山西省高级法院〔1997〕晋经终字第102号二审判决生效后，金丰公司于1997年12月14日向太原市中级人民法院申请执行，该院于同年12月22日立案后将冻结在建行太原分行账户上的贴现款486.4597万元全部执行给金丰公司。二审判决执行完毕后，山西省高级法院又以〔1998〕晋经终字第2号再审判决撤销了该院二审判决。本案由于判决的错误而造成执行的错误，根据《民事诉讼法》第214条和《最高人民法院关于人民法院执行工作若干问题的规定（试行）》第109条之规定，应依职权对金丰公司依据二审判决获得的款项执行回转，并返还建行太原分行，以维护其合法权益。

评析意见：

1. 山西省高级法院〔1998〕晋经监字第2号再审判决书应为本案执行依据。此案由于一审、二审和再审判决出现来回反复，故给判决的执行带来相当的困难。根据再审判决，此案最终权利人为解州铝厂。太原市中级法院在执行再审判决过程中欠妥考虑保护全案最终债权人的利益，从一开始就应安排统一由一个人主持全案的执行，所执行到的标的在全案未执行前应保存在法院，如朔州物贸执行宏宝公司100万元，在朔州物贸不能返还金丰公司的情况下，应作为金丰公司的执行标的。

2. 从山西省高级法院再审判决来看，首先判决明确判定了具有返还义务的建行太原分行、工行运城分行、宏宝公司、朔州物贸、金丰公司的法律责任；且各方当事人的权利义务明确，他们之间有相互返还的义务，但是并非对等给付。即并非如建行太原分行所述称的该行只有等待第三人金丰公司将486万元返还给该行后，该行才能将此款转交给工行运城分行，该行承担的是转交义务，而不是法律责任，故不能在金丰公司未返还给该行款项的情况下执行该行，否则该行即承担了连带清偿责任。此说法明显歪曲了判决的内容，是为其推卸法律责任寻找的借口。其次，从再审判决内容来看，亦未确定履行的顺序，故不存在执行顺序的问题。因此各方当事人在执行中均不得以其权利未实现作为抗辩理由拒不对其他权利人履行义务。建行太原分行以金丰公司未返还其款而拒不履行对工行运城分行的付款义务显属无理。

3. 此案如能按票据流通顺序全案通盘执行为最好，但事实上已完全不可能，只能分段执行，且此案已实际形成了分段执行，而分段执行并不违反法律规定。首先，此案涉及具有返还义务的5方当事人互相返还的标的物均不一致；其次，互相返还的债权人与债务人也不一致，不同债权人向相应债务人申请执行理所应当，在全案通盘执行不可能的情况下，任何一方债权人不能越权向另一方债务人申请执行。而此案如前所述，已有两个债权人向法院申请执行，如朔州物贸申请执行宏宝公司一案已于2000年达成执行和解协议，且已履行完毕结案。工行运城分行申请执行建行太原分行因有争议尚未执行，其他债权人均未申请执行，且已过法定申请执行期限，故工行运城分行申请执行建行太原分行应予支持。

4. 工行运城分行申请执行建行太原分行后，对建行太原分行的权益如何保护。对此问题，本不应涉及，但考虑此案有些特殊情况，即山西高院二审判决撤销了太原市中级法院一审判决，改判金丰公司合法享有177号票据的权利。对此判决的送达山西省高级法院采用了打时间差的做法，即1997年11月1日先将此判决送达金丰公司和建行太原分行后，才于同年11月27日将其余4方当事人判决书退由太原市中级法院送达，而这4方当事人何时签收的判决书，现又因查找不到送达回证，故造成金丰公司先行申请执行（1997年12月14日申请），太原市中级法院于同年12月22日立案，当天即匆忙以〔1997〕并法执字第286号通知书，解冻了金丰公司在建行账户上的贴现款486万余元，致金丰公司将此款全部占用。工行运城分行和解州铝厂却称他们签收判决的时间为1997年12月31日，经过调查却又无法佐证。但工行和铝厂向山西省高级法院申请再审的时间是1998年1月2日，两天后山西省高级法院立案再审，后作出撤销该院二审判决，作出金丰公司退出票据款486万余元给建行太原分行，由建行返还工行运城分行500万元票据款的再审判决。为此，山西省高级法院和太原市中级法院在此案二审判决书的送达和执行上虽存在一定问题，但根本的问题是由于判决的错误而造成的执行的错误。故根据民诉法第214条和执行工作若干问题的规定（试行）第109条之规定，太原市中级法院在执行建行太原分行后，应依职权对金丰公司进行执行回转，

将所执行财产返还建行太原分行，以保护其合法权益。①

最高人民法院执行工作办公室
关于申请执行人在法定期限内向法院
申请执行主债务人但未申请执行负有
连带责任的担保人，在法定申请期限
届满后，法院是否可以依申请人的
申请强制执行连带责任人的
请示的答复

2005年6月15日　〔2004〕执他字第29号

广东省高级人民法院：

你院《关于申请执行人在法定期限内向法院申请执行主债务人但未申请执行负有连带责任的担保人，在法定申请期限届满后，法院是否可以依申请人的申请强制执行连带责任人的请示》收悉。经研究，答复如下：

同意你院审委会多数意见。生效法律文书确定保证人和主债务人承担连带责任的，连带责任保证人与主债务人即各自独立对债权人承担全部连带债务，债权人向连带责任保证人和主债务人申请强制执行的期限应当同时开始计算。债权人在法定申请强制执行期限内只对主债务人申请执行，而未申请执行保证人的，在申请执行期限届满后即丧失了对连带责任保证人申请强制执行的权利。

此复。

---

① 王桂芳、刘涛：《中国工商银行运城市分行广场分理处与中国建设银行太原市分行承兑汇票执行争议案》，载最高人民法院执行工作办公室编：《强制执行指导与参考》2002年第4辑（总第4辑），法律出版社2003年版，第224～233页。

最高人民法院
关于生效法律文书未确定履行期限能否依当事人约定的履行期限受理执行的请示的复函

2005年6月29日　　〔2004〕执他字第23号

山西省高级人民法院：

你院《生效法律文书未确定履行期限能否依当事人约定的履行期限受理执行的请示》收悉，经研究，答复如下：

一、关于法律文书生效后，当事人在自动履行期间内达成和解协议，申请执行期限是否可以延长的问题，现行法律及司法解释没有明确规定。

二、从本案的实际情况看，当事人是在一审法院审判法官的主持下多次达成和解协议，这是造成债权人未能在法律文书生效后及时向人民法院申请强制执行的主要原因。为充分保护债权人的合法权益，本案可参照最高人民法院《关于适用〈中华人民共和国民事诉讼法〉若干问题的意见》第267条①规定的精神，作为个案的特殊情况妥善处理。

此复。

最高人民法院执行局
关于上海金纬机械制造有限公司与瑞士 RETECH Aktiengesellschaft 公司执行请示一案的答复

2011年10月10日　　（2011）执他字第20号

上海市高级人民法院：

你院（沪高法〔2011〕322号）《关于上海金纬机械制造有限公司申请执行瑞士 RETECH Aktiengesellschaft 公司案管辖和申请执行期限问题的请示》收悉。经研究，答复如下：

请示的两个法律适用问题，原则均同意你院审判委员会多数人意见。《中华人民共和国民事诉讼法》第二百五十七条规定："经中华人民共和国涉外仲裁机构裁决的，当事人不得向人民法院起诉。一方当事人不履行仲裁裁决的，对方当事人可以向被申请人住所地或者财产所在地的中级人民法院申请执行。"我国涉外仲裁机构仲裁裁决确定的义务人，其可供执行的财产在我国领域内的，可以由财产所在地中级人民法院执行。执行管辖权是案涉当事人正当行使民事强制执行请求权的必要条件，上海第一中级人民法院应在确定本案执行管辖后，根据《中华人民共和国民事诉讼法》关于申请执行时效期间的相关规定进行审查，依法执行。

此复。

最高人民法院
关于发布第八批指导性案例的通知

2014年12月18日　　法〔2014〕327号

指导案例37号
上海金纬机械制造有限公司与瑞士瑞泰克公司仲裁裁决执行复议案

关键词
民事诉讼　执行复议　涉外仲裁裁决　执行管辖　申请执行期间起算

裁判要点
当事人向我国法院申请执行发生法律效力的涉外仲裁裁决，发现被申请执行人或者其财产在我国领域内的，我国法院即对该案具有执行管辖权。当事人申请法院强制执行的时效期间，应当自发现被申请执行人或者其财产在我国领域内之日起算。

相关法条
《中华人民共和国民事诉讼法》第二百三十

---

① 该条已被最高人民法院《关于适用〈中华人民共和国民事诉讼法〉的解释》（法释〔2015〕5号）第四百六十八条所替代，内容也修改为："申请恢复执行原生效法律文书，适用民事诉讼法第二百三十九条申请执行期间的规定。申请执行期间因达成执行中的和解协议而中断，其期间自和解协议约定履行期限的最后一日起重新计算。"——编者注

九条、第二百七十三条

基本案情

上海金纬机械制造有限公司（以下简称金纬公司）与瑞士瑞泰克公司（RETECH Aktiengesellschaft，以下简称瑞泰克公司）买卖合同纠纷一案，由中国国际经济贸易仲裁委员会于 2006 年 9 月 18 日作出仲裁裁决。2007 年 8 月 27 日，金纬公司向瑞士联邦兰茨堡（Lenzburg）法院（以下简称兰茨堡法院）申请承认和执行该仲裁裁决，并提交了由中国中央翻译社翻译、经上海市外事办公室及瑞士驻上海总领事认证的仲裁裁决书翻译件。同年 10 月 25 日，兰茨堡法院以金纬公司所提交的仲裁裁决书翻译件不能满足《承认及执行外国仲裁裁决公约》（以下简称《纽约公约》）第四条第二点关于"译文由公设或宣誓之翻译员或外交或领事人员认证"的规定为由，驳回金纬公司申请。其后，金纬公司又先后两次向兰茨堡法院递交了分别由瑞士当地翻译机构翻译的仲裁裁决书译件和由上海上外翻译公司翻译、上海市外事办公室、瑞士驻上海总领事认证的仲裁裁决书翻译件以申请执行，仍被该法院分别于 2009 年 3 月 17 日和 2010 年 8 月 31 日，以仲裁裁决书翻译文件没有严格意义上符合《纽约公约》第四条第二点的规定为由，驳回申请。

2008 年 7 月 30 日，金纬公司发现瑞泰克公司有一批机器设备正在上海市浦东新区展览，遂于当日向上海市第一中级人民法院（以下简称上海一中院）申请执行。上海一中院于同日立案执行并查封、扣押了瑞泰克公司参展机器设备。瑞泰克公司遂以金纬公司申请执行已超过《中华人民共和国民事诉讼法》（以下简称《民事诉讼法》）规定的期限为由提出异议，要求上海一中院不受理该案，并解除查封，停止执行。

裁判结果

上海市第一中级人民法院于 2008 年 11 月 17 日作出〔2008〕沪一中执字第 640－1 民事裁定，驳回瑞泰克公司的异议。裁定送达后，瑞泰克公司向上海市高级人民法院申请执行复议。2011 年 12 月 20 日，上海市高级人民法院作出〔2009〕沪高执复议字第 2 号执行裁定，驳回复议申请。

裁判理由

法院生效裁判认为：本案争议焦点是我国法院对该案是否具有管辖权以及申请执行期间应当从何时开始起算。

一、关于我国法院的执行管辖权问题

根据《民事诉讼法》的规定，我国涉外仲裁机构作出的仲裁裁决，如果被执行人或者其财产不在中华人民共和国领域内的，应当由当事人直接向有管辖权的外国法院申请承认和执行。鉴于本案所涉仲裁裁决生效时，被执行人瑞泰克公司及其财产均不在我国领域内，因此，人民法院在该仲裁裁决生效当时，对裁决的执行没有管辖权。

2008 年 7 月 30 日，金纬公司发现被执行人瑞泰克公司有财产正在上海市参展。此时，被申请执行人瑞泰克公司有财产在中华人民共和国领域内的事实，使我国法院产生了对本案的执行管辖权。申请执行人依据《民事诉讼法》"一方当事人不履行仲裁裁决的，对方当事人可以向被申请人住所地或者财产所在地的中级人民法院申请执行"的规定，基于被执行人不履行仲裁裁决义务的事实，行使民事强制执行请求权，向上海一中院申请执行。这符合我国《民事诉讼法》有关人民法院管辖涉外仲裁裁决执行案件所应当具备的要求，上海一中院对该执行申请有管辖权。

考虑到《纽约公约》规定的原则是，只要仲裁裁决符合公约规定的基本条件，就允许在任何缔约国得到承认和执行。《纽约公约》的目的在于便利仲裁裁决在各缔约国得到顺利执行，因此并不禁止当事人向多个公约成员国申请相关仲裁裁决的承认与执行。被执行人一方可以通过举证已经履行了仲裁裁决义务进行抗辩，向执行地法院提交已经清偿债务数额的证据，这样即可防止被执行人被强制重复履行或者超标的履行的问题。因此，人民法院对该案行使执行管辖权，符合《纽约公约》规定的精神，也不会造成被执行人重复履行生效仲裁裁决义务的问题。

二、关于本案申请执行期间起算问题

依照《民事诉讼法》（2007 年修正）第二

百一十五条的规定，"申请执行的期间为二年。""前款规定的期间，从法律文书规定履行期间的最后一日起计算；法律文书规定分期履行的，从规定的每次履行期间的最后一日起计算；法律文书未规定履行期间的，从法律文书生效之日起计算。"鉴于我国法律有关申请执行期间起算，是针对生效法律文书作出时，被执行人或者其财产在我国领域内的一般情况作出的规定；而本案的具体情况是，仲裁裁决生效当时，我国法院对该案并没有执行管辖权，当事人依法向外国法院申请承认和执行该裁决而未能得到执行，不存在怠于行使申请执行权的问题；被执行人一直拒绝履行裁决所确定的法律义务，申请执行人在发现被执行人有财产在我国领域内之后，即向人民法院申请执行。考虑到这类情况下，外国被执行人或者其财产何时会再次进入我国领域内，具有较大的不确定性，因此，应当合理确定申请执行期间起算点，才能公平保护申请执行人的合法权益。

鉴于债权人取得有给付内容的生效法律文书后，如债务人未履行生效文书所确定的义务，债权人即可申请法院行使强制执行权，实现其实体法上的请求权，此项权利即为民事强制执行请求权。民事强制执行请求权的存在依赖于实体权利，取得依赖于执行根据，行使依赖于执行管辖权。执行管辖权是民事强制执行请求权的基础和前提。在司法实践中，人民法院的执行管辖权与当事人的民事强制执行请求权不能是抽象或不确定的，而应是具体且可操作的。义务人瑞泰克公司未履行裁决所确定的义务时，权利人金纬公司即拥有了民事强制执行请求权，但是，根据《民事诉讼法》的规定，对于涉外仲裁机构作出的仲裁申请执行，如果被执行人或者其财产不在中华人民共和国领域内，应当由当事人直接向有管辖权的外国法院申请承认和执行。此时，因被执行人或者其财产不在我国领域内，我国法院对该案没有执行管辖权，申请执行人金纬公司并非其主观上不愿或怠于行使权利，而是由于客观上纠纷本身没有产生人民法院执行管辖连接点，导致其无法向人民法院申请执行。人民法院在受理强制执行申请后，应当审查申请是否在法律规定的时效期间内提出。具有执行管辖权是人民法院审查申请执行人相关申请的必要前提，因此应当自执行管辖确定之日，即发现被执行人可供执行财产之日，开始计算申请执行人的申请执行期限。

【附：案例评析】

执行管辖确定之后始得计算申请执行期间
——上海金纬机械制造有限公司与瑞士瑞泰克公司仲裁裁决执行复议案评析

四、裁判要点的理解与说明

指导案例37号裁判要点确认：当事人向我国法院申请执行发生法律效力的涉外仲裁裁决，发现被申请执行人或者其财产在我国领域内的，我国法院即对该案具有执行管辖权。当事人申请法院强制执行的时效期间，应当自发现被申请执行人或者其财产在我国领域内之日起算。该裁判要点依据《中华人民共和国仲裁法》第六十二条、《中华人民共和国民事诉讼法》第二百三十九条、第二百七十三条、《最高人民法院关于适用〈中华人民共和国仲裁法〉若干问题的解释》第二十九条的规定，明确了民事诉讼法体系下执行管辖确定与申请执行期间计算之间的逻辑关系，解决了涉外仲裁裁决确定的履行期间届满后，仲裁义务人系外国法人或自然人且在我国领域内无住所地，也无可供执行财产；但嗣后发现可供执行财产的情况下，如何计算申请执行期间的法律问题。下面结合有关法律和司法解释规定，围绕裁判要点中有关问题予以论证和说明。

（一）关于执行管辖权确定的问题

《中华人民共和国民事诉讼法》第二百五十七条规定："经中华人民共和国涉外仲裁机构裁决的，当事人不得向人民法院起诉。一方当事人不履行仲裁裁决的，对方当事人可以向被申请人住所地或者财产所在地的中级人民法院申请执行。"《中华人民共和国仲裁法》第六十二条和《最高人民法院关于适用〈中华人民共和国仲裁法〉若干问题的解释》第二十九条将仲裁裁决的执行级别管辖确定为中级人民法院。因此，只要被执行人可供执行的财产在我国领域内，产生我国国内人民法院的管辖连接点，人民法院即对该纠纷享有执行管辖权。此外，《中华人民共和国民事诉讼法》二百六十四条规定："中华人民共和国涉外仲裁机构作出的发生法律效力的仲裁裁决，当事人请求执行的,如果被执行人或者其财产不在中华人民共和国领域内,应当由当事人直接向有管辖权的外国法院申请承认和执行。"法条内容规范的是被执行人或其财产这两个管辖连接点在我国领域外时的管辖确定,属司法协助范畴。这样规定不影响当外国法人财产在我国领域内时,人民法院可以依法要求该外国法人履行我国仲裁机构作出的仲裁裁决确定的义务,这是司法管辖权作为一国司法制度重要组成部分在其本国领域内的体现,也是司法主权原则在执行工作中的体现。综上,相关法律、司法解释规定明确具体,仲裁权利人向域外法院申请对我国涉外仲裁机构仲裁裁决的承认与执行,并不排除我国法院的执行管辖;外国法人或自然人在我国领域内能够确定住所地或有可供执行财产的,住所地或财产所在地人民法院有执行管辖权。

(二)关于申请执行期间计算的问题

依照民事执行理论,债权人取得有给付内容的生效法律文书后,如债务人未履行生效文书所确定的义务,债权人即可申请法院行使强制执行权,实现其实体法上的请求权,此项权利即为民事强制执行请求权。民事强制执行请求权隶属于民事诉讼法体系,因而具有公法性质,其存在,依赖于实体权利;其取得,依赖于执行根据(即可申请强制执行的生效法律文书);其行使,依赖于诉讼管辖权的确定。可以说,诉讼管辖权是民事强制执行请求权的基础和前提。在司法实践中,人民法院的诉讼管辖权与当事人民事强制执行请求权不能是抽象或不确定的,而应是具体且可操作的。

当仲裁裁决生效后,仲裁义务人未履行裁决所确定的义务时,仲裁权利人即拥有了民事强制执行请求权,但是,根据民事诉讼法,涉外仲裁机构作出的仲裁裁决申请执行,如果被执行人或者其财产不在中华人民共和国领域内,应当由当事人直接向有管辖权的外国法院申请承认和执行。此时,因没有发现被执行人在我国领域内有住所地或可供执行财产,人民法院对该案没有执行管辖权,申请执行人并非其主观上不愿或怠于行使诉讼权利,而是由于客观上没有发现被执行人及其财产在我国领域内,案件没有产生人民法院执行管辖连接点,导致其无法向人民法院申请执行。这种情况下,人民法院不能计算当事人申请执行期间,否则,将产生"没有管辖权的人民法院在不能受理当事人的执行申请,更不能对被执行人采取强制执行措施的情况下,却在计算当事人申请执行期间"的悖论。从司法行为的严格性和规范性可知,人民法院具有执行管辖权,是当事人取得强制执行请求权的前提;执行管辖没有确定,当事人也就没有取得向我国法院申请强制执行的权利。因此,人民法院具有执行管辖权,受理强制执行申请后,亦应在当事人取得强制执行请求权后,审查其是否在法律规定的期间内提出;而不能计算不存在权利的行使期间。

申请执行期限制度的立法本意与制度目的是督促权利人关注并及时行使自己的权利,从而维护社会关系的确定性和稳定性。本案申请执行人一直积极主张权利,多次向外国法院申请执行,却都因翻译主体与《承认及执行外国仲裁裁决公约》(以下简称《纽约公约》)的要求不符而未得到承认,其不存在怠于行使自身权利的情况。事实上,申请执行人始终没有放弃要求外国法院对案涉仲裁裁决的承认与执行,三次提交由不同权威机构翻译(包括申请承认地本国翻译人员或机构)的仲裁裁决翻译件,但均被外国法院以相同理由驳回,体现出外国法院对其本国国民倾向性保护。基于司法对等原则,我国法院关于案件处理也应当考虑案件的执行现状,积极予以审查,依法立案受理。

(三)其他需要说明的法律问题

本指导案例中,当事人还提出可能重复执行和向外国法院申请执行超过民事诉讼法规定期间的问题。针对以上问题,说明如下:

《纽约公约》解决的是"在一个国家的领土内作成的仲裁裁决,而在另一个国家请求承认和执行"的问题,原则上只要仲裁裁决符合公约约定的基本条件,都可以在任何缔约国得到承认和强制执行;且不禁止当事人向多个公约缔约国申请相关仲裁裁决的承认与执行。《中华人民共和国民事诉讼法》第四条规定:"凡在中华人民共和国领域内进行民事诉讼,必须遵守本法。"因此,人民法院在执行实施与裁决程序中,适用我国国内法并无不当。《纽约公约》尊重当事人意思自治原则,被执行人可以通过的举证进行抗辩,向执行地法院提交已经清偿债务数额的证据,防止重复执行或超标的执行的问题。

瑞士作为《纽约公约》的缔约国,应当遵守条约。《纽约公约》第三条约定:"在以下各条所规定的条件下,每一个缔约国应该承认仲裁裁决有约束力,并且依照裁决需其承认或执行的地方程序规则予以执行。"换言之,公约规定关于执行裁决的未尽事宜以及程序性问题,均由执行地的程序法进行规范。因此,本案在瑞士法院的承认与执行,包括申请执行期间在内的程序性法律问题,均应适用该国法律,而非我国民事诉讼法有关规定。①

人民法院办理执行案件规范

2017年4月

22.【申请执行时效的一般规定】

申请执行的期间为二年。申请执行时效的中止、中断,适用法律有关诉讼时效中止、中断的规定。

前款规定的期间,从法律文书规定履行期间的最后一日起计算;法律文书规定分期履行的,从规定的每次履行期间的最后一日起计算;法律文书未规定履行期间的,从法律文书生效之日起计算。

生效法律文书规定债务人负有不作为义务的,申请执行时效期间从债务人违反不作为义务之日起计算。

23.【申请执行时效的中止】

在申请执行时效期间的最后六个月内,因不可抗力或者其他障碍不能行使请求权的,申请执行时效中止。从中止时效的原因消除之日起,申请执行时效期间继续计算。

具有下列情形之一的,可以认定为前款规定的"其他障碍",申请执行时效中止:

(一)权利被侵害的无民事行为能力人、限制民事行为能力人没有法定代理人,或者法定代理人死亡、丧失代理权、丧失行为能力;

(二)继承开始后未确定继承人或者遗产管理人;

(三)权利人被义务人或者其他人控制无法行使请求权;

(四)其他导致权利人不能行使请求权的客观情形。

24.【申请执行时效的中断】

申请执行时效因申请执行、当事人双方达成和解协议、当事人一方提出履行要求或者同意履行义务而中断。从中断时起,申请执行时效期间重新计算。法律文书规定分期履行的,对某一期债权的申请执行不能导致其他期债权申请执行时效的中断。

25.【与申请执行具有同等中断效力的情形】

一方当事人申请破产、申报破产债权、申请执行前财产保全或行为保全、在另案中主张抵销、提起代位权诉讼、转让债权以及其他与申请执行具有同等申请执行时效中断效力的事项,人民法院应当认定与"申请执行"具有同等的中断申请执行时效的效力。

26.【"当事人一方提出履行要求"的认定】

具有下列情形之一的,可以认定为本规范第24条规定的"当事人一方提出履行要求",产生申请执行时效中断的效力:

(一)当事人一方直接向对方当事人送交提出履行要求的文书,对方当事人在文书上签字、盖章或者虽未签字、盖章但能够以其他方式证明该文书到达对方当事人的;

(二)当事人一方以发送信件或者数据电文方式要求履行义务,信件或者数据电文到达或者应当到达对方当事人的;

(三)当事人一方为金融机构,依照法律规定或者当事人约定从对方当事人账户中扣收欠款本息的;

(四)当事人一方下落不明,对方当事人在国家级或者下落不明的当事人一方住所地的省级有影响的媒体上刊登具有提出履行要求的公告的,但法律和司法解释另有特别规定的,适用其规定。

前款第一项情形中,对方当事人为法人或者其他组织的,签收人可以是其法定代表人、

---

① 刘少阳:《执行管辖确定之后始得计算申请执行期间——上海金纬机械制造有限公司与瑞士瑞泰克公司仲裁裁决执行复议案评析》,载江必新、刘贵祥主编,最高人民法院执行局编:《执行工作指导》2015年第4辑(总第56辑),国家行政学院出版社2016年版,第86~92页。

主要负责人、负责收发信件的部门或者被授权主体；对方当事人为自然人的，签收人可以是自然人本人、同住的具有完全行为能力的亲属或者被授权主体。

27.【"当事人同意履行义务"的认定】

债务人作出分期履行、部分履行、提供担保、请求延期履行、制定清偿债务计划等承诺或行为的，应当认定为本规范第24条规定的"当事人同意履行义务"，产生申请执行时效中断的效力。

28.【超过申请执行时效的处理】

申请执行人超过申请执行时效期间向人民法院申请强制执行的，人民法院应予受理。被执行人对申请执行时效期间提出异议，人民法院经审查异议成立的，裁定不予执行。被执行人未对申请执行时效提出异议的，人民法院不应对申请执行时效问题进行释明及主动适用申请执行时效的规定裁定不予执行。

被执行人作出同意履行义务的意思表示后，又以超过申请执行时效为由提出异议的，人民法院不予支持。

被执行人履行全部或者部分义务后，又以不知道申请执行时效期间届满为由请求执行回转的，人民法院不予支持。

29.【担保物权申请执行时效的规定】

主债权的申请执行时效期间届满，担保人以超过申请执行时效为由对人民法院执行担保物提出异议的，人民法院应予支持。

30.【申请执行时效约定的禁止】

当事人违反法律规定，约定延长或者缩短申请执行时效的期间、预先放弃申请执行时效利益的，人民法院不予认可。

涉及相邻关系的判决生效8年后可否申请法院执行？

问题：李某与张某与孟某住同一巷道两侧。1989年6月孟某欲在巷道内修建门楼，李、张二人不同意，遂酿成纠纷，诉至法院。1992年4月，法院终审判决"维持巷道现状，不得在巷道内搞建筑物。"孟某未建成门楼。终审判决8年之后，2000年9月3日，孟某又在巷道内修建门楼。现李某与张某之子申请法院执行1992年的终审判决。对法院是否受理该申请，有两种意见，一种意见认为，该申请已超过申请执行期限，不应受理；另一种意见认为，本案为不动产相邻关系案件，不是给付之诉，不应适用申请执行期限1年的规定，法院应予受理。请问该案应如何处理？

《人民司法》研究组认为：从该案来看，人民法院生效判决的内容是禁止被执行人为一定行为，这类案件的执行在理论上称为不行为请求权的执行。不行为债务可分为一次性的不行为债务、反复性的不行为债务和继续性的不行为债务。该案的生效判决要求维持巷道现状，禁止被执行人在巷道内修建建筑物，这属于继续性的不行为债务，除非被执行人另外取得新判决推翻原判决，否则，即须维持巷道现状。也就是说，这类案件没有履行期间的限制，被执行人在相当长的一段时间内都应该持续不断地不为一定行为。只要被执行人不为特定的积极行为，申请执行人的权利即处于满足状态，无需申请法院强制执行。只有当被执行人违反不作为义务而侵害申请人权益时，才有申请法院执行的必要。因此，不论孟某在判决生效后多长时间内修建门楼，申请执行人都有权向法院申请强制执行。而且，由于不行为债务具有连续性，在法院执行完毕后，被执行人又违反不为义务时，申请执行人仍可依据原判决再次向法院申请执行。[①]

因再审而中止执行的，当事人申请恢复执行是否受申请执行期限的限制？

问题：我院1999年元月受理的茹甲申请执行刘乙建筑材料购销纠纷一案，1999年11月因上级法院作出再审裁定而中止执行，后上级法院于2001年4月28日作出再审裁定维持原生效判决并于当日送达双方当事人。2003年2月，茹甲向本院申请恢复原生效判决的执行。按照最高人民法院《关于适用民事诉讼法若干问题的意见》第267

---

① 载《人民司法》2001年第1期。

条①的规定，申请恢复执行原生效法律文书，适用民事诉讼法第二百一十九条②关于申请执行期限的规定，那么茹甲的申请是否超过了期限？

《人民司法》研究组认为： 根据民事诉讼法第二百三十四条③的规定，中止的情形一旦消失，应由人民法院恢复执行，并无申请恢复执行期限的限制。至于最高人民法院《关于适用民事诉讼法若干问题的意见》第267条所指的期限，是指因一方当事人不履行执行和解协议时，另一方当事人申请恢复执行原生效法律文书时的期限。本案中，在上级法院再审维持原生效判决后，人民法院应及时恢复执行，茹甲的执行申请不存在期限的问题。④

超过申请执行期限的判决再审后
能否申请强制执行？

问题： 民事案件判决生效后，当事人在法定期限内未向人民法院申请强制执行，后经检察机关提起抗诉，人民法院再审维持原判，权利人是否可以依据生效的再审判决申请强制执行？对此案如何处理存在两种观点：一种认为，依照民事诉讼法第二百一十九条⑤的规定，裁定终结执行程序。另一种认为，只要在再审判决生效后的法定期限内申请强制执行，人民法院就应依法执行。请问哪一种观点正确？

《人民司法》研究组认为： 人民法院生效民事判决所具有的法律效力，包括拘束力和确定力，生效的给付判决还具有执行力。关于再审判决的效力问题，民事诉讼法第一百八十四条⑥规定再审是对原审的监督，再审判决是对原审判决的重新确认或改变；最高人民法院《关于适用民事诉讼法若干问题的意见》第201条⑦规定："按审判监督程序决定再审或提审的案件，由再审或提审的人民法院在作出新的判决、裁定中确定是否撤销、改变或者维持原判决、裁定……"。民事诉讼法第一百八十三条规定⑧："按照审判监督程序决定再审的案件，裁定中止原判决的执行……"。因此，再审判决实质上是对原法律关系进行再认识的结果，超过申请执行期限的原判决已丧失了执行力，但通过再审程序作出的再审判决依然具有执行力，再审判决生效后，在法定期限内，权利人可以依法申请强制执行。⑨

二审维持原判，一审判决的
生效时间如何确定？

问题： 某法院在审理某银行与某公司借款合同纠纷一案中，对该案依法作出判决。某银行不服提起上诉。二审法院经开庭审理，当庭作出维持原判的判决。对于一审法院的判决何时发生法律效力，存在不同意见。一种意见认为：二审法院当庭作出维持原判的判决时，一审判决即发生法律效力。另一种意见认为：二审法院的判决书送达之日，一审法院的判决才生效。

《人民司法》研究组认为： 在民事诉讼中，当事人不服一审判决提起上诉的，如果二审法院判

---

① 该条已经被最高人民法院《关于适用〈中华人民共和国民事诉讼法〉的解释》（法释〔2015〕5号）第二百六十八条所替代，内容修改为："申请恢复执行原生效法律文书，适用民事诉讼法第二百三十九条申请执行期间的规定。申请执行期间因达成执行中的和解协议而中断，其期间自和解协议约定履行期限的最后一日起重新计算。"——编者注

② 民事诉讼法原第二百一十九条现已修改为第二百三十九条。——编者注

③ 民事诉讼法原第二百三十四条现已修改为第二百五十六条。——编者注

④ 载《人民司法》2006年第2期。

⑤ 民事诉讼法原第二百一十九条现已修改为第二百三十九条。——编者注

⑥ 民事诉讼法原第一百八十四条现已修改为第二百零七条。——编者注

⑦ 最高人民法院《关于适用民事诉讼法若干问题的意见》已被最高人民法院《关于适用〈中华人民共和国民事诉讼法〉的解释》（法释〔2015〕5号）废止。现行民事诉讼法第二百零七条规定："人民法院按照审判监督程序再审的案件，发生法律效力的判决、裁定是由第一审法院作出的，按照第一审程序审理，所作的判决、裁定，当事人可以上诉；发生法律效力的判决、裁定是由第二审法院作出的，按照第二审程序审理，所作的判决、裁定，是发生法律效力的判决、裁定；上级人民法院按照审判监督程序提审的，按照第二审程序审理，所作的判决、裁定是发生法律效力的判决、裁定。"——编者注

⑧ 民事诉讼法原第一百八十三条现已修改为第二百零六条。——编者注

⑨ 载《人民司法》2002年第2期。

决维持原判，二审法院判决生效时原一审法院判决生效，按照《民事诉讼法》和有关司法解释的规定，法院判决于判决书送达当事人后对当事人产生法律效力。因此，一审法院的判决于二审法院维持原判的判决书送达当事人后生效。①

民事调解书是否适用留置送达？

问题：对于调解书是否适用留置送达，实践中有较大争议。一些当事人也以是留置送达调解书为由，欲申请再审。最高人民法院《关于适用民事诉讼法若干问题的意见》第84条②规定"调解书应当直接送达当事人本人，不适用留置送达"。笔者认为，据2003年12月1日起施行的最高人民法院《简易程序规定》第15条之规定，法院送达的调解书是生效的调解书，是一份调解内容的证明及申请法院强制执行的法律依据。因此调解书可以适用留置送达。请问何种意见正确？

《人民司法》研究组认为：根据《民事诉讼法》第89条③第3款的规定，调解书必须经双方当事人签收后，才具有法律效力。当事人拒绝签收的，调解书不生效。基于此最高人民法院《民事诉讼法若干意见》才在第84条规定调解书不适用留置送达。但随着最高人民法院2003年《简易程序规定》和2004年《调解工作规定》的颁布，司法解释又规定了一类新的民事调解书，这类民事调解书在送达当事人之前就已经生效。在案件的审理过程中，如果双方当事人同意调解协议经双方签名或者捺印生效的，该调解协议自双方签名或者捺印之日起发生法律效力。这时人民法院应当根据已生效的调解协议另行制作民事调解书，调解书中载明"双方当事人同意该调解协议经双方签名或者捺印生效的"或者类似表述，此时该调解书已经是生效的裁判文书，当事人拒收调解书的，不影响调解协议的效力。调解协议生效后一方拒不履行的，另一方可以持民事调解书申请强制执行。不难看出，这类新规定的调解书不经送达当事人就已经发生法律效力，当事人拒绝签收该调解书的，不影响该调解书的效力，所以，从这个角度上说，对此类的调解书可以适用留置送达。而对于没有"双方当事人同意该调解协议经双方签名或者捺印生效的"或者类似表述的调解书，按照《民事诉讼法》第89条第3款的规定，该调解书还不具有法律效力。这类没有生效的调解书是不能适用留置送达的。因此，我们认为，根据现行法律和司法解释的规定，调解书在送达之前可以分为已生效调解书和未生效调解书，对于已生效调解书可以适用留置送达，而对于未生效调解书则不适用留置送达。④

民事调解书能否公告送达？

问题：最近在人民法院报上看到，有的调解书是采用公告送达的方式进行的。请问，民事调解书能够公告送达吗？

《人民司法》研究组认为：根据《民事诉讼法》第84条⑤第1款的规定，受送达人下落不明，或者适用《民事诉讼法》第七章第二节规定的直接送达、留置送达、邮寄送达等方式送达的，公告送达。自发出公告之日起，经过60日，即视为送达。从该条款的规定来看，并没有规定民事调解书不能够公告送达。

最高人民法院《简易程序规定》第15条规定，调解达成协议并经审判人员审核后，双方当事人同意该调解协议经双方签名或者捺印生效的，该调解协议自双方签名或者捺印之日起发生法律效力。据此，在适用简易程序审理的案件中，生效的调解书也可能存在用直接送达、留置送达、邮寄送达等方式不能送达的情况，这时就需要采用公告送达的方式进行送达。

在采用普通程序审理的民事案件中，参照上述司法解释的规定，调解达成协议并经审判人员审核后，双方当事人同意该调解协议经双方签名或者捺印生效的，该调解协议自双方签名或者捺印之日起发生法律效力。发生法律效力的调解书也存在需要公告送达的情形。

---

① 载《人民司法》2005年第5期。
② 该条已被最高人民法院《关于适用〈中华人民共和国民事诉讼法〉的解释》（法释〔2015〕5号）第一百三十三条所替代，内容未变。——编者注
③ 民事诉讼法原第八十九条现已修改为第九十七条，下同。——编者注
④ 载《人民司法·应用》2008年第15期。
⑤ 民事诉讼法原第八十四条现已修改为第九十二条。——编者注

有的案件一审时，人民法院对该当事人采用公告送达的方式送达判决书。根据判决书的主文，该当事人不承担民事责任。其他当事人上诉，最后二审法院调解结案。根据调解书的内容，该当事人不承担民事责任。这样，对该当事人也应当公告送达的方式送达调解书。

如果调解书中没有"双方当事人同意该调解书协议经双方签名或者捺印生效的"或者类似表述的，那么，按照《民事诉讼法》第八十九条①第三款的规定，该调解书还不具有法律效力。这类没有生效的调解书就不能采用公告送达的方式送达。

第四节 执行案件的受理条件和要求

中华人民共和国民事诉讼法

2017年6月27日

第一百五十四条 裁定适用于下列范围：
（一）不予受理；
（二）对管辖权有异议的；
（三）驳回起诉；
（四）保全和先予执行；
（五）准许或者不准许撤诉；
（六）中止或者终结诉讼；
（七）补正判决书中的笔误；
（八）中止或者终结执行；
（九）撤销或者不予执行仲裁裁决；
（十）不予执行公证机关赋予强制执行效力的债权文书；
（十一）其他需要裁定解决的事项。
对前款第一项至第三项裁定，可以上诉。
裁定书应当写明裁定结果和作出该裁定的理由。裁定书由审判人员、书记员署名，加盖人民法院印章。口头裁定的，记入笔录。

第一百五十五条 最高人民法院的判决、裁定，以及依法不准上诉或者超过上诉期没有上诉的判决、裁定，是发生法律效力的判决、裁定。

最高人民法院
关于适用《中华人民共和国民事诉讼法》的解释

2015年1月30日　　法释〔2015〕5号

第四百六十三条 当事人申请人民法院执行的生效法律文书应当具备下列条件：
（一）权利义务主体明确；
（二）给付内容明确。
法律文书确定继续履行合同的，应当明确继续履行的具体内容。

最高人民法院
关于人民法院执行工作若干问题的规定（试行）

1998年7月8日　　法释〔1998〕15号

18. 人民法院受理执行案件应当符合下列条件：
（1）申请或移送执行的法律文书已经生效；
（2）申请执行人是生效法律文书确定的权利人或其继承人、权利承受人；
（3）申请执行人在法定期限内提出申请；
（4）申请执行的法律文书有给付内容，且执行标的和被执行人明确；
（5）义务人在生效法律文书确定的期限内未履行义务；

---

① 民事诉讼法原第八十九条现已修改为第九十七条。——编者注

(6) 属于受申请执行的人民法院管辖。

人民法院对符合上述条件的申请,应当在 7 日内予以立案;不符合上述条件之一的,应当在 7 日内裁定不予受理。

最高人民法院经济审判庭
关于生效判决的连带责任人代偿债务后应以何种诉讼程序向债务人追偿问题的复函

1992 年 7 月 29 日　　法经〔1992〕121 号

吉林省高级人民法院:

你院经济审判庭吉高法经请字〔1992〕1号《关于在执行生效判决时,连带责任人代偿债务后,应依何种诉讼程序向债务人追偿问题的请示》收悉。经研究,答复如下:

根据生效的法律文书,连带责任人代主债务人偿还了债务,或者连带责任人对外承担的责任超过了自己应承担的份额的,可以向原审人民法院请求行使追偿权。原审人民法院应当裁定主债务人或其他连带责任人偿还。此裁定不允许上诉,但可复议一次。如果生效法律文书中,对各连带责任人应承担的份额没有确定的,连带责任人对外偿还债务后向其它连带责任人行使追偿权的,应当向人民法院另行起诉。

此复。

最高人民法院
关于判决中已确定承担连带责任的一方向其他连带责任人追偿数额的可直接执行问题的复函

1996 年 3 月 20 日　　经他〔1996〕4 号

陕西省高级人民法院:

你院陕高法〔1995〕93 号请示收悉。经研究,答复如下:

基本同意你院报告中的第二种意见。我院法经〔1992〕121 号复函所指的追偿程序,针对的是判决后连带责任人依照判决代主债务人偿还了债务或承担的连带责任超过自己应承担的份额的情况。而你院请示案件所涉及的生效判决所确认的中国机电设备西北公司应承担的连带责任已在判决前履行完毕,判决主文中已判定该公司向其他连带责任人追偿的数额,判决内容是明确的,可执行的。据此,你院可根据生效判决和该公司的申请立案执行,不必再作裁定。

最高人民法院执行工作办公室
关于向人民法院申请执行没有给付内容的确认判决应裁定不予受理问题的答复

2004 年 11 月 22 日　　〔2004〕执他字第 5 号

内蒙古自治区高级人民法院:

你院内高法〔2004〕18 号请示的《关于内蒙古天富房地产股份有限公司与内蒙古达康医疗保健品总公司、内蒙古自治区医院保健分院执行一案的请示报告》收悉。经研究,答复如下:

我院〔2002〕民一终字第 23 号民事判决书是确认判决,没有给付内容,根据我院《关于人民法院执行工作若干问题的规定(试行)》第 18 条第 1 款第(4)项的规定,本案不符合人民法院受理执行案件的条件,你院应裁定不予受理。

[提示] 对已进入执行程序的案件经审查后认定不符合立案条件应如何处理

最高人民法院执行工作办公室
关于对最高人民法院〔2003〕民二终字第 111 号民事判决立案执行中有关法律适用问题的请示的答复

2005 年 8 月 9 日　　〔2005〕执他字第 13-1 号

四川省高级人民法院:

你院〔2004〕川执字第 1 号《关于对最高人民法院〔2003〕民二终字第 111 号民事判决

立案执行中有关法律适用问题的请示》收悉。经研究，答复如下：

一、经征询我院民二庭，因四川通信服务公司承担保证责任后是否有权向债务人追偿与本院审理的借款担保合同纠纷系不同的法律关系，所以最高人民法院〔2003〕民二终字第111号民事判决没有明确保证人四川通信服务公司的追偿权。

二、对已进入执行程序的案件，经审查后认定不符合最高人民法院《关于人民法院执行工作若干问题的规定（试行）》第18条规定的立案条件的，人民法院应当裁定驳回执行申请。至于由执行机构还是立案机构采制作裁定书，可由受理案件的人民法院自行决定。

此复。

最高人民法院
关于判决主文已经判明担保人承担担保责任后有权向被担保人追偿，该追偿权是否须另行诉讼问题请示的答复

2009年5月8日　〔2009〕执他字第4号

四川省高级人民法院：

你院〔2008〕川执监字第34号《关于成都达义物业有限责任公司申请执行西藏华西药业有限责任公司借款合同纠纷一案的请示》收悉。经研究，答复如下：

原则同意你院倾向性意见中无须另行诉讼的意见。即对人民法院的生效判决已确定担保人承担担保责任后，可向主债务人行使追偿权的案件，担保人无须另行诉讼，可以直接向人民法院申请执行。但行使追偿权的范围应限定在抵押担保责任范围内。

【附：案例评析】

关于判决主文已经判明担保人承担担保责任后有权向被担保人追偿，该追偿权是否须另行诉讼问题的请示案

一、四川省高院请示问题

该院审判委员会对该案进行了讨论后形成了两种意见：

第一种意见认为，抵押担保人承担了担保责任后，依据生效判决申请法院执行债务人是其行使追偿权的合法方式，法院受理其执行申请，符合法律规定。理由是：作为担保人的追偿权，本质上是一种代为请求权，担保人在主债务人不履行债务时，以自有财产代为履行债务后，代替原债权人的地位。如果判决中判明了抵押担保人的追偿权，抵押担保人和债务人之间的权利义务关系即已通过法定程序确认，且追偿数额和追偿对象明确，抵押担保人在承担担保责任后，依据生效判决以直接申请法院执行的方式要求债务人承担责任，对债务人的诉权或实体权利并无减损，同时法律也未明确规定抵押人行使追偿权必须另行诉讼，故本案无须另诉。

第二种意见认为，担保法虽然规定对抵押担保人承担担保责任后，有权向债务人追偿，但并未规定追偿是否可以不经诉讼而直接申请执行，本案中抵押担保人为实现其追偿权直接申请执行没有明确法律依据。从担保法及司法解释看，对保证人和抵押担保人的追偿权问题在立法上有区别。虽然担保法第三十一条、第五十七条分别规定了保证人和抵押担保人的追偿权，但关于担保法的司法解释只在第四十二条明确了对保证人行使追偿权的方式，即判决中明确追偿权的，保证人无须另行诉讼，而对抵押担保人履行担保债务后行使追偿权的方式未作规定。这一区别有可能体现了抵押担保人行使追偿权必须另行诉讼的立法意图，因此本案不宜在法律依据不明确的情况下受理执行。

四川省高院审判委员会倾向第一种意见。但为了慎重起见，该院向最高人民法院进行请示。

二、征求意见情况

针对四川高院的请示问题，最高人民法院执行局合议庭评议后，又征求了本院民二庭和研究室的意见。

民二庭认为：担保制度涉及三类法律关系。其一，债务人与债权人之间的主合同关系；其二，担保人与债权人之间的担保关系；其三，担保人与债务人之间的法律关系，该关系属于担保关系的原因关系，通常包括委托合同关系、无因管理关系以及赠与关系。担保人与主债务人之间的法律关系决定了担保人在承担担保责任之后对于债务人享有何种权利以及负担何种义务。

一般来说，担保人承担担保责任后，对债务人实际享有两种权利，其一为代位权，基于"代位清偿"行为，担保人在其清偿范围内有权代位行使债权人针对主债务人的债权及有关的权利；其二为追偿权，即基于担保人与债务人之间的基础法律关系所产生的权利。两者之间密切联系，也存在一定差别。我国相关法律是否同时承认代位权与追偿权，存在争议，但担保人承担担保责任后，有权向债务人进行追偿，是相关法律和司法解释都予以明文规定的。以保证人追偿权的行使程序为例，担保法司法解释第四十二条第一款区分不同情况分别作出了规定。

首先，如果人民法院在判决书主文明确了保证人承担保证责任或赔偿责任后享有的追偿权时，保证人可以直接依据该判决通过执行程序实现追偿权。如果人民法院的判决书未明确追偿权的，保证人只能按照承担责任的事实，另行诉讼解决。就法律关系而言，在抵押物为第三人提供且承担了担保责任的情况下，与保证人承担了保证责任的情形并无实质不同，其追偿权的行使程序也无实质不同。本案中，达义物业以房屋为华西药业的债务提供抵押，其承担担保责任可能发生两种情形：第一是由其代为清偿债务，第二是由抵押权人实现抵押权，致其丧失抵押物之所有权。不论何种情况，其都对华西药业享有追偿权。在法院判决主文已经明确追偿权的情况下，该庭认为该追偿权可以直接申请执行。

其次，判决书主文中明确抵押人享有追偿权均发生在抵押人已经参加诉讼的情形，此时法院已经对主合同关系、抵押关系以及抵押人与主债务人之间的法律关系一并予以审理了，不会对主债务人的利益造成损害。人民法院对于抵押人与主债务人之间的法律关系已经审理并作出裁判，不能认为抵押人的追偿权没有经过诉讼就直接申请执行。

再次，法院应在判决书主文中明确了抵押人追偿权的范围，所以依该生效判决进行强制执行，也不应发生争议。

最后，允许抵押人能够依据生效判决通过执行程序实现追偿权，既可以避免抵押人的诉累，也可以减轻司法负担。

研究室认为：判决主文已经明确判明抵押担保人承担担保责任后，有权向被担保人追偿，该追偿权无需另行诉讼。根据担保法第二条的规定，保证、质押、抵押均为担保法规范的用以担保债权实现的担保方式，担保法关于担保共性的规定，对于保证、质押、抵押均适用；担保法的相关司法解释关于担保共性的规定，同样对以上述担保方式适用。担保法第四十二条的规定："人民法院判决保证人承担保证责任或者赔偿责任的，应当在判决书主文中明确保证人享有担保法第三十一条的规定的权利。判决书中未予明确追偿权的，保证人只能按照承担责任的事实，另行提起诉讼。"该条规定免去了保证人另行诉讼的诉累，节约了诉讼资源，符合效率原则。保证人追偿权及物上担保人的追偿权，实质上为代位请求权。因此，该条规定也同样适用于抵押和质押。判决书主文中明确了为债务人抵押、质押担保的第三人在抵押权人实现抵押权后，有权向债务人追偿的，即表明债务人对第三人应直接承担判决义务，因此，该第三人承担担保责任后，有权向债务人追偿，无须另行诉讼。

三、最高人民法院答复意见

对判决书主文中明确判明担保人承担担保责任后，可向主债务人行使追偿权的案件，担保人无须另行诉讼，可以直接向人民法院申请执行。但行使追偿权的范围应当限定在抵押担保责任范围内。

四、评析意见

（一）担保法及其相关司法解释对追偿权的权利人和义务人以及追偿权行使条件的规定

最高人民法院民二庭和研究室的答复意见已经阐述的非常清楚。担保法第三十一条是对保证人担保的债务清偿后可以向债务人追偿的规定，即：保证人承担保证责任后，有权向债务人追偿。第五十七条是对抵押担保人代债务人偿债后追偿的规定，即：为债务人抵押担保的第三人，在抵押权人实施抵押权后，有权向债务人追偿。也就是说，享有追偿权的权利人是担保人，包括保证人和物上保证人。结合本案而言就是达义公司。追偿权的义务人，虽然类型比较复杂，有债务人、连带债务人、反担保人以及共同担保人等，但就本案而言，追偿权的义务人就是债务人华西药业。

在明确了追偿权利人和义务人后，接下来就是追偿权行使的条件问题。担保人行使追偿权的前提条件是其实际承担了担保责任，因此，可以说担保人的该项权利是一种附条件的权利。担保人行使追偿权应以其实际承担的担保责任为限，而且这种责任必须是经过判决确认的,当然包括本案这种在审理主合同纠纷时,对担保合同中追偿权的判决。否则,担保人不能行使追偿权。

(二)本案达义公司追偿权判决情况

四川省高院〔2006〕川民初字第89号判决主文第二项明确判明,中信银行成都分行对达义公司提供抵押的财产在2600万元范围内享有抵押权。达义公司承担抵押担保责任后,有权向华西药业追偿。该判决非常明确的确定了追偿权利人达义公司和追偿义务人华西药业,且追偿的数额明确,因此,符合追偿的行使条件。也就是说,抵押担保人达义公司的追偿权已经为法院判决确认,根本不存在争议,因此,也就不存在另行诉讼的问题。

(三)判决确定的追偿权是否具有给付内容

从上述判决可以看出,债权人中信银行成都分行和债务人华西药业之间的借款本金和利息等是确定的,而且在判决生效后,达义公司替华西药业偿还了2700万元,对此,有中信银行成都分行出具的相关证据证明。也就是说,达义公司向华西药业行使追偿权是有给付内容的,法院受理并采取执行措施有法律依据。

(四)达义公司行使追偿的责任范围问题

判决中明确判明中信银行成都分行对达义公司提供抵押财产在2600万元范围内享有抵押权;达义公司承担担保责任后有权向华西药业追偿。这里明确了担保责任就是在2600万元范围内。如今达义公司已经实际支付了2700万元,超出了100万元,对超出部分不应属于担保责任的范围,如果继续执行,就缺乏法律依据。因此,达义公司行使追偿的范围就是在其担保的2600万元范围内。

综上,达义公司承担担保责任后向华西药业行使追偿权已经为四川省高院〔2006〕川民初字第89号民事判决书所确认,且具有给付内容,无须再另行诉讼;四川省高院和广安市中院受理达义公司的申请对华西药业采取执行措施符合法律规定,依法应以支持,但追偿的范围应当在其担保的责任范围内。①

能否强制执行劳动仲裁裁决中"其他请求事项,根据该企业有关规定办理"的内容?

问题: 申请执行人刘某某申请执行沈阳市某防爆器材厂劳动争议仲裁一案,沈阳市甲区劳动仲裁委员会裁决:一、撤销防爆器材厂对刘某某作出的除名决定,防爆器材厂在15日内恢复刘某某的职工身份;二、其他请求事项,根据该企业有关规定办理;三、防爆器材厂承担申诉人预交的案件受理费。案件进入执行程序后,防爆器材厂按照法院的要求履行了仲裁裁决的第一项和第三项内容,但对第二项内容,企业认为该企业所有需要补发工资和报销药费的职工均未解决,不能为刘某某单独解决,待企业有钱时统一解决。能否强制执行劳动仲裁裁决中"其他请求事项,根据该企业有关规定办理"的内容?

《人民司法》研究组认为: 执行依据所确定的判项如付诸执行,必须具备两个要件:一、须有给付内容;二、须给付内容具体确定。而本案中劳动仲裁裁决的第二项,对企业是否应该为刘某某补发工资和报销医药费,仲裁裁决只是给出了"根据该企业有关规定办理"这样的大前提,但是刘某某的请求是否适用该企业的有关规定,能够支持的具体请求数额是多少,仲裁裁决都没有给出明确的判断。也就是说,该判项并没有完成大前提(法律规定)—小前提(案件事实)—结论(判项)这一逻辑判断过程,没有具体明确的给付内容,执行机构无法执行。因此,执行法院应当裁定对该判项不予执行,告知申请人请求仲裁机构补充仲裁。②

连带保证人承担保证责任后能否依原执行依据直接申请执行被保证人?

问题: 我院受理的李甲诉李乙、唐甲、唐乙等人身损害赔偿纠纷一案,判决李乙赔偿李甲两万元,唐甲、唐乙负连带责任,并在判决中注明:唐甲、唐乙在承担连带责任后有权向李乙追偿。案件执行中,唐甲、唐乙承担了连带责任,向李甲支付了赔偿款。后二人依据原判决书向我院申

---

① 董志强:《关于判决主文已经判明担保人承担担保责任后有权向被担保人追偿,该追偿权是否须另行诉讼问题的请示案》,载江必新主编、最高人民法院执行局编:《执行工作指导》2009年第8辑(总第31辑),人民法院出版社2010年版,第71~76页。

② 载《人民司法》2009年第5期。

请执行，要求李甲给付他们二人垫支的赔偿款项。请问：对于唐甲、唐乙的申请执行，我院能否受理？

《人民司法》研究组认为：连带责任人与主债务人之间因承担赔偿责任所产生的纠纷属于独立的民事实体法律关系，连带责任人在承担赔偿义务后应当通过审判程序确定应向主债务人追偿的数额，不经审判程序，执行机构无权确定。但是，如果人民法院已经对主债务人与连带责任人之间的纠纷进行了一并审理，执行依据对追偿数额的判决具体并且确定，则连带责任人在承担责任后可直接向人民法院申请对追偿额的执行。[①]

第五节　执行案件的立案

最高人民法院
关于执行案件立案、结案
若干问题的意见

2014年12月17日　　法发〔2014〕26号

为统一执行案件立案、结案标准，规范执行行为，根据《中华人民共和国民事诉讼法》等法律、司法解释的规定，结合人民法院执行工作实际，制定本意见。

第一条　本意见所称执行案件包括执行实施类案件和执行审查类案件。

执行实施类案件是指人民法院因申请执行人申请、审判机构移送、受托、提级、指定和依职权，对已发生法律效力且具有可强制执行内容的法律文书所确定的事项予以执行的案件。

执行审查类案件是指在执行过程中，人民法院审查和处理执行异议、复议、申诉、请示、协调以及决定执行管辖权之移转等事项的案件。

第二条　执行案件统一由人民法院立案机构进行审查立案，人民法庭经授权执行自审案件的，可以自行审查立案，法律、司法解释规定可以移送执行的，相关审判机构可以移送立案机构办理立案登记手续。

立案机构立案后，应当依照法律、司法解释的规定向申请人发出执行案件受理通知书。

第三条　人民法院对符合法律、司法解释规定的立案标准的执行案件，应当予以立案，并纳入审判和执行案件统一管理体系。

人民法院不得有审判和执行案件统一管理体系之外的执行案件。

任何案件不得以任何理由未经立案即进入执行程序。

第四条　立案机构在审查立案时，应当按照本意见确定执行案件的类型代字和案件编号，不得违反本意见创设案件类型代字。

第五条　执行实施类案件类型代字为"执字"，按照立案时间的先后顺序确定案件编号，单独进行排序；但执行财产保全裁定的，案件类型代字为"执保字"，按照立案时间的先后顺序确定案件编号，单独进行排序；恢复执行的，案件类型代字为"执恢字"，按照立案时间的先后顺序确定案件编号，单独进行排序。

第六条　下列案件，人民法院应当按照恢复执行案件予以立案：

（一）申请执行人因受欺诈、胁迫与被执行人达成和解协议，申请恢复执行原生效法律文书的；

（二）一方当事人不履行或不完全履行执行和解协议，对方当事人申请恢复执行原生效法律文书的；

（三）执行实施案件以裁定终结本次执行程序方式报结后，如发现被执行人有财产可供执行，申请执行人申请或者人民法院依职权恢复执行的；

（四）执行实施案件因委托执行结案后，确

[①] 载《人民司法》2005年第12期。

因委托不当被已立案的受托法院退回委托的；

（五）依照民事诉讼法第二百五十七条的规定而终结执行的案件，申请执行的条件具备时，申请执行人申请恢复执行的。

第七条 除下列情形外，人民法院不得人为拆分执行实施案件：

（一）生效法律文书确定的给付内容为分期履行的，各期债务履行期间届满，被执行人未自动履行，申请执行人可分期申请执行，也可以对几期或全部到期债权一并申请执行；

（二）生效法律文书确定有多个债务人各自单独承担明确的债务的，申请执行人可以对每个债务人分别申请执行，也可以对几个或全部债务人一并申请执行；

（三）生效法律文书确定有多个债权人各自享有明确的债权的（包括按份共有），每个债权人可以分别申请执行；

（四）申请执行赡养费、扶养费、抚养费的案件，涉及金钱给付内容的，人民法院应当根据申请执行时已发生的债权数额进行审查立案，执行过程中新发生的债权应当另行申请执行；涉及人身权内容的，人民法院应当根据申请执行时义务人未履行义务的事实进行审查立案，执行过程中义务人延续消极行为的，应当依据申请执行人的申请一并执行。

第八条 执行审查类案件按下列规则确定类型代字和案件编号：

（一）执行异议案件类型代字为"执异字"，按照立案时间的先后顺序确定案件编号，单独进行排序；

（二）执行复议案件类型代字为"执复字"，按照立案时间的先后顺序确定案件编号，单独进行排序；

（三）执行监督案件类型代字为"执监字"，按照立案时间的先后顺序确定案件编号，单独进行排序；

（四）执行请示案件类型代字为"执请字"，按照立案时间的先后顺序确定案件编号，单独进行排序；

（五）执行协调案件类型代字为"执协字"，按照立案时间的先后顺序确定案件编号，单独进行排序。

第九条 下列案件，人民法院应当按照执行异议案件予以立案：

（一）当事人、利害关系人认为人民法院的执行行为违反法律规定，提出书面异议的；

（二）执行过程中，案外人对执行标的提出书面异议的；

（三）人民法院受理执行申请后，当事人对管辖权提出异议的；

（四）申请执行人申请追加、变更被执行人的；

（五）被执行人以债权消灭、超过申请执行期间或者其他阻止执行的实体事由提出阻止执行的；

（六）被执行人对仲裁裁决或者公证机关赋予强制执行效力的公证债权文书申请不予执行的；

（七）其他依法可以申请执行异议的。

第十条 下列案件，人民法院应当按照执行复议案件予以立案：

（一）当事人、利害关系人不服人民法院针对本意见第九条第（一）项、第（三）项、第（五）项作出的裁定，向上一级人民法院申请复议的；

（二）除因夫妻共同债务、出资人未依法出资、股权转让引起的追加和对一人公司股东的追加外，当事人、利害关系人不服人民法院针对本意见第九条第（四）项作出的裁定，向上一级人民法院申请复议的；

（三）当事人不服人民法院针对本意见第九条第（六）项作出的不予执行公证债权文书、驳回不予执行公证债权文书申请、不予执行仲裁裁决、驳回不予执行仲裁裁决申请的裁定，向上一级人民法院申请复议的；

（四）其他依法可以申请复议的。

第十一条 上级人民法院对下级人民法院，最高人民法院对地方各级人民法院依法进行监督的案件，应当按照执行监督案件予以立案。

第十二条 下列案件，人民法院应当按照执行请示案件予以立案：

（一）当事人向人民法院申请执行内地仲裁机构作出的涉港澳仲裁裁决或者香港特别行

政区、澳门特别行政区仲裁机构作出的仲裁裁决或者临时仲裁庭在香港特别行政区、澳门特别行政区作出的仲裁裁决,人民法院经审查认为裁决存在依法不予执行的情形,在作出裁定前,报请所属高级人民法院进行审查的,以及高级人民法院同意不予执行,报请最高人民法院的;

(二)下级人民法院依法向上级人民法院请示的。

第十三条 下列案件,人民法院应当按照执行协调案件予以立案:

(一)不同法院因执行程序、执行与破产、强制清算、审判等程序之间对执行标的产生争议,经自行协调无法达成一致意见,向共同上级人民法院报请协调处理的;

(二)对跨高级人民法院辖区的法院与公安、检察等机关之间的执行争议案件,执行法院报请所属高级人民法院与有关公安、检察等机关所在地的高级人民法院商有关机关协调解决或者报请最高人民法院协调处理的;

(三)当事人对内地仲裁机构作出的涉港澳仲裁裁决分别向不同人民法院申请撤销及执行,受理执行申请的人民法院对受理撤销申请的人民法院作出的决定撤销或者不予撤销的裁定存在异议,亦不能直接作出与该裁定相矛盾的执行或者不予执行的裁定,报请共同上级人民法院解决的;

(四)当事人对内地仲裁机构作出的涉港澳仲裁裁决向人民法院申请执行且人民法院已经作出应予执行的裁定后,一方当事人向人民法院申请撤销该裁决,受理撤销申请的人民法院认为裁决应予撤销且该人民法院与受理执行申请的人民法院非同一人民法院时,报请共同上级人民法院解决的;

(五)跨省、自治区、直辖市的执行争议案件报请最高人民法院协调处理的;

(六)其他依法报请协调的。

第六节 执行前财产保全

中华人民共和国民事诉讼法

2017年6月27日

第一百条 人民法院对于可能因当事人一方的行为或者其他原因,使判决难以执行或者造成当事人其他损害的案件,根据对方当事人的申请,可以裁定对其财产进行保全、责令其作出一定行为或者禁止其作出一定行为;当事人没有提出申请,人民法院在必要时也可以裁定采取保全措施。

人民法院采取保全措施,可以责令申请人提供担保,申请人不提供担保的,裁定驳回申请。

人民法院接受申请后,对情况紧急的,必须在四十八小时内作出裁定;裁定采取保全措施的,应当立即开始执行。

最高人民法院
关于适用《中华人民共和国民事诉讼法》的解释

2015年1月30日 法释〔2015〕5号

第一百六十三条 法律文书生效后,进入执行程序前,债权人因对方当事人转移财产等紧急情况,不申请保全将可能导致生效法律文书不能执行或者难以执行的,可以向执行法院申请采取保全措施。债权人在法律文书指定的履行期间届满后五日内不申请执行的,人民法院应当解除保全。

最高人民法院
关于民事执行中查封、扣押、冻结财产的规定

2004年11月4日　　法释〔2004〕15号

第三条　作为执行依据的法律文书生效后至申请执行前，债权人可以向有执行管辖权的人民法院申请保全债务人的财产。人民法院可以参照民事诉讼法第九十二条①的规定作出保全裁定，保全裁定应当立即执行。

【附：相关理解与适用】

关于《最高人民法院关于民事执行中查封、扣押、冻结财产的规定》第三条的解读

民事诉讼法规定了诉前保全和诉讼保全，其目的在于防止债务人转移财产，以利于将来判决的执行。但是，司法实践中遇到了上述规定无法解决的问题，即作为执行依据的法律文书生效后，债权人发现了债务人的财产，此时债权人缺乏有效的控制该财产的手段。根据目前的规定，债权人只有尽快申请执行，执行法院立案后再采取执行措施。但是，由于现在实行立执分离，立案部门的审查需要时间，立案并移交执行部门后，执行部门又必须先发执行通知书，这样时间的拖延会导致该财产被转移，从而错过执行良机。为了解决这个问题，《查封规定》参照诉前保全和诉讼保全制度，规定了申请执行前的财产保全制度。

这里有两个问题需要说明：一是申请财产保全是否需要提供担保。根据民事诉讼法第九十二条②的规定，人民法院采取财产保全措施，可以责令申请人提供担保，申请人不提供担保的，驳回申请。该规定赋予了人民法院视案情决定是否责令申请人提供担保的裁量权。在申请执行前的财产保全中，一般情况下是无需由申请人提供担保的。因为此时双方的权利义务关系已经由生效法律文书确定，当事人之间的债权债务关系已经明确，不存在因申请错误给被申请人造成损失的情况。二是债权人申请财产保全应向立案部门还是执行部门提出。这个问题并没有明确规定。财产保全贵在迅速，只有这样才能达到及时控制被执行人财产的目的。从这个角度考虑，笔者认为以直接向执行部门申请为宜。申请人应当在申请财产保全后尽快向人民法院提出执行申请，人民法院采取保全措施后，申请人在法定申请执行期限内没有向人民法院申请执行的，人民法院应当裁定解除保全措施。债权人在申请执行前向人民法院申请财产保全的，应当依照有关规定缴纳费用。③

最高人民法院
关于执行《封闭贷款管理暂行办法》和《外经贸企业封闭贷款管理暂行办法》中应注意的几个问题的通知

2000年1月10日　　法发〔2000〕4号

一、人民法院审理民事经济纠纷案件，不得对债务人的封闭贷款结算专户采取财产保全措施或者先予执行。

最高人民法院
关于进一步加强和规范执行工作的若干意见

2009年7月17日　　法发〔2009〕43号

三、继续推进执行改革

（三）合理确定执行机构与其他部门的职责分工。要理顺执行机构与法院其他相关部门的职责分工，推进执行工作专业化和执行队伍职

---

① 民事诉讼法原第九十二条现已修改为第一百条。——编者注
② 民事诉讼法原第九十二条现已修改为第一百条。——编者注
③ 王飞鸿：《〈关于人民法院民事执行中查封、扣押、冻结产的规定〉的理解与适用》，载《人民司法》2004年第12期。

业化建设。实行严格的归口管理,明确行政非诉案件和行政诉讼案件的执行,财产保全、先予执行、财产刑等统一由执行机构负责实施。加强和规范司法警察参与执行工作。基层人民法院审判监督庭和高、中级人民法院的质效管理部门承担执行工作质量监督、瑕疵案件责任分析等职能。

第二十章　执行开始

第一节　执行通知

中华人民共和国民事诉讼法

2017 年 6 月 27 日

第二百四十条　执行员接到申请执行书或者移交执行书,应当向被执行人发出执行通知,并可以立即采取强制执行措施。

最高人民法院
关于适用《中华人民共和国民事诉讼法》的解释

2015 年 1 月 30 日　　法释〔2015〕5 号

第四百八十二条　人民法院应当在收到申请执行书或者移交执行书后十日内发出执行通知。

执行通知中除应责令被执行人履行法律文书确定的义务外,还应通知其承担民事诉讼法第二百五十三条规定的迟延履行利息或者迟延履行金。

最高人民法院
关于适用《中华人民共和国民事诉讼法》执行程序若干问题的解释

2008 年 11 月 3 日　　法释〔2008〕13 号

第三十条　执行员依照民事诉讼法第二百一十六条[①]规定立即采取强制执行措施的,可以同时或者自采取强制执行措施之日起三日内发送执行通知书。

最高人民法院
关于人民法院执行工作若干问题的规定

1998 年 7 月 8 日　　法释〔1998〕15 号

24. 人民法院决定受理执行案件后,应当在三日内向被执行人发出执行通知书,责令其在指定的期间内履行生效法律文书确定的义务,并承担民事诉讼法第二百二十九条[②]规定的迟

[①] 民事诉讼法第二百一十六条现已修改为第二百四十条,下同。——编者注
[②] 民事诉讼法第二百二十九条现已修改为二百五十三条。——编者注

延履行期间的债务利息或迟延履行金。

25. 执行通知书的送达，适用民事诉讼法关于送达的规定。

26. 在执行通知书指定的期限内，被执行人转移、隐匿、变卖、毁损财产的，应当立即采取执行措施。

被执行人未按执行通知书指定的期间履行生效法律文书确定的义务的，应当及时采取执行措施。

人民法院采取执行措施，应当制作裁定书，送达被执行人。

最高人民法院
关于人民法院办理执行案件
若干期限的规定

2006年12月23日　　法发〔2006〕35号

第二条　人民法院应当在立案后7日内确定承办人。

第三条　承办人收到案件材料后，经审查认为情况紧急、需立即采取执行措施的，经批准后可立即采取相应的执行措施。

第四条　承办人应当在收到案件材料后3日内向被执行人发出执行通知书，通知被执行人按照有关规定申报财产，责令被执行人履行生效法律文书确定的义务。

被执行人在指定的履行期间内有转移、隐匿、变卖、毁损财产等情形的，人民法院在获悉后应当立即采取控制性执行措施。

人民法院办理执行案件规范

2017年4月

321.【执行通知】

执行人员接到申请执行书或者移交执行书后，应当向被执行人发出执行通知，并可以立即采取强制执行措施。执行通知应当在十日内发出。执行通知中除应责令被执行人履行法律文书确定的义务外，还应通知其承担民事诉讼法第二百五十三条规定的迟延履行利息或者迟延履行金，并应当载明有关纳入失信被执行人名单的风险提示内容，以及其他逾期不履行义务的法律后果。

执行人员应当在执行通知或有关法律文书中告知人民法院执行款专户或案款专户的开户银行名称、账号、户名，以及交款时应当注明执行案件案号、被执行人姓名或名称、交款人姓名或名称、交款用途等信息。

法院在10日内未向被执行人发出执行通知，能否继续强制执行？

问题： 申请执行人在法定期限内提出执行申请后，执行法院由于某种原因未按照民事诉讼法第二百二十条①的规定在10日内向被执行人发出执行通知书，致使案件未能执行。请问对此案能否强制执行？

《人民司法》研究组认为： 根据民事诉讼法规定的精神，人民法院接到申请执行书后于10日内向被执行人发出执行通知，是对人民法院提高工作效率，及时保护债权人利益的要求。这一期限的规定不同于民事诉讼法关于当事人提起上诉、提出执行申请的期限的规定。未在此期限内发出执行通知，使执行程序不能及时开始的，执行法院应当纠查原因，改进工作。但这并不影响当事人实现债权的权利，也不影响人民法院继续进行强制执行，执行法院可以在影响发出执行通知的原因消除后，及时发出执行通知，开始强制执行。②

---

① 民事诉讼法原第二百二十条现已修改为第二百四十条。——编者注
② 载《人民司法》1998年第4期。

第二节 被执行财产的调查

中华人民共和国民事诉讼法

2017年6月27日

第六十七条 人民法院有权向有关单位和个人调查取证，有关单位和个人不得拒绝。

人民法院对有关单位和个人提出的证明文书，应当辨别真伪，审查确定其效力。

第一百一十四条 有义务协助调查、执行的单位有下列行为之一的，人民法院除责令其履行协助义务外，并可以予以罚款：

（一）有关单位拒绝或者妨碍人民法院调查取证的；

（二）有关单位接到人民法院协助执行通知书后，拒不协助查询、扣押、冻结、划拨、变价财产的；

（三）有关单位接到人民法院协助执行通知书后，拒不协助扣留被执行人的收入、办理有关财产权证照转移手续、转交有关票证、证照或者其他财产的；

（四）其他拒绝协助执行的。

人民法院对有前款规定的行为之一的单位，可以对其主要负责人或者直接责任人员予以罚款；对仍不履行协助义务的，可以予以拘留；并可以向监察机关或者有关机关提出予以纪律处分的司法建议。

第二百四十一条 被执行人未按执行通知履行法律文书确定的义务，应当报告当前以及收到执行通知之日前一年的财产情况。被执行人拒绝报告或者虚假报告的，人民法院可以根据情节轻重对被执行人或者其法定代理人、有关单位的主要负责人或者直接责任人员予以罚款、拘留。

第二百四十八条 被执行人不履行法律文书确定的义务，并隐匿财产的，人民法院有权发出搜查令，对被执行人及其住所或者财产隐匿地进行搜查。

采取前款措施，由院长签发搜查令。

最高人民法院
关于适用《中华人民共和国民事诉讼法》的解释

2015年1月30日　　法释〔2015〕5号

第四百八十四条 对必须接受调查询问的被执行人、被执行人的法定代表人、负责人或者实际控制人，经依法传唤无正当理由拒不到场的，人民法院可以拘传其到场。

人民法院应当及时对被拘传人进行调查询问，调查询问的时间不得超过八小时；情况复杂，依法可能采取拘留措施的，调查询问的时间不得超过二十四小时。

人民法院在本辖区以外采取拘传措施时，可以将被拘传人拘传到当地人民法院，当地人民法院应予协助。

第四百八十五条 人民法院有权查询被执行人的身份信息与财产信息，掌握相关信息的单位和个人必须按照协助执行通知书办理。

第四百九十六条 在执行中，被执行人隐匿财产、会计账簿等资料的，人民法院除可依照民事诉讼法第一百一十一条第一款第六项规定对其处理外，还应责令被执行人交出隐匿的财产、会计账簿等资料。被执行人拒不交出的，人民法院可以采取搜查措施。

第四百九十七条 搜查人员应当按规定着装并出示搜查令和工作证件。

第四百九十八条 人民法院搜查时禁止无关人员进入搜查现场；搜查对象是公民的，应当通知被执行人或者他的成年家属以及基层组织派员到场；搜查对象是法人或者其他组织的，应当通知法定代表人或者主要负责人到场。拒不到场的，不影响搜查。

搜查妇女身体，应当由女执行人员进行。

第四百九十九条 搜查中发现应当依法采取查封、扣押措施的财产，依照民事诉讼法第二百四十五条第二款和第二百四十七条规定办理。

第五百条 搜查应当制作搜查笔录,由搜查人员、被搜查人及其他在场人签名、捺印或者盖章。拒绝签名、捺印或者盖章的,应当记入搜查笔录。

最高人民法院
关于人民法院执行工作若干问题的规定(试行)

1998年7月8日　　法释〔1998〕15号

28. 申请执行人应当向人民法院提供其所了解的被执行人的财产状况或线索。被执行人必须如实向人民法院报告其财产状况。

人民法院在执行中有权向被执行人、有关机关、社会团体、企业事业单位或公民个人,调查了解被执行人的财产状况,对调查所需的材料可以进行复制、抄录或拍照,但应当依法保密。

29. 为查明被执行人的财产状况和履行义务的能力,可以传唤被执行人或被执行人的法定代表人或负责人到人民法院接受询问。

30. 被执行人拒绝按人民法院的要求提供其有关财产状况的证据材料的,人民法院可以按照民事诉讼法第二百二十四条[①]的规定进行搜查。

31. 人民法院依法搜查时,对被执行人可能存放隐匿的财物及有关证据材料的处所、箱柜等,经责令被执行人开启而拒不配合的,可以强制开启。

最高人民法院
关于适用《中华人民共和国民事诉讼法》执行程序若干问题的解释

2008年11月3日　　法释〔2008〕13号

第三十一条 人民法院依照民事诉讼法第二百一十七条[②]规定责令被执行人报告财产情况的,应当向其发出报告财产令。报告财产令中应当写明报告财产的范围、报告财产的期间、拒绝报告或者虚假报告的法律后果等内容。

第三十二条 被执行人依照民事诉讼法第二百一十七条的规定,应当书面报告下列财产情况:

(一)收入、银行存款、现金、有价证券;
(二)土地使用权、房屋等不动产;
(三)交通运输工具、机器设备、产品、原材料等动产;
(四)债权、股权、投资权益、基金、知识产权等财产性权利;
(五)其他应当报告的财产。

被执行人自收到执行通知之日前一年至当前财产发生变动的,应当对该变动情况进行报告。

被执行人在报告财产期间履行全部债务的,人民法院应当裁定终结报告程序。

第三十三条 被执行人报告财产后,其财产情况发生变动,影响申请执行人债权实现的,应当自财产变动之日起十日内向人民法院补充报告。

第三十四条 对被执行人报告的财产情况,申请执行人请求查询的,人民法院应当准许。申请执行人对查询的被执行人财产情况,应当保密。

第三十五条 对被执行人报告的财产情况,执行法院可以依申请执行人的申请或者依职权调查核实。

最高人民法院
关于刑事裁判涉财产部分执行的若干规定

2014年10月30日　　法释〔2014〕13号

第八条 人民法院可以向刑罚执行机关、

[①] 民事诉讼法原第二百二十四条现已修改为第二百四十八条。——编者注
[②] 民事诉讼法原第二百一十七条现已修改为第二百四十一条。——编者注

社区矫正机构等有关单位调查被执行人的财产状况,并可以根据不同情形要求有关单位协助采取查封、扣押、冻结、划拨等执行措施。

最高人民法院
关于民事执行中财产调查若干问题的规定

2017年2月28日　　法释〔2017〕8号

为规范民事执行财产调查,维护当事人及利害关系人的合法权益,根据《中华人民共和国民事诉讼法》等法律的规定,结合执行实践,制定本规定。

第一条　执行过程中,申请执行人应当提供被执行人的财产线索;被执行人应当如实报告财产;人民法院应当通过网络执行查控系统进行调查,根据案件需要应当通过其他方式进行调查的,同时采取其他调查方式。

第二条　申请执行人提供被执行人财产线索,应当填写财产调查表。财产线索明确、具体的,人民法院应当在七日内调查核实;情况紧急的,应当在三日内调查核实。财产线索确实的,人民法院应当及时采取相应的执行措施。

申请执行人确因客观原因无法自行查明财产的,可以申请人民法院调查。

第三条　人民法院依申请执行人的申请或依职权责令被执行人报告财产情况的,应当向其发出报告财产令。金钱债权执行中,报告财产令应当与执行通知同时发出。

人民法院根据案件需要再次责令被执行人报告财产情况的,应当重新向其发出报告财产令。

第四条　报告财产令应当载明下列事项:

(一)提交财产报告的期限;

(二)报告财产的范围、期间;

(三)补充报告财产的条件及期间;

(四)违反报告财产义务应承担的法律责任;

(五)人民法院认为有必要载明的其他事项。

报告财产令应附财产调查表,被执行人必须按照要求逐项填写。

第五条　被执行人应当在报告财产令载明的期限内向人民法院书面报告下列财产情况:

(一)收入、银行存款、现金、理财产品、有价证券;

(二)土地使用权、房屋等不动产;

(三)交通运输工具、机器设备、产品、原材料等动产;

(四)债权、股权、投资权益、基金份额、信托受益权、知识产权等财产性权利;

(五)其他应当报告的财产。

被执行人的财产已出租、已设立担保物权等权利负担,或者存在共有、权属争议等情形的,应当一并报告;被执行人的动产由第三人占有,被执行人的不动产、特定动产、其他财产权等登记在第三人名下的,也应当一并报告。

被执行人在报告财产令载明的期限内提交书面报告确有困难的,可以向人民法院书面申请延长期限;申请有正当理由的,人民法院可以适当延长。

第六条　被执行人自收到执行通知之日前一年至提交书面财产报告之日,其财产情况发生下列变动的,应当将变动情况一并报告:

(一)转让、出租财产的;

(二)在财产上设立担保物权等权利负担的;

(三)放弃债权或延长债权清偿期的;

(四)支出大额资金的;

(五)其他影响生效法律文书确定债权实现的财产变动。

第七条　被执行人报告财产后,其财产情况发生变动,影响申请执行人债权实现的,应当自财产变动之日起十日内向人民法院补充报告。

第八条　对被执行人报告的财产情况,人民法院应当及时调查核实,必要时可以组织当事人进行听证。

申请执行人申请查询被执行人报告的财产情况的,人民法院应当准许。申请执行人及其代理人对查询过程中知悉的信息应当保密。

第九条　被执行人拒绝报告、虚假报告或者无正当理由逾期报告财产情况的，人民法院可以根据情节轻重对被执行人或者其法定代理人予以罚款、拘留；构成犯罪的，依法追究刑事责任。

人民法院对有前款规定行为之一的单位，可以对其主要负责人或者直接责任人员予以罚款、拘留；构成犯罪的，依法追究刑事责任。

第十条　被执行人拒绝报告、虚假报告或者无正当理由逾期报告财产情况的，人民法院应当依照相关规定将其纳入失信被执行人名单。

第十一条　有下列情形之一的，财产报告程序终结：

（一）被执行人履行完毕生效法律文书确定义务的；

（二）人民法院裁定终结执行的；

（三）人民法院裁定不予执行的；

（四）人民法院认为财产报告程序应当终结的其他情形。

发出报告财产令后，人民法院裁定终结本次执行程序的，被执行人仍应依照本规定第七条的规定履行补充报告义务。

第十二条　被执行人未按执行通知履行生效法律文书确定的义务，人民法院有权通过网络执行查控系统、现场调查等方式向被执行人、有关单位或个人调查被执行人的身份信息和财产信息，有关单位和个人应当依法协助办理。

人民法院对调查所需资料可以复制、打印、抄录、拍照或以其他方式进行提取、留存。

申请执行人申请查询人民法院调查的财产信息的，人民法院可以根据案件需要决定是否准许。申请执行人及其代理人对查询过程中知悉的信息应当保密。

第十三条　人民法院通过网络执行查控系统进行调查，与现场调查具有同等法律效力。

人民法院调查过程中作出的电子法律文书与纸质法律文书具有同等法律效力；协助执行单位反馈的电子查询结果与纸质反馈结果具有同等法律效力。

第十四条　被执行人隐匿财产、会计账簿等资料拒不交出的，人民法院可以依法采取搜查措施。

人民法院依法搜查时，对被执行人可能隐匿财产或者资料的处所、箱柜等，经责令被执行人开启而拒不配合的，可以强制开启。

第十五条　为查明被执行人的财产情况和履行义务的能力，可以传唤被执行人或被执行人的法定代表人、负责人、实际控制人、直接责任人员到人民法院接受调查询问。

对必须接受调查询问的被执行人、被执行人的法定代表人、负责人或者实际控制人，经依法传唤无正当理由拒不到场的，人民法院可以拘传其到场；上述人员下落不明的，人民法院可以依照相关规定通知有关单位协助查找。

第十六条　人民法院对已经办理查封登记手续的被执行人机动车、船舶、航空器等特定动产未能实际扣押的，可以依照相关规定通知有关单位协助查找。

第十七条　作为被执行人的法人或其他组织不履行生效法律文书确定的义务，申请执行人认为其有拒绝报告、虚假报告财产情况，隐匿、转移财产等逃避债务情形或者其股东、出资人有出资不实、抽逃出资等情形的，可以书面申请人民法院委托审计机构对该被执行人进行审计。人民法院应当自收到书面申请之日起十日内决定是否准许。

第十八条　人民法院决定审计的，应当随机确定具备资格的审计机构，并责令被执行人提交会计凭证、会计账簿、财务会计报告等与审计事项有关的资料。

被执行人隐匿审计资料的，人民法院可以依法采取搜查措施。

第十九条　被执行人拒不提供、转移、隐匿、伪造、篡改、毁弃审计资料，阻挠审计人员查看业务现场或者有其他妨碍审计调查行为的，人民法院可以根据情节轻重对被执行人或其主要负责人、直接责任人员予以罚款、拘留；构成犯罪的，依法追究刑事责任。

第二十条　审计费用由提出审计申请的申请执行人预交。被执行人存在拒绝报告或虚假报告财产情况，隐匿、转移财产或者其他逃避债务情形的，审计费用由被执行人承担；未发现被执行人存在上述情形的，审计费用由申请执行人承担。

第二十一条　被执行人不履行生效法律文

书确定的义务，申请执行人可以向人民法院书面申请发布悬赏公告查找可供执行的财产。申请书应当载明下列事项：

（一）悬赏金的数额或计算方法；

（二）有关人员提供人民法院尚未掌握的财产线索，使该申请执行人的债权得以全部或部分实现时，自愿支付悬赏金的承诺；

（三）悬赏公告的发布方式；

（四）其他需要载明的事项。

人民法院应当自收到书面申请之日起十日内决定是否准许。

第二十二条 人民法院决定悬赏查找财产的，应当制作悬赏公告。悬赏公告应当载明悬赏金的数额或计算方法、领取条件等内容。

悬赏公告应当在全国法院执行悬赏公告平台、法院微博或微信等媒体平台发布，也可以在执行法院公告栏或被执行人住所地、经常居住地等处张贴。申请执行人申请在其他媒体平台发布，并自愿承担发布费用的，人民法院应当准许。

第二十三条 悬赏公告发布后，有关人员向人民法院提供财产线索的，人民法院应当对有关人员的身份信息和财产线索进行登记；两人以上提供相同财产线索的，应当按照提供线索的先后顺序登记。

人民法院对有关人员的身份信息和财产线索应当保密，但为发放悬赏金需要告知申请执行人的除外。

第二十四条 有关人员提供人民法院尚未掌握的财产线索，使申请发布悬赏公告的申请执行人的债权得以全部或部分实现的，人民法院应当按照悬赏公告发放悬赏金。

悬赏金从前款规定的申请执行人应得的执行款中予以扣减。特定物交付执行或者存在其他无法扣减情形的，悬赏金由该申请执行人另行支付。

有关人员为申请执行人的代理人、有义务向人民法院提供财产线索的人员或者存在其他不应发放悬赏金情形的，不予发放。

第二十五条 执行人员不得调查与执行案件无关的信息，对调查过程中知悉的国家秘密、商业秘密和个人隐私应当保密。

第二十六条 本规定自2017年5月1日起施行。

本规定施行后，本院以前公布的司法解释与本规定不一致的，以本规定为准。

最高人民法院 国土资源部 建设部
关于依法规范人民法院执行和国土资源房地产管理部门协助执行若干问题的通知

2004年2月10日　　法发〔2004〕5号

一、人民法院在办理案件时，需要国土资源、房地产管理部门协助执行的，国土资源、房地产管理部门应当按照人民法院的生效法律文书和协助执行通知书办理协助执行事项。

国土资源、房地产管理部门依法协助人民法院执行时，除复制有关材料所必需的工本费外，不得向人民法院收取其他费用。登记过户的费用按照国家有关规定收取。

二、人民法院对土地使用权、房屋实施查封或者进行实体处理前，应当向国土资源、房地产管理部门查询该土地、房屋的权属。

人民法院执行人员到国土资源、房地产管理部门查询土地、房屋权属情况时，应当出示本人工作证和执行公务证，并出具协助查询通知书。

人民法院执行人员到国土资源、房地产管理部门办理土地使用权或者房屋查封、预查封登记手续时，应当出示本人工作证和执行公务证，并出具查封、预查封裁定书和协助执行通知书。

最高人民法院
关于人民法院执行公开的若干规定

2006年12月23日　　法发〔2006〕35号

第七条 人民法院对申请执行人提供的财产线索进行调查后，应当及时将调查结果告知申请执行人；对依职权调查的被执行人财产状况和被执行人申报的财产状况，应当主动告知申请执行人。

最高人民法院
关于人民法院办理执行案件若干期限的规定

2006年12月23日　　法发〔2006〕35号

第五条　承办人应当在收到案件材料后3日内通知申请执行人提供被执行人财产状况或财产线索。

第六条　申请执行人提供了明确、具体的财产状况或财产线索的，承办人应当在申请执行人提供财产状况或财产线索后5日内进行查证、核实。情况紧急的，应当立即予以核查。

申请执行人无法提供被执行人财产状况或财产线索，或者提供财产状况或财产线索确有困难，需人民法院进行调查的，承办人应当在申请执行人提出调查申请后10日内启动调查程序。

根据案件具体情况，承办人一般应当在1个月内完成对被执行人收入、银行存款、有价证券、不动产、车辆、机器设备、知识产权、对外投资权益及收益、到期债权等资产状况的调查。

中央政法委　最高人民法院
关于规范集中清理执行积案结案标准的通知

2009年3月19日　　法发〔2009〕15号

二、执行法院应依法穷尽财产调查措施，并将调查结果告知申请执行人。只有在积极采取法律赋予的调查手段、穷尽对被执行人财产状况的相关调查措施之后，才可以将有关案件认定为无财产可供执行的案件。

1. 申请执行人不能提供被执行人的财产或财产线索的，执行法院应当要求被执行人进行财产申报。

被执行人进行了财产申报，或者申请执行人提供了被执行人的财产或财产线索的，执行法院必须进行调查核实。调查结果应当告知申请执行人。

如果根据有关线索认定被执行人有履行能力，但无法查到确切财产下落的，执行法院可以根据案件具体情况，采取在征信系统记录、通过媒体公布不履行义务信息等合法措施。

2. 被执行人申报无财产或申请执行人无法提供被执行人财产或财产线索的，执行法院应按照下列情况处理：

（1）被执行人是法人的，应当向有关金融机构查询银行存款，向有关房地产管理部门查询房地产登记，向法人登记机关查询股权，向有关车管部门查询车辆等。

（2）被执行人是自然人的，应当向被执行人所在单位及居住地周边群众调查了解被执行人的财产状况或财产线索，包括被执行人的经济收入来源、被执行人到期债权等。如果根据财产线索判断被执行人有较高收入，应当按照对法人的调查途径进行调查。

3. 作为被执行人的企业法人被撤销、注销、吊销营业执照或者歇业的，在申请执行人提出清算或审计申请并预交相关费用后，执行法院可以责令股东进行清算或者由执行法院委托中介机构进行审计。

4. 需要查找被执行人的案件，执行依据中记载被执行人地址或者联系方式的，必须根据该线索进行查找或联系。无其他适当线索的，被执行人是法人的，应根据登记机关的登记资料查找其负责人；被执行人是自然人的，应到其户籍所在地、住所地（暂住地）向当地公安派出所、居委会、村委会、被执行人的亲属和邻居进行调查。

5. 如果认定被执行人下落不明且无财产可供执行，案卷中必须具备下列材料：

（1）被执行人是法人的，其注册登记情况、法律文书中注明的营业地址现场调查情况或者登记机关的书面证明材料。

（2）被执行人是自然人的，其近亲属、邻居、当地村委会、居委会、公安派出所的调查笔录或者证明材料。

6. 认定被执行人无财产可供执行的，必须将所采取的各种财产调查措施的材料归入案卷。包括工作记录、调查（询问）笔录、谈话笔录、当事人书面确认材料、被查询单位出具的书面查询结果，以及其他能够证明被执行人财产状况和执行法院进行相关调查工作情况的材料。

7. 执行法院应当及时将案件执行情况向申请执行人反馈，反馈情况记录必须归入案卷。

最高人民法院
关于依法制裁规避执行行为的若干意见

2011年5月27日　　法〔2011〕195号

一、强化财产报告和财产调查，多渠道查明被执行人财产

1. 严格落实财产报告制度。对于被执行人未按执行通知履行法律文书确定义务的，执行法院应当要求被执行人限期如实报告财产，并告知拒绝报告或者虚假报告的法律后果。对于被执行人暂时无财产可供执行的，可以要求被执行人定期报告。

2. 强化申请执行人提供财产线索的责任。各地法院可以根据案件的实际情况，要求申请执行人提供被执行人的财产状况或者财产线索，并告知不能提供的风险。各地法院也可根据本地的实际情况，探索尝试以调查令、委托调查函等方式赋予代理律师法律规定范围内的财产调查权。

3. 加强人民法院依职权调查财产的力度。各地法院要充分发挥执行联动机制的作用，完善与金融、房地产管理、国土资源、车辆管理、工商管理等有关单位的财产查控网络，细化协助配合措施，进一步拓宽财产调查渠道，简化财产调查手续，提高财产调查效率。

4. 适当运用审计方法调查被执行人财产。被执行人未履行法律文书确定的义务，且有转移隐匿处分财产、投资开设分支机构、入股其他企业或者抽逃注册资金等情形的，执行法院可以根据申请执行人的申请委托中介机构对被执行人进行审计。审计费用由申请执行人垫付，被执行人确有转移隐匿处分财产等情形的，实际执行到位后由被执行人承担。

5. 建立财产举报机制。执行法院可以依据申请执行人的悬赏执行申请，向社会发布举报被执行人财产线索的悬赏公告。举报人提供的财产线索经查证属实并实际执行到位的，可按申请执行人承诺的标准或者比例奖励举报人。奖励资金由申请执行人承担。

人民法院办理执行案件规范

2017年4月

322.【财产查明的途径】
执行过程中，申请执行人应当提供被执行人的财产线索；被执行人应当如实报告财产；人民法院应当通过网络执行查控系统进行调查，根据案件需要应当通过其他方式进行调查的，同时采取其他调查方式。

323.【申请执行人提供财产线索】
申请执行人提供被执行人财产线索，应当填写财产调查表。财产线索明确、具体的，人民法院应当在七日内调查核实；情况紧急的，应当在三日内调查核实。财产线索确实的，人民法院应当及时采取相应的执行措施。

申请执行人确因客观原因无法自行查明财产的，可以申请人民法院调查。

324.【财产报告程序的启动】
人民法院依申请执行人的申请或依职权责令被执行人报告财产情况的，应当向其发出报告财产令。金钱债权执行中，报告财产令应当与执行通知同时发出。

人民法院根据案件需要再次责令被执行人报告财产情况的，应当重新向其发出报告财产令。

325.【报告财产令的内容】
报告财产令应当载明下列事项：
（一）提交财产报告的期限；
（二）报告财产的范围、期间；
（三）补充报告财产的条件及期间；

（四）违反财产报告义务应承担的法律责任；

（五）人民法院认为有必要载明的其他事项。

报告财产令应附财产调查表，被执行人必须按照要求逐项填写。

326.【报告财产的范围】

被执行人应当在报告财产令载明的期限内向人民法院书面报告下列财产情况：

（一）收入、银行存款、现金、理财产品、有价证券；

（二）土地使用权、房屋等不动产；

（三）交通运输工具、机器设备、产品、原材料等动产；

（四）债权、股权、投资权益、基金份额、信托受益权、知识产权等财产性权利；

（五）其他应当报告的财产。

被执行人的财产已出租、已设立担保物权等权利负担，或者存在共有、权属争议等情形的，应当一并报告；被执行人的动产由第三人占有，被执行人的不动产、特定动产、其他财产权等登记在第三人名下的，也应当一并报告。

被执行人在报告财产令载明的期限内提交书面报告确有困难的，可以向人民法院书面申请延长期限；申请有正当理由的，人民法院可以适当延长。

327.【财产变动的报告】

被执行人自收到执行通知之日前一年至提交书面财产报告之日，其财产情况发生下列变动的，应当将变动情况一并报告：

（一）转让、出租财产的；

（二）在财产上设立担保物权等权利负担的；

（三）放弃债权或延长债权清偿期的；

（四）支出大额资金的；

（五）其他影响生效法律文书确定债权实现的财产变动。

328.【补充报告财产】

被执行人报告财产后，其财产情况发生变动，影响申请执行人债权实现的，应当自财产变动之日起十日内向人民法院补充报告。

329.【财产报告的核实程序】

对被执行人报告的财产情况，人民法院应当及时调查核实，必要时可以组织当事人进行听证。

申请执行人申请查询被执行人报告的财产情况的，人民法院应当准许。申请执行人及其代理人对查询过程中知悉的信息应当保密。

330.【不履行报告义务的法律责任】

被执行人拒绝报告、虚假报告或者无正当理由逾期报告财产情况的，人民法院可以根据情节轻重对被执行人或者其法定代理人予以罚款、拘留；构成犯罪的，依法追究刑事责任。

人民法院对有前款规定行为之一的单位，可以对其主要负责人或者直接责任人员予以罚款、拘留；构成犯罪的，依法追究刑事责任。

人民法院应当将财产报告、核实及处罚的情况记录入卷。

331.【不履行财产报告义务的信用惩戒】

被执行人拒绝报告、虚假报告或者无正当理由逾期报告财产情况的，人民法院应当依照相关规定将其纳入失信被执行人名单。

332.【报告程序终结】

有下列情形之一的，财产报告程序终结：

（一）被执行人履行完毕法律文书确定义务的；

（二）人民法院裁定终结执行的；

（三）人民法院裁定不予执行的；

（四）人民法院认为财产报告程序应当终结的其他情形。

发出报告财产令后，人民法院裁定终结本次执行程序的，被执行人仍应依照本规范第328条的规定履行补充报告义务。

333.【人民法院调查的一般规定】

被执行人未按执行通知履行生效法律文书确定的义务，人民法院有权通过网络执行查控系统、现场调查等方式向被执行人、有关单位或个人调查被执行人的身份信息和财产信息，有关单位和个人应当依法协助办理。

人民法院对调查所需资料可以复制、打印、抄录、拍照或以其他方式进行提取、留存。

申请执行人申请查询人民法院调查的财产信息的，人民法院可以根据案件需要决定是否准许。申请执行人及其代理人对查询过程中知悉的信息应当保密。

334.【电子化查询】

人民法院通过网络执行查控系统进行调查，与现场调查具有同等法律效力。

人民法院调查过程中作出的电子法律文书与纸质法律文书具有同等法律效力；协助执行单位反馈的电子查询结果与纸质反馈结果具有同等法律效力。

335.【搜查的情形】

被执行人隐匿财产、会计账簿等资料拒不交出的，人民法院可以依法采取搜查措施。

人民法院依法搜查时，对被执行人可能隐匿财产或者资料的处所、箱柜等，经责令被执行人开启而拒不配合的，可以强制开启。

336.【搜查的程序】

采取搜查措施，由院长签发搜查令。

搜查时，搜查人员应当按规定着装并出示搜查令和工作证件。

人民法院搜查时禁止无关人员进入搜查现场；搜查对象是公民的，应当通知被执行人或者他的成年家属以及基层组织派员到场；搜查对象是法人或者其他组织的，应当通知法定代表人或者主要负责人到场。拒不到场的，不影响搜查。

搜查妇女身体，应当由女执行人员进行。

337.【搜查发现财产的处理】

搜查中发现应当依法采取查封、扣押措施的财产，依照民事诉讼法第二百四十五条第二款和第二百四十七条规定办理。

338.【搜查笔录、记录】

搜查应当制作搜查笔录，由搜查人员、被搜查人及其他在场人签名、捺印或者盖章。拒绝签名、捺印或者盖章的，应当记入搜查笔录。

对搜查过程，应当依照本规范第256条规定全程录音录像。

339.【传唤及协助查找特定人员】

为查明被执行人的财产情况和履行义务的能力，可以传唤被执行人或被执行人的法定代表人、负责人、实际控制人、直接责任人员到人民法院接受调查询问。

对必须接受调查询问的被执行人、被执行人的法定代表人、负责人或者实际控制人，经依法传唤无正当理由拒不到场的，人民法院可以拘传其到场；上述人员下落不明的，人民法院可以依照相关规定通知有关单位协助查找。

340.【协助扣押特定财产】

人民法院对已经办理查封登记手续的被执行人机动车、船舶、航空器等特定动产未能实际扣押的，可以依照相关规定通知有关单位协助查找。

341.【审计调查的启动】

作为被执行人的法人或其他组织不履行生效法律文书确定的义务，申请执行人认为其有拒绝报告、虚假报告财产情况，隐匿、转移财产等逃避债务情形或者其股东、出资人有出资不实、抽逃出资等情形的，可以书面申请人民法院委托审计机构对该被执行人进行审计。人民法院应当自收到书面申请之日起十日内决定是否准许。

342.【审计资料的提交及强制提取】

人民法院决定审计的，应当随机确定具备资格的审计机构，并责令被执行人提交会计凭证、会计账簿、财务会计报告等与审计事项有关的资料。

被执行人隐匿审计资料的，人民法院可以依法采取搜查措施。

343.【不提交审计资料或其他不协助行为的法律责任】

被执行人拒不提供、转移、隐匿、伪造、篡改、毁弃审计资料，阻挠审计人员查看业务现场或者有其他妨碍审计调查行为的，人民法院可以根据情节轻重对被执行人或其主要负责人、直接责任人员予以罚款、拘留；构成犯罪的，依法追究刑事责任。

344.【审计机构的确定及审计费用的承担】

审计费用由提出审计申请的申请执行人预交。被执行人存在拒绝报告或虚假报告财产情况，隐匿、转移财产或者其他逃避债务情形的，审计费用由被执行人承担；未发现被执行人存在上述情形的，审计费用由申请执行人承担。

345.【公告悬赏制度】

被执行人不履行生效法律文书确定的义务，申请执行人可以向人民法院书面申请发布悬赏公告查找可供执行的财产。申请书应当载明下列事项：

（一）悬赏金的数额或计算方法；

（二）有关人员提供人民法院尚未掌握的财产线索，使该申请执行人的债权得以全部或部分实现时，自愿支付悬赏金的承诺；

（三）悬赏公告的发布方式；

（四）其他需要载明的事项。

人民法院应当自收到书面申请之日起十日内决定是否准许。

346.【悬赏公告内容及发布费用】

人民法院决定悬赏查找财产的，应当制作悬赏公告。悬赏公告应当载明悬赏金的数额或计算方法、领取条件等内容。

悬赏公告应当在全国法院执行悬赏公告平台、法院微博或微信等媒体平台发布，也可以在执行法院公告栏或被执行人住所地、经常居住地等处张贴。申请执行人申请在其他媒体平台发布，并自愿承担发布费用的，人民法院应当准许。

347.【提供财产线索的登记与保密】

悬赏公告发布后，有关人员向人民法院提供财产线索的，人民法院应当对有关人员的身份信息和财产线索进行登记；两人以上提供相同财产线索的，应当按照提供线索的先后顺序登记。

人民法院对有关人员的身份信息和财产线索应当保密，但为发放悬赏金需要告知申请执行人的除外。

348.【悬赏金的发放】

有关人员提供人民法院尚未掌握的财产线索，使申请发布悬赏公告的申请执行人的债权得以全部或部分实现的，人民法院应当按照悬赏公告发放悬赏金。

悬赏金从前款规定的申请执行人应得的执行款中予以扣减。特定物交付执行或者存在其他无法扣减情形的，悬赏金由该申请执行人另行支付。

有关人员为申请执行人的代理人、有义务向人民法院提供财产线索的人员或者存在其他不应发放悬赏金情形的，不予发放。

349.【执行人员保密义务】

执行人员不得调查与执行案件无关的信息，对调查中知悉的国家秘密、商业秘密和个人隐私应当保密。

350.【代位权和撤销权的行使】

被执行人怠于行使债权对申请执行人造成损害的，执行法院可以告知申请执行人依照合同法第七十三条的规定，向有管辖权的人民法院提起代位权诉讼。

被执行人放弃债权、无偿转让财产或者以明显不合理的低价转让财产，对申请执行人造成损害的，执行法院可以告知申请执行人依照合同法第七十四条的规定向有管辖权的人民法院提起撤销权诉讼。

第三编
金钱给付的执行

第二十一章 执行措施

第一节 综合规定

中华人民共和国民事诉讼法

2017 年 6 月 27 日

第二百四十一条 被执行人未按执行通知履行法律文书确定的义务,应当报告当前以及收到执行通知之日前一年的财产情况。被执行人拒绝报告或者虚假报告的,人民法院可以根据情节轻重对被执行人或者其法定代理人、有关单位的主要负责人或者直接责任人员予以罚款、拘留。

第二百四十二条 被执行人未按执行通知履行法律文书确定的义务,人民法院有权向有关单位查询被执行人的存款、债券、股票、基金份额等财产情况。人民法院有权根据不同情形扣押、冻结、划拨、变价被执行人的财产。人民法院查询、扣押、冻结、划拨、变价的财产不得超出被执行人应当履行义务的范围。

人民法院决定扣押、冻结、划拨、变价财产,应当作出裁定,并发出协助执行通知书,有关单位必须办理。

第二百四十三条 被执行人未按执行通知履行法律文书确定的义务,人民法院有权扣留、提取被执行人应当履行义务部分的收入。但应当保留被执行人及其所扶养家属的生活必需费用。

人民法院扣留、提取收入时,应当作出裁定,并发出协助执行通知书,被执行人所在单位、银行、信用合作社和其他有储蓄业务的单位必须办理。

第二百四十四条 被执行人未按执行通知履行法律文书确定的义务,人民法院有权查封、扣押、冻结、拍卖、变卖被执行人应当履行义务部分的财产。但应当保留被执行人及其所扶养家属的生活必需品。

采取前款措施,人民法院应当作出裁定。

第二百四十五条 人民法院查封、扣押财产时,被执行人是公民的,应当通知被执行人或者他的成年家属到场;被执行人是法人或者其他组织的,应当通知其法定代表人或者主要负责人到场。拒不到场的,不影响执行。被执行人是公民的,其工作单位或者财产所在地的基层组织应当派人参加。

对被查封、扣押的财产,执行员必须造具清单,由在场人签名或者盖章后,交被执行人一份。被执行人是公民的,也可以交他的成年家属一份。

第二百四十六条 被查封的财产,执行员可以指定被执行人负责保管。因被执行人的过错造成的损失,由被执行人承担。

第二百四十七条 财产被查封、扣押后,执行员应当责令被执行人在指定期间履行法律文书确定的义务。被执行人逾期不履行的,人民法院应当拍卖被查封、扣押的财产;不适于拍卖或者当事人双方同意不进行拍卖的,人民法院可以委托有关单位变卖或者自行变卖。国家禁止自由买卖的物品,交有关单位按照国家规定的价格收购。

第二百四十八条 被执行人不履行法律文书确定的义务,并隐匿财产的,人民法院有权发出搜查令,对被执行人及其住所或者财产隐匿地进行搜查。

采取前款措施,由院长签发搜查令。

第二百四十九条 法律文书指定交付的财物或者票证,由执行员传唤双方当事人当面交付,或者由执行员转交,并由被交付人签收。

有关单位持有该项财物或者票证的,应当根据人民法院的协助执行通知书转交,并由被交付人签收。

有关公民持有该项财物或者票证的，人民法院通知其交出。拒不交出的，强制执行。

第二百五十条　强制迁出房屋或者强制退出土地，由院长签发公告，责令被执行人在指定期间履行。被执行人逾期不履行的，由执行员强制执行。

强制执行时，被执行人是公民的，应当通知被执行人或者他的成年家属到场；被执行人是法人或者其他组织的，应当通知其法定代表人或者主要负责人到场。拒不到场的，不影响执行。被执行人是公民的，其工作单位或者房屋、土地所在地的基层组织应当派人参加。执行员应当将强制执行情况记入笔录，由在场人签名或者盖章。

强制迁出房屋被搬出的财物，由人民法院派人运至指定处所，交给被执行人。被执行人是公民的，也可以交给他的成年家属。因拒绝接收而造成的损失，由被执行人承担。

第二百五十一条　在执行中，需要办理有关财产权证照转移手续的，人民法院可以向有关单位发出协助执行通知书，有关单位必须办理。

第二百五十二条　对判决、裁定和其他法律文书指定的行为，被执行人未按执行通知履行的，人民法院可以强制执行或者委托有关单位或者其他人完成，费用由被执行人承担。

第二百五十三条　被执行人未按判决、裁定和其他法律文书指定的期间履行给付金钱义务的，应当加倍支付迟延履行期间的债务利息。被执行人未按判决、裁定和其他法律文书指定的期间履行其他义务的，应当支付迟延履行金。

第二百五十四条　人民法院采取本法第二百四十二条、第二百四十三条、第二百四十四条规定的执行措施后，被执行人仍不能偿还债务的，应当继续履行义务。债权人发现被执行人有其他财产的，可以随时请求人民法院执行。

第二百五十五条　被执行人不履行法律文书确定的义务的，人民法院可以对其采取或者通知有关单位协助采取限制出境，在征信系统记录、通过媒体公布不履行义务信息以及法律规定的其他措施。

最高人民法院关于适用《中华人民共和国民事诉讼法》的解释

2015年1月30日　　法释〔2015〕5号

第四百八十五条　人民法院有权查询被执行人的身份信息与财产信息，掌握相关信息的单位和个人必须按照协助执行通知书办理。

第四百八十六条　对被执行的财产，人民法院非经查封、扣押、冻结不得处分。对银行存款等各类可以直接扣划的财产，人民法院的扣划裁定同时具有冻结的法律效力。

第四百八十七条　人民法院冻结被执行人的银行存款的期限不得超过一年，查封、扣押动产的期限不得超过两年，查封不动产、冻结其他财产权的期限不得超过三年。

申请执行人申请延长期限的，人民法院应当在查封、扣押、冻结期限届满前办理续行查封、扣押、冻结手续，续行期限不得超过前款规定的期限。

人民法院也可以依职权办理续行查封、扣押、冻结手续。

第四百八十八条　依照民事诉讼法第二百四十七条规定，人民法院在执行中需要拍卖被执行人财产的，可以由人民法院自行组织拍卖，也可以交由具备相应资质的拍卖机构拍卖。

交拍卖机构拍卖的，人民法院应当对拍卖活动进行监督。

第四百八十九条　拍卖评估需要对现场进行检查、勘验的，人民法院应当责令被执行人、协助义务人予以配合。被执行人、协助义务人不予配合的，人民法院可以强制进行。

第四百九十条　人民法院在执行中需要变卖被执行人财产的，可以交有关单位变卖，也可以由人民法院直接变卖。

对变卖的财产，人民法院或者其工作人员不得买受。

第四百九十一条　经申请执行人和被执行人同意，且不损害其他债权人合法权益和社会公共利益的，人民法院可以不经拍卖、变卖，直接将被执行人的财产作价交申请执行人抵偿债务。对剩余债务，被执行人应当继续清偿。

第四百九十二条 被执行人的财产无法拍卖或者变卖的，经申请执行人同意，且不损害其他债权人合法权益和社会公共利益的，人民法院可以将该项财产作价后交付申请执行人抵偿债务，或者交付申请执行人管理；申请执行人拒绝接收或者管理的，退回被执行人。

第四百九十三条 拍卖成交或者依法定程序裁定以物抵债的，标的物所有权自拍卖成交裁定或者抵债裁定送达买受人或者接受抵债物的债权人时转移。

第四百九十四条 执行标的物为特定物的，应当执行原物。原物确已毁损或者灭失的，经双方当事人同意，可以折价赔偿。

双方当事人对折价赔偿不能协商一致的，人民法院应当终结执行程序。申请执行人可以另行起诉。

第四百九十五条 他人持有法律文书指定交付的财物或者票证，人民法院依照民事诉讼法第二百四十九条第二款、第三款规定发出协助执行通知后，拒不转交的，可以强制执行，并可依照民事诉讼法第一百一十四条、第一百一十五条规定处理。

他人持有期间财物或者票证毁损、灭失的，参照本解释第四百九十四条规定处理。

他人主张合法持有财物或者票证的，可以根据民事诉讼法第二百二十七条规定提出执行异议。

第四百九十六条 在执行中，被执行人隐匿财产、会计账簿等资料的，人民法院除可依照民事诉讼法第一百一十一条第一款第六项规定处理外，还应责令被执行人交出隐匿的财产、会计账簿等资料。被执行人拒不交出的，人民法院可以采取搜查措施。

第四百九十七条 搜查人员应当按规定着装并出示搜查令和工作证件。

第四百九十八条 人民法院搜查时禁止无关人员进入搜查现场；搜查对象是公民的，应当通知被执行人或者他的成年家属以及基层组织派员到场；搜查对象是法人或者其他组织的，应当通知法定代表人或者主要负责人到场。拒不到场的，不影响搜查。

搜查妇女身体，应当由女执行人员进行。

第四百九十九条 搜查中发现应当依法采取查封、扣押措施的财产，依照民事诉讼法第二百四十五条第二款和第二百四十七条规定办理。

第五百条 搜查应当制作搜查笔录，由搜查人员、被搜查人及其他在场人签名、捺印或者盖章。拒绝签名、捺印或者盖章的，应当记入搜查笔录。

第五百零一条 人民法院执行被执行人对他人的到期债权，可以作出冻结债权的裁定，并通知该他人向申请执行人履行。

该他人对到期债权有异议，申请执行人请求对异议部分强制执行的，人民法院不予支持。利害关系人对到期债权有异议的，人民法院应当按照民事诉讼法第二百二十七条规定处理。

对生效法律文书确定的到期债权，该他人予以否认的，人民法院不予支持。

第五百零二条 人民法院在执行中需要办理房产证、土地证、林权证、专利证书、商标证书、车船执照等有关财产权证照转移手续的，可以依照民事诉讼法第二百五十一条规定办理。

最高人民法院
关于人民法院执行工作若干问题的规定（试行）

1998年7月8日　　法释〔1998〕15号

五、金钱给付的执行

32. 查询、冻结、划拨被执行人在银行（含其分理处、营业所和储蓄所）、非银行金融机构、其他有储蓄业务的单位（以下简称金融机构）的存款，依照中国人民银行、最高人民法院、最高人民检察院、公安部《关于查询、冻结、扣划企业事业单位、机关、团体银行存款的通知》的规定办理。

33. 金融机构擅自解冻被人民法院冻结的款项，致冻结款项被转移的，人民法院有权责令其限期追回已转移的款项。在限期内未能追回的，应当裁定该金融机构在转移的款项范围内以自己的财产向申请执行人承担责任。

34. 被执行人为金融机构的，对其交存在人民银行的存款准备金和备付金不得冻结和扣划，但对其在本机构、其他金融机构的存款，及其在人民银行的其他存款可以冻结、划拨，并可对被执行人的其他财产采取执行措施，但不得查封其营业场所。

35. 作为被执行人的公民，其收入转为储蓄存款的，应当责令其交出存单。拒不交出的，人民法院应当作出提取其存款的裁定，向金融机构发出协助执行通知书，并附生效法律文书，由金融机构提取被执行人的存款交人民法院或存入人民法院指定的账户。

36. 被执行人在有关单位的收入尚未支取的，人民法院应当作出裁定，向该单位发出协助执行通知书，由其协助扣留或提取。

37. 有关单位收到人民法院协助执行被执行人收入的通知后，擅自向被执行人或其他人支付的，人民法院有权责令其限期追回；逾期未追回的，应当裁定其在支付的数额内向申请执行人承担责任。

38. 被执行人无金钱给付能力的，人民法院有权裁定对被执行人的其他财产采取查封、扣押措施。裁定书应送达被执行人。

采取前款措施需有关单位协助的，应当向有关单位发出协助执行通知书，连同裁定书副本一并送达有关单位。

39. 查封、扣押财产的价值应当与被执行人履行债务的价值相当。

40. 人民法院对被执行人所有的其他人享有抵押权、质押权或留置权的财产，可以采取查封、扣押措施。财产拍卖、变卖后所得价款，应当在抵押权人、质押权人或留置权人优先受偿后，其余额部分用于清偿申请执行人的债权。

41. 对动产的查封，应当采取加贴封条的方式。不便加贴封条的，应当张贴公告。

对有产权证照的动产或不动产的查封，应当向有关管理机关发出协助执行通知书，要求其不得办理查封财产的转移过户手续，同时可以责令被执行人将有关财产权证照交人民法院保管。必要时也可以采取加贴封条或张贴公告的方法查封。

既未向有关管理机关发出协助执行通知书，也未采取加贴封条或张贴公告的办法查封的，不得对抗其他人民法院的查封。

42. 被查封的财产，可以指令由被执行人负责保管。如继续使用被查封的办产对其价值无重大影响，可以允许被执行人继承使用。因被执行人保管或使用的过错造成的损失，由被执行人承担。

43. 被扣押的财产，人民法院可以自行保管，也可以委托其他单位或个人保管。对扣押的财产，保管人不得使用。

44. 被执行人或其他人擅自处分已被查封、扣押、冻结财产的，人民法院有权责令责任人限期追回财产或承担相应的赔偿责任。

45. 被执行人的财产经查封、扣押后，在人民法院指定的期间内履行义务的，人民法院应当及时解除查封、扣押措施。

50. 被执行人不履行生效法律文书确定的义务，人民法院有权裁定禁止被执行人转让其专利权、注册商标专用权、著作权（财产权部分）等知识产权。上述权利有登记主管部门的，应当同时向有关部门发出协助执行通知书，要求其不得办理财产权转移手续，必要时可以责令被执行人将产权或使用权证照交人民法院保存。

对前款财产权，可以采取拍卖、变卖等执行措施。

51. 对被执行人从有关企业中应得的已到期的股息或红利等收益，人民法院有权裁定禁止被执行人提取和有关企业向被执行人支付，并要求有关企业直接向申请执行人支付。

对被执行人预期从有关企业中应得的股息或红利等收益，人民法院可以采取冻结措施，禁止到期后被执行人提取和有关企业向被执行人支付。到期后人民法院可从有关企业中提取，并出具提取收据。

52. 对被执行人在其他股份有限公司中持有的股份凭证（股票），人民法院可以扣押，并强制被执行人按照公司法的有关规定转让，也可以直接采取拍卖、变卖的方式进行处分，或直接将股票抵偿给债权人，用于清偿被执行人的债务。

53. 对被执行人在有限责任公司、其他法人企业中的投资权益或股权，人民法院可以采取冻结措施。

冻结投资权益或股权的，应当通知有关企

业不得办理被冻结投资权益或股权的转移手续，不得向被执行人支付股息或红利。被冻结的投资权益或股权，被执行人不得自行转让。

54. 被执行人在其独资开办的法人企业中拥有的投资权益被冻结后，人民法院可以直接裁定予以转让，以转让所得清偿其对申请执行人的债务。

对被执行人在有限责任公司中被冻结的投资权益或股权，人民法院可以依据《中华人民共和国公司法》第三十五条、第三十六条的规定，征得全体股东过半数同意后，予以拍卖、变卖或以其他方式转让。不同意转让的股东，应当购买该转让的投资权益或股权，不购买的，视为同意转让，不影响执行。

人民法院也可允许并监督被执行人自行转让其投资权益或股权，将转让所得收益用于清偿对申请执行人的债务。

55. 对被执行人在中外合资、合作经营企业中的投资权益或股权，在征得合资或合作他方的同意和对外经济贸易主管机关的批准后，可以对冻结的投资权益或股权予以转让。

如果被执行人除在中外合资、合作企业中的股权以外别无其他财产可供执行，其他股东又不同意转让的，可以直接强制转让被执行人的股权，但应当保护合资他方的优先购买权。

56. 有关企业收到人民法院发出的协助冻结通知后，擅自向被执行人支付股息或红利，或擅自为被执行人办理已冻结股权的转移手续，造成已转移的财产无法追回的，应当在所支付的股息或红利或转移的股权价值范围内向申请执行人承担责任。

最高人民法院
关于适用《中华人民共和国民事诉讼法》执行程序若干问题的解释

2008年11月3日　　法释〔2008〕13号

第四条　对人民法院采取财产保全措施的

案件，申请执行人向采取保全措施的人民法院以外的其他有管辖权的人民法院申请执行的，采取保全措施的人民法院应当将保全的财产交执行法院处理。

最高人民法院
关于人民法院审理借贷案件的若干意见[①]

1991年8月13日　　法（民）〔1991〕21号

20. 执行程序中，双方当事人协商以债务人劳务或其他方式清偿债务，不违反法律规定，不损害社会利益和他人利益的，应予准许，并将执行和解协议记录在案。

21. 被执行人无钱还债，要求以其他财物抵偿债务，申请执行人同意的，应予准许。双方可以协议作价或请有关部门合理作价，按判决数额将相应部分财物交付申请执行人。

被执行人无钱还债，要求以债券、股票等有价证券抵偿债务，申请执行人同意的，应予准许；要求以其他债权抵偿债务的，须经申请执行人同意并通知执行人的债务人，办理相应的债权转移手续。

22. 被执行人有可能转移、变卖、隐匿被执行财产的，应及时采取执行措施。被执行人抗拒执行构成妨害民事诉讼的，按照民事诉讼法第一百零二条[②]、第二百二十四条[③]的规定处理。

最高人民法院
关于应对国际金融危机做好当前执行工作的若干意见

2009年5月25日　　法发〔2009〕34号

当前，国际金融危机影响日益加深，世界

---
① 该文件已被最高人民法院《关于审理民间借贷案件适用法律若干问题的规定》废止，仅供参考。——编者注
② 民事诉讼法原第一百零二条现已修改为第一百一十一条。——编者注
③ 民事诉讼法原第二百二十四条现已修改为第二百四十八条。——编者注

经济出现衰退迹象，我国经济增速明显放缓，保持经济持续稳定发展的难度明显加大。金融危机的影响已经逐渐反映到司法领域，给人民法院的执行工作带来新的压力和挑战，被执行人履行能力降低，执行和解难度加大，金融纠纷、投资纠纷、劳资纠纷等新类型案件增加，收案大幅上升，资产处置难度加大。在金融危机冲击下，为企业和市场提供司法服务，积极应对宏观经济环境变化引发的新情况、新问题，为保增长、保民生、保稳定"三保"方针的贯彻落实提供司法保障，是当前和今后一段时期人民法院工作的重中之重。现就应对金融危机形势，稳妥执行各类案件，进一步做好执行工作，提出以下意见：

一、指导思想和基本原则

1. 坚持科学发展观，坚持"三个至上"的指导思想，切实增强政治意识、大局意识、责任意识，不断适应"三保"对执行工作提出的新要求，不断解决"三保"面临的新问题，将落实"三保"的方针作为执行工作的重要目标，将有利于实现"三保"的目标作为评价执行工作的重要标准。

2. 坚持依法执行与贯彻国家宏观政策相结合。既要在法律的框架内正确适用法律，又要在国家宏观政策出现新变化，对司法工作提出新需求时，将国家宏观政策精神和要求切实贯彻落实到执行工作中，以顺应社会和国家对司法的总体需求。

3. 坚持区别对待。区别被执行人是故意消极执行、规避执行和抗拒执行还是因经济形势影响造成临时无力履行债务的情况；区别债务是因历史原因造成还是正常市场交易下造成的情况。

4. 坚持和谐执行。既要加大执行力度，切实提高执行效率，尽快实现申请执行人债权，又要讲究执行艺术和方式方法，防止激化矛盾，始终坚持执行工作政治效果、法律效果和社会效果的有机统一。

5. 坚持统筹兼顾。既要依法、充分、及时地保护和实现申请执行人的合法权益，也要妥善平衡各方当事人和相关利害关系人的利益关系，兼顾对被执行人、其他利害关系人的合法权利的保护。

二、服务经济平稳较快发展

6. 对于因资金暂时短缺但仍处于正常生产经营状态、有发展前景的被执行人企业，慎用查封、扣押、冻结等执行措施和罚款、拘留等强制措施，多做执行和解工作，争取申请执行人同意延缓被执行企业的履行期限，以维持企业正常运转，帮助困难企业渡过难关。

7. 对于被执行企业正在使用的厂房、机器设备等主要生产设施，慎用扣押、拍卖和变卖等执行措施。要及时组织当事人协商，争取使申请执行人同意通过生产设施抵押方式给被执行人企业以缓冲时间。确需查封相关生产设施的，可以采取查封措施，但应当允许被执行人使用，并加强对查封资产的监管。

8. 对于被执行人的企业资产进行处置时，综合平衡分割处置和整体处置企业资产的效果，最大限度地减少对企业整体生产经营的影响或者财产价值的贬损。

9. 对于已经控制的被执行企业资产，要选择适当的处置时机和处置方式，最大程度地实现执行财产的价值，避免因仓促、草率执行导致财产处置变现价值与实际价值产生重大悬殊，从而加重被执行人的负担，甚至损害其合法利益。

10. 对于被执行人为国有大中型企业、金融机构、上市公司或国有控股上市公司，对其资产采取强制执行措施可能导致其破产或影响社会稳定的，可主动与其国有资产管理部门、监管部门进行沟通协调，争取其通盘考虑，帮助企业解决债务问题，防止影响企业的平稳和长远发展。

三、服务社会民生持续改善

11. 高度关注中央和地方有关改善民生的决策部署，积极稳妥地处理好重大基础设施建设工程、旧区改造、市政动迁、违章拆除等涉及民生改善和社会发展的执行案件。

12. 对于公司清算、企业破产、裁员欠薪等引发的职工安置保障、劳动争议、讨要工资报酬以及追索赡养费、抚育费、扶养费等案件，进一步完善"绿色通道"，建立快速执行机制，优先执行。

13. 对于职工人数较多的企业，执行时尽量不要影响被执行人企业职工工资的发放以及社保、医保费用的交纳。因此而影响申请执行人职工工资发放和相关费用交纳的，要优先保障申请执行人企业职工利益。

14. 对于农村土地承包经营权纠纷、农村土地承包经营权流转纠纷等执行案件，要及时采取有效措施，依法维护农民权益，保护农业、农村发展。

四、维护社会和谐稳定

15. 建立重点案件排查机制。定期对可能影响社会稳定的案件进行排查，对矛盾有可能激化的案件，做到及时掌握，及时向当地党委、人大报告，及时与政府沟通情况，争取重视和支持，寻求有效的解决措施。

16. 建立异地执行预案机制。对于被执行人跨辖区的案件，必须认真做好执行预案，事先与当地法院取得联系。对于可能发生暴力抗法事件的，要及时发现苗头，妥善处理，把抗拒执行事件消灭在萌芽状态。

17. 建立群体性事件预警机制。对于短期内涉及同一企业的执行案件数量骤增现象及具有示范效应、可能引起批量案件的情况应当引起重视，及时发现"群访"苗头并梳理汇总，向党委政府报送预警信息。

18. 建立汇报沟通协调机制。对于执行工作中发现的影响区域经济发展的突出问题，及时向当地党委、人大报告，及时与政府沟通情况，积极争取党委的领导和政府的支持；对案件执行中需要相关部门做好配合工作的，要主动利用执行联动机制或执行联席会议制度，进行沟通协调，努力为案件执行创造有利条件。

19. 完善执行和解机制。通过多做双方当事人的执行和解与协调工作，既维护申请执行人的合法权益，也妥善关照、处理好被执行人的实际困难，提高执行工作的社会效果；既满足申请执行人的实现债权的执行诉求，又保障被执行人正常经营发展或者正常生活。

五、加大管理力度，强化监督指导

20. 建立业务指导制度。对直接涉及社会稳定、有影响的执行案件，要通过建立业务交流平台、召开业务交流会、发布典型案例等多种形式加强业务指导。

21. 建立系列案件执行统一协调机制。对于众多债权人集中向同一债务企业启动的系列执行案件，受理案件的不同地区、不同审级法院之间以及同一法院的不同部门之间要加强信息沟通，在上级法院的统一协调下执行。

22. 建立专项案件报告制度。下级法院在执行工作中对因金融危机引发的各类涉外、涉港澳台及其他敏感性、重大案件，要及时向上级法院报告。必要时，由上级法院提级执行或集中指定执行。

六、认真开展调查研究，积极做好法律服务

23. 加强对辖区企业状况的调研。通过召开企业及相关部门座谈会、走访企业等多种形式加强对辖区企业经营状况的调研，与基层社区管理部门保持密切联系，形成共同应对经济危机的联动机制。

24. 加强法律知识的宣传。采取剖析典型案例、提供法律咨询、开展业务培训等多种形式，广泛宣传法律知识，教育和引导各类市场主体增强风险防范意识，努力营造公平有序的社会主义市场经济秩序。

25. 加强法律适用疑难问题的研究。对因金融危机引发的各类执行问题，深入开展前瞻性研究，及时总结经验，提出相应的对策。

26. 加强司法建议工作。及时收集执行实践中遇到的法律适用疑难问题及与金融危机密切相关的新类型、疑难及敏感案件，及时向有关部门提出应对措施和建议，帮助有关部门和企业堵塞管理漏洞。

最高人民法院
关于人民法院为防范化解金融风险和推进金融改革发展提供司法保障的指导意见

2012年2月10日　　法发〔2012〕3号

一、制裁金融违法犯罪，积极防范化解金融风险

金融风险突发性强、波及面广、危害性大，

积极防范化解金融风险是金融工作的生命线。各级人民法院必须充分认识当前国际金融局势的复杂性以及国内金融领域的突出问题和潜在风险，通过审判工作严厉打击金融犯罪活动，制裁金融违法行为，防范化解金融风险，保障国家金融改革发展任务的顺利进行。

1. 依法惩治金融犯罪活动。各级人民法院要充分发挥刑事审判职能，依法惩治金融领域的犯罪行为。要依法审理贷款、票据、信用证、信用卡、有价证券、保险合同方面的金融诈骗案件，加大对操纵市场、欺诈上市、内幕交易、虚假披露等行为的刑事打击力度，切实维护金融秩序。要通过对非法集资案件的审判，依法惩治集资诈骗、非法吸收或变相吸收公众存款、传销等经济犯罪行为，以及插手民间借贷金融活动的黑社会性质组织犯罪及其他暴力性犯罪，维护金融秩序和人民群众的财产安全。要依法审判洗钱、伪造货币、贩运伪造的货币、逃汇套汇、伪造变造金融凭证等刑事案件，努力挽回经济损失。

2. 依法制裁金融违法行为。各级人民法院在审理金融民商事纠纷案件中，要注意其中的高利贷、非法集资、非法借贷拆借、非法外汇买卖、非法典当、非法发行证券等金融违法行为；发现犯罪线索的，依法及时移送有关侦查机关。对于可能影响社会稳定的金融纠纷案件，要及时与政府和有关部门沟通协调，积极配合做好处理突发事件的预案，防范少数不法人员煽动、组织群体性和突发性事件而引发新的社会矛盾。

3. 支持清理整顿交易场所。各级人民法院要根据国务院《关于清理整顿各类交易场所切实防范金融风险的决定》（国发〔2011〕38号）精神，高度重视各类交易场所违法交易活动中蕴藏的金融风险，对于"清理整顿各类交易场所部际联席会议"所提出的工作部署和政策界限，要予以充分尊重，积极支持政府部门推进清理整顿交易场所和规范金融市场秩序的工作。要审慎受理和审理相关纠纷案件，防范系统性和区域性金融风险，维护社会稳定。

4. 切实防范系统金融风险。各级人民法院要妥善审理因民间借贷、企业资金链断裂、中小企业倒闭、证券市场操纵和虚假披露等引发的纠纷案件，发现有引发全局性、系统性风险可能的，及时向公安、检察、金融监管、工商等部门通报情况。要正确适用司法强制措施，与政府相关部门一道统筹协调相关案件的处理，防止金融风险扩散蔓延。要加强对融资性担保公司、典当行、小额贷款公司、理财咨询公司等市场主体融资交易的调研和妥善审理相关纠纷案件，规范融资担保和典当等融资行为，切实防范融资担保风险向金融风险的转化。要依法审理地方政府举债融资活动中出现的违规担保纠纷，依法规范借贷和担保各方行为，避免财政金融风险传递波及。要加强与银行、证券、保险等金融监管部门的协调配合，确有必要时，可建立相应的金融风险防范协同联动机制。

二、依法规范金融秩序，推动金融市场协调发展

金融市场的稳定运行和健康发展，直接关涉金融秩序和社会政治的稳定。各级人民法院要通过切实有效地开展好各类金融案件的审判工作，促进多层次金融市场体系建设，维护金融市场秩序，推动金融市场全面协调发展。

5. 保障信贷市场规范健康发展。各级人民法院要根据最高人民法院《关于依法妥善审理民间借贷纠纷案件，促进经济发展维护社会稳定的通知》的精神，妥善审理民间借贷等金融案件，保障民间借贷对正规金融的积极补充作用。要依法认定民间借贷合同的效力，保护合法的民间借贷法律关系，提高资金使用效率，推动中小微企业"融资难、融资贵"问题的解决。要依法保护合法的借贷利息，遏制民间融资中的高利贷化和投机化倾向，规范和引导民间融资健康发展。要高度重视和妥善审理涉及地下钱庄纠纷案件，严厉制裁地下钱庄违法行为，遏制资金游离于金融监管之外，维护安全稳定的信贷市场秩序。

6. 保障证券期货市场稳定发展。各级人民法院要从保护证券期货市场投资人合法权益、维护市场公开公平公正的交易秩序出发，积极研究和妥善审理因证券机构、上市公司、投资机构内幕交易、操纵市场、欺诈上市、虚假披露等违法违规行为引发的民商事纠纷案件，消除危害我国证券期货市场秩序和社会稳定的严重隐患。要妥善审理公司股票债券交易纠纷、国债交易纠纷、企业债券发行纠纷、证券代销和包销协议纠纷、证券回购合同纠纷、期货纠纷、上市公司收购纠纷等，保障证券期货等交易的安全进行。

7. 依法保障保险市场健康发展。各级人民法院要妥善审理因销售误导和理赔等引发的保险纠纷案件，规范保险市场秩序，推动保险服务水平的提高。要在保险合同纠纷案件审理中，注意协调依法保护投保人利益和平等保护市场各类主体、尊重保险的精算基础和保护特定被保险人利益、维护安全交易秩序和尊重便捷保险交易规则、防范道德风险和鼓励保险产品创新等多种关系，要积极支持保险行业协会等调处各类保险纠纷，维护保险业对经济社会发展的"助推器"和"稳定器"功能，促进保险业的健康持续发展。

8. 促进金融中介机构规范发展。各级人民法院在金融纠纷案件审理过程中，发现中介机构存在不实披露或不合理估价等违法违规情形的，应当及时向金融监管部门通报相关情况，提高中介机构信息披露的透明度，加大会计机构对复杂金融产品信息的披露，强化中介机构对金融产品的合理估价。要妥善审理违法违规提供金融中介服务的纠纷案件，正确认定投资咨询机构、保荐机构、信用评级机构、保险公估机构、财务顾问、会计师事务所、律师事务所等中介机构的民事责任，努力推动各类投资中介机构规范健康发展。

9. 完善金融企业市场退出机制。各级人民法院要妥善审理金融企业的重整和破产案件，规范金融企业和投资者的行为，建立合理的金融企业市场退出机制，维护金融市场稳健运行，夯实金融市场规范发展的基础，为金融企业破产立法奠定扎实的实证基础。要以优化证券市场优胜劣汰机制为导向，根据国家关于稳步推进上市公司退市制度改革的部署，加强对上市公司破产案件的受理和审理的调研工作，不断提高审判能力，最大限度地保障投资者合法权益，保障上市公司破产重整过程规范有序，促

进证券市场法制环境的不断优化。

三、依法保障金融债权，努力维护国家金融安全

金融安全关乎国家安全和社会和谐稳定。保障金融债权的实现程度，是衡量金融安全水平的重要因素。各级人民法院要自觉服从和服务于国家经济发展的大局，依法支持金融监管机构有效行使管理职能，担负起保护金融债权、维护国家金融安全的职责。

10. 妥善审理金融不良债权案件。金融不良债权的处置事关国家利益和金融改革，各级人民法院要继续按照《关于审理涉及金融资产管理公司收购、管理、处置国有银行不良贷款形成的案件适用法律若干问题的规定》和《关于审理涉及金融不良债权转让案件工作座谈会纪要》等司法解释和司法政策的规定和精神审理相关案件，保障国家金融债权顺利清收，防止追偿诉讼成为少数违法者牟取暴利的工具，依法维护国有资产安全。

11. 依法制裁逃废金融债务行为。在审理金融纠纷案件中，要坚持标准，认真把关，坚决依法制止那些企图通过诉讼逃债、消债等规避法律的行为。对弄虚作假、乘机逃废债务的，要严格追究当事人和相关责任人的法律责任，维护信贷秩序和金融安全。针对一些企业改制、破产活动中所存在的"假改制，真逃债"、"假破产、真逃债"的现象，各级人民法院要在党委的领导下，密切配合各级政府部门，采取一系列积极有效的措施，依法加大对"逃废金融债务"行为的制裁，协同构筑"金融安全区"，最大限度地保障国有金融债权。

12. 继续加大金融案件执行力度。各级人民法院要在最高人民法院的指导和部署下，继续通过集中时间、集中力量、统一调度、强化力度等多种方式，有计划地开展金融案件专项执行活动。在必要时，要在各级党委领导下，各级政府支持下，通过执行联动机制，加大金融案件的执行力度，确保金融案件的顺利执行。要妥善运用诸如以资产使用权抵债、资产抵债返租、企业整体承包经营、债权转股权以及托管等执行方式，努力解决难以执行的金融纠纷案件。

四、依法保障金融改革，积极推进金融自主创新

随着金融改革的日益深入和金融创新的不断发展，金融改革和创新业务引发的纠纷案件显著增多，呈现出案件类型多样化、法律关系复杂化、利益主体多元化等特点。人民法院要妥善处理鼓励金融改革创新和防范化解金融风险之间的关系，依法保护各类金融主体的合法权益。

13. 妥善审理金融创新涉诉案件，推动金融产品创新。各级人民法院要关注和有效应对金融创新业务涉诉问题，加强对因股权出质、浮动抵押、保理、"银证通"清算、抵押贷款资产证券化信托、黄金期货交易委托理财、代客境外理财产品（QDII）、外汇贷款利率、货币掉期合约、外汇汇率锁定合约、信用证议付、独立保函等引发的新型案件的调研，上级人民法院要及时总结审判经验，加强对下级人民法院的审判指导。人民法院在审查金融创新产品合法性时，对于法律、行政法规没有规定或者规定不明确的，应当遵循商事交易的特点、理念和惯例，坚持维护社会公共利益原则，充分听取金融监管机构的意见，不宜以法律法规没有明确规定为由，简单否定金融创新成果的合法性，为金融创新活动提供必要的成长空间。

14. 妥善审理金融知识产权案件，保障金融自主创新。随着金融机构在金融创新领域中投入的不断加大，知识产权已经成为有效提升银行竞争力的重要手段。各级人民法院要加强对金融业务电子化和网络化进程中基础性金融技术知识产权的司法保护，加大对商业银行、保险公司、证券公司自主开放的软件和数据库的保护力度。要加强对知识产权担保、信托、保险、证券化等新情况、新问题的调研。在案件审理中注意金融法律和知识产权法律适用的衔接与协调，要通过对金融知识产权案件审理，切实保护金融知识产权人的合法权益，激励和保护金融创新，维护金融业公平竞争秩序。

15. 依法妥善运用各种司法措施，保护金融信息安全。各级人民法院要从防范系统性金融风险和保障国家金融安全的高度，认识依法保护金融信息安全的重要性和紧迫性，妥善运用各种司法措施，保障国家金融网络安全和金融信息安全。要依法打击攻击金融网络、盗取金融信息、危害金融安全的违法犯罪行为，依法审理金融电子化产品运用中引发的侵害金融债权纠纷案件，保护金融债权人合法的财产和信息安全，维护国家金融网络安全和信息安全。

五、深化能动司法理念，全面提升金融审判水平

化解金融纠纷的创新性和前沿性，要求人民法院必须大力开展调查研究，发挥司法建议功能，延伸能动司法效果，构建专业审判机制，拓展金融解纷资源，不断提高金融审判水平。

16. 发挥司法建议功能，延伸能动司法效果。各级人民法院要关注金融纠纷的市场和法律风险，加强各种信息的搜集、分析、研判，充分发挥司法建议的预警作用。要通过对审理案件过程中发现的问题，有针对性地提出对策建议，有效帮助金融机构完善产品设计。要通过行政审判，探索符合金融领域规律的审查标准和方式，促进政府依法行政和有效防范化解金融风险。要充分发挥金融商事审判的延伸服务功能，对金融机构自身管理方面存在的缺陷，要及时发现，及时反馈，为金融监管部门和金融机构查堵漏洞、防范风险提出司法建议。

17. 加强监督指导工作，回应金融案件审判需求。各级人民法院要在审判工作中密切关注因金融改革和创新而出现的各种新情况和新问题，深入开展前瞻性调查研究，及时总结审判经验。要发挥指导性案例以及其他典型案例的规范指引作用，通过多种信息披露形式展示指导性案例和其他典型案例的处理模式和思路，引导金融市场主体预防避免类似金融纠纷。最高人民法院将加紧制定物权法担保物权、保险法、融资租赁、证券市场虚假陈述、质押式国债回购、票据贴现回购、国家资本金、银行卡、以及利息裁判标准等方面的司法解释和指导意见，以有效回应金融审判实践的需求。

18. 构建专业审判机制，拓展金融解纷资源。各级人民法院要积极培育和利用专业资源，探索构建高效的专业审判模式。要大力培养专家型法官，加强与专业研究机构、高校的合作与资源共享，努力打造金融专家法官队伍。要

针对金融案件专业性强的特点，积极借助外部智力资源，建立专家咨询、专家研讨机制，努力提高金融案件审判的专业化水平。要尝试专家陪审机制，通过聘请金融法律专家作为专家陪审员，充分发挥金融专业人士在专业性强、案件类型新、社会影响大的金融案件审判中的作用。

19. 探索集中审理制度，完善统一协调机制。对于众多债权人向同一金融机构集中提起的系列诉讼案件、金融机构破产案件、集团诉讼案件、群体性案件等，可能引发区域性或系统性金融风险和存在影响社会和谐稳定因素的特殊类型民商事金融案件，相关的不同地区、不同审级法院之间应加强信息沟通，在上级法院的统一指导下探索集中受理、诉讼保全、集中协调、集中审理、集中判决、协调执行，以防范金融风险扩散，避免各地法院针对同一金融机构的同类案件出现裁判标准不统一，以及针对同一金融机构的多个案件在执行中出现矛盾和冲突的现象，依法平等保护各地债权人的合法权益。

20. 加强司法宣传工作，发挥审判导向作用。各级人民法院要加强金融法制宣传工作，及时通过召开新闻发布会、组织专题或系列报道等多种形式，教育和引导各类金融主体增强依法经营和风险防范意识，倡导守法诚信的金融市场风尚，努力营造公平规范有序的金融市场交易秩序。

我国金融发展已经处于一个新的历史起点，人民法院为防范化解金融风险和推进金融改革发展提供司法保障的范围之广阔，任务之艰巨，将大大超过以往任何时期。各级人民法院要把中央经济工作会议和第四次全国金融工作会议的精神，切实贯彻到金融案件的审判和执行实践中，进一步增强大局意识和风险意识，坚持"为大局服务，为人民司法"工作主题，践行社会主义法治理念，充分发挥审判职能作用，共同为防范化解金融风险，维护金融秩序稳定，推动金融市场协调发展，保障金融改革创新，保障国家金融安全做出新的更大的贡献。

最高人民法院
关于依法审理和执行民事商事案件保障民间投资健康发展的通知

2016 年 9 月 2 日　　法〔2016〕334 号

八、依法审慎采取强制措施，保护企业正常生产经营

平等对待各种所有制经济主体，不因申请执行人和被执行人的所有制性质不同而在执行力度、执行标准上有所不同，公正高效地保护守信方当事人的合法权益。要以执行工作信息化建设为依托，逐步实现执行信息查询和共享，力求破解被执行人难找、被执行财产难查问题。在采取财产保全和查封、扣押、冻结、拘留等强制执行措施时，要注意考量非公有制经济主体规模相对较小、抗风险能力相对较低的客观实际，对因宏观经济形势变化、产业政策调整所引起的涉诉纠纷或者因生产经营出现暂时性困难无法及时履行债务的被执行人，严格把握财产保全、证据保全的适用条件，依法慎用拘留、查封、冻结等强制措施，尽量减少对企业正常生产经营活动可能造成的不当影响，维持非公有制经济主体的经营稳定。确需采取查封、扣押、冻结等强制措施的，要严格按照法定程序进行，尽可能为企业预留必要的流动资产和往来账户，最大限度降低对企业正常生产经营活动的不利影响。

最高人民法院
关于在执行工作中规范执行行为切实保护各方当事人财产权益的通知

2016 年 11 月 22 日　　法〔2016〕401 号

各省、自治区、直辖市高级人民法院，解放军军事法院，新疆维吾尔自治区高级人民法院生产建设兵团分院：

2016 年 11 月 4 日，中共中央、国务院下发《关于完善产权保护制度依法保护产权的意见》（中发〔2016〕28 号，以下简称《意见》）。11 月 10 日，最高人民法院召开学习贯彻《意见》

专题会议，要求深入贯彻落实《意见》精神，充分发挥人民法院审判职能作用，依法保护各种所有制经济组织和公民财产权，不断推进产权保护法治化，为经济社会发展提供有力司法保障。根据《意见》及上述会议精神，现就执行程序中贯彻落实产权保护制度、依法保护产权提出以下工作要求：

一、在执行工作中牢固树立依法保护产权的理念。执行工作是整个司法程序中的关键一环，是运用国家强制力实现生效裁判的复杂过程，既关系胜诉债权的实现，也关系被执行人、案外人等相关方的合法产权保护，关系经济社会发展大局。各级人民法院要严格依照法律规定执行，既要最大限度地让债权人实现胜诉权益，又不能随意扩大执行范围，侵犯被执行人、案外人等相关方的合法产权；要牢固树立依法执行、文明执行、善意执行理念，在充分考虑和保护债权人合法权益的基础上，统筹兼顾相关方利益，把握执行时机，讲究执行策略，注意执行方法，努力实现执行的法律效果与社会效果有机统一，加大执行力度与保护各方合法权益有机统一，履行职责与服务大局、促进发展有机统一，努力让人民群众在每一个执行案件中感受到公平正义。

二、依法准确甄别被执行人财产。只能执行被执行人的财产，是法院强制执行的基本法律原则。各级人民法院在执行过程中，要依法准确甄别被执行人财产，加强对财产登记、权属证书、证明及有关信息的审查，加强与有关财产权属登记部门的沟通合作，推进信息化执行查询机制建设，准确、及时地甄别被执行人财产，避免对案外人等非被执行人的合法财产采取强制执行措施。同时，对确定属于执行人的财产，则应加大执行力度，及时执行到位，确保申请执行人的债权及时兑现。

在财产刑案件执行中，要依法严格区分违法所得和合法财产，对于经过审理不能确认为违法所得的，不得判决追缴或者责令退赔；严格区分个人财产和企业法人财产，处理股东、企业经营管理者等自然人犯罪不得任意牵连企业法人财产，处理企业犯罪不得任意牵连股东、企业经营管理者个人合法财产；严格区分涉案人员个人财产和家庭成员财产，处理涉案人员犯罪不得牵连其家庭成员合法财产。

在执行程序中直接变更、追加被执行人的，应严格限定于法律、司法解释明确规定的情形。各级人民法院应严格依照即将施行的《最高人民法院关于民事执行中变更、追加当事人若干问题的规定》，避免随意扩大变更、追加范围。

三、在采取查冻扣措施时注意把握执行政策。查封、扣押、冻结财产要严格遵守相应的适用条件与法定程序，坚决杜绝超范围、超标的查封、扣押、冻结财产，对银行账户内资金采取冻结措施的，应当明确具体冻结数额；对土地、房屋等不动产保全查封时，如果登记在一个权利证书下的不动产价值超过应保全的数额，则应加强与国土部门的沟通、协商，尽量仅对该不动产的相应价值部分采取保全措施，避免影响其他部分财产权益的正常行使。

在采取具体执行措施时，要注意把握执行政策，尽量寻求依法平等保护各方利益的平衡点：对能采取"活封""活扣"措施的，尽量不"死封""死扣"，使保全财产继续发挥其财产价值，防止减损当事人利益，如对厂房、机器设备等生产经营性财产进行保全时，指定被保全人保管的，应当允许其继续使用；对车辆进行查封，可考虑与交管部门建立协助执行机制，以在车辆行驶证上加注查封标记的方式进行，既可防止被查封车辆被擅自转让，也能让车辆继续使用，避免"死封"带来的价值贬损及高昂停车费用。对有多种财产并存的，尽量优先采取方便执行且对当事人生产经营影响较小的执行措施。在不损害债权人利益前提下，允许被执行人在法院监督下处置财产，尽可能保全财产市场价值。在条件允许的情况下可以为企业预留必要的流动资金和往来账户，最大限度降低对企业正常生产经营活动的不利影响。对符合法定情形的，应当在法定期限内及时解除保全措施，避免因拖延解保给被保全人带来财产损失。《最高人民法院关于人民法院办理财产保全案件若干问题的规定》即将正式施行，各级人民法院要在执行工作中认真贯彻落实。

四、提高财产处置变现效率。对被依法查封的财产进行变价处置时，要依法优先采取拍卖等有利于公开公平公正实现财产价值的变现方式。要严格规范评估、拍卖、变卖和以物抵债等变价环节，防止对拟处置财产低估贱卖，侵害被执行人合法权益。对于司法强制拍卖要求一次性付清价款，门槛较高，可能不利于扩大竞买范围的问题，可借鉴部分地方法院的成熟经验，在司法拍卖中开展与银行业金融机构的按揭合作，降低竞买门槛，通过更广范围的竞价更好地让拍品变现。2017年1月1日起，全面推行优先用网络司法拍卖方式处置财产，以降低处置成本、提高成交率、溢价率，保护双方当事人的合法权益。各级人民法院要认真贯彻落实《最高人民法院关于人民法院网络司法拍卖若干问题的规定》最大限度提高司法财产处置的公开性、透明度，坚决杜绝任何形式的暗箱操作，有效去除拍卖环节的权力寻租空间，斩断利益链条。

五、规范执行案款管理与发放。对于已经执行到位的执行案款，除有权属争议或存在参与分配等不宜立即发放情形的，应按照规定时限及时发还债权人，坚决避免执行案款长期沉淀在法院账户，以维护各方当事人的合法权益，最大限度地铲除侵占、挪用执行案款的土壤。各级人民法院要在今年开展执行案款集中清理工作成果的基础上，积极探索建立"一案一账户"的执行案款归集管理制度，形成案、款、人一一对应，账目清晰、程序透明、发放高效的规范化管理新模式。

六、严格规范适用终结本次执行程序。各级人民法院应严格落实即将正式施行的《最高人民法院关于终结本次执行程序若干问题的意见（试行）》，规范终结本次执行程序的适用，坚决避免为片面追求结案率而滥用终本程序，将具备执行条件的案件"一终了事"，导致执行案件涉及的财产长期滞留在执行程序中，不能得到有效的处置和利用，同时，对已有的终结本次执行程序案件进行梳理，对于符合恢复执行条件的案件要及时恢复执行，对于进入终结本次执行程序的被执行人依法采取限制消费措施。

七、要严格落实执行异议制度。切实推进立案登记制在执行领域的贯彻落实，当事人、案外人对执行财产权属等提出异议的，要做到有案必立、有诉必理，保障当事人的救济权利。

对于执行领域中已经发现的社会反映强烈的产权申诉案件，应及时依法审查，确属执行错误的，要坚持有错必纠的原则及时予以纠正。

八、依法用好执行和解制度。依法推进执行中债务重组及和解，对符合条件的，可以引导各方当事人积极达成重组、和解协议，采取分期偿债、收入抵债等方式，既保障被执行人利益，又兼顾被执行人利益。

九、充分发挥执行信访工作的作用。要有效发挥执行信访工作在发现、纠正执行不作为、乱作为方面的功能作用，对来信来访中反映的不作为、乱作为案件要扭住不放，一查到底，一抓到底。凡是反映情况属实的坚决及时纠正。对上级法院挂网督办或以其他方式督办的案件必须在指定期限内报送处理结果。对措施不力、拖延办理或拒不办理的，要按照有关规定约谈有关领导及责任人，并定期向全国法院通报。

十、以信息化手段强化执行监督管理。各级法院要充分运用信息化手段，加强对执行案件流程的监督管理。2016年11月底，四级法院统一的办案平台和流程节点管理平台将在全国3519个法院全面运行。通过执行流程节点管理，严格执行办案期限，有效解决消极执行、拖延执行、选择性执行等问题。各级法院要安排专门的监督管理人员，对流程节点及时管理监控，对执行办案流程中出现的各种违规现象要即查即纠，充分发挥平台在规范执行行为，全面及时监督管理，全面及时纠偏纠错方面的功能作用，彻底改变执行监督管理弱化、存在死角和漏洞的局面。

请各高级人民法院将本通知精神迅速传达到辖区内各级人民法院，并加强督促与指导，确保本通知精神的及时有效落实。

最高人民法院
关于充分发挥审判职能作用切实加强产权司法保护的意见

2016年11月28日　　法发〔2016〕27号

7. 依法慎用强制措施和查封、扣押、冻结措施，最大限度降低对企业正常生产经营活动的不利影响。对涉案企业和人员，应当综合考虑行为性质、危害程度以及配合诉讼的态度等情况，依法慎重决定是否适用强制措施和查封、扣押、冻结措施。在刑事审判中，对已被逮捕的被告人，符合取保候审、监视居住条件的，应当变更强制措施。在刑事、民事、行政审判中，确需采取查封、扣押、冻结措施的，除依法需责令关闭的企业外，在条件允许的情况下可以为企业预留必要的流动资金和往来账户。不得查封、扣押、冻结与案件无关的财产。

8. 严格规范涉案财产的处置，依法维护涉案企业和人员的合法权益。严格区分违法所得和合法财产，对于经过审理不能确认为违法所得的，不得判决追缴或者责令退赔。严格区分个人财产和企业法人财产，处理股东、企业经营管理者等自然人犯罪不得任意牵连企业法人财产，处理企业犯罪不得任意牵连股东、企业经营管理者个人合法财产。严格区分涉案人员个人财产和家庭成员财产，处理涉案人员犯罪不得牵连其家庭成员合法财产。按照公开公正和规范高效的要求，严格执行、不断完善涉案财物保管、鉴定、估价、拍卖、变卖制度。

最高人民法院执行工作办公室关于人民法院在执行过程中裁定将被执行人的经营权归申请执行人所有是否合法的请示的答复

2004年3月24日　〔2004〕执他字第26号

福建省高级人民法院：

你院闽高法〔2004〕213号《关于人民法院在执行过程中裁定将被执行人的经营权归申请执行人所有是否合法的请示》收悉。经研究，答复如下：

我们认为，经营权不属于物权的范畴，执行经营权既涉及到主体资格的问题，也涉及到原经营权人是否同意的问题。因此，在目前法律没有明确规定的情况下，人民法院不能依职权执行经营权。

在主债务人的财产无法变现时，法院能否执行一般保证人的财产？

问题：某商业银行申请执行主债务人星光厂、一般保证人松花江公墓管理公司（以下简称管理公司）一案，因星光厂无其他财产可供执行，执行法院查封了该厂的一批仪器。由于该批仪器已经陈旧，经多次拍卖均无人竞买而流拍，某商业银行不同意以物抵债并且对一般保证人管理公司提出执行申请。执行法院冻结了管理公司的银行存款后，管理公司提出异议，认为该公司承担的仅仅是补充义务，星光厂的仪器评估价值已经足以满足商业银行的债权，现商业银行不同意以物抵债，则该公司就不应再承担责任。请问管理公司的异议是否成立？

《**人民司法**》**研究组认为**：在执行程序中，一般保证人享有先执行抗辩权，也就是说只有在主债务人没有可供执行的财产时，法院才能执行一般保证人的财产。但是，应当注意，主债务人所具有的财产必须是方便法院执行的财产。本案中，星光厂的仪器经多次拍卖而流拍，说明该财产无法变现，债权人又不愿意以物抵债，只能视为主债务人无方便法院执行的财产。还应当注意的是，接受债务人的财产以抵偿债务是债权人的权利而非义务，一般保证人不得以此为由拒绝履行债务。综上，管理公司的异议理由不能成立，人民法院可以执行其财产。①

开具发票能否作为一项诉讼请求提出？

答：根据《中华人民共和国发票管理办法》的规定，发票是指在购销商品、提供或者接受服务以及从事其他经营活动中，开具、收取的收付款凭证。国度税务总局统一负责全国发票管理工作。国家税务总局省、自治区、直辖市分局和省、自治区、直辖市地方税务局依据各自的职责，共同做好本行政区域内的发票管理工作。未按照规定开具发票的，是属违反发票管理法规的行为，由税务机关责令限期改正，没收非法所得，可以并处一万元以下的罚款。可见，开具发票属于行政法律关系，不是民事法律关系，当事人在诉讼

---

① 载《人民司法》2008年第9期。

中提出开具发票的诉讼请求,人民法院应予驳回。至于因收款方不开具发票而致付款方存在诸如不能扣税之类损失的,可以请求开票义务方赔偿损失,对此人民法院可予以支持。而付款方在诉讼中仅以开具发票作为诉讼请求的,人民法院可以适当行使释明权,向其提示可以将诉讼请求变更为赔偿因未开具发票造成的损失。如原告在提示后仍坚持原诉讼请求的,人民法院不应予以支持。

在诉讼中常有当事人以收款人未开具发票作为迟延付款抗辩理由,如合同有约定,则可支持其抗辩理由,在判决中考虑把开具发票作为一方收取货款的附随义务,因收款方没有履行而使余款的付款条件未成就,或是对付款方迟延履行应承担的违约责任因对方没有对以前收取的价款开具发票而予以免除;如合同没有约定,则可告知其向税务部门反映并要求解决。[1]

第二节　控制性执行措施相关规定

最高人民法院
关于人民法院民事执行中查封、扣押、冻结财产的规定

2004年11月4日　　法释〔2004〕15号

为了进一步规范民事执行中的查封、扣押、冻结措施,维护当事人的合法权益,根据《中华人民共和国民事诉讼法》等法律的规定,结合人民法院民事执行工作的实践经验,制定本规定。

第一条　人民法院查封、扣押、冻结被执行人的动产、不动产及其他财产权,应当作出裁定,并送达被执行人和申请执行人。

采取查封、扣押、冻结措施需要有关单位或者个人协助的,人民法院应当制作协助执行通知书,连同裁定书副本一并送达协助执行人。查封、扣押、冻结裁定书和协助执行通知书送达时发生法律效力。

第二条　人民法院可以查封、扣押、冻结被执行人占有的动产、登记在被执行人名下的不动产、特定动产及其他财产权。

未登记的建筑物和土地使用权,依据土地使用权的审批文件和其他相关证据确定权属。

对于第三人占有的动产或者登记在第三人名下的不动产、特定动产及其他财产权,第三人书面确认该财产属于被执行人的,人民法院可以查封、扣押、冻结。

第三条　作为执行依据的法律文书生效后至申请执行前,债权人可以向有执行管辖权的人民法院申请保全债务人的财产。人民法院可以参照民事诉讼法第九十二条[2]的规定作出保全裁定,保全裁定应当立即执行。

第四条　诉讼前、诉讼中及仲裁中采取财产保全措施的,进入执行程序后,自动转为执行中的查封、扣押、冻结措施,并适用本规定第二十九条关于查封、扣押、冻结期限的规定。

第五条　人民法院对被执行人下列的财产不得查封、扣押、冻结:

(一)被执行人及其所扶养家属生活所必需的衣服、家具、炊具、餐具及其他家庭生活必需的物品;

(二)被执行人及其所扶养家属所必需的生活费用。当地有最低生活保障标准的,必需的生活费用依照该标准确定;

(三)被执行人及其所扶养家属完成义务教育所必需的物品;

(四)未公开的发明或者未发表的著作;

(五)被执行人及其所扶养家属用于身体缺陷所必需的辅助工具、医疗物品;

(六)被执行人所得的勋章及其他荣誉表彰的物品;

(七)根据《中华人民共和国缔结条约程序法》,以中华人民共和国、中华人民共和国政府或者中华人民共和国政府部门名义同外国、国际组织缔结的条约、协定和其他具有条约、协

---

[1] 最高人民法院民事审判第一庭编:《民事审判实务问答》,法律出版社2005年版,第4页。
[2] 民事诉讼法原第九十二条现已修改为第一百条。——编者注

定性质的文件中规定免于查封、扣押、冻结的财产；

（八）法律或者司法解释规定的其他不得查封、扣押、冻结的财产。

第六条 对被执行人及其所扶养家属生活所必需的居住房屋，人民法院可以查封，但不得拍卖、变卖或者抵债。

第七条 对于超过被执行人及其所扶养家属生活所必需的房屋和生活用品，人民法院根据申请执行人的申请，在保障被执行人及其所扶养家属最低生活标准所必需的居住房屋和普通生活必需品后，可予以执行。

第八条 查封、扣押动产的，人民法院可以直接控制该项财产。人民法院将查封、扣押的动产交付其他人控制的，应当在该动产上加贴封条或者采取其他足以公示查封、扣押的适当方式。

第九条 查封不动产的，人民法院应当张贴封条或者公告，并可以提取保存有关财产权证照。

查封、扣押、冻结已登记的不动产、特定动产及其他财产权，应当通知有关登记机关办理登记手续。未办理登记手续的，不得对抗其他已经办理了登记手续的查封、扣押、冻结行为。

第十条 查封尚未进行权属登记的建筑物时，人民法院应当通知其管理人或者该建筑物的实际占有人，并在显著位置张贴公告。

第十一条 扣押尚未进行权属登记的机动车辆时，人民法院应当在扣押清单上记载该机动车辆的发动机编号。该车辆在扣押期间权利人要求办理权属登记手续的，人民法院应当准许并及时办理相应的扣押登记手续。

第十二条 查封、扣押的财产不宜由人民法院保管的，人民法院可以指定被执行人负责保管；不宜由被执行人保管的，可以委托第三人或者申请执行人保管。

由人民法院指定被执行人保管的财产，如果继续使用对该财产的价值无重大影响，可以允许被执行人继续使用；由人民法院保管或者委托第三人、申请执行人保管的，保管人不得使用。

第十三条 查封、扣押、冻结担保物权人占有的担保财产，一般应当指定该担保物权人作为保管人；该财产由人民法院保管的，质权、留置权不因转移占有而消灭。

第十四条 对被执行人与其他人共有的财产，人民法院可以查封、扣押、冻结，并及时通知共有人。

共有人协议分割共有财产，并经债权人认可的，人民法院可以认定有效。查封、扣押、冻结的效力及于协议分割后被执行人享有份额内的财产；对其他共有人享有份额内的财产的查封、扣押、冻结，人民法院应当裁定予以解除。

共有人提起析产诉讼或者申请执行人代位提起析产诉讼的，人民法院应当准许。诉讼期间中止对该财产的执行。

第十五条 对第三人为被执行人的利益占有的被执行人的财产，人民法院可以查封、扣押、冻结；该财产被指定给第三人继续保管的，第三人不得将其交付给被执行人。

对第三人为自己的利益依法占有的被执行人的财产，人民法院可以查封、扣押、冻结，第三人可以继续占有和使用该财产，但不得将其交付给被执行人。

第三人无偿借用被执行人的财产的，不受前款规定的限制。

第十六条 被执行人将其财产出卖给第三人，第三人已经支付部分价款并实际占有该财产，但根据合同约定被执行人保留所有权的，人民法院可以查封、扣押、冻结；第三人要求继续履行合同的，应当由第三人在合理期限内向人民法院交付全部余款后，裁定解除查封、扣押、冻结。

第十七条 被执行人将其所有的需要办理过户登记的财产出卖给第三人，第三人已经支付部分或者全部价款并实际占有该财产，但尚未办理产权过户登记手续的，人民法院可以查封、扣押、冻结；第三人已经支付全部价款并实际占有，但未办理过户登记手续的，如果第三人对此没有过错，人民法院不得查封、扣押、冻结。

第十八条 被执行人购买第三人的财产，

已经支付部分价款并实际占有该财产，但第三人依合同约定保留所有权，申请执行人已向第三人支付剩余价款或者第三人书面同意剩余价款从该财产变价款中优先支付的，人民法院可以查封、扣押、冻结。

第三人依法解除合同的，人民法院应当准许，已经采取的查封、扣押、冻结措施应当解除，但人民法院可以依据申请执行人的申请，执行被执行人因支付价款而形成的对该第三人的债权。

第十九条 被执行人购买需要办理过户登记的第三人的财产，已经支付部分或者全部价款并实际占有该财产，虽未办理产权过户登记手续，但申请执行人已向第三人支付剩余价款或者第三人同意剩余价款从该财产变价款中优先支付的，人民法院可以查封、扣押、冻结。

第二十条 查封、扣押、冻结被执行人的财产时，执行人员应当制作笔录，载明下列内容：
（一）执行措施开始及完成的时间；
（二）财产的所在地、种类、数量；
（三）财产的保管人；
（四）其他应当记明的事项。

执行人员及保管人应当在笔录上签名，有民事诉讼法第二百二十一条①规定的人员到场的，到场人员也应当在笔录上签名。

第二十一条 查封、扣押、冻结被执行人的财产，以其价额足以清偿法律文书确定的债权额及执行费用为限，不得明显超标的额查封、扣押、冻结。

发现超标的额查封、扣押、冻结的，人民法院应当根据被执行人的申请或者依职权，及时解除对超标的额部分财产的查封、扣押、冻结，但该财产为不可分物且被执行人无其他可供执行的财产或者其他财产不足以清偿债务的除外。

第二十二条 查封、扣押的效力及于查封、扣押物的从物和天然孳息。

第二十三条 查封地上建筑物的效力及于该地上建筑物使用范围内的土地使用权，查封土地使用权的效力及于地上建筑物，但土地使用权与地上建筑物的所有权分属被执行人与他人的除外。

地上建筑物和土地使用权的登记机关不是同一机关的，应当分别办理查封登记。

第二十四条 查封、扣押、冻结的财产灭失或者毁损的，查封、扣押、冻结的效力及于该财产的替代物、赔偿款。人民法院应当及时作出查封、扣押、冻结该替代物、赔偿款的裁定。

第二十五条 查封、扣押、冻结协助执行通知书在送达登记机关时，登记机关已经受理被执行人转让不动产、特定动产及其他财产的过户登记申请，尚未核准登记的，应当协助人民法院执行。人民法院不得对登记机关已经核准登记的被执行人已转让的财产实施查封、扣押、冻结措施。

查封、扣押、冻结协助执行通知书在送达登记机关时，其他人民法院已向该登记机关送达了过户登记协助执行通知书的，应当优先办理过户登记。

第二十六条 被执行人就已经查封、扣押、冻结的财产所作的移转、设定权利负担或者其他有碍执行的行为，不得对抗申请执行人。

第三人未经人民法院准许占有查封、扣押、冻结的财产或者实施其他有碍执行的行为的，人民法院可以依据申请执行人的申请或者依职权解除其占有或者排除其妨害。

人民法院的查封、扣押、冻结没有公示的，其效力不得对抗善意第三人。

第二十七条 人民法院查封、扣押被执行人设定最高额抵押权的抵押物的，应当通知抵押权人。抵押权人受抵押担保的债权数额自收到人民法院通知时起不再增加。

人民法院虽然没有通知抵押权人，但有证据证明抵押权人知道查封、扣押事实的，受抵押担保的债权数额从其知道该事实时起不再增加。

第二十八条 对已被人民法院查封、扣押、冻结的财产，其他人民法院可以进行轮候查封、

---

① 民事诉讼法原第二百二十一条现已修改为第二百四十五条。——编者注

扣押、冻结。查封、扣押、冻结解除的，登记在先的轮候查封、扣押、冻结即自动生效。

其他人民法院对已登记的财产进行轮候查封、扣押、冻结的，应当通知有关登记机关协助进行轮候登记，实施查封、扣押、冻结的人民法院应当允许其他人民法院查阅有关文书和记录。

其他人民法院对没有登记的财产进行轮候查封、扣押、冻结的，应当制作笔录，并经实施查封、扣押、冻结的人民法院执行人员及被执行人签字，或者书面通知实施查封、扣押、冻结的人民法院。

第二十九条 人民法院冻结被执行人的银行存款及其他资金的期限不得超过六个月，查封、扣押动产的期限不得超过一年，查封不动产、冻结其他财产权的期限不得超过二年。法律、司法解释另有规定的除外。

申请执行人申请延长期限的，人民法院应当在查封、扣押、冻结期限届满前办理续行查封、扣押、冻结手续，续行期限不得超过前款规定期限的二分之一。①

第三十条 查封、扣押、冻结期限届满，人民法院未办理延期手续的，查封、扣押、冻结的效力消灭。

查封、扣押、冻结的财产已经被执行拍卖、变卖或者抵债的，查封、扣押、冻结的效力消灭。

第三十一条 有下列情形之一的，人民法院应当作出解除查封、扣押、冻结裁定，并送达申请执行人、被执行人或者案外人：

（一）查封、扣押、冻结案外人财产的；

（二）申请执行人撤回执行申请或者放弃债权的；

（三）查封、扣押、冻结的财产流拍或者变卖不成，申请执行人和其他执行债权人又不同意接受抵债的；

（四）债务已经清偿的；

（五）被执行人提供担保且申请执行人同意解除查封、扣押、冻结的；

（六）人民法院认为应当解除查封、扣押、冻结的其他情形。

解除以登记方式实施的查封、扣押、冻结的，应当向登记机关发出协助执行通知书。

第三十二条 财产保全裁定和先予执行裁定的执行适用本规定。

第三十三条 本规定自2005年1月1日起施行。施行前本院公布的司法解释与本规定不一致的，以本规定为准。

最高人民法院
关于法院扣押的财产被转卖应否追索问题的复函

1993年8月16日　　经他〔1993〕19号

内蒙古自治区高级人民法院：

你院内高法〔1993〕20号关于开鲁县法院扣押的拖拉机是否应追究的请示收悉。现答复如下：

鉴于对开鲁县人民法院在扣押张洪杰的拖拉机时手续不够完备，而根据你院报送的材料尚难以断定建材厂知道拖拉机已被扣押，以后建材厂又实际占有并出资对拖拉机进行了修理，因此，同意你院提出的不再追索拖拉机，而由建材厂一次性给付小街基供销社五千余元，由张洪杰赔偿建材厂所受损失及承担执行费用的处理意见。

关于执行过程中发生冲突及伤害问题，请你院根据查明的事实依法妥善处理。

最高人民法院
关于转卖人民法院查封房屋行为无效问题的复函

1997年4月7日　　〔1997〕经他字第8号

北京市高级人民法院：

---

① 该条有关期限规定已经被最高人民法院《关于适用〈中华人民共和国民事诉讼法〉的解释》（法释〔2015〕5号）第四百八十七条所修改。——编者注

你院京高法〔1996〕385号《关于查封房屋因未告知房管部门被出卖应如何执行的请示》收悉，经研究，答复如下：

北京市第二中级人民法院在审理广州市海珠区南华西物资公司诉北京亚运特需供应公司购销合同纠纷一案中，依法作出的〔1994〕中法调字第23号民事裁定书虽未抄告房管部门，但已送达当事人，根据《中华人民共和国民事诉讼法》第一百四十一条[①]规定，诉前保全的裁定是不准上诉的裁定，依该裁定书保全查封被告的房产，属合法有效。北京亚运特需供应公司在此后擅自将其已被查封的房产转卖给北京沃克曼贸易开发有限责任公司的行为是违法的，所订立的房屋买卖合同系无效合同。北京市高级人民法院〔1995〕高经终字第11号民事判决书确定该案保全查封的房产为执行的标的物是正确的。北京亚运特需供应公司在其未能履行生效判决书所确定的还债义务时，以拍卖或变卖本案保全查封的房产的价款偿还债务，于法有据。至于北京沃克曼开发有限责任公司是否为善意第三人及其利益的保护等问题，可通过诉讼另案解决。

［提示］法院诉讼保全的被执行人财产被其上级主管部门接收并过户到自己名下，执行中可以执行该财产

最高人民法院
关于国防科工委司令部管理局对深圳市中级人民法院执行深圳南丰工贸公司提出异议案的复函

1998年11月12日　〔1998〕执他字第15号

广东省高级人民法院：

你院〔1997〕粤高法执监字第47号关于海南电子集团公司申请执行深圳南丰工贸公司财产一案的报告收悉，经研究，答复如下：

一、根据你院及深圳市中级人民法院的报告，在该案审理期间，被执行人深圳南丰工贸公司以服从命令，无条件将其物业转为军产为由致函深圳市规划国土局，将已被深圳市中级人民法院查封的位于深圳市园岭新村91栋208、506、406号房产，熙龙大厦6楼F、G、H座房产，11栋E、D座房产，房地产大厦17楼C座房产过户到其上级主管部门国防科工委机关生产办公室（现为管理局）名下。同时，被执行人深圳市南丰工贸公司在清理整顿军产中已被撤销。根据本院《关于人民法院执行工作若干问题的规定（试行）》第81条规定，上级主管部门应在其接受的财产范围内承担责任。又鉴于该财产是上级主管部门接收的财产，因此，深圳市中级人民法院裁定拍卖该房产以执行该案的生效判决，其效力应予维持。

二、该案诉讼中深圳市中级人民法院对该争议财产的房产依法作出了财产保全裁定予以查封，但被执行人在该案诉讼期间将该查封的财产转移给其上级主管部门，对此应适用我院《关于适用〈中华人民共和国民事诉讼法〉若干问题的意见》第109条[②]的规定，而不能适用与我院司法解释相抵触的《深圳经济特区房地产登记条例》第21条的规定，国防科工委司令部管理局的异议理由不能成立。

三、请你院通知深圳市中级人民法院，恢复办理该财产拍卖后的过户登记手续，依法执结此案。

【附：案例评析】

国防科工委司令部管理局对深圳市中级人民法院执行深圳南丰工贸公司提出异议案

三、执行法院查明的事实、处理意见及理由

[①] 民事诉讼法原第一百四十一条现已修改为第一百五十五条。——编者注

[②] 该条规定："诉讼中的财产保全裁定的效力一般应维持到生效的法律文书执行时止。在诉讼过程中，需要解除保全措施的，人民法院应及时作出裁定，解除保全措施。"该规定已被最高人民法院《关于适用〈中华人民共和国民事诉讼法〉的解释》（法释〔2015〕5号）第一百六十八条修改为："保全裁定未经人民法院依法撤销或者解除，进入执行程序后，自动转为执行中的查封、扣押、冻结措施，期限连续计算，执行法院无需重新制作裁定书，但查封、扣押、冻结期限届满的除外。"，下同——编者注

（一）深圳中院查明的事实、处理意见及理由

1. 本案进入执行程序后，深圳中院查明：

（1）被执行人南丰公司为军办企业，其开办单位为生产办，生产办和管理局同为其上级主管部门。

（2）诉讼期间法院保全查封的房产分别于1995年5月15日和12月23日由被执行人过户到管理局名下。

（3）被执行人为军管企业，其主管单位管理局及生产办分别于1995年1月23日和10月25日下达《关于南丰工贸公司房产转为军产的通知》等文件，其内容有根据中央军委关于清理整顿军办企业的批示精神，现在决定将你公司深圳物业转为军产，产权归管理局所有等等。被执行人向深圳市规划国土局申报房产过户的函中称服从上级命令，听从指挥，无条件将深圳物业转为军产。在随后的清理整顿中，南丰公司被撤销。1995年5月12日和12月6日，深圳市规划国土局将深圳中院查封的被执行人的房产解除查封，办理了房产转移变更登记。

（4）被执行人在诉讼期间和执行阶段转移其公司财产、财务账册和公司公章，并将其所属的北京翔发电子公司、武汉分公司、虎门房地产等多处财产转移，目前已无其他财产可供执行。

据此，深圳中院于1996年6月4日作出〔1996〕深中法执字第6—116号民事裁定书，裁定被执行人的房屋产权过户登记无效，予以撤销，并通知深圳市规划国土局变更登记。

2. 深圳中院的理由：

（1）对被执行人房产过户的认定

被执行人的房产过户属于规避法律，转移财产，逃避债务，被执行人将法院查封的财产擅自处分是违法、无效的行为，其行为损害了债权人的合法权益。

案外人在申诉函中所称"房产过户是因欠款设定抵押且已签订了房产移交协议"并非属实。深圳市规划国土局办理被执行人房产过户手续的依据是案外人作出的行政划拨文件，其显然是与被执行人串通转移财产，逃避债务。被执行人和案外人在审判阶段不对财产保全措施提出异议，迟至执行阶段的公告期间才提供其借款协议；被执行人在诉讼和执行期间不仅没有承担其应尽的举证责任，反而将财产、账目账册转移，妨碍了民事诉讼，该借款协议的真伪显然难以认定。

（2）关于本案的处理

深圳中院驳回管理局异议的理由如下：

A. 国防科工委办公室及管理局向被执行人南丰公司发出的科生办字〔1995〕第002号、科司管字〔1995〕16号《关于深圳南丰工贸公司房产转军产的通知》没有涉及到抵债问题，而是以行政命令、通知形式，强行将具备独立法人资格的下属企业的财产转移，这种行为违反法律规定。

B. 抵押物抵债问题，按照《深圳市经济特区房地产登记条例》和《广东省抵押贷款条例》的有关规定，未办理抵押登记，抵押无效，不受法律保护。

C. 以房屋抵押，按有关规定，应办理评估手续，转让必须缴纳一定的税金，双方当事人都未交任何税费，转让违反法律规定。

D. 按法律有关规定，被执行人知道自己欠债，在诉讼期间将其财产转移，其行为无效。

（二）广东省高级人民法院的意见

广东省高级人民法院于1998年4月10日作出〔1997〕粤高法执监字第47号函，同意深圳中院的处理意见。

四、本案存在的问题

本案主要存在两个问题：1. 南丰公司向管理局转让房产行为的性质及效力；2.《深圳市经济特区房地产登记条例》的有关规定是对《民事诉讼法》及其司法解释的贯彻、补充，还是与相关司法解释相抵触；如果抵触，地方性法规是否适用。

五、评析意见

本案中，执行异议人虽然提供了其与被执行人之间的贷款协议，但未能提供有关付款凭证，被执行人南丰公司也未提供相关往来账目、公司及法定代表人签章等证据相佐证，且在深圳中院调查取证时将其转移，未能推翻申请执行人的反驳，故深圳中院认定该项证据不予采信是正确的。相反，申请执行人提供的管理局及被执行人南丰公司的有关公函（被执行人和异议人均没有对此提出异议）却表明了双方转移财产的过程及真实意思，即作为上级主管部门的管理局无对价地接收了被执行人的财产。综上，本案被执行人和异议人显有转移财产、逃避债务、规避人民法院执行之嫌，故管理局无偿受让行为及南丰公司的"转让"行为应认定为无效。深圳中院和广东高院对此的认定是正确的。

本案的核心问题是深圳市地方法规是否与上位阶法律相抵触；如果抵触，人民法院如何适用等。

（一）地方性法规的效力

以立法体制、法的效力等级、效力范围为标准，我国现行规范性法律文件位阶体系可以分为：宪法、法律、行政法规、地方性法规（包括授权法规）、自治法规、政府规章、国际条约等。

2001年7月1日起施行的《立法法》第78条规定："宪法具有最高的法律效力，一切法律、行政法规、地方性法规、自治条例和单行条例都不得同宪法相抵触。"第79条规定："法律的效力高于行政法规、地方性法规、规章。行政法规的效力高于地方性法规、规章。"第80条规定："地方性法规的效力高于本级和下级地方政府规章。"等等。因此，根据法学理论和《立法法》的规定，对法律效力层次的具体划分大致可以概括为四个层次：（1）宪法具有最高法律效力；（2）全国人大制定的基本法律和全国人大常委会制定和修改的非基本法律具有仅次于宪法的第二层次的效力；（3）国务院制定的行政法规具有第三层次的效力；（4）地方立法机关制定的地方性法规具有第四层次的法律效力。

1992年7月1日开始实施的《全国人民代表大会常务委员会关于授权深圳市人民代表大会及其常务委员会和深圳市人民政府分别制定法规和规章在深圳经济特区实施的决定》确定授权深圳市人民代表大会及其常务委员会根据具体情况和实际需要，遵循宪法的规定以及法律和行政法规的基本原则，制定法规，在深圳经济特区实施，并报全国人民代表大会常务委员会、国务院和广东省人民代表大会常务委员会备案。《深圳市经济特区房地产登记条例》就是1992年12月26日深圳市第一届人民代表大会常务委员会第十三次会议依据此项授权制定通过的。

授权立法是指一个立法主体依法将其一部分法定立法权限授予另一个国家机关或组织行使，另一个国家机关或组织根据所授予的立法权限进行的立法活动。授权立法的性质是接受授权机关的立法，是因授权而依法转移立法权后的一种立法。某一法定立法权，由享有该项立法权的主体通过授权这一行为使其转移到另一个无此项法定立法权的国家机关，另一个国家机关就获得了该项法权，该权限此时就成为接受授权的机关的权限组成部分。因此，授权立法所产生的法律的位阶与接受授权机关的地位相适应。所以，深圳市人大根据全国人大常委会授权制定的法规依然属于地方性法规，不能等同于全国人大常委会制定的法律。

（二）司法解释的效力

司法解释是基于制定法的局限性和社会生活的复杂多样性而产生。制定法最基本的特征是它具有普遍性和确定性，而"社会的需要和社会的意见常常是或多或少走在法律前面的，我们可能非常接近地达到它们之间缺口的接合处，但永远存在的趋向是把这缺口重新打开。"从严格意义上讲，对法律的解释是司法活动的内在要求。在我国，审判解释权由最高人民法院行使，地方各级人民法院都无权进行司法解释。对于我国司法机关在法律解释过程中的准立法地位，理论界褒贬不一，但最高人民法院所作的各种司法解释使粗线条的法律详细化，使原本难以操作的法律增强了可操作性，在司法改革中如何改进使之更符合法治原则是可以研讨的，在现阶段其地位和作用是不可替代的。

1981年6月10日五届全国人大常委会第19次会议通过《关于加强司法解释工作的决议》，明确指出：凡属于法院审判工作中具体应用法律、法令的问题，由最高人民法院进行解释。《人民法院组织法》第33条也作出了同样的规定。最高人民法院据此于1997年6月23日制定了《关于司法解释工作的若干规定》第4条规定："最高人民法院制定并发布的司法解释，具有法律效力。"

因此，我们认为，在我国目前的法律框架内，司法解释具有法律的效力，它和作为基本法律的《民事诉讼法》处在同一个效力等级上，其效力仅次于宪法。

因此，地方性法规是处于低位阶的法律，而司法解释是高位阶的法律，依据《立法法》第79条的规定，司法解释的效力大于地方性法规的效力。

（三）"不相抵触"原则的认定

地方授权立法同其他立法一样，必须坚持国家法制的统一原则，坚持这一原则就是要做到不同宪法、法律、行政法规相抵触。对如何认识和理解"不相抵触"原则存在分歧：制定地方性法规必须以宪法、法律和行政法规为依据，凡超出其内容范围的就构成抵触，还是仅指与已有的明文规定相冲突、相矛盾才构成抵触？这个问题实际上属于法律立法解释的范畴，依据有关法律，我国的立法解释机关是全国人大常委会，但至今全国人大常委会没有对此作出立法解释。

《立法法》颁布后，有关条款可资借鉴。该法第八十七条第一至四款规定："法律、行政法规、地方性法规、自治条例和单行条例、规章有下列情形之一的，由有关机关依照本法第八十八条规定的权限予以改变或者撤销：（一）超越权限的；（二）下位法违反上位法规定的；（三）规章之间对同一事项的规定不一致，经裁决应当改变或者撤销的；（四）规章的规定被认为是不适当，应当予以改变或者撤销的……"因此，可以说，"不相抵触"首先要求下位法不与上位法的具体条文相抵触；其次要求它们应是"适当"的，即不得违背上位法的精神实质和基本原则。

本案中，作为下位法的深圳市地方法规《深圳市经济特区房地产登记条例》第21条规定："查封房地产或以其他形式限制房地产权利的期限，最长不得超过六个月。满六个月后需要继续查封或限制的，有关机关应在期限届满前作出继续查封或限制的裁定、决定，并发送登记机关。"而作为上位法的《最高人民法院关于适用〈中华人民共和国民事诉讼法〉若干问题的意见》第108、[①] 109条规定："人民法院裁定采取财产保全措施后，除作出保全裁定的人民法院自行解除或其上级人民法院决定解除外，任何单位都不得解除保全措施，诉讼中的财产保全裁定的效力一般应维持至生效法律文书执行时止。"下位法显然违反了上位法的具体规定，因此，可以认定该地方性法规与法律相抵触。

（四）当位阶不同的两部法律相抵触时，人民法院如何适用法律？相应的，行为主体应依据哪一部法律行事？

这是一个看似简单而实质上是一直以来在理论界和实践中颇具争议的法律问题。最典型的观点有两种：

第一种观点：尽管依据不同，大部分学者认为，下位法与上位法相抵触时，虽然在形式上没有被宣告为无效，但实质上已经是无效的法律了，由于实质无效而不能适用，行为者可以不去遵守。虽然对其无效的认定必须按照法定程序进行，但其不具有法律效力是确定无疑的。当然，作为一个良好的法律秩序必须有一种及时宣告低位阶法律与高位阶法律抵触时低位阶法律即无效的恰当程序，以达到形式上的完备。

第二种观点认为：按照目前的宪法和法律规定，当事人或者法官对一个法律、行政法规或者地方性法规、规章的合宪性、合法性、合理性有疑问，应该请求人大来决定，而不是法院自己。

我们认为，由人民法院在司法过程中对地方性法规进行合法性鉴别，确认其是否适用，是符合我国目前的法律框架及司法状态要求的，且与"公正与效率"原则相一致。理由如下：

第一，由人民法院对地方性法规进行鉴别，是符合法治原则的。与前述第二种"规则法治"观点相对的"良法法治"观点最经典的论述强调："……而大家所服从的法律又应该本身是制定的良好的法律。"这两种"法治"观没有优劣之分，只是在不同的发展状况下强调的重点有所不同。笔者认为，在中国目前的情况下，"良法"是法治的起点和基础，如果法律成为行政或地方而不是人民利益的体现，法治的道路将更为漫长；在地位上，"良法"是与"严格依法"鼎足而立的价值取向，不能因为西方当代社会相对强调规则而忘记他们为良法的实现作出的努力和牺牲以及现实中与我国不同的法制状况。尤其在我国行政权力过度扩张、制约不力的情况下，强调"良法"具有极其重要的意义。在司法改革的进程中，司法独立和司法审查权的强化成为众多法学家和实践工作者的呼声（上述第二种观点的作者的本意甚至呼吁建立中国的宪法诉讼制度，他对自己所持的本文争议的观点持无奈态度），可以说这也是我国司法改革和法治建设的方向，何况对地方性法规进行鉴别与司法审查有本质的区别，它并不侵犯人大对法律制定、修改和撤销的权力。

[①] 该条规定："人民法院裁定采取财产保全措施后，除作出保全裁定的人民法院自行解除和其上级人民法院决定解除外，在财产保全期限内，任何单位都不得解除保全措施。"该规定已被最高人民法院《关于适用〈中华人民共和国民事诉讼法〉的解释》（法释〔2015〕5号）第一百六十五条修改为："人民法院裁定采取保全措施后，除作出保全裁定的人民法院自行解除或者其上级人民法院决定解除外，在保全期限内，任何单位不得解除保全措施。"，下同——编者注

第二，对地方性法规进行一定程度的鉴别，是由我国目前法制状况和立法现状决定的。现在，绝大部分涉及行政管理的事务已被纳入地方性法规的调整范围，这一趋势导致其有可能成为行政违法、侵权、越权的主要来源，甚至会在事实上变更、取代法律乃至宪法。我国宪法规定，国家保证社会主义法制的统一，任何地方性法规都不得与宪法、法律和行政法规相抵触，而实践中，由于地方保护主义以及对法律和相关原则理解的差异等因素的影响，导致地方性法规与法律、行政法规之间以及地方性法规与地方性法规之间相冲突、抵触的现象屡见不鲜。如果不同地区、不同级别的人民法院对相同或类似的法律关系依据上述各种规范审理和执行案件，将会得出不同的结论，产生不同的结果，使人民法院的审判和执行工作难以进行，这势必损害法院的威信和尊严。

第三，目前针对地方性法规的监督制约机制尚未建立、健全，无法适应现实的需要。我国宪法、地方组织法和有关授权立法规定，地方性法规要报全国人大常委会备案。1993年7月以前，全国人大常委会对地方性法规只备案，不审查。1993年7月1日至1996年2月底，1997年1月至1998年6月底，全国人大常委会对报送备案的3702件地方性法规进行审查，完成审查的2049件，认为与法律抵触退回地方人大常委会要求纠正的65件，收到反馈意见的11件，只有3个省的人大常委会进行了纠正，其余的没有答复或以各种理由坚持自己的意见。可见，全国人大常委会解决法律抵触问题的效果并不理想。

我国《立法法》虽然规定了对立法实施监督以及有关单位可以提出审查的要求及裁决权归属，但笔者请教了全国人大法工委的权威人士，也查阅了相关资料，结果是《立法法》实施一年多以来，向有权部门就地方性法规进行审查的要求没有1例，全国人大专门委员会也未主动提出审查意见。对地方性法规与上位法相抵触的解决途径还是在备案时向其制定机关提出建议，依然收效不大。这一方面是《立法法》规定可操作性欠缺的问题，另一方面，只能归责于法制状况的不良现实。面对堆积如山的案件和来自方方面面的压力，人民法院如果等待权力机关改变或撤销下位法之后再适用上位法，相当部分案件的审判和执行只有停止而进入漫长的等待。

李鹏委员长在2001年11月6日召开的地方人大贯彻《立法法》工作会议上强调，中国政体的特点是法制统一，所有法律必须服从宪法，地方立法不能与法律冲突，这是中国稳定发展、国家统一、民族团结的重要保证。人民法院在审理案件时，如果发现地方立法与法律冲突时，不得适用该地方立法。只有在地方立法与法律不相冲突的情况下，才能予以适用。

第四，我国法律并没有规定人民法院对下位法不能进行鉴别和选择，相反有关法律和司法解释赋予人民法院这种权力。我国《行政诉讼法》赋予人民法院对抽象行政行为一定的审查权。最高人民法院于1993年3月11日在法函16号司法解释中指出："人民法院审理行政案件，对地方性法规的规定与法律和行政法规不一致的，应当执行法律和行政法规的规定。"可见，对地方性法规进行鉴别、评价然后决定是否予以适用，甚至在行政诉讼领域进行审查，在我国法律规定和司法实践中是已经存在的事实。

第五，法制统一原则是履行WTO义务的一项重要原则。保证WTO有关协议统一实施是世界贸易组织法对各成员方政府的重要要求，随着中国正式加入世贸组织，这一要求愈显突出。WTO规范的是国家一级的整体贸易行为，它没有直接规范各成员国域内的地方政治实体的贸易行为，地方政策和措施的后果将由中央政府对外承担。我国加WTO后，负有将对外经济贸易法律法规制度统一适用于我国关税区内的国际义务。人民法院在民事司法过程中，应当坚决抵制、克服地方保护主义和部门保护主义，确保国家法律法规的统一适用，否则就可能会使一般的案件演变为国际争端。

所以，我们认为当地方性法规与上位法相抵触时，其实质上已经无效，在及时宣告低位阶法律与高位阶法律抵触时低位阶法律即无效的恰当程序尚未健全并发挥实际作用的情况下，人民法院在适用法律时对其进行鉴别，并适用上位法的做法是适当的，是符合法律的整体秩序、精神以及客观实情的。

六、结论意见

1. 在本案审理期间，被执行人深圳南丰工贸公司以服从命令，无条件将其物业转为军产为由致函深圳市规划国土局，将已被深圳市中级人民法院查封的位于深圳市园岭新村91栋208、506、406号房产，熙龙大厦6楼F、G、H座房产，11

栋E、D座房产，房地产大厦17楼C座房产过户到其上级主管部门国防科工委机关生产办公室（现为管理局）名下。同时，被执行人深圳市南丰工贸公司在清理整顿军产中已被撤销。《最高人民法院关于人民法院执行工作若干问题的规定（试行）》第81条规定："被执行人被撤销、注销或歇业后，上级主管部门或开办单位无偿接受被执行人的财产，致使被执行人无遗留财产清偿债务或遗留财产不足清偿的，可以裁定由上级主管部门或开办单位在所接受的财产范围内承担责任。"因该房产由被执行人南丰公司的上级主管部门无偿接收，故深圳市中级人民法院关于拍卖该房产的裁定的效力应予维持。

2. 该案诉讼中深圳市中级人民法院对该争议房产依法作出了财产保全裁定予以查封，但被执行人在该案诉讼期间将该查封的财产转移给其上级主管部门，对此应适用我院《关于适用〈中华人民共和国民事诉讼法〉若干问题的意见》第109条的规定，而不能适用与我院司法解释相抵触的《深圳经济特区房地产登记条例》第21条的规定，国防科工委司令部管理局的异议理由不能成立。

3. 通知深圳市中级人民法院，恢复办理该财产拍卖后的过户登记手续，依法执结此案。①

最高人民法院
关于人民法院查封的财产被转卖是否保护善意取得人利益问题的复函

1999年11月17日　〔1999〕执他字第21号

河北省高级人民法院：

你院《关于被执行人转卖法院查封财产第三人善意取得是否应予保护的请示》收悉。经研究，答复如下：

人民法院依法查封的财产被转卖的，对买受人原则上不适用善意取得制度。但鉴于所请示的案件中，有关法院在执行本案时，对液化气铁路罐车的查封手续不够完备，因此在处理时对申请执行人和买受人的利益均应给予照顾，具体可对罐车或其变价款在申请执行人和买受人之间进行公平合理分配。

【附：案例评析】

关于人民法院查封的财产被转卖，是否保护善意买受人利益问题的请示与答复

一、问题的提起

此问题系河北高院向最高法院请示中提出来的。该院提出此请示是基于一个具体案件，其简要案情如下：

河北省石家庄市井陉矿区法院于1996年10月审结了解放军6410工厂诉辽宁省抚顺市油气运销公司（简称油气运销公司）购销太脱拉汽车欠款纠纷一案。依调解书被告油气运销公司应付给原告6410工厂货款173.8万元。在执行中，井陉矿区法院于1996年11月13日裁定查封了被执行人6台液化气铁路罐车。此后被执行人给付了82万元，并表示如到期不能付清余款，可用查封的罐车折价偿还；但却自11月26日开始，将查封的罐车转卖给他人。其中转让给中国南方航空动力机械公司（简称南方公司）4台，每台24万元，共计96万元。南方公司付款后取得了这4台车的实际占有，并办理了有关的车辆过户手续，办理了新的《液化气罐车使用证》等，并将罐车投入了运营。

此后，井陉矿区法院在铁路上查到被转移的车辆，再次将该4台罐车扣押到债权人6410工厂的铁路专用线。在准备拍卖时南方公司提出异议，河北高院通知井陉矿区法院暂缓执行。

二、河北高院两种意见

第一种意见：南方公司购买罐车时并不知道该财产已被法院查封，属无过错的善意取得，罐车应属南方公司所有。井陉矿区法院应对被执行人转卖法院查封物的违法行为进行处罚，并追回售车款项。

第二种意见：法院查封的财产被非法转卖，属无效行为，法律不予保护，应予追回，南方公司可另行起诉被执行人油气运销公司。

---

① 张根大、黄文艺：《国防科工委司令部管理局对深圳市中级人民法院执行深圳南丰工贸公司提出异议案》，载最高人民法院执行工作办公室编：《强制执行指导与参考》2002年第1辑（总第1辑），法律出版社2002年版，第225~239页。

三、讨论中的分歧意见

第一种意见：同意承办人提出的处理此类问题的指导思想：法院查封的财产不容被执行人随意处分，擅自处分是无效的，应由其恢复原状。不能恢复原状的，转卖到哪里，法院可以追到哪里。这是为保护执行中债权人利益所必须的。第三人虽然在道义上也应受同情，但不能对抗执行债权人的利益，只应向擅自处分的被执行人追偿。因非法转卖完全是由于被执行人造成的，债权人并无过错。至于具体处理方法可以考虑有一定变通。法院查封手续上的不完备也不能让债权人承担损失。

第二种意见：保护善意占有人对买受财产的权益，是立法上的必然趋势。南方公司购买法院查封财产基本可以推定为善意的。善意占有人取得财产物权是一个基本的原则。法院查封财产对财产所有人处分财产的限制与一般民事交易中限制处分应一样待，不能因法院的执行失误让善意取得人受损失。此案处理方法应当是：或者将罐车退还第三人南方公司，或者由债权人取得罐车，但退还第三人支付的价款。

四、最高人民法院的答复

最高法院于1999年11月17日作出如下答复：人民法院依法查封的财产被转卖的，对买受人原则上不适用善意取得制度。但鉴于有关法院在执行本案中，对执行标的物的查封手续不够完备，因此在处理时对申请执行人和买受人的利益均应给予照顾，可对争议财产在双方之间进行公平合理的分配。

五、评析意见

（一）关于法院查封的财产被转卖不适用善意取得原则

最高法院该答复意见对今后类似案件处理的主要意义在于确定了上述原则。这项原则的确定，考虑了以下几个因素。

对此分析如下：

1. 法院查封财产被转卖的情况与一般民事交易中善意取得制度有一定的差别。对于一般民事纠纷案件审理中保护善意取得人利益问题，已经越来越受到学界和司法实践的认可（但也没有明确的普遍适用的规定）。但对于在法院依法查封的财产被转卖的情况下，善意占有人还应否受到保护问题，目前并没有成型的意见。善意取得制度主要是针对所有权人以外的人非法处分所有人财产的情况。一般学者论述善意取得时，均将让与人无权处分解释为，让与人是合法占有所有人财产的人，但无权转让该财产；而未提到所有人自己的权利受限制时转让财产的情况，或者更具体地提到法院查封财产被转卖的情况。而本案之类的情况属于所有人（被执行人）自己非法处分经国家强制力限制其处分的财产，与善意取得制度适用的对象不完全相同。善意取得制度重点是在保护所有人和善意占有人之间作出权衡，而执行中本案这类情况是在保护执行债权人和案外善意占有人之间作出权衡。因此，可以考虑确立与普通民事交易纠纷不同的处理原则。

2. 应当考虑整个执行制度的精神和执行工作的实际状况：

（1）执行制度保护权利的重点在于保护债权人的利益。在债权人与善意第三人的利益之间进行权衡中，应考虑到：债权人动用国家公权力实现自己的权利，其花费的成本比较大：首先通过诉讼取得了执行名义，然后又要申请执行，支出相关费用。而且由于债权人相信法院查封的绝对效力而为追查被转移的车辆花费了很大的追索代价。此远远大出善意第三人的花费。保护善意占有人的利益在于维护社会交易安全，但在执行程序中保护债权人的利益应当高于对一般交易安全的维护。因此有必要赋予法院查封比一般民事行为更大的限制处分效力。

（2）目前执行工作的现状是执行难，被执行人转移财产的情况相当严重、相当普遍。如果我们考虑的侧重点在案外人，则对执行工作的影响将很大。被执行人与案外人串通转移财产的情况不仅不会得到遏止，反而会变本加厉，而这种转移财产行为法院又很难查清第三人究竟是善意还是恶意。从解决执行难角度考虑，如果保护了善意占有人，则纵容了被执行人的非法处分行为，容易使被执行人钻空子，与第三人勾结，损害债权人的利益。此对执行工作非常不利。因此有必要使法院查封的财产绝对受保护，以加强法院执行的权威。

3. 应考虑过去处理此类案件的做法，法律意见应具有一定的连续性。

法院在审理案件中将非法转移法院查封财产宣告无效是通行的做法。人民法院报1997年7月的一篇文章《转卖被查封的房产如何执行》中就讲：法院查封的财产被他人非法转卖，无论第三人是善意还是恶意,均应追回。

我院处理过的两起案件,均没有考虑第三人善意与否的问题,答复结果只是回避了这样的提法。内蒙古高院请示的开鲁县法院扣押的拖拉机被转卖后如何处理的问题,处理意见可作参考。该案我院的答复是:鉴于开鲁县法院在扣押被执行人的拖拉机时手续不够完备,而根据现有材料尚难以断定购买人知道拖拉机已被扣押,以后购买人又实际占有并出资对拖拉机进行了修理,因此同意由购买人一次性给付债权人拖拉机的价款本金的处理办法。这实际上主要还是保护了债权人的利益,而对购买人给予了较少的保护。我院另外于1997年处理的一件北京中院查封的房产被转卖的案件中,也没有正面提到善意还是恶意占有的问题,而是从法院查封的财产任何人不得处分的角度进行了处理,没有保护购买人的利益。

4. 参考其他法域的做法。对此问题,台湾学界也有两种观点。但其强制执行法有一条规定:实施查封后,债务人就查封物所为移转、设定负担或其他有碍执行效果之行为,对于债权人不生效力。因此,其实务上似采取不保护善意取得人利益的观点。香港的法律认为,债权人取得执行令状,也就是执行员获得执行的授权后,即使没有真正开始执行,该令状对债务人或第三人都有一定的拘束力,但此时不影响善意、不知道令状的第三人有偿取得财产。但如果已经实际扣押了,则不论第三人是否实际知道扣押事实甚至令状的存在,都不保护善意第三人,其损失应当向处分财产的债务人追索(违反合同的默示权利担保)。他们的制度值得我们在解释中参考。

因此,我们认为,可以就这种情况确定一个原则:对人民法院查封、扣押的财产,只要是采取了一定的查封方法,加贴了封条或者张贴了公告,或者请有关部门办理了协助执行手续的,而被执行人擅自处分的,原则上不适用善意取得原则。即使贴的封条日后因自然原因或人为原因而毁掉,也应推定社会公众知道或应当知道查封的事实。

(二)关于该案中平等保护债权人与善意取得人双方利益的问题

答复中的这项内容是对个案的一种折衷处理办法。具体有以下考虑:

该答复函中第一段确定总体处理原则时提到的"查封",应当是手续完备的查封。该案中执行法院的查封效力上是有一定欠缺的。通过对劳动部颁发的《压力容器使用登记管理规则》及其对该规则的说明的分析,我们认为,液化气罐车这类压力容器的产权转让和过户是由劳动部门控制的,劳动部门颁发的使用证像汽车行驶证一样起到产权证的作用。因此法院查封罐车时如未采取贴封条的"死封"办法,则应请劳动部门协助办理不准转让、过户的手续,否则,查封的手续就是不完备的。井陉矿区法院在查封时既没有直接对罐车进行加贴封条、张贴公告,也未在劳动部门办理限制被执行人转移过户的协助执行手续,因此说执行法院的查封手续存在不完善的问题。

但根据目前的理论论证,也难以据此认定其查封不成立。最高法院《关于人民法院执行工作若干问题的规定》中,提到执行法院对查封财产"既未加贴封条或张贴公告,也未请有关部门协助执行的,不得对抗其他法院的查封"。这项规定制定的时候主要是考虑到法院之间的查封争议的处理,而没有设想到是否适用于查封债权人与善意买受人之间的争议处理。对于究竟是否应当一体适用,尚存在一定的争议。因此当时认为不宜让第三人通过此条规定主张法院查封不成立,而由其完全取得财产所有权。

由于法院查封的手续不完善,对外界没有进行公示,外界公众很难知悉法院查封的事实,这是造成第三人能够成功买到查封财产的条件。如第三人确属善意购买,不给予一定的保护也是不合理的。这样就需要对双方的利益都给予一定的保护。

该答复中对具体保护双方当事人的方式,采取了折衷的办法,即对争议财产在双方之间进行合理分配。在一般非法处分财产的个案处理中,并不排除对原所有权人与善意占有人利益平等对待,根据其损失情况公平分配争议财产的做法。在一个非法处分人造成两方当事人权利冲突的情况下,处理的方法不一定是非此即彼、完全保护一方。1964年公检法及财政部联合下发的关于赃物处理的一个文件中,就提到过这样的精神。我们处理查封债权人与善意买受人之间的关系也同样可以参照这种原则。

该案的最后答复函中,除了第一段原则意见外,在关于案件的实际处理问题上,并没有再提到买受人是否善意取得问题。但还是应当理解为,买受人必须具备善意取得的条件,才能够按照这个意见分配财产。这实际也可以说是推定买受人是善意取得。如果能够证明买受人为恶意取得，则其实际上是处于与被执行人共同侵害查封债权人的权利的地位，不仅不能分配财产，还需要承担侵权责任。①

最高人民法院
关于同一法院在不同案件中是否可以对同一财产采取轮候查封、扣押、冻结保全措施问题的答复

2006年1月10日　〔2005〕执他字第24号

江苏省高级人民法院：

你院《关于同一法院在不同案件中是否可以对同一财产采取轮候查封、扣押、冻结保全措施的请示》收悉。经研究，答复如下：

设立轮候查封、扣押、冻结制度，目的是为了解决多个债权对同一执行标的物受偿的先后顺序问题。因此，根据最高人民法院《关于人民法院民事执行中查封、扣押、冻结财产的规定》第二十八条规定的精神，只要不是同一个债权，不论是不是同一个债权人，受理案件的法院是不是同一个法院，都应当允许对已被查封、扣押、冻结的财产进行轮候查封、扣押、冻结；同一法院在不同案件中也可以对同一财产采取轮候查封、扣押、冻结保全措施。

此复。

最高人民法院
关于查封法院全部处分标的物后轮候查封的效力问题的批复

2007年9月11日　法函〔2007〕100号

北京市高级人民法院：

你院《关于查封法院全部处分标的物后轮候查封的效力问题的请示》（京高法〔2007〕208号）收悉。经研究，答复如下：

根据《最高人民法院关于人民法院民事执行中查封、扣押、冻结财产的规定》（法释〔2004〕15号）第二十八条第一款的规定，轮候查封、扣押、冻结自在先的查封、扣押、冻结解除时自动生效，故人民法院对已查封、扣押、冻结的全部财产进行处分后，该财产上的轮候查封自始未产生查封、扣押、冻结的效力。同时，根据上述司法解释第三十条的规定，人民法院对已查封、扣押、冻结的财产进行拍卖、变卖或抵债的，原查封、扣押、冻结的效力消灭，人民法院无需先行解除该财产上的查封、扣押、冻结，可直接进行处分，有关单位应当协助办理有关财产权证照转移手续。

此复。

【附：案例评析】

关于查封法院全部处分标的物后轮候查封的效力问题的请示与答复

一、问题的提出

最高人民法院《关于人民法院民事执行中查封、扣押、冻结财产的规定》（以下简称《查封规定》）实施以来，在对被执行人的车辆等动产或其他财产权进行查封、扣押、冻结（以下统称为查封）后，经常出现其他法院轮候查封的情形。当查封法院处分（拍卖、变卖或抵债）查封财产并需要协助执行机关办理有关产权过户手续时，协助执行机关与查封法院就轮候查封的效力问题存在不同认识。

二、分歧意见

协助执行机关认为，当查封法院对查封财产进行全部处分后，要求协助办理过户手续时，应适用《查封规定》第二十八条第一款的规定，"对已被人民法院查封、扣押、冻结的财产，其他人民法院可以进行轮候查封、扣押、冻结。查封、扣押、冻结解除的，登记在先的轮候查封、扣押、冻结即自动生效。"如财产存在轮候查封，查封法院在要求协助过户的通知中隐含着先行解除原有

---

① 黄金龙：《关于人民法院查封的财产被转卖，是否保护善意买受人利益问题的请示与答复》，载沈德咏主编、最高人民法院执行工作办公室编：《强制执行指导与参考》2002年第3辑（总第3辑），法律出版社2003年版，第191~198页。

查封的要求，登记在先的轮候查封在原有查封解除的瞬间，自动转为正式查封；要顺利完成过户手续，查封法院须与轮候查封的法院进行协商，使轮候查封得以先行解除。

查封法院则认为，查封法院对查封财产全部处分后，轮候查封即自动失效，协助机关应配合查封法院办理过户手续。理由有：一是根据最高人民法院《关于人民法院民事执行中拍卖、变卖财产的规定》（以下简称《拍卖规定》）第二十九条之规定，查封标的物经拍卖、变卖或以物抵债，动产所有权自该动产交付时起转移给买受人或者承受人；不动产、有登记的特定动产或者其他财产权自拍卖成交或者抵债裁定送达买受人或者承受人时起转移。因此，此时财产已为第三人或以物抵债承受人所有，不再属于被执行人责任财产的范围，轮候查封自不能转为正式查封。二是实务中，一个标的物上可能存有多个轮候查封，要求查封法院在处分查封标的物后与所有轮候查封法院分别协调解封，不具可操作性。

三、最高人民法院的意见

要回答上述问题首先必须明确什么是轮候查封。轮候查封就是对其他人民法院已经查封的财产，执行法院依次按时间先后在登记机关进行登记，或者是在该其他人民法院进行记载，排列等候，查封依法解除后，在先的轮候查封自动转化为正式查封的制度。从轮候查封的概念可以看出，轮候查封对某一特定标的物的查封效力是待定的，只有在先的查封依法解除或者自动消灭，轮候查封才能自动生效；如果在先的查封未依法解除或者自动消灭，轮候查封就不发生效力。这也正是轮候查封与重复查封的本质区别。重复查封是两个或者两个以上的有效查封，其中任何一个查封的效力都受到其他查封效力的制约，所以民事诉讼法第九十四条第四款①明确禁止重复查封。

其次，需要明确轮候查封的生效时间和生效条件。根据《查封规定》第二十八条第一款"查封、扣押、冻结解除的，登记在先的轮候查封、扣押、冻结即自动生效"，和第三十条第一款"查封、扣押、冻结期限届满，人民法院未办理延期手续的，查封、扣押、冻结的效力消灭"，说明轮候查封生效的条件是在先的查封依法解除或消灭，生效的时间即在先查封解除或消灭的瞬间。

再次，需要明确查封法院全部处分标的物时对轮候查封的意义。查封法院对已查封的财产进行处分，包括拍卖、变卖或者以物抵债等方式。查封标的物被拍卖、变卖或抵债的，该标的物如所有权即发生转移。在这种情况下，查封标的物已为买受人或承受人所有，则不属于被执行人责任财产的范围，轮候查封当然也不生效。所以，最高人民法院与国土资源部、建设部《关于规范人民法院执行和国土资源房地产管理部门协助执行若干问题的通知》第二十条规定："查封法院对查封的土地使用权、房屋全部处理的，排列在后的轮候查封自动失效"。虽然该条文针对的查封标的物是不动产，但关于查封法院全部处分标的物后轮候查封的效力问题已经有了原则性的规定，该原则应同样适用于动产或其他财产权。

最后，需要明确查封法院处分标的物时原查封的效力问题。在司法实践中，查封法院在处分被查封的标的物时多被协助执行机关要求先解除查封再处分，即使在某些不要求先解封的地方也存在着"查封法院在要求协助过户的通知中隐含着先行解除原有查封的要求"的认识。有的法院也习惯了先解封再处分的做法，所以才会产生"登记在先的轮候查封在原有查封解除的瞬间自动转为正式查封"的观点。笔者认为，这种现状或观念应该改变。其一，查封法院在处分被查封的标的物时必须先行解除查封的要求或认识没有法律依据；其二，查封和处分是同一法院就同一案件在不同阶段对被执行人责任财产采取的不同措施。无论是诉讼保全查封还是执行保全查封，都是为了将来可能发生的处分行为做准备，查封是手段，处分是目的，查封法院对自己查封的标的物进行处分符合查封的目的，法律禁止的是查封法院之外的任何人对该标的物的处分行为；其三，查封法院的处分行为自然替代了查封措施，不存在先解除查封再处分的必要，客观上也避免了因此可能发生的标的物流失问题。所以，查封法院在处分查封标的物时无需先行解除该财产上的查封措施，可直接进行处分。司法解释对于查封法院处分查封标的物时原查封的效力问题已经作出了明确规定，即《查封规定》第三十条第二款规定："查封、扣押、冻结的财产已经被执行拍

---

① 民事诉讼法原第九十四条第二款已被修改为第一百零三条第二款。——编者注

卖、变卖或者抵债的，查封、扣押、冻结的效力消灭。"①

最高人民法院
关于人民法院在执行程序中能否查封被执行人拥有的药品批准文号的请示的答复

2010年6月10日　〔2010〕执他字第2号

安徽省高级人民法院：

你院〔2009〕皖执复字第0022号《关于人民法院在执行程序中能否查封被执行人拥有的药品批准文号的请示报告》收悉。经研究，答复如下：

原则同意你院第二种少数人意见。药品批准文号系车窗药品监督管理部门准许企业生产的合法标志，该批准文号受行政许可法的调整，本身不具有财产价值。因此，人民法院在执行中对药品批准文号不应进行查封。

【附：案例评析】

人民法院在执行程序中能否查封药品批准文号的请示与答复

二、安徽省高级人民法院意见

安徽高院审判委员会对该案进行了研究，形成两种意见：多数意见认为，药品批准文号与药品生产许可证、经营许可证、合格证、专利技术所有权等，共同使用，构成了药品生产企业的无形资产，该无形资产的重要组成部分为药品批准文号，否则将是违法生产。在现实中存在着药品生产企业将其取得的药品批准文号连同许可证及生产技术一起委托他方使用以谋取经济利益。在审判实践中，也有其他法院对药品批准文号的属性予以认定并进行查封。如湖北省武汉市武昌区人民法院在工商银行武昌支行与河南中际投资有限公司、武汉国有资产经营公司、武汉第二制药厂撤销权纠纷一案（〔2001〕武区水民初字第333号民事判决）中，即将药品批准文号作为企业无形资产的组成部分予以认定，再如云南省高级人民法院审理的云南优克制药公司与昆明红星制药厂合同纠纷一案（〔2008〕云高民二终字第129号民事判决），昆明市中级人民法院先后两次向药监管理部门发出《协助执行通知书》，查封了红星制药厂的药品批准文号。而从本案的实际情况分析，被执行人三九药业公司拒不履行法定义务，已无其他财产可供执行。人民法院在此情况下对被执行人的药品批准文号予以查封，其根本目的是促使被执行人履行法定义务，并无不当。虽然现行法律规定药品批准文号不得转让，但未明确药品批准文号不得查封，被执行人以药品批准文号不得转让为理由，认为法院不能查封药品批准文号，没有法律依据，应驳回被执行人三九药业公司的复议申请；第二种意见认为，按照《药品管理法》等现行法律规定，药品批准文号是指药品生产企业在生产药品前报请国家药品监督管理部门批准后获得的身份证明，是依法生产药品的合法标志。药品批准文号的审发程序属于行政许可，现行法律规定药品批准文号不得转让，人民法院对药品批准文号这一行政许可进行查封在目前情况下没有实际意义，应通过沟通、协调的方式处理。

三、最高人民法院答复意见

最高人民法院执行局承办该请示，征求了最高人民法院民三庭的意见。结论为同意安徽省高级人民法院少数人意见。认为：药品批准文号系国家药品监督管理部门准许企业生产的合法标志，该批准文号受《行政许可法》的调整，本身不具有财产价值。因此，人民法院在执行中对药品批准文号不应进行查封。

四、评析意见

1. 药品批准文号的属性。从《中华人民共和国药品管理法》第31条"生产新药或者已有国家标准的药品的，须经国务院药品监督管理部门批准，并发给药品批准文号"及相关规定来看，颁发药品批准文号是一种行政许可行为。其与药品生产许可证、经营许可证、合格证、专利技术所有权等，共同使用，构成了药品生产企业的无形资产。药品批准文号具有行政许可的意义，依附于企业本身，不是财产权，法院不应查封。法院查封的应该是能处分的财产。

---

① 于泓：《关于查封法院全部处分标的物后轮候查封的效力问题的请示与答复》，载最高人民法院执行工作办公室编：《执行工作指导》2007年第3辑（总第23辑），人民法院出版社2008年版，第50～52页。

其次，《中华人民共和国行政许可法》第9条规定："依法取得的行政许可，除法律、法规规定依照法定条件和程序可以转让的外，不得转让。"《中华人民共和国药品管理法》第82条规定："伪造、变造、买卖、出租、出借许可证或者药品批准证明文件的，没收违法所得，并处违法所得一倍以上三倍以下的罚款；没有违法所得的，处二万元以上十万元以下的罚款；情节严重的，并吊销卖方、出租方、出借方的《药品生产许可证》、《药品经营许可证》、《医疗机构制剂许可证》或者撤销药品批准证明文件；构成犯罪的，依法追究刑事责任。"从以上相关法律规定来看，药品批准文号是禁止转让的。药品批准文号系国家药品监督管理部门准许企业生产的合法标志，其本身并没有财产价值，且文号依法不得转让，因药品批准文号与药品生产技术方案具有唯一对应的关系，若在专利侵权案件中若判令被告停止侵犯专利权的行为，可以通过撤销该药品批准文号的方式实现。

2. 药品批准文号与类似权利的区别。药品批准文号与采矿权、探矿权等财产权有共同点，但其性质不同于采矿权、探矿权等权利。采矿权等取得要支付价款，是可以转让的权利。而药品批准文号是企业的无形资产，其不同于无形财产，不能转让。

3. 从查封的目的来看，查封的目的是为了变现或者转化为财产形态。执行对象应该是有财产价值的财产。而药品批准文号目前在实践中无法评估，无法变现。若被执行人无其他财产可供执行，在此情况下查封该无法在流通领域变现的无形资产，实际意义不大。

4. 从查封的效力来看，如果执行标的不能转让，不能控制，查封就没有意义，且执行程序不应当侵犯行政许可权。①

最高人民法院
执行裁定书

〔2011〕执复字第15号

申请复议人（被执行人）：云南贡山华龙电力开发有限公司。住所地：云南省怒江州贡山县县城茨开镇青山饭店。

法定代表人：陈荣华，该公司董事长。

申请执行人：云南江东房地产集团有限公司。住所地：云南省昆明市春城路西开发区C2—13地块。

法定代表人：赵明，该公司董事长。

申请复议人云南贡山华龙电力开发有限公司（以下简称华龙公司）不服云南省高级人民法院（以下简称云南高院）〔2011〕云高执异字第3号执行裁定书，向本院申请复议。本院依法组成合议庭进行审查，现已审查终结。

云南江东房地产集P有限公司（以下简称江东集团）诉华龙公司借款合同纠纷一案，云南高院于2005年1月14日作出〔2005〕云高民二初字第2号民事调解书：华龙公司自本调解书签收之日起二十日内返还江东集团20683万元，赔偿江东集团损失4591626元，华龙公司如不按期返还上述款项，应向江东集团支付日万分之三的赔偿金。该调解书生效后，江东集团向云南高院申请执行。云南高院在执行过程中，根据双方当事人达成的以物抵债协议，于2005年10月24日作出〔2005〕云高执字第5—2号民事裁定书，裁定将被执行人华龙公司所有的十五座水电站以评估价184885054.45元抵偿给江东集团所有。同时，云南高院自2005年6月起，逐月扣划华龙公司发电收入，但保留每月140万元的周转资金作为工资发放等费用。因华龙公司无其他财产可供执行，云南高院于2005年11月20日作出〔2005〕云高执字第5—3号民事裁定书，终结本次执行程序，江东集团申请领取债权凭证。

2006年8月14日，云南高院以〔2006〕云高民二监字第32号民事裁定书裁定本案进行再审并中止执行。在本案再审过程中，云南高院于2008年8月20日作出〔2005〕云高执字第5—5号民事裁定书，继续查封华龙公司的相应资产。后该院于2009年3月19日作出〔2008〕云高民二再字第1号民事判决书：一、撤销该

---

① 刘丽芳：《人民法院在执行程序中能否查封药品批准文号的请示与答复》，载江必新主编、最高人民法院执行局编：《执行工作指导》2010年第4辑（总第36辑），人民法院出版社2011年版，第135～138页。

院〔2005〕云高民二初字第2号民事调解书；二、由华龙公司于判决生效之日起十日内偿还江东集团借款20683万元及利息；三、驳回江东集团的其他诉讼请求。华龙公司不服，向本院提起上诉。本院于2009年11月17日作出〔2009〕民二终字第88号民事判决书，认为本案《借款协议》是双方当事人真实意思表示，协议约定的借款用途用于购买怒江州十五座水电站，借款利率为同期银行贷款利率。此借款行为并未损害华龙公司和其股东以及华龙公司债权人的利益，也不违反国家的金融法规，故《借款协议》有效，华龙公司应当按照《借款协议》的约定偿还本金和利息。根据工商部门已经撤销了华龙公司的法定代表人变更登记的事实，许荣代表华龙公司与江东集团签订的《终止执行〈借款协议〉的合同》属于无权代理而无效，许荣作为华龙公司的法定代表人参加诉讼并委托代表人梅晓元签订的调解协议及调解书因无权代理而无效。因此，一审法院认定事实清楚，证据充分，适用法律正确。故驳回上诉，维持原判。

根据江东集团的申请，本案于2010年2月25日重新立案执行。2010年5月31日，云南高院司法技术处委托云南帮克司法鉴定所对上述十五座水电站进行评估，该所出具〔2010〕司鉴字第006号司法鉴定报告，评估价为36183.97万元。

华龙公司向云南高院提出执行异议。云南高院经审查认为，虽然本案原执行依据〔2005〕云高民二初字第2号民事调解书依照审判监督程序进行再审，但审理结果并未改变申请执行人与被执行人的关系，依然是华龙公司向江东集团承担还款义务，故本案不存在执行回转情形。云南帮克司法鉴定所出具的评估报告是法院在委托拍卖时设定保留价的依据，实际价值的高低应由市场决定。关于核对账目问题，不属于执行依据的范围，如当事人对账目有异议，可以向执行法院提出。十五座水电站的发电收入由电网公司依约定收取后，再由电网公司根据实际发电量支付给华龙公司，资产及发电收入仍归华龙公司所有，目前十五座水电站运行良好，并未给华龙公司造成严重损失。该院作出的查封、续封行为具有连续性，目的是为了防止查封资产的变更及设定他项权利，故该院的执行行为并无不当。该院据此作出〔2011〕云高执异字第3号执行裁定书，驳回了华龙公司的异议。

华龙公司申请复议称，云南高院依据被撤销民事调解书进行的执行行为丧失合法性，已被执行的财产亦无继续存在的合法前提，应对原违法执行行为予以执行回转。在本案调解书已被裁定再审的情况下，云南高院仍连续多年查封其水电站资产，导致其利益遭受重大损害。执行过程中，其对被执行的财产数额完全不知情，多次要求对账，执行法院均不理会，严重侵犯其知情权。评估报告引用的电价取费文件已失效，评估报告确定的水电站开发年限低于其享有的开发年限，评估价值严重贬值，评估报告丧失客观合法性1故请求撤销〔2011〕云高执异字第3号执行裁定书，责令云南高院纠正执行错误。

江东集团答辩称，云南高院判决撤销〔2005〕云高民二初字第2号民事调解书的同时，判决华龙公司偿还借款20683万元及利息，最高人民法院维持了云南高院的再审判决，故前后两个执行依据确认的借贷还款关系一致，本案并不符合法律规定的执行回转的情形。云南高院再审期间中止执行，是将执行停留在已执行的状况，继续查封是为了维持已查封的现状，且十五座水电站仍由华龙公司管理使用，发电收入也由华龙公司收取，除不得随意处置外没有给华龙公司造成任何损失。在法院组织的听证会上，该公司已将本案执行本息计算表、本息计算说明等完整的执行、发还情况资料经云南高院交给了华龙公司的代理律师，故华龙公司对本案的执行情况一清二楚。华龙公司如对评估报告结果有异议，应在评估程序中解决，但不能因为对评估报告有异议而中止本案的执行；评估价值只是拍卖的参考价，最终的拍卖价由市场决定；评估机构将今后三十年的水电站经营利润的40%作为资产价值计入评估总价值，已经虚增了水电站资产价值。故请求驳回华龙公司的复议申请，维持〔2011〕云高执异字第3号执行裁定书。

本院查明：云南高院已收回上述〔2005〕云高执字第5—2号以物抵债裁定书，并通知相关协助执行单位停止办理该裁定书涉及的十五座水电站的产权过户手续；对于已办理产权过户手续的位于福贡县的三座水电站，因本案进入评估拍卖程序，为减少变更登记给双方当事人带来不必要的损失，云南高院已经向当事人解释暂无必要重新过户到华龙公司名下。另查明，云南帮克司法鉴定所出具〔2010〕司鉴字第006号司法鉴定报告后，云南高院账户上尚存有已扣划华龙公司的发电收入1000余万元，鉴于对被执行人华龙公司财产的查封、扣划数额已经超出了执行标的额，云南高院于2011年6月22日以〔2010〕云高执字第2-2号执行裁定书解除了对被执行人华龙公司位于兰坪县的罗松场电站、通甸河电站、大华电站的房地产、机械设备及发电收入的查封、冻结。

本院认为：关于本案应否执行回转问题，根据本院〔2009〕民二终字第88号民事判决书，〔2005〕云高民二初字第2号民事调解书被撤销，系因许荣无权代理，其作为华龙公司的法定代表人参加诉讼并委托代理人签订调解协议的行为无效所致。上述调解书虽然依照审判监督程序被撤销，但双方当事人之间的债权债务关系并未改变，生效判决确认华龙公司仍是本案的被执行人，云南高院依据生效判决执行华龙公司是有法律依据的，本案不属于《中华人民共和国民事诉讼法》第二百一十条①规定的"据以执行的判决、裁定和其他法律文书确有错误"的情形，不存在执行回转的条件。

关于云南高院的续封行为是否侵害了华龙公司利益的问题，因原生效调解书进行再审，本案执行程序中止，但中止执行并不意味着原已采取的查封等执行措施必须解除，云南高院对已查封财产采取的续封措施，并不是新的执行行为，只是维持原查封效力的行为，故续封行为并不侵害华龙公司的合法权益。

关于云南高院是否侵害了华龙公司知情权的问题，执行程序中，云南高院的相关裁定书均送达了当事人及协助执行人，华龙公司应当了解有关裁定书的内容，且云南高院也向当事人说明了发放执行款的情况，因本案已经执行的数额远远小于执行标的额，故不存在必须对账的事由，华龙公司若对已执行的款额有异议，可向云南高院提出。

关于评估报告是否低估了标的物价值的问题，本案评估机构的选定符合法定程序，评估报告中关于华龙公司所有的十五座水电站的价值仅是人民法院在委托拍卖中可参照的保留价，其实际价值应由市场决定，故华龙公司关于评估价值过低的复议理由亦不能成立。

综上，依照《中华人民共和国民事诉讼法》第二百零二条②和《最高人民法院关于适用〈中华人民共和国民事诉讼法〉执行程序若干问题的解释》第八条、第九条的规定，裁定如下：

驳回云南贡山华龙电力开发有限公司的复议请求。

本裁定送达后立即生效。

【附：案例评析】

再审程序中财产保全措施应否解除——云南贡山华龙电力开发有限公司申请复议案

评析意见：

（一）本案应否执行回转

从本案双方当事人的债权债务关系来看，华龙公司所欠江东集团借款的事实真实存在，华龙公司是债务人，江东集团是债权人，双方所签订的借款协议已被最高人民法院终审判决确认有效，并支持了江东集团偿还借款本金及利息的诉讼请求。至于上述调解书被撤销的原因，终审判决已经确认，系许荣无权代理所致，故其作为华龙公司的法定代表人参加诉讼并委托代理人签订调解协议及调解书的行为亦无效。因此，上述民事调解书被撤销并不意味着当事人双方债权债务关系的改变，华龙公司所负的债务仍然存在，生效判决最终确认华龙公司仍是本案的被执行人，法院依据生效判决执行华龙公司的财产是有法律依据的，不存在执行回转的前提条件。

（二）再审审理中的续封行为是否侵害了被执行人权益

---

① 民事诉讼法原第二百一十条现已修改为第二百三十三条。——编者注
② 民事诉讼法原第二百二十五条现已修改为第二百二十五条。——编者注

2006年8月14日，在云南高院裁定本案再审、中止执行后，云南高院于2008年8月20日作出〔2005〕高执字第5—5号民事裁定书，继续查封华龙公司的财产。华龙公司据此认为侵害其权益。最高人民法院认为，上述裁定并未给华龙公司的合法权益造成实质损害。因为，虽然原生效调解书进行再审，本案执行程序中止，但中止执行并不意味着原已采取的查封等保全措施必须解除，云南高院对已查封财产采取的续封措施，并不是新的执行行为，只是维持原查封效力的行为，故续封行为并未给华龙公司的合法权益造成实质损害。从本案发生的全过程来看，华龙公司始终未对债权债务的真实性提出异议，审理结果也足以证明借款关系是真实存在的。云南高院之所以在再审期间继续查封华龙公司的相应财产，正是基于华龙公司一直不履行对江东集团的还款义务，为了保护债权人利益依法采取的财产保全措施，而并非恶意损害被执行人的合法权益。

应该说，云南高院在再审程序中继续保全被执行人相应财产的做法不仅是正确的，还应该大力提倡。在执行实务中，有的法院在案件进入再审后，对被执行人的财产没有及时进行保全或由于其他原因导致原有查封失效，造成被执行人转移财产的事实或只能轮候查封的情况并不少见，给下一步依法执行造成很大障碍，甚至由于第三人的善意取得或其他债权人的出现，而使本案债权人的利益悬空。最高人民法院在《关于依法制裁规避执行行为的若干意见》第七条，明确了要加大财产保全力度。强调各地法院要加强立案、审判和执行环节在财产保全方面的协调配合，加大依法进行财产保全的力度，强化审判与执行在财产保全方面的衔接，降低债务人或者被执行人隐匿、转移财产的风险。所以，不能片面地理解为只要执行依据进行再审就不能采取保全措施，要根据个案的具体情况，分析判断采取保全措施的利弊得失，需要采取保全措施的应当及时进行保全。

（三）云南高院是否侵害了华龙公司的知情权

执行程序中的知情权，应当理解为当事人双方对财产保全及处分等影响其重大利益的情形，享有的随时了解案件进展情况的权利。复议申请人并未提出云南高院有何法律文书未送达或其他影响其权利的工作失误，而是提出执行财产的数额不清、对其对账要求不予理会。但根据本案的实际情况，因双方当事人在执行过程中达成和解协议，云南高院作出〔2005〕云高执字第5—2号裁定书将十五座水电站以物抵债，且双方约定由于华龙公司无财产可供执行，江东集团对未执行的债权金额申请发放债权凭证，故云南高院作出〔2005〕云高执字第5—3号裁定终结本次执行程序。上述事实说明，之所以没有对账，是因为本案尚未执行终结，终结本次执行程序只是在被执行人暂时无财产可供执行时的程序性结案，待被执行人恢复履行能力时申请人可随时请求法院恢复执行，既然被执行人没有全部履行债务，故不存在必须对账的事由。在本案终审判决生效并恢复执行后，云南高院在〔2010〕云高执字第2—2号裁定书中将本案执行标的额和已经执行、查封标的物的价值重新核对，并据此解除了超出执行标的额的三座水电站的查封措施。故华龙公司此点复议理由不成立。

（四）评估报告是否低估了标的物价值

在评估机构出具评估报告后，双方当事人均对该评估报告提出了异议，被执行人华龙公司认为低估了价值，而申请执行人江东集团认为高估了价值。帮克司法鉴定所是双方当事人共同指定的评估机构，在双方均对评估报告提出异议后，该所作出了《对怒江贡山华龙电力有限公司十五座水电站鉴定评估的情况说明》，说明了评估报告引用的电价取费标准有效，可以作为评估合法依据；评估报告确定的水电站30年开发年限符合国家有关政策文件的规定，是合理且符合评估规范的。上述情况表明，从评估机构的选定和资质看，选定程序合法，帮克司法鉴定所具有合格评估资质。评估报告作出后，也分别征求了双方的意见，并对双方所提异议进行了答复。关于评估价格是否过低的问题，最高人民法院认为，评估报告中关于十五座水电站的价值仅是人民法院在委托拍卖中可参照的保留价，其实际价值应由市场决定，故华龙公司的此点异议理由亦不成立。[①]

[①] 于泓：《再审程序中财产保全措施应否解除——云南贡山华龙电力开发有限公司申请复议案》，载江必新主编、最高人民法院执行局编：《执行工作指导》2012年第2辑（总第42辑），人民法院出版社2012年版，第83～92页。

[提示] 债务人的部分履行行为对人民法院冻结裁定的效力

最高人民法院
执行裁定书

〔2011〕执复字第7号

申请复议人兰州兰新通信设备集团有限公司（以下简称兰新公司）、兰州瑞德实业集团有限公司（以下简称瑞德公司）不服甘肃省高级人民法院（以下简称甘肃高院）2011年4月18日作出的〔2011〕甘执字第02号执行裁定（以下简称异议裁定）申请复议一案，本院受理后依法组成合议庭进行了审查，现已审查终结。

兰新公司、瑞德公司提出两项复议请求：（一）撤销甘肃高院2011年3月30日作出的〔2011〕甘执字第02号执行裁定（以下简称冻结裁定）、异议裁定以及2011年3月10日作出的〔2011〕甘执字第02号限期履行通知。（二）裁定甘肃高院停止对本案执行。理由为：（一）兰新公司、瑞德公司在冻结裁定、限期履行通知送达前已经履行完毕应付毛刚等49名商户的赔偿款9,296,652.60元，毛刚等49名商户隐瞒已经获得赔偿款的事实，向甘肃高院申请执行，而甘肃高院未审查其申请的真实性就作出冻结裁定，冻结裁定中关于兰新公司、瑞德公司支付49名商户赔偿款的内容显然错误，应依法撤销和更正。但是，异议裁定却对兰新公司、瑞德公司的异议予以驳回，明显不当。（二）瑞德公司诉兰州华邦投资有限公司（以下简称华邦公司）、兰州华邦投资有限公司华邦女子饰品批发广场（以下简称华邦广场）相邻损害防免关系纠纷一案，正在兰州市中级人民法院（以下简称兰州中院）审理，兰州中院虽然解除了保全措施，但是，该案判决可能出现华邦广场、华邦公司赔偿瑞德公司的情形，为节省司法资源，应等待此案判决后，根据判决结果恢复本案执行。

本院查明：华邦公司、华邦广场、甘肃华邦农业科技有限公司（以下简称华邦农业）、甘肃天河旅行社有限责任公司（以下简称天河公司）和毛刚等49名商户诉兰新公司、瑞德公司财产损害赔偿纠纷一案，本院于2010年12月7日作出〔2010〕民一终字第38号民事判决，判令：（一）兰新公司赔偿毛刚等49名商户损失9,296,652.60元；（二）兰新公司赔偿华邦公司、华邦广场损失12,729,434.40元；（三）兰新公司赔偿华邦农业、天河公司损失20,652.30元；（四）兰新公司赔偿天河公司损失53,566.20元。瑞德公司对以上赔偿数额承担连带赔偿责任。

上述判决生效后，华邦公司、华邦广场、华邦农业、天河公司、毛刚等49名商户于2011年2月13日申请执行，甘肃高院于2月18日立案执行。3月11日甘肃高院向兰新公司、瑞德公司发出限期履行通知，责令两公司在15日内履行义务。3月30日甘肃高院作出冻结裁定：冻结、划拨兰新公司、瑞德公司银行存款22,251,291.50元，如银行存款不足，查封（扣押）等值财产评估拍卖后清偿债务。该裁定于3月31日送达兰新公司、瑞德公司。

兰新公司、瑞德公司于2011年4月7日针对冻结裁定向甘肃高院提出书面异议，理由为：（一）瑞德公司已全部支付毛刚等49名商户的赔偿款，不应再列入强制执行范围。（二）关于应支付华邦广场、华邦公司的12,729,434.40元，由于华邦公司和华邦广场合同违约给瑞德公司造成直接损失22,467,460.50元，瑞德公司已向兰州中院提起诉讼，兰州中院根据瑞德公司提供的担保和申请作出了〔2011〕兰法民一初字第00033号民事裁定，保全华邦广场、华邦公司银行存款或等值财产22,467,460.50元。2011年2月21日兰州中院书面通知兰新公司、瑞德公司暂停支付上述生效判决确定的12,729,434.40元到期债权，故在兰州中院〔2011〕兰法民一初字第00033号案未审结前，应停止执行本院〔2010〕民一终字第38号民事判决。

兰新公司、瑞德公司向甘肃高院提交证据材料三份：1.《赔偿金发放登记表》，证明自2011年2月21日至3月幻日期间向毛刚等49名商户履行了判决确定的赔偿义务；2.兰州中院〔2011〕兰法民一初字第 00033 号民事裁定,证明兰州中院已受理瑞德公司诉华邦广场、华邦公司相邻损害防免关系纠纷一案,并作出诉讼保全裁定;3. 兰州中院 2011 年 2 月 21 日作出的〔2011〕兰法民一初字第 00033 号《协助执行通知书》,证明兰州中院已经通知瑞德公司、兰新公司,对本院〔2010〕民一终字第 38 号民事判决判令两公司应支付华邦广场、华邦公司的 12,729,434.40 元债权暂停支付。

2011 年 4 月 12 日华邦公司、华邦广场亦向甘肃高院提交了兰州中院 2011 年 4 月 11 日作出的〔2011〕兰法民一初字第 00033—1 号民事裁定,证明:因华邦公司向兰州中院提供了评估价值为 34,296,097 元的土地和房产担保,该院裁定解除了对华邦广场、华邦公司银行存款及其他财产的保全措施。

经甘肃高院审查,异议人兰新公司、瑞德公司和申请执行人华邦公司、华邦广场提供的证据材料均属实。

甘肃高院认为:权利人申请强制执行后,该院根据《中华人民共和国民事诉讼法》第二百二十条及相关司法解释的规定作出冻结裁定,但尚未实施该裁定。在向被执行人送达冻结裁定时,由于被执行人尚未提交对 49 名商户的赔偿义务全部履行完毕的证明材料原件,该院明确告知被执行人,如果经核实确认对 49 名商户的赔偿义务全部履行完毕,将剔除已履行部分的金额,故被执行人提出的异议理由(一)不能成立;瑞德公司以申请执行人华邦广场、华邦公司为被告在兰州中院另案提起诉讼,兰州中院可以依申请作出保全裁定,但在华邦广场、华邦公司有其他财产可供保全的情况下,无权要求被执行人停止履行本院生效判决确定的给付义务,且将上级法院生效判决确定的到期债权作为保全标的无法律依据。在华邦公司提供反担保后,兰州中院已于 2011 年 4 月 11 日裁定解除了对华邦广场、华邦公司的财产保全.依据保全裁定作出的〔2011〕兰法民一初字第 00033 号协助执行通知书自动失效。故兰新公司、瑞德公司提出的异议理由(二)亦不能成

立。根据《民事诉讼法》第二百零二条①之规定,甘肃高院于 2011 年 4 月 18 日作出异议裁定,裁定驳回兰新公司、瑞德公司的异议。

本院认为:本案涉及两个焦点问题,即:(一)债务人的部分履行行为对法院冻结裁定的效力。(二)瑞德公司另案提起诉讼的行为能否导致本案执行程序停止。围绕上述问题,分析如下:

(一)关于债务人的部分履行行为对法院冻结裁定的效力问题。在本案所涉执行案件立案执行时,兰新公司、瑞德公司对毛刚等 49 名商户的债务尚未自动履行,甘肃高院依据债权人华邦广场、华邦公司、华邦农业、天河公司和毛刚等 49 名商户的申请发出限期履行通知以及冻结裁定并无不当。但是,法院的冻结裁定一旦做出便对当事人具有强制执行效力,所要冻结的数额在依法变更之前并不能自动减少,虽然实践中执行法院一般通过扣减债务人自动履行部分数额的方式进行操作,但扣减的事实行为并不能导致冻结裁定中自动履行部分债权的强制执行效力消灭,鉴于债务人兰新公司、瑞德公司提出异议时冻结裁定尚未实施,甘肃高院应当根据债务人已经履行的数额相应变更冻结裁定中冻结、扣划的数额。因此,兰新公司、瑞德公司关于已履行部分应予变更冻结裁定中冻结、扣划数额的复议请求应予支持。

(二)关于兰新公司、瑞德公司另案提起诉讼能否导致本案执行程序停止的问题。执行程序一旦启动,除非出现法律规定的事由,不得停止。兰新公司、瑞德公司与华邦公司、华邦广场之间的相邻损害防免之诉属于另一法律关系,该诉讼所争议的债权尚未确定,即使兰新公司、瑞德公司的诉讼请求将来能够得到支持,也应另案申请执行,其要求停止本案执行程序没有法律依据,该项复议请求不能得到支持。

综上,根据《中华人民共和国民事诉讼法》第二百零二条之规定,裁定如下:

一、撤销〔2011〕甘执字第 02 号执行裁定异议裁定

二、由甘肃高院按照兰新公司、瑞德公司已经自动履行的数额对〔2011〕甘执字第 02 号

---

① 民事诉讼法原第二百零二条现已修改为第二百二十五条。——编者注

执行裁定（冻结裁定）中的冻结、扣划数额予以变更；

三、驳回兰新公司、瑞德公司的其他复议请求。

本裁定为终审裁定。

【附：案例评析】

债务人的部分履行行为对人民法院冻结裁定的效力——兰州兰新通信设备公司、瑞德实业公司执行复议案

评析：

本案的焦点问题涉及两个：（1）债务人的部分履行行为对法院冻结裁定的效力问题；（2）瑞德公司另案提起诉讼的行为能否导致本案执行程序停止。

（一）债务人的部分履行行为对法院冻结裁定的效力问题

首先，本案中法院依据申请执行人的申请发出限期履行通知以及冻结裁定并无问题。此点涉及执行法理论上的一个重大问题，即公法上的强制执行请求权的性质。强制执行请求权是否以实体请求权的存在为基础，学界存在"具体的请求权"和"抽象的请求权"两种不同的观点。前者认为，债权人的执行请求权必须以实体上对债务人确实存在请求权为基础。后者认为，基于执行程序的特点，实际上执行法院对于当事人是否具有实体上的请求权很难判断。目前，以抽象的执行请求权说为通说。从《最高人民法院关于人民法院执行工作若干问题的规定（试行）》第18条第1款第（5）项的规定看，有要求法院在执行立案时审查债务人尚未履行债务的内容，似乎是坚持实体请求权说，但从执行实践看，法院往往只是要求申请人提供立案申请材料，并不要求被执行人质证，所作审查也仅仅是程序审查，实际上坚持的仍然是抽象请求权说。而且，该院在立案、发出限期履行通知书以及作出冻结裁定时，对毛刚等49名商户的债务还没有履行完毕，因此该院发出限期履行通知书、作出冻结裁定并不违法。

其次，债务人的部分履行行为能够产生阻止、变更执行行为的效力。理论上，债务人关于债务已履行的异议属于实体异议，应当另行提起债务人异议之诉方能发生阻止或者变更执行的效力。但是，在我国由于尚未建立债务人异议之诉制度，债务人关于债务已经履行、债的关系消灭的异议是按照《民事诉讼法》第二百零二条以程序异议的方式进行，因此，人民法院对此异议应当进行实体审查，一旦审查属实也应当赋予其具有变更或者阻止执行的效力。

最后，债务人已经履行的部分不宜通过在实施过程中扣减的方式进行。因为，法院的冻结裁定一旦做出，便对当事人具有强制执行的效力，虽然实践中法院都是通过扣减的方式来操作，但在程序上扣减本身并不能够导致冻结裁定的效力消灭，应当根据已经履行的数额相应变更冻结的数额。

因此，复议申请中关于已履行部分应予变更冻结裁定数额的请求应予支持。

（二）瑞德公司另案提起诉讼能否导致本案执行的问题

执行程序一旦启动，除非出现法律规定的事由，不得停止。兰新公司、瑞德公司与华邦公司、华邦广场之间的诉讼属于另一法律关系，即使兰新公司、瑞德公司的诉讼请求能够得到支持，也是另案申请执行的问题，其要求停止本案执行没有法律依据，不应得到支持。

同时，第二个问题还涉及复议申请人在甘肃高院提起异议时的另一理由能否成立的问题，即兰州中院对兰新公司、瑞德公司发出的停止支付法院确定债权的通知书能否具有阻止法院执行的效力。笔者认为，法院的确定债权一旦进入执行程序，实际上存在两类法律关系，一类是当事人之间的私法上的法律关系，一类是执行法院与当事人之间的公法上的法律关系。兰州中院仅仅向债务人发出执行通知书，仅仅能产生私法上的法律效力，但并不能阻止甘肃高院对债务人的强制执行。而且，相关保全裁定也已被兰州中院撤销，兰新公司、瑞德公司以兰州中院的保全裁定主张停止执行亦不能成立。①

---

① 范向阳：《债务人的部分履行行为对人民法院冻结裁定的效力——兰州兰新通信设备公司、瑞德实业公司执行复议案》，载江必新主编、最高人民法院执行局编：《执行工作指导》2011年第4辑（总第40辑），人民法院出版社2011年版，第63～74页。

人民法院办理执行案件规范

2017 年 4 月

351.【财产控制的一般规定】

执行程序中,人民法院有权查封、扣押、冻结被执行人应当履行义务部分的财产,但应当保留被执行人及其所扶养家属的生活必需品。

352.【查封的程序】

人民法院查封、扣押、冻结被执行人的动产、不动产及其他财产权,应当作出裁定,并送达被执行人和申请执行人。

采取查封、扣押、冻结措施需要有关单位或者个人协助的,人民法院应当制作协助执行通知书,连同裁定书副本一并送达协助执行人。查封、扣押、冻结裁定书和协助执行通知书送达时发生法律效力。

353.【财产权属的判断】

人民法院可以查封、扣押、冻结被执行人占有的动产、登记在被执行人名下的不动产、特定动产及其他财产权。

未登记的建筑物和土地使用权,依土地使用权的审批文件和其他相关证据确定权属。

对于第三人占有的动产或者登记在第三人名下的不动产、特定动产及其他财产权,第三人书面确认该财产属于被执行人的,人民法院可以查封、扣押、冻结。

根据物权法第二十八条、第二十九条规定判断属于被执行人的财产,人民法院可以查封、扣押、冻结。

354.【不得查封的财产】

人民法院对被执行人下列的财产不得查封、扣押、冻结:

(一)被执行人及其所扶养家属生活所必需的衣服、家具、炊具、餐具及其他家庭生活必需的物品;

(二)被执行人及其所扶养家属所必需的生活费用。当地有最低生活保障标准的,必需的生活费用依照该标准确定;

(三)被执行人及其所扶养家属完成义务教育所必需的物品;

(四)未公开的发明或者未发表的著作;

(五)被执行人及其所扶养家属用于身体缺陷所必需的辅助工具、医疗物品;

(六)被执行人所得的勋章及其他荣誉表彰的物品;

(七)根据《中华人民共和国缔结条约程序法》,以中华人民共和国、中华人民共和国政府或者中华人民共和国政府部门名义同外国、国际组织缔结的条约、协定和其他具有条约、协定性质的文件中规定免于查封、扣押、冻结的财产;

(八)法律及司法解释规定的其他不得查封、扣押、冻结的财产。

355.【最低生活标准的保障】

对于超过被执行人及其所扶养家属生活所必需的房屋和生活用品,人民法院根据申请执行人的申请,在保障被执行人及其所扶养家属最低生活标准所必需的居住房屋和普通生活必需品后,可予以执行。

356.【动产的查封】

查封、扣押动产的,人民法院可以直接控制该项财产。人民法院将查封、扣押的动产交付其他人控制的,应当在该动产上加贴封条或者采取其他足以公示查封、扣押的适当方式。

357.【登记财产的查封】

查封不动产的,人民法院应当张贴封条或者公告,并可以提取保存有关财产权证照。

查封、扣押、冻结已登记的不动产、特定动产或其他财产权,应当通知有关登记机关办理登记手续。未办理登记手续的,不得对抗其他已经办理了登记手续的查封、扣押、冻结行为。

358.【未进行权属登记建筑物的查封】

查封尚未进行权属登记的建筑物时,人民法院应当通知其管理人或者该建筑物的实际占有人,并在显著位置张贴公告。

359.【查封财产的保管和使用】

查封、扣押的财产不宜由人民法院保管的,人民法院可以指定被执行人负责保管;不宜由被执行人保管的,可以委托第三人或者申请执行人保管。

由人民法院指定被执行人保管的财产,如

果继续使用对该财产的价值无重大影响,可以允许被执行人继续使用;由人民法院保管或者委托第三人、申请执行人保管的,保管人不得使用。

查封、扣押、冻结担保物权人占有的担保财产,一般应当指定该担保物权人作为保管人;该财产由人民法院或指定第三人保管的,质权、留置权不因转移占有而消灭。

360.【共有财产的查封】

对被执行人与其他人共有的财产,人民法院可以查封、扣押、冻结,并及时通知共有人。

共有人协议分割共有财产,并经债权人认可的,人民法院可以认定有效。查封、扣押、冻结的效力及于协议分割后被执行人享有份额内的财产;对其他共有人享有份额内的财产的查封、扣押、冻结,人民法院应当裁定予以解除。

共有人提起析产诉讼或者申请执行人代位提起析产诉讼的,人民法院应当准许。诉讼期间中止对该财产的执行。

361.【第三人占有的被执行人财产的查封】

对第三人为被执行人的利益占有的被执行人的财产,人民法院可以查封、扣押、冻结;该财产被指定给第三人继续保管的,第三人不得将其交付给被执行人。

对第三人为自己的利益依法占有的被执行人的财产,人民法院可以查封、扣押、冻结,第三人可以继续占有和使用该财产,但不得将其交付给被执行人。

第三人无偿借用被执行人的财产的,不受前款规定的限制。

362.【被执行人出卖但保留所有权的财产的查封】

被执行人将其财产出卖给第三人,第三人已经支付部分价款并实际占有该财产,但根据合同约定被执行人保留所有权的,人民法院可以查封、扣押、冻结;第三人要求继续履行合同的,应当由第三人在合理期限内向人民法院交付全部余款后,裁定解除查封、扣押、冻结。

363.【被执行人出卖需办理过户登记的财产的查封】

被执行人将其所有的需要办理过户登记的财产出卖给第三人,第三人已经支付部分或者全部价款并实际占有该财产,但尚未办理产权过户登记手续的,人民法院可以查封、扣押、冻结;第三人已经支付全部价款并实际占有,但未办理过户登记手续的,如果第三人对此没有过错,人民法院不得查封、扣押、冻结。

364.【被执行人购买的第三人保留所有权的财产的查封】

被执行人购买第三人的财产,已经支付部分价款并实际占有该财产,但第三人依合同约定保留所有权,申请执行人已向第三人支付剩余价款或者第三人书面同意剩余价款从该财产变价款中优先支付的,人民法院可以查封、扣押、冻结。

第三人依法解除合同的,人民法院应当准许,已经采取的查封、扣押、冻结措施应当解除,但人民法院可以依据申请执行人的申请,执行被执行人因支付价款而形成的对该第三人的债权。

365.【被执行人购买需办理过户登记财产的查封】

被执行人购买需要办理过户登记的第三人的财产,已经支付部分或者全部价款并实际占有该财产,虽未办理产权过户登记手续,但申请执行人已向第三人支付剩余价款或者第三人同意剩余价款从该财产变价款中优先支付的,人民法院可以查封、扣押、冻结。

366.【现场查封】

人民法院查封、扣押财产时,被执行人是公民的,应当通知被执行人或者他的成年家属到场;被执行人是法人或者其他组织的,应当通知其法定代表人或者主要负责人到场。拒不到场的,不影响执行。被执行人是公民的,其工作单位或者财产所在地的基层组织应当派人参加。

对被查封、扣押的财产,执行人员必须造具清单,由在场人签名或者盖章后,交被执行人一份。被执行人是公民的,也可以交他的成年家属一份。在场人拒绝签名或盖章的,记明情况。

367.【查封笔录】

查封、扣押、冻结被执行人的财产时,执

行人员应当制作笔录,载明下列内容:

(一)执行措施开始及完成的时间;

(二)财产的所在地、种类、数量;

(三)财产的保管人;

(四)其他应当记明的事项。

执行人员及保管人应当在笔录上签名,有民事诉讼法第二百四十五条规定的人员到场的,到场人员也应当在笔录上签名。

368.【明显超标的查封的禁止】

查封、扣押、冻结被执行人的财产,以其价额足以清偿法律文书确定的债权额及执行费用为限,不得明显超标的额查封、扣押、冻结。

发现超标的额查封、扣押、冻结的,人民法院应当根据被执行人的申请或者依职权,及时解除对超标的额部分财产的查封、扣押、冻结,但该财产为不可分物且被执行人无其他可供执行的财产或者其他财产不足以清偿债务的除外。

369.【查封对从物和孳息的效力】

查封、扣押的效力及于查封、扣押物的从物和天然孳息。

查封财产法定孳息的,人民法院应当在执行文书中予以载明,但法律、司法解释规定查封效力及于法定孳息的除外。

370.【查封财产灭失后的效力及于替代物、赔偿款】

查封、扣押、冻结的财产灭失或者毁损的,查封、扣押、冻结的效力及于该财产的替代物、赔偿款。人民法院应当及时作出查封、扣押、冻结该替代物、赔偿款的裁定。

371.【查封与过户登记冲突的处理】

查封、扣押、冻结协助执行通知书在送达登记机关时,登记机关已经受理被执行人转让不动产、特定动产及其他财产的过户登记申请,尚未核准登记的,应当协助人民法院执行。人民法院不得对登记机关已经核准登记的被执行人已转让的财产实施查封、扣押、冻结措施。

查封、扣押、冻结协助执行通知书在送达登记机关时,其他人民法院已向该登记机关送达了过户登记协助执行通知书的,应当优先办理过户登记。

372.【查封的效力】

被执行人就已经查封、扣押、冻结的财产所作的移转、设定权利负担或者其他有碍执行的行为,不得对抗申请执行人。

第三人未经人民法院准许占有查封、扣押、冻结的财产或者实施其他有碍执行的行为的,人民法院可以依据申请执行人的申请或者依职权解除其占有或者排除其妨害。

人民法院的查封、扣押、冻结没有公示的,其效力不得对抗善意第三人。

373.【最高额抵押财产的查封】

人民法院查封、扣押被执行人设定最高额抵押权的抵押财产的,应当通知抵押权人。抵押权人受抵押担保的债权数额自收到人民法院通知时起不再增加。

人民法院虽然没有通知抵押权人,但有证据证明抵押权人知道查封、扣押事实的,受抵押担保的债权数额从其知道该事实时起不再增加。

374.【查封期限】

人民法院冻结被执行人的银行存款的期限不得超过一年,查封、扣押动产的期限不得超过两年,查封不动产、冻结其他财产权的期限不得超过三年。

申请执行人申请延长期限的,人民法院应当在查封、扣押、冻结期限届满前办理续行查封、扣押、冻结手续,续行期限不得超过前款规定的期限。

人民法院也可以依职权办理续行查封、扣押、冻结手续。

续行查封、扣押、冻结无需上级人民法院批准。

375.【续行查封的提起】

申请执行人申请续行查封、扣押、冻结财产的,应当在查封、扣押、冻结期限届满七日前向人民法院提出;逾期申请或者不申请的,自行承担不能续行查封、扣押、冻结的法律后果。

人民法院查封、扣押、冻结财产后,应当书面告知申请执行人明确的期限届满日以及前款有关申请续行查封、扣押、冻结的事项。

376.【轮候查封】

对已被人民法院查封、扣押、冻结的财产,其他人民法院可以进行轮候查封、扣押、冻结。

查封、扣押、冻结解除的，登记在先的轮候查封、扣押、冻结即自动生效。

其他人民法院对已登记的财产进行轮候查封、扣押、冻结的，应当通知有关登记机关协助进行轮候登记，实施查封、扣押、冻结的人民法院应当允许其他人民法院查阅有关文书和记录。

其他人民法院对没有登记的财产进行轮候查封、扣押、冻结的，应当制作笔录，并经实施查封、扣押、冻结的人民法院执行人员及被执行人签名，或者书面通知实施查封、扣押、冻结的人民法院。被执行人拒绝签名的，记入笔录。

同一法院在不同案件中可以对同一财产采取轮候查封、扣押、冻结措施。

377.【轮候查封的期限起算】

轮候查封、扣押、冻结不产生正式查封、扣押、冻结的效力，不需要续行轮候查封、扣押、冻结。

轮候查封、扣押、冻结自转为正式查封、扣押、冻结之日起开始计算查封、扣押、冻结期限。

人民法院在办理轮候查封、扣押、冻结措施时，可以在协助执行通知书中载明轮候查封、扣押、冻结转为正式查封、扣押、冻结后的查封、扣押、冻结期限。

378.【查封效力的消灭】

查封、扣押、冻结期限届满，人民法院未办理延期手续的，查封、扣押、冻结的效力消灭。

查封、扣押、冻结的财产已经被执行拍卖、变卖或者抵债的，查封、扣押、冻结的效力消灭。

379.【查封的解除】

有下列情形之一的，人民法院应当作出解除查封、扣押、冻结裁定，并送达申请执行人、被执行人或者案外人：

（一）查封、扣押、冻结案外人财产的；

（二）申请执行人撤回执行申请或者放弃债权的；

（三）查封、扣押、冻结的财产流拍或者变卖不成，申请执行人和其他执行债权人又不同意接受抵债的；

（四）债务已经清偿的；

（五）被执行人提供担保且申请执行人同意解除查封、扣押、冻结的；

（六）人民法院认为应当解除查封、扣押、冻结的其他情形。

解除以登记方式实施的查封、扣押、冻结的，应当向登记机关发出协助执行通知书。

380.【解封物品的发还】

人民法院解除对物品的查封、扣押措施的，除指定由被执行人保管的外，应当自解除查封、扣押措施之日起十日内将物品发还给所有人或交付人。

物品在人民法院查封、扣押期间，因自然损耗、折旧所造成的损失，由物品所有人或交付人自行负担，但法律另有规定的除外。

381.【仲裁程序确权或分割查封财产不影响执行】

在执行中，被执行人通过仲裁程序将人民法院查封、扣押、冻结的财产确权或者分割给案外人的，不影响人民法院执行程序的进行。

案外人不服的，可以根据民事诉讼法第二百二十七条规定提出异议。

538.【一般原则】

人民法院可以查封、扣押登记在被执行人名下的机动车辆，或者占有的机动车辆。

539.【登记车辆的查封】

对已登记的机动车辆查封的，人民法院应当制作协助执行通知书，连同裁定书副本一并送达车辆管理部门。查封裁定书和协助执行通知书送达时发生法律效力。

540.【未登记车辆的扣押】

扣押尚未进行权属登记的机动车辆时，人民法院应当在扣押清单上记载该机动车辆的发动机编号。该车辆在扣押期间权利人要求办理权属登记手续的，人民法院应当准许并及时办理相应的扣押登记手续。

541.【责令交出或协助查找】

人民法院对已经办理查封登记手续的被执行人机动车未能实际扣押的，可以责令被执行人或实际占有人限期交出车辆，也可以依照相关规定通知有关单位协助查找。

被执行人或实际占有人无正当理由拒不交出的，人民法院按照民事诉讼法第一百一十一条、第一百一十四条规定处理。

542.【保管原则】

扣押的机动车辆，一般由人民法院保管或者委托第三人保管。保管期间，任何人不得使用。

543.【扣押清单及笔录】

扣押机动车辆时，执行人员应当造具清单、制作扣押笔录。

扣押清单，一般应当载明车辆品牌、颜色、所悬挂牌号、车架号、发动机号、里程数等，由在场人签名或者盖章后，交被执行人一份。

扣押笔录，一般应当载明执行措施开始及完成的时间、扣押清单所载内容、机动车辆的保管人、保管场所等内容。执行人员及保管人应当在笔录上签名，有民事诉讼法第二百四十五条规定的人员到场的，到场人员也应当在笔录上签名。

544.【扣押公示】

人民法院将扣押的机动车辆交付其他人控制的，应当在该机动车辆上加贴封条或者采取其他足以公示扣押的适当方式。

[提示] 调解应建立在事实清楚、分清是非的基础之上。法院在调解过程中，应对调解协议中处分的标的物上是否有案外人利益，即当事人是否对标的物享有完整的处分权这一基本事实进行审查。在大力倡导以调解方式结案，促进司法和谐的背景下，应注意防止当事人采用调解方式损害第三人利益或国家、集体利益。

所有权人以调解方式处分被查封财产的行为应无效

一、案情

申诉人（案外人）：太原市尖草坪区阳曲农村信用合作社（以下简称阳曲信用社）。

被申诉人（一审原告）：山西通盛房地产有限公司（以下简称通盛公司）。

被申诉人（一审被告）：山西东民集团有限公司（以下简称东民集团）。

2003年10月8日，通盛公司与东民集团签订协议书，约定通盛公司将太原市西羊市38号楼1幢一、二层房产转让给东民集团。2003年10月31日，上述房产过户至东民集团名下。2004年4月12日，阳曲信用社因与东民集团担保合同纠纷，向山西高院提起诉讼，并申请对东民集团位于太原市西羊市38号楼1幢一、二层房产进行诉讼保全。山西高院作出〔2004〕晋立民保字第2号民事裁定书，查封了上述房产。诉讼中，阳曲信用社与东民集团达成调解协议，山西高院制作了〔2004〕晋民初字第16号民事调解书："被告山西东民集团有限公司于2004年7月25日前将本金5000万元及利息1941720元（截止2004年3月20日）偿还原告太原市尖草坪阳曲农村信用合作社，逾期利息按合同约定的偿付。"东民集团未按时履行调解书，阳曲信用社申请山西高院强制执行。山西高院向东民集团发出执行通知书，责令其限期履行民事调解书，但东民集团在规定期限内仍未履行。山西高院作出〔2004〕晋执字第20号民事裁定："冻结、划拨东民集团在银行的存款54544397.2元人民币或查封、扣押、拍卖、变卖其同等价值的财产。"太原市西羊市38号楼房一、二层房产进入强制执行程序。山西高院执行局委托山西高院司法技术鉴定中心对查封房产进行了估价，房产价值为50548745元，并定于2005年5月20日由双方当事人到山西高院选定拍卖机构，准备拍卖房产。

2005年5月28日，通盛公司向山西高院提出执行异议，称太原市西羊市38号楼1幢一、二层房产是由通盛公司开发建设的，其虽与东民集团签订买卖合同，并将产权证书办理到了东民集团名下，但东民集团一直仍有6302万元房款未支付，根据双方签订的协议书中约定的所有权保留条款，该房产仍属于通盛公司所有，请求山西高院停止对该房产的执行。其后，通盛公司以房屋买卖合同纠纷为由诉至山西高院，请求：（1）解除双方2003年10月8日签订的房屋买卖协议书；（2）判令被告返还属原告所有的丽阳城底商1—2层，并承担一切手续税费；（3）判令被告承担违约责任，支付违约金173.92万元。

二、审判

原被告双方在一审证据交换前达成了调解协议，内容是：（1）原被告同意解除双方2003年10月8日签订的《协议书》；（2）原被告同意被告返还原告位于太原市西羊市街38号的丽阳城底商

1—2层房屋，原告返还被告已支付的购房款348万元；（3）原被告同意被告在该房屋内外投入的装潢费用与被告使用该房屋应付原告的房屋使用费互相抵销；（4）原被告因返还房屋发生的税费由被告承担130万元，其余的税费由原告承担；（5）原告同意不再追究被告的违约责任，放弃要求被告承担违约金173.92万元的诉讼请求，被告同意承担本案全部诉讼费342495元；（6）原被告同意本调解协议第2~5条在本调解书生效后5日内履行完毕，山西高院认为调解协议系双方当事人自愿达成，内容不违反法律规定，法院应当确认，于是根据调解协议内容作出调解书。调解书生效后，山西高院执行局即以该调解书为依据将涉案房产解封，并将房产过户至通盛公司名下。

案外人阳曲信用社认为该调解书侵犯其利益，向最高人民法院提出申诉，其申诉理由是：（1）东民集团享有诉讼房产产权，合法、明晰、无瑕疵。依据物权公示原则，房屋所有权以房屋管理部门登记和房屋产权证书为准，二被申诉人的房屋买卖合同关系应以在房产管理部门备案的合同为准。二被申诉人在一份没有经过备案、与产权公示原则及正式房屋买卖合同矛盾抵触的协议中"所有权保留"的约定无效。（2）调解书因其所确认的和解协议侵害案外人（申诉人）利益而应依法撤销。该调解书所确认的和解协议，故意隐瞒涉讼房地产已被查封并已进入强制执行程序这一重大事实，故意不申请追加申诉人为该案第三人，处分了东民集团已无处分权的标的物，侵害了申诉人的合法权益，内容违反法律规定，并导致同一法院对同一标的物作出了两个互相矛盾的法律文书。

被申诉人通盛公司答辩称：（1）阳曲信用社不是〔2005〕晋民初字第21号房屋买卖合同纠纷一案的善意第三人，无权对生效调解书提出申诉；（2）《合同法》第一百三十四条是通盛公司保留所有权的法律依据，所有权保留优先于债权。

为厘清事实，最高人民法院对本案进行了复查。原一审调解书系以通盛公司与东民集团举示的双方于2003年10月8日签订的一份《协议书》为基础，《协议书》中约定通盛公司以均价9000元每平方米价款将涉案房产转让给东民集团。但经向太原市房地产管理局调查取证后发现，在房地局备案的涉案房产交易档案中并无该《协议书》，只有编号为GF—2000—0171号的《商品房买卖合同》，合同中约定的交易均价为3000元每平方米。通盛公司辩称3000元每平方米不是当时的市场价，双方在《商品房买卖合同》中约定的3000元每平方米价款是为了少交契税。

原一审调解书认可通盛公司主张的因为东民集团只付了66497040元房款中的348万元，根据双方《协议书》中约定的所有权保留条款"所涉房产在乙方未付清款以前仍归甲方所有"，通盛公司仍享有涉案房产的所有权。但在太原市房地局的涉案房产档案中查到通盛公司开给东民集团的销售不动产发票，金额恰好是双方在房地局登记备案的《商品房买卖合同》中约定的2216万余元。通盛公司辩称是在没有收到东民集团支付的房款情况下向东民集团开出销售不动产发票，目的是为办理房屋过户手续。

在太原市地税局也查找到双方当事人转让西羊市38号1幢1—2层房屋时交纳契税的编号为0072615、0072616的完税凭证，证明双方买卖房屋时已由东民集团向税务部门交纳了1285609元的契税。

最高人民法院经审查认为，山西高院在对本案审理过程中并未对涉案房产实际交易情况和权利状态进行审查，直接对通盛公司及东民集团双方认可的事实及举示的证据进行认定。而原审出示的证据因与有关国家机关保存的公文书证内容相矛盾而无法确认其真实性。《民事诉讼法》第八十五条规定："人民法院审理民事案件，根据当事人自愿的原则，在事实清楚的基础上，分清是非，进行调解。"对于涉及第三人利益的案件，法官应当对调解是否会损害第三人利益这一事实进行必要的审查，否则就会使调解成为某些当事人互相串通损害第三人利益甚至国家和集体利益的一种方式。本案中涉案房产系由山西高院作出查封裁定，通盛公司也是在提出执行异议的同时向山西高院起诉，法官理应发现案件争议房产被查封并即将执行给阳曲信用社这一事实，并认识到调解有可能损害第三人阳曲信用社的利益，进而应对案件事实进一步查明后决定如何处理，而非完全根据通盛公司与东民集团之间的调解协议制作调解书。

从调解书的内容上看，调解书中处分了已被查封的房产。《最高人民法院关于人民法院民事执行中查封、扣押、冻结财产的规定》第二十六条规定："被执行人就已经查封、扣押、冻结的财产所作的移转、设定权利负担或者其他有碍执行的行为，不能对抗申请执行人"，据此，调解书内容违反法律相关规定。阳曲信用社申诉理由成立，根据《民事诉讼法》第一百七十七条第二款、第一百八十五条之规定，裁定如下：（1）本案由本院提审；（2）再审期间，中止原调解书的执行。

三、评析

本案争议焦点：一是太原市西羊市38号1幢一二层楼房产的权属；二是东民集团是否有权处分已为生效执行裁定查封的房产。

（一）不动产物权变更遵循登记公示原则，以在房产部门登记备案的权利主体为所有权人，以保护善意第三人的信赖利益

东民集团已取得房屋产权证书，并在房产部门进行了登记，但未支付6302万元房款，东民集团与通盛公司有"所涉房产在东民集团未付清款以前仍归通盛公司所有"的约定在先，对于该约定是否符合我国民法的规定，是否具有对抗第三人阳曲信用社效力这一问题，一种观点认为：《合同法》第一百三十四条规定了"当事人可以在买卖合同中约定买受人未履行支付价款或者其他义务的，标的物的所有权属于出卖人"，说明我国法律允许双方在买卖合同中约定所有权保留条款。本案中所有权保留系房屋买卖合同双方主体意思表示一致的结果，只有在房产进入交易领域后所有权保留条款才不能对抗第三人，但本案房产尚未进入交易领域，只是被法院查封，因为东民集团未支付全部房款，所以房产所有权实际未转移，在房地局的登记也是可以撤销的。

笔者认为，应对《合同法》第一百三十四条规定作限制性解释，即所有权保留条款仅适用于动产物权的变更，不动产物权变更应遵循登记公示原则。物权公示原则是物权法一项基本原则，我国民法上不动产物权变动以登记为公示方式，以国家公权力的介入保证不动产物权的交易安全。因物权具有对世性，为保证善意第三人信赖利益，在不动产物权进入交易领域中时，以在房产部门登记取得产权证书的一方为真正的物权所有人。我国《物权法》通过法律的强制性规范调整不动产所有权的转移，登记手续的办理是不动产所有权转移的必要条件，不动产分期付款买卖也不会存在所谓的所有权保留约款，德国和我国台湾地区也有类似规定，所有权保留仅适用于动产。《德国民法》第925条不允许不动产移转之意思附条件。德国学者认为，作此规定是因为不动产所有权对国计民生有重要意义，而附条件和附期限的不动产所有权移转中不确定因素甚多，妨害不动产交易安全；《瑞士债务法》第217条第2款也规定不动产不得为所有权保留之登记。法学家王泽鉴认为我国台湾地区对不动产所有权保留虽未设任何限制，但"就实务而言，对不动产所有权移转附以条件，尚无必要，事例甚少，此因出卖人为保障其未获清偿之价金债权，尽可就不动产设定抵押，或于土地登记簿为预告登记"。一些学者虽然认为所有权保留可以适用于动产，但同时认为所有权保留之意思表示须经登记公示方可产生公信力。刘得宽先生认为标的物为不动产时，因有登记公示方法，故本可采用设定抵押权之手段以确保价金债权之实现，但为节省费用以及避免繁杂的手续起见，在绝大多数的不动产分期付款买卖中，也采所有权保留，此时当事人虽然不为移转登记，但为保全将来所有权之移转，得为预告登记。

在本案中，通盛公司虽与东民集团签订有所有权保留条款，但仅是其双方内部约定，在通盛公司将房屋过户给东民集团时，并未就所有权保留条款做专门登记备案，也未采取任何方式公示，故其所有权保留条款不能产生对抗第三人的效力。通盛公司仅就该处房产对东民集团享有债权，得请求东民集团支付剩余房款，基于物权对于债权具有优先效力的物权法基本原则，通盛公司的债权不能对抗东民集团的物权。在诉讼中诉争房产的所有权仍归东民集团所有，通盛公司不得主张其仍享有该房产的所有权及要求东民集团返还房产，通盛公司实际上将交易不能成就的风险转移到自己身上。

物权是绝对权，具有对世性，任何人都负有不得侵犯物权人对物的支配权的不作为义务，在物上不存在第三人利益的情况下，双方达成处分物权的调解协议法律自然不必加以干涉或否定；但若物上存在第三人利益，在本案中体现为阳曲信用社对查封财产享有优先受偿权时，物权的归属问题直接影响阳曲信用社的利益能否实现，法院就应对此加以查清。如果房产属东民集团所有，则房产应拍卖后以执行所得价款满足阳曲信用社的债权，如果房产属通盛公司所有，则房产并不在东民集团的可被执行的财产范围内，阳曲信用

社无权要求执行该财产。本案中原一审法院通过调解书将通盛公司的债权予以物权化，使相对权变成绝对权，将诉争房产排除在东民集团的责任财产之外，超越了司法权力行使的合理范围。

（二）证明同一事实的不同证据之间存在矛盾时，国家机关保存的公文书证的证明力一般应大于其他书证

通盛公司与东民集团在一审中主张并经调解书确认的事实与在太原市房地局登记备案的《商品房买卖合同》中记载的房产交易情况不同。通盛公司称只有其与东民集团签订的《协议书》是双方真实意思表示，反映了真实的交易情况，而向房管部门提交的各项材料是为少交税费及办理相应手续而虚构的。根据《最高人民法院关于民事诉讼证据的若干规定》第七十七条第二款"人民法院就数个证据对同一事实的证明力，可以依照下列原则认定：物证、档案、鉴定结论、勘验笔录或者经过公证、登记的书证，其证明力一般大于其他书证、视听资料和证人证言"的规定，在太原市房地局登记备案的《商品房买卖合同》的证明力应大于双方的《协议书》，通盛公司对其这一主张的证明无法达到优势证据的标准，不能认定。此外，通盛公司称在仅收到348万元房款的情况下，就将价值66497040元的房屋过户给东民集团，甚至为办理过户还为其虚开了销售不动产发票，此举违反交易习惯，有悖商业惯例，无法确认其真实性。

（三）被生效执行裁定查封的财产，其所有权人的处分权受到限制，无权在调解中将财产所有权移转

东民集团虽是诉争房产的所有权人，但在房产处于执行过程中，即在查封状态下时，其能否处分房产，与通盛公司达成调解协议，将诉争房产返还给通盛公司？对于这一问题，一种观点认为：通盛公司将房产出售给东民集团但没有取得全部房款，通盛公司对房产仍享有权利，现房产只是被查封状态，尚未执行给阳曲信用社，阳曲信用社只是债权意义上的第三人，而不是物权意义上的第三人。通盛公司主张自己的权利，要回房产是合法的。

笔者认为，《最高人民法院关于人民法院民事执行中查封、扣押、冻结财产的规定》第二十六条规定："被执行人就已经查封、扣押、冻结的财产所作的移转、设定权利负担或者其他有碍执行的行为，不能对抗申请执行人。"东民集团对其所有但处于执行程序中的房产所作处分行为不能对抗善意第三人阳曲信用社。调解协议具有双方当事人之间民事合同的性质，一般对第三人不具有效力，但调解书是人民法院出具的正式法律文书，具有强制力，这就使通盛公司与东民集团之间的调解协议中约定的内容实际上取得了对抗第三人阳曲信用社的效力。

调解书对双方转移查封财产的行为予以确认，内容违法。查封是指人民法院将被执行人的财产贴上封条，就地封存或易地封存，不准任何人转移和处理的执行措施。为保证生效判决的顺利执行，维护人民法院查封行为和国家机关使公权力的权威，法院通过查封剥夺被执行人的处分权，被执行人无权处分查封财产。最高人民法院在〔1997〕经他字第8号复函中明确指出，被执行人擅自将已查封财产转卖给他人是违法的，买卖房屋的合同无效。本案中东民集团将查封房产返还通盛公司的做法，与买卖房屋有着共同的属性即都是对查封财产的处分行为。结合查封本身的含义及最高人民法院复函，可以认定东民集团无权将自己公司名下已被查封房产擅自处分给通盛公司，东民集团与通盛公司所达成的调解协议违反法律规定，应属无效。①

在《关于人民法院民事执行中查封、扣押、冻结财产的规定》施行前已查封的房地产是否有期限限制？

问题：最高人民法院《关于人民法院民事执行中查封、扣押、冻结财产的规定》（法释〔2004〕15号）和最高人民法院、国土资源部、建设部《关于依法规范人民法院执行和国土资源房地产管理部门协助执行若干问题的通知》（法发〔2004〕5号）均规定：人民法院对房地产的查封期限为二年。2006年7月11日，最高人民法院又作出法函〔2006〕176号《关于民事执行中查封、扣押、冻结财产有关期限问题的答复》，其中提

---

① 张娜：《所有权人以调解方式处分被查封财产的行为应无效》，载江必新主编、最高人民法院执行局编：《执行工作指导》2012年第1辑（总第41辑），人民法院出版社2012年版，第77～83页。

到:"《最高人民法院关于人民法院民事执行中查封、扣押、冻结财产的规定》施行前采取的查封、扣押、冻结措施,除了当时法律、司法解释及有关通知对期限问题有专门规定的以外,没有期限限制。"复函的说法令人困惑,似乎与前两个文件存在矛盾。如果是2000年进行的房地产查封,一直没有再办理续封手续,到现在是否仍有效?按照前两个文件,查封效力应当已经消灭,而按照答复函,则似乎因没有期限限制仍然有效。对此,究竟应如何理解?

《人民司法》研究组认为:《最高人民法院关于民事执行中查封、扣押、冻结财产有关期限问题的答复》(简称76号复函)与《关于人民法院民事执行中查封、扣押、冻结财产的规定》(简称15号规定)及最高人民法院、国土资源部、建设部《关于依法规范人民法院执行和国土资源房地产管理部门协助执行若干问题的通知》(简称5号通知)并不矛盾,关键是对76号复函中"除了当时法律、司法解释及有关通知对期限问题有专门规定的以外"这一除外条款如何进行理解。

首先,对该除外条款中的"当时",正确的理解应当是:这里的"当时",应该是指15号规定施行前的整个时间段,而不是指查封实施的当时。其次,在这个时间段内,如果法律、司法解释及有关通知对期限问题有专门规定,则应按照其规定处理,而不属于复函中所说的没有期限限制。5号通知就是在15号规定施行前所发的通知,该通知第十一条已规定:"人民法院对土地使用权、房屋的查封期限不得超过二年。……查封期限届满,人民法院未办理继续查封手续的,查封的效力消灭"。5号通知自2004年3月1日起实施,且第二十九条明确了"本通知下发前已经进行的查封,自本通知实施之日起计算期限"。76号复函明确将"有关通知"与法律、司法解释并列,实际上已经充分注意到5号通知的适用问题。5号通知的上述规定是对房地产查封期限问题的专门规定,因此在15号规定之前对房地产的查封应当自2004年3月1日起开始计算查封期限。15号规定对房地产查封的期限作了和5号通知一致的规定,但没有明确以前所做的查封从该规定下发之日起计算查封期限。因此关于房地产的查封期限问题,应继续受5号通知的约束。5号通知下发前已经进行的房地产查封(以2000年查封为例),至2006年3月1日前没有办理续封手续的,应视为查封的效力已经消灭。全面地看,76号复函中关于"没有期限限制"的规定,实际上不能适用于房地产查封。这一点在76号复函中没有正面提到,是为了避免全面列举的麻烦。因为除了房地产以外,在15号规定之前还有其他司法文件设定了查封冻结的期限,如对银行存款的冻结适用最高法院与人民银行的联合通知中规定的半年的冻结期限,对上市公司国有股和社会法人股的冻结适用1年的期限。作出76号复函时对此问题是有共识的,即复函只是表示15号规定下发前的一部分财产,具体是指动产、债权、非上市公司国有股和社会法人股的股权、其他财产权的查封,没有期限限制。[1]

同一法院在不同案件中是否可以对同一财产采取轮候查封、扣押、冻结保全措施

问题:最高人民法院《关于人民法院民事执行中查封、扣押、冻结财产的规定》第28条规定,对已被人民法院查封、扣押、冻结的财产,其他人民法同一法院在不同案件中是否可以对同一院可以轮候查封、扣押、冻结。那么,财产采取轮候查封、扣押、冻结保全措施呢?

《人民司法》研究组认为:设立轮候查封、扣押、冻结制度,是为了解决多个债权对同一执行标的物受偿的先后顺序问题,因此,根据最高人民法院《关于人民法院民事执行中查封、扣押、冻结财产的规定》第28条规定的精神,只要不是同一个债权,不论是不是同一个债权人、受理案件的法院是不是同一个法院,都应当允许对已被查封、扣押、冻结的财产进行轮候查封、扣押、冻结;同一法院在不同案件中也可以对同一财产采取轮候查封、扣押、冻结保全措施。[2]

法院对被执行人所有的已抵押的财产进行查封时,是否通知抵押权人?

问题:在执行王某与张某买卖烟花贷款纠纷一案中,依法查封了被执行人张某的房屋后,听

---

[1] 载《人民司法》2010年第9期。
[2] 载《人民司法》2006年第8期。

说被执行人张某的房屋已向某银行作了抵押贷款。但从查封直至拍卖该房屋的一年多时间里,银行一直未向法院主张对该房屋享有优先受偿权。现就法院对被执行人所有的某银行享有抵押权的财产在查封后,法院是否有义务通知抵押权人有两种意见:一种意见认为,法院无义务通知银行。抵押权作为一种权利,既可行使也可放弃,抵押权人在知道或应当知道抵押物被法院查封后,应及时主动地向法院主张优先受偿权,不主张自己的实体权利,应视为放弃自己的权利,法院无义务主动通知抵押权人向法院主张优先受偿权。第二种意见认为,法院有义务通知该银行,法院对被执行人的财产采取查封措施后,发现该财产设立抵押时,就应当及时通知抵押权人,由其向法院主张权利,并优先受偿,以保护抵押权人的合法权益。哪种意见正确?

《人民司法》研究组认为:我们认为,第二种意见是正确的。

最高人民法院《执行规定》第40条规定:"人民法院对被执行人所有的其他人享有抵押权、质押权或留置权的财产,可以采取查封、扣押措施。财产拍卖、变卖后所得价款,应当在抵押权人、质押权人或留置权人优先受偿后,其余额部分用于清偿申请执行人的债权。"

从上述规定和有关法律精神来看:对被执行人已经作为担保物的财产,人民法院可以查封、扣押,也可以拍卖、变卖,但是必须保障抵押权人的优先受偿权。

为了切实保障抵押权人的利益,在人民法院转让被执行人的担保物时,应当通知抵押权人,并告知受让人转让物已经设定担保的情况。①

乙法院能否对甲法院裁定以物抵债但尚未办理过户手续的房屋进行查封?

问题:在王某申请执行刘某一案中,甲法院查封了刘某位于丙处的房产,在拍卖过程中,因无人应买而造成流拍。经刘某同意,甲法院裁定将该房产以物抵债给王某。在王某办理过户手续的过程中,乙法院又以刘某为另一案件的被执行人且丙处房产尚未办理过户手续仍属于刘某所有为由,将丙处房产查封。请问:乙法院能否对该房产进行查封?

《人民司法》研究组认为:不动产物权变动的原因可以区分为法律行为和事实行为。对于买卖、赠与等法律行为所引起的物权变动,法律要求当事人必须履行过户登记手续后,不动产方能产生物权变动的后果。而对于继承、自建、强制执行等事实行为所引起的物权变动,自该事实行为完成之日起就产生不动产物权变动的后果,并不以履行过户登记为要件。本案中,自甲法院的以物抵债裁定生效时起,丙处房产的所有权就从刘某变更为王某,只不过王某此时对该房产的所有权由于没有经过登记,尚不能进行法律上的处分。因此,乙法院不能查封属于案外人王某的房产。②

此案中未被直接占有的动产所有权是否已经转移?

问题:2001年2月,在法院的主持下曹某与某酒业公司达成自行和解协议,同意某酒业公司以该公司的基酒抵偿欠曹某的15万元。两天后办理了抵偿手续。曹某因为无处存放该批基酒,一直未将基酒运走。5月,酒业公司宣告破产,清算组对该批基酒主张权利。法院在讨论时形成两种意见:一种意见认为,动产以占有为所有权转移的标志,该批基酒属于破产财产;另一种意见认为,曹某已经取得了基酒所有权,清算组无权对该批基酒主张权利。请问哪种意见正确?

《人民司法》研究组认为:合同法第一百三十三条规定:"标的物的所有权自标的物交付时起转移,但法律另有规定或者当事人另有约定的除外。"民法通则也有相似的规定。动产的所有权以交付为转移,交付即占有的变更,通常是指将财物实际交付给另一方当事人。除此以外,还存在法律拟制的交付,即出卖人将标的物的所有权凭证交付给买受人,用来代替标的物的实际交付。同时,对占有的变更不能理解为仅仅局限于现实占有的变更,还包括简易交付、占有改定、指示交付等间接占有变更的情况。这样就把交付的概念从直接占有的转移扩展到间接占有的转移。

法院的执行权是一种公权力,执行的完结表明所有权的转移已经得到国家公权力认可。此案

---

① 载《人民司法》2004年第1期。
② 载《人民司法》2005年第2期。

中,双方当事人已办理了抵偿手续,可见该案已经执行完毕,只因当时曹某没有贮藏设备才一直未将该批基酒领回。事实上,曹某已经相当于以占有改定的方式间接占有了该批基酒,该批基酒的所有权已经合法转移了。因此,该批基酒不能被列为破产财产,曹某有权行使财产取回权取回基酒。①

第三节 处分性执行措施相关规定

中华人民共和国物权法

2007年3月16日

第二十八条 因人民法院、仲裁委员会的法律文书或者人民政府的征收决定等,导致物权设立、变更、转让或者消灭的,自法律文书或者人民政府的征收决定等生效时发生效力。

最高人民法院
关于人民法院民事执行中拍卖、变卖财产的规定

2004年11月15日　　法释〔2004〕16号

为了进一步规范民事执行中的拍卖、变卖措施,维护当事人的合法权益,根据《中华人民共和国民事诉讼法》等法律的规定,结合人民法院民事执行工作的实践经验,制定本规定。

第一条 在执行程序中,被执行人的财产被查封、扣押、冻结后,人民法院应当及时进行拍卖、变卖或者采取其他执行措施。

第二条 人民法院对查封、扣押、冻结的财产进行变价处理时,应当首先采取拍卖的方式,但法律、司法解释另有规定的除外。

第三条 人民法院拍卖被执行人财产,应当委托具有相应资质的拍卖机构进行,并对拍卖机构的拍卖进行监督,但法律、司法解释另有规定的除外。

第四条 对拟拍卖的财产,人民法院应当委托具有相应资质的评估机构进行价格评估。对于财产价值较低或者价格依照通常方法容易确定的,可以不进行评估。

当事人双方及其他执行债权人申请不进行评估的,人民法院应当准许。

对被执行人的股权进行评估时,人民法院可以责令有关企业提供会计报表等资料;有关企业拒不提供的,可以强制提取。

第五条 评估机构由当事人协商一致后经人民法院审查确定;协商不成的,从负责执行的人民法院或者被执行人财产所在地的人民法院确定的评估机构名册中,采取随机的方式确定;当事人双方申请通过公开招标方式确定评估机构的,人民法院应当准许。

第六条 人民法院收到评估机构作出的评估报告后,应当在五日内将评估报告发送当事人及其他利害关系人。当事人或者其他利害关系人对评估报告有异议的,可以在收到评估报告后十日内以书面形式向人民法院提出。

当事人或者其他利害关系人有证据证明评估机构、评估人员不具备相应的评估资质或者评估程序严重违法而申请重新评估的,人民法院应当准许。

第七条 拍卖机构由当事人协商一致后经人民法院审查确定;协商不成的,从负责执行的人民法院或者被执行人财产所在地的人民法院确定的拍卖机构名册中,采取随机的方式确定;当事人双方申请通过公开招标方式确定拍卖机构的,人民法院应当准许。

第八条 拍卖应当确定保留价。

拍卖保留价由人民法院参照评估价确定;未作评估的,参照市价确定,并应当征询有关当事人的意见。

人民法院确定的保留价,第一次拍卖时,

---

① 载《人民司法》2001年第11期。

不得低于评估价或者市价的百分之八十；如果出现流拍，再行拍卖时，可以酌情降低保留价，但每次降低的数额不得超过前次保留价的百分之二十。

第九条 保留价确定后，依据本次拍卖保留价计算，拍卖所得价款在清偿优先债权和强制执行费用后无剩余可能的，应当在实施拍卖前将有关情况通知申请执行人。申请执行人于收到通知后五日内申请继续拍卖的，人民法院应当准许，但应当重新确定保留价；重新确定的保留价应当大于该优先债权及强制执行费用的总额。

依照前款规定流拍的，拍卖费用由申请执行人负担。

第十条 执行人员应当对拍卖财产的权属状况、占有使用情况等进行必要的调查，制作拍卖财产现状的调查笔录或者收集其他有关资料。

第十一条 拍卖应当先期公告。

拍卖动产的，应当在拍卖七日前公告；拍卖不动产或者其他财产权的，应当在拍卖十五日前公告。

第十二条 拍卖公告的范围及媒体由当事人双方协商确定；协商不成的，由人民法院确定。拍卖财产具有专业属性的，应当同时在专业性报纸上进行公告。

当事人申请在其他新闻媒体上公告或者要求扩大公告范围的，应当准许，但该部分的公告费用由其自行承担。

第十三条 拍卖不动产、其他财产权或者价值较高的动产的，竞买人应当于拍卖前向人民法院预交保证金。申请执行人参加竞买的，可以不预交保证金。保证金的数额由人民法院确定，但不得低于评估价或者市价的百分之五。

应当预交保证金而未交纳的，不得参加竞买。拍卖成交后，买受人预交的保证金充抵价款，其他竞买人预交的保证金应当在三日内退还；拍卖未成交的，保证金应当于三日内退还竞买人。

第十四条 人民法院应当在拍卖五日前以书面或者其他能够确认收悉的适当方式，通知当事人和已知的担保物权人、优先购买权人或者其他优先权人于拍卖日到场。

优先购买权人经通知未到场的，视为放弃优先购买权。

第十五条 法律、行政法规对买受人的资格或者条件有特殊规定的，竞买人应当具备规定的资格或者条件。

申请执行人、被执行人可以参加竞买。

第十六条 拍卖过程中，有最高应价时，优先购买权人可以表示以该最高价买受，如无更高应价，则拍归优先购买权人；如有更高应价，而优先购买权人不作表示的，则拍归该应价最高的竞买人。

顺序相同的多个优先购买权人同时表示买受的，以抽签方式决定买受人。

第十七条 拍卖多项财产时，其中部分财产卖得的价款足以清偿债务和支付被执行人应当负担的费用的，对剩余的财产应当停止拍卖，但被执行人同意全部拍卖的除外。

第十八条 拍卖的多项财产在使用上不可分，或者分别拍卖可能严重减损其价值的，应当合并拍卖。

第十九条 拍卖时无人竞买或者竞买人的最高应价低于保留价，到场的申请执行人或者其他执行债权人申请或者同意以该次拍卖所定的保留价接受拍卖财产的，应当将该财产交其抵债。

有两个以上执行债权人申请以拍卖财产抵债的，由法定受偿顺位在先的债权人优先承受；受偿顺位相同的，以抽签方式决定承受人。承受人应受清偿的债权额低于抵债财产的价额的，人民法院应当责令其在指定的期间内补交差额。

第二十条 在拍卖开始前，有下列情形之一的，人民法院应当撤回拍卖委托：

（一）据以执行的生效法律文书被撤销的；

（二）申请执行人及其他执行债权人撤回执行申请的；

（三）被执行人全部履行了法律文书确定的金钱债务的；

（四）当事人达成了执行和解协议，不需要拍卖财产的；

（五）案外人对拍卖财产提出确有理由的异议的；

（六）拍卖机构与竞买人恶意串通的；

（七）其他应当撤回拍卖委托的情形。

第二十一条　人民法院委托拍卖后，遇有依法应当暂缓执行或者中止执行的情形的，应当决定暂缓执行或者裁定中止执行，并及时通知拍卖机构和当事人。拍卖机构收到通知后，应当立即停止拍卖，并通知竞买人。

暂缓执行期限届满或者中止执行的事由消失后，需要继续拍卖的，人民法院应当在十五日内通知拍卖机构恢复拍卖。

第二十二条　被执行人在拍卖日之前向人民法院提交足额金钱清偿债务，要求停止拍卖的，人民法院应当准许，但被执行人应当负担因拍卖支出的必要费用。

第二十三条　拍卖成交或者以流拍的财产抵债的，人民法院应当作出裁定，并于价款或者需要补交的差价全额交付后十日内，送达买受人或者承受人。

第二十四条　拍卖成交后，买受人应当在拍卖公告确定的期限或者人民法院指定的期限内将价款交付到人民法院或者汇入人民法院指定的账户。

第二十五条　拍卖成交或者以流拍的财产抵债后，买受人逾期未支付价款或者承受人逾期未补交差价而使拍卖、抵债的目的难以实现的，人民法院可以裁定重新拍卖。重新拍卖时，原买受人不得参加竞买。

重新拍卖的价款低于原拍卖价款造成的差价、费用损失及原拍卖中的佣金，由原买受人承担。人民法院可以直接从其预交的保证金中扣除。扣除后保证金有剩余的，应当退还原买受人；保证金数额不足的，可以责令原买受人补交；拒不补交的，强制执行。

第二十六条　拍卖时无人竞买或者竞买人的最高应价低于保留价，到场的申请执行人或者其他执行债权人不申请以该次拍卖所定的保留价抵债的，应当在六十日内再行拍卖。

第二十七条　对于第二次拍卖仍流拍的动产，人民法院可以依照本规定第十九条的规定将其作价交申请执行人或者其他执行债权人抵债。申请执行人或者其他执行债权人拒绝接受或者依法不能交付其抵债的，人民法院应当解除查封、扣押，并将该动产退还被执行人。

第二十八条　对于第二次拍卖仍流拍的不动产或者其他财产权，人民法院可以依照本规定第十九条的规定将其作价交申请执行人或者其他执行债权人抵债。申请执行人或者其他执行债权人拒绝接受或者依法不能交付其抵债的，应当在六十日内进行第三次拍卖。

第三次拍卖流拍且申请执行人或者其他执行债权人拒绝接受或者依法不能接受该不动产或者其他财产权抵债的，人民法院应当于第三次拍卖终结之日起七日内发出变卖公告。自公告之日起六十日内没有买受人愿意以第三次拍卖的保留价买受该财产，且申请执行人、其他执行债权人仍不表示接受该财产抵债的，应当解除查封、冻结，将该财产退还被执行人，但对该财产可以采取其他执行措施的除外。

第二十九条　动产拍卖成交或者抵债后，其所有权自该动产交付时起转移给买受人或者承受人。

不动产、有登记的特定动产或者其他财产权拍卖成交或者抵债后，该不动产、特定动产的所有权、其他财产权自拍卖成交或者抵债裁定送达买受人或者承受人时起转移。

第三十条　人民法院裁定拍卖成交或者以流拍的财产抵债后，除有依法不能移交的情形外，应当于裁定送达后十五日内，将拍卖的财产移交买受人或者承受人。被执行人或者第三人占有拍卖财产应当移交而拒不移交的，强制执行。

第三十一条　拍卖财产上原有的担保物权及其他优先受偿权，因拍卖而消灭，拍卖所得价款，应当优先清偿担保物权人及其他优先受偿权人的债权，但当事人另有约定的除外。

拍卖财产上原有的租赁权及其他用益物权，不因拍卖而消灭，但该权利继续存在于拍卖财产上，对在先的担保物权或者其他优先受偿权的实现有影响的，人民法院应当依法将其除去后进行拍卖。

第三十二条　拍卖成交的，拍卖机构可以按照下列比例向买受人收取佣金：

拍卖成交价 200 万元以下的，收取佣金的比例不得超过 5%；超过 200 万元至 1000 万元的部分，不得超过3％；超过1000万元至5000万元的部分，不得超过2％；超过5000万元至1亿元的部分，不得超过1％；超过1亿元的部分，不得超过0.5％。

采取公开招标方式确定拍卖机构的，按照中标方案确定的数额收取佣金。

拍卖未成交或者非因拍卖机构的原因撤回拍卖委托的，拍卖机构为本次拍卖已经支出的合理费用，应当由被执行人负担。

第三十三条 在执行程序中拍卖上市公司国有股和社会法人股的，适用最高人民法院《关于冻结、拍卖上市公司国有股和社会法人股若干问题的规定》。

第三十四条 对查封、扣押、冻结的财产，当事人双方及有关权利人同意变卖的，可以变卖。

金银及其制品、当地市场有公开交易价格的动产、易腐烂变质的物品、季节性商品、保管困难或者保管费用过高的物品，人民法院可以决定变卖。

第三十五条 当事人双方及有关权利人对变卖财产的价格有约定的，按照其约定价格变卖；无约定价格但有市价的，变卖价格不得低于市价；无市价但价值较大、价格不易确定的，应当委托评估机构进行评估，并按照评估价格进行变卖。

按照评估价格变卖不成的，可以降低价格变卖，但最低的变卖价不得低于评估价的二分之一。

变卖的财产无人应买的，适用本规定第十九条的规定将该财产交申请执行人或者其他执行债权人抵债；申请执行人或者其他执行债权人拒绝接受或者依法不能交付其抵债的，人民法院应当解除查封、扣押，并将该财产退还被执行人。

第三十六条 本规定自2005年1月1日起施行。施行前本院公布的司法解释与本规定不一致的，以本规定为准。

最高人民法院
关于人民法院委托评估、拍卖和变卖工作的若干规定

2009年11月12日　　法释〔2009〕16号

为规范人民法院委托评估、拍卖和变卖工作，保障当事人的合法权益，维护司法公正，根据《中华人民共和国民事诉讼法》等有关法律的规定，结合人民法院委托评估、拍卖和变卖工作实际，制定本规定。

第一条 人民法院司法技术管理部门负责本院的委托评估、拍卖和流拍财产的变卖工作，依法对委托评估、拍卖机构的评估、拍卖活动进行监督。

第二条 根据工作需要，下级人民法院可将评估、拍卖和变卖工作报请上级人民法院办理。

第三条 人民法院需要对异地的财产进行评估或拍卖时，可以委托财产所在地人民法院办理。

第四条 人民法院按照公开、公平、择优的原则编制人民法院委托评估、拍卖机构名册。

人民法院编制委托评估、拍卖机构名册，应当先期公告，明确入册机构的条件和评审程序等事项。

第五条 人民法院在编制委托评估、拍卖机构名册时，由司法技术管理部门、审判部门、执行部门组成评审委员会，必要时可邀请评估、拍卖行业的专家参加评审。

第六条 评审委员会对申请加入人民法院委托评估、拍卖名册的机构，应当从资质等级、职业信誉、经营业绩、执业人员情况等方面进行审查、打分，按分数高低经过初审、公示、复审后确定进入名册的机构，并对名册进行动态管理。

第七条 人民法院选择评估、拍卖机构，应当在人民法院委托评估、拍卖机构名册内采取公开随机的方式选定。

第八条 人民法院选择评估、拍卖机构，应当通知审判、执行人员到场，视情况可邀请社会有关人员到场监督。

第九条 人民法院选择评估、拍卖机构，应当提前通知各方当事人到场；当事人不到场的，人民法院可将选择机构的情况，以书面形式送达当事人。

第十条 评估、拍卖机构选定后，人民法院应当向选定的机构出具委托书，委托书中应当载明本次委托的要求和工作完成的期限等事项。

第十一条 评估、拍卖机构接受人民法院的委托后，在规定期限内无正当理由不能完成委托事项的，人民法院应当解除委托，重新选择机构，并对其暂停备选资格或从委托评估、拍卖机构名册内除名。

第十二条 评估机构在工作中需要对现场进行勘验的，人民法院应当提前通知审判、执行人员和当事人到场。当事人不到场的，不影响勘验的进行，但应当有见证人见证。评估机构勘验现场，应当制作现场勘验笔录。

勘验现场人员、当事人或见证人应当在勘验笔录上签字或盖章确认。

第十三条 拍卖财产经过评估的，评估价即为第一次拍卖的保留价；未作评估的，保留价由人民法院参照市价确定，并应当征询有关当事人的意见。

第十四条 审判、执行部门未经司法技术管理部门同意擅自委托评估、拍卖，或对流拍财产进行变卖的，按照有关纪律规定追究责任。

第十五条 人民法院司法技术管理部门，在组织评审委员会审查评估、拍卖入册机构，或选择评估、拍卖机构，或对流拍财产进行变卖时，应当通知本院纪检监察部门。纪检监察部门可视情况派员参加。

第十六条 施行前本院公布的司法解释与本规定不一致的，以本规定为准。

最高人民法院
关于人民法院委托评估、拍卖工作的若干规定

2011年9月7日　　法释〔2011〕21号

为进一步规范人民法院委托评估、拍卖工作，促进审判执行工作公正、廉洁、高效，维护当事人的合法权益，根据《中华人民共和国民事诉讼法》等有关法律规定，结合人民法院工作实际，制定本规定。

第一条 人民法院司法辅助部门负责统一管理和协调司法委托评估、拍卖工作。

第二条 取得政府管理部门行政许可并达到一定资质等级的评估、拍卖机构，可以自愿报名参加人民法院委托的评估、拍卖活动。

人民法院不再编制委托评估、拍卖机构名册。

第三条 人民法院采用随机方式确定评估、拍卖机构。高级人民法院或者中级人民法院可以根据本地实际情况统一实施对外委托。

第四条 人民法院委托的拍卖活动应在有关管理部门确定的统一交易场所或网络平台上进行，另有规定的除外。

第五条 受委托的拍卖机构应通过管理部门的信息平台发布拍卖信息，公示评估、拍卖结果。

第六条 涉国有资产的司法委托拍卖由省级以上国有产权交易机构实施，拍卖机构负责拍卖环节相关工作，并依照相关监管部门制定的实施细则进行。

第七条 《中华人民共和国证券法》规定应当在证券交易所上市交易或转让的证券资产的司法委托拍卖，通过证券交易所实施，拍卖机构负责拍卖环节相关工作；其他证券类资产的司法委托拍卖由拍卖机构实施，并依照相关监管部门制定的实施细则进行。

第八条 人民法院对其委托的评估、拍卖活动实行监督。出现下列情形之一，影响评估、拍卖结果，侵害当事人合法利益的，人民法院将不再委托其从事委托评估、拍卖工作。涉及违反法律法规的，依据有关规定处理：

（1）评估结果明显失实；

（2）拍卖过程中弄虚作假、存在瑕疵；

（3）随机选定后无正当理由不能按时完成评估拍卖工作；

（4）其他有关情形。

第九条 各高级人民法院可参照本规定，结合各地实际情况，制定实施细则，报最高人

民法院备案。

第十条 本规定自2012年1月1日起施行。此前的司法解释和有关规定，与本规定相抵触的，以本规定为准。

最高人民法院
关于刑事裁判涉财产部分
执行的若干规定

2014年10月30日　　法释〔2014〕13号

第十二条 被执行财产需要变价的，人民法院执行机构应当依法采取拍卖、变卖等变价措施。

涉案财产最后一次拍卖未能成交，需要上缴国库的，人民法院应当通知有关财政机关以该次拍卖保留价予以接收；有关财政机关要求继续变价的，所以进行无保留价拍卖。需要退赔被害人的，以该次拍卖保留价以物退赔；被害人不同意以物退赔的，可以进行无保留价拍卖。

最高人民法院
关于扣押与拍卖船舶适用法律
若干问题的规定

2015年2月28日　　法释〔2015〕6号

第十条 船舶拍卖未能成交，需要再次拍卖的，适用拍卖法第四十五条关于拍卖日七日前发布拍卖公告的规定。

第十一条 拍卖船舶由拍卖船舶委员会实施，海事法院不另行委托拍卖机构进行拍卖。

第十二条 海事法院拍卖船舶应当依据评估价确定保留价。保留价不得公开。

第一次拍卖时，保留价不得低于评估价的百分之八十；因流拍需要再行拍卖的，可以酌情降低保留价，但降低的数额不得超过前次保留价的百分之二十。

第十三条 对经过两次拍卖仍然流拍的船舶，可以进行变卖。变卖价格不得低于评估价的百分之五十。

第十四条 依照本规定第十三条变卖仍未成交的，经已受理登记债权三分之二以上份额的债权人同意，可以低于评估价的百分之五十进行变卖处理。仍未成交的，海事法院可以解除船舶扣押。

第十五条 船舶经海事法院拍卖、变卖后，对该船舶已采取的其他保全措施效力消灭。

第十六条 海事诉讼特别程序法第一百一十一条规定的申请债权登记期间的届满之日，为拍卖船舶公告最后一次发布之日起第六十日。

前款所指公告为第一次拍卖时的拍卖船舶公告。

第十七条 海事法院受理债权登记申请后，应当在船舶被拍卖、变卖成交后，依照海事诉讼特别程序法第一百一十四条的规定作出是否准予的裁定。

第十八条 申请拍卖船舶的海事请求人未经债权登记，直接要求参与拍卖船舶价款分配的，海事法院应予准许。

第十九条 海事法院裁定终止拍卖船舶的，应当同时裁定终结债权登记受偿程序，当事人已经缴纳的债权登记申请费予以退还。

第二十二条 海事法院拍卖、变卖船舶所得价款及其利息，先行拨付海事诉讼特别程序法第一百一十九条第二款规定的费用后，依法按照下列顺序进行分配：

（一）具有船舶优先权的海事请求；
（二）由船舶留置权担保的海事请求；
（三）由船舶抵押权担保的海事请求；
（四）与被拍卖、变卖船舶有关的其他海事请求。

依据海事诉讼特别程序法第二十三条第二款的规定申请扣押船舶的海事请求人申请拍卖船舶的，在前款规定海事请求清偿后，参与船舶价款的分配。

依照前款规定分配后的余款，按照民事诉讼法及相关司法解释的规定执行。

第二十三条 当事人依照民事诉讼法第十五章第七节的规定，申请拍卖船舶实现船舶担保物权的，由船舶所在地或船籍港所在地的海事法院管辖，按照海事诉讼特别程序法以及本规定关于船舶拍卖受偿程序的规定处理。

第二十四条 海事法院的上级人民法院扣押与拍卖船舶的，适用本规定。

执行程序中拍卖被扣押船舶清偿债务的，适用本规定。

最高人民法院
关于人民法院网络司法拍卖
若干问题的规定

2016年8月2日　　法释〔2016〕18号

为了规范网络司法拍卖行为，保障网络司法拍卖公开、公平、公正、安全、高效，维护当事人的合法权益，根据《中华人民共和国民事诉讼法》等法律的规定，结合人民法院执行工作的实际，制定本规定。

第一条 本规定所称的网络司法拍卖，是指人民法院依法通过互联网拍卖平台，以网络电子竞价方式公开处置财产的行为。

第二条 人民法院以拍卖方式处置财产的，应当采取网络司法拍卖方式，但法律、行政法规和司法解释规定必须通过其他途径处置，或者不宜采用网络拍卖方式处置的除外。

第三条 网络司法拍卖应当在互联网拍卖平台上向社会全程公开，接受社会监督。

第四条 最高人民法院建立全国性网络服务提供者名单库。网络服务提供者申请纳入名单库的，其提供的网络司法拍卖平台应当符合下列条件：

（一）具备全面展示司法拍卖信息的界面；

（二）具备本规定要求的信息公示、网上报名、竞价、结算等功能；

（三）具有信息共享、功能齐全、技术拓展等功能的独立系统；

（四）程序运作规范、系统安全高效、服务优质价廉；

（五）在全国具有较高的知名度和广泛的社会参与度。

最高人民法院组成专门的评审委员会，负责网络服务提供者的选定、评审和除名。最高人民法院每年引入第三方评估机构对已纳入和新申请纳入名单库的网络服务提供者予以评审并公布结果。

第五条 网络服务提供者由申请执行人从名单库中选择；未选择或者多个申请执行人的选择不一致的，由人民法院指定。

第六条 实施网络司法拍卖的，人民法院应当履行下列职责：

（一）制作、发布拍卖公告；

（二）查明拍卖财产现状、权利负担等内容，并予以说明；

（三）确定拍卖保留价、保证金的数额、税费负担等；

（四）确定保证金、拍卖款项等支付方式；

（五）通知当事人和优先购买权人；

（六）制作拍卖成交裁定；

（七）办理财产交付和出具财产权证照转移协助执行通知书；

（八）开设网络司法拍卖专用账户；

（九）其他依法由人民法院履行的职责。

第七条 实施网络司法拍卖的，人民法院可以将下列拍卖辅助工作委托社会机构或者组织承担：

（一）制作拍卖财产的文字说明及视频或者照片等资料；

（二）展示拍卖财产，接受咨询，引领查看，封存样品等；

（三）拍卖财产的鉴定、检验、评估、审计、仓储、保管、运输等；

（四）其他可以委托的拍卖辅助工作。

社会机构或者组织承担网络司法拍卖辅助工作所支出的必要费用由被执行人承担。

第八条 实施网络司法拍卖的，下列事项应当由网络服务提供者承担：

（一）提供符合法律、行政法规和司法解释规定的网络司法拍卖平台，并保障安全正常运行；

（二）提供安全便捷配套的电子支付对接系统；

（三）全面、及时展示人民法院及其委托的社会机构或者组织提供的拍卖信息；

（四）保证拍卖全程的信息数据真实、准

确、完整和安全;

(五)其他应当由网络服务提供者承担的工作。

网络服务提供者不得在拍卖程序中设置阻碍适格竞买人报名、参拍、竞价以及监视竞买人信息等后台操控功能。

网络服务提供者提供的服务无正当理由不得中断。

第九条 网络司法拍卖服务提供者从事与网络司法拍卖相关的行为,应当接受人民法院的管理、监督和指导。

第十条 网络司法拍卖应当确定保留价,拍卖保留价即为起拍价。

起拍价由人民法院参照评估价确定;未作评估的,参照市价确定,并征询当事人意见。起拍价不得低于评估价或者市价的百分之七十。

第十一条 网络司法拍卖不限制竞买人数量。一人参与竞拍,出价不低于起拍价的,拍卖成交。

第十二条 网络司法拍卖应当先期公告,拍卖公告除通过法定途径发布外,还应同时在网络司法拍卖平台发布。拍卖动产的,应当在拍卖十五日前公告;拍卖不动产或者其他财产权的,应当在拍卖三十日前公告。

拍卖公告应当包括拍卖财产、价格、保证金、竞买人条件、拍卖财产已知瑕疵、相关权利义务、法律责任、拍卖时间、网络平台和拍卖法院等信息。

第十三条 实施网络司法拍卖的,人民法院应当在拍卖公告发布当日通过网络司法拍卖平台公示下列信息:

(一)拍卖公告;

(二)执行所依据的法律文书,但法律规定不得公开的除外;

(三)评估报告副本,或者未经评估的定价依据;

(四)拍卖时间、起拍价以及竞价规则;

(五)拍卖财产权属、占有使用、附随义务等现状的文字说明、视频或者照片等;

(六)优先购买权主体以及权利性质;

(七)通知或者无法通知当事人、已知优先购买权人的情况;

(八)拍卖保证金、拍卖款项支付方式和账户;

(九)拍卖财产产权转移可能产生的税费及承担方式;

(十)执行法院名称,联系、监督方式等;

(十一)其他应当公示的信息。

第十四条 实施网络司法拍卖的,人民法院应当在拍卖公告发布当日通过网络司法拍卖平台对下列事项予以特别提示:

(一)竞买人应当具备完全民事行为能力,法律、行政法规和司法解释对买受人资格或者条件有特殊规定的,竞买人应当具备规定的资格或者条件;

(二)委托他人代为竞买的,应当在竞价程序开始前经人民法院确认,并通知网络服务提供者;

(三)拍卖财产已知瑕疵和权利负担;

(四)拍卖财产以实物现状为准,竞买人可以申请实地看样;

(五)竞买人决定参与竞买的,视为对拍卖财产完全了解,并接受拍卖财产一切已知和未知瑕疵;

(六)载明买受人真实身份的拍卖成交确认书在网络司法拍卖平台上公示;

(七)买受人悔拍后保证金不予退还。

第十五条 被执行人应当提供拍卖财产品质的有关资料和说明。

人民法院已按本规定第十三条、第十四条的要求予以公示和特别提示,且在拍卖公告中声明不能保证拍卖财产真伪或者品质的,不承担瑕疵担保责任。

第十六条 网络司法拍卖的事项应当在拍卖公告发布三日前以书面或者其他能够确认收悉的合理方式,通知当事人、已知优先购买权人。权利人书面明确放弃权利的,可以不通知。无法通知的,应当在网络司法拍卖平台公示并说明无法通知的理由,公示满五日视为已经通知。

优先购买权人经通知未参与竞买的,视为放弃优先购买权。

第十七条 保证金数额由人民法院在起拍价的百分之五至百分之二十范围内确定。

竞买人应当在参加拍卖前以实名交纳保证金，未交纳的，不得参加竞买。申请执行人参加竞买的，可以不交保证金；但债权数额小于保证金数额的按差额部分交纳。

交纳保证金，竞买人可以向人民法院指定的账户交纳，也可以由网络服务提供者在其提供的支付系统中对竞买人的相应款项予以冻结。

第十八条　竞买人在拍卖竞价程序结束前交纳保证金经人民法院或者网络服务提供者确认后，取得竞买资格。网络服务提供者应当向取得资格的竞买人赋予竞买代码、参拍密码；竞买人以该代码参与竞买。

网络司法拍卖竞价程序结束前，人民法院及网络服务提供者对竞买人以及其他能够确认竞买人真实身份的信息、密码等，应当予以保密。

第十九条　优先购买权人经人民法院确认后，取得优先竞买资格以及优先竞买代码、参拍密码，并以优先竞买代码参与竞买；未经确认的，不得以优先购买权人身份参与竞买。

顺序不同的优先购买权人申请参与竞买的，人民法院应当确认其顺序，赋予不同顺序的优先竞买代码。

第二十条　网络司法拍卖从起拍价开始以递增出价方式竞价，增价幅度由人民法院确定。竞买人以低于起拍价出价的无效。

网络司法拍卖的竞价时间应当不少于二十四小时。竞价程序结束前五分钟内无人出价的，最后出价即为成交价；有出价的，竞价时间自该出价时点顺延五分钟。竞买人的出价时间以进入网络司法拍卖平台服务系统的时间为准。

竞买代码及其出价信息应当在网络竞买页面实时显示，并储存、显示竞价全程。

第二十一条　优先购买权人参与竞买的，可以与其他竞买人以相同的价格出价，没有更高出价的，拍卖财产由优先购买权人竞得。

顺序不同的优先购买权人以相同价格出价的，拍卖财产由顺序在先的优先购买权人竞得。

顺序相同的优先购买权人以相同价格出价的，拍卖财产由出价在先的优先购买权人竞得。

第二十二条　网络司法拍卖成交的，由网络司法拍卖平台以买受人的真实身份自动生成确认书并公示。

拍卖财产所有权自拍卖成交裁定送达买受人时转移。

第二十三条　拍卖成交后，买受人交纳的保证金可以充抵价款；其他竞买人交纳的保证金应当在竞价程序结束后二十四小时内退还或者解冻。拍卖未成交的，竞买人交纳的保证金应当在竞价程序结束后二十四小时内退还或者解冻。

第二十四条　拍卖成交后买受人悔拍的，交纳的保证金不予退还，依次用于支付拍卖产生的费用损失、弥补重新拍卖价款低于原拍卖价款的差价、冲抵本案被执行人的债务以及与拍卖财产相关的被执行人的债务。

悔拍后重新拍卖的，原买受人不得参加竞买。

第二十五条　拍卖成交后，买受人应当在拍卖公告确定的期限内将剩余价款交付人民法院指定账户。拍卖成交后二十四小时内，网络服务提供者应当将冻结的买受人交纳的保证金划入人民法院指定账户。

第二十六条　网络司法拍卖竞价期间无人出价的，本次拍卖流拍。流拍后应当在三十日内在同一网络司法拍卖平台再次拍卖，拍卖动产的应当在拍卖七日前公告；拍卖不动产或者其他财产权的应当在拍卖十五日前公告。再次拍卖的起拍价降价幅度不得超过前次起拍价的百分之二十。

再次拍卖流拍的，可以依法在同一网络司法拍卖平台变卖。

第二十七条　起拍价及其降价幅度、竞价增价幅度、保证金数额和优先购买权人竞买资格及其顺序等事项，应当由人民法院依法组成合议庭评议确定。

第二十八条　网络司法拍卖竞价程序中，有依法应当暂缓、中止执行等情形的，人民法院应当决定暂缓或者裁定中止拍卖；人民法院可以自行或者通知网络服务提供者停止拍卖。

网络服务提供者发现系统故障、安全隐患等紧急情况的,可以先行暂缓拍卖,并立即报告人民法院。

暂缓或者中止拍卖的,应当及时在网络司法拍卖平台公告原因或者理由。

暂缓拍卖期限届满或者中止拍卖的事由消失后,需要继续拍卖的,应当在五日内恢复拍卖。

第二十九条 网络服务提供者对拍卖形成的电子数据,应当完整保存不少于十年,但法律、行政法规另有规定的除外。

第三十条 因网络司法拍卖本身形成的税费,应当依照相关法律、行政法规的规定,由相应主体承担;没有规定或者规定不明的,人民法院可以根据法律原则和案件实际情况确定税费承担的相关主体、数额。

第三十一条 当事人、利害关系人提出异议请求撤销网络司法拍卖,符合下列情形之一的,人民法院应当支持:

(一)由于拍卖财产的文字说明、视频或者照片展示以及瑕疵说明严重失实,致使买受人产生重大误解,购买目的无法实现的,但拍卖时的技术水平不能发现或者已经就相关瑕疵以及责任承担予以公示说明的除外;

(二)由于系统故障、病毒入侵、黑客攻击、数据错误等原因致使拍卖结果错误,严重损害当事人或者其他竞买人利益的;

(三)竞买人之间,竞买人与网络司法拍卖服务提供者之间恶意串通,损害当事人或者其他竞买人利益的;

(四)买受人不具备法律、行政法规和司法解释规定的竞买资格的;

(五)违法限制竞买人参加竞买或者对享有同等权利的竞买人规定不同竞买条件的;

(六)其他严重违反网络司法拍卖程序且损害当事人或者竞买人利益的情形。

第三十二条 网络司法拍卖被人民法院撤销,当事人、利害关系人、案外人认为人民法院的拍卖行为违法致使其合法权益遭受损害的,可以依法申请国家赔偿;认为其他主体的行为违法致使其合法权益遭受损害的,可以另行提起诉讼。

第三十三条 当事人、利害关系人、案外人认为网络司法拍卖服务提供者的行为违法致使其合法权益遭受损害的,可以另行提起诉讼;理由成立的,人民法院应当支持,但具有法定免责事由的除外。

第三十四条 实施网络司法拍卖的,下列机构和人员不得竞买并不得委托他人代为竞买与其行为相关的拍卖财产:

(一)负责执行的人民法院;

(二)网络服务提供者;

(三)承担拍卖辅助工作的社会机构或者组织;

(四)第(一)至(三)项规定主体的工作人员及其近亲属。

第三十五条 网络服务提供者有下列情形之一的,应当将其从名单库中除名:

(一)存在违反本规定第八条第二款规定操控拍卖程序、修改拍卖信息等行为的;

(二)存在恶意串通、弄虚作假、泄漏保密信息等行为的;

(三)因违反法律、行政法规和司法解释等规定受到处罚,不适于继续从事网络司法拍卖的;

(四)存在违反本规定第三十四条规定行为的;

(五)其他应当除名的情形。

网络服务提供者有前款规定情形之一,人民法院可以依照《中华人民共和国民事诉讼法》的相关规定予以处理。

第三十六条 当事人、利害关系人认为网络司法拍卖行为违法侵害其合法权益的,可以提出执行异议。异议、复议期间,人民法院可以决定暂缓或者裁定中止拍卖。

案外人对网络司法拍卖的标的提出异议的,人民法院应当依据《中华人民共和国民事诉讼法》第二百二十七条及相关司法解释的规定处理,并决定暂缓或者裁定中止拍卖。

第三十七条 人民法院通过互联网平台以变卖方式处置财产的,参照本规定执行。

执行程序中委托拍卖机构通过互联网平台实施网络拍卖的,参照本规定执行。

本规定对网络司法拍卖行为没有规定的,

适用其他有关司法拍卖的规定。

第三十八条 本规定自2017年1月1日起施行。施行前最高人民法院公布的司法解释和规范性文件与本规定不一致的，以本规定为准。

最高人民法院
关于加强和规范人民法院网络
司法拍卖工作的意见

2015年12月24日　　法〔2015〕384号

为贯彻落实《最高人民法院关于全面深化人民法院改革的意见》，适应互联网信息技术发展新形势，实现依法、公开、公平、便民的司法拍卖工作目标，根据《中华人民共和国民事诉讼法》、最高人民法院相关司法解释和有关文件规定，制定本意见。

一、各级人民法院要高度重视网络司法拍卖工作。网络司法拍卖工作是人民法院依照法律规定，在互联网平台上公开拍卖诉讼资产的司法行为，是执行工作的重要组成部分。加强和规范人民法院网络司法拍卖工作，是公开司法、司法为民的本质要求，是保障当事人合法权益、实现诉讼资产价值最大化的有效途径，是全面深化人民法院改革的重要内容，是提高人民法院司法公信力的重要举措，要切实抓紧抓好。

二、进一步明确职责，实行归口管理。网络司法拍卖工作坚持执行与拍卖相分离的原则，最高人民法院司法行政装备管理局司法辅助工作办公室负责指导全国法院网络司法拍卖工作。地方各级人民法院司法技术辅助工作部门负责网络司法拍卖工作。

三、坚持公开透明，接受各方面监督。各级人民法院必须在人民法院诉讼资产网以及各地法院选择的网络交易平台上发布拍卖公告、随机选择机构结果和成交结果等信息，公开司法拍卖信息。

四、严格依法办事，方便人民群众和审判工作。人民法院开展司法拍卖应全面推行网上拍卖方式，各高级人民法院结合当地实际，选择具有信息发布、网上报名、网上竞价、网上结算等功能且运作规范、安全可靠、服务优质的网络平台开展网络司法拍卖。选定的网络平台必须链接人民法院诉讼资产网，实现信息与资源共享。对不宜在网上拍卖或不具备条件的，可以采取现场拍卖方式。

五、完善、规范委托拍卖和法院自主拍卖行为。人民法院开展网络司法拍卖原则上应将拍卖事务委托给符合要求的专业拍卖机构进行，选择拍卖机构一律采取公开随机方式。有条件的法院或不适宜委托拍卖的诉讼资产，可由法院在网络平台上自主拍卖。各高级人民法院应根据相关规定，降低司法拍卖佣金和拍卖成本。采取委托拍卖方式的，司法拍卖成本由买受人以拍卖佣金方式承担。人民法院自主拍卖诉讼资产的，成本由法院承担。

六、加强监督监察，确保司法廉洁。人民法院在开展网络司法拍卖过程中，要严格执行法律法规司及司法解释，健全各项规章制度，加强对网络平台流程环节的监管，强化对法院工作人员、拍卖机构的监管，严防串标等违规行为，确保网络拍卖资产、资金、信息的安全。

本意见自2016年1月1日起执行。各高级人民法院根据本意见，结合当地实际，制定实施细则，并报最高人民法院备案。

最高人民法院
关于建立和管理网络服务
提供者名单库的办法

2016年9月19日　　法发〔2016〕23号

为落实《最高人民法院关于人民法院网络司法拍卖若干问题的规定》（以下简称《网拍规定》），科学建立和管理全国性网络服务提供者名单库，确保网络司法拍卖工作依法有序进行，制定本办法。

第一条 最高人民法院设立网络服务提供者名单库评审委员会，负责网络服务提供者的选定、评审和除名工作。评审委员会由互联网专家、全国人大代表、全国政协委员、特约监督员和最高人民法院审判、执行、行装、技术等部门人员组成。

第二条 能够提供符合《网拍规定》和本办法要求的网络司法拍卖平台并有意开展网络司法拍卖业务的网络服务提供者，可以向评审委员会提出申请。申请入库的，应当提交入库申请书及符合要求的相关证明材料。

第三条 申请入库的网络服务提供者应当具备保障全国法院网络司法拍卖安全、便捷、有序进行的信息系统、硬件设备、资金及人员等，且服务质优价廉。

第四条 申请入库的网络服务提供者应当同时符合以下基本要求：

（一）网络服务提供者提供的网络司法拍卖平台应当在全国范围内具有较高知名度和较大影响力；

（二）在同类平台中取得行业公认的领先地位；

（三）已开展涉公共事务领域网络拍卖业务一年以上；

（四）无违法违规记录。

第五条 申请入库的网络服务提供者应当对其提供的网络司法拍卖平台的安全性负责，具备法律法规规定的资质和安全管理体系等。

第六条 网络司法拍卖平台应当具备系统开放性、技术先进性和持续发展性，能与人民法院执行案件管理系统实现信息联通共享，能顺应网络司法拍卖发展需求及时提升扩展服务。

第七条 为保障网络司法拍卖有序进行，网络司法拍卖平台应当符合下列要求：

（一）为司法拍卖设置首页入口和专用频道以提高用户辨识度和使用便捷性，并通过该频道向社会公众真实、准确、完整展示网络司法拍卖的各类信息；

（二）具备实时在线核验报名竞买人身份信息功能，确保竞买人可自主完成报名和随机生成竞买代码、密码；

（三）使用具备合法经营牌照和符合安全标准的网络支付系统，可自动处理保证金的交纳、冻结和结算；

（四）具备通过互联网进行电子竞价的功能；

（五）为不同层级人民法院设置系统操作功能及管理权限，并具备自动化统计功能，确保人民法院随时发布、管理、统计和监督司法拍卖活动；

（六）对拍卖形成的全部数据进行加密保护，确保安全，并具备自动归档留存功能，可下载制作副本；

（七）具备大数据实时计算分析、精准投放与推介能力，确保拍卖信息及时推送潜在竞买人，扩大参与竞买人数量；

（八）具备包括PC端和移动端的多终端登陆系统与操作功能，方便竞买人多渠道参与竞买；

（九）为网络司法拍卖交易各方提供及时全面的咨询、答疑和提醒等服务；

（十）后台未设置监控竞买人信息和操控、干预竞价程序的功能等；

（十一）其他人民法院认为应当符合的要求。

第八条 评审委员会有权审查网络司法拍卖平台的相关程序，确保后台未设置监控竞买人信息、操控和干预竞价程序的功能。

第九条 评审委员会采用委托第三方评估机构评估方式定期对新申请入库的网络服务提供者进行评审，择优入库并公示，免收服务费用的可优先入库；每年对已入库的网络服务提供者开展的网络司法拍卖情况进行评估并公布结果。

第十条 网络服务提供者发生影响网络司法拍卖业务正常运行的重大经营变化的，应当及时向评审委员会报告。

网络服务提供者不再为网络司法拍卖提供网络平台的，应当提前三个月书面向评审委员会申请从名单库中退出，不得自行中断服务。

第十一条 网络服务提供者存在违反《网拍规定》第三十五条规定情形的，评审委员会经评审后将其从名单库中除名并公示。

第十二条 网络服务提供者被除名或被准许退出名单库的，应当做好交接和善后工作，包括保障尚未完成的拍卖顺利进行完毕、将存储的全部拍卖信息数据移交评审委员会保存、妥善处理好保证金的划转和解冻事宜等。

第十三条 本办法自2016年9月20日起施行。

最高人民法院
关于司法拍卖网络服务提供者名单库的公告

2016 年 11 月 25 日

为进一步规范网络司法拍卖行为，维护当事人合法权益，我院出台了《最高人民法院关于人民法院网络司法拍卖若干问题的规定》和《最高人民法院关于建立和管理网络服务提供者名单库的办法》，对全国性网络服务提供者名单库的建立和管理进行规范。根据上述规定，网络服务提供者入库采取自愿申请的方式，经公告，截止 2016 年 9 月 30 日，共有 48 家网络服务提供者递交了申请材料。最高人民法院司法拍卖网络服务提供者名单库评审委员会通过委托第三方评估机构评估方式对全部申报材料进行评审，根据评审和投票结果，以下网络服务提供者提供的网络司法拍卖平台纳入名单库（排名不分先后）：

一、淘宝网，网址为 www.taobao.com；
二、京东网，网址为 www.jd.com；
三、人民法院诉讼资产网，网址为 www.rmfysszc.gov.cn；
四、公拍网，网址为 www.gpai.net；
五、中国拍卖行业协会网，网址为 www.caa123.org.cn。

特此公告。

[提示] 裁定以物抵债后房屋所有权即发生转移，不应列入被执行人破产财产

最高人民法院
关于山西省太原市中级人民法院执行深圳市罗湖对外经济发展公司房产问题的复函

1996 年 5 月 26 日　　法函〔1996〕89 号

山西省高级人民法院、广东省高级人民法院：

山西省高级人民法院晋高法执字〔1994〕第 65 号和广东省高级人民法院粤高法经一行字〔1995〕第 66 号报告均已收悉。经研究，答复如下：

1994 年 4 月 20 日山西省太原市中级人民法院对山西省物资贸易中心诉深圳市罗湖对外经济发展公司购销合同纠纷案做出判决，双方当事人均未上诉。同年 7 月 21 日太原市中级人民法院开始执行。10 月 7 日，该院裁定将深圳市罗湖对外经济发展公司坐落在深圳市莲塘第一工业小区 135 栋总建筑面积为 6326 平方米的六层厂房以物抵债给山西省物资贸易中心。11 月 4 日双方当事人在太原市、深圳市中级人民法院的监督下，对该厂房进行了交接。因该厂房所在地莲塘工业区属深圳市土地未清理区域，所以深圳市规划国土局暂不办理房地产证。同年 12 月 8 日深圳市人民政府给山西省物资贸易中心发了产权代用证。本院认为，虽然深圳市中级人民法院于 1994 年 11 月 3 日受理了罗湖对外经济发展公司申请破产案，但是考虑到上述实际情况，应认定山西省太原市中级人民法院已执行完毕，以物抵债的厂房所有权已经转移。深圳市中级人民法院不应再将该厂房作为破产财产处理。如果该房产的价值超过山西省物资贸易中心所享有的债权，超过部分可作为破产财产。

最高人民法院
关于深圳市华旅汽车运输公司出租车牌照持有人对深圳市中级人民法院执行异议案的复函

2001 年 10 月 30 日　　〔2001〕执监字第 232 号

广东省高级人民法院：

你院〔2001〕粤高法执监字第 188 号《关于深圳中院执行华旅汽车运输公司一案的复查报告》收悉。经研究，同意你院的复查意见，现具体答复如下：

一、《最高人民法院关于适用〈中华人民共

和国民事诉讼法〉若干问题的意见》第108①、109②条规定，诉讼中的财产保全裁定的效力一般应维持到生效的法律文书执行时止；在财产保全期内，任何单位均不得擅自解除保全措施。《最高人民法院关于人民法院执行工作若干问题的规定（试行）》第44条规定，"被执行人或其他人擅自处分已被查封、扣押、冻结财产的，人民法院有权责令责任人限期追回财产或承担相应的赔偿责任。"本案被执行人深圳市华旅汽车运输公司在诉讼保全期间内将人民法院已经查封的142块出租车营运牌照作为合同标的物以每块28万元至45万元不等的价格融资租赁给他人的行为无效。执行法院有权责令被执行人深圳市华旅汽车运输公司限期追回查封标的物（出租车营运牌照）或直接执行该标的物。

二、《最高人民法院关于人民法院执行工作若干问题的规定（试行）》第86条第1款规定："在执行程序中，双方当事人可以自愿达成执行和解协议，变更生效法律文书确定的履行义务主体、标的物及其数额、履行期限和履行方式。"依据本规定，执行和解协议的有效要件之一是双方当事人出于自愿并就协议内容的意思表示一致。而本案的各申请执行人于2001年4月29日、5月9日（拍卖前一日）两次向执行法院明确表示不同意和解并要求执行法院依法对查封标的物进行拍卖，表明本案申请执行人与被执行人之间并没有达成有效的执行和解协议。申诉人（牌照持有人）要求按所谓的和解协议执行，没有事实根据，不予支持。

三、《最高人民法院关于人民法院执行工作若干问题的规定（试行）》第47条规定："人民法院对拍卖、变卖被执行人的财产应当委托依法成立的资产评估机构进行价格评估。"据此规定，评估程序应当是人民法院拍卖、变卖被执行人财产的必经程序。本案执行法院曾于1999年12月委托深圳市国有资产评估有限公司对华旅公司所有的100个出租车营运牌照（产权证编号为：03151—03250）的权益进行评估，评估公司于同年12月16日出具《关于法院委托评估的资产评估结果报告书》。评估报告书确认：每个出租车营运牌照权益价值的评估值为45.49万元；建议拍卖保留价为40.941万元/个。评估公司出具的《评估过程说明》第5条第6项注明：本次评估报告在市场价格无较大波动情况下的有效期为半年，若超过此期限或市场价格发生较大波动时，需重新评估。后因双方当事人磋商执行和解，此次拍卖没有进行。2001年5月10日，深圳市中级法院在没有进行重新评估的情况下，合议庭决定该批出租车营运牌照的拍卖保留价为70万元/个，委托广东机电深圳拍卖行进行拍卖。我们认为，在第一次评估报告已经过期并自动失效的情况下，深圳市中级法院未经重新评估，执行合议庭合议确定拍卖保留价并委托拍卖的行为违反法定程序。鉴于该批出租车营运牌照的拍定价格大幅度高于原评估价格且已经公开拍卖完毕，可予以维持。但为维护程序公正和保证拍卖物的价格真实，应由深圳市中级法院另行指定评估机构按拍卖时的市场行情再行评估一次，如重新评估的价格未超过原拍卖价，则维持拍卖结果；如超过原拍卖价，则重新拍卖。

鉴于本案的执行涉及群体利益，故请你院接函后即督促深圳市中级法院制定详细工作方案，积极、稳妥地做好申诉人息诉工作，以维护社会稳定。

此复。

---

① 该108条规定："人民法院裁定采取财产保全措施后，除作出保全裁定的人民法院自行解除和其上级人民法院决定解除外，在财产保全期限内，任何单位都不得解除保全措施。"该规定已被最高人民法院《关于适用〈中华人民共和国民事诉讼法〉的解释》（法释〔2015〕5号）第一百六十五条修改为："人民法院裁定采取保全措施后，除作出保全裁定的人民法院自行解除或者其上级人民法院决定解除外，在保全期限内，任何单位不得解除保全措施。"，下同——编者注

② 该109条规定："诉讼中的财产保全裁定的效力一般应维持到生效的法律文书执行时止。在诉讼过程中，需要解除保全措施的，人民法院应及时作出裁定，解除保全措施。"该规定已被最高人民法院《关于适用〈中华人民共和国民事诉讼法〉的解释》（法释〔2015〕5号）第一百六十八条修改为："保全裁定未经人民法院依法撤销或者解除，进入执行程序后，自动转为执行中的查封、扣押、冻结措施，期限连续计算，执行法院无需重新制作裁定书，但查封、扣押、冻结期限届满的除外。"，下同——编者注

【附：案例评析】

深圳市华旅汽车运输公司出租车牌照持有人对深圳市中级人民法院执行异议案

四、深圳中院意见

1. 关于当事人是否达成和解协议的问题

在长达5年的执行期间内，法院多次召集当事人进行协商，均未达成和解协议。在拍卖前，两家债权人均表示无法和解，要求拍卖，因此法院的拍卖没有问题。

2. 关于评估报告是否过期的问题

评估报告规定的评估期限是评估人自行设定的，相关法律、法规对此没有规定。在评估至拍卖期间，市政府投放了1200辆"绿的"并下调了的士营运价格，对拍卖行情造成了一定的影响。法院在委托拍卖时，经合议庭研究决定以高于评估价70%的价格拍卖（原评估价为每块营运牌照45.49万元），经过竞买人的竞价，均以超过深圳中院确定的底价（70万元）拍卖成交。

3. 华旅公司未进入拍卖现场被剥夺知情权的问题

拍卖时，为防止突发事件，市公安局对进入现场的人进行了控制，凡与拍卖无关的人不得进入拍卖现场，拍卖前，华旅公司未向法院或公安局提出进入拍卖现场的申请。法院并未剥夺其知情权。

综上，深圳中院认为其执行手续完备，程序合法，牌照持有人的申诉应予驳回。

五、广东高院意见

1. 原则同意深圳中院的意见。

2. 出租车营运牌照被查封后进行的买卖行为均为无效，买受人转手倒卖牟利，其行为不受法律保护。

3. 华旅公司恶意逃债，应追究其妨碍民事诉讼行为的责任对有关责任人员采取民事制裁措施直至追究刑事责任。

4. 关于评估过期问题，考虑到出租车营运牌照的价格受市场影响，应对该营运牌照再行评估，如重新评估后，评估值未超过拍卖价，维持原拍卖价，若超过原拍卖价，重新拍卖。

5. 从拍卖款项中对营运牌照的最后持有人进行适当的补偿，拟以华旅公司第一手非法转让所收取的金额的100%作为补偿的标准，不足部分，由牌照持有人向上一手追索。

6. 建议深圳市主管部门加强对出租小汽车营运的管理。

7. 深圳中院做债权人工作，在本金得到保护的前提下，利息方面争取作出让步。

六、本案的核心问题

1. 华旅公司与承租人签订的《出租小汽车融资承包合同》的性质及其效力；2. 当事人双方是否达成了执行和解协议？3. 法院是否有权审查当事人之间达成的执行和解协议？4. 评估报告是否过期、过期后将产生什么法律后果？5. 合议庭能否决定评估价格？

七、评析意见

撰稿人依本案的事实，结合合议庭讨论意见和承办人意见，提出以下评析意见：

1. 关于华旅公司与各家银行签订的"抵押贷款合同"的性质及其与承包人签订的《出租小汽车融资承包合同》的效力问题

（1）"抵押贷款合同"的性质

如前所述，1994年4月至12月间，华旅公司将其所有的产权证编号为03151－03250、001－028的出租车营运牌照"抵押"给了前述各债权人，进行"抵押贷款"。在法院对华旅公司与大厦支行、盐田支行和红宝支行等3家银行的贷款合同纠纷所作的生效法律文书（包括判决书、调解书）中也确认了上述"抵押合同"关系，并判决：在借款逾期不能得到偿还时，有关债权人有权向法院申请拍卖"抵押物"——出租车营运牌照。我认为，从营运牌照本身的性质来看，将华旅公司与各家银行之间的法律关系认定为"抵押贷款"的关系是值得商榷的。理由如下：

《深圳经济特区出租小汽车管理条例》第10条规定："出租车必须依本条例取得营运牌照后，方可从事出租业务。未取得营运牌照的小汽车不得从事出租业务。营运牌照实行一证一车制，每一营运牌照应当同其所载明的出租车牌号相符合；营运牌照设正本和副本，正本交出租车经营者持有，副本由市运政管理机关保存备查。本条例所称营运牌照，是指市运政管理机关颁发的允许从事出租车业务的经营资格证明。"依据上述规定，出租车营运牌照是由特定行业管理部门监管并颁发的、允许从事出租车业务的经营资格证明。出租车营运牌照本身并不具有财产价值，其财产价值体现在"依行业管理部门的授权，从事出租车营运业务"上。这一特征集中反映了，营运出租车是一种权利,出租车营运牌照是一种权利凭证。依据《担保法》的有关规定和物权法理论,抵押适用于不动产或特定动产(也包括当事人自愿办理抵押登记的其他财产);质押适用于动产和权利。另依据《深圳经济特区出租小汽车管理条例实施细则》第27、28条规定:"营运牌照持有人可依法以营运牌照证书设定质押。但同一营运牌照证书不得设立两个以上质押。以营运牌照证书设定质押的,出质人与质权人应当订立书面合同,并向管理机构办理出质登记;质押合同自登记之日起生效。"综上所述,出租车营运牌照作为一种证明权利存在的凭证,其客体是"权利"。在出租车营运牌照上设定担保物权,应当适用《担保法》第四章第二节的有关规定——即权利质押。然而,就本案所涉"权利质押"合同是否有效的问题存在一些争议。一种观点认为:《担保法》第四章第二节规定的权利质押权使用于该法第75条及有关司法解释所规定的各项"权利"——即汇票、支票、本票、债券、存款单、仓单、提单,依法可以转让的股份、股票,依法可以转让的商标专用权,专利权、著作权中的财产权,过路、过桥的收费权等。"出租车营运牌照"的客体尽管是权利,但其没有包含在法律规定的上述各项"权利凭证"之中,基于"物权法定"原则,以"出租车营运牌照"为质物签订的权利质押合同无效。我认为这种观点是值得商榷的,理由如下:a.《担保法》尽管没有规定"出租车营运牌照"可以作为权利质押的客体,但从现有的法律、法规和司法解释看,也没有"禁止性规定"——即如果以其他权利质押,则合同无效。相反,《担保法》第 75 条第 4 项规定了权利质押扩大适用的情形,即"依法可以质押的其他权利"。依据民法理论,法律没有禁止的行为,便是适法行为(除非违反法律、妨害社会公共利益、违反善良风俗等)出租车营运牌照作为一种权利进行质押,并没有违反有关法律规定,该合同应当是有效的。b. 如前所述,依据《深圳经济特区出租小汽车管理条例》及其《实施细则》的有关规定,出租车营运牌照允许进行质押。且该规定没有与担保法的有关规定发生冲突。因此,本案所涉"质押合同"具有适法性。c. 依据《深圳经济特区出租小汽车管理条例》及其《实施细则》的有关规定,出租车营运牌照由专门机关进行行政管理;出租车营运牌照的转让、质押必须到该机关办理登记手续,否

则视为转让、质押行为无效。依据上述规定,对出租车营运牌照所进行的权利质押登记是具有公示力和公信力的,其可以对抗其他任何未经登记的权利。其符合了"权利质押"的法律要件。d. 从国外立法及司法实践看,"权利质押"的适用范围非常广泛。为积极维护合同效力、充分保障市场交易安全,我们应当积极借鉴国外立法及司法的先进经验。

上述讨论仅是就"合同"的性质进行的法理分析,其对本案的最终处理结果并不产生影响。因为就本案所涉"合同"而言,无论称之为"抵押"还是"质押",无论是否经过诉讼程序,只要合同有效,权利人的优先受偿权均是要保障的。

(2)华旅公司与承包人签订的《出租小汽车融资承包合同》的性质及效力问题。

在案件办理过程中,就《融资承包合同》的效力及是否存在"善意第三人"问题,有的人认为,融资承包合同的承包人无从知道该批"出租车营运牌照"已经被质押、被查封,其在主观上是善意的,应将其作为善意第三人予以保护;同时,根据深圳市人大、市政府的有关规定,签订《融资承包合同》无须到运输行政管理机关进行登记,因此合同是有效的。笔者不同意上述观点,理由如下:

A. 如前所述,1994 年 4 月至 12 月间,华旅公司将其所有的产权证编号为 03151—03250、001—028 的出租车营运牌照质押给了前述各债权人,进行质押贷款。在法院对华旅公司与大厦支行、盐田支行和红宝支行等 3 家银行的贷款合同纠纷所作的生效法律文书(包括判决书、调解书)中也确认了上述"抵押合同"关系,并判决:在借款逾期不能得到偿还时,有关债权人有权向法院申请拍卖本案标的物——出租车营运牌照。在质押合同关系相当明确的情况下,华旅公司将质押物(营运牌照)以 30~50 年不等的使用年限融资承包给了承租人。依据《担保法》的有关规定,当债务人不履行债务时,质押权人有权以质物折价或者以拍卖、变卖该质物的价款优先受偿。质押人对质物的处分不得损害质押权人的利益或影响质押权人实现优先受偿权。出租车营运牌照作为一种权利,其本身是不具有财产价值的,其具有财产价值的是"依据授权营运出租车业务"的权利——即经营权。另依深圳市运输行政管理机关的授权,华旅公司对该批出租车营运牌照的经

营年限为45～50年不等。现华旅公司将已经质押的出租车营运牌照的经营权以30～50年不等的使用年限一次性地卖给了融资承包的承包人，该行为名为"融资承包"实为"经营权买卖"，其将直接导致质押权人的优先受偿权无法实现，损害了质押权人的利益。依据《担保法》的有关规定，华旅公司将已经质押的出租车营运牌照进行的所谓融资承包行为是非法的、无效的。

如前所述，依据《深圳经济特区出租小汽车管理条例》及其实施细则的有关规定，出租车营运牌照由深圳市运输行政管理机关进行行政管理；转让、质押出租车营运牌照应当到市运输行政管理机关办理登记手续，否则，该转让、质押行为无效。依据上述规定，承包人作为合同一方，在购买出租车营运牌照经营权时，应当具有到有关部门了解出租车营运牌照的权利状态的注意义务——即该权利是否真实、是否已经设定了其他权利、是否存在质押、查封情形等。但本案的承包人在合同签订过程中，没有尽到上述注意义务，其将该批出租车营运牌照作为一个完整的、无瑕疵的权利进行购买，结果损害了质押权人的利益，应当说其在主观上是存在重大过失的，故不能适用"善意第三人"制度。

B. 在沙河支行诉深圳市深华旅游饮食服务公司（已破产）和华旅公司借款纠纷一案中，南山区法院根据沙河支行的申请，于1995年6月6日，保全查封了华旅公司的出租车营运牌照（产权证编号：03151—03300，其中包括已经质押的128块出租车营运牌照），并将有关法律文书送达被执行人华旅公司和协助执行单位深圳营运汽车管理中心。在法院查封以后，华旅公司将已查封的（也是已经抵押的）出租车营运牌照以30～50年不等的使用年限又融资承包给了承包人。依据有关法律规定及最高人民法院的有关司法解释：人民法院进行查封后，任何人均不得擅自处分查封物；未经人民法院同意擅自处分查封物的，查封物必须追回，且在其流转过程中不适用善意第三人制度。依据《最高人民法院关于人民法院执行工作若干问题的规定（试行）》第44条的规定，该《融资承包合同》无效，应当追回查封物。

2. 关于和解协议的问题

（1）关于订立和解协议的过程

深圳中院在执行本案的过程中做了大量的协调工作，期间组织了多次协调会议。申诉人主要是对深圳中院在4月29日的不同意执行和解协议的行为有异议。基于卷宗和申诉人反映材料，现将三方当事人和解过程介绍如下：自2001年4月初始，深圳中院多次组织申请执行人、华旅公司和司机代表进行协调，目的在于使各方当事人达成执行和解协议。在和解过程中（即4月13日），牌照持有人（司机）自发组织在一起，同意由其筹集资金偿还银行债务。司机代表、华旅公司与申请执行人就还款方案进行了多次协商。4月28日，协议各方按照协商意见草拟了执行和解协议（附后），并约定4月29日协议各方共同到法院，在法院的主持下签订执行和解协议。4月29日，作为债权人之一的长城资产公司发函深圳中院执行庭请求推迟拍卖至2001年5月25日。4月29日，协议各方共同来到了法院。据申诉人反映：协议各方到达法院后，法院主管领导及本案执行人员与债权人进行了单独会面，会面以后，债权人便表示：法院不同意和解协议第5条，并向债权人威胁：如果双方达成和解协议，发生第5条所述情况的，法院不予恢复执行。2001年5月10日，深圳中院委托广东机电设备深圳拍卖行对该批营运出租牌照进行了拍卖。

（2）对发生在执行和解协议过程中的有关问题的认定

A. 承包人（现牌照持有人）可否替华旅公司还款？

依据《民事诉讼法》及《最高人民法院关于〈人民法院执行工作若干问题的规定（试行）〉的有关规定》，华旅公司将已经抵押、查封的出租车营运牌照以融资承包的形式将牌照的经营权卖给承租人的行为是非法的。华旅公司与承包人之间签订的融资承包合同因违反禁止性法律、司法解释规定而自始无效。因此，牌照持有人以代华旅公司还款的方式来维护非法合同（即承包合同）的有效性的做法是不能支持的，除非债权人明确表示同意。

B. 深圳中院不同意执行和解协议第5条的做法是否合法？

华旅公司与债权人草拟的《执行和解协议》第5条规定：在乙方清偿上述全部贷款本息之前，甲、乙双方仍维持原128辆营运车牌的质押，如乙方未能按上述约定还款（和解协议要求乙方在第一次支付近1/3款项后，其余部分按每月分期缴纳），则甲方有权向深圳市中级人民法院申请恢复执行。深圳中院不同意执行和解协议第5条的理由是：牌照持有人不是案件被执行人，现在其主动愿意替华旅公司还款，但如果后期其不愿还或不能还款时，将给法院的执行带来巨大困难（因其在没有义务还款的情况下支付了大量资金，如果其将来不愿还或不能还款时，法院再次拍卖该批营运牌照将非常困难，牌照持有人有可能不服）。我认为单从《和解协议》第5条看，其内容是符合《民事诉讼法》关于执行和解的有关规定的。但从本案的具体情况看，由于牌照持有人取得牌照所基于的"融资承包合同"是非法、无效的，现法院如果同意了和解协议，便等于是承认了承租合同的合法性，如果将来牌照持有人不能还款或不还款时，法院想再次否认承租合同效力、拍卖营运牌照，由于牌照持有人在没有任何义务的情况下已经支付了大量资金，法院恢复执行与拍卖将成为不可能。综上，撰稿人认为，依据民法及诉讼法理论，人民法院对当事人的民事处分行为有审查权。《最高人民法院关于人民法院执行工作若干问题的规定（试行）》第86条第1款规定："在执行程序中，双方当事人可以自愿达成执行和解协议，变更生效法律文书确定的履行义务主体、标的物及其数额、履行期限和履行方式。"依据该规定，当事人之间签订执行和解协议与放弃诉权、放弃申请回避权、进行诉讼和解行为等相同，都是当事人对自己民事诉讼权利的处分行为。人民法院有权对执行和解协议是否合法、是否违反社会道德、是否妨碍社会公共利益、是否恶意损害他人利益等事项进行审查。深圳中院基于该项审查权对执行和解协议提出意见（通过卷宗反映，深圳中院并没有强迫当事人不能和解的意思）、做申请执行人的工作是符合法理精神的。另《融资承包合同》自身的非法性是决定该执行和解协议最终不能成型的根本性原因。从这一点来看，深圳中院不承认执行和解协议的效力也是有理由的。

C. 申请执行人最终是否同意了执行和解协议

从卷宗材料看，在4月29日下午、5月9日下午（拍卖日为5月10日）深圳中院两次召集各债权人进行谈话，各债权人明确表示不同意和解、要求法院依法进行拍卖（上述意思表示已经记入谈话笔录）。各债权人在拍卖后——即6月1日，又向法院来函表示承认拍卖结果并感谢深圳中院的依法执行行为。《最高人民法院关于人民法院执行工作若干问题的规定（试行）》第86条第1款规定："在执行程序中，双方当事人可以自愿达成执行和解协议，变更生效法律文书确定的履行义务主体、标的物及其数额、履行期限和履行方式。"依据本规定，执行和解协议的有效要件之一是双方当事人出于自愿就协议内容达成意思表示一致。从申请执行人最终的意思表示看，其没有同意执行和解协议的明确意思表示，据此，我们可以认定：该执行和解协议没有达成。

D. 关于申诉人反映：4月28日，申请执行人长城资产公司向深圳中院执行庭发函要求推迟拍卖至2001年5月25日，深圳中院为何不中止执行的问题。

据上所述，长城资产公司在4月29日、5月9日与法院进行的两次谈话中，明确表示其与被执行人不能达成执行和解协议，并要求法院进行拍卖。据此可以推定，长城资产公司对申请延期拍卖的意思表示进行了修正。法院应当确认当事人最终的意思表示。

3. 关于评估报告问题

（1）事实经过

在长达5年的执行期间内，深圳中院数次要拍卖该批出租车营运牌照。其曾于1999年12月委托深圳市国颂资产评估有限公司对华旅公司所有的100个出租车营运牌照（产权证编号为：03151—03250）的权益进行评估，评估公司于同年12月16日出具《关于法院委托评估的资产评估结果报告书》。评估报告书确认：每个出租车营运牌照权益价值的评估值为454900元；建议拍卖保留价为409410元/个。评估公司在《评估过程说明》第5条第6项注明：本次评估报告在市场价格无较大波动情况下的有效期为半年，若超过此期限或市场发生较大波动时，需重新评估。后因当事人拟进行和解，此次拍卖行为没有成型。2001年5月10日，经深圳中院委托，广东机电设备深圳拍卖行对设定抵押、已经查封的142块出租车营运牌照进行了拍卖。此次拍卖没有进行重新评估，拍卖保留价（70万元）是由合议庭经合议确定的。合议庭确定评估价的理由是：以执行xx公司案的拍卖价格为基础（在深圳中院执行xx出租车公司案中，出租车营运牌照的拍卖价格约是80~90万元）；但从原评估报告完成至此次拍卖期间，市政府又投放了1200辆"绿的"，并下调了的士营运价格。其对拍卖行情造成了一定的影响。因此，法院在委托拍卖时，经合议庭研究决定以高于原评估价70%（70万元）的价格进行拍卖（原评估价为每块营运牌照45.49万元）。此次拍卖经过竞买人的竞价，均以超过深圳中院确定的底价（70万元）拍卖成交，平均价格为76.25万元/个。

（2）对本案评估、拍卖中有关问题的意见

在案件办理过程中，对本案评估、拍卖中存在的问题，有两种观点。第一种观点认为：《最高人民法院关于人民法院执行工作若干问题的规定（试行）》第46条规定：人民法院拍卖、变卖被执行人的财产，应当委托依法成立的评估机构进行价格评估。本规定是强制性规定，除有法律规定的情形，执行法院不得违反，合议庭更无权决定拍卖保留价。但如上所述，深圳中院在委托广东机电深圳拍卖行进行拍卖时，先前的评估报告结果已经过期，其在没有进行重新评估的情况下，便委托广东机电深圳拍卖行进行拍卖，其执行行为是不妥当的，是违法的。第二种观点认为：本案存在一些特殊的情况：a. 深圳中院委托拍卖没有按照原有的评估价格进行拍卖，其合议庭所确定的拍卖起价远远高于原评估报告所确定的"建议拍卖价"；b. 从原评估至此次拍卖期间，市政府又投放了1200辆"绿的"，并下调了的士营运价格，该行为对拍卖行情造成了一定的影响；深圳中院合议庭所确定的拍卖保留价基本反映了该批出租车营运牌照的当时市场价格；c. 该批营牌照经过公开竞价最后拍定买受人，其拍卖过程及结果基本真实地反映了市场需求及标的物价值；d. 由于本案拍卖标的额较大，如因执行法院的工作瑕疵而撤销原拍卖结果，如再次评估、拍卖的价格低于此次评估、拍卖的结果，将带来不必要的损失。我院多数意见认为，正当的评估程序、有效的评估结果将公正、客观地反映执行标的物的真实市场基准价值，其是进行公正、合法的拍卖程序的基础。为严格执法、保障程序公正，依据《最高人民法院关于人民法院执行工作若干问题的规定（试行）》第47条的规定，我们认为，评估程序是人民法院委托拍卖的必经程序，执行法院及相关合议庭无权确定执行标的物的拍卖保留价。据此认定，在第一次评估报告已经过期并

自动失效的情况下，深圳中院未经重新评估，执行合议庭合议确定拍卖保留价并委托拍卖的行为违反法定程序。

八、结论意见

基本同意广东高院的复查意见。

关于本案执行程序中存在的未经重新评估的问题，鉴于该批出租车营运牌照的拍定价格大幅度高于原评估价格且已经公开拍卖程序，为维护程序公正和保证拍卖物的价格真实，应由深圳市中级人民法院另行指定评估机构按拍卖时的市场行情再行评估一次，如重新评估的价格未超过原拍卖价，则维持拍卖结果；如超过原拍卖价，则重新拍卖。[1]

最高人民法院关于人民法院在强制执行程序中处分被执行人国有资产适用法律问题的请示报告的复函

2001年12月27日　　〔2001〕执他字第13号

陕西省高级人民法院：

你院〔2000〕陕执请字第09号《关于人民法院在强制执行程序中处分被执行人国有资产适用问题的请示报告》收悉。经研究，答复如下：

国务院发布的《国有资产评估管理办法》（国务院91号令）关于国有资产评估中申请立项及审核确认的规定，确定了对国有资产占用单位在自主交易中进行评估的程序，其委托评估的主体是国有资产的占有企业，在特殊情况下可由国有资产管理部门委托评估。该《办法》对人民法院在执行程序中委托评估作为被执行人的国有企业的资产，并无相应的规定。人民法院在执行中委托评估也无须参照适用该《办法》，而应根据《最高人民法院关于人民法院执行工作若干问题的规定（试行）》第47条的规定办理，即由人民法院自行委托依法成立的资产评估机构进行；对评估机构的评估结论，应

---

[1] 李亮：《深圳市华旅汽车运输公司出租车牌照持有人对深圳市中级人民法院执行异议案》，载最高人民法院执行工作办公室编：《强制执行指导与参考》2002年第1辑（总第1辑），法律出版社2002年版，第225~239页。

由执行法院独立审核确认并据以确定拍卖、变卖的底价。因此，只要执行法院委托了依法成立的评估机构进行评估，并据以判断认为核评估结论不存在重大错误，该评估程序和结果就是合法有效的。故石泉县人民法院在执行中委托评估的执行行为合法，应予以维持。

此复。

【附：案例评析】

人民法院在强制执行程序中是否适用国务院《国有资产管理办法》请示案

三、安康市中级人民法院、石泉县人民法院的意见

安康市中级人民法院认为石泉县人民法院执行错误的理由是：石泉县物资总公司的房产属于国有资产，石泉县人民法院将该企业房产变卖时违反了《国有资产管理办法》（即〔1991〕国务院第91号令）的规定。《国有资产管理办法》第2条规定："国有资产评估，除法律、法规另有规定外，适用本办法。"第12条规定："国有资产评估按照下列程序进行：（一）申请立项；（二）资产清查；（三）评定估算；（四）验证确认。"石泉县人民法院在处分石泉县物资总公司房产时，委托了不具有国有资产评估资格证书的房地产评估机构评估，评估时没有向国有资产管理局提出立项申请，评估结果也没有经国有资产管理部门确认。因此石泉县人民法院变卖该房产无效，应当恢复原状。

石泉县人民法院则坚持认为对该案的执行是正确的，理由是：

1. 法院在执行该案中，所采取的强制措施是依据《中华人民共和国民事诉讼法》（以下简称民诉法）的有关规定进行的。民诉法第二百二十三条①规定："被执行人未按执行通知履行法律文书确定的义务，人民法院有权查封、扣押、冻结、拍卖、变卖被执行人应当履行义务部分的财产。"石泉县人民法院在执行中委托了有资质证书的、专门从事房地产评估的评估机构对房产价格作出评估，符合法律规定。民诉法作为国家的基本法，其效力高于行政法规。

2.《国有资产管理办法》第2条规定："国有资产评估，除法律、法规另有规定外，适用本办法。"人民法院委托评估就属于法律另有规定的情况。

3. 人民法院依法评估如果必须经国有资产管理部门立项、确认，会影响人民法院执行工作的正常进行，同时也是对人民法院独立行使司法权的削弱和限制。

四、陕西省高级人民法院的意见

陕西省高级人民法院同意石泉县人民法院的意见。认为：强制执行中对国有资产的处分，不属于《国有资产管理办法》的调整范围，该管理办法对人民法院依职权对被执行人所管理的国有资产进行评估、处分无拘束力。该办法中要求的立项，是指国有资产占有单位自行进行资产评估的程序，人民法院执行中办理评估事项不是出于作为被执行人的国有资产占有单位自己的意志，因此，无法要求该单位办理申请立项手续。目前对司法机关委托进行国有资产评估，并没有专门的程序性规定，法院委托执行评估的结果，不必经过报请国有资产管理部门确认的程序。

五、评析意见

笔者同意陕西省高级人民法院的意见。

此案的关键问题是人民法院在执行中对国有资产的评估、拍卖是否应当适用国务院《国有资产管理办法》，在此有必要对该办法确定的国有资产评估程序作一分析说明。《国有资产管理办法》确定的国有资产评估程序是：

1. 申请立项

资产占有单位经其主管部门审查同意后，向同级国有资产行政管理部门提交资产评估立项申请书。国有资产行政主管部门自收到申请书之日起10日内进行审核，并作出是否准予资产评估立项的决定，通知申请单位及其主管部门。

2. 委托评估（资产清查、评定估算）

申请单位收到准予资产评估立项通知书后，委托资产评估机构评估资产。评估机构对委托单位的资产、债权、债务进行全面清查、核实，对资产价值进行评定估算，向委托单位提出资产评估结果报告。

3. 验证确认

委托单位收到资产评估机构的资产评估结果

---

① 民事诉讼法原第二百二十三条现已修改为第二百四十七条。——编者注

报告书后，应当报其主管部门审查；主管部门审查同意后，报请同级国有资产行政管理主管部门确认资产评估结果。国有资产行政管理部门在收到占有单位报送的资产评估结果报告书之日起45日内组织审核、验证、协商，确认资产评估结果，并下达确认通知书。

从以上程序可以看出，人民法院执行中的委托评估不属于《国有资产管理办法》规范的范围，该办法始终没有提到人民法院执行问题。我国有关产权登记的法规中也都没有考虑到人民法院执行中需要处理行政机关登记产权变动等问题。如果行政法规中对法院执行中与行政机关的协调配合方面设定了比较合理的程序，人民法院应当执行。如果行政法规中根本就没有考虑到司法机关与行政机关的协调问题，则只能根据民诉法及最高法院相关司法解释确定的原则来解决具体问题。从现有法律文件方面看，只有《最高人民法院关于执行工作若干问题的规定（试行）》第47条规定："人民法院对拍卖、变卖被执行人的财产，应当委托依法成立的资产评估机构进行价格评估"，因此，只要人民法院委托了依法成立的资产评估机构进行价格评估，就是有效的。

人民法院根据生效的法律文书将被执行人的财产依法拍卖，是一种国家基于公权力而实施的公法上的处分行为，这种行为不是出自被执行人的自愿，而是民事执行的强制手段之一，属于民诉法及有关强制执行的法律规范调整的范畴。而委托人（包括本案中的国有资产占有单位）自愿委托拍卖行拍卖其财产的行为，不属于人民法院执行中的强制拍卖，是由《拍卖法》及《国有资产管理办法》来调整。两种拍卖的性质不同，在拍卖程序规则上也有所不同，《国有资产管理办法》规定的由国有资产管理部门办理立项、确认等程序，不能覆盖、也不可能适用于国有资产被人民法院强制拍卖时的评估行为。

另外，人民法院执行中的评估按照《国有资产管理办法》也无法操作。《国有资产管理办法》中要求的委托评估方是国有资产的占有单位，不包括人民法院。国有资产管理局1992年发布的《国有资产评估管理办法实施细则》第17条规定：

"委托评估机构进行资产评估的委托方，一般是国有资产占有单位，也可以是经占有单位同意、与被评估资产有关的其他当事人，原则上由申请立项的一方委托，特殊情况由国有资产管理主管部门委托。"这里提到的一般和特殊情况下的委托评估方，都不包括人民法院，其提起评估的主体是当事人，在特殊情况下可以是国有资产管理机构。执行程序不能等待当事人按照正常交易的要求进行评估，当事人也不会配合法院进行评估立项审批，因此要求人民法院按照《国有资产管理办法》进行评估，无法操作，不具有可行性。如果要求法院委托评估后经过国有资产行政管理部门确认，也不具有合理性。因为审核确认经过的时间很长，那样将严重制约法院的执行进程，并影响法院独立的司法判断。

本案执行中，石泉县人民法院变卖的房产，每间房评估价为7万元左右，石泉县人民法院并没有按此价格变价，而是举行了变卖大会，最后以每间8.6万元的价格变卖了房产，这种形式实际上是拍卖，是比变卖更公开的形式，变价是公平竞争的结果。因此，石泉县人民法院在执行本案中，委托评估环节的做法应当予以支持，变卖的效力应当予以维持。①

最高人民法院
关于对第三人通过法院变卖程序取得的财产能否执行回转及相关法律问题的请示复函

2003年8月5日　　〔2001〕执他字第22号

山东省高级人民法院：

你院鲁高法函〔2001〕65号《关于对第三人通过法院变卖程序取得的财产能否执行回转及相关法律问题的请示》收悉。经研究，答复如下：

青岛市中级人民法院在执行中，裁定将案外人青岛美达实业股份公司的土地使用权变卖

---

① 黄金龙、王惠君：《人民法院在强制执行程序中是否适用国务院〈国有资产管理办法〉请示案》，载沈德咏主编、最高人民法院执行工作办公室编：《强制执行指导与参考》2002年第2辑（总第2辑），法律出版社2002年版，178~184页。

给青岛洁丽日化有限公司，侵犯了青岛美达实业股份公司的合法权益，是错误的。人民法院在执行中依法采取拍卖、变卖措施，是基于国家公权力的行为，具有公信力。买受人通过法院的拍卖、变卖程序取得财产的行为，不同于一般的民间交易行为，对其受让所获得的权益应当予以保护。根据本案的具体情况，买受人已经取得的土地使用权不宜再执行回转。你院可据此尽力促成案外人青岛美达实业股份公司与买受人青岛洁丽日化有限公司和解，妥善处理本案。

在第一次评估报告已经过期并自动失效的情况下据此报告确定拍卖保留价并委托拍卖的行为违反法定程序。

最高人民法院执行工作办公室
关于诸城兴贸玉米开发有限公司申请执行国营青岛味精厂案中有关财产评估、变卖等问题的复函

2003年8月5日　〔2002〕执他字第14号

山东省高级人民法院：

你院鲁高法函〔2002〕41号《关于案件执行中涉及有关财产评估、变卖等问题的请示报告》收悉。经研究，答复如下：

根据你院报告，诸城兴贸玉米开发有限公司申请执行国营青岛味精厂一案中，执行的财产属于无法拍卖的特品。如此情况属实，则可以变卖。评估报告未送达给有关当事人，并不影响依据评估报告确定变卖的价格。被执行人提出评估价格过低的问题，如查证属实，应当对变卖价款进行适当调整，但仍应维持执行法院变卖财产裁定的效力。执行法院撤销此变卖财产裁定的裁定，应予撤销。

鉴于在四方区法院作出变卖财产裁定后，青岛市中级人民法院受理了以被执行人为债务人的破产案件，如果变卖裁定中所涉及的财产的所有权尚未转移给买受人，则应当交由破产程序处理。对于不动产和有登记的特定动产，应当以变卖裁定生效日期为财产权转移日期；对于动产，应当以实际交付给买受人的日期为财产权转移日期。

此复。

［提示］对企业国有产权的转让必须经有关机关的行政审批

最高人民法院
关于请求协调解决上市国有法人股股票变更问题的请示的复函

2005年6月25日　〔2005〕执他字第6号

天津市高级人民法院：

你院〔2004〕执他字第7号《关于请求协调解决上市国有法人股股票变更问题的请示》收悉。经研究，答复如下：

关于上市公司国有法人股股权转让和性质界定的有关事宜，2004年2月1日财政部《企业国有产权转让管理暂行办法》、2001年11月2日财政部《关于上市公司国有股权被人民法院冻结拍卖有关问题的通知》和2000年5月19日财政部《关于股份有限公司国有股权管理工作有关问题的通知》等规范性文件有明确规定按照上述文件的规定，对企业国有产权的转让必须经有关机关的行政审批。因此，在没有明文规定的情况下，对企业国有产权的变动，人民法院的执行程序不能替代前述规范性文件要求的审批程序。你院请示的问题应按有关规定的要求办理。

此复。

【附：案例评析】

上市国有法人股股权转让和性质界定问题请示案

二、天津高院请示的问题

天津高院认为，最高人民法院《关于冻结、拍卖上市公司国有股和社会法人股若干问题的规定》和财政部《关于上市公司国有股被人民法院冻结、拍卖有关问题的通知》均未涉及上市公司法人股股权性质变更问题，请求最高人民法院与有关部门协调解决该类案件的执行外作出相应司法解释。

三、最高人民法院的答复意见

关于上市公司国有法人股股权转让和性质界定的有关事宜，2004年2月1日财政部《企业国有产权转让管理暂行办法》，2001年11月2日财政部《关于上市公司国有股权被人民法院冻结拍卖有关问题的通知》和2000年5月19日财政部《关于股份有限公司国有股权管理工作有关问题的通知》等规范性文件有明确规定。按照上述文件的规定，对企业国有产权的转让必须经过有关机关的行政审批。因此，在没有明文规定的情况下，对企业国有产权的变动，人民法院的执行程序不能替代前述规范性文件要求的行政审批程序。你院请示的问题应按有关规定的要求办理。

四、本案评析

（一）国有股权转让及性质变更问题的相关法律规范

股权分为流通股和非流通股。流通股是指社会公众股，通过股票上市，在股票交易场所进行流通，包括A股（境内上市内资股）、B股（境内上市外资股）、H股（香港上市外资股）、N股（纽约上市外资股）。非流通股不能在市面上进行流通，其股权的流转要符合一定的条件，包括国家股、国有法人股、社会法人股、职工股等。上市公司国有股，包括国家股和国有法人股。国家股指有权代表国家投资的机构或部门向股份有限公司出资或依据法定程序取得的股份。国有法人股指国有法人单位，包括国有资产比例超过50%的国有控股企业，以其依法占用的法人资产向股份有限公司出资形成或者依据法定程序取得的股份。社会法人股是指非国有法人资产投资于上市公司形成的股份。

国家股和国有法人股是国家通过股份形式对企业行使控制权的重要形式和手段。国家为加强对国有股权的管理，防止国有资产流失，保障对国民经济重大骨干企业的控制权，对国有股权的转让制定了许多规范性文件。主要有：

1. 2004年2月1日施行的国资委、财政部《企业国有产权转让管理暂行办法》（国资委、财政部令第3号）对企业国有产权的转让行为进行了规范，明确了由国有资产监督管理机构负责决定或批准国有产权的转让事项，也明确规定了受让人应具备的条件及履行的职责。其中第25条规定："国有资产监督管理机构决定所出资企业的国有产权转让。其中，转让企业国有产权致使国家不再拥有控股地位的，应当报本级人民政府批准。"第26条规定："所出资企业决定其子企业的国有产权转让。其中，重要子企业的重大国有产权转让事宜，应当报同级国有资产监督管理机构会签财政部门后批准。其中，涉及政府社会公共管理职能审批事项的，须预先报经政府有关部门审批。"第27条规定："转让企业国有产权涉及上市公司国有股性质变化或者实际控制权转移的，应当同时遵守国家法律、行政法规和相关监管部门的规定。"

2. 2003年5月27日施行的国务院《企业国有资产监督管理暂行条例》（国务院令第378号）也对国有股权的转让行为作出了相关规定。

3. 财政部2001年11月2日生效的《关于上市公司国有股被人民法院冻结拍卖有关问题的通知》（财企〔2001〕656号）第3条规定："国有股东授权代表单位所持国有股被冻结后，应当在规定的期限内提供方便执行的其他财产，其他财产包括银行存款、现金、成品和半成品、原材料和交通工具等，其他财产不足清偿债务的，由人民法院执行股权拍卖。"第9条规定，国有股权拍卖后，买受人持拍卖机构出具的成交证明以及买受人的工商营业执照、公司证章等证明买受人身份性质的法律文件，按照《最高人民法院关于冻结、拍卖上市公司国有股权和社会法人股若干问题的规定》，向原国有股东授权代表单位主管财政机关提出股权性质界定申请，并经界定后向证券登记结算公司办理股权过户手续。

4. 2001年9月30日施行的《最高人民法院关于冻结、拍卖上市公司国有股和社会法人股若干问题的规定》（法释〔2001〕28号）第8条规定："人民法院采取强制执行措施时，如果股权持有人或者所有权人在限期内提供了方便执行的其他财产，应当首先执行其他财产。其他财产不足以清偿债务的，方可执行股权。人民法院执行股权，必须进行拍卖。股权的持有人或者所有权人以股权向债权人质押的，人民法院执行时应当通过拍卖方式进行，不得直接将股权执行给债权人。"第15条规定："国有股权竞买人应当依法具备受让国有股权的条件。"

5. 2000年5月19日生效的财政部《关于股份有限公司国有股权管理工作有关问题的通知》（财管字〔2000〕200号）第1条规定：发行外资股，国有股权变现筹资，以及地方股东单位的国家股权、发起人国有法人股发生转让、划转、质押、担保等变动的有关股权管理事宜，须报财政部审核批准。并明确进行了职能划分，即地方股东单位持有上市公司非发起人国有法人股及非上市公司国有股权发生直接或间接转让、划拨以及因司法冻结、担保等引起的股权变动及或有变动，由省级财政（国资）部门管理；上市公司国家股权、发起人国有法人股发生直接或间接转让、划转以及因司法冻结、担保等引起的股权变动或有变动，由财政部管理。该规定第2条和第3条还对国有股权变动的审批程序及报送的材料作出了具体规定。2001年11月5日财企〔2002〕670号通知将财政审批制改为财政备案制。

6. 1996年8月7日施行的国家国有资产管理局《关于规范股份有限公司国有股权管理有关问题的通知》（外经贸计财字〔1996〕第388号）第1条第（4）项规定：国家股股东和作为发起人的国有法人股股东转让其拥有的上市公司股权（不包括向外商转让股权）时，国有股权管理事宜由国有资产管理部门逐级审核（中央企业由中央企业主管部门审核）后报国家国有资产管理局批准或由国家国有资产管理局会同有关部门批准；以上批准文件是国家证券监管部门批准股东过户的必备文件。

7. 1994年11月3日生效的国家国有资产管理局、国家体改委《股份有限公司国有股权管理暂行办法》第29条也列举了国有股权转让应当符合的四项规定。

（二）如何实现国有法人股向社会法人股的转化

市场经济需要国家对经济进行宏观和微观的调控。国有企业与国家经济职能之间的天然依附关系，决定了国家必然将国有企业作为对市场经济的调控对象，国有企业也无可推卸地要担当起这一重任。国家通过对国有企业的调控可以实现以下职能：（1）贯彻政府的产业政策，优化产业结构；（2）增加就业机会，维护社会稳定；（3）稳定物价，维系经济增长信心；（4）限制私人垄断，等等。我国的国有企业已经从单纯的全民所有制企业，发展成了国家单独控制、经营的企业和国家控股的股份制企业。国有法人股作为国家股权的一种，是国家对市场经济及经济结构实现国家调控的主要形式和手段，国有法人股转换为社会法人股，即国有股权的减持（或退出），实质就是国家实际控制权的转移，其转让或转化必然要受到国家的严格控制，应当经过严格的审批程序。

从上述列举的各个法律规范可以看出，为解决国有法人股代表单位的债务问题，国有法人股转化为社会法人股（即股权转让和性质界定）主要有两个途径：

一是当事人自行协商转让。这种转让行为的第一步应先向国有资产监督管理机关资报批。报批程序又分为标的企业的报批程序和持股企业的报批程序，这应分别按照国资委、财政部2004年2月1日起实施的《企业国有资产管理暂行办法》第25条、第26条的规定办理。在审批中，要就对买受人资质的审查，对国有股权性质转变进行确认等。第二步是根据国有股权监督管理机关的审批文件，按照当事人双方的转让协议，到股权登记机关办理股权过户和性质变更手续。

二是通过强制执行程序。强制执行国有股权需要注意三点：(1) 人民法院执行国有股权，必须进行拍卖。对此，2001年9月30日生效的最1高人民法院《关于冻结、拍卖上市公司国有股和社会法人股若干问题的规定》（以下简称《规定》）第8条作出了明确规定。(2) 新的国有股权持有人（即受让人）应当具备法定的条件。前述《规定》的第15条和国资委、财政部2004年2月1日施行的《企业国有产权转让管理暂行办法》第15条均有规定。(3) 只有在财产不足清偿时，才能将国有股权依法拍卖。财政部2002年11月2日发布的《关于上市公司国有股权被人民法院冻结拍卖有关问题的通知》第3条规定和最高人民法院《关于冻结、拍卖上市公司国有股和社会法人股若干问题的规定》第8条对此作出了明确规定。

国有法人股通过强制执行程序转化为社会法人股的主要步骤是：第一步是依法进行评估、拍卖，评估、拍卖应当严格按照最高人民法院《关于冻结、拍卖上市公司国有股和社会法人股若干问题的规定》第9条至第14条的规定进行。第二步是对股权性质进行界定，按照财政部《关于上市公司国有股权被人民法院冻结拍卖有关问题的通知》第9条规定，由买受人向原股东授权代表单位的主管财政机关提出股权性质界定申请。第三步是持有关材料到股权登记机关办理变更手续。

需要注意的是，在强制执行程序中，在拍卖前是否还应经过审批程序，在2001年9月30日生效的最高人民法院《关于冻结、拍卖上市公司国有股和社会法人股若干问题的规定》中未有规定，但在2004年2月1日生效的国资委、财政部《企业国有资产转让管理暂行办法》第25条、第

26条明确规定了国有股权转让的决定权在国有资产监督管理机构，必须经过审批程序。这里的"转让"是否包含通过强制执行程序产生的命令权变更呢？我们研究认为，如果从国家对重要国有企业的控制权和防止国有资产的流失的角度看，应该持肯定态度，即强制执行程序中的国有股权变更应当事先经过审批程序更为妥当。

综上，不存在天津高院请示的股权性质的变更没有法律依据的问题。

（三）本案的问题

本案中，申请执行人与被执行人之间自愿用股权来抵偿债权，实质是一种执行和解。从以上的分析看出，按照第一种途径进行国有股权转让和性质变更为妥。而塘沽法院采取的裁定以物抵债的做法，明显违反了最高人民法院《关于冻结、拍卖上市公司国有股和社会法人股若干问题的规定》第8条"人民法院执行股权，必须进行拍卖"的规定。在没有经过拍卖或变卖等强制执行程序和国有资产监管机构的审批，执行法院用执行裁定来确定国有股权权属的转移，如果当事人之间存在串通损害国家利益的行为，造成国有资产的流失，使国家丧失对重要国有企业的控制权，执行法院会因没有尽到审查义务而难辞其咎。云南省财政厅既不是原国有法人股股东授权代表单位天津市华麟公司的主管机关，也不是标的企业新疆众和股份有限公司的主管机关，其确认申请执行人云南富邦公司持有的新疆众和股份有限公司的国有法人股应为社会法人股属于越权，没有法律约束力。因此，塘沽法院直接将被执行人的国有股权裁定给被执行人的做法是错误的，其拟直接通过执行程序将国家法人股变更为社会法人股的行为不能支持。①

最高人民法院
关于竞买人逾期支付价款是否应重新拍卖的复函

〔2006〕执监字第94—1号

福建省高级人民法院：

关于福州市直房地产开发有限公司、福州金源房地产有限公司与福建龙宇房地产有限公司楼盘权益转让合同纠纷执行一案，你院〔2001〕闽法执中字第36—15、36—16号报告均已收悉。经研究，答复如下：

一、同意你院关于福建国际青年广场开发有限公司（下称青广公司）异议不成立的意见。在你院及福州市中级人民法院执行以青广公司为被执行人和执行担保人的多个案件情况下，你院对青广公司所有的国际青年交流中心综合楼及其土地使用权采取相关执行措施，有利于案件的协调统一解决。但是，你院在没有作出提级执行裁定或明确多个债权人参与分配的情况下组织拍卖，程序上存在瑕疵，应注意完善有关手续。

二、不同意你院重新拍卖的意见。最高人民法院《关于人民法院民事执行中拍卖、变卖财产的规定》第二十五条的规定，是为了促使买受人尽快支付价款、确保债权尽快实现。本案中，买受人福建关兴房地产开发有限公司（下称关兴公司）虽然逾期支付拍卖价款，但已于2006年5月18日全部付清，不应仅因其迟延付款而认定拍卖目的难以实现，故拍卖效力应予维持。

三、因买受人关兴公司未按照约定支付价款，根据拍卖法第三十九条之规定，应当承担相应的违约责任。

【附：案例评析】

竞买人逾期支付价款是否应重新拍卖

问题的提出：拍卖成交后，买受人逾期支付价款的，在什么情况下可以重新拍卖。这个问题主要涉及对《最高人民法院关于人民法院民事执行中拍卖、变卖财产的规定》（以下简称《拍卖规定》）第二十五条的理解。该条规定："拍卖成交或者以流拍的财产抵债后，买受人逾期未支付价款或者承受人逾期未补交差价而使拍卖、抵债的目的难以实现的，人民法院可以裁定重新拍卖。"在执行实践中，有的法院将此条规定理解得过于简单，认为只要买受人逾期支付价款，法院就可

---

① 黄年：《上市国有法人股股权转让和性质界定问题请示案》，载赵晋山主编、最高人民法院执行工作办公室编：《强制执行指导与参考》，2005年第1集（总第13集），法律出版社2005年版，第51～56页。

以重新进行拍卖。笔者认为，不能仅以买受人是否逾期付款为决定重新拍卖的唯一条件，而应以未按约定期限付款是否导致拍卖的目的无法实现为判断标准。

案例：A公司申请执行B公司楼盘转让合同纠纷一案，法院在执行中查明，被执行人B公司在某房地产项目上享有2000万元人民币的权益，遂裁定查封了该项目。因该项目涉及多起执行案件均未履行，故由执行法院统一处理，决定拍卖该项目抵债。2005年11月，执行法院经摇号选择拍卖机构并委托拍卖。2005年12月31日，上述标的物由买受人C公司以人民币6200万元竞得。根据《竞买注意事项》和《拍卖成交确认书》，竞买人应在2006年2月28日前付清成交款。同时，作为买受条件之一，C公司与有关方面签订《拆迁补偿协议》，约定于拍卖成交的次日支付拆迁补偿履约保证金500万元。

但是，C公司实际付清成交款的日期为2006年5月18日，支付拆迁补偿履约保证金也拖至6月5日才付讫。执行法院据此认为，竞买人C公司违反了其签署的《竞买注意事项》和《拍卖成交确认书》，未在约定的时间内付清拍卖价款，故应当重新拍卖。遂作出重新拍卖的民事裁定书和拍卖委托书于6月8日送达给双方当事人以及拍卖行，并于6月16日将买受人C公司已支付的6200万元拍卖款予以退还。

竞买人C公司对此提出申诉称：根据《成交确认书》，该公司应于2006年2月28日前支付全部拍卖款，但由于资金困难，只按期支付了3170万元，但余款3340万元（含拍卖佣金310万元）已于5月18日全部支付，且6月2日也支付了500万元拆迁补偿履约保证金。该公司逾期支付部分拍卖款属实，但并未致使拍卖目的难以实现，拍卖结果应受保护。

执行法院的意见：执行法院认为，买受人C公司不仅违反了拍卖规则注意事项和拍卖成交确认书特别规定的及时支付拍卖价款的义务，逾期付款近3个月的时间，而且违反了同样亦作为买受条件特别约定的向关系人支付500万元拆迁补偿履约保证金的支付期限。依照《拍卖规定》第二十五条的规定，应当重新拍卖。

最高人民法院的意见：《拍卖规定》第二十五条之所以规定买受人逾期未支付价款可以重新拍卖，立法本意主要是为了促使买受人尽快支付价款；同时，通过赋予法院可以裁定重新拍卖的权力，使法院能够在拍卖过程中始终处于主动地位，有效控制整个拍卖程序的顺利进行，从而最大限度地降低执行成本，避免拍卖程序过分拖延，防止衍生出新的问题和纠纷，确保生效法律文书确认的债权尽快得到实现。因此，不能简单地认为，只要买受人未如期支付价款，法院即应裁定重新拍卖，而应该考虑哪种处理方式更有利于债权尽快得到实现，更有利于降低拍卖成本。

其次，从案件的实际情况看，买受人确实逾期支付了拍卖价款，但截至5月18日，买受人已向执行法院全额支付了拍卖价款和佣金，这应视为执行法院对买受人延期付款行为的默认。买受人支付价款后，拍卖程序本来可以很快结束，债权也可以立即得以实现。如果法院裁定重新拍卖，既增加了拍卖成本，降低了执行效率，同时本可以立即实现的债权还要再次拖延，显然不是一种好的选择。况且，这样做与《拍卖规定》第二十五条的规范本意不相吻合，更与拍卖的根本目的相悖。

但是，买受人逾期支付拍卖价款，违反了约定的按时付款义务，根据拍卖法第三十九条的规定，应当承担相应的违约责任。关于违约责任的确认程序有两种不同的观点：一种意见认为，执行法院作为委托人，在买受人逾期付款的情况下，可以要求竞买人支付延期付款期间的利息，买受人承担违约责任的方式及数额均可以在执行程序中加以确认，便于提高执行效率。另一种意见认为，买受人逾期付款，实际上给被执行人或申请执行人造成了损失，应由受损害的执行当事人提出申请，通过诉讼程序确认。对此问题现无明文规定，应慎重处理。[①]

---

① 于泓：《竞买人逾期支付价款是否应重新拍卖》，载肖扬主编、最高人民法院执行工作办公室编：《执行工作指导》2007年第2辑（总第22辑），人民法院出版社2007年版，第48~50页。

最高人民法院执行工作办公室
关于中国工商银行大连市不良资产处置中心执行大连海悦房地产有限公司案拍卖财产竞买人主张拍卖有效一申诉案的请示的答复

2006年6月26日　〔2006〕执他字第2号

辽宁省高级人民法院：

你院〔2005〕辽执一监字第116号《关于中国工商银行大连市不良资产处置中心执行大连海悦房地产有限公司一案拍卖财产竞买人主张拍卖有效申诉案的请示报告》收悉。经研究，答复如下：

原则同意你院审判委员会多数人的意见。本案执行标的物委托拍卖后，拍卖标的物买受人虽然受某些客观因素影响而未在执行法院指定的期限内交付款项，但在拍卖行将买受人迟延付款的有关情况报告执行法院后，执行法院既没有明确表态，也没有采取其他执行措施，可视为是执行法院对买受人迟延付款的默认。同时，考虑到本案执行标的物两次拍卖流拍以及拍卖标的物买受人已筹措到竞买款等实际情况，根据《关于人民法院民事执行中拍卖、变卖财产的规定》第二十五条规定的精神，为尽快实现债权人的合法权益，对本次司法拍卖的法律效力应予以维持。

此复。

最高人民法院
关于河北峰峰矿区法院与辽宁营口中院执行中煤沈阳公司争议协调案的处理意见函

2008年4月17日　〔2006〕执协字第15—1号

河北省高级人民法院、辽宁省高级人民法院：

邯郸市峰峰矿区人民法院（下称矿区法院）与营口市中级人民法院（下称营口中院）、营口市鲅鱼圈区人民法院（下称鲅鱼圈法院）围绕中国煤炭物资沈阳公司（下称煤炭公司）相关房产的执行和审判所产生的争议协调一案，我院已经审查完毕，现提出如下处理意见：

一、矿区法院查封与营口中院轮候查封的位于营口市经济技术开发区三家子街的房产，虽然房产证号不同，但均指向同一幢房产，矿区法院查封在先，且查封面积大于营口中院的轮候查封面积，营口中院的查封依法不能生效。在矿区法院依法于2005年7月18日作出拍卖成交裁定后，依据我院《关于人民法院民事执行中拍卖、变卖财产的规定》第二十九条之规定，上述涉案房产的所有权就依法转移给竞买人徐万龙所有，营口中院不得将已经转移给徐万龙的房产作为煤炭公司的财产予以执行，不得阻拦矿区法院将拍卖成交的房产交付竞买人徐万龙。

二、人民法院的强制拍卖属于公法意义上的拍卖，如果竞买人或者相关利害关系人对强制拍卖的效力存在异议，可以依法向执行法院或者执行法院的上级法院提出，其他任何机构和个人均无权认定。鲅鱼圈法院无权通过民事诉讼程序判定矿区法院的强制拍卖无效。

以上意见，请遵照执行。

【附：案例评析】

河北峰峰矿区法院与辽宁营口中院执行中煤沈阳公司争议协调案

二、河北高院和辽宁高院意见

（一）河北高院意见

河北高院认为，峰峰矿区法院〔2004〕峰执字第174号民事裁定书所确认的内容符合法律规定，评估、拍卖是委托营口中院进行，亦符合我院关于评估拍卖的有关规定，应予支持。而营口中院作出的〔2005〕营民一房初字第46号民事调解书的生效时间亦在峰峰矿区法院〔2005〕峰执字第174号民事裁定书之后，且调解书的调解内容不符合客观事实，应予撤销。该院同时认为，鲅鱼圈区法院立案审理华夏拍卖公司诉被告徐万龙、第三人峰峰矿区法院、请求确认拍卖无效并赔偿损失一案，实属荒唐，请求最高人民法院查处。

（二）辽宁高院意见

辽宁高院认为，营口中院查封的0008016号房产与矿区法院查封的004075号房产，二者无论证号还是面积都不一致，本着一物一权的原则，矿区法院存在误差的查封显然不能对抗营口中院指向准确的查封，但是，为了确保权利人的利益，营口中院对上述3处房产作了轮候查封。而且，乾坤公司与中煤沈阳公司的租赁协议已经营口中院确认，乾坤公司拥有优先购买权，矿区法院在拍卖时应当及时通知优先购买权人。另外，矿区法院在处理本案过程中存在以下不当行为：（1）矿区法院在评估、拍卖无效的情况下仍对拍卖标的进行处置的行为违法；（2）矿区法院在没有任何证据佐证的情况下，改变裁定书的内容将004075号房产与0008016号房产认定为系同一处房产的行为是对强制执行权力的不当使用；（3）徐万龙向房产局承诺放弃对004075号房照中含有解丽春的房产及土地，将房产过户到徐万龙名下的物权处置行为是草率的，对其他相关权利人不负责任；（4）矿区法院在案件协调期间擅自处分执行标的的行为违反了法院工作程序法的规定。建议最高人民法院撤销峰峰矿区法院关于评估、拍卖等处置本案争议财产相关的司法文书，责令其重新拍卖。对于鲅鱼圈区法院认定外地法院拍卖无效的问题，该院声称不予置评。

三、评析

本案涉及两个焦点问题：第一，营口中院的调解书能否对抗峰峰矿区法院的执行？第二，鲅鱼圈区法院能否确认峰峰矿区法院的拍卖无效。

（一）营口中院的调解书是否能够对抗峰峰矿区法院的执行

笔者认为，无论从程序还是实体上看，营口中院均不能阻碍峰峰矿区法院的执行。因为：第一，从卷宗可以看出，峰峰矿区法院查封的执行标的物与营口中院裁定查封的执行标的物虽然房产证号不同，但是，均是指向同一宗房产，且峰峰法院查封的范围还要大于营口中院查封的范围。至于房产证号错误，那是房管局的工作失误，在营口中院保全查封时，开发区房管局和土地局都已经明确告知营口中院峰峰矿区法院查封的事实，营口中院自己也承认是轮候查封。因此，峰峰矿区法院查封在前是一个不争的事实。第二，峰峰矿区法院2005年7月11日即已将房屋拍卖于竞买人徐万龙，依据我院拍卖规定，在7月18日峰峰矿区法院下达成交裁定后，该拍卖房地产的所有权即已移转与竞买人徐万龙。徐万龙并非营口中院案件的被执行人，该院不应执行属于徐万龙的财产。第三，先不论营口中院的执行依据是否为虚假诉讼形成，但从该调解书所确定的内容来看，该执行依据所确定的执行内容为给付债权，即为房屋登记请求权的给付，在所确定的执行标的物已经转移不能办理过户手续的情况下，营口中院应当按照执行依据确定的内容执行债务人中煤沈阳公司的其他财产。综上，营口中院在明知道该房产已经被峰峰矿区法院依法拍卖的情况下，却仍然阻拦峰峰矿区法院的执行显属不当。

（二）鲅鱼圈区法院能否确认峰峰矿区法院的拍卖无效

执行程序中的强制拍卖不同于普通民事拍卖，在性质上属于公法拍卖，强制拍卖的公法性由这样几个因素决定：（1）强制执行的公法性。强制执行是执行机关基于债权人的申请，运用国家公权力，强制债务人履行债务，以实现债权人权利的行为。此种行为系执行机关行使国家权力的行为，属于公法上行为应无疑义。而拍卖正是强制执行机关在行使强制执行权的过程中，对查封标的物的一项变价措施，属于强制执行措施的一种，当然也应当属于公法上的行为。（2）拍卖主体的特定性。和任意拍卖中委托人为拍卖标的物的所有权人和优先权人，拍卖人为从事拍卖行业的中介组织不同。强制拍卖中实施拍卖的主体必然是执行机关，很多国家和地区，都是执行机关亲自实施拍卖行为，以体现强制拍卖的公法性质。我国虽然出于种种考虑，采用委托社会拍卖中介机构的办法实施拍卖，但此时拍卖机构只不过处于协助人民法院完成拍卖工作的地位，并不是独立的拍卖主体，无权判定公法措施的对错与否，其受人民法院委托进行拍卖活动的一切法律后果都由人民法院承担。（3）处分标的物的非合意性。在任意拍卖中，拍卖人对标的物的拍卖必须有权利人的授权，否则所进行的处分为无权处分。而在强制拍卖中，执行机关对债务人财产的拍卖并不征求债务人的同意，人民法院在强制拍卖中对拍卖物所进行的处分显然不同于任意拍卖中的出卖人，只不过是基于公法上的处分权对执行标的物所进行的处分。（4）拍卖法律关系中权利义务的不对等性。在任意拍卖中，委托人、拍卖人、竞买人之间权利义务是对等的，不存在只享有权利而不履行义务的法律关系主体。而在强制拍卖中，执行机关与受委托从事拍卖的中介机构、竞买人之间在法律上是不对等的：首先，表现在执行机关与拍卖机构之间,拍卖机构必须接受执行机关的监督,如果出现违反拍卖程序的行为,执行机关有权予以纠正;拍卖机构要按照执行机关的指令行事,比如在拍卖过程中,要按照执行机关的中止、暂缓指令而中止、暂缓拍卖程序。其次,表现在执行机关与竞买人之间,执行机关要审查竞买人的竞买资格,在竞买人不缴纳或者不及时缴纳竞买价金时,按照最高人民法院司法解释规定,可以依职权直接裁定竞买人承担由此造成的损失,而不需要通过诉讼确定。

强制拍卖的公法性特点决定了认定拍卖无效的权力主体只能是原执行法院或者上级法院,由他们通过执行监督程序或者执行异议程序认定,这是因为:首先,强制拍卖法律关系主体之间的不平等性,决定了强制拍卖无效不能成为普通民事案件的受案范围,不能按照普通民事程序审理法院拍卖的效力。其次,如果允许通过诉讼程序确认拍卖无效,则为地方保护打开了制度缺口,因为执行法院在异地执行时,可能会发生被执行人串通案外人通过当地法院直接宣布外地法院的拍卖无效的情形。基于上述理由,鲅鱼圈区法院宣布峰峰矿区法院的拍卖无效不当。如果乾坤公司认为矿区法院的拍卖行为损害了其利益,应当以向矿区法院或者矿区法院的上级法院提出异议的方式进行救济。此案暴露出当前在强制拍卖效力的认定程序上,各地法院各行其是的混乱现象,亟须尽快予以规范。①

最高人民法院
关于发布第八批指导性案例的通知

2014 年 12 月 18 日　　法〔2014〕327 号

指导案例 35 号
广东龙正投资发展有限公司与广东景茂拍卖行有限公司委托拍卖执行复议案
关键词
民事诉讼　执行复议　委托拍卖　恶意串通　拍卖无效

裁判要点
拍卖行与买受人有关联关系,拍卖行为存在以下情形,损害与标的物相关权利人合法权益的,人民法院可以视为拍卖行与买受人恶意串通,依法裁定该拍卖无效:(1)拍卖过程中没有其他无关联关系的竞买人参与竞买,或者虽有其他竞买人参与竞买,但未进行充分竞价的;(2)拍卖标的物的评估价明显低于实际价格,仍以该评估价成交的。

相关法条
《中华人民共和国民法通则》第五十八条
《中华人民共和国拍卖法》第六十五条

基本案情
广州白云荔发实业公司(以下简称荔发公司)与广州广丰房产建设有限公司(以下简称广丰公司)、广州银丰房地产有限公司(以下简称银丰公司)、广州金汇房产建设有限公司(以下简称金汇公司)非法借贷纠纷一案,广东省高级人民法院(以下简称广东高院)于 1997 年 5 月 20 日作出〔1996〕粤法经一初字第 4 号民事判决,判令广丰公司、银丰公司共同清偿荔发公司借款 160647776.07 元及利息,金汇公司承担连带赔偿责任。

广东高院在执行前述判决过程中,于 1998 年 2 月 11 日裁定查封了广丰公司名下的广丰大厦未售出部分,面积 18851.86m²。次日,委托广东景茂拍卖行有限公司(以下简称景茂拍卖行)进行拍卖。同年 6 月,该院委托的广东粤财房地产评估所出具评估报告,结论为:广丰大厦该部分物业在 1998 年 6 月 12 日的拍卖价格为 102493594 元。后该案因故暂停处置。

2001 年初,广东高院重新启动处置程序,于同年 4 月 4 日委托景茂拍卖行对广丰大厦整栋进行拍卖。同年 11 月初,广东高院在报纸上刊登拟拍卖整栋广丰大厦的公告,要求涉及广丰大厦的所有权利人或购房业主,于 2001 年 11 月 30 日前向景茂拍卖行申报权利和登记,待广东高院处理。根据公告要求,向景茂拍卖行申报的权利有申请交付广丰大厦预售房屋、回迁

---

① 范向阳:《河北峰峰矿区法院与辽宁营口中院执行中煤沈阳公司争议协调案》,载最高人民法院执行工作办公室编:《执行工作指导》2008 年第 2 辑(总第 26 辑),人民法院出版社 2008 年版,第 66~73 页。

房屋和申请返还购房款、工程款、银行借款等，金额高达15亿多元，其中，购房人缴纳的购房款逾2亿元。

2003年8月26日，广东高院委托广东财兴资产评估有限公司（即原广东粤财房地产评估所）对广丰大厦整栋进行评估。同年9月10日，该所出具评估报告，结论为：整栋广丰大厦（用地面积3009m²，建筑面积34840m²）市值为3445万元，建议拍卖保留价为市值的70%即2412万元。同年10月17日，景茂拍卖行以2412万元将广丰大厦整栋拍卖给广东龙正投资发展有限公司（以下简称龙正公司）。广东高院于同年10月28日作出〔1997〕粤高法执字第7号民事裁定，确认将广丰大厦整栋以2412万元转给龙正公司所有。2004年1月5日，该院向广州市国土房管部门发出协助执行通知书，要求将广丰大厦整栋产权过户给买受人龙正公司，并声明原广丰大厦的所有权利人，包括购房人、受让人、抵押权人、被拆迁人或拆迁户等的权益，由该院依法处理。龙正公司取得广丰大厦后，在原主体框架结构基础上继续投入资金进行续建，续建完成后更名为"时代国际大厦"。

2011年6月2日，广东高院根据有关部门的意见对该案复查后，作出〔1997〕粤高法执字第7-1号执行裁定，认定景茂拍卖行和买受人龙正公司的股东系亲属，存在关联关系。广丰大厦两次评估价格差额巨大，第一次评估了广丰大厦约一半面积的房产，第二次评估了该大厦整栋房产，但第二次评估价格仅为第一次评估价格的35%，即使考虑市场变化因素，其价格变化也明显不正常。根据景茂拍卖行报告，拍卖时有三个竞买人参加竞买，另外两个竞买人均未举牌竞价，龙正公司因而一次举牌即以起拍价2412万元竞买成功。但经该院协调有关司法机关无法找到该二人，后书面通知景茂拍卖行提供该二人的竞买资料，景茂拍卖行未能按要求提供；景茂拍卖行也未按照《拍卖监督管理暂行办法》第四条"拍卖企业举办拍卖活动，应当于拍卖日前七天内到拍卖活动所在地工商行政管理局备案，……拍卖企业应当在拍卖活动结束后7天内，将竞买人名单、身份证明复印件送拍卖活动所在地工商行政管理局备案"的规定，向工商管理部门备案。现有证据不能证实另外两个竞买人参加了竞买。综上，可以认定拍卖人景茂拍卖行和竞买人龙正公司在拍卖广丰大厦中存在恶意串通行为，导致广丰大厦拍卖不能公平竞价、损害了购房人和其他债权人的利益。根据《中华人民共和国民法通则》（以下简称《民法通则》）第五十八条、《中华人民共和国拍卖法》（以下简称《拍卖法》）第六十五条的规定，裁定拍卖无效，撤销该院2003年10月28日作出的〔1997〕粤高法执字第7号民事裁定。对此，买受人龙正公司和景茂拍卖行分别向广东高院提出异议。

龙正公司和景茂拍卖行异议被驳回后，又向最高人民法院申请复议。主要复议理由为：对广丰大厦前后两次评估的价值相差巨大的原因存在合理性，评估结果与拍卖行和买受人无关；拍卖保留价也是根据当时实际情况决定的，拍卖成交价是当时市场客观因素造成的；景茂拍卖行不能提供另外两名竞买人的资料，不违反《拍卖法》第五十四条第二款关于"拍卖资料保管期限自委托拍卖合同终止之日起计算，不得少于五年"的规定；拍卖广丰大厦的拍卖过程公开、合法，拍卖前曾四次在报纸上刊出拍卖公告，法律没有禁止拍卖行股东亲属的公司参与竞买。故不存在拍卖行与买受人恶意串通、损害购房人和其他债权人利益的事实。广东高院推定竞买人与拍卖行存在恶意串通行为是错误的。

裁判结果

广东高院于2011年10月9日作出〔2011〕粤高法执异字第1号执行裁定：维持〔1997〕粤高法执字第7-1号执行裁定意见，驳回异议。裁定送达后，龙正公司和景茂拍卖行向最高人民法院申请复议。最高人民法院于2012年6月15日作出〔2012〕执复字第6号执行裁定：驳回龙正公司和景茂拍卖行的复议请求。

裁判理由

最高人民法院认为：受人民法院委托进行的拍卖属于司法强制拍卖，其与公民、法人和其他组织自行委托拍卖机构进行的拍卖不同，人民法院有权对拍卖程序及拍卖结果的合法性进行审查。因此，即使拍卖已经成交，人民法院发现其所委托的拍卖行为违法,仍可以根据《民法通则》第五十八条、《拍卖法》第六十五条等法律规定,对在拍卖过程中恶意串通,导致拍卖不能公平竞价、损害他人合法权益的,裁定该拍卖无效。

买受人在拍卖过程中与拍卖机构是否存在恶意串通,应从拍卖过程、拍卖结果等方面综合考察。如果买受人与拍卖机构存在关联关系,拍卖过程没有进行充分竞价,而买受人和拍卖机构明知标的物评估价和成交价明显过低,仍以该低价成交,损害标的物相关权利人合法权益的,可以认定双方存在恶意串通。

本案中,在景茂拍卖行与买受人之间因股东的亲属关系而存在关联关系的情况下,除非能够证明拍卖过程中有其他无关联关系的竞买人参与竞买,且进行了充分的竞价,否则可以推定景茂拍卖行与买受人之间存在串通。该竞价充分的举证责任应由景茂拍卖行和与其有关联关系的买受人承担。2003年拍卖结束后,景茂拍卖行给广东高院的拍卖报告中指出,还有另外两个自然人参加竞买,现场没有举牌竞价,拍卖中仅一次叫价即以保留价成交,并无竞价。而买受人龙正公司和景茂拍卖行不能提供其他两个竞买人的情况。经审核,其复议中提供的向工商管理部门备案的材料中,并无另外两个竞买人参加竞买的资料。拍卖资料经过了保存期,不是其不能提供竞买人情况的理由。据此,不能认定有其他竞买人参加了竞买,可以认定景茂拍卖行与买受人龙正公司之间存在串通行为。

鉴于本案拍卖系直接以评估机构确定的市场价的70%之保留价成交的,故评估价是否合理对于拍卖结果是否公正合理有直接关系。之前对一半房产的评估价已达一亿多元,但是本次对全部房产的评估价格却只有原来一半房产评估价格的35%。拍卖行明知价格过低,却通过亲属来购买房产,未经多轮竞价,严重侵犯了他人的利益。拍卖整个楼的价格与评估部分房产时的价格相差悬殊,拍卖行和买受人的解释不能让人信服,可以认定两者间存在恶意串通。同时,与广丰大厦相关的权利有申请交付广丰大厦预售房屋、回迁房屋和申请返还购房款、工程款、银行借款等,总额达15亿多元,仅购房人登记所交购房款即超过2亿元。而本案拍卖价款仅为2412万元,对于没有优先受偿权的本案申请执行人毫无利益可言,明显属于无益拍卖。鉴于景茂拍卖行负责接受与广丰大厦相关的权利的申报工作,且买受人与其存在关联关系,可认定景茂拍卖行与买受人对上述问题也应属明知。因此,对于此案拍卖导致与广丰大厦相关的权利人的权益受侵害,景茂拍卖行与买受人龙正公司之间构成恶意串通。

综上,广东高院认定拍卖人景茂拍卖行和买受人龙正公司在拍卖广丰大厦中存在恶意串通行为,导致广丰大厦拍卖不能公平竞价、损害了购房人和其他债权人的利益,是正确的。故〔1997〕粤高法执字第7—1号及〔2011〕粤高法执异字第1号执行裁定并无不当,景茂拍卖行与龙正公司申请复议的理由不能成立。

最高人民法院
驳回申诉通知书

2010年8月11日　　〔2010〕执监字第46号

海南省水利水电物资供销公司:

你公司不服海南省高级人民法院〔2007〕琼执监字第161号函文(以下简称海南高院函文)监督意见向本院提起申诉一案,本院已经审查终结,现答复如下:

一、关于你公司反映海南省海口市秀英区人民法院(以下简称秀英区法院)处置涉案划拨土地未经当地人民政府和国有资产管理部门审批的问题。首先,《中华人民共和国城市房地产管理法》第四十条调整的对象是普通民事主体之间的自主交易行为,而本案涉案土地的处置是人民法院在强制执行程序中对涉案财产的变卖行为,属于公法行为,不需要经过有关政府和土地管理部门的批准。其次,包括国有企业在内的任何债务人都必须履行生效法律文书确定的义务,接受人民法院的强制执行。关于处置国有资产要经过国有资产管理部门审批的规定,是国有资产管理人处置国有资产的内审批程序，亦不能约束人民法院的强制执行行为。

二、关于你公司反映秀英区法院违反法律规定未经拍卖程序直接对涉案土地和房产进行变卖的问题。《最高人民法院关于人民法院执行工作若干问题的规定（试行）》第46条第2款规定："财产无法委托拍卖、不适于拍卖或者当事人双方同意不需要拍卖的，人民法院可以交有关单位变卖或者自行组织变卖。"第48条规定："被执行人申请对人民法院查封的财产自行变卖的，人民法院可以准许，但应当监督其按照合理的价格在指定的期限内进行，并控制变卖的价款。"本案中，秀英区法院根据你公司和债权人贵港市电缆厂、海口德丰杰投资有限公司的变卖申请，经评估后进行变卖并控制变卖价款并不违反法律的规定。

综上，海南高院函文监督意见并无不当，你公司的申诉请求依法不能成立，予以驳回。

【附：案例评析】

强制执行与行政审批的关系——海南省水利水电物资供销公司执行异议申诉案

三、评析

本案涉及三个焦点问题：（1）本案中涉案房地产的处置行为是当事人之间的自主行为还是人民法院的变卖行为；（2）人民法院处置涉案不动产是否必须进行拍卖；（3）本案对涉案划拨土地的处置程序是否要受到相关行政审批程序的限制。

关于第一个问题，区分此问题的关键在于三点：（1）涉案财产是不是已经被人民法院控制；（2）处置土地的行为是否有人民法院的意思表示；（3）财产变价款的处置权是否属于人民法院。如果是，则属于公法上的处分，视为人民法院行使执行权的行为；如果不是，则属于当事人私法意义上的自主处分行为。本案中，涉案土地已经被人民法院查封，意味着其处置权已经被人民法院所取得，当事人不能再自主处分。当事人及案外人在处置之前签订的变卖协议经过了人民法院的许可，评估单位由人民法院委托，处置价款全部被人民法院控制用来满足债权人的受偿。因此，本案中涉案土地和房产的处置是在人民法院监管下，由当事人实施部分行为（合同的签订、付款）的司法变卖行为。

关于第二个问题，人民法院处置划拨土地时如果符合法定条件，可以不经拍卖程序而径行变卖。《最高人民法院关于人民法院民事执行中拍卖、变卖财产的规定》第二条规定了"拍卖优先"原则，该条规定的目的是为了防止在不经当事人同意的情况下，法院自行变卖可能会损害债权人和债务人的利益。但拍卖带来的弊端是增加了评估、拍卖费用，同时也有拍卖机构操作不规范可能带来处置资产价格过低的问题。因此，该条又同时规定了"法律、司法解释另有规定的除外"。该但书就包括《最高人民法院关于人民法院执行工作若干问题的规定（试行）》第46条第2款的规定："财产无法委托拍卖、不适于拍卖或者当事人双方同意不需要拍卖的，人民法院可以交有关单位变卖或者自行组织变卖。"该规定第48条又规定："被执行人申请对人民法院查封的财产自行变卖的，人民法院可以准许，但应当监督其按照合理的价格在指定的期限内进行，并控制变卖的价款。"变卖并没有限定财产种类，包括划拨土地在内的财产一样可以适用变卖程序。

关于第三个问题，则涉及如何对待一些实体法规定的特殊财产处分的审批程序问题。应当看到，不少实体法都规定了某一类财产的处置审批程序。这些程序一般分为三类：第一类是对特定财产处置的限制程序。比如，城市房地产管理法第四十条规定："以划拨方式取得土地使用权的，转让房地产时，应当按照国务院规定，报有批准权的人民政府审批。"第二类是对特定主体的财产处分规定了限制程序。比如，企业国有资产法第五十三条规定："国有资产转让由履行出资人职责的机构决定。履行出资人职责的机构决定转让全部国有资产的，或者转让部分国有资产致使国家对该企业不再具有控股地位的，应当报请本级人民政府批准。"第三类是特定财产受让主体的审批。比如，商业银行法第二十八条规定："任何单位和个人购买商业银行股份总额百分之五以上的，应当事先经国务院银行业监督管理机构批准。"

实际上，法律对特定财产的处分限制的目的可以分为两种情形：一类是限制特定财产的管理人或占有人。比如，本案中涉及到的对划拨土地和国有资产两类资产的限制。首先，城市房地产管理法第四十条规定的划拨土地使用权的转让审批前置程序，其约束的主体是以划拨方式取得土地使用权的人，调整的行为仅仅是对普通民事主体之间私法上的交易行为,并不构成人民法院基于公法上的处分权对其所进行的处置行为。如果人民法院处置划拨土地必须履行地方政府批准前置程序,则人民法院的执行必将受制于政府的审批,尤其是当债权人为外地当事人,执行法院异地执行时,将为地方政府进行地方保护大开方便之门。而且,本案中地方政府和房产部门也已经征收了有关税费并为德丰杰公司办理了土地和房产证书,土地性质也已经由划拨变为出让,应当视为有关行政管理机关对该处置行为并无异议。其次,关于国有资产处置要报经国资监管部门的审批,同样也是约束国有资产管理人的,且仅仅是内部审批程序,不能成为人民法院执行程序的前置程序。即使在民事交易中,国有企业不履行内部审批程序,引起的后果也仅仅是国有企业责任人的行政、刑事责任,而不能仅仅以未审批为由主张合同无效,损害交易相对方的合法权益,从而危害交易安全。对此,最高人民法院以前的监督案例已有明确意见。还有一类则是为了国家宏观经济管理或者国家政治经济安全的需要,比如对受让银行股权的审批即属此类,法院的执行同样应当遵守。

综上,本案的变卖程序符合法定程序且不损害其他债权人的利益,海南高院的监督意见应予维持。①

最高人民法院
执行裁定书
〔2012〕执复字第 6 号

申请复议人:广东龙正投资发展有限公司。住所地:广东省广州市东风西路 187 号时代国际大厦 18 楼。

法定代表人:张×伟,该公司总经理。

申请复议人:广东景茂拍卖行有限公司。住所地:广东省广州市东风西路 187 号时代国际大厦 17 楼 1708 室。

法定代表人:张×红,该公司总经理。

申请执行人:广州白云荔发实业公司。住所地:广东省广州市中山八路飞霞大厦 311 房。

法定代表人:潘×,该公司经理。

被执行人:广州广丰房产建设有限公司。住所地:广东省广州市广州大道北五号三楼。

法定代表人:简×,该公司董事长。

被执行人:广州银丰房地产有限公司。住所地:广东省广州市广州大道北五号二楼。

法定代表人:简×,该公司董事长。

被执行人:广州金汇房产建设有限公司。住所地:广东省广州市广州大道北五号三楼。

法定代表人:简×,该公司董事长。

申请复议人广东龙正投资发展有限公司、广东景茂拍卖行有限公司不服广东省高级人民法院(2011)粤高法执异字第 1 号执行裁定,向本院申请复议。本院依法组成合议庭进行审查,现已审查终结。

本院查明:广州白云荔发实业公司(以下简称荔发公司)与广州广丰房产建设有限公司(以下简称广丰公司)、广州银丰房地产有限公司、广州金汇房产建设有限公司非法借贷纠纷一案,广东省高级人民法院(以下简称广东高院)于 1997 年 5 月 20 日作出(1996)粤法经一初字第 4 号民事判决,判令广丰公司、广州银丰房地产有限公司共同清偿荔发公司借款 160647776.07 元及利息,广州金汇房产建设有限公司承担连带赔偿责任。

广东高院在执行前述判决过程中,于 1998 年 2 月 11 日裁定查封了广丰公司名下的广丰大厦未售出部分的物业(首层全层;十六层全层;负一层除已售出的 110m² 车位的部分;第五、六、八、九、十、十二、十三、十四层共 71 套房产,面积总计 18851.86m²)。次日,委托广东景茂拍卖行有限公司(以下简称景茂拍卖行)进行拍卖。同年 6 月,该院委托的广东粤财房地产评估所出具评估报告,结论为:广丰大厦该部分物业在 1998 年 6 月 12 日的拍卖价格为 102493594 元。后该案因故暂停处置。

---

① 范向阳:《强制执行与行政审批的关系——海南省水利水电物资供销公司执行异议申诉案》,载江必新主编、最高人民法院执行局编:《执行工作指导》2011 年第 2 辑(总第 38 辑),人民法院出版社 2011 年版,第 92~101 页。

2001年初广东高院重新启动处置程序，于同年4月4日委托景茂拍卖行对广丰大厦整栋进行拍卖。同年11月初，广东高院在报纸上刊登拟拍卖整栋广丰大厦的公告，要求涉及广丰大厦的所有权利人或购房业主，于2001年11月30日前向景茂拍卖行申报权利和登记，待广东高院处理。根据公告要求，向景茂拍卖行申报的权利有申请交付广丰大厦预售房屋、回迁房屋和申请返还购房款、工程款、银行借款等，金额高达15亿多元，其中，购房人所缴纳的购房款逾2亿元。

2003年8月26日，广东高院委托广东财兴资产评估有限公司（即原广东粤财房地产评估所）对广丰大厦整栋进行评估。同年9月10日，该所出具评估报告，结论为：整栋广丰大厦（用地面积3009m²，建筑面积34840m²）市值为3445万元，建议拍卖保留价为市值的70%即2412万元。同年10月17日，景茂拍卖行以2412万元将广丰大厦整栋拍卖给广东龙正投资发展有限公司（以下简称龙正公司）。广东高院于同年10月28日作出（1997）粤高法执字第7号民事裁定，确认将广丰大厦整栋以2412万元转给龙正公司所有。2004年1月5日，该院向广州市国土房管部门发出协助执行通知书，要求将广丰大厦整栋产权过户给买受人龙正公司，"将广丰大厦房产有关买卖、转让、抵押、拆迁补偿等关系及其合约或协议等，概予以解除和注销"，并声明原广丰大厦的所有权利人，包括购房人、受让人、抵押权人、被拆迁人或拆迁户等的权益，由该院依法处理。龙正公司取得广丰大厦后，在原主体框架结构基础上继续投入资金进行续建，续建完成后更名为"时代国际大厦"。

2008年10月，广东省人民检察院根据举报对广丰大厦拍卖活动进行调查后认为，景茂拍卖行与买受人龙正公司由同一人实际控制，在广丰大厦拍卖中自卖自买，违反了《中华人民共和国拍卖法》（以下简称《拍卖法》）的有关规定；广东粤财房地产评估所对广丰大厦的两次评估结论，相差巨大，委托法院对此疏于监管，导致广丰大厦被低价拍卖，严重侵害已预购房屋的小业主利益等，要求广东高院依法处理。

2011年6月2日，广东高院作出（1997）粤高法执字第7-1号执行裁定，认定：景茂拍卖行和买受人龙正公司股东均系亲属，存在关联关系。广丰大厦两次评估价格差额巨大，第一次评估了广丰大厦约一半面积的房产，第二次评估了该大厦整栋房产，但第二次评估价格仅为第一次评估价格的35%，即使考虑市场变化因素，其价格变化也明显不正常。据景茂拍卖行报告，拍卖时有三个竞买人参加竞买，另外两个竞买人均未举牌竞价，龙正公司因而一次举牌即以起拍价2412万元竞买成功。但经该院协调有关司法机关无法找到该二人，后书面通知景茂拍卖行提供该二人的竞买资料，景茂拍卖行未能按要求提供；景茂拍卖行也未按照《拍卖监督管理暂行办法》第四条"拍卖企业举办拍卖活动，应当于拍卖日前七天内到拍卖活动所在地工商行政管理局备案，……拍卖企业应当在拍卖活动结束后7天内，将竞买人名单、身份证明复印件送拍卖活动所在地工商行政管理局备案"的规定向工商管理部门备案。现有证据不能证实另外两个竞买人参加了竞买。综上，可以认定拍卖人景茂拍卖行和竞买人龙正公司在拍卖广丰大厦中存在恶意串通行为，导致广丰大厦拍卖不能公平竞价、损害了购房人和其他债权人的利益。根据《中华人民共和国民法通则》第五十八条、《拍卖法》第六十五条的规定，裁定拍卖无效，撤销该院2003年10月28日作出的（1997）粤高法执字第7号民事裁定。对此，买受人龙正公司和景茂拍卖行分别向广东高院提出异议。广东高院经审查，于2011年10月9日作出（2011）粤高法执异字第1号执行裁定，维持原裁定意见，驳回异议。两异议人向本院申请复议，请求撤销上述异议裁定和原裁定。

龙正公司和景茂拍卖行申请复议的理由合并概括如下：对广丰大厦前后两次评估的价值相差巨大的原因存在合理性，且两次评估均由法院委托评估机构进行，评估结果与拍卖行和买受人无关。拍卖保留价也是广东高院根据当时实际情况决定的，拍卖成交价是当时市场客观因素造成的，没有任何人为因素；按照《拍卖监督管理暂行办法》的规定，景茂拍卖行于广丰大厦拍卖前的2003年10月9日及拍卖后的10月22日到广州市工商行政管理局天河分局办理了备案登记，该局在备案表上盖章确认。景茂拍卖行不能提供另外两名竞买人的资料不违反《拍卖法》第五十四条第二款关于"拍卖资料保管期限自委托拍卖合同终止之日起计算，不得少于五年"的规定，广东高院要求拍卖行提供超过法定保管期限的文件并承担不能提供的法律后果，于法无据；法院将已预购登记的房产作为债权处理系法院过错，与申请复议人无关；拍卖广丰大厦是在广东高院的监督下进行的，拍卖过程公开、公正、合法，拍卖前曾四次在报纸上刊出拍卖公告。不存在拍卖行与买受人恶意串通、损害购房人和其他债权人利益的事实。没有证据证明龙正公司与拍卖行通过不正当手段排除其他竞买人参加拍卖。法律没有禁止拍卖行股东亲属的公司参与竞买，广东高院在没有证据的情况下，推定竞买人与拍卖行存在恶意串通、自买自卖行为是错误的。

本院认为：受人民法院委托进行的拍卖属于司法强制拍卖，人民法院发现拍卖有错误的，有权宣布无效或予以撤销。本案中，广东高院查明买受人龙正公司与景茂拍卖行的股东均系亲属，两公司存在关联关系，对此复议申请人没有否认，本院予以确认。在景茂拍卖行与买受人之间因股东的亲属关系而存在关联关系的情况下，除非能够证明拍卖过程中有其他无关联关系的竞买人参与竞买，且进行了充分的竞价，否则可以推定景茂拍卖行与买受人之间存在串通。该竞价充分的举证责任应由景茂拍卖行和与其有关联关系的买受人承担。本案拍卖中仅一次叫价即以保留价成交，并无竞价。而买受人龙正公司和景茂拍卖行不能提供其他两个竞买人的情况。经审核，其复议中提供的向工商管理部门备案的材料中，并无另外两个竞买人参加竞买的资料。拍卖资料经过了保存期不是其不能提供竞买人情况的理由。据此不能认定有其他竞买人参加了竞买。故可认定景茂拍卖行与买受人龙正公司之间存在串通行为。鉴于本案拍卖系直接以评估机构确定的市场价的70%之保留价成交的，故评估价是否合理对

于拍卖结果是否公正合理有直接关系。对广丰大厦的两次评估价格相差悬殊的问题，复议申请人不能提供合理解释，本院认可广东高院关于第二次评估结论明显不合理的认定。不论评估结果过低是否为两复议申请人的责任，其对标的物评估价格及成交价过低应属明知。本案中与广丰大厦相关的权利有申请交付广丰大厦预售房屋、回迁房屋和申请返还购房款、工程款、银行借款等，总额达15亿多元，仅购房人登记所交购房款即超过2亿元。而本案拍卖价款仅为2412万元，对于没有优先受偿权的本案申请执行人毫无利益可言，明显属于无益拍卖。且拍卖后广东高院将与广丰大厦有关的所有权利负担一概除去，而将广丰大厦整栋房产移转给买受人，导致与广丰大厦相关的权利无法得到依法有效保护，侵害了与广丰大厦相关的权利人的合法权益。鉴于景茂拍卖行负责接受与广丰大厦相关的权利的申报工作，且买受人与其存在关联关系，故可认定景茂拍卖行与买受人对上述问题也应属明知。因此对于此案拍卖导致与广丰大厦相关的权利人的权利受侵害，景茂拍卖行与买受人龙正公司之间构成恶意。

综上，广东高院认定拍卖人景茂拍卖行和买受人龙正公司在拍卖广丰大厦中存在恶意串通行为，导致广丰大厦拍卖不能公平竞价、损害了购房人和其他债权人的利益，是正确的。(1997) 粤高法执字第7—1号及（2011）粤高法执异字第1号执行裁定并无不当。申请复议人的复议理由不能成立。依据《中华人民共和国民事诉讼法》第二百零二条和最高人民法院《关于适用〈中华人民共和国民事诉讼法〉执行程序若干问题的解释》第八条、第九条之规定，经本院审判委员会讨论决定，裁定如下：

驳回申请复议人广东龙正投资发展有限公司、广东景茂拍卖行有限公司的复议请求。

本裁定为终审裁定。

【附：案例评析】

存在关联关系的买受人与拍卖行恶意串通的拍卖行为无效——广东龙正投资发展有限公司、广东景茂拍卖行有限公司复议案评析

四、最高人民法院审查意见

关于景茂拍卖行与龙正公司是否构成恶意串

通问题，最高人民法院经审判委员会民事行政专业委员会讨论，认为，在买受人与拍卖行的股东均系亲属的情况下，除非能够证明拍卖过程中有其他无关联关系的竞买人参与竞买，且进行了充分的竞价，否则可以认定拍卖行与买受人之间存在串通行为；买受人与拍卖行有串通行为，并明知标的物评估价格及成交价过低，则买受人与拍卖行对于拍卖导致与标的物相关的权利人的权利受侵害构成恶意。人民法院可以依法宣布拍卖无效或撤销拍卖。

据此，最高人民法院作出（2012）执复字第6号执行裁定，驳回了申请复议人景茂拍卖行和龙正公司的复议请求。

五、评析意见

本案的裁判要点是：拍卖行与买受人有关联关系，拍卖行为存在以下情形，损害与标的物相关权利人合法权益的，人民法院可以视为拍卖行与买受人恶意串通，依法裁定该拍卖无效：（1）拍卖过程中没有其他无关联关系的竞买人参与竞买，或者虽有其他竞买人参与竞买，但未进行充分竞价的；（2）拍卖标的物的评估价明显低于实际价格，仍以该评估价成交的。以下围绕与该裁判要点相关的问题逐一说明。

（一）法院对其委托的司法拍卖的监督委托

本案隐含的一个前提性法律观点是，人民法院对经其委托进行的司法拍卖具有监督权，经审查拍卖存在宣布无效或可撤销情形的，人民法院有权直接宣布拍卖无效或裁定撤销拍卖结果。

人民法院在强制执行过程中委托拍卖机构实施的拍卖，即司法拍卖，与公民、法人和其他组织基于自主民事行为自行委托拍卖机构进行的任意拍卖不同，它是一种强制拍卖，是法院作为执行机关，基于国家强制力，将被执行人的财产按照拍卖的方式出卖给最高应价者，以取得价金用于向债权人清偿的执行措施。尽管法院对拍卖机构的授权是以委托的形式表现出来的，但实际上拍卖机构所实施的拍卖仍然是司法强制执行措施的延伸，本质上是司法行为的一部分，执行法院需要就拍卖的结果对当事人和利害关系人直接负责。拍卖行和竞买人除了应当遵守民事主体参加民事活动的基本法律原则和行业管理规范以外，还应当遵守法律和司法解释关于司法拍卖的专门规定，遵守执行法院就拍卖作出的特定指示。执行法院有权对拍卖程序、拍卖结果的合法性进行监督审查。因此，即便是已经履行完毕的司法拍卖，法院经司法审查后认为拍卖行为违法的，仍有权宣布该拍卖无效。

（二）认定拍卖无效的法律依据

本案涉及认定拍卖无效这种法律后果的法律依据问题，确定可以将拍卖法的相关规定，作为审查认定司法拍卖无效的依据。

《民法通则》第五十八条规定："下列民事行为无效：……（四）恶意串通，损害国家、集体或者第三人利益的；……"《拍卖法》第三十七条规定："竞买人之间、竞买人与拍卖人之间不得恶意串通，损害他人利益。"第六十五条规定："违反本法第三十七条的规定，竞买人之间、竞买人与拍卖人之间恶意串通，给他人造成损害的，拍卖无效，应当依法承担赔偿责任。"根据上述法律规定，在拍卖过程中恶意串通，导致拍卖不能公平竞价、损害其他人合法权益的，该拍卖行为无效。

对于在执行拍卖程序中能否引用拍卖法的规定撤销拍卖，实践中存在争议。有观点认为，拍卖法是调整市场主体自主交易中的拍卖行为的法律规范。而人民法院系依照民事诉讼法及有关强制执行的法律规定，进行强制拍卖。法院在强制拍卖关系中，并非普通的民事主体，而是以公法主体身份，履行公法行为。因此，拍卖法不是法院强制拍卖的法律依据，法院委托拍卖机构进行的拍卖行为不能直接适用拍卖法，而只能适用《中华人民共和国民事诉讼法》（以下简称民事诉讼法）及最高人民法院《关于人民法院民事执行中拍卖、变卖财产的规定》（以下简称拍卖规定）。拍卖规定只规定在拍卖开始前，如果发生拍卖机构与竞买人恶意串通的情形，法院应当撤回拍卖委托。而对拍卖开始后发现的竞买人妨害拍卖的情况如何处理，司法解释没有规定。故不存在拍卖后宣布拍卖无效或撤销拍卖结果的问题。

我们认为，在执行案件审查过程中，对于程序法中尚无具体专门规定的事项，可以运用实体法的精神来处理执行程序中出现的问题。虽然执行中的委托拍卖应当主要遵守专门调整司法拍卖的法律规范（目前主要是最高人民法院制定的专门司法解释），但拍卖法作为规范拍卖机构拍卖行为的一般性法律，拍卖机构在受法院委托的拍卖活动中，也应当遵守。对于尚无司法解释专门规定的一些司法拍卖事项和问题，则应当适用普通拍卖的一般原则及具体规则。在这个意义上说，拍卖法的相关规定，在与有关执行程序的法律和司法解释规定的目的和原则不相冲突的前提下，也构成司法拍卖的补充性法律规范。对于宣布拍卖无效的问题，目前司法解释尚无具体规定，但不等于司法拍卖不存在无效的问题，对于确实具有无效因素的司法拍卖，就应当引用民法通则和拍卖法的相关规定予以处理。《拍卖法》第六十五条关于"竞买人之间、竞买人与拍卖人之间恶意串通给他人造成损害的，拍卖无效"的规定，对于司法拍卖也同样适用。

（三）认定恶意串通损害相关权利人权益的具体情形或要件

本案审查主要是围绕拍卖法中"竞买人与拍卖人之间恶意串通，给他人造成损害"这一条件展开的。认定"竞买人与拍卖人之间恶意串通，给他人造成损害"，需具备四个要件：（1）拍卖机构与买受人存在关联关系；（2）拍卖过程中无其他竞买人参与竞买或者没有充分竞价；（3）拍卖标的物的评估价明显低于实际价格，仍以该评估价成交；（4）损害与标的物相关权利人的合法权益。其中前两个要件结合在一起，构成认定竞买人与拍卖行之间的串通标准；后两个条件，是构成对相关权利人合法权益的恶意损害，其中第三个要件是损害及恶意的表现形式，即以过低的价格成交，第四个要件则是损害的后果。

1. 竞买人与拍卖机构存在关联关系。强制拍卖的过程是通过充分竞价的方式，确保标的物拍卖价格的最大化，因此需引入尽可能多的符合条件的主体参与竞价。故与拍卖人有利益关联的竞买人，如果符合法定条件参与拍卖，其参与拍卖的行为本身并不为现行法律所禁止。但此种关联关系的存在，为恶意串通提供了方便条件，很容易导致对市场公平交易秩序的破坏，很难进行真实充分的竞价。故买受人与拍卖机构之间存在关联关系，是一个重大瑕疵，可以作为认定恶意串通的要件之一，如果其他应当考虑的因素也同时具备，则可以认定恶意串通。

2. 无其他竞买人参与竞买或者没有充分竞价。拍卖过程中是否有其他无关联关系的竞买人参加以及是否进行了充分的竞价，是认定在拍卖过程中买受人是否与拍卖机构存在恶意串通的重要依据。拍卖的本质要求是充分的竞价，即通过各参与拍卖的主体之间公平的竞争、合理的竞价，

实现拍卖价格最优。有关联关系的竞买人参与竞买虽不必禁止，但有一点必须明确，即这种情况下，对竞价过程的充分、透明和公开的要求应当更高。如果经过了充分竞价，则拍卖行与买受人之间存在关联关系的瑕疵可以得到弥补。而在拍卖机构与买受人存在关联关系的前提下，竞价充分的举证责任应由拍卖行和与其有关联关系的买受人承担。但是本案中拍卖行和买受人并没有提供相关证据来证明拍卖过程中进行了充分竞价。2003年拍卖结束后，拍卖行给广东高院的拍卖报告中指出，还有另外两个自然人参加竞买，现场没有举牌竞价，拍卖是一次竞价，即以评估机构确定的市场价的70%即2412万元成交。但买受人和拍卖行不能提供其他两个竞买人的情况。经审核，其复议中提供的向工商管理部门备案的材料中，并无另外两个竞买人参加竞买的资料。因此，不能认定有其他竞买人参加了竞买，可以推定没有形成充分竞价。因此，结合拍卖行与买受人存在关联关系的因素考虑，可以认定双方存在串通行为。

3. 拍卖标的物的评估价明显低于实际价格，仍以该评估价成交，侵害标的物相关权利人的合法权益。在存在串通行为的前提下，该种串通对于相关权利人是否构成恶意，则要看串通形成的拍卖结果是否损害相关权利人的权益。拍卖成交价格明显过低，是损害后果的表现形式。

认定拍卖价格是否合理，要审查最终成交价与评估价格差价如何，以及评估价格是否显著低于正常的市场价格。受各种因素的影响，拍卖成交价格与市场价格或评估价格存在一定的差价是合理的。但如两者差距悬殊，不能排除合理的怀疑，则可认定成交价格明显过低。鉴于本案拍卖系直接以评估机构确定的市场价的70%之保留价成交的，故评估价是否合理对于拍卖结果是否公正合理有直接关系。而在此之前对拍卖标的的一半房产进行评估，其价格已经逾一亿元人民币，但是此次对全部的房产进行评估，价格却只有原来一半房产评估价格的35%，拍卖整个楼的价格与评估部分房产时的价格相差悬殊。即使考虑市场变化因素，其价格变化也明显不正常。对拍卖标的的两次评估价格相差悬殊的问题，复议申请人不能提供合理解释，故最高法院认可广东高院关于拍卖所依据的第二次评估结论明显过低的认定。

4. 侵害当事人和利害关系人合法权益。对执行标的物通过拍卖的形式进行变价，制度设计的目标应当达到充分实现财产价值，既有利于债权的实现，又兼顾债务人合法权益的目的。而本案拍卖则背离这一目标。

首先，侵害执行案件当事人的合法权益。强制拍卖又必然意味着被执行人财产的减少，并耗费一定的司法资源。如果强制拍卖所得价款，在扣除拍卖费用及清偿优先债权之后不能有剩余，即对申请执行人债权的实现没有实益，这种对执行目的实现毫无实益的强制拍卖，已经为拍卖司法解释所禁止。本案中，生效判决判令被执行人清偿申请执行人借款约1.61亿元及利息，同时，申报的与拍卖标的广丰大厦相关的权利高达15亿元，其中应优先受偿的债权数额很高，而广丰大厦的拍卖款仅为2412万元。因此，对于申请执行人来说，已构成无益拍卖，申请执行人实际上无法从中受偿。因财产被低价处分，对被执行人的损害自不待言。

其次，侵害利害关系人权益。本案中，与拍卖标的广丰大厦相关的权利，有申请交付广丰大厦预售房屋、回迁房屋和申请返还购房款、工程款、银行借款等，总额达15亿多元，仅购房人登记所交购房款即超过2亿元。拍卖后，广东高院将与广丰大厦有关的所有权利负担一概除去，将广丰大厦整栋房产移转给买受人，导致与广丰大厦相关的权利无法得到依法有效保护，严重侵害了与广丰大厦相关的权利人的合法权益。①

人民法院办理执行案件规范

2017年4月

382.【财产变价的一般规定】

在执行程序中，被执行人的财产被查封、扣押、冻结后，人民法院应当及时进行拍卖、变卖或者采取其他执行措施。

383.【处置权的原则规定】

对被执行的财产，人民法院非经查封、扣押、冻结不得处分。

执行过程中，原则上应当由首先查封、扣押、冻结（以下简称查封）法院负责处分查封财产。

384.【优先债权执行法院处置权的取得条件】

已进入其他法院执行程序的债权对查封财产有顺位在先的担保物权、优先权（该债权以下简称优先债权），自首先查封之日起已超过六十日，且首先查封法院就该查封财产尚未发布拍卖公告或者进入变卖程序的，优先债权执行法院可以要求将该查封财产移送执行。

385.【商请程序】

优先债权执行法院要求查封法院将查封财产移送执行的，应当出具商请移送执行函，并附确认优先债权的生效法律文书及案件情况说明。

首先查封法院应当在收到优先债权执行法院商请移送执行函之日起十五日内出具移送执行函，将查封财产移送优先债权执行法院执行，并告知当事人。移送执行函应当载明将查封财产移送执行及首先查封债权的相关情况等内容。

商请移送执行函及移送执行函参照《最高人民法院关于首先查封法院与优先债权执行法院处分查封财产有关问题的批复》所附样式制作。

386.【处置权转移后的续封和处分】

查封财产移送执行后，继续查封由受移送法院负责。但距查封期限届满不足一个月的，首先查封法院应先行办理继续查封手续后再予移送。

优先债权执行法院在处分或继续查封该财产时，可以持首先查封法院移送执行函办理相关手续，相关协助单位应当予以配合。

387.【处置权转移后的变价款分配】

优先债权执行法院对移送的财产变价后，应当按照法律规定的清偿顺序分配，并将相关情况告知首先查封法院。

---

① 黄金龙、王惠君：《存在关联关系的买受人与拍卖行恶意串通的拍卖行为无效——广东龙正投资发展有限公司、广东景茂拍卖有限公司复议案评析》，载江必新、刘贵祥主编，最高人民法院执行局编：《执行工作指导》2015年第3辑（总第55辑），国家行政学院出版社2015年版，第72～81页。

在分配程序中，首先查封债权受偿顺位不因财产移送执行而改变。首先查封债权尚未经生效法律文书确认的，应当按照首先查封债权的清偿顺位，预留相应份额。

388.【处置权争议的协调】

首先查封法院与优先债权执行法院就移送查封财产发生争议的，可以逐级报请双方共同的上级法院指定该财产的执行法院。

共同的上级法院根据首先查封债权所处的诉讼阶段、查封财产的种类及所在地、各债权数额与查封财产价值之间的关系等案件具体情况，认为由首先查封法院执行更为妥当的，也可以决定由首先查封法院继续执行，但应当督促其在指定期限内处分查封财产。

389.【保全法院与在先轮候查封法院处置权的协调】

保全法院在首先采取查封、扣押、冻结措施后超过一年未对被保全财产进行处分的，除被保全财产系争议标的外，在先轮候查封、扣押、冻结的执行法院可以商请保全法院将被保全财产移送执行。但司法解释另有特别规定的，适用其规定。

保全法院与在先轮候查封、扣押、冻结的执行法院就移送被保全财产发生争议的，可以逐级报请共同的上级法院指定该财产的执行法院。

共同的上级法院应当根据被保全财产的种类及所在地、各债权数额与被保全财产价值之间的关系等案件具体情况指定执行法院，并督促其在指定期限内处分被保全财产。

390.【评估原则及例外情形】

对拟拍卖的财产，人民法院应当及时委托具有相应资质的评估机构进行价格评估。对于财产价值较低或者价格依照通常方法容易确定的，可以不进行评估。

当事人双方及其他执行债权人申请不进行评估的，人民法院应当准许。

391.【评估前的准备】

执行法院在委托评估之前应当对评估标的的权属状况、占有使用情况等进行必要的调查，制作财产现状的调查笔录或者收集其他有关资料。

被执行人应当提供相关财产品质的有关资料和说明。

评估所需的相关资料应当由当事人或相关第三人提供的，人民法院可以通知当事人或第三人提交，当事人或第三人不予提交的，可以强制提取。对被执行人的股权进行评估时，人民法院可以责令有关企业提供会计报表等资料，有关企业拒不提供的，可以强制提取。

392.【评估机构的选定】

人民法院选择评估机构，采用随机方式确定。

人民法院选择评估机构，应当通知执行人员到场，视情况可邀请社会有关人员到场监督。

人民法院选择评估机构，应当提前通知各方当事人到场；当事人不到场的，人民法院可将选择机构的情况，以书面形式送达当事人。

393.【评估委托书】

评估机构选定后，人民法院应当向选定的机构出具委托书，委托书中一般应当载明下列事项：

（一）评估标的的名称、规格、数量等情况；

（二）评估目的和要求；

（三）评估期限；

（四）评估费用的计算标准和支付方式；

（五）其他需要明确的内容。

除出具评估委托书以外，人民法院可根据评估机构的具体要求，向其提供评估标的物的财产清单、权属资料，以及对标的物采取执行措施的法律文书等必要资料。

394.【现场勘验】

拍卖、评估需要对现场进行检查、勘验的，人民法院应当责令被执行人、协助义务人予以配合。被执行人、协助义务人不予配合的，人民法院可以强制进行。

评估机构在工作中需要对现场进行检查、勘验的，人民法院应当提前通知执行人员和当事人到场。当事人不到场的，不影响检查、勘验的进行，但应当由见证人见证。评估机构勘验现场，应当制作现场勘验笔录。勘验现场人员、当事人或见证人应当在勘验笔录上签名或盖章确认。

395.【评估期限】

评估机构一般应在接受委托后的三十个工作日内完成工作，重大、疑难、复杂的案件在六十个工作日内完成。因委托中止在规定期限内不能完成，需要延长期限的，评估机构应当提交书面申请，并按人民法院重新确定的时间完成受委托工作。

396.【评估的监督】

人民法院对其委托的评估活动实行监督。出现下列情形之一，影响评估结果，侵害当事人合法利益的，人民法院将不再委托其从事委托评估工作。涉及违反法律法规的，依据有关规定处理：

（一）评估结果明显失实；

（二）随机选定后无正当理由不能按时完成评估工作；

（三）其他有关情形。

397.【评估报告的发送】

人民法院收到评估机构作出的评估报告后，应当在五日内将评估报告发送当事人及其他利害关系人。

被执行人或者其他利害关系人下落不明，可以采取请被执行人的近亲属转交、张贴在被执行人所在的自然村或小区公共活动场所、邮寄至生效法律文书载明的被执行人住所地等适当方式送达，无须公告送达。

398.【评估报告异议的处理】

当事人或者其他利害关系人对评估报告有异议的，可以在收到评估报告后十日内以书面形式向人民法院提出。

当事人或者其他利害关系人有证据证明评估机构、评估人员不具备相应的评估资质或者评估程序严重违法而申请重新评估的，人民法院应当准许。重新评估应当另行确定评估机构。

399.【评估报告有效期】

评估报告的有效期按照评估报告载明的期限确定。进入拍卖程序后，评估报告有效期届满不影响后续拍卖、变卖和以物抵债程序的继续进行。但拍卖时间过长或市场行情发生重大变化的，应当重新评估，按重新评估的价格进行拍卖。

评估报告已经过期，但申请执行人与被执行人均无异议的情况下，人民法院仍可以参照该评估报告确定拍卖保留价。

400.【拍卖优先原则】

人民法院对查封、扣押、冻结的财产进行变价处理时，应当首先采取拍卖的方式，但法律、司法解释另有规定的除外。

401.【网络拍卖优先原则】

人民法院以拍卖方式处置财产的，应当采取网络司法拍卖方式，但法律、行政法规和司法解释规定必须通过其他途径处置，或者不宜采用网络拍卖方式处置的除外。

采用委托拍卖或其他方式对涉案财产进行变价的，应报经执行法院院领导审批。

402.【拍卖机构选定】

人民法院拍卖被执行人财产，应当委托具有相应资质的拍卖机构进行，并对拍卖机构的拍卖进行监督，但法律、司法解释另有规定的除外。

人民法院采用随机方式确定拍卖机构。

人民法院选择拍卖机构，应当通知执行人员到场，视情况可邀请社会有关人员到场监督。

人民法院选择拍卖机构，应当提前通知各方当事人到场；当事人不到场的，人民法院可将选择机构的情况，以书面形式送达当事人。

403.【拍卖活动监督】

人民法院对其委托的拍卖活动实行监督。出现下列情形之一，影响拍卖结果，侵害当事人合法利益的，人民法院将不再委托其从事委托拍卖工作。涉及违反法律法规的，依据有关规定处理：

（一）拍卖过程中弄虚作假、存在瑕疵；

（二）随机选定后无正当理由不能按时完成拍卖工作；

（三）其他有关情形。

404.【保留价确定】

拍卖应当确定保留价。拍卖财产经过评估的，评估价即为第一次拍卖的保留价；未作评估的，保留价由人民法院参照市价确定，并应当征询有关当事人的意见。

如果出现流拍，再行拍卖时，可以酌情降低保留价，但每次降低的数额不得超过前次保留价的百分之二十。

405.【无益拍卖】

保留价确定后，依据本次拍卖保留价计算，拍卖所得价款在清偿优先债权和强制执行费用后无剩余可能的，应当在实施拍卖前将有关情况通知申请执行人。申请执行人于收到通知后五日内申请继续拍卖的，人民法院应当准许，但应当重新确定保留价；重新确定的保留价应当大于该优先债权及强制执行费用的总额。

依照前款规定流拍的，拍卖费用由申请执行人负担。

406.【拍卖公告】

拍卖应当先期公告。拍卖公告应当包括执行法院的名称和联系方式，拍卖财产的名称、种类、数量、已知瑕疵及其他情况，拍卖会的时间及场所，展示拍卖物的时间、地点，拍卖财产的评估价，竞买人资格和条件，保证金金额及缴纳方式，拍卖价款的交付期限，相关权利义务、法律责任，拍卖公司的名称和联系方式等需要公告的内容。

拍卖公告发布前，应当经执行法院审查核准。

407.【拍卖公告的发布】

拍卖动产的，应当在拍卖七日前公告；拍卖不动产或者其他财产权的，应当在拍卖十五日前公告。

拍卖公告的范围及媒体由当事人双方协商确定；协商不成的，由人民法院确定。拍卖财产具有专业属性的，应当同时在专业性报纸上进行公告。当事人申请在其他新闻媒体上公告或者要求扩大公告范围的，应当准许，但该部分的公告费用由其自行承担。

拍卖公告等相关拍卖信息应同步在"人民法院诉讼资产网"上发布。

408.【保证金交纳】

拍卖不动产、其他财产权或者价值较高的动产的，竞买人应当于拍卖前向人民法院预交保证金。申请执行人参加竞买的，可以不预交保证金。保证金的数额由人民法院确定，但不得低于评估价或者市价的百分之五。

应当预交保证金而未交纳的，不得参加竞买。拍卖成交后，买受人预交的保证金充抵价款，其他竞买人预交的保证金应当在三日内退还；拍卖未成交的，保证金应当于三日内退还竞买人。

409.【权利人通知】

人民法院应当在拍卖五日前以书面或者其他能够确认收悉的适当方式，通知当事人和已知的担保物权人、优先购买权人或者其他优先权人于拍卖日到场。

优先购买权人经通知未到场的，视为放弃优先购买权。

410.【一般竞买人资格确定】

法律、行政法规对买受人的资格或者条件有特殊规定的，竞买人应当具备规定的资格或者条件。

申请执行人、被执行人可以参加竞买。

411.【优先购买权人资格确定】

拍卖过程中，有最高应价时，优先购买权人可以表示以该最高价买受，如无更高应价，则拍归优先购买权人；如有更高应价，而优先购买权人不作表示的，则拍归该应价最高的竞买人。

顺序相同的多个优先购买权人同时表示买受，以抽签方式决定买受人。

412.【变价款足够时剩余财产的拍卖】

拍卖多项财产时，其中部分财产卖得的价款足以清偿债务和支付被执行人应当负担的费用的，对剩余的财产应当停止拍卖，但被执行人同意继续拍卖的除外。

413.【合并拍卖】

拍卖的多项财产在使用上不可分，或者分别拍卖可能严重减损其价值的，应当合并拍卖。

414.【流拍处理】

拍卖时无人竞买或者竞买人的最高应价低于保留价，到场的申请执行人或者其他执行债权人申请或者同意以该次拍卖所定的保留价接受拍卖财产的，应当将该财产交其抵债。

有两个以上执行债权人申请以拍卖财产抵债的，由法定受偿顺位在先的债权人优先承受；受偿顺位相同的，以抽签方式决定承受人。承受人应受清偿的债权额低于抵债财产的价额的，人民法院应当责令其在指定的期间内补交差额。

415.【拍卖撤回】

在拍卖开始前，有下列情形之一的，人民法院应当撤回拍卖委托：

（一）据以执行的生效法律文书被撤销的；

（二）申请执行人及其他执行债权人撤回执行申请的；

（三）被执行人全部履行了法律文书确定的金钱债务；

（四）当事人达成了执行和解协议，不需要拍卖财产的；

（五）案外人对拍卖财产提出确有理由的异议；

（六）拍卖机构与竞买人恶意串通的；

（七）其他应当撤回拍卖的情形。

416.【拍卖暂缓、中止】

人民法院委托拍卖后，遇有依法应当暂缓执行或者中止执行的情形的，应当决定暂缓执行或者裁定中止执行，并及时通知拍卖机构和当事人。拍卖机构收到通知后，应当立即停止拍卖，并通知竞买人。

暂缓执行期限届满或者中止执行的事由消失后，需要继续拍卖的，人民法院应当在十五日内通知拍卖机构恢复拍卖。

417.【足额清偿后的拍卖停止】

被执行人在拍卖日之前向人民法院提交足额金钱清偿债务，要求停止拍卖，人民法院应当准许，但被执行人应当负担因拍卖支出的必要费用。

418.【余款支付】

拍卖成交后，买受人应当在拍卖公告确定的期限或者人民法院指定的期限内将价款交付到人民法院或者汇入人民法院指定的账户。

419.【重新拍卖及悔拍保证金处理】

拍卖成交或者以流拍的财产抵债后，买受人逾期未支付价款或者承受人逾期未补交差价而使拍卖、抵债的目的难以实现的，人民法院可以裁定重新拍卖，原买受人不得参加竞买。重新拍卖的，仍按原拍次进行。

重新拍卖的价款低于原拍卖价款造成的差价、费用损失及原拍卖中的佣金，由原买受人承担。人民法院可以直接从其预交的保证金中扣除。扣除后保证金有剩余的，应当退还原买受人；保证金数额不足的，可以责令原买受人补交；拒不补交的，强制执行。

420.【再行拍卖】

拍卖时无人竞买或者竞买人的最高应价低于保留价，到场的申请执行人或者其他执行债权人不申请以该次拍卖所定的保留价抵债的，应当在六十日内再行拍卖。

421.【动产流拍的处理】

对于第二次拍卖仍流拍的动产，人民法院可以依照本规范第 414 条的规定将其作价交申请执行人或者其他执行债权人抵债。申请执行人或者其他执行债权人拒绝接受抵债或者依法不能交付抵债的，人民法院应当解除查封、扣押，并将该动产退还被执行人。

422.【不动产或其他财产权流拍的处理】

对于第二次拍卖仍流拍的不动产或者其他财产权，人民法院可以依照本规范第 414 条的规定将其作价交申请执行人或者其他执行债权人抵债。申请执行人或者其他执行债权人拒绝接受或者依法不能交付其抵债的，应当在六十日内进行第三次拍卖。

第三次拍卖流拍且申请执行人或者其他执行债权人拒绝接受或者依法不能接受该不动产或者其他财产权抵债的，人民法院应当于第三次拍卖终结之日起七日内发出变卖公告。自公告之日起六十日内没有买受人愿意以第三次拍卖的保留价买受该财产，且申请执行人、其他执行债权人仍不表示接受该财产抵债的，应当解除查封、冻结，将该财产退还被执行人，但对该财产可以采取其他执行措施的除外。

前款中所指的"其他执行措施"，可以包括强制管理，以及执行法院根据市场价格变化，重新启动（评估）拍卖程序等。

423.【变价财产上权利负担的处理】

拍卖财产上原有的担保物权及其他优先受偿权，因拍卖而消灭，拍卖所得价款应当优先清偿担保物权人及其他优先受偿权人的债权，但当事人另有约定的除外。

拍卖财产上原有的租赁权及其他用益物权，不因拍卖而消灭，但该权利继续存在于拍卖财产上，对在先的担保物权或者其他优先受偿权的实现有影响的，人民法院应当依法将其除去后进行拍卖。

424.【拍卖佣金和费用】

拍卖成交的，拍卖机构可以按照下列比例向买受人收取佣金：

拍卖成交价200万元以下的，收取佣金的比例不得超过5%；超过200万元至1000万元的部分，不得超过3%；超过1000万元至5000万元的部分，不得超过2%；超过5000万元至1亿元的部分，不得超过1%；超过1亿元的部分，不得超过0.5%。

拍卖未成交或者非因拍卖机构的原因撤回拍卖委托的，拍卖机构为本次拍卖已经支出的合理费用，应当由被执行人负担。

425.【拍卖撤销】

当事人、利害关系人提出异议请求撤销拍卖，符合下列情形之一的，人民法院应予支持：

（一）竞买人之间、竞买人与拍卖机构之间恶意串通，损害当事人或者其他竞买人利益的；

（二）买受人不具备法律规定的竞买资格的；

（三）违法限制竞买人参加竞买或者对不同的竞买人规定不同竞买条件的；

（四）未按照法律、司法解释的规定对拍卖标的物进行公告的；

（五）其他严重违反拍卖程序且损害当事人或竞买人利益的情形。

426.【涉国有资产的拍卖】

涉国有资产的司法委托拍卖由省级以上国有产权交易机构实施，拍卖机构负责拍卖环节相关工作，并依照相关监管部门制定的实施细则进行。

427.【特定证券资产的拍卖】

《中华人民共和国证券法》规定应当在证券交易所上市交易或转让的证券资产的司法委托拍卖，通过证券交易所实施，拍卖机构负责拍卖环节相关工作；其他证券类资产的司法委托拍卖由拍卖机构实施，并依照相关监管部门制定的实施细则进行。

428.【网络拍卖定义及公开原则】

本规范所指的网络司法拍卖，是指人民法院依法通过互联网拍卖平台，以网络电子竞价方式公开处置财产的行为。

网络司法拍卖应当在互联网拍卖平台上向社会全程公开，接受社会监督。

429.【拍卖平台条件及确定】

最高人民法院建立全国性网络服务提供者名单库。网络服务提供者申请纳入名单库的，其提供的网络司法拍卖平台应当符合下列条件：

（一）具备全面展示司法拍卖信息的界面；

（二）具备《最高人民法院关于人民法院网络司法拍卖若干问题的规定》要求的信息公示、网上报名、竞价、结算等功能；

（三）具有信息共享、功能齐全、技术拓展等功能的独立系统；

（四）程序运作规范、系统安全高效、服务优质价廉；

（五）在全国具有较高的知名度和广泛的社会参与度。

最高人民法院组成专门的评审委员会，负责网络服务提供者的选定、评审和除名。最高人民法院每年引入第三方评估机构对已纳入和新申请纳入名单库的网络服务提供者予以评审并公布结果。

430.【当事人选择原则】

网络服务提供者由申请执行人从司法拍卖网络服务提供者名单库中选择；未选择或者多个申请执行人的选择不一致的，由人民法院指定。

431.【人民法院职责】

实施网络司法拍卖的，人民法院应当履行下列职责：

（一）制作、发布拍卖公告；

（二）查明拍卖财产现状、权利负担等内容，并予以说明；

（三）确定拍卖保留价、保证金的数额、税费负担等；

（四）确定保证金、拍卖款项等支付方式；

（五）通知当事人和优先购买权人；

（六）制作拍卖成交裁定；

（七）办理财产交付和出具财产权证照转移协助执行通知书；

（八）开设网络司法拍卖专用账户；

（九）其他依法由人民法院履行的职责。

432.【法院内部分工】

网络司法拍卖工作由执行局负责实施,辅助工作的组织管理既可由执行局负责,也可由司法技术辅助工作部门负责。

433.【拍卖辅助工作承担】

实施网络司法拍卖的,人民法院可以将下列拍卖辅助工作委托社会机构或者组织承担:

(一)制作拍卖财产的文字说明及视频或者照片等资料;

(二)展示拍卖财产,接受咨询,引领查看,封存样品等;

(三)拍卖财产的鉴定、检验、评估、审计、仓储、保管、运输等;

(四)其他可以委托的拍卖辅助工作。

社会机构或者组织承担网络司法拍卖辅助工作所支出的必要费用由被执行人承担。

434.【网络服务提供者工作承担及禁止】

实施网络司法拍卖的,下列事项应当由网络服务提供者承担:

(一)提供符合法律、行政法规和司法解释规定的网络司法拍卖平台,并保障安全正常运行;

(二)提供安全便捷配套的电子支付对接系统;

(三)全面、及时展示人民法院及其委托的社会机构或者组织提供的拍卖信息;

(四)保证拍卖全程的信息数据真实、准确、完整和安全;

(五)其他应当由网络服务提供者承担的工作。

网络服务提供者不得在拍卖程序中设置阻碍适格竞买人报名、参拍、竞价以及监视竞买人信息等后台操控功能。

网络服务提供者提供的服务无正当理由不得中断。

435.【网络服务提供者监督】

网络司法拍卖服务提供者从事与网络司法拍卖相关的行为,应当接受人民法院的管理、监督和指导。

436.【保留价确定】

网络司法拍卖应当确定保留价,拍卖保留价即为起拍价。起拍价由人民法院参照评估价确定;未作评估的,参照市价确定,并征询当事人意见。起拍价不得低于评估价或者市价的百分之七十。

437.【一人竞拍】

网络司法拍卖不限制竞买人数量。一人参与竞拍,出价不低于起拍价的,拍卖成交。

438.【拍卖公告】

网络司法拍卖应当先期公告,拍卖公告除通过法定途径发布外,还应同时在网络司法拍卖平台发布。

拍卖动产的,应当在拍卖十五日前公告;拍卖不动产或者其他财产权的,应当在拍卖三十日前公告。

拍卖公告应当包括拍卖财产、价格、保证金、竞买人条件、拍卖财产已知瑕疵、相关权利义务、法律责任、拍卖时间、网络平台和拍卖法院等信息。

439.【信息公示】

实施网络司法拍卖的,人民法院应当在拍卖公告发布当日通过网络司法拍卖平台公示下列信息:

(一)拍卖公告;

(二)执行所依据的法律文书,但法律规定不得公开的除外;

(三)评估报告副本,或者未经评估的定价依据;

(四)拍卖时间、起拍价以及竞价规则;

(五)拍卖财产权属、占有使用、附随义务等现状的文字说明、视频或者照片等;

(六)优先购买权主体以及权利性质;

(七)通知或者无法通知当事人、已知优先购买权人的情况;

(八)拍卖保证金、拍卖款项支付方式和账户;

(九)拍卖财产产权转移可能产生的税费及承担方式;

(十)执行法院名称,联系、监督方式等;

(十一)其他应当公示的信息。

440.【特别提示】

实施网络司法拍卖的,人民法院应当在拍卖公告发布当日通过网络司法拍卖平台对下列事项予以特别提示:

（一）竞买人应当具备完全民事行为能力，法律、行政法规和司法解释对买受人资格或者条件有特殊规定的，竞买人应当具备规定的资格或者条件；

（二）委托他人代为竞买的，应当在竞价程序开始前经人民法院确认，并通知网络服务提供者；

（三）拍卖财产已知瑕疵和权利负担；

（四）拍卖财产以实物现状为准，竞买人可以申请实地看样；

（五）竞买人决定参与竞买的，视为对拍卖财产完全了解，并接受拍卖财产一切已知和未知瑕疵；

（六）载明买受人真实身份的拍卖成交确认书在网络司法拍卖平台上公示；

（七）买受人悔拍后保证金不予退还。

441.【瑕疵担保责任的免除】

被执行人应当提供拍卖财产品质的有关资料和说明。

人民法院按本规范第439条和第440条的要求予以公示和特别提示，且在拍卖公告中声明不能保证拍卖财产真伪或者品质的，不承担瑕疵担保责任。

442.【权利人通知】

网络司法拍卖的事项应当在拍卖公告发布三日前以书面或者其他能够确认收悉的合理方式，通知当事人、已知优先购买权人。权利人书面明确放弃权利的，可以不通知。无法通知的，应当在网络司法拍卖平台公示并说明无法通知的理由，公示满五日视为已经通知。

优先购买权人经通知未参与竞买的，视为放弃优先购买权。

443.【保证金交纳】

保证金数额在起拍价的百分之五至百分之二十范围内确定。

竞买人应当在参加拍卖前以实名交纳保证金，未交纳的，不得参加竞买。申请执行人参加竞买的，可以不交保证金；但债权数额小于保证金数额的按差额部分交纳。

交纳保证金，竞买人可以向人民法院指定的账户交纳，也可以由网络服务提供者在其提供的支付系统中对竞买人的相应款项予以冻结。

444.【一般竞买人资格确定】

竞买人在拍卖竞价程序结束前交纳保证金经人民法院或者网络服务提供者确认后，取得竞买资格。网络服务提供者应当向取得资格的竞买人赋予竞买代码、参拍密码；竞买人以该代码参与竞买。

网络司法拍卖竞价程序结束前，人民法院及网络服务提供者对竞买人以及其他能够确认竞买人真实身份的信息、密码等，应当予以保密。

445.【优先购买权人资格确定】

优先购买权人经人民法院确认后，取得优先竞买资格以及优先竞买代码、参拍密码，并以优先竞买代码参与竞买；未经确认的，不得以优先购买权人身份参与竞买。

顺序不同的优先购买权人申请参与竞买的，人民法院应当确认其顺序，赋予不同顺序的优先竞买代码。

446.【竞价规则】

网络司法拍卖从起拍价开始以递增出价方式竞价，增价幅度由人民法院确定。竞买人以低于起拍价出价的无效。网络司法拍卖的竞价时间应当不少于二十四小时。竞价程序结束前五分钟内无人出价的，最后出价即为成交价；有出价的，竞价时间自该出价时点顺延五分钟。竞买人的出价时间以进入网络司法拍卖平台服务系统的时间为准。

竞买代码及其出价信息应当在网络竞买页面实时显示，并储存、显示竞价全程。

447.【优先购买权竞价规则】

优先购买权人参与竞买的，可以与其他竞买人以相同的价格出价，没有更高出价的，拍卖财产由优先购买权人竞得。

顺序不同的优先购买权人以相同价格出价的，拍卖财产由顺序在先的优先购买权人竞得。

顺序相同的优先购买权人以相同价格出价的，拍卖财产由出价在先的优先购买权人竞得。

448.【买受人身份公示】

网络司法拍卖成交的，由网络司法拍卖平台以买受人的真实身份自动生成确认书并公示。

449.【拍卖保证金处理】

拍卖成交后，买受人交纳的保证金可以充

抵价款；其他竞买人交纳的保证金应当在竞价程序结束后二十四小时内退还或者解冻。拍卖未成交的，竞买人交纳的保证金应当在竞价程序结束后二十四小时内退还或者解冻。

450.【悔拍保证金处理】

拍卖成交后买受人悔拍的，交纳的保证金不予退还，依次用于支付拍卖产生的费用损失、弥补重新拍卖价款低于原拍卖价款的差价、冲抵本案被执行人的债务以及与拍卖财产相关的被执行人的债务。

悔拍后重新拍卖的，原买受人不得参加竞买。

451.【余款支付】

拍卖成交后，买受人应当在拍卖公告确定的期限内将剩余价款交付人民法院指定账户。拍卖成交后二十四小时内，网络服务提供者应当将冻结的买受人交纳的保证金划入人民法院指定账户。

452.【流拍处理】

网络司法拍卖竞价期间无人出价的，本次拍卖流拍。流拍后应当在三十日内在同一网络司法拍卖平台再次拍卖，拍卖动产的应当在拍卖七日前公告；拍卖不动产或者其他财产权的应当在拍卖十五日前公告。再次拍卖的起拍价降价幅度不得超过前次起拍价的百分之二十。

再次拍卖流拍的，可以依法在同一网络司法拍卖平台变卖。

453.【审查组织】

起拍价及其降价幅度、竞价增价幅度、保证金数额和优先购买权人竞买资格及其顺序等事项，人民法院应当依法组成合议庭评议确定。

454.【拍卖暂缓、中止】

网络司法拍卖竞价程序中，有依法应当暂缓、中止执行等情形的，人民法院应当决定暂缓或者裁定中止拍卖；人民法院可以自行或者通知网络服务提供者停止拍卖。

网络服务提供者发现系统故障、安全隐患等紧急情况的，可以先行暂缓拍卖，并立即报告人民法院。

暂缓或者中止拍卖的，应当及时在网络司法拍卖平台公告原因或者理由。

暂缓拍卖期限届满或者中止拍卖的事由消失后，需要继续拍卖的，应当在五日内恢复拍卖。

455.【拍卖记录保存】

网络服务提供者对拍卖形成的电子数据，应当完整保存不少于十年，但法律、行政法规另有规定的除外。

456.【交付、过户费用承担】

因网络司法拍卖本身形成的税费，应当依照相关法律、行政法规的规定，由相应主体承担；没有规定或者规定不明的，人民法院可以根据法律原则和案件实际情况确定税费承担的相关主体、数额。

457.【拍卖撤销】

当事人、利害关系人提出异议请求撤销网络司法拍卖，符合下列情形之一的，人民法院应当支持：

（一）由于拍卖财产的文字说明、视频或者照片展示以及瑕疵说明严重失实，致使买受人产生重大误解，购买目的无法实现的，但拍卖时的技术水平不能发现或者已经就相关瑕疵以及责任承担予以公示说明的除外；

（二）由于系统故障、病毒入侵、黑客攻击、数据错误等原因致使拍卖结果错误，严重损害当事人或者其他竞买人利益的；

（三）竞买人之间，竞买人与网络司法拍卖服务提供者之间恶意串通，损害当事人或者其他竞买人利益的；

（四）买受人不具备法律、行政法规和司法解释规定的竞买资格的；

（五）违法限制竞买人参加竞买或者对享有同等权利的竞买人规定不同竞买条件的；

（六）其他严重违反网络司法拍卖程序且损害当事人或者竞买人利益的情形。

458.【撤销拍卖权利救济程序】

网络司法拍卖被人民法院撤销，当事人、利害关系人、案外人认为人民法院的拍卖行为违法致使其合法权益遭受损害的，可以依法申请国家赔偿；认为其他主体的行为违法致使其合法权益遭受损害的，可以另行提起诉讼。

459.【服务提供者责任】

当事人、利害关系人、案外人认为网络司法拍卖服务提供者的行为违法致使其合法权益遭受损害的，可以另行提起诉讼；理由成立的，人民法院应当支持，但具有法定免责事由的除外。

460.【特定人员行为禁止】

实施网络司法拍卖的，下列机构和人员不得竞买并不得委托他人代为竞买与其行为相关的拍卖财产：

（一）负责执行的人民法院；

（二）网络服务提供者；

（三）承担拍卖辅助工作的社会机构或者组织；

（四）第（一）至（三）项规定主体的工作人员及其近亲属。

461.【网络服务提供者处罚】

网络服务提供者有下列情形之一的，应当将其从名单库中除名：

（一）存在违反本规范第434条第二款规定操控拍卖程序、修改拍卖信息等行为的；

（二）存在恶意串通、弄虚作假、泄漏保密信息等行为的；

（三）因违反法律、行政法规和司法解释等规定受到处罚，不适于继续从事网络司法拍卖的；

（四）存在违反本规范第460条规定行为的；

（五）其他应当除名的情形。

网络服务提供者有前款规定情形之一，人民法院可以依照民事诉讼法的相关规定予以处理。

462.【异议、复议处理】

当事人、利害关系人认为网络司法拍卖行为违法侵害其合法权益的，可以提出执行异议。异议、复议期间，人民法院可以决定暂缓或者裁定中止拍卖。

案外人对网络司法拍卖的标的提出异议的，人民法院应当依据民事诉讼法第二百二十七条及相关司法解释的规定处理，并决定暂缓或者裁定中止拍卖。

463.【网拍规定适用情形】

执行程序中委托拍卖机构通过互联网平台实施网络拍卖的，参照《最高人民法院关于人民法院网络司法拍卖若干问题的规定》执行。

《最高人民法院关于人民法院网络司法拍卖若干问题的规定》对网络司法拍卖行为没有规定的，适用其他有关司法拍卖的规定。

464.【不经拍卖直接变卖的情形】

对查封、扣押、冻结的财产，当事人双方及有关权利人同意变卖的，可以变卖。

金银及其制品、当地市场有公开交易价格的动产、易腐烂变质的物品、季节性商品、保管困难或者保管费用过高的物品，人民法院可以决定变卖。

465.【变卖价格确定】

当事人双方及有关权利人对变卖财产的价格有约定的，按照其约定价格变卖；无约定价格但有市价的，变卖价格不得低于市价；无市价但价值较大、价格不易确定的，应当委托评估机构进行评估，并按照评估价格进行变卖。

按照评估价格变卖不成的，可以降低价格变卖，但最低的变卖价不得低于评估价的二分之一。

466.【变卖主体及特定人员行为禁止】

人民法院在执行中需要变卖被执行人财产的，可以交有关单位变卖，也可以由人民法院直接变卖。

对变卖的财产，人民法院或者其工作人员不得买受。

467.【变卖财产无人应买的处理】

变卖的财产无人应买的，适用本规范第414条将该财产交申请执行人或者其他执行债权人抵债；申请执行人或者其他执行债权人拒绝接受或者依法不能交付其抵债的，人民法院应当解除查封、扣押，并将该财产退还被执行人。

468.【被执行人自行变卖】

被执行人申请对人民法院查封的财产自行变卖的，人民法院可以准许，但应当监督其按照合理价格在指定的期限内进行，并控制变卖的价款。

469.【撤销变卖】

当事人、利害关系人请求撤销变卖的，参照本规范第425条规定处理。

470.【网络变卖的规定适用】

人民法院通过互联网平台以变卖方式处置

财产的，参照《最高人民法院关于人民法院网络司法拍卖若干问题的规定》执行。

471.【合意抵债】

经申请执行人和被执行人同意，且不损害其他债权人合法权益和社会公共利益的，人民法院可以不经拍卖、变卖，直接将被执行人的财产作价交申请执行人抵偿债务。对剩余债务，被执行人应当继续清偿。

472.【无法拍卖、变卖财产的抵债】

被执行人的财产无法拍卖或者变卖的，经申请执行人同意，且不损害其他债权人合法权益和社会公共利益的，人民法院可以将该项财产作价后交付申请执行人抵偿债务，或者交付申请执行人管理；申请执行人拒绝接收或者管理的，退回被执行人。

473.【成交和抵债裁定】

拍卖、变卖成交或者以流拍的财产抵债的，人民法院应当作出裁定，并于价款或者需要补交的差价全额交付后十日内，送达买受人或者承受人。

474.【所有权转移】

拍卖、变卖成交或者依法定程序裁定以物抵债的，标的物所有权自拍卖、变卖成交裁定或者抵债裁定送达买受人或者接受抵债物的债权人时转移。

需要办理有关财产权证照转移手续的，人民法院可以向有关单位发出协助执行通知书，有关单位必须办理。

475.【执行标的物的交付】

人民法院裁定拍卖、变卖成交或者以流拍的财产抵债后，除有依法不能移交的情形外，应当于裁定送达后十五日内，将拍卖的财产移交买受人或者承受人。被执行人或者第三人占有拍卖财产应当移交而拒不移交的，强制执行。

强制执行的，可参照本规范第二编第二十二章第一节的相关规定办理。

476.【强制管理】

具有下列情形之一的，经申请执行人申请或者同意，且不损害其他债权人合法权益和社会公共利益，人民法院可以将适宜管理的被执行人财产交付申请执行人管理，以所得收益清偿债务：

（一）被执行人的财产不能或者不宜拍卖、变卖的；

（二）被执行人的财产经法定程序拍卖、变卖未成交，申请执行人不接受抵债或者依法不能交付其抵债的；

（三）人民法院认为可以交付申请执行人管理的其他情形。

执行法院能否保护抵押权人未经诉讼程序确定的抵押权？

问题：我院在办理农业银行某甲分理处、工商银行某乙营业部、建设银行某丙分理处申请执行某工贸公司一案中，对某工贸公司的财产整体拍卖得款600万元人民币。在执行款分配时，甲分理处主张工贸公司在贷款时已用全部财产作借款抵押并到有关部门办理抵押登记手续，虽然就借款合同起诉时没有主张抵押权，但是优先受偿权仍然存在。但是乙营业部、丙分理处认为甲分理处在诉讼阶段没有主张抵押权，应视为对抵押物优先受偿权的放弃，三债权人应当按比例进行分配。请问：执行法院能否保护抵押权人未经诉讼程序确定的抵押权？

《人民司法》研究组认为：抵押权人虽然在人民法院审理主合同时没有主张抵押权，但是只要在诉讼时效期间内，抵押权人仍然有权单独就抵押合同主张抵押权，人民法院在处理抵押物时也有义务保障抵押权人对抵押物变现价值的优先受偿权。但是，人民法院在执行程序中对抵押权是否存在只能进行形式审查，如果其他人对于抵押权人是否享有抵押权存在实体异议，则抵押权人的抵押权应通过诉讼程序确认后才能在执行程序中得到保护。[①]

对购买股权所拖欠的余款是否可以裁定强制执行？

问题：我院在执行案件中，变卖了一被执行企业的股权。购买者支付了部分款后，以暂无钱为由拖欠，经多次催收无果。请问，我院是否可以裁定强制执行？

---

① 载《人民司法》2005年第11期。

《人民司法》研究组认为：最高人民法院《关于人民法院执行工作若干问题的规定（试行）》第49条第1款规定："拍卖、变卖被执行人的财产成交后，必须即时钱物两清。"这一款规定了收取转让价款钱物两清的原则。但在实践中情况往往较为复杂，重要的是保证及时收取价款，保护执行债权人的利益。

本案的买受人只交付了部分价款，以无支付能力为由拒付余款，违反前述规定，应当再行变卖，但由原买受人承担两次拍卖、变卖之间多发生的费用以及可能存在的减价损失。执行中拍卖、变卖的买受人虽是在强制执行中受让财产，但其不能支付余款的行为尚不能引起被强制执行的后果，对债权人只能通过执行法院再行组织的拍卖、变卖活动予以救济。①

此案中未被直接占有的动产所有权是否已经转移？

问题：2001年2月，在法院的主持下曹某与某酒业公司达成自行和解协议，同意某酒业公司以该公司的基酒抵偿欠曹某的15万元。两天后办理了抵偿手续。曹某因为无处存放该批基酒，一直未将基酒运走。5月，酒业公司宣告破产，清算组对该批基酒主张权利。法院在讨论时形成两种意见：一种意见认为，动产以占有为所有权转移的标志，该批基酒属于破产财产；另一种意见认为，曹某已经取得了基酒所有权，清算组无权对该批基酒主张权利。请问哪种意见正确？

《人民司法》研究组认为：合同法第一百三十三条规定："标的物的所有权自标的物交付时起转移，但法律另有规定或者当事人另有约定的除外。"民法通则也有相似的规定。动产的所有权以交付为转移，交付即占有的变更，通常是指将财物实际交付给另一方当事人。除此以外，还存在法律拟制的交付，即出卖人将标的物的所有权凭证交付给买受人，用来代替标的物的实际交付。同时，对占有的变更不能理解为仅仅局限于现实占有的变更，还包括简易交付、占有改定、指示交付等间接占有变更的情况。这样就把交付的概念从直接占有的转移扩展到间接占有的转移。

法院的执行权是一种公权力，执行的完结表明所有权的转移已经得到国家公权力认可。此案中，双方当事人已办理了抵偿手续，可见该案已经执行完毕，只因当时曹某没有贮藏设备才一直未将该批基酒领回。事实上，曹某已经相当于以占有改定的方式间接占有了该批基酒，该批基酒的所有权已经合法转移了。因此，该批基酒不能被列为破产财产，曹某有权行使财产取回权取回基酒。②

国家税务总局关于人民法院强制执行被执行人财产有关税收问题的复函

2005年9月12日　　　国税函〔2005〕869号

最高人民法院：

你院《关于人民法院依法强制执行拍卖、变卖被执行人财产后，税务部门能否直接向人民法院征收营业税的征求意见稿》（〔2005〕执他字第12号）收悉。经研究，函复如下：

一、人民法院的强制执行活动属司法活动，不具有经营性质，不属于应税行为，税务部门不能向人民法院的强制执行活动征税。

二、无论拍卖、变卖财产的行为是纳税人的自主行为，还是人民法院实施的强制执行活动，对拍卖、变卖财产的全部收入，纳税人均应依法申报缴纳税款。

三、税收具有优先权。《中华人民共和国税收征收管理法》第四十五条规定，税务机关征收税款，税收优先于无担保债权，法律另有规定的除外；纳税人欠缴的税款发生在纳税人以其财产设定抵押、质押或者纳税人的财产被留置之前的，税收应当先于抵押权、质权、留置权执行。

四、鉴于人民法院实际控制纳税人因强制执行活动而被拍卖、变卖财产的收入，根据《中华人民共和国税收征收管理法》第五条的规定，人民法院应当协助税务机关依法优先从该收入中征收税款。

---

① 载《人民司法》2003年第10期。
② 载《人民司法》2001年第11期。

第二十二章　对银行存款的查询、冻结、扣划

最高人民法院
关于网络查询、冻结被执行人存款的规定

2013年8月29日　　法释〔2013〕20号

为规范人民法院办理执行案件过程中通过网络查询、冻结被执行人存款及其他财产的行为，进一步提高执行效率，根据《中华人民共和国民事诉讼法》的规定，结合人民法院工作实际，制定本规定。

第一条　人民法院与金融机构已建立网络执行查控机制的，可以通过网络实施查询、冻结被执行人存款等措施。

网络执行查控机制的建立和运行应当具备以下条件：

（一）已建立网络执行查控系统，具有通过网络执行查控系统发送、传输、反馈查控信息的功能；

（二）授权特定的人员办理网络执行查控业务；

（三）具有符合安全规范的电子印章系统；

（四）已采取足以保障查控系统和信息安全的措施。

第二条　人民法院实施网络执行查控措施，应当事前统一向相应金融机构报备有权通过网络采取执行查控措施的特定执行人员的相关公务证件。办理具体业务时，不再另行向相应金融机构提供执行人员的相关公务证件。

人民法院办理网络执行查控业务的特定执行人员发生变更的，应当及时向相应金融机构报备人员变更信息及相关公务证件。

第三条　人民法院通过网络查询被执行人存款时，应当向金融机构传输电子协助查询存款通知书。多案集中查询的，可以附汇总的案件查询清单。

对查询到的被执行人存款需要冻结或者续行冻结的，人民法院应当及时向金融机构传输电子冻结裁定书和协助冻结存款通知书。

对冻结的被执行人存款需要解除冻结的，人民法院应当及时向金融机构传输电子解除冻结裁定书和协助解除冻结存款通知书。

第四条　人民法院向金融机构传输的法律文书，应当加盖电子印章。

作为协助执行人的金融机构完成查询、冻结等事项后，应当及时通过网络向人民法院回复加盖电子印章的查询、冻结等结果。

人民法院出具的电子法律文书、金融机构出具的电子查询、冻结等结果，与纸质法律文书及反馈结果具有同等效力。

第五条　人民法院通过网络查询、冻结、续冻、解冻被执行人存款，与执行人员赴金融机构营业场所查询、冻结、续冻、解冻被执行人存款具有同等效力。

第六条　金融机构认为人民法院通过网络执行查控系统采取的查控措施违反相关法律、行政法规规定的，应当向人民法院书面提出异议。人民法院应当在15日内审查完毕并书面回复。

第七条　人民法院应当依据法律、行政法规规定及相应操作规范使用网络执行查控系统和查控信息，确保信息安全。

人民法院办理执行案件过程中，不得泄露通过网络执行查控系统取得的查控信息，也不得用于执行案件以外的目的。

人民法院办理执行案件过程中，不得对被执行人以外的非执行义务主体采取网络查控措施。

第八条　人民法院工作人员违反第七条规定的，应当按照《人民法院工作人员处分条例》给予纪律处分；情节严重构成犯罪的，应当依法追究刑事责任。

第九条　人民法院具备相应网络扣划技术

条件，并与金融机构协商一致的，可以通过网络执行查控系统采取扣划被执行人存款措施。

第十条 人民法院与工商行政管理、证券监管、土地房产管理等协助执行单位已建立网络执行查控机制，通过网络执行查控系统对被执行人股权、股票、证券账户资金、房地产等其他财产采取查控措施的，参照本规定执行。

最高人民法院
关于人民法院能否对信用证开证保证金采取冻结和扣划措施问题的规定

1997年9月3日　　法释〔1997〕4号

信用证开证保证金属于有进出口经营权的企业向银行申请对国外（境外）方开立信用证而备付的具有担保支付性质的资金。为了严肃执法和保护当事人的合法权益，现就有关冻结、扣划信用证开证保证金的问题规定如下：

一、人民法院在审理或执行案件时，依法可以对信用证开证保证金采取冻结措施，但不得扣划。如果当事人认为人民法院冻结和扣划的某项资金属于信用证开证保证金的，应当提供有关证据予以证明。人民法院审查后，可按以下原则处理：对于确系信用证开证保证金的，不得采取扣划措施；如果开证银行履行了对外支付义务，根据该银行的申请，人民法院应当立即解除对信用证开证保证金相应部分的冻结措施；如果申请开证人提供的开证保证金是外汇，当事人又举证证明信用证的受益人提供的单据与信用证条款相符时，人民法院应当立即解除冻结措施。

二、如果银行因信用证无效、过期，或者因单证不符而拒付信用证款项并且免除了对外支付义务，以及在正常付出了信用证款项并从信用证开证保证金中扣除相应款额后尚有剩余，即在信用证开证保证金账户存款已丧失保证金功能的情况下，人民法院可以依法采取扣划措施。

三、人民法院对于为逃避债务而提供虚假证据证明属信用证开证保证金的单位和个人，应当依照民事诉讼法的有关规定严肃处理。

最高人民法院
关于对被执行人存在银行的凭证式国库券可否采取执行措施问题的批复

1998年2月10日　　法释〔1998〕2号

北京市高级人民法院：

你院《关于对被执行人在银行的凭证式记名国库券可否采取冻结、扣划强制措施的请示》（京高法〔1997〕194号）收悉。经研究，答复如下：

被执行人存在银行的凭证式国库券是由被执行人交银行管理的到期偿还本息的有价证券，在性质上与银行的定期储蓄存款相似。属于被执行人的财产。依照《中华人民共和国民事诉讼法》第二百一十八条①规定的精神，人民法院有权冻结、划拨被执行人存在银行的凭证式国库券。有关银行应当按照人民法院的协助执行通知书将本息划归执行申请人。

此复。

中国人民银行　最高人民法院　最高人民检察院　公安部　司法部
关于查询、停止支付和没收个人在银行的存款以及存款人死亡后的存款过户或支付手续的联合通知

1980年11月22日　　〔1980〕银储字第18号

各省、市、自治区高级人民法院，人民检察院，公安厅，司法厅，中国人民银行各省、市、自治区分行：

根据《中华人民共和国宪法》第九条规定：

---

① 民事诉讼法原第二百一十八条现已修改为第二百四十二条。——编者注

国家保护公民的合法收入、储蓄、房屋和其他生活资料的所有权。个人将合法收入存入银行的存款，归个人所有，不得侵犯；银行实行存款自愿，取款自由，为储户保密的原则。银行工作人员对储户的存款情况，应严守秘密，不得泄露，违反者视其情节轻重追究责任。

为了加强社会主义法制，依法保护公民储蓄，对法院、检察、公安部门向银行查询、要求停止支付和没收个人在银行的存款以及存款人死亡后的存款过户或支付手续问题，现作如下规定：

一、关于查询、停止支付和没收个人存款

（一）人民法院、人民检察院和公安机关因侦查、起诉、审理案件，需要向银行查询与案件直接有关的个人存款时，必须向银行提出县级和县级以上法院、检察院或公安机关正式查询公函，并提供存款人的有关线索，如存款人的姓名、存款日期、金额等情况；经银行县、市支行或市分行区办一级核对，指定所属储蓄所提供资料。查询单位不能径自到储蓄所查阅账册；对银行提供的存款情况，应保守秘密。

（二）人民法院、人民检察院和公安机关在侦查、审理案件中，发现当事人存款与案件直接有关，要求停止支付存款时，必须向银行提出县级和县级以上人民法院、人民检察院和公安机关的正式通知，经银行县、市支行或市分行区办一级核对后，通知所属储蓄所办理暂停支付手续。

停止支付的期限最长不超过六个月。逾期自动撤销。有特殊原因需要延长的，应重新办理停止支付手续。

如存款户在停止支付期间因生活必需而需要提取用款时，银行应及时主动与要求停止支付的单位联系，并根据实行情况，具体处理。

（三）人民法院判决没收罪犯储蓄存款时，银行依据人民法院判决书办理。人民法院判决民事案件中有关储蓄存款的处理，执行时应由当事人交出存款单（折），银行、储蓄所凭存款单（折）办理；如当事人拒不交出存款单（折），须强制执行时，由人民法院通知人民银行，人民银行凭判决书或裁定书，由县、市支行或市分行区办一级核对后办理，当事人的原存款单（折）作废，将判决书或裁定书收入档案保存。

（四）查询、暂停支付华侨储蓄存款时，公安机关由地（市）以上的公安厅（局）、处依照上述规定手续办理；人民法院、人民检察院由对案件有法定管辖权的法院、检察院依照上述规定手续办理。

（五）为了严密制度、手续，特制定有关查询、停止支付个人储蓄存款的几种文书格式，随文附发。使用这些法律文书时，应统一编号，妥慎保管。

二、关于存款人死亡后的存款过户或支付手续

存款人死亡后的存款提取、过户手续问题涉及的内容比较复杂，应慎重处理。（一）存款人死亡后，合法继承人为证明自己的身份和有权提取该项存款，应向当地公证处（尚未设立公证处的地方向县、市人民法院，下同）申请办理继承权证明书，银行凭以办理过户或支付手续。如该项存款的继承权发生争执时，应由人民法院判处。银行凭人民法院的判决书、裁定书或调解书办理过户或支付手续。

（二）在国外的华侨、中国血统外籍人和港澳同胞在国内银行的存款或委托银行代为保管的存款，原存款人死亡，如其合法继承人在国内者，凭原存款人的死亡证（或其他可以证明存款人确实死亡的证明）向当地公证处申请办理继承权证明书，银行凭以办理存款的过户或支付手续。

（三）在我国定居的外侨（包括无国籍者）在我国银行的存款，其存款过户或提取手续，与我国公民存款处理手续相同，应按照上述规定办理。与我国订有双边领事协定的外国侨民应按协定的具体规定办理。

（四）继承人在国外者，可凭原存款人的死亡证明和经我驻在该国使、领馆认证的亲属证明，向我公证机关申请办理继承权证明书，银行凭以办理存款的过户或支付手续。

继承人所在国如系禁汇国家，按上述规定办理有困难时，可由当地侨团、友好社团和爱国侨领、友好人士提供证明，并由我驻所在国使领馆认证后，向我公安机关申请办理继承权证明书,银行再凭以办理过户或支付手续。

继承人所在国如未建交,应根据特殊情况,特殊处理。

居住国外的继承人继承在我国内银行的存款,能否汇出国外,应按我国外汇管理条例的有关规定办理。

(五)存款人死亡后,无法定继承人又无遗嘱的,经公证部门的证明,暂按财政部规定:全民所有制企、事业、国家机关、群众团体的职工存款,上缴财政部门入库收归国有。集体所有制企、事业单位的职工,可转归集体所有。此项上缴国库或转归集体所有的存款都不计利息。

以上各项希研究执行,望将执行中的问题及时反映。

过去有关查询、停止支付和没收个人在银行的存款以及存款人死亡后的存款的过户或支付手续如与此规定相抵触时,以此文件为准。

中国人民银行 最高人民法院 最高人民检察院 公安部
关于查询、冻结、扣划企业事业单位、机关、团体银行存款的通知

1993年12月11日　　银发〔1993〕356号

中国人民银行各省、自治区、直辖市分行,计划单列市分行;中国工商银行、中国农业银行、中国银行、中国人民建设银行、交通银行;各省、自治区、直辖市高级人民法院、人民检察院、公安厅(局);军事法院、军事检察院:

为维护社会经济秩序,保证司法部门严格执法,保障有关当事人的合法权益,根据国家有关法律、法规的规定,现就人民法院、人民检察院、公安机关在办理案件中需要通过银行查询、冻结、扣划企事业单位、机关、团体银行存款的问题通知如下:

一、关于查询单位存款、查阅有关资料的问题

人民法院因审理或执行案件,人民检察院、公安机关因查处经济违法犯罪案件,需要向银行查询企业事业单位、机关、团体与案件有关的银行存款或查阅有关的会计凭证、账簿等资料时,银行应积极配合。查询人必须出示本人工作证或执行公务证和出具县级(含)以上人民法院、人民检察院、公安局签发的"协助查询存款通知书",由银行行长或其他负责人(包括城市分理处、农村营业所和城乡信用社主任。下同)签字后并指定银行有关业务部门凭此提供情况和资料,并派专人接待。查询人对原件不得借走,需要的资料可以抄录、复制或照相,并经银行盖章。人民法院、人民检察院、公安机关对银行提供的情况和资料,应当依法保守秘密。

二、关于冻结单位存款的问题

人民法院因审理或执行案件,人民检察院、公安机关因查处经济犯罪案件,需要冻结企业事业单位、机关、团体与案件直接有关的一定数额的银行存款,必须出具县级(含)以上人民法院、人民检察院、公安局签发的"协助冻结存款通知书"及本人工作证或执行公务证,经银行行长(主任)签字后,银行应当立即凭此并按照应冻结资金的性质,冻结当日单位银行账户上的同额存款(只能原账户冻结,不能转户)。如遇被冻结单位银行账户的存款不足冻结数额时,银行应在六个月的冻结期内冻结该单位银行账户可以冻结的存款,直至达到需要冻结的数额。

银行在受理冻结单位存款时,应审查"协助冻结存款通知书"填写的被冻结单位开户银行名称、户名和账号、大小写金额,发现不符的,应说明原因,退回"通知书"。

被冻结的款项在冻结期限内如需解冻,应以作出冻结决定的人民法院、人民检察院、公安机关签发的"解除冻结存款通知书"为凭,银行不得自行解冻。

冻结单位存款的期限不超过六个月。有特殊原因需要延长的,人民法院、人民检察院、公安机关应当在冻结期满前办理继续冻结手续。每次续冻期限最长不超过六个月。逾期不办理继续冻结手续的,视为自动撤销冻结。

人民法院、人民检察院、公安机关冻结单位银行存款发生失误,应及时予以纠正,并向

被冻结银行存款的单位作出解释。

被冻结的款项，不属于赃款的，冻结期间应计付利息，在扣划时其利息应付给债权单位；属于赃款的，冻结期间不计付利息，如冻结有误，解除冻结时应补计冻结期间利息。

三、关于扣划单位存款的问题

人民法院审理或执行案件，人民检察院、公安机关对查处的经济犯罪案件作出免予起诉、不予起诉、撤销案件和结案处理的决定，在执行时，需要银行协助扣划企业事业单位、机关、团体的银行存款，必须出具县级（含）以上人民法院、人民检察院、公安局签发的"协助扣划存款通知书"（附人民法院发生法律效力的判决书、裁定书、调解书、支付令、制裁决定的副本或行政机关的行政处罚决定书副本，人民检察院的免予起诉决定书、不起诉决定书、撤销案件决定书的副本，公安机关的处理决定书、刑事案件立案报告表的副本）及本人工作证或执行公务证，银行应当凭此立即扣划单位有关存款。

银行受理扣划单位存款时，应审查"协助扣划存款通知书"填写的被执行单位的开户银行名称、户名和账号、大小写金额，如发现不符，或缺少应附的法律文书副本，以及法律文书副本有关内容与"通知书"的内容不符，应说明原因，退回"通知书"和所附的法律文书副本。

为使银行扣划单位存款得以顺利进行，人民法院、人民检察院、公安机关在需要银行协助扣划单位存款时，应向银行全面了解被执行单位的支付能力，银行应如实提供情况。人民法院、人民检察院、公安机关在充分掌握情况之后，实事求是地确定应予执行的期限，对于立即执行确有困难的，可以确定缓解或分期执行。在确定的执行期限内，被执行单位没有正当理由逾期不执行的，银行在接到"协助扣划存款通知"后，只要被执行单位银行账户有款可付，应当立即扣划，不得延误。当日无款或不足扣划的，银行应及时通知人民法院、人民检察院、公安机关，待单位账上有款时，尽快予以扣划。

扣划的款项，于归还银行贷款的，应直接划给贷款银行，用于归还贷款；属于给付债权单位的款项，应直接划给债权单位；属于给付多个债权单位的款项，需要从多处扣划被转移的款项待结案归还或给付的，可暂划至办案单位在银行开立的机关团体一般存款科目赃款暂收户或代扣款户（不计付利息）。待追缴工作结束后，依法分割返还或给付；属于上缴国家的款项，应直接扣划上缴国库。

四、关于异地查询、冻结、扣划问题

作出查询、冻结、扣划决定的人民法院、人民检察院、公安机关与协助执行的银行不在同一辖区的，可以直接到协助执行的银行办理查询、冻结、扣划单位存款，不受辖区范围的限制。

五、关于冻结、扣划军队、武警部队存款的问题

军队、武警部队一类保密单位开设的"特种预算存款"、"特种其他存款"和连队账户的存款，原则上不采取冻结或扣划等项诉讼保全措施。但军队、武警部队的其余存款可以冻结和扣划。

六、关于冻结、扣划专业银行、其他银行和非银行金融机构在人民银行存款的问题

人民法院因审理经济纠纷案件或经济犯罪案件，人民检察院、公安机关因查处经济违法犯罪案件，需要执行专业银行、其他银行和非银行金融机构在人民银行的款项，应通知被执行的银行和非银行金融机构自动履行。

七、关于冻结、扣划单位存款遇有问题的处理原则

两家以上的人民法院、人民检察院、公安机关对同一存款冻结、扣划时，银行应根据最先收取的协助执行通知书办理冻结和扣划。在协助执行时，如对具体执行哪一个机关的冻结、扣划通知有争议，由争议的机关协商解决或者由其上级机关决定。

八、关于各单位的协调与配合

人民法院、人民检察院、公安机关、银行要依法行使职权和履行协助义务、积极配合。遇有问题或人民法院、人民检察院、公安机关与协助执行的银行意见不一致时，不应拘留银行人员，而应提请双方的上级部门共同协商解决。银行人员违反有关法律规定，无故拒绝协

助执行、擅自转移或解冻已冻结的存款，为当事人通风报信、协助其转移、隐匿财产的，应依法承担责任。

以上各项规定，请认真贯彻执行。

过去的规定与本文有抵触的，以本规定为准。

最高人民法院　中国人民银行
关于依法规范人民法院执行和金融机构协助执行的通知

2000年9月4日　　法发〔2000〕21号

为依法保障当事人的合法权益，维护经济秩序，根据《中华人民共和国民事诉讼法》，现就规范人民法院执行和银行（含其分理处、营业所和储蓄所）以及其他办理存款业务的金融机构（以下统称金融机构）协助执行的有关问题通知如下：

一、人民法院查询被执行人在金融机构的存款时，执行人员应当出示本人工作证和执行公务证，并出具法院协助查询存款通知书。金融机构应当立即协助办理查询事宜，不需办理签字手续，对于查询的情况，由经办人签字确认。对协助执行手续完备拒不协助查询的，按照民事诉讼法第一百零二条①规定处理。

人民法院对查询到的被执行人在金融机构的存款，需要冻结的，执行人员应当出示本人工作证和执行公务证，并出具法院冻结裁定书和协助冻结存款通知书。金融机构应当立即协助执行。对协助执行手续完备拒不协助冻结的，按照民事诉讼法第一百零二条规定处理。

人民法院扣划被执行人在金融机构存款的，执行人员应当出示本人工作证和执行公务证，并出具法院扣划裁定书和协助扣划存款通知书，还应当附生效法律文书副本。金融机构应当立即协助执行。对协助执行手续完备拒不协助扣划的，按照民事诉讼法第一百零二条规定处理。

人民法院查询、冻结、扣划被执行人在金融机构的存款时，可以根据工作情况要求存款人开户的营业场所的上级机构责令该营业场所做好协助执行工作，但不得要求该上级机构协助执行。

二、人民法院要求金融机构协助冻结、扣划被执行人的存款时，冻结、扣划裁定和协助执行通知书适用留置送达的规定。

三、对人民法院依法冻结、扣划被执行人在金融机构的存款，金融机构应当立即予以办理，在接到协助执行通知书后，不得再扣划应当协助执行的款项用以收贷收息；不得为被执行人隐匿、转移存款。违反此项规定的，按照民事诉讼法第一百零二条的有关规定处理。

四、金融机构在接到人民法院的协助执行通知书后，向当事人通风报信，致使当事人转移存款的，法院有权责令该金融机构限期追回，逾期未追回的，按照民事诉讼法第一百零二条的规定予以罚款、拘留；构成犯罪的，依法追究刑事责任，并建议有关部门给予行政处分。

五、对人民法院依法向金融机构查询或查阅的有关资料，包括被执行人开户、存款情况以及会计凭证、账簿、有关对账单等资料（含电脑储存资料），金融机构应当及时如实提供并加盖印章；人民法院根据需要可抄录、复制、照相，但应当依法保守秘密。

六、金融机构作为被执行人，执行法院到有关人民银行查询其在人民银行开户、存款情况的，有关人民银行应当协助查询。

七、人民法院在查询被执行人存款情况时，只提供单位账户名称而未提供账号的，开户银行应当根据银发〔1997〕94号《关于贯彻落实中共中央政法委〈关于司法机关冻结、扣划银行存款问题的意见〉的通知》第二条的规定，积极协助查询并书面告知。

八、金融机构的分支机构作为被执行人的，执行法院应当向其发出限期履行通知书，期限为十五日；逾期未自动履行的，依法予以强制执行；对被执行人未能提供可供执行财产的，应当依法裁定逐级变更其上级机构为被执行人，直至其总行、总公司。每次变更前，均应当给

---

① 民事诉讼法原第一百零二条现已修改为第一百一十一条，下同。——编者注

予被变更主体十五日的自动履行期限；逾期未自动履行的，依法予以强制执行。

九、人民法院依法可以对银行承兑汇票保证金采取冻结措施，但不得扣划。如果金融机构已对汇票承兑或者已对外付款，根据金融机构的申请，人民法院应当解除对银行承兑汇票保证金相应部分的冻结措施。银行承兑汇票保证金已丧失保证金功能时，人民法院可以依法采取扣划措施。

十、有关人民法院在执行由两个人民法院或者人民法院与仲裁、公证等有关机构就同一法律关系作出的两份或者多份生效法律文书的过程中，需要金融机构协助执行的，金融机构应当协助最先送达协助执行通知书的法院，予以查询、冻结，但不得扣划。有关人民法院应当就该两份或多份生效法律文书上报共同上级法院协调解决，金融机构应当按照共同上级法院的最终协调意见办理。

十一、财产保全和先予执行依照上述规定办理。

此前的规定与本通知有抵触的，以本通知为准。

最高人民法院　中国人民银行关于人民法院查询和人民银行协助查询被执行人人民币银行结算账户开户银行名称的联合通知

2010年7月14日　法发〔2010〕27号

各省、自治区、直辖市高级人民法院，解放军军事法院，新疆维吾尔自治区高级人民法院生产建设兵团分院，中国人民银行上海总部、各分行、营业管理部、省会（首府）城市中心支行，深圳市中心支行：

为维护债权人合法权益和国家司法权威，根据《中华人民共和国民事诉讼法》、《中华人民共和国中国人民银行》等法律，现就人民法院通过人民币银行结算账户管理系统查询被执行人银行结算账户开户银行名称的有关事项通知如下：

一、人民法院查询对象限于生效法律文书所确定的被执行人，包括法人、其他组织和自然人。

二、人民法院需要查询被执行人银行结算账户开户银行名称的，人民银行上海总部，被执行人注册地（身份证发证机关所在地）所在省（自治区、直辖市）人民银行各分行、营业管理部、省会（首府）城市中心支行及深圳市中心支行应当予以查询。

三、人民法院查询被执行人结算账户开户银行名称的，由被执行人注册地（身份证发证机关所在地）所在省（自治区、直辖市）高级人民法院（另含深圳市中级人民法院）统一集中批量办理。

四、高级人民法院（另含深圳市中级人民法院）审核汇总有关查询申请后，应当就协助查询被执行人名称（姓名、身份证号码）、注册地（身份证发证机关所在地）、执行法院、执行案号等事项填写《协助查询书》（见附件1），加盖高级人民法院（另含深圳市中级人民法院）公章后于每周一上午（节假日顺延）安排专人向所在地人民银行上述机构送交《协助查询书》（并附协助查询书的电子版光盘）。

五、人民银行上述机构接到高级人民法院（另含深圳市中级人民法院）送达的《协助查询书》后，应当核查《协助查询书》的要素是否完备。经核查无误后，在5个工作日内通过人民币银行结算账户管理系统查询被执行人的银行结算账户开户行名称，根据查询结果如实填写《协助查询答复书》（见附件2）。并加盖人民银行公章或协助查询专用章。经核查《协助查询书》要素不完备的，人民银行上述机构不予查询，并及时通知相关人民法院。

六、被执行人的人民币银行结算账户开户银行名称由银行业金融机构向人民银行报备，人民银行只对银行业金融机构报备的被执行人的人民币银行结算账户开户银行名称进行汇总，不负责审查真实性和准确性。

七、人民法院应当依法使用人民银行上述机构提供的被执行人银行结算账户开户银行名称信息，为当事人保守秘密。人民银行上述机构以及工作人员在协助查询过程中应当保守查询密码，不得向查询当事人及其关联人泄漏与查询有关的信息。

八、人民银行上述机构因按本通知协助人民法院查询被执行人银行结算账户开户银行名称而被起诉的，人民法院应不予受理。

九、人民法院对人民银行上述机构及工作人员执行本通知规定，或依法执行公务的行为，不应采取强制措施。如发生争议，高级人民法院（另含深圳市中级人民法院）与人民银行上述机构应当协商解决；协商不成的，应及时报请最高人民法院和中国人民银行处理。

十、本通知自下发之日起正式实施，原下发的《最高人民法院中国人民银行关于在全国清理执行积案期间人民法院查询法人被执行人人民币银行结算账户开户银行名称的通知》（法发〔2009〕5号）同时废止。

最高人民法院
关于银行擅自划拨法院已冻结的款项如何处理问题的函

1989年3月26日　　法经〔1992〕42号

江西省高级人民法院：

你院赣法经〔1986〕第03号关于对银行擅自划拨已冻结款项如何处理的请示收悉，经研究答复如下：

根据《民事诉讼法（试行）》第一百六十四条和最高人民法院、中国人民银行《关于查询、冻结和扣划企业事业单位、机关、团体的银行存款的联合通知》的规定，银行有义务协助人民法院冻结企业事业单位、机关、团体的银行存款；已被冻结款项的解决，应以人民法院的通知为凭，银行不得自行解冻，只有超过六个月冻结期限，法院未办理继续冻结手续的才视为自动撤销冻结。南宁市常乐贸易公司的银行存款于1985年6月27日被法院依法冻结。据你院来文所述，九江市中级人民法院的执行人员于1985年12月18日到工商银行南宁市支行民生路信用部要求划拨被冻结的款项时，该款已被民生路信用部扣划抵还其贷款。民生路信用部的行为，显属违反《民事诉讼法（试行）》和最高人民法院、中国人民银行联合通知的规定，应责成信用部将款追回并可依据《民事诉讼法（试行）》第七十七条的规定对直接人员追究责任。

最高人民法院
关于军队单位作为经济纠纷案件的当事人可否对其银行账户上的存款采取诉讼保全和军队费用能否强行划拨偿还债务问题的批复

1990年10月9日　　法（经）复〔1990〕15号

河北省高级人民法院，江苏省高级人民法院：

〔1987〕冀法请字第5号关于军队单位作为经济纠纷案件的当事人可否对其银行账户上的存款采取诉讼保全的请示和苏法经〔1987〕51号关于军队费用能否强行划拨偿还债务的请示均已收悉。经研究，现答复如下：

一、最高人民法院和中国人民银行《关于查询、冻结和扣划企事业单位、机关、团体的银行存款的通知》，同样适用于军队系统的企事业单位。

二、按照中国人民银行、中国工商银行、中国农业银行、中国人民解放军总后勤部〔1985〕财字第110号通知印发的《军队单位在银行开设账户和存款的管理办法》中军队工厂（矿）、农场、马场、军人服务部、省军区以上单位实行企业经营的招待所（含经总部、军区、军兵种批准实行企业经营的军以下单位招待所）和企业的上级财务主管部门等单位，开设"特种企业存款，有息存款"的规定，军队从事生产经营活动应当以此账户结算。因此，在经济纠纷诉讼中，人民法院根据对方当事人申请或者依职权有权对军队的"特种企业存款"账户的存款采取诉讼保全措施，并可依照《民事诉讼法（试行）》第一百七十九条的规定，对该账户的存款采取执行措施。

三、人民法院在审理经济纠纷案件过程中，如果发现军队机关或所属单位以不准用于从事经营性业务往来结算的账户从事经营性业务往来结算和经营性借贷或者担保等违反国家政策、法律的，人民法院有权依法对其账户动用的资金采取诉讼保全措施和执行措施。军队一方当事人的上级领导机关，应当协助人民法院共同查清其账户的情况，依法予以冻结或者扣划。

[提示] 银行营业所欠债务无偿付能力，由它的上级支行承担清偿债务责任

最高人民法院经济审判庭关于松花江地区中院和双城市法院在云南省昆明市执行受阻有关问题的复函

1991年8月7日　　法经〔1991〕字第87号

中国人民银行条法司、中国农业银行：

我庭接到黑龙江省高级法院黑法执字〔1991〕88号《关于松花江地区中院和双城市法院在云南省昆明市执行受阻的请示报告》，反映黑龙江省双城市农村粮油购销总站诉昆明市西山区养殖场购销合同拖欠货款纠纷一案，经双城市法院和松花江地区中院两审终审，判决由昆明市农行西山区支行承担给付双城市农村粮油购销总站的货款及利息的担保责任。判决书生效后，被执行人未自动履行义务，双城市法院到昆明市执行，划拨法院冻结的西山区支行在昆明市人民银行的0242账户的存款72万元。西山区支行拒绝执行，并提出西山区支行的担保不成立，法院冻结的0242账户上的资金不属该行财产，不能执行划拨。双城市法院认为判决无误，0242账户不属存款准备金，应该划拨。为此，我们听了双城市法院和西山区支行的情况反映，审阅了双方提供的有关证据材料，经研究认为：

一、从案件的事实看，西山区支行的分支机构西山黑林铺营业所（以下简称营业所）为本购销合同的货款作了担保。合同签订前，营业所主任莫昆宁同志支持西山区养殖场与双城市购销总站签订购销玉米、豆饼合同。合同签订后，莫收到双方当事人签订的合同书，对合同的"付款记录"栏内注明"有昆明市西山区黑林铺营业所信保"的字样未提出反对意见；庭审中也承认营业所给西山养殖场作了信誉担保。在合同履行期内，又两次以营业所名义发信函、电报催双城购销总站发货，表明"已为西山区养殖场备足千吨玉米、豆饼货款，货到昆明签收后方能托收承付"、"请见此书后速发货等"。但双城购销总站迟迟未发货。过了合同期后，西山养殖场一再电催双城购销总站"仍按原合同履行"，该站即给需方发货，本来这属于双方当事人延期履行合同，未经营业所认可，营业所对此不应承担担保责任。但当货到昆明市后，营业所主任莫昆宁同志到现场查看货物，在无款贷给西山区养殖场付该货款的情况下，莫又于1988年3月23日主持双方当事人达成了还款协议。该协议规定全部货款于1989年6月底还清。由营业所负责。该营业所虽未在协议上加盖公章，但莫作为营业所的主任，在此协议上签了字。营业所与双方当事人又签订了还款协议是担保的继续，应确认其负担保责任。营业所不具备法人资格，以自己的名义为西山养殖场担保，应认定担保无效。但依照民法通则六十一条和八十九条及经济合同法第十五条的规定，专业银行、信用社若作为经济合同当事人一方的保证人，在被保证人不履行合同义务时，应当根据我院法（研）复〔1988〕17号批复二、三项和我院贯彻执行民法通则若干问题意见（试行）第107条之规定，营业所无偿付能力，由它的上级西山区支行承担清偿债务责任。

二、关于银行应承担债务清偿责任时用什么资金支付的问题。黑龙江省高院认为备付金在没有进入清偿程序前属于西山支行可供执行的财产，而且法律法规包括银行内部文件都没有规定0242账户不能执行。银行系统认为0242账户是银行间结算所用账户，不能执行。我庭提出以下两个方案征求你们意见：

1. 在不影响银行间结算的前提下，分期分批（也应限在一定时间内）动用0242账户内的资金予以执行。

2. 用西山区支行或昆明市支行的全部自有资金（包括全部利润留成和预算外自有资金收入），承担清偿责任。如果全部自有资金太少，需相当长时间才能清偿，则在自有资金偿付之外，再动用0242账户内部分资金予以清偿。

以上意见，请你们予以考虑，并提出妥善

解决方案，协助我们执行此案。

最高人民法院经济审判庭
关于广东省江门市富田农工商经理部诉海南省海南宁赣贸易公司购销合同一案中法院可否冻结银行承兑汇票问题的复函

1992年3月24日　　法经〔1992〕42号

广东省高级人民法院：

你院〔1991〕粤法经请字第5号《关于法院可否冻结银行承兑汇票问题的请示》收悉。经研究，答复如下：

你院请示中的持票人海南机设信托投资股份（集团）有限公司经海南宁赣贸易公司背书，并且给付对价后取得编号为×18421208的银行承兑汇票，根据《银行结算办法》有关银行承兑汇票的规定和中国人民银行银发〔1991〕258号《关于加强商业汇票管理的通知》第六条的规定，有权持票要求承兑银行兑付，法院不得冻结该汇票。另外，持票人海南机设信托投资股份（集团）有限公司的前手海南宁赣贸易公司经背书转让了票据权利，现已无权将汇票返还签发银行。承兑银行应向承兑申请人追回欠款。富田经理部可以合同纠纷向宁赣公司追回欠款。

此复。

最高人民法院
关于可否执行当事人邮政储蓄存款的复函

1993年3月19日　　法经〔1993〕37号

江苏省高级人民法院：

你院苏高法研〔1993〕2号请示报告收悉。经研究答复如下：

根据民事诉讼法第二百二十一条①的规定，"被执行人未按执行通知履行法律文书确定的义务，人民法院有权向银行、信用合作社和其他储蓄业务的单位查询被执行人的存款情况，有权冻结、划拨被执行人的存款"。按照最高人民法院关于适用《中华人民共和国民事诉讼法》若干问题的意见，②该邮电支局既对外开办储蓄业务，如东县人民法院即可以依法直接查询、冻结和扣划被执行人在邮电支局的定期储蓄存款。人民法院在决定冻结划拨被执行人储蓄存款时应当作出裁定，并发出协助执行通知书。

[提示] 专业银行是依法设立的商业银行，是以其全部法人财产承担民事责任的企业法人。依照《中华人民共和国民事诉讼法》第二百四十二条之规定，作为被执行人的专业银行未按执行通知自动履行已生效的法律文书确定的义务，人民法院有权查询、冻结、划拨该专业银行在人民银行的存款；有关人民银行必须按照协助执行通知书（附已生效的法律文书）及时办理；拒不协助执行的，依法追究法律责任

最高人民法院
关于冻结单位银行存款六个月期限如何计算起止时间的复函

1995年1月16日　　法经〔1995〕16号

江西省高级人民法院：

你院《关于冻结单位银行存款六个月期限如何计算起止时间的请示》收悉，经研究，答复如下：

根据《中华人民共和国民事诉讼法》第七十五条③第二款的规定，期间开始的时和日，不计算在期间内。宜春地区中级人民法院1994年4月18日冻结某企业的银行存款，冻结期限

---

① 民事诉讼法原第二百二十一条现已修改为第二百四十二条。——编者注
② 该意见已经被最高人民法院《关于适用〈中华人民共和国民事诉讼法〉的解释》（法释〔2015〕5号）废止。——编者注
③ 民事诉讼法原第七十五条现已修改为第八十二条。——编者注

6个月应从1994年4月19日起算,到同年10月18日当天银行停止营业时止。冻结的效力则应从1994年4月18日冻结手续办结之时开始。

最高人民法院
关于人民法院依法有权查询、冻结和扣划邮政储蓄存款问题的批复

1996年2月29日　　法复〔1996〕1号

福建省高级人民法院:

你院闽高法〔1995〕118号《关于人民法院查询、冻结邮政存款的请示》收悉。经研究,答复如下:

依照《中华人民共和国民事诉讼法》第六十五条①的规定,人民法院有权向包括邮政企业的有关单位调查取证,有关单位不得拒绝。

《中华人民共和国民事诉讼法》第一百零三条、②第二百一十八条③和第二百一十九条④中的"其他有储蓄业务的单位",包括办理邮政储蓄业务的邮政企业。人民法院为财产保全、先予执行或者执行已经发生法律效力的法律文书,有权查询、冻结、扣划邮政企业办理的邮政储蓄存款;有关的邮政企业依法应当协助人民法院查询、冻结和扣划。

最高人民法院
关于长顺县法院划拨所有权未转移给被执行人的款项问题的函

1997年1月13日　　经监〔1997〕17号

贵州高级人民法院:

大连华兴实业总公司向我院反映,长顺县法院违法划拨其存款,请求我院依法纠正长顺县法院的错误。

经查,大连华兴实业总公司与贵州省长顺县化工原料厂于1996年6月5日签订购销30吨锑锭的合同,并于6月11日在长顺县公证处作了公证。依据该合同,大连华兴实业总公司将237.9万元汇入长顺县建设银行以长顺县化工原料厂的执照所建的账户上。大连华兴实业总公司与长顺县化工原料厂的有关人员在长顺县建设银行办理了预留印鉴手续,以共同监管该笔资金。根据合同约定,待大连华兴实业总公司完全取得长顺县化工原料厂提供的该批货物品质、重量、数量证书及出口商品检验换证凭单并确认达到合同的技术标准后,一次性付清全部货款。之后,长顺县化工原料厂没有履行该合同。当年6月12日至6月19日,长顺县法院以长顺县化工原料厂欠他人款项为由,先后七次将该笔存款中的1985426.80元划走。

我院认为:根据《中华人民共和国民法通则》第七十二条的规定,大连华兴实业总公司的237.9万元虽然汇入以长顺县化工原料厂的执照所建的账户上,但因有预留印鉴手续,该笔款项的所有权尚未转移,仍归大连华兴实业总公司所有。长顺县法院以长顺县化工原料厂欠他人款项为由,划走大连华兴实业总公司的资金1985426.80元,侵犯了大连华兴实业总公司的合法权益。

现将有关材料转去,请你院监督长顺县法院立即将上述划走的1985426.80元款项退还大连华兴实业总公司,并将结果报告我院。

最高人民法院
关于法院冻结财产的户名与账号不符银行能否自行解冻的请示的答复

1997年1月20日　　法经〔1997〕32号

江西省高级人民法院:

---

① 民事诉讼法原第六十五条现已修改为第六十七条。——编者注
② 民事诉讼法原第一百零三条现已修改为一百一十四条。——编者注
③ 民事诉讼法原第二百一十八条现已修改为第二百四十二条。——编者注
④ 民事诉讼法原第二百一十九条现已修改为第二百四十三条。——编者注

你院赣高法研〔1996〕6号请示收悉，经研究，答复如下：

人民法院根据当事人申请，对财产采取冻结措施，是我国民事诉讼法赋予人民法院的职权，其他单位、组织和个人均不得加以妨碍。人民法院在完成对财产冻结手续后，银行如发现被冻结的户名与账号不符时，应主动向法院提出存在的问题，由法院更正，而不能自行解冻；如因自行解冻不当造成损失，应视其过错程度承担相应的法律责任。

此复。

[提示] 裁定扣划设有质权的存单项下存款本息和裁定"终止执行"合法持票人的银行承兑汇票错误

最高人民法院就新疆高院《关于执行我院（1999）新经初字第10号民事判决书而义务协助单位持不同意见要求协调的报告》的复函

2000年9月4日　　〔2000〕执协字第34号

新疆维吾尔自治区高级人民法院：

你院〔1999〕新执字第35-2号《关于执行我院〔1999〕新经初字第10号民事判决书而义务协助单位持不同意见要求协调的报告》收悉。经研究，答复如下：

北京三峡兴业商贸公司三门峡分公司（以下简称兴业公司）向中国农业银行河南省三门峡市湖滨区支行营业部（以下简称湖滨支行）申请办理银行承兑汇票，以张朝钧在湖滨支行的人民币240万元存款作担保，并将存单交给湖滨支行作质押，取得湖滨支行开出的金额为人民币240万元的银行承兑汇票。中国农业银行杭州市西湖支行（以下简称西湖支行）依据此银行承兑汇票依法办理了贴现手续，支付了对价款，同时成为此银行汇票的合法持票人；在该汇票到期日，承兑行湖滨支行应无条件向西湖支行支付此笔票据款项。依据《担保法》的有关规定，湖滨支行对张朝钧出质的人民币240万元存单享有质权。故你院〔1999〕新执字第35-1号民事裁定书裁定扣划湖滨支行享有质权的存款人民币240万元及相应利息、裁定"终止执行"西湖支行合法持有的VIV03784522号银行承兑汇票是错误的。请你院在接到此件后，十日内撤销〔1999〕新执字第35-1号民事裁定书。

【附：案例评析】

新疆高院执行乌鲁木齐华侨旅游侨汇服务公司质押存款协调案

四、最高人民法院处理意见

湖滨支行对张朝钧出质的该240万元存单享有质权。新疆高院裁定扣划该笔存款及相应利息，裁定终止执行该银行承兑汇票错误。

五、评析意见

1. 新疆高院追加被执行人张朝钧失当。

新疆高院执行的〔1999〕新经初字第10号民事判决书，被执行人是侨汇公司，侨汇公司没有履行能力。1998年4月10日，侨汇公司开出张朝钧为收款人的银行汇票，该240万元款项由张朝钧持有，新疆高院只能责令侨汇公司追回该款项或由张朝钧协助交出，而不应依据《执行工作若干规定》第77条认定张朝钧是侨汇公司合伙人之一，追加张朝钧为被执行人。因为该条规定是指被执行人为个人合伙企业或合伙型联营企业的情况，而侨汇公司是法人企业，在执行程序中，新疆高院无权认定该法人企业为合伙企业。因此，新疆高院依据《执行工作若干规定》第77条追加张朝钧为被执行人失当。

2. 西湖支行系正常办理票据贴现业务，不存在违规操作。

最高人民法院对西湖支行办理贴现业务的工作程序进行了核实。经审查，申请人大鼎公司持有的湖滨支行银行承兑汇票要素齐全，背书连续，被背书人盖章与预留印鉴一致，该汇票真实有效。西湖支行按规定向承兑银行湖滨支行进行了查询，承兑行用"K"类电报查复予以证实，在此情况下，西湖支行办理了贴现手续，票据转让不存在背书不连续、被背书人盖章与预留印鉴不一致的情况。至于张朝钧持有的收款人为侨汇公司的银行承兑汇票如何经背书转让，而后被大鼎公司占有的原因及侨汇公司的印章是否真实，西湖支行没有义务审查，这是由票据的性质及背书的特性决定的。因为票据为无因证券，票据权利的行使只以持有票据为必要，持票人无须证明其取得证券的原因。换言之，占有票据的当事人就是票据债权人，就可以对票据债务人行使票据上的权利。至于票据权利人取得票据的原因，票据权利发生的原因，这些原因存在与否，有效无效，都与票据权利互不影响。背书行为以出票这一基本票据行为为前提基础，具有无因性，不论背书的目的、动机何在，也不论背书的原因是否依然存在，票据一经背书并交付，背书人即应承担相应的票据责任。也就是说背书票据关系是无因关系，背书的效力并不因为买卖、赠与等背书原因的消失或无效而受到任何影响，据此，应认定西湖支行系正常办理票据贴现业务。

3. 新疆高院不应终止执行湖滨支行开出的银行承兑汇票。银行承兑汇票，是指由收款人或付款人开出，由付款人向开户银行提出承兑申请且经银行承诺到期兑付的汇票。汇票到期日，承兑行应无条件付款。西湖支行依法对该银行承兑汇票办理了贴现，支付了对价2331624元，其为善意持票人，在汇票到期日，承兑行湖滨支行应无条件向其支付票据款项。因此，新疆高院冻结该银行承兑汇票是错误的，其终止执行该银行承兑汇票更缺乏法律依据。

4. 湖滨支行办理张朝钧为收款人的银行汇票解付业务没有过错。湖滨支行按照《中国人民银行支付结算办法》的有关规定，审核了张朝钧的身份证件将该汇票解付，为张朝钧开立应解汇款及临时账户即830户，然后将其全部款项转账进入兴业公司账户，侨汇公司为付款人由中国农业银行新疆兵团支行营业部签发的银行汇票已完成了功能。因此，湖滨支行在办理该银行汇票解付业务过程中不存在违规操作。

5. 新疆高院不应强制执行湖滨支行的质押存款。兴业公司1998年4月20日开出1张收款人为张朝钧的转账支票，金额为240万元，用途是转款。张朝钧持有该支票，向湖滨支行办理转账。按其要求，湖滨支行为其开立了储蓄账户，将该款转入，为其出具了定活两便存单。尔后，张朝钧自愿以其湖滨支行的240万元存款为兴业公司申请办理银行承兑汇票作担保，将该存单交由湖滨支行作质押。湖滨支行开出1张收款人为侨汇公司，付款人为兴业公司的银行承兑汇票。该汇票经西湖支行贴现，湖滨支行将支付西湖支行票据款项。兴业公司未在规定期限内向湖滨支行交付足额款项，依据《中华人民共和国担保法》的有关规定，湖滨支行有权实现其质权。如果新疆高院执行质押的240万元存款及利息，湖滨支行将面临240余万元的损失。

需要指出的是，本案中湖滨支行在办理支票结算业务中确实存有瑕疵。如张朝钧持有的转账支票只能用于转账而不能转入储蓄账户，湖滨支行对此有违规行为，依据《中国人民银行支付结算办法》第243条"银行违反本办法规定，将支付结算的款项转入储蓄和信用卡账户的，应按照规定承担行政责任"的规定，湖滨支行应当承担行政责任。但是，湖滨支行将转账支票的款项转入储蓄账户，并非直接必然导致240万元款项的流失。因为侨汇公司银行汇票240万元款项转入兴业公司账户后，兴业公司不通过给张朝钧开转账支票，湖滨支行不通过将支票款项转为储蓄，张朝钧不通过质押等环节，也完全可以申请银行开出收款人为侨汇公司的银行承兑汇票，该汇票交由张朝钧持有仍可发生同样的后果，因此，湖滨支行不应承担240万元的赔偿责任。退一步讲，即便湖滨支行应当承担赔偿责任，也不能在执行程序中解决，只能通过审判程序予以确认并明确责任的大小。所以，新疆高院不应强制执行湖滨支行的质押存款。①

[提示] 人民法院在执行程序中的扣划裁定具有控制财产的效力，可以对抗其他法院后续的执行措施

最高人民法院执行工作办公室关于安徽省宿州市埇桥区人民法院与山东省平度市人民法院执行青岛平度市进出口公司协调一案的答复

2006年1月9日　〔2005〕执协字第36号

安徽省高级人民法院、山东省高级人民法院：

---

① 刘涛：《新疆高院执行乌鲁木齐华侨旅游侨汇服务公司质押存款协调案》，载沈德咏主编、最高人民法院执行工作办公室编：《强制执行指导与参考》2002年第2辑（总第2辑），法律出版社2002年版，第160~167页。

你院〔2005〕皖执他字第016号《关于单光彩与青岛平度市进出口公司辣椒种植回收合同纠纷一案请求协调的报告》收悉。经研究，答复如下：

人民法院在执行程序中的扣划裁定具有控制财产的效力，可以对抗其他法院后续的执行措施，不因协助义务人的不予协助执行行为而失去对拟扣划财产的执行力。本案中，安徽省宿州市埇桥区人民法院执行程序合法，其〔2005〕宿埇执字第236号扣划裁定先于山东省平度市人民法院的保全裁定生效，因此，被执行人平度市进出口公司在中国银行平度市支行账户上的被冻结款项应由埇桥区人民法院先行执行。

此复。

【附：案例评析】

扣划裁定的效力认定——安徽省宿州市埇桥区人民法院与山东省青岛市平度市人民法院执行青岛平度市进出口公司协调一案评析

二、争议的焦点问题及两地法院的意见

宿州市埇桥区人民法院的扣划裁定送达中国银行平度支行后，该行拒不协助扣划，此后隔17天，诉讼过程中的冻结裁定过期，该院对有关款项未予续冻，被平度市人民法院在另外的支付令案中予以诉讼保全。争议的焦点问题是：扣划裁定具有哪些法律效力？埇桥区人民法院扣划裁定送达时该款项的所有权是否转移？在协助单位未予及时协助扣划的情况下，扣划裁定是否有冻结的效力，是否为先前冻结措施的延续？被冻结在银行账户上的款项应由哪个法院执行？

三、安徽、山东两高院的意见

安徽省高级人民法院认为：

1. 扣划裁定的送达，标志着拟扣划的银行账户上款项所有权的转移。

物权变动的原因包括法律行为和非法律行为，基于人民法院的判决、裁定等法律文书引起的物权变动属于非法律行为的物权变动，且从公示效力上讲，不需要像基于法律行为的物权变动那样或以"交付"或以"登记"才能产生物权公示的效力和对抗力，而是法律文书一旦生效即直接发生物权变动的效力。如《最高人民法院关于人民法院民事执行程序中拍卖、变卖财产的规定》第二十九条"不动产、有登记的特定动产或者其他财产权拍卖成交或者抵债后，该不动产、特定动产的所有权、其他财产权自拍卖成交或者抵债裁定送达买受人或承受人时起转移"的规定即反映了此物权变动的基本理念。强制执行程序中扣划措施是为了实现债权人的私权，通过金融机构把债务人的存款以转账的方式划入债权人的账户，实现生效法律文书确定的义务。因此，扣划裁定不仅是对特定账户上的款项确权给债权人，而且也是要求金融机构以具体行为协助实现转移财产占用的司法命令。本案中扣划裁定已送达被执行人和协助执行人，该特定账户上的特定款项的财产权益就已发生转移，因此，争议的款项的所有权实际上在2005年3月23日就应属于申请执行人单光彩，平度市人民法院随后的冻结仅具有轮候的法律效力。

2. 扣划裁定从目的和法律效果上必然涵摄冻结的效果

首先，从现有法律规定上看，《中国人民银行、最高人民法院、最高人民检察院、公安部关于查询、冻结、扣划企业事业单位、机关、团体银行存款的通知》对于"扣划"有专门规定："人民法院、人民检察院、公安机关在需要银行协助扣划单位存款时，应向银行全面了解被执行单位的支付能力，银行应如实提供情况。人民法院、人民检察院、公安机关在充分掌握情况后，实事求是地确定执行的期限，对于立即执行确有困难的，可以确定暂缓或分期执行。在确定的执行期限内，被执行单位没有正当理由逾期不执行的，银行在接到《协助扣划存款通知书》后，只要被执行单位银行账户有款可付，应当立即扣划，不得有误。当日无效或不足扣划的，银行应及时通知人民法院、人民检察院、公安机关，待单位账户上有款时，尽快予以扣划。"该条表明，只要法院相关手续齐全，银行不得以任何理由推诿或拖延，即使在账户上无款，也要保证在有存款时及时扣划。不言自明，银行必然附随产生保障对该账户上的款项禁止提取或转移的义务，这也是扣划系极具强制性的执行措施的表现，也是扣划措施目的实现的应有之意。因此，扣划措施必然涵摄"冻结"的效果。其次，从中国人民银行2002年1月15日银发〔2002〕1号《金融机构协助查询、冻结、扣划的工作管理规定》上看，该规定

第二十二条规定:"两个以上有权机关对同一单位或个人的同一笔存款采取冻结或扣划措施时,金融机构应当协助最先送达协助冻结、扣划存款通知书的有权机关办理冻结、扣划手续。"宿州市埇桥区人民法院系3月23日送达扣划裁定和协助执行通知书,平度市人民法院是4月10日送达相关文书,因此依此规定也能确定平度市人民法院的冻结仅具有轮候的效力。再次,从社会学解释方法上看,当对法律条文理解有数种意见时,最终也要从社会效果上予以考量。若认定先送达的扣划裁定不能对抗后送达的冻结裁定,那么必然导致法律、法规对银行设定的协助义务变成空文,因为银行随时可依各种"意外因素"为由而实质上不予协助,如先扣划效力不包含冻结,必然会影响法院司法权威性,甚至会使个别法院弄虚作假故意制造"法律冲突"。综上,根据目的解释、当然解释的方法,扣划措施必然涵摄冻结的效果,否则会使法规、司法解释确定的"协助义务"成为虚设,是否司法协助完全取决于协助义务机关的意愿,使执行难演变为"难上加难"。

山东省高级人民法院认为,扣划裁定是否转移被冻结款项的所有权抑或是否具有冻结的效力,法律并无明确规定,需要最高人民法院予以明确。埇桥区人民法院在原冻结裁定到期后未能及时续冻,丧失了执行该款项的权力,该款项应由现在进行有效冻结的平度市人民法院执行。

四、最高人民法院审查处理意见

最高人民法院经审查认为,人民法院在执行程序中的扣划裁定具有控制财产的效力,可以对抗其他法院后续的执行措施,不因协助义务人的不予协助执行行为而失去其对拟扣划财产的执行力。本案中,安徽省宿州市埇桥区人民法院执行程序合法,其〔2005〕宿埇执字第236号扣划裁定先于山东省平度市人民法院的保全裁定生效,因此,被执行人平度市进出口公司在中国银行平度市支行账户上的被冻结款项应由埇桥区人民法院先行执行。

五、评析意见

《中华人民共和国民事诉讼法》第一百零三条①规定,有义务协助调查、执行的单位,拒不履行法定义务的,人民法院除责令其履行协助义务外,并可以予以罚款。在本案中,协助执行义务人中国银行平度支行拒不协助宿州市涌桥区人民法院对执行款项的扣划,是典型的不尽协助义务的行为,宿州市埇桥区人民法院依据有关法律规定对此行为予以处罚,体现了人民法院执行措施的严肃性。在人民法院执行实践中,协助执行义务人不尽协助义务的情况时有发生,这也是造成人民法院执行案件"执行难"的主要碍因之一,但这不是本案关注的主要问题,在此就不再赘述。由于协助义务人的不协助行为,导致先前的冻结措施超过法定期限,另一法院又采取冻结措施,由此造成两法院的执行措施冲突是一个值得探究的法律问题,也是解决本案的关键,需要我们对扣划裁定的法律效力进行深入的思考和界定。

1. 扣划裁定不当然发生所有权转移的效力

安徽高院认为应当参照《最高人民法院关于人民法院民事执行程序中拍卖、变卖财产的规定》第二十九条"不动产、有登记的特定动产或者其他财产权拍卖成交或者抵债后,该不动产、特定动产的所有权、其他财产权自拍卖成交或者抵债裁定送达买受人或者承受人时起转移"的规定,扣划裁定已送达,拟执行款项的所有权就发生转移。就理论研究而言,也有意见认为,扣划措施是剥夺存款人对其存款的处分权,是对存款权利性质的实质性改变,由于存款是在银行作登记的,存款账户即为登记的标志,故"冻结的银行款项"应属该条款中规定的"有登记的其他财产权利",这种理解有一定的道理。但是,钱款作为动产,其所有权以交付为转移是民法确定的基本原则,对钱款以存单的形式转化后,所有权的转移如何确定?对此不能简单断论。如果将扣划裁定的法律效力定性为所有权转移了,新的权利人则应具有占有、使用、处分、收益等所有权的权益。但实际上,账户还在存款人名下,新的权利人并不占有该款项,也不能使用该款项去购买物品,更不能对该款项作出如赠与或给付等处分行为,银行也不会向其支付该款项的利息,可见,新的权利并不享有所有权。因此,将"冻结的银行款项"理解为"有登记的其他财产权利"没有法律依据,不能参照该条款将扣划裁定理解为具有所有权转移的效力。

---

① 民事诉讼法原第一百零三条现已修改为第一百一十四条。——编者注

2. 扣划裁定的法律效力

为保障人民法院生效法律文书确定的权利义务的实现，法律赋予了人民法院对债务人在银行的存款可以查询、冻结、扣划等司法措施的权力，这三个司法措施既是独立的司法行为，又融合为一个有机的整体。查询属于发现财产线索，属于准备阶段，目的是了解掌握债务人在银行的财产情况，是为下一步采取冻结措施的基础。冻结是控制财产的一种手段，限制债务人对其名下财产权利的处分，为债权人实现权利做好准备。扣划是查询和扣划措施的最终目的，是对被执行财产的处分性措施，从而真正实现了债权人的权利。

扣划作为一个法定的独立的执行措施，具有独立的司法价值和法律内涵。扣划既具有控制被执行财产、限制擅自转移被执行财产的效力，也含有命令协助义务人将财产权利转移给新的权利人之意。首先，对于扣划裁定的控制效力，具有两个方面的含义：一是扣划裁定一经送达，即具控制财产、限制擅自转移财产的效力，该效力不因被执行人的异议或协助执行人的不予协助而改变或丧失；二是扣划裁定并不具有效力期限，更不会因期限届满而导致效力丧失，其原因是扣划裁定作为转移财产权利的最终手段，其生效后协助转移义务由协助义务人承担，故不能像冻结措施那样为防止人民法院或债权人怠于行使权力会对他人利益造成损害而设置一定的效力期限予以限制。其次，对于扣划裁定转移财产权利方面的效力，需要协助义务人履行法定的手续、完成特定的协助行为后才能实现，如前段所述，在协助义务人未完成协助义务之前，新的权利人并不能享有所有权，故扣划裁定实现财产权利转移的效力不能当然实现。在本案中，安徽省宿州市埇桥区人民法院〔2005〕宿埇执字第236号扣划裁定合法有效，其先于山东省平度市人民法院的保全裁定对被执行人平度市进出口公司在中国银行平度市支行账户上的款项产生控制财产的效力，故此财产应由埇桥区人民法院先行执行。①

最高人民法院
驳回申诉通知书

2011年10月18日　　〔2011〕执监字第110号

中国农业发展银行漯河市分行营业部：

你部不服河南省高级人民法院（以下简称河南高院）〔2009〕豫法执复字第11号执行裁定书，向本院申诉，请求确认你部对漯河双龙纺织有限公司（以下简称双龙公司）在你部开立的20341119900100000142881账户内的资金享有质押优先受偿权。本院经组成合议庭审查，现已审查终结。

本院认为，在郑州市中级人民法院（以下简称郑州中院）冻结及续冻双龙公司上述账户内资金的过程中，你部并未提出异议，在该院对已冻结账户内的资金采取扣划措施后，你院提出的异议理应由执行法院进行审查并作出裁定，如你部不服可向河南高院申请复议，故郑州中院及河南高院对你部的异议和复议进行审查均符合《中华人民共和国民事诉讼法》及《最高人民法院关于适用〈中华人民共和国民事诉讼法〉执行程序若干问题的解释》的有关规定。你部与双龙公司未签订书面质押合同，双龙公司在开立单位银行结算账户申请书中"账户性质"一栏有明显涂改痕迹，且专用存款账户不能当然具有保证金账户的功能，上述账户内的资金数额亦不确定，无法认定该账户内的资金已经属于《最高人民法院关于适用〈中华人民共和国担保法〉若干问题的解释》第八十五条规定的保证金，故你部关于对上述账户内资金享有优先受偿权的主张不能成立。河南省漯河市中级人民法院就你部诉双龙公司借款合同确认质权纠纷一案作出的〔2009〕漯民四终字第1号民事判决书，对原被告双方具有约束

---

① 黄年：《扣划裁定的效力认定——安徽省宿州市埇桥区人民法院与山东省青岛市平度市人民法院执行青岛平度市进出口公司协调一案评析》，载最高人民法院执行工作办公室编：《执行工作指导》2006年第1辑（总第17辑），人民法院出版社2003年版，第84～90页。该观点已经被最高人民法院《关于适用〈中华人民共和国民事诉讼法〉的解释》（法释〔2015〕5号）第四百八十六条采纳，该条规定："对被执行的财产，人民法院非经查封、扣押、冻结不得处分。对银行存款等各类可以直接扣划的财产，人民法院的扣划裁定同时具有冻结的法律效力。"

力，但不能对抗双龙公司的其他债权人。郑州中院扣划双龙公司上述账户内的资金并不违反法律规定，该院及河南高院驳回你部异议及复议申请的裁定书本院予以支持，你部的申诉理由不能成立，本院予以驳回。

【附：案例评析】

"保证金账户"是否特定化并构成质押担保
——中国农业发展银行漯河市分行营业部执行申诉案

四、评析意见

本案争议的焦点问题有两个：一是实体问题，即漯河农行应否对 2881 账户内的资金享有优先受偿权；二是程序问题，即本案应通过何种程序处理，漯河中院的判决对执行异议的审查构成什么影响。

关于实体问题，根据《担保法解释》第八十五条规定，"债务人或者第三人将其金钱以特户、封金、保证金等形式特定化后，移交债权人占有作为债权的担保，债务人不履行债务时．债权人可以以该金钱优先受偿。"这是金钱作为特殊动产可以作为质物进行质押的法律依据，"保证金"只是金钱质押的一种表现形式。由于货币属于种类物，其本身并不能当然成为保证金，必须存放在担保合同约定的特定账户内，方能实现其质物的特性。因此，所谓账户质押实质是以账户内存放的金钱进行的质押。结合一般质权设立的条件．质押法律关系的成立以及质押的设立需遵循《担保法》第六十三条、六十四条的规定？即出质人应与债权人订立书面合同并按照合同的约定将质押的标的物实际交付质权人占有。司法实践中虽有个别案例存在动产质押的出质人仅实际交付质物但未签订书面合同的情形，但该情形需要有证据证明双方存在建立质押法律关系的真实意思表示时才能认定构成质押。同时，保证金质押的有效设立还必须满足资金特定化的要求。对于如何理解资金特定化和交付质物，现有法律或司法解释未作明确规定。我们认为，金钱的特定化是指实质的特定化，而非形式上的特定化，即必须采取特定的形式限制该金钱的流通功能。人民银行对人民币结算账户区分为基本存款账户、一般存款账户、专用存款账户、临时存款账户等四个类别，其中的专用存款账户是基于与其他结算账户在形式上存在区别，并不具有法律上的意义，也不能当然理解为"特户"或"保证金账户"。考虑到质权作为物权所具有的对世效力，如果账户质押能够产生对抗第三人的法律效力，则认为账户特定化。根据质押合同或贷款合同中的质押条款，账户内资金的使用受到限制，存款人没有独立的支配权，银行没有自由使用权，只有在约定的特殊情形发生时才能动用，且只能被银行处分，才能认为发生了质物转移占有。

本案中，漯河农行与双龙公司既没有签订质押合同，也没有在贷款合同中约定质押条款，对于被担保的主债权数额、账户名称、质物交付方式、担保范围等必要事项均没有明确约定。仅从账户外观看不出账户特定，也看不出账户内资金与被担保主债权的对应关系，不能推定双方之间具有质押的真实意思表示。即使认定其开立的是"专用存款账户"，但根据中国人民银行《人民币银行结算账户管理办法》第十三条的规定，"专用存款账户"并不当然具有将账户内的金钱出质给开户行的功能。况且，在其他债权人对账户内资金申请人民法院冻结时，开户行也未即时提出账户内资金系质押资金的主张。虽然债务人交款单据上载明有"保证金"，但在缺乏明确约定的情况下，保证金的功能可作多种解释，难以推定债务人具有按《担保法解释》第八十五条规定的将资金"移交债权人占有作为担保"的意思表示。而且，依据《担保法解释》第六十九条、《企业破产法》第三十一条第三项规定的精神，债务人与开户行如果系事后追认双方构成质押关系或补签质押合同的，也不应认可其效力。因此，就本案的质押关系是否成立而言，缺乏法律规定的书面形式，推定成立的证据欠充分，如主张事后追认其法律依据也不充足。且该账户开户申请书中关于账户性质的记载方面有明显涂改痕迹，在郑州中院自 2008 年 1 月至 2008 年 9 月对该账户冻结期间，漯河农行从未就资金性质问题提出异议，这本身也说明该账户内资金是否有质押存疑。故不宜认定漯河农行对 2881 账户内的保证金享有优先受偿权。

关于程序问题，涉及两个小问题：(1) 漯河农行主张的质押优先受偿权究竟应当按照《民事诉讼法》第二百零四条规定提出案外人异议，还是应当按照第二百零二条规定提出执行异议，是现行法律、司法解释规定并不明确的问题，也是实践中争议较大的问题之一。一般认为，质权人、抵押权人或其他优先权人提出的优先受偿权是实体权利，但并非足以阻止执行，与基于所有权提出的案外人异议具有本质的不同。基于担保物权形成的优先受偿权并不否认执行标的物属于被执行人所有这一基础,同时也不能起到阻止执行法院采取控制性措施及拍卖等变价措施,只是对待分配价款享有优先受偿的请求权。但是,本案的特殊性在于,质物是金钱,这种特殊的动产能否作为动产质权的标的物,在理论和实务上存在争议。实践中金钱特定化后并以押金、保证金等形式进行交付可以认定为质押,相关权利人提出的质押优先受偿权的目的应该是阻止执行,故本案的异议应当按照《民事诉讼法》第二百零四条进行审查。问题在于,按照第二百零四条进行审查之后,当事人或案外人是否只能提起许可执行之诉或案外人异议之诉,而不能申请执行监督,这也是目前规定不明确的问题之一。一种观点认为,为了避免程序上的混乱,案外人异议被支持或驳回后,应当规定只能提起许可执行之诉或案外人异议之诉,不能再申请执行监督。相反的观点则认为,当事人或案外人既可以起诉,也可以申请执行监督,由当事人或案外人选择。这个问题有待于进一步规范或明确。(2) 漯河中院的判决对本案执行异议的审查构成什么影响。基于上述分析,漯河农行提出的执行异议应当由执行法院进行审查,如果其提起案外人异议之诉,也应当由执行法院管辖。漯河中院所作的确认质权判决,在漯河农行的异议主张中,可以作为其主张质权的依据。由于漯河中院的上述判决在质权的认定和相关证据的采信上,有比较明显的失误,所以执行法院和其上级法院均没有支持漯河农行的异议理由。也就是说,案外人违反异议之诉的管辖规定另诉获得的判决,不具有对抗执行债权人的效力,执行法院可以不受该判决的约束。[①]

人民法院办理执行案件规范

2017 年 4 月

509.【查询】

人民法院查询被执行人在金融机构的存款时,执行人员应当出示本人工作证和执行公务证,并出具法院协助查询存款通知书。

对人民法院依法向金融机构查询或查阅的有关资料,包括被执行人开户、存款情况以及会计凭证、账簿、有关对账单等资料(含电脑储存资料),金融机构应当及时如实提供并加盖印章;人民法院根据需要可抄录、复制、照相,但应当依法保守秘密。

510.【冻结】

人民法院冻结被执行人在金融机构的存款时,执行人员应当出示本人工作证和执行公务证,并出具法院冻结裁定书和协助冻结存款通知书。

裁定书和协助冻结存款通知书送达时发生法律效力。

511.【冻结期限】

人民法院冻结被执行人的银行存款的期限不得超过一年。

申请执行人申请延长期限的,人民法院应当在冻结期限届满前办理续行冻结手续,续行期限不得超过前款规定的期限。

人民法院也可以依职权办理续行冻结手续。

512.【户名与账号不符的处理】

人民法院在完成冻结手续后,金融机构发现被冻结的户名与账号不符时,可以向法院提出存在的问题,但不得自行解冻。

513.【扣划裁定的效力】

对未冻结的银行存款,人民法院的扣划裁定同时具有冻结的法律效力。

对已冻结的银行存款,人民法院可以直接裁定扣划,无需出具解除冻结的手续,但应当在裁定中载明先前冻结的事实。

514.【实施扣划的手续】

人民法院扣划被执行人在金融机构存款的,执行人员应当出示本人工作证和执行公务证,并出具法院扣划裁定书和协助扣划存款通知书。

515.【金融机构留置送达的允许】

人民法院要求金融机构协助冻结、扣划被执行人的存款时,冻结、扣划裁定和协助执行

[①] 于泓、魏丹:《"保证金账户"是否特定化并构成质押担保——中国农业发展银行漯河市分行营业部执行申诉案》,载江必新主编、最高人民法院执行局编:《执行工作指导》2011 年第 4 辑(总第 40 辑),人民法院出版社 2012 年版,第 75~80 页。

通知书适用留置送达的规定。

516.【金融机构的协助义务】

人民法院查询被执行人在金融机构的存款时,金融机构应当立即协助办理查询事宜,不需办理签字手续,对于查询的情况,由经办人签字确认。

人民法院冻结、扣划被执行人在金融机构存款的,金融机构应当立即协助执行。

对协助执行手续完备拒不协助执行的,按照民事诉讼法第一百一十四条规定处理。

517.【擅自解冻的责任】

金融机构擅自解冻被人民法院冻结的款项,致冻结款项被转移的,人民法院有权责令其限期追回。在限期内未能追回的,应当裁定该金融机构在转移的款项范围内以自己的财产向申请执行人承担责任。

518.【存款上优先受偿权处理】

有权机关、金融机构或第三人对被执行人银行账户中的存款及其他金融资产享有质押权、保证金等优先受偿权的,金融机构应当将所登记的优先受偿权信息在查询结果中载明。执行法院可以采取冻结措施,金融机构反馈查询结果中载明优先受偿权人的,人民法院应在办理后五个工作日内,将采取冻结措施的情况通知优先受偿权人。优先受偿权人可向执行法院主张权利,执行法院应当依法审查处理。审查处理期间,执行法院不得强制扣划。

存款或金融资产的优先受偿权消灭前,其价值不计算在实际冻结总金额内;优先受偿权消灭后,执行法院可以依法采取扣划、强制变价等执行措施。

被执行人与案外人开设联名账户等共有账户,案外人对账户中的存款及其他金融资产享有共有权的,参照前两款规定处理。

中国人民银行、中国银行关于存款人死亡后存款过户和支付手续问题的补充通知

1981年5月15日　　〔1981〕中综字第591号

中国人民银行各省、市、自治区分行,中国银行各分、支行:

接中国银行上海分行来函,对中国银行〔1980〕中综字第1671号抄转中国人民银行、最高人民法院、最高人民检察院等联合发文〔1980〕银储字第18号《关于查询、停止支付和没收个人在银行的存款以及存款人死亡后的存款过户或支付手续的联合通知》中第二部分提出了在贯彻执行中存在的问题,经共同研究后,现补充说明如下:

一、由于银行不可能及时掌握存款人的死亡情况,因此,对存款的支付,仍宜按现行储蓄存款章程的规定和习惯的做法,即凭存款存单、存折付款(留有印鉴的须验对章鉴),对定期存款提前支取者,须查看取款人的身份证明。如存款人死亡后,在其合法继承人主张权利以前,存款如已被人取走,银行不负责任。

二、对于受托调回港澳或海外私人遗产的过户和付款手续问题,原则上应按联合通知的规定,通过公证发出给继承证明书办理为妥。但在具体掌握上,对金额不大(每人不超过一千元)或对个别继承人确实比较了解,付款确有把握,不致发生误付的情况下,可凭继承人所属工作单位提供的直系亲属证明书,并根据各继承人共同签署的协议书分配遗款。

关于中国人民银行查询、冻结和扣划单位的银行存款问题的复函

1987年5月20日　　银复〔1987〕176号

中国银行:

你行〔1987〕中综字第32号、77号文收悉。反映公安部门要求银行冻结港商投资企业在银行存款的问题。现函复如下:

根据我国有关法律的规定,在中国内地设立的港商投资企业为中国法人,须受中国法律管辖。因此,我国的《民事诉讼法(试行)》、《经济合同法》、《刑法》、《刑事诉讼法》等有关法律条文和最高人民法院、中国人民银行〔1983〕法研字第30号文《关于查询、冻结和扣划企业事业单位、机关、团体的银行存款的联合通知》适用于港商投资企业。按照最高人民法院、中国人民银行〔1983〕法研字第30号文的规定,人民法院审理、判决经济纠纷案件,需要查询、冻结和扣划企业事业单位、机关、团体的银行存款,应向银行出具正式公函或冻结、扣划单位存款的协助执行通知书,银行应凭以执行。县级以上公安部门侦查经济案件,可以据此规定向银行查询、冻结单位

存款，如需扣划单位存款，应通过被告单位所在地人民法院向银行签发协助执行通知书，银行凭以执行。根据以上规定，同意你行〔1987〕中综字第77号函的意见，由济南市公安局向中国银行乌鲁木齐分行签发冻结存款的协助执行通知书，该分行凭以冻结环球大酒店人民币账户的存款。

关于中国人民银行关于银行协助人民法院冻结扣划单位银行存款问题的复函

1992年10月10日　　银会计〔1992〕48号

中国人民银行天津市分行会计处：

你行《关于银行在协助法院执行案件中有关问题的请示》（津银会〔1992〕524号）收悉。现函复如下：

一、关于外地人民法院要求银行协助扣划单位存款的问题。最高人民法院，中国人民银行《关于查询、冻结和扣划企业事业单位、机关、团体的银行存款的联合通知》（〔1983〕法研字第30号）规定，应委托被告单位所在的人民法院代向被告单位的开户银行发出协助执行通知书，然后由该银行按通知要求扣划存款。现最高人民法院根据新的《民事诉讼法》印发的《关于适用〈中华人民共和国民事诉讼法〉若干问题的意见》（法发〔1992〕22号）中第280条规定，外地人民法院可以直接到被执行人住所地、被执行财产所在地银行及其营业所、储蓄所、信用合作社以及其他储蓄业务的单位扣划被执行人应当履行义务部分的存款。请按此规定执行。

二、关于两个以上人民法院受理同一案件，作出不同判决或裁定的执行问题。银行遇有此类情况，应向执行的人民法院说明情况，由其管辖的上级人民法院协调，银行按协调结果执行。

三、关于被执行单位的存款低于法院要求冻结、扣划金额的问题，总行正与最高人民政府研究，准备发文明确。在新的规定下发之前，仍按〔1983〕法研字第30号联合通知执行。

中国人民银行关于对金融机构在人民银行的存款采取强制措施有关问题的通知

1996年4月19日　　银发〔1996〕148号

中国人民银行各省、自治区、直辖市分行、计划单列城市分行：

为保障人民银行金融监管工作顺利进行，根据中央政法委政法办转〔1995〕24号文，现就司法机关（包括公安、检察、法院，以下同）对金融机构在人民银行的存款能否采取强制措施及有关问题通知如下：

一、根据《中华人民共和国中国人民银行法》第二十二条和《中华人民共和国商业银行法》第三十二条的规定，金融机构向中国人民银行交存存款准备金和备付金，是中央银行实施宏观调控及对金融机构实施监督管理的重要手段。存款准备金和备付金不同于客户在金融机构的存款。民事诉讼法规定的冻结、划拨被执行人的存款不包括金融机构依法向人民银行交存的存款准备金和备付金。因此，司法机关不能冻结、划拨金融机构向人民银行交存的存款准备金和备付金。

二、金融机构因涉及有关案件需要给付款项时，应当予以自动履行，维护金融机构的信誉和形象。金融机构如认为司法机关的处理决定不当，应及时通过法律手段维护金融机构合法利益，保障金融机构信贷资产安全，但不得拖延履行司法机关的处理决定。

三、今后如发生司法机关要求人民银行分支机构协助冻结、划拨金融机构在人民银行存款的，人民银行分支机构应向司法机关的执法人员耐心地做好宣传、解释工作，并请司法机关的执法人员向其上级机关请示。

中国人民银行关于城市信用社在商业银行存款账户被冻结问题的复函

1996年12月3日　　银办函〔1996〕371号

中国人民银行浙江省分行：

你分行浙银发〔1996〕497号文收悉。现答复如下：

一、城市信用社在商业银行的存款，不同于金融机构按规定比例向中国人民银行交存的存款准备金。因此，商业银行不协助有关司法机关冻结、扣划城市信用社的存款，是没有法律依据的。

二、城市信用社为他人提供担保，应依法自动承担担保责任。有关司法机关依法冻结、扣划城市信用社在商业银行存款时，有关商业银行应告知有关司法机关，充分考虑城市信用社正常业务的开展及对社会的影响，避免造成严重后果。

中国人民银行关于贯彻落实中共中央政法委关于司法机关冻结、扣划银行存款问题的意见的通知

1997年3月24日　　银发〔1997〕94号

最近,中共中央政法委员会《关于司法机关冻结、扣划银行存款问题的意见》(政法办转〔1997〕2号文,以下简称《意见》)已发至最高人民法院、最高人民检察院、公安部、全国人大法工委、中国人民银行、国务院法制局。《意见》就执行中国人民银行、公安部、最高人民法院、最高人民检察院联合下发的《关于查询、冻结、扣划企业事业单位、机关、团体银行存款的通知》(银发〔1993〕356号,以下简称356号文)和最高人民法院、最高人民检察院和公安部联合下发的《关于对冻结、扣划企事业单位、机关团体在银行、非银行金融机构存款的执法活动加强监督的通知》(法〔1996〕83号),以及金融机构应积极协助司法机关的执法工作,提出了具体要求。为认真贯彻落实《意见》的精神,并依法积极协助司法机关的执行活动,现将有关问题通知如下:

一、1993年12月11日下发的银发〔1993〕356号文规定,人民检察院和公安机关可以扣划单位的银行存款。但1996年3月17日第八届全国人民代表大会第四次会议修改的《中华人民共和国刑事诉讼法》(以下简称《刑事诉讼法》)只规定人民检察院和公安机关可以查询、冻结犯罪嫌疑人的存款,而未规定人民检察院和公安机关可扣划犯罪嫌疑存款。对此,应按《刑事诉讼法》的规定执行。

二、对司法机关只提供单位账户名称而未提供账号,要求金融机构协助查询的,金融机构应根据账户管理档案积极协助查询。如查明账户管理档案中没有所查询的账户,金融机构应如实告知司法机关。

三、根据《中华人民共和国中国人民银行法》的规定,中国人民银行及其分支机构不办理金融机构对企事业单位所开展的业务。因此,对司法机关向人民银行查询有关企事业单位存款情况的,人民银行应做好耐心细致的解释工作,并协调有关金融机构积极配合司法机关的执行活动。

中国人民银行关于金融机构在人民银行准备金存款科目下账户内资金性质有关问题的通知

1999年9月11日　　银发〔1999〕315号

中国人民银行各分行、营业管理部、各商业银行:

现将存款准备金制度改革后,金融机构在人民银行准备金存款科目下账户内资金性质以及金融机构履行生效法律文书中的有关问题通知如下:

一、根据中国人民银行《关于改革存款准备金制度的通知》(银发〔1998〕118号)的规定,原金融机构在人民银行的存款准备金和备付金合二为一,统称为准备金存款。会计科目由原存款准备金和备付金科目合并为一个准备金存款科目,该科目下账户中的资金均为存款准备金。其中法人金融机构在人民银行准备金科目下账户中的存款,8%的部分为法定存款准备金,8%以外的部分为系统内资金清算和日常支付的款项,属于超额准备金,其功能相当于存款准备金制度改革前的备付金;金融机构分支机构在人民银行准备金科目下账户中的存款是金融机构分支机构用于领缴现金、资金调拨、资金清算和日常收付的款项,也属于超额准备金,其功能也相当于存款准备金制度改革前的备付金。

二、存款准备金(包括法定存款准备金和超额准备金),即存款准备金制度改革前的存款准备金和备付金,是中央银行实施宏观调控、金融监督管理和维护清算纪律的重要手段,具有法定用途,根据中央政法委政法办转〔1997〕2号、人民银行银发〔1996〕148号和最高人民法院法释〔1998〕15号文件规定,司法机关不得冻结和划拨。今后,如遇司法机关冻结划拨金融机构在人民银行的准备金存款,人民银行各有关分、支行必须严格执行上述文件规定,主动向司法人员出示文件规定、并做好解释工作。

三、为维护法律的严肃性,各金融机构被判决或裁定需给付款项的,应当自觉主动履行生效法律文书。对金融机构的分支机构作为被执行人无力承担履行责任的,实行逐级履行制,由其上级机构承担履行责任,逐级履行直至总行(部)。金融机构如认为司法机关判决或裁定不当,应及时通过法律手段,维护自身的合法权益,而不得以此为由拖延对生效法律文书的履行。

中国人民银行关于发布《金融机构协助查询、冻结、扣划工作管理规定》的通知

2002年1月15日　　银发〔2002〕1号

中国人民银行各分行、营业管理部、省会（首府）城市中心支行，各政策性银行、国有独资商业银行、股份制商业银行、国家邮政储汇局、总行直接监管的财务公司：

为规范金融机构协助有权机关查询、冻结和扣划单位、个人在金融机构存款的行为，现发布《金融机构协助查询、冻结、扣划工作管理规定》，请各金融机构遵照执行。

请人民银行各分行、营业管理部将本通知翻印发至辖内城市商业银行、城乡信用社、财务公司。

附件：

金融机构协助查询、冻结、扣划工作管理规定

2002年1月15日　　银发〔2002〕1号

第一条　为规范金融机构协助有权机关查询、冻结和扣划单位、个人在金融机构存款的行为，根据《中华人民共和国商业银行法》及其他有关法律、行政法规的规定，制定本规定。

第二条　本规定所称"协助查询、冻结、扣划"是指金融机构依法协助有权机关查询、冻结、扣划单位或个人在金融机构存款的行为。

协助查询是指金融机构依照有关法律或行政法规的规定以及有权机关查询的要求，将单位或个人存款的金额、币种以及其他存款信息告知有权机关的行为。

协助冻结是指金融机构依照法律的规定以及有权机关冻结的要求，在一定时期内禁止单位或个人提取其存款账户内的全部或部分存款的行为。

协助扣划是指金融机构依照法律的规定以及有权机关扣划的要求，将单位或个人存款账户内的全部或部分存款资金划拨到指定账户上的行为。

第三条　本规定所称金融机构是指依法经营存款业务的金融机构（含外资金融机构），包括政策性银行、商业银行、城市和农村信用合作社、财务公司、邮政储蓄机构等。

金融机构协助查询、冻结和扣划存款，应当在存款人开户的营业分支机构具体办理。

第四条　本规定所称有权机关是指依照法律、政策法规的明确规定，有权查询、冻结、扣划单位或个人在金融机构存款的司法机关、行政机关、军事机关及行使行政职能的事业单位（详见附表）。

第五条　协助查询、冻结和扣划工作应当遵循依法合规、不损害客户合法权益的原则。

第六条　金融机构应当依法做好协助工作，建立健全有关规章制度，切实加强协助查询、冻结、扣划的管理工作。

第七条　金融机构应当在其营业机构确定专职部门或专职人员，负责接待要求协助查询、冻结和扣划的有权机关，及时处理协助事宜，并注意保守国家秘密。

第八条　办理协助查询业务时，经办人员应当核实执法人员的工作证件，以及有权机关县团级以上（含，下同）机构签发的协助查询存款通知书。

第九条　办理协助冻结业务时，金融机构经办人员应当核实以下证件和法律文书：

（一）有权机关执法人员的工作证件；

（二）有权机关县团级以上机构签发的协助冻结存款通知书，法律、行政法规规定应当由有权机关主要负责人签字，应当由主要负责人签字；

（三）人民法院出具的冻结存款裁定书、其他有权机关出具的冻结存款决定书。

第十条　办理协助扣划业务时，金融机构经办人员应当核实以下证件和法律文书：

（一）有权机关执法人员的工作证件；

（二）有权机关县团级以上机构签发的协助扣划存款通知书，法律、行政法规规定应当由有权机关主要负责人签字的，应当由主要负责人签字；

（三）有关生效法律文书或行政机关的有关决定书。

第十一条　金融机构在协助冻结、扣划单位或个人存款时，应当审查以下内容：

（一）"协助冻结、扣划存款通知书"填写的需被冻结或扣划存款的单位或个人开户金融机构名称、户名和账号、大小写金额；

（二）协助冻结或扣划存款通知书上的义务人应与所依据的法律文书上的义务人相同；

（三）协助冻结或扣划存款通知书上的冻结或扣划金额应当是确定的。如发现缺少应附的法律文书，以及法律文书有关内容与"协助冻结、扣划存款通知书"的内容不符，应说明原因，退回"协助冻结、扣划存款通知书"或所附的法律

文书。

有权机关对个人存款户不能提供账号的，金融机构应当要求有权机关提供该个人的居民身份证号码或其它足以确定该个人存款账户的情况。

第十二条 金融机构应当按照内控制度的规定建立和完善协助查询、冻结和扣划工作的登记制度。

金融机构在协助有权机关办理查询、冻结和扣划手续时，应对下列情况进行登记：有权机关名称，执法人员姓名和证件号码，金融机构经办人员姓名，被查询、冻结、扣划单位或个人的名称或姓名，协助查询、冻结、扣划的时间和金额，相关法律文书名称及文号，协助结果等。

登记表应当在协助办理查询、冻结、扣划手续时填写，并由有权机关执法人员和金融机构经办人签字。

金融机构应当妥善保存登记表，并严格保守有关国家秘密。

金融机构协助查询、冻结、扣划存款，涉及内控制度中的核实、授权和审批工作时，应当严格按内控制度及时办理相关手续，不得拖延推诿。

第十三条 金融机构对有权机关办理查询、冻结和扣划手续完备的，应当认真协助办理。在接到协助冻结、扣划存款通知书后，不得再扣划应当协助执行的款项用于收贷收息，不得向被查询、冻结、扣划单位或个人通风报信，帮助隐匿或转移存款。

金融机构在协助有权机关办理完毕查询手续后，有权机关要求予以保密的，金融机构应当保守秘密。金融机构在协助有权机关办理完毕冻结、扣划存款手续后，根据业务需要可以通知存款单位或个人。

第十四条 金融机构协助有权机关查询的资料应限于存款资料，包括被查询单位或个人开户、存款情况以及与存款有关的会计凭证、账簿、对账单等资料对上述资料，金融机构应当如实提供，有权机关根据需要可以抄录、复制、照相，但不得带走原件。

金融机构协助复制存款资料等支付了成本费用的，可以按相关规定收取工本费。

第十五条 有权机关在查询单位存款情况时，只提供被查询单位名称而未提供账号的，金融机构应当根据账户管理档案积极协助查询，没有所查询的账户的，应如实告知有权机关。

第十六条 冻结单位或个人存款的期限最长为六个月，期满后可以续冻。有权机关应在冻结期满前办理续冻手续，逾期未办理续冻手续的，视为自动解除冻结措施。

第十七条 有权机关要求对已冻结的存款再行冻结的，金融机构不予办理并应当说明情况。

第十八条 在冻结期限内，只有在原作出冻结决定的有权机关作出解冻决定并出具解除冻结存款通知书的情况下，金融机构才能对已经冻结的存款予以解冻。被冻结存款的单位或个人对冻结提出异议的，金融机构应告知其与作出冻结决定的有权机关联系，在存款冻结期限内金融机构不得自行解冻。

第十九条 有权机关在冻结、解冻工作中发生错误，其上级机关直接作出变更决定或裁定的，金融机构接到变更决定书或裁定书后，应当予以办理。

第二十条 金融机构协助扣划时，应当将扣划的存款直接划入有权机关指定的账户。有权机关要求提取现金的，金融机构不予协助。

第二十一条 查询、冻结、扣划存款通知书与解除冻结、扣划存款通知书均应由有权机关执法人员依法送达，金融机构不接受有权机关执法人员以外的人员代为送达的上述通知书。

第二十二条 两个以上有权机关对同一单位或个人的同一笔存款采取冻结或扣划措施时，金融机构应当协助最先送达协助冻结、扣划存款通知书的有权机关办理冻结、扣划手续。

两个以上有权机关对金融机构协助冻结、扣划的具体措施有争议的，金融机构应当按照有关争议机关协商后的意见办理。

第二十三条 本规定由中国人民银行负责解释。

第二十四条 本规定自2002年2月1日起施行。

附表：（略）

第二十三章 对收入、收益及其他资金的冻结、扣划

最高人民法院
关于适用《中华人民共和国民事诉讼法》的解释

2015年1月30日　　法释〔2015〕5号

第一百五十八条　人民法院对债务人到期应得的收益，可以采取财产保全措施，限制其支取，通知有关单位协助执行。

最高人民法院
关于执行旅行社质量保证金问题的通知

2001年1月8日　　法〔2001〕1号

各省、自治区、直辖市高级人民法院，新疆维吾尔自治区高级人民法院生产建设兵团分院：

人民法院在执行涉及旅行社的案件时，遇有下列情形而旅行社不承担或无力承担赔偿责任的，可以执行旅行社质量保证金：

（1）旅行社因自身过错未达到合同约定的服务质量标准而造成旅游者的经济权益损失；

（2）旅行社的服务未达到国家或行业规定的标准而造成旅游者的经济权益损失；

（3）旅行社破产后造成旅游者预交旅行费损失；

（4）人民法院判决、裁定及其他生效法律文书认定的旅行社损害旅游者合法权益的情形。

除上述情形之外，不得执行旅行社质量保证金。同时，执行涉及旅行社的经济赔偿案件时，不得从旅游行政管理部门行政经费账户上划转行政经费资金。

特此通知。

最高人民法院
关于对企业住房基金执行问题的复函

1996年7月9日　　经他〔1996〕17号

浙江省高级人民法院：

你院〔1996〕浙高法执字第9号请示报告收悉。经研究，现答复如下：

《中华人民共和国民法通则》第48条规定："全民所有制企业法人以国家授予它经营管理的财产承担民事责任，……。"临海市化肥厂将属其经管的房产出售给本厂职工，所得28万元款项仍属国营企业经营管理的财产。至于作为"住房基金"，仅仅是临海市化肥厂对这笔财产的一种用途，并不能改变这笔财产是国家授予其经营管理的性质。因此，可以用于承担民事责任。

鉴于临海市化肥厂已将售房款用作"住房基金"，直接涉及企业职工的切身利益，因此，执行此案时一定要慎重。在确无其他可供执行财产的情况下，应在切实做好有关方面工作的基础上予以执行。

最高人民法院
关于税务机关是否有义务协助人民法院直接划拨退税款问题的批复

1996年7月21日　　法复〔1996〕11号

湖北省高级人民法院：

你院〔1995〕鄂执函字第5号请示收悉。经研究，答复如下：

根据国家税务总局《出口货物退（免）税管理办法》的有关规定，企业出口退税款，在国家税务机关审查批准后，须经特定程序通过银行（国库）办理退库手续退给出口企业。国

家税务机关只是企业出口退税的审核、审批机关，并不持有退税款项，故人民法院不能依据民事诉讼法第二百二十五条①的规定，要求税务机关直接划拨被执行人应得退税款项，但可依照民事诉讼法的有关规定，要求税务机关提供被执行人在银行的退税账户、退税数额及退税时间等情况，并依据税务机关提供的被执行人的退税账户，依法通知有关银行对需执行的款项予以冻结或划拨。

最高人民法院执行工作办公室
关于企业职工建房集资款不属企业所得问题的函

1997年1月27日　　法经〔1997〕12号

湖北省高级人民法院：

　　陕西建光机器厂给我院来函反映：你省荆沙市沙市区人民法院在执行荆沙市中级人民法院〔1996〕荆经字第175号生效判决时，将所有权不属于该厂的职工建房集资款60万元人民币予以冻结。为此，该厂向沙市区人民法院提出异议，沙市区人民法院则以此款是职工预购房款，属该厂所有为由，驳回其异议。

　　经审查，陕西建光机器厂为解决本厂职工住房困难，于1995年12月15日以集资修建职工住房方案为题下发了〔1995〕180号文件，该文件明确了集资对象、条件及方式。经上报市房改办公室获批后，该厂按市房改办批复的要求，将上述职工个人集资款存入指定银行的专项账户。上列事实清楚，证据充分。国务院住房制度改革领导小组办公室还专就此事致函我办，明确指出："此款其性质属于职工个人的，不应视为企业的其他资金。"请你院接到此函后，通知并监督荆沙市沙市区人民法院立即将此款解冻。

最高人民法院
关于人民法院能否提取投保人在保险公司所投的第三人责任险应得的保险赔偿款问题的复函

2000年7月13日　　〔2000〕执他字第15号

江苏省高级人民法院：

　　你院〔1999〕苏法执他字第15号《关于人民法院能否提取投保人在保险公司所投的第三人责任险应得的保险赔偿款的请示》收悉。经研究，答复如下：

　　人民法院受理此类申请执行案件，如投保人不履行义务时，人民法院可以依据债权人（或受益人）的申请向保险公司发出协助执行通知书，由保险公司依照有关规定理赔，并给付申请执行人；申请执行人对保险公司理赔数额有异议的，可通过诉讼予以解决；如保险公司无正当理由拒绝理赔的，人民法院可依法予以强制执行。

最高人民法院研究室
关于执行程序中能否扣划离退休人员离休金退休金清偿其债务问题的答复

2002年1月30日　　法研〔2002〕13号

天津市高级人民法院：

　　你院津高法〔2001〕28号《关于劳动保障部门应依法协助人民法院扣划被执行人工资收入的请示》收悉。经研究，答复如下：

　　为公平保护债权人和离退休债务人的合法权益，根据《民法通则》和《民事诉讼法》的有关规定，在离退休人员的其他可供执行的财产或者收入不足偿还其债务的情况下，人民法院可以要求其离退休金发放单位或者社会保障

---

① 民事诉讼法原第二百二十五条现已修改为第二百十四十九条。——编者注

机构协助扣划其离休金或退休金，用以偿还该离退休人员的债务。上述单位或者机构应当予以协助。

人民法院在执行时应当为离退休人员留出必要的生活费用。生活费用标准可参照当地的有关标准确定。

【附：案例评析】

关于执行程序中能否扣划离退休人员离休金退休金清偿其债务问题的请示与答复

一、问题的提出

人民法院在办理离退休人员为被执行人的执行案件过程中，需要查封、冻结和扣划被执行人的离休金、退休金时，经常遇到劳动社会保障机构不协助人民法院执行的问题。天津市高级法院针对这一问题，向本院请示。本院执行办会同研究室就该问题进行了研究，并以法研〔2002〕13号文作了答复。天津市高级法院提出上述问题，是基于以下背景：

近几年，离退休人员工资发放方式改由政府的劳动社会保障机构的基金管理中心统一发放，协助法院执行离退休人员离休金、退休金的义务从原来的离退休人员的工作单位转为劳动社会保障机构。人民法院对以离退休人员为被执行人的案件，因对其离休金、退休金不能有效控制，案件无法得到及时执行。申请执行人对此反映强烈，纷纷要求人民法院依法保护其合法权益。而劳动社会保障机构认为离退休人员按国家规定享受养老待遇，任何单位不得扣发和代扣，劳动社会保障机构不能作为人民法院的协助执行人，以直接扣划离退休人员离休金、退休金的形式协助人民法院执行离退休人员的债务。为此，劳动和社会保障部就关于能否扣划离退休人员养老金抵偿债务问题，致函最高人民法院，建议尽快解决这一问题。

劳动和社会保障部办公厅致最高人民法院办公厅《关于请明确能否扣划离退休人员养老金抵偿债务的函》的主要内容为：近日，我部收到新疆生产建设兵团劳动局《关于养老金能否抵偿债务等问题的请示》，具体内容是：兵团农四师物资公司退休人员姜某，因爱人董某欠他人贷款未还，法院判决董某偿还，姜某承担连带责任。执行中，法院将姜某的养老金抵扣贷款，保留152元的基本生活费，并要求姜某单位协助执行。为此，兵团劳动局请示，人民法院在处理涉及离退休人员的经济纠纷案件时，能否判决扣发离退休人员养老金；社会保险经办机构是否有义务协助代扣养老金。

我部认为，离退休人员按国家规定享受养老待遇，按时足额领取养老金是法律赋予的权利。养老金是离退休人员的"活命钱"，离退休人员能否按时足额领取养老金直接关系到离退休人员的合法权益和社会稳定，任何单位不得扣发和代扣。社会保险经办机构不能作为人民法院的协助执行机构，以直接扣发养老金的形式协助人民法院执行离退休人员的债务。

《最高人民法院关于在审理和执行经济纠纷案件时不得查封、冻结和扣划社会保障基金的通知》规定：法院在审理和执行民事、经济纠纷案件时，不得查封、冻结或扣划社会保险基金；不得用社会保险基金偿还社会保险机构及其下属企业的债务。建议你厅参照该《通知》精神，对离退休人员养老金能否抵偿债务问题尽快予以明确。

二、天津市高级人民法院的意见

天津市劳动社会保障局也向天津市高级法院提供了劳动和社会保障部的函文。针对此种情况，天津市高级法院认为：所有公民在法律面前都是平等的，对人民法院生效判决确定的义务必须履行，不能只享受权利不承担义务。离退休人员的离休金、退休金是其固定合法收入，与《最高人民法院关于在审理和执行经济纠纷案件时不得查封、冻结和扣划社会保障基金的通知》（法〔2000〕19号）中所提到的社会保障基金的性质是不同的。对于作为被执行人的离退休人员，在无其他财产可供执行时，人民法院有权依照民事诉讼法第二百二十二条①和《最高人民法院关于人民法院执行工作若干问题的规定（试行）》第36条的规定，要求作为离退休人员统一发放机构的社会保障基金管理中心，依法协助人民法院冻结、扣划被执行人的合法收入即离休金、退休金。当然，离退休人员作为一个特殊群体，人民法院在冻结、扣划其离休金、退休金时，应当参照当地的基本养老金保障标准，留出必要的生活费用，

---

① 民事诉讼法原第二百二十二条现已修改为第二百四十三条。——编者注

再确定适当的冻结、扣划数额。劳动和社会保障机构拒不履行协助执行义务的，人民法院可以根据民事诉讼法第一百零三条①的规定予以处罚，以维护法律的严肃性，保护当事人的合法权益。

三、最高人民法院的意见

最高法院就天津市高级法院的请示，作出了《关于能否扣划离退休人员离休金退休金清偿其债务问题的答复》（下称《答复》）意见，认为："为公平保护债权人和离退休债务人的合法权益，根据民法通则和民事诉讼法的有关规定，在离退休人员的其他可供执行的财产或者收入不足偿还其债务的情况下，人民法院可以要求其离退休金发放单位或者社会保障机构协助扣划其离休金或退休金，用以偿还该离退休人员的债务。上述单位或者机构应当予以协助。人民法院在执行时应当为离退休人员留出必要的生活费用。生活费用标准可参照当地的有关标准确定。"

该《答复》既保护了离退休人员的合法权益，又依法保障了债权人的权利，体现了平等、正义原则，合法、合理又合情。

为了切实保障离退休人员领取离休金、退休金的合法权益，最高人民法院在2000年，向全国各级人民法院发出了《关于在审理和执行民事、经济纠纷案件时不得查封、冻结和扣划社会保险基金的通知》（法〔2000〕19号）。通知要求劳动社会保障机构与其他企业发生纠纷时，人民法院禁止查封、冻结、扣划社会保障机构的社会保险基金，即不能用社会保险基金偿还劳动社会保障机构的债务。这是因为劳动社会保障机构只是社会保险基金的管理者，该基金并不属于劳动社会保障机构所有，当劳动社会保障机构作为债务人时，只能以其自有财产偿还债务，不能动用其所管理的社会保险基金。人民法院在审理和执行案件时不得查封、冻结和扣划劳动社会保障机构的社会保险基金的通知，保证了劳动社会保障机构能有足够的社会保险基金按时、足额向离退休人员正常发放。

另外，在本《答复》中，最高人民法院对人民法院执行离退休人员的离休金、退休金作了特殊的保护性规定。首先将执行离退休人员的其他财产作为强制执行的第一选择，在其他财产不足以清偿债务时，才可以扣留、提取其离休金、退休金。同时，《答复》中增加了一个严格的限制条件，即人民法院必须为其留出必要的生活费用。

从而保证了离退休人员的生活需要。

另一方面，《答复》又体现了对债权人权利的保护。根据权利义务一致的原则，离退休人员是具有民事权利能力和行为能力的人，在民事活动中，应当与其他民事主体平等地享受权利、承担义务，不能因其是离退休人员，就可以不履行债务。因此，《答复》明确规定了只有在离退休人员的其他可供执行的财产或者收入不足以偿还其债务的情况下，人民法院才可以要求其离退休金发放单位或者劳动社会保障机构协助扣划其离休金、退休金，用以偿还该离退休人员的债务。

应当明确的是，人民法院在执行中，依法扣划离退休人员的离休金、退休金是行使国家的司法权力。劳动社会保障机构作为社会保险基金的管理部门，有义务协助人民法院扣划离退休人员的离休金、退休金。执行中，扣划离退休人员离休金、退休金的是人民法院，劳动社会保障机构只是人民法院的协助执行人，不是"扣发和代扣"单位。劳动和社会保障机构不应当拒绝协助人民法院执行。②

最高人民法院
关于空难死亡赔偿金能否作为遗产处理的复函

2005年3月22日　　〔2004〕民一他字第26号

广东省高级人民法院：

你院粤高法民一请字〔2004〕1号《关于死亡赔偿金能否作为遗产处理的请示》收悉。经研究，答复如下：

空难死亡赔偿金是基于死者死亡对死者近亲属所支付的赔偿。获得空难死亡赔偿金的权

---

① 民事诉讼法原第一百零三条现已修改为第一百一十四条。——编者注
② 王惠君：《关于执行程序中能否扣划离退休人员离休金退休金清偿其债务问题的请示与答复》，载沈德咏主编、最高人民法院执行工作办公室编：《强制执行指导与参考》，2002年第3辑（总第3辑）法律出版社2002年版，第214～219页。

利人是死者近亲属,而非死者。故空难死亡赔偿金不宜认定为遗产。

以上意见,供参考。

人民法院办理执行案件规范

2017年4月

519.【工会经费、党费】

对企业的工会经费及"工会经费集中户"的款项、党组织的党费,人民法院不得作为所在企业的财产予以执行。

520.【军队、武警部队的存款】

军队、武警部队一类保密单位开设的"特种预算存款""特种其他存款"和连队账户的存款,人民法院原则上不采取冻结或扣划等措施,但该账户存入其他款项的除外;军队、武警部队的其余存款可以冻结和扣划。

521.【封闭贷款结算专户资金】

人民法院不得执行被执行人的封闭贷款结算专户中的款项。

如果有证据证明债务人为逃避债务将其他款项打入封闭贷款结算专户的,人民法院可以仅就所打入的款项采取执行措施。

522.【国有企业下岗职工基本生活保障资金】

对国有企业下岗职工基本生活保障资金,人民法院不得作为所在企业的财产予以执行。

523.【社会保险基金】

对社会保险基金,人民法院不得作为社会保险机构及其原下属企业的财产予以执行。

524.【存款准备金、备付金】

被执行人为金融机构的,对其交存在人民银行的存款准备金和备付金不得冻结和扣划,但对其在本机构、其他金融机构的存款,及其在人民银行的其他存款可以冻结、划拨,并可对被执行人的其他财产采取执行措施,但不得查封其营业场所。

525.【期货交易所会员的期货保证金】

期货交易所为被执行人,申请执行人请求冻结、划拨期货交易所会员在期货交易所保证金账户中的资金的,人民法院不予支持。

526.【期货公司客户的期货保证金】

期货公司为被执行人,申请执行人请求冻结、划拨客户在期货公司保证金账户中的资金的,人民法院不予支持。

527.【非结算会员的保证金】

实行会员分级结算制度的期货交易所的结算会员为被执行人,申请执行人请求冻结、划拨非结算会员在该被执行人结算会员保证金账户中的资金的,人民法院不予支持。

528.【前述三条的例外】

有证据证明保证金账户中有超过本规范第525条、第526条、第527条规定的资金,期货交易所、期货公司或者期货交易所结算会员在人民法院指定的合理期限内不能提出相反证据的,人民法院可以依法冻结、划拨超出部分的资金。

有证据证明期货交易所、期货公司、期货交易所结算会员自有资金与保证金发生混同,期货交易所、期货公司或者期货交易所结算会员在人民法院指定的合理期限内不能提出相反证据的,人民法院可以依法冻结、划拨相关账户内的资金。

529.【结算担保金】

实行会员分级结算制度的期货交易所或者其结算会员为被执行人,申请执行人请求冻结、划拨期货交易所向其结算会员依法收取的结算担保金的,人民法院不予支持。

有证据证明结算会员在结算担保金专用账户中有超过交易所要求的结算担保金数额部分的,结算会员在人民法院指定的合理期限内不能提出相反证据的,人民法院可以依法冻结、划拨超出部分的资金。

530.【旅行服务质量保证金】

人民法院在执行涉及旅行社的案件时,遇有下列情形而旅行社不承担或无力承担赔偿责任的,可以执行旅行服务质量保证金:

(一)旅行社因自身过错未达到合同约定的服务质量标准而造成旅游者的经济权益损失;

(二)旅行社的服务未达到国家或行业规定的标准而造成旅游者的经济权益损失;

(三)旅行社破产后造成旅游者预交旅行费

损失；

（四）人民法院判决、裁定及其他生效法律文书认定的旅行社损害旅游者合法权益的情形。

除上述情形之外，不得执行旅行服务质量保证金。同时，执行涉及旅行社的经济赔偿案件时，不得从旅游行政部门行政经费账户上划转行政经费资金。

531.【承兑汇票保证金】

人民法院依法可以对银行承兑汇票保证金采取冻结措施，但不得扣划。如果金融机构已对汇票承兑或者已对外付款，根据金融机构的申请，人民法院应当解除对银行承兑汇票保证金相应部分的冻结措施。银行承兑汇票保证金已丧失保证金功能时，人民法院可以依法采取扣划措施。

532.【信用证开证保证金】

人民法院审理和执行案件时，依法可以对信用证开证保证金采取冻结措施，但不得扣划。

如果当事人认为人民法院冻结和扣划的某项资金属于信用证开证保证金的，应当提供有关证据予以证明。人民法院审查后，可按以下原则处理：对于确系信用证开证保证金的，不得采取扣划措施；如果开证银行履行了对外支付义务，根据该银行的申请，人民法院应当立即解除对信用证开证保证金相应部分的冻结措施；如果申请开证人提供的开证保证金是外汇，当事人又举证证明信用证的受益人提供的单据与信用证条款相符时，人民法院应当立即解除冻结措施。

如果银行因信用证无效、过期，或者因单证不符而拒付信用证款项并且免除了对外支付义务，以及在正常付出了信用证款项并从信用证开证保证金中扣除相应款额后尚有剩余，即在信用证开证保证金账户存款已丧失保证金功能的情况下，人民法院可以依法采取扣划措施。

人民法院对于为逃避债务而提供虚假证据证明属信用证开证保证金的单位和个人，应当依照民事诉讼法的有关规定严肃处理。

533.【设质的出口退税专用账户的执行之一】

以出口退税专用账户质押方式贷款的，应当签订书面质押贷款合同。质押贷款合同自贷款银行实际托管借款人出口退税专用账户时生效。

出口退税专用账户质押贷款银行，对质押账户内的退税款享有优先受偿权。

人民法院审理、执行案件时，不得对已设质的出口退税专用账户内的款项采取财产保全措施或者执行措施。

借款人进入破产程序时，贷款银行对已经设质的出口退税专用账户内的款项享有优先受偿权，但应以被担保债权尚未受偿的数额为限。

534.【设质的出口退税专用账户的执行之二】

有下列情形之一的，不受本规范第533条第二款、第三款、第四款规定的限制，人民法院可以采取财产保全或者执行措施：

（一）借款人将非退税款存入出口退税专用账户的；

（二）贷款银行将出口退税专用账户内的退税款扣还其他贷款，且数额已经超出质押贷款金额的；

（三）贷款银行同意税务部门转移出口退税专用账户的；

（四）贷款银行有其他违背退税账户专用性质，损害其他债权人利益行为的。

535.【职工建房集资款、自列住房基金】

对于企业职工建房集资款，人民法院不得作为所在企业的财产予以执行。

对于企业自列职工住房基金用途的资金，人民法院可以作为该企业的财产予以执行。

536.【粮棉油政策性收购资金】

对各级财政开支的直接用于粮棉油收购环节的价格补贴款、银行粮棉油政策性收购贷款和粮棉油政策性收购企业的粮棉油调销回笼款，只能用于粮棉油收购及相关费用支出。人民法院在审理和执行涉及政策性粮棉油收购业务之外的经济纠纷案件中，不宜对粮棉油政策性收购企业在中国农业发展银行及其代理行或经人民银行当地分行批准的其他金融机构开立账上的这类资金采取财产保全措施和执行措施。对中国农业发展银行提供的粮棉油收购资金及由该项资金形成的库存的粮棉油，人民法院不宜采取财产保全措施和执行措施。

537.【凭证式国库券】

被执行人存在银行的凭证式国库券是由被执行人交银行管理的到期偿还本息的有价证券，

在性质上与银行的定期储蓄存款相似，属于被执行人的财产。依照民事诉讼法第二百四十二条规定的精神，人民法院有权冻结、划拨被执行人存在银行的凭证式国库券。

634.【对收入执行的一般规定】

被执行人未按执行通知履行生效法律文书确定的义务，人民法院有权扣留、提取被执行人应当履行义务部分的收入。但应当保留被执行人及其所扶养家属的生活必需费用。

人民法院扣留、提取收入时，应当作出裁定，并发出协助执行通知书，被执行人所在单位、银行、信用合作社和其他有储蓄业务的单位必须办理。

635.【尚未支取的收入】

被执行人在有关单位的收入尚未支取的，人民法院应当作出裁定，向该单位发出协助执行通知书，由其协助扣留或提取。

636.【擅自支付的责任】

有关单位收到人民法院协助执行被执行人收入的通知后，擅自向被执行人或其他人支付的，人民法院有权责令其限期追回；逾期未追回，应当裁定其在支付的数额内向申请执行人承担责任。

637.【离休金、退休金、养老金】

对于离休金、退休金、养老金，在留出必要的生活费用外，人民法院可以作为被执行人的财产予以执行。

638.【住房公积金】

被执行人符合国务院《住房公积金管理条例》第二十四条规定的提取职工住房公积金账户内的存储余额的条件的，在保障被执行人依法享有的基本生活及居住条件的情况下，人民法院可以对被执行人住房公积金账户内的存储余额强制执行。

对人身保险费能否强制执行？

问题：我院在执行一起债务案件时，申请人提供证据证明被执行人在人寿保险公司投了人身保险。执行中对执行投保人缴纳的保险费有以下三种意见：一是投保人与保险人订立保险合同后，投保人所交的保险费即归保险人所有，法院不能强制执行；二是保险合同成立后，在约定的保险事故未发生前，投保人所交保险费属投保人个人的合法收入，如果保险公司不协助执行，法院有权强制执行；三是人身保险费可以强制执行，但必须以解除保险合同为条件。请问哪一种意见正确？

《人民司法》研究组认为：我们认为，第一种观点是正确的。

我国保险法所规范的人身保险属于商业保险范畴，即由投保人支付保险费，保险公司承担给付保险金责任的商业行为，当事人之间的权利义务关系由保险合同明确规定。缴纳保险费是投保人的基本义务，已缴纳的保险费，所有权属于保险人。对此，人民法院不应再作为投保人的财产予以强制执行。①

人民法院能否执行被执行人的个人养老保险金？

问题：在法院执行一起返还借款案中，被执行人为逃避执行而四处躲藏，现下落不明。经查证，被执行人现每月通过市机关事业单位社会保险基金管理中心领取退休金1200元。故法院依法要求该中心协助执行。但该管理中心负责人以该款项系养老保险金，法院无权扣留为由，拒不协助。我们认为，不能执行的养老保险金应是被执行人为单位，该单位存于银行的用于职工养老保险的专项基金。而通过养老保险金管理部门代发给个人的款项，是个人的合法收入，只要执行中为其保留了基本生活费，余款即可执行，市机关事业单位社会保险基金管理中心应该协助执行。以上意见是否正确？

《人民司法》研究组认为：对被执行人收入的执行是关于金钱债权执行的一种方法。民事诉讼法第222条②明确规定人民法院有权在保留被执行人及其所抚养家属生活必需费用的前提下，扣留、提取被执行人应当履行义务部分的收入。最高人民法院《关于人民法院执行工作若干问题的规定（试行）》第36条规定："被执行人在有关单

---

① 载《人民司法》2002年第3期。
② 民事诉讼法原第二百二十二条现已修改为第二百四十三条。——编者注

位的收入尚未支取的，人民法院应当作出裁定，向该单位发出协助执行通知书，由其协助扣留或提取。"该条并未否定对个人养老保险金的执行。

最高人民法院《关于在审理和执行民事、经济纠纷案件时不得查封、冻结和扣划社会保险基金的通知》是针对社会保险基金处于由保险机构代参保人管理的公共基金的状态而言的，不适用于已经发放到投保人个人名下的养老保险金。故人民法院可以执行由社会保险基金管理中心发放的个人养老保险金，社会保险基金管理中心应当履行协助人民法院执行的法定义务。①

旅行社被吊销、注销经营资格后，法院能否执行旅行社的质量保证金？

问题： 我院在执行甲公司与乙旅行社门票纠纷一案时查明：乙旅行社于2004年被福建省旅游局注销了经营许可证，其设立时曾向旅游局交纳旅游质量保证金5万元。我院据此于2005年3月9日向旅游局发出协助执行通知书冻结该保证金。但是在要求协助提取该款时，旅游局以最高人民法院法〔2001〕1号文《关于执行旅行社质量保证金问题的通知》只列举了四种旅行社损害旅游者利益时才可执行保证金的情形，除此之外不得执行旅行社的质量保证金为由，拒绝协助执行。请问，该旅游局的做法对吗？

《人民司法》研究组认为： 旅游质量保证金设立的目的是方便旅游行政管理机关对旅游企业进行行业管理，保证旅游消费者的合法权益及时得到保护。在旅行社因被注销行业经营资格而进行清算时，旅游质量保证金首先要保证赔偿旅游者预交的旅行费以及旅游者对旅行社因旅游合同所产生的债权足额受偿，如有余额方能由其他债权人依法受偿。本案中旅游局应协助法院执行乙旅行社的质量保证金。②

能否在被执行人故意伤害附带民事赔偿案件中执行其犯罪前已经赠与他人的赔偿款？

问题： 我院在执行一起因故意伤害犯罪而引起的赔偿案件时，因被执行人已服刑，又无财产可供执行而中止。现申请人提出被执行人之女（7岁）在被执行人犯伤害罪之前被汽车撞死，并获得赔偿款1.8万元。因该女孩从3岁至7岁一直由其爷爷抚养，该赔偿款由其爷爷领取，被执行人在犯罪前已同意该款归其父所有。请问对该款是否可以执行？如何执行？

《人民司法》研究组认为： 根据法律规定，强制执行的标的应是物或者行为，而作为执行标的的物应为被执行人所有的财产，不属于被执行人所有的财产不能执行。

本案能否执行被执行人幼女的死亡赔偿款，关键是看其所有权是否属于被执行人。从该案的情况看，被执行人在犯罪前已同意将此笔赔偿款归其父亲所有，实际上是将赔偿款中属于其自己的部分赠与父亲，其就不再对该款享有所有权，因此人民法院对该款不应强制执行。③

---

① 载《人民司法》2001年第11期。
② 载《人民司法》2006年第10期。
③ 载《人民司法》2002年第7期。

第二十四章　对房屋、土地的执行

中华人民共和国土地管理法

2004 年 8 月 28 日

第八十三条 依照本法规定，责令限期拆除在非法占用的土地上新建的建筑物和其他设施的，建设单位或者个人必须立即停止施工，自行拆除；对继续施工的，作出处罚决定的机关有权制止。建设单位或者个人对责令限期拆除的行政处罚决定不服的，可以在接到责令限期拆除决定之日起十五日内，向人民法院起诉；期满不起诉又不自行拆除的，由作出处罚决定的机关依法申请人民法院强制执行，费用由违法者承担。

最高人民法院
关于建设工程价款优先受偿权问题的批复

2002 年 6 月 20 日　　法释〔2002〕16 号

上海市高级人民法院：

你院沪高法〔2001〕14 号《关于合同法第286 条理解与适用问题的请示》收悉。经研究，答复如下：

一、人民法院在审理房地产纠纷案件和办理执行案件中，应当依照《中华人民共和国合同法》第二百八十六条的规定，认定建筑工程的承包人的优先受偿权优于抵押权和其他债权。

二、消费者交付购买商品房的全部或者大部分款项后，承包人就该商品房享有的工程价款优先受偿权不得对抗买受人。

三、建筑工程价款包括承包人为建设工程应当支付的工作人员报酬、材料款等实际支出的费用，不包括承包人因发包人违约所造成的损失。

四、建设工程承包人行使优先权的期限为六个月，自建设工程竣工之日或者建设工程合同约定的竣工之日起计算。

五、本批复第一条至第三条自公布之日起施行，第四条自公布之日起六个月后施行。

此复。

最高人民法院
关于破产企业国有划拨土地使用权应否列入破产财产等问题的批复

2003 年 4 月 16 日　　法释〔2003〕6 号

湖北省高级人民法院：

你院鄂高法〔2002〕158 号《关于破产企业国有划拨土地使用权应否列入破产财产以及有关抵押效力认定等问题的请示》收悉。经研究，答复如下：

一、根据《中华人民共和国土地管理法》第五十八条第一款第（四）项及《城镇国有土地使用权出让和转让暂行条例》第四十七条的规定，破产企业以划拨方式取得的国有土地使用权不属于破产财产，在企业破产时，有关人民政府可以予以收回，并依法处置。纳入国家兼并破产计划的国有企业，其依法取得的国有土地使用权，应依据国务院有关文件规定办理。

二、企业对其以划拨方式取得的国有土地使用权无处分权，以该土地使用权为标的物设定抵押，除依法办理抵押登记手续外，还应经具有审批权限的人民政府或土地行政管理部门批准。否则，应认定抵押无效。如果企业对以划拨方式取得的国有土地使用权设定抵押时，履行了法定的审批手续，并依法办理了抵押登记，应认定抵押有效。根据《中华人民共和国城市房地产管理法》第五十条和《中华人民共和国担保法》第五十六条的规定，抵押权人只有在以抵押标的物折价或拍卖、变卖所得价款缴纳相当于土地使用权出让金的款项后，对剩余部分方可享有优先受偿权。但纳入国家兼并破产计划的国有企业，其用以划拨方式取得的国有土地使用权设定抵押的，应依据国务院有关文件规定办理。

三、国有企业以关键设备、成套设备、厂房设定抵押的效力问题，应依据法释〔2002〕14号《关于国有工业企业以机器设备等财产为抵押物与债权人签订的抵押合同的法律效力问题的批复》办理。

国有企业以建筑物设定抵押的效力问题，应区分两种情况处理：如果建筑物附着于以划拨方式取得的国有土地使用权之上，将该建筑物与土地使用权一并设定抵押的，对土地使用权的抵押需履行法定的审批手续，否则，应认定抵押无效；① 如果建筑物附着于以出让、转让方式取得的国有土地使用权之上，将该建筑物与土地使用权一并设定抵押的，即使未经有关主管部门批准，亦应认定抵押有效。

本批复自公布之日起施行，正在审理或者尚未审理的案件，适用本批复，但对提起再审的判决、裁定已经发生法律效力的案件除外。

最高人民法院
关于房地产管理机关能否撤销错误的注销抵押登记行为问题的批复

2003年11月17日　　法释〔2003〕17号

广西壮族自治区高级人民法院：

你院《关于首长机电设备贸易（香港）有限公司不服柳州市房产局注销抵押登记、吊销〔1997〕柳房他证字第0410号房屋他项权证并要求发这0410号房屋他项权证上诉一案的请示》收悉。经研究答复如下：

房地产管理机关可以撤销错误的注销抵押登记行为。

此复。

[提示] 判决确定交付地上建筑物的执行中，能否直接裁定变更该地上建筑物的建设用地及工程批准许可证照权利人

最高人民法院
关于人民法院执行设定抵押的房屋的规定

2005年12月14日　　法释〔2005〕14号

根据《中华人民共和国民事诉讼法》等法律的规定，结合人民法院民事执行工作的实践，对人民法院根据抵押权人的申请，执行设定抵押的房屋的问题规定如下：

第一条　对于被执行人所有的已经依法设定抵押的房屋，人民法院可以查封，并可以根据抵押权人的申请，依法拍卖、变卖或者抵债。

第二条　人民法院对已经依法设定抵押的被执行人及其所扶养家属居住的房屋，在裁定拍卖、变卖或者抵债后，应当给予被执行人六个月的宽限期。在此期限内，被执行人应当主动腾空房屋，人民法院不得强制被执行人及其所扶养家属迁出该房屋。

第三条　上述宽限期届满后，被执行人仍未迁出的，人民法院可以作出强制迁出裁定，并按照民事诉讼法第二百二十六条②的规定执行。

强制迁出时，被执行人无法自行解决居住问题的，经人民法院审查属实，可以由申请执行人为被执行人及其所扶养家属提供临时住房。

第四条　申请执行人提供的临时住房，其房屋品质、地段可以不同于被执行人原住房，面积参照建设部、财政部、民政部、国土资源部和国家税务总局联合发布的《城镇最低收入

---

① 《最高人民法院关于转发国土资源部〈关于国有划拨土地使用权抵押登记有关问题的通知〉的通知》（法发〔2004〕11号）文件规定："以国有划拨土地使用权为标的物设定抵押，土地行政管理部门依法办理抵押登记手续，即视同已经具有审批权限的土地行政管理部门批准，不必再另行办理土地使用权抵押的审批手续。"

② 民事诉讼法原第二百二十六条现已修改为第二百五十条。——编者注

家属廉租住房管理办法》所规定的人均廉租住房面积标准确定。

第五条 申请执行人提供的临时住房,应当计收租金。租金标准由申请执行人和被执行人双方协商确定;协商不成的,由人民法院参照当地同类房屋租金标准确定,当地无同类房屋租金标准可以参照的,参照当地房屋租赁市场平均租金标准确定。

已经产生的租金,可以从房屋拍卖或者变卖价款中优先扣除。

第六条 被执行人属于低保对象且无法自行解决居住问题的,人民法院不应强制迁出。

第七条 本规定自公布之日起施行。施行前本院已公布的司法解释与本规定不一致的,以本规定为准。

【附:答记者问】

最高人民法院执行办负责人就执行抵押房屋的规定的司法解释答记者问——既要实现债权,又要保护被执行人的生存权寻求申请执行人和被执行人利益的合理平衡

为了进一步规范人民法院对房屋的执行,依法公平保护当事人的合法权益,最高人民法院审判委员会第1371次会议讨论通过了《最高人民法院关于人民法院执行设定抵押的房屋的规定》(简称《执行抵押房屋的规定》)。在该司法解释公布之际,最高人民法院执行办负责人就司法解释的有关问题接受了《人民法院报》的采访。

一、司法解释出台的背景

问:请您介绍一下最高人民法院为什么要制定这个司法解释,这个司法解释的公布有何意义?

答:2004年11月4日,最高人民法院公布了《关于人民法院民事执行中查封、扣押、冻结财产的规定》(以下简称《查封规定》),并于2005年1月1日起施行。其中第六条规定:"对被执行人及其所扶养家属生活所必需的居住房屋,人民法院可以查封,但不得拍卖、变卖或者抵债。"该规定出台后,引起了较大反响。有人认为,从长远来看,如果设定抵押的房屋不能执行,不利于维护银行房贷债权,增加了银行的经营风险,将影响商业银行的住房消费信贷业务,不利于住房按揭

市场的发展,同时不利于社会诚信体系的建立与房地产业的健康发展。该规定出台后,各地银行为了维护自己的房贷权益,纷纷采取措施提高房贷门槛,致使许多原本可以获得银行住房贷款的人无法贷款买房,最终损害了广大消费者的利益。我们多次召开座谈会,广泛听取了中国人民银行、银监会、建设部、各商业银行及下级法院的意见,征求了全国人大法工委、我院咨询委员会委员及部分专家学者的意见。在此基础上,结合人民法院执行工作的实践经验,制定了该司法解释。

二、《查封规定》第六条仍继续适用

问:《执行抵押房屋的规定》实施后,《查封规定》第六条还适用吗?

答:《查封规定》第六条规定的原则并无不当。民事诉讼法第二百二十三条①规定:"被执行人未按执行通知履行法律文书确定的义务,人民法院有权查封、扣押、冻结、拍卖、变卖被执行人应当履行义务部分的财产。但应当保留被执行人及其所扶养家属的生活必需品。"这一规定体现了执行适度原则,也就是在申请执行人利益和被执行人利益之间保持合理的平衡关系,被执行人及其所扶养家属的生存权必须加以保护。房屋是基本的生活资料,显属生活必需品。因此,《查封规定》第六条规定对被执行人及其所扶养家属生活所必需的居住房屋,人民法院不得拍卖、变卖或者抵债是符合民事诉讼法立法精神的,也体现了人权高于债权的理念。《执行抵押房屋的规定》是针对已经设定抵押的房屋应当如何执行所作的规定,属于特殊情形,并不是对《查封规定》第六条的修改。二者之间是一般规定和特殊规定的关系,因此《查封规定》第六条仍然继续适用。

三、属于被执行人所有的已经设定抵押的房屋,人民法院可以依法拍卖、变卖或者抵债

问:为什么已经设定抵押的房屋可以执行?其特殊性体现在什么地方?

答:之所以规定被执行人设定抵押的房屋,可以根据抵押权人的申请拍卖、变卖或者抵债,主要是从设定抵押的债权的特殊性考虑的。如果用于设定抵押的房屋属于被执行人及其所扶养家属生活所必需,那么对该房屋的执行与维护被执行人及其所扶养家属基本的居住条件确实存在一

---

① 民事诉讼法原第二百二十三条现已修改为第二百四十四条。——编者注

定的矛盾。我们认为，有抵押担保的债权比普通债权的安全性更高，更应当加以周到保护，无论是诉讼程序还是执行程序都应当尽可能地维护和实现有抵押担保的债权，这是维护社会交易秩序和交易安全的需要。与没有权利负担的房屋相比，已经设定抵押的房屋确有其特殊性，不仅居住者没有取得完全的所有权，而且该房屋作为债权实现的一种保证，功用明确，被执行人也非常清楚不能清偿债务的后果。因此为了公平保护申请执行人的利益，应当允许对设定抵押的房屋予以执行。这也是保护我国住房按揭市场、促进国民经济健康发展的现实需要。

另一方面，从理论上讲，为被执行人及其所扶养家属提供基本的居住条件应当是社会保障制度的功能，属政府职责范围，不少国家也是这样做的。因此，在这种情况下，被执行人的居住房屋无论是否设定抵押都是可以执行的，无需考虑被执行人及其所扶养家属的居住问题。但是我国目前的社会保障体系尚未有效建立，社会保障的范围和程度还很不足，在执行案件过程中不得不考虑被执行人及其所扶养家属的居住问题。《执行抵押房屋的规定》出于对申请执行人和被执行人利益的平衡，作为一种折衷办法，对被执行人及其所扶养家属必需的居住房屋区分两种情况，一是未设定抵押的情况，二是设定抵押的情况。对于第一种情况，严格禁止执行；对于第二种情况，基于上述理由，人民法院可以执行，但又规定了较为严格的程序和条件。既保护被执行人及其所扶养家属的生存权，又最大限度地实现债权人的债权。

四、执行被执行人及其所扶养家属生活必需的已经设定抵押的房屋有严格的条件和程序

问：对被执行人及其所扶养家属生活必需的已经设定抵押的房屋，人民法院应当如何执行？

答：为了最大限度地保护被执行人及其所扶养家属的利益，尽量减小由于强制执行对其造成的影响，《执行抵押房屋的规定》对执行属被执行人及其所扶养家属生活必需的已经设定抵押的房屋规定了严格的条件和程序。首先，人民法院对已经设定抵押的被执行人及其所扶养家属居住的房屋，在裁定拍卖、变卖或者抵债后，应当给予被执行人六个月的宽限期。在此期限内，人民法院不得强制被执行人及其所扶养家属迁出该房屋。只有六个月的宽限期届满后，被执行人仍未迁出的，人民法院才能强行迁出。其次，强制迁出时，被执行人无法自行解决居住问题的，应由申请执行人为被执行人及其所扶养家属提供临时住房。这一规定体现了这样一种理念，即被执行人的财产只有一处已设定抵押的房屋时，人民法院在执行中可以"以小换大、以差换好、以远换近，但不能从有到无"。对此规定，一些银行界人士不很理解，认为这实际上是让申请执行人承担了一定的应由政府承担的社会保障责任，对债权人很不公平。我们认为，这仅是一个过渡性措施，在目前的情况下只能如此，而且该规定毕竟是有利于实现债权人权利的。随着整个社会保障体系的不断建立和完善，此种责任最终会回归政府。

五、被执行人属于低保对象且无法自行解决居住问题的，人民法院不得强制迁出

问：为什么对执行低保对象作出特殊规定？

答：该规定体现了对社会弱势群体的特殊保护。列入低保对象的公民，经济上都比较困难，而低保对象以房屋抵押取得银行贷款的情况也较为少见，且居住的房屋本身价值不会太高，采取由申请执行人提供基本住房后再对原住房予以执行的措施对实现申请执行人的债权意义不大。因此，《执行抵押房屋的规定》对于以低保对象为被执行人的情况作了特殊规定。[①]

最高人民法院 国土资源部 建设部
关于依法规范人民法院执行和国土资源房地产管理部门协助执行若干问题的通知

2004年2月10日　　法发〔2004〕5号

各省、自治区、直辖市高级人民法院，解放军军事法院，新疆维吾尔自治区高级人民法院生产建设兵团分院；各省、自治区、直辖市国土资源厅（国土环境资源厅、国土资源和房屋管

---

① 最高人民法院民事审判第一庭编：《民事审判指导与参考》2005年第4集（总第24集），法律出版社2006年版，第1~3页。

理局、房屋土地资源管理局、规划和国土资源局),新疆生产建设兵团国土资源局;各省、自治区建设厅,新疆生产建设兵团建设局,各直辖市房地产管理局:

为保证人民法院生效判决、裁定及其他生效法律文书依法及时执行,保护当事人的合法权益,根据《中华人民共和国民事诉讼法》、《中华人民共和国土地管理法》、《中华人民共和国城市房地产管理法》等有关法律规定,现就规范人民法院执行和国土资源、房地产管理部门协助执行的有关问题通知如下:

一、人民法院在办理案件时,需要国土资源、房地产管理部门协助执行的,国土资源、房地产管理部门应当按照人民法院的生效法律文书和协助执行通知书办理协助执行事项。

国土资源、房地产管理部门依法协助人民法院执行时,除复制有关材料所必需的工本费外,不得向人民法院收取其他费用。登记过户的费用按照国家有关规定收取。

二、人民法院对土地使用权、房屋实施查封或者进行实体处理前,应当向国土资源、房地产管理部门查询该土地、房屋的权属。

人民法院执行人员到国土资源、房地产管理部门查询土地、房屋权属情况时,应当出示本人工作证和执行公务证,并出具协助查询通知书。

人民法院执行人员到国土资源、房地产管理部门办理土地使用权或者房屋查封、预查封登记手续时,应当出示本人工作证和执行公务证,并出具查封、预查封裁定书和协助执行通知书。

三、对人民法院查封或者预查封的土地使用权、房屋,国土资源、房地产管理部门应当及时办理查封或者预查封登记。

国土资源、房地产管理部门在协助人民法院执行土地使用权、房屋时,不对生效法律文书和协助执行通知书进行实体审查。国土资源、房地产管理部门认为人民法院查封、预查封或者处理的土地、房屋权属错误的,可以向人民法院提出审查建议,但不应当停止办理协助执行事项。

四、人民法院在国土资源、房地产管理部门查询并复制或者抄录的书面材料,由土地、房屋权属的登记机构或者其所属的档案室(馆)加盖印章。无法查询或者查询无结果的,国土资源、房地产管理部门应当书面告知人民法院。

五、人民法院查封时,土地、房屋权属的确认以国土资源、房地产管理部门的登记或者出具的权属证明为准。权属证明与权属登记不一致的,以权属登记为准。

在执行人民法院确认土地、房屋权属的生效法律文书时,应当按照人民法院生效法律文书所确认的权利人办理土地、房屋权属变更、转移登记手续。

六、土地使用权和房屋所有权归属同一权利人的,人民法院应当同时查封;土地使用权和房屋所有权归属不一致的,查封被执行人名下的土地使用权或者房屋。

七、登记在案外人名下的土地使用权、房屋,登记名义人(案外人)书面认可该土地、房屋实际属于被执行人时,执行法院可以采取查封措施。

如果登记名义人否认该土地、房屋属于被执行人,而执行法院、申请执行人认为登记为虚假时,须经当事人另行提起诉讼或者通过其他程序,撤销该登记并登记在被执行人名下之后,才可以采取查封措施。

八、对被执行人因继承、判决或者强制执行取得,但尚未办理过户登记的土地使用权、房屋的查封,执行法院应当向国土资源、房地产管理部门提交被执行人取得财产所依据的继承证明、生效判决书或者执行裁定书及协助执行通知书,由国土资源、房地产管理部门办理过户登记手续后,办理查封登记。

九、对国土资源、房地产管理部门已经受理被执行人转让土地使用权、房屋的过户登记申请,尚未核准登记的,人民法院可以进行查封,已核准登记的,不得进行查封。

十、人民法院对可以分割处分的房屋应当在执行标的额的范围内分割查封,不可分割的房屋可以整体查封。

分割查封的,应当在协助执行通知书中明确查封房屋的具体部位。

十一、人民法院对土地使用权、房屋的查

封期限不得超过二年。期限届满可以续封一次，续封时应当重新制作查封裁定书和协助执行通知书，续封的期限不得超过一年。确有特殊情况需要再续封的，应当经过所属高级人民法院批准，且每次再续封的期限不得超过一年。

查封期限届满，人民法院未办理继续查封手续的，查封的效力消灭。

十二、人民法院在案件执行完毕后，对未处理的土地使用权、房屋需要解除查封的，应当及时作出裁定解除查封，并将解除查封裁定书和协助执行通知书送达国土资源、房地产管理部门。

十三、被执行人全部缴纳土地使用权出让金但尚未办理土地使用权登记的，人民法院可以对该土地使用权进行预查封。

十四、被执行人部分缴纳土地使用权出让金但尚未办理土地使用权登记的，对可以分割的土地使用权，按已缴付的土地使用权出让金，由国土资源管理部门确认被执行人的土地使用权，人民法院可以对确认后的土地使用权裁定预查封。对不可以分割的土地使用权，可以全部进行预查封。

被执行人在规定的期限内仍未全部缴纳土地出让金的，在人民政府收回土地使用权的同时，应当将被执行人缴纳的按照有关规定应当退还的土地出让金交由人民法院处理，预查封自动解除。

十五、下列房屋虽未进行房屋所有权登记，人民法院也可以进行预查封：

（一）作为被执行人的房地产开发企业，已办理了商品房预售许可证且尚未出售的房屋；

（二）被执行人购买的已由房地产开发企业办理了房屋权属初始登记的房屋；

（三）被执行人购买的办理了商品房预售合同登记备案手续或者商品房预告登记的房屋。

十六、国土资源、房地产管理部门应当依据人民法院的协助执行通知书和所附的裁定书办理预查封登记。土地、房屋权属在预查封期间登记在被执行人名下的，预查封登记自动转为查封登记，预查封转为正式查封后，查封期限从预查封之日起开始计算。

十七、预查封的期限为二年。期限届满可以续封一次，续封时应当重新制作预查封裁定书和协助执行通知书，预查封的续封期限为一年。确有特殊情况需要再续封的，应当经过所属高级人民法院批准，且每次再续封的期限不得超过一年。

十八、预查封的效力等同于正式查封。预查封期限届满之日，人民法院未办理预查封续封手续的，预查封的效力消灭。

十九、两个以上人民法院对同一宗土地使用权、房屋进行查封的，国土资源、房地产管理部门为首先送达协助执行通知书的人民法院办理查封登记手续后，对后来办理查封登记的人民法院作轮候查封登记，并书面告知该土地使用权、房屋已被其他人民法院查封的事实及查封的有关情况。

二十、轮候查封登记的顺序按照人民法院送达协助执行通知书的时间先后进行排列。查封法院依法解除查封的，排列在先的轮候查封自动转为查封；查封法院对查封的土地使用权、房屋全部处理的，排列在后的轮候查封自动失效；查封法院对查封的土地使用权、房屋部分处理的，对剩余部分，排列在后的轮候查封自动转为查封。

预查封的轮候登记参照第十九条和本条第一款的规定办理。

二十一、已被人民法院查封、预查封并在国土资源、房地产管理部门办理了查封、预查封登记手续的土地使用权、房屋，被执行人隐瞒真实情况，到国土资源、房地产管理部门办理抵押、转让等手续的，人民法院应当依法确认其行为无效，并可视情节轻重，依法追究有关人员的法律责任。国土资源、房地产管理部门应当按照人民法院的生效法律文书撤销不合法的抵押、转让等登记，并注销所颁发的证照。

二十二、国土资源、房地产管理部门对被人民法院依法查封、预查封的土地使用权、房屋，在查封、预查封期间不得办理抵押、转让等权属变更、转移登记手续。

国土资源、房地产管理部门明知土地使用权、房屋已被人民法院查封、预查封，仍然办理抵押、转让等权属变更、转移登记手续的，对有关的国土资源、房地产管理部门和直接责任人可以依照民事诉讼法第一百零二条①的规定处理。

二十三、在变价处理土地使用权、房屋时，土地使用权、房屋所有权同时转移；土地使用权与房屋所有权归属不一致的，受让人继受原权利人的合法权利。

二十四、人民法院执行集体土地使用权时，经与国土资源管理部门取得一致意见后，可以裁定予以处理，但应当告知权利受让人到国土资源管理部门办理土地征用和国有土地使用权出让手续，缴纳土地使用权出让金及有关税费。

对处理农村房屋涉及集体土地的，人民法院应当与国土资源管理部门协商一致后再行处理。

二十五、人民法院执行土地使用权时，不得改变原土地用途和出让年限。

二十六、经申请执行人和被执行人协商同意，可以不经拍卖、变卖，直接裁定将被执行人以出让方式取得的国有土地使用权及其地上房屋经评估作价后交由申请执行人抵偿债务，但应当依法向国土资源和房地产管理部门办理土地、房屋权属变更、转移登记手续。

二十七、人民法院制作的土地使用权、房屋所有权转移裁定送达权利受让人时即发生法律效力，人民法院应当明确告知权利受让人及时到国土资源、房地产管理部门申请土地、房屋权属变更、转移登记。

国土资源、房地产管理部门依据生效法律文书进行权属登记时，当事人的土地、房屋权利应当追溯到相关法律文书生效之时。

二十八、人民法院进行财产保全和先予执行时适用本通知。

二十九、本通知下发前已经进行的查封，自本通知实施之日起计算期限。

三十、本通知自2004年3月1日起实施。

最高人民法院
关于转发国土资源部《关于国有划拨土地使用权抵押登记有关问题的通知》的通知

2004年3月23日　　法发〔2004〕11号

各省、自治区、直辖市高级人民法院，解放军军事法院，新疆维吾尔自治区高级人民法院生产建设兵团分院：

国土资源部于2004年1月15日发布了国土资发〔2004〕9号《关于国有划拨土地使用权抵押登记有关问题的通知》。现将该《通知》转发给你们，在《通知》发布之日起，人民法院尚未审结的涉及国有划拨土地使用权抵押经过有审批权限的土地行政管理部门依法办理抵押登记手续的案件，不以国有划拨土地使用权抵押未经批准而认定抵押无效。已经审结的案件不应依据该《通知》提起再审。

特此通知。

最高人民法院
印发《关于个人违法建房出售行为如何适用法律问题的答复》的通知

2011年2月16日　　法〔2011〕37号

各省、自治区、直辖市高级人民法院，新疆维吾尔自治区高级人民法院生产建设兵团分院：

一段时期以来，在全国一些地方，有关人员与农民联合在农村宅基地、责任田上违法建房出售现象较为普遍。2010年5月6日，贵州省高级人民法院就如何依法处理此类案件请示我院。我院认真研究了贵州省高级人民法院反映的情况，征求并综合了全国人大常委会法工委、国务院法制办、最高人民检察院、公安部、

---

① 民事诉讼法原第一百零二条现已修改为第一百一十一条。——编者注

国土资源部、农业部、住房和城乡建设部等相关部门意见，于2010年11月1日作出《关于个人违法建房出售行为如何适用法律问题的答复》（法〔2010〕395号，以下简称《答复》）。

鉴于贵州省高级人民法院请示的问题法律、政策性强，且具有一定代表性，现将《答复》印发给你们，望根据《答复》精神，结合审判工作实际，依法妥善处理好相关案件。执行中若遇到新的重要问题，请及时层报最高人民法院。

最高人民法院
关于个人违法建房出售行为如何适用法律问题的答复

2010年11月1日　　法〔2010〕395号

贵州省高级人民法院：

你院《关于个人违法建房出售行为如何适用法律的请示》（〔2010〕黔高法研请字第2号）收悉。经研究，并征求相关部门意见，答复如下：

一、你院请示的在农村宅基地、责任田上违法建房出售如何处理的问题，涉及面广，法律、政策性强。据了解，有关部门正在研究制定政策意见和处理办法，在相关文件出台前，不宜以犯罪追究有关人员的刑事责任。

二、从来函反映的情况看，此类案件在你省部分地区发案较多。案件处理更应当十分慎重。要积极争取在党委统一领导下，有效协调有关方面，切实做好案件处理的善后工作，确保法律效果与社会效果的有机统一。

三、办理案件中，发现负有监管职责的国家机关工作人员有渎职、受贿等涉嫌违法犯罪的，要依法移交相关部门处理；发现有关部门在履行监管职责方面存在问题的，要结合案件处理，提出司法建议，促进完善社会管理。

此复。

最高人民法院
关于转发住房和城乡建设部《关于无证房产依据协助执行文书办理产权登记有关问题的函》的通知

2012年6月15日　　法〔2012〕151号

各省、自治区、直辖市高级人民法院，解放军军事法院，新疆维吾尔自治区高级人民法院生产建设兵团分院：

现将住房和城乡建设部《关于无证房产依据协助执行文书办理产权登记有关问题的函》（建法函〔2012〕102号）转发你们，请参照执行，并在执行中注意如下问题：

一、各级人民法院在执行程序中，既要依法履行强制执行职责，又要尊重房屋登记机构依法享有的行政权力；既要保证执行工作的顺利开展，也要防止"违法建筑"等不符合法律、行政法规规定的房屋通过协助执行行为合法化。

二、执行程序中处置未办理初始登记的房屋时，具备初始登记条件的，执行法院处置后可以依法向房屋登记机构发出《协助执行通知书》；暂时不具备初始登记条件的，执行法院处置后可以向房屋登记机构发出《协助执行通知书》，并载明待房屋买受人或承受人完善相关手续具备初始登记条件后，由房屋登记机构按照《协助执行通知书》予以登记；不具备初始登记条件的，原则上进行"现状处置"，即处置前披露房屋不具备初始登记条件的现状，买受人或承受人按照房屋的权利现状取得房屋，后续的产权登记事项由买受人或承受人自行负责。

三、执行法院向房屋登记机构发出《协助执行通知书》，房屋登记机构认为不具备初始登记条件并作出书面说明的，执行法院应在30日内依照法律和有关规定，参照行政规章，对其说明理由进行审查。理由成立的，撤销或变更《协助执行通知书》并书面通知房屋登记机构；理由不成立的，书面通知房屋登记机构限期按《协助执行通知书》办理。

【附：相关文件】

住房和城乡建设部关于无证房产依据协助执行文书办理产权登记有关问题的函

2012年5月30日　　建法函〔2012〕102号

浙江省住房和城乡建设厅：

《关于无证房产可否依据协助执行文书直接办理产权登记的请示》（浙建房〔2011〕72号）收悉。经商最高人民法院，函复如下：

一、对已办理初始登记的房屋，房屋登记机构应当按照人民法院生效法律文书和协助执行通知书的要求予以办理。

二、对未办理初始登记的房屋，在完善相关手续后具备初始登记条件的，房屋登记机构应当按照人民法院生效法律文书和协助执行通知书予以登记；不具备初始登记条件的，房屋登记机构应当向人民法院书面说明情况，在人民法院按照法律和有关规定作出处理前，房屋登记机构暂停办理登记。

三、房屋登记机构依据人民法院协助执行通知书予以登记的，应当在房屋登记簿上记载基于人民法院生效的法律文书予以登记的事实。

[提示] 房地产抵押未依法到有关部门办理抵押登记不得对抗人民法院的执行

最高人民法院关于湖南省高级人民法院与北京市高级人民法院执行中国机电总公司协调案的复函

2001年6月18日　　〔2001〕执协字第8号

湖南省高级人民法院、北京市高级人民法院：

湖南省高级人民法院〔2000〕湘执请字第10号《关于请求最高法院协调处理湖南省长沙市中级人民法院强制执行中国机电设备总公司相关财产是否应列为破产财产的请示》和〔2001〕湘高法执请字第1号有关该案的《紧急报告》及北京市高级人民法院京高法〔2001〕74号报告均收悉。

经研究，我们认为，鉴于中国机电设备总公司（以下简称机电总公司）对长沙市中级人民法院依法查封的位于北京市宣武区马连道北路1号的机电大厦院内的房产不同意拍卖，而对长沙市中级人民法院提出的将该房产按评估价以物抵债的意见并未反对，故应视为同意以物抵债；由于北京市政府有关部门规定在京房地产不能直接过户给外地单位，因此，本案债权人长沙市商业银行商由长沙市政府驻京联络处接收该案标的物即机电大厦院内的部分房产，应予准许；长沙市中级人民法院据此于2000年7月12日裁定将上述房产过户给长沙市政府驻京联络处，其实质是依法将该标的物变卖给长沙市政府驻京联络处，并无不当，该案至此已执行完毕。而北京市第一中级人民法院2000年8月2日受理破产案件时将上述房产列入破产财产错误，应予纠正。

关于北京市高级人民法院在报告中反映机电总公司将上述房产抵押给中国银行总行的问题，因其未依法到有关房地产管理部门办理抵押登记，故不得对抗人民法院的执行。至于中国汽车贸易总公司对上述房产主张产权的问题，因该房产的产权证在机电总公司名下，根据国务院《企业国有资产产权登记管理办法》有关国有资产管理部门审定的企业国有资产产权登记表、登记证是确认企业产权归属的法律凭证的规定，上述房产只能认定归机电总公司所有。如果中国汽车贸易总公司坚持主张产权，应另行通过诉讼解决。对机电总公司不服原判的问题，应告其可按照审判监督程序提出申诉，但其申诉不影响本案的执行。

【附：案例评析】

湖南省高级人民法院与北京市高级人民法院执行中国机电总公司协调案

三、本案的核心问题

经审查湖南、北京两高院报送的相关材料，笔者认为本案存在以下两个焦点问题：1.长沙市中级人民法院对机电大厦的执行行为是否应视为已执行完毕；2.被执行人机电总公司是否同意以物抵债。

四、评析意见

1.最高人民法院在《关于新疆石河子地区中级人民法院裁定转移给石河子八一棉纺织厂的财产不

应列入承德市针织二厂破产财产问题的复函》（〔1997〕经他字第23号）中批复："讼争房地产权利转移的具体时间应以人民法院的判决、裁定生效时间为准。"参照复函精神，根据本案具体情况，笔者认为，机电总公司的被执行房产已于2000年7月12日依长沙市中级人民法院的执行裁定转移所有权，上述房产不应纳入机电总公司破产财产的范围。

2. 如前所述，长沙市中级人民法院在公告拍卖房产的过程中遭到机电总公司的严重阻挠，致使拍卖未果。后长沙市中级人民法院从维护社会稳定的大局出发，考虑机电总公司的实际情况，决定采取以物抵债的方式执行，并征求了机电总公司总经理（法定代表人）姜兆春的意见。姜兆春对长沙市中级人民法院不再坚持公开拍卖的执行方式表示感谢，对以评估价格以物抵债认为是执行法院照顾了机电总公司，只是提出要请示上级主管部门，对以物抵债的执行方式并未提出异议。笔者认为：机电总公司是独立的企业法人，其以企业所有财产独立承担民事责任；企业对其所有的财产享有不受干预的处分权。机电总公司法定代表人的表态应视为同意以物抵债，所谓要请示上级主管部门的说法，只能视为是拖延执行的借口。

3. 《最高人民法院关于人民法院执行工作若干问题的规定（试行）》第46条第2款规定："财产无法委托拍卖、不适于拍卖或当事人双方同意不需要拍卖的，人民法院可以交由有关单位变卖或自行组织变卖。"根据本案事实可知，长沙市中级人民法院曾数次准备拍卖该房产，但由于被执行人机电总公司拒绝交出房产证，且多次组织员工阻挠、干涉法院拍卖工作，导致人民法院的委托拍卖行为无法进行；另被执行人的法定代表人也明确表示同意按评估价以物抵债。另根据北京市人民政府的有关规定，非驻京单位，不能在京直接接受并办理房产过户手续。据此，申请执行人长沙市商业银行经与长沙市人民政府驻京联络处协商，由长沙市人民政府驻京联络处买受机电总公司以物抵债的房产。后长沙市中级人民法院依据有关规定直接裁定由长沙市人民政府驻京联络处接受机电总公司以物抵债的房产。综上，笔者认为，长沙市中级人民法院所采取的以物抵债的执行方式，其实质已转化为一种变卖；该变卖行为符合《最高人民法院关于人民法院执行工作若干问题的规定（试行）》第49条第2款的有关变卖物的法定要件和变卖程序的规定精神。

4. 关于国有资产的归属问题。国家国有资产管理局复函最高人民法院（国资产字〔1997〕007号）："依据国务院第192号令《企业国有资产产权登记管理办法》的规定，国有资产管理部门审定的企业国有资产产权登记表、证是确认企业产权归属的法律凭证，也是占有、使用国有资产的各类企业办理工商登记和发生产权变动的资信证明文件。司法审判中涉及国有资产产权纠纷和国有资产产权变动等问题的裁决应当以国有资产管理部门审定的企业产权登记表、证为依据。"经查，机电大厦的产权证办在机电总公司名下，该大厦的物业也是由机电总公司的行政处负责管理。长沙市中级人民法院据此认定机电大厦的产权人是中国机电总公司并无不当。至于汽贸总公司是否也拥有部分产权的问题，我们认为此问题并非本案所需协调解决的问题，其可通过诉讼程序解决。

5. 关于中国银行总行的抵押权问题。1995年8月，机电总公司将机电大厦产权证作为抵押物交给中国银行总行进行抵押贷款，抵押没有办理相关登记手续。当时，对以房地产作为抵押物进行抵押应当办理抵押登记，我国法律已有规定。《担保法》对抵押登记的机关、登记的方式作了明确的规定。《城市房地产管理法》于1995年1月1日生效，该法第35条规定："房地产转让、抵押，当事人应当依照本法第五章的规定办理权属登记。"第五章第61条规定，"房地产抵押时，应当向县级以上地方人民政府规定的部门办理抵押登记。"另在《担保法》生效后的5年时间里，中国银行总行始终没有办理抵押登记手续。故中国银行总行以办理抵押手续时，《担保法》尚未施行，办理抵押登记不是法定要件的异议理由不能成立；中国银行总行的抵押权，不能对抗人民法院的执行。

鉴于机电总公司对长沙市中级人民法院依法查封的位于北京市宣武区马连道北路1号的机电大厦院内的房产不同意拍卖，且对长沙市中级人民法院提出的将该房产按评估价以物抵债的意见并未反对，故应视为同意以物抵债；由于北京市政府有关部门规定在京房地产不能直接过户给外地单位，因此，本案债权人长沙市商业银行商由长沙市政府驻京联络处接收该案标的物即机电大厦院内的部分房产，应予准许；长沙市中级人民法院据此于2000年7月12日裁定将上述房产过户给长沙市政府驻京联络处，其实质是依法将该标的物变卖给长沙市政府驻京联络处，并无不当，该案至此已执行完毕。而北京市第一中级人民法院 2000 年 8 月 2 日受理破产案件时将上述房产列入破产财产错误,应予纠正。

关于北京市高级人民法院在报告中反映机电总公司将上述房产抵押给中国银行总行的问题,因其未依法到有关房地产管理部门办理抵押登记,故不得对抗人民法院的执行。至于中国汽车贸易总公司对上述房产主张产权的问题,因该房产的产权证在机电总公司名下,根据国务院《企业国有资产产权登记管理办法》有关国有资产管理部门审定的企业国有资产产权登记表、登记证是确认企业产权归属的法律凭证的规定,上述房产只能认定归机电总公司所有。如果中国汽车贸易总公司坚持主张产权,应另行通过诉讼程序解决。[①]

最高人民法院执行工作办公室
关于案外人李福胜异议一案的复函

2001 年 11 月 26 日　〔2000〕执监字第 226—1 号

新疆维吾尔自治区高级人民法院:

关于案外人李福胜异议一案,本院现已审查完毕,经研究,提出处理意见如下:

你院在执行本院〔1997〕经终字第 147 号民事判决时,于 1999 年 6 月 25 日追加刘晓军为被执行人,而刘晓军将其所购买的长安花园 A—20—G 房屋通过深圳市长城房地产发展公司(以下简称长城公司)转让给李福胜,时间是在 1998 年 7 月。同年 10 月 15 日,深圳市人民政府向李福胜核发了房地产证。你院以刘晓军与李福胜恶意串通,逃避债务为由,强制执行李福胜名下的房产,证据并不充分。而李福胜向本院提供了如下证据:1. 刘晓军同意将其购买的长安花园 A—20—G 号房屋转让给李福胜;2. 李福胜支付购房尾款 60987 元给长城公司,刘晓军先前支付的房款 723172 元,李福胜以现金和存折支付给李晓军;1998 年 7 月 16 日,李福胜从存折上取款 53 万元,同一天,刘晓军储蓄开户存款 53 万元;3. 刘晓军 2000 年 6 月 8 日出具证明:1998 年 7 月 16 日将上述房屋转让给李福胜,并收受 63 万元的转让费;4. 长城公司于 1998 年 7 月 22 日为李福胜开具的购买上述房屋的转让(销售)房地产收入发票,金额为 784159.00 元;5. 长城公司与李福胜签订的上述房屋买卖合同(13443 号);6. 1998 年 10 月 15 日,深圳市政府为李福胜核发的《房地产证》。这些证据足以证明李福胜对该房屋拥有所有权,本院予以认可。故你院强制执行李福胜名下的房屋是错误的,应当依法纠正。如申请执行人对李福胜名下的房屋权属有异议,认为刘晓军与李福胜之间转让房屋的行为侵犯其合法权益,可通过诉讼程序解决。

你院应将纠正执行错误的情况报告我院。

【附:案例评析】

案外人李福胜对新疆高院执行
其个人房产提出异议案

三、新疆高院的意见

该院在执行中,发现被执行人刘晓军将 1995 年 11 月 30 日向长城公司购买的长安花园 A—20—G 室房屋一套,于 1998 年 7 月 8 日向长城公司提出申请,将该房屋转让给李福胜,7 月 13 日长城公司同意更名,7 月 14 日由刘晓军交纳 10000 元,将该房主更名为李福胜。经查,该房价款为 784159 元,其中 723172 元由新疆博尔塔拉蒙古自治州驻深办事处支付,其余现金 60987 元以李福胜个人名义支付,为此该院以〔2000〕新执字第 37 号通知李福胜将 723172 元房款向该院支付,同时调查李福胜本人,李一口咬定该套住宅不是从被执行人处买的,不认识刘晓军,并讲已将所有房款交长城公司。后李福胜对该院通知再次提出异议推翻前列所述,提出将 723172 元房款交付刘晓军后,取得了房产。该院认为只凭银行个人取款凭条和同一天开户入账并不能证明该笔款项的专指,如此大的款项竟没让收款人开具收条,不符合常理,同时,异议人一再提出是双方结清房款后,办理的转让手续,异议人双方所提交款日期为 1998 年 7 月 18 日,而异议人与长城公司所签合同为 1998 年 7 月 15 日,与异议人所述不符,

---

[①] 张小林:《湖南省高级人民法院与北京市高级人民法院执行中国机电总公司协调案》,载最高人民法院执行工作办公室编:《强制执行指导与参考》2002 年第 1 辑(总第 1 辑),法律出版社 2002 年版,第 289~299 页。

异议人的陈述前后自相矛盾不能自圆其说。同时根据深圳市政府关于《深圳经济特区房屋交易管理细则》第 4 条"禁止私买私卖和利用房屋交易进行投机倒把，牟取暴利等非法活动"和第 5 条第 1 款"房屋交易必须到交易所办理手续"，第 2 款"经营单位出售的房屋再买卖的，应当到交易所办理手续"之规定，该院认为是被执行人刘晓军与异议人李福胜相互串通故意逃避债务，故本院以〔1999〕新执字第 37—4 号民事裁定书裁定驳回李福胜的异议。执行该套房产是正确的。

四、最高人民法院处理意见

新疆高院在执行最高人民法院〔1997〕经终字第 147 号民事判决时，于 1999 年 6 月 25 日追加刘晓军为被执行人，而刘晓军将其所购买的长安花园 A—20—G 号房屋通过深圳市长城房地产发展公司（以下简称长城公司）转让给李福胜，时间是在 1998 年 7 月。同年 10 月 15 日，深圳市人民政府向李福胜核发了房地产证。新疆高院以刘晓军与李福胜恶意串通，逃避债务为由，强制执行李福胜名下的房产，证据并不充分。而李福胜提供的证据足以证明其对该房屋拥有所有权，最高法院予以认可。故新疆高院强制执行李福胜名下的房屋是错误的，应当依法纠正。如申请执行人对李福胜名下的房屋权属有异议，认为刘晓军与李福胜之间转让房屋的行为侵犯其合法权益，可通过诉讼程序解决。

五、评析意见

本案的核心问题是长安花园 A 座 20—G 号房产的权属问题。该房产登记在李福胜名下，新疆高院能否在本案中认定其与被执行人刘晓军恶意串通，逃避债务，否定其所有权，作为被执行人刘晓军的财产予以强制执行。

我们认为，长安花园 A 座 20—G 号房屋，深圳市人民政府于 1998 年 10 月 15 日向李福胜核发了房地产证，新疆高院在执行本案中于 1999 年 6 月 25 日，追加刘晓军为被执行人。该院以刘晓军与李福胜恶意串通，逃避债务为由，强制执行李福胜名下的房产，理由并不充分。该院应有充分的证据证明双方转让房产的行为确系恶意串通，逃避债务。而该院仅依据：1. 对李德胜调查时前后说法不一，即开始说将所有房款交长城公司，后又说 723172 元给了刘晓军；2. 其说不认识刘晓军，却能在 2000 年 6 月 8 日该院送达民事裁定书的当天在新疆找到刘晓军，刘即给其出具证明收到房款；3. 李福胜一再提出双方是在结清房款后，办理的转让手续，其与刘晓军交款日期为 1998 年 7 月 18 日，而李福胜与长城公司所签订的合同为 1998 年 7 月 15 日，与李福胜所述不符等 3 个证据即认定李福胜同刘晓军恶意串通，逃避债务，证据不充分，不能得出这样的结论。尽管李福胜前后说法有不一致的地方，但关键要看主要证据，看原始证据。时间前后有出入，跟李福胜记忆不准确有关；跟刘晓军认识与否，李福胜能否找到他，并不对双方是否恶意串通起决定性作用，认识或熟悉在理解上应有一个程度问题。

李福胜对长安花园 A—20—G 号房屋拥有房地产证，其对新疆高院执行其房屋提出异议，并提供了大量的证据材料证明其对该房屋拥有所有权。主要有：

1. 刘晓军同意转让其原购买的长安花园 A—20—G 号房屋给李福胜。

2. 李福胜付购房尾款 60987 元给长城公司，刘晓军先前支付的房款 723172 元，李福胜以现金和存折支付。1998 年 7 月 16 日，李福胜从存折上取款 53 万元，同一天，刘晓军储蓄开户存款 53 万元。

3. 刘晓军 2000 年 6 月 8 日出具证明：1998 年 7 月 16 日将上述房屋转让给李福胜，并收受 63 万元的转让费。

4. 长城公司于 1998 年 7 月 22 日为李福胜开具的购买上述房屋的转让（销售）房地产收入发票，金额为 784159 元。

5. 长城公司与李福胜签订的上述房屋买卖合同（13443 号）。

6. 1998 年 10 月 15 日，深圳市政府为李福胜核发的《房地产证》等等。

以上证据足以证明，李福胜对该房屋拥有所有权。

李福胜所提异议应当予以支持。新疆高院在证据不充分的情况下，以李福胜与被执行人恶意串通，逃避债务为由，强制执行李福胜名下的房屋是错误的，该院应当撤销〔1999〕新执字第 37—4 号裁定书。①

---

① 刘涛：《案外人李福胜对新疆高院执行其个人房产提出异议案》，载沈德咏主编、最高人民法院执行工作办公室编：《强制执行指导与参考》2002 年第 4 辑（总第 4 辑），法律出版社 2003 年版，第 216~223 页。

[提示] 建设工程竣工或者停工于《合同法》实施之前，则建设工程价款受偿权不得对抗已经在该工程上设定的抵押权

最高人民法院对福建高院答复函

2003年8月28日　　〔2002〕执他字第21号

福建省高级人民法院：

你院闽高法〔2002〕265号《关于执行中国建设银行厦门市分行诉远华集团有限公司、厦门东盛建设发展公司借款合同纠纷一案中涉及几个相关法律、政策问题的请示》收悉。经研究，答复如下：

关于该案执行中所涉及的工程款优先权问题，根据法律不溯及既往的原则和物权法定原则，如果作为执行标的的建设工程竣工或者停工于《中华人民共和国合同法》实施之前，则工程承包人从该建设工程价款中受偿的权利不得对抗已经在该工程上设定的抵押权。

【附：案例评析】

关于合同法实施之前的工程款债权与有抵押的债权在执行中的受偿顺序问题的请示与答复

一、请示的问题及有关案件情况

福建省高级人民法院和湖南省高级人民法院分别就执行中如处理合同法实施之前的工程款债权和以所执行的房产为抵押物债权之间的受偿顺序问题，向最高人民法院请示。此外福建高院还就所涉案件的其他具体问题提出请示（本文不涉及）。

福建高院请示涉及的案件情况：中国建设银行厦门市分行诉远华集团有限公司、厦门东盛建设发展公司借款合同纠纷，福建高院于2001年8月作出判决：远华集团返还贷款4800余万元；原告对东盛公司提供抵押的90套东井花园商品房享有优先受偿权。对抵押物执行中，湖北省第五建筑工程公司、中国华西企业公司厦门分公司作为该工程的施工单位，要求从东井花园执行所得款优先受偿建筑工程价款，分别是1200余万元和600余万元。该笔债务均经厦门市中级法院判决确认并立案执行。两个案件建工程合同均签订于1997年9月，竣工时间均在新合同法实施之前。

湖南高院请示涉及的案件情况：衡阳市蒸湘建筑工程公司与衡阳市富华商贸总公司建筑安装工程承包纠纷，经衡阳中院一审、湖南高院二审于2002年9月判决：富华公司向蒸湘公司支付工程款等共计150万元。涉案建筑工程合同签订于1996年8月，1999年3月竣工。衡阳中院在执行中查封了富华公司的房产。在拍卖公告期间，中国农业银行衡南县支行主张对法院执行的房产有抵押权，应优先受偿。法院查明：富华公司于1998年3月将上述房产抵押给衡南县支行，贷款210万元，并办理了抵押登记。

二、请示法院的意见

福建高院和湖南高院均倾向于认为：工程款优先权具有物权性质，合同法生效前的法律并未赋予承包人工程款优先权，按照物权法定的基本原则，合同法实施前的工程款不应享有优先权。

因最高法院执行办曾于2002年7月就另案答复湖南高院（〔2000〕执他字第16号），指出合同法之前的工程款问题，可以参照适用合同法第286条处理。但在湖南高院此次请示前，最高法院副院长在2003年3月26日的全国民事审判工作座谈会上发表了涉及合同法第286条如何适用问题的讲话，提到："如果建设工程于1999年10月1日之前已竣工或停工，1999年10月1日之后人民法院对这类案件还没有审结的，不应适用合同法第286条。"故该院在请示中同时提出应当按照上述讲话精神处理，认为：执行办〔2000〕执他字第16号是对个案的答复，虽然对类似案件有参照作用，但有局限性。而该副院长的讲话区分合同法生效前、跨越合同法生效前后、合同法生效后三种情况，分别按照不同的原则处理，符合法理精神。且讲话在最高法院公报上公开发表，按照惯例，最高法院主管副院长在部门工作会议上的讲话中就某个方面的法律理解与适用所明确的意见，一般都会作为裁判相关案件的法律标准。

三、最高人民法院意见

该类案件应当按照最高人民法院相关负责人全国民事审判工作座谈会上的讲话精神处理：根据法律不溯及既往的原则和物权法定原则，如果作为执行标的的建设工程竣工或者停工于《中华人民共和国合同法》实施之前，则工程承包人从该建设工程价款中受偿的权利不得对抗已经在该工程上设定的抵押权。

四、评析意见

此请示的问题涉及到对下列有关问题的研讨：

1. 如何理解"合同法解释（一）"中关于"当时的法律规定"

主张合同法之前的工程合同价款适用合同法的观点认为：

《最高人民法院关于适用〈中华人民共和国合同法〉若干问题的解释（一）》第1条规定："合同法实施前成立的合同发生纠纷起诉到人民法院的，除本解释另有规定的以外，适用当时的法律规定，当时没有法律规定的，可以适用合同法的规定。"认为工程款优先权当时没有法律规定，现在有法律规定了，应当适用现在的法律。笔者对此理解如下：

合同法解释之一中所说的当时是否有法律规定，应当是当时是否有针对"合同纠纷"方面的法律规定，并非任何方面的法律规定。具体到工程款问题，应当是指解决施工单位与发包方之间的建设工程承包合同方面的规定，如经济合同法、国务院关于建设安装工程承包合同的条例等。因此对建设工程合同纠纷的处理，当时是有规定的，不存在适用新合同法的问题。当时的规定的实质，就是把建设工程款作为普通债权处理，相对于其他债权人没有优先权。对此，笔者同意最高法院审判庭和研究室有关专家在一些媒体上发表的观点。

2. 物权法定原则的适用

工程款优先权的规定其实质不是为了解决合同纠纷，不是本来意义上的合同法上的救济（违反合同的救济）方式。该项权利的设定，是对合同法救济所作的强化，其实质是解决承包人与其他债权人之间的受偿顺序关系。该项优先权无论是界定为法定抵押权、不动产留置权，还是法定优先权，目前通说均认为是一种物权性质的权利。该项权利虽然在合同法中规定，但应当理解为是为了解决相关问题的方便，而不属于实质意义上的合同法。物权性质的权利应当以法律的明文规定为其存在的前提，在有明文规定前不应认为存在这种权利。合同法之前不存在这种物权的规定。在合同法之前，除法定留置权和海商法上的船舶优先权以外，抵押优先权是法律所赋予的绝对及社会普遍认可的第一优先权。因此，合同法实施之前设定的抵押权应优先于合同法实施前产生的工程款请求权。

3. 法不溯及既往原则的适用

法律总的原则是不溯及既往，只是对特殊问题，为了减少交易成本，维护交易的安全，允许根据从宽、从稳、从轻原则，对新法之前的事由适用新的法律，如关于合同效力问题。对于合同效力问题，规定适用合同法尊重了当事人自由意志，符合当事人在订立合同时的合理预期；而在建设工程价款方面，在合同法之前建设工程承包人并没有这样的合理预期。如果保护合同法生效前的工程款债权，使之具有优先权，使优先权问题溯及既往，则势必使一个本来在合同法实施之前连施工单位都想不到的权利产生，严重影响对抵押权法律制度的普遍信念。

有观点认为，新合同法第286条的目的本来就是为了解决当时大量存在的拖欠工程款问题。合同法实施后反而不让这些工程款取得优先权，显失公平。但立法前存在的大量拖欠工程款问题，实际上只是合同法第286条的立法背景和理由，只能为后来者得到有效保护奠定基础，而不能要求新法律反过来溯及既往对其予以保护。否则，就会形成对大批抵押权人的不公平。

4. 是否可以对合同法实施之前的工程款债权作出有留置权的解释

认为建设工程价款有优先权的另一种理由是，合同法实施之前的建设工程承包合同，根据加工承揽合同的一般原则规定和担保法的规定，承揽人对加工承揽的定作物有留置权。建设工程合同是特殊的承揽合同，因此承包人对建设工程应享有留置权。这项权利与合同法上的优先权的规定效果是一致的，仍应优先于抵押权。也有观点认为，可以把担保法第84条第2款中关于"法律规定可以留置的其他合同"作扩大解释，认为其包括不动产的合同。

笔者认为，因为担保法第82条明确规定，留置权适用的对象是动产，而建设工程是不动产。对担保法第84条的解释并不能脱离其第82条的规定作出。因此，尽管有的国家明确规定建设工程承包人有留置权，但我国在合同法实施之前，通说认为建设工程承包人不享有留置权。这也是后来产生合同法第286条关于承包人优先权的规定的一个原因。虽然工程承包人的资金已经物化到所建设的工程之中了，优先保护其权利确实是公平合理的，但既然过去没有作留置权的解释，现在显然不宜因为合同法有了优先权的规定，而将合同法实施之前的工程承包合同也作类似的解释。

有观点认为，承包人实际上总是以各种方式行使着留置权,如不交钥匙、占有工程、不交竣工图纸、不报验收等。这种做法是债务人和其他债权人很难对抗的。但笔者认为,对于合同法实施前竣工的工程,承包人尽管实际上可以采取这些措施,但并不能说是在行使法律赋予的权利,只是利用事实上的优势地位,以求保护自己的权利。

5. 关于最高人民法院相关负责人在全国民事审判工作座谈会上的讲话精神的适用

最高人民法院相关负责人在 2003 年 3 月 26 日的全国民事审判工作座谈会上的讲话中,对合同法第 286 条是否适用于竣工或停工于合同法实施之前工程的问题,作了明确的阐述。该讲话作为"情况通报"印发,同时在最高人民法院公报 2003 年第 3 期上以《当前民事审判的几个主要问题》摘编印发。对讲话的适用,笔者理解如下:首先,讲话虽非属司法解释,对审理案件无拘束力,但应当说是具有重大指导意义的、有说服力的权威性解释。领导讲话也是最高法院对全国审判工作业务指导的一种常用方式,而且是经过审判业务部门和各级领导充分讨论后形成的,一般来说,主管副院长在部门工作会议上的讲话中就某个方面的法律理解与适用所明确的意见,基本上是作为各级法院在一定时期内裁判相关案件的法律适用标准,除非有相反的法律或法理上更高的权威解释证明其不合理。其次,在执行阶段处理工程款优先权与抵押权之间的受偿顺序关系问题,涉及到当事人和利害关系人的实体权利义务,对其争议的处理在本质上属于裁判事项,这种裁判属于民事审判的范畴。无论是执行中的裁判,还是审判庭的裁判,对法律的解释应当坚持统一的标准,不应当允许执行程序与审判程序对相同的法律问题适用不同的标准。

6. 关于最高法院执行办以前的相反答复问题

最高法院执行办曾经就另案答复湖南高院(〔2000〕执他字第 16 号),指出合同法实施之前的工程款问题,可以参照适用合同法第 286 条处理。对此,应当理解为,该答复函是当时在合同法刚刚实施不久,对合同法溯及力问题及工程款优先权的物权性质认识没有达到现在这样明确的情况下作出的,当时有若干案件都是那样处理的,

只能适用于当时的个案。任何裁判都是历史性的,当时执行办的答复也是在征得有关业务庭室相同意见的情况下作出的,对于当时针对的案件是有效力的,已经按照该函处理的案件,不存在按照最新的理解予以重新处理的问题。①

最高人民法院
关于装修装饰工程款是否享有合同法第二百八十六条规定的优先受偿权的复函

2004 年 12 月 8 日　　〔2004〕民一他字第 14 号

福建省高级人民法院:

你院闽高法〔2004〕143 号《关于福州市康辉装修工程有限公司与福州天胜房地产开发有限公司、福州绿叶房产代理有限公司装修工程承包合同纠纷一案的请示》收悉。经研究,答复如下:

装修装饰工程属于建设工程,可以适用《中华人民共和国合同法》第二百八十六条关于优先受偿权的规定,但装修装饰工程的发包人不是该建筑物的所有权人或者承包人与该建筑物的所有权人之间没有合同关系的除外。享有优先权的承包人只能在建筑物因装修装饰而增加价值的范围内优先受偿。

最高人民法院执行工作办公室
关于深圳市苏一建实业有限公司主张工程款优先受偿执行申诉案的复函

2005 年 7 月 9 日　　〔2004〕执监字第 62—1 号

广东省高级人民法院:

你院〔2004〕粤高法执督字第 65 号《关于深圳中院执行瑞京隆房地产开发(深圳)有限

---

① 黄金龙:《关于合同法实施之前的工程款债权与有抵押的债权在执行中的受偿顺序问题的请示与答复》,载最高人民法院执行工作办公室编:《强制执行指导与参考》2003 年第 3 辑(总第 7 辑),法律出版社 2004 年版,第 195～202 页。

公司的情况报告》收悉。经研究，提出以下处理意见：

一、同意你院督促汕尾中院依法抓紧执结深圳市苏一建实业有限公司（以下简称苏一建公司）与瑞京隆房地产开发（深圳）有限公司建设工程合同的铝合金门窗及幕墙工程纠纷一案的意见。

二、关于苏一建公司主张工程款优先受偿问题。鉴于该案合同成立于《合同法》实施之前，当时法律没有规定工程款优先受偿制度，因此，根据我院《关于适用〈中华人民共和国合同法〉若干问题的解释（一）》第一条的规定，当时没有法律规定的，可以适用《合同法》的有关规定。

请你院接此函后，监督深圳中院尽快依法执结此案。

【附：案例评析】

深圳市苏一建实业有限公司主张工程款优先受偿执行申诉案

一、申诉人反映的情况

申请执行人深圳市苏一建实业有限公司（以下简称苏一建公司）等向最高人民法院申诉反映，该公司与瑞京隆房地产开发（深圳）有限公司（以下简称瑞京隆公司）欠付工程款两案，执行中深圳中院查封了由江苏一建公司承建的位于深圳市的"京隆苑"9套房委托拍卖，工商银行深圳分行对此提出执行异议，以其在该房产中享有抵押权要求优先受偿。深圳中院因此暂停拍卖程序，并解除对上述9套房产的查封手续。苏一建公司认为，根据法律规定，该公司承建"京隆苑"项目的工程款应优先于抵押权受偿，并需要用该笔款项支付工人工资。由于工程款至今未能得到偿付，造成该公司资金周转困难，负债累累，至今拖欠大量工人工资，工人因此多次到该公司及深圳市政府上访，给社会稳定带来了不利的影响。因此，苏一建公司希望最高人民法院督办此案，以使问题尽快得到解决。此外，苏一建公司在申诉中还反映：第一，该公司申请执行的〔2002〕深福法经初字第848号判决明确：本案工程结算于2001年1月17日，合同履行期限跨越《合同法》实施之日，适用《合同法》第286条的规定，该公司就"京隆苑"尚未售出的房产有优先受偿

权。第二，该公司申请执行的〔2000〕深中法经一初字第255号判决，虽没有写明该公司就"京隆苑"尚未售出的房产有优先受偿权，但该判决认定"京隆苑"项目由于双方直至2000年2月24日才对工程土建部分核定总造价，2000年6月9日才进行竣工结算，因此，工程款的利息从2000年2月25日开始计算。

2004年5月17日我院将苏一建公司的申诉材料函转广东高院审查处理，并明确提出如反映情况属实，则应当监督深圳中院采取有效措施依法予以纠正并将结果报告我院。

二、广东高院报告反映的情况

2005年5月25日广东高院以〔2005〕粤高法执督字第65号报送了《关于深圳中院执行瑞京隆房地产开发（深圳）有限公司的情况报告》。广东高院《报告》称，该院对深圳中院立案并执行的深圳市苏一建实业有限公司、江苏省建筑安装工程股份有限公司深圳分公司与瑞京隆房地产开发（深圳）有限公司建设工程合同纠纷一案进行了监督，并将有关情况作了报告：

（一）案件的基本情况

广东高院《报告》称，作为本案被执行人的瑞京隆公司共涉及三个案件，分别是：

1. 苏一建公司、江苏省建筑安装工程股份有限公司深圳分公司与瑞京隆公司建设工程合同纠纷一案，苏一建公司于2001年4月12日以〔2000〕深中法经一初字第255号民事判决申请强制执行，深圳中院于2001年4月17日依法受理，执行案号为〔2003〕深中法执一查字第2033号。该案执行标的金额为本金人民币19719730.32元及从2000年2月25日至2001年4月10日的利息（利息按央行公布的同期贷款利率计付）、案件受理费人民币121136元、财产保全费人民币111670元、迟延履行期间的债务利息、申请执行费人民币23280元、执行中实际发生的费用等。至2002年1月已经执行到款项计人民币16857331.48元，尚未执行到的金额为300多万元。

2. 中国工商银行深圳市分行与瑞京隆房地产开发（深圳）有限公司、珠海市盛鸿置业有限公司借款合同纠纷一案，中国工商银行深圳市分行依据已经发生法律效力的深圳仲裁委员会〔2003〕深仲裁字第218号裁决书申请强制执行，深圳中院于2003年3月4日依法受理，执行案号为〔2003〕深中法执一查字第209号。执行立案后，

深圳中院于 2003 年 3 月 14 日向深圳市保税区管理局送达了协助执行通知书，要求其协助将位于福田区福强路 Blll—3—1、2 号土地上"京隆苑"住宅 96 套、商铺 13 套（不含另案查封的 1 栋 1A、1 栋 1B、2 栋 1B、3 栋 1A、3 栋 1B、7 栋 1A、7 栋 1B、28 栋 1 层 6A、29 栋 1 层 7A9 套商铺）、车库停车位 490 个过户给抵押权人中国工商银行深圳市分行。

3. 苏一建公司与瑞京隆公司建设工程合同的铝合金门窗及幕墙工程纠纷一案，2002 年 6 月 27 日经福田区法院审理以〔2002〕深福法经初字第 848 号判决瑞京隆公司应支付苏一建公司工程款人民币 534550.06 元及利息。瑞京隆公司逾期支付工程款时，苏一建公司有或拍卖所得价款优先受偿。

（二）关于"京隆苑"及争议财产的情况

"京隆苑"于 1997 年 10 月 26 日开工，竣工日期为 1999 年 2 月 1 日；中国工商银行深圳市分行与瑞京隆公司于 1999 年 9 月 23 日签订了一份最高额抵押合同，并于 1999 年 12 月 22 日在深圳市保税区管理局办理了抵押登记手续。中国工商银行深圳市分行于 2004 年 1 月 14 日向深圳中院申请解除对上述商铺的查封。

目前，中国工商银行深圳市分行和苏一建公司争议的被执行人可供执行的财产仅有位于福田区福强路京隆苑 1 栋 1A 和 1B、2 栋 1B、3 栋 1A 和 1B、7 栋 1A 和 1B、28 栋一层 6A 和 29 栋 7A 共 9 套商铺。因原评估报告已逾有效期，深圳中院于 2003 年 6 月 11 日委托原评估机构对该 9 套商铺的现值进行补正说明。对于上述争议的 9 套商铺，中国工商银行深圳市分行主张抵押权优先受偿，苏一建公司则主张享有建设工程价款优先权。

（三）上述三案件的执行情况

1. 对前两案，即产生争议要求协调的苏一建公司、江苏省建筑安装工程股份有限公司深圳分公司与瑞京隆公司建设工程合同纠纷的深圳中院〔2003〕深中法执一查字第 2033 号案和中国工商银行深圳市分行与瑞京隆公司、珠海市盛鸿置业有限公司借款合同纠纷的深圳中院〔2003〕深中法执一查字第 209 号主张抵押优先权案，深圳中院审查认为：按照最高人民法院相关负责人在 2003 年 3 月 26 日的全国民事审判工作座谈会上的讲话精神，即"如果建设工程于 1999 年 10 月 1 日之前已竣工，1999 年 10 月 1 日之后人民法院对这类案件还没有审结的，不适用《合同法》第 286 条。如果建设工程施工于 1999 年 10 月 1 日之前，竣工或停工于 1999 年 10 月 1 日之后，承包人的工程价款是否享有优先权，应分别情况处理：在 1999 年 10 月 1 日之前，该工程没有设定抵押权的，承包人的工程价款享有优先权；该工程上设定有抵押权的，承包人就工程价款享有的优先权不得对抗已设定的抵押权"。以及根据最高院〔2002〕执他字第 21 号、〔2003〕执他字第 27 号答复精神，建设工程价款优先权应当在 1999 年 10 月 1 日《合同法》生效后才有的，在之前就没有建设工程价款优先权，也就没有对抗第三人的优先效力。该案所涉"京隆苑"竣工于 1999 年 10 月 1 日之前，苏一建公司所主张的建设工程价款优先权并不具有优先受偿的效力，不能优于享有抵押权的中国工商银行深圳市分行。因此，深圳中院于 2004 年 1 月 17 日解除了对上述 9 套商铺的查封。

就同一的房产、同一的原告，福田区法院〔2002〕深福法经初字第 848 号判决判定苏一建公司工程款有优先受偿权。该案现已进入执行阶段，为了维护法院工作的统一性和严肃性，从公平的角度出发，我院要求深圳中院对上述两案进行协调。经多次协调，双方均无法达成一致意见，中国工商银行深圳市分行于 2005 年 3 月 29 日向深圳中院提交"关于拒绝苏一建调解方案的函，协调已无法进行。

2. 苏一建公司与瑞京隆公司铝合金门窗及幕墙建设工程合同纠纷的福田区法院〔2002〕深福法经字第 848 号案，广东高院已指定汕尾中院执行，该院于同年 11 月 15 日立案执行。12 月 13 日中国工商银行深圳市分行提出异议，经执行听证，该院于 2005 年 1 月 19 日作出了〔2004〕汕中法执字第 81—1 号裁定书，驳回异议。同年 3 月 10 日作出〔2004〕汕中法执二立字第 81—2 号裁定拍卖被执行人 9 套商铺中的 2 栋 1B 房产。该房产的评估市值为人民币 1878840 元（包括地价及转让时应缴纳的税费），价值已足够清偿苏一建的工程款。经摇珠确定委托深圳市英纳拍卖有限公司进行拍卖，5 月 11 日上午 10 时进行第一次公开拍卖，因无人应价而流拍，现正准备对该房产进行第二次拍卖。

（四）广东高院拟处理意见

综合三案件的具体情况，广东高院提出如下

拟处理意见：

1. 敦促汕尾中院依法抓紧执结苏一建公司与瑞京隆公司建设工程合同的铝合金门窗及幕墙工程纠纷一案，所得执行款优先支付苏一建公司的工程款。

2. 鉴于苏一建公司、江苏省建筑安装工程股份有限公司深圳分公司与瑞京隆公司建设工程合同纠纷的〔2003〕深中法执一查字第2033号案中的"京隆苑"于1997年10月26日开工，竣工日期为1999年2月1日，广东高院同意深圳中院认为该案不能适用《合同法》第286条的观点，认为苏一建不享有建筑工程价款优先权，不能优于中国工商银行深圳市分行所享有的抵押权。况且，该案执行标的金额为本金人民币19719730.32元，至2002年1月已经执行到款项人民币16857331.48元，尚未执行到位的仅剩余300多万元，苏一建公司在绝大多数执行标的金额已满足的情况下，其提出无法支付工人工资是其自身的问题。

三、最高人民法院的处理意见

最高人民法院《关于适用〈中华人民共和国合同法〉若干问题的解释（一）》第1条规定，当时没有法律规定的，可以适用《合同法》的有关规定。本案中，苏一建公司承建的工程竣工于《合同法》生效之前，但因《合同法》生效前法律对工程款优先权的问题确实没有明文规定，故此，合议庭认为，苏一建公司所主张的工程款优先权可以依照最高人民法院上述司法解释的规定办理。据此，对本案提出以下处理意见：第一，同意广东高院督促汕尾中院依法抓紧执结深圳市苏一建实业有限公司与瑞京隆房地产开发（深圳）有限公司建设工程合同的铝合金门窗及幕墙工程纠纷一案的意见；第二，关于苏一建公司主张工程款优先受偿问题，鉴于该案合同成立于《合同法》实施之前，当时法律没有规定工程款优先受偿制度，因此，根据最高人民法院《关于适用〈中华人民共和国合同法〉若干问题的解释（一）》第1条的规定，当时没有法律规定的，可以适用《合同法》的有关规定。

四、本案评析意见

笔者认为，本案中，苏一建公司对系争的财产享有建筑工程价款的优先受偿权，理由如下：

第一，深圳中院的〔2000〕深中法经一初字第255号判决确认，中国工商银行深圳分行的抵押权因发生在《合同法》实施之后（办理抵押登记的时间是1999年12月22日），而苏一建公司承建的"京隆苑"工程竣工决算签字时间是2000年6月9日，工程款利息起算时间为2000年2月25日；深圳中院、广东高院认定"京隆苑"工程竣工的时间为1999年2月1日。从上述时间来看，苏一建承建"京隆苑"合同的实施跨越了《合同法》生效的时间，苏一建公司关于工程款优先受偿的主张应当予以支持。

第二，就苏一建公司工程款优先权的主张，也可考虑按最高人民法院《关于适用〈中华人民共和国合同法〉若干问题的解释（一）》第1条规定的精神办理，即"《合同法》实施以后成立的合同发生纠纷起诉到人民法院的，适用《合同法》的规定；《合同法》实施以前成立的合同发生纠纷起诉到人民法院的，除本解释另有规定的以外，适用当时的法律规定，当时没有法律规定的，可以适用《合同法》的有关规定。"鉴于《合同法》颁布前确实没有关于工程款优先受偿的法律规定，故苏一建公司工程款优先权的主张当根据《合同法》第286条规定而予以支持。

此外，综观全案，苏一建公司所承建的"京隆苑"工程在深圳市两级法院（福田区法院和深圳中院）出现了就同一工程的两个诉讼，福田区法院就铝合金门窗及幕墙工程作出的判决明确苏一建公司主张的工程款享有优先受偿权，而深圳中院就工程建设合同纠纷作出的判决则对工程款是否应当优先受偿未予明确，笔者认为，从适用法律的角度来看，前者适用《合同法》的规定，后者又未适用《合同法》的规定，无论就本案的实际情况还是法律规定的精神都是欠妥当的。从工程款优先权的立法本意来看，其核心意义是要从法治的角度来保护工程施工方的合法利益，避免因拖欠工程款、农民工工资情形的屡屡发生而危及社会稳定。①

---

① 张小林：《深圳市苏一建实业有限公司主张工程款优先受偿执行申诉案》，载最高人民法院执行工作办公室编：《强制执行指导与参考》2005年第3集（总第15集），法律出版社2006年版，第70～75页。

最高人民法院
关于企业法人分支机构未经授权以登记在其名下的房地产为他人提供的抵押合同的效力应如何认定问题请示之答复

2005年11月16日　〔2005〕民二他字第8号

河南省高级人民法院：

你院《关于企业法人分支机构未经授权以登记在其名下的房地产为他人提供的抵押合同的效力应如何认定问题请示》收悉。经研究，答复如下：

根据我国房地产法律关于登记确权规定之精神，企业法人的分支机构以登记在其名下的房地产为他人债权设定抵押，该抵押设定行为符合担保法规定的抵押权生效条件的，人民法院应当认定有效。

[提示] 事先经双方当事人同意，事后经土地主管部门认可，执行程序中可以处置国有划拨土地使用权

最高人民法院
对安徽省高级人民法院的复函

2006年1月10日　〔2005〕执他字第15号

安徽省高级人民法院：

你院〔2004〕皖执监字第175号《关于中国农业银行砀山县支行申请执行安徽省国营砀山葡萄酒罐头工业公司、安徽省砀山果园场借款纠纷一案的请示》收悉。经研究，答复如下：

经审查，原则同意你院审判委员会倾向性意见。宿州市中级人民法院〔2003〕宿中法执字第130—1号民事裁定书所处置的财产虽然涉及国有划拨土地使用权，但事先已经双方当事人同意，事后砀山县土地主管部门又予认可，符合《中华人民共和国城市房地产管理法》和《中华人民共和国城镇国有土地使用权出让和转让暂行条例》的相关规定及国家土地局〔1997〕国土函字第九十六号《对最高人民法院法经〔1997〕18号函的复函》精神。因此，宿州市中级人民法院上述民事裁定并无不当。但是在具体工作中应严格程序，注意及时同相关部门沟通协商。

此复。

【附：案例评析】

关于人民法院执行以划拨方式取得的土地使用权的请示与答复

二、安徽省高级人民法院的意见

（一）多数委员意见

宿州中院作出〔2003〕宿中法执字第130—1号民事裁定，是在双方当事人同意以评估价格抵偿债务的前提下作出的。在裁定送达双方当事人后，向砀山县土地部门发出协助执行通知书，并附与土地部门会商处理函。砀山县土地部门签署同意依法协助执行，预收了该土地出让金，并又发出办理土地使用权出让过户手续的通知。土地部门是人民政府职能管理部门，其行为代表人民政府。宿州中院作出的〔2003〕宿中法执字第130—1号民事裁定处置的是被执行人的办公楼等建筑物涉及国有划拨土地使用权，符合国家土地局1997年8月18日〔1997〕国土函字第九十六号《对最高人民法院法经〔1997〕十八号函的复函》第四条的规定，也符合《中华人民共和国城市房地产管理法》第三十九条、《中华人民共和国城镇国有土地使用权出让和转让暂行条例》第四十五条的规定，宿州中院〔2003〕宿中法执字第130—1号民事裁定并无不当。

（二）少数人意见

宿州中院〔2003〕宿中法执字第130—1号民事裁定将砀山葡萄酒罐头公司以划拨方式取得的国有土地使用权作价交付给农行砀山支行抵偿债务，适用法律不当。

三、最高人民法院的答复意见

根据本案的实际情况，同意安徽省高院审委会倾向性意见，即经政府主管部门批准，划拨土地使用权和地上建筑物、其他附着物所有权可以转让、出租、抵押，宿州中院作出的〔2003〕宿中法执字第130—1号民事裁定并无不当，应予维持。

四、评析意见

根据我国有关法律和相关规定，我国城市市区土地实行公有制即国家所有，对于土地使用权的取得一般有两种方式，一是交付一定的土地转

让金即有偿方式取得的土地使用权，二是通过划拨方式取得的土地使用权。前者是允许转让的，而后者由于不属于当事人的自有财产，法律明确规定是不能自行转让。但是，对划拨方式取得的土地使用权，经政府土地管理部门的同意，当事人交付土地出让金，履行了相关的手续后，该土地使用权是可以转让的。宿州中院在执行本案过程中，所作出的〔2003〕宿中法执字第130-1号以被执行人的房地产抵债的民事裁定，是在双方当事人同意以评估价格抵偿债务的前提下作出的，且砀山县土地管理部门同意依法协助执行，预收了该土地出让金，并又发出办理土地使用权出让过户手续的通知。因此，该项土地使用权的转让，符合国家土地局1997年8月18日〔1997〕国土函字第九十六号《国家土地管理局关于人民法院裁定转移土地使用权问题对最高人民法院法经〔1997〕18号函的复函》第四条的规定："对通过划拨方式取得的土地使用权，由于不属于当事人的自有财产，不能作为当事人财产进行裁定。但裁定转移地上建筑物、附着物涉及有关土地使用权时，在与当地土地管理部门取得一致意见后，可裁定随地上物同时转移"；也符合《中华人民共和国城市房地产管理法》第三十九条"以划拨方式取得土地使用权的，转让房地产时，应当按照国务院规定，报有批准权的人民政府审批。有批准权的人民政府准予转让的，应当由受让方办理土地使用权出让手续，并依照国家有关规定缴纳土地使用权出让金"的规定；也符合《中华人民共和国城镇国有土地使用权出让和转让暂行条例》第四十五条"符合下列条件的，经市、县人民政府土地管理部门和房产管理部门批准，其划拨土地使用权和地上建筑物、其他附着物所有权可以转让、出租、抵押：（一）土地使用者为公司、企业、其他经济组织和个人；（二）领有国有土地使用证；（三）具有地上建筑物、其他附着物合法的产权证明；（四）依照本条例第二章的规定签订土地使用权出让合同，向当地市、县人民政府补交土地使用权出让金或者以转让、出租、抵押所获收益抵交土地使用权出让金"的规定。而且，国务院国发〔1992〕61号《国务院关于发展房地产业若干问题的通知》第六项也明确规定："凡通过划拨方式取得的土地使用权，政府不收取地价补偿费，不得自行转让、出租和抵押；需要对土地使用权进行转让、出租、抵押和连同建筑物资产一起进行交易者，应到县级以上人民政府有关部门办理出让和过户手续，补交或者以转让、出租、抵押所获收益抵交土地使用权出让金。"

按照上述房地产法律和相关规定，对于以划拨方式取得土地使用权的，转让房地产时，应报有批准权的人民政府审批，准予转让的，应当由受让方办理土地使用权出让手续，并依法缴纳土地使用权出让金。因此，宿州中院在作出〔2003〕宿中法执字第130-1号民事裁定之前，应当事先与土地部门取得一致意见，农行杨山县支行交纳土地出让金后，才能裁定抵偿债务，而宿州中院先作出裁定，后才与土地部门协商，程序上颠倒了，但从当地土地部门同意协助执行，收取出让金，要求办理过户手续等一系列行为看，土地部门最终是予以认可的。

因此，宿州中院作出的〔2003〕宿中法执字第130-1号民事裁定并无不当，应予维持。①

最高人民法院
关于不动产所有权发生转移的时间如何确定请示与答复

2008年10月6日　　〔2007〕执他字第19号

云南省高级人民法院：

你院《关于拍卖、变卖财产规定第二十九条规定不动产所有权发生转移是否包括"变卖方式的情形"的请示报告》收悉。经研究，答复如下：

人民法院在执行过程中依法裁定变卖土地使用权的，对该土地使用权转移时间的确定，适用最高人民法院《关于人民法院民事执行中拍卖、变卖财产的规定》第二十九条第二款和最高人民法院、国土资源部、建设部《关于依法规范人民法院执行和国土资源房地产管理部门协助执行若干问题的通知》（法发〔2004〕5

---

① 裴莹硕：《关于人民法院执行以划拨方式取得的土地使用权的请示与答复》，载最高人民法院执行工作办公室编：《执行工作指导》2006年第1辑（总第17辑），人民法院出版社2006年版，第70~76页。

号）第27条的规定。你院请示的陕西弘丰农业生产资料有限公司是否已根据陕西省高级人民法院〔2002〕陕高法执一民字第025－2号民事裁定书取得争议土地使用权的问题，应当按照上述规定精神，依法予以确定并妥善处理。

此复。

【附：案例评析】

关于不动产所有权发生转移的时间
如何确定的请示与答复

二、两种分歧意见

第一种意见认为：西山区人民法院查封该房屋产权及土地使用权时，其权属登记在被执行人陕农公司名下，根据最高人民法院《拍卖规定》第二条第一款规定，可以查封。昆明市中级人民法院以《拍卖规定》第二十九条第二款规定为由，认定弘丰公司自签收陕西省高级人民法院民事裁定书起已取得了该房产所有权及土地使用权的观点不能成立。因该条款仅是对"拍卖成交"或"以物抵债"中权变更的特别规定，并不包括"变卖"的情形。对查封扣押的财产进行处理，如果拍卖需经拍卖程序，抵债承受人应当是本案的申请执行人或其他债权人。弘丰公司在本案中既不是申请执行人，也不是债权人。而陕西省高级人民法院民事裁定书确认的成交方式是变卖关系，并非拍卖或抵债行为。所以，该公司签收陕西省高级人民法院民事裁定书，并不能当然发生该权属转移为其所有的效力，而仅是赋予当事人以登记请求权，只有经登记后方产生物权变动的效果。未经变更登记的，其权属不发生转移。弘丰公司虽然支付了部分价款，其既未到房地产及土地管理登记部门申请变更，也未进行登记。根据最高人民法院《关于人民法院民事执行中查封、扣押、冻结财产的规定》第十七条规定精神，该财产可以查封。案外人弘丰公司提出的执行异议不能成立。

第二种意见认为：最高人民法院《拍卖规定》第二十九条第二款确定了不动产、有登记的特定动产的所有权自人民法院作出裁定送达买受人时转移的原则。该司法解释虽没有写明变卖这一行为，但执行程序中的变卖也是强制执行措施，且该司法解释就是规范"拍卖、变卖"财产的规定。

执行程序中因变卖引起所有权转移与因民事法律行为引起的所有权转移是有区别的。本案中，不能适用不动产物权变动的"一般原则"。弘丰公司自签收陕西省高级人民法院民事裁定书起已取得该房产所有权及土地使用权。

三、最高人民法院的处理意见及理由

我们认为，第二种意见是正确的。理由如下：

第一，拍卖、变卖、以物抵债是执行程序中查封标的物变价的三种主要方式，其中应以拍卖为原则，以变卖和以物抵债为例外。相比拍卖而言，变卖、以物抵债具有交易成本低、简便易行、效率高等特点，但同时也存在缺乏公开性、透明度和竞争性、随意性大等缺陷。所以《拍卖规定》确定了拍卖优先原则，但同时也规定了在满足一定条件的情况下可以变卖或以物抵债。执行程序中的拍卖、变卖或以物抵债均属于强制措施，都可能导致不动产物权变动的结果，且其导致的所有权转移与因民事法律行为引起的所有权转移有着本质上的区别。因为这三种变价方式中均有国家公权力的介入，故不能适用不动产物权变动的一般原则。也正是基于此，《拍卖规定》第二十九条规定了所有权转移的特殊时点，即不以办理过户登记为要件，而是以拍卖成交或抵债裁定送达买受人或者承受人时起转移。变卖是法定的标的物变价方式之一，只要符合法定条件，变卖产生的法律后果与拍卖相同，故在不动产物权变动标志的问题上，应适用与拍卖相同的规则，即准用《拍卖规定》第二十九条的规定。

第二，在《拍卖规定》之前，讼争房地产权利转移的具体时间应以人民法院的判决、裁定生效时间为准的原则已经在司法实践中被确立，如最高人民法院《关于新疆石河子地区中级人民法院裁定转移给石河子八一棉纺织厂的财产不应列入承德市针织二厂破产财产问题的复函》（〔1997〕经他字第23号）："……根据《中华人民共和国民事诉讼法》第二百三十条[1]规定的精神，讼争的房地产权利是否转移应以人民法院的生效判决、裁定为依据，需要办理有关财产权证照转移手续的，人民法院可以向有关单位发出协助执行通知书，有关单位必须办理。讼争房地产权利转移的具体时间应以人民法院的判决、裁定生效时间为准……"2004年3月1日起实施的最高人民法院、国土资源部、建设部《关于依法规

---

[1] 民事诉讼法原第二百三十条现已修改为第二百五十四条。——编者注

范人民法院执行和国土资源房地产管理部门协助执行若干问题的通知》(以下简称《联合通知》)第二十七条规定:"人民法院制作的土地使用权、房屋所有权转移裁定送达权利受让人时即发生法律效力,人民法院应当明确告知权利受让人及时到国土资源、房地产管理部门申请土地、房屋权属变更、转移登记。国土资源、房地产管理部门依据生效法律文书进行权属登记时,当事人的土地、房屋权利应当追溯到相关法律文书生效之时。"说明在这个问题上,最高人民法院已经与房地产主管部门达成共识,对此问题的处理已经有了明确的法律依据。

第三,就本案而言,弘丰公司是依据陕西省高级人民法院2003年12月作出的民事裁定书取得的争议房地产的所有权。该案是陕西省高级人民法院执行的中国农业银行西安市西大街支行(以下简称农行)诉陕农公司的借款担保纠纷案,上述房地产是抵押财产,已经办理了抵押登记且被法院查封。在执行程序中,因双方当事人同意,将该涉案抵押房产及土地使用权按照评估价552万余元变卖给弘丰公司,弘丰公司已将变价款划入陕西省高级人民法院账户,故陕西省高级人民法院裁定解除了对上述房产和土地使用权的查封,并要求农行办理抵押权注销手续并协助买受人办理产权过户手续。2005年6月,弘丰公司向西安市国土资源局申请办理上述房地产过户手续,并最终于2006年3月获得相关使用权证。所以,上述房地产在陕西省高级人民法院执行中已于2003年12月裁定变卖给案外人弘丰公司,根据最高人民法院、国土资源部、建设部《联合通知》第二十七条的规定,弘丰公司的土地、房屋权利应当追溯到陕西省高级人民法院变卖裁定生效之时。故弘丰公司的异议成立。①

最高人民法院
关于如何处理建设工程款债权与请求交付房产的债权冲突问题的复函

2008年11月5日　〔2008〕执他字第8号

青海省高级人民法院:

你院《关于青海量具刃具有限责任公司申请执行青海华峰房地产有限公司土地使用权转让合同纠纷及浙江东阳三建执行异议一案法律适用问题的请示》收悉。经研究,答复如下:

浙江省东阳第三建筑公司(以下简称东阳三建)请求青海华峰房地产有限公司(以下简称华峰公司)支付建筑工程款的权利以及青海量具刃具有限责任公司(以下简称量具公司)请求华峰交付房产的权利均为债权。依据《物权法》第9条、第30条之规定,争议房产仍属于华峰公司所有,应当作为华峰公司的责任财产由有关债权人按照法定的顺序受偿。依据《合同法》第286条和本院《关于建设工程价款优先受偿权问题的批复》第1条之规定,应当对相应的争议房产进行变价,变价款由东阳三建优先受偿。东阳三建受偿后,剩余价款及未变价处理的房产应当交付量具公司。如无法按照执行依据确定的数量和质量执行实物,对量具公司非金钱债权的差额部分,应当依照本院《关于人民法院执行工作若干问题的规定(试行)》第57条之规定,折价后执行华峰公司的其他财产。

【附:案例评析】

不动产执行程序中交付房产请求权与工程款优先权竞合的处理

二、青海省高级人民法院审委会意见

青海市高级人民法院审判委员会对本案的处理形成两种意见:

第一种意见认为,案外人东阳三建的异议成立。根据合同法第二百八十六条规定:"发包人未按照约定支付价款的,承包人可以催告发包人在合理期限内支付价款。发包人逾期不支付的,除按照建设工程的性质不宜折价、拍卖的以外,承包人可以与发包人协议将该工程折价,也可以申请人民法院将该工程依法拍卖。建设工程的价款就该工程折价或者拍卖的价款优先受偿。"该条规定是东阳三建与华峰公司折抵协议的直接法律依据。另外,根据《最高人民法院关于建设工程价

---

① 吴宪光、于泓:《关于不动产所有权发生转移的时间如何确定的请示与答复》,载江必新主编、最高人民法院执行局编:《执行工作指导》2008年第3辑(总第27辑),人民法院出版社2009年版,第45~49页。

款优先受偿权问题的批复》第一条规定："人民法院在审理房地产纠纷案件和办理执行案件中，应当依照《中华人民共和国合同法》第二百八十六条的规定，认定建筑工程的承包人的优先受偿权优于抵押权和其他债权。"依据民事诉讼法第二百零四条规定，应裁定中止对本案标的的执行，报最高人民法院启动再审。

第二种意见认为，案外人东阳三建的异议不成立。生效判决确定了对特定标的物的执行，根据《最高人民法院关于人民法院执行工作若干问题的规定》（试行）第五十七条规定："生效法律文书确定被执行人交付特定物的，应当执行原物。原物被隐匿或非法转移的，人民法院有权责令其交出。"东阳三建工程款优先受偿权属债权范畴，且未经审判程序确认，其效力不能对抗生效判决确定的特定物权。故本案应当继续执行。

该院审判委员会倾向于第二种意见。

三、评析

在执行程序中，不同的申请执行人依据不同的执行名义，对同一不动产申请执行，且不同的权利之间相互排斥，就产生了所谓的"不动产的执行竞合"问题，本案中物之交付请求权的执行与建筑工程款优先权的竞合即为典型。这类问题完全可以在执行程序中根据权利的性质和受偿的顺序加以解决，如果涉及的相关执行依据并无错误，并不需要启动再审程序。

笔者认为，青海省高级人民法院审委会的两种意见均不正确，理由如下：

首先，根据合同法第二百八十六条的规定，在发包人拖欠工程款时，承包人有权和发包人自行协商将有关工程折价抵顶工程价款，也可以申请人民法院将工程依法拍卖，建设工程的价款就工程折价或者拍卖的价款优先受偿。建设工程价款为法定优先权，并不一定必须通过诉讼或者仲裁程序确认，依据《最高人民法院关于建设工程价款优先受偿权问题的批复》的规定精神，人民法院在审判程序和执行程序中都要保护承包人的建筑工程款优先权。本案中，东阳三建与华峰公司就建筑工程款债权签订抵债协议，内容合法，但由于双方尚未到房地产管理部门办理备案登记手续，抵债标的物并没有完成物权变动的过程，也就是说抵债的房产仍然属于华峰公司的财产，东阳三建对抵债房产享有的只是房屋交付请求权，并不能产生阻止执行的法律效力。但是，正因为抵债标的物尚未变更到其名下，其对华峰公司的工程款债权也就仍然存在。由于其债权属于优先性债权，有权就相关的房产（与抵债的房产同一）变价款优先受偿。青海省高级人民法院审委会第一种意见错误地将东阳三建对抵债标的物价值受偿的优先看作对实物受偿的优先。

其次，量具刃具公司请求华峰公司交付10800平方米房屋的权利仍然属于债权性质。请求他人交付一定的种类物或者特定物，执行法学理论上称之为"物之交付请求权的执行"。在物之交付请求权中，除了原物的返还请求权属于物权外，均属于债权性质。因为，根据物权法第二条对物权的定义，"物权是指权利人依法对特定的物享有直接支配和排他的权利，包括所有权、用益物权和担保物权。"本案中，量具刃具公司请求交付的10800平方米房屋所有权属于华峰公司，量具刃具公司只有通过法院的执行将需要交付的房屋所有权转移到自己名下之后才能享有物权，而请求交付10800平方米房屋的权利并非物权，和请求他人支付一定数量的金钱一样属于典型的债权。如果量具刃具公司对10800平方米的房屋享有的是物权，那是什么类型的物权呢？如果是所有权，则因为房屋此时仍登记在华峰公司名下，就会在10800平方米房屋上同时存在华峰公司和量具刃具公司两个同类性质的物权，违背了"一物一权"的物权法原理。同时，量具刃具公司也不可能对涉案房屋享有担保物权和用益物权。

关于物之交付请求权的执行，执行过程中如果债务人有能力履行交付执行依据所确定的标的物，则应按照执行依据确定的执行标的物交付与申请执行人。如果标的物被法院因另案执行或者灭失，则应依据最高人民法院执行规定第五十七条规定的精神处理，即"原物确已变质、损坏或者灭失的，应当裁定折价赔偿或者按标的物的价值强制执行被执行人的其他财产"。这就是执行法学理论上所称的"本旨执行转化为赔偿执行"。青海省高级人民法院审委会的第二种意见的错误之处在于，将量具刃具公司请求交付房屋的债权请求权误作为物权。

综上，本案中东阳三建与华峰公司享有的权利均为债权，但由于东阳三建的建筑工程款债权属于法定优先权，有权就青海省高级人民法院查封房产的变价款优先受偿。青海省高级人民法院应当先对查封标的物进行拍卖,在优先满足东阳三建债权后,如有剩余房产可交付量具刃具公司;如无剩余房产或者剩余房产不足交付,则应对不足部分折价后执行华峰公司的其他财产。①

最高人民法院关于人民法院能否在执行程序中以被执行人擅自出租查封房产为由认定该租赁合同无效或解除该租赁合同的答复

2009年12月22日　〔2009〕执他字第7号

山东省高级人民法院:

你院《关于被执行人擅自出租已查封的财产执行程序中人民法院排除执行妨害能否认定该合同无效或解除该租赁合同的请示》收悉。经研究,答复如下:

在执行程序中被执行人擅自处分法院的查封物,包括本案中以出租的形式妨害查封效果的行为,执行法院有权以裁定形式直接予以处理。根据最高人民法院《关于人民法院民事执行中查封、扣押、冻结财产的规定》第26条,被执行人擅自处分查封物,与第三人签订租赁合同,并不当然无效,只是不得对抗申请执行人。第三人依据租赁合同占有查封物的,人民法院可以解除其占有,但不应当在裁定中直接宣布租赁合同无效或解除租赁合同,而仅应指出租赁合同不能对抗申请执行人。

【附:案例评析】

人民法院能否在执行程序中以被执行人擅自出租查封房产为由认定该租赁合同无效或解除租赁合同的请示与答复

二、山东省高级人民法院的意见

1. 山东省高级人民法院执行合议庭认为,被执行人擅自出租查封财产,执行程序中有权认定该合同无效,解除该租赁合同。其主要理由:对于《最高人民法院关于人民法院执行工作若干问题的规定(试行)》(以下简称《执行规定》)第44条与《最高人民法院关于人民法院民事执行中查封、扣押、冻结财产的规定》(以下简称《查封规定》)第二十六条人民法院的查封、扣押、冻结没有公示规定的,其效力不得对抗善意第三人的相关规定,应作如下理解:第一,被执行人不得擅自处分已被法院查封的财产;第二,被执行人就已查封的财产设定权利负担或其他妨碍执行的行为,不得对抗申请执行人;第三,第三人未经法院准许不得占有(使用)已查封的财产;第四,对未经法院准许占有已查封财产的第三人,法院可以依职权或申请执行人的申请解除其占有;对第三人未经法院准许实施的其他有碍执行的行为,法院可以排除其妨害。

本案被执行人B公司在和承租方D公司签订租赁合同时,未经法院和申请执行人同意,属擅自租赁查封的财产,侵害了现申请执行人的权利。D公司未经法院准许租用(占有)已查封的财产,即是实施了有碍执行的行为。本案执行中并未依据实体法审查租赁合同的效力等实体问题,而只是依据上述司法解释,对被执行人擅自处分查封物、第三人(承租方)未经准许占有使用查封物等有碍执行的行为,采取了执行程序上的排除妨害、解除占有措施。而如果不解除租赁合同,承租人就可以用租赁合同对抗执行,申请执行人的权利就无法实现,本案也无法执结。

2. 山东省高级人民法院审判委员会研究认为,被执行人出租查封财产合同效力的认定或解除属于对案件实体问题的裁判,应通过民事诉讼程序解决,执行机构无此项权力。执行程序中,法院只需要求承租人退出占有即可。

三、最高人民法院答复意见

在执行程序中被执行人擅自处分法院的查封物,包括本案中以出租的形式妨害查封效果的行为,执行法院有权以裁定形式直接予以处理。根据《查封规定》第二十六条的规定,被执行人擅自处分查封物,与第三人签订的租赁合同,并不当然无效,只是不得对抗申请执行人。第三人依据租赁合同占有查封物的,人民法院可以解除其占有,但不应当在裁定中直接宣布租赁合同无效或解除租赁合同,而仅应指出租赁合同不能对抗

---

① 范向阳:《不动产执行程序中交付房产请求权与工程款优先权竞合的处理》,载江必新主编、最高人民法院执行局编:《执行工作指导》2009年第4辑(总第32辑),人民法院出版社2010年版,第108~112页。

申请执行人。

四、评析意见

（一）被执行人处分查封财产行为的效力

1. 绝对无效说与相对无效说

被执行人处分查封物行为的效力，存在绝对无效说与相对无效说之分。绝对无效说认为，查封是公法上的行为，查封后被执行人丧失处分权，其处分行为属于绝对无效与确定无效，对于任何人都不生效力。相对无效说认为，查封仅使被执行人在查封目的之内丧失处分权，所以被执行人对查封物的处分，仅对执行债权人不生效力，对于被执行人与第三人，仍属于有效。当债权人撤回申请或查封被撤销时，处分行为变为完全有效。两种学说也被称为查封的绝对效力与相对效力。一般认为，相对效力说既能实现查封的目的，又能兼顾查封后被执行人及第三人之利益，较为合理。

2. 我国关于处分查封物效力的相关规定及理解

我国关于处分查封物行为效力的规定，以2005年1月1日《查封规定》的生效为界，可以划分为两个阶段。

《查封规定》生效之前，我国立法对于处分查封财产行为的效力并无直接明确的规定。相关的法律条文主要有《执行规定》第44条、民事诉讼法第一百零二条、①担保法第三十七条第（五）项、城市房地产管理法第三十七条第（二）项。有学者认为："从这些规定的立法本意来看，我国对债务人变卖查封财产的行为明显采取了一种严格禁止的态度，实践中一般也不承认债务人处分查封物的行为可以在债务人和第三人之间发生效力。据此可以推断，我国当时采取的是查封效力绝对性的观点。"也有学者将上述条文解释为查封的相对效力说，理由为：首先，对于擅自处分查封物行为的处理，作为规范该问题的核心条文，《执行规定》第44条只是责令责任人追回查封物或承担赔偿损失，并未否认处分行为的效力，也未涉及第三人对于查封物权利的认定。这种处理更接近相对效力说。其次，民事诉讼法第一百零二条只涉及对于擅自处分者的强制措施，未涉及处分行为的效力。第三，担保法与城市房地产管理法的相关规定，只是在客观上限制了处分查封物的范围，并未否认相对效力说。同时，在《查封规定》第二十六确立了查封的相对效力后，担保法与房地产管理法也未作相应的修改。

上述两种观点各有道理，总体来看当时对于查封效力的规定并不明确。

《查封规定》第二十六条第一款规定："被执行人就已经查封、扣押、冻结的财产所作的移转、设定权利负担或者其他有碍执行的行为，不得对抗申请执行人。"其中关于"不得对抗申请执行人"的表述与"相对效力说"的"对于申请执行人不生效力或无效"表述不完全一致，含义上也存在些许差异。但是两种表述都不否认处分行为的整体效力，同时承认查封效果的优先性，都兼顾了查封的公法效果与当事人的私权保护。从这一角度看，两种规定并无差异。应认为我国自此明确了查封的相对效力。

虽然《查封规定》第二十六条第一款规定了查封相对效力，但对其适用范围，理解上仍存在争议。一种理解是，查封的相对效力只适用于物权的变动及一些转移了占有的特定债权行为，如出租、出借等。另一种理解是相对效力不仅及于物权的变动，也包括债权的设定。

前一种观点的主要理由是：第一，债权本身就是一种相对权，被执行人就查封物设定债权合同不会妨害到执行，执行中无须否定该合同。或者说合同的相对效力能排除合同行为对于执行的妨害问题，无需适用查封的相对效力说。第二，对于具有对抗力的特定债权，如租赁权，其对抗力的产生不是单纯的债权合同，而是合同加上对于标的物的占有。只要解除了占有，也就排除了妨害，无须否定债权合同。第三，《查封规定》第二十六条使用了"不得对抗申请执行人"的表述，而具有对抗性的一般为物权。如果被执行人的行为包括设定债权的行为在内，条文应使用"相对于申请执行人无效"。由此可以反推出该条并不涵盖债权合同。

第二种观点的理由为：第一，《查封规定》第二十六条并未限定适用范围，而是指出对于一切妨害执行的行为皆应排除。第二，虽然一般债权不具有对抗力，但是不可否认存在一些类似于物权的、具有对抗性的债权，如本案中的租赁权。

---

① 民事诉讼法原第一百零二条现已修改为第一百一十一条。——编者注

对于在查封物上设定此类债权的行为，债权的相对效力理论无法排除执行妨害。如果坚持相对效力只适用于设定物权的原则，那么就需要为解决此类案件设定例外并予以复杂的说明。与其如此，还不如将相对效力说解释为一体适用于物权与债权的设定。第三．大陆法系学者大多认为查封的相对效力不适用于一般的债权行为，原因在于大陆法系区分处分行为与负担行为的理论背景。而我国并未明确采纳处分行为与负担行为的区分理论，在解释查封的相对效力时不必为该理论框架所限制。

（二）执行程序中对于处分查封财产行为的处理及限度

《查封规定》第二十六条第二款规定，处分查封财产的行为可以在执行程序中处理。同时综合考虑本条文的表述、查封制度的目的、执行与审判相分立的体制、当事人自由的维护与查封物经济效用的发挥等因素，执行程序中的处理应以排除执行妨害为限。具体内容如下：

1．凡是妨害到执行的处分查封物行为都应当排除，不论是否涉及到实体权利的审查。通常情况下．直接妨害执行的是案外人对于查封物的占有行为，因此，执行中首先需要解除其占有。同时，如查封物发生了物权的变动，第三人基于物权而占有的场合，只要不成立善意取得的情形，就需要同时否定其物权的效力，否则妨害无法真正排除。由于执行机构排除执行妨害的权力来自于《查封规定》第二十六条的明确授权，所以在排除执行妨害的范围内审查与否定实体权利于法有据。在这个意义上，山东省高级人民法院认为执行程序中不能处理实体问题的观点是错误的。

2．对于处分查封物行为效力的否定，应以保障执行的顺利进行为限。本案中只需解除案外人的占有，而无需否定租赁合同的整体效力。山东省高级人民法院执行合议庭认为需要否定租赁合同的效力或解除合同的观点是错误的。基于对查封相对效力涵盖范围的不同认识，解释其错误有如下两种思路：

持查封相对效力只涵盖物权变动及特殊类型债权者认为，本案应区分承租人单纯依据租赁合同的债权与租赁权。根据合同的相对性原理，前者不会对执行造成妨害，无需否定。后者是一种物权化的权利，具有对抗性，为了排除执行妨害，应予以否定。由于租赁权的成立以占有为条件，所以剥夺租赁人的占用也就否定了其租赁权并排除了执行妨碍。根据这种解释，山东省高级人民法院执行合议庭的错误就在于没有区分基于租赁合同的债权与基于占有的租赁权。

持查封的相对效力统一适用物权行为与债权行为者认为，由于本案的占有在形式上是有权占有，所以在排除执行妨害时不仅需要解除承租人的占有，还要否定占有的权利来源——租赁合同中妨害执行的部分。具体讲，就是剥夺承租人请求实际履行的合同权利。至于合同的其他部分与整体效力，由于并不影响执行的进行，所以无需否认。在这种观点看来，山东省高级人民法院执行合议庭可以否定租赁合同中妨害执行的部分，但是否定租赁合同的整体效力则超出了排除执行妨害的必要范围。

应该说两种思路各有特点，并无明显优劣之分。其区别主要体现在排除特殊类型债权造成的执行妨害的解释方面。第一种解释符合债权的相对性原理，但是必须将租赁等特殊债权行为作为例外处理。第二种思路能较好地处理特殊债权行为的问题，但是与债权的相对性原理有些重叠与冲突。合议庭对适用何种思路处理本案也存在不同意见，考虑到第二种解释在处理本案租赁权这一特殊类型的债权问题上更具有说服力，及我国并未明确采纳物权行为的立法现实，本案最终采纳了第二种解释。

3．此外，排除妨害以保障执行顺利进行为限还意味着，如果申请执行人认可被执行人的妨害行为，法院也可以不予解除。如本案中申请执行人对被执行人出租查封物的行为予以认可，能够接受租赁关系的存在，或者认为对实现债权没有大的妨碍，法院也可以不解除第三人的占有。但此时应注意审查申请执行人的认可行为是否侵害了他人的权益。

（三）本案裁定书的表述及相关主体的权利救济

裁定书应当表明根据《查封规定》第二十六条的规定，本案租赁合同不能对抗申请执行人（或相对于申请执行人无效）；剥夺D公司依据租赁合同对于查封物的占有。但不应当在裁定中直接宣布租赁合同无效或解除租赁合同。

由于本案中法院排除执行妨害并未审查被执行人B公司与案外人D公司之间的租赁合同，所以D公司的占有被解除后，其与B公司之间的租赁合同纠纷可以通过另行诉讼或仲裁程序解决。有权机关对于合同效力的认定不影响执行裁定的效力。当然，如果执行法院在排除执行妨害的过程中存在民事诉讼法第二百零二条①、第二百零四条②的情形，相关主体可以依法书面提出异议或提出异议之诉。③

最高人民法院
关于房屋与占用范围内的土地使用权欠缺一并处分条件时如何执行的问题的复函

2010年6月29日　〔2010〕执他字第8号

辽宁省高级人民法院：

你院〔2009〕辽执一复字第3号《关于房屋与占用范围内的土地使用权欠缺一并处分条件的应否单独处分房屋问题的请示》收悉。经研究，现答复如下：

原则同意你院审判委员会多数人意见。根据房随地走，地随房走的原则及《物权法》第一百四十六条、第一百四十七条和我院《关于人民法院民事执行中查封、扣押、冻结财产的规定》第二十三条第一款的规定，人民法院在执行中需要处理房地产时亦应遵循上述原则和规定。本案中，兴城市市政管理处办公楼系1983年建造，由于当时管理不规范等原因致使权利人与房地产管理部门没有办理相应手续，造成土地权属不明。你院可责成执行法院与当地房地产管理部门协调处理，协调处理不成时，应按房地一致原则处置房产。

【附：案例评析】
关于房屋与占用范围内的土地使用权欠缺一并处分条件时如何执行的问题
　　分析意见：

对本案中，市政管理处名下房产占用土地权属不清，能否单独处理地上房产问题，就房屋与占用范围内的土地使用权欠缺一并处分条件，是不能一并处分的，是应依照《中华人民共和国物权法》第147条及《中华人民共和国城市房地产管理法》第31条的规定，将房屋确定为不适格的被执行财产，还是应依照《最高人民法院、国土资源部、建设部关于依法规范人民法院执行和国土资源房地产管理部门协助执行若干问题的通知》（法发〔2004〕5号，以下简称《联合通知》）第23条的规定，单独处分房屋问题，形成两种意见：

多数意见认为：房屋与其占用范围内的土地连为一体的自然属性，决定了房屋所有权人与占用范围内的土地使用权人应当一体化，即房屋所有权与占用范围内的土地使用权应当归属一致，从而也就决定了处分房屋时，须将占用范围内的土地使用权一并处分。《中华人民共和国城市房地产管理法》第31条规定："房地产转让、抵押时，房屋所有权和该房屋占用范围内的土地使用权同时转让、抵押。"《中华人民共和国物权法》第147条规定："建筑物、构筑物及其附属设施转让、互换、出资或者赠与的，该建筑物、构筑物及其附属设施占用范围内的建设用地使用权一并处分。"均对此加以了确认。另外，单独处分房屋只能使相关物权关系变得不清不顺，增加产生纠纷的可能及问题的复杂程度。因此，房屋与占用范围内的土地使用权欠缺一并处分条件的，不应单独处分房屋，而应将房屋确定为不适格的被执行财产。

少数意见认为：《联合通知》第23条规定："土地使用权与房屋所有权归属不一致的，受让人继受原权利人的合法权利"。因此，出现此种情形，应按照上述规定，单独处分房屋。

关于房屋与占用范围内的土地使用权欠缺一并处分条件，不能一并处分的，是将房屋确定为不适格的被执行财产；还是应单独处分房屋问题，情况比较复杂，因为土地性质、权属的不同，使得执行方式、依据均有不同。理由如下：

---

① 民事诉讼法原第二百零二条现已修改为第二百二十五条。——编者注
② 民事诉讼法原第二百零四条现已修改为第二百二十七条。——编者注
③ 黄金龙、葛洪涛：《人民法院能否在执行程序中以被执行人擅自出租查封房产为由认定该租赁合同无效或解除租赁合同的请示与答复》，载江必新主编、最高人民法院执行局编：《执行工作指导》2009年第4辑（总第32辑），人民法院出版社2010年版，第87~93页。

一、土地权属状态不同，执行处置方式不同。一种情况是该土地使用权登记在其他权利人名下，那么可以适用《联合通知》的第23条规定，即在变价处理土地使用权、房屋时，土地使用权、房屋所有权同时转移；土地使用权与房屋所有权归属不一致的，受让人继受原权利人的合法权利。另一种情况是如果房屋所有权人仅是因历史原因未及时办理土地使用权登记，可以先补办土地使用权手续后，房屋与占用范围内的土地一并评估拍卖，所得的土地价款补足土地出让金。

二、"房随地走"、"地随房走"这是目前我国的立法基本精神。《物权法》第146条和第147条对此均有规定，都是实现房地一致的方式，已经在法律实践和社会生活中得到普遍接受。根据现在的立法趋势，在执行程序处置房地时宜尽量使得房地一致，减少因历史遗留问题形成更多的纠纷。

综上，根据"房随地走"、"地随房走"的司法原则，及《物权法》第146条和第147条规定，执行在处理房地产时应地一致，本案市政管理处办公楼系1983年建造，由于历史原因，权利人与房地产管理部门没有履行职责，也造成了土地权属不明，至今没有其他人主张权利。因此，该建筑物周围土地应视为同属市政管理处所有。可以建议辽宁高院责成执行法院与当地土地管理部门协调补办相关手续，确难以协调时，按房地一致处置房产。①

最高人民法院
民事裁定书

〔1999〕执监字第21号

申请执行人：通州市机电设备总公司，住所地通州市金沙镇建设路85号。

法定代表人：周玉和，该公司总经理。

申请执行人：通州市物资集团总公司，住所地通州市朝阳路17号。

法定代表人：王益恒，该公司总经理。

申请执行人：通州市外资企业物资公司，住所地通州市朝阳路17号。

法定代表人：陆跃飞，该公司总经理。

申请执行人：通州是化工轻工公司，住所地通州市建设路85号。

法定代表人：董闽军，该公司经理。

被执行人：香港三江（国际）企业有限公司，住所地香港湾仔港湾道18号中环广场3205—6室。

法定代表人：闵平波，该公司总裁。

被执行人：闵平波，男，39岁，住上海浦东新区金浦花园A座2C室。

被执行人：海南省航空实业公司，住所地海南省海口市海府路105号。

法定代表人：王进波，该公司总经理。

被执行人：海口市通海实业有限公司，住所地海南省海口市龙昆北路龙珠新城13栋702室。

法定代表人：闵春发，业主。

案外人：香港惠裕有限公司，住所地香港金钟路力宝中心百富勤15号写字楼。

法定代表人：张翌兵，该公司董事。

关于香港惠裕有限公司（以下简称惠裕公司）对江苏省南通市中级人民法院强制执行上海金浦花园31套房产提出案外人异议申诉一案，本院依法组成合议庭进行了审查，现已审查终结。

江苏省南通市中级人民法院在审理通州市机电设备总公司诉被告海南省航空实业公司、香港三江（国际）企业有限公司、闵平波借款合同纠纷一案的过程中，于1995年11月10日和1996年6月30日作出财产保全〔1995〕通经初字第148—1、149—1、150—1、151—1、152—1、153—1、154号民事裁定书，其中以被执行人闵平波向惠裕公司违章转让房地产逃避债务为由，保全查封了上海金浦花园31套外销商品房。惠裕公司以该房产为其所有为由，分别向南通市中级人民法院提出案外人异议和向江苏省高级人民法院提出案外人异议申诉。南

---

① 李海军：《关于房屋与占用范围内的土地使用权欠缺一并处分条件时如何执行的问题》，载江必新主编、最高人民法院执行局编：《执行工作指导》2010年第4辑（总第36辑），人民法院出版社2011年版，第130～134页。

通市中级人民法院于1996年12月立案执行该院〔1995〕通经初字第148、149、150、151、152、153、154号民事判决书后，以〔1996〕通中法执裁字第26号民事裁定书裁定惠裕公司已取得的上述房屋的所有权证无效，后又于1997年8月12日以〔1997〕通中法执通字第1号通知书驳回惠裕公司的执行异议，并以〔1997〕通中法执裁字第23号民事裁定书将上述房产以评估价2785.9910万元抵偿闵平波所欠申请执行人通州市机电设备总公司等的部分债务。

本院查明：上海金浦花园A座1—7楼、9—18楼B室及A座1—6楼、9楼、11—15楼、17—18楼C室共31套房产系惠裕公司从香港光大财务投资公司贷款后，于1994年9月30日尚开发商上海金马新城房地产有限公司（以下简称金马公司）购买的，惠裕公司已支付了全部房价款港币45016744.57元，并取得了上海市房屋土地管理局核发的31套房产的房屋所有权证和国有土地使用证，且经上海市第一中级人民法院作出的〔1996〕沪一中民初字第75号民事判决书确认此商品房出售合同合法有效。闵平波虽曾于1993年11月18日与金马公司签订了商品房预售合同，但该合同于1994年9月27日经双方同意终止履行。惠裕公司虽与闵平波签订了回购协议，但在该协议约定的履行期限届满前，双方已以债权债务转让的方式改变了原问购协议，且在南通市中级人民法院查封上述房产之前已转让完毕。闵平波与惠裕公司之间的债权债务已全部清结，闵平波对本案31套房产不再享有任何权利。

本院认为，根据《中华人民共和国房地产管理法》的规定，上述31套房产是案外人惠裕公司所有的财产，惠裕公司所提异议理由成立。南通市中级人民法院认为上述房产归闵平波所有、闵平波向惠裕公司违章转让房产逃避债务，无事实依据，以此为由查封并强制执行上述房产错误，应予纠正。本院于1999年1月21日和1999年12月21日分别作出〔1999〕执监字第21号函、〔1999〕执监字第21—1号函，指令江苏省高级人民法院监督南通市中级人民法院撤销该院〔1996〕通中法执裁字第26号民事裁定书、〔1997〕通中法执裁字第23号民事裁定书和〔1997〕通中法执通字第1号通知书，将上述房产交还惠裕公司，并协助上海市房屋土地管理局将上述房产之产权恢复至执行前的状态。但江苏省高级人民法院、南通市中级人民法院至今仍未自行纠正执行错误，根据《最高人民法院关于执行工作若干问题的规定（试行）》第73条、第130条第三款之规定，裁定如下：

一、撤销江苏省南通市中级人民法院〔1996〕通中法执裁字第26号民事裁定书、〔1997〕通中法执裁字第23号民事裁定书和〔1997〕通中法执通字第1号通知书。

二、将上海金浦花园A座1—7楼、9—18楼B室及A座1—6楼、9楼、11—15楼、17—18楼C室共计31套房产交给惠裕公司，该房产之产权证恢复至南通市中级人民法院强制过户前的状态。

本裁定为终审裁定。

【附：案例评析】

香港惠裕有限公司对南通市中级人民法院执行异议案

一、基本案情

申请执行人：通州市机电设备总公司、通州市物资集团总公司、通州市外资企业物资公司、通州市化工轻工公司。

被执行人：闵平波、香港三江（国际）企业有限公司、深圳联江国际贸易公司、海南省航空实业公司、海口通海实业公司。

案外人：香港惠裕有限公司（以下简称惠裕公司）。

上述原告诉上述被告借款合同纠纷案7件，经南通市中级人民法院审理终结，分别作出7份民事判决书；判决主债务人闵平波、香港（三江）国际企业有限公司返还上述原告本金、利息等合计人民币4324万余元，其他三被告承担连带责任。案件进入执行程序后，南通市中级人民法院遂裁定将诉讼保全查封的闵平波"所有"的31套房产（上海金浦花园31套预售商品房）按照评估价格抵偿给申请执行人。

对此，案外人惠裕公司提出异议：金浦花园31套预售商品房是惠裕公司所有的财产，与被执行人闵平波无关,南通市中级人民法院的保全查封及执行裁定错误,侵害了案外人的合法权益。

二、审查认定的事实

经审查查明,1993 年 11 月 18 日,闵平波与上海金马新城房地产有限公司(以下简称金马公司)签订房屋预售合同,购买金浦花园 31 套商品房,闵平波支付了购房定金及预付款合计港币 3058.62 万元。1994 年 9 月 27 日,闵平波与金马公司签订终止协议,出具抛弃权益书,将预购的金浦花园 31 套商品房转到新买方惠裕公司名下,金马公司退回闵平波预购房款 402 万元港币,其余 2656 万元港币转到惠裕公司名下作为定金及部分购房款。同时,惠裕公司与光大财务投资公司签订 3000 万元港币贷款协议;与金马公司签订金浦花园 31 份外销商品房出售合同,约定购房款总计为 4501 万元港币,并经公证机关公证。此后,惠裕公司通过其代理律师行将购房余款 1845 万元港币付给金马公司,金马公司向惠裕公司发放了《售楼证明书》。1996 年,因金马公司未按合同约定办理房产证、土地证,惠裕公司向上海市第一中级人民法院起诉,经判决确认金马公司违约后,金马公司向惠裕公司交付了上述 31 套商品房的房屋所有权证。

作为接受 2656 万元港币的对价,惠裕公司与闵平波签订两份协议:(一)终止费协议:因惠裕公司取代闵平波向发展商购买房产,闵平波已与发展商签署了终止合同,惠裕公司以"终止费"名义支付给闵 1173 万元港币。(二)回购协议:双方约定自 1994 年 9 月 30 日至 1995 年 9 月 29 日为回购期,在回购期间内闵平波有权以 3000 万元港币的价格将上述 31 套房产回购或以代理人的身份将该房产出售他人,惠裕公司不得在此期间内将房产卖与他人。为此,闵平波应向惠裕公司支付 375 万元港币风险管理费。该两份协议签订后均实际履行。

1995 年 7 月,闵平波提出,因其欠海南省航空公司(以下简称海航公司)1583 万元债务,表示用其尚留在上述房产中的权益清偿,惠裕公司向海航公司出具愿意为闵平波代偿债务的保证函,海航公司表示同意。1997 年 1 月,闵平波与惠裕公司签订有关债权债务的备忘录,确认双方之间的所有协议均已终止,债权债务已全部清结。

三、南通市中级人民法院意见

1. 房产系被执行人闵平波所有,保全查封及执行裁定正确。理由:闵平波虽然在形式上终止了购房协议,但仍有 2656 万元港币留在金马公司账上;闵平波在执行笔录中表示同意以该房产抵偿债务;在南通中院查封房产后惠裕公司向上海中院诉讼取得的房产证应属无效;375 万元港币是闵平波从光大财务投资公司贷款 3000 万元购房时作为贷款利息付出的。

2. 惠裕公司所举证裾不充分,无法确认其异议真实成立。理由:惠裕公司的购房款系从光大财务投资公司贷款所得,但没有还本付息的凭证;惠裕公司未按照约定代闵平波向海航公司偿付债务。

综上,执行法院认为惠裕公司仅是购房协议的签订人,取得房产并没有付出对价,光大财务投资公司为了保证其向闵平波贷款的 3000 万元港币能够及时收回,在收取风险保证金的同时,以其子公司惠裕公司的名义改变原合同签订人名称,是名买实贷的手段,惠裕公司所提异议理由不成立。

四、本案焦点

本案的焦点是"谁为被查封房产的所有权人"。要解决这个问题,必须从两个方面入手:

1. 是否存在购房事实,买房者是谁,买房者是否付款?

经审查,1993 年 11 月 18 日闵平波确曾与发展商签订了购房合同并支付了部分房款,但在 1994 年 9 月 27 日双方自愿终止了购房合同,而由惠裕公司代替闵成为新的买方。上述事实有书面合同在案佐证,所签合同是双方当事人对自己权利义务的约定和处分,应为真实有效。惠裕公司通过以下两种方式向发展商支付 4501 万元港币购房款:(1)经闵平波同意,将其已支付的房款中的 2656 万元港币转到惠裕公司名下,作为惠裕公司的购房款;(2)向发展商支付了剩余的 1845 万元港币购房款。

2. 是否取得了房屋所有权证,取得产权证的行为是否合法?

就不动产而言,产权证是证明其所有权存在的最为有效的证据。本案中,惠裕公司付清全部房款后,按照合同约定,金马公司 1 个月内向上海市房地产管理部门办理房产过户手续,但金马公司未按合同约定履行义务,致使惠裕公司向上海市第一中级人民法院起诉。此后,金马公司履行了办证义务,惠裕公司合法取得房屋所有权证。

但问题在于，对于由闵平波付给金马公司后转至惠裕公司名下作为购房款的2656万元港币，惠裕公司是否付出了对价？

经审查，惠裕公司通过以下两种方式支付了2656万元港币的对价：（1）签订购房合同时即以终止费的名义支付给闵平波1173万元港币；（2）余款1500万元港币是通过代替闵平波向海航公司偿还债务的方式支付的。

另一个问题是，在闵平波终止与金马公司的购房合同、惠裕公司成为新买方时，闵平波与海航公司的债务尚未形成，当事人双方怎么可能预见到还没有形成的债务并事先做好如何偿付的准备呢？回答这个问题，必须回到案件本身：1994年9月，购房合同的买方发生变化的同时，惠裕公司与闵平波签署了关于该房产的回购协议。在该协议中，闵平波享有的权利是，在1年之内可以每套96.7742万元港币（31套合计港币3000万元）的价格回购房产；义务是，向惠裕公司支付每套12.0968万元港币（31套合计375万港币）作为风险管理费。惠裕公司享有的权利是，获得375万元港币的收益；义务是，在1年之内不得将房产卖与他人，在闵平波行使回购权时将价值4501万元的房产以3000万元的价格售出并按照约定办理相关手续。因此，我们认为：在签订回购协议时，双方当事人对于房产是否回购是不清楚的，只是将自己的权利义务作一个附期限和附条件的约定，待回购期限届满或约定的条件出现时，再按照约定履行义务、实现权利。1500万元港币即是经双方约定由闵平波留在房产中的权益。回购期限届满前，闵平波提出由惠裕公司代其向海航公司偿还所欠债务，惠裕公司出具了保证函，惠裕公司用此方式支付了闵平波在房产中剩余的1500万元港币权益的对价后，双方签署了备忘录，确认债权债务关系全部清结。

五、评析意见

笔者认为，惠裕公司基于与发展商金马公司的合同关系，支付了全部购房价款，依法取得了房屋所有权证，应当认定惠裕公司是争议房产的合法所有权人。因金马公司违约造成过期办证的责任不在惠裕公司，惠裕公司依据合同关系向有管辖权的人民法院起诉并取得房屋所有权证，符合法律规定。虽然执行法院查封在先，但查封案外人财产显属错误，故执行法院认定惠裕公司取得的房产证无效的理由不能成立。闵平波自动终止了与发展商金马公司的购房合同，接受了惠裕公司的终止费，并与惠裕公司签订了回购协议，闵平波对房屋的权利仅仅是享有回购权和代理权。回购期限届满前，闵平波提出由惠裕公司代偿债务，实际上放弃了回购权和代理权。所以，闵平波对该房屋从未享有任何形式上和实质上的所有权。

但是，在惠裕公司取得房屋所有权证至其与闵平波签订回购协议所约定的回购期限届满前，惠裕公司所取得的房屋所有权是不完全意义上的所有权。根据我国《民法通则》第71条的规定，财产所有权是指所有人对自己的财产享有占有、使用、收益和处分的权利。即完全意义上的所有权应同时具备上述四项权能。本案中，惠裕公司与闵平波通过签订回购协议的方式，在惠裕公司所享有的对房屋的所有权上附加了限制条件。即惠裕公司在回购期内只享有占有、使用、收益权，而不能行使处分权。签订该回购协议的行为是一个附条件的民事法律行为（这里所说的"条件"是指决定民事法律行为的效力产生和消灭的事实）。

我国《民法通则》第62条规定，民事法律行为可以附条件，附条件的民事法律行为在符合所附条件时生效。附条件的民事法律行为，是指民事主体针对民事法律行为特别设定一定的条件，而把条件的成就与否作为限制民事权利和民事义务的根据，以条件的是否成就来决定民事法律行为的效力发生或消灭的根据。附条件的民事法律行为的意义在于充分尊重当事人的意志，使民事法律行为更好地符合当事人的需要。条件必须符合下列要求，即条件必须是将来发生的事实、是不确定的事实、是由当事人约定的而不是法定的、必须合法、不得与行为的主要内容相矛盾。本案中，惠裕公司的根本目的并不是房产，而是如何保证资金安全，闵平波则是以购买房产为其根本目的。双方当事人正是基于各自不同的目的，通过签订回购协议的方式使自己的意志变为现实。该民事法律行为的所附条件为：在1994年9月30日至1995年9月29日的期间内，闵平波享有以3000万元港币的价格回购房产或以代理人的身份将房产出售的权利，惠裕公司在此期间内不得将房产卖与他人。也就是说，如果闵平波在上述期间内行使了回购权或代理权，支付了3000万元港币购房款，惠裕公司即应按照协议约定履行收取价款、办理房产过户手续至闵平波或其指定的人名下的义务；如果闵平波在上述期间内不行使回购权或代理权，期限届满之后，闵平波即丧失该权利，惠裕公司则应享有对该房产的完全意义上的所有权。

事实上，闵平波并未行使回购权，而是在回购期限届满前，提出由惠裕公司代偿债务并经惠裕公司同意后，签署备忘录确认双方之间的债权债务全部清结。该行为可以认定为是闵平波对回购权和代理权的放弃，是闵平波对自己合法权益的处分，意思表示真实，并不违反法律规定，应为有效。

关于闵平波与惠裕公司之间就1500万元债务转让所达成的协议，符合情理，并已经惠裕公司、闵平波及债权人海航公司三方认可，且在执行法院对房产采取查封措施之前发生，是当事人的真实意思表示和对自己权益的处分，并不违反法律规定，亦不损害社会公共利益和第三人利益，应为合法有效。执行法院提出，惠裕公司并未实际向海航公司支付代闵平波所还的债务。笔者认为，惠裕公司是否实际履行了代偿义务，是惠裕公司与海航公司之间的法律关系，与本案要解决的争议无关。实际上，1997年3月，海航公司以3020万元港币的价格将惠裕公司收购，惠裕公司代闵平波偿还所欠债务已在收购中予以抵销。

关于执行法院认为是闵平波向光大财务投资公司贷款3000万元用于购房，并支付了375万元作为贷款利息的问题。笔者认为，根据本案事实及全部证据分析，并不存在闵平波与光大财务投资公司的贷款协议，而是惠裕公司与光大财务投资公司签订了贷款协议，惠裕公司用所得贷款支付了购房余款及终止费。上述事实均有光大财务投资公司、惠裕公司、闵平波、金马公司之间的合同为证，且均已实际履行。对于375万元港币的性质，应根据惠裕公司与闵平波之间的回购协议来认定。既然双方约定惠裕公司不得在1年之内将房屋卖与他人，闵平波有权以3000万元价格回购或以代理人的身份出售，375万元是闵平波为了享有回购权和代理权，致使惠裕公司在其享有的房屋所有权上加以限制而应付出的对价。该回购协议是双方当事人自愿达成的一份约定，在当事人之间确立了合同关系，合同内容并不违反法律规定，对双方当事人均有约束力，并已实际履行完毕，应为合法有效。关于执行法院提出的惠裕公司是否向光大财务投资公司还本付息的问题，亦与本案无关。而且，光大财务投资公司已通过出售惠裕公司的方式将贷款收回，故不存在还本付息的问题。

六、最高人民法院处理意见

根据《房地产管理法》的规定，上述31套房产是案外人惠裕公司所有的财产，惠裕公司所提异议理由成立。根据《最高人民法院关于执行工作若干问题的规定（试行）》第73条、第130条第3款之规定，南通市中级人民法院认定上述房产归闵平波所有、闵平波向惠裕公司违章转让房产逃避债务，无事实依据，以此为由查封并强制执行上述房产错误，应予纠正；该房产之产权证应恢复至南通市中级人民法院强制过户前的状态。①

最高人民法院
执行裁定书

〔2014〕民申字第1003号

最高人民法院复议审查认为：本案生效判决书中仅判令交付联合开发工程的地上物，并未涉及地上物的相关批准书许可证的权利人变更问题，故上述证照的变更不属于执行依据确定的范围。房地产开发企业取得相关证照，须依法向行政主管部门申请，经行政主管部门审查具备法定条件后颁发。颁发上述证照属于行政许可行为。变更相关证照权利人是判决交付地上物的附属义务的主张没有法律依据。本案地上物交付后，申请人认为其具备法定条件的应当自行向行政主管部门申请颁发相关证照，亦可依据本案生效判决执行结果，向行政主管部门申请撤销前述相关许可证照，并向符合法定条件的企业颁发相关许可证照。执行直接裁定变更上述证照权利人，超越职权范畴，缺乏法律依据，吉林高院依法撤销上述执行裁定书并无不当。裁定驳回申请复议人图们江花园商贸有限公司的复议申请。

---

① 于泓：《香港慧裕有限公司对南通市中级人民法院执行异议案》，载最高人民法院执行工作办公室编：《强制执行指导与参考》2002年第1辑（总第1辑），法律出版社2002年版，第300~311页。

【附：案例评析】

判决确定交付地上建筑物执行中能否裁定变更建设用地及工程批准许可证照权利人——图们江花园商贸有限公司与延吉市中富房地产开发有限公司合作开发合同纠纷案

三、最高人民法院复议裁定

最高人民法院复议审查认为，本案生效判决书中仅判令交付联合开发工程的地上物，并未涉及地上物的相关批准书许可证的权利人变更问题，故上述证照的变更不属于执行依据确定的范围。房地产开发企业取得相关证照，须依法向行政主管部门申请，经行政主管部门审查具备法定条件后颁发。颁发上述证照属于行政许可行为。变更相关证照权利人是判决交付地上物的附属义务的主张没有法律依据。本案地上物交付后，申请人认为其具备法定条件的应当自行向行政主管部门申请颁发相关证照，亦可依据本案生效判决执行结果，向行政主管部门申请撤销前述相关许可证照，并向符合法定条件的企业颁发相关许可证照。执行中直接裁定变更上述证照权利人，超越职权范畴，缺乏法律依据，吉林高院依法撤销上述执行裁定书并无不当。裁定驳回了申请复议人图们市图们江花园商贸有限公司的复议申请。

四、评析意见：

在建工程的交付是房地产合作开发纠纷案执行过程中的常见问题。因合作过程中双方产生纠纷导致合作关系终止，法院判令中富公司将所建的联合开发工程地上物交付给商贸公司。地上物交付后中富公司即面临继续组织施工、建成后销售等问题，而此时地上物的建设用地批准书、建设用地规划许可证、建设工程规划许可证、建筑工程施工许可证及商品房预售许可证仍在商贸公司名下，对下一步的建设、销售造成阻碍。执行法院可否依据商贸公司的申请裁定变更上述证照的权利人成为本案的焦点问题。

本案中，执行依据的判项为：中富公司将所建的联合开发工程的地上物（8栋住宅和部分门市房）交付给商贸公司，并未提及相关证照的变更问题，故判决判项并未提供法院执行中变更许可证照的直接依据。根据判决主文的表述，商贸公司关于由其承接项目的诉讼请求，实际上已经被驳回。因此，需要考虑申请复议人提出的变更上述证照权利人是否为法院判决交付地上物的附属义务，是否适合由法院在执行中直接处理。

（一）建设用地批准书、建设用地规划许可证、建设工程规划许可证、建筑工程施工许可证及商品房预售许可证的性质

依据《中华人民共和国建筑法》、《中华人民共和国城乡规划法》、《中华人民共和国城市房地产管理法》、《中华人民共和国土地管理法实施条例》、《建设工程质量管理条例》、《城市房地产开发经营管理条例》等相关法律法规规定，建设单位在建筑工程施工前，须在具备法定条件的前提下，向工程所在地县级以上人民政府建设行政主管部门申请领取施工许可证，建设行政主管部门应当自收到申请之日起15日内，对符合条件的申请颁发施工许可证。建设单位应持建设项目的有关批准文件，向土地行政主管部门提出申请，经审核由土地行政主管部门核发建设用地批准书，并经由规划部门核发建设用地规划许可证。建设单位还应向相关城乡规划主管部门申请，对符合规划条件的，由城乡规划主管部门核发建设工程规划许可证。建筑施工单位应当依法取得相应等级的资质证书并在其资质等级许可的范围内承揽工程。房地产开发企业在城市规划区内国有土地上进行开发经营，商品房预售许可证由房地产开发主管部门依据房地产开发企业申请核发。

行政主管部门颁发上述证照，是为了保证房地产工程建设市场有序运作，保障人民生命、健康安全。颁发上述证照的行为，是根据相对人申请并经依法审查，准许其持有人在特定土地上从事特定房地产工程建设活动，符合行政许可法规定的行政许可特征，属于法定行政许可行为。

（二）上述许可证照权利的不可转让性

《中华人民共和国行政许可法》第九条规定："依法取得的行政许可，除法律、法规规定依照法定条件和程序可以转让的外，不得转让。"许可证照权属的变更不同于房屋所有权和土地使用权权利人的变更。实践中有执行法院采取直接裁定变更房屋产权权利人、土地使用权人的方式，并向相关行政部门发出协助执行通知书，以方便当事人完成过户手续，这种做法和本案有根本的区别。依据法律规定，房屋产权及土地使用权可以依法转让。房屋产权、土地使用权的证照权属人只需具备相应的民事行为能力，转让后当事人直接向行政部门变更登记即可。只要判决中明确办理变更登记为债务人的一项义务，或者可以明确推断

是一种附属义务,则法院可以直接向行政机关发出协助执行通知书要求其办理过户手续。但本案涉及的上述证照权属人作为行政相对人,须经过相关行政主管部门的严格审查,以保障建筑工程、房地产开发市场的安全有序。许可本质上是政府的市场管制行为,且具有很强的身份性,是一种不可转让的权利。离开特定的主体,这种许可即失效或作废,不能随着地上物的交付而当然地转移给地上物权利人。

(三)执行法院是否有权裁定变更上述许可证照权利人

基于这些证照的性质及其不可转让性,变更上述证照权利人是独立的许可事项,不属于地上物交付的附属义务,执行法院亦无权代替行政机关行使行政许可权,裁定变更上述证照权利人。执行法院不可参照裁定变更房屋产权权利人、土地使用权人的方式处理本案。实际上,即使判决确定商贸公司承接项目,甚至要求进行有关审批证照的变更,法院在执行中是否有权直接裁定变更及要求行政机关径行据以变更,也存在疑问。该领域的问题尚待进一步研究。由于涉及行政审批事项,当事人拒不自行办理变更申请手续的,法院似乎只能将判决要求当事人变更有关证照的权利人的情况告知行政机关,请行政机关予以审批。是否能够审批,应由行政机关裁量。

申请复议人还提出,申请将工程相关证照变更为第三人图们市旧城改造分公司是其自由处分权利的行为,图们市旧城改造分公司不是案件当事人并不影响其取得相关权利。笔者认为,当事人的自由处分权利,并不必然衍生出要求法院裁定确权的权利。此问题以法院是否有权直接裁定变更许可证照权属为前提。只有在法院有权裁定变更的情况下,才能提出变更给谁的问题。如法院无此权力,则该资格问题只能由行政机关审查确认。

(四)应释明的问题——实现项目权证变更的途径

因上述证照仍登记在中富公司名下,本案申请复议人面临着无法对执行标的物继续组织施工、对外销售的困境。法院在驳回其复议申请的同时,应履行好释明义务,讲清法律症结并提出解决问题的建议,以达到法律效果与社会效果的统一。本案地上物交付后,商贸公司可依据本案生效判决的执行结果,即地上物交付的事实,向行政主管部门申请撤销原在中富公司名下的相关许可证照。商贸公司认为其具备法定条件的,或其不具备法定条件需与其他房地产开发公司合作建设的,应当自行向行政主管部门申请颁发相关许可证照。①

最高人民法院
执行裁定书

〔2010〕执复字第 6 号

申请复议人(被执行人):赤峰信安畜牧养殖有限责任公司,住所地:内蒙古自治区赤峰市松山区平双公路西侧。

法定代表人赵宏岭,总经理。

委托代理人艾海峰,北京市中洲律师事务所律师。

申请执行人:赤峰德宝房地产开发有限责任公司,住所地:内蒙古自治区赤峰市红山区园林路南段。

法定代表人王德宝,总经理。

委托代理人邹有军,内蒙古大川律师事务所律师。

申请复议人赤峰信安畜牧养殖有限责任公司不服内蒙古自治区高级人民法院〔2010〕内执异字第 2 号执行裁定书,向本院申请复议。本院依法组成合议庭进行审查,现已审查终结。

申请复议人赤峰信安畜牧养殖有限责任公司(以下简称信安公司)与申请执行人赤峰德宝房地产开发有限责任公司(以下简称德宝公司)土地使用权转让合同纠纷一案,内蒙古自治区高级人民法院(以下简称内蒙古高院)作出〔2007〕内民一初字第 5 号民事判决,判令双方 2006 年 11 月 23 日签订的《土地转让合同》合法有效,信安公司将赤国用〔2002〕字

---

① 黄金龙、马岚:《判决确定交付地上建筑物执行中能否裁定变更建设用地及工程批准许可证照权利人——图们江花园商贸有限公司与延吉市中富房地产开发有限公司合作开发合同纠纷案》,载江必新主编、最高人民法院执行局编:《执行工作指导》2009 年第 4 辑(总第 32 辑),人民法院出版社 2010 年版,第 82~86 页。

第 2144 号土地使用证及该证项下的 50589.83 平方米的土地及地上有证房屋和房屋产权证交付给德宝公司，由德宝公司办理土地使用权和房屋产权过户手续，信安公司予以协助等。上述判决由本院以〔2007〕民一终字第 115 号民事判决维持。

执行法院内蒙古高院在执行前述判决中，除将上述土地交付给及土地上的有证房屋产权过户给申请执行人德宝公司外，亦将土地上的无证房屋和附着物一并执行给申请执行人。对此，申请复议人信安公司提出异议，认为内蒙古高院的执行超出生效法律文书确定的范围，无权将无证房屋和其他附着物一并执行给申请执行人，要求撤销内蒙古高院的执行行为。

内蒙古高院审查认为，该院〔2007〕内民一初字第 5 号民事判决书及最高人民法院〔2007〕民一终字第 115 号民事判决书中，虽未明确载明执行标的包括地上附着物。但是，从已经生效的赤峰市中级人民法院〔2008〕赤民再字第 157 号民事判决书及内蒙古高院〔2009〕内民再终字第 1 号民事判决书中，均明确认定"附着于赤国用〔2002〕字第 2144 号国有土地使用权证及该证下 50589.83 平方米土地上的建筑物、构筑物及其附属设施应依据高院已经生效的判决一并处分给赤峰德宝房地产开发有限责任公司"及"两方上诉人以调解方式处分裁定冻结财产的行为不仅违反了法律禁止性规定，并且该调解所涉财产在最高人民法院生效判决所确定的标的物范围内。"依据《中华人民共和国城镇国有土地使用权出让和转让暂行条例》（以下简称《暂行条例》）第 23 条及《中华人民共和国物权法》（以下简称《物权法》）第 146 条的规定，土地使用权转让时，附着于该土地上的建筑物、构筑物及其附属设施一并处分。因此，申请执行人取得上述附着物的所有权有法可依。该院据此作出〔2010〕内执异字第 2 号执行裁定书，驳回了信安公司的异议。

信安公司申请复议称，根据本案执行依据和双方所签订的《土地转让合同》，明确转让范围为信安公司名下的土地使用权证中载明的土地面积 11250589.83 平方米和信安公司在该宗土地上的有证房屋，申请执行人在原起诉期间并未就土地和地上有证房屋以外的地上附着物主张权利，故内蒙古高院将土地及地上所有附着物强制执行超出了执行依据所确定的执行范围。内蒙古高院在异议审查中引用赤峰市中级人民法院〔2008〕赤民再字第 157 号民事判决书和内蒙古高院〔2009〕内民再终字第 1 号民事判决书的内容，而上述两份判决书不是本案的执行依据，故上述两份判决书对其不具有约束力。同时，内蒙古高院依据《暂行条例》第 23 条和《物权法》第 146 条属适用法律错误。因为双方当事人在合同中的约定和本案一、二审判决均明确了交付标的物的范围仅限于土地使用权及有证房屋，故《暂行条例》不适用于本案。《物权法》自 2007 年 10 月 1 日起实施，而本案双方当事人签订《土地转让合同》的时间为 2006 年 11 月 23 日，故《物权法》对本案没有溯及力。

赤峰德宝房地产开发有限责任公司（以下简称德宝公司）答辩称，申请复议人提出的异议财产均属于转让土地上的附着物，《暂行条例》、《物权法》都确定了"房随地走"、"建筑物、构筑物、附属设施及附着物随之转让一并处分"的原则。申请复议人称已执行的附着物不属执行依据确定的范围，是对法律概念和判决条文的曲解。附着物的转让无需办理任何手续，完全依附于土地的转让而转让。内蒙古高院在异议审查中，采用赤峰市中级人民法院〔2008〕赤民再字第 157 号民事判决书和内蒙古高院〔2009〕内民再终字第 1 号民事判决书中的相关认定，有法可依、并无不当。上述两份民事判决书虽不是本案的执行依据，但与本案的执行有直接关系，因提起再审的〔2007〕赤民三初字第 46 号民事调解书将内蒙古高院已查封的本案标的物处分给案外人，损害了德宝公司的权益。本案的性质为土地转让合同纠纷，故应当适用《暂行条例》和《物权法》。内蒙古高院〔2010〕内执异字第 2 号执行裁定书认定事实清楚，适用法律正确。

本院经公开听证查明的事实与内蒙古高院在异议审查中查明的事实相同。另查明：赤峰市城市房屋拆迁管理办公室曾发出拆迁公告和通知，本案所涉 50589.83 平方米土地已纳入市统一规划，该宗土地使用权、地上有证房屋及地上其他附着物分别作价予以补偿。

本院认为，双方当事人2006年11月23日签订的《土地转让合同》第三条和本案生效判决明确规定，本案的执行标的物应为"赤国用〔2002〕字第2144号《中华人民共和国国有土地使用证》及该证下50589.83平方米的土地及地上有证房屋"，据此不能确定该宗土地上的无证房屋和其他地上附着物属于执行标的物的范围。但根据《暂行条例》第二十三条的规定，土地使用权转让时，其地上建筑物、其他附着物所有权随之转让。故该案转让的土地上的无证房屋和地上附着物必须依法与土地使用权一并转让，内蒙古高院在执行土地时将无证房屋和地上附着物一并执行给德宝公司符合上述规定。该院〔2010〕内执异字第2号执行裁定引用《物权法》第一百四十六条的规定不当，但上述《暂行条例》第二十三条与《物权法》的规定是一致的，故其适用法律并无实质错误。但是，鉴于双方当事人所签订的《土地转让合同》第三条特别注明信安公司"在该宗土地上的有证房屋一并转让"，并约定了总价款。由此可以判断该宗地上的无证房屋和其他地上附着物具有独立的价值。根据公平原则，应当在执行中对原权利人信安公司予以合理补偿。补偿的具体方式，可由双方协商解决。若协商不成，则由内蒙古高院依照当地政府有关部门对无证房屋和地上附着物补偿的标准作出裁定。

综上，内蒙古高院在执行土地时将该宗地上的无证房屋和其他地上附着物一并执行给德宝公司是正确的，复议申请人要求撤销内蒙古高院的执行行为和〔2010〕内执异字第2号执行裁定书的请求，本院不予支持。对无证房屋和其他地上附着物单独作价补偿的问题，因信安公司在异议中并未提出，故内蒙古高院未对此作出裁定，并无不当，但该院对此应当做后续处理。依照《中华人民共和国民事诉讼法》第二百零二条和《最高人民法院关于适用〈中华人民共和国民事诉讼法〉执行程序若干问题的解释》第八条、第九条的规定，裁定如下：

一、维持内蒙古自治区高级人民法院〔2010〕内执异字第2号执行裁定书。

二、本案申请执行人取得土地上的无证房屋和地上附着物后，应当给予复议申请人（被执行人）以合理补偿。双方协商不成的，由执行法院依法作出裁定。

本裁定送达后立即生效。

【附：案例评析】

执行土地使用权时如何处置地上建筑物

四、评析意见：

本案争议的焦点问题是：依法执行土地使用权，该宗地上的附着物应如何处置？就本案而言，应从以下四个方面分析：

首先，本案应依据生效判决及当事人的合同约定处理。本案生效判决确定的执行标的物为"赤国用〔2002〕字第2144号《中华人民共和国国有土地使用证》及该证下50589.83平方米的土地及地上有证房屋"。双方当事人签订的《土地转让合同》第三条约定："甲方（信安公司）名下的土地使用证中载明的土地面积50589.83平方米和甲方在该宗土地上的有证房屋一并转让。"据此，不能确定该宗土地上的无证房屋和其他地上附着物属于执行范围。有观点认为，应当依据合同法第一百二十五条的规定，按照合同解释的原则推定转让标的应当包括土地使用权及地上附着物，否则合同的目的难以实现。但我们认为，在执行依据明确的情况下，执行程序中不宜作出这样的推定，而应严格按照生效判决的判项执行。

其次，本案应如何执行。根据《国有土地使用权出让和转让暂行条例》第二十三条的规定，土地使用权转让时，其地上建筑物、其他附着物所有权随之转让。物权法第一百四十六条规定了相同的内容，担保法关于土地和房屋抵押时也均有类似的规定。在执行程序中，对土地使用权或房屋强制执行时，必然要涉及相应的地上建筑物或土地使用权如何处理的问题，可以说"房随地走"、"地随房走"原则是处理房地产纠纷的一般原则，故本案土地上的无证房屋和地上附着物必须与土地使用权一并转让，否则将造成房地分离的局面。

再次，本案是否存在补偿问题。虽然地上附着物应当与土地使用权一并执行，但并不意味着申请执行人可以无偿取得地上附着物。前文已经论述，本案生效判决和当事人之间的转让合同并不涉及无证房屋和其他附着物，故转让价款也当然不包括这部分财产的价值。但这部分财产具有其独立的价值,根据当地政府有关部门发出的拆迁公告和通知,该宗土地已被纳入市统一规划,该宗土地使用权、地上有证房屋及地上附着物均分别被作价予以补偿。故根据公平原则,应当在执行程序中对原权利人给予合理补偿。

最后,本案适用法律是否有误。本案双方当事人签订《土地转让合同》的时间为 2006 年 11 月 23 日,而物权法自 2007 年 10 月 1 日起实施,对本案没有溯及力,故内蒙古高院驳回复议裁定时适用物权法第一百四十六条规定不当,但由于《国有土地使用权出让和转让暂行条例》第二十三条与物权法的规定是一致的,故内蒙古高院适用法律并无实质错误。①

[提示]"房地一体"在抵押权实现过程中的适用

最高人民法院
驳回申诉通知书

2011 年 9 月 19 日   〔2011〕执监字第 82 号

昆明富亨房地产开发经营公司:

你公司认为昆明市中级人民法院在执行本院〔2007〕民一终字第 22、23 号民事判决过程中,将你公司土地使用权及房产配套设施作为抵押物拍卖后拒绝返还拍卖所得价款,侵犯了你公司的财产权,向本院申诉。经研究,本院认为:

一、本案生效判决认定中国农业银行昆明市官渡区支行(以下简称官渡支行)对金碧商城房产的抵押权有效,依据《中华人民共和国城市房地产管理法》第三十二条、《中华人民共和国担保法》第三十六条第一款,金碧商城占用范围内的土地使用权已随房屋同时转让、抵押,虽然你公司持有土地使用权证,但本案土地权益已经依法转移。官渡支行享有对金碧商城房产的抵押权及于该房产占用范围内的土地使用权。你公司所提返还拍卖款中土地使用权部分的申诉请求不能成立。

二、消防、电梯、配电室等相关配套设施属于房屋的组成部分,无法与房屋其他部分分离。本案金碧商城相关配套设施的所有权已一并转移,官渡支行对金碧商城房产的抵押权应包括相关配套设施在内。你公司所提返还拍卖款中房屋配套设施部分的申诉请求不能成立。

三、本案生效判决认定官渡支行对金碧商城房产的抵押权有效,该行对金碧商城房产的价值应优先受偿。昆明市中级人民法院依据生效判决判定的债务本金和利息计算,拍卖款在清偿官渡支行债权后已无剩余。

综上所述,你公司的申诉请求不能成立,本院予以驳回。

特此通知

【附:案例评析】

"房地一体"在抵押权实现过程中的适用——昆明富亨房地产开发经营公司执行申诉案评析

评析意见:

本案争议的主要问题是:(1)官渡支行对金碧商城房产的抵押权是否及于金碧商城的土地使用权;(2)官渡支行对金碧商城房产的抵押权是否包括金碧商城的相关配套附属设施;(3)本案中富亨公司要求返还抵押物剩余值的请求是否成立。

(一)抵押权的范围是否及于土地使用权

由于房地产的不可分性,我国在处理房地产法律关系时历来强调一项基本原则,即房屋所有权主体与房屋占用范围内的土地使用权主体一致的原则,俗称"房随地走,地随房走"的原则。《物权法》颁布之前的一些法律、行政法规对此都有规定。如《城市房地产管理法》(2007 年修正)第三十二条、《担保法》第三十六条、《城镇国有土地使用权出让和转让暂行条例》第二十三、二十四、三十三条。《物权法》重申了上述法律法规中不动产转让、抵押的"房地一体"原则,在第一百四十六、一百四十七条中规定了建设用地使用权与地上建筑物、构筑物及附属设施一并处分,既与现行法律规定一致,也实现了维持地上建筑

---

① 于泓:《执行土地使用权时如何处置地上建筑物》,载江必新主编、最高人民法院执行局编:《执行工作指导》2011 年第 2 辑(总第 38 辑),人民法院出版社 2011 年版,第 102~114 页。

物等在自然属性上对土地的依附，避免了对地上建筑物、构筑物及附属设施的经济价值的破坏，并可以使物权关系清楚简明，避免因建设用地使用权与地上建筑物、构筑物及其附属设施所有权主体不同，在权利行使时发生纠纷。

在房地产抵押问题上，实现抵押权必然带来抵押财产的转让，因此在设定抵押权时，房屋的所有权和建设用地使用权应当一并抵押，只有这样，才能保证实现抵押权时，房屋所有权和建设用地使用权同时转让。《物权法》总结了我国立法和实践的经验及惯常做法后，在第一百八十二条中规定了建筑物和土地使用权一并抵押的原则，并针对实践中可能出现的将房屋抵押，但不抵押建设用地使用权，或者抵押建设用地使用权，但不抵押房屋所有权，甚至将房屋所有权和建设用地使用权分别抵押等情况，增加了一款规定，明确了房地未一并抵押的，未抵押财产视为一并抵押，坚持《城市房地产管理法》和《担保法》在房地产抵押问题上的一贯立场。我国一直贯彻房地一体抵押的原则，一方面因为如果对土地没有使用的权利，则无权在该地上建房或使用房屋，离开土地的建筑物不具备法律上的独立性，不能独自构成抵押标的；另一方面，如建设用地使用权单独抵押而土地上的建筑物不进行抵押，就可能出现建设用地使用权与地上建筑物所有权或使用权主体不一致的情况，从而发生权利的冲突与摩擦，不利于建设用地使用权和地上建筑物的流通和转让，也不利于物的有序利用和社会秩序的稳定。因此，不论在房地产的转让还是抵押的问题上，"房地一体"都是处理此类纠纷的基本原则。

本案中，虽然富亨公司持有土地使用权证，但富亨公司给策裕集团开具了客户名为张锦、张行，累计金额为1.15亿元的金碧商城购房发票，昆明市房管局出具了《房产登记收件收据》，办理了抵押登记，并根据《商品房购销合同》填制了所有权人为张锦、张行的金碧商城房产证，只是因为其没有缴纳相关税费而未核发。最高人民法院的生效判决已经确认"在富亨公司为张锦、张行申请办理产权过户登记手续以及官渡支行与张锦、张行办理抵押登记后，该讼争房产作为不动产物权变更已经完成，张锦、张行已经作为讼争房屋的所有权人登记，并对外产生登记公示公信力"，因此，生效判决认定金碧商城的所有权已经

转移给张锦、张行，同时也明确认定张锦、张行以其所有的金碧商城房产设定的抵押有效。根据《城市房地产管理法》第三十二条、《担保法》第三十六条的规定，金碧商城占用范围内的土地使用权也一并转让并设定抵押。富亨公司持有金碧商城土地的使用权证，更多的属于管理层面的问题。房地产登记机关没有对土地使用权证进行相关处理，致使富亨公司仍然持有土地使用权证书，但本案土地权益实际上已经随着房屋出售而转移。故富亨公司以其属于本案争议土地合法使用权人，该土地使用权并非抵押物为由，请求返还拍卖款中土地使用权价值的请求不成立。

需要说明的是，《物权法》于2007年10月1日实施，本案当事人对金碧商城的处分行为发生在1999年，《物权法》对本案的纠纷没有溯及力。但该法的相关规定与当时已经效的《城市房地产管理法》、《担保法》的规定是基本一致的。考虑到《物权法》的溯及力问题，本案在适用法律时没有援引《物权法》的相关规定，而是适用行为时法《城市房地产管理法》和《担保法》的规定。

（二）抵押标的物是否包括建筑物相关附属设施

消防、电梯、配电室等相关附属设施，属于房屋的组成部分，具备相关配套附属设施的房屋才能正常使用，否则房屋就不具备应有的作用和功能，因此相关附属设施应与房屋一并转让和抵押，不能单独分割于房屋的整体之外。限于案件审理的范围，本案生效判决不可能将其列入判决主文，"金碧商城房产"应当包括上述附属设施。富亨公司以金碧商城的配套附属设施应归其所有为由，要求返还附属设施价款的请求不成立。

（三）抵押物剩余值的返还问题

虽然昆明市仲裁委员会〔2000〕昆仲裁字第01号裁决书认定富亨公司与策裕集团、张锦、张行之间的购房合同无效，但本案生效判决认定官渡支行对金碧商城房产的抵押权有效，官渡支行对金碧商城的价值有优先受偿权。抵押权的实现和抵押物剩余价值的返还属于两个层面的问题，只有抵押权实现后，抵押物的价值还有剩余的，才会涉及剩余值的返还问题。若抵押权实现后，抵押物的价值已无剩余，则不会涉及剩余值的返还问题。本案执行标的本金为7940余万元，本案纠纷产生于1999年，由于时间跨度较大，利息由执行法院按生效判决判定的利率和起算时间等标

准计算，已远超过本金的数额，加上本金后已经超过拍卖款的总额，金碧商城的拍卖款尚不足以清偿官渡支行的债权，金碧商城拍卖后已无剩余值可供返还。①

人民法院办理执行案件规范

2017 年 4 月

546.【查询】

人民法院执行人员到国土资源、房地产管理部门查询土地、房屋权属情况时，应当出示本人工作证和执行公务证，并出具协助查询通知书。

人民法院在国土资源、房地产管理部门查询并复制或者抄录的书面材料，由土地、房屋权属的登记机构或者其所属的档案室（馆）加盖印章。无法查询或者查询无结果的，国土资源、房地产管理部门应当书面告知人民法院。

547.【判断可查封性的一般规定】

人民法院可以查封登记在被执行人名下的不动产。

未登记的建筑物和土地使用权，依据土地使用权的审批文件和其他相关证据确定权属。

对于登记在第三人名下的不动产，第三人书面确认该财产属于被执行人的，人民法院可以查封。

548.【因法定事由而发生物权变动的不动产】

根据物权法第二十八条、第二十九条判断属于被执行人所有的土地使用权、房屋，但尚未办理过户登记的，执行法院可以查封。

549.【可分割或不可分割房屋】

人民法院对可以分割处分的房屋应当在执行标的额的范围内分割查封，不可分割的房屋可以整体查封。

分割查封的，应当在协助执行通知书中明确查封房屋的具体部位。

550.【被执行人出售的不动产】

被执行人将其所有的不动产出卖给第三人，第三人已经支付部分或者全部价款并实际占有该不动产，但尚未办理产权过户登记手续的，人民法院可以查封；第三人已经支付全部价款并实际占有，但未办理过户登记手续的，如果第三人对此没有过错，人民法院不得查封。

551.【被执行人购买的不动产】

被执行人购买第三人的不动产，已经支付部分或者全部价款并实际占有该不动产，虽未办理产权过户登记手续，但申请执行人已向第三人支付剩余价款或者第三人同意剩余价款从该不动产变价款中优先支付的，人民法院可以查封。

552.【全部缴纳出让金土地使用权的预查封】

被执行人全部缴纳土地使用权出让金但尚未办理土地使用权登记的，人民法院可以对该土地使用权进行预查封。

553.【部分缴纳出让金土地使用权的预查封】

被执行人部分缴纳土地使用权出让金但尚未办理土地使用权登记的，对可以分割的土地使用权，按已缴付的土地使用权出让金，由国土资源管理部门确认被执行人的土地使用权，人民法院可以对确认后的土地使用权裁定预查封。对不可以分割的土地使用权，可以全部进行预查封。

被执行人在规定的期限内仍未全部缴纳土地出让金的，在人民政府收回土地使用权的同时，应当将被执行人缴纳的按照有关规定应当退还的土地出让金交由人民法院处理，预查封自动解除。

554.【未登记房屋的预查封】

下列房屋虽未进行房屋所有权登记，人民法院也可以进行预查封：

（一）作为被执行人的房地产开发企业，已办理了商品房预售许可证且尚未出售的房屋；

---

① 乔宇：《"房地一体"在抵押权实现过程中的适用——昆明富亨房地产开发经营公司执行申诉案评析》，载江必新主编、最高人民法院执行局编：《执行工作指导》2012 年第 1 辑（总第 41 辑），人民法院出版社 2012 年版，第 67~76 页。

（二）被执行人购买的已由房地产开发企业办理了房屋权属初始登记的房屋；

（三）被执行人购买的办理了商品房预售合同登记备案手续或者商品房预告登记的房屋。

555.【预查封的办理、期限计算及效力】

国土资源、房地产管理部门应当依据人民法院的协助执行通知书和所附的裁定书办理预查封登记。土地、房屋权属在预查封期间登记在被执行人名下的，预查封登记自动转为查封登记，预查封转为正式查封后，查封期限从预查封之日起开始计算。

预查封的期限和效力等同于正式查封。预查封期限届满之日，人民法院未办理预查封续封手续的，预查封的效力消灭。

556.【过户登记过程中的查封】

对国土资源、房地产管理部门已经受理被执行人转让土地使用权、房屋的过户登记申请，尚未核准登记的，人民法院可以进行查封，已核准登记的，不得进行查封。

557.【查封期限】

人民法院查封不动产的期限不得超过三年。

申请执行人申请延长期限的，人民法院应当在查封期限届满前办理续行查封手续，续行期限不得超过前款规定的期限。

人民法院也可以依职权办理续行查封手续。

续行查封无需上级人民法院批准。

558.【查封的程序】

人民法院查封不动产，应当作出裁定，并送达被执行人和申请执行人。

采取查封措施需要有关单位或者个人协助的，人民法院应当制作协助执行通知书，连同裁定书副本一并送达协助执行人。查封裁定书和协助执行通知书送达时发生法律效力。

559.【已登记不动产的查封】

查封不动产的，人民法院应当张贴封条或者公告，并可以提取保存有关财产权证照。

查封已登记的不动产，应当通知有关登记机关办理登记手续。未办理登记手续的，不得对抗其他已经办理了登记手续的查封行为。

560.【未登记建筑物的查封】

查封尚未进行权属登记的建筑物时，人民法院应当通知其管理人或者该建筑物的实际占有人，并在显著位置张贴公告。

561.【查封笔录】

查封不动产，执行人员应当制作笔录，载明下列内容：

（一）执行措施开始及完成的时间；

（二）土地使用权、房屋及其他地上建筑物坐落、权属等情况；

（三）土地使用权、房屋及其他地上建筑物的占有、使用、保管情况；

（四）其他应当记明的事项。

执行人员及保管人应当在笔录上签名，有民事诉讼法第二百四十五条规定的人员到场的，到场人员也应当在笔录上签名。

562.【房地一体原则】

查封地上建筑物的效力及于该地上建筑物使用范围内的土地使用权，查封土地使用权的效力及于地上建筑物，但土地使用权与地上建筑物的所有权分属被执行人与他人的除外。

地上建筑物和土地使用权的登记机关不是同一机关的，应当分别办理查封登记。

563.【轮候查封之一】

两个以上人民法院对同一宗土地使用权、房屋进行查封的，国土资源、房地产管理部门为首先送达协助执行通知书的人民法院办理查封登记手续后，对后来办理查封登记的人民法院作轮候查封登记，并书面告知该土地使用权、房屋已被其他人民法院查封的事实及查封的有关情况。

564.【轮候查封之二】

轮候查封登记的顺序按照人民法院送达协助执行通知书的时间先后进行排列。查封法院依法解除查封的，排列在先的轮候查封自动转为查封；查封法院对查封的土地使用权、房屋全部处理的，排列在后的轮候查封自动失效；查封法院对查封的土地使用权、房屋部分处理的，对剩余部分，排列在后的轮候查封自动转为查封。

预查封的轮候登记参照本规范第563条和本条第一款的规定办理。

565.【不动产登记部门的协助义务】

对人民法院查封或者预查封的土地使用权、房屋，国土资源、房地产管理部门应当及时办理查封或者预查封登记。

国土资源、房地产管理部门在协助人民法院执行土地使用权、房屋时，不对生效法律文书和协助执行通知书进行实体审查。国土资源、房地产管理部门认为人民法院查封、预查封或者处理的土地、房屋权属错误的，可以向人民法院提出审查建议，但不应当停止办理协助执行事项。

566.【房地权属的转移原则】

在变价处理土地使用权、房屋时，土地使用权、房屋所有权同时转移；土地使用权与房屋所有权归属不一致的，受让人继受原权利人的合法权利。

567.【用途与出让年限改变的禁止】

人民法院执行土地使用权时，不得改变原土地用途和出让年限。

568.【一处住房的执行】

金钱债权执行中，对被执行人及所扶养家属维持生活必需的居住房屋，符合下列情形之一的，人民法院可以执行：

（一）对被执行人有扶养义务的人名下有其他能够维持生活必需的居住房屋的；

（二）执行依据生效后，被执行人为逃避债务转让其名下其他房屋的；

（三）申请执行人按照当地廉租住房保障面积标准为被执行人及所扶养家属提供居住房屋，或者同意参照当地房屋租赁市场平均租金标准从该房屋的变价款中扣除五至八年租金的。

569.【设定抵押的划拨土地使用权】

拍卖划拨的国有土地使用权所得的价款，在依法缴纳相当于应缴纳的土地使用权出让金的款额后，抵押权人有优先受偿权。

以国有划拨土地使用权为标的物设定抵押，土地行政管理部门依法办理抵押登记手续，即视同已经具有审批权限的土地行政管理部门批准，不必再另行办理土地使用权抵押的审批手续。

570.【集体土地使用权】

人民法院执行集体土地使用权时，经与国土资源部门取得一致意见后，可以裁定予以处理，但应当告知权利受让人，到国土资源管理部门办理土地征用和国有土地使用权出让手续，缴纳土地使用权出让金及有关税费。

对处理农村房屋涉及集体土地的，人民法院应当与国土资源部门协商一致后再行处理。

571.【无证房产的执行之一】

人民法院在执行程序中，既要依法履行强制执行职责，又要尊重房屋登记机构依法享有的行政权力；既要保证执行工作的顺利开展，也要防止"违法建筑"等不符合法律、行政法规规定的房屋通过协助执行行为合法化。

572.【无证房产的执行之二】

执行程序中处置未办理初始登记的房屋时，具备初始登记条件的，执行法院处置后可以依法向房屋登记机构发出协助执行通知书；暂时不具备初始登记条件的，执行法院处置后可以向房屋登记机构发出协助执行通知书，并载明待房屋买受人或承受人完善相关手续具备初始登记条件后，由房屋登记机构按照协助执行通知书予以登记；不具备初始登记条件的，原则上进行"现状处置"，即处置前披露房屋不具备初始登记条件的现状，买受人或承受人按照房屋的权利现状取得房屋，后续的产权登记事项由买受人或承受人自行负责。

573.【无证房产的执行之三】

执行法院向房屋登记机构发出协助执行通知书，房屋登记机构认为不具备初始登记条件并作出书面说明的，执行法院应在三十日内依照法律和有关规定，参照行政规章，对其说明理由进行审查。理由成立的，撤销或变更协助执行通知书并书面通知房屋登记机构；理由不成立的，书面通知房屋登记机构限期按协助执行通知书办理。

574.【变价财产上权利负担的处理】

拍卖财产上原有的担保物权及其他优先受偿权，因拍卖而消灭，拍卖所得价款，应当优先清偿担保物权人及其他优先受偿权人的债权，但当事人另有约定的除外。

拍卖财产上原有的租赁权及其他用益物权，不因拍卖而消灭，但该权利继续存在于拍卖财产上，对在先的担保物权或者其他优先受偿权的实现有影响的，人民法院应当依法将其除去后进行拍卖。

575.【租赁的处理之一】

执行程序中,被执行人擅自出租查封财产的,不得对抗申请执行人。人民法院可以裁定解除承租人对该财产的占有,但不应当在裁定中直接宣布租赁合同无效或解除租赁合同。

576.【租赁的处理之二】

承租人请求在租赁期内阻止向受让人移交占有被执行的不动产,在人民法院查封之前已签订合法有效的书面租赁合同并占有使用该不动产的,人民法院应予支持。

承租人与被执行人恶意串通,以明显不合理的低价承租被执行的不动产或者伪造交付租金证据的,对其提出的阻止移交占有的请求,人民法院不予支持。

577.【执行标的物的交付】

人民法院裁定拍卖成交或者以流拍的财产抵债后,除有依法不能移交的情形外,应当裁定送达后十五日内,将拍卖的财产移交买受人或者承受人。被执行人或者第三人占有拍卖财产应当移交而拒不移交的,强制执行。

具体执行时,可参照本规范第二编第二十二章第一节的规定办理。

以划拨国有土地上的房屋单独设定抵押的,其效力如何认定?

问题: 我院审理了一起国有企业破产案件,该国有企业的房屋设定了抵押,但其划拨所得的土地使用权未设定抵押,这就涉及到最高人民法院法释〔2003〕6号《关于破产国有企业划拨土地使用权应否列入破产财产等问题的批复》第3条第2款之规定:"国有企业以建筑物设定抵押的效力问题,应区分两种情况处理:如果建筑物附着于以划拨方式取得的国有土地使用权之上,将该建筑物与土地使用权一并设定抵押的,对土地使用权的抵押需履行法定的审批手续,否则应认定抵押无效;如果建筑物附着于以出让、转让方式取得的国有土地使用权之上,将该建筑物与土地使用权一并设定抵押的,即使未经有关主管部门批准,亦应认定抵押有效。"对上述解释中的第一种情况的理解,我们有两种意见。一种意见认为,"抵押无效"应理解为土地抵押无效,房屋抵押并非无效;另一种意见认为,"抵押无效"应理解为土地抵押无效,房屋抵押也无效。

请问哪一种意见正确?

《人民司法》研究组认为: 最高人民法院法释〔2003〕6号《关于破产企业国有划拨土地使用权应否列入破产财产等问题的批复》第3条第2款规定的"国有企业以建筑物设定抵押的效力问题,应区分两种情况处理:如果建筑物附着于以划拨方式取得的国有土地使用权之上,将该建筑物与土地使用权一并设定抵押的,对土地使用权的抵押需履行法定的审批手续,否则应认定抵押无效;"应当理解为土地使用权抵押无效,房屋抵押不因此无效。仅以划拨国有土地使用权土地上的建筑物设定抵押,而未以划拨土地使用权设定抵押的,抵押效力的认定应当适用上述批复第3条第1款的规定,即按照最高人民法院法释〔2002〕14号《关于国有工业企业以机器设备等财产为抵押物与债权人签订的抵押合同的效力问题的批复》处理。①

法院能否执行债务人涉嫌诈骗所得并登记在自己名下的房产?

问题: 刘某于2005年通过拍卖合法取得厂房及土地一处,后对该厂房进行扩建,并委托原租赁该厂房的战某办理有关房产登记手续。战某却采取欺骗手段将该房产登记在自己名下,又办理了一份假房产证迷惑刘某。后因战某欠债不还,谢某诉至法院并申请对战某名下的上述房产进行保全。法院判决谢某胜诉后,谢某即请求拍卖该房产。而刘某也向公安机关报案,要求追究战某的刑事责任,公安机关对战某立案并予以通缉。请问:执行法院能执行战某名下的该处房产吗?

《人民司法》研究组认为: 物权登记具有公示效力,除非经过法定程序撤销登记以及法定情形外,执行程序中对财产所有权的认定一般以登记为准。涉案的房产既然登记在债务人战某名下,就应当作为战某的责任财产来履行对谢某的债务。至于刘某与战某之间所产生的民事和刑事法律关系,则属于另案解决的范畴,不影响本案的执行。刘某如果认为该涉案房产的所有权属于自己,可以通过向执行法院提起第三人异议之诉的方式维

---

① 载《人民司法》2007年第02期。

护自己的合法权益。①

乙法院能否对甲法院裁定以物抵债但尚未办理过户手续的房屋进行查封？

问题：在王某申请执行刘某一案中，甲法院查封了刘某位于丙处的房产，在拍卖过程中，因无人应买而造成流拍。经刘某同意，甲法院裁定将该房产以物抵债给王某。在王某办理过户手续的过程中，乙法院又以刘某为另一案件的被执行人且丙处房产尚未办理过户手续仍属于刘某所有为由，将丙处房产查封。请问：乙法院能否对该房产进行查封？

《人民司法》研究组认为：不动产物权变动的原因可以区分为法律行为和事实行为。对于买卖、赠与等法律行为所引起的物权变动，法律要求当事人必须履行过户登记手续后，不动产方能产生物权变动的后果。而对于继承、自建、强制执行等事实行为所引起的物权变动，自该事实行为完成之日起就产生不动产物权变动的后果，并不以履行过户登记为要件。本案中，自甲法院的以物抵债裁定生效时起，丙处房产的所有权就从刘某变更为王某，只不过王某此时对该房产的所有权由于没有经过登记，尚不能进行法律上的处分。因此，乙法院不能查封属于案外人王某的房产。②

如何理解《关于依法规范人民法院执行和国土资源房地产管理部门协助执行若干问题的通知》第23条的规定？

问题：题述《通知》的第23条规定："在变价处理土地使用权、房屋时，土地使用权、房屋所有权同时转移；土地使用权与房屋所有权归属不一致的，受让人继受原权利人的合法权利。"请问应如何理解该条规定？

《人民司法》研究组认为：该条第一层意思是指人民法院在变价处理被执行人的不动产时，对于权属一致的，必须坚持地随房走或者房随地走的原则，不允许把同一房地产的土地使用权和房产所有权分别移转于不同的受让人。比如，甲因欠乙债务，法院执行时将甲的房屋变价执行给乙，则该房屋的土地使用权也应一并变价执行给乙。该条第二层意思是指，对于权属不一致的房地产，人民法院应当尊重历史事实，只对被执行人拥有的土地使用权或者房屋所有权进行执行。如果甲的房屋所占用的土地使用权属于丙，则乙只能受让甲的房屋所有权，对于土地使用权则不得执行，否则将损害丙的合法权益。③

法院能否强制执行尚未办理产权证书的房产？

问题：我们在代理某债权人向人民法院申请强制拍卖债务人居住的房屋时，发现债务人尚未办理产权证书。按照我国城市房地产管理法第三十七条第六项的规定，未依法登记领取权属证书的，不得转让。请问，人民法院能否对该房产进行强制拍卖？

《人民司法》研究组认为：我们认为，城市房地产管理法第三十七条第六项规定调整的对象是平等民事主体之间的房地产交易行为。人民法院对被执行人的不动产进行强制拍卖，是通过行使国家司法权来实现生效法律文书所确定的债权，不属于该条所调整的对象范畴。因此，人民法院有权依照民事诉讼法的有关规定对该房地产进行拍卖。④

法院能否对该宗房产继续查封？

问题：2002年上半年，我县法院对被执行人某甲坐落在县城的一处房产予以查封，当时向房管部门送达了查封裁定（后来得知实际上房管部门并没有办理查封登记），没有对房屋张贴封条，也没有进行公告。2004年，被执行人将被查封的房屋出卖给某乙（某乙不知道该房屋已被查封），并在房产和土地管理部门办理了过户手续。法院在得知该情况后，于2004年11月8日重新下达了查封裁定，对房屋进行了查封并张贴封条。某乙对此提出异议，认为自己已经合法取得该宗房屋的所有权，要求法院解除查封。请问，法院是否有权对该宗房屋继续查封？

《人民司法》研究组认为：这个问题实际上涉

---

① 载《人民司法》2009年第7期。
② 载《人民司法》2005年第2期。
③ 载《人民司法》2004年第8期。
④ 载《人民司法》2004年第8期。

及到查封的主观效力以及查封的公示方式。查封的主观效力就是查封措施对什么人有效的问题。查封裁定一旦作出并送达，就对被执行人产生法律效力，被执行人非经法院许可不得对查封标的物进行处分。但是，对于第三人而言，这个问题就比较复杂了，查封必须以一定的方式进行公示，使第三人能够判断该标的物为查封物，否则查封行为对第三人就不产生效力。对于有产权登记的房地产而言，查封的公示方式应当是在房地产管理部门办理查封登记。就本案来说，由于房产管理部门没有为该宗房地产办理查封登记，某乙基于对国家物权登记的信赖而与某甲进行交易的行为应当是有效的，其已经依法取得了该宗房屋的所有权，法院不能对属于案外人的某乙的财产进行查封。当然，人民法院可以对被执行人某甲擅自转让查封财产以及该县房产管理部门拒不协助办理查封登记的行为依法进行制裁。①

登记于被执行人名下的房屋因欠交购房款而被开发商转卖他人，该房屋的拍卖款应如何处理？

问题： 1998年，马某从某开发公司购商品房一套，双方约定由开发公司统一代办产权证，8.8万元房款分两次交付，签订协议时付4万元，余款在领取产权证时付清。马某依协议交付了4万元，开发公司到市房地产管理部门为该批商品房办理了产权登记手续，代领了产权证。后马某因负债累累突然举家出逃，长期下落不明。开发公司为收回房款，将已登记在马某名下的住房转售给了陈某，陈某交付了全部房款，领回了马某的产权证，并实际居住使用该房。1999年6月，债权人杨某向法院起诉，要求马某偿还欠款13万元。法院根据产权登记，至房地产管理部门办理了查封房产手续。案件进入执行阶段后，马某仍下落不明，法院依法对该房委托评估拍卖。对这笔拍卖款如何处理，有不同意见。一种意见认为，马某只给付了4万元房款，法院对拍卖所得款的处分也应限定在4万元以内，否则有失公允；另一种意见认为，马某违约，开发公司应及时提起诉讼维护自己的权益。开发公司没有起诉，而将产权已属马某所有的住房转卖给陈某，是没有法

律效力的，由此造成的损失应由其自行承担，该房仍应认定为马某的财产，因此拍卖所得款应全部用于抵偿杨某的债权。请问哪种意见正确？

《人民司法》研究组认为：民法通则第七十二条第二款规定："按照合同或者其他合法方式取得财产的，财产所有权从财产交付时起转移，法律另有规定或者当事人另有约定的除外。"法律已明确规定商品房的买卖以登记部门产权登记为准。此案中，开发商已经将房屋登记于马某的名下，房屋的所有权已合法转移，在产权登记未依法变更之前，房屋的所有权属于马某。马某未按约履行剩下的4.8万房款，违反了其与开发商订立的债权契约，但这并不影响房屋所有权合法转移这一物权行为的有效性。开发商向陈某交付其无权处分的房屋是合同的不适当履行，陈某明知该情况而接受房屋，对此亦负有一定的过错责任。因此，我们同意后一种意见，法院拍卖的房款应全部用于偿还杨某的债权，开发商只能向马某主张违约责任。②

建筑工程价款优先受偿权保护建筑工程价款范围的界定

问： 最高人民法院《关于建设工程价款优先受偿权问题的批复》（以下简称《批复》）第3条规定，"建筑工程价款包括承包人为建设工程应当支付的工作人员报酬、材料款等实际支出的费用，不包括承包人因发包人违约所造成的损失"。实践中，对享有优先受保护的建筑工程价款不包括承包人因发包人违约造成的损失一项没有争议，但对于是否包括承包人的应得利润存有争议，请问，享有优先权保护的建筑工程价款范围应如何界定，是否包括承包人的应得利润？

答： 关于享有优先权保护的建筑工程价款范围的界定，应结合《合同法》第286条和《批复》第3条加以确定。

住房和城乡建设部《建设工程施工发包与承包价格管理暂行规定》第5条规定，建设工程价款由成本（直接成本、间接成本）、利润（酬金）和税金构成。根据该条规定，一般来说，工程价款可分为四个部分：一是直接成本，又称直接费，

---

① 载《人民司法》2005年第7期。
② 载《人民司法》2001年第8期。

包括定额直接费、其他直接费、现场管理费和材料价差。其中，定额直接费又包括人工费、材料费和施工机构使用费三部分。二是间接成本或称企业管理费，包括管理人员工资、劳动保护费等十多项。三是利润，由发包人按工程造价的差别利率计付给承包人。四是税金，包括营业税、城市建设税、教育费附加税三种。这四部分构成工程价款的整体，缺一不可。在实践中，建设工程价款的表现形式有工程估算价、设计概算价、施工图预算价、施工预算（概算）价和竣工结算价五种。《合同法》第286条中所称工程价款，如指已竣工工程，应指竣工结算价。未竣工工程则应以施工预算价为基础进行评估确定工程价款。《合同法》第286条的立法精神是保护建筑施工企业被拖欠的工程款，主要是工人的工资、承包人的管理费和正常的利润。利润是工程价款的重要组成部分，显然应享有优先受偿权。

《批复》第3条则实际上解决了实践中的两个疑问：一是承包人垫资款是否享有优先受偿权；二是承包人因发包人违约造成的损失是否享有优先受偿权。《批复》尊重现实，将垫资款纳入承包人的优先受偿权的范围，明确规定建筑工程价款包括承包人为建设工程应当支付的材料款等实际支出的费用。同时将承包人因发包人违约造成的损失予以排除。

综上，享有优先保护的建筑工程价款的范围可以界定为，如指已竣工工程，应指竣工结算价，未竣工工程则应以施工预算价为基础进行评估确定工程价款；包含承包人的正常利润，也包括承包人的垫资款，但不包括承包人因发包人违约造成的损失。①

能否以执行标的物不可分为由，在执行被执行人的房产时将属于案外人的土地使用权合并执行？

问题：位于某市的某处房产与占用范围内的土地分属于不同的所有权人张三和使用权人李四。后土地使用权人李四将土地使用权转让给王武所有，张三将房屋抵押给银行。因张三欠债，法院以张三的房屋与王武的土地使用权属于不可分

不可分为由，裁定合并拍卖。请问法院的做法对吗？

《人民司法》研究组认为：法院的做法是错误的。最高人民法院《关于人民法院民事执行中拍卖、变卖财产的规定》第18条虽然规定了"拍卖的多项财产在使用上不可分，或者分别拍卖可能严重减损其价值的，应当合并拍卖"，但这里所指的不可分物是指该多项财产的所有权同属于被执行人所有的情况。对于不属于同一所有权主体的财产，只能在进行变价时，告知权属状况，由买受人决定是否承担权属瑕疵所带来的风险。买受人一旦买受，只能承受原权利人的权利。②

如何在执行程序除去拍卖财产上的租赁权？

问题：我院在对被执行人某甲设定抵押的一处房产进行执行时，发现被执行人在将房产抵押后又将房屋出租与某乙。根据最高人民法院《关于适用〈中华人民共和国担保法〉若干问题的解释》（以下简称担保法解释）第66条的规定，抵押人将已抵押的财产出租的，抵押权实现后，租赁合同对受让人不具有约束力。而依据《关于人民法院民事执行中拍卖、变卖财产的规定》（以下简称拍卖司法解释）第31条，拍卖财产上的租赁权不因拍卖而消灭，如果对在先设定的担保物权实现有影响时，应依法除去后再行拍卖。请问：1、如何理解两个解释之间的关系？2. 如何对抵押后的租赁权进行除去？

《人民司法》研究组认为：为保护抵押权的顺利实现，担保法司法解释对抵押财产抵押后的出租行为采取了对抵押权人和受让人绝对无效的态度。而拍卖司法解释则在平衡抵押权人、债务人二者利益的基础上，在具体案件中视在后设定的租赁权是否对抵押权的实现构成障碍，来决定是否对抵押权人和拍定人无效。按照后法优于前法的法律适用原则，本案应适用拍卖司法解释。关于如何除去在后设定的租赁权问题，由于抵押财产一般均须登记，权利设定的时间比较容易判断，为避免当事人诉累，在后设定的租赁权影响抵押权的实现时，我们认为应当由执行法院在执行程

---

① 本书研究组：《享有优先权保护的建筑工程价款范围如何界定》，载最高人民法院民事审判第一庭编：《民事审判指导与参考》2009年第2集（总第38集），法律出版社2009年版，第306~307页。
② 载《人民司法》2009年第13期。

序中直接以裁定除去某甲与某乙之间的租赁权。①

建设工程价款优先权的客体不及于建筑物所占用的建设用地使用权，仅限于建筑物的价值部分

最高人民法院民一庭意见：我国《合同法》第286条规定："发包人未按照约定支付价款的，承包人可以催告发包人在合理期限内支付价款。发包人逾期不支付的，除按照建设工程的性质不宜折价、拍卖的以外，承包人可以与发包人协议将该工程折价，也可以申请人民法院将该工程依法拍卖。建设工程的价款就该工程折价或者拍卖的价款优先受偿。"该条规定的建设工程价款优先受偿权不及于建筑物所占用的建设用地使用权部分。在将建筑物价值变现时，尽管根据"房地一体处分"原则要将建筑物和建设用地使用权一起进行处分，但是在一起处分时要区分开建筑物的价值和建设用地使用权的价值，建设工程价款优先权仅仅对建筑物的价值部分有优先受偿的效力。②

国家土地管理局关于人民法院裁定转移土地使用权问题对最高人民法院经〔1997〕18号函的复函

1997年8月18日　　〔1997〕国土函字第96号

最高人民法院：

你院法经〔1997〕18号函收悉。经研究，现复函如下：

一、以出让、转让方式取得的国有土地使用权属当事人自有财产，人民法院对土地使用权（包括以土地为载体的各种权利、义务）转移的裁定，应作为土地权属转移的合法依据，土地管理部门应根据法院的裁定，及时进行变更土地登记。但人民法院在裁定中应明确告知当事人三十日内到人民政府土地管理部门申请办理变更土地登记。并将裁定或判决内容以有效法律文书形式及时通知土地管理部门。

二、土地管理部门在对裁定的土地办理变更登记手续时，其权利取得的时间，应以人民法院裁定的权利取得时间为依据。对不申请办理变更登记或逾期申请的，其土地权利不受法律保护，涉及的土地按违法用地处理。

三、为维护人民法院判决裁定和土地登记的严肃性，凡当事人在规定时间内申请办理变更登记手续的，土地管理部门应以法院裁定或判决时间先后为序确认土地权利。

四、对通过划拨方式取得的土地使用权，由于不属于当事人的自有财产，不能作为当事人财产进行裁定。但在裁定转移地上建筑物、附着物涉及有关土地使用权时，在与当地土地管理部门取得一致意见后，可裁定随地上物同时转移。

凡属于裁定中改变土地用途及使用条件的，需征得土地管理部门同意，补交出让金的，应在裁定中明确，经办理出让手续，方可取得土地使用权。

五、对尚未确定土地权属的土地，应先依据《土地管理法》第十三条规定处理后，人民法院再行裁定。

国家林业局林木和林地权属登记管理办法

2000年12月31日国家林业局令第1号发布

第一条　为了规范森林、林木和林地的所有权或者使用权（以下简称林权）登记工作，根据《中华人民共和国森林法》及其实施条例规定，制定本办法。

第二条　县级以上林业主管部门依法履行林权登记职责。

林权登记包括初始、变更和注销登记。

第三条　林权权利人是指森林、林木和林地的所有权或者使用权的拥有者。

第四条　林权权利人为个人的，由本人或者其法定代理人、委托的代理人提出林权登记申请。林权权利人为法人或者其他组织的，由其法定代表人、负责人或者委托的代理人提出林权登记申请。

第五条　林权权利人应当根据森林法及其实

---

① 载《人民司法》2007年第2期。
② 最高人民法院民一庭：《〈合同法〉第286条规定的建设工程价款优先权的客体不及于建筑物所占用的建设用地使用权》，仲伟珩执笔，载最高人民法院民事审判第一庭编：《民事审判指导与参考》2010年第4集（总第44集），法律出版社2011年版，第208页。

施条例的规定提出登记申请,并提交以下文件:

(一) 林权登记申请表;

(二) 个人身份证明、法人或者其他组织的资格证明、法定代表人或者负责人的身份证明、法定代理人或者委托代理人的身份证明和载明委托事项和委托权限的委托书;

(三) 申请登记的森林、林木和林地权属证明文件;

(四) 省、自治区、直辖市人民政府林业主管部门规定要求提交的其他有关文件。

第六条 林权发生变更的,林权权利人应当到初始登记机关申请变更登记。

第七条 林地被依法征用、占用或者由于其他原因造成林地灭失的,原林权权利人应当到初始登记机关申请办理注销登记。

第八条 林权权利人申请办理变更登记或者注销登记时,应当提交下列文件:

(一) 林权登记申请表;

(二) 林权证;

(三) 林权依法变更或者灭失的有关证明文件。

第九条 登记机关应当对林权权利人提交的申请登记材料进行初步审查。

登记机关认为林权权利人提交的申请材料符合森林法及其实施条例以及本办法规定的,应当予以受理;认为不符合规定的,应当说明不受理的理由或者要求林权权利人补充材料。

第十条 登记机关对已经受理的登记申请,应当自受理之日起10个工作日内,在森林、林木和林地所在地进行公告。公告期为30天。

第十一条 对经审查符合下列全部条件的登记申请,登记机关应当自受理申请之日起3个月内予以登记:

(一) 申请登记的森林、林木和林地位置、四至界限、林种、面积或者株数等数据准确;

(二) 林权证明材料合法有效;

(三) 无权属争议;

(四) 附图中标明的界桩、明显地物标志与实地相符合。

第十二条 对经审查不符合本办法第十一条规定的登记条件的登记申请,登记机关应当不予登记。

在公告期内,有关利害关系人如对登记申请提出异议,登记机关应当对其所提出的异议进行调查核实。有关利害关系人提出的异议主张确实合法有效的,登记机关对登记申请应当不予登记。

第十三条 对不予登记的申请,登记机关应当以书面形式向提出登记申请的林权权利人告知不予登记的理由。

第十四条 对于经过登记机关审查准予登记的申请,应当及时核发林权证。

第十五条 按照森林法及其实施条例的规定,由国务院林业主管部门或者省、自治区、直辖市人民政府以及设区的市、自治州人民政府核发林权证的,登记机关应当将核发林权证的情况通知有关地方人民政府。

第十六条 国务院林业主管部门统一规定林权证式样,并指定厂家印制。

第十七条 发现林权证错、漏登记的或者遗失、损坏的,有关林权权利人可以到原林权登记机关申请更正或者补办。

第十八条 登记机关应当配备专(兼)职人员和必要的设施,建立林权登记档案。

第十九条 登记档案应当包括下列主要材料:

(一) 本办法第五条规定的申请材料;

(二) 林权登记台账;

(三) 本办法第十二条第二款涉及的异议材料和登记机关的调查材料和审查意见;

(四) 其他有关图表、数据资料等文件。

第二十条 登记机关应当公开登记档案,并接受公众查询。

第二十一条 省级林业主管部门登记机关应当将当年林权证核发、换发、变更等登记情况统计汇总,并于次年1月份报国务院林业主管部门。

第二十二条 本办法由国家林业局负责解释。

第二十三条 本办法自发布之日起施行。

土地登记办法

2007年12月30日

第六十三条 国土资源行政主管部门应当根据人民法院提供的查封裁定书和协助执行通知书,报经人民政府批准后将查封或者预查封的情况在土地登记簿上加以记载。

第六十四条 国土资源行政主管部门在协助人民法院执行土地使用权时,不对生效法律文书和协助执行通知书进行实体审查。国土资源行政主管部门认为人民法院的查封、预查封裁定书或者其他生效法律文书错误的，可以向人民法院提出审查建议，但不得停止办理协助执行事项。

第六十五条　对被执行人因继承、判决或者强制执行取得，但尚未办理变更登记的土地使用权的查封，国土资源行政主管部门依照执行查封的人民法院提交的被执行人取得财产所依据的继承证明、生效判决书或者执行裁定书及协助执行通知书等，先办理变更登记手续后，再行办理查封登记。

第六十六条　土地使用权在预查封期间登记在被执行人名下的，预查封登记自动转为查封登记。

第六十七条　两个以上人民法院对同一宗土地进行查封的，国土资源行政主管部门应当为先送达协助执行通知书的人民法院办理查封登记手续，对后送达协助执行通知书的人民法院办理轮候查封登记，并书面告知其该土地使用权已被其他人民法院查封的事实及查封的有关情况。

轮候查封登记的顺序按照人民法院送达协助执行通知书的时间先后进行排列。查封法院依法解除查封的，排列在先的轮候查封自动转为查封；查封法院对查封的土地使用权全部处理的，排列在后的轮候查封自动失效；查封法院对查封的土地使用权部分处理的，对剩余部分，排列在后的轮候查封自动转为查封。

预查封的轮候登记参照本条第一款和第二款的规定办理。

第六十八条　查封、预查封期限届满或者人民法院解除查封的，查封、预查封登记失效，国土资源行政主管部门应当注销查封、预查封登记。

第六十九条　对被人民法院依法查封、预查封的土地使用权，在查封、预查封期间，不得办理土地权利的变更登记或者土地抵押权、地役权登记。

第二十五章　对知识产权的执行

最高人民法院
关于人民法院对注册商标权进行财产保全的解释

2001年1月2日　　法释〔2001〕1号

为了正确实施对注册商标权的财产保全措施，避免重复保全，现就人民法院对注册商标权进行财产保全有关问题解释如下：

第一条　人民法院根据民事诉讼法有关规定采取财产保全措施时，需要对注册商标权进行保全的，应当向国家工商行政管理局商标局（以下简称商标局）发出协助执行通知书，载明要求商标局协助保全的注册商标的名称、注册人、注册证号码、保全期限以及协助执行保全的内容，包括禁止转让、注销注册商标、变更注册事项和办理商标权质押登记等事项。

第二条　对注册商标权保全的期限一次不得超过六个月，自商标局收到协助执行通知书之日起计算。如果仍然需要对该注册商标权继续采取保全措施的，人民法院应当在保全期限届满前向商标局重新发出协助执行通知书，要求继续保全。否则，视为自动解除对该注册商标权的财产保全。

第三条　人民法院对已经进行保全的注册商标权，不得重复进行保全。

最高人民法院
对国家知识产权局《关于如何协助执行法院财产保全裁定的函》的答复意见

2000年1月28日　　〔2000〕法知字第3号函

国家知识产权局：

贵局《关于如何协助执行法院财产保全裁定的函》收悉。经研究，对有关问题的意见如下：

一、专利权作为无形财产，可以作为人民法院财产保全的对象。人民法院对专利权进行财产保全，应当向国家知识产权局送达协助执行通知书，写明要求协助执行的事项，以及对专利权财产保全的期限，并附人民法院作出的裁定书。根据《中华人民共和国民事诉讼法》第九十三条①、第一百零三条②的规定，贵局有义务协助执行人民法院对专利权财产保全的裁定。

二、贵局来函中提出的具体意见第二条中拟要求人民法院提交"中止程序请求书"似有不妥。依据人民法院依法作出的财产保全民事裁定书和协助执行通知书，贵局即承担了协助执行的义务，在财产保全期间应当确保专利申请权或者专利权的法律状态不发生变更。在此前提下，贵局可以依据《专利法》和《专利审查指南》规定的程序，并根据法院要求协助执行的具体事项，自行决定中止有关专利程序。

三、根据最高人民法院《关于适用〈民事诉讼法〉若干问题意见》第一百零二条规定，对出质的专利权也可以采取财产保全措施，但质权人有优先受偿权。至于专利权人与被许可人已经签订的独占实施许可合同，则不影响专利权人的权利状态，也可以采取财产保全。

四、贵局协助人民法院对专利权进行财产保全的期限为6个月，到期可以续延。如到期末续延，该财产保全即自动解除。

以上意见供参考。

最高人民法院
关于对注册商标专用权进行财产保全和执行等问题的复函

2002年1月9日　　〔2001〕民三函字第3号

国家工商行政管理总局商标局：

你局商标〔2001〕66号来函收悉。经研究，对该函中所提出的问题答复如下：

一、关于不同法院在同一天对同一注册商标进行保全的协助执行问题

根据《民事诉讼法》和我院有关司法解释的规定，你局在同一天内接到两份以上对同一注册商标进行保全的协助执行通知书时，应当按照收到文书的先后顺序，协助执行在先收到的协助执行通知书；同时收到文书无法确认先后顺序时，可以告知有关法院按照《最高人民法院关于人民法院执行工作若干问题的规定（试行）》第125条关于"两个或两个以上人民法院在执行相关案件中发生争议的，应当协商解决。协商不成的，逐级报请上级法院，直至报请共同的上级法院协调处理"的规定进行协商以及报请协调处理。在有关法院协商以及报请协调处理期间，你局可以暂不办理协助执行事宜。

二、关于你局在依据法院的生效判决办理权利人变更手续过程中，另一法院要求协助保全注册商标的协助执行问题

《最高人民法院关于人民法院执行工作若干问题的规定（试行）》第88条第一款规定，各债权人对执行标的物均无担保物权的，按照执行法院采取执行措施的先后顺序受偿。根据这一规定，对于某一法院依据已经发生法律效力的裁判文书要求你局协助办理注册商标专用权权利人变更等手续后，另一法院对同一注册商标以保全原商标专用权人财产的名义再行保全，又无权利质押情形的，同意你局来函中提出的处理意见，即协助执行在先采取执行措施法院的裁判文书，并将协助执行的情况告知在后采取保全措施的法院。

三、关于法院已经保全注册商标后，另一法院宣告其注册人进入破产程序并要求你局再行协助保全该注册商标的问题

根据《中华人民共和国企业破产法（试行）》第11条的规定，人民法院受理破产案件后，对债务人财产的其他民事执行程序必须中止。人民法院应当按照这一规定办理相关案件。在具体处理问题上，你局可以告知审理破产案件的法院有关注册商标已被保全的情况，由该法院通知在先采取保全措施的法院自行解除保全措施。你局收到有关解除财产保全措施的通

---

① 民事诉讼法原第九十三条现已修改为第一百零一条。——编者注
② 民事诉讼法原第一百零三条现已修改为第一百一十四条。——编者注

知后，应立即协助执行审理破产案件法院的裁定。你局也可以告知在先采取保全措施的法院有关商标注册人进入破产程序的情况，由其自行决定解除保全措施。

四、关于法院裁决将注册商标作为标的执行时应否适用《商标法实施细则》第二十一条规定的问题

根据《商标法实施细则》第二十一条的规定，转让注册商标专用权的，商标注册人对其在同一种类或者类似商品上注册的相同或者近似的商标，必须一并办理。法院在执行注册商标专用权的过程中，应当根据上述规定的原则，对注册商标及相同或者类似商品上相同和近似的商标一并进行评估、拍卖、变卖等，并在采取执行措施时，裁定将相同或近似注册商标一并予以执行。商标局在接到法院有关转让注册商标的裁定时，如发现无上述内容，可以告知执行法院，由执行法院补充裁定后再协助执行。

来函中所涉及的具体案件，可按照上述意见处理。

此复。

人民法院办理执行案件规范

2017 年 4 月

578.【一般规定】

被执行人不履行生效法律文书确定的义务，人民法院有权裁定禁止被执行人转让其专利权、注册商标专用权、著作权（财产权部分）等知识产权。上述权利有登记主管部门的，应当同时向有关部门发出协助执行通知书，要求其不得办理财产权转移手续，必要时可以责令被执行人将产权或使用权证照交人民法院保存。

对前款财产权，可以采取拍卖、变卖等执行措施。

579.【冻结期限】

人民法院冻结著作权（财产权部分）、专利权、商标权的期限不得超过三年。

申请执行人申请延长期限的，人民法院应当在冻结期限届满前办理续行冻结手续，续行期限不得超过前款规定的期限。

人民法院也可以依职权办理续行查封、扣押、冻结手续。

580.【专利权的冻结】

人民法院对专利权进行冻结，应当向国务院专利行政部门发出协助执行通知书，载明要求协助执行的事项，以及对专利权冻结的期限，并附人民法院作出的裁定书。

581.【专利申请权的冻结】

专利申请权属于专利申请人的一项财产权利，可以作为人民法院财产保全的对象。

人民法院根据民事诉讼法有关规定，需要对专利申请权进行保全的，应当向国家知识产权局发出协助执行通知书，载明要求保全的专利申请的名称、申请人、申请号、保全期限以及协助执行保全的内容，包括禁止变更著录事项、中止审批程序等，并附人民法院作出的财产保全民事裁定书。

582.【出质或独占许可的冻结】

人民法院对出质的专利权可以采取冻结措施，质权人的优先受偿权不受冻结措施的影响；专利权人与被许可人已经签订的独占实施许可合同，不影响人民法院对该专利权进行冻结。

583.【注册商标权的冻结】

人民法院对注册商标权进行冻结时，应当向国家工商行政管理总局商标局发出协助执行通知书，载明要求国家工商行政管理总局商标局协助保全的注册商标的名称、注册人、注册证号码、保全期限以及协助执行保全的内容，包括禁止转让、注销注册商标、变更注册事项和办理商标权质押登记等事项。

584.【注册商标权的一并处置】

对被执行人名下某一注册商标权执行时，人民法院应当将该注册商标及其名下相同或者类似商品上相同和近似商标一并进行评估、拍卖、变卖等，并在采取执行措施时，裁定将相同或近似注册商标一并予以执行。

第二十六章　对铁路运输货物的执行

最高人民法院
关于人民法院扣押铁路运输货物若干问题的规定

1997年4月22日　　法发〔1997〕8号

根据《中华人民共和国民事诉讼法》等有关法律的规定，现就人民法院扣押铁路运输货物问题作如下规定：

一、人民法院依法可以裁定扣押铁路运输货物。铁路运输企业依法应当予以协助。

二、当事人申请人民法院扣押铁路运输货物，应当提供担保，申请人不提供担保的，驳回申请。申请人的申请应当写明：要求扣押货物的发货站、到货站、托运人、收货人的名称，货物的品名、数量、货票号码等。

三、人民法院扣押铁路运输货物，应当制作裁定书并附协助执行通知书。协助执行通知书中应当载明：扣押货物的发货站、到货站、托运人、收货人的名称，货物的品名、数量和货票号码。在货物发送前扣押的，人民法院应当将裁定书副本和协助执行通知书送达始发地的铁路运输企业由其协助执行；在货物发送后扣押的，应当将裁定书副本和协助执行通知书送达目的地或最近中转编组站的铁路运输企业由其协助执行。

人民法院一般不应在中途站、中转站扣押铁路运输货物。必要时，在不影响铁路正常运输秩序、不损害其他公民法人的合法权益的情况下，可在最近中转编组站或有条件的车站扣押。

人民法院裁定扣押国际铁路联运货物，应当通知铁路运输企业、海关、边防、商检等有关部门协助执行。属于进口货物的，人民法院应当向我国进口国（边）境站、到货站或有关部门送达裁定书副本和协助执行通知书；属于出口货物的，在货物发送前应当向发货站或有关部门送达，在货物发送后未出我国国（边）境前，应当向我国出境站或有关部门送达。

四、经人民法院裁定扣押的铁路运输货物，该铁路运输企业与托运人之间签订的铁路运输合同中涉及被扣押货物部分合同终止履行的，铁路运输企业不承担责任。因扣押货物造成的损失，由有关责任人承担。

因申请人申请扣押错误所造成的损失，由申请人承担赔偿责任。

五、铁路运输企业及有关部门因协助执行扣押货物而产生的装卸、保管、检验、监护等费用，由有关责任人承担，但应先由申请人垫付。申请人不是责任人的，可以再向责任人追偿。

六、扣押后的进出口货物，因尚未办结海关手续，人民法院在对此类货物作出最终处理决定前，应当先责令有关当事人补交关税并办理海关其他手续。

铁道部关于协助执行执法机关扣留铁路运输货物的通知

1995年6月19日　　铁运函〔1995〕327号

各铁路局、广铁（集团）公司：

最近以来，不少铁路车站接到有关执法部门因各种原因要求协助执行扣押铁路运输货物的通知，有的因无章可循，车站工作人员无所适从，致使执法机关扣押货物的要求未能得到执行；有的因个别执法人员不了解铁路运输特点，在运输中途站强行扣押货物，影响铁路运输生产；有的还造成运输合同纠纷。为协助执法机关做好这项工作，维护铁路正常运输秩序，现将有关事项通知如下。

一、按照国家法律、法规有物品扣押权的执法机关要求车站协助执行扣押铁路运输货物的，在货物发送前由发站，发送后由到站受理。除继续运输将危及铁路运输安全或对社会造成重大危害等特殊情况（如武器、弹药等），报请铁路分局批准的外，中途站不办理扣押货物事宜。

二、发站或到站接到协助执行扣押通知后，应立即将要求扣押的货物妥善保管。发站应立即通知托运人，到站应立即通知收货人和电告发站转告托运人，限期到车站处理，按规定办理货物交付或取消托运手续，同时由执法机关直接向托运人或收货人办理扣押货物手续；托运人或收货人逾期不来车站处理或通知不着的，执法机关又限期要将扣押货物转移的，凭县级以上执法机关出具的正式法律文书，办理货物移交，并通知发站或到站及托运人和收货人。对同一批货物有几家执法机关同时要求扣押的，应由其上级主管部门协调，按协调部门指示办理。铁路运输货物按法律、法规的规定移交执法机关后，运输合同终止履行。货物扣押期间的保管费用及因扣押产生的其他相关费用按规定核收。

三、中途站接到执法机关要求协助扣押通知的，应告知其在到站办理，并电告到站，以便到站提前做好准备，协助处理。

第二十七章　对海关监管货物的执行

中华人民共和国海关法

2016年11月7日

第三十七条　海关监管货物，未经海关许可，不得开拆、提取、交付、发运、调换、改装、抵押、质押、留置、转让、更换标记、移作他用或者进行其他处置。

海关加施的封志，任何人不得擅自开启或者损毁。

人民法院判决、裁定或者有关行政执法部门决定处理海关监管货物的，应当责令当事人办结海关手续。

第二十八章　对股权、投资权益的执行

第一节　一般规定

最高人民法院
关于人民法院执行工作若干问题的规定（试行）

1998年7月8日　　法释〔1998〕15号

51. 对被执行人从有关企业中应得的已到期的股息或红利等收益，人民法院有权裁定禁止被执行人提取和有关企业向被执行人支付，并要求有关企业直接向申请执行人支付。

对被执行人预期从有关企业中应得的股息或红利等收益，人民法院可以采取冻结措施，禁止到期后被执行人提取和有关企业向被执行人支付。到期后人民法院可从有关企业中提取，并出具提取收据。

52. 对被执行人在其他股份有限公司中持有的股份凭证（股票），人民法院可以扣押，并强制被执行人按照公司法的有关规定转让，也可以直接采取拍卖、变卖的方式进行处分，或直接将股票抵偿给债权人，用于清偿被执行人的债务。

53. 对被执行人在有限责任公司、其他法人企业中的投资权益或股权，人民法院可以采取冻结措施。

冻结投资权益或股权的,应当通知有关企业不得办理被冻结投资权益或股权的转移手续,不得向被执行人支付股息或红利。被冻结的投资权益或股权,被执行人不得自行转让。

54. 被执行人在其独资开办的法人企业中拥有的投资权益被冻结后,人民法院可以直接裁定予以转让,以转让所得清偿其对申请执行人的债务。

对被执行人在有限责任公司中被冻结的投资权益或股权,人民法院可以依据《中华人民共和国公司法》第三十五条、第三十六条的规定,征得全体股东过半数同意后,予以拍卖、变卖或以其他方式转让。不同意转让的股东,应当购买该转让的投资权益或股权,不购买的,视为同意转让,不影响执行。

人民法院也可允许并监督被执行人自行转让其投资权益或股权,将转让所得收益用于清偿对申请执行人的债务。

55. 对被执行人在中外合资、合作经营企业中的投资权益或股权,在征得合资或合作他方的同意和对外经济贸易主管机关的批准后,可以对冻结的投资权益或股权予以转让。

如果被执行人除在中外合资、合作企业中的股权以外别无其他财产可供执行,其他股东又不同意转让的,可以直接强制转让被执行人的股权,但应当保护合资他方的优先购买权。

56. 有关企业收到人民法院发出的协助冻结通知后,擅自向被执行人支付股息或红利,或擅自为被执行人办理已冻结股权的转移手续,造成已转移的财产无法追回的,应当在所支付的股息或红利或转移的股权价值范围内向申请执行人承担责任。

最高人民法院
关于被执行人以其全部资产作股本与外方成立合资企业的应当如何执行问题的复函

1992年9月7日　　法函〔1992〕114号

湖南省高级人民法院:

你院湘高法经〔1992〕1号请示报告收悉。经研究,答复如下:

鉴于被执行人于1990年12月31日与浙江省绍兴县轻工业公司、美国桦品企业有限公司合资成立浙江钻石制衣厂有限公司,业经注册登记,该公司领取了中华人民共和国企业法人营业执照,具有法人资格,故不宜直接执行该公司的财产。为有利于改革开放,可将被执行人绍兴县第二衬衫厂在合资企业中享有的部分股权(相当于应当偿还的债务),在征得合资对方同意后予以转让,转让时合资对方享有优先受让权;合资对方不同意转让股权的,可分期分批执行被执行人从合资企业分得的红利及其他收益。必要时可以裁定采取保全措施,限制被执行人支取到期应得的部分或全部收益,同时通知(附裁定书副本)有关单位协助执行。

此复。

最高人民法院
关于对中外合资企业股份执行问题的复函

1998年8月26日　　〔1998〕执他字第1号

宁夏回族自治区高级人民法院:

你院〔1998〕宁法执字第05号《关于中外合资企业外商股份能否执行即如何办理转股手续的请示报告》收悉,经研究答复如下:

根据我院《关于人民法院执行工作若干问题的规定(试行)》第五十五条规定,中外合资企业的外商股份可以作为执行标的,依法转让。你院将被执行人香港太嘉勋发有限公司在天津温泉大酒店有限公司中的30%股份执行转让给申请执行人中国包装进出口宁夏公司,并无不当,应依据有关规定办结相关手续,其中需要天津市对外经济贸易委员会协助执行的事宜,你院应主动联系,请其按你院协助执行通知书依法处理。

此复。

[提示] 不能以转让股权的对价款未支付为由认定被执行人已经转让且办理工商登记的股权转让行为无效

最高人民法院执行工作办公室
关于异议人深圳市天华电力投资有限公司申诉案的复函

2002年8月21日　〔2000〕执监字第68—2号

湖南省高级人民法院：

你院〔2001〕湘高法执函字第29号《关于请求准许我院尽快执行被执行人深圳市尊荣集团有限公司为逃避债务而非法转移到深圳市天华电力投资有限公司的紧急报告》收悉，经研究，答复如下：

1. 你院报告中称，深圳市天华电力投资有限公司（以下简称天华电力公司）是深圳市尊荣集团有限公司（以下简称尊荣公司）为转移资产、逃避债务而非法分立的企业，执行天华公司的财产实际上就是执行尊荣公司的财产。对此，本院认为，企业法人的设立是否合法，应依据企业法人设立的有关法律规定并通过诉讼程序加以解决。在执行阶段，执行机构直接认定企业法人资格无效，无法律依据。你院在执行阶段以尊荣公司逃避债务为由，直接执行天华电力公司财产的行为错误，应立即解除对天华电力公司持有的陕西精密合金股份有限公司国有法人股7415万股的冻结措施。

2. 你院报告中称，尊荣公司将其持有的原深圳市尊能电力投资有限公司股权的80%予以转让，但受让方至今未按合同支付对价，转让方也从未收到该项股权的转让款，具有明显的欺诈性质。本院认为，该股权转让经过了公证并经深圳市工商行政管理局核准，转让行为在形式上已经完成。至于转让股权的对价款是否支付的问题，是一种新的债权债务关系，应通过实体审判程序予以解决。你院在执行程序中由执行机构认定当事人之间股权转让行为无效的做法缺乏法律依据，应予纠正。

3. 你院报告中称，在你院以到期债权名义执行珠海天华集团公司和欧亚集团（陕西）公司时，两公司均提出了执行异议，致使你院无法继续执行。本院认为，既然两公司提出了异议，按照《最高人民法院关于人民法院执行工作若干问题的规定（试行）》第63条的规定就不得再对第三人强制执行，应告知债权人可以依法通过代位诉讼予以解决。

综上所述，我们认为本院执监字第68—1号函文正确，应遵照执行。请你院抓紧予以落实。

【附：案例评析】

案外人深圳市天华电力投资有限公司执行申诉案

四、湖南省高级人民法院的意见

该院认为：1. 追加天华公司为被执行人符合法律规定，是正确的。尊荣公司在无法偿还巨额到期债务的情况下，将其主要财产非法以投资的形式转移到天华公司名下，从而使自身的财产减少，目的是以投资这种合法形式逃避债务，使债权人无法优先行使追偿权，极大地损害了债权人的合法权益。尊荣公司违反企业分立的规定，非法抽资设立尊荣电力公司，虽然其名义上只占天华公司90%的股权，但由于惠州石化、惠州能源均系尊荣公司全额出资开办的非国有独资企业，实为被执行人尊荣公司所有。惠州石化、惠州能源形式上由运通公司、有色证券部、云南证券深圳营业部、惠州市投资管理公司4个股东组成，而实际上运通公司为本案被执行人，有色证券部、云南证券部当时均系被执行人尊荣公司承包经营，惠州市投资管理公司没有投入资金，也没有参与经营管理，因此尊荣电力公司（尊能电力公司、天华公司）应为尊荣公司非法分立的全资企业，非法分立的企业的资产仍是尊荣公司的财产，应用来偿还被执行人所欠的债务。在本案审理过程中，尊荣公司为逃避司法机关对其财产采取执行措施，先后将公司名称变更为尊能电力公司、天华公司，并以虚假方式将其持有的80%股权予以转让，虽然签订了股权转让合同，进行了公证和工商登记，但受让方至今未按合同支付对价，转让方也从未收到该项股权的转让款，股权转让的行为实际并未实施，具有明显的欺诈性质，其转让行为并未完成。天华公司是尊荣公司非法分立的全资企业的性质没有改变，天华公司的资产是尊荣公司的资产的事实也不能因企业非法分立而改变。如果对这种以转移资产、逃避债务为目的非法分立企业的行为不予追究，必将危害正常的经济秩序，使国有资产大量流失。

2. 该院冻结天华公司的财产符合法律规定。天华公司持有的陕西精密合金股份有限公司法人股7415万股，已按协议付款，并在上海证券中央登记结算公司办理了过户登记，天华公司是上述法人股的合法持有人，7415万股法人股属于该公司财产。既然天华公司已被追加为被执行人，法院在执行程序中有权对其资产进行冻结、扣划。

综上，湖南省高级人民法院认为，该院裁定追加天华公司为被执行人并冻结其财产的做法正确。

五、最高人民法院处理意见

本院经审查为：1. 企业法人的设立是否合法，应依据企业法人设立的有关法律规定并通过诉讼程序加以解决，在执行阶段，执行机构直接认定企业法人资格无效，缺乏法律依据。湖南省高级人民法院在执行阶段以尊荣公司逃避债务为由，直接执行天华电力公司财产的行为错误，应立即解除对天华电力公司持有的陕西精密合金股份有限公司国有法人股7415万股的冻结措施。

2. 至于尊荣公司将其持有的原深圳市尊能电力投资有限公司股权的80%予以转让，但受让方至今未按合同支付对价，转让方也从未收到该项股权的转让款等问题。本院认为，该股权转让经过了公证并经深圳市工商行政管理局核准，转让行为在形式上已经完成。至于转让股权的对价款是否支付的问题，是一种新的债权债务关系，应通过实体审判程序予以解决，在执行程序中由执行机构认定当事人之间股权转让行为无效的做法缺乏法律依据，应予纠正。

3. 湖南省高级人民法院以到期债权名义执行珠海天华集团公司和欧亚集团（陕西）公司时，两公司均提出了执行异议，致使法院无法继续执行。本院认为，既然两公司提出了异议，按照《最高人民法院关于人民法院执行工作若干问题的规定（试行）》第63条的规定就不得再对第三人强制执行，应告知债权人可以依法通过代位诉讼予以解决。

六、案件评析

（一）关于尊荣电力（天华公司）是否是尊荣公司非法分立企业问题

1. 分立与转投资是有区别的。如是分立，天华公司应割断与尊荣公司的管理与上交利润的联系，如是转投资则仍然保留这种联系。湖南省高级人民法院既然认定尊荣公司仍然管理参与尊荣电力（尊能电力）的管理，则尊荣电力不符合属于系从尊荣公司分立出的企业的条件。所以，尊能电力应认为属于尊荣公司的投资企业。

2. 即使尊荣公司在确实存在债务的情况下，将资产用于投资成立新企业，在目前公司法律制度上尚未有关于撤销公司设立的程序的规定，执行中只能在承认公司设立行为的基础上进行，不宜直接宣布投资设立公司行为无效，进而否认已设立公司的法人资格。

3. 天华公司不仅涉及尊荣公司的投资，还涉及到其他股东的投资。尊荣公司最初投资共有3家股东，现在已涉及共5家股东，即珠海天华占有60%、欧亚集团20%、惠州石化5%、惠州能源5%和尊荣公司10%。尊荣公司在天华公司所占股份仅为1/10，已成为小股东，最大股东是珠海天华集团，次股东为欧亚集团。湖南省高级人民法院直接执行天华公司的资产，不仅侵害天华公司的权益，还损害了其他股东的合法权益。

4. 关于其他股东的投资能否认定为尊荣公司的投资的问题。有人认为天华公司其他股东的投资实际上是尊荣公司的投资。其理由分为两个层次：第一层是，与尊荣公司一起投资设立尊荣电力（后更名为尊能电力、天华电力）时，名义上有3家股东：尊荣公司、惠州能源、惠州石化。而惠州能源和惠州石化虽然表面上由运通公司、有色证券部、云南证券部、惠州市投资管理公司为股东，但实际上是尊荣公司独资设立的企业。第二层理由是第一层理由的理由，即：惠州能源和惠州石化虽然名义上由运通公司、有色证券部、云南证券部、惠州市投资管理公司4家股东投资，但因为运通公司为本案被执行人，有色证券部、云南证券部当时均系尊荣集团承包经营，惠州市投资管理公司没有投入资金，也没有参与经营管理。因此推定尊荣电力（尊能电力、天华电力）应为尊荣集团非法分立的全资企业。对此看法，笔者主要从以下几个方面分析：

（1）第一个理由属适用法律错误。即使与尊荣公司一起设立尊荣电力公司时的另两家股东（惠州能源、惠州石化）是尊荣公司独资设立的企业，其仍然是目前我国现行法律认可的有法人资格的企业，其财产与尊荣公司的财产是各自独立的。企业属于投资者"所有"只是一种通俗的说法，法律上不是所有关系，只是投资者与企业的关系。不能认为惠州能源和惠州石化的财产就是尊荣公司的财产，惠州能源和惠州石化的投资也不是尊荣公司的投资，而是自己的投资。

(2) 第二层理由存在两个问题：一是没有事实依据，或者说认定的事实没有证据；二是适用法律有错误。

关于事实问题：惠州石化、惠州能源两个公司的工商登记文件上显示其最初股东有4个，即：大亚湾运通占40%、湖南有色深圳业务部15%、云南证券深圳业务部15%、惠州市投资管理公司占30%。但不包括尊荣公司。从有关证据材料显示，惠州能源和惠州石化股权结构变化如下：

惠州石化股权转让情况：大亚湾运通的股份20%转给深圳路自通，20%转给惠州能源；湖南有色深圳业务部的15%转给深圳市力道投资公司；云南证券深圳业务部的15%转给北京全丰商贸；惠州市投资管理公司的30%转给深圳路自通。

惠州能源股权转让情况：大亚湾运通40%转给北京全丰商贸公司；有色深圳业务部的15%转给北京全丰商贸公司；云南证券深圳业务部的15%转给惠州石化；惠州投资管理公司的30%转给深圳路自通公司。

关于法律适用问题：即使第一个股东运通公司是本案被执行人，但并不能说明运通公司的投资就是尊荣公司的投资。既然运通公司作为被执行人，法院可以执行运通公司的相应股权。有色证券部和云南证券部虽是尊荣公司承包经营的，但承包经营者与被承包的企业的财产也是各自独立，不能混为一谈。被承包企业的投资也不能认为是承包企业的投资。

总之，基于上述理由，不能认定尊荣电力（天华电力）是尊荣公司的非法分立企业。笔者认为：退一步说，即使存在不按法定程序分立的情况，尊能电力（天华电力）的资产也不能说是仍属于尊荣集团的资产。按照《最高人民法院关于执行工作若干问题的规定（试行）》第79条规定，分立后存续的企业应按照其从原企业分得的资产比例承担相应比例的债务，而不能认为分立后存续企业的资产就是原企业的资产。

(二) 关于转移财产问题

1. 申诉人提出尊荣公司并未向尊荣（天华）电力公司实际投入资金。尊荣公司本想用其在其他3家有关公司的投资作为向天华公司的投资，但此3项股权并未过户到天华公司的名下。而是以此3项股权抵偿了其自身债务。因此，实际上尊荣公司至今仍欠交对天华公司的股本金。天华公司的资产完全是由天华公司自己融资取得的，天华公司尚且无义务为其出资人的债务承担责任。在尊荣公司出资不实的情况下，天华公司更不应该为尊荣公司偿还债务。

2. 如果认定尊荣公司转移了财产，就必须追查具体转移了什么资产。如果没有具体转移的资产，则谈不上执行转移的财产问题。

(三) 关于尊荣公司向珠海天华集团和欧亚集团转移股权的问题

1. 本案最根本的一点是：目前尊荣公司所谓持有的90%的股权，实际上已经向珠海天华集团和欧亚集团转让了其中的80%，尊荣公司仅剩下10%。此转让已经实现，不仅有转让合同，而且珠海天华集团和欧亚集团已经实际接管了天华电力，且工商登记已经正式变更。天华电力公司现在的实际控股者是珠海天华集团，而不是尊荣公司。

2. 关于有人认为尊荣公司逃避执行，先后将尊荣电力的名称变更为尊能、天华，并以虚假方式将其持有的股权予以转让，虽然签订了转让合同，进行了公证和工商登记，但受让方至今未按照合同支付价款，转让方也未收到价款，股权转让的行为实际上并未实施，具有欺诈性等问题，笔者认为，从以下几个方面考虑，上述说法不能认定：

(1) 尊荣公司转让其在天华公司的股权的事实发生在诉讼期间。但现行法律并未禁止当事人在诉讼期间从事经营活动，包括处分财产。其所投资的企业在诉讼期间更改名称，同样也是法律允许的。尊荣公司转让股权并不导致尊荣公司财产的减少或灭失。该股权转让是有对价的，转让的价格完全等同于原出资额，既不是无偿转让，也不是明显低于市场价格的转让。受让方尽管尚未付款，但其应付款仍然是尊荣公司的财产权利。

(2) 关于尊荣公司转让股权的非法目的，只是推测，并无有效的证据证明。从现有材料上看不出尊荣公司转让股权的非法目的。

(3) 尽管股权转让款尚未支付，但这只是支付义务的延迟履行，并不是支付义务的消灭，不是合同的解除或无效。尊荣公司有权利继续主张受让方珠海天华集团、欧亚集团支付。

(4) 珠海天华集团和欧亚集团受让股权后,作为受让股权的新股东实际行使了股东权利,对天华公司实施了全面经营管理,也承担了相应的股东风险。如:召开董事会,选举新董事;派出总经理;收购陕西精密股份公司等事项。仅凭此点,即使尊荣公司的投资存在各种问题,珠海天华集团受让股权的事实也无法否认。①

[提示] 执行法院只能执行被执行人在其他公司的股权或投资权益,而不能直接其他公司所有的股票

最高人民法院执行工作办公室关于攀枝花市国债服务部与重庆市涪陵财政国债服务部证券回购纠纷执行请示案的复函

2003年6月9日　〔2003〕执他字第7号

四川省高级人民法院:

你院〔2001〕川执督字第100号《关于攀枝花市国债服务部申请执行重庆市涪陵财政国债服务部证券回购纠纷案件的请示报告》收悉。经研究,答复如下:

同意你院第一种意见。

根据《公司法》② 第四条第二款规定:"公司享有由股东投资形成的全部法人财产权,依法享有民事权利,承担民事责任。"因此,具有独立法人资格的重庆市涪陵国有资产经营公司(以下简称经营公司)对其持有的"长丰通信"国家股股票享有全部的财产权。被执行人重庆涪陵区财政局虽然投资开办了经营公司,并占有其100%的股权,但其无权直接支配经营公司的资产,其权利只能通过处分其股权或者收取投资权益来实现。因此,执行法院只能执行涪陵区财政局在经营公司的股权或投资权益,而不能直接执行经营公司所有的股票。

【附:案例评析】

攀枝花市国债服务部与重庆市涪陵财政国债服务部证券回购纠纷执行请示案

二、四川高院的意见

四川高院审判委员会讨论该案后,形成两种意见,并请示最高法院。

第一种意见认为,该案的案外人涪陵国资公司是具有独立法人资格的企业,虽然被执行人涪陵区财政局持有涪陵国资公司100%的股权,但只能执行涪陵区财政局在涪陵国资公司的投资收益。涪陵国资公司持有的"长丰通信"国家股是该公司的合法财产。涪陵国资公司不是该案的被执行人,攀枝花中院执行"长丰通信"国家股是执行了案外人涪陵国资公司的财产,不符合《最高人民法院关于人民法院执行工作若干问题的规定(试行)》第52条的规定。

第二种意见认为,涪陵国资公司是财政投资的国有独资公司,涪陵区财政局占有其100%的股权,具体表现为持有其他公司(包括上市公司)的股权,涪陵国资公司持有的"长丰通信"国家股的所有权人应该是涪陵区财政局,因此,依照《最高人民法院关于人民法院执行工作若干问题的规定(试行)》第52条的规定,执行"长丰通信"国家股是正确的。攀枝花中院〔1999〕攀法执字第40、41号民事裁定书是正确的。

该院倾向于第二种意见。

三、最高法院处理意见

最高法院经审查认为,根据《公司法》第4条第2款规定:"公司享有由股东投资形成的全部法人财产权,依法享有民事权利,承担民事责任。"因此,具有独立法人资格的重庆市涪陵国有资产经营公司(以下简称经营公司)对其持有的"长丰通信"国家股股票享有全部的财产权。被执行人重庆涪陵区财政局虽然投资开办了经营公司,并占有其100%的股权,但其无权直接支配经营公司的资产,其权利只能通过处分其股权或者收取投资权益来实现。因此,执行法院只能执行涪陵区财政局在经营公司的股权或投资权益,而不能

---

① 董志强:《案外人深圳市天华电力投资有限公司执行申诉案》,载沈德咏主编、最高人民法院执行工作办公室编:《强制执行指导与参考》2003年第1辑(总第5辑),法律出版社2003年版,第224~236页。

② 2013年12月28日第十二届全国人大常委会第六次会议通过了公司法修改决定,相关内容已修改。——编者注

直接执行经营公司所有的股票。

最高法院同意四川高院的第一种意见。

四、案件评析

本请示案的焦点问题是能否直接执行被执行人投资开办的公司所持有的股票。《公司法》第4条第2款规定："公司享有由股东投资形成的全部法人财产权，依法享有民事权利，承担民事责任。"因此，具有独立法人资格的涪陵国资公司虽然是财政投资的国有独资公司，涪陵区财政局占有其100%的股权，但其对自己所持有的"长丰通信"股票享有全部的财产权，即涪陵国资公司持有的"长丰通信"国家股是该公司的合法财产。由于该公司不是被执行人，因此，直接执行其股票是侵犯了案外人的合法财产，应予纠正。

《最高人民法院关于人民法院执行工作若干问题的规定（试行）》第52条规定："对被执行人在其他股份有限公司中持有的股份凭证（股票），人民法院可以扣押，并强制被执行人按照公司法的有关规定转让，也可以直接采取拍卖、变卖的方式进行处分，或直接将股票抵偿给债权人，用于清偿被执行人的债务。"这条规定是指"被执行人在其他股份有限公司中持有的"，而不是指"被执行人投资开办的公司所持有的"，因此，本案不适用这条规定，而应适用第53条、54条的规定。①

最高人民法院
关于涉外股权质押未经登记在执行中质押权人是否享有优先受偿权问题的复函

2003年10月9日　　〔2003〕执他字第6号

江苏省高级人民法院：

你院〔2002〕苏执监字第114号报告收悉，经研究，答复如下：

同意你院审判委员会第一种意见。（香港）越信隆财务有限公司（以下简称越信隆）与香港千帆投资有限公司（以下简称香港千帆）于1995年7月13日签订的《抵押契约》所涉及的质押物，是香港千帆在南京千帆房地产开发有限公司（以下简称南京千帆）持有的65%股权。虽然我国法律对涉外动产物权的法律适用没有明确的规定，但根据《民法通则》第142条第3款规定的精神，本案可参照世界各国目前普遍采用的物之所在地法原则。因南京千帆系在中华人民共和国注册成立的有限责任公司，故该公司股权的质押是否有效，应根据中华人民共和国的法律法规来认定。上述《抵押契约》订立时，《中华人民共和国担保法》已经全国人大常委会通过并颁布，且于1995年10月1日实施。《担保法》实施后，越信隆应当按照该法第78条第3款的规定，将香港千帆在南京千帆持有的65%股权在内地办理股份出质记载手续，但越信隆未办理股份出质登记。因此，其抵押权不具有对抗第三人的效力。鉴于香港千帆所持南京千帆65%股权已经南京有关行政主管部门批准转让，非经法定程序不得撤销。

此复。

【附：案例评析】

（香港）越信隆财务有限公司执行异议案——涉外股权质押未经登记在执行中质押权人是否享有优先受偿权

二、江苏高院请示的问题

江苏高院请示的问题是，越信隆公司与香港千帆公司签订《抵押契约》，约定由香港千帆公司将其财产、权利（不论地点、性质）浮动抵押给越信隆公司，并在香港有关部门办理了抵押登记手续。该抵押关系所涉及的香港千帆公司在南京千帆公司的股权的浮动抵押行为，我国内地能否承认其效力。对此，江苏高院审判委员会存在两种意见：

第一种意见认为，越信隆公司对香港千帆公司所持南京千帆公司股权的抵押权，不能对抗广调室。主要理由：我国法律对涉外动产物权的法律适用没有明确的规定，根据《中华人民共和国民法通则》第142条第3款的规定精神，应参照

---

① 刘立新：《攀枝花市国债服务部与重庆市涪陵财政国债服务部证券回购纠纷执行请示案》，载最高人民法院执行工作办公室编：《强制执行指导与参考》2003年第4辑（总第8辑），法律出版社2004年版，第203～207页。

世界各国目前普遍采用的物之所在地法原则，适用我国的有关法律规定。越信隆公司与香港千帆公司于1995年7月13日订立的《抵押契约》，虽然不违反我国当时的法律规定，但该抵押契约订立时，《中华人民共和国担保法》已经全国人大常委会通过并颁布，且于同年10月1日起实施。越信隆公司应当按照担保法第78条第3款关于"以有限责任公司股份出质的，适用公司法股份转让的有关规定，质押合同自股份出质记载于股东名册之日起生效"的规定，办理股份出质记载手续。越信隆公司未办理股份出质记载手续，其抵押权不具有对抗第三人的效力。

第二种意见认为，对越信隆公司与香港千帆公司关于抵押南京千帆公司股权的行为，应承认其效力，越信隆公司据此对南京千帆公司65%股权的转让价款享有优先受偿权。主要理由：

1. 越信隆公司与香港千帆公司于1995年7月13日签订《抵押契约》，约定由香港千帆公司将其全部财产、权利，包括其持有的南京千帆公司的股权浮动抵押给越信隆公司，并明确约定适用香港法律。《抵押契约》订立后，双方又按照香港法律的规定在香港有关部门办理了抵押登记手续。鉴于《抵押契约》为双方当事人的真实意思表示，又不违反双方所约定适用的法律，因此，《抵押契约》有关香港千帆公司所持南京千帆公司股权浮动抵押给越信隆公司的约定，应认定有效。

2. 股权属于无形动产，我国法律对涉外动产物权的法律适用至今没有明确的规定。即使按照国际上关于涉外物权关系法律适用的普遍原则，即物之所在地原则适用我国的法律，由于越信隆公司与香港千帆公司签订该抵押契约时，我国《担保法》尚未实施，按照我国当时的法律规定即《民法通则》第89条第2款第（2）项、最高法院《关于贯彻执行〈民法通则〉若干问题的意见》第112条的规定，当事人订立书面抵押合同，抵押关系成立，债权人有权依照法律的规定以抵押物折价或者以变卖抵押物的价款优先得到偿还。当时的法律既没有将抵押与质押加以区分，也没有关于抵押（质押）合同登记（记载）生效的规定。因此，该抵押行为亦不违反我国当时的法律规定。

3. 作为物权公示方法的抵押登记或质押出质记载，其法律意义在于让当事人设定的抵押或质押具有社会公信力，从而保护善意第三人的权益。香港千帆公司为担保巨额借款的还款而将其财产、权利抵押给越信隆公司，广调室作为香港千帆的开办单位对此应当明知。因此，广调室不属于善意第三人，越信隆公司所享有的抵押权的效力应当及于广调室。

三、最高法院的处理意见

最高法院同意江苏高院审判委员会的第一种意见。最高法院经审查认为，越信隆公司与香港千帆公司签订的《抵押契约》所涉及的抵押物，是香港千帆公司在南京千帆公司持有的65%股权。虽然我国法律对涉外动产物权的法律适用没有明确的规定，但根据《民法通则》第142条第3款规定的精神，本案可参照世界各国目前普遍采用的物之所在地法原则。因南京千帆公司系在内地注册成立的有限责任公司，故审查该公司股权的质押是否有效，应根据中华人民共和国的法律法规来认定。上述《抵押契约》订立时，《中华人民共和国担保法》已经全国人大常委会通过并颁布，且于1995年10月1日施行。《担保法》实施后，越信隆公司应当按照该法第78条第3款的规定，将香港千帆公司在南京千帆公司持有的65%股权在内地办理股份出质记载手续，但越信隆公司未办理股份出质记载手续，故不具有对抗第三人的效力。况且，香港千帆公司已将其持有的上述股权转让给江苏德基公司，并经南京市有关行政主管部门批准，该转让未经法定程序撤销前合法有效。

四、评析意见

本案有两个焦点问题：一是法律适用问题，即认定越信隆公司是否享有优先受偿权应适用内地的法律还是香港的法律。二是事实认定问题，即越信隆公司是否享有南京千帆公司65%股权或股权转让价款的优先受偿权。

（一）法律适用问题

越信隆公司与香港千帆公司签订的《抵押契约》约定，将包括香港千帆公司持有的南京千帆公司65%股权在内的所有财产浮动抵押给越信隆公司，并在香港办理了抵押登记手续，符合香港的担保法律制度。

浮动抵押制度是香港承袭英国法上的浮动担保（Floating Charge）制度而来的。浮动担保具有三个特征：（1）它是以公司目前存在或将来存在的一类资产为基础的担保；（2）在正常的经营过程中，这类资产的形态会随着时间的变化而变化；（3）除非债券持有人（浮动担保的担保权人）提出利用担保资产偿债的请求，否则公司可以运用所抵押的资产进行正常的经营活动。从上述特征可以看出，在设定此项担保时，担保物并未特定化，借款人公司在正常经营过程中始终拥有这类资产；这类资产可以包括公司的机器设备、原材料、库存物资、应收款项、合同权利及无形资产等等。但这类资产的各个具体形态将始终在变化，这样，公司便始终保持着正常的生产经营活动所需要的这类资产，而且可以在正常的业务中处分已供担保之用的这类资产，而无需征得债权人的同意。但是，允许债务人公司在正常的经营过程中自由处置其担保的资产并非否定担保权益，只是推迟对其固定化，只是在借款人违约或借款人公司发生停业清理或解散等情势时，才以借款人当时拥有的全部资产为固定担保物，即以"冻结"时的全部资产清偿债务。由于在"冻结"前担保物一直处于浮动不定状态，故称为"浮动担保"。那么，什么是浮动担保的"冻结"呢？所谓冻结，就是指担保物停止浮动，浮动担保变为固定担保，浮动抵押权人授予债务人处置担保物的权利终止，担保权人有权变卖担保物来清偿担保的债务。冻结的事由可分为三类：第一类是公司停止营业；第二类是担保权人介入，执行担保物；第三类是合同中特别规定的导致冻结的其他事件或行为。

本案即是采取第二类方式，由担保权人越信隆公司以委任接管的方式介入。但是，该制度中指定接管人的行为在国内法上能否取得如英国法上浮动抵押变为固定抵押的效力，是本案在适用法律问题上的关键。因为，担保权人委任的接管人接管的不是担保人在香港公司中的股权，而是在内地依法设立的合资公司的股权，该合资公司是依据内地的法律登记设立的。况且，香港《公司条例》第80条第（4）项规定，"如押记在香港设定，但包含香港以外的财产，则设定或看来是设定该项押记的文书，可根据本条送交登记，即使按照该财产所在国家的法律，可能需有进一步的法律程序，始可使该项押记有效或有作用"。

毋庸置疑，关于越信隆公司与香港千帆公司在香港签订的《抵押契约》的效力，根据当事人的约定，应适用香港法律来认定。根据香港《公司条例》的有关规定，双方办理了浮动抵押登记，应为合法有效。但是，如果执行该《抵押契约》涉及担保权人对在内地设立的合资企业的股权行使抵押权的问题，则该股权能否抵押及应履行何种手续，还应遵守我国内地相关的强制性规定。也就是说，因浮动抵押涉及的抵押物为内地合资企业的股权，故应适用我国内地的法律来审查，而不能适用当事人约定适用的香港法律。

因为，股权属于无形动产，我国法律虽然对涉外动产物权的法律适用至今没有明确的规定，但根据《民法通则》第142条第3款的规定，可以适用国际惯例。国际上关于涉外物权法律关系普遍适用物之所在地法原则。无形动产的所在地应该是该财产能被追索或执行的地方。就本案而言，应以南京千帆公司所在地为对该公司股权可作有效处分的地方，故审查本案的抵押效力应依照我国内地的法律来认定。

（二）越信隆公司是否享有优先受偿权问题

这个问题又包括以下两方面的内容：一是抵押登记的公示范围及其效力问题。抵押权属于担保物权，为了保护抵押权人的权益，同时也保护善意第三人的利益，保障交易的安全与便利，各国在民事立法上都将抵押登记作为物权公示的形式。经过登记，不仅可以判断抵押权的真实存在，还可以为参与交易的第三人提供一个判断物权存在情况的客观标准，善意第三人可以通过对抵押登记的了解，判断物权本身是否存在瑕疵。也就是说，为使当事人设定的抵押或质押具有社会公信力，从而保护善意第三人的权益，各国普遍规定了需经抵押登记或质押出质记载，该抵押（质押）始生法律效力。就本案而言，因内地与香港属于不同的法域，越信隆公司对南京千帆公司股权享有的质押权，因未在我国内地办理相应的公示登记手续，其在香港办理的抵押注册登记无法在内地起到公示的作用，其登记的效力不能及于内地。

二是如何判断抵押权人行使抵押权的时间，并以此作为适用哪部内地法律的依据。本案有两个关键时间，一个是1995年7月双方签订抵押契约的时间，此时《担保法》尚未生效，只能适用《民法通则》及其司法解释关于抵押的有关规定；另一个是2000年11月越信隆公司委任接管人接管香港千帆公司在南京千帆公司股权的时间，此时《担保法》已经生效，可以适用《担保法》的有关规定。笔者认为，应以2000年11月越信隆公司委任接管人作为抵押权人行使抵押权的时间（理由前文已作介绍，此处不再赘述）。因此，应适用当时的法律规定，判断越信隆公司是否享有优先受偿权。此时,《担保法》已经施行多年,抵押权人应按照《担保法》的有关规定办理相应的登记等公示手续,以达到对抗第三人的目的。越信隆公司未办理抵押登记,故不得对抗第三人。

江苏高院第二种意见认为,应适用《民法通则》的有关规定,认定越信隆公司享有优先受偿权。笔者不同意这种观点。除上述理由之外,还可从《公司法》关于股份转让规定的角度来考虑。因为,就担保物权的本质来说,担保权人的目的不是直接利用担保物,而是为取得其交换价值。换句话说,担保权人是以担保物的交换价值作为实现自己债权的担保,一旦债权不能实现,即以拍卖、变卖担保物等方式取得担保物的价款,实现债权。《公司法》第35、36条规定,有限责任公司的股东之间可以相互转让其全部或者部分出资,但股东向股东以外的人转让其出资时,须经全体股东过半数同意。不同意转让的股东应购买该转让的出资,如果不购买则视为同意转让。经股东同意转让的出资,其他股东在同等条件下有优先购买权。股东依法转让其出资后,由公司将受让人的姓名或者名称、住所以及受让的出资额记载于股东名册。在《公司法》之后施行的《担保法》第78条的规定,是与《公司法》的上述规定相一致的。就本案而言,越信隆公司与香港千帆公司签订《抵押契约》的目的,是用香港千帆公司在南京千帆公司持有的股份作为对其债务的担保,如债务不能偿还则最终可能导致该股份的转让故《公司法》对股份转让的限制必然制约股份的质押。

另外,江苏德基公司取得香港千帆公司在南京千帆公司的股份,广调室因向南京中院申请保全而最终取得该股权转让的对价,当事人均履行了相应的审批登记手续,非经法定程序不得撤销。且如果按照江苏高院的第二种意见处理本案,很可能为当事人规避法律、逃避债务提供便利。况且,第二种意见中关于广调室不是善意第三人的理由似不能成立。即使广调室是香港千帆公司的开办单位,但作为相互独立的法人主体,对于香港千帆公司在自身经营活动中所签订的合同,开办单位似不必然知晓。①

---

① 于泓:《(香港)越信隆财务有限公司执行异议案——涉外股权质押未经登记在执行中质押人是否享有优先受偿权》,载最高人民法院执行工作办公室编:《强制执行指导与参考》2004年第1集(总第9集),法律出版社2004年版,第74~81页。

人民法院办理执行案件规范

2017 年 4 月

585.【查询】

人民法院对股权、其他投资权益进行冻结或者实体处分前,应当查询权属。

人民法院应先通过企业信用信息公示系统查询有关信息。需要进一步获取有关信息的,可以要求工商行政管理机关予以协助。

执行人员到工商行政管理机关查询时,应当出示工作证或者执行公务证,并出具协助查询通知书。协助查询通知书应当载明被查询主体的姓名(名称)、查询内容,并记载执行依据、人民法院经办人员的姓名和电话等内容。

586.【冻结】

人民法院对从工商行政管理机关业务系统、企业信用信息公示系统以及公司章程中查明属于被执行人名下的股权、其他投资权益,可以冻结。

587.【送达及公示】

人民法院冻结股权、其他投资权益时,应当向被执行人及其股权、其他投资权益所在市场主体送达冻结裁定,并要求工商行政管理机关协助公示。

人民法院向被执行人股权、其他投资权益所在市场主体送达冻结裁定时,应当同时送达协助执行通知书。协助执行通知书应当载明该市场主体于冻结期限内不得办理被冻结投资权益或股权的转移手续,不得向被执行人支付股息或红利。

人民法院要求协助公示冻结股权、其他投资权益时,执行人员应当出示工作证或者执行公务证,向被冻结股权、其他投资权益所在市场主体登记的工商行政管理机关送达执行裁定书、协助公示通知书和协助公示执行信息需求书。

协助公示通知书应当载明被执行人姓名

（名称），执行依据，被冻结的股权、其他投资权益所在市场主体的姓名（名称），股权、其他投资权益数额，冻结期限，人民法院经办人员的姓名和电话等内容。

工商行政管理机关应当在收到通知后三个工作日内通过企业信用信息公示系统公示。

588.【冻结效力】

股权、其他投资权益被冻结的，未经人民法院许可，不得转让，不得设定质押或者其他权利负担。

有限责任公司股东的股权被冻结期间，工商行政管理机关不予办理该股东的变更登记、该股东向公司其他股东转让股权被冻结部分的公司章程备案，以及被冻结部分股权的出质登记。

589.【多个冻结及生效冻结】

工商行政管理机关在多家法院要求冻结同一股权、其他投资权益的情况下，应当将所有冻结要求全部公示。首先送达协助公示通知书的执行法院的冻结为生效冻结。送达在后的冻结为轮候冻结。有效的冻结解除的，轮候的冻结中，送达在先的自动生效。

590.【冻结期限】

冻结股权、其他投资权益的期限不得超过三年。申请人申请续行冻结的，人民法院应当在本次冻结期限届满三日前按照本规范第587条规定办理。续冻期限不得超过三年。续行冻结没有次数限制。

有效的冻结期满，人民法院未办理续行冻结的，冻结的效力消灭。按照前款办理了续行冻结的，冻结效力延续，优先于轮候冻结。

591.【解除冻结】

人民法院对被执行人股权、其他投资权益等解除冻结的，应当通知当事人，同时通知工商行政管理机关公示。

人民法院通知和工商行政管理机关公示的程序，按照本规范第587条办理。

592.【优先购买权的保护及拟制放弃】

人民法院依照法律规定的强制执行程序转让股东的股权时，应当通知公司及全体股东，其他股东在同等条件下有优先购买权。其他股东自人民法院通知之日起满二十日不行使优先购买权的，视为放弃优先购买权。

593.【变更登记】

人民法院强制转让被执行人的股权、其他投资权益，完成变价等程序后，应当向受让人、被执行人及其股权、其他投资权益所在市场主体送达转让裁定，要求工商行政管理机关协助公示并办理有限责任公司股东变更登记。

人民法院要求办理有限责任公司股东变更登记的，执行人员应当出示工作证或者执行公务证，送达生效法律文书副本或者执行裁定书、协助执行通知书、协助公示执行信息需求书、合法受让人的身份或资格证明，到被执行人股权所在有限责任公司登记的工商行政管理机关办理。

法律、行政法规对股东资格、持股比例等有特殊规定的，人民法院要求工商行政管理机关办理有限责任公司股东变更登记前，应当进行审查，并确认该公司股东变更符合公司法第二十四条、第五十八条的规定。

工商行政管理机关收到人民法院上述文书后，应当在三个工作日内直接在业务系统中办理，不需要该有限责任公司另行申请，并及时公示股东变更登记信息。公示后，该股东权利以公示信息确定。

594.【查询、摘抄、复制材料】

人民法院可以对有关材料查询、摘抄、复制，但不得带走原件。

工商行政管理机关对人民法院复制的书面材料应当核对并加盖印章。人民法院要求提供电子版，工商行政管理机关有条件的，应当提供。

对于工商行政管理机关无法协助的事项，人民法院要求出具书面说明的，工商行政管理机关应当出具。

595.【协助执行后果及救济】

工商行政管理机关对按人民法院要求协助执行产生的后果，不承担责任。

当事人、案外人对工商行政管理机关协助执行的行为不服，提出异议或者行政复议的，工商行政管理机关不予受理；向人民法院起诉的，人民法院不予受理。

当事人、案外人认为人民法院协助执行要

求存在错误的，应当按照民事诉讼法第二百二十五条之规定，向人民法院提出执行异议，人民法院应当受理。

当事人认为工商行政管理机关在协助执行时扩大了范围或者违法采取措施造成其损害，提起行政诉讼的，人民法院应当受理。

596.【新旧规定的衔接】

人民法院冻结股权、其他投资权益的通知在2014年2月28日之前送达工商行政管理机关、冻结到期日在2014年3月1日以后的，工商行政管理机关应当在2014年11月30日前将冻结信息公示。公示后续行冻结的，按照本规范第587条办理。

冻结到期日在2014年3月1日以后、2014年11月30日前，人民法院送达了续行冻结通知书的，续行冻结有效。工商行政管理机关还应当在2014年11月30日前公示续行冻结信息。

人民法院对股权、其他投资权益的冻结未设定期限的，工商行政管理机关应当在2014年11月30日前将冻结信息公示。从公示之日起满两年，人民法院未续行冻结的，冻结的效力消灭。

597.【中外合资、合作经营企业的股权或投资权益】

对被执行人在中外合资、合作经营企业中的投资权益或股权，在征得合资或合作他方的同意和对外经济贸易主管机关的批准后，可以对冻结的投资权益或股权予以转让。

如果被执行人除在中外合资、合作企业中的股权以外别无其他财产可供执行，其他股东又不同意转让的，可以直接强制转让被执行人的股权，但应当保护合资他方的优先购买权。

598.【股息或红利等收益】

对被执行人从有关企业中应得的已到期的股息或红利等收益，人民法院有权裁定禁止被执行人提取和有关企业向被执行人支付，并要求有关企业直接向申请执行人支付。

对被执行人预期从有关企业中应得的股息或红利等收益，人民法院可以采取冻结措施，禁止到期后被执行人提取和有关企业向被执行人支付。到期后人民法院可从有关企业中提取，并出具提取收据。

599.【擅自处理股权及股息、红利的责任】

有关企业收到人民法院发出的协助冻结通知后，擅自向被执行人支付股息或红利，或擅自为被执行人办理已冻结股权的转移手续，造成已转移的财产无法追回的，应当在所支付的股息或红利或转移的股权价值范围内向申请执行人承担赔偿责任。

国家税务总局关于股权转让收入征收个人所得税问题的批复

2007年2月28日　　　国税函〔2007〕244号

广东省地方税务局：

你局《关于个人所得税财产转让所得中的转让股权的认定问题的请示》（粤地税发〔2006〕187号）收悉。经研究，批复如下：

一、你省某温泉公司原全体股东，通过签订股权转让协议，以转让公司全部资产方式将股权转让给新股东，协议约定时间以前的债权债务由原股东负责，协议约定时间以后的债权债务由新股东负责。根据《中华人民共和国个人所得税法》及其实施条例的规定，原股东取得股权转让所得，应按"财产转让所得"项目征收个人所得税。

二、应纳税所得额的计算

（一）对于原股东取得转让收入后，根据持股比例先清收债权、归还债务后，再对每个股东进行分配的，应纳税所得额的计算公式为：

应纳税所得额＝（原股东股权转让总收入－原股东承担的债务总额＋原股东所收回的债权总额－注册资本额－股权转让过程中的有关税费）×原股东持股比例。

其中，原股东承担的债务不包括应付未付股东的利润（下同）。

（二）对于原股东取得转让收入后，根据持股比例对股权转让收入、债权债务进行分配的，应纳税所得额的计算公式为：应纳税所得额＝原股东分配取得股权转让收入＋原股东清收公司债权收入－原股东承担公司债务支出－原股东向公司投资成本。

第二节　对有限责任公司股权的执行

中华人民共和国公司法

2013年12月28日

第七十一条　有限责任公司的股东之间可以相互转让其全部或者部分股权。

股东向股东以外的人转让股权，应当经其他股东过半数同意。股东应就其股权转让事项书面通知其他股东征求同意，其他股东自接到书面通知之日起满三十日未答复的，视为同意转让。其他股东半数以上不同意转让的，不同意的股东应当购买该转让的股权；不购买的，视为同意转让。

经股东同意转让的股权，在同等条件下，其他股东有优先购买权。两个以上股东主张行使优先购买权的，协商确定各自的购买比例；协商不成的，按照转让时各自的出资比例行使优先购买权。

公司章程对股权转让另有规定的，从其规定。

第七十二条　人民法院依照法律规定的强制执行程序转让股东的股权时，应当通知公司及全体股东，其他股东在同等条件下有优先购买权。其他股东自人民法院通知之日起满二十日不行使优先购买权的，视为放弃优先购买权。

第七十三条　依照本法第七十一条、第七十二条转让股权后，公司应当注销原股东的出资证明书，向新股东签发出资证明书，并相应修改公司章程和股东名册中有关股东及其出资额的记载。对公司章程的该项修改不需再由股东会表决。

第七十四条　有下列情形之一的，对股东会该项决议投反对票的股东可以请求公司按照合理的价格收购其股权：

（一）公司连续五年不向股东分配利润，而公司该五年连续盈利，并且符合本法规定的分配利润条件的；（二）公司合并、分立、转让主要财产的；（三）公司章程规定的营业期限届满或者章程规定的其他解散事由出现时，股东会会议通过决议修改章程使公司存续的。

自股东会会议决议通过之日起六十日内，股东与公司不能达成股权收购协议的，股东可以自股东会会议决议通过之日起九十日内向人民法院提起诉讼。

第七十五条　自然人股东死亡后，其合法继承人可以继承股东资格；但是，公司章程另有规定的除外。

最高人民法院
关于适用《中华人民共和国公司法》若干问题的规定（四）

2017年8月25日　　法释〔2017〕16号

第二十二条　通过拍卖向股东以外的人转让有限责任公司股权的，适用公司法第七十一条第二款、第三款或者第七十二条规定的"书面通知""通知""同等条件"时，根据相关法律、司法解释确定。

在依法设立的产权交易场所转让有限责任公司国有股权的，适用公司法第七十一条第二款、第三款或者第七十二条规定的"书面通知""通知""同等条件"时，可以参照产权交易场所的交易规则。

最高人民法院执行工作办公室
关于如何执行投资权益的请示的答复

2001年12月11日　　〔2000〕执他字第20号

北京市高级人民法院：

你院京高法发〔2000〕291号函《关于如何执行投资权益的请示》收悉。经研究，现答复如下：

基本同意你院第一种意见。即使是对被执行人在其独资开办的法人企业的投资权益的执行，也不能无视该法人企业作为市场主体的独立性，将其财产径行作为被执行人的财产予以执行。在该投资权益有可分配的收益时，可用以清偿申请人的债权，否则，只能对该投资权益进行变价，以变价款清偿申请人的债权。此外，在经当事人双方同意或者在拍卖、变卖不成，债权人愿意接受该投资权益抵偿债务的情况下，可以以该投资权益抵债。至于如何防范在对被执行人的投资权益执行的过程中，被执行人利用其对投资开办的法人企业的控制转移财产，导致该投资权益价值贬损的问题，现实情况较为复杂，可根据具体情况采取相应的防范措施。

最高人民法院执行工作办公室
关于执行股权转让金涉及相关法律问题的请示的答复

2001年12月27日　　〔2001〕执他字第8号

辽宁省高级人民法院：

你院《关于执行股权转让金涉及相关法律问题的请示报告》收悉。经研究，答复如下：

执行机构在执行程序中，不可以裁定公司不具备法人资格。本案龙博大厦有限公司经过注册登记并领取了企业法人营业执照，是具有法人资格的合资公司。对被执行人在该公司的股权的执行，应按照执行股权的程序执行。鉴于该公司的另一股东金氏物业公司已明确表示不购买被执行人的股权，可将被执行人的股权对外转让，将转让金执行给本案申请执行人。

此复。

最高人民法院执行工作办公室
关于如何对被执行人在另一家公司所拥有的股份进行变现执行的请示的答复

2002年9月20日　　〔2002〕执他字第12号

江西省高级人民法院：

你院赣高法报〔2002〕27号《关于如何对被执行人在另一家公司所拥有的股份进行变现执行的请示》收悉。经研究，答复如下：

据你院的请示，你院在执行江西省赣州市第一城市信用社申请执行海南省海口市双海经济发展公司和香港琼运实业有限公司一案中，已于1998年9月裁定将香港琼运实业有限公司在南京金港房地产开发有限公司的股权转让给江西省赣州市第一城市信用社。就本案股权的执行而言，你院已执行终结。如果你院〔1998〕赣高法执字第02-10号裁定存在可撤销的事由，则可予以撤销后再行强制转让该股权。在维持原执行裁定的前提下，你院拟再对该股权"进行强制转让"，并要"对金港大厦剩余的全部房产进行评估、拍卖"，此一则将对同一标的重复执行，二则将执行股东所在的公司的财产，显系错误，不得实施。本案强制转让股权后，申请执行人在金港公司享有的股东权益因其他股东的阻碍不能实现，是股东之间的纠纷，你院应告知申请执行人可通过诉讼另行解决。

股权确认及有关股权转让通知之裁判摘要
张建中诉杨照春股权确认纠纷案

裁判摘要：有限责任公司的实际出资人与名义出资人订立合同，约定由实际出资人出资并享有投资权益，以名义出资人为名义股东，该合同如无合同法第52条规定的情形，应当认定为有效。实际出资人有权依约主张确认投资权益归属。如实际出资人要求变更股东登记名册，须符合《中华人民共和国公司法》第72条的有关规定。

人民法院在审理实际出资人与名义出资人之间的股权转让纠纷中，以在所设公司办公场所张贴通知和向其他股东邮寄通知的方式，要求其他股东提供书面回复意见，公司其他股东过半数表示同意股权转让的，应当认定该股权转让符合《中华人民共和国公司法》第72条的规定，名义出资人应依约为实际出资人办理相应的股权变更登记手续。[①]

---

① 载《中华人民共和国最高人民法院公报》2011年第5期，第46页。

第三节 对股份有限公司股权的执行

最高人民法院执行办公室
关于执行股份有限公司发起人股份问题的复函

2000年1月10日　〔2000〕执他字第1号

福建省高级人民法院：

你院报我办的〔1998〕闽经初执字第19号请示收悉。经研究，答复如下：

同意你院的意见。《公司法》第一百四十七条[①]中关于发起人股份在3年内不得转让的规定，是对公司创办者自主转让其股权的限制，其目的是为防止发起人借设立公司投机牟利，损害其他股东的利益。人民法院强制执行不存在这一问题。被执行人持有发起人股份的有关公司和部门应当协助人民法院办理转让股份的变更登记手续。为保护债权人的利益，该股份转让的时间应从人民法院向有关单位送达转让股份的裁定书和协助执行通知书之日起算。该股份受让人应当继受发起人的地位，承担发起人的责任。

【附：案例评析】

关于被执行人持有的股份有限公司发起人股份可否执行问题的请示与答复

一、请示的问题及答复意见

福建高院执行的一个案件中，被执行人同意以其在福州一家城市合作银行（系股份有限公司）持有的1500万股股权抵偿给申请执行人。该院作出了裁定，并向该城市合作银行发出协助执行通知书，要求协助办理股权过户手续。城市合作银行不予协助，理由是：被执行人是该城市合作银行的发起人，而根据公司法147条规定，发起人的股份自公司成立之日起3年内不得转让，该行现成立未满3年。

福建高院就此问题向最高法院请示。最高法院认为：（一）公司法147条适用于发起人协议转让行为。而本案中转让股权，发生在强制执行过程中，且法院已作出裁定并发生法律效力，具有强制性质，应不受公司法147条的限制，合作银行应予以办理股权过户手续。（二）为维护申请执行人合法权益和生效法律文书的严肃性，该案股权转移时间应以法院向协助执行单位送达民事裁定书和协助执行通知书之日起算。

二、分析意见

1. 民事财产权的得失变动，除了通过民事主体自主法律行为实现的以外，通过法院的强制执行活动也是实现的重要途径之一。

我国目前制定的民事、经济实体法中，一般都只是规范民商事活动中的自主交易行为，罕有能够考虑到人民法院强制执行与民事财产权变动的情况。因此这方面需要人民法院通过依法行使裁判权，填补法律的漏洞，作出合理的解释，以达到强制执行与实体权利变动的有效衔接。与其他大多数实体法规范一样，公司法147条规定的"发起人持有的本公司股份，自公司成立之日起三年内不得转让"，应当理解为适用于当事人自主协议转让行为，而不是同样规范法院的执行行为。

2. 公司法之该项限制的目的是为了防止发起人借设立公司投机牟取不正当利益，损害其他股东及社会公共利益。人民法院转让发起人股份是为了债权人利益而实施的强制执行行为，不存在发起人投机牟利的动机。从这个角度看，法院强制执行也不应受该条限制。

3. 关于法院强制执行中转移财产权利的具体生效的起算时间，为保护债权人利益，防止因协助执行单位拖延协助办理，损害债权人利益，以及防止其他权利人再行要求转让该股份，本案股份转移的时间界定为向协助执行单位送达裁定书及协助执行通知书的时间。转让的生效起算时间与该转让裁定的是否合法有效，是两个概念。如果依法不能在执行中强制转让股权，则法院作出转让裁定不生效力。但只要是有权作出转让裁定，根据该裁定所为的转让即应当确定为自裁定书和协助执行通知书送达到协助执行单位之日起生效，

[①] 公司法原第一百四十七条现已经修改为第一百四十一条，相关内容已修改。——编者注

而不应从实际办理协助之日起生效。

4. 需要指出的问题是,依据公司法的法理,公司发起人的责任与一般股东是有区别的。如果存在公司其他发起人认购股份后没有交足股款,发起人要承担连带责任。而受让发起人股份的人应当承担发起人的责任。①

第四节　对公司股东知情权案件的执行

最高人民法院
关于适用《中华人民共和国公司法》
若干问题的规定(四)

2017年8月25日　法释〔2017〕16号

第七条　股东依据公司法第三十三条、第九十七条或者公司章程的规定,起诉请求查阅或者复制公司特定文件材料的,人民法院应当依法予以受理。

公司有证据证明前款规定的原告在起诉时不具有公司股东资格的,人民法院应当驳回起诉,但原告有初步证据证明在持股期间其合法权益受到损害,请求依法查阅或者复制其持股期间的公司特定文件材料的除外。

第八条　有限责任公司有证据证明股东存在下列情形之一的,人民法院应当认定股东有公司法第三十三条第二款规定的"不正当目的":

(一)股东自营或者为他人经营与公司主营业务有实质性竞争关系业务的,但公司章程另有规定或者全体股东另有约定的除外;

(二)股东为了向他人通报有关信息查阅公司会计账簿,可能损害公司合法利益的;

(三)股东在向公司提出查阅请求之日前的三年内,曾通过查阅公司会计账簿,向他人通报有关信息损害公司合法利益的;

(四)股东有不正当目的的其他情形。

第九条　公司章程、股东之间的协议等实质性剥夺股东依据公司法第三十三条、第九十七条规定查阅或者复制公司文件材料的权利,公司以此为由拒绝股东查阅或者复制的,人民法院不予支持。

第十条　人民法院审理股东请求查阅或者复制公司特定文件材料的案件,对原告诉讼请求予以支持的,应当在判决中明确查阅或者复制公司特定文件材料的时间、地点和特定文件材料的名录。

股东依据人民法院生效判决查阅公司文件材料的,在该股东在场的情况下,可以由会计师、律师等依法或者依据执业行为规范负有保密义务的中介机构执业人员辅助进行。

【附:相关理解与适用】

《最高人民法院关于适用〈中华人民共和国公司法〉若干问题的规定(四)》
第十条的理解与适用

一、关于判决主文如何确定查阅时间及地点问题

完成公司有关资料的查阅工作,往往需要一个过程,因而本条文并未对于查阅的时间作具体规定。判决前,受诉法院可以结合请求查阅的文件材料数量等个案情况,在征求当事人意见的基础上,自由裁量确定起止时间;为兼顾股东知情权的及时实现和减少对公司正常经营的干扰,判决所确定履行期间不应过分迟延。

关于查阅地点的确定问题。虽然本条第1款亦未明确规定,但原则上应在判决主文中将查阅地点确定为公司住所地或原告股东与公司协商确定的其他地方。赋予原告股东与公司协商的权利,体现的是股东行使查阅权的灵活性;为避免股东和公司因协商不成而产生额外争议,在协商不成的情况下,对于股东查阅公司文件的地点,一般应确定在公司住所地;如果股东认为在公司住所地查阅可能有障碍并有相关证据证实的,且双方对其他地点协商不成的,法院可依职权选择双方

---

① 黄金龙:《关于被执行人持有的股份有限公司发起人股份可否执行问题的请示与答复》,载沈德咏主编、最高人民法院执行工作办公室编:《强制执行指导与参考》2002年第3辑(总第3辑),法律出版社2003年版,第199~201页。

都较为便利的地点作为查阅地点。

另外，在原告股东的诉请查阅范围内，人民法院判决主文应当列明支持原告股东查阅或者复制的文件范围，包括文件的具体名称和知情权的相应权限。

二、关于本条第2款规定的适用范围问题

本条第2款关于准许专业第三人辅助股东行使查阅权的规定，实质上是对《公司法》股东知情权规定的扩大解释。司法解释将股东知情权的行权方式由股东本身扩大到可雇佣专业第三人辅助进行，虽符合股东知情权立法目的和权利行使的一般原理，但由于司法解释无法创设法律，故该规定仅适用于股东依据判决查阅时，且股东应当同时在场。因此，股东在自力向公司行使查阅权时，仍无法依据本款规定向公司主张雇佣专业第三人辅助查阅的权利。当然，若公司同意第三人辅助股东查阅，则不在此限。

实务中，在执行股东知情权胜诉民事判决时，因《公司法》第33条第2款关于股东对公司会计账簿的知情方式仅表述为"查阅"，公司作为执行义务人，时常会以判决书只判令"查阅"为由，阻挠股东对相关资料进行摘抄。

对此，我们倾向认为，应对判决所列明的"查阅"文义适当进行广义理解。会计资料包括大量数据信息，除非具备过目不忘的本领，否则，若仅允许股东查看会计账簿而绝对禁止其摘抄，那么经胜诉判决所救济的股东查阅权，很可能会再次落空，生效判决的司法执行也将面临走过场的尴尬境地。因此，对于民事判决主文所表述的"查阅"，民事执行应准许权利人将之落实到包括查看、摘抄。①

第五节　对上市公司国有股和社会法人股的执行

最高人民法院
关于冻结、拍卖上市公司国有股和社会法人股若干问题的规定

2001年9月21日　　法释〔2001〕28号

为了保护债权人以及其他当事人的合法权益，维护证券市场的正常交易秩序，根据《中华人民共和国证券法》、《中华人民共和国公司法》、《中华人民共和国民事诉讼法》，参照《中华人民共和国拍卖法》等法律的有关规定，对人民法院在财产保全和执行过程中，冻结、拍卖上市公司国有股和社会法人股（以下均简称股权）等有关问题，作如下规定：

第一条　人民法院在审理民事纠纷案件过程中，对股权采取冻结、评估、拍卖和办理股权过户等财产保全和执行措施，适用本规定。

第二条　本规定所指上市公司国有股、包括国家股和国有法人股。国家股指有权代表国家投资的机构或部门向股份有限公司出资或依据法定程序取得的股份；国有法人股指国有法人单位，包括国有资产比例超过50%的国有控股企业，以其依法占有的法人资产向股份有限公司出资形成或者依据法定程序取得的股份。

本规定所指社会法人股是指非国有法人资产投资于上市公司形成的股份。

第三条　人民法院对股权采取冻结、拍卖措施时，被保全人和被执行人应当是股权的持有人或者所有权人。被冻结、拍卖股权的上市公司非依据法定程序确定为案件当事人或者被执行人，人民法院不得对其采取保全或执行措施。

第四条　人民法院在审理案件过程中，股权持有人或者所有权人作为债务人，如有偿还能力的，人民法院一般不应对其股权采取冻结保全措施。

人民法院已对股权采取冻结保全措施的，股权持有人、所有权人或者第三人提供了有效担保，人民法院经审查符合法律规定的，可以解除对股权的冻结。

---

① 杜万华主编、最高人民法院民事审判第二庭编著：《最高人民法院公司法司法解释（四）理解与适用》，人民法院出版社2017年版，第236～237页。

第五条 人民法院裁定冻结或者解除冻结股权，除应当将法律文书送达负有协助执行义务的单位以外，还应当在作出冻结或者解除冻结裁定后7日内，将法律文书送达股权持有人或者所有权人并书面通知上市公司。人民法院裁定拍卖上市公司股权，应当于委托拍卖之前将法律文书送达股权持有人或者所有权人并书面通知上市公司。

被冻结或者拍卖股权的当事人是国有股份持有人的，人民法院在向该国有股份持有人送达冻结或者拍卖裁定时，应当告其于5日内报主管财政部门备案。

第六条 冻结股权的期限不超过一年。如申请人需要延长期限的，人民法院应当根据申请，在冻结期限届满前办理续冻手续，每次续冻期限不超过6个月。逾期不办理续冻手续的，视为自动撤销冻结。

第七条 人民法院采取保全措施，所冻结的股权价值不得超过股权持有人或者所有权人的债务总额。股权价值应当按照上市公司最近期报表每股资产净值计算。

股权冻结的效力及于股权产生的股息以及红利、红股等孳息，但股权持有人或者所有权人仍可享有因上市公司增发、配售新股而产生的权利。

第八条 人民法院采取强制执行措施时，如果股权持有人或者所有权人在限期内提供了方便执行的其他财产，应当首先执行其他财产。其他财产不足以清偿债务的，方可执行股权。

本规定所称可供方便执行的其他财产，是指存款、现金、成品和半成品、原材料、交通工具等。

人民法院执行股权，必须进行拍卖。

股权的持有人或者所有权人以股权向债权人质押的，人民法院执行时也应当通过拍卖方式进行，不得直接将股权执行给债权人。

第九条 拍卖股权之前，人民法院应当委托具有证券从业资格的资产评估机构对股权价值进行评估。资产评估机构由债权人和债务人协商选定。不能达成一致意见的，由人民法院召集债权人和债务人提出候选评估机构，以抽签方式决定。

第十条 人民法院委托资产评估机构评估时，应当要求资产评估机构严格依照国家规定的标准、程序和方法对股权价值进行评估，并说明其应当对所作出的评估报告依法承担相应责任。

人民法院还应当要求上市公司向接受人民法院委托的资产评估机构如实提供有关情况和资料；要求资产评估机构对上市公司提供的情况和资料保守秘密。

第十一条 人民法院收到资产评估机构作出的评估报告后，须将评估报告分别送达债权人和债务人以及上市公司。债权人和债务人以及上市公司对评估报告有异议的，应当在收到评估报告后7日内书面提出。人民法院应当将异议书交资产评估机构，要求该机构在10日之内作出说明或者补正。

第十二条 对股权拍卖，人民法院应当委托依法成立的拍卖机构进行。拍卖机构的选定，参照本规定第九条规定的方法进行。

第十三条 股权拍卖保留价，应当按照评估值确定。

第一次拍卖最高应价未达到保留价时，应当继续进行拍卖，每次拍卖的保留价应当不低于前次保留价的90%。经三次拍卖仍不能成交时，人民法院应当将所拍卖的股权按第三次拍卖的保留价折价抵偿给债权人。

人民法院可以在每次拍卖未成交后主持调解，将所拍卖的股权参照该次拍卖保留价折价抵偿给债权人。

第十四条 拍卖股权，人民法院应当委托拍卖机构于拍卖日前10天，在《中国证券报》、《证券时报》或者《上海证券报》上进行公告。

第十五条 国有股权竞买人应当具备依法受让国有股权的条件。

第十六条 股权拍卖过程中，竞买人已经持有的该上市公司股份数额和其竞买的股份数额累计不得超过该上市公司已经发行股份数额的30%。如竞买人累计持有该上市公司股份数额已达到30%仍参与竞买的，须依照《中华人民共和国证券法》的相关规定办理，在此期间应当中止拍卖程序。

第十七条 拍卖成交后，人民法院应当向证券交易市场和证券登记结算公司出具协助执行通知书，由买受人持拍卖机构出具的成交证明和财政主管部门对股权性质的界定等有关文件，向证券交易市场和证券登记结算公司办理股权变更登记。

【附：相关理解与适用】

《关于冻结、拍卖上市公司国有股和社会法人股若干问题的规定》的理解与适用

近两年，随着国有企业改革的不断深入，国有股和社会法人股的协议转让和强制拍卖活动逐渐升温，并暴露出许多问题。尤其是国有股减持政策出台以及非流通股上市提到议事日程，这些股权的协议转让和拍卖交易规模越来越大，所产生的问题也愈演愈烈。人民法院在审理和执行案件过程中，涉及冻结和拍卖国有股、社会法人股的司法行为逐年增加，相应产生的问题也逐年增多。为规范与此相关的司法行为，保证这项工作健康、有序地进行，2001年8月28日，最高人民法院审判委员会第1188次会议讨论通过了《关于冻结、拍卖上市公司国有股和社会法人股若干问题的规定》（以下简称《规定》）并于9月30日公布施行。本文拟就《规定》的理解与适用问题作一探讨。

一、《规定》产生的背景

今年九届人大第四次会议批准了《国民经济和社会发展第十个五年计划纲要》（以下简称《纲要》）。《纲要》第十六章"推进改革，完善社会主义市场经济体制"内容，就深化国有企业改革、调整和完善所有制结构以及健全市场体系等有关问题指明了方向。第一，根据江泽民同志对我国经济体制改革和国有企业改制提出的有进有退、有所为有所不为的总的指导方针，除少数有关经济命脉和国家安全而国家必须垄断经营的企业改制为国有独资公司外，对其他国有大中型企业，国家鼓励非国有企业、个人和境外投资者参与国有企业改制。第二，国家鼓励通过中外合资、相互参股等形式，逐步将计划经济时期遗留的国有企业改制为多元持股的有限责任公司或股份有限公司并推向资本市场、规范上市。第三，国家将规范和发展资本市场，为我国社会主义市场经济服务；建立和完善资本市场的退市机制，疏通和规范亏损上市公司退出市场的通道。因此，国有资本必然将部分或者完全退出一些生产、流通领域以及第三产业，部分国有股性质将会前所未有地发生变化。这就要求人民法院审理和执行涉及国有企业改革、国有资本退出部分领域和产业的相关案件，应当坚持保证经济体制改革顺利进行以及保护国有资产不流失的原则。

此外，国务院也于今年颁布了《减持国有股筹集社会保障资金管理暂行办法》（以下简称《暂行办法》）。《暂行办法》确定了国有股依据市场定价，通过存量发行、回购、协议转让和配售等四种减持方法。颁布减持国有股的《暂行办法》是为国有资本退出部分领域和产业提供具体方法，以利于尽快平稳地收回部分国有资本，以充实国家社会保障资金。今后国务院还将颁布减持的具体实施细则。

由于上述两个宏观背景，使得在国有企业改制过程中，在国有股份公司和国有控股公司的上市和退市、国有股减持过程中以及其他民事活动中，人民法院受理涉及上市公司中的国有股权方面的民事纠纷案件将会大量上升。同时，涉及于上市公司的社会法人股方面的民事纠纷案件也将大幅度上升。股权作为人民法院案件审理的标的物和执行的标的物出现的机率，将空前增大。而目前人民法院在审理和执行与上市公司国有股和社会法人股相关的案件中，对股权的保全和执行方面所能够适用的法律法规规定依然是比较原则性的，并无具体操作规则可循，在实践中暴露出许多问题，因此急需进行规范。《规定》的颁布和实施正是为了解决这些问题。

二、目前在股权保全和执行工作中存在的主要问题

财产冻结、评估和拍卖，属于程序法中规定的问题。现行的《中华人民共和国民事诉讼法》、《中华人民共和国拍卖法》、《国务院国有资产评估管理办法》以及最高人民法院《关于适用若干问题的意见》、《关于人民法院执行工作若干问题的规定》等一批法律和司法解释中，对于一般的有形财产的冻结、评估和拍卖等问题，已经作了较为详尽的规定。但由于上市公司的相关股权，是一种不同于一般有形财产的特殊财产，具有较强的特殊性，加之现有法律规范中没有对上市公司相关股权冻结、评估和拍卖的具体规定。依法律中一般原则性规定进行处理，会因不同的人产生不同的理解，使执行结果发生重大差异；也容易使极少数人曲意利用，导致司法不公。

司法实践中，有些司法人员在依照惯性的司法理念，保护债权人合法权益的同时，往往忽视了平等地保护债务人的合法权益。这种弊端在股权冻结、评估和拍卖各个环节中表现得更为突出。

股权冻结中的问题主要有：第一，采取冻结措施时，只注重将裁定书送达给交易市场等协助执行人，而对当事人的权益较为漠视；第二，在上市公司股东为当事人时，未能严格区分上市公司和股东主体资格。裁定冻结上市公司相关股权后，不将裁定书送达股份持有人或所有权人，而是将裁定书送达给上市公司；第三，对与股权有密切关系的上市公司、国有股份国家管理机构的权益未予充分重视；第四，采取冻结措施是为了使债权人为获取上市公司股权，而不是以实现债权和保障案件顺利执行为目的，根本不考虑股权持有人有否其他财产和偿债能力；第五，冻结股权数量计算随意性大，往往超出股权持有人债务总额，甚至超出许多倍。

评估环节出现的问题主要有：第一，法官根据自己甚至债权人的意志选定评估机构，未能给债务人意思表示的机会；第二，所选评估机构的资质和条件达不到评估股权的要求；第三，股权不同于实物资产，其评估的范围包括固定资产、流动资产、无形资产和其他资产，评估的程序和方法也复杂得多。然而评估机构评估时，未有约束和自认为没有责任，不严格按照资产评估管理办法规定的标准、程序和方法进行，导致评估值与每股实际净值相去甚远；第四，故意串通，人为地将股权价值低估；第五，对如何采用评估结果的问题，各地法院作法不一致。包括当事人对评估结果有异议如何处理，上市公司对评估结果有否异议权，评估机构对评估结果作出说明或者补正后仍有异议怎么办等。

拍卖环节上的问题集中是：第一，拍卖机构的选定也存在与评估机构选定相同的问题；第二，拍卖保留价的确定标准不统一，随意性大；第三，拍卖前信息披露不充分，在广度和时间上披露得不适当，导致竞买人不多，使得拍卖目标难以实现或被歪曲；第四，拍卖中发生应价达不到保留价情况如何处理，各地法院方法也不一致；第五，目前对国有股拍卖的竞买人资格以及竞买人是否持有同一上市公司竞拍标的股权数量未予审查等。

这些问题直接结果就是股权被低价拍卖或处理，国有资产流失和其他债务人的合法权益不能得到保护。因此，很有必要对上市公司相关股权采取财产保全和执行措施，作出特别规定。

三、《规定》主要内容及条文理解

《规定》共有十七条，主要涉及股权冻结期限、有关裁定书的送达范围、评估及拍卖机构的确定、拍卖保留价的确定、拍卖中的调解及拍卖的信息披露等问题。《规定》的条文虽然不多，但在条文背后蕴涵了相应的法学理论和法律规定的依据。

（一）关于上市公司的权利与义务

上市公司的股东，尤其是大股东作为债务人时，其股权被冻结和拍卖，这对于上市公司而言是重大事件。上市公司首先要在证券市场上及时予以信息披露；其次拍卖的结果将直接导致上市公司股东的变更，甚至可能造成上市公司管理层的变动；再就是评估结果在某种意义上是对上市公司的经营业绩、价值和现状的评介。被执行人的股权拍卖价格对于持有同一上市公司的其他人持有的股权价值将产生重大影响，因而上市公司是人民法院案件审理和执行的特殊案外人，其应当享有对股权被采取司法行为的知情权和异议权。上市公司享有这些权利，使得其可以针对人民法院对其股东的司法措施，采取有利于保护自己合法权益的民事法律行为。故《规定》在第五条规定了人民法院作出冻结、解除冻结或者拍卖股权的裁定后，应当书面通知上市公司。第十一条规定了股权被评估的上市公司对评估报告与债权人、债务人同等享有提出异议的权利。相应在第十条第二款中规定了上市公司作为证人有如实向人民法院委托的评估机构提供评估所需情况和资料的义务。当然同时也规定了接受委托的评估机构对上市公司提供的评估所需情况和资料有保守秘密的义务。

（二）关于评估问题

资产评估的本意是在会计记录不能表示真实情况时，由相应的中介机构作出一个咨询意见或参考价格。首先评估技术制约评估报告无法达到精确的程度，其次客观上不同的评估师、评估机构对同一宗资产作出的评估结果也会不同。因此，为获得更贴近客观实际的评估报告，就必须在评估机构要求和选定、评估方法要求上加以严格规范。《规定》第九、十条规定了评估机构应具有证券从业资格并由债权人和债务人协商选定；协商不成则由人民法院主持抽签决定；评估机构须严格按照国家规定进行评估并对其评估报告依法承担责任等。程序公正是结果公正的前提，这种相对公正的程序所产生的评估报告，应当更接近股权实际价值。如若当事人或者上市公司对这样的评估报告仍有异议，《规定》第十一条则规定了须书面提出，由人民法院交给评估机构。评估机构经审核认为其评估报告是客观真实的，即需作出相应的说明；如认为所提出的异议成立，则应对评估报告进行补正。经过评估机构说明或补正后，当事人或者上市公司还有异议，人民法院经审查认为没有道理的，可不予采纳，而根据评估报告确定拍卖底价继续执行程序。

基于上述评估程序，评估结果应是较为客观真实的。同时考虑拍卖保留价不是成交价，只是给定一个参照，无须过于迎合市场。竞买人如认为物有所值完全可以评估价值、甚至以高于评估价值的价格成交。如竞买人认为物非所值，也可于流拍后折价再拍卖。还考虑到以评估值确定为保留价，是对以国有股为表现形式的国有资产的一种客观保护，不至于在拍卖前即被人为地打折扣而产生国有资产流失的表象。因此，《规定》第十三条第一款规定了股权拍卖保留价按照评估值确定。根据公司法律制度同股同权原理，社会法人股拍卖保留价也按评估值确定。

（三）关于股权质押的处理方式

我国《担保法》第六十六条规定"出质人和质权人在合同中不得约定在债务履行期届满质权人未受清偿时，质物的所有权转移为质权人所有。"该条内容是指，未经过一个法定的清偿程序，质物所有权不得转移给质权人，否则，行为无效。《担保法》第六十三条规定当债务履行期届满后，债务人不履行债务时，质权人有权以动产折价或者以拍卖、变卖该动产的价款优先受偿。该条规定主要是关于动产折价受偿或者拍卖、变卖动产优先受偿的清偿程序。股权质押属于权利质押的一种，《担保法》第四章第二节"权利质押"中虽然没有对质权的实现方式作出明确的规定，但该法第八十一条规定，权利质押除适用本节规定外，适用本章第一节的规定。这就意味着从法律上并不禁止采取折价、变卖方式处理已经质押的股权。但是，考虑到现实生活中，以折价受偿方式处理股权极易发生损害其他债权人利益的情形，故《规定》对人民法院执行股权规定了采用拍卖方式进行为一般性的原则。在第八条第二、三款规定了执行股权必须经过拍卖。即便被质押的股权，人民法院执行时也应通过拍卖方式进行，而不得直接将股权执行给债权人。只有经过拍卖发生最高应价未达到保留价（流拍）情形后，人民法院方可主持调解，以拍卖保留价（底价）将股权抵偿给债权人。《规定》第十三条第二、三款规定，经过三次拍卖仍然流拍，则以第三次拍卖底价将股权抵偿给债权人；也可在每次流拍后，由人民法院主持调解以该次拍卖底价将股权抵偿给债权人。

（四）关于要约收购问题

我国《证券法》第八十一条规定"通过证券交易所的证券交易，投资者持有一个上市公司已发行的股份的百分之三十时，继续进行收购的，应当依法向该上市公司所有股东发出收购要约。但经国务院证券监督管理机构免除发出要约的除外。"要约收购制度和程序在《证券法》中有严格的规定。虽然，通过证券交易所的证券交易持有的股份，必然是流通股而不是非流通股，这种前提下的继续收购情形极为少见。但是，对持有一定比例非流通股，并在证券交易所通过证券交易持有上市公司流通股，会使有关当事人持有同一上市公司的两种股份之和已达百分之三十；或者，投资人已经持有一定数量流通股后，又通过协议或拍卖转让而获得一定比例非流通股，也会使同一当事人持有上市公司的两种股份之和已达百分之三十。这两种情况无论再收购流通股或非流通股，是否构成继续收购问题，《证券法》没有规定，理论界对此意见也不一。考虑到我国证券市场逐步向国际化方向发展，非流通股的流通已上议事日程，以及公司法律制度中同股同权原则等因素，《规定》在十六条对竞买人已经持有和即将持有同一上市公司的股份达到百分之三十的（包括流通股和非流通股），而欲继续竞拍的，规定了按照《证券法》规定的要约收购制度和程序进行。期间，中止拍卖程序。

（五）关于国有股权受让人资格问题

关于国有股权受让人资格，《规定》第十五条作了原则性限定，即"国有股权竞买人应当具备依法受让国有股权的条件。"前述《纲要》阐明了国有企业的改革方向，也即除了有关国民经济命脉和国家安全的重要企业国家必须控股以外，国家对其他企业不必控股，并且还鼓励非国有企业、个人和境外投资者参与国有企业改制。所以，任何资本不久将可以受让相关国有股份。《规定》如再将自然人、境外法人以及境内外资独资法人等明文排斥在国有股份购买之外，势必与我国社会主义市场经济发展方向相悖，也剥夺了这些资本在国有股减持中应享有的权利。但是，目前仅有《纲要》，相关的具体法律法规还没有出台，因此，《规定》对国有股份受让人资格依照现行的法规作了原则规定。

（六）关于国有股权管理问题

财政部门是代表国家对国有股份行使管理权的机构，其任务之一是理清国有股份现状，如何使国有资产保值增值。因此其对国有股权被冻结和拍卖很可能导致股权性质发生变更的结果尤为关注。证券交易市场因股权分类管理同样关注股权性质的变更。《规定》第五条第三款规定了采取冻结和拍卖措施时，人民法院应当告之国有股份持有人向具有行政隶属关系的主管财政部门备案。第十七条规定，拍卖成交后，国有股份过户时除人民法院应当向证券交易市场和证券登记结算公司出具协助执行通知书，还应由买受人持拍卖机构出具的成交证明和财政主管部门对股权性质的界定文件，向证券交易市场和证券登记结算公司办理股权变更登记。股权性质的界定文件，是指国有股权转让行为发生后，由财政主管部门出具的认定转让后的股权性质的行政文件，是证券交易市场和证券登记结算机构据此重新对股权进行分类管理的依据。该文件由财政主管部门根据人民法院生效法律文书以及拍卖成交证明为买受人签发。《规定》实施后，财政部即下发通知，要求只要买受人提供了人民法院生效法律文书、拍卖机构出具的成交证明，各级财政主管部门即应办理。具体签发界定文件的财政主管部门，按原国有股份持有人隶属于财政部管理的，财政部则为财政主管部门；原国有股份持有人属地方单位的，财政主管部门则为地方主管财政机关。规定国有股权过户提交股权性质的界定文件，有利于代表国家对国有股份管理的财政部门对国有股份现状的管理（国有股份的协议转让是必须报请财政部门批准的）。同时，国有股份过户时提交股权性质的界定文件，也有利于证券交易市场和证券登记结算机构重新对股权进行分类管理。社会法人股拍卖成交后，其过户无须提供股权性质的界定文件。

四、《规定》适用范围和特征

我国证券市场是在由计划经济向市场经济体制转轨的过程中，在政府的推动和培育下产生和发展起来的。转制过程中各种利益矛盾冲突和协调的结果，便形成了我国证券市场目前所特有的一些问题，如上市公司股本构成分为国有股、法人股和社会公众股三大类。对这三大类股份在流通转让方面也有不同的限制，国有股不得转让、法人股限制转让（该两种股票均不能上市流通）、社会公众股可以自由转让等。这种对同一上市公司不同股本的划分和区别对待，本身就与市场经济体制下公司法律制度中的同股同权、自由转让的原则相矛盾。虽然新兴市场中存在的这些问题，在不远的将来会逐步得到解决，但是《规定》的制定，应当立足于目前证券市场状况。仅针对上市公司非流通的国有股和社会法人股，在被采取冻结、拍卖措施过程中，人民法院司法行为如何进行而予以规范。因此，对于《规定》的适用范围问题，在第二条中首先作了一个定义性的规定，明确规定了什么是国有股及其表现形式和什么是社会法人股。目的是为了使采取保全、执行措施的法官对标的物性质有更深的了解。不至于发生将上市公司与各类股份持有人（或所有人）混同的常识性错误。第一条规定了本《规定》的适用范围，即人民法院在民事案件审理中采取财产保全以及执行生效法律文书过程中，对上市公司国有股、社会法人股采取冻结、拍卖以及随之产生的评估和过户等司法行为时，适用本规定。

《规定》有下列特征：第一，是我国证券市场发展史上具有阶段性质的产物，它随着国有股的减持任务完成和法人股的全部流通，更随着我国证券市场的国际化到来，将会失去其存在的价值和意义。第二，《规定》是第一个就股权保全和执行作出的特别的司法解释。股权作为一种资产，它不同于其他实物财产，也不完全同于知识产权，其价值是随股份有限公司经营和盈利状况而随时发生变动。如何正确评估并据此确定股权拍卖底价，是《规定》首先要规范的内容。第三，强化人民法院和法官充任裁判员的角色。在评估机构、拍卖机构的选定和拍卖底价的确定中，《规定》给予了高度重视并作了细化规定。这一方面是为了使人民法院尽可能地从参与者身份解脱出来，减少暗箱操作机会；另一方面，也是为了更贴近市场化，即便在强制执行前提下，仍赋予各方当事人平等享有应有的合法权益。这样，人民法院的司法行为超脱且能更好地实现目的。第四，平等保护当事人合法权益。人民法院的冻结、拍卖行为，是为了保障诉讼目的的顺利实现。对此作出具体规定，能更好地使债权人实现债权。在为了债权人实现债权的同时，不至于司法权的被滥用，债务人的合法权益保护，也在本规定中充分得到体现。

五、《规定》确定的特殊制度和原则

《规定》与已有的规定相比，确立和发展了一些特殊的程序制度和原则：

第一，在冻结期限上规定不超过一年，不同于冻结银行存款的半年期限。首先，本院《关于适用〈中华人民共和国民事诉讼法〉若干问题的意见》第一百零九条①原则规定"诉讼中的财产保全裁定的效力一般应维持到生效的法律文书执行时止"。民事案件一审普通程序加二审程序，已达九个月，还不包括案件周转时间。其次，股权变现不同于存款，要经过评估、拍卖等。评估和拍卖本身即是复杂的程序，加上公告和异议期限，时间会更长。再就是从两个交易市场协助执行方便、尽量避免重复劳动考虑。故而规定冻结期限为一年。以后每次续冻期限以及逾期不办理续冻手续的，则采取了与存款冻结的相同的规定。

第二，确立了执行程序中选定评估机构和拍卖机构的"抽签制"。抽签，这个简单而原始的公平决定诸个同等条件下选出其一者的法则，广泛运用在各国和地区法律制度中。我国台湾地区的强制执行法中有所规定。我国现行的《商标法实施细则》第十三条规定了抽签制度。该实施细则规定两个或者两个以上的商标申请注册人，就同一种商品（服务）或者类似商品（服务）上以相同或者近似的商标在同一天申请注册的，各申请人又均证明首次使用日期相同或者均未使用的，且各申请人协商不成情况下，由商标局主持抽签决定。所，抽签制度的运用，《规定》不是首创，而是在人民法院执行程序中首次确立。我国《民事诉讼法》和本院《关于适用民事诉讼法若干问题的意见》有关执行条款，对被执行财产变现虽规定了通过拍卖方式实现，但如何拍卖却没有具体规定。本院《关于人民法院执行工作若干问题的规定》规定了首先通过委托评估机构进行资产评估，而后通过委托拍卖机构对被执行财产进行拍卖，以实现执行的目的。规定内容虽然较以前有很大进步，但是仍没有明确评估机构和拍卖机构的选定，应当体现谁的意志的问题。实践中，往往是由人民法院根据自己的意志确定评估机构和拍卖机构，并委托其对被执行资产评估和拍卖。这种从一开始人民法院即介入较深的实际操作理念和方法，弊端很多。虽然评估和拍卖属于人民法院强制执行手段，但是强制执行并不是要抛弃人民法院裁判者的中间立场，也不是一味强调保护债权人的合法权益而置债务人的合法权益于不顾。在评估机构和拍卖机构选定上，不给债务人意志表示的机会，由人民法院自行决定，客观上使人民法院成了债权人的代言人，容易使人民法院的中立裁判者身份发生偏移，也容易滋生腐败。相反，在评估机构和拍卖机构选定上，给予债务人意志表示的机会，其一，并不会影响人民法院的强制执行的正常进行；其二，有利于在保护债权人合法权益的同时平等保护债务人的合法权益，最终有利于保护债权人的权益顺利实现；其三，使人民法院从焦点中解脱出来，能更加公平地司法；其四，是市场经济条件下，司法行为尽可能摆脱行政行为影响的发展方向。由当事人协商选定评估机构和拍卖机构并不是无原则和任意地进行，必须有所限制。首先，在限定时间内，当事人不能书面达成一致意见的，即应由法官确定日期主持抽签。其次，当事人所选定和提供候选的评估机构和拍卖机构应当具有国家规定的资质。资产评估机构应当具有证券从业资格；拍卖机构应当是依法成立的。至于如何进行抽签，属于法官自由裁量权范畴，法官应当本着公正和效率的原则去行使。方法较多但必须公正，还必须记录在案。

第三，确立了不得已方可处理股权的原则。《规定》第四条规定了"人民法院在审理案件过程

---

① 第一百零九条规定："诉讼中的财产保全裁定的效力一般应维持到生效的法律文书执行时止。在诉讼过程中，需要解除保全措施的，人民法院应及时作出裁定，解除保全措施。"该规定已被最高人民法院《关于适用〈中华人民共和国民事诉讼法〉的解释》（法释〔2015〕5号）第一百六十八条修改为："保全裁定未经人民法院依法撤销或者解除，进入执行程序后，自动转为执行中的查封、扣押、冻结措施，期限连续计算，执行法院无需重新制作裁定书，但查封、扣押、冻结期限届满的除外。"，下同——编者注

中，股权持有人或者所有权人作为债务人，如有偿还能力的，人民法院一般不应对其股权采取冻结保全措施。人民法院已对股权采取冻结保全措施的，股权持有人、所有权人或者第三人提供了有效担保，人民法院经审查符合法律规定的，可以解除对股权的冻结。"第八条规定了"人民法院采取强制执行措施时，如果国有股、社会法人股的持有人或所有权人在限期内提供了方便执行的其他财产，人民法院应当首先执行其他财产。其他财产不足以清偿债务的，方可对国有股或社会法人股执行。"但是为防止滥用该条规定，该条第二款中又对可供方便执行财产作了限定，即"本规定所称可供方便执行的其他财产，是指存款、现金、成品和半成品、原材料、交通工具等。"在《规定》起草时，另一种意见认为：《规定》过分强调了对股权所有人、持有人的保护。"有否偿还能力"作为审查的标准，不具有客观性，也不好掌握，执行中反而易产生随意性。同时这样规定法理根据不足，实践中易带来不良后果。这种意见也不是没有道理，但是多数意见认为冻结和拍卖股权的目的是为了使债权人的债权得以实现、人民法院案件审理结果得以顺利执行，而非以获取股权为目的。倘若以获取股权为目的，则人民法院审理和执行案件的方向发生了偏差。同时，上市公司大股东的相对稳定是上市公司经营和发展的前提条件，只有上市公司稳定发展，才是对中小投资人利益的最大保护。实践中，股权被冻结的持有人往往是上市公司的大股东和国有大中型企业或公司，一般情况下具有偿债能力。对于这些企业或公司，诉讼中不宜轻易采取冻结其股权的措施。因此，条文没有规定绝对不能冻结和执行股权，而确立的不得已方可处理股权的原则。当然，国有股和社会法人股持有人自愿以股权抵债的除外，但自愿抵债也须经过清偿程序。

第四，更加强调平等保护各方当事人的合法权益；强调保护特殊案外人应有权益。除了上述抽签制和不得已方可处理股权的原则的规定外，还对与股权处理结果密切相关的上市公司、具有国有股权管理者身份的财政部门等的权益给予了充分注意。如规定了这些特殊的案外人享有对股权司法行为的知情权或异议权等。对此已在《规定》主要内容及条文理解"问题中阐明。①

最高人民法院执行工作办公室
关于在被执行人仍有其他财产可供执行的情况下不宜执行其持有的上市公司国有股有关问题的答复

2003年11月4日　〔2003〕执他字第8号

甘肃省高级人民法院：

你院甘高法〔2002〕224号请示报告收悉，经研究现答复如下：

甘肃皇台酿造（集团）有限责任公司（下称皇台集团）将股权划转到北京皇台商贸公司（下称皇台商贸），系经甘肃省政府和财政部批准以划转的方式进行的，受让方皇台商贸不需向皇台集团支付对价。该划转行为是政府为实现企业跨地区发展战略需要的一种行为，不宜认定是当事人规避法律、逃避债务的行为，应当予以维持。皇台集团曾提出以成品酒等财产偿还债务，债权人拒绝接受，但执行法院应当执行该财产，以变价款清偿债务。根据《最高人民法院关于冻结、拍卖上市公司国有股和社会法人股若干问题的规定》第8条的规定，在皇台集团仍有其他财产可供执行的情况下，为维护广大股民的投资利益，维护证券市场的稳定，不宜执行股权。

请你院接此函后即解除对皇台集团所持有的皇台酒业股权的查封措施，通过对皇台集团其他财产的处理来实现债权人的债权。

最高人民法院执行工作办公室
关于上市公司发起人股份质押合同及红利抵债协议效力问题请示案的复函

2004年4月15日　〔2002〕执他字第22号

江苏省高级人民法院：

---

① 载《人民司法》2001年第11期。

你院《关于上市公司发起人以其持有的法人股在法定不得转让期内设质押担保在可转让时清偿期届满的债权其质押合同效力如何确认等两个问题的请示报告》收悉。经研究，答复如下：

一、关于本案发起人股份质押合同效力的问题，基本同意你院的第二种意见。《公司法》第147条规定对发起人股份转让的期间限制，应当理解为是对股权实际转让的时间的限制，而不是对达成股权转让协议的时间的限制。本案质押的股份不得转让期截止到2002年3月3日，而质押权行使期至2005年9月25日才可开始，在质押权人有权行使质押权时，该质押的股份已经没有转让期间的限制，因此不应以该股份在设定质押时依法尚不得转让为由确认质押合同无效。

二、关于本案中三方当事人达成的以股份所产生的红利抵债的协议（简称三方抵债协议），我们认为：首先，该协议性质上属于三方当事人之间的连环债务的协议抵消关系。在协议抵销的情况下，抵销的条件、标的物、范围，均由当事人自主约定。《合同法》第100条关于双方当事人协议抵销的规定，并不排除本案中三方当事人协议抵销的做法。其次，该协议属于预定抵销合同。根据这种合同，当事人之间将来发生可以抵销的债务时，无须另行作出抵销的意思表示，而当然发生抵销债务的效果。这种协议并不违反法律的强制性规定，应予以认可。本案中吴江工艺织造厂（以下简称织造厂）在中国服装股份有限公司（以下简称服装公司）中的预期红利收益处于不确定状态，符合这种预定抵销合同的特点。

三、关于股份质押协议与三方抵债协议的关系问题，因本案股份质押权的行使附有期限，故质押的效力只能及于质押权行使期到来（即2005年9月25日）之后该股份产生的红利，质押权人中国银行吴江支行（以下简称吴江支行）不能对此前的红利行使质押权。因此，对于织造厂于2001年6月9日从服装公司分得的该期红利，吴江支行不能以股份质押合同有效而对抗服装公司依据三方抵债协议所为的抵消。

四、织造厂在服装公司的红利一旦产生，按照三方抵债协议的约定，服装公司给付织造厂的红利即时自动抵销面料厂对服装公司的债务，不需要实际支付。因此，在宜兴市人民法院向服装公司送达协助执行通知时，被执行人织造厂在服装公司的红利债权已经消灭，不再有可供执行的债权。宜兴市人民法院从服装公司划拨红利的执行是错误的，应予纠正。

【附：案例评析】

关于上市公司发起人股份质押合同及红利抵债协议效力两个问题的请示案

三、江苏高院请示的问题及意见

（一）上市公司发起人股在法定不得转让期间内设质，担保在可转让时清偿期届满的债权，其质押合同效力如何确认

关于此质押合同的效力共有三种意见：

1. 织造厂在其持股时间不足两年时以其股份设定质押，违反《担保法》或《公司法》规定，质押无效，主要理由有：

第一，出质权利必须是可转让的财产权，而且必须是在设质时可以转让的，在出质时不可转让的股权不能质押。

第二，质押股份实际上就是转让股份。织造厂质押其股份违反了《公司法》第147条关于发起人股份自公司成立之日起3年内不得转让的规定。

第三，发起人股份在3年内质押违反《公司法》第147条的立法目的。《公司法》对上市公司发起人股份转让进行限制，目的是为了防止发起人投机钻营，理由是发起人之便谋取投资人利益。如果允许在3年内不得转让的股权设定质押，发起人就可能规避《公司法》对该种股份转让的限制，通过质押套取现金，投机钻营。因此，应禁止上市公司发起人将其不得转让期内的股份设定质押。

2. 织造厂的出质股份只要在质权人吴江中行依法可以实现质押权时可以转让，就不应以出质时不能转让为由认定质押合同无效，主要理由有：

第一，法律和司法解释对上市公司发起人股份在不得转让期内出质的效力问题，没有强制性规定，因此，认定本案质押合同无效依据不足。只要质押合同当事人意思表示真实，且质押行为不违反法律的禁止性规定，不损害国家、集体或第三人利益或社会公共利益，就应当尊重当事人

意思表示，认定质押合同有效。

第二，本案中的质押合同不违反《担保法》第75条的立法本意。该条要求出质权利必须是可以转让的权利，是要求该出质权利在依法实现质押权时能够变现，使质权人优先取得其交换价值，其立法目的是为了保护债权人的利益。质押人以在不得转让期内的股权质押的，只要质押权人在股权不得转让期内，以及债权清偿期届满前不行使质押权，就不存在与不得转让的规定冲突的问题。

第三，《担保法》第75条只是调整质押合同当事人之间的关系，目的在于保护质押人的权利，不应以此来损害质权人的利益。只要当事人质押的权利在债权清偿期届满时可以转让，质权人的权利可以实现，就没有理由确认质押合同无效，从而导致质权人质权的丧失。

第四，股权自由转让是现代各国公司法普遍遵循的基本原则。公司法限制发起人转让其股份，目的在于维护交易安全，防止出现操纵市场的职业发起人，绝不是对该种股权转让性的否定。织造厂以其发起人股质押并不存在投机牟利的问题，故其质押与《公司法》第147条并无根本冲突。

3. 本案质押合同于质押股份法定不得转让期内不生效，吴江中行在此期间不享有质押权；该股份依法可以转让后，质押合同生效，吴江中行才能行使质押权。

江苏高院倾向于第一种意见。

(二) 如果质押合同无效，服装公司能否依据其与织造厂、面料公司签订的红利抵债协议对织造厂在服装公司的红利主张权利

关于该问题，主要有两种意见：

1. 服装公司抵债协议抗辩宜兴市人民法院执行织造厂红利的理由不能成立，主要理由有：

第一，面料公司对服装公司的债务与织造厂对面料公司的债务是两个不同的法律关系。在三方债务履行协议中，面料公司未将其对织造厂享有的债权转让给服装公司，也未将其对服装公司负有的债务转让给织造厂，织造厂对服装公司不负有债务。协议实际上是织造厂将处于不确定状态的预期收益代面料公司偿还面料公司所欠服装公司的债务，且代为履行的数额不明确，缺乏协议的必备条款，故该协议不成立，服装公司不得行使抵销权。

第二，服装公司的利润分配方案必须在2001年6月9日上午召开的股东大会上通过并形成决议后才能生效，且红利分配的具体实施也有一定时间，而宜兴市人民法院在服装公司股东大会刚刚通过利润分配方案后就立即采取了冻结措施，服装公司此时已无权处分。

2. 服装公司的抗辩理由成立，主要理由是：

三方签订的红利抵债协议，是附条件的民事法律行为。其条件为织造厂能够从服装公司分得面料公司所欠服装公司债务额内的红利。根据《民法通则》第62条的规定，三方用红利抵债的协议在所附条件成就时生效，即服装公司2000年股东大会作出分红决议后生效。由于三方约定的红利抵债为连环抵债，最终红利应由服装公司取得，而该红利款原本就为服装公司占有，织造厂或面料厂无需履行支付红利的义务。参照《合同法》第140条、第174条的规定，服装公司股东大会作出分红决议后，不仅三方协议生效，而且红利所有权即时转移。宜兴市人民法院在此之后送达冻结裁定或协助执行通知书，此时服装公司处已无织造厂财产可供执行。宜兴市人民法院不应再行裁定扣划服装公司银行存款。

江苏高院倾向于第二种意见。

四、最高法院的答复意见

1. 关于本案发起人股份质押合同效力的问题，基本同意江苏高院的第二种意见。《公司法》第147条规定对发起人股份转让的期间限制，应当理解为对股权实际转让时间的限制，而不是对达成股权转让协议时间的限制。本案不应以该股份在设定质押时依法尚不得转让为由确认质押合同无效。

2. 关于本案中三方当事人达成的以股份所产生的红利抵债的协议（简称三方抵债协议），认为该协议性质上属于三方当事人之间的连环债务的协议抵销关系，抵销的条件可由当事人自主约定。同时，该协议属于预定抵销合同，当事人之间将来发生可以抵消的债务时，无须另行作出抵销的意思表示，而当然发生抵消债务的效果。

3. 关于股份质押协议与三方抵债协议的关系问题，因本案股份质押权的行使附有期限，质押的效力只能及于质权人行使期到来之后该股份产生的红利，故质押权人不能以股份质押对抗依据三方抵债协议所为的抵消。

4. 织造厂在服装公司的红利一旦产生，按照三方抵债协议的约定，服装公司给付织造厂的红

利即时自动抵销面料厂对服装公司的债务，不需要实际支付。因此，在宜兴市人民法院向服装公司送达协助执行通知时，被执行人织造厂在服装公司的红利债权已经消灭，不再有可供执行的债权。

五、评析意见

（一）关于质押合同效力问题

对于在法定不可转让期间内的发起人股份可否质押，笔者基本同意江苏高院的第二种意见，即股份质押合同应当认定有效。据了解，关于发起人股份转让问题在最高法院民二庭有肯定和否定两种意见，但在该庭所作〔2002〕民二终字第180号民事判决中，合议庭持肯定意见，合议庭成员王东敏同志在《人民司法》2003年第10期上亦撰文阐述这种肯定观点。其核心内容是《公司法》第147条限制发起人股份转让的意思可以理解为是对股权实际转让时间的限制，而不是达成股权转让时间的限制。相应的，股份质押也只受实际行使质押权的时间限制，而不必受质押协议签订时间的限制。这样解释并不与《公司法》存在严重的冲突，反而有利于促进交易的活跃。

（二）关于本案红利抵债协议有效与否的探讨是否以股份质押合同无效为前提

江苏高院的请示认为股份质押合同如果有效，就无需探讨红利抵债协议的效力问题。对此，笔者持不同意见，理由如下：

虽然按照《担保法司法解释》第104条，股份的质押及于该股份所产生的红利，但质押权的行使受到两层限制：第一，质押股份法定不得转让期的限制，第二，质押债权清偿期的限制。本案中，质押股份法定不得转让的期限为1999年1月到2002年1月，所担保债权的清偿期为2005年9月25日，而争议的分红时间是2001年6月9日。所以，在织造厂从服装公司本次分红的处理问题上，质押权人吴江中行并无权利干预。织造厂与面料公司及服装公司之间签订的以红利抵债协议，如果是有效的，则吴江中行对于质押权行使期限到来之前的红利抵债无权过问，其质押的效力只能及于质押权行使到来后产生的红利。

（三）关于红利抵债协议的效力

对此问题，笔者同意江苏高院第二种意见的认定，但不同意其理由。

本案中，三方当事人达成的债务清偿协议，性质上当然不是债权转让，也不是自动即时清偿完毕，其实质是三方当事人之间的连环债务的抵销关系。从法理上来看，抵销的目的在于节省给付的交换，降低交易成本，免于实际履行，由此直接消灭债的关系。织造厂在服装公司的红利一旦产生，按照三方协议，就即时自动抵销了，不需要实际清偿或者划账的过程，因此也就无所谓红利分配的具体实施时间问题。因此，在宜兴市人民法院要求服装公司协助执行时，织造厂在服装公司的红利债权已经消灭了，不再有可供执行的债权。

江苏高院在第一种意见中提到抵销问题，但似乎认为只有在织造厂与服装公司相互间直接负有对立债务时才可以抵销。笔者认为，这一观点是不成立的。在一方行使抵销权（法定抵销）的情况下，必须是当事人双方互相负有债权债务（《合同法》第99条）。但抵销的发生，不仅有法定抵销的情况，还有当事人之间合意（协议）的情况。在合意抵销的情况下，抵销问题由当事人自行协商确定。合意抵销，可以附条件或附期限，抵销的条件、标的物、范围，均由当事人自己约定。双方的债权，也无需为相互的。债务人得约定以自己对于第三人之债权与债权人之债权为抵销，第三人也可以以自己对于债权人之债权为债务人与债权人订立抵销契约（史尚宽：《债法总论》，第871页）。我国《合同法》第100条也对协议抵销作了规定：当事人互负债务，标的物种类、品质不相同的，经双方协商一致，也可以抵销。但这一规定并不表明是协议抵销的全部情况，只是其中的一种情况。

本案当事人之间达成的债务清偿协议，属于预定抵销契约，即约定当事人之间将来发生的债权相互对立时，无需为抵销之意思表示，而当然消灭债务之契约。这种协议并不违反法律，在没有串谋侵害其他人利益的前提下，法律应予以准许。

江苏高院对此问题的第一种意见认为，织造厂将处于不确定状态的预期收益代面料公司偿还面料公司所欠服装公司的债务，是不允许的。笔者认为，这种观点不能成立。该预期收益处于不确定状态，只是说明三方间抵销债务附有条件（即在有红利的情况下），法律上并没有否定当事人之间达成协议中，对于将来关系的处理以特定条件为前提（当然这种条件并非抵债协议本身生效或成立的条件）。

江苏高院关于为履行的数额不明确，缺乏协

议的必备条款，因此债务履行协议不成立的理由也是不成立的。这是因为，三方间已经明确认可其间的"询证函"确定的债务数额，询证函由此构成该债务清偿协议的附件，故该协议的数额是明确的。①

[提示] 对企业国有产权的变动，人民法院的执行程序不能替代财政部有关规范性文件要求的审批程序，必须经有关机关的行政审批

最高人民法院
对天津市高级人民法院的答复函

2005年6月25日 〔2005〕执他字第6号

天津市高级人民法院：

你院〔2004〕执他字第7号《关于请求协调解决上市国有法人股股票变更问题的请示》收悉。经研究，答复如下：

关于上市公司国有法人股股权转让和性质界定的有关事宜，2004年2月1日财政部《企业国有产权转让管理暂行办法》、2001年11月2日财政部《关于上市公司国有股权被人民法院冻结拍卖有关问题的通知》和2000年5月19日财政部《关于股份有限公司国有股权管理工作有关问题的通知》等规范性文件有明确规定。按照上述文件的规定，对企业国有产权的转让必须经有关机关的行政审批。因此，在没有明文规定的情况下，对企业国有产权的变动，人民法院的执行程序不能替代前述规范性文件要求的审批程序。你院请示的问题应按有关规定的要求办理。

此复。

【附：案例评析】

上市国有法人股股权转让和性质界定问题请示案

二、天津高院请示的问题

天津高院认为，最高人民法院《关于冻结、拍卖上市公司国有股和社会法人股若干问题的规定》和财政部《关于上市公司国有股被人民法院冻结、拍卖有关问题的通知》均未涉及上市公司法人股股权性质变更问题，请求最高人民法院与有关部门协调解决该类案件的执行外作出相应司法解释。

三、最高人民法院的答复意见

关于上市公司国有法人股股权转让和性质界定的有关事宜，2004年2月1日财政部《企业国有产权转让管理暂行办法》，2001年11月2日财政部《关于上市公司国有股被人民法院冻结拍卖有关问题的通知》和2000年5月19日财政部《关于股份有限公司国有股权管理工作有关问题的通知》等规范性文件有明确规定。按照上述文件的规定，对企业国有产权的转让必须经过有关机关的行政审批。因此，在没有明文规定的情况下，对企业国有产权的变动，人民法院的执行程序不能替代前述规范性文件要求的行政审批程序。你院请示的问题应按有关规定的要求办理。

四、本案评析

（一）国有股权转让及性质变更问题的相关法律规范

股权分为流通股和非流通股。流通股是指社会公众股，通过股票上市，在股票交易场所进行流通，包括A股（境内上市内资股）、B股（境内上市外资股）、H股（香港上市外资股）、N股（纽约上市外资股）。非流通股不能在市面上进行流通，其股权的流转要符合一定的条件，包括国家股、国有法人股、社会法人股、职工股等。上市公司国有股，包括国家股和国有法人股。国家股指有权代表国家投资的机构或部门向股份有限公司出资或依据法定程序取得的股份。国有法人股指国有法人单位，包括国有资产比例超过50％的国有控股企业，以其依法占用的法人资产向股份有限公司出资形成或者依法定程序取得的股份。社会法人股是指非国有法人资产投资于上市公司形成的股份。

国家股和国有法人股是国家通过股份形式对企业行使控制权的重要形式和手段。国家为加强对国有股权的管理，防止国有资产流失，保障对国民经济重大骨干企业的控制权，对国有股权的

---

① 黄金龙：《关于上市公司发起人股份质押合同及红利抵债协议效力两个问题的请示案》，载最高人民法院执行工作办公室编：《强制执行指导与参考》2005年第2集（总第14集），法律出版社2006年版，第57~64页。

转让制定了许多规范性文件。主要有：

1. 2004年2月1日施行的国资委、财政部《企业国有产权转让管理暂行办法》（国资委、财政部令第3号）对企业国有产权的转让行为进行了规范，明确了由国有资产监督管理机构负责决定或批准国有产权的转让事项，也明确规定了受让人应当具备的条件及履行的职责。其中第25条规定："国有资产监督管理机构决定所出资企业的国有产权转让。其中，转让企业国有产权致使国家不再拥有控股地位的，应当报本级人民政府批准。"第26条规定："所出资企业决定其子企业的国有产权转让。其中，重要子企业的重大国有产权转让事宜，应当报同级国有资产监督管理机构会签财政部门后批准。其中，涉及政府社会公共管理职能审批事项的，须预先报经政府有关部门审批。"第27条规定："转让企业国有产权涉及上市公司国有股性质变化或者实际控制权转移的，应当同时遵守国家法律、行政法规和相关监管部门的规定。"

2. 2003年5月27日施行的国务院《企业国有资产监督管理暂行条例》（国务院令第378号）也对国有股权的转让行为作出了相关规定。

3. 财政部2001年11月2日生效的《关于上市公司国有股被人民法院冻结拍卖有关问题的通知》（财企〔2001〕656号）第3条规定："国有股东授权代表单位所持国有股被冻结后，应当在规定的期限内提供方便执行的其他财产，其他财产包括银行存款、现金、成品和半成品、原材料和交通工具等，其他财产不足清偿债务的，由人民法院执行股权拍卖。"第9条规定，国有股权拍卖后，买受人持拍卖机构出具的成交证明以及买受人的工商营业执照、公司证章等证明买受人身份性质的法律文件，按照《最高人民法院关于冻结、拍卖上市公司国有股权和社会法人股若干问题的规定》，向原国有股东授权代表单位主管财政机关提出股权性质界定申请，并经界定后向证券登记结算公司办理股权过户手续。

4. 2001年9月30日施行的《最高人民法院关于冻结、拍卖上市公司国有股和社会法人股若干问题的规定》（法释〔2001〕28号）第8条规定："人民法院采取强制执行措施时，如果股权持有人或者所有权人在限期内提供了方便执行的其他财产，应当首先执行其他财产。其他财产不足以清偿债务的，方可执行股权。人民法院执行股权，必须进行拍卖。股权的持有人或者所有权人以股权向债权人质押的，人民法院执行时应当通过拍卖方式进行，不得直接将股权执行给债权人。"第15条规定："国有股权竞买人应当依法具备受让国有股权的条件。"

5. 2000年5月19日生效的财政部《关于股份有限公司国有股权管理工作有关问题的通知》（财管字〔2000〕200号）第1条规定：发行外资股，国有股权变现筹资，以及地方股东单位的国家股权、发起人国有法人股发生转让、划转、质押、担保等变动的有关股权管理事宜，须报财政部审核批准。并明确进行了职能划分，即地方股东单位持有上市公司非发起人国有法人股及非上市公司国有股权发生直接或间接转让、划拨以及因司法冻结、担保等引起的股权变动及或有变动，由省级财政（国资）部门管理；上市公司国家股权、发起人国有法人股发生直接或间接转让、划转以及因司法冻结、担保等引起的股权变动或有变动，由财政部管理。该规定第2条和第3条还对国有股权变动的审批程序及报送的材料作出了具体规定。2001年11月5日财企〔2002〕670号通知将财政审批制改为财政备案制。

6. 1996年8月7日施行的国家国有资产管理局《关于规范股份有限公司国有股权管理有关问题的通知》（外经贸计财字〔1996〕第388号）第1条第（4）项规定：国家股股东和作为发起人的国有法人股股东转让其拥有的上市公司股权（不包括向外商转让股权）时，国有股权管理事宜由国有资产管理部门逐级审核（中央企业由中央企业主管部门审核）后报国家国有资产管理局批准或由国家国有资产管理局会同有关部门批准；以上批准文件是国家证券监管部门批准股东过户的必备文件。

7. 1994年11月3日生效的国家国有资产管理局、国家体改委《股份有限公司国有股权管理暂行办法》第29条也列举了国有股权转让应当符合的四项规定。

（二）如何实现国有法人股向社会法人股的转化

市场经济需要国家对经济进行宏观和微观的调控。国有企业与国家经济职能之间的天然依附关系，决定了国家必然将国有企业作为对市场经济的调控对象，国有企业也无可推卸地要担当起这一重任。国家通过对国有企业的调控可以实现以下职能：(1)贯彻政府的产业政策，优化产业结构；(2)增加就业机会，维护社会稳定；(3)稳定物价，维系经济增长信心；(4)限制私人垄断，等等。我国的国有企业已经从单纯的全民所有制企业，发展成了国家单独控制、经营的企业和国家控股的股份制企业。国有法人股作为国家股权的一种，是国家对市场经济及经济结构实现国家调控的主要形式和手段，国有法人股转换为社会法人股，即国有股权的减持（或退出），实质就是国家实际控制权的转移，其转让或转化必然要受到国家的严格控制，应当经过严格的审批程序。

从上述列举的各个法律规范可以看出，为解决国有法人股代表单位的债务问题，国有法人股转化为社会法人股（即股权转让和性质界定）主要有两个途径：

一是当事人自行协商转让。这种转让行为的第一步应先向国有资产监督管理机关资报批。报批程序又分为标的企业的报批程序和持股企业的报批程序，这应分别按照国资委、财政部2004年2月1日起实施的《企业国有资产管理暂行办法》第25条、第26条的规定办理。在审批中，要就对买受人资质的审查，对国有股权性质转变进行确认等。第二步是根据国有股权监督管理机关的审批文件，按照当事人双方的转让协议，到股权登记机关办理股权过户和性质变更手续。

二是通过强制执行程序。强制执行国有股权需要注意三点：(1)人民法院执行国有股权，必须进行拍卖。对此，2001年9月30日生效的最高人民法院《关于冻结、拍卖上市公司国有股和社会法人股若干问题的规定》（以下简称《规定》）第8条作出了明确规定。(2)新的国有股权持有人（即受让人）应当具备法定的条件。前述《规定》的第15条和国资委、财政部2004年2月1日施行的《企业国有产权转让管理暂行办法》第15条均有规定。(3)只有在财产不足清偿时，才能将国有股权依法拍卖。财政部2002年11月2日发布的《关于上市公司国有股权被人民法院冻结拍卖有关问题的通知》第3条规定和最高人民法院《关于冻结、拍卖上市公司国有股和社会法人股若干问题的规定》第8条对此作出了明确规定。

国有法人股通过强制执行程序转化为社会法人股的主要步骤是：第一步是依法进行评估、拍卖，评估、拍卖应当严格按照最高人民法院《关于冻结、拍卖上市公司国有股和社会法人股若干问题的规定》第9条至第14条的规定进行。第二步是对股权性质进行界定，按照财政部《关于上市公司国有股权被人民法院冻结拍卖有关问题的通知》第9条规定，由买受人向原股东授权代表单位的主管财政机关提出股权性质界定申请。第三步是持有关材料到股权登记机关办理变更手续。

需要注意的是，在强制执行程序中，在拍卖前是否还应经过审批程序，在2001年9月30日生效的最高人民法院《关于冻结、拍卖上市公司国有股和社会法人股若干问题的规定》中未有规定，但在2004年2月1日生效的国资委、财政部《企业国有资产转让管理暂行办法》第25条、第26条明确规定了国有股权转让的决定权在国有资产监督管理机构，必须经过审批程序。这里的"转让"是否包含通过强制执行程序产生的命有权变更呢？我们研究认为，如果从国家对重要国有企业的控制权和防止国有资产的流失的角度看，应该持肯定态度，即强制执行程序中的国有股权变更应当事先经过审批程序更为妥当。

综上，不存在天津高院请示的股权性质的变更没有法律依据的问题。

(三)本案的问题

本案中，申请执行人与被执行人之间自愿用股权来抵偿债权，实质是一种执行和解。从以上的分析看出，按照第一种途径进行国有股权转让和性质变更为妥。而塘沽法院采取的裁定以物抵债的做法，明显违反了最高人民法院《关于冻结、拍卖上市公司国有股和社会法人股若干问题的规定》第8条"人民法院执行股权，必须进行拍卖"的规定。在没有经过拍卖或变卖等强制执行程序和国有资产监管机构的审批，执行法院用执行裁定来确定国有股权权属的转移，如果当事人之间存在串通损害国家利益的行为，造成国有资产的流失，使国家丧失对重要国有企业的控制权，执行法院会因没有尽到审查义务而难辞其咎。云南省财政厅既不是原国有法人股股东授权代表单位天津市华麟行公司的主管机关，也不是标的企业新疆众和股份有限公司的主管机关，其确认申请执行人云南富邦公司持有的新疆众和股份有限公司的国有法人股应为社会法人股属于越权，没有法律约束力。因此，塘沽法院直接将被执行人的国有股权裁定给被执行人的做法是错误的，其拟直接通过执行程序将国家法人股变更为社会法人股的行为不能支持。①

[提示] 人民法院执行国有股和社会法人股，必须进行拍卖

最高人民法院执行工作办公室致陕西省高级人民法院的复函

2005年8月23日　〔2005〕执他字第10号

陕西省高级人民法院：

你院就如何适用《最高人民法院关于冻结、拍卖上市公司国有股和社会法人股若干问题的规定》第八条第三款的问题向我院请示。经研究，答复如下：

《最高人民法院关于冻结、拍卖上市公司国有股和社会法人股若干问题的规定》第八条第三款明确规定，人民法院执行股权，必须进行拍卖。你院应严格按照该规定执行。

此复。

【附：案例评析】

关于陕西省高级法院就《最高人民法院关于冻结、拍卖上市公司国有股和社会法人股若干问题的规定》第八条第三款如何适用问题的请示案

二、陕西省高级法院的意见

陕西省高级法院对此问题有两种意见：

一种意见认为，本案可以不经拍卖直接变卖。理由是：（1）《最高人民法院关于冻结、拍卖上市公司国有股和社会法人股若干问题的规定》第八条第一款规定，人民法院采取强制执行措施时，如果股权持有人或者所有权人在限期内提供了方便执行的其他财产，应当首先执行其他财产；本规定所称可供方便执行的其他财产，是指存款、现金等。同时，《最高人民法院关于人民法院执行工作若干问题的规定（试行）》第四十八条规定：被执行人申请对人民法院查封的财产自行变卖的，人民法院可

以准许，但应当监督其按照合理价格在指定的期限内进行，并控制变卖的价款。因此，本案中既然双方当事人及股权所属公司均同意不进行拍卖，这是在执行程序中当事人意思自治原则的具体体现，也符合《民事诉讼法》第十三条的精神，应予支持。（2）如果不进行拍卖，不仅符合快捷、简便的执行原则，降低执行成本，且与民事执行中贯彻当事人自治原则相一致，法律效果和社会效果也比较好，有利于保护当事人利益。

第二种意见认为，《最高人民法院关于冻结、拍卖上市公司国有股和社会法人股若干问题的规定》第八条第三款规定，人民法院执行股权，必须进行拍卖。该规定的目的是为了通过市场竞争机制实现拍卖股权的真实价值，提高债权人的受偿率，所以，应当按照该规定，对冻结的股权通过拍卖程序变现。

三、最高人民法院的答复意见

最高人民法院在答复陕西高院这一问题时，提出了非常明确的意见，即人民法院应当严格按照《最高人民法院关于冻结、拍卖上市公司国有股和社会法人股若干问题的规定》第八条第三款的规定执行。人民法院执行股权，必须进行拍卖。

四、评析意见

《最高人民法院关于冻结、拍卖上市公司国有股和社会法人股若干问题的规定》第八条第三款明确规定，人民法院执行股权，必须进行拍卖。从该规定内容看，对上市公司国有股和社会法人股变价，人民法院只能拍卖，不能未经拍卖而直接变卖。该规定是针对股权变价的特殊情况作出的。一方面，相对于动产、不动产而言，股权的价值比较难评估，不同的评估机构对同一股权所作的评估结果往往相差较大。因此，如果不经拍卖程序而直接对股权进行变卖，则变卖价格的公正性、合理性令人置疑，而拍卖最有利于体现财产的真正价值，使执行标的物卖得最高价格。另一方面，为了防止国有资产流失和损害第三人利益。如果允许不经拍卖而直接变卖，会给双方当事人串通故意压低股权价格提供可乘之机，从而造成国有资产流失。如果还有其他债权人，可能会损害其利益。

有关拍卖和变卖的顺序问题，《最高人民法院关于人民法院执行工作若干问题的规定（试行）》

---

①　黄年：《上市国有法人股股权转让和性质界定问题请示案》，载最高人民法院执行工作办公室编：《强制执行指导与参考》2005年第1集（总第13集），法律出版社2005年版，第51~56页。

第四十八条规定,被执行人申请对人民法院查封的财产自行变卖的,人民法院可以准许;《最高人民法院关于人民法院民事执行中拍卖、变卖财产的规定》第三十四条规定:对查封、扣押、冻结的财产,当事人双方及有关权利人同意变卖的,可以变卖。从上述两条法律规定看,拍卖是原则,但在符合一定条件的情况下也可以直接变卖。如果本案的执行标的物不是上市公司的社会法人股,那么根据上述两条法律规定,陕西高院的第一种意见是正确的,即在双方当事人和有关权利人同意的情况下,可以不经拍卖而直接变卖给长安信息公司或者其他第三人。由于本案的执行标的物是上市公司的社会法人股,而《最高人民法院关于冻结、拍卖上市公司国有股和社会法人股若干问题的规定》是专门针对冻结、拍卖上市公司国有股和社会法人股所作的规定,根据特别法优于普通法的原则,本案应当优先适用《最高人民法院关于冻结、拍卖上市公司国有股和社会法人股若干问题的规定》第八条的规定。另外,《最高人民法院关于人民法院民事执行中拍卖、变卖财产的规定》第三十三条也明确规定,在执行程序中拍卖上市公司国有股和社会法人股的,适用《最高人民法院关于冻结、拍卖上市公司国有股和社会法人股若干问题的规定》。①

财政部关于上市公司国有股被
人民法院冻结拍卖有关问题的通知

2001年11月2日　　财企〔2001〕656号

　　国务院有关部委,各省、自治区、直辖市、计划单列市财政厅(局),上海市、深圳市国有资产管理办公室,中央管理企业,中国人民解放军总后勤部,新疆生产建设兵团财务局,上海证券交易所,深圳证券交易所:

　　为进一步完善国有股权管理工作,提高国有股东授权代表单位的风险防范意识,切实加强国有股权的监管,维护债权人和其他当事人的合法权益,现就上市公司国有股被人民法院冻结、拍卖的有关问题通知如下:

　　一、国有股东授权代表单位应当依法行使股东权利,履行国家规定的职责,建立健全内部资金管理制度,明确资金调度的权限和程序,控制负债规模并改善债务结构,注意防范财务风险。

　　国有股东授权代表单位确需通过国有股质押融资时,应当建立严格的审核程序和责任追究制度,并对质押贷款项目进行周密的可行性论证,用于质押的国有股数量不得超过其所持该上市公司国有股总额的50%。

　　国有股东授权代表单位确需对外提供担保时,应当遵守《中华人民共和国担保法》的规定,充分考虑被担保单位的资信和偿债能力,并按内部管理制度规定的程序、权限审议决定。

　　二、国有股东授权代表单位所持国有股被人民法院司法冻结的,应当在接到人民法院冻结其所持国有股通知之日起5个工作日内,将该国有股被冻结的情况报财政部备案,并通知上市公司。国有股东授权代表单位属地方管理的,同时抄报省级财政机关。

　　国有股东授权代表单位对冻结裁定持有异议的,应当及时向作出冻结裁定的人民法院申请复议;人民法院依法作出解除冻结裁定后,国有股东授权代表单位应当在收到有关法律文书之日起5个工作日内,将该国有股解冻情况报财政部备案,并通知上市公司。国有股东授权代表单位属地方管理的,同时抄报省级财政机关。

　　三、国有股东授权代表单位所持国有股被冻结后,应当在规定的期限内提供方便执行的其他财产,其他财产包括银行存款、现金、成品和半成品、原材料和交通工具等,其他财产不足以清偿债务的,由人民法院执行股权拍卖。

　　四、拍卖人受托拍卖国有股,应当于拍卖日前10天在国务院证券监督管理部门指定披露上市公司信息的报刊上刊登上市公司国有股拍卖公告。

　　拍卖公告包括但不限于以下内容:拍卖人、拍卖时间、地点、上市公司名称、代码、所属行业、主营业务、近3年业绩、前10名股东持股情况、原持股单位、被拍卖的国有股数量、占总股本的比例、竞买人应具备的资格、参与竞买应具备的手续。

　　五、国有股拍卖必须确定保留价。当事人应

---

① 王惠君:《关于陕西省高级法院就〈最高人民法院关于冻结、拍卖上市公司国有股和社会法人股若干问题的规定〉第八条第三款如何适用问题的请示案》,载最高人民法院执行工作办公室编:《执行工作指导》2006年第1辑(总第17辑),人民法院出版社2006年版,第66~69页。

当委托具有证券从业资格的评估机构对拟拍卖的国有股进行评估,并按评估结果确定保留价。

评估结果确定后,评估机构应当在股权拍卖前将评估结果报财政部备案。国有股东授权代表单位属地方管理的,同时抄报省级财政机关。

六、对国有股拍卖的保留价,有关当事人或知情人应当严格保密。第一次拍卖竞买人的最高应价未达到保留价时,应当继续拍卖,每次拍卖的保留价应当不低于前次保留价的90%。第三次拍卖最高应价仍未达到保留价时,该应价不发生效力,拍卖机构应当中止国有股的拍卖。

七、竞买人应当具备法律、行政法规规定的受让国有股的条件。

八、拍卖成交后,国有股东授权代表单位应当在接到人民法院关于其所持国有股拍卖结果通知之日起5个工作日内,将该国有股被拍卖情况报财政部备案,并通知上市公司。国有股东授权代表单位属地方管理的,同时抄报省级财政机关。

九、国有股拍卖后,买受人持拍卖机构出具的成交证明以及买受人的工商营业执照、公司章程等证明买受人身份性质的法律文件,按照《最高人民法院关于冻结、拍卖上市公司国有股和社会法人股若干问题的规定》,向原国有股东授权代表单位主管财政机关提出股权性质界定申请,并经界定后向证券登记结算公司办理股权过户手续。

十、国有股东授权代表单位应当切实维护国有股权益,若发现有关当事人或知情人泄露拍卖保留价,或有关当事人与竞买人、债权人恶意串通等违法行为,应当及时请求人民法院中止拍卖,并依法追究有关责任人的责任。

若因国有股东授权代表单位过失,使国有股权益遭受损失的,主管财政机关给予通报批评,并依法追究相关责任。

十一、本通知自印发之日起施行。

第六节 对证券和证券交易结算资金的查询、冻结、扣划

中华人民共和国证券法

2014年8月31日

第八十六条 通过证券交易所的证券交易,投资者持有或者通过协议、其他安排与他人共同持有一个上市公司已发行的股份达到百分之五时,应当在该事实发生之日起三日内,向国务院证券监督管理机构、证券交易所作出书面报告,通知该上市公司,并予公告;在上述期限内,不得再行买卖该上市公司的股票。

投资者持有或者通过协议、其他安排与他人共同持有一个上市公司已发行的股份达到百分之五后,其所持该上市公司已发行的股份比例每增加或者减少百分之五,应当依照前款规定进行报告和公告。在报告期限内和作出报告、公告后二日内,不得再行买卖该上市公司的股票。

第八十七条 依照前条规定所作的书面报告和公告,应当包括下列内容:

(一)持股人的名称、住所;

(二)持有的股票的名称、数额;

(三)持股达到法定比例或者持股增减变化达到法定比例的日期。

第八十八条 通过证券交易所的证券交易,投资者持有或者通过协议、其他安排与他人共同持有一个上市公司已发行的股份达到百分之三十时,继续进行收购的,应当依法向该上市公司所有股东发出收购上市公司全部或者部分股份的要约。

收购上市公司部分股份的收购要约应当约定,被收购公司股东承诺出售的股份数额超过预定收购的股份数额的,收购人按比例进行收购。

第八十九条 依照前条规定发出收购要约,收购人必须事先向国务院证券监督管理机构报送上市公司收购报告书,并载明下列事项:

(一)收购人的名称、住所;

(二)收购人关于收购的决定;

(三)被收购的上市公司名称;

(四)收购目的;

(五)收购股份的详细名称和预定收购的股份数额;

(六)收购期限、收购价格;

（七）收购所需资金额及资金保证；

（八）报送上市公司收购报告书时持有被收购公司股份数占该公司已发行的股份总数的比例。

收购人还应当将上市公司收购报告书同时提交证券交易所。

第九十条 收购人在依照前条规定报送上市公司收购报告书之日起十五日后，公告其收购要约。在上述期限内，国务院证券监督管理机构发现上市公司收购报告书不符合法律、行政法规规定的，应当及时告知收购人，收购人不得公告其收购要约。

收购要约约定的收购期限不得少于三十日，并不得超过六十日。

第九十一条 在收购要约确定的承诺期限内，收购人不得撤销其收购要约。收购人需要变更收购要约的，必须事先向国务院证券监督管理机构及证券交易所提出报告，经批准后，予以公告。

第九十二条 收购要约提出的各项收购条件，适用于被收购公司的所有股东。

第九十三条 采取要约收购方式的，收购人在收购期限内，不得卖出被收购公司的股票，也不得采取要约规定以外的形式和超出要约的条件买入被收购公司的股票。

第九十四条 采取协议收购方式的，收购人可以依照法律、行政法规的规定同被收购公司的股东以协议方式进行股份转让。

以协议方式收购上市公司时，达成协议后，收购人必须在三日内将该收购协议向国务院证券监督管理机构及证券交易所作出书面报告，并予公告。

在公告前不得履行收购协议。

第九十五条 采取协议收购方式的，协议双方可以临时委托证券登记结算机构保管协议转让的股票，并将资金存放于指定的银行。

第九十六条 采取协议收购方式的，收购人收购或者通过协议、其他安排与他人共同收购一个上市公司已发行的股份达到百分之三十时，继续进行收购的，应当向该上市公司所有股东发出收购上市公司全部或者部分股份的要约。但是，经国务院证券监督管理机构免除发出要约的除外。

收购人依照前款规定以要约方式收购上市公司股份，应当遵守本法第八十九条至第九十三条的规定。

第九十七条 收购期限届满，被收购公司股权分布不符合上市条件的，该上市公司的股票应当由证券交易所依法终止上市交易；其余仍持有被收购公司股票的股东，有权向收购人以收购要约的同等条件出售其股票，收购人应当收购。

收购行为完成后，被收购公司不再具备股份有限公司条件的，应当依法变更企业形式。

第九十八条 在上市公司收购中，收购人持有的被收购的上市公司的股票，在收购行为完成后的十二个月内不得转让。

第九十九条 收购行为完成后，收购人与被收购公司合并，并将该公司解散的，被解散公司的原有股票由收购人依法更换。

第一百条 收购行为完成后，收购人应当在十五日内将收购情况报告国务院证券监督管理机构和证券交易所，并予公告。

第一百零一条 收购上市公司中由国家授权投资的机构持有的股份，应当按照国务院的规定，经有关主管部门批准。

证券监督管理机构应当依照本法的原则制定上市公司收购的具体办法。

第一百三十九条 证券公司客户的交易结算资金应当存放在商业银行，以每个客户的名义单独立户管理。具体办法和实施步骤由国务院规定。

证券公司不得将客户的交易结算资金和证券归入其自有财产。禁止任何单位或者个人以任何形式挪用客户的交易结算资金和证券。证券公司破产或者清算时，客户的交易结算资金和证券不属于其破产财产或者清算财产。非因客户本身的债务或者法律规定的其他情形，不得查封、冻结、扣划或者强制执行客户的交易结算资金和证券。

最高人民法院
关于冻结、划拨证券或期货交易所证券登记结算机构、证券经营或期货经纪机构清算账户资金等问题的通知

1997年12月2日　　法发〔1997〕27号

各省、自治区、直辖市高级人民法院，解放军军事法院：

为了维护证券、期货市场的正常交易秩序，现对人民法院在财产保全或执行生效法律文书过程中，冻结、划拨证券或期货交易所、证券登记结算机构、证券经营或期货经纪机构清算账户清算资金等问题，作如下通知：

一、证券交易所、证券登记结算机构及其异地清算代理机构开设的清算账户上的资金，是证券经营机构缴存的自营及其所代理的投资者的证券交易清算资金。当证券经营机构为债务人，人民法院确需冻结、划拨其交易清算资金时，应冻结、划拨其自营账户中的资金；如证券经营机构未开设自营账户而进行自营业务的，依法可以冻结其在证券交易所、证券登记结算机构及其异地清算代理机构清算账户上的清算资金，但暂时不得划拨。如果证券经营机构在法院规定的合理期限内举证证明被冻结的上述清算账户中的资金是其他投资者的，应当对投资者的资金解除冻结。否则，人民法院可以划拨已冻结的资金。

证券经营机构清算账户上的资金是投资者为进行证券交易缴存的清算备付金。当投资者为债务人时，人民法院对证券经营机构清算账户中该投资者的相应部分资金依法可以冻结、划拨。

人民法院冻结、划拨期货交易所清算账户上期货经纪机构的清算资金及期货经纪机构清算账户上投资者的清算备付金（亦称保证金），适用上述规定。

二、证券经营机构的交易席位系统机构向证券交易所申购的用以参加交易的权利，是一种无形财产。人民法院对证券经营机构的交易席位进行财产保全或执行时，应依法裁定其不得自行转让该交易席位，但不能停止该交易席位的使用。人民法院认为需要转让该交易席位时，按交易所的有关规定应转让给有资格受让席位的法人。

人民法院对期货交易所、期货经纪机构的交易席位采取财产保全或执行措施，适用上述规定。

三、证券经营机构在证券交易所、证券登记结算机构的债券实物代保管处托管的债券，是其自营或代销的其他投资者的债券。当证券经营机构或投资者为债务人时，人民法院如需冻结、提取托管的债券，应当通过证券交易所查明该债务人托管的债券是否已作回购质押，对未作回购质押，而且确属债务人所有的托管债券可以依法冻结、提取。

四、交易保证金是证券经营机构向证券交易所缴存的用以防范交易风险的资金，该资金由证券交易所专项存储，人民法院不应冻结、划拨交易保证金。但在该资金失去保证金作用的情况下，人民法院可以依法予以冻结、划拨。

最高人民法院
关于贯彻最高人民法院法发〔1997〕27号通知应注意的几个问题的紧急通知

1998年7月22日　　法明传〔1998〕213号

各省、自治区、直辖市高级人民法院、解放军军事法院：

最高人民法院法发〔1997〕27号《关于冻结、划拨证券或期货交易所、证券登记结算机构、证券经营或期货经纪机构清算账户资金等问题的通知》（以下简称27号通知）下发后，多数法院执行是好的，但少数法院未能严格执行，有的地区甚至发生影响社会稳定的问题。为保障金融和社会秩序的稳定，现就有关贯彻27号通知中应注意的几个问题通知如下：

一、对证券经营机构、期货经纪机构为债务人的案件，在保全或执行其财产时，首先要指令该证券经营机构、期货经纪机构提供可供执行的不动产或其它财产。经查明该证券经营

机构、期货经纪机构确有可供执行的不动产或其它财产的，人民法院应当先执行该财产。

二、如无上述可供执行的财产，需要执行证券经营机构或期货经纪机构清算资金时，必须严格按27号通知第一条的有关规定冻结、划拨其自营账户中的资金。

三、对未开设自营账户而进行自营业务的证券经营机构、期货经纪机构，需采取冻结其在证券或期货交易所、证券登记结算机构或异地清算代理机构清算账户内的清算资金措施时，必须十分慎重。只能依法在债务人承担的债务数额范围内予以冻结。同时，依据27号通知第一条的有关规定，必须保障证券经营机构、期货经纪机构的举证权利，如有证据证明上述账户中的资金是其它投资者的，必须对其它投资者的资金及时解除冻结。

四、在执行27号通知时，如遇有影响金融和社会秩序安定的情况时，应当及时采取暂缓或中止执行措施。

特此通知。

最高人民法院
关于冻结、扣划证券交易结算资金有关问题的通知

2004年11月9日　　法〔2004〕239号

为了保障金融安全和社会稳定，维护证券市场正常交易结算秩序，保护当事人的合法权益，保障人民法院依法执行，经商中国证券监督管理委员会，现就人民法院冻结、扣划证券交易结算资金有关问题通知如下：

一、人民法院办理涉及证券交易结算资金的案件，应当根据资金的不同性质区别对待。证券交易结算资金，包括客户交易结算资金和证券公司从事自营证券业务的自有资金。证券公司将客户交易结算资金全额存放于客户交易结算资金专用存款账户和结算备付金账户，将自营证券业务的自有资金存放于自有资金专用存款账户，而上述账户均应报中国证券监督管理委员会备案。因此，对证券市场主体为被执行人的案件，要区别处理：

当证券公司为被执行人时，人民法院可以冻结、扣划该证券公司开设的自有资金存款账户中的资金，但不得冻结、扣划该证券公司开设的客户交易结算资金专用存款账户中的资金。

当客户为被执行人时，人民法院可以冻结、扣划该客户在证券公司营业部开设的资金账户中的资金，证券公司应当协助执行。但对于证券公司在存管银行开设的客户交易结算资金专用存款账户中属于所有客户共有的资金，人民法院不得冻结、扣划。

二、人民法院冻结、扣划证券结算备付金时，应当正确界定证券结算备付金与自营结算备付金。证券结算备付金是证券公司从客户交易结算资金、自营证券业务的自有资金中缴存于中国证券登记结算有限责任公司（以下简称登记结算公司）的结算备用资金，专用于证券交易成交后的清算，具有结算履约担保作用。登记结算公司对每个证券公司缴存的结算备付金分别设立客户结算备付金账户和自营结算备付金账户进行账务管理，并依照经中国证券监督管理委员会批准的规则确定结算备付金最低限额。因此，对证券公司缴存在登记结算公司的客户结算备付金，人民法院不得冻结、扣划。

当证券公司为被执行人时，人民法院可以向登记结算公司查询确认该证券公司缴存的自营结算备付金余额；对其最低限额以外的自营结算备付金，人民法院可以冻结、扣划，登记结算公司应当协助执行。

三、人民法院不得冻结、扣划新股发行验资专用账户中的资金。登记结算公司在结算银行开设的新股发行验资专用账户，专门用于证券市场的新股发行业务中的资金存放、调拨，并按照中国证券监督管理委员会批准的规则开立、使用、备案和管理，故人民法院不得冻结、扣划该专用账户中的资金。

四、人民法院在执行中应当正确处理清算交收程序与执行财产顺序的关系。当证券公司或者客户为被执行人时，人民法院可以冻结属于该被执行人的已完成清算交收后的证券或者资金，并以书面形式责令其在7日内提供可供执行的其他财产。被执行人提供了其他可供执

行的财产的,人民法院应当先执行该财产;逾期不提供或者提供的财产不足清偿债务的,人民法院可以执行上述已经冻结的证券或者资金。

对被执行人的证券交易成交后进入清算交收期间的证券或者资金,以及被执行人为履行清算交收义务交付给登记结算公司但尚未清算的证券或者资金,人民法院不得冻结、扣划。

五、人民法院对被执行人证券账户内的流通证券采取执行措施时,应当查明该流通证券确属被执行人所有。

人民法院执行流通证券,可以指令被执行人所在的证券公司营业部在30个交易日内通过证券交易将该证券卖出,并将变卖所得价款直接划付到人民法院指定的账户。

六、人民法院在冻结、扣划证券交易结算资金的过程中,对于当事人或者协助执行人对相关资金是否属客户交易结算资金、结算备付金提出异议的,应当认真审查;必要时,可以提交中国证券监督管理委员会作出审查认定后,依法处理。

七、人民法院在证券交易、结算场所采取保全或者执行措施时,不得影响证券交易、结算业务的正常秩序。

八、本通知自发布之日起执行。发布前最高人民法院的其他规定与本通知的规定不一致的,以本通知为准。

最高人民法院 最高人民检察院 公安部 中国证券监督管理委员会
关于查询、冻结、扣划证券和证券交易结算资金有关问题的通知

2008年1月10日　　法发〔2008〕4号

各省、自治区、直辖市高级人民法院、人民检察院、公安厅(局),解放军军事法院、军事检察院,新疆维吾尔自治区高级人民法院生产建设兵团分院,新疆生产建设兵团人民检察院、公安局:

为维护正常的证券交易结算秩序,保护公民、法人和其他组织的合法权益,保障执法机关依法执行公务,根据《中华人民共和国刑事诉讼法》、《中华人民共和国民事诉讼法》、《中华人民共和国证券法》等法律以及司法解释的规定,现就人民法院、人民检察院、公安机关查询、冻结、扣划证券和证券交易结算资金的有关问题通知如下:

一、人民法院、人民检察院、公安机关在办理案件过程中,按照法定权限需要通过证券登记结算机构或者证券公司查询、冻结、扣划证券和证券交易结算资金的,证券登记结算机构或者证券公司应当依法予以协助。

二、人民法院要求证券登记结算机构或者证券公司协助查询、冻结、扣划证券和证券交易结算资金,人民检察院、公安机关要求证券登记结算机构或者证券公司协助查询、冻结证券和证券交易结算资金时,有关执法人员应当依法出具相关证件和有效法律文书。

执法人员证件齐全、手续完备的,证券登记结算机构或者证券公司应当签收有关法律文书并协助办理有关事项。

拒绝签收人民法院生效法律文书的,可以留置送达。

三、人民法院、人民检察院、公安机关可以依法向证券登记结算机构查询客户和证券公司的证券账户、证券交收账户和资金交收账户内已完成清算交收程序的余额、余额变动、开户资料等内容。

人民法院、人民检察院、公安机关可以依法向证券公司查询客户的证券账户和资金账户、证券交收账户和资金交收账户内的余额、余额变动、证券及资金流向、开户资料等内容。

查询自然人账户的,应当提供自然人姓名和身份证件号码;查询法人账户的,应当提供法人名称和营业执照或者法人注册登记证书号码。

证券登记结算机构或者证券公司应当出具书面查询结果并加盖业务专用章。查询机关对查询结果有疑问时,证券登记结算机构、证券公司在必要时应当进行书面解释并加盖业务专用章。

四、人民法院、人民检察院、公安机关按照法定权限冻结、扣划相关证券、资金时,应当明确拟冻结、扣划证券、资金所在的账户名称、账户号码、冻结期限,所冻结、扣划证券

的名称、数量或者资金的数额。扣划时，还应当明确拟划入的账户名称、账号。

冻结证券和交易结算资金时，应当明确冻结的范围是否及于孳息。

本通知规定的以证券登记结算机构名义建立的各类专门清算交收账户不得整体冻结。

五、证券登记结算机构依法按照业务规则收取并存放于专门清算交收账户内的下列证券，不得冻结、扣划：

（一）证券登记结算机构设立的证券集中交收账户、专用清偿账户、专用处置账户内的证券。

（二）证券公司在证券登记结算机构开设的客户证券交收账户、自营证券交收账户和证券处置账户内的证券。

六、证券登记结算机构依法按照业务规则收取并存放于专门清算交收账户内的下列资金，不得冻结、扣划：

（一）证券登记结算机构设立的资金集中交收账户、专用清偿账户内的资金；

（二）证券登记结算机构依法收取的证券结算风险基金和结算互保金；

（三）证券登记结算机构在银行开设的结算备付金专用存款账户和新股发行验资专户内的资金，以及证券登记结算机构为新股发行网下申购配售对象开立的网下申购资金账户内的资金；

（四）证券公司在证券登记结算机构开设的客户资金交收账户内的资金；

（五）证券公司在证券登记结算机构开设的自营资金交收账户内最低限额自营结算备付金及根据成交结果确定的应付资金。

七、证券登记结算机构依法按照业务规则要求证券公司等结算参与人、投资者或者发行人提供的回购质押券、价差担保物、行权担保物、履约担保物等担保物，在交收完成之前，不得冻结、扣划。

八、证券公司在银行开立的自营资金账户内的资金可以冻结、扣划。

九、在证券公司托管的证券的冻结、扣划，既可以在托管的证券公司办理，也可以在证券登记结算机构办理。不同的执法机关同一交易日分别在证券公司、证券登记结算机构对同一笔证券办理冻结、扣划手续的，证券公司协助办理的为在先冻结、扣划。

冻结、扣划未在证券公司或者其他托管机构托管的证券或者证券公司自营证券的，由证券登记结算机构协助办理。

十、证券登记结算机构受理冻结、扣划要求后，应当在受理日对应的交收日交收程序完成后根据交收结果协助冻结、扣划。

证券公司受理冻结、扣划要求后，应当立即停止证券交易，冻结时已经下单但尚未撮合成功的应当采取撤单措施。冻结后，根据成交结果确定的用于交收的应付证券和应付资金可以进行正常交收。在交收程序完成后，对于剩余部分可以扣划。同时，证券公司应当根据成交结果计算出同等数额的应收资金或者应收证券交由执法机关冻结或者扣划。

十一、已被人民法院、人民检察院、公安机关冻结的证券或证券交易结算资金，其他人民法院、人民检察院、公安机关或者同一机关因不同案件可以进行轮候冻结。冻结解除的，登记在先的轮候冻结自动生效。

轮候冻结生效后，协助冻结的证券登记结算机构或者证券公司应当书面通知做出该轮候冻结的机关。

十二、冻结证券的期限不得超过二年，冻结交易结算资金的期限不得超过六个月。

需要延长冻结期限的，应当在冻结期限届满前办理续行冻结手续，每次续行冻结的期限不得超过前款规定的期限。

十三、不同的人民法院、人民检察院、公安机关对同一笔证券或者交易结算资金要求冻结、扣划或者轮候冻结时，证券登记结算机构或者证券公司应当按照送达协助冻结、扣划通知书的先后顺序办理协助事项。

十四、要求冻结、扣划的人民法院、人民检察院、公安机关之间，因冻结、扣划事项发生争议的，要求冻结、扣划的机关应当自行协商解决。协商不成的，由其共同上级机关决定；没有共同上级机关的，由其各自的上级机关协商解决。

在争议解决之前，协助冻结的证券登记结算机构或者证券公司应当按照争议机关所送达法律文书载明的最大标的范围对争议标的进行控制。

十五、依法应当予以协助而拒绝协助，或者向当事人通风报信，或者与当事人通谋转移、隐匿财产的，对有关的证券登记结算机构或者证券公司和直接责任人应当依法进行制裁。

十六、以前规定与本通知规定内容不一致的，以本通知为准。

十七、本通知中所规定的证券登记结算机构，是指中国证券登记结算有限责任公司及其分公司。

十八、本通知自 2008 年 3 月 1 日起实施。

【附：相关理解与适用】

关于冻结的期限问题

以往的司法解释和规范性文件关于证券和交易结算资金冻结期限的规定并不一致。《最高人民法院关于人民法院民事执行中查封、扣押、冻结财产的规定》第二十九条规定，属于其他财产权范围的证券的冻结期限最长 2 年，交易结算资金作为其他资金，对其冻结的期限最长为 6 个月，续行冻结时间最长分别为 1 年和 3 个月。[①]

最高人民法院
关于依法审理和执行被风险处置证券公司相关案件的通知

2009 年 5 月 26 日　　法发〔2009〕35 号

各省、自治区、直辖市高级人民法院，解放军军事法院，新疆维吾尔自治区高级人民法院生产建设兵团分院：

为维护证券市场和社会的稳定，依法审理和执行被风险处置证券公司的相关案件，现就有关问题通知如下：

一、为统一、规范证券公司风险处置中个人债权的处理，保持证券市场运行的连续性和稳定性，中国人民银行、财政部、中国银行业监督管理委员会、中国证券监督管理委员会联合制定发布了《个人债权及客户证券交易结算资金收购意见》。国家对个人债权和客户交易结算资金的收购，是国家有关行政部门和金融监管机构采取的特殊行政手段。相关债权是否属于应当收购的个人债权或者客户交易结算资金范畴，系由中国人民银行、金融监管机构以及依据《个人债权及客户证券交易结算资金收购意见》成立的甄别确认小组予以确认的，不属人民法院审理的范畴。因此，有关当事人因上述执行机关在风险处置过程中甄别确认其债权不属于国家收购范围的个人债权或者客户证券交易结算资金，向人民法院提起诉讼，请求确认其债权应纳入国家收购范围的，人民法院不予受理。国家收购范围之外的债权，有关权利人可以在相关证券公司进入破产程序后向人民法院申报。

二、托管是相关监管部门对高风险证券公司的证券经纪业务等涉及公众客户的业务采取的行政措施，托管机构仅对被托管证券公司的经纪业务行使经营管理权，不因托管而承继被托管证券公司的债务。因此，有关权利人仅以托管为由向人民法院提起诉讼，请求判令托管机构承担被托管证券公司债务的，人民法院不予受理。

三、处置证券类资产是行政处置过程中的一个重要环节，行政清算组依照法律、行政法规及国家相关政策，对证券类资产采取市场交易方式予以处置，在合理估价的基础上转让证券类资产，受让人支付相应的对价。因此，证券公司的债权人向人民法院提起诉讼，请求判令买受人承担证券公司债务偿还责任的，人民法院对其诉讼请求不予支持。

四、破产程序作为司法权介入的特殊偿债程序，是在债务人财产不足以清偿债务的情况下，以法定的程序和方法，为所有债权人创造获得公平受偿的条件和机会，以使所有债权人共同享有利益、共同分担损失。鉴此，根据企业破产法第十九条的规定，人民法院受理证券公司的破产申请后，有关证券公司财产的保全

[①] 范向阳：《〈最高人民法院、最高人民检察院、公安部、中国证监会关于查询、冻结、扣划证券和证券交易结算资金有关问题的通知〉的理解和适用》，载最高人民法院执行工作办公室编：《执行工作指导》2008 年第 1 辑（总第 25 辑），人民法院出版社 2008 年版，第 60 页。

措施应当解除，执行程序应当中止。具体如下：

1. 人民法院受理破产申请后，已对证券公司有关财产采取了保全措施，包括执行程序中的查封、冻结、扣押措施的人民法院应当解除相应措施。人民法院解除有关证券公司财产的保全措施时，应当及时通知破产案件管理人并将有关财产移交管理人接管，管理人可以向受理破产案件的人民法院申请保全。

2. 人民法院受理破产申请后，已经受理有关证券公司执行案件的人民法院，对证券公司财产尚未执行或者尚未执行完毕的程序应当中止执行。当事人在破产申请受理后向有关法院申请对证券公司财产强制执行的，有关法院对其申请不予受理，并告知其依法向破产案件管理人申报债权。破产申请受理后人民法院未中止执行的，对于已经执行了的证券公司财产，执行法院应当依法执行回转，并交由管理人作为破产财产统一分配。

3. 管理人接管证券公司财产、调查证券公司财产状况后，发现有关法院仍然对证券公司财产进行保全或者继续执行，向采取保全措施或执行措施的人民法院提出申请的，有关人民法院应当依法及时解除保全或中止执行。

4. 受理破产申请的人民法院在破产宣告前裁定驳回申请人的破产申请，并终结证券公司破产程序的，应当在作出终结破产程序的裁定前，告知管理人通知原对证券公司财产采取保全措施的人民法院恢复原有的保全措施，有轮候保全的，以原采取保全措施的时间确定轮候顺位。对恢复受理证券公司为被执行人的执行案件，适用申请执行时效中断的规定。

五、证券公司进入破产程序后，人民法院作出的刑事附带民事赔偿或者涉及追缴赃款赃物的判决应当中止执行，由相关权利人在破产程序中以申报债权等方式行使权利；刑事判决中罚金、没收财产等处罚，应当在破产程序债权人获得全额清偿后的剩余财产中执行。

六、要进一步严格贯彻最高人民法院、最高人民检察院、公安部、中国证监会《关于查询、冻结、扣划证券和证券交易结算资金有关问题的通知》（法发〔2008〕4号），依法执行有关证券和证券交易结算资金。

各高级人民法院要及时组织辖区内法院有关部门认真学习和贯彻落实本通知精神，并依法监督下级法院严格执行，对未按照上述规定审理和执行有关案件的，上级人民法院应当依法予以纠正并追究相关人员的责任。

最高人民法院　中国证券监督管理委员会
关于试点法院通过网络查询、冻结被执行人证券有关事项的通知

2016年3月4日　　法〔2016〕72号

北京、上海、浙江、福建、广东省（市）高级人民法院，中国证券登记结算有限责任公司，北京、上海、浙江、福建、广东证监局：

为协助人民法院提高执行效率、依法保护被执行人合法权益，最高人民法院、中国证券监督管理委员会（以下简称中国证监会）决定建立网络执行查控系统，开展人民法院通过网络查询、冻结被执行人证券的试点工作。现将有关事项通知如下：

一、建立网络查控工作机制

最高人民法院与中国证监会建立"总对总"的网络执行查控工作机制。最高人民法院和中国证监会负责协调解决建立网络执行查控系统及网络查控试点阶段有关的重大问题。建立和通过网络执行查控系统查询、冻结证券的具体工作由最高人民法院执行局和中国证券登记结算有限责任公司（以下简称中国结算）负责。

中国结算与最高人民法院之间建立网络查控专线联接。试点法院通过最高人民法院网络执行查控系统提出查询、冻结（含初次冻结、续冻、轮候冻结、解除冻结）被执行人证券的请求。中国结算按照人民法院的请求完成相应的协助执行事项，并将查询、冻结结果反馈最高人民法院。最高人民法院通过网络执行查控系统将查询、冻结结果反馈提出查询、冻结请求的试点法院。

二、坚持依法查控、依法保密原则

人民法院通过网络执行查控系统查询、冻

结被执行人证券的，应当坚持"一案一查一冻一用原则"，即只查询、冻结执行案件中被执行人证券及相关信息，不得查询、冻结被执行人以外的非执行义务主体的证券及相关信息；查询、冻结所获被执行人证券相关信息只用于该案件的执行工作，不得用于该案件执行以外的其他任何用途。

人民法院应当将所获得的被执行人证券相关信息作为内部办案信息予以保护，做好信息处理、传输、接收、使用中的信息保护工作，切实防范相关信息被违规泄露、扩散。

被执行人持有证券的市值总额信息可以提供给申请执行人等与案件执行直接相关的人员，但被执行人持有证券的品种、数量、价格等敏感、明细信息的反馈结果不得提供给法院办案人员以外的其他任何人。

网络查控涉及的与被执行人证券信息有关的单位和个人，应当遵守证券市场有关信息披露、禁止内幕交易等法律法规和业务规则。

三、规范冻结执行顺序及执行争议的处理

人民法院通过网络执行查控系统提交的冻结请求，同一批次冻结请求以系统提交时的自然排序作为执行顺序，不同批次冻结请求之间以系统提交的时间先后作为执行顺序。

在同一交易日，对同一被执行人的证券，既有法定有权机关通过证券公司或者中国结算的业务柜台提交冻结或者扣划请求，又有人民法院通过网络执行查控系统提交冻结请求的，以人民法院通过网络执行查控系统提交的冻结请求排序作为当日最后到达的冻结请求。

人民法院通过网络执行查控系统提交的冻结被执行人证券的请求，与其他法定有权机关的书面冻结请求具有同等法律效力，适用《最高人民法院 最高人民检察院 公安部 中国证监会关于查询、冻结、扣划证券和证券交易结算资金有关问题的通知》（法发〔2008〕4号）关于冻结的有关规定。本通知有关人民法院通过网络查询、冻结被执行人证券的相关规定与法发〔2008〕4号文件规定不一致的，以本通知为准。

人民法院与其他法定有权机关就执行被执行人证券产生争议的，由最高人民法院与最高人民检察院、公安部等依法协调解决。争议协调解决期间，中国结算控制发生执行争议的相关证券，不协助任何一方执行。争议协调解决完成，中国结算按照最高人民法院与最高人民检察院、公安部等协商的最终结论处理。

人民法院在查询、冻结被执行人证券的具体执行工作中，应当符合中国结算依法制定的协助执行有关业务规则，维护证券登记结算系统的安全稳定运行、维护登记结算工作的正常秩序。

四、提交有效、规范的法律文书

人民法院通过网络执行查控系统查询、冻结被执行人证券的，应当分别提交盖章的协助查询通知书、协助冻结通知书和执行裁定书的电子版，并附两名执行人员公务证件复印件的扫描件。

五、规范查询、冻结的具体操作

人民法院应当在中国结算相关业务系统工作时间内通过网络执行查控系统提交协助查询、冻结请求。

人民法院应当按照网络执行查控系统规定的相关项目和格式，准确、完整地填写查询、冻结请求及相关信息，做到查询、冻结请求明确、具体、可执行。

中国结算接收到人民法院通过网络执行查控系统提交的协助查询、冻结请求后进行合规性核对。核对无误的，协助查询、冻结并通过网络执行查控系统将协助查询、冻结的结果反馈最高人民法院；核对后存在查询、冻结请求不明确、不具体、不可执行等情形的，予以退回并提示退回原因。人民法院可以在补充完善后重新发出查询、冻结请求，相关冻结请求按照再次提交的时间重新排序。

法律、行政法规以及最高人民法院、中国证监会规定不得被强制执行的证券或者资金，依法依规不予实施冻结，并在查询结果中予以标识。此类不予实施冻结的证券或者资金，由中国结算负责依据有关规定在网络执行查控系统中以清单方式具体列明，并根据有关规定的变动及时更新。

通过网络执行查控系统查询、冻结被执行人证券的具体范围、法律文书必备要素和格式、

查控系统工作时间段等具体事项，由最高人民法院执行局与中国结算商定后另行规定。

六、网络查控系统技术安全保障及故障处理

网络执行查控系统与中国结算的证券登记结算业务技术系统之间应当实现有效隔离，确保各自技术系统的运行安全，切实防范各自技术系统的运行风险。

因技术故障导致网络执行查控系统无法正常运行的，发现故障一方应当立即通知另一方，故障一方应当及时排除故障。因技术系统故障或者不可抗力而未能及时办理查询、冻结请求的，最高人民法院执行局与中国结算均不承担任何法律责任。

七、试点工作相关安排

通过网络查询、冻结被执行人证券的试点区域包括北京、上海、浙江、福建、广东等省、市高级人民法院及其辖区各级人民法院。

试点期间，网络执行查控系统先上线开通查询被执行人证券信息的功能。经过一段时间的查询试点，待条件成熟后，再行上线开展通过网络冻结被执行人证券的试点工作。网络执行查控系统查询、冻结功能上线开通的具体时间由最高人民法院执行局与中国结算另行通知。

经过试点，待条件成熟后，将网络查控工作机制推广到其他地区。

最高人民法院执行工作办公室
关于股民保证金不宜作为证券公司财产执行的函

1997年9月5日　　法经〔1997〕300号

江苏省高级人民法院：

据全国证券回购债务清欠办公室和江西证券公司反映，盐城市中级人民法院在执行该院〔1995〕盐法经初字第84号、85号民事判决书过程中，于今年7月31日扣划了被执行人江西省证券公司上海业务部在工商银行上海市分行营业部开设的深圳股票交易资金清算户上的资金1426万元，该账户上的资金全部为客户保证金，此资金的划拨，影响了股民进行股票交易和提出存款，影响到社会的安定团结。

我院认为，证券机构代理股民买卖股票的资金即股民保证金，其所有权属于股民。证券经营机构必须通过保证金账户保证股民经营的正常清算支付。证券经营机构在银行开立的证券经营资金结算账户，是股民保证金账户的存在形式，人民法院在执行以证券经营机构为被执行人的案件时，可以通过冻结证券商自营账户上的资金、股票、国库券以及其自有财产的办法解决，不宜冻结、扣划证券经营机构在其证券经营资金结算账户上的存款。

最高人民法院执行工作办公室
关于股民保证金属于股民所有问题的函

1997年9月10日　　法经〔1997〕297号

北京市高级人民法院：

海南港澳国际信托投资有限公司向我院反映：北京市第一中级法院在执行该院〔1996〕一中经初字第1106号民事判决书时，分别于1997年8月20日和8月21日冻结了该公司在花旗银行上海分行和渣打银行深圳分行开设的B股股票交易账户项下的资金。该两账户是经有关机关批准而开立的B股股票交易账户，其项下的资金是境外股民存入该账户的股票交易保证金，其所有权属境外股民所有。由于北京一中院的冻结，只是股票交易受阻，股民权益受损，境外股民欲在十五大期间进京上访。为此，请求我院监督纠错。

我们认为，B股股票交易账户上的股民保证金，其所有权为股民所有，不属被执行人的财产。现将当事人反映材料转去，如情况属实，请你院立即通知北京市第一中级法院务必在本月15日前解除冻结，并报告结果。

最高人民法院
关于部分人民法院冻结、扣划被风险处置证券公司客户证券交易结算资金有关问题的通知

2010年6月22日　〔2010〕民二他字第21号

北京市、上海市、江苏省、山东省、湖北省、福建省高级人民法院：

近日，中国证券监督管理委员会致函我院称，因部分人民法院前期冻结、扣划的客户证券交易结算资金未能及时解冻或退回，导致相应客户证券交易结算资金缺口难以弥补，影响被处置证券公司行政清理工作，请求我院协调有关人民法院解冻或退回客户证券交易结算资金。经研究，现就有关问题通知如下：

一、关于涉及客户证券交易结算资金的冻结与扣划事项，应严格按照《中华人民共和国证券法》、《最高人民法院关于冻结、扣划证券交易结算资金有关问题的通知》（法〔2004〕239号）、《最高人民法院、最高人民检察院、公安部、中国证券监督管理委员会关于查询、冻结、扣划证券和证券交易结算资金有关问题的通知》（法发〔2008〕4号）、《最高人民法院关于依法审理和执行被风险处置证券公司相关案件的通知》（法发〔2009〕35号）的相关规定进行。人民法院在保全、执行措施中违反上述规定冻结、扣划客户证券交易结算资金的，应坚决予以纠正。

二、在证券公司行政处置过程中，按照国家有关政策弥补客户证券交易结算资金缺口是中国证券投资者保护基金有限责任公司（以下简称保护基金公司）的重要职责，被风险处置证券公司的客户证券交易结算资金专用存款账户、结算备付金账户内资金均属于证券交易结算资金，保护基金公司对被风险处置证券公司因违法冻结、扣划的客户证券交易结算资金予以垫付弥补后，取得相应的代位权，其就此主张权利的，人民法院应予支持。被冻结、扣划的客户证券交易结算资金已经解冻并转入管理人账户的，经保护基金公司申请，相关破产案件审理法院应当监督管理人退回保护基金公司专用账户；仍处于冻结状态的，由保护基金公司向相关保全法院申请解冻，保全法院应将解冻资金返还保护基金公司专用账户；已经扣划的，由保护基金公司向相关执行法院申请执行回转，执行法院应将退回资金划入保护基金公司专用账户。此外，被冻结、扣划客户证券交易结算资金对应缺口尚未弥补的，由相关行政清理组申请保全或者执行法院解冻或退回。

请各高级法院督促辖区内相关法院遵照执行。

特此通知。

人民法院办理执行案件规范

2017年4月

600.【协助执行机关】

人民法院在办理案件过程中，需要通过证券登记结算机构或者证券公司查询、冻结、扣划证券和证券交易结算资金的，证券登记结算机构或者证券公司应当依法予以协助。

601.【协助执行的手续及留置送达的允许】

人民法院要求证券登记结算机构或者证券公司协助查询、冻结、扣划证券和证券交易结算资金，执行人员应当依法出具相关证件和有效法律文书。

执行人员证件齐全、手续完备的，证券登记结算机构或者证券公司应当签收有关法律文书并协助办理有关事项。

拒绝签收人民法院生效法律文书的，可以留置送达。

602.【查询】

人民法院可以依法向证券登记结算机构查询客户和证券公司的证券账户、证券交收账户和资金交收账户内已完成清算交收程序的余额、余额变动、开户资料等内容。

人民法院可以依法向证券公司查询客户的证券账户和资金账户、证券交收账户和资金交收账户内的余额、余额变动、证券及资金流向、开户资料等内容。

查询自然人账户的，应当提供自然人姓名和身份证件号码；查询法人账户的，应当提供法人名称和营业执照或者法人注册登记证书号码。

证券登记结算机构或者证券公司应当出具书面查询结果并加盖业务专用章。人民法院对查询结果有疑问时，证券登记结算机构、证券公司在必要时应当进行书面解释并加盖业务专用章。

603.【冻结期限】

人民法院冻结被执行人的证券及其交易结算资金的期限不得超过三年。

申请执行人申请延长期限的，人民法院应当在冻结期限届满前办理续行冻结手续，续行期限不得超过前款规定的期限。

人民法院也可以依职权办理续行冻结手续。

604.【不得冻结、扣划的证券】

证券登记结算机构依法按照业务规则收取并存放于专门清算交收账户内的下列证券，不得冻结、扣划：

（一）证券登记结算机构设立的证券集中交收账户、专用清偿账户、专用处置账户内的证券；

（二）证券公司在证券登记结算机构开设的客户证券交收账户、自营证券交收账户和证券处置账户内的证券。

605.【不得冻结、扣划的资金】

证券登记结算机构依法按照业务规则收取并存放于专门清算交收账户内的下列资金，不得冻结、扣划：

（一）证券登记结算机构设立的资金集中交收账户、专用清偿账户内的资金；

（二）证券登记结算机构依法收取的证券结算风险基金和结算互保金；

（三）证券登记结算机构在银行开设的结算备付金专用存款账户和新股发行验资专户内的资金，以及证券登记结算机构为新股发行网下申购配售对象开立的网下申购资金账户内的资金；

（四）证券公司在证券登记结算机构开设的客户资金交收账户内的资金；

（五）证券公司在证券登记结算机构开设的自营资金交收账户内最低限额自营结算备付金及根据成交结果确定的应付资金。

606.【不得扣划、冻结的担保物】

证券登记结算机构依法按照业务规则要求证券公司等结算参与人、投资者或者发行人提供的回购质押券、价差担保券、行权担保券、履约担保物等担保物，在交收完成之前，不得冻结、扣划。

607.【自营资金】

证券公司在银行开立的自营资金账户内的资金可以冻结、扣划。

608.【充抵保证金的有价证券之一】

期货交易所为被执行人的，期货交易所会员向其提交的用于充抵保证金的有价证券，人民法院不得冻结、划拨。

609.【充抵保证金的有价证券之二】

期货公司为被执行人的，客户向其提交的用于充抵保证金的有价证券，人民法院不得冻结、划拨。

610.【充抵保证金的有价证券之三】

实行会员分级结算制度的期货交易所的结算会员为被执行人的，非结算会员向其提交的用于充抵保证金的有价证券，人民法院不得冻结、划拨。

611.【上述三条的例外】

有证据证明本规范第608条、第609条、第610条保证金账户中有超出保证范围的有价证券部分权益的，期货交易所、期货公司或者期货交易所结算会员在人民法院指定的合理期限内不能提出相反证据的，人民法院对超出部分可分别作为期货公司、结算会员的财产予以执行。

612.【冻结、扣划】

人民法院冻结、扣划相关证券、资金时，应当明确拟冻结、扣划证券、资金所在的账户名称、账户号码、冻结期限，所冻结、扣划证券的名称、数量或者资金的数额。扣划时，还应当明确拟划入的账户名称、账号。

冻结证券和交易结算资金时，应当明确冻结的范围是否及于孳息。

《最高人民法院、最高人民检察院、公安部、中国证券监督管理委员会关于查询冻结扣划证券和证券交易结算资金问题通知》规定的以证券登记结算机构名义建立的各类专门清算交收账户不得整体冻结。

613.【冻结期限】

人民法院冻结被执行人的证券、交易结算资金的期限不得超过三年。

申请执行人申请延长期限的，人民法院应当在冻结期限届满前办理续行冻结手续，续行期限不得超过前款规定的期限。

人民法院也可以依职权办理续行冻结手续。

614.【协助机关分工】

在证券公司托管的证券的冻结、扣划，既可以在托管的证券公司办理，也可以在证券登记结算机构办理。不同的执法机关同一交易日分别在证券公司、证券登记结算机构对同一笔证券办理冻结、扣划手续的，证券公司协助办理的为在先冻结、扣划。

冻结、扣划未在证券公司或者其他托管机构托管的证券或证券公司自营证券的，由证券登记结算机构协助办理。

615.【协助机关办理时限】

证券登记结算机构受理冻结、扣划要求后，应当在受理日对应的交收日交收程序完成后根据交收结果协助冻结、扣划。

证券公司受理冻结、扣划要求后，应当立即停止证券交易，冻结时已经下单但尚未撮合成功的应当采取撤单措施。冻结后，根据成交结果确定的用于交收的应付证券和应付资金可以进行正常交收。在交收程序完成后，对于剩余部分可以扣划。同时，证券公司应当根据成交结果计算出同等数额的应收资金或者应收证券交由执法机关冻结或者扣划。

616.【轮候冻结】

已被人民法院冻结的证券或证券交易结算资金，其他机关因不同案件可以进行轮候冻结。冻结解除的，登记在先的轮候冻结自动生效。

轮候冻结生效后，协助冻结的证券登记结算机构或者证券公司应当书面通知做出该轮候冻结的机关。

617.【多机关冻结、扣划或轮候冻结的办理】

不同的人民法院、人民检察院、公安机关对同一笔证券或者交易结算资金要求冻结、扣划或者轮候冻结时，证券登记结算机构或者证券公司应当按照送达协助冻结、扣划通知书的先后顺序办理协助事项。

618.【多机关冻结、扣划争议解决】

要求冻结、扣划的人民法院、人民检察院、公安机关之间，因冻结、扣划事项发生争议的，要求冻结、扣划的机关应当自行协商解决。协商不成的，由其共同上级机关决定；没有共同上级机关的，由其各自的上级机关协商解决。

在争议解决之前，协助冻结的证券登记结算机构或者证券公司应当按照争议机关所送达法律文书载明的最大标的范围对争议标的进行控制。

619.【不协助执行的制裁】

依法应当予以协助而拒绝协助，或者向当事人通风报信，或者与当事人通谋转移、隐匿财产的，对有关的证券登记结算机构或者证券公司和直接责任人应当依法进行制裁。

620.【可流通证券的变价】

人民法院对被执行人证券账户内的流通证券采取执行措施时，应当查明该流通证券确属被执行人所有。

人民法院执行流通证券，可以指令被执行人所在的证券公司营业部在三十个交易日内通过证券交易将该证券卖出，并将变卖所得价款直接划付到人民法院指定的账户。

中国证券登记结算有限责任公司关于协助司法机关冻结流通证券有关问题的通知

2005年11月14日　中国结算发字〔2005〕184号

各证券公司：

为了进一步做好协助司法机关依法冻结被执行人所有的已完成清算交收后的流通证券的工作，根据相关法律、最高人民法院通知以及证券市场业务规则，并报经中国证券监督管理委员会核准，现就有关事项通知如下：

一、司法机关依法要求冻结确属被执行人所有的流通证券的，由托管该证券的证券公司协助办理。

司法机关要求登记结算公司直接冻结确属被执行人所有的流通证券的，登记结算公司书面向司法机关明确声明（见附件）拟冻结的证券可能已在托管该证券的证券公司被卖出、若与其他司法机关发生重复冻结则本次冻结无效等操作风险，司法机关签署认可该声明后登记结算公司协助办理。

流通证券的冻结结果以登记结算公司实施的冻结登记结果为准。

二、证券公司、登记结算公司同日（指"交易日"，下同）分别接到不同司法机关要求协助冻结同一被执行标的的，证券公司接到的冻结要求顺序在先。

证券公司同日接到不同司法机关要求协助冻结同一被执行标的的，或者登记结算公司同日接到不同司法机关要求协助冻结同一被执行标的的，先送达者顺序在先。

证券公司、登记结算公司对已经冻结生效的流通证券依法不得协助实施重复冻结。

司法机关要求对已经冻结的流通证券实施轮候冻结的，证券公司、登记结算公司均可依法协助办理。若两家以上司法机关对同一被执行标的要求轮候冻结的，参照本条前述确定冻结先后顺序的规定区分轮候冻结的先后顺序。

三、证券公司受理司法机关协助办理流通证券冻结的法律文书后，应当立即核查相应证券是否已经被冻结或卖出，对未被冻结且未卖出的相应证券应当于最近的交易时刻前立即进行交易冻结，即锁定相应证券以限制卖出。

证券公司办理该项交易冻结后，必须于办理当日日间将交易冻结数据按规定数据格式发送登记结算公司，进行冻结登记。登记结算公司于交收日日终，根据证券公司发送的交易冻结数据在相应证券账户中进行冻结登记。已进行冻结登记的流通证券，未依规解冻前不能被卖出。

四、登记结算公司受理司法机关协助办理流通证券冻结的法律文书后，于交收日日终对冻结登记数据进行核查，并视核查结果实施或不实施冻结。

若冻结登记数据核查结果表明该被执行标的尚未被其它司法机关冻结的，登记结算公司即在相应证券账户中实施冻结登记。登记结算公司实施冻结登记的数据，于下一个交易日前发送证券公司。

若冻结登记数据核查结果表明该被执行标的已经被其它司法机关冻结（含交收日及交收日之前由证券公司协助办理的冻结、交收日之前由登记结算公司协助办理的冻结）的，登记结算公司不实施重复冻结。

登记结算公司实施冻结的结果于交收日的次日后书面通知司法机关。

五、司法机关需要对本机关已经冻结的流通证券解除冻结时，由协助办理冻结的证券公司或者协助办理冻结的登记结算公司协助办理解冻。

证券公司协助办理流通证券的解冻手续时，应当于办理当日日间将申请解冻数据按规定数据格式发送登记结算公司，登记结算公司于当日日终在相应证券账户中解除冻结登记，相应证券可于次日起卖出。

登记结算公司协助办理流通证券的解冻手续时，于受理当日日终在相应证券账户中解除冻结登记，相应证券可于次日起卖出。

六、证券公司、登记结算公司之间必须建立协助司法机关办理流通证券冻结（含解冻）的数据交换机制，相互之间应当按照规定真实、准确、完整、及时地交换冻结、解冻数据。

因证券公司向登记结算公司发送数据有误或延误而造成登记结算公司实施重复冻结、冻结无效等情形的，由此引起的相应法律责任由该证券公司承担。

因登记结算公司向证券公司发送数据有误或延误而造成证券公司实施重复冻结、冻结无效等情形的，由此引起的相应法律责任由登记结算公司承担。

七、对已做回购质押的债券和已提交登记结算公司作为交收担保品的证券，根据最高人民法院《关于冻结、扣划证券或期货交易所、证券登记结算机构、证券经营或期货经纪机构清算账户资金等问题的通知》（法发〔1997〕27号）第三条、《关于冻结、扣划证券交易结算资金有关问题的通知》（法〔2004〕239号）第四条和证券市场有关业务规则的规定，不予冻结。

八、司法机关要求冻结已冻结的流通证券产生的孳息的，由执行冻结流通证券的义务主体负责协助。通过登记结算公司派发尚未发放到证券公司属于被执行人的孳息，由登记结算公司协助办理冻结；通过证券公司派发属于被执行人的孳息，由证券公司协助办理冻结。

九、对本通知实施之前证券公司已经办理并仍处于冻结状态的流通证券司法冻结的情况，请各有关证券公司以总部为单位，按照登记结算公司要求的时间将冻结数据报送登记结算公司，登记结算公司汇总后报送证监会。具体报送时间另行通知。

十、其它证券经营机构托管的流通证券的冻结，比照上述关于证券公司托管的流通证券冻结的规定办理。

十一、本通知适用于在登记结算公司登记的流通股票、债券、封闭式基金等流通证券的协助司法冻结业务。

十二、本通知自2006年3月1日起实施。

附件：略

中国证券登记结算有限责任公司关于协助司法机关冻结流通证券有关问题的补充通知

2006年2月24日　中国结算发字〔2006〕34号

各证券公司：

为支持上市公司股权分置改革，确保未来上海、深圳证券交易所跨市场市值配售股份分（上海证券代码为09×××、深圳证券代码为003×××，以下统称"跨市场配售股份"）跨市场转登记工作的顺利进行，现就本公司《关于协助司法机关冻结流通证券有关问题的通知》（中国结算发字〔2005〕184号）执行中有关跨市场配售股份的司法冻结事项补充通知如下：

一、跨市场配售股份的司法冻结由托管该股份的证券公司协助办理。证券公司协助办理跨市场配售股份司法冻结、进行交易控制后，暂不向登记结算公司申报跨市场配售股份的司法冻结数据。该部分股份司法冻结数据的处理，按照登记结算公司有关跨市场转登记业务的相关规定办理。跨市场转登记业务的相关规定另行通知。

二、其他证券经营机构办理跨市场配售股份的司法冻结，比照上述规定执行。

中国证券登记结算有限责任公司深圳分公司协助冻结流通证券业务指引

2015年6月8日

一、证券公司申报上传

（一）证券公司应当按本公司规定的申报内容（见附件1）、数据接口（见《深圳证券交易所数据接口规范Ver4.36》），将所受理的协助冻结、续冻、解冻、轮候冻结和解除轮候冻结流通证券数据，通过D-COM/IST系统以文件方式进行申报。

（二）证券公司申报冻结证券的范围包括A股、B股、基金等托管在证券公司处的证券品种，但不包括国债、企业债券。

（三）证券公司受理执法机关协助办理流通证券冻结的法律文书后，应当立即核查相应证券是否已经被冻结或卖出，对未被冻结且未卖出的相应证券应当于最近的交易时刻前立即进行交易冻结，即锁定相应证券以限制卖出。

（四）已司法冻结的证券，不得重复申报司法冻结。

已司法冻结的证券，可以申报轮候冻结。轮候冻结数量应当小于等于轮候冻结申报日之前已生效的冻结数量。

（五）证券公司同一交易日内对受理的所有申请必须申报处理序号，处理序号当日有效且不能重复。重复申报的处理序号无效。

处理序号是指证券公司在同一交易日内对受理的所有申请按受理时间先后从小到大排成的序号，证券公司在申报数据时需要申报该序号，结算公司按序号从小到大的顺序进行冻结或轮候冻结等业务的登记处理。

（六）证券公司申报续冻、解冻时，需要申报结算公司反馈的冻结序号。申报解除轮候冻结的，需要申报轮候序号。

冻结序号是指结算公司对每一笔已生效的冻结生成一个序号，并在返回证券公司的回报数据中提供该序号，今后证券公司申报解冻、续冻时，需要同时申报该序号作为区别每一笔生效冻结的要素之一。部分解冻时，仍在冻结状态的证券及相应派生权益的冻结序号不变。

轮候序号是指证券公司将每一笔轮候冻结要求申报结算公司并登记成功后，结算公司在返回证券公司的回报数据中会提供该笔轮候冻结的序号，证券公司今后申报解除轮候冻结时，需要同时申报该序号。

（七）证券公司申报时，应当分别申报相应的类型，如申冻结的，申报类型为"冻结"，申报续冻的，申报类型为"续冻"，以此类推。

（八）证券公司申报冻结的执法机关名称，应当录入执法机关全称（以公章为准），并录入相应类型编号（录入格式见《深圳证券交易所数据接口规范 Ver 4.36》)。

（九）协助冻结期限，法院为初次冻结不超过2年，每次续冻不超过1年。初次冻结期限自申报之日起计算。

证监会及其派出机构的冻结期限为初次冻结6个月，每次续冻不超过6个月。

公安机关、检察院等其他有权机关的冻结、协助冻结的期限建议比照法院的冻结期限。

（十）冻结期限应当录入冻结起始日和截止日，冻结起始日为申报之日。

续冻期限只需录入续冻截止日，但每次续冻截止日与原冻结（或前次续冻）截止日的期间应当符合法律规定的续冻期限。

对于法院首次冻结期限2年或续冻期限1年的，以及证监会冻结期限6个月的，冻结到期日或续冻到期日应当为相应年份对应月的前一日。如，自2006年1月12日起或自2006年3月1日起冻结期限为两年的，起止日处理为：（1）2006年1月12日至2008年1月11日；（2）2006年3月1日至2008年2月28日（或29日—闰年）。法院续冻一年，或证监会冻结6个月的，起止日处理同上。

轮候冻结期限为执法机关文书中的预设期限，文书表述应为自冻结生效之日起"两年"或"一年"、"半年"等（录入格式见《深圳证券交易所数据接口规范 Ver 4.36》）。起止日处理同上。

（十一）证券公司协助执法机关冻结、轮候冻结流通证券时，应当要求执法机关对冻结期间（轮候冻结的，指将来冻结实现后的冻结期间）产生的红股（含转增股）、配股（即申报内容中"联冻深度"）等是否一并冻结做出明确要求。证券公司根据执法机关的要求，按照相应格式录入申报（录入格式见《深圳证券交易所数据接口规范 Ver 4.36》）。

（十二）证券公司可以对已冻结的证券申报部分解冻。对于轮候冻结，不能申报部分解除轮候冻结。

证券公司申报对原冻结的股份全部解冻时，应当包括红股（含转增股）、配股等的全部解冻。

（十三）执法机关续冻、解冻、解除轮候冻结的，应当由原受理冻结、轮候冻结的证券公司营业部受理司法文书，并申报相应数据。

执法机关解冻并要求处理（包括强制过户、强制卖出等）解冻的股份时，证券公司不得申报解冻。证券公司在审核相关法律文书确认后，由执法机关携法律文书及证券公司出具的审核意见（具体格式详见附件4），到登记公司办理解冻手续。

证券公司需留存审核的相关法律文书复印件。

（十四）轮候机关已轮候上部分股份的，如仍有可供轮候的在冻结股份，该轮候机关未满足部分继续轮候。

被轮候冻结的股份因原冻结法院强制处理后股份不足时，原轮候冻结变更为对剩余冻结股数的轮候。被轮候的股份因原冻结法院强制处理后没有可供轮候的冻结股份时，结算公司取消所有的轮候冻结登记。

（十五）对于因执法机关解冻并强制处理的股份（如卖出、过户等），结算公司将该笔解冻并强制处理股份等信息于解冻当日日终反馈相应的证券公司，证券公司不得受理该笔股份的轮候冻结和新冻结业务。

二、结算公司的数据接收、登记和反馈

（一）证券公司申报数据的登记和反馈

1. 证券公司将受理的司法冻结、续冻、解冻及轮候冻结、解除轮候冻结数据申报结算公司登记后，结算公司将相关处理结果于当日日终反馈相应的证券公司。

2. 证券公司申报的轮候冻结，待冻结实现后，结算公司将相应的冻结数据及原轮候序号等处理结果于生效日日终反馈相应的证券公司。

3. 证券公司申报的冻结，如在冻结期间有对红股（含转增股）、配股的冻结，结算公司将该冻结数据于冻结生效日日终反馈相应的证券公司。

（二）结算公司受理的相关数据反馈

1. 结算公司受理的司法冻结、续冻、解冻及轮候冻结、解除轮候冻结，在生效后，结算公司将相应的冻结序号、解冻信息等处理结果于当日日终反馈相应的证券公司。

2. 结算公司受理的轮候冻结，待冻结实现后，结算公司将相应的冻结数据等处理结果于生效日日终反馈相应的证券公司。

3. 结算公司受理的冻结，如在冻结期间有对红股（含转增股）、配股的冻结，结算公司将该冻结数据于冻结生效日日终反馈相应的证券公司。

（三）以下情况，结算公司对证券公司申报的数据在进行相应调整后，仍做登记处理，除此之外，不做登记处理：

1. 对于申报的冻结、续冻期限超期的（包括轮候冻结预设期限），系统扣除超期部分后，按法律规定的最长期限进行冻结、续冻登记。

2. 对于冻结数量大于交收后申报席位相应证券可冻结数量的，系统对最大可冻结数量进行冻结登记。

3. 对于轮候冻结数量大于受理轮候要求时申报席位相应证券已冻结数量的，系统在已冻结数量范围内进行轮候冻结登记。

（四）对于证券公司申报格式或内容错误的，结算公司不做登记处理，于当日日终将错误原因反馈相应的证券公司。

（五）证券公司应当根据结算公司反馈的处理结果，如实际冻结数量、轮候冻结登记数量、冻结期限等，要求执法机关修正协助执行文书等法律文书的相关内容，并在送达回证或回执上注明处理结果再予签收。

三、注意事项

（一）结算公司的预检查

对于每个交易日14：00之前证券公司申报的数据，结算公司于14：00对申报的数据进行预检查，并反馈检查结果。证券公司根据反馈情况可对14：00之前申报的数据进行修改，并于15：00前重新申报。结算公司以15：00收到的申报数据为准。

（二）证券公司受理司法机关冻结流通证券业务时，应当要求司法机关按照本文附件2所列文书格式中包含的相关内容书写《协助执行通知书》。

（三）除法院外的其他有权机关（包括公安机关、检察院、证监会等）要求对流通证券实施轮候冻结的，也可以协助实施。

（四）轮候冻结不进行轮候指向操作。

轮候指向指该笔轮候是否针对某一笔特定的冻结，即只有当该笔冻结解冻时，轮候才能生效。如果没有轮候指向，则在申报轮候冻结之前的任意一笔符合条件的冻结解除后，轮候都可以生效。

（五）证券公司在协助轮候冻结时，应当要求执法机关在协助执行文书上载明将来冻结实现后的冻结期限，即预设冻结期限。预设冻结期限在法律文书中的表述方式为"自冻结生效之日起两年、一年、半年（或其他期限）等"。

（六）对于轮候冻结，将来冻结实现后，证券公司需将冻结情况（包括冻结数量、期限等）书面通知执法机关，并留存通知回执。通知书格式见附件3《协助执行轮候冻结情况表》。

对于已冻结的股份分批分期解冻，轮候冻结分批分期实现冻结的，只对首次实现冻结情况书面通知执法机关。

（七）证券公司同一交易日受理申报了某笔证券解冻，然后又受理了上述该笔证券的冻结，则该笔冻结必须按轮候冻结的方式进行申报。

（八）执法机关要求冻结流通证券产生的股息的，由证券公司协助直接办理，不再向结算公司申报。

（九）流通证券冻结期间，证券公司不得办理所属账户内被冻结证券的转托管。

（十）所有冻结涉及的证券账户，允许挂失补办，并不影响冻结的效力，但只能补办原账户号。

（十一）托管银行等其它证券经营机构托管的流通证券的冻结，比照上述关于证券公司托管的流通证券冻结的规定办理。

四、业务咨询及联络电话

业务咨询：0755—25938030　0755—25938032

技术咨询：0755—25946080

五、本指引自2006年3月1日起实施。

附件：（略）

中国证券登记结算有限责任公司上海分公司关于发布《协助冻结流通证券业务指引》的通知

2006年1月25日　中国结算沪业字〔2006〕14号

各证券公司：

根据中国证券登记结算有限责任公司发布的《关于协助司法机关冻结流通证券有关问题的通知》，本公司制定了《协助冻结流通证券业务指引》。现将该指引发给你们，请予以参照执行。

特此通知

附件：

1.《协助冻结流通证券业务指引》

2.《协助冻结流通证券业务数据接口》

附件1：协助冻结流通证券业务指引

一、受理对象

法院、检察院、公安等国家有权机关。

二、受理事项

流通证券的冻结、续冻、解冻、轮候冻结、轮候冻结续冻、解除轮候冻结。

三、证券公司申报上传、查询、撤销

1. 证券公司应当按本公司规定的数据接口（详见《协助冻结流通证券业务数据接口》），将交易日所受理的协助冻结流通证券数据，于当日15时之前，通过PROP系统进行申报上传或撤销。

2. 证券公司的申报方式包括单笔录入和批量上传。单笔录入采取确认复核方式。批量上传时，如存在部分申报数据不规范，则该部分数据申报失败。

3. 证券公司通过PROP系统，可以查询包括司法冻结、质押冻结等在内的冻结/轮候冻结信息，并应当根据查询结果进行冻结或轮候冻结申报。已被冻结的证券，不得重复申报证券冻结，已被司法冻结的证券，可以申报证券轮候冻结。

4. 证券公司申报时，应当根据相应类型分别申报，如申报冻结的，申报类型为"冻结"，申报续冻的，申报类型为"续冻"，以此类推。

5. 当日申报成功的，除续冻、轮候冻结续冻、解除轮候冻结外，证券公司可以凭反馈的受理编号申报撤销。

6. 证券公司申报上传：

（一）申报冻结/轮候冻结

A. 证券公司申报冻结/轮候冻结的范围包括A股流通股、职工股、基金、可转债、国债、权证等托管在证券公司处的证券，但不包括：已办理回购登记账户内折算成标准券的国债、企业债券，国家股、法人股等非流通股份。

B. 证券公司受理司法冻结时，应当即时查询投资者持有的证券数量，对未被冻结且未卖出的相应证券应当于最近的交易时点前立即进行交易冻结，即锁定相应证券以限制卖出。

C. 证券公司应当准确录入司法机关的全称。

D. 协助冻结/轮候冻结期限，法院为初次冻结不超过2年，自受理申报之日起计算。公安机关、检察院等其他有权机关的冻结/轮候冻结，协助期限比照法院。

证券公司应当准确录入协助冻结/轮候冻结期限：申报冻结/轮候冻结时应当录入申请日期和冻结到期日。申请日期指司法机关文书上载明的该笔冻结/轮候冻结的起始日期，冻结到期日指司法机关文书上载明的该笔冻结/轮候冻结的终止日期，到期日日终系统自动解冻。如到期日为节假日的，在节假日后的第一工作日日终自动解冻。

E. 证券公司协助司法机关冻结/轮候冻结流通证券时，应当要求司法机关对是否冻结/轮候冻结派生权益以及包括何种派生权益作出明确要求并在协助执行文书等法律文书上予以注明；并按照司法机关的要求在申报冻结/轮候冻结时，选择包含相应的派生权益。派生权益类别包括送股、红利、兑息。

F. 对于申报证券轮候冻结的，轮候冻结数量应当小于等于已被司法冻结数量。

（二）申报续冻/轮候冻结续冻、解冻/解除轮候冻结

A. 司法机关要求续冻、轮候冻结续冻、解冻、解除轮候冻结的，应当由原协助冻结、轮候冻结的证券公司受理，并申报相应数据。

B. 申报续冻/轮候冻结续冻时，冻结期限只需录入冻结到期日。

协助续冻/轮候冻结续冻期限，法院为不超过1年，自受理申报之日起计算。公安机关、检察院等其他有权机关的续冻/轮候冻结续冻，协助期限比照法院。

C. 证券公司对于已冻结登记的证券，可以申报全部解冻或者部分解冻。对冻结时包括派生权益的，全部解冻时包括对冻结期间所产生派生权益的全部解冻，证券公司不需要对派生权益部分再申报作全部解冻；部分解冻时如司法机关要求对冻结期间所产生派生权益作解冻的，证券公司应当对相应派生权益申报作解冻。

对于轮候冻结，不能申报部分解冻。

D. 证券公司申报解冻、续冻、轮候冻结续冻、解除轮候冻结时，应当输入冻结编号作为确认标志。部分解冻登记成功后，仍被冻结的剩余证券及其相应派生权益的冻结编号与原冻结编号一致，保持不变。

四、登记公司的数据接收、登记、反馈

1. 对于证券公司申报的协助冻结流通证券数据，登记结算系统实时检查数据合法性，如符合要求，系统实时反馈受理成功信息；如不符合要求，系统实时反馈受理失败信息。

2. 申报当日日终，登记结算系统对已受理的申报数据再次检查数据合法性，并进行冻结登记处理，冻结登记成功的证券下一个工作日不能通过交易系统卖出。

3. 申报当日日终，登记结算系统通过业务回报文件，向证券公司反馈当日申报信息的处理结果。如果成功，则业务回报文件相应记录的结果

代码为"0000"，结果信息为"处理成功"，并告知实际冻结数量和该笔冻结/轮候冻结的冻结编号等；如果失败，业务回报文件相应记录的结果代码为错误代码，结果信息为具体的失败原因。

4. 证券公司应当根据登记公司反馈的处理结果和实际冻结数量等，要求司法机关修正协助执行文书等法律文书的相关内容，并在送达回执上注明处理结果和实际冻结数量等再予提供。

五、关于轮候冻结

1. 轮候冻结不进行轮候指向操作。即轮候冻结不针对之前一笔特定的司法冻结，如果之前任意一笔符合条件的司法冻结解冻后，轮候冻结都可以自动生效。当原冻结到期自动解冻或者提前解冻未做进一步处理（扣划）时，系统为首家轮候进行冻结。首家轮候需求满足并有剩余的情况下为下一家轮候进行冻结；首家轮候需求尚未满足的数量则继续轮候。

2. 除法院外的其他有权机关（包括公安局、检察院等）要求对流通证券实施轮候冻结的，也可以协助实施，证券公司应当将协助数据及时申报。

3. 证券公司在协助轮候冻结时，应当要求司法机关在协助执行文书上载明冻结期间，轮候期为上一个冻结的冻结期，实际冻结期间是协助执行文书载明的冻结期间扣除轮候期的剩余期间，该剩余期间从上一个冻结解除之日起计算。

4. 轮候已有部分自动生效的，已生效冻结部分以及剩余尚未生效的轮候冻结部分，所对应的冻结编号仍然是之前的相同编号。

轮候已有部分自动生效的、证券公司申报全部解冻的，应当首先申报解除尚未生效的轮候冻结部分（申报类型为轮候解冻），然后再申报解除已生效冻结部分（申报类型为解冻）。尚有未生效轮候冻结的证券冻结，在轮候冻结被解除之前，不能全部解冻。

轮候已有部分自动生效的，证券公司申报续冻时，只需按照申报类型为续冻申报一次即可，轮候部分也会自动续冻，不需要再申报轮候冻结续冻。

六、协助执行司法文书的保管和查询

证券公司和登记公司各自收取的协助执行司法文书原件，由证券公司和登记公司各自承担保管责任。如有司法机关要求查询的，证券公司和登记公司之间应配合相互提供相关司法文书的复印件或传真件。

七、注意事项

1. 对于已在登记公司办理质押冻结/质押保全的证券、以及已办理回购登记账户内折算成标准券的国债，司法机关要求冻结/轮候冻结的，由登记公司直接受理，证券公司申报冻结/轮候冻结无效。

2. 流通证券冻结/轮候冻结期间，证券公司不得办理所属账户的撤销指定交易。

3. 当日账户办理指定交易，当日可申报证券冻结/轮候冻结；当日回购登记撤销处理成功的账户，当日即可申报账户内国债冻结/轮候冻结。

4. 证券公司同一交易日受理申报了某笔证券解冻、然后又受理了上述该笔证券的冻结，则该笔冻结必须按轮候冻结的方式进行申报。同一交易日受理申报了某笔证券冻结，则必须在下一个工作日该笔证券冻结登记后才能申报轮候冻结。

5. 账户冻结/轮候冻结由登记公司直接受理，证券公司不受理并不能申报。

6. 对于司法机关要求协助冻结债券的，如当日是该债券兑息登记日，则证券公司应当于日终直接对产生的债券利息资金协助冻结；如当日是该债券兑付登记日，则证券公司应当于日终直接对产生的债券兑付资金协助冻结。

7. 凡是需要通过交易系统申报的，包括买入卖出、买断式回购到期履约、ETF申购赎回、债转股等，登记结算系统当日进行优先处理。

8. 投资者挂失补办证券账户的，如该账户已被冻结或账户中存在被司法冻结的证券，证券公司补办的账户号应当与原证券账户号保持一致。

9. 司法机关对于已冻结的股份进行处置时（包括强制卖出、强制过户），可先将冻结的股份扣划至申请人账户或指定账户，再进行处理。

八、其它证券经营机构托管的流通证券的冻结，比照上述关于证券公司托管的流通证券冻结的规定办理。

九、业务咨询及联络电话

业务咨询：021－68870147、68870059（传真）

技术咨询：021－68870351

十、本指引自2006年3月1日起实施。本公司以前下发文件中，与本业务指引内容有不一致的，执行本指引。

附件2：协助冻结流通证券业务数据接口（略）

第七节 对期货交易所、期货公司和客户的执行

最高人民法院
关于审理期货纠纷案件若干
问题的规定

2003年6月18日　　法释〔2003〕10号

十二、保全和执行

第五十八条 人民法院保全与会员资格相应的会员资格费或者交易席位，应当依法裁定不得转让该会员资格，但不得停止该会员交易席位的使用。人民法院在执行过程中，有权依法采取强制措施转让该交易席位。

第五十九条 期货交易所、期货公司为债务人的，人民法院不得冻结、划拨期货公司在期货交易所或者客户在期货公司保证金账户中的资金。

有证据证明该保证金账户中有超出期货公司、客户权益资金的部分，期货交易所、期货公司在人民法院指定的合理期限内不能提出相反证据的，人民法院可以依法冻结、划拨该账户中属于期货交易所、期货公司的自有资金。

第六十条 期货公司为债务人的，人民法院不得冻结、划拨专用结算账户中未被期货合约占用的用于担保期货合约履行的最低限额的结算准备金；期货公司已经结清所有持仓并清偿客户资金的，人民法院可以对结算准备金依法予以冻结、划拨。

期货公司有其他财产的，人民法院应当依法先行冻结、查封、执行期货公司的其他财产。

第六十一条 客户、自营会员为债务人的，人民法院可以对其保证金、持仓依法采取保全和执行措施。

最高人民法院
关于审理期货纠纷案件若干
问题的规定（二）

2010年12月31日　　法释〔2011〕1号

第四条 期货公司为债务人，债权人请求冻结、划拨以下账户中资金或者有价证券的，人民法院不予支持：

（一）客户在期货公司保证金账户中的资金；

（二）客户向期货公司提交的用于充抵保证金的有价证券。

第五条 实行会员分级结算制度的期货交易所的结算会员为债务人，债权人请求冻结、划拨结算会员以下资金或者有价证券的，人民法院不予支持：

（一）非结算会员在结算会员保证金账户中的资金；

（二）非结算会员向结算会员提交的用于充抵保证金的有价证券。

第六条 有证据证明保证金账户中有超过上述第三条、第四条、第五条规定的资金或有价证券部分权益的，期货交易所、期货公司或者期货交易所结算会员在人民法院指定的合理期限内不能提出相反证据的，人民法院可以依法冻结、划拨超出部分的资金或者有价证券。

有证据证明期货交易所、期货公司、期货交易所结算会员自有资金与保证金发生混同，期货交易所、期货公司或者期货交易所结算会员在人民法院指定的合理期限内不能提出相反证据的，人民法院可以依法冻结、划拨相关账户内的资金或者有价证券。

最高人民法院
关于冻结、划拨证券或期货交易所证券登记结算机构、证券经营或期货经纪机构清算账户资金等问题的通知

1997年12月2日　法发〔1997〕27号

各省、自治区、直辖市高级人民法院，解放军军事法院：

为了维护证券、期货市场的正常交易秩序，现对人民法院在财产保全或执行生效法律文书过程中，冻结、划拨证券或期货交易所、证券登记结算机构、证券经营或期货经纪机构清算账户清算资金等问题，作如下通知：

一、证券交易所、证券登记结算机构及其异地清算代理机构开设的清算账户上的资金，是证券经营机构缴存的自营及其所代理的投资者的证券交易清算资金。当证券经营机构为债务人，人民法院确需冻结、划拨其交易清算资金时，应冻结、划拨其自营账户中的资金；如证券经营机构未开设自营账户而进行自营业务的，依法可以冻结其在证券交易所、证券登记结算机构及其异地清算代理机构清算账户上的清算资金，但暂时不得划拨。如果证券经营机构在法院规定的合理期限内举证证明被冻结的上述清算账户中的资金是其他投资者的，应当对投资者的资金解除冻结。否则，人民法院可以划拨已冻结的资金。

证券经营机构清算账户上的资金是投资者为进行证券交易缴存的清算备付金。当投资者为债务人时，人民法院对证券经营机构清算账户中该投资者的相应部分资金依法可以冻结、划拨。

人民法院冻结、划拨期货交易所清算账户上期货经纪机构的清算资金及期货经纪机构清算账户上投资者的清算备付金（亦称保证金），适用上述规定。

二、证券经营机构的交易席位系统机构向证券交易所申购的用以参加交易的权利，是一种无形财产。人民法院对证券经营机构的交易席位进行财产保全或执行时，应依法裁定其不得自行转让该交易席位，但不能停止该交易席位的使用。人民法院认为需要转让该交易席位时，按交易所的有关规定应转让给有资格受让席位的法人。

人民法院对期货交易所、期货经纪机构的交易席位采取财产保全或执行措施，适用上述规定。

三、证券经营机构在证券交易所、证券登记结算机构的债券实物代保管处托管的债券，是其自营或代销的其他投资者的债券。当证券经营机构或投资者为债务人时，人民法院如需冻结、提取托管的债券，应当通过证券交易所查明该债务人托管的债券是否已作回购质押，对未作回购质押，而且确属债务人所有的托管债券可以依法冻结、提取。

四、交易保证金是证券经营机构向证券交易所缴存的用以防范交易风险的资金，该资金由证券交易所专项存储，人民法院不应冻结、划拨交易保证金。但在该资金失去保证金作用的情况下，人民法院可以依法予以冻结、划拨。

第二十九章　对到期债权的执行

第一节　对未经生效法律文书确认的到期债权的执行

中华人民共和国合同法

1999年3月15日

第七十三条　因债务人怠于行使其到期债权，对债权人造成损害的，债权人可以向人民法院请求以自己的名义代位行使债务人的债权，但该债权专属于债务人自身的除外。

代位权的行使范围以债权人的债权为限。债权人行使代位权的必要费用，由债务人负担。

第七十四条　因债务人放弃其到期债权或者无偿转让财产，对债权人造成损害的，债权人可以请求人民法院撤销债务人的行为。债务人以明显不合理的低价转让财产，对债权人造成损害，并且受让人知道该情形的，债权人也可以请求人民法院撤销债务人的行为。

撤销权的行使范围以债权人的债权为限。债权人行使撤销权的必要费用，由债务人负担。

第七十五条　撤销权自债权人知道或者应当知道撤销事由之日起一年内行使。自债务人的行为发生之日起五年内没有行使撤销权的，该撤销权消灭。

最高人民法院
关于适用《中华人民共和国民事诉讼法》的解释

2015年1月30日　　法释〔2015〕5号

第五百零一条　人民法院执行被执行人对他人的到期债权，可以作出冻结债权的裁定，并通知该他人向申请执行人履行。

该他人对到期债权有异议，申请执行人求对异议部分强制执行的，人民法院不予支持。利害关系人对到期债权有异议的，人民法院应当按照民事诉讼法第二百二十七条规定处理。

对生效法律文书确定的到期债权，该他人予以否认的，人民法院不予支持。

最高人民法院
关于人民法院执行工作若干问题的规定（试行）

1998年7月8日　　法释〔1998〕15号

七、对被执行人到期债权的执行

61. 被执行人不能清偿债务，但对本案以外的第三人享有到期债权的，人民法院可以依申请执行人或被执行人的申请，向第三人发出履行到期债务的通知（以下简称履行通知）。履行通知必须直接送达第三人。

履行通知应当包含下列内容：

（1）第三人直接向申请执行人履行其对被执行人所负的债务，不得向被执行人清偿；

（2）第三人应当在收到履行通知后的十五日内向申请执行人履行债务；

（3）第三人对履行到期债权有异议的，应当在收到履行通知后的十五日内向执行法院提出；

（4）第三人违背上述义务的法律后果。

62. 第三人对履行通知的异议一般应当以书面形式提出，口头提出的，执行人员应记入笔录，并由第三人签字或盖章。

63. 第三人在履行通知指定的期间内提出异议的，人民法院不得对第三人强制执行，对提出的异议不进行审查。

64. 第三人提出自己无履行能力或其与申请执行人无直接法律关系，不属于本规定所指的异议。

第三人对债务部分承认、部分有异议的，可以对其承认的部分强制执行。

65. 第三人在履行通知指定的期限内没有提出异议，而又不履行的，执行法院有权裁定对其强制执行。此裁定同时送达第三人和被执行人。

66. 被执行人收到人民法院履行通知后，放弃其对第三人的债权或延缓第三人履行期限的行为无效，人民法院仍可在第三人无异议又不履行的情况下予以强制执行。

67. 第三人收到人民法院要求其履行到期债务的通知后，擅自向被执行人履行，造成已向被执行人履行的财产不能追回的，除在已履行的财产范围内与被执行人承担连带清偿责任外，可以追究其妨害执行的责任。

68. 在对第三人作出强制执行裁定后，第三人确无财产可供执行的，不得就第三人对他人享有的到期债权强制执行。

69. 第三人按照人民法院履行通知向申请执行人履行了债务或已被强制执行后，人民法院应当出具有关证明。

最高人民法院
关于适用《中华人民共和国合同法》若干问题的解释（一）

1999年12月19日　　法释〔1999〕19号

四、代位权

第十一条 债权人依照合同法第七十三条的规定提起代位权诉讼，应当符合下列条件：

（一）债权人对债务人的债权合法；

（二）债务人怠于行使其到期债权，对债权人造成损害；

（三）债务人的债权已到期；

（四）债务人的债权不是专属于债务人自身的债权。

第十二条 合同法第七十三条第一款规定的专属于债务人自身的债权，是指基于扶养关系、抚养关系、赡养关系、继承关系产生的给付请求权和劳动报酬、退休金、养老金、抚恤金、安置费、人寿保险、人身伤害赔偿请求权等权利。

第十三条 合同法第七十三条规定的"债务人怠于行使其到期债权，对债权人造成损害的"，是指债务人不履行其对债权人的到期债务，又不以诉讼方式或者仲裁方式向其债务人主张其享有的具有金钱给付内容的到期债权，致使债权人的到期债权未能实现。

次债务人（即债务人的债务人）不认为债务人有怠于行使其到期债权情况的，应当承担举证责任。

第十四条 债权人依照合同法第七十三条的规定提起代位权诉讼的，由被告住所地人民法院管辖。

第十五条 债权人向人民法院起诉债务人以后，又向同一人民法院对次债务人提起代位权诉讼，符合本解释第十三条的规定和《中华人民共和国民事诉讼法》第一百零八条①规定的起诉条件的，应当立案受理；不符合本解释第十三条规定的，告知债权人向次债务人住所地人民法院另行起诉。

受理代位权诉讼的人民法院在债权人起诉债务人的诉讼裁决发生法律效力以前，应当依照《中华人民共和国民事诉讼法》第一百三十六条②第（五）项的规定中止代位权诉讼。

第十六条 债权人以次债务人为被告向人民法院提起代位权诉讼，未将债务人列为第三人的，人民法院可以追加债务人为第三人。

两个或者两个以上债权人以同一次债务人为被告提起代位权诉讼的，人民法院可以合并审理。

第十七条 在代位权诉讼中，债权人请求人民法院对次债务人的财产采取保全措施的，应当提供相应的财产担保。

第十八条 在代位权诉讼中，次债务人对

---

① 民事诉讼法原第一百零八条现已修改为第一百一十九条。——编者注
② 民事诉讼法原第一百三十六条现已修改为第一百五十条。——编者注

债务人的抗辩，可以向债权人主张。

债务人在代位权诉讼中对债权人的债权提出异议，经审查异议成立的，人民法院应当裁定驳回债权人的起诉。

第十九条 在代位权诉讼中，债权人胜诉的，诉讼费由次债务人负担，从实现的债权中优先支付。

第二十条 债权人向次债务人提起的代位权诉讼经人民法院审理后认定代位权成立的，由次债务人向债权人履行清偿义务，债权人与债务人、债务人与次债务人之间相应的债权债务关系即予消灭。

第二十一条 在代位权诉讼中，债权人行使代位权的请求数额超过债务人所负债务额或者超过次债务人对债务人所负债务额的，对超出部分人民法院不予支持。

第二十二条 债务人在代位权诉讼中，对超过债权人代位请求数额的债权部分起诉次债务人的，人民法院应当告知其向有管辖权的人民法院另行起诉。

债务人的起诉符合法定条件的，人民法院应当受理；受理债务人起诉的人民法院在代位权诉讼裁决发生法律效力以前，应当依法中止。

第二十三条 债权人依照合同法第七十四条的规定提起撤销权诉讼的，由被告住所地人民法院管辖。

第二十四条 债权人依照合同法第七十四条的规定提起撤销权诉讼时只以债务人为被告，未将受益人或者受让人列为第三人的，人民法院可以追加该受益人或者受让人为第三人。

第二十五条 债权人依照合同法第七十四条的规定提起撤销权诉讼，请求人民法院撤销债务人放弃债权或转让财产的行为，人民法院应当就债权人主张的部分进行审理，依法撤销的，该行为自始无效。

两个或者两个以上债权人以同一债务人为被告，就同一标的提起撤销权诉讼的，人民法院可以合并审理。

第二十六条 债权人行使撤销权所支付的律师代理费、差旅费等必要费用，由债务人负担；第三人有过错的，应当适当分担。

最高人民法院
关于适用《中华人民共和国合同法》若干问题的解释（二）

2009年4月24日　　法释〔2009〕5号

第十七条 债权人以境外当事人为被告提起的代位权诉讼，人民法院根据《中华人民共和国民事诉讼法》第二百四十一条①的规定确定管辖。

第十八条 债务人放弃其未到期的债权或者放弃债权担保，或者恶意延长到期债权的履行期，对债权人造成损害，债权人依照合同法第七十四条的规定提起撤销权诉讼的，人民法院应当支持。

第十九条 对于合同法第七十四条规定的"明显不合理的低价"，人民法院应当以交易当地一般经营者的判断，并参考交易当时交易地的物价部门指导价或者市场交易价，结合其他相关因素综合考虑予以确认。

转让价格达不到交易时交易地的指导价或者市场交易价百分之七十的，一般可以视为明显不合理的低价；对转让价格高于当地指导价或者市场交易价百分之三十的，一般可以视为明显不合理的高价。

债务人以明显不合理的高价收购他人财产，人民法院可以根据债权人的申请，参照合同法第七十四条的规定予以撤销。

第二十条 债务人的给付不足以清偿其对同一债权人所负的数笔相同种类的全部债务，应当优先抵充已到期的债务；几项债务均到期的，优先抵充对债权人缺乏担保或者担保数额最少的债务；担保数额相同的，优先抵充债务负担较重的债务；负担相同的，按照债务到期的先后顺序抵充；到期时间相同的，按比例抵充。但是，债权人与债务人对清偿的债务或者清偿抵充顺序有约定的除外。

---

① 民事诉讼法原第二百四十一条现已修改为第二百六十五条。——编者注

第二十一条 债务人除主债务之外还应当支付利息和费用,当其给付不足以清偿全部债务时,并且当事人没有约定的,人民法院应当按照下列顺序抵充:
(一)实现债权的有关费用;
(二)利息;
(三)主债务。

最高人民法院
关于依法制裁规避执行行为的若干意见

2011年5月27日　　法〔2011〕195号

四、完善对被执行人享有债权的保全和执行措施,运用代位权、撤销权诉讼制裁规避执行行为

12.(略)

13.依法保全被执行人的未到期债权。对被执行人的未到期债权,执行法院可以依法冻结,待债权到期后参照到期债权予以执行。第三人仅以该债务未到期为由提出异议的,不影响对该债权的保全。

14.引导申请执行人依法诉讼。被执行人怠于行使债权对申请执行人造成损害的,执行法院可以告知申请执行人依照《中华人民共和国合同法》第七十三条的规定,向有管辖权的人民法院提起代位权诉讼。

被执行人放弃债权、无偿转让财产或者以明显不合理的低价转让财产,对申请执行人造成损害的,执行法院可以告知申请执行人依照《中华人民共和国合同法》第七十四条的规定向有管辖权的人民法院提起撤销权诉讼。

最高人民法院执行工作办公室
关于适用民事诉讼法若干问题的意见第三百条问题的函

1997年5月13日　　法经〔1997〕133号

新疆维吾尔自治区高级人民法院:

大连华益科技发展公司向我院反映:乌鲁木齐市东山区法院在执行该院〔1995〕东经字第214号民事判决时,根据乌鲁木齐市惠东城市信用社(以下简称信用社)的申请,以〔1996〕乌东法执字第16号民事裁定由被执行人新疆华龙工程开发有限公司(以下简称华龙公司)的到期债权义务人大连经济技术开发区富华运输公司(以下简称富华公司)向信用社直接履行欠款及利息993,736.40元,又根据被执行人华龙公司的申请,以〔1996〕乌东法执字第16号民事裁定由富华公司的到期债权义务人大连华益科技发展公司(以下简称华益公司)向华龙公司履行义务,并扣划华益公司银行存款8万元。

根据最高人民法院《关于适用〈中华人民共和国民事诉讼法〉若干问题的意见》第三百条[①]规定,信用社申请对被执行人华龙公司到期债权义务人富华公司履行债务符合法律规定,执行法院据以通知富华公司向信用社履行债务正确;被执行人华龙公司再申请执行富华公司的到期债权义务人华益公司履行债务没有法律依据,执行法院据此申请的执行错误。

现将华益公司的反映材料转去,请你院认真审查,如反映情况属实,立即纠正执行错误,并将处理结果报告我院。

---

① 该300条规定:"被执行人不能清偿债务,但对第三人享有到期债权的,人民法院可依申请执行人的申请,通知该第三人向申请执行人履行债务。该第三人对债务没有异议但又在通知指定的期限内不履行的,人民法院可以强制执行。"该规定已被最高人民法院《关于适用〈中华人民共和国民事诉讼法〉的解释》(法释〔2015〕5号)第五百零一条修改为:"人民法院执行被执行人对他人的到期债权,可以作出冻结债权的裁定,并通知该他人向申请执行人履行。该他人对到期债权有异议,申请执行人请求对异议部分强制执行的,人民法院不予支持。利害关系人对到期债权有异议的,人民法院应当按照民事诉讼法第二百二十七条规定处理。对生效法律文书确定的到期债权,该他人予以否认的,人民法院不予支持。",下同——编者注

最高人民法院执行工作办公室
关于在被执行人已支付第三人款项后，可否执行第三人的相应财产的函

1998年7月23日　　法经〔1998〕299号

广东省高级人民法院：

你院〔1997〕粤高法执字第46-2号《关于汕头市中院执行惠阳市惠达公司欠款一案的情况报告》收悉。经研究，答复如下：

根据最高人民法院《关于适用〈中华人民共和国民事诉讼法〉若干问题的意见》第三百条规定，强制执行到期债权必须以第三人对该债权债务关系没有异议，且又在通知规定的期限内不履行为前提条件。本案第三人惠阳市源兴实业有限公司已提出异议，故不应对其强制执行。汕头市中级人民法院在执行程序中裁定由第三人惠阳市源兴实业有限公司将其所得1080万元土地款直接退给申请执行人并以此裁定为执行依据进一步裁定查封、拍卖第三人财产，不符合法律规定。但是，鉴于该案被执行人惠州市大亚湾惠达工贸公司确已支付给第三人1080万元，并约定在购置的16040平方米土地使用权中占有53%的权益，第三人对此并无异议，且协助有关部门办理了有关手续，以及被执行人已名存实亡，对此权益无人主张的实际情况，执行法院可在执行中对相关的土地使用权依法妥处，以保护申请执行人的合法权益；对确属第三人的财产的查封应予解除。

[提示] 执行被执行人对第三人到期债权时，第三人提出异议后不得再对第三人强制执行

最高人民法院执行工作办公室
关于异议人深圳市天华电力投资有限公司申诉案的复函

2002年8月21日　　〔2000〕执监字第68-2号

湖南省高级人民法院：

你院〔2001〕湘高法执函字第29号《关于请求准许我院尽快执行被执行人深圳市尊荣集团有限公司为逃避债务而非法转移到深圳市天华电力投资有限公司的紧急报告》收悉，经研究，答复如下：

1. 你院报告中称，深圳市天华电力投资有限公司（以下简称天华电力公司）是深圳市尊荣集团有限公司（以下简称尊荣公司）为转移资产、逃避债务而非法分立的企业，执行天华公司的财产实际上就是执行尊荣公司的财产。对此，本院认为，企业法人的设立是否合法，应依据企业法人设立的有关法律规定并通过诉讼程序加以解决。在执行阶段，执行机构直接认定企业法人资格无效，无法律依据。你院在执行阶段以尊荣公司逃避债务为由，直接执行天华电力公司财产的行为错误，应立即解除对天华电力公司持有的陕西精密合金股份有限公司国有法人股7415万股的冻结措施。

2. 你院报告中称，尊荣公司将其持有的原深圳市尊能电力投资有限公司股权的80%予以转让，但受让方至今未按合同支付对价，转让方也从未收到该项股权的转让款，具有明显的欺诈性质。本院认为，该股权转让经过了公证并经深圳市工商行政管理局核准，转让行为在形式上已经完成。至于转让股权的对价款是否支付的问题，是一种新的债权债务关系，应通过实体审判程序予以解决。你院在执行程序中由执行机构认定当事人之间股权转让行为无效的做法缺乏法律依据，应予纠正。

3. 你院报告中称，在你院以到期债权名义执行珠海天华集团公司和欧亚集团（陕西）公司时，两公司均提出了执行异议，致使你院无法继续执行。本院认为，既然两公司提出了异议，按照《最高人民法院关于人民法院执行工作若干问题的规定（试行）》第63条的规定就不得再对第三人强制执行，应告知债权人可以依法通过代位诉讼予以解决。

综上所述，我们认为本院执监字第68-1号函文正确，应遵照执行。请你院抓紧予以落实。

【附：案例评析】

案外人深圳市天华电力投资有限公司执行申诉案

四、湖南省高级人民法院的意见

该院认为：1. 追加天华公司为被执行人符合法律规定，是正确的。尊荣公司在无法偿还巨额到期债务的情况下，将其主要财产非法以投资的形式转移到天华公司名下，从而使自身的财产减少，目的是以投资这种合法形式逃避债务，使债权人无法优先行使追偿权，极大地损害了债权人的合法权益。尊荣公司违反企业分立的规定，非法抽资设立尊荣电力公司，虽然其名义上只占天华公司90%的股权，但由于惠州石化、惠州能源均系尊荣公司全额出资开办的非国有独资企业，实为被执行人尊荣公司所有。惠州石化、惠州能源形式上由运通公司、有色证券部、云南证券深圳营业部、惠州市投资管理公司4个股东组成，而实际上运通公司为本案被执行人，有色证券部、云南证券部当时均系被执行人尊荣公司承包经营，惠州市投资管理公司没有投入资金，也没有参与经营管理，因此尊荣电力公司（尊能电力公司、天华公司）应为尊荣公司非法分立的全资企业，非法分立的企业的资产仍是尊荣公司的财产，应用来偿还被执行人所欠的债务。在本案审理过程中，尊荣公司为逃避司法机关对其财产采取执行措施，先后将公司名称变更为尊能电力公司、天华公司，并以虚假方式将其持有的80%股权予以转让，虽然签订了股权转让合同，进行了公证和工商登记，但受让方至今未按合同支付对价，转让方也从未收到该项股权的转让款，股权转让的行为实际并未实施，具有明显的欺诈性质，其转让行为并未完成。天华公司是尊荣公司非法分立的全资企业的性质没有改变，天华公司的资产是尊荣公司的资产的事实也不能因企业非法分立而改变。如果对这种以转移资产、逃避债务为目的非法分立企业的行为不予追究，必将危害正常的经济秩序，使国有资产大量流失。

2. 该院冻结天华公司的财产符合法律规定。天华公司持有的陕西精密合金股份有限公司法人股7415万股，已按协议付款，并在上海证券中央登记结算公司办理了过户登记，天华公司是上述法人股的合法持有人，7415万股法人股属于该公司财产。既然天华公司已被追加为被执行人，法院在执行程序中有权对其资产进行冻结、扣划。

综上，湖南省高级人民法院认为，该院裁定追加天华公司为被执行人并冻结其财产的做法正确。

五、最高人民法院处理意见

本院经审查为：1. 企业法人的设立是否合法，应依据企业法人设立的有关法律规定并通过诉讼程序加以解决，在执行阶段，执行机构直接认定企业法人资格无效，缺乏法律依据。湖南省高级人民法院在执行阶段以尊荣公司逃避债务为由，直接执行天华电力公司财产的行为错误，应立即解除对天华电力公司持有的陕西精密合金股份有限公司国有法人股7415万股的冻结措施。

2. 至于尊荣公司将其持有的原深圳市尊能电力投资有限公司股权的80%予以转让，但受让方至今未按合同支付对价，转让方也从未收到该项股权的转让款等问题。本院认为，该股权转让经过了公证并经深圳市工商行政管理局核准，转让行为在形式上已经完成。至于转让股权的对价款是否支付的问题，是一种新的债权债务关系，应通过实体审判程序予以解决，在执行程序中由执行机构认定当事人之间股权转让行为无效的做法缺乏法律依据，应予纠正。

3. 湖南省高级人民法院以到期债权名义执行珠海天华集团公司和欧亚集团（陕西）公司时，两公司均提出了执行异议，致使法院无法继续执行。本院认为，既然两公司提出了异议，按照《最高人民法院关于人民法院执行工作若干问题的规定（试行）》第63条的规定就不得再对第三人强制执行，应告知债权人可以依法通过代位诉讼予以解决。

六、案件评析

（一）关于尊荣电力（天华公司）是否是尊荣公司非法分立企业问题

1. 分立与转投资是有区别的。如是分立，天华公司应割断与尊荣公司的管理与上交利润的联系，如是转投资则仍然保留这种联系。湖南省高级人民法院既然认定尊荣公司仍然管理参与尊荣电力（尊能电力）的管理，则尊荣电力不符合属于系从尊荣公司分立出的企业的条件。所以，尊能电力应认为属于尊荣公司的投资企业。

2. 即使尊荣公司在确实存在债务的情况下，将资产用于投资成立新企业，在目前公司法律制度上尚未有关于撤销公司设立的程序的规定，执行中只能在承认公司设立行为的基础上进行，不宜直接宣布投资设立公司行为无效，进而否认已设立公司的法人资格。

3. 天华公司不仅涉及尊荣公司的投资，还涉及到其他股东的投资。尊荣公司最初投资共有3家股东，现在已涉及共5家股东，即珠海天华占有60%、欧亚集团20%、惠州石化5%、惠州能源5%和尊荣公司10%。尊荣公司在天华公司所占股份仅为1/10，已成为小股东，最大股东是珠海天华集团，次股东为欧亚集团。湖南省高级人民法院直接执行天华公司的资产，不仅侵害天华公司的权益，还损害了其他股东的合法权益。

4. 关于其他股东的投资能否认定为尊荣公司的投资的问题。有人认为天华公司其他股东的投资实际上是尊荣公司的投资。其理由分为两个层次：第一层是，与尊荣公司一起投资设立尊荣电力（后更名为尊能电力、天华电力）时，名义上有3家股东：尊荣公司、惠州能源、惠州石化。而惠州能源和惠州石化虽然表面上由运通公司、有色证券部、云南证券部、惠州市投资管理公司为股东，但实际上是尊荣公司独资设立的企业。第二层理由是第一层理由的理由，即：惠州能源和惠州石化虽然名义上由运通公司、有色证券部、云南证券部、惠州市投资管理公司4家股东投资，但因为运通公司为本案被执行人，有色证券部、云南证券部当时均系尊荣集团承包经营，惠州市投资管理公司没有投入资金，也没有参与经营管理。因此推定尊荣电力（尊能电力、天华电力）应为尊荣集团非法分立的全资企业。对此看法，笔者主要从以下几个方面分析：

（1）第一个理由属适用法律错误。即使与尊荣公司一起设立尊荣电力公司时的另两家股东（惠州能源、惠州石化）是尊荣公司独资设立的企业，其仍然是目前我国现行法律认可的有法人资格的企业，其财产与尊荣公司的财产是各自独立的。企业属于投资者"所有"只是一种通俗的说法，法律上不是所有关系，只是投资者与企业的关系。不能认为惠州能源和惠州石化的财产就是尊荣公司的财产，惠州能源和惠州石化的投资也不是尊荣公司的投资，而是自己的投资。

（2）第二层理由存在两个问题：一是没有事实依据，或者说认定的事实没有证据；二是适用法律有错误。

关于事实问题：惠州石化、惠州能源两个公司的工商登记文件上显示其最初股东有4个，即：大亚湾运通占40%、湖南有色深圳业务部15%、云南证券深圳业务部15%、惠州市投资管理公司占30%。但不包括尊荣公司。从有关证据材料显示，惠州能源和惠州石化股权结构变化如下：

惠州石化股权转让情况：大亚湾运通的股份20%转给深圳路自通，20%转给惠州能源；湖南有色深圳业务部的15%转给深圳市力道投资公司；云南证券深圳业务部的15%转给北京全丰商贸；惠州市投资管理公司的30%转给深圳路自通。

惠州能源股权转让情况：大亚湾运通40%转给北京全丰商贸公司；有色深圳业务部的15%转给北京全丰商贸公司；云南证券深圳业务部的15%转给惠州石化；惠州投资管理公司的30%转给深圳路自通公司。

关于法律适用问题：即使第一个股东运通公司是本案被执行人，但并不能说明运通公司的投资就是尊荣公司的投资。既然运通公司作为被执行人，法院可以执行运通公司的相应股权。有色证券部和云南证券部虽是尊荣公司承包经营的，但承包经营者与被承包的企业的财产也是各自独立，不能混为一谈。被承包企业的投资也不能认为是承包企业的投资。

总之，基于上述理由，不能认定尊荣电力（天华电力）是尊荣公司的非法分立企业。笔者认为：退一步说，即使存在不按法定程序分立的情况，尊能电力（天华电力）的资产也不能说是仍属于尊荣集团的资产。按照《最高人民法院关于执行工作若干问题的规定（试行）》第79条规定，分立后存续的企业应按照其从原企业分得的资产比例承担相应比例的债务，而不能认为分立后存续企业的资产就是原企业的资产。

（二）关于转移财产问题

1. 申诉人提出尊荣公司并未向尊荣（天华）电力公司实际投入资金。尊荣公司本想用其在其他3家有关公司的投资作为向天华公司的投资。但此3项股权并未过户到天华公司的名下。而是以此3项股权抵偿了其自身债务。因此，实际上尊荣公司至今仍欠交对天华公司的股本金。天华公司的资产完全是由天华公司自己融资取得的，天华公司尚且无义务为其出资人的债务承担责任。在尊荣公司出资不实的情况下，天华公司更不应该为尊荣公司偿还债务。

2. 如果认定尊荣公司转移了财产，就必须追查具体转移了什么资产。如果没有具体转移的资产,则谈不上执行转移的财产问题。

(三)关于尊荣公司向珠海天华集团和欧亚集团转移股权的问题

1. 本案最根本的一点是:目前尊荣公司所谓持有的90%的股权,实际上已经向珠海天华集团和欧亚集团转让了其中的80%,尊荣公司仅剩下10%。此转让已经实现,不仅有转让合同,而且珠海天华集团和欧亚集团已经实际接管了天华电力,且工商登记已经正式变更。天华电力公司现在的实际控股者是珠海天华集团,而不是尊荣公司。

2. 关于有人认为尊荣公司逃避执行,先后将尊荣电力的名称变更为尊能、天华,并以虚假方式将其持有的股权予以转让,虽然签订了转让合同,进行了公证和工商登记,但受让方至今未按照合同支付价款,转让方也未收到价款,股权转让的行为实际上并未实施,具有欺诈性等问题,笔者认为,从以下几个方面考虑,上述说法不能认定:

(1) 尊荣公司转让其在天华公司的股权的事实发生在诉讼期间。但现行法律并未禁止当事人在诉讼期间从事经营活动,包括处分财产。其所投资的企业在诉讼期间更改名称,同样也是法律允许的。尊荣公司转让股权并不导致尊荣公司财产的减少或灭失。该股权转让是有对价的,转让的价格完全等同于原出资额,既不是无偿转让,也不是明显低于市场价格的转让。受让方尽管尚未付款,但其应付款仍然是尊荣公司的财产权利。

(2) 关于尊荣公司转让股权的非法目的,只是推测,并无有效的证据证明。从现有材料上看不出尊荣公司转让股权的非法目的。

(3) 尽管股权转让款尚未支付,但这只是支付义务的延迟履行,并不是支付义务的消灭,不是合同的解除或无效。尊荣公司有权继续主张受让方珠海天华集团、欧亚集团支付。

(4) 珠海天华集团和欧亚集团受让股权后,作为受让股权的新股东实际行使了股东权利,对天华公司实施了全面经营管理,也承担了相应的股东风险。如:召开董事会,选举新董事;派出总经理;收购陕西精密股份公司等事项。仅凭此点,即使尊荣公司的投资存在各种问题,珠海天华集团受让股权的事实也无法否认。①

最高人民法院执行办公室
关于对案外人未协助法院冻结债权应如何处理问题的复函

2003年6月14日 〔2002〕执他字第19号

江苏省高级人民法院:

你院《关于案外人沛县城镇郝小楼村村委员未协助法院冻结债权应如何处理的请示报告》收悉。经研究,答复如下:

徐州市中级人民法院在诉讼中做出了查封冻结盐城金海岸建筑安装有限公司(下称建筑公司)财产的裁定,并向沛县城镇郝小楼村村委会(下称村委会)发出了冻结建筑公司对村委会的债权的协助执行通知书。当你院〔2001〕苏民终字第154号民事调解书确定建筑公司对村委会的债权时,徐州中院对该债权的冻结尚未逾期,仍然有效,因此村委会不得就该债权向建筑公司支付。如果村委会在收到上述调解书后,擅自向建筑公司支付,致使徐州中院的生效法律文书无法执行,则除可以根据《中华人民共和国民事诉讼法》第一百零二条②的规定,对村委会妨害民事诉讼的行为进行处罚外,也可以根据最高人民法院《关于执行工作若干问题的规定(试行)》第四十四条的规定,责令村委会限期追回财产或承担相应的赔偿责任。

【附:案例评析】

关于案外人未协助法院冻结债权应如何处理的请示与答复

三、江苏省高级人民法院的意见

江苏高院有两种意见。

第一种意见认为:根据最高人民法院法释〔1998〕10号《关于对案外人的财产能否进行保

---

① 董志强:《案外人深圳市天华电力投资有限公司执行申诉案》,载最高人民法院执行工作办公室编:《强制执行指导与参考》2003年第1辑(总第5辑),法律出版社2003年版,第224~236页。

② 民事诉讼法原第一百零二条现已修改为第一百一十一条。——编者注

全问题的批复》规定："对于债务人的财产不能满足保全请求，但对案外人有到期债权的，人民法院可以依债权人的申请，裁定该案外人不得对债务人清偿。"该裁定的协助执行通知书送达给村委会后，接受协助执行通知书的村委会未协助法院执行，却履行了到期债务，应在其履行的范围内承担赔偿责任。本案应当适用《执行规定》第37条"有关单位收到人民法院协助执行被执行人收入的通知后，擅自向被执行人或其他人支付的，人民法院有权责令其限期追回；逾期未追回的，应当裁定其在支付的数额内向申请执行人承担责任"的规定执行。

第二种意见认为：本案不适用《执行规定》第37条，而应当适用《中华人民共和国民事诉讼法》（简称《民诉法》）第103条①的规定，对村委会不协助执行的行为进行制裁处理。对于已向债务人履行的到期债权，由于缺少其承担实体义务的法律规定，故不能要求其承担实体义务。

第三种意见认为：村委会是本案被执行人盐城建筑公司的到期债务人，对其不履行到期债务的行为，应当按照《执行规定》第61条规定的原则执行。

四、最高人民法院处理意见

最高人民法院对本案提出了以下处理意见：徐州中院在诉讼中做出了查封冻结盐城建筑公司财产的裁定，并向村委会发出了冻结盐城建筑公司对村委会的债权的协助执行通知书。当江苏高院〔2001〕苏民终字第154号民事调解书确认盐城建筑公司对村委会的债权时，徐州中院对该债权的冻结尚未逾期，仍然有效，因此村委会不得就该债权向盐城建筑公司支付。如果村委会在收到上调解书后，擅自向盐城建筑公司支付，致使徐州中院的生效法律文书无法执行，则除可以根据《民诉法》第102条的规定，除对村委会妨害民事诉讼的行为进行处罚外，也可以根据最高人民法院《执行规定》第44条的规定，责令村委会限期追回财产或承担相应的赔偿责任。

五、评析意见

1. 本案如何适用《民诉法》的问题

本案如何适用《民诉法》涉及到两个问题。

一是应适用《民诉法》哪一条规定处理本案；二是本案是否只能适用《民诉法》对村委会进行制裁，而不能让其承担实体法上的责任问题。

《民诉法》第103条适用的对象主要是针对有义务协助法院调查、执行而拒绝协助执行的部门。有义务协助执行的部门可以是特定的、经常性的需要协助法院执行的部门，比如房地产管理部门或被执行人的工资发放单位等，也可以是人民法院向其发出协助执行通知书的其他部门，如本案中的村委会。《民诉法》第103条规定的处罚措施包括责令责任人履行协助执行义务并可以予以罚款。《民诉法》第102条适用的对象则比较宽泛，包括诉讼或执行中具有妨碍司法、拒不履行生效法律文书的诉讼参与人或者其他人。从相应的处罚措施来讲，《民诉法》第102条处罚比《民诉法》第103条重。《民诉法》第102条除可以罚款外，也可以拘留；构成犯罪的，还可以依法追究刑事责任。本案村委会将人民法院冻结的财产擅自处分，拒不协助法院执行，适用《民诉法》第103条也是可以的。但是，如果从另一个角度看，村委会不仅妨碍了人民法院的执行工作，而且具有不履行人民法院生效法律文书的行为，适用《民诉法》第102条似更适合本案的具体情节。另外，最高人民法院、中国人民银行《关于依法规范人民法院执行和金融机构协助执行的通知》中明确规定了金融机构拒不协助人民法院执行的，适用《民诉法》第102条的规定处理。因此，对这类拒不协助人民法院执行的行为，可以按照《民诉法》第102条规定的精神处理。

至于本案是否只能适用《民诉法》对村委会进行制裁，而不能让其承担实体法上的责任问题，笔者认为，只能适用《民诉法》令其承担妨碍执行的责任。不能让村委会承担实体义务的理由是把程序问题与实体问题分开进行考虑的。本案村委会是协助执行人，其对盐城建筑公司履行了人民法院禁止其履行的债务。这种行为既妨害了人民法院的执行工作，也侵害了申请执行人的实体权益，除要其承担程序法上的妨害执行的责任的同时，也要承担实体上的赔偿责任，应该适用另外的法律规定，这就是《执行规定》。《执行规定》第33条、第37条、第44条以及第67条都是对拒不协助人民法院执行，擅自处分人民法院查封冻结的财产的协助执行人应当承担实体责任的具

---

① 民事诉讼法原第一百零三条现已修改为第一百一十四条。——编者注

2. 关于村委会承担实体责任的法律依据

《执行规定》第 44 条规定，擅自处分已被人民法院查封、扣押、冻结财产的协助执行人应当承担责任。本案徐州中院在诉讼中作出了查封冻结盐城建筑公司财产的裁定，并向村委会发出了冻结盐城建筑公司对村委会的债权的协助执行通知书，规定了冻结债权期限为一年。徐州中院发出通知时，村委会对盐城建筑公司的债务还没有到期。债务到期后，徐州中院对该债权的冻结尚未逾期，仍然有效。因此，村委会不得就该债权自行向盐城建筑公司支付。另外，村委会在收到徐州中院冻结盐城建筑公司债权的通知后，未提出异议，说明其对该债权也是认可的。随后，江苏高院的调解书也确认了村委会与盐城建筑公司的债权债务关系。因此，徐州中院的协助执行通知书是合法有效的，村委会应当协助执行。对不协助执行，擅自处分已被查封、冻结财产的，可以依照《执行规定》第 44 条关于"被执行人或其他人擅自处分已被查封、扣押、冻结财产的，人民法院有权责令责任人限期追回财产或承担相应的赔偿责任"的规定处理。需要说明一点，制定《执行规定》时，第 44 条并不是针对债权的，而是针对当事人和其他人擅自处分已被法院查封、冻结的动产和不动产的。但其将动产和不动产表述为"财产"，独立地看这一条，也可以理解为针对所有财产，而且条文中的"其他人"也涵盖协助执行人。因此，依照《执行规定》第 44 条责令村委会限期追回财产或承担相应的赔偿责任是适当的。

《执行规定》第 37 条与第 44 条都是对协助执行人违反人民法院的协助执行通知，擅自向被执行人支付被人民法院冻结的财产，应当向申请执行人承担实体责任的规定。但《执行规定》第 37 条特指被执行人的工资发放单位不协助法院扣留被执行人收入时，对协助执行人的处罚措施。虽然《执行规定》第 37 条和第 44 条规定协助执行人违法行为的性质和对其的处罚结果是一致的，但具体到本案适用《执行规定》第 44 条更合适。

3. 关于到期债权的法律适用

江苏高院第三种意见认为本案应当适用《执行规定》第 61 条先向村委会发出履行到期债务的通知，而不能适用《执行规定》第 37 条直接追究其擅自处分人民法院冻结财产的责任。笔者对此种观点表示理解，但本案在人民法院还未发出履行到期债务的通知时，问题就已经出了。因此，处理本案不能完全套用有关到期债权的规定。根据本案案情分析，盐城建筑公司对村委会的未到期债权，经过江苏高院二审调解生效，即为到期债权。徐州中院可依据《执行规定》第 61 条的规定向村委会发出履行到期债务的通知，要求村委会直接向申请执行人徐州一中百货商店履行其对被执行人盐城建筑公司所负的债务，并不得向盐城建筑公司清偿。如果徐州中院向村委会发出履行到期债务的通知后，其仍然向盐城建筑公司履行债务，则应当适用《执行规定》第 67 条关于对到期债权执行的规定进行处理。但是，本案在执行中，徐州中院未向村委会发出履行到期债务的通知，盐城建筑公司对村委会的到期债权仍处于保全冻结状态，案件尚未进入履行到期债务的程序，故可以不按照到期债权的规定处理。①

最高人民法院执行工作办公室
关于应否执行中国有色金属工业财务公司对珠海鑫光集团股份有限公司到期债权问题的复函

2004 年 1 月 16 日　　〔2003〕执他字第 37 号

北京市高级人民法院：

你院《关于应否执行中国有色金属工业财务公司对珠海鑫光集团股份有限公司到期债权的请示》收悉，经研究现答复如下：

本案第三人珠海鑫光集团股份有限公司在收到执行法院的履行到期债务通知书后，在指定的期间内提出了异议，且其对被执行人中国有色金属工业财务公司的债务未经生效法律文书确认，根据我院《关于人民法院执行工作若干问题的规定（试行）》第 63 条的规定，本案不应在执行程序中继续审查和执行。各债权人

---

① 王惠君：《关于案外人未协助法院冻结债权应如何处理的请示与答复》，载最高人民法院执行工作办公室编：《强制执行指导与参考》2003 年第 2 辑（总第 6 辑），法律出版社 2003 年版，第 281～288 页。

可按照合同法的有关规定主张权利。

此复。

最高人民法院关于在执行程序中能否将被执行人享有到期债权的第三人的开办单位裁定追加为被执行主体的请示的答复

2005年1月24日　〔2004〕执他字第28号

湖北省高级人民法院：

你院鄂高法〔2004〕470号《关于在执行程序中能否将被执行人享有到期债权的第三人的开办单位裁定追加为被执行主体的请示》一案收悉。经研究，答复如下：

同意你院第二种意见。我们认为，人民法院在执行程序中不得裁定追加被执行人享有到期债权的第三人的开办单位，因该第三人的法律地位不同于被执行人，其本身不是案件的当事人，裁定追加第三人的开办单位于法无据。且本案中，黄石市中级人民法院于2003年8月15日裁定追加第三人长岭黄河集团有限公司时，该公司已根据陕西省人民政府的决定实施资产分离，分离后原长岭黄河集团有限公司更名为陕西长岭集团有限公司，故黄石市中级人民法院裁定追加长岭黄河集团有限公司缺乏事实依据。因此，上述裁定依法应予纠正。

此复。

【附：案例评析】

在执行程序中能否将被执行人享有到期债权的第三人的开办单位裁定追加为被执行主体的请示案

2004年10月27日，湖北省高级人民法院向我院报送了《关于在执行程序中能否将被执行人享有到期债权的第三人的开办单位裁定追加为被执行主体的请示》一案。

湖北省高级人民法院（以下简称湖北高院）报告称，该省黄石市中级人民法院（以下简称黄石市中院）在执行黄石东贝电器股份有限公司申请执行陕西宝鸡长岭冰箱有限公司、长岭（集团）股份有限公司买卖合同给付货款纠纷一案中，经湖北高院研究，对在执行程序中能否将被执行人享有到期债权的第三人的开办单位裁定追加为被执行主体的适用法律问题，有两种不同意见，特报送最高人民法院请示。

二、请示的法律问题

湖北高院对本案中能否将被执行人享有到期债权的第三人的开办单位裁定追加为被执行主体，有两种不同意见：

第一种意见，绝大多数同志认为，根据最高人民法院《关于人民法院执行工作若干问题的规定（试行）》（以下简称《执行规定》）第八十条、参照最高人民法院执行办〔2003〕执他字第1号批复的精神，本案第三人长河集团的开办单位陕西省国有资产管理局（后并入陕西省财政厅）应在注册资金不文的范围内（即长岭股份法人股119020400股的价值范围内）承担民事责任。《执行规定》第六十八条中的"不得就第三人对他人享有的到期债权强制执行"，系规范不能对第三人的债务人直接追究民事责任，因第三人与其债务人之间的债权债务关系须经法律程序后才能确认，而本案涉及的不是第三人与其债务人的债权债务关系，而是第三人与其开办单位的资金注册关系，且对第三人强制执行的裁定生效后，第三人即取得被执行人的法律地位，故本案不能适用《执行规定》第六十八条，而应适用《执行规定》第八十条，因此，黄石中院可以裁定陕西省财政厅为本案的被执行人。

第二种意见，少数同志认为：根据《执行规定》第六十八条"在对第三人作出强制执行裁定后，第三人确无财产可供执行的，不得就第三人对他人享有的到期债权强制执行"的规定，不能裁定陕西省财政厅为本案的被执行人。同时，第三人在执行中的法律地位不等同于被执行人，不能适用《执行规定》第八十条，故裁定将第三人长河集团的开办单位陕西省国有资产管理局（后并入陕西省财政厅）追加为被执行人无法律根据。本案民事责任的追究，依照《执行规定》第六十五条的规定，只宜到第三人长河集团为止，不能追究到第三人的开办单位陕西省国有资产管理局（后并入陕西省财政厅）。

湖北高院倾向第一种意见。

三、陕西省财政厅等有关部门的申诉意见

我院审理期间，陕西省财政厅向我院申诉反映，黄石中院追加长河集团为被执行人毫无事实根据。因长河集团已于2003年7月1日被陕西省人民政府实施了资产分离，并办理了更名和公告手续。而黄石中院是在2003年8月18日才追加长河集团为被执行人的，此时，长河集团已不复存在。二、黄石中院以投资不实追加陕西省财政厅为被执行人严重违法。按照最高法院关于执行工作的规定第六十八条："在对第三人作出强制执行裁定后，第三人确无财产可供执行的，不得就第三人对他人享有的到期债权强制执行"。2003年7月31日的陕西日报也刊登了长河集团公司实施资产分离的公告，该公告称，分离后原长岭黄河集团有限公司更名为陕西长岭集团有限公司。陕西长岭集团有限公司也向我院来函说明，称2003年8月中旬，湖北黄石中院来人将长岭黄河集团有限公司的到期债权通知书送到我公司驻西安办事机构，我公司明确告知对方长岭黄河集团有限公司已于当年7月份经省政府决定实施了分离，该公司已不存在，并已在相应的报纸上进行了公告，但对方不听我公司人员解释。

我们认为，人民法院在执行程序中不得裁定追加被执行人享有到期债权的第三人的开办单位，因该第三人的法律地位不同于被执行人，其本身不是案件的当事人，因此，裁定追加第三人的开办单位于法无据。且本案中，黄石市中级人民法院于2003年8月18日裁定追加第三人长岭黄河集团有限公司时，该公司已根据陕西省人民政府的决定实施资产分离，分离后原长岭黄河集团有限公司更名为陕西长岭集团有限公司，故黄石市中级人民法院裁定追加长岭黄河集团有限公司缺乏事实依据。因此，上述追加裁定依法应予纠正。

五、案件评析

笔者同意湖北高院第二种意见，即少数人意见；执行法院在执行程序中不得裁定追加被执行人享有到期债权的第三人的开办单位。具体理由如下：

1. 因被执行人享有到期债权的第三人的法律地位不同于被执行人，他本身不是案件的当事人，更不是案件的被执行人，且现行法律也没有明文规定可以执行到期债权。只是为了有利于实现债权，保护债权人的利益我院司法解释即《人民法院执行工作若干问题的规定（试行）》（以下简称《执行规定》）对被执行人到期债权的执行作出规定，但这类执行具有严格的限制，即只能就第三人现有财产予以执行，且必须是第三人对该执行无异议的。《执行规定》第六十三条明确，第三人提出异议的，不得对第三人强制执行，执行法院也不对该异议进行审查。第六十八条还进一步明确不得对第三人对他人享有的到期债权强制执行。这里笔者认为，虽然《执行规定》没有明确是否可对第三人的开办单位追加执行。但基于上述规定的精神，我们认为，黄石中院不得追加第三人的开办单位为被执行人，因为这种追加于法无据。

2. 黄石中院在本案中裁定追加陕西省国资局于法无据，且又继续裁定追加陕西省财政厅及财政厅的分支机构更属执法不当；而陕西省财政厅向黄石中院提出异议后，黄石中院驳回异议的做法显属错误，应依法予以纠正。黄石中院扣划陕西省财政厅在金融机构的存款于法无据，也应依法予以纠正。对《执行规定》第八十条的适用范围笔者认为应严格限定在生效法律文书确定的被执行人的范围内，而不得扩大适用到第三人的范围。①

[提示] 债权人仅可以向人民法院请求以自己名义代位行使债务人具有金钱给付内容的到期债权，且该债权不能是专属于债务人自身的，代位权的范畴不能从债权扩张到所有权

最高人民法院关于深圳发展银行与赛格（香港）有限公司、深圳赛格集团财务公司代位权纠纷一案的请示的复函

2005年9月16日　〔2005〕民四他字第31号

广东省高级人民法院：

你院〔2005〕粤高法民四他字第16号《关于上诉人深圳发展银行与被上诉人赛格（香港）

---

① 张小林：《在执行程序中能否将被执行人享有到期债权的第三人的开办单位裁定追加为被执行主体的请示案》，载最高人民法院执行工作办公室编：《强制执行指导与参考》2004年第3集（总第11集），法律出版社2005年版，第40~44页。

有限公司、深圳赛格集团财务公司代位权纠纷一案的请示》收悉。经研究，答复如下：

根据本院《关于审判工作请示问题的通知》的规定，下级法院只能就审判案件如何具体应用法律的问题向本院请示。对于你院请示的《本案应如何认定赛格财务与香港赛格之间的权利义务关系的性质》的问题，你院应在查明相关协议签订、履行等事实的基础上，自行作出认定。

对于你院请示报告中阐述少数意见时提出的问题即代位权的范畴可否从仅限于债权扩张到所有权？本院认为，根据目前的法律规定和司法解释，债权人仅可以向人民法院请求以自己名义代位行使债务人具有金钱给付内容的到期债权，且该债权不能是专属于债务人自身的，代位权的范畴不能从债权扩张到所有权。

综上，你院应自行在查明赛格财务与香港赛格之间权利义务关系性质的基础上，结合现行的法律规定和司法解释，对深圳发展银行能否向香港赛格行使代位权作出判决。

此复。

最高人民法院执行工作办公室
关于执行第三人所欠被执行人到期租金有关问题的答复

2005年10月26日　〔2005〕执他字第11号

山东省高级人民法院：

你院〔2001〕鲁法提执监字第7号《关于申请人高法胜与被执行人泰安市楼德化肥厂拖欠工程款纠纷执行一案适用法律问题的请示》收悉。经研究，答复如下：

本案中，若你院能够确认第三人泰安双丰化肥有限公司既没有支付到期的租金也没有在规定的期限内提出异议，即可根据我院《关于人民法院执行工作若干问题的规定（试行）》第65条的规定，对其强制执行。但你院在处理本案时应注意以下两个问题：一是你院的执行与新泰市人民法院保全裁定冲突的问题；二是第三人泰安双丰化肥有限公司在2005年1月25日向你院提交的证据审核的问题。请你院认真审查上述问题并依法妥善处理。

此复。

最高人民法院执行工作办公室
关于到期债权执行中第三人超过法定期限提出异议等问题如何处理的请示的答复

2006年3月13日　〔2005〕执他字第19号

辽宁省高级人民法院：

你院《关于开原市农村信用社、开原市农村信用合作社联合社申请执行辽宁华银实业开发总公司一案的疑请报告》收悉。经研究，答复如下：

一、本案执行法院在向第三人送达履行到期债务通知书的同时，即裁定将第三人列为被执行人，并查封其财产，在程序上是错误的，应予纠正。

二、第三人在收到履行到期债务通知书后，未在法定期限内提出异议，并不发生承认债务存在的实体法效力。第三人在法院开始强制执行后仍有异议的，应当得到司法救济。

三、考虑到目前我国尚无第三人异议之诉的法律制度，为公平保护各方当事人的合法权益，根据本案中已责令双方兑账及当事人提出审计要求的实际情况，可在执行程序中通过对被执行人与第三人双方全部往来账目进行逐笔核对，或者委托有关单位进行审计并经三方共同认可，最终审核确认后，决定是否继续执行。鉴于该案各方反映强烈，审核确认宜由你院组织进行。

四、参照最高人民法院《关于人民法院执行工作若干问题的规定（试行）》第64条第二款的规定，审核确认应以被执行人与第三人均认可的法律关系和一致记载的账目为准。经核对确认，如双方账目记载一致的部分说明不欠款，则应撤销对第三人的执行程序；如说明欠款，则可以在执行标的额范围内，予以执行。对于第三人与被执行人之间的法律关系，可按第三人占有被执行人所投入的本金应予返还的原则把握。

【附：案例评析】

关于到期债权执行中第三人超过法定期限提出异议等问题如何处理的请示与答复

争议问题：按照到期债权执行程序发出履行到期债务通知书的同时，下发裁定书将第三人列为被执行人，同时查封其财产。而第三人在规定的15日期限内未提出异议，但随后提出了异议。如何处理？

二、铁岭中院和辽宁高院的意见

在给当事人的有关函件和裁定中，铁岭中院认为：1. 金鼎在法定期限内没有对履行到期债务通知书提出异议，执行合法有据。2. 华银与金鼎双方签订的"认定书"是双方确认债权债务关系的真实意思表示，并于1999年5月18日偿还了500万元。3. 执行到期债权，只要债务人在法定期限内没有提出异议，即不存在超过时效问题。

辽宁高院经审委会讨论，形成两种意见：

多数意见：铁岭中院在送达履行债务通知书的同时，即查封金鼎公司资产并在查封裁定中将金鼎公司列为本案的被执行人，程序违法，其裁定应予撤销。

少数意见：铁岭中院依据华银公司提供的对金鼎公司享有到期债权的"认定书"，要求金鼎公司在15日内履行债务，并说明若无异议，将强制执行。考虑到本案系异地执行，路途遥远，铁岭中院同日下达了裁定书，查封了金鼎公司的财产。这种情况在异地执行中为了减少申请执行人的负担也是可以理解的。金鼎公司在收到铁岭中院履行债务通知书和追加其为被执行人的裁定并查封其财产后，在15日内没有向法院提出异议。2001年10月29日，在铁岭中院问话时金鼎公司法定代表人马占良曾承认有这笔债务，提出"认定书"签订后曾偿还过500万元，需要双方兑账。此节说明金鼎公司对该笔债权是认可的，但债务标的额有变化。两个月后在法院进入强制执行程序后又对法院依据"认定书"执行到期债权提出异议，应予驳回。

三、最高人民法院答复意见

1. 执行法院在向第三人送达履行到期债务通知书的同时，即裁定将第三人列为被执行人，并查封其财产，是错误的。2. 第三人未在法定期限内提出异议，并不发生承认债务存在的实体法效力。在法院开始强制执行后仍有异议的，应当得到司法救济。3. 根据本案实际情况，可在执行程序中对被执行人与第三人的账目进行审核确认，决定是否继续执行。审核确认应以被执行人与第三人均认可的法律关系和一致记载的账目为准。

四、评析

1. 关于追加主体及查封裁定

铁岭中院于2001年9月22日在送达到期债务履行通知书的同时，送达另一份裁定书，直接将第三人金鼎公司列为被执行人，并实际查封其财产，在程序上是错误的，应予撤销。在裁定中称"责令被执行人于2001年10月8日前履行义务，但被执行人至今没有履行"，确实是相当不严肃的行为。今后应吸取教训。但该裁定不应对第三人在法定期限内提出异议产生实质影响。在对第三人强制执行的法定要件具备后，依该裁定而采取的执行措施可以视为到期债权执行程序的一部分。但此前如因该裁定给第三人造成损害，第三人有权依法主张赔偿。

2. 关于第三人过期提出异议的处理

执行到期债权过程中，第三人过期后提出异议的情况现行法律和司法解释没有明确规定。但有一点在理论上是明确的，即到期债权执行程序只是一种基于程序上的便利设置的程序（基于程序上的推定），没有及时提出异议并没有确定实体权利义务关系上的既判力。因此，完整的到期债权执行程序应当有必要的诉讼程序予以配合，以确定到期债权是否确实存在。结合本案，应当说"认定书"并没有不容置疑的法律效力，虽然可以作为到期债权执行程序开始的基础，但并没有确定债权债务关系的最终效力，本身并非执行依据。一旦有争议，必须有相应的证据支持，也可以由相反的证据予以推翻。遇到争议的情况，执行法院应当提供相应的救济渠道。

这种救济程序可以有几种途径：一是申请执行人提起代位诉讼；二是第三人提起异议之诉，或者普通诉讼程序；三是在执行程序中直接予以审查确定。

第一种代位诉讼制度，我们是设计在第三人在法定期限内提出异议的情况下采用，而本案是过期提出异议，故难以采用。

第二种途径台湾地区"强制执行法"采用。对此问题，台湾地区"强制执行法"第119条的处理办法是：第三人在法定期限内未声明异议，亦未依执行法院命令履行的，执行法院可以根据债权人的声请，对该第三人为强制执行。但第三人可以对执行提起异议之诉。我们起草的"执行法草案"中也曾经设计这样的条文：因第三人在法定期限内未作声明或报告、未提出异议、未否认债权，而导致执行法院对债权作变价执行的，第三人仍可另行起诉否定该债权的存在。债权经裁判否定后，第三债务人向被执行人或者申请执行人追偿。台湾地区学者认为，第三人虽未于接受执行法院命令后10日内向执行法院声明异议，并不发生承认债务人之权利存在之效力，仍得于债权人声请向其强制执行后，依据该项事由，提起第三人异议之诉，以求救济。第三人请求为正当时，应撤销执行程序，并排除扣押命令及处分命令之效力。

考虑到目前我们没有这种复杂的诉讼程序作为保障，故第二种途径不宜采用。

鉴于执行到期债权程序在效能上比较差，实践中确实需要一定的创新，为公平保护各方当事人的合法权益，对于第三人超过法定期限提出的异议，可根据案件实际情况，在执行程序中通过审查确认作出一定处理。但这种审查确认又不能等同于审判，应当考虑采取既能解决问题又不违背执行机构职能的方式进行。

本案中在第三人过期提出异议情况下，执行法院慎重处理，责成有关当事人兑账，应当说具有一定的创新性，也是一种比较可行的办法。执行法院责令双方兑账已经使该异议的处理具有一定的基础，第三人也曾向法院提出进行审计的要求，故通过继续彻底审查，对账目逐笔核对的方式处理，是比较合理的。如经过审核，能够认定确实欠款，则可以在执行标的额范围内，予以执行；如确认事实上不存在欠款关系，则应撤销对第三人的执行程序，对已执行的款项执行回转。

当然，通过执行程序审核确认并不能排斥诉讼途径。此案情况下，被执行人不愿提起诉讼，也不能强令申请执行人提起代位诉讼，而第三人提起异议之诉又缺乏法律依据。但任何一方当事人如果能够提起诉讼，则可以免除执行程序的审核。而且如果在执行中最终不能作出认定，则也只能通过另行诉讼或者其他适当途径解决。

3. 审核确认中应注意的问题

鉴于存在执行中不能行使审判权这一普遍观念，故本案情况下的审核确认应当有一定的自我限制，即在程序上虽然可以要求第三人参加到执行程序中来，并使之负有如实报告说明的义务，同时又不能将有关实体法律关系的意见强加给当事人。最高人民法院《关于人民法院执行工作若干问题的规定（试行）》第六十四条第二款规定："第三人对债务部分承认、部分有异议的，可以对其承认的部分强制执行。"这一规定的实质是在形式审查的前提下，寻求被执行人与第三人之间意见的最大公约数。比照这一规定，复函中要求，审核确认应以被执行人与第三人均认可的法律关系和一致记载的账目为准。同时，在审查核实过程中，如确有必要可以委托审计，但审计结果仍应经申请执行人、被执行人和第三人三方共同认可，经法院最终审核确认。

最高人民法院在答复中指出，对于第三人与被执行人之间的法律关系，可按第三人占有被执行人所投入的本金应予返还的原则把握。之所以进一步提出这一问题，是因为辽宁高院讨论中也曾主张由执行程序通过审计解决，但最后因对华银公司与金鼎公司之间的法律关系究竟是投资还是借款，不好确定，而放弃了这一思路。故如果确定通过核查账目方式处理，则对这一问题的确定就是必须的。双方最初是投资合作关系，有一个投资合作开发房地产的合同。被执行人华银公司负责人在回答法院询问时说对外的债都是股金，实际上总是混淆债权与投资关系。根据双方曾形成欠款"认定书"的事实，可推断双方关系后来演变为款项占用并需要返还的关系。而从有关协调笔录中看，第三人对于按照借款关系处理似无异议，但否认应当返还利息。故参照前述执行规定第六十四条二款的规定，确定按照本金予以返还的原则比较稳妥。

4. 关于债权超过诉讼时效问题

此问题辽宁高院没有作为请示问题提出。但笔者认为，作为附带问题有必要予以澄清。本案自1999年4月21日"认定书"签订之日或者1999年5月18日还款500万元的时间，到法院开始执行的时间2001年9月，已经超过两年时间。没有证据显示在此期间华银公司曾向金鼎公司主张过权利。故金鼎公司坚持即使债务存在，也已经超过诉讼时效，法院不能强制执行。但鉴于金鼎公司负责人曾向法院表示，只要经法院查明确实欠款，则愿意偿还，故可以作为（债务人承诺还款的）特殊情况，由执行法院继续查证，经查证确实的，则可以执行。对此，最高人民法院《关于超过诉讼时效期间借款人在催款通知单上签字或者盖章的法律效力问题的批复》（法释〔1999〕7号）的精神可以作为参照，即对于超过诉讼时效期间，信用社向借款人发出催收到期贷款通知单，债务人在该通知单上签字或者盖章的，应当视为对原债务的重新确认，该债权债务关系应受法律保护。①

最高人民法院
关于发布第八批指导性案例的通知

2014年12月18日　　法〔2014〕327号

指导案例36号
中投信用担保有限公司与海通证券股份有限公司等证券权益纠纷执行复议案

关键词

民事诉讼　执行复议　到期债权　协助履行

裁判要点

被执行人在收到执行法院执行通知之前，收到另案执行法院要求其向申请执行人的债权人直接清偿已经法院生效法律文书确认的债务的通知，并清偿债务的，执行法院不能将该部分已清偿债务纳入执行范围。

相关法条

《中华人民共和国民事诉讼法》第二百二十四条第一款

基本案情

中投信用担保有限公司（以下简称中投公司）与海通证券股份有限公司（以下简称海通证券）、海通证券股份有限公司福州广达路证券营业部（以下简称海通证券营业部）证券权益纠纷一案，福建省高级人民法院（以下简称福建高院）于2009年6月11日作出〔2009〕闽民初字第3号民事调解书，已经发生法律效力。中投公司于2009年6月25日向福建高院申请执行。福建高院于同年7月3日立案执行，并于当月15日向被执行人海通证券营业部、海通证券发出〔2009〕闽执行字第99号执行通知书，责令其履行法律文书确定的义务。

被执行人海通证券及海通证券营业部不服福建高院〔2009〕闽执行字第99号执行通知书，向该院提出书面异议。异议称：被执行人已于2009年6月12日根据北京市东城区人民法院（以下简称北京东城法院）的履行到期债务通知书，向中投公司的执行债权人潘鼎履行其对中投公司所负的到期债务11222761.55元，该款汇入了北京东城法院账户；上海市第二中级人民法院（以下简称上海二中院）为执行上海中维资产管理有限公司与中投公司纠纷案，向其发出协助执行通知书，并于2009年6月22日扣划了海通证券的银行存款8777238.45元。以上共计向中投公司的债权人支付了2000万元，故其与中投公司之间已经不存在未履行〔2009〕闽民初字第3号民事调解书确定的付款义务的事实，福建高院向其发出的执行通知书应当撤销。为此，福建高院作出〔2009〕闽执异字第1号裁定书，认定被执行人异议成立，撤销〔2009〕闽执行字第99号执行通知书。申请执行人中投公司不服，向最高人民法院提出了复议申请。申请执行人的主要理由是：北京东城法院的履行到期债务通知书和上海二中院的协助执行通知书，均违反了最高人民法院给江苏省高级人民法院的〔2000〕执监字第304号关于法院判决的债权不适用《关于适用〈中华人民共和国民事诉讼法〉若干问题的意见》第300条规定（以下简称意见第300条）的复函精神，福建高院的裁定错误。

裁判结果

最高人民法院于2010年4月13日作出〔2010〕执复字第2号执行裁定，驳回中投信用担保有限公司的复议请求，维持福建高院〔2009〕闽执异字第1号裁定。

---

① 黄金龙：《关于到期债权执行中第三人超过法定期限提出异议等问题如何处理的请示与答复》，载最高人民法院执行工作办公室编：《执行工作指导》2006年第3辑（总第19辑），人民法院出版社2006年版，第105～111页。

裁判理由

最高人民法院认为：最高人民法院〔2000〕执监字第304号复函是针对个案的答复，不具有普遍效力。随着民事诉讼法关于执行管辖权的调整，该函中基于执行只能由一审法院管辖，认为经法院判决确定的到期债权不适用意见第300条的观点已不再具有合理性。对此问题正确的解释应当是：对经法院判决（或调解书，以下通称判决）确定的债权，也可以由非判决法院按照意见第300条规定的程序执行。因该到期债权已经法院判决确定，故第三人（被执行人的债务人）不能提出债权不存在的异议（否认生效判决的定论）。本案中，北京东城法院和上海二中院正是按照上述精神对福建高院〔2009〕闽民初字第3号民事调解书确定的债权进行执行的。被执行人海通证券无权对生效调解书确定的债权提出异议，不能对抗上海二中院强制扣划行为，其自动按照北京东城法院的通知要求履行，也是合法的。

被执行人海通证券营业部、海通证券收到有关法院通知的时间及其协助有关法院执行，是在福建高院向其发出执行通知之前。在其协助有关法院执行后，其因〔2009〕闽民初字第3号民事调解书而对于申请执行人中投公司负有的2000万元债务已经消灭，被执行人有权请求福建高院不得再依据该调解书强制执行。

综上，福建高院〔2009〕闽执异字第1号裁定书认定事实清楚，适用法律正确。故驳回中投公司的复议请求，维持福建高院〔2009〕闽执异字第1号裁定。

人民法院办理执行案件规范

2017年4月

621.【到期债权执行的一般规定】

人民法院执行被执行人对他人的到期债权，可以作出冻结债权的裁定，并通知该他人向申请执行人履行。

该他人对到期债权有异议，申请执行人请求对异议部分强制执行的，人民法院不予支持。利害关系人对到期债权有异议的，人民法院应当按照民事诉讼法第二百二十七条规定处理。

对生效法律文书确定的到期债权，该他人予以否认的，人民法院不予支持。

622.【冻结期限】

人民法院冻结被执行人对他人的到期债权的期限不得超过三年。

申请执行人申请延长期限的，人民法院应当在冻结期限届满前办理续行冻结手续，续行期限不得超过前款规定的期限。

人民法院也可以依职权办理续行冻结手续。

623.【履行通知】

人民法院通知次债务人向申请执行人履行的，应制作履行通知。履行通知应当包含下列内容：

（一）次债务人直接向申请执行人履行其对被执行人所负的债务，不得向被执行人清偿；

（二）次债务人应当在收到履行通知后的十五日内向申请执行人履行债务；

（三）次债务人对履行到期债务有异议的，应当在收到履行通知后的十五日内向执行法院提出；

（四）次债务人违背上述义务的法律后果。

履行通知必须直接送达次债务人。

624.【提出异议的形式】

次债务人对履行通知的异议一般应当以书面形式提出，口头提出的，执行人员应记入笔录，并由次债务人签字或盖章。

625.【指定期限内的异议】

次债务人在履行通知指定的期间内提出异议的，人民法院不得对次债务人强制执行，对提出的异议不进行审查。

626.【无直接法律关系的异议】

次债务人提出自己无履行能力或其与申请执行人无直接法律关系，不属于本规范第621条规定所指的异议。

次债务人对债务部分承认、部分有异议的，可以对其承认的部分强制执行。

627.【指定期限内未提异议】

次债务人在履行通知指定的期限内没有提出异议，而又不履行的，执行法院有权裁定对其强制执行。此裁定同时送达次债务人和被执行人。

628.【放弃债权或延缓履行期限】

被执行人收到人民法院履行通知后，放弃其对次债务人的债权或延缓次债务人履行期限的行为无效，人民法院仍可在次债务人无异议又不履行的情况下予以强制执行。

629.【擅自履行的责任】

次债务人收到人民法院要求其履行到期债务的通知后，擅自向被执行人履行，造成已向被执行人履行的财产不能追回的，除在已履行的财产范围内与被执行人承担连带清偿责任外，可以追究其妨害执行的责任。

630.【次债务人到期债权追索的禁止】

在对次债务人作出强制执行裁定后，次债务人确无财产可供执行的，不得就次债务人对他人享有的到期债权强制执行。

631.【履行证明】

次债务人按照人民法院履行通知向申请执行人履行了债务或已被强制执行后，人民法院应当出具有关证明。

632.【生效法律文书确定的到期债权】

被执行人对他人经生效法律文书确定的到期债权，被执行人未申请强制执行的，人民法院按照法律、司法解释关于到期债权执行的相关规定办理。已进入强制执行程序的，人民法院可以请求该到期债权的执行法院协助冻结、提取被执行人的应得款项。

633.【未到期债权的执行】

对被执行人的未到期债权，执行法院可以依法冻结，待债权到期后参照到期债权予以执行。次债务人仅以该债务未到期为由提出异议的，不影响对该债权的冻结。

能否强制执行第三人对
他人享有的到期债权

问题：我院在执行甲公司与乙公司购销合同纠纷一案中，被执行人乙公司不能清偿债务，但对丙公司享有到期债权，我院依甲公司的申请向丙公司发出履行到期债务的通知，丙公司在履行通知指定的期间内既未提出异议，也未履行义务。我院在执行中查明丙公司为逃避债务又成立了丁公司，丙公司与丁公司实际上是同一公司，请问本案能否执行丁公司？

《人民司法》研究组认为：最高人民法院的《执行规定》第68条规定："在对第三人作出强制执行裁定后，第三人确无财产可供执行的，不得就第三人对他人享有的到期债权强制执行。"本条确定了禁止对到期债权连续适用的原则。丙公司在本案中处于第三人的地位，并非被执行人，不能适用追加变更执行主体的有关规定。甲公司可依法提起代位权之诉，在诉讼程序中审查丁公司是否应承担法律责任。因此，我们认为本案执行丁公司于法无据。①

可否执行执行担保人对他人
享有的到期债权

问题：张某与李某债务纠纷一案，执行中，经申请执行人张某同意，黄某为李某2.1万元债务提供连带责任保证。保证期限届满，法院依法追加黄某为该案被执行人，但黄某因故没有履行能力，只是对陈某象有到期债权1.62万元。现法院对是否执行陈某的债务存在分歧。此案如何执行？

《人民司法》研究组认为：民事诉讼法第二百一十二条②规定："在执行中，被执行人向人民法院提供担保，并经申请执行人同意的，人民法院可以决定暂缓执行及暂缓执行的期限。被执行人逾期仍不履行的，人民法院有权执行被执行人的担保财产或者担保人的财产。"该条明确了在执行程序中依法可以执行被执行人的担保人。

被追加的当事人虽然不取代执行依据上指明的当事人，但它与原执行当事人一起在一定范围内承担责任或者独立承担原被执行人应承担的一定范围的责任。被追加的当事人在法律地位上应和被执行人相同，担保人的财产自然包括到期债权。因此，最高人民法院《关于人民法院执行工作若干问题的规定（试行）》第61条的规定应该适用本案情况下的执行担保人。③

---

① 载《人民司法》2001年第9期。
② 民事诉讼法原第二百一十二条现已修改为第二百三十一条。——编者注
③ 载《人民司法》2004年第4期。

到期债权执行程序中，第三人提出异议后，执行法院能否以第三人向被执行人擅自履行为由裁定第三人对债权人承担给付义务？

问题：我们在监督下级法院执行案件的过程中碰到这样一起案例：大成公司申请执行天星公司的财产，但天星公司的所有财产已经因另案被其他法院查封。2006年4月11日，执行法院甲区法院通过查阅被执行人财务账册，发现蓝天公司拖欠天星公司到期债务，当日即向蓝天公司送达了履行到期债务通知书。蓝天公司第二日即向甲区法院提出异议，否认拖欠天星公司债务。甲区法院在没有对蓝天公司的异议进行答复的情况下，于2006年4月17日裁定冻结蓝天公司的银行存款。2006年10月20日，甲区法院以查明蓝天公司在收到履行到期债务通知书后于2006年7月12日擅自向被执行人履行债务为由，依据最高人民法院《关于人民法院执行工作若干问题的规定（试行）》（以下简称《执行规定》）第67条的规定，裁定蓝天公司对天星公司的债务承担连带清偿责任。蓝天公司不服，以根据《执行规定》第63条的规定，执行法院无权对其异议进行实体审查为由向法院提出异议，要求撤销甲区法院的错误裁定。请问：蓝天公司的异议是否成立？

《人民司法》研究组认为：被执行人到期债权执行程序是在执行依据没有确定第三人为债务人的情况下，为了减轻当事人的诉累而直接在执行程序中对第三人进行执行的一种制度。由于没有经过开庭审理而径对第三人为执行，为了保障第三人的程序权利和实体权利不受非法侵害，《执行规定》第63条规定，第三人只要在15日内提出异议，哪怕第三人异议的实体内容是虚假的，执行法院就不能对第三人进行执行，执行法院无权对该异议是否成立进行实体审查。如果债权人认为第三人的异议为虚假，可以通过代位权诉讼程序另案解决。至于《执行规定》第67条规定："第三人收到人民法院要求其履行到期债务的通知后，擅自向被执行人履行，造成已向被执行人履行的财产不能追回的，除在已履行的财产范围内与被执行人承担连带清偿责任外，可以追究其妨害执行的责任。"该条意思是说，如果第三人在对应履行的到期债务没有按照《执行规定》第63条提出异议的情况下又违背履行到期债务通知书要求，擅自向债务人给付的，除对债权人承担给付义务外，还应承担妨害执行的责任。该条和第63条是递进和补充关系。本案中，在甲区法院向第三人送达到期债务通知书后，蓝天公司在法定期限内提出了异议，应当说甲区法院作为执行法院就应当无条件地终结对到期债权的执行程序，不得对蓝天公司的财产采取强制措施，并且不得对蓝天公司的异议进行查证。然而，甲区法院不但没有及时终结对第三人的到期债权执行程序，而且违法对第三人的财产采取强制措施，进而行使只有审判法院才能行使的实体审查权力，不经开庭审理就对第三人与债务人之间的债权债务纠纷作出裁决，是违背现行法律规定的，实际上也变相剥夺了蓝天公司的程序权利。综上，蓝天公司的异议成立，甲区法院的错误执行行为应当予以纠正。①

协助执行义务人在诉讼保全时没有提出异议，在执行阶段提出异议的，应否支持？

问题：张某在诉前申请对被告天林公司缴存在甲市宏达公司的300万元质量保证金进行保全，法院裁定予以准许，并向宏达公司送达了协助执行通知书。宏达公司在保全时没有提出异议。后法院判决天林公司偿还张某借款300万元及利息。执行过程中，法院要求扣划天林公司在宏达公司的质量保证金300万元，宏达公司称该笔质量保证金实际上只有100万元，只愿意在100万元的范围内进行协助，此时距法院保全已达6个月。由于天林公司无其他财产可供执行，法院遂以宏达公司擅自处分冻结的财产为由，裁定其在200万元范围内向张某承担赔偿责任。宏达公司以法院的裁定与客观事实不符为由，要求撤销承担赔偿责任的裁定。请问宏达公司的异议理由成立吗？

《人民司法》研究组认为：宏达公司的异议理由不能成立。协助义务人的法律责任问题不光牵涉到法律问题，实际上还有技术问题。由于债务人在第三人处是否有财产、财产数额是多少等等信息完全由债务人和协助义务人掌握，执行法院、债权人与协助义务人之间存在信息不对称的问题，所以，在法院送达协助执行通知书后，协助义务人必须及时提出异议，以便债权人寻找债务人的

---

① 载《人民司法》2007年第9期。

其他财产进行保全。协助义务人不及时提出异议的，按照最高人民法院《关于人民法院执行工作若干问题的规定（试行）》第37条的解释精神，则自有关冻结裁定和协助执行通知送达协助人时，就对协助义务人产生法律上的约束力，从法律上应当视为债务人在第三人处确实有财产。本案中，由于宏达公司没有及时提出异议，导致债权人张某丧失保全债务人其他财产的机会，并最终导致张某的债权不能受偿。所以，不论宏达公司的陈述是否属实，宏达公司都应当对张某的损失承担赔偿责任。又由于法院的财产保全为公法行为，债权人无法通过普通民事诉讼进行救济，只能由执行法院裁定宏达公司承担赔偿责任。①

债权人代位起诉一定要追加债务人为第三人吗？

问题：我院在审理一起债权人代位起诉次债务人一案中，发现原告未将债务人列为第三人，对此存在两种意见。第一种意见认为，可不追加债务人为第三人。理由是根据最高人民法院《关于适用合同法若干问题的解释（一）》第16条"债权人以次债务人为被告向人民法院提起代位诉讼，未将债务人列为第三人的，人民法院可以追加债务人为第三人"的规定，人民法院追加债务人为第三人是"可以"而不是应当，是否追加由人民法院决定，介于本案债权人和债务人之间的债务明确，故没有必要追加债务人为第三人。第二种意见认为，应当追加债务人为第三人。理由是人民法院不能先入为主，而应先追加债务人为第三人，经过开庭审理后才能认定债权人与债务人之间债务是否明确。再者，如不追加，则剥夺了债务人在代位诉讼中对债权人的债权提出异议的权利。

请问哪种意见正确？

《人民司法》研究组认为：来信中提到的债权人行使代位权，以次债务人为被告提起诉讼之时是否一定要将债务人列为第三人的问题，与如何认识债权人代位权的性质密切相关。当出现符合法律规定的债权人可以行使代位权的情况时，债权人为保全其债权，是以自己的名义行使权利而非以代理债务人名义行使权利，即代位权是债权人所固有的权利，是债权本身所具有的一项法定权能。从理论上讲，债权人以次债务人为被告提起诉讼，并非一定要求同时将债务人列为第三人。在审判实务中，出于为了查明债权债务关系的真实性、解决次债权人对债权人行使抗辩权等问题，法院主动追加债务人为第三人。最高人民法院在《关于适用合同法若干问题的解释（一）》中，作出了人民法院有权将债务人追加为第三人的规定，这一规定明确指出人民法院有权根据具体案情作出选择，而不能将该规定理解成是对人民法院审判工作的一项强制性规定。因此，来信所述债权债务关系明确、次债务人亦未主张抗辩权的案件，如果债权人仅以次债务人为被告提起诉讼，人民法院可以不将债务人追加为第三人。综上，原则上同意来信中的第一种意见。②

当事人提出代位权诉讼，但次债务人否定其与债务人存在债权债务关系，这种案件应如何处理？

答：《中华人民共和国合同法》第七十三条规定："因债务人怠于行使其到期债权，对债权人造成损害的，债权人可以向人民法院请求以自己的名义代位行使债务人的债权，但该债权专属于债务人自身的除外。代位权的行使范围以债权人的债权为限。债权人行使代位权的必要费用，由债务人负担"。《最高人民法院关于适用中华人民共和国合同法若干问题的解释（一）》第十三条规定"合同法第七十三条规定的'债务人怠于行使其到期债权，对债权人造成损害的'，是指债务人不履行其对债权人的到期债务，又不以诉讼方式或者仲裁方式向其债务人主张其享有的具有金钱给付内容的到期债权，致使债权人的到期债权未能实现。次债务人（即债务人的债务人）不认为债务人有怠于行使其到期债权情况的，应当承担举证责任"。债权人对次债务人享有到期债权但怠于行使，债权人代债务人之位就债务人对次债务人的债权向次债务人提起的诉讼，为代位权诉讼。在代位权诉讼中，次债务人否定其与债务人存在债权债务关系，这是作为被告的次债务人的正常抗辩理由。《最高人民法院关于民事诉讼证据的若

---

① 载《人民司法》2009年第3期。
② 载《人民司法》2005年第11期。

干规定》第二条规定:"当事人对自己提出的诉讼请求所依据的事实或者反驳对方诉讼请求所依据的事实有责任提供证据加以证明。没有证据或者证据不足以证明当事人的事实主张的,由负有举证责任的当事人承担不利后果"。第五条规定"在合同纠纷案件中,主张合同关系成立并生效的一方当事人对合同订立和生效的事实承担举证责任;主张合同关系变更、解除、终止、撤销的一方当事人对引起合同关系变动的事实承担举证责任。对合同是否履行发生争议的,由负有履行义务的当事人承担举证责任。对代理权发生争议的,由主张有代理权一方当事人承担举证责任"。依照上述规定,应由原告(债权人)举证证明次债务人对债务人负有到期债务,债权人代债务人之位向次债务人追偿的债务才能成立,否则属原告举证不能,应当承担举证不能的风险与后果。①

第二节 对已经生效法律文书确认的到期债权的执行

最高人民法院
关于适用《中华人民共和国民事诉讼法》的解释

2015年1月30日 法释〔2015〕5号

第五百零一条 人民法院执行被执行人对他人的到期债权,可以作出冻结债权的裁定,并通知该他人向申请执行人履行。

该他人对到期债权有异议,申请执行人请求对异议部分强制执行的,人民法院不予支持。利害关系人对到期债权有异议的,人民法院应当按照民事诉讼法第二百二十七条规定处理。

对生效法律文书确定的到期债权,该他人予以否认的,人民法院不予支持。

最高人民法院
关于依法制裁规避执行行为的若干意见

2011年5月27日 法〔2011〕195号

四、完善对被执行人享有债权的保全和执行措施,运用代位权、撤销权诉讼制裁规避执行行为

12. 依法执行已经生效法律文书确认的被执行人的债权。对于被执行人已经生效法律文书确认的债权,执行法院可以书面通知被执行人在限期内向有管辖权的人民法院申请执行该生效法律文书。限期届满被执行人仍怠于申请执行的,执行法院可以依法强制执行该到期债权。

被执行人已经申请执行的,执行法院可以请求执行该债权的人民法院协助扣留相应的执行款物。

14. 引导申请执行人依法诉讼。被执行人怠于行使债权对申请执行人造成损害的,执行法院可以告知申请执行人依照《中华人民共和国合同法》第七十三条的规定,向有管辖权的人民法院提起代位权诉讼。

被执行人放弃债权、无偿转让财产或者以明显不合理的低价转让财产,对申请执行人造成损害的,执行法院可以告知申请执行人依照《中华人民共和国合同法》第七十四条的规定向有管辖权的人民法院提起撤销权诉讼。

最高人民法院
关于北京华油石油公司申请执行辽宁营口华油实业公司对第三人沈阳龙源石油化工有限公司到期债权案的复函

2001年6月19日 〔2000〕执他字第19号

内蒙古自治区高级人民法院:

你院〔2000〕内高法执请字第1号关于乌盟电业局物资供应公司、北京华油公司申请执

---

① 最高人民法院民事审判第一庭编:《民事审判实务问答》,法律出版社2005年版,第34页。

行辽宁省营口华油实业公司、辽宁省营口市油品加工厂联营购销合同纠纷一案的请示报告收悉。经研究，答复如下：

根据执行法院乌兰察布盟中级人民法院补充提供的材料，该案所执行的辽宁营口市华油实业公司（以下简称营口华油）对第三人沈阳龙源石油化工有限公司（以下简称沈阳龙源）的到期债权是经营口仲裁委仲裁确认的，且营口华油已经向营口中院申请执行。乌盟中院在执行前已经与营口中院沟通，故乌盟中院可以直接执行该债权。同样因为该债权已经仲裁确认，第三人沈阳龙源无权对该债权的存在与否提出实质上的异议，因此是否对其事先通知，并不能影响执行结果。沈阳龙源与营口华油之间虽然签订了还款协议，但由于该协议没有明确的还款期限，故可以依法认定营口华油可以随时请求其履行，执行法院可以随时根据营口华油的申请恢复对仲裁调解书的执行。因此执行中已经扣划的款项不应退还给沈阳龙源，但应将执行结果告知营口中院，以便及时扣减营口华油对沈阳龙源的可执行债权的数额。至于有关案外人提出的执行异议，应由执行法院依法审查。

【附：案例评析】

北京华油石油公司申请执行辽宁营口华油实业公司对第三人沈阳龙源石油化工有限公司到期债权案

二、乌盟中院及内蒙古高院的处理意见乌盟中院受理该异议后，就有关问题上报到内蒙古高院；内蒙古高院又就有关问题请示最高法院，并附审查意见如下：

乌盟中院审查后认为：经销处于1999年4月30日核发的营业执照，注册资金20万元来自沈阳龙源，经营场所同在一地，银行账号是同一个，法人代表也相同。并且，从销售公司的销售记录也查明，之前销售公司并未与经销处进行过交易，这笔销售款根本不可能是经销处的购油款。因此，经销处的设立是为了逃避债务。1999年7月30日，乌盟中院以〔1999〕乌执字第10号通知，驳回沈阳龙源与经销处的异议，同时将冻结的815305元的余款划至法院账户。但是，因为乌盟中院对到期债权的执行确实违反程序，处理时对违反程序的执行是否应予撤销，该涉案款是否应当退还第三人等问题有疑问，随就有关问题请示到内蒙古高院。

内蒙古高院认为：乌盟中院在该案的执行中确实存在程序上的违法，但证据表明在实体上并无错误，可以认定经销处和沈阳龙源为同一法人机构，经销处的设立就是为了逃避债务。但对违反程序的后果有两种意见：1. 乌盟中院执行过程中没有直接向第三人送达履行通知书，违反了《最高人民法院关于人民法院执行工作若干问题的规定（试行）》（以下简称《执行规定》）第61条的规定；异议审查违反了第63条的规定；对该债权执行时直接在销售公司账户上划购油款，也违反了《执行规定》之第68条。故应当退还扣划款。2. 乌盟中院执行中虽然有程序上违法的现象，但执行的款项确实为第三人（被执行人的债务人沈阳龙源）所有。程序上的错误可以纠正，但已执行的款项不应退还。后者为多数意见。

三、最高法院查明的事实及处理意见

案件争议的核心是乌盟中院在执行第三人到期债权的过程中，是否出现程序违法；如果有，是否要撤销已为的执行行为，并为执行回转。由于经销处以涉案款为其所有，其与沈阳龙源是两个独立的法人为由提出执行异议，因其不是负有到期债务的第三人，故该异议也不是对债务履行通知的异议，自然也不能适用《执行规定》对有关债务履行通知的异议审查的规定，而只能按照一般的执行异议处理。这一点乌盟中院已作了处理，且不是内蒙古高院请示的内容，这里就不再作审查。我们针对本案争议的核心问题，查明并认定了以下事实：

（一）营口华油对沈阳龙源享有的债权是经过仲裁确定了的债权，该仲裁调解确定的债权已在营口中院申请执行。被执行人营口华油与第三人沈阳龙源曾将其之间的购油合同纠纷提交营口仲裁委仲裁。1997年4月12日，营口仲裁委以营仲调字〔1997〕第3号确认：第三人沈阳龙源分期偿清拖欠营口华油的欠款560万元；逾期还款日扣万分之七的罚金。事后因沈阳龙源未按调解书规定的期限偿还债务，营口华油就向营口中院申请了执行。但因营口中院没有查到沈阳龙源可供执行的财产，该案已被中止执行。这一事实在营口中院也得到了核实。（二）营口华油与沈阳龙源之间确实有还款协议。营口华油申请执行沈阳龙源一案的执行过程中,本案的第三人沈阳龙源与本案被执行人营口华油又达成了一个还款协议,重新确定了债权数额为560万元;营口华油放弃了逾期罚金的请求;并约定第三人沈阳龙源以后生产出来的成品油抵债。但该协议没有约定以油抵债的具体期限。还款协议达成后,第三人沈阳龙源以油抵债履行了100多万元。但之后相当长的时期内,沈阳龙源已经停止生产,就没有再继续履行以油抵债的协议。(三)沈阳龙源确实在案外人销售公司处存放购油款180多万元,而这一信息也是沈阳龙源的负责人提供,并在案外人销售公司处得到确认。(四)乌盟中院在获悉被执行人营口华油对第三人沈阳龙源享有到期债权并经营口中院核实后,又到第三人沈阳龙源处予以调查。核实过程中,沈阳龙源承认了欠款的事实,并声称有还款协议,但乌盟中院的执行人员要求出示还款协议的时候,遭到了拒绝。(五)乌盟中院在执行前没有向第三人发书面的履行通知,执行完毕后也没有当面向第三人送达相关的法律文书,而是委托营口中院进行的送达。但据乌盟中院称,在从案外人销售公司确认了第三人沈阳龙源提供的事实并决定划走该项购油款时,有人向沈阳龙源通风报信,这是考虑到异地执行的危险性,才采取的权宜之计。

以上事实有相关法律文书、执行笔录、原承办人的陈述及相关当事人在原卷宗中确认相关证据佐证。

根据上述事实,最高法院作出如下处理意见:

根据执行法院乌兰察布盟中级人民法院补充提供的材料,该案所执行的营口华油对第三人沈阳龙源的到期债权是经营口仲裁委仲裁确认的,且营口华油已经向营口中院申请执行。乌盟中院在执行前已经与营口中院沟通,故乌盟中院可以直接执行该债权。同样因为该债权已经仲裁确认,第三人沈阳龙源无权对该债权的存在与否提出实质上的异议,因此是否对其事先通知,并不能影响执行结果。沈阳龙源与营口华油之间虽然签订了还款协议,但由于该协议没有明确的还款期限,故可以依法认定营口华油可以随时请求其履行,执行法院可以随时根据营口华油的申请恢复对仲裁调解书的执行。因此,执行中已经扣划的款项不应退还给沈阳龙源,但应将执行结果告知营口中院,以便及时扣减营口华油对沈阳龙源的可执行债权的数额。至于有关案外人提出的执行异议,应由执行法院依法审查。

四、评析意见

本案的焦点是对《执行规定》第61条、第63条的理解和适用。在以往的执行实践中,在对债权的执行问题上出现过"一追到底"的现象,执行法院不但追及第三人,还追及第三人的债务人;第三人的权利在执行中缺乏严格的程序保障,执行法院滥用执行权,侵害了第三人的权益(既包括实体权利,如正当的履行抗辩权等,也包括程序权利,如应诉、上诉的权利等)。基于此种原因,《执行规定》对到期债权执行的问题作了较为严格的规定:首先,可执行的债权限于到期债权(但对是否限为金钱债权没有明确规定);其次,执行前需先向第三人发履行通知,并给其15日的异议期间;第三,第三人提出合乎《执行规定》的异议,法院不得对异议本身进行审查,也不得再对第三人强制执行。这一严格限制在规范对到期债权的执行方面确实起到积极的作用,它有效地遏制了对到期债权的乱执行,强有力地保护了第三人的合法权利。但是,由于该规定没有针对不同问题区别对待,规范的行为模式较为概括(对到期债权的执行需发履行通知并给第三人15日的异议期间),法律效果相对较为绝对(如第三人提出异议,执行法院不审查并停止执行),这不但显得该项规范缺乏灵活性,还易为第三人恶意滥用,成为其逃避追索的堂而皇之的法律依据,给执行工作带来很大的不便,也严重妨害了申请执行人正当利益的实现。鉴于这一事实,对到期债权的执行规定已经到了必须修正,以适应公平保护利害关系人合法权益需要的地步了。在对本案的处理上,最高法院采用了代位执行的理论,回避了《执行规定》第61条、第63条的适用。这种回避不只是为了简单地解决个案问题,它对《执行规定》关于到期债权的执行规定作了一个不小的突破,这种突破首先体现了对不同债权的执行要区别对待的思想,缓解了《执行规定》有关内容的僵化所带来的不利。当然,解决对债权执行中存在的问题仅靠这种个案的批复还是不够的,但鉴于本案的典型性,我们还是可以得到一些启示的。

首先,对不同性质的债权应当区别对待。对于判决或者仲裁等确定了的债权,其本身就具有可执行性,虽然一般情况下有通知第三人自动履行的必要,但对该债权的执行本身就是可以按照代位执行来处理的。因此,在对本案执行上,第三人本来就没有对履行通知的异议权,其异议充其量也只能按照一般的执行异议审查。故此，对于已经可以申请执行了的债权，执行法院可以按照代位执行处理，不必依照《执行规定》对到期债权执行规定的内容，走对到期债权执行的程序。此时，第三人的地位相当于一般的被执行人的地位。

事实上，对不同债权区别对待的必要性不只是表现在对有执行名义的债权的执行上，公证了的债权，即使公证没有赋予其强制执行的效力，但因公证所具有的几乎无可挑剔的证明力（至少理论上如此），第三人否认公证的债权存在的异议一般不应该被支持。如果我们因为第三人随意提出的所谓异议，而停止审查和执行，公证的效力岂不是成了儿戏？这也导致因有关执行的立法与有关公证的立法相冲突而使公证失去意义，忽略了不同制度的不同目标，这在立法上也是不严谨、不科学的。第三人对公证的债权有异议，应由其另行通过否认之诉（消极确认之诉）去解决。这样并非使第三人的权利失去了救济的机会，而只是因为公证债权的特殊性，而令该第三人承担救济风险，以免因把救济的风险过多地强加于申请执行人，而在立法之始就造成救济权利分配极为不公平的现象。公证的债权被推定为确定无疑的债权，这在理论上是可以接受的。如果债务人（这里是指第三人）对公证债权本身有疑问的话，应当由其自己通过否定公证的诉讼谋求救济，而非让债权人去再一次通过确认公证效力及其真实性的诉讼，谋求救济。这样安排只是把救济的风险适当地分摊，以不同情况确定不同的救济方式，来追求立法、司法中（尤其是立法）在权利分配上的公正。当然，同样出于公平考虑，对于普通债权，如果第三人提出异议的话，因有关债权的存在与否、第三人的抗辩是否成立等需要经过审理才能查明，还是要由申请人通过提起代位诉讼来解决的。这样救济的风险由申请人承担，第三人得到救济上的主动权，是各自应享有的程序上的权利，也是公平地保护各方当事人利益的需要。

其次，关于第三人的举证责任以及执行人员的审查权限的问题。如果我们利用代位执行的理论解决了本案的执行，于是，有关第三人举证责任的问题在这里被掩饰了，显得很不突出，但是，在对债权执行的一般情况下，第三人的举证责任的问题都是一个不得不面对的问题。显然，《执行规定》并没有给第三人一个举证责任，但是异议实质上不是为了异议而异议，异议是为了主张某种权利或者免除某种义务，那么对于这种主张，当事人负有举证的义务应当为当然之理。本案的第三人声称自己有还款协议，又拒绝向法院提供，对于如此藐视司法，无端加剧法院工作难度的行为，无论是从举证责任的法理上说，还是从维护司法的权威来讲，如果不令其承担拒绝举证的不利后果，不但理论上说不过去，还会纵容潜在第三人竞相效法地滥用权利，给法院的执行工作制造不必要的麻烦，破坏法律秩序。所以，笔者认为，如果第三人提出了履行通知的异议，就应当附有相关的证据，例如主张债务已经清偿的，应当提交诸如债权人（本案的被执行人）出具的收据等；主张与债权人存在可以抵销的债权的，应当出示债权人的欠条等；如果以在同一债权债务关系中存在抗辩权而提出异议的，至少要能证明其确能存在某种抗辩权。当然，第三人的这种举证责任是基本的举证义务，只要证明其主张的事实或者权利可能存在（而不是一定要证明它们确实存在），就可以了。这一举证要求是执行审查与审判审查在分工上的区别，也是由执行与审判各自的功能所决定的，不同的程序对证据有不同层次的要求。

但是，谈到第三人的举证责任的时候就不能不考虑执行人员对证据的审查权限。其实必要的审查一直没有被《执行规定》禁止过，依该司法解释第64条的规定，至少法院要对是否构成对履行通知的异议进行审查。不过，审查也要坚持一定的原则，如果一旦提出异议就停止执行，那可能会造成第三人滥用权利；但审查失当时能同样造成执行人员的权力滥用，侵害第三人的权利。不过，就我们现有的司法解释而言，因其制定时出于规范对债权的执行、防范执行不规范对第三人利益侵害考虑，在对第三人利益保护的问题上，出现了矫枉过正的现象。其实，《执行规定》在通过司法解释分配当事人的权利（程序上的权利）的时候，自始就存在不公平的一面，第三人显然处于一种绝对的优势，而申请人处于明显的弱势地位。第三人的法律地位决定了它必然出于趋利避害的心理而滥用异议权，这不但损害了申请人的正当利益，还破坏司法的权威性与严肃性。但是，如果给予法院对履行通知异议的绝对的审查权，审查不当会损害第三人的合法权益，同样损害司法的公正性与权威性。因此，审查权的赋予是必要的，但审查权的限制也是必要的，而权限尺度的把握却非常困难。

笔者认为,审查应当服务于审查的目的,依审查的目的确立一个有限审查原则。怎样才算是没有超过必要的限度呢?大体可以这样把握:如果第三人不能举证证明异议的存在或者所举的证据明显不能支持其异议理由的,则可以认定异议不成立。例如,声称借款已经归还而不能提交有关收据的;声称借款没有到还款期限而提供的证据却表明早已到了还款期限的;提交的证据明显系伪造的等等。如果提交的证据能够证明其主张的异议成立的可能性需要进一步审理才明确,且该证据没有明显瑕疵的,执行法院就应当认定债务履行通知异议成立,停止进一步的审查与执行。这个标准可能不难把握,但可能会因为增加了执行人员的自由裁量权而有被滥用的危险。不过,我们不能对执行人员——尤其是执行机构改革后的执行法官没有信心,为什么审判法官的自由裁量权就能够容忍呢?因为审判较为透明而且有上诉制度及相应的责任的制约。其实对履行通知异议的审查的标准也是很明确而且容易把握的,如果建立一个严格地向上级法院申请复议或者申诉的程序,疏通救济渠道的话,在程序保障下的透明度以及错案责任制也是足以保证审查的公正性的,执行人员会审慎行使权力,免受错案责任的追究。而且,如果对履行通知的异议因没有举证或者举证不适当而被否定,第三人不仅可以向上级法院申请复议或者申诉,还可以通过另外一个诉讼,确认执行法院认可的债权不存在。这当然会使其在谋求救济时陷入被动,但也是公平的,不能举证证明自己的主张而承担救济风险转移(其救济地位由主动变为被动)的后果,也是理所当然。

当然,现实中我们还必须区分另外一个问题,那就是执行人员进行债权是否存在的调查程序与履行通知程序的区别。如果被执行人声称对第三人享有到期债权,并提交了确凿的证据,例如第三人出具的借条等,则执行法院自然可以推定该债权的存在,向第三人发履行通知。第三人提出异议的,按照所谓有限审查的原则审查异议是否成立。但如果被执行人仅仅声称对第三人享有债权,却根本没有任何证据可以证明债权存在的,则即使执行人员向第三人发出所谓履行通知,也只能将该通知视为对债权存在与否的调查。第三人对债权存在的否认,不需要任何证据。不过,如果第三人承认该债权存在并提出其他异议的理由的,则应对其异议的理由按照有限审查原则处理。

第三,这里还需要交待一个问题,那就是如果执行中真出现了违反程序的行为,应作何处理。其实执行中有时程序的违反可能较为普遍(诉讼可能也是这样),但是否违反了程序的执行就应当被撤销,这是一个需要思考的问题。本案虽然我们可能认为如果按照代位执行来解释的话不会有这么多的麻烦,但事实上执行法院并不是按照代位执行来处理的,这是事实。而且,就是按照代位执行来解释,违反程序的地方也是比比皆是(如执行后才发执行裁定等)。但为什么这一违反程序的执行得到维持了呢?笔者是这样看的,程序的违反有轻有重,如果部分程序的违反不影响整个执行程序的公正性,没有妨碍当事人在该程序中对自己实体权利的保护,而且事后证明并没有损害利害关系人的实体的权利,并没有破坏实体的公正,该程序的违反就不应成为撤销整个执行行为的理由。这也是出于节约执行成本考虑。本案虽有违反程序的现象(如通知问题等),但因为该程序的违反并没有妨害第三人依法保护自己的合法权益(口头通知并不妨害沈阳龙源提出异议;事后也证明了第三人所谓的异议根本就不能成立),而且如果第三人的异议得到支持,撤销已为的执行行为,退还扣划的执行款的话,不但造成了实体问题上处理的不公正,破坏司法的公正性与权威性,浪费执行成本,还会使执行法院陷于被追索的被动局面。特别是有时候因为程序设置(立法)本身的瑕疵,造成不违反程序就无法实现实体公正的现象。由于立法对一些情况预料不够,造成立法的僵死而又难以操作,使司法者陷于被动的局面,也是常有的。所以,法官应当通过其对法律的解释,补充法律的漏洞,增加法律的灵活性,以适应现实的需要。

总之,对债权的执行要根据债权的不同性质区别对待,对于有执行名义的债权的执行,可以直接代位执行。而且,就是对普通债权的执行,第三人提出履行通知异议的时候,也应当负担基本的举证责任,以证明其提出的异议有存在的可能。对于第三人的举证,执行法院有有限的审查权,如果第三人拒绝举证、不能举证或者所举的证据明显不能证明其主张的,应由其自己承担救济风险。另外,有关执行法院违反程序执行的问题，也应当区别对待。如果局部程序的违反对第三人行使救济的权利没有太多妨碍，且最终的处理并没有违背实体公正的情况下，执行法院的执行行为可以得到维持。事实上，真正意义上的法律不只是那些记载在法条里的书面上的规范，还包括法官对法律的诠释，判例法的国家尤其如此。但就是在大陆法系，法官对法律的诠释（不管学者怎么评价），至少在个案中具有法律的效力。因此，法官司法应当具有主动性，法律出现了漏洞或者因为法律的僵化而影响法律的公正的时候，法官应当大胆地通过其对法律本意的诠释予以补充。所以，面对本案程序的违反，如果执行法院的执行没有加重义务人的义务，而更有力地保护了权利人的权利，该执行行为就可以维持，特别是当如果我们在本案中采取相反的做法会明显违背法律的正义的时候。故此，程序违反的有些问题是应当从完善立法去思考的。①

[提示] 被执行人按其他执行法院的要求向申请执行人的债权人履行法律文书确定义务的合法性问题

最高人民法院
民事裁定书

〔2010〕执复字第 2 号

申请复议人（申请执行人）：中投信用担保有限公司。住所地：北京市东城区东长安街 1 号东方广场东方经贸城西二办公楼 7 层 1—4 室。

法定代表人：李军阳，董事长。

被执行人：海通证券股份有限公司福州广达路证券营业部。住所地：福州市台江区广达路 76 号。

负责人：詹亮宇，总经理。

被执行人：海通证券股份有限公司。住所地：上海市淮海中路 98 号 20 楼。

法定代表人：王开国，董事长。

申请复议人中投信用担保有限公司不服福建省高级人民法院（简称福建高院）〔2009〕闽执异字第 1 号裁定书，向本院申请复议，要求撤销该裁定，责令福建高院立即强制执行该院〔2009〕闽民初字第 3 号民事调解书。本院审阅了福建高院案卷和当事人所提供的材料，现已审查终结。

本院查明：

中投信用担保有限公司（简称中投公司）与海通证券股份有限公司（简称海通证券）、海通证券股份有限公司福州广达路证券营业部（简称海通证券营业部）证券权益纠纷一案，福建高院于 2009 年 6 月 11 日作出〔2009〕闽民初字第 3 号民事调解书，已经发生法律效力。权利人中投公司于 2009 年 6 月 25 日向福建高院申请执行。福建高院于 2009 年 7 月 3 日立案执行，并于 2009 年 7 月 15 日向被执行人海通证券营业部、海通证券发出〔2009〕闽执行字第 99 号执行通知书，责令其履行法律文书确定的义务。

被执行人海通证券及海通证券营业部不服福建高院〔2009〕闽执行字第 99 号执行通知书，向该院提出书面异议。异议中提出：被执行人已于 2009 年 6 月 12 日根据北京市东城区人民法院（简称北京东城法院）的履行到期债务通知书，向中投公司的执行债权人潘鼎履行其对中投公司所负的到期债务人民币 11,222,761.55 元，该款项汇入了北京东城法院账户；上海市第二中级人民法院（简称上海二中院）为执行上海中维资产管理有限公司与中投公司纠纷案，向其发出协助执行通知书，并于 2009 年 6 月 22 日扣划了海通证券的银行存款人民币 8,777,238.45 元。以上共计向中投公司的债权人支付了 2000 万元人民币，故其与中投公司之间已经不存在未履行〔2009〕闽民初字第 3 号民事调解书确定的付款义务的事实，福建高院向其发出执行通知书，不具有事实和法律依据，应当依法撤销。

---

① 刘文涛：《北京华油石油公司申请执行辽宁营口华油实业公司对第三人沈阳龙源石油化工有限公司到期债权案》，载最高人民法院执行工作办公室编：《强制执行指导与参考》2002 年第 1 辑（总第 1 辑），法律出版社 2002 年版，第 276～288 页。

福建高院审查后作出〔2009〕闽执异字第1号裁定书。裁定认为：北京东城法院发出履行到期债务通知书和上海二中院发出协助执行通知书以及扣划海通证券银行存款的行为，在被依法撤销或变更前，是发生法律效力的执行行为。被执行人未按〔2009〕闽民初字第3号民事调解书规定将2000万元人民币支付给中投公司的直接原因是上述两家法院的强制执行行为，而引发该强制执行行为的根源在于中投公司自身对外负债且未自觉履行人民法院的生效判决，被执行人配合协助两家法院执行的过程中并无过错。因此，应当认定海通证券营业部、海通证券已经履行完毕〔2009〕闽民初字第3号民事调解书所确定的义务，其所提异议成立。故裁定撤销了〔2009〕闽执行字第99号执行通知书。

申请执行人中投公司不服福建高院〔2009〕闽执异字第1号裁定，向本院提出复议，理由如下：

1. 程序理由。（1）福建高院未在民事诉讼法第二百零二条①规定的"自收到书面异议之日起十五日内"之法定期限内审查异议。申请人2009年7月15日提出书面异议，经办法官8月11日才召集当事人调查。（2）经办法官单独召集双方当事人调查，在调查时未告知合议庭组成人员，也未告知当事人可以申请回避，事实上剥夺了当事人申请回避的权利。

2. 实体理由。（1）北京东城法院的履行到期债务通知书和上海二中院的协助执行通知书均违反了最高法院给江苏省高级人民法院的〔2000〕执监字第304号关于法院判决的债权不适用《关于适用〈中华人民共和国民事诉讼法〉若干问题的意见》第300条②规定（简称第300条）的复函精神。福建高院裁定认定被执行人按照上述通知支付款项属于依法配合人民法院执行的行为，是错误的。（2）福建高院针对申请人对被执行人口述收到法律文书的时间提出的异议，要求申请人向有关法院收集并提交证据证明，错误分配举证责任，明显不公；经办法官错误认定被执行人在2009年6月10日即收到北京东城法院的履行到期债务通知书。而被执行人自述是6月11日才收到，申请人认为应当更迟才能收到。（3）北京东城法院执行的潘鼎诉中投公司委托理财合同纠纷案的生效判决存在严重错误，中投公司已经申请再审，福建高院已经立案审查。

本院认为：

（一）关于福建高院裁定的程序问题

1. 民事诉讼法第二百零二条规定的自收到书面异议之日起十五日内进行审查，目的是约束执行法院及时进行审查，提高司法效率，未能在法定期限内完成审查的，不影响裁定的效力。

2. 审查执行异议时，经办法官单独召集双方当事人调查，随后组成合议庭评议的做法，并不违反法律规定。福建高院经办法官调查时虽未能告知合议庭成员，但因本案中复议申请人并未提出合议庭成员应当回避的任何事由，故此并不涉及剥夺中投公司申请回避的权利问题。

（二）关于福建高院裁定的实体问题

1. 最高人民法院〔2000〕执监字第304号复函是针对个案的答复，不具有普遍效力。随着民事诉讼法关于执行管辖权的调整，该函中基于执行只能由一审法院管辖的观念，认为经法院判决确定的到期债权不适用最高人民法院《关于适用〈中华人民共和国民事诉讼法〉若干问题的意见》第300条的意见已不再具有合理

---

① 民事诉讼法原第二百零二条现已修改为第二百二十五条。——编者注

② 第三百条规定："被执行人不能清偿债务，但对第三人享有到期债权的，人民法院可依申请执行人的申请，通知该第三人向申请执行人履行债务。该第三人对债务没有异议但又在通知指定的期限内不履行的，人民法院可以强制执行。"该规定已被最高人民法院《关于适用〈中华人民共和国民事诉讼法〉的解释》（法释〔2015〕5号）第五百零一条修改为："人民法院执行被执行人对他人的到期债权，可以作出冻结债权的裁定，并通知该他人向申请执行人履行。该他人对到期债权有异议，申请执行人请求对异议部分强制执行的，人民法院不予支持。利害关系人对到期债权有异议的，人民法院应当按照民事诉讼法第二百二十七条规定处理。对生效法律文书确定的到期债权，该他人予以否认的，人民法院不予支持。"——编者注

性。对此问题正确的解释应当是：对经法院判决（或调解书，以下通称判决）确定的债权，也可以由非判决法院按照第 300 条规定的程序执行。因该到期债权已经法院判决确定，故第三人（被执行人的债务人）不能提出债权不存在的异议（否认生效判决的定论）。本案中北京东城法院和上海二中院正是按照上述精神对福建高院〔2009〕闽民初字第 3 号民事调解书确定的债权进行执行的。被执行人海通证券无权对生效调解书确定的债权提出异议，不能对抗上海二中院强制扣划行为，其自动按照北京东城法院的通知要求履行，也是合法的。

2. 被执行人海通证券营业部、海通证券收到有关法院通知的时间及其协助有关法院执行，是在福建高院向其发出执行通知之。在其协助有关法院执行后，其因〔2009〕闽民初字第 3 号民事调解书而对于申请执行人中投公司负有的 2000 万元债务已经消灭，被执行人有权请求福建高院不得再依据该调解书强制执行。至于其收到有关法院通知的确切时间，对此结论并无影响。

3. 对北京东城法院据以执行的生效判决是否存在错误，以及该院的执行行为，福建高院在本案异议审查中并无进行审查判断的职权。中投公司虽对于北京东城法院执行的案件申请再审，但是否停止执行，应当由再审审查部门和北京东城法院决定，中投公司如对北京东城法院执行有异议，应当向该院提出。在北京东城法院对相关债权已经执行之后，福建高院无权在本案异议审查裁定中否定北京东城法院的执行行为效力。如北京东城法院的执行依据经再审程序撤销，中投公司可寻相关法律途径救济。

综上，福建高院〔2009〕闽执异字第 1 号裁定书认定事实清楚，适用法律正确，依照《中华人民共和国民事诉讼法》第二百零二条的规定，裁定如下：

驳回中投信用担保有限公司的复议请求，维持福建省高级人民法院〔2009〕闽执异字第 1 号裁定。

本裁定为终审裁定。

【附：案例评析】

中投信用担保公司申请复议案——被执行人按其他执行法院的要求向申请执行人的债权人履行法律文书确定义务的合法性问题

二、最高人民法院裁判要点

最高人民法院于 2010 年 4 月 13 日作出〔2010〕执复字第 2 号民事裁定书，驳回中投信用担保有限公司的复议请求，维持福建省高级人民法院〔2009〕闽执异字第 1 号裁定。对其中核心问题的裁判要点如下：

最高人民法院〔2000〕执监字第 304 号复函是针对个案的答复，不具有普遍效力。随着民事诉讼法关于执行管辖权的调整，该函中基于执行只能由一审法院管辖的观念，认为经法院判决确定的到期债权不适用最高人民法院《关于适用〈中华人民共和国民事诉讼法〉若干问题的意见》第 300 条的意见已不再具有合理性。对此问题正确的解释应当是：对经法院判决（或调解书，以下通称判决）确定的债权，也可以由非判决法院按照第 300 条规定的程序执行。因该到期债权已经法院判决确定，故第三人（被执行人的债务人）不能提出债权不存在的异议（否认生效判决的定论）。在其协助有关法院执行后，其对于债务人负有的债务已经消灭，并有权请求不得强制执行。①

---

① 黄金龙、魏丹：《中投信用担保公司申请复议案——被执行人按其他执行法院的要求向申请执行人的债权人履行法律文书确定义务的合法性问题》，载江必新主编、最高人民法院执行局编：《执行工作指导》2010 年第 3 辑（总第 35 辑），人民法院出版社 2010 年版，第 93~97 页。

第三十章 抚养费案件的执行

中华人民共和国婚姻法

2001年4月28日

第二十一条 父母对子女有抚养教育的义务；子女对父母有赡养扶助的义务。

父母不履行抚养义务时，未成年的或不能独立生活的子女，有要求父母付给抚养费的权利。

子女不履行赡养义务时，无劳动能力的或生活困难的父母，有要求子女付给赡养费的权利。

禁止溺婴、弃婴和其他残害婴儿的行为。

第四十八条 对拒不执行有关扶养费、抚养费、赡养费、财产分割、遗产继承、探望子女等判决或裁定的，由人民法院依法强制执行。有关个人和单位应负协助执行的责任。

最高人民法院
关于适用《中华人民共和国婚姻法》若干问题的解释（一）

2001年12月25日　　法释〔2001〕30号

第二十条 婚姻法第二十一条规定的"不能独立生活的子女"，是指尚在校接受高中及其以下学历教育，或者丧失或未完全丧失劳动能力等非因主观原因而无法维持正常生活的成年子女。

第二十一条 婚姻法第二十一条所称"抚养费"，包括子女生活费、教育费、医疗费等费用。

第二十四条 人民法院作出的生效的离婚判决中未涉及探望权，当事人就探望权问题单独提起诉讼的，人民法院应予受理。

第二十五条 当事人在履行生效判决、裁定或者调解书的过程中，请求中止行使探望权的，人民法院在征询双方当事人意见后，认为需要中止行使探望权的，依法作出裁定。中止探望的情形消失后，人民法院应当根据当事人的申请通知其恢复探望权的行使。

第二十六条 未成年子女、直接抚养子女的父或母及其他对未成年子女负担抚养、教育义务的法定监护人，有权向人民法院提出中止探望权的请求。

第三十二条 婚姻法第四十八条关于对拒不执行有关探望子女等判决和裁定的，由人民法院依法强制执行的规定，是指对拒不履行协助另一方行使探望权的有关个人和单位采取拘留、罚款等强制措施，不能对子女的人身、探望行为进行强制执行。

正在读大学的子女有要求父母给付抚养费的权利吗？

问题： 某法院审理一起抚养纠纷，原告现年20周岁，身体健康，其父母与8年前离婚，原告由其母抚养，其父每月支付抚养费80元。现原告在大学就读，要求其父付教育费的一半。对本案有两种不同意见：一种意见认为，根据最高人民法院《婚姻法解释（一）》第20条的规定："'不能独立生活的子女'，是指尚在校接受高中及其以下学历教育，或者丧失或未完全丧失劳动能力等非主观原因而无法维持正常的生活的成年子女。"该案原告已成年，且在校接受高中以上教育，不属于"不能独立生活的子女"，应驳回原告的诉讼请求。另一种意见认为，根据我国《婚姻法》第21条第2款规定："父母不履行抚养义务时，未成年的或不能独立生活的子女，有要求父母给付抚养费的权利。"如最高人民法院的解释与此条相矛盾，应按《婚姻法》的规定执行。从有利于子女的教育及原告现有的情况，原告应还属"不能独立生活的子女"，原告的请求应予支持。

《人民司法》研究组认为：《婚姻法》第21条第2款规定："父母不履行抚养义务时，未成年的或不能独立生活的子女,有要求父母给付抚养费的权利。"审判中对"不能独立生活的子女"理解不尽一致。为解决这一问题,最高人民法院根据立法本意,在广泛征求社会意见和调查研究的基础上,从我国的国情出发,在《婚姻法解释(一)》中作出了更详细的规定。据此,《婚姻法》第 21 条第 2 款规定"不能独立生活的子女",是指成年子女,涉及到尚在校学习的,仅限于接受高中及其以下学历教育的情形。因此,该案中当事人在大学就读的,父母已经没有法定义务再继续为其提供抚养费。应当指出的是,前述司法解释所规定的内容与《婚姻法》在本质上是一致的,并不矛盾。司法解释只是在立法本意的基础上,将问题规定的更加明确化、具体化,故同意来信中第一种意见的处理原则。①

第三十一章 破产案件的执行

第一节 执行案件移送破产审查

最高人民法院
关于适用《中华人民共和国民事诉讼法》的解释

2015 年 1 月 30 日　　法释〔2015〕5 号

第五百一十三条 在执行中,作为被执行人的企业法人符合企业破产法第二条第一款规定情形的,执行法院经申请执行人之一或者被执行人同意,应当裁定中止对该被执行人的执行,将执行案件相关材料移送被执行人住所地人民法院。

第五百一十四条 被执行人住所地人民法院应当自收到执行案件相关材料之日起三十日内,将是否受理破产案件的裁定告知执行法院。不予受理的,应当将相关案件材料退回执行法院。

第五百一十五条 被执行人住所地人民法院裁定受理破产案件的,执行法院应当解除对被执行人财产的保全措施。被执行人住所地人民法院裁定宣告被执行人破产的,执行法院应当裁定终结对该被执行人的执行。

被执行人住所地人民法院不受理破产案件的,执行法院应当恢复执行。

第五百一十六条 当事人不同意移送破产或者被执行人住所地人民法院不受理破产案件的,执行法院就执行变价所得财产,在扣除执行费用及清偿优先受偿的债权后,对于普通债权,按照财产保全和执行中查封、扣押、冻结财产的先后顺序清偿。

最高人民法院
关于执行案件移送破产审查若干问题的指导意见

2017 年 1 月 20 日　　法发〔2017〕2 号

推进执行案件移送破产审查工作,有利于健全市场主体救治和退出机制,有利于完善司法工作机制,有利于化解执行积案,是人民法院贯彻中央供给侧结构性改革部署的重要举措,是当前和今后一段时期人民法院服务经济社会发展大局的重要任务。为促进和规范执行案件移送破产审查工作,保障执行程序与破产程序的有序衔接,根据《中华人民共和国企业破产法》《中华人民共和国民事诉讼法》《最高人民

---

① 载《人民司法》2004 年第 7 期。

法院关于适用〈中华人民共和国民事诉讼法〉的解释》等规定，现对执行案件移送破产审查的若干问题提出以下意见。

一、执行案件移送破产审查的工作原则、条件与管辖

1. 执行案件移送破产审查工作，涉及执行程序与破产程序之间的转换衔接，不同法院之间，同一法院内部执行部门、立案部门、破产审判部门之间，应坚持依法有序、协调配合、高效便捷的工作原则，防止推诿扯皮，影响司法效率，损害当事人合法权益。

2. 执行案件移送破产审查，应同时符合下列条件：

（1）被执行人为企业法人；

（2）被执行人或者有关被执行人的任何一个执行案件的申请执行人书面同意将执行案件移送破产审查；

（3）被执行人不能清偿到期债务，并且资产不足以清偿全部债务或者明显缺乏清偿能力。

3. 执行案件移送破产审查，由被执行人住所地人民法院管辖。在级别管辖上，为适应破产审判专业化建设的要求，合理分配审判任务，实行以中级人民法院管辖为原则、基层人民法院管辖为例外的管辖制度。中级人民法院经高级人民法院批准，也可以将案件交由具备审理条件的基层人民法院审理。

二、执行法院的征询、决定程序

4. 执行法院在执行程序中应加强对执行案件移送破产审查有关事宜的告知和征询工作。执行法院采取财产调查措施后，发现作为被执行人的企业法人符合破产法第二条规定的，应当及时询问申请执行人、被执行人是否同意将案件移送破产审查。申请执行人、被执行人均不同意移送且无人申请破产的，执行法院应当按照《最高人民法院关于适用〈中华人民共和国民事诉讼法〉的解释》第五百一十六条的规定处理，企业法人的其他已经取得执行依据的债权人申请参与分配的，人民法院不予支持。

5. 执行部门应严格遵守执行案件移送破产审查的内部决定程序。承办人认为执行案件符合移送破产审查条件的，应提出审查意见，经合议庭评议同意后，由执行法院院长签署移送决定。

6. 为减少异地法院之间移送的随意性，基层人民法院拟将执行案件移送异地中级人民法院进行破产审查的，在作出移送决定前，应先报请其所在地中级人民法院执行部门审核同意。

7. 执行法院作出移送决定后，应当于五日内送达申请执行人和被执行人。申请执行人或被执行人对决定有异议的，可以在受移送法院破产审查期间提出，由受移送法院一并处理。

8. 执行法院作出移送决定后，应当书面通知所有已知执行法院，执行法院均应中止对被执行人的执行程序。但是，对被执行人的季节性商品、鲜活、易腐烂变质以及其他不宜长期保存的物品，执行法院应当及时变价处置，处置的价款不作分配。受移送法院裁定受理破产案件的，执行法院应当在收到裁定书之日起七日内，将该价款移交受理破产案件的法院。

案件符合终结本次执行程序条件的，执行法院可以同时裁定终结本次执行程序。

9. 确保对被执行人财产的查封、扣押、冻结措施的连续性，执行法院决定移送后、受移送法院裁定受理破产案件之前，对被执行人的查封、扣押、冻结措施不解除。查封、扣押、冻结期限在破产审查期间届满的，申请执行人可以向执行法院申请延长期限，由执行法院负责办理。

三、移送材料及受移送法院的接收义务

10. 执行法院作出移送决定后，应当向受移送法院移送下列材料：

（1）执行案件移送破产审查决定书；

（2）申请执行人或被执行人同意移送的书面材料；

（3）执行法院采取财产调查措施查明的被执行人的财产状况，已查封、扣押、冻结财产清单及相关材料；

（4）执行法院已分配财产清单及相关材料；

（5）被执行人债务清单；

（6）其他应当移送的材料。

11. 移送的材料不完备或内容错误，影响受移送法院认定破产原因是否具备的，受移送法院可以要求执行法院补齐、补正，执行法院应于十日内补齐、补正。该期间不计入受移送法院破产审查的期间。

受移送法院需要查阅执行程序中的其他案件材料，或者依法委托执行法院办理财产处置等事项的，执行法院应予协助配合。

12. 执行法院移送破产审查的材料，由受移送法院立案部门负责接收。受移送法院不得以材料不完备等为由拒绝接收。立案部门经审核认为移送材料完备的，应以"破申"作为案件类型代字编制案号登记立案，并及时将案件移送破产审判部门进行破产审查。破产审判部门在审查过程中发现本院对案件不具有管辖权的，应当按照《中华人民共和国民事诉讼法》第三十六条的规定处理。

四、受移送法院破产审查与受理

13. 受移送法院的破产审判部门应当自收到移送的材料之日起三十日内作出是否受理的裁定。受移送法院作出裁定后，应当在五日内送达申请执行人、被执行人，并送交执行法院。

14. 申请执行人申请或同意移送破产审查的，裁定书中以该申请执行人为申请人，被执行人为被申请人；被执行人申请或同意移送破产审查的，裁定书中以该被执行人为申请人；申请执行人、被执行人均同意移送破产审查的，双方均为申请人。

15. 受移送法院裁定受理破产案件的，在此前的执行程序中产生的评估费、公告费、保管费等执行费用，可以参照破产费用的规定，从债务人财产中随时清偿。

16. 执行法院收到受移送法院受理裁定后，应当于七日内将已经划扣到账的银行存款、实际扣押的动产、有价证券等被执行人财产移交给受理破产案件的法院或管理人。

17. 执行法院收到受移送法院受理裁定时，已通过拍卖程序处置且成交裁定已送达买受人的拍卖财产，通过以物抵债偿还债务且抵债裁定已送达债权人的抵债财产，已完成转账、汇款、现金交付的执行款，因财产所有权已经发生变动，不属于被执行人的财产，不再移交。

五、受移送法院不予受理或驳回申请的处理

18. 受移送法院做出不予受理或驳回申请裁定的，应当在裁定生效后七日内将接收的材料、被执行人的财产退回执行法院，执行法院应当恢复对被执行人的执行。

19. 受移送法院作出不予受理或驳回申请的裁定后，人民法院不得重复启动执行案件移送破产审查程序。申请执行人或被执行人以有新证据足以证明被执行人已经具备了破产原因为由，再次要求将执行案件移送破产审查的，人民法院不予支持。但是，申请执行人或被执行人可以直接向具有管辖权的法院提出破产申请。

20. 受移送法院裁定宣告被执行人破产或裁定终止和解程序、重整程序的，应当自裁定作出之日起五日内送交执行法院，执行法院应当裁定终结对被执行人的执行。

六、执行案件移送破产审查的监督

21. 受移送法院拒绝接收移送的材料，或者收到移送的材料后不按规定的期限作出是否受理裁定的，执行法院可函请受移送法院的上一级法院进行监督。上一级法院收到函件后应当指令受移送法院在十日内接收材料或作出是否受理的裁定。

受移送法院收到上级法院的通知后，十日内仍不接收材料或不作出是否受理裁定的，上一级法院可以径行对移送破产审查的案件行使管辖权。上一级法院裁定受理破产案件的，可以指令受移送法院审理。

人民法院办理执行案件规范

2017 年 4 月

129.【执行案件移送破产审查的工作原则】

执行案件移送破产审查工作，涉及执行程序与破产程序之间的转换衔接，不同法院之间，同一法院内部执行部门、立案部门、破产审判部门之间，应坚持依法有序、协调配合、高效便捷的工作原则，防止推诿扯皮，影响司法效率，损害当事人合法权益。

130.【执行案件移送破产审查的条件】

执行案件移送破产审查，应同时符合下列条件：

（1）被执行人为企业法人；

（2）被执行人或者有关被执行人的任何一个执行案件的申请执行人书面同意将执行案件移送破产审查；

（3）被执行人不能清偿到期债务，并且资产不足以清偿全部债务或者明显缺乏清偿能力。

131.【执行案件移送破产审查的管辖】

执行案件移送破产审查，由被执行人住所地人民法院管辖。在级别管辖上，实行以中级人民法院管辖为原则、基层人民法院管辖为例外的管辖制度。中级人民法院经高级人民法院批准，也可以将案件交由具备审理条件的基层人民法院审理。

132.【执行案件移送破产事宜的告知】

执行法院在执行程序中应加强对执行案件移送破产审查有关事宜的告知和征询工作。

执行法院依照民事诉讼法第二百四十条规定对作为被执行人的企业法人发出执行通知时，可以同时告知《最高人民法院关于适用〈中华人民共和国民事诉讼法〉的解释》有关执行移送破产的规定。

133.【执行案件移送破产审查前的意见征询】

执行法院采取财产调查措施后，发现作为被执行人的企业法人符合企业破产法第二条规定的，应当及时问申请执行人、被执行人是否同意将案件移送破产审查。申请执行人、被执行人均不同意移送且无人申请破产的，执行法院就执行变价所得的财产，在扣除执行费用及清偿优先受偿的债权后，对于普通债权，按照财产保全和执行中查封、扣押、冻结财产的先后顺序清偿。企业法人的其他已经取得执行依据的债权人申请参与分配的，人民法院不予支持。

134.【执行案件移送破产审查的决定程序】

执行部门应严格遵守执行案件移送破产审查的内部决定程序。承办人认为执行案件符合移送破产审查条件的，应提出审查意见，经合议庭评议同意后，由执行法院院长签署移送决定。

基层人民法院拟将执行案件移送异地中级人民法院进行破产审查的，在作出移送决定前，应先报请其所在地中级人民法院执行部门审核同意。

135.【移送决定的送达及其异议的处理】

执行法院作出移送决定后，应当于五日内送达申请执行人和被执行人。申请执行人或被执行人对决定有异议的，可以在受移送法院破产审查期间提出，由受移送法院一并处理。

136.【移送后的中止执行】

执行法院作出移送决定后，应当书面通知所有已知执行法院，执行法院均应中止对被执行人的执行程序。但是，对被执行人的季节性商品、鲜活、易腐烂变质以及其他不宜长期保存的物品，执行法院应当及时变价处置，处置的价款不作分配。受移送法院裁定受理破产案件的，执行法院应当在收到裁定书之日起七日内，将该价款移交受理破产案件法院。案件符合终结本次执行程序条件的，执行法院可以同时裁定终结本次执行程序。

被执行人的所有执行法院未依照前款规定中止对被执行人的执行程序的，采取执行措施的相关单位应当依法予以纠正。依法执行回转的财产，应当认定为企业法人的破产财产。

裁定对被执行人中止执行的，不影响对同一执行案件其他被执行人的执行。

137.【查控措施的延续】

执行法院决定移送后、受移送法院裁定受理破产案件之前，对被执行人的查封、扣押、冻结措施不解除。查封、扣押、冻结期限在破产期间届满的，申请执行人可以向执行法院申请延长期限，由执行法院负责办理。

138.【材料的移送及补正】

执行法院作出移送决定后，应当向受移送法院移送下列材料：

（1）执行案件移送破产审查决定书；

（2）申请执行人或被执行人同意移送的书面材料；

（3）执行法院采取财产调查措施查明的被执行人的财产状况、已查封、扣押、冻结财产清单及相关材料；

（4）执行法院已分配财产清单及相关材料；

（5）被执行人债务清单；

（6）其他应当移送的材料。

移送的材料不完备或内容错误,影响受移送法院认定破产原因是否具备的,受移送法院可以要求执行法院补齐、补正,执行法院应于十日内补齐、补正。该期间不计入受移送法院破产审查期间。

受移送法院需要查阅执行程序中的其他案件材料,或者依法委托执行法院办理财产处置等事项的,执行法院应予协助配合。

139.【移送材料的接收和登记立案】

执行法院移送破产审查的材料,由受移送法院立案部门负责接收。受移送法院不得以材料不完备等为由拒绝接收。立案部门经审核认为移送材料完备的,应以"破申"作为案件类型代字编制案号登记立案,并及时将案件移送破产审判部门进行破产审查。

破产审判部门在审查过程中发现本院对案件不具有管辖权的,应当按照民事诉讼法第三十六条

140.【受移送法院破产审查与受理】

受移送法院的破产审判部门应当自收到移送的材料之日起三十日内作出是否受理的裁定。受移送法院作出裁定后,应当在五日内送达申请执行人、被执行人,并送交执行法院。

申请执行人申请或同意移送破产审查的,裁定书中以该申请执行人为申请人,被执行人为被申请人;被执行人申请或同意移送破产审查的,裁定书中以该被执行人为申请人;申请执行人、被执行人均同意移送破产审查的,双方均为申请人。

141.【执破衔接中执行费用的处理】

受移送法院裁定受理破产案件的,在此前的执行程序中产生的评估费、公告费、保管费等执行费用,可以参照破产费用的规定,从债务人财产中随时清偿。

142.【被执行人财产的移交】

执行法院收到受移送法院受理裁定后,应当于七日内将已经扣划到账的银行存款、实际扣押的动产、有价证券等被执行人财产移交给受理破产案件的法院或管理人。

执行法院收到受移送法院受理裁定时,已通过拍卖、变卖程序处置且成交裁定已送达买受人的拍卖、变卖财产,通过以物抵债偿还债务且抵债裁定已送达债权人的抵债财产,已完成转账、汇款、现金交付的执行款,因财产所有权已经发生变动,不属于被执行人的财产,不再移交。

143.【受移送法院不予受理或驳回申请的处理】

受移送法院作出不予受理或驳回申请裁定的,应当在裁定生效后七日内将接收的材料、被执行人的财产退回执行法院,执行法院应当恢复对被执行人的执行。

执行法院就执行变价所得的财产,在扣除执行费用及清偿优先受偿的债权后,对于普通债权,按照财产保全和执行中查封、扣押、冻结财产的先后顺序清偿。

144.【重复移送的禁止】

受移送法院作出不予受理或驳回申请的裁定后,人民法院不得重复启动执行案件移送破产审查程序。申请执行人或被执行人以有新证据足以证明被执行人已经具备了破产原因为由,再次要求将执行案件移送破产审查的,人民法院不予支持。但是,申请执行人或被执行人可以直接向具有管辖权的法院提出破产申请。

145.【破产与否的后续处理】

受移送法院裁定宣告被执行人破产或裁定终止和解程序、重整程序的,应当自裁定作出之日起五日内送交执行法院,执行法院应当裁定终结对被执行人的执行。

人民法院受理破产申请后至破产宣告前裁定驳回破产申请,或者依据企业破产法第一百零八条的规定裁定终结破产程序的,应当及时通知原已采取保全措施并已依法解除保全措施的单位按照原保全顺位恢复相关保全措施。在已依法解除保全的单位恢复保全措施或者表示不再恢复之前,受理破产申请的人民法院不得解除对债务人财产的保全措施。执行法院决定恢复查控措施或表示不再恢复,应当及时通知受理破产申请法院。

146.【执行案件移送破产审查的监督】

受移送法院拒绝接收移送的材料,或者收到移送的材料后不按规定的期限作出是否受理裁定的,执行法院可函请受移送法院的上一级法院进行监督。上一级法院收到函件后应当指

令受移送法院在十日内接收材料或作出是否受理的裁定。受移送法院收到上级法院的通知后，十日内仍不接收材料或不作出是否受理裁定的，上一级法院可以径行对移送破产审查案件行使管辖权。上一级法院裁定受理破产案件的，可以指令受移送法院审理。

147.【申请执行人申报债权】

因被执行人被受理破产而裁定中止执行的，申请执行人应当依法向管理人申报相关债权。

148.【虚假破产的监督】

执行法院发现被执行人有虚假破产情形的，应当及时向受理破产案件的人民法院提出。申请执行人认为被执行人利用破产逃债的，可以向受理破产案件的人民法院或者其上级人民法院提出异议，受理异议的法院应当依法进行监督。

第二节　破产案件的执行

最高人民法院
关于审理企业破产案件若干问题的规定

2002年7月30日　　法释〔2002〕23号

为正确适用《中华人民共和国企业破产法（试行）》（以下简称企业破产法）、《中华人民共和国民事诉讼法》（以下简称民事诉讼法），规范对企业破产案件的审理，结合人民法院审理企业破产案件的实际情况，特制定以下规定。

一、关于企业破产案件管辖

第一条　企业破产案件由债务人住所地人民法院管辖。债务人住所地指债务人的主要办事机构所在地。债务人无办事机构的，由其注册地人民法院管辖。

第二条　基层人民法院一般管辖县、县级市或者区的工商行政管理机关核准登记企业的破产案件；

中级人民法院一般管辖地区、地级市（含本级）以上的工商行政管理机关核准登记企业的破产案件；

纳入国家计划调整的企业破产案件，由中级人民法院管辖。

第三条　上级人民法院审理下级人民法院管辖的企业破产案件，或者将本院管辖的企业破产案件移交下级人民法院审理，以及下级人民法院需要将自己管辖的企业破产案件交由上级人民法院审理的，依照民事诉讼法第三十八条①的规定办理；省、自治区、直辖市范围内因特殊情况需对个别企业破产案件的地域管辖作调整的，须经共同上级人民法院批准。

二、关于破产申请与受理

第四条　申请（被申请）破产的债务人应当具备法人资格，不具备法人资格的企业、个体工商户、合伙组织、农村承包经营户不具备破产主体资格。

第五条　国有企业向人民法院申请破产时，应当提交其上级主管部门同意其破产的文件；其他企业应当提供其开办人或者股东会议决定企业破产的文件。

第六条　债务人申请破产，应当向人民法院提交下列材料：

（一）书面破产申请；

（二）企业主体资格证明；

（三）企业法定代表人与主要负责人名单；

（四）企业职工情况和安置预案；

（五）企业亏损情况的书面说明，并附审计报告；

（六）企业至破产申请日的资产状况明细表，包括有形资产、无形资产和企业投资情况等；

（七）企业在金融机构开设账户的详细情况，包括开户审批材料、账号、资金等；

（八）企业债权情况表，列明企业的债务人名称、住所、债务数额、发生时间和催讨偿还情况；

---

① 民事诉讼法原第三十八条现已修改为第一百二十七条。——编者注

（九）企业债务情况表，列明企业的债权人名称、住所、债权数额、发生时间；

（十）企业涉及的担保情况；

（十一）企业已发生的诉讼情况；

（十二）人民法院认为应当提交的其他材料。

第七条 债权人申请债务人破产，应当向人民法院提交下列材料：

（一）债权发生的事实与证据；

（二）债权性质、数额、有无担保，并附证据；

（三）债务人不能清偿到期债务的证据。

第八条 债权人申请债务人破产，人民法院可以通知债务人核对以下情况：

（一）债权的真实性；

（二）债权在债务人不能偿还的到期债务中所占的比例；

（三）债务人是否存在不能清偿到期债务的情况。

第九条 债权人申请债务人破产，债务人对债权人的债权提出异议，人民法院认为异议成立的，应当告知债权人先行提起民事诉讼。破产申请不予受理。

第十条 人民法院收到破产申请后，应当在七日内决定是否立案；破产申请人提交的材料需要更正、补充的，人民法院可以责令申请人限期更正、补充。按期更正、补充材料的，人民法院自收到更正补充材料之日起七日内决定是否立案；未按期更正、补充的，视为撤回申请。

人民法院决定受理企业破产案件的，应当制作案件受理通知书，并送达申请人和债务人。通知书作出时间为破产案件受理时间。

第十一条 在人民法院决定受理企业破产案件前，破产申请人可以请求撤回破产申请。

人民法院准许申请人撤回破产申请的，在撤回破产申请之前已经支出的费用由破产申请人承担。

第十二条 人民法院经审查发现有下列情况的，破产申请不予受理：

（一）债务人有隐匿、转移财产等行为，为了逃避债务而申请破产的；

（二）债权人借破产申请毁损债务人商业信誉，意图损害公平竞争的。

第十三条 人民法院对破产申请不予受理的，应当作出裁定。

破产申请人对不予受理破产申请的裁定不服的，可以在裁定送达之日起十日内向上一级人民法院提起上诉。

第十四条 人民法院受理企业破产案件后，发现不符合法律规定的受理条件或者有本规定第十二条所列情形的，应当裁定驳回破产申请。

人民法院受理债务人的破产申请后，发现债务人巨额财产下落不明且不能合理解释财产去向的，应当裁定驳回破产申请。

破产申请人对驳回破产申请的裁定不服的，可以在裁定送达之日起十日内向上一级人民法院提起上诉。

第十五条 人民法院决定受理企业破产案件后，应当组成合议庭，并在十日内完成下列工作：

（一）将合议庭组成人员情况书面通知破产申请人和被申请人，并在法院公告栏张贴企业破产受理公告。公告内容应当写明：破产申请受理时间、债务人名称，申报债权的期限、地点和逾期未申报债权的法律后果、第一次债权人会议召开的日期、地点；

（二）在债务人企业发布公告，要求保护好企业财产，不得擅自处理企业的账册、文书、资料、印章，不得隐匿、私分、转让、出售企业财产；

（三）通知债务人立即停止清偿债务，非经人民法院许可不得支付任何费用；

（四）通知债务人的开户银行停止债务人的结算活动，并不得扣划债务人款项抵扣债务。但经人民法院依法许可的除外。

第十六条 人民法院受理债权人提出的企业破产案件后，应当通知债务人在十五日内向人民法院提交有关会计报表、债权债务清册、企业资产清册以及人民法院认为应当提交的资料。

第十七条 人民法院受理企业破产案件后，除应当按照企业破产法第九条的规定通知已知的债权人外，还应当于三十日内在国家、地方有影响的报纸上刊登公告,公告内容同第十五条第(一)项的规定。

第十八条 人民法院受理企业破产案件后,除可以随即进行破产宣告成立清算组的外,在企业原管理组织不能正常履行管理职责的情况下,可以成立企业监管组。企业监管组成员从企业上级主管部门或者股东会议代表、企业原管理人员、主要债权人中产生,也可以聘请会计师、律师等中介机构参加。企业监管组主要负责处理以下事务:

(一)清点、保管企业财产;
(二)核查企业债权;
(三)为企业利益而进行的必要的经营活动;
(四)支付人民法院许可的必要支出;
(五)人民法院许可的其他工作。

企业监管组向人民法院负责,接受人民法院的指导、监督。

第十九条 人民法院受理企业破产案件后,以债务人为原告的其他民事纠纷案件尚在一审程序的,受诉人民法院应当将案件移送受理破产案件的人民法院;案件已进行到二审程序的,受诉人民法院应当继续审理。

第二十条 人民法院受理企业破产案件后,对债务人财产的其他民事执行程序应当中止。

以债务人为被告的其他债务纠纷案件,根据下列不同情况分别处理:

(一)已经审结但未执行完毕的,应当中止执行,由债权人凭生效的法律文书向受理破产案件的人民法院申报债权。
(二)尚未审结且无其他被告和无独立请求权的第三人的,应当中止诉讼,由债权人向受理破产案件的人民法院申报债权。在企业被宣告破产后,终结诉讼。
(三)尚未审结并有其他被告或者无独立请求权的第三人的,应当中止诉讼,由债权人向受理破产案件的人民法院申报债权。待破产程序终结后,恢复审理。
(四)债务人系从债务人的债务纠纷案件继续审理。

三、关于债权申报

第二十一条 债权人申报债权应当提交债权证明和合法有效的身份证明;代理申报人应当提交委托人的有效身份证明、授权委托书和债权证明。

申报的债权有财产担保的,应当提交证明财产担保的证据。

第二十二条 人民法院在登记申报的债权时,应当记明债权人名称、住所、开户银行、申报债权数额、申报债权的证据、财产担保情况、申报时间、联系方式以及其他必要的情况。

已经成立清算组的,由清算组进行上述债权登记工作。

第二十三条 连带债务人之一或者数人破产的,债权人可就全部债权向该债务人或者各债务人行使权利,申报债权。债权人未申报债权的,其他连带债务人可就将来可能承担的债务申报债权。

第二十四条 债权人虽未在法定期间申报债权,但有民事诉讼法第七十六条①规定情形的,在破产财产分配前可向清算组申报债权。清算组负责审查其申报的债权,并由人民法院审查确定。债权人会议对人民法院同意该债权人参加破产财产分配有异议的,可以向人民法院申请复议。

四、关于破产和解与破产企业整顿

第二十五条 人民法院受理企业破产案件后,在破产程序终结前,债务人可以向人民法院申请和解。人民法院在破产案件审理过程中,可以根据债权人、债务人具体情况向双方提出和解建议。

人民法院作出破产宣告裁定前,债权人会议与债务人达成和解协议并经人民法院裁定认可的,由人民法院发布公告,中止破产程序。

人民法院作出破产宣告裁定后,债权人会议与债务人达成和解协议并经人民法院裁定认可,由人民法院裁定中止执行破产宣告裁定,并公告中止破产程序。

第二十六条 债务人不按和解协议规定的内容清偿全部债务的,相关债权人可以申请人

---

① 民事诉讼法原第七十六条现已被修改为第八十三条。——编者注

民法院强制执行。

第二十七条 债务人不履行或者不能履行和解协议的，经债权人申请，人民法院应当裁定恢复破产程序。和解协议系在破产宣告前达成的，人民法院应当在裁定恢复破产程序的同时裁定宣告债务人破产。

第二十八条 企业由债权人申请破产的，如被申请破产的企业系国有企业，依照企业破产法第四章的规定，其上级主管部门可以申请对该企业进行整顿。整顿申请应当在债务人被宣告破产前提出。

企业无上级主管部门的，企业股东会议可以通过决议并以股东会议名义申请对企业进行整顿。整顿工作由股东会议指定人员负责。

第二十九条 企业整顿期间，企业的上级主管部门或者负责实施整顿方案的人员应当定期向债权人会议和人民法院报告整顿情况、和解协议执行情况。

第三十条 企业整顿期间，对于债务人财产的执行仍适用企业破产法第十一条的规定。

五、关于破产宣告

第三十一条 企业破产法第三条第一款规定的"不能清偿到期债务"是指：

（一）债务的履行期限已届满；

（二）债务人明显缺乏清偿债务的能力。

债务人停止清偿到期债务并呈连续状态，如无相反证据，可推定为"不能清偿到期债务"。

第三十二条 人民法院受理债务人破产案件后，有下列情形之一的，应当裁定宣告债务人破产：

（一）债务人不能清偿债务且与债权人不能达成和解协议的；

（二）债务人不履行或者不能履行和解协议的；

（三）债务人在整顿期间有企业破产法第二十一条规定情形的；

（四）债务人在整顿期满后有企业破产法第二十二条第二款规定情形的。

宣告债务人破产应当公开进行。由债权人提出破产申请的，破产宣告时应当通知债务人到庭。

第三十三条 债务人自破产宣告之日起停止生产经营活动。为债权人利益确有必要继续生产经营的，须经人民法院许可。

第三十四条 人民法院宣告债务人破产后，应当通知债务人的开户银行，限定其银行账户只能由清算组使用。人民法院通知开户银行时应当附破产宣告裁定书。

第三十五条 人民法院裁定宣告债务人破产后应当发布公告，公告内容包括债务人亏损情况、资产负债状况、破产宣告时间、破产宣告理由和法律依据以及对债务人的财产、账册、文书、资料和印章的保护等内容。

第三十六条 破产宣告后，破产企业的财产在其他民事诉讼程序中被查封、扣押、冻结的，受理破产案件的人民法院应当立即通知采取查封、扣押、冻结措施的人民法院予以解除，并向受理破产案件的人民法院办理移交手续。

第三十七条 企业被宣告破产后，人民法院应当指定必要的留守人员。破产企业的法定代表人、财会、财产保管人员必须留守。

第三十八条 破产宣告后，债权人或者债务人对破产宣告有异议的，可以在人民法院宣告企业破产之日起十日内，向上一级人民法院申诉。上一级人民法院应当组成合议庭进行审理，并在三十日内作出裁定。

六、关于债权人会议

第三十九条 债权人会议由申报债权的债权人组成。

债权人会议主席由人民法院在有表决权的债权人中指定。必要时，人民法院可以指定多名债权人会议主席，成立债权人会议主席委员会。

少数债权人拒绝参加债权人会议，不影响会议的召开。但债权人会议不得作出剥夺其对破产财产受偿的机会或者不利于其受偿的决议。

第四十条 第一次债权人会议应当在人民法院受理破产案件公告三个月期满后召开。除债务人的财产不足以支付破产费用，破产程序提前终结外，不得以一般债权的清偿率为零为理由取消债权人会议。

第四十一条 第一次债权人会议由人民法院召集并主持。人民法院除完成本规定第十七条确定的工作外，还应当做好以下准备工作：

（一）拟订第一次债权人会议议程；

（二）向债务人的法定代表人或者负责人发出通知，要求其必须到会；

（三）向债务人的上级主管部门、开办人或者股东会议代表发出通知，要求其派员列席会议；

（四）通知破产清算组成员列席会议；

（五）通知审计、评估人员参加会议；

（六）需要提前准备的其他工作。

第四十二条 债权人会议一般包括以下内容：

（一）宣布债权人会议职权和其他有关事项；

（二）宣布债权人资格审查结果；

（三）指定并宣布债权人会议主席；

（四）安排债务人法定代表人或者负责人接受债权人询问；

（五）由清算组通报债务人的生产经营、财产、债务情况并作清算工作报告和提出财产处理方案及分配方案；

（六）讨论并审查债权的证明材料、债权的财产担保情况及数额、讨论通过和解协议、审阅清算组的清算报告、讨论通过破产财产的处理方案与分配方案等。讨论内容应当记明笔录。债权人对人民法院或者清算组登记的债权提出异议的，人民法院应当及时审查并作出裁定；

（七）根据讨论情况，依照企业破产法第十六条的规定进行表决。

以上第（五）至（七）项议程内的工作在本次债权人会议上无法完成的，交由下次债权人会议继续进行。

第四十三条 债权人认为债权人会议决议违反法律规定或者侵害其合法权益的，可以在债权人会议作出决议后七日内向人民法院提出，由人民法院依法裁定。

第四十四条 清算组财产分配方案经债权人会议两次讨论未获通过的，由人民法院依法裁定。

对前款裁定，占无财产担保债权总额半数以上债权的债权人有异议的，可以在人民法院作出裁定之日起十日内向上一级人民法院申诉。上一级人民法院应当组成合议庭进行审理，并在三十日内作出裁定。

第四十五条 债权人可以委托代理人出席债权人会议，并可以授权代理人行使表决权。代理人应当向人民法院或者债权人会议主席提交授权委托书。

第四十六条 第一次债权人会议后又召开债权人会议的，债权人会议主席应当在发出会议通知前三日报告人民法院，并由会议召集人在开会前十五日将会议时间、地点、内容、目的等事项通知债权人。

七、关于清算组

第四十七条 人民法院应当自裁定宣告企业破产之日起十五日内成立清算组。

第四十八条 清算组成员可以从破产企业上级主管部门、清算中介机构以及会计、律师中产生，也可以从政府财政、工商管理、计委、经委、审计、税务、物价、劳动、社会保险、土地管理、国有资产管理、人事等部门中指定。人民银行分（支）行可以按照有关规定派人参加清算组。

第四十九条 清算组经人民法院同意可以聘请破产清算机构、律师事务所、会计事务所等中介机构承担一定的破产清算工作。中介机构就清算工作向清算组负责。

第五十条 清算组的主要职责是：

（一）接管破产企业。向破产企业原法定代表人及留守人员接收原登记造册的资产明细表、有形资产清册，接管所有财产、账册、文书档案、印章、证照和有关资料。破产宣告前成立企业监管组的，由企业监管组和企业原法定代表人向清算组进行移交；

（二）清理破产企业财产，编制财产明细表和资产负债表，编制债权债务清册，组织破产财产的评估、拍卖、变现；

（三）回收破产企业的财产，向破产企业的债务人、财产持有人依法行使财产权利；

（四）管理、处分破产财产，决定是否履行合同和在清算范围内进行经营活动。确认别除权、抵销权、取回权；

（五）进行破产财产的委托评估、拍卖及其他变现工作；

（六）依法提出并执行破产财产处理和分配方案；

（七）提交清算报告；

（八）代表破产企业参加诉讼和仲裁活动；

（九）办理企业注销登记等破产终结事宜；

（十）完成人民法院依法指定的其他事项。

第五十一条　清算组对人民法院负责并且报告工作，接受人民法院的监督。人民法院应当及时指导清算组的工作，明确清算组的职权与责任，帮助清算组拟订工作计划，听取清算组汇报工作。

清算组有损害债权人利益的行为或者其他违法行为的，人民法院可以根据债权人的申请或者依职权予以纠正。

人民法院可以根据债权人的申请或者依职权更换不称职的清算组成员。

第五十二条　清算组应当列席债权人会议，接受债权人会议的询问。债权人有权查阅有关资料、询问有关事项；清算组的决定违背债权人利益的，债权人可以申请人民法院裁定撤销该决定。

第五十三条　清算组对破产财产应当及时登记、清理、审计、评估、变价。必要时，可以请求人民法院对破产企业财产进行保全。

第五十四条　清算组应当采取有效措施保护破产企业的财产。债务人的财产权利如不依法登记或者及时行使将丧失权利的，应当及时予以登记或者行使；对易损、易腐、跌价或者保管费用较高的财产应当及时变卖。

八、关于破产债权

第五十五条　下列债权属于破产债权：

（一）破产宣告前发生的无财产担保的债权；

（二）破产宣告前发生的虽有财产担保但是债权人放弃优先受偿的债权；

（三）破产宣告前发生的虽有财产担保但是债权数额超过担保物价值部分的债权；

（四）票据出票人被宣告破产，付款人或者承兑人不知其事实而向持票人付款或者承兑所产生的债权；

（五）清算组解除合同，对方当事人依法或者依照合同约定产生的对债务人可以用货币计算的债权；

（六）债务人的受托人在债务人破产后，为债务人的利益处理委托事务所发生的债权；

（七）债务人发行债券形成的债权；

（八）债务人的保证人代替债务人清偿债务后依法可以向债务人追偿的债权；

（九）债务人的保证人按照《中华人民共和国担保法》第三十二条的规定预先行使追偿权而申报的债权；

（十）债务人为保证人的，在破产宣告前已经被生效的法律文书确定承担的保证责任；

（十一）债务人在破产宣告前因侵权、违约给他人造成财产损失而产生的赔偿责任。

（十二）人民法院认可的其他债权。

以上第（五）项债权以实际损失为计算原则。违约金不作为破产债权，定金不再适用定金罚则。

第五十六条　因企业破产解除劳动合同，劳动者依法或者依据劳动合同对企业享有的补偿金请求权，参照企业破产法第三十七条第二款第（一）项规定的顺序清偿。

第五十七条　债务人所欠非正式职工（含短期劳动工）的劳动报酬，参照企业破产法第三十七条第二款第（一）项规定的顺序清偿。

第五十八条　债务人所欠企业职工集资款，参照企业破产法第三十七条第二款第（一）项规定的顺序清偿。但对违反法律规定的高额利息部分不予保护。

职工向企业的投资，不属于破产债权。

第五十九条　债务人退出联营应当对该联营企业的债务承担责任的，联营企业的债权人对该债务人享有的债权属于破产债权。

第六十条　与债务人互负债权债务的债权人可以向清算组请求行使抵销权，抵销权的行使应当具备以下条件：

（一）债权人的债权已经得到确认；

（二）主张抵销的债权债务均发生在破产宣告之前。

经确认的破产债权可以转让。受让人以受让的债权抵销其所欠债务人债务的，人民法院不予支持。

第六十一条　下列债权不属于破产债权：

（一）行政、司法机关对破产企业的罚款、罚金以及其他有关费用；

（二）人民法院受理破产案件后债务人未付应付款项的滞纳金，包括债务人未执行生效法律文书应当加倍支付的迟延利息和劳动保险金的滞纳金；

（三）破产宣告后的债务利息；

（四）债权人参加破产程序所支出的费用；

（五）破产企业的股权、股票持有人在股权、股票上的权利；

（六）破产财产分配开始后向清算组申报的债权；

（七）超过诉讼时效的债权；

（八）债务人开办单位对债务人未收取的管理费、承包费。

上述不属于破产债权的权利，人民法院或者清算组也应当对当事人的申报进行登记。

第六十二条 政府无偿拨付给债务人的资金不属于破产债权。但财政、扶贫、科技管理等行政部门通过签订合同，按有偿使用、定期归还原则发放的款项，可以作为破产债权。

第六十三条 债权人对清算组确认或者否认的债权有异议的，可以向清算组提出。债权人对清算组的处理仍有异议的，可以向人民法院提出。人民法院应当在查明事实的基础上依法作出裁决。

九、关于破产财产

第六十四条 破产财产由下列财产构成：

（一）债务人在破产宣告时所有的或者经营管理的全部财产；

（二）债务人在破产宣告后至破产程序终结前取得的财产；

（三）应当由债务人行使的其他财产权利。

第六十五条 债务人与他人共有的物、债权、知识产权等财产或者财产权，应当在破产清算中予以分割，债务人分割所得属于破产财产；不能分割的，应当就其应得部分转让，转让所得属于破产财产。

第六十六条 债务人的开办人注册资金投入不足的，应当由该开办人予以补足，补足部分属于破产财产。

第六十七条 企业破产前受让他人财产并依法取得所有权或者土地使用权的，即便未支付或者未完全支付对价，该财产仍属于破产财产。

第六十八条 债务人的财产被采取民事诉讼执行措施的，在受理破产案件后尚未执行的或者未执行完毕的剩余部分，在该企业被宣告破产后列入破产财产。因错误执行应当执行回转的财产，在执行回转后列入破产财产。

第六十九条 债务人依照法律规定取得代位求偿权的，依该代位求偿权享有的债权属于破产财产。

第七十条 债务人在被宣告破产时未到期的债权视为已到期，属于破产财产，但应当减去未到期的利息。

第七十一条 下列财产不属于破产财产：

（一）债务人基于仓储、保管、加工承揽、委托交易、代销、借用、寄存、租赁等法律关系占有、使用的他人财产；

（二）抵押物、留置物、出质物，但权利人放弃优先受偿权的或者优先偿付被担保债权剩余的部分除外；

（三）担保物灭失后产生的保险金、补偿金、赔偿金等代位物；

（四）依照法律规定存在优先权的财产，但权利人放弃优先受偿权或者优先偿付特定债权剩余的部分除外；

（五）特定物买卖中，尚未转移占有但相对人已完全支付对价的特定物；

（六）尚未办理产权证或者产权过户手续但已向买方交付的财产；

（七）债务人在所有权保留买卖中尚未取得所有权的财产；

（八）所有权专属于国家且不得转让的财产；

（九）破产企业工会所有的财产。

第七十二条 本规定第七十一条第（一）项所列的财产，财产权利人有权取回。

前款财产在破产宣告前已经毁损灭失的，财产权利人仅能以直接损失额为限申报债权；在破产宣告后因清算组的责任毁损灭失的，财产权利人有权获得等值赔偿。

债务人转让上述财产获利的，财产权利人

有权要求债务人等值赔偿。

十、关于破产财产的收回、处理和变现

第七十三条 清算组应当向破产企业的债务人和财产持有人发出书面通知,要求债务人和财产持有人于限定的时间向清算组清偿债务或者交付财产。

破产企业的债务人和财产持有人有异议的,应当在收到通知后的七日内提出,由人民法院作出裁定。

破产企业的债务人和财产持有人在收到通知后既不向清算组清偿债务或者交付财产,又没有正当理由不在规定的异议期内提出异议的,由清算组向人民法院提出申请,经人民法院裁定后强制执行;

破产企业在境外的财产,由清算组予以收回。

第七十四条 债务人享有的债权,其诉讼时效自人民法院受理债务人的破产申请之日起,适用《中华人民共和国民法通则》第一百四十条关于诉讼时效中断的规定。债务人与债权人达成和解协议,中止破产程序的,诉讼时效自人民法院中止破产程序裁定之日起重新计算。

第七十五条 经人民法院同意,清算组可以聘用律师或者其他中介机构的人员追收债权。

第七十六条 债务人设立的分支机构和没有法人资格的全资机构的财产,应当一并纳入破产程序进行清理。

第七十七条 债务人在其开办的全资企业中的投资权益应当予以追收。

全资企业资不抵债的,清算组停止追收。

第七十八条 债务人对外投资形成的股权及其收益应当予以追收。对该股权可以出售或者转让,出售、转让所得列入破产财产进行分配。

股权价值为负值的,清算组停止追收。

第七十九条 债务人开办的全资企业,以及由其参股、控股的企业不能清偿到期债务,需要进行破产还债的,应当另行提出破产申请。

第八十条 清算组处理集体所有土地使用权时,应当遵守相关法律规定。未办理土地征用手续的集体所有土地使用权,应当在该集体范围内转让。

第八十一条 破产企业的职工住房,已经签订合同、交付房款,进行房改给个人的,不属于破产财产。未进行房改的,可由清算组向有关部门申请办理房改事项,向职工出售。按照国家规定不具备房改条件,或者职工在房改中不购买住房的,由清算组根据实际情况处理。

第八十二条 债务人的幼儿园、学校、医院等公益福利性设施,按国家有关规定处理,不作为破产财产分配。

第八十三条 处理破产财产前,可以确定有相应评估资质的评估机构对破产财产进行评估,债权人会议、清算组对破产财产的评估结论、评估费用有异议的,参照最高人民法院《关于民事诉讼证据的若干规定》第二十七条的规定处理。

第八十四条 债权人会议对破产财产的市场价格无异议的,经人民法院同意后,可以不进行评估。但是国有资产除外。

第八十五条 破产财产的变现应当以拍卖方式进行。由清算组负责委托有拍卖资格的拍卖机构进行拍卖。

依法不得拍卖或者拍卖所得不足以支付拍卖所需费用的,不进行拍卖。

前款不进行拍卖或者拍卖不成的破产财产,可以在破产分配时进行实物分配或者作价变卖。债权人对清算组在实物分配或者作价变卖中对破产财产的估价有异议的,可以请求人民法院进行审查。

第八十六条 破产财产中的成套设备,一般应当整体出售。

第八十七条 依法属于限制流通的破产财产,应当由国家指定的部门收购或者按照有关法律规定处理。

十一、关于破产费用

第八十八条 破产费用包括:

(一)破产财产的管理、变卖、分配所需要的费用;

(二)破产案件的受理费;

(三)债权人会议费用;

(四)催收债务所需费用;

(五)为债权人的共同利益而在破产程序中支付的其他费用。

第八十九条　人民法院受理企业破产案件可以按照《人民法院诉讼收费办法补充规定》预收案件受理费。

破产宣告前发生的经人民法院认可的必要支出，从债务人财产中拨付。债务人财产不足以支付的，如系债权人申请破产的，由债权人支付。

第九十条　清算期间职工生活费、医疗费可以从破产财产中优先拨付。

第九十一条　破产费用可随时支付，破产财产不足以支付破产费用的，人民法院根据清算组的申请裁定终结破产程序。

十二、关于破产财产的分配

第九十二条　破产财产分配方案经债权人会议通过后，由清算组负责执行。财产分配可以一次分配，也可以多次分配。

第九十三条　破产财产分配方案应当包括以下内容：

（一）可供破产分配的财产种类、总值，已经变现的财产和未变现的财产；

（二）债权清偿顺序、各顺序的种类与数额，包括破产企业所欠职工工资、劳动保险费用和破产企业所欠税款的数额和计算依据，纳入国家计划调整的企业破产，还应当说明职工安置费的数额和计算依据；

（三）破产债权总额和清偿比例；

（四）破产分配的方式、时间；

（五）对将来能够追回的财产拟进行追加分配的说明。

第九十四条　列入破产财产的债权，可以进行债权分配。债权分配以便于债权人实现债权为原则。

将人民法院已经确认的债权分配给债权人的，由清算组向债权人出具债权分配书，债权人可以凭债权分配书向债务人要求履行。债务人拒不履行的，债权人可以申请人民法院强制执行。

第九十五条　债权人未在指定期限内领取分配的财产的，对该财产可以进行提存或者变卖后提存价款，并由清算组向债权人发出催领通知书。债权人在收到催领通知书一个月后或者在清算组发出催领通知书两个月后，债权人仍未领取的，清算组应当对该部分财产进行追加分配。

十三、关于破产终结

第九十六条　破产财产分配完毕，由清算组向人民法院报告分配情况，并申请人民法院终结破产程序。

人民法院在收到清算组的报告和终结破产程序申请后，认为符合破产程序终结规定的，应当在七日内裁定终结破产程序。

第九十七条　破产程序终结后，由清算组向破产企业原登记机关办理企业注销登记。

破产程序终结后仍有可以追收的破产财产、追加分配等善后事宜需要处理的，经人民法院同意，可以保留清算组或者保留部分清算组成员。

第九十八条　破产程序终结后出现可供分配的财产的，应当追加分配。追加分配的财产，除企业破产法第四十条规定的由人民法院追回的财产外，还包括破产程序中因纠正错误支出收回的款项，因权利被承认追回的财产，债权人放弃的财产和破产程序终结后实现的财产权利等。

第九十九条　破产程序终结后，破产企业的账册、文书等卷宗材料由清算组移交破产企业上级主管机关保存；无上级主管机关的，由破产企业的开办人或者股东保存。

十四、其他

第一百条　人民法院在审理企业破产案件中，发现破产企业的原法定代表人或者直接责任人员有企业破产法第三十五条所列行为的，应当向有关部门建议，对该法定代表人或者直接责任人员给予行政处分；涉嫌犯罪的，应当将有关材料移送相关国家机关处理。

第一百零一条　破产企业有企业破产法第三十五条所列行为，致使企业财产无法收回，造成实际损失的，清算组可以对破产企业的原法定代表人、直接责任人员提起民事诉讼，要求其承担民事赔偿责任。

第一百零二条　人民法院受理企业破产案件后，发现企业有巨额财产下落不明的，应当将有关涉嫌犯罪的情况和材料，移送相关国家机关处理。

第一百零三条　人民法院可以建议有关部门对破产企业的主要责任人员限制其再行开办

企业,在法定期限内禁止其担任公司的董事、监事、经理。

第一百零四条 最高人民法院发现各级人民法院,或者上级人民法院发现下级人民法院在破产程序中作出的裁定确有错误的,应当通知其纠正;不予纠正的,可以裁定指令下级人民法院重新作出裁定。

第一百零五条 纳入国家计划调整的企业破产案件,除适用本规定外,还应当适用国家有关企业破产的相关规定。

第一百零六条 本规定自二〇〇二年九月一日起施行。在本规定发布前制定的有关审理企业破产案件的司法解释,与本规定相抵触的,不再适用。

最高人民法院
关于适用《中华人民共和国企业破产法》若干问题的规定(一)

2011年9月9日　　法释〔2011〕22号

为正确适用《中华人民共和国企业破产法》,结合审判实践,就人民法院依法受理企业破产案件适用法律问题作出如下规定。

第一条 债务人不能清偿到期债务并且具有下列情形之一的,人民法院应当认定其具备破产原因:

(一)资产不足以清偿全部债务;

(二)明显缺乏清偿能力。

相关当事人以对债务人的债务负有连带责任的人未丧失清偿能力为由,主张债务人不具备破产原因的,人民法院应不予支持。

第二条 下列情形同时存在的,人民法院应当认定债务人不能清偿到期债务:

(一)债权债务关系依法成立;

(二)债务履行期限已经届满;

(三)债务人未完全清偿债务。

第三条 债务人的资产负债表,或者审计报告、资产评估报告等显示其全部资产不足以偿付全部负债的,人民法院应当认定债务人资产不足以清偿全部债务,但有相反证据足以证明债务人资产能够偿付全部负债的除外。

第四条 债务人账面资产虽大于负债,但存在下列情形之一的,人民法院应当认定其明显缺乏清偿能力:

(一)因资金严重不足或者财产不能变现等原因,无法清偿债务;

(二)法定代表人下落不明且无其他人员负责管理财产,无法清偿债务;

(三)经人民法院强制执行,无法清偿债务;

(四)长期亏损且经营扭亏困难,无法清偿债务;

(五)导致债务人丧失清偿能力的其他情形。

第五条 企业法人已解散但未清算或者未在合理期限内清算完毕,债权人申请债务人破产清算的,除债务人在法定异议期限内举证证明其未出现破产原因外,人民法院应当受理。

第六条 债权人申请债务人破产的,应当提交债务人不能清偿到期债务的有关证据。债务人对债权人的申请未在法定期限内向人民法院提出异议,或者异议不成立的,人民法院应当依法裁定受理破产申请。

受理破产申请后,人民法院应当责令债务人依法提交其财产状况说明、债务清册、债权清册、财务会计报告等有关材料,债务人拒不提交的,人民法院可以对债务人的直接责任人员采取罚款等强制措施。

第七条 人民法院收到破产申请时,应当向申请人出具收到申请及所附证据的书面凭证。

人民法院收到破产申请后应当及时对申请人的主体资格、债务人的主体资格和破产原因,以及有关材料和证据等进行审查,并依据企业破产法第十条的规定作出是否受理的裁定。

人民法院认为申请人应当补充、补正相关材料的,应当自收到破产申请之日起五日内告知申请人。当事人补充、补正相关材料的期间不计入企业破产法第十条规定的期限。

第八条 破产案件的诉讼费用,应根据企业破产法第四十三条的规定,从债务人财产中拨付。相关当事人以申请人未预先交纳诉讼费用为由,对破产申请提出异议的,人民法院不予支持。

第九条 申请人向人民法院提出破产申请，人民法院未接收其申请，或者未按本规定第七条执行的，申请人可以向上一级人民法院提出破产申请。

上一级人民法院接到破产申请后，应当责令下级法院依法审查并及时作出是否受理的裁定；下级法院仍不作出是否受理裁定的，上一级人民法院可以径行作出裁定。

上一级人民法院裁定受理破产申请的，可以同时指令下级人民法院审理该案件。

最高人民法院
关于对企业法人破产还债程序终结的裁定的抗诉应否受理问题的批复

1997年7月31日　　法释〔1997〕2号

江苏省高级人民法院：

你院〔1996〕苏申经复字第16号《关于对宣告企业法人破产还债程序终结裁定的抗诉应否受理问题的请示》收悉。经研究，答复如下：

检察机关对人民法院作出的企业法人破产还债程序终结的裁定提出抗诉没有法律依据。检察机关对前述裁定提出抗诉的，人民法院应当通知其不予受理。

此复。

最高人民法院
关于破产企业国有划拨土地使用权应否列入破产财产等问题的批复

2003年4月16日　　法释〔2003〕6号

湖北省高级人民法院：

你院鄂高法〔2002〕158号《关于破产企业国有划拨土地使用权应否列入破产财产以及有关抵押效力认定等问题的请示》收悉。经研究，答复如下：

一、根据《中华人民共和国土地管理法》第五十八条第一款第（四）项及《城镇国有土地使用权出让和转让暂行条例》第四十七条的规定，破产企业以划拨方式取得的国有土地使用权不属于破产财产，在企业破产时，有关人民政府可以予以收回，并依法处置。纳入国家兼并破产计划的国有企业，其依法取得的国有土地使用权，应依据国务院有关文件规定办理。

二、企业对其以划拨方式取得的国有土地使用权无处分权，以该土地使用权为标的物设定抵押，除依法办理抵押登记手续外，还应经具有审批权限的人民政府或土地行政管理部门批准。① 否则，应认定抵押无效。如果企业对以划拨方式取得的国有土地使用权设定抵押时，履行了法定的审批手续，并依法办理了抵押登记，应认定抵押有效。根据《中华人民共和国城市房地产管理法》第五十条和《中华人民共和国担保法》第五十六条的规定，抵押权人只有在以抵押标的物折价或拍卖、变卖所得价款缴纳相当于土地使用权出让金的款项后，对剩余部分方可享有优先受偿权。但纳入国家兼并破产计划的国有企业，其用以划拨方式取得的国有土地使用权设定抵押的，应依据国务院有关文件规定办理。

三、国有企业以关键设备、成套设备、厂房设定抵押的效力问题，应依据法释〔2002〕14号《关于国有工业企业以机器设备等财产为抵押物与债权人签订的抵押合同的法律效力问题的批复》办理。

国有企业以建筑物设定抵押的效力问题，应区分两种情况处理：如果建筑物附着于以划拨方式取得的国有土地使用权之上，将该建筑

---

① 《最高人民法院关于转发国土资源部关于国有划拨土地使用权抵押登记有关问题的通知的通知》（法发〔2004〕11号）规定："国土资源部于2004年1月15日发布了国土资发〔2004〕9号《关于国有划拨土地使用权抵押登记有关问题的通知》。在《通知》发布之日起，人民法院尚未审结的涉及国有划拨土地使用权抵押经过有审批权限的土地行政管理部门依法办理抵押登记手续的案件，不以国有划拨土地使用权抵押未经批准而认定抵押无效。已经审结的案件不应该依据该《通知》提起再审。"

物与土地使用权一并设定抵押的,对土地使用权的抵押需履行法定的审批手续,否则,应认定抵押无效;如果建筑物附着于以出让、转让方式取得的国有土地使用权之上,将该建筑物与土地使用权一并设定抵押的,即使未经有关主管部门批准,亦应认定抵押有效。

本批复自公布之日起施行,正在审理或者尚未审理的案件,适用本批复,但对提起再审的判决、裁定已经发生法律效力的案件除外。

此复。

最高人民法院
关于破产清算组在履行职责过程中违约或侵权等民事纠纷案件诉讼管辖问题的批复

2004年6月21日　　法释〔2004〕5号

湖北省高级人民法院:

你院鄂高法〔2003〕383号《关于破产清算组在履行职责过程中违约或侵权等民事纠纷案件诉讼管辖问题的请示》收悉。经研究,答复如下:

企业被宣告破产后,清算组因履行清算职责对他人违约或者侵权引起的民事诉讼,发生在破产程序终结之前的,由受理破产案件的人民法院管辖,在破产程序中一并处理。

此复。

最高人民法院
关于审理出口退税托管账户质押贷款案件有关问题的规定

2004年11月22日　　法释〔2004〕18号

为正确审理涉及出口退税专用账户质押贷款纠纷案件,维护相关当事人的合法权益,根据《中华人民共和国民法通则》、《中华人民共和国合同法》、《中华人民共和国担保法》等有关规定,结合人民法院审判实践,制定本规定。

第一条　本规定适用于审理、执行涉及出口退税专用账户质押贷款的案件。

本规定所称出口退税专用账户质押贷款,是指借款人将出口退税专用账户托管给贷款银行,并承诺以该账户中的退税款作为还款保证的贷款。

第二条　以出口退税专用账户质押方式贷款的,应当签订书面质押贷款合同。质押贷款合同自贷款银行实际托管借款人出口退税专用账户时生效。①

第三条　出口退税专用账户质押贷款银行,对质押账户内的退税款享有优先受偿权。

第四条　人民法院审理和执行案件时,不得对已设质的出口退税专用账户内的款项采取财产保全措施或者执行措施。

第五条　借款人进入破产程序时,贷款银行对已经设质的出口退税专用账户内的款项享有优先受偿权,但应以被担保债权尚未受偿的数额为限。

第六条　有下列情形之一的,不受本《规定》第三、四、五条规定的限制,人民法院可以采取财产保全或者执行措施:

(一)借款人将非退税款存入出口退税专用账户的;

(二)贷款银行将出口退税专用账户内的退税款扣还其他贷款,且数额已经超出质押贷款金额的;

(三)贷款银行同意税务部门转移出口退税专用账户的;

(四)贷款银行有其他违背退税账户专用性质,损害其他债权人利益行为的。

第七条　本规定自公布之日起施行。

---

① 本条已根据《最高人民法院关于废止2007年底以前发布的有关司法解释(第七批)的决定》(法释〔2008〕15号)废止。——编者注

最高人民法院
关于《中华人民共和国企业破产法》施行时尚未审结的企业破产案件适用法律若干问题的规定

2007年4月25日　　法释〔2007〕10号

为正确适用《中华人民共和国企业破产法》，对人民法院审理企业破产法施行前受理的、施行时尚未审结的企业破产案件具体适用法律问题，规定如下：

第一条 债权人、债务人或者出资人向人民法院提出重整或者和解申请，符合下列条件之一的，人民法院应予受理：

（一）债权人申请破产清算的案件，债务人或者出资人于债务人被宣告破产前提出重整申请，且符合企业破产法第七十条第二款的规定；

（二）债权人申请破产清算的案件，债权人于债务人被宣告破产前提出重整申请，且符合企业破产法关于债权人直接向人民法院申请重整的规定；

（三）债务人申请破产清算的案件，债务人于被宣告破产前提出重整申请，且符合企业破产法关于债务人直接向人民法院申请重整的规定；

（四）债务人依据企业破产法第九十五条的规定申请和解。

第二条 清算组在企业破产法施行前未通知或者答复未履行完毕合同的对方当事人解除或者继续履行合同的，从企业破产法施行之日起计算，在该法第十八条第一款规定的期限内未通知或者答复的，视为解除合同。

第三条 已经成立清算组的，企业破产法施行后，人民法院可以指定该清算组为管理人。

尚未成立清算组的，人民法院应当依照企业破产法和《最高人民法院关于审理企业破产案件指定管理人的规定》及时指定管理人。

第四条 债权人主张对债权债务抵消的，应当符合企业破产法第四十条规定的情形；但企业破产法施行前，已经依据有关法律规定抵消的除外。

第五条 对于尚未清偿的破产费用，应当按企业破产法第四十一条和第四十二条的规定区分破产费用和共益债务，并依据企业破产法第四十三条的规定清偿。

第六条 人民法院尚未宣告债务人破产的，应当适用企业破产法第四十六条的规定确认债权利息；已经宣告破产的，依据企业破产法施行前的法律规定确认债权利息。

第七条 债权人已经向人民法院申报债权的，由人民法院将相关申报材料移交给管理人；尚未申报的，债权人应当直接向管理人申报。

第八条 债权人未在人民法院确定的债权申报期内向人民法院申报债权的，可以依据企业破产法第五十六条的规定补充申报。

第九条 债权人对债权表记载债权有异议，向受理破产申请的人民法院提起诉讼的，人民法院应当依据企业破产法第二十一条和第五十八条的规定予以受理。但人民法院对异议债权已经作出裁决的除外。

债权人就争议债权起诉债务人，要求其承担偿还责任的，人民法院应当告知该债权人变更其诉讼请求为确认债权。

第十条 债务人的职工就清单记载有异议，向受理破产申请的人民法院提起诉讼的，人民法院应当依据企业破产法第二十一条和第四十八条的规定予以受理。但人民法院对异议债权已经作出裁决的除外。

第十一条 有财产担保的债权人未放弃优先受偿权利的，对于企业破产法第六十一条第一款第七项、第十项规定以外的事项享有表决权。但该债权人对于企业破产法施行前已经表决的事项主张行使表决权，或者以其未行使表决权为由请求撤销债权人会议决议的，人民法院不予支持。

第十二条 债权人认为债权人会议的决议违反法律规定，损害其利益，向人民法院请求撤销该决议，裁定尚未作出的，人民法院应当依据企业破产法第六十四条的规定作出裁定。

第十三条 债权人对于财产分配方案的裁定不服，已经申诉的，由上一级人民法院依据申诉程序继续审理；企业破产法施行后提起申诉的，人民法院应当告知其依据企业破产法第六十六条的规定申请复议。

债权人对于人民法院作出的债务人财产管理方案的裁定或者破产财产变价方案的裁定不服,向受理破产申请的人民法院申请复议的,人民法院应当依据企业破产法第六十六条的规定予以受理。

债权人或者债务人对破产宣告裁定有异议,已经申诉的,由上一级人民法院依据申诉程序继续审理;企业破产法施行后提起申诉的,人民法院不予受理。

第十四条 企业破产法施行后,破产人的职工依据企业破产法第一百三十二条的规定主张权利的,人民法院应予支持。

第十五条 破产人所欠董事、监事和高级管理人员的工资,应当依据企业破产法第一百一十三条第三款的规定予以调整。

第十六条 本规定施行前本院作出的有关司法解释与本规定相抵触的,人民法院审理尚未审结的企业破产案件不再适用。

最高人民法院
关于债权人对人员下落不明或者财产状况不清的债务人申请破产清算案件如何处理的批复

2008年8月7日　　法释〔2008〕10号

贵州省高级人民法院:

你院《关于企业法人被吊销营业执照后,依法负有清算责任的人未向法院申请破产,债权人是否可以申请被吊销营业执照的企业破产的请示》(〔2007〕黔高民二破请终字1号)收悉。经研究,批复如下:

债权人对人员下落不明或者财产状况不清的债务人申请破产清算,符合企业破产法规定的,人民法院应依法予以受理。债务人能否依据企业破产法第十一条第二款的规定向人民法院提交财产状况说明、债权债务清册等相关材料,并不影响对债权人申请的受理。

人民法院受理上述破产案件后,应当依据企业破产法的有关规定指定管理人追收债务人财产;经依法清算,债务人确无财产可供分配的,应当宣告债务人破产并终结破产程序;破产程序终结后二年内发现有依法应当追回的财产或者有应当供分配的其他财产的,债权人可以请求人民法院追加分配。

债务人的有关人员不履行法定义务,人民法院可依据有关法律规定追究其相应法律责任;其行为导致无法清算或者造成损失,有关权利人起诉请求其承担相应民事责任的,人民法院应依法予以支持。

此复。

最高人民法院
关于对因资不抵债无法继续办学被终止的民办学校如何组织清算问题的批复

2010年12月29日　　法释〔2010〕20号

贵州省高级人民法院:

你院《关于遵义县中山中学被终止后人民法院如何受理"组织清算"的请示》(〔2010〕黔高研请字第1号)收悉。经研究,答复如下:

依照《中华人民共和国民办教育促进法》第九条批准设立的民办学校因资不抵债无法继续办学被终止,当事人依照《中华人民共和国民办教育促进法》第五十八条第二款规定向人民法院申请清算的,人民法院应当依法受理。人民法院组织民办学校破产清算,参照适用《中华人民共和国企业破产法》规定的程序,并依照《中华人民共和国民办教育促进法》第五十九条规定的顺序清偿。

最高人民法院
关于贯彻执行《关于当前人民法院审理企业破产案件应当注意的几个问题的通知》第三条应注意的问题的通知

1998年7月31日　　法函〔1998〕74号

各省、自治区、直辖市高级人民法院,新疆维吾尔自治区高级人民法院生产建设兵团分院：

近来，有的人民法院向我院请示如何适用法发〔1997〕2号《关于当前人民法院审理企业破产案件应当注意的几个问题的通知》第三条中"借用外国政府贷款或转贷款偿还任务尚未落实的国有工业企业，暂不受理其破产申请"的规定问题。经商全国企业兼并破产和职工再就业工作领导小组办公室同意，现就如何适用该条规定的有关问题通知如下，请遵照执行。

《关于当前人民法院审理企业破产案件应当注意的几个问题的通知》第三条解决的是我国政府向世界银行、亚洲开发银行或外国政府贷款，尔后转贷给国有工业企业项目单位的破产申请处置问题。因其属于政府外债，其借入和转贷过程均为政府行为，由政府承担最终还款责任，故不论项目单位是何种性质的企业，在偿还此类贷款任务尚未落实前，人民法院均暂不受理其破产申请，也暂不受理债权人申请其破产的案件。

最高人民法院
关于人民法院在审理企业破产和改制案件中切实防止债务人逃废债务的紧急通知

2001年8月10日　法〔2001〕105号

各省、自治区、直辖市高级人民法院，解放军军事法院，新疆维吾尔自治区高级人民法院生产建设兵团分院：

为了确保在审理企业破产和改制案件时严格适用法律，准确把握政策界限，坚决抵制、排除地方保护主义干扰，有效制止逃废、悬空债务现象，现就人民法院当前审理企业破产和改制案件中应当特别注意的几个问题紧急通知如下：

一、人民法院审理企业破产和改制案件，是运用司法手段维护市场经济秩序、社会信用，促进经济体制改革和经济发展的重要方面，各级人民法院必须以江泽民同志"三个代表"重要思想为指导，提高认识，加强领导，配备政治强、业务精的审判人员积极而慎重地审理好每一件企业破产和改制案件。院领导要亲自过问，审理任务重的法院要组织专门的合议庭。各中、高级人民法院对本辖区内影响较大的案件，要随时了解情况，对于典型案件和重大问题，要及时向上级人民法院报告。

二、上级人民法院要切实加强对下级人民法院审理企业破产案件的监督和指导，对确有错误的宣告企业破产裁定，应当通知其依法纠正，必要时可以指令下级人民法院重新作出裁定。破产宣告后，债权人或债务人有异议的，可以在人民法院宣告企业破产之日起十日内，向上一级人民法院申请复议，上一级人民法院应当在十五日内作出复议决定。

三、人民法院对企业破产案件立案应慎重，经审查破产申请发现有逃废债务迹象，或者"资不抵债"证据不足的，应当责令申请人补充材料，不得盲目立案。发现债务人有巨额财产下落不明且债务人不能合理解释财产去向的，或者先行剥离企业有效资产另组企业，而后申请破产的，应当裁定驳回破产申请。对于内贸、外贸企业的破产申请，应当严格按照国经贸〔1996〕492号文件的批准程序规定，从严把握，审慎受理。

四、人民法院在审理企业破产案件时，要切实监督和指导清算组认真审查破产企业的财务报表和原始凭证，逐项核实债权、债务，最大限度地保护债权人和其他当事人的合法权益。对破产企业隐匿、私分和无偿转让、压价出售财产，以及违反法律，对未到期债务提前清偿损害其他债权人利益和放弃债权等行为，应当依法确认无效，或者依当事人的申请依法予以撤销，并采取有效措施追回财产，防止国有资产流失。要准确把握政策界限，对未列入《全国企业兼并破产和职工再就业工作计划》的国有工业企业破产，不能适用国务院国发〔1994〕59号和〔1997〕10号文件，而应当按照《中华人民共和国企业破产法（试行）》的规定办理，即破产企业财产变现所得必须用于按比例清偿债务，安置破产企业职工的费用只能从当地政府补贴、民政救济和社会保障等渠道予以妥善解决。严格禁止和纠正违反规定，随意"搭车"，损害债权人的合法利益的现象。凡是纳入国家兼并破产计划的国有企业破产案件，在未对破产财产依法清算、处置完毕前，不得裁定终结破产程序。

五、处置破产财产，一般应当采取拍卖的方式，并加强对拍卖程序的监督，要确保拍卖的透明度、公平性，防止拍卖流于形式。要依法确定竞买人的资格，除法律、法规及有关政策有明确规定外，不得任意限定竞买人。所拍卖的破产财产价格，应当以评估确定的价格为依据，按照国家有关规定确定底价，一次拍卖不成的，应当降低底价继续拍卖，仍无法成交的，可经债权人会议讨论通过或者人民法院裁定，以实物作价抵还债务。以实物作价抵还债务的，应当以最后一次拍卖底价作为基本依据，做到公平、公正。防止因不适当地采取实物分配的方式抵还破产债权，而损害债权人的利益。

六、应当严格依据法律及司法解释的规定认真审查并确认破产企业担保的效力。不能仅以担保系政府指令违背了担保人意志，或者以担保人无财产承担担保责任等为由，而确认担保合同无效，更不能在确认担保合同无效后，完全免除担保人的赔偿责任。债务人有多个普通债权人的，债务人与其中一个债权人恶意串通，将其全部或者部分财产抵押给该债权人，因此丧失了履行其他债务的能力，损害了其他债权人的合法权益，受损害的其他债权人请求人民法院撤销该抵押行为的，人民法院应依法予以支持。对于合法有效的抵押，要确保抵押权人优先受偿。

七、人民法院审理涉及企业公司制改造、股份合作制改造、债权转股权、国有小型企业出售、企业兼并及分立等国有企业改制的纠纷案件，应当严格适用法律与国家改制政策。有关法律、行政法规无明文规定的，可适用改制行为发生时国务院有关主管部门的规范性文件；违反法律、行政法规和国务院规定的政策的有关地方性改制文件，不能作为办案依据。

八、人民法院审理国有企业改制案件，凡是改制行为发生时国务院有关主管部门的规范性文件明确规定须履行审批手续，对未履行审批手续，且事后又未补办审批手续的，或者当事人双方恶意串通，损害国家或债权人利益的，应当依法确认有关协议无效；在小型企业出售中，出售方借出售企业逃废债务，受让人知情的，对债权人撤销企业出售合同的主张，应当依法予以支持。

九、人民法院审理国有企业改制案件，应当依法认真处理好改制企业遗留债务的承担问题。对于改制企业遗留债务，当事人之间约定了新的债务承担人、并经债权人同意的，可依当事人的约定；对于虽未经债权人同意，但新的债务承担人有足够能力清偿债务的，可按照实际情况确认由新的债务承担人承担债务；对于仅对改制企业的财产进行了处理，而未处理改制企业债务的，原则上应当由改制变更后的企业在所接受财产的等值范围内承担原企业遗留债务。

十、人民法院审理国有企业改制案件，对企业出售中，卖方隐瞒或遗漏原企业债务的，应当由卖方对所隐瞒或遗漏的债务向原企业的债权人承担责任；对企业股份合作制改造及吸收合并中，被兼并或被改制企业原资产管理人隐瞒或遗漏债务的，应当由被兼并或被改制企业原资产管理人对所隐瞒或遗漏的债务承担民事责任；对借企业分立剥离企业有效资产，以逃避债务的，应当将分立后的企业列为共同被告，并依法确认由其承担连带责任。

请接到本通知后，立即组织有关审判人员学习，抓紧对本辖区法院所审理的案件进行一次认真检查，并制定贯彻执行措施，切实防止在审理企业破产和改制案件中债务人逃废债务的问题。检查、贯彻执行情况，及时报告最高人民法院。

最高人民法院
关于人民法院在审理企业破产案件中适用最高人民法院《关于审理企业破产案件若干问题的规定》的通知

2002年12月26日　　法〔2002〕273号

各省、自治区、直辖市高级人民法院，解放军军事法院，新疆维吾尔自治区高级人民法院生产建设兵团分院：

最高人民法院《关于审理企业破产案件若干问题的规定》（以下简称《规定》）已由最高人民法院审判委员会第1232次会议通过，并于2002年9月1日起施行。为在审理企业破产案件工作中正确适用《规定》，现就有关问题通知如下：

一、各级人民法院应当认真组织审判人员学习《规定》，深刻理解其含义，准确把握司法解释的精神，充分认识《规定》在规范企业破产行为，保障债权人和债务人的合法权益，防止假破产、真逃债，建立社会信用，维护社会经济秩序，促进社会主义市场经济发展方面的重要作用。

二、当事人向人民法院提出企业破产申请后，由立案庭接收有关申请材料，确定案号，并将有关申请材料移交审理企业破产案件的审判庭，由该审判庭依照《规定》的有关规定，决定是否受理当事人的申请。

三、企业破产申请人根据《规定》第十三条第二款、第十四条第三款的规定，向上一级人民法院提起上诉的，由上级人民法院审理企业破产案件的审判庭审理。

四、企业破产案件当事人根据《规定》第三十八条、第四十四条第二款的规定，向上一级人民法院申诉的，由上一级人民法院审理企业破产案件的审判庭审理。

五、根据《规定》第一百零四条的规定，最高人民法院发现地方各级人民法院，或者上级人民法院发现下级人民法院在企业破产程序中作出的裁定确有错误的。由最高人民法院或者上级人民法院审理企业破产案件的审判庭审理。

六、各级人民法院在执行《规定》的过程中，应当注意加强调查研究，总结审判实践经验，切实保证《规定》的有效实施。

最高人民法院关于执行《最高人民法院审理企业破产案件指定管理人的规定》《最高人民法院审理企业破产案件确定管理人报酬的规定》几个问题的通知

2007年4月12日　　法明传〔2007〕129号

各省、自治区、直辖市高级人民法院，新疆维吾尔自治区高级人民法院生产建设兵团分院：

《中华人民共和国企业破产法》已由第十届全国人民代表大会常务委员会第二十三次会议审议通过，并于2007年6月1日施行。为保证企业破产法的顺利施行，根据企业破产法的授权，最高人民法院制定了《最高人民法院审理企业破产案件指定管理人的规定》、《最高人民法院审理企业破产案件确定管理人报酬的规定》。为保证上述两个规定的正确执行，现就有关问题通知如下：

一、虽然两个规定正式施行日与企业破产法相同，即为2007年6月1日，为保证企业破产法的顺利实施，各高级人民法院从规定公布之日起即应参照上述规定开展相关工作。

二、高级人民法院要充分考虑本辖区律师事务所、会计师事务所、破产清算事务所等社会中介机构及专职从业人员数量，以及企业破产案件数量等因素。根据工作量情况确定由本院或者中级人民法院编制管理人名册，力争将此项工作在2007年6月1日前完成。

三、编制管理人名册的法院应当制定申请编入管理人名册的社会中介机构和个人的评定标准和程序，并予以公布。标准应当参照指定管理人的规定第十条第二款规定的内容确定。

四、编制管理人名册的评审委员会，应当由审理企业破产案件审判庭的人员、人民法院司法技术辅助工作部门人员、相关审判委员会委员、监察部门人员组成。司法技术辅助工作部门负责具体工作。

五、采取随机方式指定管理人的工作，由司法技术辅助工作部门完成，基层人民法院未设置司法技术辅助工作部门的，应当在司法行政部门中设专人承担此项工作。

六、采取竞争方式指定管理人的评审委员会,应参照编制管理人名册评审委员会的组成方式。

七、高级人民法院认为确定管理人报酬的规定中,关于管理人报酬的限制范围与本地经济水平差距较大的,可以在规定标准30%的浮动范围内制定符合本地区情况的标准。

八、受理企业破产案件的人民法院在初步确定管理人报酬方案时,应注意留有余地,不宜直接适用上限规定。

请各级人民法院将执行两个规定的过程中遇到的问题和情况及时逐级报告我院。

最高人民法院民二庭庭长宋晓明在全国法院证券公司破产案件审理工作座谈会上的总结讲话

2007年11月20日

一、关于管理人聘用中介机构人员的问题

企业破产法规定了管理人制度,以及管理人的组成形式。但是,并非清算程序中的所有工作都由管理人完成,不同社会中介机构所擅长的业务也有所不同,如会计师事务所为管理人时,破产程序所涉及的法律事务;律师事务所为管理人时,破产程序所涉及的审计事务,以及债务人财产的评估、拍卖等事务,均需要聘请其他中介机构辅助清算。企业破产法只规定管理人经人民法院许可,可以聘用必要的工作人员,但是如何聘用以及如何支付费用没有规定。目前,人民法院在聘用中介机构参与执行、破产工作已经有了相关的办法,为防止管理人可能发生的道德风险,管理人聘用的工作人员仍应按照人民法院目前聘用评估、拍卖机构的方法选择有关机构。这也是对企业破产法关于管理人聘用的工作人员需经人民法院许可的解释。如果聘用的机构是律师事务所或者会计师事务所的,应当在人民法院编制的管理人名册范围内,参照指定管理人的方法聘用。

关于聘用人员的费用,对于法律或司法解释有规定的,参照相关规定执行。如拍卖机构的费用,最高人民法院《关于人民法院民事执行中拍卖、变卖财产的规定》就规定了拍卖机构可以收取佣金的比例。没有规定的,应当本着降低成本、债权人利益最大化的原则,参考市场价格,确定相关费用。

二、关于三中止问题

在新的企业破产法生效以前,为保证全体债权人公平受偿的权利,避免为个别债权人利益强制执行造成对其他债权人的清偿不公,人民法院对进入行政清理工作的证券公司采取了"三中止"措施。实践证明,该项措施对于保护当事人的合法权益,保证证券公司行政清理工作顺利进行起到了重要作用。人民法院对证券公司实施"三中止"措施期间,债权人尚未起诉的应当适用诉讼时效中止的规定;已经取得生效判决尚未申请执行的当事人,在申请强制执行期间内向执行法院提出强制执行申请的,人民法院应当受理,但应中止执行;当事人在"三中止"期间未申请强制执行的,"三中止"期间不计入强制执行申请期间,在破产程序中,可以根据实际情况作为有强制执行力的债权申报。

三、关于客户交易结算资金和个人债权问题

人民法院受理证券公司破产时,可能存在少量应当弥补或者收购的客户交易结算资金和个人债权,而未弥补或者未收购的情况。中国证券投资者保护基金公司对于该部分债权,可按客户证券交易结算资金审计额或行政清理程序中的个人债权登记额,与实际拨付的差额进行预先申报。根据企业破产法的相关规定,对于预申报债权应确认其表决权额。财产分配时可对预申报的债权应分配的财产提存,收购工作完成后,按实际收购金额对应的债权金额予以确认并进行实际分配。按照《中国人民银行、财政部、银监会、证监会公布关于个人债权收购有关问题的补充通知的通知》,对于2004年9月30日至2006年1月31日期间新发生的个人债权,同一个人债权金额累计在300万元以上的部分,国家不予收购。对此部分不予收购的债权,应当依法参与破产清算。债权额在收购范围内的个人债权人也可以选择不接受行政收购,直接参与证券公司破产清算。根据《收购意见》和《补充通知》的规定,对个人债权实行打折收购政策,个人债权收购资金来源于两个部分:90%来自保护基金公司;10%来自地方政府。个人债权被收购的部分,地方政府取得相应的10%债权。另外,根据国办发电〔2006〕10号的规定,机构名义个人债由债权人所在地人民政府妥善处理,为维护社会稳定,地方政府可以帮助集资机构筹措资金收购机构名义个人债权,但收购比例一律不得高于国家对个人债权收购政策的规定。地方政府如果出资收购机构名义个人债权,也应代位取得相应债权。对于地方政府出资收购形成的债权,地方政府可自行向管理人申报或预申报相应债权,也可委托保护基金公司或其他机构进行债权申报。有关债权转让给保护基金公司的,由保护基金公司申报债权。

四、关于撤销权问题

根据企业破产法的相关规定,人民法院受理破产申请前一年内,发生债务人无偿转让财产或债务人财产以明显不合理的价格进行交易等行为的,管理人有权请求人民法院予以撤销。为逃避债务而隐匿、转移债务人财产的行为无效。撤销权是破产法赋予管理人维护债权人合法权益的重要手段,也是破产具有防止债务人逃废债务的重要功能的体现。鉴于证券公司被行政处置时,大多已资不抵债,而行政清理又经历较长时间,管理人在请求行使撤销权时,主张以行政处置日为计算可撤销行为起算点的,人民法院应予支持。人民法院在审查受理证券公司破产申请条件时,发现在行政处置程序中的个别清偿行为,要及时通知有关方面予以纠正,未予纠正的不予受理。在受理案件后发现可能涉及行政处置程序中的个别清偿行为,应逐级向最高人民法院报告,并由最高人民法院协调证券监督管理机构解决。

五、关于取回权问题

根据企业破产法第三十八条的规定,人民法院受理破产申请后,债务人占有的不属于债务人的财产,该财产的权利人可以通过管理人取回。在证券公司的破产案件中,取回权问题突出表现在委托理财相关账户中资产的取回。该问题十分敏感,也很复杂,极易引发道德风险、社会矛盾和攀比效应,务必审慎、严格。处理取回权的关键是要区分委托理财账户内资产权属。人民法院在审理中应当区分以下情况:1.独立封闭运行账户内的资产权属。在独立封闭证券账户和资金账户内运作的委托资产,能与证券公司的自有资产及其他客户资产相区别的,委托理财账户内资产应归属于委托人所有,委托人可以行使取回权;2.用于质押的配资账户内资产权属。在三方监管委托理财合同场合,合同约定受托人或监管人提供用于质押的配资账户的,若配资账户内资产与委托理财账户内资产相互独立,配资账户内资产归受托人、受托人的其他委托人或监管人所有,委托理财账户内资产归委托人所有,双方各自取回。若委托理财账户内资产与配资账户内资产发生混同,双方按照权属比例分配账户内资产。3.委托资产被挪用后的权属。受托人挪用委托资产的,若被挪用后的委托资产与其他客户资产发生混同,但独立于受托人自有资产的,委托资产与其他客户资产不属于受托人对其他债权人的责任财产范围,委托人与其他客户可以按照资产比例享有取回权。4.委托资产产生盈利的,如果委托合同中约定有盈利分享比例,可参照该约定比例,分割盈利,归属于证券公司的部分作为破产财产分配给普通债权人。5.如果证券公司违规挪用客户资金和证券,关系清楚、财产并未混同,管理人追回后,可由相关权利人行使代偿性取回权。此外,在确定客户取回权时,对于证券公司已经支付给客户的高息、固定回报、好处费等应当从取回财产中扣除。对于资金的取回权,虽然证券公司账面上有所记载,如果已经形成资金混同,债权人不能行使取回权,而应当通过申报债权的方式处理。

六、关于抵销权问题

企业破产法规定了抵销权制度,债权人在破产申请受理前对证券公司负有债务的,可以向管理人主张抵销,但不得违反企业破产法关于禁止抵销的规定。证券公司的债务人同时也可能是其债权人,由于以证券公司为被告和被执行人的案件在行政清理阶段被"三中止",相关权利人无法及时行使诉讼权利并对其债务行使抵销权。在证券公司对其申请执行时,如果被执行人以双方互负债权债务为由要求中止执行,在其提供相应担保的情况下,该执行案件应予中止。人民法院在破产程序中审查决定其是否符合抵销权的条件并作出裁决后,管理人应当即时将裁决结果告知执行法院,由执行法院根据具体情况决定是否继续执行。依据破产法规定的原则,管理人一般不能主动提出抵销,但如果债权人、债务人双方均为破产企业,管理人可以根据债权人利益最大化原则决定是否行使抵销权。

七、有关债务人的民事诉讼问题

根据企业破产法第二十一条的规定,人民法院受理证券公司破产申请后,有关证券公司的民事诉讼,只能向受理破产申请的人民法院提起。对证券公司为当事人的案件,如属小额债权诉讼、劳动争议类案件,直接由审理证券公司破产案件的中级人民法院审理不便于当事人诉讼,也不利于合理确定案件审理的法院级别。对此类案件,在按照破产法规定由破产案件受诉法院受理的前提下,受理法院可以根据级别管辖标准,指定其辖区内的基层人民法院审理。受理有关证券公司民事诉讼案件的人民法院应当根据案件性质和人民法院内部职能分工,并依据民事诉讼法的有关规定,由相关业务庭以独任审判或者组成合议庭的方式进行审理。对于有关证券公司的其他民事诉讼,如债务人合同履行诉讼、追收债务人对外债权诉讼、撤销债务人处分财产行为诉讼、确认债务人处分财产行为无效诉讼、取回权诉讼、别除权诉讼和抵销权诉讼等,受理证券公司破产案件的人民法院亦可以按照上述原则进行审理。

八、关于是否可以委托接收证券类资产的证券公司审核债权凭证问题

破产证券公司的营业部多分布在外省、市,营业部随其主营业务转让后,关于营业部所在城市的债权人进行债权登记时是否仍可以委托接收证券类资产的证券公司审核证据的问题,我们认为由于上述债权主要发生在营业部,营业部的资产又作为证券类资产完成了转让工作,因此由营业部提出审核意见更有利于查明债权的真实情况。据此,管理人可以请求接收证券类资产的证券机构提供相关债权凭据、提出审核意见,寻求接收证券类资产的证券机构的支持和配合。上述债权的最终确认,应当由管理人提出意见,债权人会议进行核查。

九、关于关联公司财产处置问题

人民法院审理证券公司破产案件,一个非常突出的问题是如何处置证券公司之关联公司的资产。对于证券公司关联公司的资产处置,一般仍应当以单独处置为原则。对于被持股的公司现仍正常经营的,可以通过转让股权的方式收回财产;对于没有正常经营的,可以根据公司法的规定,由管理人代行股东权利申请清算;对于存在破产原因的,可以根据公司法的规定提议召开股东会议,决定申请破产;对于确实既无经营、又无负债、也无资产的关联公司,可以向工商机关申请注销企业登记。从目前我们了解的情况看,有些证券公司为了资金运转的需要,成立了一些由其控制的、特殊的关联公司。这些关联公司形态各异:首先,从公司出资成立情况看,有的是证券公司100%持股,包括出资到位和未实际出资两种情形;有的是证券公司绝对控股,关联公司尚有其他公司股份;有的从公司会计记录和工商登记资料中无法反映与证券公司的投资与被投资的法律关系,且公司工商登记的名义股东未实际出资,其成立所需的注册资本金却直接或者间接来自于证券公司;有的甚至是既无资产又无负债。其次,从关联公司的组织机构看,有的组织构架虚设,没有独立运作的经营实体;有的公司主要负责人及其从业人员由证券公司工作人员兼任,与证券公司属于一套人马,多块牌子;有的公司的公章、印鉴以及相关银行账户、资金账户、股东账户等皆由证券公司保管、控制和使用。最后,从公司实际经营和管理看,有的基本未按照工商注册登记的经营范围从事自身经营活动,其大部分业务服务于证券公司账外运作,包括为证券公司融资、为证券公司账外自营提供所需银行账户、资金账户或股东账户等;有的根本没有独立运作的经营实体;有的关联公司与证券公司同为一个办公场所,甚至没有办公场所;有的没有任何属于关联公司的员工。鉴于上述情况,人民法院在审理证

券公司破产案件时，对于这类特殊的关联公司，即由被处置证券公司出资设立，且服务于被处置证券公司，与证券公司在人员、财务、业务上混同，为证券公司违法违规经营提供平台，证券公司通过关联公司以资金往来、转移资产、担保融资等方式规避监管、隐匿资产，等等，可以与被处置的证券公司一并破产。如果行政处置已将证券公司关联企业个人债权作为证券公司的个人债权一并收购，可以作为两者合并破产的一个重要参考因素。

十、关于资产变现方案的表决问题

企业破产法规定，债权人会议要对资产变现方案进行表决。但是，债权人会议召开不易，由于资产性质的不同，其变现可能要随时进行，如果都要由债权人会议表决通过，则可能错过资产处置的最佳时机。鉴此，如果成立了债权人委员会，且债权人会议授权债权人委员会相关职权的，财产变现方案经债权人委员会讨论通过即可付诸实施。如未能通过，可参照企业破产法关于财产变现方案裁定程序确定方案是否可予执行。

十一、关于监管部门协调问题

证券公司破产程序是行政处置程序在司法程序中的延伸，因此，在破产程序中可能会出现若干需要监管部门协调的事项。在具体操作方法上，可在破产程序进行到一定阶段后，将需要协调的事项一并提出，集中解决。

十二、关于新闻媒体报道问题

对于证券公司风险处置和破产过程中新闻报道需要注意的问题，各地一定要从党和国家的大局和维护社会稳定出发，把握宣传原则，注意舆论导向，把握好度，低调处理，防止炒作和误导。对于证券公司破产的相关情况，人民法院一般不主动宣传，对于可能发生的媒体炒作，各相关法院在日常工作中要密切关注相关动态，并积极协调相关地方政府和党委宣传部门加强对新闻媒体的引导和管理。如果需要，可以争取国务院监管部门的协助和支持，协调相关部门，稳妥处置。

最高人民法院
关于审理涉及金融不良债权转让案件工作座谈会纪要

2009年3月30日　　法发〔2009〕19号

十、关于诉讼或执行主体的变更

会议认为，金融资产管理公司转让已经涉及诉讼、执行或者破产等程序的不良债权的，人民法院应当根据债权转让合同以及受让人或者转让人的申请，裁定变更诉讼主体或者执行主体。在不良债权转让合同被认定无效后，金融资产管理公司请求变更受让人为金融资产管理公司以通过诉讼继续追索国有企业债务人的，人民法院应予支持。人民法院裁判金融不良债权转让合同无效后当事人履行相互返还义务时，应从不良债权最终受让人开始逐一与前手相互返还，直至完成第一受让人与金融资产管理公司的相互返还。后手受让人直接对金融资产管理公司主张不良债权转让合同无效并请求赔偿的，人民法院不予支持。

最高人民法院
关于依法审理和执行被风险处置证券公司相关案件的通知

2009年5月26日　　法发〔2009〕35号

五、证券公司进入破产程序后，人民法院作出的刑事附带民事赔偿或者涉及追缴赃款赃物的判决应当中止执行，由相关权利人在破产程序中以申报债权等方式行使权利；刑事判决中罚金、没收财产等处罚，应当在破产程序债权人获得全额清偿后的剩余财产中执行。

最高人民法院
关于正确审理企业破产案件为维护市场经济秩序提供司法保障若干问题的意见

2009年6月12日　　法发〔2009〕36号

各省、自治区、直辖市高级人民法院，解放军军事法院，新疆维吾尔自治区高级人民法院生产建设兵团分院：

当前，由于国际金融危机的不断发展和蔓延，我国经济发展仍然面临着严峻的考验。阻碍经济良性运行的负面因素和潜在风险明显增多，许多企业因资金链断裂引发的系统风险不断显现，严重影响了我国经济发展秩序良性运转和社会稳定。在当前经济形势下，充分发挥人民法院商事审判的职能作用，正确审理企业破产案件，防范和化解企业债务风险，挽救危困企业，规范市场主体退出机制，维护市场运行秩序，对于有效应对国际金融危机冲击，保障经济平稳较快发展，具有重要意义。现就人民法院做好企业破产案件审判工作，提出以下意见：

一、依法受理企业破产案件，为建立我国社会主义市场经济良性运行机制提供司法保障

1. 人民法院要正确认识企业破产法保障债权公平有序受偿、完善优胜劣汰的竞争机制、优化社会资源配置、调整社会产业结构、拯救危困企业的作用，依法受理审理企业破产清算、重整、和解案件，综合利用企业破产法的多种程序，充分发挥其对市场经济的调整作用，建立企业法人规范退出市场的良性运行机制，努力推动经济社会又好又快发展。

2. 为保障国家产业结构调整政策的落实，对于已经出现破产原因的企业，人民法院要依法受理符合条件的破产清算申请，通过破产清算程序使其从市场中有序退出。对于虽有借破产逃废债务可能但符合破产清算申请受理条件的非诚信企业，也要将其纳入到法定的破产清算程序中，通过撤销和否定其不当处置财产行为，以及追究出资人等相关主体责任的方式，使其借破产逃废债务的目的落空，剥夺其市场主体资格。对债权人申请债务人破产清算的，人民法院审查的重点是债务人是否不能清偿到期债务，而不能以债权人无法提交债务人财产状况说明等为由，不受理债权人的申请。

3. 对于虽然已经出现破产原因或者有明显丧失清偿能力可能，但符合国家产业结构调整政策、仍具发展前景的企业，人民法院要充分发挥破产重整和破产和解程序的作用，对其进行积极有效的挽救。破产重整和和解制度，为尚有挽救希望的危困企业提供了避免破产清算死亡、获得再生的机会，有利于债务人及其债权人、出资人、职工、关联企业等各方主体实现共赢，有利于社会资源的充分利用。努力推动企业重整和和解成功，促进就业、优化资源配置、减少企业破产给社会带来的不利影响，是人民法院审理企业破产案件的重要目标之一，也是人民法院商事审判工作服务于保增长、保民生、保稳定大局的必然要求。

二、坚持在当地党委的领导下，努力配合政府做好企业破产案件中的维稳工作，为构建和谐社会提供司法保障

4. 债务人进入破产程序后，因涉及债权人、债务人、出资人、企业职工等众多当事人的利益，各方矛盾极为集中和突出，处理不当，极易引发群体性、突发性事件，影响社会稳定。人民法院审理企业破产案件，一定要坚持在当地党委的领导下，充分发挥地方政府建立的风险预警机制、联动机制、资金保障机制等协调机制的作用，努力配合政府做好企业破产案件中的维稳工作。

5. 对于职工欠薪和就业问题突出、债权人矛盾激化、债务人弃企逃债等敏感类破产案件，要及时向当地党委汇报，争取政府的支持。在政府协调下，加强与相关部门的沟通、配合，及时采取有力措施，积极疏导并化解各种矛盾纠纷，避免哄抢企业财产、职工集体上访的情况发生，将不稳定因素消除在萌芽状态。有条件的地方，可通过政府设立的维稳基金或鼓励第三方垫款等方式，优先解决破产企业职工的安置问题，政府或第三方就劳动债权的垫款，可以在破产程序中按照职工债权的受偿顺序优先获得清偿。

三、充分发挥破产重整和和解程序挽救危困企业、实现企业持续经营的作用，保障社会资源有效利用

6. 人民法院要充分发挥司法能动作用，注重做好当事人的释明和协调工作，合理适用破产重整和和解程序。对于当事人同时申请债务人清算、重整、和解的，人民法院要根据债务人的实际情况和各方当事人的意愿，在组织各方当事人充分论证的基础上，对于有重整或者和解可能的，应当依法受理重整或者和解申请。当事人申请重整，但因企业经营规模较小、虽有挽救必要但重整成本明显高于重整收益的困难企业，有关权利人不同意重整的，人民法院可引导当事人通过和解方式挽救企业。人民法院要加强破产程序中的调解工作，在法律允许的框架下，积极支持债务人、管理人和新出资人等为挽救企业所做的各项工作，为挽救困难企业创造良好的法律环境。

7. 人民法院适用强制批准裁量权挽救危困企业时，要保证反对重整计划草案的债权人或者出资人在重整中至少可以获得在破产清算中本可获得的清偿。对于重整计划草案被提请批准时依照破产清算程序所能获得的清偿比例的确定，应充分考虑其计算方法是否科学、客观、准确，是否充分保护了利害关系人的应有利益。人民法院要严格审查重整计划草案，综合考虑社会公共利益，积极审慎适用裁量权。对不符合强制批准条件的，不能借挽救企业之名违法审批。上级人民法院要肩负起监督职责，对利害关系人就重整程序中反映的问题要进行认真审查，问题属实的，要及时予以纠正。

四、在破产程序中要注重保障民生，切实维护职工合法权益

8. 依法优先保护劳动者权益，是破产法律制度的重要价值取向。人民法院在审理企业破产案件中，要切实维护职工的合法权益，严格依法保护职工利益。召开债权人会议要有债务人的职工和工会代表参加，保障职工对破产程序的参与权。职工对管理人确认的工资等债权有异议的，管理人要认真审查核对，发现错误要及时纠正；因管理人未予纠正，职工据此提起诉讼的，人民法院要严格依法审理，及时作出判决。

9. 表决重整计划草案时，要充分尊重职工的意愿，并就债务人所欠职工工资等债权设定专门表决组进行表决；职工债权人表决组未通过重整计划草案的，人民法院强制批准必须以应当优先清偿的职工债权全额清偿为前提。企业继续保持原经营范围的，人民法院要引导债务人或管理人在制作企业重整计划草案时，尽可能保证企业原有职工的工作岗位。

10. 保障职工合法权益需要社会各方面的共同努力。人民法院要加强与国家社会保障部门、劳动部门、工商行政管理部门、组织人事等部门的沟通和协调，积极提出司法建议，推动适合中国特色的社会保障体制的建立和完善。

五、妥善指定适格管理人，充分发挥管理人在企业破产程序中的积极作用

11. 人民法院要根据企业破产法和有关司法解释的规定，采用适当方式指定管理人，对于重大疑难案件，可以通过竞争的方式择优确定管理人。要注意处理好审理破产案件的审判庭和司法技术辅助工作部门的关系，在指定管理人时，应由审理破产案件的审判庭根据案件实际情况决定采用哪类管理人以及采用哪种产生方式，在决定通过随机方式或者竞争方式产生管理人或其成员时，再由司法技术辅助工作部门根据规定产生管理人或其成员。

12. 企业重整中，因涉及重大资产重组、经营模式选择、引入新出资人等商业运作内容，重整中管理人的职责不仅是管理和处分债务人财产，更要管理债务人的经营业务，特别是制定和执行重整计划。因此，在我国目前管理人队伍尚未成熟的情况下，人民法院指定管理人时，应当注意吸收相关部门和人才，根据实际情况选择指定的形式和方式，以便产生适格管理人。

13. 管理人的工作能力和敬业精神直接决定着企业破产案件能否依法有效进行，以及破产法律制度能否充分发挥其应有的作用。人民法院要特别注意加强对管理人业务知识和各种能力的培养，建立管理人考核机制，通过业绩考核，形成激励和淘汰机制，逐步实现管理人队伍的专业化。

六、正确适用企业破产法的各项制度，充分保护债权人合法权益

14. 人民法院在审理企业破产案件中，要充分调动管理人的积极性，促使其利用法律手段，努力查找和追收债务人财产，最大限度保护债权人利益。对出资不实、抽逃出资的，要依法追回；对于不当处置公司财产的行为，要依法撤销或者认定无效，并追回有关财产；对于违反法律、行政法规等规定，给公司或债权人造成损失的，要依法追究行为人的民事责任；对于发现妨碍清算行为的犯罪线索，要及时向侦查机关通报情况。

15. 要充分发挥债权人会议和债权人委员会的职能作用，切实保障债权人对破产程序的参与权，坚决防止地方保护主义，即使在以挽救债务人为主要目的的破产重整和和解程序中，仍然要以充分保障债权人利益为前提，重整计划和和解协议的通过与否，要严格按照法定的程序确定表决权并依法表决。

16. 人民法院在审理债务人人员下落不明或财产状况不清的破产案件时，要从充分保障债权人合法利益的角度出发，在对债务人的法定代表人、财务管理人员、其他经营管理人员，以及出资人等进行释明，或者采取相应罚款、训诫、拘留等强制措施后，债务人仍不向人民法院提交有关材料或者不提交全部材料，影响清算顺利进行的，人民法院就现有财产对已知债权进行公平清偿并裁定终结清算程序后，应当告知债权人可以另行提起诉讼要求有责任的有限责任公司股东、股份有限公司董事、控股股东，以及实际控制人等清算义务人对债务人的债务承担清偿责任。

七、正确认识破产程序与执行程序的功能定位，做好两个程序的有效衔接

17. 人民法院要充分认识破产程序和执行程序的不同功能定位，充分发挥企业破产法公平保护全体债权人的作用。破产程序是对债务人全部财产进行的概括执行，注重对所有债权的公平受偿，具有对一般债务清偿程序的排他性。因此，人民法院受理破产申请后，对债务人财产所采取的所有保全措施和执行程序都应解除和中止，相关债务在破产清算程序中一并公平清偿。

18. 人民法院要注重做好破产程序和执行程序的衔接工作，确保破产财产妥善处置。涉及到人民法院内部破产程序和执行程序的操作的，应注意不同法院、不同审判部门、不同程序的协调与配合。涉及到债务人财产被其他国家行政机关采取保全措施或执行程序的，人民法院应积极与上述机关进行协调和沟通，取得有关机关的配合，依法解除有关保全措施，中止有关执行程序。

19. 人民法院受理破产申请后，在宣告债务人破产前裁定驳回申请人的破产申请，并终结破产程序的，应当在作出终结破产程序的裁定前，告知管理人通知原对债务人财产采取保全措施或执行程序的法院恢复原有的保全措施或执行程序，有轮候保全的，以原采取保全措施的时间确定轮候顺位。对恢复受理债务人为被执行人的执行案件，应当适用申请执行时效中断的有关规定。

八、加强审理破产案件法官专业化队伍建设，充分发挥商事审判职能作用

20. 随着我国经济市场化、国际化程度越来越高，企业破产案件将呈逐步增长趋势，这对人民法院审判工作提出了更高的要求。一方面，企业破产案件审理周期长、难度大、事务性工作繁重，人民法院长期以来案多人少的矛盾更加突出。另一方面，由于破产案件审理的复杂性和特殊性，客观上需要一支不仅具备较为扎实的法学理论功底，而且还要有解决社会矛盾、处理应急事务、协调各方利益等多方面工作能力的专业化法官队伍。因此，人民法院要加强法官专业化队伍建设，在人财物方面给予支持和保障。有条件的法院可以根据企业破产案件的数量，成立专门的破产案件审判庭，或指定专门的合议庭负责审理破产案件。

21. 人民法院要积极调动法官审理企业破产案件的积极性，在考核法官工作业绩时，要充分考虑企业破产案件审理的特殊性，以及法官办理企业破产案件所付出的辛勤劳动和承担的各种压力，积极探索能够客观反映审理破产案件工作量的科学考评标准，不断提高破产案件的审理质量。

22. 审理企业破产案件的法官,要大力加强对党的路线方针政策的学习,增强大局意识和责任意识。在当前经济形势下,更要正确处理好保护金融债权与挽救危困企业之间的关系,实现债权人与债务人的共赢,共渡难关。正确处理好保护投资者利益与维护职工合法权益之间的关系,保障社会和谐稳定。正确处理好企业破产清算与企业再生之间的关系,实现社会资源的充分利用以及法律效果和社会效果的有机统一。广大法官要大力加强廉政建设,严格执行最高人民法院"五个严禁"等审判纪律和规章制度,无论是在指定管理人还是在委托拍卖财产等敏感环节,都要坚持以制度管人,坚决杜绝人情案、关系案、金钱案,确保以公正高效的审判业绩,为我国国民经济平稳较快发展创造条件。

最高人民法院
关于受理借用国际金融组织和外国政府贷款偿还任务尚未落实的企业破产申请问题的通知

2009年12月3日　　法〔2009〕389号

各省、自治区、直辖市高级人民法院,解放军军事法院,新疆维吾尔自治区高级人民法院生产建设兵团分院:

近来,部分地方人民法院向我院请示是否受理借用国际金融组织和外国政府贷款偿还任务尚未落实的企业破产申请的问题,经研究,现就有关问题通知如下,请遵照执行。

自2007年6月1日起,借用国际金融组织和外国政府贷款或转贷款的有关企业申请或者被申请破产的,人民法院应依照《中华人民共和国企业破产法》的有关规定依法受理。

上述企业在2007年6月1日之前已签署转贷协议但偿还任务尚未落实的,应继续适用最高人民法院《关于当前人民法院审理企业破产案件应当注意的几个问题的通知》(法发〔1997〕2号)第三条的规定和最高人民法院《关于贯彻执行法发〔1997〕2号文件第三条应注意的问题的通知》(法函〔1998〕74号)的有关规定。

最高人民法院
关于正确适用《中华人民共和国企业破产法》若干问题的规定(一)充分发挥人民法院审理企业破产案件司法职能作用的通知

2011年9月21日　　法〔2011〕281号

各省、自治区、直辖市高级人民法院,解放军军事法院,新疆维吾尔自治区高级人民法院生产建设兵团分院:

《最高人民法院关于适用〈中华人民共和国企业破产法〉若干问题的规定(一)》(法释〔2011〕22号)经最高人民法院审判委员会第1527次会议讨论通过,现已公布。为使各级人民法院更好地适用该司法解释,提高审理企业破产案件的质量和效率,调动审判部门和广大法官办理企业破产案件的积极性,充分发挥人民法院在促进加快转变经济发展方式,构建社会主义市场经济秩序方面的积极作用,特通知如下:

一、人民法院应认真履行职责,依法受理企业破产案件

各级人民法院要认真学习和正确理解该司法解释的精神,充分认识企业破产法在保障债权公平有序受偿,优化社会资源配置,完善优胜劣汰的竞争机制和拯救危困企业等方面的积极作用。要转变观念、克服困难,对当事人提出的符合受理条件的破产申请,应当依法予以受理。要综合运用破产重整、破产和解和破产清算程序,建立和完善市场主体依法退出机制,充分发挥企业破产法对市场经济的调整作用,推动经济社会又好又快发展。

二、人民法院应加强审理破产案件法官专业化队伍建设

随着我国市场经济体制的逐步完善,企业破产案件将呈逐年增长趋势,新类型疑难案件

也会不断出现,这对人民法院审判工作提出了更高的要求。一方面,企业破产案件审理周期长、难度大、事务性工作繁重,人民法院长期以来案多人少的矛盾尤为突出。另一方面,由于破产案件审理的复杂性和特殊性,客观上需要一支不仅具备较为扎实的法学理论功底,而且还要有化解社会矛盾、处置突发事件、协调各方利益诉求等多方面工作能力的专业化法官队伍。为此,人民法院要加强法官专业化队伍建设,在人员和物资保障方面给予支持。有条件的法院可以根据受理企业破产案件的数量,成立专门的破产案件审判庭,或指定专门的合议庭负责审理破产案件。

三、人民法院应建立合理的企业破产案件专门绩效考评机制

企业破产法是社会主义市场经济法律体系的重要组成部分,其作用的发挥必须通过人民法院受理和审理企业破产案件来实现。鉴于审理企业破产案件的特殊性,建立合理的专门绩效考评机制以充分调动受理法院、承办法官的积极性是十分必要的。各高级人民法院应根据本辖区的工作实际,积极探索能够全面客观反映审理破产案件工作量的科学考评标准,充分体现破产审判部门和法官的工作绩效。

各级人民法院对执行中发现的新情况、新问题应逐级报告最高人民法院。

特此通知。

最高人民法院
关于为改善营商环境提供
司法保障的若干意见

2017年8月7日　　法发〔2017〕23号

四、加强破产制度机制建设,完善社会主义市场主体救治和退出机制

15. 完善破产程序启动机制和破产企业识别机制,切实解决破产案件立案难问题。按照法律及司法解释的相关规定,及时受理符合立案条件的破产案件,不得在法定条件之外设置附加条件。全力推进执行案件移送破产审查工作,实现"能够执行的依法执行,整体执行不能符合破产法定条件的依法破产"的良性工作格局。积极探索根据破产案件的难易程度进行繁简分流,推动建立简捷高效的快速审理机制,尝试将部分事实清楚、债权债务关系清晰或者"无产可破"的案件,纳入快速审理范围。

16. 推动完善破产重整、和解制度,促进有价值的危困企业再生。引导破产程序各方充分认识破产重整、和解制度在挽救危困企业方面的重要作用。坚持市场化导向开展破产重整工作,更加重视营业整合和资产重组,严格依法适用强制批准权,以实现重整制度的核心价值和制度目标。积极推动构建庭外兼并重组与庭内破产程序的相互衔接机制,加强对预重整制度的探索研究。研究制定关于破产重整制度的司法解释。

17. 严厉打击各类"逃废债"行为,切实维护市场主体合法权益。严厉打击恶意逃废债务行为,依法适用破产程序中的关联企业合并破产、行使破产撤销权和取回权等手段,查找和追回债务人财产。加大对隐匿、故意销毁会计凭证、会计账簿、财务会计报告等犯罪行为的刑事处罚力度。

18. 协调完善破产配套制度,提升破产法治水平。推动设立破产费用专项基金,为"无产可破"案件提供费用支持。将破产审判工作纳入社会信用体系整体建设,对失信主体加大惩戒力度。推动制定针对破产企业豁免债务、财产处置等环节的税收优惠法律法规,切实减轻破产企业税费负担。协调解决重整或和解成功企业的信用修复问题,促进企业重返市场。推进府院联动破产工作统一协调机制,统筹推进破产程序中的业务协调、信息提供、维护稳定等工作。积极协调政府运用财政奖补资金或设立专项基金,妥善处理职工安置和利益保障问题。

19. 加强破产审判组织和破产管理人队伍的专业化建设,促进破产审判整体工作水平的持续提升。持续推进破产审判庭室的设立与建设工作,提升破产审判组织和人员的专业化水平。研究制定关于破产管理人的相关司法解释,加快破产管理人职业化建设。切实完善破产审

判绩效考核等相关配套机制，提高破产审判工作效能。

[提示] 确定企业是否达到破产界限，并不以"连带清偿责任人清偿后仍资不抵债"为前提条件；破产程序终结后，破产企业债权人可向依法应当承担连带责任的保证人追偿其未得到清偿的债权部分

最高人民法院
关于佛山市中级人民法院受理经济合同纠纷案件与青岛市中级人民法院受理破产案件工作协调问题的复函

1990年10月6日　　法（经）函〔1990〕70号

广东省高级人民法院：

你院〔1990〕粤法经请字第2号关于佛山市中级人民法院受理经济合同纠纷案件与青岛市中级人民法院受理破产案件工作协调问题的请示收悉。经研究，答复如下：

一、依照《中华人民共和国企业破产法（试行）》第三条之规定，确定企业是否达到破产界限，并不以"连带清偿责任人清偿后仍资不抵债"为前提条件。

二、广东省佛山市石湾区对外贸易公司所享有的债权是有保证人担保的债权，而不是以债务人的财产担保的债权，因而仍然属于普通的债权。

三、佛山市中级人民法院如已审结佛山市石湾区对外贸易公司诉山东省胶州市第二棉纺织厂等单位联营合同投资纠纷一案，债权人可凭生效的法律文书向青岛市中级人民法院申报债权。

四、破产程序终结后，佛山市石湾区对外贸易公司可向依法应当承担连带责任的保证人追偿其未得到清偿的债权部分。

此复。

最高人民法院
关于内蒙古化肥生产供销技术服务联营公司申请破产一案的复函

1991年6月7日　　法（经）函〔1991〕62号

内蒙古自治区高级人民法院：

你院〔1990〕内法经请字第3号关于内蒙古化肥生产供销技术服务联营公司申请破产一案的请示报告收悉。经研究，答复如下：

鉴于内蒙古化肥生产供销技术服务联营公司属于依法成立、独立核算、自负盈亏的全民所有制企业，不能清偿到期债务，依照《中华人民共和国企业破产法（试行）》第二条、第三条和第八条之规定，本案可以作为破产案件受理。

此复。

最高人民法院
关于对破产案件的债务人未被执行的财产均应中止执行问题的批复

1993年9月17日　　法复〔1993〕9号

四川省高级人民法院：

你院川高法执〔1993〕字第4号《关于执行案件已冻结的款能否再作为破产财产清偿的请示报告》收悉，经研究，答复如下：

根据《中华人民共和国企业破产法（试行）》关于"人民法院受理破产案件后，对债务人财产的其他民事执行程序均应中止"的规定，以破产案件的债务人为被执行人的执行案件，执行法院虽对该债务人的财产已决定采取或者已经采取了冻结、扣留、查封或扣押等措施的，仍属于未执行财产，均应当依法中止执行。

执行程序中止后，该执行案件的债权人，可凭生效的法律文书向受理破产案件的人民法院申报债权。如果受理破产案件的人民法院裁定宣告债务人（被执行人）破产，被中止执行的财产应当作为破产财产；如果破产案件审理终结，债务人不被宣告破产，被中止的执行程

序可恢复进行。

最高人民法院
关于破产债权能否与未到位的注册资金抵销问题的复函

1995年4月10日　　法函〔1995〕32号

湖北省高级人民法院：

你院〔1994〕鄂经初字第10号请示报告收悉，经研究，答复如下：

据你院报告称：中国外运武汉公司（下称武汉公司）与香港德仓运输股份有限公司（下称香港公司）合资成立的武汉货柜有限公司（下称货柜公司），于1989年3月7日至8日曾召开董事会议，决定将注册资金由原来的110万美元增加到180万美元。1993年1月4日又以董事会议对合资双方同意将注册资金增加到240万美元的《合议书》予以认可。事后，货柜公司均依规定向有关审批机构和国家工商行政管理局办理了批准、变更手续。因此，应当确认货柜公司的注册资金已变更为240万美元，尚未到位的资金应由出资人予以补足。货柜公司被申请破产后，武汉公司作为货柜公司的债权人同货柜公司的其他债权人享有平等的权利。为保护其他债权人的合法权益，武汉公司对货柜公司享有的破产债权不能与该公司对货柜公司未出足的注册资金相抵销。

最高人民法院
关于如何认定中国农业银行湖北省分行国际业务部申请宣告武汉货柜有限公司破产一案中两份抵押合同效力问题的复函

1995年4月10日　　法函〔1995〕33号

湖北省高级人民法院：

你院〔1994〕鄂经初字第10号请示报告收悉。经研究，答复如下：

据你院报告称：中国外运武汉公司（下称武汉公司）与香港德仓运输股份有限公司合资成立了武汉货柜有限公司（下称货柜公司）。货柜公司将价值503万美元的财产抵押给武汉公司后，又将价值600万美元的财产抵押给该国际业务部，该抵押财产中的一部分与前述抵押财产重复。武汉公司与货柜公司的法定代表人虽为同一人，但武汉公司与货柜公司都是企业法人，应以各自所有或经营管理的财产独立承担民事责任。货柜公司、武汉公司的法定代表人分别代表两个公司实施的民事行为，如果不损害其所代表的各个法人的利益，根据本院《关于贯彻执行〈中华人民共和国民法通则〉若干问题的意见（试行）》第一百一十五条第一款的规定，我院同意你院请示中的第二种意见，即武汉公司与货柜公司签订的抵押合同有效，中国农业银行湖北省分行国际业务部与货柜公司签订的抵押合同与前述抵押合同相重复部分无效。

[提示] 企业在负债累累的情况下，抽出其绝大部分注册资金开办新的企业后申请破产，严重侵害了债权人的利益的处理

最高人民法院
关于哈尔滨百货采购供应站申请破产一案的复函

1995年5月4日　　法函〔1995〕48号

黑龙江省高级人民法院：

你院《关于哈尔滨百货采购供应站申请破产一案的汇报》收悉。经研究，答复如下：

哈尔滨百货采购供应站（下称百货供应站）在负债累累的情况下，抽出其绝大部分注册资金开办哈尔滨康安批发市场，尔后，申请破产。其做法严重侵害了债权人的利益。虽然该行为未发生在法院受理破产案件前六个月内，但其目的是为了逃避债务，故原则上应根据《中华人民共和国民法通则》第五十八条第一款第（七）项的规定，追回百货供应站开办康安批发市场投入的2217.3万元及该场所得的盈利，作为破产财产统一分配。但在具体处理方式上，

可采取整体转让康安批发市场或以债权人的债权作为股份，依照我国公司法的规定，组成规范化的公司，以避免康安批发市场与百货供应站同时倒闭。如上述两种具体处理方式均不可行，则可将康安批发市场的现有全部财产及其债务纳入百货供应站破产清偿范围之内。以上意见供你院处理本案时参考，并请注意总结这方面的经验。

最高人民法院
关于山西省太原市中级人民法院执行深圳市罗湖对外经济发展公司房产问题的复函

1996年5月26日　　法函〔1996〕89号

山西省高级人民法院、广东省高级人民法院：

山西省高级人民法院晋高法执字〔1994〕第65号和广东省高级人民法院粤高法经一行字〔1995〕第66号报告均已收悉。经研究，答复如下：

1994年4月20日山西省太原市中级人民法院对山西省物资贸易中心诉深圳市罗湖对外经济发展公司购销合同纠纷案做出判决，双方当事人均未上诉。同年7月21日太原市中级人民法院开始执行。10月7日，该院裁定将深圳市罗湖对外经济发展公司坐落在深圳市莲塘第一工业小区135栋总建筑面积为6326平方米的六层厂房以物抵债给山西省物资贸易中心。11月4日双方当事人在太原市、深圳市中级人民法院的监督下，对该厂房进行了交接。因该厂房所在地莲塘工业区属深圳市土地未清理区域，所以深圳市规划国土局暂不办理房地产证。同年12月8日深圳市人民政府给山西省物资贸易中心发了产权代用证。本院认为，虽然深圳市中级人民法院于1994年11月3日受理了罗湖对外经济发展公司申请破产案，但是考虑到上述实际情况，应认定山西省太原市中级人民法院已执行完毕，以物抵债的厂房所有权已经转移。深圳市中级人民法院不应再将该厂房作为破产财产处理。如果该房产的价值超过山西省物资贸易中心所享有的债权，超过部分可作为破产财产。

最高人民法院
关于实行社会保险的企业破产后各种社会保险统筹费用应缴纳至何时的批复

1996年11月22日　　法复〔1996〕17号

四川省高级人民法院：

你院川高法〔1995〕167号《关于实行社会保险的企业破产后，各种社会保险统筹费用应缴纳至何时的请示》已收悉。经研究，现答复如下：

参加社会保险的企业破产的，欠缴的社会保险统筹费用应当缴纳至人民法院裁定宣告破产之日。

最高人民法院
关于上海啤酒厂破产案中转让"天鹅"注册商标问题的答复

1997年3月11日

上海市高级人民法院：

我院接国家工商行政管理局商标局转来材料，知悉上海市普陀区人民法院受理的上海啤酒厂破产一案中，债权人交通银行上海分行、中国银行上海市分行、建设银行上海三支行及"天鹅"牌上海啤酒商标的独占使用人上海啤酒有限公司向有关法院和国家工商行政管理局商标局反映：上海啤酒厂有《中华人民共和国企业破产法（试行）》第三十五条第一款第（二）项规定的行为，非正常压价出售"天鹅"等注册商标，要求确认该行为无效；同时反映上海啤酒厂企业破产清算组追认该项转让行为，损害了债权人利益。

经研究认为，如果所反映的情况属实，则有关"天鹅"等注册商标的申请转让，应属无效的民事行为；有关注册商标权应并入破产财产，经评估后依照我院《关于贯彻执行〈中华人民共和国企业破产法〉（试行）若干问题的意见》中的有关规定处理。

请你院监督指导上海市普陀区人民法院处理该注册商标转让的有关事宜，妥善处理有关各方的异议，并将处理结果尽快报告我院知识产权庭。

[提示] 已经由法院变卖裁定过户的财产不应列为破产财产

最高人民法院
关于湖南省高级人民法院与北京市高级人民法院执行中国机电总公司协调案的复函

2001年6月18日　〔2001〕执协字第8号

湖南省高级人民法院、北京市高级人民法院：

湖南省高级人民法院〔2000〕湘执请字第10号《关于请求最高法院协调处理湖南省长沙市中级人民法院强制执行中国机电设备总公司相关财产是否应列为破产财产的请示》和〔2001〕湘高法执请字第1号有关该案的《紧急报告》及北京市高级人民法院京高法〔2001〕74号报告均收悉。

经研究，我们认为，鉴于中国机电设备总公司（以下简称机电总公司）对长沙市中级人民法院依法查封的位于北京市宣武区马连道北路1号的机电大厦院内的房产不同意拍卖，而对长沙市中级人民法院提出的将该房产按评估价以物抵债的意见并未反对，故应视为同意以物抵债；由于北京市政府有关部门规定在京房地产不能直接过户给外地单位，因此，本案债权人长沙市商业银行商由长沙市政府驻京联络处接收该案标的物即机电大厦院内的部分房产，应予准许；长沙市中级人民法院据此于2000年7月12日裁定将上述房产过户给长沙市政府驻京联络处，其实质是依法将该标的物变卖给长沙市政府驻京联络处，并无不当，该案至此已执行完毕。而北京市第一中级人民法院2000年8月2日受理破产案件时将上述房产列入破产

财产错误，应予纠正。

关于北京市高级人民法院在报告中反映机电总公司将上述房产抵押给中国银行总行的问题，因其未依法到有关房地产管理部门办理抵押登记，故不得对抗人民法院的执行。至于中国汽车贸易总公司对上述房产主张产权的问题，因该房产的产权证在机电总公司名下，根据国务院《企业国有资产产权登记管理办法》有关国有资产管理部门审定的企业国有资产产权登记表、登记证是确认企业产权归属的法律凭证的规定，上述房产只能认定归机电总公司所有。如果中国汽车贸易总公司坚持主张产权，应另行通过诉讼解决。对机电总公司不服原判的问题，应告其可按照审判监督程序提出申诉，但其申诉不影响本案的执行。

【附：案例评析】

湖南省高级人民法院与北京市高级人民法院
执行中国机电总公司协调案

本案的核心问题：

经审查湖南、北京两高院报送的相关材料，笔者认为本案存在以下两个焦点问题：1.长沙市中级人民法院对机电大厦的执行行为是否应视为已执行完毕；2.被执行人机电总公司是否同意以物抵债。

评析意见：

1.最高人民法院在《关于新疆石河子地区中级人民法院裁定转移给石河子八一棉纺织厂的财产不应列入承德市针织二厂破产财产问题的复函》（〔1997〕经他字第23号）中批复："讼争房地产权利转移的具体时间应以人民法院的判决、裁定生效时间为准。"参照复函精神，根据本案具体情况，笔者认为，机电总公司的被执行房产已于2000年7月12日依长沙市中级人民法院的执行裁定转移所有权，上述房产不应纳入机电总公司破产财产的范围。

2.如前所述，长沙市中级人民法院在公告拍卖房产的过程中遭到机电总公司的严重阻挠，致使拍卖未果。后长沙市中级人民法院从维护社会稳定的大局出发，考虑机电总公司的实际情况，决定采取以物抵债的方式执行，并征求了机电总公司总经理（法定代表人）姜兆春的意见。姜兆春对长沙市中级人民法院不再坚持公开拍卖的执

行方式表示感谢,对以评估价格以物抵债认为是执行法院照顾了机电总公司,只是提出要请示上级主管部门,对以物抵债的执行方式并未提出异议。笔者认为:机电总公司是独立的企业法人,其以企业所有财产独立承担民事责任;企业对其所有的财产享有不受干预的处分权。机电总公司法定代表人的表态应视为同意以物抵债,所谓要请示上级主管部门的说法,只能视为是拖延执行的借口。

3.《最高人民法院关于人民法院执行工作若干问题的规定(试行)》第46条第2款规定财产无法委托拍卖、不适于拍卖或当事人双方同意不需要拍卖的,人民法院可以交由有关单位变卖或自行组织变卖。根据本案事实可知,长沙市中级人民法院曾数次准备拍卖该房产,但由于被执行人机电总公司拒绝交出房产证,且多次组织员工阻挠、干涉法院拍卖工作,导致人民法院的委托拍卖行为无法进行;另被执行人的法定代表人也明确表示同意按评估价以物抵债。另根据北京市人民政府的有关规定,非驻京单位,不能在京直接接受并办理房产过户手续。据此,申请执行人长沙市商业银行经与长沙市人民政府驻京联络处协商,由长沙市人民政府驻京联络处买受机电总公司以物抵债的房产。后长沙市中级人民法院依据有关规定直接裁定由长沙市人民政府驻京联络处接受机电总公司以物抵债的房产。综上,笔者认为,长沙市中级人民法院所采取的以物抵债的执行方式,其实质已转化为一种变卖;该变卖行为符合《最高人民法院关于人民法院执行工作若干问题的规定(试行)》第49条第2款的有关变卖物的法定要件和变卖程序的规定精神。

4.关于国有资产的归属问题。国家国有资产管理局复函最高法院(国资产字〔1997〕007号):"依据国务院第192号令《企业国有资产产权登记管理办法》的规定,国有资产管理部门审定的企业国有资产产权登记表、证是确认企业产权归属的法律凭证,也是占有、使用国有资产的各类企业办理工商登记和发生产权变动的资信证明文件。司法审判中涉及国有资产产权纠纷和国有资产产权变动等问题的裁决应当以国有资产管理部门审定的企业产权登记表、证为依据。"经查,机电大厦的产权证办在机电总公司名下,该大厦的物业也是由机电总公司的行政处负责管理。长沙市中级人民法院据此认定机电大厦的产权人是中国机电总公司并无不当。至于汽贸总公司是否也拥有部分产权的问题,我们认为此问题并非本案所需协调解决的问题,其可通过诉讼程序解决。

5.关于中国银行总行的抵押权问题。1995年8月,机电总公司将机电大厦产权证作为抵押物交给中国银行总行进行抵押贷款,抵押没有办理相关登记手续。当时,对以房地产作为抵押物进行抵押应当办理抵押登记,我国法律已有规定。《担保法》对抵押登记的机关、登记的方式作了明确的规定。《城市房地产管理法》于1995年1月1日生效,该法第35条规定:"房地产转让、抵押,当事人应当依照本法第五章的规定办理权属登记。"第五章第61条规定,"房地产抵押时,应当向县级以上地方人民政府规定的部门办理抵押登记。"另在《担保法》生效后的5年时间里,中国银行总行始终没有办理抵押登记手续。故中国银行总行以办理抵押手续时,《担保法》尚未施行,办理抵押登记不是法定要件的异议理由不能成立;中国银行总行的抵押权,不能对抗人民法院的执行。

鉴于机电总公司对长沙市中级人民法院依法查封的位于北京市宣武区马连道北路1号的机电大厦院内的房产不同意拍卖,且对长沙市中级人民法院提出的将该房产按评估价以物抵债的意见并未反对,故应视为同意以物抵债;由于北京市政府有关部门规定在京房地产不能直接过户给外地单位,因此,本案债权人长沙市商业银行商由长沙市政府驻京联络处接收该案标的物即机电大厦院内的部分房产,应予准许;长沙市中级人民法院据此于2000年7月12日裁定将上述房产过户给长沙市政府驻京联络处,其实质是依法将该标的物变卖给长沙市政府驻京联络处,并无不当,该案至此已执行完毕。而北京市第一中级人民法院2000年8月2日受理破产案件时将上述房产列入破产财产错误,应予纠正。

关于北京市高级人民法院在报告中反映机电总公司将上述房产抵押给中国银行总行的问题,因其未依法到有关房地产管理部门办理抵押登记,故不得对抗人民法院的执行。至于中国汽车贸易总公司对上述房产主张产权的问题,因该房产的产权证在机电总公司名下,根据国务院《企业国有资产产权登记管理办法》有关国有资产管理部门审定的企业国有资产产权登记表、登记证是确认企业产权归属的法律凭证的规定，上述房产只能认定归机电总公司所有。如果中国汽车贸易总公司坚持主张产权，应另行通过诉讼程序解决。①

最高人民法院
关于破产企业拖欠税金是否受破产法规定的破产债权申报期限限制问题的答复

2002年1月18日　　法研〔2002〕11号

广东省高级人民法院：

你院粤高法〔2001〕138号"关于拖欠税金是否受破产法规定的破产债权申报期限限制的请示"收悉。经研究答复如下：

根据《中华人民共和国破产法（试行）》第三十七条第二款的规定，破产企业所欠税款不属于破产债权，不适用《中华人民共和国破产法（试行）》第九条的规定。

[提示] 上级法院对下级法院已经审理终结的破产案件进行监督、纠正有法可依

最高人民法院
关于蓬莱京鲁通讯视像设备厂破产还债案有关法律适用问题的复函

2003年2月25日　　〔2001〕民立他字第49号

山东省高级人民法院：

你院〔2001〕鲁法经字8—1号《关于蓬莱京鲁通讯视像设备厂破产还债一案有关问题的请示》收悉。经研究，答复如下：

对于你院所请示问题，最高人民法院1997年3月6日法发〔1997〕2号《关于当前人民法院审理企业破产案件应当注意的几个问题的通知》第十一条和2002年7月8日《关于审理企业破产案件若干问题的规定》第一百零四条均已作出明确规定，上级人民法院发现下级人民法院的裁定确有错误，应当通知其依法纠正；必要时可以裁定指令下级人民法院重新作出裁定。因此，对于已经审理终结的破产案件进行监督、纠正是有法可依的，但在适用时应当严格、谨慎，并应充分考虑该破产案件提起再审的可行性，依法妥善处理。

最高人民法院
关于河南省高级人民法院就郑州亚细亚五彩购物广场有限公司破产一案中董桂琴等50家商户能否行使取回权问题请示的答复

2003年6月9日　　〔2003〕民二他字第14号

河南省高级人民法院：

你院〔2003〕豫法民二函字第02号请示收悉。经研究，答复如下：

原则同意你院不支持董桂琴等50家商户行使取回权的第二种意见。董桂琴等50家商户与亚细亚五彩购物广场有限公司（以下简称五彩购物广场）形成了委托收取销售货款的关系，现有证据不能证明五彩购物广场对所收取的货款开立专门账户加以管理，即五彩购物广场代收的货款没有特定化。由于货币作为动产的特殊属性，董桂琴等50家商户对没有特定化的货款不具有所有权关系，在企业破产还债程序中不能行使取回权，可以以普通债权人的身份参与破产财产的分配。望你院并郑州中院做好当事人的工作。

此复。

---

① 张小林：《湖南省高级人民法院与北京市高级人民法院执行中国机电总公司协调案》，载最高人民法院执行工作办公室编：《强制执行指导与参考》2002年第1辑（总第1辑），法律出版社2002年版，第289～299页。

最高人民法院
关于对《最高人民法院关于审理企业破产案件若干问题的规定》第五十六条理解的答复

2003年9月9日　　法函〔2003〕46号

劳动和社会保障部：

你部2002年12月15日对我院《关于审理企业破产案件若干问题的规定》（以下简称《规定》）第五十六条执行中的有关问题征求意见的函收悉，经研究，答复如下：

一、《规定》第五十六条不适用于纳入国家计划调整的企业破产案件，该类企业破产案件适用国务院国发〔1994〕59号《关于在若干城市试行国有企业破产有关问题的通知》和国发〔1997〕10号《关于在若干城市试行国有企业兼并破产和职工再就业有关问题的补充通知》的有关规定。在根据相关规定向破产企业职工发放安置费、经济补偿金后，不再就解除劳动合同补偿金予以补偿。

二、《规定》第五十六条中"依法或者依据劳动合同"的含义是：第一，补偿金的数额应当依据劳动合同的约定，劳动合同中没有约定的，则应依照法律、法规、参照部门规章的相关规定予以补偿。第二，如果劳动合同约定的补偿金或者根据有关规定确定的补偿金额过低或者过高，清算组可以根据有关规定进行调整。调整的标准，应当以破产企业正常生产经营状况下职工十二个月的月平均工资为基数计算补偿金额；第三，清算组调整后，企业的工会、职工个人认为补偿金仍然过低的，可以向受理破产案件的人民法院提出变更申请；债权人会议对清算组确定的职工补偿金有异议的，按《规定》第四十四条规定的程序进行。

此复。

最高人民法院
对《关于审理企业破产案件若干问题的规定》第三十八条、第四十四条第二款的理解与适用的请示的答复

2004年2月3日　　〔2003〕民二他字第64号

湖北省高级人民法院：

你院鄂高法〔2003〕389号请示收悉。我庭研究认为，《关于审理企业破产案件若干问题的规定》（以下简称《规定》）第三十八条和第四十四条第二款规定的申诉程序，是最高法院在法律没有具体规定时，根据法律的精神和现实的需要，探索如何完善上级法院对下级法院审理企业破产案件进行审判监督的具体体现。鉴于此种申诉程序尚在探索阶段，我庭谨提供如下意见供参考：

一、人民法院作出破产宣告裁定依法应当进行公告，鉴于破产宣告裁定对破产程序当事人影响较大，也仅要求在人民法院公告栏进行公告，因此人民法院在破产宣告裁定作出当日即应当进行公告，公告之日即裁定之日。《规定》第三十八条规定债权人或债务人向上级法院进行申诉的申诉期自裁定之日起算，也即从公告之日起算。如人民法院在裁定之日未作公告，而在裁定日后公告的，可酌情考虑自公告之日起算当事人的申诉期。

二、破产案件分配方案经债权人会议两次讨论未通过的，人民法院可以依法作出裁定。由于债权人会议系债权人自治组织，根据破产法的规定享有审查、通过破产财产分配方案的权力，因此，人民法院在债权人会议未通过破产财产分配方案时如以裁定形式通过方案，性质上属于司法对债权人意思自治的干预，因此，人民法院不仅在裁定中要说明裁定的理由，而且应当在债权人会议期间作出裁定并向参加会议的全体债权人宣读，使债权人及时知悉自身权利状态。《规定》第四十四条第二款规定债权人就该裁定向上级法院申诉的期间起算自裁定之日，也即起算自人民法院向参加会议的全体债权人宣读裁定之日。由于人民法院通过破产

财产分配方案的裁定无需公告,也无需送达债权人(债权人人数众多时也无法送达),因此,在债权人会议期间宣读裁定应当是必要的。

司法实践中,有的法院不在债权人会议期间进行裁定,而是在债权人会议后通过书面审理进行,并且裁定后也不送达,确实存在不利于债权人维护自身权利的情况。对于此种情况如何进行救济尚有待探索,但从程序上要求人民法院在债权人会议期间作出裁定并向参加会议的全体债权人宣读裁定,是避免出现上述情况的重要保证,各级人民法院应当予以充分重视。

此复。

最高人民法院
关于如何理解《最高人民法院关于破产法司法解释》第六十八条的请示的答复

2004年12月22日　　〔2003〕民二他字第52号

河北省高级人民法院:

你院〔2003〕冀民二请字第4号《关于如何理解〈最高人民法院关于破产法司法解释〉第六十八条的请示》收悉。经研究,答复如下:

人民法院受理破产案件前,针对债务人的财产,已经启动了执行程序,但该执行程序在人民法院受理破产案件后仅作出了执行裁定,尚未将财产交付给申请人的,不属于司法解释指的执行完毕的情形,该财产在债务人被宣告破产后应列入破产财产。但应注意以下情况:

一、正在进行的执行程序不仅作出了生效的执行裁定,而且就被执行财产的处理履行了必要的评估拍卖程序,相关人已支付了对价,此时虽未办理变更登记手续,且非该相关人的过错,应视为执行财产已向申请人交付,该执行已完毕,该财产不应列入破产财产;

二、人民法院针对被执行财产采取了相应执行措施,该财产已脱离债务人实际控制,视为已向权利人交付,该执行已完毕,该财产不应列入破产财产。

此复。

最高人民法院
关于法院已判决确权的财产不应列入破产财产的处理意见及复函

〔2005〕执协字第19—1号

江苏省高级人民法院、天津市高级人民法院:

江苏省高级人民法院报送的〔2005〕苏执他字第5号《关于请求协调江阴市人民法院与天津市高级人民法院破产案件产生争议的报告》和天津市高级人民法院〔2005〕117号《关于天津金铭发展有限公司破产还债一案的紧急报告》及补充报告和有关材料均已收悉。经本院审查研究,提出处理意见如下:

经查明,1993年2月8日,天津市河北区百货公司(以下简称百货公司)与珠海金铭发展公司(以下简称珠海金铭公司)签订《合作协议书》,约定合作项目为中山商厦(现名金铭广场),珠海金铭公司向百货公司交付前期费用补偿后,可独立进行7~30层商品房的工程管理及销售,并约定所得利润在交付有关费用后归珠海金铭公司所有。同年6月,该项目正式开工建设。截止1996年底,该项目在建工程经委托评估价值为2.7亿元人民币。

1995年6月16日,珠海金铭公司与江阴第二纺织厂等债权人分别签订《还款协议》,约定珠海金铭公司应于同年12月底偿还欠款,逾期不付则用其在天津开发的中山商厦商品房按每平方米4000元的价格抵偿债务。该还款协议经江阴市公证处公证。因珠海金铭公司未按协议履行,江阴第二纺织厂等债权人分别向江阴市人民法院起诉。1997年12月12日、12月18日,江阴市人民法院分别作出〔1996〕澄郊民初字第141、142、191号民事判决书,确认上述还款协议合法有效;珠海金铭公司应归还欠款,逾期则以中山公寓A栋13层、14层、B栋13层、14层共计12套商品房按每平方米4000元的价格抵债,产权归债权人所有;珠海金铭公司应当在中山公寓竣工后6个月交房等。

1996年12月3日、1997年1月13日,百

货公司分别与天津金铭发展有限公司（以下简称天津金铭公司）、珠海金铭公司签订了基本内容相同的两份《项目转让合同书》，约定百货公司退出该项目，将该项目全部转让给对方独立开发经营，并占全部股份。天津市河北区政府以北政复〔1997〕5号批复同意百货公司与珠海金铭公司所签订的《项目转让合同书》。

2004年5月27日，天津市高级人民法院受理天津金铭公司破产案，同年8月11日裁定宣告破产。经债权人会议表决同意，清算组委托拍卖机构于2005年1月将金铭广场项目公开拍卖，上海金龙科技投资有限公司以1.98亿元竞买成功。

上述事实，均有两高级人民法院报送的证据材料为证。

经本院协调，江阴市人民法院已2004年9月9日查封的金铭广场30套商品房解封，天津市高级人民法院同意预留部分拍卖价款，待本院作出最终处理意见后依法处理。

本院认为，珠海金铭公司作为金铭广场的前期开发商，在天津金铭公司未参与金铭广场项目开发之前，依照合同约定有权处分其独立开发销售的部分房产。在金铭广场项目破产之前，珠海金铭公司自愿以其独立开发销售的部分房产抵偿所欠债务，是其真实意思表示，并不违反法律规定，也不损害第三方的利益，且天津金铭公司此后对以房抵债的事实也予以认可。该以房抵债协议经公证机关公证，并经江阴市人民法院判决确认合法有效，12套商品房的产权应自判决生效之日起即视为转移给江阴第二纺织厂等债权人，不属于破产财产。天津市高级人民法院在明知金铭广场部分房产尚有争议的情况下，将金铭广场项目整体拍卖的做法不妥。鉴于金铭广场已经在破产程序中被整体拍卖，故江阴第二纺织厂等债权人可依据判决确定的12套房屋，按照拍卖价格在拍卖预留款中折价受偿。不足清偿债权的部分可向破产清算组申报债权。

【附：案例评析】

关于法院已判决确权的财产不应列入破产财产的处理意见

天津高院认为：

1. 天津金铭公司是为了金铭广场项目而专门成立的项目公司。虽然百货公司在1996年12月3日和1997年1月13日同时与天津金铭公司和珠海金铭公司分别签订了内容相同的项目转让合同书，但实际履行的是天津金铭公司与百货公司的合同。天津市河北区政府、河北区城市建设委员会2000年11月向市规划土地管理局、市建委报请的有关文件和天津市城乡建设管理委员会下达的2001年第一批住宅建设（结转）项目投资计划及天津市处置停缓建项目领导小组2004年8月3日关于尽快启动金铭广场项目建设的通知等，均表明金铭广场项目由天津金铭公司负责开发，债权人也指认天津金铭公司为合法债务人，故天津金铭公司应当是金铭广场项目的合法所有权人。

2. 珠海金铭公司对江阴二纺厂等三债权人是金钱给付义务，判决中的房产只是一个担保的性质。且根据江阴市法院的判决第四项也无法判定房屋产权权利转移的时间。故天津金铭公司破产后，金铭广场项目的全部房产均应属破产财产范围。

江苏高院认为：

1. 江阴市法院三宗执行案件的执行标的明确具体，根据生效判决书，珠海金铭公司不能按期履行还款义务，则中山大厦中的12套商品房产权归三申请执行人所有。根据最高人民法院〔1997〕经他字第23号《关于新疆石河子地区中级人民法院裁定转移给石河子八一棉纺织厂的财产不应列入承德市针织二厂破产财产问题的复函》的精神，即"讼争房地产权利转移的具体时间应以人民法院的判决、裁定生效时间为准"。江阴市法院上述三案的判决均于1997年12月生效，天津高院在得知上述中山大厦的12套房产已经江阴市法院判决确权给江阴二纺厂等三单位的情况后，不应再将其列为破产财产。

2. 中山大厦是珠海金铭公司与百货公司的联建项目，珠海金铭公司对中山大厦享有《合作协议书》中约定的合法权利，即使百货公司与天津金铭公司签订的《项目转让合同》有效，天津金铭公司所承继的仅是百货公司在中山大厦项目中享有的权利，而不能单独占有中山大厦的全部财产，如将中山大厦全部财产均列入破产财产，则损害了中山大厦的联建人珠海金铭公司享有的合法权益，进而损害了江阴市法院执行案件债权人的合法权益。

最高人民法院的意见：

最高人民法院认为，根据百货公司与珠海金铭公司签订的《项目转让协议》及金铭广场的实际运作情况，珠海金铭公司作为金铭广场的开发商，依照合同约定有权处分其独立开发销售的部分房产。珠海金铭公司因与江阴二纺厂等三单位有债务关系，自愿以其开发销售的部分房产抵偿债务，该还款协议经公证机关公证，并经法院生效判决确认有效，且均发生在金铭广场项目破产之前，天津金铭公司对以房抵债的事实也予以认可，既不违反法律规定，也不损害第三方的利益。江阴市法院的三份判决书已经发生法律效力，故该12套房屋的产权按照生效判决已经转移给江阴二纺厂等三债权人，应不属于破产财产。鉴于金铭广场已经在破产程序中被整体拍卖，可以按照判决确认的价格执行12套房屋的折价款抵偿债务。江阴市法院在天津高院裁定宣告破产还债之后裁定查封30套房屋违反有关法律规定，应予解除查封。

评析意见：

本案的焦点问题是，江阴市法院判决确权的金铭广场12套房产是否应属于破产财产。最高人民法院之所以作出上述处理意见，主要于以下几点理由：

首先，根据1993年2月珠海金铭公司与百货公司签订的《合作议书》，中山大厦于同年6月正式开工建设，至1996年底、1997年1月中山大厦工程（含中山公寓和大酒店）的市场价值经评估约为2.7亿元。1997年1月13日，珠海金铭公司再次与百货公司签订《项目转让合同书》，该合同经天津市河北区政府批复同意。此后，尽管百货公司与天津金铭公司签订的项目转让合同得到相关部门和各债权人的认可，但并没有证据否认珠海金铭公司与百货公司所签订的上述合同的真实性及珠海金铭公司进行了金铭广场项目工程的前期开发。所以，在天津金铭公司参与该项目之前，是由珠海金铭公司与百货公司签订合同，并履行了合同约定的义务。根据权利义务对等原则，珠海金铭公司履行了合同义务，就应享有合同约定的权利。

其次，从珠海余铭公司与天津金铭公司的关系来看，珠海金铭公司是天津金铭公司的设立人和大股东，且成立时和成立后相当长的一段时间两公司的法人代表均系同一人。可以说，珠海金铭公司与天津金铭公司虽为两个法人，但客观上存在着法人格混同的情况，从金铭广场项目的整个运作过程也可以说明这一点。

再次，1996年6月16日珠海金铭公司与江阴等三债权人达成还款协议，该协议经公证机关公证，且经江阴市法院判决确认合法有效。以房抵债是当事人的真实意思表示，珠海金铭公司以自己在开发项目中享有的合法权益抵偿债务并不违反法律规定。且上述行为发生在破产案件之前，并不损害破产债权人的利益。

最后，江阴市法院三份生效判决已经确认，中山公寓12套商品房的产权归三债权人所有。这种情况在大陆法系国家称为"非因法律行为引起的物权变动"，我国物权法领域也已基本承认这种理论，即法院的判决和裁定可以产生物权转移的法律后果，而不以登记作为物权转移的唯一标准。况且，珠海金铭公司未能在判决生效后交房的原因是，该项目一直未能竣工，在金铭广场属于"烂尾楼"的情况下，虽然不能办理该12套房屋的产权证，但该12套房屋的指向是具体、明确的，实际上也可以分割，故并不影响江阴等三债权人对于这12套房屋主张物权。①

最高人民法院
关于山西省大同市矿区法院执行案与湖南省株洲市中院破产案冲突请求我院协调的复函

2006年8月28日　〔2006〕执协字第14—1号

山西省高级人民法院：

你院〔2006〕晋执协字第1—1号《关于我省大同市矿区人民法院在湖南株洲执行受阻要求协调的报告》收悉。经研究，答复如下：

大同市矿区人民法院在执行大同煤矿集团有限责任公司（以下简称大同煤矿）与湖南省株洲市株洲光明玻璃集团有限公司（以下简称株洲光明公司）买卖合同纠纷一案中，于2005年11月22日冻结了被追加为被执行人的株洲市国有资产投资经营有限公司在建设银行株洲

---

① 于泓：《关于法院已判决确权的财产不应列入破产财产的处理意见》，载最高人民法院执行工作办公室编：《强制执行指导与参考》2005年第3集（总第15集），法律出版社2006年版，第76～82页。

市城北支行的存款2000万元，但株洲市中级人民法院已于2005年11月2日受理了以株洲光明公司为申请人的破产还债案。根据民事诉讼法及相关司法解释的有关规定，大同市矿区人民法院应当中止对被执行人株洲光明公司的民事执行程序，同时告知债权人大同煤矿持生效法律文书向受理株洲光明公司破产案件的株洲市中级人民法院申报债权，参与破产企业的财产分配。如果债权人大同煤矿对株洲市中级人民法院宣告株洲光明公司破产有异议，可依法申诉。请你院接此函后，通知执行法院依法办理相关法律手续。

【附：案例评析】

关于山西省大同市矿区法院执行案与湖南省株洲市中院受理破产案发生冲突请求我院协调案

湖南省高院报送意见：

该院认为，本案协调事项涉及破产程序，执行机构不便审查处理。在山西省高院执行局同志来反映情况时，该局专门派人将其带到该院负责破产案件审理和指导的民二庭，请其与民二庭协调处理。此后，该局又与民二庭进行联系，要求其尽快审查处理，并将相关情况函告山西省高院，并建议其与民二庭进行联系。

最高人民法院处理意见：

本院经研究，认为矿区法院2005年11月22日冻结被追加被执行人株洲市国有资产投资经营有限公司在建设银行株洲市城北支行的存款2000万元时，被执行人光明玻璃公司已向株洲市中级人民法院申请公司破产，而且该院已于2005年11月2日受理了被执行人的破产还债案。根据民事诉讼法及其相关司法解释的有关规定，矿区法院应当中止对被执行人光明玻璃公司的民事执行程序，同时告知债权人大同煤矿持生效法律文书向受理被执行人光明玻璃公司破产案件的株洲市中级人民法院申报债权，参与破产企业的财产分配。如果债权人对株洲市中级人民法院宣告光明玻璃公司破产有异议，可依法申诉。

案件评析：

笔者认为，该案所涉及的问题主要是案件的执行程序与破产程序的冲突问题，而该问题主要是由债权人的债权性质的不同及在破产程序中行使方式的不同引起的。下面就常见的具体冲突问题进行分析。

（一）本案产生的冲突及解决办法

该案应归结为普通债权的民事执行程序与破产程序的冲突问题。根据执行规定第一百零二条、一百零五条的规定，"人民法院已受理以被执行人为债务人的破产申请的"，人民法院应当裁定中止执行；"在执行中，被执行人被人民法院裁定宣告破产的，执行法院应当依照民事诉讼法第二百三十五条第六项的规定，裁定终结执行"。本案中，从现有材料反映情况看，矿区法院冻结株洲公司的银行存款时间是2005年11月22日，而株洲市中院受理被执行人破产的案件的时间是2005年11月2日。也就是说，在法院执行期间，被执行人进入了破产程序。根据上述相关规定，执行法院应该告知债权人向破产审理法院株洲市中院进行债权申报，参与破产企业的清算工作，在债权人会议上充分行使自己的权利，要求法院将上述财产依法追回，纳入到破产财产范围，并请求法院重新审查被执行人是否符合破产案件的受理条件。如果破产法院认为被执行人确实符合破产案件的受理条件，并且将执行法院冻结的有关款项依法追回，纳入到破产财产范围，债权人就应该放弃法院的执行而参与破产企业的财产分配；如果破产法院没有将执行法院冻结的款项列入破产财产的范围，债权人可以要求清算组追回。同时，债权人可以依据我院《关于审理企业破产案件若干问题的规定》第三十八条的规定向湖南省高院申诉。但此均应建立在债权人自身积极寻求法律救济的基础上，执行法院不能代替债权人进行申诉。

（二）对不动产的民事执行程序与破产程序的冲突问题

所谓对不动产的执行，是指执行法院为实现债权人的金钱债权，对债务人所有的不动产采取的强制执行的行为。不动产因其具有固定性和登记生效制度，因此，不动产的权利归属及变动情形较为明确。但在不动产上常有他项物权和租赁权存在，权利义务关系复杂，为了兼顾不动产所有权人、债权人、债务人及其他权利人的利益，在执行程序中应慎重处理，尤其是在与破产程序相冲突时。根据民事诉讼法及其相关司法解释的有关规定，执行法院在执行不动产的过程中，如果收到了受理以债务人为破产申请人的法院出具的破产受理通知书时，应视对不动产的执行程度而定。如果执行法院仅是处于对被执行人所有的不动产查封、评估以及前期的拍卖阶段，就应当依法裁定中止执行程序，等待法院对破产案件的进一步审理。如果被执行人被人民法院裁定宣告破产，执行法院就应当按照民事诉讼法第二百三十五条的规定，裁定终结执行程序，告知债权人持生效法律文书向受理被执行人破产的法院申报债权，参与破产企业的财产分配。如果执行法院已经进入拍卖阶段，并且已经拍定成交，根据最高人民法院《关于人民法院民事执行中拍卖、变卖财产的规定》第二十九条的规定，不动产应自拍卖成交或者抵债裁定送达买受人或者承受人时起转移。至此，不动产的所有权在相关登记部门虽未发生根本性的转变，即尚未办理或正在办理过户程序中，但从法律上已经承认了买受人或承受人是该不动产的所有权人。此时，即便是被执行人进入破产程序，也不能将该不动产纳入破产财产范围。对此，最高人民法院曾有典型案例。当然，根据法律规定，如果被执行人被人民法院审理终结后，裁定不被宣告破产，执行法院可以恢复对相关不动产的执行。

（三）其他特殊财产权案件的民事执行程序与破产程序冲突问题

所谓特殊财产权是指因实现债权人的金钱给付请求权，而对被执行人所有的动产、不动产、存款、收入以及对第三人到期债权以外的具有财产性权利，这些财产属非典型性财产。主要有如下财产：

1. 知识产权。主要指：著作权中的财产权部分、商标权和专利权。对上述财产的执行，人民法院在被执行人不履行生效法律文书确定的义务时，人民法院有权裁定禁止被执行人予以转让。但是，对于被执行人已经申请破产，进入破产程序的案件，执行法院应视破产案件的审理情况而定，如果被执行人经法院审理裁定其宣告破产，执行法院应当依法裁定案件终结执行，同时，告知债权人向受理被执行人破产案件的法院申报债权，参与破产企业的财产分配。这其中涉及到一个时间点问题，即执行法院变更知识产权所有权人的裁定作出的时间，如果执行法院在受理以被执行人申请破产的通知下发前，已经裁定变更了知识产权的所有人的，承受人正在办理变更登记期间的，笔者倾向于应认定该权利已经转移，不应纳入破产财产范围。否则，应当纳入破产企业的财产清算范围。

2. 股息、红利。该权利是指被执行人从有关企业中应得的已到期的股息或红利等收益，人民法院对该部分财产权利有权裁定禁止被执行人提取和有关企业向被执行人支付，并要求有关企业直接向申请执行人支付。对被执行人预期从有关企业中应得的股息和红利等收益，人民法院可以采取冻结措施，禁止到期后被执行人提取和有关企业向被执行人支付。如果被执行人进入破产程序，应视股权到期与否而定，对于已经到期的股息和红利，应比照动产或不动产案件的执行。但对于预期的股息和红利，应视为破产企业的财产，依法纳入清算范围。

3. 有价证券。所谓有价证券是被执行人持有的具有表彰财产上权利的凭证，而其权利的发生、转移或行使，则与证券本身具有不可分性。有价证券分为记名证券（如记名股票、公司证券及票据等）、无记名证券（如无记名股票、国债公司证券及票据等）和指示证券（如提单、仓单、载货凭证等）。对上述证券的执行，其实质是执行该证券上所表彰的财产权利。但由于证券流通迅速，其权利的行使和处分须占有和交付。因此，证券所表彰的权利与证券本身不可分。在交易上与动产的转移相同，即谁持有证券谁就享有对该证券所表彰权利的行使权。当其在执行程序中与破产程序发生冲突时，应比照解决动产的解决办法处置。

（四）财产保全案件的执行与破产程序冲突问题

关于财产保全案件的执行究竟由执行机构执行，还是由立案庭来执行，目前法律尚未作出明确规定。实践中二者均有参与。但不管是哪个部门实施，均应依据民事诉讼法及其相关司法解释和破产法及其相关司法解释来执行。在此仅讨论财产保全措施的执行与破产程序的冲突问题。如果财产保全措施在实施期间，债务人向法院申请破产，而且法院业已受理的情况下，财产保全措施应停止执行；如果财产保全措施在债务人向人民法院申请破产前已经实施完毕，当破产案件审理法院作出破产宣告裁定时，应依据最高人民法院《关于审理企业破产案件若干问题的规定》第二十条的规定，应当撤销对相关财产的保全措施。因为不论财产保全发生在诉前还是诉讼中，破产宣告裁定作出后，诉讼程序均应当终结。

（五）工程价款民事案件的执行与破产程序冲突问题

建筑工程价款主要指承包人为建设工程应当支付的工作人员报酬、材料款等实际支出的费用，不包括承包人因发包人违约所造成的损失。依据最高人民法院《关于建设工程价款优先受偿权问题的批复》，人民法院在审理房地产纠纷案件和办理执行案件中，应当依照《中华人民共和国合同法》第二百八十六条的规定，认定建筑工程的承包人的优先受偿权优于抵押权和其他债权。由此笔者认为，即使被执行人被人民法院裁定宣告破产，在清算受偿顺序上工程款受偿的顺序应该在优先拨付破产费用后首先偿还债务人拖欠的工程款，其次是偿还享有担保权的债权人。

（六）税收债权的执行案件与破产程序冲突问题

税收债权的产生在我国较为普遍，大多企业纳税意识较差，因此容易产生欠税问题。税收债权应该属于公权利，普通民事债权应该属于私权利。在国外私权利优先的背景下，我国仍采用公权利优先的原则。这一点从即将实施的新破产法中仍可以见到其影子。但税收债权在企业进入破产程序后，在清偿顺序上应该是在除去破产费用、工程价款、别除权、工人工资和劳动保险等债权后，普通债权之前受偿。也就是说，税收债权仅优先于普通债权受偿。

（七）罚款债权案件执行与破产程序冲突的问题

罚款债权主要指国家执法机关对债务人的违法行为给予一定的金钱处罚行为而产生的。罚款债权应该视为除斥债权，因此，不能作为破产债权予以受偿。因为罚款在实现对债务人惩罚的同时，还要将罚款上缴国库，纳入国家财产。如果将其列为破产债权无异于将此财产嫁于无辜的其他债权人头上，惩罚的对象显然已经不是债务人了，而是债务人的所有债权人，处罚目的也不能达到。笔者认为，如果债务人破产申请被人民法院受理，并下发受理通知书后，罚款就应该中止执行，等待法院对债务人破产申请的进一步审理，如果法院最终裁定宣告债务人破产，罚款将终结执行，而且不能参与破产企业的财产分配。①

最高人民法院关于执行回转案件的申请执行人在被执行人破产案件中能否得到优先受偿保护的复函

2006年12月14日　〔2005〕执他字第27号

天津市高级人民法院：

你院《关于执行回转案件的申请执行人在被执行人破产案件中能否得到优先受偿保护的请示》收悉。经研究，答复如下：

人民法院因原错误判决被撤销而进行执行回转，申请执行人在被执行人破产案件中能否得到优先受偿保护的问题，目前我国法律尚无明确规定。我们认为，因原错误判决而被执行的财产，并非因当事人的自主交易而转移。为此，不应当将当事人请求执行回转的权利作为普通债权对待。在执行回转案件被执行人破产的情况下，可以比照取回权制度，对执行回转案件申请执行人的权利予以优先保护，认定应当执行回转部分的财产数额，不属于破产财产。因此，审理破产案件的法院应当将该部分财产交由执行法院继续执行。

【附：案例评析】

关于执行回转的债权在破产程序中能否优先受偿问题请示案

请示的问题：

天津市高级人民法院向最高人民法院报送《关于执行回转案件的申请执行人在被执行人破产案件中能否得到优先受偿保护的请示》该请示所涉及的情况及问题是：

天津二中院依据该院及高院的二审判决，已经对原被执行人执行1186万元，划给原申请执行

---

① 董志强：《关于山西省大同市矿区法院执行案与湖南省株洲市中院受理破产案发生冲突请求我院协调案》，载最高人民法院执行工作办公室编：《执行工作指导》2006年第3辑（总第19辑），人民法院出版社2006年版，第112～118页。

人。后该案经最高法院提审，推翻了原生效判决。据此原被执行人申请执行回转。但在回转执行过程中，现被执行人（原申请执行人）被宣告破产。需要解决的问题是：现申请执行人能否从破产财产中就其执行回转的债权优先受偿。申请执行人认为：执行回转程序不能因破产程序而中止；原被执行的财产不能作为破产财产；申请执行人应当优先受偿。

天津市高级人民法院审委会意见：

天津市高级人民法院审委会的意见是：在破产案件中享有取回权的仅为物权，不包括一般债权。虽然执行回转程序具有一定的特殊性，但本案申请执行标的从根本上应为一般债权性质，且法律也未明确将该种情况列为享有取回权的范畴。因此本案不应比照破产案件中享有取回权的程序处理。但本案涉及的执行回转申请人在被执行人破产过程中是否享有优先受偿的权利问题其处理结果对于执行过程中如何适用法律具有指导意义。鉴于目前的法律及司法解释对此均无规定，故请示。

最高人民法院答复意见：

经与有关审判部门协商，此请示由最高人民法院执行办公室负责答复。执行办答复意见如下：

因原错误判决而被执行的财产，并非因当事人的自主交易而转移。为此，不应当将当事人请求执行回转的权利作为普通债权对待。在执行回转案件被执行人破产的情况下，可以比照取回权制度，对执行回转案件申请执行人的权利予以优先保护，认定应当执行回转部分的财产数额，不属于破产财产。

分析：

1. 首先应当肯定，在价值判断方面，执行回转的权利应当得到优先保护。执行回转作为再审制度的辅助手段，应当保护真正权利人的合法利益。如果当事人有能力执行回转而不予执行回转，势必造成再审公正价值的落空，使再审判决成为一张空头支票（"再审白条"）。由此将导致再审制度的功能丧失殆尽，加剧社会对司法不公的抱怨。

2. 不宜简单地将执行回转债权视为是一般不当得利债权。可以从执行回转所针对的财产的角度，讨论其与破产财产的关系。应当执行回转的财产，是一种特殊的财产，有必要区别于破产债务人的一般财产。这种财产是通过法院错误判决而强制执行的，是因公权错误干预而使其暂时处于非真正权利人掌控之下的一种特殊的财产，不以原债务人（现债权人）的自由意志为转移，与当事人之间通过自主交易行为而转移资金，有本质不同。如不将该财产区别于破产财产，则执行回转债权人因错误司法判决而被强制执行的财产，将作为其他债权人分配的基础，对回转债权人严重不公。

3. 认定应当执行回转的财产不属于破产财产，解释上也有一定的可行性。法律和司法解释中没有提到执行回转与破产财产处理上的关系问题，只能说是法律上的遗漏，并不能说是根本上否定执行回转优先得到保护。最高人民法院《关于审理企业破产案件若干问题的规定》第7条列举的不属于破产财产的财产，不应理解为是对该类财产的全部范围的规定，应不排斥实践中依法认定其他不属于破产财产范围的财产。这在起草者的有关著作中已经得到肯定。从取回权的角度看，破产取回权中涉及的财产一般都是有物的形态或者来源于有体物（如因原物毁损灭失而形成的代偿性取回权），但也承认以金钱形态存在的取回权，如信托财产、股民保证金等。理论上说，破产债务人持有这类财产构成一种推定的信托占有（借鉴英美法上的概念），其实质上的权利应属于执行回转债权人。如此比照，可将应当执行回转的财产（即使是金钱）认定为不属于破产财产，申请执行回转的权利人有取回权。①

最高人民法院执行工作办公室
关于破产和解后以破产债务人为被执行人的案件能否继续执行的答复

2007年3月9日　　法（执）明传〔2007〕10号

湖南省高级人民法院：

关于黑龙江省牡丹江市中级人民法院受理黑龙江圣方科技股份有限公司（简称圣方科技

---

① 黄金龙：《关于执行回转的债权在破产程序中能否优先受偿问题请示案》，载最高人民法院执行工作办公室编：《执行工作指导》2007年第1辑（总第21辑），人民法院出版社2007年版，第57~59页。

公司）破产案件后，你院继续执行中科软件集团有限公司（简称中科软件公司）诉圣方科技公司一案问题，我院曾向你院发出法（执）明传〔2006〕48号明传，要求你院撤销执行裁定。后你院又报来《关于执行黑龙江圣方科技股份有限公司欠款纠纷一案的情况汇报》，认为应当继续执行。并请求我院进行协调。经研究，答复如下：

牡丹江中院破产案件终结，是因为债权人会议通过了和解协议并执行完毕，债务人圣方科技公司按照和解协议规定的条件清偿了债务，破产原因消除。经破产法院裁定认可的和解协议，对债务人和全体债权人均有约束力。中科软件公司参加了破产程序，依法应当受该和解协议的约束。破产和解是债务人破产再生程序，和解协议执行完毕后，其法人资格仍存续，但不再承担和解协议规定以外的债务的清偿责任。对此，当时法律虽无明文规定，但参照新企业破产法，应作此理解。此种情况下圣方科技公司未被宣告破产，并保留主体资格，这一点不能成为你院恢复执行的理由。在牡丹江中院裁定终结破产程序后，你院应当裁定对圣方科技公司执行终结。

对于中科软件公司权益的保护问题。首先，依和解协议中科软件公司应当受偿的款项，据反映现由长沙中院为执行以中科软件公司为债务人的案件，而予以冻结。如该款项解冻，则可通过破产清算组领取。其次，终结对圣方科技公司的执行，并不妨碍其按照你院判决第二项，对于同案中另外二被告质押给中科软件公司的共1.8亿元股权行使优先受偿权。至于中科软件公司对牡丹江中院在破产程序中涉及其权益处理的异议，应当通过对破产裁定的申诉或其他适当途径解决，而不应由你院再启动执行程序解决。

【附：案例评析】

中科软件集团有限公司诉圣方科技股份有限公司案——破产和解后以破产债务人为被执行人的案件能否继续执行

因圣方科技股份有限公司破产案件处理过程中实现破产和解后，湖南高院继续执行以该公司为被执行人的案件，该公司向最高人民法院申诉。

湖南高院关于继续执行的理由：

湖南高院在报告中提出，对中科软件公司诉圣方科技公司等案件判决应当继续执行。其主要理由为：

1. 牡丹江中院下达破产终结裁定后，债权人中科软件公司的债权并未得到清偿。圣方科技公司也未被宣告破产，该公司作为被执行主体仍然存在，仍在正常运转。

2. 牡丹江中院排除中科软件公司的债权违法。中科软件公司的债权，业经最高人民法院、上海高院、湖南高院的生效裁判确认。牡丹江中院在破产程序中否定经生效裁判确定的债权，于法无据。其中所说有关法院之裁判具体情况如下：(1) 最高人民法院2005年4月曾就湖南审理的案件的管辖权问题作出裁定，维持了湖南高院的管辖权，裁定中提到：中科软件在承担担保责任后，依法享有对原借款合同债务人圣方科技的追偿权，即中科软件与圣方科技形成了债权债务关系；(2) 上海高院在深圳发展银行上海卢湾支行诉圣方科技、中科软件1500万元借款纠纷案中，对圣方科技从深圳发展银行贷款2亿元（包括湖南高院审理的1.8亿元）合同及担保关系确认有效。

最高人民法院答复意见：

破产和解是债务人破产再生程序，和解协议执行完毕后，其法人资格仍存续，但不再承担和解协议规定以外的债务的清偿责任。在牡丹江中院裁定终结破产程序后，湖南高院应当裁定对圣方科技公司的执行终结。至于中科软件公司对牡丹江中院在破产程序中涉及其权益处理的异议，应当通过对破产裁定的申诉或其他适当途径解决，而不应启动执行程序解决。

评析：

（一）关于湖南高院的执行案件是否应当终结

假定湖南高院的〔2005〕湘高法民二初字第12号民事判决已经生效，按照现有法律和司法解释的规定，在牡丹江中院受理以被执行人圣方科技公司破产案件的情况下，湖南高院应当中止执行。对此，湖南高院作了正确的处理；如果圣方科技被宣告破产，则湖南高院应当终结执行。但本案未发生宣告破产的结果，而是由债权人会议通过了和解协议，破产法院裁定终结了破产程序。在这种情况下，相应的执行程序如何处理，在法律和司法解释中没有体现。所以湖南高院提出：因破产程序终结，圣方科技没有被宣告破产，作为主体仍然存在，故应当恢复对其执行。

对此，应当参照新的企业破产法的有关规定处理。新企业破产法对破产和解制度在原破产法基础上，作了完善和补充规定。按照新企业破产法的规定，经破产法院裁定认可的和解协议，对债务人和全体债权人均有约束力。中科软件公司既然参加了破产程序，就应当受经破产法院裁定认可的和解协议的约束。破产和解是债务人破产再生程序，和解协议执行完毕后，其法人资格仍存续，但不再承担和解协议规定以外的债务的清偿责任。此种情况下圣方科技公司未被宣告破产，并保留主体资格，并不能成为原被中止的执行程序得以恢复的理由，而应当构成一种新的终结执行事由。也有文章在论述破产与执行的关系时提到，对此种情况，可以比照最高人民法院《关于人民法院执行工作若干问题的规定（试行）》第八十七条关于执行当事人之间自行达成和解协议并履行完毕的规定作结案处理。但该条规定的和解协议毕竟属于普通执行程序中双方当事人之间的和解协议，而不同意破产程序中的和解，故参照的意义更间接。笔者认为还是应当直接依照民事诉讼法第二百三十五条第六项（人民法院认为应当终结执行的其他情形）的规定，裁定终结执行。

（二）关于中科软件公司权益的如何保护问题

湖南高院之所以继续执行，主要是为了维护中科软件的利益。原因主要在于湖南高院判决日期在破产案件受理之前，但送达在破产案件受理之后。牡丹江中院认为湖南高院的案件在破产案件受理时没有审理完毕，故没有按照湖南高院的判决确定中科软件的债权数额为1.9亿元，而是重新认定为300余万元。这里确实涉及到若干诉讼法理论上值得探讨的问题，如：判决既判力的发生是否一定在送达之后？牡丹江中院是否应当按照湖南高院的判决认定中科软件的债权？纠纷的审结与案件的结案是否为同一概念？抛开湖南高院的判决，牡丹江中院的裁定是否应受上海高院、最高法院相关判决、裁定的约束；等等。但上述问题是均属于破产程序本身的问题。鉴于破产程序已经终结，无法通过执行程序来进行协调处理。但中科软件公司对牡丹江中院在破产程序中涉及其权益处理的裁定有异议的，应当可以通过对破产裁定的审判监督程序或其他适当途径解决。

此外，在肯定湖南高院判决效力的前提下，判决中确定的中科软件的权益，仍有一定的实现途径。首先，依和解协议中科软件公司应当受偿的款项，据反映现由长沙中院为执行以中科软件公司为债务人的案件，而予以冻结。如该款项解冻，则可通过破产清算组领取。其次，终结对圣方科技公司的执行，并不影响对其他债务人的执行，亦即并不妨碍其按照湖南高院判决第二项，对同案中另外二被告质押给中科软件公司的共1.8亿元股权行使优先受偿权。①

[提示] 被执行人企业财产在破产前以物抵债并经法院裁定确认，在被执行人被列入全国政策性关闭破产企业名单后能否撤销原以物抵债裁定

最高人民法院
民事裁定书

〔2009〕执复字第17号

申请复议人（申请执行人）中国长城资产管理公司贵阳办事处，住所地：贵阳市枣山路11号。

负责人张士学，该办事处总经理。

被执行人贵州珍酒厂，住所地：贵州省遵义市北郊十字铺。

法定代表人申先东，该厂厂长。

申请复议人中国长城资产管理公司贵阳办事处（以下简称贵阳办）不服贵州省高级人民法院（以下简称贵州高院）〔2009〕黔高执异字第7号民事裁定书，向本院申请复议。本院依法组成合议庭进行了审查，现已审查终结。

贵州高院认为，在贵阳办申请执行贵州珍酒厂借款合同纠纷一案过程中，双方当事人达

---

① 黄金龙：《中科软件集团有限公司诉圣方科技股份有限公司案——破产和解后以破产债务人为被执行人的案件能否继续执行》，载最高人民法院执行工作办公室编：《执行工作指导》2007年第2辑（总第22辑），人民法院出版社2007年版，第42~47页。

成以物抵债协议。2008年9月12日，贵州高院作出〔2006〕黔高执字第46－2号民事裁定书，将被执行人贵州珍酒厂位于遵义市北郊十字铺的150亩土地使用权折价人民币2697.3万元抵偿给申请执行人贵阳办。此后，贵州珍酒厂被列入了国家政策性关闭破产企业。国务院国办发〔2006〕3号文件明确规定："对列入总体规划拟实施关闭破产的企业，有关金融机构不得在企业关闭破产方案实施前转让或出售已确认的债权（国有金融机构之间经国家批准的债权除外），也不得加紧追讨债权及担保责任。国有金融机构以企业终结时法院裁定的清偿率进行清收。"贵阳办同贵州珍酒厂的以物抵债协议违反国办发〔2006〕3号文件精神，显属不当。遂作出〔2009〕黔高执异字第7号民事裁定书，撤销了〔2006〕黔高执字第46－2号民事裁定书。

贵阳办向本院申请复议称：以物抵债协议签订之时，贵州珍酒厂尚未被列入全国政策性关闭破产企业规划名单，不存在违反国办发〔2006〕3号文件精神的前提条件，且该文件不属于行政法规，不能作为法院裁判依据。以物抵债协议是在双方协商及主管部门协调下形成的，是双方真实意思表示，并经贵州高院裁定确认，不存在乘人之危的胁迫行为。且该协议已经得到破产管理人及债权人会议认可，〔2006〕黔高执字第46－2号民事裁定书已经执行完毕。〔2009〕黔高执异字第7号民事裁定书错误认定〔2006〕黔高执字第46－2号民事裁定书是依据〔2005〕黔高民二初字第17号民事判决书作出的等。请求撤销〔2009〕黔高执异字第7号民事裁定书，维持〔2006〕黔高执字第46－2号民事裁定书。

本院查明：贵州高院针对贵州珍酒厂的债务先后作出三份判决书：2004年12月30日，贵州高院作出〔2004〕黔高民二初字第50号民事判决书，判决贵州珍酒厂偿还中国工商银行股份有限公司遵义分行营业部欠款本金800万元及利息。2005年，中国工商银行股份有限公司遵义分行营业部将该债权转让给贵阳办；2005年11月16日，贵州高院作出〔2005〕黔高民二初字第17号民事判决书，判决贵州珍酒厂偿还贵阳办720万余元及利息；2006年6月14日，贵州高院作出〔2006〕黔高民二初字第4号民事判决书，判决贵州珍酒厂偿还贵阳办3264万元及利息，并判决贵阳办在上述欠款本金972万元（其余部分已过抵押权保护期限）及相应利息范围内，对贵州珍酒厂位于遵义市北郊295,227.44㎡土地使用权（约443亩，含本案涉及的150亩土地）、厂内44栋房屋所有权、机器设备及扩建财产享有优先受偿权。

上述案件在执行过程中，贵州珍酒厂拟被列入全国政策性关闭破产企业名单。在贵州省企业兼并破产职工再就业工作协调小组办公室（以下简称贵州省企业兼并破产协调小组办公室）的要求下，贵州高院中止执行。此后，贵州珍酒厂提出以其150亩土地〔遵市国用〔1994〕字第430号〕抵偿贵阳办的部分债务。2007年7月31日，贵州珍酒厂与贵阳办达成以物抵债协议，双方确认贵州珍酒厂欠贵阳办本息总计12829.7万余元，并约定以贵州珍酒厂前述150亩土地抵偿贵阳办2697.3万元债务。这一协议得到了贵州珍酒厂主管部门——贵州省城镇集体工业联社的同意，同时也得到了贵州省企业兼并破产协调小组办公室和贵州省政府主管领导的同意。2007年11月1日，国务院政策性关闭破产工作领导小组正式批复同意贵州珍酒厂列入政策性关闭破产计划。

上述以物抵债协议签订后，贵州珍酒厂并未配合贵阳办履行相关义务。2008年9月12日，贵州高院依据〔2006〕黔高民二初字第4号民事判决书，作出〔2006〕黔高执字第46－2号民事裁定书，确认：一、被执行人贵州珍酒厂将其享有的位于遵义市北郊十字铺面积为150亩土地使用权折价人民币2697.3万元，抵偿给申请执行人贵阳办。贵阳办接收该块土地并享有土地使用权。土地使用证号为遵市国用〔1994〕字第430号；二、剩余债务由贵州珍酒厂继续向贵阳办清偿。2008年10月9日，贵州珍酒厂向贵州高院提出执行异议，要求撤销〔2006〕黔高执字第46－2号民事裁定。理由是：自己是为了被列入全国最后一批政策性关闭破产企业名单，迫于无奈才签订了以物抵债协议。贵阳办的行为属于乘人之危追讨债权，严重违反了国办发〔2006〕3号文件规定的"对列入总体规划拟实施关闭破产的企业,有关金融机构不得在企业关闭破产方案实施前转让或出售已确认的债权,也不得加紧追讨债权及担保责任"的规定。

在有关部门协调下,贵州高院发出了暂缓执行〔2006〕黔高执字第46—2号民事裁定的通知书。贵阳办未能变更该150亩土地的权属登记。2008年12月11日,遵义市中级人民法院(以下简称遵义中院)受理了贵州珍酒厂破产案。同月17日,遵义中院宣告贵州珍酒厂破产清算。贵阳办及时向破产管理人申报了债权,同时也向破产管理人申请取回150亩土地的使用权,并得到了破产管理人的认可。2009年3月26日,贵州珍酒厂第一次债权人会议明确破产财产不包括用以抵债的该150亩土地使用权。贵州珍酒厂破产管理人宣读的《评估报告》、《破产财产变价方案》中,对此事实予以明确。2009年6月1日,在贵州商报上刊登的贵州珍酒厂破产财产转让信息公告中也明确不包括该150亩土地使用权。

2009年6月24日,贵州高院作出〔2006〕黔高执字第46—3号民事裁定书,以贵州珍酒厂已被遵义中院宣告破产为由,终结执行〔2006〕黔高民二初字第4号民事判决书。同月27日,贵州高院作出〔2009〕黔高执异字第7号民事裁定书,撤销了〔2006〕黔高执字第46—2号民事裁定书。

本院认为:贵阳办同贵州珍酒厂之间达成的以物抵债协议是当时双方当事人真实意思表示,并得到了被执行人主管部门及省政府主管领导的认可,贵州高院〔2006〕黔高执字第46—2号民事裁定书对此予以确认,并无不当。贵州高院〔2009〕黔高执异字第7号民事裁定书撤销〔2006〕黔高执字第46—2号民事裁定书的主要依据是国办发〔2006〕3号文件。该文件规定:"对列入总体规划拟实施关闭破产的企业,有关金融机构不得在企业关闭破产方案实施前转让或出售已确认的债权(国有金融机构之间经国家批准的债权除外),也不得加紧追讨债权及担保责任。但对企业恶意逃废金融债权的行为,有关金融机构应依法维护自身合法权益。国有金融机构以企业终结时法院裁定的清偿率进行清收。"但是,本案双方当事人签订以物抵债协议之时,贵州珍酒厂尚未被国务院列入总体规划拟实施关闭破产企业;其被列入该总体规划后,贵阳办则是通过法律途径依法维护自身合法权益,故不违反该文件精神。

另外,贵州高院在收到贵州珍酒厂执行异议8个月后才作出〔2009〕黔高执异字第7号民事裁定书,超过了法定期限;该裁定书认定〔2006〕黔高执字第46—2号民事裁定书是依据〔2005〕黔高民二初字第17号民事判决书作出,显属错误。

综上,贵阳办的复议请求成立。依照《中华人民共和国民事诉讼法》第二百零二条①和《最高人民法院关于适用〈中华人民共和国民事诉讼法〉执行程序若干问题的解释》第八条、第九条的规定,裁定如下:

撤销贵州省高级人民法院〔2009〕黔高执异字第7号民事裁定书。

本裁定为终审裁定。

【附:案例评析】

长城资产管理公司贵阳办事处申请复议案

四、评析

本案的争议焦点问题在于如何理解及适用国办发〔2006〕3号文件。

首先,在本案中,贵州珍酒厂要想顺利通过有关政府部门的审批,被列入全国关闭破产企业名单,必须取得最大债权人贵阳办的同意。为此,经贵州省主管部门同意,贵州珍酒厂同贵阳办签订了以物抵债协议,在获得最大债权人认可后,贵州珍酒厂顺利被列入了全国关闭破产企业名单。由此可见,是以物抵债协议签订在先,贵州珍酒厂被列入全国关闭破产企业名单在后,贵州珍酒厂在协议生效时还不属于国办发〔2006〕3号文件规定的"列入总体规划拟实施关闭破产的企业"。

其次,贵州高院〔2009〕黔高执异字第7号民事裁定书中引用的国办发〔2006〕3号文件的

---

① 民事诉讼法原第二百零二条现已修改为第二百二十五条。——编者注

规定是："对列入总体规划拟实施关闭破产的企业，有关金融机构不得在企业关闭破产方案实施前转让或出售已确认的债权（国有金融机构之间经国家批准的债权除外），也不得加紧追讨债权及担保责任；国有金融机构以企业终结时法院裁定的清偿率进行清收。"而该文件的原文是："对列入总体规划拟实施关闭破产的企业，有关金融机构不得在企业关闭破产方案实施前转让或出售已确认的债权（国有金融机构之间经国家批准的债权除外），也不得加紧追讨债权及担保责任。但对企业恶意逃废金融债权的行为，有关金融机构应依法维护自身合法权益。国有金融机构以企业终结时法院裁定的清偿率进行清收。"可见，贵州高院〔2009〕黔高执异字第 7 号民事裁定书明显省略了国办发〔2006〕3 号文件中但书部分的内容。贵阳办通过法律途径依法维护自身债权，合法合理，并不违反该文件精神。

最后，贵阳办在申请复议中指出的〔2009〕黔高执异字第 7 号民事裁定书中的几处错误，经审查确实存在。我院因此认为应当依法撤销贵州高院〔2009〕黔高执异字第 7 号民事裁定书。①

在破产宣告前已被诉讼保全的财产能否列入破产财产？

问题： 被执行人已被法院宣告进入破产还债程序后，执行法院在被执行人被宣告破产之前依法所保全的财产，如查封、扣押的财物，由于种种原因尚未执行完毕的，能否列入破产财产？对此有两种意见：一种意见是这类被保全的财产应列入破产财产，执行法院不得对该财产继续执行。另一种意见认为：诉讼保全的目的就是要确保案件当事人的合法利益得以实现，只要执行法院采取的财产保全措施先于被执行企业的破产宣告，且无其他法定理由，执行法院对该保全财产有权继续执行，但不得超出保全的范围，在执行完已保全的财产后也不得继续执行该破产企业的其他财产，应及时中止执行，不足部分再通知权利人向破产清算组织申报债权，参与破产分配。以上哪种意见正确？

《人民司法》研究组认为： 债务人的财产是对债权人实现债权的物质保证，对于债务人的可执行财产，除了享有优先权和担保物权的债权人可优先受偿外，各债权人有获得公平清偿的权利。破产法的重要意义就在于在各债权人之间建立一种公平的集体清偿程序。

依据民事诉讼法和破产法的有关规定，破产程序开始后，债权人不得再向债务人单独主张债权，不得再对债务人提起诉讼或申请执行，人民法院对债务人已开始的执行程序必须中止；对该债务人的财产仅采取了冻结、扣押、查封等措施的，该财产仍属于未执行财产，均应当依法中止执行。如果被执行人经人民法院裁定宣告破产，被中止执行的财产应当作为破产财产；如果破产案件审理终结，债务人不被宣告破产，被中止的执行程序可以恢复。

因此，我们认为第一种意见是正确的。②

此案中未被直接占有的动产所有权是否已经转移？

问题： 2001 年 2 月，在法院的主持下曹某与某酒业公司达成自行和解协议，同意某酒业公司以该公司的基酒抵偿欠曹某的 15 万元。两天后办理了抵偿手续。曹某因为无处存放该批基酒，一直未将基酒运走。5 月，酒业公司宣告破产，清算组对该批基酒主张权利。法院在讨论时形成两种意见：一种意见认为，动产以占有为所有权转移的标志，该批基酒属于破产财产；另一种意见认为，曹某已经取得了基酒所有权，清算组无权对该批基酒主张权利。请问哪种意见正确？

《人民司法》研究组认为： 合同法第一百三十三条规定："标的物的所有权自标的物交付时起转移，但法律另有规定或者当事人另有约定的除外。"民法通则也有相似的规定。动产的所有权以交付为转移，交付即占有的变更，通常是指将财物实际交付给另一方当事人。除此以外，还存在法律拟制的交付，即出卖人将标的物的所有权凭证交付给买受人，用来代替标的物的实际交付。同时，对占有的变更不能理解为仅仅局限于现实占有的变更，还包括简易交付、占有改定、指示交付等间接占有变更的情况。这样就把交付的概

---

① 谷峻杰：《长城资产管理公司贵阳办事处申请复议案》，载江必新主编、最高人民法院执行局编：《执行工作指导》2010 年第 3 辑（总第 35 辑），人民法院出版社 2010 年版，第 98～104 页。
② 载《人民司法》2002 年第 7 期。

念从直接占有的转移扩展到间接占有的转移。

法院的执行权是一种公权力,执行的完结表明所有权的转移已经得到国家公权力认可。此案中,双方当事人已办理了抵偿手续,可见该案已经执行完毕,只因当时曹某没有贮藏设备才一直未将该批基酒领回。事实上,曹某已经相当于以占有改定的方式间接占有了该批基酒,该批基酒的所有权已经合法转移了。因此,该批基酒不能被列为破产财产,曹某有权行使财产取回权取回基酒。[1]

以划拨国有土地上的房屋单独设定抵押的,其效力如何认定?

问题:我院审理了一起国有企业破产案件,该国有企业的房屋设定了抵押,但其划拨所得的土地使用权未设定抵押,这就涉及到最高人民法院法释〔2003〕6号《关于破产国有企业划拨土地使用权应否列入破产财产等问题的批复》第3条第2款之规定:"国有企业以建筑物设定抵押的效力问题,应区分两种情况处理:如果建筑物附着于以划拨方式取得的国有土地使用权之上,将该建筑物与土地使用权一并设定抵押的,对土地使用权的抵押需履行法定的审批手续,否则应认定抵押无效;如果建筑物附着于以出让、转让方式取得的国有土地使用权之上,将该建筑物与土地使用权一并设定抵押的,即使未经有关主管部门批准,亦应认定抵押有效。"对上述解释中的第一种情况的理解,我们有两种意见。一种意见认为,"抵押无效"应理解为土地抵押无效,房屋抵押并非无效;另一种意见认为,"抵押无效"应理解为土地抵押无效,房屋抵押也无效。

请问哪一种意见正确?

《人民司法》研究组认为:最高人民法院法释〔2003〕6号《关于破产企业国有划拨土地使用权应否列入破产财产等问题的批复》第3条第2款规定的"国有企业以建筑物设定抵押的效力问题,应区分两种情况处理:如果建筑物附着于以划拨方式取得的国有土地使用权之上,将该建筑物与土地使用权一并设定抵押的,对土地使用权的抵押需履行法定的审批手续,否则应认定抵押无效;"应当理解为土地使用权抵押无效,房屋抵押不因此无效。仅以划拨国有土地使用权土地上的建筑物设定抵押,而未以划拨土地使用权设定抵押的,抵押效力的认定应当适用上述批复第3条第1款的规定,即按照最高人民法院法释〔2002〕14号《关于国有工业企业以机器设备等财产为抵押物与债权人签订的抵押合同的效力问题的批复》处理。[2]

特种行业的经营许可权可否以企业破产财产处理?

问题:我们在审理一企业破产还债案件中,发现其主管部门在案件受理前将该公司的特种行业经营许可证转让。对特种行业经营许可权是否属破产财产,有两种不同的意见。一种意见认为,特种行业经营许可权同企业的名称权、商标专用权等一样,是企业的无形财产,属企业的财产权利,符合《企业破产法》规定,因此,特种行业经营许可权属于企业的破产财产;另一种意见认为,特种行业经营许可权是国家行政管理机关应企业申请,通过颁发许可证、执照等形式,依法赋予企业从事特种经营活动的法律权利,企业一经宣告破产,则相应地丧失了该项经营权,并非破产企业享有的财产权利。因此,特种行业经营许可权不属于破产财产,不应以破产财产处理。

《人民司法》研究组认为:根据有关法律规定,国家对一些特殊行业如烟草、废旧金属收购等,被告特种经营,企业符合法律规定才能的条件并依法经有关主管机关批准后才能经营该特种行业。特种行业经营许可实际上是一种资格的授予,这种资格依附于该特种企业,本身不具有独立性,也不具有单独的财产价值。因此,具有特种行业经营许可权的企业破产的,该特种行业经营许可权不能列为破产财产。在企业宣告破产后,该经营许可权依法消灭。[3]

---

[1] 载《人民司法》2001年第11期。
[2] 载《人民司法》2007年第02S期。
[3] 载《人民司法》2005年第6期。

人民法院
执行工作规范全集

（第二版）

—— 分解·提示·适用 ——

RENMINFAYUAN ZHIXING GONGZUO GUIFAN QUANJI

主　编　江必新
副主编　李海军　栾焕舸

人民法院出版社

总　目　录

第一编　综合规定 ………………………………………………………………（ 1 ）

　　第一章　基本解决执行难工作纲要 ………………………………………（ 3 ）
　　第二章　执行机构 …………………………………………………………（ 8 ）
　　第三章　执行管辖 …………………………………………………………（ 13 ）
　　第四章　法院之间的委托执行、协助执行、协同执行 …………………（ 26 ）
　　第五章　执行监督 …………………………………………………………（ 38 ）
　　第六章　执行争议的协调 …………………………………………………（ 48 ）
　　第七章　执行代理 …………………………………………………………（ 60 ）
　　第八章　协助执行义务和执行联动机制 …………………………………（ 68 ）
　　第九章　回　避 ……………………………………………………………（ 98 ）
　　第十章　期　间 ……………………………………………………………（ 102 ）
　　第十一章　送　达 …………………………………………………………（ 103 ）
　　第十二章　执行费用 ………………………………………………………（ 137 ）
　　第十三章　执行方式 ………………………………………………………（ 140 ）
　　第十四章　执行办案期限 …………………………………………………（ 141 ）
　　第十五章　迟延履行责任 …………………………………………………（ 147 ）
　　第十六章　法律制裁措施 …………………………………………………（ 153 ）
　　第十七章　执行工作纪律与行为规范 ……………………………………（ 222 ）

第二编　执行程序的启动 ………………………………………………………（ 249 ）

　　第十八章　执行依据 ………………………………………………………（ 251 ）
　　第十九章　执行立案 ………………………………………………………（ 316 ）
　　第二十章　执行开始 ………………………………………………………（ 345 ）

第三编　金钱给付的执行 ………………………………………………………（ 357 ）

　　第二十一章　执行措施 ……………………………………………………（ 359 ）
　　第二十二章　对银行存款的查询、冻结、扣划 …………………………（ 454 ）

第二十三章　对收入、收益及其他资金的冻结、扣划 ……………………（477）
第二十四章　对房屋、土地的执行 ………………………………………（485）
第二十五章　对知识产权的执行 …………………………………………（532）
第二十六章　对铁路运输货物的执行 ……………………………………（535）
第二十七章　对海关监管货物的执行 ……………………………………（536）
第二十八章　对股权、投资权益的执行 …………………………………（536）
第二十九章　对到期债权的执行 …………………………………………（589）
第三十章　抚养费案件的执行 ……………………………………………（617）
第三十一章　破产案件的执行 ……………………………………………（618）
第三十二章　海事案件的执行 ……………………………………………（671）
第三十三章　涉军案件的执行 ……………………………………………（692）
第三十四章　清算案件的执行 ……………………………………………（694）
第三十五章　劳动争议案件的执行 ………………………………………（700）
第三十六章　禁止或者限制执行财产 ……………………………………（710）

第四编　交付财产和完成行为 …………………………………………（733）

第三十七章　交付财产 ……………………………………………………（735）
第三十八章　完成行为 ……………………………………………………（752）

第五编　行政案件、刑事裁判涉财产部分的执行 ……………………（775）

第三十九章　行政案件、刑事裁判涉财产部分的执行 …………………（777）
第四十章　国家赔偿案件的执行 …………………………………………（804）
第四十一章　财产刑案件的执行 …………………………………………（807）

第六编　执行当事人的变更与追加 ……………………………………（817）

第四十二章　申请执行人的追加与变更 …………………………………（819）
第四十三章　被执行人的追加与变更 ……………………………………（837）
第四十四章　婚姻存续期间债务的执行 …………………………………（887）
第四十五章　对被执行人遗产的执行 ……………………………………（902）

第七编　参与分配 …………………………………………………………（907）

第四十六章　参与分配 ……………………………………………………（909）

第八编　执行阻却与执行结案 …………………………………………（949）

第四十七章　执行阻却 ……………………………………………………（951）
第四十八章　执行结案 ……………………………………………………（1006）

第九编　保全、先予执行和证据保全 (1013)

第四十九章　保　全 (1015)
第五十章　先予执行 (1029)
第五十一章　刑事诉讼和附带民事诉讼中的保全和先予执行 (1031)
第五十二章　行政诉讼中的保全和先予执行 (1033)
第五十三章　国内仲裁案件中的保全和先予执行 (1034)
第五十四章　海事保全 (1035)
第五十五章　涉外仲裁中的保全 (1042)
第五十六章　受理认可港、澳、台判决申请之前或者之后的保全 (1043)
第五十七章　对不服保全和先予执行裁定异议的审查处理 (1044)
第五十八章　对错误的保全和先予执行所造成损失的赔偿 (1046)
第五十九章　证据保全 (1051)

第十编　执行救济 (1057)

第六十章　对执行异议的审查处理 (1059)
第六十一章　对案外人异议的审查处理 (1092)
第六十二章　执行回转 (1138)
第六十三章　执行减免、司法救助 (1149)
第六十四章　执行赔偿 (1152)

第十一编　涉港澳台、涉外案件执行程序 (1163)

第六十五章　涉港澳台案件执行程序 (1165)
第六十六章　涉外执行程序 (1202)

第十二编　执行工作管理制度 (1251)

第六十七章　执行立案、结案标准 (1253)
第六十八章　执行公开制度 (1258)
第六十九章　执行工作的统一管理制度 (1265)
第七十章　执行工作的督促检查 (1266)
第七十一章　执行款物管理 (1268)
第七十二章　执行文书立卷归档 (1275)
第七十三章　司法建议 (1279)
第七十四章　涉执行信访处置 (1282)

目　录
（下册）

第三编　金钱给付的执行（续） ………………………………………………（669）

　　第三十二章　海事案件的执行 ……………………………………………（671）
　　第三十三章　涉军案件的执行 ……………………………………………（692）
　　第三十四章　清算案件的执行 ……………………………………………（694）
　　第三十五章　劳动争议案件的执行 ………………………………………（700）
　　第三十六章　禁止或者限制执行财产 ……………………………………（710）

第四编　交付财产和完成行为 ………………………………………………（733）

　　第三十七章　交付财产 ……………………………………………………（735）
　　第三十八章　完成行为 ……………………………………………………（752）

第五编　行政案件、刑事裁判涉财产部分的执行 …………………………（775）

　　第三十九章　行政案件、刑事裁判涉财产部分的执行 …………………（777）
　　第四十章　国家赔偿案件的执行 …………………………………………（804）
　　第四十一章　财产刑案件的执行 …………………………………………（807）

第六编　执行当事人的变更与追加 …………………………………………（817）

　　第四十二章　申请执行人的追加与变更 …………………………………（819）
　　第四十三章　被执行人的追加与变更 ……………………………………（837）
　　第四十四章　婚姻存续期间债务的执行 …………………………………（887）
　　第四十五章　对被执行人遗产的执行 ……………………………………（902）

第七编　参与分配 ……………………………………………………………（907）

　　第四十六章　参与分配 ……………………………………………………（909）

第八编　执行阻却与执行结案 （949）

第四十七章　执行阻却 （951）
　第一节　中止执行 （951）
　第二节　终结本次执行程序 （954）
　第三节　终结执行 （959）
　第四节　暂缓执行 （962）
　第五节　执行和解 （966）
　第六节　执行担保 （1001）

第四十八章　执行结案 （1006）

第九编　保全、先予执行和证据保全 （1013）

第四十九章　保全 （1015）
第五十章　先予执行 （1029）
第五十一章　刑事诉讼和附带民事诉讼中的保全和先予执行 （1031）
第五十二章　行政诉讼中的保全和先予执行 （1033）
第五十三章　国内仲裁案件中的保全和先予执行 （1034）
第五十四章　海事保全 （1035）
第五十五章　涉外仲裁中的保全 （1042）
第五十六章　受理认可港、澳、台判决申请之前或者之后的保全 （1043）
第五十七章　对不服保全和先予执行裁定异议的审查处理 （1044）
第五十八章　对错误的保全和先予执行所造成损失的赔偿 （1046）
第五十九章　证据保全 （1051）
　第一节　民事诉讼的证据保全 （1051）
　第二节　公司强制清算中的证据保全 （1054）
　第三节　行政诉讼的证据保全 （1054）
　第四节　海事证据保全 （1055）
　第五节　国内仲裁和涉外仲裁中的证据保全 （1056）

第十编　执行救济 （1057）

第六十章　对执行异议的审查处理 （1059）
第六十一章　对案外人异议的审查处理 （1092）
第六十二章　执行回转 （1138）
第六十三章　执行减免、司法救助 （1149）
第六十四章　执行赔偿 （1152）

第十一编　涉港澳台、涉外案件执行程序 （1163）

第六十五章　涉港澳台案件执行程序 （1165）

第一节　涉香港特区民商事判决、仲裁裁决执行程序 …………………… (1165)
　　第二节　涉澳门特区民商事判决、仲裁裁决执行程序 …………………… (1178)
　　第三节　对台湾地区民事判决、仲裁裁决执行程序 ……………………… (1189)
　第六十六章　涉外执行程序 ……………………………………………………… (1202)
　　第一节　对我国涉外仲裁机构裁决的执行程序 …………………………… (1202)
　　第二节　申请外国法院承认和执行人民法院生效判决、裁定 …………… (1228)
　　第三节　申请外国法院承认和执行人我国涉外仲裁裁决的程序 ………… (1228)
　　第四节　对外国法院生效判决、裁定的承认和执行程序 ………………… (1229)
　　第五节　对国外仲裁机构生效裁决的承认和执行程序 …………………… (1236)

第十二编　执行工作管理制度 …………………………………………………… (1251)

　第六十七章　执行立案、结案标准 ……………………………………………… (1253)
　第六十八章　执行公开制度 ……………………………………………………… (1258)
　第六十九章　执行工作的统一管理制度 ………………………………………… (1265)
　第七十章　执行工作的督促检查 ………………………………………………… (1266)
　第七十一章　执行款物管理 ……………………………………………………… (1268)
　第七十二章　执行文书立卷归档 ………………………………………………… (1275)
　第七十三章　司法建议 …………………………………………………………… (1279)
　第七十四章　涉执行信访处置 …………………………………………………… (1282)

第三编（续）
金钱给付的执行

第三十二章　海事案件的执行

中华人民共和国
海事诉讼特别程序法

1999年12月25日

第二章　管辖

第六条　海事诉讼的地域管辖，依照《中华人民共和国民事诉讼法》的有关规定。

下列海事诉讼的地域管辖，依照以下规定：

（一）因海事侵权行为提起的诉讼，除依照《中华人民共和国民事诉讼法》第二十九条至第三十条①的规定以外，还可以由船籍港所在地海事法院管辖；

（二）因海上运输合同纠纷提起的诉讼，除依照《中华人民共和国民事诉讼法》第二十八条的规定以外，还可以由转运港所在地海事法院管辖；

（三）因海船租用合同纠纷提起的诉讼，由交船港、还船港、船籍港所在地、被告住所地海事法院管辖；

（四）因海上保赔合同纠纷提起的诉讼，由保赔标的物所在地、事故发生地、被告住所地海事法院管辖；

（五）因海船的船员劳务合同纠纷提起的诉讼，由原告住所地、合同签订地、船员登船港或者离船港所在地、被告住所地海事法院管辖；

（六）因海事担保纠纷提起的诉讼，由担保物所在地、被告住所地海事法院管辖；因船舶抵押纠纷提起的诉讼，还可以由船籍港所在地海事法院管辖；

（七）因海船的船舶所有权、占有权、使用权、优先权纠纷提起的诉讼，由船舶所在地、船籍港所在地、被告住所地海事法院管辖。

第七条　下列海事诉讼，由本条规定的海事法院专属管辖：

（一）因沿海港口作业纠纷提起的诉讼，由港口所在地海事法院管辖；

（二）因船舶排放、泄漏、倾倒油类或者其他有害物质，海上生产、作业或者拆船、修船作业造成海域污染损害提起的诉讼，由污染发生地、损害结果地或者采取预防污染措施地海事法院管辖；

（三）因在中华人民共和国领域和有管辖权的海域履行的海洋勘探开发合同纠纷提起的诉讼，由合同履行地海事法院管辖。

第八条　海事纠纷的当事人都是外国人、无国籍人、外国企业或者组织，当事人书面协议选择中华人民共和国海事法院管辖的，即使与纠纷有实际联系的地点不在中华人民共和国领域内，中华人民共和国海事法院对该纠纷也具有管辖权。

第九条　当事人申请认定海上财产无主的，向财产所在地海事法院提出；申请因海上事故宣告死亡的，向处理海事事故主管机关所在地或者受理相关海事案件的海事法院提出。

第十条　海事法院与地方人民法院之间因管辖权发生争议，由争议双方协商解决；协商解决不了的，报请他们的共同上级人民法院指定管辖。

第十一条　当事人申请执行海事仲裁裁决，申请承认和执行外国法院判决、裁定以及国外海事仲裁裁决的，向被执行的财产所在地或者被执行人住所地海事法院提出。被执行的财产所在地或者被执行人住所地没有海事法院的，向被执行的财产所在地或者被执行人住所地的中级人民法院提出。

---

① 民事诉讼法原第二十九、三十条现已修改为第二十八、二十九条。——编者注

第三章 海事请求保全

第一节 一般规定

第十二条 海事请求保全是指海事法院根据海事请求人的申请,为保障其海事请求的实现,对被请求人的财产所采取的强制措施。

第十三条 当事人在起诉前申请海事请求保全,应当向被保全的财产所在地海事法院提出。

第十四条 海事请求保全不受当事人之间关于该海事请求的诉讼管辖协议或者仲裁协议的约束。

第十五条 海事请求人申请海事请求保全,应当向海事法院提交书面申请。申请书应当载明海事请求事项、申请理由、保全的标的物以及要求提供担保的数额,并附有关证据。

第十六条 海事法院受理海事请求保全申请,可以责令海事请求人提供担保。海事请求人不提供的,驳回其申请。

第十七条 海事法院接受申请后,应当在四十八小时内作出裁定。裁定采取海事请求保全措施的,应当立即执行;对不符合海事请求保全条件的,裁定驳回其申请。

当事人对裁定不服的,可以在收到裁定书之日起五日内申请复议一次。海事法院应当在收到复议申请之日起五日内作出复议决定。复议期间不停止裁定的执行。

利害关系人对海事请求保全提出异议,海事法院经审查,认为理由成立的,应当解除对其财产的保全。

第十八条 被请求人提供担保,或者当事人有正当理由申请解除海事请求保全的,海事法院应当及时解除保全。

海事请求人在本法规定的期间内,未提起诉讼或者未按照仲裁协议申请仲裁的,海事法院应当及时解除保全或者返还担保。

第十九条 海事请求保全执行后,有关海事纠纷未进入诉讼或者仲裁程序的,当事人就该海事请求,可以向采取海事请求保全的海事法院或者其他有管辖权的海事法院提起诉讼,但当事人之间订有诉讼管辖协议或者仲裁协议的除外。

第二十条 海事请求人申请海事请求保全错误的,应当赔偿被请求人或者利害关系人因此所遭受的损失。

第二节 船舶的扣押与拍卖

第二十一条 下列海事请求,可以申请扣押船舶:

(一)船舶营运造成的财产灭失或者损坏;

(二)与船舶营运直接有关的人身伤亡;

(三)海难救助;

(四)船舶对环境、海岸或者有关利益方造成的损害或者损害威胁;为预防、减少或者消除此种损害而采取的措施;为此种损害而支付的赔偿;为恢复环境而实际采取或者准备采取的合理措施的费用;第三方因此种损害而蒙受或者可能蒙受的损失;以及与本项所指的性质类似的损害、费用或者损失;

(五)与起浮、清除、回收或者摧毁沉船、残骸、搁浅船、被弃船或者使其无害有关的费用,包括与起浮、清除、回收或者摧毁仍在或者曾在该船上的物件或者使其无害的费用,以及与维护放弃的船舶和维持其船员有关的费用;

(六)船舶的使用或者租用的协议;

(七)货物运输或者旅客运输的协议;

(八)船载货物(包括行李)或者与其有关的灭失或者损坏;

(九)共同海损;

(十)拖航;

(十一)引航;

(十二)为船舶营运、管理、维护、维修提供物资或者服务;

(十三)船舶的建造、改建、修理、改装或者装备;

(十四)港口、运河、码头、港湾以及其他水道规费和费用;

(十五)船员的工资和其他款项,包括应当为船员支付的遣返费和社会保险费;

(十六)为船舶或者船舶所有人支付的费用;

(十七)船舶所有人或者光船承租人应当支付或者他人为其支付的船舶保险费(包括互保会费);

(十八)船舶所有人或者光船承租人应当支付的或者他人为其支付的与船舶有关的佣金、

经纪费或者代理费；

（十九）有关船舶所有权或者占有的纠纷；

（二十）船舶共有人之间有关船舶的使用或者收益的纠纷；

（二十一）船舶抵押权或者同样性质的权利；

（二十二）因船舶买卖合同产生的纠纷。

第二十二条　非因本法第二十一条规定的海事请求不得申请扣押船舶，但为执行判决、仲裁裁决以及其他法律文书的除外。

第二十三条　有下列情形之一的，海事法院可以扣押当事船舶：

（一）船舶所有人对海事请求负有责任，并且在实施扣押时是该船的所有人；

（二）船舶的光船承租人对海事请求负有责任，并且在实施扣押时是该船的光船承租人或者所有人；

（三）具有船舶抵押权或者同样性质的权利的海事请求；

（四）有关船舶所有权或者占有的海事请求；

（五）具有船舶优先权的海事请求。

海事法院可以扣押对海事请求负有责任的船舶所有人、光船承租人、定期租船人或者航次租船人在实施扣押时所有的其他船舶，但与船舶所有权或者占有有关的请求除外。

从事军事、政府公务的船舶不得被扣押。

第二十四条　海事请求人不得因同一海事请求申请扣押已被扣押过的船舶，但有下列情形之一的除外：

（一）被请求人未提供充分的担保；

（二）担保人有可能不能全部或者部分履行担保义务；

（三）海事请求人因合理的原因同意释放被扣押的船舶或者返还已提供的担保；或者不能通过合理措施阻止释放被扣押的船舶或者返还已提供的担保。

第二十五条　海事请求人申请扣押当事船舶，不能立即查明被请求人名称的，不影响申请的提出。

第二十六条　海事法院在发布或者解除扣押船舶命令的同时，可以向有关部门发出协助执行通知书，通知书应当载明协助执行的范围和内容，有关部门有义务协助执行。海事法院认为必要，可以直接派员登轮监护。

第二十七条　海事法院裁定对船舶实施保全后，经海事请求人同意，可以采取限制船舶处分或者抵押等方式允许该船舶继续营运。

第二十八条　海事请求保全扣押船舶的期限为三十日。

海事请求人在三十日内提起诉讼或者申请仲裁以及在诉讼或者仲裁过程中申请扣押船舶的，扣押船舶不受前款规定期限的限制。

第二十九条　船舶扣押期间届满，被请求人不提供担保，而且船舶不宜继续扣押的，海事请求人可以在提起诉讼或者申请仲裁后，向扣押船舶的海事法院申请拍卖船舶。

第三十条　海事法院收到拍卖船舶的申请后，应当进行审查，作出准予或者不准予拍卖船舶的裁定。

当事人对裁定不服的，可以在收到裁定书之日起五日内申请复议一次。海事法院应当在收到复议申请之日起五日内作出复议决定。复议期间停止裁定的执行。

第三十一条　海事请求人提交拍卖船舶申请后，又申请终止拍卖的，是否准许由海事法院裁定。海事法院裁定终止拍卖船舶的，为准备拍卖船舶所发生的费用由海事请求人承担。

第三十二条　海事法院裁定拍卖船舶，应当通过报纸或者其他新闻媒体发布公告。拍卖外籍船舶的，应当通过对外发行的报纸或者其他新闻媒体发布公告。

公告包括以下内容：

（一）被拍卖船舶的名称和国籍；

（二）拍卖船舶的理由和依据；

（三）拍卖船舶委员会的组成；

（四）拍卖船舶的时间和地点；

（五）被拍卖船舶的展示时间和地点；

（六）参加竞买应当办理的手续；

（七）办理债权登记事项；

（八）需要公告的其他事项。

拍卖船舶的公告期间不少于三十日。

第三十三条　海事法院应当在拍卖船舶三十日前，向被拍卖船舶登记国的登记机关和已知的船舶优先权人、抵押权人和船舶所有人发出通知。

通知内容包括被拍卖船舶的名称、拍卖船舶的时间和地点、拍卖船舶的理由和依据以及债权登记等。

通知方式包括书面方式和能够确认收悉的其他适当方式。

第三十四条 拍卖船舶由拍卖船舶委员会实施。拍卖船舶委员会由海事法院指定的本院执行人员和聘请的拍卖师、验船师三人或者五人组成。

拍卖船舶委员会组织对船舶鉴定、估价；组织和主持拍卖；与竞买人签订拍卖成交确认书；办理船舶移交手续。

拍卖船舶委员会对海事法院负责，受海事法院监督。

第三十五条 竞买人应当在规定的期限内向拍卖船舶委员会登记。登记时应当交验本人、企业法定代表人或者其他组织负责人身份证明和委托代理人的授权委托书，并交纳一定数额的买船保证金。

第三十六条 拍卖船舶委员会应当在拍卖船舶前，展示被拍卖船舶，并提供察看被拍卖船舶的条件和有关资料。

第三十七条 买受人在签署拍卖成交确认书后，应当立即交付不低于百分之二十的船舶价款，其余价款在成交之日起七日内付清，但拍卖船舶委员会与买受人另有约定的除外。

第三十八条 买受人付清全部价款后，原船舶所有人应当在指定的期限内于船舶停泊地以船舶现状向买受人移交船舶。拍卖船舶委员会组织和监督船舶的移交，并在船舶移交后与买受人签署船舶移交完毕确认书。

移交船舶完毕，海事法院发布解除扣押船舶命令。

第三十九条 船舶移交后，海事法院应当通过报纸或者其他新闻媒体发布公告，公布船舶已经公开拍卖并移交给买受人。

第四十条 买受人接收船舶后，应当持拍卖成交确认书和有关材料，向船舶登记机关办理船舶所有权登记手续。原船舶所有人应当向原船舶登记机关办理船舶所有权注销登记。原船舶所有人不办理船舶所有权注销登记的，不影响船舶所有权的转让。

第四十一条 竞买人之间恶意串通的，拍卖无效。参与恶意串通的竞买人应当承担拍卖船舶费用并赔偿有关损失。海事法院可以对参与恶意串通的竞买人处最高应价百分之十以上百分之三十以下的罚款。

第四十二条 除本节规定的以外，拍卖适用《中华人民共和国拍卖法》的有关规定。

第四十三条 执行程序中拍卖被扣押船舶清偿债务的，可以参照本节有关规定。

第三节 船载货物的扣押与拍卖

第四十四条 海事请求人为保障其海事请求的实现，可以申请扣押船载货物。

申请扣押的船载货物，应当属于被请求人所有。

第四十五条 海事请求人申请扣押船载货物的价值，应当与其债权数额相当。

第四十六条 海事请求保全扣押船载货物的期限为十五日。

海事请求人在十五日内提起诉讼或者申请仲裁以及在诉讼或者仲裁过程中申请扣押船载货物的，扣押船载货物不受前款规定期限的限制。

第四十七条 船载货物扣押期间届满，被请求人不提供担保，而且货物不宜继续扣押的，海事请求人可以在提起诉讼或者申请仲裁后，向扣押船载货物的海事法院申请拍卖货物。

对无法保管、不易保管或者保管费用可能超过其价值的物品，海事请求人可以申请提前拍卖。

第四十八条 海事法院收到拍卖船载货物的申请后，应当进行审查，在七日内作出准予或者不准予拍卖船载货物的裁定。

当事人对裁定不服的，可以在收到裁定书之日起五日内申请复议一次。海事法院应当在收到复议申请之日起五日内作出复议决定。复议期间停止裁定的执行。

第四十九条 拍卖船载货物由海事法院指定的本院执行人员和聘请的拍卖师组成的拍卖组织实施，或者由海事法院委托的机构实施。

拍卖船载货物，本节没有规定的，参照本

章第二节拍卖船舶的有关规定。

第五十条 海事请求人对与海事请求有关的船用燃油、船用物料申请海事请求保全，适用本节规定。

第四章 海事强制令

第五十一条 海事强制令是指海事法院根据海事请求人的申请，为使其合法权益免受侵害，责令被请求人作为或者不作为的强制措施。

第五十二条 当事人在起诉前申请海事强制令，应当向海事纠纷发生地海事法院提出。

第五十三条 海事强制令不受当事人之间关于该海事请求的诉讼管辖协议或者仲裁协议的约束。

第五十四条 海事请求人申请海事强制令，应当向海事法院提交书面申请。申请书应当载明申请理由，并附有关证据。

第五十五条 海事法院受理海事强制令申请，可以责令海事请求人提供担保。海事请求人不提供的，驳回其申请。

第五十六条 作出海事强制令，应当具备下列条件：

（一）请求人有具体的海事请求；

（二）需要纠正被请求人违反法律规定或者合同约定的行为；

（三）情况紧急，不立即作出海事强制令将造成损害或者使损害扩大。

第五十七条 海事法院接受申请后，应当在四十八小时内作出裁定。裁定作出海事强制令的，应当立即执行；对不符合海事强制令条件的，裁定驳回其申请。

第五十八条 当事人对裁定不服的，可以在收到裁定书之日起五日内申请复议一次。海事法院应当在收到复议申请之日起五日内作出复议决定。复议期间不停止裁定的执行。

利害关系人对海事强制令提出异议，海事法院经审查，认为理由成立的，应当裁定撤销海事强制令。

第五十九条 被请求人拒不执行海事强制令的，海事法院可以根据情节轻重处以罚款、拘留；构成犯罪的，依法追究刑事责任。

对个人的罚款金额，为一千元以上三万元以下。对单位的罚款金额，为三万元以上十万元以下。

拘留的期限，为十五日以下。

第六十条 海事请求人申请海事强制令错误的，应当赔偿被请求人或者利害关系人因此所遭受的损失。

第六十一条 海事强制令执行后，有关海事纠纷未进入诉讼或者仲裁程序的，当事人就该海事请求，可以向作出海事强制令的海事法院或者其他有管辖权的海事法院提起诉讼，但当事人之间订有诉讼管辖协议或者仲裁协议的除外。

第五章 海事证据保全

第六十二条 海事证据保全是指海事法院根据海事请求人的申请，对有关海事请求的证据予以提取、保存或者封存的强制措施。

第六十三条 当事人在起诉前申请海事证据保全，应当向被保全的证据所在地海事法院提出。

第六十四条 海事证据保全不受当事人之间关于该海事请求的诉讼管辖协议或者仲裁协议的约束。

第六十五条 海事请求人申请海事证据保全，应当向海事法院提交书面申请。申请书应当载明请求保全的证据、该证据与海事请求的联系、申请理由。

第六十六条 海事法院受理海事证据保全申请，可以责令海事请求人提供担保。海事请求人不提供的，驳回其申请。

第六十七条 采取海事证据保全，应当具备下列条件：

（一）请求人是海事请求的当事人；

（二）请求保全的证据对该海事请求具有证明作用；

（三）被请求人是与请求保全的证据有关的人；

（四）情况紧急，不立即采取证据保全就会使该海事请求的证据灭失或者难以取得。

第六十八条 海事法院接受申请后，应当在四十八小时内作出裁定。裁定采取海事证据保全措施的，应当立即执行；对不符合海事证据保全条件的，裁定驳回其申请。

第六十九条 当事人对裁定不服的，可以

在收到裁定书之日起五日内申请复议一次。海事法院应当在收到复议申请之日起五日内作出复议决定。复议期间不停止裁定的执行。被请求人申请复议的理由成立的，应当将保全的证据返还被请求人。

利害关系人对海事证据保全提出异议，海事法院经审查，认为理由成立的，应当裁定撤销海事证据保全；已经执行的，应当将与利害关系人有关的证据返还利害关系人。

第七十条 海事法院进行海事证据保全，根据具体情况，可以对证据予以封存，也可以提取复制件、副本，或者进行拍照、录相，制作节录本、调查笔录等。确有必要的，也可以提取证据原件。

第七十一条 海事请求人申请海事证据保全错误的，应当赔偿被请求人或者利害关系人因此所遭受的损失。

第七十二条 海事证据保全后，有关海事纠纷未进入诉讼或者仲裁程序的，当事人就该海事请求，可以向采取证据保全的海事法院或者其他有管辖权的海事法院提起诉讼，但当事人之间订有诉讼管辖协议或者仲裁协议的除外。

第六章 海事担保

第七十三条 海事担保包括本法规定的海事请求保全、海事强制令、海事证据保全等程序中所涉及的担保。

担保的方式为提供现金或者保证、设置抵押或者质押。

第七十四条 海事请求人的担保应当提交给海事法院；被请求人的担保可以提交给海事法院，也可以提供给海事请求人。

第七十五条 海事请求人提供的担保，其方式、数额由海事法院决定。被请求人提供的担保，其方式、数额由海事请求人和被请求人协商；协商不成的，由海事法院决定。

第七十六条 海事请求人要求被请求人就海事请求保全提供担保的数额，应当与其债权数额相当，但不得超过被保全的财产价值。

海事请求人提供担保的数额，应当相当于因其申请可能给被请求人造成的损失。具体数额由海事法院决定。

第七十七条 担保提供后，提供担保的人有正当理由的，可以向海事法院申请减少、变更或者取消该担保。

第七十八条 海事请求人请求担保的数额过高，造成被请求人损失的，应当承担赔偿责任。

第七十九条 设立海事赔偿责任限制基金和先予执行等程序所涉及的担保，可以参照本章规定。

第七章 送达

第八十条 海事诉讼法律文书的送达，适用《中华人民共和国民事诉讼法》的有关规定，还可以采用下列方式：

（一）向受送达人委托的诉讼代理人送达；

（二）向受送达人在中华人民共和国领域内设立的代表机构、分支机构或者业务代办人送达；

（三）通过能够确认收悉的其他适当方式送达。

有关扣押船舶的法律文书也可以向当事船舶的船长送达。

第八十一条 有义务接受法律文书的人拒绝签收，送达人在送达回证上记明情况，经送达人、见证人签名或者盖章，将法律文书留在其住所或者办公处所的，视为送达。

第九章 设立海事赔偿责任限制基金程序

第一百零一条 船舶所有人、承租人、经营人、救助人、保险人在发生海事事故后，依法申请责任限制的，可以向海事法院申请设立海事赔偿责任限制基金。

船舶造成油污损害的，船舶所有人及其责任保险人或者提供财务保证的其他人为取得法律规定的责任限制的权利，应当向海事法院设立油污损害的海事赔偿责任限制基金。

设立责任限制基金的申请可以在起诉前或者诉讼中提出，但最迟应当在一审判决作出前提出。

第一百零二条 当事人在起诉前申请设立海事赔偿责任限制基金的，应当向事故发生地、合同履行地或者船舶扣押地海事法院提出。

第一百零三条 设立海事赔偿责任限制基金，不受当事人之间关于诉讼管辖协议或者仲裁协议的约束。

第一百零四条 申请人向海事法院申请设立海事赔偿责任限制基金,应当提交书面申请。申请书应当载明申请设立海事赔偿责任限制基金的数额、理由,以及已知的利害关系人的名称、地址和通讯方法,并附有关证据。

第一百零五条 海事法院受理设立海事赔偿责任限制基金申请后,应当在七日内向已知的利害关系人发出通知,同时通过报纸或者其他新闻媒体发布公告。

通知和公告包括下列内容:

(一)申请人的名称;

(二)申请的事实和理由;

(三)设立海事赔偿责任限制基金事项;

(四)办理债权登记事项;

(五)需要告知的其他事项。

第一百零六条 利害关系人对申请人申请设立海事赔偿责任限制基金有异议的,应当在收到通知之日起七日内或者未收到通知的在公告之日起三十日内,以书面形式向海事法院提出。

海事法院收到利害关系人提出的书面异议后,应当进行审查,在十五日内作出裁定。异议成立的,裁定驳回申请人的申请;异议不成立的,裁定准予申请人设立海事赔偿责任限制基金。

当事人对裁定不服的,可以在收到裁定书之日起七日内提起上诉。第二审人民法院应当在收到上诉状之日起十五日内作出裁定。

第一百零七条 利害关系人在规定的期间内没有提出异议的,海事法院裁定准予申请人设立海事赔偿责任限制基金。

第一百零八条 准予申请人设立海事赔偿责任限制基金的裁定生效后,申请人应当在海事法院设立海事赔偿责任限制基金。

设立海事赔偿责任限制基金可以提供现金,也可以提供经海事法院认可的担保。

海事赔偿责任限制基金的数额,为海事赔偿责任限额和自事故发生之日起至基金设立之日止的利息。以担保方式设立基金的,担保数额为基金数额及其在基金设立期间的利息。

以现金设立基金的,基金到达海事法院指定账户之日为基金设立之日。以担保设立基金的,海事法院接受担保之日为基金设立之日。

第一百零九条 设立海事赔偿责任限制基金以后,当事人就有关海事纠纷应当向设立海事赔偿责任限制基金的海事法院提起诉讼,但当事人之间订有诉讼管辖协议或者仲裁协议的除外。

第一百一十条 申请人申请设立海事赔偿责任限制基金错误的,应当赔偿利害关系人因此所遭受的损失。

第十章 债权登记与受偿程序

第一百一十一条 海事法院裁定强制拍卖船舶的公告发布后,债权人应当在公告期间,就与被拍卖船舶有关的债权申请登记。公告期间届满不登记的,视为放弃在本次拍卖船舶价款中受偿的权利。

第一百一十二条 海事法院受理设立海事赔偿责任限制基金的公告发布后,债权人应当在公告期间就与特定场合发生的海事事故有关的债权申请登记。公告期间届满不登记的,视为放弃债权。

第一百一十三条 债权人向海事法院申请登记债权的,应当提交书面申请,并提供有关债权证据。

债权证据,包括证明债权的具有法律效力的判决书、裁定书、调解书、仲裁裁决书和公证债权文书,以及其他证明具有海事请求的证据材料。

第一百一十四条 海事法院应当对债权人的申请进行审查,对提供债权证据的,裁定准予登记;对不提供债权证据的,裁定驳回申请。

第一百一十五条 债权人提供证明债权的判决书、裁定书、调解书、仲裁裁决书或者公证债权文书的,海事法院经审查认定上述文书真实合法的,裁定予以确认。

第一百一十六条 债权人提供其他海事请求证据的,应当在办理债权登记以后,在受理债权登记的海事法院提起确权诉讼。当事人之间有仲裁协议的,应当及时申请仲裁。

海事法院对确权诉讼作出的判决、裁定具有法律效力,当事人不得提起上诉。

第一百一十七条 海事法院审理并确认债权后,应当向债权人发出债权人会议通知书,组织召开债权人会议。

第一百一十八条 债权人会议可以协商提出船舶价款或者海事赔偿责任限制基金的分配方案，签订受偿协议。

受偿协议经海事法院裁定认可，具有法律效力。

债权人会议协商不成的，由海事法院依照《中华人民共和国海商法》以及其他有关法律规定的受偿顺序，裁定船舶价款或者海事赔偿责任限制基金的分配方案。

第一百一十九条 拍卖船舶所得价款及其利息，或者海事赔偿责任限制基金及其利息，应当一并予以分配。

分配船舶价款时，应当由责任人承担的诉讼费用，为保存、拍卖船舶和分配船舶价款产生的费用，以及为债权人的共同利益支付的其他费用，应当从船舶价款中先行拨付。

清偿债务后的余款，应当退还船舶原所有人或者海事赔偿责任限制基金设立人。

第十一章 船舶优先权催告程序

第一百二十条 船舶转让时，受让人可以向海事法院申请船舶优先权催告，催促船舶优先权人及时主张权利，消灭该船舶附有的船舶优先权。

第一百二十一条 受让人申请船舶优先权催告的，应当向转让船舶交付地或者受让人住所地海事法院提出。

第一百二十二条 申请船舶优先权催告，应当向海事法院提交申请书、船舶转让合同、船舶技术资料等文件。申请书应当载明船舶的名称、申请船舶优先权催告的事实和理由。

第一百二十三条 海事法院在收到申请书以及有关文件后，应当进行审查，在七日内作出准予或者不准予申请的裁定。

受让人对裁定不服的，可以申请复议一次。

第一百二十四条 海事法院在准予申请的裁定生效后，应当通过报纸或者其他新闻媒体发布公告，催促船舶优先权人在催告期间主张船舶优先权。

船舶优先权催告期间为六十日。

第一百二十五条 船舶优先权催告期间，船舶优先权人主张权利的，应当在海事法院办理登记；不主张权利的，视为放弃船舶优先权。

第一百二十六条 船舶优先权催告期间届满，无人主张船舶优先权的，海事法院应当根据当事人的申请作出判决，宣告该转让船舶不附有船舶优先权。判决内容应当公告。

最高人民法院
关于适用《中华人民共和国海事诉讼特别程序法》若干问题的解释

2003年12月16日　　法释〔2003〕3号

为了依法正确审理海事案件，根据《中华人民共和国民事诉讼法》和《中华人民共和国海事诉讼特别程序法》的规定以及海事审判的实践，对人民法院适用海事诉讼特别程序法的若干问题作出如下解释。

一、关于管辖

第一条 在海上或者通海水域发生的与船舶或者运输、生产、作业相关的海事侵权纠纷、海商合同纠纷，以及法律或者相关司法解释规定的其他海事纠纷案件由海事法院及其上级人民法院专门管辖。

第二条 涉外海事侵权纠纷案件和海上运输合同纠纷案件的管辖，适用民事诉讼法第二十四章①的规定；民事诉讼法第二十四章没有规定的，适用海事诉讼特别程序法第六条第二款（一）、（二）项的规定和民事诉讼法的其他有关规定。

第三条 海事诉讼特别程序法第六条规定的海船指适合航行于海上或者通海水域的船舶。

第四条 海事诉讼特别程序法第六条第二款（一）项规定的船籍港指被告船舶的船籍港。被告船舶的船籍港不在中华人民共和国领域内，原告船舶的船籍港在中华人民共和国领域内的，由原告船舶的船籍港所在地的海事法院管辖。

第五条 海事诉讼特别程序法第六条第二

---

① 民事诉讼法原第二十四章现已修改为第二十三章。——编者注

款（二）项规定的起运港、转运港和到达港指合同约定的或者实际履行的起运港、转运港和到达港。合同约定的起运港、转运港和到达港与实际履行的起运港、转运港和到达港不一致的，以实际履行的地点确定案件管辖。

第六条 海事诉讼特别程序法第六条第二款（四）项的保赔标的物所在地指保赔船舶的所在地。

第七条 海事诉讼特别程序法第六条第二款（七）项规定的船舶所在地指起诉时船舶的停泊地或者船舶被扣押地。

第八条 因船员劳务合同纠纷直接向海事法院提起的诉讼，海事法院应当受理。

第九条 因海难救助费用提起的诉讼，除依照民事诉讼法第三十二条的规定确定管辖外，还可以由被救助的船舶以外的其他获救财产所在地的海事法院管辖。

第十条 与船舶担保或者船舶优先权有关的借款合同纠纷，由被告住所地、合同履行地、船舶的船籍港、船舶所在地的海事法院管辖。

第十一条 海事诉讼特别程序法第七条（三）项规定的有管辖权的海域指中华人民共和国的毗连区、专属经济区、大陆架以及有管辖权的其他海域。

第十二条 海事诉讼特别程序法第七条（三）项规定的合同履行地指合同的实际履行地；合同未实际履行的，为合同约定的履行地。

第十三条 当事人根据海事诉讼特别程序法第十一条的规定申请执行海事仲裁裁决，申请承认和执行国外海事仲裁裁决的，由被执行的财产所在地或者被执行人住所地的海事法院管辖；被执行的财产为船舶的，无论该船舶是否在海事法院管辖区域范围内，均由海事法院管辖。船舶所在地没有海事法院的，由就近的海事法院管辖。

前款所称财产所在地和被执行人住所地是指海事法院行使管辖权的地域。

第十四条 认定海事仲裁协议效力案件，由被申请人住所地、合同履行地或者约定的仲裁机构所在地的海事法院管辖。

第十五条 除海事法院及其上级人民法院外，地方人民法院对当事人提出的船舶保全申请应不予受理；地方人民法院为执行生效法律文书需要扣押和拍卖船舶的，应当委托船籍港所在地或者船舶所在地的海事法院执行。

第十六条 两个以上海事法院都有管辖权的诉讼，原告可以向其中一个海事法院起诉；原告向两个以上有管辖权的海事法院起诉的，由最先立案的海事法院管辖。

第十七条 海事法院之间因管辖权发生争议，由争议双方协商解决；协商解决不了的，报请最高人民法院指定管辖。

二、关于海事请求保全

第十八条 海事诉讼特别程序法第十二条规定的被请求人的财产包括船舶、船载货物、船用燃油以及船用物料。对其他财产的海事请求保全适用民事诉讼法有关财产保全的规定。

第十九条 海事诉讼特别程序法规定的船载货物指处于承运人掌管之下，尚未装船或者已经装载于船上以及已经卸载的货物。

第二十条 海事诉讼特别程序法第十三条规定的被保全的财产所在地指船舶的所在地或者货物的所在地。当事人在诉讼前对已经卸载但在承运人掌管之下的货物申请海事请求保全，如果货物所在地不在海事法院管辖区域的，可以向卸货港所在地的海事法院提出，也可以向货物所在地的地方人民法院提出。

第二十一条 诉讼或者仲裁前申请海事请求保全适用海事诉讼特别程序法第十四条的规定。

外国法院已受理相关海事案件或者有关纠纷已经提交仲裁，但涉案财产在中华人民共和国领域内，当事人向财产所在地的海事法院提出海事请求保全申请的，海事法院应当受理。

第二十二条 利害关系人对海事法院作出的海事请求保全裁定提出异议，经审查认为理由不成立的，应当书面通知利害关系人。

第二十三条 被请求人或者利害关系人依据海事诉讼特别程序法第二十条的规定要求海事请求人赔偿损失，向采取海事请求保全措施的海事法院提起诉讼的，海事法院应当受理。

第二十四条 申请扣押船舶错误造成的损失，包括因船舶被扣押在停泊期间产生的各项维持费用与支出、船舶被扣押造成的船期损失和被申请人为使船舶解除扣押而提供担保所支出的费用。

第二十五条 海事请求保全扣押船舶超过三十日、扣押货物或者其他财产超过十五日，海事请求人未提起诉讼或者未按照仲裁协议申请仲裁的，海事法院应当及时解除保全或者返还担保。

海事请求人未在期限内提起诉讼或者申请仲裁，但海事请求人和被请求人协议进行和解或者协议约定了担保期限的，海事法院可以根据海事请求人的申请，裁定认可该协议。

第二十六条 申请人为申请扣押船舶提供限额担保，在扣押船舶期限届满时，未按照海事法院的通知追加担保的，海事法院可以解除扣押。

第二十七条 海事诉讼特别程序法第十八条第二款、第七十四条规定的提供给海事请求人的担保，除被请求人和海事请求人有约定的外，海事请求人应当返还；海事请求人不返还担保的，该担保至海事请求保全期间届满之次日失效。

第二十八条 船舶被扣押期间产生的各项维持费用和支出，应当作为为债权人共同利益支出的费用，从拍卖船舶的价款中优先拨付。

第二十九条 海事法院根据海事诉讼特别程序法第二十七条的规定准许已经实施保全的船舶继续营运的，一般仅限于航行于国内航线上的船舶完成本航次。

第三十条 申请扣押船舶的海事请求人在提起诉讼或者申请仲裁后，不申请拍卖被扣押船舶的，海事法院可以根据被申请人的申请拍卖船舶。拍卖所得价款由海事法院提存。

第三十一条 海事法院裁定拍卖船舶，应当通过报纸或者其他新闻媒体连续公告三日。

第三十二条 利害关系人请求终止拍卖被扣押船舶的，是否准许，海事法院应当作出裁定；海事法院裁定终止拍卖船舶的，为准备拍卖船舶所发生的费用由利害关系人承担。

第三十三条 拍卖船舶申请人或者利害关系人申请终止拍卖船舶的，应当在公告确定的拍卖船舶日期届满七日前提出。

第三十四条 海事请求人和被请求人应当按照海事法院的要求提供海事诉讼特别程序法第三十三条规定的已知的船舶优先权人、抵押权人和船舶所有人的有关确切情况。

第三十五条 海事诉讼特别程序法第三十八条规定的船舶现状指船舶展示时的状况。船舶交接时的状况与船舶展示时的状况经评估确有明显差别的，船舶价款应当作适当的扣减，但属于正常损耗或者消耗的燃油不在此限。

第三十六条 海事请求人申请扣押船载货物的价值应当与其请求的债权数额相当，但船载货物为不可分割的财产除外。

第三十七条 拍卖的船舶移交后，海事法院应当及时通知相关的船舶登记机关。

第三十八条 海事请求人申请扣押船用燃油、物料的，除适用海事诉讼特别程序法第五十条的规定外，还可以适用海事诉讼特别程序法第三章第一节的规定。

第三十九条 二十总吨以下小型船艇的扣押和拍卖，可以依照民事诉讼法规定的扣押和拍卖程序进行。

第四十条 申请人依据《中华人民共和国海商法》第八十八条规定申请拍卖留置的货物的，参照海事诉讼特别程序法关于拍卖船载货物的规定执行。

三、关于海事强制令

第四十一条 诉讼或者仲裁前申请海事强制令的，适用海事诉讼特别程序法第五十三条的规定。

外国法院已受理相关海事案件或者有关纠纷已经提交仲裁的，当事人向中华人民共和国的海事法院提出海事强制令申请，并向法院提供可以执行海事强制令的相关证据的，海事法院应当受理。

第四十二条 海事法院根据海事诉讼特别程序法第五十七条规定，准予申请人海事强制令申请的，应当制作民事裁定书并发布海事强制令。

第四十三条 海事强制令由海事法院执行。被申请人、其他相关单位或者个人不履行海事强制令的，海事法院应当依据民事诉讼法的有关规定强制执行。

第四十四条 利害关系人对海事法院作出

海事强制令的民事裁定提出异议，海事法院经审查认为理由不成立的，应当书面通知利害关系人。

第四十五条 海事强制令发布后十五日内，被请求人未提出异议，也未就相关的海事纠纷提起诉讼或者申请仲裁的，海事法院可以应申请人的请求，返还其提供的担保。

第四十六条 被请求人依据海事诉讼特别程序法第六十条的规定要求海事请求人赔偿损失的，由发布海事强制令的海事法院受理。

四、关于海事证据保全

第四十七条 诉讼前申请海事证据保全，适用海事诉讼特别程序法第六十四条的规定。

外国法院已受理相关海事案件或者有关纠纷已经提交仲裁，当事人向中华人民共和国海事法院提出海事证据保全申请，并提供被保全的证据在中华人民共和国领域内的相关证据的，海事法院应当受理。

第四十八条 海事请求人申请海事证据保全，申请书除应当依照海事诉讼特别程序法第六十五条的规定载明相应内容外，还应当载明证据收集、调取的有关线索。

第四十九条 海事请求人在采取海事证据保全的海事法院提起诉讼后，可以申请复制保全的证据材料；相关海事纠纷在中华人民共和国领域内的其他海事法院或者仲裁机构受理的，受诉法院或者仲裁机构应海事请求人的申请可以申请复制保全的证据材料。

第五十条 利害关系人对海事法院作出的海事证据保全裁定提出异议，海事法院经审查认为理由不成立的，应当书面通知利害关系人。

第五十一条 被请求人依据海事诉讼特别程序法第七十一条的规定要求海事请求人赔偿损失的，由采取海事证据保全的海事法院受理。

五、关于海事担保

第五十二条 海事诉讼特别程序法第七十七条规定的正当理由指：

（1）海事请求人请求担保的数额过高；

（2）被请求人已采取其他有效的担保方式；

（3）海事请求人的请求权消灭。

六、关于送达

第五十三条 有关海事强制令、海事证据保全的法律文书可以向当事船舶的船长送达。

第五十四条 应当向被告送达的开庭传票等法律文书，可以向被扣押的被告船舶的船长送达，但船长作为原告的除外。

第五十五条 海事诉讼特别程序法第八十条第一款（三）项规定的其他适当方式包括传真、电子邮件（包括受送达人的专门网址）等送达方式。

通过以上方式送达的，应确认受送达人确已收悉。

七、关于审判程序

第五十六条 海事诉讼特别程序法第八十四条规定的当事人应当在开庭审理前完成举证的内容，包括当事人按照海事诉讼特别程序法第八十二条的规定填写《海事事故调查表》和提交有关船舶碰撞的事实证据材料。

前款规定的证据材料，当事人应当在一审开庭前向海事法院提供。

第五十七条 《海事事故调查表》属于当事人对发生船舶碰撞基本事实的陈述。经对方当事人认可或者经法院查证属实，可以作为认定事实的依据。

第五十八条 有关船舶碰撞的事实证据材料指涉及船舶碰撞的经过、碰撞原因等方面的证据材料。

有关船舶碰撞的事实证据材料，在各方当事人完成举证后进行交换。当事人在完成举证前向法院申请查阅有关船舶碰撞的事实证据材料的，海事法院应予驳回。

第五十九条 海事诉讼特别程序法第八十五条规定的新的证据指非当事人所持有，在开庭前尚未掌握或者不能获得，因而在开庭前不能举证的证据。

第六十条 因船舶碰撞以外的海事海商案件需要进行船舶检验或者估价的，适用海事诉讼特别程序法第八十六条的规定。

第六十一条 依据《中华人民共和国海商法》第一百七十条的规定提起的诉讼和因船舶触碰造成损害提起的诉讼，参照海事诉讼特别程序法关于审理船舶碰撞案件的有关规定审理。

第六十二条 未经理算的共同海损纠纷诉至海事法院的，海事法院应责令当事人自行委托共同海损理算。确有必要由海事法院委托理算的，由当事人提出申请，委托理算的费用由主张共同海损的当事人垫付。

第六十三条 当事人对共同海损理算报告提出异议，经海事法院审查异议成立，需要补充理算或者重新理算的，应当由原委托人通知理算人进行理算。原委托人不通知理算的，海事法院可以通知理算人重新理算，有关费用由异议人垫付；异议人拒绝垫付费用的，视为撤销异议。

第六十四条 因与共同海损纠纷有关的非共同海损损失向责任人提起的诉讼，适用海事诉讼特别程序法第九十二条规定的审限。

第六十五条 保险人依据海事诉讼特别程序法第九十五条规定行使代位请求赔偿权利，应当以自己的名义进行；以他人名义提起诉讼的，海事法院应不予受理或者驳回起诉。

第六十六条 保险人依据海事诉讼特别程序法第九十五条的规定请求变更当事人或者请求作为共同原告参加诉讼的，海事法院应当予以审查并作出是否准予的裁定。当事人对裁定不服的，可以提起上诉。

第六十七条 保险人依据海事诉讼特别程序法第九十五条的规定参加诉讼的，被保险人依此前进行的诉讼行为所取得的财产保全或者通过扣押取得的担保权益等，在保险人的代位请求赔偿权利范围内对保险人有效。被保险人因自身过错产生的责任，保险人不予承担。

第六十八条 海事诉讼特别程序法第九十六条规定的支付保险赔偿的凭证指赔偿金收据、银行支付单据或者其他支付凭证。仅有被保险人出具的权利转让书但不能出具实际支付证明的，不能作为保险人取得代位请求赔偿权利的事实依据。

第六十九条 海事法院根据油污损害的保险人或者提供财务保证的其他人的请求，可以通知船舶所有人作为无独立请求权的第三人参加诉讼。

第七十条 海事诉讼特别程序法第一百条规定的失控指提单或者其他提货凭证被盗、遗失。

第七十一条 申请人依据海事诉讼特别程序法第一百条的规定向海事法院申请公示催告的，应当递交申请书。申请书应当载明：提单等提货凭证的种类、编号、货物品名、数量、承运人、托运人、收货人、承运船舶名称、航次以及背书情况和申请的理由、事实等。有副本的应当附有单证的副本。

第七十二条 海事法院决定受理公示催告申请的，应当同时通知承运人、承运人的代理人或者货物保管人停止交付货物，并于三日内发出公告，敦促利害关系人申报权利。公示催告的期间由海事法院根据情况决定，但不得少于三十日。

第七十三条 承运人、承运人的代理人或者货物保管人收到海事法院停止交付货物的通知后，应当停止交付，至公示催告程序终结。

第七十四条 公示催告期间，转让提单的行为无效；有关货物的存储保管费用及风险由申请人承担。

第七十五条 公示催告期间，国家重点建设项目待安装、施工、生产的货物，救灾物资，或者货物本身属性不宜长期保管以及季节性货物，在申请人提供充分可靠担保的情况下，海事法院可以依据申请人的申请作出由申请人提取货物的裁定。

承运人、承运人的代理人或者货物保管人收到海事法院准予提取货物的裁定后，应当依据裁定的指令将货物交付给指定的人。

第七十六条 公示催告期间，利害关系人可以向海事法院申报权利。海事法院收到利害关系人的申报后，应当裁定终结公示催告程序，并通知申请人和承运人、承运人的代理人或者货物保管人。

申请人、申报人可以就有关纠纷向海事法院提起诉讼。

第七十七条 公示催告期间无人申报的，海事法院应当根据申请人的申请作出判决，宣告提单或者有关提货凭证无效。判决内容应当公告，并通知承运人、承运人的代理人或者货物保管人。自判决公告之日起，申请人有权请求承运人、承运人的代理人或者货物保管人交付货物。

第七十八条 利害关系人因正当理由不能

在公示催告期间向海事法院申报的,自知道或者应当知道判决公告之日起一年内,可以向作出判决的海事法院起诉。

八、关于设立海事赔偿责任限制基金程序

第七十九条 海事诉讼特别程序法第一百零一条规定的船舶所有人指有关船舶证书上载明的船舶所有人。

第八十条 海事事故发生在中华人民共和国领域外的,船舶发生事故后进入中华人民共和国领域内的第一到达港视为海事诉讼特别程序法第一百零二条规定的事故发生地。

第八十一条 当事人在诉讼中申请设立海事赔偿责任限制基金的,应当向受理相关海事纠纷案件的海事法院提出,但当事人之间订有有效诉讼管辖协议或者仲裁协议的除外。

第八十二条 设立海事赔偿责任限制基金应当通过报纸或者其他新闻媒体连续公告三日。如果涉及的船舶是可以航行于国际航线的,应当通过对外发行的报纸或者其他新闻媒体发布公告。

第八十三条 利害关系人依据海事诉讼特别程序法第一百零六条的规定对申请人设立海事赔偿责任限制基金提出异议的,海事法院应当对设立基金申请人的主体资格、事故所涉及的债权性质和申请设立基金的数额进行审查。

第八十四条 准予申请人设立海事赔偿责任限制基金的裁定生效后,申请人应当在三日内在海事法院设立海事赔偿责任限制基金。申请人逾期未设立基金的,按自动撤回申请处理。

第八十五条 海事诉讼特别程序法第一百零八条规定的担保指中华人民共和国境内的银行或者其他金融机构所出具的担保。

第八十六条 设立海事赔偿责任限制基金后,向基金提出请求的任何人,不得就该项索赔对设立或以其名义设立基金的人的任何其他财产,行使任何权利。

九、关于债权登记与受偿程序

第八十七条 海事诉讼特别程序法第一百一十一条规定的与被拍卖船舶有关的债权指与被拍卖船舶有关的海事债权。

第八十八条 海事诉讼特别程序法第一百一十五条规定的判决书、裁定书、调解书和仲裁裁决书指我国国内的判决书、裁定书、调解书和仲裁裁决书。对于债权人提供的国外的判决书、裁定书、调解书和仲裁裁决书,适用民事诉讼法第二百六十六条①和第二百六十七②条规定的程序审查。

第八十九条 在债权登记前,债权人已向受理债权登记的海事法院以外的海事法院起诉的,受理案件的海事法院应当将案件移送至登记债权的海事法院一并审理,但案件已经进入二审的除外。

第九十条 债权人依据海事诉讼特别程序法第一百一十六条规定向受理债权登记的海事法院提起确权诉讼的,应当在办理债权登记后七日内提起。

第九十一条 海事诉讼特别程序法第一百一十九条第二款规定的三项费用按顺序拨付。

十、关于船舶优先权催告程序

第九十二条 船舶转让合同订立后船舶实际交付前,受让人即可申请船舶优先权催告。

受让人不能提供原船舶证书的,不影响船舶优先权催告申请的提出。

第九十三条 海事诉讼特别程序法第一百二十条规定的受让人指船舶转让中的买方和有买船意向的人,但受让人申请海事法院作出除权判决时,必须提交其已经实际受让船舶的证据。

第九十四条 船舶受让人对不准予船舶优先权催告申请的裁定提出复议的,海事法院应当在七日内作出复议决定。

第九十五条 海事法院准予船舶优先权催告申请的裁定生效后,应当通过报纸或者其他新闻媒体连续公告三日。优先权催告的船舶为可以航行于国际航线的,应当通过对外发行的报纸或者其他新闻媒体发布公告。

第九十六条 利害关系人在船舶优先权催告期间提出优先权主张的,海事法院应当裁定

---

① 民事诉讼法原第二百六十六条现已修改为第二百八十二条。——编者注
② 民事诉讼法原第二百六十七条现已修改为第二百八十三条。——编者注

优先权催告程序终结。

十一、其他

第九十七条 在中华人民共和国领域内进行海事诉讼，适用海事诉讼特别程序法的规定。海事诉讼特别程序法没有规定的，适用民事诉讼法的有关规定。

第九十八条 本规定自 2003 年 2 月 1 日起实施。

最高人民法院
关于委托执行若干问题的规定

2011 年 5 月 3 日　　法释〔2011〕11 号

第三条 委托执行应当以执行标的物所在地或者执行行为实施地的同级人民法院为受托执行法院。有两处以上财产在异地的，可以委托主要财产所在地的人民法院执行。

被执行人是现役军人或者军事单位的，可以委托对其有管辖权的军事法院执行。

执行标的物是船舶的，可以委托有管辖权的海事法院执行。

最高人民法院
关于扣押与拍卖船舶适用法律
若干问题的规定

2014 年 12 月 8 日　　法释〔2015〕6 号

为规范海事诉讼中扣押与拍卖船舶，根据《中华人民共和国民事诉讼法》《中华人民共和国海事诉讼特别程序法》等法律，结合司法实践，制定本规定。

第一条 海事请求人申请对船舶采取限制处分或者抵押等保全措施的，海事法院可以依照民事诉讼法的有关规定，裁定准许并通知船舶登记机关协助执行。

前款规定的保全措施不影响其他海事请求人申请扣押船舶。

第二条 海事法院应不同海事请求人的申请，可以对本院或其他海事法院已经扣押的船舶采取扣押措施。

先申请扣押船舶的海事请求人未申请拍卖船舶的，后申请扣押船舶的海事请求人可以依据海事诉讼特别程序法第二十九条的规定，向准许其扣押申请的海事法院申请拍卖船舶。

第三条 船舶因光船承租人对海事请求负有责任而被扣押的，海事请求人依据海事诉讼特别程序法第二十九条的规定，申请拍卖船舶用于清偿光船承租人经营该船舶产生的相关债务的，海事法院应予准许。

第四条 海事请求人申请扣押船舶的，海事法院应当责令其提供担保。但因船员劳务合同、海上及通海水域人身损害赔偿纠纷申请扣押船舶，且事实清楚、权利义务关系明确的，可以不要求提供担保。

第五条 海事诉讼特别程序法第七十六条第二款规定的海事请求人提供担保的具体数额，应当相当于船舶扣押期间可能产生的各项维持费用与支出、因扣押造成的船期损失和被请求人为使船舶解除扣押而提供担保所支出的费用。

船舶扣押后，海事请求人提供的担保不足以赔偿可能给被请求人造成损失的，海事法院应责令其追加担保。

第六条 案件终审后，海事请求人申请返还其所提供担保的，海事法院应将该申请告知被请求人，被请求人在三十日内未提起相关索赔诉讼的，海事法院可以准许海事请求人返还担保的申请。

被请求人同意返还，或生效法律文书认定被请求人负有责任，且赔偿或给付金额与海事请求人要求被请求人提供担保的数额基本相当的，海事法院可以直接准许海事请求人返还担保的申请。

第七条 船舶扣押期间由船舶所有人或光船承租人负责管理。

船舶所有人或光船承租人不履行船舶管理职责的，海事法院可委托第三人或者海事请求人代为管理，由此产生的费用由船舶所有人或光船承租人承担，或在拍卖船舶价款中优先拨付。

第八条 船舶扣押后，海事请求人依据海事诉讼特别程序法第十九条的规定，向其他有管辖权的海事法院提起诉讼的,可以由扣押船舶的海事法院继续实施保全措施。

第九条 扣押船舶裁定执行前,海事请求人撤回扣押船舶申请的,海事法院应当裁定予以准许,并终结扣押船舶裁定的执行。

扣押船舶裁定作出后因客观原因无法执行的,海事法院应当裁定终结执行。

第十条 船舶拍卖未能成交,需要再次拍卖的,适用拍卖法第四十五条关于拍卖日七日前发布拍卖公告的规定。

第十一条 拍卖船舶由拍卖船舶委员会实施,海事法院不另行委托拍卖机构进行拍卖。

第十二条 海事法院拍卖船舶应当依据评估价确定保留价。保留价不得公开。

第一次拍卖时,保留价不得低于评估价的百分之八十;因流拍需要再行拍卖的,可以酌情降低保留价,但降低的数额不得超过前次保留价的百分之二十。

第十三条 对经过两次拍卖仍然流拍的船舶,可以进行变卖。变卖价格不得低于评估价的百分之五十。

第十四条 依照本规定第十三条变卖仍未成交的,经已受理登记债权三分之二以上份额的债权人同意,可以低于评估价的百分之五十进行变卖处理。仍未成交的,海事法院可以解除船舶扣押。

第十五条 船舶经海事法院拍卖、变卖后,对该船舶已采取的其他保全措施效力消灭。

第十六条 海事诉讼特别程序法第一百一十一条规定的申请债权登记期间的届满之日,为拍卖船舶公告最后一次发布之日起第六十日。

前款所指公告为第一次拍卖时的拍卖船舶公告。

第十七条 海事法院受理债权登记申请后,应当在船舶被拍卖、变卖成交后,依照海事诉讼特别程序法第一百一十四条的规定作出是否准予的裁定。

第十八条 申请拍卖船舶的海事请求人未经债权登记,直接要求参与拍卖船舶价款分配的,海事法院应予准许。

第十九条 海事法院裁定终止拍卖船舶的,应当同时裁定终结债权登记受偿程序,当事人已经缴纳的债权登记申请费予以退还。

第二十条 当事人在债权登记前已经就有关债权提起诉讼的,不适用海事诉讼特别程序法第一百一十六条第二款的规定,当事人对海事法院作出的判决、裁定可以依法提起上诉。

第二十一条 债权人依照海事诉讼特别程序法第一百一十六条第一款的规定提起确权诉讼后,需要判定碰撞船舶过失程度比例的,当事人对海事法院作出的判决、裁定可以依法提起上诉。

第二十二条 海事法院拍卖、变卖船舶所得价款及其利息,先行拨付海事诉讼特别程序法第一百一十九条第二款规定的费用后,依法按照下列顺序进行分配:

(一)具有船舶优先权的海事请求;
(二)由船舶留置权担保的海事请求;
(三)由船舶抵押权担保的海事请求;
(四)与被拍卖、变卖船舶有关的其他海事请求。

依据海事诉讼特别程序法第二十三条第二款的规定申请扣押船舶的海事请求人申请拍卖船舶的,在前款规定海事请求清偿后,参与船舶价款的分配。

依照前款规定分配后的余款,按照民事诉讼法及相关司法解释的规定执行。

第二十三条 当事人依照民事诉讼法第十五章第七节的规定,申请拍卖船舶实现船舶担保物权的,由船舶所在地或船籍港所在地的海事法院管辖,按照海事诉讼特别程序法以及本规定关于船舶拍卖受偿程序的规定处理。

第二十四条 海事法院的上级人民法院扣押与拍卖船舶的,适用本规定。

执行程序中拍卖被扣押船舶清偿债务的,适用本规定。

第二十五条 本规定施行前已经实施的船舶扣押与拍卖,本规定施行后当事人申请复议的,不适用本规定。

本规定施行后,最高人民法院1994年7月6日制定的《关于海事法院拍卖被扣押船舶清偿债务的规定》(法发〔1994〕14号)同时废止。最高人民法院以前发布的司法解释和规范性文件与本规定不一致的,以本规定为准。

外交部　最高人民法院　最高人民检察院　公安部　国家安全部　司法部
关于处理涉外案件若干问题的规定

1995年6月20日　法发〔1995〕17号

各省、自治区、直辖市人民政府外事办公室、高级人民法院、人民检察院、公安厅（局）、国家安全厅（局）、司法厅（局）、海关、交通厅（局）、渔政厅（局）、民政厅（局）、国务院各部委、各直属机构外事司（局）、计划单列市人民政府外事办公室：

随着我国改革开放的不断深化，涉外案件工作中出现了许多新情况、新问题。为进一步妥善处理涉外案件的有关问题，明确分工，减少中间环节，提高效率，便于操作，特制定如下规定。

一、总则

（一）本规定中"涉外案件"是指在我国境内发生的涉及外国、外国人（自然人及法人）的刑事、民事经济、行政、治安等案件及死亡事件。

（二）处理涉外案件，必须维护我国主权和利益，维护我国国家、法人、公民及外国国家、法人、公民在华合法权益，严格依照我国法律、法规，做到事实清楚，证据确凿。适用法律正确，法律手续完备。

（三）处理涉外案件，在对等互惠原则的基础上，严格履行我国所承担的国际条约义务。当国内法或者我内部规定同我国所承担的国际条约义务发生冲突时，应当适用国际条约的有关规定（我国声明保留的条款除外）。各主管部门不应当以国内法或者内部规定为由拒绝履行我国所承担的国际条约规定的义务。

（四）处理涉外案件，必须依照有关规定和分工，密切配合，互相协调，严格执行请示报告、征求意见和通报情况等制度。

（五）对应当通知外国驻华使、领馆的涉外案件，必须按规定和分工及时通知。

（六）与我国无外交关系的，按对等互惠原则办理。

二、关于涉外案件的内部通报问题

（一）遇有下列情况之一，公安机关、国家安全机关、人民检察院、人民法院，以及其他主管机关应当将有关案情、处理情况，以及对外表态口径于受理案件或采取措施的四十八小时内报上一级主管机关，同时通报同级人民政府外事办公室。

1. 对外国人实行行政拘留、刑事拘留、司法拘留、拘留审查、逮捕、监视居住、取保候审、扣留护照、限期出境、驱逐出境的案件；

2. 外国船舶因在我国内水或领海损毁或搁浅，发生海上交通、污染等事故，走私及其他违法或违反国际公约的行为，被我主管部门扣留或采取其他强制措施的案件；

3. 外国渔船在我管辖水域违法捕捞，发生碰撞或海事纠纷，被我授权执法部门扣留的案件；

4. 外国船舶因经济纠纷被我法院扣留、拍卖的案件；

5. 外国人在华死亡事件或案件；

6. 涉及外国人在华民事和经济纠纷的案件；

7. 其他认为应当通报的案件。

同级人民政府外事办公室在接到通报后应当立即报外交部。案件了结后，也应当尽快向外交部通报结果。

（二）重大涉外案件，或外国政府已向我驻外使、领馆提出交涉或已引起国内外新闻界关注的涉外案件，在案件受理、办理、审理过程中，以及在判决公布前，中央一级主管部门经商外交部后，应当单位或者会同外交部联名将案件进展情况、对外表态口径等及时通报我驻外使、领馆，并答复有关文电。

三、关于通知外国驻华使、领馆问题

（一）凡与我国订有双边领事条约的，按条约的规定办理；未与我签订双边领事条约，但参加《维也纳领事关系公约》的，按照《维也纳领事关系公约》的规定办理；未与我国签订领事条约，也未参加《维也纳领事关系公约》，但与我国有外交关系，可按互惠和对等原则，根据有关规定和国际惯例办理。

在外国驻华领事馆领区内发生的涉外案件，

应通知有关外国驻该地区的领事馆；在外国领事馆领区外发生的涉外案件应通知有关外国驻华大使馆。与我国有外交关系，但未设使、领馆的国家，可通知其代管国家驻华使、领馆。无代管国家或代管国家不明的，可不通知。当事人本人要求不通知的，可不通知，但应当由其本人提出书面要求。

（二）通知内容

外国人的外文姓名、性别、入境时间、护照或证件号码、案件发生的时间、地点及有关情况，当事人违章违法犯罪的主要事实，已采取的法律措施及法律依据，各有关主管部门可根据需要制定固定的通知格式。

（三）通知时限

双边领事条约明确规定期限的（四天或七天），应当在条约规定的期限内通知；如无双边领事条约规定，也应当根据或者参照《维也纳领事关系公约》和国际惯例尽快通知，不应超过七天。

（四）通知机关

1. 公安机关、国家安全机关对外国人依法作出行政拘留、刑事拘留、拘留审查、监视居住、取保候审的决定的，由有关省、自治区、直辖市公安厅（局）、国家安全厅（局）通知有关外国驻华使、领馆。

公安机关、国家安全机关对外国人执行逮捕的，由有关省、自治区、直辖市公安厅（局）、国家安全厅（局）通知有关外国驻华使、领馆。

人民法院对外国人依法做出司法拘留、监视居住、取保候审决定的，人民检察院依法对外国人作出监视居住、取保候审决定的，由有关省、自治区、直辖市高级人民法院、人民检察院通知有关外国驻华使、领馆。

依照本规定应予通报并决定开庭审理的涉外案件，人民法院在一审开庭日期确定后，应即报告高级人民法院，由高级人民法院在开庭七日以前，将开庭审理日期通知有关外国驻华使、领馆。

2. 外国船舶因在我国内水或领海损毁、搁浅或发生重大海上交通、污染等事故，各港务监督局应立即报告中华人民共和国港务监督局，由该局通知有关外国驻华使馆。

3. 外国船舶在我国内水或领海走私或其他违法行为，被我海关、公安机关扣留，有关海关、公安机关应当立即逐级上报海关总署和公安部，由所在省、自治区、直辖市海关或者公安厅（局）通知有关外国驻华使、领馆。

4. 外国渔船在我管辖水域违法捕捞，被我授权执法部门扣留，由公安边防部门监护，渔政渔港监督管理部门处理。有关情况应立即上报国家渔政渔港监督管理局，由该局通知有关外国驻华使馆。

5. 外国船舶因经济纠纷被我海事法院扣留、拍卖的，由海事法院通知有关外国驻华使、领馆。如船籍国与我有外交关系，不论是否订有双边领事条约，均应通知。

6. 外国人在华正常死亡，由接待或者聘用单位通知有关外国驻华使、领馆。如死者在华无接待或者聘用单位，由有关省、自治区、直辖市公安厅（局）通知。

外国人在华非正常死亡，由有关省、自治区、直辖市公安厅（局）通知有关外国驻华使、领馆；在羁押期间或者案件审理中死亡，分别由受理案件的省、自治区、直辖市公安厅（局）、国家安全厅（局）、人民检察院或者高级人民法院通知；在监狱服刑期间死亡的，由省、自治区、直辖市司法厅（局）通知。

外国人在灾难性事故（包括陆上交通事故，空、海难事故）中死亡的，由当事部门通知有关外国驻华使、领馆。省、自治区、直辖市外事办公室予以协助。

7. 在对无有效证件证实死者或者被取保候审、监视居住、拘留审查、拘留、逮捕的人犯的国籍，或者其主要证件存在明显伪造、变造疑点的情况下，我主管机关可以通过查询的方式通告有关外国驻华使、领馆。

外国边民在我国边境地区死亡或者被取保候审、监视居住、拘留审查、拘留、逮捕的，按双边条约规定办理。如无双边条约规定的，也可考虑通过边防会晤的方式通知有关国家。

四、外国驻华使、领馆索要材料、交涉等问题

（一）外国驻华使、领馆如向我索要其公民

被取保候审、拘留审查、监视居住、拘留或逮捕等有关材料,请其向省、自治区、直辖市高级人民法院、人民检察院、公安厅(局)、国家安全厅(局)或司法厅(局)提出。凡公开的材料或者法律规定可以提供的材料,我应予提供。地方外事办公室或者外交部予以协助。

(二)如外国驻华使、领馆要一审和终审判决书副本,可请其向省、自治区、直辖市高级人民法院提出,我可以提供。

(三)外国驻华使馆就有关案件进行交涉,可请其向外交部或者省级外事办公室提出,或者向中央或者省级主管部门直接提出。外国驻华使馆向主管部门提出的重要交涉,主管部门商外交部后答复外国驻华使馆。外国驻华领馆只同其领区内省级主管部门联系。外事办公室与主管部门之间互通情况,共商对外表态口径及交涉事宜。

五、关于探视被监视居住、拘留审查、拘留、逮捕或正在监狱服刑的外国公民以及与其通信问题

(一)外国驻华外交、领事官员要求探视被监视居住、拘留、拘留审查、逮捕或正在服刑的本国公民,我主管部门应在双边领事条约规定的时限内予以安排,如无条约规定,亦应尽快安排。如当事人拒绝其所属国家驻华外交、领事官员探视的,我可拒绝安排,但应由其本人提出书面意见。探视要求可请其向省、自治区、直辖市高级人民法院、人民检察院、公安厅(局)、国家安全厅(局)、司法厅(局)提出。地方外事办公室或者外交部可予以协助。外国驻华外交、领事官员探视时应遵守我有关探视规定。

(二)在侦查终结前的羁押期间,探视的有关事宜由立案侦查的公安机关、国家安全机关或者人民检察院安排;侦查终结后移送人民检察院审查起诉的羁押期间,探视的有关事宜由审查起诉的人民检察院安排;人民法院受理案件后在作出终审判决前的羁押期间,探视的有关事宜由审理案件的人民法院安排;人民法院将案件退回人民检察院,或者人民检察院将案件退回公安机关、国家安全机关补充侦查的羁押期间,探视的有关事宜由补充侦查的人民检察院、公安机关、国家安全机关安排;经人民法院判决后在监狱服刑期间,探视的有关事宜由司法行政机关安排。

(三)主办机关需要就探视事宜同有关外国驻华使、领馆联系时,应当分别经过各省、自治区、直辖市高级人民法院、人民检察院、公安厅(局)、国家安全厅(局)、司法厅(局)进行。地方外事办公室或者外交部予以协助。

(四)外国驻华外交、领事官员与其本国在华被监视居住、拘留审查、拘留、逮捕或者正在服刑的本国公民往来信件,我主管部门应按有关领事条约及《维也纳领事关系公约》的规定迅速转交。

六、旁听、新闻报道、司法协助、扣留护照等问题

(一)外国驻华使、领馆官员要求旁听涉外案件的公开审理,应向各省、自治区、直辖市高级人民法院提出申请,有关法院应予安排。旁听者应遵守人民法院的法庭规则。

对于依法不公开审理的涉外案件,外国驻华使、领馆官员要求旁听的,如有关国家与我国已签订的领事条约中明确承担有关义务的,应履行义务;未明确承担有关义务的,应根据我国法律规定,由主管部门商同级外事部门解决。

(二)主管部门就重大涉外案件发布新闻或者新闻单位对于上述案件进行报道,要从严掌握,应当事先报请省级主管机关审核,征求外事部门的意见。对危害国家安全的涉外案件的新闻报道,由主管部门商外交部后定。对于应通知外国驻华使、领馆的案件,应当在按规定通知有关外国驻华使、领馆后,再公开报道。

(三)对与我国订有双边司法协助协定、条约或者我与其共同参加载有司法协助条款的公约的国家,我中央机关和各主管部门应按照协定、条约或者公约的有关规定办理。未签订上述协定或条约、也未共同参加上述公约的,在对等互惠的基础上通过外交途径解决。

(四)扣留外国人护照问题

根据《中华人民共和国外国人入境出境管理法》和最高人民法院、最高人民检察院、公安部、国家安全部《关于依法限制外国人和中国公民出境问题的若干规定》（〔87〕公发16号），除我公安机关、国家安全机关、司法机关以及法律明确授权的机关外，其他任何单位或者个人都无权扣留外国人护照，也不得以任何方式限制外国人的人身自由；公安机关、国家安全机关、司法机关以及法律明确授权的机关扣留外国人护照，必须按照规定的权限报批，履行必要的手续，发给本人扣留护照的证明，并把有关情况及时上报上级主管部门，通报同级人民政府外事办公室，有关外事办公室应当及时报告外交部。

本规定自发文之日起生效。以前有关规定凡与本规定相抵的，一律以本规定为准。1987年《关于处理涉外案件若干问题的规定》（外发〔1987〕54号）同时废止。

全国海事法院院长座谈会纪要

2001年7月20日

2001年7月19日至20日，全国海事法院院长在宁波召开审判工作座谈会。最高人民法院副院长万鄂湘参加了座谈会，并作了重要讲话。与会人员一致认为，海事审判是我国司法的对外窗口，我国的海事审判水平稳步提高，已经引起我国航运界、司法界的高度重视，并引起国外越来越多的关注。中国即将加入世贸组织，经济全球化的步伐必将进一步加快。这就要求在海事审判工作中紧紧围绕公正与效率这一主题，更加严格按照法律规定审理各类案件，统一司法。与会同志就目前海事审判中有关案件管辖以及在适用《中华人民共和国海商法》（以下简称海商法）时存在的一些问题进行了研讨，并达成一致意见。现纪要如下：

一、关于管辖

随着我国对外贸易和航运事业的发展，各海事法院的地域管辖范围已不能适应形势发展的需要，最高人民法院将在调查研究的基础上对各海事法院的地域管辖范围作出调整，适当扩大其管辖区域范围，以适应不断发展的形势的需要。

海事法院依照《中华人民共和国海事诉讼特别程序法》的规定对海事案件行使专门管辖权，对共同海损纠纷案件、海上保险合同纠纷案件、海事仲裁裁决的承认和执行案件，连接点在北京的，由天津海事法院行使管辖权。

海事法院应当加强对海事行政案件和海事行政执行案件的司法管辖，有效地保护公民、法人和其他组织的合法权利，维护和监督行政机关依法行使行政职权。

为依法保护船员的具有船舶优先权的合法权益，因船员劳务合同纠纷直接向海事法院提起诉讼的，海事法院应当受理。

二、关于船舶所有权、抵押权未经登记不得对抗第三人的问题

在审理有关海事案件中，涉及船舶所有权或者抵押权未经登记的，应当根据不同情况依法处理：

1. 对根据船舶建造合同、船舶买卖合同、船舶租购合同等合法方式接受船舶，但没有依法进行所有权登记的委托建造方或者买受方，其与合同对方之间的权利义务关系依据合同约定和法律规定予以保护；但其对合同之外的第三人提出的船舶所有权主张（包括以船舶所有人名义向他人请求船舶损害赔偿等）或者抗辩，法院依法不应支持和保护。

2. 未经船舶所有权登记的船舶买受人不能以其不是船舶登记所有人为由主张免除对他人应当承担的民事责任或者义务，即当该船舶没有其他登记所有人时，买受人应当独立承担船舶对第三人的侵权民事责任和义务；当该船舶有其他登记所有人时，由登记所有人承担对第三人的侵权民事责任和义务。买受人对在接受或掌管该船舶之后发生的对第三人的侵权民事责任亦有过错的，承担连带责任。

3. 对设定船舶抵押权但没有依法进行抵押权登记的抵押权人，可以根据与船舶所有人之间设定的船舶抵押权到期债权，请求拍卖该船舶清偿债务；但是，其提出的针对第三人的抵押权主张或者抗辩，法院依法不应支持和保护，即在其他债权人参加对拍卖船舶所得价款清偿时，未经登记的船舶抵押权不能优先于已登记的船舶抵押权和其他海事债权受偿。

三、关于海上货物运输中承运人的认定及责任

海商法第四十二条规定了海上货物运输中承运人的定义,并规定提单是运输合同的证明。在提单作为唯一运输单证时,若提单没有抬头,除非签发人能证明代签的事实,否则应当以提单签发人作为承运人。

在审理海上货物运输纠纷案件中,要严格依照海商法和《中华人民共和国民法通则》(以下简称民法通则)的规定确定承运人的责任,并准确把握海商法作为特别法与民法通则在法律适用上的关系。在认定承运人倒签、预借提单的事实后,承运人应承担与其违反法律规定的行为有直接因果关系的损害后果。在海上货物运输特别是大宗散装货物的运输纠纷案件中,根据海商法的规定,由于货物本身的质量或者潜在缺陷造成的货损和属于正常范围内的货物减量、耗损或重量误差,承运人不承担赔偿责任。

一般情况下,合法持有正本提单的人向承运人主张无单放货损失赔偿的,应定性为违约纠纷,承运人应当承担与无单放货行为有直接因果关系的损失赔偿责任。

四、关于留置权

沿海内河货物运输中,托运人或者收货人不支付运费、保管费以及其他运输费用的,依照《中华人民共和国合同法》的规定,承运人对相应的运输货物享有留置权,除非当事人之间另有约定;但非中华人民共和国港口之间的海上货物运输,依照海商法的有关规定,应当向承运人支付的运费、共同海损分摊、滞期费和承运人为货物垫付的必要费用以及应当向运人支付的其他费用没有付清,又没有提供适当担保的,承运人可以在合理的限度内留置债务人所有的货物。审判实践中应当注意不同的法律就留置权的行使所作的不同规定。

留置权的行使要以合法占有为前提。留置标的物在债权人行使留置权前已被法院应其他债权人的申请予以扣押的,或者债权人行使留置权后法院应其他债权人的申请对留置标的物进行扣押,留置权人的权利仍应依法予以保护。

五、关于诉讼时效

海商法关于诉讼时效的规定是一套完整的制度。海商法与民法通则规定的时效中断的事由是不同的,在审理海事案件中要注意准确理解海商法的规定。在适用海商法审理海事纠纷时,如果债务人仅同意与债权人协商赔偿事宜但未就具体赔偿达成协议的,或者海事请求人撤回诉前海事请求保全申请、海事强制令、海事证据保全申请或者上述申请被海事法院裁定驳回的,不构成时效中断。

海商法中对承运人的时效规定同样适用于实际承运人。

以上意见,供各级法院在海事审判实践中参照执行。

最高人民法院办公厅
关于海事行政案件管辖问题的通知

2003年8月11日　　法办〔2003〕253号

各省、自治区、直辖市高级人民法院,新疆维吾尔自治区高级人民法院生产建设兵团分院:

为规范海事行政案件的管辖问题,根据我院审判委员会第1282次会议决定,特通知如下:

一、行政案件、行政赔偿案件和审查行政机关申请执行其具体行政行为的案件仍由各级人民法院行政审判庭审理。海事等专门人民法院不审理行政案件、行政赔偿案件,亦不审查和执行行政机关申请执行其具体行政行为的案件。

二、本通知下发之前,海事法院已经受理的海事行政案件、行政赔偿案件,继续由海事法院审理;海事法院已作出的生效行政判决或者行政裁定的法律效力不受影响。

最高人民法院关于海事审判工作发展的若干意见

2006年11月9日　　法发〔2006〕27号

二、健全和完善海事审判制度,充分发挥专门审判职能作用

10.进一步完善海事执行制度。规范诉讼

前、诉讼中及执行阶段的扣押和拍卖船舶等强制措施，维护司法权威。

五、规范诉讼活动，确保程序公正

20. 规范诉讼程序。进一步完善海事诉讼指引制度、风险提示制度、案件审理排期制度、延长审限理由告知等制度，避免当事人告状无门或者违规立案情况的发生；进一步规范庭审活动，强化当事人举证、质证和证据交换等程序；进一步规范海事执行活动，公开执行的所有环节，做到依法规范执行、廉洁文明执行。

23. 严格规范海事诉讼收费标准。海事法院和上诉审高级人民法院要严格依照法律规定以及最高人民法院的有关规定，公开所有收费项目及收费标准。要加强在立案、诉前和诉讼中扣押、拍卖船舶以及执行等收费环节的监管，避免滥收费现象的发生。实践中需要统一的收费项目和标准，要在广泛征求意见的基础上制定相应的法律文件，使海事诉讼收费有法可依，有据可查。

[提示] 在我国可供执行的财产不包括将来可能进入我国的财产

最高人民法院民事审判第四庭
关于北京长城高级润滑油品有限公司申请承认与执行朝鲜民主主义人民共和国和解决定案有关适用法律问题的请示的答复

2005年11月23日　〔2005〕民四他字第43号

辽宁省高级人民法院：

你院〔2005〕辽民四他字第2号《关于北京长城高级润滑油品有限公司申请承认与执行朝鲜民主主义人民共和国和解决定一案有关适用法律问题的请示》收悉。经研究，答复如下：

我国民事诉讼法第二百六十九条[①]规定，国外仲裁机构的裁决，需要中华人民共和国人民法院承认和执行的，应当由当事人直接向被执行人住所地或者其财产所在地的中级人民法院申请，人民法院应当依照中华人民共和国缔结或者参加的国际条约，或者按照互惠原则办理。该条所指"财产"，应当理解为被执行人在我国领域内拥有的实际可执行的财产，不包括未来可能进入我国境内的财产。本案中，被执行人朝鲜水产物贸易会社和朝鲜水产船舶经营会社的住所地均不在我国，朝鲜水产物贸易会社在我国领域内没有可供执行的财产，朝鲜水产船舶经营会社所有的船舶尚未进入我国领域，也不能认定其在我国领域内有可供执行的财产。"近期将有船舶进入大连港"具有不确定性，在朝鲜水产船舶经营会社所有的船舶进入大连港之前，大连市中级人民法院对本案不具有管辖权。

此复。

最高人民法院民事审判第四庭
关于广州海事法院拍卖"新双运机13"等船舶后价款分配问题的请示的答复

2005年11月24日　〔2005〕民四他字第42号

广东省高级人民法院：

你院〔2005〕粤高法民四他字第18号"关于广州海事法院拍卖'新双运机13'等船舶后价款分配问题的请示"报告收悉。经研究，答复如下：

依照我院《关于海事法院受理案件范围的若干问题的规定》，江门市新会区人民法院审理的三件船舶抵押贷款纠纷案件，属于海事法院专门管辖的海事纠纷案件。新会区人民法院违反规定受理海事案件显属不当，应予纠正。鉴于该院已经审结三案，并进入执行程序，对该三案可不进入审判监督程序，但你院应当向该院明确指出其在受理案件程序上的错误。

根据我院《关于适用〈中华人民共和国海

[①] 民事诉讼法原第二百六十九条现已修改为第二百八十三条。——编者注

事诉讼特别程序法〉若干问题的解释》的规定，地方人民法院为执行生效法律文书对属于被执行人财产的船舶进行扣押、拍卖的，应当委托船籍港所在地或者船舶所在地的海事法院执行，包括对船舶扣押、拍卖以及债权分配，以保护与船舶相关的特殊债权人的利益，新会区人民法院应将三执行案件移送广州海事法院执行。

广州海事法院应当依照《中华人民共和国海事诉讼特别程序法》以及《中华人民共和国海商法》的有关规定，对船舶价款予以清偿。中国银行新会支行作为债权人，可以依据新会区人民法院发生法律效力的判决书确认的债权申请债权登记，参加对船舶价款的清偿。鉴于中国银行新会支行的债权属于船舶抵押权，且已经向新会区人民法院申请强制执行，新会区人民法院也已经委托广州海事法院扣押、拍卖船舶，在中国银行新会支行没有申请债权登记的情况下，可将该行依据新会区人民法院三份判决确认的债权，在船舶价款中依照法定的顺序予以清偿。

人民法院办理执行案件规范

2017年4月

545.【专属管辖】

除海事法院及其上级人民法院外，地方法院对当事人提出的船舶保全申请应不予受理；地方人民法院为执行生效法律文书需要扣押和拍卖船舶的，应当委托船籍港所在地或者船舶所在地的海事法院执行。

当事人依照民事诉讼法第十五章第七节的规定，申请拍卖船舶实现船舶担保物权的，由船舶所在地或船籍港所在地的海事法院管辖，按照海事诉讼特别程序法以及《最高人民法院关于扣押与拍卖船舶适用法律若干问题的规定》关于船舶拍卖受偿程序的规定处理。

788.【海事涉外案件的承认和执行】

当事人申请执行海事仲裁裁决，申请承认和执行外国法院判决、裁定以及国外海事仲裁裁决的，向被执行的财产所在地或者被执行人住所地海事法院提出。被执行的财产所在地或者被执行人的住所地没有海事法院的，向被执行的财产所在地或者被执行人住所地的中级人民法院提出。

第三十三章 涉军案件的执行

最高人民法院
关于委托执行若干问题的规定

2011年5月3日　　法释〔2011〕11号

第三条 委托执行应当以执行标的物所在地或者执行行为实施地的同级人民法院为受托执行法院。有两处以上财产在异地的，可以委托主要财产所在地的人民法院执行。

被执行人是现役军人或者军事单位的，可以委托对其有管辖权的军事法院执行。

执行标的物是船舶的，可以委托有管辖权的海事法院执行。

最高人民法院
关于进一步加强人民法院涉军案件审判工作的通知

2010年7月28日　　法〔2010〕254号

5. 积极开展司法救助和法律援助。对经济困难的军人军属，请求给付赡养费、抚养费、扶养费、抚恤金、优待金、社会保险金、劳动报酬和经济补偿金、人身损害赔偿等案件，依法决定诉讼费的缓、减、免交。军人军属合法财产权益因不能执行兑现、生活困难的，应积极协调有关部门，给予必要救助。军人军属需要法律援助的，应积极协调有关法律援助机构，及时提供法律援助。

6. 依法确定涉军案件范围。涉军案件是指人民法院受理的以军队单位和军人军属为一方当事人的刑事、民事、行政等案件。军队单位是指中国人民解放军现役部队和预备役部队、中国人民武装警察部队及其编制内的企业事业单位。军人是指现役军（警）官、文职干部、士兵及具有军籍的学员。军队中的文职人员、非现役工勤人员、在编职工、由军队管理的离退休人员，以及执行军事任务的预备役人员和其他人员，按军人对待。军属是指军人的配偶、子女、父母以及其他与军人有法定扶养关系的亲属。

8. 畅通诉讼绿色通道。涉军案件审判要做到优先立案、优先审结、优先执行，尽快消除因涉军纠纷案件给部队建设带来的消极影响。在立案大厅设立涉军案件立案窗口，引导当事人理性对待诉讼，合理选择纠纷解决方式，提高部队和军人军属依法诉讼的能力。凡符合立案条件的，要做到尽快受理，并及时将诉讼材料移送涉军案件审判组织。依法适用简易程序审理的，要加大审判力度，缩短办案周期。对军队一方当事人确有困难，无法自行收集证据的，人民法院可依职权调取证据。积极开展巡回审判，对于边远艰苦、交通不便的部队，可采取信函、传真等方式立案，借助互联网、视频系统等进行案件审理，为边海防和驻地偏远部队及军人军属提供诉讼便利。

10. 确保生效裁判的及时执行。切实加强涉军案件执行工作，保障当事人合法权益。在向军队一方当事人送达裁判文书时，要释明有关法律规定，指导其及时申请执行；军队一方为申请执行人的，要加大执行力度，必要时可请上级人民法院提级执行；军队一方为被执行人的，可通过部队组织督促被执行人履行法定义务，必要时可以请部队所在地的军事法院协助执行。

11. 扩大审判效果延伸司法服务。结合涉军案件审判工作，积极扩大办案效果，拓展司法服务领域。选择危害国防利益和军人军属合法权益的典型案例，开展法制宣传教育，增强广大人民群众的国防法制观念。可通过开设涉军纠纷法律咨询热线电话，网站专栏，向部队、军人军属发放"维权服务联系卡"，设置驻军部队司法信箱等方式，为部队和军人军属依法维权提供司法服务。积极开展庭审观摩进军营、法律咨询进军营、法律培训进军营等活动，增强官兵依法办事意识和解决涉法涉诉问题的能力。

最高人民法院
关于军队单位作为经济纠纷案件的当事人可否对其银行账户上的存款采取诉讼保全和军队费用能否强行划拨偿还债务问题的批复

1990年10月9日　法（经）复〔1990〕15号

河北省高级人民法院、江苏省高级人民法院：

〔1987〕冀法请字第5号关于军队单位作为经济纠纷案件的当事人可否对其银行账户上的存款采取诉讼保全的请示和苏法经〔1987〕51号关于军队费用能否强行划拨偿还债务的请示均已收悉。经研究，现答复如下：

一、最高人民法院和中国人民银行《关于查询、冻结和扣划企事业单位、机关、团体的银行存款的通知》，同样适用于军队系统的企事业单位。

二、按照中国人民银行、中国工商银行、中国农业银行、中国人民解放军总后勤部〔1985〕财字第110号通知印发的《军队单位在银行开设账户和存款的管理办法》中"军队工厂（矿）、农场、马场、军人服务部、省军区以上单位实行企业经营的招待所（含经总部、军区、军兵种批准实行企业经营的军以下单位招待所）"和企业的上级财务主管部门等单位，开设"特种企业存款，有息存款"的规定，军队从事生产经营活动应当以此账户结算。因此，在经济纠纷诉讼中，人民法院根据对方当事人申请或者依职权有权对军队的"特种企业存款"账户的存款采取诉讼保全措施，并可依照《民事诉讼法（试行）》第一百七十九条的规定，对该账户的存款采取执行措施。

三、人民法院在审理经济纠纷案件过程中，如果发现军队机关或所属单位以不准用于从事经营性业务往来结算的账户从事经营性业务往来结算和经营性借贷或者担保等违反国家政策、法律的，人民法院有权依法对其账户动用的资金采取诉讼保全措施和执行措施。军队一方当事人的上级领导机关，应当协助人民法院共同查清其账户的情况，依法予以冻结或者扣划。

第三十四章　清算案件的执行

第二次全国涉外商事海事审判工作会议纪要

2005年12月26日　　法发〔2005〕26号

七、关于外商投资企业纠纷案件

（四）外商投资企业的清算

92. 外商投资企业终止之前，必须根据《外商投资企业清算办法》的规定进行清算。外商投资企业不能进行普通清算而进行特别清算的，由企业审批机关或其委托的部门负责组织。人民法院对清算过程中发生的纠纷享有管辖权的，应予受理。

在清算终结前，外商投资企业的诉讼主体资格依然存在；已经成立清算组织的，在清算期间，清算组织代表企业参与民事诉讼活动。

最高人民法院印发《关于审理公司强制清算案件工作座谈会纪要》的通知

2009年11月4日　　法发〔2009〕52号

当前，因受国际金融危机和世界经济衰退影响，公司经营困难引发的公司强制清算案件大幅度增加。《中华人民共和国公司法》和《最高人民法院关于适用〈中华人民共和国公司法〉若干问题的规定（二）》（以下简称公司法司法解释二）对于公司强制清算案件审理中的有关问题已作出规定，但鉴于该类案件非讼程序的特点和目前清算程序规范的不完善，有必要进一步明确该类案件审理原则，细化有关程序和实体规定，更好地规范公司退出市场行为，维护市场运行秩序，依法妥善审理公司强制清算案件，维护和促进经济社会和谐稳定。为此，最高人民法院在广泛调研的基础上，于2009年9月15日至16日在浙江省绍兴市召开了全国部分法院审理公司强制清算案件工作座谈会。与会同志通过认真讨论，就有关审理公司强制清算案件中涉及的主要问题达成了共识。现纪要如下：

一、关于审理公司强制清算案件应当遵循的原则

1. 会议认为，公司作为现代企业的主要类型，在参与市场竞争时，不仅要严格遵循市场准入规则，也要严格遵循市场退出规则。公司强制清算作为公司退出市场机制的重要途径之一，是公司法律制度的重要组成部分。人民法院在审理此类案件时，应坚持以下原则：

第一，坚持清算程序公正原则。公司强制清算的目的在于有序结束公司存续期间的各种商事关系，合理调整众多法律主体的利益，维护正常的经济秩序。人民法院审理公司强制清算案件，应当严格依照法定程序进行，坚持在程序正义的基础上实现清算结果的公正。

第二，坚持清算效率原则。提高社会经济的整体效率，是公司强制清算制度追求的目标之一，要严格而不失快捷地使已经出现解散事由的公司退出市场，将其可能给各方利益主体造成的损失降至最低。人民法院审理强制清算案件，要严格按照法律规定及时有效地完成清算，保障债权人、股东等利害关系人的利益及时得到实现，避免因长期拖延清算给相关利害关系人造成不必要的损失，保障社会资源的有效利用。

第三，坚持利益均衡保护原则。公司强制清算中应当以维护公司各方主体利益平衡为原则，实现公司退出环节中的公平公正。人民法院在审理公司强制清算案件时，既要充分保护债权人利益，又要兼顾职工利益、股东利益和社会利益，妥善处理各方利益冲突，实现法律效果和社会效果的有机统一。

二、关于强制清算案件的管辖

2. 对于公司强制清算案件的管辖应当分别从地域管辖和级别管辖两个角度确定。地域管辖法院应为公司住所地的人民法院，即公司主要办事机构所在地法院；公司主要办事机构所在地不明确、存在争议的，由公司注册登记地人民法院管辖。级别管辖应当按照公司登记机关的级别予以确定，即基层人民法院管辖县、县级市或者区的公司登记机关核准登记公司的公司强制清算案件；中级人民法院管辖地区、地级市以上的公司登记机关核准登记公司的公司强制清算案件。存在特殊原因的，也可参照适用《中华人民共和国企业破产法》第四条、《中华人民共和国民事诉讼法》第三十七条、第三十九条①的规定，确定公司强制清算案件的审理法院。

三、关于强制清算案件的案号管理

3. 人民法院立案庭收到申请人提交的对公司进行强制清算的申请后，应当及时以"（××××）××法×清（预）字第×号"立案。立案庭立案后，应当将申请人提交的申请等有关材料移交审理强制清算案件的审判庭审查，并由审判庭依法作出是否受理强制清算申请的裁定。

4. 审判庭裁定不予受理强制清算申请的，裁定生效后，公司强制清算案件应当以"（××××）××法×清（预）字第×号"结案。审判庭裁定受理强制清算申请的，立案庭应当以"（××××）××法×清（算）字第×号"立案。

5. 审判庭裁定受理强制清算申请后，在审理强制清算案件中制作的民事裁定书、决定书等，应当在"（××××）××法×清（算）字第×号"后依次编号，如"（××××）××法×清（算）字第×－1号民事裁定书"、"（××××）××法×清（算）字第×－2号民事裁定书"等，或者"（××××）××法×清（算）字第×－1号决定书"、"（××××）××法×清（算）字第×－2号决定书"等。

四、关于强制清算案件的审判组织

6. 因公司强制清算案件在案件性质上类似于企业破产案件，因此强制清算案件应当由负责审理企业破产案件的审判庭审理。有条件的人民法院，可由专门的审判庭或者指定专门的合议庭审理公司强制清算案件和企业破产案件。公司强制清算案件应当组成合议庭进行审理。

五、关于强制清算的申请

7. 公司债权人或者股东向人民法院申请强制清算应当提交清算申请书。申请书应当载明申请人、被申请人的基本情况和申请的事实和理由。同时，申请人应当向人民法院提交被申请人已经发生解散事由以及申请人对被申请人享有债权或者股权的有关证据。公司解散后已经自行成立清算组进行清算，但债权人或者股东以其故意拖延清算，或者存在其他违法清算可能严重损害债权人或者股东利益为由，申请人民法院强制清算的，申请人还应当向人民法院提交公司故意拖延清算，或者存在其他违法清算行为可能严重损害其利益的相应证据材料。

8. 申请人提交的材料需要更正、补充的，人民法院应当责令申请人于七日内予以更正、补充。申请人由于客观原因无法按时更正、补充的，应当向人民法院予以书面说明并提出延期申请，由人民法院决定是否延长期限。

六、关于对强制清算申请的审查

9. 审理强制清算案件的审判庭审查决定是否受理强制清算申请时，一般应当召开听证会。

---

① 民事诉讼法原第三十九条现已修改为第三十八条，下同。——编者注

对于事实清楚、法律关系明确、证据确实充分的案件，经书面通知被申请人，其对书面审查方式无异议的，也可决定不召开听证会，而采用书面方式进行审查。

10. 人民法院决定召开听证会的，应当于听证会召开五日前通知申请人、被申请人，并送达相关申请材料。公司股东、实际控制人等利害关系人申请参加听证的，人民法院应予准许。听证会中，人民法院应当组织有关利害关系人对申请人是否具备申请资格、被申请人是否已经发生解散事由、强制清算申请是否符合法律规定等内容进行听证。因补充证据等原因需要再次召开听证会的，应在补充期限届满后十日内进行。

11. 人民法院决定不召开听证会的，应当及时通知申请人和被申请人，并向被申请人送达有关申请材料，同时告知被申请人若对申请人的申请有异议，应当自收到人民法院通知之日起七日内向人民法院书面提出。

七、关于对强制清算申请的受理

12. 人民法院应当在听证会召开之日或者自异议期满之日起十日内，依法作出是否受理强制清算申请的裁定。

13. 被申请人就申请人对其是否享有债权或者股权，或者对被申请人是否发生解散事由提出异议，人民法院对申请人提出的强制清算申请应不予受理。申请人可就有关争议单独提起诉讼或者仲裁予以确认后，另行向人民法院提起强制清算申请。但对上述异议事项已有生效法律文书予以确认，以及发生被吊销企业法人营业执照、责令关闭或者被撤销等解散事由有明确、充分证据的除外。

14. 申请人提供被申请人自行清算中故意拖延清算，或者存在其他违法清算可能严重损害债权人或者股东利益的相应证据材料后，被申请人未能举出相反证据的，人民法院对申请人提出的强制清算申请应予受理。债权人申请强制清算，被申请人的主要财产、账册、重要文件等灭失，或者被申请人人员下落不明，导致无法清算的，人民法院不得以此为由不予受理。

15. 人民法院受理强制清算申请后，经审查发现强制清算申请不符合法律规定的，可以裁定驳回强制清算申请。

16. 人民法院裁定不予受理或者驳回受理申请，申请人不服的，可以向上一级人民法院提起上诉。

八、关于强制清算申请的撤回

17. 人民法院裁定受理公司强制清算申请前，申请人请求撤回其申请的，人民法院应予准许。

18. 公司因公司章程规定的营业期限届满或者公司章程规定的其他解散事由出现，或者股东会、股东大会决议自愿解散的，人民法院受理强制清算申请后，清算组对股东进行剩余财产分配前，申请人以公司修改章程，或者股东会、股东大会决议公司继续存续为由，请求撤回强制清算申请的，人民法院应予准许。

19. 公司因依法被吊销营业执照、责令关闭或者被撤销，或者被人民法院判决强制解散的，人民法院受理强制清算申请后，清算组对股东进行剩余财产分配前，申请人向人民法院申请撤回强制清算申请的，人民法院应不予准许。但申请人有证据证明相关行政决定被撤销，或者人民法院作出解散公司判决后当事人又达成公司存续和解协议的除外。

九、关于强制清算案件的申请费

20. 参照《诉讼费用交纳办法》第十条、第十四条、第二十条和第四十二条关于企业破产案件申请费的有关规定，公司强制清算案件的申请费以强制清算财产总额为基数，按照财产案件受理费标准减半计算，人民法院受理强制清算申请后从被申请人财产中优先拨付。因财产不足以清偿全部债务，强制清算程序依法转入破产清算程序的，不再另行计收破产案件申请费；按照上述标准计收的强制清算案件申请费超过30万元的，超过部分不再收取，已经收取的，应予退还。

21. 人民法院裁定受理强制清算申请前，申请人请求撤回申请，人民法院准许的，强制清算案件的申请费不再从被申请人财产中予以拨付；人民法院受理强制清算申请后，申请人请求撤回申请，人民法院准许的，已经从被申请人财产中优先拨付的强制清算案件申请费不予退回。

十、关于强制清算清算组的指定

22. 人民法院受理强制清算案件后,应当及时指定清算组成员。公司股东、董事、监事、高级管理人员能够而且愿意参加清算的,人民法院可优先考虑指定上述人员组成清算组;上述人员不能、不愿进行清算,或者由其负责清算不利于清算依法进行的,人民法院可以指定《人民法院中介机构管理人名册》和《人民法院个人管理人名册》中的中介机构或者个人组成清算组;人民法院也可根据实际需要,指定公司股东、董事、监事、高级管理人员,与管理人名册中的中介机构或者个人共同组成清算组。人民法院指定管理人名册中的中介机构或者个人组成清算组,或者担任清算组成员的,应当参照适用《最高人民法院关于审理企业破产案件指定管理人的规定》。

23. 强制清算清算组成员的人数应当为单数。人民法院指定清算组成员的同时,应当根据清算组成员的推选,或者依职权,指定清算组负责人。清算组负责人代行清算中公司诉讼代表人职权。清算组成员未依法履行职责的,人民法院应当依据利害关系人的申请,或者依职权及时予以更换。

十一、关于强制清算清算组成员的报酬

24. 公司股东、实际控制人或者股份有限公司的董事担任清算组成员的,不计付报酬。上述人员以外的有限责任公司的董事、监事、高级管理人员,股份公司的监事、高级管理人员担任清算组成员的,可以按照其上一年度的平均工资标准计付报酬。

25. 中介机构或者个人担任清算组成员的,其报酬由中介机构或者个人与公司协商确定;协商不成的,由人民法院参照《最高人民法院关于审理企业破产案件确定管理人报酬的规定》确定。

十二、关于强制清算清算组的议事机制

26. 公司强制清算中的清算组因清算事务发生争议的,应当参照公司法第一百一十二条的规定,经全体清算组成员过半数决议通过。与争议事项有直接利害关系的清算组成员可以发表意见,但不得参与投票;因利害关系人回避表决无法形成多数意见的,清算组可以请求人民法院作出决定。与争议事项有直接利害关系的清算组成员未回避表决形成决定的,债权人或者清算组其他成员可以参照公司法第二十二条的规定,自决定作出之日起六十日内,请求人民法院予以撤销。

十三、关于强制清算中的财产保全

27. 人民法院受理强制清算申请后,公司财产存在被隐匿、转移、毁损等可能影响依法清算情形的,人民法院可依清算组或者申请人的申请,对公司财产采取相应的保全措施。

十四、关于无法清算案件的审理

28. 对于被申请人主要财产、账册、重要文件等灭失,或者被申请人人员下落不明的强制清算案件,经向被申请人的股东、董事等直接责任人员释明或采取罚款等民事制裁措施后,仍然无法清算或者无法全面清算,对于尚有部分财产,且依据现有账册、重要文件等,可以进行部分清偿的,应当参照企业破产法的规定,对现有财产进行公平清偿后,以无法全面清算为由终结强制清算程序;对于没有任何财产、账册、重要文件,被申请人人员下落不明的,应当以无法清算为由终结强制清算程序。

29. 债权人申请强制清算,人民法院以无法清算或者无法全面清算为由裁定终结强制清算程序的,应当在终结裁定中载明,债权人可以另行依据公司法司法解释二第十八条的规定,要求被申请人的股东、董事、实际控制人等清算义务人对其债务承担偿还责任。股东申请强制清算,人民法院以无法清算或者无法全面清算为由作出终结强制清算程序的,应当在终结裁定中载明,股东可以向控股股东等实际控制公司的主体主张有关权利。

十五、关于强制清算案件衍生诉讼的审理

30. 人民法院受理强制清算申请前已经开始,人民法院受理强制清算申请时尚未审结的有关被强制清算公司的民事诉讼,由原受理法院继续审理,但应依法将原法定代表人变更为清算组负责人。

31. 人民法院受理强制清算申请后,就强制清算公司的权利义务产生争议的,应当向受理强制清算申请的人民法院提起诉讼,并由清算组负责人代表清算中公司参加诉讼活动。受理强制清算申请的人民法院对此类案件,可以适用民事诉讼法第三十七条和第三十九条的规定确定审理法院。上述案件在受理法院内部各审判庭之间按照业务分工进行审理。人民法院受理强制清算申请后,就强制清算公司的权利义务产生争议,当事人双方就产生争议约定有明确有效的仲裁条款的,应当按照约定通过仲裁方式解决。

十六、关于强制清算和破产清算的衔接

32. 公司强制清算中,清算组在清理公司财产、编制资产负债表和财产清单时,发现公司财产不足清偿债务的,除依据公司法司法解释二第十七条的规定,通过与债权人协商制作有关债务清偿方案并清偿债务的外,应依据公司法第一百八十八条和企业破产法第七条第三款的规定向人民法院申请宣告破产。

33. 公司强制清算中,有关权利人依据企业破产法第二条和第七条的规定向人民法院另行提起破产申请的,人民法院应当依法进行审查。权利人的破产申请符合企业破产法规定的,人民法院应当依法裁定予以受理。人民法院裁定受理破产申请后,应当裁定终结强制清算程序。

34. 公司强制清算转入破产清算后,原强制清算中的清算组由《人民法院中介机构管理人名册》和《人民法院个人管理人名册》中的中介机构或者个人组成或者参加的,除该中介机构或者个人存在与本案有利害关系等不宜担任管理人或者管理人成员的情形外,人民法院可根据企业破产法及其司法解释的规定,指定该中介机构或者个人作为破产案件的管理人,或者吸收该中介机构作为新成立的清算组管理人的成员。上述中介机构或者个人在公司强制清算和破产清算中取得的报酬总额,不应超过按照企业破产计付的管理人或者管理人成员的报酬。

35. 上述中介机构或者个人不宜担任破产清算中的管理人或者管理人成员的,人民法院应当根据企业破产法和有关司法解释的规定,及时指定管理人。原强制清算中的清算组应当及时将清算事务及有关材料等移交给管理人。

公司强制清算中已经完成的清算事项,如无违反企业破产法或者有关司法解释的情形的,在破产清算程序中应承认其效力。

十七、关于强制清算程序的终结

36. 公司依法清算结束,清算组制作清算报告并报人民法院确认后,人民法院应当裁定终结清算程序。公司登记机关依清算组的申请注销公司登记后,公司终止。

37. 公司因公司章程规定的营业期限届满或者公司章程规定的其他解散事由出现,或者股东会、股东大会决议自愿解散的,人民法院受理债权人提出的强制清算申请后,对股东进行剩余财产分配前,公司修改章程、或者股东会、股东大会决议公司继续存续,申请人在其个人债权及他人债权均得到全额清偿后,未撤回申请的,人民法院可以根据被申请人的请求裁定终结强制清算程序,强制清算程序终结后,公司可以继续存续。

十八、关于强制清算案件中的法律文书

38. 审理强制清算的审判庭审理该类案件时,对于受理、不受理强制清算申请、驳回申请人的申请、允许或者驳回申请人撤回申请、采取保全措施、确认清算方案、确认清算终结报告、终结强制清算程序的,应当制作民事裁定书。对于指定或者变更清算组成员、确定清算组成员报酬、延长清算期限、制裁妨碍清算行为的,应当制作决定书。对于其他所涉有关法律文书的制作,可参照企业破产清算中人民法院的法律文书样式。

十九、关于强制清算程序中对破产清算程序的准用

39. 鉴于公司强制清算与破产清算在具体程序操作上的相似性,就公司法、公司法司法解释二,以及本会议纪要未予涉及的情形,如清算中公司的有关人员未依法妥善保管其占有和管理的财产、印章和账簿、文书资料,清算组未及时接管清算中公司的财产、印章和账簿、文书,清算中公司拒不向人民法院提交或者提交不真实的财产状况说明、债务清册、债权清册、有关财务会计报告以及职工工资的支付情况和社会保险费用的缴纳情况,清算中公司拒不向清算组移交财产、印章和账簿、文书等资料，或者伪造、销毁有关财产证据材料而使财产状况不明，股东未缴足出资、抽逃出资，以及公司董事、监事、高级管理人员非法侵占公司财产等，可参照企业破产法及其司法解释的有关规定处理。

二十、关于审理公司强制清算案件中应当注意的问题

40. 鉴于此类案件属于新类型案件，且涉及的法律关系复杂、利益主体众多，人民法院在审理难度大、涉及面广、牵涉社会稳定的重大疑难清算案件时，要在严格依法的前提下，紧紧依靠党委领导和政府支持，充分发挥地方政府建立的各项机制，有效做好维护社会稳定的工作。同时，对于审判实践中发现的新情况、新问题，要及时逐级上报。上级人民法院要加强对此类案件的监督指导，注重深入调查研究，及时总结审判经验，确保依法妥善审理好此类案件。

最高人民法院
关于执行权合理配置和科学运行的若干意见

2011年10月19日　　法发〔2011〕15号

14. 强制清算的实施由执行局负责，强制清算中的实体争议由民事审判机构负责审理。

最高人民法院执行工作办公室
关于确定外资企业清算的裁决执行问题的复函

2003年10月10日　　〔2002〕执他字第11号

广东省高级人民法院：

你院〔2001〕粤高法执监字第288号《关于是否受理澳大利亚庄臣有限公司依仲裁裁决申请执行广州金城房地产股份有限公司一案的请示报告》收悉。经研究，答复如下：

一、根据你院报告反映的情况，未发现本案仲裁裁决存在民事诉讼法第二百六十条①规定的不予执行事由。

二、本案仲裁裁决主文（裁决项）要求进行的清算属于给付内容。只是根据现行司法解释和行政法规的规定，人民法院不主管对合营企业的清算，当事人不能自行清算的，由企业审批机关组织特别清算。因裁决主文明确指引清算以理由部分〔仲裁庭的意见（三）〕确定的原则进行，因此，本案裁决主文应当与理由联系起来理解，理由部分所述内容应当理解为构成裁决主文的一部分，其中关于清算后按比例分配资产的要求，也是给付内容，但具体给付数额需要根据清算结果确定。

三、本案中企业审批机关组织了特别清算。对于清算结果的依法确认问题，同意你院关于仲裁委秘书处无权代表仲裁庭对清算结果进行确认的意见，同时本案中仲裁委秘书处实际上并未真正确认清算结果。但清算委员会的清算报告经审批机关确认后，在利害关系人没有明确异议的情况下，应当视为是确定的、有效的。该清算的结果使裁决中按比例分配资产的内容在具体分配数额方面得以明确。

四、为了维护生效裁判文书的权威性，维护清算的法律秩序和经济秩序，人民法院应当在适当的条件下，以强制力保障根据法院判决或者仲裁裁决所作的清算的依法进行和清算结果的实现。对本案中已经因清算结果而进一步明确的按比例分配资产的裁决内容，应当予以执行。

五、执行中应当注意，如果利害关系人对清算结果依法提出了异议，并启动了相应的行政或司法程序，执行法院对其争议的财产或其相应的数额应当暂时不予处理。

---

① 民事诉讼法原第二百六十条现已修改为第二百七十四条。——编者注

第三十五章 劳动争议案件的执行

中华人民共和国劳动争议调解仲裁法

2007 年 12 月 29 日

第四十四条 仲裁庭对追索劳动报酬、工伤医疗费、经济补偿或者赔偿金的案件,根据当事人的申请,可以裁决先予执行,移送人民法院执行。

仲裁庭裁决先予执行的,应当符合下列条件:

(一)当事人之间权利义务关系明确;

(二)不先予执行将严重影响申请人的生活。

劳动者申请先予执行的,可以不提供担保。

第四十七条 下列劳动争议,除本法另有规定的外,仲裁裁决为终局裁决,裁决书自作出之日起发生法律效力:

(一)追索劳动报酬、工伤医疗费、经济补偿或者赔偿金,不超过当地月最低工资标准十二个月金额的争议;

(二)因执行国家的劳动标准在工作时间、休息休假、社会保险等方面发生的争议。

第四十八条 劳动者对本法第四十七条规定的仲裁裁决不服的,可以自收到仲裁裁决书之日起十五日内向人民法院提起诉讼。

第五十条 当事人对本法第四十七条规定以外的其他劳动争议案件的仲裁裁决不服的,可以自收到仲裁裁决书之日起十五日内向人民法院提起诉讼;期满不起诉的,裁决书发生法律效力。

第五十一条 当事人对发生法律效力的调解书、裁决书,应当依照规定的期限履行。一方当事人逾期不履行的,另一方当事人可以依照民事诉讼法的有关规定向人民法院申请执行。受理申请的人民法院应当依法执行。

中华人民共和国劳动法

2009 年 8 月 27 日

第十章 劳动争议

第七十七条 用人单位与劳动者发生劳动争议,当事人可以依法申请调解、仲裁、提起诉讼,也可以协商解决。

调解原则适用于仲裁和诉讼程序。

第七十八条 解决劳动争议,应当根据合法、公正、及时处理的原则,依法维护劳动争议当事人的合法权益。

第七十九条 劳动争议发生后,当事人可以向本单位劳动争议调解委员会申请调解;调解不成,当事人一方要求仲裁的,可以向劳动争议仲裁委员会申请仲裁。当事人一方也可以直接向劳动争议仲裁委员会申请仲裁。对仲裁裁决不服的,可以向人民法院提起诉讼。

第八十条 在用人单位内,可以设立劳动争议调解委员会。劳动争议调解委员会由职工代表、用人单位代表和工会代表组成。劳动争议调解委员会主任又工会代表担任。

劳动争议经调解达成协议的,当事人应当履行。

第八十一条 劳动争议仲裁委员会由劳动行政部门代表、同级工会代表、用人单位代表方面的代表组成。劳动争议仲裁委员会主任由劳动行政部门代表担任。

第八十二条 提出仲裁要求的一方应当自劳动争议发生之日起 60 日内向劳动争议仲裁委员会提出书面申请。仲裁裁决一般应在收到仲裁申请的 60 日内作出。对仲裁裁决无异议的,当事人必须履行。

第八十三条 劳动争议当事人对仲裁裁决不服的,可以自收到仲裁裁决书之日起 15 日内向人民法院提起诉讼。一方当事人在法定期限内不起诉又不履行仲裁裁决的，另一方当事人可以申请强制执行。

第八十四条　因签订集体合同发生争议，当事人协商解决不成的，当地人民政府劳动行政部门可以组织有关各方协调处理。

因履行集体合同发生争议，当事人协商解决不成的，可以向劳动争议仲裁委员会申请仲裁；对仲裁裁决不服的，可以自收到仲裁裁决书之日起15日内向人民法院提出诉讼。

中华人民共和国公务员法

2017年9月1日

第一百条　国家建立人事争议仲裁制度。

人事争议仲裁应当根据合法、公正、及时处理的原则，依法维护争议双方的合法权益。

人事争议仲裁委员会根据需要设立。人事争议仲裁委员会由公务员主管部门的代表、聘用机关的代表、聘任制公务员的代表以及法律专家组成。

聘任制公务员与所在机关之间因履行聘任合同发生争议的，可以自争议发生之日起六十日内向人事争议仲裁委员会申请仲裁。当事人对仲裁裁决不服的，可以自接到仲裁裁决书之日起十五日内向人民法院提起诉讼。仲裁裁决生效后，一方当事人不履行的，另一方当事人可以申请人民法院执行。

劳动人事争议仲裁办案规则

2017年4月24日

第五十一条　仲裁庭对追索劳动报酬、工伤医疗费、经济补偿或者赔偿金的案件，根据当事人的申请，可以裁决先予执行，移送人民法院执行。

仲裁庭裁决先予执行的，应当符合下列条件：

（一）当事人之间权利义务关系明确；

（二）不先予执行将严重影响申请人的生活。

劳动者申请先予执行的，可以不提供担保。

最高人民法院
关于审理劳动争议案件适用
法律若干问题的解释

2001年4月16日　　法释〔2001〕14号

第二十一条　当事人申请人民法院执行劳动争议仲裁机构作出的发生法律效力的裁决书、调解书，被申请人提出证据证明劳动争议仲裁裁决书、调解书有下列情形之一，并经审查核实的，人民法院可以根据《民事诉讼法》第二百一十三条①之规定，裁定不予执行：

（一）裁决的事项不属于劳动争议仲裁范围，或者劳动争议仲裁机构无权仲裁的；

（二）适用法律确有错误的；

（三）仲裁员仲裁该案时，有徇私舞弊、枉法裁决行为的；

（四）人民法院认定执行该劳动争议仲裁裁决违背社会公共利益的。

人民法院在不予执行的裁定书中，应当告知当事人在收到裁定书之次日起三十日内，可以就该劳动争议事项向人民法院起诉。

最高人民法院
关于审理劳动争议案件适用法律
若干问题的解释（二）

2006年8月14日　　法释〔2006〕6号

第十四条　在诉讼过程中，劳动者向人民法院申请采取财产保全措施，人民法院经审查认为申请人经济确有困难，或有证据证明用人单位存在欠薪逃匿可能的，应当减轻或者免除劳动者提供担保的义务，及时采取保全措施。

---

① 民事诉讼法原第二百一十三条现已修改为第二百三十七条。——编者注

第十五条 人民法院作出的财产保全裁定中,应当告知当事人在劳动仲裁机构的裁决书或者在人民法院的裁判文书生效后三个月内申请强制执行。逾期不申请的,人民法院应当裁定解除保全措施。

第十六条 用人单位制定的内部规章制度与集体合同或者劳动合同约定的内容不一致,劳动者请求优先适用合同约定的,人民法院应予支持。

第十七条 当事人在劳动争议调解委员会主持下达成的具有劳动权利义务内容的调解协议,具有劳动合同的约束力,可以作为人民法院裁判的根据。

当事人在劳动争议调解委员会主持下仅就劳动报酬争议达成调解协议,用人单位不履行调解协议确定的给付义务,劳动者直接向人民法院起诉的,人民法院可以按照普通民事纠纷受理。

最高人民法院
关于审理劳动争议案件适用法律若干问题的解释(三)

2010年9月13日   法释〔2010〕12号

第十七条 劳动者依据劳动合同法第三十条第二款和调解仲裁法第十六条规定向人民法院申请支付令,符合民事诉讼法第十七章督促程序规定的,人民法院应予受理。

依据劳动合同法第三十条第二款规定申请支付令被人民法院裁定终结督促程序后,劳动者就劳动争议事项直接向人民法院起诉的,人民法院应当告知其先向劳动人事争议仲裁委员会申请仲裁。

依据调解仲裁法第十六条规定申请支付令被人民法院裁定终结督促程序后,劳动者依据调解协议直接向人民法院提起诉讼的,人民法院应予受理。

第十八条 劳动人事争议仲裁委员会作出终局裁决,劳动者向人民法院申请执行,用人单位向劳动人事争议仲裁委员会所在地的中级人民法院申请撤销的,人民法院应当裁定中止执行。

用人单位撤回撤销终局裁决申请或者其申请被驳回的,人民法院应当裁定恢复执行。仲裁裁决被撤销的,人民法院应当裁定终结执行。

用人单位向人民法院申请撤销仲裁裁决被驳回后,又在执行程序中以相同理由提出不予执行抗辩的,人民法院不予支持。

【附:答记者问】

依法维护劳动者权益构建和发展和谐稳定的劳动关系——最高人民法院民一庭庭长杜万华就《关于审理劳动争议案件适用法律若干问题的解释(三)》答记者问

9月14日,最高人民法院《关于审理劳动争议案件适用法律若干问题的解释(三)》(以下简称《解释三》)开始施行,值此司法解释公布之际,最高人民法院民一庭庭长杜万华就《解释三》的有关问题接受了记者的采访。

以构建和发展和谐稳定的劳动关系为价值取向

问:请您介绍一下最高人民法院制定这一司法解释的背景和意义?

答:随着我国劳动用工制度的深刻变革,劳动法律制度的不断完善,全国法院审理的劳动争议案件数量突飞猛进地增长,呈现出数量膨胀化、内容复杂化、区间多样化、诉讼群体化和难度增大化的特点。最高人民法院曾先后于2001年4月和2006年8月分别公布了《关于审理劳动争议案件适用法律若干问题的解释》(法释〔2001〕14号)和《关于审理劳动争议案件适用法律若干问题的解释(二)》(法释〔2006〕6号)两个司法解释。2008年,《劳动合同法》和《调解仲裁法》相继实施,这两部法律分别对于劳动合同的订立、履行、变更、解除和终止以及劳动争议纠纷的处理作了全面、翔实的规定,因此,有必要根据立法的变化,及时制定新的司法解释。出台这部司法解释具有以下重要的意义:一是便于广大劳动者准确理解法律规定,促进依法维权;二是便于各级人民法院准确掌握司法尺度,促进司法公正;三是便于规范劳动争议纠纷案件处理程序,促进裁审衔接;四是便于构建和发展和谐稳定的劳动关系,促进社会和谐。

问:社会保险尤其是养老保险争议,一直是劳动者普遍关注的话题,这部司法解释对此规定了哪些新的举措?

答:《调解仲裁法》确定了社会保险争议属于劳动争议,但是否应把所有的社会保险争议不加区别的纳入人民法院受案范围,确是一个在实践中争议广泛的问题,需要司法解释进一步明确。我们研究认为,用人单位、劳动者和社保机构就欠费等发生争议,是征收与缴纳之间的纠纷,属于行政管理的范畴,带有社会管理的性质,不是单一的劳动者与用人单位之间的社保争议。因此,对于那些已经由用人单位办理了社保手续,但因用人单位欠缴、拒缴社会保险费或者因缴费年限、缴费基数等发生的争议,应由社保管理部门解决处理,不应纳入人民法院受案范围。对于因用人单位没有为劳动者办理社会保险手续,且社会保险经办机构不能补办导致劳动者不能享受社会保险待遇,要求用人单位赔偿损失的,则属于典型的社保争议纠纷,人民法院应依法受理。

企业自主改制引发的争议人民法院予以受理

问: 当前,因企业改制引发的诸如下岗、买断工龄、提前退休等问题,由于没有明确法律规定,人民法院往往不予受理此类案件。《解释三》是否有新的突破?

答: 针对企业改制过程中出现的特殊情况,特别是政府行为主导的企业改制,我们一直认为,企业职工下岗、整体拖欠职工工资是企业制度改革和劳动用工制度改革中出现的特殊现象,不是履行劳动合同中的问题,由此引发的纠纷,应当由政府有关部门按照企业改制的政策规定统筹解决,不属于劳动争议案件,不应以民事案件立案审理。随着我国经济体制改革的逐步深入,不论是国有企业还是民营企业,其改制已越来越呈现出多元化特征,而不局限于政府或相关部门主导。对于企业自主改制引发的争议处理,完全是在法律规定的层面上进行,因此,对于这部分劳动争议案件,人民法院责无旁贷,应依法予以受理。

不具备合法经营资格的用人单位及其出资人要承担责任

问: 实践中,劳动者付出劳动后,用人单位往往以自己不具备合法经营资格为借口逃避责任,司法解释有无规定相应的保护措施?

答: 不具备合法经营资格主要包括未办理营业执照、营业执照被吊销或者营业期限届满仍继续经营这三种情况。非法用工主体由于违反工商登记的规定,理应受到行政处罚,但行政违法行为不应影响到其民事行为的效力。只要非法用人单位与劳动者之间签订的不是违反法律强行性规定、违背社会善良风俗和社会公共道德的劳动合同,即便存在非法用工,也应当承认其劳动关系的存在。这样,当纠纷发生时,就可按照法律倾斜于劳动者的原则,由用人单位承担相应的责任,并且,当用人单位不存在或者无力承担责任时,出资人应当依法予以承担责任。

以挂靠等形式借用资质的,出借方要承担责任

问: 实践中,经常会有不具备合法经营资格的用人单位以挂靠等形式借用他人营业执照经营这一现象,当与劳动者发生劳动争议后,应当如何确定诉讼主体?

答: 就出借营业执照一方而言,由于其出借行为导致了劳动者有理由相信招用他的用人单位具备合法经营资格,甚至认为出借营业执照一方即是用人单位。正是基于这些足以使其产生合理认识的表象,劳动者才付出了劳动。因此,当劳动者因追索劳动报酬、经济补偿或者赔偿金与用人单位发生争议时,亦应当把出借营业执照一方列为当事人,并且要承担相应的责任。实践中还需要注意的是,不论以挂靠等形式出借营业执照是否为有偿,均不影响其作为当事人的地位。

仲裁遗漏当事人的不必重新仲裁

问: 劳动争议仲裁机构作出的仲裁裁决遗漏了必须共同参加诉讼的当事人的,是否需要再次仲裁?

答: 对于已经作出的仲裁裁决遗漏了必须共同参加诉讼的当事人的,仲裁机构不能自行追加或经当事人申请追加后再次重新仲裁。当事人可依照《调解仲裁法》的规定,直接向人民法院提起诉讼后,经当事人申请或者依职权追加后一并参加诉讼。对于被追加的当事人应当承担责任的,人民法院就应当直接作出调解或依法判决其承担责任。

企业停薪留职人员、内退人员等可与新的用人单位建立劳动关系

问: 企业停薪留职人员、内退人员、下岗待岗人员、企业经营性停产放长假人员重新就业的,可否与新的用人单位建立劳动关系,本司法解释如何保护这类人员的权益?

答: 我们在制定司法解释时,结合法律法规,规定了停薪留职人员、内退人员、下岗待岗人员、企业经营性停产放长假人员与新用人单位之间的用工关系应认定为劳动关系。相应地，劳动者与新的用人单位之间因劳动关系产生的争议也应当适用劳动法律、法规。具体来说，第一，新的用人单位有缴纳社会保险的义务。在停薪留职、提前退休、下岗待岗、企业经营性停产放长假等情形下，劳动者与新用人单位建立用工关系的，应当由新用人单位与劳动者按照相关规定缴纳社会保险费用。第二，发生工伤事故时新的用人单位有赔偿的义务。根据相关政策、法规依据可知，在劳动者于新用人单位工作期间发生工伤事故的，应当由新用人单位承担工伤待遇的各项义务。第三，在劳动合同解除或终止后新的用人单位有补偿的义务。在劳动者与新用人单位解除或终止劳动合同的，有关解除权的产生、行使以及解除或终止后的法律后果包括经济补偿金、赔偿金等事项，都应当适用《劳动法》和《劳动合同法》的相关规定。

加班费举证责任的分配更加科学、合理

问：《劳动合同法》和《调解仲裁法》颁布实施后，涉及加班费的劳动争议案件占了很大一部分。新的司法解释如何分配加班费的举证责任？

答：由于劳动者所能提供的加班证据极其有限，这类证据大都由用人单位持有，劳动者很难取得。在这种情况下，由劳动者举证证明其加班天数及加班费数额的多少，将置劳动者于不利之地。反之，若将加班费列入举证责任倒置的范围，由用人单位举证，当用人单位不提供加班证据或提供不出否认加班事实的证据，则推定劳动者所称的加班事实成立，这样既缺乏法律依据，也会诱使劳动者不顾客观实际随意主张加班费。

因《调解仲裁法》第6条规定了劳动争议适用"谁主张、谁举证"的原则，追索加班费案件也不应例外。劳动者主张加班费应当就加班事实举证，考虑到劳动者举证的实际困难，对劳动者的举证不能过于苛求，可适当减轻劳动者的举证责任，只要劳动者一方提出的基本证据或者说初步证据可以证明有加班的事实，即可视为其举证责任已经完成。劳动者提供的加班证据既可以是考勤表、交接班记录、加班通知；也可以是工资条、证人证言等等，凡是能够证明其加班的证据都可以提供。同样，对于劳动者主张加班事实的证据由用人单位掌握管理的，劳动者仍然要对这一主张负有举证责任，当劳动者举证证明了加班事实的证据属于用人单位掌握管理后，用人单位即应当提供；用人单位不提供的，就应当承担不利后果。只有这样，才能避免劳动者滥用举证责任分配从而导致对用人单位极其不公正的后果。

加付赔偿金可由人民法院一并审理

问：《劳动合同法》第85条规定了加付赔偿金，这一规定是否意味着只能由劳动行政部门作出处理？新的司法解释对此是否有所创新？

答：加付赔偿金问题规定在《劳动合同法》第85条，但对于加付赔偿金纠纷，司法实践中处于主流地位的观点却是应当去司法化，即不属于人民法院受案范围。对于《劳动合同法》第85条正确的理解应当是：对于用人单位拖欠劳动者劳动报酬、加班费或者经济补偿的，劳动者可以向法院起诉，要求用人单位支付劳动报酬、加班费或者经济补偿，同时也可以主张加付的赔偿金。但其加付的赔偿金如果想要获得法院的支持，必须有一个前提，即劳动者必须就用人单位拖欠其劳动报酬、加班费或者经济补偿的违法行为先向劳动行政部门投诉，劳动行政部门在责令用人单位限期支付后，用人单位仍未支付，此种情况下才存在加付赔偿金，如果未经过这一前置程序，劳动者直接主张加付赔偿金，人民法院是不予支持的。

仲裁机构有正当理由逾期作出受理决定或仲裁裁决，当事人不能直接向法院起诉

问：《调解仲裁法》规定，劳动争议仲裁机构应当在45日内作出仲裁裁决，最迟可再延长15天。这是否意味着超过60日未作出裁决的，当事人可以直接向人民法院起诉？

答：我国目前的劳动争议处理实行的是"一调一裁两审"制度。仲裁是诉讼前置程序，不经仲裁，当事人不能直接向人民法院提起诉讼。案件通过调解和仲裁，有利于劳动争议能够尽可能在比较平和的气氛中得到解决，尽量减少打官司。所以，如果仲裁机构因为有正当事由而不能在法定期限内作出处理决定的，应当尽可能从时间上给予一定宽限，使劳动争议能够在最初阶段予以化解，而不必继续漫长的诉讼程序。这种做法有利于维护"一调一裁两审"制度的稳定，避免了该制度流于形式，从而防止大量劳动争议案件未经仲裁便径行进入审判程序。总结审判经验，本司法解释规定仲裁程序存在下列事由即为正当事由，即使逾期当事人也不能直接向法院起诉：（一）移送管辖的；（二）正在送达或送达延误的；（三）等待诉讼、评残结论的；（四）启动鉴定程

序,或委托其他部门调查取证的;(五)因正当理由,案件正在劳动人事争议仲裁委员会等待仲裁的;(六)其他正当事由。

一裁终局的认定标准更加明确

问:司法实践中各地对一裁终局的认定比较混乱,标准非常不统一。这部司法解释是否对此进行了相应规范?

答:一裁终局制度是《调解仲裁法》的最大亮点。遗憾的是,该条第(一)项是以"不超过当地月最低工资标准十二个月金额"作为认定一裁终局标准的限制条件,但是,这一金额是以劳动者仲裁请求数额还是以仲裁机构最终裁决数额为依据?此外,如果仲裁裁决涉及数项,是以数项之和为依据进行判断还是以分项计算数额为依据进行判断?在立法没有规定的情况下,需要司法解释作出明确规定,以统一裁判度,更好地发挥一裁终局制度的作用。

首先,当劳动者申请的数额与仲裁机构裁决的数额不一致时,应以劳动人事争议仲裁委员会作出最终裁决的数额作为标准,判断是否超过当地月最低工资标准十二个月金额。如果以劳动者申请的数额作为判断标准,由于劳动仲裁案件不收费用,很容易出现劳动者漫天要价,超过当地月最低工资标准十二个月金额现象,这将使一裁终局制度形同虚设。

其次,如果仲裁裁决涉及数项,每一项均不超过当地月最低工资标准十二个月金额,不论数项之和是否超过,该仲裁裁决为终局裁决。

既有终局裁决事项又有非终局裁决事项的仲裁裁决为非终局裁决

问:在同一仲裁裁决中,如果仲裁裁决涉及数项,有的裁项为终局裁决,有的裁项为非终局裁决,该仲裁裁决应当如何认定?

答:为统一全国法院裁决尺度和认定标准,本着简便实用、易于操作和保护劳动者合法权益的处理原则,本司法解释规定,对于在同一仲裁中劳动者请求既有终局事项又有非终局事项的,应统一按照非一裁终局的原则处理,不能按终局事项和非终局事项分别处理。当事人(不论是劳动者还是用人单位)如不服本裁决,均可自收到裁决书之日起十五日内向人民法院起诉。

起诉与撤裁发生矛盾时优先适用起诉程序

问:按照《调解仲裁法》的规定,对于一裁终局的仲裁裁决,劳动者向基层法院起诉的同时,用人单位向中级法院申请撤销仲裁裁决,应当如何处理?

答:劳动者向人民法院提起诉讼的同时,用人单位也向中级人民法院申请撤销,即上述两类异议程序同时启动时,是否应同时进行,还是由某一程序吞并另一程序,或者是在处理顺序上存在一定的先后关系,《调解仲裁法》没有明确规定。另外,根据人民法院管辖第一审民事案件的有关规定,劳动者不服仲裁裁决应向基层人民法院提起诉讼,而根据《调解仲裁法》的规定,用人单位申请撤销仲裁裁决应向劳动争议仲裁委员会所在地的中级人民法院提出,两类程序的管辖分属不同法院也增加了协调两类程序的难度。

第一,因用人单位申请撤销仲裁裁决的目的就是使纠纷进入诉讼,所以在两类程序关系的处理上,以采取诉讼程序吞并仲裁裁决撤销程序为宜。即劳动者就终局裁决向基层人民法院起诉,而用人单位向中级人民法院申请撤销仲裁裁决的,中级人民法院应不予受理。已经受理的,应裁定终结诉讼。基层人民法院审理案件时,对用人单位的抗辩应一并处理。

第二,劳动者起诉后又撤诉的,经征询用人单位一方意见,用人单位要求继续审理的,人民法院可不予准许撤诉并仍对整个案件进行审理;用人单位也认为不需要继续审理的,可以准许劳动者撤诉。

第三,劳动者因超过起诉期间被驳回起诉的,用人单位自收到裁定书之日起三十日内可以向仲裁委员会所在地的中级人民法院申请撤销仲裁裁决。

有关《劳动合同法》的其他相关问题将再作解释

问:我们注意到《解释三》以程序性规定为主,这是否意味着将来还要作新的司法解释?

答:劳动法领域涉及范围广,社会关注大,全国各地做法大相径庭,政策实施千差万别,因此,劳动争议司法解释的制定,既不能过于超前,又不能迟延滞后。我们确定了劳动争议司法解释的制定必须根据我国经济社会发展形势,结合劳动争议案件审判实践,按照先易后难、先程序后实体、分层次、有步骤的原则进行。《解释三》主要关涉劳动争议处理的程序性问题,该解释通过之后,我们将立即着手对《劳动合同法》中的实体问题进行调研,尽早出台《解释四》。实际上我们在起草《解释三》时也一并为《解释四》做了一些前期准备工作。

【附：相关理解与适用】

劳动者申请执行仲裁裁决在先、用人
单位不申请撤销仲裁裁决而是向
法院直接申请不予执行的处理

劳动争议仲裁委员会依据《劳动争议调解仲裁法》第47条规定作出仲裁裁决后,劳动者没有起诉而是申请执行仲裁裁决,用人单位在法定期间内既可以申请撤裁,也可以放弃申请撤销权而是直接向执行法院申请不予执行,法院应当先审查用人单位不予执行的理由是否成立。因为,劳动者申请执行仲裁裁决,用人单位在收到人民法院执行通知书后有权立即申请对仲裁裁决不予执行,只有人民法院裁定驳回用人单位不予执行的申请后,才可能对用人单位强制执行。根据最高人民法院《关于审理劳动争议案件适用法律若干问题的解释》第21条规定,用人单位能提出证据证明劳动争议仲裁裁决书有下列情形之一:(1)裁决的事项不属于劳动争议仲裁范围,或者劳动争议仲裁机构无权仲裁的;(2)适用法律确有错误的;(3)仲裁员仲裁该案时,有徇私舞弊、枉法裁决行为的;(4)人民法院认定执行该劳动争议仲裁裁决违背社会公共利益的。法院查实后可以根据《民事诉讼法》第213条①之规定,裁定不予执行,人民法院在不予执行的裁定书中,应当告知当事人在收到裁定书之次日起30日内,可以就该劳动争议事项向人民法院起诉。也就是说,法院经审查作出不予执行的裁定后,劳动者和用人单位均可向有管辖权的法院起诉。②

最高人民法院
**关于人民法院审理事业单位人事
争议案件若干问题的规定**

2003年8月27日　　法释〔2003〕13号

为了正确审理事业单位与其工作人员之间的人事争议案件,根据《中华人民共和国劳动法》的规定,现对有关问题规定如下:

第一条 事业单位与其工作人员之间因辞职、辞退及履行聘用合同所发生的争议,适用《中华人民共和国劳动法》的规定处理。

第二条 当事人对依照国家有关规定设立的人事争议仲裁机构所作的人事争议仲裁裁决不服,自收到仲裁裁决之日起十五日内向人民法院提起诉讼的,人民法院应当依法受理。一方当事人在法定期间内不起诉又不履行仲裁裁决,另一方当事人向人民法院申请执行的,人民法院应当依法执行。

第三条 本规定所称人事争议是指事业单位与其工作人员之间因辞职、辞退及履行聘用合同所发生的争议。

最高人民法院
**关于劳动争议仲裁委员会的复议
仲裁决定书可否作为执行
依据问题的批复**

1996年7月21日　　法复〔1996〕10号

河南省高级人民法院:

你院〔1995〕豫法执请字第1号《关于郑劳仲复裁字〔1991〕第1号复议仲裁决定书能否作为执行依据的请示》收悉。经研究,答复如下:

仲裁一裁终局制度,是指仲裁决定一经作出即发生法律效力,当事人没有提请再次裁决的权利,但这并不排除原仲裁机构发现自己作出的裁决有错误进行重新裁决的情况。劳动争议仲裁委员会发现自己作出的仲裁决定书有错误而进行重新仲裁,符合实事求是的原则,不违背一裁终局制度,不应视为违反法定程序。因此对当事人申请执行劳动争议仲裁委员会复议仲裁决定的,应予立案执行。如被执行人提

---

① 民事诉讼法原第二百一十三条现已修改为第二百三十七条。——编者注

② 最高人民法院民事审判第一庭编著:《最高人民法院劳动争议司法解释(三)的理解与适用》,人民法院出版社2010年版,第199~200页。

出申辩称该复议仲裁决定书有其他应不予执行的情形,应按照民事诉讼法第二百一十七条①的规定,认真审查,慎重处理。

最高人民法院
关于劳动行政部门作出责令用人单位支付劳动者工资报酬、经济补偿和赔偿金的劳动监察指令书是否属于可申请法院强制执行的具体行政行为的答复

1998年5月17日　　〔1998〕法行字第1号

广东省高级人民法院:

你院《关于如何处理〈劳动监察指令书〉问题的请示》收悉。经研究,原则同意你院意见,即:劳动行政部门作出责令用人单位支付劳动者工资报酬、经济补偿和赔偿金的劳动监察指令书,不属于可申请人民法院强制执行的具体行政行为,人民法院对此类案件不予受理。劳动行政部门作出责令用人单位支付劳动者工资报酬、经济补偿和赔偿金的行政处理决定书,当事人既不履行又不申请复议或者起诉的,劳动行政部门可以依法申请人民法院强制执行。

最高人民法院执行工作办公室
关于人事部门人事争议仲裁委员会作出的裁决能否由人民法院强制执行问题的批复

2002年6月20日　　〔2002〕执他字第8号

河北省高级人民法院:

你院〔2002〕冀法执请字第1号报告收悉。经研究,答复如下:

人事争议仲裁委员会是人事部门根据《人事争议处理暂行规定》设立的仲裁机构,该《暂行规定》虽未明确规定一方当事人逾期不履行仲裁裁决的,另一方当事人可以申请人民法院强制执行,但是,我国现行的人事争议仲裁制度与劳动争议仲裁制度的性质相同,两仲裁裁决应具有同等效力。基于支持、规范人事仲裁制度发展的需要,在目前法律没有明文规定的情况下,一方当事人逾期不履行人事争议仲裁裁决,另一方当事人向人民法院申请强制执行的,人民法院可以比照劳动争议仲裁裁决执行的有关规定予以受理。

此复。

最高人民法院执行工作办公室
关于人事争议仲裁委员会的裁决书能否继续执行问题的答复

2003年9月28日　　〔2003〕执他字第25号

河南省高级人民法院:

你院〔2003〕豫法执请1号《关于河南省人事争认仲裁委员会豫人裁决字〔2001〕第2号裁决书能否继续执行的请示》收悉,经研究答复如下:

我院《关于人民法院审理事业单位人事争议案件若干问题的规定》已于2003年9月5日起施行,本案可按照该规定办理。如郑州工业高等专科学校不服河南省人事争议仲裁委员会豫人裁定字〔2001〕第1号裁决书向法院起诉,人民法院应当受理;如其既不起诉又不履行仲裁裁决,另一方当事人向人民法院申请执行的,人民法院应当依法执行。

此复。

最高人民法院
关于事业单位人事争议案件适用法律等问题的答复

2004年4月30日　　法函〔2004〕30号

北京市高级人民法院:

---

① 民事诉讼法原第二百一十七条现已修改为第二百三十七条。——编者注

你院《关于审理事业单位人事争议案件如何适用法律及管辖的请示》（京高法〔2003〕353号）收悉。经研究，答复如下：

一、《最高人民法院关于人民法院审理事业单位人事争议案件若干问题的规定》（法释〔2003〕13号）第一条规定，"事业单位与其工作人员之间因辞职、辞退及履行聘用合同所发生的争议，适用《中华人民共和国劳动法》的规定处理。"这里"适用《中华人民共和国劳动法》的规定处理"是指人民法院审理事业单位人事争议案件的程序运用《中华人民共和国劳动法》的相关规定。人民法院对事业单位人事争议案件的实体处理应当适用人事方面的法律规定，但涉及事业单位工作人员劳动权利的内容在人事法律中没有规定的，适用《中华人民共和国劳动法》的有关规定。

二、事业单位人事争议案件由用人单位或者聘用合同履行地的基层人民法院管辖。

三、人民法院审理事业单位人事争议案件的案由为"人事争议"。

人民法院办理执行案件规范

2017年4月

705.【劳动人事争议仲裁裁决的申请执行与受理】

当事人对劳动人事争议仲裁委员会作出的发生法律效力的调解书、裁决书，应当依照规定的期限履行。一方当事人逾期不履行的，另一方当事人可以依照民事诉讼法的有关规定向人民法院申请执行。受理申请的人民法院应当依法执行。

劳动人事争议仲裁委员会对多个劳动者的劳动争议作出仲裁裁决后，部分劳动者对仲裁裁决不服，依法向人民法院起诉的，仲裁裁决对提出起诉的劳动者不发生法律效力；对未提出起诉的部分劳动者，发生法律效力，如其申请执行的，人民法院应当受理。

706.【预先支付工资、费用裁决的执行和受理】

当事人不服劳动人事争议仲裁委员会作出的预先支付劳动者部分工资或者医疗费用的裁决，向人民法院起诉的，人民法院不予受理。用人单位不履行上述裁决中的给付义务，劳动者依法向人民法院申请强制执行的，人民法院应予受理。

707.【先予执行】

仲裁庭对追索劳动报酬、工伤医疗费、经济补偿或者赔偿金的案件，根据当事人的申请，可以裁决先予执行，移送人民法院执行。

仲裁庭裁决先予执行的，应当符合下列条件：

（一）当事人之间权利义务关系明确；

（二）不先予执行将严重影响申请人的生活。

劳动者申请先予执行的，可以不提供担保。

708.【劳动人事争议仲裁裁决不予执行审查期间的执行】

劳动人事争议仲裁委员会作出终局裁决，劳动者向人民法院申请执行，用人单位向劳动人事争议仲裁委员会所在地的中级人民法院申请撤销的，人民法院应当裁定中止执行。

用人单位撤回撤销终局裁决申请或者其申请被驳回的，人民法院应当裁定恢复执行。仲裁裁决被撤销的，人民法院应当裁定终结执行。

人民法院能否以当事人没有仲裁协议而对劳动仲裁裁决裁定不予执行

问题：李某与甲厂建立了事实劳动关系。李某因工伤死亡后，劳动部门作出了仲裁裁决，确定甲厂应当向李某的丈夫张某支付赔偿金。仲裁生效后，张某向人民法院申请强制执行。请问人民法院能否按照《民事诉讼法》第217条的规定，以当事人没有仲裁协议为由裁定对该仲裁裁决不予执行？

《人民司法》研究组认为：我国的仲裁有协议仲裁和法定仲裁之分，对于前者，当事人必须有仲裁协议，仲裁机构方有权管辖。对于后者，如劳动争议，在人民法院处理之前，当事人必须到法定的仲裁机构要求仲裁,不管当事人是否有仲裁协议,有关的法定仲裁机构均有权管辖,所作出的仲裁裁决一旦生效,当事人必须履行,当事人也有权申请人民法院强制执行该仲裁裁决,执行法院不得以仲裁没有仲裁协议为由而裁定不予执行。①

劳动部办公厅关于已撤诉的劳动争议案件劳动争议仲裁委员会是否可以再受理的复函

1997年7月8日　　劳办发〔1997〕61号

河北省劳动厅:

你厅《关于已按撤诉处理和申诉人申请撤诉的劳动争议案件是否可以再立案的请示》(冀劳办〔1997〕146号)收悉,经研究并与最高人民法院协商一致,现答复如下:

根据《中华人民共和国民事诉讼法》第一百一十一条②第5项关于"对判决、裁定已发生法律效力的案件,当事人又起诉的,告知原告按申诉处理,但人民法院准许撤诉的裁定除外"的规定,最高人民法院在《关于适用〈中华人民共和国民事诉讼法〉若干问题的意见》(法发〔1992〕22号)第一百四十四条③明确规定:"当事人撤诉或人民法院按撤诉处理后,当事人以同一诉讼请求再次起诉的,人民法院应予受理。"据上述规定精神,当事人撤诉或者劳动争议仲裁委员会按撤诉处理的案件,如当事人就同一仲裁请求再次申请仲裁,只要符合受理条件,劳动争议仲裁委员会应当再次立案审理,申请仲裁时效期间从撤诉之日起重新开始计算。

劳动和社会保障部办公厅关于劳动争议仲裁委员会作出仲裁裁决后不再变更被执行主体的复函

2003年5月16日　　劳社厅函〔2003〕260号

浙江省劳动和社会保障厅:

你厅《关于仲裁裁决生效后能否变更主体的请示》(浙劳社仲〔2003〕66号)收悉。现答复如下:

《关于人民法院执行工作若干问题的规定(试行)》(法释〔1998〕15号)规定,依照《民事诉讼法》第二百一十七条、《最高人民法院关于适用民事诉讼法若干问题的意见》第271条至274条④及本规定裁定变更或追加被执行主体的,由执行法院的执行机构办理。据此,对于劳动仲裁裁决执行过程中发生主体消亡情形的,由人民法院根据有关规定进行处理。劳动争议仲裁裁决一经作出并生效后,仲裁程序即结束,劳动争议仲裁委员会作出仲裁裁决后不再变更被执行主体。

人力资源和社会保障部办公厅关于涉外劳动人事争议处理有关问题的函

2010年11月30日　　人社厅函〔2010〕629号

江苏省人力资源和社会保障厅:

你厅《关于涉外劳动人事争议处理有关问题的请示》(苏人社报〔2010〕167号)收悉,经研究,现答复如下:

依法取得了《外国人就业证》或《台港澳人员就业证》或《外国专家证》的外国人、台港澳居民与我国用人单位建立劳动人事关系并发生劳动人事争议的,属于我国劳动人事争议仲裁委员会受理范围。

---

① 载《人民司法》2004年第9期。
② 民事诉讼法原第一百一十一条现已修改为第一百二十四条。——编者注
③ 该意见已经被废止,该条已被最高人民法院《关于适用〈中华人民共和国民事诉讼法〉的解释》(法释〔2015〕5号)第二百一十四条替代,内容未变。——编者注
④ 《最高人民法院关于适用民事诉讼法若干问题的意见》已废止,上述第271条至274条的内容已经被最高人民法院《关于适用〈中华人民共和国民事诉讼法〉的解释》(法释〔2015〕5号)第472~475条所替代,下同。——编者注

第三十六章　禁止或者限制执行财产

中华人民共和国信托法

2001年4月28日

第十四条　受托人因承诺信托而取得的财产是信托财产。受托人因信托财产的管理运用、处分或者其他情形而取得的财产,也归入信托财产。法律、行政法规禁止流通的财产,不得作为信托财产。法律、行政法规限制流通的财产,依法经有关主管部门批准后,可以作为信托财产。

第十五条　信托财产与委托人未设立信托的其他财产相区别。设立信托后,委托人死亡或者依法解散、被依法撤销、被宣告破产时,委托人是唯一受益人的,信托终止,信托财产作为其遗产或者清算财产;委托人不是唯一受益人的,信托存续,信托财产不作为其遗产或者清算财产;但作为共同受益人的委托人死亡或者依法解散、被依法撤销、被宣告破产时,其信托受益权作为其遗产或者清算财产。

第十六条　信托财产与属于受托人所有的财产(以下简称固有财产)相区别,不得归入受托人的固有财产或者成为固有财产的一部分。受托人死亡或者依法解散、被依法撤销、被宣告破产而终止,信托财产不属于其遗产或者清算财产。

第十七条　除因下列情形之一外,对信托财产不得强制执行:

(一)设立信托前债权人已对该信托财产享有优先受偿的权利,并依法行使该权利的;

(二)受托人处理信托事务所产生债务,债权人要求清偿该债务的;

(三)信托财产本身应担负的税款;

(四)法律规定的其他情形。

对于违反前款规定而强制执行信托财产,委托人、受托人或者受益人有权向人民法院提出异议。

第十八条　受托人管理运用、处分信托财产所产生的债权,不得与其固有财产产生的债务相抵消。受托人管理运用、处分不同委托人的信托财产所产生的债权债务,不得相互抵消。

【附：案例评析】

信托财产和信托受益权强制执行问题研析

在信托法律关系中,信托财产权内容包含着受托人占有、使用和处分的权利,而受益权则归属于受益人。信托财产和信托受益权能否执行和如何执行的问题,是我们在执行监督中遇到的新问题。

陕西高院意见:

陕西高院驳回般诺公司的异议主要有以下两点理由:

1. 根据证券法第六十二条和《上市公司股东持股变动信息披露管理办法》第二条、第六条、第八条、第十七条的规定,般诺公司和易融公司自签订《信托受益权转让协议》至该院2007年8月23日冻结股票之时,未进行股票受益权转让的法定信息披露,上海证券交易所对外公示的信托股票受益人仍为易融公司。

2. 2007年4月18日,般诺公司向中融信托支付1.03亿元人民币的行为,违反《信托受益权转让协议》及2005年4月15日三方关于由般诺公司直接向河南豫联支付的特别约定,未告知易融公司,未征得易融公司同意。并且该付款行为发生在法院启动强制执行程序送达民事裁定书之后,支付行为不能与强制执行行为相对抗,故该信托股票受益权至法院冻结、变现之时未完成转让,仍归属易融公司。

最高人民法院的处理意见:

最高人民法院经审查认为:本案的执行标的物中孚实业股票是登记在中融信托(受托人)名下的信托财产,信托法已经确认了信托财产的独立性,除该法第十七条规定的四种情形外,人民法院不得对信托财产强制执行。陕西高院和商洛中院强制执行信托股票错误,依法应予纠正。关于信托财产受益权的归属问题,有关当事人已经形成诉讼,执行程序不宜对受益权的归属问题进行认定,而应视确权诉讼的结果依法执行。

在最高人民法院的监督下,陕西高院已经裁定撤销了驳回般诺公司异议的裁定书。

评析意见:

本案涉及的核心问题是信托财产能否被强制执行及如何执行信托受益权的问题。

(一)信托财产能否被强制执行

信托财产既是信托法律关系赖以建立和存续的物质载体,也是信托目的得以实现的物质前提。按照信托法律关系的构造,信托一旦有效设立,信托财产就形成一个独立的、闭合的财产体,它既独立于委托人的财产,也独立于受托人的固有财产,又独立于受益人的财产。受托人在经营管理信托财产期间产生的积极财产应归入信托财产,信托财产也只对该财产上之负担的消极财产(即债务)负责。学界将此称之为信托财产的独立性。

根据信托法第十七条规定:"除因下列情形之一外,对信托财产不得强制执行:(一)设立信托前债权人已对该信托财产享有优先受偿的权利,并依法行使该权利的;(二)受托人处理信托事务所产生债务,债权人要求清偿该债务的;(三)信托财产本身应负担的税款;(四)法律规定的其他情形。如违反前款规定而强制执行信托财产,委托人、受托人或者受益人有权提出异议。"该条款明确规定了禁止强制执行信托财产的原则及其四种例外情况,而可对信托财产强制执行的四种情形,实质上都是关于信托财产自身存有负担的情形。禁止强制执行信托财产与信托财产的独立性是有必然联系的。信托财产的独立性排除了以信托财产偿还委托人和受托人债务的合法性,委托人和受托人不能以信托财产履行其自身债务,法院也不能将信托财产视为委托人或受托人的财产予以强制执行。

就本案而言,2004年易融公司与中融信托签订合同设立信托后,争议股票就成为信托财产,占有和管控的权利实际转移给受托人中融信托,并且在证券登记部门办理了过户登记。所以,在信托法律关系存续期间,该信托财产既独立于易融公司的财产,也独立于中融信托的财产,除法律规定的四种情形外免于强制执行。

(二)如何执行信托受益权

根据信托法第四十七条规定,"受益人不能清偿到期债务的,其信托受益权可以用于清偿债务。"所以,信托受益权作为一种财产权益是可以被强制执行的。就本案而言,要执行信托受益权,必须回答以下两个问题:

1. 本案信托股票的受益人是谁

信托法第四十八条规定:受益人的信托受益权可以依法转让和继承。本案中,信托受益权在2005年曾发生转让,且转让双方已就此形成诉讼。最高人民法院在执行监督中仅对陕西高院〔2007〕陕执裁字第187号民事裁定书的结论及其理由进行审查,并未对信托受益权的转让是否成立及信托受益权的归属作出结论。

关于信托股票受益权转让是否必须以信息披露为条件的问题。我们认为,信托股票受益权的转让不能等同于股票的转让,信托股票受益权转让的实质是信托法律关系的当事人以《信托受益权转让协议》的形式变更了受益人,故该行为只需符合信托法第五章"信托的变更与终止"的规定即可。因信托法及相关法律规范没有规定信息披露是变更信托受益人的生效要件,故信息披露不是本案转让协议生效和转让完成的必要条件。即使本案当事人作为股份的控制人违反了《上市公司股东持股变动信息披露管理办法》第八条、第十七条、第二十四条关于信息披露的义务,也只属于证券监管部门予以行政处罚的问题,不影响变更信托受益人的民事行为的效力。

陕西高院直接在执行程序中认定信托股票未完成转让及受益权人仍为易融公司是不妥当的。因为,信托股票受益权是否已经转让涉及信托法律关系的终止和成立,属实体问题,般诺公司既然已经就该信托法律关系另案起诉,请求确认包括被执行股权在内的信托股票受益权归属于该公司,在该案已获受理的情况下,应以审理结果为确认信托股票受益权是否转让及受益权人的依据,而不宜在执行程序中直接进行认定。如果另案诉讼的结果确认信托股票的受益权人为般诺公司,则陕西高院的执行裁定势必与判决结果相悖。

2. 如何执行信托受益权

如果判决结果确认信托受益权并未完成转让,易融公司仍为信托股票的受益权人,根据信托法第四十七条的规定,其信托受益权可以用于清偿债务。但是,对于如何执行信托受益权法律并没有明确规定。我们认为,执行法院可以向受托人发出协助执行通知书,要求其在信托法律关系终止时将受益人应得的财产或收益协助法院执行。关于信托法律关系的终止应根据信托法的相关规定或合同双方当事人的约定,法院执行不得强行终止信托,不得侵犯信托法律关系中合同双方的合法权益。①

中华人民共和国土地管理法

2004 年 8 月 28 日

第四十七条 征收土地的,按照被征收土地的原用途给予补偿。

征收耕地的补偿费用包括土地补偿费、安置补助费以及地上附着物和青苗的补偿费。征收耕地的土地补偿费,为该耕地被征收前三年平均年产值的六至十倍。征收耕地的安置补助费,按照需要安置的农业人口数计算。需要安置的农业人口数,按照被征收的耕地数量除以征地前被征收单位平均每人占有耕地的数量计算。每一个需要安置的农业人口的安置补助费标准,为该耕地被征收前三年平均年产值的四至六倍。但是,每公顷被征收耕地的安置补助费,最高不得超过被征收前三年平均年产值的十五倍。

征收其他土地的土地补偿费和安置补助费标准,由省、自治区、直辖市参照征收耕地的土地补偿费和安置补助费的标准规定。

被征收土地上的附着物和青苗的补偿标准,由省、自治区、直辖市规定。

征收城市郊区的菜地,用地单位应当按照国家有关规定缴纳新菜地开发建设基金。

依照本条第二款的规定支付土地补偿费和安置补助费,尚不能使需要安置的农民保持原有生活水平的,经省、自治区、直辖市人民政府批准,可以增加安置补助费。但是,土地补偿费和安置补助费的总和不得超过土地被征收前三年平均年产值的三十倍。

国务院根据社会、经济发展水平,在特殊情况下,可以提高征收耕地的土地补偿费和安置补助费的标准。

第四十八条 征地补偿安置方案确定后,有关地方人民政府应当公告,并听取被征地的农村集体经济组织和农民的意见。

第四十九条 被征地的农村集体经济组织应当将征收土地的补偿费用的收支状况向本集体经济组织的成员公布,接受监督。

禁止侵占、挪用被征收土地单位的征地补偿费用和其他有关费用。

中华人民共和国证券投资基金法

2012 年 12 月 28 日

第五条 基金财产的债务由基金财产本身承担,基金份额持有人以其出资为限对基金财产的债务承担责任。但基金合同依照本法另有约定的,从其约定。

基金财产独立于基金管理人、基金托管人的固有财产。基金管理人、基金托管人不得将基金财产归入其固有财产。

基金管理人、基金托管人因基金财产的管理、运用或者其他情形而取得的财产和收益,归入基金财产。

基金管理人、基金托管人因依法解散、被依法撤销或者被依法宣告破产等原因进行清算的,基金财产不属于其清算财产。

第六条 基金财产的债权,不得与基金管理人、基金托管人固有财产的债务相抵销;不同基金财产的债权债务,不得相互抵销。

第七条 非因基金财产本身承担的债务,不得对基金财产强制执行。

中华人民共和国证券法

2014 年 8 月 31 日

第一百三十九条 证券公司客户的交易结

---

① 吴宪光、于泓:《信托财产和信托受益权强制执行问题研究》,载江必新主编、最高人民法院执行工作办公室编:《执行工作指导》2008 年第 2 辑(总第 26 辑),人民法院出版社 2008 年版,第 61~65 页。

算资金应当存放在商业银行,以每个客户的名义单独立户管理。具体办法和实施步骤由国务院规定。

证券公司不得将客户的交易结算资金和证券归入其自有财产。禁止任何单位或者个人以任何形式挪用客户的交易结算资金和证券。证券公司破产或者清算时,客户的交易结算资金和证券不属于其破产财产或者清算财产。非因客户本身的债务或者法律规定的其他情形,不得查封、冻结、扣划或者强制执行客户的交易结算资金和证券。

最高人民法院
关于人民法院执行工作若干问题的规定（试行）

1998年7月8日　　法释〔1998〕15号

34. 被执行人为金融机构的,对其交存在人民银行的存款准备金和备付金不得冻结和扣划,但对其在本机构、其他金融机构的存款,及其在人民银行的其他存款可以冻结、划拨,并可对被执行人的其他财产采取执行措施,但不得查封其营业场所。

最高人民法院
关于人民法院能否对信用证开证保证金采取冻结和扣划措施问题的规定

1997年9月3日　　法释〔1997〕4号

信用证开证保证金属于有进出口经营权的企业向银行申请对国外（境外）方开立信用证而备付的具有担保支付性质的资金。为了严肃执法和保护当事人的合法权益,现就有关冻结、扣划信用证开证保证金的问题规定如下：

一、人民法院在审理或执行案件时,依法可以对信用证开证保证金采取冻结措施,但不得扣划。如果当事人认为人民法院冻结和扣划的某项资金属于信用证开证保证金的,应当提供有关证据予以证明。人民法院审查后,可按以下原则处理：对于确系信用证开证保证金的,不得采取扣划措施；如果开证银行履行了对外支付义务,根据该银行的申请,人民法院应当立即解除对信用证开证保证金相应部分的冻结措施；如果申请开证人提供的开证保证金是外汇,当事人又举证证明信用证的受益人提供的单据与信用证条款相符时,人民法院应当立即解除冻结措施。

二、如果银行因信用证无效、过期,或者因单证不符而拒付信用证款项并且免除了对外支付义务,以及在正常付出了信用证款项并从信用证开证保证金中扣除相应款额后尚有剩余,即在信用证开证保证金账户存款已丧失保证金功能的情况下,人民法院可以依法采取扣划措施。

三、人民法院对于为逃避债务而提供虚假证据证明属信用证开证保证金的单位和个人,应当依照民事诉讼法的有关规定严肃处理。

最高人民法院
关于人民法院民事执行中查封、扣押、冻结财产的规定

2004年11月4日　　法释〔2004〕15号

第五条　人民法院对被执行人下列的财产不得查封、扣押、冻结：

1. 被执行人及其所扶养家属生活所必需的衣服、家具、炊具、餐具及其他家庭生活必需的物品；

2. 被执行人及其所扶养家属所必需的生活费用。当地有最低生活保障标准的,必需的生活费用依照该标准确定；

3. 被执行人及其所扶养家属完成义务教育所必需的物品；

4. 未公开的发明或者未发表的著作；

5. 被执行人及其所扶养家属用于身体缺陷所必需的辅助工具、医疗物品；

6. 被执行人所得的勋章及其他荣誉表彰的物品；

7. 根据《中华人民共和国缔结条约程序

法》，以中华人民共和国、中华人民共和国政府或者中华人民共和国政府部门名义同外国、国际组织缔结的条约、协定和其他具有条约、协定性质的文件中规定免于查封、扣押、冻结的财产；

8. 法律或者司法解释规定的其他不得查封、扣押、冻结的财产。

【附：答记者问】

最高人民法院负责人就《最高人民法院关于人民法院民事执行中查封、扣押、冻结财产的规定》答记者问

八种财产不得查封

问：为什么要规定被执行人的某些财产不能查封、扣押、冻结？这样会不会损害申请执行人的利益？

答：从理论上讲，被执行人的所有财产都是其所负债务的担保，其应当承担广泛的财产责任，人民法院可以对其所有财产采取执行措施。但是由于种种原因，各个国家和地区的强制执行法都规定了对被执行人的某些特殊财产不得采取查封、扣押、冻结措施。我国民事诉讼法第二百二十二条①、第二百二十三条②分别规定了应当保留被执行人及其所扶养家属的生活必须费用和生活必需品。这也体现了以人为本以及国家尊重和保障人权的精神。在民事执行中，执行适度的原则有着特殊的意义，即对被执行人的执行必须控制在合理的限度内，在执行目的和执行手段之间、申请执行人利益和被执行人利益之间保持合理的平衡关系，被执行人的许多基本权利必须加以保护，如自然人及其所扶养家属的生存权、人格权等，不能因为强制执行而造成被执行人的极度贫困。若漫无限制，不仅影响被执行人及其所扶养家属的生计，对社会经济文化的发展和社会善序良俗，也有损害。再者，被执行人经营亏损的风险也不能由国家和社会承担，如果将被执行人执行到一无所有的程度，则国家必须对其提供救济，以保证其生存的基本权利，相当于最终由国家承担执行的后果，由国家替代被执行人偿还债务。

随着经济的发展和社会文明的进步，各国都越来越突出地尊重和保护公民的人格权、荣誉权、接受教育权等基本权利，也加强了对残疾人、老人等特殊群体的保护。因此，借鉴外国执行立法的有关规定，结合我国的经济和社会发展水平及中国的国情，《查封规定》规定了八种不得查封、扣押、冻结的财产。在征求意见稿中，我们曾规定"祭祀、礼拜用品"、"公益法人正在使用的为完成公益事业所必需的房屋、机器、设备及其他物品"、"被执行人为自然人的，其不可缺少的基本生产资料"、"国家机关的财政性资金及履行职能不可缺少的财物"等不得查封、扣押、冻结，后来予以删除，主要考虑到这几项规定在实践中不好把握和操作，达不到规范执行的目的。

还有个问题有必要讲一讲，即对被执行人居住房屋的执行问题。根据民事诉讼法第二百二十三条的规定，必须保留被执行人及其所扶养家属必需的生活用品，被执行人及其所扶养家属必须居住的房屋自然不能执行。但是，在执行实践中，我们很难判断该房屋是不是被执行人及其所扶养家属必须居住的，也许被执行人还有别的房屋，只是不为人所知。因此，《查封规定》规定对被执行人及其所扶养家属生活所必须的居住房屋，人民法院可以查封，但不得拍卖、变卖或者抵债。而允许其使用，目的是防止其进行处分。对于申请执行人享有抵押权的房屋能否执行，讨论时争议较大。有人认为，申请执行人享有抵押权的房屋，即使是被执行人及其所扶养家属必须居住的，也可以执行。因为在这种情况下，债权的发生以设定抵押为条件，被执行人也非常清楚不能清偿债务的后果，为了公平保护申请执行人的利益，对设定抵押的房屋可以执行。而且此事关系到我国住房按揭市场的发展。从长远来看，如果设定抵押的房屋不能执行，必将导致各金融机构不再发放住房贷款，严重影响住房按揭市场的发展，最终损害广大消费者的利益。但《查封规定》最终没有采纳这种观点，主要考虑到在社会保障制度还不完善的情况下，必须保护被执行人及其所扶养家属的生存权，即使房屋已经设定抵押，只要属被执行人及其所扶养家属必须居住的，也不得执行。如果被执行人的房屋超过了其本人及其所扶养家属必须居住的范围，可以通过本规定第七条关于禁止查封、扣押、冻结财产的变通的规

---

① 民事诉讼法原第二百二十二条现已修改为第二百四十三条。——编者注
② 民事诉讼法原第二百二十三条现已修改为第二百四十四条，下同。——编者注

定解决。

既要实现债权又要保护生存权

问：禁止查封、扣押、冻结财产的变通制度意义何在？实践中应当如何把握？

答：根据《查封规定》第五条的规定，被执行人及其所扶养家属生活所必需的衣服、家具、炊具、餐具及其他家庭生活必需的物品不得查封、扣押。但是，强制执行必须在保护申请执行人的利益和被执行人的利益之间保持合理的平衡。因此，《查封规定》第六条规定，被执行人及其所扶养家属所必需的居住房屋不得拍卖、变卖或者抵债。同时，第七条还规定："对于超过被执行人及其所扶养家属生活所必需的房屋和生活用品，人民法院根据申请执行人的申请，在保障被执行人及其所扶养家属最低生活标准所必需的居住房屋和普通生活必需品后，可予以执行"。上述变通规定，既保护被执行人及其所扶养家属的生存权，又最大限度地实现债权人的债权。比如，虽然是被执行人及其所扶养家属生活必需的家具，如果该家具是用珍贵木材制作，价值很高，显然，从价值角度讲，该家具已经超过了生活必需的限度，如果一律禁止执行，对申请执行人利益的保护明显不力。因此，出于强制执行程序的目的和对执行当事人利益的平衡保护，应当在满足被执行人及其所扶养家属生活必需的基础上，根据申请执行人的申请，由其提供相同功用的代偿物或者相应价款后，可以对该家具采取执行措施。

在具体实施过程中，应当从严掌握可以变通的财产范围，注意执行的实际效果。只有人民法院根据情况认为适当，特别是预计该财产卖得的价金显著超过代偿物的价额时，才被允许，防止造成被执行人严重的生活困难，应当维持其简朴的生活水平。注意这里有一些需要执行人员根据实际情况去把握的概念，如"必需的"、"显著的"等等，应当结合本地的实际情况作出与时代和社会背景相适应的阐释。

【附：相关理解与适用】

《最高人民法院关于人民法院民事执行中查封、扣押、冻结财产的规定》的理解与适用

从理论上讲，被执行人的所有财产都是其所负债务的担保，其应当承担广泛的财产责任，人民法院可以对其所有财产采取执行措施。但是由于种种原因，各个国家和地区的强制执行法都规定了对被执行人的某些特殊财产不得采取查封措施，有的国家规定得非常具体、详细。我国民事诉讼法第二百二十二条、第二百二十三条分别规定了应当保留被执行人及其所扶养家属的生活必须费用和生活必需品，这也体现了以人为本以及国家尊重和保障人权的精神。在民事执行中，执行适度原则有着特殊的意义，即对被执行人的执行必须控制在合理的限度内，在执行目的和执行手段之间、申请执行人利益和被执行人利益之间保持合理的平衡关系，被执行人的许多基本权利必须加以保护，如自然人及其所扶养家属的生存权、人格权等，不能因为强制执行而造成被执行人的极度贫困。若漫无限制，不仅影响被执行人及其所扶养家属的生计，对社会经济文化的发展和社会公序良俗也有损害。再者，被执行人经营亏损的风险也不能由国家和社会承担，如果将被执行人执行到一无所有的程度，则国家必须对其提供救济，因为他享有生存的基本权利，相当于最终由国家承担执行的后果，由国家替代被执行人偿还债务。

随着经济的发展和社会文明的进步，各国都越来越突出地尊重和保护公民的人格权、荣誉权、接受教育权等基本权利，也加强了对残疾人、老年人等特殊群体的保护。因此，借鉴外国执行立法的有关规定，结合我国的经济和社会发展水平及中国的国情，《查封规定》规定了八种不得查封的财产。在征求意见稿中，我们曾规定祭祀、礼拜用品，公益法人正在使用的为完成公益事业所必需的房屋、机器、设备及其他物品，自然人的不可缺少的基本生产资料，国家机关的财政性资金及履行职能不可缺少的财物等不得查封，后来予以删除，主要是考虑到这几项规定在实践中不好把握和操作，达不到规范执行的目的。在规定的八种不得查封的财产中，有一种是未公开的发明或者未发表的著作。这里的著作是指表达意见、知识、思想、感情的文字作品，不包括绘画、书法、雕塑等艺术品。该规定主要是为了尊重发明人或者著作人的人格权。尚未公开的发明或者未发表的著作，是否公开或者发表，是否在公开或者发表前再做修改，应当尊重发明人或者著作人的意见，不得强制其公开或者发表，以影响其声誉及创作意愿，阻碍经济文化的发展。再者，家具、炊具、餐具等物品，如果超过了生活必需的范围，也可以对超出的部分进行查封。

有必要说明的是对被执行人居住房屋的执行问

题应如何掌握。根据民事诉讼法第二百二十三条的规定，必须保留被执行人及其所扶养家属必需的生活用品，被执行人及其所扶养家属必须居住的房屋自然不能执行。但是，在执行实践中，很难判断该房屋是不是被执行人及其所扶养家属必须居住的，也许被执行人还有别的房屋，只是不为人所知。因此，《查封规定》规定对被执行人及其所扶养家属生活所必须的居住房屋，人民法院可以查封，但不得拍卖、变卖或者抵债，应当允许其使用，目的是为防止其进行处分。查封应当采取活封的方式，允许被执行人及其所扶养家属居住使用。

起草过程中，有一个问题引起了比较大的争论，即对于申请执行人享有抵押权的房屋能否执行。有人认为，申请执行人享有抵押权的房屋，即使是被执行人及其所扶养家属必须居住的，也可以执行。因为在这种情况下，债权的发生以设定抵押为条件，被执行人也非常清楚不能清偿债务的后果。因此为了公平保护申请执行人的利益，对设定抵押的房屋可以执行。而且此事关系到我国住房按揭市场发展的重大问题。从长远来看，如果设定抵押的房屋不能执行，必将导致各金融机构不再发放住房贷款，严重影响住房按揭市场的发展，最终损害的是广大消费者的利益。但《查封规定》最终没有采纳这种观点，主要考虑到在社会保障制度还不完善的情况下，必须保护被执行人及其所扶养家属的生存权，即使房屋已经设定抵押，只要属被执行人及其所扶养家属必须居住的，也不得执行。如果被执行人的房屋超过了其本人及其所扶养家属必须居住的范围，可以通过《查封规定》第7条关于禁止查封财产变通的规定解决。[①]

最高人民法院
关于审理出口退税托管账户质押贷款案件有关问题的规定

2004年11月22日　　法释〔2004〕18号

为正确审理涉及出口退税专用账户质押贷款纠纷案件，维护相关当事人的合法权益，根据《中华人民共和国民法通则》、《中华人民共和国合同法》、《中华人民共和国担保法》等有关规定，结合人民法院审判实践，制定本规定。

第一条　本规定适用于审理、执行涉及出口退税专用账户质押贷款的案件。

本规定所称出口退税专用账户质押贷款，是指借款人将出口退税专用账户托管给贷款银行，并承诺以该账户中的退税款作为还款保证的贷款。

第二条　以出口退税专用账户质押方式贷款的，应当签订书面质押贷款合同。质押贷款合同自贷款银行实际托管借款人出口退税专用账户时生效。[②]

第三条　出口退税专用账户质押贷款银行，对质押账户内的退税款享有优先受偿权。

第四条　人民法院审理和执行案件时，不得对已设质的出口退税专用账户内的款项采取财产保全措施或者执行措施。

第五条　借款人进入破产程序时，贷款银行对已经设质的出口退税专用账户内的款项享有优先受偿权，但应以被担保债权尚未受偿的数额为限。

第六条　有下列情形之一的，不受本《规定》第三、四、五条规定的限制，人民法院可以采取财产保全或者执行措施：

（一）借款人将非退税款存入出口退税专用账户的；

（二）贷款银行将出口退税专用账户内的退税款扣还其他贷款，且数额已经超出质押贷款金额的；

（三）贷款银行同意税务部门转移出口退税专用账户的；

（四）贷款银行有其他违背退税账户专用性质，损害其他债权人利益行为的。

第七条　本规定自公布之日起施行。

[①] 王飞鸿：《〈关于人民法院民事执行中查封、扣押、冻结财产的规定〉的理解与适用》，载《人民司法》2004年第12期。

[②] 本条已被《最高人民法院关于——废止2007年底以前发布的有关司法解释（第七批）的决定》（法释〔2008〕15号）废止。——编者注

最高人民法院
关于人民法院执行设定抵押的房屋的规定

2005年12月14日　法释〔2005〕14号

根据《中华人民共和国民事诉讼法》等法律的规定,结合人民法院民事执行工作的实践,对人民法院根据抵押权人的申请,执行设定抵押的房屋的问题规定如下:

第一条　对于被执行人所有的已经依法设定抵押的房屋,人民法院可以查封,并可以根据抵押权人的申请,依法拍卖、变卖或者抵债。

第二条　人民法院对已经依法设定抵押的被执行人及其所扶养家属居住的房屋,在裁定拍卖、变卖或者抵债后,应当给予被执行人六个月的宽限期。在此期限内,被执行人应当主动腾空房屋,人民法院不得强制被执行人及其所扶养家属迁出该房屋。

第三条　上述宽限期届满后,被执行人仍未迁出的,人民法院可以作出强制迁出裁定,并按照民事诉讼法第二百二十六条①的规定执行。

强制迁出时,被执行人无法自行解决居住问题的,经人民法院审查属实,可以由申请执行人为被执行人及其所扶养家属提供临时住房。

第四条　申请执行人提供的临时住房,其房屋品质、地段可以不同于被执行人原住房,面积参照建设部、财政部、民政部、国土资源部和国家税务总局联合发布的《城镇最低收入家属廉租住房管理办法》所规定的人均廉租住房面积标准确定。

第五条　申请执行人提供的临时住房,应当计收租金。租金标准由申请执行人和被执行人双方协商确定;协商不成的,由人民法院参照当地同类房屋租金标准确定,当地无同类房屋租金标准可以参照的,参照当地房屋租赁市场平均租金标准确定。

已经产生的租金,可以从房屋拍卖或者变卖价款中优先扣除。

第六条　被执行人属于低保对象且无法自行解决居住问题的,人民法院不应强制迁出。

第七条　本规定自公布之日起施行。施行前本院已公布的司法解释与本规定不一致的,以本规定为准。

最高人民法院
关于不得对中国人民银行及其分支机构的办公楼、运钞车、营业场所等进行查封的通知

1999年3月4日　法〔1999〕28号

各省、自治区、直辖市高级人民法院,解放军军事法院,新疆维吾尔自治区高级人民法院生产建设兵团分院:

近年来,一些地方发生中国人民银行分支机构因行使金融监管权而被列为被告的案件,有的受案法院查封了人民银行的办公楼(内有金库)、运钞车、营业场所,影响了人民银行金融监管工作的正常进行。为防止和杜绝类似事件的发生,特就有关问题通知如下:

中国人民银行是依法行使国家金融行政管理职权的国家机关,根据《中国人民银行法》和《非法金融机构和非法金融活动取缔办法》的规定,对金融业实施监督管理,行使撤销、关闭金融机构,取缔非法金融机构等行政职权。因此,被撤销、关闭的金融机构或被取缔的非法金融机构自身所负的民事责任不应当由行使监督管理职权的中国人民银行承担,更不应以此为由查封中国人民银行及其分支机构的办公楼、运钞车和营业场所。各级人民法院在审理、执行当事人一方为被撤销、关闭的金融机构或被取缔的非法金融机构的经济纠纷案件中,如发现上述问题,应当及进依法予以纠正。

对确应由中国人民银行及其分支机构承担民事责任的案件,人民法院亦不宜采取查封其办公楼、运钞车、营业场所的措施。中国人民

---

①　民事诉讼法原第二百二十六条现已修改为第二百五十条。——编者注

银行及其分支机构应当自觉履行已生效的法律文书,逾期不履行的,人民法院在查明事实的基础上,可以依法执行其其他财产。

最高人民法院
关于严禁冻结或划拨国有企业下岗职工基本生活保障资金的通知

1999年11月24日　法〔1999〕228号

各省、自治区、直辖市高级人民法院,新疆维吾尔自治区高级人民法院生产建设兵团分院:

据悉,最近一些地方人民法院在审理或执行经济纠纷案件中,冻结并划拨国有企业下岗职工基本生活保障资金,导致下岗职工基本生活无法保障,影响了社会稳定。为杜绝此类事件发生,特通知如下:

国有企业下岗职工基本生活保障资金是采取企业、社会、财政各承担三分之一的办法筹集的,由企业再就业服务中心设立专户管理,专项用于保障下岗职工基本生活,具有专项资金的性质,不得挪作他用,不能与企业的其他财产等同对待。各地人民法院在审理和执行经济纠纷案件时,不得将该项存于企业再就业服务中心的专项资金作为企业财产处置,不得冻结或划拨该项资金用以抵偿企业债务。

各地人民法院应对已审结和执行完毕的经济纠纷案件做一下清理,凡发现违反上述规定的,应当及时依法予以纠正。

最高人民法院
关于执行《封闭贷款管理暂行办法》和《外经贸企业封闭贷款管理暂行办法》中应注意的几个问题的通知

2000年1月10日　法发〔2000〕4号

各省、自治区、直辖市高级人民法院,新疆维吾尔自治区高级人民法院生产建设兵团分院:

1999年7月26日,中国人民银行、国家经贸委、国家计委、财政部和国家税务总局联合下发了《封闭贷款管理暂行办法》(银发〔1999〕261号),同年8月5日中国人民银行、国家计委、财政部、外经贸部和国家税务总局又联合下发了《外经贸企业封闭贷款管理暂行办法》(银发〔1999〕285号)。封闭贷款是商业银行根据国家政策向特定企业发放的具有特定用途的贷款,为保证这项工作的顺利进行,使封闭贷款达到预期目的,现将有关问题通知如下:

一、人民法院审理民事经济纠纷案件,不得对债务人的封闭贷款结算专户采取财产保全措施或者先予执行。

二、人民法院在执行案件时,不得执行被执行人的封闭贷款结算专户中的款项。

三、如果有证据证明债务人为逃避债务将其他款项打入封闭贷款结算专户的,人民法院可以仅就所打入的款项采取执行措施。

四、如果债权人从债务人的封闭贷款结算专户中扣取了老的贷款和欠息,或者扣收老的欠税及各种费用,债务人起诉的,人民法院应当受理,并按照《封闭贷款管理暂行办法》第十四条的规定处理。债务人属于外经贸企业的,则按照《外经贸企业封闭贷款管理暂行办法》第二十一条的规定处理。

执行中有何问题,请及时向我院报告。

最高人民法院
关于在审理和执行民事、经济纠纷案件时不得查封、冻结和扣划社会保险基金的通知

2000年2月18日　法〔2000〕19号

各省、自治区、直辖市高级人民法院,新疆维吾尔自治区高级人民法院生产建设兵团分院:

近一个时期,少数法院在审理和执行社会保险机构原下属企业(现已全部脱钩)与其它企业、单位的经济纠纷案件时,查封社会保险机构开设的社会保险基金账户,影响了社会保险基金的正常发放,不利于社会的稳定。为杜绝此类情况发生,特通知如下:

社会保险基金是由社会保险机构代参保人

员管理,并最终由参保人员享用的公共基金,不属于社会保险机构所有。社会保险机构对该项基金设立专户管理,专款专用,专项用于保障企业退休职工、失业人员的基本生活需要,属专项资金,不得挪作他用。因此,各地人民法院在审理和执行民事、经济纠纷案件时,不得查封、冻结或扣划社会保险基金;不得用社会保险基金偿还社会保险机构及其原下属企业的债务。

各地人民法院如发现有违反上述规定的,应当及时依法予以纠正。

最高人民法院
关于对粮棉油政策性收购资金形成的粮棉油不宜采取财产保全措施和执行措施的通知

2000年11月16日　　法〔2000〕164号

各省、自治区、直辖市高级人民法院,解放军军事法院,新疆维吾尔自治区高级人民法院生产建设兵团分院:

根据国务院国发〔1998〕15号《关于进一步深化粮食流通体制改革的决定》和国发〔1998〕42号《关于深化棉花流通体制改革的决定》以及《粮食收购条例》等有关法规和规范性文件的规定,人民法院在保全和执行国有粮棉油购销企业从事粮棉油政策性收购以外业务所形成的案件时,除继续执行我院法函〔1997〕97号《关于对粮棉油政策性收购资金是否可以采取财产保全措施问题的复函》外,对中国农业发展银行提供的粮棉油收购资金及由该项资金形成的库存的粮棉油不宜采取财产保全措施和执行措施。

最高人民法院
关于执行旅行社质量保证金问题的通知

2001年1月8日　　法〔2001〕1号

各省、自治区、直辖市高级人民法院,新疆维吾尔自治区高级人民法院生产建设兵团分院:

人民法院在执行涉及旅行社的案件时,遇有下列情形而旅行社不承担或无力承担赔偿责任的,可以执行旅行社质量保证金:

(1)旅行社因自身过错未达到合同约定的服务质量标准而造成旅游者的经济权益损失;

(2)旅行社的服务未达到国家或行业规定的标准而造成旅游者的经济权益损失;

(3)旅行社破产后造成旅游者预交旅行费损失;

(4)人民法院判决、裁定及其他生效法律文书认定的旅行社损害旅游者合法权益的情形。

除上述情形之外,不得执行旅行社质量保证金。同时,执行涉及旅行社的经济赔偿案件时,不得从旅游行政管理部门行政经费账户上划转行政经费资金。

特此通知。

最高人民法院
关于冻结、扣划证券交易结算资金有关问题的通知

2004年11月9日　　法〔2004〕239号

为了保障金融安全和社会稳定,维护证券市场正常交易结算秩序,保护当事人的合法权益,保障人民法院依法执行,经商中国证券监督管理委员会,现就人民法院冻结、扣划证券交易结算资金有关问题通知如下:

一、人民法院办理涉及证券交易结算资金的案件,应当根据资金的不同性质区别对待。证券交易结算资金,包括客户交易结算资金和证券公司从事自营证券业务的自有资金。证券公司将客户交易结算资金全额存放于客户交易结算资金专用存款账户和结算备付金账户,将自营证券业务的自有资金存放于自有资金专用存款账户,而上述账户均应报中国证券监督管理委员会备案。因此,对证券市场主体为被执行人的案件,要区别处理:

当证券公司为被执行人时,人民法院可以冻结、扣划该证券公司开设的自有资金存款账

户中的资金,但不得冻结、扣划该证券公司开设的客户交易结算资金专用存款账户中的资金。

当客户为被执行人时,人民法院可以冻结、扣划该客户在证券公司营业部开设的资金账户中的资金,证券公司应当协助执行。但对于证券公司在存管银行开设的客户交易结算资金专用存款账户中属于所有客户共有的资金,人民法院不得冻结、扣划。

二、人民法院冻结、扣划证券结算备付金时,应当正确界定证券结算备付金与自营结算备付金。证券结算备付金是证券公司从客户交易结算资金、自营证券业务的自有资金中缴存于中国证券登记结算有限责任公司(以下简称登记结算公司)的结算备用资金,专用于证券交易成交后的清算,具有结算履约担保作用。登记结算公司对每个证券公司缴存的结算备付金分别设立客户结算备付金账户和自营结算备付金账户进行账务管理,并依照经中国证券监督管理委员会批准的规则确定结算备付金最低限额。因此,对证券公司缴存在登记结算公司的客户结算备付金,人民法院不得冻结、扣划。

当证券公司为被执行人时,人民法院可以向登记结算公司查询确认该证券公司缴存的自营结算备付金余额;对其最低限额以外的自营结算备付金,人民法院可以冻结、扣划,登记结算公司应当协助执行。

三、人民法院不得冻结、扣划新股发行验资专用账户中的资金。登记结算公司在结算银行开设的新股发行验资专用账户,专门用于证券市场的新股发行业务中的资金存放、调拨,并按照中国证券监督管理委员会批准的规则开立、使用、备案和管理,故人民法院不得冻结、扣划该专用账户中的资金。

四、人民法院在执行中应当正确处理清算交收程序与执行财产顺序的关系。当证券公司或者客户为被执行人时,人民法院可以冻结属于该被执行人的已完成清算交收后的证券或者资金,并以书面形式责令其在7日内提供可供执行的其他财产。被执行人提供了其他可供执行的财产的,人民法院应当先执行该财产;逾期不提供或者提供的财产不足清偿债务的,人民法院可以执行上述已经冻结的证券或者资金。

对被执行人的证券交易成交后进入清算交收期间的证券或者资金,以及被执行人为履行清算交收义务交付给登记结算公司但尚未清算的证券或者资金,人民法院不得冻结、扣划。

五、人民法院对被执行人证券账户内的流通证券采取执行措施时,应当查明该流通证券确属被执行人所有。

人民法院执行流通证券,可以指令被执行人所在的证券公司营业部在30个交易日内通过证券交易将该证券卖出,并将变卖所得价款直接划付到人民法院指定的账户。

六、人民法院在冻结、扣划证券交易结算资金的过程中,对于当事人或者协助执行人对相关资金是否属客户交易结算资金、结算备付金提出异议的,应当认真审查;必要时,可以提交中国证券监督管理委员会作出审查认定后,依法处理。

七、人民法院在证券交易、结算场所采取保全或者执行措施时,不得影响证券交易、结算业务的正常秩序。

八、本通知自发布之日起执行。发布前最高人民法院的其他规定与本通知的规定不一致的,以本通知为准。

最高人民法院
关于强制执行中不应将企业党组织的党费作为企业财产予以冻结或划拨的通知

2005年11月22日　　法〔2005〕209号

各省、自治区、直辖市高级人民法院,解放军军事法院,新疆维吾尔自治区高级人民法院生产建设兵团分院:

据悉,近一个时期,少数法院在强制执行过程中,将企业党组织的党费账户予以冻结,影响了企业党组织的正常工作。为避免此类情况发生,特通知如下:

企业党组织的党费是企业每个党员按月工资比例向党组织交纳的用于党组织活动的经费。党费由党委组织部门代党委统一管理,单立账户,专款专用,不属于企业的责任财产。因此,在企业作为被执行人时,人民法院不得冻结或划拨该企业党组织的党费,不得用党费偿还该企业的债务。执行中,如果申请执行人提供证据证明企业的资金存入党费账户,并申请人民法院对该项资金予以执行的,人民法院可以对该项资金先行冻结;被执行人提供充分证据证明该项资金属于党费的,人民法院应当解除冻结。

各级人民法院发现执行案件过程中有违反上述规定情形的,应当及时依法纠正。

最高人民法院 最高人民检察院
公安部 中国证券监督管理委员会
关于查询、冻结、扣划证券和证券交易结算资金有关问题的通知

2008年1月10日　　法发〔2008〕4号

五、证券登记结算机构依法按照业务规则收取并存放于专门清算交收账户内的下列证券,不得冻结、扣划:

(一)证券登记结算机构设立的证券集中交收账户、专用清偿账户、专用处置账户内的证券。

(二)证券公司按照业务规则在证券登记结算机构开设的客户证券交收账户、自营证券交收账户和证券处置账户内的证券。

六、证券登记结算机构依法按照业务规则收取并存放于专门清算交收账户内的下列资金,不得冻结、扣划:

(一)证券登记结算机构设立的资金集中交收账户、专用清偿账户内的资金。

(二)证券登记结算机构依法收取的证券结算风险基金和结算互保金。

(三)证券登记结算机构在银行开设的结算备付金专用存款账户和新股发行验资专户内的资金,以及证券登记结算机构为新股发行网下申购配售对象开立的网下申购资金账户内的资金;

(四)证券公司在证券登记结算机构开设的客户资金交收账户内的资金。

(五)证券公司在证券登记结算机构开设的自营资金交收账户内最低限额自营结算备付金及根据成交结果确定的应付资金。

七、证券登记结算机构依法按照业务规则要求证券公司等结算参与人、投资者或者发行人提供的回购质押券、价差担保物、行权担保物、履约担保物,在交收完成之前,不得冻结、扣划。

最高人民法院执行工作办公室
关于企业职工建房集资款不属企业所得问题的函

1991年1月27日　　法经〔1997〕12号

湖北省高级人民法院:

陕西建光机器厂给我院来函反映:你省荆沙市沙市区人民法院在执行荆沙市中级人民法院〔1996〕荆经字第175号生效判决时,将所有权不属于该厂的职工建房集资款60万元人民币予以冻结。为此,该厂向沙市区人民法院提出异议,沙市区人民法院则以此款是职工预购房款,属该厂所有为由,驳回其异议。

经审查,陕西建光机器厂为解决本厂职工住房困难,于1995年12月15日以集资修建职工住房方案为题下发了〔1995〕180号文件,该文件明确了集资对象、条件及方式。经上报市房改办公室获批后,该厂按市房改办批复的要求,将上述职工个人集资款存入指定银行的专项账户。上列事实清楚,证据充分。国务院住房制度改革领导小组办公室还专就此事致函我办,明确指出:"此款其性质属于职工个人的,不应视为企业的其他资金。"请你院接到此函后,通知并监督荆沙市沙市区人民法院立即将此款解冻。

最高人民法院经济审判庭
关于信用合作社责任财产范围问题的答复

1991年6月17日　　法经〔1991〕67号

广东省高级人民法院:

你院粤法执请字〔1990〕7号和〔1991〕1号请示收悉。经研究，答复如下：

农村信用合作社是集体所有制的合作金融组织，是自主经营、独立核算、自负盈亏的集体企业法人。依照民法通则第四十八条之规定，集体所有制企业法人以企业所有的财产承担民事责任。因此，在信用合作社作为被执行人时，责任财产的范围只限于属于企业所有的财产。不属于其所有的财产（如企业、公民个人在信用社的存款）不得作为执行标的。

另：将中国农业银行《关于"信用社作为被执行人时哪些财产可供执行"及有关问题的函》（复印件）转去，供参考。该行对你院粤法经上字〔1989〕第139号民事判决所提的问题，请你院认真复查，并告结果。

此复。

最高人民法院
关于执行宁波经济技术开发区就业管理服务处问题的函

1993年4月13日　　经他〔1993〕9号

浙江省高级人民法院：

你院〔1992〕浙法经上字91—91号报告收悉。经研究，我院认为：

1. 你院〔1991〕浙法经上字91号民事判决书确定的第一债务人是宁波经济技术开发区家用电器厂（简称"家电厂"），宁波经济技术开发区就业管理服务处（简称"服务处"）是承担保证责任的第二债务人。因此应先执行家电厂的财产，在该厂财产不足以清偿债务时，才宜执行服务处的财产。

2. 据开发区管委会及服务处称，已划拨到你院账上的55万元劳力安置补助费，是经与被征地单位的群众协商一致，由服务处代管并按实际需要的进度发放的总安置费的一部分。如此情况属实，该项费用属专门用于被征地人员安置的特定费用，不应用于清偿服务处的债务，以免影响发放被征地的待业人员和老年人急需的生活补助费、医疗费、丧葬费等，以利保障被征地人员的基本生活需要，维护社会安定。

现将当事人的有关申诉材料转去，请你院依法妥善处理。结果望告。

最高人民法院执行工作办公室
关于执行过程中不得冻结、扣划国防科研经费的函

1995年4月18日　　法经〔1995〕118号

辽宁省高级人民法院：

哈尔滨工程大学向我院反映，抚顺市中级人民法院在执行该院〔1994〕抚经初字第115号民事判决书（被执行人为哈尔滨工程大学）过程中，将该被执行人在中国工商银行哈尔滨市大直支行×××××××××—××账户上的国防科研经费冻结210万元，扣划110万元。

经查，哈尔滨工程大学是承担国家国防科技预研重点项目和国防科技重点实验室建设项目的单位。根据中国工商银行、国防科工委《关于办理国防科研试制费委托拨款工作有关问题的通知》的规定，该校在中国工商银行哈尔滨市大直支行×××××××××—××账户的存款，应属国防科工委拨付给其为完成上述项目的国家预算内拨款，不能挪作他用。请你院尽快核实，如抚顺市中级人民法院冻结和扣划的款项确属上述性质，应立即解除冻结，停止扣划，以确保国防科研重点项目工作的正常进行。

最高人民法院
关于产业工会、基层工会是否具备社团法人资格和工会经费集中户可否冻结划拨问题的批复

1997年5月16日　　法复〔1997〕6号

各省、自治区、直辖市高级人民法院，解放军军事法院：

山东等省高级人民法院就审判工作中如何认定产业工会、基层工会的社团法人资格和对工会财产、经费查封、扣押、冻结、划拨的问题，向我院请示。经研究，批复如下：

一、根据《中华人民共和国工会法》（以下简称工会法）的规定，产业工会社团法人资格的取得是由工会法直接规定的，依法不需要办理法人登记。基层工会只要符合《中华人民共和国民法通则》（以下简称民法通则）、工会法和《中国工会章程》规定的条件，报上一级工会批准成立，即具有社团法人资格。人民法院在审理案件中，应当严格按照法律规定的社团法人条件，审查基层工会社团法人的法律地位。产业工会、具有社团法人资格的基层工会与建立工会的企业法人是各自独立的法人主体。企业或企业工会对外发生的经济纠纷，各自承担民事责任。上级工会对基层工会是否具备法律规定的社团法人的条件审查不严或不实，应当承担与其过错相应的民事责任。

二、确定产业工会或者基层工会兴办企业的法人资格，原则上以工商登记为准；其上级工会依据有关规定进行审批是必经程序，人民法院不应以此为由冻结、划拨上级工会的经费并替欠债企业清偿债务。产业工会或基层工会投资兴办的具备法人资格的企业，如果投资不足或者抽逃资金的，应当补足投资或者在注册资金不实的范围内承担责任；如果投资全部到位，又无抽逃资金的行为，当企业负债时，应当以企业所有的或者经营管理的财产承担有限责任。

三、根据工会法的规定，工会经费包括工会会员缴纳的会费，建立工会组织的企业事业单位、机关按每月全部职工工资总额的百分之二的比例向工会拨交的经费，以及工会所属的企业、事业单位上缴的收入和人民政府的补助等。工会经费要按比例逐月向地方各级总工会和全国总工会拨交。工会的经费一经拨交，所有权随之转移。在银行独立开列的"工会经费集中户"，与企业经营资金无关，专门用于工会经费的集中与分配，不能在此账户开支费用或挪用、转移资金。因此，人民法院在审理案件中，不应将工会经费视为所在企业的财产，在企业欠债的情况下，不应冻结、划拨工会经费及"工会经费集中户"的款项。

此复。

最高人民法院
关于对粮棉油政策性收购资金是否可以采取财产保全措施问题的复函

1997年8月14日　　法函〔1997〕97号

山东省高级人民法院：

你院鲁法经〔1997〕33号《关于对粮棉油政策性收购资金专户是否可以采取财产保全措施问题的请示》收悉。经研究，答复如下：

同意你院请示的倾向性意见。粮棉油政策性收购资金是用于国家和地方专项储备的粮食、棉花、油料的收购、储备、调销资金和国家定购粮食、棉花收购资金。包括各级财政开支的直接用于粮棉油收购环节的价格补贴款、银行粮棉油政策性收购贷款和粮棉油政策性收购企业的粮棉油调销回笼款。该资金只能用于粮棉油收购及相关费用支出。人民法院在审理涉及政策性粮棉油收购业务之外的经济纠纷案件中，不宜对粮棉油政策性收购企业在中国农业发展银行及其代理行或经人民银行当地分行批准的其他金融机构开立账上的这类资金采取财产保全措施，以保证这类资金专款专用，促进农业的发展。

最高人民法院执行工作办公室
关于股民保证金不宜作为证券公司财产执行的函

1997年9月5日　　法经〔1997〕300号

江苏省高级人民法院：

据全国证券回购债务清欠办公室和江西证券公司反映，盐城市中级人民法院在执行该院〔1995〕盐法经初字第84号、85号民事判决书过程中，于今年7月31日扣划了被执行人江西省证券公司上海业务部在工商银行上海市分行营业部开设的深圳股票交易资金清算户上的资金1426万元，该账户上的资金全部为客户保证金，此资金的划拨，影响了股民进行股票交易和提出存款，影响到社会的安定团结。

我院认为，证券机构代理股民买卖股票的资金即股民保证金，其所有权属于股民。证券经营机构必须通过保证金账户保证股民经营的正常清算支付。证券经营机构在银行开立的证券经营资金结算账户，是股民保证金账户的存在形式，人民法院在执行以证券经营机构为被执行人的案件时，可以通过冻结证券商自营账户上的资金、股票、国库券以及其自有财产的办法解决，不宜冻结、扣划证券经营机构在其证券经营资金结算账户上的存款。

最高人民法院执行工作办公室
关于股民保证金属于股民所有问题的函

1997年9月10日　　法经〔1997〕297号

北京市高级人民法院：

海南港澳国际信托投资有限公司向我院反映：北京市第一中级法院在执行该院〔1996〕一中经初字第1106号民事判决书时，分别于1997年8月20日和8月21日冻结了该公司在花旗银行上海分行和渣打银行深圳分行开设的B股股票交易账户项下的资金。该两账户是经有关机关批准而开立的B股股票交易账户，其项下的资金是境外股民存入该账户的股票交易保证金，其所有权属境外股民所有。由于北京一中院的冻结，只是股票交易受阻，股民权益受损，境外股民欲在十五大期间进京上访。为此，请求我院监督纠错。

我们认为，B股股票交易账户上的股民保证金，其所有权为股民所有，不属被执行人的财产。现将当事人反映材料转去，如情况属实，请你院立即通知北京市第一中级法院务必在本月15日前解除冻结，并报告结果。

最高人民法院执行工作办公室
对甘肃高院《关于能否强制执行金昌市东区管委会有关财产的请示》的复函

2001年4月19日　　〔2001〕执他字第10号

甘肃省高级人民法院：

你院甘高法〔1999〕07号《关于能否强制执行金昌市东区管委会有关财产的请示》收悉。经研究，答复如下：

我们认为，预算内资金和预算外资金均属国家财政性资金，其用途国家有严格规定，不能用来承担连带经济责任。金昌市东区管委会属行政性单位，人民法院在执行涉及行政性单位承担连带责任的生效法律文书时，只能用该行政单位财政资金以外的自有资金清偿债务。为了保证行政单位正常的履行职能，不得对行政单位的办公用房、车辆等其他办公必需品采取执行措施。

此复。

【附：案例评析】

关于能否强制执行甘肃金属市东区管委会有关财产的请示案件评析

最高人民法院的意见：

上述财政部复函已明确预算外资金已属各级政府的财政性资金，故过去执行中所称可以执行预算外资金的规定即国务院国发〔1990〕68号文件，因《国务院加强预算外资金管理的决定》国发〔1996〕29号文件的颁布，而不再适用。且我院2001年3月20日又发布了法释〔2001〕8号《关于审理军队、武警部队、政法机关移交、撤销企业和与党政机关脱钩企业相关纠纷案件若干问题的规定》，进一步明确，人民法院在执行涉及单位承担民事责任的生效判决时，只能用开办单位财政资金以外的自有资金清偿债务。如果开办单位没有财政资金以外自有资金的，应当依法裁定终结执行。

鉴于上述规定，我院在答复甘肃高院的请示中阐明，预算内资金和预算外资金均属国家财政性资金，其用途国家有严格规定，不能用来承担连带经济责任。金昌市东区管委会属行政性单位，人民法院在执行涉及行政性单位承担连带责任的生效法律文书时，只能用该行政单位财政资金以外的自有资金清偿债务。为了保证行政单位正常履行职能，不得对行政单位的办公用房、车辆等其他办公必需品采取执行措施。①

最高人民法院执行办公室
关于河北省工商联、河北省总商会申诉案的复函

2003年6月6日 〔2003〕执他字第3号

天津市高级人民法院：

你院《关于对被执行人河北省工商联（又称河北省总商会）欠款案执行情况的报告》收悉。经研究，答复如下：

一、各级工商联是党领导下的具有统战性质的人民团体。其与挂靠企业脱钩时，是按照中央文件的要求执行的。因此人民法院在执行与其脱钩企业的案件时，也应比照适用最高人民法院法释〔2001〕8号《关于审理军队、武警部队、政法机关移交、撤销企业和与党政机关脱钩企业相关纠纷案件若干问题的规定》。根据该司法解释第十五条、第十六条的规定，开办单位应当承担民事责任的，人民法院不得对开办单位的国库款、财政经费账户、办公用房、车辆等其他办公必需品采取查封、扣押、冻结、拍卖、变卖等执行措施。开办单位只能用其财政资金以外的自有资金清偿债务。如果开办单位没有财政资金以外自有资金的，应当依法裁定终结执行。请你院监督南开区人民法院在执行河北省工商联时，严格按照上述规定执行。

二、河北省工商联和河北省总商会是两个独立的法人单位。河北省工商联是党委领导下的具有统战性质的人民团体，列入省编委编制序列，为财政预算拨款单位。而河北省总商会是在省民政厅单独注册的社团法人，经费由会员的会费构成。南开区人民法院将河北省工商联与河北省总商会视为同一个单位，将河北省总商会列为被执行人并扣划其银行存款是错误的，你院应监督该院立即纠正。

你院将督办结果报告我院。

【附：案例评析】

人民法院在执行与工商联脱钩企业的案件时是否适用最高人民法院法释〔2001〕8号文的请示与答复

天津市高级法院的意见：

河北省工商联是不是党政机关，是否适用最高人民法院法释〔2001〕8号司法解释，以及追加河北省总商会为被执行人是否正确的问题，该院提出以下意见：

（一）关于河北省工商联是否应该承担本案的民事责任

根据本案的实际情况，河北省工商联应该向其下属公司投入注册资金人民币150万元，并担保资金150万元，而实际是分文未投，应该依照《民法通则》第106条和最高人民法院《关于执行工作的若干规定》第80条的规定，判决河北省工商联承担民事责任并无不当。判决后，河北省工商联并未上诉，执行中又与申请人达成和解执行协议。

（二）关于河北省工商联是不是党政机关，可否按照法释〔2001〕8号司法解释处理本案的问题

1. 根据中共中央中发〔1991〕15号文件《中共中央批转中央统战部关于工商联若干问题的请示》精神，对工商联的定性为"工商联作为党领导下的以统战性为主，兼有经济性、民间性的人民团体"。

2. 根据中共中央办公厅中办发〔1993〕17号《中共中央办公厅、国务院办公厅关于转发国家经贸委〈关于党政机关与所办经济实体脱钩的规定〉的通知》第2条之规定：县及县以上各级党的机关、人大机关、审判机关、检察机关和政府机关的公安、安全、监察、司法、审计、税务、工商行政管理、土地管理、海关、技术监督、商检等部门以及办事机构，均不准经商办企业。而工商联不适用该文件范围。

---

① 张小林：《关于能否强制执行甘肃金昌市东区管委会有关财产请示案》，载最高人民法院执行工作办公室编：《强制执行指导与参考》2003年第4辑（总第8辑），法律出版社2004年版，第232～237页。

3. 根据国务院《社会团体登记管理条例》第2条、第7条的规定，"工商联合会（商会）"是社团法人，应在民政部门申请登记。

4. 经到河北省民政厅调查并查阅河北省工商联（河北省总商会）的登记档案证实：河北省工商联、河北省总商会实行两块牌子，一套人马，省工商联的领导班子及工作机构同时也是省总商会的领导班子和工作机构，省工商联的会员也是省总商会的会员。在河北省民政厅是以河北省商会的名义登记注册的社团法人。

5. 据该院到天津市市委编委、统战部和民政局社团法人登记处等单位调查了解，根据有关文件规定明确答复该院：(1)"工商联"不是党政机关，工商联又称"民间商会"，在新时期是具有统一战线性质的人民团体，是党和政府联系非公有制经济人士的一个桥梁，应属社团法人，在民政部门登记注册；(2)"工商联"与"商会"是两块牌子一套人马，在民政部门注册时以"商会"名义注册；工商联虽然是社团法人，但有部分管理职能，每年有一定的行政经费拨付。工商联负责人一般都在人大或政协兼任领导职务。

6. 经到河北省财政厅调查其财政拨款情况，该厅拒绝配合；另外根据河北省工商联提供的2000—2002财政年度的预决算报表，被执行人每年都有数十万元的存款结余，对河北省总商会财务收支情况拒绝提供。

综上可见，工商联不是党政机关，河北省工商联与河北省总商会是两块牌子一个单位，均应履行南开法院的〔2000〕南经初字第158号判决书规定的义务。南开区人民法院在执行中追加河北省总商会为被执行人并无不当。

最高人民法院处理意见：

（一）各级工商联是党委领导下的具有统战性质的人民团体。其与挂靠企业脱钩时，是按照中央文件的要求执行的。因此人民法院在执行与其脱钩企业的案件时，也应比照适用最高人民法院法释〔2001〕8号《关于审理军队、武警部队、政法机关移交、撤销企业和与党政机关脱钩企业相关纠纷案件若干问题的规定》。根据该司法解释第15条、第16条的规定：开办单位应当承担民事责任的，人民法院不得对开办单位的国库款、财政经费账户、办公用房、车辆等其他办公必需品采取查封、扣押、冻结、拍卖、变卖等执行措施。开办单位只能用其财政资金以外的自有资金清偿债务。如果开办单位没有财政资金以外自有资金的，应当依法裁定终结执行。天津市高级人民法院应监督南开区人民法院在执行河北省工商联时，严格按照上述规定执行。

（二）河北省工商联和河北省总商会是两个独立的法人单位。河北省工商联是党委领导下的具有统战性质的人民团体，列入省编委编制序列，为财政预算拨款单位。而河北省总商会是在省民政厅单独注册的社团法人，经费由会员的会费构成。南开区人民法院将河北省工商联与河北省总商会视为同一个单位，将河北省总商会列为被执行人并扣划其银行存款是错误的，天津市高级人民法院应监督该院立即纠正。

评析意见：

（一）关于工商联作为开办单位承担民事责任时，是否适用法释〔2001〕8号《最高人民法院关于审理军队、武警部队、政法机关移交、撤销企业和与党政机关脱钩企业相关纠纷案件若干问题的规定》

笔者认为工商联作为人民团体，应比照法释〔2001〕8号的精神处理其作为开办单位承担民事责任的案件。理由如下：

1. 中共中央办公厅、国务院办公厅关于转发国家经贸委《关于党政机关与所办经济实体脱钩的规定》的通知（中办法〔1993〕17号），转发至各人民团体，要求遵照执行。说明该文件有关脱钩的规定涉及人民团体。而河北省工商联作为党委领导下的具有统战性的人民团体确实依照中央文件与所办企业进行了脱钩。我院法释〔2001〕8号司法解释的适用范围是：仅适用于审理此次军队、武警部队、政法机关移交、撤销企业和与党政机关脱钩的企业所发生的债务纠纷案件和破产案件。虽然我院司法解释未指明与人民团体脱钩的情况。但中央文件要求脱钩的精神不仅只限于党政机关，对人民团体也是如此。因此，最高人民法院司法解释对人民团体也应适用。

2. 中共中央统战部给最高人民法院的统函〔2003〕（五）9号《关于各级工商联作为统战性人民团体应按党政机关掌握的函》明确表明：全国工商联和各级工商联组织是党领导下的具有统战性的人民团体，纳入各级政府的行政编制，为财政预算拨款单位，经费由各级财政全额拨付。在执行中央的各项政策规定时，一直参照党政机关执行'特别是在与挂靠企业脱钩时，也是按照中央文件要求执行的。所以，牵扯到脱钩企业的相关纠纷时，亦应适用最高人民法院法释〔2001〕8号文规定。

3. 最高人民法院法释〔2001〕8号司法解释第15条、第16条规定人民法院在审理有关移交、撤销、脱钩的企业的案件时，认定开办单位应当承担民事责任的，不得对开办单位的国库款、军费、财政经费账户、办公用房、车辆等其他办公必需品采取查封、扣押、冻结、拍卖等保全措施和执行措施。人民法院在执行涉及开办单位承担民事责任的生效判决时，只能用开办单位财政资金以外的自有资金清偿债务。如果开办单位没有财政资金以外自有资金的，应当依法裁定终结执行。从这两条规定可看出：开办单位不能用财政资金为脱钩企业清偿债务，法院不能执行开办单位财政资金，不能执行办公车辆等。因此，本案中，河北省工商联作为财政拨款单位，也不能用财政资金为脱钩企业偿还债务，其办公车辆不能被执行。

（二）关于河北省工商联与河北省总商会是否能作为同一个单位执行的问题

河北省委统战部出具证明如下：

1. 河北省工商联是党委领导下的具有统战性质的人民团体，列入省编委编制序列，是独立的法人机构，接受省委统战部指导，其党组接受省委统战部领导。活动和事业费全部纳入省财政预算，人员参照国家公务员管理。

2. 河北省总商会是河北省工商界统战人士自愿组成的社会团体，是在省民政厅单独注册的独立社团法人，其经费来源全部由会员交纳的会费构成，人员实行聘用制。

3. 河北省工商联与河北省总商会是两个独立承担民事责任的不同的法人单位，两单位的性质不同，职能不同，经费的构成和来源也截然不同。

从河北省统战部出具的证明看，河北省工商联与河北省总商会应是两个独立的法人单位，以设立登记为准，而不能因实行一套人马、两块牌子即视为河北省总商会是河北省工商联的变更，作为一个单位来执行。因此，南开区人民法院在执行中追加河北省总商会错误，应予纠正。①

最高人民法院执行局
关于如何处理建设工程款债权与请求交付房产的债权冲突问题的复函

2008年11月5日　　〔2008〕执他字第8

青海省高级人民法院：

你院《关于青海量具刃具有限责任公司申请执行青海华峰房地产有限公司土地使用权转让合同纠纷及浙江东阳三建执行异议一案法律适用问题的请示》收悉。经研究，答复如下：

浙江省东阳第三建筑公司（以下简称东阳三建）请求青海华峰房地产有限公司（以下简称华峰公司）支付建筑工程款的权利以及青海量具刃具有限责任公司（以下简称量具公司）请求华峰公司交付房产的权利均为债权。依据《物权法》第九条、第三十条之规定，争议房产仍然属于华峰公司所有，应当作为华峰公司的责任财产由有关债权人按照法定的顺序受偿。依据《合同法》第二百八十六条以及本院《关于建设工程价款优先受偿权问题的批复》第一条之规定，应当对相应的争议房产进行变价，变价款由东阳三建优先受偿。东阳三建受偿后，剩余价款及未变价处理的房产应当交付量具公司。如无法按照执行依据确定的数量和质量执行实物，对量具公司非金钱债权的差额部分，应当依照本院《关于人民法院执行工作若干问题的规定（试行）》第五十七条之规定，折价后执行华峰公司的其他财产。

此复。

---

① 刘涛：《人民法院在执行与工商联脱钩企业的案件时是否适用最高人民法院法释〔2001〕8号文的请示与答复》，载最高人民法院执行工作办公室编：《强制执行指导与参考》2003年第2辑（总第6辑），法律出版社2003年版，第271~280页。

[提示] 粮食风险基金配套专户内的资金应专款专用，冻结及扣划账户内的资金错误，依法应予纠正

最高人民法院
民事裁定书

〔2009〕执复字第 14 号

申请复议人宝鸡市人民政府，住所地：陕西省宝鸡市。

法定代表人戴征社，该市市长。

委托代理人郑兴，陕西康嘉律师事务所律师。

申请执行人民生证券有限责任公司，住所地：北京市朝阳区朝阳门外大街 16 号中国人寿大厦 1901 室。

法定代表人岳献春，该公司董事长。

委托代理人管荣明，广东财富东方律师事务所律师。

委托代理人邱玲，民生证券有限责任公司职员。

申请复议人宝鸡市人民政府（以下简称宝鸡市政府）不服湖北省高级人民法院（以下简称湖北高院）作出的〔2009〕鄂执异字第 2 号执行裁定书，向本院申请复议。本院依法组成合议庭进行了审查，经调阅湖北高院相关执行卷宗，并召开听证会查明相关事实，现已审查终结。

申请复议人宝鸡市政府请求撤销湖北高院〔2009〕鄂执异字第 2 号执行裁定书，解除对相关账户的冻结措施。其主要理由为：湖北高院冻结的宝鸡市财政局在中国农业发展银行宝鸡市分行（以下简称农发行宝鸡市分行）20361039900100000062902 账户（以下简称 2902 账户）内的存款 750 万元，不属于宝鸡市财政局所有，宝鸡市财政局只是该账户的管理单位，且该账户是根据财政部、中国农业发展银行、陕西省财政厅的有关文件要求开立的粮食风险基金配套户，该账户内的资金专门用于对种粮农民的直接补贴、地方储备粮油的利息费用补贴等专项用途，不能用于偿还宝鸡市财政证券公司的债务。其提交的主要证明材料有：（1）陕西省财政厅、中国农业发展银行陕西分行陕财商〔1999〕010 号《转发粮食风险基金专户管理办法的通知》；（2）财政部、中国农业发展银行财商字〔1998〕466 号《关于印发粮食风险基金专户管理办法的通知》；（3）陕西省财政厅陕财办建〔2004〕126 号《关于调整粮食风险基金使用范围的通知》；（4）行政事业单位银行账户审批表；（5）中国农业发展银行印鉴卡等。

申请执行人民生证券有限责任公司（以下简称民生证券公司）认为，农发行宝鸡市分行 2902 账户户名为宝鸡市财政局，而非宝鸡市政府，应以开户名为准认定所有人，钱在谁名下所有权就归谁，湖北高院强制执行该账户内的资金正确。

本院查明：湖北高院在执行民生证券公司与宝鸡市财政证券公司证券回购合同纠纷一案过程中，于 2003 年 2 月 24 日作出〔1999〕鄂执字第 1-2 号民事裁定书，裁定宝鸡市财政局在注册资金 500 万元不到位的范围内对黄河证券公司（现民生证券公司）承担责任。2009 年 4 月 17 日，湖北高院以〔1999〕鄂执字第 1-5 号民事裁定书，冻结宝鸡市财政局在农发行宝鸡市分行 2902 账户上的存款 750 万元。宝鸡市政府对此提出异议，湖北高院于同年 6 月 16 日作出〔2009〕鄂执异字第 2 号执行裁定书，予以驳回。

本院认为，2902 账户系宝鸡市政府根据国务院办公厅转发财政部、中国农业发展银行《粮食风险基金专户管理办法》及陕西省财政厅《关于调整粮食风险基金使用范围的通知》开立的粮食风险基金配套专户，该账户内的资金应专款专用，且宝鸡市财政局只是该账户的管理人，宝鸡市政府应是该账户的实际所有人。故宝鸡市政府申请复议的理由成立，湖北高院冻结及扣划账户内的资金错误，依法应予纠正。依照《中华人民共和国民事诉讼法》第二百零二条、《最高人民法院关于适用〈中华人民共和国民事诉讼法〉执行程序若干问题的解释》第九条的规定，裁定如下：

撤销湖北省高级人民法院〔2009〕鄂执异字第 2 号执行裁定书。湖北省高级人民法院应

解除对 2902 账户的冻结措施。

本裁定送达后立即生效。

【附：案例评析】

执行程序中认定被执行人的开办单位承担出资不实责任的条件和程序——宝鸡市财政局、宝鸡市人民政府、中国农业发展银行宝鸡市分行申请复议案

湖北省高级人民法院认为，2902 账户为宝鸡市财政局所有及该账户有余额等情况，均系人民银行西安分行和宝鸡农发行提供，且具有客观真实性，按照中国人民银行印发的《支付结算办法》，"谁的钱进谁的账，由谁支配"的规定，宝鸡市人民政府的异议不成立。

评析意见：

湖北省高级人民法院的一个执行案件引发了三个复议案件，三个案件既各自独立，又有内在联系，争议焦点逐案分别为：宝鸡市财政局申请复议案的争议问题有二：一是财政局是否履行了出资义务；二是财政局的复议申请是否超范围。宝鸡市人民政府申请复议案的争议问题是：被冻结账户内资金的实际所有人及该资金的性质。宝鸡农发行申请复议案的争议问题是：对该行不予协助执行的行为应否进行罚款以及罚款的幅度。下面逐案进行分析：

（二）宝鸡市人民政府申请复议案

此案的争议焦点是，被冻结账户内资金的性质和实际所有人是谁。根据宝鸡市人民政府提供的相关证据，可以证明 2902 账户内的资金是粮食风险配套基金，属于特殊性质的专项资金，该基金由地方政府筹措，专门用于对种粮农民的直接补贴、地方储备粮油的利息费用补贴等专项用途，该资金归属于宝鸡市政府。由于各级人民政府没有组织机构代码证，无法在银行开户，且财政局是政府的相关职能部门，根据国务院的有关规定，粮食基金由财政局拨付和决算，故资金拨付时直接拨到财政局账户，但调配和使用权归同级人民政府，财政局只负责办理手续，而无权使用，更不能用于清偿财政局的债务。复议申请人也向湖北省高级人民法院提供了上述证据，湖北省高级人民法院仅按照中国人民银行《支付结算办法》规定的"谁的钱进谁的账，由谁支配"的规定，回避复议申请人提出的事实和相关证据，是不妥当的。最高人民法院认为，该账户内的资金形式上属于财政局，但实际所有人应为同级政府，人民法院在执行中应当根据国家有关政策执行，不能强制扣划专款专用的专项资金，故依法应予解除冻结。①

人民法院可否对被执行人在银行工资专户上的存款进行扣划？

问题：我院在执行一起案件中，查明被执行人某乡政府在工商银行工资专户上有存款 5 万余元。对此款可否扣划存在两种不同的意见。第一种意见认为可以扣划，因为此款在未发给乡政府干部之前，仍属于乡政府的自有资金，法院可以扣划；第二种意见认为不可以扣划，因为此款是财政部门发给乡政府机关干部的工资款，只能专款专用。如果人民法院扣划了，就损害了乡政府机关干部职工的利益。哪一种意见正确？

《人民司法》研究组认为：我们认为，不宜执行该乡政府工资专户账上的存款，你来函中的第二种意见基本正确。

依照我国有关法律规定，企业、事业、机关、团体单位只能在一个银行建立工资专户，凡属工资总额组成的支出，不论现金或转账，均应通过开户银行，从工资基金专用账户中列支。行政机关的工资属于国家计划内拨款项目，在下发到个人之前，其所有权属于国家，不属于个人所在的机关。对该账户上的存款，除因法律规定的特殊情况，人民法院不应作为被执行人的财产予以执行。②

法院能否执行这笔土地补偿费？

问题：我院办理了一起村民委员会借款合同纠纷执行案，在执行过程中冻结了该村下属村民小组的土地补偿款 100 万元。现已查明该款中不含安置费、青苗补偿费，请问该款能否作为被执行财产？

《人民司法》研究组认为：根据土地管理法的

---

① 于泓：《执行程序中认定被执行人的开办单位承担出资不实责任的条件和程序》，载最高人民法院执行局编：《执行工作指导》2009 年第 4 辑（总第 32 辑），人民法院出版社 2010 年版，第 94～107 页。

② 载《人民司法》2002 年第 1 期。

有关规定，征用土地的补偿费用包括土地补偿费、安置补偿费以及土地附着物和青苗补偿费等。其中土地补偿费归被征地单位所有，由被征地单位集中管理，用于发展生产和安排因土地被征用造成的多余劳动力的就业和不能就业人员的生活补助，不得分给个人、移作他用或平调；地上附着物及青苗补偿费归地上附着物及青苗的所有者所有；征地土地安置补助费必须专款专用，禁止侵占或挪作他用。另外，根据中华人民共和国村民委员会组织法规定，对村民委员会集体所有的土地和其他财产，村民委员会享有法定管理、监督使用权，并不具有处分权，村委会无权支配村民小组经营、管理的财产。因此，当村民委员会作为被执行人不能偿还其债务时，人民法院不能执行其下属村民小组的财产。①

工会为其投资开办的企业欠债承担连带清偿责任时，法院能否冻结、划拨工会经费及工会经费集中户里的款项

问题：我们在办理一起经济案件时遇到了这种情况：某集团公司工会投资开办A公司，因未实际投入注册资金，法院依法判令工会对A公司的债务在注册资金不足的范围内承担连带清偿责任。在该案执行过程中，经查实，A公司因连续两年未年审，已被工商部门吊销营业执照，且无任何财产可供执行。对能否冻结、划拨工会经费及工会经费集中户款项存在两种观点。一种观点认为：对工会经费及工会经费集中户的款项法院不应冻结、划拨。理由是最高人民法院《关于产业工会、基层工会是否具备社团法人资格和工会经费集中户可否冻结划拨问题的批复》（以下简称《批复》）明确规定：人民法院在审理案件中，不应将工会经费视为所在企业的财产，在企业欠债的情况下，不应冻结、划拨工会经费及工会经费集中户的款项。另一种观点认为：《批复》是指把工会的财产（经费）与工会所在企业的财产区分开来，不应把工会经费视为所在企业的财产。如果是在某集团公司欠债的情况下，法院不应冻结、划拨工会经费及工会经费集中户的款项。但在工会自身欠债的情况下，或工会为其投

资开办的企业欠债承担连带清偿责任时，法院可以冻结、划拨工会经费及工会经费集中户的款项。

请问以上两种观点哪种正确？

《人民司法》研究组认为：最高人民法院《关于产业工会、基层工会是否具备社团法人资格和工会经费集中户可否冻结划拨问题的批复》第3条规定：人民法院在审理案件中，不应将工会经费视为所在企业的财产，在企业欠债的情况下，不应冻结、划拨工会经费及工会经费集中户的款项。这里是指应依法将工会的财产与其所在企业的财产及债务分开，不得用工会经费清偿企业债务。根据《批复》第1、2条规定，工会仍应当清偿其自身对外所负债务或者承担自身行为所引起的民事责任。因此，工会为其所开办的企业承担责任时，不应援引最高人民法院这一批复作为抗辩的理由。工会为其投资开办的企业欠债承担连带清偿责任时，法院可以冻结、划拨工会经费及工会经费集中户的款项。当然，根据工会法的规定，人民法院在执行工作中，不应当执行工会经费中用于工会活动的部分。②

旅行社被吊销、注销经营资格后，法院能否执行旅行社的质量保证金？

问题：我院在执行甲公司与乙旅行社门票纠纷一案时查明：乙旅行社于2004年被福建省旅游局注销了经营许可证，其设立时曾向旅游局交纳旅游质量保证金5万元。我院据此于2005年3月9日向旅游局发出协助执行通知书冻结该保证金。但是在要求协助提取该款时，旅游局以最高人民法院〔2001〕1号文《关于执行旅行社质量保证金问题的通知》只列举了四种旅行社损害旅游者利益时才可执行保证金的情形，除此之外不得执行旅行社的质量保证金为由，拒绝协助执行。请问，该旅游局的做法对吗？

《人民司法》研究组认为：旅游质量保证金设立的目的是方便旅游行政管理机关对旅游企业进行行业管理，保证旅游消费者的合法权益及时得到保护。在旅行社因被注销行业经营资格而进行清算时，旅游质量保证金首先要保证赔偿旅游者

---

① 载《人民司法》2000年第10期。
② 载《人民司法》2002年第9期。

预交的旅行费以及旅游者对旅行社因旅游合同所产生的债权足额受偿，如有余额方能由其他债权人依法受偿。本案中旅游局应协助法院执行乙旅行社的质量保证金。①

中国人民银行关于对金融机构在人民银行的存款采取强制措施有关问题的通知

1996年4月19日　　银发〔1996〕148号

中国人民银行各省、自治区、直辖市分行、计划单列城市分行：

为保障人民银行金融监管工作顺利进行，根据中央政法委政法办转〔1995〕24号文，现就司法机关（包括公安、检察、法院，以下同）对金融机构在人民银行的存款能否采取强制措施及有关问题通知如下：

一、根据《中华人民共和国中国人民银行法》第二十二条和《中华人民共和国商业银行法》第三十二条的规定，金融机构向中国人民银行交存存款准备金和备付金，是中央银行实施宏观调控及对金融机构实施监督管理的重要手段。存款准备金和备付金不同于客户在金融机构的存款。民事诉讼法规定的冻结、划拨被执行人的存款不包括金融机构依法向人民银行交存的存款准备金和备付金。因此，司法机关不能冻结、划拨金融机构向人民银行交存的存款准备金和备付金。

二、金融机构因涉及有关案件需要给付款项时，应当予以自动履行，维护金融机构的信誉和形象。金融机构如认为司法机关的处理决定不当，应及时通过法律手段维护金融机构合法利益，保障金融机构信贷资产安全，但不得拖延履行司法机关的处理决定。

三、今后如发生司法机关要求人民银行分支机构协助冻结、划拨金融机构在人民银行存款的，人民银行分支机构应向司法机关的执法人员耐心地做好宣传、解释工作，并请司法机关的执法人员向其上级机关请示。

---

① 载《人民司法》2006年第10期。

第四编
交付财产和完成行为

第三十七章　交付财产

中华人民共和国民事诉讼法

2017年6月27日

第一百一十一条　诉讼参与人或者其他人有下列行为之一的，人民法院可以根据情节轻重予以罚款、拘留；构成犯罪的，依法追究刑事责任：

（一）伪造、毁灭重要证据，妨碍人民法院审理案件的；

（二）以暴力、威胁、贿买方法阻止证人作证或者指使、贿买、胁迫他人作伪证的；

（三）隐藏、转移、变卖、毁损已被查封、扣押的财产，或者已被清点并责令其保管的财产，转移已被冻结的财产的；

（四）对司法工作人员、诉讼参加人、证人、翻译人员、鉴定人、勘验人、协助执行的人，进行侮辱、诽谤、诬陷、殴打或者打击报复的；

（五）以暴力、威胁或者其他方法阻碍司法工作人员执行职务的；

（六）拒不履行人民法院已经发生法律效力的判决、裁定的。

人民法院对有前款规定的行为之一的单位，可以对其主要负责人或者直接责任人员予以罚款、拘留；构成犯罪的，依法追究刑事责任。

第一百一十二条　当事人之间恶意串通，企图通过诉讼、调解等方式侵害他人合法权益的，人民法院应当驳回其请求，并根据情节轻重予以罚款、拘留；构成犯罪的，依法追究刑事责任。

第一百一十三条　被执行人与他人恶意串通，通过诉讼、仲裁、调解等方式逃避履行法律文书确定的义务的，人民法院应当根据情节轻重予以罚款、拘留；构成犯罪的，依法追究刑事责任。

第一百一十四条　有义务协助调查、执行的单位有下列行为之一的，人民法院除责令其履行协助义务外，并可以予以罚款：

（一）有关单位拒绝或者妨碍人民法院调查取证的；

（二）有关单位接到人民法院协助执行通知书后，拒不协助查询、扣押、冻结、划拨、变价财产的；

（三）有关单位接到人民法院协助执行通知书后，拒不协助扣留被执行人的收入、办理有关财产权证照转移手续、转交有关票证、证照或者其他财产的；

（四）其他拒绝协助执行的。

人民法院对有前款规定的行为之一的单位，可以对其主要负责人或者直接责任人员予以罚款；对仍不履行协助义务的，可以予以拘留；并可以向监察机关或者有关机关提出予以纪律处分的司法建议。

第二百四十八条　被执行人不履行法律文书确定的义务，并隐匿财产的，人民法院有权发出搜查令，对被执行人及其住所或者财产隐匿地进行搜查。

采取前款措施，由院长签发搜查令。

第二百四十九条　法律文书指定交付的财物或者票证，由执行员传唤双方当事人当面交付，或者由执行员转交，并由被交付人签收。

有关单位持有该项财物或者票证的，应当根据人民法院的协助执行通知书转交，并由被交付人签收。

有关公民持有该项财物或者票证的，人民法院通知其交出。拒不交出的，强制执行。

第二百五十条　强制迁出房屋或者强制退出土地，由院长签发公告，责令被执行人在指定期间履行。被执行人逾期不履行的，由执行员强制执行。

强制执行时，被执行人是公民的，应当通知被执行人或者他的成年家属到场；被执行人是法人或者其他组织的,应当通知其法定代表人或者主要负责人到场。拒不到场的,不影响执行。被执行人是公民的,其工作单位或者房屋、土地所在地的基层组织应当派人参加。执行员应当将强制执行情况记入笔录,由在场人签名或者盖章。

强制迁出房屋被搬出的财物,由人民法院派人运至指定处所,交给被执行人。被执行人是公民的,也可以交给他的成年家属。因拒绝接收而造成的损失,由被执行人承担。

第二百五十一条 在执行中,需要办理有关财产权证照转移手续的,人民法院可以向有关单位发出协助执行通知书,有关单位必须办理。

第二百五十三条 被执行人未按判决、裁定和其他法律文书指定的期间履行给付金钱义务的,应当加倍支付迟延履行期间的债务利息。被执行人未按判决、裁定和其他法律文书指定的期间履行其他义务的,应当支付迟延履行金。

最高人民法院
关于适用《中华人民共和国民事诉讼法》的解释

2015年1月30日　　法释〔2015〕5号

第一百八十八条 民事诉讼法第一百一十一条第一款第六项规定的拒不履行人民法院已经发生法律效力的判决、裁定的行为,包括:

(一)在法律文书发生法律效力后隐藏、转移、变卖、毁损财产或者无偿转让财产、以明显不合理的价格交易财产、放弃到期债权、无偿为他人提供担保等,致使人民法院无法执行的;

(二)隐藏、转移、毁损或者未经人民法院允许处分已向人民法院提供担保的财产的;

(三)违反人民法院限制高消费令进行消费的;

(四)有履行能力而拒不按照人民法院执行通知履行生效法律文书确定的义务的;

(五)有义务协助执行的个人接到人民法院协助执行通知书后,拒不协助执行的。

第四百九十五条 他人持有法律文书指定交付的财物或者票证,人民法院依照民事诉讼法第二百四十九条第二款、第三款规定发出协助执行通知后,拒不转交的,可以强制执行,并可依照民事诉讼法第一百一十四条、第一百一十五条规定处理。

他人持有期间财物或者票证毁损、灭失的,参照本解释第四百九十四条规定处理。

他人主张合法持有财物或者票证的,可以根据民事诉讼法第二百二十七条规定提出执行异议。

第五百零七条 被执行人未按判决、裁定和其他法律文书指定的期间履行非金钱给付义务的,无论是否已给申请执行人造成损失,都应当支付迟延履行金。已经造成损失的,双倍补偿申请执行人已经受到的损失;没有造成损失的,迟延履行金可以由人民法院根据具体案件情况决定。

最高人民法院
关于人民法院执行工作若干问题的规定(试行)

1998年7月8日　　法释〔1998〕15号

57. 生效法律文书确定被执行人交付特定标的物的,应当执行原物。原物被隐匿或非法转移的,人民法院有权责令其交出。原物确已变质、损坏或灭失的,应当裁定折价赔偿或按标的物的价值强制执行被执行人的其他财产。

58. 有关单位或公民持有法律文书指定交付的财物或票证,在接到人民法院协助执行通知书或通知书后,协同被执行人转移财物或票证的,人民法院有权责令其限期追回;逾期未追回的,应当裁定其承担赔偿责任。

59. 被执行人的财产经拍卖、变卖或裁定以物抵债后,需从现占有人处交付给买受人或申请执行人的,适用民事诉讼法第二百二十五条①、第二百二十六条②和本规定57条、58条的规定。

最高人民法院
关于执行案件中车辆登记单位与实际出资购买人不一致应如何处理问题的复函

2000年11月21日　〔2000〕执他字第25号

上海市高级人民法院:

你院沪高法〔1999〕321号《关于执行案件车辆登记单位与实际出资购买人不一致应如何处理的请示》收悉。经研究,答复如下:

本案被执行人即登记名义人上海福久快餐有限公司对其名下的三辆机动车并不主张所有权;其与第三人上海人工半岛建设发展有限公司签订的协议书与承诺书意思表示真实,并无转移财产之嫌;且第三人出具的购买该三辆车的财务凭证、银行账册明细账、缴纳养路费和税费的凭证,证明第三人为实际出资人,独自对该三辆机动车享有占有、使用、收益和处分权。因此,对本案的三辆机动车不应确定登记名义人为车主,而应当依据公平、等价有偿原则,确定归第三人所有。故请你院监督执行法院对该三辆机动车予以解封。

被执行人在诉讼保全期间内将法院查封的出租车营运牌照融资租赁给他人的行为无效。

最高人民法院研究室
关于如何认定买卖合同中机动车财产所有权转移时间问题的复函

2000年12月25日　法研〔2000〕121号

陕西省高级人民法院:

你院陕高法〔2000〕50号《关于如何认定买卖合同中机动车财产所有权转移时间的请示》收悉。经研究,答复如下:

关于如何认定买卖合同中机动车财产所有权转移时间问题,需进一步研究后才能作出规定,但请示中涉及的具体案件,应认定机动车所有权从机动车交付时起转移。

【附:相关理解与适用】

《关于如何认定买卖合同中机动车财产所有权转移时间问题的复函》的理解与适用

2000年12月25日最高人民法院研究室对陕西省高级人民法院作出了《关于如何认定买卖合同中机动车财产所有权转移时间问题的复函》(法研〔2000〕121号)。该复函称,如何界定机动车买卖中机动车所有权转移时间问题需进一步研究,但对陕西省高院请示中涉及的具体案件,应当认定机动车所有权从出卖方将机动车交付给买受方时起转移。

一、陕西省高院的请示

陕西省高级人民法院2000年4月向最高人民法院报送了《关于如何认定机动车财产所有权转移时间的请示》。该请示中涉及的案件大致情节是:原告将被告诉至法院前,被告就其所有的汽车与第三人达成了买卖协议,并且在第三人支付款项后将汽车交付给第三人。虽然未到车辆管理部门办理过户登记,但第三人接受该车后在工商管理的汽车交易市场上办理了交易手续,并将该车投入运营。原告起诉后,要求法院采取财产保全措施扣押被告已卖掉的汽车。对法院是否可以对该车采取财产保全措施,产生了两种意见:一种意见认为,虽然被告与第三人就该车达成了买卖协议并且被告交付了车辆,但未到车辆管理部门办理过户登记手续,买卖行为无效,车辆仍属于被告所有,原告提出的财产保全措施有道理,法院应当支持。另一种意见认为,尽管被告或第三人未到车辆管理部门办理过户登记手续,但目前的法律和行政法规并未规定车辆管理部门的登记是机动车买卖行为生效的必然条件,既然被告收受了第三人支付的车款并将汽车交付给第三人,

---

① 民事诉讼法原第二百二十五条现已修改为第二百四十九条。——编者注
② 民事诉讼法原第二百二十六条现已修改为第二百五十条。——编者注

该车的财产所有权应当已转移到第三人。如果法院扣押第三人的汽车，就属于扣押案外人的财产，不符合民事诉讼法的规定。故法院不应当支持原告的财产保全要求。

二、现行有关机动车买卖的法律规定

汽车属于机动车的一种，也是民法上所称动产的一种。目前的法律（仅指全国人大及其常委会制定的法律和国务院制定的行政法规）对汽车的买卖中所有权何时转移没有特殊规定。民法通则第七十二条规定："财产所有权的取得，不得违反法律规定。按照合同或者其他合法方式取得财产的，财产所有权从财产交付时起转移，法律另有规定或者当事人另有约定的除外。"这一条规定，表明财产（包括动产，也包括不动产）所有权的转移，如果法律没有特殊规定或者当事人也没有特别约定，财产所有权从交付时起转移。依合同法，所谓买卖合同就是指出卖人转移标的物所有权于买受人，买受人支付价款的合同。标的物所有权不发生转移，就不存在买卖行为。合同法对标的物所有权转移时间的规定，完全与民法通则的规定相同。该法第一百三十三条规定："标的物的所有权自标的物交付时起转移，但法律另有规定或者当事人另有约定的除外。"所谓法律另有规定，目前的法律涉及财产所有权转移问题有两项：一是海商法，二是民用航空法。海商法第九条第一款规定："船舶所有权的取得、转让和消灭，应当向船舶登记机关登记；未经登记的，不得对抗第三人。"民用航空法第十四条第一款规定："民用航空器所有权的取得、转让和消灭，应当向国务院民用航空主管部门登记；未经登记的，不得对抗第三人。"这两部法律只是规定船舶、民用航空器所有权的变动应当登记，未经登记的不得对抗第三人，但并未表明，未登记的，就必然无效或者所有权根本不发生转移。

三、现行车辆登记的法律意义

机动车应当登记。1988年国务院发布的《中华人民共和国道路交通管理条例》第十七条规定："车辆必须经过车辆管理机关检验合格，领取号牌、行驶证，方准行驶。"第十八条规定："机动车在没有领取正式号牌、行驶证以前，需要移动或试车时，必须申领移动证、临时号牌，按规定行驶。"从这些规定看，公安机关办理的机动车登记，是准予或者不准予机动车上道路行驶的登记，不是机动车所有权登记。现行的车辆登记只是一种行政管理手段。《机动车管理办法》（1960年1月12日国务院批准，2月11日公布施行，仍未废止）第十五条规定："领有正式号牌和行车执照的车辆，发生下列异动时，应由所有人或车辆所属单位及时向当地车辆管理机关办理登记：1.转籍：车辆由甲省（自治区、直辖市）迁移至乙省（自治区、直辖市）时；2.变更：初次检验的登记项目内容有变更时。以上登记，如非现籍车辆管理机关办理的，经办机关应通知现籍车辆管理机关。"该条只规定因车辆发生"异动"时所有人或车辆所属单位应当登记，并没有规定登记与买卖合同是否有效或车辆所有权转移的时间问题。1990年11月28日公安部交通管理局曾给陕西省公安交通警察总队作出的《关于车辆转卖未过户发生事故经济赔偿问题的批复》认为：机动车辆产权的转移有特殊要求，即必须经过汽车交易市场并由所有人或车辆所属单位向车辆管理机关办理过户手续，未履行以上二项手续的交易，应视为无效。该"批复"只表明公安部交通管理局当时对车辆产权转移问题的一种认识。现在，该局经过研究后，认为"根据现行机动车登记法规和有关规定，公安机关办理的机动车登记，是准予或者不准予机动车上道路行驶的登记，不是机动车所有权登记。因此，将车辆管理部门办理过户登记的时间作为机动车财产所有权转移的时间没有法律依据"。（2000年6月该局给最高人民法院研究室的复函）这种认识，是符合道路交通管理条例等规定的。实际上，车辆管理部门办理的登记根本不是"过户"，只是一个习惯的说法而已。

四、最高人民法院的相关答复

最高人民法院在2000年11月给上海市高级人民法院"关于执行案件车辆登记单位与实际出资购买人不一致应如何处理的问题"的答复（〔2000〕执他字第25号）中认为，如果能够证明车辆实际出资购买人与登记名义人不一致，"对本案的三辆机动车不应确定登记名义人为车主，而应当依据公平、等价、有偿原则，确定归第三人所有"。该答复实际上否定了车辆管理机关的登记为所有权登记的说法。

虽然法研〔2000〕121号认为"请示中涉及的具体案件，应认定机动车所有权从机动车交付时起转移"，但由于该请示中涉及的案件并没有特殊性，因而法研〔2000〕121号的结论并非不具有普遍意义。当然，如果法律对机动车所有权转移时间有新的规定，则依法律即可。①

最高人民法院执行办公室
关于判决交付的特定物灭失后如何折价问题的复函

2000年12月25日　〔2000〕执他字第31号

山东省高级人民法院：

你院鲁高法函〔1999〕78号《关于判决交付的特定标的物灭失后如何折价问题的请示》收悉。经研究，答复如下：

山东省聊城地区中级人民法院〔1993〕聊中法民终字第166号民事判决，系判决交付可替代的种类物的执行案件而不是判决交付特定物的执行案件。如被执行人有该种类物，执行法院直接执行即可；如被执行人无该种类物，应发出履行通知书要求被执行人依判决购买该种类物偿还债务；被执行人拒不购买交付的，执行法院可以该种类物的现时市场价格及运费确定其债务数额，命被执行人预行交付；拒不交付的，可裁定强制执行被执行人的其他财产。

鉴于本案的特殊情况，可就执行标的问题征求申请执行人意见，或按上述关于执行可替代物的有关原则办理；或直接裁定转入金钱代偿执行。对本案的迟延履行金，应当按照《最高人民法院关于适用〈中华人民共和国民事诉讼法〉若干问题的意见》第二百九十五条②的规定办理。

此复。

【附：案例评析】

判决交付的特定物灭失后如何折价问题请示案

山东省高级人民法院就山东省茌平县人民法院执行的申请执行人茌平县茌平镇西关村民委员会与被执行人王长城偿还物品案件，判决确定交付的特定物已经灭失，如何折价赔偿的问题，向我院请示。

山东高院意见：

山东高院有四种意见。

第一种意见，判决确定交付特定标的物的，应当执行原物。原物灭失的，依照最高人民法院关于适用民法通则若干问题的意见第126条的规定，可以按照或者适当高于归还时市场零售价格折价给付。本案中，二审判决确定的交付时间即是应归还之时。故应按终审判决确定交付的时间届满时的市场零售价格折价赔偿。

第二种意见，在执行程序中，判决确定交付的特定物已经灭失，被执行人不能履行交付财产的义务，人民法院应裁定其按执行时的价格折价赔偿，并责令其按照最高人民法院关于适用《民事诉讼法》若干问题意见第295条的规定，支付迟延履行金。即已经给申请执行人造成损失的，双倍补偿申请执行人已经受到的损失，没有造成损失的，由人民法院根据具体案件情况决定。

第三种意见，王长城与村委会之间形成的是债务关系，王长城不能归还借用物时，应按借用时的市场价格作价付款，并支付相应利息。因双方没有约定归还时间，该利息应从村委会提起诉讼之日起算。故本案应按借用时的市场零售价格作价赔偿。

第四种意见，基于对债权人的充分保护，本案执行应按照其中的最高价格折价赔偿。

山东高院倾向于第一种意见。

评析意见：

笔者认为山东高院的四种意见均不可取。理由如下：

1. 本案判决交付的不是特定物而是可替代物

依据现有的法律规定和法理，所谓特定物是指在客观上具有特定性和不可替代性的物或是在主观上经过特定化的种类物（即双方当事人或法院判决将种类物特定化）。所谓种类物是指从物的性质上属于同一类别的物，其具有可替代性。所谓可替代物是指可以用同品质、同种类、同质量

---

① 汪治平：《关于如何认定买卖合同中机动车财产所有权转移时间问题的复函》，载最高人民法院研究室编：《司法解释与审判指导》2002年第1辑（总第1辑），中国法制出版社2002年版，第106页。

② 该条规定已经被最高人民法院《关于适用〈中华人民共和国民事诉讼法〉的解释》（法释〔2015〕5号）第五百零七条替代，内容未变，下同。——编者注

的物替代的物。而本案，王长城向村委会借用钢筋原本就是用于建房，此合同的完全履行形式是，王长城向村委会支付该批钢筋在当时市场上的相应对价或是在市场上购买（或通过其他合法途径购进）相同品牌、相同型号、同质量的钢筋归还村委会。因其借用的那一批钢筋是用于建房（关于这一点，双方当事人在订立合同时是明知的，且此事实已经法院认定），无论是履行合同或是履行法院的判决，如果要偿还王长城从村委会借走的那一批钢筋，王长城则必须从市场上购买（或通过其他合法途径购进）同种类、同品牌、同型号、同质量的钢筋偿还村委会。合同的本意和法院判决都不是要求王长城以其从村委会借走的并已用于建房的那一批钢筋履行义务。就本案而言，如果按照特定物的概念，判决要求被执行人交付特定物，则王长城必须以其从村委会借出的并已用于建房的那一批钢筋向村委会履行债务，且不可替代。这显然与当事人签订合同时的本意和法院所认定的事实不符。因此本案判决王长城交付的"钢筋"是种类物、可替代物，而不是特定物。

2. 关于交付可替代物判决的执行的法律规定

（1）山东高院的第一种意见认为，本案可依照最高法院关于适用《民法通则》若干问题的意见第126条的规定适用，是错误的。该条规定："借用实物的，出借人要求归还原物或者同等数量、质量的实物，应当予以支持；如果确实无法归还实物的，可以按照或者适当高于归还时市场零售价格折价给付。"本条是规定在最高人民法院关于适用《民法通则》若干问题意见中，其是法院在处理借用合同诉讼争议中，进行实体判决应当适用的规定。而本案法院判决已明确判令被告偿付原告实物。山东高院请示的所谓"关于判决交付的特定标的物灭失后如何折价的问题"是诉讼程序中执行程序的问题，故不能适用最高法院关于适用《民法通则》若干问题意见第126条有关规定进行处理。

（2）民事诉讼法第228条①第1款规定，法律文书指定交付的财物或者票证，由执行员传唤双方当事人当面交付，或者由执行员转交，并由被交付人签收。本条所谓"法律文书指定交付的财物"我认为应做广义理解，即包括法律文书确定

交付的动产（包括特定动产和可替代动产）和不动产。因此判决交付可替代物的执行案件，可以适用该条规定的执行方式予以执行。但本条规定并没有涉及"当债务人无判决确定交付的财物时该如何执行的问题"，因此无法适用。

（3）最高人民法院适用《民事诉讼法》意见第284条规定，执行标的物为特定物时，应执行原物。原物不存在的，可折价赔偿。《最高人民法院关于人民法院执行工作若干问题的规定（试行）》第57条规定，生效法律文书确定被执行人交付特定标的物的，应当执行原物。原物被隐匿或非法转移的人民法院有权责令其交出。原物确已变质、损坏或灭失的，应当裁定折价赔偿或按标的物的价值强制执行被执行人的其他财产。这两条规定都仅适用于"判决确定交付特定标的物"案件的执行，在司法实践和法理上关于"特定标的物"是有其特殊的含义的，即在客观上不可替代的或在主观上经特定化的物。如前所述，本案判决王长城交付的钢筋是种类物而非特定物，因此亦不能适用上述两条的规定。

经查，关于法院判决交付可替代物（种类物）而被执行人无该可替代物（种类物），法院应当如何执行的问题，我国现行的法律法规及司法解释没有规定。

3. 区分交付特定动产之执行与交付可替代物之执行的意义

从特定物和可替代物的特质出发，两类案件在执行方式和执行结果上是不同的。

交付特定动产之执行，原则上是法院应当先执行原物（该特定物），但如遇有特定物变质、损坏、灭失等情势的，因该特定物具有不可替代性，所以必然地转化为代偿执行（如无实物时按市价给付金钱），当债务人无法给付时，法院依据法律之规定，可借鉴金钱债权之强制执行方法对债务人之责任财产强制执行。在执行中，如被执行人隐藏、毁损、转移、变卖判决确定交付的特定物的，因该特定物具有不可替代性，当事人的行为直接导致了判决既判力的不能实现，执行法院可径依民事诉讼法第102条②和《最高人民法院关于人民法院执行工作若干问题的规定（试行）》第100条的有关规定，对其采取司法强制措施。而

---

① 民事诉讼法原第二百二十八条现已修改为第二百四十九条。——编者注
② 民事诉讼法原第一百零二条现已修改为第一百一十一条。——编者注

交付可替代物之执行,因当事人的诉求和法院的判决一致要求被执行人给付"一定的物",且该物为在市场交易上得以同种类、同品质、同数量的物为替代给付者,不存在执行不能的情况,因此应一律执行原物。依据法理,如债务人占有该物,则法院可直接将其取交债权人;如债务人未占有该可替代物,应要求债务人依判决购买此项替代物交付之;债务人不为此项行为的,法院可斟酌该替代物现实价格及其他情事定其数额,命债务人预行交付,由债权人或第三人采买或代为采买交付。在判决交付可替代物的执行案件中,不存在原物的毁损、变质、灭失等情事,因其可以种类物替代。在执行中,如被执行人隐藏、毁损、转移、变卖判决交付的可替代物的,因该可替代物具有可替代性,当事人的行为并不能导致判决既判力的不能实现,执行法院在采取民事强制措施方面与前者也有所不同。

二者因其执行方法及其所遵循的原则不同,在结果上也有所差异。依据我国现行的法律规定,对特定物是原则上执行原物,被执行人如无原物(包括原物的变质、毁损、灭失等),执行法院可径行转入代偿执行(法院按照该物的市场平均价格,对被执行人的责任财产进行强制执行),在进行代偿执行中,法院是作为第三者积极主动地对特定物的价值进行认定,因其并非出于对自己利益的考虑,难免失之偏颇;而可替代物的案件执行,依据法理(因现行的法律法规、司法解释没有规定)应"一律执行原物",此种操作可有利于调动被执行人积极性,其可在市场上寻找相对较低价格的同种类、同品质、同数量的替代物偿还之。如债务人不为此项行的,法院可斟酌该替代物现实价格及其他情事定其数额,命债务人预行交付,如不交付,直接裁定强制执行债务人的其他财产,由债权人或第三人代为购买交付,多退少补。无论是债务人自己购买,还是第三人或债权人代为购买,都是以真实之市场价格进行计算,其与法院作为第三者积极主动地对特定物的价值

进行认定的价格是有一定差异的,因此造成了执行结果的不同。

总之,区分交付特定动产之执行与交付可替代物之执行的最大意义在于,客观上充分尊重、满足了当事人的诉求,并实现了法院判决的既判力。

4. 本案具体答复意见

(1) 关于物的执行。如前所述,本案是判决交付可替代物的执行案件。现行的法律法规及司法解释对被执行人无判决交付可替代物如何执行的问题没有规定。根据交付可替代物的执行法理,本案应执行该替代物(即6.5MM的钢筋7.5吨)。如债务人占有该物,且客观上具有执行可能的,则法院可直接将其取交债权人;如该物已用于建房,且债务人无该可替代物的,应发出协助履行通知书要求债务人依判决购买此项替代物交付之;如债务人不为此项行为的,法院可斟酌该替代物现实价格及其他情事定其数额,命债务人预行交付,如不交付,直接裁定强制执行债务人的其他财产,由债权人或第三人代为购买交付,多退少补。

(2) 关于迟延履行金。按照最高人民法院关于适用《民事诉讼法》若干问题意见第295条的有关规定办理。即,被执行人未按判决、裁定和其他法律文书指定的期间履行非金钱给付义务的,无论是否给申请执行人造成损失,都应当支付迟延履行金。已经造成损失的,双倍补偿申请执行人已经受到的损失;没有造成损失的,迟延履行金可以由法院根据具体案件情况决定。

最高人民法院处理意见:

作为一类案件的处理,同意前述意见,但鉴于本案发生时间较早,则可征求债权人意见,如其想要钱,法院可转为代偿执行;如其想要物,那么法院应要求债务人购买;如不购买,按照物的现场价格及其他情事,预行执行被执行人其他财产,由债权人或第三人代为购买交付,多退少补。迟延履行金的处理同意前述意见。[①]

[①] 李亮:《判决交付的特定物灭失后如何折价问题请示案》,载沈德咏主编、最高人民法院执行工作办公室编:《强制执行指导与参考》2002年第3辑(总第3辑),法律出版社2003年版,第249~256页。

[提示] 执行法院有权责令被执行人限期追回或直接执行该标的物

最高人民法院
关于深圳市华旅汽车运输公司出租车牌照持有人对深圳市中级人民法院执行异议案的复函

2001年10月30日　〔2001〕执监字第232号

广东省高级人民法院：

你院〔2001〕粤高法执监字第188号《关于深圳中院执行华旅汽车运输公司一案的复查报告》收悉。经研究，同意你院的复查意见，现具体答复如下：

一、《最高人民法院关于适用〈中华人民共和国民事诉讼法〉若干问题的意见》第108[①]、109条[②]规定，诉讼中的财产保全裁定的效力一般应维持到生效的法律文书执行时止；在财产保全期内，任何单位均不得擅自解除保全措施。《最高人民法院关于人民法院执行工作若干问题的规定（试行）》第44条规定，"被执行人或其他人擅自处分已被查封、扣押、冻结财产的，人民法院有权责令责任人限期追回财产或承担相应的赔偿责任。"本案被执行人深圳市华旅汽车运输公司在诉讼保全期间内将人民法院已经查封的142块出租车营运牌照作为合同标的物以每块28万元至45万元不等的价格融资租赁给他人的行为无效。执行法院有权责令被执行人深圳市华旅汽车运输公司限期追回查封标的物（出租车营运牌照）或直接执行该标的物。

二、《最高人民法院关于人民法院执行工作若干问题的规定（试行）》第86条第1款规定："在执行程序中，双方当事人可以自愿达成执行和解协议，变更生效法律文书确定的履行义务主体、标的物及其数额、履行期限和履行方式。"依据本规定，执行和解协议的有效要件之一是双方当事人出于自愿并就协议内容的意思表示一致。而本案的各申请执行人于2001年4月29日、5月9日（拍卖前一日）两次向执行法院明确表示不同意和解并要求执行法院依法对查封标的物进行拍卖，表明本案申请执行人与被执行人之间并没有达成有效的执行和解协议。申诉人（牌照持有人）要求按所谓的和解协议执行，没有事实根据，不予支持。

三、《最高人民法院关于人民法院执行工作若干问题的规定（试行）》第47条规定："人民法院对拍卖、变卖被执行人的财产应当委托依法成立的资产评估机构进行价格评估。"据此规定，评估程序应当是人民法院拍卖、变卖被执行人财产的必经程序。本案执行法院曾于1999年12月委托深圳市国有资产评估有限公司对华旅公司所有的100个出租车营运牌照（产权证编号为：03151—03250）的权益进行评估，评估公司于同年12月16日出具《关于法院委托评估的资产评估结果报告书》。评估报告书确认：每个出租车营运牌照权益价值的评估值为45.49万元；建议拍卖保留价为40.941万元/个。评估公司出具的《评估过程说明》第5条第6项注明：本次评估报告在市场价格无较大波动情况下的有效期为半年，若超过此期限或市场价格发生较大波动时，需重新评估。后因双方当事人磋商执行和解，此次拍卖没有进行。2001年5月10日，深圳市中级法院在没有进行重新评估的情况下，合议庭决定该批出租车营

[①] 该108条规定："人民法院裁定采取财产保全措施后，除作出保全裁定的人民法院自行解除和其上级人民法院决定解除外，在财产保全期限内，任何单位都不得解除保全措施。"该规定已被最高人民法院《关于适用〈中华人民共和国民事诉讼法〉的解释》（法释〔2015〕5号）第一百六十五条修改为："人民法院裁定采取保全措施后，除作出保全裁定的人民法院自行解除或者其上级人民法院决定解除外，在保全期限内，任何单位不得解除保全措施。"下同——编者注

[②] 该109条规定："诉讼中的财产保全裁定的效力一般应维持到生效的法律文书执行时止。在诉讼过程中，需要解除保全措施的，人民法院应及时作出裁定，解除保全措施。"该规定已被最高人民法院《关于适用〈中华人民共和国民事诉讼法〉的解释》（法释〔2015〕5号）第一百六十八条修改为："保全裁定未经人民法院依法撤销或者解除，进入执行程序后，自动转为执行中的查封、扣押、冻结措施，期限连续计算，执行法院无需重新制作裁定书，但查封、扣押、冻结期限届满的除外。"下同——编者注

运牌照的拍卖保留价为70万元/个，委托广东机电深圳拍卖行进行拍卖。我们认为，在第一次评估报告已经过期并自动失效的情况下，深圳市中级法院未经重新评估，执行合议庭合议确定拍卖保留价并委托拍卖的行为违反法定程序。鉴于该批出租车营运牌照的拍定价格大幅度高于原评估价格且已经公开拍卖完毕，可予以维持。但为维护程序公正和保证拍卖物的价格真实，应由深圳市中级法院另行指定评估机构按拍卖时的市场行情再行评估一次，如重新评估的价格未超过原拍卖价，则维持拍卖结果；如超过原拍卖价，则重新拍卖。

鉴于本案的执行涉及群体利益，故请你院接函后即督促深圳市中级法院制定详细工作方案，积极、稳妥地做好申诉人息诉工作，以维护社会稳定。

此复。

【附：案例评析】

深圳市华旅汽车运输公司出租车牌照持有人对深圳市中级人民法院执行异议案

四、深圳中院意见

1. 关于当事人是否达成和解协议的问题

在长达5年的执行期间内，法院多次召集当事人进行协商，均未达成和解协议。在拍卖前，两家债权人均表示无法和解，要求拍卖，因此法院的拍卖没有问题。

2. 关于评估报告是否过期的问题

评估报告规定的评估期限是评估人自行设定的，相关法律、法规对此没有规定。在评估至拍卖期间，市政府投放了1200辆"绿的"并下调了的士营运价格，对拍卖行情造成了一定的影响。法院在委托拍卖时，经合议庭研究决定以高于评估价70%的价格拍卖（原评估价为每块营运牌照45.49万元），经过竞买人的竞价，均以超过深圳中院确定的底价（70万元）拍卖成交。

3. 华旅公司未进入拍卖现场被剥夺知情权的问题

拍卖时，为防止突发事件，市公安局对进入现场的人进行了控制，凡与拍卖无关的人不得进入拍卖现场，拍卖前华旅公司未向法院或公安局提出进入拍卖现场的申请。法院并未剥夺其知情权。

综上，深圳中院认为其执行手续完备，程序合法，牌照持有人的申诉应予驳回。

五、广东高院意见

1. 原则同意深圳中院的意见。

2. 出租车营运牌照被查封后进行的买卖行为均为无效，买受人转手倒卖牟利，其行为不受法律保护。

3. 华旅公司恶意逃债，应追究其妨碍民事诉讼行为的责任对有关责任人员采取民事制裁措施直至追究刑事责任。

4. 关于评估过期问题，考虑到出租车营运牌照的价格受市场影响，应对该营运牌照再行评估，如重新评估后，评估值未超过拍卖价，维持原拍卖价，若超过原拍卖价，重新拍卖。

5. 从拍卖款项中对营运牌照的最后持有人进行适当的补偿，拟以华旅公司第一手非法转让所收取的金额的100%作为补偿的标准，不足部分，由牌照持有人向上一手追索。

6. 建议深圳市主管部门加强对出租小汽车营运的管理。

7. 深圳中院做债权人工作，在本金得到保护的前提下，利息方面争取作出让步。

六、本案的核心问题

1. 华旅公司与承租人签订的《出租小汽车融资承包合同》的性质及其效力；2. 当事人双方是否达成了执行和解协议？3. 法院是否有权审查当事人之间达成的执行和解协议？4. 评估报告是否过期、过期后将产生什么法律后果？5. 合议庭能否决定评估价格？

七、评析意见

撰稿人依本案的事实，结合合议庭讨论意见和承办人意见，提出以下评析意见：

1. 关于华旅公司与各家银行签订的"抵押贷款合同"的性质及其与承包人签订的《出租小汽车融资承包合同》的效力问题

（1）"抵押贷款合同"的性质

如前所述，1994年4月至12月间，华旅公司将其所有的产权证编号为03151—03250、001—028的出租车营运牌照"抵押"给了前述各债权人，进行"抵押贷款"。在法院对华旅公司与大厦支行、盐田支行和红宝支行等3家银行的贷款合同纠纷所作的生效法律文书（包括判决书、调解书）中也确认了上述"抵押合同"关系，并判决：在借款逾期不能得到偿还时，有关债权人有权向法院申请拍卖"抵押物"——出租车营运牌照。我认为,从营运牌照本身的性质来看,将华旅公司与各家银行之间的法律关系认定为"抵押贷款"的关系是值得商榷的。理由如下:

《深圳经济特区出租小汽车管理条例》第10条规定:"出租车必须依本条例取得营运牌照后,方可从事出租业务。未取得营运牌照的小汽车不得从事出租业务。营运牌照实行一证一车制,每一营运牌照应当同其所载明的出租车牌号相符合;营运牌照设正本和副本,正本交出租车经营者持有,副本由市运政管理机关保存备查。本条例所称营运牌照,是指市运政管理机关颁发的允许从事出租车业务的经营资格证明。"依据上述规定,出租车营运牌照是由特定行业管理部门监管并颁发的、允许从事出租车业务的经营资格证明。出租车营运牌照本身并不具有财产价值,其财产价值体现在"依行业管理部门的授权,从事出租车营运业务"上。这一特征集中反映了,营运出租车是一种权利,出租车营运牌照是一种权利凭证。依据《担保法》的有关规定和物权法理论,抵押适用于不动产或特定动产(也包括当事人自愿办理抵押登记的其他财产);质押适用于动产和权利。另依据《深圳经济特区出租小汽车管理条例实施细则》第27、28条规定:"营运牌照持有人可依法以营运牌照证书设定质押。但同一营运牌照证书不得设立两个以上质押。以营运牌照证书设定质押的,出质人与质权人应当订立书面合同,并向管理机构办理出质登记;质押合同自登记之日起生效。"综上所述,出租车营运牌照作为一种证明权利存在的凭证,其客体是"权利"。在出租车营运牌照上设定担保物权,应当适用《担保法》第四章第二节的有关规定——即权利质押。然而,就本案所涉"权利质押"合同是否有效的问题存在一些争议。一种观点认为:《担保法》第四章第二节规定的权利质押权使用于该法第75条及有关司法解释所规定的各项"权利"——即汇票、支票、本票、债券、存款单、仓单、提单,依法可以转让的股份、股票,依法可以转让的商标专用权,专利权、著作权中的财产权,过路、过桥收费权等。"出租车营运牌照"的客体尽管是权利,但其没有包含在法律规定的上述各项"权利凭证"之中,基于"物权法定"原则,以"出租车营运牌照"为质物签订的权利质押合同无效。我认为这种观点是值得商榷的,理由如下:a.

《担保法》尽管没有规定"出租车营运牌照"可以作为权利质押的客体,但从现有的法律、法规和司法解释看,也没有"禁止性规定"——即如果以其他权利质押,则合同无效。相反,《担保法》第75条第4项规定了权利质押扩大适用的情形,即"依法可以质押的其他权利"。依据民法理论,法律没有禁止的行为,便是适法行为(除非违反法律、妨害社会公共利益、违反善良风俗等)出租车营运牌照作为一种权利进行质押,并没有违反有关法律规定,该合同应当是有效的。b. 如前所述,依据《深圳经济特区出租小汽车管理条例》及其《实施细则》的有关规定,出租车营运牌照允许进行质押。且该规定没有与担保法的有关规定发生冲突。因此,本案所涉"质押合同"具有适法性。c. 依据《深圳经济特区出租小汽车管理条例》及其《实施细则》的有关规定,出租车营运牌照由专门机关进行行政管理;出租车营运牌照的转让、质押必须到该机关办理登记手续,否则视为转让、质押行为无效。依据上述规定,对出租车营运牌照所进行的权利质押登记是具有公示力和公信力的,其可以对抗其他任何未经登记的权利。其符合了"权利质押"的法律要件。d. 从国外立法及司法实践看,"权利质押"的适用范围非常广泛。为积极维护合同效力、充分保障市场交易安全,我们应当积极借鉴国外立法及司法的先进经验。

上述讨论仅是就"合同"的性质进行的法理分析,其对本案的最终处理结果并不产生影响。因为就本案所涉"合同"而言,无论称之为"抵押"还是"质押",无论是否经过诉讼程序,只要合同有效,权利人的优先受偿权均是要保障的。

(2)华旅公司与承包人签订的《出租小汽车融资承包合同》的性质及效力问题。

在案件办理过程中,就《融资承包合同》的效力及是否存在"善意第三人"问题,有的人认为,融资承包合同的承包人无从知道该批"出租车营运牌照"已经被质押、被查封,其在主观上是善意的,应将其作为善意第三人予以保护;同时,根据深圳市人大、市政府的有关规定,签订《融资承包合同》无须到运输行政管理机关进行登记,因此合同是有效的。笔者不同意上述观点,理由如下:

A. 如前所述,1994年4月至12月间,华旅公司将其所有的产权证编号为03151－03250、

001—028 的出租车营运牌照质押给了前述各债权人，进行质押贷款。在法院对华旅公司与大厦支行、盐田支行和红宝支行等3家银行的贷款合同纠纷所作的生效法律文书（包括判决书、调解书）中也确认了上述"抵押合同"关系，并判决：在借款逾期不能得到偿还时，有关债权人有权向法院申请拍卖本案标的物——出租车营运牌照。在质押合同关系相当明确的情况下，华旅公司将质押物（营运牌照）以30～50年不等的使用年限融资承包给了承租人。依据《担保法》的有关规定，当债务人不履行债务时，质押权人有权以质物折价或者以拍卖、变卖该质物的价款优先受偿。质押人对质物的处分不得损害质押权人的利益或影响质押权人实现优先受偿权。出租车营运牌照作为一种权利，其本身是不具有财产价值的，其具有财产价值的是"依据授权营运出租车业务"的权利——即经营权。另依深圳市运输行政管理机关的授权，华旅公司对该批出租车营运牌照的经营年限为45～50年不等。现华旅公司将已经质押的出租车营运牌照的经营权以30～50年不等的使用年限一次性地卖给了融资承包的承包人，该行为名为"融资承包"实为"经营权买卖"，其将直接导致质押权人的优先受偿权无法实现，损害了质押权人的利益。依据《担保法》的有关规定，华旅公司将已经质押的出租车营运牌照进行的所谓融资承包行为是非法的、无效的。

如前所述，依据《深圳经济特区出租小汽车管理条例》及其实施细则的有关规定，出租车营运牌照由深圳市运输行政管理机关进行行政管理；转让、质押出租车营运牌照应当到市运输行政管理机关办理登记手续，否则，该转让、质押行为无效。依据上述规定，承包人作为合同一方，在购买出租车营运牌照经营权时，应当具有到有关部门了解出租车营运牌照的权利状态的注意义务——即该权利是否真实、是否已经设定了其他权利、是否存在质押、查封情形等。但本案的承包人在合同签订过程中，没有尽到上述注意义务，其将该批出租车营运牌照作为一个完整的、无瑕疵的权利进行购买，结果损害了质押权人的利益，应说其在主观上是存在重大过失的，故不能适用"善意第三人"制度。

B．在沙河支行诉深圳市深华旅游饮食服务公司（已破产）和华旅公司借款纠纷一案中，南山区法院根据沙河支行的申请，于1995年6月6日，保全查封了华旅公司的出租车营运牌照（产权证编号：03151—03300，其中包括已经质押的128块出租车营运牌照），并将有关法律文书送达被执行人华旅公司和协助执行单位深圳营运汽车管理中心。在法院查封以后，华旅公司将已查封的（也是已经抵押的）出租车营运牌照以30～50年不等的使用年限又融资承包给了承包人。依据有关法律规定及最高人民法院的有关司法解释：人民法院进行查封后，任何人均不得擅自处分查封物；未经人民法院同意擅自处分查封物的，查封物必须追回，且在其流转过程中不适用善意第三人制度。依据《最高人民法院关于人民法院执行工作若干问题的规定（试行）》第44条的规定，该《融资承包合同》无效，应当追回查封物。

2．关于和解协议的问题

（1）关于订立和解协议的过程

深圳中院在执行本案的过程中做了大量的协调工作，期间组织了多次协调会议。申诉人主要是对深圳中院在4月29日的不同意执行和解协议的行为有异议。基于卷宗和申诉人反映材料，现将三方当事人和解过程介绍如下：自2001年4月初始，深圳中院多次组织申请执行人、华旅公司和司机代表进行协调，目的在于使各方当事人达成执行和解协议。在和解过程中（即4月13日），牌照持有人（司机）自发组织在一起，同意由其筹集资金偿还银行债务。司机代表、华旅公司与申请执行人就还款方案进行了多次协商。4月28日，协议各方按照协商意见草拟了执行和解协议（附后），并约定4月29日协议各方共同到法院，在法院的主持下签订执行和解协议。4月29日，作为债权人之一的长城资产公司发函深圳中院执行庭请求推迟拍卖至2001年5月25日。4月29日，协议各方共同来到了法院。据申诉人反映：协议各方到达法院后，法院主管领导与本案执行人员与债权人进行了单独会面，会面以后，债权人便表示：法院不同意和解协议第5条，并向债权人威胁：如果双方达成和解协议，发生第5条所述情况的，法院不予恢复执行。2001年5月10日，深圳中院委托广东机电设备深圳拍卖行对该批营运出租牌照进行了拍卖。

（2）对发生在执行和解协议过程中的有关问题的认定

A．承包人（现牌照持有人）可否替华旅公司还款？

依据《民事诉讼法》及《最高人民法院关于〈人民法院执行工作若干问题的规定（试行）〉的有关规定》，华旅公司将已经抵押、查封的出租车营运牌照以融资承包的形式将牌照的经营权卖给承租人的行为是非法的。华旅公司与承包人之间签订的融资承包合同因违反禁止性法律、司法解释规定而自始无效。因此，牌照持有人以代华旅公司还款的方式来维护非法合同（即承包合同）的有效性的做法是不能支持的，除非债权人明确表示同意。

B. 深圳中院不同意执行和解协议第5条的做法是否合法？

华旅公司与债权人草拟的《执行和解协议》第5条规定：在乙方清偿上述全部货款本息之前，甲、乙双方仍维持原128辆营运车牌的质押，如乙方未能按上述约定还款（和解协议要求乙方在第一次支付近1/3款项后，其余部分按每月分期缴纳），则甲方有权向深圳市中级人民法院申请恢复执行。深圳中院不同意执行和解协议第5条的理由是：牌照持有人不是案件被执行人，现在其主动愿意替华旅公司还款，但如果后期其不愿还或不能还款时，将给法院的执行带来巨大困难（因其没有义务还款的情况下支付了大量资金，如果其在将来不愿还或不能还款时，法院再次拍卖该批营运牌照将非常困难，牌照持有人有可能不服）。我认为单从《和解协议》第5条看，其内容是符合《民事诉讼法》关于执行和解的有关规定的。但从本案的具体情况看，由于牌照持有人取得牌照所基于的"融资承包合同"是非法、无效的，现法院如果同意了和解协议，便等于是承认了承租合同的合法性，如果将来牌照持有人不能还款或不还款时，法院想再次否认承租合同效力、拍卖营运牌照，由于牌照持有人在没有任何义务的情况下已经支付了大量资金，法院恢复执行与拍卖将成为不可能。综上，撰稿人认为，依据民法及诉讼法理论，人民法院对当事人的民事处分行为有审查权。《最高人民法院关于人民法院执行工作若干问题的规定（试行）》第86条第1款规定："在执行程序中，双方当事人可以自愿达成执行和解协议，变更生效法律文书确定的履行义务主体、标的物及其数额、履行期限和履行方式。"依据该规定，当事人之间签订执行和解协议与放弃诉权、放弃申请回避权、进行诉讼和解行为等相同，都是当事人对自己民事诉讼权利的处

分行为。人民法院有权对执行和解协议是否合法、是否违反社会道德、是否妨碍社会公共利益、是否恶意损害他人利益等事项进行审查。深圳中院基于该项审查权对执行和解协议提出意见（通过卷宗反映，深圳中院并没有强迫当事人不能和解的意思），做申请执行人的工作是符合法理精神的。另《融资承包合同》自身的非法性是决定该执行和解协议最终不能成型的根本性原因。从这一点来看，深圳中院不承认执行和解协议的效力也是有理由的。

C. 申请执行人最终是否同意了执行和解协议

从卷宗材料看，在4月29日下午、5月9日下午（拍卖日为5月10日）深圳中院两次召集各债权人进行谈话，各债权人明确表示不同意和解，要求法院依法进行拍卖（上述意思表示已经记入谈话笔录）。各债权人在拍卖后——即6月1日，又向法院来函表示承认拍卖结果并感谢深圳中院的依法执行行为。《最高人民法院关于人民法院执行工作若干问题的规定（试行）》第86条第1款规定："在执行程序中，双方当事人可以自愿达成执行和解协议，变更生效法律文书确定的履行义务主体、标的物及其数额、履行期限和履行方式。"依据本规定，执行和解协议的有效要件之一是双方当事人出于自愿就协议内容达成意思表示一致。从申请执行人最终的意思表示看，其没有同意执行和解协议的明确意思表示，据此，我们可以认定：该执行和解协议没有达成。

D. 关于申诉人反映：4月28日，申请执行人长城资产公司向深圳中院执行庭发函要求推迟拍卖至2001年5月25日，深圳中院为何不中止执行的问题。

据上所述，长城资产公司在4月29日、5月9日与法院进行的两次谈话中，明确表示其与被执行人不能达成执行和解协议，并要求法院进行拍卖。据此可以推定，长城资产公司对申请延期拍卖的意思表示进行了修正。法院应当确认当事人最终的意思表示。

3. 关于评估报告问题

（1）事实经过

在长达5年的执行期间内，深圳中院数次要拍卖该批出租车营运牌照。其曾于1999年12月委托深圳市国颂资产评估有限公司对华旅公司所有的100个出租车营运牌照（产权证编号为：03151—03250）的权益进行评估，评估公司于同年12月16

日出具《关于法院委托评估的资产评估结果报告书》。评估报告书确认：每个出租车营运牌照权益价值的评估值为454900元；建议拍卖保留价为409410/个。评估公司在《评估过程说明》第5条第6项注明：本次评估报告在市场价格无较大波动情况下的有效期为半年，若超过此期限或市场发生较大波动时，需重新评估。后因当事人拟进行和解，此次拍卖行为没有成型。2001年5月10日，经深圳中院委托，广东机电设备深圳拍卖行对设定抵押、已经查封的142块出租车营运牌照进行了拍卖。此次拍卖没有进行重新评估，拍卖保留价（70万元）是由合议庭经合议确定的。合议庭确定评估价的理由是：以执行xx公司案的拍卖价格为基础（在深圳中院执行xx出租车公司案中，出租车营运牌照的拍卖价格约是80~90万元）；但从原评估报告完成至此次拍卖期间，市政府又投放了1200辆"绿的"，并下调了的士营运价格。其对拍卖行情造成了一定的影响。因此，法院在委托拍卖时，经合议庭研究决定以高于原评估价70%（70万元）的价格进行拍卖（原评估价为每块营运牌照45.49万元）。此次拍卖经过竞买人的竞价，均以超过深圳中院确定的底价（70万元）拍卖成交，平均价格为76.25万元/个。

（2）对本案评估、拍卖中有关问题的意见

在案件办理过程中，对本案评估、拍卖中存在的问题，有两种观点。第一种观点认为：《最高人民法院关于人民法院执行工作若干问题的规定（试行）》第46条规定：人民法院拍卖、变卖被执行人的财产，应当委托依法成立的评估机构进行价格评估。本规定是强制性规定，除有法律规定的情形，执行法院不得违反，合议庭更无权决定拍卖保留价。但如上所述，深圳中院在委托广东机电深圳拍卖行进行拍卖时，先前的评估报告结果已经过期，其在没有进行重新评估的情况下，便委托广东机电深圳拍卖行进行拍卖，其执行行为是不妥当的，是违法的。第二种观点认为：本案存在一些特殊的情况：a.深圳中院委托拍卖没有按照原有的评估价格进行拍卖，其合议庭所确定的拍卖起价远远高于原评估报告所确定的"建议拍卖价"；b.从原评估至此次拍卖期间，市政府又投放了1200辆"绿的"，并下调了的士营运价格，该行为对拍卖行情造成了一定的影响；深圳中院合议庭所确定的拍卖保留价基本反映了该批出租车营运牌照的当时市场价格；c.该批营运牌照经过公开竞价最后拍定买受人，其拍卖过程及结果基本真实地反映了市场需求及标的物价值；d.由于本案拍卖标的额较大，如因执行法院的工作瑕疵而撤销原拍卖结果，如再次评估、拍卖的价格低于此次评估、拍卖的结果，将带来不必要的损失。我院多数意见认为，正当的评估程序、有效的评估结果将公正、客观地反映执行标的物的真实市场基准价值，其是进行公正、合法的拍卖程序的基础。为严格执法、保障程序公正，依据《最高人民法院关于人民法院执行工作若干问题的规定（试行）》第47条的规定，我们认为，评估程序是人民法院委托拍卖的必经程序，执行法院及相关合议庭无权确定执行标的物的拍卖保留价。据此认定，在第一次评估报告已经过期并自动失效的情况下，深圳中院未经重新评估，执行合议庭合议确定拍卖保留价并委托拍卖的行为违反法定程序。

八、结论意见

基本同意广东高院的复查意见。

关于本案执行程序中存在的未经重新评估的问题，鉴于该批出租车营运牌照的拍定价格大幅度高于原评估价格且已经公开拍卖程序，为维护程序公正和保证拍卖物的价格真实，应由深圳市中级人民法院另行指定评估机构按拍卖时的市场行情再行评估一次，如重新评估的价格未超过原拍卖价，则维持拍卖结果；如超过原拍卖价，则重新拍卖。①

最高人民法院
关于连环购车未办理过户手续原车主是否对机动车发生交通事故致人损害承担责任的复函

2001年12月31日　〔2001〕民一他字第32号

江苏省高级人民法院：

你院《关于连环购车未办理过户手续，原车主是否对机动车发生交通事故致人损害承担责任的请示》收悉，经研究认为：连环购车未办理

---

① 李亮：《深圳市华旅汽车运输公司出租车牌照持有人对深圳市中级人民法院执行异议案》，载最高人民法院执行工作办公室编：《强制执行指导与参考》2002年第1辑（总第1辑），法律出版社2002年版，第225~239页。

过户手续，因车辆已交付，原车主即不能支配该车的运营，也不能从该车的运营中获得利益，故原车主不应对机动车发生交通事故致人损害承担责任。但是连环购车未办理过户手续的行为，违反有关行政管理法规的，应受其规定的调整。

最高人民法院执行工作办公室
关于第三人无偿占有生效法律文书指定交付的财产应如何处理的答复

2006年10月9日　〔2006〕执他字第14号

山西省高级人民法院：

你院《关于阳泉市城区法院执行胡满和与柴丽珍离婚一案能否追加被执行人的请示报告》收悉。经研究，答复如下：

如果法院能够认定第三人无偿占有了生效法律文书指定交付的财产，可以依照《中华人民共和国民事诉讼法》第二百二十八条①第三款的规定，通知第三人交出。拒不交出的，确有必要时，可将第三人追加为被执行人。

此复。

最高人民法院
关于法院执行程序中能否对案外人财产进行处理的请示的答复

〔2010〕执他字第1号

吉林省高级人民法院：

你院《关于法院执行程序中能否对案外人财产进行处理的请示》收悉。经研究，答复如下：

执行程序中案外人无合法依据占有被执行的标的物不动产的，执行法院依法可以强制迁出；案外人拒不迁出，对标的物上的财产，执行法院可以指定他人保管并通知领取；案外人不领取或下落不明的，为避免保管费用过高或财产价值减损，执行法院可以处分该财产，处分所得价款，扣除搬迁、保管及拍卖变卖等相关费用后，保存于执行法院账户，通知该案外人领取。

【附：案例评析】

人民法院在执行程序中如何处理案外人拒不接收强制迁出财产的请示与答复

吉林省三级法院的意见：

长春朝阳法院审委会的处理意见：再次公告责令C公司接收财产，如仍不接收，则应对涉案财产再次进行评估、拍卖或变卖。所得价款扣除执行费用与仓储费用后，提存。

长春市中级人民法院审委会存在两种意见：第一种意见认为，依照《最高人民法院关于人民法院民事执行中拍卖、变卖财产的规定》（以下简称《拍卖、变卖规定》），对案外人财产进行拍卖，经拍卖无人竞买，实行无保留价拍卖，直至卖出为止，价款提存。第二种意见认为，不能按《拍卖、变卖规定》，而应按照拍卖法的规定进行无保留价拍卖，价款提存。理由：一是《拍卖、变卖规定》只适用于被执行人财产，而不包括案外人财产；二是该司法解释没有规定无保留价拍卖制度。第二种意见为倾向性意见。

吉林高院执行委员会意见：由于目前法律及司法解释没有对案外人财产进行处理的相关规定，应就执行程序中能否及如何处理案外人财产问题请示最高人民法院。

评析意见：

吉林高院请示的问题是，执行程序中案外人拒不接收强制迁出的财产，人民法院指定保管后应如何处理？与此相关的前提问题是，执行程序中强制迁出的案外人财产，案外人拒绝接收，法院是否有保管或指定保管的职责？鉴于这两个问题法律规定均不明确，故一并研究并予答复。

（一）案外人拒绝接收的强制迁出财产的保管问题

无论对于案外人，还是对于被执行人拒绝接收强制迁出财产的情况，现行法律都未明确规定法院的保管责任。民事诉讼法第二百二十六条规定了强制迁出的具体程序及被执行人拒绝接收强制迁出财产的法律后果。但是对于这一条的理解及是否适用于案外人都存在争议。本案中，在执

---

① 民事诉讼法原第二百二十八条现已修改为第二百四十九条。——编者注

行法院严格按照法律规定强制迁出时，案外人拒绝接收或未到场，法院是否需要保管迁出的财产？还是参照民事诉讼法第二百二十六条第三款的规定，放置迁出财产于指定处所，由案外人负担灭失损毁的风险？对此有两种意见：

1. 第一种意见认为，无论是无法通知权利人，还是权利人拒绝接收，法院都应将强制迁出的财产妥善保管。理由：第一，法院在此种情形下负妥善管理职责具有现实妥当性，符合社会一般观念。第二，民事诉讼法第二百二十六条规定针对的是被执行人，本案能否适用存在疑问。即使可以参照适用，那么本条的规定也不排斥法院对财产采取管理措施。即该条第三款"因拒绝接收而造成的损失，由被执行人承担"的规定可以与法院的保管职责兼容，此种情况下法院应为必要的管理措施，但是财产损失的风险已转移至被执行人。一个不太恰当的例子可能有助于理解这一问题：在买卖合同中，法律规定买卖标的灭失的风险自买方拒绝接收时转移至买方，但是该规定并不免除卖方应予以相应管理的附随义务。第三，我国立法资料及国外立法例的支持。我国强制执行法（草案第四稿）第二百一十六条规定，不动产的交付除去其中不属于执行标的财产，对于除去的财产，应交在场的权利人，因拒绝接收造成的损失，有被执行人承担。该条同时规定，在上述人员不在场时，法院负有保管并通知被执行人领取之责。《德国民事诉讼法》执行编第885条、《法国执行法》第65条也有相似的规定。

2. 第二种意见认为，应区分权利人拒绝接收与无法通知权利人两种情况分别处理。对于第二种情况，考虑到现实妥当性，同时参照我国立法资料及国外立法例，可以认定法院保管的责任。对于第一种情况，法院则不应保管迁出的财产。理由为：第一，民事诉讼法第二百二十六条第三款明确规定了被执行人拒绝接收迁出财产的法律后果，由被执行人承担拒绝接收的损失体现了法律对于不配合者的惩罚，法院不予保管是法规目的与法律权威的体现，本案应参照适用。第二，如果赋予法院此种情形下的保管责任，无疑会增加执行法院的负担，加剧执行法院案多少少的矛盾，这种司法成本最终还是由一般纳税人承受。

综合考虑法律规定与现实妥当性，笔者倾向于第一种意见。

（二）执行法院能否变价强制迁出的案外人财产并保存价款

1. 虽然缺乏法律依据，但基于现实必要性及相关立法资料的支持，法院应处置涉案财产并保存价款

根据现行法律，执行法院并无处置案外人财产的法定义务，也无该项职权。但涉案财产已被保管5年。有些财产已丧失其价值，管理费用越来越多。同时法院指定申请执行人保管案外人的财产也无充足的法律依据，无论从维护案外人C公司的利益的角度，还是从保障申请执行人A银行权益的角度，都应该对涉案财产予以处理。

我国的立法资料及国外立法例对此也提供了相应的支持。我国强制执行法（草案第四稿）第二百一十六条规定：法院保存被迁出的财产并通知领取后，"被执行人未在指定的期限内领取的，可以将该财产变价或者作其他处理。变价所得价款扣除保管费用和其他执行费用后发还被执行人。被执行人不接收或者下落不明的，应当以其名义存入银行；经两年仍不领取的，收缴国库。"《德国民事诉讼法》执行编第885条规定在法院保管迁出物后，"债务人受领迟延时，执行法院可以命令将物出售而提存其卖得的款项。"《法国执行法》第66条、《法国执行法实施法》第206条也有处分保管的迁出物并保存价款的规定。

2. 法院对拒绝受领的强制迁出财产处分的法律法理依据对于如何解释法院对于案外人财产的处分权，存在两种思路。分述如下：

一种思路是立足于现行法的规定，认为法院处分案外人财产是一种无因管理的行为。执行法院并无处置案外人财产的法定义务，也无该项职权。根据现行法律的规定，在无法定义务的情况下，为案外人的利益，管理案外财产的行为构成无因管理，本案中法院即处于无因管理人的地位。基于该地位，法院负有继续管理与妥善管理的义务，案外人长时间不领取强制迁出财产的情况下，法院处分涉案财产，扣除相^费用保存是无因管理人妥善管理的必然要求。

另一种思路认为，将法院处分案外人财产的行为视为无因管理并不妥当，应解释为法院的一项公权力。理由为：第一，如将此种行为视为无因管理，则法院有权决定是否实施管理行为。这不符合社会的一般观念与现实妥当性要求。第二，如将其视为无因管理行为，则将法院置于与案外人平等的法律地位，在管理不善的情况下，有被本人起诉的

危险。第三，如上所述，我国立法资料及国外立法例显示，法院应该具有这一职责，我国现行法律未予规定是立法不完善的体现。第四，最高人民法院答复请示案件，有权力也有责任在遵守相关法律规定精神的前提下明确法律的模糊之处。

两种思路各有特点，笔者同意第二种思路。

(三) 法院处置案外人财产的方式与价款的保存方式

法律既未规定执行法院能否处置案外人拒绝受领的强制迁出财产，更未规定如何处置。处理涉案财产应坚持兼顾案外人利益与执行的顺利推进，同时遵守执行机关行为规范的原则进行。本案中可以对涉案财产予以变价，扣除相关费用后保存价款。这一过程涉及如下问题：

1. 拍卖还是变卖

《拍卖、变卖规定》对于被执行人的财产的处置，规定除特殊情况可以采用变卖方式外，原则上都应采用拍卖的方式。对于案外人的财产，也应首先考虑拍卖方式。

2. 无保留价拍卖问题

《拍卖、变卖规定》未规定无保留价拍卖制度，由于申请执行人的存在及以物抵债制度的配合，这种规定在拍卖被执行人的财产的场合不存在问题。但是对于案外人财产，无以物抵债制度适用的余地，同时面临必须处分财产的压力，严格按照有保留价拍卖存在局限性。

为解决这一问题，长春中院主张适用无保留价拍卖，并倾向于按照《拍卖法》的规定进行拍卖。对于如何解决有保留价拍卖在处分案外人财产中的局限性，存在两种处理方案：

(1) 同意对于经两次拍卖后无法卖出的动产，适用无保留价拍卖，但是行为只是参照适用了拍卖法的规定，其性质仍然是执行程序中的拍卖，而非依照拍卖法进行的拍卖。理由在于：严格讲，由于《拍卖、变卖规定》只适用于被执行人财产，而拍卖法要求委托人证明其对于拍卖标的的权属，本案情形皆不完全符合，无论适用哪种制度，都只能参照适用。由于拍卖物是执行法院强制迁出的财产，与执行过程联系密切，故应根据《拍卖、变卖规定》来认定拍卖的性质。

(2) 不适用无保留价拍卖制度，先根据《拍卖、变卖规定》进行两次拍卖，如不能卖出，解释为《最高人民法院关于人民法院执行工作若干问题的规定（试行）》（以下简称《执行规定》）第46条第2款的"不适于拍卖的情形"，转为变卖的方式处分。这一观点的理由为：无保留价拍卖并非执行程序中处分财产的制度，按照《执行规定》将其转化为变卖方式处理，较能尊重现行法的稳定性。

两种方案各有利弊，执行法院可以根据案情选择适用。由于吉林法院没有明确提出变价的方式问题，答复中未予表态。

3. 价款的处理

对于变价款中扣除相关费用后的部分，吉林各级法院认为应予以提存。合议庭认为，该价款应保存于执行法院单独的账户并通知权利人领取。

(1) 保存于法院账户，对法院保存行为的性质不予明确。我国法律并未明确规定统一的提存机关，本案款项无需交司法部门提存。我国涉及提存制度规定的法律有合同法、担保法、公证法、《最高人民法院关于贯彻执行〈中华人民共和国民法通则〉若干问题的意见（试行）》与司法部《提存公证规则》等，并没有统一规定提存的机关。公证法第十二条规定了公证机关可以办理提存，《提存公证规则》第四条也规定了"提存公证"由债务履行地的公证处管辖，皆未表明公证机关是办理提存的唯一机关。从国外及我国台湾地区的法律规定看，提存机关有的设在法院，也有的设在司法部门。我国提存制度由司法部门率先搞起，司法部门作为普通提存的受理机关具有其合理性，但法院在司法过程中的提存有其特殊性，完全可以自行管辖。对于法院保存价款行为的性质，合议庭认为不宜明确为提存。理由是法律对此没有明确规定；法院能否自行提存的问题关系重大，需要详细论证；同时该问题也非本案的关键；故在答复中只表明法院可以保存价款。

(2) 涉案款物长时间无人领取时的处理问题。保存价款于执行法院单独账户的方案简便易行，且不为法律所禁止。但是这种处理不能解决该款物无人认领时的最终归属。但是，合议庭认为，这个问题暂时不必处理，待留提存制度的完善后再行解决即可。①

---

① 黄金龙、葛洪涛：《人民法院在执行程序中如何处理案外人拒不接收强制迁出财产的请示与答复》，载最高人民法院执行局编：《执行工作指导》2010年第1辑（总第33辑），人民法院出版社2010年版，第78～85页。

人民法院办理执行案件规范

2017 年 4 月

639.【一般规定】

法律文书指定交付的财物或者票证，由执行员传唤双方当事人当面交付，或者由执行员转交，并由被交付人签收。

有关单位持有该项财物或者票证的，应当根据人民法院的协助执行通知书转交，并由被交付人签收。

有关公民持有该项财物或者票证的，人民法院通知其交出。拒不交出的，强制执行。

640.【房屋的强制迁出或土地的强制退出】

强制迁出房屋或者强制退出土地，由院长签发公告，责令被执行人在指定期间履行。被执行人逾期不履行的，由执行员强制执行。

强制执行时，被执行人是公民的，应当通知被执行人或者他的成年家属到场；被执行人是法人或者其他组织的，应当通知其法定代表人或者主要负责人到场。拒不到场的，不影响执行。被执行人是公民的，其工作单位或者房屋、土地所在地的基层组织应当派人参加。执行员应当将强制执行情况记入笔录，由在场人签名或者盖章。

强制迁出房屋被搬出的财物，由人民法院派人运至指定处所，交给被执行人。被执行人是公民的，也可以交给他的成年家属。因拒绝接收而造成的损失，由被执行人承担。

641.【生活必需房屋异议的处理】

执行依据确定被执行人交付居住的房屋，自执行通知送达之日起，已经给予三个月的宽限期，被执行人以该房屋系本人及所扶养家属维持生活的必需品为由提出异议的，人民法院不予支持。

642.【隐匿资料的处理】

在执行中，被执行人隐匿财产、会计账簿等资料的，人民法院除可依照民事诉讼法第一百一十一条第一款第六项规定对其处理外，还应责令被执行人交出隐匿的财产、会计账簿等资料。被执行人拒不交出的，人民法院可以采取搜查措施。

643.【他人持有财物、票证的交付】

他人持有法律文书指定交付的财物或者票证，人民法院依照民事诉讼法第二百四十九条第二款、第三款规定发出协助执行通知后，拒不转交的，可以强制执行，并可依照民事诉讼法第一百一十四条、第一百一十五条规定处理。

他人持有期间财物或者票证毁损、灭失的，参照本规范第 645 条规定处理。

他人主张合法持有财物或者票证的，可以根据民事诉讼法第二百二十七条规定提出执行异议。

644.【他人无合法依据占有的处理】

案外人无合法依据占有被执行的标的物不动产的，执行法院依法可以强制迁出；案外人拒不迁出，对标的物上的财产，执行法院可以指定他人保管并通知领取；案外人不领取或下落不明的，为避免保管费用过高或财产价值减损，执行法院可以处分该财产，处分所得价款，扣除搬迁、保管及拍卖变卖等相关费用后，保存于执行法院账户，通知该案外人领取。

645.【特定物毁损、灭失的处理】

执行标的物为特定物的，应当执行原物。原物确已毁损或者灭失的，经双方当事人同意，可以折价赔偿。

双方当事人对折价赔偿不能协商一致的，人民法院应当终结执行程序。申请执行人可以另行起诉。

公安部关于机动车财产所有权转移时间问题的复函

2000 年 6 月 16 日　　公交管〔2000〕110 号

最高人民法院研究室：

你室《关于征求〈关于如何认定机动车财产所有权转移时间问题的批复（稿）〉意见的函》（法研〔2000〕41 号）收悉，现复函如下：

根据现行机动车登记法规和有关规定，公安机关办理的机动车登记，是准予或者不准予机动车上道路行驶的登记，不是机动车所有权登记。因此，将车辆管理部门办理过户登记的时间作为机动车财产所有权转移的时间没有法律依据。

特此复函。

第三十八章 完成行为

中华人民共和国婚姻法

2001年4月28日

第四十八条 对拒不执行有关扶养费、抚养费、赡养费、财产分割、遗产继承、探望子女等判决或裁定的,由人民法院依法强制执行。有关个人和单位应负协助执行的责任。

中华人民共和国民事诉讼法

2017年6月27日

第二百五十三条 被执行人未按判决、裁定和其他法律文书指定的期间履行给付金钱义务的,应当加倍支付迟延履行期间的债务利息。被执行人未按判决、裁定和其他法律文书指定的期间履行其他义务的,应当支付迟延履行金。

第二百五十四条 人民法院采取本法第二百四十二条、第二百四十三条、第二百四十四条规定的执行措施后,被执行人仍不能偿还债务的,应当继续履行义务。债权人发现被执行人有其他财产的,可以随时请求人民法院执行。

最高人民法院关于适用《中华人民共和国民事诉讼法》的解释

2015年1月30日 法释〔2015〕5号

第五百零三条 被执行人不履行生效法律文书确定的行为义务,该义务可由他人完成的,人民法院可以选定代履行人;法律、行政法规对履行该行为义务有资格限制的,应当从有资格的人中选定。必要时,可以通过招标的方式确定代履行人。

申请执行人可以在符合条件的人中推荐代履行人,也可以申请自己代为履行,是否准许,由人民法院决定。

第五百零四条 代履行费用的数额由人民法院根据案件具体情况确定,并由被执行人在指定期限内预先支付。被执行人未预付的,人民法院可以对该费用强制执行。

代履行结束后,被执行人可以查阅、复制费用清单以及主要凭证。

第五百零五条 被执行人不履行法律文书指定的行为,且该项行为只能由被执行人完成的,人民法院可以依照民事诉讼法第一百一十一条第一款第六项规定处理。

被执行人在人民法院确定的履行期间内仍不履行的,人民法院可以依照民事诉讼法第一百一十一条第一款第六项规定再次处理。

第五百零七条 被执行人未按判决、裁定和其他法律文书指定的期间履行非金钱给付义务的,无论是否已给申请执行人造成损失,都应当支付迟延履行金。已经造成损失的,双倍补偿申请执行人已经受到的损失;没有造成损失的,迟延履行金可以由人民法院根据具体案件情况决定。

第五百二十一条 在执行终结六个月内,被执行人或者其他人对已执行的标的有妨害行为的,人民法院可以依申请排除妨害,并可以依照民事诉讼法第一百一十一条规定进行处罚。因妨害行为给执行债权人或者其他人造成损失的,受害人可以另行起诉。

最高人民法院
关于人民法院执行工作若干问题的规定（试行）

1998年7月8日　　法释〔1998〕15号

60. 被执行人拒不履行生效法律文书中指定的行为的，人民法院可以强制其履行。

对于可以替代履行的行为，可以委托有关单位或他人完成，因完成上述行为发生的费用由被执行人承担。

对于只能由被执行人完成的行为，经教育，被执行人仍拒不履行的，人民法院应当按照妨害执行行为的有关规定处理。

最高人民法院
关于适用《中华人民共和国婚姻法》若干问题的解释（一）

2001年12月25日　　法释〔2001〕30号

第二十五条　当事人在履行生效判决、裁定或者调解书的过程中，请求中止行使探望权的，人民法院在征询双方当事人意见后，认为需要中止行使探望权的，依法作出裁定。中止探望的情形消失后，人民法院应当根据当事人的申请通知其恢复探望权的行使。

第二十六条　未成年子女、直接抚养子女的父或母及其他对未成年子女负担抚养、教育义务的法定监护人，有权向人民法院提出中止探望权的请求。

第三十二条　婚姻法第四十八条关于对拒不执行有关探望子女等判决和裁定的，由人民法院依法强制执行的规定，是指对拒不履行协助另一方行使探望权的有关个人和单位采取拘留、罚款等强制措施，不能对子女的人身、探望行为进行强制执行。

最高人民法院
关于季素梅、张勇诉泰兴县人民医院（第三人马兆霞、生炳林）确认血亲关系一案执行问题的电话答复

1989年3月21日

江苏省高级人民法院：

你院关于季素梅、张勇诉泰兴县人民医院确认血亲关系一案执行问题的请示报告收悉。经研究，同意你院审判委员会意见。即根据医院发生的错换手牌的事实以及血液足印鉴定结论，可以认定季素梅现抚养的孩子是马兆霞的，而马兆霞现抚养之子不是马兆霞的，所以马兆霞应当将她抚养的孩子交出来。如果马兆霞不交出孩子，对其拒不交出孩子的行为，则可以按照民事诉讼法第七十七条①的规定采取强制措施。如果有刑法一百五十七条②规定的行为，也可适用一百五十七条的规定。但要充分做好当地党政等有关部门的工作，取得他们的支持，以防矛盾激化。

最高人民法院执行办公室
关于人身可否强制执行问题的复函

1999年10月15日　　〔1999〕执他字第18号

湖北省高级人民法院：

你院鄂高法〔1998〕107号《关于刘满枝诉王义松、赖烟煌、陈月娥等解除非法收养关系一案执行中有关问题的请示》报告收悉。经研究，答复如下：

武汉市青山区人民法院〔1996〕青民初字第101号民事判决书已经发生法律效力，依法应予执行。但必须注意执行方法，不得强制执

---

① 民事诉讼法原第七十七条现已修改为第一百一十一条。——编者注
② 刑法原第一百五十七条现已修改为第二百七十七条。——编者注

行王斌的人身。可通过当地妇联、村委会等组织在做好养父母的说服教育工作的基础上,让生母刘满枝将孩子领回。对非法干预执行的人员,可酌情对其采取强制措施。请福建高院予以协助执行。

【附：案例评析】

人身可否强制执行问题请示案

湖北省高院请示问题及处理意见：

针对王斌的人身能否采取强制措施问题,湖北省高院向本院进行了书面请示,该院认为：1. 青山区法院可以继续做被执行人的工作,尽量满足被执行人要求申请执行人支付代养王斌期间的医疗费、生活费等费用；2. 不同意对王斌采取强制带回的方式,理由是没有法律依据。

案件争议焦点：

该案争议的焦点是人身作为执行标的能否进行强制执行,如果不予强制执行,在被执行人不积极主动履行的情况下,申请执行人的权利将如何实现。

最高人民法院处理意见：青山区法院做出的〔1998〕青民初字第101号民事判决书已经发生法律效力,依法应予执行。但必须注意执行方法,不得对王斌人身进行强制执行。可以通过当地妇联等有关部门在做好被执行人的说服教育工作的基础上,让生母刘满枝将孩子领回。对干预执行的人员,可酌情对其采取强制措施。

评析意见：

（一）关于人身能否成为执行标的问题

《最高人民法院关于适用〈中华人民共和国民事诉讼法〉若干问题的意见》（以下简称《民诉法意见》）第254条①明确规定,"强制执行的标的应当是财物或行为。当事人拒绝履行发生法律效力的判决、裁定、调解书、支付令的,人民法院应当向当事人发出执行通知。在执行通知指定的期间被执行人仍不履行的,应当强制执行"。据此,我们可以得知人民法院执行的对象只能是财物或行为,人身是不能作为执行标的而强制执行的。本案中,青山区法院执行的标的实际上是一种行为,即必须由被执行人履行生效法律文书确定的交付子女的行为,该种行为在法律上称之为不可替代履行行为,非由被执行人实施则权利人的权利不能实现或不能完全实现,他人代为履行在法律上或事实上是不可能的。最高法院在给湖北省高院的答复中称"不得强制执行王斌人身",也主要是基于下面两点原因：一是将王斌人身作为执行标的进行强制执行缺乏法律依据。目前,法律及其相关司法解释明确规定了人民法院执行案件的标的只能是财物或行为,对交付子女这类必须由被执行人完成一定交付行为案件的执行,我国法律并没有给予明确规定。二是对人身强制执行会带来一些副作用。本案被收养人王斌未满8周岁,自3岁起就同养父母一起在福建生活,他们之间已经产生了一定的感情,如果法院强制将王斌带回武汉交给其生母,势必会给王斌身心造成伤害。从保护未成年人的身心健康的角度考虑,法院也不应该对王斌人身采取强制措施。

人身作为执行标的时不能强制执行,但当其成为妨害司法行为的载体时,人身是可以被采取强制措施的,比如：对债务人实施拘留、限制出境等限制其人身自由的行为,其目的是对债务人造成一定的心理压力,迫使其履行生效法律文书确定的义务,而不是用限制人身自由的方法来抵偿其所付的债务。限制自由只是一种手段,迫使其偿还债务才是目的。对此,《民诉法意见》第283条②和《最高人民法院关于人民法院执行工作若干问题的规定（试行）》（以下简称《执行规定》）第60条规定,对只能由被执行人完成的行为,经教育,被执行人仍拒不履行的,人民法院应当按照妨害执行行为的有关规定处理。法律、司法解释虽然赋予了人民法院在执行案件时可以对被执行人的人身采取强制措施,但还应防止另一种倾向,就是"以拘代执"、"以罚代执"等简单、粗暴的执行方法,在限制人身自由时一定要

---

① 《最高人民法院关于适用〈中华人民共和国民事诉讼法〉若干问题的意见》已被最高人民法院《关于适用〈中华人民共和国民事诉讼法〉的解释》（法释〔2015〕5号）废止,下同——编者注

② 该条已被最高人民法院《关于适用〈中华人民共和国民事诉讼法〉的解释》（法释〔2015〕5号）第五百零五条替代,内容修改为："被执行人不履行法律文书指定的行为,且该项行为只能由被执行人完成的,人民法院可以依照民事诉讼法第一百一十一条第一款第六项规定处理。被执行人在人民法院确定的履行期间内仍不履行的,人民法院可以依照民事诉讼法第一百一十一条第一款第六项规定再次处理。"——编者注

（二）对不可替代履行行为执行方法探讨

不可替代行为的执行，是指当生效法律文书指定的行为不可替代时，所实施的关于行为请求权的执行。不可替代行为因与被执行人的个人身份等有着密切关系，被执行人的法律意识和履行义务的态度，对案件的执行会产生巨大影响，非由被执行人本人实施，则债权人的权利不能实现或不能完全实现，第三人代为履行虽可能，但其效果与被执行人亲自履行有着较大差异。比如：要求演员进行表演；或者要求某人完成一项特殊机械工程设计，或者要求某人完成一部作品，或者离婚父母一方满足另一方对子女的探视权，或者未成年人的抚养关系被依法解除后，其抚养、监护权利的转移等。通过对上述不可替代行为执行方法的研究，或许能够为人民法院在今后执行该类案件时提供一些有益的帮助。

首先，对于不可替代行为的执行应注重以教育为主的原则。《执行规定》第60条第3款规定："对于只能由被执行人完成的行为，经教育，被执行人仍拒不履行的，人民法院应当按照妨害执行行为的有关规定处理。"这里教育是优先采用的措施，通过有关人员和单位对被执行人进行思想教育，这既使我国民事诉讼法要求强制执行与说服教育相结合的原则得到了体现，也是因为这类案件中，被执行人一般思想顽固，对抗情绪严重，常常以消极的不作为的方式对抗法院的执行，只有通过说服教育才能取得良好的社会效果。方法简单、粗暴则容易使矛盾激化。比如：青山区法院执行交付子女的案件，就是一个典型的不可替代行为的执行案件，然赖烟煌、陈月娥与王斌的收养关系已经被法院解除，继续维持抚养关系已经失去了法律依据，但是，由于被执行人采取消极不配合的方法，加之被收养人王斌年幼不愿随其生母回武汉生活等原因，致使法院的执行陷入了僵局。如果执行法院采取直接执行的方法，将王斌强制带回武汉交给其生母，那么，可能会遇到一些棘手的问题，比如：法律依据问题；被执行人不配合法院工作，找不到王斌下落；以及强制带回王斌身心是否造成伤害等。如果采用说服教育的方法，通过当地妇联等部门耐心做好被执行人的说服教育工作，使其认识到履行生效法律文书确定的交付行为是其应尽的法律义务，如果不履行将会产生的法律后果等，从而达到由被执行人积极配合法院执行的目的。因此，法院在执行该类不可替代行为案件时，执行人员在执行中一定要总结经验，摸透被执行人的心态，打消被执行人存有的任何侥幸心理，找出被执行人不履行的原因，然后对症下药。

2. 由直接执行转化为间接强制执行

对生效法律文书的执行，一般采取以下几种执行方法，即直接执行、间接执行、代替执行和损害赔偿执行。

直接执行是指，对债务人的财产直接采取强制措施，从而实现生效法律文书所确定的给付内容。

代替执行是指，当债务人不履行债务时，可以通过债权人或第三人代替债务人履行，因履行债务所发生的费用由债务人承担。该种执行方式适用于可以替代执行的债务。

间接执行是指，执行机关一般不采取直接强制力实现给付内容，而是通过对被执行人实施强制措施，比如：拘留、罚款等方法，给被执行人造成一定的心理压力，迫使其自动履行债务。

损害赔偿执行是指，当被执行人不履行指定行为，给债权人造成了损害后果时，由被执行人承担赔偿责任的执行方法。

对不可替代行为的执行方法，一般采用间接强制，也有的适用损害赔偿的方法，或者两者兼而适用。总之，世界各国在不可替代行为执行案件中采用的方法也不尽相同。比如：德国民事诉讼法采用的是间接强制执行方法，规定："一种作为不能由第三人实行而且是完全取决于债务人的意思时第一审受诉法院依申请可以宣告，债务人如不实行该项作为时，将处以强制罚款，如仍不实行，将处以强制拘留。"日本则采用损害赔偿的执行方法，其《民事执行法》第172条明确规定"执行法院根据拖延的时间或者认为适当的一定期间不履行时，为确保债务的履行而立即命令债务人向债权人支付认为适当的一定数额的金钱。"而我国"中华民国"时期的强制执行法则兼采间接强制和损害赔偿两种执行方法，但以间接强制执行为主。除此之外，英美等国家则采用直接处以刑罚的刑事措施。我国台湾地区"强制执行法"对不可替代行为的执行也采用间接强制执行的方法。但对交付子女类案件的执行，除可适用间接执行的方法促使被执行人履行交付行为外，该法第128条第3项还明确规定可以采取直接执行的方法，即：将未成年子女径行取交债权人，从而实现债权人的权利。但此种方法仅是一个特例。

我国民事诉讼法关于不可替代行为的执行，一般采用间接强制执行的方法。民事诉讼法第231条①规定："对判决裁定和其他法律文书指定的行为，被执行人未按通知履行的，人民法院可以强制执行或者委托有关单位或者其他人完成，费用由被执行人承担。"这是民事诉讼法关于行为请求权执行的一般规定。对于可以委托其他人完成的行为，适用于可替代行为的执行。对不可替代行为的执行，只能是由人民法院强制执行。由于该规定过于笼统，因此，《民诉法意见》第283条和《执行规定》第60条第3款对此做出了明确的规定，即对于只能由被执行人完成的行为，如果被执行人不履行该义务，人民法院可以适用民事诉讼法第102条②第1款第（6）项的规定处理。这实际上明确了执行法院对拒不履行行为的被执行人可以采取罚款、拘留等间接强制执行措施。

对不可替代行为的执行，法院可以采用间接执行措施，但这些措施的实施往往对债权人实现债权帮助不大，那么能否在债务人不履行义务时，采用给债权人以经济补偿的方法来弥补其损失呢？对此我国民事诉讼法第232条③规定，被执行人未按照判决、裁定和其他法律文书指定的期间履行非金钱给付义务的，应当支付迟延履行金。支付迟延履行金不以给债权人造成实际损失为前提条件，对已经造成损失的，应当双倍赔偿。据此，人民法院在执行不可替代行为的案件时，可以比照该条款的有关规定，决定由被执行人支付一定的迟延履行金给债权人。该迟延履行金既不同于罚款，也不同于损害赔偿金。因为罚款要上缴国库，损害赔偿金是以造成一定损失为前提。因此，处以缴纳一定数额的迟延履行金兼有间接强制和损害赔偿的双重功能。它能够更好地保护债权人的合法权益。

3. 血亲与非血亲未成年子女交付问题的执行

在血亲和非血亲案件中，经常遇到一方将未成年子女交于另一方抚养的问题，对这类交付子女的案件中，如果一方当事人不按照法律文书确定的内容交付，法院能否进行强制执行，在理论和实践中一直存在争议。

民事诉讼法及其司法解释和《执行规定》中提到的可以强制执行，实际上指的是一种间接强制执行的措施。血亲和非血亲交付子女的案件中，当一方当事人拒绝履行交付义务时，法院可以对其进行罚款、拘留或处以一定数额的迟延履行金，迫使其履行法律文书确定的义务。这种执行方法在理论上和司法实践中基本上是行得通的。但是，当被执行人缺乏经济能力，对其采取间接强制执行措施后，债权人的权利仍不能实现时，对未成年子女的交付是否可以像我国台湾地区"强制执行法"规定的那样采用直接执行的办法，将未成年子女从被执行人处强行领走或抱走的方式，笔者认为，特殊情况下还是可以的，其理由是：（1）该类案件的未成年人一般是年龄较小，对事物缺乏准确判断和识别力，且多为无民事行为能力或限制民事行为能力的人，法院在执行过程中将其直接抱走并不违背其意志。（2）法院直接将子女领走并非是对该子女人身简单的强制执行，而是为了实现法律文书确定的交付内容。随着未成年子女年龄的增长和其世界观、人生观、价值观的形成，他一定会有一个正确的认识，更何况他与权利人之间的特殊关系。（3）如果不将该子女直接领走，势必会放纵被执行人的违法行为，给权利人造成更大损失。例如：本案王斌与收养人之间的收养关系已经被解除，其与收养人之间的权利义务关系已经不存在，如果收养人继续收养王斌，没有法律依据，将是一种违法行为。（4）从执行的效果上看，如果法院采取直接强制领走或抱走的方式，既可以及时实现债权人的权利，提高这类案件的执行效力和质量，又可以避免因案件久拖不决而带来的社会负面影响。④

---

① 民事诉讼法原第二百三十一条现已修改为第二百五十二条。——编者注
② 民事诉讼法原第一百零二条现已修改为第一百一十一条。——编者注
③ 民事诉讼法原第二百三十二条现已修改为第二百五十三条。——编者注
④ 董志强：《人身可否强制执行问题请示案》，载沈德咏主编、最高人民法院执行工作办公室编：《强制执行指导与参考》2002年第3辑（总第3辑），法律出版社2003年版，第232~240页。

最高人民法院执行办公室
关于已执行完毕的案件被执行人又恢复到执行前的状况应如何处理问题的复函

2001年1月2日　〔2000〕执他字第34号

天津市高级人民法院：

你院〔1999〕津高法执请字第31号《关于已执行完毕的案件，被执行人又恢复执行前状况，应如何处理的请示》收悉。经研究，答复如下：

被执行人或者其他人对人民法院已执行的标的又恢复执行前的状况，虽属新发生的侵权事实，但是与已经生效法律文书认定的侵权事实并无区别，如果申请执行人另行起诉，人民法院将会作出与已经生效法律文书完全相同的裁判。这样，不仅增加了申请执行人的讼累，同时也增加了人民法院的审判负担。因此，被执行人或者其他人在人民法院执行完毕后对已执行的标的又恢复到执行前状况的，应当认定为对已执行标的的妨害行为，依照《最高人民法院关于适用〈中华人民共和国民事诉讼法〉若干问题的意见》第三百零三条①的规定对其作出拘留、罚款，直至追究刑事责任的处理。对申请执行人要求排除妨害的，人民法院应当继续按照原生效法律文书执行。至于被执行人或者其他人实施同样妨害行为的次数，只能作为认定妨害行为情节轻重的依据，并不涉及诉讼时效问题，不能据以要求申请执行人另行起诉；如果妨害行为给申请执行人或者其他人造成新的损失，受害人可以另行起诉。

此复。

【附：案例评析】

关于已执行完毕的案件被执行人又恢复到执行前的状况应如何处理问题的请示与答复

请示的问题：

天津市高级人民法院〔1999〕津高法执请字第31号请示报告，就已执行完毕的案件，被执行人又恢复到执行前状况应如何处理的问题请示我院。

天津高院的意见：

天津市高级法院对上述问题有两种意见：

第一种意见认为，应按新的侵权事实另行起诉。理由是，人民法院已经按法律文书的规定执行完毕，被执行人已经履行义务，已按结案处理。被执行人（有时包含案外人）又恢复到执行前状况的时间不一。另外，民诉法规定的申请执行时效是有限的，不能无限期延长。对此，应按新的侵权事实发生，让申请人另行起诉为宜。

第二种意见认为，人民法院应在一定期限内（不宜太长，以5日内为好）按原法律文书执行，超过一定期限的另诉解决。理由是，应该把这种行为看成是被执行人拒不履行人民法院判决等生效法律文书行为的延伸。同时，人民法院也不能无限期地延长执行期限和执行次数，否则有失法律的严肃性。凡是构成新的侵权事实的，告知被侵权人依据新的事实和理由另行起诉。该院倾向于第二种意见。

承办人意见：

根据民事诉讼法适用意见第303条②关于"在人民法院执行完毕后，被执行人或者其他人对已执行的标的有妨害行为的，人民法院应当采取措施，排除妨害，并可以依照民事诉讼法第102条③的规定处理。因妨害行为给申请执行人或者其他人造成损失的，受害人可以另行起诉"的规

---

① 该条已被最高人民法院《关于适用〈中华人民共和国民事诉讼法〉的解释》（法释〔2015〕5号）第五百二十一条修改为："在执行终结六个月内，被执行人或者其他人对已执行的标的有妨害行为的，人民法院可以依申请排除妨害，并可以依照民事诉讼法第一百一十一条规定进行处罚。因妨害行为给执行债权人或者其他人造成损失的，受害人可以另行起诉。"，下同——编者注

② 该条规定已经被最高人民法院《关于适用〈中华人民共和国民事诉讼法〉的解释》（法释〔2015〕5号）第五百二十一条修改，内容为："在执行终结六个月内，被执行人或者其他人对已执行的标的有妨害行为的，人民法院可以依申请排除妨害，并可以依照民事诉讼法第一百一十一条规定进行处罚。因妨害行为给执行债权人或者其他人造成损失的，受害人可以另行起诉"。——编者注

③ 民事诉讼法原第一百零二条现已修改为第一百一十一条。——编者注

定，被执行人或者其他人对已执行完毕的案件，本着抗拒执行心态，故意恢复执行前状况，应当视为对已执行的标的物实施妨害行为。对正在进行的，应当立即采取措施，予以制止，排除妨害，并对其说服教育。如果其不听劝告，一意孤行，则可以依照民事诉讼法第102条第1款第(6)项和第2款的规定，根据情节轻重予以罚款、拘留，构成犯罪的，依法追究刑事责任。对同一妨害行为的罚款、拘留不得连续适用，但发生了新的妨害行为，可以重新予以罚款、拘留。因妨害行为给当事人造成损失的，受害人可以另行起诉。

关于执行时效问题，目前法律法规尚无明确规定。天津高院认为不能无限期延长，应规定一定期限，以5日为度，超过该期限的另诉解决，有待商榷。一是没有法律依据；二是不严肃，不能对一个刚刚执行完毕的案子，在事实和法律关系没有任何变化的情况下，仅仅因为被执行人或其他人的妨害行为就一次又一次地立案处理；三是增加了申请执行人的诉累；四是增加了人民法院的审判任务。已执行完毕的案件，被执行人又恢复到执行前状况的，该行为实际上是被执行人拒不执行生效法律文书行为的延伸，只有通过加大执行力度予以解决。其实法律已经赋予人民法院解决此问题的武器，民事诉讼法第102条"根据情节轻重予以罚款、拘留；构成犯罪的，依法追究刑事责任"，就是授权人民法院根据妨害行为人的妨害情节逐步加重对其处罚的力度，以维护法律的尊严。①

最高人民法院执行工作办公室
关于四川石油管理局勘察设计研究院与成都广视房地产开发公司拆迁安置合同纠纷一案的报告

2002年1月20日 〔1999〕执监字第231—2号

四川省高级人民法院：

你院〔1998〕川协字第5—1号和第38—1号《关于四川石油管理局勘察设计研究院与成都广视房地产开发公司拆迁安置合同纠纷一案执行情况的报告》收悉。经研究，答复如下：

你院在执行本院〔1999〕民终字第47号民事判决书过程中，于1999年9月裁定四川石油管理局勘察设计研究院（以下简称石油研究院）申请执行成都广视房地产开发公司（以下简称广视公司）一案中止执行。根据全国人大代表的反映，我办以〔1999〕执监字第231—1号函，要求你院恢复执行。你院报告认为，申请执行人石油研究院提不出可供执行的财产线索，你院依职权也找不到被执行人广视公司有可供执行的财产，故该案尚无恢复执行的条件。

我办认为，本院〔1997〕民终字第47号民事判决书，判决广视公司"将尚未拆迁安置的9户及其他未拆除的房屋予以拆迁安置和拆除"。该拆迁安置和拆除行为，属可替代行为的执行，你院应委托有关单位完成该行为，费用由被执行人承担。为了确保被执行人支付替代完成行为的费用，你院应对广视公司的注册资金是否属实予以调查，若注册资金不实，应追加投资者注册资金不实的责任；同时，你院还应对本案执行中先前执行的拆迁安置款流失情况予以核查，追回流失款项，并对有关责任人员追究相应责任。

鉴于此案系全国人大代表多次反映的案件，请你院充分认识到本案执行的重要性。在接到本函后立即恢复执行，加大执行力度，并在三个月内执行结案。

此复。

【附：案例评析】

四川省石油管理局勘察设计研究院与成都广视房地产开发公司拆迁安置合同纠纷执行案

本案的执行情况和处理意见：

本院终审判决生效后，双方当事人先后向四

---

① 张甫旗：《关于已执行完毕的案件被执行人又恢复到执行前的状况应如何处理问题的请示与答复》，载沈德咏主编、最高人民法院执行工作办公室编：《强制执行指导与参考》2002年第3辑（总第3辑），法律出版社2003年版，第202~205页。

川省高级人民法院申请执行，四川高院分别予以立案受理。石油研究院在执行通知书指定的期限内，将判决确定的款项计188.55万元交付给广视房地产。

广视房地产在取得全部款项后，未按本院判决履行拆迁安置9户住户和拆除其他未拆除房屋的义务。四川省高院查明，广视房地产是成都市广播电视局投资300万元开办的集体企业，只有4名职工，承接的石油研究院拆迁工程是其成立后唯一的工程。石油研究院给付的钱款已用于还债，该公司已无资金、无固定资产，尚且欠税50余万元。四川高院裁定该案中止执行。

石油研究院不服，通过全国人大代表向四川高院和我院提出异议，我院依法立案处理。我院向四川高院发出〔1999〕执监字第231—1号函，要求四川高院报告情况。四川高院以〔1998〕川执字第5—1号和38—1号函回复我院，认为石油研究院提不出被执行人有可供执行的财产，该院依职权也找不到被执行人有可供执行的财产，尚无恢复执行的条件。最高人民法院经研究认为，石油研究院申请执行的案件，其执行标的是可替代的行为，不是金钱债权，应由执行法院委托有关单位完成该行为，费用由被执行人承担。

本案的核心问题及理论分析：

本案争议的核心问题是：执行标的如何理解？四川高院认为应该执行广视房地产的财产，最高法院认定，该案的执行标的是"拆迁安置和拆除"的行为。

对行为请求权的执行，在相当长的时间里，理论上的研究和实践上的适用都是不充分的，主要原因在于此类案件数量占案件总数比例相对来说比较小，容易被执行人员所忽视。行为请求权的执行是指执行法院采取一定措施迫使被执行人依照生效法律文书规定履行行为义务，使债权人的行为请求权得到实现。行为请求权是债权的一种，指债权人可以请求债务人为或不为一定行为的权利。为一定行为的属于积极的行为，又称作为；不得为一定行为或容忍他人为一定行为的属于消极行为，又称不作为。

对行为的执行，执行标的不是财产，而是行为。对金钱债权和物之交付请求权的执行往往采取突然袭击的方式，但它是在正式严格的法律程序保证下完成的，被执行人被赋予了相当多的救济权利。对行为的执行涉及对被执行人人格尊严、自我决定权利甚至人身自由等基本权利的干预，从保护人权的法治观点出发，对行为的执行应该有较为详尽的规定。

首先，行为的执行要求有确定的执行名义。

如果执行名义不是非常清晰或过于笼统，可能导致不同的理解，就不是合适的执行名义，不能作为执行的基础。对此，要求债权人必须尽到必要注意。我国民事诉讼法第108条[①]规定，债权人起诉必须有具体的诉讼请求和事实、理由，也就是说必须在诉讼请求中非常明确地描述将来的执行行为，使法院在裁决时有非常明确的框架。比如，债权人请求被执行人修理损害的汽车，只是说明修理汽车是不够的，必须明确指出要修理的部位，如更换右前灯。同时，法院的判决应当在当事人申请范围之内，不能超越，这也是不告不理原则的一个方面。

为实现债权人的请求，法院判决被执行人履行义务，但如何完成该义务不是判决需要明确的，而取决于被执行人的情况。法院可以根据情况的不同采取相应的执行措施。

对于作为请求权的执行，有不同于金钱债权的特点。作为请求权的执行，指执行名义规定被执行人为一定行为时，为实现申请执行人的行为请求权而实施的执行。作为属于积极行为，分为可替代行为和不可替代行为。可替代行为是指，行为的主体不属于特定的主体，当义务人不为该行为时，可以由其他人代为完成。如让被执行人修理某东西，拆除某东西，或提供某种担保。不可替代行为是指，行为主体属于特定之人，只能由义务人亲自进行而不能由他人完成的行为。如制作只有被执行人了解的报表，让被执行人继续任用某个人等。判断某项行为是否可替代，由人民法院根据案件具体情况来决定。本案涉及的拆迁安置和拆除行为从性质上看当属可替代行为。

对于可替代行为的执行，民事诉讼法第231条规定："对判决、裁定和其他法律文书指定的行为，被执行人未按执行通知履行的，人民法院可

---

① 民事诉讼法原第一百零八条现已修改为第一百一十九条。——编者注

以强制执行或者委托有关单位或者其他人完成，费用由被执行人承担。"《执行规定》第60条第2款规定对于可以替代履行的行为，可以委托有关单位或他人完成，因完成上述行为发生的费用由被执行人承担上述规定是关于可替代行为执行的一般方法。

可替代行为的实质在于，行为由被执行人或由第三人实施，对于债权人在经济上或法律上的效果并无不同。因而，其基本执行方法是代替履行，即在被执行人不履行执行名义指定的可替代行为时，执行法院可以委托第三人代为完成，代为履行的费用由被执行人负担；被执行人拒绝负担时，该费用按照关于金钱债权的执行程序对被执行人强制执行。

对可替代行为的执行方式上可由他人代为履行。因为这类案件没有执行标的物，不能适用直接强制的方法；在代为履行可实现申请人权利的情况下，不需要间接强制的方法。直接强制、间接强制和替代履行是世界各国通行的执行方式。直接强制是指对债务人的财产，直接以强制力实现执行名义所确定的给付内容。如执行机关查封、扣押、变卖实现债权人金钱债权的行为，执行机关强制解除被执行人或第三人对物的占有，交付给债权人实现申请执行人物之交付请求权的行为等。间接强制指的是执行机关通过采取一定的强制措施对被执行人施加压力，迫使被执行人实施执行名义指定的行为。拘留和罚款是间接强制的基本手段。从上述法条的规定可以看出，我国法律还是强调人民法院的主动调查、行使强制权力，对不配合、不协助的被执行人或协助执行人多采取直接或间接强制的方法，而对替代执行的具体方式、程序和有关责任没有作详细的规定，这也是法院在实践中对可替代行为不善于委托他人实行的一个重要原因。

由他人代为完成被执行人应为的行为，可以是法院直接依职权委托有关单位或者个人完成，也可以由债权人委托有关单位或者个人完成，还可以是债权人自己完成。替代履行依据法律或其性质决定必须有专门的机构来完成或者需要非常特殊的技能的，应该委托有资质的部门完成，法院需要对资格进行考察。通过这样的方式，替代履行的质量能够得到一定保证。具体采取何种方式，由执行法院决定。如果债权人想要自行完成或委托他人完成可替代行为，应向执行法院提出申请。根据债权人的请求，法院也可以允许其自己完成代履行义务再要求被执行人偿还费用。

债权人在执行申请中不需要证明被执行人没有履行行为。如果在执行当中，被执行人提出已经履行债务或债务履行与否尚有争议，法院可以要求被执行人提供债务已经履行的证据。被执行人提出完成了行为，要核实是否达到要求，需要债权人提出申请。

如果对法院关于委托的第三人、申请执行人履行该行为情况的决定不服，被执行人能否向执行法院提出异议或通过执行异议之诉来解决，法律需要进一步明确。同时，债权人对第三人履行质量瑕疵的请求是在执行程序中完成，还是通过损害赔偿等程序解决，需要继续讨论，在实践中执行机构实际上行使着这样的权力。

他人代为完成行为的费用依法由被执行人承担。执行法院可责令由被执行人在他人完成后按实际费用支付，也可以责令被执行人预付一定费用。由被执行人预交替代履行费用可能效果会好一些，可以促使被执行人自动履行，也使其他人履行时更为方便。因而，在有限的案例实践中法院基本上都是要求由被执行人预交履行费用，这在客观上造成了这种做法被误以为是他人替代履行的前提。

替代行为执行完毕，如果被执行人预交费用有余或不够，双方可以计算返还或追加费用。费用是为完成执行行为而发生，应该是通常状况下完成该行为所需要的合理花费。奢侈的行为或不必要的费用不应计算在内。如果被执行人认为债权人提出的费用过高，应该向法院提供估价机构作出的评估。法院也可以通过专门计算费用的专家或部门来确认。

在没有预收或预收费用不够的情况下，对替代履行费用的执行和金钱债权执行是一样的。如果被执行人对于法院决定的要先支付的费用不服，可以持专门机构的报价而向执行法院申请撤销，其他费用应通过诉讼来解决。

对不可替代行为的执行，在此也稍作探讨。不可替代行为因与被执行人本身学识、专业技能、个人身份等有关，非由本人实施则申请执行人的权利不能实现或不能完全实现，第三人代为履行在法律上或事实上是不可能的，或虽可能但其效果与被执行人亲自履行不同。因而其履行方法一般是间接强制和损害赔偿相结合的方法。通过一定的强制措施给被执行人施加心理压力，迫使其实施履行行为，不能达到执行目的的，由执行法院根据债权人受损害的情况确定一个合理的数额，由被执行人赔偿或补偿。

最高人民法院民事诉讼法适用意见第283条①规定："依照民事诉讼法第二百三十一条规定，当事人不履行法律文书确定的行为义务，如果该项行为只能由被执行人完成的，人民法院可以依照民事诉讼法第一百零二条第一款第（六）项的规定处理。"这实际上是规定执行法院可以采用罚款、拘留的方法迫使被执行人履行行为。《执行规定》第60条第3款规定："对于只能由被执行人完成的行为，经教育，被执行人仍拒不履行的，人民法院应当按照妨害执行行为的有关规定处理。"民事诉讼法第232条规定，被执行人未按判决、裁定和其他法律文书指定的期间履行非金钱给付义务的，应当支付迟延履行金。这种迟延履行金，有间接强制和损害赔偿的双重功能，在对于申请执行人已受到的损失范围内，具有赔偿的作用，在没有造成损失和迟延履行金超出实际损失的时候，具有处罚的作用。

关于费用问题：

执行法院称，此案中止执行后，一直未能继续执行的原因在于广视房地产要完成拆迁、安置、拆除行为，需要一定资金，广视房地产现在经营状况不好。这个问题要综合考虑到相关情况。由于最高人民法院终审判决实际上确认了双方当事人对待给付的义务（广视房地产履行可替代行为从广义上也是一种给付行为），只是履行义务期限稍有差距，这种关系，类似于合同法上的不安抗辩权。而且相对只有私权约束力的合同关系，执行程序中的这种对待给付往往由人民法院监督处理，从理论上讲应该更有保证。四川高院根据当事人的前后申请，对此案分别立案是可以的。但是，对于这种同一判决确认的对待履行，在执行过程中，应该有一个统筹的安排，不能完全割裂开来，分别执行。否则，很显而易见的后果是，首先接受履行的一方当事人很容易找到各种理由，拒绝履行接下来应该由自己履行的义务，或者将本应用于对待给付的款项，用于其他用途，致使本案履行不能，案件执行陷入困境。这对先行履行的一方实在是有失公平。执行法院不应该给当

事人留下这样一个明显的法律漏洞。本案中，石油研究院在首先给付188万余元金钱的同时提出，由法院监督执行，该笔款项由广视公司用于拆迁安置行为，作为拆迁安置款。这种要求，是合理的，法院理应支持。

在本案目前面临的情况下，执行法院对有关问题可以进一步深究。四川高院报告中认定广视房地产自从成立后除了与石油研究院的交易行为，没有其他的业务往来；并且"成都市广电局投入注册资金300万元"；公司只有4名职工。那么基于此案以外的经济纠纷或职工工资福利方面的债务应该很少或没有。经营期间还欠税50余万元，也就是说，该笔款项并没有用于偿还国家税款。那么，广视房地产注册资金实际到位的情况、如果到位了其流向何方，石油研究院给付的188万元具体用来还了哪些债务及流向等问题，值得追究。这就涉及广视房地产注册资金是否属实和拆迁安置款是否流失等情况，执行法院应该依照《执行规定》中变更和追加被执行人的有关规定，进一步核实追查，如果存在违法的情况，应当及时追回，用于承担相关的费用。

即使执行费用没有落实，执行法院也可以有所为。虽然当事人预交费用是法院在实践中通行的做法，但这并不意味着被执行人履行费用困难，案件就只能停滞不前。《执行规定》第60条明确了费用由被执行人负担。负担方式，人民法院可以要求被执行人预付，也可以在委托他人代被执行人完成执行行为后，裁定由被执行人按他人完成后的实际费用支付。并非一定要被执行人预付才能完成该行为，如果一定要等到被执行人支付费用才能展开执行行为，在被执行人故意制造条件混淆事实难以查明财产状况、转移财产或直接拒不支付的情况下，人民法院如果只能束手无策，对行为替代履行存在的价值就不大了。在法律规定的范围内，人民法院不应该禁锢于通常的行为方式而不去探索更好的变通的做法。本案中，被执行人要履行的拆迁、安置行为，如果其不愿意支付费用，执行法院可以和有关部门联系，委托专门负责拆迁安置的单位或公司完成该行为。被执行人如果还是拒绝支付，受委托单位可以向人民法院起诉，按照金钱债权的执行方

---

① 该条已被最高人民法院《关于适用〈中华人民共和国民事诉讼法〉的解释》（法释〔2015〕5号）第五百零五条所替代，内容修改为："被执行人不履行法律文书指定的行为，且该项行为只能由被执行人完成的，人民法院可以依照民事诉讼法第一百一十一条第一款第六项规定处理。"——编者注

式对被执行人强制执行。执行法院还可以尝试与申请执行人协商或由申请执行人自行申请，由申请执行人垫付一定的费用，将该行为先行完成，再向被执行人追讨相应费用。

总结和引申：

最高人民法院〔1997〕民终字第47号民事判决书，判决广视房地产"将尚未拆迁安置的9户及其他未拆除的房屋予以拆迁安置和拆除"，该案执行标的显然是可替代行为。此监督案是一个比较典型的将可替代行为的执行和金钱债权的执行相混淆的案件。对于费用问题，执行法院应根据不同的情况，在法律规定的范围内，运用多种形式、多种方法灵活地实施执行行为。

目前人民法院承担了一定数量的"拆迁和安置"行为的执行，尤其是执行行政机关行政决定的案件绝对数量不少。在大多数情况下，作出了行政决定书的拆迁和安置案件的情况非常复杂，往往政府、开发公司和拆迁户的矛盾对立相当严重。对此类案件的执行，不能简单地以直接强制的方式，强行地拆房赶人，应该从拆迁、安置行为的可替代性角度出发多探索变通的执行方法，否则往往造成难以预料的后果。①

最高人民法院执行工作办公室
关于确定外资企业清算的裁决执行问题的复函

2003年10月10日　〔2002〕执他字第11号

广东省高级人民法院：

你院〔2001〕粤高法执监字第288号《关于是否受理澳大利亚庄臣有限公司依仲裁裁决申请执行广州金城房地产股份有限公司一案的请示报告》收悉。经研究，答复如下：

一、根据你院报告反映的情况，未发现本案仲裁裁决存在民事诉讼法第二百六十条②规定的不予执行事由。

二、本案仲裁裁决主文（裁决项）要求进行的清算属于给付内容。只是根据现行司法解释和行政法规的规定，人民法院不主管对合营企业的清算，当事人不能自行清算的，由企业审批机关组织特别清算。因裁决主文明确指引清算以理由部分〔仲裁庭的意见（三）〕确定的原则进行，因此，本案裁决主文应当与理由联系起来理解，理由部分所述内容应当理解为构成裁决主文的一部分，其中关于清算后按比例分配资产的要求，也是给付内容，但具体给付数额需要根据清算结果确定。

三、本案中企业审批机关组织了特别清算。对于清算结果的依法确认问题，同意你院关于仲裁委秘书处无权代表仲裁庭对清算结果进行确认的意见，同时本案中仲裁委秘书处实际上并未真正确认清算结果。但清算委员会的清算报告经过审批机关确认后，在利害关系人没有明确异议的情况下，应当视为是确定的、有效的。该清算的结果使裁决中按比例分配资产的内容在具体分配数额方面得以明确。

四、为了维护生效裁判文书的权威性，维护清算的法律秩序和经济秩序，人民法院应当在适当的条件下，以强制力保障根据法院判决或者仲裁裁决所作的清算的依法进行和清算结果的实现。对本案中已经因清算结果而进一步明确的按比例分配资产的裁决内容，应当予以执行。

五、执行中应当注意，如果利害关系人对清算结果依法提出了异议，并启动了相应的行政或司法程序，执行法院对其争议的财产或其相应的数额应当暂时不予处理。

最高人民法院
驳回申诉通知书

2010年12月13日　〔2010〕执监字第183号

浙江东航建设集团有限公司：

---

① 黄文艺：《四川省石油管理局勘察设计研究院与成都广视房地产开发公司拆迁安置合同纠纷执行案》，载最高人民法院执行工作办公室编：《强制执行指导与参考》2003年第1辑（总第5辑），法律出版社2003年版，第237~247页。

② 民事诉讼法原第二百六十条现已修改为第二百七十四条。——编者注

你公司不服浙江省高级人民法院（下称浙江高院）〔2010〕浙执复字第 12 号执行裁定向本院申诉。经研究，本院认为：

一、你公司认为除案涉工程的标高及层高外，其他工程质量问题有能力进行加固和修复，并就其他工程质量问题提出了修复方案。但慈溪市慈吉教育集团（下称慈吉集团）要求你公司严格遵循设计图纸及施工技术标准全面修复工程，不接受你公司的方案，要求按原设计单位出具的方案修复。你公司也认为根据该方案修复费用太大而没有同意。你公司在执行中未能提出符合原设计要求的修复方案，不能达到判决要求的修复标准，且该修复行为在性质上并非只能由你公司完成。故本案替代履行的条件成就，根据《中华人民共和国民事诉讼法》第二百二十八条①、《最高人民法院关于人民法院执行工作若干问题的规定（试行）》第 60 条第 2 款，可以由有关单位或其他人代替你公司完成修复行为，费用由你公司承担。上述规定并未将申请执行人排除在替代履行的主体之外，本案由申请执行人自行修复不违背公平合理的原则，有利于案件执行，应予准许。

二、你公司承担修复费用与慈吉集团支付工程款均为金钱给付义务，依债务性质可以相互折抵。且折抵之后，有利于降低案件执行成本，浙江高院对此予以折抵并无不当，本院予以维持。修复费用的确定应以替代履行实际发生的费用为准。但从案涉工程原设计单位出具的修复方案和浙江省宁波市中级人民法院对该方案委托鉴定的结果看，修复费用大大超出工程造价。如委托第三方修复，你公司可能承担的费用远高于浙江两级法院执行裁定中要求你公司承担的数额。另外，慈吉集团提出愿意自行修复工程，修复费用以工程造价为限，属慈吉集团处分权利的行为，由此可能出现的风险也由慈吉集团自行承担。且你公司一直未能提出低于工程造价并能全面修复案涉工程质量问题的方案。执行法院在慈吉集团做出让步的基础上，根据公平合理的原则裁定你公司承担的修复费用以工程造价为限，与原设计单位的修复方案所需费用相比，较为公平合理。

综上所述，你公司的申诉请求不能成立，本院予以驳回。

特此通知。

【附：案例评析】

完成行为的替代履行问题——浙江东航建设集团有限公司执行申诉案评析

浙江高院审查处理情况：

浙江高院复议期间，东航公司认为慈吉集团出具的修复方案从材料到工程量都不切实际，表示愿意接受替代履行的方式，但费用应在慈吉集团未付工程款中计算。慈吉集团表示由于安全性问题，二审判决明确按工程设计修复，东航公司没有能力修，他们愿意让步，自行修复；如果要通过第三方施工，必须按二审判决根据原设计图纸维修，修复费用由东航公司承担。

浙江高院就本案前往慈溪进行调查，走访了慈溪市教育局、建设局、建设工程质量监督站，并到慈吉中学现场查看。该院调查查明：由东航公司承建的 D、E、F 楼在使用中，图书馆一、二楼个别房间作为仓库和电脑教室在使用，三至七楼未见使用。2010 年 7 月 16 日，浙江高院与宁波中院就该案如何处理，专门召开由宁波市政法委、慈溪市多部门联合参加的案件协调会。协调会上，各方一致认为，本案案情复杂，双方矛盾尖锐，实际已不可能完全按照生效判决执行，用金钱履行方式替代是最好的解决方法。双方当事人对立情绪强烈，做协调工作存在很大困难，涉案工程关系学生生命安全，必须尽快解决，如果重新诉讼，势必时间很长，与会各方对宁波中院的裁定表示理解。东航公司坚持要求慈吉集团支付剩余工程款，或对工程进行剩余价值评估。慈吉集团则称现在工程修复的费用肯定大于原造价，其同意宁波中院的裁定实际上已经是作出了让步，不可能再在该裁定的基础上作出任何让步。浙江高院对双方当事人的协调工作未取得进展。

浙江高院复议过程中，注意到宁波中院的裁定存在一定问题：首先，在程序上，〔2009〕浙甬民执字第 93－1 号执行裁定属于执行实施裁定，当事人对该裁定提出异议，应由执行裁决部门对

---

① 民事诉讼法原第二百二十八条现已修改为第二百五十二条。——编者注

该异议进行审查，而不应直接在实施裁定中赋予当事人复议权。因本案情况特殊，浙江高院决定不再发回，而在内函中予以指出。其次，宁波中院裁定慈吉集团自行修复，由东航公司"赔偿"费用，实际上是在执行程序中行使了审判权，超越了执行权限。该院于2010年7月27日作出〔2010〕浙执复字第12号执行裁定认为，涉案工程系教学设施，由于执行双方就工程维修问题争执不下，至今未通过竣工验收，存在巨大安全隐患。东航公司虽然提供了修复方案，但该方案无法按原设计要求对工程进行修复，无法获得业主方慈吉集团的认可，故实际上难以通过竣工验收。现慈吉集团提出自行组织修复的替代履行方案，符合法律规定，应予准许。因替代履行发生的费用自应由东航公司承担，以工程造价为限。东航公司的复议理由不能成立。但宁波中院的执行裁定主文第二项将东航公司应支付慈吉集团替代履行费用表述为赔偿工程质量修复加固费用用词不当，有改变原判决内容之嫌，应予纠正。裁定如下：一、维持宁波中院〔2009〕浙甬民执字第93—1号执行裁定第一、三项；二、变更宁波中院〔2009〕浙甬民执字第93—1号执行裁定第二项为东航公司应支付工程质量修复加固费用18379900元（扣除慈吉集团尚未支付的工程款11162763元），尚应支付7217137元。

评析意见：

本案争议的焦点是：原判决判令东航公司修复工程，并通过竣工验收，慈吉集团在竣工验收合格后支付工程款；浙江两级法院在执行过程中，采用由慈吉集团自行修复，令东航公司承担修复费用，并将修复费用与工程款进行折抵的做法，是否符合法律规定。

通过归纳申诉人的申诉理由，本案争议焦点可以分为以下几个问题：第一，两级法院的执行方法是否属于超越权限，改变生效判决内容。第二，由慈吉集团自行修复是否合法。第三，修复费用和工程款能否折抵。第四，修复费用以工程造价为限是否有法律依据。第五，工程只进行过质量鉴定，并未进行过安全性能鉴定，如何认定有巨大安全隐患。

（一）选择替代履行的方式是否适当

执行依据要求被执行人实施一定行为，原则上应由被执行人自行完成。如该行为性质上可以替代，在被执行人不履行义务时，则可由其他主体代替被执行人实施相关行为。所谓行为可以替代，是指由他人代为履行与被执行人自行履行在事实及法律上的效果并无不同。本案中，浙江高院〔2008〕浙民一终字第110号民事判决判令，东航公司对案涉工程质量问题进行修复，通过竣工验收合格；验收合格后十日内，慈吉集团支付剩余工程款。故东航公司和慈吉集团互负对待给付义务，但履行顺序有先后，东航公司应先完成修复行为，修复的标准为"通过竣工验收合格"。但主文中确定的上述修复标准仍较为抽象，需结合生效判决相关内容进一步明确。浙江高院上述判决认为，"施工单位在施工过程中必须严格遵循的是设计图纸及施工技术标准，如果工程质量不合格的，应承担修复责任。从法律规定层面分析，慈吉集团要求东航公司对案涉工程进行修复与加固，使工程质量符合设计要求，通过竣工验收合格，有法律依据"，并判令东航公司对工程质量予以加固、修复，通过竣工验收合格。从本案执行依据确定的内容看，东航公司修复工程应达到的标准是：遵照工程原设计要求，并通过竣工验收。此后，慈吉集团才能支付剩余工程款。

在执行过程中，东航公司认为除标高及层高外，其他工程质量问题有能力进行加固和修复，并就其他工程质量问题提出了方案。但慈吉集团要求东航公司严格遵循设计图纸及施工技术标准全面修复工程，不接受东航公司的方案，要求按原设计单位出具的方案修复。东航公司认为根据该方案修复费用太大，没有同意。从上述事实可以看出，东航公司对案涉工程的标高、层高问题没有提出方案，未能按原设计要求修复工程质量问题，不能达到生效判决要求的修复标准。修复工程质量问题并非只能由被执行人自行完成，并且在性质上也属于可以替代履行的行为。因此，本案替代履行的条件成就，根据民事诉讼法第二百二十八条、《执行规定（试行）》第60条第二款，可以由其他主体代替被执行人完成修复行为。

（二）替代履行的主体问题

民事诉讼法第二百二十八条和《执行规定（试行）》第60条第二款规定的替代履行主体为"有关单位或者其他人"。从整个条文的表述方式看，有关单位或者其他人应指被执行人以外的单位或个人，没有将申请执行人排除在外。从申请执行人方面看，完成修复任务才是其申请执行的目的，至于由谁来实施修复行为，并不存在根本性的利害冲突。但考虑到申请执行人和案件存在利害关系，如其滥用权利，也可能导致被执行人承担过高的费用，损害被执行人利益。因此，由申请执行人替代履行应不违背公平合理的原则，并有利于案件执行。

本案中，虽然慈吉集团与案件有利害关系，但东航公司不能按判决要求全面修复工程，慈吉集团要求按原设计方案修复工程，是以生效判决为依据的。从宁波中院在审判程序中对原设计单位修复方案进行价格鉴定的结果看，按生效判决修复的费用远高于慈吉集团主张的费用。慈吉集团对修复费用的请求是作了让步的，而且及时修复工程也符合慈吉集团的利益。因此，结合本案的实际情况，由申请执行人自行修复工程并无不当。

（三）修复费用和未付工程款能否折抵

根据浙江高院生效判决，慈吉集团在工程竣工验收合格后，应向东航公司支付剩余工程款。案涉工程虽由慈吉集团自行修复，但修复费用依法应由东航公司承担。慈吉集团和东航公司互负债务，两种债务均为金钱给付义务，在性质上可以相互折抵。且折抵之后，可以降低案件的执行成本，简化执行程序，允许双方折抵也无不妥。

（四）修复费用以工程造价为限是否有法律依据

修复费用的确定应以替代履行实际发生的费用为准。但从本案争议工程的原设计单位出具的修复方案和宁波中院对该方案委托价格鉴定的结果来看，修复费用需3300多万元，大大超出原审判决认定的1800余万元工程造价。且东航公司提供的修复方案，不能修复工程标高和层高的问题，只是就其他工程质量问题进行修复，不能达到原来的设计要求。如委托第三方修复，东航公司可能承担的修复费用，要远远高于执裁定中要求其承担的1800多万元。另外，慈吉集团提出愿意自行修复工程，修复费用要1800万元，已经做出让步，至于慈吉集团如何修复，需多少费用，属于慈吉集团自行处分权利的行为，由此可能导致的工程质量问题仍达不到设计要求的风险，也由慈吉集团自行承担。

因此，要求东航公司承担1800多万元的修复费用，是在慈吉集团做出让步的基础上，由执行法院根据公平合理的原则确定，与原设计单位的修复方案所需费用相比，此数额对东航公司是有利的。东航公司一直未能提出低于1800万而且能全面修复工程的方案，所以，修复费用以工程造价1800多万元为限也是合理的。严格地讲，裁定修复费用以工程造价为限并无充分的法律依据，但如果慈吉集团坚持要求按原设计方案修复，东航公司将承担更为庞大的费用和不可预测的风险。鉴于案件实际情况，本案修复费用的确定很难实现绝对公平，只能做到相对合理。

（五）工程的安全性鉴定问题

虽然证据材料显示，宁波中院在审判过程中对争议工程没有进行过安全性鉴定，但国家建筑工程质量监督检验中心对工程质量出具的报告已经明确说明，争议工程的多处质量问题都会影响用户使用安全。且教学楼D、E、F楼及图书馆的部分楼层已经在使用，考虑到慈吉中学师生的人身安全，工程应尽早修复，不宜拖延。东航公司以工程未进行安全性鉴定为由，对浙江高院复议裁定提出的质疑不能成立。

另外，关于宁波中院在执行实施裁定中，直接赋予当事人申请复议权的问题，浙江高院已经在复议程序中注意到，并发函予以指出。因东航公司未将该程序瑕疵作为申诉理由正式提出，对此在执行监督程序中可不予置评。

综上，东航公司的申诉请求不能成立，应予驳回。①

最高人民法院
〔2009〕执监字第217号通知

2010年4月29日 〔2009〕执监字第217号

上海枫丹丽舍房地产开发有限公司：

你公司不服上海市高级人民法院（下称上海高院）〔2007〕沪高执字第17—3号裁定书，请求本院提级执行或指定其他法院执行本院〔2006〕民一终字第57号判决一案，本院经审

---

① 乔宇、仲相：《完成行为的替代履行问题——浙江东航建设集团有限公司执行申诉案评析》，载江必新主编、最高人民法院执行局编：《执行工作指导》2011年第1辑（总第37辑），人民法院出版社2011年版，第74~83页。

查,通知如下:

本案判决确定继续履行的合同内容复杂,此类判决的执行是疑难问题,能否强制执行及如何强制执行在理论与实践中存在很大争议。根据上海高院执行卷宗(副卷)显示,上海高院在作出〔2007〕沪高执字第17—3号裁定前,多次到相关行政职能部门进行联系沟通并多次讨论研究,故本案不属于消极执行的情形,你公司关于提级执行或指定执行的请求本院不予支持。

上海高院终结本次执行程序依据的事实与理由不充分,我院已发函上海高院提出明确处理意见。具体事宜,请直接与上海高院联系。

【附:案例评析】

上海枫丹丽舍房地产开发有限公司申请执行判决确定的继续履行合同义务监督案

上海高院的意见:

上海高院称,其案件承办人走访了浦东新区法制办、建设交通委员会、房地产交易中心等相关职能部门,上述部门均认为涉案地块的转让违反房地产管理法的有关规定,不具备转让条件,法院不宜立案执行。浦东新区建交委称,依土地管理法,华夏公司要取得拆迁许可证,必须具备立项、规划、土地批文、动拆迁资金和用房条件,申请主体应为华夏公司或建设单位,而目前华夏公司不具备前述条件,因而不能向其发放拆迁许可证,如果法院强制执行,因委托主体不符合法律规定,建交委难以发放拆迁许可证。

经承办本案的合议庭多次讨论并经上海高院执行局局委会专题探讨,对本案主要形成两种意见:第一种意见认为,本案应立案执行,但因执行不能需予以终结;第二种意见认为,对于最高人民法院的判决事项,除金钱给付外,其余涉及合同履行的部分不宜立案执行。合议庭最终根据少数服从多数的原则,按第一种意见终结了本次执行程序。第一种意见的主要理由为:

1. 本案为给付之诉,要求华夏公司积极履行一定的行为,符合执行立案的条件,应予立案执行。对行为的执行分为可替代行为与不可替代行为。本案两种行为互为交织,更多为不可替代行为。如申请项目立项、土地规划、申请动拆迁许可等,均需华夏公司亲为,他人无法替代。对于

不可替代行为,法律上虽有间接执行之方式,如罚款、拘留、处以迟延履行金等,以对执行人形成高压态势,迫其履行义务,一般而言能取得一定效果,但从本案情况看,由于存在巨大经济利益差,且在其他条件限定下,采取以上方法,不能达到预期目的。

2. 依城市房地产管理法之规定,对于成片开发土地转让,土地开发量必须达到总量的25%或形成工业用地或其他建设用地条件,行政管理部门才能依相关规定批准土地使用权的变更。而从目前的情况看,涉案地块的开发量远远未达到上述要求,如果强制裁定过户,势必引起司法权与行政权的冲突,产生诸多难以解决的问题。

3. 合同法调整的是债权债务关系,它并不必然导致物权的变动,而土地使用权的变更属物权范畴。最高人民法院判决确定了合同的效力,但没有对土地使用权的归属予以判定,在执行中裁定改变土地使用权权属,欠缺依据。

4. 本案实际上难以履行。合同法虽然确立了合同应得到全面履行原则,

亦有例外。本案转让合同签订于2001年,至今已有八年,随经济的发展,各方成本的增加,仅凭原来约定的2.5亿元资金,已远远不能完成基本的动拆迁工作,更无法解决农民的安置等问题。据初步估计,前期动迁、安置补助费用可能高达7?10亿元。且要实现前期土地开发量达到总量的25%,可能还需其他费用,因此华夏公司难以接受继续履行转让合同的决定。

综上,本案应立案执行,通过调查研究和做和解工作来探寻有无结案的可能,在法院进行了教育疏导,双方当事人仍不愿和解,而继续执行又存在事实上(情事发生变更,当事人之间的权利义务已严重失衡)和法律上(城市房地产管理法必须得到遵循)障碍的情形下,本案应终结执行。枫丹公司的损失可另行提起损害赔偿之诉解决。

评析意见:

(一)关于本案判决的可执行性问题

关于合同继续履行的生效判决是本案的基础。因此,关于合同的效力、合同应否由当事人继续履行等问题执行程序中无须考虑。执行程序中需要考虑的首先是通过强制手段执行该生效判决的可行性问题。关于合同继续履行类判决是否具有可执行性,实践中存在严重分歧。但是综合全案情况,应

当认为本案具有强制执行性。主要理由如下：

1. 继续履行是合同法规定的法定违约责任方式之一，其基本内涵就是让违约方继续实际履行合同。在合同法限定了此种责任方式适用范围的情况下，应当认为，继续履行在事实上与法律上的可行性，包括执行的成本等问题在判决前已经过慎重考虑。除非特殊情况，如事实上不能履行或判决后发生的事由导致法律上不能履行等。这种判决应当具有强制执行力。只有这样，才能在程序法上保障实体法上民事责任的强制落实。

2. 本案判决具有给付的内容；结合涉案合同条款，也能确定"明确、具体"的执行标的。

一般认为，申请执行的法律文书有给付内容且执行标的明确，是人民法院受理执行案件的基本条件之一。本案诉讼请求是"继续履行合同，将讼争土地转让给枫丹公司"。可见本案不仅是一个确认之诉，还有给付的内容。最高人民法院二审判决主文是"合同有效，继续履行"，并在说理部分表明了本案可以继续履行的观点，应被理解为是一个具有给付内容的判决。

从形式上看，本案并不完全符合执行标的"明确、具体"的要求。但是分析本案的土地转让合同，虽然双方约定的事项较多，过程较长，但需要履行的义务是具体明确的。在结合合同条款能够确定本案执行标的的情况下，应该承认判决的执行力。

3. 华夏公司主张合同不能履行的具体理由不能成立。华夏公司主张拆迁成本过大的理由不能成立。生效判决认定合同未得到履行是其违约所致，法律有关于逾期履约情况下所增加成本的负担规则，同时，枫丹公司也同意就拆迁的成本问题进行协商。华夏公司主张不能办理拆迁许可证等相关证件的理由亦不充分。是否能够办理相关证件，应在其提供了法律规定的各种材料后由相关行政机关审查认定。

（二）关于本案的具体执行

本案具体的执行内容主要有枫丹公司付款、华夏公司的合同备案、使土地达到过户条件、协助办理过户手续。本案中，在枫丹公司作为申请人，付款义务的履行应无问题。由于判决已确定了合同的效力，华夏公司对合同登记备案的义务亦不是必须履行。本案的执行难点是使土地达到过户条件、办理过户。由于涉案土地的情况并不清楚，具体的执行内容还是应根据土地的现状确定。

1. 关于涉案土地的现状与法定过户条件的理解

（1）土地的现状双方当事人对于涉案土地的现状描述不一，最高人民法院二审判决与再审程序中的认定也存在重大差异。土地的现状需要查明。

最高人民法院二审判决认为，讼争成片开发土地1421.6亩，没有拆迁的只有150亩左右，其余1200多亩土地在很大程度上已经具备了达到相关法律规定要求的基本条件。只有双方依约继续履行各自的合同义务，讼争地块中的大部分面积都能很快达到法律规定的转让条件。

华夏公司则认为涉案土地上有394户农户，与1200多亩的口粮田。至今，由于尚未补偿与动迁，政府对该地块没有颁发过拆迁许可证，三个生产队建置也未撤销。最高人民法院再审程序中也认为，涉案土地的现状及权属应查清，如果真如华夏公司所称，在150余亩上居住的是农民，另外1200余亩是这些农民口粮田的话，那么这两部分土地的补偿拆迁和之后达到"七通一平"必须协调进行。只要农民没有完成拆迁补偿，就没有达到"一平"的标准。

（2）法律关于土地过户的具体要求的理解

城市房地产管理法第三十九条第一款第（二）项规定：按照出让合同约定进行投资开发，属于房屋建设工程的，完成开发投资总额的百分之二十五以上，属于成片开发土地的，形成工业用地或者其他建设用地条件。本案属成片开发土地，应为形成工业用地或者其他建设用地条件。

但是对于何为"工业用地或者其他建设用地条件"，华夏公司认为，本案涉及土地至今没有达到工业用地或其他建设用地条件。《城市房地产转让管理规定》第十条规定了建设用地的条件。也就是我们所说的"七通一平"，是指土地（生地）在通过一级开发后，使其达到具备上水、雨污水、电力、暖气、电信、道路等七通及场地平整的条件，使二级开发商可能进场后迅速开发建设。

枫丹公司认为，本案关于"建设用地条件"不是"七通一平"，应当依据《出让合同》的约定和浦东新区土地使用权实际转让的惯例确定。应认为土地也基本具备了建设用地条件。华夏公司引用的《城市房地产转让管理规定》第十条第一款第（二）项规定并没有明确建设用地就必须达到"七通一平"，该办法对于市政基础设施和公用设施的列举性规定只是一种指导性条款。

应该认为，工业用地或者其他建设用地条件不仅应该包括房屋的拆迁与土地物理意义上的平整，还应该包括他项权属的去除，即本案中可能涉及的农村耕地的补偿问题。

2. 对于达到法定过户条件土地的执行

如果经查涉案土地存在符合《中华人民共和国城市房地产管理法》规定过户条件的地块，比如最高法院二审判决中认定，涉案土地中有一块已完成"七通一平"的土地（50#等），应直接裁定将土地使用权移转给枫丹公司，并通知土地管理部门协助办理过户手续。

3. 对于未达到法定过户条件的土地的直接执行

对于未达到法定过户条件的土地的执行，的确如上海高院认为的那样，相当棘手。由于存在法律的强行规定，执行法院不能裁定变更涉案土地的使用权并通知房产部门办理涉案土地的过户手续。城市房地产管理法第三十九条规定了土地转让的条件，执行依据的判决中也并未责令直接过户，一而是要求双方继续履行合同，达到过户条件时办理过户手续。所以对于没有达到法定过户条件的土地来讲，执行中无法裁定直接产权过户。也正是这个原因，枫丹公司放弃华夏公司履行拆迁与平整土地的义务，而请求直接办理过户的主张并无意义。

由于涉及司法与行政权的紧张，执行法院也不能发出协助执行通知书，让行政部门发放拆迁许可证。拆迁许可证的申请需要一系列的许可与批准证书，涉及行政权与司法权的界限问题，法院难以直接裁定行政机关发放拆迁许可证书。

4. 关于申请拆迁许可证与土地平整的行为的替代履行问题

对于未达到法定过户条件的土地，由于执行法院不能直接发出协助发放许可证通知，问题就变成了申请拆迁许可证与土地平整的行为是否具有可代替了。这是本案的难点所在。行为是否具有可代替性有不同的标准，有时也难以区分，一般认为应根据案情由法官具体认定。本案中，将申请拆迁许可证及土地平整行为认定为可代替的行为与不可代替的行为皆有道理，理由分述如下：

（1）认为申请拆迁许可证与土地平整的行为具有可替代性的主要理由

第一，由法律对拆迁行为性质的规定看：《城市房屋拆迁管理条例》将拆迁定性为平等民事主体之间的行为，拆迁人符合法定条件并提出申请，获得房屋拆迁许可证后，即成为适格的拆迁人。而从拆迁许可证的获得条件来看，只是规定了针对土地、建设项目、资金、拆迁方案等内容，对于拆迁的主体条件并无特殊于一般建设主体的要求。因此，可以认为拆迁许可证的申请是一种可替代的行为。找一家具有拆迁资格的公司，替代华夏公司准备方案、申请相应的批准文件，进而申请拆迁许可证，完成拆迁工作，由华夏公司享有成果并负担费用，并无法律上的障碍。至于许可证是否能得到批准，则是行政机关按照法定实体条件审查处理的范畴。当事人对于具体行政为不服，还有行政诉讼的救济途径。

耕地的补偿问题，与拆迁的问题类似。也是一种可替代的行为。

第二，并不危及司法权与行政权的独立，也不危及拆迁户的权利。将拆迁行为由其他主体替代完成，只是找一个具有拆迁资格的公司取代华夏公司的民事地位，不涉及行政机关的审批的权力。如果被批准发放拆迁许可证，也不涉及被拆迁户的权利，完全根据法律的规定与判决的内容进行，未见不可逾越的障碍。

根据上海高院卷宗中的工作记录，没有相关行政部门（建交委）关于法院对华夏公司申请各种批件的行为采用替代履行的方式的明确表态。只是表示"难以发证"，"需向市房地局请示"。

第三，如果行政机关根据实体规定未发放拆迁许可证，并经当事人诉讼救济未果，则说明合同真的不能继续履行，执行阶段的工作就已经做足，本案应另寻其他途径解决。

（2）认为申请拆迁许可证与土地平整的行为不具有可替代性的主要：理由第一，拆迁许可证的申请需要一系列的文件，其准备及申请具有人身属性。第二，拆迁许可证的颁发是一种行政行为，如果我们认可了申请行为的可代替性，但由于行政机关的不配合而申请不到许可证，会让法院的工作陷入被动。第三，代替行为一般为单纯性的行为，而本案中拆迁许可证的申请要求多，过程长，法院的管理成本过高。第四，拆迁涉及被拆迁户的利益及社会的稳定，裁定由他人代替对于法院来说承担的风险过于巨大。

由于该问题上存在较大争议，在对上海高院的函中并未明确涉及这一问题，而是留出空间，供执行法院在具体的实践中探索。

5. 迟延履行金与间接强制措施的适用问题

本案可适用迟延履行金，如认为申请拆迁许可证是不可代替履行的行为，亦可适用间接强制措施。

6. 执行无法推进时的处理

合同的履行可能会因为客观条件的变化而不能继续。继续履行类判决也可能因生效后出现的事由发生这一问题。此时应给予当事人相应救济途径。本案中，由于合同的履行涉及行政审批权的行使，执行法院不能保证合同最终能够得以履行，如果出现了此类情况或者其他客观上或法律上足以阻碍强制执行继续的事由，需要终结执行程序，应告知当事人另行诉讼主张权利。

（三）本案的处理

1. 上海高院并未查清涉案土地的情况，也没有采取所有可行的执行措施。认定合同存在不能履行的事实或法律障碍、终结本次执行程序依据不足。应函告上海高院纠正终结本次执行程序的错误裁定，继续执行。

2. 上海高院受理 10 个月之后才向被执行人发出继续履行的执行通知不妥，但是由于合同履行类判决是否具有可执行性_如何执行是一个难题，同时卷宗显示上海高院一直在与相关部门进行沟通协调工作，因此上海高院的执行迟延不构成民事诉讼法第二百零三条①的情形，申诉人请求指定执行或提级执行的主张应驳回。

3. 如果在本案的执行中，确实出现了法律上或事实上的障碍，使得不能继续执行，则应告知当事人可以另行提起诉讼。②

人民法院办理执行案件规范

2017 年 4 月

646.【一般规定】

对判决、裁定和其他法律文书指定的行为，被执行人未按执行通知履行的，人民法院可以强制执行或者委托有关单位或者其他人完成，费用由被执行人承担。

647.【可代替履行行为】

被执行人不履行生效法律文书确定的行为义务，该义务可由他人完成的，人民法院可以选定代履行人；法律、行政法规对履行该行为义务有资格限制的，应当从有资格的人中选定。必要时，可以通过招标的方式确定代履行人。

申请执行人可以在符合条件的人中推荐代履行人，也可以申请自己代为履行，是否准许，由人民法院决定。

648.【代履行费用】

代履行费用的数额由人民法院根据案件具体情况确定，并由被执行人在指定期限内预先支付。被执行人未预付的，人民法院可以对该费用强制执行。

代履行结束后，被执行人可以查阅、复制费用清单以及主要凭证。

649.【不可代替履行行为】

被执行人不履行法律文书指定的行为，且该项行为只能由被执行人完成的，人民法院可以依照民事诉讼法第一百一十一条第一款第六项规定处理。

被执行人在人民法院确定的履行期间内仍不履行的，人民法院可以依照民事诉讼法第一百一十一条第一款第六项规定再次处理。

650.【不作为】

生效法律文书确定被执行人不得为一定行为或者容忍他人为一定行为，被执行人不履行的，人民法院可以依照民事诉讼法第一百一十一条第一款第六项规定处理。必要时，还可以依申请执行人的申请，责令被执行人交付费用，除去被执行人行为的结果。

651.【探望权】

婚姻法第四十八条关于对拒不执行有关探望子女等判决和裁定的，由人民法院依法强制执行的规定，是指对拒不履行协助另一方行使

---

① 民事诉讼法原第二百零三条现已修改为第二百二十六条。——编者注
② 黄金龙、葛洪涛：《上海枫丹丽舍房地产开发有限公司申请执行判决确定的继续履行合同义务监督案》，载江必新主编、最高人民法院执行局编：《执行工作指导》2011 年第 1 辑（总第 37 辑），人民法院出版社 2011 年版，第 60~73 页。

探望权的有关个人和单位采取拘留、罚款等强制措施，不能对子女的人身、探望行为进行强制执行。

从一起复议案看合同有效、继续履行判决的可执行性问题

重庆高院意见：

重庆高院认定，终审判决判令双方当事人继续履行合同具有执行力，应当依法予以执行。A公司在最高人民法院终审判决后又提出所谓"重新解除合同"，实为单方无效之举，况且最高人民法院在终审判决中已有明确表述："A公司、B公司通知D公司解除合同不符合双方约定，也未达到《合同法》第九十四条规定的法定解除条件，不能发生解除合同之效力。"

根据转让合同第一条第4款、第5款的约定可以看出，第6号地块虽不属于当事人双方合同约定转让土地，但6号地块为保障转让土地拟建规模不低于39000平方米而可能被减小拟建规模，其与约定转让土地具有关联性，更系双方合同约定之权利义务，故A公司、C公司的该异议不成立。

关于C公司认为其不应属于本案被执行人的异议。从D公司与A公司、B公司签订的合同内容看，为四方合同，C公司在该合同中签字认可，对其当然产生相应约束力，故C公司的该异议不成立，故驳回了三异议人的异议。

最高人民法院的处理意见：

最高人民法院经审查作出了复议裁定书，认为：

（一）关于最高人民法院作出的终审民事判决（以下简称终审判决）是否可以强制执行的问题

1. 根据《中华人民共和国民事诉讼法》第二百一十二条①及《最高人民法院关于人民法院执行工作若干问题的规定（试行）》（以下简称《执行规定》）第十八条第一款第（四）项的规定，对有给付内容的生效法律文书，在执行标的和被执行人明确的情况下，一方拒不履行时，法院可以依申请或依职权强制执行。D公司在终审中的诉讼请求不仅要求确认合同有效，而且有明确的给付内容。终审判决判令合同有效，且在判决书的说理部分中明确了双方应履行的义务。因此，终审判决是一个执行标的明确、双方互付给付义务的判决，一方履行完毕，另一方拒不履行时，法院可以依申请强制执行。

2. 根据双方签订的转让合同第五条的约定，甲方、乙方应在合同签订后，共同努力在5个月内办理完约定土地及项目转受让手续，使乙方取得国有土地使用证等相关手续。在约定土地及项目转受让批文经市开发办批准后5日内，由甲方和C公司将土地交付给乙方并办理交接手续。可以看出，双方明确约定了完成土地使用权和项目转让的时间，以及土地交付的时间。如果双方均严格依照终审判决履行各自的义务，就会达到合同的最终目的，即国有土地使用权的转让。而土地使用权的转让行为是一种典型的给付行为。可以强制执行。

综上所述，终审判决是具有给付内容的确权判决，具有强制执行力。

（二）关于终审判决生效后，A公司、B公司再次提出解除合同是否有效的问题

1. 双方当事人在终审判决生效后，继续履行合同过程中，D公司确实存在拒绝支付220万元土地出让金尾款的违约事实。但D公司最终还是到土地管理部门缴纳了该笔款项，交付的实际金额为207万元。从上述事实可以看出：第一，D公司并非违约不支付款项，其只是主张数额不对，而实际交付金额证明D公司的主张是有依据的；第二，土地管理部门对本案合同约定的土地转让行为是认可的，并未因此而影响土地转让；第三，D公司将合同约定的余款4086132.2元已经交至重庆高院账户，已履行了合同的全部义务。

2. 双方签订的转让合同中明确约定了只有违约导致土地转让不能时，一方才享有合同解除权。在双方只是对220万元的土地出让金数额有争议时，并不会导致土地的转让不能。综上所述，A公司、B公司在终审判决后主张解除合同的理由不能成立。

（三）关于重庆高院查封6号地块是否合法的问题

根据双方签订的合同内容，6号地块并不属于双方约定转让的土地，与双方当事人的土地使用权转让没有直接关系，故重庆高院查封6号地

---

① 民事诉讼法原第二百一十二条现已修改为第二百二十四条。——编者注

块是不正确的。

（四）关于C公司是否属于本案被执行人的问题

根据合同约定的内容，在履行合同过程中，C公司有协助办理委托设计规划方案、出具相关手续等义务。C公司在该合同中签字认可，对其也必然产生相应约束力。且7号、6号地块的土地证上，载明了土地使用权人是A公司与C公司两家。在法院执行查封地块的过程中，必然需要C公司协助完成过户手续、签字等工作。所以重庆高院将其列为被执行人是符合法律规定的。

综上，A、B、C公司的复议请求均能成立，遂裁定驳回三复议人的复议申请。

评析意见：

本案案情比较复杂，涉及多个焦点问题，限于篇幅，本文仅对合同有效、继续履行的判决是否具有可执行性问题进行评析。

在处理合同有效、继续履行的判决能否执行问题上，要从个案的具体情况着手，结合判决的主文来分析判项，正确理解判决原意，保护债权人的利益，体现司法的公平正义。具体到本案，笔者认为，合同有效、继续履行的终审判决可以强制执行，理由如下：

1. 本案终审判决是有给付内容的确认判决

所谓确认之诉，是请求法院确认某一权利或法律关系是否存在的诉，也即所谓的确认利益之诉；给付之诉是请求对方履行一定给付义务的诉。一般认为确认判决不具有强制执行力，而给付判决具有强制执行力。但确认之诉与给付之诉的界限并不是绝对的，事实上，任何一个给付之诉都必将包含一个确认之诉。确认之诉在具备一定的条件时就具有了强制执行力。判断一个判决是纯粹的确认判决还是有给付内容的确认判决，需要从三个方面来分析：（1）诉讼请求；（2）判决书的说理部分；（3）判项。其中判项是最直接的表现形式，在判项没有明确的给付内容时，就需要结合诉讼请求及判决书的说理部分来判定该判断一个判决是否具有给付内容。

关于诉讼请求，二审中D公司的诉讼请求是："确认双方签订的合同有效，判令A公司、B公司继续履行双方签订的合同，责令C公司按约定继续积极履行相关协助义务；同时要求A公司、B公司限期一个月完成办理本宗土地及项目的转让手续等。"由此可见，D公司的诉讼请求不仅是请求确认合同有效，还有明确的给付内容。

关于判决书的说理部分，对为何认定合同有效，为何判令双方继续履行合同进行了充分的说理。并且明确了D公司已经实际履行的义务；A公司、B公司未履行的义务，双方是否存在违约等。可以说对双方已履行、未履行的义务，说理部分都作了详细的分析和判定，只要双方当事人严格依照判决依法履行各自的剩余义务，该判决就会被圆满的履行完毕。

关于判项，一般情况下，对于当事人提出的给付之诉，若能直接判决给付一定的物或行为时，则不宜做出确认判决。但对在给付条件未成就且符合下列条件时，可以作出确认判决：（1）原告一方已经依据合同履行了主要义务；（2）被告方未履行主要合同义务；（3）合同对被告应履行义务的约定具体明确且实际可以履行。在此基础上若判决认定合同有效，继续履行则能够作为执行依据。已经履行合同主要义务的一方依此判决请求执行的，执行机构应当予以执行。前两个条件，判决书说理部分已经进行了认定，不再赘述。关于合同对被告应履行义务的约定是否明确，笔者认为根据双方签订合同的第五条的内容可以看出，该条明确约定了被告应履行的义务。即，在D公司交付完毕合同价款后，A公司、B公司共同努力在5个月内完成将7号地块转让给D公司的手续，并且与C公司一起协助完成土地的交付。所以，在D公司已经履行完付款义务后，A、B、C公司也应当依约履行自身应尽的交付土地的合同义务。如果双方均严格依照合同约定履行了各自的义务后，就会达到合同的最终目的，即7号土地的转让与交付。而土地交付的行为是一种典型给付行为。符合《最高人民法院关于适用〈中华人民共和国民事诉讼法〉若干问题的意见》第254条①及《执行规定》第十八条第一款第（四）项的规定，具有强制执行力，可以依申请强制执行。

2. 继续履行合同具有可行性

在处理本案的过程中，有人提出涉案合同的性质以及合同内容有不可替代履行的行为等问题，

---

① 《最高人民法院关于适用〈中华人民共和国民事诉讼法〉若干问题的意见》已被最高人民法院《关于适用〈中华人民共和国民事诉讼法〉的解释》（法释〔2015〕5号）废止。——编者注

故不适于强制执行。笔者认为本案继续履行合同具有可行性,理由如下:

(1) 涉案合同的性质为土地使用权转让合同。

关于双方签订的转让合同,虽然名称包含土地使用权及项目两项内容,但这只是土地使用权转让的表现形式。性质仍然是转让土地。对于这一点最高人民法院的一致意见是:"项目转让是土地使用权转让的一种特殊形式,所谓房地产项目转让,必然带来土地使用权转让。"所以本案争议的最根本的问题是土地使用权转让问题。由此带来的项目审批、报建等附随义务随着土地的实际过户,已由转让方义务转化为受让方的义务,不应再认为是合同成就的障碍问题。

(2) 关于双方认可规划方案的执行问题。

关于双方约定规划方案应得到A公司、B公司认可的行为,审理中有人提出该认可行为是一种不可替代履行的行为,故合同不能强制执行。笔者认为,由于涉案合同的根本目的是土地使用权的转让,规划方案的认可行为是否影响土地的转让,要看双方就认可行为是否发生过纠纷,且纠纷是否足以阻碍转让土地条件的成就。该条设定的初衷是为了避免完成土地过户之前,D公司过度开发使用土地,一旦土地转让不能可能侵害转让方的利益。但实际上由于A公司、B公司的不配合,规划方案一直没有确立下来。终审判决生效后,双方对剩余220万元土地出让金尾款的给付产生争议,后重庆高院依申请将土地过户给D公司。所以双方当事人对认可条款一直没有发生过纠纷,在该条款没有争议的情况下,应视为有约定但搁置不用的条款,法院不予评价,也不影响合同的履行。实际上随着土地的过户,也不可能再发生规划方案认可纠纷。

3. 执行终审判决在实践中具有可行性

A公司、B公司提出第7号地块未达到城市房地产管理法第三十九条规定的"完成开发投资总额的百分之二十五以上"。所以判决不能执行。笔者认为,该复议理由并不能成立。理由如下:

(1) 城市房地产管理法第三十九条的立法本意,是要约束转让方的行为,防止其坐地倒卖地皮、不进行实际开发、牟取非法利益。所以,转让方应当根据法律规定使转让土地达到法定条件;本案中A公司、B公司未达到法定条件先行签订转让合同,实际上是将该开发投资的法定义务转嫁给了D公司。且国土资源管理部门在协助履行过程中并没有以第三十九条的规定为由拒不协助。因此,A、B公司的该申诉理由并不影响案件的实际执行。

(2) 涉案土地事实上一直由D公司实际占有开发。D公司一直积极开发报建,相反A公司、B公司一直不予配合,也从未进行过实际投入或开发,如果仅机械地将城市房地产管理法第三十九条关于25%的规定理解为必须由转让方来完成,无疑会助长转让方不实际进行开发,土地价格一上涨就恶意违约的行为。违反民事行为应当遵循的诚实信用原则。

综上所述,本案合同金额3120万元,受让方已向转让方履行了25043867.80元,又代转让方缴纳土地出让金207万元,合同约定其余款项也已经交至重庆高院账户,其已经履行了合同全部内容。如转让方拒绝履行相应合同义务,法院可以按照生效判决强制执行。①

人民法院能否直接变更被执行人的企业名称?

问题:甲企业诉乙企业侵犯其名称权,县法院判决乙企业在1个月内变更企业名称并赔偿损失。判决生效后,乙企业拒不履行生效判决所确定的义务。请问:执行法院能否直接裁定变更乙企业的名称?

《人民司法》研究组认为:行为作为执行标的时可以分为可替代行为的履行以及不可替代行为的履行。对于前者,被执行人拒不履行时,人民法院可以通过自行或者指派第三人代替履行的方法而实现执行依据所确定的执行内容,由此所产生的费用由被执行人承担。比如命令被执行人拆除妨碍通行的障碍物,而被执行人拒不拆除时,人民法院即可指派第三人予以拆除,由被执行人负担拆除的费用。而对于不可替代行为的履行,比如命某画家完成绘画合同等,则因其行为具有不可替代性,只能由被执行人完成。被执行人拒不履行的,只能追究其拒不履行生效判决的法律责任。就本案而言,生效判决虽然确定乙企业变

---

① 张丽洁:《从一起复议案看合同有效、继续履行判决的可执行性问题》,载江必新主编、最高人民法院执行局编:《执行工作指导》2010年第2辑(总第34辑),人民法院出版社2010年版,第105~112页。

更名称，但变更为何种名称，则只能由乙企业自己决定，他人不可代替。因此，人民法院只能对乙企业拒不履行人民法院判决的行为进行制裁，而不能直接裁定变更乙企业的名称。①

离婚后，监护人不允许另一方行使探望权，应如何处理？

问题：张某诉王某离婚一案，法院判决张某每月可探视儿子一次，定于每月第一个星期日，从早上8点到下午6点，由张某接送。由于王某阻挠张某行使探望权，张某申请法院执行。对此案如何处理有两种意见：一种意见认为，对张某的探望权法院已作出判决，王某的行为违反了《婚姻法》第48条之规定，应依法对王某强制执行，并要求王某所在单位协助执行，经教育王某仍不履行法律文书确认的义务，可按《民事诉讼法》第102条②规定对王某进行民事制裁。另一种意见认为，张某、王某离婚后因探望儿子之事经常争吵、辱骂，甚至威胁，不利于儿子的身心健康和成长，法院可依据《婚姻法》第38条第3款的规定，裁定中止张某的探望权，待日后矛盾缓解后，再恢复张某的探望权利。

《人民司法》研究组认为：修改后的《婚姻法》新增加了有关探望权的内容并规定探望权可以依法强制执行，最高人民法院相关司法解释中又对关于探望权的强制执行问题进一步作出具体解释。根据这些规定，不能对子女的人身及探望行为实施强制执行。如果发生来信中所述案例的情况，强制执行只能对负有协助探望权行使义务的人或单位采取罚款、拘留等强制措施。而关于探望权的中止行使则属于另外一个问题，前提条件是探望行为出现了不利于子女身心健康发展的情况，还需要由有权提出中止探望权行使之人向人民法院提出申请。因为本案中张某等并未向人民法院申请中止探望权的行使，故人民法院不能主动裁定中止行使探望权。我们认为来信中第二种意见的做法是不正确的。③

对离婚后不直接抚养子女一方父或母对子女的探望权，法院是否应一并作出判决？

问题：自修订的《婚姻法》施行后，法院在审理离婚案件中，对离婚后不直接抚养子女一方父或母对子女的探望权，法院是否应一并作出判决，我们有两种意见：一种意见认为，在离婚案件中，只要存在探望权，无论当事人是否诉请行使，法院都应对探望权的行使方式和时间作出具体判决。另一种意见认为，只有当事人在诉讼中诉请行使对子女的探望权时，法院才有必要对探望权的行使方式和时间作出判决。

《人民司法》研究组认为：人民法院受理及审理民事案件，一直坚持不告不理的原则。当事人提出诉讼请求是民事案件审判的前提和基础，人民法院只能围绕当事人的诉讼请求进行审理。如果没有当事人的诉讼请求或超出诉请范围的部分，人民法院无权主动进行审查。来信所述关于探望权纠纷的案件也是如此。探望权是我国现行《婚姻法》赋予当事人的一项实体权利，根据有关立法精神，当事人对此类纠纷可以与离婚诉讼同时提出诉讼，也可以离婚后单独就此提起诉讼。无论何时提出，只要符合法律规定，人民法院均应依法受理，并就当事人所诉求的问题进行审理。来信第一种意见认为无论当事人是否诉请行使，法院都要对探望权的行使方式、时间等问题作出判决的观点是不正确的。我们同意信中所述第二种意见。④

---

① 载《人民司法》2005年第7期。
② 民事诉讼法原第一百零二条现已修改为第一百一十一条。——编者注
③ 载《人民司法》2002年第10期。
④ 载《人民司法》2002年第2期。

第五编

行政案件、刑事裁判涉财产部分的执行

第三十九章　行政案件、刑事裁判涉财产部分的执行

中华人民共和国专利法

2008年12月27日

第六十条　未经专利权人许可，实施其专利，即侵犯其专利权，引起纠纷的，由当事人协商解决；不愿协商或者协商不成的，专利权人或者利害关系人可以向人民法院起诉，也可以请求管理专利工作的部门处理。管理专利工作的部门处理时，认定侵权行为成立的，可以责令侵权人立即停止侵权行为，当事人不服的，可以自收到处理通知之日起十五日内依照《中华人民共和国行政诉讼法》向人民法院起诉；侵权人期满不起诉又不停止侵权行为的，管理专利工作的部门可以申请人民法院强制执行。进行处理的管理专利工作的部门应当事人的请求，可以就侵犯专利权的赔偿数额进行调解；调解不成的，当事人可以依照《中华人民共和国民事诉讼法》向人民法院起诉。

中华人民共和国著作权法

2010年2月26日

第五十六条　当事人对行政处罚不服的，可以自收到行政处罚决定书之日起三个月内向人民法院起诉，期满不起诉又不履行的，著作权行政管理部门可以申请人民法院执行。

中华人民共和国行政强制法

2011年6月30日

第一章　总　则

第一条　为了规范行政强制的设定和实施，保障和监督行政机关依法履行职责，维护公共利益和社会秩序，保护公民、法人和其他组织的合法权益，根据宪法，制定本法。

第二条　本法所称行政强制，包括行政强制措施和行政强制执行。

行政强制措施，是指行政机关在行政管理过程中，为制止违法行为、防止证据损毁、避免危害发生、控制危险扩大等情形，依法对公民的人身自由实施暂时性限制，或者对公民、法人或者其他组织的财物实施暂时性控制的行为。

行政强制执行，是指行政机关或者行政机关申请人民法院，对不履行行政决定的公民、法人或者其他组织，依法强制履行义务的行为。

第三条　行政强制的设定和实施，适用本法。

发生或者即将发生自然灾害、事故灾难、公共卫生事件或者社会安全事件等突发事件，行政机关采取应急措施或者临时措施，依照有关法律、行政法规的规定执行。

行政机关采取金融业审慎监管措施、进出境货物强制性技术监控措施，依照有关法律、行政法规的规定执行。

第四条　行政强制的设定和实施，应当依照法定的权限、范围、条件和程序。

第五条　行政强制的设定和实施，应当适当。采用非强制手段可以达到行政管理目的的，不得设定和实施行政强制。

第六条　实施行政强制，应当坚持教育与强制相结合。

第七条　行政机关及其工作人员不得利用行政强制权为单位或者个人谋取利益。

第八条　公民、法人或者其他组织对行政机关实施行政强制，享有陈述权、申辩权；有权依法申请行政复议或者提起行政诉讼；因行政机关违法实施行政强制受到损害的，有权依法要求赔偿。

公民、法人或者其他组织因人民法院在强制执行中有违法行为或者扩大强制执行范围受到损害的，有权依法要求赔偿。

第二章 行政强制的种类和设定

第九条 行政强制措施的种类：

（一）限制公民人身自由；

（二）查封场所、设施或者财物；

（三）扣押财物；

（四）冻结存款、汇款；

（五）其他行政强制措施。

第十条 行政强制措施由法律设定。

尚未制定法律，且属于国务院行政管理职权事项的，行政法规可以设定除本法第九条第一项、第四项和应当由法律规定的行政强制措施以外的其他行政强制措施。

尚未制定法律、行政法规，且属于地方性事务的，地方性法规可以设定本法第九条第二项、第三项的行政强制措施。

法律、法规以外的其他规范性文件不得设定行政强制措施。

第十一条 法律对行政强制措施的对象、条件、种类作了规定的，行政法规、地方性法规不得作出扩大规定。

法律中未设定行政强制措施的，行政法规、地方性法规不得设定行政强制措施。但是，法律规定特定事项由行政法规规定具体管理措施的，行政法规可以设定除本法第九条第一项、第四项和应当由法律规定的行政强制措施以外的其他行政强制措施。

第十二条 行政强制执行的方式：

（一）加处罚款或者滞纳金；

（二）划拨存款、汇款；

（三）拍卖或者依法处理查封、扣押的场所、设施或者财物；

（四）排除妨碍、恢复原状；

（五）代履行；

（六）其他强制执行方式。

第十三条 行政强制执行由法律设定。

法律没有规定行政机关强制执行的，作出行政决定的行政机关应当申请人民法院强制执行。

第十四条 起草法律草案、法规草案，拟设定行政强制的，起草单位应当采取听证会、论证会等形式听取意见，并向制定机关说明设定该行政强制的必要性、可能产生的影响以及听取和采纳意见的情况。

第十五条 行政强制的设定机关应当定期对其设定的行政强制进行评价，并对不适当的行政强制及时予以修改或者废止。

行政强制的实施机关可以对已设定的行政强制的实施情况及存在的必要性适时进行评价，并将意见报告该行政强制的设定机关。

公民、法人或者其他组织可以向行政强制的设定机关和实施机关就行政强制的设定和实施提出意见和建议。有关机关应当认真研究论证，并以适当方式予以反馈。

第三章 行政强制措施实施程序

第一节 一般规定

第十六条 行政机关履行行政管理职责，依照法律、法规的规定，实施行政强制措施。

违法行为情节显著轻微或者没有明显社会危害的，可以不采取行政强制措施。

第十七条 行政强制措施由法律、法规规定的行政机关在法定职权范围内实施。行政强制措施权不得委托。

依据《中华人民共和国行政处罚法》的规定行使相对集中行政处罚权的行政机关，可以实施法律、法规规定的与行政处罚权有关的行政强制措施。

行政强制措施应当由行政机关具备资格的行政执法人员实施，其他人员不得实施。

第十八条 行政机关实施行政强制措施应当遵守下列规定：

（一）实施前须向行政机关负责人报告并经批准；

（二）由两名以上行政执法人员实施；

（三）出示执法身份证件；

（四）通知当事人到场；

（五）当场告知当事人采取行政强制措施的理由、依据以及当事人依法享有的权利、救济途径；

（六）听取当事人的陈述和申辩；

（七）制作现场笔录；

（八）现场笔录由当事人和行政执法人员签

名或者盖章,当事人拒绝的,在笔录中予以注明;

(九)当事人不到场的,邀请见证人到场,由见证人和行政执法人员在现场笔录上签名或者盖章;

(十)法律、法规规定的其他程序。

第十九条 情况紧急,需要当场实施行政强制措施的,行政执法人员应当在二十四小时内向行政机关负责人报告,并补办批准手续。行政机关负责人认为不应当采取行政强制措施的,应当立即解除。

第二十条 依照法律规定实施限制公民人身自由的行政强制措施,除应当履行本法第十八条规定的程序外,还应当遵守下列规定:

(一)当场告知或者实施行政强制措施后立即通知当事人家属实施行政强制措施的行政机关、地点和期限;

(二)在紧急情况下当场实施行政强制措施的,在返回行政机关后,立即向行政机关负责人报告并补办批准手续;

(三)法律规定的其他程序。

实施限制人身自由的行政强制措施不得超过法定期限。实施行政强制措施的目的已经达到或者条件已经消失,应当立即解除。

第二十一条 违法行为涉嫌犯罪应当移送司法机关的,行政机关应当将查封、扣押、冻结的财物一并移送,并书面告知当事人。

第二节 查封、扣押

第二十二条 查封、扣押应当由法律、法规规定的行政机关实施,其他任何行政机关或者组织不得实施。

第二十三条 查封、扣押限于涉案的场所、设施或者财物,不得查封、扣押与违法行为无关的场所、设施或者财物;不得查封、扣押公民个人及其所扶养家属的生活必需品。

当事人的场所、设施或者财物已被其他国家机关依法查封的,不得重复查封。

第二十四条 行政机关决定实施查封、扣押的,应当履行本法第十八条规定的程序,制作并当场交付查封、扣押决定书和清单。

查封、扣押决定书应当载明下列事项:

(一)当事人的姓名或者名称、地址;

(二)查封、扣押的理由、依据和期限;

(三)查封、扣押场所、设施或者财物的名称、数量等;

(四)申请行政复议或者提起行政诉讼的途径和期限;

(五)行政机关的名称、印章和日期。

查封、扣押清单一式二份,由当事人和行政机关分别保存。

第二十五条 查封、扣押的期限不得超过三十日;情况复杂的,经行政机关负责人批准,可以延长,但是延长期限不得超过三十日。法律、行政法规另有规定的除外。

延长查封、扣押的决定应当及时书面告知当事人,并说明理由。

对物品需要进行检测、检验、检疫或者技术鉴定的,查封、扣押的期间不包括检测、检验、检疫或者技术鉴定的期间。检测、检验、检疫或者技术鉴定的期间应当明确,并书面告知当事人。检测、检验、检疫或者技术鉴定的费用由行政机关承担。

第二十六条 对查封、扣押的场所、设施或者财物,行政机关应当妥善保管,不得使用或者损毁;造成损失的,应当承担赔偿责任。

对查封的场所、设施或者财物,行政机关可以委托第三人保管,第三人不得损毁或者擅自转移、处置。因第三人的原因造成的损失,行政机关先行赔付后,有权向第三人追偿。

因查封、扣押发生的保管费用由行政机关承担。

第二十七条 行政机关采取查封、扣押措施后,应当及时查清事实,在本法第二十五条规定的期限内作出处理决定。对违法事实清楚,依法应当没收的非法财物予以没收;法律、行政法规规定应当销毁的,依法销毁;应当解除查封、扣押的,作出解除查封、扣押的决定。

第二十八条 有下列情形之一的,行政机关应当及时作出解除查封、扣押决定:

(一)当事人没有违法行为;

(二)查封、扣押的场所、设施或者财物与违法行为无关;

(三)行政机关对违法行为已经作出处理决定,不再需要查封、扣押;

（四）查封、扣押期限已经届满；
（五）其他不再需要采取查封、扣押措施的情形。

解除查封、扣押应当立即退还财物；已将鲜活物品或者其他不易保管的财物拍卖或者变卖的，退还拍卖或者变卖所得款项。变卖价格明显低于市场价格，给当事人造成损失的，应当给予补偿。

第三节 冻 结

第二十九条 冻结存款、汇款应当由法律规定的行政机关实施，不得委托给其他行政机关或者组织；其他任何行政机关或者组织不得冻结存款、汇款。

冻结存款、汇款的数额应当与违法行为涉及的金额相当；已被其他国家机关依法冻结的，不得重复冻结。

第三十条 行政机关依照法律规定决定实施冻结存款、汇款的，应当履行本法第十八条第一项、第二项、第三项、第七项规定的程序，并向金融机构交付冻结通知书。

金融机构接到行政机关依法作出的冻结通知书后，应当立即予以冻结，不得拖延，不得在冻结前向当事人泄露信息。

法律规定以外的行政机关或者组织要求冻结当事人存款、汇款的，金融机构应当拒绝。

第三十一条 依照法律规定冻结存款、汇款的，作出决定的行政机关应当在三日内向当事人交付冻结决定书。冻结决定书应当载明下列事项：
（一）当事人的姓名或者名称、地址；
（二）冻结的理由、依据和期限；
（三）冻结的账号和数额；
（四）申请行政复议或者提起行政诉讼的途径和期限；
（五）行政机关的名称、印章和日期。

第三十二条 自冻结存款、汇款之日起三十日内，行政机关应当作出处理决定或者作出解除冻结决定；情况复杂的，经行政机关负责人批准，可以延长，但是延长期限不得超过三十日。法律另有规定的除外。

延长冻结的决定应当及时书面告知当事人，并说明理由。

第三十三条 有下列情形之一的，行政机关应当及时作出解除冻结决定：
（一）当事人没有违法行为；
（二）冻结的存款、汇款与违法行为无关；
（三）行政机关对违法行为已经作出处理决定，不再需要冻结；
（四）冻结期限已经届满；
（五）其他不再需要采取冻结措施的情形。

行政机关作出解除冻结决定的，应当及时通知金融机构和当事人。金融机构接到通知后，应当立即解除冻结。

行政机关逾期未作出处理决定或者解除冻结决定的，金融机构应当自冻结期满之日起解除冻结。

第四章 行政机关强制执行程序

第一节 一般规定

第三十四条 行政机关依法作出行政决定后，当事人在行政机关决定的期限内不履行义务的，具有行政强制执行权的行政机关依照本章规定强制执行。

第三十五条 行政机关作出强制执行决定前，应当事先催告当事人履行义务。催告应当以书面形式作出，并载明下列事项：
（一）履行义务的期限；
（二）履行义务的方式；
（三）涉及金钱给付的，应当有明确的金额和给付方式；
（四）当事人依法享有的陈述权和申辩权。

第三十六条 当事人收到催告书后有权进行陈述和申辩。行政机关应当充分听取当事人的意见，对当事人提出的事实、理由和证据，应当进行记录、复核。当事人提出的事实、理由或者证据成立的，行政机关应当采纳。

第三十七条 经催告，当事人逾期仍不履行行政决定，且无正当理由的，行政机关可以作出强制执行决定。

强制执行决定应当以书面形式作出，并载明下列事项：
（一）当事人的姓名或者名称、地址；
（二）强制执行的理由和依据；
（三）强制执行的方式和时间；
（四）申请行政复议或者提起行政诉讼的途

径和期限；

（五）行政机关的名称、印章和日期。

在催告期间，对有证据证明有转移或者隐匿财物迹象的，行政机关可以作出立即强制执行决定。

第三十八条 催告书、行政强制执行决定书应当直接送达当事人。当事人拒绝接收或者无法直接送达当事人的，应当依照《中华人民共和国民事诉讼法》的有关规定送达。

第三十九条 有下列情形之一的，中止执行：

（一）当事人履行行政决定确有困难或者暂无履行能力的；

（二）第三人对执行标的主张权利，确有理由的；

（三）执行可能造成难以弥补的损失，且中止执行不损害公共利益的；

（四）行政机关认为需要中止执行的其他情形。

中止执行的情形消失后，行政机关应当恢复执行。对没有明显社会危害，当事人确无能力履行，中止执行满三年未恢复执行的，行政机关不再执行。

第四十条 有下列情形之一的，终结执行：

（一）公民死亡，无遗产可供执行，又无义务承受人的；

（二）法人或者其他组织终止，无财产可供执行，又无义务承受人的；

（三）执行标的灭失的；

（四）据以执行的行政决定被撤销的；

（五）行政机关认为需要终结执行的其他情形。

第四十一条 在执行中或者执行完毕后，据以执行的行政决定被撤销、变更，或者执行错误的，应当恢复原状或者退还财物；不能恢复原状或者退还财物的，依法给予赔偿。

第四十二条 实施行政强制执行，行政机关可以在不损害公共利益和他人合法权益的情况下，与当事人达成执行协议。执行协议可以约定分阶段履行；当事人采取补救措施的，可以减免加处的罚款或者滞纳金。

执行协议应当履行。当事人不履行执行协议的，行政机关应当恢复强制执行。

第四十三条 行政机关不得在夜间或者法定节假日实施行政强制执行。但是，情况紧急的除外。

行政机关不得对居民生活采取停止供水、供电、供热、供燃气等方式迫使当事人履行相关行政决定。

第四十四条 对违法的建筑物、构筑物、设施等需要强制拆除的，应当由行政机关予以公告，限期当事人自行拆除。当事人在法定期限内不申请行政复议或者提起行政诉讼，又不拆除的，行政机关可以依法强制拆除。

第二节 金钱给付义务的执行

第四十五条 行政机关依法作出金钱给付义务的行政决定，当事人逾期不履行的，行政机关可以依法加处罚款或者滞纳金。加处罚款或者滞纳金的标准应当告知当事人。

加处罚款或者滞纳金的数额不得超出金钱给付义务的数额。

第四十六条 行政机关依照本法第四十五条规定实施加处罚款或者滞纳金超过三十日，经催告当事人仍不履行的，具有行政强制执行权的行政机关可以强制执行。

行政机关实施强制执行前，需要采取查封、扣押、冻结措施的，依照本法第三章规定办理。

没有行政强制执行权的行政机关应当申请人民法院强制执行。但是，当事人在法定期限内不申请行政复议或者提起行政诉讼，经催告仍不履行的，在实施行政管理过程中已经采取查封、扣押措施的行政机关，可以将查封、扣押的财物依法拍卖抵缴罚款。

第四十七条 划拨存款、汇款应当由法律规定的行政机关决定，并书面通知金融机构。金融机构接到行政机关依法作出划拨存款、汇款的决定后，应当立即划拨。

法律规定以外的行政机关或者组织要求划拨当事人存款、汇款的，金融机构应当拒绝。

第四十八条 依法拍卖财物，由行政机关委托拍卖机构依照《中华人民共和国拍卖法》的规定办理。

第四十九条 划拨的存款、汇款以及拍卖和依法处理所得的款项应当上缴国库或者划入财政专户。任何行政机关或者个人不得以任何形式截留、私分或者变相私分。

第三节 代履行

第五十条 行政机关依法作出要求当事人履行排除妨碍、恢复原状等义务的行政决定，当事人逾期不履行，经催告仍不履行，其后果已经或者将危害交通安全、造成环境污染或者破坏自然资源的，行政机关可以代履行，或者委托没有利害关系的第三人代履行。

第五十一条 代履行应当遵守下列规定：

（一）代履行前送达决定书，代履行决定书应当载明当事人的姓名或者名称、地址、代履行的理由和依据、方式和时间、标的、费用预算以及代履行人；

（二）代履行三日前，催告当事人履行，当事人履行的，停止代履行；

（三）代履行时，作出决定的行政机关应当派员到场监督；

（四）代履行完毕，行政机关到场监督的工作人员、代履行人和当事人或者见证人应当在执行文书上签名或者盖章。

代履行的费用按照成本合理确定，由当事人承担。但是，法律另有规定的除外。

代履行不得采用暴力、胁迫以及其他非法方式。

第五十二条 需要立即清除道路、河道、航道或者公共场所的遗洒物、障碍物或者污染物，当事人不能清除的，行政机关可以决定立即实施代履行；当事人不在场的，行政机关应当在事后立即通知当事人，并依法作出处理。

第五章 申请人民法院强制执行

第五十三条 当事人在法定期限内不申请行政复议或者提起行政诉讼，又不履行行政决定的，没有行政强制执行权的行政机关可以自期限届满之日起三个月内，依照本章规定申请人民法院强制执行。

第五十四条 行政机关申请人民法院强制执行前，应当催告当事人履行义务。催告书送达十日后当事人仍未履行义务的，行政机关可以向所在地有管辖权的人民法院申请强制执行；执行对象是不动产的，向不动产所在地有管辖权的人民法院申请强制执行。

第五十五条 行政机关向人民法院申请强制执行，应当提供下列材料：

（一）强制执行申请书；

（二）行政决定书及作出决定的事实、理由和依据；

（三）当事人的意见及行政机关催告情况；

（四）申请强制执行标的情况；

（五）法律、行政法规规定的其他材料。

强制执行申请书应当由行政机关负责人签名，加盖行政机关的印章，并注明日期。

第五十六条 人民法院接到行政机关强制执行的申请，应当在五日内受理。

行政机关对人民法院不予受理的裁定有异议的，可以在十五日内向上一级人民法院申请复议，上一级人民法院应当自收到复议申请之日起十五日内作出是否受理的裁定。

第五十七条 人民法院对行政机关强制执行的申请进行书面审查，对符合本法第五十五条规定，且行政决定具备法定执行效力的，除本法第五十八条规定的情形外，人民法院应当自受理之日起七日内作出执行裁定。

第五十八条 人民法院发现有下列情形之一的，在作出裁定前可以听取被执行人和行政机关的意见：

（一）明显缺乏事实根据的；

（二）明显缺乏法律、法规依据的；

（三）其他明显违法并损害被执行人合法权益的。

人民法院应当自受理之日起三十日内作出是否执行的裁定。裁定不予执行的，应当说明理由，并在五日内将不予执行的裁定送达行政机关。

行政机关对人民法院不予执行的裁定有异议的，可以自收到裁定之日起十五日内向上一级人民法院申请复议，上一级人民法院应当自收到复议申请之日起三十日内作出是否执行的裁定。

第五十九条 因情况紧急，为保障公共安全，行政机关可以申请人民法院立即执行。经人民法院院长批准，人民法院应当自作出执行裁定之日起五日内执行。

第六十条 行政机关申请人民法院强制执行，不缴纳申请费。强制执行的费用由被执行人承担。

人民法院以划拨、拍卖方式强制执行的，可以在划拨、拍卖后将强制执行的费用扣除。

依法拍卖财物，由人民法院委托拍卖机构依照《中华人民共和国拍卖法》的规定办理。

划拨的存款、汇款以及拍卖和依法处理所得的款项应当上缴国库或者划入财政专户，不得以任何形式截留、私分或者变相私分。

第六章　法律责任

第六十一条　行政机关实施行政强制，有下列情形之一的，由上级行政机关或者有关部门责令改正，对直接负责的主管人员和其他直接责任人员依法给予处分：

（一）没有法律、法规依据的；

（二）改变行政强制对象、条件、方式的；

（三）违反法定程序实施行政强制的；

（四）违反本法规定，在夜间或者法定节假日实施行政强制执行的；

（五）对居民生活采取停止供水、供电、供热、供燃气等方式迫使当事人履行相关行政决定的；

（六）有其他违法实施行政强制情形的。

第六十二条　违反本法规定，行政机关有下列情形之一的，由上级行政机关或者有关部门责令改正，对直接负责的主管人员和其他直接责任人员依法给予处分：

（一）扩大查封、扣押、冻结范围的；

（二）使用或者损毁查封、扣押场所、设施或者财物的；

（三）在查封、扣押法定期间不作出处理决定或者未依法及时解除查封、扣押的；

（四）在冻结存款、汇款法定期间不作出处理决定或者未依法及时解除冻结的。

第六十三条　行政机关将查封、扣押的财物或者划拨的存款、汇款以及拍卖和依法处理所得的款项，截留、私分或者变相私分的，由财政部门或者有关部门予以追缴；对直接负责的主管人员和其他直接责任人员依法给予记大过、降级、撤职或者开除的处分。

行政机关工作人员利用职务上的便利，将查封、扣押的场所、设施或者财物据为己有的，由上级行政机关或者有关部门责令改正，依法给予记大过、降级、撤职或者开除的处分。

第六十四条　行政机关及其工作人员利用行政强制权为单位或者个人谋取利益的，由上级行政机关或者有关部门责令改正，对直接负责的主管人员和其他直接责任人员依法给予处分。

第六十五条　违反本法规定，金融机构有下列行为之一的，由金融业监督管理机构责令改正，对直接负责的主管人员和其他直接责任人员依法给予处分：

（一）在冻结前向当事人泄露信息的；

（二）对应当立即冻结、划拨的存款、汇款不冻结或者不划拨，致使存款、汇款转移的；

（三）将不应当冻结、划拨的存款、汇款予以冻结或者划拨的；

（四）未及时解除冻结存款、汇款的。

第六十六条　违反本法规定，金融机构将款项划入国库或者财政专户以外的其他账户的，由金融业监督管理机构责令改正，并处以违法划拨款项二倍的罚款；对直接负责的主管人员和其他直接责任人员依法给予处分。

违反本法规定，行政机关、人民法院指令金融机构将款项划入国库或者财政专户以外的其他账户的，对直接负责的主管人员和其他直接责任人员依法给予处分。

第六十七条　人民法院及其工作人员在强制执行中有违法行为或者扩大强制执行范围的，对直接负责的主管人员和其他直接责任人员依法给予处分。

第六十八条　违反本法规定，给公民、法人或者其他组织造成损失的，依法给予赔偿。

违反本法规定，构成犯罪的，依法追究刑事责任。

第七章　附　则

第六十九条　本法中十日以内期限的规定是指工作日，不含法定节假日。

第七十条　法律、行政法规授权的具有管理公共事务职能的组织在法定授权范围内，以自己的名义实施行政强制，适用本法有关行政机关的规定。

第七十一条　本法自 2012 年 1 月 1 日起施行。

中华人民共和国商标法

2013年8月30日

第六十条 有本法第五十七条所列侵犯注册商标专用权行为之一，引起纠纷的，由当事人协商解决；不愿协商或者协商不成的，商标注册人或者利害关系人可以向人民法院起诉，也可以请求工商行政管理部门处理。

工商行政管理部门处理时，认定侵权行为成立的，责令立即停止侵权行为，没收、销毁侵权商品和主要用于制造侵权商品、伪造注册商标标识的工具，违法经营额五万元以上的，可以处违法经营额五倍以下的罚款，没有违法经营额或者违法经营额不足五万元的，可以处二十五万元以下的罚款。对五年内实施两次以上商标侵权行为或者有其他严重情节的，应当从重处罚。销售不知道是侵犯注册商标专用权的商品，能证明该商品是自己合法取得并说明提供者的，由工商行政管理部门责令停止销售。

对侵犯商标专用权的赔偿数额的争议，当事人可以请求进行处理的工商行政管理部门调解，也可以依照《中华人民共和国民事诉讼法》向人民法院起诉。经工商行政管理部门调解，当事人未达成协议或者调解书生效后不履行的，当事人可以依照《中华人民共和国民事诉讼法》向人民法院起诉。

中华人民共和国行政诉讼法

2014年6月27日

第九十四条 当事人必须履行人民法院发生法律效力的判决、裁定、调解书。

第九十五条 公民、法人或者其他组织拒绝履行判决、裁定、调解书的，行政机关或者第三人可以向第一审人民法院申请强制执行，或者由行政机关依法强制执行。

第九十六条 行政机关拒绝履行判决、裁定、调解书的，第一审人民法院可以采取下列措施：

（一）对应当归还的罚款或者应当给付的款额，通知银行从该行政机关的账户内划拨；

（二）在规定期限内不履行的，从期满之日起，对该行政机关负责人按日处五十元至一百元的罚款；

（三）将行政机关拒绝履行的情况予以公告；

（四）向监察机关或者该行政机关的上一级行政机关提出司法建议。接受司法建议的机关，根据有关规定进行处理，并将处理情况告知人民法院；

（五）拒不履行判决、裁定、调解书，社会影响恶劣的，可以对该行政机关直接负责的主管人员和其他直接责任人员予以拘留；情节严重，构成犯罪的，依法追究刑事责任。

第九十七条 公民、法人或者其他组织对行政行为在法定期限内不提起诉讼又不履行的，行政机关可以申请人民法院强制执行，或者依法强制执行。

中华人民共和国海关法

2016年11月7日

第九十三条 当事人逾期不履行海关的处罚决定又不申请复议或者向人民法院提起诉讼的，作出处罚决定的海关可以将其保证金抵缴或者将其被扣留的货物、物品、运输工具依法变价抵缴，也可以申请人民法院强制执行。

中华人民共和国行政复议法

2017年9月1日

第三十二条 被申请人应当履行行政复议决定。

被申请人不履行或者无正当理由拖延履行行政复议决定的，行政复议机关或者有关上级行政机关应当责令其限期履行。

第三十三条 申请人逾期不起诉又不履行行政复议决定的，或者不履行最终裁决的行政

复议决定的,按照下列规定分别处理:

(一)维持具体行政行为的行政复议决定,由作出具体行政行为的行政机关依法强制执行,或者申请人民法院强制执行;

(二)变更具体行政行为的行政复议决定,由行政复议机关依法强制执行,或者申请人民法院强制执行。

中华人民共和国行政处罚法

2017年9月1日

第六章 行政处罚的执行

第四十四条 行政处罚决定依法作出后,当事人应当在行政处罚决定的期限内,予以履行。

第四十五条 当事人对行政处罚决定不服申请行政复议或者提起行政诉讼的,行政处罚不停止执行,法律另有规定的除外。

第四十六条 作出罚款决定的行政机关应当与收缴罚款的机构分离。

除依照本法第四十七条、第四十八条的规定当场收缴的罚款外,作出行政处罚决定的行政机关及其执法人员不得自行收缴罚款。

当事人应当自收到行政处罚决定书之日起十五日内,到指定的银行缴纳罚款。银行应当收受罚款,并将罚款直接上缴国库。

第四十七条 依照本法第三十三条的规定当场作出行政处罚决定,有下列情形之一的,执法人员可以当场收缴罚款:

(一)依法给予二十元以下的罚款的;

(二)不当场收缴事后难以执行的。

第四十八条 在边远、水上、交通不便地区,行政机关及其执法人员依照本法第三十三条、第三十八条的规定作出罚款决定后,当事人向指定的银行缴纳罚款确有困难,经当事人提出,行政机关及其执法人员可以当场收缴罚款。

第四十九条 行政机关及其执法人员当场收缴罚款的,必须向当事人出具省、自治区、直辖市财政部门统一制发的罚款收据;不出具财政部门统一制发的罚款收据的,当事人有权拒绝缴纳罚款。

第五十条 执法人员当场收缴的罚款,应当自收缴罚款之日起二日内,交至行政机关;在水上当场收缴的罚款,应当自抵岸之日起二日内交至行政机关;行政机关应当在二日内将罚款缴付指定的银行。

第五十一条 当事人逾期不履行行政处罚决定的,作出行政处罚决定的行政机关可以采取下列措施:

(一)到期不缴纳罚款的,每日按罚款数额的百分之三加处罚款;

(二)根据法律规定,将查封、扣押的财物拍卖或者将冻结的存款划拨抵缴罚款;

(三)申请人民法院强制执行。

第五十二条 当事人确有经济困难,需要延期或者分期缴纳罚款的,经当事人申请和行政机关批准,可以暂缓或者分期缴纳。

第五十三条 除依法应当予以销毁的物品外,依法没收的非法财物必须按照国家规定公开拍卖或者按照国家有关规定处理。

罚款、没收违法所得或者没收非法财物拍卖的款项,必须全部上缴国库,任何行政机关或者个人不得以任何形式截留、私分或者变相私分;财政部门不得以任何形式向作出行政处罚决定的行政机关返还罚款、没收的违法所得或者返还没收非法财物的拍卖款项。

第五十四条 行政机关应当建立健全对行政处罚的监督制度。县级以上人民政府应当加强对行政处罚的监督检查。

公民、法人或者其他组织对行政机关作出的行政处罚,有权申诉或者检举;行政机关应当认真审查,发现行政处罚有错误的,应当主动改正。

最高人民法院
关于人民法院执行工作若干问题的规定(试行)

1998年7月8日 法释〔1998〕15号

13. 专利管理机关依法作出的处理决定和

处罚决定，由被执行人住所地或财产所在地的省、自治区、直辖市有权受理专利纠纷案件的中级人民法院执行。

14. 国务院各部门、各省、自治区、直辖市人民政府和海关依照法律、法规作出的处理决定和处罚决定，由被执行人住所地或财产所在地的中级人民法院执行。

最高人民法院
关于执行《中华人民共和国行政诉讼法》若干问题的解释

2000年3月8日　　法释〔2000〕8号

第六十三条　裁定适用于下列范围：
（一）不予受理；
（二）驳回起诉；
（三）管辖异议；
（四）终结诉讼；
（五）中止诉讼；
（六）移送或者指定管辖；
（七）诉讼期间停止具体行政行为的执行或者驳回停止执行的申请；
（八）财产保全；
（九）先予执行；
（十）准许或者不准许撤诉；
（十一）补正裁判文书中的笔误；
（十二）中止或者终结执行；
（十三）提审、指令再审或者发回重审；
（十四）准许或者不准许执行行政机关的具体行政行为；
（十五）其他需要裁定的事项。
对第（一）、（二）、（三）项裁定，当事人可以上诉。

第七十七条　按照审判监督程序决定再审的案件，应当裁定中止原判决的执行；裁定由院长署名，加盖人民法院印章。
上级人民法院决定提审或者指令下级人民法院再审的，应当作出裁定，裁定应当写明中止原判决的执行；情况紧急的，可以将中止执行的裁定口头通知负责执行的人民法院或者作出生效判决、裁定的人民法院，但应当在口头通知后10日内发出裁定书。

七、执　行

第八十三条　对发生法律效力的行政判决书、行政裁定书、行政赔偿判决书和行政赔偿调解书，负有义务的一方当事人拒绝履行的，对方当事人可以依法申请人民法院强制执行。

第八十四条　申请人是公民的，申请执行生效的行政判决书、行政裁定书、行政赔偿判决书和行政赔偿调解书的期限为1年，申请人是行政机关、法人或者其他组织的为180日。
申请执行的期限从法律文书规定的履行期间最后一日起计算；法律文书中没有规定履行期限的，从该法律文书送达当事人之日起计算。
逾期申请的，除有正当理由外，人民法院不予受理。

第八十五条　发生法律效力的行政判决书、行政裁定书、行政赔偿判决书和行政赔偿调解书，由第一审人民法院执行。
第一审人民法院认为情况特殊需要由第二审人民法院执行的，可以报请第二审人民法院执行；第二审人民法院可以决定由其执行，也可以决定由第一审人民法院执行。

第八十六条　行政机关根据行政诉讼法第六十六条的规定申请执行其具体行政行为，应当具备以下条件：
（一）具体行政行为依法可以由人民法院执行；
（二）具体行政行为已经生效并具有可执行内容；
（三）申请人是作出该具体行政行为的行政机关或者法律、法规、规章授权的组织；
（四）被申请人是该具体行政行为所确定的义务人；
（五）被申请人在具体行政行为确定的期限内或者行政机关另行指定的期限内未履行义务；
（六）申请人在法定期限内提出申请；
（七）被申请执行的行政案件属于受理申请

执行的人民法院管辖。

人民法院对符合条件的申请，应当立案受理，并通知申请人；对不符合条件的申请，应当裁定不予受理。

第八十七条 法律、法规没有赋予行政机关强制执行权，行政机关申请人民法院强制执行的，人民法院应当依法受理。

法律、法规规定既可以由行政机关依法强制执行，也可以申请人民法院强制执行，行政机关申请人民法院强制执行的，人民法院可以依法受理。

第八十八条 行政机关申请人民法院强制执行其具体行政行为，应当自被执行人的法定起诉期限届满之日起180日内提出。逾期申请的，除有正当理由外，人民法院不予受理。

第八十九条 行政机关申请人民法院强制执行其具体行政行为，由申请人所在地的基层人民法院受理；执行对象为不动产的，由不动产所在地的基层人民法院受理。

基层人民法院认为执行确有困难的，可以报请上级人民法院执行；上级人民法院可以决定由其执行，也可以决定由下级人民法院执行。

第九十条 行政机关根据法律的授权对平等主体之间民事争议作出裁决后，当事人在法定期限内不起诉又不履行，作出裁决的行政机关在申请执行的期限内未申请人民法院强制执行的，生效具体行政行为确定的权利人或者其继承人、权利承受人在90日内可以申请人民法院强制执行。

享有权利的公民、法人或者其他组织申请人民法院强制执行具体行政行为，参照行政机关申请人民法院强制执行具体行政行为的规定。

第九十一条 行政机关申请人民法院强制执行其具体行政行为，应当提交申请执行书、据以执行的行政法律文书、证明该具体行政行为合法的材料和被执行人财产状况以及其他必须提交的材料。

享有权利的公民、法人或者其他组织申请人民法院强制执行的，人民法院应当向作出裁决的行政机关调取有关材料。

第九十二条 行政机关或者具体行政行为确定的权利人申请人民法院强制执行前，有充分理由认为被执行人可能逃避执行的，可以申请人民法院采取财产保全措施。后者申请强制执行的，应当提供相应的财产担保。

第九十三条 人民法院受理行政机关申请执行其具体行政行为的案件后，应当在30日内由行政审判庭组成合议庭对具体行政行为的合法性进行审查，并就是否准予强制执行作出裁定；需要采取强制执行措施的，由本院负责强制执行非诉行政行为的机构执行。

第九十四条 在诉讼过程中，被告或者具体行政行为确定的权利人申请人民法院强制执行被诉具体行政行为，人民法院不予执行，但不及时执行可能给国家利益、公共利益或者他人合法权益造成不可弥补的损失的，人民法院可以先予执行。后者申请强制执行的，应当提供相应的财产担保。

第九十五条 被申请执行的具体行政行为有下列情形之一的，人民法院应当裁定不准予执行：

（一）明显缺乏事实根据的；

（二）明显缺乏法律依据的；

（三）其他明显违法并损害被执行人合法权益的。

第九十六条 行政机关拒绝履行人民法院生效判决、裁定的，人民法院可以依照行政诉讼法第六十五条第三款[①]的规定处理，并可以参照民事诉讼法第一百一十一条[②]的有关规定，对主要负责人或者直接责任人员予以罚款处罚。

最高人民法院
关于行政诉讼撤诉若干问题的规定

2008年1月14日　　法释〔2008〕2号

第八条 第二审或者再审期间行政机关改

[①] 行政诉讼法原第六十五条第三款现已修改为第九十五条。——编者注
[②] 民事诉讼法原第一百一十一条现已修改为第一百二十四条。

变被诉具体行政行为，当事人申请撤回上诉或者再审申请的，参照本规定。

准许撤回上诉或者再审申请的裁定可以载明行政机关改变被诉具体行政行为的主要内容及履行情况，并可以根据案件具体情况，在裁定理由中明确被诉具体行政行为或者原裁判全部或者部分不再执行。

最高人民法院
关于办理申请人民法院强制执行国有土地上房屋征收补偿决定案件若干问题的规定

2012年3月26日　法释〔2012〕4号

为依法正确办理市、县级人民政府申请人民法院强制执行国有土地上房屋征收补偿决定（以下简称征收补偿决定）案件，维护公共利益，保障被征收房屋所有权人的合法权益，根据《中华人民共和国行政诉讼法》、《中华人民共和国行政强制法》、《国有土地上房屋征收与补偿条例》（以下简称《条例》）等有关法律、行政法规规定，结合审判实际，制定本规定。

第一条　申请人民法院强制执行征收补偿决定案件，由房屋所在地基层人民法院管辖，高级人民法院可以根据本地实际情况决定管辖法院。

第二条　申请机关向人民法院申请强制执行，除提供《条例》第二十八条规定的强制执行申请书及附具材料外，还应当提供下列材料：

（一）征收补偿决定及相关证据和所依据的规范性文件；

（二）征收补偿决定送达凭证、催告情况及房屋被征收人、直接利害关系人的意见；

（三）社会稳定风险评估材料；

（四）申请强制执行的房屋状况；

（五）被执行人的姓名或者名称、住址及与强制执行相关的财产状况等具体情况；

（六）法律、行政法规规定应当提交的其他材料。

强制执行申请书应当由申请机关负责人签名，加盖申请机关印章，并注明日期。

强制执行的申请应当自被执行人的法定起诉期限届满之日起三个月内提出；逾期申请的，除有正当理由外，人民法院不予受理。

第三条　人民法院认为强制执行的申请符合形式要件且材料齐全的，应当在接到申请后五日内立案受理，并通知申请机关；不符合形式要件或者材料不全的应当限期补正，并在最终补正的材料提供后五日内立案受理；不符合形式要件或者逾期无正当理由不补正材料的，裁定不予受理。

申请机关对不予受理的裁定有异议的，可以自收到裁定之日起十五日内向上一级人民法院申请复议，上一级人民法院应当自收到复议申请之日起十五日内作出裁定。

第四条　人民法院应当自立案之日起三十日内作出是否准予执行的裁定；有特殊情况需要延长审查期限的，由高级人民法院批准。

第五条　人民法院在审查期间，可以根据需要调取相关证据、询问当事人、组织听证或者进行现场调查。

第六条　征收补偿决定存在下列情形之一的，人民法院应当裁定不准予执行：

（一）明显缺乏事实根据；

（二）明显缺乏法律、法规依据；

（三）明显不符合公平补偿原则，严重损害被执行人合法权益，或者使被执行人基本生活、生产经营条件没有保障；

（四）明显违反行政目的，严重损害公共利益；

（五）严重违反法定程序或者正当程序；

（六）超越职权；

（七）法律、法规、规章等规定的其他不宜强制执行的情形。

人民法院裁定不准予执行的，应当说明理由，并在五日内将裁定送达申请机关。

第七条　申请机关对不准予执行的裁定有异议的，可以自收到裁定之日起十五日内向上一级人民法院申请复议，上一级人民法院应当自收到复议申请之日起三十日内作出裁定。

第八条　人民法院裁定准予执行的，应当在五日内将裁定送达申请机关和被执行人，并可以根据实际情况建议申请机关依法采取必要措施，保障征收与补偿活动顺利实施。

第九条 人民法院裁定准予执行的，一般由作出征收补偿决定的市、县级人民政府组织实施，也可以由人民法院执行。

第十条 《条例》施行前已依法取得房屋拆迁许可证的项目，人民法院裁定准予执行房屋拆迁裁决的，参照本规定第九条精神办理。

第十一条 最高人民法院以前所作的司法解释与本规定不一致的，按本规定执行。

最高人民法院关于办理申请人民法院强制执行国有土地上房屋征收补偿决定案件若干问题的规定

2012年3月26日　法释〔2012〕4号

为依法正确办理市、县级人民政府申请人民法院强制执行国有土地上房屋征收补偿决定（以下简称征收补偿决定）案件，维护公共利益，保障被征收房屋所有权人的合法权益，根据《中华人民共和国行政诉讼法》、《中华人民共和国行政强制法》、《国有土地上房屋征收与补偿条例》（以下简称《条例》）等有关法律、行政法规规定，结合审判实际，制定本规定。

第一条 申请人民法院强制执行征收补偿决定案件，由房屋所在地基层人民法院管辖；高级人民法院可以根据本地实际情况决定管辖法院。

第二条 申请机关向人民法院申请强制执行，除提供《条例》第二十八条规定的强制执行申请书及附具材料外，还应当提供下列材料：

（一）征收补偿决定及相关证据和所依据的规范性文件；

（二）征收补偿决定送达凭证、催告情况及房屋被征收人、直接利害关系人的意见；

（三）社会稳定风险评估材料；

（四）申请强制执行的房屋状况；

（五）被执行人的姓名或者名称、住址及与强制执行相关的财产状况等具体情况；

（六）法律、行政法规规定应当提交的其他材料。

强制执行申请书应当由申请机关负责人签名，加盖申请机关印章，并注明日期。

强制执行的申请应当自被执行人的法定起诉期限届满之日起三个月内提出；逾期申请的，除有正当理由外，人民法院不予受理。

第三条 人民法院认为强制执行的申请符合形式要件且材料齐全的，应当在接到申请后五日内立案受理，并通知申请机关；不符合形式要件或者材料不全的应当限期补正，并在最终补正的材料提供后五日内立案受理；不符合形式要件或者逾期无正当理由不补正材料的，裁定不予受理。

申请机关对不予受理的裁定有异议的，可以自收到裁定之日起十五日内向上一级人民法院申请复议，上一级人民法院应当自收到复议申请之日起十五日内作出裁定。

第四条 人民法院应当自立案之日起三十日内作出是否准予执行的裁定；有特殊情况需要延长审查期限的，由高级人民法院批准。

第五条 人民法院在审查期间，可以根据需要调取相关证据、询问当事人、组织听证或者进行现场调查。

第六条 征收补偿决定存在下列情形之一的，人民法院应当裁定不准予执行：

（一）明显缺乏事实根据；

（二）明显缺乏法律、法规依据；

（三）明显不符合公平补偿原则，严重损害被执行人合法权益，或者使被执行人基本生活、生产经营条件没有保障；

（四）明显违反行政目的，严重损害公共利益；

（五）严重违反法定程序或者正当程序；

（六）超越职权；

（七）法律、法规、规章等规定的其他不宜强制执行的情形。

人民法院裁定不准予执行的，应当说明理由，并在五日内将裁定送达申请机关。

第七条 申请机关对不准予执行的裁定有异议的，可以自收到裁定之日起十五日内向上一级人民法院申请复议，上一级人民法院应当自收到复议申请之日起三十日内作出裁定。

第八条 人民法院裁定准予执行的，应当在五日内将裁定送达申请机关和被执行人，并可以根据实际情况建议申请机关依法采取必要措施，保障征收与补偿活动顺利实施。

第九条 人民法院裁定准予执行的，一般由作出征收补偿决定的市、县级人民政府组织实施，也可以由人民法院执行。

第十条 《条例》施行前已依法取得房屋拆迁许可证的项目，人民法院裁定准予执行房屋拆迁裁决的，参照本规定第九条精神办理。

第十一条 最高人民法院以前所作的司法解释与本规定不一致的，按本规定执行。

最高人民法院

关于办理行政机关申请强制执行案件有关问题的通知

1998年8月18日　　法〔1998〕77号

各省、自治区、直辖市高级人民法院，新疆维吾尔自治区高级人民法院生产建设兵团分院：

关于人民法院办理行政机关申请强制执行其作出的具体行政行为的案件，行政庭与执行庭如何分工的问题，经我院审判委员会讨论，并已正式下发文件（法发〔1996〕12号）。我院《关于人民法院执行工作若干问题的规定（试行）》下发后，一些法院就上述两个文件的关系问题向我院提出询问。现就有关问题重申如下：

一、行政机关申请人民法院强制执行案件由行政审判庭负责审查。经教育，行政行为相对人自动履行的，即可结案。需要强制执行的，由行政审判庭移送执行庭办理。

二、对于申请执行的具体行政行为，人民法院必须认真进行审查，切实履行法律赋予的监督职责，坚决防止和杜绝违法失职现象的发生。因不审查或不认真审查而给被申请人造成损失的，应当追究有关人员的责任。

三、人民法院经审查，确认申请执行的具体行政行为有明显违法问题，侵犯相对人实体合法权益的，裁定不予执行，并向申请机关提出司法建议。

最高人民法院　监察部

关于执行《中华人民共和国行政监察法》第二十一条若干问题的规定

1998年10月21日　　监发〔1998〕3号

《中华人民共和国行政监察法》第二十一条规定，监察机关在调查贪污、贿赂、挪用公款等违反行政纪律的行为时，经县级以上监察机关领导人员批准，"必要时，可以提请人民法院采取保全措施，依法冻结涉嫌人员在银行或者其他金融机构的存款。"现就执行第二十一条的若干问题作出以下规定：

一、监察机关在立案调查贪污、贿赂、挪用公款和其他经济方面的违反行政纪律的行为时，对涉嫌人员在银行或者其他金融机构的存款需要作为证据使用或者依法作出处理的，经县级以上监察机关领导人员批准，可以提请涉嫌人员存款开户的银行或者其他金融机构所在地的基层人民法院采取保全措施，依法冻结涉嫌人员在银行或者其他金融机构的存款。

二、监察机关提请人民法院采取保全措施，应当提供《立案审批表》、《提请保全书》。接受提请的人民法院应当对上述材料是否齐全进行审查。

三、人民法院对于监察机关材料齐全的提请，应当在接到提请后的24小时内通知银行或者其他金融机构冻结涉嫌人员的存款；因银行或者其他金融机构地处偏远，交通不便或者其他特殊原因，不能在24小时内通知的，至迟不得超过72小时。

接受提请的人民法院及其工作人员应当对保全措施涉及的事项保密。

最高人民法院关于由省级人民政府确定单独编制城市规划的矿区行政管理部门有权对拆迁纠纷作出处理决定并可向人民法院申请强制执行的复函

1989年7月4日　〔1989〕民他字第6号

贵州省高级人民法院：

你院黔法〔1989〕民请字第1号关于个体工商户阎兴文、黄祥荣所经营商店被拆除一案处理意见的请示报告收悉。经研究，并征求了建设部和化工部的意见，我们认为：

由省、自治区、直辖市人民政府确定单独编制城市规划的矿区行政管理部门，对拆迁纠纷可以作出处理决定，也可以根据其处理决定申请人民法院强制执行。个体工商户阎兴文和黄祥荣是拆迁户，在他们拒不搬迁的情况下，开阳县人民法院于1984年1月根据有关法律规定精神以及开阳矿务局的申请，强制执行阎、黄搬迁并无不当。至于一些遗留问题，可根据具体情况妥善处理。

以上意见，仅供你院参考。

最高人民法院关于行政机关对土地争议的处理决定生效后一方不履行另一方不应以民事生侵权向法院起诉的批复

1991年7月24日　〔1990〕法民字第2号

河北省高级人民法院：

你省《关于人民政府对土地所有权和使用权争议做出处理决定后，一方当事人不服而又不向法院起诉，也不执行，期满后对方当事人可否以侵权案向人民法院起诉，以及如何处理的请示报告》收悉。经研究认为：行政机关对土地争议的处理决定生效后，一方当事人不履行的，对方当事人不应以民事侵权案向法院起诉，可向行政机关提出申请执行，该行政机关依照行政诉讼法第六十六条的规定，可以申请

人民法院强制执行，或依法强制执行。

最高人民法院关于对行政侵权赔偿案件执行中有关问题的复函

1993年6月16日　法函〔1993〕51号

甘肃省高级人民法院：

你院〔1993〕甘法执请字第002号《关于行政侵权赔偿案件执行中有关问题的请示报告》收悉，经研究，答复如下：

行政机关作出的具体行政行为侵犯公民、法人或者其他组织的合法权益造成损害的，根据《中华人民共和国行政诉讼法》第六十八条的规定，应由作出具体行政行为的行政机关负责赔偿。如果负责赔偿的行政机关暂无执行能力，应当中止执行，待中止的情形消失后，恢复执行。

非诉行政执行对象为不动产的，由不动产所在地的基层人民法院受理；

人民法院受理行政机关申请执行其具体行政行为的案件后，应当在30日内由行政审判庭组成合议庭对该具体行政行为的合法性进行审查，并就是否准予强制执行作出裁定；未经法定程序，直接将案外人列为被执行人，属于滥用执行权的行为。

最高人民法院关于对林业行政机关依法作出具体行政行为申请人民法院强制执行问题的复函

1993年12月24日　法函〔1993〕91号

林业部：

你部林函策字〔1993〕308号函收悉，经研究，同意你部所提意见，即：林业主管部门依法作出的具体行政行为，公民、法人或者其他组织在法定期限内既不起诉又不履行的，林业主管部门依据行政诉讼法第六十六条的规定

可以申请人民法院强制执行，人民法院应予受理。

最高人民法院
关于当事人对人民法院强制执行生效具体行政行为的案件提出申诉人民法院应如何受理和处理的答复

1995年8月22日　　法行〔1995〕12号

吉林省高级人民法院：

你院《关于当事人对人民法院强制执行生效具体行政行为的案件提出申诉人民法院应如何受理和处理的请示》收悉。

经研究认为：公民、法人和其他组织认为人民法院强制执行生效的具体行政行为违法，侵犯其合法权益，向人民法院提出申诉，人民法院可以作为申诉进行审查。人民法院的全部执行活动合法，而生效具体行政行为违法的，应转送作出具体行政行为的行政机关依法处理，并通知申诉人同该行政机关直接联系；人民法院采取的强制措施等违法，造成损害的，应依照国家赔偿法的有关规定办理。

最高人民法院
关于劳动行政部门作出责令用人单位支付劳动者工资报酬、经济补偿和赔偿金的劳动监察指令书是否属于可申请法院强制执行的具体行政行为的答复

1998年5月17日　　〔1998〕法行字第1号

广东省高级人民法院：

你院《关于如何处理〈劳动监察指令书〉问题的请示》收悉。经研究，原则同意你院意见，即：劳动行政部门作出责令用人单位支付劳动者工资报酬、经济补偿和赔偿金的劳动监察指令书，不属于可申请人民法院强制执行的具体行政行为，人民法院对此类案件不予受理。劳动行政部门作出责令用人单位支付劳动者工资报酬、经济补偿和赔偿金的行政处理决定书，当事人既不履行又不申请复议或者起诉的，劳动行政部门可以依法申请人民法院强制执行。

最高人民法院
对关于非诉执行案件中作为被执行人的法人终止，人民法院是否可以直接裁定变更被执行人的请示的答复

2000年5月29日　　法行〔2000〕16号

山东省高级人民法院：

你院鲁高法函〔1999〕62号《关于非诉执行案件中作为被执行人的法人终止，人民法院是否可以直接裁定变更被执行人的请示》收悉。经研究，答复如下：

人民法院在办理行政机关申请人民法院强制执行其具体行政行为的案件过程中，作为被执行人的法人出现分立、合并、兼并、合营等情况，原具体行政行为仍应执行的，人民法院应当通知申请机关变更被执行人。对变更后的被执行人，人民法院应当依法进行审查。

最高人民法院行政审判庭
对如何执行《关于执行〈中华人民共和国行政诉讼法〉若干问题的解释》第九十二条的请示的答复

2000年12月14日　　法行〔2000〕21号

上海市高级人民法院：

你院沪高法〔2000〕330号关于如何执行最高人民法院《关于执行〈中华人民共和国行政诉讼法〉若干问题的解释》第九十二条的请示收悉。经研究，答复如下：

申请人在具体行政行为对外发生法律效力后至申请执行的期限内，依据《最高人民法院关于执行〈中华人民共和国行政诉讼法〉若干问题的解释》第九十二条的规定，可以向人民法院申请采取财产保全措施。

最高人民法院
执行裁定书

〔2008〕执监字第 23 号

执行异议人（被执行人）深圳市普华凯达投资有限公司，住所地：广东省深圳市福田区滨河大道 5022 号联合广场 A 座 1109 室。

法定代表人刘文，该公司董事长。

申请执行人内蒙古自治区财政厅，住所地：内蒙古自治区呼和浩特市新华大街 63 号。

法定代表人王玉明，该厅厅长。

被执行人内蒙古自治区人民政府办公厅，住所地：内蒙古自治区呼和浩特市敕勒川大街 1 号。

法定代表人乌兰巴特尔，该厅主任。

被执行人深圳市蒙帝国际投资发展有限公司，住所地：广东省深圳市福田区深南中路兴华大厦 1004－1005 室。

法定代表人黄征宇，该公司董事长。

执行异议人深圳市普华凯达投资有限公司（以下简称普华凯达公司）不服内蒙古自治区高级人民法院（以下简称内蒙古高院）〔2008〕内执字第 60 号执行裁定书（以下简称 60 号裁定）向本院申诉，本院受理后依法组成合议庭进行了审查并经本院审判委员会讨论，现已审查终结。

普华凯达公司申诉称，内蒙古高院在办理内蒙古自治区财政厅（以下简称内蒙古财政厅）申请执行内财资〔2007〕172 号行政决定（以下简称 172 号决定）一案中，于 2008 年 8 月 27 日作出的 60 号裁定程序违法，适用法律错误，侵犯了普华凯达公司的合法权利，请求予以撤销。理由如下：（1）内蒙古高院错误将普华凯达公司列为被执行人。普华凯达公司并非 172 号决定的当事人，但是 60 号裁定错将其列为被执行人。（2）没有向普华凯达公司送达相关法律文书。无论是 172 号决定还是内蒙古高院的相关裁定书均未向普华凯达公司送达，依法不具有法律效力。（3）超过申请执行期限。内蒙古财政厅 2007 年 3 月 22 日作出上述决定，同年 12 月 24 日申请强制执行，超过法律规定的 180 日期限。（4）172 号决定属于内部行政决定，依法不能申请强制执行。（5）172 号行政决定以内蒙古自治区人民政府办公厅（以下简称内蒙古办公厅）为行政相对人超越权限。内蒙古办公厅是内蒙古自治区人民政府的内设机构，依法不具有法人资格，其行为代表内蒙古自治区人民政府，内蒙财政厅无权对其上级机关做出决定。

本院经调阅相关法院卷宗，查明以下事实：在长沙铁路运输法院（以下简称长铁法院）办理大中华国际实业（深圳）有限公司（以下简称大中华公司）与深圳市蒙帝国际投资发展有限公司（以下简称蒙帝公司）居间服务合同纠纷一案过程中，经长铁法院和申请执行人大中华公司同意，2006 年 2 月 23 日，被执行人蒙帝公司与普华凯达公司达成了转让长铁法院查封的登记于蒙帝公司名下、位于福田区竹子林段深南大道北侧的 B301－0064 宗地（以下简称蒙帝大厦项目用地）土地使用权的协议，转让价款为 4000 万元（包含大中华公司 730 万元执行款）。据此，长铁法院于 2006 年 2 月 23 日作出〔2005〕长铁法执字第 49－3 号民事裁定书，解除对上述土地使用权的查封，并将权利人变更为普华凯达公司。长铁法院将上述裁定书和协助执行通知书送达深圳市国土资源和房产管理局（以下简称深圳国土房管局）。2007 年 3 月 10 日，深圳国土房管局与普华凯达公司签订《深地合字〔1999〕0003 号〈深圳市土地使用权出让合同书〉第一补充协议书》，约定将蒙帝大厦项目用地的土地使用权人变更为普华凯达公司。

因蒙帝公司相关股东对长铁法院的执行行为不服向广东省高级人民法院（以下简称广东高院）申诉，广东高院于 2008 年 1 月 23 日向长铁法院发出〔2007〕粤高法执监字第 8 号执行监督函，认为：长铁法院在执行中对查封的土地使用权准许被执行人自行变卖是适当的，但裁定变更所变卖土地使用权的权利人缺乏法律依据，长铁法院〔2005〕长铁法执字第 49－3 号民事裁定不当。责成其自行纠正。长铁法院于 2008 年 1 月 28 日以〔2005〕长铁法执监字第49-1号民事裁定书撤销了该院〔2005〕长铁法执字第49-3号民事裁定书。2月28日上午，该院向深圳国土房管局送达了相关执行裁定书和协助执行通知书，要求该局协助执行如下事宜：（1）将上述宗地的土地使用权变更为蒙帝公司；（2）继续查封上述土地使用权。

2007年3月28日，内蒙古办公厅以拥有蒙帝大厦项目用地土地使用权为由，向长铁法院提起执行异议。2008年2月2日，长铁法院以〔2005〕长铁法执字第49-4号民事裁定书驳回了内蒙古办公厅的执行异议。

在向长铁法院提起执行异议的同时，内蒙古办公厅亦寻求通过行政程序主张权利。2007年3月22日内蒙财政厅作出172号决定，内容为："内蒙古办公厅：经查，你单位于1997年3月3日通过委托开发的方式，将位于深圳市福田区竹子林地区编号为B301-0064的土地开发使用权无偿转让给了蒙帝公司。该宗地块为深圳市政府支持内蒙古自治区政府建设深圳窗口工程的专项用地，其土地使用权属于内蒙古自治区政府。我厅经研究认为，你单位未经批准、未经评估无偿转让国有资产的行为违反了《行政事业单位国有资产管理办法》第九条、第二十二条、第二十七条等规定，特决定：1. 撤销你单位向蒙帝公司转让土地的行为；2. 自收到本决定之日起10日内向深圳市政府办理有关土地登记手续。"尔后，内蒙古财政厅于2007年12月24日向内蒙古高院申请执行172号决定，同时请求对蒙帝大厦项目用地的土地使用权进行财产保全。

内蒙古高院于2008年1月8日立案，并于当日作出〔2008〕内行决申字第1号行政裁定书，将内蒙古办公厅、蒙帝公司、普华凯达公司均列为被申请人，裁定对上述土地使用权进行查封。尔后，内蒙古高院又于2008年8月27日作出了60号裁定，将内蒙古办公厅、蒙帝公司、普华凯达公司均列为被执行人。60号裁定主文内容为："由被执行人内蒙古办公厅向深圳市土地部门办理上述涉案土地使用权登记手续。"2008年8月28日内蒙高院将标明受送达人分别为"普华凯达公司"和"蒙帝公司"、送达文书为"60号裁定"的两份〔2008〕内执字第60号《送达证》，交由内蒙古自治区人民政府秘书长、内蒙古办公厅主任乌兰巴特尔签收。2008年9月16日，普华凯达公司在知悉60号裁定内容后向内蒙古高院提出执行异议，但内蒙古高院一直没有对该公司的异议作出裁定。

普华凯达公司因不服广东高院监督意见向本院申诉，本院于2008年3月立案监督。此后，普华凯达公司又对内蒙古高院的前述非诉行政案件的执行行为提请本院监督。2008年11月，广东高院也以内蒙古高院在本院监督期间处置涉案土地使用权引起执行争议为由提请本院协调。本院对上述执行申诉和执行争议合并审查。

本院认为，内蒙古高院的上述非诉行政执行程序违法，适用法律错误。理由如下：

一、内蒙古高院受理非诉行政执行的程序违法。首先，内蒙古高院对本案非诉行政执行案件受理属于越权管辖。172号决定的执行对象为不动产，根据《最高人民法院关于执行〈中华人民共和国行政诉讼法〉若干问题的解释》第八十九条规定，执行对象为不动产的，由不动产所在地的基层人民法院受理。所以，即使172号决定可以付诸执行，也应由深圳市的基层人民法院执行，内蒙古高院对此案无管辖权。

其次，没有对执行依据进行合法性审查。根据《最高人民法院关于执行〈中华人民共和国行政诉讼法〉若干问题的解释》第九十三条规定，人民法院受理行政机关申请执行其具体行政行为的案件后，应当在30日内由行政审判庭组成合议庭对该具体行政行为的合法性进行审查，并就是否准予强制执行作出裁定。而本案中，内蒙古高院既没有依据最高人民法院司法解释的规定，由行政审判庭组成合议庭对该具体行政行为进行审查，也没有依法作出准予强制执行的裁定，程序违法。

再次，172号决定不符合申请执行的法定条件。根据《最高人民法院关于执行〈中华人民共和国行政诉讼法〉若干问题的解释》第八十六条第一款第（二）项、《最高人民法院关于执行工作若干问题的规定（试行）》第十八条第一款第（四）项规定，执行依据必须具有给付内容方能付诸执行，而172号决定的主文内容是撤销土地转让关系，并无具体给付内容，依法应当裁定不予执行。

二、内蒙古高院的执行行为违反法定程序。普华凯达公司并非172号决定指向的行政相对人，内蒙古高院未经法定程序，在60号裁定中直接将案外人普华凯达公司列为被执行人，属于滥用执行权的行为。另外，内蒙古高院将本应送达给蒙帝公司和普华凯达公司的60号裁定，交由与两受送达人利益对立的内蒙古办公厅签收，严重违反送达程序的有关法律规定。

综上，经本院审判委员会讨论决定，依据《最高人民法院关于人民法院执行工作若干问题的规定（试行）》第一百二十九条之规定，裁定如下：

撤销内蒙古自治区高级人民法院〔2008〕内执字第60号执行裁定书。

本裁定为终审裁定。

【附：案例评析】

深圳市普华凯达投资公司不服内蒙古自治区高级人民法院行政非诉执行裁定申诉案

内蒙古高院意见：

内蒙古高院认为，单纯从法律规定上看，该院受理和执行本案过程中的确存在一些程序问题。但该案的本质问题是：一是蒙帝公司取得该宗土地所有权不具有合法性；二是长铁法院对价值数亿的土地使用权抵偿600万元（不含法定利息）债务具有严重不对等性；三是如内蒙古高院不采取执行措施将使巨额国有资产流失。因而，内蒙古高院采取执行措施属于不得已而为之，具有应急性。从维护粤蒙两地政府和蒙汉人民的友谊及促进边疆少数民族地区经济、文化全面发展出发，结案方式应以积极协商，尽力达成执行和解为宜。内蒙古高院将继续敦促内蒙古办公厅与长铁法院执行案件涉案各方协商，努力达成和解协议。

案件其他相关事实：

（一）蒙帝公司取得涉案宗地的背景及权属登记情况

1991年11月16日，内蒙古自治区政府办公厅发函深圳市政府，请求就筹建内蒙古民族贸易大厦征地给予方便。1992年1月14日经深圳市政府研究，由深圳市国土局复函自治区政府同意。深圳市政府于1996年12月2日以《第七十四次用地审定会议纪要》，审定建设单位为内蒙古办公厅，建设内容为"民族贸易大厦"的用地项目，审定地价计收原则为"市场地价"。1997年3月3日，内蒙古办公厅向蒙帝公司出具《关于兴建"内蒙古大厦"的委托书》，内容为："现决定将在深圳市兴建'内蒙古大厦'（暂定名）的筹备、前期开发、兴建及项目竣工前的其他各项工作委托你公司，大厦建成后的产权也由你公司享有。"2000年12月3日，深圳市规划国土局局长办公会确定内蒙古等边远地区办事处用地价执行优惠地价。2001年2月28日，深圳市规划国土局与蒙帝公司（黄征宇作为法定代表人签字）签订《深圳市土地使用权出让合同书》，合同第四条约定："本合同签订之日，甲方将地块编号为B301—0064，土地面积约为3163.5平方米（见宗地图红线范围）的土地出让给乙方，并移交给乙方使用。乙方对本地块的现状无任何异议。自本合同签订之日，视为甲方向乙方交付土地。"此前2001年1月9日，蒙帝公司已经缴清全部土地出让金、土地开发费等共计4083135元。上述合同在深圳市国土房管局权属档案中，但蒙帝公司作为土地权利人也在深圳市土地权属登记簿上记载。

（二）蒙帝公司工商登记信息所载法定代表人及股东变动情况

2001年2月7日，蒙帝公司核准登记信息为：法定代表人为黄征宇；股东及出资比例为股东分别为娜仁呼（8%）、九九实业股份有限公司（8%）、乌兰巴日斯（33%）、黄征宇（51%）。2001年3月16日变更登记为：法定代表人为乌克力；股东及出资比例为股东分别为娜仁呼（8%）、九九实业股份有限公司（8%）、乌兰巴日斯（84%）。2001年9月20日，深圳市工商局以提交虚假证明为由，以深工商处〔2001〕264号《行政处罚决定书》撤销2001年3月16日的股东变更登记，恢复原登记。2006年深圳市工商物价信息中心出示的深圳市蒙帝公司注册登记资料显示：该公司法定代表人为黄征宇，股东分别为娜仁呼（8%）、九九实业股份有限公司（8%）、乌兰巴日斯（33%）、黄征宇（51%）2006年4月21日，深圳市工商局以蒙帝公司提交虚假变更登记材料为由，作出深工商企处〔2006〕29号《行政处罚决定书》，撤销蒙帝公司2001年2月7日的变更登记。在黄征宇提出复议后，广东省工商局于

2006年8月10日以粤工商复决字第〔2006〕第30号《行政复议决定书》撤销了深工商企处〔2006〕29号《行政处罚决定书》，责令深圳市工商局重新作出具体行政行为。

评析：

此案案情比较复杂，最高人民法院的执行监督案件涉及两地三个法院即长铁法院、广东高院、内蒙古高院的执行行为。限于篇幅，本文仅对内蒙古高院负责执行的内蒙古财政厅申请执行内蒙古办公厅非诉行政执行一案的合法性问题进行评析。

此案中，内蒙古财政厅作为行政机关直接对普通民事主体之间的纠纷以行政决定进行撤销，并通过法院非诉执行程序强制过户，在实践中极为罕见。

本案的焦点问题在于：（1）内蒙古财政厅是否有权撤销蒙帝公司与内蒙古办公厅之间的土地转让法律关系？（2）内蒙古高院的非诉行政执行程序是否合法？

1. 关于第一个问题，可以认定172号决定决定为内蒙古财政厅越权作出。首先，蒙帝公司是在深圳登记注册的民营有限责任公司，与内蒙古财政厅之间在不存在法律上的行政管理关系，不是内蒙古财政厅的行政相对人，蒙帝公司与内蒙古办公厅之间因涉案土地使用权产生的纠纷属于平等民事主体之间的法律关系。无论蒙帝公司在涉案土地之上取得相关土地权利是否合法，无论是内蒙古财政厅还是内蒙古办公厅，都不能直接以行政决定的方式撤销内蒙古办公厅与蒙帝公司转让土地的民事行为。如果内蒙古财政厅或者内蒙古办公厅主张在涉案土地上拥有合法权利，可以依法向具有管辖权的人民法院提起民事诉讼。

其次，172号决定所依据的《行政事业单位国有资产管理办法》第九条其内容是关于国有资产产权登记内容的规定，第二十二条是关于非经营性资产转经营性资产的内部程序内容的规定，第二十七条是关于处置国有资产的内部报批程序，并无授权财政部门可以对行政机关和非行政机关之间的相关纠纷进行处理的授权性规定。而且，该《行政事业单位国有资产管理办法》已经在2006年7月1日被财政部颁发的《行政单位国有资产管理暂行办法》（以下简称该办法）所代替。该办法第四十二条明确规定："行政单位与非行政单位、组织或者个人之间发生产权纠纷，由行政单位提出处理意见，并报经财政部门同意后，与对方当事人协商解决。协商不能解决的，依照司法程序处理。"依据该条规定，内蒙古财政厅裁处行政单位与非行政单位之间的产权纠纷属于典型的越权行政。

但是，由于执行依据本身的合法性问题属于实体问题。应当在申请执行时，由内蒙古高院行政审判庭负责审查处理，或者由相关利害关系人通过提起行政诉讼的方式解决。最高人民法院在执行监督程序中虽然可以一并审查，但对审查发现的问题一般转行政审判庭通过行政审判监督程序解决，而不宜在执行监督法律文书中体现。所以，本案审查的重点就落在执行程序是否合法，也就是第二个问题上。

2. 关于第二个问题，内蒙古高院负责执行的内蒙古自治区政府财政厅申请执行内蒙古自治区政府办公厅一案，存在以下程序违法问题：

（1）越权管辖。172号行政决定的执行对象为不动产，根据《最高人民法院关于执行〈中华人民共和国行政诉讼法〉若干问题的解释》第八十九条之规定，执行对象为不动产的，由不动产所在地的基层人民法院受理。所以，即使172号决定可以付诸执行，也应由深圳市的基层人民法院执行，内蒙古高院对此无管辖权。

（2）没有进行合法性审查。最高人民法院关于行政诉讼法的司法解释第九十三条规定："人民法院受理行政机关申请执行其具体行政行为的案件后，应当在30日内由行政审判庭组成合议庭对具体行政行为的合法性进行审查，并就是否准予强制执行作出裁定；需要采取强制执行措施的，由本院负责强制执行非诉行政行为的机构执行。"而本案中，仅仅由立案庭作了行政保全裁定，没有由行政庭对该行政决定是否合法进行审查，没有作出是否准予强制执行的裁定就移送执行机构进行执行，程序违法。

（3）执行依据不符合强制执行的法定条件。执行依据必须具有给付内容方能付诸执行，这是《最高人民法院关于执行〈中华人民共和国行政诉讼法〉若干问题的解释》第八十六条第一款第（二）项、《最高人民法院关于执行工作若干问题的规定（试行）》第十八条第一款第（四）项的明确规定。而本案中，内蒙古财政厅内财资〔2007〕172号行政决定内容为："1. 撤销你单位向蒙帝公司转让土地的行为；2. 自收到本决定之日起10内向深圳市政府办理有关土地登记手续。"该执行依据为对土地转让法律关系进行撤销,其实质是形成行为,并没有给付内容,依法应当裁定不予执行。

(4)内蒙古高院的执行行为侵犯案外人合法权益。内蒙古高院〔2008〕内执字第60号执行裁定书将和该院所办理的执行案件没有任何法律关系的案外人普华凯达公司列为被执行人,没有任何法律依据,属于滥用执行权的行为。

(5)送达程序严重违法。内蒙古高院将本应送达给蒙帝公司和普华凯达公司的60号裁定,交由与两受送达人利益对立的内蒙古办公厅签收,严重违反送达程序的有关法律规定。

综上,内蒙古高院的执行行为严重违反法定程序,显然应予撤销。[①]

人民法院办理执行案件规范

2017年4月

737.【执行前保全】

行政机关或者具体行政行为确定的权利人申请人民法院强制执行前,有充分理由认为被执行人可能逃避执行的,可以申请人民法院采取财产保全措施。后者申请强制执行的,应当提供相应的财产担保。

738.【一般规定】

对发生法律效力的行政判决书、行政裁定书、行政赔偿判决书和行政赔偿调解书,负有义务的一方当事人拒绝履行的,对方当事人可以依法申请人民法院强制执行。

739.【管辖】

发生法律效力的行政判决书、行政裁定书、行政赔偿判决书和行政赔偿调解书,由第一审人民法院执行。

第一审人民法院认为情况特殊需要由第二审人民法院执行的,可以报请第二审人民法院执行;第二审人民法院可以决定由其执行,也可以决定由第一审人民法院执行。

740.【特别执行措施】

行政机关拒绝履行判决、裁定、调解书的,第一审人民法院可以采取下列措施:

(一)对应当归还的罚款或者应当给付的款额,通知银行从该行政机关的账户内划拨;

(二)在规定期限内不履行的,从期满之日起,对该行政机关负责人按日处五十元至一百元的罚款;

(三)将行政机关拒绝履行的情况予以公告;

(四)向监察机关或者该行政机关的上一级行政机关提出司法建议。接受司法建议的机关,根据有关规定进行处理,并将处理情况告知人民法院。

(五)拒不履行判决、裁定、调解书,社会影响恶劣的,可以对该行政机关直接负责的主管人员和其他直接责任人员予以拘留;情节严重,构成犯罪的,依法追究刑事责任。

741.【申请执行时效】

当事人在法定期限内不申请行政复议或者提起行政诉讼,又不履行行政决定的,没有行政强制执行权的行政机关可以自期限届满之日起三个月内,依照行政强制法第五章规定申请人民法院强制执行。

742.【申请执行前置条件及地域管辖原则】

行政机关申请人民法院强制执行前,应当催告当事人履行义务。催告书送达十日后当事人仍未履行义务的,行政机关可以向所在地有管辖权的人民法院申请强制执行;执行对象是不动产的,向不动产所在地有管辖权的人民法院申请强制执行。

743.【省部级行政机关决定的执行管辖】

国务院各部门、各省、自治区、直辖市人民政府和海关依照法律、法规作出的处理决定和处罚决定,由被执行人住所地或财产所在地的中级人民法院执行。

744.【专利管理机关决定的执行管辖】

专利管理机关依法作出的处理决定和处罚

[①] 范向阳:《深圳市普华凯达投资公司不服内蒙古自治区高级人民法院行政非诉执行裁定申诉案》,载江必新主编、最高人民法院执行局编:《执行工作指导》2010年第1辑(总第33辑),人民法院出版社2010年版,第86~96页。

决定，由被执行人住所地或财产所在地的省、自治区、直辖市有权受理专利纠纷案件的中级人民法院执行。

745.【申请资料】

行政机关向人民法院申请强制执行，应当提供下列材料：

（一）强制执行申请书；

（二）行政决定书及作出决定的事实、理由和依据；

（三）当事人的意见及行政机关催告情况；

（四）申请强制执行标的情况；

（五）法律、行政法规规定的其他材料。

强制执行申请书应当由行政机关负责人签名，加盖行政机关的印章，并注明日期。

746.【受理时限及救济程序】

人民法院接到行政机关强制执行的申请，应当在五日内受理。

行政机关对人民法院不予受理的裁定有异议的，可以在十五日内向上一级人民法院申请复议，上一级人民法院应当自收到复议申请之日起十五日内作出是否受理的裁定。

747.【处理时限】

人民法院对行政机关强制执行的申请进行书面审查，对符合本规范第745条规定，且行政决定具备法定执行效力的，除本规范第749条规定的情形外，人民法院应当自受理之日起七日内作出执行裁定。

748.【不予执行的情形】

被申请执行的具体行政行为有下列情形之一的，人民法院应当裁定不准予执行：

（一）明显缺乏事实根据的；

（二）明显缺乏法律依据的；

（三）其他明显违法并损害被执行人合法权益的。

749.【不予执行的条件及救济程序】

人民法院发现有下列情形之一的，在作出裁定前可以听取被执行人和行政机关的意见：

（一）明显缺乏事实根据的；

（二）明显缺乏法律、法规依据的；

（三）其他明显违法并损害被执行人合法权益的。

人民法院应当自受理之日起三十日内作出是否执行的裁定。裁定不予执行的，应当说明理由，并在五日内将不予执行的裁定送达行政机关。

行政机关对人民法院不予执行的裁定有异议的，可以自收到裁定之日起十五日内向上一级人民法院申请复议，上一级人民法院应当自收到复议申请之日起三十日内作出是否执行的裁定。

750.【涉公共安全的特殊启动执行程序】

因情况紧急，为保障公共安全，行政机关可以申请人民法院立即执行。经人民法院院长批准，人民法院应当自作出执行裁定之日起五日内执行。

751.【费用承担】

行政机关申请人民法院强制执行，不缴纳申请费。强制执行的费用由被执行人承担。

752.【不直接变更被执行人】

人民法院在办理行政机关申请人民法院强制执行其具体行政行为的案件过程中，作为被执行人的法人出现分立、合并、兼并、合营等情况，原具体行政行为仍应执行的，人民法院应当通知申请机关变更被执行人。对变更后的被执行人，人民法院应当依法进行审查。

753.【违法建筑拆除决定的不予受理】

对行政机关涉及违反城乡规划法的违法建筑物、构筑物、设施等的强制拆除决定，人民法院不予受理行政机关对其提出非诉行政执行申请。

754.【国有土地上房屋征收决定的管辖】

申请人民法院强制执行征收补偿决定案件，由房屋所在地基层人民法院管辖，高级人民法院可以根据本地实际情况决定管辖法院。

755.【征收决定的申请】

申请机关向人民法院申请强制执行，除提供《国有土地上房屋征收与补偿条例》第二十八条规定的强制执行申请书及附具材料外，还应当提供下列材料：

（一）征收补偿决定及相关证据和所依据的规范性文件；

（二）征收补偿决定送达凭证、催告情况及房屋被征收人、直接利害关系人的意见；

（三）社会稳定风险评估材料；

（四）申请强制执行的房屋状况；

（五）被执行人的姓名或者名称、住址及与强制执行相关的财产状况等具体情况；

（六）法律、行政法规规定应当提交的其他材料。

强制执行申请书应当由申请机关负责人签名，加盖申请机关印章，并注明日期。

强制执行的申请应当自被执行人的法定起诉期限届满之日起三个月内提出；逾期申请的，除有正当理由外，人民法院不予受理。

756.【征收决定执行申请的受理及救济】

人民法院认为强制执行的申请符合形式要件且材料齐全的，应当在接到申请后五日内立案受理，并通知申请机关；不符合形式要件或者材料不全的应当限期补正，并在最终补正的材料提供后五日内立案受理；不符合形式要件或者逾期无正当理由不补正材料的，裁定不予受理。

申请机关对不予受理的裁定有异议的，可以自收到裁定之日起十五日内向上一级人民法院申请复议，上一级人民法院应当自收到复议申请之日起十五日内作出裁定。

757.【征收决定执行申请的审查】

人民法院应当自立案之日起三十日内作出是否准予执行的裁定；有特殊情况需要延长审查期限的，由高级人民法院批准。

人民法院在审查期间，可以根据需要调取相关证据、询问当事人、组织听证或者进行现场调查。

758.【征收决定不准予执行的情形】

征收补偿决定存在下列情形之一的，人民法院应当裁定不准予执行：

（一）明显缺乏事实根据；

（二）明显缺乏法律、法规依据；

（三）明显不符合公平补偿原则，严重损害被执行人合法权益，或者使被执行人基本生活、生产经营条件没有保障；

（四）明显违反行政目的，严重损害公共利益；

（五）严重违反法定程序或者正当程序；

（六）超越职权；

（七）法律、法规、规章等规定的其他不宜强制执行的情形。

人民法院裁定不准予执行的，应当说明理由，并在五日内将裁定送达申请机关。

759.【准予执行裁定的送达】

人民法院裁定准予执行的，应当在五日内将裁定送达申请机关和被执行人，并可以根据实际情况建议申请机关依法采取必要措施，保障征收与补偿活动顺利实施。

760.【实施机关】

人民法院裁定准予执行的，一般由作出征收补偿决定的市、县级人民政府组织实施，也可以由人民法院执行。

凡由人民法院强制执行的，须报经上一级人民法院审查批准方可采取强制手段。

761.【适用规定】

《国有土地上房屋征收与补偿条例》施行前已依法取得房屋拆迁许可证的项目，人民法院裁定准予执行房屋拆迁裁决的，参照本规范第760条第一款精神办理。

762.【民事争议行政裁决的执行】

行政机关根据法律的授权对平等主体之间民事争议作出裁决后，当事人在法定期限内不起诉又不履行，作出裁决的行政机关在申请执行的期限内未申请人民法院强制执行的，生效具体行政行为确定的权利人或者其继承人、权利承受人在九十日内可以申请人民法院强制执行。

享有权利的公民、法人或者其他组织申请人民法院强制执行具体行政行为，参照行政机关申请人民法院强制执行具体行政行为的规定。

可否裁定准予执行土地管理部门的行政处罚决定？

问题：某村民在其宅基地上建房时超出批准的宅基地范围，占用了部分村庄建成区土地，土地管理部门作出责令其限期拆除的处罚决定。该村民在法定期限内既不拆除，也不起诉，土地管理部门遂向法院申请强制执行。法院在处理当中有两种不同意见：一种意见认为，根据土地管理法第七十七条、第八十三条之规定，应裁定准予执行。另一种意见认为，村民超占部分为村庄建成区，依据城乡规划法第四十一条规定，应当办理乡村规划许可证，而后方可办理用地审批手续。对于该村民的违法建设行为，应当依据城乡规划法第六十五条之规定，由乡人民政府以未办理乡村规划许可证为由予以处罚，而不应由土地管理部门处罚，应裁定不予执行。请问哪种意见正确？

《人民司法》研究组认为： 超出标准的宅基地范围建设房屋构成土地管理法第七十七条规定的"非法占用土地"的行为，按照本条规定及土地管理法第八十三条规定，土地管理部门有权责令违法者自行拆除违法建设的房屋；如其既不起诉又不履行，土地管理部门可以依法申请人民法院强制执行。①

对行政处罚决定不服申请行政复议的，行政处罚应否停止执行？

问题： 某县建设局以江某建房时所建围墙违反城市规划为由，对江某作出限15日内拆除围墙的行政处罚决定。江某收到行政处罚决定书后15日内申请行政复议。行政处罚决定书规定的期限届满后，建设局申请法院强制执行。请问法院能否执行该案？

《人民司法》研究组认为： 行政处罚法第四十五条规定："当事人对处罚决定不服申请行政复议或提起行政诉讼的，行政处罚不停止执行，法律另有规定的除外。"行政复议法第九条规定："公民、法人或其他组织认为具体行政行为侵犯其合法权益的，可在60日内提出复议申请。"城市规划法②第四十二条规定："当事人逾期不申请复议，也不向人民法院起诉又不履行处罚决定的，由作出处罚决定的机关申请法院强制执行。"最高人民法院《关于执行〈中华人民共和国行政诉讼法〉若干问题的解释》第88条规定："行政机关申请人民法院强制执行其具体行政行为，应当自被执行人的法定起诉期限届满之日起180日内提出。"根据上述规定，该案中江某已申请复议，法定起诉期限没有超过，建设局申请强制执行，不符合法定条件，故法院应不予执行。③

强制拆迁后，拆迁决定被法院撤销，对被拆迁人的权利如何救济？

问题： 在城市房屋拆迁管理部门申请人民法院强制拆迁后，拆迁决定又被人民法院判决确认违法时，对被拆迁人的权利如何救济，有两种观点：第一种观点认为通过民事诉讼向拆迁人主张民事权利；第二种观点认为通过行政诉讼向城市房屋拆迁管理部门主张行政赔偿。另外，由于2001年《城市房屋拆迁管理条例》④的规定，被拆迁房屋的补偿标准已经提高，因拆迁行政行为违法产生损害后果，行政机关需要承担行政赔偿责任，其标准可能跨越两个时段。对于赔偿或者补偿标准应如何确定？一种意见认为，应按颁发拆迁许可证时的安置补偿标准执行；另一种意见认为，应按赔偿或补偿时的标准执行。以上意见哪种正确，请予解答。

《人民司法》研究组认为： 城市房屋拆迁管理部门申请人民法院强制拆迁后，拆迁决定又被人民法院判决确认违法，可以通过行政赔偿诉讼进行权利救济。人民法院依法受理该行政案件后，应以拆迁人作为第三人参加诉讼，并分两种情况进行判决：其一，实体上应该拆迁而只是程序违法、又没有造成被拆迁人其他损失的，人民法院应当判决第三人对被拆迁人进行补偿，同时判决违法的城市房屋拆迁管理部门承担补充赔偿责任。因为拆迁人是强制拆迁的受益人，根据公平原则，应当对被拆迁人进行补偿；由于城市房屋拆迁管理部门违法行政，根据行政赔偿的违法归责原则，应当承担赔偿责任。由于补偿和赔偿存在竞合，并且考虑国家赔偿的有限和最小化原则，违法的房屋拆迁管理部门只承担补充赔偿责任。当然，如果拆迁行政管理部门的违法行为造成被拆迁人的损失超出拆迁人受益的范围，超出的部分应当由拆迁行政管理部门承担赔偿责任。其二，实体上不应该拆迁而实施了拆迁的，法院应当判决恢复原状，不能恢复原状的，由违法的拆迁行政管理部门赔偿，拆迁人未受益的，没有补偿义务。为了体现对违法行政的惩罚和被拆迁人利益的保护，确定赔偿或者补偿应按赔偿或补偿时的标准

---

① 载《人民司法》2011年第19期。
② 载《人民司法》2003年第8期。
③ 《城市规划法》已被《城乡规划法》废止。——编者注
④ 《城市房屋拆迁管理条例》已被《国有土地上房屋征收与补偿条例》废止。——编者注

执行。①

房地产抵押权人能否对房屋拆迁补偿裁决提起行政诉讼？

问题：我院在审理一起拆迁行政诉讼案件时，遇到被拆迁房屋抵押权人提起行政诉讼的情况。对此有两种不同的意见：一种意见认为可以提起行政诉讼；另一种意见认为不可以起诉。请问哪一种意见是正确的？

《人民司法》研究组认为：房地产抵押是抵押人以其合法的房地产以不得转移占有的方式向抵押权人提出债务履行担保的行为，债务人不履行债务时，抵押权人有权依法以抵押的房地产拍卖所得价款优先受偿。最高人民法院《关于执行〈中华人民共和国行政诉讼法〉若干问题的解释》第12条规定："与具体行政行为有法律上利害关系的公民、法人或者其他组织对该行为不服的，可以依法提起诉讼。"与拆迁有关的具体行政行为很多，如行政处罚、拆迁许可、强制拆迁行为、安置补偿裁决等，只有与拆迁具体行政行为有法律上利害关系时，房屋抵押权人才可以提起行政诉讼。

具体讲，当拆迁补偿裁决确定的补偿数额低于抵押担保的债权数额，房屋抵押权人才可以提起行政诉讼。②

税务行政处罚决定何时可以申请法院强制执行？

问题：税务机关针对纳税人不缴纳税款的行为，依照税收征收管理法的规定作出了行政处罚决定，并告知当事人如果对处罚决定不服，可以在接到处罚决定书之日起60日内向上一级税务机关申请复议，也可以在15日内向法院提起行政诉讼；税收征收管理法第八十八条又规定，当事人对税务机关的处罚决定逾期不申请复议也不向法院起诉、又不履行的，作出处罚决定的税务机关可以申请法院强制执行。而行政诉讼法第三十九条规定公民、法人提起行政诉讼的时间是3个月。如果15日内当事人不提起行政诉讼，税务机关是否必须在复议期满和法定的3个月行政诉讼期限届满之后才能向法院申请强制执行？请予解答。

《人民司法》研究组认为：有权利就有救济是当代法治理念的基本观点，行政处罚法和单行的行政法均规定了行政处罚的救济途径，包括行政复议和行政诉讼。如果行政相对人放弃救济，依照法律规定，行政机关可以强制执行，也可以申请人民法院强制执行。税务机关依法作出处罚决定之后，相对人可以在接到处罚决定书之日起60日内向上一级税务机关申请行政复议，也可以在15日内向法院提起行政诉讼。因此，可以理解为相对人在接到处罚决定书之日起60日内既不申请行政复议，也没有向人民法院提起行政诉讼的，税务机关可以强制执行，也可以申请人民法院强制执行。③

部分维持、部分撤销具体行政行为的复议决定生效后，应由哪级行政机关向法院申请执行？

问题：行政复议法第三十三条规定："申请人逾期不起诉又不履行行政复议决定的，或者不履行最终裁决的行政复议决定的，按照下列规定分别处理：（一）维持具体行政行为的行政复议决定，由作出具体行政行为的行政机关依法强制执行，或者申请人民法院强制执行；（二）变更具体行政行为的行政复议决定，由行政复议机关依法强制执行，或申请人民法院强制执行。"但是，对部分维持、部分撤销具体行政行为的行政复议决定，应当由哪级行政机关申请法院强制执行未作规定。请问，这类行政复议决定生效后，应当由哪级行政机关申请法院强制执行？

《人民司法》研究组认为：行政复议决定部分维持、部分撤销具体行政行为与变更具体行政行为的行政复议决定性质相同，据此，这类行政复议决定生效后，根据行政复议法第三十三条的规定，应当由作出行政复议决定的行政机关向人民法院申请强制执行。④

---

① 载《人民司法》2003年第6期。
② 载《人民司法》2003年第5期。
③ 载《人民司法》2003年第3期。
④ 载《人民司法》2001年第11期。

单行法律有关申请强制执行具体行政行为的规定应如何适用？

问题：我国现行法律规定，行政机关申请人民法院强制执行其作出的具体行政行为，有以下四种形式：一是当事人逾期不履行具体行政行为的，行政机关可以依法申请人民法院强制执行，如行政处罚法第五十一条第（三）项的规定；二是当事人在法定期限内不起诉又不履行具体行政行为的，行政机关可以申请人民法院强制执行，如土地管理法第八十三条的规定；三是当事人逾期不申请复议，也不起诉，又不履行具体行政行为的，行政机关可以申请人民法院强制执行，如环境保护法第四十条的规定；四是法律未作规定，如产品质量法、价格法、公路法等。请问司法实践中究竟应如何适用？

《人民司法》研究组认为：行政诉讼法第六十六条规定："公民、法人或者其他组织对具体行政行为在法定期限内不提起诉讼又不履行的，行政机关可以申请人民法院强制执行，或者依法强制执行。"根据该条的规定，行政机关申请人民法院强制执行其作出的具体行政行为必须具备两个基本条件，一是行政相对人在法定期限内未提起诉讼；二是行政相对人未履行具体行政行为设定的义务。行政处罚法中规定的可以"依法申请人民法院强制执行"，也就是说，行政机关要依据行政诉讼法的有关规定，申请人民法院强制执行其作出的具体行政行为，当然要符合行政诉讼法申请强制执行的条件了。环境保护法第四十条规定，当事人逾期不申请复议，也不起诉的，行政机关可以申请人民法院强制执行其作出的行政处罚决定。根据行政诉讼法和行政复议法的规定，当事人对行政复议决定不服，可以依法向人民法院提起诉讼。当事人申请复议，意味着在行政复议决定作出之后当事人还具有起诉权。当事人在法定申请复议、提起诉讼期限内，不申请复议、不提起诉讼又无正当理由的，才最终丧失起诉权。因此说，该规定与行政诉讼法第六十六条的规定并不矛盾。行政诉讼法第六十六条对行政机关申请人民法院强制执行其作出的具体行政行为已经作出了明确规定，有的法律对这一问题未作规定。综上，行政机关申请人民法院强制执行其作出的具体行政行为，必须符合行政诉讼法第六十六条规定的两个基本条件。此外，人民法院予以强制执行的具体行政行为，还要符合最高人民法院关于执行行政诉讼法若干问题的解释第86条中规定的行政机关申请执行其具体行政行为应当具备的7个条件：（一）具体行政行为依法可以由人民法院执行；（二）具体行政行为已经生效并具有可执行内容；（三）申请人是作出该具体行政行为的行政机关或者法律、法规、规章授权的组织；（四）被申请人是该具体行政行为确定的义务人；（五）被申请人在具体行政行为确定的期限内或者行政机关另行指定的期限内未履行义务；（六）申请人在法定期限内提出申请；（七）被申请执行的行政案件属于受理申请执行的人民法院管辖。

需要注意的是，行政复议法施行以后，公民、法人或者其他组织对行政机关的具体行政行为不服，申请复议的期限延长至60日，法律规定起诉期限超过60日的，按照法律的规定执行。有些法律规定，公民、法人或者其他组织对具体行政行为不服提起的诉讼的期限短于60日，如果行政机关申请强制执行的具体行政行为起诉期限已经届满，但申请复议期限还未届满的，人民法院一般应当等到申请复议期限届满，当事人未申请复议后，才能予以强制执行。[①]

行政机关在当事人申请复议期限内申请强制执行，法院应否受理？

问题：我院对行政机关在当事人申请复议期限内申请人民法院强制执行，人民法院是否应当受理的问题，有两种不同意见。一种意见认为，根据行政诉讼法第六十六条的规定，人民法院不应当受理。另一种意见认为可以受理，理由是：行政诉讼法第四十四条规定："诉讼期间，不停止具体行政行为的执行"；另外，如果等行政复议法规定的60日申请期限过后，行政机关方可申请人民法院强制执行，将严重影响行政管理的效率和稳定。

请问哪一种意见正确？

《人民司法》研究组认为：我们认为，一般情况下，行政机关在当事人申请复议期限内申请法院强制执行的，人民法院不应当受理。主要理由是：

---

① 载《人民司法》2001年第6期。

一、行政诉讼法第六十六条规定："公民、法人或者其他组织对具体行政行为在法定期限内不提起诉讼又不履行的，行政机关可以申请人民法院强制执行，或者依法强制执行。"因此，一般情况下，行政机关申请人民法院强制执行的前提是当事人在法定期限内既不履行也不起诉。在申请复议的期间内，当事人还具有提起行政诉讼的权利。在这种情况下，行政机关申请强制执行，不符合行政诉讼法第六十六条的规定。

二、行政诉讼法虽然规定"诉讼期间，不停止具体行政行为的执行"，但同时规定，法律、法规规定停止执行的，具体行政行为应当停止执行。

因此，除法律有特别规定或者不立即执行将给国家利益、公共利益或者他人权益造成不可弥补的重大损失的外，行政机关在当事人申请复议期限内申请人民法院强制执行的，人民法院不应受理。①

环境保护部关于环保部门可以申请人民法院强制执行责令改正决定的复函

2010 年 7 月 22 日　　环函〔2010〕214 号

福建省环境保护厅：

你厅《关于请求解释执行环境行政处罚办法有关问题的请示》（闽环保法〔2010〕6 号）收悉。经研究，函复如下：

一、环保部门可以申请人民法院强制执行责令改正决定

《中华人民共和国行政诉讼法》第六十六条规定，公民、法人或者其他组织对具体行政行为在法定期限内不提起诉讼又不履行的，行政机关可以申请人民法院强制执行。《最高人民法院关于执行〈中华人民共和国行政诉讼法〉若干问题的解释》第八十六条——第九十一条对行政机关申请执行其具体行政行为的条件、程序、期限、要求做了具体规定。

责令改正决定属于具体行政行为的一种形式。因此，根据上述法律规定，当事人逾期不申请行政复议、不提起行政诉讼又不履行责令改正决定的，环保部门可以向人民法院申请强制执行，并遵守《最高人民法院关于执行〈中华人民共和国行政诉讼法〉若干问题的解释》规定的有关条件和要求。

二、环保部门作出责令改正决定时，应当告知行政管理相对人依法享有申请行政复议或者提起行政诉讼的权利

《中华人民共和国行政复议法》第六条规定，公民、法人或者其他组织认为行政机关的具体行政行为侵犯其合法权益的，可以申请行政复议。《中华人民共和国行政诉讼法》第十一条规定，人民法院受理公民、法人或者其他组织对具体行政行为不服提起的诉讼。《全面推进依法行政实施纲要》第七条规定，行政机关作出对行政管理相对人、利害关系人不利的行政决定后，应当告知行政管理相对人依法享有申请行政复议或者提起行政诉讼的权利。

责令改正决定属于具体行政行为的一种形式。因此，根据上述规定，环保部门作出责令改正决定时，应当告知行政管理相对人依法享有申请行政复议或者提起行政诉讼的权利。公民、法人或者其他组织认为环保部门作出的责令改正决定侵犯其合法权益的，可以申请行政复议和提起行政诉讼。

三、是"责令停产"还是"责令停止生产"，应当结合违法行为的性质和具体的法律法规规章条款选择适用

《环境行政处罚办法》第十条、第十二条是对环境法律、行政法规和部门规章规定的行政处罚和责令改正违法行为的主要形式的列举，并不是新的创设性规定。在具体案件的处理中是"责令停产"还是"责令停止生产"，应当结合违法行为的性质，选择适用相应的具体法律法规规章条款。

---

① 载《人民司法》2001 年第 3 期。

第四十章　国家赔偿案件的执行

最高人民法院
关于适用《中华人民共和国国家赔偿法》若干问题的解释（一）

2011年2月28日　　法释〔2011〕4号

为正确适用2010年4月29日第十一届全国人民代表大会常务委员会第十四次会议修正的《中华人民共和国国家赔偿法》，对人民法院处理国家赔偿案件中适用国家赔偿法的有关问题解释如下：

第一条　国家机关及其工作人员行使职权侵犯公民、法人和其他组织合法权益的行为发生在2010年12月1日以后，或者发生在2010年12月1日以前、持续至2010年12月1日以后的，适用修正的国家赔偿法。

第二条　国家机关及其工作人员行使职权侵犯公民、法人和其他组织合法权益的行为发生在2010年12月1日以前的，适用修正前的国家赔偿法，但有下列情形之一的，适用修正的国家赔偿法：

（一）2010年12月1日以前已经受理赔偿请求人的赔偿请求但尚未作出生效赔偿决定的；

（二）赔偿请求人在2010年12月1日以后提出赔偿请求的。

第八条　赔偿请求人认为人民法院有修正的国家赔偿法第三十八条规定情形的，应当在民事、行政诉讼程序或者执行程序终结后提出赔偿请求，但人民法院已依法撤销对妨害诉讼采取的强制措施的情形除外。

第九条　赔偿请求人或者赔偿义务机关认为人民法院赔偿委员会作出的赔偿决定存在错误，依法向上一级人民法院赔偿委员会提出申诉的，不停止赔偿决定的执行；但人民法院赔偿委员会依据修正的国家赔偿法第三十条的规定决定重新审查的，可以决定中止原赔偿决定的执行。

第十条　人民检察院依据修正的国家赔偿法第三十条第三款的规定，对人民法院赔偿委员会在2010年12月1日以后作出的赔偿决定提出意见的，同级人民法院赔偿委员会应当决定重新审查，并可以决定中止原赔偿决定的执行。

最高人民法院
关于人民法院执行《中华人民共和国国家赔偿法》几个问题的解释

1996年5月6日　　法发〔1996〕15号

一、根据《中华人民共和国国家赔偿法》（以下简称赔偿法）第十七条第（二）项、第（三）项[①]的规定，依照刑法第十四条、第十五条规定不负刑事责任的人和依照刑事诉讼法第十五条规定不追究刑事责任的人被羁押，国家不承担赔偿责任。但是对起诉后经人民法院判处拘役、有期徒刑、无期徒刑和死刑并已执行的上列人员，有权依法取得赔偿。判决确定前被羁押的日期依法不予赔偿。

二、依照赔偿法第三十一条[②]的规定，人民法院在民事诉讼、行政诉讼过程中，违法采取对妨害诉讼的强制措施、保全措施或者对判决、裁定及其他生效法律文书执行错误，造成损害，具有以下情形之一的，适用刑事赔偿程序予以赔偿：

（一）错误实施司法拘留、罚款的；

---

① 国家赔偿法原第十七条现已修改为第十九条。——编者注
② 国家赔偿法原第三十一条现已修改为第三十八条。——编者注

（二）实施赔偿法第十五条第（四）项、第（五）项规定行为的；

（三）实施赔偿法第十六条第（一）项规定行为的。

人民法院审理的民事、经济、行政案件发生错判并已执行，依法应当执行回转的，或者当事人申请财产保全、先予执行，申请有错误造成财产损失依法应由申请人赔偿的，国家不承担赔偿责任。

三、公民、法人和其他组织申请人民法院依照赔偿法规定予以赔偿的案件，应当经过依法确认。未经依法确认的，赔偿请求人应当要求有关人民法院予以确认。被要求的人民法院由有关审判庭负责办理依法确认事宜，并应以人民法院的名义答复赔偿请求人。被要求的人民法院不予确认的，赔偿请求人有权申诉。

四、根据赔偿法第二十六条、① 第二十七条②的规定，人民法院判处管制、有期徒刑缓刑、剥夺政治权利等刑罚的人被依法改判无罪的，国家不承担赔偿责任，但是，赔偿请求人在判决生效前被羁押的，依法有权取得赔偿。

五、根据赔偿法第十九条第四款③"再审改判无罪的，作出原生效判决的人民法院为赔偿义务机关"的规定，原一审人民法院作出判决后，被告人没有上诉，人民检察院没有抗诉，判决发生法律效力的，原一审人民法院为赔偿义务机关；被告人上诉或者人民检察院抗诉，原二审人民法院维持一审判决或者对一审人民法院判决予以改判的，原二审人民法院为赔偿义务机关。

六、赔偿法第二十六条④关于"侵犯公民人身自由的，每日的赔偿金按照国家上年度职工日平均工资计算"中规定的上年度，应为赔偿义务机关、复议机关或者人民法院赔偿委员会作出赔偿决定时的上年度；复议机关或者人民法院赔偿委员会决定维持原赔偿决定的，按作出原赔偿决定时的上年度执行。

国家上年度职工日平均工资数额，应当以职工年平均工资除以全年法定工作日数的方法计算。年平均工资以国家统计局公布的数字为准。

最高人民法院
关于国家赔偿案件案由的规定

2012年1月13日　　法发〔2012〕32号

为正确适用法律，根据《中华人民共和国国家赔偿法》，结合国家赔偿工作实际，对国家赔偿案件案由规定如下：

一、违法刑事拘留赔偿（国家赔偿法第十七条第（一）项）。违反刑事诉讼法的规定对公民采取拘留措施的，或者依照刑事诉讼法规定的条件和程序对公民采取拘留措施，但是拘留时间超过刑事诉讼法规定的时限，其后决定撤销案件、不起诉或者判决宣告无罪终止追究刑事责任的赔偿案件。

二、无罪逮捕赔偿（国家赔偿法第十七条第（二）项）。对公民采取逮捕措施后，决定撤销案件、不起诉或者一审判决宣告无罪终止追究刑事责任的赔偿案件。

三、二审无罪赔偿（国家赔偿法第二十一条第四款）。二审改判无罪的赔偿案件。

四、重审无罪赔偿（国家赔偿法第二十一条第四款）。二审发回重审后作无罪处理的赔偿案件。

五、再审无罪赔偿（国家赔偿法第十七条第（三）项）。依照审判监督程序再审改判无罪，原判刑罚已经执行的赔偿案件。

六、刑讯逼供致伤、致死赔偿（国家赔偿法第十七条第（四）项）。刑讯逼供造成公民身体伤害或者死亡的赔偿案件。

七、殴打、虐待致伤、致死赔偿（国家赔偿法第十七条第（四）项）。以殴打、虐待等行

---

① 国家赔偿法原第二十六条现已修改为第三十八条。——编者注
② 国家赔偿法原第二十七条现已修改为第三十四条。——编者注
③ 国家赔偿法原第十九条现已修改为第二十一条。——编者注
④ 国家赔偿法原第二十六条现已修改。——编者注

为或者唆使、放纵他人以殴打、虐待等行为造成公民身体伤害或者死亡的赔偿案件。

八、违法使用武器、警械致伤、致死赔偿（国家赔偿法第十七条第（五）项）。违法使用武器、警械造成公民身体伤害或者死亡的赔偿案件。

九、刑事违法查封、扣押、冻结、追缴赔偿（国家赔偿法第十八条第（一）项）。在刑事诉讼过程中，违法对财产采取查封、扣押、冻结、追缴等措施的赔偿案件。

十、错判罚金、没收财产赔偿（国家赔偿法第十八条第（二）项）。依照审判监督程序再审改判无罪，原判罚金、没收财产已经执行的赔偿案件。

十一、违法司法罚款赔偿（国家赔偿法第三十八条）。人民法院在民事诉讼、行政诉讼过程中，违法司法罚款造成损害的赔偿案件。

十二、违法司法拘留赔偿（国家赔偿法第三十八条）。人民法院在民事诉讼、行政诉讼过程中，违法司法拘留造成损害的赔偿案件。

十三、违法保全赔偿（国家赔偿法第三十八条）。人民法院在民事诉讼、行政诉讼过程中，违法采取保全措施造成损害的赔偿案件。

十四、错误执行赔偿（国家赔偿法第三十八条）。人民法院在民事诉讼、行政诉讼过程中，对判决、裁定及其他生效法律文书执行错误造成损害的赔偿案件。

最高人民检察院
关于适用修改后《中华人民共和国国家赔偿法》若干问题的意见

2011年4月25日　　高检发刑申字〔2011〕3号

第十一届全国人民代表大会常务委员会第十四次会议于2010年4月29日通过的《关于修改〈中华人民共和国国家赔偿法〉的决定》，自2010年12月1日起施行。现就人民检察院处理国家赔偿案件中适用修改后国家赔偿法的若干问题提出以下意见：

一、人民检察院和人民检察院工作人员行使职权侵犯公民、法人和其他组织合法权益的行为发生在2010年12月1日以后的，适用修改后国家赔偿法的规定。

人民检察院和人民检察院工作人员行使职权侵犯公民、法人和其他组织合法权益的行为发生在2010年12月1日以前的，适用修改前国家赔偿法的规定，但在2010年12月1日以后提出赔偿请求的，或者在2010年12月1日以前提出赔偿请求但尚未作出生效赔偿决定的，适用修改后国家赔偿法的规定。

人民检察院和人民检察院工作人员行使职权侵犯公民、法人和其他组织合法权益的行为发生在2010年12月1日以前、持续至2010年12月1日以后的，适用修改后国家赔偿法的规定。

二、人民检察院在2010年12月1日以前受理但尚未办结的刑事赔偿确认案件，继续办理。办结后，对予以确认的，依法进入赔偿程序，适用修改后国家赔偿法的规定办理；对不服不予确认申诉的，适用修改前国家赔偿法的规定处理。

人民检察院在2010年12月1日以前已经作出决定并发生法律效力的刑事赔偿确认案件，赔偿请求人申诉或者原决定确有错误需要纠正的，适用修改前国家赔偿法的规定处理。

三、赔偿请求人不服人民检察院在2010年12月1日以前已经生效的刑事赔偿决定，向人民检察院申诉的，人民检察院适用修改前国家赔偿法的规定办理；赔偿请求人仅就修改后国家赔偿法增加的赔偿项目及标准提出申诉的，人民检察院不予受理。

四、赔偿请求人或者赔偿义务机关不服人民法院赔偿委员会在2010年12月1日以后作出的赔偿决定，向人民检察院申诉的，人民检察院应当依法受理，依照修改后国家赔偿法第三十条第三款的规定办理。

赔偿请求人或者赔偿义务机关不服人民法院赔偿委员会在2010年12月1日以前作出的赔偿决定，向人民检察院申诉的，不适用修改后国家赔偿法第三十条第三款的规定，人民检察院应当告知其依照法律规定向人民法院提出申诉。

五、人民检察院控告申诉检察部门、民事行政检察部门在 2010 年 12 月 1 日以后接到不服人民法院行政赔偿判决、裁定的申诉案件，以及不服人民法院赔偿委员会决定的申诉案件，应当移送本院国家赔偿工作办公室办理。

人民检察院民事行政检察部门在 2010 年 12 月 1 日以前已经受理，尚未办结的不服人民法院行政赔偿判决、裁定申诉案件，仍由民事行政检察部门办理。

六、本意见自公布之日起施行。

第四十一章　财产刑案件的执行

中华人民共和国刑法

2015 年 8 月 29 日

第三十二条　刑罚分为主刑和附加刑。

第三十三条　主刑的种类如下：

（一）管制；

（二）拘役；

（三）有期徒刑；

（四）无期徒刑；

（五）死刑。

第三十四条　附加刑的种类如下：

（一）罚金；

（二）剥夺政治权利；

（三）没收财产。

附加刑也可以独立适用。

第三十五条　对于犯罪的外国人，可以独立适用或者附加适用驱逐出境。

第三十六条　由于犯罪行为而使被害人遭受经济损失的，对犯罪分子除依法给予刑事处罚外，并应根据情况判处赔偿经济损失。

承担民事赔偿责任的犯罪分子，同时被判处罚金，其财产不足以全部支付的，或者被判处没收财产的，应当先承担对被害人的民事赔偿责任。

第五十二条　判处罚金，应当根据犯罪情节决定罚金数额。

第五十三条　罚金在判决指定的期限内一次或者分期缴纳。期满不缴纳的，强制缴纳。对于不能全部缴纳罚金的，人民法院在任何时候发现被执行人有可以执行的财产，应当随时追缴。如果由于遭遇不能抗拒的灾祸缴纳确实有困难的，可以酌情减少或者免除。

第五十九条　没收财产是没收犯罪分子个人所有财产的一部或者全部。没收全部财产的，应当对犯罪分子个人及其扶养的家属保留必需的生活费用。

在判处没收财产的时候，不得没收属于犯罪分子家属所有或者应有的财产。

第六十条　没收财产以前犯罪分子所负的正当债务，需要以没收的财产偿还的，经债权人请求，应当偿还。

第六十四条　犯罪分子违法所得的一切财物，应当予以追缴或者责令退赔；对被害人的合法财产，应当及时返还；违禁品和供犯罪所用的本人财物，应当予以没收。没收的财物和罚金，一律上缴国库，不得挪用和自行处理。

中华人民共和国刑事诉讼法

2012 年 3 月 14 日

第二百六十条　被判处罚金的罪犯，期满不缴纳的，人民法院应当强制缴纳；如果由于遭遇不能抗拒的灾祸缴纳确实有困难的，可以裁定减少或者免除。

第二百六十一条　没收财产的判决，无论附加适用或者独立适用，都由人民法院执行；在必要的时候，可以会同公安机关执行。

第二百八十条　对于贪污贿赂犯罪、恐怖活动犯罪等重大犯罪案件，犯罪嫌疑人、被告人逃匿，在通缉一年后不能到案，或者犯罪嫌疑人、被告人死亡，依照刑法规定应当追缴其违法所得及其他涉案财产的，人民检察院可以向人民法院提出没收违法所得的申请。

公安机关认为有前款规定情形的，应当写出没收违法所得意见书，移送人民检察院。

没收违法所得的申请应当提供与犯罪事实、违法所得相关的证据材料，并列明财产的种类、数量、所在地及查封、扣押、冻结的情况。

人民法院在必要的时候，可以查封、扣押、冻结申请没收的财产。

第二百八十一条 没收违法所得的申请，由犯罪地或者犯罪嫌疑人、被告人居住地的中级人民法院组成合议庭进行审理。

人民法院受理没收违法所得的申请后，应当发出公告。公告期间为六个月。犯罪嫌疑人、被告人的近亲属和其他利害关系人有权申请参加诉讼，也可以委托诉讼代理人参加诉讼。

人民法院在公告期满后对没收违法所得的申请进行审理。利害关系人参加诉讼的，人民法院应当开庭审理。

第二百八十二条 人民法院经审理，对经查证属于违法所得及其他涉案财产，除依法返还被害人的以外，应当裁定予以没收；对不属于应当追缴的财产的，应当裁定驳回申请，解除查封、扣押、冻结措施。

对于人民法院依照前款规定作出的裁定，犯罪嫌疑人、被告人的近亲属和其他利害关系人或者人民检察院可以提出上诉、抗诉。

第二百八十三条 在审理过程中，在逃的犯罪嫌疑人、被告人自动投案或者被抓获的，人民法院应当终止审理。

没收犯罪嫌疑人、被告人财产确有错误的，应当予以返还、赔偿。

最高人民法院
关于适用《中华人民共和国刑事诉讼法》的解释

2012年12月20日　法释〔2012〕21号

第四百三十八条 财产刑和附带民事裁判由第一审人民法院负责裁判执行的机构执行。

第四百三十九条 罚金在判决规定的期限内一次或者分期缴纳。期满无故不缴纳或者未足额缴纳的，人民法院应当强制缴纳。经强制缴纳仍不能全部缴纳的，在任何时候，包括主刑执行完毕后，发现被执行人有可供执行的财产的，应当追缴。

行政机关对被告人就同一事实已经处以罚款的，人民法院判处罚金时应当折抵，扣除行政处罚已执行的部分。

判处没收财产的，判决生效后，应当立即执行。

第四百四十条 执行财产刑和附带民事裁判过程中，案外人对被执行财产提出权属异议的，人民法院应当参照民事诉讼有关执行异议的规定进行审查并作出处理。

第四百四十一条 被判处财产刑，同时又承担附带民事赔偿责任的被执行人，应当先履行民事赔偿责任。

判处财产刑之前被执行人所负正当债务，需要以被执行的财产偿还的，经债权人请求，应当偿还。

第四百四十二条 被执行人或者被执行财产在外地的，可以委托当地人民法院执行。

受托法院在执行财产刑后，应当及时将执行的财产上缴国库。

第四百四十三条 执行财产刑过程中，具有下列情形之一的，人民法院应当裁定中止执行：

（一）执行标的物系人民法院或者仲裁机构正在审理案件的争议标的物，需等待该案件审理完毕确定权属的；

（二）案外人对执行标的物提出异议的；

（三）应当中止执行的其他情形。

中止执行的原因消除后，应当恢复执行。

第四百四十四条 执行财产刑过程中，具有下列情形之一的，人民法院应当裁定终结执行：

（一）据以执行的判决、裁定被撤销的；

（二）被执行人死亡或者被执行死刑，且无财产可供执行的；

（三）被判处罚金的单位终止，且无财产可

供执行的;

(四) 依照刑法第五十三条规定免除罚金的;

(五) 应当终结执行的其他情形。

裁定终结执行后,发现被执行人的财产有被隐匿、转移等情形的,应当追缴。

第四百四十五条 财产刑全部或者部分被撤销的,已经执行的财产应当全部或者部分返还被执行人;无法返还的,应当依法赔偿。

第四百四十六条 因遭遇不能抗拒的灾祸缴纳罚金确有困难,被执行人申请减少或者免除罚金的,应当提交相关证明材料。人民法院应当在收到申请后一个月内作出裁定。符合法定减免条件的,应当准许;不符合条件的,驳回申请。

第四百四十七条 财产刑和附带民事裁判的执行,本解释没有规定的,参照适用民事执行的有关规定。

最高人民法院
关于适用财产刑若干问题的规定

2000年12月13日　　法释〔2000〕45号

为正确理解和执行刑法有关财产刑的规定,现就适用财产刑的若干问题规定如下:

第一条 刑法规定"并处"没收财产或者罚金的犯罪,人民法院在对犯罪分子判处主刑的同时,必须依法判处相应的财产刑;刑法规定"可以并处"没收财产或者罚金的犯罪,人民法院应当根据案件具体情况及犯罪分子的财产状况,决定是否适用财产刑。

第二条 人民法院应当根据犯罪情节,如违法所得数额、造成损失的大小等,并综合考虑犯罪分子缴纳罚金的能力,依法判处罚金。刑法没有明确规定罚金数额标准的,罚金的最低数额不能少于一千元。

对未成年人犯罪应当从轻或者减轻判处罚金,但罚金的最低数额不能少于五百元。

第三条 依法对犯罪分子所犯数罪分别判处罚金的,应当实行并罚,将所判处的罚金数额相加,执行总和数额。

一人犯数罪依法同时并处罚金和没收财产的,应当合并执行;但并处没收全部财产的,只执行没收财产刑。

第四条 犯罪情节较轻,适用单处罚金不致再危害社会并具有下列情形之一的,可以依法单处罚金:

(一) 偶犯或者初犯;

(二) 自首或者有立功表现的;

(三) 犯罪时不满十八周岁的;

(四) 犯罪预备、中止或者未遂的;

(五) 被胁迫参加犯罪的;

(六) 全部退赃并有悔罪表现的;

(七) 其他可以依法单处罚金的情形。

第五条 刑法第五十三条规定的"判决指定的期限"应当在判决书中予以确定;"判决指定的期限"应为从判决发生法律效力第二日起最长不超过三个月。

第六条 刑法第五十三条规定的"由于遭遇不能抗拒的灾祸缴纳确实有困难的",主要是指因遭受火灾、水灾、地震等灾祸而丧失财产;罪犯因重病、伤残等而丧失劳动能力,或者需要罪犯抚养的近亲属患有重病,需支付巨额医药费等,确实没有财产可供执行的情形。

具有刑法第五十三条规定"可以酌情减少或者免除"事由的,由罪犯本人、亲属或者犯罪单位向负责执行的人民法院提出书面申请,并提供相应的证明材料。人民法院审查以后,根据实际情况,裁定减少或者免除应当缴纳的罚金数额。

第七条 刑法第六十条规定的"没收财产以前犯罪分子所负的正当债务",是指犯罪分子在判决生效前所负他人的合法债务。

第八条 罚金刑的数额应当以人民币为计算单位。

第九条 人民法院认为依法应当判处被告人财产刑的,可以在案件审理过程中,决定扣押或者冻结被告人的财产。

第十条 财产刑由第一审人民法院执行。

犯罪分子的财产在异地的,第一审人民法院可以委托财产所在地人民法院代为执行。

第十一条 自判决指定的期限届满第二日

起,人民法院对于没有法定减免事由不缴纳罚金的,应当强制其缴纳。

对于隐藏、转移、变卖、损毁已被扣押、冻结财产情节严重的,依照刑法第三百一十四条的规定追究刑事责任。

最高人民法院
关于刑事裁判涉财产部分执行的若干规定

2014年10月30日　　法释〔2014〕13号

第一条 本规定所称刑事裁判涉财产部分的执行,是指发生法律效力的刑事裁判主文确定的下列事项的执行:

（一）罚金、没收财产;

（二）责令退赔;

（三）处置随案移送的赃款赃物;

（四）没收随案移送的供犯罪所用本人财物;

（五）其他应当由人民法院执行的相关事项。

刑事附带民事裁判的执行,适用民事执行的有关规定。

第二条 刑事裁判涉财产部分,由第一审人民法院执行。第一审人民法院可以委托财产所在地的同级人民法院执行。

第三条 人民法院办理刑事裁判涉财产部分执行案件的期限为六个月。有特殊情况需要延长的,经本院院长批准,可以延长。

第四条 人民法院刑事审判中可能判处被告人财产刑、责令退赔的,刑事审判部门应当依法对被告人的财产状况进行调查;发现可能隐匿、转移财产的,应当及时查封、扣押、冻结其相应财产。

第五条 刑事审判或者执行中,对于侦查机关已经采取的查封、扣押、冻结,人民法院应当在期限届满前及时续行查封、扣押、冻结。人民法院续行查封、扣押、冻结的顺位与侦查机关查封、扣押、冻结的顺位相同。

对侦查机关查封、冻结的财产,人民法院执行中可以直接裁定处置,无需侦查机关出具解除手续,但裁定中应当指明侦查机关查封、扣押、冻结的事实。

第六条 刑事裁判涉财产部分的裁判内容,应当明确、具体。涉案财物或者被害人人数较多,不宜在判决主文中详细列明的,可以概括叙明并另附清单。

判处没收部分财产的,应当明确没收的具体财物或者金额。

判处追缴或者责令退赔的,应当明确追缴或者退赔的金额或财物的名称、数量等相关情况。

第七条 由人民法院执行机构负责执行的刑事裁判涉财产部分,刑事审判部门应当及时移送立案部门审查立案。

移送立案应当提交生效裁判文书及其附件和其他相关材料,并填写《移送执行表》。《移送执行表》应当载明以下内容:

（一）被执行人、被害人的基本信息;

（二）已查明的财产状况或者财产线索;

（三）随案移送的财产和已经处置财产的情况;

（四）查封、扣押、冻结财产的情况;

（五）移送执行的时间;

（六）其他需要说明的情况。

人民法院立案部门经审查,认为属于移送范围且移送材料齐全的,应当在七日内立案,并移送执行机构。

第八条 人民法院可以向刑罚执行机关、社区矫正机构等有关单位调查被执行人的财产状况,并可以根据不同情形要求有关单位协助采取查封、扣押、冻结、划拨等执行措施。

第九条 判处没收财产的,应当执行刑事裁判生效时被执行人合法所有的财产。

执行没收财产或罚金刑,应当参照被扶养人住所地政府公布的上年度当地居民最低生活费标准,保留被执行人及其所扶养家属的生活必需费用。

第十条 对赃款赃物及其收益,人民法院应当一并追缴。

被执行人将赃款赃物投资或者置业,对因此形成的财产及其收益,人民法院应予追缴。

被执行人将赃款赃物与其他合法财产共同投资或者置业，对因此形成的财产中与赃款赃物对应的份额及其收益，人民法院应予追缴。

对于被害人的损失，应当按照刑事裁判认定的实际损失予以发还或者赔偿。

第十一条　被执行人将刑事裁判认定为赃款赃物的涉案财物用于清偿债务、转让或者设置其他权利负担，具有下列情形之一的，人民法院应予追缴：

（一）第三人明知是涉案财物而接受的；

（二）第三人无偿或者以明显低于市场的价格取得涉案财物的；

（三）第三人通过非法债务清偿或者违法犯罪活动取得涉案财物的；

（四）第三人通过其他恶意方式取得涉案财物的。

第三人善意取得涉案财物的，执行程序中不予追缴。作为原所有人的被害人对该涉案财物主张权利的，人民法院应当告知其通过诉讼程序处理。

第十二条　被执行财产需要变价的，人民法院执行机构应当依法采取拍卖、变卖等变价措施。

涉案财物最后一次拍卖未能成交，需要上缴国库的，人民法院应当通知有关财政机关以该次拍卖保留价予以接收；有关财政机关要求继续变价的，可以进行无保留价拍卖。需要退赔被害人的，以该次拍卖保留价以物退赔；被害人不同意以物退赔的，可以进行无保留价拍卖。

第十三条　被执行人在执行中同时承担刑事责任、民事责任，其财产不足以支付的，按照下列顺序执行：

（一）人身损害赔偿中的医疗费用；

（二）退赔被害人的损失；

（三）其他民事债务；

（四）罚金；

（五）没收财产。

债权人对执行标的依法享有优先受偿权，其主张优先受偿的，人民法院应当在前款第（一）项规定的医疗费用受偿后，予以支持。

第十四条　执行过程中，当事人、利害关系人认为执行行为违反法律规定，或者案外人对执行标的主张足以阻止执行的实体权利，向执行法院提出书面异议的，执行法院应当依照民事诉讼法第二百二十五条的规定处理。

人民法院审查案外人异议、复议，应当公开听证。

第十五条　执行过程中，案外人或被害人认为刑事裁判中对涉案财物是否属于赃款赃物认定错误或者应予认定而未认定，向执行法院提出书面异议，可以通过裁定补正的，执行机构应当将异议材料移送刑事审判部门处理；无法通过裁定补正的，应当告知异议人通过审判监督程序处理。

第十六条　人民法院办理刑事裁判涉财产部分执行案件，刑法、刑事诉讼法及有关司法解释没有相应规定的，参照适用民事执行的有关规定。

最高人民法院
关于依法审理和执行被风险处置证券公司相关案件的通知

2009年5月26日　　法发〔2009〕35号

五、证券公司进入破产程序后，人民法院作出的刑事附带民事赔偿或者涉及追缴赃款赃物的判决应当中止执行，由相关权利人在破产程序中以申报债权等方式行使权利；刑事判决中罚金、没收财产等处罚，应当在破产程序债权人获得全额清偿后的剩余财产中执行。

最高人民法院办公厅
关于刑事裁判涉财产部分执行可否收取诉讼费意见的复函

2017年1月11日　　法办函〔2017〕19号

发展改革办公厅：

你厅《关于商请人民法院可否收取刑事案件涉财产执行诉讼费有关问题的函》收悉。经研究，我院认为，刑事裁判涉财产部分执行不同于民事执行，人民法院办理刑事涉财产部分执行案件，不应收取诉讼费。

人民法院办理执行案件规范

2017 年 4 月

717.【执行机构负责执行的事项】

本规范所称刑事裁判涉财产部分的执行，是指发生法律效力的刑事裁判主文确定的下列事项的执行：

（一）罚金、没收财产；

（二）责令退赔；

（三）处置随案移送的赃款赃物；

（四）没收随案移送的供犯罪所用本人财物；

（五）其他应当由人民法院执行的相关事项。

刑事附带民事裁判的执行，适用民事执行的有关规定。

718.【管辖和委托执行】

刑事裁判涉财产部分，由第一审人民法院执行。第一审人民法院可以委托财产所在地的同级人民法院执行。

受托法院在执行财产刑后，应当及时将执行的财产上缴国库。

719.【执行期限】

人民法院办理刑事裁判涉财产部分执行案件的期限为六个月。有特殊情况需要延长的，经本院院长批准，可以延长。

720.【审判期间财产的调查与控制】

人民法院刑事审判中可能判处被告人财产刑、责令退赔的，刑事审判部门应当依法对被告人的财产状况进行调查；发现可能隐匿、转移财产的，应当及时查封、扣押、冻结其相应财产。

721.【不同机关对同案查封效力的衔接】

刑事审判或者执行中，对于侦查机关已经采取的查封、扣押、冻结，人民法院应当在期限届满前及时续行查封、扣押、冻结。人民法院续行查封、冻结的顺位与侦查机关查封、扣押、冻结的顺位相同。

对侦查机关查封、扣押、冻结的财产，人民法院执行中可以直接裁定处置，无需侦查机关出具解除手续，但裁定中应当指明侦查机关查封、扣押、冻结的事实。

722.【裁判内容的明确、具体要求】

刑事裁判涉财产部分的裁判内容，应当明确、具体。涉案财物或者被害人人数较多，不宜在判决主文中详细列明的，可以概括叙明并另附清单。

判处没收部分财产的，应当明确没收的具体财物或者金额。

判处追缴或者责令退赔的，应当明确追缴或者退赔的金额或财物的名称、数量等相关情况。

723.【移送执行及立案审查】

由人民法院执行机构负责执行的刑事裁判涉财产部分，刑事审判部门应当及时移送立案部门审查立案。移送立案应当提交生效裁判文书及其附件和其他相关材料，并填写《移送执行表》，《移送执行表》应当载明以下内容：

（一）被执行人、被害人的基本信息；

（二）已查明的财产状况或者财产线索；

（三）随案移送的财产和已经处置财产的情况；

（四）查封、扣押、冻结财产的情况；

（五）移送执行的时间；

（六）其他需要说明的情况。

人民法院立案部门经审查，认为属于移送范围且移送材料齐全的，应当在七日内立案，并移送执行机构。

724.【刑法执行机关、社区矫正机构等单位的协助执行】

人民法院可以向刑罚执行机关、社区矫正机构等有关单位调查被执行人的财产状况，并可以根据不同情形要求有关单位协助采取查封、扣押、冻结、划拨等执行措施。

725.【没收财产的执行原则】

判处没收财产的，应当执行刑事裁判生效时被执行人合法所有的财产。

执行没收财产或罚金刑，应当参照被扶养人住所地政府公布的上年度当地居民最低生活费标准，保留被执行人及其所扶养家属的生活必需费用。

726.【赃款赃物、收益及转化物的追缴】

对赃款赃物及其收益，人民法院应当一并追缴。

被执行人将赃款赃物投资或者置业，对因此形成的财产及其收益，人民法院应予追缴。

被执行人将赃款赃物与其他合法财产共同投资或者置业，对因此形成的财产中与赃款赃物对应的份额及其收益，人民法院应予追缴。

对于被害人的损失，应当按照刑事裁判认定的实际损失予以发还或者赔偿。

727.【涉第三人赃款赃物的认定和追缴】

被执行人将刑事裁判认定为赃款赃物的涉案财物用于清偿债务、转让或者设置其他权利负担，具有下列情形之一的，人民法院应予追缴：

（一）第三人明知是涉案财物而接受的；

（二）第三人无偿或者以明显低于市场的价格取得涉案财物的；

（三）第三人通过非法债务清偿或者违法犯罪活动取得涉案财物的；

（四）第三人通过其他恶意方式取得涉案财物的。

第三人善意取得涉案财物的，执行程序中不予追缴。作为原所有人的被害人对该涉案财物主张权利的，人民法院应当告知其通过诉讼程序处理。

728.【财产变价的特殊程序】

被执行财产需要变价的，执行机构应当依法采取拍卖、变卖等变价措施。

涉案财物最后一次拍卖未能成交，需要上缴国库的，人民法院应当通知有关财政机关以该次拍卖保留价予以接收；有关财政机关要求继续变价的，可以进行无保留价拍卖。需要退赔被害人的，以该次拍卖保留价以物退赔；被害人不同意以物退赔的，可以进行无保留价拍卖。

729.【多项清偿义务时的清偿原则】

被执行人在执行中同时承担刑事责任、民事责任，其财产不足以支付的，按照下列顺序执行：

（一）人身损害赔偿中的医疗费用；

（二）退赔被害人的损失；

（三）其他民事债务；

（四）罚金；

（五）没收财产。

债权人对执行标的依法享有优先受偿权，其主张优先受偿的，人民法院应当在前款第（一）项规定的医疗费用受偿后，予以支持。

730.【案外人异议的特殊审查程序】

执行过程中，当事人、利害关系人认为执行行为违反法律规定，或者案外人对执行标的主张足以阻止执行的实体权利，向执行法院提出书面异议的，执行法院应当依照民事诉讼法第二百二十五条的规定处理。

人民法院审查案外人异议、复议，应当公开听证。

731.【赃款赃物认定异议的审查】

执行过程中，案外人或被害人认为刑事裁判中对涉案财物是否属于赃款赃物认定错误或者应予认定而未认定，向执行法院提出书面异议，可以通过裁定补正的，执行机构应当将异议材料移送刑事审判部门处理；无法通过裁定补正的，应当告知异议人通过审判监督程序处理。

732.【财产刑的执行中止】

执行财产刑过程中，具有下列情形之一的，人民法院应当裁定中止执行：

（一）执行标的物系人民法院或者仲裁机构正在审理案件的争议标的物，需等待该案件审理完毕确定权属的；

（二）案外人对执行标的物提出异议的；

（三）应当中止执行的其他情形。

中止执行的原因消除后，应当恢复执行。

733.【财产刑的终结执行】

执行财产刑过程中，具有下列情形之一的，人民法院应当裁定终结执行：

（一）据以执行的判决、裁定被撤销的；

（二）被执行人死亡或者被执行死刑，且无财产可供执行的；

（三）被判处罚金的单位终止，且无财产可供执行的；

（四）依照刑法第五十三条规定免除罚

金的；

（五）应当终结执行的其他情形。

裁定终结执行后，发现被执行人的财产有被隐匿、转移等情形的，应当追缴。

734.【协作机制】

有需要时，执行法院可以要求负责办理减刑、假释案件的人民法院协助执行生效裁判中的财产性判项。

执行法院在执行继续追缴或者责令退赔的事项中，可以要求人民检察院、公安机关、国家安全机关、司法行政机关等予以配合。

735.【财产刑执行回转】

财产刑全部或者部分被撤销的，已经执行的财产应当全部或者部分返还被执行人；无法返还的，应当依法赔偿。

736.【法律适用】

人民法院办理刑事裁判涉财产部分执行案件，刑法、刑事诉讼法及有关司法解释没有相应规定的，参照适用民事执行的有关规定。

责令退赔与民事执行内容重合的处理——兼论刑民交叉领域几个理论问题

四、最高人民法院处理意见

最高人民法院认为，民事调解书的权利义务主体、给付内容与刑事判决书责令退赔一致，案涉款项属于违法所得，应责令退赔被害人，民事调解书符合终结执行的条件。依据《民事诉讼法》第二百五十七条第六项规定，民事调解书应当终结执行。该民事调解书终结执行后，对刑事案件的执行已无实质影响，执行责令退赔即可保护被害人财产权利，民事调解书可不予撤销。

五、评析意见

本案请示的问题有二：一是民事调解书是否终结执行；二是民事调解书是否撤销。

（一）民事调解书是否终结执行

本案民事调解书确定的债务已被刑事判决明确判定责令被执行人退赔，民事调解书和刑事判决均对被执行人应支付申请执行人277万元款项作出认定。两者认定的事实和内容都是完全一致的。这一点对本案最终的处理结论至关重要。如果民事调解书与刑事判决依据的事实或者内容并不完全一致的话，则可能导致另外的处理结果。根据《最高人民法院、最高人民检察院、公安部关于办理非法集资刑事案件适用法律若干问题的意见》第七条①、《最高人民法院关于审理民间借贷案件适用法律若干问题的规定》第五条②规定，当非法集资的刑事案件已经进入侦查、起诉、审判程序时，与非法集资所涉同一事实相关的民事诉讼、民事执行程序应当让位于刑事诉讼程序，民事诉讼和执行程序应当作出不予受理、驳回起诉、中止执行等处理，由刑事诉讼程序解决被害人财产返还或者责令退赔问题。

刑法具有区别于其他部门法的特有属性，一般部门法都只是调整和保护某一方面的社会关系，而刑法所调整和保护的社会关系相当广泛。刑法是规定犯罪及其法律后果的法律规范，是其他法律的保障法，只要行为违法的严重程度构成犯罪，就脱离了一般部门法的调整范围，应由刑法调整。刑法具有补充性和谦抑性，当其他一般部门法不足以抑制和调整某种危害行为时，才能适用刑法。本案被执行人在客观上实施了虚构事实、隐瞒真相的行为，主观上对案涉款项具有非法占有的目的。其行为已经超出民事法律关系调整的范畴而

---

① 《最高人民法院、最高人民检察院、公安部关于办理非法集资刑事案件适用法律若干问题的意见》第七条：对于公安机关、人民检察院、人民法院正在侦查、起诉、审理的非法集资刑事案件，有关单位或者个人就同一事实向人民法院提起民事诉讼或者申请执行涉案财物的，人民法院应当不予受理，并将有关材料移送公安机关或者检察机关。

人民法院在审理民事案件或者执行过程中，发现有非法集资犯罪嫌疑的，应当裁定驳回起诉或者中止执行，并及时将有关材料移送公安机关或者检察机关。

公安机关、人民检察院、人民法院在侦查、起诉、审理非法集资刑事案件中，发现与人民法院正在审理的民事案件属同一事实，或者被申请执行的财物属于涉案财物的，应当及时通报相关人民法院。人民法院经审查认为确属涉嫌犯罪的，依照前款规定处理。

② 《最高人民法院关于审理民间借贷案件适用法律若干问题的规定》第五条：人民法院立案后，发现民间借贷行为本身涉嫌非法集资犯罪的，应当裁定驳回起诉，并将涉嫌非法集资犯罪的线索、材料移送公安机关或者检察机关。

构成集资诈骗罪,其应当承担的法律后果也应依据刑法确定,不能单纯由民法调整。在法律程序方面,应当适用刑事诉讼法及相关司法解释的规定处理涉案财产问题。

在本案民事调解书和刑事判决均对被执行人支付申请执行人277万元款项作出处理的情况下,民事调解书确定的借款事实已经构成集资诈骗罪的一部分。刑事判决也对财产处置问题作出责令退赔的裁判,该277万元款项因成为犯罪构成要件事实的组成部分,而被纳入刑法的调整范围。被执行人对此应当承担的法律责任亦为刑事责任,属于刑法调整对象,应由刑事诉讼程序处理,即通过责令退赔支付被害人277万元。刑事退赔和民事调解书确定的内容、主体都是一致的,两者不可能同时执行,否则被执行人将因同一行为重复承担法律责任。既然本案属于刑事诉讼的范畴,民事调解书的执行已无继续进行的必要,符合终结执行的条件,可以根据《民事诉讼法》第二百五十七条第六项规定,裁定民事调解书终结执行。

(二)民事调解书是否撤销

首先,裁定终结执行并不意味着必须要撤销执行依据。《民事诉讼法》第二百五十七条关于终结执行的条款,并没有规定裁定终结执行的同时还要撤销执行依据,裁定终结执行和执行依据的撤销属于两个不同的法律问题。裁定终结执行与撤销执行依据并无本质联系。本案刑事判决是在民事调解书生效之后作出的,民事调解书不撤销也没有影响刑事案件的定罪量刑,被执行人的集资诈骗数额并没有核减,民事调解书的存在没有影响刑事判决的作出。对民事调解书裁定终结执行后,法院只需执行责令退赔即可保障刑事被害人(民事申请执行人)的财产权利,即使该民事调解书不撤销,也不影响刑事退赔的执行。

其次,本案民事调解书是在刑事诉讼程序启动前就已经作出,当时刑事诉讼并没有启动,而是在民事调解书生效并进入执行程序后才启动刑事诉讼程序。在刑事诉讼有确定结论前,民事调解书已经对被执行人应支付申请执行人277万元款项作出处理,而且刑事判决责令退赔的内容也是责令被执行人向申请执行人退还该277万元款项。对于这种情况,《最高人民法院、最高人民检察院、公安部关于办理非法集资刑事案件适用法律若干问题的意见》《最高人民法院关于审理民间借贷案件适用法律若干问题的规定》并没有对已经生效的民事执行依据如何处理作出明确规定。撤销民事调解书并没有明确的法律依据。况且,《最高人民法院关于审理民间借贷案件适用法律若干问题的规定》第十三条规定:"借款人或者出借人的借贷行为涉嫌犯罪,或者已经生效的判决认定构成犯罪,当事人提起民事诉讼的,民间借贷合同并不当然无效。人民法院应当根据合同法第五十二条、本规定第十四条之规定,认定民间借贷合同的效力。"因此,民间借贷合同的法律效力未必当然就被否定。撤销民事调解书目前还缺乏明确的法律规定。

再次,民事调解书是否撤销,不属于执行程序的处理范围,应通过审判监督程序解决,适用审判监督的法律规定。执行程序不能对执行依据本身是否正确进行评判,评判乃至撤销作为执行依据的民事调解书超出执行权范围。不论本案民事调解书是否正确,都不能由执行机构在执行程序中予以撤销。就本案而言,裁定终结执行民事调解书,通过责令退赔保护被害人财产权,就可以解决执行程序的问题。裁定终结执行即可使民事调解书丧失执行力,最终不影响案件整体处理。至于民事调解书本身是否正确合法,应当根据民事诉讼法有关调解书再审的规定处理,行为构成犯罪并不当然成为启动审判监督程序撤销民事调解书的依据。[①]

---

① 乔宇:《责令退赔与民事执行内容重合的处理——兼论刑民立交叉领域几个理论问题》,载江必新等主编:《执行工作指导》2016年第2辑(总第58辑),人民法院出版社2016年版,第120~132页。

第六编
执行当事人的变更与追加

第四十二章 申请执行人的追加与变更

中华人民共和国合同法

1999年3月15日

第七十七条 当事人协商一致,可以变更合同。

法律、行政法规规定变更合同应当办理批准、登记等手续的,依照其规定。

第七十八条 当事人对合同变更的内容约定不明确的,推定为未变更。

第七十九条 债权人可以将合同的权利全部或者部分转让给第三人,但有下列情形之一的除外:

(一)根据合同性质不得转让;

(二)按照当事人约定不得转让;

(三)依照法律规定不得转让。

第八十条 债权人转让权利的,应当通知债务人。未经通知,该转让对债务人不发生效力。

债权人转让权利的通知不得撤销,但经受让人同意的除外。

第八十一条 债权人转让权利的,受让人取得与债权有关的从权利,但该从权利专属于债权人自身的除外。

第八十二条 债务人接到债权转让通知后,债务人对让与人的抗辩,可以向受让人主张。

第八十三条 债务人接到债权转让通知时,债务人对让与人享有债权,并且债务人的债权先于转让的债权到期或者同时到期的,债务人可以向受让人主张抵销。

第八十四条 债务人将合同的义务全部或者部分转移给第三人的,应当经债权人同意。

第八十五条 债务人转移义务的,新债务人可以主张原债务人对债权人的抗辩。

第八十六条 债务人转移义务的,新债务人应当承担与主债务有关的从债务,但该从债务专属于原债务人自身的除外。

第八十七条 法律、行政法规规定转让权利或者转移义务应当办理批准、登记等手续的,依照其规定。

第八十八条 当事人一方经对方同意,可以将自己在合同中的权利和义务一并转让给第三人。

第八十九条 权利和义务一并转让的,适用本法第七十九条、第八十一条至第八十三条、第八十五条至第八十七条的规定。

第九十条 当事人订立合同后合并的,由合并后的法人或者其他组织行使合同权利,履行合同义务。当事人订立合同后分立的,除债权人和债务人另有约定的以外,由分立的法人或者其他组织对合同的权利和义务享有连带债权,承担连带债务。

最高人民法院
关于人民法院执行工作若干问题的规定(试行)

1998年7月8日   法释〔1998〕15号

18. 人民法院受理执行案件应当符合下列条件:

(1)申请或移送执行的法律文书已经生效;

(2)申请执行人是生效法律文书确定的权利人或其继承人、权利承受人;

(3)申请执行人在法定期限内提出申请;

(4)申请执行的法律文书有给付内容,且执行标的和被执行人明确;

(5)义务人在生效法律文书确定的期限内未履行义务;

(6)属于受申请执行的人民法院管辖。

人民法院对符合上述条件的申请,应当在七日内予以立案;不符合上述条件之一的,应当在七日内裁定不予受理。

最高人民法院
关于民事执行中变更、追加当事人若干问题的规定

2016年11月7日　　法释〔2016〕21号

为正确处理民事执行中变更、追加当事人问题，维护当事人、利害关系人的合法权益，根据《中华人民共和国民事诉讼法》等法律规定，结合执行实践，制定本规定。

第一条　执行过程中，申请执行人或其继承人、权利承受人可以向人民法院申请变更、追加当事人。申请符合法定条件的，人民法院应予支持。

第二条　作为申请执行人的公民死亡或被宣告死亡，该公民的遗嘱执行人、受遗赠人、继承人或其他因该公民死亡或被宣告死亡依法承受生效法律文书确定权利的主体，申请变更、追加其为申请执行人的，人民法院应予支持。

作为申请执行人的公民被宣告失踪，该公民的财产代管人申请变更、追加其为申请执行人的，人民法院应予支持。

第三条　作为申请执行人的公民离婚时，生效法律文书确定的权利全部或部分分割给其配偶，该配偶申请变更、追加其为申请执行人的，人民法院应予支持。

第四条　作为申请执行人的法人或其他组织终止，因该法人或其他组织终止依法承受生效法律文书确定权利的主体，申请变更、追加其为申请执行人的，人民法院应予支持。

第五条　作为申请执行人的法人或其他组织因合并而终止，合并后存续或新设的法人、其他组织申请变更其为申请执行人的，人民法院应予支持。

第六条　作为申请执行人的法人或其他组织分立，依分立协议约定承受生效法律文书确定权利的新设法人或其他组织，申请变更、追加其为申请执行人的，人民法院应予支持。

第七条　作为申请执行人的法人或其他组织清算或破产时，生效法律文书确定的权利依法分配给第三人，该第三人申请变更、追加其为申请执行人的，人民法院应予支持。

第八条　作为申请执行人的机关法人被撤销，继续履行其职能的主体申请变更、追加其为申请执行人的，人民法院应予支持，但生效法律文书确定的权利依法应由其他主体承受的除外；没有继续履行其职能的主体，且生效法律文书确定权利的承受主体不明确，作出撤销决定的主体申请变更、追加其为申请执行人的，人民法院应予支持。

第九条　申请执行人将生效法律文书确定的债权依法转让给第三人，且书面认可第三人取得该债权，该第三人申请变更、追加其为申请执行人的，人民法院应予支持。

第二十七条　执行当事人的姓名或名称发生变更的，人民法院可以直接将姓名或名称变更后的主体作为执行当事人，并在法律文书中注明变更前的姓名或名称。

第二十八条　申请人申请变更、追加执行当事人，应当向执行法院提交书面申请及相关证据材料。

除事实清楚、权利义务关系明确、争议不大的案件外，执行法院应当组成合议庭审查并公开听证。经审查，理由成立的，裁定变更、追加；理由不成立的，裁定驳回。

执行法院应当自收到书面申请之日起六十日内作出裁定。有特殊情况需要延长的，由本院院长批准。

第三十条　被申请人、申请人或其他执行当事人对执行法院作出的变更、追加裁定或驳回申请裁定不服的，可以自裁定书送达之日起十日内向上一级人民法院申请复议，但依据本规定第三十二条的规定应当提起诉讼的除外。

第三十二条　被申请人或申请人对执行法院依据本规定第十四条第二款、第十七条至第二十一条规定作出的变更、追加裁定或驳回申请裁定不服的，可以自裁定书送达之日起十五日内，向执行法院提起执行异议之诉。

被申请人提起执行异议之诉的，以申请人为被告。申请人提起执行异议之诉的，以被申请人为被告。

第三十四条 申请人提起的执行异议之诉,人民法院经审理,按照下列情形分别处理:

(一)理由成立的,判决变更、追加被申请人为被执行人并承担相应责任或者判决变更责任范围;

(二)理由不成立的,判决驳回诉讼请求。

第三十五条 本规定自 2016 年 12 月 1 日起施行。

本规定施行后,本院以前公布的司法解释与本规定不一致的,以本规定为准。

最高人民法院
关于金融资产管理公司收购、处置银行不良资产有关问题的补充通知

2005 年 5 月 30 日　　法发〔2005〕62 号

各省、自治区、直辖市高级人民法院,新疆维吾尔自治区高级人民法院生产建设兵团分院:

为了深化金融改革,规范金融秩序,本院先后下发了《关于审理金融资产管理公司收购、管理、处置国有银行不良贷款形成的资产的案件适用法律若干问题的规定》、《关于贯彻执行最高人民法院"十二条"司法解释有关问题的函的答复》和《关于国有金融资产管理公司处置国有商业银行不良资产案件交纳诉讼费用的通知》。最近,根据国务院关于国有独资商业银行股份制改革的总体部署,中国信达资产管理公司收购了中国银行、中国建设银行和交通银行剥离的不良资产。为了维护金融资产安全,降低不良资产处置成本,现将审理金融资产管理公司在收购、处置不良资产发生的纠纷案件的有关问题补充通知如下:

一、国有商业银行(包括国有控股银行)向金融资产管理公司转让不良贷款,或者金融资产管理公司受让不良贷款后,通过债权转让方式处置不良资产的,可以适用本院发布的上述规定。

二、国有商业银行(包括国有控股银行)向金融资产管理公司转让不良贷款,或者金融资产管理公司收购、处置不良贷款的,担保债权同时转让无须征得担保人的同意,担保人仍应在原担保范围内对受让人继续承担担保责任。担保合同中关于合同变更需经担保人同意的约定,对债权人转让债权没有约束力。

三、金融资产管理公司转让、处置已经涉及诉讼、执行或者破产等程序的不良债权时,人民法院应当根据债权转让协议和转让人或者受让人的申请,裁定变更诉讼或者执行主体。

最高人民法院
关于审理涉及金融不良债权转让案件工作座谈会纪要

2009 年 3 月 30 日　　法发〔2009〕19 号

十、关于诉讼或执行主体的变更

会议认为,金融资产管理公司转让已经涉及诉讼、执行或者破产等程序的不良债权的,人民法院应当根据债权转让合同以及受让人或者转让人的申请,裁定变更诉讼主体或者执行主体。在不良债权转让合同被认定无效后,金融资产管理公司请求变更受让人为金融资产管理公司以通过诉讼继续追索国有企业债务人的,人民法院应予支持。人民法院裁判金融不良债权转让合同无效后当事人履行相互返还义务时,应从不良债权最终受让人开始逐一与前手相互返还,直至完成第一受让人与金融资产管理公司的相互返还。后手受让人直接对金融资产管理公司主张不良债权转让合同无效并请求赔偿的,人民法院不予支持。

最高人民法院执行工作办公室
关于申请执行人被撤销设立登记后其申请执行的主体资格有关问题的复函

2003 年 6 月 5 日　　〔2002〕执监字第 81—1 号

北京市高级人民法院:

你院《关于恢复执行北京正合坊企划有限公司诉北京万通股份有限公司、北京星辰投资咨询公司房产中介合同的报告》收悉。经研究,

答复如下:

一、本案诉讼程序中,北京正合坊企划有限公司具备民事主体资格,我院〔1997〕民终字第135号民事判决并无不当,应予执行。在执行程序中,虽然北京正合坊企划有限公司被工商部门撤销设立登记,但不影响其在此前所进行的正常交易活动,更不能以此否定二审判决的效力。故对北京万通实业股份有限公司和北京星辰投资咨询公司申诉的北京正合坊企划有限公司自始不具备法人资格的理由不予支持。

二、北京正合坊企划有限公司被撤销设立登记,即丧失了作为市场主体进行经营活动的权利,也失去了对本案的判决申请执行的主体资格。但是,公司法人人格并不因被工商行政管理机关吊销营业执照当然终止,其法人资格必须经清算后才可终止。因此,根据《公司法》第一百九十一条①的规定,本案应当对北京正合坊企划有限公司进行清算,由原股东组成的清算组作为其法人机关代表行使权利。

此复。

【附:案例评析】

北京万通实业股份有限公司、北京星辰投资咨询公司与北京正合坊企划有限责任公司中介合同纠纷执行案

三、北京市高级人民法院审查处理意见

北京市高级人民法院认为,正合坊公司从事上述民事活动时法人资格未被撤销,其以法人身份完成了协议约定的民事行为,应当取得协议约定的权利。由于权利人被撤销了设立登记,其权利应由股东承担。其理由一是最高人民法院1997年2月25日《关于对注册资金投入未达到法规规定最低限额的企业法人签订的经济合同效力如何确认问题的批复》,明确了对被依法吊销《企业法人营业执照》之前签订的经济合同,不宜因其注册资金投入未达到法规规定的最低限额而确认无效。根据这一精神,对上述协议书应认为有效;二是2000年8月3日国家工商总局企字〔2000〕第160号批复也明确"企业自核准注销登记前或被吊销营业执照起,法人资格或经营资格终止",据此,应当认为撤销公司登记及吊销营业执照的

处理决定,不具有追溯力;三是根据我国公司法规定的有关精神,公司被撤销后,其权利义务应由股东承受,正合坊公司有合法的股东,其股东有权要求承受上述权利。万通公司虽提交了新的证据,但不足以推翻原判,故不符合再审立案条件,不予立案。

鉴于本案经审查认为,原审判决正确,万通公司再审改判的请求,无法律依据,理由不成立,该院拟恢复执行。考虑到正合坊公司已被北京市工商局撤销设立登记、吊销企业法人营业执照的事实,恢复执行后,将根据《公司法》第191条关于"有限责任公司的清算由股东组成,股东是清算主体"的规定,通知正合坊公司的股东承受该权利,待其股东依法向法院申请承受权利,并请求恢复执行后,立即予以执行。

四、最高人民法院意见

1.本案一、二审审理时,正合坊公司具备民事主体资格,本院对本案的〔1997〕民终字第135号民事判决并无不当,应予执行。终审判决生效后,正合坊公司被撤销设立登记,不影响其在之前所进行的正常交易活动,更不能以此否定二审判决的效力。

2.公司法人资格并不因被工商行政管理机关吊销营业执照当然终止。法人资格的终止必须满足依法清算并办理注销登记两个要件,即法人资格在公司依法清算完毕并办理注销登记时起终止。工商行政管理机关吊销公司营业执照只是取消了公司的营业资格,其法人资格必须清算后尚可终止。

五、评析意见

(一)本案在一、二审审理时,正合坊公司具备民事主体资格。正合坊公司依法领取了企业法人营业执照,其经营范围包括房地产信息咨询,并取得房地产经纪机构资质证书,具备从事房地产中介活动的资格。正合坊公司与万通公司、星辰公司所签订的《协议书》当事人意思表示真实且不违反法律规定,应认定合法有效。二审终结后,进入执行程序中,北京正合坊企划有限公司被撤销设立审判决的效力。故对万通公司和星辰公司向本院申诉的北京正合坊企划有限公司自始不具备法人资格的理由不予支持。因此,我院

---

① 公司法原第一百九十一条现已修改为第一百八十三条。——编者注

〔1997〕民终字第135号民事判决并无不当，应予执行。

（二）正合坊公司虽然被撤销设立登记，但其股东仍然存在，根据我国《公司法》的精神和有限责任公司的规定，该公司的权利义务应由股东承受。主要规定有，《公司法》第33条①规定，有限责任公司的股东有权按照出资比例分取红利；《公司法》第195条②规定，公司财产在按照法律规定清偿公司债务后有剩余的，有限责任公司股东按照出资比例分配该剩余财产。但在公司财产未按照法律规定清偿公司债务前，股东无权请求分配。具体讲，有限责任公司的股东享有红利分配请求权、剩余财产分配请求权以及对公司的诉讼权等多项权利。因此，正合坊公司在执行程序当中被有关部门撤销设立登记后，可根据《公司法》第191条③关于有限责任公司的清算由股东组成，股东是清算主体的规定，由正合坊公司的股东承受权利，承担义务。④

最高人民法院
关于甘肃省高级人民法院就在诉讼时效期间债权人依法将主债权转让给第三人保证人是否继续承担保证责任等问题请示的答复

2003年10月20日　〔2003〕民二他字第39号

甘肃省高级人民法院：

你院甘高法〔2003〕176号请示收悉。经研究，答复如下：

一、在诉讼时效期间，凡符合《中华人民共和国合同法》第八十一条和《中华人民共和国担保法》第二十二条规定的，债权人将主债权转让给第三人，保证债权作为从权利一并转移，保证人在原保证担保的范围内继续承担保证责任。

二、按照《关于适用〈中华人民共和国担保法〉若干问题的解释》第三十六条第一款的规定，主债务诉讼时效中断，连带保证债务诉讼时效不因主债务诉讼时效中断而中断。按照上述解释第三十四条第二款的规定，连带责任保证的债权人在保证期间内要求保证人承担保证责任的，自该要求之日起开始计算连带保证债务的诉讼时效。《最高人民法院对〈关于贯彻执行最高人民法院"十二条"司法解释有关问题的函〉的答复》是答复四家资产管理公司的，其目的是为了最大限度地保全国有资产。因此，债权人对保证人有公告催收行为的，人民法院应比照适用《最高人民法院关于审理涉及金融资产公司收购、管理、处置国有银行不良贷款形成的资产的案件适用法律若干问题的规定》第十条的规定，认定债权人对保证债务的诉讼时效中断。

此复。

最高人民法院执行工作办公室
关于权利人被吊销营业执照后诉讼主体资格和申请执行主体资格有关问题的答复

2004年4月8日　〔2003〕执他字第16号

天津市高级人民法院：

你院《关于迈柯恒公司和旭帝公司与南开建行存款纠纷两案有关执行问题的请示》收悉。经研究，答复如下：

一、关于天津开发区迈柯恒工贸有限公司（以下简称迈柯恒公司）和天津市旭帝商贸有限公司（以下简称旭帝公司）主体资格问题，我

---

① 公司法原第三十三条现已修改为第三十四条。——编者注
② 公司法原第一百九十五条现已修改为第一百八十六条。——编者注
③ 公司法原第一百九十一条现已修改为第一百八十三条。——编者注
④ 裴莹硕：《北京万通实业股份有限公司、北京星辰投资咨询公司与北京正合坊企划有限责任公司中介合同纠纷执行案》，载最高人民法院执行工作办公室编：《强制执行指导与参考》2003年第2辑（总第6辑），法律出版社2003年版，第255~263页。

院认为，迈柯恒公司和旭帝公司提交给二审法院和一审法院的企业法人营业执照及法定代表人身份证明书在企业名称、地址、法定代表人、企业类型、注册资金上均是一致的，其在二审诉讼期间未作其他说明。并且在二审诉讼期间，上诉人中国建设银行天津市南开支行对迈柯恒公司和旭帝公司的主体资格问题也未提出异议。故我院〔2001〕民二终字第126号和〔2001〕民二终字第127号判决书确认的诉讼主体与参加一审诉讼的主体是一致的。

二、关于迈柯恒公司作为权利人被吊销法人营业执照后，最高人民法院仍以原名称作出判决的问题，我院认为，企业被吊销营业执照，在未经依法清算并办理注销登记前其法人资格并不当然终止，仍可以自己的名义参加诉讼。故我院二审仍以迈柯恒公司的名称作出判决并无不可。

三、关于迈柯恒公司是否具备申请执行人资格的问题，我院认为，被吊销营业执照的迈柯恒公司在审判程序中是诉讼主体，也可以作为执行程序中的申请人。如果该公司成立了清算组（包括公司股东组成的清算组），由清算组代表迈柯恒公司申请执行。

此复。

最高人民法院关于判决确定的金融不良债权多次转让人民法院能否裁定变更申请执行主体请示的答复

2009年6月16日　〔2009〕执他字第1号

湖北省高级人民法院：

你院鄂高法〔2009〕21号请示收悉。经研究，答复如下：

最高人民法院《关于人民法院执行若干问题的规定（试行）》，已经对申请执行人的资格以明确。其中第18条第一款规定"人民法院受理执行案件应当符合下列条件：……（2）申请执行人是生效法律文书确定的权利人或继承人、权利承受人。"该条中的"权利承受人"，包含通过债权转让的方式承受债权的人。依法从金融资产管理公司受让债权的受让人将债权再行转让给其他普通受让人的，执行法院可以依据上述规定，依债权转让协议以及受让人或者转让人的申请，裁定变更申请执行主体。

最高人民法院《关于金融资产管理公司收购、处置银行不良资产有关问题的补充通知》第三条虽只就金融资产管理公司转让金融不良债权环节可以变更申请执行主体作了专门规定，但并未排除普通受让人再行转让给其他普通受让人时变更申请执行主体。此种情况下裁定变更申请执行主体，也符合该通知及其他相关文件中关于支持金融不良债权处置工作的司法政策，但对普通受让人不能适用诉讼费用减半收取和公告通知债务人等专门适用金融资产管理公司处置不良债权的特殊政策规定。

【附：案例评析】

判决确定的债权多次转让，人民法院能否变更申请执行主体的请示与答复

二、湖北省高级人民法院意见

该院审委会进行了讨论，倾向于认为不应将乙公司变更为本案申请执行人。理由是：《最高人民法院关于金融资产管理公司收购、处置银行不良资产有关问题的补充通知》（法发〔2005〕62号2005年5月30日）（以下简称《补充通知》）第三条规定："金融资产管理公司转让、处置已经涉及诉讼、执行或者破产等程序的不良债权时，人民法院应当根据债权转让协议和转让人或者受让人的申请，裁定变更诉讼或者执行主体。"该院认为：对该条的适用应当从严掌握。国有银行将债权转让给金融资产管理公司后，金融资产管理公司将收购的债权转让给普通民事主体的，可以适用该条规定，执行法院予以变更执行主体。但受让的普通民事主体再将该债权转让的，则不再适用该条规定精神，执行法院不应裁定变更执行主体。

但鉴于目前法律和司法解释对此无明确规定，执行实践中存在依据民法通则和合同法直接变更主体的情况，且各地法院对该问题认识和处理不一致。为统一认识，故向最高人民法院请示。

三、最高人民法院答复意见

最高人民法院执行局承办该请示，征求了最

高人民法院民二庭和研究室的意见。结论为不同意湖北省高级人民法院的倾向性意见，认为：《最高人民法院关于人民法院执行工作若干问题的规定（试行）》第18条第一款可以作为执行中变更申请执行人的依据。该条中的"权利承受人"，包含通过债权转让的方式承受债权的人。裁定变更申请执行主体，也符合《补充通知》第三条及其他相关文件中关于支持金融不良资产债权处置工作的司法政策。故应当根据申请执行人的申请予以变更申请执行主体。

四、评析意见

1. 变更申请执行主体的精神蕴含在《关于人民法院执行工作若干问题的规定》中。《最高人民法院关于人民法院执行工作若干问题的规定》第18条第（2）项规定："人民法院受理执行案件应当符合下列条件：……（2）申请执行人是生效法律文书确定的权利人或继承人、权利承受人。"该条中的"权利承受人"包括权利的概括承受人和个别承受人。个别承受即主要是通过债权转让的方式承受的。允许债权受让人申请执行，其理论上的依据是：作为实体权利的债权转让的，与该实体权利相关的诉讼权利和申请执行的权利随同转让，债权的受让人可以提起诉讼，也可以申请执行。如果债权转让前原债权人已经提起诉讼或者申请执行，债权受让人可以继续该诉讼或者该执行程序。该规定没有区分普通债权转让和金融不良债权转让。金融不良债权转让只是作为债权转让的一种特殊情况，其本身无多少特殊之处。与普通债权转让相比，变更诉讼和执行主体的基本法理是相同的，即都是合同法上的债权转让和民事诉讼法上的诉讼权利之处分原则。其特殊之处只是在于：对于金融资产公司收购和处置的不良债权，可以适用诉讼费减半收取和在报纸上公告即视为通知债务人的规定。而这两项特殊待遇不能适用于普通债权受让人。当然，对于所有的债权受让人申请执行的案件，都需要审查清楚债权转让的事实是否真实存在。债务人有异议的，允许提出异议，执行法院应当对其异议进行审查做出裁定。

2. 关于金融不良债权的有关规定中并未明确排除多次转让情况下变更申请执行主体的做法，此种情况下予以变更也符合支持金融不良债权处置的精神。《补充通知》第三条虽然只提到"金融资产管理公司转让、处置已经涉及诉讼、执行或者破产等程序的不良债权时，人民法院应当根据债权转让协议和转让人或者受让人的申请，裁定变更诉讼或者执行主体。"但对于债权受让人再将债权转让给其他普通主体，是否应当变更权利主体，并未做进一步的规定。单从该文件看，是否能在这种情况下再变更主体，不能从该文件中直接找到答案。2009年4月3日印发的《最高人民法院关于审理涉及金融不良债权转让案件工作座谈会纪要》中间接涉及此问题。其中第五"关于国有企业的诉权及相关诉讼程序"部分提到，国有企业债务人提起的转让合同无效诉讼中，"如果受让人的债权系金融资产管理公司转让给其他受让人后，因该受让人再次转让或多次转让而取得的，人民法院应当将金融资产管理公司和该转让人以及后手受让人列为案件当事人。"第七部分"关于不良债权转让无效合同的处理"指出："人民法院认定金融不良债权转让合同无效后，对于受让人直接从金融资产管理公司受让不良债权的，人民法院应当判决金融资产管理公司与受让人之间的债权转让合同无效；受让人通过再次转让而取得债权的，人民法院应当判决金融资产管理公司与转让人、转让人与后手受让人之间的系列债权转让合同无效。"该纪要第十部分"关于诉讼和执行主体的变更"只是重申了《补充通知》的要求，但提到："人民法院裁判金融不良债权转让合同无效后当事人履行相互返还义务时，应从不良债权最终受让人开始逐一与前手相互返还，直至完成第一受让人与金融资产管理公司的相互返还。"由此可以看出，纪要肯定了多次转让债权的情形，而且没有限制转让人和受让人的主体资格，也就是说肯定了普通受让人再次转让给普通受让人的情况。鉴于此内容规定在变更主体部分，可以推断，这里默认在这种情况下可以变更执行主体。

3. 普通民事主体受让债权的合法权益也应得到平等保护。最高人民法院民二庭在《关于审理涉及金融不良债权转让案件的若干政策和法律问题》（《人民法院报》2009年4月20日、5月4日、5月11日第四版）一文中指出：权利没有公私之别，只要是合法的权益，均应受到平等保护。平等保护不同所有制主体的民事权益不仅是法律的基本要求，也是司法审判的基本原则。无论是对国有企业还是民营企业、内资企业还是外资企业、集体还是个人，在法律上一律平等保护的原则是我国法制进步的标志，是人民法院应当始终不渝地坚持的价值取向。人民法院对受让人合法权利的充分保护，就是对金融资产管理公司处置工作的大力支持；受让人能获得合法的预期回报，不仅将促进这一市场的健康稳定发展，而且能使国家维护金融安全、化解金融风险的金融体制改革政策得到落实。

综上，无论是从最高人民法院有关金融不良债权转让的专门文件中推断，还是从执行工作的一般规定中，均应得出允许金融不良债权多次转让情况下变更申请执行主体的结论。但需注意把握，对于普通受让人不能适用专门适用于资产管理公司处置不良债权的特殊规定。①

最高人民法院
关于发布第八批指导性案例的通知

2014年12月18日　　法〔2014〕327号

指导案例34号

李晓玲、李鹏裕申请执行厦门海洋实业（集团）股份有限公司、厦门海洋实业总公司执行复议案

关键词

民事诉讼　执行复议　权利承受人　申请执行

裁判要点

生效法律文书确定的权利人在进入执行程序前合法转让债权的，债权受让人即权利承受人可以作为申请执行人直接申请执行，无需执行法院作出变更申请执行人的裁定。

相关法条

《中华人民共和国民事诉讼法》第二百三十六条第一款

基本案情

原告投资2234中国第一号基金公司（Investments2234China FundⅠB.V.，以下简称2234公司）与被告厦门海洋实业（集团）股份有限公司（以下简称海洋股份公司）、厦门海洋实业总公司（以下简称海洋实业公司）借款合同纠纷一案，2012年1月11日由最高人民法院作出终审判决，判令：海洋实业公司应于判决生效之日起偿还2234公司借款本金2274万元及相应利息；2234公司对蜂巢山路3号的土地使用权享有抵押权。在该判决作出之前的2011年6月8日，2234公司将其对于海洋股份公司和海洋实业公司的2274万元本金债权转让给李晓玲、李鹏裕，并签订《债权转让协议》。2012年4月19日，李晓玲、李鹏裕依据上述判决和《债权转让协议》向福建省高级人民法院（以下简称福建高院）申请执行。4月24日，福建高院向海洋股份公司、海洋实业公司发出〔2012〕闽执行字第8号执行通知。海洋股份公司不服该执行通知，以执行通知中直接变更执行主体缺乏法律依据，申请执行人李鹏裕系公务员，其受让不良债权行为无效，由此债权转让合同无效为主要理由，向福建高院提出执行异议。福建高院在异议审查中查明：李鹏裕系国家公务员，其本人称，在债权转让中，未实际出资，并已于2011年9月退出受让的债权份额。

福建高院认为：一、关于债权转让合同效力问题。根据《最高人民法院关于审理涉及金融不良债权转让案件工作座谈会纪要》（以下简称《纪要》）第六条关于金融资产管理公司转让不良债权存在"受让人为国家公务员、金融监管机构工作人员"的情形无效和《中华人民共和国公务员法》第五十三条第十四项明确禁止国家公务员从事或者参与营利性活动等相关规定，作为债权受让人之一的李鹏裕为国家公务员，其本人购买债权受身份适格的限制。李鹏裕称已退出所受让债权的份额，该院受理的执行案件未做审查仍将李鹏裕列为申请执行人显属不当。二、关于执行通知中直接变更申请执行主体的问题。最高人民法院〔2009〕执他字第1号《关于判决确定的金融不良债权多次转让人民法院能否裁定变更申请执行主体请示的答复》（以下简称1号答复）认为："《最高人民法院关于人民法院执行工作若干问题的规定（试行）》（以下简称《执行规定》），已经对申请

---

① 黄金龙：《判决确定的债权多次转让，人民法院能否变更申请执行主体的请示与答复》，载江必新主编、最高人民法院执行局编：《执行工作指导》2009年第2辑（总第30辑），人民法院出版社2009年版，第124～127页。

执行人的资格予以明确。其中第18条第1款规定:"人民法院受理执行案件应当符合下列条件:……(2)申请执行人是生效法律文书确定的权利人或其继承人、权利承受人。"该条中的"权利承受人",包含通过债权转让的方式承受债权的人。依法从金融资产管理公司受让债权的受让人将债权再行转让给其他普通受让人的,执行法院可以依据上述规定,依债权转让协议以及受让人或者转让人的申请,裁定变更申请执行主体"。据此,该院在执行通知中直接将本案受让人作为申请执行主体,未作出裁定变更,程序不当,遂于2012年8月6日作出〔2012〕闽执异字第1号执行裁定,撤销〔2012〕闽执字第8号执行通知。

李晓玲不服,向最高人民法院申请复议,其主要理由如下:一、李鹏裕的公务员身份不影响其作为债权受让主体的适格性。二、申请执行前,两申请人已同2234公司完成债权转让,并通知了债务人(即被执行人),是合法的债权人;根据《执行规定》有关规定,申请人只要提交生效法律文书、承受权利的证明等,即具备申请执行人资格,这一资格在立案阶段已予审查,并向申请人送达了案件受理通知书;1号答复适用于执行程序中依受让人申请变更的情形,而本案申请人并非在执行过程中申请变更执行主体,因此不需要裁定变更申请执行主体。

裁判结果

最高人民法院于2012年12月11日作出〔2012〕执复字第26号执行裁定:撤销福建高院〔2012〕闽执异字第1号执行裁定书,由福建高院向两被执行人重新发出执行通知书。

裁判理由

最高人民法院认为:本案申请复议中争议焦点问题是,生效法律文书确定的权利人在进入执行程序前合法转让债权的,债权受让人即权利承受人可否作为申请执行人直接申请执行,是否需要裁定变更申请执行主体,以及执行中如何处理债权转让合同效力争议问题。

一、关于是否需要裁定变更申请执行主体的问题。变更申请执行主体是在根据原申请执行人的申请已经开始了的执行程序中,变更新的权利人为申请执行人。根据《执行规定》第18条、第20条的规定,权利承受人有权以自己的名义申请执行,只要向人民法院提交承受权利的证明文件,证明自己是生效法律文书确定的权利承受人的,即符合受理执行案件的条件。这种情况不属于严格意义上的变更申请执行主体,但二者的法律基础相同,故也可以理解为广义上的申请执行主体变更,即通过立案阶段解决主体变更问题。1号答复的意见是,《执行规定》第18条可以作为变更申请执行主体的法律依据,并且认为债权受让人可以视为该条规定中的权利承受人。本案中,生效判决确定的原权利人2234公司在执行开始之前已经转让债权,并未作为申请执行人参加执行程序,而是权利受让人李晓玲、李鹏裕依据《执行规定》第18条的规定直接申请执行。因其申请已经法院立案受理,受理的方式不是通过裁定而是发出受理通知,债权受让人已经成为申请执行人,故并不需要执行法院再作出变更主体的裁定,然后发出执行通知,而应当直接发出执行通知。实践中有的法院在这种情况下先以原权利人作为申请执行人,待执行开始后再作出变更主体裁定,因其只是增加了工作量,而并无实质性影响,故并不被认为程序上存在问题。但不能由此反过来认为没有作出变更主体裁定是程序错误。

二、关于债权转让合同效力争议问题,原则上应当通过另行提起诉讼解决,执行程序不是审查判断和解决该问题的适当程序。被执行人主张转让合同无效所援引的《纪要》第五条也规定:在受让人向债务人主张债权的诉讼中,债务人提出不良债权转让合同无效抗辩的,人民法院应告知其向同一人民法院另行提起不良债权转让合同无效的诉讼;债务人不另行起诉的,人民法院对其抗辩不予支持。关于李鹏裕的申请执行人资格问题。因本案在异议审查中查明,李鹏裕明确表示其已经退出债权受让,不再参与本案执行,故后续执行中应不再将李鹏裕列为申请执行人。但如果没有其他因素,该事实不影响另一债权受让人李晓玲的受让和申请执行资格。李晓玲要求继续执行的,福建高院应以李晓玲为申请执行人继续执行。

[提示] 被执行人对法院裁定变更经多手转让的金融不良债权受让人为申请执行人提出异议的处理

最高人民法院
民事裁定书

〔2009〕执复字第 1 号

申请复议人（被执行人）：山东齐鲁投资管理有限公司。住所地：济南市小纬四路 30 号。

法定代表人：房道盛，该公司董事长。

申请复议人（被执行人）：济南中银实业有限公司。住所地：济南市历下区泺源大街 22 号。

法定代表人：赵立田，该公司董事长。

申请执行人：济南鲁泰物流有限公司。住所地：济南市历下区文化西路 13 号。

法定代表人：张伟，该公司总经理。

申请复议人山东齐鲁投资管理有限公司、济南中银实业有限公司因不服山东省高级人民法院〔2005〕鲁执字第 8－14 号民事裁定书，向本院申请复议。本院依法组成合议庭进行了审查，现已审查终结。

经审查，本案当事人申请复议所涉及的基本事实如下：

中国建设银行济南市市中区支行（以下简称建行济南市中区支行）诉山东省齐鲁投资管理有限公司（以下简称齐鲁公司）、济南中银实业有限公司（以下简称中银公司）、商河宏业棉纺织（集团）有限公司（以下简称宏业公司）借款保证合同纠纷一案，山东省高级人民法院（以下简称山东高院）于 2005 年 2 月 1 日作出〔2004〕鲁民二初字第 22 号民事判决书，主要内容为：齐鲁公司返还建行济南市中区支行借款本金 1.5 亿元及相应利息、违约金，中银公司承担连带责任，宏业公司在 5000 万元借款本金的范围内承担连带责任。

该判决生效后，建行济南市中区支行申请执行，山东高院于 2005 年 6 月 3 日立案受理，执行案号为〔2005〕鲁执字第 8 号。该案尚未执行完毕。2005 年 12 月以后，中国建设银行山东省分行（以下简称建行山东省分行）统一管理建行济南市中区支行的不良资产，作为申请执行人继续参加该案程序。

2008 年 1 月 30 日，中国建设银行与中诚信托有限责任公司（以下简称中诚信托公司）签署《单户资产转让协议》（SD－002 号），将本案判决确定的债权转让给中诚信托公司。协议中的《授权委托书》载明，中诚信托公司委托中国建设银行作为资产服务商全权管理及处置中诚信托所受让的上述债权。管理和处置的方式包括将上述资产出售或转让予第三人（包括但不限于整体出售、打包出售及单项资产出售）。除诉讼等法律要求必须以委托方名义进行的事项外，授权中国建设银行以自己的名义对外进行资产管理和处置活动及签署各项文件，中诚信托公司认可并承受中国建设银行管理和处置的结果。

中诚信托公司参与本案债权转让的依据文件是：银监会银监复〔2007〕500 号批复和中国人民银行银市场许准予字〔2007〕第 51 号《准予行政许可决定书》。该两份文件中载明：同意中国建设银行作为发起机构，中诚信托公司作为受托机构，开办"建元 2007－1"重整资产证券化项目，该项目以中国建设银行持有的不良贷款账面本息 113.50 亿元为基础资产，由中诚信托公司在全国银行间债券市场发行"建元一期重整资产支持证券"，发行规模不超过 27.65 亿元。

2008 年 5 月 15 日，中国华融资产管理有限公司济南办事处（以下简称华融济南办事处）与鲁泰公司签署《委托收购协议》，协议内容为，鲁泰公司委托华融济南办事处以华融济南办事处名义，收购中诚信托公司授权建行山东省分行管理与处置的济南地区 20 户重整资产证券项目下的资产。

2008 年 5 月 16 日，建行山东省分行与华融济南办事处签署《债权转让协议》，将包括本案上述债权在内的共 20 户 5 亿多元债权及相应的从权利转让给华融济南办事处。协议中载明，所转让的债权为建行山东省分行作为服务商代中诚信托公司管理的信托财产，系根据银监会与人总行批准的"重整资产证券化项目方案"

实施的。

2008年6月16日,华融济南办事处和建行山东省分行在《经济导报》上刊登《债权转让暨催收公告》,载明:建行山东省分行及其所辖分支机构对公告所列借款人和担保人的债权及担保权利,已经于2008年1月30日转让给中诚信托公司。同时中诚信托公司委托建行山东省分行及其所辖分支机构作为"资产服务商"全权管理及处置该等资产项下的全部权益。建行山东省分行及其所辖分支机构已经将上述债权及担保权利转让给华融济南办事处。请借款人及担保人立即向华融济南办事处清偿债务、履行担保义务。公告转让及催收的债权和担保权包含本案债权和担保权利。

2008年6月27日,华融济南办事处在《经济导报》上刊登《债权转让暨催收公告》,公告载明:华融济南办事处将其所享有的对公告所列借款人和担保人的权利交付给鲁泰公司,请相关借款人和担保人向鲁泰公司清偿债务和履行担保义务。公告所列权利包含本案债权和担保权利。

2008年6月27日,鲁泰公司向山东高院申请变更申请执行人,并提交了上述债权转让协议和公告。2008年7月7日、8日,建行山东省分行、华融济南办事处和鲁泰公司分别向山东高院出具说明,明确表示他们之间的债权转让协议、委托收购协议均已履行完毕,支付了转让或收购价款,并已通知了债务人,债权已经交付给鲁泰公司。

山东高院于2008年8月7日作出〔2005〕鲁执字第8-10号民事裁定书,裁定变更鲁泰公司为本案申请执行人。齐鲁公司、中银公司于2008年8月12日向山东高院提出异议,认为〔2005〕鲁执字第8-10号民事裁定书中认定的债权转让主体之间不连接,法律关系混乱,裁定书认定的事实违背了中诚信托公司授权的内容,裁定书采信证据不当等,要求撤销该裁定。山东高院于2008年11月26日作出〔2005〕鲁执字第8-14号民事裁定书,裁定驳回齐鲁公司、中银公司的异议。

齐鲁公司、中银公司向本院申请复议的理由如下:

1. 山东高院裁定书认定的债权转让主体错误。本案诉讼主体是建行济南市中区支行,不能与建行山东省分行、中国建设银行混同。同时,本案债权已经转让给中诚信托公司,按照中诚信托公司对中国建设银行的《授权委托书》中"除诉讼等法律要求必须以委托人名义进行的事项以外"的要求,应当是中诚信托公司申请变更主体。因此,建行山东省分行没有资格以自己的名义向山东高院直接主张变更申请执行人。

2. 中诚信托公司不是经国家批准的处置国有银行不良资产的金融资产管理公司。本案不是金融资产管理公司收购、管理、处置国有银行不良贷款形成的有关案件,公告通知没有法律依据和效力。中国建设银行将债权转让给中诚信托公司时,未通知债务人,此次转让对债务人不产生效力;同时,中国建设银行在将债权转让给中诚信托公司的时候,就应当进行主体变更,但并未变更,现在又跳跃式地直接变更为鲁泰公司,实属违法。

3. 华融济南办事处是鲁泰公司的代理人,直接购买人是鲁泰公司,不属于金融资产管理公司,因此,鲁泰公司的申请不符合最高人民法院《关于审理涉及金融资产管理公司收购、管理、处置国有银行不良贷款形成的资产的案件适用法律若干问题的规定》(以下简称处置不良贷款规定)的适用范围。

4. 程序问题。现行法律没有变更申请执行人的规定。本案证据未经开庭质证,违背法定程序。

本院认为:复议申请人请求复议的理由不成立。

1. 根据《中华人民共和国商业银行法》第二十二条的规定,商业银行对其分支机构实行全行统一核算,统一调度资金,分级管理的财务制度。商业银行分支机构不具有法人资格,在总行授权范围内依法开展业务,其民事责任由总行承担。故中国建设银行与其分支机构在法律上是同一主体,中国建设银行有权处置其分支机构的资产,建行山东省分行也有权在中国建设银行的授权范围内处置建行济南市中区支行的资产。

2. 本案债权由中国建设银行转让给中诚信托公司后，再由中诚信托公司授权中国建设银行以自己的名义对外转让给华融济南办事处，只是中国建设银行处置金融不良资产的一种特殊方式，从债权转让的角度看，与中国建设银行直接将债权转让给华融济南办事处，本质上并无差异，无论中诚信托公司是否有明确的收购和处置不良贷款的资质，均不影响本案债权从中国建设银行转让给华融济南办事处的实质法律效果。至于中国建设银行受托对外转让债权是否必须以委托方中诚信托公司的名义，只要中诚信托公司认可、执行法院允许，作为债务人的复议申请人无权对此提出异议。故该转让符合最高人民法院《处置不良贷款规定》。华融济南办事处受鲁泰公司委托收购债权并向鲁泰公司交付债权，从债权转让的角度看，与华融济南办事处自己收购债权后再行转让给鲁泰公司，也无实质差异，故该转让符合我院《关于金融资产管理公司收购、处置银行不良资产有关问题的补充通知》（以下简称《补充通知》）第一条的规定，即金融资产管理公司受让不良贷款后，通过债权转让方式处置不良资产的，可以适用本院发布的上述《规定》。因此，建行山东省分行和华融公司在报纸上刊登债权转让通知即应视为已经通知了债务人，对复议申请人产生通知的效力。

3.《补充通知》第三条明确规定："金融资产管理公司转让、处置已经涉及诉讼、执行或者破产等程序的不良债权时，人民法院应当根据债权转让协议和转让人或者受让人的申请，裁定变更诉讼或者执行主体。"本案债权转让在中诚信托公司受让债权阶段，并未提出变更执行申请人的申请，故执行法院无须作出变更执行主体裁定。在债权连续转让的情况下，只要债权转让的过程是明确的连续的，则执行法院直接裁定变更最后受让人为申请人，亦符合最高人民法院上述补充通知的精神。同时，现行法律和司法解释并未要求执行中作出的裁定必须经过开庭质证，执行法院有权经审查当事人各方提供的材料，直接作出裁定。

综上所述，山东省高级人民法院〔2005〕鲁执字第8—14号民事裁定书并无不当。根据《中华人民共和国民事诉讼法》第二百零二条和《最高人民法院关于适用〈中华人民共和国民事诉讼法〉执行程序若干问题的解释》第九条之规定，裁定如下：

驳回复议申请人山东齐鲁投资管理有限公司和济南中银实业有限公司的复议请求。

本裁定为终审裁定。

【附：案例评析】

齐鲁投资管理有限公司、济南中银实业有限公司不服变更申请执行人异议裁定申请复议案

二、最高人民法院裁判要点

最高人民法院于2009年4月29日作出〔2009〕执复字第1号复议裁定，驳回复议申请人齐鲁公司、中银公司的复议请求。裁判要点如下：

1. 商业银行与其分支机构在法律上是同一主体，商业银行总行有权处置分支机构资产，分支机构也有权在总行授权范围内处置辖区内的资产，相应的民事责任由总行承担。

2. 债权由商业银行转让给信托公司后，再由受让的信托公司授权原转让人商业银行以自己的名义对外转让给金融资产公司，可视为商业银行处置金融不良资产的一种特殊方式，其实质法律效果与商业银行直接将债权转让给资产公司，并无差异。此种转让符合最高人民法院《关于审理涉及金融资产管理公司收购、管理、处置国有银行不良贷款形成的资产的案件适用法律若干问题的规定》。资产公司受第三人委托收购债权并向第三人交付债权，其实质法律效果与资产公司自己收购债权后再行转让给第三人，也无实质差异，此种转让符合最高人民法院《关于金融资产管理公司收购、处置银行不良资产有关问题的补充通知》的规定，因此，商业银行和资产公司在报纸上刊登债权转让通知即应视为已经通知了债务人。

3. 最高人民法院《关于金融资产管理公司收购、处置银行不良资产有关问题的补充通知》第三条是金融不良债权转让情况下，执行程序中变更申请执行人的法律依据。现行法律和司法解释并未要求执行中作出的裁定必须经过开庭质证，执行法院有权经审查当事人各方提供的材料，直接作出裁定。

4. 在债权第一次转让时受让人未提出变更申

请执行人的,法院无须作出变更执行主体裁定。在债权连续转让的情况下,只要该债权转让的过程是明确的、连续的,法院可以根据债权转让人或受让人的申请直接裁定变更最后受让人为申请执行人。①

最高人民法院
执行裁定书

〔2012〕执复字第 26 号

申请复议人(申请执行人):李甲,女,汉族,1974 年 5 月 15 日出生,身份证号码:×××,住福建省某市某区。

原申请执行人:李乙,男,汉族,1962 年 8 月 25 日出生,身份证号码:×××,住福建省某市某区。

被执行人(原异议人):厦门海洋实业(集团)股份有限公司。住所地:福建省厦门市思明区蜂巢山路 3 号。

法定代表人:孙某,该公司董事长。

被执行人:厦门海洋实业总公司。住所地:福建省厦门市民族路 100 号之六。

法定代表人:谢某,该公司总经理。

李甲因不服福建省高级人民法院(以下简称福建高院)(2012)闽执异字第 1 号执行裁定,向本院申请复议。本院依法组成合议庭进行审查,现已审查终结。

本院就投资 2234 中国第一号基金公司(Investments 2234 China Fund Ⅰ B.V.)(以下简称 2234 公司)与厦门海洋实业(集团)股份有限公司(以下简称海洋股份公司)、厦门海洋实业总公司(以下简称海洋实业公司)借款合同纠纷一案,于 2012 年 1 月 11 日作出(2011)民四终字第 23 号民事判决,判令:一、海洋实业公司应于判决生效之日起偿还 2234 公司借款本金 2274 万元及相应利息;二、2234 公司对蜂巢山路 3 号的土地使用权享有抵押权。

2011 年 6 月 8 日,2234 公司将其对于海洋股份公司、海洋实业公司 2274 万元本金的债权转让给李甲、李乙,并签订《债权转让协议》。

2012 年 4 月 19 日,李甲、李乙依据上述判决和《债权转让协议》向福建高院申请执行。福建高院于 2012 年 4 月 24 日向海洋股份公司、海洋实业公司发出(2012)闽执行字第 8 号执行通知(以下简称第 8 号执行通知),主要内容为:(2011)民四终字第 23 号民事判决已发生法律效力,2234 公司已于 2011 年 6 月 8 日将该判决项下的债权转让给李甲、李乙,经李甲、李乙申请,该院于 2012 年 4 月 21 日立案执行,请其立即履行法律文书确定的义务。

海洋股份公司不服第 8 号执行通知,向福建高院提出执行异议。主要理由为:一、第 8 号执行通知中称 2234 公司已于 2011 年 6 月 8 日将本案判决项下债权转让给李甲、李乙,但本案判决于 2012 年 1 月才作出,第 8 号执行通知对债权转让的时间认定错误。另,虽然 2234 公司与李甲、李乙 2011 年 6 月 8 日签订《债权转让协议》,但 2012 年 2 月 21 日才通知债务人(异议人),在此之前《债权转让协议》不对异议人发生效力,应为无效;二、本案申请执行人李乙系国家公务员,根据《最高人民法院关于审理涉及金融不良债权转让案件工作座谈会纪要》(以下简称《纪要》)第六条的相关规定,国家公务员受让不良债权的行为应为无效,因此债权转让合同应为无效;三、本案所涉债权系由金融资产管理公司转让给 2234 公司后再转让给申请执行人,根据《纪要》第十一条的相关规定,受让人受让不良债权再行转让的,不能适用关于债权转让后,担保债权同时转让的规定,而应适用其他普通法规的相关规定,办理抵押变更登记,而申请执行人并未与被执行人协商一致变更抵押合同及办理变更登记手续,故无权行使本案判决项下抵押权;四、福建高院未经裁定,在第 8 号执行通知中直接变更申请执行主体的做法缺乏法律依据,应先裁定变

---

① 黄金龙、林莹:《齐鲁投资管理有限公司、济南中银实业有限公司不服变更申请执行人异议裁定申请复议案》,载江必新主编、最高人民法院执行局编:《执行工作指导》2010 年第 3 辑(总第 35 辑),人民法院出版社 2010 年版,第 86~92 页。

更申请执行主体之后才能发出执行通知；五、异议人已就本案生效判决向最高人民法院申请再审，目前正在审查之中，请求执行法院暂缓执行。

福建高院在异议审查中查明：李乙系厦门市湖里区城市执法局江头中队副主任科员，属国家公务员，其本人称，在债权转让中，未实际出资，并已于 2011 年 9 月退出受让的债权份额。

福建高院认为：一、关于第 8 号执行通知中认定事实是否错误。"民事判决"是案件生效后当事人申请执行的依据；而"债权转让时间"是债权转移给承受人的时间。权利承受人依照生效法律文书申请执行符合法律规定。关于一审判决作出后，二审判决生效前能否将债权转让，法律没有禁止性规定。另根据《中华人民共和国合同法》（以下简称《合同法》）第八十条"债权人转让权利的，应当通知债务人。未经通知，该转让对债务人不发生效力"的规定，对"通知债务人"没有时间限制规定，只要通知后即生效。据此，异议人认为第 8 号执行通知中关于债权转让时间事实认定错误的理由不能成立。二、关于债权转让合同效力问题。根据《纪要》第六条关于金融资产管理公司转让不良债权存在"受让人为国家公务员、金融监管机构工作人员"的情形无效和《中华人民共和国公务员法》第五十三条第（十四）项明确禁止国家公务员从事或者参与营利性活动等相关规定，作为债权受让人之一的李乙为国家公务员，其本人购买债权受身份适格限制。虽李乙称已退出所受让债权的份额，但该院受理的执行案件未做审查仍将李乙列为申请执行人显属不当。三、因异议人是以第 8 号执行通知事实认定错误而提出异议，因此，关于申请执行人是否享有本案判决项下抵押权，因涉及实体问题，本案在此不予审查。四、关于第 8 号执行通知中直接变更申请执行主体的问题。最高人民法院［(2009) 执他字第 1 号］《关于判决确定的金融不良债权多次转让人民法院能否裁定变更申请执行主体请示的答复》（以下简称 (2009) 执他字第 1 号答复）认为："《最高人民法院关于人民法院执行工作若干问题的规定（试行）》，已经对申请执行人的资格予以明确。其中第十八条第一款规定：'人民法院受理执行案件应当符合下列条件：……（2）申请执行人是生效法律文书确定的权利人或其继承人、权利承受人。'该条中的'权利承受人'，包含通过债权转让的方式承受债权的人。依法从金融资产管理公司受让债权的受让人将债权再行转让给其他普通受让人的，执行法院可以依据上述规定，依债权转让协议以及受让人或者转让人的申请，裁定变更申请执行主体"。据此，该院在第 8 号执行通知中直接将本案受让人作为申请执行主体，未作出裁定变更，没有法律依据。五、因最高人民法院于 2012 年 5 月 9 日作出 (2012) 民申字第 263 号再审民事裁定，认为海洋股份公司要求免除相关担保责任的理由不能成立，不予支持，驳回海洋股份公司的再审申请，据此，异议人请求暂缓执行的理由不能成立。

综上，福建高院认为，该院受理执行申请后，未裁定变更申请执行主体即向被执行人发出执行通知，程序不当。于 2012 年 8 月 6 日作出 (2012) 闽执异字第 1 号执行裁定，撤销 (2012) 闽执行字第 8 号执行通知。

李甲不服 (2012) 闽执异字第 1 号执行裁定，申请复议理由如下：一、李乙的身份不影响其作为债权受让主体的适格性。1. 李乙受让债权的行为，不受《纪要》相关规定的调整。本案债权经金融资产管理公司转让给 2234 公司这类一般性主体后，已不是《纪要》中限制公务员购买的标的"不良债权"，以《纪要》相关规定认定李乙购买本案债权"受身份资格限制"显然不当。2.《中华人民共和国公务员法》是公法，《合同法》是私法，合同效力的判断与该法无关；该法第五十三条第（十四）项是国家对公务员的管理性规定，不属于强制性规定中的效力性规定，不影响债权转让合同的效力。二、申请执行前，两申请人已同 2234 公司完成债权转让的一切行为，并已依法通知了债务人（即被执行人），是合法的债权人。根据《最高人民法院关于人民法院执行工作若干问题的规定（试行）》（以下简称《执行规定》）第十八条、第二十条的规定，两申请人只要提交生效法律文书、承受权利的证明文件等法定文件，即具备申请执行人资格，这一资格在立案阶段已予审查，并向申请人送达了案件受理通知书，申请人并非在执行过程中申请变更执行主体，而是初始的合法申请执行主体，因此不存在需要裁定变更申请执行主体的问题。(2009) 执他字第1号答复适用在执行程序中依受让人申请变更的情形，不适用于本案。

本院认为：

一、变更申请执行主体是在根据原申请执行人的申请已经开始了的执行程序中，变更新的权利人为申请执行人。根据《执行规定》第十八条、第二十条的规定，权利承受人有权以自己的名义申请执行，只要向人民法院提交承受权利的证明文件，证明自己是生效法律文书确定的权利的承受人的，即符合受理执行案件的条件。这种情况不属于严格意义上的变更申请执行主体，但二者的法律基础相同，故也可以理解为广义上的申请执行主体变更，即通过立案阶段解决主体变更问题。我院（2009）执他字第1号答复的意见是，《执行规定》第十八条可以作为变更申请执行主体的法律依据，并且认为债权受让人可以视为该条规定中的权利承受人。本案中生效判决确定的原权利人2234公司在执行开始之前已经转让债权，并未作为申请执行人参加执行程序，而是权利受让人李甲、李乙依据《执行规定》第十八条的规定直接申请执行。因其申请已经法院立案受理，而受理的方式不是通过裁定而是发出受理通知，债权受让人已经成为申请执行人，故并不需要执行法院再作出变更主体裁定，然后才发出执行通知，而应当直接发出执行通知。实践中有的法院在这种情况下也先作出变更主体裁定，因其只是增加了执行法院的工作量，而并无实质性影响，故并不被认为程序上存在问题。但不能反过来认为没有作出变更主体裁定是程序错误。

二、执行通知是根据申请执行人的申请发出的启动执行的程序性文书，其中关于申请执行人的记载只是根据立案文件、生效法律文书和当事人转让债权的材料作出的，并不具有实质审查判断的功能。债权受让人的公务员身份不是执行立案受理和发出执行通知阶段通常出现的普遍性问题，故难以要求对此进行事先审查，只有在被执行人收到执行通知之后提出异议时进行审查才是合理的。本案中，无相关证据表明福建高院立案和发出第8号执行通知时当然知晓李乙的公务员身份，故不存在接受其申请并立案以及第8号执行通知将李乙列为申请执行人存在错误的问题。被执行人对申请执行人的资格提出异议后，即使经异议审查认定了异议人所提出的事实，也无须撤销该执行通知，只要发出新的执行通知即可。福建高院裁定认为该院"受理的执行案件未做审查仍将李乙列为申请执行人显属不当"的结论意见不当。

三、关于李乙的申请执行人资格问题。关于债权转让合同效力争议问题原则上应当通过另行提起诉讼解决，执行程序不是审查判断和解决该问题的适当程序。被执行人主张转让合同无效所援引的《纪要》第五条也规定：在受让人向债务人主张债权的诉讼中，债务人提出不良债权转让合同无效抗辩的，人民法院应告知其向同一人民法院另行提起不良债权转让合同无效的诉讼；债务人不另行起诉的，人民法院对其抗辩不予支持。因本案在异议审查中查明，李乙明确表示其已经退出债权受让，不再参与本案执行，故后续执行中应不再将李乙列为申请执行人。但如果没有其他因素，该事实不影响另一债权受让人李甲的受让和申请执行资格。李甲要求继续执行的，福建高院应以李甲为申请执行人继续执行。

综上，福建高院（2012）闽执异字第1号执行裁定关于撤销第8号执行通知的处理意见不当。依据《中华人民共和国民事诉讼法》第二百零二条和《最高人民法院关于适用〈中华人民共和国民事诉讼法〉执行程序若干问题的解释》第八条、第九条之规定，裁定如下：

一、撤销福建省高级人民法院（2012）闽执异字第1号执行裁定书；

二、由福建省高级人民法院向两被执行人重新发出执行通知书。

本裁定送达后立即生效。

【附：案例评析】

执行前受让胜诉债权的权利人可以作为申请执行人直接申请执行——李甲、李乙申请执行厦门海洋实业（集团）股份有限公司、厦门海洋实业总公司执行复议案

评析：

该案例旨在明确，生效法律文书确定的权利人在进入执行程序前合法转让债权的，债权受让人及权利承受人可以作为申请执行人直接申请执行，无需法院作出变更申请执行人的裁定，从而提高执行效率。

（一）关于变更申请执行主体的相关概念

在执行程序中，生效法律文书确定的原告和被告一般就是申请执行人和被执行人，申请执行人通常是指在被告在法律文书指定的期限内不履行或者不完全履行义务时，根据已经发生法律效力的判决书、裁定书及其他法律文书，向人民法院要求执行的人。但是，在司法实践中，由于一些法定事由的出现，使得生效法律文书确定的权利或义务发生转移，表现在执行程序中，就是申请执行人的变更与被执行人的变更及追加。在《最高人民法院关于人民法院执行工作若干问题的规定（试行）》中，对被执行人的变更与追加作了较为详尽的规定，但对于申请执行人的变更及程序却未作规定，仅有第十八条第二款中规定，申请执行人是生效法律文书确定的权利人或其继承人、权利承受人。这条规定中的"继承人"和"权利承受人"即是执行权利主体的扩张，分别针对自然人和法人。根据这一规定，申请执行人变更主要有以下情况：

1. 作为申请执行人的公民死亡，由其继承人继承其在执行程序中的权利（追索赡养费的案件除外）。

2. 作为申请执行人的法人或其他组织在执行程序中发生了合并或分立，合并或分立后的法人或其他组织为申请执行人。

3. 作为申请执行人的法人或其他组织被解散、撤销或宣告破产的，由主管机关和人民法院组织成立的清算组织为申请执行人。

4. 作为申请执行人的法人或其他组织名称变更的，由变更名称后的法人或其他组织为执行申请人。

5. 法律文书确定的债权合法转让的。《中华人民共和国合同法》第80条规定：债权人转让权利的，应当通知债务人，未经通知，该转让对债务人不发生效力。第八十一条规定：债权人转让权利的，受让人取得与债权有关的从权利，但该权利专属于债权人自身的除外。经法院裁判所确认的胜诉债权，除专属于债权人人身的债权外，也应当能够转让，转让后，受让人取得债权人的地位，在义务人不履行义务的情况下，依法可以作为申请执行人向执行法院申请强制执行。

（二）关于变更申请执行主体的程序性规定

根据大陆法系民事诉讼法学的既判力界理论，执行根据的效力只能及于执行依据上的权利和义务主体。因此，申请执行人是依据所执行的有效法律文书来确定的。人民法院在受理执行案件时，首先应当对申请执行人是否适格进行形式审查，确认作为申请执行人的就是法律文书效力所及之人。只有在例外的情况，生效法律文书的既判力扩张至当事人以外的人。

关于执行法院审查后采取何种方式变更申请执行主体，我国目前法律法规无明确规定，仅有以下几个特别规定涉及此内容：

1. 《最高人民法院关于审理涉及金融不良债权转让案件工作座谈会纪要》第十条"关于诉讼或执行主体的变更"规定："会议认为，金融资产管理公司转让已经涉及诉讼、执行或者破产等程序的不良债权的，人民法院应当根据债权转让合同以及受让人或者转让人的申请，裁定变更诉讼主体或者执行主体。"

2. 最高人民法院《关于金融资产管理公司收购、处置银行不良资产有关问题的补充通知》第三条规定："金融资产管理公司转让、处置已经涉及诉讼、执行或者破产等程序的不良债权时，人民法院应当根据债权转让协议和转让人或者受让人的申请，裁定变更诉讼或者执行主体。"

3. 最高人民法院［（2009）执他字第1号］《关于判决确定的金融不良债权多次转让人民法院能否裁定变更申请执行主体请示的答复》（以下简称（2009）执他字第1号答复）："《最高人民法院关于人民法院执行工作若干问题的规定（试行）》，已经对申请执行人的资格予以明确。其中第十八条第一款规定：'人民法院受理执行案件应当符合下列条件：……（2）申请执行人是生效法律文书确定的权利人或其继承人、权利承受人。'该条中的'权利承受人'，包含通过债权转让的方式承受债权

的人。依法从金融资产管理公司受让债权的受让人将债权再行转让给其他普通受让人的，执行法院可以依据上述规定，依债权转让协议以及受让人或者转让人的申请，裁定变更申请执行主体"。

根据以上规定，从执行实践看，一般第三人提出申请并提供证据的，由人民法院审查，如审查合格，裁定变更第三人为申请执行主体，如审查不合格，裁定驳回申请。因此，对于变更申请执行人的确认，通常采用裁定形式作出。但以上所指的一般都是执行程序中的变更。

（三）本案例的实践意义

如前文所述，现行法律法规缺乏关于变更申请执行主体的相关规定，尤其是针对诉讼结束后，执行立案前发生债权转让的，原债权人自始至终未加入到执行程序中来，而是由权利承受人直接向法院申请执行的情形，司法实践中，对该情形，各家法院做法不一。有的法院进行形式审查后，直接将权利承受人作为申请执行人，不作变更申请执行人的裁定，只是按照一般程序向被执行人发出执行通知书；有的法院则要求，申请立案阶段，只能由裁判文书上载明的权利人申请，移交给执行部门后，再由执行部门裁定变更。

实际上，通常情况下变更申请执行主体主要是指在根据原申请执行人的申请已经开始了的执行程序中，变更新的权利人为申请执行人。从这个角度而言，执行立案前债权转让，且原债权人一直未参与执行程序，自始由权利承受人以自己名义申请执行的，虽然与严格意义上"变更申请执行主体"有着相同的法律基础，但并不完全符合"变更"的概念界定。本案中，双方当事人争议的焦点问题是债权转让合同是否有效，进而指向的程序问题是：债权转让后权利承受人直接申请执行的，执行法院未作出变更申请执行主体的裁定，仅发出执行通知书是否合法。

针对此争论，本指导案例统一了裁判方式，确认了权利承受人有权以自己的名义申请执行，只要向人民法院提交承受权利的证明文件，证明自己是生效法律文书确定的权利的承受人的，即符合受理执行案件的条件，而无需以作出变更裁定为必要条件。统一裁判方式后，不但可以简化程序，减轻人民法院工作量，也符合执行程序的效率追求。执行程序的主要目的是迅速实现债权人经过生效法律文书确定的债权，不同于审判程序，效率是执行程序基本价值取向。即使作为救济程序的执行异议和复议程序，其目的也是解决执行过程中衍生的程序和实体争议，是执行程序的下位程序，所作的是非诉审查，其价值取向毫无疑问仍是效率。因此，效率原则贯穿于整个执行程序，如果经过立案登记审查后，执行部门还须作出变更主体的裁定，则显得多余，这种做法与执行程序的效率原则也格格不入。因此，本指导案例对于方便权利承受人申请执行、提高执行效率大有裨益。

需要说明的是，本案例涉及的债权转让合同，属于金融资产管理公司转让不良债权的性质，但关于如何处理申请主体变更的结论，不仅适用于金融不良债权案件，也普遍适用于普通执行案件。司法实践中，在执行立案阶段应当认真审查受让人提交相关权证证明材料是否符合形式要求。同时，应当赋予被执行人相应的异议权，被执行人针对变更申请执行主体提出异议的，如果不涉及债权转让合同效力的，可以依照《民事诉讼法》二百二十五条作为执行异议进行审查，并赋予当事人申请复议的权利。如果被执行人异议理由主要涉及债权转让合同效力的，应当提示被执行人提起诉讼。①

人民法院办理执行案件规范

2017 年 4 月

37.【申请执行人、被执行人的范围】
申请执行人包括：
（一）执行申请受理时的权利人；
（二）经另案裁判确认的共同权利人或连带权利人；
（三）经执行程序依法变更的申请执行人；
（四）法律、司法解释规定的其他主体。

---

① 马岚：《执行前受让胜诉债权的权利人可以作为申请执行人直接申请执行——李甲、李乙申请执行厦门海洋实业（集团）股份有限公司、厦门海洋实业总公司执行复议案》，载江必新、刘贵祥主编，最高人民法院执行局编：《执行工作指导》2015 年第 1 辑（总第 53 辑），国家行政学院出版社 2015 年版，第 144～156 页。

被执行人包括：

（一）执行申请受理时确定的义务人；

（二）经另案裁判确认的共同义务人或连带义务人；

（三）经执行程序依法追加或变更的被执行人；

（四）法律、司法解释规定的其他主体。

43.【当事人变更追加的法定原则】

执行过程中，申请执行人或其继承人、权利承受人可以向人民法院申请变更、追加当事人。申请符合法定条件的，人民法院应予支持。

非因法定事由，不得变更、追加当事人。

44.【申请执行人死亡、宣告失踪时的变更、追加】

作为申请执行人的公民死亡或被宣告死亡，该公民的遗嘱执行人、受遗赠人、继承人或其他因该公民死亡或被宣告死亡依法承受生效法律文书确定权利的主体，申请变更、追加其为申请执行人的，人民法院应予支持。

作为申请执行人的公民被宣告失踪，该公民的财产代管人申请变更、追加其为申请执行人的，人民法院应予支持。

45.【申请执行人离婚时的变更、追加】

作为申请执行人的公民离婚时，生效法律文书确定的权利全部或部分分割给其配偶，该配偶申请变更、追加其为申请执行人的，人民法院应予支持。

46.【申请执行人终止时的变更、追加】

作为申请执行人的法人或其他组织终止，因该法人或其他组织终止依法承受生效法律文书确定权利的主体，申请变更、追加其为申请执行人的，人民法院应予支持。

47.【申请执行人合并时的变更、追加】

作为申请执行人的法人或其他组织因合并而终止，合并后存续或新设的法人、其他组织申请变更其为申请执行人的，人民法院应予支持。

48.【申请执行人分立时的变更、追加】

作为申请执行人的法人或其他组织分立，依分立协议约定承受生效法律文书确定权利的新设法人或其他组织，申请变更、追加其为申请执行人的，人民法院应予支持。

49.【申请执行人清算或破产时的变更、追加】

作为申请执行人的法人或其他组织清算或破产时，生效法律文书确定的权利依法分配给第三人，该第三人申请变更、追加其为申请执行人的，人民法院应予支持。

50.【申请执行人被撤销时的变更、追加】

作为申请执行人的机关法人被撤销，继续履行其职能的主体申请变更、追加其为申请执行人的，人民法院应予支持，但生效法律文书确定的权利依法应由其他主体承受的除外；没有继续履行其职能的主体，且生效法律文书确定权利的承受主体不明确，作出撤销决定的主体申请变更、追加其为申请执行人的，人民法院应予支持。

51.【债权转让时的变更、追加】

申请执行人将生效法律文书确定的债权依法转让给第三人，且书面认可第三人取得该债权，该第三人申请变更、追加其为申请执行人的，人民法院应予支持。

转让合同债权应该以什么方式通知债务人？

问题：《中华人民共和国合同法》第八十条规定："债权人转让权利的，应当通知债务人。未经通知，该转让对债务人不发生效力。"该条中对"通知"方式没有明确，是口头通知还是书面通知，目前尚无司法解释。有人认为从合同的有效性和不致引起争议来讲，债权人通知应当以书面为宜，并应让债务人出具收到通知的证据。

请问以何种通知方式为宜？

《人民司法》研究组认为： 合同法第八十条规定的债权人转让其债权时应当通知债务人，对通知的形式未作明确规定。从避免发生纠纷的角度来看，债权人如能采用书面形式进行通知并由债务人签字认可是最佳形式。但从该规定并结合合同法相关的其他规定来看，通知的形式应当由当事人自愿选择，不宜通过司法解释进行限制。以书面形式之外的形式通知的，只要当事人能够予以遵守或者在发生争议时债权人能够提供相关证据证明的，人民法院自应确认通知的效力。另外，还应当注意合同法第八十条规定的通知义务，其履行并不是债权转让行为产生法律效力的要件，即使债权转让时未通知债务人,债权转让仍为有效。只是债务人由于未受通知,其仍可以按照原合同规定向原债权人履行其债务,该履行为适当履行;债权受让人直接对债务人主张权利时,其可以拒绝履行。①

原、被告在诉讼过程中达成债权转让协议,法院应否通知被转让债权的债务人参加诉讼?

问题: 我院在审理一起买卖合同纠纷案中,经主持调解原告施某与被告林某达成了债权转让协议,约定被告林某将其对债务人黄某的债权转让给原告,以免除被告林某对原告施某的债务。对此时应否通知黄某参加诉讼,存在两种不同的观点:第一种观点认为:法院不必通知债务人黄某参加诉讼,因为债权转让的成立只须转让人与受让人之间达成债权转让协议,而无须债务人同意。第二种观点认为:法院应当通知债务人黄某参加诉讼,因为如果法院以调解书的形式确认施某与林某之间转让协议的效力,那么对债务人黄某就有约束力。一旦施某与林某都没有履行债权转让的通知义务,那么依照合同法第八十条的规定,该转让对债务人不发生效力。为避免矛盾的产生,应当通知黄某参加诉讼。

哪一种观点正确?请予解答。

《人民司法》研究组认为: 我们认为,来信中第一种意见是正确的。

根据合同法第七十九条、第八十条的规定,债权可以转让;且对于债权的转让并不以债务人的同意为前提,即无须经债务人同意。债权人对此仅负通知义务。

本案中,原告与被告经法院主持调解,达成了关于被告对另一债务人的债权的转让协议,以消灭原、被告之间的债权债务关系。显然,该债务人与本案原、被告之间的法律关系无涉,故其不应成为本案的一方当事人,人民法院无须通知其作为一方当事人参加到本案的诉讼中来。而本案被告对其享有对该债务人的债权这一事实负有举证责任,被告必须证明该转让的债权是确实存在的。另外,可以由原、被告双方在调解协议中约定被告负有通知该债务人的义务,以使本案原告债权顺利实现。②

第四十三章　被执行人的追加与变更

中华人民共和国民事诉讼法

2017 年 6 月 27 日

第二百三十一条 在执行中,被执行人向人民法院提供担保,并经申请执行人同意的,人民法院可以决定暂缓执行及暂缓执行的期限。被执行人逾期仍不履行的,人民法院有权执行被执行人的担保财产或者担保人的财产。

第二百三十二条 作为被执行人的公民死亡的,以其遗产偿还债务。作为被执行人的法人或者其他组织终止的,由其权利义务承受人履行义务。

中华人民共和国公司法

2013 年 12 月 28 日

第一百七十二条 公司合并可以采取吸收合并或者新设合并。

一个公司吸收其他公司为吸收合并,被吸收的公司解散。两个以上公司合并设立一个新的公司为新设合并,合并各方解散。

第一百七十三条 公司合并,应当由合并各方签订合并协议,并编制资产负债表及财产清单。公司应当自作出合并决议之日起十日内

---

① 载《人民司法》2005 年第 3 期。
② 载《人民司法》2001 年第 6 期。

通知债权人，并于三十日内在报纸上公告。债权人自接到通知书之日起三十日内，未接到通知书的自公告之日起四十五日内，可以要求公司清偿债务或者提供相应的担保。

第一百七十四条 公司合并时，合并各方的债权、债务，应当由合并后存续的公司或者新设的公司承继。

第一百七十五条 公司分立，其财产作相应的分割。

公司分立，应当编制资产负债表及财产清单。公司应当自作出分立决议之日起十日内通知债权人，并于三十日内在报纸上公告。

第一百七十六条 公司分立前的债务由分立后的公司承担连带责任。但是，公司在分立前与债权人就债务清偿达成的书面协议另有约定的除外。

第一百七十七条 公司需要减少注册资本时，必须编制资产负债表及财产清单。

公司应当自作出减少注册资本决议之日起十日内通知债权人，并于三十日内在报纸上公告。债权人自接到通知书之日起三十日内，未接到通知书的自公告之日起四十五日内，有权要求公司清偿债务或者提供相应的担保。

公司减资后的注册资本不得低于法定的最低限额。

第一百七十八条 有限责任公司增加注册资本时，股东认缴新增资本的出资，依照本法设立有限责任公司缴纳出资的有关规定执行。

股份有限公司为增加注册资本发行新股时，股东认购新股，依照本法设立股份有限公司缴纳股款的有关规定执行。

第一百七十九条 公司合并或者分立，登记事项发生变更的，应当依法向公司登记机关办理变更登记；公司解散的，应当依法办理公司注销登记；设立新公司的，应当依法办理公司设立登记。

公司增加或者减少注册资本，应当依法向公司登记机关办理变更登记。

中华人民共和国商业银行法

2015 年 8 月 29 日

第二十二条 商业银行对其分支机构实行全行统一核算，统一调度资金，分级管理的财务制度。

商业银行分支机构不具有法人资格，在总行授权范围内依法开展业务，其民事责任由总行承担。

最高人民法院
关于人民法院执行工作若干问题的规定（试行）

1998 年 7 月 8 日　　法释〔1998〕15 号

九、被执行主体的变更和追加

76. 被执行人为无法人资格的私营独资企业，无能力履行法律文书确定的义务的，人民法院可以裁定执行该独资企业业主的其他财产。

77. 被执行人为个人合伙组织或合伙型联营企业，无能力履行生效法律文书确定的义务的，人民法院可以裁定追加该合伙组织的合伙人或参加该联营企业的法人为被执行人。

78. 被执行人为企业法人的分支机构不能清偿债务时，可以裁定企业法人为被执行人。企业法人直接经营管理的财产仍不能清偿债务的，人民法院可以裁定执行该企业法人其他分支机构的财产。若必须执行已被承包或租赁的企业法人分支机构的财产时，对承包人或承租人投入及应得的收益应依法保护。

79. 被执行人按法定程序分立为两个或多个具有法人资格的企业，分立后存续的企业按照分立协议确定的比例承担债务；不符合法定程序分立的，裁定由分立后存续的企业按照其从被执行企业分得的资产占原企业总资产的比例对申请执行人承担责任。①

80. 被执行人无财产清偿债务，如果其开办单位对其开办时投入的注册资金不实或抽逃注册资金，可以裁定变更或追加其开办单位为被执行人，在注册资金不实或抽逃注册资金的范围内，对申请执行人承担责任。

81. 被执行人被撤销、注销或歇业后，上级主管部门或开办单位无偿接受被执行人的财产，致使被执行人无遗留财产清偿债务或遗留财产不足清偿的，可以裁定由上级主管部门或开办单位在所接受的财产范围内承担责任。

82. 被执行人的开办单位已经在注册资金范围内或接受财产的范围内向其他债权人承担了全部责任的，人民法院不得裁定开办单位重复承担责任。

最高人民法院
关于适用《中华人民共和国民事诉讼法》的解释

2015 年 1 月 30 日　　法释〔2015〕5 号

第四百七十二条　依照民事诉讼法第二百三十二条规定，执行中作为被执行人的法人或者其他组织分立、合并的，人民法院可以裁定变更后的法人或者其他组织为被执行人；被注销的，如果依照有关实体法的规定有权利义务承受人的，可以裁定该权利义务承受人为被执行人。

第四百七十三条　其他组织在执行中不能履行法律文书确定的义务的，人民法院可以裁定执行对该其他组织依法承担义务的法人或者公民个人的财产。

第四百七十四条　在执行中，作为被执行人的法人或者其他组织名称变更的，人民法院可以裁定变更后的法人或者其他组织为被执行人。

第四百七十五条　作为被执行人的公民死亡，其遗产继承人没有放弃继承的，人民法院可以裁定变更被执行人，由该继承人在遗产的范围内偿还债务。继承人放弃继承的，人民法院可以直接执行被执行人的遗产。

最高人民法院
关于民事执行中变更、追加当事人若干问题的规定

2016 年 11 月 7 日　　法释〔2016〕21 号

第十条　作为被执行人的公民死亡或被宣告死亡，申请执行人申请变更、追加该公民的遗嘱执行人、继承人、受遗赠人或其他因该公民死亡或被宣告死亡取得遗产的主体为被执行人，在遗产范围内承担责任的，人民法院应予支持。继承人放弃继承或受遗赠人放弃受遗赠，又无遗嘱执行人的，人民法院可以直接执行遗产。

作为被执行人的公民被宣告失踪，申请执行人申请变更该公民的财产代管人为被执行人，在代管的财产范围内承担责任的，人民法院应予支持。

第十一条　作为被执行人的法人或其他组织因合并而终止，申请执行人申请变更合并后存续或新设的法人、其他组织为被执行人的，

---

①　修正前的《公司法》第一百八十五条第三款规定：公司分立前的债务按所达成的协议由分立后的公司承担。《执行规定》第 79 条也根据此款作出相应规定：被执行人按法定程序分立为两个或多个具有法人资格的企业，分立后存续的企业按照分立协议确定的比例承担债务；不符合法定程序分立的，裁定由分立后存续的企业按照其从被执行企业分得的资产占原企业总资产的比例对申请执行人承担责任。修正后的《公司法》对公司分立后的债务承担作了修改，该法第一百七十六条规定："公司分立前的债务由分立后的公司承担连带责任。但是，公司在分立前与债权人就债务清偿达成的书面协议另有约定的除外。"——编者注

人民法院应予支持。

第十二条 作为被执行人的法人或其他组织分立，申请执行人申请变更、追加分立后新设的法人或其他组织为被执行人，对生效法律文书确定的债务承担连带责任的，人民法院应予支持。但被执行人在分立前与申请执行人就债务清偿达成的书面协议另有约定的除外。

第十三条 作为被执行人的个人独资企业，不能清偿生效法律文书确定的债务，申请执行人申请变更、追加其投资人为被执行人的，人民法院应予支持。个人独资企业投资人作为被执行人的，人民法院可以直接执行该个人独资企业的财产。

个体工商户的字号为被执行人的，人民法院可以直接执行该字号经营者的财产。

第十四条 作为被执行人的合伙企业，不能清偿生效法律文书确定的债务，申请执行人申请变更、追加普通合伙人为被执行人的，人民法院应予支持。

作为被执行人的有限合伙企业，财产不足以清偿生效法律文书确定的债务，申请执行人申请变更、追加未按期足额缴纳出资的有限合伙人为被执行人，在未足额缴纳出资的范围内承担责任的，人民法院应予支持。

第十五条 作为被执行人的法人分支机构，不能清偿生效法律文书确定的债务，申请执行人申请变更、追加该法人为被执行人的，人民法院应予支持。法人直接管理的责任财产仍不能清偿债务的，人民法院可以直接执行该法人其他分支机构的财产。

作为被执行人的法人，直接管理的责任财产不能清偿生效法律文书确定债务的，人民法院可以直接执行该法人分支机构的财产。

第十六条 个人独资企业、合伙企业、法人分支机构以外的其他组织作为被执行人，不能清偿生效法律文书确定的债务，申请执行人申请变更、追加依法对该其他组织的债务承担责任的主体为被执行人的，人民法院应予支持。

第十七条 作为被执行人的企业法人，财产不足以清偿生效法律文书确定的债务，申请执行人申请变更、追加未缴纳或未足额缴纳出资的股东、出资人或依公司法规定对该出资承担连带责任的发起人为被执行人，在尚未缴纳出资的范围内依法承担责任的，人民法院应予支持。

第十八条 作为被执行人的企业法人，财产不足以清偿生效法律文书确定的债务，申请执行人申请变更、追加抽逃出资的股东、出资人为被执行人，在抽逃出资的范围内承担责任的，人民法院应予支持。

第十九条 作为被执行人的公司，财产不足以清偿生效法律文书确定的债务，其股东未依法履行出资义务即转让股权，申请执行人申请变更、追加该原股东或依公司法规定对该出资承担连带责任的发起人为被执行人，在未依法出资的范围内承担责任的，人民法院应予支持。

第二十条 作为被执行人的一人有限责任公司，财产不足以清偿生效法律文书确定的债务，股东不能证明公司财产独立于自己的财产，申请执行人申请变更、追加该股东为被执行人，对公司债务承担连带责任的，人民法院应予支持。

第二十一条 作为被执行人的公司，未经清算即办理注销登记，导致公司无法进行清算，申请执行人申请变更、追加有限责任公司的股东、股份有限公司的董事和控股股东为被执行人，对公司债务承担连带清偿责任的，人民法院应予支持。

第二十二条 作为被执行人的法人或其他组织，被注销或出现被吊销营业执照、被撤销、被责令关闭、歇业等解散事由后，其股东、出资人或主管部门无偿接受其财产，致使该被执行人无遗留财产或遗留财产不足以清偿债务，申请执行人申请变更、追加该股东、出资人或主管部门为被执行人，在接受的财产范围内承担责任的，人民法院应予支持。

第二十三条 作为被执行人的法人或其他组织，未经依法清算即办理注销登记，在登记机关办理注销登记时，第三人书面承诺对被执行人的债务承担清偿责任，申请执行人申请变更、追加该第三人为被执行人，在承诺范围内承担清偿责任的，人民法院应予支持。

第二十四条 执行过程中，第三人向执行法院书面承诺自愿代被执行人履行生效法律文书确定的债务，申请执行人申请变更、追加该第三人为被执行人，在承诺范围内承担责任的，人民法院应予支持。

第二十五条　作为被执行人的法人或其他组织，财产依行政命令被无偿调拨、划转给第三人，致使该被执行人财产不足以清偿生效法律文书确定的债务，申请执行人申请变更、追加该第三人为被执行人，在接受的财产范围内承担责任的，人民法院应予支持。

第二十六条　被申请人在应承担责任范围内已承担相应责任的，人民法院不得责令其重复承担责任。

第二十九条　执行法院审查变更、追加被执行人申请期间，申请人申请对被申请人的财产采取查封、扣押、冻结措施的，执行法院应当参照民事诉讼法第一百条的规定办理。

申请执行人在申请变更、追加第三人前，向执行法院申请查封、扣押、冻结该第三人财产的，执行法院应当参照民事诉讼法第一百零一条的规定办理。

第三十一条　上一级人民法院对复议申请应当组成合议庭审查，并自收到申请之日起六十日内作出复议裁定。有特殊情况需要延长的，由本院院长批准。

被裁定变更、追加的被申请人申请复议的，复议期间，人民法院不得对其争议范围内的财产进行处分。申请人请求人民法院继续执行并提供相应担保的，人民法院可以准许。

第三十三条　被申请人提起的执行异议之诉，人民法院经审理，按照下列情形分别处理：

（一）理由成立的，判决不得变更、追加被申请人为被执行人或者判决变更责任范围；

（二）理由不成立的，判决驳回诉讼请求。

诉讼期间，人民法院不得对被申请人争议范围内的财产进行处分。申请人请求人民法院继续执行并提供相应担保的，人民法院可以准许。

最高人民法院
关于城市街道办事处是否应当独立承担民事责任的批复

1997年7月14日　　法释〔1997〕1号

四川省高级人民法院：

你院《关于城市街道办事处能否独立承担民事责任的请示》（川高法〔1996〕117号）收悉。经研究，答复如下：

街道办事处开办的企业具有法人资格的，街道办事处只在收取管理费范围内承担民事责任；其开办的企业不具有法人资格的，应先由企业承担相应的民事责任，不足部分由街道办事处在企业注册资金范围内独立承担。街道办事处财产不足以承担时，不能由设立该街道办事处的市或区人民政府承担民事责任。街道办事处进行自身民事活动产生纠纷的，应当独自承担民事责任。

此复。

最高人民法院
关于验资单位对多个案件债权人损失应如何承担责任的批复

1997年12月5日　　法释〔1997〕10号

四川省高级人民法院：

你院《关于验资单位对多个案件债权人损失应如何承担责任的请示》（川高法〔1997〕77号）收悉。经研究，答复如下：

金融机构、会计师事务所为公司出具不实的验资报告或者虚假的资金证明，公司资不抵债的，该验资单位应当对公司债务在验资报告不实部分或者虚假资金证明金额以内，承担民事赔偿责任。

验资单位对一个或多个债权人在验资不实部分之内承担的责任累计已经达到其应当承担责任部分限额的，对于公司其他债权人则不再承担赔偿责任。

对于多个债权人同时要求受偿的，验资单

位应当在其出具的被验资单位不实的注册资金、证明金额内,就其应当承担责任的部分按比例分别承担赔偿责任。

最高人民法院
关于审理与企业改制相关的民事纠纷案件若干问题的规定

2003年1月3日　　法释〔2003〕1号

为了正确审理与企业改制相关的民事纠纷案件,根据《中华人民共和国民法通则》、《中华人民共和国公司法》、《中华人民共和国全民所有制工业企业法》、《中华人民共和国合同法》、《中华人民共和国民事诉讼法》等法律、法规的规定,结合审判实践,制定本规定。

一、案件受理

第一条　人民法院受理以下平等民事主体间在企业产权制度改造中发生的民事纠纷案件:

(一)企业公司制改造中发生的民事纠纷;

(二)企业股份合作制改造中发生的民事纠纷;

(三)企业分立中发生的民事纠纷;

(四)企业债权转股权纠纷;

(五)企业出售合同纠纷;

(六)企业兼并合同纠纷;

(七)与企业改制相关的其他民事纠纷。

第二条　当事人起诉符合本规定第一条所列情形,并符合民事诉讼法第一百零八条①规定的起诉条件的,人民法院应当予以受理。

第三条　政府主管部门在对企业国有资产进行行政性调整、划转过程中发生的纠纷,当事人向人民法院提起民事诉讼的,人民法院不予受理。

二、企业公司制改造

第四条　国有企业依公司法整体改造为国有独资有限责任公司的,原企业的债务,由改造后的有限责任公司承担。

第五条　企业通过增资扩股或者转让部分产权,实现他人对企业的参股,将企业整体改造为有限责任公司或者股份有限公司的,原企业债务由改造后的新设公司承担。

第六条　企业以其部分财产和相应债务与他人组建新公司,对所转移的债务债权人认可的,由新组建的公司承担民事责任;对所转移的债务未通知债权人或者虽通知债权人,而债权人不予认可的,由原企业承担民事责任。原企业无力偿还债务,债权人就此向新设公司主张债权的,新设公司在所接收的财产范围内与原企业承担连带民事责任。

第七条　企业以其优质财产与他人组建新公司,而将债务留在原企业,债权人以新设公司和原企业作为共同被告提起诉讼主张债权的,新设公司应当在所接收的财产范围内与原企业共同承担连带责任。

三、企业股份合作制改造

第八条　由企业职工买断企业产权,将原企业改造为股份合作制的,原企业的债务,由改造后的股份合作制企业承担。

第九条　企业向其职工转让部分产权,由企业与职工共同组建股份合作制企业的,原企业的债务由改造后的股份合作制企业承担。

第十条　企业通过其职工投资增资扩股,将原企业改造为股份合作制企业的,原企业的债务由改造后的股份合作制企业承担。

第十一条　企业在进行股份合作制改造时,参照公司法的有关规定,公告通知了债权人。企业股份合作制改造后,债权人就原企业资产管理人(出资人)隐瞒或者遗漏的债务起诉股份合作制企业的,如债权人在公告期内申报过该债权,股份合作制企业在承担民事责任后,可再向原企业资产管理人(出资人)追偿。如债权人在公告期内未申报过该债权,则股份合作制企业不承担民事责任,人民法院可告知债权人另行起诉原企业资产管理人(出资人)。

四、企业分立

第十二条　债权人向分立后的企业主张债

---

① 民事诉讼法原第一百零八条现已修改为第一百一十九条。——编者注

权,企业分立时对原企业的债务承担有约定,并经债权人认可的,按照当事人的约定处理;企业分立时对原企业债务承担没有约定或者约定不明,或者虽然有约定但债权人不予认可的,分立后的企业应当承担连带责任。

第十三条 分立的企业在承担连带责任后,各分立的企业间对原企业债务承担有约定的,按照约定处理;没有约定或者约定不明的,根据企业分立时的资产比例分担。

五、企业债权转股权

第十四条 债权人与债务人自愿达成债权转股权协议,且不违反法律和行政法规强制性规定的,人民法院在审理相关的民事纠纷案件中,应当确认债权转股权协议有效。

政策性债权转股权,按照国务院有关部门的规定处理。

第十五条 债务人以隐瞒企业资产或者虚列企业资产为手段,骗取债权人与其签订债权转股权协议,债权人在法定期间内行使撤销权的,人民法院应当予以支持。

债权转股权协议被撤销后,债权人有权要求债务人清偿债务。

第十六条 部分债权人进行债权转股权的行为,不影响其他债权人向债务人主张债权。

六、国有小型企业出售

第十七条 以协议转让形式出售企业,企业出售合同未经有审批权的地方人民政府或其授权的职能部门审批的,人民法院在审理相关的民事纠纷案件时,应当确认该企业出售合同不生效。

第十八条 企业出售中,当事人双方恶意串通,损害国家利益的,人民法院在审理相关的民事纠纷案件时,应当确认该企业出售行为无效。

第十九条 企业出售中,出卖人实施的行为具有合同法第五十四条规定的情形,买受人在法定期限内行使撤销权的,人民法院应当予以支持。

第二十条 企业出售合同约定的履行期限届满,一方当事人拒不履行合同,或者未完全履行合同义务,致使合同目的不能实现,对方当事人要求解除合同并要求赔偿损失的,人民法院应当予以支持。

第二十一条 企业出售合同约定的履行期限届满,一方当事人未完全履行合同义务,对方当事人要求继续履行合同并要求赔偿损失的,人民法院应当予以支持。双方当事人均未完全履行合同义务的,应当根据当事人的过错,确定各自应当承担的民事责任。

第二十二条 企业出售时,出卖人对所售企业的资产负债状况、损益状况等重大事项未履行如实告知义务,影响企业出售价格,买受人就此向人民法院起诉主张补偿的,人民法院应当予以支持。

第二十三条 企业出售合同被确认无效或者被撤销的,企业售出后买受人经营企业期间发生的经营盈亏,由买受人享有或者承担。

第二十四条 企业售出后,买受人将所购企业资产纳入本企业或者将所购企业变更为所属分支机构的,所购企业的债务,由买受人承担。但买卖双方另有约定,并经债权人认可的除外。

第二十五条 企业售出后,买受人将所购企业资产作价入股与他人重新组建新公司,所购企业法人予以注销的,对所购企业出售前的债务,买受人应当以其所有财产,包括在新组建公司中的股权承担民事责任。

第二十六条 企业售出后,买受人将所购企业重新注册为新的企业法人,所购企业法人被注销的,所购企业出售前的债务,应当由新注册的企业法人承担。但买卖双方另有约定,并经债权人认可的除外。

第二十七条 企业售出后,应当办理而未办理企业法人注销登记,债权人起诉该企业的,人民法院应当根据企业资产转让后的具体情况,告知债权人追加责任主体,并判令责任主体承担民事责任。

第二十八条 出售企业时,参照公司法的有关规定,出卖人公告通知了债权人。企业售出后,债权人就出卖人隐瞒或者遗漏的原企业债务起诉买受人的,如债权人在公告期内申报过该债权,买受人在承担民事责任后,可再行向出卖人追偿。如债权人在公告期内未申报过该债权,则买受人不承担民事责任。人民法院可告知债权人另行起诉出卖人。

第二十九条 出售企业的行为具有合同法第七十四条规定的情形，债权人在法定期限内行使撤销权的，人民法院应当予以支持。

七、企业兼并

第三十条 企业兼并协议自当事人签字盖章之日起生效。需经政府主管部门批准的，兼并协议自批准之日起生效；未经批准的，企业兼并协议不生效。但当事人在一审法庭辩论终结前补办报批手续的，人民法院应当确认该兼并协议有效。

第三十一条 企业吸收合并后，被兼并企业的债务应当由兼并方承担。

第三十二条 企业进行吸收合并时，参照公司法的有关规定，公告通知了债权人。企业吸收合并后，债权人就被兼并企业原资产管理人（出资人）隐瞒或者遗漏的企业债务起诉兼并方的，如债权人在公告期内申报过该笔债权，兼并方在承担民事责任后，可再行向被兼并企业原资产管理人（出资人）追偿。如债权人在公告期内未申报过该笔债权，则兼并方不承担民事责任。人民法院可告知债权人另行起诉被兼并企业原资产管理人（出资人）。

第三十三条 企业新设合并后，被兼并企业的债务由新设合并后的企业法人承担。

第三十四条 企业吸收合并或新设合并后，被兼并企业应当办理而未办理工商注销登记，债权人起诉被兼并企业的，人民法院应当根据企业兼并后的具体情况，告知债权人追加责任主体，并判令责任主体承担民事责任。

第三十五条 以收购方式实现对企业控股的，被控股企业的债务，仍由其自行承担。但因控股企业抽逃资金、逃避债务，致被控股企业无力偿还债务的，被控股企业的债务则由控股企业承担。

八、附　则

第三十六条 本规定自二〇〇三年二月一日起施行。在本规定施行前，本院制定的有关企业改制方面的司法解释与本规定相抵触的，不再适用。

最高人民法院　中国人民银行
关于依法规范人民法院执行和金融机构协助执行的通知

2000年9月4日　　法发〔2000〕21号

八、金融机构的分支机构作为被执行人的，执行法院应当向其发出限期履行通知书，期限为十五日；逾期未自动履行的，依法予以强制执行；对被执行人未能提供可供执行财产的，应当依法裁定逐级变更其上级机构为被执行人，直至其总行、总公司。每次变更前，均应当给予被变更主体十五日的自动履行期限；逾期未自动履行的，依法予以强制执行。

最高人民法院
关于金融机构为企业出具不实或者虚假验资报告资金证明如何承担民事责任问题的通知

2002年2月9号　　法〔2002〕21号

各省、自治区、直辖市高级人民法院，新疆维吾尔自治区高级人民法院生产建设兵团分院：

近年来，我院陆续发布了一些关于验资单位承担民事责任的司法解释，对各级人民法院正确理解和适用民法通则、注册会计师法，及时审理关于验资单位因不实或者虚假验资承担民事责任的相关案件，起到了积极作用。但是，也有一些法院对有关司法解释的理解存在偏差。为正确执行我院的司法解释，规范金融机构不实或者虚假验资案件的审理和执行，现就有关问题通知如下：

一、出资人未出资或者未足额出资，但金融机构为企业提供不实、虚假的验资报告或者资金证明，相关当事人使用该报告或者证明，与该企业进行经济往来而受到损失的，应当由该企业承担民事责任。对于该企业财产不足以清偿债务的，由出资人在出资不实或者虚假资金额范围内承担责任。

二、对前项所述情况，企业、出资人的财

产依法强制执行后仍不能清偿债务的，由金融机构在验资不实部分或者虚假资金证明金额范围内，根据过错大小承担责任，此种民事责任不属于担保责任。

三、未经审理，不得将金融机构追加为被执行人。

四、企业登记时出资人未足额出资但后来补足的，或者债权人索赔所依据的合同无效的，免除验资金融机构的赔偿责任。

五、注册会计师事务所不实或虚假验资民事责任案件的审理和执行中出现类似问题的，参照本通知办理。

最高人民法院
关于采取民事强制措施不得逐级变更由行为人的上级机构承担责任的通知

2004年7月9日　　法〔2004〕127号

各省、自治区、直辖市高级人民法院，解放军军事法院，新疆维吾尔自治区高级人民法院生产建设兵团分院：

近一个时期，一些地方法院在执行银行和非银行金融机构（以下简称金融机构）作为被执行人或者协助执行人的案件中，在依法对该金融机构采取民事强制措施，作出罚款或者司法拘留决定后，又逐级对其上级金融机构直至总行、总公司采取民事强制措施，再次作出罚款或者司法拘留决定，造成不良影响。为纠正这一错误，特通知如下：

一、人民法院在执行程序中，对作为协助执行人的金融机构采取民事强制措施，应当严格依法决定，不得逐级变更由其上级金融机构负责。依据我院与中国人民银行于2000年9月4日会签下发的法发〔2000〕21号即《关于依法规范人民法院执行和金融机构协助执行的通知》第八条的规定，执行金融机构时逐级变更其上级金融机构为被执行人须具备五个条件：其一，该金融机构须为被执行人，其债务已由生效法律文书确认；其二，该金融机构收到执行法院对其限期十五日内履行偿债义务的通知；其三，该金融机构逾期未能自动履行偿债义务，并经过执行法院的强制执行；其四，该金融机构未能向执行法院提供其可供执行的财产；其五，该金融机构的上级金融机构对其负有民事连带清偿责任。金融机构作为协助执行人因其妨害执行行为而被采取民事强制措施，不同于金融机构为被执行人的情况，因此，司法处罚责任应由其自行承担；逐级变更由其上级金融机构承担此责任，属适用法律错误。

二、在执行程序中，经依法逐级变更由上级金融机构为被执行人的，如该上级金融机构在履行此项偿债义务时有妨害执行行为，可以对该上级金融机构采取民事强制措施。但人民法院应当严格按照前述通知第八条的规定，及时向该上级金融机构发出允许其于十五日内自动履行偿债义务的通知，在其自动履行的期限内，不得对其采取民事强制措施。

三、采取民事强制措施应当坚持过错责任原则。金融机构的行为基于其主观上的故意并构成妨害执行的，才可以对其采取民事强制措施；其中构成犯罪的，也可以通过法定程序追究其刑事责任。这种民事强制措施和刑事惩罚手段只适用于有故意过错的金融机构行为人，以充分体现国家法律对违法行为的惩罚性。

四、金融机构对执行法院的民事强制措施即罚款和司法拘留的决定书不服的，可以依据《民事诉讼法》第105条[①]的规定，向上一级法院申请复议；当事人向执行法院提出复议申请的，执行法院应当立即报送上一级法院，不得扣押或者延误转交；上一级法院受理复议申请后，应当及时审查处理；执行法院在上一级法院审查复议申请期间，可以继续执行处罚决定，但经上一级法院决定撤销处罚决定的，执行法院应当立即照办。

以上通知，希望各级人民法院认真贯彻执行。执行过程中有什么情况和问题，应当及时层报我院执行工作办公室。

---

① 民事诉讼法原第一百零五条现已修改为第一百一十六条。——编者注

最高人民法院
关于在民事审判和执行工作中依法
保护金融债权防止国有资产
流失问题的通知

2005年3月16日　　法〔2005〕32号

各省、自治区、直辖市高级人民法院，解放军军事法院，新疆维吾尔自治区高级人民法院生产建设兵团分院：

依法保护金融债权，防止国有资产流失，关系到国家经济安全，已经成为当前我国经济结构调整和金融体制改革过程中的重要问题。随着金融不良债权处置工作进入攻坚阶段和处置难度的加大、处置方式的多元化，人民群众和社会各界对人民法院在审理和执行涉及不良金融债权案件中如何依法保护金融债权，防止国有资产流失提出了更高的要求。为正确审理上述相关纠纷案件，保障金融不良债权处置工作的顺利进行，防止国有资产流失，现通知如下：

一、充分发挥民事审判和执行工作在依法调整社会各种经济关系，维护社会主义市场经济秩序方面的职能作用。在审理和执行涉及金融不良债权案件中要严格执行民事诉讼法、合同法、担保法及本院颁布的《关于审理企业破产案件若干问题的规定》、《关于审理与企业改制相关的民事纠纷案件若干问题的规定》等一系列司法解释，准确理解和把握立法和司法解释的本意，统一司法尺度。

二、各级人民法院和广大法官要增强司法能力，提高司法水平，维护国家法制的统一，摒弃和坚决抵制地方保护主义。审理涉及金融不良债权案件，要坚持办案的法律效果与社会效果的统一，妥善处理国家利益和地方利益的关系，依法保护金融债权和企业职工的合法权益。

三、加强涉及金融不良债权案件的调研工作。随着我国金融体制改革的逐步深入，人民法院在审理和执行涉及金融不良债权案件中会不断遇到新情况和新问题。这些问题政策性强、社会影响大，而有关法律法规又相对滞后。人民法院要在总结经验的基础上加强调查研究，不断提高办案质量和效率。上级人民法院要加强对下级人民法院的监督指导，并开展有针对性的执法检查，发现问题及时纠正。

四、在审理和执行上述案件时，需要对金融不良债权和相关财产进行评估、审计的，要严格依照法律规定委托有相应资质并信誉良好的中介机构进行，要对评估、审计程序和结果进行严格审查。对被执行人的财产进行变价时，要尽可能采取由拍卖机构公开拍卖的方式，最大限度回收金融债权。

五、人民法院在民事审判和执行工作中，如发现金融机构工作人员在处置金融不良债权过程中与受让人、中介机构等恶意串通，故意违规处置金融不良债权，有经济犯罪嫌疑线索的，要及时将犯罪嫌疑线索移送检察机关查处。

六、要加强与金融监管部门、国有资产管理部门的沟通和协调，对辖区内有重大影响和易引起社会关注的案件，处理前应征求上述有关部门的意见，共同做好工作。

七、在执行涉及金融不良债权案件时，要做好处理突发事件的预案，防范少数不法人员煽动、组织不明真相的职工和群众冲击法院和执行现场，围攻法院工作人员和集体到党政机关上访。发生重大突发性事件，要及时向地方党委、人大和上级人民法院报告。

特此通知。

最高人民法院
关于加强人民法院审判公开工作
的若干意见

2007年6月4日　　法发〔2007〕20号

三、切实加强人民法院审判公开工作的基本要求

19.对办案过程中涉及当事人或案外人重大权益的事项，法律没有规定办理程序的，各级人民法院应当根据实际情况，建立灵活、方便的听证机制，举行听证。对当事人、利害关系人提出的执行异议、变更或追加被执行人的

请求、经调卷复查认为符合再审条件的申诉申请再审案件，人民法院应当举行听证。

最高人民法院
关于依法制裁规避执行行为的若干意见

2011年5月27日　　法〔2011〕195号

六、依法采取多种措施，有效防范规避执行行为

20. 依法变更追加被执行主体或者告知申请执行人另行起诉。有充分证据证明被执行人通过离婚析产、不依法清算、改制重组、关联交易、财产混同等方式恶意转移财产规避执行的，执行法院可以通过依法变更追加被执行人或者告知申请执行人通过诉讼程序追回被转移的财产。有关注册资本实际到位认定的问题

最高人民法院
关于作为保证人的合伙组织被撤销后自行公告限期清理债权债务的，债权人在诉讼时效期间内有权要求合伙人承担保证责任问题的批复

1988年10月18日　　〔经〕函〔1990〕71号

贵州省高级人民法院：

你院黔法〔1988〕经请字第2号请示报告收悉。经研究，答复如下：

兴义县联营辉瑞贸易公司作为邓国强的保证人，对于邓国强未按合同给付租金，应当向中国工商银行兴义县支行承担连带清偿责任。辉瑞公司在被工商行政管理机关撤销后，张贴公告，限期清结债权债务，并声明过期不负责，这对债权人并无法律上的约束力。中国工商银行兴义支行在民法通则规定的诉讼时效期间内，有权要求辉瑞贸易公司承担保证责任。鉴于辉瑞贸易公司实际上是合伙组织，被撤销后，应由合伙人以自己的财产承担连带保证责任。

最高人民法院
关于行政性公司开办的企业倒闭后是否承担连带清偿责任问题的复函

1990年10月8日　　法（经）函〔1990〕71号

江苏省高级人民法院：

你院1990年6月19日苏法（经）请字第2号《关于鹿城区工业公司是否对原轻工业公司供销经理部的债务承担责任的请示》收悉。经研究，答复如下：

据你院报告所述，原温州市鹿城区轻工业公司属企业型公司，其下属企业供销经理部不属于党政机关办企业，因此，不适用中共中央、国务院中发〔1986〕6号文的规定。如果供销经理部实际上具备法人资格，其成立时原轻工业公司又没有审核不当的行为，只能以其停业时的财产清偿债务；如果供销经理部实际上不具备法人资格，或其成立时轻工业公司确有审核不当的行为，轻工业公司依据国务院国发〔1985〕102号文件所应当承担的审核不当的过错责任应由其并入的工业公司承担。

最高人民法院
关于企业法人无力偿还债务时可否执行其分支机构财产问题的复函

1991年4月2日　　法（经）函〔1991〕38号

辽宁省高级人民法院：

你院〔1990〕经执字第20号"关于企业法人无力偿还债务时，可否执行其分支机构财产的请示报告"收悉。经研究答复如下：

据来文看，本案被执行人本溪化工塑料总厂（下称"总厂"）的管理体制、经营方式，在案件执行期间与案件审理期间相比，尽管发生了很大变化，但总厂与其分支机构的关系及各自的性质并未改变，总厂的经营活动仍由其分支机构的经营行为具体体现，分支机构经营管

理的财产仍是总厂经营管理的财产或者属总厂所有的财产，仍为总厂对外承担民事责任的物质基础。因此，在总厂经济体制改革后，不应视其为无偿付能力。鉴于本案的具体情况，对总厂的债务，同意你院的意见，二审法院可以裁定由总厂的分支机构负责偿还。

此复。

最高人民法院
关于开办单位欠付企业的注册资金应用以承担企业债务的函

1993年11月13日　　经他〔1993〕22号

浙江省高级人民法院：

你院浙高法执字〔1993〕16号关于乐清县二轻供销公司诉煤炭部华盛水文地质勘察工程公司（以下简称"华盛公司"）购销合同纠纷一案的执行问题的报告收悉。现答复如下：

《中华人民共和国民法通则》第四十八条规定的国家授予企业法人经营管理并用以承担责任的财产，既包括国家已授予企业且已由企业经营管理的财产，也包括国家在开办企业时应当投入而一直欠付企业的资金。在企业现有财产不足清偿债务的情况下，开办单位欠付的注册资金应用以偿还企业债务。因此，你院在执行中查明华盛公司的注册资金如确实未投足，在华盛公司不能清偿债务的情况下，可以裁定其开办单位中国煤田地质总局水文局对注册资金不实部分承担责任。河北省邯郸市两级人民法院必须依法协助浙江省有关人民法院执行。

最高人民法院
关于企业开办的其他企业被撤销或者歇业后民事责任承担问题的批复

1994年3月30日　　法复〔1994〕4号

广东省高级人民法院：

你院《关于审理企业开办的其他企业被撤并后的经济纠纷案件是否适用国发〔1990〕68号文规定的请示》收悉。经研究，答复如下：

一、企业开办的其他企业被撤销、歇业或者依照《中华人民共和国企业法人登记管理条例》第二十二条规定视同歇业后，其民事责任承担问题应根据下列不同情况分别处理：

1. 企业开办的其他企业领取了企业法人营业执照并在实际上具备企业法人条件的，根据《中华人民共和国民法通则》第四十八条的规定，应当以其经营管理或者所有的财产独立承担民事责任。

2. 企业开办的其他企业已经领取了企业法人营业执照，其实际投入的自有资金虽与注册资金不符，但达到了《中华人民共和国企业法人登记管理条例实施细则》第十五条第（七）项或者其他有关法规规定的数额，并且具备了企业法人其他条件的，应当认定其具备法人资格，以其财产独立承担民事责任。但如果该企业被撤销或者歇业后，其财产不足以清偿债务的，开办企业应当在该企业实际投入的自有资金与注册资金差额范围内承担民事责任。

3. 企业开办的其他企业虽然领取了企业法人营业执照，但实际没有投入自有资金，或者投入的自有资金达不到《中华人民共和国企业法人登记管理条例实施细则》第十五条第（七）项或其他有关法规规定的数额，或者不具备企业法人其他条件的，应当认定其不具备法人资格，其民事责任由开办该企业的企业法人承担。

二、人民法院在审理案件中，对虽然领取了企业法人营业执照，但实际上并不具备企业法人资格的企业，应当依据已查明的事实，提请核准登记该企业法人的工商行政管理部门吊销其企业法人营业执照。工商行政管理部门不予吊销的，人民法院对该企业的法人资格可不予认定。

三、从本批复公布之日起，本院法（研）复〔1987〕33号《关于行政单位或企业开办的企业倒闭后债务由谁承担》的批复第二条中关于如果企业开办的分支机构是公司，不论是否具备独立法人资格，可以根据国发〔1985〕102号通知处理的规定和法（经）发〔1991〕10号通知第六条的规定，即行废止。

最高人民法院
关于破产债权能否与未到位的注册资金抵销问题的复函

1995年4月10日　　法函〔1995〕32号

湖北省高级人民法院：

你院〔1994〕鄂经初字第10号请示报告收悉，经研究，答复如下：

据你院报告称：中国外运武汉公司（下称武汉公司）与香港德仓运输股份有限公司（下称香港公司）合资成立的武汉货柜有限公司（下称货柜公司），于1989年3月7日至8日曾召开董事会议，决定将注册资金由原来的110万美元增加到180万美元。1993年1月4日又以董事会议对合资双方同意将注册资金增加到240万美元的《合议书》予以认可。事后，货柜公司均依规定向有关审批机构和国家工商行政管理局办理了批准、变更手续。因此，应当确认货柜公司的注册资金已变更为240万美元，尚未到位的资金应由出资人予以补足。货柜公司被申请破产后，武汉公司作为货柜公司的债权人同货柜公司的其他债权人享有平等的权利。为保护其他债权人的合法权益，武汉公司对货柜公司享有的破产债权不能与该公司对货柜公司未出足的注册资金相抵销。

最高人民法院
关于金融机构为行政机关批准开办的公司提供注册资金验资报告不实应当承担责任问题的批复

1996年3月27日　　法复〔1996〕3号

四川省高级人民法院：

你院川高法〔1995〕194号《关于金融机构为行政机关批准开办的公司提供注册资金验资报告不实，应否承担公司资不抵债的还款责任问题的请示》已收悉。经研究，答复如下：

金融机构根据行政机关出具的注册资金证明，为该行政机关批准开办的公司出具不实的验资报告，公司因资不抵债无力偿还债务，给债权人造成损失的，金融机构除应退出收取的验资手续费外，还应当在该注册资金范围内承担与其过错相应的民事责任；金融机构按照验资程序进行审查核实，公司注册登记后又抽逃资金的，金融机构不承担退出验资手续费和赔偿损失的责任。

最高人民法院
关于中国人民保险公司营口市支公司的债务可否由中国人民保险公司承担的函

1996年8月19日　　〔1996〕经他字第21号

辽宁省高级人民法院：

你院1996年6月18日《关于中国人民保险公司分支机构没有履行能力能否执行中国人民保险公司问题的请示》一文收悉。经研究答复如下：

中国人民保险公司营口市支公司不能履行你院〔1995〕辽民初字第47号民事调解书确定的义务，又无财产可供执行，即其已不能单独承担民事责任。依据我国《保险法》第七十九条第二款关于"保险公司分支机构不具有法人资格，其民事责任由保险公司承担"的规定，你院可在执行程序中裁定变更中国人民保险公司为该案的被执行主体，即同意你院的请示意见。

此复。

最高人民法院
关于领取营业执照的证券公司营业部是否具有民事诉讼主体资格的复函

1997年8月22日　　法函〔1997〕98号

上海市高级人民法院：

你院〔1997〕沪高经他字第4号请示收悉。经研究，答复如下：

证券公司营业部是经中国人民银行或其授权的分支机构依据《中华人民共和国银行法》的有关规定批准设立，专营证券交易等业务的机构。其领有《经营金融业务许可证》和《营业执照》，具有一定的运营资金和在核准的经营范围内开展证券交易等业务的行为能力。根据最高人民法院《关于适用〈中华人民共和国民事诉讼法〉若干问题的意见》第40条①第（5）项之规定，证券公司营业部可以作为民事诉讼当事人。

最高人民法院
关于开办单位对企业注册资金不实承担责任范围问题的复函

1997年12月1日　　经他〔1997〕30号

北京市高级人民法院、江苏省高级人民法院：

关于北京市第二中级人民法院和江苏省张家港市人民法院重复执行国家计委产业经济与技术经济研究所（下称计委所）对下属企业债务承担注册资金30万元的责任一事，我院于1997年2月24日以法经〔1997〕14号函，要求你们两院对有关案件进行复查并暂缓执行。最近，计委所又向我院反映：北京市宣武区法院在执行北京建化金属材料公司诉北京万兴技术经济开发咨询公司（以下简称万兴公司）购销合同纠纷一案的生效判决中，也裁定由计委所承担注册资金30万元不实的责任。

根据投资者对其开办的法人企业债务承担有限责任的原则，计委所对万兴公司的全部债务承担责任应以其未投入的注册资金30万元为限，各有关债权人应在此范围内按其债权数额所占比例受偿。现请你们两院互相通报前次案件复查核实情况，由北京市高级人民法院主持，处理万兴公司的各债权人受偿分配及执行事宜。

最高人民法院执行工作办公室
关于执行程序中可否以注册资金未达法定数额为由裁定企业不具有法人资格问题的函

1997年12月16日　　〔1997〕法经字第389号

江苏省高级人民法院：

黑龙江省五常市邮电局对你院〔1996〕苏法执字第43-12号民事裁定书不服，向我院申诉称：该局于1993年2月组建了五常市邮电实业开发公司（以下简称邮电公司），注册资金20万元，工商局核发了企业法人营业执照。1995年6月，邮电公司因与他人进行购销活动产生纠纷诉至你院。你院经审理于1996年1月10日作出〔1995〕苏经初字第50号民事判决书。你院在执行此判决时，以邮电公司的注册资金未达到《中华人民共和国企业法人登记条例实施细则》第十五条第七项规定的数额为由，于1997年6月26日裁定邮电公司不具备法人资格，其应承担的向债权人返还定金200万元、赔偿损失400万元的义务，由其开办单位五常市邮电局承担。该局认为邮电公司具有法人资格，应独立承担民事责任．请求撤销你院〔1996〕苏法执字第43-12号民事裁定书。

我院认为，你院在执行生效判决过程中，以被执行人注册资金未达到《中华人民共和国企业法人登记条例仍实施细则》第十五条第七项规定的数额为由，裁定变更被执行主体的做法无法律依据。现将有关材料随函转去，请你院认真核查，如情况属实，应纠正错误，撤销你院〔1996〕苏法执字第43-12号裁定书．并将结果报告我院。

---

① 第四十条已被最高人民法院《关于适用〈中华人民共和国民事诉讼法〉的解释》（法释〔2015〕5号）第五十二条修改。——编者注

最高人民法院
关于企业法人营业执照被吊销后，其民事诉讼地位如何确定的复函

2000年1月29日　　法经〔2000〕24号

辽宁省高级人民法院：

你院《关于企业法人营业执照被吊销后，其民事诉讼地位如何确定的请示》收悉。经研究，答复如下：

吊销企业法人营业执照，是工商行政管理机关依据国家工商行政法规对违法的企业法人作出的一种行政处罚。企业法人被吊销营业执照后，应当依法进行清算，清算程序结束并办理工商注销登记后，该企业法人才归于消灭。因此，企业法人被吊销营业执照后至被注销登记前，该企业法人仍应视为存续，可以自己的名义进行诉讼活动。如果该企业法人组成人员下落不明，无法通知参加诉讼，债权人以被吊销营业执照企业的开办单位为被告起诉的，人民法院也应予以准许。该开办单位对被吊销营业执照的企业法人，如果不存在投资不足或者转移资产逃避债务情形，仅应作为企业清算人参加诉讼，承担清算责任。你院请示中涉及的问题，可参照上述精神办理。

此复。

最高人民法院
对《关于非诉执行案件中作为被执行人的法人终止，人民法院是否可以直接裁定变更被执行人的请示》的答复

2000年5月29日　　法行〔2000〕16号

山东省高级人民法院：

你院鲁高法函〔1999〕62号《关于非诉执行案件中作为被执行人的法人终止，人民法院是否可以直接裁定变更被执行人的请示》收悉。经研究，答复如下：

人民法院在办理行政机关申请人民法院强制执行其具体行政行为的案件过程中，作为被执行人的法人出现分立、合并、兼并、合营等情况，原具体行政行为仍应执行的，人民法院应当通知申请机关变更被执行人。对变更后的被执行人，人民法院应当依法进行审查。

最高人民法院执行工作办公室
关于追加村委会为被执行人后可以执行各村民小组的财产等有关问题的答复

2000年12月21日　　〔2000〕执他字第28号

山东省高级人民法院：

你院〔1999〕鲁高法执字第127号《关于山东省济南第一纺织厂与四川省成都市成华区联合毛麻纤维厂购销棉纱欠款纠纷一案执行情况的请示报告》收悉。经研究，答复如下：

根据你院的报告，被执行人成都市成华区联合毛麻纤维厂的开办单位成都市成华区联合村村委会应投入的52.5万元注册资金未能到位，故其应在注册资金不实的范围内承担责任；而村民小组不具备法人地位，各村民小组的财产是村委会法人的财产，因此，追加村委会为被执行人后，可执行各村民小组的财产。

但是，根据成都市成华区联合村村民委员会的反映，此案所涉的注册资金已经到位；又根据该村的村民小组反映，被冻结的款项有应发给五保户的生活、医疗费用。

本院认为：在适用法律上同意你院的意见，投资者在注册资金不实的范围内承担责任，各村民小组不是独立法人，其财产可作为村委会的财产予以执行；在认定事实上因你院的报告情况与被执行人反映的情况不符，请你院监督执行法院认真核查后，根据实际情况依法妥善处理（五保户的生活费、医疗费不应执行）。

最高人民法院执行工作办公室
关于执行仲裁机构裁决书、调解书过程中发现被执行人撤销，应由执行机构还是由原仲裁机构变更义务承担人的请示的答复

2000年12月25日　〔2000〕执他字第32号

天津市高级人民法院：

你院〔1999〕津高法执请字第33号《关于执行仲裁机构裁决书、调解书过程中，发现被执行人撤销，应由执行机构还是由原仲裁机构变更义务承担人的请示报告》收悉。经研究，答复如下：

根据我院1998年7月18日颁布施行的《关于人民法院执行工作若干问题的规定（试行）》第83条的规定，所有生效法律文书，凡是在执行程序中发生的需要变更或追加被执行主体的，均由执行法院的执行机构裁定。该《规定》第137条第二款还明确规定，此前作出的司法解释与本规定有抵触的，以本规定为准。请照此办理。

此复。

最高人民法院执行工作办公室
关于在执行程序中不可以企业注册资金不实为由而否认其法人资格等问题的答复

2001年6月28日　〔2001〕执他字第12号

江西省高级人民法院：

你院〔2001〕赣高法执指字第8号请示报告收悉。经研究，答复如下：

人民法院在执行程序中，对企业法人资格的问题，应当以工商局行政管理机关所作的企业登记为准，不可以企业注册资金不实为由否认其法人资格。如果能够认定被执行人注册资金不实，其开办单位江西农业大学印刷厂应在注册资金不实的范围内承担责任；如果江西农业大学印刷厂注册资金不实，其开办单位江西农业大学应在注册资金不实的范围内承担责任。

最高人民法院
关于对帮助他人设立注册资金虚假的公司应当如何承担民事责任的请示的答复

2001年9月13日　〔2001〕民二他字第4号

上海市高级人民法院：

你院〔2000〕沪高经他字第23号关于帮助他人设立注册资金虚假的公司应当如何承担民事责任的请示收悉。经研究，答复如下：

一、上海鞍福物资贸易有限公司（以下简称鞍福公司）成立时，借用上海砖桥贸易城有限公司（以下简称砖桥贸易城）的资金登记注册，虽然该资金在鞍福公司成立后即被抽回，但鞍福公司并未被撤销，其民事主体资格仍然存在，可以作为诉讼当事人。如果确认鞍福公司应当承担责任，可以判决并未实际出资的设立人承担连带清偿责任。

二、砖桥贸易城的不当行为，虽然没有直接给当事人造成损害后果，但由于其行为，使得鞍福公司得以成立，并从事与之实际履行能力不相适应的交易活动，给他人造成不应有的损害后果。因此，砖桥贸易城是有过错的。砖桥贸易城应在鞍福公司注册资金不实的范围内承担补充赔偿责任。

此复。

[提示] 不应在执行程序中直接裁定否定公司的法人资格

最高人民法院执行工作办公室
关于深圳金安集团公司和深圳市鹏金安实业发展有限公司执行申诉案的复函

2001年11月23日　〔2001〕执监字第188号

广东省高级人民法院：

关于深圳金安集团公司（以下简称金安公司）、深圳市鹏金安实业发展有限公司（以下简称鹏金安公司）申诉一案，本院现已审查完毕，经研究，提出处理意见如下：

一、关于金安公司是否全面履行你院〔1999〕粤高法审监民再字第7、8号民事调解书所确定的义务问题，经查金安公司向本院提供的证据材料，虽能证明其曾向深圳市龙岗区国土局申报过要求转让相关土地给广东建邦集团有限公司（以下简称建邦集团），但国土局已以"资金不落实"、"与龙东村非农建设用地有冲突，不同意选址"为由，退回金安公司有关办文资料。因土地转让存有瑕疵，建邦公司的权利无法实现，所以不能认定金安公司已全面履行了民事调解书所确定的义务。

二、关于本案的执行依据问题

根据《最高人民法院关于适用中华人民共和国民事诉讼法若干问题的意见》第201条①的规定，你院〔1999〕粤高法审监民再字第7、8号民事调解书发生法律效力后，原生效判决即〔1997〕深中法房初字第75号民事判决和〔1998〕粤法民终字第28号民事判决即已被撤销，故你院据两份判决作出〔2001〕粤高法执指字第5号民事裁定，指令广州铁路运输中级人民法院执行原判决错误，而应依法执行〔1999〕粤高法审监民再字第7、8号民事调解书所确定的金安公司应承担的债务。

三、关于执行深圳市金来顺饮食有限公司、深圳市京来顺饮食有限公司和深圳市东来顺饮食有限公司的问题

请你院监督执行法院进一步核实此三公司的注册资本投入和鹏金安公司受让深圳市金来顺饮食有限公司和深圳市京来顺饮食有限公司各90%股权的情况，如三公司确系金安公司全部或部分投资，现有其他股东全部或部分为名义股东，可依据《最高人民法院关于人民法院执行工作若干问题的规定（试行）》第53条、第54条的规定，执行金安公司在三公司享有的投资权益。但不应在执行程序中直接裁定否定三公司的法人资格。

此复。

【附：案例评析】

深圳金安集团公司、深圳市鹏金安实业发展有限公司执行申诉案

五、广东省高级人民法院的意见

1. 金安公司对生效法律文书的履行情况

金安公司在调解书约定的期限内除履行了调解书约定的义务之第3项，即将奔驰小汽车1台退还给建邦公司外，其他各项义务均无履行。其中第1项义务因金安公司拒绝补清尚欠村民400多万元的购地款，国土局拒绝办理转名手续而未履行。第2项义务在递交了转名申请后，国土局因金安公司对村民的资金没落实及不同意金安公司的选址，作退文处理，根本不予受理，第2项义务亦无法履行。金安公司称其已全部履行了调解书确定的义务，不符合事实。

2. 对金来顺公司、京来顺公司、东来顺公司采取执行措施的情况

自深圳市中院执行该案以来，金安公司一直想方设法转移财产，逃避债务，抗拒执行。经省院指定广州铁路中院执行该案后，该院于2001年5月16日对金安公司的办公室、财务室等进行了搜查，省院派员对该搜查行动进行了现场监督。经搜查，搜获金安公司在判决后与其公司数名职工签订的3份《协议书》，约定由金安公司出资成立东来顺公司、金来顺公司、京来顺公司，由数名职工做名义上的股东及法定代表人，但不享有任何权利，承担任何义务，该3家公司均由金安公司出资，一切权利义务均属于金安公司。还搜获金安公司与其法定代表人游子建的姐姐游瑞梅签订的《协议书》，约定金安公司办公楼的房产，由金安公司实际出资购买并实际所有，游瑞梅为名义业主。同时还搜获金安公司以其职工名义公款私存的两本存折，该职工也承认了公款私存并作了笔录。另搜获3饮食公司的营业收入现金7万多元。搜查结束后，对有关的内部协议、相关的会计账本、存折、现金、金安公司及3饮食公司的财务专用章进行扣押。根据搜查取得的证据，广州铁路中院裁定对3家饮食公司名下的及金安公司恶意转移的其他财产采取执行措施。并对金

---

① 第二百零一条已被最高人民法院《关于适用〈中华人民共和国民事诉讼法〉审判监督程序若干问题的解释》（法释〔2008〕4号）第三十六条规定修改。——编者注

安公司采取了罚款及对其法定代表人采取了拘留措施。在搜查的过程中，该两级法院严格按照法定程序进行，手续齐全，着装规范，文明搜查，甚至离开时没留下一片垃圾。金安公司向最高人民法院反映的情况纯属捏造。

3. 处理意见

该院对该案的执行情况认真进行了审查，广州铁路运输中院的执行一直处于该院的严格监督之下，并无任何违规、违法之处。该案应继续监督广州铁路运输中院对该案加大执行力度。另外，金安公司法定代表人游子建在解除司法拘留后，不仅不履行生效法律文书确定的义务，反而继续转移被法院查封的财产，广州铁路运输中院拟交由公安机关及检察机关立案侦查，依法追究游子建的刑事责任。

六、本案争议的焦点

1. 金安公司是否按照〔1999〕粤高法审监民再字第7、8号民事调解书的规定全面履行了应承担的义务。

2. 〔1998〕粤法民终字第28号民事判决及深中房初字第75号民事判决的效力问题，建邦公司能否申请对原生效判决的执行。

3. 法院能否执行东来顺公司、金来顺公司和京来顺公司的财产。

4. 法院能否直接在执行程序中否定企业法人资格。

七、最高人民法院的处理意见

1. 金安公司提供的证据材料，虽能证明其曾向深圳市龙岗区国土局申报过要求转让相关土地给建邦公司，但国土局已以"资金不落实"、"与龙东村非农建设用地有冲突，不同意选址"为由，退回金安公司有关办文资料。因土地转让存有瑕疵，建邦公司的权利无法实现，所以不能认定金安公司已全面履行了民事调解书所确定的义务。

2. 根据《最高人民法院关于适用〈中华人民共和国民事诉讼法〉若干问题的意见》第201条的规定，广东省高级法院〔1999〕粤高法审监民再字第7、8号民事调解书发生法律效力后，原生效判决即〔1997〕深中法房初字第75号民事判决和〔1998〕粤法民终字第28号民事判决即已被撤销，故广东省高级法院据两份判决作出〔2001〕粤高法执指字第5号民事裁定，指令广州铁路运输中级人民法院执行原判决错误，而应依法执行〔1999〕粤高法审监民再字第7、8号民事调解书所确定的金安公司应承担的债务。

3. 请广东省高级法院监督执行法院进一步核实此三公司的注册资本投入和鹏金安公司受让金来顺公司和京来顺公司各90%股权的情况，如三公司确系金安公司全部或部分投资，现有其他股东全部或部分为名义股东，可依据《最高人民法院关于人民法院执行工作若干问题的规定（试行）》第53条、第54条的规定，执行金安公司在三公司享有的投资权益。但不应在执行程序中直接裁定否定三公司的法人资格。

八、评析意见

1. 金安公司未能依照〔1999〕粤高法审监民再字第7、8号民事调解书的规定全面履行义务。

经审查，我们发现金安公司提供的履行义务的证据材料国土局的回执，只能证明其曾向龙岗区国土局申报过要求转让相关地块给建邦公司，该国土局收到申报材料，不能证明国土局对其申请办文的处理意见。我们针对双方当事人争议的履行情况到龙岗区国土局进行了调查。金安公司称第1项义务已履行完毕，龙岗区国土局给其出示的办文编号为52—993291B00的回执，但该办文申请国土局以〔2000〕征地处（科）退01号退文通知书因资金不落实为由作退文处理。第2项21000平方米的别墅用地，经调查，国土局核定的面积只有16303.51平方米，因金安公司未按调解书规定补偿农民的全部补偿费，故国土局将这块地的办文原件退回。另外9000平方米的商住用地也因与龙东村非农建设用地（村民住宅用地）有冲突，不同意选址，国土局将办文资料退回。上述事实表明，金安公司拟转让给建邦公司的土地是有瑕疵的，金安公司虽然向国土局递交了申请，但都被国土局拒绝办理，予以退回。因此，建邦公司的权利无法实现，金安公司认为其已履行了全部义务的主张不能予以支持。

2. 如何理解本案中再审调解书和原生效判决的关系。

广东省高级人民法院在再审期间，在该院的主持下，双方当事人一致同意将两个案件协商解决，并根据已经发生法律效力的〔1997〕深中法房初字第75号民事判决和〔1998〕粤法民终字第28号民事判决，双方经协商，同意就判决书规定的内容达成和解协议。从和解协议的内容看，并不否定原生效判决，而是依据原生效判决，且在双方当事人不履行该协议约定的义务时，应继续履行原生效判决。该和解协议,性质上实际等同于执行和解协议。但广东省高院却将该和解协议的内容制作了民事调解书,即作出了认可原生效判决内容的调解书。依据《最高人民法院关于适用〈中华人民共和国民事诉讼法〉若干问题的意见》第201条的规定:按审判监督程序决定再审或提审的案件,达成调解协议的,调解书送达后,原判决、裁定即视为撤销。因此,严格来讲,建邦公司不应再申请恢复执行原判决。尽管调解书确定继续履行原判决,但我们认为该民事调解书存在一定瑕疵,不应将已撤销的原判决再在调解书中明确继续履行,而应明确具体权利义务,以免误导当事人认为原判决未撤销,继续申请法院执行原判决。我们认为,本案中,应将继续履行原判决作为调解书确定的金安公司的一项义务,法院可依据该调解书确定的义务对金安公司强制执行。

3. 如何认定东来顺公司、金来顺公司、京来顺公司的财产权益的归属?

广州铁路运输中院在〔2001〕广铁中法执字第8—3号民事裁定书中认定,东来顺公司、金来顺公司和京来顺公司各自的注册资金100万元,均是金安公司出资投入,但都以游伟云、游伟光个人名义出资。金安公司实际享有股东权利。该院认为,被执行人金安公司于法院依法立案执行之后,假借他人名义,并向工商行政管理部门提供虚假材料成立金来顺、京来顺、东来顺公司。其注册成立三公司的真正目的是为了非法转移财产,逃避债务。故裁定:三公司不具备法人资格,其名义财产属于被执行人金安公司所有。我们认为,如广州铁路运输中院查明的情况属实,三公司确系金安公司出资,金安公司在法院立案执行之后,出资成立三公司,却以非实际出资人为名义股东,不享有股东权益,而金安公司实际享有股东权益,其实质是隐瞒金安公司的财产,意图逃避债务。因此,三公司的财产权益实际应归金安公司所有。金安公司对其享有100%的股权。

目前,鹏金安公司主张其对金来顺公司、京来顺公司享有90%的股权,理由是游伟云已将其持有的京来顺公司90%的股权转让给了鹏金安公司,并已办理了工商变更登记。此事实应由广州铁路运输中院进一步核查,即核实三公司的注册资本投入情况,股权转让给鹏金安公司的情况,如三公司确系金安公司全部或部分投资,现有股东全部或部分为名义股东,可据此认定金安公司对三公司享有全部或部分股权。

4. 关于法院能否直接执行东来顺、金来顺、京来顺三公司的财产?

东来顺、金来顺、京来顺三公司均经工商机关核准登记为企业法人,三公司一经成立,便在法律上获得了独立的人格,具有其独立的名称,公司可以自己的名义对公司财产享有所有权,具有独立于其股东成员的权利能力和行为能力,对外独立承担民事责任。本案中,金安公司已经实际出资成立了具有法人资格的三公司,其投入到三公司的资产,已变成三公司的法人财产,法人财产与其股东财产是相分离的,因此,金安公司对其投入的资产不再享有直接支配权,不能随意处分。人民法院只可依据最高法院《关于人民法院执行工作若干问题的规定(试行)》第53条、54条的规定,对金安公司在三公司的投资权益予以转让,以转让所得清偿其对申请执行人的债务,而不能直接裁定执行三公司的财产。

5. 关于法院能否在执行程序中直接用裁定来否认公司法人资格?

一个企业是否是独立的法人,具有法人资格,是由工商行政机关予以审核,并颁发企业法人营业执照的。法院在执行过程中,往往发现有些企业法人实际并不符合企业法人成立要件,并不具有企业法人资格。有些法院的执行机构直接裁定该企业法人不具有法人资格,否认其法人资格。我们认为,法院不宜在执行程序中直接裁定否定公司的法人资格,而应依照一定的诉讼程序,通过实体审判来解决企业法人资格真实与否问题。执行机构应以工商登记为准来处理相关事宜。因此,广州铁路运输中院在执行程序中直接作出〔2001〕广铁中法执字第8—3号民事裁定书裁定金来顺公司、京来顺公司、东来顺公司不具备法人资格不当。①

---

① 刘涛:《深圳金安集团公司、深圳市鹏金安实业发展有限公司执行申诉案》,载沈德咏主编、最高人民法院执行工作办公室编:《强制执行指导与参考》2002年第3辑(总第3辑),法律出版社2003年版,第220~231页。

最高人民法院执行办公室
关于中国少年先锋队江苏省工作委员会是否具备独立法人资格问题的复函

2002年3月22日　〔2002〕执他字第5号

江苏省高级人民法院：

你院苏高法〔1999〕38号《关于中国少年先锋队江苏省工作委员会是否具备独立法人资格的请示》收悉。经研究，答复如下：

原则上同意你院的倾向性意见。中国少年先锋队江苏省工作委员会没有独立的财产和经费来源，编制也在共青团江苏委员会，其自身并不具有独立承担民事责任的能力，不具备法人资格。

【附：案例评析】

关于中国少年先锋队江苏省工作委员会是否具备独立法人资格问题的请示与答复

二、江苏高院的意见

江苏高院在处理这个问题的过程中有两种意见：

第一种意见认为，省少工委是否具备法人资格，应当根据《民法通则》第37条、第50条的规定，从经费、场所、人员等方面进行衡量。省少工委并没有独立的财政拨款，也无固定的经费来源。主任由团省委副书记兼任，工作人员的编制也属于团省委，既没有独立的组织和人员，也无独立的工作场所，不具备机关或者社团法人的资格。尽管少工委可以自己的名义独立向外行文，但这不能证明其具备独立对外承担民事责任的能力。省少工委接受团省委的领导，在人、财、物方面依附于团省委，其民事责任应当由团省委承担。

第二种意见认为，省少工委是依法不需要登记的社团人员，同时并非没有必要的经费来源。尽管工作等方面与团省委有较为密切的联系，但并不意味着不具备法人资格，可以独立承担民事责任。

江苏高院倾向于第一种意见。

三、评析意见

首先，少工委并没有登记为社团法人。少工委作为民间团体，虽有中国特色，但不能改变其只可能成为法律意义上的社团法人，因为他不是机关法人，也不可能成为企业法人。少工委没有按照民政部的有关规定办理社团法人登记，自然不能成为具有独立民事责任能力的社团法人。

其次，事实上少工委也不具有独立性。独立的法人要有独立的财产和独立的组织，但少工委不但与团省委合署办公，其工作人员也均编制在团省委，办公用房也是省行政事务管理局拨给团省委使用的房产。至于经费来源，省财政厅并没有将其作为一级预算机构，其经费由省委办公厅分配给团省委，团省委自行决定如何给少工委经费。而少工委历史上曾经以自己的名义为举行会议的需要筹措会议经费，并不能表明其有独立的财产，因此不具备独立的民事责任能力。

第三，少工委之所以力主自己具有独立的法人资格，主要是因为其没有财产，不具备偿债能力，可以免去其主管部门的责任。但这样显然不够公平。

因此，少工委不具备法人资格，其债务应当由其主管部门承担。

据此分析，最高法院提出答复意见，认为中国少年先锋队江苏省工作委员会没有独立的财产和经费来源，编制也在共青团江苏省委员会，其自身并不具有独立承担民事责任的能力，不具备法人资格。[①]

最高人民法院执行工作办公室
关于异议人深圳市天华电力投资有限公司申诉案的复函

2002年8月21日　〔2000〕执监字第68—2号

湖南省高级人民法院：

你院〔2001〕湘高法执函字第29号《关于请求准许我院尽快执行被执行人深圳市尊荣集团有限公司为逃避债务而非法转移到深圳市天

[①] 刘文涛、王惠君：《关于中国少年先锋队江苏省工作委员会是否具备独立法人资格问题的请示与答复》，载最高人民法院执行工作办公室编：《强制执行指导与参考》2002年第3辑（总第3辑），法律出版社2003年版，第209～213页。

华电力投资有限公司的紧急报告》收悉,经研究,答复如下:

1. 你院报告中称,深圳市天华电力投资有限公司(以下简称天华电力公司)是深圳市尊荣集团有限公司(以下简称尊荣公司)为转移资产、逃避债务而非法分立的企业,执行天华公司的财产实际上就是执行尊荣公司的财产。对此,本院认为,企业法人的设立是否合法,应依据企业法人设立的有关法律规定并通过诉讼程序加以解决。在执行阶段,执行机构直接认定企业法人资格无效,无法律依据。你院在执行阶段以尊荣公司逃避债务为由,直接执行天华电力公司财产的行为错误,应立即解除对天华电力公司持有的陕西精密合金股份有限公司国有法人股7415万股的冻结措施。

2. 你院报告中称,尊荣公司将其持有的原深圳市尊能电力投资有限公司股权的80%予以转让,但受让方至今未按合同支付对价,转让方也从未收到该项股权的转让款,具有明显的欺诈性质。本院认为,该股权转让经过了公证并经深圳市工商行政管理局核准,转让行为在形式上已经完成。至于转让股权的对价款是否支付的问题,是一种新的债权债务关系,应通过实体审判程序予以解决。你院在执行程序中由执行机构认定当事人之间股权转让行为无效的做法缺乏法律依据,应予纠正。

3. 你院报告中称,在你院以到期债权名义执行珠海天华集团公司和欧亚集团(陕西)公司时,两公司均提出了执行异议,致使你院无法继续执行。本院认为,既然两公司提出了异议,按照《最高人民法院关于人民法院执行工作若干问题的规定(试行)》第63条的规定就不得再对第三人强制执行,应告知债权人可以依法通过代位诉讼予以解决。

综上所述,我们认为本院执监字第68—1号函文正确,应遵照执行。请你院抓紧予以落实。

【附:案例评析】

案外人深圳市天华电力投资有限公司执行申诉案

四、湖南省高级人民法院的意见

该院认为:1.追加天华公司为被执行人符合法律规定,是正确的。尊荣公司在无法偿还巨额到期债务的情况下,将其主要财产非法以投资的形式转移到天华公司名下,从而使自身的财产减少,目的是以投资这种合法形式逃避债务,使债权人无法优先行使追偿权,极大地损害了债权人的合法权益。尊荣公司违反企业分立的规定,非法抽资设立尊荣电力公司,虽然其名义上只占天华公司90%的股权,但由于惠州石化、惠州能源均系尊荣公司全额出资开办的非国有独资企业,实为被执行人尊荣公司所有。惠州石化、惠州能源形式上由运通公司、有色证券部、云南证券深圳营业部、惠州市投资管理公司4个股东组成,而实际上运通公司为本案被执行人,有色证券部、云南证券部当时均系被执行人尊荣公司承包经营,惠州市投资管理公司没有投入资金,也没有参与经营管理,因此尊荣电力公司(尊能电力公司、天华公司)应为尊荣公司非法分立的全资企业,非法分立的企业的资产仍是尊荣公司的财产,应用来偿还被执行人所欠的债务。在本案审理过程中,尊荣公司为逃避司法机关对其财产采取执行措施,先后将公司名称变更为尊能电力公司、天华公司,并以虚假方式将其持有的80%股权予以转让,虽然签订了股权转让合同,进行了公证和工商登记,但受让方至今未按合同支付对价,转让方也从未收到该项股权的转让款,股权转让的行为实际并未实施,具有明显的欺诈性质,其转让行为并未完成。天华公司是尊荣公司非法分立的全资企业的性质没有改变,天华公司的资产是尊荣公司的资产的事实也不能因企业非法分立而改变。如果对这种以转移资产、逃避债务为目的非法分立企业的行为不予追究,必将危害正常的经济秩序,使国有资产大量流失。

2.该院冻结天华公司的财产符合法律规定。天华公司持有的陕西精密合金股份有限公司法人股7415万股,已按协议付款,并在上海证券中央登记结算公司办理了过户登记,天华公司是上述法人股的合法持有人,7415万股法人股属于该公司财产。既然天华公司已被追加为被执行人,法院在执行程序中有权对其资产进行冻结、扣划。

综上,湖南省高级人民法院认为,该院裁定追加天华公司为被执行人并冻结其财产的做法正确。

五、最高人民法院处理意见

本院经审查为:1.企业法人的设立是否合

法，应依据企业法人设立的有关法律规定并通过诉讼程序加以解决，在执行阶段，执行机构直接认定企业法人资格无效，缺乏法律依据。湖南省高级人民法院在执行阶段以尊荣公司逃避债务为由，直接执行天华电力公司财产的行为错误，应立即解除对天华电力公司持有的陕西精密合金股份有限公司国有法人股7415万股的冻结措施。

2. 至于尊荣公司将其持有的原深圳市尊能电力投资有限公司股权的80%予以转让，但受让方至今未按合同支付对价，转让方也从未收到该项股权的转让款等问题。本院认为，该股权转让经过了公证并经深圳市工商行政管理局核准，转让行为在形式上已经完成。至于转让股权的对价款是否支付的问题，是一种新的债权债务关系，应通过实体审判程序予以解决，在执行程序中由执行机构认定当事人之间股权转让行为无效的做法缺乏法律依据，应予纠正。

3. 湖南省高级人民法院以到期债权名义执行珠海天华集团公司和欧亚集团（陕西）公司时，两公司均提出了执行异议，致使法院无法继续执行。本院认为，既然两公司提出了异议，按照《最高人民法院关于人民法院执行工作若干问题的规定（试行）》第63条的规定就不得再对第三人强制执行，应告知债权人可以依法通过代位诉讼予以解决。

六、案件评析

（一）关于尊荣电力（天华公司）是否是尊荣公司非法分立企业问题

1. 分立与转投资是有区别的。如是分立，天华公司应割断与尊荣公司的管理与上交利润的联系，如是转投资则仍然保留这种联系。湖南省高级人民法院既然认定尊荣公司仍然管理参与尊能电力（尊能电力）的管理，则尊荣电力不符合属于系从尊荣公司分立出的企业的条件。所以，尊能电力应认为属于尊荣公司的投资企业。

2. 即使尊荣公司在确实存在债务的情况下，将资产用于投资成立新企业，在目前公司法律制度上尚未有关于撤销公司设立的程序的规定，执行中只能在承认公司设立行为的基础上进行，不宜直接宣布投资设立公司行为无效，进而否认已设立公司的法人资格。

3. 天华公司不仅涉及尊荣公司的投资，还涉及其他股东的投资。尊荣公司最初投资共有3家股东，现在已涉及共5家股东，即珠海天华占有60%、欧亚集团20%、惠州石化5%、惠州能源5%和尊荣公司10%。尊荣公司在天华公司所占股份仅为1/10，已成为小股东，最大股东是珠海天华集团，次股东为欧亚集团。湖南省高级人民法院直接执行天华公司的资产，不仅侵害天华公司的权益，还损害了其他股东的合法权益。

4. 关于其他股东的投资能否认定为尊荣公司的投资的问题。有人认为天华公司其他股东的投资实际上是尊荣公司的投资。其理由分为两个层次：第一层是，与尊荣公司一起投资设立尊荣电力（后更名为尊能电力、天华电力）时，名义上有3家股东：尊荣公司、惠州能源、惠州石化。而惠州能源和惠州石化虽然表面上由运通公司、有色证券部、云南证券部、惠州市投资管理公司为股东，但实际上是尊荣公司独资设立的企业。第二层理由是第一层理由的理由，即：惠州能源和惠州石化虽然名义上由运通公司、有色证券部、云南证券部、惠州市投资管理公司4家股东投资，但因为运通公司为本案被执行人，有色证券部、云南证券部当时均系尊荣集团承包经营，惠州市投资管理公司没有投入资金，也没有参与经营管理。因此推定尊荣电力（尊能电力、天华电力）应为尊荣集团非法分立的全资企业。对此看法，笔者主要从以下几个方面分析：

（1）第一个理由属适用法律错误。即使与尊荣公司一起设立尊荣电力公司时的另两家股东（惠州能源、惠州石化）是尊荣公司独资设立的企业，其仍然是目前我国现行法律认可的有法人资格的企业，其财产与尊荣公司的财产是各自独立的。企业属于投资者"所有"只是一种通俗的说法，法律上不是所有关系，只是投资者与企业的关系。不能认为惠州能源和惠州石化的财产就是尊荣公司的财产，惠州能源和惠州石化的投资也不是尊荣公司的投资，而是自己的投资。

（2）第二层理由存在两个问题：一是没有事实依据，或者说认定的事实没有证据；二是适用法律有错误。

关于事实问题：惠州石化、惠州能源两个公司的工商登记文件上显示其最初股东有4个，即：大亚湾运通占40%、湖南有色深圳业务部15%、云南证券深圳业务部15%、惠州市投资管理公司占30%。但不包括尊荣公司。从有关证据材料显示，惠州能源和惠州石化股权结构变化如下：

惠州石化股权转让情况：大亚湾运通的股份20％转给深圳路自通，20％转给惠州能源；湖南有色深圳业务部的15％转给深圳市力道投资公司；云南证券深圳业务部的15％转给北京全丰商贸；惠州市投资管理公司的30％转给深圳路自通。

惠州能源股权转让情况：大亚湾运通40％转给北京全丰商贸公司；有色深圳业务部的15％转给北京全丰商贸公司；云南证券深圳业务部的15％转给惠州石化；惠州投资管理公司的30％转给深圳路自通公司。

关于法律适用问题：即使第一个股东运通公司是本案被执行人，但并不能说明运通公司的投资就是尊荣公司的投资。既然运通公司作为被执行人，法院可以执行运通公司的相应股权。有色证券部和云南证券部虽是尊荣公司承包经营的，但承包经营者与被承包的企业的财产也是各自独立，不能混为一谈。被承包企业的投资也不能认为是承包企业的投资。

总之，基于上述理由，不能认定尊荣电力（天华电力）是尊荣公司的非法分立企业。笔者认为：退一步说，即使存在不按法定程序分立的情况，尊能电力（天华电力）的资产也不能说是仍属于尊荣集团的资产。按照《最高人民法院关于执行工作若干问题的规定（试行）》第79条规定，分立后存续的企业应按照其从原企业分得的资产比例承担相应比例的债务，而不能认为分立后存续企业的资产就是原企业的资产。

（二）关于转移财产问题

1. 申诉人提出尊荣公司并未向尊荣（天华）电力公司实际投入资金。尊荣公司本想用其在其他3家有关公司的投资作为向天华公司的投资。但此3项股权并未过户到天华公司的名下。而是以此3项股权抵偿了其自身债务。因此，实际上尊荣公司至今仍欠交对天华公司的股本金。天华公司的资产完全是由天华公司自己融资取得的，天华公司尚且无义务为其出资人的债务承担责任。在尊荣公司出资不实的情况下，天华公司更不应该为尊荣公司偿还债务。

2. 如果认定尊荣公司转移了财产，就必须追查具体转移了什么资产。如果没有具体转移的资产，则谈不上执行转移的财产问题。

（三）关于尊荣公司向珠海天华集团和欧亚集团转移股权的问题

1. 本案最根本的一点是：目前尊荣公司所谓持有的90％的股权，实际上已经向珠海天华集团和欧亚集团转让了其中的80％，尊荣公司仅剩下10％。此转让已经实现，不仅有转让合同，而且珠海天华集团和欧亚集团已经实际接管了天华电力，且工商登记已经正式变更。天华电力公司现在的实际控股者是珠海天华集团，而不是尊荣公司。

2. 关于有人认为尊荣公司逃避执行，先后将尊荣电力的名称变更为尊能、天华，并以虚假方式将其持有的股权予以转让，虽然签订了转让合同，进行了公证和工商登记，但受让方至今未按照合同支付价款，转让方也未收到价款，股权转让的行为实际上并未实施，具有欺诈性等问题，笔者认为，从以下几个方面考虑，上述说法不能认定：

（1）尊荣公司转让其在天华公司的股权的事实发生在诉讼期间。但现行法律并未禁止当事人在诉讼期间从事经营活动，包括处分财产。其所投资的企业在诉讼期间更改名称，同样也是法律允许的。尊荣公司转让股权并不导致尊荣公司财产的减少或灭失。该股权转让是有对价的，转让的价格完全等同于原出资额，既不是无偿转让，也不是明显低于市场价格的转让。受让方尽管尚未付款，但其应付款仍然是尊荣公司的财产权利。

（2）关于尊荣公司转让股权的非法目的，只是推测，并无有效的证据证明。从现有材料上看不出尊荣公司转让股权的非法目的。

（3）尽管股权转让款尚未支付，但这只是支付义务的延迟履行，并不是支付义务的消灭，不是合同的解除或无效。尊荣公司有权利继续主张受让方珠海天华集团、欧亚集团支付。

（4）珠海天华集团和欧亚集团受让股权后，作为受让股权的新股东实际行使了股东权利，对天华公司实施了全面经营管理，也承担了相应的股东风险。如：召开董事会，选举新董事；派出总经理；收购陕西精密股份公司等事项。仅凭此点，即使尊荣公司的投资存在各种问题，珠海天华集团受让股权的事实也无法否认。[1]

---

[1] 董志强：《案外人深圳市天华电力投资有限公司执行申诉案》，载最高人民法院执行工作办公室编：《强制执行指导与参考》2003年第1辑（总第5辑），法律出版社2003年版，第224～236页。

最高人民法院
关于被执行企业产权转让其上级主管部门应否承担责任问题的复函

2003年6月2日　〔2002〕执他字第26号

湖北省高级人民法院：

你院《关于请求迅速排除深圳市地方保护主义对开发区法院执行案件违法阻挠的紧急报告》及开发区法院《关于申请执行人中国农业银行武汉市江城支行与被执行人深圳市经济协作发展公司（以下简称经协公司）信用证担保纠纷一案被执行人开办人未依法履行出资义务的补充报告》均已收悉。经审查，提出如下处理意见：

深圳市国有资产管理办公室（以下简称国资办）作为国有资产管理部门，批准、授权将原企业性质为全民所有制的经协公司有偿转让，并不违反法律规定。经协公司已经被深圳市工商行政管理部门办理了变更登记，其法人更名为深圳市国泰联合广场投资有限公司（以下简称国泰公司），即其法人的主体资格并未终止。你院及开发区法院认定经协公司被撤销，没有事实依据。开发区法院〔2002〕武开法执字第95—3号民事裁定书以国资办授权转让经协公司为由，适用《民事诉讼法》第213条①的规定，裁定国资办承担责任没有法律依据，属适用法律错误，应予纠正。

二、关于国资办应否承担经协公司注册资金不实的责任，请你院注意以下问题：1. 经协公司的注册资金是否不实？2. 经协公司的义务承受人的注册资金是否到位？3. 如经协公司的注册资金不实的情况属实，谁应承担注册资金不实的责任？

【附：案例评析】

关于被执行企业产权转让其上级主管部门应否承担责任的请示与答复

三、执行法院意见

开发区法院认为：国资办授权经协公司以1.02亿元的价格转让经协公司100%股权的行为，属于出售企业产权。经协公司是全民所有制企业，应属《全民所有制工业企业法》及有关行政法规调整的范围，无股权可谈。国资办在转让经协公司的过程中，违反了《民法通则》、《全民所有制工业企业法》、《合同法》、《关于出售国有小型企业产权的暂行办法》、《关于出售国营小型企业产权财务处理的暂行规定》等法律和行政法规中关于依法清理债权债务的有关规定，其作为经协公司的主管部门和产权所有者，既没有清理经协公司的债务，又没有和债权人签订新的合同，甚至根本没有告知债权人，转让收入也未偿还所欠债权人的债务，严重侵害了债权人的合法权益。国资办已收取出售经协公司产权的全部收入，在经协公司的原主管部门经协办已被市政府撤销的情况下，国资办应在其接受的财产范围内承担清偿责任。

四、最高法院意见

最高法院经审查认为，本案属于以出售企业形式将全民所有制企业改制为有限责任公司的案件，国资办、经协办作为经协公司的主管部门，代表国家拥有对经协公司的全部控制权，经协公司的产权转让符合市场经济等价有偿的原则，是国有企业在面向市场经济过程中出现的改制方法之一，即将原国有企业的国有产权的责权利关系以法人产权的形式体现出来，明确了出资者与法人之间在财产权上的权责关系。转让使投资主体和企业性质发生了变化，但并不必然影响原企业的法人资格，国资办收取的是转让经协公司应得的对价，以无偿接受为由裁定国资办承担经协公司的债务不当。

五、评析意见

本案的焦点是在执行程序中因被执行主体被出售后其债权债务如何承担，应从以下三个方面进行审查：

（一）执行中如何认定企业的法人资格问题

这个问题又可以从实体和程序两个方面来分析：

从实体上看，出售企业的行为是否必然导致该被出售企业的法人资格终止？企业出售是我国国企改革的方式方法之一，一般只涉及企业产权

---

① 民事诉讼法原第二百一十三条现已修改为第二百三十七条。——编者注

的变动，对企业法人资格并不产生必然影响。从法律的角度看，企业出售改变的只是企业的投资人或其股东，企业自身的资产状况及经营形式并不因出售而发生必然的变化，法人资格依然存在。

本案中，国资办授权经协办将经协公司产权转让，经协公司的法人资格是否因该转让而终止？判断企业法人是否终止，应根据《民法通则》第45、46条之规定来认定。其中，第45条是法人终止的实质要件，第46条是法人终止的形式要件。根据《民法通则》第45条第1款的规定，企业法人"依法被撤销"是企业法人终止的原因之一，但本案并不存在经协公司被撤销这样一个事实。执行法院认为，经协公司于1999年6月22日被撤销了。事实上，1999年6月22日是经协公司在工商行政管理部门办理变更登记的时间，即经协公司经变更登记为国泰公司。开发区法院依据经协公司的产权转让合同认为经协公司"被撤销"，是将企业法人被撤销和被转让这两个概念相混淆了，这二者无论在事实上和法律上都是有着本质区别的。因为，企业法人被撤销必须存在法律上可以被认定和证明的事实，如有主管部门的撤销文件及工商行政管理部门的注销登记等。况且，企业法人被撤销其法人资格应终止，而转让并不一定发生法人终止的结果，被转让的法人主体资格仍可能继续存在。《民法通则》第46条规定，"企业法人终止，应当向登记机关办理注销登记并公告"，是在立法上明确了法人终止的形式要件。深圳市工商局根据国家工商行政管理局工商企字〔1988〕第88号文件，国有企业被整体出售改制为有限责任公司作变更登记的规定，给经协公司办理了变更登记。在这种情况下，经协公司的法人资格在工商登记上并未终止，只是企业的性质、出资人及注册资金等情况发生了变化。故在执行程序中应根据工商登记认定经协公司的法人资格并未终止，而是以变更后的国泰公司继续存在。所以，执行法院认定经协公司被撤销没有事实依据，适用《民事诉讼法》第213条关于法人终止的条款应属适用法律不当。

从程序上看，执行机构在执行程序中涉及对企业法人资格的审查一般应以工商登记为准。正在起草中的《强制执行法》也确立了对企业法人资格应根据工商登记进行形式审查的原则，如果权利人认为一个形式上具有法人资格的企业实质上不具有法人资格或滥用法人资格，可提起法人

格否认之诉。只有通过诉讼才能否认企业的法人资格。目前关于企业法人有3种工商登记形式，即设立登记、变更登记和注销登记。3种登记形式在法律上分别导致企业法人资格的取得、延续或终止。

（二）企业出售问题

企业出售是近年来出现的国有企业改革中的一种特有现象，只限于国有中小企业的出售，且作为出卖的一方只能是代表国家的政府或其主管部门。从严格意义上讲，它不是一个完整的、准确的法律概念，而是一种通常意义上的经济学上的概念。企业出售之后，国家丧失了对该企业享有的作为所有者的权益，而取得了该企业相应的对价；而买受人因支付相应的对价，取得了该企业的所有权，从而享有作为所有权人相应的权益。

《最高人民法院关于人民法院执行工作若干问题的规定（试行）》第81条规定，被执行人被撤销、注销或歇业后，上级主管部门或开办单位无偿接受被执行人的财产，应在所接受的财产范围内承担责任。正如上文所述，本案不存在经协公司被撤销、注销或歇业的事实。那么，国资办是否无偿接受了经协公司的财产呢？笔者认为，国资办取得出售经协公司产权的转让价款不能认为是无偿接受了经协公司的财产。经协公司原为全民所有制性质的企业，国资办作为经协公司的原资产管理人和上级主管部门，应视为代表国家管理经协公司财产的人，其有权将经协公司整体转让。转让行为既符合民事活动等价有偿的原则，也是企业改制方法所允许的，其获得的转让价款是国家将其对企业的全部控制权转让给新的出资人后应得的对价，与无偿接受具有本质上的不同。故执行法院以国资办无偿接受了经协公司的财产为由裁定其承担责任也是不当的。

（三）关于原企业的债务承担问题

最高法院曾主持召开关于企业改制法律问题专家论证会，认为国有企业改制无论采取何种形式，对其遗留债务的处理，实质上要解决的是债务和资产产权关系问题，即由于企业资产的变动引起的被改制企业原债务的承担问题。在处理上述问题时，始终要坚持两个基本原则：一是尊重当事人约定原则。对于被改制企业遗留债务，债权人与被改制企业有约定的，只要不违反法律强制性、禁止性规定，不损害国家利益和善意第三人利益的，应当依当事人的约定。二是法人财产

承担法人债务原则。其核心是企业法人以自己所有的财产对外独立承担民事责任。企业债权债务承继原则和企业债务随企业财产变动原则,是法人财产原则的具体体现。债务随企业资产变动原则,是指在当事人对企业遗留债务的承担没有约定或者虽有约定但违反法律强制性、禁止性规定,或者未经债权人同意、损害国家利益和善意第三人利益的情况下,因企业资产负有对企业债务的一般担保性质,受让方依照债务随资产变动原则,根据不同情况承担相应的责任。

所谓根据不同的情况承担相应的责任,最高法院在《关于受理与企业改制相关民事纠纷案件若干问题的规定》第24~28条中,规定了在企业出售的情况下,所购企业出售前的债务应根据不同情况分别由买受人、被出售企业或出卖人承担。也有人主张在未征得债权人同意即出售企业的情况下,买卖双方对企业遗留债务共同承担清偿责任。

就本案而言,国资办在转让经协公司过程中是否遗留或遗漏了债务及应否承担相应的责任。最高人民法院法〔2001〕105号《关于人民法院在审理企业破产和改制案件中切实防止债务人逃废债务的紧急通知》第十条规定,"对企业出售中,卖方隐瞒或遗漏原企业债务的,应当由卖方对所隐瞒和遗漏的债务向原企业的债权人承担责任"。但是,从上述规定可以看出,卖方承担责任的前提是其隐瞒或遗漏了原企业的债务。本案是否存在遗留或遗漏的债务?该债务的遗留或遗漏是卖方授意所为,还是评估人员的故意隐瞒或严重失职造成的?或是买卖双方及评估人员恶意串通而为?即使国资办确有过错,举证责任如何分担?责任大小如何确定?此外,买卖双方在《产权转让合同》第4条关于"意外债务的承担"中约定,若出现双方认定评估报告以外的债务,在总价款10%以内买方同意接受并予以承担。也就是说对于评估报告以外的债务的90%应由卖方承担。买卖双方的上述约定未经债权人同意是否有效?即使债权人事后同意,是否应当按照上述约定分担债务?上述问题均属实体问题。从有利于保护各方当事人实体权利和诉讼权利的角度出发,

上述问题均不宜在执行程序中认定,而应通过诉讼程序确认为宜。即如果债权人江城支行认为国资办和经协办在转让经协公司过程中,隐瞒和遗漏了原企业的债务,应通过诉讼程序确认国资办和经协办因此应承担的责任及责任的大小后,再依据生效法律文书予以执行。[①]

最高人民法院执行工作办公室
关于原县级贵港市升格为地级贵港市后如何追加原县级贵港市人民政府因开办单位注册资金不实责任问题的答复

2003年7月4日　　〔2003〕执他字第18号

广西壮族自治区高级人民法院:

你院《关于原县级贵港市升格为地级贵港市后如何追加原县级贵港市人民政府因开办单位注册资金不实责任问题的请示报告》收悉,经研究,答复如下:

同意你院审判委员会的第一种意见。根据国务院国函〔1995〕96号函的批复,现地级贵港市政府是在原县级贵港市政府的基础上升格而来的,应是原县级贵港市政府的权利义务继受主体。原县级贵港市政府作为被执行人贵港市经济技术开发总公司的开办单位,对其开办时投入的注册资金不实,根据我院《关于人民法院执行工作若干问题的规定(试行)》第80条之规定,应在注册资金不实的范围内对申请执行人承担责任。因原县级贵港市政府已升格为现地级贵港市政府,故应由现地级贵港市政府承担原县级贵港市政府作为开办单位应承担的责任。如现地级贵港市政府对此提出异议应负相应的举证责任,并由你院依法进行审查处理。

此复。

[①] 于泓:《关于被执行企业产权转让其上级主管部门应否承担责任的请示与答复》,载最高人民法院执行工作办公室编:《强制执行指导与参考》2003年第3辑(总第7辑),法律出版社2004年版,第218~225页。

最高人民法院执行工作办公室关于股份有限公司转让其正在被执行的独资开办的企业能否追加该股份有限公司为被执行人问题的复函

2003年7月30日　〔2002〕执他字第2号

广西壮族自治区高级人民法院：

你院桂高法〔2001〕294号《关于股份有限公司转让其正在被执行的独资开办的企业能否追加该股份有限公司为被执行人的请示》，收悉，经研究，答复如下：

一、中国四川国际合作股份有限公司（以下简称四川公司）转让北海中川国际房地产开发公司（以下简称北海公司）的股权，收取受让人支付的对价款不属抽逃北海公司的注册资金，即不能以抽逃资金为由追加四川公司为广西城乡房地产开发北海公司申请执行北海公司一案的被执行人。

二、四川公司转让北海公司股权的行为，是依据《公司法》的规定合法转让的行为。因该转让既不改变北海公司的独立法人地位；也未造成北海公司资产的减少；且四川公司转让北海公司而获益的1000万元，是四川公司通过转让股权获得的对价款，该对价款也不是四川公司在北海公司获得的投资权益或投资收益；至于四川公司与北海公司的并表财务报告等，并不表明四川公司对北海公司的债权债务有继受关系或者属法人格滥用行为。因此，北海市中级人民法院追加四川公司为被执行人没有事实依据和法律依据。

此复。

【附：案例评析】

关于股份有限公司转让其正在被执行的独资开办的企业能否追加该股份有限公司为被执行人问题的请示与答复问题来源于广西壮族自治区高级人民法院（简称广西高院）请示的一起执行案件

二、广西高院的两种分歧意见

广西高院对能否追加中川国际为被执行人有两种意见：

第一种意见认为应当追加中川公司为被执行人。理由是：中川国际转让北海公司100%的股权，并收取1000万元对价款，实际上是卖掉了北海公司，且是在北海公司负债后转让，故应在其转让所得价款范围内对北海公司的债务承担责任。北海中院裁定追加中川国际为被执行人意见正确，但认定中川国际抽逃注册资金不妥。

第二种意见认为不能追加中川国际为被执行人承担责任。理由是：中川国际转让北海公司的股权不是抽逃注册资金的行为，也不是转让北海公司的具体财产，这种转让并未改变北海公司独立法人的地位，只是享有北海公司股权的所有者由中川公司转为四通公司。另外，中川国际将北海公司的债权、债务情况公布在其上市公告书及年度报告中，是一种财务上的并表关系，并不能由此认定中川国际接收和承担北海公司的债权债务。

三、请示中争议的焦点问题

1. 中川国际转让北海公司股权，并得益1000万元的行为如何定性。

2. 中川国际将北海公司的债权、债务情况公布在其上市公告书及年度报告中，是否由此认定中川国际接收和承担北海公司的债权债务。

四、最高人民法院的意见

就广西高院请示的问题，最高人民法院执行工作办公室于2003年7月30日，以〔2002〕执他字第2号复函广西高院。认为：1. 中川国际转让北海公司的股权，收取受让人支付的对价款不属抽逃北海公司的注册资金。即：不能以抽逃资金为由，追加中川国际为城乡公司申请执行北海公司一案的被执行人。2. 中川国际转让北海公司股权的行为，是依据《公司法》规定的合法转让行为。因该转让既不改变北海公司的独立法人地位，也未造成北海公司资产的减少；且中川国际转让北海公司而获益的1000万元，是中川国际通过转让股权获得的对价款，该对价款不是中川国际在北海公司获得的投资权益或投资收益。至于中川国际与北海公司的并表财务报告等，并不表明中川国际对北海公司的债权债务有继受关系或者属法人格滥用行为。因此，北海中院追加中川国际为被执行人没有事实依据和法律依据。

五、评析意见

不能追加中川国际为被执行人承担责任的理

由分析如下：

1. 北海公司的独立法人地位，且中川国际已全额投入，决定了不能追加中川国际为被执行人承担责任。

《民法通则》第36条规定，法人是具有民事权利能力和民事行为能力，依法独立享有民事权利和承担民事义务的组织。作为法人一经成立，便在法律上获得了独立的法人人格，并对法人自身的财产享有独立于他人的所有权。尤其是在获得工商机关核准登记后，一方面获得了从事工商营业活动的权利，另一方面，能对工商活动独立地承担民事责任。也就是说，作为法人，是以自己的财产，对外独立地承担民事责任。而本案中，执行法院北海中院已经查明，被执行人北海公司是中川国际于1992年7月22日向北海市工商局申请注册的、具有独立法人资格的全民所有制企业，注册资金人民币1000万元，该1000万元注册资金已经全额到位。在此前提下，中川国际作为投资主体，对被投资企业北海公司享有的只是投资收益或投资权益，但这种权益或收益并不能替代北海公司的独立法人地位，北海公司只能以自己的财产独立地承担民事责任。因此，北海中院追加中川国际为被执行人违反法人财产独立的有关法律规定。

2. 中川国际转让北海公司股权的行为，是依据《公司法》的有关规定的合法转让行为。该转让获益的1000万元，是中川国际通过转让获得的股权转让收益，不是中川国际作为投资人，在被投资企业获得的投资权益或收益，因此不能认定为是抽逃资金的行为。

《公司法》第143条规定，股东持有的股份可以依法转让。依《公司法》的有关理论，作为投资主体的股东的变更及股权的增减，并不必然引起被投资企业财产的变动，也不会引起被投资企业财产的增多或减少，更不会影响被投资企业的独立法人地位。这种股东的变更或股权的增减，只是导致由这种投资带来的享受投资权益或投资收益的主体，由原来的投资主体转移给新的股东；或者导致由这种投资带来的投资权益或投资收益的份额，在股东之间发生增减变化。

至于抽逃资金，顾名思义，是指投资主体通过不正当的手段或方法，从被投资企业抽走现金或转移资产，从而导致被投资企业自身资产的减少。这种自身资产的减少，必然导致作为独立法人的被投资企业对抗民商事活动风险能力的下降，以及随之而来的对外独立承担民事责任的能力的降低。

而本案中，作为北海公司原投资人的中川国际，通过股权转让的方式，将自己享有的股权转让给四通公司。这种转让一方面因符合《公司法》及相关的法律规定，合法有效，另一方面中川国际的这种股权转让，丧失的仅仅是作为北海公司投资人的身份，也就是北海公司的投资人由原来的中川国际变为四通公司。这种转让，一方面没有改变北海公司的独立法人地位，另一方面也没有导致北海公司资产的减少，更谈不上抽逃北海公司的资产。至于中川国际转让获益的1000万元，本案中应理解为，该1000万元只是转让股权的收益。也就是说，中川国际享有的北海公司的100%股权，以1000万元的价格转让给了四通公司。四通公司通过支付1000万元的对价，取代了中川国际的投资人地位。这1000万元形式上看是中川国际获得的收益，但这种收益并不是通过出售北海公司资产获得的，而是转让股权本身的收益。这种收益并没有从北海公司抽走任何资产，也没有导致北海公司自身资产的减少，因而不存在抽逃北海公司资产的行为。

对于执行法院北海中院来说，如若坚持追加中川国际连带承担被投资企业北海公司的民事责任，途径只能有一条，那就是依据《执行规定》第80条的规定：如若中川国际作为投资人，注册资金没有到位或没有全部到位，那么，中川国际就应该在注册资金范围内，承担注册资金不实的责任。但本案中执行法院已经查实，中川国际1000万元注册资金已经全部到位，所以这条途径的理由也就不存在。

3. 中川国际将北海公司的债权、债务情况公布在其上市公告书及年度报告中，并不能因此认定中川国际接收和承担了北海公司的债权债务。

中川国际于1994年改制为股份有限公司，并于同年3月29日上市之时，在该公司发布的《中国四川国际合作股份有限公司股票上市公告书》中，将北海公司的资产并入改制后的股份公司中招股上市，同时在界定北海公司的净资产时，将北海公司所欠城乡公司的708.3万元作为负债，在其财务表中列为"应付款"予以公布6随后，中川国际在1994—1999年所发布的上市公司年度报表中，将北海公司1992—1994年购买的商品期

末余额 1982.5 万元载入其公司记账栏目作为其公司财产予以公布。对这些行为如何认定,笔者认为:

首先,中川国际将包括被投资企业北海公司,及其其他全资子公司或控股公司的债权债务情况,一并公布在其上市公告书及随后的年度报告中,是根据公司法的有关规定,及相关法律对上市公司有关财务制度的要求,这种财务上的公开披露是中川国际所必须做的。也就是说,根据上市公司重大信息必须及时、真实公布的要求,中川国际作为上市公司,公开披露该公司的债权及负债情况,是依照相关法律规定,对所有持该公司股份的股东所必须尽的公司义务。

其次,这种整体的财务情况的公开披露,在法律上并不会否定被投资企业的独立法人地位,也不会因这种整体性的披露,而发生债权债务的转移和变更。也就是说,无论采用何种形式的披露,或者是否整体性的披露,投资主体对原被投资企业享有的仍然只是投资权益或者投资收益,而不能因此直接取代被投资企业,成为债权债务的承继者,并由此取代被投资企业对外承担民事责任。

基于以上两点分析,笔者认为,北海中院据此认为中川国际已将北海公司整体改组为股份公司上市,并将北海公司的债权、债务列为本公司的债权、债务,因此认定中川国际应对北海公司的债务承担责任的结论没有法律依据。①

最高人民法院
关于〔2003〕鲁法民二字第 17 号请示的答复

2003 年 9 月 8 日　　〔2003〕民二他字第 38 号

山东省高级人民法院:

你院〔2003〕鲁法民二字第 17 号请示收悉。关于企业改制行为发生在最高人民法院《关于审理与企业改制相关的民事纠纷案件若干问题的规定》(以下简称《规定》)实施前,《规定》实施后人民法院尚未审结的与企业改制相关的民事纠纷案件,是否适用《规定》处理的问题,经研究,答复如下:

《规定》自 2003 年 2 月 1 日起施行。因本《规定》原则上不具有溯及既往的效力,因此,对因 2003 年 2 月 1 日前当事人实施的企业改制行为而引发的民事纠纷,不论在《规定》实施前或者实施后诉至人民法院的,人民法院应当适用企业改制行为发生时的法律、法规、政策以及最高人民法院制定的有关企业改制方面的司法解释。

但对《规定》实施后人民法院正在审理的与企业改制相关的民事纠纷案件,如果适用《规定》实施前最高人民法院制定的有关企业改制方面的司法解释与本《规定》精神相抵触的,可以参照本《规定》的精神处理。

此复。

最高人民法院
对《商务部关于请确认〈关于审理与企业改制相关的民事纠纷案件若干问题的规定〉是否适用于外商投资的函》的复函

2003 年 10 月 20 日　〔2003〕民二外复第 13 号

中华人民共和国商务部:

你部于 2003 年 9 月 12 日发给本院的商法函〔2003〕33 号《关于请确认〈关于审理与企业改制相关的民事纠纷案件若干问题的规定〉是否适用于外商投资的函》收悉。经研究,答复如下:

中国企业与外国企业合资、合作的行为,以及外资企业在中国的投资行为,虽然涉及企业主体、企业资产及股东的变化,但他们不属于国有企业改制范畴,且有专门的法律、法规

---

① 项存奇:《关于股份有限公司转让其正在被执行的独资开办的企业能否追加该股份有限公司为被执行人问题的复函》,载最高人民法院执行工作办公室编:《强制执行指导与参考》2003 年第 3 辑(总第 7 辑),法律出版社 2004 年版,第 211~217 页。

调整，因此，外商投资行为不受上述司法解释的调整。

此复。

【附：相关文件】

商务部关于请确认《关于审理与企业改制相关的民事纠纷案件若干问题的规定》是否适用于外商投资的函

2003年9月12日　　商法函〔2003〕33号

最高人民法院：

2002年12月3日最高人民法院审判委员会第1259次会议通过、自2003年2月1日起施行的《关于审理与企业改制相关的民事纠纷案件若干问题的规定》颁布后，外国投资者对于该司法解释关于企业公司制改制后债务承担问题所确定的有关规则表示关注，担心该司法解释如果适用于外商投资，将会影响外资参与国内企业改组的顺利进行。为了创造更好的投资环境，进一步吸引外国投资，请贵院就该司法解释是否适用于外商投资的问题予以说明并函复。

特此函达。

最高人民法院
关于临沂市罗庄区人民政府应否对罗庄街道办事处的债务承担责任问题的请示的复函

2004年7月8日　　〔2004〕执他字第15号

山东省高级人民法院：

你院《关于临沂市罗庄区人民政府应否对罗庄街道办事处的债务承担责任问题的请示》收悉。经研究，答复如下：

同意你院审判委员会少数人意见，根据山东省人民政府鲁政函民字〔2000〕36号批复，"以原罗庄镇的行政区域设立罗庄街道办事处。办事处机关驻原罗庄镇人民政府驻地。"鉴于罗庄街道办事处设立的区域及机关驻地与原罗庄镇政府完全一致，且罗庄区人民政府在《关于设立罗庄、傅庄、盛庄、汤庄街道办事处的请示》报告中亦明确表示，新设立的街道办事处"财政体制执行原财政体制，原镇政府的债权债务由设立后的相应办事处承担"，我们认为，新设立的街道办事处与原镇政府在行政区域和财产上具有承继关系，此案可参照我院法释〔1997〕1号批复的精神，由新设立的街道办事处承担原镇政府的债务。

此复。

【附：案例评析】

临沂市罗庄区人民政府应否对罗庄街道办事处的债务承担责任问题请示案

二、最高法院审查处理意见

经最高法院审查，原则同意山东高院审判委员会第二种意见也即审判委员会少数人意见。具体理由如下：

1. 根据山东省人民政府鲁政函民字〔2000〕36号批复，即《山东省人民政府关于同意临沂市罗庄区调整城区行政区划的批复》明确，"以原罗庄镇的行政区域设立罗庄街道办事处。办事处机关驻原罗庄镇人民政府驻地"。该批复说明罗庄街道办事处与原罗庄镇人民政府无论是管辖区域还是机关驻地均完全一致，其不同的仅仅是名称发生了变化。

2. 2000年3月6日临沂市罗庄区人民政府文件罗政报〔2000〕12号《罗庄区人民政府关于设立罗庄、傅庄、盛庄、汤庄街道办事处的请示》中第4条明确"财政体制执行原财政体制，原镇政府的债权债务由设立后的相应办事处承担"。上述请示报告的意见无论是临沂市人民政府或山东省人民政府的批复均未有任何不同意见，应视为省、市两级政府均同意罗庄人民政府所提的由名称变更后街道办事处承担原镇政府债权债务的意见。

3. 罗庄区人民政府2004年6月22日报送山东高院的《罗庄区人民政府对罗庄区罗庄街道办事处所负债务不应承担民事责任在时间上的说明》中第三个问题第四项进一步阐明"2000年因行政区划调整，撤销罗庄镇，在原罗庄镇行政区域设立罗庄街道办事处。变罗庄镇为罗庄区罗庄街道办事处，原罗庄区罗庄镇的人、财、物全部归罗庄区罗庄街道办事处。只是将罗庄区罗庄镇名称变更为罗庄区罗庄街道办事处"。

综合以上情况，我们认为，新设立的罗庄街道办事处与原镇政府在行政区域和财产上具有承继关系，此案可参照我院法释〔1997〕1号批复的精神，罗庄区罗庄镇的债权债务应当由罗庄街道办事处予以承担。

三、案件评析

本案争议的分歧点在于为什么不让罗庄区政府承担此案的债务，而是让新设立的罗庄街道办事处承担原罗庄镇政府的债务。如上所述，我们没有同意山东高院请示的第一种意见，而是同意山东高院请示的第二种意见，即少数人意见，主要基于两点考虑，一是根据本案的事实情况，二是法律依据。事实情况的核心是新设立的街道办事处与原镇政府在行政区域和财产上具有承继关系，如山东省政府的〔2000〕36号批复确定"以原罗庄镇的行政区域设立罗庄街道办事处。办事处机关驻原罗庄镇人民政府驻地"。罗庄区人民政府在《关于设立罗庄、傅庄、盛庄、汤庄街道办事处的请示》中明确，新设立的街道办事处"财政体制执行原财政体制，原镇政府的债权债务由设立后的相应办事处承担"。以上事实也说明新设立的街道办事处与原镇政府在法律上具有承继关系。另从我院法释〔1997〕1号批复的精神看，此案也应当由新设立的街道办事处承担原镇政府的债务。该批复的主要内容为：街道办事处开办的企业具有法人资格的，街道办事处只在收取管理费范围内承担民事责任；其开办的企业不具有法人资格的，应先由企业承担相应的民事责任，不足部分由街道办事处在企业注册资金范围内独立承担。街道办事处财产不足以承担时，不能由设立该街道办事处的市或区人民政府承担民事责任。街道办事处进行自身民事活动产生纠纷的，应当独自承担民事责任。应当说，上述批复明确了街道办事处承担民事责任的条件和范围。由于罗庄街道办事处与罗庄镇政府具有法律意义上的承继关系，因此，对于罗庄镇政府的债务，当罗庄镇政府被撤销后我们就将该债务视为是罗庄街道办事处自身承继的债务，故可参照适用我院法释〔1997〕1号批复。鉴于罗庄区人民政府与本案没有债权债务关系，也与罗庄热电厂没有直接的财产关系，根据上述我院批复的精神，即使街道办事处的财产不足以承担债务时，也不能由设立该街道办事处的市或区人民政府承担民事责任。因此，罗庄区人民政府在本案中不应当承担债务责任，济宁市中院和邹城市法院裁定变更罗庄区人民政府为本案被执行人均属错误。①

[提示] 被执行人企业改制时其债务问题没有征得债权人的同意，执行中可裁定追加改制后的企业为被执行人

最高人民法院执行工作办公室关于贵阳特殊钢有限责任公司申请执行重庆望江制造总厂一案的请示的答复

2005年1月7日　〔2004〕执他字第30号

重庆市高级人民法院：

你院《关于贵阳特殊钢有限责任公司申请执行重庆望江制造总厂一案的请示报告》收悉。经研究，答复如下：

同意你院审判委员会第一种意见，即重庆望江制造总厂改制时其债务问题没有征得债权人贵阳特殊钢有限责任公司的意见，故根据我院《关于审理与企业改制相关的民事纠纷案件若干问题的规定》第十二条的规定，重庆市第一中级人民法院追加重庆望江工业有限公司为被执行人并无不当。鉴于本案涉及军工企业改制问题，在具体执行时可责成执行法院依法慎重处理。

此复。

---

① 张小林：《临沂市罗庄区人民政府应否对罗庄街道办事处的债务承担责任问题请示案》，载最高人民法院执行工作办公室编：《强制执行指导与参考》2004年第2集（总第10集），法律出版社2004年版，第105～109页。

最高人民法院
对湖北省高级人民法院《关于在执行程序中能否将被执行人享有到期债权的第三人的开办单位裁定追加为被执行主体的请示》的答复

2005年1月25日　〔2004〕执他字第28号

湖北省高级人民法院：

你院鄂高法〔2004〕470号《关于在执行程序中能否将被执行人享有到期债权的第三人的开办单位裁定追加为被执行主体的请示》一案收悉。经研究，答复如下：

同意你院第二种意见。我们认为，人民法院在执行程序中不得裁定追加被执行人享有到期债权的第三人的开办单位，因该第三人的法律地位不同于被执行人，其本身不是案件的当事人，裁定追加第三人的开办单位于法无据。且本案中，黄石市中级人民法院于2003年8月15日裁定追加第三人长岭黄河集团有限公司时，该公司已根据陕西省人民政府的决定实施资产分离，分离后原长岭黄河集团有限公司更名为陕西长岭集团有限公司，故黄石市中级人民法院裁定追加长岭黄河集团有限公司缺乏事实依据。因此，上述裁定依法应予纠正。

此复。

最高人民法院
关于机关法人作为被执行人在执行程序中变更问题的复函

2005年8月3日　法函〔2005〕65号

青海省高级人民法院：

你院2005年3月22日的请示收函。经研究，答复如下：

鉴于在执行过程中，被执行人在机构改革中被撤销，其上级主管部门无偿接受了被执行人的财产，致使被执行人无遗留财产清偿债务，按照《最高人民法院关于适用〈中华人民共和国民事诉讼法〉若干问题的意见》（法发〔1992〕22号）第271条[①]和〈最高人民法院关于人民法院执行工作若干问题的规定（试行）〉（法释〔1998〕15号）第81条的规定，可以裁定变更本案的被执行人主体为被执行人的上级主管部门，由其在所接受财产价值的范围内承担民事责任。

此复。

最高人民法院执行工作办公室
关于能否追加被执行人开办单位的开办单位为被执行人问题的复函

2006年2月6日　〔2006〕执他字第7号

新疆维吾尔自治区高级人民法院：

你院（2004）新执监字第227号《关于能否两次适用〈关于人民法院执行工作若干问题的规定（试行）〉第八十条追加开办单位的开办单位为被执行人的请示》收悉。经研究，答复如下：

同意你院第二种意见。我院《关于人民法院执行工作若干问题的规定（试行）》（下称《执行规定》）第八十条明确规定："被执行人无财产清偿债务，如果其开办单位对其开办时投入的注册资金不实或抽逃注册资金，可以裁定变更或追加其开办单位为被执行人，在注册资金不实或抽逃注册资金的范围内，对申请执行

[①] 该第271条规定："依照民事诉讼法第二百一十三条的规定，执行中作为被执行人的法人或者其他组织分立、合并的，其权利义务由变更后的法人或者其他组织承受；被撤销的，如果依有关实体法的规定有权利义务承受人的，可以裁定该权利义务承受人为被执行人。"现《最高人民法院关于适用〈中华人民共和国民事诉讼法〉若干问题的意见》已被最高人民法院《关于适用〈中华人民共和国民事诉讼法〉的解释》（法释〔2015〕5号）废止，该解释第四百七十二条将上述规定修改为："依照民事诉讼法第二百三十二条规定，执行中作为被执行人的法人或者其他组织分立、合并的，人民法院可以裁定变更后的法人或者其他组织为被执行人；被注销的，如果依有关实体法的规定有权利义务承受人的，可以裁定该权利义务承受人为被执行人。"——编者注

人承担责任。"按照上述规定，人民法院只能追加被执行人的开办单位在其开办时投入的注册资金不实或抽逃注册资金时对申请执行人承担相应的责任，并无其他弹性规定。因此，追加被执行人开办单位的开办单位为被执行人无法律依据，对《执行规定》第八十条不能作扩大适用。

最高人民法院
关于执行程序中被执行人无偿转让抵押财产人民法院应如何处理的答复

2006年10月27日　〔2005〕执他字第13号

山东省高级人民法院：

你院《关于执行程序中被执行人无偿转让抵押财产人民法院应如何处理的请示》收悉。经研究，答复如下：

作为执行标的物的抵押财产在执行程序中被转让的，如果抵押财产已经依法办理了抵押登记，则不论转让行为是有偿还是无偿，也不论是否通知了抵押权人，只要抵押权人没有放弃抵押权，人民法院均可以直接对该抵押物进行执行。因此，你院可以直接对被执行人已经设定抵押的财产采取执行措施，必要时，可以将抵押财产的现登记名义人列为被执行人。

此复。

【附：案例评析】

能否在执行程序中直接追加无偿受让抵押物的受让人为被执行人的请示案

二、评析

本案中，作为抵押物的受让人，对其所有权不能对抗债权人对抵押物所享有的优先权的问题争议不大，关键是否有必要追加受让人为被执行人？如果有必要，能否在执行程序中直接追加抵押物的受让人为被执行人？笔者对这两个问题作如下分析：

（一）关于是否有必要追加抵押物的受让人为被执行人

合议庭在讨论时，少数意见认为，可以直接对抵押物进行执行，不需将受让人铭山公司列为被执行人。应该说这种观点有一定道理，法律上也有类似的规定。比如，最高人民法院《关于适用〈中华人民共和国民事诉讼法〉若干问题的意见》第二百七十四条[①]规定："作为被执行人的公民死亡，其遗产继承人没有放弃继承的，人民法院可以裁定变更被执行人，由该继承人在遗产的范围内偿还债务。继承人放弃继承的，人民法院可以直接执行被执行人的遗产。"但是，就本案而言，如果不追加铭山公司为被执行人，既有法律上的障碍，也有执行实践上的不便。就法律而言，由于抵押物的所有权已经移转，抵押的设备和房地产已经从被执行人过户到铭山公司名下，根据最高人民法院《关于民事执行中查封、扣押、冻结财产的规定》第二条，执行法院只能查封登记在被执行人名下的不动产。而此时抵押财产已登记在铭山公司名下，既然铭山公司不是被执行人，从该条规定推论，又怎么能执行属于铭山公司所有并登记在铭山公司名下的财产？从实践来看，作为协助执行部门的房地产管理机关往往要求法院在查封房产时，法律文书所载明的义务人与所要查封的不动产权利人相一致，否则便可能不予协助。

（二）关于能否在执行程序中直接追加抵押物的受让人为被执行人

回答应当是肯定的。其一，从实体法上看，抵押权人对抵押物所享有的优先受偿权作为物权性质的权利，具有对世和追及效力，不管抵押物流转于何人之手，抵押权人均得追及行使其抵押权。值得注意的是，山东高院在该案的请示报告中刻意强调铭山公司受让抵押物的无偿性以及转让人没有履行通知义务的瑕疵。笔者猜测，执行法院隐含的可能逻辑是，首先，因为受让人没有支付相应的对价，所以其如果在执行程序中被追加，实体权利就不会受到什么损害。其次，因为没有通知债权人，所以不影响债权人行使抵押权，从而，不能对抗执行。其实，执行法院在思维上有点误入歧途。就第一点而言，无偿还是有偿，

[①] 该条已被最高人民法院《关于适用〈中华人民共和国民事诉讼法〉的解释》（法释〔2015〕5号）第四百七十五条所替代，内容未变。——编者注

是转让人和受让人之间的事,其所产生的法律后果只能是:转让人对于受让人是否有要求及时支付转让价款的请求权以及如果抵押物被执行,受让人是否对转让人有不当得利请求权。对于抵押权这种物上优先权而言没有任何影响。就第二点而言,执行法院可能是受担保法司法解释第六十七条的影响,认为如果抵押人在转让时通知了抵押权人,则抵押权人就不能再行使抵押权。其实,担保法司法解释第六十七条只是规定了没有通知抵押权人不影响其行使抵押权,并不能反向推出,如果通知了抵押权人则其就丧失抵押权。因为,是否通知了抵押权人仅仅影响转让行为的效力,进而影响受让人是否合法取得抵押物的所有权。但是,对于附着在抵押物上的优先受偿权而言,没有任何影响,并不因受让人所有权取得的合法与否而影响抵押权的得丧变更。从以上两点分析可以看出,不管抵押物的继受人是无偿还是有偿,也不管抵押人在转让时是否通知了抵押权人,只要抵押权登记没有被涂销,只要抵押权人没有放弃抵押权,抵押权人行使抵押权便没有任何实体法律上的障碍。

其二,抵押物继受人属于执行力扩张的范围。按照执行力扩张理论,执行力扩张于:1.言辞辩论终结后的诉讼标的物继承人;2.请求标的物的持有人;3.诉讼担当场合的被担当人。而这里的诉讼标的物的继承人既包括因原所有权人死亡,继承遗产的继承人,也包括受让标的物的继承人。将执行力向诉讼标的物的受让人进行扩张,其目的在于维持纠纷解决的实效性。当然,无论是根据执行力扩张理论上"实质说"和"形式说"的观点,在判断判决的执行力是否向具体的标的物继受人进行扩张时,还要考虑继受人是否有与前诉被告无关的独立抗辩理由。而本案中,如前所述,铭山公司对中信银行行使抵押权的请求并无实体法上的有效抗辩。

其三,抵押物的继受人欠缺程序保障利益。一般而言,人民法院只能对执行依据所确定的债务人进行执行,如对执行依据以外的第三人进行执行,则应通过诉讼程序对第三人的辩论权利予以充分保障后通过诉讼程序追加为债务人方能进行执行。但是,作为对此原则的衡平,对于一些和原债务人存在法律上的继承和连带关系并且缺乏程序保障利益的第三人,"为了维持该前诉判决作出判断的权利关系的安定性,在继承人这种程

度上的程序保障方面必须做出牺牲。"也就是说,可以作为执行力扩张的范围直接在执行程序中进行追加。本案中,铭山公司即属于此。这是因为,首先,中信银行对抵押物的优先受偿权已经山东高院〔1999〕鲁经初字第15号民事判决,铭山公司即使通过诉讼也无权对此再行抗辩。其次,山东高院将铭山公司列为被执行人,也仅仅是按照〔1999〕鲁经初字第15号民事判决的确定范围对特定的抵押物执行,并不对铭山公司的其他财产执行,没有扩大原执行依据的范围。最后,该抵押物已经办理抵押登记,铭山公司在接受转让的抵押物时,就应当预知抵押物上存在的可能被债权人强制执行的法律风险,直接对抵押物强制执行并不违背其真实意思。

其四,本案在执行程序中追加被执行人从价值趋向上更符合效率原则。如果通过诉讼程序追加,债权人有可能陷入周而复始的诉讼陷阱中,因为即使中信银行再一次通过诉讼追加了被执行人铭山公司,但是很难保证铭山公司不会将涉案抵押物再次转让,如果那样的话,中信银行不得不进行无穷无尽的诉讼大战,这是有违立法本意的。目前,法学界和实践界对执行程序中行使实体裁判权诟病颇多,应该说这种批判于厘清诉讼程序和执行程序之间的关系,回归执行权力的本来面目是非常有益的。但是,在警惕执行权滥用的同时,我们还要反对学界和实践界存在的诉讼绝对化倾向,就是不加分别把执行程序中的一切纠纷全部交由诉讼程序解决,执行程序绝对地僵化地忠实于原执行依据所确定的主观和客观范围。毕竟,逻辑所演绎出来的事实不能代替事实所形成的逻辑。特别是在目前被执行人通过关联交易逃债方式花样繁多,社会对此几无良策的情况下,把能够通过执行程序解决的问题全部推给诉讼,无疑是对失信者(债务人)的奖励,对守信者(债权人)的惩罚。须知,"诉讼复诉讼,诉讼何其多,执行待诉讼,万事成蹉跎"。本案在执行程序直接追加节约了司法资源,也避免了债权人进行诉讼所带来的诉累。

其五,应当看到,本案确实存在立法上的疏漏,那就是缺乏直接追加标的物受让人的程序法律依据,这也正是山东高院感到此案比较棘手的一点。这就给我们提出来一个问题,在目前执行法律尚不发达的情况下,能否根据实体法的规定和执行力扩张理论直接在执行程序中追加受让被

执行人财产的第三人为被执行人。笔者认为，如果受让执行标的物的第三人符合以下四个条件，则可以直接在执行程序中追加：（1）债权人对于诉讼标的物的实体权利已经过原执行依据确定；（2）受让行为发生在执行程序中，按照学术语言也就是发生在既判力的基准时之后，如果发生在诉讼程序中，则应当通过诉讼程序解决。（3）不扩大原执行依据确定的执行范围，也就是受让人只能在受让财产的范围内对债权人承担给付责任。（4）被追加人缺乏程序保障的必要性。总之，不能让无辜的债权人来承担立法疏漏的后果。另外还要提及，有的同志认为只要根据抵押权的追及效力就可解决本案中追加被执行人的理论依据，没有必要套用执行力扩张理论。笔者认为不然，正如没有程序法作救济的权利是纸上的权利一样，作为实体法学的物权理论只能提供抵押权的行使为什么能够不受权利人转让的限制理论泉源，而只有作为程序学的执行力扩张理论才是怎么样才能保证抵押权进行追及的正当程序依据。①

[提示] 执行法院否认公司独立法人资格无事实和法律依据，强制执行公司的具体房产不当，应予纠正

最高人民法院
关于案外人香港广俊有限公司（下称广俊公司）执行异议一案处理问题的答复

2007年3月8日　　〔1998〕执他字第2—4号

广东省高级人民法院：

关于案外人香港广俊有限公司（下称广俊公司）执行异议一案，你院〔2004〕粤高法执监字第67号报告已收悉。经研究，答复如下：

原则同意你院审判委员会多数人意见。即广州中院否认广俊公司的独立法人资格无事实和法律依据，强制执行广俊公司的具体房产不当，应予纠正。

现案外人广俊公司与债权人广州发展集团有限公司（下称广发集团）在本院主持下已经达成执行和解协议。按照和解协议的有关条款，广发集团已经向本院提交了撤销相关执行裁定书的申请，请求将已执行过户的北京建成大厦房产执行回转，并准许该公司将此案涉及的全部债权及权益转让给广俊公司。本院认为，和解协议系双方在本院主持下自愿达成，且相关内容与本院及你院多数人意见是一致的，故已予确认。请你院接到本函后监督广州市中级人民法院立即撤销相关执行裁定书。

此复。

最高人民法院
关于人民法院在执行程序中能否将已参加过诉讼、但生效裁判未判决其承担实体义务的当事人追加或变更为被执行人的问题的答复

2007年6月20日　　〔2007〕执他字第5号

青海省高级人民法院：

你院〔2006〕青执他字第1号《关于青海省储备物资管理局二五一处与中国建设银行李家峡支行、原建行李家峡支行劳动服务公司、原李家峡加油站借欠油料款纠纷一案的请示报告》收悉。经研究，现答复如下：

对已参加过诉讼、但生效裁判未判决其承担实体义务的当事人，人民法院在执行程序中如需追加或变更该当事人为被执行人，除非追加或变更该当事人为被执行人的事实和理由，已在诉讼过程中经审判部门审查并予以否定，否则，并不受生效裁判未判决该当事人承担实体义务的限制。根据现行法律和司法解释，人民法院有权依据相关法律规定，直接在执行程序中作出追加或变更该当事人为被执行人的裁定。

基于以上答复意见，请你院自行依法妥善处理本案。

---

①　范向阳：《能否在执行程序中直接追加无偿受让抵押物的受让人为被执行人的请示案》，载最高人民法院执行工作办公室编：《执行工作指导》2006年第3辑（总第19辑），人民法院出版社2006年版，第119～124页。

此复。

最高人民法院关于信达公司政策性托管银泰公司是否为其债务承担责任问题请示一案的复函

2008年6月27日　〔2007〕执他字第6号

海南省高级人民法院：

你院《关于信达公司政策性托管银泰公司应如何承担相应法律责任的请示》收悉。经研究，答复如下：

鉴于本案中中国信达资产管理公司是否接受了海南银泰置业有限责任公司的财产，是基于托管、清理接受（代为管理、处置）的财产，还是非法侵占海南银泰置业有限责任公司法人财产等事实，仅凭执行听证程序，不利于保护当事人的合法权益，故海南中级人民法院在执行程序中直接追加中国信达资产管理公司为被执行人不当。可以告知海南明海投资公司、海南日森置业公司，如果认为中国信达资产管理公司在托管期间损害了其合法权益，可以通过诉讼程序解决。

此复。

【附：案例评析】

关于资产管理公司托管金融机构开办企业是否为其债务承担责任问题的法律认定——中国信达资产管理公司托管海南银泰置业有限责任公司案

根据《关于中央党政机关与所办经济实体和管理的直属企业脱钩有关问题的通知》（中办发〔1998〕27号）、商业银行法以及中央金融工委、人民银行的有关规定，前些年许多国有商业银行陆续将其自办经济实体进行了脱钩清理，移交有关资产管理公司托管，代为管理处置资产和清偿债务。在其财产不足以清偿债务的情况下，人民法院能否在执行程序中追加托管人为被执行人承担清偿责任？

下面笔者以海南省高级人民法院请示的中国信达资产管理公司托管海南银泰置业有限责任公司案为例予以评析，供参考。

四、海南高院请示的问题及该院审委会意见

1. 海南高院请示的问题

（1）建设银行自办经济实体的脱钩和移交托管、整顿、清理是在金融机构改革的特定历史时期出现的对相关经济实体进行处置的特殊方式，与普通公司的撤销、清算不同，其政策性较强，情况较复杂。目前，全国有不少类似的原建设银行自办和投资的实体处在既没有正常的经营，也未进入撤销、关闭、清算、破产等程序的混乱状态。本案中，信达公司依据行政文件对银泰公司进行托管，对银泰公司的有关资产、负债、项目进行管理处置和清偿，从2000年至今，银泰公司既没有正常的经营，也未进入撤销、清算等程序，公司仍正常年检。鉴于上述情况，能否在执行程序中追加信达公司为被执行人，其承担责任的范围多大？

（2）信达公司将华能大厦房产过户到自己名下后又用于偿还银泰公司的债务以及银泰公司为其租赁东环广场的情况，能否认定信达公司无偿接收了银泰公司的财产，其应在接收财产的范围内承担责任

2. 审委会意见

该院审判委员会研究后形成两种意见：

（1）审委会倾向性意见、合议庭意见

依照《执行规定》第八十一条规定：被执行人被撤销、注销或歇业后，上级主管部门或开办单位无偿接受被执行人的财产，致使被执行人无遗留财产清偿债务或遗留财产不足清偿的，可以裁定由上级主管部门或开办单位在所接受的财产范围内承担责任。银泰公司未被撤销、注销，公司处在政策性的托管、清理状态，与正常的公司歇业也有区别。信达公司不是银泰公司法律意义上的开办单位或主管单位。其依据相关政策、文件对银泰公司进行托管。本案涉及的两处财产，华能大厦第15层最后抵偿给深圳建设银行用于银泰公司还贷。《执行规定》第八十二条规定，被执行人的开办单位已经在注册资金范围内或接受财产范围向其他债权人承担全部责任的，人民法院不得裁定开办单位重复承担责任。北京东环广场B座七、八、九、十层，实际的租金为建设银行预支，后由信达公司归还。有特种转账凭证，建设银行会计签报，信汇凭证，信达公司财务签报，华建公司给信达公司出具的收到3102万元租金的发票为证，且发生在信达公司托管银泰公司之前。

因此，追加信达公司为被执行人无法律依据。

(2) 审委会少数意见

依照建设银行和信达公司的有关文件，银泰公司在北京、海南、广东和港澳的资产、负债、项目按照属地化管理原则分别由信达公司北京、海口、广州三个办事处和香港华建公司承接，由各办事处和华建公司负责对有关资产、负债、项目进行管理、处置和清偿，并单列设账管理；相应银泰公司机构和人员一并成建制划归当地办事处和华建公司统一领导。2000年3月1日，信达公司与银泰公司签订协议书，明确由海口办事处对银泰公司的有关资产、负债、项目进行管理处置和清偿，银泰公司的现有全部资产移交，信达公司需要办理各项产权登记手续，由银泰提供资料协助办理。由此看来，双方协议非常明确，银泰公司的资产和债权由信达公司负责管理、处理，债务由信达公司清偿。

信达公司至今仍未完成对银泰公司的处置清理工作，应对此承担责任。另从具体财产的处理看，华能大厦第15层已过户到信达公司名下，应视为无偿接收银泰公司的财产，以后将财产如何处理是另一回事。关于东环广场房屋租金，有关证据是建设银行、银泰公司和信达公司出具的，由于银泰公司是建设银行的开办公司，信达公司是为处置建设银行不良资产而成立的，三家公司关系特殊，况且银泰公司原向工商部门书面证明，该司承租的上述房屋无偿交给信达公司使用，证据之间相互矛盾，不好采信。因此，参照《执行规定》第八十一条规定信达公司对无偿接收这两处财产应承担责任。

五、最高人民法院答复意见

鉴于本案中中国信达资产管理公司是否接受了海南银泰置业有限责任公司的财产，是基于托管、清理接受（代为管理、处置）的财产，还是非法侵占海南银泰置业有限责任公司法人财产等事实，仅凭执行听证程序，不利于保护当事人的合法权益，故海南中院在执行程序中直接追加中国信达资产管理公司为被执行人不当。可以告知海南明海投资公司、海南日森置业公司，如果认为中国信达资产管理公司在托管期间损害了其合法权益，可以通过诉讼程序解决。

六、本案评析

本案中信达公司是否应承担责任，可以从三个角度进行研究：一是在实体上是否应当责任，二是承担责任有无法律依据，三是应在什么程序中解决。下面笔者从这三个方面进行分析：

(一) 实体上信达公司是否应承担责任

本案案件事实看，信达公司对银泰公司的管理属于托管性质，没有从银泰公司的财产处置中获得实际利益，故让其承担实体责任有失公平。

1. 关于信达公司管理和处置银泰公司资产的性质

对建设银行、信达公司关于银泰公司的资产和债务管理处置的系列文件分析可以认定，信达公司对银泰公司是托管性质的管理、处置和清偿，即代为管理、代为处置和代为清偿。理由是：(1) 建设银行、信达公司建总发〔1999〕126号《关于划转建设银行自办经济实体、对外投资和划拨固定资产的通知》、2000年1月14日信达公司以信总发〔2000〕3号文和2004年11月8日建设银行建总函〔2004〕1052号《关于停止处置我行自办实体、对外投资有关事项的通知》均明确银泰公司的最终损失由建设银行负担。(2) 2001年7月9日建设银行与信达公司以建总报〔2001〕79号《中国建设银行关于自办经济实体脱钩和移交事宜的报告》明确，对在海南、两广、港澳地区所办的实体或投资的项目，一律采取托管的形式统一管理，集中处置。由此可见，信达公司与银泰公司之间系托管与被托管的关系，本案中对有关财产的处置，正是信达公司根据托管协议进行的代为管理和代为清偿的具体落实。

2. 关于信达公司是否无偿接收银泰公司财产问题

本案中信达公司对银泰公司财产的管理处置行为，是否属于无偿接收？是否应承担责任？关键是看其对银泰公司的财产是否获得了财产利益，这也是双方争议焦点。本案中主要涉及华能大厦资产和东环广场房屋租金两处财产，对有关事实和证据均比较清楚，争论点在于事实定性。

对于东环广场房屋租金问题，海南高院质证查明信达公司已返还了建设银行3102万元租金，故信达公司没有从中获得利益。况且最先支付租金实际上是建设银行拿出来的，在整个过程中银泰公司并没有出一分钱，只是承担受建设银行委托银代信达公司预支房租的作用，因此，谈不上损害银泰公司的财产利益问题。

关于华能大厦资产问题，从海南高院查明的情况看，深圳金银泰、深圳建设银行、银泰公司

（保证人）签订贷款担保合同的时间是1997年6月24日，即是在信达公司2000年接手银泰公司之前，银泰公司的担保债务就已实际发生，且在2003年4月将华能大厦资产抵偿深圳建设银行的这笔债务也系以银泰公司名义清偿。信达公司也没有从银泰公司的财产处置中获得利益，其过户行为只是根据托管协议代银泰公司清偿债务过程中的一个管理行为。海南高院少数意见仅以银泰公司的华能大厦第15层房产曾经过户到信达公司名下，就认为其系无偿接收，属于以偏概全、以点代面，没有对全过程的事实进行全面分析。

综上，信达公司没有从争议的两处财产种获益，故不能将两处财产的处置定性为无偿接收。

（二）法律上是否有相应依据

《执行规定》第八十一条规定："被执行人被撤销、注销或歇业后，上级主管部门或开办单位无偿接受被执行人的财产，致使被执行人无遗留财产清偿债务或遗留财产不足清偿的，可以裁定由上级主管部门或开办单位在所接受财产范围内承担责任。"本案中，信达公司依据行政文件对银泰公司进行托管，不是银泰公司法定意义上的上级主管部门或开办单位。根据执行法院查明的情况，银泰公司目前虽然有大量的债权债务尚未清理，但公司仍然正常年检，没有被撤销、注销或歇业。因此，该案既不符合《执行规定》第八十一条适用的主体条件，也不具备相应的事实情形，故不能适用该规定追加信达公司为被执行人。海南中院在执行中以信达公司无偿接收了银泰公司的部分财产（海口华能大厦第15层）为由，依据《执行规定》第八十一条裁定追加信达公司为被执行人属于适用法律错误。

（三）什么司法程序解决更妥

对于通过什么程序来研究解决信达公司是否为银泰公司的债权承担清偿责任的问题，在研究过程中有两种观点。

一种观点认为应通过诉讼程序解决。该观点认为，根据公司法的规定，公司以其全部财产对公司债务承担责任，有限责任公司的股东以其出资额为限对公司承担责任；股份有限公司的股东以其认购的股份为限对公司承担责任。银泰公司作为独立法人，其债务原则上应当以其法人财产自行承担；如果存在公司股东出资瑕疵、抽逃出资、滥用公司法人独立地位和股东有限责任损害债权人利益、应当清算而不清算、恶意处置公司财产等情节的，股东应当对公司债务承担相应的民事责任。

在建设银行与其自办企业脱钩过程中，如果信达公司仅仅是依据行政文件对银泰公司进行托管，代为管理处置银泰公司的资产和清偿债务，而未明确承诺由其承继银泰公司债务（债务承担或者债务转移）的，则信达公司不因托管银泰公司而对其债务承担还责任。本案中在信达公司对银泰公司进行托管有关文件中，未明确承诺由其承继银泰公司债务，因此，未发生债务承担或者债务转移，信达公司不因托管银泰公司而对其债务承担偿还责任。

信达公司是否接收了银泰公司的财产，是基于托管、清理接收（代为管理、处置），还是非法侵占银泰公司法人财产等尚需进一步审查确定，鉴于本案事实复杂，法律适用争议较大，仅凭听证程序作出认定，不利于对当事人合法权益的保护，在执行过程中不宜对信达公司是否承担银泰公司债务作出判断，告知债权人另案诉讼解决。

另一种观点是执行程序中有权予以认定。该观点认为，对信达公司是否无偿接收了银泰公司的财产，执行程序中可以对执行听证查明的事实作出认定。理由是：（1）现有法律规定了执行程序中拥有变更追加被执行主体等方面的裁决权，执行权分为实施权和裁判权已是理论界和实务界的共识；（2）执行听证程序与开庭质证程序基本一致，完全能保证当事人权利的行使和查明案件事实，在各地执行实践中基本做法都是通过听证程序对有关事项作出裁决，凭执行听证程序不能作出裁决的观点在理论上和实践中恐难通行。在本案中，执行法院和复议法院都对有关事实进行了听证，申请执行人和案外人都进行了全面主张和充分行使了抗辩权，查明的事实并没有出入，争议的焦点是有关事实的性质问题，因此，执行程序应当对所涉两处财产是否属案外人信达公司无偿接收被执行人财产问题作出认定。

此外，即使按照关于信达公司是否承担责任应通过诉讼程序认定的意见，执行法院认定案外人信达公司无偿接收被执行人银泰公司财产应承担相应责任也系犯了超越程序职权的错误，有关追加裁定也应当予以撤销。同时，在逻辑上另行诉讼本身也是对执行追加的否定，与直接的撤销追加裁定在结果上是一致的。通过什么法律程序解决，由当事人自行选择，而执行程序将能够通过事实的认定或法律的适用来解决的问题推向诉讼，似有挑起诉讼之嫌。

总结以上分析，笔者认为，对于申请执行人在执行程序要求资产管理公司为其托管的金融机构开办企业承担责任的申请，执行法院可从以下几个方面把握：

一是是否有充足且清晰的证据证明资产管理公司系无偿接收、占有被托管企业的财产，在财产处置中获得了财产利益。

二是有关文件或协议中资产管理公司是否有债权债务承继的明确意思表达。

三是是否符合在执行程序中直接认定责任承担的法律规定。

四是在不符合上述三个条件的情形下，要通过诉讼程序解决。

即执行程序更重于形式审查，如果形式上明显不符合有关条件可以直接予以驳回；如果明显符合有关法律规定的情形则应依法予以认定；如果似应承担责任但法律依据不很明确的情况，通过诉讼程序解决更妥。①

中国长城资产管理公司乌鲁木齐办事处与新疆华电工贸有限责任公司、新疆华电红雁池发电有限责任公司、新疆华电苇湖梁发电有限责任公司等借款合同纠纷案

裁判要旨：裁判一、注册资本是公司最基本的资产，确定和维持公司一定数额的资本，对于奠定公司基本的债务清偿能力，保障债权人利益和交易安全具有重要价值。股东出资是公司资本确定、维持原则的基本要求，出资是股东最基本、最重要的义务，股东应当按期足额缴纳公司章程中规定的各自所认缴的出资额，以货币出资的，应当将货币出资足额存入公司在银行开设的账户；以非货币财产出资的，应当依法办理财产权的转移手续。

二、根据《中华人民共和国物权法》第23条的规定，动产物权的设立和转让自交付时发生效力，动产所有权的转移以实际交付为准。股东以动产实物出资的，应当将作为出资的动产按期实际交付给公司。未实际交付的，应当认定股东没有履行出资义务，其出资没有实际到位。②

［提示］人民法院在执行程序中裁定被执行人的开办单位承担注册资金不实的责任，应以作出裁定时开办单位对被执行人的出资是否到位为依据。开办单位在开办时未足额投入注册资金，开办后以其他方式补足了注册资金的，应为法律所允许。

最高人民法院
民事裁定书

〔2009〕执复字第13号

申请复议人宝鸡市财政局，住所地：陕西省宝鸡市行政中心。

法定代表人阎小明，该局局长。

委托代理人王少君，陕西康嘉律师事务所律师。

委托代理人郑万峰，宝鸡市财政局副局长。

申请执行人民生证券有限责任公司，住所地：北京市朝阳区朝阳门外大街16号中国人寿大厦1901室。

法定代表人岳献春，该公司董事长。

委托代理人管荣明，广东财富东方律师事务所律师。

委托代理人邱玲，民生证券有限责任公司职员。

申请复议人宝鸡市财政局不服湖北省高级人民法院（以下简称湖北高院）作出的〔2009〕鄂执异字第3号执行裁定书和〔1999〕鄂执字第1—5号民事裁定书，向本院申请复议，同时对〔1999〕鄂执字第1—2号、1—4号民事裁定书提出异议申诉。本院依法组成合议庭进行

---

① 黄年：《关于资产管理公司托管金融机构开办企业是否为其债务承担责任问题的法律认定——中国信达资产管理公司托管海南银泰置业有限责任公司案》，载江必新主编、最高人民法院执行局编：《执行工作指导》2008年第4辑（总第28辑），人民法院出版社2009年版，第98～107页。

② 载《最高人民法院公报》2009年第2期。

审查，调阅了湖北高院相关执行卷宗，并召开了听证会，现已审查终结。

民生证券有限责任公司（原名黄河证券有限责任公司，以下简称民生证券公司）申请执行宝鸡市财政证券公司证券回购合同纠纷一案，湖北高院在执行中，委托湖北大公司法鉴定所对被执行人的开办单位是否足额出资进行司法鉴定，鉴定结论为：宝鸡市财政局在申请开办宝鸡市财政证券公司时注册资金为零，注册资金不到位。湖北高院据此于2003年2月24日作出〔1999〕鄂执字第1—2号民事裁定书，裁定宝鸡市财政局在注册资金500万元不到位的范围内承担责任。宝鸡市财政局不服，以宝鸡市财政证券公司的注册资金已全部到位为由，向湖北高院提出异议。该院于2007年10月26日作出〔1999〕鄂执字第1—4号民事裁定书，驳回宝鸡市财政局的异议。2009年4月1日，湖北高院作出〔1999〕鄂执字第1—5号民事裁定书，以宝鸡市财政局拒不履行法律文书确定的义务为由，冻结、划拨宝鸡市财政局在金融机构的存款750万元。宝鸡市财政局不服，以裁定其承担未到位注册资金的利息250万元无法律依据为由，向湖北高院提出异议。该院于同年6月16日作出〔2009〕鄂执异字第3号执行裁定书，驳回异议。宝鸡市财政局对该裁定不服，向本院申请复议，同时对湖北高院此前追加其为被执行人一并提出异议申诉。

申请复议人宝鸡市财政局认为，湖北高院在执行过程中追加其为被执行人及冻结、扣划银行存款错误，请求撤销湖北高院上述四份裁定书。其主要理由为：1992年，8月宝鸡市财政证券公司成立时，资金到位有滞后现象，但宝鸡市财政局此后已经陆续补足了出资。该局在2000年全国证券回购债务清欠中，代宝鸡市财政证券公司偿还了国债回购债务2448万元；在2001年兑付国债中，代宝鸡市财政证券公司兑付了国债4921万元，故该局已向宝鸡市财政证券公司的其他债权人承担了全部责任，依法不应重复承担责任。湖北高院委托的湖北大公司法鉴定所鉴定报告事实不清，司法鉴定报告未送达。湖北高院裁判自相矛盾，适用法律不当。宝鸡市财政局为此提供了相应的证明材料。

申请执行人民生证券公司认为，宝鸡市财政局的复议请求事项超出了法律规定的范围。司法鉴定报告认定宝鸡市财政局出资为零，事实清楚、结论正确。湖北高院执行程序合法有效。宝鸡市财政局关于已补足出资的说法未经法定的验资机构核准，应当承担注册资金不实的责任，并应承担迟延履行期间的债务利息。宝鸡市财政局代宝鸡市财政证券公司清偿国债回购债务及兑付国债的行为是按照行政清偿程序清偿财政间债务和履行职责的行政行为，不是民事清偿行为。

本院查明：宝鸡市财政证券公司系宝鸡市财政局于1992年8月开办的公司，注册资金为700万元，其中宝鸡市财政局应投入500万元。根据湖北大公司法鉴定所、湖北大公会计师事务有限责任公司出具的鄂大司字〔2002〕第111号司法鉴定报告的鉴定结论，宝鸡市财政局在申请开办宝鸡市财政证券公司时注册资金为零。宝鸡市财政局对开办时未足额投资予以认可，但提出证据材料证明其已于2000年12月31日前补足了注册资金，湖北高院对此抗辩是否成立并未进行审查。

本院认为，本案申请复议人针对湖北高院的四份裁定书分别提出了复议申请和异议申诉，考虑到四份裁定书在认定事实和适用法律上存在密切联系，异议申诉请求是否成立，构成复议请求是否成立的基础，即宝鸡市财政局应否承担迟延履行期间的债务利息应建立在其应否承担注册资金不实责任的基础上，故本院在复议程序中对申诉事项一并处理。

人民法院在执行程序中裁定被执行人的开办单位承担注册资金不实的责任，应以作出裁定时开办单位对被执行人的出资是否到位为依据。开办单位在开办时未足额投入注册资金，开办后以其他方式补足了注册资金的，应为法律所允许。宝鸡市财政局代宝鸡市财政证券公司偿还证券回购债务及兑付国债，属于地方政府履行行政管理职能的行为，不产生补足注册资金的法律后果，宝鸡市财政局关于不应重复承担责任的理由不能成立。依据鄂大司字〔2002〕第111号司法鉴定报告，湖北高院2003年2月24日作出的〔1999〕鄂执字第1—2号民事裁定书，认定宝鸡市财政局的注册资金不到位，但该鉴定报告仅认定1992年8月宝鸡市财政证券公司成立时注册资金不到位，未涉及宝鸡市财政局此后是否补足注册资金问题，对于宝鸡市财政局在异议中所主张的补足注册资金的事实，湖北高院在异议审查中并未作出认定。因此，湖北高院驳回异议不当。依照《中华人民共和国民事诉讼法》第二百零二条①、《最高人民法院关于适用〈中华人民共和国民事诉讼法〉执行程序若干问题的解释》第九条的规定，裁定如下：

一、撤销湖北省高级人民法院〔1999〕鄂执字第1—4号民事裁定书。

二、湖北省高级人民法院应对宝鸡市财政局的异议重新进行审查，并根据审查结论对其他相关裁定书作出相应的审查处理。

本裁定送达后立即生效。

【附：案例评析】

执行程序中认定被执行人的开办单位承担出资不实责任的条件和程序——宝鸡市财政局、宝鸡市人民政府、中国农业发展银行宝鸡市分行申请复议案

三、民生证券和湖北省高级人民法院的意见

民生证券公司认为：

1. 财政局申请复议的请求事项超出了法律规定的范围。根据最高人民法院法明传〔2008〕1223号《关于执行工作中正确适用修改后民事诉讼法第202、204条规定的通知》第一条的规定，申请复议只适用于2008年4月1日后作出的执行行为；对于2008年4月1日前发生的执行行为，可以提出申诉，按监督案件处理。本案中，湖北省高级人民法院〔1999〕鄂执字第1—2号、1—4号裁定书分别于2003年2月和2007年11月作出并送达，故对该两份裁定书只能申诉，不能提出复议。

2. 宝鸡市财政局未履行出资义务。注册资金是否到位，必须经过会计师事务所验资并出具验资报告。财政局借给财政证券公司的1053.3万元和价值50万元的房产不是注册资金，即使后来同意将借款转为注册资本，其起始时间也只能从同意之日起算，且没有经过验资，不能认定为履行了出资义务。宝鸡市财政局自行委托审计，不具有对抗司法鉴定报告的证据效力。

3. 宝鸡市财政局代为清偿财政证券公司国债回购债务、兑付国债的行为属于行政清偿，不是民事代偿。宝鸡市财政局既是证券公司的开办单位，也是证券公司的行政主管部门，该局根据国务院的有关规定向鞍山证券公司等十一家财政国债中介机构偿还2447万元债务是行政清偿行为，清欠款项来源是上级财政的借款，故借款的偿还是通过上级财政在预算中直接扣款的方式进行的；清欠对象是解决场内债务，即财政部门开办的证券公司；清欠的方式是将"债务链"中间的债权债务予以销账，链头、链尾的债权债务由财政部门负责清理。所以，上级财政拨付给下级财政的预算资金，所有人是政府而非财政局，行为性质是根据国家政策按照行政清偿程序进行的内部核销工作。同理，兑付国债是宝鸡市政府的职责，财政局只能受政府委托履行职责，不是代证券公司清偿债务的民事行为。

湖北省高级人民法院认为，2902账户为宝鸡市财政局所有及该账户有余额等情况，均系人民银行西安分行和宝鸡农发行提供，且具有客观真实性，按照中国人民银行印发的《支付结算办法》，"谁的钱进谁的账，由谁支配"的规定，宝鸡市人民政府的异议不成立。

湖北省高级人民法院还认为，宝鸡农发行拒不协助法院扣划已冻结的存款，且在法院扣划时向被执行人通风报信，阻碍划款情节恶劣，应给予30万元的罚款处罚。

四、评析意见

湖北省高级人民法院的一个执行案件引发了三个复议案件，三个案件既各自独立，又有内在联系，争议焦点逐案分别为：宝鸡市财政局申请复议案的争议问题有二：一是财政局是否履行了出资义务；二是财政局的复议申请是否超范围。宝鸡市人民政府申请复议案的争议问题是：被冻结账户内资金的实际所有人及该资金的性质。宝鸡农发行申请复议案的争议问题是：对该行不予协助执行的行为应否进行罚款以及罚款的幅度。下面逐案进行分析：

---

① 民事诉讼法原第二百零二条现已被修改为第二百二十五条。——编者注

(一) 宝鸡市财政局申请复议案

首先，宝鸡市财政局是否履行了出资义务，是引发三个案件的基础事实，也是所有争议的核心和焦点。湖北省高级人民法院裁定认为宝鸡市财政局出资为零，故应承担出资不实之责；而财政局的抗辩理由是其出资已到位且代替财政证券公司清偿的债务已远远超过注册资金范围。这个问题又可分为两个方面：

1. 财政局对财政证券公司的出资是否足额到位

双方对于1992年财政证券公司成立时宝鸡市财政局的出资并未足额到位基本没有争议，但对于其后是否补足出资则存在较大分歧。湖北省高级人民法院认定财政局出资不到位的依据是湖北大公司法鉴定所出具的司法鉴定结论，该鉴定结论是："宝鸡市财政局在申请开办财政证券公司时注册资金为零，注册资金不到位。"宝鸡市财政局对该鉴定报告提出质疑后，大公司法鉴定所出具了说明，认为"注册资金不到位有一个时点，即公司开业时"，故对此后财政局是否陆续投入了资金或以利润转增资本不予审计认定。湖北省高级人民法院也认为，补足出资与该公司章程不一致，故没有对是否补足出资的情况作出认定。

我们认为，执行程序中应当按照现行法律和司法解释的规定严格审查和认定开办单位的出资不实之责，因为这既直接影响开办单位的实体权利，也涉及对其程序权利的保护。目前为止，在执行程序中认定开办单位承担责任的依据是最高人民法院《关于人民法院执行工作若干问题的规定（试行）》第80条的规定，该条所说的"开办单位"实际上是指企业的投资人（股东）。强调股东出资义务的意义在于，公司在登记机关登记的注册资本，是交易相对人判断公司偿债能力的合理依据，在公司不能清偿债务时，债权人可以请求未尽出资义务的股东在出资不实范围内承担民事责任。当然，上述司法解释的规定来源于实体法的规定，公司法的修改将股东的出资义务从实收资本制变为认缴资本制，即允许股东在法定期间内缴足出资额。这种变化必然要求执行程序中对股东出资义务的审查不能简单以公司成立时股东出资不到位作为认定其承担责任的唯一理由，对于股东在公司成立后是否补足出资也应予以审查。那么，这个时点应以何时为准呢？笔者认为，应以要求股东承担出资不实责任时为审查其出资是否到位的截止时间。换言之，在执行程序中认定开办单位的出资不实之责应与追加时开办单位的出资情况存在因果关系。因为，股东出资不实损害的是公司债权人的利益，只有当公司债权人要求其承担责任时，才存在判断股东责任的必要和前提。

就本案而言，湖北省高级人民法院于2003年2月24日作出1—2号裁定书裁定宝鸡市财政局在注册资金500万元不到位的范围内承担责任，2007年10月26日作出1—4号裁定书驳回财政局的异议。但1—2号裁定书依据的鉴定结论没有对财政局是否补足了注册资金进行审计，而在财政局向湖北省高级人民法院提出异议后，该院对财政局在异议中主张的已补足注册资金的事实并未作出认定，故我们认为湖北省高级人民法院驳回异议的理由不当。鉴于注册资金是否到位涉及事实认定和程序保护问题，故在撤销湖北省高级人民法院驳回异议裁定的同时，要求其对财政局的异议重新进行审查，并根据审查结论对其他相关裁定书作出相应的审查处理。这个处理意见相当于发回重审，旨在保护各方当事人的实体和程序权利。

2. 财政局代财政证券公司清偿回购债务和兑付国债的性质

这个问题是有争议的。第一种意见认为，财政局代财政证券公司清欠证券回购债务的行为可以认定为民事代偿行为，因为财政证券公司是作为民事主体进行证券回购业务产生的债务，虽然清欠工作是根据国务院及财政部的有关文件统一进行的，但行为的主体应是财政证券公司，债务的主体也是财政证券公司，在财政证券公司无力支付欠款时，财政局代偿债务的行为应视为民事行为，并产生补足注册资金的法律后果。

第二种意见认为，财政局代财政证券公司偿还证券回购债务及兑付国债，属于地方政府履行行政管理职能的行为，不产生补足注册资金的法律后果。最高人民法院最终采纳了第二种意见。因为，证券回购债务清欠工作是根据中央的统一部署、由各级政府负责具体落实的专项活动。在责任主体上，各级政府和财政部门作为国债中介机构整顿的实施主体；在内容上，证券回购债务清欠工作是国债中介机构整顿工作的重要内容之一；在责任分担上，明确了财政国债中介机构回购债务过程中出现的资金缺口，原则上由地方政府自行解决。故财政局代财政证券公司偿还2448万元债务的行为，是落实上级行政机关政策的行为，两者之间可以根据合同的约定产生其他的法律后果，但财政局如有出资不实的责任则不能因此被免除。同样，财政局代证券公司兑付国债的行为，也属于地方政府履行行政管理职能的行为。

其次，宝鸡市财政局的复议申请是否超范围。宝鸡市财政局对湖北省高级人民法院作出的四份裁定均提出异议，其中后两份裁定（冻结750万元裁定及驳回异议裁定）的作出时间是2009年，依照民事诉讼法第二百零二条的规定可以申请复议。前两份裁定（在注册资金不到位的500万元范围内承担责任裁定和驳回异议裁定）均生效于2008年4月1日之前，按照最高人民法院《关于执行工作中正确适用修改后民事诉讼法第202条、204条规定的通知》，只能提出申诉。

最高人民法院认为，这四份裁定在事实上和法律上存在密切联系，后两份裁定是建立在前两份裁定的基础上的，不审查前两份裁定的合法性就无法判断财政局应否承担责任及承担责任的范围。况且，申请复议是民事诉讼法修改后新增的救济途径，复议和申诉都是法律赋予当事人的救济途径，也是解决执行异议纠纷的监督手段，二者并无本质区别。如果将申诉案件和复议案件人为割裂开来处理，将造成当事人的讼累，不利于保护当事人的合法权益。故最高人民法院对宝鸡市财政局提出的异议合并审查处理。

综上，对于财政局的复议申请，最高人民法院从实体和程序上分别进行了审查，并依据相关实体法和程序法的规定作出了裁决。

（二）宝鸡市人民政府申请复议案（略）

（三）宝鸡农发行申请复议案（略）

吸收合并情形下，被兼并的债务企业未依法注销，兼并方与被兼并方应承担连带清偿责任①

【附：庭推纪要】

最高人民法院民二庭庭推纪要

……兼并企业以承接债务方式整体兼并原债务企业，为承债式企业合并，原债务企业应依约注销。但在司法实务中，由于逃避债务等原因，尽管兼并行为已基本完成，但原债务企业却未被注销，甚至还留存一些可偿债资产。在这种情形下，原债务的债权人可否同时起诉兼并方和被兼并方，请求判令两者承担连带清偿责任。我国相关法律和司法解释并没有规定。《企业改制规定》第34条只规定了在企业吸收合并后，被兼并企业应当办理而未办理工商注销登记，债权人起诉被兼并企业的，人民法院应当根据企业兼并后的具体情况，告知债权人追加责任主体，并判令责任主体承担民事责任，但并未进行具体化规定。针对办案情形，审判长联席会议形成了倾向性意见：承债式企业合并情形下，原债务企业应被注销但未被注销，且仍有可偿债资产的，应为债务主体。兼并协议已生效且主要义务已履行的，虽原债务企业尚未依法依约注销，兼并行为尚未全部完成、原债务企业与兼并企业形式上为不同法人主体，但原债务企业已无偿债能力，且究其实质，两者实为同一民事主体，故兼并方应对原债务企业的债务承担连带清偿责任。②

人民法院办理执行案件规范

2017年4月

52.【被执行人死亡、宣告失踪时的变更、追加】

作为被执行人的公民死亡或被宣告死亡，申请执行人申请变更、追加该公民的遗嘱执行人、继承人、受遗赠人或其他因该公民死亡或被宣告死亡取得遗产的主体为被执行人，在遗产范围内承担责任的，人民法院应予支持。继承人放弃继承或受遗赠人放弃受遗赠，又无遗嘱执行人的，人民法院可以直接执行遗产。

作为被执行人的公民被宣告失踪，申请执行人申请变更该公民的财产代管人为被执行人，在代管的财产范围内承担责任的，人民法院应予支持。

---

① 于泓：《执行程序中认定被执行人的开办单位承担出资不实责任的条件和程序——宝鸡市财政局、宝鸡市人民政府、中国农业发展银行宝鸡市分行申请复议案》，载江必新主编、最高人民法院执行局编：《执行工作指导》2009年第4辑（总第32辑），人民法院出版社2010年版，第94~107页。

② 最高人民法院民事审判第二庭编：《民商事审判指导》2008年第3辑（总第15辑），人民法院出版社2008年版，第26页。

53.【被执行人合并时的变更、追加】

作为被执行人的法人或其他组织因合并而终止，申请执行人申请变更合并后存续或新设的法人、其他组织为被执行人的，人民法院应予支持。

54.【被执行人分立时的变更、追加】

作为被执行人的法人或其他组织分立，申请执行人申请变更、追加分立后新设的法人或其他组织为被执行人，对生效法律文书确定的债务承担连带责任的，人民法院应予支持。但被执行人在分立前与申请执行人就债务清偿达成的书面协议另有约定的除外。

55.【涉个人独资企业及其投资人、个体工商户的变更、追加和直接执行】

作为被执行人的个人独资企业，不能清偿生效法律文书确定的债务，申请执行人申请变更、追加其投资人为被执行人的，人民法院应予支持。个人独资企业投资人作为被执行人的，人民法院可以直接执行该个人独资企业的财产。

个体工商户的字号为被执行人的，人民法院可以直接执行该字号经营者的财产。

56.【涉合伙企业的变更、追加】

作为被执行人的合伙企业，不能清偿生效法律文书确定的债务，申请执行人申请变更、追加普通合伙人为被执行人的，人民法院应予支持。

作为被执行人的有限合伙企业，财产不足以清偿生效法律文书确定的债务，申请执行人申请变更、追加未按期足额缴纳出资的有限合伙人为被执行人，在未足额缴纳出资的范围内承担责任的，人民法院应予支持。

57.【涉法人分支机构的变更、追加和直接执行】

作为被执行人的法人分支机构，不能清偿生效法律文书确定的债务，申请执行人申请变更、追加该法人为被执行人的，人民法院应予支持。法人直接管理的责任财产仍不能清偿债务的，人民法院可以直接执行该法人其他分支机构的财产。

作为被执行人的法人，直接管理的责任财产不能清偿生效法律文书确定债务的，人民法院可以直接执行该法人分支机构的财产。

金融机构的分支机构作为被执行人的，对被执行人未能提供可供执行财产的，应当依法裁定逐级变更其上级机构为被执行人，直至其总行、总公司。每次变更前，均应当给予被变更主体十五日的自动履行期限；逾期未自动履行的，依法予以强制执行。

58.【涉其他组织的变更、追加】

个人独资企业、合伙企业、法人分支机构以外的其他组织作为被执行人，不能清偿生效法律文书确定的债务，申请执行人申请变更、追加依法对该其他组织的债务承担责任的主体为被执行人的，人民法院应予支持。

59.【股东出资不足的变更、追加】

作为被执行人的企业法人，财产不足以清偿生效法律文书确定的债务，申请执行人申请变更、追加未缴纳或未足额缴纳出资的股东、出资人或依公司法规定对该出资承担连带责任的发起人为被执行人，在尚未缴纳出资的范围内依法承担责任的，人民法院应予支持。

60.【股东抽逃出资的变更、追加】

作为被执行人的企业法人，财产不足以清偿生效法律文书确定的债务，申请执行人申请变更、追加抽逃出资的股东、出资人为被执行人，在抽逃出资的范围内承担责任的，人民法院应予支持。

61.【瑕疵股权转让的变更、追加】

作为被执行人的公司，财产不足以清偿生效法律文书确定的债务，其股东未依法履行出资义务即转让股权，申请执行人申请变更、追加该原股东或依公司法规定对该出资承担连带责任的发起人为被执行人，在未依法出资的范围内承担责任的，人民法院应予支持。

62.【一人公司股东的变更、追加】

作为被执行人的一人有限责任公司，财产不足以清偿生效法律文书确定的债务，股东不能证明公司财产独立于自己的财产，申请执行人申请变更、追加该股东为被执行人，对公司债务承担连带责任的，人民法院应予支持。

63.【公司未经清算的变更、追加】

作为被执行人的公司，未经清算即办理注销登记，导致公司无法进行清算，申请执行人申请变更、追加有限责任公司的股东、股份有限公司的董事和控股股东为被执行人，对公司债务承担连带清偿责任的，人民法院应予支持。

64.【股东、出资人或主管部门无偿接受财产的变更、追加】

作为被执行人的法人或其他组织，被注销或出现被吊销营业执照、被撤销、被责令关闭、歇业等解散事由后，其股东、出资人或主管部门无偿接受其财产，致使该被执行人无遗留财产或遗留财产不足以清偿债务，申请执行人申请变更、追加该股东、出资人或主管部门为被执行人，在接受的财产范围内承担责任的，人民法院应予支持。

65.【第三人在被执行人注销时承诺承担责任的变更、追加】

作为被执行人的法人或其他组织，未经依法清算即办理注销登记，在登记机关办理注销登记时，第三人书面承诺对被执行人的债务承担清偿责任，申请执行人申请变更、追加该第三人为被执行人，在承诺范围内承担清偿责任的，人民法院应予支持。

66.【第三人自愿代履行的变更、追加】

执行过程中，第三人向执行法院书面承诺自愿代被执行人履行生效法律文书确定的债务，申请执行人申请变更、追加该第三人为被执行人，在承诺范围内承担责任的，人民法院应予支持。

67.【第三人无偿接受调拨、划转财产的变更、追加】

作为被执行人的法人或其他组织，财产依行政命令被无偿调拨、划转给第三人，致使被执行人财产不足以清偿生效法律文书确定的债务，申请执行人申请变更、追加该第三人为被执行人，在接受的财产范围内承担责任的，人民法院应予支持。

68.【重复承担责任的禁止】

被申请人在应承担责任范围内已承担相应责任的，人民法院不得责令其重复承担责任。

69.【当事人的姓名、名称变更的处理】

执行当事人的姓名或名称发生变更的，人民法院可以直接将姓名或名称变更后的主体作为执行当事人，并在法律文书中注明变更前的姓名或名称。

70.【变更、追加的申请与审查】

申请人申请变更、追加执行当事人，应当向执行法院提交书面申请及相关证据材料。

除事实清楚、权利义务关系明确、争议不大的案件外，执行法院应当组成合议庭审查并公开听证。经审查，理由成立的，裁定变更、追加；理由不成立的，裁定驳回。

执行法院应当自收到书面申请之日起六十日内作出裁定。有特殊情况需要延长的，由本院院长批准。

71.【变更、追加期间的财产保全】

执行法院审查变更、追加被执行人申请期间，申请人申请对被申请人的财产采取查封、扣押、冻结措施的，执行法院应当参照民事诉讼法第一百条的规定办理。

申请执行人在申请变更、追加第三人前，向执行法院申请查封、扣押、冻结该第三人财产的，执行法院应当参照民事诉讼法第一百零一条的规定办理。

72.【变更、追加裁定的复议申请】

被申请人、申请人或其他执行当事人对执行法院作出的变更、追加裁定或驳回申请裁定不服的，可以自裁定书送达之日起十日内向上一级人民法院申请复议，但依据本规范第74条的规定应当提起诉讼的除外。

73.【变更、追加裁定的复议审查及复议期间的执行】

上一级人民法院对复议申请应当组成合议庭审查，并自收到申请之日起六十日内作出复议裁定。有特殊情况需要延长的，由本院院长批准。

被裁定变更、追加的被申请人申请复议的，复议期间，人民法院不得对其争议范围内的财产进行处分。申请人请求人民法院继续执行并提供相应担保的，人民法院可以准许。

74.【变更、追加裁定的起诉】

被申请人或申请人对执行法院依据本规范第56条第二款、第59条至第63条规定作出的变更、追加裁定或驳回申请裁定不服的，可以自裁定书送达之日起十五日内，向执行法院提起执行异议之诉。

被申请人提起执行异议之诉的，以申请人

为被告。申请人提起执行异议之诉的，以被申请人为被告。

可否以出资不实为由将已经转让股权的开办单位追加为被执行人？

问题： 债权人某饲料公司与债务人华艺公司购销合同纠纷一案，华艺公司无可供执行的财产。经执行法院查明，华丰公司为华艺公司的开办单位之一，其对华艺公司的4000万元出资没有实际到位。于是，执行法院以出资不实为由，裁定华丰公司在出资不实的数额范围内对债权人承担偿付义务。华丰公司提出抗辩认为，在某饲料公司与华艺公司发生购销业务之前，华丰公司已将自己的股权转让给海达公司，自己已经不是华艺公司的开办单位，不应再承担开办单位出资不实的责任。并且海达公司一直没有付清转让款，应当由海达公司承担责任。请问华丰公司的抗辩理由是否成立？

《人民司法》研究组认为： 依据我国有关法律规定，开办单位对其所开办的企业负有足额出资的义务。应当指出，只要没有补足出资，开办单位华丰公司足额出资的义务就不会因其股权转让而消灭。至于股权受让单位海达公司是否付款，产生的只能是华丰公司与海达公司的股权转让纠纷，属于另外一个法律关系，不影响执行法院按照最高人民法院《执行规定》第80条之规定，裁定华丰公司在出资不实的范围内承担责任。综上，华丰公司的抗辩理由不能成立。①

法院能否执行总公司已收取的资金和调拨给子公司经营管理的财产？

问题： 某运输总公司所属具有独立法人资格的子公司于1990年5月3日设立时的注册资金为100余万元。自1990年7月至1996年7月，该总公司先后以运输设备等固定资产形式调拨700余万元资金及10余亩土地使用权归子公司经营管理。在此期间，总公司先后从子公司收取近千万元的资金。1997年1月4日，子公司在用总公司调拨的吊机、拖车为某装饰材料公司吊装设备（价值103万美元）时致该设备坠地损毁，经一、二审法院判决，该子公司应赔偿某装饰材料公司主机设备款103万美元，其他经济损失人民币8万余元。在法院执行期间，总公司又将其调拨给子公司经营管理的上述财产调回。

请问法院能否执行该总公司从子公司收取的资金和总公司拨给子公司经营管理的财产？

《人民司法》研究组认为： 人民法院在执行程序中变更和追加被执行人应当严格依照民事诉讼法及其司法解释和最高人民法院《执行规定》的有关条款进行。

从本案情况看，母公司拨付了一定财产给子公司经营，并从子公司收取了近千万元资金，在子公司涉案后又将拨付现金和实物收回。必须明确：母公司提供财产只是供子公司经营管理，不是投资，子公司对该财产不具有所有权和处分权。子公司具有独立法人资格，仅应以自己的财产承担民事责任。对母公司从子公司收取的款项是否违反双方的合同或法律规定，人民法院在执行程序中无权认定，当事人如果对此有异议，应通过诉讼程序解决。

因此，本案不能追加母公司为被执行人而执行上述财产。②

在执行程序中可否直接将审理时未列为被告的主债务人列为被执行人？

问题： 我院在执行原告汪某与被告谢某担保借贷纠纷一案中，被告谢某为债务人刘某的担保人。因起诉时刘某无履行能力，汪某仅以担保人谢某为被告提起诉讼。案件进入执行程序后却发现刘某有一辆货车，此时可否直接执行债务人刘某？执行中有两种意见：一种意见认为可直接执行刘某，因为本案刘某是理所当然的债务人；第二种意见认为不能直接执行刘某，因有新的事实，应另案起诉刘某，另案执行。请问哪种意见正确？

《人民司法》研究组认为： 该案所涉及的问题实际上是指不经诉讼程序，在执行程序中能否直接追加主债务人为本案被执行人。我们认为，在执行程序中追加案外人为被执行人，应当限于民事诉讼法第二百一十三条③、最高人民法院《关于适用民事诉讼法若干问题的意见》第271条至

---

① 载《人民司法》2007年第23期。
② 载《人民司法》2002年第8期。
③ 民事诉讼法原第二百一十三条现已修改为第二百三十二条。——编者注

第 274 条①以及最高人民法院《关于人民法院执行工作若干问题的规定》第 76 条至第 83 条规定的情形。本案中，据以执行的生效法律文书并没有确定主债务人刘某承担民事责任，刘某也不属于法律以及司法解释规定可以直接追加为被执行人的案外人。汪某只有通过诉讼程序，取得对刘某的执行依据后，方可申请人民法院对刘某的财产进行执行。因此，第二种意见是正确的。②

法院能否以行政审批文件追加外资企业股权的受让人为被执行人

问题：我们在办案的过程中碰到这样一个案例：甲市红星公司是一合资法人企业，股东为普瑞公司和远东公司。后远东公司将股权转让给甲市燃气公司，并办理了合资企业股权转让审批和登记手续。因红星公司拖欠中海公司债务，乙市人民法院在执行程序中，根据甲市外经贸局在有关批准股权转让的文件中有"甲市燃气公司承担红星公司的债权债务"的文字表述，追加燃气公司为被执行人。经燃气公司向外经贸局反映，外经贸局承认有关文件表述错误并对审批文件进行了修正，删除了让燃气公司承担红星公司债务的文字表述。燃气公司据此向乙市人民法院提出异议。法院在讨论中存在两种意见。第一种意见认为，甲市外经贸局在人民法院追加燃气公司为被执行人后才对有关文件进行修正，目的是帮助燃气公司逃避债务，因此乙市人民法院应当裁定驳回异议。第二种意见认为，甲市外经贸局让燃气公司承担红星公司的债权债务，实际上是让股东承担无限责任，违背了有关法律规定，并且外经贸局的有关文件也已经被撤销，燃气公司的异议成立。请问哪种意见正确？

《人民司法》研究组认为：按照我国《中外合资经营企业法》和《公司法》的有关规定，除法律规定的情形外，股东仅仅以出资为限对所投资的企业债务承担责任。外经贸管理机关的权限只是对有关合资企业股权转让协议是否符合法定条件进行审查，无权要求股权受让方承担所投资企业的债权债务。不管外经贸局的文件是否被修正，人民法院均不得据此要求股东承担无限责任。人民法院在执行程序中追加股东为被执行人，必须符合最高人民法院《关于执行工作若干问题的规定（试行）》所设定的条件，而本案显然不符合在执行程序中追加被执行人的法定情形。债权人中海公司如认为作为股东的燃气公司应对红星公司的债务承担连带责任，应通过诉讼程序解决。③

执行程序中确立的担保人可否追加为被执行人

问题：某法院在执行一起道路交通事故人身损害赔偿纠纷案件过程中，案外人何某为被执行人严某就部分赔偿款提供担保，该案依法暂缓执行。逾期后，被执行人严某无履行能力，何某拒绝履行担保责任。在执行担保人何某时有两种意见，一种意见认为裁定追加何某为被执行人；另一种意见认为不能追加何某为被执行人，只能依照《民事诉讼法》第 212 条④和最高人民法院《执行规定》第 85 条规定，裁定执行担保人何某在保证责任范围内的财产。

《人民司法》研究组认为：第二种意见是正确的。《民事诉讼法》第 212 条规定："在执行中，被执行人向人民法院提供担保，并经申请执行人同意的，人民法院可以决定暂缓执行及暂缓执行的期限。被执行人逾期仍不履行的，人民法院有权执行被执行人的担保财产或者担保人的财产。"最高人民法院《民诉法意见》第 270 条⑤规定："被执行人在人民法院决定暂缓执行的期限届满后仍不履行义务的，人民法院可以直接执行担保财产，或者裁定执行担保人的财产，但执行担保人的财产以担保人应当履行义务部分的财产为限。"因此，在执行程序中，如果被执行人无财产可供执行或者财产不足以清偿债务，则可直接裁定执行担保

---

① 第二百七十一条至二百七十四条已被最高人民法院《关于适用〈中华人民共和国民事诉讼法〉的解释》（法释〔2015〕5 号）第四百七十二至第四百七十五条修改。——编者注
② 载《人民司法》2004 年第 6 期。
③ 载《人民司法》2008 年第 19 期。
④ 民事诉讼法原第二百一十二条现已修改为第二百三十二条，下同。——编者注
⑤ 第二百七十条已被最高人民法院《关于适用〈中华人民共和国民事诉讼法〉的解释》（法释〔2015〕5 号）第四百七十一条修改。——编者注

人的财产,但应当限制在其担保责任范围内。在法律或司法解释没有明确规定的情况下,不宜直接在执行程序中裁定追加担保人为被执行人。①

能否追加被执行人的合作人为被执行人

问题: 某法院在执行甲公司申请执行乙公司一案中发现,被执行人乙公司与丙公司曾于2000年5月4日和2000年5月8日签订了合作建房协议,丙公司于2002年3月26日擅自将联合开发的价值100余万元的某公寓作为对丁公司的投资,导致乙公司无力清偿债务。法院能否以丙擅自转移财产为由,直接追加其为被执行人?

《人民司法》研究组认为: 追加丙公司为本案被执行人没有法律依据。公司擅自处分共有物的行为侵犯了乙公司的合法权益,如果乙公司怠于对丙公司提起诉讼,甲公司可代位提起,待取得对丙公司的执行依据后方可对其执行。如果有证据证明乙公司、丙公司在执行程序中通谋转移财产,可以追究乙公司、丙公司妨害执行的民事责任。②

在执行程序中可否直接将审理时未列为被告的主债务人列为被执行人

问题: 某法院在执行原告汪某与被告谢某担保借贷纠纷一案中,被告谢某为债务人刘某的担保人。因起诉时刘某无履行能力,汪某仅以担保人谢某为被告提起诉讼。案件进入执行程序后却发现刘某有一辆货车,此时可否直接执行债务人刘某?执行中有两种意见:一种意见认为可直接执行刘某,因为本案刘某是理所当然的债务人;第二种意见认为不能直接执行刘某,因有新的事实,应另案起诉刘某,另案执行。

《人民司法》研究组认为: 该案所涉及的问题实际上是指不经诉讼程序,在执行程序中能否直接追加主债务人为本案被执行人。我们认为,在执行程序中追加案外人为被执行人,应当限于《民事诉讼法》第213条③、最高人民法院《民诉法意见》第271条至第274条以及最高人民法院《执行规定》第76条至第83条的情形。本案中,据以执行的生效法律文书并没有确定主债务人刘某承担民事责任,刘某也不属于法律以及司法解释规定可以直接追加为被执行人的案外人。汪某只有通过诉讼程序,取得对刘某的执行依据后,方可申请人民法院对刘某的财产进行执行。因此,来信第二种意见是正确的。④

执行程序中可否追加未履行清算义务的上级单位为被执行人

问题: 云南省高级人民法院在办理债权人李某某申请执行益隆公司一案中,发现益隆公司的企业法人营业执照已经于1998年被市工商行政管理部门吊销,其财产去向不明,其上级主管单位市自来水公司始终没有对益隆公司进行清算。能否以自来水公司不履行清算义务而导致被执行人财产流失为由追加其为本案被执行人。

《人民司法》研究组认为: 依照有关规定,被执行人的上级主管部门在执行程序中承担债务的情形有两种:一是被执行人被撤销、注销、歇业后,上级主管部门无偿接受被执行人财产导致被执行人无履行能力的;二是主管部门对被执行人出资不到位。除此之外,除非有法定理由,一般不能直接追加被执行人的上级主管部门为被执行人。就本案而言,市自来水公司仅负有对益隆公司进行清算的行为义务,并无财产履行义务。如果自来水公司怠于履行清算义务,李某某可诉请人民法院强制其履行财产清算义务,而不能追加其为被执行人,代益隆公司偿还金钱债务。⑤

有限责任公司资不抵债时,其股东责任如何?

问题: 某二人注册设立一有限责任公司,后某人起诉该公司,该公司无财产可供执行。根据公司法第三条第二款之规定,有限责任公司以公司全部资产对公司债务承担有限责任,股东以其出资额为限对公司承担责任。那么,当公司无财产可供执行时,可否由股东在其出资额范围内承担补充清偿责任,以防止开办人借助开办公司敛财逃债?即若股东出资9万元,则当公司无财产

---

① 载《人民司法》2004年第1期。
② 载《人民司法》2006年第1期。
③ 民事诉讼法原第二百一十三条现已修改为第二百三十七条。——编者注
④ 载《人民司法》2004年第6期。
⑤ 载《人民司法》2007年第1期。

可供执行时,该股东须在最高金额为9万元的范围内承担清偿责任。请问以上观点是否正确?

《人民司法》研究组认为:有限责任公司是我国公司法规定的公司形式之一。根据该法第三条第二款的规定:"有限责任公司,股东以其出资额为限对公司承担责任,公司以其全部资产对公司的债务承担责任。"这包括两层意思:一、股东仅以其出资额为限对公司承担责任,而不对公司债权人直接负责,即有限责任公司股东只对公司承担有限责任;二、有限责任公司以其全部资产对公司的债务承担责任。当公司的债务超过其全部资产时,有限责任公司对超过其全部资产的那部分债务不予清偿,即不承担责任。

股东仅以其出资额为限对公司承担责任而不对公司债权人直接负责,是有限责任公司与无限责任公司最大的不同之处。公司法基于对债权人的保护,专门对有限责任公司全体股东实缴出资额即公司的注册资本最低限额作出了规定;还规定了股东在有限责任公司成立后,如发现作为出资的实物、工业产权、非专利技术、土地使用权的实际价额显著低于公司章程所定价额的,应当由交付该出资的股东补交其差额,公司设立时的其他股东对其承担连带责任。因此,当有限责任公司无财产可供执行时,只有有证据证明股东未履行其出资义务,或者履行出资义务不完全时,该股东才应在其未履行的出资额范围内承担赔偿责任。①

被执行人营业执照被吊销且无能力履行,可否将其上级主管部门变更为被执行主体?

问题: 甲国有公司欠乙个人债务,法院判决生效后乙向法院申请执行。现甲公司因未进行年检而被吊销营业执照,且无力偿还欠乙的债务,故乙要求将甲公司的上级主管部门变更为被执行主体。对此,执行法院有两种意见:一种意见认为,应由甲公司的上级主管部门承担责任,以最大限度地保护债权人的合法权益;另一种意见认为,根据最高人民法院《关于人民法院执行工作若干问题的规定(试行)》第80条、第82条的规定,只有在注册资金不实或抽逃注册资金或被执行人被撤销、注销、歇业后无偿接受被执行人财产时,上级主管部门才能在注册资金不实或抽逃注册资金和无偿接受财产范围内承担责任。本案甲公司的上级主管部门不存在上述情况,故不应将其变更为被执行主体。以上两种意见哪一种正确?

《人民司法》研究组认为:依法成立的公司是企业法人,应依法独立承担民事责任。虽然主管单位与所属公司之间存在行政管理关系,但在民事法律地位上,所属公司仍为独立的法人,对自己的债务独立负责。根据最高人民法院《关于人民法院执行工作若干问题的规定(试行)》第81条的规定,只有在上级主管部门无偿接受被执行人的财产,致使被执行人无遗留财产清偿债务或遗留财产不足清偿的,才可以裁定其在接受财产的范围内承担责任。另,该《规定》第80条、第82条规定的是关于被执行人的开办单位承担责任的情况,开办单位与上级主管部门是两个既有联系又有区别的法律概念,不能混同。故本案在上级主管部门不存在承担责任的法定事由的情况下,不应将其变更为被执行人。②

本案出资人的出资是否实际到位?

问题: 甲公司和乙供销社共同投资设立丙公司。甲公司以现金出资。乙供销社以其机动车、房产及其占用的土地使用权(非出让土地,也无划拨土地使用证)出资。后乙供销社将上述资产评估后列成《出资资产汇总表》交丙公司签字确认,并将资产交给丙公司占有、使用。但机动车和房产一直未过户到丙公司名下。土地使用权则由丙公司以自己的名义向人民政府申请补办出让手续,签订出让合同,支付出让金,取得了国有土地使用证。现对乙供销社的出资是否实际到位有两种意见。第一种意见认为,乙供销社用于出资的机动车和房产虽未过户到丙公司名下,但丙公司已签字确认,并已实际占有、使用和管理;土地使用权虽是丙公司成立后通过补办出让手续取得的,但该土地的来源是乙供销社原使用的土地。因此,应认定乙供销社的出资已实际到位。第二种意见认为,公司法规定,以非货币资产出

---

① 载《人民司法》2001年第6期。
② 载《人民司法》2001年第4期。

资的，应当依法办理财产权的转移手续。股东缴纳出资后，必须经法定的验资机构验资并出具证明。国家工商行政管理总局《公司注册资本登记管理规定》第十九条规定，股东以非货币资产出资，未办理转移过户手续的，"属于虚假出资行为"。乙供销社的出资既未办理转移过户手续，又未经法定的验资机构验资。尤其是土地使用权出资，尽管该土地是乙供销社原使用的，但乙供销社既无出让土地使用证，也无划拨土地使用证，无权以该土地使用权出资。丙公司以自己的名义依法取得的土地使用权，不能认定乙供销社的出资。丙公司虽在《出资资产汇总表》上签字确认，并占有、使用了该资产，但丙公司的签字确认和占有、使用，不构成财产权的转移。因此，应认定乙供销社的出资没有实际到。以上哪种意见正确？请予以解答。

《人民司法》研究组认为：你在来信中提到的情况在实践中比较常见，这个供销社的出资特点基本上可以归纳为"实际出资，手续不全"。我们认为，对待这样的问题，一方面要从国情出发，慎重处理，不宜一概否定实际出资的效力；另一方面要按照法律要求，应当履行出资手续的，必须履行出资手续。对于出资是否到位的判断，主要看出资是否转移，而不是看验资证明。信中提到的供销社的出资主要是机动车、房屋和土地使用权，产权是否转移角度看，土地使用权已经转移给了设立的公司，机动车已经交付。按照我国物权法的规，机动车产权的转移不再以过户为准，以交付为准，因此机动车的产权也转移给了设立的公司。对于有过户的资产，应当补上过户手续，在履行了过户手续后，房产也转移给了设立的公司，则供销社的所有出资均视为到位。①

变更后的被执行主体是否有权申请法院再审？

问题： 申请执行人汪某与县人民商场借款一案进入执行程序后，法院查明县人民商场的财产经主管部门批准由销售公司无偿接受，别无其他财产执行。执行机构依法变更销售公司为新的被执行主体。销售公司以原判决认定事实错误为由，向人民法院申请再审，请求撤销原判决。法院立案受理后，对此案如何处理有两种不同意见：一种意见认为，销售公司无权请求法院再审。如原判决确有错误，应当由院长提交审判委员会讨论决定是否再审。销售公司对变更执行主体的裁定不服，可以请求上一级法院进行监督。另一种意见认为，销售公司有权提出再审请求。因原审判决确有错误，销售公司请求再审撤销原判决，保护其合法权益，法院应予支持。

以上意见哪种正确？请予解答。

《人民司法》研究组认为：我们认为，依据现有的法律规定，第一种观点是正确的。

民事诉讼法第一百七十七条至第一百八十八条②和最高人民法院《关于适用民事诉讼法若干问题的意见》（以下简称《意见》）第199条至第214条③对审判监督程序作了规定，其中没有案外人提出再审申请的规定。本案中，销售公司不是执行依据之判决书中的当事人，无权对该判决书提出再审请求。民事诉讼法第二百零八条④规定了执行异议制度，但也没有规定案外人有申请再审的权利。如果本案判决确有错误，可由审判法院依职权提起再审。

对在执行程序中受判决既判力扩张所及而承担义务的案外人，在执行程序中被变更为被执行人后，其因该案审理没有得到通知或没有合理理由知道该案先前被审理，因而未能参与诉讼，其申请再审的理由又有证据支持的，执行机构应暂缓执行，依据《意见》第258条以及《关于正确适用暂缓执行措施若干问题的规定》第9条的规定处理。⑤

---

① 载《人民司法》2007年第6期。
② 民事诉讼法原第一百七十七条至第一百八十八条现已修改为第一百九十八条至第二百一十一条。——编者注
③ 第一百九十九条至第二百一十四条已被最高人民法院《关于适用〈中华人民共和国民事诉讼法〉的解释》（法释〔2015〕5号）第三百七十五条至第四百二十五条修改。——编者注
④ 民事诉讼法原第二百零八条现已修改为第二百二十七条。——编者注
⑤ 载《人民司法》2003年第1期。

被执行人无偿转让抵押物的，能否追加抵押物的受让人为被执行人？

问题：对债权人甲银行与债务人乙、丙公司借款纠纷一案，某高级人民法院终审判决乙公司偿还借款500万元及利息，丙公司作为抵押人对500万元借款在抵押物的价值范围内承担责任。后在执行程序中，乙公司在没有通知甲公司的情况下，将涉案抵押物无偿转让于丁公司，并办理了抵押物过户登记。请问，法院能否在执行程序中追加丁公司为本案被执行人？

《人民司法》研究组认为：抵押权具有物上追及效力，作为执行标的物的抵押财产在执行程序中被转让的，如果抵押财产已经依法办理了抵押登记，则不论该转让行为是有偿还是无偿，也不论是否通知抵押权人，只要抵押权人没有放弃抵押权，人民法院均可以直接对该抵押物进行执行，执行时将抵押财产的现登记名义人丁公司列为被执行人。①

劳动和社会保障部办公厅关于劳动争议仲裁委员会作出仲裁裁决后不再变更被执行主体的复函

2003年5月16日　劳社厅函〔2003〕260号

浙江省劳动和社会保障厅：

你厅《关于仲裁裁决生效后能否变更主体的请示》（浙劳社仲〔2003〕66号）收悉。现答复如下：

《关于人民法院执行工作若干问题的规定（试行）》（法释〔1998〕15号）规定，依照《民事诉讼法》第二百一十三条②、《最高人民法院关于适用民事诉讼法若干问题的意见》第271条至274条③及本规定裁定变更或追加被执行主体的，由执行法院的执行机构办理。据此，对于劳动仲裁裁决执行过程中发生主体消亡情形的，由人民法院根据有关规定进行处理。劳动争议仲裁裁决一经作出并生效后，仲裁程序即结束，劳动争议仲裁委员会作出仲裁裁决后不再变更被执行主体。

第四十四章　婚姻存续期间债务的执行

中华人民共和国婚姻法

2001年4月28日

第十七条　夫妻在婚姻关系存续期间所得的下列财产，归夫妻共同所有：

（一）工资、奖金；

（二）生产、经营的收益；

（三）知识产权的收益；

（四）继承或赠与所得的财产，但本法第十八条第三项规定的除外；

（五）其他应当归共同所有的财产。

夫妻对共同所有的财产，有平等的处理权。

第十八条　有下列情形之一的，为夫妻一方的财产：

（一）一方的婚前财产；

（二）一方因身体受到伤害获得的医疗费、残疾人生活补助费等费用；

（三）遗嘱或赠与合同中确定只归夫或妻一方的财产；

（四）一方专用的生活用品；

（五）其他应当归一方的财产。

第十九条　夫妻可以约定婚姻关系存续期间所得的财产以及婚前财产归各自所有、共同所有或部分各自所有、部分共同所有。约定应

---

① 载《人民司法》2006年第12期。

② 民事诉讼法原第二百一十三条现已修改为第二百三十七条。——编者注

③ 第二百七十一条至第二百七十四条已经被最高人民法院《关于适用〈中华人民共和国民事诉讼法〉的解释》（法释〔2015〕5号）第四百七十二~四百七十五条所替代。——编者注

当采用书面形式。没有约定或约定不明确的，适用本法第十七条、第十八条的规定。

夫妻对婚姻关系存续期间所得的财产以及婚前财产的约定，对双方具有约束力。

夫妻对婚姻关系存续期间所得的财产约定归各自所有的，夫或妻一方对外所负的债务，第三人知道该约定的，以夫或妻一方所有的财产清偿。

第四十一条 离婚时，原为夫妻共同生活所负的债务，应当共同偿还。共同财产不足清偿的，或财产归各自所有的，由双方协议清偿；协议不成时，由人民法院判决。

最高人民法院
关于适用《中华人民共和国婚姻法》
若干问题的解释（一）

2001年12月25日　　法释〔2001〕30号

第十七条 婚姻法第十七条关于"夫或妻对夫妻共同所有的财产，有平等的处理权"的规定，应当理解为：

（一）夫或妻在处理夫妻共同财产上的权利是平等的。因日常生活需要而处理夫妻共同财产的，任何一方均有权决定。

（二）夫或妻非因日常生活需要对夫妻共同财产做重要处理决定，夫妻双方应当平等协商，取得一致意见。他人有理由相信其为夫妻双方共同意思表示的，另一方不得以不同意或不知道为由对抗善意第三人。

第十八条 婚姻法第十九条所称"第三人知道该约定的"，夫妻一方对此负有举证责任。

第十九条 婚姻法第十八条规定为夫妻一方所有的财产，不因婚姻关系的延续而转化为夫妻共同财产。但当事人另有约定的除外。

最高人民法院
关于适用《中华人民共和国婚姻法》
若干问题的解释（三）

2011年8月9日　　法释〔2011〕18号

第四条 婚姻关系存续期间，夫妻一方请求分割共同财产的，人民法院不予支持，但有下列重大理由且不损害债权人利益的除外：

（一）一方有隐藏、转移、变卖、毁损、挥霍夫妻共同财产或者伪造夫妻共同债务等严重损害夫妻共同财产利益行为的；

（二）一方负有法定扶养义务的人患重大疾病需要医治，另一方不同意支付相关医疗费用的。

第五条 夫妻一方个人财产在婚后产生的收益，除孳息和自然增值外，应认定为夫妻共同财产。

第六条 婚前或者婚姻关系存续期间，当事人约定将一方所有的房产赠与另一方，赠与方在赠与房产变更登记之前撤销赠与，另一方请求判令继续履行的，人民法院可以按照合同法第一百八十六条的规定处理。

第七条 婚后由一方父母出资为子女购买的不动产，产权登记在出资人子女名下的，可按照婚姻法第十八条第（三）项的规定，视为只对自己子女一方的赠与，该不动产应认定为夫妻一方的个人财产。

由双方父母出资购买的不动产，产权登记在一方子女名下的，该不动产可认定为双方按照各自父母的出资份额按份共有，但当事人另有约定的除外。

第十条 夫妻一方婚前签订不动产买卖合同，以个人财产支付首付款并在银行贷款，婚后用夫妻共同财产还贷，不动产登记于首付款支付方名下的，离婚时该不动产由双方协议处理。

依前款规定不能达成协议的，人民法院可以判决该不动产归产权登记一方，尚未归还的贷款为产权登记一方的个人债务。双方婚后共同还贷支付的款项及其相对应财产增值部分，离婚时应根据婚姻法第三十九条第一款规定的原则，由产权登记一方对另一方进行补偿。

第十一条 一方未经另一方同意出售夫妻共同共有的房屋，第三人善意购买、支付合理对价并办理产权登记手续，另一方主张追回该房屋的，人民法院不予支持。

夫妻一方擅自处分共同共有的房屋造成另一方损失，离婚时另一方请求赔偿损失的，人民法院应予支持。

第十二条 婚姻关系存续期间，双方用夫妻共同财产出资购买以一方父母名义参加房改的房屋，产权登记在一方父母名下，离婚时另一方主张按照夫妻共同财产对该房屋进行分割的，人民法院不予支持。购买该房屋时的出资，可以作为债权处理。

第十三条 离婚时夫妻一方尚未退休、不符合领取养老保险金条件，另一方请求按照夫妻共同财产分割养老保险金的，人民法院不予支持；婚后以夫妻共同财产缴付养老保险费，离婚时一方主张将养老金账户中婚姻关系存续期间个人实际缴付部分作为夫妻共同财产分割的，人民法院应予支持。

第十四条 当事人达成的以登记离婚或者到人民法院协议离婚为条件的财产分割协议，如果双方协议离婚未成，一方在离婚诉讼中反悔的，人民法院应当认定该财产分割协议没有生效，并根据实际情况依法对夫妻共同财产进行分割。

第十五条 婚姻关系存续期间，夫妻一方作为继承人依法可以继承的遗产，在继承人之间尚未实际分割，起诉离婚时另一方请求分割的，人民法院应当告知当事人在继承人之间实际分割遗产后另行起诉。

第十六条 夫妻之间订立借款协议，以夫妻共同财产出借给一方从事个人经营活动或用于其他个人事务的，应视为双方约定处分夫妻共同财产的行为，离婚时可按照借款协议的约定处理。

第十八条 离婚后，一方以尚有夫妻共同财产未处理为由向人民法院起诉请求分割的，经审查该财产确属离婚时未涉及的夫妻共同财产，人民法院应当依法予以分割。

【附：相关理解与适用】

夫妻一方财产在婚后的收益如何认定？

夫妻一方财产在婚后的收益主要包括孳息、投资经营收益及自然增值。《婚姻法》规定了婚姻关系存续期间所得的生产、经营收益及知识产权收益，归夫妻共同所有。《婚姻法解释（二）》已经明确规定一方以个人财产投资所得的收益为夫妻共同财产，但孳息和自然增值这两种情形在法律上和司法解释层面仍然是空白。孳息包括天然孳息和法定孳息，对于孳息所有权的归属，现代物权法一般采原物主义，物权法第一百一十六条规定："天然孳息，由所有权人取得；既有所有权人又有用益物权人的，由用益物权人取得。当事人另有约定的，按照约定。法定孳息，当事人有约定的，按照约定取得；没有约定或者约定不明确的，按照交易习惯取得。"在法律适用层面考虑，物权法与婚姻法同属于全国人大制定的法律，但物权法是新法，婚姻法是旧法，新法应优于旧法。因此，按照物权法的规定精神，夫妻一方的财产在婚后产生的孳息仍然属于一方的个人财产。

夫妻一方个人财产在婚姻存续期间的自然增值，是指该增值的发生是因通货膨胀或市场行情的变化而致，与夫妻双方的协作劳动、努力或管理等并无关联，比如夫妻一方个人婚前所有的房屋、古董、字画、珠宝、黄金等，在婚姻关系存续期间因市场价格上涨而产生的增值，由于抛售后增值的基于原物交换价值的上升所致，是不以人的意志为转移的市场行为作用的结果，仍应依原物所有权归属为个人所有，将该部分增值认定为一方的个人财产基本得到理论界及实务界的共识。

应当注意的是，审判实践中对一方所有的房屋婚后出租获取的租金如何认定，观点分歧比较大。倾向性观点认为，房屋租金与存款利息相比，是由市场的供求规律决定的，并且与房屋本身的管理状况紧密相连，出租方应履行租赁物的维修义务，应当保障租赁物的居住安全，其获得往往需要投入更多的管理或劳务，产生的租金收益应当属于夫妻共同所有。有人将租金看作法定孳息的一种，我们更倾向于将租金作为经营性收益看待。

《婚姻法解释（三）》第5条规定一方个人财产在婚后产生的自然增值归个人所有，如果属于主动增值，则应认定为夫妻共同财产。在对增值的个人财产进行定性时，应当注意是主动增值还是被动增值（即自然增值），因通货膨胀或其他不是因当事人的主观努力，而是因市场价值的变化产生的增值属于被动增值，没有所有权的配偶对增值部分无权要求分割。当一方的个人财产由于他方或双方所支付的时间、金钱、智力、劳务而增值的，应属于主动增值，离婚时将增值部分作为共同财产予以分割比较公平。

婚前购买的股票、基金，婚后要保值和增值，股票、基金投资的卖出和买进也需要投入大量的时间和精力去经营，因此婚后股票、基金增值部分认定为夫妻共同财产比较适宜。[①]

最高人民法院
关于适用《中华人民共和国婚姻法》若干问题的解释（二）

2017年2月20日　　法释〔2017〕6号

第十一条　婚姻关系存续期间，下列财产属于婚姻法第十七条规定的"其他应当归共同所有的财产"：

（一）一方以个人财产投资取得的收益；

（二）男女双方实际取得或者应当取得的住房补贴、住房公积金；

（三）男女双方实际取得或者应当取得的养老保险金、破产安置补偿费。

第十二条　婚姻法第十七条第三项规定的"知识产权的收益"，是指婚姻关系存续期间，实际取得或者已经明确可以取得的财产性收益。

第十三条　军人的伤亡保险金、伤残补助金、医药生活补助费属于个人财产。

第十四条　人民法院审理离婚案件，涉及分割发放到军人名下的复员费、自主择业费等一次性费用的，以夫妻婚姻关系存续年限乘以年平均值，所得数额为夫妻共同财产。

前款所称年平均值，是指将发放到军人名下的上述费用总额按具体年限均分得出的数额。

其具体年限为人均寿命七十岁与军人入伍时实际年龄的差额。

第十五条　夫妻双方分割共同财产中的股票、债券、投资基金份额等有价证券以及未上市股份有限公司股份时，协商不成或者按市价分配有困难的，人民法院可以根据数量按比例分配。

第十六条　人民法院审理离婚案件，涉及分割夫妻共同财产中以一方名义在有限责任公司的出资额，另一方不是该公司股东的，按以下情形分别处理：

（一）夫妻双方协商一致将出资额部分或者全部转让给该股东的配偶，过半数股东同意、其他股东明确表示放弃优先购买权的，该股东的配偶可以成为该公司股东；

（二）夫妻双方就出资额转让份额和转让价格等事项协商一致后，过半数股东不同意转让，但愿意以同等价格购买该出资额的，人民法院可以对转让出资所得财产进行分割。过半数股东不同意转让，也不愿意以同等价格购买该出资额的，视为其同意转让，该股东的配偶可以成为该公司股东。

用于证明前款规定的过半数股东同意的证据，可以是股东会决议，也可以是当事人通过其他合法途径取得的股东的书面声明材料。

第十七条　人民法院审理离婚案件，涉及分割夫妻共同财产中以一方名义在合伙企业中的出资，另一方不是该企业合伙人的，当夫妻双方协商一致，将其合伙企业中的财产份额全部或者部分转让给对方时，按以下情形分别处理：

（一）其他合伙人一致同意的，该配偶依法取得合伙人地位；

（二）其他合伙人不同意转让，在同等条件下行使优先受让权的，可以对转让所得的财产进行分割；

（三）其他合伙人不同意转让，也不行使优先受让权，但同意该合伙人退伙或者退还部分财产份额的，可以对退还的财产进行分割；

[①] 杜万华、程新文、吴晓芳：《〈关于适用婚姻法若干问题的解释（三）〉的理解与适用》，载《人民司法》2011年第17期。

（四）其他合伙人既不同意转让，也不行使优先受让权，又不同意该合伙人退伙或者退还部分财产份额的，视为全体合伙人同意转让，该配偶依法取得合伙人地位。

第十八条　夫妻以一方名义投资设立独资企业的，人民法院分割夫妻在该独资企业中的共同财产时，应当按照以下情形分别处理：

（一）一方主张经营该企业的，对企业资产进行评估后，由取得企业一方给予另一方相应的补偿；

（二）双方均主张经营该企业的，在双方竞价基础上，由取得企业的一方给予另一方相应的补偿；

（三）双方均不愿意经营该企业的，按照《中华人民共和国个人独资企业法》等有关规定办理。

第十九条　由一方婚前承租、婚后用共同财产购买的房屋，房屋权属证书登记在一方名下的，应当认定为夫妻共同财产。

第二十条　双方对夫妻共同财产中的房屋价值及归属无法达成协议时，人民法院按以下情形分别处理：

（一）双方均主张房屋所有权并且同意竞价取得的，应当准许；

（二）一方主张房屋所有权的，由评估机构按市场价格对房屋作出评估，取得房屋所有权的一方应当给予另一方相应的补偿；

（三）双方均不主张房屋所有权的，根据当事人的申请拍卖房屋，就所得价款进行分割。

第二十一条　离婚时双方对尚未取得所有权或者尚未取得完全所有权的房屋有争议且协商不成的，人民法院不宜判决房屋所有权的归属，应当根据实际情况判决由当事人使用。

当事人就前款规定的房屋取得完全所有权后，有争议的，可以另行向人民法院提起诉讼。

第二十二条　当事人结婚前，父母为双方购置房屋出资的，该出资应当认定为对自己子女的个人赠与，但父母明确表示赠与双方的除外。

当事人结婚后，父母为双方购置房屋出资的，该出资应当认定为对夫妻双方的赠与，但父母明确表示赠与一方的除外。

第二十三条　债权人就一方婚前所负个人债务向债务人的配偶主张权利的，人民法院不予支持。但债权人能够证明所负债务用于婚后家庭共同生活的除外。

第二十四条　债权人就婚姻关系存续期间夫妻一方以个人名义所负债务主张权利的，应当按夫妻共同债务处理。但夫妻一方能够证明债权人与债务人明确约定为个人债务，或者能够证明属于婚姻法第十九条第三款规定情形的除外。

夫妻一方与第三人串通，虚构债务，第三人主张权利的，人民法院不予支持。

夫妻一方在从事赌博、吸毒等违法犯罪活动中所负债务，第三人主张权利的，人民法院不予支持。

第二十五条　当事人的离婚协议或者人民法院的判决书、裁定书、调解书已经对夫妻财产分割问题作出处理的，债权人仍有权就夫妻共同债务向男女双方主张权利。

一方就共同债务承担连带清偿责任后，基于离婚协议或者人民法院的法律文书向另一方主张追偿的，人民法院应当支持。

第二十六条　夫或妻一方死亡的，生存一方应当对婚姻关系存续期间的共同债务承担连带清偿责任。

【附：答记者问】

最高人民法院负责人就婚姻法司法解释（二）答记者问

十、夫妻共同债务不因离婚而免除

问：目前审判实践中，对夫妻之间债权债务关系的处理存在哪些问题？《解释（二）》有何具体解决办法？

答：人民法院审理离婚案件时，对夫妻间债权债务关系应当如何处理，一直是个比较突出且难以妥善解决的问题。对以一方名义所欠的债务应如何认定其性质，是属于夫妻共同债务还是个人债务？离婚协议或者人民法院生效的法律文书中对夫妻财产分割及债权债务负担问题作出的判决，对债权人是否有影响？夫妻离婚后如何面对以前的债权债务？这些都需要予以明确，因此，这次司法解释对夫妻债权债务的负担及其与第三人之间的关系、举证责任分配问题等，都作了较为明确的规定。

对于夫妻中以一方名义对外举债应当如何认定其性质的问题，《解释（二）》第二十三条、第二十四条以债务形成时所处的时间阶段作为切入点，分成结婚前所欠债务和婚姻关系存续期间所欠债务两种情形进行规定。第一，个人婚前债务。对一方婚前已经形成的债务，原则上认定为夫妻中一方的个人债务；债权人能够证明所欠债务用于婚后共同生活的，应当认定为共同债务，由夫妻双方共同偿还；上述两种情况的证明责任由主张权利的债权人承担。第二，婚姻关系存续期间以一方名义所欠的债务。按照《解释（二）》第二十四条的规定，属于婚姻关系存续期间以一方名义欠下的债务，原则上应当认定为夫妻共同债务，应该由夫妻共同偿还。但是，如果夫妻一方能够证明该债务确为欠债人个人债务，那未欠债的婚姻关系当事人可以对抗债权人的请求。属于个人债务的情形主要有两种，一种是债权人与债务人明确约定该项债务属于个人债务，另一种是属于婚姻法第十九条第三项规定的情况。即："夫妻对婚姻关系存续期间所得的财产约定归各自所有的，夫或妻一方对外所负的债务，第三人知道该约定的，以夫或妻一方所有的财产清偿。"

当事人的离婚协议或者人民法院生效的法律文书中对财产分割问题及债权债务的负担问题作出的处理，无疑对原夫妻双方之间有约束力。但是能否以此来对抗其他债权人的权利主张呢？《解释（二）》第二十五条对此问题作出了规定。由于我国一直坚持婚姻关系案件的审理不允许第三人参加的原则，所以处理夫妻财产、特别是处理对外共同债务的负担问题时，债权人往往处于不知情或者不能表达自己意见的地位。如果认为上述决定不仅对夫妻双方有法律约束力，对债权人也有约束力的话，那么对债权人就很不公平。按照我国婚姻法的立法精神，在婚姻关系存续期间，夫妻双方如无特别约定，夫妻财产适用法定的所得共有制。夫妻对共同债务都负有连带清偿责任。这种连带清偿责任，不经债权人同意，债务人之间无权自行改变其性质，否则将会损害债权人的利益。因此，夫妻之间离婚时对财产的分割，只能对彼此内部有效，不能向外对抗其他债权人。同理，人民法院在作出这些法律文书时，只是为了解决婚姻关系当事人内部之间对于财产

的分割以及债权债务的负担问题。这与婚姻关系之外的债权人无关，此时人民法院并未对债权人的权利进行审查处理，也没有改变婚姻关系当事人与其他债权人之间的关系。所以，债权人仍然有权就原夫妻所负共同债务向原夫妻双方或者其中任何一方要求偿还。当然，夫或妻就共同债务对外承担连带清偿责任后，有权基于离婚协议或者人民法院生效的法律文书向原配偶主张自己的权利。

全国民事案件审判质量工作座谈会纪要

1999年11月29日　法〔1999〕231号

（二）在审理新类型民事案件时，要注重探索，讲求社会效果。许多新类型的民事案件，涉及法律、行政法规规定不明确的领域，或者法律、行政法规、规章的某些规定相对滞后、不合理，案件的处理结果对社会产生的影响重大。因此，抓好这些案件的审判质量，十分重要。

关于婚姻家庭纠纷案件的处理问题。婚姻家庭纠纷案件作为传统民事案件中的主要类型之一，随着改革开放的不断深入，社会生活和经济生活都发生了重大的变化，婚姻家庭关系中财产关系越来越复杂，处理难度越来越大。对在婚姻关系存续期间夫妻一方卖断工龄款是何种性质的财产，应当如何界定其归属，在离婚诉讼中能否将其作为夫妻共同财产予以分割等问题，可采取类推解释的方法，根据其与养老保险金或医疗保险金等所共同具有的专属于特定人身的性质，确定其在财产分割中的法律适用原则，即不作为夫妻共同财产。在审理有关婚姻、家庭、继承案件时，涉及共同财产处理问题的，要根据当事人及这些财产在新形势下的特点，妥善处理。涉及家庭共同经营的私营企业，一方或双方享有的股票、股权、知识产权、生产资料等，既要坚持有利于生产经营、方便生活的原则，又要充分考虑不同财产性质状况，按照市场经济的规则进行处理。对于离

婚案件中涉及企业、公司的财产分割问题，不宜简单地直接判决双方平均分得争议标的物，还应结合公司法、合伙企业法、专利法、著作权法等有关规定精神进行处理。对于家庭财产中涉及的"房改房"问题，要坚持与房改政策相一致的原则，在征求"房改房"产权单位的意见，充分考虑产权单位合法权益的基础上，合情合理解决当事人之间的纠纷。

最高人民法院
关于依法妥善审理涉及夫妻债务案件有关问题的通知

2017年2月28日　　法〔2017〕48号

六、保护被执行夫妻双方基本生存权益不受影响。要树立生存权益高于债权的理念。对夫妻共同债务的执行涉及到夫妻双方的工资、住房等财产权益，甚至可能损害其基本生存权益的，应当保留夫妻双方及其所扶养家属的生活必需费用。执行夫妻名下住房时，应保障生活所必需的居住房屋，一般不得拍卖、变卖或抵债被执行人及其所扶养家属生活所必需的居住房屋。

一方所获竞赛奖牌、奖金不属于夫妻共同财产
——刘玉坤诉郑宪秋离婚及分割一方所获竞赛奖牌、奖金纠纷案

原告：刘玉坤，女，1958年12月28日生，系黑龙江省齐齐哈尔市富拉尔基区第一重型机械厂金属结构分厂打字员。住该市富拉尔基区铁西26—10—1—6号。

被告：郑宪秋，男，1957年10月20日生，与原告系同厂工人，住址同上。

原告刘玉坤因与被告郑宪秋离婚及财产分割一案，向黑龙江省齐齐哈尔市中级人民法院提起诉讼。

原告刘玉坤诉称：原告与被告郑宪秋婚后性格不合，彼此对理想、事业、志趣均有所不同，结婚13年始终没有培养和建立起真正的夫妻感情。被告对原告参加一些社会必要活动、残疾身体的治疗，横加干涉。1984年以后，原告克服了常人难以想象的困难，曾在全国首届残疾人运动会上夺取3枚金牌，这些荣誉使其心理反差增大，进而粗暴地干涉原告参加比赛，将原告打伤住院。原告与被告自1992年5月分居至今，感情确已破裂，请求法院判决离婚，财产依法分割。

被告郑宪秋辩称：被告与原告婚姻基础好，在原告失去双腿的时候，是被告主动与其结婚。婚后家务活、带孩子以及原告的生活起居等都由被告承担，原告能在国际国内残疾人运动会上多次获奖牌，是与被告对其支持和照顾分不开的，如果原告实在坚持离婚，但孩子要由被告抚养，原告必须每月给付抚养费150元，房子由被告居住，奖牌17块被告应分一半，奖金29万元、被告要19万元，婚后共同财产依法分割。

齐齐哈尔市中级人民法院经审理查明：原告刘玉坤与被告郑宪秋在同一单位工作，于1979年初自由恋爱、同年6月10日登记结婚，次年生一男孩郑洋，由于双方性格、志趣各不相同，在处理一些家庭事务上互不协商，常因一些琐事吵架，致使夫妻感情逐渐破裂，1992年5月双方分居，1993年1月29日，双方发生口角，在撕打中郑宪秋将刘玉坤左眼打伤住院治疗，双方关系进一步恶化。1993年2月16日，刘玉坤以夫妻感情破裂为由，向本院提起离婚诉讼。经多次调解无效，刘玉坤坚持离婚、郑宪秋不同意离婚，婚生子郑洋，现年14岁，表示愿随母亲刘玉坤生活。现住二室一厨楼房为重型机械厂所有。家庭共同财产有：金戒指1枚、金项链1条，各式轮椅（车）3辆，自行车1辆，洗衣机、电冰箱、彩电、游戏机、录音机、录放机各1台，组合家具、角式沙发、3人沙发各1套，单人及双人床各1张，写字台1张，地毯2块，等等。刘玉坤参加历次国际国内残疾人运动会获奖牌17块（其中金牌16块、铜牌1块），获奖金59012元。奖金用于在天津长亭假肢公司做假肢一副22000元，治病、旅游等项费用38612.83元。

以上事实，有中国残联、国家体委、黑龙

江省体委、省残联,齐齐哈尔市体委、市残联、广州市体委及天津市长亨假肢公司出具的材料及有关物品单据证实。

齐齐哈尔市中级人民法院认为:原告刘玉坤、被告郑宪秋虽结婚多年,并生有一子,但是在共同生活中不能互谅互让,分居达一年之久,夫妻感情确已破裂,且无和好可能。依照《中华人民共和国婚姻法》第二十五条之规定,夫妻双方感情确已破裂,调解无效,应准予离婚。婚生子郑洋表示愿随母亲刘玉坤生活,应尊重子女的意愿。承租的楼房为重型机械厂自管房屋,应由产权单位依照《中华人民共和国妇女权益保障法》第四十四条第三款的规定,按照"照顾女方和子女权益的原则"进行调整。奖牌系刘玉坤个人取得的荣誉象征,不应作为夫妻共同财产分割。已查实的奖金59012元,已用于刘玉坤做假肢、治病、旅游等,现已无存款。郑宪秋所诉刘玉坤有奖金29万元,查无实据,不予认定。据此,该院依照《中华人民共和国婚姻法》第三十一条关于"离婚时,夫妻的共同财产由双方协议处理;协议不成时,由人民法院根据财产的具体情况,照顾女方和子女权益的原则判决"的规定,于1994年5月6日判决如下:

一、准予原告刘玉坤与被告郑宪秋离婚。

二、婚生子郑洋(14岁)由刘玉坤抚养,郑宪秋每月承担抚养费60元,至郑洋独立生活为止。

三、共同财产:金戒指、金项链、轮椅、洗衣机、吸尘器等物品归刘玉坤所有,自行车、组合家具、电冰箱、彩电、录音机等物品归郑宪秋所有。原、被告各人衣物归个人所有。

四、奖碑17块归刘玉坤所有。

诉讼费50元,刘玉坤、郑宪秋各负担25元。

第一审宣判后,被告郑宪秋以要求平分婚姻关系存续期间原告刘玉坤所获得的奖碑和奖金等为由,向黑龙江省高级人民法院提出上诉。

黑龙江省高级人民法院审理认为,上诉人郑宪秋与被上诉人刘玉坤夫妻感情确已破裂,经原审法院多次调解无效,判决刘玉坤与郑宪秋离婚,婚生子郑洋由刘玉坤抚养是正确的;共同财产分割是合理的。关于刘玉坤参加国际、国内残疾人体育比赛所获奖碑、奖金问题,经向国家体委、中国残联调查证实,从1984年国内第一届残运会至1992年残疾人奥运会期间,刘玉坤共获奖牌17块、奖金59012元,以上奖牌和奖金,虽然是在夫妻关系存续期间所得,但奖牌系刘玉坤作为残疾人运动员的一种荣誉象征,有特定的人身性,不应作为夫妻共同财产予以分割;所得奖金,因已用于支付刘玉坤制作假肢、治病等费用,系家庭的共同支出,已无财产可分,郑宪秋要求平分,于法无据。综上,一审法院判决事实清楚,适用法律正确,上诉人郑宪秋上诉理由不充分,本院不予支持。据此,该院依照《中华人民共和国民事诉讼法》第一百五十三条第一款第一项之规定,于1994年11月21日判决:

驳回上诉人郑宪秋的上诉,维持原判。

评析:这件在中级人民法院辖区范围内有重大影响的案件,其案情并不复杂,对离婚问题和离婚后子女抚养问题的处理,也没有什么特别之处。但本案在共同财产分割问题上所遇到的一方当事人在体育竞赛中所获得的奖牌、奖金,是否属于夫妻共同财产,并应否予以分割的问题,则是一个具有典型法律意义的问题,为审判实践中所少见。

本案原告刘玉坤是残疾人运动员,多次参加了国际的和国内的残疾人体育竞赛,并获得有多枚奖牌和一些奖金,而且这些体育竞赛奖牌、奖金的获得,是在其与郑宪秋夫妻关系存续期间所获得。由于奖牌本身具有较高的价值,奖金本身就代表一定量的财产,故一方当事人认为这些奖牌、奖金应属夫妻共同财产,并要求按夫妻共同财产予以分割;在审理中会出现不同意见,就不奇怪了。

本案涉及的奖牌、奖金是否能定性为夫妻共同财产,并应按此定性加以分割,审理中有两种不同意见:

一种意见认为,夫妻关系存续期间,一方在体育竞赛中获得的奖牌、奖金,应视为夫妻共同财产。其主要理由是:夫妻一方在竞赛中获得的奖牌、奖金,无论是奖牌、奖金的自身价值,还是荣誉价值,都不是个人行为所能获得的，它与另一方在家庭中的奉献和支持是分不开的。"军功章有你的一半，也有我的一半"，就是这个道理。

另一种意见认为，它不具有夫妻共同财产的属性。理由是：一方在体育竞赛中获得的奖牌、奖金，是对其获得的优异成绩的奖励，是运动员个人的荣誉象征，具有特定的人身性质，应视为是个人所有的财产。

本案一、二审法院均采纳了第二种意见，认定原告在体育竞赛中获得的奖牌、奖金（一审查证奖金已经花用）系其个人财产，判决归原告个人所有，这种处理是正确的。

认定夫妻一方在体育竞赛中获得的奖金、奖牌是属夫妻共同财产，还是属一方个人财产，不在于是否是在夫妻关系存续期间取得，也不在于奖金、奖牌的财产属性，而在于奖金、奖牌的荣誉属性。奖金、奖牌代表社会对取得优异成绩的运动员个人的一种评价，对获奖运动员来说，即为一种荣誉，在法律上即表现为其享有的荣誉权。而荣誉权是属人身权的范围，是与特定的人身分不开的。在民法上，人身权只能由特定的人独立享有，不能与他人分享；人身权也不能转让。正是人身权的这种属性，决定了运动员所获奖金、奖牌的个人所有的属性，它是不能与他人分享的。当然，奖金、奖牌本身又具有物质性，具有一定的经济价值，但它在用于奖励上时，其经济价值仅是不同奖励等级的在量上的区别价值，其财产价值属性已经弱化为零，即它不再是财产量的比较和区别，而是运动员竞赛成绩高低的比较和区别的替代物。所以，不能因奖金、奖牌的物质性及其经济价值，即将它等同于一般财产。运动员获得优异成绩，当然和他人，包括家庭成员、教练员等一切为其作出过某种贡献的人的支持、帮助分不开，但这种支持、帮助并不能产生法律上的权利要求，"军功章有你的一半也有我的一半"，也不是法律权利上的要求，而是一种感情上的问题。处理法律问题，应当根据法律要求处理，不能用其他要求代替。①

---

① 载《最高人民法院公报》1995年第2期。

不能简单地依据《婚姻法解释（二）》第20条规定，将夫或妻一方的对外债务认定为夫妻共同债务——单洪远、刘春林诉胡秀花、单良、单译贤法定继承纠纷案

[裁判要旨] 最高人民法院《关于适用〈中华人民共和国婚姻法〉若干问题的解释（二）》第20条的规定，本意在于加强对债权人的保护，一般只适用于对夫妻外部债务关系的处理。人民法院在处理涉及夫妻内部财产关系的纠纷时，不能简单依据该规定将夫或妻一方的对外债务认定为夫妻共同债务，其他人民法院依据该规定作出的关于夫妻对外债务纠纷的生效裁判，也不能当然地作为处理夫妻内部财产纠纷的判决依据，主张夫或妻一方的对外债务属于夫妻共同债务的当事人仍负有证明该项债务确为夫妻共同债务的举证责任。

江苏省高级人民法院认为：

首先，一审判决对单业兵死亡后遗留的夫妻共同财产价值的认定，有评估报告等证据予以证明。上诉人胡秀花虽持异议，但未能举出确有证明作用的证据，故对其该项上诉主张不予支持。

其次，上诉人胡秀花虽主张单业兵生前遗留有债务，但未能举证证明这些债务真实存在，且属夫妻共同债务，故其该项上诉理由也不能成立。关于胡秀花向徐贵生的借款是否为夫妻共同债务的问题，胡秀花在二审时提交了江苏省南京市雨花台区人民法院〔2005〕雨民一初字第28号民事判决书（系在本案一审判决后作出），该判决书虽然载明"此案系民间借贷纠纷，因被告胡秀花经传票传唤无正当理由拒不到庭，法院遂依据原告徐贵生的陈述以及借条等证据认定该笔债务为夫妻共同债务，判决由胡秀花向徐贵生偿还人民币20万元"，亦不足以在本案中证明胡秀花向徐贵生的借款是夫妻共同债务。该判决为处理夫妻对外债务关系，将胡秀花对徐贵生的借款认定为单业兵与胡秀花的夫妻共同债务并无不当，也符合最高人民法院《关于适用〈中华人民共和国婚姻法〉若

干问题的解释（二）》第 24 条之规定。但前述规定的本意是通过扩大对债权的担保范围，保障债权人的合法利益，维护交易安全和社会诚信，故该规定一般只适用于对夫妻外部债务关系的处理，在处理涉及夫妻内部财产关系的纠纷时，不能简单地依据该规定，将夫或妻一方的对外债务认定为夫妻共同债务，其他人民法院依据该规定作出的关于夫妻对外债务纠纷的生效裁判，也不能当然地作为处理夫妻内部财产纠纷的判决依据，主张夫或妻一方的对外债务属于夫妻共同债务的当事人仍负有证明该项债务确为夫妻共同债务的举证责任。本案中，由于单业兵已经死亡，该笔债务是否认定为夫妻共同债务会直接影响其他继承人的权益，胡秀花应就其关于该笔借款属夫妻共同债务的主张充分举证。根据现有证据，胡秀花提供的借条的内容不能证明该笔借款系夫妻共同债务，且在本案一审期间，亦即南京市雨花台区人民法院〔2005〕雨民一初字第 28 号民事判决作出之前，该借条不在债权人手中，反被作为债务人的胡秀花持有，有违常情。鉴于二审中胡秀花不能进一步举证证明该笔债务确系夫妻共同债务，故对其该项上诉主张不予支持。

其三，原审判决以查明事实为基础，综合考虑各继承人的实际情况，将除一处营业用房外的各项遗产判归上诉人胡秀花继续管理使用，判决被上诉人单洪远、刘春林分得现金，这种对遗产的分割方式既照顾到各继承人的利益，又不损害遗产的实际效用，并无不当。故对胡秀花的该项上诉请求不予支持。①

如何区分和处理夫妻共同债务和个人债务

理论上通常用两个标准来判断债务的性质：一是夫妻有无共同举债的合意。如果夫妻有共同举债的合意，则不论该债务所带来的利益是否为夫妻共享，该债务应认定为共同债务；二是夫妻是否分享了债务所带来的利益。尽管夫妻事先或事后没有共同举债的合意，但该债务发生后，夫妻双方共同分享了该债务所带来的利益，则同样应视为共同债务。具体来说，下列债务一般认定为夫妻共同债务：（1）夫妻为家庭共同生活所负的债务，如购置共同生活用品所负的债务，购买、专修共同居住的房屋所负的债务，为支付一方医疗费用所负的债务；（2）夫妻一方或双方为履行法定抚养义务所负的债务；（3）夫妻一方或双方为履行法定赡养义务所负的债务；（4）为支付夫妻一方或双方的教育、培训费用所负的债务，如夫妻从事正当的文化、教育、娱乐活动，从事体育活动等所负的债务；（5）夫妻共同从事生产、经营活动所负的债务；（6）夫妻协议约定为共同债务的债务。下列债务一般认定为夫妻个人债务：（1）夫妻一方的婚前债务；（2）夫妻一方未经对方同意，擅自资助没有抚养义务的人所负的债务；（3）夫妻一方未经对方同意，独自筹资从事生产经营活动所负的债务，且其收入确未用于共同生活的；（4）遗嘱或赠予合同中确定只归夫或妻一方的财产，附随这份遗嘱或赠予合同而带来的债务为接受遗嘱或赠予一方的个人债务；（5）夫妻双方依法约定由个人负担的债务；（6）夫妻一方因个人不合理开支所负的债务；（7）其他依法应由个人承担的债务，如一方因实施违法犯罪行为、侵权行为所负的债务。最高人民法院《关于人民法院审理离婚案件处理财产分割问题的若干具体意见》（1993 年 11 月 3 日发布，以下简称《离婚财产分割若干意见》）第 17 条第 1 款规定，"夫妻为共同生活或为履行抚养、赡养义务等所负债务，应认定为夫妻共同债务，离婚时应当以夫妻共同财产清偿。"据此，法院主要从债务的去向、用途是否与共同生活有关联来把握夫妻共同债务的认定。此后，最高人民法院《婚姻法解释（二）》第 24 条规定，"债权人就婚姻关系存续期间夫妻一方以个人名义所负债务主张权利的，应当按夫妻共同债务处理。但夫妻一方能够证明债权人与债务人明确约定为个人债务，或者能够证明属于《婚姻法》第 19 条第 3 款规定情形的除外。"而《婚姻法》第 19 条第 3 款规定，"夫妻对婚姻关系存续期间所得的财产约定归各自所有的，夫或妻一方对外所负的债务，第三人知道该约定的，以夫或妻一方所有的财产清偿。"因此，从 2004 年 4 月 1 日起，认定夫妻共同债务以是否形成于夫妻关系存续期间为标准。应当说明的是，《离婚财产分割若干意见》第 17 条规定是从夫妻离婚时如何

---

① 载《最高人民法院公报》2006 年第 5 期。

进行债务承担所作的规定,《婚姻法解释(二)》第 24 条规定系从债权人主张权利的角度所作的规定,两个法条针对的是不同的法律关系,故在债务性质认定标准、抗辩事由、举证责任、证明标准上规定不同是完全合理的,法院应当区别场合准确适用法律,不能将夫妻内部关系和夫妻一方与债权人之间的外部法律关系的债务性质的认定标准混为一谈。

法院在就离婚案件的债务问题分配当事人的举证责任时,也应注意"内外有别":在涉及债权人与债务人之间的法律关系时,债权人只要证明该借款系发生于夫妻关系存续期间,即应认定为夫妻共同债务,夫妻双方应承担共同还款的责任;在涉及夫妻双方之间债务承担关系时,无论夫妻双方谁做原告,都应由借款方承担举证责任,证明该借款系基于夫妻的合意或用于家庭共同生产或生活,如果证据不足,则由其个人偿还。具体来说,有以下三种情形:(1)当债权人起诉夫妻双方要求还款时,债权人只要证明债务形成于夫妻关系存续期间即完成举证责任,该债务应认定为夫妻共同债务,夫妻双方应共同偿还。夫妻一方若否认共同债务且拒绝承担还款义务的,须证明《婚姻法解释(二)》第 24 条规定的除外情形存在,或能证明债权人明知该债务为个人债务但仍与债务人进行债务往来。(2)当夫妻双方对外共同偿还债务后,如果该债务确为夫妻一方的个人债务,在夫妻内部产生求偿关系。此时,对外借款一方(即被求偿者)必须承担举证义务,证明该借款用于家庭共同生活或履行共同的义务,如举证不能,其应承担返还责任。(3)当债权人仅起诉夫妻中借款一方还款,债权人的举证责任同上述第一种情况。在法院作出裁判后,债务人在离婚案件中要求配偶共同偿还的,则由其证明该债务是否用于家庭共同生产或生活。此时,即使债务案件的判决以债务为婚姻关系存续期间所形成,认定为夫妻共同债务,对离婚案件并不当然产生既判力。因为在先的债务案件判决与离婚案件系处理不同的法律关系,法院应当根据不同的标准分配举证责任,故在先的判决仅能确定债

务的真实性,而对债务性质的认定并不必然影响后案。

因侵权所生之债。(1)如果是夫妻双方共同形成的侵权之债,应由夫妻双方共同偿还。(2)如果是夫妻一方对外形成的侵权之债,一般应认定该债务为个人债务。但如果债权人能举证证明该侵权之债的形成与夫妻家庭生活有关,或者家庭因该行为享有利益,则夫妻双方应共同偿还。针对离婚诉讼中当事人虚构夫妻债务的问题,以下方法可供审判实践借鉴:如严格审查证据,对提出债务的夫妻一方进行详细询问后,通知债权人亲自出庭作证(债权人作为证人,在其出庭前不得旁听案件的审理情况),认真审查债务的真实性、必要性和合理性;向当事人释明虚构债务的法律后果,一旦被认定为造假,要承担《婚姻法》第 47 条规定"不分、少分财产"的后果;债务另行处理,如果一方当事人对债务不予认可,法院一时难以查明事实真相,可在离婚案件中不予处理债务问题,告知债权人另案起诉解决。①

夫妻一方所在企业发放的买断工龄款是否属于夫妻共同财产?

最高人民法院民事审判第一庭倾向性意见认为:在离婚案件中处理有关买断工龄款问题时,可以参照《婚姻法解释(二)》中有关军人复员费、自主择业费的规定处理。②

人民法院能否裁定被执行人的配偶为被执行人?

问题:我们在执行案件过程中,经常遇到这样的情况:被执行人所欠债务是夫妻共同生活所负债务,现在其下落不明或者暂无履行能力,并且夫妻没有离婚,而其配偶又有履行能力。对能否裁定将被执行人的配偶列为该案的被执行人直接执行的问题,各地法院的认识和做法不一,有的认为法律和司法解释无明文规定,不能将被执行人的配偶列为该案的被执行人;有的法院则根据婚姻法第四十一条的规定,裁定将其配偶列为

---

① 程新文、吴晓芳:《当前婚姻家庭案件中的若干新情况新问题》载最高人民法院民事审判第一庭编:《民事审判指导与参考》2007 年第 2 集(总第 30 集),法律出版社 2007 年版,第 77 页。
② 吴晓芳:《夫妻一方所在企业发放的买断工龄是否属于夫妻共同财产》,载最高人民法院民事审判第一庭编:《中国民事审判前沿》2005 年第 2 集(总第 2 集),法律出版社 2005 年版,第 245 页。

被执行人。请问后一种做法是否正确？

　　《人民司法》研究组认为：被执行人所欠债务是夫妻共同生活所负债务，现在其下落不明或者暂无履行能力，并且夫妻没有离婚，而其配偶又有履行能力。应区分两种情况：第一种情况是指其配偶控制的财产是夫妻共同财产，因为是婚姻关系存续期间，夫妻共同财产共同共有，法院完全可以将其作为被执行人的财产直接执行，而不用再追加被执行人的配偶为被执行人；第二种情况是指其配偶控制的财产不是夫妻共同财产，而是配偶的个人财产。此时，如果夫妻共同财产不足以清偿夫妻共同生活所负债务，被执行人的个人财产也不足以清偿夫妻共同生活所负债务时，人民法院才可以根据婚姻法第四十一条夫妻应对夫妻共同生活所负债务承担无限连带责任的规定，裁定追加被执行人的配偶为被执行人，以被执行人配偶的个人财产清偿共同债务。①

夫妻一方对外负有赔偿义务，协议离婚时将共有财产给付另一方，法院如何处理？

　　问题：夫妻一方致人身体损伤后，经人民法院审理，应负全部责任并赔偿受害人各种损失。法律文书生效后，义务人不仅没有履行法律文书确定的赔偿义务，反而去婚姻登记机关协议离婚，财产全部或大部分给了夫妻另一方，致使受害人的权利不能兑现。对这种情况的处理有两种意见：一是在胜诉方申请执行后，对于被执行人在法定时限内不履行的，可依法强制执行属于夫妻关系存续期间的共有财产；二是由申请人（利害关系人）申请人民法院撤销婚姻登记机关的离婚协议，然后继续执行该夫妻共有财产。请问哪种意见正确？

　　《人民司法》研究组认为：夫妻离婚后，如何处理其婚姻关系存续期间的债权债务特别是债务问题，一直是审判实务中的一个难题。因为这里面既涉及夫妻之间的关系，也涉及与其他债权人等的关系。我们认为，夫妻之间就财产问题如无特殊约定，则婚姻关系存续期间所得适用法定的夫妻财产共有制，所欠债务被认定为共同债务的，应由双方承担连带清偿责任。夫妻协议离婚或者经人民法院判决离婚的，就债权债务问题所作的处理和决定，仅对夫妻内部有约束力，夫或妻都不得据此对抗善意第三人，对于那些假离婚真逃债的行为更是不能认同。信中所述的案件，夫妻一方在对外欠债的前提下，非但不履行人民法院生效判决的内容，反而通过协议离婚将财产给另一方，致使债权人利益无法得到保护。如果情况属实，人民法院可以根据债权人的申请，强制执行原夫妻婚姻关系存续期间的共同财产。夫或妻在清偿对外债务后，可以离婚协议的内容向原配偶主张相应的权利。此时无需申请撤销离婚协议后再执行其共有财产，故原则上同意信中第一种意见。②

法院能否扣划夫妻另一方的工资收入以清偿夫妻一方所欠的个人债务

　　问题：被告张某欠原告李某债务2万元（此债务系张某的个人债务），因事实清楚、证据确凿，法院判决张某承担给付义务。然而被告张某既无固定经济收入，也没有任何财产，因此未能履行。于是李某向法院申请执行，并向法院反映张某之妻孙某有固定工资收入，要求法院逐月扣划此款用以偿还债务。

　　请问：法院能否扣划孙某的工资收入，用来偿还其夫张某的个人债务？

　　《人民司法》研究组认为：结合本案具体情况，根据《婚姻法》有关立法精神，我们认为，本案的关键是张某之妻孙某的工资收入应否作为夫妻共同财产对待。如果张某夫妻双方就财产问题事先曾约定财产归各自所有、债务归各自清偿，而且张某夫妻能够举证证明其就财产问题的约定李某是知道的，张某夫妻一方才可以个人债务依约定应由张某个人财产进行清偿来对抗李某。如果双方事先没有约定或约定不明的，按《婚姻法》规定，在婚姻关系存续期间夫妻所得的工资、奖金等收入应纳入夫妻共同财产的范围，那么孙某的工资收入就应作为夫妻共同财产处理，应由张某、孙某共同所有。本案中的债务如果是张某个人向外举债，也没有用于家庭共同生活的，应该以张某的个人财产进行偿还。如果张某没有其他

---

① 载《人民司法》2009年第9期。
② 载《人民司法》2003年第9期。

履行能力的话,应先就夫妻共同财产进行析产,将应归张某所有的财产用于偿还债务。但是应该注意的是,财产分割后不得损害孙某的合法权益,即使分给张某的财产不足以偿还债务,也不能以孙某所有的收入还债。①

离婚案件中,对夫妻共同债务分担的判决是否免除了双方的连带清偿责任?

问题: 甲与乙在婚姻关系存续期间由甲出面向丙借款1万元用于家庭承包经营,后亏损。甲与乙离婚时无共同财产及债权,且两人对共同债务清偿未达成协议,法院判决甲、乙离婚,共同债务1万元,甲、乙各承担5000元。丙得知情况后遂起诉甲,要求甲偿还1万元借款,甲以共同债务1万元已经法院判决自己应承担5000元为由不予偿还另外5000元。甲的抗辩理由能否成立?对夫妻共同债务分担的判决是否免除了双方的连带清偿责任?

《人民司法》研究组认为: 夫妻在婚姻关系存续期间所欠的共同债务,应当由双方共同偿还,且通常情况下双方对此负有连带责任。人民法院在审理离婚案件时,为方便诉讼等原因,在判决离婚时可以就双方的财产分割及债权债务的分担问题一并作出判决。不过应该指出的是,人民法院就双方对共同债务问题所作出的判决,仅是为了解决夫妻双方内部之间的债务分担问题,而不涉及夫妻与债权人之间的关系性质问题。对夫妻共同债务分担所作出的判决,不是改变原有的夫妻承担责任的性质,故此类判决并不意味着免除了双方的连带清偿责任。所以,我们认为,信中所述案件,甲不得以法院的判决为由来对抗债权人的请求,夫妻双方之间仍然均对该笔共同债务负有连带清偿责任,甲在偿还全部债务后,有权依据法院判决向原配偶主张自己的合法权利。②

如何处理婚姻关系存续期间的债务问题?

问题: 夫妻一方致人身体损伤后,经人民法院审理,应负全部责任并赔偿受害人各种损失。法律文书生效后,义务人不仅没有履行法律文书确定的赔偿义务,反而去婚姻登记机关协议离婚,财产全部或大部分给了夫妻另一方,致使受害人的权利不能兑现。对这种情况的处理有两种意见:一是在胜诉方申请执行后,对于被执行人在法定时限内不履行的,可依法强制执行属于夫妻关系存续期间的共有财产;二是由申请人(利害关系人)申请人民法院撤销婚姻登记机关的离婚协议,然后继续执行该夫妻共有财产。

《人民司法》研究组认为: 夫妻离婚后,如何处理其婚姻关系存续期间的债权债务特别是债务问题,一直是审判实务中的一个难题。因为这里面既涉及到夫妻之间的关系,也涉及到与其他债权人等的关系。我们认为,夫妻之间就财产问题如无特殊约定,则婚姻关系存续期间所得适用法定的夫妻财产共有制,所欠债务被认定为共同债务的,应由双方承担连带清偿责任。夫妻协议离婚或者经人民法院判决离婚的,就债权债务问题所作的处理和决定,仅对夫妻内部有约束力,夫或妻都不得据此对抗善意第三人,对于那些假离婚真逃债的行为更是不能认同。信中所述的案件,夫妻一方在对外欠债的前提下,非但不履行人民法院生效判决的内容,反而通过协议离婚将财产给另一方,致使债权人利益无法得到保护。如果情况属实,人民法院可以根据债权人的申请,强制执行原夫妻婚姻关系存续期间的共同财产。夫或妻在清偿对外债务后,可以离婚协议的内容向原配偶主张相应的权利。此时无需申请撤销离婚协议后再执行其共有财产,故原则上同意信中第一种意见。③

法院判决离婚后,原夫妻是否应对离婚前的共同债务负连带清偿责任?

问题: 1998年2月10日,吴某因家庭所需,向张某借款2000元,并立下借据。后吴某经法院判决同丈夫李某离婚,法院在判决书中认定该债务属共同债务。张某得知吴某已离婚,多次找吴某催款无果,故将吴某诉至法院。吴某辩称,欠款属实,但法院已将该款判由李某偿还,故其不应承担还款责任。请问,该款应由谁归还?

《人民司法》研究组认为: 上述情况应如何解决,最高人民法院《关于适用婚姻法若干问题的

---

① 载《人民司法》2002年第1期。
② 载《人民司法》2003年第3期。
③ 载《人民司法》2003年第9期。

解释（二）》第25条已作了较为明确的规定。人民法院在处理吴某、李某离婚一案的判决书中对夫妻共同债务，作出的处理，对吴某、李某夫妻内部之间的债权债务分配问题作出的处理，对吴某、李某具有法律上的约束力。这项判决并未改变欠张某2000元为夫妻共同债务的性质，不是对张某的实际债权作出处理，故该判决不得用于对抗债权人张某。夫妻应当对婚姻关系存续期间所欠共同债务承担连带清偿责任，任何一方都有义务就全部共同债务先行清偿，不能未经债权人同意而改变责任的清偿方式。因此债权人张某有权向吴某、李某中的任何一方主张权利，也可以要求双方共同偿还其债务。当然，吴某在偿还债务后，依法享有向李某的追偿权。①

夫妻共同出资购买的房屋，产权登记在未成年子女名下的，是否为夫妻共同财产？

问：（略）

答：双方婚后用夫妻共同财产购买的房屋，子女尚未成年，如果产权登记在该子女名下，夫妻离婚时不能简单地完全按照登记情况将房屋认定为未成年子女的财产。因不动产物权的登记分为对外效力和对内效力，对外效力是指根据物权公示公信原则，不动产经过物权登记后，善意第三人基于对登记的信赖而与登记权利人发生的不动产交易行为应受到法律保护；对内效力是指应审查当事人的真实意思表示来确定真正的权利人。实际生活中，夫妻双方共同出资购买房屋后，可能基于各种因素的考虑而将房屋产权登记在未成年子女名下，但这并不意味着该房屋的真实产权人即为未成年子女，还应该审查夫妻双方在购买房屋时的真实意思表示。如果真实意思表示确实是将购买的房屋赠与未成年子女，离婚时应将该房屋认定为未成年子女的财产，由直接抚养未成年子女的一方暂时管理；如果真实意思并不是将房屋赠与未成年子女，离婚时将该房屋作为夫妻共同财产处理比较适宜。②

一方将夫妻共同财产擅自赠与他人的行为无效

问：夫妻一方将大额的夫妻共同财产擅自赠与他人，显然侵害了另一方的财产权益。但有种观点认为，该赠与行为应认定部分无效，而非全部无效。理由是夫妻共同财产中既包含丈夫的份额也包含妻子的份额，他人所获赠财产中有一半为夫妻一方的份额，一方处分自身份额的意思表示应为真实，他人可取得一半的财产权利。对此在审判实践中应如何掌握？

答：在婚姻关系存续期间，夫妻双方对共同财产具有平等的权利，因日常生活需要而处理共同财产的，任何一方均有权决定，非因日常生活需要对夫妻共同财产做重要处理决定的，夫妻双方应当平等协商，取得一致意见。夫妻一方非因日常生活需要而将夫妻共同财产无偿赠与他人，严重损害了另一方的财产权益，有违民法上的公平原则，这种赠与行为应属无效。

夫妻共同财产是基于法律的规定，因夫妻关系的存在而产生的。在夫妻双方未选择其他财产制的情形下，夫妻对共同财产形成共同共有，而非按份共有。根据共同共有的一般原理，在婚姻关系存续期间，夫妻共同财产应作为一个不可分割的整体，夫妻对全部共同财产不分份额地共同享有所有权，夫妻双方无法对共同财产划分个人份额，也无权在共有期间请求分割共同财产。夫妻对共同财产享有平等的处理权，并不意味着夫妻各自对共同财产享有半数的份额。只有在共同共有关系终止时，才可对共同财产进行分割，确定各自份额。因此，夫妻一方擅自将共同财产赠与他人的赠与行为应为全部无效，而非部分无效。③

婚姻关系存续期间，夫妻一方取得的铺位承租权、转租权是否属于夫妻共同财产？

答：夫妻一方的铺位承租权、转租权具有财产权的性质，可带来财产性的收益，根据租赁关系的法律特征，应认定为夫妻一方或双方的其他

---

① 载《人民司法》2004年第5期。

② 最高人民法院民事审判第一庭编：《民事审判指导与参考》2010年第3集（总第43集），法律出版社2011年版，第237页。

③ 最高人民法院民事审判第一庭编：《民事审判指导与参考》2009年第2集（总第38集），法律出版社2009年版，第315页。

共同所有财产的其他形式,也属于夫妻共同财产。在审判时,可从有利生产、方便生活、方便管理的原则进行处理。①

指定受益人为夫妻一方的保险利益是否属于夫妻共同财产?

答: 依照《中华人民共和国保险法》第二十一条第三款、第六十条第一款、第六十三条的规定:"受益人是指人身保险合同中由被保险人或者投保人指定的享有保险金请求权的人,投保人、被保险人可以为受益人"、"人身保险的受益人由被保险人或者投保人指定"、"被保险人死亡后,保险金作为被保险人的遗产,由保险人向被保险人的继承人履行给付保险金的义务"。依照上述规定和我国民法通则、婚姻法、继承法的相关规定,保险利益主要表现为保险金,保险利益具有特定的人身关系,应属于夫妻一方的个人财产,不属于夫妻共同财产。②

夫妻一方的住房公积金或住房补贴是否属于夫妻共同财产?

答: 依照国务院发布于2002年3月24日起实施的《住房公积金管理条例》的规定,住房公积金属于职工个人所有,住房公积金的所有权是限制性所有权,职工对公积金的占有、使用、收益和处分四项职能的行使受到一定程度的限制。从其性质来看,住房公积金作为一种个人积蓄、单位资助、统一管理、专项使用的住房长期储金,实际上就是平时收入的储备,一部分从个人每月工资中扣缴,另一部分是单位为个人缴存,属于工资的一部分,住房补贴也属于工资的一部分。《最高人民法院关于适用〈中华人民共和国婚姻法〉的解释(二)》第十一条规定,属于夫妻婚姻关系存续期间夫妻一方实际取得或者应当取得的住房公积金和住房补贴属于其他应当归夫妻共同所有的财产。在离婚案件中具体处理住房补贴和住房公积金问题时,首先应严格区分项取得于婚前或婚后,离婚时分割的只是婚姻关系存续期间的住房补贴和住房公积金。在具体操作上,可以先计算出双方婚姻关系期间的住房公积金、住房补贴总额再分割。因当事人离婚并不是提取住房公积金的事由,故应经过折抵后,由一方根据其拥有的公积金、住房补贴的差额给对方予以补偿。③

职工的买断工龄款能否作为夫妻共同财产?

《人民司法》研究组认为:目前,我国部分地区出现了职工买断(也有称卖断)工龄的现象,这种做法没有国家政策和法律依据,并且情形不尽一致,尚有待商榷。在有些地区,职工买断工龄款是指让尚未到退休年龄的职工提前退休;企业对该职工今后的生活一次性给付一笔钱,以后发生的任何事情与企业无关,类似于养老保险金,是对今后若干年生活的一种保障。买断工龄款与特定人身密不可分,是一种个人财产。对职工买断工龄款是否可以作为夫妻共同财产,我们认为,职工买断工龄款应作为个人财产,不得作为共同财产予以抵债,也不得在离婚时作为共同财产予以分割。④

人民法院能否处理该抵押房产?

问题: 我院在执行一起抵押贷款合同纠纷中,发现甲、乙在婚姻关系存续期间,用共同所有的一栋住房向银行抵押贷款,后甲、乙在民政部门协议离婚,约定房产归乙所有,甲负责归还这笔贷款。在执行过程中,法院查封该房时,乙提出异议,称他们离婚时已对夫妻共同财产、债权、债务作了划分,该房归她所有,法院不能处理该房,请问:人民法院能否处理该抵押房?

《人民司法》研究组认为:依照我国担保法规定,房产抵押合同一旦签订并在房产登记部门办理了抵押登记,除抵押合同无效的情形外,抵押权人对抵押物享有优先受偿权。抵押权成立后,不管抵押物的权属变动如何,除法律明确规定抵押权灭失的情形外,抵押权人均有权要求就抵押物进行变现并就其价值优先受偿。因此,本案中乙不得因为抵押物所有权权属的变动对抗抵押权,人民法院有权应抵押权人的申请处理该房产。⑤

---

① 最高人民法院民一庭本书编写组编:《民事审判实务问答》,法律出版社2005年版,第205页。
② 最高人民法院民一庭本书编写组编:《民事审判实务问答》,法律出版社2005年版,第206页。
③ 最高人民法院民一庭本书编写组编:《民事审判实务问答》,法律出版社2005年版,第206页。
④ 载《人民司法》1999年第11期。
⑤ 载《人民司法》2004年第11期。

第四十五章　对被执行人遗产的执行

中华人民共和国继承法

1985 年 4 月 10 日

第二十三条　继承开始后，知道被继承人死亡的继承人应当及时通知其他继承人和遗嘱执行人。继承人中无人知道被继承人死亡或者知道被继承人死亡而不能通知的，由被继承人生前所在单位或者住所地的居民委员会、村民委员会负责通知。

第二十四条　存有遗产的人，应当妥善保管遗产，任何人不得侵吞或者争抢。

第二十五条　继承开始后，继承人放弃继承的，应当在遗产处理前，作出放弃继承的表示。没有表示的，视为接受继承。

受遗赠人应当在知道受遗赠后两个月内，作出接受或者放弃受遗赠的表示。到期没有表示的，视为放弃受遗赠。

第二十六条　夫妻在婚姻关系存续期间所得的共同所有的财产，除有约定的以外，如果分割遗产，应当先将共同所有的财产的一半分出为配偶所有，其余的为被继承人的遗产。

遗产在家庭共有财产之中的，遗产分割时，应当先分出他人的财产。

第二十七条　有下列情形之一的，遗产中的有关部分按照法定继承办理：

（一）遗嘱继承人放弃继承或者受遗赠人放弃受遗赠的；

（二）遗嘱继承人丧失继承权的；

（三）遗嘱继承人、受遗赠人先于遗嘱人死亡的；

（四）遗嘱无效部分所涉及的遗产；

（五）遗嘱未处分的遗产。

第二十八条　遗产分割时，应当保留胎儿的继承份额。胎儿出生时是死体的，保留的份额按照法定继承办理。

第二十九条　遗产分割应当有利于生产和生活需要，不损害遗产的效用。

不宜分割的遗产，可以采取折价、适当补偿或者共有等方法处理。

第三十条　夫妻一方死亡后另一方再婚的，有权处分所继承的财产，任何人不得干涉。

第三十一条　公民可以与扶养人签订遗赠扶养协议。按照协议，扶养人承担该公民生养死葬的义务，享有受遗赠的权利。

公民可以与集体所有制组织签订遗赠扶养协议。按照协议，集体所有制组织承担该公民生养死葬的义务，享有受遗赠的权利。

第三十二条　无人继承又无人受遗赠的遗产，归国家所有；死者生前是集体所有制组织成员的，归所在集体所有制组织所有。

第三十三条　继承遗产应当清偿被继承人依法应当缴纳的税款和债务，缴纳税款和清偿债务以他的遗产实际价值为限。超过遗产实际价值部分，继承人自愿偿还的不在此限。

继承人放弃继承的，对被继承人依法应当缴纳的税款和债务可以不负偿还责任。

第三十四条　执行遗赠不得妨碍清偿遗赠人依法应当缴纳的税款和债务。

中华人民共和国民事诉讼法

2017 年 6 月 27 日

第二百三十二条　作为被执行人的公民死亡的，以其遗产偿还债务。作为被执行人的法人或者其他组织终止的，由其权利义务承受人履行义务。

最高人民法院
关于适用《中华人民共和国民事诉讼法》的解释

2015年1月30日　　法释〔2015〕5号

第四百七十五条 作为被执行人的公民死亡，其遗产继承人没有放弃继承的，人民法院可以裁定变更被执行人，由该继承人在遗产的范围内偿还债务。继承人放弃继承的，人民法院可以直接执行被执行人的遗产。

最高人民法院
印发《关于贯彻执行〈中华人民共和国继承法〉若干问题的意见》的通知

1985年9月11日　　法（民）发〔1985〕22号

44. 人民法院在审理继承案件时，如果知道有继承人而无法通知的，分割遗产时，要保留其应继承的遗产，并确定该遗产的保管人或保管单位。

45. 应当为胎儿保留的遗产份额没有保留的应从继承人所继承的遗产中扣回。

为胎儿保留的遗产份额，如胎儿出生后死亡的，由其继承人继承；如胎儿出生时就是死体的，由被继承人的继承人继承。

46. 继承人因放弃继承权，致其不能履行法定义务的，放弃继承权的行为无效。

47. 继承人放弃继承应当以书面形式向其他继承人表示。用口头方式表示放弃继承，本人承认，或有其它充分证据证明的，也应当认定其有效。

48. 在诉讼中，继承人向人民法院以口头方式表示放弃继承的，要制作笔录，由放弃继承的人签名。

49. 继承人放弃继承的意思表示，应当在继承开始后、遗产分割前作出。遗产分割后表示放弃的不再是继承权，而是所有权。

50. 遗产处理前或在诉讼进行中，继承人对放弃继承翻悔的，由人民法院根据其提出的具体理由，决定是否承认。遗产处理后，继承人对放弃继承翻悔的，不予承认。

51. 放弃继承的效力，追溯到继承开始的时间。

52. 继承开始后，继承人没有表示放弃继承，并于遗产分割前死亡的，其继承遗产的权利转移给他的合法继承人。

53. 继承开始后，受遗赠人表示接受遗赠，并于遗产分割前死亡的，其接受遗赠的权利转移给他的继承人。

54. 由国家或集体组织供给生活费用的烈属和享受社会救济的城市居民，其遗产仍应准许合法继承人继承。

55. 集体组织对"五保户"实行"五保"时，双方有扶养协议的，按协议处理；没有扶养协议，死者有遗嘱继承人或法定继承人要求继承的，按遗嘱继承或法定继承处理，但集体组织有权要求扣回"五保"费用。

56. 扶养人或集体组织与公民订有遗赠扶养协议，扶养人或集体组织无正当理由不履行，致协议解除的，不能享有受遗赠的权利，其支付的供养费用一般不予补偿；遗赠人无正当理由不履行，致协议解除的，则应偿还扶养人或集体组织已支付的供养费用。

57. 遗产因无人继承收归国家或集体组织所有时，按继承法第十四条规定可以分给遗产的人提出取得遗产的要求，人民法院应视情况适当分给遗产。

58. 人民法院在分割遗产中的房屋、生产资料和特定职业所需要的财产时，应依据有利于发挥其使用效益和继承人的实际需要，兼顾各继承人的利益进行处理。

59. 人民法院对故意隐匿、侵吞或争抢遗产的继承人，可以酌情减少其应继承的遗产。

60. 继承诉讼开始后，如继承人、受遗赠人中有既不愿参加诉讼，又不表示放弃实体权利的，应追加为共同原告；已明确表示放弃继承的，不再列为当事人。

61. 继承人中有缺乏劳动能力又没有生活来源的人，即使遗产不足清偿债务，也应为其保留适当遗产，然后再按继承法第三十三条和民事诉讼法第一百八十条的规定清偿债务。

62. 遗产已被分割而未清偿债务时，如有法定继承又有遗嘱继承和遗赠的，首先由法定继承人用其所得遗产清偿债务；不足清偿时，剩余的债务由遗嘱继承人和受遗赠人按比例用所得遗产偿还；如果只有遗嘱继承和遗赠的，由遗嘱继承人和受遗赠人按比例用所得遗产偿还。

最高人民法院
关于高原生活补助费能否作为夫妻共同财产继承的批复

1983 年 9 月 3 日　　〔1983〕民他字第 22 号

青海省高级人民法院：

你院六日十六日〔1983〕青法研字第 36 号关于退休费能否作为家庭共同财产来继承的请示报告收阅。经研究，原则上同意你院意见。即肖桂兰的住房补助费应为夫妻双方共有，属于其夫赵泰部分，可由其合法继承人继承，高原生活补助费不属共同财产，应归肖个人所有。

此复。

最高人民法院
关于产权人生前已处分的房屋死后不宜认定为遗产的批复

1987 年 6 月 24 日　　〔1987〕民他字第 31 号

贵州省高级人民法院：

你院《关于陶冶与邓秀芳财产继承一案的请示报告》收悉。据报告称，陶庭柱、陶齐氏夫妇生育一子（陶国祥）二女（陶冶，另一女早亡），陶庭柱于 1924 年死亡，遗有祖遗房屋三间。陶齐氏于 1941 年将三间房屋过户在儿子陶国祥名下并交了该房产权状。解放后该房产权仍由陶国祥登记，并管理使用达四十余年，直至 1968 年陶齐氏死亡时，双方均未提出异议，1983 年陶国祥死亡后，陶冶以房屋系父母遗产为由要求继承。一、二审判决认定陶冶无权继承此房，你院裁定将此案发回安顺地区中级法院再审，并向我院请示。

我们研究认为，此案讼争房屋虽系祖遗产，但陶齐氏已将产权状交与陶国祥，并在两次产权登记和私房改造中，均确定由陶国祥长期管理使用，陶冶在陶齐氏生前从未提出异议。据此应当认为该房产权早已转归陶国祥夫妻共有。陶国祥死后的遗产，依法应由邓秀芳及其子女继承。陶冶无权要求继承。

最高人民法院
关于保险金能否作为被保险人遗产的批复

1988 年 3 月 24 日　　〔1987〕民他字第 52 号

河北省高级人民法院：

你院冀法民〔1987〕1 号请示报告收悉。据报告称：栾城县南焦村个体三轮摩托车司机孙文兴于 1986 年 5 月 26 日运送货主张新国及其货物（锡锭）时，在京广铁路窦妪道口与火车相撞，致孙文兴、张新国双亡，三轮摩托车毁损。这次事故应由孙文兴负责。孙文兴生前在本县保险公司除投保了车损险（保险金为 3500 元）外，还投保了人身意外伤害险（保险金为 5000 元），并指定了受益人。现托运人张新国之妻梁聚芬向栾城县人民法院起诉，要求承运人孙文兴之妻郭香荣给予赔偿。

经征求有关部门的意见，现将你院请示关于人身保险金能否作为被保险人的遗产进行赔偿的问题，答复如下：

一、根据我国保险法规有关条文规定的精神，人身保险金能否列入被保险人的遗产，取决于被保险人是否指定了受益人。指定了受益人的，被保险人死亡后，其人身保险金应付给受益人；未指定受益人的，被保险人死亡后，其人身保险金应作为遗产处理，可以用来清偿债务或者赔偿。

二、财产保险与人身保险不同。财产保险不存在指定受益人的问题。因而，财产保险金属于被保险人的遗产。孙文兴投保的车损险是财产保险，属于他的遗产，可以用来清偿债务或者赔偿。

在处理本案时，应本着上述原则，适当注意保护债权人的利益，合情合理解决。

最高人民法院
关于空难死亡赔偿金能否作为遗产处理的复函

2005年3月22日　〔2004〕民一他字第26号

广东省高级人民法院：

你院粤高法民一请字〔2004〕1号《关于死亡赔偿金能否作为遗产处理的请示》收悉。经研究，答复如下：

空难死亡赔偿金是基于死者死亡对死者近亲属所支付的赔偿。获得空难死亡赔偿金的权利人是死者近亲属，而非死者。故空难死亡赔偿金不宜认定为遗产。

以上意见，供参考。

死亡赔偿金能否作为执行款？

问题：在一起债务纠纷案件中，被告婚前欠原告2.2万元货款，已经进入执行程序，执行了2000元。后来，被告与他人结婚，在婚姻关系存续4年后，一次，被告骑摩托车上山采集山产品回家的途中，被某林场在道路上设置的检查栏杆撞死，该林场与死者家属协商并给付死者家属死亡赔偿金22万元。被告死亡后，留下的遗产不足清偿欠原告的债务，且被告没有任何抚养的人和赡养的人。请问：这笔死亡赔偿金能否作为执行款给付原告？法律依据是什么？

《人民司法》研究组认为：根据最高人民法院《关于审理人身损害赔偿案件适用法律若干问题的解释》的规定，死亡赔偿金是对受害人死亡导致的财产损失的赔偿，应当以家庭整体收入的减少为标准进行计算。也就是说，死亡赔偿金是对于具有经济性同一体性质的受害人家庭未来收入损失的赔偿，其前提当然是受害人因侵权事件而死亡。从时间顺序来看，应当是死亡事件发生在先，对由此而产生的各项财产损失的损害赔偿请求在后。死亡赔偿金在内容上是对构成经济性同一体性质的受害人近亲属未来收入损失的赔偿，其法律性质为财产损害赔偿，其赔偿请求权人为具有"钱袋共同"关系的近亲属，是受害人近亲属具有人身专属性质的法定赔偿金。因此，死亡赔偿金不是遗产，不能作为遗产继承，死亡人的债权人也不能主张受害人近亲属在获死亡赔偿金的范围内清偿受害人生前所欠债务。因此，我们认为，来信提到的案件中，该笔死亡赔偿金不能作为执行款给付原告。[①]

死亡赔偿金该如何分配？

问题：法院在审理中对死亡赔偿金如何分配存在三种意见：第一种意见认为，死亡赔偿金就是死者的遗产，应由死者近亲属依照继承法的规定继承。第二种意见认为，死亡赔偿金不是死者的遗产，是侵权人对死者近亲属遭受的财产损失在一定范围内的赔偿，是死者近亲属的共同共有财产，分割时应在死者近亲属中平均分割。第三种意见认为，死亡赔偿金不是死者的遗产，是侵权人对死者近亲属遭受的财产损失在一定范围内的赔偿，是死者近亲属的共同共有财产，但分割时应综合考虑当事人与死者的亲密程度以及生活状况等因素，不一定要平均分配。请问：以上哪种观点正确？

《人民司法》研究组认为：继承法第三条规定，遗产是公民死亡时遗留的个人合法财产。死亡赔偿金在受害人死亡时尚未由其所有，故死亡赔偿金不属于遗产。

侵权责任法第十八条规定，被侵权人死亡的，其近亲属有权请求侵权人承担侵权责任，故死亡赔偿金的请求权主体是死者近亲属。按照最高人民法院《关于贯彻执行民法通则若干问题的意见》(试行) 第12条的规定，近亲属的范围是配偶、父母、子女、兄弟姐妹、祖父母、外祖父母、孙子女、外孙子女。其中的子女包括养子女，故本案中，死者的养女饶某和死者的妻子刘某对该笔死亡赔偿金均享有请求权。由于侵权责任法中的死亡赔偿金是对死者未来收入损失的赔偿，其中包含了被扶养人生活费，故分割时应考虑当事人与死者的亲密程度、是否需要死者扶养等因素。

---

① 载《人民司法》2010年第11期。

综上，我们认为你们第三种意见较为妥当。①

指定受益人为夫妻一方的保险利益是否属于夫妻共同财产？

答：依照《中华人民共和国保险法》第二十一条第三款、第六十条第一款、第六十三条的规定："受益人是指人身保险合同中由被保险人或者投保人指定的享有保险金请求权的人，投保人、被保险人可以为受益人"、"人身保险的受益人由被保险人或者投保人指定"、"被保险人死亡后，保险金作为被保险人的遗产，由保险人向被保险人的继承人履行给付保险金的义务"。依照上述规定和我国民法通则、婚姻法、继承法的相关规定，保险利益主要表现为保险金，保险利益具有特定的人身关系，应属于夫妻一方的个人财产，不属于夫妻共同财产。②

---

① 载《人民司法》2011年第23期。
② 最高人民法院民一庭编：《民事审判实务问答》，法律出版社2005年版，第206页。

第七编
参 与 分 配

第四十六章　参与分配

中华人民共和国担保法

1995 年 6 月 30 日

第一章　总　则

第一条　为促进资金融通和商品流通,保障债权的实现,发展社会主义市场经济,制定本法。

第二条　在借贷、买卖、货物运输、加工承揽等经济活动中,债权人需要以担保方式保障其债权实现的,可以依照本法规定设定担保。

本法规定的担保方式为保证、抵押、质押、留置和定金。

第三条　担保活动应当遵循平等、自愿、公平、诚实信用的原则。

第四条　第三人为债务人向债权人提供担保时,可以要求债务人提供反担保。

反担保适用本法担保的规定。

第五条　担保合同是主合同的从合同,主合同无效,担保合同无效。担保合同另有约定的,按照约定

担保合同被确认无效后,债务人、担保人、债权人有过错的,应当根据其过错各自承担相应的民事责任。

第二章　保　证

第一节　保证和保证人

第六条　本法所称保证,是指保证人和债权人约定,当债务人不履行债务时,保证人按照约定履行债务或者承担责任的行为。

第七条　具有代为清偿债务能力的法人、其他组织或者公民,可以作保证人。

第八条　国家机关不得为保证人,但经国务院批准为使用外国政府或者国际经济组织贷款进行转贷的除外。

第九条　学校、幼儿园、医院等以公益为目的的事业单位、社会团体不得为保证人。

第十条　企业法人的分支机构、职能部门不得为保证人。

企业法人的分支机构有法人书面授权的,可以在授权范围内提供保证。

第十一条　任何单位和个人不得强令银行等金融机构或者企业为他人提供保证;银行等金融机构或者企业对强令其为他人提供保证的行为,有权拒绝。

第十二条　同一债务有两个以上保证人的,保证人应当按照保证合同约定的保证份额,承担保证责任。没有约定保证份额的,保证人承担连带责任,债权人可以要求任何一个保证人承担全部保证责任,保证人都负有担保全部债权实现的义务。已经承担保证责任的保证人,有权向债务人追偿,或者要求承担连带责任的其他保证人清偿其应当承担的份额。

第二节　保证合同和保证方式

第十三条　保证人与债权人应当以书面形式订立保证合同。

第十四条　保证人与债权人可以就单个主合同分别订立保证合同,也可以协议在最高债权额限度内就一定期间连续发生的借款合同或者某项商品交易合同订立一个保证合同。

第十五条　保证合同应当包括以下内容:

(一)被保证的主债权种类、数额;

(二)债务人履行债务的期限;

(三)保证的方式;

(四)保证担保的范围;

(五)保证的期间;

(六)双方认为需要约定的其他事项。

保证合同不完全具备前款规定内容的,可以补正。

第十六条　保证的方式有:

(一)一般保证;

(二)连带责任保证。

第十七条　当事人在保证合同中约定,债务人不能履行债务时,由保证人承担保证责任

的，为一般保证。

一般保证的保证人在主合同纠纷未经审判或者仲裁，并就债务人财产依法强制执行仍不能履行债务前，对债权人可以拒绝承担保证责任。

有下列情形之一的，保证人不得行使前款规定的权利：

（一）债务人住所变更，致使债权人要求其履行债务发生重大困难的；

（二）人民法院受理债务人破产案件，中止执行程序的；

（三）保证人以书面形式放弃前款规定的权利的。

第十八条 当事人在保证合同中约定保证人与债务人对债务承担连带责任的，为连带责任保证。

连带责任保证的债务人在主合同规定的债务履行期届满没有履行债务的，债权人可以要求债务人履行债务，也可以要求保证人在其保证范围内承担保证责任。

第十九条 当事人对保证方式没有约定或者约定不明确的，按照连带责任保证承担保证责任。

第二十条 一般保证和连带责任保证的保证人享有债务人的抗辩权。债务人放弃对债务的抗辩权的，保证人仍有权抗辩。

抗辩权是指债权人行使债权时，债务人根据法定事由，对抗债权人行使请求权的权利。

第三节 保证责任

第二十一条 保证担保的范围包括主债权及利息、违约金、损害赔偿金和实现债权的费用。保证合同另有约定的，按照约定。

当事人对保证担保的范围没有约定或者约定不明确的，保证人应当对全部债务承担责任。

第二十二条 保证期间，债权人依法将主债权转让给第三人的，保证人在原保证担保的范围内继续承担保证责任。保证合同另有约定的，按照约定。

第二十三条 保证期间，债权人许可债务人转让债务的，应当取得保证人书面同意，保证人对未经其同意转让的债务，不再承担保证责任。

第二十四条 债权人与债务人协议变更主合同的，应当取得保证人书面同意，未经保证人书面同意的，保证人不再承担保证责任。保证合同另有约定的，按照约定。

第二十五条 一般保证的保证人与债权人未约定保证期间的，保证期间为主债务履行期届满之日起六个月。

在合同约定的保证期间和前款规定的保证期间，债权人未对债务人提起诉讼或者申请仲裁的，保证人免除保证责任；债权人已提起诉讼或者申请仲裁的，保证期间适用诉讼时效中断的规定。

第二十六条 连带责任保证的保证人与债权人未约定保证期间的，债权人有权自主债务履行期届满之日起六个月内要求保证人承担保证责任。

在合同约定的保证期间和前款规定的保证期间，债权人未要求保证人承担保证责任的，保证人免除保证责任。

第二十七条 保证人依照本法第十四条规定就连续发生的债权作保证，未约定保证期间的，保证人可以随时书面通知债权人终止保证合同，但保证人对于通知到债权人前所发生的债权，承担保证责任。

第二十八条 同一债权既有保证又有物的担保的，保证人对物的担保以外的债权承担保证责任。

债权人放弃物的担保的，保证人在债权人放弃权利的范围内免除保证责任。

第二十九条 企业法人的分支机构未经法人书面授权或者超出授权范围与债权人订立保证合同的，该合同无效或者超出授权范围的部分无效，债权人和企业法人有过错的，应当根据其过错各自承担相应的民事责任；债权人无过错的，由企业法人承担民事责任。

第三十条 有下列情形之一的，保证人不承担民事责任：

（一）主合同当事人双方串通，骗取保证人提供保证的；

（二）主合同债权人采取欺诈、胁迫等手段，使保证人在违背真实意思的情况下提供保证的。

第三十一条 保证人承担保证责任后，有权向债务人追偿。

第三十二条 人民法院受理债务人破产案件后，债权人未申报债权的，保证人可以参加破产财产分配，预先行使追偿权。

第三章 抵 押

第一节 抵押和抵押物

第三十三条 本法所称抵押，是指债务人或者第三人不转移对本法第三十四条所列财产的占有，将该财产作为债权的担保。债务人不履行债务时，债权人有权依照本法规定以该财产折价或者以拍卖、变卖该财产的价款优先受偿。

前款规定的债务人或者第三人为抵押人，债权人为抵押权人，提供担保的财产为抵押物。

第三十四条 下列财产可以抵押：

（一）抵押人所有的房屋和其他地上定着物；

（二）抵押人所有的机器、交通运输工具和其他财产；

（三）抵押人依法有权处分的国有的土地使用权、房屋和其他地上定着物；

（四）抵押人依法有权处分的国有的机器、交通运输工具和其他财产；

（五）抵押人依法承包并经发包方同意抵押的荒山、荒沟、荒丘、荒滩等荒地的土地使用权；

（六）依法可以抵押的其他财产。

抵押人可以将前款所列财产一并抵押。

第三十五条 抵押人所担保的债权不得超出其抵押物的价值。

财产抵押后，该财产的价值大于所担保债权的余额部分，可以再次抵押，但不得超出其余额部分。

第三十六条 以依法取得的国有土地上的房屋抵押的，该房屋占用范围内的国有土地使用权同时抵押。

以出让方式取得的国有土地使用权抵押的，应当将抵押时该国有土地上的房屋同时抵押。

乡（镇）、村企业的土地使用权不得单独抵押。以乡（镇）、村企业的厂房等建筑物抵押的，其占用范围内的土地使用权同时抵押。

第三十七条 下列财产不得抵押：

（一）土地所有权；

（二）耕地、宅基地、自留地、自留山等集体所有的土地使用权，但本法第三十四条第（五）项、第三十六条第三款规定的除外；

（三）学校、幼儿园、医院等以公益为目的的事业单位、社会团体的教育设施、医疗卫生设施和其他社会公益设施；

（四）所有权、使用权不明或者有争议的财产；

（五）依法被查封、扣押、监管的财产；

（六）依法不得抵押的其他财产。

第二节 抵押合同和抵押物登记

第三十八条 抵押人和抵押权人应当以书面形式订立抵押合同。

第三十九条 抵押合同应当包括以下内容：

（一）被担保的主债权种类、数额；

（二）债务人履行债务的期限；

（三）抵押物的名称、数量、质量、状况、所在地、所有权权属或者使用权权属；

（四）抵押担保的范围；

（五）当事人认为需要约定的其他事项。

抵押合同不完全具备前款规定内容的，可以补正。

第四十条 订立抵押合同时，抵押权人和抵押人在合同中不得约定在债务履行期届满抵押权人未受清偿时，抵押物的所有权转移为债权人所有。

第四十一条 当事人以本法第四十二条规定的财产抵押的，应当办理抵押物登记，抵押合同自登记之日起生效。

第四十二条 办理抵押物登记的部门如下：

（一）以无地上定着物的土地使用权抵押的，为核发土地使用权证书的土地管理部门；

（二）以城市房地产或者乡（镇）、村企业的厂房等建筑物抵押的，为县级以上地方人民政府规定的部门；

（三）以林木抵押的，为县级以上林木主管部门；

（四）以航空器、船舶、车辆抵押的，为运输工具的登记部门；

（五）以企业的设备和其他动产抵押的，为

财产所在地的工商行政管理部门。

第四十三条 当事人以其他财产抵押的，可以自愿办理抵押物登记，抵押合同自签订之日起生效。

当事人未办理抵押物登记的，不得对抗第三人。当事人办理抵押物登记的，登记部门为抵押人所在地的公证部门。

第四十四条 办理抵押物登记，应当向登记部门提供下列文件或者其复印件：

（一）主合同和抵押合同；

（二）抵押物的所有权或者使用权证书。

第四十五条 登记部门登记的资料，应当允许查阅、抄录或者复印。

第三节 抵押的效力

第四十六条 抵押担保的范围包括主债权及利息、违约金、损害赔偿金和实现抵押权的费用。抵押合同另有约定的，按照约定。

第四十七条 债务履行期届满，债务人不履行债务致使抵押物被人民法院依法扣押的，自扣押之日起抵押权人有权收取由抵押物分离的天然孳息以及抵押人就抵押物可以收取的法定孳息。抵押权人未将扣押抵押物的事实通知应当清偿法定孳息的义务人的，抵押权的效力不及于该孳息。

前款孳息应当先充抵收取孳息的费用。

第四十八条 抵押人将已出租的财产抵押的，应当书面告知承租人，原租赁合同继续有效。

第四十九条 抵押期间，抵押人转让已办理登记的抵押物的，应当通知抵押权人并告知受让人转让物已经抵押的情况；抵押人未通知抵押权人或者未告知受让人的，转让行为无效。

转让抵押物的价款明显低于其价值的，抵押权人可以要求抵押人提供相应的担保；抵押人不提供的，不得转让抵押物。

抵押人转让抵押物所得的价款，应当向抵押权人提前清偿所担保的债权或者向与抵押权人约定的第三人提存。超过债权数额的部分，归抵押人所有，不足部分由债务人清偿。

第五十条 抵押权不得与债权分离而单独转让或者作为其他债权的担保。

第五十一条 抵押人的行为足以使抵押物价值减少的，抵押权人有权要求抵押人停止其行为。抵押物价值减少时，抵押权人有权要求抵押人恢复抵押物的价值，或者提供与减少的价值相当的担保。

抵押人对抵押物价值减少无过错的，抵押权人只能在抵押人因损害而得到的赔偿范围内要求提供担保。抵押物价值未减少的部分，仍作为债权的担保。

第五十二条 抵押权与其担保的债权同时存在，债权消灭的，抵押权也消灭。

第四节 抵押权的实现

第五十三条 债务履行期届满抵押权人未受清偿的，可以与抵押人协议以抵押物折价或者以拍卖、变卖该抵押物所得的价款受偿；协议不成的，抵押权人可以向人民法院提起诉讼。

抵押物折价或者拍卖、变卖后，其价款超过债权数额的部分归抵押人所有，不足部分由债务人清偿。

第五十四条 同一财产向两个以上债权人抵押的，拍卖、变卖抵押物所得的价款按照以下规定清偿：

（一）抵押合同以登记生效的，按照抵押物登记的先后顺序清偿；顺序相同的，按照债权比例清偿；

（二）抵押合同自签订之日起生效的，该抵押物已登记的，按照本条第（一）项规定清偿；未登记的，按照合同生效时间的先后顺序清偿，顺序相同的，按照债权比例清偿。抵押物已登记的先于未登记的受偿。

第五十五条 城市房地产抵押合同签订后，土地上新增的房屋不属于抵押物。需要拍卖该抵押的房地产时，可以依法将该土地上新增的房屋与抵押物一同拍卖，但对拍卖新增房屋所得，抵押权人无权优先受偿。

依照本法规定以承包的荒地的土地使用权抵押的，或者以乡（镇）、村企业的厂房等建筑物占用范围内的土地使用权抵押的，在实现抵押权后，未经法定程序不得改变土地集体所有和土地用途。

第五十六条 拍卖划拨的国有土地使用权所得的价款，在依法缴纳相当于应缴纳的土地使用权出让金的款额后，抵押权人有优先受偿权。

第五十七条 为债务人抵押担保的第三人，在抵押权人实现抵押权后，有权向债务人追偿。

第五十八条 抵押权因抵押物灭失而消灭。因灭失所得的赔偿金，应当作为抵押财产。

第五节 最高额抵押

第五十九条 本法所称最高额抵押，是指抵押人与抵押权人协议，在最高债权额限度内，以抵押物对一定期间内连续发生的债权作担保。

第六十条 借款合同可以附最高额抵押合同。

债权人与债务人就某项商品在一定期间内连续发生交易而签订的合同，可以附最高额抵押合同。

第六十一条 最高额抵押的主合同债权不得转让。

第六十二条 最高额抵押除适用本节规定外，适用本章其他规定。

第四章 质 押

第一节 动产质押

第六十三条 本法所称动产质押，是指债务人或者第三人将其动产移交债权人占有，将该动产作为债权的担保。债务人不履行债务时，债权人有权依照本法规定以该动产折价或者以拍卖、变卖该动产的价款优先受偿。

前款规定的债务人或者第三人为出质人，债权人为质权人，移交的动产为质物。

第六十四条 出质人和质权人应当以书面形式订立质押合同。

质押合同自质物移交于质权人占有时生效。

第六十五条 质押合同应当包括以下内容：

（一）被担保的主债权种类、数额；

（二）债务人履行债务的期限；

（三）质物的名称、数量、质量、状况；

（四）质押担保的范围；

（五）质物移交的时间；

（六）当事人认为需要约定的其他事项。

质押合同不完全具备前款规定内容的，可以补正。

第六十六条 出质人和质权人在合同中不得约定在债务履行期届满质权人未受清偿时，质物的所有权转移为质权人所有。

第六十七条 质押担保的范围包括主债权及利息、违约金、损害赔偿金、质物保管费用和实现质权的费用。质押合同另有约定的，按照约定。

第六十八条 质权人有权收取质物所生的孳息。质押合同另有约定的，按照约定。

前款孳息应当先充抵收取孳息的费用。

第六十九条 质权人负有妥善保管质物的义务。因保管不善致使质物灭失或者毁损的，质权人应当承担民事责任。

质权人不能妥善保管质物可能致使其灭失或者毁损的，出质人可以要求质权人将质物提存，或者要求提前清偿债权而返还质物。

第七十条 质物有损坏或者价值明显减少的可能，足以危害质权人权利的，质权人可以要求出质人提供相应的担保。出质人不提供的，质权人可以拍卖或者变卖质物，并与出质人协议将拍卖或者变卖所得的价款用于提前清偿所担保的债权或者向与出质人约定的第三人提存。

第七十一条 债务履行期届满债务人履行债务的，或者出质人提前清偿所担保的债权的，质权人应当返还质物。

债务履行期届满质权人未受清偿的，可以与出质人协议以质物折价，也可以依法拍卖、变卖质物。

质物折价或者拍卖、变卖后，其价款超过债权数额的部分归出质人所有，不足部分由债务人清偿。

第七十二条 为债务人质押担保的第三人，在质权人实现质权后，有权向债务人追偿。

第七十三条 质权因质物灭失而消灭。因灭失所得的赔偿金，应当作为出质财产。

第七十四条 质权与其担保的债权同时存在，债权消灭的，质权也消灭。

第二节 权利质押

第七十五条 下列权利可以质押：

（一）汇票、支票、本票、债券、存款单、仓单、提单；

（二）依法可以转让的股份、股票；

（三）依法可以转让的商标专用权，专利权、著作权中的财产权；

（四）依法可以质押的其他权利。

第七十六条 以汇票、支票、本票、债券、存款单、仓单、提单出质的，应当在合同约定的期限内将权利凭证交付质权人。质押合同自权利凭证交付之日起生效。

第七十七条 以载明兑现或者提货日期的汇票、支票、本票、债券、存款单、仓单、提单出质的，汇票、支票、本票、债券、存款单、仓单、提单兑现或者提货日期先于债务履行期的，质权人可以在债务履行期届满前兑现或者提货，并与出质人协议将兑现的价款或者提取的货物用于提前清偿所担保的债权或者向与出质人约定的第三人提存。

第七十八条 以依法可以转让的股票出质的，出质人与质权人应当订立书面合同，并向证券登记机构办理出质登记。质押合同自登记之日起生效。

股票出质后，不得转让，但经出质人与质权人协商同意的可以转让。出质人转让股票所得的价款应当向质权人提前清偿所担保的债权或者向与质权人约定的第三人提存。

以有限责任公司的股份出质的，适用公司法股份转让的有关规定。质押合同自股份出质记载于股东名册之日起生效。

第七十九条 以依法可以转让的商标专用权，专利权、著作权中的财产权出质的，出质人与质权人应当订立书面合同，并向其管理部门办理出质登记。质押合同自登记之日起生效。

第八十条 本法第七十九条规定的权利出质后，出质人不得转让或者许可他人使用，但经出质人与质权人协商同意的可以转让或者许可他人使用。出质人所得的转让费、许可费应当向质权人提前清偿所担保的债权或者向与质权人约定的第三人提存。

第八十一条 权利质押除适用本节规定外，适用本章第一节的规定。

第五章 留 置

第八十二条 本法所称留置，是指依照本法第八十四条的规定，债权人按照合同约定占有债务人的动产，债务人不按照合同约定的期限履行债务的，债权人有权依照本法规定留置该财产，以该财产折价或者以拍卖、变卖该财产的价款优先受偿。

第八十三条 留置担保的范围包括主债权及利息、违约金、损害赔偿金、留置物保管费用和实现留置权的费用。

第八十四条 因保管合同、运输合同、加工承揽合同发生的债权，债务人不履行债务的，债权人有留置权。

法律规定可以留置的其他合同，适用前款规定。

当事人可以在合同中约定不得留置的物。

第八十五条 留置的财产为可分物的，留置物的价值应当相当于债务的金额。

第八十六条 留置权人负有妥善保管留置物的义务。因保管不善致使留置物灭失或者毁损的，留置权人应当承担民事责任。

第八十七条 债权人与债务人应当在合同中约定，债权人留置财产后，债务人应当在不少于两个月的期限内履行债务。债权人与债务人在合同中未约定的，债权人留置债务人财产后，应当确定两个月以上的期限，通知债务人在该期限内履行债务。

债务人逾期仍不履行的，债权人可以与债务人协议以留置物折价，也可以依法拍卖、变卖留置物。

留置物折价或者拍卖、变卖后，其价款超过债权数额的部分归债务人所有，不足部分由债务人清偿。

第八十八条 留置权因下列原因消灭：
（一）债权消灭的；
（二）债务人另行提供担保并被债权人接受的。

第六章 定 金

第八十九条 当事人可以约定一方向对方给付定金作为债权的担保。债务人履行债务后，定金应当抵作价款或者收回。给付定金的一方不履行约定的债务的，无权要求返还定金；收受定金的一方不履行约定的债务的，应当双倍返还定金。

第九十条 定金应当以书面形式约定。当事人在定金合同中应当约定交付定金的期限。定金合同从实际交付定金之日起生效。

第九十一条 定金的数额由当事人约定，

但不得超过主合同标的额的百分之二十。

第七章 附则

第九十二条 本法所称不动产是指土地以及房屋、林木等地上定着物。

本法所称动产是指不动产以外的物。

第九十三条 本法所称保证合同、抵押合同、质押合同、定金合同可以是单独订立的书面合同，包括当事人之间的具有担保性质的信函、传真等，也可以是主合同中的担保条款。

第九十四条 抵押物、质物、留置物折价或者变卖，应当参照市场价格。

第九十五条 海商法等法律对担保有特别规定的，依照其规定。

第九十六条 本法自1995年10月1日起施行。

中华人民共和国合同法

1999年3月15日

第二百八十六条 发包人未按照约定支付价款的，承包人可以催告发包人在合理期限内支付价款。发包人逾期不支付的，除按照建设工程的性质不宜折价、拍卖的以外，承包人可以与发包人协议将该工程折价，也可以申请人民法院将该工程依法拍卖。建设工程的价款就该工程折价或者拍卖的价款优先受偿。

中华人民共和国物权法

2007年3月16日

第十五章 一般规定

第一百七十条 担保物权人在债务人不履行到期债务或者发生当事人约定的实现担保物权的情形，依法享有就担保财产优先受偿的权利，但法律另有规定的除外。

第一百七十一条 债权人在借贷、买卖等民事活动中，为保障实现其债权，需要担保的，可以依照本法和其他法律的规定设立担保物权。

第三人为债务人向债权人提供担保的，可以要求债务人提供反担保。反担保适用本法和其他法律的规定。

第一百七十二条 设立担保物权，应当依照本法和其他法律的规定订立担保合同。担保合同是主债权债务合同的从合同。主债权债务合同无效，担保合同无效，但法律另有规定的除外。

担保合同被确认无效后，债务人、担保人、债权人有过错的，应当根据其过错各自承担相应的民事责任。

第一百七十三条 担保物权的担保范围包括主债权及其利息、违约金、损害赔偿金、保管担保财产和实现担保物权的费用。当事人另有约定的，按照约定。

第一百七十四条 担保期间，担保财产毁损、灭失或者被征收等，担保物权人可以就获得的保险金、赔偿金或者补偿金等优先受偿。被担保债权的履行期未届满的，也可以提存该保险金、赔偿金或者补偿金等。

第一百七十五条 第三人提供担保，未经其书面同意，债权人允许债务人转移全部或者部分债务的，担保人不再承担相应的担保责任。

第一百七十六条 被担保的债权既有物的担保又有人的担保的，债务人不履行到期债务或者发生当事人约定的实现担保物权的情形，债权人应当按照约定实现债权；没有约定或者约定不明确，债务人自己提供物的担保的，债权人应当先就该物的担保实现债权；第三人提供物的担保的，债权人可以就物的担保实现债权，也可以要求保证人承担保证责任。提供担保的第三人承担担保责任后，有权向债务人追偿。

第一百七十七条 有下列情形之一的，担保物权消灭：

（一）主债权消灭；

（二）担保物权实现；

（三）债权人放弃担保物权；

（四）法律规定担保物权消灭的其他情形。

第一百七十八条 担保法与本法的规定不一致的，适用本法。

第十六章　抵押权

第一节　一般抵押权

第一百七十九条　为担保债务的履行，债务人或者第三人不转移财产的占有，将该财产抵押给债权人的，债务人不履行到期债务或者发生当事人约定的实现抵押权的情形，债权人有权就该财产优先受偿。

前款规定的债务人或者第三人为抵押人，债权人为抵押权人，提供担保的财产为抵押财产。

第一百八十条　债务人或者第三人有权处分的下列财产可以抵押：

（一）建筑物和其他土地附着物；

（二）建设用地使用权；

（三）以招标、拍卖、公开协商等方式取得的荒地等土地承包经营权；

（四）生产设备、原材料、半成品、产品；

（五）正在建造的建筑物、船舶、航空器；

（六）交通运输工具；

（七）法律、行政法规未禁止抵押的其他财产。

抵押人可以将前款所列财产一并抵押。

第一百八十一条　经当事人书面协议，企业、个体工商户、农业生产经营者可以将现有的以及将有的生产设备、原材料、半成品、产品抵押，债务人不履行到期债务或者发生当事人约定的实现抵押权的情形，债权人有权就实现抵押权时的动产优先受偿。

第一百八十二条　以建筑物抵押的，该建筑物占用范围内的建设用地使用权一并抵押。以建设用地使用权抵押的，该土地上的建筑物一并抵押。

抵押人未依照前款规定一并抵押的，未抵押的财产视为一并抵押。

第一百八十三条　乡镇、村企业的建设用地使用权不得单独抵押。以乡镇、村企业的厂房等建筑物抵押的，其占用范围内的建设用地使用权一并抵押。

第一百八十四条　下列财产不得抵押：

（一）土地所有权；

（二）耕地、宅基地、自留地、自留山等集体所有的土地使用权，但法律规定可以抵押的除外；

（三）学校、幼儿园、医院等以公益为目的的事业单位、社会团体的教育设施、医疗卫生设施和其他社会公益设施；

（四）所有权、使用权不明或者有争议的财产；

（五）依法被查封、扣押、监管的财产；

（六）法律、行政法规规定不得抵押的其他财产。

第一百八十五条　设立抵押权，当事人应当采取书面形式订立抵押合同。

抵押合同一般包括下列条款：

（一）被担保债权的种类和数额；

（二）债务人履行债务的期限；

（三）抵押财产的名称、数量、质量、状况、所在地、所有权归属或者使用权归属；

（四）担保的范围。

第一百八十六条　抵押权人在债务履行期届满前，不得与抵押人约定债务人不履行到期债务时抵押财产归债权人所有。

第一百八十七条　以本法第一百八十条第一款第一项至第三项规定的财产或者第五项规定的正在建造的建筑物抵押的，应当办理抵押登记。抵押权自登记时设立。

第一百八十八条　以本法第一百八十条第一款第四项、第六项规定的财产或者第五项规定的正在建造的船舶、航空器抵押的，抵押权自抵押合同生效时设立；未经登记，不得对抗善意第三人。

第一百八十九条　企业、个体工商户、农业生产经营者以本法第一百八十一条规定的动产抵押的，应当向抵押人住所地的工商行政管理部门办理登记。抵押权自抵押合同生效时设立；未经登记，不得对抗善意第三人。

依照本法第一百八十一条规定抵押的，不得对抗正常经营活动中已支付合理价款并取得抵押财产的买受人。

第一百九十条　订立抵押合同前抵押财产已出租的，原租赁关系不受该抵押权的影响。抵押权设立后抵押财产出租的，该租赁关系不得对抗已登记的抵押权。

第一百九十一条　抵押期间，抵押人经抵押权人同意转让抵押财产的，应当将转让所得的价款向抵押权人提前清偿债务或者提存。转让的价款超过债权数额的部分归抵押人所有，不足部分由债务人清偿。

抵押期间，抵押人未经抵押权人同意，不得转让抵押财产，但受让人代为清偿债务消灭抵押权的除外。

第一百九十二条 抵押权不得与债权分离而单独转让或者作为其他债权的担保。债权转让的，担保该债权的抵押权一并转让，但法律另有规定或者当事人另有约定的除外。

第一百九十三条 抵押人的行为足以使抵押财产价值减少的，抵押权人有权要求抵押人停止其行为。抵押财产价值减少的，抵押权人有权要求恢复抵押财产的价值，或者提供与减少的价值相应的担保。抵押人不恢复抵押财产的价值也不提供担保的，抵押权人有权要求债务人提前清偿债务。

第一百九十四条 抵押权人可以放弃抵押权或者抵押权的顺位。抵押权人与抵押人可以协议变更抵押权顺位以及被担保的债权数额等内容，但抵押权的变更，未经其他抵押权人书面同意，不得对其他抵押权人产生不利影响。

债务人以自己的财产设定抵押，抵押权人放弃该抵押权、抵押权顺位或者变更抵押权的，其他担保人在抵押权人丧失优先受偿权益的范围内免除担保责任，但其他担保人承诺仍然提供担保的除外。

第一百九十五条 债务人不履行到期债务或者发生当事人约定的实现抵押权的情形，抵押权人可以与抵押人协议以抵押财产折价或者以拍卖、变卖该抵押财产所得的价款优先受偿。协议损害其他债权人利益的，其他债权人可以在知道或者应当知道撤销事由之日起一年内请求人民法院撤销该协议。

抵押权人与抵押人未就抵押权实现方式达成协议的，抵押权人可以请求人民法院拍卖、变卖抵押财产。

抵押财产折价或者变卖的，应当参照市场价格。

第一百九十六条 依照本法第一百八十一条规定设定抵押的，抵押财产自下列情形之一发生时确定：

（一）债务履行期届满，债权未实现；
（二）抵押人被宣告破产或者被撤销；
（三）当事人约定的实现抵押权的情形；
（四）严重影响债权实现的其他情形。

第一百九十七条 债务人不履行到期债务或者发生当事人约定的实现抵押权的情形，致使抵押财产被人民法院依法扣押的，自扣押之日起抵押权人有权收取该抵押财产的天然孳息或者法定孳息，但抵押权人未通知应当清偿法定孳息的义务人的除外。

前款规定的孳息应当先充抵收取孳息的费用。

第一百九十八条 抵押财产折价或者拍卖、变卖后，其价款超过债权数额的部分归抵押人所有，不足部分由债务人清偿。

第一百九十九条 同一财产向两个以上债权人抵押的，拍卖、变卖抵押财产所得的价款依照下列规定清偿：

（一）抵押权已登记的，按照登记的先后顺序清偿；顺序相同的，按照债权比例清偿；
（二）抵押权已登记的先于未登记的受偿；
（三）抵押权未登记的，按照债权比例清偿。

第二百条 建设用地使用权抵押后，该土地上新增的建筑物不属于抵押财产。该建设用地使用权实现抵押权时，应当将该土地上新增的建筑物与建设用地使用权一并处分，但新增建筑物所得的价款，抵押权人无权优先受偿。

第二百零一条 依照本法第一百八十条第一款第三项规定的土地承包经营权抵押的，或者依照本法第一百八十三条规定以乡镇、村企业的厂房等建筑物占用范围内的建设用地使用权一并抵押的，实现抵押权后，未经法定程序，不得改变土地所有权的性质和土地用途。

第二百零二条 抵押权人应当在主债权诉讼时效期间行使抵押权；未行使的，人民法院不予保护。

第二节 最高额抵押权

第二百零三条 为担保债务的履行，债务人或者第三人对一定期间内将要连续发生的债权提供担保财产的，债务人不履行到期债务或者发生当事人约定的实现抵押权的情形，抵押权人有权在最高债权额限度内就该担保财产优先受偿。

最高额抵押权设立前已经存在的债权，经当事人同意，可以转入最高额抵押担保的债权范围。

第二百零四条 最高额抵押担保的债权确定前，部分债权转让的，最高额抵押权不得转让，但当事人另有约定的除外。

第二百零五条 最高额抵押担保的债权确定前，抵押权人与抵押人可以通过协议变更债权确定的期间、债权范围以及最高债权额，但变更的内容不得对其他抵押权人产生不利影响。

第二百零六条 有下列情形之一的，抵押权人的债权确定：

（一）约定的债权确定期间届满；

（二）没有约定债权确定期间或者约定不明确，抵押权人或者抵押人自最高额抵押权设立之日起满二年后请求确定债权；

（三）新的债权不可能发生；

（四）抵押财产被查封、扣押；

（五）债务人、抵押人被宣告破产或者被撤销；

（六）法律规定债权确定的其他情形。

第二百零七条 最高额抵押权除适用本节规定外，适用本章第一节一般抵押权的规定。

第十七章 质 权

第一节 动产质权

第二百零八条 为担保债务的履行，债务人或者第三人将其动产出质给债权人占有的，债务人不履行到期债务或者发生当事人约定的实现质权的情形，债权人有权就该动产优先受偿。

前款规定的债务人或者第三人为出质人，债权人为质权人，交付的动产为质押财产。

第二百零九条 法律、行政法规禁止转让的动产不得出质。

第二百一十条 设立质权，当事人应当采取书面形式订立质权合同。

质权合同一般包括下列条款：

（一）被担保债权的种类和数额；

（二）债务人履行债务的期限；

（三）质押财产的名称、数量、质量、状况；

（四）担保的范围；

（五）质押财产交付的时间。

第二百一十一条 质权人在债务履行期届满前，不得与出质人约定债务人不履行到期债务时质押财产归债权人所有。

第二百一十二条 质权自出质人交付质押财产时设立。

第二百一十三条 质权人有权收取质押财产的孳息，但合同另有约定的除外。

前款规定的孳息应当先充抵收取孳息的费用。

第二百一十四条 质权人在质权存续期间，未经出质人同意，擅自使用、处分质押财产，给出质人造成损害的，应当承担赔偿责任。

第二百一十五条 质权人负有妥善保管质押财产的义务；因保管不善致使质押财产毁损、灭失的，应当承担赔偿责任。

质权人的行为可能使质押财产毁损、灭失的，出质人可以要求质权人将质押财产提存，或者要求提前清偿债务并返还质押财产。

第二百一十六条 因不能归责于质权人的事由可能使质押财产毁损或者价值明显减少，足以危害质权人权利的，质权人有权要求出质人提供相应的担保；出质人不提供的，质权人可以拍卖、变卖质押财产，并与出质人通过协议将拍卖、变卖所得的价款提前清偿债务或者提存。

第二百一十七条 质权人在质权存续期间，未经出质人同意转质，造成质押财产毁损、灭失的，应当向出质人承担赔偿责任。

第二百一十八条 质权人可以放弃质权。债务人以自己的财产出质，质权人放弃该质权的，其他担保人在质权人丧失优先受偿权益的范围内免除担保责任，但其他担保人承诺仍然提供担保的除外。

第二百一十九条 债务人履行债务或者出质人提前清偿所担保的债权的，质权人应当返还质押财产。

债务人不履行到期债务或者发生当事人约定的实现质权的情形，质权人可以与出质人协议以质押财产折价,也可以就拍卖、变卖质押财产所得的价款优先受偿。

质押财产折价或者变卖的,应当参照市场价格。

第二百二十条 出质人可以请求质权人在债务履行期届满后及时行使质权;质权人不行使的,出质人可以请求人民法院拍卖、变卖质押财产。

出质人请求质权人及时行使质权,因质权人怠于行使权利造成损害的,由质权人承担赔偿责任。

第二百二十一条 质押财产折价或者拍卖、变卖后,其价款超过债权数额的部分归出质人所有,不足部分由债务人清偿。

第二百二十二条 出质人与质权人可以协议设立最高额质权。

最高额质权除适用本节有关规定外,参照本法第十六章第二节最高额抵押权的规定。

第二节 权利质权

第二百二十三条 债务人或者第三人有权处分的下列权利可以出质:

(一) 汇票、支票、本票;

(二) 债券、存款单;

(三) 仓单、提单;

(四) 可以转让的基金份额、股权;

(五) 可以转让的注册商标专用权、专利权、著作权等知识产权中的财产权;

(六) 应收账款;

(七) 法律、行政法规规定可以出质的其他财产权利。

第二百二十四条 以汇票、支票、本票、债券、存款单、仓单、提单出质的,当事人应当订立书面合同。质权自权利凭证交付质权人时设立;没有权利凭证的,质权自有关部门办理出质登记时设立。

第二百二十五条 汇票、支票、本票、债券、存款单、仓单、提单的兑现日期或者提货日期先于主债权到期的,质权人可以兑现或者提货,并与出质人协议将兑现的价款或者提取的货物提前清偿债务或者提存。

第二百二十六条 以基金份额、股权出质的,当事人应当订立书面合同。以基金份额、证券登记结算机构登记的股权出质的,质权自证券登记结算机构办理出质登记时设立;以其他股权出质的,质权自工商行政管理部门办理出质登记时设立。

基金份额、股权出质后,不得转让,但经出质人与质权人协商同意的除外。出质人转让基金份额、股权所得的价款,应当向质权人提前清偿债务或者提存。

第二百二十七条 以注册商标专用权、专利权、著作权等知识产权中的财产权出质的,当事人应当订立书面合同。质权自有关主管部门办理出质登记时设立。

知识产权中的财产权出质后,出质人不得转让或者许可他人使用,但经出质人与质权人协商同意的除外。出质人转让或者许可他人使用出质的知识产权中的财产权所得的价款,应当向质权人提前清偿债务或者提存。

第二百二十八条 以应收账款出质的,当事人应当订立书面合同。质权自信贷征信机构办理出质登记时设立。

应收账款出质后,不得转让,但经出质人与质权人协商同意的除外。出质人转让应收账款所得的价款,应当向质权人提前清偿债务或者提存。

第二百二十九条 权利质权除适用本节规定外,适用本章第一节动产质权的规定。

第十八章 留置权

第二百三十条 债务人不履行到期债务,债权人可以留置已经合法占有的债务人的动产,并有权就该动产优先受偿。

前款规定的债权人为留置权人,占有的动产为留置财产。

第二百三十一条 债权人留置的动产,应当与债权属于同一法律关系,但企业之间留置的除外。

第二百三十二条 法律规定或者当事人约定不得留置的动产,不得留置。

第二百三十三条 留置财产为可分物的,留置财产的价值应当相当于债务的金额。

第二百三十四条 留置权人负有妥善保管留置财产的义务;因保管不善致使留置财产毁损、灭失的,应当承担赔偿责任。

第二百三十五条 留置权人有权收取留置财产的孳息。

前款规定的孳息应当先充抵收取孳息的费用。

第二百三十六条 留置权人与债务人应当约定留置财产后的债务履行期间；没有约定或者约定不明确的，留置权人应当给债务人两个月以上履行债务的期间，但鲜活易腐等不易保管的动产除外。债务人逾期未履行的，留置权人可以与债务人协议以留置财产折价，也可以就拍卖、变卖留置财产所得的价款优先受偿。

留置财产折价或者变卖的，应当参照市场价格。

第二百三十七条 债务人可以请求留置权人在债务履行期届满后行使留置权；留置权人不行使的，债务人可以请求人民法院拍卖、变卖留置财产。

第二百三十八条 留置财产折价或者拍卖、变卖后，其价款超过债权数额的部分归债务人所有，不足部分由债务人清偿。

第二百三十九条 同一动产上已设立抵押权或者质权，该动产又被留置的，留置权人优先受偿。

第二百四十条 留置权人对留置财产丧失占有或者留置权人接受债务人另行提供担保的，留置权消灭。

最高人民法院
关于适用《中华人民共和国民事诉讼法》的解释

2015年1月30日　　法释〔2015〕5号

第五百零八条 被执行人为公民或者其他组织，在执行程序开始后，被执行人的其他已经取得执行依据的债权人发现被执行人的财产不能清偿所有债权的，可以向人民法院申请参与分配。

对人民法院查封、扣押、冻结的财产有优先权、担保物权的债权人，可以直接申请参与分配，主张优先受偿权。

第五百零九条 申请参与分配，申请人应当提交申请书。申请书应当写明参与分配和被执行人不能清偿所有债权的事实、理由，并附有执行依据。

参与分配申请应当在执行程序开始后，被执行人的财产执行终结前提出。

第五百一十条 参与分配执行中，执行所得价款扣除执行费用，并清偿应当优先受偿的债权后，对于普通债权，原则上按照其占全部申请参与分配债权数额的比例受偿。清偿后的剩余债务，被执行人应当继续清偿。债权人发现被执行人有其他财产的，可以随时请求人民法院执行。

第五百一十一条 多个债权人对执行财产申请参与分配的，执行法院应当制作财产分配方案，并送达各债权人和被执行人。债权人或者被执行人对分配方案有异议的，应当自收到分配方案之日起十五日内向执行法院提出书面异议。

第五百一十二条 债权人或者被执行人对分配方案提出书面异议的，执行法院应当通知未提出异议的债权人、被执行人。

未提出异议的债权人、被执行人自收到通知之日起十五日内未提出反对意见的，执行法院依异议人的意见对分配方案审查修正后进行分配；提出反对意见的，应当通知异议人。异议人可以自收到通知之日起十五日内，以提出反对意见的债权人、被执行人为被告，向执行法院提起诉讼；异议人逾期未提起诉讼的，执行法院按照原分配方案进行分配。

诉讼期间进行分配的，执行法院应当提存与争议债权数额相应的款项。

第五百一十三条 在执行中，作为被执行人的企业法人符合企业破产法第二条第一款规定情形的，执行法院经申请执行人之一或者被执行人同意，应当裁定中止对该被执行人的执行，将执行案件相关材料移送被执行人住所地人民法院。

第五百一十六条 当事人不同意移送破产或者被执行人住所地人民法院不受理破产案件的，执行法院就执行变价所得财产，在扣除执行费用及清偿优先受偿的债权后，对于普通债权，按照财产保全和执行中查封、扣押、冻结财产的先后顺序清偿。

最高人民法院
关于人民法院执行工作若干问题的规定（试行）

1998年7月8日　　法释〔1998〕15号

十一、多个债权人对一个债务人申请执行和参与分配

88. 多份生效法律文书确定金钱给付内容的多个债权人分别对同一被执行人申请执行，各债权人对执行标的物均无担保物权的，按照执行法院采取执行措施的先后顺序受偿。

多个债权人的债权种类不同的，基于所有权和担保物权而享有的债权，优先于金钱债权受偿。有多个担保物权的，按照各担保物权成立的先后顺序清偿。

一份生效法律文书确定金钱给付内容的多个债权人对同一被执行人申请执行，执行的财产不足清偿全部债务的，各债权人对执行标的物均无担保物权的，按照各债权比例受偿。

89. 被执行人为企业法人，其财产不足清偿全部债务的，可告知当事人依法申请被执行人破产。

90. 被执行人为公民或其他组织，其全部或主要财产已被一个人民法院因执行确定金钱给付的生效法律文书而查封、扣押或冻结，无其他财产可供执行或其他财产不足清偿全部债务的，在被执行人的财产被执行完毕前，对该被执行人已经取得金钱债权执行依据的其他债权人可以申请对该被执行人的财产参与分配。

91. 对参与被执行人财产的具体分配，应当由首先查封、扣押或冻结的法院主持进行。

首先查封、扣押、冻结的法院所采取的执行措施如系为执行财产保全裁定，具体分配应当在该院案件审理终结后进行。

92. 债权人申请参与分配的，应当向其申请执行法院提交参与分配申请书，写明参与分配的理由，并附有执行依据。该执行法院应将参与分配申请书转交给主持分配的法院，并说明执行情况。

93. 对人民法院查封、扣押或冻结的财产有优先权、担保物权的债权人，可以申请参加参与分配程序，主张优先受偿权。

94. 参与分配案件中可供执行的财产，在对享有优先权、担保权的债权人依照法律规定的顺序优先受偿后，按照各个案件债权额的比例进行分配。

95. 被执行人的财产被分配给各债权人后，被执行人对其剩余债务应当继续清偿。债权人发现被执行人有其他财产的，人民法院可以根据债权人的申请继续依法执行。

96. 被执行人为企业法人，未经清理或清算而撤销、注销或歇业，其财产不足清偿全部债务的，应当参照本规定90条至95条的规定，对各债权人的债权按比例清偿。

最高人民法院
关于适用《中华人民共和国民事诉讼法》执行程序若干问题的解释

2008年11月3日　　法释〔2008〕13号

第二十五条　多个债权人对同一被执行人申请执行或者对执行财产申请参与分配的，执行法院应当制作财产分配方案，并送达各债权人和被执行人。债权人或者被执行人对分配方案有异议的，应当自收到分配方案之日起十五日内向执行法院提出书面异议。

第二十六条　债权人或者被执行人对分配方案提出书面异议的，执行法院应当通知未提出异议的债权人或被执行人。

未提出异议的债权人、被执行人收到通知之日起十五日内未提出反对意见的，执行法院依异议人的意见对分配方案审查修正后进行分配；提出反对意见的，应当通知异议人。异议人可以自收到通知之日起十五日内，以提出反对意见的债权人、被执行人为被告，向执行法院提起诉讼；异议人逾期未提起诉讼的，执行法院依原分配方案进行分配。

诉讼期间进行分配的,执行法院应当将与争议债权数额相应的款项予以提存。

最高人民法院
关于适用《中华人民共和国担保法》若干问题的解释

2000年12月8日　　法释〔2000〕44号

一、关于总则部分的解释

第一条 当事人对由民事关系产生的债权,在不违反法律、法规强制性规定的情况下,以担保法规定的方式设定担保的,可以认定为有效。

第二条 反担保人可以是债务人,也可以是债务人之外的其他人。

反担保方式可以是债务人提供的抵押或者质押,也可以是其他人提供的保证、抵押或者质押。

第三条 国家机关和以公益为目的的事业单位、社会团体违反法律规定提供担保的,担保合同无效。因此给债权人造成损失的,应当根据担保法第五条第二款的规定处理。

第四条 董事、经理违反《中华人民共和国公司法》第六十条的规定,以公司资产为本公司的股东或者其他个人债务提供担保的,担保合同无效。除债权人知道或者应当知道的外,债务人、担保人应当对债权人的损失承担连带赔偿责任。

第五条 以法律、法规禁止流通的财产或者不可转让的财产设定担保的,担保合同无效。

以法律、法规限制流通的财产设定担保的,在实现债权时,人民法院应当按照有关法律、法规的规定对该财产进行处理。

第六条 有下列情形之一的,对外担保合同无效:

(一)未经国家有关主管部门批准或者登记对外担保的;

(二)未经国家有关主管部门批准或者登记,为境外机构向境内债权人提供担保的;

(三)为外商投资企业注册资本、外商投资企业中的外方投资部分的对外债务提供担保的;

(四)无权经营外汇担保业务的金融机构、无外汇收入的非金融性质的企业法人提供外汇担保的;

(五)主合同变更或者债权人将对外担保合同项下的权利转让,未经担保人同意和国家有关主管部门批准的,担保人不再承担担保责任。但法律、法规另有规定的除外。

第七条 主合同有效而担保合同无效,债权人无过错的,担保人与债务人对主合同债权人的经济损失,承担连带赔偿责任;债权人、担保人有过错的,担保人承担民事责任的部分,不应超过债务人不能清偿部分的二分之一。

第八条 主合同无效而导致担保合同无效,担保人无过错的,担保人不承担民事责任;担保人有过错的,担保人承担民事责任的部分,不应超过债务人不能清偿部分的三分之一。

第九条 担保人因无效担保合同向债权人承担赔偿责任后,可以向债务人追偿,或者在承担赔偿责任的范围内,要求有过错的反担保人承担赔偿责任。

担保人可以根据承担赔偿责任的事实对债务人或者反担保人另行提起诉讼。

第十条 主合同解除后,担保人对债务人应当承担的民事责任仍应承担担保责任。但是,担保合同另有约定的除外。

第十一条 法人或者其他组织的法定代表人、负责人超越权限订立的担保合同,除相对人知道或者应当知道其超越权限的以外,该代表行为有效。

第十二条 当事人约定的或者登记部门要求登记的担保期间,对担保物权的存续不具有法律约束力。

担保物权所担保的债权的诉讼时效结束后,担保权人在诉讼时效结束后的二年内行使担保物权的,人民法院应当予以支持。

二、关于保证部分的解释

第十三条 保证合同中约定保证人代为履行非金钱债务的,如果保证人不能实际代为履行,对债权人因此造成的损失,保证人应当承担赔偿责任。

第十四条 不具有完全代偿能力的法人、

其他组织或者自然人，以保证人身份订立保证合同后，又以自己没有代偿能力要求免除保证责任的，人民法院不予支持。

第十五条　担保法第七条规定的其他组织主要包括：

（一）依法登记领取营业执照的独资企业、合伙企业；

（二）依法登记领取营业执照的联营企业；

（三）依法登记领取营业执照的中外合作经营企业；

（四）经民政部门核准登记的社会团体；

（五）经核准登记领取营业执照的乡镇、街道、村办企业。

第十六条　从事经营活动的事业单位、社会团体为保证人的，如无其他导致保证合同无效的情况，其所签订的保证合同应当认定为有效。

第十七条　企业法人的分支机构未经法人书面授权提供保证的，保证合同无效。因此给债权人造成损失的，应当根据担保法第五条第二款的规定处理。

企业法人的分支机构经法人书面授权提供保证的，如果法人的书面授权范围不明，法人的分支机构应当对保证合同约定的全部债务承担保证责任。

企业法人的分支机构经营管理的财产不足以承担保证责任的，由企业法人承担民事责任。

企业法人的分支机构提供的保证无效后应当承担赔偿责任的，由分支机构经营管理的财产承担。企业法人有过错的，按照担保法第二十九条的规定处理。

第十八条　企业法人的职能部门提供保证的，保证合同无效。债权人知道或者应当知道保证人为企业法人的职能部门的，因此造成的损失由债权人自行承担。

债权人不知保证人为企业法人的职能部门，因此造成的损失，可以参照担保法第五条第二款的规定和第二十九条的规定处理。

第十九条　两个以上保证人对同一债务同时或者分别提供保证时，各保证人与债权人没有约定保证份额的，应当认定为连带共同保证。

连带共同保证的保证人以其相互之间约定各自承担的份额对抗债权人的，人民法院不予支持。

第二十条　连带共同保证的债务人在主合同规定的债务履行期届满没有履行债务的，债权人可以要求债务人履行债务，也可以要求任何一个保证人承担全部保证责任。

连带共同保证的保证人承担保证责任后，向债务人不能追偿的部分，由各连带保证人按其内部约定的比例分担。没有约定的，平均分担。

第二十一条　按份共同保证的保证人按照保证合同约定的保证份额承担保证责任后，在其履行保证责任的范围内对债务人行使追偿权。

第二十二条　第三人单方以书面形式向债权人出具担保书，债权人接受且未提出异议的，保证合同成立。

主合同中虽然没有保证条款，但是，保证人在主合同上以保证人的身份签字或者盖章的，保证合同成立。

第二十三条　最高额保证合同的不特定债权确定后，保证人应当对在最高债权额限度内就一定期间连续发生的债权余额承担保证责任。

第二十四条　一般保证的保证人在主债权履行期间届满后，向债权人提供了债务人可供执行财产的真实情况的，债权人放弃或者怠于行使权利致使该财产不能被执行，保证人可以请求人民法院在其提供可供执行财产的实际价值范围内免除保证责任。

第二十五条　担保法第十七条第三款第（一）项规定的债权人要求债务人履行债务发生的重大困难情形，包括债务人下落不明、移居境外，且无财产可供执行。

第二十六条　第三人向债权人保证监督支付专款专用的，在履行了监督支付专款专用的义务后，不再承担责任。未尽监督义务造成资金流失的，应当对流失的资金承担补充赔偿责任。

第二十七条　保证人对债务人的注册资金提供保证的，债务人的实际投资与注册资金不符，或者抽逃转移注册资金的，保证人在注册资金不足或者抽逃转移注册资金的范围内承担连带保证责任。

第二十八条　保证期间，债权人依法将主债权转让给第三人的，保证债权同时转让，保证人在原保证担保的范围内对受让人承担保证责任。但是保证人与债权人事先约定仅对特定的债权人承担保证责任或者禁止债权转让的，保证人不再承担保证责任。

第二十九条　保证期间，债权人许可债务人转让部分债务未经保证人书面同意的，保证人对未经其同意转让部分的债务，不再承担保证责任。但是，保证人仍应当对未转让部分的债务承担保证责任。

第三十条　保证期间，债权人与债务人对主合同数量、价款、币种、利率等内容作了变动，未经保证人同意的，如果减轻债务人的债务的，保证人仍应当对变更后的合同承担保证责任；如果加重债务人的债务的，保证人对加重的部分不承担保证责任。

债权人与债务人对主合同履行期限作了变动，未经保证人书面同意的，保证期间为原合同约定的或者法律规定的期间。

债权人与债务人协议变动主合同内容，但并未实际履行的，保证人仍应当承担保证责任。

第三十一条　保证期间不因任何事由发生中断、中止、延长的法律后果。

第三十二条　保证合同约定的保证期间早于或者等于主债务履行期限的，视为没有约定，保证期间为主债务履行期届满之日起六个月。

保证合同约定保证人承担保证责任直至主债务本息还清时为止等类似内容的，视为约定不明，保证期间为主债务履行期届满之日起二年。

第三十三条　主合同对主债务履行期限没有约定或者约定不明的，保证期间自债权人要求债务人履行义务的宽限期届满之日起计算。

第三十四条　一般保证的债权人在保证期间届满前对债务人提起诉讼或者申请仲裁的，从判决或者仲裁裁决生效之日起，开始计算保证合同的诉讼时效。

连带责任保证的债权人在保证期间届满前要求保证人承担保证责任的，从债权人要求保证人承担保证责任之日起，开始计算保证合同的诉讼时效。

第三十五条　保证人对已经超过诉讼时效期间的债务承担保证责任或者提供保证的，又以超过诉讼时效为由抗辩的，人民法院不予支持。

第三十六条　一般保证中，主债务诉讼时效中断，保证债务诉讼时效中断；连带责任保证中，主债务诉讼时效中断，保证债务诉讼时效不中断。

一般保证和连带责任保证中，主债务诉讼时效中止的，保证债务的诉讼时效同时中止。

第三十七条　最高额保证合同对保证期间没有约定或者约定不明的，如最高额保证合同约定有保证人清偿债务期限的，保证期间为清偿期限届满之日起六个月。没有约定债务清偿期限的，保证期间自最高额保证终止之日或自债权人收到保证人终止保证合同的书面通知到达之日起六个月。

第三十八条　同一债权既有保证又有第三人提供物的担保的，债权人可以请求保证人或者物的担保人承担担保责任。当事人对保证担保的范围或者物的担保的范围没有约定或者约定不明的，承担了担保责任的担保人，可以向债务人追偿，也可以要求其他担保人清偿其应当分担的份额。

同一债权既有保证又有物的担保的，物的担保合同被确认无效或者被撤销，或者担保物因不可抗力的原因灭失而没有代位物的，保证人仍应当按合同的约定或者法律的规定承担保证责任。

债权人在主合同履行期届满后怠于行使担保物权，致使担保物的价值减少或者毁损、灭失的，视为债权人放弃部分或者全部物的担保。保证人在债权人放弃权利的范围内减轻或者免除保证责任。

第三十九条　主合同当事人双方协议以新贷偿还旧贷，除保证人知道或者应当知道的外，保证人不承担民事责任。

新贷与旧贷系同一保证人的，不适用前款的规定。

第四十条　主合同债务人采取欺诈、胁迫等手段，使保证人在违背真实意思的情况下提供保证的，债权人知道或者应当知道欺诈、胁迫事实的,按照担保法第三十条的规定处理。

第四十一条 债务人与保证人共同欺骗债权人,订立主合同和保证合同的,债权人可以请求人民法院予以撤销。因此给债权人造成损失的,由保证人与债务人承担连带赔偿责任。

第四十二条 人民法院判决保证人承担保证责任或者赔偿责任的,应当在判决书主文中明确保证人享有担保法第三十一条规定的权利。判决书中未予明确追偿权的,保证人只能按照承担责任的事实,另行提起诉讼。

保证人对债务人行使追偿权的诉讼时效,自保证人向债权人承担责任之日起开始计算。

第四十三条 保证人自行履行保证责任时,其实际清偿额大于主债权范围的,保证人只能在主债权范围内对债务人行使追偿权。

第四十四条 保证期间,人民法院受理债务人破产案件的,债权人既可以向人民法院申报债权,也可以向保证人主张权利。

债权人申报债权后在破产程序中未受清偿的部分,保证人仍应当承担保证责任。债权人要求保证人承担保证责任的,应当在破产程序终结后六个月内提出。

第四十五条 债权人知道或者应当知道债务人破产,既未申报债权也未通知保证人,致使保证人不能预先行使追偿权的,保证人在该债权在破产程序中可能受偿的范围内免除保证责任。

第四十六条 人民法院受理债务人破产案件后,债权人未申报债权的,各连带共同保证的保证人应当作为一个主体申报债权,预先行使追偿权。

三、关于抵押部分的解释

第四十七条 以依法获准尚未建造的或者正在建造中的房屋或者其他建筑物抵押的,当事人办理了抵押物登记,人民法院可以认定抵押有效。

第四十八条 以法定程序确认为违法、违章的建筑物抵押的,抵押无效。

第四十九条 以尚未办理权属证书的财产抵押的,在第一审法庭辩论终结前能够提供权利证书或者补办登记手续的,可以认定抵押有效。

当事人未办理抵押物登记手续的,不得对抗第三人。

第五十条 以担保法第三十四条第一款所列财产一并抵押的,抵押财产的范围应当以登记的财产为准。抵押财产的价值在抵押权实现时予以确定。

第五十一条 抵押人所担保的债权超出其抵押物价值的,超出的部分不具有优先受偿的效力。

第五十二条 当事人以农作物和与其尚未分离的土地使用权同时抵押的,土地使用权部分的抵押无效。

第五十三条 学校、幼儿园、医院等以公益为目的的事业单位、社会团体,以其教育设施、医疗卫生设施和其他社会公益设施以外的财产为自身债务设定抵押的,人民法院可以认定抵押有效。

第五十四条 按份共有人以其共有财产中享有的份额设定抵押的,抵押有效。

共同共有人以其共有财产设定抵押,未经其他共有人的同意,抵押无效。但是,其他共有人知道或者应当知道而未提出异议的视为同意,抵押有效。

第五十五条 已经设定抵押的财产被采取查封、扣押等财产保全或者执行措施的,不影响抵押权的效力。

第五十六条 抵押合同对被担保的主债权种类、抵押财产没有约定或者约定不明,根据主合同和抵押合同不能补正或者无法推定的,抵押不成立。

法律规定登记生效的抵押合同签订后,抵押人违背诚实信用原则拒绝办理抵押登记致使债权人受到损失的,抵押人应当承担赔偿责任。

第五十七条 当事人在抵押合同中约定,债务履行期届满抵押权人未受清偿时,抵押物的所有权转移为债权人所有的内容无效。该内容的无效不影响抵押合同其他部分内容的效力。

债务履行期届满后抵押权人未受清偿时,抵押权人和抵押人可以协议以抵押物折价取得抵押物。但是,损害顺序在后的担保物权人和其他债权人利益的,人民法院可以适用合同法第七十四条、第七十五条的有关规定。

第五十八条　当事人同一天在不同的法定登记部门办理抵押物登记的，视为顺序相同。

因登记部门的原因致使抵押物进行连续登记的，抵押物第一次登记的日期，视为抵押登记的日期，并依此确定抵押权的顺序。

第五十九条　当事人办理抵押物登记手续时，因登记部门的原因致使其无法办理抵押物登记，抵押人向债权人交付权利凭证的，可以认定债权人对该财产有优先受偿权。但是，未办理抵押物登记的，不得对抗第三人。

第六十条　以担保法第四十二条第（二）项规定的不动产抵押的，县级以上地方人民政府对登记部门未作规定，当事人在土地管理部门或者房产管理部门办理了抵押物登记手续，人民法院可以确认其登记的效力。

第六十一条　抵押物登记记载的内容与抵押合同约定的内容不一致的，以登记记载的内容为准。

第六十二条　抵押物因附合、混合或者加工使抵押物的所有权为第三人所有的，抵押权的效力及于补偿金；抵押物所有人为附合物、混合物或者加工物的所有人的，抵押权的效力及于附合物、混合物或者加工物；第三人与抵押物所有人为附合物、混合物或者加工物的共有人的，抵押权的效力及于抵押人对共有物享有的份额。

第六十三条　抵押权设定前为抵押物的从物的，抵押权的效力及于抵押物的从物。但是，抵押物与其从物为两个以上的人分别所有时，抵押权的效力不及于抵押物的从物。

第六十四条　债务履行期届满，债务人不履行债务致使抵押物被人民法院依法扣押的，自扣押之日起抵押权人收取的由抵押物分离的天然孳息和法定孳息，按照下列顺序清偿：

（一）收取孳息的费用；

（二）主债权的利息；

（三）主债权。

第六十五条　抵押人将已出租的财产抵押的，抵押权实现后，租赁合同在有效期内对抵押物的受让人继续有效。

第六十六条　抵押人将已抵押的财产出租的，抵押权实现后，租赁合同对受让人不具有约束力。

抵押人将已抵押的财产出租时，如果抵押人未书面告知承租人该财产已抵押的，抵押人对出租抵押物造成承租人的损失承担赔偿责任；如果抵押人已书面告知承租人该财产已抵押的，抵押权实现造成承租人的损失，由承租人自己承担。

第六十七条　抵押权存续期间，抵押人转让抵押物未通知抵押权人或者未告知受让人的，如果抵押物已经登记的，抵押权人仍可以行使抵押权；取得抵押物所有权的受让人，可以代替债务人清偿其全部债务，使抵押权消灭。受让人清偿债务后可以向抵押人追偿。

如果抵押物未经登记的，抵押权不得对抗受让人，因此给抵押权人造成损失的，由抵押人承担赔偿责任。

第六十八条　抵押物依法被继承或者赠与的，抵押权不受影响。

第六十九条　债务人有多个普通债权人的，在清偿债务时，债务人与其中一个债权人恶意串通，将其全部或者部分财产抵押给该债权人，因此丧失了履行其他债务的能力，损害了其他债权人的合法权益，受损害的其他债权人可以请求人民法院撤销该抵押行为。

第七十条　抵押人的行为足以使抵押物价值减少的，抵押权人请求抵押人恢复原状或提供担保遭到拒绝时，抵押权人可以请求债务人履行债务，也可以请求提前行使抵押权。

第七十一条　主债权未受全部清偿的，抵押权人可以就抵押物的全部行使其抵押权。

抵押物被分割或者部分转让的，抵押权人可以就分割或者转让后的抵押物行使抵押权。

第七十二条　主债权被分割或者部分转让的，各债权人可以就其享有的债权份额行使抵押权。

主债务被分割或者部分转让的，抵押人仍以其抵押物担保数个债务人履行债务。但是，第三人提供抵押的，债权人许可债务人转让债务未经抵押人书面同意的，抵押人对未经其同意转让的债务，不再承担担保责任。

第七十三条　抵押物折价或者拍卖、变卖该抵押物的价款低于抵押权设定时约定价值的，应当按照抵押物实现的价值进行清偿。不足清偿的剩余部分，由债务人清偿。

第七十四条 抵押物折价或者拍卖、变卖所得的价款，当事人没有约定的，按下列顺序清偿：

（一）实现抵押权的费用；

（二）主债权的利息；

（三）主债权。

第七十五条 同一债权有两个以上抵押人的，债权人放弃债务人提供的抵押担保的，其他抵押人可以请求人民法院减轻或者免除其应当承担的担保责任。

同一债权有两个以上抵押人的，当事人对其提供的抵押财产所担保的债权份额或者顺序没有约定或者约定不明的，抵押权人可以就其中任一或者各个财产行使抵押权。

抵押人承担担保责任后，可以向债务人追偿，也可以要求其他抵押人清偿其应当承担的份额。

第七十六条 同一动产向两个以上债权人抵押的，当事人未办理抵押物登记，实现抵押权时，各抵押权人按照债权比例受偿。

第七十七条 同一财产向两个以上债权人抵押的，顺序在先的抵押权与该财产的所有权归属一人时，该财产的所有权人可以以其抵押权对抗顺序在后的抵押权。

第七十八条 同一财产向两个以上债权人抵押的，顺序在后的抵押权所担保的债权先到期的，抵押权人只能就抵押物价值超出顺序在先的抵押担保债权的部分受偿。

顺序在先的抵押权所担保的债权先到期的，抵押权实现后的剩余价款应予提存，留待清偿顺序在后的抵押担保债权。

第七十九条 同一财产法定登记的抵押权与质权并存时，抵押权人优先于质权人受偿。

同一财产抵押权与留置权并存时，留置权人优先于抵押权人受偿。

第八十条 在抵押物灭失、毁损或者被征用的情况下，抵押权人可以就该抵押物的保险金、赔偿金或者补偿金优先受偿。

抵押物灭失、毁损或者被征用的情况下，抵押权所担保的债权未届清偿期的，抵押权人可以请求人民法院对保险金、赔偿金或补偿金等采取保全措施。

第八十一条 最高额抵押权所担保的债权范围，不包括抵押物因财产保全或者执行程序被查封后或债务人、抵押人破产后发生的债权。

第八十二条 当事人对最高额抵押合同的最高限额、最高额抵押期间进行变更，以其变更对抗顺序在后的抵押权人的，人民法院不予支持。

第八十三条 最高额抵押权所担保的不特定债权，在特定后，债权已届清偿期的，最高额抵押权人可以根据普通抵押权的规定行使其抵押权。

抵押权人实现最高额抵押权时，如果实际发生的债权余额高于最高限额的，以最高限额为限，超过部分不具有优先受偿的效力；如果实际发生的债权余额低于最高限额的，以实际发生的债权余额为限对抵押物优先受偿。

四、关于质押部分的解释

（一）动产质押

第八十四条 出质人以其不具有所有权但合法占有的动产出质的，不知出质人无处分权的质权人行使质权后，因此给动产所有人造成损失的，由出质人承担赔偿责任。

第八十五条 债务人或者第三人将其金钱以特户、封金、保证金等形式特定化后，移交债权人占有作为债权的担保，债务人不履行债务时，债权人可以以该金钱优先受偿。

第八十六条 债务人或者第三人未按质押合同约定的时间移交质物的，因此给质权人造成损失的，出质人应当根据其过错承担赔偿责任。

第八十七条 出质人代质权人占有质物的，质押合同不生效；质权人将质物返还于出质人后，以其质权对抗第三人的，人民法院不予支持。

因不可归责于质权人的事由而丧失对质物的占有，质权人可以向不当占有人请求停止侵害、恢复原状、返还质物。

第八十八条 出质人以间接占有的财产出质的，质押合同自书面通知送达占有人时视为移交。占有人收到出质通知后，仍接受出质人的指示处分出质财产的,该行为无效。

第八十九条 质押合同中对质押的财产约定不明,或者约定的出质财产与实际移交的财产不一致的,以实际交付占有的财产为准。

第九十条 质物有隐蔽瑕疵造成质权人其他财产损害的,应由出质人承担赔偿责任。但是,质权人在质物移交时明知质物有瑕疵而予以接受的除外。

第九十一条 动产质权的效力及于质物的从物。但是,从物未随同质物移交质权人占有的,质权的效力不及于从物。

第九十二条 按照担保法第六十九条的规定将质物提存的,质物提存费用由质权人负担;出质人提前清偿债权的,应当扣除未到期部分的利息。

第九十三条 质权人在质权存续期间,未经出质人同意,擅自使用、出租、处分质物,因此给出质人造成损失的,由质权人承担赔偿责任。

第九十四条 质权人在质权存续期间,为担保自己的债务,经出质人同意,以其所占有的质物为第三人设定质权的,应当在原质权所担保的债权范围之内,超过的部分不具有优先受偿的效力。转质权的效力优于原质权。

质权人在质权存续期间,未经出质人同意,为担保自己的债务,在其所占有的质物上为第三人设定质权的无效。质权人对因转质而发生的损害承担赔偿责任。

第九十五条 债务履行期届满质权人未受清偿的,质权人可以继续留置质物,并以质物的全部行使权利。出质人清偿所担保的债权后,质权人应当返还质物。

债务履行期届满,出质人请求质权人及时行使权利,而质权人怠于行使权利致使质物价格下跌,由此造成的损失,质权人应当承担赔偿责任。

第九十六条 本解释第五十七条、第六十二条、第六十四条、第七十一条、第七十二条、第七十三条、第七十四条、第八十条之规定,适用于动产质押。

(二)权利质押

第九十七条 以公路桥梁、公路隧道或者公路渡口等不动产收益权出质的,按照担保法第七十五条第(四)项的规定处理。

第九十八条 以汇票、支票、本票出质,出质人与质权人没有背书记载"质押"字样,以票据出质对抗善意第三人的,人民法院不予支持。

第九十九条 以公司债券出质的,出质人与质权人没有背书记载"质押"字样,以债券出质对抗公司和第三人的,人民法院不予支持。

第一百条 以存款单出质的,签发银行核押后又受理挂失并造成存款流失的,应当承担民事责任。

第一百零一条 以票据、债券、存款单、仓单、提单出质的,质权人再转让或者质押的无效。

第一百零二条 以载明兑现或者提货日期的汇票、支票、本票、债券、存款单、仓单、提单出质的,其兑现或者提货日期后于债务履行期的,质权人只能在兑现或者提货日期届满时兑现款项或者提取货物。

第一百零三条 以股份有限公司的股份出质的,适用《中华人民共和国公司法》有关股份转让的规定。

以上市公司的股份出质的,质押合同自股份出质向证券登记机构办理出质登记之日起生效。

以非上市公司的股份出质的,质押合同自股份出质记载于股东名册之日起生效。

第一百零四条 以依法可以转让的股份、股票出质的,质权的效力及于股份、股票的法定孳息。

第一百零五条 以依法可以转让的商标专用权,专利权、著作权中的财产权出质的,出质人未经质权人同意而转让或者许可他人使用已出质权利的,应当认定为无效。因此给质权人或者第三人造成损失的,由出质人承担民事责任。

第一百零六条 质权人向出质人、出质债权的债务人行使质权时,出质人、出质债权的债务人拒绝的,质权人可以起诉出质人和出质债权的债务人,也可以单独起诉出质债权的债务人。

五、关于留置部分的解释

第一百零七条 当事人在合同中约定排除留置权,债务履行期届满,债权人行使留置权的,人民法院不予支持。

第一百零八条 债权人合法占有债务人交付的动产时,不知债务人无处分该动产的权利,债权人可以按照担保法第八十二条的规定行使留置权。

第一百零九条 债权人的债权已届清偿期,债权人对动产的占有与其债权的发生有牵连关系,债权人可以留置其所占有的动产。

第一百一十条 留置权人在债权未受全部清偿前,留置物为不可分物的,留置权人可以就其留置物的全部行使留置权。

第一百一十一条 债权人行使留置权与其承担的义务或者合同的特殊约定相抵触的,人民法院不予支持。

第一百一十二条 债权人的债权未届清偿期,其交付占有标的物的义务已届履行期的,不能行使留置权。但是,债权人能够证明债务人无支付能力的除外。

第一百一十三条 债权人未按担保法第八十七条规定的期限通知债务人履行义务,直接变价处分留置物的,应当对此造成的损失承担赔偿责任。债权人与债务人按照担保法第八十七条的规定在合同中约定宽限期的,债权人可以不经通知,直接行使留置权。

第一百一十四条 本解释第六十四条、第八十条、第八十七条、第九十一条、第九十三条的规定,适用于留置。

六、关于定金部分的解释

第一百一十五条 当事人约定以交付定金作为订立主合同担保的,给付定金的一方拒绝订立主合同的,无权要求返还定金;收受定金的一方拒绝订立合同的,应当双倍返还定金。

第一百一十六条 当事人约定以交付定金作为主合同成立或者生效要件的,给付定金的一方未支付定金,但主合同已经履行或者已经履行主要部分的,不影响主合同的成立或者生效。

第一百一十七条 定金交付后,交付定金的一方可以按照合同的约定以丧失定金为代价而解除主合同,收受定金的一方可以双倍返还定金为代价而解除主合同。对解除主合同后责任的处理,适用《中华人民共和国合同法》的规定。

第一百一十八条 当事人交付留置金、担保金、保证金、订约金、押金或者订金等,但没有约定定金性质的,当事人主张定金权利的,人民法院不予支持。

第一百一十九条 实际交付的定金数额多于或者少于约定数额,视为变更定金合同;收受定金一方提出异议并拒绝接受定金的,定金合同不生效。

第一百二十条 因当事人一方迟延履行或者其他违约行为,致使合同目的不能实现,可以适用定金罚则。但法律另有规定或者当事人另有约定的除外。

当事人一方不完全履行合同的,应当按照未履行部分所占合同约定内容的比例,适用定金罚则。

第一百二十一条 当事人约定的定金数额超过主合同标的额百分之二十的,超过的部分,人民法院不予支持。

第一百二十二条 因不可抗力、意外事件致使主合同不能履行的,不适用定金罚则。因合同关系以外第三人的过错,致使主合同不能履行的,适用定金罚则。受定金处罚的一方当事人,可以依法向第三人追偿。

七、关于其他问题的解释

第一百二十三条 同一债权上数个担保物权并存时,债权人放弃债务人提供的物的担保的,其他担保人在其放弃权利的范围内减轻或者免除担保责任。

第一百二十四条 企业法人的分支机构为他人提供保证的,人民法院在审理保证纠纷案件中可以将该企业法人作为共同被告参加诉讼。但是商业银行、保险公司的分支机构提供保证的除外。

第一百二十五条 一般保证的债权人向债务人和保证人一并提起诉讼的,人民法院可以将债务人和保证人列为共同被告参加诉讼。但是,应当在判决书中明确在对债务人财产依法强制执行后仍不能履行债务时,由保证人承担保证责任。

第一百二十六条 连带责任保证的债权人可以将债务人或者保证人作为被告提起诉讼，也可以将债务人和保证人作为共同被告提起诉讼。

第一百二十七条 债务人对债权人提起诉讼，债权人提起反诉的，保证人可以作为第三人参加诉讼。

第一百二十八条 债权人向人民法院请求行使担保物权时，债务人和担保人应当作为共同被告参加诉讼。

同一债权既有保证又有物的担保的，当事人发生纠纷提起诉讼的，债务人与保证人、抵押人或者出质人可以作为共同被告参加诉讼。

第一百二十九条 主合同和担保合同发生纠纷提起诉讼的，应当根据主合同确定案件管辖。担保人承担连带责任的担保合同发生纠纷，债权人向担保人主张权利的，应当由担保人住所地的法院管辖。

主合同和担保合同选择管辖的法院不一致的，应当根据主合同确定案件管辖。

第一百三十条 在主合同纠纷案件中，对担保合同未经审判，人民法院不应当依据对主合同当事人所作出的判决或者裁定，直接执行担保人的财产。

第一百三十一条 本解释所称"不能清偿"指对债务人的存款、现金、有价证券、成品、半成品、原材料、交通工具等可以执行的动产和其他方便执行的财产执行完毕后，债务仍未能得到清偿的状态。

第一百三十二条 在案件审理或者执行程序中，当事人提供财产担保的，人民法院应当对该财产的权属证书予以扣押，同时向有关部门发出协助执行通知书，要求其在规定的时间内不予办理担保财产的转移手续。

第一百三十三条 担保法施行以前发生的担保行为，适用担保行为发生时的法律法规和有关司法解释。

担保法施行以后因担保行为发生的纠纷案件，在本解释公布施行前已经终审，当事人申请再审或者按审判监督程序决定再审的，不适用本解释。

担保法施行以后因担保行为发生的纠纷案件，在本解释公布施行后尚在一审或二审阶段的，适用担保法和本解释。

第一百三十四条 最高人民法院在担保法施行以前作出的有关担保问题的司法解释，与担保法和本解释相抵触的，不再适用。

最高人民法院
关于建设工程价款优先受偿权问题的批复

2002年6月20日　　法释〔2002〕16号

上海市高级人民法院：

你院沪高法〔2001〕14号《关于合同法第286条理解与适用问题的请示》收悉。经研究，答复如下：

一、人民法院在审理房地产纠纷案件和办理执行案件中，应当依照《中华人民共和国合同法》第二百八十六条的规定，认定建筑工程的承包人的优先受偿权优于抵押权和其他债权。

二、消费者交付购买商品房的全部或者大部分款项后，承包人就该商品房享有的工程价款优先受偿权不得对抗买受人。

三、建筑工程价款包括承包人为建设工程应当支付的工作人员报酬、材料款等实际支出的费用，不包括承包人因发包人违约所造成的损失。

四、建设工程承包人行使优先权的期限为六个月，自建设工程竣工之日或者建设工程合同约定的竣工之日起计算。

五、本批复第一条至第三条自公布之日起施行，第四条自公布之日起六个月后施行。

此复。

最高人民法院
关于刑事裁判涉财产部分执行的若干规定

2014年10月30日　　法释〔2014〕13号

第十三条 被执行人在执行中同时承担刑

事责任、民事责任，其财产不足以支付的，按照下列顺序执行：

（一）人身损害赔偿中的医疗费用；
（二）退赔被害人的损失；
（三）其他民事债务；
（四）罚金；
（五）没收财产。

债权人对执行标的依法享有优先受偿权，其主张优先受偿的，人民法院应当在前款第（一）项规定的医疗费用受偿后，予以支持。

最高人民法院
关于修改《民事案件案由规定》的决定

2011年2月18日　　法〔2011〕41号

根据《中华人民共和国民法通则》、《中华人民共和国物权法》、《中华人民共和国合同法》、《中华人民共和国侵权责任法》和《中华人民共和国民事诉讼法》等法律规定，结合人民法院民事审判工作实际情况，对2008年2月4日制发的《民事案件案由规定》作如下修改：

8. 增加"四十三、执行异议之诉"。

三、修改第三级案由113个：

29. 在第二级案由"四十三、执行异议之诉"项下增加"422、案外人执行异议之诉"、"423、申请执行人执行异议之诉"、"424、执行分配方案异议之诉"。

最高人民法院执行工作办公室
关于执行案件中所涉房产在另案中已取得执行依据并有抵押权的债权人主张优先受偿的情况下能否分割执行的问题

2001年4月30日　〔2001〕执他字第6号

湖北省高级人民法院：

你院〔2000〕鄂执呈字第60号请示报告收悉。经研究，现答复如下：

关于你院执行最高人民法院〔1996〕经终字第270号民事判决一案所涉的房产，在已取得执行依据并有抵押权的债权人主张优先受偿的情况下能否分割执行的问题，我们认为，鉴于该房产是被执行人唯一可供执行的财产，且经多次拍卖不成，为公平保护抵押权人、申请执行人、债务人的合法权益，你院可以在申请执行人同意以物抵债的情况下，将该房产按照最后拍卖未成交的底价750万元折价，在申请执行人与抵押权人之间分割执行。折价后的房产应优先扣除有抵押权的债权额部分，剩余部分抵偿给本案债权人。对有抵押权的债权额的核定等事项，应当听取该债权人与被执行人及其执行法院的意见。

最高人民法院执行工作办公室
关于超过抵押登记期限的房地产被查封处理后原抵押权人是否有权优先受偿的请示的答复

2002年7月10日　〔2000〕执他字第10号

湖南省高级人民法院：

你院〔2000〕湘高法执请字第4号《关于超过抵押登记期限的房地产被查封处理后，原抵押权人是否有权优先受偿的请示》收悉。经研究，答复如下：

依据《中华人民共和国担保法》第52条规定："抵押权与其担保的债权同时存在，债权消灭的，抵押权也消灭。"抵押期限对抵押权的存续不具有法律约束力，抵押权不因当事人约定的或者登记部门要求登记的期限经过而消灭。本案中交通银行深圳分行发展大厦支行对金田大厦第九层三、四、五号房产设定的抵押权仍然有效。汨罗法院对该房产拍卖所得价款应当由抵押权人优先受偿。深圳市规划国土局罗湖分局应当根据汨罗法院协助执行通知书的要求协助执行。

此复。

最高人民法院执行工作办公室
对湖南高院关于《合同法》生效前承包人的工程款与抵押权的受偿顺序问题的请示报告的答复函

2003年9月4日　〔2003〕执他字第27号

湖南省高级人民法院：

你院〔2003〕湘法执行他字第05—1号《关于合同法生效前承包人的工程款与抵押权的受偿顺序问题的请示报告》收悉。经研究，答复如下：

同意你院关于应当按照全国民事审判工作座谈会上的讲话精神处理的倾向性意见及理由。

最高人民法院执行工作办公室
关于广西北海市中级人民法院与太原市尖草坪区人民法院因工程款能否优先执行争议协调案的复函

2003年9月24日　〔2003〕执协字第6号

广西自治区高级人民法院、山西省高级人民法院：

广西高院〔2001〕桂法执协字第16—2号《关于请求最高法院对北海市中级人民法院与山西省太原市尖草坪区人民法院执行争议进行协调的报告》和山西高院〔2003〕晋法执函字第12号《关于与广西高院就我省尖草坪区法院与北海市中院执行案件问题进行协调的情况报告》均收悉。经研究，现答复如下：

一、北海市中级人民法院〔1996〕北民初字第95号民事判决作出时，《中华人民共和国合同法》（以下简称《合同法》）尚未颁布。根据法不溯及既往的原则，北海市中院判决的相关案件只能适用当时的《中华人民共和国经济合同法》和《建筑安装工程承包合同条例》的有关规定，而不能适用《合同法》第286条的规定。

二、鉴于太原市尖草坪区法院先于北海市中院对华新实业集团坐落于北海市华新苑、华馨小区商品住宅楼四栋及70亩土地和两套涉案住宅采取了诉讼保全措施，如果华新实业集团确已歇业，其财产又不足清偿全部债务，根据我院《关于人民法院执行工作若干问题的规定（试行）》第91条、第92条、第96条的规定，北海市中院执行案件的债权人可以在太原市尖草坪区法院执行财产时申请参与分配。

此复。

【附：案例评析】

广西北海市中级人民法院与太原市尖草坪区人民法院因工程款能否优先执行争议协调案

2003年6月10日，广西高院向我院报送了〔2001〕桂法执协字第16—2号《关于请求最高法院对北海市中级人民法院与山西省太原市尖草坪区人民法院执行争议进行协调的报告》。

二、山西高院反映的意见

2003年8月山西高院以〔2003〕晋法执函字第12号报送了《关于与广西高院就我省尖草坪区法院与北海市中院执行案件问题进行协调的情况报告》。山西高院报告反映，太原市尖草坪区法院受理中国农业银行太原市北郊区支行诉被告太原华新实业集团、北海华新实业开发公司借贷纠纷和太原市北郊区化客头信用社诉广西北海华新实业开发公司借款纠纷两案时，于1996年11月26日诉讼保全查封被告北海华新实业开发公司所有的坐落于北海市华新苑、华馨小区商品住宅楼四栋及土地70亩（未完工）和另外两套住宅房。两案分别于1996年底和1997年审理调解结案，由被告北海华新实业开发公司偿还两案本金共计1700万元、利息和罚息共计647万余元，若到期不能偿还将强制执行诉讼保全财产。

2001年7月广西北海市中院在执行该院〔1996〕北民初字第95号民事判决时，发现该案的被执行人北海华新实业开发公司的房地产已被太原市尖草坪区法院查封冻结，遂根据当事人的申请要求参与分配并给尖草坪区法院发函请求协调处理，后又主张优先受偿。太原市尖草坪区法院研究认为，北海市中院执行的案件是合同法实施前的案件，根据最高法院《合同法解释（一）》第1条的有关规定理解，合同法实施以前的建筑工程纠纷案件适用《中华人民共和国经济合同法》和《建筑安装工程承包合同条例》，按银行有关逾期付款办法或工程款结算办法的有关规定处理，而不应适用合同法,故不应享有优先受偿权。但同意按最高法院《关于人民法院执行工作若干问题的规定(试行)》参与分配,因双方意见分歧,协调未果。遂后北海市中院报请广西高院协调处理,广西高院经研究后认为,北海市中院执行的案件其申请执行人应享有优先受偿权,遂于2002年2月给山西高院发函要求再行协调处理。

山西高院研究认为,太原市尖草坪区法院的意见是正确的,遂于2002年11月给广西高院回函,并提出山西高院对此案的协调意见,认为优先受偿权应是法定的,在法律没有规定之前只能适用当时的法律。依法律不溯及既往的原则,建筑工程款的优先受偿只能在合同法实施之后适用,合同法实施之前审理的建筑工程款纠纷案件依法不应享有优先受偿权。山西高院的具体意见是:1. 北海市中院审理并执行的相关案件是合同法实施前的建筑工程纠纷案件,依法不应享有优先受偿权;2. 同意太原市尖草坪区法院的意见,由北海市中院执行的相关案件参与分配。

三、最高法院审查处理意见

经最高法院审查同意山西高院的处理意见。即北海市中院的申请执行人依法不应享有建筑工程款优先受偿权。具体理由如下:1. 北海市中院审理的案件是1997年判决生效的,此时《中华人民共和国合同法》尚未颁布,故只能依法适用《中华人民共和国经济合同法》和《建筑安装工程承包合同条例》的有关规定。《中华人民共和国合同法》是1999年3月15日颁布,同年10月1日起施行的,根据法不溯及既往的原则,北海市中院的案件不具有优先受偿的法定条件。2. 依照我院《关于人民法院执行工作若干问题的规定(试行)》第90条、第91条、第92条及第96条之规定,北海市中院所执行案件的债权人依法可在尖草坪区法院执行该案财产时申请参与分配。

四、案件评析

本案的焦点问题是如何理解建筑工程款的优先权问题,也即如何理解合同法第286条的规定。合同法第286条规定:"发包人未按照约定支付价款的,承包人可以催告发包人在合理期限内支付价款。发包人逾期不支付的,除按照建设工程的性质不宜折价、拍卖的以外,承包人可以与发包人协议将该工程折价,也可以申请人民法院将该工程依法拍卖。建设工程的价款就该工程折价或者拍卖的价款优先受偿。"合同法第428条规定,"本法自1999年10月1日起施行"。由此可以指出,虽然合同法规定了建筑工程款优先权,但也明确规定了该法律生效施行的时间。根据法不溯及既往的原则,在合同法实施前已生效的案件不应适用此规定。对此问题最高人民法院主管副院长于2003年3月26日在全国法院民事审判工作座谈会的讲话作了进一步的明确,即"关于合同法第286条的适用问题,如果建设工程于1999年10月1日之前竣工或者停工,于1999年10月1日之后人民法院对这类案件还没有审结的,不应适用合同法第286条。如果建设工程施工于1999年10月1日之前,竣工或者停工于1999年10月1日之后,承包人的工程款是否享有优先权,应分别情况处理:在1999年10月1日之前,该工程上没有设定抵押权的,承包人的工程价款享有优先权;该工程上设定有抵押权的,承包人的工程价款享有的优先权不能对抗已设定的抵押权;承包人的工程价款不能对抗在1999年10月1日之前已交纳大部分或者全部购房款的购房者的请求权。如果建设工程施工于1999年10月1日之后,人民法院审理这类案件时应严格适用合同法第2的规定。"从北海市中院的案件情况看,该工程停工以及案件判决生效均发生在1999年10月1日之前,故不应适用合同法第286条的规定。至于广西高院提出根据《合同法》司法解释的规定,合同法实施之前的建设工程合同纠纷,"当时没有法律规定的,可以适用合同法的有关规定"的观点,应属理解有误。应当说,当时的法律对建设工程价款优先权不是没有法律规定,而是法律规定其没有优先权,就优先权而言,应当说都是法律有明确规定的。因此,依照当时法律,建设工程承包人的债权属于一般债权,其依法不享有优先受偿权。[①]

---

① 张小林:《广西北海市中级人民法院与太原市尖草坪区人民法院因工程款能否优先执行争议协调案》,最高人民法院执行工作办公室编:《强制执行指导与参考》2004年第1集(总第9集),法律出版社2004年版,第68~73页。

最高人民法院执行工作办公室
关于天津市第二中级人民法院与天津海事法院执行同一被执行人财产发生争议可否参照最高人民法院执行工作规定第 90 条处理的请示的答复

2003 年 11 月 8 日　　〔2003〕执他字第 17 号

天津市高级人民法院：

你院津高法〔2003〕101 号《关于我市第二中级人民法院与天津海事法院执行同一被执行人财产发生争议可否参照最高人民法院执行工作规定第 90 条处理的请示》收悉。经研究，答复如下：

根据你院请示报告反映的情况，在此争议案中，天津市第二中级人民法院采取执行措施在先，因此，根据最高人民法院《关于人民法院执行工作若干问题的规定（试行）》第 88 条第一款的规定，应由天津市第二中级人民法院的执行案件申请人樊忠成先予受偿。鉴于被执行人香港松星贸易公司不属"公民或其他组织"，天津海事法院执行案件申请人天津天马拆船工程有限公司不可依据最高人民法院《关于人民法院执行工作若干问题的规定（试行）》第 90 条的规定申请参与分配。但在执行中，两案债权人若与被执行人达成和解协议，应当准许。

此复。

最高人民法院
关于以有限责任公司以股份出质但没有履行相应的登记、备案等公示手续该质押合同不能对抗第三人的问题的答复

2004 年 4 月 14 日　　〔2003〕执他字第 34 号

北京市高级人民法院：

你院京高法〔2003〕320 号《关于中国长城工业总公司申请执行中国租赁有限公司一案中全资子公司投资权益质押是否有效问题的请示》收悉。经研究，现答复如下：

虽然有关法律和相关司法解释对全资子公司的股权质押是否应当公示以及应当如何进行公示尚没有作出具体规定，但根据《担保法》第六十四条、第七十八条之规定和我院《关于适用担保法若干问题的解释》第一百零三条之规定，有限责任公司以股份出质的。质押合同自股份出质记载于股东名册之日起生效。本案中，中国租赁有限公司与中信实业银行总行营业部签订的质押合同发生在《担保法》生效后，如果质押合同没有履行相应的登记、备案等公示手续，该质押合同不能对抗第三人。

此复。

最高人民法院执行工作办公室
关于被执行人房产的登记名义人以被执行人的房产另案为他人借款提供有效抵押担保执行中应当保护另案抵押权人优先受偿权等有关问题的答复

2004 年 5 月 10 日　　〔2003〕执他字第 2 号

甘肃省高级人民法院、北京市高级人民法院：

你们两院关于兰州市中级人民法院执行甘肃省租赁有限公司（简称租赁公司）诉甘肃省新地实业发展集团公司（简称新地公司）案与北京市海淀区人民法院执行北京市农村信用合作社营业部（简称信用社）诉银恒信投资有限公司（简称银恒信公司）及赵永吉案发生争议的有关报告收悉。经研究答复如下：

据北京市海淀区人民法院〔2002〕海民初字第 7850 号和 7 消 1 号两项判决所确认，赵永吉以位于北京市昌平区史各庄乡定福皇庄 75 号之碧水庄园一期 1－1 房产（房地产权号为 1260010）和 1－7 房产（房地产权号为 1260012）为抵押，分别为银恒信公司于 2001 年 11 月 8 日向信用社所贷的两笔贷款（一笔是 200 万，另一笔贷款为 180 万）提供担保，并办理了抵押登记。

经我们审阅案件材料并向登记机关核实，信用社向房屋登记机关出具的"注销证明"，其同意注销的是 2000 年 6 月 5 日签订的借款合同

（到期日为 2001 年 10 月）及其项下的抵押，注销原抵押登记是为了办理 2001 年 11 月签订的新借款合同（到期日为 2002 年 4 月）的抵押。登记机关所收回的他项权证也是 2000 年 6 月办理的原来的抵押权证书。2001 年 11 月办理的新的抵押并没有注销，他项权证也没有收回。

兰州市中级人民法院在执行中，查明被执行人新地公司将公司财产登记在赵永吉名下，因此将赵永吉追加为被执行人，这一做法虽并无不当，但因登记名义人赵永吉以该房产抵押，且抵押系有效设立，抵押权人信用社仍有权就该抵押房产优先受偿。兰州市中级人民法院2002 年 7 月 17 日在两院协调期间，做出〔2002〕兰法执字第 122－2 号裁定，将上述房产抵债给租赁公司，这一做法是错误的，侵害了信用社的优先受偿权，应当予以纠正。如租赁公司能够在合理期限内直接向信用社清偿，可维持该裁定；否则，兰州市中级人民法院应当撤销该裁定。如上述房产的价值在优先清偿信用社债权后没有剩余，应交由北京市海淀区人民法院执行。

请你们两院监督兰州市中级人民法院和北京市海淀区人民法院做好下一步的落实工作。

最高人民法院执行工作办公室
关于多份生效法律文书确定金钱给付内容的多个债权人分别对同一被执行人申请人民法院强制执行，该被执行人的财产不足以清偿全部债务时，如何适用法律问题的请示的答复

2004 年 9 月 17 日　　〔2004〕执他字第 20 号

安徽省高级人民法院：

你院〔2004〕皖执监字第 44 号《关于多份生效法律文书确定金钱给付内容的多个债权人分别对同一被执行人申请人民法院强制执行，该被执行人的财产不足以清偿全部债务时，如何适用法律问题的请示》收悉，经研究，答复如下：

同意你院审判委员会的第二种意见。根据最高人民法院《关于人民法院执行工作若干问题的规定（试行）》第 90 条的规定，被执行人为公民或其他组织，其全部或主要财产已被一个人民法院因执行确定金钱给付的生效法律文书而查封、扣押或冻结，无其他财产可供执行或其他财产不足清偿全部债务的，在被执行人的财产被执行完毕前，对该被执行人已经取得金钱债权执行依据的其他债权人可以申请对该被执行人的财产参与分配。本案的被执行人江景春是公民，且其财产不足清偿全部债务，应适用上述规定处理。

此复。

最高人民法院
关于装修装饰工程款是否享有合同法第二百八十六条规定的优先受偿权的函复

2004 年 12 月 8 日　　〔2004〕民一他字第 14 号

福建省高级人民法院：

你院闽高法〔2004〕143 号《关于福州市康辉装修工程有限公司与福州天胜房地产开发有限公司、福州绿叶房产代理有限公司装修工程承包合同纠纷一案的请示》收悉。经研究，答复如下：

装修装饰工程属于建设工程，可以适用《中华人民共和国合同法》第二百八十六条关于优先受偿权的规定，但装修装饰工程的发包人不是该建筑物的所有权人或者承包人与该建筑物的所有权人之间没有合同关系的除外。享有优先权的承包人只能在建筑物因装修装饰而增加价值的范围内优先受偿。

最高人民法院执行工作办公室
关于适用《最高人民法院关于建设工程款优先受偿权的批复》两个问题的请示的答复

2005 年 1 月 24 日　　〔2003〕执他字第 31 号

四川省高级人民法院：

你院川高法〔2003〕392号《关于适用〈最高人民法院关于建设工程款优先受偿权的批复〉两个问题的请示》收悉，经研究，答复如下：

关于本案涉及的查封效力问题，基本同意你院的第二种意见，即蓉西公司在修建该房时，并未取得在建工程预售许可证，依照《中华人民共和国城市房地产管理法》第44条第2款第（四）项的规定，不能进行房屋预售。因此，买受人西龙公司没有合法取得该房屋的产权，其与蓉西公司之间只是存在普通的债权关系。金牛区人民法院在执行大发公司诉蓉西公司建筑承包合同纠纷案等案件中，于1999年依法查封了该房屋，程序合法，手续完备，该查封合法有效。

此复。

最高人民法院执行工作办公室
关于深圳市苏一建实业有限公司主张工程款优先受偿执行申诉案的复函

2005年7月9日　〔2004〕执监字第62—1号

广东省高级人民法院：

你院〔2004〕粤高法执督字第65号《关于深圳中院执行瑞京隆房地产开发（深圳）有限公司的情况报告》收悉。经研究，提出以下处理意见：

一、同意你院督促汕尾中院依法抓紧执结深圳市苏一建实业有限公司（以下简称苏一建公司）与瑞京隆房地产开发（深圳）有限公司建设工程合同的铝合金门窗及幕墙工程纠纷一案的意见。

二、关于苏一建公司主张工程款优先受偿问题。鉴于该案合同成立于《合同法》实施之前，当时法律没有规定工程款优先受偿制度，因此，根据我院《关于适用〈中华人民共和国合同法〉若干问题的解释（一）》第一条的规定，当时没有法律规定的，可以适用《合同法》的有关规定。

请你院接此函后，监督深圳中院尽快依法执结此案。

【附：案例评析】

深圳市苏一建实业有限公司主张工程款优先受偿执行申诉案

一、申诉人反映的情况

申请执行人深圳市苏一建实业有限公司（以下简称苏一建公司）等向最高人民法院申诉反映，该公司与瑞京隆房地产开发（深圳）有限公司（以下简称瑞京隆公司）欠付工程款两案，执行中深圳中院查封了由江苏一建公司承建的位于深圳市的"京隆苑"9套房产委托拍卖，工商银行深圳分行对此提出执行异议，以其在该房产中享有抵押权要求优先受偿。深圳中院因此暂停拍卖程序，并解除对上述9套房产的查封手续。苏一建公司认为，根据法律规定，该公司承建"京隆苑"项目的工程款应优先于抵押权受偿，并需要用该笔款项支付工人工资。由于工程款至今未能得到偿付，造成该公司资金周转困难，负债累累，至今拖欠大量工人工资，工人因此多次到该公司及深圳市政府上访，给社会稳定带来了不利的影响。因此，苏一建公司希望最高人民法院督办此案，以使问题尽快得到解决。此外，苏一建公司在申诉中还反映：第一，该公司申请执行的〔2002〕深福法经初字第848号判决明确：本案工程结算于2001年1月17日，合同履行期限跨越《合同法》实施之日，适用《合同法》第286条的规定，该公司就"京隆苑"尚未出售的房产有优先受偿权。第二，该公司申请执行的〔2000〕深中法经一初字第255号判决，虽没有写明该公司就"京隆苑"尚未售出的房产有优先受偿权，但该判决认定"京隆苑"项目由于双方直至2000年2月24日才对工程土建部分核定总造价，2000年6月9日才进行竣工结算，因此，工程款的利息从2000年2月25日开始计算。

2004年5月17日我院将苏一建公司的申诉材料函转广东高院审查处理，并明确提出如反映情况属实，则应当监督深圳中院采取有效措施依法予以纠正并将结果报告我院。

二、广东高院报告反映的情况

2005年5月25日广东高院以〔2005〕粤高法执督字第65号报送了《关于深圳中院执行瑞京隆房地产开发（深圳）有限公司的情况报告》。广东高院《报告》称，该院对深圳中院立案并执行的深圳市苏一建实业有限公司、江苏省建筑安装工程股份有限公司深圳分公司与瑞京隆房地产开发（深圳）有限公司建设工程合同纠纷一案进行了监督，并将有关情况作了报告：

（一）案件的基本情况

广东高院《报告》称，作为本案被执行人的瑞京隆公司共涉及三个案件，分别是：

1. 苏一建公司、江苏省建筑安装工程股份有限公司深圳分公司与瑞京隆公司建设工程合同纠纷一案，苏一建公司于 2001 年 4 月 12 日以〔2000〕深中法经一初字第 255 号民事判决申请强制执行，深圳中院于 2001 年 4 月 17 日依法受理，执行案号为〔2003〕深中法执一查字第 2033 号。该案执行标的金额为本金人民币 19719730.32 元及从 2000 年 2 月 25 日至 2001 年 4 月 10 日的利息（利息按央行公布的同期贷款利率计付）、案件受理费人民币 121136 元、财产保全费人民币 111670 元、迟延履行期间的债务利息、申请执行费人民币 23280 元、执行中实际发生的费用等。至 2002 年 1 月已经执行到款项计人民币 16857331.48 元，尚未执行到的金额为 300 多万元。

2. 中国工商银行深圳市分行与瑞京隆房地产开发（深圳）有限公司、珠海市盛鸿置业有限公司借款合同纠纷一案，中国工商银行深圳市分行依据已经发生法律效力的深圳仲裁委员会〔2003〕深仲裁字第 218 号裁决书申请强制执行，深圳中院于 2003 年 3 月 4 日依法受理，执行案号为〔2003〕深中法执一查字第 209 号。执行立案后，深圳中院于 2003 年 3 月 14 日向深圳市保税区管理局送达了协助执行通知书，要求其协助将位于福田区福强路 B1l1—3—1、2 号土地上"京隆苑"住宅 96 套、商铺 13 套（不含另案查封的 1 栋 1A、1 栋 1B、2 栋 1B、3 栋 1A、3 栋 1B、7 栋 1A、7 栋 1B、28 栋 1 层 6A、29 栋 1 层 7A 9 套商铺）、车库停车位 490 个过户给抵押权人中国工商银行深圳市分行。

3. 苏一建公司与瑞京隆公司建设工程合同的铝合金门窗及幕墙工程纠纷一案，2002 年 6 月 27 日经福田区法院审理以〔2002〕深福法经初字第 848 号判决瑞京隆公司应支付苏一建公司工程款人民币 534550.06 元及利息。瑞京隆公司逾期支付工程款时，苏一建公司有或拍卖所得价款优先受偿。

（二）关于"京隆苑"及争议财产的情况

"京隆苑"于 1997 年 10 月 26 日开工，竣工日期为 1999 年 2 月 1 日；中国工商银行深圳市分行与瑞京隆公司于 1999 年 9 月 23 日签订了一份最高额抵押合同，并于 1999 年 12 月 22 日在深圳市保税区管理局办理了抵押登记手续。中国工商银行深圳市分行于 2004 年 1 月 14 日向深圳中院申请解除对上述商铺的查封。

目前，中国工商银行深圳市分行和苏一建公司争议的被执行人可供执行的财产仅有位于福田区福强路京隆苑 1 栋 1A 和 1B、2 栋 1B、3 栋 1A 和 1B、7 栋 1A 和 1B、28 栋一层 6A 和 29 栋 7A 共 9 套商铺。因原评估报告已逾有效期，深圳中院于 2003 年 6 月 11 日委托原评估机构对该 9 套商铺的现值进行补正说明。对于上述争议的 9 套商铺，中国工商银行深圳市分行主张抵押权优先受偿，苏一建公司则主张享有建设工程价款优先权。

（三）上述三案件的执行情况

1. 对前两案，即产生争议要求协调的苏一建公司、江苏省建筑安装工程股份有限公司深圳分公司与瑞京隆公司建设工程合同纠纷的深圳中院〔2003〕深中法执一查字第 2033 号案和中国工商银行深圳市分行与瑞京隆公司、珠海市盛鸿置业有限公司借款合同纠纷的深圳中院〔2003〕深中法执一查字第 209 号主张抵押优先权案，深圳中院审查认为：按照最高人民法院副院长在 2003 年 3 月 26 日的全国民事审判工作座谈会上的讲话精神，即"如果建设工程于 1999 年 10 月 1 日之前已竣工或停工，1999 年 10 月 1 日之后人民法院对这类案件还没有审结的，不适用《合同法》第 286 条。如果建设工程施工于 1999 年 10 月 1 日之前，竣工或停工于 1999 年 10 月 1 日之后，承包人的工程价款是否享有优先权，应分别情况处理：在 1999 年 10 月 1 日之前，该工程没有设定抵押权的，承包人的工程价款享有优先权；该工程上设定有抵押权的，承包人就工程价款享有的优先权不得对抗已设定的抵押权"。以及根据最高院〔2002〕执他字第 21 号、〔2003〕执他字第 27 号答复精神，建设工程价款优先权应当在 1999 年 10 月 1 日《合同法》生效后才有的，在之前就没有建设工程价款优先权，也就没有对抗第三人的优先效力。该案所涉"京隆苑"竣工于 1999 年 10 月 1 日之前，苏一建公司所主张的建设工程价款优先权并不具有优先受偿的效力，不能优于享有抵押权的中国工商银行深圳市分行。因此，深圳中院于2004年1月17日解除了对上述9套商铺的查封。

就同一的房产、同一的原告，福田区法院〔2002〕深福法经初字第848号判决判定苏一建公司工程款有优先受偿权。该案现已进入执行阶段，为了维护法院工作的统一性和严肃性，从公平的角度出发，我院要求深圳中院对上述两案进行协调。经多次协调，双方均无法达成一致意见，中国工商银行深圳市分行于2005年3月29日向深圳中院提交"关于拒绝苏一建调解方案的函"，协调已无法进行。

2. 苏一建公司与瑞京隆公司铝合金门窗及幕墙建设工程合同纠纷的福田区法院〔2002〕深福法经字第848号案，广东高院已指定汕尾中院执行，该院于同年11月15日立案执行。12月13日中国工商银行深圳市分行提出异议，经执行听证，该院于2005年1月19日作出了〔2004〕汕中法执字第81－1号裁定书，驳回异议。同年3月10日作出〔2004〕汕中法执二立字第81－2号裁定拍卖被执行人9套商铺中的2栋1B房产。该房产的评估市值为人民币1878840元（包括地价及转让时应缴纳的税费），价值已足够清偿苏一建的工程款。经摇珠确定委托深圳市英纳拍卖有限公司进行拍卖，5月11日上午10时进行第一次公开拍卖，因无人应价而流拍，现正准备对该房产进行第二次拍卖。

（四）广东高院拟处理意见

综合三案件的具体情况，广东高院提出如下拟处理意见：

1. 敦促汕尾中院依法抓紧执结苏一建公司与瑞京隆公司建设工程合同的铝合金门窗及幕墙工程纠纷一案，所得执行款优先支付苏一建公司的工程款。

2. 鉴于苏一建公司、江苏省建筑安装工程股份有限公司深圳分公司与瑞京隆公司建设工程合同纠纷的〔2003〕深中法执一查字第2033号案中的"京隆苑"于1997年10月26日开工，竣工日期为1999年2月1日，广东高院同意深圳中院认为该案不能适用《合同法》第286条的观点，认为苏一建不享有建筑工程价款优先权，不能优于中国工商银行深圳市分行所享有的抵押权。况且，该案执行标的金额为本金人民币19719730.32元，至2002年1月已经执行到款项人民币16857331.48元，尚未执行到位的仅剩余300多万元，苏一建公司在绝大多数执行标的金额已满足的情况下，其提出无法支付工人工资是其自身的问题。

三、最高人民法院的处理意见

最高人民法院《关于适用〈中华人民共和国合同法〉若干问题的解释（一）》第1条规定，当时没有法律规定的，可以适用《合同法》的有关规定。本案中，苏一建公司承建的工程竣工于《合同法》生效之前，但因《合同法》生效前法律对工程款优先权的问题确实没有明文规定，故此，合议庭认为，苏一建公司所主张的工程款优先权可以依照最高人民法院上述司法解释的规定办理。据此，对本案提出以下处理意见：第一，同意广东高院督促汕尾中院依法抓紧执结深圳市苏一建实业有限公司与瑞京隆房地产开发（深圳）有限公司建设工程合同的铝合金门窗及幕墙工程纠纷一案的意见；第二，关于苏一建公司主张工程款优先受偿问题，鉴于该案合同成立于《合同法》实施之前，当时法律没有规定工程款优先受偿制度，因此，根据最高人民法院《关于适用〈中华人民共和国合同法〉若干问题的解释（一）》第1条的规定，当时没有法律规定的，可以适用《合同法》的有关规定。

四、本案评析意见

笔者认为，本案中，苏一建公司对系争的财产享有建筑工程价款的优先受偿权，理由如下：

第一，深圳中院的〔2000〕深中法经一初字第255号判决确认，中国工商银行深圳分行的抵押权因发生在《合同法》实施之后（办理抵押登记的时间是1999年12月22日），而苏一建公司承建的"京隆苑"工程竣工决算签字时间是2000年6月9日，工程款利息起算时间为2000年2月25日；深圳中院、广东高院认定"京隆苑"工程竣工的时间为1999年2月1日。从上述时间来看，苏一建承建"京隆苑"合同的实施跨越了《合同法》生效的时间，苏一建公司关于工程款优先受偿的主张应当予以支持。

第二，就苏一建公司工程款优先权的主张，也可考虑按最高人民法院《关于适用〈中华人民共和国合同法〉若干问题的解释（一）》第1条规定的精神办理，即"《合同法》实施以后成立的合同发生纠纷起诉到人民法院的，适用《合同法》的规定；《合同法》实施以前成立的合同发生纠纷起诉到人民法院的,除本解释另有规定的以外,适用当时的法律规定,当时没有法律规定的,可以适用《合同法》的有关规定。"鉴于《合同法》颁布前确实没有关于工程款优先受偿的法律规定,故苏一建公司工程款优先权的主张当根据《合同法》第286条规定而予以支持。

此外,综观全案,苏一建公司所承建的"京隆苑"工程在深圳市两级法院(福田区法院和深圳中院)出现了就同一工程的两个诉讼,福田区法院就铝合金门窗及幕墙工程作出的判决明确苏一建公司主张的工程款享有优先受偿权,而深圳中院就工程建设合同纠纷作出的判决则对工程款是否应当优先受偿未予明确,笔者认为,从适用法律的角度来看,前者适用《合同法》的规定,后者又未适用《合同法》的规定,无论就本案的实际情况还是法律规定的精神都是欠妥当的。从工程款优先权的立法本意来看,其核心意义是要从法治的角度来保护工程施工方的合法利益,避免因拖欠工程款、农民工工资情形的屡屡发生而危及社会稳定。①

最高人民法院执行工作办公室
关于《最高人民法院关于建设工程价款优先受偿权问题的批复》中有关消费者权利应优先保护的规定应如何理解的答复

2005年12月25日　〔2005〕执他字第16号

广东省高级人民法院:

你院〔2004〕粤高法执督字第384号关于康永贤等13人执行异议请示案收悉,经研究,现答复如下:

《最高人民法院关于建设工程价款优先受偿权问题的批复》(法释〔2002〕16号)第二条关于已交付购买商品房的全部或者大部分款项的消费者权利应优先保护的规定,是为了保护个人消费者的居住权而设置的,即购房应是直接用于满足其生活居住需要,而不是用于经营,不应作扩大解释。

特此函复。

最高人民法院
关于担保法司法解释第五十九条中的"第三人"范围问题的答复

2006年5月18日　法函〔2006〕51号

四川省高级人民法院:

你院川高法〔2005〕496号《关于对最高人民法院关于适用〈中华人民共和国担保法〉若干问题的解释第五十九条的理解与适用的请示》收悉。经研究,答复如下:

根据《中华人民共和国担保法》第四十一条、第四十三第二款规定,应当办理抵押物登记而未经登记的,抵押权不成立;自愿办理抵押物登记而未办理的,抵押权不得对抗第三人。因登记部门的原因致使当事人无法办理抵押登记是抵押未登记的特殊情形,如果抵押人向债权人交付了权利凭证,人民法院可以基于抵押当事人的真实意思认定该抵押合同对抵押权人和抵押人有效,但此种抵押对抵押当事人之外的第三人不具有法律效力。

此复。

最高人民法院
关于公路建设单位对公路收费权是否享有建设工程价款优先受偿权以及建设工程价款优先权是否优先于质权的请示的答复

2006年6月14日　〔2005〕执他字第31号

江西省高级人民法院:

你院《关于公路建设单位对公路收费权是否享有建设工程价款优先受偿权以及建设工程

---

① 张小林:《深圳市苏一建实业有限公司主张工程款优先受偿执行申诉案》,载最高人民法院执行工作办公室编:《强制执行指导与参考》2005年第3集(总第15集),法律出版社2006年版,第70~75页。

价款优先权是否优先于质权的请示》收悉。经研究，答复如下：

原则同意你院审委会多数人的意见。《合同法》286条规定的建设工程的折价或者拍卖虽原则上指工程所有权的转让，但对收费公路这类特殊工程的可转让的经营权，也应适用。因此，申请执行人作为公路施工单位，有权通过对被执行人享有的公路工程经营权的执行优先受偿。车辆通行收费权是公路经营权中的主要内容，执行中可以转让收费权或者直接从所收费中提取款项。施工单位的优先受偿权应及于该收费权，可以从提取的款项中优先受偿。根据《担保法》及最高人民法院有关司法解释的精神，工程款优先受偿权应优先于异议人就公路收费权设定的质押权。

最高人民法院
执行裁定书

〔2009〕执复字第7号

申请复议人（申请执行人）：中建八局（海南）东海开发建设公司，住所地：海口市金融经贸区三友金融花园D701—704。

法定代表人：戎长军，总经理。

被执行人：海南南方信托投资公司，原住所地：海口市经贸区傍海小区3栋。

法定代表人：朱邦益，董事长。

第三人：中国建设银行海南省分行，住所地：海口市经贸区国贸大道建行大厦。

法定代表人：郭周祥，行长。

申请复议人中建八局（海南）东海开发建设公司（以下简称东海公司）不服海南省高级人民法院（以下简称海南高院）〔2009〕琼高法执异字第1号民事裁定，向本院申请复议，本院受理后，依法组成合议庭进行审查，现已审查终结。

本案执行法院海南高院审查认为，海南高院裁定将"南方大厦"抵债给中国建设银行海南省分行（以下简称海南建行）之前对"南方大厦"进行了评估，中国信达资产管理公司海口办事处（以下简称信达海口办）在拍卖该大厦时也进行了评估，评估价是对评估对象价值的参考价，其客观的价值只有通过市场才可体现。该大厦经信达海口办公开拍卖成交价为2310万元，海南高院以该价为基数对上述两案进行分配是客观的。基于以上理由，海南高院于2009年3月6日作出〔2009〕琼高法执异字第1号民事裁定，裁定驳回东海公司的异议请求。

申请复议人东海公司向本院请求撤销〔2009〕琼高法执异字第1号民事裁定书，其主要理由有：（1）房地产的市场价格不是凝固的，而是变化的。不能用2002年的成交价取代1999年的成交价。申请人参与分配的价款是1999年决定的价款，而不是2002年的成交价款；（2）1999年11月16日海南高院〔1998〕琼高法执字第5—2号民事裁定书裁定将"南方大厦"以8026万元的作价交付给海南建行，这种作价方式是符合法律规定的；3. 1999年对"南方大厦"作价8026万元，实际上可认定为"成交价"。因为此评估价格是得到海南建行和海南南方信托投资公司（以下简称南方信托）双方认可的。且海南建行主动请求以该评估价抵债，并及时办理了产权转移手续。

本院查明：海南建行诉洋浦鸿翔实业有限公司、南方信托借款合同纠纷一案，海南高院于1996年12月26日作出〔1996〕琼执字第29号民事调解书。1997年12月23日，海南建行向海南高院申请执行该案，申请执行标的额为15558万元。在执行程序中海南高院将被执行人所有的"南方大厦"委托评估，评估价格为8026万元。经公开拍卖未能成交，海南建行即要求依调解书的约定以物抵债。1999年11月16日，海南高院作出〔1998〕琼高法执字第5—2号民事裁定书，裁定将"南方大厦"（除裙楼大堂979.9平方米，主楼第18层约850平方米、19层150平方米外）以8026万元抵偿给海南建行。

在执行过程中，东海公司作为"南方大厦"的承建单位，以在"南方大厦"工程项目上垫资为由，提出参与海南建行诉洋浦鸿翔实业有限公司、南方信托借款案的分配，向海南高院提出异议,被驳回。1998年4月东海公司向海南高院起诉南方信托。1998年12月25日,经海南高院主持调解,双方达成如下调解协议:(1)南方信托确认拖欠东海公司工程款本金、停工及利息等损失共计31063803元;(2)上述款项由南方信托在调解书生效后立即返还给东海公司。该调解协议海南高院以〔1998〕琼民初字第1号民事调解书予以确认,并立案执行。

1998年12月29日东海公司以南方信托无其他财产为由,要求与海南建行申请执行案并案执行,参与分配。其要求未被海南高院采纳。1999年12月29日,海南高院裁定将"南方大厦"以评估价8026万元抵债给海南建行。后海南建行将上述债权及相应的"南方大厦"移交给信达海口办,信达海口办于2000年办理了"南方大厦"房地产的过户手续。2002年信达海口办将"南方大厦"进行了评估并以人民币2310万元公开拍卖成交。

东海公司对海南高院的执行有异议,向我院申诉。我院于2003年6月27日发出〔2003〕执监字第19号函给海南高院进行督办。

海南高院再次研究后认为,南方信托既是海南建行申请执行借款合同纠纷案的被执行人,也是东海公司申请执行建设工程承包合同纠纷案的被执行人,"南方大厦"是南方信托的唯一财产。东海公司申请参与分配时,海南建行申请执行"南方大厦"的案件尚未执行完毕。东海公司作为"南方大厦"的承建施工单位,申请参与分配的主张理应得到支持,并于2008年12月15日作出〔2004〕琼高法执字第21号民事裁定书,裁定:一、撤销该院〔1998〕琼高法执字第5-2号民事裁定书;二、东海公司对南方大厦参与分配;三、信达海口办应从"南方大厦"拍卖价款2310万元,执行回转392.7万元给中建八局。

后东海公司以"南方大厦"原抵债价格是8026万元,而不是海南建行将"南方大厦"移交给信达海口办后由该办拍卖成交价2310万元为由,主张其参与分配的基数应当是8026万元,对海南高院裁定其可从"南方大厦"拍卖款中分配392.7万元不服并提出异议。海南高院于2009年3月6日作出〔2009〕琼高法执异字第1号民事裁定,裁定驳回东海公司的异议请求。

本院认为,海南建行申请执行案执行完毕的时间是在1999年11月16日,而东海公司提出参与分配执行请求的时间为1998年12月29日,早于海南建行申请执行案执行完毕11个月,即东海公司提出参与分配时,"南方大厦"尚未处置,执行法院应当允许其参与分配。执行法院对"南方大厦"依法进行评估后,各方当事人均未提出异议,表明此价格是得到各方当事人认可的。由于房地产具有自身的特殊性,市场情况起伏较大,以2002年的拍卖价格作为分配基数,不符合案件的客观情况,对东海公司显失公平。因此,依照《中华人民共和国民事诉讼法》第二百零二条和最高人民法院《关于适用〈中华人民共和国民事诉讼法〉执行程序若干问题的解释》第八条、第九条的规定及《关于人民法院执行工作若干问题的规定(试行)》第96条的规定,裁定如下:

一、维持海南省高级人民法院〔2004〕琼高法执字第21号民事裁定第一、二项;

二、撤销海南省高级人民法院〔2004〕琼高法执字第21号民事裁定第三项。

三、撤销海南省高级人民法院〔2009〕琼高法执异字第1号民事裁定。

四、中建八局(海南)东海开发建设公司应以中国建设银行海南省分行受偿的8026万元的房产价值作为参与分配的基准数额,由执行法院予以执行回转。

本裁定送达后立即生效。

【附:案例评析】

中建八局(海南)东海开发建设公司申请复议案

三、海南省高级人民法院意见

海南省高级人民法院认为,其在裁定将"南方大厦"抵债给海南建行之前对"南方大厦"进行了评估,信达海口办在拍卖该大厦时也进行了评估,评估价是对被评估对象价值的参考价,其客观的价值只有通过市场才可体现,该大厦经信达海口办公开拍卖的成交价为2310万元,海南省高级人民法院以此为基数进行分配是客观的。据此于 2009 年 3 月 6 日作出〔2009〕琼执异字第 1 号民事裁定书，裁定驳回中建八局的异议请求。

四、最高人民法院审查意见

最高人民法院审理后认为，本案应以 8026 万元作为中建八局参与分配的实际价值，并据此作出〔2009〕执复字第 7 号执行裁定。裁定：一、维持海南省高级人民法院〔2004〕琼高法执字第 21 号民事裁定第一、二项；二、撤销海南省高级人民法院〔2004〕琼高法执字第 21 号民事裁定第三项；三、撤销海南省高级人民法院〔2009〕琼高法执异字第 1 号民事裁定；四、中建八局（海南）东海开发建设公司应以中国建设银行海南省分行受偿的 8026 万元的房产价值作为参与分配的基准数额，由执行法院予以执行回转。

五、评析

本案争议的焦点问题为，对于被执行人的唯一财产"南方大厦"的分配比例，是按 1999 年的评估价 8026 万元，还是按 2002 年的拍卖价 2310 万元进行分配。

1. 虽然海南建行起诉案件的法律文书发生效力在申诉人起诉之前，但海南建行申请执行案最后执行完毕的时间在 1999 年 11 月 16 日即海南省高级人民法院发出〔1998〕琼高法执字第 5—2 号民事裁定书之后，而中建八局提出合并执行的请求在 1998 年 12 月 29 日，是在执行完毕 11 个月之前。也就是说中建八局提出参与分配时，"南方大厦"尚未依法处置；

2. 在执行法院对"南方大厦"依法进行评估后，各方当事人均未提出异议，表明此价格是得到各方当事人认可的；

3. 法院在执行过程中，根据债权人的申请以评估价 8026 万元的价格将南方大厦裁定以物抵债给海南建行，这个价格标准就意味着是海南建行依法受偿的标准，对于同期要求参与分配的中建八局也应该以这个基数来进行参与分配，以这个标准作为参与分配的基数是客观的，也是和当时的评估结论是一致的，具有合理性。由于 8026 万元的评估价格各方均没有提出异议。

这个标准是客观真实的标准。至于海南建行此后将标的物剥离给信达海口办，信达海口办又将此资产转手拍卖，其行为与中建八局要求参与分配是没有关系的，这些行为均为海南建行及相关公司自己内部的行为，更不是法院依法作出的评估价格。因此，其对资产处置的数额不能作为中建八局参与分配的根据。

4. 房地产具有自身的特殊性，其价格是"随行就市"的，若以 2002 年的拍卖价格作为分配价格的基数不符合案件的客观情况，对中建八局来说也是显然不公平的。[①]

人民法院办理执行案件规范

2017 年 4 月

477.【参与分配的一般规定】

被执行人为公民或者其他组织，在执行程序开始后，被执行人的其他已经取得执行依据的债权人发现被执行人的财产不能清偿所有债权的，可以向人民法院申请参与分配。

对人民法院查封、扣押、冻结的财产有优先权、担保物权的债权人，可以直接申请参与分配，主张优先受偿权。

478.【参与分配的期间与形式】

申请参与分配，申请人应当提交申请书。申请书应当写明参与分配和被执行人不能清偿所有债权的事实、理由，并附有执行依据。

参与分配申请应当在执行程序开始后，被执行人的财产执行终结前提出。

479.【已申请执行债权的参与分配】

已申请执行的债权人申请参与分配的，可以向其原申请执行法院提交参与分配申请书，由执行法院将参与分配申请书转交给主持分配的法院，并说明执行情况。

480.【优先权人、担保物权人申请参与分配的条件】

未取得执行依据的优先权人、担保物权人直接向执行法院申请参与分配的，应提交参与分配申请书，除写明被执行人未清偿所有债权的事实、理由外，还应写明优先受偿的金额、

[①] 张小林、刘丽芳：《中建八局（海南）东海开发建设公司申请复议案》，载江必新主编、最高人民法院执行局编：《执行工作指导》2010 年第 2 辑（总第 34 辑），人民法院出版社 2010 年版，第 94～100 页。

事实和理由，并提交相关的权利证明文件。

481.【主持分配的法院】

对参与被执行人财产的具体分配，应当由首先查封、扣押或冻结的法院主持进行，法律、司法解释另有规定的除外。

被执行人的多项财产分别被不同法院查封，符合参与分配条件的，由各项财产的在先查封法院分别进行分配。

相关执行法院协商一致并经申请执行人同意，也可以将各自查封的财产交其中一家法院进行处置和分配。共同上级法院也可以通过提级执行或指定执行将所有案件管辖权集中至一家法院，由该法院处置财产并主持分配。或者由共同的上级法院作出决定，确定其中一家法院对被执行人所有可供执行的财产或者价款统一处置，统一分配。

482.【清偿顺序】

参与分配执行中，执行所得价款扣除执行费用，并清偿应当优先受偿的债权后，对于普通债权，原则上按照其占全部申请参与分配债权数额的比例受偿。

483.【分配方案的制作】

多个债权人对执行财产申请参与分配的，执行法院应当制作财产分配方案，并送达各债权人和被执行人。执行法院在制作分配方案时，可以先由所有的债权人和债务人进行协商，意见一致的，按照一致意见制作分配方案；意见不一致的，由执行法院依职权按照清偿顺序制作分配方案。分配方案一般应当记载下列事项：

（一）当事人姓名或者名称、地址；

（二）可供分配款项总额；

（三）债权总额、各债权人的债权额及各债权的性质、参与分配的依据；

（四）分配顺序及各债权受分配的比例和数额；

（五）分配方案制作及实施分配的日期；

（六）不服分配方案的救济途径。

484.【分配方案的异议和异议之诉】

债权人或者被执行人对分配方案有异议的，应当自收到分配方案之日起十五日内向执行法院提出书面异议。

债权人或者被执行人对分配方案提出书面异议的，执行法院应当通知未提出异议的债权人、被执行人。

未提出异议的债权人、被执行人自收到通知之日起十五日内未提出反对意见的，执行法院依异议人的意见对分配方案审查修正后进行分配；提出反对意见的，应当通知异议人。异议人可以自收到通知之日起十五日内，以提出反对意见的债权人、被执行人为被告，向执行法院提起诉讼；异议人逾期未提起诉讼的，执行法院按照原分配方案进行分配。

诉讼期间进行分配的，执行法院应当提存与争议债权数额相应的款项。

485.【剩余债务清偿】

清偿后的剩余债务，被执行人应当继续清偿。债权人发现被执行人有其他财产的，可以随时请求人民法院执行。

当留置权、抵押权、动产质权并存时，实现权利的顺序是什么？

对于担保物权之间的优先顺序问题，《中华人民共和国担保法》没有明确规定。根据法理，留置权和合同法规定的建设工程优先权同是法定物权性权利，优先于约定性权利的动产质权和抵押权；动产质权与抵押权并存时，根据《担保法》规定办理了抵押登记的抵押权，具有公示公信效力，优先于以转移占有为公示方式的动产质权。[①]

执行法院能否保护抵押权人未经诉讼程序确定的抵押权？

问：我院在办理农业银行某甲分理处、工商银行某乙营业部、建设银行某丙分理处申请执行某工贸公司一案中，对某工贸公司的财产整体拍卖得款600万元人民币。在执行款分配时，甲分理处主张工贸公司在贷款时已用全部财产作借款抵押并到有关部门办理抵押登记手续，虽然就借款合同起诉时没有主张抵押权，但是优先受偿权

[①] 最高人民法院民事审判第一庭编：《民事审判实务问答》，法律出版社2005年，第27页。

仍然存在。但是乙营业部、丙分理处认为甲分理处在诉讼阶段没有主张抵押权，应视为对抵押物优先受偿权的放弃，三债权人应当按比例进行分配。请问：执行法院能否保护抵押权人未经诉讼程序确定的抵押权？

答：抵押权人虽然在人民法院审理主合同时没有主张抵押权，但是只要在诉讼时效期间内，抵押权人仍然有权单独就抵押合同主张抵押权，人民法院在处理抵押物时也有义务保障抵押权人对抵押物变现价值的优先受偿权。但是，人民法院在执行程序中对抵押权是否存在只能进行形式审查，如果其他人对于抵押权人是否享有抵押权存在实体异议，则抵押权人的抵押权应通过诉讼程序确认后才能在执行程序中得到保护。①

财产保全的申请人是否有优先受偿的权利

问题：李某因做生意分别向刘某、王某、钟某借款6万元。李某有商品房一套。刘某在李某的借款期限届满后向法院起诉，要求李某归还借款6万元，同时向法院申请查封李某的商品房。法院在刘某提供担保后，依法查封了该商品房。此后，王某、钟某相继向法院起诉，要求李某归还借款6万元。在刘某、王某、钟某诉李某的借款纠纷案的执行过程中，对拍卖李某商品房所得6万元如何分配存在两种意见：第一种意见认为，该价款应归刘某所有。其理由是：李某的商品房因刘某申请财产保全而查封，其目的是保证刘某诉李某的借款纠纷案能顺利执行。刘某提供了相应价款的担保，因此，刘某取得了优先受偿的权利。第二种意见认为，该价款应由刘某、王某、钟某三人平均分配，理由是：刘某、王某、钟某是李某的合法债权人，其合法权益应受法律保护，因此，应当按照刘某、王某、钟某的债权份额的比例分配该价款。

《人民司法》研究组认为：根据《民事诉讼法》第92条②的规定，财产保全只是防止可能因当事人一方的行为或者其他原因使判决不能执行或者难以执行时所采取的一种强制措施。这种措施并非对措施申请人的权利的担保，因而当被申请人有多个债权人且其财产不足以清偿其全部债务时，申请保全的当事人并不对被保全的财产享有优先受偿权，被申请人被保全的财产应当由全体债权人公平受偿。保全申请人因申请保全而受到损失的，受到清偿的其他债权人应当给予相应补偿。③

两个法院执行同一个被执行人，当财产拍卖款不能清偿全部债务时，应适用《执行规定》的哪一条？

问题：我院执行局在执行一金钱债权案件中，查封了被执行人的财产，其财产没有担保物权，拍卖款不能清偿全部债务。某法院也有以该被执行人为债务人的金钱债权执行案件。在执行中对应适用最高人民法院《关于执行工作若干问题的规定（试行）》（以下简称《执行规定》）的哪一条有两种意见：一种意见是债务人的财产已被我院查封，应按《执行规定》第88条第1款规定，按执行法院采取执行措施的先后顺序受偿，另一种意见是债务人的财产拍卖款不能清偿全部债务，应按《执行规定》第90条规定参与分配。请问哪一种意见正确？

《人民司法》研究组认为：《执行规定》第88条至第96条关于参与分配制度的规定，针对被执行人主体性质的不同，区分了不同的处理方式：在执行过程中遇到资不抵债的情况，被执行人是法人的，原则上按破产程序解决债权人之间的公平受偿问题；被执行人是公民或其他组织的，因为没有相应的破产程序，适用债权人参与分配受偿的制度。

根据本案情况，如果该被执行人是法人，在其资不抵债的情况下，如果有申请其破产主张的，适用《执行规定》第89条的规定，按破产程序处理；如果无申请其破产主张的，适用《执行规定》第88条第1款的规定，在查明各债权人对执行标的物均无担保物权时，按照执行法院措施的先后顺序受偿。如果本案的被执行人是公民或其他组织，在其资不抵债的情况下，适用《执行规定》第90条的规定，在被执行人的财产被执行完毕

---

① 载《人民司法》2005年第11期。
② 民事诉讼法原第九十二条现已修改为第一百条。——编者注
③ 载《人民司法》2002年第9期。

前，其他债权人可以持已经取得的金钱债权执行依据，申请对该被执行人的财产参与分配。①

法院查封物被留置后，留置权人能否优先受偿？

问题：洪某申请法院强制执行杨某拖欠款30万元。法院立案执行后，查封了杨某的奥迪车一辆（允许其继续使用，但不能转移、隐匿、毁损、变卖、抵押），并在车管所进行了查封登记。在执行过程中，洪某与杨某经协商达成和解协议，在签订协议时先付10万元，余款20万元在3个月内付清。协议达成后不久，杨某因酒后驾车，车损人伤。车被拉到修理厂修理后花去修理费4万元。由于杨某未能支付修理费，修理厂即将该车留置。3个月期满后，因杨某未能向洪某支付余款20万元，故洪某要求法院继续执行。执行人员即到修理厂扣押查封的奥迪车，修理厂提出要先付清4万元修理费。

对修理厂的要求是否合法，执行人员有两种意见：第一种意见认为，修理厂的要求不合法，因为该车法院查封在先，修理厂不能以杨某欠其修理费必须付清为由来对抗法院的执行，其可另行起诉要求杨某给付修理费；第二种意见认为，修理厂的要求合理合法，法院无权强行扣押，在对该车进行拍卖或变卖后，所得价款优先支付拖欠的修理费，余款偿还洪某，不足部分仍可强制执行要求杨某给付。请问哪一种观点正确？

《人民司法》研究组认为：我们认为，第二种意见基本正确。

查封的效力在于禁止债务人对已查封的不动产予以处分，债务人丧失了处分权，但仍有所有权。经执行法院许可，债务人可为必要的管理和使用。最高人民法院《关于人民法院执行工作若干问题的规定》第42条规定："被查封的财产，可以指令由被执行人负责保管。如继续使用被查封的财产对其价值无重大影响，可以允许被执行人继续使用。因被执行人保管或使用的过错造成的损失，由被执行人承担。"据此，本案被执行人在使用被查封的车辆致该车发生损失后，应就该车的损失额向申请执行人承担赔偿责任，同时应向修理厂支付修车的费用；被执行人无其他财产可供执行时，可以该车的变价款承担责任。

依据合同法第264条关于"定作人未向承揽人支付报酬或者材料费等价款的，承揽人对完成的工作成果享有留置权，但当事人另有约定的除外"的规定，修车厂为修理该车的承揽人，对该车享有留置权，即对该车拍卖或变卖后所得的价款应当优先受偿。②

法院对被执行人所有的已抵押的财产进行查封时，是否通知抵押权人？

问题：在执行王某与张某买卖烟花贷款纠纷一案中，依法查封了被执行人张某的房屋后，听说被执行人张某的房屋已向某银行作了抵押贷款。但从查封直至拍卖该房屋的一年多时间里，银行一直未向法院主张对该房屋享有优先受偿权。现就法院对被执行人所有的某银行享有抵押权的财产在查封后，法院是否有义务通知抵押权人有两种意见：一种意见认为，法院无义务通知银行。抵押权作为一种权利，既可行使也可放弃，抵押权人在知道或应当知道抵押物被法院查封后，应及时主动地向法院主张优先受偿权，不主张自己的实体权利，应视为放弃自己的权利，法院无义务主动通知抵押权人向法院主张优先受偿权。第二种意见认为，法院有义务通知该银行，法院对被执行人的财产采取查封措施后，发现该财产设立抵押时，就应当及时通知抵押权人，由其向法院主张权利，并优先受偿，以保护抵押权人的合法权益。哪种意见正确？

《人民司法》研究组认为：我们认为，第二种意见是正确的。

最高人民法院《执行规定》第40条规定："人民法院对被执行人所有的其他人享有抵押权、质押权或留置权的财产，可以采取查封、扣押措施。财产拍卖、变卖后所得价款，应当在抵押权人、质押权人或留置权人优先受偿后，其余额部分用于清偿申请执行人的债权。"

从上述规定和有关法律精神来看：对被执行人已经作为担保物的财产，人民法院可以查封、扣押，也可以拍卖、变卖，但是必须保障抵押权人的优先受偿权。

---

① 载《人民司法》2003年第4期。
② 载《人民司法》2002年第4期。

为了切实保障抵押权人的利益,在人民法院转让被执行人的担保物时,应当通知抵押权人,并告知受让人转让物已经设定担保的情况。①

建筑工程价款优先受偿权保护建筑工程价款范围的界定

问:最高人民法院《关于建设工程价款优先受偿权问题的批复》(以下简称《批复》)第3条规定,"建筑工程价款包括承包人为建设工程应当支付的工作人员报酬、材料款等实际支出的费用,不包括承包人因发包人违约所造成的损失"。实践中,对享有优先权保护的建筑工程价款不包括承包人因发包人违约造成的损失一项没有争议,但对于是否包括承包人的应得利润存有争议,请问,享有优先权保护的建筑工程价款范围应如何界定,是否包括承包人的应得利润?

答:关于享有优先权保护的建筑工程价款范围的界定,应结合《合同法》第286条和《批复》第3条加以确定。

住房和城乡建设部《建设工程施工发包与承包价格管理暂行规定》第5条规定,建设工程价款由成本(直接成本、间接成本)、利润(酬金)和税金构成。根据该条规定,一般来说,工程价款可分为四个部分:一是直接成本,又称直接费,包括定额直接费、其他直接费、现场管理费和材料价差。其中,定额直接费又包括人工费、材料费和施工机构使用费三部分。二是间接成本或称企业管理费,包括管理人员工资、劳动保护费等十多项。三是利润,由发包人按工程造价的差别利率计付给承包人。四是税金,包括营业税、城市建设税、教育费附加税三种。这四部分构成工程价款的整体,缺一不可。在实践中,建设工程价款的表现形式有工程估算价、设计概算价、施工图预算价、施工预算(概算)价和竣工结算价五种。《合同法》第286条中所称工程价款,如指已竣工工程,应指竣工结算价。未竣工工程则应以施工预算价为基础进行评估确定工程价款。《合同法》第286条的立法精神是保护建筑施工企业被拖欠的工程款,主要是工人的工资、承包人的管理费和正常的利润。利润是工程价款的重要组成部分,显然应享有优先受偿权。

《批复》第3条则实际上解决了实践中的两个疑问:一是承包人垫资款是否享有优先受偿权;二是承包人因发包人违约造成的损失是否享有优先受偿权。《批复》尊重现实,将垫资款纳入承包人的优先受偿权的范围,明确规定建筑工程价款包括承包人为建设工程应当支付的材料款等实际支出的费用。同时将承包人因发包人违约造成的损失予以排除。

综上,享有优先保护的建筑工程价款的范围可以界定为,如指已竣工工程,应指竣工结算价,未竣工工程则应以施工预算价为基础进行评估确定工程价款;包含承包人的正常利润,也包括承包人的垫资款,但不包括承包人因发包人违约造成的损失。②

建设工程价款优先权的客体不及于建筑物所占用的建设用地使用权

建设用地使用权,仅限于建筑物的价值部分

最高人民法院民一庭意见:我国《合同法》第286条规定:"发包人未按照约定支付价款的,承包人可以催告发包人在合理期限内支付价款。发包人逾期不支付的,除按照建设工程的性质不宜折价、拍卖的以外,承包人可以与发包人协议将该工程折价,也可以申请人民法院将该工程依法拍卖。建设工程的价款就该工程折价或者拍卖的价款优先受偿。"该条规定的建设工程价款优先受偿权不及于建筑物所占用的建设用地使用权部分。在将建筑物价值变现时,尽管根据"房地一体处分"原则要将建筑物和建设用地使用权一起进行处分,但是在一起处分时要区分开建筑物的价值和建设用地使用权的价值,建设工程价款优先权仅仅对建筑物的价值部分有优先受偿的效力。③

---

① 载《人民司法》2004年第1期。
② 本书研究组:《享有优先权保护的建筑工程价款范围如何界定》,载最高人民法院民事审判第一庭编:《民事审判指导与参考》2009年第2集(总第38集)法律出版社2009年版,第306~307页。
③ 仲伟珩:《〈合同法〉第286条规定的建设工程价款优先权的客体不及于建筑物所占用的建设用地使用权》,载最高人民法院民事审判第一庭编:《民事审判指导与参考》2010年第4集(总第44集),法律出版社2011年版,第208页。

中国人民银行关于企业以存款作贷款担保是否符合《中华人民共和国担保法》的复函

1998年11月27日　　银条法〔1998〕69号

中国投资银行：

你行报来的《关于以存款作抵押担保是否符合〈担保法〉规定的紧急请示》收悉。经研究，函复如下：

中国华阳金融租赁有限责任公司以其在你行的存款作贷款担保的行为，没有违反《中华人民共和国担保法》的规定，为有效的担保行为。

第八编
执行阻却与执行结案

第四十七章　执行阻却

第一节　中止执行

中华人民共和国民事诉讼法

2015 年 6 月 27 日

第二百零六条　按照审判监督程序决定再审的案件，裁定中止原判决、裁定、调解书的执行，但追索赡养费、扶养费、抚育费、抚恤金、医疗费用、劳动报酬等案件，可以不中止执行。

第二百五十六条　有下列情形之一的，人民法院应当裁定中止执行：

（一）申请人表示可以延期执行的；

（二）案外人对执行标的提出确有理由的异议的；

（三）作为一方当事人的公民死亡，需要等待继承人继承权利或者承担义务的；

（四）作为一方当事人的法人或者其他组织终止，尚未确定权利义务承受人的；

（五）人民法院认为应当中止执行的其他情形。

中止的情形消失后，恢复执行。

第二百五十八条　中止和终结执行的裁定，送达当事人后立即生效。

最高人民法院
关于适用《中华人民共和国民事诉讼法》的解释

2015 年 1 月 30 日　　法释〔2015〕5 号

第三百九十六条　人民法院对已经发生法律效力的判决、裁定、调解书依法决定再审，依照民事诉讼法第二百零六条规定，需要中止执行的，应当在再审裁定中同时写明中止原判决、裁定、调解书的执行；情况紧急的，可以将中止执行裁定口头通知负责执行的人民法院，并在通知后十日内发出裁定书。

第四百零六条　再审审理期间，有下列情形之一的，可以裁定终结再审程序：

（一）再审申请人在再审期间撤回再审请求，人民法院准许的；

（二）再审申请人经传票传唤，无正当理由拒不到庭的，或者未经法庭许可中途退庭，按撤回再审请求处理的；

（三）人民检察院撤回抗诉的；

（四）有本解释第四百零二条第一项至第四项规定情形的。

因人民检察院提出抗诉裁定再审的案件，申请抗诉的当事人有前款规定的情形，且不损害国家利益、社会公共利益或者他人合法权益的，人民法院应当裁定终结再审程序。

再审程序终结后，人民法院裁定中止执行的原生效判决自动恢复执行。

第四百六十五条　案外人对执行标的提出的异议，经审查，按照下列情形分别处理：

（一）案外人对执行标的不享有足以排除强制执行的权益的，裁定驳回其异议；

（二）案外人对执行标的享有足以排除强制执行的权益的，裁定中止执行。

驳回案外人执行异议裁定送达案外人之日起十五日内，人民法院不得对执行标的进行处分。

第四百六十六条　申请执行人与被执行人达成和解协议后请求中止执行或者撤回执行申请的，人民法院可以裁定中止执行或者终结执行。

第五百一十三条　在执行中，作为被执行

人的企业法人符合企业破产法第二条第一款规定情形的，执行法院经申请执行人之一或者被执行人同意，应当裁定中止对该被执行人的执行，将执行案件相关材料移送被执行人住所地人民法院。

第五百一十四条 被执行人住所地人民法院应当自收到执行案件相关材料之日起三十日内，将是否受理破产案件的裁定告知执行法院。不予受理的，应当将相关案件材料退回执行法院。

第五百一十五条 被执行人住所地人民法院裁定受理破产案件的，执行法院应当解除对被执行人财产的保全措施。被执行人住所地人民法院裁定宣告被执行人破产的，执行法院应当裁定终结对该被执行人的执行。

被执行人住所地人民法院不受理破产案件的，执行法院应当恢复执行。

最高人民法院
关于人民法院执行工作若干问题的规定（试行）

1998年7月8日　　法释〔1998〕15号

102. 有下列情形之一的，人民法院应当依照民事诉讼法第二百三十二条[①]第一款第五项的规定裁定中止执行：

（1）人民法院已受理以被执行人为债务人的破产申请的；

（2）被执行人确无财产可供执行的；

（3）执行的标的物是其他法院或仲裁机构正在审理的案件争议标的物，需要等待该案件审理完毕确定权属的；

（4）一方当事人申请执行仲裁裁决，另一方当事人申请撤销仲裁裁决的；

（5）仲裁裁决的被申请执行人依据民事诉讼法第二百一十三条[②]第二款的规定向人民法

院提出不予执行请求，并提供适当担保的。

103. 按照审判监督程序提审或再审的案件，执行机构根据上级法院或本院作出的中止执行裁定书中止执行。

104. 中止执行的情形消失后，执行法院可以根据当事人的申请或依职权恢复执行。

恢复执行应当书面通知当事人。

106. 中止执行和终结执行的裁定书应当写明中止或终结执行的理由和法律依据。

107. 人民法院执行生效法律文书，一般应当在立案之日起六个月内执行结案，但中止执行的期间应当扣除。确有特殊情况需要延长的，由本院院长批准。

最高人民法院
关于认真贯彻仲裁法依法执行仲裁裁决的通知

1995年10月4日　　法发〔1995〕21号

二、根据国办发〔1995〕38号《关于进一步做好重新组建仲裁机构工作的通知》要求，现有仲裁机构在依法终止前受理的案件应当自该仲裁机构依法终止之日起6个月内作出仲裁裁决。因此，仲裁机构在此期间将当事人的财产保全申请提交人民法院的，人民法院应当依照民事诉讼法的有关规定作出裁决，予以受理或者驳回申请；仲裁机构在此期间按照仲裁程序作出的裁决书、调解书，一方当事人不履行，另一方当事人依照民事诉讼法的有关规定向人民法院申请执行的，受申请的人民法院应当执行。但被申请人提出证据证明裁决有民事诉讼法第二百一十三条[③]第二款和第二百五十八条[④]第一款规定的情形之一的，或者当事人提出证据证明裁决有民事诉讼法第二百五十八条第一款、《仲裁法》第五十八条规定的情形之一的，

---

① 民事诉讼法原第二百三十二条现已修改为第二百五十六条。——编者注
② 民事诉讼法原第二百一十三条现已修改为第二百三十七条。——编者注
③ 民事诉讼法原第二百一十三条现已修改为第二百三十七条。——编者注
④ 民事诉讼法原第二百五十八条现已修改为第二百七十四条，下同。——编者注

应当分别作出不予执行和撤销裁决的裁定。一方当事人申请执行,另一方当事人申请撤销裁决的,人民法院应当裁定中止执行。

最高人民法院
关于人民法院执行公开的若干规定

2006年12月23日　　法发〔2006〕35号

第十三条 人民法院依职权对案件中止执行的,应当制作裁定书并送达当事人。裁定书应当说明中止执行的理由,并明确援引相应的法律依据。

对已经中止执行的案件,人民法院应当告知当事人中止执行案件的管理制度、申请恢复执行或者人民法院依职权恢复执行的条件和程序。

中央政法委　最高人民法院
关于规范集中清理执行积案结案标准的通知

2009年3月19日　　法发〔2009〕15号

三、对有财产可供执行的案件,应依法按规定结案;对无财产可供执行的案件,可按下列条件和方式结案。

5. 中止执行的案件,不得作结案处理。

人民法院办理执行案件规范

2017年4月

100.【应当中止执行的情形】

具有下列情形之一的,人民法院应当裁定中止执行:

(一)申请执行人表示可以延期执行的;

(二)案外人对执行标的提出确有理由的异议的;

(三)作为一方当事人的公民死亡,需要等待继承人继承权利或者承担义务的;

(四)作为一方当事人的法人或者其他组织终止,尚未确定权利义务承受人的;

(五)人民法院已受理以被执行人为债务人的破产申请的,或者依据《最高人民法院关于适用〈中华人民共和国民事诉讼法〉的解释》第五百一十三条规定,将案件移送破产审查的;

(六)执行的标的物是法院或者仲裁机构正在审理的案件所争议的标的物,需要等待该案件审理终结确定权属的;

(七)一方当事人申请执行仲裁裁决,另一方当事人申请撤销仲裁裁决的;

(八)仲裁裁决的被申请人向人民法院提出不予执行请求,并提供适当担保的;

(九)执行依据按审判监督程序决定再审的,但追索赡养费、扶养费、抚育费、抚恤金、医疗费用、劳动报酬等案件,可以不中止执行的除外;

(十)执行过程中发现有非法集资犯罪嫌疑的,或者执行标的物属于公安机关、人民检察院、人民法院侦查、起诉、审理非法集资刑事案件的涉案财物的;

(十一)人民法院认为应当中止执行的其他情形。

101.【可以中止执行的情形】

具有下列情形之一的,人民法院可以裁定中止执行:

(一)人民法院受理第三人撤销之诉案件后,该第三人提供相应担保,请求中止原生效判决、裁定、调解书执行的;

(二)申请执行人与被执行人达成和解协议后请求中止执行的。

102.【中止执行裁定】

中止执行应当依法制作裁定书,载明中止执行的事由和依据,并送达当事人。中止执行的裁定,送达当事人后立即生效。

103.【中止执行后的恢复执行】

中止执行的情形消失后,执行法院可以根据当事人的申请或依职权恢复执行。

恢复执行应当书面通知当事人。

104.【中止执行期间的续封】

中止执行期间,因查封、扣押、冻结期限

届满需要对执行标的物办理续行查封、扣押、冻结手续的,执行法院应当根据申请执行人的申请办理续行查封、扣押、冻结手续,也可以依职权办理续行查封、扣押、冻结手续。

105.【中止执行期间异议的处理】

中止执行期间,当事人、利害关系人依据民事诉讼法第二百二十五条的规定提出异议,或者案外人依据民事诉讼法第二百二十七条的规定提出异议的,执行法院应当依法进行审查并作出裁定。

106.【中止执行期间当事人的变更、追加】

中止执行期间,申请执行人或其继承人、权利承受人申请变更、追加执行当事人的,执行法院应当依法审查并作出处理。

中止执行的案件恢复执行是否应重新立案

问题:某法院在对中止执行案件恢复执行立案上存在两种不同的意见。一种意见认为,中止执行案件恢复执行不需要重新立案,依据是最高人民法院《关于人民法院执行工作若干问题的规定(试行)》第104条之规定。另一种意见是,中止执行的案件恢复执行应当重新立案,理由是中止执行的案件已做结案处理,若对已做结案处理的中止执行案件恢复执行不新立案号,执行效率难以体现。

《人民司法》研究组认为:第一种意见是正确的。《民事诉讼法》第234条①第2款规定:"中止执行的情形消失后,恢复执行。"最高人民法院《关于人民法院执行工作若干问题的规定(试行)》第104条规定:"中止执行的情形消失后,执行法院可以根据当事人的申请或依职权恢复执行。"恢复执行是对原已中止的执行程序的继续,不需要重新立案,也不需要另外制作裁定撤销原中止执行的裁定。从恢复执行程序开始,原中止执行的裁定就失去了效力,以前所进行的一切执行活动仍然有效。②

第二节 终结本次执行程序

最高人民法院
关于适用《中华人民共和国民事诉讼法》的解释

2015年1月30日 法释〔2015〕5号

第五百一十九条 经过财产调查未发现可供执行的财产,在申请执行人签字确认或者执行法院组成合议庭审查核实并经院长批准后,可以裁定终结本次执行程序。

依照前款规定终结执行后,申请执行人发现被执行人有可供执行财产的,可以再次申请执行。再次申请不受申请执行时效期间的限制。

最高人民法院
关于严格规范终结本次执行程序的规定(试行)

2016年10月29日 法〔2016〕373号

为严格规范终结本次执行程序,维护当事人的合法权益,根据《中华人民共和国民事诉讼法》及有关司法解释的规定,结合人民法院执行工作实际,制定本规定。

第一条 人民法院终结本次执行程序,应当同时符合下列条件:

(一)已向被执行人发出执行通知、责令被执行人报告财产;

(二)已向被执行人发出限制消费令,并将符合条件的被执行人纳入失信被执行人名单;

(三)已穷尽财产调查措施,未发现被执行

---

① 民事诉讼法原第二百三十四条现已修改为第二百五十六条。——编者注
② 载《人民司法》2002年第12期。

人有可供执行的财产或者发现的财产不能处置；

（四）自执行案件立案之日起已超过三个月；

（五）被执行人下落不明的，已依法予以查找；被执行人或者其他人妨害执行的，已依法采取罚款、拘留等强制措施，构成犯罪的，已依法启动刑事责任追究程序。

第二条 本规定第一条第一项中的"责令被执行人报告财产"，是指应当完成下列事项：

（一）向被执行人发出报告财产令；

（二）对被执行人报告的财产情况予以核查；

（三）对逾期报告、拒绝报告或者虚假报告的被执行人或者相关人员，依法采取罚款、拘留等强制措施，构成犯罪的，依法启动刑事责任追究程序。

人民法院应当将财产报告、核实及处罚的情况记录入卷。

第三条 本规定第一条第三项中的"已穷尽财产调查措施"，是指应当完成下列调查事项：

（一）对申请执行人或者其他人提供的财产线索进行核查；

（二）通过网络执行查控系统对被执行人的存款、车辆及其他交通运输工具、不动产、有价证券等财产情况进行查询；

（三）无法通过网络执行查控系统查询本款第二项规定的财产情况的，在被执行人住所地或者可能隐匿、转移财产所在地进行必要调查；

（四）被执行人隐匿财产、会计账簿等资料且拒不交出的，依法采取搜查措施；

（五）经申请执行人申请，根据案件实际情况，依法采取审计调查、公告悬赏等调查措施；

（六）法律、司法解释规定的其他财产调查措施。

人民法院应当将财产调查情况记录入卷。

第四条 本规定第一条第三项中的"发现的财产不能处置"，包括下列情形：

（一）被执行人的财产经法定程序拍卖、变卖未成交，申请执行人不接受抵债或者依法不能交付其抵债，又不能对该财产采取强制管理等其他执行措施的；

（二）人民法院在登记机关查封的被执行人车辆、船舶等财产，未能实际扣押的。

第五条 终结本次执行程序前，人民法院应当将案件执行情况、采取的财产调查措施、被执行人的财产情况、终结本次执行程序的依据及法律后果等信息告知申请执行人，并听取其对终结本次执行程序的意见。

人民法院应当将申请执行人的意见记录入卷。

第六条 终结本次执行程序应当制作裁定书，载明下列内容：

（一）申请执行的债权情况；

（二）执行经过及采取的执行措施、强制措施；

（三）查明的被执行人财产情况；

（四）实现的债权情况；

（五）申请执行人享有要求被执行人继续履行债务及依法向人民法院申请恢复执行的权利，被执行人负有继续向申请执行人履行债务的义务。

终结本次执行程序裁定书送达申请执行人后，执行案件可以作结案处理。人民法院进行相关统计时，应当对以终结本次执行程序方式结案的案件与其他方式结案的案件予以区分。

终结本次执行程序裁定书应当依法在互联网上公开。

第七条 当事人、利害关系人认为终结本次执行程序违反法律规定的，可以提出执行异议。人民法院应当依照民事诉讼法第二百二十五条的规定进行审查。

第八条 终结本次执行程序后，被执行人应当继续履行生效法律文书确定的义务。被执行人自动履行完毕的，当事人应当及时告知执行法院。

第九条 终结本次执行程序后，申请执行人发现被执行人有可供执行财产的，可以向执行法院申请恢复执行。申请恢复执行不受申请执行时效期间的限制。执行法院核查属实的，应当恢复执行。

终结本次执行程序后的五年内，执行法院应当每六个月通过网络执行查控系统查询一次被执行人的财产，并将查询结果告知申请执行人。符合恢复执行条件的，执行法院应当及时恢复执行。

第十条　终结本次执行程序后，发现被执行人有可供执行财产，不立即采取执行措施可能导致财产被转移、隐匿、出卖或者毁损的，执行法院可以依申请执行人申请或依职权立即采取查封、扣押、冻结等控制性措施。

第十一条　案件符合终结本次执行程序条件，又符合移送破产审查相关规定的，执行法院应当在作出终结本次执行程序裁定的同时，将执行案件相关材料移送被执行人住所地人民法院进行破产审查。

第十二条　终结本次执行程序裁定书送达申请执行人以后，执行法院应当在七日内将相关案件信息录入最高人民法院建立的终结本次执行程序案件信息库，并通过该信息库统一向社会公布。

第十三条　终结本次执行程序案件信息库记载的信息应当包括下列内容：

（一）作为被执行人的法人或者其他组织的名称、住所地、组织机构代码及其法定代表人或者负责人的姓名，作为被执行人的自然人的姓名、性别、年龄、身份证件号码和住址；

（二）生效法律文书的制作单位和文号，执行案号、立案时间、执行法院；

（三）生效法律文书确定的义务和被执行人的履行情况；

（四）人民法院认为应当记载的其他事项。

第十四条　当事人、利害关系人认为公布的终结本次执行程序案件信息错误的，可以向执行法院申请更正。执行法院审查属实的，应当在三日内予以更正。

第十五条　终结本次执行程序后，人民法院已对被执行人依法采取的执行措施和强制措施继续有效。

第十六条　终结本次执行程序后，申请执行人申请延长查封、扣押、冻结期限的，人民法院应当依法办理续行查封、扣押、冻结手续。

终结本次执行程序后，当事人、利害关系人申请变更、追加执行当事人，符合法定情形的，人民法院应予支持。变更、追加被执行人后，申请执行人申请恢复执行的，人民法院应予支持。

第十七条　终结本次执行程序后，被执行人或者其他人妨害执行的，人民法院可以依法予以罚款、拘留；构成犯罪的，依法追究刑事责任。

第十八条　有下列情形之一的，人民法院应当在三日内将案件信息从终结本次执行程序案件信息库中屏蔽：

（一）生效法律文书确定的义务执行完毕的；

（二）依法裁定终结执行的；

（三）依法应予屏蔽的其他情形。

第十九条　本规定自2016年12月1日起施行。

中央政法委　最高人民法院
关于规范集中清理执行积案结案标准的通知

2009年3月19日　　法发〔2009〕15号

三、对有财产可供执行的案件，应依法按规定结案；对无财产可供执行的案件，可按下列条件和方式结案。

8. 无财产可供执行的案件，执行程序在一定期间无法继续进行，且有下列情形之一的，经合议庭评议，可裁定终结本次执行程序后结案：

（1）被执行人确无财产可供执行，申请执行人书面同意人民法院终结本次执行程序的；

（2）因被执行人无财产而中止执行满两年，经查证被执行人确无财产可供执行的；

（3）申请执行人明确表示提供不出被执行人的财产或财产线索，并在人民法院穷尽财产调查措施之后对人民法院认定被执行人无财产可供执行书面表示认可的；

（4）被执行人的财产无法拍卖变卖，或者动产经两次拍卖、不动产或其他财产权经三次拍卖仍然流拍，申请执行人拒绝接受或者依法不能交付其抵债，经人民法院穷尽财产调查措施，被执行人确无其他财产可供执行的；

（5）作为被执行人的企业法人被撤销、注销、吊销营业执照或者歇业后既无财产可供执行，又无义务承受人，也没有能够依法追加变更执行主体的；

（6）经人民法院穷尽财产调查措施，被执行人确无财产可供执行或虽有财产但不宜强制执行，当事人达成分期履行和解协议的；

（7）被执行人确无财产可供执行，申请执行人属于特困群体，执行法院已经给予其适当救助资金的。

9. 裁定终结本次执行程序的，应当符合下列要求：

（1）裁定书中应当载明执行标的总额、已经执行的债权数额和剩余的债权数额，并写明申请执行人在具备执行条件时，可以向有管辖权的人民法院申请执行剩余债权。

（2）执行法院终结本次执行程序，在下达裁定前应当告知申请执行人。申请执行人对终结本次执行程序有异议的，执行法院应当另行派员组织当事人就被执行人是否有财产可供执行进行听证；申请执行人提供被执行人财产线索的，执行法院应当就其提供的线索重新调查核实，发现被执行人有财产可供执行的，应当继续执行。

10. 裁定终结本次执行程序后，如发现被执行人有财产可供执行的，申请执行人可以再次提出执行申请。申请执行人再次提出执行申请不受申请执行期间的限制。

申请执行人申请或者人民法院依职权恢复执行的，应当重新立案。

人民法院办理执行案件规范

2017年4月

107.【终结本次执行程序的条件】

执行法院终结本次执行程序，应当同时符合下列条件：

（一）已向被执行人发出执行通知、责令被执行人报告财产；

（二）已向被执行人发出限制消费令，并将符合条件的被执行人纳入失信被执行人名单；

（三）已穷尽财产调查措施，未发现被执行人有可供执行的财产或者发现的财产不能处置；

（四）自执行案件立案之日起已超过三个月；

（五）被执行人下落不明的，已依法予以查找；被执行人或者其他人妨害执行的，已依法采取罚款、拘留等强制措施，构成犯罪的，已依法启动刑事责任追究程序。

108.【"责令被执行人报告财产"应完成事项】

本规范第107条第一项中的"责令被执行人报告财产"，是指应当完成下列事项：

（一）向被执行人发出报告财产令；

（二）对被执行人报告的财产情况予以核查；

（三）对逾期报告、拒绝报告或者虚假报告的被执行人或者相关人员，依法采取罚款、拘留等强制措施，构成犯罪的，依法启动刑事责任追究程序。

人民法院应当将财产报告、核实及处罚的情况记录入卷。

109.【"穷尽财产调查措施"应完成事项】

本规范第107条第三项中的"已穷尽财产调查措施"，是指应当完成下列调查事项：

（一）对申请执行人或者其他人提供的财产线索进行核查；

（二）通过网络执行查控系统对被执行人的存款、车辆及其他交通运输工具、不动产、有价证券等财产情况进行查询；

（三）无法通过网络执行查控系统查询本款第二项规定的财产情况的，在被执行人住所地或者可能隐匿、转移财产所在地进行必要调查；

（四）被执行人隐匿财产、会计账簿等资料且拒不交出的，依法采取搜查措施；

（五）经申请执行人申请，根据案件实际情况，依法采取审计调查、公告悬赏等调查措施；

（六）法律、司法解释规定的其他财产调查措施。

人民法院应当将财产调查情况记录入卷。

110.【"发现的财产不能处置"情形】

本规范第107条第三项中的"发现的财产

不能处置",包括下列情形:

(一)被执行人的财产经法定程序拍卖、变卖未成交,申请执行人不接受抵债或者依法不能交付其抵债,又不能对该财产采取强制管理等其他执行措施的;

(二)人民法院在登记机关查封的被执行人车辆、船舶等财产,未能实际扣押的。

111.【申请执行人意见的听取】

终结本次执行程序前,人民法院应当将案件执行情况、采取的财产调查措施、被执行人的财产情况、终结本次执行程序的依据及法律后果等信息告知申请执行人,并听取其对终结本次执行程序的意见。

人民法院应当将申请执行人的意见记录入卷。

112.【终结本次执行程序的审批】

经过财产调查未发现可供执行的财产,在申请执行人签字确认或者执行法院组成合议庭审查核实并经院长批准后,可以裁定终结本次执行程序。

113.【终结本次执行程序裁定内容】

终结本次执行程序应当制作裁定书,载明下列内容:

(一)申请执行的债权情况;

(二)执行经过及采取的执行措施、强制措施;

(三)查明的被执行人财产情况;

(四)实现的债权情况;

(五)申请执行人享有要求被执行人继续履行债务及依法向人民法院申请恢复执行的权利,被执行人负有继续向申请执行人履行债务的义务。

终结本次执行程序裁定书送达申请执行人后,执行案件可以作结案处理。人民法院进行相关统计时,应当对以终结本次执行程序方式结案的案件与其他方式结案的案件予以区分。

终结本次执行程序裁定书应当依法在互联网上公开。

114.【终结本次执行程序的异议】

当事人、利害关系人认为终结本次执行程序违反法律规定的,可以提出执行异议。人民法院应当依照民事诉讼法第二百二十五条的规定进行审查。

115.【终结本次执行程序后的继续履行】

终结本次执行程序后,被执行人应当继续履行生效法律文书确定的义务。被执行人自动履行完毕的,当事人应当及时告知执行法院。

116.【恢复执行及财产的定期查询】

终结本次执行程序后,申请执行人发现被执行人有可供执行财产的,可以向执行法院申请恢复执行。申请恢复执行不受申请执行时效期间的限制。执行法院核查属实的,应当恢复执行。

终结本次执行程序后的五年内,执行法院应当每六个月通过网络执行查控系统查询一次被执行人的财产,并将查询结果告知申请执行人。符合恢复执行条件的,执行法院应当及时恢复执行。

117.【发现财产的立即控制】

终结本次执行程序后,发现被执行人有可供执行财产,不立即采取执行措施可能导致财产被转移、隐匿、出卖或者毁损的,执行法院可以依申请执行人申请或依职权立即采取查封、扣押、冻结等控制性措施。

118.【终结本次执行程序与移送破产】

案件符合终结本次执行程序条件,又符合移送破产审查相关规定的,执行法院应当在作出终结本次执行程序裁定的同时,将执行案件相关材料移送被执行人住所地人民法院进行破产审查。

119.【终结本次执行程序信息库及信息的公开】

终结本次执行程序裁定书送达申请执行人以后,执行法院应当在七日内将相关案件信息录入最高人民法院建立的终结本次执行程序案件信息库,并通过该信息库统一向社会公布。

终结本次执行程序案件信息库记载的信息应当包括下列内容:

(一)作为被执行人的法人或者其他组织的名称、住所地、组织机构代码及其法定代表人或者负责人的姓名,作为被执行人的自然人的姓名、性别、年龄、身份证件号码和住址;

(二)生效法律文书的制作单位和文号,执行案号、立案时间、执行法院;

（三）生效法律文书确定的义务和被执行人的履行情况；

（四）人民法院认为应当记载的其他事项。

120.【错误信息的更正】

当事人、利害关系人认为公布的终结本次执行程序案件信息错误的，可以向执行法院申请更正。执行法院审查属实的，应当在三日内予以更正。

121.【执行和强制措施效力的延续】

终结本次执行程序后，执行法院已对被执行人依法采取的执行措施和强制措施继续有效。

122.【续封和当事人的变更追加】

终结本次执行程序后，申请执行人申请延长查封、扣押、冻结期限的，人民法院应当依法办理续行查封、扣押、冻结手续。

终结本次执行程序后，当事人、利害关系人申请变更、追加执行当事人，符合法定情形的，人民法院应予支持。变更、追加被执行人后，申请执行人申请恢复执行的，人民法院应予支持。

123.【终结本次执行程序后妨害执行的处理】

终结本次执行程序后，被执行人或者其他人妨害执行的，人民法院可以依法予以罚款、拘留；构成犯罪的，依法追究刑事责任。

124.【终结本次执行程序信息的屏蔽】

有下列情形之一的，人民法院应当在三日内将案件信息从终结本次执行程序案件信息库中屏蔽：

（一）生效法律文书确定的义务执行完毕的；

（二）依法裁定终结执行的；

（三）依法应予屏蔽的其他情形。

第三节　终结执行

中华人民共和国民事诉讼法

2017 年 6 月 27 日

第二百五十七条　有下列情形之一的，人民法院裁定终结执行：

（一）申请人撤销申请的；

（二）据以执行的法律文书被撤销的；

（三）作为被执行人的公民死亡，无遗产可供执行，又无义务承担人的；

（四）追索赡养费、扶养费、抚育费案件的权利人死亡的；

（五）作为被执行人的公民因生活困难无力偿还借款，无收入来源，又丧失劳动能力的；

（六）人民法院认为应当终结执行的其他情形。

第二百五十八条　中止和终结执行的裁定，送达当事人后立即生效。

最高人民法院
关于适用《中华人民共和国民事诉讼法》的解释

2015 年 1 月 30 日　　法释〔2015〕5 号

第四百六十六条　申请执行人与被执行人达成和解协议后请求中止执行或者撤回执行申请的，人民法院可以裁定中止执行或者终结执行。

第五百一十三条　在执行中，作为被执行人的企业法人符合企业破产法第二条第一款规定情形的，执行法院经申请执行人之一或者被执行人同意，应当裁定中止对该被执行人的执行，将执行案件相关材料移送被执行人住所地人民法院。

第五百一十四条　被执行人住所地人民法院应当自收到执行案件相关材料之日起三十日内，将是否受理破产案件的裁定告知执行法院。不予受理的，应当将相关案件材料退回执行法院。

第五百一十五条　被执行人住所地人民法院裁定受理破产案件的，执行法院应当解除对被执行人财产的保全措施。被执行人住所地人民民法院裁定宣告被执行人破产的，执行法院应当裁定终结对该被执行人的执行。

被执行人住所地人民法院不受理破产案件的，执行法院应当恢复执行。

最高人民法院
关于人民法院执行工作若干问题的规定（试行）

1998年7月8日　　法释〔1998〕15号

105. 在执行中，被执行人被人民法院裁定宣告破产的，执行法院应当依照民事诉讼法第二百三十三条①第六项的规定，裁定终结执行。

106. 中止执行和终结执行的裁定书应当写明中止或终结执行的理由和法律依据。

最高人民法院
关于人民法院执行公开的若干规定

2006年12月23日　　法发〔2006〕35号

第十四条 人民法院依职权对据以执行的生效法律文书终结执行的，应当公开听证，但申请执行人没有异议的除外。

终结执行应当制作裁定书并送达双方当事人。裁定书应当充分说明终结执行的理由，并明确援引相应的法律依据。

最高人民法院
关于法〔2001〕12号通知第二条如何适用的请示的答复

2003年9月8日　　〔2003〕民二他字第33号

北京市高级人民法院：

你院送来京高发〔2003〕198号《关于法〔2001〕12号通知第二条如何适用的请示》收悉。经研究，答复如下：

一、根据法〔2001〕12号通知第二条的规定，凡以中国人民银行批准进行重组和决定撤销、关闭的信托投资公司为被告的案件，已经审理终结的，应告知当事人持生效法律文书向实施撤销或者停业整顿的信托投资公司的清算组申报债权。当事人申请执行的，人民法院应不予受理。已受理的执行案件作终结执行处理。

二、属于第九批撤销名单中的信托投资公司，同样适用法〔2001〕12号通知的规定。

此复。

最高人民法院执行工作办公室
关于破产和解后以破产债务人为被执行人的案件能否继续执行的答复

2007年3月9日　　法（执）明传〔2007〕10号

湖南省高级人民法院：

关于黑龙江省牡丹江市中级人民法院受理黑龙江圣方科技股份有限公司（简称圣方科技公司）破产案件后，你院继续执行中科软件集团有限公司（简称中科软件公司）诉圣方科技公司一案问题，我院曾向你院发出法（执）明传〔2006〕48号明传，要求你院撤销执行裁定。后你院又报来《关于执行黑龙江圣方科技股份有限公司欠款纠纷一案的情况汇报》，认为应当继续执行。并请求我院进行协调。经研究，答复如下：

牡丹江中院破产案件终结，是因为债权人会议通过了和解协议并执行完毕，债务人圣方科技公司按照和解协议规定的条件清偿了债务，破产原因消除。经破产法院裁定认可的和解协议，对债务人和全体债权人均有约束力。中科软件公司参加了破产程序，依法应当受该和解协议的约束。破产和解是债务人破产再生程序，

---

① 民事诉讼法原第二百三十三条现已修改为第二百五十七条。——编者注

和解协议执行完毕后，其法人资格仍存续，但不再承担和解协议规定以外的债务的清偿责任。对此，当时法律虽无明文规定，但参照新企业破产法，应作此理解。此种情况下圣方科技公司未被宣告破产，并保留主体资格，这一点不能成为你院恢复执行的理由。在牡丹江中院裁定终结破产程序后，你院应当裁定对圣方科技公司执行终结。

对于中科软件公司权益的保护问题。首先，依和解协议中科软件公司应当受偿的款项，据反映现由长沙中院为执行以中科软件公司为债务人的案件，而予以冻结。如该款项解冻，则可通过破产清算组领取。其次，终结对圣方科技公司的执行，并不妨碍其按照你院判决第二项，对于同案中另外二被告质押给中科软件公司的共1.8亿元股权行使优先受偿权。至于中科软件公司对牡丹江中院在破产程序中涉及其权益处理的异议，应当通过对破产裁定的申诉或其他适当途径解决，而不应由你院再启动执行程序解决。

[提示] 终结执行裁定因未送达被执行人而未发生法律效力，案件可继续执行

最高人民法院执行局 关于恒丰银行与达隆公司借款合同纠纷执行一案中有关法律问题的请示的答复

2011年5月27日 〔2011〕执他字第2号

山东省高级人民法院：

你院〔2010〕鲁执复字第41号《关于恒丰银行与达隆公司借款合同纠纷执行一案中有关法律问题的请示》收悉。经研究，现提出以下处理意见：

烟台市中级人民法院（以下简称烟台中院）的终结执行裁定因未送达被执行人，并未发生法律效力。烟台中院继续执行于法有据。但达隆公司总经理被关押期间，达隆公司公章、营业执照被查封扣押期间和另案错误执行期间的利息损失均非恒丰银行的过错造成，达隆公司依法应当承担迟延履行期间的给债权人造成的利息损失，对此问题，达隆公司可另行主张权利。

另，烟台中院扣划的2850万元款项中包括烟台经济技术开发区人民法院（以下简称烟台开发区法院）裁定保全的款项，因烟台开发区法院的案件尚未作出判决，直接予以扣划错误，应当立即返还其保全的账户中。

此复。

人民法院办理执行案件规范

2017年4月

125.【终结执行的情形】

具有下列情形之一的，人民法院应当裁定终结执行：

（一）申请人撤销申请的；

（二）当事人双方达成和解协议，申请执行人撤回执行申请的；

（三）据以执行的法律文书被撤销的；

（四）作为被执行人的公民死亡，无遗产可供执行，又无义务承担人的；

（五）追索赡养费、扶养费、抚育费案件的权利人死亡的；

（六）作为被执行人的公民因生活困难无力偿还借款，无收入来源，又丧失劳动能力的；

（七）被执行人被人民法院裁定宣告破产的；

（八）被执行人在破产程序中与全体债权人达成破产和解协议经破产法院确认并已履行完毕的；

（九）作为被执行人的企业法人或其他组织被撤销、注销、吊销营业执照或者歇业、终止后既无财产可供执行，又无义务承受人，也没有能够依法追加变更执行主体的；

（十）案件被上级人民法院裁定提级执行或者指定由其他法院执行的；

（十一）按照《最高人民法院关于委托执行若干问题的规定》，办理了委托执行手续，且收到受托法院立案通知书的；

（十二）特定物的执行中，特定物毁损、灭失，双方当事人对折价赔偿又不能协商一致的；

（十三）依照刑法第五十三条规定免除缴纳罚金的；

（十四）行政执行标的灭失的；

（十五）人民法院认为应当终结执行的其他情形。

126.【终结执行裁定】

除本规范第125条第十项、第十一项规定的情形外，终结执行应当依法制作裁定书，载明终结执行的事由和法律依据，并送达当事人。终结执行的裁定，送达当事人后立即生效。

执行法院在送达终结执行裁定书时应同时告知当事人、利害关系人自收到裁定之日起六十日内可以依照民事诉讼法第二百二十五条规定对终结执行行为提出异议。当事人、利害关系人未收到法律文书的，应当自知道或者应当知道人民法院终结执行之日起六十日内提出。超出期限提出执行异议的，人民法院不予受理。

127.【终结执行后的再次申请执行】

依照本规范第125条规定终结执行的案件，申请执行的条件具备时，申请执行人申请恢复执行的，人民法院应当恢复执行。

因撤销申请而终结执行后，当事人在本规范第22条第一款、第二款规定的申请执行时效期间内再次申请执行的，人民法院应当受理。

因达成和解协议而撤回执行申请的，申请执行人申请恢复原生效法律文书的执行，应符合本规范第六章执行和解部分的相关规定。

128.【执行程序终结后对已执行标的妨害行为的处理】

在执行终结六个月内，被执行人或者其他人对已执行的标的有妨害行为的，人民法院可以依申请排除妨害，并可以依照民事诉讼法第一百一十一条规定进行处罚。因妨害行为给执行债权人或者其他人造成损失的，受害人可以另行起诉。

第四节 暂缓执行

中华人民共和国民事诉讼法

2017年6月27日

第二百三十一条 在执行中，被执行人向人民法院提供担保，并经申请执行人同意的，人民法院可以决定暂缓执行及暂缓执行的期限。被执行人逾期仍不履行的，人民法院有权执行被执行人的担保财产或者担保人的财产。

最高人民法院
关于适用《中华人民共和国民事诉讼法》的解释

2015年1月30日　法释〔2015〕5号

第四百六十九条 人民法院依照民事诉讼法第二百三十一条规定决定暂缓执行的，如果担保是有期限的，暂缓执行的期限应当与担保期限一致，但最长不得超过一年。被执行人或者担保人对担保的财产在暂缓执行期间有转移、隐藏、变卖、毁损等行为的，人民法院可以恢复强制执行。

第四百七十条 根据民事诉讼法第二百三十一条规定向人民法院提供执行担保的，可以由被执行人或者他人提供财产担保，也可以由他人提供保证。担保人应当具有代为履行或者代为承担赔偿责任的能力。

他人提供执行保证的，应当向执行法院出具保证书，并将保证书副本送交申请执行人。被执行人或者他人提供财产担保的，应当参照物权法、担保法的有关规定办理相应手续。

第四百七十一条 被执行人在人民法院决定暂缓执行的期限届满后仍不履行义务的，人民法院可以直接执行担保财产，或者裁定执行担保人的财产，但执行担保人的财产以担保人应当履行义务部分的财产为限。

最高人民法院
关于人民法院执行工作若干问题的规定（试行）

1998年7月8日　　法释〔1998〕15号

133. 上级法院在监督、指导、协调下级法院执行案件中，发现据以执行的生效法律文书确有错误的，应当书面通知下级法院暂缓执行，并按照审判监督程序处理。

134. 上级法院在申诉案件复查期间，决定对生效法律文书暂缓执行的，有关审判庭应当将暂缓执行的通知抄送执行机构。

135. 上级法院通知暂缓执行的，应同时指定暂缓执行的期限。暂缓执行的期限一般不得超过三个月。有特殊情况需要延长的，应报经院长批准，并及时通知下级法院。暂缓执行的原因消除后，应当及时通知执行法院恢复执行。期满后上级法院未通知继续暂缓执行的，执行法院可以恢复执行。

最高人民法院
关于正确适用暂缓执行措施若干问题的规定

2002年9月28日　　法发〔2002〕16号

第一条 执行程序开始后，人民法院因法定事由，可以决定对某一项或者某几项执行措施在规定的期限内暂缓实施。

执行程序开始后，除法定事由外，人民法院不得决定暂缓执行。

第二条 暂缓执行由执行法院或者其上级人民法院作出决定，由执行机构统一办理。

人民法院决定暂缓执行的，应当制作暂缓执行决定书，并及时送达当事人。

第三条 有下列情形之一的，经当事人或者其他利害关系人申请，人民法院可以决定暂缓执行：

（一）执行措施或者执行程序违反法律规定的；

（二）执行标的物存在权属争议的；

（三）被执行人对申请执行人享有抵销权的。

第四条 人民法院根据本规定第三条决定暂缓执行的，应当同时责令申请暂缓执行的当事人或者其他利害关系人在指定的期限内提供相应的担保。

被执行人或者其他利害关系人提供担保申请暂缓执行，申请执行人提供担保要求继续执行的，执行法院可以继续执行。

第五条 当事人或者其他利害关系人提供财产担保的，应当出具评估机构对担保财产价值的评估证明。

评估机构出具虚假证明给当事人造成损失的，当事人可以对担保人、评估机构另行提起损害赔偿诉讼。

第六条 人民法院在收到暂缓执行申请后，应当在十五日内作出决定，并在作出决定后五日内将决定书发送当事人或者其他利害关系人。

第七条 有下列情形之一的，人民法院可以依职权决定暂缓执行：

（一）上级人民法院已经受理执行争议案件并正在处理的；

（二）人民法院发现据以执行的生效法律文书确有错误，并正在按照审判监督程序进行审查的。

人民法院依照前款规定决定暂缓执行的，一般应由申请执行人或者被执行人提供相应的担保。

第八条 依照本规定第七条第一款第（一）项决定暂缓执行的，由上级人民法院作出决定。依照本规定第七条第一款第（二）项决定暂缓执行的，审判机构应当向本院执行机构发出暂缓执行建议书，执行机构收到建议书后，应当办理暂缓相关执行措施的手续。

第九条 在执行过程中，执行人员发现据以执行的判决、裁定、调解书和支付令确有错误的，应当依照最高人民法院《关于适用〈中华人民共和国民事诉讼法〉若干问题的意见》第258条①的规定处理。

在审查处理期间，执行机构可以报经院长决定对执行标的暂缓采取处分性措施，并通知当事人。

第十条 暂缓执行的期间不得超过三个月。因特殊事由需要延长的，可以适当延长，延长的期限不得超过三个月。

暂缓执行的期限从执行法院作出暂缓执行决定之日起计算。暂缓执行的决定由上级人民法院作出的，从执行法院收到暂缓执行决定之日起计算。

第十一条 人民法院对暂缓执行的案件，应当组成合议庭对是否暂缓执行进行审查，必要时应当听取当事人或者其他利害关系人的意见。

第十二条 上级人民法院发现执行法院对不符合暂缓执行条件的案件决定暂缓执行，或者对符合暂缓执行条件的案件未予暂缓执行的，应当作出决定予以纠正。执行法院收到该决定后，应当遵照执行。

第十三条 暂缓执行期限届满后，人民法院应当立即恢复执行。

暂缓执行期限届满前，据以决定暂缓执行的事由消灭的，如果该暂缓执行的决定是由执行法院作出的，执行法院应当立即作出恢复执行的决定；如果该暂缓执行的决定是由执行法院的上级人民法院作出的，执行法院应当将该暂缓执行事由消灭的情况及时报告上级人民法院，该上级人民法院应当在收到报告后十日内审查核实并作出恢复执行的决定。

第十四条 本规定自公布之日起施行。本规定施行后，其他司法解释与本规定不一致的，适用本规定。

最高人民法院
关于如何处理人民检察院提出的暂缓执行建议问题的批复

2000年7月10日　　法释〔2000〕16号

广东省高级人民法院：

你院粤高法民〔1998〕186号《关于检察机关对法院生效民事判决建议暂缓执行是否采纳的请示》收悉。经研究，答复如下：

根据《中华人民共和国民事诉讼法》的规定，人民检察院对人民法院生效民事判决提出暂缓执行的建议没有法律依据。

此复。

人民法院办理执行案件规范

2017年4月

80.【暂缓执行】

人民法院依照本规范第77条规定决定暂缓执行的，如果担保是有期限的，暂缓执行的期限应当与担保期限一致，但最长不得超过一年。被执行人或者担保人对担保的财产在暂缓执行期间有转移、隐藏、变卖、毁损等行为的，人民法院可以恢复强制执行。

89.【暂缓执行的一般规定】

执行程序开始后，人民法院可以因法定事由决定对某一项或者某几项执行措施在规定的期限内暂缓实施。非因法定事由不得决定暂缓执行。

90.【暂缓决定的作出】

暂缓执行由执行法院或者其上级人民法院执行机构作出决定。人民法院决定暂缓执行的，

---

① 第二百五十八条已被最高人民法院《关于适用〈中华人民共和国民事诉讼法〉的解释》（法释〔2015〕5号）废止。——编者注

应当制作暂缓执行决定书，并及时送达当事人。

91.【依申请暂缓执行的情形】

有下列情形之一的，经当事人或者其他利害关系人申请，人民法院可以决定暂缓执行：

（一）执行措施或者执行程序违反法律规定的；

（二）执行标的物存在权属争议的；

（三）被执行人对申请执行人享有抵销权的。

92.【暂缓执行申请的审查及处理】

人民法院在收到暂缓执行申请后，应当在十五日内作出决定，并在作出决定后五日内将决定书发送当事人或者其他利害关系人。

93.【暂缓执行的担保】

人民法院根据本规范第91条决定暂缓执行的，应当同时责令申请暂缓执行的当事人或者其他利害关系人在指定的期限内提供相应的担保。

94.【继续执行优先原则】

被执行人或者其他利害关系人提供担保申请暂缓执行，申请执行人提供担保要求继续执行的，执行法院可以继续执行。

95.【依职权暂缓执行的情形】

有下列情形之一的，人民法院可以依职权决定暂缓执行：

（一）上级人民法院已经受理执行争议案件并正在处理的；

（二）人民法院发现据以执行的生效法律文书确有错误，并正在按照审判监督程序进行审查的；

（三）当事人、利害关系人对网络司法拍卖行为提出异议的，异议、复议期间，人民法院可以决定暂缓拍卖。案外人对网络司法拍卖标的提出异议的，人民法院应决定暂缓拍卖。

人民法院依照前款第一、二项规定决定暂缓执行的，一般应由申请执行人或者被执行人提供相应的担保。

96.【暂缓执行的期限】

暂缓执行的期间不得超过三个月。因特殊事由需要延长的，可以适当延长，延长的期限不得超过三个月。

暂缓执行的期限从执行法院作出暂缓执行决定之日起计算。暂缓执行的决定由上级人民法院作出的，从执行法院收到暂缓执行决定之日起计算。

97.【暂缓执行的审查】

人民法院应当组成合议庭对是否暂缓执行进行审查并作出决定，必要时应当听取当事人或者利害关系人的意见。

98.【暂缓执行的监督】

上级人民法院发现执行法院对不符合暂缓执行条件的案件决定暂缓执行，或者对符合暂缓执行条件的案件未予暂缓执行的，应当作出决定予以纠正。执行法院收到该决定后，应当遵照执行。

99.【暂缓执行期限届满后的恢复执行】

暂缓执行期限届满后，人民法院应当立即恢复执行。

暂缓执行期限届满前，据以决定暂缓执行的事由消灭的，如果该暂缓执行的决定是由执行法院作出的，执行法院应当立即作出恢复执行的决定；如果该暂缓执行的决定是由执行法院的上级人民法院作出的，执行法院应当将该暂缓执行事由消灭的情况及时报告上级人民法院，该上级人民法院应当在收到报告后十日内审查核实并作出恢复执行的决定。

第五节 执行和解

中华人民共和国民事诉讼法

2017年6月27日

第二百三十条 在执行中，双方当事人自行和解达成协议的，执行员应当将协议内容记入笔录，由双方当事人签名或者盖章。

申请执行人因受欺诈、胁迫与被执行人达成和解协议，或者当事人不履行和解协议的，人民法院可以根据当事人的申请，恢复对原生效法律文书的执行。

最高人民法院
关于适用《中华人民共和国民事诉讼法》的解释

2015年1月30日　　法释〔2015〕5号

第四百六十六条 申请执行人与被执行人达成和解协议后请求中止执行或者撤回执行申请的，人民法院可以裁定中止执行或者终结执行。

第四百六十七条 一方当事人不履行或者不完全履行在执行中双方自愿达成的和解协议，对方当事人申请执行原生效法律文书的，人民法院应当恢复执行，但和解协议已履行的部分应当扣除。和解协议已经履行完毕的，人民法院不予恢复执行。

第四百六十八条 申请恢复执行原生效法律文书，适用民事诉讼法第二百三十九条申请执行期间的规定。申请执行期间因达成执行中的和解协议而中断，其期间自和解协议约定履行期限的最后一日起重新计算。

最高人民法院
关于人民法院执行工作若干问题的规定（试行）

1998年7月8日　　法释〔1998〕15号

86. 在执行中，双方当事人可以自愿达成和解协议，变更生效法律文书确定的履行义务主体、标的物及其数额、履行期限和履行方式。

和解协议一般应当采取书面形式。执行人员应将和解协议副本附卷。无书面协议的，执行人员应将和解协议的内容记入笔录，并由双方当事人签名或盖章。

87. 当事人之间达成的和解协议合法有效并已履行完毕的，人民法院作执行结案处理。

最高人民法院
关于适用《中华人民共和国民事诉讼法》执行程序若干问题的解释

2008年11月3日　　法释〔2008〕13号

第二十八条 申请执行时效因申请执行、当事人双方达成和解协议、当事人一方提出履行要求或者同意履行义务而中断。从中断时起，申请执行时效期间重新计算。

最高人民法院
关于应对国际金融危机做好当前执行工作的若干意见

2009年5月25日　　法发〔2009〕34号

4. 坚持和谐执行。既要加大执行力度，切实提高执行效率，尽快实现申请执行人债权，又要讲究执行艺术和方式方法，防止激化矛盾，始终坚持执行工作政治效果、法律效果和社会效果的有机统一。

5. 坚持统筹兼顾。既要依法、充分、及时地保护和实现申请执行人的合法权益，也要妥善平衡各方当事人和相关利害关系人的利益关系，兼顾对被执行人、其他利害关系人的合法权利的保护。

19. 完善执行和解机制。通过多做双方当事人的执行和解与协调工作，既维护申请执行人的合法权益，也妥善关照、处理好被执行人的实际困难，提高执行工作的社会效果；既满足申请执行人的实现债权的执行诉求，又保障被执行人正常经营发展或者正常生活。

最高人民法院
关于进一步贯彻"调解优先、调判结合"工作原则的若干意见

2010年6月7日　　法发〔2010〕16号

二、完善调解工作制度，抓好重点环节，全面推进调解工作

7. 努力做好执行案件和解工作。要进一步改进执行方式，充分运用调解手段和执行措施，积极促成执行和解，有效化解执行难题。

对被执行财产难以发现的，要充分发挥执行联动威慑机制的作用，通过限制高消费措施、被执行人报告财产制度，以及委托律师调查、强制审计、公安机关协查等方式方法，最大限度地发现被执行人的财产，敦促被执行人提出切实可行的还款计划。

对被执行人系危困、改制、拟破产企业的，要协调有关部门和被执行人，综合运用执行担保、以物抵债、债转股等方式，促成双方当事人达成执行和解协议。

最高人民法院
关于当事人在执行中达成和解协议且已履行完毕的不应恢复执行的函

1995年2月5日　　经他〔1995〕2号

广东省高级人民法院：

关于广州市国营新合企业公司（以下简称"新合公司"）与深圳市蛇口对外经济发展公司（以下简称"蛇口外经公司"）购销电冰箱合同纠纷一案的执行问题，本院经济庭曾于1994年1月6日要求你院查处，并报结果。但至今未收到你院有关处理情况的报告。新合公司清算组又多次向我院要求纠正广州市东山区法院的错误执行做法。

经审查当事人提供的材料，我院认为：新合公司与蛇口外经公司于1989年12月8日达成的以空调器抵债的和解协议已经履行完毕。蛇口外经公司提出空调器质量不合格证据不足，否认和解协议已履行完毕缺乏依据。广州市东山区法院不应恢复执行〔1989〕东法经字第231号民事判决，请你院通知广州市东山区法院终结执行。蛇口外经公司对空调器质量的异议，可由广州中院对该公司向天河区法院起诉的空调器质量纠纷一案通过审判监督程序处理。

〔提示〕执行和解协议的有效要件之一是双方当事人出于自愿并就协议内容的意思表示一致

最高人民法院
关于深圳市华旅汽车运输公司出租车牌照持有人对深圳市中级人民法院执行异议案的复函

2001年10月30日　　〔2001〕执监字第232号

广东省高级人民法院：

你院〔2001〕粤高法执监字第188号《关于深圳中院执行华旅汽车运输公司一案的复查报告》收悉。经研究，同意你院的复查意见，

现具体答复如下：

一、《最高人民法院关于适用〈中华人民共和国民事诉讼法〉若干问题的意见》第108、109条规定，诉讼中的财产保全裁定的效力一般应维持到生效的法律文书执行时止；在财产保全期内，任何单位均不得擅自解除保全措施。《最高人民法院关于人民法院执行工作若干问题的规定（试行）》第44条规定，"被执行人或其他人擅自处分已被查封、扣押、冻结财产的，人民法院有权责令责任人限期追回财产或承担相应的赔偿责任。"本案被执行人深圳市华旅汽车运输公司在诉讼保全期间内将人民法院已经查封的142块出租车营运牌照作为合同标的物以每块28万元至45万元不等的价格融资租赁给他人的行为无效。执行法院有权责令被执行人深圳市华旅汽车运输公司限期追回查封标的物（出租车营运牌照）或直接执行该标的物。

二、《最高人民法院关于人民法院执行工作若干问题的规定（试行）》第86条第1款规定："在执行程序中，双方当事人可以自愿达成执行和解协议，变更生效法律文书确定的履行义务主体、标的物及其数额、履行期限和履行方式。"依据本规定，执行和解协议的有效要件之一是双方当事人出于自愿并就协议内容的意思表示一致。而本案的各申请执行人于2001年4月29日、5月9日（拍卖前一日）两次向执行法院明确表示不同意和解并要求执行法院依法对查封标的物进行拍卖，表明本案申请执行人与被执行人之间并没有达成有效的执行和解协议。申诉人（牌照持有人）要求按所谓的和解协议执行，没有事实根据，不予支持。

三、《最高人民法院关于人民法院执行工作若干问题的规定（试行）》第47条规定："人民法院对拍卖、变卖被执行人的财产应当委托依法成立的资产评估机构进行价格评估。"据此规定，评估程序应当是人民法院拍卖、变卖被执行人财产的必经程序。本案执行法院曾于1999年12月委托深圳市国有资产评估有限公司对华旅公司所有的100个出租车营运牌照（产权证编号为：03151－03250）的权益进行评估，评估公司于同年12月16日出具《关于法院委托评估的资产评估结果报告书》。评估报告书确认：每个出租车营运牌照权益价值的评估值为45.49万元；建议拍卖保留价为40.941万元/个。评估公司出具的《评估过程说明》第5条第6项注明：本次评估报告在市场价格无较大波动情况下的有效期为半年，若超过此期限或市场价格发生较大波动时，需重新评估。后因双方当事人磋商执行和解，此次拍卖没有进行。2001年5月10日，深圳市中级法院在没有进行重新评估的情况下，合议庭决定该批出租车营运牌照的拍卖保留价为70万元/个，委托广东机电深圳拍卖行进行拍卖。我们认为，在第一次评估报告已经过期并自动失效的情况下，深圳市中级法院未经重新评估，执行合议庭合议确定拍卖保留价并委托拍卖的行为违反法定程序。鉴于该批出租车营运牌照的拍定价格大幅度高于原评估价格且已经公开拍卖完毕，可予以维持。但为维护程序公正和保证拍卖物的价格真实，应由深圳市中级法院另行指定评估机构按拍卖时的市场行情再行评估一次，如重新评估的价格未超过原拍卖价，则维持拍卖结果；如超过原拍卖价，则重新拍卖。

鉴于本案的执行涉及群体利益，故请你院接函后即督促深圳市中级法院制定详细工作方案，积极、稳妥地做好申诉人息诉工作，以维护社会稳定。

此复。

【附：案例评析】

深圳市华旅汽车运输公司出租车牌照持有人对深圳市中级人民法院执行异议案

四、深圳中院意见

1. 关于当事人是否达成和解协议的问题

在长达5年的执行期间内，法院多次召集当事人进行协商，均未达成和解协议。在拍卖前，两家债权人均表示无法和解，要求拍卖，因此法院的拍卖没有问题。

2. 关于评估报告是否过期的问题

评估报告规定的评估期限是评估人自行设定的，相关法律、法规对此没有规定。在评估至拍卖期间，市政府投放了1200辆"绿的"并下调了的士营运价格，对拍卖行情造成了一定的影响。法院在委托拍卖时，经合议庭研究决定以高于评估价70%的价格拍卖（原评估价为每块营运牌照

45.49万元),经过竞买人的竞价,均以超过深圳中院确定的底价(70万元)拍卖成交。

3. 华旅公司未进入拍卖现场被剥夺知情权的问题

拍卖时,为防止突发事件,市公安局对进入现场的人进行了控制,凡与拍卖无关的人不得进入拍卖现场,拍卖前,华旅公司未向法院或公安局提出进入拍卖现场的申请。法院并未剥夺其知情权。

综上,深圳中院认为其执行手续完备,程序合法,牌照持有人的申诉应予驳回。

五、广东高院意见

1. 原则同意深圳中院的意见。

2. 出租车营运牌照被查封后进行的买卖行为均为无效,买受人转手倒卖牟利,其行为不受法律保护。

3. 华旅公司恶意逃债,应追究其妨碍民事诉讼行为的责任对有关责任人员采取民事制裁措施直至追究刑事责任。

4. 关于评估过期问题,考虑到出租车营运牌照的价格受市场影响,应对该营运牌照再行评估,如重新评估后,评估值未超过拍卖价,维持原拍卖价,若超过原拍卖价,重新拍卖。

5. 从拍卖款项中对营运牌照的最后持有人进行适当的补偿,拟以华旅公司第一手非法转让所收取的金额的100%作为补偿的标准,不足部分,由牌照持有人向上一手追索。

6. 建议深圳市主管部门加强对出租小汽车营运的管理。

7. 深圳中院做债权人工作,在本金得到保护的前提下,利息方面争取作出让步。

六、本案的核心问题

1. 华旅公司与承包人签订的《出租小汽车融资承包合同》的性质及其效力;2. 当事人双方是否达成了执行和解协议?3. 法院是否有权审查当事人之间达成的执行和解协议?4. 评估报告是否过期、过期后将产生什么法律后果?5. 合议庭能否决定评估价格?

七、评析意见

撰稿人依本案的事实,结合合议庭讨论意见和承办人意见,提出以下评析意见:

1. 关于华旅公司与各家银行签订的"抵押贷款合同"的性质及其承包人签订的《出租小汽车融资承包合同》的效力问题

(1) "抵押贷款合同"的性质

如前所述,1994年4月至12月间,华旅公司将其所有的产权证编号为03151－03250、001－028的出租车营运牌照"抵押"给了前述各债权人,进行"抵押贷款"。在法院对华旅公司与大厦支行、盐田支行和红宝支行等3家银行的贷款合同纠纷所作的生效法律文书(包括判决书、调解书)中也确认了上述"抵押合同"关系,并判决:在借款逾期不能得到偿还时,有关债权人有权向法院申请拍卖"抵押物"——出租车营运牌照。我认为,从营运牌照本身的性质来看,将华旅公司与各家银行之间的法律关系认定为"抵押贷款"的关系是值得商榷的。理由如下:

《深圳经济特区出租小汽车管理条例》第10条规定:"出租车必须依本条例取得营运牌照后,方可从事出租业务。未取得营运牌照的小汽车不得从事出租业务。营运牌照实行一证一车制,每一营运牌照应当同其所载明的出租车牌号相符合;营运牌照设正本和副本,正本交出租车经营者持有,副本由市运政管理机关保存备查。本条例所称营运牌照,是指市运政管理机关颁发的允许从事出租车业务的经营资格证明。"依据上述规定,出租车营运牌照是由特定行业管理部门监管并颁发的、允许从事出租车业务的经营资格证明。出租车营运牌照本身并不具有财产价值,其财产价值体现在"依行业管理部门的授权,从事出租车营运业务"上。这一特征集中反映了,营运出租车是一种权利,出租车营运牌照是一种权利凭证。依据《担保法》的有关规定和物权法理论,抵押适用于不动产或特定动产(也包括当事人自愿办理抵押登记的其他财产);质押适用于动产和权利。另依《深圳经济特区出租小汽车管理条例实施细则》第27、28条规定:"营运牌照持有人可依法以营运牌照证书设定质押。但同一营运牌照证书不得设立两个以上质押。以营运牌照证书设定质押的,出质人与质权人应当订立书面合同,并向管理机构办理出质登记;质押合同自登记之日起生效。"综上所述,出租车营运牌照作为一种证明权利存在的凭证,其客体是"权利"。在出租车营运牌照上设定担保物权,应当适用《担保法》第四章第二节的有关规定——即权利质押。然而,就本案所涉"权利质押"合同是否有效的问题存在一些争议。一种观点认为:《担保法》第四章第二节规定的权利质押权使用于该法第75条及有关司法解释所规定的各项"权利"——即汇票、支票、本票、债券、存款单、仓单、提单,依法可以转让的股份、股票,依法可以转让的商标专用权,专利权、著作权中的财产权,过路、过桥的收费权等。"出租车营运牌照"的客体尽管是权利,但其没有包含在法律规定的上述各项"权利凭证"之中,基于"物权法定"原则,以"出租车营运牌照"为质物签订的权利质押合同无效。我认为这种观点是值得商榷的,理由如下:a.《担保法》尽管没有规定"出租车营运牌照"可以作为权利质押的客体,但从现有的法律、法规和司法解释看,也没有"禁止性规定"——即如果以其他权利质押,则合同无效。相反,《担保法》第75条第4项规定了权利质押扩大适用的情形,即"依法可以质押的其他权利"。依据民法理论,法律没有禁止的行为,便是适法行为(除非违反法律、妨害社会公共利益、违反善良风俗等)出租车营运牌照作为一种权利进行质押,并没有违反有关法律规定,该合同应当是有效的。b. 如前所述,依据《深圳经济特区出租小汽车管理条例》及其《实施细则》的有关规定,出租车营运牌照允许进行质押。且该规定没有与担保法的有关规定发生冲突。因此,本案所涉"质押合同"具有适法性。c. 依据《深圳经济特区出租小汽车管理条例》及其《实施细则》的有关规定,出租车营运牌照由专门机关进行行政管理;出租车营运牌照的转让、质押必须到该机关办理登记手续,否则视为转让、质押行为无效。依据上述规定,对出租车营运牌照所进行的权利质押登记是具有公示力和公信力的,其可以对抗其他任何未经登记的权利。其符合了"权利质押"的法律要件。d. 从国外立法及司法实践看,"权利质押"的适用范围非常广泛。为积极维护合同效力、充分保障市场交易安全,我们应当积极借鉴国外立法及司法的先进经验。

上述讨论仅是就"合同"的性质进行的法理分析,其对本案的最终处理结果并不产生影响。因为就本案所涉"合同"而言,无论称之为"抵押"还是"质押",无论是否经过诉讼程序,只要合同有效,权利人的优先受偿权均是要保障的。

(2) 华旅公司与承包人签订的《出租小汽车融资承包合同》的性质及效力问题。

在案件办理过程中,就《融资承包合同》的效力及是否存在"善意第三人"问题,有的人认为,融资承包合同的承包人无从知道该批"出租车营运牌照"已经被质押、被查封,其在主观上是善意的,应将其作为善意第三人予以保护;同时,根据深圳市人大、市政府的有关规定,签订《融资承包合同》无须到运输行政管理机关进行登记,因此合同是有效的。笔者不同意上述观点,理由如下:

A. 如前所述,1994年4月至12月间,华旅公司将其所有的产权证编号为03151—03250、001—028的出租车营运牌照质押给了前述各债权人,进行质押贷款。在法院对华旅公司与大厦支行、盐田支行和红宝支行等3家银行的贷款合同纠纷所作的生效法律文书(包括判决书、调解书)中也确认了上述"抵押合同"关系,并判决:在借款逾期不能得到偿还时,有关债权人有权向法院申请拍卖本案标的物——出租车营运牌照。在质押合同关系相当明确的情况下,华旅公司将质押物(营运牌照)以30~50年不等的使用年限融资承包给了承租人。依据《担保法》的有关规定,当债务人不履行债务时,质押权人有权以质物折价或者以拍卖、变卖该质物的价款优先受偿。质押人对质物的处分不得损害质押权人的利益或影响质押权人实现优先受偿权。出租车营运牌照作为一种权利,其本身是不具有财产价值的,其具有财产价值的是"依据授权营运出租车业务"的权利——即经营权。另依深圳市运输行政管理机关的授权,华旅公司对该批出租车营运牌照的经营年限为45~50年不等。现华旅公司将已经质押的出租车营运牌照的经营权以30~50年不等的使用年限一次性地卖给了融资承包的承包人,该行为名为"融资承包"实为"经营权买卖",其将直接导致质押权人的优先受偿权无法实现,损害了质押权人的利益。依据《担保法》的有关规定,华旅公司将已经质押的出租车营运牌照进行的所谓融资承包行为是非法的、无效的。

如前所述,依据《深圳经济特区出租小汽车管理条例》及其实施细则的有关规定,出租车营运牌照由深圳市运输行政管理机关进行行政管理;转让、质押出租车营运牌照应当到市运输行政管理机关办理登记手续,否则,该转让、质押行为无效。依据上述规定,承包人作为合同一方,在购买出租车营运牌照经营权时,应当具有到有关部门了解出租车营运牌照的权利状态的注意义务——即该权利是否真实、是否已经设定了其他权利、是否存在质押、查封情形等。但本案的承包人在合同签订过程中，没有尽到上述注意义务，其将该批出租车营运牌照作为一个完整的、无瑕疵的权利进行购买，结果损害了质押权人的利益，应当说其在主观上是存有重大过失的，故不能适用"善意第三人"制度。

B. 在沙河支行诉深圳市深华旅游饮食服务公司（已破产）和华旅公司借款纠纷一案中，南山区法院根据沙河支行的申请，于1995年6月6日，保全查封了华旅公司的出租车营运牌照（产权证编号：03151—03300，其中包括已经质押的128块出租车营运牌照），并将有关法律文书送达被执行人华旅公司和协助执行单位深圳营运汽车管理中心。在法院查封以后，华旅公司将已查封的（也是已抵押的）出租车营运牌照以30—50年不等的使用年限又融资承包给了承包人。依据有关法律规定及最高人民法院的有关司法解释：人民法院进行查封后，任何人均不得擅自处分查封物；未经人民法院同意擅自处分查封物的，查封物必须追回，且在其流转过程中不适用善意第三人制度。依据《最高人民法院关于人民法院执行工作若干问题的规定（试行）》第44条的规定，该《融资承包合同》无效，应当追回查封物。

2. 关于和解协议的问题

（1）关于订立和解协议的过程

深圳中院在执行本案的过程中做了大量的协调工作，期间组织了多次协调会议。申诉人主要是对深圳中院在4月29日的不同意执行和解协议的行为有异议。基于卷宗和申诉人反映材料，现将三方当事人和解过程介绍如下：自2001年4月初始，深圳中院多次组织申请执行人、华旅公司和司机代表进行协调，目的在于使各方当事人达成执行和解协议。在和解过程中（即4月13日），牌照持有人（司机）自发组织在一起，同意由其筹集资金偿还银行债务。司机代表、华旅公司与申请执行人就还款方案进行了多次协商。4月28日，协议各方按照协商意见草拟了执行和解协议（附后），并约定4月29日协议各方共同到法院，在法院的主持下签订执行和解协议。4月29日，作为债权人之一的长城资产公司发函深圳中院执行庭请求推迟拍卖至2001年5月25日。4月29日，协议各方共同来到了法院。据申诉人反映：协议各方到达法院后，法院主管领导及本案执行人员与债权人进行了单独会面，会面以后，债权人便表示：法院不同意和解协议第5条，并向债权人威胁：如果双方达成和解协议，发生第5条所述情况的，法院不予恢复执行。2001年5月10日，深圳中院委托广东机电设备深圳拍卖行对该批营运出租牌照进行了拍卖。

（2）对发生在执行和解协议过程中的有关问题的认定

A. 承包人（现牌照持有人）可否替华旅公司还款？

依据《民事诉讼法》及《最高人民法院关于〈人民法院执行工作若干问题的规定（试行）〉》的有关规定，华旅公司将已经抵押、查封的出租车营运牌照以融资承包的形式将牌照的经营权卖给承租人的行为是非法的。华旅公司与承包人之间签订的融资承包合同因违反禁止性法律、司法解释规定而自始无效。因此，牌照持有人以代华旅公司还款的方式来维护非法合同（即承包合同）的有效性的做法是不能支持的，除非债权人明确表示同意。

B. 深圳中院不同意执行和解协议第5条的做法是否合法？

华旅公司与债权人草拟的《执行和解协议》第5条规定：在乙方清偿上述全部贷款本息之前，甲、乙双方仍维持原128辆营运车牌的质押，如乙方未能按上述约定还款（和解协议要求乙方在第一次支付近1/3款项后，其余部分按每月分期缴纳），则甲方有权向深圳市中级人民法院申请恢复执行。深圳中院不同意执行和解协议第5条的理由是：牌照持有人不是案件被执行人，现在其主动愿意替华旅公司还款，但如果后期其不愿还或不能还款时，将给法院的执行带来巨大困难（因其在没有义务还款的情况下支付了大量资金，如果其在将来不愿还或不能还款时，法院再次拍卖该批营运牌照将非常困难，牌照持有人有可能不服）。我认为单从《和解协议》第5条看，其内容是符合《民事诉讼法》关于执行和解的有关规定的。但从本案的具体情况看，由于牌照持有人取得牌照所基于的"融资承包合同"是非法、无效的，现法院如果同意了和解协议，便等于是承认了承租合同的合法性，如果将来牌照持有人不能还款或不还款时，法院想再次否认承租合同效力、拍卖营运牌照，由于牌照持有人在没有任何义务的情况下已经支付了大量资金，法院恢复执行与拍卖将成为不可能。综上，撰稿人认为，依据民法及诉讼法理论，人民法院对当事人的民事处分行为有审查权。《最高人民法院关于人民法院执行工作若干问题的规定（试行）》第86条第1款规定："在执行程序中，双方当事人可以自愿达成执行和解协议，变更生效法律文书确定的履行义务主体、标的物及其数额、履行期限和履行方式。"依据该规定，当事人之间签订执行和解协议与放弃诉权、放弃申请回避权、进行诉讼和解行为等相同，都是当事人对自己民事诉讼权利的处分行为。人民法院有权对执行和解协议是否合法、是否违反社会道德、是否妨碍社会公共利益、是否恶意损害他人利益等事项进行审查。深圳中院基于该项审查权对执行和解协议提出意见（通过卷宗反映，深圳中院并没有强迫当事人不能和解的意思），做申请执行人的工作是符合法理精神的。另《融资承包合同》自身的非法性是决定该执行和解协议最终不能成型的根本性原因。从这一点来看，深圳中院不承认执行和解协议的效力也是有理由的。

C. 申请执行人最终是否同意了执行和解协议

从卷宗材料看，在4月29日下午、5月9日下午（拍卖日为5月10日）深圳中院两次召集各债权人进行谈话，各债权人明确表示不同意和解，要求法院依法进行拍卖（上述意思表示已经记入谈话笔录）。各债权人在拍卖后——即6月1日，又向法院来函表示承认拍卖结果并感谢深圳中院的依法执行行为。《最高人民法院关于人民法院执行工作若干问题的规定（试行）》第86条第1款规定："在执行程序中，双方当事人可以自愿达成执行和解协议，变更生效法律文书确定的履行义务主体、标的物及其数额、履行期限和履行方式。"依据本规定，执行和解协议的有效要件之一是双方当事人出于自愿就协议内容达成意思表示一致。从申请执行人最终的意思表示看，其没有同意执行和解协议的明确意思表示，据此，我们可以认定：该执行和解协议没有达成。

D. 关于申诉人反映：4月28日，申请执行人长城资产公司向深圳中院执行庭发函要求推迟拍卖至2001年5月25日，深圳中院为何不中止执行的问题。

据上所述，长城资产公司在4月29日、5月9日与法院进行的两次谈话中，明确表示其与被执行人不能达成执行和解协议，并要求法院进行拍卖。据此可以推定，长城资产公司对申请延期拍卖的意思表示进行了修正。法院应当确认当事人最终的意思表示。

3. 关于评估报告问题

（1）事实经过

在长达5年的执行期间内，深圳中院数次要拍卖该批出租车营运牌照。其曾于1999年12月委托深圳市国颂资产评估有限公司对华旅公司所有的100个出租车营运牌照（产权证编号为：03151—03250）的权益进行评估，评估公司于同年12月16日出具《关于法院委托评估的资产评估结果报告书》。评估报告书确认：每个出租车营运牌照权益价值的评估值为454900元；建议拍卖保留价为409410元/个。评估公司在《评估过程说明》第5条第6项注明：本次评估报告在市场价格无较大波动情况下的有效期为半年，若超过此期限或市场发生较大波动时，需重新评估。后因当事人拟进行和解，此次拍卖行为没有成型。2001年5月10日，经深圳中院委托，广东机电设备深圳拍卖行对设定抵押、已经查封的142块出租车营运牌照进行了拍卖。此次拍卖没有进行重新评估，拍卖保留价（70万元）是由合议庭经合议确定的。合议庭确定评估价的理由是：以执行xx公司案的拍卖价格为基础（在深圳中院执行xx出租车公司案中，出租车营运牌照的拍卖价格约是80~90万元）；但从原评估报告完成至此次拍卖期间，市政府又投放了1200辆"绿的"，并下调了的士营运价格。其对拍卖行情造成了一定的影响。因此，法院在委托拍卖时，经合议庭研究决定以高于原评估价70%（70万元）的价格进行拍卖（原评估价为每块营运牌照45.49万元）。此次拍卖经过竞买人的竞价，均以超过深圳中院确定的底价（70万元）拍卖成交，平均价格为76.25万元/个。

（2）对本案评估、拍卖中有关问题的意见

在案件办理过程中，对本案评估、拍卖中存在的问题，有两种观点。第一种观点认为：《最高人民法院关于人民法院执行工作若干问题的规定（试行）》第46条规定：人民法院拍卖、变卖被执行人的财产，应当委托依法成立的评估机构进行价格评估。本规定是强制性规定，除有法律规定的情形，执行法院不得违反，合议庭更无权决定拍卖保留价。但如上所述，深圳中院在委托广东机电深圳拍卖行进行拍卖时，先前的评估报告结果已经过期，其在没有进行重新评估的情况下，便委托广东机电深圳拍卖行进行拍卖，其执行行为是不妥当的，是违法的。第二种观点认为：本案存在一些特殊的情况：a. 深圳中院委托拍卖没有按照原有的评估价格进行拍卖，其合议庭所确定的拍卖起价远远高于原评估报告所确定的"建议拍卖价"；b. 从原评估至此次拍卖期间，市政府又投放了1200辆"绿的"，并下调了的士营运价格，该行为对拍卖行情造成了一定的影响；深圳中院合议庭所确定的拍卖保留价基本反映了该批出租车营运牌照的当时市场价格；c. 该批营运牌照经过公开竞价最后拍定买受人，其拍卖过程及结果基本真实地反映了市场需求及标的物价值；d. 由于本案拍卖标的额较大，如因执行法院的工作瑕疵而撤销原拍卖结果，如再次评估、拍卖的价格低于此次评估、拍卖的结果，将带来不必要的损失。我院多数意见认为，正当的评估程序、有效的评估结果将公正、客观地反映执行标的物的真实市场基准价值，其是进行公正、合法的拍卖程序的基础。为严格执法、保障程序公正，依据《最高人民法院关于人民法院执行工作若干问题的规定（试行）》第47条的规定，我们认为，评估程序是人民法院委托拍卖的必经程序，执行法院及相关合议庭无权确定执行标的物的拍卖保留价。据此认定，在第一次评估报告已经过期并自动失效的情况下，深圳中院未经重新评估，执行合议庭合议确定拍卖保留价并委托拍卖的行为违反法定程序。

八、结论意见

基本同意广东高院的复查意见。

关于本案执行程序中存在的未经重新评估的问题，鉴于该批出租车营运牌照的拍定价格大幅度高于原评估价格且已经公开拍卖程序，为维护程序公正和保证拍卖物的价格真实，应由深圳市中级人民法院另行指定评估机构按拍卖时的市场行情再行评估一次，如重新评估的价格未超过原拍卖价，则维持拍卖结果；如超过原拍卖价，则重新拍卖。①

最高人民法院执行工作办公室关于在执行中当事人双方达成执行和解协议后申请执行人反悔能否恢复原判决执行的请示的答复

2003年11月18日　〔2001〕执他字第24号

湖南省高级人民法院：

你院湘高法函〔2001〕187号《关于在执行中当事人双方达成执行和解协议后，申请执行人反悔，能否恢复原判决执行的请示》收悉，经研究，答复如下：

同意你院第二种意见。根据《中华人民共和国民事诉讼法》第二百一十一条②第二款和最高人民法院《关于适用〈中华人民共和国民事诉讼法〉若干问题的意见》第266条③的规定，执行和解协议达成后，在一方当事人反悔的情况下，人民法院恢复对原生效法律文书执行的前提条件是，对方当事人的申请。因为，执行中的和解协议是双方当事人在法院主持下自愿达成的，该和解协议是双方当事人对自身权利义务的处分，体现了民法中的契约自由和意思自治的原则。一旦达成和解协议并履行，即变更了原生效法律文书的内容。虽然现行法律和司法解释规定了双方当事人都有反悔的权利，但恢复执行原生效法律文书并不是必然的，而是要有"对方当事人"的申请，否则不能恢复执行。本案中，因"对方"为被执行人，在其履行执行和解协议，并不申请执行原生效法律文书的情况下，不得恢复执行原判决。

此复。

---

① 李亮：《深圳市华旅汽车运输公司出租车牌照持有人对深圳市中级人民法院执行异议案》，载最高人民法院执行工作办公室编：《强制执行指导与参考》2002年第1辑（总第1辑），法律出版社2002年版，第225～239页。

② 民事诉讼法原第二百一十一条现已修改为第二百三十条。——编者注

③ 第二百六十六条已被最高人民法院《关于适用〈中华人民共和国民事诉讼法〉的解释》（法释〔2015〕5号）第四百六十七条所替代。——编者注

[提示] 执行中当事人达成的和解协议只要不违反法律规定，人民法院应予支持。

最高人民法院执行工作办公室
关于武汉市奥迪音响有限公司与武汉置兴公司货款纠纷执行一案的请示的答复

2005年5月26日　〔2005〕执他字第7号

湖北省高级人民法院：

你院鄂高法〔2005〕6号《关于武汉市奥迪音响有限公司与武汉置兴公司货款纠纷执行一案的请示》收悉。经研究，答复如下：

一、在执行阶段，武汉奥迪音响有限公司（下称奥迪公司）与武汉置兴公司（下称置兴公司）、王建军自愿达成的和解协议，只要不违反法律规定，人民法院应予支持。武昌区人民法院裁定将置兴公司位于江汉路46号使用面积为120平方米的房屋使用权收益抵付奥迪公司货款，并无不当。

二、武昌区人民法院将该房屋使用权年限裁定为长期是错误的。奥迪公司取得的使用期限，在双方未作特别约定的情况下，应在置兴公司原有使用权期限内，以债务全部清偿为限。武昌区法院该项裁定内容应依法撤销。

三、奥迪公司取得房屋承租使用权应包括承租使用经营权及收益权。奥迪公司合法取得了房屋承租使用权，依法就享有对该房屋的占有、使用、收益权利。

四、鉴于本案存在上述第二项所述的错误，执行法院应在保证本案申请执行人的权益得到实现的前提下，依法妥善处理。

此复。

最高人民法院
关于当事人对迟延履行和解协议的争议应当另诉解决的复函

2005年6月24日　〔2005〕执监字第24—1号

四川省高级人民法院：

关于云南江川龙翔实业有限责任公司（下称龙翔公司）申请执行四川省烟草公司资阳分公司简阳卷烟营销管理中心（下称烟草公司）债务纠纷一案，你院以〔2004〕川执请字第1号答复资阳市中级人民法院，认为龙翔公司申请恢复执行并无不当。烟草公司不服你院的答复，向我院提出申诉。

我院经调卷审查认为，根据《中华人民共和国民事诉讼法》和我院司法解释的有关规定，执行和解协议已履行完毕的，人民法院不予恢复执行。本案执行和解协议的履行尽管存在瑕疵，但和解协议确已履行完毕，人民法院应不予恢复执行。至于当事人对迟延履行和解协议的争议，不属执行程序处理，应由当事人另诉解决。请你院按此意见妥善处理该案。

【附：案例评析】

简阳烟草公司执行异议案

二、资阳中院意见

两种意见：1. 在执行和解协议过程中，烟草公司未按和解协议约定的时间履行义务，申请人可以申请恢复执行。2. 虽然烟草公司没有按和解协议所规定的时间履行义务，但按和解协议已履行了全部义务，申请人要求恢复执行理由不当。该中院倾向于第一种意见，并请示四川高院。

三、四川高院意见

四川高院审查时，合议庭一致认为：在执行过程中，双方当事人自愿达成和解协议，被执行人虽然逾期付款，但申请人在此前未提出异议的情况下仍接受了最后一笔款项，应视为被执行人履行了和解协议，其随后提出的恢复执行申请不予支持。

四川高院执行局讨论此案时，也出现了上述两种意见，遂报审委会研究。审委会的意见是：尽管申请人也接受了被执行人支付的最后一笔款项，但该笔款项的支付时间确已超过了双方在和解协议中约定的最后一次履行时间，故申请人申请恢复执行并无不当。审委会决定：按违约比例在原放弃的本息部分承担责任。四川高院就此处理意见以"〔2004〕川执请字第1号"答复资阳中院。

烟草公司对此答复不服，申诉到我院，请求

纠正四川高院的答复。

四、最高法院处理意见

我院适用民诉法意见的第266条①规定:"一方当事人不履行或者不完全履行在执行中双方自愿达成的和解协议,对方当事人申请执行原生效法律文书的,人民法院应当恢复执行,但和解协议已履行的部分应当扣除。和解协议已履行完毕的,人民法院不予恢复执行。"我院执行规定第87条规定:"当事人之间达成的和解协议合法有效并已履行完毕的,人民法院作执行结案处理。"根据上述规定,可以认为:申请恢复执行的前提条件是一方当事人不履行或不完全履行和解协议,也就是和解协议没有履行或者没有履行完毕,而一旦和解协议履行完毕,当事人就丧失了申请法院恢复执行原生效裁判文书的权利。本案中,龙翔公司在烟草公司最后一笔付款超过约定期限两个多月的情况下,一直没有向法院申请恢复执行原调解书,而且还接受了烟草公司的最后一笔付款,应视为龙翔公司已默认了烟草公司迟延付款的行为,其不主张权利和接受迟延付款的行为,致使该和解协议已履行完毕,申请人此时已丧失了请求法院恢复执行的权利。尽管其接受最后一笔付款后的第二天就提出了恢复执行的申请,但已改变不了和解协议已履行完毕这一事实。

关于违反执行和解协议的后果。执行和解协议实际上是当事人行使私权所达成的新的合同,其并不具有执行依据的效力,完全依赖于当事人的自觉履行。在程序上,当事人不履行或不完全履行,另一方当事人可以请求法院恢复执行原法律文书,此时并不涉及对实体权利义务的重新处理;如果和解协议已经履行完毕,即使其履行存在一定的瑕疵,当事人请求恢复执行原裁判文书,人民法院应不予支持,执行程序终结。至于对履行过程中瑕疵的争议,属实体上的争议,应由当事人另诉解决。我院《适用民诉法意见》第303条②已经规定了执行程序和实体赔偿责任另诉分开处理的原则,本案所涉及的问题可参照此条规定办理。

我院适用民诉法意见的第267条③规定了申请恢复执行原法律文书的期限,适用民诉法第219条④申请执行期限的规定,即个人为一年,法人为半年。本案中,龙翔公司在最后一次付款期限到期后两个多月就提出了恢复执行申请,其当然没有超过申请期限。为什么在法定期限内提出申请还不予支持呢?因为设置这一期限的前提条件是在一方当事人不履行或不完全履行和解协议的情况下,也就是和解协议没有履行或者没有履行完毕的情况下,而一旦和解协议履行完毕,当事人就丧失了申请法院恢复执行原生效裁判文书的权利,这一期限的规定就没有任何意义了。

综上,答复意见认为,对于本案,和解协议已经履行完毕,不应再恢复执行原法律文书。因逾期履行造成的后果,应另诉解决。⑤

---

① 第二百六十六条已被最高人民法院《关于适用〈中华人民共和国民事诉讼法〉的解释》(法释〔2015〕5号)第四百六十七条替代。——编者注

② 第三百零三条已被最高人民法院《关于适用〈中华人民共和国民事诉讼法〉的解释》(法释〔2015〕5号)第五百二十一条所修改:"在执行终结六个月内,被执行人或者其他人对已执行的标的有妨害行为的,人民法院可以依申请排除妨害,并可以依照民事诉讼法第一百一十一条规定进行处罚。因妨害行为给执行债权人或者其他人造成损失的,受害人可以另行起诉。"——编者注

③ 第二百六十七条已被最高人民法院《关于适用〈中华人民共和国民事诉讼法〉的解释》(法释〔2015〕5号)第四百六十八条所修改:"申请恢复执行原生效法律文书,适用民事诉讼法第二百三十九条申请执行期间的规定。申请执行期间因达成执行中的和解协议而中断,其期间自和解协议约定履行期限的最后一日起重新计算。"——编者注

④ 民事诉讼法原第二百一十九条现已修改为第二百三十九条——编者注

⑤ 刘立新:《简阳烟草公司执行异议案》,载赵晋山主编、最高人民法院执行工作办公室编:《强制执行指导与参考》2005年第1集(总第13集),法律出版社2005年版,第43~45页。

最高人民法院
执行裁定书

〔2015〕执监字第 38 号

申诉人（原被执行人）：宁化县永龙房地产开发有限公司。住所地，福建省宁化县某镇某大街。

法定代表人：邱某，该公司董事长。

申诉人（原被执行人）：张某某，男，汉族。

被申诉人（原申请执行人）：王某某，男，汉族。

被申诉人（原申请执行人）：郑某某，男，汉族。

被申诉人（原申请执行人）：何某某，男，汉族。

宁化县永龙房地产开发有限公司（以下简称永龙公司）、张某某因与王某某、郑某某、何某某执行申诉一案不服福建省高级人民法院（以下简称福建高院）（2011）闽执复字第 18 号执行裁定和（2013）闽执监字第 64 号通知，向本院申诉。本院依法组成合议庭进行了审查，现已审查终结。

福建高院查明，王某某、郑某某、何某某诉张某某、永龙公司、宁化县龙顺房地产开发有限公司股权转让合同纠纷一案，福建省三明市中级人民法院（以下简称三明中院）于 2008 年 9 月 28 日作出（2008）三民初字第 37 号民事调解书，确定：一、被告张某某保证于协议生效后 30 日内归还股权转让款 1977.3899 万元，被告永龙公司承担连带清偿责任。三、……若三被告未按本协议第一条、第二条约定履行，被告张某某、被告永龙公司应向原告王某某、郑某某、何某某支付股权转让款、逾期利息（自 2008 年 8 月 31 日起至实际还款之日止按未还债务的日千分之一计算）及违约金 200 万元，同时原告王某某、郑某某、何某某有权随时申请法院强制执行。同日，王某某与张某某在一份永龙公司开发的宁化县财富花园（以下简称财富花园）《143 套房屋清单》上签写"以上壹佰肆拾叁套商品房由王某某、郑某某、何某某按每平方米贰仟壹佰元的价格结算。"此后，永龙公司、张某某将其中的 141 套商品房预售合同备案登记在王某某指定的客户名下。在预售合同备案登记后，永龙公司、张某某又将上述商品房中的 24 套转售给第三人，并收取购房定金等共计 34 万元。

2009 年 3 月 27 日，王某某、郑某某、何某某与永龙公司、张某某签订《协议书》，约定将财富花园 147 套商品房按每平方米 2100 元的价格出售给王某某等人指定的客户，自永龙公司、张某某将购房发票交给王某某等人指定客户的同时，客户将购房款交给永龙公司、张某某。同时永龙公司、张某某将该购房款交给王某某等人用于偿还（2008）三民初字第 37 号民事调解书项下的债务。永龙公司、张某某保证在没有还清调解书项下的债务之前，维持与指定客户的买卖关系，不再将已经出售给指定客户的商品房再销售给他人。永龙公司、张某某向王某某等人指定的第三人徐某支付 20 万元作为保证金。如违反保证内容则保证金自动转为违约金且王某某等人可立即向法院申请强制执行生效调解书。2009 年 4 月 18 日，徐某出具收条，载明："今收到永龙公司、张某某与王某某、郑某某、何某某于 2009 年 3 月 27 日所签署协议书中约定的 20 万元"。

2009 年 10 月 25 日，王某某、郑某某、何某某与永龙公司、张某某又签订《还款协议书》，协议约定永龙公司、张某某分期付清（2008）三民初字第 37 号民事调解书所确定的股权转让款 1977.3899 万元等款项，王某某等人收到款项后解除同等价值的原备案登记在其指定客户名下的商品房预售合同备案手续，若永龙公司、张某某违反协议，王某某等人可立即向法院申请强制执行生效调解书。此后，永龙公司、张某某分期向王某某等人支付人民币 1500 万元，王某某等人向永龙公司、张某某出具了收条，并解除了相应的 105 套商品房（建筑面积 6973.87 平方米，以每平方米 2100 元计算房价款为 1464.5127 万元）预售合同备案。

因永龙公司、张某某未按《还款协议书》约定完全履行（2008）三民初字第 37 号民事调解书所确定的义务，王某某、郑某某、何某某向三明中院申请执行。2010年3月24日，三明中院立案受理了王某某、郑某某、何某某申请执行永龙公司、张某某股权转让合同纠纷一案。王某某等人确认已收取永龙公司、张某某支付的款项1500万元，另收取案外人支付的款项113.6394万元。扣除以上款项，申请执行标的1157.0965万元，其中股权转让款363.7505万元、违约金200万元、利息593.346万元（暂计至2010年3月22日）。同时申请查封并变现永龙公司、张某某所有的店铺。2010年4月7日，三明中院作出（2010）三执行字第22号执行裁定，冻结、扣划永龙公司、张某某的银行账户存款1165万元或查封、扣押、拍卖、变卖其价值相同的财产。2010年4月8日，三明中院冻结了永龙公司银行账户存款237.304083万元，并向宁化县房地产管理所送达（2010）三执行字第22号执行裁定及协助执行通知书，查封了永龙公司已经抵押给中国工商银行股份有限公司尤溪支行的财富花园1号楼101－114和2号楼101－117共计31间店铺。查封当日向永龙公司、张某某送达了执行通知书、执行告知书、案件联系卡、报告财产令。

在执行过程中，王某某等人放弃部分利息的执行申请，同意执行利息100万元，申请执行标的更改为663.7505万元。三明中院于2010年12月2日，扣划永龙公司银行账户存款563.7505万元（363.7505万元为股权转让款，200万元为违约金）至该院账户，2011年6月1日，扣划永龙公司银行账户存款111.6725万元（利息100万元，执行费11.6725万元）至该院账户，并解除31间店铺的查封。该执行案件于2011年6月20日终结执行，共计执行675.423万元。

2011年6月8日，永龙公司、张某某提出执行异议，三明中院经审查后于2011年7月18日作出了（2011）三执异字第1号裁定，依照《中华人民共和国民事诉讼法》（2007年修正，以下简称《民事诉讼法》）第二百零二条和《最高人民法院关于适用〈中华人民共和国民事诉讼法〉执行程序若干问题的解释》（以下简称《执行程序解释》）第五条的规定，裁定驳回异议。永龙公司、张某某不服上述裁定，向福建高院提起复议。

福建高院另查明，永龙公司、张某某认为王某某等人同意让利200万元，并以收条形式确认。该收条的内容为"今收到张某某现金人民币贰佰万元整"，署名为王某某、冯某、郑某某，日期为2011年元月4日。张某某在三明市公安局刑侦支队2010年11月30日的询问笔录中，承认此笔款项没有实际支付。而王某某认为此份收条的署名错误，是作废的收条，并对让利之说不予认可。

福建高院认为，永龙公司、张某某的复议理由不成立。一、永龙公司、张某某认为其已于2008年9月28日，通过商品房以物抵债形式全部履行完（2008）三民初字第37号民事调解书所确定的义务，没有事实依据。理由如下：首先，永龙公司、张某某与王某某等人于2009年3月27日签订的《协议书》及2009年10月25日签订的《还款协议书》均写明是为了履行（2008）三民初字第37号民事调解书所确定的义务；如永龙公司、张某某违反协议约定，王某某等人可立即申请法院强制执行生效调解书。其次，永龙公司、张某某虽将141套商品房预售合同备案登记在王某某等人指定的客户名下，但预售合同备案登记并不发生物权转移效力，且永龙公司、张某某在预售合同备案登记后又向第三人销售了其中部分商品房。永龙公司、张某某在复议审查过程中也没有提供任何证据材料证明王某某等人或其指定客户取得商品房所有权或获得商品房转让盈利。

二、依据生效调解书，永龙公司、张某某应支付王某某等人股权转让款1977.3899万元，违约金200万元及利息。王某某等人申请执行的标的并无不当：1.申请执行前，永龙公司、张某某已向王某某等人支付1500万元，双方对此没有异议。2.王某某等人承认收到案外人支付的113.6394万元，并在申请执行时自行予以扣除。3.永龙公司、张某某支付给王某某指定第三人徐某的20万元系双方在调解书生效之后，执行程序之前，自愿签订的《协议书》项下的保证金，与本执行案件无关。4.永龙公司、张某某所提供的让利200万元的收条，不能认定其已履行生效调解书项下 200 万元的债务。因为公安询问笔录中，张某某已明确该 200 万元未实际支付；收条的署名为王某某、冯某、郑某某，其中冯某不是本案的申请执行人且王某某等人对让利之说未予认可。5. 在执行过程中，王某某等人放弃了部分利息执行申请，仅申请执行利息 100 万元。综上，依据生效调解书，扣减王某某等人已收到的 1613.6394 万元，王某某等三人申请执行永龙公司、张某某尚未支付的股权转让款为 363.7505 万元，违约金 200 万元及利息并无不当。王某某等人放弃部分利息并将申请执行标的更改为 663.7505 万元，是对自己部分权利的放弃，应予准许。永龙公司、张某某认为申请执行标的数额错误，不予采信。三明中院依据生效调解书及王某某等人的申请，强制扣划永龙公司、张某某银行账户存款 675.423 万元（含执行费 11.6725 万元）并无不当。永龙公司、张某某认为三明中院以《还款协议书》为执行依据没有事实依据，不予采信。

三、三明中院于查封当日向永龙公司、张某某送达执行通知书的做法并无不当。依据《民事诉讼法》（2007 年修正）第二百一十六条第二款之规定，被执行人不履行法律文书确定的义务，并有可能隐匿、转移财产的，执行员可以立即采取强制执行措施，《执行程序解释》第三十条规定，执行员依照民事诉讼法第二百一十六条规定立即采取强制执行措施的，可以同时或者自采取强制执行措施之日起三日内发送执行通知书。

四、永龙公司、张某某认为三明中院超标的查封的理由不成立。三明中院在财富花园在建工程已经全部抵押给银行，且永龙公司、张某某未提供扣除抵押债权后 31 间店铺的价值的有关证据材料的情况下，查封上述店铺并无不当。

五、关于永龙公司、张某某提出的异议裁定审查超过十五日的问题。《民事诉讼法》规定的自收到书面异议之日起十五日内进行审查，目的是约束执行法院及时进行审查，未能在法定期限内完成审查的，不影响裁定的效力。

综上，福建高院于 2011 年 10 月 16 日作出（2011）闽执复字第 18 号执行裁定，依据《民事诉讼法》（2007 年修正）第二百零二条和《执行程序解释》第八条的规定，裁定驳回永龙公司、张某某的复议申请。

永龙公司、张某某不服福建高院上述执行裁定，向本院申诉，本院立案审查后于 2012 年 12 月 12 日以（2012）执监字第 162 号函将案件转福建高院审查。

福建高院再查明，在王某某等人对永龙公司、张某某提起的税费承担纠纷的另案诉讼中，三明中院 2011 年 11 月 10 日作出的（2011）三民初字第 31 号判决以及福建高院 2012 年 4 月 13 日作出的（2012）闽民终字第 241 号民事判决中均认定张某某等未全面履行（2008）三民初字第 37 号民事调解书约定的义务，因此于 2009 年 10 月 25 日订立《还款协议书》一份。

福建高院于 2014 年 2 月 28 日作出（2013）闽执监字第 64 号复查通知，认为：一、永龙公司、张某某主张已经以商品房抵债方式履行（2008）三民初字第 37 号民事调解书所确定的义务，没有事实依据。王某某等人向三明中院申请执行之前，永龙公司、张某某并未完全履行生效民事调解书所确定的义务。在王某某等对永龙公司、张某某税费承担问题的另案诉讼中，生效判决和裁定均认定永龙公司、张某某未全面履行生效民事调解书所确定的义务。二、三明中院立案执行符合法律规定。根据已生效的（2008）三民初字第 37 号民事调解书，以及永龙公司、张某某与王某某等人之间先后签订的《协议书》《还款协议书》的约定，王某某等人有权申请强制执行。三明中院于 2010 年 3 月 24 日决定对本案立案执行的依据，是该院于 2008 年 9 月 28 日作出的（2008）三民初字第 37 号民事调解书，并不是上述《协议书》《还款协议书》。三、三明中院在执行中对申请执行标的、违约金、利息的计算，没有错误，还说服王某某等人放弃了大部分利息。四、人民法院强制执行的依据是生效法律文书，对于永龙公司、张某某与王某某等人在《协议书》中约定的 20 万元保证金是否涉及违约以及如何扣除、双方是否同意让利 200 万元的争议，以及永龙公司、张某某要求王某某等人退还已登记备案在案外人名下的四套房产等，因涉及当事人的实体权益，未经生效法律文书确认，人民法院在执行程序中无权予以审查和执行，永龙公司、张某某应通过其他途径解决。

永龙公司、张某某不服福建高院（2011）闽执复字第18号执行裁定及（2013）闽执监字第64号复查通知，向本院申诉，请求本院撤销上述执行裁定及三明中院（2011）三执异字第1号执行裁定和（2010）三执行字第22号执行裁定，驳回王某某等人的执行申请，退还划拨的存款人民币675.423万元，赔偿永龙公司与张某某的损失。其主要理由为：一、（2011）闽执复字第18号执行裁定否定永龙公司、张某某以商品房抵债的方式履行了生效调解书确定义务的事实，其认定的基本事实缺乏证据证明，适用法律确有错误。《协议书》和《还款协议书》中有关履行和执行民事调解书的内容，不能否定永龙公司、张某某以商品房抵债方式履行了生效调解书确定义务的事实。《还款协议书》不是单方还款义务的协议，而是一方付款，另一方退还抵债商品房的房屋买卖合同。《还款协议书》中"为履行（2008）三民初字第37号民事调解书"的文字，只能理解为订立该协议的目的与履行调解协议有所关联，是要解决抵债商品房的变现问题；正是因为有前面以房抵债的事实，才有后面以"还款"方式付款买回抵债商品房的协议存在。永龙公司、张某某于2008年9月28日将143套商品房结算抵偿给王某某等人后，根据（2008）三民初字第37号民事调解书加付高额违约金和利息的义务即得到解除。《还款协议书》中"按（2008）三民初字第37号民事调解书还清所欠甲方债务"的文字，应理解为永龙公司、张某某应支付的买回抵债商品房的价款金额要与调解书确定的欠款数额即1977.3899万元相同。（2011）闽执复字第18号执行裁定将该文字理解为永龙公司、张某某在签订《还款协议书》时，尚未按调解书偿还所欠1977.3899万元股权转让款，则意味着从2009年10月15日签订《还款协议书》时起，永龙公司、张某某要承担违约金及利息近1200万元，这不可能是当事人的真实意思。《还款协议书》第五条所谓"乙方若未按本协议履行，甲方立即申请人民法院按（2008）三民初字第37号民事调解书强制执行"的内容，仅为对方当事人要求设定的违约责任形式，同样不能否认永龙公司、张某某以商品房抵债方式履行了调解协议确定义务的事实。申请人民法院执行仅为程序权利，人民法院在查明永龙公司、张某某已经以商品房抵债方式履行了生效调解书确定义务的事实后，应当依法裁定对王某某等人的执行申请不予执行。抵债商品房买卖合同的备案登记不发生物权转移效力、永龙公司、张某某向第三人销售部分抵债商品房以及王某某等人或其指定客户尚未取得商品房所有权或获得商品房转让盈利的事实，都不能否定永龙公司、张某某以商品房抵债的方式履行生效调解书确定义务的事实。二、（2011）闽执复字第18号执行裁定认可在未经正常审判程序的情况下，对当事人履行《还款协议》引发的纠纷直接强制执行，违反了基本的诉讼程序制度，其适用法律确有错误。三、（2011）闽执复字第18号执行裁定认定永龙公司、张某某在履行《还款协议书》中构成对王某某等人的违约，其认定的基本事实缺乏证据证明，适用法律确有错误。当事人双方履行《还款协议书》的基本事实，证明永龙公司、张某某不构成对王某某等人的违约，相反是王某某等人对永龙公司、张某某违约。王某某等人不能将销售在案外人名下的抵债商品房退还永龙公司、张某某，表明其不能完全履行《还款协议书》约定义务，在先构成对永龙公司、张某某违约。王某某出具给永龙公司、张某某的一张200万元收据合法有效，未经法定撤销程序不得否定其效力，更不能以此认定永龙公司、张某某违约。收条载明的款项未实际支付，收条署名中的冯某不是本案申请执行人以及王某某对让利之说未予认可，都不足以否定该收条的效力。如果王某某主张其亲笔签名的收条不是他的真实意思，应当起诉请求人民法院或者申请仲裁机构撤销。如主张该收条无效，也要通过法定的诉讼或仲裁程序裁判确认。即使执行程序可以不经诉讼或者仲裁程序直接否定该200万元收条的效力，也不能因此认定永龙公司、张某某违约。永龙公司、张某某支付给王某某等人的20万元保证金应当计入所谓还款金额，(2011) 闽执复字第18号执行裁定否认该笔还款，与客观事实和法律规定不符。在王某某等人存在先行违约、有丧失或者可能丧失履行债务能力的情形下，永龙公司、张某某依法享有先履行抗辩权和不安抗辩权，即使未及时、足额付款也不构成对王某某等人违约。四、(2011) 闽执复字第18号执行裁定确认的本案执行标的数额为663.7505万元没有事实和法律依据，收取执行费为11.6725万元不符合规定标准。按照(2011)闽执复字第18号执行裁定的认定，本案的执行标的确认为663.7505万元，执行费应为60587.53元，确认执行费为11.6725万元属于严重的乱收费现象。五、(2011) 闽执复字第18号执行裁定否认三明中院执行局对永龙公司、张某某采取的执行措施严重违反法定执行程序的理由不能成立。永龙公司、张某某并无不履行法律文书确定的义务和隐匿、转移财产的行为，三明中院不应当适用《民事诉讼法》(2007年修正) 第二百一十六条第二款于查封当日送达执行通知书；超期限审查执行异议的问题；超标的执行的问题，造成永龙公司、张某某重大经济损失。六、福建高院(2013) 闽执监字第64号复查通知未对原申诉进行依法公正复查，执行错误未得到纠正，未对永龙公司、张某某体现应有的公平正义。复查通知认为永龙公司、张某某未完全履行生效调解书确定的义务缺乏事实和法律依据。复查通知认为三明中院立案执行符合法律规定，回避了对商品房抵债效力及对当事人申请执行权的审查。复查通知认为三明中院在执行中对申请执行标的、违约金、利息的计算没有错误，与本案事实与法律规定不符。复查通知认为20万元保证金和200万元收条款以及备案在案外人名下的四套房产的退还问题，涉及当事人的实体权益，未经生效法律文书确认，在执行程序中无权予以审查和执行，与本案的执行自相矛盾。

本院经审查，除确认福建高院查明的事实外，另查明：三明中院 (2010) 三执字第22号执行通知书中载明："本案申请执行费78971元"。2010年4月30日申请执行人王某某、郑某某、何某某提交《申请执行书》，执行依据为(2008)三民初字第37号民事调解书，执行标的为永龙公司、张某某支付股权转让款的逾期付款利息353.5463万元以及迟延履行金。

盖有三明中院财务专用章的"福建省人民法院诉讼收费专用票据"，编号0086172，载明："案号：(2010) 三执行字第22号，交款人：张某某、宁化县永龙房地产开发有限公司，案件受理费、申请费：78971.00"；盖有三明中院财务专用章的"福建省人民法院诉讼收费专用票据"，编号0086173，载明："案号：(2010) 三执行字第22号，交款人：张某某、宁化县永龙房地产开发有限公司，案件受理费、申请费：37754.00"。

本院认为，本案焦点问题有四：一是当事人达成执行和解协议后是否有权申请执行原生效法律文书的问题；二是本案执行标的数额的问题；三是执行申请费用收取的问题；四是本案执行程序是否违法的问题。

一、关于当事人达成执行和解协议后是否有权申请执行原生效法律文书的问题

本案中当事人签写《143套房屋清单》、签订《协议书》与《还款协议书》等均发生于申请执行人申请强制执行之前，不能导致生效法律文书失去强制执行效力。因此，债权人王某某等人依据生效调解书申请强制执行，人民法院应当受理。《最高人民法院关于适用〈中华人民共和国民事诉讼法〉若干问题的意见》（以下简称《民事诉讼法适用意见》）第二百六十六条规定，"和解协议已经履行完毕的，人民法院不予恢复执行"。《最高人民法院关于人民法院执行工作若干问题的规定（试行）》第八十七条规定，"当事人之间达成的和解协议合法有效并已履行完毕的，人民法院作执行结案处理"。据此，被执行人永龙公司、张某某于执行过程中提出已经通过以房抵债全部履行了生效调解书所确定的义务，主张申请执行的债权已经消灭的，执行法院应当对和解协议是否已经履行完毕问题进行审查。在我国尚不存在债务人异议之诉程序的情况下，执行法院适用《民事诉讼法》(2007年修正) 第二百零二条规定进行审查并无不当。

当事人通过以物抵债形式履行生效法律文

书确定债务的，仅达成抵债协议尚不足以消灭原债权债务关系，只有抵债物交付受领后才能消灭原有债权债务关系。本案中，永龙公司、张某某主张的所谓以房抵债，是与王某某等人指定的客户签订了商品房购买合同并备案登记于客户名下，其因此负担了向指定客户交付商品房、转移商品房所有权的合同义务。如果永龙公司、张某某完成了商品房购房合同约定的义务，将商品房交付给购房者占有并将商品房所有权移转给购房者，则其所负担的生效调解书确定的给付义务即消灭。但在该义务完成之前，原债权债务关系一直存在。其后，双方又以《还款协议书》对先前约定进行了变更，同样必须履行完毕新债务后才能导致原有债务溯及既往地消灭。而双方当事人均认可《还款协议书》并未全部履行。因此，永龙公司、张某某关于已经通过商品房以物抵债形式全部履行完生效民事调解书所确定义务的主张没有事实依据，（2011）闽执复字第18号执行裁定中有关认定并无不当。永龙公司、张某某关于未经正常审判程序即对当事人履行《还款协议》引发的纠纷直接强制执行，违反了基本的诉讼程序制度的申诉主张，没有事实与法律依据，本院不予支持。

二、关于执行标的数额的问题

根据《民事诉讼法适用意见》第二百六十六条之规定，"一方当事人不履行或者不完全履行在执行中双方自愿达成的和解协议，对方当事人申请执行原生效法律文书的，人民法院应当恢复执行，但和解协议已履行的部分应当扣除。"执行法院据此确定本案执行标的数额时，将双方当事人无争议的已履行部分在执行程序中直接扣减，包括永龙公司、张某某实际支付的1500万元及案外人支付的113.6394万元，该种做法并无不当。而对于双方当事人有争议的200万元让利和20万元保证金部分以及协议履行过程中发生的其他实体争议，鉴于法律法规并未否定执行和解协议纠纷的可诉性，当事人可以通过其他途径解决。尤其是永龙公司、张某某主张本案和解协议具有双务合同性质，债权人王某某等人不履行和解协议造成其损失，不属于执行程序审查范围，应当通过另诉解决。

永龙公司、张某某关于（2011）闽执复字第18号执行裁定认定其在履行《还款协议书》中构成对王某某等人违约以及复查通知中的认定与本案的执行自相矛盾的主张，没有事实依据，本院不予支持。

三、关于执行申请费用的问题

本案中，三明中院执行程序中扣划案件执行申请费11.6725万元。《诉讼费用交纳办法》第十四条第一项规定了依法向人民法院申请执行人民法院发生法律效力的调解书的，其交纳标准为"执行金额或者价额不超过1万元的，每件交纳50元；超过1万元至50万元的部分，按照1.5％交纳；超过50万元至500万元的部分，按照1％交纳；超过500万元至1000万元的部分，按照0.5％交纳；超过1000万元的部分，按照0.1％交纳。"《最高人民法院关于适用〈诉讼费用交纳办法〉的通知》规定自2007年4月1日起，执行申请费由人民法院在执行生效法律文书确定的内容之外直接向被执行人收取。

本案中，三明中院2010年3月24日立案执行（2010）三执行字第22号案件时，王某某等人申请执行标的合计为1157.0965万元，其中利息593.346万元，暂计至2010年3月22日。三明中院根据上述收费标准核定执行申请费用为78971元，在相应执行通知书中已经载明。2010年4月30日，王某某、郑某某、何某某又申请执行永龙公司、张某某支付股权转让款的逾期付款利息，申请执行标的为353.5463万元，三明中院再次根据上述收费标准核定执行申请费用为37754元。两次执行申请费用合计11.6725万元，于2011年6月1日自被执行人永龙公司的银行账户存款中扣划，并分别出具福建省人民法院诉讼收费专用票据两张，载明两次执行申请费收费金额。上述费用计费标准及收取方式并无不当。永龙公司、张某某关于执行法院收取执行申请费用不符合标准，属于严重乱收费的主张没有事实和法律依据，本院不予支持。

四、关于执行程序是否违法的问题

首先，关于执行通知问题。根据《民事诉讼法》（2007年修正）第二百一十六条之规定，执行员接到申请执行书或者移交执行书，应当向被执行人发出执行通知，责令其在指定的期间履行，逾期不履行的，强制执行。被执行人不履行法律文书确定的义务，并有可能隐匿、转移财产的，执行员可以立即采取强制执行措施。而《执行程序解释》第三十条规定，执行员依照民事诉讼法第二百一十六条规定立即采取强制执行措施的，可以同时或者自采取强制执行措施之日起三日内发送执行通知书。因此，执行员根据本案实际情况作出判断，于2010年4月8日采取查封措施的当日向永龙公司、张某某送达执行通知书，并不违反法律规定。执行通知书的落款时间为2010年2月30日系笔误所致，且这一笔误对永龙公司、张某某行使实体权利并未造成实质影响。

其次，关于超标的查封问题。本案中，三明中院在查封财富花园在建工程时，该工程已经全部抵押给中国工商银行股份有限公司尤溪支行，且永龙公司、张某某当时并未提供有关证据材料证明扣除抵押债权后查封的在建工程价值，因此，执行法院的查封并无不当。

再次，关于超期限审查执行异议的问题。根据《民事诉讼法》（2007年修正）第二百零二条之规定，当事人、利害关系人提出书面异议的，人民法院应当自收到书面异议之日起十五日内审查，理由成立的，裁定撤销或者改正；理由不成立的，裁定驳回。执行法院虽然未能在法定期限内完成审查，但并不影响其裁定的效力。

本院认为，三明中院在本案执行过程中，确实存在部分程序瑕疵，但对当事人实体权利的行使未产生实质影响，不应据此撤销相应的执行行为。

综上，申诉人永龙公司、张某某的申诉主张不能成立。依照《中华人民共和国民事诉讼法》第一百五十四条、《最高人民法院关于人民法院执行工作若干问题的规定（试行）》第一百二十九条之规定，裁定如下：

驳回宁化县永龙房地产开发有限公司、张某某的申诉请求。

本裁定送达后立即生效。

【附：案例评析】

执行和解协议是否履行完毕的审查问题
——宁化县永龙房地产开发有限公司、张某某执行申诉案评析

六、最高法院审查意见

关于本案调解书是否已经履行完毕的问题。最高法院认为，本案中当事人签写《143套房屋清单》、签订《协议书》与《还款协议书》等均发生于申请执行人申请强制执行之前，不能导致生效法律文书失去强制执行效力，债权人依据生效调解书申请强制执行，人民法院应当受理。在执行过程中，被执行人提出已经通过以房抵债全部履行了生效调解书所确定的义务，主张申请执行的债权已经消灭的，执行法院应当对和解协议是否已经履行完毕问题进行审查。在我国尚不存在债务人异议之诉程序的情况下，执行法院应当适用执行异议、复议程序进行审查。当事人通过以物抵债形式履行生效法律文书确定债务的，仅达成抵债协议尚不足以消灭原债权债务关系，只有抵债物交付受领后才能消灭原有债权债务关系。本案中，抵债协议并未全部履行，被执行人关于已经通过商品房以物抵债形式全部履行完生效民事调解书所确定义务的主张没有事实依据，不予支持。

关于执行标的数额的问题。最高法院认为，执行法院确定本案执行标的数额时，将双方当事人无争议的已履行部分在执行程序中直接扣减并无不当。对于双方当事人有争议的200万元让利和20万元保证金部分以及协议履行过程中发生的其他实体争议，鉴于法律法规并未否定执行和解协议纠纷的可诉性，当事人可以通过其他途径解决。尤其是永龙公司、张某某主张本案和解协议具有双务合同性质，债权人王某某等人不履行和解协议造成其损失，不属于执行程序审查范围，应当通过另诉解决。

此外，执行法院对执行申请费用计费标准及收取方式符合《诉讼费用交纳办法》规定，并无不当。本案执行过程中，确实存在部分程序瑕疵，但对当事人实体权利的行使未产生实质影响，不应据此撤销相应的执行行为。因此，永龙公司、张某某的申诉主张不能成立，裁定驳回永龙公司、张某某的申诉请求。

七、评析意见

本案焦点问题有三：一是本案调解书是否已

经履行完毕;二是执行申请费用收取;三是本案执行程序是否违法。其中关于本案调解书是否已经履行完毕的审查问题,在执行实践中具有典型意义。分析如下:

(一)当事人是否有权申请执行生效调解书的问题

本案中当事人签写《143 套房屋清单》、签订《协议书》与《还款协议书》等均发生于申请执行人申请强制执行程序之前,本身对执行程序不产生影响。和解协议不能导致生效法律文书失去强制执行效力,债权人在法定的申请执行期限内申请执行的,人民法院应当受理。这一点在最高法院(2003)执他字第 4 号《最高人民法院执行工作办公室致山东省高级人民法院的复函》中予以明确阐述。因此,王某某等人有权依据生效调解书向法院申请强制执行。执行过程中,被执行人张某某、永龙公司提出以商品房抵债的方式履行了生效调解书确定的义务,即提出了原债权已经消灭的主张,参照《最高人民法院关于人民法院办理执行异议和复议案件若干问题的规定》第七条第二款"被执行人以债权消灭、丧失强制执行效力等执行依据生效之后的实体事由提出排除执行异议的,人民法院应当参照民事诉讼法第二百二十五条规定进行审查"之规定,执行法院适用民事诉讼法(2007 年修订)第二百零二条规定进行审查并无不当。

审查过程中,执行法院必须确定申请执行人的债权是否消灭或部分消灭。首先,债务是否消灭。本案中,申诉人主张其已经以 147 套商品房抵偿生效调解书中确定的债务,其履行方式是与申请执行人指定的客户签订了商品房购买合同,负担了向指定客户交付商品房、转移商品房所有权的合同义务。这种债务人因清偿旧债务,而与债权人成立负担新债务的合同,学理上可称之为新债清偿。新债清偿合同成立后,债务人即负担新债务。新债务成立,旧债务即告暂时停止作用,如新债务履行,旧债务便溯及既往地消灭,债权人不得就旧债务的关系为主张或请求;如新债务届期不履行,旧债务恢复作用,债权人仍可请求债务人履行旧债务。因此,只有申诉人完成了商品房购房合同约定的义务,将商品房交付给购房者占有并将商品房所有权移转给购房者,则其所负担的生效调解书确定的给付义务才能消灭。在其义务完成之前,原债权债务关系一直存在。即使按当事人主张的以物抵债的观点来理解这一问题,也能得出同样的结论。以物抵债即学理上的代物清偿。通说认为,代物清偿为要物合同,当事人仅达成合意并不当然成立代物清偿,还必须发生现实给付,并经债权人受领才能产生消灭债权债务关系的效果。本案中仅仅约定以商品房抵债并不能达成消灭债权债务关系的效果,必须将商品房现实地交付给购房客户,且办理完过户手续,才为现实受领,原债权债务同样并未消灭。

因此,原审异议裁定与复议裁定中关于申请执行人或其指定客户没有取得商品房所有权或获得商品房转让盈利,张某某、永龙公司主张已经通过商品房以物抵债形式全部履行完(2008)三民初字第 37 号民事调解书所确定的义务没有事实依据的认定并无不当。

其次,债权是否部分消灭或者和解协议是否已经部分履行,应当扣减的数额是多少?申诉人认为法院执行标的计算错误,主要为约定让利 200 万元收条是否确认以及 20 万元的保证金是否应当扣减的问题。因和解协议是为履行生效法律文书而缔结的,在申请强制执行之后,可以认为该协议解除。合同解除后溯及既往地发生效力,尚未履行的,终止履行;已经履行的,根据履行情况和合同性质,当事人可以要求恢复原状、采取其他补救措施,并有权要求赔偿损失。本案中根据当事人签订的三份协议履行情况,解除后王某某等人应当将已经受领的给付返还给张某某、永龙公司。而因生效调解书中又确定了张某某、永龙公司应当向王某某等履行金钱给付义务,在种类、品质相同的情况下可以予以抵销。《最高人民法院关于适用〈中华人民共和国民事诉讼法〉的解释》第四百六十七条"一方当事人不履行或者不完全履行在执行中双方自愿达成的和解协议,对方当事人申请执行原生效法律文书的,人民法院应当恢复执行,但和解协议已履行的部分应当扣除"之规定,实质上就体现了这一点。本案中,对于协议履行等争议问题本应通过诉讼程序解决,由生效法律文书进行确认,但是对于申请执行人认可已经履行的部分,就不需要经过生效法律文书确定,可以在执行程序中直接扣减。而对于被执行人主张的解除备案商品房义务等问题,因与被执行人所负债务的种类、品质不同,因此不适于抵销,不能在执行程序中直接处理;而对于当事人主张的让利200万元及保证金20万元等问题，因申请执行人不予认可，因此应当经过诉讼程序由生效法律文书予以确定。当然，在诉讼过程中，对于张某某与永龙公司通过执行程序已经履行的义务要予以扣减。

再次，张某某与永龙公司应当通过什么途径予以解决合同履行过程中未尽事宜？这实际是关于执行和解协议能否通过诉讼救济的问题。对于和解协议的效力，我们经历了一个认识逐步深化的过程，从最初认为和解协议依附于执行依据，只是在强制执行之外实现法律文书确定债权的一种实施方案，是否履行完全取决于当事人的意愿，当事人可以随时反悔的"类似于实践性合同"，到以协议的完全适当履行为生效要件，不需要承担违约责任的"附生效条件合同"，再到认为和解协议是当事人在原债权债务基础上所设立的一种新的债的关系，是"具有实体法上效力的合同"。既然和解协议具有合同效力，那么当事人之间就和解协议及其履行发生争议的，应当可以通过诉讼解决，但由于现行法律对此未作明确规定，实践中就是否应当受理此种诉讼，存在赞同与反对两种观点。

经过长期争议后，目前多数意见基本上赞同和解协议作为当事人之间一种新的债权债务关系，具有独立于原法律文书的民事合同的效力，债权人在债务人不履行或不完全履行约定义务时，可以依此提起诉讼，请求对方按照和解协议履行，或者赔偿因不履行而带来的损失。最高法院对有关个案的系列答复，也明确了和解协议的可诉性。例如1995年《关于当事人在执行中达成执行和解协议且已履行完毕的不应恢复执行的函》（经他〔1995〕2号）；1997年4月16日《关于超过诉讼时效期间当事人达成的和解协议是否应当受法律保护问题的批复》（法复〔1997〕4号）以及1999年4月21日执行工作办公室《关于如何处理因当事人达成和解协议致使逾期申请执行问题的复函》（〔1999〕执他字第10号）。这些复函，对于将所有的和解协议（无论是执行前的和解、执行中的和解、申请执行期限超过以后的和解）均理解为具有民事合同的效力及其可诉性奠定了基础。《关于当事人对人民法院生效法律文书所确定的给付事项超过申请执行期限后又重新就其中的部分给付内容达成新的协议的应否立案的批复》（〔2001〕民立他字第34号）也持同样观点。而《最高人民法院执行工作办公室致山东省高级人民法院的复函》（〔2003〕执他字第4号）中明确表示："当事人之间在执行前达成的和解协议，具有民事合同的效力"。

如果是债务人认为债权人的过错导致和解协议不履行，或者约定的和解协议具有双务合同性质，债权人不履行和解协议造成债务人的损失，债务人可以就和解协议向法院提起诉讼，以解决履行过程中产生的争议，或请求对方赔偿因不履行而带来的损失。选择根据和解协议起诉不违反一事不再理的原则，法院应当受理并按照有关法律规定对该合同进行审理，根据审理情况确定是否支持其诉讼主张。上述实体争议应当通过另案提起诉讼进行解决。

（二）关于迟延履行期间债务利息的计算问题

《最高人民法院关于人民法院民事调解工作若干问题的规定》第十九条规定："调解书确定的担保条款条件或者承担民事责任的条件成就时，当事人申请执行的，人民法院应当依法执行。不履行调解协议的当事人按照前款规定承担了调解书确定的民事责任后，对方当事人又要求其承担民事诉讼法第二百二十九条规定的迟延履行责任的，人民法院不予支持。"

本案中，张某某、永龙公司在承担了调解书中确定的民事责任之后，对方当事人又要求其承担《民事诉讼法》第二百五十三条规定的迟延履行利息的，人民法院不予支持。虽然原审裁定认为张某某、永龙公司应当支付迟延履行利息，但是在实际执行过程中，三明中院说服申请执行人放弃了大部分利息请求，其中就包括了《民事诉讼法》第二百五十三条规定的全部迟延履行利息都已经放弃，因此张某某、永龙公司的合法权益并未受到损害。

（三）关于执行费用的问题

本案中，异议裁定与复议裁定中都确认三明中院扣划案件申请执行费11.6725万元，而张某某、永龙公司申诉认为本案执行申请费仅应当收取60587.53万元。《诉讼费用交纳办法》第十四条第一项规定了依法向人民法院申请执行人民法院发生法律效力的调解书的，其交纳标准为"执行金额或者价额不超过1万元的，每件交纳50元；超过1万元至50万元的部分，按照1.5%交纳；超过50万元至500万元的部分，按照1%交纳；超过500万元至1000万元的部分，按照0.5%交纳；超过

1000万元的部分,按照0.1‰交纳。"且《最高人民法院关于适用〈诉讼费用交纳办法〉的通知》中明确规定了"自2007年4月1日起,执行申请费由人民法院在执行生效法律文书确定的内容之外直接向被执行人收取,破产申请费由人民法院在破产清算后,从破产财产中优先拨付。"

经查,三明中院(2010)三执行字第22号执行通知书中载明:"本案申请执行费78971元"。2010年4月30日申请执行人王某某、郑某某、何某某提交《申请执行书》,执行依据为(2008)三民初字第37号民事调解书,执行标的为张某某、永龙公司支付股权转让款的逾期付款利息353.5463万元以及迟延履行金。盖有三明中院财务专用章的"福建省人民法院诉讼收费专用票据",编号0086172,载明"案号:(2010)三执行字第22号,交款人:张某某、宁化县永龙房地产开发有限公司,案件受理费、申请费:78971.00";盖有三明中院财务专用章的"福建省人民法院诉讼收费专用票据",编号0086173,载明"案号:(2010)三执行字第22号,交款人:张某某、宁化县永龙房地产开发有限公司,案件受理费、申请费:37754.00"。

申诉人主张收取的执行费为60587.53万元,是以本案实际执行到位的金额为基数进行计算的。然而,关于申请执行费用应当以当事人申请执行标的为基数计算,还是应当按照实际执行到位的数额为基数进行计算,现有法律法规中并无明确规定,司法实践中也存在很大争议。因此,三明中院选择按照申请执行标的为基数计算,并无违法之处,应予维持。

(四)关于执行程序瑕疵问题

本案申诉人申诉时提出许多执行程序上的问题,要求撤销原执行行为。第一,关于查封当时送达执行通知书的问题。三明中院于查封当日向张某某、永龙公司送达执行通知书的做法并无不当。依据《民事诉讼法》第二百一十六条第二款,被执行人不履行法律文书确定的义务,并有可能隐匿、转移财产的,执行员可以立即采取强制执行措施,《最高人民法院关于适用〈中华人民共和国民事诉讼法〉执行程序若干问题的解释》第三十条,执行员依照《民事诉讼法》第二百一十六条规定立即采取强制执行措施的,可以同时或者自采取强制执行措施之日起三日内发送执行通知书。可能隐匿、转移财产标准主观性较强,不能说执行人员存在错误。第二,关于超标的查封的问题。三明中院在财富花园在建工程已经全部抵押给银行,且张某某、永龙公司未提供扣除抵押债权后31间店铺的价值的有关证据材料,查封上述店铺并无不当。第三,关于执行通知书落款时间错误。执行通知书的落款时间系笔误所致,且这一笔误对张河淦、永龙公司行使实体权利并未造成实质影响。第四,关于超期限审查执行异议。民事诉讼法规定的自收到书面异议之日起十五日内进行审查,目的是约束执行法院及时进行审查,未能在法定期限内完成审查的,不影响裁定的效力。第五,关于(2010)三执行字第22号裁定未送达给申请复议人,且在查封时未作查封笔录。该份裁定因未送达申请复议人,对申请复议人不产生效力。三明中院对31间店铺的查封已解除,该案也已经终结执行。综上,本案执行过程中,确实存在部分程序瑕疵,但没有实质影响当事人实体权利的行使,不应据此撤销相应的执行行为。

本案例涉及执行和解协议是否履行完毕的审查及救济问题。根据现行民事诉讼法的规定,当事人不履行和解协议的,人民法院可以根据当事人的申请,回复对原生效法律文书的执行。这一规定并未否认和解协议的可诉性。笔者认为,就和解协议履行过程中产生的纠纷提起诉讼与此前诉讼的诉讼标的,即当事人在实体法上的权利义务或法律关系显然不同,并不违反一事不再理的基本诉讼原则。而因和解协议诉讼产生的法律文书也可能存在强制执行的需要,此时能否再次达成和解协议应由双方当事人协商确定,即使再次达成和解协议,也不存在浪费司法资源的问题。当然,不可否认实践中确实存在被执行人滥用诉权的可能,可以通过适当的制度设计予以规制,而不能就此否认和解协议的可诉性。[①]

---

① 潘勇锋:《执行和解协议是否履行完毕的审查问题——宁化县永龙房地产开发有限公司、张某某执行申诉案评析》,载江必新、刘贵祥主编,最高人民法院执行局编:《执行工作指导》2015年第4辑(总第56辑),国家行政学院出版社2016年版,第93~119页。

人民法院办理执行案件规范

2017 年 4 月

83.【执行和解的一般规定】

在执行中,双方当事人可以自愿达成和解协议,变更生效法律文书确定的履行义务主体、标的物及其数额、履行期限和履行方式。

84.【执行和解的形式要求】

和解协议一般应当采取书面形式。执行人员应将和解协议副本附卷。无书面协议的,执行人员应将和解协议的内容记入笔录,并由双方当事人签名或盖章。

85.【执行和解的法律效力】

申请执行人与被执行人达成和解协议后请求中止执行或者撤回执行申请的,人民法院可以裁定中止执行或者终结执行。

和解协议合法有效并已履行完毕的,人民法院作执行结案处理。

86.【执行和解后的恢复执行】

申请执行人因受欺诈、胁迫与被执行人达成和解协议的,人民法院可以根据当事人的申请恢复原生效法律文书的执行。

一方当事人不履行或者不完全履行在执行中双方自愿达成的和解协议,人民法院应当根据对方当事人申请恢复原生效法律文书的执行。

人民法院决定恢复执行的,应告知各方当事人,并对和解协议已履行的部分予以扣除。

87.【执行和解后的不予恢复执行】

和解协议已经履行完毕的,不予恢复执行。

和解协议的履行虽存在瑕疵,但申请执行人已接受履行且已履行完毕的,不予恢复执行。

88.【申请恢复执行的期间】

申请恢复执行原生效法律文书,适用本规范第 22 条第一款、第二款申请执行期间的规定。申请执行期间因达成执行中的和解协议而中断,其期间自和解协议约定履行期限的最后一日起重新计算。

[提示] 当事人之间借款关系明确,债权人追索借款的权利应当依法予以保护。但当事人之间直接以物抵债,损害了其他债权人的利益,该直接以物抵债协议应当认定为无效

当事人协议直接以物抵债损害其他债权人利益的,该协议无效——陈昌光与甘树北借款纠纷再审案

抗诉机关:中华人民共和国最高人民检察院。
申诉人(一审原告):陈昌光。
被申诉人(一审被告):甘树北。

一、案件基本事实

1997 年 7 月 7 日,甘树北与陈昌光签订两份借款协议。约定:甘树北分别向陈昌光借人民币 79.7 万元和 30 万元,期限从 1997 年 7 月 7 日起至 1998 年 8 月 1 日止。到期一次性付清,如到期不能还清,自愿将坐落在岑溪市玉梧路十里长街边的金隆石材总汇铺面(11 间,自编号 1—11,规格 7×15 米)卖给陈昌光所有,过户手续费由甘树北支付。借款协议签订后,陈昌光按约支付了款项,甘树北立下三张借条,共借到陈昌光现金 109.7 万元。后甘树北未能还款。1998 年 8 月 29 日陈昌光向岑溪市人民法院提起请求判令甘树北归还借款 109.7 万元,并承担诉讼费。经调解双方达成:甘树北欠陈昌光款 109.7 万元,甘树北自愿将属其所有的坐落在岑溪市玉梧铬十里长街边的金隆石材总汇铺面 11 间(自编号 1—11,规格 7×15 米)作价 109.7 万元抵偿给陈昌光,并限于 1998 年 9 月 10 日前办理房屋过户手续;岑溪市人民法院对上述协议作出〔1998〕岑民初字第 1369 号民事调解书予以确认。甘树北没有在约定的期限内将房产过户给陈昌光。最高人民法院〔2010〕民抗字第 24 号民事判决查明,欧剑宏诉甘树北偿还 33 万元借款一案,经岑溪市人民法院主持调解并形成〔1998〕岑民初字第 1364 号民事调解书确认:甘树北在 1998 年 9 月 4 日下午 6 时前将所借欧剑宏的 33 万元予以偿还。若逾期还款,由甘树北将其所有坐落在岑溪市十里长街边面向义州大道自编号 19 至 22 号四间铺面(规格为 7 米×15 米)在 1998 年 9 月 7 日过户给欧剑宏作抵偿 33 万元借款,过户费用由甘树北负担。甘树北未在 1998 年 9 月 4 日向欧剑宏还款。

1998年9月18日甘树北与陈昌光、欧剑宏签订《转让土地使用权及房屋协议》约定：(1) 甘树北自愿将其自有的坐落在岑梧市玉梧路及义洲大道口的土地使用权及房屋全部转让给陈昌光、欧剑宏[即金隆石材总汇铺面的土地使用权及房屋，但岑溪市人民法院〔1998〕岑民初字第1369号、第1364号民事调解书分别载明的1—11号、19—22号的土地使用权及房屋除外，因该部分本地使用权及房屋已抵偿给陈昌光、欧剑宏，所以不列入本协议的范围]。(2) 甘树北转让给陈昌光、欧剑宏的上述土地使用权用地面积6747.25平方米，房屋建筑面积2624.39平方米，其四至界址按土地使用权证所载[岑溪市人民法院〔1998〕岑民初字第1369号、第1364号民事调解书载明的已抵偿给陈昌光、欧剑宏的除外]。(3) 双方议定，甘树北转让给陈昌光、欧剑宏的上述房屋及土地使用权，一次性作价240万元人民币。此款陈昌光、欧剑宏已于本协议生效前一次性付给了甘树北。(4) 转让的土地使用权及房屋应缴纳的一切税、费（包括过户的税、费）由甘树北负担。同年11月，陈昌光、欧剑宏和甘树北持上述民事调解书、土地房屋转让协议以及地号为43010的国有土地使用证，向岑溪市国土资源局申请土地权属变更登记过户手续。同年12月经岑溪市人民政府核准颁发了土地使用证，将43010号地变更到陈昌光、欧剑宏名下。该土地使用证上四至界址记载为：东墙外接民宅，西墙外接玉梧大道，南墙外接义洲大道，北墙外接李清宅、工场。后广西南方商业集团有限责任公司（原称广西商业大厦，以下简称南方公司）认为甘树北将其所有坐落在岑溪市玉梧路十里长街边金隆石材总汇铺面作价抵偿给陈昌光、欧剑宏侵犯该公司的抵押权，要求岑溪市人民法院撤销〔1998〕岑民初字第1369号民事调解书。1999年6月3日岑溪市人民法院以〔1999〕岑民监字第1号民事裁定书裁定再审。1999年12月岑溪市国土资源局进行年检换证时将上述国有土地使用证的地号43010变更为42320。

另查明，1995年12月12日，甘树北将其坐落于岑溪县十里长街开发区的全部房产抵押给南方公司，作为广西岑溪金隆石材工艺有限公司（以下简称金隆公司）与南方公司签订的《产品购销合同》的担保，三方到岑溪市房地产管理局办理了抵押登记，《抵押权证明书》[房地押〔1995〕字第046号]载明，抵押人为甘树北，抵押权人为南方公司，房屋位于岑溪县十里长街开发区，为五幢一层的框架结构，总面积3227.98㎡，房屋产权证3901881号，抵押性质为"贷款"，抵押物评估值为1310万元等内容。甘树北取得上述房屋房产证时尚未取得土地使用权证。

另查明，甘树北的3901881号房产占用范围内的土地四至随着岑溪市政规划的完善发生变化，至甘树北于1996年7月办理土地使用权证时，土地四至与办理房产证时的四至不完全相同，但该两证所述房地产实为同一处房地产。

另查明，2002年12月27日岑溪市房地产管理局报经岑溪市人民政府批复同意后，作出岑房权销字〔2003〕01号《房屋所有权注销决定书》，注销3901881号房产证，并于2003年1月4日在《广西政法报》上刊登公告。2009年6月23日，岑溪市房地产管理局根据广西壮族自治区南宁市西乡塘区人民法院〔2005〕永执字第57—4号民事裁定，作出岑房权〔2009〕6号《关于3901881号房屋所有权证决定书》，撤销岑房权销字〔2003〕01号《房屋所有权注销决定书》，恢复3901881号房屋所有权证。2009年7月17日，岑溪市国土资源局根据广西壮族自治区南宁市西乡塘区人民法院〔2005〕永执字第57—4号民事裁定书和岑溪市人民法院〔2008〕岑执字第70—1号民事裁定书，公告注销了陈昌光、欧剑宏持有地号为42320国有土地使用证，并在2009年9月4日将地号为42320的土地使用权证上土地使用者恢复至甘树北名下。

另查明，广西壮族自治区南宁市中级法院〔1999〕南市经初字第202号民事判决、广西壮族自治区高级人民法院〔2000〕桂经终字第57号民事判决均认定甘树北以3901881号房产抵押给南方公司的抵押关系有效，并在抵押物范围内承担责任，南方公司享有优先受偿权。最高人民检察院以高检民抗〔2009〕3号民事抗诉书，对该案提出抗诉。最高人民法院指令广西壮族自治区高级人民法院进行再审，后于2011年5月17日裁定提审该案。

二、案件原审情况

岑溪市人民法院作出的〔1999〕岑民再字第1号民事判决认为：陈昌光借款109.7万元给甘树北，有双方签订的借款协议和借据为凭，债权债务关系成立。甘树北对债务应当清偿。鉴于双方借款时没有约定利息，陈昌光在诉讼时也不主张，不予确认。但双方签订借款协议后没有办理抵押物登记，原调解书确认陈昌光优先受偿甘树北的房屋欠妥，应予纠正。判决：(1)撤销岑溪市人民法院〔1998〕岑民初字第1369号民事调解书。(2)甘树北所欠陈昌光109.7万元，限于判决生效后十日还清给陈昌光。

广西壮族自治区梧州市中级人民法院作出的〔2003〕梧民再终字第4号民事判决认为：陈昌光与甘树北的债权债务关系成立，甘树北应归还109.7万元给陈昌光。但原调解书中抵偿给陈昌光的铺面由于甘树北已于1995年12月抵押给了南方公司，故原审判决撤销岑溪市人民法院〔1998〕岑民初字第1369号民事调解书正确。原审判决事实清楚，适用法律正确，处理恰当，应予维持。检察机关抗诉理由不成立，不予支持。判决维持岑溪市人民法院〔1999〕岑民再字第1号民事判决。

广西壮族自治区高级人民法院作出的〔2008〕桂民再字第40号民事判决认为，甘树北向陈昌光借款，双方签订了借款协议，甘树北也认可获得了借款，因此双方存在着借贷关系。借款到期后，甘树北承担还款的义务。陈昌光则享有追索借款的权利。当甘树北不能按期还款时，陈昌光有权寻求法律的保护，要求甘树北清偿债务或依法定的程序以甘树北的其他财产抵偿债务。但陈昌光以甘树北的其他财产抵债不应超过所欠债务及不得损害第三方的合法利益，否则依法不能获得法律的支持。

1. 关于甘树北与南方公司是否存在财产抵押关系及南方公司在实现对甘树北的债权时是否有优先受偿权的问题。基于在受理南方公司诉金隆公司、甘树北、钟桂兰购销抵押合同纠纷一案时，已经确认了部分事实，广西壮族自治区高级人民法院作出的〔2000〕桂经终字第57号民事判决确认："南方公司与金隆公司、甘树北于1995年12月13日签订的《产品购销合同》，以及此后各方就有关债务的清偿而达成的数份《协议书》和《石材购销合同》，是双方当事人的真实意思表示，内容合法，是有效的。南方公司已依约向金隆公司预付货款，而金隆公司既未按合同供货，又不依约退还全部预付款，对此金隆公司应承担返还货款和偿付违约金的责任。双方在签订《产品购销合同》之前，就已到岑溪市房地产管理局办理了房产抵押登记手续，该局出具的《抵押权证明书》已载明了抵押人及所抵押的房产。此后，三方订立的《产品购销合同》约定的抵押条款及在广西壮族自治区公证处办理公证手续的抵押事项中，明确无误地说明了甘树北自愿提供的抵押物，与已经办理了抵押登记手续的房产是同一标的物。后来双方又再签订的《石材购销合同》虽未提及抵押问题，但双方对已经办理的抵押担保并未予以解除，更未办理解除手续。因此甘树北在本案已经设立的抵押已经生效，应承担担保责任。"因此，甘树北与南方公司存在财产抵押关系是已经生效的法律文书所确认的事实，根据《最高人民法院关于民事诉讼证据的若干规定》第九条规定，已为人民法院发生法律效力的裁判所确认的事实，无需举证，其效力及于本案，所以，应认定甘树北与南方公司存在财产抵押关系。《担保法》第三十三条第一款规定："本法所称抵押，是指债务人或者第三人不转移对本法第三十四条所列财产的占有，将该财产作为债权的担保。债务人不履行债务时，债权人有权依照本法规定以该财产折价或者以拍卖、变卖该财产的价款优先受偿。"因此，在清理甘树北的债务时，南方公司依法享有优先受偿的权利。

2. 关于甘树北抵偿给陈昌光的房产与抵押给南方公司的房产是否为两个完全不同的标的物的问题。从甘树北的房产所有权证和土地使用权证上登记的情况看，甘树北抵押给南方公司的房产登记资料是：房产所有权证号：3901881（1995年1月10日办理）；地号：3901736；发票号0074238；面积：用地面积6903平方米，建筑面积3227.98平方米；位置：十里长街开发区；四至：东接卫生院，南接民宅，西接南环路，北接十里长街。而其后甘树北在将房产抵押的情况下又另行办理土地使用权证时登记的资料是：地号：43010（现为42320）；土地使用权证号：000043010（1996年7月10日办理）；面积：用地面积6747.25平方米，建筑面积2624.39平方米；位置：岑溪市玉梧大道和义州大道口；四至：东接民居，南接义州大道，西接玉梧大道，北接李清宅地、工场。从以上两证书记载的情况看，土地面积、建筑面积及四至相邻均有差异。但经审查，该两证书项下的地块实为同一地块。理由是：(1)甘树北于1993年10月20日购买的岑溪市十里长街开发区的商品房地块，位于岑溪市十里长街与南环路相汇处的三角地带。甘树北办理的土地使用权证上所载的地块位于玉梧大道与义洲大道相汇处的三角地带，而玉梧大道即为十里长街，义洲大道亦为南环路变更而来，此同路段只是不同名的特定三角地块，在岑溪市并没有第二处。（2）甘树北购买十里长街的商品房地块后，利用当时历史条件下的原因，于1995年1月10日先办理了房屋所有权证，后才于1996年7月10日办理土地使用权证，在两证书办理的间隙，岑溪市的街道随着社会、经济的发展产生名称变动，致使该两证书上记载的街名不一致。也是基于先办房屋所有权证的原因，造成甘树北补办土地使用权证时，实测的土地面积、建筑面积有所差异。岑溪市房地产管理局证实："十里长街开发区是由政府组织开发，由于开发需要，当时该区的房产证均是购地之后即予办理一层建筑的房产证，办证由开发区统一办理包括甘树北的房产证，并未按完善的手续办理，这是当时历史的产物。"

又证实："我局经审查，发现证载房屋状况与现房产确有出入，其土地证及建设规划许可证是在房产证之后取得。"（3）甘树北本人诉讼之初也不认为是两处房产。在岑溪市人民法院再审本案时，其向法院称："我与南方公司签订《石材购销合同》前后，都明确告知该公司，我将把我坐落在岑溪市十里长街的房地产转让给陈昌光、欧剑宏抵债，该公司无异议。所以才有以货款抵押原南方公司定金的条款。因此，原抵押给该公司的房地产的抵押已无效。至今我公司与南方公司的有关债权债务关系由我与该公司自行理妥。"从甘树北的陈述来看，其将抵押给南方公司的房产和抵偿给陈昌光的房产是视为同一处房产的。因此，应当认定甘树北抵偿给陈昌光的房产与抵押给南方公司的房产是同一标的物。

3.关于南方公司抵押物是否真实存在的问题。陈昌光申诉称，岑溪市土地管理局从未给地号为3901736的地块办理过土地使用权证，该地根本不存在。经审查，本案由于当时存在的历史原因，在当事人未办理土地使用权证的情况下，先行给予办理房产所有权证，造成了房产所有权证上的地号不是按照土地使用权证上的地号来填写的情况，但这并不表示该地块不存在。按照担保法的规定，房屋的抵押需到房屋管理部门办理。南方公司在办理抵押时，已经到岑溪市房地产管理局进行了抵押登记，该局颁发有抵押权证明书，陈昌光仅以没有土地管理局登记的该地号而否定其存在没有事实依据。

4.关于陈昌光主张的法律禁止企业间借贷，金隆公司与南方公司签订的借款合同是无效的，南方公司无优先受偿权及南方公司进行抵押登记的时候没有按规定向房产管理部门提交主合同和抵押合同，违反了《担保法》第四十四条和《城市房地产抵押管理办法》的规定等问题。由于该问题是属于南方公司诉金隆公司、甘树北、钟桂兰购销抵押合同纠纷一案的审理范围，而该案的审理结果已对甘树北的抵押行为作出了有效确认，该判决至今仍发生法律效力。

综上所述，甘树北于1995年12月将位于岑溪市十里长街的房产抵押给南方公司，1998年9月4日其与陈昌光达成调解协议，将已抵押的房产抵偿给陈昌光所有，损害了作为债权人的南方公司的抵押优先受偿权，故岑溪市人民法院作出的〔1998〕岑民初字第1369号民事调解书是错误的，应予纠正。但陈昌光作为甘树北的债权人，仍有向甘树北追偿的权利，岑溪市人民法院再审后作出撤销原调解书，改判为甘树北向陈昌光偿还所欠款项，广西壮族自治区梧州市中级人民法院作出维持原判的判决是正确的。因此，陈昌光申请再审的理由不能成立，应予驳回。原判认定事实清楚，适用法律正确，实体处理恰当。该院依照《民事诉讼法》第一百八十六条第一款、第一百五十三条第一款第（一）项之规定，并经院审判委员会讨论决定，判决：维持广西壮族自治区梧州市中级人民法院〔2003〕梧民再终字第4号民事判决。

三、检察机关抗诉意见

最高人民检察院抗诉认为，广西壮族自治区高级人民法院〔2008〕桂民再字第40号民事判决认定的事实缺乏证据证明，适用法律错误。

1.该再审判决认定甘树北用于抵押的桂房证字3901881号房地产和卖给陈昌光的地号为43010（现为42320）的房地产是同一标的物没有证据证实，违背法律规定。（1）岑溪市人民政府已将核发给甘树北的桂房证字第3901881号《房产所有权证》予以了注销；该注销行政行为已发生法律效力，因而抵押不能成立；南方公司提起的行政赔偿诉讼，尚未审结；广西壮族自治区梧州市中级人民法院、广西壮族自治区高级人民法院明知上述情况，却判决认定抵押有效，南方公司享有优先受偿权是错误的。（2）甘树北抵押给南方公司的房屋与甘树北转让给陈昌光、欧剑宏的房地产是完全不同的两个标的物。（3）该再审判决将用于抵押的房地产和卖给陈昌光、欧剑宏的房地产认定是同一地块是错误的。(4) 有新的证据证明甘树北用于抵押的桂房证字3901881号房产证的房产事实上并不存在。(5) 即使甘树北抵押给南方公司的房地产和其转让给陈昌光、欧剑宏的房地产是同一标的物，由于甘树北转让房地产给陈昌光、欧剑宏，办理过户手续时，房地产的登记中并没有显示为抵押，陈昌光、欧剑宏属善意第三人，已支付了全部购房款，办理了合法的过户手续，并且已达十年，应予保护。

2. 该再审判决认定"查明再审期间陈昌光没有向该院提交新的证据，因而认定查明的事实与原判查明一致，对原判查明的事实予以确认"，属认定事实错误。

3. 该再审判决认定"甘树北抵偿给陈昌光债务的财产不应超过所欠债务及不得损害第三方的合法利益，否则依法不能获得法律的支持"是错误的=甘树北不仅是以房产、土地抵偿债务给陈昌光，而且双方还另签协议，将房地产作价240万元卖给陈昌光、欧剑宏，且陈昌光、欧剑宏支付了全部房款，依法办理了所购房地产变更登记手续，没有超过债务，是等价有偿行为；没有损害第三者的利益，是合法有效行为。

4. 对广西壮族自治区高级人民法院〔2000〕桂经终字第57号民事判决已经提出抗诉，该判决认定甘树北与南方公司以该房产设立的抵押有效是错误的。

最高人民法院认为，甘树北向陈昌光借款109.7万元逾期未还，双方债权债务关系明确，甘树北、陈昌光均无异议。甘树北未能按期还款，陈昌光寻求法律保护，请求人民法院判令甘树北归还借款，陈昌光追索借款的权利应当依法予以支持，甘树北应向陈昌光偿还借款。岑溪市人民法院〔1998〕岑民初字第1369号民事调解书确认，甘树北自愿将其坐落在岑溪市玉梧路十里长街边的金隆石材总汇铺面房地产直接抵偿其欠陈昌光债务，损害了其他债权人的利益，该以房地产直接抵债的协议应认定为无效。岑溪市人民法院以〔1998〕岑民初字第1369号民事调解书对陈昌光、甘树北达成的调解协议予以确认不当，该院〔1999〕岑民再字第1号民事判决、广西壮族自治区梧州市中级人民法院〔2003〕梧民再终字第4号民事判决、广西壮族自治区高级人民法院〔2008〕桂民再字第40号民事判决关于甘树北应向陈昌光清偿借款的认定正确，判决结果正确，应予以维持。甘树北所有的位于岑溪市玉梧路十里长街地号为42320、房产证号为3901881的房地产实为同一处房地产，故陈昌光称甘树北抵押给南方公司的房产和卖给陈昌光的房产是两个不同标的物的理由不能成立。广西壮族自治区高级人民法院再审判决对此认定正确，予以维持。甘树北与陈昌光、欧剑宏签订《转让土地使用权及房屋协议》，将其岑溪市人民法院〔1998〕岑民初字第1369号、第1364号民事调解书确认的抵债房产之外的部分，全部有偿转让给陈昌光、欧剑宏，属于其与陈昌光、欧剑宏除以物抵债之外，又形成的房屋买卖的法律关系。该法律关系，双方当事人并未形成纠纷，亦不属于本案审理的范围，本案不予涉及。综上，根据《民事诉讼法》第一百八十六条第一款、第一百五十三条第一款第（一）项的规定，最高人民法院作出〔2010〕民抗字第25号民事判决：维持广西壮族自治区高级人民法院〔2008〕桂民再字第40号民事判决。

五、评析意见

（一）关于甘树北用于抵押的桂房证字3901881号房地产和卖给陈昌光的地号为43010的房地产是否同一标的物问题

从甘树北的房产所有权证和土地使用权证上登记的情况看，1995年12月12日，甘树北抵押给南方公司的房产登记资料记载，房产所有权证号为3901881（1995年1月10日办理）；地号为3901736；发票号为0074238；用地面积为6903平方米，建筑面积为3227.98平方米；位置为十里长街开发区；四至为东接卫生院，南接民宅，西接南环路，北接十里长街。1996年7月10日，办理土地使用权证时登记的资料记载，地号为43010；土地使用权证号为000043010（1996年7月10日办理）；用地面积为6747.25平方米，建筑面积为2624.39平方米；位置为岑溪市玉梧大道和义州大道口；四至为东接民居，南接义州大道，西接玉梧大道，北接李清宅地、工场。从以上两证书记载的情况看，土地面积、建筑面积及四至相邻均有差异。原审经审查，认为该两证书项下的地块实为同一地块。理由是：

1. 甘树北于1993年10月20日购买的岑溪市十里长街开发区的商品房地块，位于岑溪市十里长街与南环路相汇处的三角地带。甘树北办理的土地使用权证上所载的地块位于玉梧大道与义洲大道相汇处的三角地带,而玉梧大道即为十里长街,义洲大道亦为南环路变更而来,此同路段只是不同名的特定三角地块,在岑溪市并没有第二处。

2. 甘树北购买十里长街的商品房地块后,利用当时历史条件下的原因,于1995年1月10日先办理了房屋所有权证,后才于1996年7月10日办理土地使用权证,在两证书办理的间隙,岑溪市的街道随着社会、经济的发展产生名称变动,致使该两证书上记载的街名不一致。也是基于先办房屋所有权证的原因,造成甘树北补办土地使用权证时,实测的土地面积、建筑面积有所差异。岑溪市房产局证实:"十里长街开发区是由政府组织开发,由于开发需要,当时该区的房产证均是购地之后即予办理一层建筑的房产证,办证由开发区统一办理(包括甘树北的房产证),并未按完善的手续办理,这是当时历史的产物。"又证实:"我局经审查,发现证载房屋状况与现房确有出入,其土地证及建设规划许可证确是在房产证之后取得。"

3. 甘树北本人诉讼之初也不认为是两处房产。在岑溪市人民法院再审本案时,其向法院称:"我与南方公司签订《石材购销合同》前后,都明确告知该公司,我将把我坐落在岑溪市十里长街的房地产转让给陈昌光、欧剑宏抵债,该公司无异议。所以才以货款抵原南方公司定金的条款。因此,原抵押给该公司的房地产的抵押已无效。至今我公司与南方公司的有关债权债务关系由我与该公司自行妥理。"从甘树北的陈述来看,其将抵押给南方公司的房产和抵偿给陈昌光的房产是视为同一处房产的。此外,甘树北在岑溪市人民法院再审时也有类似的表述。

4. 由于历史原因,办理抵押证号为3901881号的房地产是先办理房屋所有权证,手续欠妥,有违办证程序,后于1996年7月10日办理土地使用权证,即3901881号房地产证是存在办证不规范的问题,这是当时当地的历史原因所形成,应予尊重。

5. 房产管理部门提出其房产所有权证上的地号3901736与土地使用权证上的地号43010(现为42320)并不冲突,前者是房产部门自行编号,并不是土地使用权证上的地号,地号应以土地使用权证上的为准;因此,原审应当认定甘树北抵偿给陈昌光的房产与抵押给南方公司的房产是同一标的物,并无不当。另,岑溪市人民政府、岑溪市人民法院经过调查认为核发给甘树北的桂房证字第3901881号《房产所有权证》,原申报不实,手续欠妥,有违办证程序。检察机关认为,如果甘树北抵押给南方公司的房地产和其转让给陈昌光、欧剑宏的房地产是同一标的物,由于甘树北转让地产给陈昌光、欧剑宏,办理过户手续时,地产登记中并没有显示为抵押,陈昌光、欧剑宏属善意第三人,已支付了相应的款额,办理了合法的过户手续,应予保护。但上述行为发生只是针对土地部分,而房屋的抵押在房屋管理部门是有抵押登记,未办理过户手续。如果认为有过错,也是当事人的原因造成的,而该行为是发生在调解之后,是当事人基于生效调解书之后发生的法律关系,不属于本案当事人争议的范围。

(二)关于甘树北将房地产抵押给南方公司的抵押是否有效问题

由于历史的原因,在当事人未办理土地使用权证的情况下,先行给予办理房产所有权证,造成了房产所有权证上的地号不是按照土地使用权证上的地号来填写的情况。南方公司在办理抵押时,已到岑溪市房产局进行了抵押登记,该局颁发有抵押权证明书。至于金隆公司与南方公司签订的借款合同是否无效,南方公司有无优先受偿权及南方公司进行抵押登记时是否按规定向房产管理部门提交主合同和抵押合同,是否存在违反了《担保法》第四十四条和《城市房地产抵押管理办法》的规定等问题。由于上述问题是属于南方公司诉金隆公司、甘树北、钟桂兰购销抵押合同纠纷案的审理范围。广西高院审结的〔2008〕桂民再字第40号民事判决认为,该院在审理南方公司诉金隆公司、甘树北、钟桂兰购销抵押合同纠纷一案时,已经确认了部分事实。其〔2000〕桂经终字第57号民事判决确认:"南方公司与金隆公司、甘树北于1995年12月13日签订的《产品购销合同》,以及此后各方就有关债务的清偿而达成的数份《协议书》和《石材购销合同》,是双方当事人的真实意思表示,内容合法,是有效的。南方公司已依约向金隆公司预付货款,而金隆公司既未按合同供货,又不依约退还全部预付款,对此金隆公司应承担返还货款和偿付违约金的责任。双方在签订《产品购销合同》之前,就已到岑溪市房产局办理了房产抵押登记手续,该局出具的《抵押权证明书》已载明了抵押人及所抵押的房产。此后，订立的《产品购销合同》约定的抵押条款及在广西壮族自治区公证处办理公证手续的抵押事项中，明确无误地说明了甘树北自愿提供的抵押物，与已经办理了抵押登记手续的房产是同一标的物。后来双方又再签订的《石材购销合同》虽未提及抵押问题，但双方对已经办理的抵押担保并未予以解除，更未办理解除手续。因此甘树北在本案已经设立的抵押已经生效，应承担担保责任。"因此，甘树北与南方公司存在财产抵押关系是已经生效的法律文书所确认的事实，根据《最高人民法院关于民事诉讼证据的若干规定》第九条规定，已为人民法院发生法律效力的裁判所确认的事实，无需举证，其效力及于本案，所以，应认定甘树北与南方公司存在财产抵押关系。原审法院根据该院〔2000〕桂经终字第57号民事判决所确认的事实进行了判决。对于〔2000〕桂经终字第57号案，最高人民法院已提审。鉴于本案中没有对该部分进行审理，本案中不能就甘树北与南方公司是否存在财产抵押关系、抵押关系是否有效以及南方公司的债权是否能优先受偿等的问题进行确定，应以该案提审后的判决为准。

（三）关于本案再审审理的范围问题

人民法院进行再审的目的是通过对案件的再次审理，确定原审裁判是否存在错误，进而对原审裁判作出维持或纠正的新判决。一个生效裁判必然是在当事人原审诉讼请求已经固定的基础上作出的，再审的诉讼标的应当以原审为限，这才可以通过再次审判确定原审裁判是否存在错误，是否应当纠正。如果允许当事人在再审程序中超出原审范围增加、变更诉讼请求，再审所做的裁判必然改变原裁判的结果，可能否定正确裁判的既判力，打破生效裁判确立的法律关系和社会秩序，违背了再审属于对原审裁判错误进行特殊救济的性质。因此，再审审理范围应当受当事人原审诉请的限制，当事人超出原审范围增加、变更诉讼请求的，不属于再审审理范围。虽然本案是基于检察机关抗诉而启动的再审案件，但因不涉及国家利益和社会公共利益，故与当事人申请再审案件在审理范围上没有实质区别，审理范围仍应以当事人在原审的诉讼请求为限。本案中因甘树北未能按期还款，陈昌光寻求法律保护，请求

人民法院判令甘树北归还借款，陈昌光追索借款的权利应当依法予以支持。甘树北应向陈昌光偿还借款。岑溪市人民法院〔1998〕岑民初字第1369号民事调解书确认，甘树北自愿将其坐落在岑溪市玉梧路十里长街边的金隆石材总汇铺面房地产直接抵偿其欠陈昌光债务，损害了其他债权人的利益，该以房地产直接抵债的协议应认定为无效。原审法院据此对岑溪市人民法院〔1998〕岑民初字第1369号民事调解书进行再审后，撤销了该调解书，仅就当事人的诉讼请求进行审理，并判决甘树北偿还陈昌光借款是正确的。至于甘树北与陈昌光等基于调解书后所形成的房屋买卖关系，并没有形成纠纷诉至人民法院；而南方公司诉金隆公司、甘树北、钟桂兰购销抵押合同纠纷已另行诉至人民法院，人民法院已另案处理，故均不属于本案审理的范围，最高人民法院再审时不予审理是正确的。虽然原审对甘树北与南方公司之间是否存在抵押关系进行审理不妥，但判决甘树北偿还陈昌光借款，实体处理并无不当。从案件查明的事实和审理的结果来看，广西壮族自治区高级人民法院作出的〔2008〕桂民再字第40号民事判决，是正确的，因此，最高人民法院作出了维持原判的判决。①

再审中发现双方当事人已达成执行和解协议并履行完毕应如何处理——王同乐与桦南县农村信用合作联社借款纠纷再审案

申请再审人（一审被告、二审上诉人、原申请再审人）：王同乐，男，1958年出生，汉族，农行退休职工，住辽宁省营口市鲅鱼圈区滨海街。

委托代理人：吕行，辽宁圣洁律师事务所律师。

委托代理人：张刚，北京市大成律师事务所律师。

被申请人（一审原告、二审被上诉人、原被申请人）：桦南县农村信用合作联社，住所地黑龙江省桦南县桦南镇胜利街。

法定代表人：潘文良，该社理事长。

委托代理人：王硕，北京市天如律师事务所律师。

---

① 何东宁：《当事人协议直接以物抵债损害其他债权人利益的，该协议无效——陈昌光与甘树北借款纠纷再审案》，载《最高人民法院民商事案件审判指导》（第1卷），人民法院出版社2012年版，第50～61页。

委托代理人：李志国，男，1970年出生，汉族，住北京市海淀区西土城路。

一、黑龙江省桦南县人民法院一审查明的事实

1995年8月28日和9月12日，桦南县农业银行汽车修理部（以下简称汽车修理部）从桦南县农村信用合作社（以下简称信用社）贷款两笔，合计15万元，汽车修理部的负责人为王同乐；1998年1月15日，王同乐从信用社贷款11万元，该笔贷款至今未还；1999年4月8日，王同乐与信用社签订了一份金额为35万元的抵押借款合同，合同记载的"还款期限"为2001年4月8日"具体用款、还款计划"一栏中为空白。合同签订后王同乐实际从信用社得到现金2万元，并在当日，王同乐用其房屋做贷款抵押，办理了抵押登记。抵押权利价值为35万元，《房屋他项权证书》中记载"约定期限"为"1999年4月8日至2001年4月8日"。2001年，王同乐与信用社重新签订上述35万元的抵押借款合同，该合同与1999年4月8日签订的合同的差异在于，"还款期限"改成了"2003年11月20日"，"具体用款、还款计划"一栏中载明"99、4、8200000.00元，99、4、8147930.00元，原贷款三笔"。后来，信用社又将其自己所持有的2001年重签的合同上进行了涂改，"具体用款、还款计划"一栏被涂改为"原贷款两笔150000.00元"。

二、当事人起诉与答辩情况

信用社起诉称，王同乐从1995年起，先后以桦南县农业银行修理部、桦南县农业银行工具厂及王同乐本人等名义在我信用社贷款2笔，合计46万。其明细如下：（1）1999年4月8日王同乐用营口市开发区私产第0027196号抵押，办理贷款35万元。（2）1998年1月15日起王同乐用房屋抵押的名义，在我社贷款11万元。1999年4月8日在我社签订抵押贷款合同并办理了他项产权，签订了抵押贷款合同，约定2003年11月20日还清。2002年末，王同乐用54万元现金，在黑龙江省华龙拍卖有限公司，拍得桦南县农业银行修理部、桦南县农业银行工具厂及桦南县农业银汽配商店三家企业贷款打包债权。为此，我社于2003年9月23日派人到王同乐住处催款，王同乐对其余5笔贷款拒绝承认并拒绝在催收单上签字。为维护信用社的合法权益，确保信贷资金完好运转，我社依据《贷款通则》及其相关法律特向贵院提起诉讼：要求王同乐偿还我信用社贷款本息。即请求一审法院判令王同乐偿还借款本金46万；利息36.34万元；本息合计82.34万元，并承担本案诉讼费用。

王同乐答辩称，只从桦南县农业银行修理部、桦南县农业银行工具厂及栾发明处贷款31万元。1999年4月8日的贷款合同虽然约定贷款为35万元，但实际只贷20万，有1999年4月8日中国农业银行贷款借据证实；1998年1月15日，贷款11万元，但是王同乐从中拿出1万元支付了利息，实际只收到10万元。借款人为桦南县农业银行汽车修理部的两份借款合同共计借款15万元（1995年8月28日借款合同的金额为5万元、1995年9月12日借款合同的金额为10万元），这两笔借款是桦南县农业银行汽车修理部的借款，与王同乐个人无关。桦南县农业银行汽车修理部是桦南县农业银行工具厂投资开办的，是集体性质的企业，王同乐只是负责人，现已退休，不应该承担这两笔借款的还款责任。

另外，王同乐从黑龙江省华龙拍卖责任有限公司拍得桦南县农业银行修理部、农业银行工具厂、农业银行汽车配件商店三家企业贷款打包债权与本案没有关系。

综上所述，王同乐认为只应承担31万元的还款义务。

三、黑龙江省桦南县人民法院一审的判决与认定

王同乐认可其欠信用社的贷款金额为31万元，而非信用社起诉要求的46万元。因此，关于差额15万元（系桦南县农业银行汽车修理部在1995年8月28日和9月12日从信用社两笔贷款）是否应当由王同乐偿还是本案争议的焦点。

一审认为：（1）关于1999年4月8日王同乐实际贷款数额问题。一审法院认为双方1999年4月8日签订的35万元抵押借款合同有效，王同乐质证时虽以合同有改动为由对合同的真实性提出异议，但未提供其所持合同原件予以证实，应承担举证不能的后果。合同改动只是分期用款和还款计划部分，合同还约定双方自签章之日生效，王同乐对签章未予否认，且王同乐对合同约定的贷款金额35万元已在答辩状及当庭陈述中表示认可，已构成对事实的自认。据此，亦可认定王同乐对合同约定的偿还所欠贷款15万元的事实是认可的。这与王同乐依合同实际得到贷款20万并不

矛盾。合同约定贷款金额为35万,实际贷出20万,其余15万属信用社省略贷款环节,未重新立据将1995年的15万借据直接作为此次贷款借据。王同乐没有充分证据反驳上述15万元属偿还所欠贷款。同时,王同乐以房屋抵押35万元与约定贷款金额吻合,进一步对上述事实予以了佐证。综上,信用社按约定将35万元贷款发放给王同乐,已经完成其义务。(2)关于修理部企业性质问题。王同乐认为是集体企业,但所提供的营业执照系1988年复印件,信用社不认可,且工商档案无法找到,该证据不具证明力,据此,不能认定该企业为集体企业,即使是集体企业,在1999年贷款合同明确约定以新贷偿还旧贷的情况下,王同乐同意偿还企业所欠贷款,属债务的承担,法律并不禁止。据此,一审法院认定王同乐应承担修理部的15万还款义务。(3)关于1998年王同乐所贷11万还本付息问题。王同乐对欠款数额予以认可,信用社对提前扣息予以了减除;同时,一审法院就信用社对利息的计算未按合同约定利率计算表示认可。判决:王同乐支付给信用社本金46万元(35万+11万)及利息36.34万元,共计82.34万元。

四、当事人上诉与答辩情况

王同乐不服一审判决,向黑龙江省佳木斯市中级人民法院提起上诉称:(1)一审判决对桦南县农业银行汽车修理部的企业性质不予认定为集体企业是错误的。(2)一审判决根据涂改后的合同,认定王同乐同意偿还桦南县农业银行汽车修理部所欠贷款15万元是错误的。(3)一审判决在未确定企业性质的情况下,推理认定案件事实,没有法律依据。(4)1995年的桦南县农行汽车修理部两笔贷款15万元系集体企业贷款,王同乐不应承担还款责任。信用社提供的这两笔贷款凭证上明明白白写明借款单位是农行汽车修理部,并且盖有修理部的公章,这充分说明借款人是农行汽车修理部,而不是王同乐。农行汽车修理部是集体企业,而不是王同乐的个人企业,这有农行汽车修理部的工商档案为凭。王同乐与信用社签订的抵押贷款合同不能证明王同乐愿意偿还农行汽车修理部的两笔贷款。(5)贷款利息计算不准确,信用社未提供合法利率,利息过高。

信用社答辩称:(1)一审法院在证据认定上严格遵守有关民事诉讼证据的规则,当事人在举证期限届满后提供的证据不是新的证据,人民法院不予采纳。(2)原汽车修理部早已注销登记,失效的营业执照不能证明什么。(3)汽车修理部与35万元抵押借款合同无任何关系。(4)即使原汽车修理部的性质是集体的,也不影响王同乐自愿承担该债务。(5)合同的改正属于笔误的修正。次要条款的修正不影响该合同的效力。笔误修正条款没有给合同中任何一方造成损害。(6)35万元抵押借款合同合法有效,应受法律保护。

五、二审法院的认定

二审期间,王同乐举示一份在辽宁省营口市房产管理局存档的35万元借款合同原件的复印件,证实该借款合同中的分期还款计划一栏内容与信用社举示的借款合同内容不一致,且该借款合同中未约定由王同乐偿还汽车修理部15万元借款。但信用社拒绝对该证据质证。二审法院根据《最高人民法院关于民事诉讼证据的若干规定》(以下简称《证据规定》)第三十四条第二款和四十三条第一款的规定,认为王同乐所举证据不是在法定期间内举示,不符合新证据的法定条件,对王同乐在二审期间举示的证据未予采信。

二审法院认为,(1)关于合同效力问题。王同乐与信用社签订的11万元借款合同及35万元借款合同合法有效。(2)关于修理部企业性质问题。二审双方均确认属集体企业,对此予以确认。(3)关于王同乐上诉不承担汽车修理部15万元的借款问题。王同乐在二审虽举示一份其在辽宁营口房产管理局存档的35万元贷款合同原件的复印件,证实其所持借款合同中"分期还款计划"栏的内容与信用社举示的借款合同内容不一致,且该合同并未约定王同乐偿还修理部15万的内容,但根据《证据规定》,王同乐未在举证期限内举示证据予以佐证,亦未向原审法院提出延期举证的申请,信用社拒绝质证,故对王同乐二审证据不予采信。原审判决认定信用社举示的35万元借款合同合法有效并无不当。因汽车修理部是集体企业,王同乐系汽车修理部的负责人,没有义务承担汽车修理的债务。借款合同约定的其余15万元借款并未给付的事实清楚,因此,不存在王同乐以新贷还旧贷的问题。双方在该借款合同"还款计划"中约定了"原贷款两笔15万元"应认定王同乐承诺偿还原汽车修理部借款15万元,双方当事人就汽车修理部15万元借款形成合意,由王同乐承担偿还义务。(4)关于利息问题,由于王同乐与信用社签订的借款合同中约定的利率没有超出人民银行规定的利率浮动范围,因此,双方当事人约定的借款利率合法有效。综上,二审法院驳回上诉,维持原判。

六、黑龙江省高级人民法院再审作出的认定

黑龙江省高级人民法院再审查明:王同乐在本院二审中提交的"抵押借款合同"分期用款计划一栏中载明"99、4、8200000.00元,99、4、8147930.00元,原贷款三笔"。而信用社在原审提交的"抵押借款合同"分期用款计划一栏中书写的"99、4、8147930.00元"的内容被划掉,原贷款三笔中的三字被涂改为两字,并在其后添加了150000.00元的内容。由于王同乐提交的证据不属于《证据规定》第四十四条第一款规定所称新发现的证据,所以不予组织质证。

王同乐在二审期间举示的于德福、李海、王喜的证人证言,因上述证人不能出庭作证,接受当事人的质询,且不能出庭的事由不属于《证据规定》第五十六条第一款的情形,根据《民事诉讼法》第六十六条、《证据规定》第五十五条第一款、第四十七条第一款的规定,因上述证人没有出庭作证,接受当事人的质询,故王同乐提交的上述证人证言不能成为认定案件事实的依据。

黑龙江省高级人民法院再审法院查明的事实与一、二审法院查明的事实基本一致。

黑龙江省高级人民法院再审认为,王同乐认可贷款数额35万元,承认双方在签订"抵押借款合同"时,信用社贷款20万元,另15万元用于抵偿原贷款,应视为其对"抵押贷款合同"的认可。虽王同乐在二审期间举示其所持合同原件复印件证明与信用社所持合同内容不一致,但由于信用社拒绝质证,该证据不属民事诉讼证据规定中所称的"新发现证据",故该院对其不组织质证。王同乐举示的有关证人证言,因上述证人不能出庭作证,接受当事人质询,故不能作为认定案件事实的依据。关于王同乐诉称原判利息没有分段计算的问题。王同乐与信用社之间约定的利息并没有超出人民银行规定的利率浮动范围,信用社提交的利息计算方法是分段计息,利息计算低于协议约定,因此,王同乐诉称的利息计算有误根据不足。再审认为原审认定事实清楚,适用法律不无不当,王同乐申请再审的理由均不成立,维持原判。

七、当事人向最高人民法院申请再审的理由

王同乐申请再审认为原审认定事实不清,要求撤销原判。主要理由和根据是:(1)原审判决书中所认定的事实不清,1999年4月8日王同乐与信用社签订的金额为35万元抵押借款合同所担保的对象是本次的20万元和前期的11万元及之前有关的贷款的利息3.7万余元。首先,本案中争议的15万元属于汽车修理部的欠款,既然认定汽车修理部为集体企业,该笔贷款为企业借款,而非个人借款,不应当由申诉人偿还。并且有证据显示,汽车修理部的两笔贷款已经在1995年10月31日全部还清。(2)王同乐在二审和再审提供的贷款合同的原件证明被申诉人提交的贷款合同为单方涂改,但法院以不是新证据为由没有组织质证;王同乐在再审时提供的汽车修理部已经偿还两笔贷款的证据,黑龙江省高级人民法院再审对此未做审理;信用社主张债权,应当由其承担举证责任,原审举证责任分配不当。在申请再审审查中,王同乐还提供了有关款项数额的计算依据及利率变化情况,并认为在原审时,其只知道1999年35万贷款合同签订后,其实际贷出20万,2001年续贷时,加上了147930元,这是之前由11万多的贷款计算出来的,但如何具体得出该数字不知;现在提供的计算过程是原信用社续贷人员给演示出来其本人抄写的,因涉及单位,原事件参与人不愿出证,但计算过程能证明该数字是如何计算的。

信用社答辩称,原判决认定事实清楚,适用法律正确,应予维持。

八、最高人民法院再审作出的认定

最高人民法院再审认为,当事人的程序性权利是以实体权利为基础的,王同乐通过与信用社达成执行和解协议,已经对其权利作了实体上的处分,故其无权申请再审。本案属于执行阶段解决的问题,不属于审判阶段可以解决的问题。本案不符合申请再审的条件,在审查阶段由于未发现当事人已达成执行和解协议,没有对案件裁定终结,根据现已查明的事实,应当驳回王同乐的再审申请。根据《民事诉讼法》第一百八十六条①、第一百五十七条②的规定,以及《最高人民法院关于适用〈中华人民共和国民事诉讼法〉若

---

① 民事诉讼法原第一百八十六条现已修改为第二百零七条,下同。——编者注
② 民事诉讼法原第一百五十七条现已修改为第一百七十四条,下同。——编者注

干问题的意见》第186条①、《最高人民法院关于适用〈中华人民共和国民事诉讼法〉审判监督程序若干问题的解释》第二十五条第（三）项之规定精神，裁定：驳回王同乐的再审申请之诉。

九、对本案的解析

本案的焦点问题是，对于双方当事人已经达成执行和解协议且执行和解协议已履行完毕，在申诉复查阶段未发现这一问题，裁定提审后法院如何处理的问题。关于本案的处理问题，一种观点认为，本案原审的处理确有错误，王同乐与汽车修理厂是两个民事主体，其不应当负担汽车修理厂的债务。根据《最高人民法院关于适用民事诉讼法审判监督程序若干问题的解释》第二十五条的规定，"当事人达成执行和解协议且已履行完毕的"，可以裁定终结审查。既然本案已经提起再审，即再不适用本条规定。提审改判应该没有法律障碍。本案经审理认定原审判决确有错误，应按照《民事诉讼法》第一百八十六条、一百五十三条②第一款第（三）项的规定改判。另一种观点认为，本案原审的处理并没有问题。王同乐与汽车修理厂形式上虽为两个民事主体，但是实质上王同乐控制着汽车修理厂，王同乐为汽车修理厂的承包人，因此，王同乐应对汽车修理厂的债务承担责任。根据《民事诉讼法》第一百五十三条第一款第（一）项的规定应当维持原判。第三种观点认为，当事人的程序性权利是以实体权利为基础的，王同乐通过与信用社达成执行和解协议，该协议已经履行完毕，其已经对其享有的权利作了实体上的处分，故其无权申请再审，且王同乐故意隐瞒已经达成执行和解协议的事实申请再审，不应支持其主张，根据《最高人民法院关于适用民诉法审判监督程序若干问题的解释》第二十五条的规定，本案应裁定终结。第四种观点认为，本案属于执行阶段解决的问题，不属于审判阶段可以解决的问题。法院现在已经无权对原判决进行监督，只能对执行和解协议进行监督。本案不符合申请再审的条件，在审查阶段由于未发现当事人已达成执行和解协议，没有对本案裁定终结，根据现已查明的事实，应当驳回张某的再审申请。可见，对于再审阶段，发现当事人已经达成执行和解协议并履行完毕，该如何处理，分歧很大。

笔者认为，本案应当裁定驳回再审申请人的申请再审之诉。本案涉及如何看待执行和解协议的效力以及当事人双方已经达成执行和解协议并履行完毕对于再审的影响问题。

执行和解，是指在执行程序中，双方当事人经平等协商，就变更执行依据所确定的权利义务关系自愿达成协议，从而使执行程序不再进行的制度。执行和解具有执行成本小、效率高、结案快、程序简便、符合当今倡导构建和谐社会理念的优势，在法院执行工作中得到了较为广泛的推广。《民事诉讼法》第二百零七条③规定："在执行中，双方当事人自行和解达成协议的，执行员应当将协议内容记入笔录，由双方当事人签名或者盖章。一方当事人不履行和解协议的，人民法院可以根据对方当事人的申请，恢复对原生效法律文书的执行。"这就明确赋予了执行程序中申请执行人和被执行人有自行协商变更生效法律文书确定的履行义务主体、标的物及其数额、履行期限和履行方式等内容的权利，而法院的执行机构及执行人员在达成和解协议的过程中不能依职权予以主持，而只是以第三人的身份将此过程予以记录，这与诉讼程序中的调解是有区别的。法院执行员将执行和解协议内容记入笔录的行为并非法院对和解协议的审查和确认，仅仅是一种形式上的要求，更多的目的是警示和便于查证，而不是通过这种行为起到赋予和解协议既判力和执行力的法律后果。而就作为"诉讼外和解"的执行和解而言，其就是一种普通的民事契约；是生效法律文书中的当事人在各自最佳利益的自我判断、自主选择基础上，在承认、服从生效判决内容的前提下，以契约（合同）的形式变更、消灭某种已为国家（司法权）所认可的民事权利义务关系的行为。执行和解不构成对生效法律文书的侵犯；相反，当事人之所以通过执行和解协议改变法律

---

① 第一百八十六条已被最高人民法院《关于适用〈中华人民共和国民事诉讼法〉的解释》（法释〔2015〕5号）第四百零八条修改为："按照第二审程序再审的案件，人民法院经审理认为不符合民事诉讼法规定的起诉条件或者符合民事诉讼法第一百二十四条规定不予受理情形的，应当裁定撤销一、二审判决，驳回起诉。"——编者注

② 民事诉讼法原第一百五十三条现已修改为第一百七十条，下同。——编者注

③ 民事诉讼法原第二百零七条现已修改为第二百三十条，下同。——编者注

文书所确认的权利义务关系，所彰显出来的恰恰是对既判力的尊重与服从，当事人进行自我利益权衡的起点就是生效法律文书所记载的权利义务关系；"执行和解"不同于"执行调解"。执行程序中，人民法院的职责是行使执行权，以实现生效法律文书确定的内容；而不是行使审判权作出裁判，以确认或变更当事人的权利义务关系。因此，在执行程序中，人民法院不得主动依职权进行调解以变更执行依据所确定的权利义务关系。由此也可见执行和解是双方当事人之间的自愿行为，而不是人民法院依职权居中调解的结果。

从法理上说，执行和解协议既然是当事人平等自愿协商而达成的，处分的又是权利人自身的合法民事权利，因此在执行和解对当事人的效力上，应当将协议成立与生效的基本理论应用于和解协议上，即在形式拘束力上，契约一旦成立，当事人皆不得任意撤回或解除契约；在实质拘束力上，当事人所约定的内容，拘束双方当事人，对缔结契约的双方当事人而言，具有与实定法相同的法律规范效力，这样就在实体法上将执行和解协议定位为一般的民事合同，使合同法中有关订立、履行、违约等的规定适用于执行和解协议，从而将当事人双方在执行过程中的和解合意全面地与私法上的和解契约相对接。

同时，由于强制执行权是一种具有司法权和行政权双重属性的权力，在执行工作中，司法权和行政权的有机结合构成了复合的相对独立的、完整的强制执行权。因此，在这个程序和过程中必然也应当有裁判活动，这种裁判活动是整个执行的有机组成部分，执行和解作为执行程序中的一种特殊制度，其不应当、也不可能脱离法院的监督而成为完全意义上的私法行为。从这一观点出发重新定位法院在执行和解过程中的地位，对于执行和解协议的订立、履行、效力等方面不仅要按照私法上的规定来判断，当事人在执行程序中达成的和解还必须满足其作为诉讼行为所应具有的要件，如当事人具有权利能力和行为能力、和解符合真实自愿、平等协商原则且不违反法律禁止性的规定等。通过法院公权力的介入，确保执行和解能够满足上述要件，从而充分体现执行和解的另一属性，即执行和解是当事人之间以及当事人和法院之间在执行程序中存在的诉讼行为。

执行和解协议一经作出，在实体上与程序上对当事人均产生重要影响。

在程序上，依和解协议签订以及履行完毕的不同阶段，执行和解具有中止或终止执行程序的效力。首先，在当事人达成和解协议，执行人员依法将其附卷或记入笔录后，至和解协议履行完毕这一阶段，执行程序即可中止。中止执行后，因当事人反悔而不履行或不完全履行和解协议的，人民法院不得终止执行程序，而应依当事人的申请，恢复执行原执行依据。其次，根据《最高人民法院关于人民法院执行工作若干问题的规定（试行）》第87条的规定，当事人之间达成的和解协议履行完毕的，人民法院即可作执行结案处理，执行程序终止。也就是说，和解协议履行完毕，即认为执行依据所确定的内容已经得到实现，当事人再反悔而申请恢复执行的，人民法院不予准许。

在实体上，履行完毕的执行和解具有消灭当事人之间由生效法律文书所确定的权利义务关系的效力。如前所述，执行和解协议是权利人对其权利的自由处分，是当事人对原生效法律文书确定的实体权利义务关系的约定变更。执行和解协议履行完毕，则该变更在实体上生效，原生效法律文书确定的内容即得到全部实现，当事人之间由原生效法律文书确定的权利义务关系归于消灭。但是，如果执行和解协议不被履行或者未履行完毕，则执行和解协议对生效法律文书确定的权利义务关系的变更在实体上不生效力，原生效法律文书确定的内容尚未得以完全实现，当事人之间的权利义务关系仍未消灭。因此，人民法院仍应依当事人申请而按原生效法律文书恢复执行，但是，根据和解协议已经履行的部分应予扣除。

执行和解协议是为了实现当事人双方利益所达成的协议，是当事人双方创设新的权利义务关系的协议。无论怎样，单从实体法角度而言，执行和解协议的达成实质变动了执行名义所确定的实体内容，这是和解所带来的不争之客观结果。需要强调的是，"改变生效法律文书"与"依处分权变更法律文书所确认的权利义务关系"是截然不同的两回事。因为作为"诉讼外和解"的执行和解乃是一种当事人之间以变更民事实体法律关系的民事契约，该契约的订立发生在前诉终结之后，那么此执行和解契约（是有别于前诉诉讼标的的一种新的民事法律行为）的效力尚未经过国家公权尤其是审判权评价，因此若当事人就该执行和解协议本身发生争执，自可将其诉诸法院（形成一个新的诉讼），以求得司法权的合法救济，并且这种司法审判权的救济应当具备正当、必要的程序保障（即从裁判组织的设立、审判人员的资格，到审判的级别、次数均应与普通纠纷的处理无异）。但是双方当事人若就原判决是否正确发生争议，则法院无权对原判决再进行审查，因为若执行和解协议若已经履行完毕，则意味着其已经从实体上将其享有诉讼中争议的权利完全处分掉了。而程序性权利是以实体性权利为基础的，对于原判决中争议的事项，其已经丧失了诉讼权利，包括申请再审的权利。如果当事人对于执行和解协议是否合法、自愿达成的发生争议，则需要通过执行申诉复查来解决，而不能通过审判程序来解决该问题。

本案中，双方当事人执行的依据并不是原判决，而是双方达成的执行和解协议，属于执行阶段的问题，不属于审判阶段解决的问题，法院已经无权对原判决进行监督，只是能对执行和解协议进行监督，这已非审判部门能够解决的问题，而是执行部门解决的问题。因此，本案不符合申请再审的条件。

接下来的一个问题是在立案审查阶段未发现双方当事人已经达成执行和解协议并履行完毕的事实，进行实体审理后发现了该问题如何处理。原来一般的诉讼程序审理后未发现问题而进入实体审理后，发现不符合受理条件后可以裁定驳回起诉。而本案的情况，法律没有明确规定。但依据民事诉讼法的相关规定，提审后再审程序适用二审程序，二审程序没有规定的适用一审程序。终结审查类似于民事诉讼法中的不予立案，内涵是一样的，只是名称不一样。终结审查的意义就是只要符合条件就不再审查，就是程序停止，无论之前的实体判决存在什么问题。在提审后的再审程序中发现存在执行和解协议应如何处理。笔者认为，首先本案的实体处理上不存在问题，王同乐个人承包的企业，按照个人承包企业经营法的相关规定，其应该对企业的债务承担还款义务。其次，即使原判决实体上确有错误，原来的判决已经被当事人达成的执行和解协议所替代，现在法院已经无权对原判决进行监督，只能对执行和解协议进行监督。如果没有证据可以推翻执行和解协议，那该协议就只能作为唯一依据。本案涉及的主要问题是程序问题，而非实体问题，因此不应当采用判决维持的形式，而应当以裁定方式结案。本案是修订后的民事诉讼法规定的一个新的诉讼，可以作一个驳回申请再审之诉的裁定，类似于普通程序中的驳回起诉。本案在本质上不属于审判阶段解决的问题，应属于执行环节解决的问题，当事人应在执行环节来寻求救济。即人民法院在立案审查阶段未发现双方当事人已经达成执行和解协议并履行完毕的事实，再审中进行实体审理后发现了该问题，应当根据《民事诉讼法》第一百八十六条、第一百五十七条的规定，以及《最高人民法院关于适用〈中华人民共和国民事诉讼法〉若干问题的意见》第186条、《最高人民法院关于适用〈中华人民共和国民事诉讼法〉审判监督程序若干问题的解释》第二十五条第（三）项之规定精神，裁定驳回当事人的再审申请之诉。[①]

法院能否裁定确认当事人之间的以物抵债和解协议？

问：当事人之间达成和解协议，约定对被执行人的房产评估后不经拍卖程序以物抵债的，法院是否可以出具裁定书予以确认？

答：当事人之间的和解协议属于当事人之间自主达成的私法意义上的协议，原则上应当由当事人自主履行，人民法院一般并不干预。实践中，为了履行和解协议中关于已经被法院查封财产过户的约定。人民法院也可出具过户裁定和协助执行通知书，但是，不宜对和解协议的效力予以确认。[②]

执行法院根据案外人与执行当事人达成的以物抵债协议作出房产过户裁定，上级法院能否以该协议导致案外人的债权无法受偿为由予以撤销？

问题：某银行申请执行甲公司借贷纠纷一案，执行过程中，甲公司的债务人乙公司与某银行和

---

① 王毓莹：《再审中发现双方当事人已达成执行和解协议并履行完毕应如何处理——王同乐与桦南县农村信用合作联社借款纠纷再审案》，载《最高人民法院民商事案件审判指导》（第1卷），人民法院出版社2012年版，第762~772页。

② 载《人民司法》2011年第13期。

甲公司签订抵债协议，自愿以其所有的一栋房产抵偿甲公司所欠某银行的债务。尔后，执行法院根据以物抵债协议下达了以物抵债裁定，并向房产管理部门送达了协助过户通知书。一年之后，丙公司诉乙公司借款纠纷生效判决确定。丙公司持生效判决向执行法院的上级法院提出执行申诉称，法院以裁定的形式执行当事人之间的和解协议没有法律依据。同时，在执行法院下达过户裁定时，丙公司与乙公司债权债务关系就已经存在，乙公司将自己的全部财产与某银行以及甲公司签订抵债协议，导致其债权无法受偿，侵害了其合法权益故要求撤销执行法院的过户裁定。请问：丙公司的执行申诉请求是否成立？

《人民司法》研究组认为： 实践中为了方便执行当事人之间完成财产过户手续，不少执行法院都通过裁定帮助当事人履行和解协议。这种做法虽然不妥，但也确实是习惯做法，不能无条件地一律撤销，应视具体情况而定。比如，对案外人的财产进行强制执行，其实质就是在没有执行依据的情况下，让案外人承受强制执行所带来的痛苦，它损害的是案外人的利益，也就是说有权申诉的主体只能是被强制执行的案外人。本案中，如果案外人乙公司对此提出异议，则应撤销原裁定；如果乙公司对强制执行没有异议，从维护强制执行程序安定性的角度，不应仅根据此种情况就撤销以物抵债裁定。同时，按照我国现行法律，在债务人有多个债权人的情况下，法律并不禁止债务人对其中一个债权人先为履行，因为在其他债权人取得对债务人的强制执行依据并依法对债务人财产查封、扣押、冻结之前，债务人仍然有权自主处分自己的财产，包括向其中一个或者几个债权人进行全部或者部分履行。具体到本案，乙公司代替甲公司还债从而消灭两者之间的债权债务关系的行为也是履行债务的一种方式，除非甲公司所欠银行的债务是虚假的，否则这种履行就有效。但是，债务人的债务是否虚假，不宜由执行程序直接认定，应当由提出异议的其他债权人通过撤销权诉讼解决。因此，丙公司在执行监督程序中的请求不能成立。①

债务人超过执行和解协议约定期限履行但债权人接受的，原生效法律文书能否恢复执行？

问题： 某甲申请执行某乙借款纠纷一案，双方当事人在执行程序中达成和解协议，约定某乙分三期偿还借款。前两期某乙均如约履行，在给付第三期借款时，超过和解协议约定的期限5天，但是某甲仍然接受了该笔款项。后某甲以某乙没有完全履行双方达成的和解协议为由，向执行法院申请恢复执行原生效法律文书。请问某甲的申请能否得到法院支持？

《人民司法》研究组认为： 执行中的和解协议实际上是民事合同的一种，经过当事人同意可以对合同内容予以变更。本案中，某乙在偿还第三期借款虽然违反了合同约定，但是某甲已经接受了该笔款项的履行，应当视为某甲对该笔履行期限的默示延展，执行和解协议实际上也已经履行完毕。依据最高人民法院《关于适用民事诉讼法若干问题的意见》第266条②的规定："和解协议已经履行完毕的，人民法院不予恢复执行"，某甲要求恢复执行的请求不能得到支持。如果甲认为某乙在履行执行和解协议中有违约行为，可以向有管辖权的人民法院提起民事诉讼。③

当事人在执行和解协议中约定由案外人履行义务，案外人不履行时应如何处理？

问题： 当事人在执行和解协议中约定由案外人履行生效判决书所确定的义务，后案外人未按协议履行。对此案应如何处理，存在三种意见。第一是应恢复对原判决的执行；第二是应告知申请执行人对和解协议变更后的义务主体重新起诉，取得执行依据后，再申请执行；第三是人民法院可以直接裁定追加案外人为被执行人，要求其在和解协议确定的义务范围内承担责任。哪种意见对？

《人民司法》研究组认为： 在执行程序中，一方当事人不履行执行和解协议，对方当事人有两种救济渠道：首先，依据我国民事诉讼法第二百

---

① 载《人民司法》2009年第13期。
② 第二百六十六条已被最高人民法院《关于适用〈中华人民共和国民事诉讼法〉的解释》（法释〔2015〕5号）第四百六十七条所替代。——编者注
③ 载《人民司法》2006年第9期。

一十一条①的规定，可以申请人民法院恢复对生效法律文书的执行；其次，执行和解协议本身也是民事合同的一种，如果一方当事人不按约定履行的，对方当事人可以以合同约定的义务一方为被告，向人民法院提起民事诉讼，取得新的执行依据后再向人民法院申请执行。②

被执行人未履行和解协议，恢复执行后可否直接裁定由和解协议中的担保人代为履行？

问题： 我院在执行某信用社诉董某借款一案时，双方当事人自行和解达成协议，案外人王某作为担保人在记载协议内容的执行笔录上签名。后董某未履行和解协议，信用社申请恢复执行。法院恢复执行后，对是否能直接裁定由王某代为履行有两种意见：一种意见认为不能直接裁定由王某代为履行。理由是恢复执行后据以执行的是原法律文书，王某不是原法律文书的当事人，且王的担保不是执行担保。另一种意见认为可以直接裁定由王某代为履行。理由是王某已在执行笔录中承诺担保，王的担保应视为执行担保。上述哪种意见正确？

《人民司法》研究组认为： 民事诉讼法第二百一十二条③规定了执行担保制度的基本内容："在执行中，被执行人向人民法院提供担保，并经申请执行人同意的，人民法院可以决定暂缓执行及暂缓执行的期限。被执行人逾期仍不履行的，人民法院有权执行被执行人的担保财产或者担保人的财产。"最高人民法院《关于适用〈民事诉讼法〉的若干问题的意见》第269条④规定："执行担保可以由被执行人向人民法院提供财产作担保，也可以由第三人出面作担保。以财产作担保的，应提交保证书；由第三人担保的，应当提交担保书。"该条明确了第三人作为保证人，应以信用承诺自己会为被担保人承担责任的执行担保形式。

根据本案的情况，要确认王某的担保是否是执行担保，关键在于其在记载执行和解协议的执行笔录上签名担保是否符合"应当提交担保书"的要求。

我们认为，本条规定的宗旨在于执行担保要采用书面形式。而依据担保法和合同法及其解释的有关规定，书面形式是当事人以书面文字表达协议内容订立合同的形式，它表现为合同书、信件和数据电文等可以有形地表现所载内容的形式，在主合同上明示愿意为主合同承担责任的签名符合书面形式的要求。而且从执行担保的性质上看，执行程序中的担保虽是经申请执行人同意的，但担保人却是向人民法院作担保，人民法院依法维护申请执行人的合法权益。此时，如能认定担保人为被执行人承担责任的意思表示真实，且用书面形式予以确认，这种担保便是合法的，人民法院可以认定其担保是执行担保。因此，我们认为来信中后一种意见是正确的。⑤

此案中未被直接占有的动产所有权是否已经转移？

问题： 2001年2月，在法院的主持下曹某与某酒业公司达成自行和解协议，同意某酒业公司以该公司的基酒抵偿欠曹某的15万元。两天后办理了抵偿手续。曹某因为无处存放该批基酒，一直未将基酒运走。5月，酒业公司宣告破产，清算组对该批基酒主张权利。法院在讨论时形成两种意见：一种意见认为，动产以占有为所有权转移的标志，该批基酒属于破产财产；另一种意见认为，曹某已经取得了基酒所有权，清算组无权对该批基酒主张权利。请问哪种意见正确？

《人民司法》研究组认为： 合同法第一百三十三条规定："标的物的所有权自标的物交付时起转移，但法律另有规定或者当事人另有约定的除外。"民法通则也有相似的规定。动产的所有权以交付为转移，交付即占有的变更，通常是指将财物实际交付给另一方当事人。除此以外，还存在法律拟制的交付，即出卖人将标的物的所有权凭证交付给买受人，用来代替标的物的实际交付。同时，对占有的变更不能理解为仅仅局限于现实占有的变更，还包括简易交付、占有改定、指示

---

① 民事诉讼法原第二百一十一条现已修改为第二百三十条。——编者注
② 载《人民司法》2004年第11期。
③ 民事诉讼法原第二百一十二条现已修改为第二百三十一条。——编者注
④ 第二百六十九条已被最高人民法院《关于适用〈中华人民共和国民事诉讼法〉的解释》（法释〔2015〕5号）第四百七十条所替代。——编者注
⑤ 载《人民司法》2002年第10期。

交付等间接占有变更的情况。这样就把交付的概念从直接占有的转移扩展到间接占有的转移。

　　法院的执行权是一种公权力，执行的完结表明所有权的转移已经得到国家公权力认可。此案中，双方当事人已办理了抵偿手续，可见该案已经执行完毕，只因当时曹某没有贮藏设备才一直未将该批基酒领回。事实上，曹某已经相当于以占有改定的方式间接占有了该批基酒，该批基酒的所有权已经合法转移了。因此，该批基酒不能被列为破产财产，曹某有权行使财产取回权取回基酒。①

第六节　执行担保

中华人民共和国民事诉讼法

2017年6月27日

　　第二百三十一条　在执行中，被执行人向人民法院提供担保，并经申请执行人同意的，人民法院可以决定暂缓执行及暂缓执行的期限。被执行人逾期仍不履行的，人民法院有权执行被执行人的担保财产或者担保人的财产。

最高人民法院
关于适用《中华人民共和国民事诉讼法》的解释

2015年1月30日　　法释〔2015〕5号

　　第四百六十九条　人民法院依照民事诉讼法第二百三十一条规定决定暂缓执行的，如果担保是有期限的，暂缓执行的期限应当与担保期限一致，但最长不得超过一年。被执行人或者担保人对担保的财产在暂缓执行期间有转移、隐藏、变卖、毁损等行为的，人民法院可以恢复强制执行。

　　第四百七十条　根据民事诉讼法第二百三十一条规定向人民法院提供执行担保的，可以由被执行人或者他人提供财产担保，也可以由他人提供保证。担保人应当具有代为履行或者代为承担赔偿责任的能力。

　　他人提供执行保证的，应当向执行法院出具保证书，并将保证书副本送交申请执行人。被执行人或者他人提供财产担保的，应当参照物权法、担保法的有关规定办理相应手续。

　　第四百七十一条　被执行人在人民法院决定暂缓执行的期限届满后仍不履行义务的，人民法院可以直接执行担保财产，或者裁定执行担保人的财产，但执行担保人的财产以担保人应当履行义务部分的财产为限。

最高人民法院
关于人民法院执行工作若干问题的规定（试行）

1998年7月8日　　法释〔1998〕15号

　　84. 被执行人或其担保人以财产向人民法院提供执行担保的，应当依据《中华人民共和国担保法》的有关规定，按照担保物的种类、性质，将担保物移交执行法院，或依法到有关机关办理登记手续。

　　85. 人民法院在审理案件期间，保证人为被执行人提供保证，人民法院据此未对被执行人的财产采取保全措施或解除保全措施的，案件审结后如果被执行人无财产可供执行或其财产不足清偿债务时，即使生效法律文书中未确定保证人承担责任，人民法院有权裁定执行保证人在保证责任范围内的财产。

---

① 载《人民司法》2001年第11期。

最高人民法院
关于适用《中华人民共和国民事诉讼法》执行程序若干问题的解释

2008年11月3日　　法释〔2008〕13号

第十五条　案外人对执行标的主张所有权或者有其他足以阻止执行标的转让、交付的实体权利的，可以依照民事诉讼法第二百二十七条的规定，向执行法院提出异议。

第十六条　案外人异议审查期间，人民法院不得对执行标的进行处分。

案外人向人民法院提供充分、有效的担保请求解除对异议标的的查封、扣押、冻结的，人民法院可以准许；申请执行人提供充分、有效的担保请求继续执行的，应当继续执行。

因案外人提供担保解除查封、扣押、冻结有错误，致使该标的无法执行的，人民法院可以直接执行担保财产；申请执行人提供担保请求继续执行有错误，给对方造成损失的，应当予以赔偿。

最高人民法院
关于适用《中华人民共和国担保法》若干问题的解释

2000年12月8日　　法释〔2000〕44号

第一百三十二条　在案件审理或者执行程序中，当事人提供财产担保的，人民法院应当对该财产的权属证书予以扣押，同时向有关部门发出协助执行通知书，要求其在规定的时间内不予办理担保财产的转移手续。

最高人民法院
关于扣押与拍卖船舶适用法律若干问题的规定

2015年2月28日　　法释〔2015〕6号

第四条　海事请求人申请扣押船舶的，海事法院应当责令其提供担保。但因船员劳务合同、海上及通海水域人身损害赔偿纠纷申请扣押船舶，且事实清楚、权利义务关系明确的，可以不要求提供担保。

第五条　海事诉讼特别程序法第七十六条第二款规定的海事请求人提供担保的具体数额，应当相当于船舶扣押期间可能产生的各项维持费用与支出、因扣押造成的船期损失和被请求人为使船舶解除扣押而提供担保所支出的费用。

船舶扣押后，海事请求人提供的担保不足以赔偿可能给被请求人造成损失的，海事法院应责令其追加担保。

第六条　案件终审后，海事请求人申请返还其所提供担保的，海事法院应将该申请告知被请求人，被请求人在三十日内未提起相关索赔诉讼的，海事法院可以准许海事请求人返还担保的申请。

被请求人同意返还，或生效法律文书认定被请求人负有责任，且赔偿或给付金额与海事请求人要求被请求人提供担保的数额基本相当的，海事法院可以直接准许海事请求人返还担保的申请。

第二十二条　海事法院拍卖、变卖船舶所得价款及其利息，先行拨付海事诉讼特别程序法第一百一十九条第二款规定的费用后，依法按照下列顺序进行分配：

（一）具有船舶优先权的海事请求；

（二）由船舶留置权担保的海事请求；

（三）由船舶抵押权担保的海事请求；

（四）与被拍卖、变卖船舶有关的其他海事请求。

依据海事诉讼特别程序法第二十三条第二款的规定申请扣押船舶的海事请求人申请拍卖船舶的，在前款规定海事请求清偿后，参与船舶价款的分配。

依照前款规定分配后的余款，按照民事诉讼法及相关司法解释的规定执行。

第二十三条　当事人依照民事诉讼法第十五章第七节的规定，申请拍卖船舶实现船舶担保物权的，由船舶所在地或船籍港所在地的海事法院管辖，按照海事诉讼特别程序法以及本规定关于船舶拍卖受偿程序的规定处理。

最高人民法院
关于审理侵犯专利权纠纷案件应用法律若干问题的解释（二）

2016年3月21日　　法释〔2016〕1号

第二十九条　宣告专利权无效的决定作出后，当事人根据该决定依法申请再审，请求撤销专利权无效宣告前人民法院作出但未执行的专利侵权的判决、调解书的，人民法院可以裁定中止再审审查，并中止原判决、调解书的执行。

专利权人向人民法院提供充分、有效的担保，请求继续执行前款所称判决、调解书的，人民法院应当继续执行；侵权人向人民法院提供充分、有效的反担保，请求中止执行的，人民法院应当准许。人民法院生效裁判未撤销宣告专利权无效的决定的，专利权人应当赔偿因继续执行给对方造成的损失；宣告专利权无效的决定被人民法院生效裁判撤销，专利权仍有效的，人民法院可以依据前款所称判决、调解书直接执行上述反担保财产。

第三十条　在法定期限内对宣告专利权无效的决定不向人民法院起诉或者起诉后生效裁判未撤销该决定，当事人根据该决定依法申请再审，请求撤销宣告专利权无效前人民法院作出但未执行的专利侵权的判决、调解书的，人民法院应当再审。当事人根据该决定，依法申请终结执行宣告专利权无效前人民法院作出但未执行的专利侵权的判决、调解书的，人民法院应当裁定终结执行。

最高人民法院
关于审理经济合同纠纷案件有关保证的若干问题的规定

1994年4月15日　　法发〔1994〕8号

四、在诉讼中为当事人提供的保证

21. 人民法院在案件审理过程中，决定对财产采取保全措施时，保证人为申请人或者被申请人提供保证的，在案件审理终结后，如果被保证人无财产可供执行或者其财产不足以清偿债务时，人民法院可以直接裁定执行保证人在其保证范围内的财产。

22. 在案件执行过程中，为被执行人提供保证的，被执行人逾期无财产可供执行或者其财产不足以清偿债务时，人民法院可以直接裁定执行保证人在其保证范围内的财产。

人民法院办理执行案件规范

2017年4月

77.【执行担保的一般规定】

在执行中，被执行人向人民法院提供担保，并经申请执行人同意的，人民法院可以决定暂缓执行及暂缓执行的期限。被执行人逾期仍不履行的，人民法院有权执行被执行人的担保财产或者担保人的财产。

78.【执行担保的方式】

根据本规范第77条规定向人民法院提供执行担保的，可以由被执行人或者他人提供财产担保，也可以由他人提供保证。担保人应当具有代为履行或者代为承担赔偿责任的能力。

他人提供执行保证的，应当向执行法院出具保证书，并将保证书副本送交申请执行人。被执行人或者他人提供财产担保的，应当参照物权法、担保法的有关规定办理相应手续。

79.【担保财产的控制】

在执行程序中，当事人提供财产担保的，人民法院应当对该财产的权属证书予以扣押，同时向有关部门发出协助执行通知书，要求其在规定的时间内不予办理担保财产的转移手续。

81.【执行担保的效力】

被执行人在人民法院决定暂缓执行的期限届满后仍不履行义务的，人民法院可以直接执行担保财产，或者裁定执行担保人的财产，但执行担保人的财产以担保人应当履行义务部分的财产为限。

82.【诉讼中为财产保全提供的保证】

人民法院在审理案件期间，保证人为被执

行人提供保证,人民法院据此未对被执行人的财产采取保全措施或解除保全措施的,案件审结后如果被执行人无财产可供执行或其财产不足清偿债务时,即使生效法律文书中未确定保证人承担责任,人民法院有权裁定执行保证人在保证责任范围内的财产。但是第三人保证系在一审或二审程序中作出,终审判决确定被告无需承担责任,再审又改判被告承担责任的除外。

前款规定的被执行人无财产可供执行,包括被执行人虽有财产但不能处置的情形。

直接执行保证人的财产需要具备什么条件?

问题: 黄某欠陈某30万元,法院判决后,黄某不履行判决义务。该案进入执行程序后,黄某为逃避债务四处躲藏。某日,黄某在庄某家吃喜酒,执行人员得知后赶到庄某家要强行传唤黄某,庄某当即书面保证于次日将黄某带到法院,否则承担一切责任(经济责任)。之后,黄某逃之夭夭。法院遂追加庄某为被执行人并将庄某的房产查封拍卖。庄某辩称:我只负责帮助将人找回。请问,法院能否直接执行庄某的财产?如果不能,庄某应承担什么责任?

《人民司法》研究组认为: 案外人作为担保人在执行程序中承担保证责任应当具备两个条件:1.有保证债务人履行债务的意思表示;2.在债务人不履行债务时自愿接受人民法院的强制执行。如果保证人保证的内容只是保证被执行人接受人民法院传唤,没有保证债务履行的意思,在庄某没有履行保证内容时,人民法院可以以其妨害执行为由进行处罚。①

可否执行执行担保人对他人享有的到期债权?

问题: 张某与李某债务纠纷一案,执行中,经申请执行人张某同意,黄某为李某2.1万元债务提供连带责任保证。保证期限届满,法院依法追加黄某为该案被执行人,但黄某因故没有履行能力,只是对陈某享有到期债权1.62万元。现法院对是否执行陈某的债务存在分歧。此案如何执行?

《人民司法》研究组认为: 民事诉讼法第二百一十二条②规定:"在执行中,被执行人向人民法院提供担保,并经申请执行人同意的,人民法院可以决定暂缓执行及暂缓执行的期限。被执行人逾期仍不履行的,人民法院有权执行被执行人的担保财产或者担保人的财产。"该条明确了在执行程序中依法可以执行被执行人的担保人。

被追加的当事人虽然不取代执行依据上指明的当事人,但它与原执行当事人一起在一定范围内承担责任或者独立承担原被执行人应承担的一定范围的责任。被追加的当事人在法律地位上应和被执行人相同,担保人的财产自然包括到期债权。因此,最高人民法院《关于人民法院执行工作若干问题的规定(试行)》第61条的规定应该适用本案情况下的执行担保人。③

对执行程序中确立的担保人可否追加为被执行人?

问题: 在执行一起道路交通事故人身损害赔偿纠纷案件过程中,案外人何某为被执行人严某就部分赔偿款提供担保,该案依法暂缓执行。逾期后,被执行人严某无履行能力,何某拒绝履行担保责任。我们有两种意见,一种认为裁定追加何某为被执行人;另一种认为不能追加何某为被执行人,只能裁定执行担保人何某在保证责任范围内的财产。哪种意见对?

《人民司法》研究组认为: 我们认为,第二种意见是正确的。

民事诉讼法第二百一十二条④规定:"在执行中,被执行人向人民法院提供担保,并经申请执行人同意的,人民法院可以决定暂缓执行及暂缓执行的期限。被执行人逾期仍不履行的,人民法院有权执行被执行人的担保财产或者担保人的财产。"最高人民法院《关于适用〈民事诉讼法〉若干问题的意见》第270条⑤规定:"被执行人在人

---

① 载《人民司法》2011年第11期。
② 民事诉讼法原第二百一十二条现已修改为第二百三十一条,下同。——编者注
③ 载《人民司法》2004年第4期。
④ 民事诉讼法原第二百一十二条现已修改为第二百三十一条。——编者注
⑤ 第二百七十条已被最高人民法院《关于适用〈中华人民共和国民事诉讼法〉的解释》(法释〔2015〕5号)第四百七十一条替代。——编者注

民法院决定暂缓执行的期限届满后仍不履行义务的，人民法院可以直接执行担保财产，或者裁定执行担保人的财产，但执行担保人的财产以担保人应当履行义务部分的财产为限。"因此，在执行程序中，如果被执行人无财产可供执行或者财产不足以清偿债务，则可直接裁定执行担保人的财产，但应当限制在其担保责任范围内。在法律和司法解释没有明确规定的情况下，不宜直接在执行程序中裁定追加担保人为被执行人。①

被执行人未履行和解协议，恢复执行后可否直接裁定由和解协议中的担保人代为履行？

问题： 我院在执行某信用社诉董某借款一案时，双方当事人自行和解达成协议，案外人王某作为担保人在记载协议内容的执行笔录上签名。后董某未履行和解协议，信用社申请恢复执行。法院恢复执行后，对是否能直接裁定由王某代为履行有两种意见。一种意见认为：不能直接裁定由王某代为履行。理由是：恢复执行后据以执行的是原法律文书，王某不是原法律文书中的当事人，且王的担保不是执行担保。另一种意见认为可以直接裁定由王某代为履行。理由是：王某已在执行笔录中承诺担保，王的担保应视为执行担保。上述意见哪种正确？请予答复。

《人民司法》研究组认为： 民事诉讼法第二百一十二条②规定了执行担保制度的基本内容："在执行中，被执行人向人民法院提供担保，并经申请执行人同意的，人民法院可以决定暂缓执行及暂缓执行的期限。被执行人逾期仍不履行的，人民法院有权执行被执行人的担保财产或者担保人的财产。"最高人民法院关于实施民事诉讼法的司法解释第269条规定："执行担保可以由被执行人向人民法院提供财产作担保，也可以由第三人出面作担保。以财产作担保的，应提交保证书；由第三人担保的，应当提交担保书。"该条明确了第三人作为保证人，应以信用承诺自己会为被担保人承担责任的执行担保形式。

根据本案的情况，要确认王某的担保是否执行担保，关键在于其在记载执行和解协议的执行笔录上签名担保是否符合"应当提交担保书"的要求。

我们认为，本条规定的宗旨在于执行担保要采用书面形式。而依据担保法和合同法及其解释的有关规定，书面形式是当事人以书面文字表达协议内容订立合同的形式，它表现为合同书、信件和数据电文等可以有形地表现所载内容的形式，在主合同上明示愿意为主合同承担责任的签名符合书面形式的要求。而且从执行担保的性质上看，执行程序中的担保虽是经申请执行人同意的，但担保人却是向人民法院作担保，人民法院依法维护申请执行人的合法权益。此时，如能认定担保人为被执行人承担责任的意思表示真实，且用书面形式予以确认，这种担保便是合法的，人民法院可以认定其担保是执行担保。

因此，我们认为来信中后一种意见是正确的。③

对执行程序中确立的担保人可否采取强制措施？

问题： 在法院执行一起借款纠纷案的过程中，案外人尧某为被执行人江某偿还借款提供担保，该案依法暂缓执行。后江某去向不明。付款期限届满后，法院依照民事诉讼法第212条和最高人民法院《执行规定》第85条规定，裁定执行保证人尧某。但尧某拒绝履行偿还借款的义务。对尧某可否采取强制执行措施，我们有两种意见，一种认为可以采取强制措施，如查封、扣押尧某担保范围内的财产，或者依照民事诉讼法第102条④第1款第6项的规定，对其予以拘留。另一种意见认为不能对尧某采取强制措施，理由为民事诉讼法中规定只能对案件的当事人即被执行人采取强制措施，而尧某不是本案的被执行人。请问哪种意见正确？

《人民司法》研究组认为： 我们认为第一种意

---

① 载《人民司法》2004年第1期。
② 民事诉讼法原第二百一十二条现已修改为第二百三十一条。——编者注
③ 载《人民司法》2002年第10期。
④ 民事诉讼法原第一百零二条现已修改为第一百一十一条。——编者注

见是正确的。民事诉讼法及其适用意见①的有关条款明确指出强制措施适用于"诉讼参与人和其他人"。最高人民法院《执行规定》第100条规定:"被执行人或其他人有下列拒不履行生效法律文书或者妨害执行行为之一的,人民法院可以依照民事诉讼法第102条的规定处理。"在执行程序中,"其他人"指协助执行的单位和个人,也包括担保人等虽非执行当事人但与执行程序有关的其他人。故本案中可以对担保人尧某采取强制措施。②

第四十八章 执行结案

最高人民法院
关于人民法院执行工作若干问题的规定(试行)

1998年7月8日　　法释〔1998〕15号

108. 执行结案的方式为:
(1) 生效法律文书确定的内容全部执行完毕;
(2) 裁定终结执行;
(3) 裁定不予执行;
(4) 当事人之间达成执行和解协议并已履行完毕。

中央政法委　最高人民法院
关于规范集中清理执行积案结案标准的通知

2009年3月19日　　法发〔2009〕15号

各省、自治区、直辖市党委政法委、新疆生产建设兵团党委政法委,各省、自治区、直辖市高级人民法院、新疆维吾尔自治区高级人民法院兵团分院,解放军总政治部、军事法院:

全国集中清理执行积案活动开展以来,各地人民法院已执结了一大批积案,清积活动取得了阶段性成果。但也存在一些问题:有的地方认识不到位,清积力度不大,执结率不高;有的地方理解慎用强制措施有误区,不敢依法执行,不敢碰硬,导致债权人权益无法实现;有的地方结案标准存在偏差,存在不当中止、不当终结等问题;有的地方基础数据不准确,存在瞒报、漏报甚至弄虚作假的现象;有的地方案件卷宗质量不高,内容缺损。为实现这次集中清理执行积案活动的总体目标,现就进一步规范清理执行积案的结案标准通知如下:

一、坚决依法执结有财产可供执行的案件,切实提高执行到位率。

1. 属于被执行人所有的财产,除法律或司法解释规定的被执行人及其所抚养家属生活所必需的房屋、生活用品、生活费用或其他不得查封、扣押、冻结的财产外,均为可供执行的财产。

2. 执行法院对已查明的被执行人可供执行的财产,应当依法及时采取查封、扣押、冻结等相应的执行措施,并依法采取拍卖、变卖、以物抵债等执行措施。

3. 被执行人下落不明但有财产可供执行的,可以直接对其财产采取执行措施。执行通知书的送达应依照有关法律规定办理。

4. 被执行人可供执行的财产在其他法院或者其他执法机关的控制之下,或该财产上存有权属争议或其他优先权正在审理或审查之中的,应按照法定程序提请上级法院或有关部门协调处理,不得作结案处理。

---

① 该意见已经被最高人民法院《关于适用〈中华人民共和国民事诉讼法〉的解释》(法释〔2015〕5号)废止。——编者注
② 载《人民司法》2001年第7期。

5. 因协助执行周期或财产变现周期较长、无法在清理积案活动期间执行完毕的案件，执行法院应积极协调有关部门，争取尽快依法执结；在执结之前，不得作结案处理。

6. 因涉及稳定、信访等因素在清理积案活动期间不宜强制执行的案件，执行法院应报请当地清理积案领导小组协调解决；在执结之前，不得作结案处理。

7. 原统计为有财产可供执行的案件，在清理积案期间经进一步调查属于无财产可供执行的案件，须报上一级法院审查确认。

二、执行法院应依法穷尽财产调查措施，并将调查结果告知申请执行人。 只有在积极采取法律赋予的调查手段、穷尽对被执行人财产状况的相关调查措施之后，才可以将有关案件认定为无财产可供执行的案件。

1. 申请执行人不能提供被执行人的财产或财产线索的，执行法院应当要求被执行人进行财产申报。

被执行人进行了财产申报，或者申请执行人提供了被执行人的财产或财产线索的，执行法院必须进行调查核实。调查结果应当告知申请执行人。

如果根据有关线索认定被执行人有履行能力，但无法查到确切财产下落的，执行法院可以根据案件具体情况，采取在征信系统记录、通过媒体公布不履行义务信息等合法措施。

2. 被执行人申报无财产或申请执行人无法提供被执行人财产或财产线索的，执行法院应按照下列情况处理：

（1）被执行人是法人的，应当向有关金融机构查询银行存款，向有关房地产管理部门查询房地产登记，向法人登记机关查询股权，向有关车管部门查询车辆等。

（2）被执行人是自然人的，应当向被执行人所在单位及居住地周边群众调查了解被执行人的财产状况或财产线索，包括被执行人的经济收入来源、被执行人到期债权等。如果根据财产线索判断被执行人有较高收入，应当按照对法人的调查途径进行调查。

3. 作为被执行人的企业法人被撤销、注销、吊销营业执照或者歇业的，在申请执行人提出清算或审计申请并预交相关费用后，执行法院可以责令股东进行清算或者由执行法院委托中介机构进行审计。

4. 需要查找被执行人的案件，执行依据中记载被执行人地址或者联系方式的，必须根据该线索进行查找或联系。无其他适当线索的，被执行人是法人的，应根据登记机关的登记资料查找其负责人；被执行人是自然人的，应到其户籍所在地、住所地（暂住地）向当地公安派出所、居委会、村委会、被执行人的亲属和邻居进行调查。

5. 如果认定被执行人下落不明且无财产可供执行，案卷中必须具备下列材料：

（1）被执行人是法人的，其注册登记情况、法律文书中注明的营业地址现场调查情况或者登记机关的书面证明材料。

（2）被执行人是自然人的，其近亲属、邻居、当地村委会、居委会、公安派出所的调查笔录或者证明材料。

6. 认定被执行人无财产可供执行的，必须将所采取的各种财产调查措施的材料归入案卷。包括工作记录、调查（询问）笔录、谈话笔录、当事人书面确认材料、被查询单位出具的书面查询结果，以及其他能够证明被执行人财产状况和执行法院进行相关调查工作情况的材料。

7. 执行法院应当及时将案件执行情况向申请执行人反馈，反馈情况记录必须归入案卷。

8. 对无财产可供执行的重点案件，应分别按照下列情况办理：

（1）申请执行人属于特困群体，已经设立救助资金的，应当启动特困群体救助程序，给予申请执行人适当救助金；未设立救助资金的，应报请当地清理积案领导小组，协调有关部门给予申请执行人以适当救助。

（2）申请执行人不属于特困群体但坚持要求执行的，应通过说明解释工作，实现当事人息诉息访。

给予申请执行人适当救助资金后，如发现被执行人有可供执行的财产，执行法院应积极采取措施执行。在申请执行人实现债权后，应将救助资金扣回纳入救助资金循环使用。

**三、对有财产可供执行的案件，应依法按规定结案；对无财产可供执行的案件，可按下列条件和方式结案。

1. 符合法律或司法解释规定的终结执行情形的，可依法结案。仲裁裁决、公证债权文书被裁定不予执行的，可依法结案。

2. 被执行人可供执行的财产执行完毕后，申请执行人书面表示放弃剩余债权的，可依法结案。

3. 案件执行标的款全部执行到执行款专户，因申请执行人下落不明无法领取或不愿领取，执行法院已依法予以提存的，可以作结案处理。

4. 委托执行的案件，受托法院可以按照新收执行案件办理，委托法院不得作结案处理。待受托法院将案件依法结案后，委托法院的案件一并依法结案。

5. 中止执行的案件，不得作结案处理。

6. 提级执行或指定执行的案件，提级执行的法院或被指定执行的法院应当按照新收执行案件办理，原执行法院可作销案处理，不得作结案处理。

7. 因重复立案移送管辖的案件，原执行法院应作销案处理，不得作结案处理。

8. 无财产可供执行的案件，执行程序在一定期间无法继续进行，且有下列情形之一的，经合议庭评议，可裁定终结本次执行程序后结案：

（1）被执行人确无财产可供执行，申请执行人书面同意人民法院终结本次执行程序的；

（2）因被执行人无财产而中止执行满两年，经查证被执行人确无财产可供执行的；

（3）申请执行人明确表示提供不出被执行人的财产或财产线索，并在人民法院穷尽财产调查措施之后对人民法院认定被执行人无财产可供执行书面表示认可的；

（4）被执行人的财产无法拍卖变卖，或者动产经两次拍卖、不动产或其他财产权经三次拍卖仍然流拍，申请执行人拒绝接受或者依法不能交付其抵债，经人民法院穷尽财产调查措施，被执行人确无其他财产可供执行的；

（5）作为被执行人的企业法人被撤销、注销、吊销营业执照或者歇业后既无财产可供执行，又无义务承受人，也没有能够依法追加变更执行主体的；

（6）经人民法院穷尽财产调查措施，被执行人确无财产可供执行或虽有财产但不宜强制执行，当事人达成分期履行和解协议的；

（7）被执行人确无财产可供执行，申请执行人属于特困群体，执行法院已经给予其适当救助资金的。

9. 裁定终结本次执行程序的，应当符合下列要求：

（1）裁定书中应当载明执行标的总额、已经执行的债权数额和剩余的债权数额，并写明申请执行人在具备执行条件时，可以向有管辖权的人民法院申请执行剩余债权。

（2）执行法院终结本次执行程序，在下达裁定前应当告知申请执行人。申请执行人对终结本次执行程序有异议的，执行法院应当另行派员组织当事人就被执行人是否有财产可供执行进行听证；申请执行人提供被执行人财产线索的，执行法院应当就其提供的线索重新调查核实，发现被执行人有财产可供执行的，应当继续执行。

10. 裁定终结本次执行程序后，如发现被执行人有财产可供执行的，申请执行人可以再次提出执行申请。申请执行人再次提出执行申请不受申请执行期间的限制。

申请执行人申请或者人民法院依职权恢复执行的，应当重新立案。

各地法院对清理积案活动以来已经报结的执行案件要重新进行核查，对不符合本通知要求的已结案件要抓紧整改。清理积案领导小组将适时派出检查组进行检查验收。发现故意弄虚作假、欺上瞒下等情况的，将坚决依照有关规定严肃处理。

最高人民法院
关于执行案件立案、结案若干问题的意见

2014年12月17日　　法发〔2014〕26号

第十四条　除执行财产保全裁定、恢复执

行的案件外，其他执行实施类案件的结案方式包括：

（一）执行完毕；
（二）终结本次执行程序；
（三）终结执行；
（四）销案；
（五）不予执行；
（六）驳回申请。

第十五条　生效法律文书确定的执行内容，经被执行人自动履行、人民法院强制执行，已全部执行完毕，或者是当事人达成执行和解协议，且执行和解协议履行完毕，可以以"执行完毕"方式结案。

执行完毕应当制作结案通知书并发送当事人。双方当事人书面认可执行完毕或口头认可执行完毕并记入笔录的，无需制作结案通知书。

执行和解协议应当附卷，没有签订书面执行和解协议的，应当将口头和解协议的内容作成笔录，经当事人签字后附卷。

第十六条　有下列情形之一的，可以以"终结本次执行程序"方式结案：

（一）被执行人确无财产可供执行，申请执行人书面同意人民法院终结本次执行程序的；

（二）因被执行人无财产而中止执行满两年，经查证被执行人确无财产可供执行的；

（三）申请执行人明确表示提供不出被执行人的财产或财产线索，并在人民法院穷尽财产调查措施之后，对人民法院认定被执行人无财产可供执行书面表示认可的；

（四）被执行人的财产无法拍卖变卖，或者动产经两次拍卖、不动产或其他财产权经三次拍卖仍然流拍，申请执行人拒绝接受或者依法不能交付其抵债，经人民法院穷尽财产调查措施，被执行人确无其他财产可供执行的；

（五）经人民法院穷尽财产调查措施，被执行人确无财产可供执行或虽有财产但不宜强制执行，当事人达成分期履行和解协议，且未履行完毕的；

（六）被执行人确无财产可供执行，申请执行人属于特困群体，执行法院已经给予其适当救助的。

人民法院应当依法组成合议庭，就案件是否终结本次执行程序进行合议。

终结本次执行程序应当制作裁定书，送达申请执行人。裁定应当载明案件的执行情况、申请执行人债权已受偿和未受偿的情况、终结本次执行程序的理由，以及发现被执行人有可供执行财产，可以申请恢复执行等内容。

依据本条第一款第（二）（四）（五）（六）项规定的情形裁定终结本次执行程序前，应当告知申请执行人可以在指定的期限内提出异议。申请执行人提出异议的，应当另行组成合议庭组织当事人就被执行人是否有财产可供执行进行听证；申请执行人提供被执行人财产线索的，人民法院应当就其提供的线索重新调查核实，发现被执行人有财产可供执行的，应当继续执行；经听证认定被执行人确无财产可供执行，申请执行人亦不能提供被执行人有可供执行财产的，可以裁定终结本次执行程序。

本条第一款第（三）（四）（五）项中规定的"人民法院穷尽财产调查措施"，是指至少完成下列调查事项：

（一）被执行人是法人或其他组织的，应当向银行业金融机构查询银行存款，向有关房地产管理部门查询房地产登记，向法人登记机关查询股权，向有关车管部门查询车辆等情况；

（二）被执行人是自然人的，应当向被执行人所在单位及居住地周边群众调查了解被执行人的财产状况或财产线索，包括被执行人的经济收入来源、被执行人到期债权等。如果根据财产线索判断被执行人有较高收入，应当按照对法人或其他组织的调查途径进行调查；

（三）通过最高人民法院的全国法院网络执行查控系统和执行法院所属高级人民法院的"点对点"网络执行查控系统能够完成的调查事项；

（四）法律、司法解释规定必须完成的调查事项。

人民法院裁定终结本次执行程序后，发现被执行人有财产的，可以依申请执行人的申请或依职权恢复执行。申请执行人申请恢复执行的，不受申请执行期限的限制。

第十七条　有下列情形之一的，可以以"终结执行"方式结案：

（一）申请人撤销申请或者是当事人双方达成执行和解协议，申请执行人撤回执行申请的；

（二）据以执行的法律文书被撤销的；

（三）作为被执行人的公民死亡，无遗产可供执行，又无义务承担人的；

（四）追索赡养费、扶养费、抚育费案件的权利人死亡的；

（五）作为被执行人的公民因生活困难无力偿还借款，无收入来源，又丧失劳动能力的；

（六）作为被执行人的企业法人或其他组织被撤销、注销、吊销营业执照或者歇业、终止后既无财产可供执行，又无义务承受人，也没有能够依法追加变更执行主体的；

（七）依照刑法第五十三条规定免除罚金的；

（八）被执行人被人民法院裁定宣告破产的；

（九）行政执行标的灭失的；

（十）案件被上级人民法院裁定提级执行的；

（十一）案件被上级人民法院裁定指定由其他法院执行的；

（十二）按照《最高人民法院关于委托执行若干问题的规定》，办理了委托执行手续，且收到受托法院立案通知书的；

（十三）人民法院认为应当终结执行的其他情形。

前款除第（十）项、第（十一）项、第（十二）项规定的情形外，终结执行的，应当制作裁定书，送达当事人。

第十八条 执行实施案件立案后，有下列情形之一的，可以以"销案"方式结案：

（一）被执行人提出管辖异议，经审查异议成立，将案件移送有管辖权的法院或申请执行人撤回申请的；

（二）发现其他有管辖权的人民法院已经立案在先的；

（三）受托法院报经高级人民法院同意退回委托的。

第十九条 执行实施案件立案后，被执行人对仲裁裁决或公证债权文书提出不予执行申请，经人民法院审查，裁定不予执行的，以"不予执行"方式结案。

第二十条 执行实施案件立案后，经审查发现不符合《最高人民法院关于人民法院执行工作若干问题的规定（试行）》第18条规定的受理条件，裁定驳回申请的，以"驳回申请"方式结案。

第二十一条 执行财产保全裁定案件的结案方式包括：

（一）保全完毕，即保全事项全部实施完毕；

（二）部分保全，即因未查询到足额财产，致使保全事项未能全部实施完毕；

（三）无标的物可实施保全，即未查到财产可供保全。

第二十二条 恢复执行案件的结案方式包括：

（一）执行完毕；

（二）终结本次执行程序；

（三）终结执行。

第二十三条 下列案件不得作结案处理：

（一）人民法院裁定中止执行的；

（二）人民法院决定暂缓执行的；

（三）执行和解协议未全部履行完毕，且不符合本意见第十六条、第十七条规定终结本次执行程序、终结执行条件的。

第二十四条 执行异议案件的结案方式包括：

（一）准予撤回异议或申请，即异议人撤回异议或申请的；

（二）驳回异议或申请，即异议不成立或者案外人虽然对执行标的享有实体权利但不能阻止执行的；

（三）撤销相关执行行为、中止对执行标的的执行、不予执行、追加变更当事人，即异议成立的；

（四）部分撤销并变更执行行为、部分不予执行、部分追加变更当事人，即异议部分成立的；

（五）不能撤销、变更执行行为，即异议成立或部分成立，但不能撤销、变更执行行为的；

（六）移送其他人民法院管辖，即管辖权异议成立的。

执行异议案件应当制作裁定书，并送达当事人。法律、司法解释规定对执行异议案件可以口头裁定的，应当记入笔录。

第二十五条　执行复议案件的结案方式包括：

（一）准许撤回申请，即申请复议人撤回复议申请的；

（二）驳回复议申请，维持异议裁定，即异议裁定认定事实清楚，适用法律正确，复议理由不成立的；

（三）撤销或变更异议裁定，即异议裁定认定事实错误或者适用法律错误，复议理由成立的；

（四）查清事实后作出裁定，即异议裁定认定事实不清，证据不足的；

（五）撤销异议裁定，发回重新审查，即异议裁定遗漏异议请求或者异议裁定错误对案外人异议适用执行行为异议审查程序的。

人民法院对重新审查的案件作出裁定后，当事人申请复议的，上级人民法院不得再次发回重新审查。

执行复议案件应当制作裁定书，并送达当事人。法律、司法解释规定对执行复议案件可以口头裁定的，应当记入笔录。

第二十六条　执行监督案件的结案方式包括：

（一）准许撤回申请，即当事人撤回监督申请的；

（二）驳回申请，即监督申请不成立的；

（三）限期改正，即监督申请成立，指定执行法院在一定期限内改正的；

（四）撤销并改正，即监督申请成立，撤销执行法院的裁定直接改正的；

（五）提级执行，即监督申请成立，上级人民法院决定提级自行执行的；

（六）指定执行，即监督申请成立，上级人民法院决定指定其他法院执行的；

（七）其他，即其他可以报结的情形。

第二十七条　执行请示案件的结案方式包括：

（一）答复，即符合请示条件的；

（二）销案，即不符合请示条件的。

第二十八条　执行协调案件的结案方式包括：

（一）撤回协调请求，即执行争议法院自行协商一致，撤回协调请求的；

（二）协调解决，即经过协调，执行争议法院达成一致协调意见，将协调意见记入笔录或者向执行争议法院发出协调意见函的。

第二十九条　执行案件的立案、执行和结案情况应当及时、完整、真实、准确地录入全国法院执行案件信息管理系统。

第三十条　地方各级人民法院不能制定与法律、司法解释和本意见规定相抵触的执行案件立案、结案标准和结案方式。

违反法律、司法解释和本意见的规定立案、结案，或者在全国法院执行案件信息管理系统录入立案、结案情况时弄虚作假的，通报批评；造成严重后果或恶劣影响的，根据《人民法院工作人员纪律处分条例》追究相关领导和工作人员的责任。

第三十一条　各高级人民法院应当积极推进执行信息化建设，通过建立、健全辖区三级法院统一使用、切合实际、功能完备、科学有效的案件管理系统，加强对执行案件立、结案的管理。实现立、审、执案件信息三位一体的综合管理；实现对终结本次执行程序案件的单独管理；实现对恢复执行案件的动态管理；实现辖区的案件管理系统与全国法院执行案件信息管理系统的数据对接。

第三十二条　本意见自2015年1月1日起施行。

人民法院办理执行案件规范

2017年4月

501.【结案方式】

除执行财产保全裁定、恢复执行的案件外，其他执行实施类案件的结案方式包括：

（一）执行完毕；

（二）终结本次执行程序；

（三）终结执行；

（四）销案；

（五）不予执行；

（六）驳回申请。

502.【执行完毕】

执行实施案件有下列情形之一的，可以以"执行完毕"结案：

（一）被执行人自动履行完毕；

（二）人民法院强制执行，已全部执行完毕；

（三）当事人达成执行和解协议，且执行和解协议履行完毕。

执行完毕应当制作结案通知书并发送当事人。双方当事人书面认可执行完毕或口头认可执行完毕并记入笔录的，无需制作结案通知书。

503.【终结本次执行程序】

执行实施案件具备本规范第107条规定条件的，可以以"终结本次执行程序"方式结案。

504.【终结执行】

执行实施案件有本规范第125条情形之一的，可以以"终结执行"方式结案。

505.【销案】

执行实施案件立案后，有下列情形之一的，可以以"销案"方式结案：

（一）被执行人提出管辖异议，经审查异议成立，将案件移送有管辖权的法院或申请执行人撤回申请的；

（二）发现其他有管辖权的人民法院已经立案在先的；

（三）受托法院报经高级人民法院同意退回委托的。

506.【不予执行】

执行实施案件立案后，被执行人对仲裁裁决或公证债权文书提出不予执行申请，经人民法院审查，裁定不予执行的，以"不予执行"方式结案。

507.【驳回申请】

执行实施案件立案后，经审查发现不符合法律、司法解释规定的受理条件，裁定驳回申请的，以"驳回申请"方式结案。

508.【不得结案处理的情形】

下列案件不得作结案处理：

（一）人民法院裁定中止执行的；

（二）人民法院决定暂缓执行的；

（三）执行和解协议未全部履行完毕，且不符合终结本次执行程序、终结执行条件的。

第九编
保全、先予执行和证据保全

第四十九章　保　全

中华人民共和国民事诉讼法

2017 年 6 月 27 日

第一百条　人民法院对于可能因当事人一方的行为或者其他原因，使判决难以执行或者造成当事人其他损害的案件，根据对方当事人的申请，可以裁定对其财产进行保全、责令其作出一定行为或者禁止其作出一定行为；当事人没有提出申请的，人民法院在必要时也可以裁定采取保全措施。

人民法院采取保全措施，可以责令申请人提供担保，申请人不提供担保的，裁定驳回申请。

人民法院接受申请后，对情况紧急的，必须在四十八小时内作出裁定；裁定采取保全措施的，应当立即开始执行。

第一百零一条　利害关系人因情况紧急，不立即申请保全将会使其合法权益受到难以弥补的损害的，可以在提起诉讼或者申请仲裁前向被保全财产所在地、被申请人住所地或者对案件有管辖权的人民法院申请采取保全措施。申请人应当提供担保，不提供担保的，裁定驳回申请。

人民法院接受申请后，必须在四十八小时内作出裁定；裁定采取保全措施的，应当立即开始执行。

申请人在人民法院采取保全措施后三十日内不依法提起诉讼或者申请仲裁的，人民法院应当解除保全。

第一百零二条　保全限于请求的范围，或者与本案有关的财物。

第一百零三条　财产保全采取查封、扣押、冻结或者法律规定的其他方法。人民法院保全财产后，应当立即通知被保全财产的人。

财产已被查封、冻结的，不得重复查封、冻结。

第一百零四条　财产纠纷案件，被申请人提供担保的，人民法院应当裁定解除保全。

第一百零五条　申请有错误的，申请人应当赔偿被申请人因保全所遭受的损失。

第一百零八条　当事人对保全或者先予执行的裁定不服的，可以申请复议一次。复议期间不停止裁定的执行。

中华人民共和国著作权法

2010 年 2 月 26 日

第五十条　著作权人或者与著作权有关的权利人有证据证明他人正在实施或者即将实施侵犯其权利的行为，如不及时制止将会使其合法权益受到难以弥补的损害的，可以在起诉前向人民法院申请采取责令停止有关行为和财产保全的措施。

人民法院处理前款申请，适用《中华人民共和国民事诉讼法》第九十三条至第九十六条①和第九十九条②的规定。

中华人民共和国商标法

2013 年 8 月 30 日

第六十五条　商标注册人或者利害关系人有证据证明他人正在实施或者即将实施侵犯其注册商标专用权的行为，如不及时制止将会使其合法权益受到难以弥补的损害的，可以在依

---

① 民事诉讼法原第九十三条至第九十六条现已修改为第一百零一条至第一百零五条。——编者注
② 民事诉讼法原第九十九条现已修改为第一百零八条。——编者注

法起诉前向人民法院申请采取责令停止有关行为和财产保全的措施。

最高人民法院
关于适用《中华人民共和国民事诉讼法》的解释

2015年1月30日　　法释〔2015〕5号

第一百五十二条 人民法院依照民事诉讼法第一百条、第一百零一条规定，在采取诉前保全、诉讼保全措施时，责令利害关系人或者当事人提供担保的，应当书面通知。

利害关系人申请诉前保全的，应当提供担保。申请诉前财产保全的，应当提供相当于请求保全数额的担保；情况特殊的，人民法院可以酌情处理。申请诉前行为保全的，担保的数额由人民法院根据案件的具体情况决定。

在诉讼中，人民法院依申请或者依职权采取保全措施的，应当根据案件的具体情况，决定当事人是否应当提供担保以及担保的数额。

第一百五十三条 人民法院对季节性商品、鲜活、易腐烂变质以及其他不宜长期保存的物品采取保全措施时，可以责令当事人及时处理，由人民法院保存价款；必要时，人民法院可予以变卖，保存价款。

第一百五十四条 人民法院在财产保全中采取查封、扣押、冻结财产措施时，应当妥善保管被查封、扣押、冻结的财产。不宜由人民法院保管的，人民法院可以指定被保全人负责保管；不宜由被保全人保管的，可以委托他人或者申请保全人保管。

查封、扣押、冻结担保物权人占有的担保财产，一般由担保物权人保管；由人民法院保管的，质权、留置权不因采取保全措施而消灭。

第一百五十五条 由人民法院指定被保全人保管的财产，如果继续使用对该财产的价值无重大影响，可以允许被保全人继续使用；由人民法院保管或者委托他人、申请保全人保管的财产，人民法院和其他保管人不得使用。

第一百五十六条 人民法院采取财产保全的方法和措施，依照执行程序相关规定办理。

第一百五十七条 人民法院对抵押物、质押物、留置物可以采取财产保全措施，但不影响抵押权人、质权人、留置权人的优先受偿权。

第一百五十八条 人民法院对债务人到期应得的收益，可以采取财产保全措施，限制其支取，通知有关单位协助执行。

第一百五十九条 债务人的财产不能满足保全请求，但对他人有到期债权的，人民法院可以依债权人的申请裁定该他人不得对本案债务人清偿。该他人要求偿付的，由人民法院提存财物或者价款。

第一百六十条 当事人向采取诉前保全措施以外的其他有管辖权的人民法院起诉的，采取诉前保全措施的人民法院应当将保全手续移送受理案件的人民法院。诉前保全的裁定视为受移送人民法院作出的裁定。

第一百六十一条 对当事人不服一审判决提起上诉的案件，在第二审人民法院接到报送的案件之前，当事人有转移、隐匿、出卖或者毁损财产等行为，必须采取保全措施的，由第一审人民法院依当事人申请或者依职权采取。第一审人民法院的保全裁定，应当及时报送第二审人民法院。

第一百六十二条 第二审人民法院裁定对第一审人民法院采取的保全措施予以续保或者采取新的保全措施的，可以自行实施，也可以委托第一审人民法院实施。

再审人民法院裁定对原保全措施予以续保或者采取新的保全措施的，可以自行实施，也可以委托原审人民法院或者执行法院实施。

第一百六十三条 法律文书生效后，进入执行程序前，债权人因对方当事人转移财产等紧急情况，不申请保全将可能导致生效法律文书不能执行或者难以执行的，可以向执行法院申请采取保全措施。债权人在法律文书指定的履行期间届满后五日内不申请执行的，人民法院应当解除保全。

第一百六十四条 对申请保全人或者他人提供的担保财产，人民法院应当依法办理查封、扣押、冻结等手续。

第一百六十五条 人民法院裁定采取保全

措施后，除作出保全裁定的人民法院自行解除或者其上级人民法院决定解除外，在保全期限内，任何单位不得解除保全措施。

第一百六十六条 裁定采取保全措施后，有下列情形之一的，人民法院应当作出解除保全裁定：

（一）保全错误的；

（二）申请人撤回保全申请的；

（三）申请人的起诉或者诉讼请求被生效裁判驳回的；

（四）人民法院认为应当解除保全的其他情形。

解除以登记方式实施的保全措施的，应当向登记机关发出协助执行通知书。

第一百六十七条 财产保全的被保全人提供其他等值担保财产且有利于执行的，人民法院可以裁定变更保全标的物为被保全人提供的担保财产。

第一百六十八条 保全裁定未经人民法院依法撤销或者解除，进入执行程序后，自动转为执行中的查封、扣押、冻结措施，期限连续计算，执行法院无需重新制作裁定书，但查封、扣押、冻结期限届满的除外。

第一百七十一条 当事人对保全或者先予执行裁定不服的，可以自收到裁定书之日起五日内向作出裁定的人民法院申请复议。人民法院应当在收到复议申请后十日内审查。裁定正确的，驳回当事人的申请；裁定不当的，变更或者撤销原裁定。

第一百七十二条 利害关系人对保全或者先予执行的裁定不服申请复议的，由作出裁定的人民法院依照民事诉讼法第一百零八条规定处理。

最高人民法院
关于人民法院办理财产保全案件若干问题的规定

2016年11月7日　　法释〔2016〕22号

为依法保护当事人、利害关系人的合法权益，规范人民法院办理财产保全案件，根据《中华人民共和国民事诉讼法》等法律规定，结合审判、执行实践，制定本规定。

第一条 当事人、利害关系人申请财产保全，应当向人民法院提交申请书，并提供相关证据材料。

申请书应当载明下列事项：

（一）申请保全人与被保全人的身份、送达地址、联系方式；

（二）请求事项和所根据的事实与理由；

（三）请求保全数额或者争议标的；

（四）明确的被保全财产信息或者具体的被保全财产线索；

（五）为财产保全提供担保的财产信息或资信证明，或者不需要提供担保的理由；

（六）其他需要载明的事项。

法律文书生效后，进入执行程序前，债权人申请财产保全的，应当写明生效法律文书的制作机关、文号和主要内容，并附生效法律文书副本。

第二条 人民法院进行财产保全，由立案、审判机构作出裁定，一般应当移送执行机构实施。

第三条 仲裁过程中，当事人申请财产保全的，应当通过仲裁机构向人民法院提交申请书及仲裁案件受理通知书等相关材料。人民法院裁定采取保全措施或者裁定驳回申请的，应当将裁定书送达当事人，并通知仲裁机构。

第四条 人民法院接受财产保全申请后，应当在五日内作出裁定；需要提供担保的，应当在提供担保后五日内作出裁定；裁定采取保全措施的，应当在五日内开始执行。对情况紧急的，必须在四十八小时内作出裁定；裁定采取保全措施的，应当立即开始执行。

第五条 人民法院依照民事诉讼法第一百条规定责令申请保全人提供财产保全担保的，担保数额不超过请求保全数额的百分之三十；申请保全的财产系争议标的的，担保数额不超过争议标的的价值的百分之三十。

利害关系人申请诉前财产保全的，应当提供相当于请求保全数额的担保；情况特殊的，人民法院可以酌情处理。

财产保全期间，申请保全人提供的担保不足以赔偿可能给被保全人造成的损失的，人民法院可以责令其追加相应的担保；拒不追加的，可以裁定解除或者部分解除保全。

第六条 申请保全人或第三人为财产保全提供财产担保的，应当向人民法院出具担保书。担保书应当载明担保人、担保方式、担保范围、担保财产及其价值、担保责任承担等内容，并附相关证据材料。

第三人为财产保全提供保证担保的，应当向人民法院提交保证书。保证书应当载明保证人、保证方式、保证范围、保证责任承担等内容，并附相关证据材料。

对财产保全担保，人民法院经审查，认为违反物权法、担保法、公司法等有关法律禁止性规定的，应当责令申请保全人在指定期限内提供其他担保；逾期未提供的，裁定驳回申请。

第七条 保险人以其与申请保全人签订财产保全责任险合同的方式为财产保全提供担保的，应当向人民法院出具担保书。

担保书应当载明，因申请财产保全错误，由保险人赔偿被保全人因保全所遭受的损失等内容，并附相关证据材料。

第八条 金融监管部门批准设立的金融机构以独立保函形式为财产保全提供担保的，人民法院应当依法准许。

第九条 当事人在诉讼中申请财产保全，有下列情形之一的，人民法院可以不要求提供担保：

（一）追索赡养费、扶养费、抚育费、抚恤金、医疗费用、劳动报酬、工伤赔偿、交通事故人身损害赔偿的；

（二）婚姻家庭纠纷案件中遭遇家庭暴力且经济困难的；

（三）人民检察院提起的公益诉讼涉及损害赔偿的；

（四）因见义勇为遭受侵害请求损害赔偿的；

（五）案件事实清楚、权利义务关系明确、发生保全错误可能性较小的；

（六）申请保全人为商业银行、保险公司等由金融监管部门批准设立的具有独立偿付债务能力的金融机构及其分支机构的。

法律文书生效后，进入执行程序前，债权人申请财产保全的，人民法院可以不要求提供担保。

第十条 当事人、利害关系人申请财产保全，应当向人民法院提供明确的被保全财产信息。

当事人在诉讼中申请财产保全，确因客观原因不能提供明确的被保全财产信息，但提供了具体财产线索的，人民法院可以依法裁定采取财产保全措施。第十一条 人民法院依照本规定第十条第二款规定作出保全裁定的，在该裁定执行过程中，申请保全人可以向已经建立网络执行查控系统的执行法院，书面申请通过该系统查询被保全人的财产。

申请保全人提出查询申请的，执行法院可以利用网络执行查控系统，对裁定保全的财产或者保全数额范围内的财产进行查询，并采取相应的查封、扣押、冻结措施。

人民法院利用网络执行查控系统未查询到可供保全财产的，应当书面告知申请保全人。

第十二条 人民法院对查询到的被保全人财产信息，应当依法保密。除依法保全的财产外，不得泄露被保全人其他财产信息，也不得在财产保全、强制执行以外使用相关信息。

第十三条 被保全人有多项财产可供保全的，在能够实现保全目的的情况下，人民法院应当选择对其生产经营活动影响较小的财产进行保全。

人民法院对厂房、机器设备等生产经营性财产进行保全时，指定被保全人保管的，应当允许其继续使用。

第十四条 被保全财产系机动车、航空器等特殊动产的，除被保全人下落不明的以外，人民法院应当责令被保全人书面报告该动产的权属和占有、使用等情况，并予以核实。

第十五条 人民法院应当依据财产保全裁定采取相应的查封、扣押、冻结措施。

可供保全的土地、房屋等不动产的整体价值明显高于保全裁定载明金额的，人民法院应当对该不动产的相应价值部分采取查封、扣押、冻结措施，但该不动产在使用上不可分或者分割会严重减损其价值的除外。

对银行账户内资金采取冻结措施的，人民法院应当明确具体的冻结数额。

第十六条　人民法院在财产保全中采取查封、扣押、冻结措施，需要有关单位协助办理登记手续的，有关单位应当在裁定书和协助执行通知书送达后立即办理。针对同一财产有多个裁定书和协助执行通知书的，应当按照送达的时间先后办理登记手续。

第十七条　利害关系人申请诉前财产保全，在人民法院采取保全措施后三十日内依法提起诉讼或者申请仲裁的，诉前财产保全措施自动转为诉讼或仲裁中的保全措施；进入执行程序后，保全措施自动转为执行中的查封、扣押、冻结措施。

依前款规定，自动转为诉讼、仲裁中的保全措施或者执行中的查封、扣押、冻结措施的，期限连续计算，人民法院无需重新制作裁定书。

第十八条　申请保全人申请续行财产保全的，应当在保全期限届满七日前向人民法院提出；逾期申请或者不申请的，自行承担不能续行保全的法律后果。

人民法院进行财产保全时，应当书面告知申请保全人明确的保全期限届满日以及前款有关申请续行保全的事项。

第十九条　再审审查期间，债务人申请保全生效法律文书确定给付的财产的，人民法院不予受理。

再审审理期间，原生效法律文书中止执行，当事人申请财产保全的，人民法院应当受理。

第二十条　财产保全期间，被保全人请求对被保全财产自行处分，人民法院经审查，认为不损害申请保全人和其他执行债权人合法权益的，可以准许，但应当监督被保全人按照合理价格在指定期限内处分，并控制相应价款。

被保全人请求对作为争议标的的被保全财产自行处分的，须经申请保全人同意。

人民法院准许被保全人自行处分被保全财产的，应当通知申请保全人；申请保全人不同意的，可以依照民事诉讼法第二百二十五条规定提出异议。

第二十一条　保全法院在首先采取查封、扣押、冻结措施后超过一年未对被保全财产进行处分的，除被保全财产系争议标的外，在先轮候查封、扣押、冻结的执行法院可以商请保全法院将被保全财产移送执行。但司法解释另有特别规定的，适用其规定。

保全法院与在先轮候查封、扣押、冻结的执行法院就移送被保全财产发生争议的，可以逐级报请共同的上级法院指定该财产的执行法院。

共同的上级法院应当根据被保全财产的种类及所在地、各债权数额与被保全财产价值之间的关系等案件具体情况指定执行法院，并督促其在指定期限内处分被保全财产。

第二十二条　财产纠纷案件，被保全人或第三人提供充分有效担保请求解除保全，人民法院应当裁定准许。被保全人请求对作为争议标的的财产解除保全的，须经申请保全人同意。

第二十三条　人民法院采取财产保全措施后，有下列情形之一的，申请保全人应当及时申请解除保全：

（一）采取诉前财产保全措施后三十日内不依法提起诉讼或者申请仲裁的；

（二）仲裁机构不予受理仲裁申请、准许撤回仲裁申请或者按撤回仲裁申请处理的；

（三）仲裁申请或者请求被仲裁裁决驳回的；

（四）其他人民法院对起诉不予受理、准许撤诉或者按撤诉处理的；

（五）起诉或者诉讼请求被其他人民法院生效裁判驳回的；

（六）申请保全人应当申请解除保全的其他情形。

人民法院收到解除保全申请后，应当在五日内裁定解除保全；对情况紧急的，必须在四十八小时内裁定解除保全。

申请保全人未及时申请人民法院解除保全，应当赔偿被保全人因财产保全所遭受的损失。

被保全人申请解除保全，人民法院经审查认为符合法律规定的，应当在本条第二款规定的期间内裁定解除保全。

第二十四条　财产保全裁定执行中，人民法院发现保全裁定的内容与被保全财产的实际情况不符的，应当予以撤销、变更或补正。

第二十五条　申请保全人、被保全人对保

全裁定或者驳回申请裁定不服的，可以自裁定书送达之日起五日内向作出裁定的人民法院申请复议一次。人民法院应当自收到复议申请后十日内审查。

对保全裁定不服申请复议的，人民法院经审查，理由成立的，裁定撤销或变更；理由不成立的，裁定驳回。

对驳回申请裁定不服申请复议的，人民法院经审查，理由成立的，裁定撤销，并采取保全措施；理由不成立的，裁定驳回。

第二十六条　申请保全人、被保全人、利害关系人认为保全裁定实施过程中的执行行为违反法律规定提出书面异议的，人民法院应当依照民事诉讼法第二百二十五条规定审查处理。

第二十七条　人民法院对诉讼争议标的以外的财产进行保全，案外人对保全裁定或者保全裁定实施过程中的执行行为不服，基于实体权利对被保全财产提出书面异议的，人民法院应当依照民事诉讼法第二百二十七条规定审查处理并作出裁定。案外人、申请保全人对该裁定不服的，可以自裁定送达之日起十五日内向人民法院提起执行异议之诉。

人民法院裁定案外人异议成立后，申请保全人在法律规定的期间内未提起执行异议之诉的，人民法院应当自起诉期限届满之日起七日内对该被保全财产解除保全。

第二十八条　海事诉讼中，海事请求人申请海事请求保全，适用《中华人民共和国海事诉讼特别程序法》及相关司法解释。

第二十九条　本规定自2016年12月1日起施行。

本规定施行前公布的司法解释与本规定不一致的，以本规定为准。

最高人民法院
**关于审理票据纠纷案件若干
问题的规定**

2000年11月14日　　法释〔2000〕32号

二、票据保全

第八条　人民法院在审理、执行票据纠纷案件时，对具有下列情形之一的票据，经当事人申请并提供担保，可以依法采取保全措施或者执行措施：

（一）不履行约定义务，与票据债务人有直接债权债务关系的票据当事人所持有的票据；

（二）持票人恶意取得的票据；

（三）应付对价而未付对价的持票人持有的票据；

（四）记载有"不得转让"字样而用于贴现的票据；

（五）记载有"不得转让"字样而用于质押的票据；

（六）法律或者司法解释规定有其他情形的票据。

最高人民法院
**关于适用《中华人民共和国担保法》
若干问题的解释**

2000年12月8日　　法释〔2000〕44号

第一百三十二条　在案件审理或者执行程序中，当事人提供财产担保的，人民法院应当对该财产的权属证书予以扣押，同时向有关部门发出协助执行通知书，要求其在规定的时间内不予办理担保财产的转移手续。

最高人民法院
**关于适用《中华人民共和国公司法》
若干问题的规定（二）**

2014年2月20日　　法释〔2014〕2号

第三条　股东提起解散公司诉讼时，向人民法院申请财产保全或者证据保全的，在股东提供担保且不影响公司正常经营的情形下，人民法院可予以保全。

最高人民法院
关于扣押与拍卖船舶适用法律
若干问题的规定

2015年2月28日　　法释〔2015〕6号

第一条　海事请求人申请对船舶采取限制处分或者抵押等保全措施的,海事法院可以依照民事诉讼法的有关规定,裁定准许并通知船舶登记机关协助执行。

前款规定的保全措施不影响其他海事请求人申请扣押船舶。

第八条　船舶扣押后,海事请求人依据海事诉讼特别程序法第十九条的规定,向其他有管辖权的海事法院提起诉讼的,可以由扣押船舶的海事法院继续实施保全措施。

第十五条　船舶经海事法院拍卖、变卖后,对该船舶已采取的其他保全措施效力消灭。

最高人民法院
关于审理独立保函纠纷案件
若干问题的规定

2016年11月8日　　法释〔2016〕24号

第二十四条　对于按照特户管理并移交开立人占有的独立保函开立保证金,人民法院可以采取冻结措施,但不得划。保证金账户内的款项丧失开立保证金的功能时,人民法院可以依法采取扣划措施。

最高人民法院
关于适用《中华人民共和国婚姻法》
若干问题的解释（二）

2017年2月20日　　法释〔2017〕6号

第二十八条　夫妻一方申请对配偶的个人财产或者夫妻共同财产采取保全措施的,人民法院可以在采取保全措施可能造成损失的范围内,根据实际情况,确定合理的财产担保数额。

最高人民法院
关于在经济审判工作中严格执行《中华人民共和国民事诉讼法》的若干规定

1994年12月22日　　法发〔1994〕29号

13. 人民法院对财产采取诉讼保全措施,一般应当由当事人提交符合法定条件的申请。只有在诉讼争议的财产有毁损、灭失等危险,或者有证据表明被申请人可能采取隐匿、转移、出卖其财产的,人民法院方可依职权裁定采取财产保全措施。

14. 人民法院采取财产保全措施时,保全的范围应当限于当事人争议的财产,或者被告的财产。对案外人的财产不得采取保全措施,对案外人善意取得的与案件有关的财产,一般也不得采取保全措施;被申请人提供相应数额并有可供执行的财产作担保的,采取措施的人民法院应当及时解除财产保全。

15. 人民法院对有偿还能力的企业法人,一般不得采取查封、冻结的保全措施。已采取查封、冻结保全措施的,如该企业法人提供了可供执行的财产担保,或者可以采取其他方式保全的,应当及时予以解封、解冻。

19. 受诉人民法院院长或者上级人民法院发现采取财产保全或者先予执行措施确有错误的,应当按照审判监督程序立即纠正。因申请错误造成被申请人损失的,由申请人予以赔偿;因人民法院依职权采取保全措施错误造成损失的,由人民法院依法予以赔偿。

最高人民法院
关于审理公司强制清算案件工作
座谈会纪要

2009年11月4日　　法发〔2009〕52号

十三、关于强制清算中的财产保全

27. 人民法院受理强制清算申请后,公司财产存在被隐匿、转移、毁损等可能影响依法清算情形的，人民法院可依清算组或者申请人的申请，对公司财产采取相应的保全措施。

最高人民法院
关于依法妥善审理民间借贷纠纷案件促进经济发展维护社会稳定的通知

2011年12月2日　　法〔2011〕336号

八、妥善适用有关司法措施。对于暂时资金周转困难但仍在正常经营的借款人，在不损害出借人合法权益的前提下，灵活适用诉讼保全措施，尽量使该借款人度过暂时的债务危机。对于出借人举报的有转移财产、逃避债务可能的借款人，要依法视情加大诉讼保全力度，切实维护债权人的合法权益。在审理因民间借贷债务而引发的企业破产案件时，对于符合国家产业政策且具有挽救价值和希望的负债中小企业，要积极适用重整、和解程序，尽快实现企业再生；对没有挽救希望，必须通过破产清算退出市场的中小企业，要制定综合预案，统筹协调，稳步推进，切实将企业退市引发的不良影响降到最低。

最高人民法院
关于军队单位作为经济纠纷案件的当事人可否对其银行账户上的存款采取诉讼保全和军队费用能否强行划拨偿还债务问题的批复

1990年10月9日　　法〔经〕复〔1990〕15号

河北省高级人民法院，江苏省高级人民法院：

〔1987〕冀法请字第5号关于军队单位作为经济纠纷案件的当事人可否对其银行账户上的存款采取诉讼保全的请示和苏法经（1987）51号关于军队费用能否强行划拨偿还债务的请示均已收悉。经研究，现答复如下：

一、最高人民法院和中国人民银行《关于查询、冻结和扣划企事业单位、机关、团体的银行存款的通知》，同样适用于军队系统的企事业单位。

二、按照中国人民银行、中国工商银行、中国农业银行、中国人民解放军总后勤部（1985）财字第110号通知印发的《军队单位在银行开设账户和存款的管理办法》中"军队工厂（矿）、农场、马场、军人服务部、省军区以上单位实行企业经营的招待所（含经总部、军区、军兵种批准实行企业经营的军以下单位招待所）和企业的上级财务主管部门等单位，开设'特种企业存款'有息存款"的规定，军队从事生产经营活动应当以此账户结算。因此，在经济纠纷诉讼中，人民法院根据对方当事人申请或者依职权有权对军队的"特种企业存款"账户的存款采取诉讼保全措施，并可依照《民事诉讼法（试行）》第一百七十九条的规定，对该账户的存款采取执行措施。

三、人民法院在审理经济纠纷案件过程中，如果发现军队机关或所属单位以不准用于从事经营性业务往来结算的账户从事经营性业务往来结算和经营性借贷或者担保等违反国家政策、法律的，人民法院有权依法对其账户动用的资金采取诉讼保全措施和执行措施。军队一方当事人的上级领导机关，应当协助人民法院共同查清其账户的情况，依法予以冻结或者扣划。

［提示］持票人明知或者应当知道前款情形而接受的，可以适当减轻出票人或者票据债务人的责任

最高人民法院经济庭
关于经济犯罪案件已移送公安机关后原来采取的查封措施应予解除的函

1993年6月23日　　法经〔1993〕121号

海南省高级人民法院：

你院《关于上海电视机一厂就本院对海南南方信托投资公司诉广东中山汇丰工贸集团有限公司借款合同纠纷一案诉前保全财产提出异议情况的报告》收悉。从你院报告看，本案涉嫌经济犯罪，已丛案移送海南省公安厅查处，

并将所查封的财产一并移交,但对有关财产的查封措施并未解除。我们认为,人民法院对已经受理的经济纠纷案件,经审查认为确属经济犯罪全案移送公安机关,并将所查封的财产一并移交,且公安机关又对该财产采取查封措施后,原来采取的查封措施即应解除。因此,请你院收到本函后立即解除你院对储存于广州市对外储运公司的彩色电视机的查封。至于该批彩电是否属于赃物,应否发还上海电视机一厂,应由公安机关查明情况后,依法处理。

人民法院办理执行案件规范

2017 年 4 月

652.【诉讼保全的一般规定】

人民法院对于可能因当事人一方的行为或者其他原因,使判决难以执行或者造成当事人其他损害的案件,根据对方当事人的申请,可以裁定对其财产进行保全、责令其作出一定行为或者禁止其作出一定行为;当事人没有提出申请的,人民法院在必要时也可以裁定采取保全措施。

人民法院采取保全措施,可以责令申请人提供担保,申请人不提供担保的,裁定驳回申请。

653.【诉前保全】

利害关系人因情况紧急,不立即申请保全将会使其合法权益受到难以弥补的损害的,可以在提起诉讼或者申请仲裁前向被保全财产所在地、被申请人住所地或者对案件有管辖权的人民法院申请采取保全措施。申请人应当提供担保,不提供担保的,裁定驳回申请。

人民法院接受申请后,必须在四十八小时内作出裁定;裁定采取保全措施的,应当立即开始执行。

申请人在人民法院采取保全措施后三十日内不依法提起诉讼或者申请仲裁的,人民法院应当解除保全。

654.【法律文书生效后,进入执行程序前的保全】

法律文书生效后,进入执行程序前,债权人因对方当事人转移财产等紧急情况,不申请保全将可能导致生效法律文书不能执行或者难以执行的,可以向执行法院申请采取保全措施。债权人申请财产保全的,应当写明生效法律文书的制作机关、文号和主要内容,并附生效法律文书副本。

债权人申请财产保全的,人民法院可以不要求提供担保。

债权人在法律文书指定的履行期间届满后五日内不申请执行的,人民法院应当解除保全。

655.【仲裁案件的财产保全】

在国内仲裁过程中,一方当事人因另一方当事人的行为或者其他原因,可能使裁决不能执行或者难以执行的,可以申请财产保全。申请有错误的,申请人应当赔偿被申请人因财产保全所遭受的损失。

当事人申请财产保全,应当通过仲裁机构向被申请人住所地或被申请保全的财产所在地的基层人民法院提交申请书及仲裁案件受理通知书等相关材料。

人民法院裁定采取保全措施或者裁定驳回申请的,应当将裁定书送达当事人,并通知仲裁机构。

656.【上诉、再审案件保全措施的实施】

对当事人不服一审判决提起上诉的案件,在第二审人民法院接到报送的案件之前,当事人有转移、隐匿、出卖或者毁损财产等行为,必须采取保全措施的,由第一审人民法院依当事人申请或者依职权采取。第一审人民法院的保全裁定,应当及时报送第二审人民法院。

第二审人民法院裁定对第一审人民法院采取的保全措施予以续保或者采取新的保全措施的,可以自行实施,也可以委托第一审人民法院实施。

再审人民法院裁定对原保全措施予以续保或者采取新的保全措施的,可以自行实施,也可以委托原审人民法院或者执行法院实施。

657.【保全申请】

当事人、利害关系人申请财产保全,应当向人民法院提交申请书,并提供相关证据材料。

申请书应当载明下列事项:

(一)申请保全人与被保全人的身份、送达

地址、联系方式；

（二）请求事项和所根据的事实与理由；

（三）请求保全数额或者争议标的；

（四）明确的被保全财产信息或者具体的被保全财产线索；

（五）为财产保全提供担保的财产信息或资信证明，或者不需要提供担保的理由；

（六）其他需要载明的事项。

法律文书生效后，进入执行程序前，债权人申请财产保全的，应当写明生效法律文书的制作机关、文号和主要内容，并附生效法律文书副本。

658.【法院内部职责分工】

人民法院进行财产保全，由立案、审判机构作出裁定，一般应当移送执行机构实施。移送执行机构实施的，应当立即将保全裁定、申请人提供的财产线索等材料一并移送给执行机构。

人民法院执行财产保全裁定的，案件类型代字为"执保字"。

659.【采取措施时限】

人民法院接受财产保全申请后，应当在五日内作出裁定；需要提供担保的，应当在提供担保后五日内作出裁定；裁定采取保全措施的，应当在五日内开始执行。对情况紧急的，必须在四十八小时内作出裁定；裁定采取保全措施的，应当立即开始执行。

660.【担保数额】

人民法院依照民事诉讼法第一百条规定责令申请保全人提供财产保全担保的，担保数额不超过请求保全数额的百分之三十；申请保全的财产系争议标的的，担保数额不超过争议标的价值的百分之三十。

利害关系人申请诉前财产保全的，应当提供相当于请求保全数额的担保；情况特殊的，人民法院可以酌情处理。

财产保全期间，申请保全人提供的担保不足以赔偿可能给被保全人造成的损失的，人民法院可以责令其追加相应的担保；拒不追加的，可以裁定解除或者部分解除保全。

661.【物保和人保】

申请保全人或第三人为财产保全提供财产担保的，应当向人民法院出具担保书。担保书应当载明担保人、担保方式、担保范围、担保财产及其价值、担保责任承担等内容，并附相关证据材料。

第三人为财产保全提供保证担保的，应当向人民法院提交保证书。保证书应当载明保证人、保证方式、保证范围、保证责任承担等内容，并附相关证据材料。

对财产保全担保，人民法院经审查，认为违反物权法、担保法、公司法等有关法律禁止性规定的，应当责令申请保全人在指定期限内提供其他担保；逾期未提供的，裁定驳回申请。

662.【保险人提供担保】

保险人以其与申请保全人签订财产保全责任险合同的方式为财产保全提供担保的，应当向人民法院出具担保书。

担保书应当载明，因申请财产保全错误，由保险人赔偿被保全人因保全所遭受的损失等内容，并附相关证据材料。

663.【金融机构提供担保】

金融监管部门批准设立的金融机构以独立保函形式为财产保全提供担保的，人民法院应当依法准许。

664.【不要求提供担保情形】

当事人在诉讼中申请财产保全，有下列情形之一的，人民法院可以不要求提供担保：

（一）追索赡养费、扶养费、抚育费、抚恤金、医疗费用、劳动报酬、工伤赔偿、交通事故人身损害赔偿的；

（二）婚姻家庭纠纷案件中遭遇家庭暴力且经济困难的；

（三）人民检察院提起的公益诉讼涉及损害赔偿的；

（四）因见义勇为遭受侵害请求损害赔偿的；

（五）案件事实清楚、权利义务关系明确，发生保全错误可能性较小的；

（六）申请保全人为商业银行、保险公司等由金融监管部门批准设立的具有独立偿付债务能力的金融机构及其分支机构的。

法律文书生效后，进入执行程序前，债权人申请财产保全的，人民法院可以不要求提供担保。

665.【对担保财产的查封】

对申请保全人或者他人提供的担保财产,人民法院应当对该财产的权属证书予以扣押,并依法办理查封、扣押、冻结等手续。

666.【提供被保全财产信息】

当事人、利害关系人申请财产保全,应当向人民法院提供明确的被保全财产信息。

当事人在诉讼中申请财产保全,确因客观原因不能提供明确的被保全财产信息,但提供了具体财产线索的,人民法院可以依法裁定采取财产保全措施。

667.【网络查控财产信息】

人民法院依照本规范第666条第二款规定作出保全裁定的,在该裁定执行过程中,申请保全人可以向已经建立网络执行查控系统的执行法院,书面申请通过该系统查询被保全人的财产。

申请保全人提出查询申请的,执行法院可以利用网络执行查控系统,对裁定保全的财产或者保全数额范围内的财产进行查询,并采取相应的查封、扣押、冻结措施。

人民法院利用网络执行查控系统未查询到可供保全财产的,应当书面告知申请保全人。

668.【对被保全人财产的保密义务】

人民法院对查询到的被保全人财产信息,应当依法保密。除依法保全的财产外,不得泄露被保全人其他财产信息,也不得在财产保全、强制执行以外使用相关信息。

669.【财产权益保护原则】

保全限于请求的范围,或者与本案有关的财物。被保全人有多项财产可供保全的,在能够实现保全目的的情况下,人民法院应当选择对其生产经营活动影响较小的财产进行保全。

人民法院对厂房、机器设备等生产经营性财产进行保全时,指定被保全人保管的,应当允许其继续使用。

财产已被查封、冻结的,不得重复查封、冻结。

670.【同等价值保全原则】

人民法院应当依据财产保全裁定采取相应的查封、扣押、冻结措施。

可供保全的土地、房屋等不动产的整体价值明显高于保全裁定载明金额的,人民法院应当对该不动产的相应价值部分采取查封、扣押、冻结措施,但该不动产在使用上不可分或者分割会严重减损其价值的除外。

对银行账户内资金采取冻结措施的,人民法院应当明确具体的冻结数额。

671.【保全措施】

人民法院采取财产保全的方法和措施,依照执行程序相关规定办理。

人民法院在财产保全中采取查封、扣押、冻结措施,需要有关单位协助办理登记手续的,有关单位应当在裁定书和协助执行通知书送达后立即办理。针对同一财产有多个裁定书和协助执行通知书的,应当按照送达的时间先后办理登记手续。

人民法院保全财产后,应当立即通知被保全财产的人。

672.【保全财产的保管和使用】

人民法院在财产保全中采取查封、扣押、冻结财产措施时,应当妥善保管被查封、扣押、冻结的财产。不宜由人民法院保管的,人民法院可以指定被保全人负责保管;不宜由被保全人保管的,可以委托他人或者申请保全人保管。

查封、扣押、冻结担保物权人占有的担保财产,一般由担保物权人保管;由人民法院保管的,质权、留置权不因采取保全措施而消灭。

由人民法院指定被保全人保管的财产,如果继续使用对该财产的价值无重大影响,可以允许被保全人继续使用;由人民法院保管或者委托他人、申请保全人保管的财产,人民法院和其他保管人不得使用。

673.【特殊动产的保全】

被保全财产系机动车、航空器等特殊动产的,除被保全人下落不明的以外,人民法院应当责令被保全人书面报告该动产的权属和占有、使用等情况,并予以核实。

674.【不宜长期保管物品的保全或执行】

人民法院对季节性商品、鲜活、易腐烂变质以及其他不宜长期保存的物品采取保全措施时,可以责令当事人及时处理,由人民法院保存价款;必要时,人民法院可予以变卖,保存价款。

675.【到期收益的保全】

人民法院对债务人到期应得的收益,可以采取财产保全措施,限制其支取,通知有关单位协助执行。

676.【到期债权的保全】

债务人的财产不能满足保全请求,但对他人有到期债权的,人民法院可以依债权人的申请裁定该他人不得对本案债务人清偿。该他人要求偿付的,由人民法院提存财物或者价款。

677.【保全效力的延续】

利害关系人申请诉前财产保全,在人民法院采取保全措施后三十日内依法提起诉讼或者申请仲裁的,诉前财产保全措施自动转为诉讼或仲裁中的保全措施;进入执行程序后,保全措施自动转为执行中的查封、扣押、冻结措施。

依前款规定,自动转为诉讼、仲裁中的保全措施或者执行中的查封、扣押、冻结措施的,期限连续计算,人民法院无需重新制作裁定书。

678.【保全、审理、执行法院不一致的处理】

当事人向采取诉前保全措施以外的其他有管辖权的人民法院起诉的,采取诉前保全措施的人民法院应当将保全手续移送受理案件的人民法院。诉前保全的裁定视为受移送人民法院作出的裁定。

对人民法院采取财产保全措施的案件,申请执行人向采取保全措施的人民法院以外的其他有管辖权的人民法院申请执行的,采取保全措施的人民法院应当将保全的财产交执行法院处理。

679.【续行保全】

保全的期限适用本规范第374条规定。

申请保全人申请续行财产保全的,应当在保全期限届满七日前向人民法院提出;逾期申请或者不申请的,自行承担不能续行保全的法律后果。

人民法院进行财产保全时,应当书面告知申请保全人明确的保全期限届满日以及前款有关申请续行保全的事项。

680.【再审期间对保全申请的处理】

再审审查期间,债务人申请保全生效法律文书确定给付的财产的,人民法院不予受理。

再审审理期间,原生效法律文书中止执行,当事人申请财产保全的,人民法院应当受理。

681.【保全不影响优先权】

人民法院对抵押物、质押物、留置物可以采取财产保全措施,但不影响抵押权人、质权人、留置权人的优先受偿权。

682.【保全的效力】

人民法院裁定采取保全措施后,除作出保全裁定的人民法院自行解除或者其上级人民法院决定解除外,在保全期限内,任何单位不得解除保全措施。

683.【保全财产的自行处分】

财产保全期间,被保全人请求对被保全财产自行处分,人民法院经审查,认为不损害申请保全人和其他执行债权人合法权益的,可以准许,但应当监督被保全人按照合理价格在指定期限内处分,并控制相应价款。

被保全人请求对作为争议标的的被保全财产自行处分的,须经申请保全人同意。

人民法院准许被保全人自行处分被保全财产的,应当通知申请保全人;申请保全人不同意的,可以依照民事诉讼法第二百二十五条规定提出异议。

684.【保全财产的变更】

财产保全的被保全人提供其他等值担保财产且有利于执行的,人民法院可以裁定变更保全标的物为被保全人提供的担保财产。

财产纠纷案件,被保全人或第三人提供充分有效担保请求解除保全,人民法院应当裁定准许。被保全人请求对作为争议标的的财产解除保全的,须经申请保全人同意。

685.【保全解除之一】

裁定采取保全措施后,有下列情形之一的,人民法院应当作出解除保全裁定:

(一)保全错误的;

(二)申请人撤回保全申请的;

(三)申请人的起诉或者诉讼请求被生效裁判驳回的;

(四)人民法院认为应当解除保全的其他情形。

解除以登记方式实施的保全措施的,应当

向登记机关发出协助执行通知书。

686.【保全解除之二】

人民法院采取财产保全措施后,有下列情形之一的,申请保全人应当及时申请解除保全:

(一)采取诉前财产保全措施后三十日内不依法提起诉讼或者申请仲裁的;

(二)仲裁机构不予受理仲裁申请、准许撤回仲裁申请或者按撤回仲裁申请处理的;

(三)仲裁申请或者请求被仲裁裁决驳回的;

(四)其他人民法院对起诉不予受理、准许撤诉或者按撤诉处理的;

(五)起诉或者诉讼请求被其他人民法院生效裁判驳回的;

(六)申请保全人应当申请解除保全的其他情形。

人民法院收到解除保全申请后,应当在五日内裁定解除保全;对情况紧急的,必须在四十八小时内裁定解除保全。

申请保全人未及时申请人民法院解除保全,应当赔偿被保全人因财产保全所遭受的损失。

被保全人申请解除保全,人民法院经审查认为符合法律规定的,应当在本条第二款规定的期间内裁定解除保全。

687.【保全裁定的撤销、变更或者补正】

财产保全裁定执行中,人民法院发现保全裁定的内容与被保全财产的实际情况不符的,应当予以撤销、变更或补正。

688.【对保全与否裁定的复议】

申请保全人、被保全人对保全裁定或者驳回申请裁定不服的,可以自裁定书送达之日起五日内向作出裁定的人民法院申请复议一次。人民法院应当自收到复议申请后十日内审查。

对保全裁定不服申请复议的,人民法院经审查,理由成立的,裁定撤销或变更;理由不成立的,裁定驳回。

对驳回申请裁定不服申请复议的,人民法院经审查,理由成立的,裁定撤销,并采取保全措施;理由不成立的,裁定驳回。

689.【保全执行行为异议】

申请保全人、被保全人、利害关系人认为保全裁定实施过程中的执行行为违反法律规定提出书面异议的,人民法院应当依照民事诉讼法第二百二十五条规定审查处理。

690.【案外人异议】

人民法院对诉讼争议标的以外的财产进行保全,案外人对保全裁定或者保全裁定实施过程中的执行行为不服,基于实体权利对被保全财产提出书面异议的,人民法院应当依照民事诉讼法第二百二十七条规定审查处理并作出裁定。案外人、申请保全人对该裁定不服的,可以自裁定送达之日起十五日内向人民法院提起执行异议之诉。

人民法院裁定案外人异议成立后,申请保全人在法律规定的期间内未提起执行异议之诉的,人民法院应当自起诉期限届满之日起七日内对该被保全财产解除保全。

691.【海事保全】

海事诉讼中,海事请求人申请海事请求保全,适用海事诉讼特别程序法及相关司法解释。

692.【财产保全案件的结案】

执行财产保全裁定案件的结案方式包括:

(一)保全完毕,即保全事项全部实施完毕;

(二)部分保全,即因未查询到足额财产,致使保全事项未能全部实施完毕;

(三)无标的物可实施保全,即未查到财产可供保全。

人民法院能否接受当事人以保证方式提供的担保用于申请和解除财产保全

问题:在审判实践中发现,有的人民法院对于申请财产保全或解除财产保全的当事人以保证的方式提供的信用担保一概不予接受,要求其必须以存单质押或者不动产抵押的方式提供物权担保,这种做法是否符合法律规定?

《民事审判指导与参考》研究组答:我国《担保法》第二条规定的担保方式为保证、抵押、质押、留置和定金。我国《海事诉讼特别程序法》第73条第2款规定:"担保的方式为提供现金或者保证、设置抵押或者质押。"显然,将保证作为担保的方式之一不仅符合法律规定,也与国际上的通行做法相一致。

对于担保的方式,法律和相关司法解释并未明确限定为物的担保。担保可以分为物的担保和人的担保。物的担保可以表现为抵押、质押，人的担保主要表现为保证，是凭借人的信用进行的担保。物的担保与人的担保在本质上并无优劣之分，只要能够实现担保日后生效裁判的执行即应认可。现代市场经济的发展要求必然追求物的便捷流转。从某种意义上来说，人的担保方式更为灵活。这一点在民事诉讼程序中的财产保全解除中表现得比较突出。如果被申请人能够提供财力雄厚、信誉度良好的大公司的担保，并不损害申请人的利益，法院应当予以准许。根据以往实践，对申请人提供的由我国的商业银行、船东保赔协会、保险公司、大型担保公司和大型生产企业出具的书面担保，或者申请人认可的书面担保，通常予以接受。

由此可见，当事人以保证方式提供担保，申请财产保全或解除财产保全，人民法院不应不区分情况一概加以拒绝。对于当事人提供的保证人，法院应严格审查其信誉度。对于企业来讲，主要是审查其注册资产情况、运营情况及其商业信誉。经审查，如果保证人不具备保证能力，甚至濒临破产的，法院可以让申请人另行提供担保或不予准许其申请，坚决防止被担保人逃避债务；如果保证人经济实力雄厚、信誉良好，法院应当准许其申请，不要简单地把书面担保拒之门外，但要从严掌握。①

原法院已裁定移送管辖，其作出的财产保全措施是否继续有效？

问题：我院收到某法院因被告提出管辖异议裁定移送我院审理的案件。此前，该院已依法对被告的财产进行了登记查封。请问，该院作出的财产保全措施是否继续有效？如果继续有效，需要解除查封的话，由哪个法院作出？如果无效，我院是否应重新作出财产保全的裁定？请予解答。

《人民司法》研究组认为：根据民事诉讼法规定，案件的审理活动需由有管辖权的人民法院进行。来信所述案件，原法院已裁定移送管辖，说明其对该案并无管辖权。原法院应依法解除其对本案被告财产进行的查封。受移送法院根据案件审理需要，有权重新作出财产保全的裁定。②

乙法院能否对甲法院裁定以物抵债但尚未办理过户手续的房屋进行查封？

问题：在王某申请执行刘某一案中，甲法院查封了刘某位于丙处的房产，在拍卖过程中，因无人应买而造成流拍。经刘某同意，甲法院裁定将该房产以物抵债给王某。在王某办理过户手续的过程中，乙法院又以刘某为另一案件的被执行人且丙处房产尚未办理过户手续仍属于刘某所有为由，将丙处房产查封。请问：乙法院能否对该房产进行查封？

《人民司法》研究组认为：不动产物权变动的原因可以区分为法律行为和事实行为。对于买卖、赠与等法律行为所引起的物权变动，法律要求当事人必须履行过户登记手续后，不动产方能产生物权变动的后果。而对于继承、自建、强制执行等事实行为所引起的物权变动，自该事实行为完成之日起就产生不动产物权变动的后果，并不以履行过户登记为要件。本案中，自甲法院的以物抵债裁定生效时起，丙处房产的所有权就从刘某变更为王某，只不过王某此时对该房产的所有权由于没有经过登记，尚不能进行法律上的处分。因此，乙法院不能查封属于案外人王某的房产。③

在破产宣告前已被诉讼保全的财产能否列入破产财产？

问题：被执行人已被法院宣告进入破产还债程序后，执行法院在被执行人被宣告破产之前依法所保全的财产，如查封、扣押的财物，由于种种原因尚未执行完毕的，能否列入破产财产？对此有两种意见：一种意见是这类被保全的财产应列入破产财产，执行法院不得对该财产继续执行。另一种意见认为：诉讼保全的目的就是要确保案件当事人的合法利益得以实现，只要执行法院采取的财产保全措施先于被执行企业的破产宣告，且无其他法定理由，执行法院对该保全财产有权继续执行，但不得超出保全的范围，在执行完已保全的财产后也不得继续执行该破产企业的其他财产，应及时中止执行，不足部分再通知权利人

---

① 最高人民法院民事审判第一庭编：《民事审判指导与参考》2008年第2辑（总第34辑），法律出版社2008年版，第180页。
② 载《人民司法》2001年第7期。
③ 载《人民司法》2005年第2期。

向破产清算组织申报债权，参与破产分配。以上哪种意见正确？

《人民司法》研究组认为：债务人的财产是对债权人实现债权的物质保证，对于债务人的可执行财产，除了享有优先权和担保物权的债权人可优先受偿外，各债权人有获得公平清偿的权利。破产法的重要意义就在于在各债权人之间建立一种公平的集体清偿程序。

依据民事诉讼法和破产法的有关规定，破产程序开始后，债权人不得再向债务人单独主张债权，不得再对债务人提起诉讼或申请执行，人民法院对债务人已开始的执行程序必须中止；对该债务人的财产仅采取了冻结、扣押、查封等措施的，该财产仍属于未执行财产，均应当依法中止执行。如果被执行人经人民法院裁定宣告破产，被中止执行的财产应当作为破产财产；如果破产案件审理终结，债务人不被宣告破产，被中止的执行程序可以恢复。

因此，我们认为第一种意见是正确的。①

第五十章　先予执行

中华人民共和国民事诉讼法

2017年6月27日

第一百零六条　人民法院对下列案件，根据当事人的申请，可以裁定先予执行：

（一）追索赡养费、扶养费、抚育费、抚恤金、医疗费用的；

（二）追索劳动报酬的；

（三）因情况紧急需要先予执行的。

第一百零七条　人民法院裁定先予执行的，应当符合下列条件：

（一）当事人之间权利义务关系明确，不先予执行将严重影响申请人的生活或者生产经营的；

（二）被申请人有履行能力。

人民法院可以责令申请人提供担保，申请人不提供担保的，驳回申请。申请人败诉的，应当赔偿被申请人因先予执行遭受的财产损失。

第一百零八条　当事人对保全或者先予执行的裁定不服的，可以申请复议一次。复议期间不停止裁定的执行。

最高人民法院
关于适用《中华人民共和国民事诉讼法》的解释

2015年1月30日　　法释〔2015〕5号

第一百六十九条　民事诉讼法规定的先予执行，人民法院应当在受理案件后终审判决作出前采取。先予执行应当限于当事人诉讼请求的范围，并以当事人的生活、生产经营的急需为限。

第一百七十条　民事诉讼法第一百零六条第三项规定的情况紧急，包括：

（一）需要立即停止侵害、排除妨碍的；

（二）需要立即制止某项行为的；

（三）追索恢复生产、经营急需的保险理赔费的；

（四）需要立即返还社会保险金、社会救助资金的；

（五）不立即返还款项，将严重影响权利人生活和生产经营的。

第一百七十一条　当事人对保全或者先予执行裁定不服的，可以自收到裁定书之日起五日内向作出裁定的人民法院申请复议。人民法院应当在收到复议申请后十日内审查。裁定正

---

① 载《人民司法》2002年第7期。

确的，驳回当事人的申请；裁定不当的，变更或者撤销原裁定。

第一百七十二条 利害关系人对保全或者先予执行的裁定不服申请复议的，由作出裁定的人民法院依照民事诉讼法第一百零八条规定处理。

第一百七十三条 人民法院先予执行后，根据发生法律效力的判决，申请人应当返还因先予执行所取得的利益的，适用民事诉讼法第二百三十三条的规定。

最高人民法院
关于在经济审判工作中严格执行《中华人民共和国民事诉讼法》的若干规定

1994年12月22日　法发〔1994〕29号

16. 人民法院先予执行的裁定，应当由当事人提出书面申请，并经开庭审理后作出。在管辖权尚未确定的情况下，不得裁定先予执行。

17. 人民法院对当事人申请先予执行的案件，只有在案件的基本事实清楚，当事人间的权利义务关系明确，被申请人负有给付、返还或者赔偿义务，先予执行的财产为申请人生产、生活所急需，不先予执行会造成更大损失的情况下，才能采取先予执行的措施。

18. 人民法院采取先予执行措施后，申请先予执行的当事人申请撤诉的，人民法院应当及时通知对方当事人、第三人或有关的案外人。在接到通知至准予撤诉的裁定送达前，对方当事人、第三人及有关的案外人，对撤诉提出异议的，应当裁定驳回撤诉申请。

19. 受诉人民法院院长或者上级人民法院发现采取财产保全或者先予执行措施确有错误的，应当按照审判监督程序立即纠正。因申请错误造成被申请人损失的，由申请人予以赔偿；因人民法院依职权采取保全措施错误造成损失的，由人民法院依法予以赔偿。

人民法院办理执行案件规范

2017年4月

693.【先予执行的情形】

人民法院对下列案件，根据当事人的申请，可以裁定先予执行：

（一）追索赡养费、扶养费、抚育费、抚恤金、医疗费用的；

（二）追索劳动报酬的；

（三）需要立即停止侵害、排除妨碍的；

（四）需要立即制止某项行为的；

（五）追索恢复生产、经营急需的保险理赔费的；

（六）需要立即返还社会保险金、社会救助资金的；

（七）不立即返还款项，将严重影响权利人生活和生产经营的；

（八）因情况紧急需要先予执行的。

694.【先予执行的条件】

人民法院裁定先予执行的，应当符合下列条件：

（一）当事人之间权利义务关系明确，不先予执行将严重影响申请人的生活或者生产经营的；

（二）被申请人有履行能力。

人民法院可以责令申请人提供担保，申请人不提供担保的，驳回申请。申请人败诉的，应当赔偿被申请人因先予执行遭受的财产损失。

695.【采取先予执行措施的期间和范围】

民事诉讼法规定的先予执行，人民法院应当在受理案件后终审判决作出前采取。先予执行应当限于当事人诉讼请求的范围，并以当事人的生活、生产经营的急需为限。

696.【法院内部职责分工】

先予执行的申请由审判机构审查并作出裁定。裁定先予执行的，移交执行机构执行。

697.【法律适用】

先予执行裁定的执行适用民事执行的有关规定。

698.【对先予执行裁定的复议】

当事人对先予执行的裁定不服的,可以申请复议一次。复议期间不停止裁定的执行。

当事人对先予执行裁定不服的,可以自收到裁定书之日起五日内向作出裁定的人民法院申请复议。人民法院应当在收到复议申请后十日内审查。裁定正确的,驳回当事人的申请;裁定不当的,变更或者撤销原裁定。

利害关系人对先予执行的裁定不服申请复议的,由作出裁定的人民法院依照本条第一款规定处理。

699.【先予执行的回转】

人民法院先予执行后,根据发生法律效力的判决,申请人应当返还因先予执行所取得的利益的,适用民事诉讼法第二百三十三条的规定。

第五十一章 刑事诉讼和附带民事诉讼中的保全和先予执行

中华人民共和国刑事诉讼法

2017年6月27日

第七章 附带民事诉讼

第九十九条 被害人由于被告人的犯罪行为而遭受物质损失的,在刑事诉讼过程中,有权提起附带民事诉讼。被害人死亡或者丧失行为能力的,被害人的法定代理人、近亲属有权提起附带民事诉讼。

如果是国家财产、集体财产遭受损失的,人民检察院在提起公诉的时候,可以提起附带民事诉讼。

第一百条 人民法院在必要的时候,可以采取保全措施,查封、扣押或者冻结被告人的财产。附带民事诉讼原告人或者人民检察院可以申请人民法院采取保全措施。人民法院采取保全措施,适用民事诉讼法的有关规定。

第一百零一条 人民法院审理附带民事诉讼案件,可以进行调解,或者根据物质损失情况作出判决、裁定。

第一百零二条 附带民事诉讼应当同刑事案件一并审判,只有为了防止刑事案件审判的过分迟延,才可以在刑事案件审判后,由同一审判组织继续审理附带民事诉讼。

最高人民法院关于适用《中华人民共和国刑事诉讼法》的解释

2012年12月20日 法释〔2012〕21号

第一百五十二条 人民法院对可能因被告人的行为或者其他原因,使附带民事判决难以执行的案件,根据附带民事诉讼原告人的申请,可以裁定采取保全措施,查封、扣押或者冻结被告人的财产;附带民事诉讼原告人未提出申请的,必要时,人民法院也可以采取保全措施。

有权提起附带民事诉讼的人因情况紧急,不立即申请保全将会使其合法权益受到难以弥补的损害的,可以在提起附带民事诉讼前,向被保全财产所在地、被申请人居住地或者对案件有管辖权的人民法院申请采取保全措施。申请人在人民法院受理刑事案件后十五日内未提起附带民事诉讼的,人民法院应当解除保全措施。

人民法院采取保全措施,适用民事诉讼法第一百条至第一百零五条的有关规定,但民事诉讼法第一百零一条第三款的规定除外。

第一百五十三条 人民法院审理附带民事诉讼案件,可以根据自愿、合法的原则进行调解。经调解达成协议的,应当制作调解书。调解书经双方当事人签收后,即具有法律效力。

调解达成协议并即时履行完毕的，可以不制作调解书，但应当制作笔录，经双方当事人、审判人员、书记员签名或者盖章后即发生法律效力。

第一百五十五条 对附带民事诉讼作出判决，应当根据犯罪行为造成的物质损失，结合案件具体情况，确定被告人应当赔偿的数额。

犯罪行为造成被害人人身损害的，应当赔偿医疗费、护理费、交通费等为治疗和康复支付的合理费用，以及因误工减少的收入。造成被害人残疾的，还应当赔偿残疾生活辅助具费等费用；造成被害人死亡的，还应当赔偿丧葬费等费用。

驾驶机动车致人伤亡或者造成公私财产重大损失，构成犯罪的，依照《中华人民共和国道路交通安全法》第七十六条的规定确定赔偿责任。

附带民事诉讼当事人就民事赔偿问题达成调解、和解协议的，赔偿范围、数额不受第二款、第三款规定的限制。

最高人民法院
**关于刑事裁判涉财产部分
执行的若干规定**

2014年10月30日　　法释〔2014〕13号

第四条 人民法院刑事审判中可能判处被告人财产刑、责令退赔的，刑事审判部门应当依法对被告人的财产状况进行调查；发现可能隐匿、转移财产的，应当及时查封、扣押、冻结其相应财产。

第五条 刑事审判或者执行中，对于侦查机关已经采取的查封、扣押、冻结，人民法院应当在期限届满前及时续行查封、扣押、冻结。人民法院续行查封、扣押、冻结的顺位与侦查机关查封、扣押、冻结的顺位相同。

对侦查机关查封、扣押、冻结的财产，人民法院执行中可以直接裁定处置，无需侦查机关出具解除手续，但裁定中应当指明侦查机关查封、扣押、冻结的事实。

最高人民法院
**关于审理刑事附带民事诉讼案件
有关问题的批复**[①]

2000年12月1日　　法释〔2000〕40号

吉林省高级人民法院：

你院吉高法〔2000〕46号《关于刑事附带民事诉讼案件中有关问题的请示》收悉。经研究，答复如下：

第二审人民法院审理对附带民事诉讼部分提出上诉的案件，原告一方要求增加赔偿数额，第二审人民法院可以依法进行调解。调解未达成协议或者调解书送达前一方反悔的，第二审人民法院应当依照刑事诉讼法、民事诉讼法的有关规定作出判决或者裁定。

根据《最高人民法院关于执行〈中华人民共和国刑事诉讼法〉若干问题的解释》第一百条的规定，对于附带民事诉讼当事人提出先予执行申请的，人民法院应当依照民事诉讼法的有关规定，裁定先予执行或者驳回申请。

此复。

[①] 该文件已被最高人民法院《关于废止部分司法解释和司法解释性质文件（第十一批）的决定》废止，仅供参考。——编者注

第五十二章　行政诉讼中的保全和先予执行

中华人民共和国行政诉讼法

2017年6月27日

第五十七条　人民法院对起诉行政机关没有依法支付抚恤金、最低生活保障金和工伤、医疗社会保险金的案件，权利义务关系明确、不先予执行将严重影响原告生活的，可以根据原告的申请，裁定先予执行。

当事人对先予执行裁定不服的，可以申请复议一次。复议期间不停止裁定的执行。

最高人民法院
关于执行《中华人民共和国行政诉讼法》若干问题的解释

2000年3月8日　　法释〔2000〕8号

第四十八条　人民法院对于因一方当事人的行为或者其他原因，可能使具体行政行为或者人民法院生效裁判不能或者难以执行的案件，可以根据对方当事人的申请作出财产保全的裁定；当事人没有提出申请的，人民法院在必要时也可以依法采取财产保全措施。

人民法院审理起诉行政机关没有依法发给抚恤金、社会保险金、最低生活保障费等案件，可以根据原告的申请，依法书面裁定先予执行。

当事人对财产保全或者先予执行的裁定不服的，可以申请复议。复议期间不停止裁定的执行。

第九十二条　行政机关或者具体行政行为确定的权利人申请人民法院强制执行前，有充分理由认为被执行人可能逃避执行的，可以申请人民法院采取财产保全措施。后者申请强制执行的，应当提供相应的财产担保。

第九十四条　在诉讼过程中，被告或者具体行政行为确定的权利人申请人民法院强制执行被诉具体行政行为，人民法院不予执行，但不及时执行可能给国家利益、公共利益或者他人合法权益造成不可弥补的损失的，人民法院可以先予执行。后者申请强制执行的，应当提供相应的财产担保。

最高人民法院行政审判庭
对如何执行《关于执行〈中华人民共和国行政诉讼法〉若干问题的解释》第九十二条的请示的答复

2000年12月14日　　法行〔2000〕21号

上海市高级人民法院：

你院沪高法〔2000〕330号关于如何执行最高人民法院《关于执行〈中华人民共和国行政诉讼法〉若干问题的解释》第九十二条的请示收悉。经研究，答复如下：

申请人在具体行政行为对外发生法律效力后至申请执行的期限内，依据《最高人民法院关于执行〈中华人民共和国行政诉讼法〉若干问题的解释》第九十二条的规定，可以向人民法院申请采取财产保全措施。

第五十三章　国内仲裁案件中的保全和先予执行

中华人民共和国劳动争议调解仲裁法

2007年12月29日

第四十四条　仲裁庭对追索劳动报酬、工伤医疗费、经济补偿或者赔偿金的案件，根据当事人的申请，可以裁决先予执行，移送人民法院执行。

仲裁庭裁决先予执行的，应当符合下列条件：

（一）当事人之间权利义务关系明确；

（二）不先予执行将严重影响申请人的生活。

劳动者申请先予执行的，可以不提供担保。

中华人民共和国仲裁法

2009年8月27日

第二十八条　一方当事人因另一方当事人的行为或者其他原因，可能使裁决不能执行或者难以执行的，可以申请财产保全。

当事人申请财产保全的，仲裁委员会应当将当事人的申请依照民事诉讼法的有关规定提交人民法院。

申请有错误的，申请人应当赔偿被申请人因财产保全所遭受的损失。

【附：相关文件】

国务院办公厅关于贯彻实施《中华人民共和国仲裁法》需要明确的几个问题的通知

1996年6月8日　　国办发〔1996〕22号

二、国内仲裁案件的当事人依照《仲裁法》第二十八条的规定申请财产保全的，仲裁委员会应当将当事人的申请依照《中华人民共和国民事诉讼法》的有关规定提交被申请人住所地或者财产所在地的基层人民法院。

最高人民法院关于人民法院执行工作若干问题的规定（试行）

1998年7月8日　　法释〔1998〕15号

11. 在国内仲裁过程中，当事人申请财产保全，经仲裁机构提交人民法院的，由被申请人住所地或被申请保全的财产所在地的基层人民法院裁定并执行；申请证据保全的，由证据所在地的基层人民法院裁定并执行。

最高人民法院关于审理劳动争议案件适用法律若干问题的解释（二）

2006年8月14日　　法释〔2006〕6号

第十四条　在诉讼过程中，劳动者向人民法院申请采取财产保全措施，人民法院经审查认为申请人经济确有困难，或有证据证明用人单位存在欠薪逃匿可能的，应当减轻或者免除劳动者提供担保的义务，及时采取保全措施。

第十五条　人民法院作出的财产保全裁定中，应当告知当事人在劳动仲裁机构的裁决书或者在人民法院的裁判文书生效后三个月内申请强制执行。逾期不申请的，人民法院应当裁定解除保全措施。

最高人民法院
关于实施《中华人民共和国仲裁法》几个问题的通知

1997年3月26日　　法发〔1997〕4号

各省、自治区、直辖市高级人民法院：

现就人民法院实施《中华人民共和国仲裁法》（以下简称《仲裁法》），需要明确的几个问题，通知如下：

一、《仲裁法》施行前当事人依法订立的仲裁协议继续有效。有关当事人向人民法院起诉的，人民法院不予受理，应当告知其向依照《仲裁法》组建的仲裁机构申请仲裁。

当事人双方书面协议放弃仲裁后，一方向人民法院起诉的，人民法院应当依法受理。

二、在仲裁过程中，当事人申请财产保全的，一般案件由被申请人住所地或者财产所在地的基层人民法院作出裁定；属涉外仲裁案件的，依据《中华人民共和国民事诉讼法》第二百五十六条①的规定，由被申请人住所地或者财产所在地的中级人民法院作出裁定。有关人民法院对仲裁机构提交的财产保全申请应当认真进行审查，符合法律规定的，即应依法作出财产保全的裁定；如认为不符合法律规定的，应依法裁定驳回申请。

三、对依照《仲裁法》组建的仲裁机构所作出的涉外仲裁裁决，当事人申请执行的，人民法院应当依法受理。

第五十四章　海事保全

中华人民共和国海事诉讼特别程序法

1999年12月25日

第三章　海事请求保全
第一节　一般规定

第十二条　海事请求保全是指海事法院根据海事请求人的申请，为保障其海事请求的实现，对被请求人的财产所采取的强制措施。

第十三条　当事人在起诉前申请海事请求保全，应当向被保全的财产所在地海事法院提出。

第十四条　海事请求保全不受当事人之间关于该海事请求的诉讼管辖协议或者仲裁协议的约束。

第十五条　海事请求人申请海事请求保全，应当向海事法院提交书面申请。申请书应当载明海事请求事项、申请理由、保全的标的物以及要求提供担保的数额，并附有关证据。

第十六条　海事法院受理海事请求保全申请，可以责令海事请求人提供担保。海事请求人不提供的，驳回其申请。

第十七条　海事法院接受申请后，应当在四十八小时内作出裁定。裁定采取海事请求保全措施的，应当立即执行；对不符合海事请求保全条件的，裁定驳回其申请。

当事人对裁定不服的，可以在收到裁定书之日起五日内申请复议一次。海事法院应当在收到复议申请之日起五日内作出复议决定。复议期间不停止裁定的执行。

利害关系人对海事请求保全提出异议，海事法院经审查，认为理由成立的，应当解除对其财产的保全。

第十八条　被请求人提供担保，或者当事人有正当理由申请解除海事请求保全的，海事法院应当及时解除保全。

---

① 民事诉讼法第二百五十六条现已修改为第二百七十二条。——编者注

海事请求人在本法规定的期间内，未提起诉讼或者未按照仲裁协议申请仲裁的，海事法院应当及时解除保全或者返还担保。

第十九条　海事请求保全执行后，有关海事纠纷未进入诉讼或者仲裁程序的，当事人就该海事请求，可以向采取海事请求保全的海事法院或者其他有管辖权的海事法院提起诉讼，但当事人之间订有诉讼管辖协议或者仲裁协议的除外。

第二十条　海事请求人申请海事请求保全错误的，应当赔偿被请求人或者利害关系人因此所遭受的损失。

第二节　船舶的扣押与拍卖

第二十一条　下列海事请求，可以申请扣押船舶：

（一）船舶营运造成的财产灭失或者损坏；

（二）与船舶营运直接有关的人身伤亡；

（三）海难救助；

（四）船舶对环境、海岸或者有关利益方造成的损害或者损害威胁；为预防、减少或者消除此种损害而采取的措施；为此种损害而支付的赔偿；为恢复环境而实际采取或者准备采取的合理措施的费用；第三方因此种损害而蒙受或者可能蒙受的损失；以及与本项所指的性质类似的损害、费用或者损失；

（五）与起浮、清除、回收或者摧毁沉船、残骸、搁浅船、被弃船或者使其无害有关的费用，包括与起浮、清除、回收或者摧毁仍在或者曾在该船上的物件或者使其无害的费用，以及与维护放弃的船舶和维持其船员有关的费用；

（六）船舶的使用或者租用的协议；

（七）货物运输或者旅客运输的协议；

（八）船载货物（包括行李）或者与其有关的灭失或者损坏；

（九）共同海损；

（十）拖航；

（十一）引航；

（十二）为船舶营运、管理、维护、维修提供物资或者服务；

（十三）船舶的建造、改建、修理、改装或者装备；

（十四）港口、运河、码头、港湾以及其他水道规费和费用；

（十五）船员的工资和其他款项，包括应当为船员支付的遣返费和社会保险费；

（十六）为船舶或者船舶所有人支付的费用；

（十七）船舶所有人或者光船承租人应当支付或者他人为其支付的船舶保险费（包括互保会费）；

（十八）船舶所有人或者光船承租人应当支付的或者他人为其支付的与船舶有关的佣金、经纪费或者代理费；

（十九）有关船舶所有权或者占有的纠纷；

（二十）船舶共有人之间有关船舶的使用或者收益的纠纷；

（二十一）船舶抵押权或者同样性质的权利；

（二十二）因船舶买卖合同产生的纠纷。

第二十二条　非因本法第二十一条规定的海事请求不得申请扣押船舶，但为执行判决、仲裁裁决以及其他法律文书的除外。

第二十三条　有下列情形之一的，海事法院可以扣押当事船舶：

（一）船舶所有人对海事请求负有责任，并且在实施扣押时是该船的所有人；

（二）船舶的光船承租人对海事请求负有责任，并且在实施扣押时是该船的光船承租人或者所有人；

（三）具有船舶抵押权或者同样性质的权利的海事请求；

（四）有关船舶所有权或者占有的海事请求；

（五）具有船舶优先权的海事请求。

海事法院可以扣押对海事请求负有责任的船舶所有人、光船承租人、定期租船人或者航次租船人在实施扣押时所有的其他船舶，但与船舶所有权或者占有有关的请求除外。

从事军事、政府公务的船舶不得被扣押。

第二十四条　海事请求人不得因同一海事请求申请扣押已被扣押过的船舶，但有下列情形之一的除外：

（一）被请求人未提供充分的担保；

（二）担保人有可能不能全部或者部分履行

担保义务；

（三）海事请求人因合理的原因同意释放被扣押的船舶或者返还已提供的担保；或者不能通过合理措施阻止释放被扣押的船舶或者返还已提供的担保。

第二十五条 海事请求人申请扣押当事船舶，不能立即查明被请求人名称的，不影响申请的提出。

第二十六条 海事法院在发布或者解除扣押船舶命令的同时，可以向有关部门发出协助执行通知书，通知书应当载明协助执行的范围和内容，有关部门有义务协助执行。海事法院认为必要，可以直接派员登轮监护。

第二十七条 海事法院裁定对船舶实施保全后，经海事请求人同意，可以采取限制船舶处分或者抵押等方式允许该船舶继续营运。

第二十八条 海事请求保全扣押船舶的期限为三十日。

海事请求人在三十日内提起诉讼或者申请仲裁以及在诉讼或者仲裁过程中申请扣押船舶的，扣押船舶不受前款规定期限的限制。

第二十九条 船舶扣押期间届满，被请求人不提供担保，而且船舶不宜继续扣押的，海事请求人可以在提起诉讼或者申请仲裁后，向扣押船舶的海事法院申请拍卖船舶。

第三十条 海事法院收到拍卖船舶的申请后，应当进行审查，作出准予或者不准予拍卖船舶的裁定。

当事人对裁定不服的，可以在收到裁定书之日起五日内申请复议一次。海事法院应当在收到复议申请之日起五日内作出复议决定。复议期间停止裁定的执行。

第三十一条 海事请求人提交拍卖船舶申请后，又申请终止拍卖的，是否准许由海事法院裁定。海事法院裁定终止拍卖船舶的，为准备拍卖船舶所发生的费用由海事请求人承担。

第三十二条 海事法院裁定拍卖船舶，应当通过报纸或者其他新闻媒体发布公告。拍卖外籍船舶的，应当通过对外发行的报纸或者其他新闻媒体发布公告。

公告包括以下内容：

（一）被拍卖船舶的名称和国籍；

（二）拍卖船舶的理由和依据；

（三）拍卖船舶委员会的组成；

（四）拍卖船舶的时间和地点；

（五）被拍卖船舶的展示时间和地点；

（六）参加竞买应当办理的手续；

（七）办理债权登记事项；

（八）需要公告的其他事项。

拍卖船舶的公告期间不少于三十日。

第三十三条 海事法院应当在拍卖船舶三十日前，向被拍卖船舶登记国的登记机关和已知的船舶优先权人、抵押权人和船舶所有人发出通知。

通知内容包括被拍卖船舶的名称、拍卖船舶的时间和地点、拍卖船舶的理由和依据以及债权登记等。

通知方式包括书面方式和能够确认收悉的其他适当方式。

第三十四条 拍卖船舶由拍卖船舶委员会实施。拍卖船舶委员会由海事法院指定的本院执行人员和聘请的拍卖师、验船师三人或者五人组成。

拍卖船舶委员会组织对船舶鉴定、估价；组织和主持拍卖；与竞买人签订拍卖成交确认书；办理船舶移交手续。

拍卖船舶委员会对海事法院负责，受海事法院监督。

第三十五条 竞买人应当在规定的期限内向拍卖船舶委员会登记。登记时应当交验本人、企业法定代表人或者其他组织负责人身份证明和委托代理人的授权委托书，并交纳一定数额的买船保证金。

第三十六条 拍卖船舶委员会应当在拍卖船舶前，展示被拍卖船舶，并提供察看被拍卖船舶的条件和有关资料。

第三十七条 买受人在签署拍卖成交确认书后，应当立即交付不低于百分之二十的船舶价款，其余价款在成交之日起七日内付清，但拍卖船舶委员会与买受人另有约定的除外。

第三十八条 买受人付清全部价款后，原船舶所有人应当在指定的期限内于船舶停泊地以船舶现状向买受人移交船舶。拍卖船舶委员会组织和监督船舶的移交，并在船舶移交后与买受人签署船舶移交完毕确认书。

移交船舶完毕，海事法院发布解除扣押船舶命令。

第三十九条　船舶移交后，海事法院应当通过报纸或者其他新闻媒体发布公告，公布船舶已经公开拍卖并移交给买受人。

第四十条　买受人接收船舶后，应当持拍卖成交确认书和有关材料，向船舶登记机关办理船舶所有权登记手续。原船舶所有人应当向原船舶登记机关办理船舶所有权注销登记。原船舶所有人不办理船舶所有权注销登记的，不影响船舶所有权的转让。

第四十一条　竞买人之间恶意串通的，拍卖无效。参与恶意串通的竞买人应当承担拍卖船舶费用并赔偿有关损失。海事法院可以对参与恶意串通的竞买人处最高应价百分之十以上百分之三十以下的罚款。

第四十二条　除本节规定的以外，拍卖适用《中华人民共和国拍卖法》的有关规定。

第四十三条　执行程序中拍卖被扣押船舶清偿债务的，可以参照本节有关规定。

第三节　船载货物的扣押与拍卖

第四十四条　海事请求人为保障其海事请求的实现，可以申请扣押船载货物。

申请扣押的船载货物，应当属于被请求人所有。

第四十五条　海事请求人申请扣押船载货物的价值，应当与其债权数额相当。

第四十六条　海事请求保全扣押船载货物的期限为十五日。

海事请求人在十五日内提起诉讼或者申请仲裁以及在诉讼或者仲裁过程中申请扣押船载货物的，扣押船载货物不受前款规定期限的限制。

第四十七条　船载货物扣押期间届满，被请求人不提供担保，而且货物不宜继续扣押的，海事请求人可以在提起诉讼或者申请仲裁后，向扣押船载货物的海事法院申请拍卖货物。

对无法保管、不易保管或者保管费用可能超过其价值的物品，海事请求人可以申请提前拍卖。

第四十八条　海事法院收到拍卖船载货物的申请后，应当进行审查，在七日内作出准予或者不准予拍卖船载货物的裁定。

当事人对裁定不服的，可以在收到裁定书之日起五日内申请复议一次。海事法院应当在收到复议申请之日起五日内作出复议决定。复议期间停止裁定的执行。

第四十九条　拍卖船载货物由海事法院指定的本院执行人员和聘请的拍卖师组成的拍卖组织实施，或者由海事法院委托的机构实施。

拍卖船载货物，本节没有规定的，参照本章第二节拍卖船舶的有关规定。

第五十条　海事请求人对与海事请求有关的船用燃油、船用物料申请海事请求保全，适用本节规定。

第四章　海事强制令

第五十一条　海事强制令是指海事法院根据海事请求人的申请，为使其合法权益免受侵害，责令被请求人作为或者不作为的强制措施。

第五十二条　当事人在起诉前申请海事强制令，应当向海事纠纷发生地海事法院提出。

第五十三条　海事强制令不受当事人之间关于该海事请求的诉讼管辖协议或者仲裁协议的约束。

第五十四条　海事请求人申请海事强制令，应当向海事法院提交书面申请。申请书应当载明申请理由，并附有关证据。

第五十五条　海事法院受理海事强制令申请，可以责令海事请求人提供担保。海事请求人不提供的，驳回其申请。

第五十六条　作出海事强制令，应当具备下列条件：

（一）请求人有具体的海事请求；

（二）需要纠正被请求人违反法律规定或者合同约定的行为；

（三）情况紧急，不立即作出海事强制令将造成损害或者使损害扩大。

第五十七条　海事法院接受申请后，应当在四十八小时内作出裁定。裁定作出海事强制令的，应当立即执行；对不符合海事强制令条件的，裁定驳回其申请。

第五十八条　当事人对裁定不服的，可以在收到裁定书之日起五日内申请复议一次。海事法院应当在收到复议申请之日起五日内作出复议决定。复议期间不停止裁定的执行。

利害关系人对海事强制令提出异议，海事法院经审查，认为理由成立的，应当裁定撤销海事强制令。

第五十九条 被请求人拒不执行海事强制令的，海事法院可以根据情节轻重处以罚款、拘留；构成犯罪的，依法追究刑事责任。

对个人的罚款金额，为一千元以上三万元以下。对单位的罚款金额，为三万元以上十万元以下。

拘留的期限，为十五日以下。

第六十条 海事请求人申请海事强制令错误的，应当赔偿被请求人或者利害关系人因此所遭受的损失。

第六十一条 海事强制令执行后，有关海事纠纷未进入诉讼或者仲裁程序的，当事人就该海事请求，可以向作出海事强制令的海事法院或者其他有管辖权的海事法院提起诉讼，但当事人之间订有诉讼管辖协议或者仲裁协议的除外。

第六章 海事担保

第七十三条 海事担保包括本法规定的海事请求保全、海事强制令、海事证据保全等程序中所涉及的担保。

担保的方式为提供现金或者保证、设置抵押或者质押。

第七十四条 海事请求人的担保应当提交给海事法院；被请求人的担保可以提交给海事法院，也可以提供给海事请求人。

第七十五条 海事请求人提供的担保，其方式、数额由海事法院决定。被请求人提供的担保，其方式、数额由海事请求人和被请求人协商；协商不成的，由海事法院决定。

第七十六条 海事请求人要求被请求人就海事请求保全提供担保的数额，应当与其债权数额相当，但不得超过被保全的财产价值。

海事请求人提供担保的数额，应当相当于因其申请可能给被请求人造成的损失。具体数额由海事法院决定。

第七十七条 担保提供后，提供担保的人有正当理由的，可以向海事法院申请减少、变更或者取消该担保。

第七十八条 海事请求人请求担保的数额过高，造成被请求人损失的，应当承担赔偿责任。

第七十九条 设立海事赔偿责任限制基金和先予执行等程序所涉及的担保，可以参照本章规定。

最高人民法院
关于适用《中华人民共和国海事诉讼特别程序法》若干问题的解释

2003年1月6日　　　法释〔2003〕3号

二、关于海事请求保全

第十八条 海事诉讼特别程序法第十二条规定的被请求人的财产包括船舶、船载货物、船用燃油以及船用物料。对其他财产的海事请求保全适用民事诉讼法有关财产保全的规定。

第十九条 海事诉讼特别程序法规定的船载货物指处于承运人掌管之下，尚未装船或者已经装载于船上以及已经卸载的货物。

第二十条 海事诉讼特别程序法第十三条规定的被保全的财产所在地指船舶的所在地或者货物的所在地。当事人在诉讼前对已经卸载但在承运人掌管之下的货物申请海事请求保全，如果货物所在地不在海事法院管辖区域的，可以向卸货港所在地的海事法院提出，也可以向货物所在地的地方人民法院提出。

第二十一条 诉讼或者仲裁前申请海事请求保全适用海事诉讼特别程序法第十四条的规定。

外国法院已受理相关海事案件或者有关纠纷已经提交仲裁，但涉案财产在中华人民共和国领域内，当事人向财产所在地的海事法院提出海事请求保全申请的，海事法院应当受理。

第二十二条 利害关系人对海事法院作出的海事请求保全裁定提出异议，经审查认为理由不成立的，应当书面通知利害关系人。

第二十三条 被请求人或者利害关系人依

据海事诉讼特别程序法第二十条的规定要求海事请求人赔偿损失，向采取海事请求保全措施的海事法院提起诉讼的，海事法院应当受理。

第二十四条 申请扣押船舶错误造成的损失，包括因船舶被扣押在停泊期间产生的各项维持费用与支出、船舶被扣押造成的船期损失和被申请人为使船舶解除扣押而提供担保所支出的费用。

第二十五条 海事请求保全扣押船舶超过三十日、扣押货物或者其他财产超过十五日，海事请求人未提起诉讼或者未按照仲裁协议申请仲裁的，海事法院应当及时解除保全或者返还担保。

海事请求人未在期限内提起诉讼或者申请仲裁，但海事请求人和被请求人协议进行和解或者协议约定了担保期限的，海事法院可以根据海事请求人的申请，裁定认可该协议。

第二十六条 申请人为申请扣押船舶提供限额担保，在扣押船舶期限届满时，未按照海事法院的通知追加担保的，海事法院可以解除扣押。

第二十七条 海事诉讼特别程序法第十八条第二款、第七十四条规定的提供给海事请求人的担保，除被请求人和海事请求人有约定的外，海事请求人应当返还；海事请求人不返还担保的，该担保至海事请求保全期间届满之次日失效。

第二十八条 船舶被扣押期间产生的各项维持费用和支出，应当作为为债权人共同利益支出的费用，从拍卖船舶的价款中优先拨付。

第二十九条 海事法院根据海事诉讼特别程序法第二十七条的规定准许已经实施保全的船舶继续营运的，一般仅限于航行于国内航线上的船舶完成本航次。

第三十条 申请扣押船舶的海事请求人在提起诉讼或者申请仲裁后，不申请拍卖被扣押船舶的，海事法院可以根据被申请人的申请拍卖船舶。拍卖所得价款由海事法院提存。

第三十一条 海事法院裁定拍卖船舶，应当通过报纸或者其他新闻媒体连续公告三日。

第三十二条 利害关系人请求终止拍卖被扣押船舶的，是否准许，海事法院应当作出裁定；海事法院裁定终止拍卖船舶的，为准备拍卖船舶所发生的费用由利害关系人承担。

第三十三条 拍卖船舶申请人或者利害关系人申请终止拍卖船舶的，应当在公告确定的拍卖船舶日期届满七日前提出。

第三十四条 海事请求人和被请求人应当按照海事法院的要求提供海事诉讼特别程序法第三十三条规定的已知的船舶优先权人、抵押权人和船舶所有人的有关确切情况。

第三十五条 海事诉讼特别程序法第三十八条规定的船舶现状指船舶展示时的状况。船舶交接时的状况与船舶展示时的状况经评估确有明显差别的，船舶价款应当作适当的扣减，但属于正常损耗或者消耗的燃油不在此限。

第三十六条 海事请求人申请扣押船载货物的价值应当与其请求的债权数额相当，但船载货物为不可分割的财产除外。

第三十七条 拍卖的船舶移交后，海事法院应当及时通知相关的船舶登记机关。

第三十八条 海事请求人申请扣押船用燃油、物料的，除适用海事诉讼特别程序法第五十条的规定外，还可以适用海事诉讼特别程序法第三章第一节的规定。

第三十九条 二十总吨以下小型船艇的扣押和拍卖，可以依照民事诉讼法规定的扣押和拍卖程序进行。

第四十条 申请人依据《中华人民共和国海商法》第八十八条规定申请拍卖留置的货物的，参照海事诉讼特别程序法关于拍卖船载货物的规定执行。

三、关于海事强制令

第四十一条 诉讼或者仲裁前申请海事强制令的，适用海事诉讼特别程序法第五十三条的规定。

外国法院已受理相关海事案件或者有关纠纷已经提交仲裁的，当事人向中华人民共和国的海事法院提出海事强制令申请，并向法院提供可以执行海事强制令的相关证据的，海事法院应当受理。

第四十二条 海事法院根据海事诉讼特别程序法第五十七条规定，准予申请人海事强制令申请的，应当制作民事裁定书并发布海事强制令。

第四十三条 海事强制令由海事法院执行。被申请人、其他相关单位或者个人不履行海事强制令的，海事法院应当依据民事诉讼法的有关规定强制执行。

第四十四条 利害关系人对海事法院作出海事强制令的民事裁定提出异议，海事法院经审查认为理由不成立的，应当书面通知利害关系人。

第四十五条 海事强制令发布后十五日内，被请求人未提出异议，也未就相关的海事纠纷提起诉讼或者申请仲裁的，海事法院可以应申请人的请求，返还其提供的担保。

第四十六条 被请求人依据海事诉讼特别程序法第六十条的规定要求海事请求人赔偿损失的，由发布海事强制令的海事法院受理。

五、关于海事担保

第五十二条 海事诉讼特别程序法第七十七条规定的正当理由指：
（1）海事请求人请求担保的数额过高；
（2）被请求人已采取其他有效的担保方式；
（3）海事请求人的请求权消灭。

六、关于送达

第五十三条 有关海事强制令、海事证据保全的法律文书可以向当事船舶的船长送达。

第五十四条 应当向被告送达的开庭传票等法律文书，可以向被扣押的被告船舶的船长送达，但船长作为原告的除外。

第五十五条 海事诉讼特别程序法第八十条第一款（三）项规定的其他适当方式包括传真、电子邮件（包括受送达人的专门网址）等送达方式。

通过以上方式送达的，应确认受送达人确已收悉。

最高人民法院
关于审理海事赔偿责任限制相关纠纷案件的若干规定

2010年8月27日　　法释〔2010〕11号

第八条 海事赔偿责任限制基金设立后，海事请求人基于责任人依法不能援引海事赔偿责任限制抗辩的海事赔偿请求，可以对责任人的财产申请保全。

第九条 海事赔偿责任限制基金设立后，海事请求人就同一海事事故产生的属于海商法第二百零七条规定的可以限制赔偿责任的海事赔偿请求，以行使船舶优先权为由申请扣押船舶的，人民法院不予支持。

最高人民法院民事审判第四庭涉外商事海事审判实务问题解答（一）

二、海事保全

102. 哪些海事请求可以申请扣押船舶？

答：申请人只有具有《海事诉讼特别程序法》第21条规定的22项海事请求时，才可以向海事法院提出扣押船舶的海事请求保全申请。《海事诉讼特别程序法》规定的22项海事请求以外的请求，不能作为申请海事请求保全的理由。

103. 地方人民法院是否可以对船舶采取保全措施？

答：无论在诉讼前还是在诉讼中，地方人民法院都不能对船舶采取保全措施。为执行生效判决或者其他生效法律文书需要对船舶实施扣押或者拍卖的，也应当委托船籍港所在地或者船舶所在地的海事法院执行。

104. 哪些人为《海事诉讼特别程序法》第17条第3款规定的利害关系人？

答：《海事诉讼特别程序法》第17条3款中的"利害关系人"是指海事请求保全申请人和被申请人以外的对保全的财产主张权利的人，包括财产所有人。

106. 海事请求人申请海事请求保全时应当提供什么样的担保？

答：海事请求人申请海事请求保全提供的担保应当是充分可靠的担保，如现金担保、银行和其他金融机构提供的担保等。若海事请求人提供的是国外担保，必要时可要求由国内的金融机构加保。海事法院应当尽量避免接受海事请求人提供的保证形式的担保。

107. 已经被扣押的船舶能否再次被扣押？

答：船舶被扣押后，其他海事请求人向海事法院提出海事请求保全申请扣押同一艘船舶的，海事法院可以作出扣押船舶的裁定，但是该扣押船舶的命令应在前一个扣押命令被解除时立即开始执行。

108. 海事请求人提供的担保如何处理？

答：相关海事纠纷的实体裁判生效后的一定期间内（可以掌握为 30 日），被申请人未就海事请求人申请海事请求保全错误提起诉讼的，海事请求人提供的担保解除。

109. 海事强制令执行完毕后，海事请求人提供的担保如何处理？

答：海事强制令执行完毕后的一定期间内（可以掌握为 30 日），被申请人或者利害关系人未就海事强制令的执行提出异议或者提起诉讼的，海事请求人提供的担保失效。

110. 被扣押船舶可否正常进行装卸作业？

答：船舶被扣押期间，不影响正常装卸作业的进行；未经扣船法院的准许，被扣押船舶不能离开指定的扣押地点。

111. 在何种情况下，海事法院可以采取"活扣"的保全形式？

答：海事法院根据《海事诉讼特别程序法》的规定采取"活扣"的形式对船舶采取保全措施的，需经海事请求人同意，并且仅限定为国内航线上的船舶完成本航次。

112.《海事诉讼特别程序法》第 23 条规定的"当事船舶"的含义是什么？

答：《海事诉讼特别程序法》规定的"当事船舶"是指引起海事请求的船舶。

113. 申请人申请海事强制令的条件如何理解？

答：申请人申请海事强制令必须同时具备《海事诉讼特别程序法》第 56 条规定的三个条件：(1) 请求人有具体的海事请求；(2) 需要纠正被请求人违反法律规定或者合同约定的行为；(3) 情况紧急，不立即作出海事强制令将造成损害或者使损害扩大。

第五十五章　涉外仲裁中的保全

中华人民共和国民事诉讼法

2017 年 6 月 27 日

第二百七十二条　当事人申请采取保全的，中华人民共和国的涉外仲裁机构应当将当事人的申请，提交被申请人住所地或者财产所在地的中级人民法院裁定。

最高人民法院
关于适用《中华人民共和国民事诉讼法》的解释

2015 年 1 月 30 日　　法释〔2015〕5 号

第五百四十二条　依照民事诉讼法第二百七十二条规定，中华人民共和国涉外仲裁机构将当事人的保全申请提交人民法院裁定的，人民法院可以进行审查，裁定是否进行保全。裁定保全的，应当责令申请人提供担保，申请人不提供担保的，裁定驳回申请。

当事人申请证据保全，人民法院经审查认为无需提供担保的，申请人可以不提供担保。

最高人民法院
关于人民法院执行工作若干问题的规定（试行）

1998 年 7 月 8 日　　法释〔1998〕15 号

12. 在涉外仲裁过程中，当事人申请财产保全，经仲裁机构提交人民法院的，由被申请人住所地或被申请保全的财产所在地的中级人民法院裁定并执行；申请证据保全的，由证据所在地的中级人民法院裁定并执行。

最高人民法院
关于实施《中华人民共和国仲裁法》几个问题的通知

1997年3月26日　　法发〔1997〕4号

二、在仲裁过程中，当事人申请财产保全的，一般案件由被申请人住所地或者财产所在地的基层人民法院作出裁定；属涉外仲裁案件的，依据《中华人民共和国民事诉讼法》第二百五十六条的规定，由被申请人住所地或者财产所在地的中级人民法院作出裁定。有关人民法院对仲裁机构提交的财产保全申请应当认真进行审查，符合法律规定的，即应依法作出财产保全的裁定；如认为不符合法律规定的，应依法裁定驳回申请。

三、对依照《仲裁法》组建的仲裁机构所作出的涉外仲裁裁决，当事人申请执行的，人民法院应当依法受理。

最高人民法院民事审判第四庭涉外商事海事审判实务问题解答（一）

67.涉外仲裁程序中的财产保全如何进行？

答：根据《中华人民共和国民事诉讼法》第258条①和最高法院《关于适用〈中华人民共和国民事诉讼法〉若干问题的意见》第317条②的规定，在涉外仲裁程序中，当事人申请采取财产保全的，涉外仲裁机构应当将当事人的申请提交被申请人住所地或者财产所在地的中级人民法院做出裁定。有关中级人民法院应当对当事人的申请进行审查，决定是否进行保全。裁定采取保全的，应当责令申请人提供担保；申请人不提供担保的，裁定驳回申请。

第五十六章　受理认可港、澳、台判决申请之前或者之后的保全

最高人民法院
关于内地与澳门特别行政区相互认可和执行民商事判决的安排

2006年3月21日　　法释〔2006〕2号

第四条　内地有权受理认可和执行判决申请的法院为被申请人住所地、经常居住地或者财产所在地的中级人民法院。两个或者两个以上中级人民法院均有管辖权的，申请人应当选择向其中一个中级人民法院提出申请。

澳门特别行政区有权受理认可判决申请的法院为中级法院，有权执行的法院为初级法院。

第五条　被申请人在内地和澳门特别行政区均有可供执行财产的，申请人可以向一地法院提出执行申请。

申请人向一地法院提出执行申请的同时，可以向另一地法院申请查封、扣押或者冻结被执行人的财产。待一地法院执行完毕后，可以根据该地法院出具的执行情况证明，就不足部分向另一地法院申请采取处分财产的执行措施。

两地法院执行财产的总额，不得超过依据判决和法律规定所确定的数额。

第十五条　法院受理认可和执行判决的申请之前或者之后，可以按照被请求方法律关于财产保全的规定，根据申请人的申请，对被申请人的财产采取保全措施。

---

① 民事诉讼法原第二百五十八条现已修改为第二百七十二条。——编者注

② 第三百一十七条已被最高人民法院《关于适用〈中华人民共和国民事诉讼法〉的解释》（法释〔2015〕5号）第五百四十二条规定修改为："依照民事诉讼法第二百七十二条规定，中华人民共和国涉外仲裁机构将当事人的保全申请提交人民法院裁定的，人民法院可以进行审查，裁定是否进行保全。裁定保全的，应当责令申请人提供担保，申请人不提供担保的，裁定驳回申请。"——编者注

最高人民法院
关于内地与香港特别行政区法院相互认可和执行当事人协议管辖的民商事案件判决的安排

2008年7月3日　　法释〔2008〕9号

第四条 申请认可和执行符合本安排规定的民商事判决,在内地向被申请人住所地、经常居住地或者财产所在地的中级人民法院提出,在香港特别行政区向香港特别行政区高等法院提出。

第五条 被申请人住所地、经常居住地或者财产所在地在内地不同的中级人民法院辖区的,申请人应当选择向其中一个人民法院提出认可和执行的申请,不得分别向两个或者两个以上人民法院提出申请。

被申请人的住所地、经常居住地或者财产所在地,既在内地又在香港特别行政区的,申请人可以同时分别向两地法院提出申请,两地法院分别执行判决的总额,不得超过判决确定的数额。已经部分或者全部执行判决的法院应当根据对方法院的要求提供已执行判决的情况。

第十四条 法院受理认可和执行判决的申请之前或者之后,可以按照执行地法律关于财产保全或者禁制资产转移的规定,根据申请人的申请,对被申请人的财产采取保全或强制措施。

最高人民法院
关于认可和执行台湾地区法院民事判决的规定

2015年6月29日　　法释〔2015〕13号

第一条 台湾地区法院民事判决的当事人可以根据本规定,作为申请人向人民法院申请认可和执行台湾地区有关法院民事判决。

第四条 申请认可台湾地区法院民事判决的案件,由申请人住所地、经常居住地或者被申请人住所地、经常居住地、财产所在地中级人民法院或者专门人民法院受理。

申请人向两个以上有管辖权的人民法院申请认可的,由最先立案的人民法院管辖。

申请人向被申请人财产所在地人民法院申请认可的,应当提供财产存在的相关证据。

第十条 人民法院受理认可台湾地区法院民事判决的申请之前或者之后,可以按照民事诉讼法及相关司法解释的规定,根据申请人的申请,裁定采取保全措施。

第五十七章　对不服保全和先予执行裁定异议的审查处理

中华人民共和国民事诉讼法

2017年6月27日

第一百零八条 当事人对保全或者先予执行的裁定不服的,可以申请复议一次。复议期间不停止裁定的执行。

最高人民法院
关于适用《中华人民共和国民事诉讼法》的解释

2015年1月30日　　法释〔2015〕5号

第一百七十一条 当事人对保全或者先予执行裁定不服的,可以自收到裁定书之日起五日内向作出裁定的人民法院申请复议。人民法院应当在收到复议申请后十日内审查。裁定正确的，驳回当事人的申请；裁定不当的，变更或者撤销原裁定。

第一百七十二条 利害关系人对保全或者先予执行的裁定不服申请复议的，由作出裁定的人民法院依照民事诉讼法第一百零八条规定处理。

最高人民法院
关于执行权合理配置和科学运行的若干意见

2011年10月19日　法发〔2011〕15号

15. 诉前、申请执行前的财产保全申请由立案机构进行审查并作出裁定；裁定保全的，移交执行局执行。

16. 诉中财产保全、先予执行的申请由相关审判机构审查并作出裁定；裁定财产保全或者先予执行的，移交执行局执行。

17. 当事人、案外人对财产保全、先予执行的裁定不服申请复议的，由作出裁定的立案机构或者审判机构按照民事诉讼法第九十九条①的规定进行审查。

当事人、案外人、利害关系人对财产保全、先予执行的实施行为提出异议的，由执行局根据异议事项的性质按照民事诉讼法第二百零二条②或者第二百零四条③的规定进行审查。

当事人、案外人的异议既指向财产保全、先予执行的裁定，又指向实施行为的，一并由作出裁定的立案机构或者审判机构分别按照民事诉讼法第九十九条和第二百零二条或者第二百零四条的规定审查。

法院的查封有瑕疵，被执行人将被查封的房屋变卖，如何处理？

问题：我院在审理一借贷纠纷案件时，对被告所有的房屋进行诉讼保全，并向被告送达了查封裁定书，但未到房管部门办理查封登记手续。案件移送执行庭执行后，被告将被查封的房屋（连同家具等物）出卖给不知情的第三人，并在办理了房地产过户手续后外出避债，下落不明。现申请执行人强烈要求拍卖查封的房屋，以清偿其债务。第三人房屋买受人则认为法院无权拍卖该房屋。我院对此有两种意见：一种意见认为，由于法院查封时未到房屋管理机关办理查封登记手续，为了保护善意第三人的权益，不能拍卖该房屋。况且第三人对房屋拥有的产权已得到房管机关的确认，所有权已合法转移。另一种意见认为，法院应当拍卖该查封房屋。虽然法院的查封存在瑕疵，但该瑕疵尚不至于构成查封无效，只是不能对抗其他法院的查封。况且财产被法院查封后，被执行人对该财产的处分权被禁止行使，其他人也无权处分。该案房屋买受人得到该财产是基于违法行为，该变卖行为无效，法院有权从现占有人处取回财产。在执行过程中，应先商请房地产主管机关撤销已颁发给第三人的房地产权利证书，再行拍卖。请问哪种意见正确？

《人民司法》研究组认为：此案首先需要对善意第三人作一个严格的界定。第三人不能以不知情的消极理由而被确认为善意，其还必须证明尽了适当的努力后，仍然不可能知道或不应当知道对方当事人是无权处分人。查封作为一项强制执行措施，具有限制权利人的法律效力，除非有正当理由，一般应推定买受人对买卖房屋的查封事实有一定的了解。

根据此案的具体情况，对善意第三人的认定应采取谨慎的态度。房屋的产权登记是公示行为，从而产生的公信力足以对抗其他人。若能确认第三人确实是善意的，其又取得了房屋的产权证，为维护交易稳定与安全，应当保护其合法权益，即在特殊的情况下，善意取得制度同样适用于不动产。④

---

① 民事诉讼法原第九十九条现已修改为第一百零八条。——编者注
② 民事诉讼法原第二百零二条现已修改为第二百二十五条。——编者注
③ 民事诉讼法原第二百零四条现已修改为第二百二十七条。——编者注
④ 载《人民司法》2001年第8期。

第五十八章 对错误的保全和先予执行所造成损失的赔偿

最高人民法院
关于当事人申请财产保全错误造成案外人损失应否承担赔偿责任问题的解释

2005年8月15日　　法释〔2005〕11号

近来,一些法院就当事人申请财产保全错误造成案外人损失引发的赔偿纠纷案件应如何适用法律问题请示我院。经研究,现解释如下:

根据《中华人民共和国民法通则》第一百零六条、《中华人民共和国民事诉讼法》第九十六条[①]等法律规定,当事人申请财产保全错误造成案外人损失的,应当依法承担赔偿责任。

此复。

最高人民法院
最高人民法院关于审理民事、行政诉讼中司法赔偿案件适用法律若干问题的解释

2016年9月7日　　法释〔2016〕20号

根据《中华人民共和国国家赔偿法》及有关法律规定,结合人民法院国家赔偿工作实际,现就人民法院赔偿委员会审理民事、行政诉讼中司法赔偿案件的若干法律适用问题解释如下:

第一条 人民法院在民事、行政诉讼过程中,违法采取对妨害诉讼的强制措施、保全措施、先予执行措施,或者对判决、裁定及其他生效法律文书执行错误,侵犯公民、法人和其他组织合法权益并造成损害的,赔偿请求人可以依法向人民法院申请赔偿。

第二条 违法采取对妨害诉讼的强制措施,包括以下情形:
(一)对没有实施妨害诉讼行为的人采取罚款或者拘留措施的;
(二)超过法律规定金额采取罚款措施的;
(三)超过法律规定期限采取拘留措施的;
(四)对同一妨害诉讼的行为重复采取罚款、拘留措施的;
(五)其他违法情形。

第三条 违法采取保全措施,包括以下情形:
(一)依法不应当采取保全措施而采取的;
(二)依法不应当解除保全措施而解除,或者依法应当解除保全措施而不解除的;
(三)明显超出诉讼请求的范围采取保全措施的,但保全财产为不可分割物且被保全人无其他财产或者其他财产不足以担保债权实现的除外;
(四)在给付特定物之诉中,对与案件无关的财物采取保全措施的;
(五)违法保全案外人财产的;
(六)对查封、扣押、冻结的财产不履行监管职责,造成被保全财产毁损、灭失的;
(七)对季节性商品或者鲜活、易腐烂变质以及其他不宜长期保存的物品采取保全措施,未及时处理或者违法处理,造成物品毁损或者严重贬值的;
(八)对不动产或者船舶、航空器和机动车等特定动产采取保全措施,未依法通知有关登记机构不予办理该保全财产的变更登记,造成该保全财产所有权被转移的;
(九)违法采取行为保全措施的;
(十)其他违法情形。

第四条 违法采取先予执行措施,包括以下情形:
(一)违反法律规定的条件和范围先予执

---

① 民事诉讼法原第九十六条现已修改为第一百零五条。——编者注

行的；

（二）超出诉讼请求的范围先予执行的；

（三）其他违法情形。

第五条 对判决、裁定及其他生效法律文书执行错误，包括以下情形：

（一）执行未生效法律文书的；

（二）超出生效法律文书确定的数额和范围执行的；

（三）对已经发现的被执行人的财产，故意拖延执行或者不执行，导致被执行财产流失的；

（四）应当恢复执行而不恢复，导致被执行财产流失的；

（五）违法执行案外人财产的；

（六）违法将案件执行款物执行给其他当事人或者案外人的；

（七）违法对抵押物、质物或者留置物采取执行措施，致使抵押权人、质权人或者留置权人的优先受偿权无法实现的；

（八）对执行中查封、扣押、冻结的财产不履行监管职责，造成财产毁损、灭失的；

（九）对季节性商品或者鲜活、易腐烂变质以及其他不宜长期保存的物品采取执行措施，未及时处理或者违法处理，造成物品毁损或者严重贬值的；

（十）对执行财产应当拍卖而未依法拍卖的，或者应当由资产评估机构评估而未依法评估，违法变卖或者以物抵债的；

（十一）其他错误情形。

第六条 人民法院工作人员在民事、行政诉讼过程中，有殴打、虐待或者唆使、放纵他人殴打、虐待等行为，以及违法使用武器、警械，造成公民身体伤害或者死亡的，适用国家赔偿法第十七条第四项、第五项的规定予以赔偿。

第七条 具有下列情形之一的，国家不承担赔偿责任：

（一）属于民事诉讼法第一百零五条、第一百零七条第二款和第二百三十三条规定情形的；

（二）申请执行人提供执行标的物错误的，但人民法院明知该标的物错误仍予以执行的除外；

（三）人民法院依法指定的保管人对查封、扣押、冻结的财产违法动用、隐匿、毁损、转移或者变卖的；

（四）人民法院工作人员与行使职权无关的个人行为；

（五）因不可抗力、正当防卫和紧急避险造成损害后果的；

（六）依法不应由国家承担赔偿责任的其他情形。

第八条 因多种原因造成公民、法人和其他组织合法权益损害的，应当根据人民法院及其工作人员行使职权的行为对损害结果的发生或者扩大所起的作用等因素，合理确定赔偿金额。

第九条 受害人对损害结果的发生或者扩大也有过错的，应当根据其过错对损害结果的发生或者扩大所起的作用等因素，依法减轻国家赔偿责任。

第十条 公民、法人和其他组织的损失，已经在民事、行政诉讼过程中获得赔偿、补偿的，对该部分损失，国家不承担赔偿责任。

第十一条 人民法院及其工作人员在民事、行政诉讼过程中，具有本解释第二条、第六条规定情形，侵犯公民人身权的，应当依照国家赔偿法第三十三条、第三十四条的规定计算赔偿金。致人精神损害的，应当依照国家赔偿法第三十五条的规定，在侵权行为影响的范围内，为受害人消除影响，恢复名誉，赔礼道歉；造成严重后果的，还应当支付相应的精神损害抚慰金。

第十二条 人民法院及其工作人员在民事、行政诉讼过程中，具有本解释第二条至第五条规定情形，侵犯公民、法人和其他组织的财产权并造成损害的，应当依照国家赔偿法第三十六条的规定承担赔偿责任。

财产不能恢复原状或者灭失的，应当按照侵权行为发生时的市场价格计算损失；市场价格无法确定或者该价格不足以弥补受害人所受损失的，可以采用其他合理方式计算损失。

第十三条 人民法院及其工作人员对判决、裁定及其他生效法律文书执行错误，且对公民、法人或者其他组织的财产已经依照法定程序拍卖或者变卖的，应当给付拍卖或者变卖所得的价款。

人民法院违法拍卖，或者变卖价款明显低于财产价值的，应当依照本解释第十二条的规定支付相应的赔偿金。

第十四条 国家赔偿法第三十六条第六项规定的停产停业期间必要的经常性费用开支，是指法人、其他组织和个体工商户为维系停产停业期间运营所需的基本开支，包括留守职工工资、必须缴纳的税费、水电费、房屋场地租金、设备租金、设备折旧费等必要的经常性费用。

第十五条 国家赔偿法第三十六条第七项规定的银行同期存款利息，以作出生效赔偿决定时中国人民银行公布的一年期人民币整存整取定期存款基准利率计算，不计算复利。

应当返还的财产属于金融机构合法存款的，对存款合同存续期间的利息按照合同约定利率计算。

应当返还的财产系现金的，比照本条第一款规定支付利息。

第十六条 依照国家赔偿法第三十六条规定返还的财产系国家批准的金融机构贷款的，除贷款本金外，还应当支付该贷款借贷状态下的贷款利息。

第十七条 用益物权人、担保物权人、承租人或者其他合法占有使用财产的人，依据国家赔偿法第三十八条规定申请赔偿的，人民法院应当依照《最高人民法院关于国家赔偿案件立案工作的规定》予以审查立案。

第十八条 人民法院在民事、行政诉讼过程中，违法采取对妨害诉讼的强制措施、保全措施、先予执行措施，或者对判决、裁定及其他生效法律文书执行错误，系因上一级人民法院复议改变原裁决所致的，由该上一级人民法院作为赔偿义务机关。

第十九条 公民、法人或者其他组织依据国家赔偿法第三十八条规定申请赔偿的，应当在民事、行政诉讼程序或者执行程序终结后提出，但下列情形除外：

（一）人民法院已依法撤销对妨害诉讼的强制措施的；

（二）人民法院采取对妨害诉讼的强制措施，造成公民身体伤害或者死亡的；

（三）经诉讼程序依法确认不属于被保全人或者被执行人的财产，且无法在相关诉讼程序或者执行程序中予以补救的；

（四）人民法院生效法律文书已确认相关行为违法，且无法在相关诉讼程序或者执行程序中予以补救的；

（五）赔偿请求人有证据证明其请求与民事、行政诉讼程序或者执行程序无关的；

（六）其他情形。

赔偿请求人依据前款规定，在民事、行政诉讼程序或者执行程序终结后申请赔偿的，该诉讼程序或者执行程序期间不计入赔偿请求时效。

第二十条 人民法院赔偿委员会审理民事、行政诉讼中的司法赔偿案件，有下列情形之一的，相应期间不计入审理期限：

（一）需要向赔偿义务机关、有关人民法院或者其他国家机关调取案卷或者其他材料的；

（二）人民法院赔偿委员会委托鉴定、评估的。

第二十一条 人民法院赔偿委员会审理民事、行政诉讼中的司法赔偿案件，应当对人民法院及其工作人员行使职权的行为是否符合法律规定，赔偿请求人主张的损害事实是否存在，以及该职权行为与损害事实之间是否存在因果关系等事项一并予以审查。

第二十二条 本解释自 2016 年 10 月 1 日起施行。本解释施行前最高人民法院发布的司法解释与本解释不一致的，以本解释为准。

最高人民法院
关于人民法院执行《中华人民共和国国家赔偿法》几个问题的解释

1996 年 5 月 6 日　　法发〔1996〕15 号

二、依照赔偿法第三十一条的规定，人民法院在民事诉讼、行政诉讼过程中，违法采取对妨害诉讼的强制措施、保全措施或者对判决、裁定及其他生效法律文书执行错误，造成损害，具有以下情形之一的，适用刑事赔偿程序予以赔偿：

（一）错误实施司法拘留、罚款的；

（二）实施赔偿法第十五条第（四）项、第（五）项规定行为的；

（三）实施赔偿法第十六条第（一）项规定行为的。

人民法院审理的民事、经济、行政案件发生错判并已执行，依法应当执行回转的，或者当事人申请财产保全、先予执行，申请有错误造成财产损失依法应由申请人赔偿的，国家不承担赔偿责任。

三、公民、法人和其他组织申请人民法院依照赔偿法规定予以赔偿的案件，应当经过依法确认。未经依法确认的，赔偿请求人应当要求有关人民法院予以确认。被要求的人民法院由有关审判庭负责办理依法确认事宜，并应以人民法院的名义答复赔偿请求人。被要求的人民法院不予确认的，赔偿请求人有权申诉。

最高人民法院
关于呼和浩特市中级人民法院重复受理湖南凤凰园经济开发区丰景贸易公司与内蒙古工商银行华银公司钢材购销合同纠纷一案问题的函

1995年12月6日　　法函〔1995〕161号

湖南省高级人民法院、内蒙古自治区高级人民法院：

湖南省高级人民法院〔1995〕湘高经请字第01号文及内蒙古自治区高级人民法院〔1995〕内经请字第4号文均收悉。经研究，对有关问题答复如下：

湖南省零陵地区中级人民法院于1994年7月21日审结湖南省国际经济开发集团公司诉湖南省凤凰园经济开发区丰景贸易公司（简称丰景公司）及内蒙古工商银行华银公司（简称华银公司）钢材购销合同纠纷一案，当事人均未上诉。但内蒙古自治区呼和浩特市中级人民法院在审理内蒙古工房地产开发总公司诉华银公司槽钢购销合同纠纷一案中，在丰景公司与华银公司之间的钢材购销合同纠纷已经审结之后，又以同一诉讼标的、同一讼争事实，将丰景公司列为第三人显属不当，内蒙古自治区高级人民法院应依法监督呼和浩特市中级人民法院予以纠正。关于呼和浩特市中级人民法院对丰景公司采取的财产保全措施，应当根据《最高人民法院关于在经济审判工作中严格执行〈中华人民共和国民事诉讼法〉的若干规定》第19条予以纠正。鉴于零陵地区中级人民法院作出一审判决时，呼和浩特市中级人民法院亦受理了有关案件的情况，零陵地区中级人民法院在接此函后，应再次通知当事人，如不服该判决，可在规定期限内提出上诉，如当事人提出上诉，湖南省高级人民法院应认真审查，依法秉公处理。

最高人民法院赔偿委员会
关于人民法院委托的查封财产保管人擅自动用处分其保管的财产国家不承担赔偿责任的批复

1998年3月11日　　〔1997〕赔他字第8号

西藏自治区高级人民法院：

你院〔1997〕藏高法赔字第01号《关于拉萨市中级人民法院诉前保全措施不当引起的国家赔偿一案应如何处理的请示》收悉。经研究，答复如下：

党兴、唐国君申请诉前财产保全并提供相应价值的担保，拉萨市中级人民法院根据法律规定采取诉前财产保全措施并责令金敬土保管被查封的财产，均符合法律规定。该院得知金敬土擅自处理被查封的财产后，未采取措施予以制止是不对的，但财产无法执行的原因不是人民法院实施了违法行为，而是金敬土违法动用、变卖了人民法院已经查封的财产。依照《国家赔偿法》的有关规定，本案不属于国家赔偿范围。

最高人民法院
关于周龙潭申请确认财产保全和执行程序违法一案的答复

2007年1月23日　〔2006〕确他字第6号

辽宁省高级人民法院：

你院关于周龙潭申请确认财产保全和执行违法案的请示收悉，经研究，答复如下：

你省盘锦市双台子区人民法院在审理周龙潭诉张海军个人合伙纠纷一案的诉讼过程中，未依照最高人民法院《关于适用〈中华人民共和国民事诉讼法〉若干问题的意见》第101条[①]的规定履行财产保全措施；在执行程序中，亦违反了最高人民法院《执行规定》第41条第2款关于向有关管理机关发出协助执行通知书的规定，且在对土地证的丢失、补办及收回中又存在严重的过失行为。又由于被执行人已无财产可供执行，已经确认申请人造成了损失。因此，同意你院审判委员会第一种意见，对盘锦市双台子区人民法院的执行行为应当确认违法。

【附：本案案情】

1998年12月4日，盘锦市双台子区人民法院对周龙潭诉张海军个人合伙纠纷一案予以立案。1999年6月18日，该院作出民事判决，判令解除张海军、周龙潭签订的个人合伙合同，张海军给付周龙潭合伙投资款本金15万元及利息。1999年8月26日，盘锦市中级人民法院二审维持一审判决。因张海军申诉，盘锦市中级人民法院两次再审，对利息部分作了调整。

二审判决发生法律效力后，周龙潭于1999年10月9日向双台子区法院申请执行。法院对张海军进行执行，张海军作出了还款计划。

因2000年5月1日至11月15日对合伙纠纷一案进行再审，原判中止执行。恢复执行后，双台子区人民法院发现张海军将查封的房屋和土地进行了抵押，即对张海军采取了拘留、罚款等强制措施，张海军作出了还款计划。2001年6月11日，执行张海军3.5万余。张海桥自愿为张海军担保。7月20日，双台子区人民法院裁定担保人张海桥履行被执行人张海军所欠债务。因张海桥没有履行义务，8月30日，双台子区人民法院裁定查封张海桥坐落于双台子区六里河二街私有住宅楼三层，禁止出售转让。9月14日，执行担保人张海桥2万元。张海军尚欠周龙潭本金9.5万元及利息。

2004年3月19日，因张海军无财产可供执行，双台子区法院给周龙潭发放了债权凭证，裁定终结本次执行程序。

申请人申请保全的财产属案外人所有，被申请人应否承担赔偿责任？

问题： 我院在对一案采取诉讼保全措施的过程中，根据申请人的申请依法扣押了被申请人的财产，但后查证所扣财产实属案外人所有，法院解除了扣押。被申请人在法院扣押财产时也未提出异议。现案外人以申请人申请有误，提起诉讼要求申请人予以赔偿。请问：法院应否将被申请人追加为被告参加诉讼？被申请人应否承担赔偿责任？

《人民司法》研究组认为： 我们认为该案不能将被申请人追加为被告参加诉讼，被申请人不应承担赔偿责任。因为人民法院根据申请人的申请依法对被申请人的财产采取必要的保全措施，是对申请人的权利进行保护。申请人应对其所提供的被保全财产的归属负责，按照民事诉讼法规定，申请有误的，申请人应当赔偿被申请人因此所蒙受的损失。如果所查封的财产并非被申请人所有，被申请人没有法定义务对此进行声明或告知，对错误查封的后果也不应负责任。现在申请人提供的财产是案外人的，对于给案外人造成的损失理应由申请人赔偿，与被申请人无关，在案外人与申请人的诉讼中不能将被申请人追加为被告。[②]

[①] 第一百零一条已被最高人民法院《关于适用〈中华人民共和国民事诉讼法〉的解释》（法释〔2015〕5号）废止。最高人民法院《关于人民法院民事执行中查封、扣押、冻结财产的规定》第九条规定："查封、扣押、冻结已登记的不动产、特定动产及其他财产权，应当通知有关登记机关办理登记手续。未办理登记手续的，不得对抗其他已经办理了登记手续的查封、扣押、冻结行为。"——编者注

[②] 载《人民司法》2001年第9期。

最高人民法院民事审判第四庭涉外商事海事审判实务问题解答（一）

二、海事保全

105. 当事人就错误申请扣押船舶提起赔偿诉讼的案件如何确定管辖的法院？

答：当事人以申请扣押船舶错误为由对海事请求人提起诉讼的，应当由实施扣押船舶的海事法院行使管辖权。

第五十九章 证据保全

第一节 民事诉讼的证据保全

中华人民共和国民事诉讼法

2017年6月27日

第八十一条 在证据可能灭失或者以后难以取得的情况下，当事人可以在诉讼过程中向人民法院申请保全证据，人民法院也可以主动采取保全措施。

因情况紧急，在证据可能灭失或者以后难以取得的情况下，利害关系人可以在提起诉讼或者申请仲裁前向证据所在地、被申请人住所地或者对案件有管辖权的人民法院申请保全证据。

证据保全的其他程序，参照适用本法第九章保全的有关规定。

中华人民共和国专利法

2008年12月27日

第六十六条 专利权人或者利害关系人有证据证明他人正在实施或者即将实施侵犯专利权的行为，如不及时制止将会使其合法权益受到难以弥补的损害的，可以在起诉前向人民法院申请采取责令停止有关行为的措施。

申请人提出申请时，应当提供担保；不提供担保的，驳回申请。

人民法院应当自接受申请之时起四十八小时内作出裁定；有特殊情况需要延长的，可以延长四十八小时。裁定责令停止有关行为的，应当立即执行。当事人对裁定不服的，可以申请复议一次；复议期间不停止裁定的执行。

申请人自人民法院采取责令停止有关行为的措施之日起十五日内不起诉的，人民法院应当解除该措施。

申请有错误的，申请人应当赔偿被申请人因停止有关行为所遭受的损失。

第六十七条 为了制止专利侵权行为，在证据可能灭失或者以后难以取得的情况下，专利权人或者利害关系人可以在起诉前向人民法院申请保全证据。

人民法院采取保全措施，可以责令申请人提供担保；申请人不提供担保的，驳回申请。

人民法院应当自接受申请之时起四十八小时内作出裁定；裁定采取保全措施的，应当立即执行。

申请人自人民法院采取保全措施之日起十五日内不起诉的，人民法院应当解除该措施。

中华人民共和国农村土地承包经营纠纷调解仲裁法

2009年6月27日

第四十一条 在证据可能灭失或者以后难以取得的情况下，当事人可以申请证据保全。当事人申请证据保全的，农村土地承包仲裁委员会应当将当事人的申请提交证据所在地的基层人民法院。

中华人民共和国著作权法

2010 年 2 月 26 日

第五十条 为制止侵权行为，在证据可能灭失或者以后难以取得的情况下，著作权人或者与著作权有关的权利人可以在起诉前向人民法院申请保全证据。

人民法院接受申请后，必须在四十八小时内作出裁定；裁定采取保全措施的，应当立即开始执行。

人民法院可以责令申请人提供担保，申请人不提供担保的，驳回申请。

申请人在人民法院采取保全措施后十五日内不起诉的，人民法院应当解除保全措施。

中华人民共和国商标法

2013 年 8 月 30 日

第六十六条 为制止侵权行为，在证据可能灭失或者以后难以取得的情况下，商标注册人或者利害关系人可以依法在起诉前向人民法院申请保全证据。

最高人民法院
关于适用《中华人民共和国民事诉讼法》的解释

2015 年 1 月 30 日　　法释〔2015〕5 号

第九十七条 人民法院调查收集证据，应当由两人以上共同进行。调查材料要由调查人、被调查人、记录人签名、捺印或者盖章。

第九十八条 当事人根据民事诉讼法第八十一条第一款规定申请证据保全的，可以在举证期限届满前书面提出。

证据保全可能对他人造成损失的，人民法院应当责令申请人提供相应的担保。

最高人民法院
关于民事诉讼证据的若干规定

2001 年 12 月 21 日　　法释〔2001〕33 号

第二十三条 当事人依据《民事诉讼法》第七十四条①的规定向人民法院申请保全证据，不得迟于举证期限届满前七日。

当事人申请保全证据的，人民法院可以要求其提供相应的担保。

法律、司法解释规定诉前保全证据的，依照其规定办理。

第二十四条 人民法院进行证据保全，可以根据具体情况，采取查封、扣押、拍照、录音、录像、复制、鉴定、勘验、制作笔录等方法。

人民法院进行证据保全，可以要求当事人或者诉讼代理人到场。

最高人民法院
关于进一步规范人民法院涉港澳台调查取证工作的通知

2011 年 8 月 7 日　　法〔2011〕243 号

各省、自治区、直辖市高级人民法院，解放军军事法院，新疆维吾尔自治区高级人民法院生产建设兵团分院：

近年来，内地与香港特别行政区、澳门特别行政区、台湾地区司法协（互）助的范围和领域不断扩展，方式和内容不断深化，案件数量不断增加。与此同时，人民法院在案件审判尤其是涉港澳台案件审判中需要港澳特区、台湾地区协助调查取证的情况日渐增多。根据《关于内地与澳门特别行政区法院就民商事案件相互委托送达司法文书和调取证据的安排》，内地与澳门特区法院之间可就民商事案件相互委托调查取证；根据《海峡两岸共同打击犯罪及

---

① 民事诉讼法原第七十四条现已修改为第八十一条。——编者注

司法互助协议》及《最高人民法院关于人民法院办理海峡两岸送达文书和调查取证司法互助案件的规定》，最高人民法院与台湾地区业务主管部门之间可就民商事、刑事、行政案件相互委托调查取证；内地法院与香港特区目前在调查取证方面尚未建立制度性的安排，但在实践中也存在以个案处理的方式相互协助调查取证的情况。为确保人民法院涉港澳台调查取证工作规范有序地开展，现就有关事项通知如下：

一、人民法院在案件审判中，需要从港澳特区或者台湾地区调取证据的，应当按照相关司法解释和规范性文件规定的权限和程序，委托港澳特区或者台湾地区业务主管部门协助调查取证。除有特殊情况层报最高人民法院并经中央有关部门批准外，人民法院不得派员赴港澳特区或者台湾地区调查取证。

二、人民法院不得派员随同公安机关、检察机关团组赴港澳特区或者台湾地区就特定案件进行调查取证。

三、各高级人民法院应切实担负起职责，指导辖区内各级人民法院做好涉港澳台调查取证工作。对有关法院提出的派员赴港澳特区或者台湾地区调查取证的申请，各高级人民法院要严格把关，凡不符合有关规定和本通知精神的，应当予以退回。

四、对于未经报请最高人民法院并经中央有关部门批准，擅自派员赴港澳特区或者台湾地区调查取证的，除严肃追究有关法院和人员的责任，并予通报批评外，还要视情暂停审批有关法院一定期限内的赴港澳台申请。

请各高级人民法院接此通知后，及时将有关精神传达至辖区内各级人民法院。执行中遇有问题，及时层报最高人民法院港澳台司法事务办公室。

特此通知。

在民事诉讼中法院可否对律师事务所的保密档案进行证据保全？

问题： 甲公司传闻乙公司以不正当竞争手段获得甲公司保密的专有技术后，经调查收集到一些乙公司涉嫌侵犯甲公司商业秘密的证据。甲公司将调查情况及相关证据制成保密档案交给律师事务所提出法律意见，并要求律师事务所保密。乙公司得到这些情况后，以甲公司非法调查、侵犯乙公司的商业秘密为由向法院起诉，要求追究甲公司的侵权责任。同时，乙公司还以不能收集且可能灭失为由申请法院查封该律师事务所的相关档案。尽管律师事务所以"与客户签订过保密协议，未经客户同意，律师不得将该材料交与任何人"及律师法规定的律师有为客户保密义务为由，申请法院复议已作出的证据保全裁定，但最终法院还是查封提取了该律师事务所有关此案的全部档案，并将该档案作为法院依职权调取的证据在本案诉讼中使用。请问，法院可否要求对当事人承担保密义务的律师事务所提交当事人的保密档案？

《人民司法》研究组认为： 民事诉讼法第七十四条[①]规定："在证据可能灭失或者以后难以取得的情况下，诉讼参加人可以向人民法院申请保全证据，人民法院也可以主动采取保全措施。"本条只规定了证据保全的条件，没有规定证据保全的对象，因而，原则上人民法院在民事诉讼中可以依据当事人的申请或依职权对任何证据采取保全措施。但在来函所述案例中，法院可否要求对当事人承担保密义务的律师事务所提交当事人的保密档案并作为依职权调取的证据在诉讼中使用，值得研究。在本案中，甲公司的行为是否构成侵权应由乙公司举证，如乙公司没有其他证据，则不能通过法院查封提取甲公司保存在律师事务所的保密档案，更不应当将甲公司的档案材料作为判断甲公司对乙公司侵权的依据。[②]

现阶段可采用公证的方式对电子证据进行保全

当事人通过电子合同从事电子商务过程中形成的电子证据如何固定、保全，系电子商务法中的疑难问题。所谓电子证据，是指在计算机或计算机系统运行过程中产生的以其记录的存储材料、数据等内容来证明案件事实的电磁记录物。它不同于传统证据，电子证据赖以存在的基础是磁性

---

① 民事诉讼法原第七十四条现已修改为第八十一条。——编者注
② 载《人民司法》2002年第12期。

介质，具有易改动、易出差错、易泄露等特征。

传统的证据收集手段很难保证其真实性、完整性、可靠性。在数据被隐藏或加密的情况下，不易提取电子证据。因此，确立搜集、固定、保全电子证据的标准程序，系目前电子实务法律领域中的一个重要问题。有观点认为，应突破传统的局限，采用高新技术的手段，制定出电子证据的有效收集规则。电子证据的收集、提取和保存，必须由通晓计算机知识的司法人员和专业技术人员承担，电子证据被提取之后，还应严格保证数据存储介质（硬盘、软盘、光盘等）和计算机系统的安全，以免数据丢失、破坏。

还有观点认为，鉴于目前我国无电子证据方面的立法，现阶段可采用公证的方式对电子证据进行保全，以利于人民法院在审理相关案件时分配举证责任。①

第二节 公司强制清算中的证据保全

最高人民法院
关于适用《中华人民共和国公司法》
若干问题的规定（二）

2014年2月20日　　法释〔2014〕2号

第三条　股东提起解散公司诉讼时，向人民法院申请财产保全或者证据保全的，在股东提供担保且不影响公司正常经营的情形下，人民法院可予以保全。

第三节 行政诉讼的证据保全

中华人民共和国行政诉讼法

2017年6月27日

第四十二条　在证据可能灭失或者以后难以取得的情况下，诉讼参加人可以向人民法院申请保全证据，人民法院也可以主动采取保全措施。

最高人民法院
关于执行《中华人民共和国行政诉讼法》若干问题的解释

2000年3月8日　　法释〔2000〕8号

第二十九条　有下列情形之一的，人民法院有权调取证据：

（一）原告或者第三人及其诉讼代理人提供了证据线索，但无法自行收集而申请人民法院调取的；

（二）当事人应当提供而无法提供原件或者原物的。

---

① 宋晓明、叶晓青、张雪楳：《民商事审判若干疑难问题——票据法、企业改制、电子商务法》，载《人民法院报》2006年10月18日。

第四节　海事证据保全

中华人民共和国海事诉讼特别程序法

1999年12月25日

第五章　海事证据保全

第六十二条　海事证据保全是指海事法院根据海事请求人的申请，对有关海事请求的证据予以提取、保存或者封存的强制措施。

第六十三条　当事人在起诉前申请海事证据保全，应当向被保全的证据所在地海事法院提出。

第六十四条　海事证据保全不受当事人之间关于该海事请求的诉讼管辖协议或者仲裁协议的约束。

第六十五条　海事请求人申请海事证据保全，应当向海事法院提交书面申请。申请书应当载明请求保全的证据、该证据与海事请求的联系、申请理由。

第六十六条　海事法院受理海事证据保全申请，可以责令海事请求人提供担保。海事请求人不提供的，驳回其申请。

第六十七条　采取海事证据保全，应当具备下列条件：

（一）请求人是海事请求的当事人；

（二）请求保全的证据对该海事请求具有证明作用；

（三）被请求人是与请求保全的证据有关的人；

（四）情况紧急，不立即采取证据保全就会使该海事请求的证据灭失或者难以取得。

第六十八条　海事法院接受申请后，应当在四十八小时内作出裁定。裁定采取海事证据保全措施的，应当立即执行；对不符合海事证据保全条件的，裁定驳回其申请。

第六十九条　当事人对裁定不服的，可以在收到裁定书之日起五日内申请复议一次。海事法院应当在收到复议申请之日起五日内作出复议决定。复议期间不停止裁定的执行。被请求人申请复议的理由成立的，应当将保全的证据返还被请求人。

利害关系人对海事证据保全提出异议，海事法院经审查，认为理由成立的，应当裁定撤销海事证据保全；已经执行的，应当将与利害关系人有关的证据返还利害关系人。

第七十条　海事法院进行海事证据保全，根据具体情况，可以对证据予以封存，也可以提取复制件、副本，或者进行拍照、录像，制作节录本、调查笔录等。确有必要的，也可以提取证据原件。

第七十一条　海事请求人申请海事证据保全错误的，应当赔偿被请求人或者利害关系人因此所遭受的损失。

第七十二条　海事证据保全后，有关海事纠纷未进入诉讼或者仲裁程序的，当事人就该海事请求，可以向采取证据保全的海事法院或者其他有管辖权的海事法院提起诉讼，但当事人之间订有诉讼管辖协议或者仲裁协议的除外。

最高人民法院
关于适用《中华人民共和国海事诉讼特别程序法》若干问题的解释

2003年1月6日　　法释〔2003〕3号

四、关于海事证据保全

第四十七条　诉讼前申请海事证据保全，适用海事诉讼特别程序法第六十四条的规定。

外国法院已受理相关海事案件或者有关纠纷已经提交仲裁，当事人向中华人民共和国的海事法院提出海事证据保全申请，并提供被保全的证据在中华人民共和国领域内的相关证据的，海事法院应当受理。

第四十八条　海事请求人申请海事证据保全，申请书除应当依照海事诉讼特别程序法第六十五条的规定载明相应内容外，还应当载明证据收集、调取的有关线索。

第四十九条 海事请求人在采取海事证据保全的海事法院提起诉讼后，可以申请复制保全的证据材料；相关海事纠纷在中华人民共和国领域内的其他海事法院或者仲裁机构受理的，受诉法院或者仲裁机构应海事请求人的申请可以申请复制保全的证据材料。

第五十条 利害关系人对海事法院作出的海事证据保全裁定提出异议，海事法院经审查认为理由不成立的，应当书面通知利害关系人。

第五十一条 被请求人依据海事诉讼特别程序法第七十一条的规定要求海事请求人赔偿损失的，由采取海事证据保全的海事法院受理。

五、关于海事担保

第五十二条 海事诉讼特别程序法第七十七条规定的正当理由指：

（1）海事请求人请求担保的数额过高；
（2）被请求人已采取其他有效的担保方式；
（3）海事请求人的请求权消灭。

六、关于送达

第五十三条 有关海事强制令、海事证据保全的法律文书可以向当事船舶的船长送达。

第五十四条 应当向被告送达的开庭传票等法律文书，可以向被扣押的被告船舶的船长送达，但船长作为原告的除外。

第五十五条 海事诉讼特别程序法第八十条第一款（三）项规定的其他适当方式包括传真、电子邮件（包括受送达人的专门网址）等送达方式。

通过以上方式送达的，应确认受送达人确已收悉。

第五节 国内仲裁和涉外仲裁中的证据保全

最高人民法院
关于人民法院执行工作若干问题的规定（试行）

1998年7月8日　　法释〔1998〕15号

11. 在国内仲裁过程中，当事人申请财产保全，经仲裁机构提交人民法院的，由被申请人住所地或被申请保全的财产所在地的基层人民法院裁定并执行；申请证据保全的，由证据所在地的基层人民法院裁定并执行。

12. 在涉外仲裁过程中，当事人申请财产保全，经仲裁机构提交人民法院的，由被申请人住所地或被申请保全的财产所在地的中级人民法院裁定并执行；申请证据保全的，由证据所在地的中级人民法院裁定并执行。

第十编
执 行 救 济

第六十章　对执行异议的审查处理

中华人民共和国民事诉讼法

2017年6月27日

第二百二十五条　当事人、利害关系人认为执行行为违反法律规定的，可以向负责执行的人民法院提出书面异议。当事人、利害关系人提出书面异议的，人民法院应当自收到书面异议之日起十五日内审查，理由成立的，裁定撤销或者改正；理由不成立的，裁定驳回。当事人、利害关系人对裁定不服的，可以自裁定送达之日起十日内向上一级人民法院申请复议。

最高人民法院
关于适用《中华人民共和国民事诉讼法》执行程序若干问题的解释

2008年11月3日　　法释〔2008〕13号

第五条　执行过程中，当事人、利害关系人认为执行法院的执行行为违反法律规定的，可以依照民事诉讼法第二百零二条①的规定提出异议。

执行法院审查处理执行异议，应当自收到书面异议之日起十五日内作出裁定。

第六条　当事人、利害关系人依照民事诉讼法第二百零二条规定申请复议的，应当采取书面形式。

第七条　当事人、利害关系人申请复议的书面材料，可以通过执行法院转交，也可以直接向执行法院的上一级人民法院提交。

执行法院收到复议申请后，应当在五日内将复议所需的案卷材料报送上一级人民法院；上一级人民法院收到复议申请后，应当通知执行法院在五日内报送复议所需的案卷材料。

第八条　上一级人民法院对当事人、利害关系人的复议申请，应当组成合议庭进行审查。

第九条　当事人、利害关系人依照民事诉讼法第二百零二条规定申请复议的，上一级人民法院应当自收到复议申请之日起三十日内审查完毕，并作出裁定。有特殊情况需要延长的，经本院院长批准，可以延长，延长的期限不得超过三十日。

第十条　执行异议审查和复议期间，不停止执行。

被执行人、利害关系人提供充分、有效的担保请求停止相应处分措施的，人民法院可以准许；申请执行人提供充分、有效的担保请求继续执行的，应当继续执行。

最高人民法院
关于刑事裁判涉财产部分执行的若干规定

2014年10月30日　　法释〔2014〕13号

第十四条　执行过程中，当事人、利害关系人认为执行行为违反法律规定，或者案外人对执行标的主张足以阻止执行的实体权利，向执行法院提出书面异议的，执行法院应当依照民事诉讼法第二百二十五条的规定处理。

人民法院审查案外人异议、复议，应当公开听证。

---

①　民事诉讼法原第二百零二条现已修改为第二百二十五条。——编者注

最高人民法院
关于人民法院办理执行异议和复议案件若干问题的规定

2015年5月5日　　法释〔2015〕10号

为了规范人民法院办理执行异议和复议案件，维护当事人、利害关系人和案外人的合法权益，根据民事诉讼法等法律规定，结合人民法院执行工作实际，制定本规定。

第一条　异议人提出执行异议或者复议申请人申请复议，应当向人民法院提交申请书。申请书应当载明具体的异议或者复议请求、事实、理由等内容，并附下列材料：

（一）异议人或者复议申请人的身份证明；

（二）相关证据材料；

（三）送达地址和联系方式。

第二条　执行异议符合民事诉讼法第二百二十五条或者第二百二十七条规定条件的，人民法院应当在三日内立案，并在立案后三日内通知异议人和相关当事人。不符合受理条件的，裁定不予受理；立案后发现不符合受理条件的，裁定驳回申请。

执行异议申请材料不齐备的，人民法院应当一次性告知异议人在三日内补足，逾期未补足的，不予受理。

异议人对不予受理或者驳回申请裁定不服的，可以自裁定送达之日起十日内向上一级人民法院申请复议。上一级人民法院审查后认为符合受理条件的，应当裁定撤销原裁定，指令执行法院立案或者对执行异议进行审查。

第三条　执行法院收到执行异议后三日内既不立案又不作出不予受理裁定，或者受理后无正当理由超过法定期限不作出异议裁定的，异议人可以向上一级人民法院提出异议。上一级人民法院审查后认为理由成立的，应当指令执行法院在三日内立案或者在十五日内作出异议裁定。

第四条　执行案件被指定执行、提级执行、委托执行后，当事人、利害关系人对原执行法院的执行行为提出异议的，由提出异议时负责该案件执行的人民法院审查处理；受指定或者受委托的人民法院是原执行法院的下级人民法院的，仍由原执行法院审查处理。

执行案件被指定执行、提级执行、委托执行后，案外人对原执行法院的执行标的提出异议的，参照前款规定处理。

第五条　有下列情形之一的，当事人以外的公民、法人和其他组织，可以作为利害关系人提出执行行为异议：

（一）认为人民法院的执行行为违法，妨碍其轮候查封、扣押、冻结的债权受偿的；

（二）认为人民法院的拍卖措施违法，妨碍其参与公平竞价的；

（三）认为人民法院的拍卖、变卖或者以物抵债措施违法，侵害其对执行标的的优先购买权的；

（四）认为人民法院要求协助执行的事项超出其协助范围或者违反法律规定的；

（五）认为其他合法权益受到人民法院违法执行行为侵害的。

第六条　当事人、利害关系人依照民事诉讼法第二百二十五条规定提出异议的，应当在执行程序终结之前提出，但对终结执行措施提出异议的除外。

案外人依照民事诉讼法第二百二十七条规定提出异议的，应当在异议指向的执行标的执行终结之前提出；执行标的由当事人受让的，应当在执行程序终结之前提出。

第七条　当事人、利害关系人认为执行过程中或者执行保全、先予执行裁定过程中的下列行为违法提出异议的，人民法院应当依照民事诉讼法第二百二十五条规定进行审查：

（一）查封、扣押、冻结、拍卖、变卖、以物抵债、暂缓执行、中止执行、终结执行等执行措施；

（二）执行的期间、顺序等应当遵守的法定程序；

（三）人民法院作出的侵害当事人、利害关系人合法权益的其他行为。

被执行人以债权消灭、丧失强制执行效力等执行依据生效之后的实体事由提出排除执行异议的，人民法院应当参照民事诉讼法第二百二十五条规定进行审查。

除本规定第十九条规定的情形外，被执行人以执行依据生效之前的实体事由提出排除执行异议的，人民法院应当告知其依法申请再审或者通过其他程序解决。

第八条 案外人基于实体权利既对执行标的提出排除执行异议又作为利害关系人提出执行行为异议的，人民法院应当依照民事诉讼法第二百二十七条规定进行审查。

案外人既基于实体权利对执行标的提出排除执行异议又作为利害关系人提出与实体权利无关的执行行为异议的，人民法院应当分别依照民事诉讼法第二百二十七条和第二百二十五条规定进行审查。

第九条 被限制出境的人认为对其限制出境错误的，可以自收到限制出境决定之日起十日内向上一级人民法院申请复议。上一级人民法院应当自收到复议申请之日起十五日内作出决定。复议期间，不停止原决定的执行。

第十条 当事人不服驳回不予执行公证债权文书申请的裁定的，可以自收到裁定之日起十日内向上一级人民法院申请复议。上一级人民法院应当自收到复议申请之日起三十日内审查，理由成立的，裁定撤销原裁定，不予执行该公证债权文书；理由不成立的，裁定驳回复议申请。复议期间，不停止执行。

第十一条 人民法院审查执行异议或者复议案件，应当依法组成合议庭。

指令重新审查的执行异议案件，应当另行组成合议庭。

办理执行实施案件的人员不得参与相关执行异议和复议案件的审查。

第十二条 人民法院对执行异议和复议案件实行书面审查。案情复杂、争议较大的，应当进行听证。

第十三条 执行异议、复议案件审查期间，异议人、复议申请人申请撤回异议、复议申请的，是否准许由人民法院裁定。

第十四条 异议人或者复议申请人经合法传唤，无正当理由拒不参加听证，或者未经法庭许可中途退出听证，致使人民法院无法查清相关事实的，由其自行承担不利后果。

第十五条 当事人、利害关系人对同一执行行为有多个异议事由，但未在异议审查过程中一并提出，撤回异议或者被裁定驳回异议后，再次就该执行行为提出异议的，人民法院不予受理。

案外人撤回异议或者被裁定驳回异议后，再次就同一执行标的提出异议的，人民法院不予受理。

第十六条 人民法院依照民事诉讼法第二百二十五条规定作出裁定时，应当告知相关权利人申请复议的权利和期限。

人民法院依照民事诉讼法第二百二十七条规定作出裁定时，应当告知相关权利人提起执行异议之诉的权利和期限。

人民法院作出其他裁定和决定时，法律、司法解释规定了相关权利人申请复议的权利和期限的，应当进行告知。

第十七条 人民法院对执行行为异议，应当按照下列情形，分别处理：

（一）异议不成立的，裁定驳回异议；

（二）异议成立的，裁定撤销相关执行行为；

（三）异议部分成立的，裁定变更相关执行行为；

（四）异议成立或者部分成立，但执行行为无撤销、变更内容的，裁定异议成立或者相应部分异议成立。

第十八条 执行过程中，第三人因书面承诺自愿代被执行人偿还债务而被追加为被执行人后，无正当理由反悔并提出异议的，人民法院不予支持。

第十九条 当事人互负到期债务，被执行人请求抵销，请求抵销的债务符合下列情形的，除依照法律规定或者按照债务性质不得抵销的以外，人民法院应予支持：

（一）已经生效法律文书确定或者经申请执行人认可；

（二）与被执行人所负债务的标的物种类、品质相同。

第二十条 金钱债权执行中，符合下列情形之一，被执行人以执行标的系本人及所扶养家属维持生活必需的居住房屋为由提出异议的，人民法院不予支持：

（一）对被执行人有扶养义务的人名下有其他能够维持生活必需的居住房屋的；

（二）执行依据生效后，被执行人为逃避债务转让其名下其他房屋的；

（三）申请执行人按照当地廉租住房保障面积标准为被执行人及所扶养家属提供居住房屋，或者同意参照当地房屋租赁市场平均租金标准从该房屋的变价款中扣除五至八年租金的。

执行依据确定被执行人交付居住的房屋，自执行通知送达之日起，已经给予三个月的宽限期，被执行人以该房屋系本人及所扶养家属维持生活的必需品为由提出异议的，人民法院不予支持。

第二十一条 当事人、利害关系人提出异议请求撤销拍卖，符合下列情形之一的，人民法院应予支持：

（一）竞买人之间、竞买人与拍卖机构之间恶意串通，损害当事人或者其他竞买人利益的；

（二）买受人不具备法律规定的竞买资格的；

（三）违法限制竞买人参加竞买或者对不同的竞买人规定不同竞买条件的；

（四）未按照法律、司法解释的规定对拍卖标的物进行公告的；

（五）其他严重违反拍卖程序且损害当事人或者竞买人利益的情形。

当事人、利害关系人请求撤销变卖的，参照前款规定处理。

第二十二条 公证债权文书对主债务和担保债务同时赋予强制执行效力的，人民法院应予执行；仅对主债务赋予强制执行效力未涉及担保债务的，对担保债务的执行申请不予受理；仅对担保债务赋予强制执行效力未涉及主债务的，对主债务的执行申请不予受理。

人民法院受理担保债务的执行申请后，被执行人仅以担保合同不属于赋予强制执行效力的公证债权文书范围为由申请不予执行的，不予支持。

第二十三条 上一级人民法院对不服异议裁定的复议申请审查后，应当按照下列情形，分别处理：

（一）异议裁定认定事实清楚，适用法律正确，结果应予维持的，裁定驳回复议申请，维持异议裁定；

（二）异议裁定认定事实错误，或者适用法律错误，结果应予纠正的，裁定撤销或者变更异议裁定；

（三）异议裁定认定基本事实不清、证据不足的，裁定撤销异议裁定，发回作出裁定的人民法院重新审查，或者查清事实后作出相应裁定；

（四）异议裁定遗漏异议请求或者存在其他严重违反法定程序的情形，裁定撤销异议裁定，发回作出裁定的人民法院重新审查；

（五）异议裁定对应当适用民事诉讼法第二百二十七条规定审查处理的异议，错误适用民事诉讼法第二百二十五条规定审查处理的，裁定撤销异议裁定，发回作出裁定的人民法院重新作出裁定。

除依照本条第一款第三、四、五项发回重新审查或者重新作出裁定的情形外，裁定撤销或者变更异议裁定且执行行为可撤销、变更的，应当同时撤销或者变更该裁定维持的执行行为。

人民法院对发回重新审查的案件作出裁定后，当事人、利害关系人申请复议的，上一级人民法院复议后不得再次发回重新审查。

第二十四条 对案外人提出的排除执行异议，人民法院应当审查下列内容：

（一）案外人是否系权利人；

（二）该权利的合法性与真实性；

（三）该权利能否排除执行。

第二十五条 对案外人的异议，人民法院应当按照下列标准判断其是否系权利人：

（一）已登记的不动产，按照不动产登记簿判断；未登记的建筑物、构筑物及其附属设施，按照土地使用权登记簿、建设工程规划许可、施工许可等相关证据判断；

（二）已登记的机动车、船舶、航空器等特定动产，按照相关管理部门的登记判断；未登记的特定动产和其他动产，按照实际占有情况判断；

（三）银行存款和存管在金融机构的有价证券，按照金融机构和登记结算机构登记的账户名称判断；有价证券由具备合法经营资质的托管机构名义持有的，按照该机构登记的实际投资人账户名称判断；

（四）股权按照工商行政管理机关的登记和企业信用信息公示系统公示的信息判断；

（五）其他财产和权利，有登记的，按照登记机构的登记判断；无登记的，按照合同等证明财产权属或者权利人的证据判断。

案外人依据另案生效法律文书提出排除执行异议，该法律文书认定的执行标的权利人与依照前款规定得出的判断不一致的，依照本规定第二十六条规定处理。

第二十六条 金钱债权执行中，案外人依据执行标的被查封、扣押、冻结前作出的另案生效法律文书提出排除执行异议，人民法院应当按照下列情形，分别处理：

（一）该法律文书系就案外人与被执行人之间的权属纠纷以及租赁、借用、保管等不以转移财产权属为目的的合同纠纷，判决、裁决执行标的归属于案外人或者向其返还执行标的且其权利能够排除执行的，应予支持；

（二）该法律文书系就案外人与被执行人之间除前项所列合同之外的债权纠纷，判决、裁决执行标的归属于案外人或者向其交付、返还执行标的的，不予支持。

（三）该法律文书系案外人受让执行标的的拍卖、变卖成交裁定或者以物抵债裁定且其权利能够排除执行的，应予支持。

金钱债权执行中，案外人依据执行标的被查封、扣押、冻结后作出的另案生效法律文书提出排除执行异议的，人民法院不予支持。

非金钱债权执行中，案外人依据另案生效法律文书提出排除执行异议，该法律文书对执行标的权属作出不同认定的，人民法院应当告知案外人依法申请再审或通过其他程序解决。

申请执行人或者案外人不服人民法院依照本条第一、二款规定作出的裁定，可以依照民事诉讼法第二百二十七条规定提起执行异议之诉。

第二十七条 申请执行人对执行标的依法享有对抗案外人的担保物权等优先受偿权，人民法院对案外人提出的排除执行异议不予支持，但法律、司法解释另有规定的除外。

第二十八条 金钱债权执行中，买受人对登记在被执行人名下的不动产提出异议，符合下列情形且其权利能够排除执行的，人民法院应予支持：

（一）在人民法院查封之前已签订合法有效的书面买卖合同；

（二）在人民法院查封之前已合法占有该不动产；

（三）已支付全部价款，或者已按照合同约定支付部分价款且将剩余价款按照人民法院的要求交付执行；

（四）非因买受人自身原因未办理过户登记。

第二十九条 金钱债权执行中，买受人对登记在被执行的房地产开发企业名下的商品房提出异议，符合下列情形且其权利能够排除执行的，人民法院应予支持：

（一）在人民法院查封之前已签订合法有效的书面买卖合同；

（二）所购商品房系用于居住且买受人名下无其他用于居住的房屋；

（三）已支付的价款超过合同约定总价款的百分之五十。

第三十条 金钱债权执行中，对被查封的办理了受让物权预告登记的不动产，受让人提出停止处分异议的，人民法院应予支持；符合物权登记条件，受让人提出排除执行异议的，应予支持。

第三十一条 承租人请求在租赁期内阻止向受让人移交占有被执行的不动产，在人民法院查封之前已签订合法有效的书面租赁合同并占有使用该不动产的，人民法院应予支持。

承租人与被执行人恶意串通，以明显不合理的低价承租被执行的不动产或者伪造交付租金证据的，对其提出的阻止移交占有的请求，人民法院不予支持。

第三十二条 本规定施行后尚未审查终结的执行异议和复议案件，适用本规定。本规定施行前已经审查终结的执行异议和复议案件，人民法院依法提起执行监督程序的，不适用本规定。

最高人民法院
关于对人民法院终结执行行为提出执行异议期限问题的批复

2016年2月14日　法释〔2016〕3号

湖北省高级人民法院：

你院《关于咸宁市广泰置业有限公司与咸宁市枫丹置业有限公司房地产开发经营合同纠纷案的请示》（鄂高法〔2015〕295号）收悉。经研究，批复如下：

当事人、利害关系人依照民事诉讼法第二百二十五条规定对终结执行行为提出异议的，应当自收到终结执行法律文书之日起六十日内提出；未收到法律文书的，应当自知道或者应当知道人民法院终结执行之日起六十日内提出。批复发布前终结执行的，自批复发布之日起六十日内提出。超出该期限提出执行异议的，人民法院不予受理。

此复。

最高人民法院
关于民事执行中变更、追加当事人若干问题的规定

2016年11月7日　法释〔2016〕21号

第三十三条　被申请人提起的执行异议之诉，人民法院经审理，按照下列情形分别处理：

（一）理由成立的，判决不得变更、追加被申请人为被执行人或者判决变更责任范围；

（二）理由不成立的，判决驳回诉讼请求。

诉讼期间，人民法院不得对被申请人争议范围内的财产进行处分。申请人请求人民法院继续执行并提供相应担保的，人民法院可以准许。

第三十四条　申请人提起的执行异议之诉，人民法院经审理，按照下列情形分别处理：

（一）理由成立的，判决变更、追加被申请人为被执行人并承担相应责任或者判决变更责任范围；

（二）理由不成立的，判决驳回诉讼请求。

最高人民法院
关于加强人民法院审判公开工作的若干意见

2007年6月4日　法发〔2007〕20号

三、切实加强人民法院审判公开工作的基本要求

19. 对办案过程中涉及当事人或案外人重大权益的事项，法律没有规定办理程序的，各级人民法院应当根据实际情况，建立灵活、方便的听证机制，举行听证。对当事人、利害关系人提出的执行异议、变更或追加被执行人的请求、经调卷复查认为符合再审条件的申诉申请再审案件，人民法院应当举行听证。

最高人民法院
关于执行工作中正确适用修改后民事诉讼法第202条、第204条规定的通知[①]

2008年11月28日　法明传〔2008〕1223号

各省、自治区、直辖市高级人民法院，解放军军事法院，新疆维吾尔自治区高级人民法院生产建设兵团分院：

近期，我院陆续收到当事人直接或通过执行法院向我院申请复议的案件。经审查发现，部分申请复议的案件不符合法律规定。为了保证各级人民法院在执行工作过程中正确适用修改后民事诉讼法第202条、第204条的规定，现通知如下：

一、当事人、利害关系人根据民事诉讼法第202条的规定，提出异议或申请复议，只适

[①] 民事诉讼法原第二百零二条、第二百零四条现已修改为第二百二十五条、第二百二十七条。——编者注

用于发生在 2008 年 4 月 1 日后作出的执行行为；对于 2008 年 4 月 1 日前发生的执行行为，当事人、利害关系人可以依法提起申诉，按监督案件处理。

二、案外人对执行标的提出异议的，执行法院应当审查并作出裁定。按民事诉讼法第 204 条的规定，案外人不服此裁定只能提起诉讼或者按审判监督程序办理。执行法院在针对异议作出的裁定书中赋予案外人、当事人申请复议的权利，无法律依据。

三、当事人、利害关系人认为执行法院的执行行为违法的，应当先提出异议，对执行法院作出的异议裁定不服的才能申请复议。执行法院不得在作出执行行为的裁定书中直接赋予当时人申请复议的权利。

特此通知。

[提示] 对判决确定承担补偿责任的被执行人的执行

最高人民法院关于新中地产有限公司诉广东发展银行江门分行借款担保纠纷执行请示案的函复

2006 年 4 月 18 日　　〔2005〕执他字第 26 号

广东省高级人民法院：

你院〔2002〕粤高法执字第 46－1 号《关于新中地产有限公司诉广东发展银行江门分行借款担保纠纷执行案的请示报告》收悉。经研究，答复如下：

同意你院审判委员会少数人意见，该案应当恢复执行。根据本院判决，广东发展银行江门分行（以下简称江门分行）应当对香港回丰有限公司（以下简称回丰公司）不能偿还债务的二分之一向新中地产有限公司承担赔偿责任。在当事人就主债务纠纷即新中地产有限公司与回丰公司之间的融资纠纷由香港高等法院审理并作出判决后，在内地与香港之间就判决的承认和执行问题尚未达成一致意见的情况下，香港高等法院的判决不能在内地得到承认和执行。故即使回丰公司在内地拥有股权，但相对于香港高等法院的判决和执行而言，该股权不应属于担保法及司法解释确定的"可以执行或者方便执行"的财产。因此，证据在新中地产有限公司提供证据证明回丰公司在香港无财产可供执行，且江门分行亦不能提供相反证据的情况下，从保护债权人利益的角度考虑，应当恢复对本院〔2001〕民四终字第 14 号民事判决的执行。

以上意见，请遵照执行。

【附：案例评析】

最高人民法院关于新中地产有限公司诉广东发展银行江门分行借款担保纠纷执行请示案的函复

一、请示问题概要

请示法院：广东省高级人民法院焦点问题：新中地产有限公司（以下简称新中公司）诉广东发展银行江门分行（以下简称江门分行）借款担保纠纷一案，最高法院以〔2001〕民四终字第 14 号民事判决，判令"被执行人江门分行对香港回丰有限公司（以下简称回丰公司，该公司系香港注册公司）不能偿还债务部分的二分之一承担赔偿责任。"依据上述判词，广东省高级人民法院在执行过程中，以回丰公司在香港已无财产可供偿债，但其在内地一家公司拥有 93% 的股权为由，而裁定此案中止执行。同时，要求新中公司向有管辖权的广州市中级人民法院申请承认和执行，但被该院裁定不予受理。为此，新中公司又向广东省高级人民法院申请恢复执行。就是否可以恢复执行江门分行问题，该院审判委员会出现了分歧而请示最高法院。

二、相关案情

申请执行人新中地产有限公司。

被执行人广东发展银行江门分行。

1994 年 5 月 12 日，新中公司与回丰公司签订一份《贷款契约》。该契约约定：回丰公司向新中公司贷款 6600000 美元用于支付广州市东风路 067 号地段有关项目的购入、兴建及发展，贷款期限为两年，年利率为 25%，利息须于贷款契约签订之日起第 12 个月末及第 24 个月末支付，每一利息期的利息金额为 1650000 美元，在利息期的利息支付，贷款人新中公司须不迟每一利息到期的最后一营业日通知借款人回丰公司须支付的利息金额。若回丰公司未能如期支付利息，须付利息将在利息到期日后立即变作本金加入所欠的本金中，而新的本金将从该利息支付日起立即以年利率27%累算利息。回丰公司须于1996年5月12日将该贷款全部还清。江门分行为回丰公司贷款提供持续性的担保，并约定该担保人授予贷款人的持续性担保按适用的中华人民共和国法律在任何方面皆为妥善及有效。协议签订后，新中公司依约向回丰公司发放贷款6600000美元。此后，由于回丰公司未能如期归还贷款，经有关各方协商，将期限延长两年。到期后，回丰公司还是未能偿还。于是新中公司向广东省高级人民法院提起诉讼，该院受理后，回丰公司提出管辖权异议，被驳回。回丰公司不服上诉至最高法院，最高法院作出裁定驳回了新中公司的诉讼，但裁定新中公司与江门分行之间的担保纠纷由广东省高级人民法院受理。2000年5月19日新中公司向香港高等法院起诉回丰公司。香港高等法院于2000年7月3日作出2000年第5812号判决，判决回丰公司向新中公司支付：一、6600000美元（或支付时金额相当的港元）；二、11406527.34美元（或支付时金额相当的港元）；三、6600000美元（或支付时金额相当的港元）的利息及每天累积按月结算的，按一年360天中过去的实际天数计算的资本化利息，2000年5月19日到7月3日为止的年息为27%，此后到付清之日止的利息按判决利率算。

新中公司诉江门分行借款担保合同纠纷一案，广东省高级人民法院作出〔1998〕粤法经二初字第14号民事判决书，判令：江门分行应对新中公司因本案涉讼及已确定的贷款债权未兑现造成的经济损失承担连带赔偿责任。江门分行不服，上诉至最高法院。最高法院于2002年作出〔2002〕民四终字第14号民事判决，判令：一、撤销广东省高级人民法院〔1998〕粤法经二初字第14号民事判决；二、对香港高等法院2000年第5812号（AC—TIONNO58120F2000）判决所确定的债务，由江门分行对香港回丰有限公司（以下简称回丰公司）不能偿还部分的二分之一向新中公司承担赔偿责任。判决生效后，因江门分行未能履行义务，新中公司遂向广东省高级人民法院申请执行。

三、案件执行情况

2002年10月31日，广东省高级人民法院决定立案执行此案。在执行过程中，被执行人江门分行提出执行异议，认为回丰公司在广州市东照房产有限公司（以下简称东照公司）拥有93%的股权，申请执行人新中公司应按香港高等法院2000年第5812号判决先执行回丰公司，在回丰公司的财产仍不能全额清偿债务的情况下，才由该行承担回丰公司不能偿还债务部分的二分之一赔偿责任。基于此，该行请求中止执行此案。

该院经审查后认为，依据相关判决，申请执行人新中公司应该参照承认外国判决的有关规定，向股权所在地法院申请承认并执行香港高等法院的判决。在回丰公司仍有财产可供执行的情况下，本案的申请执行条件未成就。2003年9月26日，该院依法作出裁定中止执行此案，并将有关裁定送达给双方当事人。

2003年11月，申请执行人新中公司向广州市中级人民法院提出承认并执行香港高等法院判决的申请，请求：（1）承认香港高等法院2000年第5812号判决书；（2）强制执行回丰公司在广州东照公司的投资权益。但被该院以无法律依据为由裁定不予受理。2005年5月，新中公司再次向广东省高级人民法院提出恢复执行的请求。认为回丰公司在香港已无财产可供执行，在内地虽有财产（股权），但在两地没有司法协助的情况下，香港高等法院的判决不能在内地得到承认和执行，应视为回丰公司不能清偿相关债务，江门分行应在回丰公司不能清偿部分二分之一范围内承担赔偿责任。为此，请求该院恢复对江门分行的执行。

四、广东省高级人民法院报送的意见

该院审判委员会经研究后形成了两种意见：

多数人认为因目前回丰公司可执行的财产尚未查清，难以确定江门分行应承担的具体债务数额，且回丰公司不是本案的被执行人，本案目前缺乏恢复执行的条件。但为妥善处理此案，应由新中公司向有管辖权的法院对回丰公司、江门分行提出诉讼，待法院作出判决后，再据此执行。

少数人认为考虑到强制执行回丰公司在广州市的财产存在法律障碍的事实，参考香港律师出具的关于回丰公司在香港无财产的证明，视为回丰公司对债务不能偿还，江门分行应向新中公司承担回丰公司不能清偿债务部分二分之一的赔偿责任。该案应当恢复执行。

同意广东省高级人民法院审判委员会少数人意见，该案应当恢复执行。即：根据本院判决，江门分行应当对回丰公司不能偿还债务部分的二分之一向新中公司承担赔偿责任。在当事人就主债务纠纷由香港高等法院审理并作出判决后，在内地与香港之间就判决的承认和执行问题尚未达成一致意见的情况下，香港高等法院的判决不能在内地得到承认和执行。故即使回丰公司在内地拥有股权，但相对于香港高等法院的判决和执行而言，该股权不应属于担保法及其司法解释确定的"可以执行或者方便执行"的财产。因此，在新中公司提供证据证明回丰公司在香港无财产可供执行，且江门分行亦不能提供相反证据的情况下，从保护债权人利益的角度考虑，应当恢复对本院〔2001〕民四终字第14号民事判决的执行。

五、评析意见

（一）案件执行依据的情况

广东省高级人民法院执行的依据是本院〔2001〕民四终字第14号生效判决书，该判决的主文是"对于香港特别行政区高等法院2000年第5812号判决所确定的债务，由广东发展银行江门分行对香港回丰有限公司不能偿还部分的二分之一向新中地产有限公司承担赔偿责任"。在债务纠纷数额由香港高等法院2000年第5812号判决判定的情况下，新中公司按照香港的法律程序，已采取了一切可能的行动执行香港法院的上述判决，然而仅执行了54485.13港元。在广东省高级人民法院裁定中止执行后，新中公司于2003年11月向广州市中级人民法院提出承认并执行香港高等法院判决的申请，然而被该院裁定不予受理。在此情况下新中公司只能依据最高法院的终审判决申请法院执行江门分行。

（二）如何理解回丰公司不能偿还债务的情况

从以上的分析中可以看出，回丰公司可供执行的财产有两部分，一部分在香港，另一部分在内地。在香港部分的财产，因香港律师已经出具有关证明，证明债务人回丰公司在香港没有其他可供执行财产；在内地部分财产，因内地与香港之间尚未就判决的承认和执行问题签订有关司法协助安排，因此香港特别行政区法院作出的具有执行内容的判决，目前在内地暂时无法执行。本案中，即使回丰公司在内地有股权，也不能根据香港高等法院的判决得以执行。因此，客观上已经造成了回丰公司不能偿还债务的后果。新中公司恢复执行的请求应予支持。

（三）江门分行应否承担责任问题

根据最高法院〔2001〕民四终字第14号民事判决，江门分行是对回丰公司不能偿还债务部分的二分之一向新中公司承担赔偿责任，即江门分行享有先诉抗辩权。根据担保法及其司法解释的相关规定，"不能偿还"是指对债务人的存款、现金、有价证券、成品、半成品、原材料、交通工具等可以执行的动产和其他方便执行的财产执行完毕后，债务未能得到清偿的状态。本案中，一般认为如果主债务人回丰公司尚有财产未被执行，人民法院则不能执行担保人江门分行的财产，但由于该案存在人民法院对当事人之间的主债务纠纷即新中公司与回丰公司之间的借款纠纷无管辖权的特殊情况，在香港高等法院就上述纠纷作出判决后，由于内地与香港之间尚未就判决的承认和执行问题形成安排，因此，香港高等法院的判决不能在内地得到承认和执行。即使回丰公司在内地拥有股权，但相对于香港高等法院的判决和执行而言，该股权不应属于"可以执行或者方便执行"的财产。在香港律师提供了回丰公司在香港已无财产可供执行的证明后，江门分行就应该根据最高法院〔2001〕民四终字第14号民事判决的内容承担回丰公司不能偿还债务部分的二分之一的债务责任。故广东省高级人民法院应该受理申请执行人新中公司恢复执行的申请。

（四）关于广东省高级人民法院多数人意见，即新中公司可以向有管辖权的法院起诉回丰公司和江门分行的意见

我认为，此意见不妥。首先，关于新中公司与回丰公司之间的借款纠纷问题，该两公司均为香港注册成立的公司，其债权债务纠纷的解决应受香港法律调整，即应向香港法院起诉，由香港法院受理并判决。在当事人就解决纠纷问题所适用的法律没有约定的情况下，内地法院无管辖权。因此，广东省高级人民法院多数人主张新中公司在内地起诉回丰公司的意见缺乏事实和法律依据。其次，新中公司起诉江门分行问题。本案系涉港经济纠纷案件，根据《最高法院关于审理涉港澳经济纠纷案件若干问题的解答》等司法解释的有关规定，审理涉港经济纠纷案件，在程序方面应适用《民事诉讼法》涉外编的有关规定，即此类案件应比照涉外案件进行处理。根据有关法律规定，涉外案件当事人可以选择处理争议所适用的实体法。但本案中，江门分行仅是借款合同中的内地担保方，在江门分行出具的担保书中并未约定解决纠纷所适用的法律，且事后双方未就该问题的法律适用达成书面意见的情况下，根据最密切联

系原则,应适用担保人江门分行所在地,即我国内地的法律作为解决争议的实体法。对此,当事人亦无异议。故广东省高级人民法院受理新中公司与江门分行之间的借款担保争议案,适用内地法律进行了审理并作出判决,符合法律规定。在最高法院就此问题作出终审判决后,再要求新中公司选择有管辖权的法院进行诉讼,势必会造成内地法院执法不严、随意执法的印象,进而影响法院的形象。①

[提示] 执行法院将案外人异议当作执行异议审查处理的错误应当如何进行纠正

最高人民法院执行局
关于云南齐宝酒店申请复议案的复函

2008年12月16日 〔2008〕执复字第2号

云南省高级人民法院:

云南齐宝酒店(以下简称齐宝酒店)不服你院〔2006〕云高执字第25—2号民事裁定向我院提起复议一案,我院已经审查完毕。经研究,提出如下处理意见:

本案中,齐宝酒店对执行标的物上享有租赁权的主张一旦被确认,按照我院《关于人民法院民事执行中拍卖、变卖财产的规定》第三十一条的规定,该租赁权负担应当由买受人承受,最终会导致执行法院无法将所拍卖房产向买受人交付占有。齐宝酒店所提起的异议从性质上应为实体异议。因此,齐宝酒店对于你院驳回其实体权利异议的裁定不服,根据《中华人民共和国民事诉讼法》第二百零四条之规定应当向执行法院提起异议之诉,或者按审判监督程序处理,而不能向我院提起复议。你院〔2006〕云高执字第25—2号民事裁定错误将齐宝酒店的实体异议视为程序异议,并根据《中华人民共和国民事诉讼法》第二百零二条②之规定赋予其向我院提起复议的权利,属于适用法律错误。

综上,请你院自行撤销〔2006〕云高执字第25—2号民事裁定,对齐宝酒店的异议依法重新作出新的民事裁定。

【附:案例评析】

实体异议与程序异议的不同救济途径——云南齐宝酒店复议案

二、评析

新修订的民事诉讼法将案外人异议、区分为程序异议和实体异议,对于不同性质的异议采用不同的救济程序。程序异议是对执行行为本身提出的异议。对于程序异议,按照现行民事诉讼法第二百零二条的规定,是通过向执行法院提起异议的方式进行,对于执行法院所作出的异议裁定不服的,异议人有权向上一级法院提起复议。而实体异议是对执行标的物主张所有权或者其他足以阻止让与、交付的实体权利。对于实体异议,按照民事诉讼法第二百零四条的规定,应当由权利人先向执行法院提起异议,如果执行法院驳回其异议,权利人不服的,只能在裁定送达之日起15日内向执行法院提起案外人异议之诉。

本案中,齐宝酒店对云南高院主张在执行标的物上享有租赁权,该权利一旦被确认,由于按照《最高人民法院关于人民法院民事执行中拍卖、变卖财产的规定》第三十一条的规定,租赁权负担应当由拍定人承受,则必然导致执行法院无法向拍定人交付占有,齐宝酒店所提起的异议应为实体异议。齐宝酒店对于云南高院驳回其实体权利异议的裁定不服,只能按照民事诉讼法第二百零四条的规定向执行法院提起异议之诉。云南省高级人民法院在作出〔2006〕云高执字第25—2号民事裁定时,没有注意到当事人实体异议与程序异议救济途径的区别,本应依据民事诉讼法第二百零四条的规定告知当事人通过提起第三人异议之诉来维护自己的合法权利,却错误依据民事诉讼法第二百零二条有关程序异议的规定,告知当事人向上一级人民法院提起复议,该裁定属于

---

① 董志强:《最高人民法院关于新中地产有限公司诉广东发展银行江门分行借款担保纠纷执行请示案的函复》,载最高人民法院执行工作办公室编:《执行工作指导》2006年第1辑(总第17辑),人民法院出版社2006年版,第77~83页。

② 民事诉讼法原第二百零二条现已修改为第二百二十五条。——编者注

适用法律不当，依法应予撤销。至于齐宝酒店的实体异议是否成立，因不属于上一级人民法院复议程序的判断范围，不予审查。①

[提示] 程序异议与实体异议的区分

最高人民法院
关于东方资产管理公司西安办事处与
西安市雁塔区农村信用社执行
异议案的处理意见函

2010年6月10日　〔2010〕执监字第88号

陕西省高级人民法院：

东方资产管理公司西安办事处（以下简称东方公司）因与西安市雁塔区农村信用合作联社开发区分社（以下简称雁塔信用社）执行异议一案，不服你院〔2010〕陕执复字第2、3、4、5、13、14号执行裁定到我院申诉，经调卷审查，现对该案提出如下处理意见：

一、本案中雁塔信用社对西安市中级人民法院（以下简称西安中院）查封的涉案不动产主张所有权，按照《最高人民法院关于适用〈中华人民共和国民事诉讼法〉执行程序若干问题的解释》第十五条的规定，只要案外人所提异议指向的对象是执行标的物，且异议所依据的基础权利是所有权或者其他足以阻止执行标的物转让、交付的实体权利的，就构成实体异议。执行法院应当按照民事诉讼法第二百零四条的规定进行审查。执行当事人或者案外人对审查结果不服的，只能提起许可执行之诉或者案外人异议之诉进行救济，而不能向上一级人民法院提起复议。至于案外人所主张的实体权利是不是确定，则属于证据审查和认定问题。你院及西安中院错误将雁塔信用社的实体异议作为程序异议并按照民事诉讼法第二百零二条的规定进行审查，属于适用法律错误。请你院尽快撤销你院及西安中院的相关裁定，发回西安中院重新审查。

二、我院在调阅本案相关执行卷宗中发现，雁塔区人民法院2005年11月30日作出的〔2005〕雁公执字第21—1号以物抵债裁定存在以下问题：1. 雁塔信用社申请执行现代农业发展中心（以下简称现代农业）一案的执行标的额高达11320万元，雁塔区人民法院对该案行使管辖权的法律依据是什么？2. 上述以物抵债裁定作出时，涉及现代农业为债务人的还有多笔债权在雁塔人民法院申请执行，该抵债裁定是否通知其他债权人并经其同意？是否剥夺了其他债权人参与分配的机会？3. 雁塔信用社与现代农业在西安市房地产交易管理中心登记的《房地产抵押合同》表明，约定的借款期限为2002年12月4日至2005年12月4日，而两单位在2004年3月和4月签订以物抵债协议时债务履行期限尚未届满，关于以物抵债的约定是否构成《最高人民法院关于适用〈中华人民共和国担保法〉若干问题的解释》第五十七条规定的"流质条款"？请你院围绕上述问题对该以物抵债裁定进行审查并作出妥善处理。

三、请你院责成西安中院立即对争议的涉案不动产重新采取查封措施，根据异议审查结果并视当事人是否提起诉讼依法决定最终是否解除查封。以上意见，请遵照执行。

【附：案例评析】

程序异议与实体异议的区分——东方资产管理公司西安办事处与西安市雁塔区农村信用社执行异议案

三、评析

本案涉及的焦点问题如下：

（一）本案的异议审查程序问题

新修订的《民事诉讼法》将案外人异议区分为程序异议和实体异议，对于不同性质的异议采用不同的救济程序。程序异议是对执行行为本身提出的异议。对于程序异议，按照《民事诉讼法》第202条的规定，是通过向执行法院提起异议的方式进行，对于执行法院所作出的异议裁定不服的，异议人有权向上一级法院提起复议。而实体异议是对执行标的物主张所有权或者其他足以阻

---

① 范向阳：《实体异议与程序异议的不同救济途径——云南齐宝酒店复议案》，载江必新主编、最高人民法院执行局编：《执行工作指导》2008年第4辑（总第28辑），人民法院出版社2009年版，第108～110页。

止让与、交付的实体权利。对于实体异议,按照《民事诉讼法》第 204 条的规定,应当由权利人先向执行法院提起异议,如果执行法院驳回其异议,权利人不服的,只能在裁定送达之日起 15 日内向执行法院提起案外人异议之诉。本案中,案外人雁塔信用社向西安中院主张查封涉案不动产的所有权,依法应当适用《民事诉讼法》第 204 条进行审查。

陕西高院认为,本案中雁塔法院的裁定已经发生法律效力,雁塔信用社对涉案标的物的权属是确定的,且是对西安中院的查封表示异议,所以应适第 202 条进行审查。我们认为,这种观点是错误的,从实践中看,所有的异议从表面上看都指向执行行为,主张执行行为错误,但是判断一个异议是实体异议还是程序异议,也就是说判断实体异议和程序异议的标准,只能是看案外人异议所依据的基础权利的性质。如果案外人所提异议指向的对象是执行标的物,且所提异议依据的是所有权或者其他足以阻止执行标的物转让、交付的实体权利的,就构成实体异议。反之,如果案外人(利害关系人)所提异议所依据的基础的权利为程序权利,比如排除超标的查封的权利,因为在先查封所主张的优先受偿权利等等,则构成程序异议。按照《最高人民法院关于适用〈中华人民共和国民事诉讼法〉执行程序若干问题的解释》第 15 条的规定,"案外人对执行标的主张所有权或者有其他足以阻止执行标的的转让、交付的实体权利的,可以依照《民事诉讼法》第 204 条的规定,向执行法院提出异议。"执行法院只能按照《民事诉讼法》第 204 条的规定进行审查,当事人或者案外人对审查结果不服,只能提起许可执行之诉或者案外人异议之诉进行救济,而不能提起复议。执行法院也无权赋予其复议权。至于案外人所主张的所有权在法律上是不是确定,则是证据审查和认定问题。西安中院和陕西高院错误地把证据的审查和认定问题,作为区分不同审查程序的标准属于适用法律错误。

(二)雁塔信用社是否已经取得了涉案不动产的所有权

申诉人称,雁塔法院虽然在 2006 年 4 月 19 日就将以物抵债裁定送达给了信用社,但信用社一直没有办理过户手续,雁塔法院也直至 2007 年 10 月 30 日方要求国土管理部门协助办理过户手续,涉案不动产一直没有办理过户手续,雁塔信用社尚未取得所有权。

根据《物权法》第 28 条的规定,"因人民法院、仲裁委员会的法律文书或者人民政府的征收决定等,导致物权设立、变更、转让或者消灭的,自法律文书或者人民政府的征收决定等生效时发生效力。"此即为法学理论上所称"非因法律行为取得的物权",不以登记作为要件。我们认为,如果假定雁塔法院的以物抵债裁定程序合法,则参照《最高人民法院关于人民法院民事执行中拍卖、变卖财产的规定》第 29 条的规定,"不动产、有登记的特定动产或者其他财产权拍卖成交或者抵债后,该不动产、特定动产的所有权、其他财产权自拍卖成交或者抵债裁定送达买受人或者承受人时起转移。"本案中,自 2006 年 4 月 19 日送达于雁塔信用社时起就发生不动产物权自现代农业变动至雁塔信用社的法律后果。

(三)雁塔法院的以物抵债裁定是否合法

雁塔法院在将涉案不动产裁定移转给雁塔信用社时,还存在有东方公司的六笔债权没有受偿(债权人原为中国银行等金融机构,后剥离给东方公司),且申请时间均在雁塔信用社之前,参照《最高人民法院关于民事执行中拍卖、变卖财产的规定》第 34 条规定精神,在同时存在多个债权人的情况下,为避免债务人与其中一个债权人串通损害其他债权人利益,以物抵债应经其他债权人同意。否则,则应当通过拍卖程序进行变价。本案中,即使雁塔信用社在涉案标的物上的抵押权能够成立,其也仅仅为对抵押物变价款受偿顺序上的优先,而非对抵押物本身受偿顺序的优先,雁塔法院在没有告知其他债权人的情况下就直接裁定以物抵债,损害了其他债权人的参与分配的权利。

同时,还有一个问题就是雁塔信用社与现代农业的以物抵债协议是否违反《最高人民法院关于适用〈中华人民共和国担保法〉若干问题的解释》第 57 条关于禁止流质条款的规定。该款规定:"当事人在抵押合同中约定,债务履行期届满抵押权人未受清偿时,抵押物的所有权转移为债权人所有的内容无效。"我们注意到,雁塔信用社与现代农业在西安市房地产交易管理中心登记的《房地产抵押合同》约定的借款期限为 2002 年 12 月 4 日至 2005 年 12 月 4 日,而雁塔信用社和现代农业协议抵债的时间是在 2004 年 3 月和 4 月,此约定虽不是在抵押合同中约定的,但是和禁止流质条款的规定精神是直接违背的,也剥夺了其他债权人的受偿机会。

（四）雁塔法院对雁塔信用社申请执行现代农业一案是否有管辖权

根据《最高人民法院关于人民法院执行工作若干问题的规定（试行）》第10条第2款的规定，公证债权文书和仲裁裁决的执行的级别管辖参照诉讼案件级别管辖的标准确定。雁塔法院当时只能管辖200万标的额以下的执行案件，此案的受理法院只能是陕西高院。陕西高院关于此案涉及股民稳定的解释，不能成为违反级别管辖规定的理由，雁塔法院对此案无管辖权。①

[提示] 当事人能否对驳回不予执行仲裁裁决申请的裁决提起执行异议或复议

最高人民法院（2015）执他字第15号函

2015年9月7日

海南省高级人民法院：

你院《关于人民法院是否受理当事人因对驳回不予执行仲裁裁决申请的裁定不服而申请复议的请示》（〔2015〕琼执复字第7号）收悉。经研究，答复如下：

同意你院第一种意见。参照《最高人民法院关于适用〈中华人民共和国民事诉讼法〉的解释》第478条规定，人民法院裁定驳回不予执行仲裁裁决申请后，当事人对该裁定提出执行异议或者复议的，人民法院不予受理。该裁定确有错误的，可以通过执行监督程序解决。

此复。

【附：案例评析】

当事人不服驳回不予执行仲裁裁决申请的裁定能否提起执行异议或者复议的请示与答复

三、最高人民法院答复意见

最高人民法院审查后同意了海南高院的第一种意见。认为应参照适用《民诉法解释》第478条规定，人民法院裁定驳回不予执行仲裁裁决申请后，当事人对该裁定提出执行异议或者复议的，人民法院不予受理。该裁定确有错误的，可以通过执行监督程序解决。

四、评析

海南高院所请示的问题，源于《立结案意见》与《民诉法解释》条文之间的衔接适用，关系到当事人的重大程序权利，需要予以明确。具体处理则应以现行法律规定为基础，综合考虑文件出台的背景、相关制度的演变与衔接等相关因素。具体分析如下：

（一）请示问题的现行法律规则基础

《民事诉讼法》第二百三十七条第四款规定，仲裁裁决被人民法院裁定不予执行的，当事人可以根据双方达成的书面仲裁协议重新申请仲裁，也可以向人民法院起诉。但是对于驳回不予执行仲裁裁决申请的裁定，未规定如何进行救济。《立结案意见》第十条规定，不予执行仲裁裁决、驳回不予执行仲裁裁决申请的裁定，都可以向上一级人民法院申请复议。②《民诉法解释》第四百七十八条规定，对于不予执行仲裁裁决的裁定，当事人不能提出执行异议或者复议，只能选择重新

---

① 范向阳：《程序异议与实体异议的区分——东方资产管理公司西安办事处与西安市雁塔区农村信用社执行异议案》，载江必新主编、最高人民法院执行局编：《执行工作指导》2010年第4辑（总第36辑），人民法院出版社2011年版，第120~129页。

② 第十条 下列案件，人民法院应当按照执行复议案件予以立案：

（一）当事人、利害关系人不服人民法院针对本意见第九条第（一）项、第（三）项、第（五）项作出的裁定，向上一级人民法院申请复议的；

（二）除因夫妻共同债务、出资人未依法出资、股权转让引起的追加和对一人公司股东的追加外，当事人、利害关系人不服人民法院针对本意见第九条第（四）项作出的裁定，向上一级人民法院申请复议的；

（三）当事人不服人民法院针对本意见第九条第（六）项作出的不予执行公证债权文书、驳回不予执行公证债权文书申请、不予执行仲裁裁决、驳回不予执行仲裁裁决申请的裁定，向上一级人民法院申请复议的；

（四）其他依法可以申请复议的。

达成书面仲裁协议申请仲裁,或者另诉。①

从上述法律条文看,民事诉讼法仅规定了当事人对于不予执行仲裁裁决的裁定,可以另行仲裁或诉讼,但是未规定能否提起执行异议复议,也未规定对驳回不予执行仲裁裁决的裁定,能否以及如何救济。《立结案意见》第十条明确规定,当事人对于上述两种裁定,都可以提起复议。《民诉法解释》部分修改了《立结案意见》确立的规则,对于不予执行的裁定,由"允许当事人提起复议"修改为"不允许提起异议复议",同时却未涉及驳回裁定的当事人救济问题。正是由于《民诉法解释》对《立结案意见》相关规则进行的部分修改,引发了实践中驳回裁定能否提起异议复议的困惑,即海南法院请示的问题。

(二)《立结案意见》的《民诉法解释》的同时制定与先后出台

如上所述,民事诉讼法对于不予执行仲裁裁决审查的结果,当事人能否在执行程序中通过异议复议程序救济未予规定,所以实践中存在不同做法。有的地方(如海南)不允许当事人提起异议复议;有的地方允许当事人提起异议复议;更多的地方是区分不予执行裁定与驳回裁定,不允许前者提起异议复议,而允许后者提起异议复议。②

为了解决实践中的这一问题,最高法院准备在《民诉法解释》中确立统一的规则。在《民诉法解释》起草的同时,《立结案意见》的起草工作也在同步进行,且也有该问题的相关内容。由于《民诉法解释》涉及多个部门的协调,进展较为缓慢,《立结案意见》提前于2014年底出台了。截止于《立结案意见》出台时,最高法院的主流观点认为,对于不予执行仲裁裁决审查的两种不同结果,应当都允许当事人直接提起复议程序,因此《立结案意见》采纳了该方案。

《立结案意见》出台后,《民诉法解释》起草小组继续就该问题进行讨论,且观点发生了变化。到《民诉法解释》出台时,主流观点变为:第一,对于不予执行仲裁裁决的裁定,由于民事诉讼法已经给予了救济途径,不应再允许提起异议复议;第二,关于驳回不予执行仲裁裁决申请的裁定,由于意见存在严重分歧,所以不宜在《民诉法解释》中予以规定。因此,《民诉法解释》最终只规定了不予执行裁定不允许当事人提起异议复议,而对于驳回裁定的救济,则没有规定。③

(三)不同观点及司法选择

就驳回不予执行仲裁裁决申请的裁定,是否允许当事人提起异议复议,存在允许与不允许两种截然不同的观点。

不允许提起异议复议的理由在于:第一,从法律规定看,没有法律、司法解释规定此类裁定能够提起异议复议。第二,《民诉法解释》规定了不予执行裁定不允许当事人提起异议复议,驳回裁定在救济上应与之保持一致。有人认为两种裁定性质不同,前者有救济途径(达成仲裁协议后另行仲裁或另诉),后者没有救济途径,所以应赋予后者异议复议权利的理由不能成立。仲裁是一种特殊的纠纷解决程序,具有"当事人合意"与"程序快捷"等特点,同时也就必然具有司法救济保障不足的问题,这是仲裁制度的"一体两面"。

---

① 第四百七十八条依照民事诉讼法第二百三十七条第二款、第三款规定,人民法院裁定不予执行仲裁裁决后,当事人对该裁定提出执行异议或者复议的,人民法院不予受理。当事人可以就该民事纠纷重新达成书面仲裁协议申请仲裁,也可以向人民法院起诉。

② 2012年民事诉讼法对不予执行仲裁裁决审查标准的修改进一步加剧了实践困惑。人民法院对仲裁裁决的司法审查主要有两个制度,一个是仲裁裁决的撤销,一个是仲裁裁决的不予执行。2012年民事诉讼法修改之前,撤销仲裁裁决与不予执行仲裁裁决的审查标准并不相同。前者主要是形式审查原则,后者则是实质审查原则。2012年民事诉讼法修改了仲裁裁决不予执行的审查标准,将2007年民事诉讼法第二百一十三条第二款的第四、五项"认定事实的主要证据不足的""适用法律确有错误的",修改为2012年民诉法第二百三十七条第二款的第四、五项:"裁决所根据的证据是伪造的""对方当事人向仲裁机构隐瞒了足以影响公正裁决的证据的"。修改后的标准与撤销仲裁裁决的标准完全一致,即将不予执行仲裁裁决审查的标准由"实质审查原则"改为了"形式审查原则"。民事诉讼法将两种制度的审查标准统一后,两种救济制度的救济程序是否应予统一并无明文规定,这进一步加剧了实践中的困惑与争议。

③ 具体起草《民诉法解释》该条文的同志对此态度明确,她认为对于驳回裁定的救济,应当与不予执行裁定同等对待,不允许提起异议复议。参见:《最高人民法院民事诉讼法司法解释理解与适用(下)》,人民法院出版社2015年3月版,第1270页。

当事人选择了仲裁制度解决纠纷，在享受快捷方便的同时，理应承受其制度缺陷。第三，从法律精神看，不允许当事人对此类裁定提起异议复议，体现了司法有限审查原则，符合司法制度与仲裁制度的关系定位，2012年民事诉讼法将不予执行仲裁裁决的审查原则由"实质审查"改为"形式审查"，就是体现了司法有限审查的原则。《民诉法解释》对不予执行裁定的救济途径的修改，体现的也是司法有限审查的精神。第四，从制度间协调的角度看，不允许当事人就此类裁定提起异议复议，可以与"驳回撤销仲裁裁决申请裁定"的救济途径保持一致。2012年民事诉讼法统一了与撤销仲裁裁决的审查标准，在两种制度的救济途径问题上，也理应予以统一。

允许提起异议复议的理由在于：第一，《立结案意见》规定两种裁定都允许复议，《民诉法解释》只修改了不予执行裁定的救济途径，未涉及驳回裁定的问题，《立结案意见》允许复议的规定当然有效。第二，驳回裁定与不予执行裁定存在根本差异，后者有另行仲裁或诉讼的救济途径，而前者并无救济途径。从权利救济的角度出发，应给予前者以异议复议的机会。第三，司法制度与仲裁制度的关系定位及司法有限审查原则，是一个渐进的过程，不能脱离当下的社会现实。在当下仲裁机构众多、素质良莠不齐，执行程序审查水平有待提高的情况下，允许当事人对驳回裁定复议，让上级法院再审查一次，更有利于当事人权利的保护。

对于驳回不予执行仲裁裁决裁定当事人能否提起异议复议的问题，两种观点各有道理，选取哪种方案，更多体现的是一种政策选择。综合考虑各种因素，最高人民法院（2015）执他字第15号函文最终采纳了不允许提起异议复议的观点。

（四）是否允许就不予执行或驳回不予执行仲裁裁决的裁定进行执行监督

明确了当事人能否就此类裁定提起异议复议的规则之后，另一个问题随之而来，即是否允许此类裁定进入执行监督程序，对此也有两种不同观点。

一种观点认为，异议复议制度是当事人的一种权利救济途径，执行监督制度是一种内部纠错机制，两种制度性质完全不同。根据《最高人民法院关于人民法院执行工作若干问题的规定（试行）》（以下简称《执行规定》）第一百二十九条至一百三十六条的规定，上级法院对于下级法院进行的是全面监督，自然包括对于不予执行仲裁裁决裁定和驳回不予执行仲裁裁决申请裁定的监督。

另一种观点则认为，应限缩解释《执行规定》确定的全面监督原则对该问题的适用。理由在于，第一，如果不允许当事人就此类裁定提起异议复议，而允许进入执行监督，将会导致大量的当事人申请执行监督，增加执行申诉与信访的压力，无法实现司法对仲裁有限监督的目的。第二，从制度比较角度看，审判程序中，对于撤销或驳回撤销仲裁裁决申请的裁定，不允许申请再审。[①] 2012年民事诉讼法统一了不予执行与撤销仲裁裁决的审查标准，两种制度的救济途径也应予以统一。

考虑到执行监督的制度定位、执行监督与异议复议制度的性质差异与功能互补的等因素，最高人民法院（2015）执他字第15号函文还是规定了此类裁定确有错误的，可以通过执行监督程序予以解决。[②]

[①] 《最高人民法院关于当事人对驳回其申请撤销仲裁裁决的裁定不服而申请再审，人民法院不予受理问题的批复》（法释〔2004〕9号）：根据《中华人民共和国仲裁法》第九条规定的精神，当事人对人民法院驳回其申请撤销仲裁裁决的裁定不服而申请再审的，人民法院不予受理。《最高人民法院关于人民检察院对不撤销仲裁裁决的民事裁定提出抗诉人民法院应否受理问题的批复》（法释〔2000〕46号）：人民检察院对发生法律效力的不撤销仲裁裁决的民事裁定提出抗诉，没有法律依据，人民法院不予受理。《最高人民法院关于人民检察院对撤销仲裁裁决的民事裁定提起抗诉，人民法院应如何处理问题的批复》（法释〔2000〕17号）：检察机关对发生法律效力的撤销仲裁裁决的民事裁定提起抗诉，没有法律依据，人民法院不予受理。依照《中华人民共和国仲裁法》第九条的规定，仲裁裁决被人民法院依法撤销后，当事人可以重新达成仲裁协议申请仲裁，也可以向人民法院提起诉讼。

[②] 葛洪涛：《当事人不服驳回不予执行仲裁裁决申请的裁定能否提起执行异议或者复议的请示与答复》，载江必新、刘贵祥主编，最高人民法院执行局编：《执行工作指导》2016年第4辑（总第60辑），国家行政学院出版社2017年版，第84~89页。

最高人民法院
关于发布第11批指导性案例的通知

2015年11月26日　法〔2015〕320号

指导案例54号：

中国农业发展银行安徽省分行诉　张大标、
安徽长江融资担保集团有限公司
执行异议之诉纠纷案

关键词

民事　执行异议之诉　金钱质押　特定化　移交占有

裁判要点

当事人依约为出质的金钱开立保证金专门账户，且质权人取得对该专门账户的占有控制权，符合金钱特定化和移交占有的要求，即使该账户内资金余额发生浮动，也不影响该金钱质权的设立。

相关法条

《中华人民共和国物权法》第212条

基本案情

原告中国农业发展银行安徽省分行（以下简称农发行安徽分行）诉称：其与第三人安徽长江融资担保集团有限公司（以下简称长江担保公司）按照签订的《信贷担保业务合作协议》，就信贷担保业务按约进行了合作。长江担保公司在农发行安徽分行处开设的担保保证金专户内的资金实际是长江担保公司向其提供的质押担保，请求判令其对该账户内的资金享有质权。

被告张大标辩称：农发行安徽分行与第三人长江担保公司之间的《贷款担保业务合作协议》没有质押的意思表示；案涉账户资金本身是浮动的，不符合金钱特定化要求，农发行安徽分行对案涉保证金账户内的资金不享有质权。

第三人长江担保公司认可农发行安徽分行对账户资金享有质权的意见。

法院经审理查明：2009年4月7日，农发行安徽分行与长江担保公司签订一份《贷款担保业务合作协议》。其中第三条"担保方式及担保责任"约定：甲方（长江担保公司）向乙方（农发行安徽分行）提供的保证担保为连带责任保证；保证担保的范围包括主债权及利息、违约金和实现债权的费用等。第四条"担保保证金（担保存款）"约定：甲方在乙方开立担保保证金专户，担保保证金专户行为农发行安徽分行营业部，账号尾号为9511；甲方需将具体担保业务约定的保证金在保证合同签订前存入担保保证金专户，甲方需缴存的保证金不低于贷款额度的10%；未经乙方同意，甲方不得动用担保保证金专户内的资金。第六条"贷款的催收、展期及担保责任的承担"约定：借款人逾期未能足额还款的，甲方在接到乙方书面通知后五日内按照第三条约定向乙方承担担保责任，并将相应款项划入乙方指定账户。第八条"违约责任"约定：甲方在乙方开立的担保专户的余额无论因何原因而小于约定的额度时，甲方应在接到乙方通知后三个工作日内补足，补足前乙方可以中止本协议项下业务。甲方违反本协议第六条的约定，没有按时履行保证责任的，乙方有权从甲方在其开立的担保基金专户或其他任一账户中扣划相应的款项。2009年10月30日、2010年10月30日，农发行安徽分行与长江担保公司还分别签订与上述合作协议内容相似的两份《信贷担保业务合作协议》。

上述协议签订后，农发行安徽分行与长江担保公司就贷款担保业务进行合作，长江担保公司在农发行安徽分行处开立担保保证金账户，账号尾号为9511。长江担保公司按照协议约定缴存规定比例的担保保证金，并据此为相应额度的贷款提供了连带保证责任担保。自2009年4月3日至2012年12月31日，该账户共发生了107笔业务，其中贷方业务为长江担保公司缴存的保证金；借方业务主要涉及两大类，一类是贷款归还后长江担保公司申请农发行安徽分行退还的保证金，部分退至债务人的账户；另一类是贷款逾期后农发行安徽分行从该账户内扣划的保证金。

2011年12月19日，安徽省合肥市中级人民法院在审理张大标诉安徽省六本食品有限责任公司、长江担保公司等民间借贷纠纷一案过程中，根据张大标的申请，对长江担保公司上述保证金账户内的资金1495.7852万元进行保全。该案判决生效后,合肥市中级人民法院将上述保证金账户内的资金1338.313257万元划至该院账户。农发行安徽分行作为案外人提出执行异议,2012年11月2日被合肥市中级人民法院裁定驳回异议。随后,农发行安徽分行因与被告张大标、第三人长江担保公司发生执行异议纠纷,提起本案诉讼。

裁判结果

安徽省合肥市中级人民法院于2013年3月28日作出(2012)合民一初字第00505号民事判决:驳回农发行安徽分行的诉讼请求。宣判后,农发行安徽分行提出上诉。安徽省高级人民法院于2013年11月19日作出(2013)皖民二终字第00261号民事判决:一、撤销安徽省合肥市中级人民法院(2012)合民一初字第00505号民事判决;二、农发行安徽分行对长江担保公司账户(账号尾号9511)内的13383132.57元资金享有质权。

裁判理由

法院生效裁判认为:本案二审的争议焦点为农发行安徽分行对案涉账户内的资金是否享有质权。对此应当从农发行安徽分行与长江担保公司之间是否存在质押关系以及质权是否设立两个方面进行审查。

一、农发行安徽分行与长江担保公司是否存在质押关系

《中华人民共和国物权法》(以下简称《物权法》)第二百一十条规定:"设立质权,当事人应当采取书面形式订立质权合同。质权合同一般包括下列条款:(一)被担保债权的种类和数额;(二)债务人履行债务的期限;(三)质押财产的名称、数量、质量、状况;(四)担保的范围;(五)质押财产交付的时间。"本案中,农发行安徽分行与长江担保公司之间虽没有单独订立带有"质押"字样的合同,但依据该协议第四条、第六条、第八条约定的条款内容,农发行安徽分行与长江担保公司之间协商一致,对以下事项达成合意:长江担保公司为担保业务所缴存的保证金设立担保保证金专户,长江担保公司按照贷款额度的一定比例缴存保证金;农发行安徽分行作为开户行对长江担保公司存入该账户的保证金取得控制权,未经同意,长江担保公司不能自由使用该账户内的资金;长江担保公司未履行保证责任,农发行安徽分行有权从该账户中扣划相应的款项。该合意明确约定了所担保债权的种类和数量、债务履行期限、质物数量和移交时间、担保范围、质权行使条件,具备《物权法》第二百一十条规定的质押合同的一般条款,故应认定农发行安徽分行与长江担保公司之间订立了书面质押合同。

二、案涉质权是否设立

《物权法》第二百一十二条规定:"质权自出质人交付质押财产时设立。"《最高人民法院关于适用〈中华人民共和国担保法〉若干问题的解释》第八十五条规定,债务人或者第三人将其金钱以特户、封金、保证金等形式特定化后,移交债权人占有作为债权的担保,债务人不履行债务时,债权人可以以该金钱优先受偿。依照上述法律和司法解释规定,金钱作为一种特殊的动产,可以用于质押。金钱质押作为特殊的动产质押,不同于不动产抵押和权利质押,还应当符合金钱特定化和移交债权人占有两个要件,以使金钱既不与出质人其他财产相混同,又能独立于质权人的财产。

本案中,首先金钱以保证金形式特定化。长江担保公司于2009年4月3日在农发行安徽分行开户,且与《贷款担保业务合作协议》约定的账号一致,即双方当事人已经按照协议约定为出质金钱开立了担保保证金专户。保证金专户开立后,账户内转入的资金为长江担保公司根据每次担保贷款额度的一定比例向该账户缴存保证金;账户内转出的资金为农发行安徽分行对保证金的退还和扣划,该账户未作日常结算使用,故符合《最高人民法院关于适用〈中华人民共和国担保法〉若干问题的解释》第八十五条规定的金钱以特户等形式特定化的要求。其次,特定化金钱已移交债权人占有。占有是指对物进行控制和管理的事实状态。案涉保证金账户开立在农发行安徽分行,长江担保公司作为担保保证金专户内资金的所有权人,本应享有自由支取的权利,但《贷款担保业务合作协议》约定未经农发行安徽分行同意,长江担保公司不得动用担保保证金专户内的资金。同时,《贷款担保业务合作协议》约定在担保的

贷款到期未获清偿时，农发行安徽分行有权直接扣划担保保证金专户内的资金，农发行安徽分行作为债权人取得了案涉保证金账户的控制权，实际控制和管理该账户，此种控制权移交符合出质金钱移交债权人占有的要求。据此，应当认定双方当事人已就案涉保证金账户内的资金设立质权。

关于账户资金浮动是否影响金钱特定化的问题。保证金以专门账户形式特定化并不等于固定化。案涉账户在使用过程中，随着担保业务的开展，保证金账户的资金余额是浮动的。担保公司开展新的贷款担保业务时，需要按照约定存入一定比例的保证金，必然导致账户资金的增加；在担保公司担保的贷款到期未获清偿时，扣划保证金账户内的资金，必然导致账户资金的减少。虽然账户内资金根据业务发生情况处于浮动状态，但均与保证金业务相对应，除缴存的保证金外，支出的款项均用于保证金的退还和扣划，未用于非保证金业务的日常结算。即农发行安徽分行可以控制该账户，长江担保公司对该账户内的资金使用受到限制，故该账户资金浮动仍符合金钱作为质权的特定化和移交占有的要求，不影响该金钱质权的设立。

[提示] 对承担一般保证责任的保证人所提执行异议的审查处理

最高人民法院
民事裁定书

〔2008〕执复字第 1 号

申请复议人（被执行人）：中国石化集团资产经营管理有限责任公司贵州石油分公司，住所地，贵州省贵阳市南明区解放路21号。

法定代表人：鲁广余，该公司经理。

申请执行人：中国东方资产管理公司南宁办事处，住所地，广西壮族自治区南宁市古城路39－1号香江花园4号楼。

公司负责人：林海，该公司总经理。

被执行人：贵州省安顺化肥厂，住所地，安顺市大西桥镇。

法定代表人：郭泽渊，该厂厂长。

被执行人：贵州省安顺彩印厂，住所地，安顺市塔山东路。

法定代表人：温良，该厂厂长。

被执行人：中国石油化工股份有限公司，住所地，北京市朝阳区惠新东街甲6号。

法定代表人：苏树林，该公司总经理。

申请复议人中国石化集团资产经营管理有限责任公司贵州石油分公司（以下简称中石化贵州分公司）因不服贵州省高级人民法院（以下简称贵州高院）作出的〔2003〕黔高执字第14－3号民事裁定书，在法定复议期间内，通过贵州高院向本院转交执行复议申请书。贵州高院于2008年10月14日向本院报送了复议申请书及相关卷宗材料，本院经审查于2008年11月3日立案受理，并依法组成合议庭进行了审查，现已审查终结。

本案执行法院贵州省高级人民法院审查认为，根据《最高人民法院关于适用〈中华人民共和国担保法〉若干问题的解释》第四十四条的规定，债权人可以选择向贵州省安顺化肥厂破产清算组申报债权，也可以选择向中石化贵州分公司主张权利，鉴于中国东方资产管理公司南宁办事处已选择向中石化贵州分公司主张权利，中石化贵州分公司应当依法承担民事责任，其异议理由不成立。另，中石化贵州分公司对安顺化肥厂享有反担保物权，并依法向安顺化肥厂破产清算组进行了债权申报，对其担保部分可以在破产清算中依法进行追偿。基于以上理由，贵州高院于2008年8月14日作出〔2003〕黔高执字第14－3号民事裁定书，裁定驳回中石化贵州分公司的异议请求。

申请复议人中石化贵州分公司向本院请求撤销〔2003〕黔高执字第14－3号民事裁定书，其主要理由有：（1）贵州省石油总公司安顺分公司（重组后资产纳入中石化贵州分公司，以下简称安顺石油公司）于2001年在案件诉讼过程中向中国建设银行安顺市分行（以下简称安顺建行）及贵州高院提供安顺化肥厂尿素生产线设备清单，并要求安顺建行直接对该生产线采取执行措施，又于2003年9月16日在本案执行过程中再次向贵州高院执行局提供了尿素生产线线索,要求及时执行该财产。申请复议人于2005年8月26日又向贵州高院递交了《关于请求省高院予以免除我公司保证责任并尽早执行安顺化肥厂财产的报告》。保证人对本案的执行工作已尽职做好了配合工作,而债权人却对保证人提供的可供执行财产线索置之不理,安顺石油公司可以请求人民法院在该财产实际价值范围内免除保证责任。(2)东方资产管理公司在安顺化肥厂破产案中先行申报债权,但在超过债权申报期限后又撤回债权申报的行为,妨碍了申请复议人预先行使追偿权的权利,申请复议人在东方资产管理公司参加破产程序可能获得的清偿额范围内免除保证责任。(3)东方资产管理公司向申请复议人行使追偿权应当等到安顺化肥厂破产程序终结后6个月内行使,因此,本案应当中止执行,等待安顺化肥厂破产程序终结。

本院查明:安顺建行诉安顺化肥厂借款纠纷一案,贵州高院作出的〔2001〕黔高民二初字第30号民事判决书中确认,安顺石油公司在本案中承担一般保证责任,并指明关于反担保财产偿债的要求可以另行解决。判决生效后,安顺建行向贵州高院申请执行。执行过程中,安顺建行于2003年11月5日向贵州高院提出申请,鉴于被执行人安顺化肥厂系国有特困企业,暂时没有清偿债务的能力,申请人民法院对安顺建行发放《债权凭证》并裁定终结本次执行程序,贵州高院经审查作出〔2003〕黔高执债字第12号民事裁定书,裁定〔2003〕黔高执字第14号案执行程序终结。此后,安顺建行将本案债权转让给中国信达资产管理公司,中国信达资产管理公司又将本案债权转让给中国东方资产管理公司。而安顺石油公司部分资产划归中国石油化工股份有限公司后,该公司被撤销,其资产归申请复议人中石化贵州分公司所有。2007年4月11日安顺化肥厂被安顺市西秀区人民法院宣告破产还债,东方资产管理公司向安顺市西秀区人民法院申报了债权,中石化贵州分公司也向安顺市西秀区人民法院申报了抵押财产别除权,要求将安顺化肥厂反担保抵押的尿素生产线设备从破产财产中分离出来,用于清偿债务。后东方资产管理公司又于2008年8月4日向安顺市西秀区人民法院撤回了债权申报,并于同年8月5日将撤回债权申报的情况书面通知了中石化贵州分公司。此时破产财产尚未进行分配。鉴于保证人公司重组发生的变化,2008年6月20日东方资产管理公司南宁办事处向贵州高院申请时,请求裁定追加中国石油化工股份有限公司为本案被执行人。贵州高院于2008年7月23日作出了〔2003〕黔高执字第14-2号执行裁定书,裁定变更中石化贵州分公司为被执行人,并追加中国石油化工股份有限公司为被执行人,在11182741.85元范围内承担原安顺石油公司的保证责任。申请复议人中石化贵州分公司于2008年7月30日向贵州高院提出执行异议,认为贵州高院变更其为本案执行人并对其采取执行措施的执行行为违法。贵州高院于2008年8月14日作出〔2003〕黔高执字第14-3号民事裁定书,裁定驳回中石化贵州分公司的异议请求。

本院认为,申请复议人中石化贵州分公司提出的债权人安顺建行对安顺石油公司提供的可供执行财产线索置之不理,安顺石油公司可以请求人民法院在该财产实际价值范围内免除保证责任的理由,依法不能成立。根据《最高人民法院关于适用〈中华人民共和国担保法〉若干问题的解释》第二十四条的规定,保证人请求人民法院在其提供可供执行财产的实际价值范围内免除保证责任的前提条件是"债权人放弃或怠于行使权利致使该财产不能被执行",即债权人放弃或怠于行使权利,致使该项财产流失而不能再被用来强制执行以清偿其债权,加重了保证人的风险。在本案中,安顺化肥厂向安顺石油公司反担保的尿素生产线仍可以在破产清算程序中依法进行追偿,并未造成不能被执行的后果,不符合法定免除保证人保证责任的条件。鉴于安顺化肥厂已宣告破产,申请复议人提出债权人行使追偿权应当等到安顺化肥厂破产程序终结后6个月内行使,本案应当中止执行的理由与法律规定不符,依法不予支持。根据《最高人民法院关于适用〈中华人民共和国担保法〉若干问题的解释》第四十四条的规定,人民法院受理了债务人的破产案件,一般保证的保证人就不得再主张先诉抗辩权,债权人可以直接向一般保证人主张权利,但如果债权人在破产程序开始后向人民法院申报了债权，就不能在加入债务人破产程序的同时要求保证人承担保证责任。在本案中，债权人东方资产管理公司既可以选择向安顺化肥厂破产清算组申报债权，也可以选择向保证人中石化安顺分公司主张权利。东方资产管理公司在申报了债权后又撤回了债权申报，即退出了安顺化肥厂的破产程序。《最高人民法院关于适用〈中华人民共和国担保法〉若干问题的解释》第四十五条规定是指债权人既不参加破产程序，又不通知保证人，可能使保证人本应减少的义务未能减少，本应通过参加破产程序使其求偿权获得的部分满足不能实现的情况下，保证人免除相应责任。在本案中，保证人已知晓安顺化肥厂进入破产程序并也参加到破产程序中，已依法向安顺市西秀区人民法院申报了抵押物别除权；在债权人撤回向安顺化肥厂破产组申报的债权后，根据《中华人民共和国企业破产法》第五十六条的规定，中石化贵州分公司依法仍可申报债权。在此过程中，债权人并无过错，保证人的利益也未受到影响，此情况不符合法定免除保证人保证责任的条件。依照《中华人民共和国民事诉讼法》第二百零二条、第一百四十条第一款第（十一）项和《最高人民法院关于适用〈中华人民共和国担保法〉若干问题的解释》第四十四条、第四十五条的规定，裁定如下：

驳回申请复议人中国石化集团资产经营管理有限责任公司贵州石油分公司的复议申请。

本裁定为终审裁定。

【附：案例评析】

中石化贵州分公司申请复议案

二、贵州省高级人民法院意见

中石化贵州分公司于2008年7月30日向贵州高院提出执行异议，认为贵州高院变更其为本案执行人并对其采取执行措施的执行行为违法。贵州高院经审查认为，根据《最高人民法院关于适用〈中华人民共和国担保法〉若干问题的解释》第四十四条的规定，债权人可以选择向贵州省安顺化肥厂破产清算组申报债权，也可以选择向中石化贵州分公司主张权利，中石化贵州分公司应当依法承担民事责任，其异议理由不成立。另中石化贵州分公司对安顺化肥厂享有反担保物权，依法向安顺化肥厂破产清算组进行了债权申报，对其担保部分可以在破产清算中依法进行追偿。基于以上理由，贵州高院作出〔2003〕黔高执字第14—3号民事裁定书驳回中石化贵州分公司的异议请求。

四、最高人民法院意见

本案是最高人民法院根据2007年10月28日修改后的《中华人民共和国民事诉讼法》第二百零二条的规定，受理的第一件申请复议执行案件。本案存在以下三个焦点问题：

1. 本案中债权人是否放弃或怠于行使权利，保证人依法应否免除责任

申请复议人中石化贵州分公司提出，债权人安顺建行对安顺石油公司提供的可供执行财产线索置之不理，安顺石油公司可以请求人民法院在该财产实际价值范围内免除保证责任。根据《最高人民法院关于适用〈中华人民共和国担保法〉若干问题的解释》第二十四条的规定，保证人请求人民法院在其提供可供执行财产的实际价值范围内免除保证责任的前提条件是"债权人放弃或怠于行使权利致使该财产不能被执行"，即债权人放弃或怠于行使权利，致使该项财产流失而不能再被用来强制执行以清偿其债权，从而加重了保证人的风险。在本案中，安顺化肥厂向安顺石油公司反担保的尿素生产线仍可以在破产清算程序中依法进行追偿，并未造成不能被执行的后果，不符合法定免除保证人保证责任的条件。因此，申请复议人的理由依法不予支持。

2. 债权人能否在申报债权后，转而撤回申报并要求保证人承担保证责任

根据《最高人民法院关于适用〈中华人民共和国担保法〉若干问题的解释》第四十四条的规定，人民法院受理了债务人的破产案件，一般保证的保证人就不得再主张先诉抗辩权，债权人可以直接向一般保证人主张权利，但如果债权人在破产程序开始后向人民法院申报了债权，就不能在加入债务人破产程序的同时要求保证人承担保证责任。在本案中，债权人东方资产管理公司既可以选择向安顺化肥厂破产清算组申报债权，也可以选择向保证人中石化安顺分公司主张权利。东方资产管理公司在申报了债权后又撤回了债权申报，即退出了安顺化肥厂的破产程序。转而依法向保证人中石化贵州分公司主张权利。对于债权人的这种选择，法律及司法解释均无禁止性规定。

3. 债权人在超过债权申报期后又撤回申报，

是否对保证人利益造成影响

《最高人民法院关于适用〈中华人民共和国担保法〉若干问题的解释》第四十五条规定:"债权人知道或者应当知道债务人破产,既未申报债权也未通知保证人,致使保证人不能预先行使追偿权的,保证人在该债权在破产程序中可能受偿的范围内免除保证责任。"该规定是指债权人既不参加破产程序,又不通知保证人,可能使保证人本应减少的义务不能减少,本应通过参加破产程序使其求偿权获得的部分不能实现的情况下,保证人免除相应责任。在本案中,保证人已知晓安顺化肥厂进入破产程序并也参加到破产程序中,已依法向安顺市西秀区人民法院申报了抵押物别除权;在债权人撤回向安顺化肥厂破产组申报的债权后,根据《中华人民共和国企业破产法》第五十六条的规定,中石化贵州分公司仍可申报债权。在此过程中,债权人并无过错,保证人利益也未受到影响,此情况不符合法定免除保证人保证责任的条件。

申请复议人还提出本案执行拖延至今加重了保证人负担,请求在安顺化肥厂资产减值范围内免责,此项请求未经贵州高院审查而直接向最高人民法院提出,最高人民法院不宜在执行复议裁定中认定。另外,鉴于安顺化肥厂已宣告破产,申请复议人提出债权人向申请复议人行使追偿权应当等到安顺化肥厂破产程序终结后6个月内行使,本案应当中止执行的理由与法律规定不符,依法不予支持。①

[提示] 被执行人与案外人见相同理由分别提出权属异议与执行程序异议的审查处理

最高人民法院
执行裁定书

〔2013〕执复字第13号

申请复议人(申请执行人):香港信诺投资有限公司。住所地:香港湾仔告士打道138号联合鹿岛大厦1103—5室。

法定代表人:祖力,该公司执行董事。

被执行人:山东省畜产进出口公司。住所地:山东省青岛市太平路51号。

法定代表人:李兆兴,该公司总经理。

案外人:山东省商务厅(原山东省对外经济贸易合作厅)。住所地:山东省济南市市中区历阳大街6号。

申请复议人香港信诺投资有限公司不服山东省高级人民法院(2002)鲁执(恢)字第3号执行裁定,向本院申请复议。本院受理后,依法组成合议庭进行审查,现已审查终结。

执行法院山东省高级人民法院(以下简称山东高院)查明,中国东方资产管理公司青岛办事处(以下简称东方青岛办)与山东省畜产进出口公司(以下简称畜产公司)借款合同纠纷一案由青岛市中级人民法院(以下简称青岛中院)受理,审理期间,青岛中院于2001年5月21日作出(2001)青知字第52—1号财产保全裁定,查封了畜产公司所有的位于青岛市太平路51号山东国际贸易大厦第17—21层房产。2001年5月25日,畜产公司提出管辖异议及查封异议后,该案移送山东高院审理。2001年9月12日,山东省对外经济贸易合作厅向山东高院提出财产保全异议,山东高院于2001年10月17日作出(2001)鲁经初字第16—1号民事裁定书,认为山东国际贸易大厦由于土地、消防等原因至今未办理产权证明,所有用房单位只有使用权,在该大厦建设过程中,畜产公司实际出资8261300元人民币用于大厦建设,该公司现使用大厦十七层的1709、1711、1712、1713房间办公,总面积422平方米。山东省对外经济贸易合作厅所提异议部分有理,遂裁定:一、解除青岛中院对山东国际贸易大厦17—21层房产的查封;二、查封畜产公司使用的山东国际贸易大厦17层的1709、1711、1712、1713四间办公室(合计面积422平方米)。

2001年11月9日,山东高院作出(2001)鲁经初字第16号民事判决书,判令畜产公司偿

---

① 张小林、马岚:《中石化贵州分公司申请复议案》,载江必新主编、最高人民法院执行局编:《执行工作指导》2008年第4辑(总第28辑),人民法院出版社2009年版,第90~97页。

还东方青岛办借款本金5000万元。判决生效后，因畜产公司未依法履行义务，东方青岛办于2002年1月10日向山东高院申请强制执行。执行过程中，香港信诺投资有限公司（以下简称信诺公司）于2006年7月21日从东方青岛办名下受让了本案债权，并向山东高院申请变更其为申请执行人，同时请求山东高院查封畜产公司所有的山东国际贸易大厦第17层的四间办公室。山东高院审查后依法变更信诺公司为本案的申请执行人，同时对山东国际贸易大厦第17层的房产采取了查封措施。2006年9月20日，信诺公司又向山东高院提出申请，请求查封畜产公司所有的山东国际贸易大厦第17—21层全部房产。同年9月25日山东高院以（2002）鲁执字第3—4号民事裁定书对山东国际贸易大厦第17—21层房产进行了预查封（该房产无任何产权证）。

2011年9月20日，山东高院作出（2002）鲁执（恢）字第3—3号执行裁定，裁定继续预查封畜产公司所有的位于青岛市太平路51号山东国际贸易大厦第17—21层的全部房产。查封期限为1年，自2011年9月25日起至2012年9月24日止。2012年9月18日，山东高院作出（2002）鲁执（恢）字第3—4号执行裁定，裁定继续预查封畜产公司所有的位于青岛市太平路51号山东国际贸易大厦第17—21层的全部房产。查封期限为1年，自2012年9月25日起至2013年9月24日止。畜产公司和山东省商务厅不服，分别向山东高院提出书面异议，称山东高院依法解除对山东国际贸易大厦17—21层房产的查封后，在没有证据的情况下又进行预查封，显属不当；山东国际贸易大厦17—21层产权归山东省对外经济贸易合作厅（即山东省商务厅前身）所有，对该房产的查封应予解除。

山东高院另查明，山东国际贸易大厦系1990年6月经山东省人民政府、山东省计委批准，由当时的山东省外贸局直属八家驻青岛公司联合建设的营业办公楼，原山东省外贸局专门组建大厦筹建机构，即山东国际贸易大厦管理公司，统一筹措资金，统一对大厦建设进行管理。根据当时的分配方案，畜产公司分得该大厦的第17—21层。经查，畜产公司共投入资金8261300元。

1992年10月26日，山东省外经贸局召开了山东外贸营业用房联建领导小组会议，会议确定了大厦的分配方案和成立大厦管委会，下设大厦管理公司，具体负责大厦的管理工作。会议第四项指出，大厦工程1992年底需开支17100万元，要求欠缴投资款的单位于1992年底交齐，逾期不交，视为自动放弃，原分配的楼层由大厦筹建处变卖取得建楼资金。同时，会议强调由于建设工期拖长、原材料涨价的因素，大厦建设要继续追加投资，对确无筹借能力、效益不好，银行不予贷款的单位，由外贸局委托山东省外贸总公司统贷6000万元，并要求用款单位于1992年11月10日前与山东省外贸总公司签订用款协议，否则原分配的楼层另行处理。

会后，畜产公司既没有交齐投资，也没有同山东省外贸总公司签订用款协议。1994年7月25日，山东省外经贸委召开主任办公会议，会议第二项指出山东国际贸易大厦建设已基本完工，原筹建领导小组确定的事项依然有效，任何个人不得随意改变，会议强调目前仍有单位欠款（包括畜产公司），限期于1994年8月10日前将欠款交齐。会后，畜产公司仍未将欠款交齐。1998年5月山东省外经贸委主任办公会议决定最后一次通知催缴建房款，于1998年5月底交齐，逾期不交，产权归垫付单位所有。1998年6月8日，山东省外经贸委以正式文件通知："因大厦建设时间跨度较大，部分省属专业外经贸公司投资权责不明或投资不到位等原因，大厦的产权归山东省外经贸委所有。"

山东高院审查认为，一、涉案房产虽然没有办理房产证，但从该房产的形成过程来看，山东省外经贸委对房产的分配有最终的决定权。根据山东省政府、山东省计委批示文件，山东国际贸易大厦是由山东省外经贸委下属的畜产公司等八家单位组建。当时的分配方案为畜产公司分得第17—21层，但畜产公司投入826万元后无后续资金投入，在多次催缴后，亦未付清欠款。1998年6月，山东省外经贸委下文将畜产公司应分得的17—21层房产改为第17层的四间房产,由此可以认定畜产公司仅分得上述四间房产。且畜产公司在此之后亦未提出任何异议,应视为对此分配方案的认可。二、本案的原申请执行人东方青岛办在收到山东高院(2001)鲁经初字第16—1号民事裁定书后并未提出异议。2005年其在出售本案债权前进行的资产评估也明确了畜产公司在山东国际贸易大厦仅有四间房产,应当视为东方青岛办对被执行人畜产公司全部资产范围的认可。信诺公司是本案的债权受让人,其在受让债权后一方面对受让债权的数额享有权利,另一方面其在行使债权时还应当受原申请执行人权能范围的限制,即在原申请执行人已认可被执行人畜产公司资产范围的情况下,信诺公司在受让债权后仅能在原权利人认可的资产范围内行使权利。其对山东国际贸易大厦17—21层房产主张权利超出了其权利范围,不应予以支持。

山东高院认为异议人的异议理由成立,应当予以支持。遂于2012年11月29日作出(2002)鲁执(恢)字第3号执行裁定,依照原《中华人民共和国民事诉讼法》(2007年修订)第二百零二条、《最高人民法院关于适用〈中华人民共和国民事诉讼法〉执行程序若干问题的解释》第五条之规定,裁定撤销山东高院(2002)鲁执(恢)字第3—3号执行裁定书,解除对山东国际贸易大厦第17—21层房产(1709、1711、1712、1713四间房产除外)的查封。2012年12月6日信诺公司向山东高院提出异议,认为(2002)鲁执(恢)字第3号执行裁定书存在重大问题,无法理解山东高院的真实意思,要求山东高院予以明确。2012年12月14日,山东高院又裁定将山东高院(2002)鲁执(恢)字第3号执行裁定书主文补正为:"撤销本院(2002)鲁执(恢)字第3—4号执行裁定书,并解除对山东国际贸易大厦第17—21层房产(1709、1711、1712、1713四间房产除外)的查封"。

信诺公司不服上述裁定向本院申请复议,请求撤销山东高院(2002)鲁执(恢)字第3号执行裁定,依法对畜产公司所有的位于青岛市太平路51号的山东国际贸易大厦第17—21层房产予以预查封并拍卖,由山东省商务厅对信诺公司因其异议导致的损失,在涉案房产价值范围内承担赔偿责任。其主要理由为:第一,该裁定存在两处明显文书错误:所撤销的执行裁定书文号与本案无关,或者根本不存在。本案的异议人为山东省商务厅,而非畜产公司。第二,裁定适用法律错误,不应当适用《中华人民共和国民事诉讼法》(2007年修订)第二百零二条,应当适用第二百零四条。第三,原审法院认定事实错误,缺乏证据支持。山东省商务厅没有提供任何证据证明将畜产公司应分得的第17—21层房产改为第17层的四间房产。东方青岛办曾向原审法院请求调查取证,对涉案房产所有权作出合法认定。第四,原审法院结论错误。涉案房产应为畜产公司所有,山东省商务厅不是涉案房产的所有人。山东省人民政府(90)鲁政函14号文已经决定了八个联建单位的产权,山东省商务厅后来的文件不能对抗这个文件。山东省商务厅与畜产公司在合建大厦上处于同等地位,没有权力把畜产公司的房产归于自己名下,不能根据山东省商务厅下发的(1998)181号文件认定涉案房产的所有权人。没有证据证明畜产公司的集资建房款没有足额到位,即使畜产公司欠交建房款,也不能将其所有权转移给垫资单位,涉案房产是由畜产公司无偿提供给他人使用的。按照谁出资谁受益的原则,畜产公司享有所有权的房产也远远不止四间房产的价值,以东方青岛办在转让债权前的评估报告的内容为依据,认定畜产公司仅享有四间房产的产权是错误的。第五,原审法院撤销对涉案房产的查封,严重损害了申请人的合法权益。

本院认为,本案复议审查的焦点问题是畜产公司与山东省商务厅不服山东高院执行裁定,以相同的理由分别向山东高院提出书面异议的审查程序问题。

关于山东省商务厅所提异议的审查程序问题。案外人山东省商务厅提出异议主张法院解除查封的主要理由为其所提异议的第二项,即山东国际贸易大厦第17—21层房屋产权为其享有,因此法院不能将其作为畜产公司的财产进行查封。该项异议是对执行标的权属的主张,根据《中华人民共和国民事诉讼法》第二百二十七条之规定,"执行过程中,案外人对执行标的提出书面异议的,人民法院应当自收到书面异议之日起十五日内审查,理由成立的,裁定中止对该标的的执行;理由不成立的,裁定驳回。案外人、当事人对裁定不服,认为原判决、裁定错误的,依照审判监督程序办理;与原判决、裁定无关的,可以自裁定送达之日起十五日内向人民法院提起诉讼"。执行法院山东高院将山东省商务厅作为利害关系人,适用原中华人民共和国民事诉讼法(2007年修订)第二百零二条及《最高人民法院关于适用〈中华人民共和国民事诉讼法〉执行程序若干问题的解释》第五条之规定进行审查并赋予当事人申请复议的权利,显属适用法律错误,违反法定程序,应予纠正。而山东省商务厅提出的第一项异议,即山东高院依法解除对山东国际贸易大厦17—21层房产的查封后,在没有证据的情况下又进行预查封显属不当,虽然是关于执行程序问题提出的异议,但该项异议究其实质还是基于山东省商务厅对山东国际贸易大厦第17—21层房产享有所有权的实体权利主张而来。本案中山东省商务厅所提出的两项异议均直接或间接地针对同一执行标的的权属问题,具有密切联系,分别适用不同的审查程序徒增当事人诉累。因此,山东省商务厅所提第一项异议也应当适用前述《中华人民共和国民事诉讼法》第二百二十七条规定的程序进行审查。

关于畜产公司所提异议的审查程序问题。《中华人民共和国民事诉讼法》第二百二十五条规定:"当事人、利害关系人认为执行行为违反法律规定的,可以向负责执行的人民法院提出书面异议。当事人、利害关系人提出书面异议的,人民法院应当自收到书面异议之日起十五日内审查,理由成立的,裁定撤销或者改正;理由不成立的,裁定驳回。当事人、利害关系人对裁定不服的,可以自裁定送达之日起十日内向上一级人民法院申请复议。"被执行人畜产公司因认为执行行为违反法律规定所提出的异议,本可以按照《民事诉讼法》第二百二十五条规定的程序审查。但是,本案中畜产公司所提异议实质是同意案外人山东省商务厅对执行标的享有所有权的主张,如对畜产公司与山东省商务厅内容相同的异议分别适用不同的程序进行审查,造成救济途径迥异,侵害了当事人的程序利益;况且在案外人山东省商务厅已经提出异议主张实体权利的情况下,被执行人畜产公司所提异议不具有实益,因此对畜产公司所提出的异议不应当单独审查,而应当在对山东省商务厅所提异议进行审查的过程中一并解决。

综上,原审裁定适用法律错误,违反法定程序。本院参照《中华人民共和国民事诉讼法》第一百七十条第一款第(四)项之规定,裁定如下:

一、撤销山东省高级人民法院(2002)鲁执(恢)字第3号执行裁定。

二、本案发回山东省高级人民法院重新审查处理。

本裁定送达后立即生效。

【附:案例评析】

被执行人与案外人以相同的理由分别向执行法院针对执行标的提出权属异议与执行程序异议时的审查程序问题——关于香港信诺投资有限公司申请复议一案案例分析

三、最高人民法院的意见

最高人民法院认为,本案复议审查的焦点问题是畜产公司与山东省商务厅不服山东高院执行裁定,以相同的理由分别向山东高院提出书面异议的审查程序问题。

关于山东省商务厅所提异议的审查程序问题。案外人山东省商务厅提出异议主张法院解除查封的主要理由为其所提异议的第二项,即山东国际贸易大厦第17—21层房屋产权为其享有,因此法院不能将其作为畜产公司的财产进行查封。该项异议是对执行标的权属的主张,应当适用《中华人民共和国民事诉讼法》第二百二十七条之规定处理。而执行法院将山东省商务厅作为利害关系人,适用《中华人民共和国民事诉讼法》(2007年修订)第二百零二条及《最高人民法院关于适用〈中华人民共和国民事诉讼法〉执行程序若干问题的解释》第五条之规定进行审查并赋予当事人申请复议的权利,显属适用法律错误,违反法定程序,应予纠正。而山东省商务厅提出的第一项异议，即山东高院依法解除对山东国际贸易大厦第17—21层房产的查封后，在没有证据的情况下又进行预查封显属不当，虽然是关于执行程序问题提出的异议，但该项异议究其实质还是基于山东省商务厅对山东国际贸易大厦第17—21层房产享有所有权的实体权利主张而来。本案中山东省商务厅所提出的两项异议均直接或间接地针对同一执行标的的权属问题，具有密切联系，分别适用不同的审查程序徒增当事人诉累。因此，山东省商务厅所提第一项异议也应当适用前述《中华人民共和国民事诉讼法》第二百二十七条规定的程序进行审查。

关于畜产公司所提异议的审查程序问题。根据《中华人民共和国民事诉讼法》第二百二十五条之规定，被执行人畜产公司因认为执行行为违反法律规定所提出的异议，本可以按照《民事诉讼法》第二百二十五条规定的程序审查。但是，本案中畜产公司所提异议实质是同意案外人山东省商务厅对执行标的享有所有权的主张，如对畜产公司与山东省商务厅内容相同的异议分别适用不同的程序进行审查，造成救济途径迥异，侵害了当事人的程序利益；况且在案外人山东省商务厅已经提出异议主张实体权利的情况下，被执行人畜产公司所提异议不具有实益，因此对畜产公司所提出的异议不应当单独审查，而应当在对山东省商务厅所提异议进行审查的过程中一并解决。

综上，复议审查后认为原审裁定适用法律错误，违反法定程序，参照《中华人民共和国民事诉讼法》第一百七十条第一款第（四）项之规定，裁定撤销（2002）鲁执（恢）字第3号执行裁定；本案发回山东高院重新审查处理。

四、评析意见

执行程序中，《民事诉讼法》第二百二十五条规定的执行行为异议程序与《民事诉讼法》第二百二十七条规定的案外人异议程序的选择适用在部分情形下易发生混淆，一直以来都是困扰执行实践的难点问题之一。而本案情况很具有典型性，代表了其中最为复杂的一类情形，即被执行人与案外人以相同的理由分别向执行法院针对执行标的同时提出权属异议与执行程序异议时的审查程序问题。

本案中，畜产公司、山东省商务厅不服山东高院于2011年9月20日作出的（2002）鲁执（恢）字第3—3号执行裁定书，分别向山东高院提出两项异议：第一，山东高院依法解除对山东国际贸易大厦17—21层房产的查封后，在没有证据的情况下又进行预查封，显属不当；第二，山东国际贸易大厦17—21层产权归山东省外经贸厅所有。从内容上看，分别属于程序异议和实体异议；从异议主体来看，分别由被执行人和案外人提出。

首先，关于山东省商务厅所提异议。执行案件的当事人为信诺公司与畜产公司，山东省商务厅为案外人。而案外人主张查封标的物权属的异议应当适用2007年《民事诉讼法》第二百零四条即2012年年《民事诉讼法》第二百二十七条办理。依据该条之规定，"执行过程中，案外人对执行标的提出书面异议的，人民法院应当自收到书面异议之日起十五日内审查，理由成立的，裁定中止对该标的的执行；理由不成立的，裁定驳回。案外人、当事人对裁定不服，认为原判决、裁定错误的，依照审判监督程序办理；与原判决、裁定无关的，可以自裁定送达之日起十五日内向人民法院提起诉讼。"

笼统地说，执行异议审查的是程序问题，案外人异议审查的是实体问题。从实践中看，所有的异议从表面上看都指向执行行为，主张执行行为错误，而判断实体异议和程序异议的标准，只能是看异议所依据的基础权利的性质。本案中，案外人山东省商务厅主张法院解除查封的主要理由就在于其享有17—21层房产所有权，法院不能将其作为畜产公司的财产进行查封。该争议是对实体权利的主张，应当适用《民事诉讼法》第二百二十七条规定的程序进行审查。裁定作出后，应当告知案外人、当事人如果对裁定不服，认为原判决、裁定错误的，依照审判监督程序办理；与原判决、裁定无关的，可以自裁定送达之日起十五日内向人民法院提起诉讼。执行法院将山东省商务厅作为利害关系人，适用原《民事诉讼法》第二百零二条规定的程序进行审查并赋予其申请复议的权利显然属于严重违反法定程序。

此外，案外人山东省商务厅所提的第一项异议可以归为程序问题。从严格逻辑清晰的角度而言，这两项异议分别属于程序问题与实体问题，应当分别适用《民事诉讼法》第二百二十五条和二百二十七条两种不同的审查程序处理，即对程序异议按照《民事诉讼法》第二百二十五条规定处理，对实体异议按照《民事诉讼法》第二百二十七条规定处理。这样在逻辑上条理清晰,域外立法例中也不乏对当事人同时提出的程序异议和实体异议分别按照不同程序处理的实例。而且,对案外人来说,有时候通过程序性救济途径寻求救济可能更简洁,在案外人仅提出程序异议的情形下,可以通过《民事诉讼法》第二百二十五条这种相对简便的途径获得救济,但在同时提出两种异议的情况下,却只能通过诉讼这种比较复杂的程序才能获得救济,似乎也有失妥当。所以,从这些理由看,对两种异议分别按照两种不同程序处理,确有其合理的一面。然而,这样一来,对两种异议分别处理的弊端就凸显出来。这种处理方式导致在救济途径上出现了重复,整体程序过于复杂,司法成本过高,也难免出现冲突或矛盾。域外确实有执行行为异议程序和第三人异议之诉并行不悖的立法例,但我们的案外人异议之诉比这些立法例多了案外人异议这样一道前置程序,在这种情况下,如果再允许对两种异议可以分别按照《民事诉讼法》二百二十五条和二百二十七条进行审查和审理,确实会导致叠床架屋,程序上过于复杂。况且从本案实际情况来看,第一项异议其实质还是基于山东省商务厅对执行标的主张实体权利而来,两者具有密切联系,分别适用不同的程序并无实际意义。因此,在案外人提出两种异议的情况下,从诉讼经济,减少当事人诉累的角度出发,应当将两项异议处理程序合并为一种程序审查处理。鉴于《民事诉讼法》第二百二十七条是一种实体处理程序,可以通过诉讼程序充分保障各方当事人的程序权利,终局性地解决实体争议,所以,应由二百二十七条吸收二百二十五条,统一按照《民事诉讼法》第二百二十七条规定的程序审查处理,这是最为合理的。而执行法院却按照民事诉讼法第二百二十五条这种程序性救济途径处理,显属错误,应予纠正。

当然,并非在任何情况下都可以用实体异议吸收程序异议。二百二十七条吸收二百二十五条必须有一个前提,即两种异议均直接或间接地针对同一标的的权属问题,如果两种异议完全针对不同事项,毫无联系,当然应按照不同程序分别处理,不能相互吸收。从本案看,案外人尽管同时提出了程序异议和实体异议,实际上都是认为他才是查封标的的所有权人,法院不应该将该标的作为被执行人的财产查封,因此,认为这两种异议具有密切联系,应当合并后按照《民事诉讼法》二百二十七条审查处理。

其次,关于畜产公司所提异议。本案中,被执行人畜产公司提出了与山东省商务厅内容完全相同的异议,畜产公司所提异议在形式上似乎符合执行行为异议的构成要件,但如果对其所提异议单独按照《民事诉讼法》第二百二十五条规定的程序进行审查也是错误的。其原因有二:一是该异议的实质是支持案外人山东省商务厅对执行标的实体权利的主张,而执行行为异议应当是审查程序性争议,而不应当对实体性争议作出最终判断。二是如果对畜产公司与山东省商务厅同样内容的异议分别按照执行行为异议与案外人异议分别进行审查,则两者救济途径迥异,审判机构与负责复议审查的执行机构无法协调;如果将案外人异议合并到执行行为异议中,则侵害了当事人的程序利益。

综上,在被执行人与案外人以同样的理由主张查封的标的物所有权不属于被执行人所有而是属于案外人所有,法院查封错误的情况下,原审法院将两异议合并审理是正确的,但是以原《民事诉讼法》第二百零二条,即现行《民事诉讼法》第二百二十五条有关执行行为异议的规定进行审查则是错误的,正确的做法应当是以《民事诉讼法》第二百二十七条有关案外人异议和异议之诉的规定进行审查。根据最高人民法院《关于执行工作中正确适用修改后民事诉讼法第202条、第204条规定的通知》第二条之规定,"案外人对执行标的提出异议的,执行法院应当审查并作出裁定。按《民事诉讼法》第二百零四条的规定,案外人不服此裁定只能提起诉讼或者按审判监督程序办理。执行法院在针对异议作出的裁定书中赋予案外人、当事人申请复议的权利,无法律依据",应当对此作出纠正。

再次,关于本案的纠正程序问题。对于审查程序错误的执行裁定采取何种方式纠正,是本案处理中面临的一个重要程序性问题。原审法院在查明事实的基础上,对于执行标的物权属问题已经进行了初步判断,对于该判断应当通过诉讼程序进行最终确定,而不应通过执行复议程序进行最终确定,复议裁定不适宜对实体问题进行审查。上级法院在复议程序中,如果发现执行法院对本应通过案外人异议处理的事项,错误适用执行行为异议程序审查的,正确的处理方式应当是裁定撤销异议裁定,发回执行法院重新审查,以从根本上纠正程序适用的错误。

综上所述，本案最终裁定撤销异议裁定，发回执行法院重新审查。

五、案例引发的深度思考

（一）被执行人与案外人同时提出程序异议与实体异议的审查程序问题

上述案例可以看出，对于这一类被执行人与案外人以相同的理由分别向执行法院针对执行标的提出权属异议与执行行为异议的审查，确定适用程序应注意以下问题：

第一，案外人对执行标的提出主张权属的异议，应当根据《民事诉讼法》第二百二十七条规定的程序进行审查，案外人、当事人对执行裁定不服，应当通过诉讼程序进行救济。不能将案外人作为利害关系人，适用《民事诉讼法》第二百二十五条规定的程序进行审查并赋予当事人申请复议的权利，否则即属适用法律错误，违反法定程序，应予纠正。

第二，案外人所提的程序异议如果与其对执行标的权属主张之异议并无联系，则在符合条件的情况下可以利害关系人的身份适用《民事诉讼法》第二百二十五条规定的程序进行审查，与实体争议分别处理；如果案外人所提出的程序异议与实体异议关系密切，直接或间接地针对同一执行标的权属问题，在其同时提出实体异议的情况下，应当合并适用《民事诉讼法》第二百二十七条规定的程序进行审查，以减轻当事人的诉累。

第三，被执行人单独提出的异议，应当按照《民事诉讼法》第二百二十五条规定的程序进行审查。但如果被执行人所提异议实质是支持案外人对执行标的实体权利的主张，则对被执行人所提出的异议不应当单独审查，而应当在对案外人所提异议进行审查的过程中一并解决。

另外，需要注意的是，民事诉讼法中关于执行复议制度规定得比较原则，对于复议案件应当如何处理并无规定，而2008年的执行程序司法解释中对此也无明确规定，在实践中造成了一定困惑。可以参照《民事诉讼法》第一百七十条关于二审法院审理上诉案件的思路，区分不同情形分别作出相应处理。前述案例中的处理即是参照适用了《民事诉讼法》第一百七十条第一款第四项的规定精神。

（二）执行行为异议与案外人异议的区别问题

执行行为异议和案外人异议作为执行程序中两种最基本的救济制度，发挥着重要作用。但民事诉讼法关于两种制度的规定比较原则，2008年的执行程序司法解释虽然作了细化，但许多问题仍不够明确，需要在执行实践中不断探索，总结经验，逐步达成共识。困扰执行实践中的一个基本问题如何区分这两种异议，尤其是如何区分案外人异议与利害关系人提出的执行行为异议。

案外人异议是案外人认为法院的执行行为侵害了其实体权利，是基于对执行标的主张实体权利提出的异议，即实体异议。利害关系人异议是因执行行为本身违反程序性规定，侵害了执行案件当事人以外第三人的合法权益，由利益受损的第三人以法院违反执行程序为由提出的异议，即程序异议。从实践中看，所有的异议从表面上看都指向执行行为，主张执行行为错误，但是判断一个异议是实体异议还是程序异议，也就是说判断实体异议和程序异议的标准，只能是看异议所依据的基础权利的性质。如果异议指向的对象是执行标的物，且所提异议依据的是所有权或者其他足以阻止执行标的物转让、交付的实体权利的，就构成实体异议。反之，如果案外人（以利害关系人的身份）所提异议所依据的基础权利为程序权利，比如排除超标的查封的权利，因为在先查封所主张的优先受偿权利等等，则构成程序异议。笼统地说，执行异议审查的是程序问题，案外人异议审查的是实体问题。

这两种异议分别规定于《民事诉讼法》第二百二十五条与二百二十七条。前者属于程序上的执行救济，目的在于将违反法律规定的执行行为予以更正或撤销，以维护执行当事人或利害关系人程序上的利益；而后者属于实体上的执行救济，目的则在于排除对特定标的的执行，以维护当事人或利害关系人的实体权益。执行行为异议涉及的是程序问题，因此处理上可以由执行法院的执行机构进行，在审查处理时不一定要进行言词辩论，可以直接作出裁定；案外人异议和异议之诉涉及实体争议，执行机构只能作初步审查，最终需要由审判机构进行实体审理。案外人异议之诉应依照通常诉讼程序进行审理，除不予受理、驳回起诉、对管辖有异议等事项使用裁定外，其他事项的处理应当作出判决。

异议被提出后应当适用哪种程序进行处理，笔者认为，最主要的应当从当事人和事由两方面来进行辨别：

第一，从事由方面来看。对执行行为提出异议的事由系针对执行程序本身存在的违法问题；案外人异议和异议之诉的事由系案外人主张对特定标的有所有权或其他足以排除强制执行的实体权利。值得注意的是，执行程序中被执行人提出已偿还债务、行使抵销权、已自行达成和解等实体抗辩事由的，本应该由债务人异议之诉解决，由于我国没有规定债务人异议之诉制度，只能将之放在了执行行为异议部分处理。这样处理的直接结果就是导致了该部分执行行为异议处理了实体权益问题，造成了部分程序上的混乱。

第二，从当事人方面来看。对执行行为的异议可以由申请执行人、被执行人或其他利害关系人提起；案外人异议和异议之诉只能由案外人提起。实践中，案外人与利害关系人身份混淆是最为常见的错误形式，即应当适用案外人异议程序审查的案件，却以利害关系人身份适用执行行为异议程序进行审查，本案即存在这种情况。此外，被执行人与案外人在某些情形下也并非泾渭分明。例如在某案中，生效判决判令债务人A向债权人承担100万元的付款责任，债务人B对其中的30万元承担连带清偿责任。进入执行程序后，A与B均为被执行人。后B履行了30万元的给付义务，执行法院对A继续采取执行措施，查封了A占有使用的未经初始登记的一处房产。B提出异议，称该房产虽由A占有使用，但实为B所有，请求法院解除查封。执行法院以《民事诉讼法》第二百二十五条规定的执行行为异议程序进行审查。此时B虽然名义上还是本案的被执行人，但实际是以案外人身份对执行标的权属提出争议，应当适用的是《民事诉讼法》第二百二十七条规定的程序进行审查，执行法院适用执行行为异议程序进行审查，则侵犯了当事人的程序权利。

（三）法院查封案外人财产的情况下，被执行人有无权利提出异议？

本案中，如前所述，因为案外人已经启动了案外人异议的救济途径，被执行人的异议实质就是对案外人异议的支持，在案外人已经提出异议的情况下被执行人的异议不具有实益，可以一并处理，直接适用《民事诉讼法》第二百二十七条规定处理可以将各方都纳入程序，被执行人不服的，根据二百二十七条也有机会通过诉讼渠道寻求救济，充分保障了各方当事人的程序权利。但上述案例中还包含着一个尚存争议的问题，就是在法院查封案外人财产而案外人并未提出异议的情况下，被执行人有无权利单独提出执行标的并非属于其所有的异议？被执行人提出异议的，应当如何处理？

这一问题法律缺乏明确规定，甚至在这种情况下，被执行人是否有提出异议的权利还需要斟酌。此时被执行人提出异议是否具有"诉的利益"？一种观点认为，将案外人的财产作为被执行人的财产执行，实际对被执行人并未造成任何损失，无损失则无救济，这时候被执行人没有"提出异议的利益"，因此也不应有提出异议的权利。另一种观点则认为，这种情况下，对案外人财产的执行导致了被执行人债务的消灭，被执行人取得了不当利益。而该种后果会导致被执行人与案外人之间产生新的法律关系，导致将来被执行人有可能对案外人承担责任。而被执行人应当有权拒绝这种后果，因此，从这个意义上来说，被执行人此时有提出异议的利益。对于这一问题的不同认识，会导致程序设计上的巨大差异，尚需要深入探讨。①

人民法院办理执行案件规范

2017年4月

75.【被申请人执行异议之诉的审理及诉讼期间的执行】

被申请人提起的执行异议之诉，人民法院经审理，按照下列情形分别处理：

（一）理由成立的，判决不得变更、追加被申请人为被执行人或者判决变更责任范围；

（二）理由不成立的，判决驳回诉讼请求。

诉讼期间，人民法院不得对被申请人争议范围内的财产进行处分。申请人请求人民法院继续执行并提供相应担保的，人民法院可以

---

① 潘勇锋：《被执行人与案外人以相同的理由分别向执行法院针对执行标的提出权属异议与执行程序异议时的审查程序问题——关于香港信诺投资有限公司申请复议一案案例分析》，载江必新、刘贵祥主编，最高人民法院执行局编：《执行工作指导》2015年第2辑（总第54辑），国家行政学院出版社2015年版，第109～125页。

76.【申请人执行异议之诉的审理】

申请人提起的执行异议之诉，人民法院经审理，按照下列情形分别处理：

（一）理由成立的，判决变更、追加被申请人为被执行人并承担相应责任或者判决变更责任范围；

（二）理由不成立的，判决驳回诉讼请求。

890.【执行审查案件的范围】

本规范所称执行审查案件是指执行异议、复议、监督、请示、协调等案件。

891.【执行审查案件的立案】

执行审查案件依法由立案机构根据当事人的申请或者执行机构的移送登记立案。

892.【审查合议制原则】

执行审查案件的办理采取合议制，由法官组成合议庭或者法官与人民陪审员共同组成合议庭审查处理。办理实施案件的执行人员不得参与相关执行审查案件的合议庭。

指令重新审查的，原执行法院应另行组成合议庭。当事人、利害关系人对重新审查后作出的裁定不服申请复议的，原复议案件的合议庭成员可以继续参与审查。

合议庭组成人员确定后，应当在三日内告知当事人，执行请示、协调案件除外。

893.【书面审查原则】

人民法院对执行异议和复议案件实行书面审查。案情复杂、争议较大的，应当进行听证。

执行监督、请示、协调案件原则上实行书面审查，必要时也可以进行听证。

异议人、复议申请人、申诉人经合法传唤，无正当理由拒不到庭，或者未经法庭许可中途退庭，致使人民法院无法查清相关事实的，由其自行承担不利后果。

894.【撤回申请的处理】

执行异议、复议案件审查期间，异议人、复议申请人申请撤回异议、复议申请的，是否准许由人民法院裁定。

执行监督案件审查期间，申诉人撤回督促、监督申请的，参照前款规定办理。

895.【执行听证的公开】

执行听证应当公开进行，除涉及国家秘密、个人隐私或法律另有规定的除外。

896.【听证前的准备】

听证前，合议庭应当认真审核案件材料，并可以根据有关规定调查收集必要的证据。

听证参与人对因客观原因不能自行收集的证据，向人民法院提出申请的，人民法院应当调查收集。人民法院认为审查案件需要的证据，可以根据有关规定调查收集。

897.【执行听证事项的告知】

执行听证应在听证会召开前三天通知听证参与人。

898.【执行听证开始】

听证会召开前，书记员应当查明听证参与人是否到庭，并宣布听证纪律。

听证时，由审判长核对听证参与人，宣布听证事由和合议庭成员、书记员名单，告知听证参与人有关的权利义务，询问听证参与人是否提出回避申请。

899.【听证程序】

听证一般包括调查、辩论和最后陈述等阶段。调查一般按下列顺序进行：

（一）提出申请、异议或复议的一方陈述其主张以及相关事实、理由；

（二）相对方予以承认或者反驳，陈述相关事实、理由；

（三）举证、质证；

（四）合议庭向听证参与人发问，核实有关情况。

900.【听证的延期】

有下列情形之一的，人民法院可以决定延期召开听证会：

（一）必须出席听证会的听证参与人有正当理由不能出席的；

（二）听证参与人临时提出回避申请，一时难以决定的；

（三）需要通知新的证人到庭，调取新的证据，或者需要补充调查的；

（四）其他应当延期召开听证会的情形。

901.【听证会的记录】

书记员应当将听证的全部活动记入笔录，听证笔录由合议庭成员、书记员以及各方听证参与人签名。拒绝签名的，记明情况附卷。

听证参与人认为对自己的陈述记录有遗漏或者差错的，有权申请补正。不予补正的，应当将申请记录在案。

902.【执行行为异议的一般规定】

执行过程中，当事人、利害关系人认为执行法院的执行行为违反法律或司法解释规定的，可以向执行法院提出执行行为异议。

执行法院审查处理执行行为异议，应当自收到书面异议之日起十五日内作出裁定。

903.【执行行为异议的形式要件】

异议人提出执行行为异议，应当向人民法院提交申请书。申请书应当载明具体的异议请求、事实、理由等内容，并附下列材料：

（一）异议人的身份证明；

（二）相关证据材料；

（三）送达地址和联系方式。

904.【执行行为异议的提出时间】

当事人、利害关系人依照民事诉讼法第二百二十五条规定提出异议的，应当在执行程序终结之前提出，但对终结执行措施提出异议的除外。

当事人、利害关系人对终结执行行为提出异议的，应当自收到终结执行法律文书之日起六十日内提出；未收到法律文书的，应当自知道或者应当知道人民法院终结执行之日起六十日内提出。

905.【执行行为异议的立案】

执行行为异议符合民事诉讼法第二百二十五条规定条件的，人民法院应当在三日内立案。不符合受理条件的，裁定不予受理；立案后发现不符合受理条件的，裁定驳回申请。

执行行为异议申请材料不齐备的，人民法院应当一次性告知异议人在三日内补足，逾期未补足的，不予受理。

异议人对不予受理或者驳回申请裁定不服的，可以自裁定送达之日起十日内向上一级人民法院申请复议。

906.【消极立案、审查的救济】

执行法院收到执行行为异议后三日内既不立案又不作出不予受理裁定，或者受理后无正当理由超过法定期限不作出异议裁定的，异议人可以向上一级人民法院提出异议。上一级人民法院审查后认为理由成立的，应当指令执行法院在三日内立案或者在十五日内作出异议裁定。

907.【通知异议人和相关当事人】

人民法院应当在执行行为异议案件立案后三日内通知异议人和相关当事人。

908.【执行法院变更后的异议审查】

执行案件被指定执行、提级执行、委托执行后，当事人、利害关系人对原执行法院的执行行为提出异议的，由提出异议时负责该案件执行的人民法院审查处理；受指定或者受委托的人民法院是原执行法院的下级人民法院的，仍由原执行法院审查处理。

909.【利害关系人的范围】

有下列情形之一的，当事人以外的公民、法人和其他组织，可以作为利害关系人提出执行行为异议：

（一）认为人民法院的执行行为违法，妨碍其轮候查封、扣押、冻结的债权受偿的；

（二）认为人民法院的拍卖措施违法，妨碍其参与公平竞价的；

（三）认为人民法院的拍卖、变卖或者以物抵债措施违法，侵害其对执行标的的优先购买权的；

（四）认为人民法院要求协助执行的事项超出其协助范围或者违反法律规定的；

（五）认为其他合法权益受到人民法院违法执行行为侵害的。

910.【执行行为的范围】

当事人、利害关系人认为执行过程中或者执行保全、先予执行裁定过程中的下列行为违法提出异议的，人民法院应当依照民事诉讼法第二百二十五条规定进行审查：

（一）查封、扣押、冻结、拍卖、变卖、以物抵债、暂缓执行、中止执行、终结执行等执行措施；

（二）执行的期间、顺序等应当遵守的法定程序；

（三）人民法院作出的侵害当事人、利害关系人合法权益的其他行为。

911.【2008年4月1日前后的执行行为】

当事人、利害关系人根据民事诉讼法第二

百二十五条的规定,提出异议或申请复议,只适用于发生在2008年4月1日后作出的执行行为;对于2008年4月1日前发生的执行行为,当事人、利害关系人可以依法提起申诉,按监督案件处理。

912.【再次提出异议的处理】

当事人、利害关系人对同一执行行为有多个异议事由,但未在异议审查过程中一并提出,撤回异议或者被裁定驳回异议后,再次就该执行行为提出异议的,人民法院不予受理。

913.【执行实施机构的配合】

执行审查机构在审查执行行为异议案件过程中,根据案情需要可以向执行实施机构了解案件情况或者调取卷宗。

914.【执行行为异议的审查处理】

人民法院对执行行为异议,经审查应当按照下列情形,分别处理:

(一)异议不成立的,裁定驳回异议;

(二)异议成立的,裁定撤销相关执行行为;

(三)异议部分成立的,裁定变更相关执行行为;

(四)异议成立或者部分成立,但执行行为无撤销、变更内容的,裁定异议成立或者相应部分异议成立。

915.【申请复议权及其载明】

当事人、利害关系人对执行行为异议裁定不服的,可以自裁定送达之日起十日内向上一级人民法院申请复议。

人民法院依照民事诉讼法第二百二十五条规定作出裁定时,应当告知相关权利人申请复议的权利和期限。

916.【执行行为异议审查期间的执行】

执行行为异议审查期间,不停止执行。

被执行人、利害关系人提供充分、有效的担保请求停止相应处分措施的,人民法院可以准许;申请执行人提供充分、有效的担保请求继续执行的,应当继续执行。

917.【执行行为异议与案外人异议同时提出的处理】

案外人基于实体权利既对执行标的提出排除执行异议又作为利害关系人提出执行行为异议的,人民法院应当依照民事诉讼法第二百二十七条规定进行审查。

案外人既基于实体权利对执行标的提出排除执行异议又作为利害关系人提出与实体权利无关的执行行为异议的,人民法院应当分别依照民事诉讼法第二百二十七条和第二百二十五条规定进行审查。

918.【执行行为异议与案外人异议相混淆的处理】

人民法院在审查过程中发现第三人对执行行为提出异议,但其主张的实质内容是对执行标的主张实体权利以对抗执行的,应当告知第三人变更其异议请求的内容和理由,第三人拒不变更的,依照民事诉讼法第二百二十七条的规定处理。

919.【案件受理异议的审查处理】

被执行人认为执行案件不符合受理条件而提出异议,或者虽针对执行通知、执行裁定书等提出异议,但实质是认为执行案件不符合受理条件的,执行审查机构应当参照执行行为异议的规定进行审查。理由成立的,裁定异议成立,并驳回申请执行人的执行申请,已经采取执行措施的,予以纠正;理由不成立的,裁定驳回异议。

异议审查和复议期间不停止执行。

920.【执行管辖异议的审查处理】

人民法院受理执行申请后,当事人对管辖权有异议的,应当自收到执行通知书之日起十日内提出。

对当事人提出的异议,执行审查机构应当参照执行行为异议的规定进行审查。异议成立的,应当撤销执行案件,并告知当事人向有管辖权的人民法院申请执行;异议不成立的,裁定驳回。当事人对裁定不服的,可以向上一级人民法院申请复议。人民法院作出裁定时,应当告知相关权利人申请复议的权利和期限。

管辖权异议审查和复议期间,不停止执行。

921.【债务人实体异议的审查处理】

被执行人以债权消灭、丧失强制执行效力等执行依据生效之后的实体事由提出排除执行异议的,人民法院应当参照民事诉讼法第二百二十五条规定进行审查。

除本规范第 922 条规定的抵销情形外，被执行人以执行依据生效之前的实体事由提出排除执行异议的，人民法院应当告知其依法申请再审或者通过其他程序解决。

发生法律效力的异议或复议裁定确认债务已经消灭或部分消灭的，执行实施机构应当依此确定应执行的标的额。已执行标的额超过应执行标的额的，应当责令申请执行人退回相应案款，拒不退回的，予以强制执行。

922.【债务抵销的审查处理】

当事人互负到期债务，被执行人请求抵销，请求抵销的债务符合下列情形的，除依照法律规定或者按照债务性质不得抵销的以外，人民法院应予支持：

（一）已经生效法律文书确定或者经申请执行人认可；

（二）与被执行人所负债务的标的物种类、品质相同。

966.【申请复议的形式要件】

复议申请人申请复议，应当向人民法院提交申请书。申请书应当载明具体的复议请求、事实、理由等内容，并附下列材料：

（一）复议申请人的身份证明；

（二）相关证据材料；

（三）送达地址和联系方式。

967.【执行复议案件的审查处理】

上一级人民法院对不服异议裁定的复议申请审查后，应当按照下列情形，分别处理：

（一）异议裁定认定事实清楚，适用法律正确，结果应予维持的，裁定驳回复议申请，维持异议裁定；

（二）异议裁定认定事实错误，或者适用法律错误，结果应予纠正的，裁定撤销或者变更异议裁定；

（三）异议裁定认定基本事实不清、证据不足的，裁定撤销异议裁定，发回作出裁定的人民法院重新审查，或者查清事实后作出相应裁定；

（四）异议裁定遗漏异议请求或者存在其他严重违反法定程序的情形，裁定撤销异议裁定，发回作出裁定的人民法院重新审查；

（五）异议裁定对应当适用民事诉讼法第二百二十七条规定审查处理的异议，错误适用民事诉讼法第二百二十五条规定审查处理的，裁定撤销异议裁定，发回作出裁定的人民法院重新作出裁定。

除依照本条第一款第三、四、五项发回重新审查或者重新作出裁定的情形外，裁定撤销或者变更异议裁定且执行行为可撤销、变更的，应当同时撤销或者变更该裁定维持的执行行为。

人民法院对发回重新审查的案件作出裁定后，当事人、利害关系人申请复议的，上一级人民法院复议后不得再次发回重新审查。

968.【不予受理执行异议或驳回异议申请的复议审查】

异议人对不予受理执行异议或者驳回异议申请裁定不服申请复议，上一级人民法院审查后认为符合受理条件的，应当裁定撤销原裁定，指令执行法院立案或者对执行异议进行审查。

969.【多人复议的一并审查】

多方当事人对同一异议裁定申请复议的，上一级人民法院应当一并审查。

970.【复议案件的审查期限】

当事人、利害关系人依照民事诉讼法第二百二十五条规定申请复议的，上一级人民法院应当自收到复议申请之日起三十日内审查完毕，并作出裁定。有特殊情况需要延长的，经本院院长批准，可以延长，延长的期限不得超过三十日。

971.【复议审查期间的执行】

执行复议期间，不停止执行。

被执行人、利害关系人提供充分、有效的担保请求停止相应处分措施的，人民法院可以准许；申请执行人提供充分、有效的担保请求继续执行的，应当继续执行。

972.【驳回不予执行公证债权文书申请的复议】

当事人不服驳回不予执行公证债权文书申请的裁定申请复议的，上一级人民法院应当自收到复议申请之日起三十日内审查，理由成立的，裁定撤销原裁定，不予执行该公证债权文书；理由不成立的，裁定驳回复议申请。复议期间，不停止执行。

973.【对强制措施、间接执行措施复议的特别规定】

对执行法院作出的拘留、罚款、限制出境决定,及对被纳入失信被执行人名单的纠正申请予以驳回的决定申请复议的,依照本规范第十四章的有关规定办理,不适用本章规定。

在主债务人的财产无法变现时,法院能否执行一般保证人的财产?

问题:某商业银行申请执行主债务人星光厂、一般保证人松花江公墓管理公司(以下简称管理公司)一案,因星光厂无其他财产可供执行,执行法院查封了该厂的一批仪器。由于该批仪器已经陈旧,经多次拍卖均无人竞买而流拍,某商业银行不同意以物抵债并且对一般保证人管理公司提出执行申请。执行法院冻结了管理公司的银行存款后,管理公司提出异议,认为该公司承担的仅仅是补充义务,星光仪器厂的仪器评估价值已经足以满足商业银行的债权,现商业银行不同意以物抵债,则该公司就不应再承担责任。请问管理公司的异议是否成立?

《人民司法》研究组认为:在执行程序中,一般保证人享有先执行抗辩权,也就是说只有在主债务人没有可供执行的财产时,法院才能执行一般保证人的财产。但是,应当注意,主债务人所具有的财产必须是方便法院执行的财产。本案中,星光厂的仪器经多次拍卖而流拍,说明该财产无法变现,债权人又不愿意以物抵债,只能视为主债务人无方便法院执行的财产。还应当注意的是,接受债务人的财产以抵偿债务是债权人的权利而非义务,一般保证人不得以此为由拒绝履行债务。综上,管理公司的异议理由不能成立,人民法院可以执行其财产。①

判决确定的债权人死亡后,执行法院还应否执行判决确定的护理费?

问题:原告周某诉被告马某人身损害赔偿一案,我院于2005年12月8日判令马某赔偿周某护理费以及其他费用共计175824.91元。执行过程中,原告周某死亡。我们对执行数额存在争议:一种意见认为执行数额应为判决数额,理由是该判决为生效判决,在没有其他判决改变原判决时,应执行原判决。原告死亡后,应由他的法定继承人来继承,属遗产。另一种意见认为,被执行人死亡后,护理费不再发生,再继续执行护理费对债务人不公平,应扣除护理费,请问哪种意见正确?

《人民司法》研究组认为:人民法院在执行程序中只能根据执行依据确定的内容进行执行,如果在执行过程中发生可能导致执行依据内容发生变动的事实,应当由相关利害关系人通过审判监督程序申请予以确定,执行法院在执行程序中无权变更执行依据所确定的债务数额。因此,第一种意见是正确的。②

人民法院执行村集体财产是否应经村民代表大会批准?

问题:我院审理的朱某申请执行某村委会返还买书款一案,我院依法查封了该村集体所有的500棵杨树,准备对杨树进行变价。但是按照有关法律规定,处理村民委员会集体财产应当经村民代表大会讨论决定,请问人民法院的执行是否也要履行这一程序?

《人民司法》研究组认为:按照《中华人民共和国村民委员会组织法》第十九条的规定,涉及集体收益的处分应当经村民代表大会讨论决定。但是,这条规定调整的对象主要是村民委员会处理集体财产的行为。人民法院依职权执行集体财产,不须经村民大会讨论。因此,你院可以依法直接将查封的杨树进行变价。③

---

① 载《人民司法》2008年第9期。
② 载《人民司法》2008年第9期。
③ 载《人民司法》2005年第10期。

第六十一章　对案外人异议的审查处理

中华人民共和国民事诉讼法

2017年6月27日

第二百二十七条　执行过程中，案外人对执行标的提出书面异议的，人民法院应当自收到书面异议之日起十五日内审查，理由成立的，裁定中止对该标的的执行；理由不成立的，裁定驳回。案外人、当事人对裁定不服，认为原判决、裁定错误的，依照审判监督程序办理；与原判决、裁定无关的，可以自裁定送达之日起十五日内向人民法院提起诉讼。

最高人民法院
关于适用《中华人民共和国民事诉讼法》的解释

2015年1月30日　　法释〔2015〕5号

第四百六十四条　根据民事诉讼法第二百二十七条规定，案外人对执行标的提出异议的，应当在该执行标的的执行程序终结前提出。

第四百六十五条　案外人对执行标的提出的异议，经审查，按照下列情形分别处理：

（一）案外人对执行标的不享有足以排除强制执行的权益的，裁定驳回其异议；

（二）案外人对执行标的享有足以排除强制执行的权益的，裁定中止执行。

驳回案外人执行异议裁定送达案外人之日起十五日内，人民法院不得对执行标的进行处分。

第三百零四条　根据民事诉讼法第二百二十七条规定，案外人、当事人对执行异议裁定不服，自裁定送达之日起十五日内向人民法院提起执行异议之诉的，由执行法院管辖。

第三百零五条　案外人提起执行异议之诉，除符合民事诉讼法第一百一十九条规定外，还应当具备下列条件：

（一）案外人的执行异议申请已经被人民法院裁定驳回；

（二）有明确的排除对执行标的执行的诉讼请求，且诉讼请求与原判决、裁定无关；

（三）自执行异议裁定送达之日起十五日内提起。

人民法院应当在收到起诉状之日起十五日内决定是否立案。

第三百零六条　申请执行人提起执行异议之诉，除符合民事诉讼法第一百一十九条规定外，还应当具备下列条件：

（一）依案外人执行异议申请，人民法院裁定中止执行；

（二）有明确的对执行标的继续执行的诉讼请求，且诉讼请求与原判决、裁定无关；

（三）自执行异议裁定送达之日起十五日内提起。

人民法院应当在收到起诉状之日起十五日内决定是否立案。

第三百零七条　案外人提起执行异议之诉的，以申请执行人为被告。被执行人反对案外人异议的，被执行人为共同被告；被执行人不反对案外人异议的，可以列被执行人为第三人。

第三百零八条　申请执行人提起执行异议之诉的，以案外人为被告。被执行人反对申请执行人主张的，以案外人和被执行人为共同被告；被执行人不反对申请执行人主张的，可以列被执行人为第三人。

第三百零九条　申请执行人对中止执行裁定未提起执行异议之诉，被执行人提起执行异议之诉的，人民法院告知其另行起诉。

第三百一十条　人民法院审理执行异议之诉案件，适用普通程序。

第三百一十一条　案外人或者申请执行人提起执行异议之诉的，案外人应当就其对执行标的享有足以排除强制执行的民事权益承担举证证明责任。

第三百一十二条 对案外人提起的执行异议之诉，人民法院经审理，按照下列情形分别处理：

（一）案外人就执行标的享有足以排除强制执行的民事权益的，判决不得执行该执行标的；

（二）案外人就执行标的不享有足以排除强制执行的民事权益的，判决驳回诉讼请求。

案外人同时提出确认其权利的诉讼请求的，人民法院可以在判决中一并作出裁判。

第三百一十三条 对申请执行人提起的执行异议之诉，人民法院经审理，按照下列情形分别处理：

（一）案外人就执行标的不享有足以排除强制执行的民事权益的，判决准许执行该执行标的；

（二）案外人就执行标的享有足以排除强制执行的民事权益的，判决驳回诉讼请求。

第三百一十四条 对案外人执行异议之诉，人民法院判决不得对执行标的执行的，执行异议裁定失效。

对申请执行人执行异议之诉，人民法院判决准许对该执行标的执行的，执行异议裁定失效，执行法院可以根据申请执行人的申请或者依职权恢复执行。

第三百一十五条 案外人执行异议之诉审理期间，人民法院不得对执行标的进行处分。申请执行人请求人民法院继续执行并提供相应担保的，人民法院可以准许。

被执行人与案外人恶意串通，通过执行异议、执行异议之诉妨害执行的，人民法院应当依照民事诉讼法第一百一十三条规定处理。申请执行人因此受到损害的，可以提起诉讼要求被执行人、案外人赔偿。

第三百一十六条 人民法院对执行标的裁定中止执行后，申请执行人在法律规定的期间内未提起执行异议之诉的，人民法院应当自起诉期限届满之日起七日内解除对该执行标的采取的执行措施。

第四百二十三条 根据民事诉讼法第二百二十七条规定，案外人对驳回其执行异议的裁定不服，认为原判决、裁定、调解书内容错误损害其民事权益的，可以自执行异议裁定送达之日起六个月内，向作出原判决、裁定、调解书的人民法院申请再审。

第四百二十四条 根据民事诉讼法第二百二十七条规定，人民法院裁定再审后，案外人属于必要的共同诉讼当事人的，依照本解释第四百二十二条第二款规定处理。

案外人不是必要的共同诉讼当事人的，人民法院仅审理原判决、裁定、调解书对其民事权益造成损害的内容。经审理，再审请求成立的，撤销或者改变原判决、裁定、调解书；再审请求不成立的，维持原判决、裁定、调解书。

最高人民法院
关于人民法院执行工作若干问题的规定（试行）

1998年7月8日　　法释〔1998〕15号

70. 案外人对执行标的主张权利的，可以向执行法院提出异议。案外人异议一般应当以书面形式提出，并提供相应的证据。以书面形式提出确有困难的，可以允许以口头形式提出。

71. 对案外人提出的异议，执行法院应当依照民事诉讼法第二百零四条的规定进行审查。

审查期间可以对财产采取查封、扣押、冻结等保全措施，但不得进行处分。正在实施的处分措施应当停止。

经审查认为案外人的异议理由不成立的，裁定驳回其异议，继续执行。

72. 案外人提出异议的执行标的物是法律文书指定交付的特定物，经审查认为案外人的异议成立的，报经院长批准，裁定对生效法律文书中该项内容中止执行。

73. 执行标的物不属生效法律文书指定交付的特定物，经审查认为案外人的异议成立的，报经院长批准，停止对该标的物的执行。已经采取的执行措施应当裁定立即解除或撤销，并将该标的物交还案外人。

74. 对案外人提出的异议一时难以确定是

否成立，案外人已提供确实有效的担保的，可以解除查封、扣押措施。申请执行人提供确实有效的担保的，可以继续执行。因提供担保而解除查封扣押或继续执行有错误，给对方造成损失的，应裁定以担保的财产予以赔偿。

75. 执行上级人民法院的法律文书遇有本规定 72 条规定的情形的，或执行的财产是上级人民法院裁定保全的财产时遇有本规定 73 条、74 条规定的情形的，需报经上级人民法院批准。

最高人民法院
关于适用《中华人民共和国民事诉讼法》执行程序若干问题的解释

2008 年 11 月 3 日　　法释〔2008〕13 号

第十五条　案外人对执行标的主张所有权或者有其他足以阻止执行标的转让、交付的实体权利的，可以依照民事诉讼法第二百零四条①的规定，向执行法院提出异议。

第十六条　案外人异议审查期间，人民法院不得对执行标的进行处分。

案外人向人民法院提供充分、有效的担保请求解除对异议标的的查封、扣押、冻结的，人民法院可以准许；申请执行人提供充分、有效的担保请求继续执行的，应当继续执行。

因案外人提供担保解除查封、扣押、冻结有错误，致使该标的无法执行的，人民法院可以直接执行担保财产；申请执行人提供担保请求继续执行有错误，给对方造成损失的，应予以赔偿。

第十七条　案外人依照民事诉讼法第二百零四条规定提起诉讼，对执行标的主张实体权利，并请求对执行标的停止执行的，应当以申请执行人为被告；被执行人反对案外人对执行标的所主张的实体权利的，应当以申请执行人和被执行人为共同被告。

第十八条　案外人依照民事诉讼法第二百零四条规定提起诉讼的，由执行法院管辖。

第十九条　案外人依照民事诉讼法第二百零四条规定提起诉讼的，执行法院应当依照诉讼程序审理。经审理，理由不成立的，判决驳回其诉讼请求；理由成立的，根据案外人的诉讼请求作出相应的裁判。

第二十条　案外人依照民事诉讼法第二百零四条规定提起诉讼的，诉讼期间，不停止执行。

案外人的诉讼请求确有理由或者提供充分、有效的担保请求停止执行的，可以裁定停止对执行标的进行处分；申请执行人提供充分、有效的担保请求继续执行的，应当继续执行。

案外人请求停止执行、请求解除查封、扣押、冻结或者申请执行人请求继续执行有错误，给对方造成损失的，应当予以赔偿。

第二十一条　申请执行人依照民事诉讼法第二百零四条规定提起诉讼，请求对执行标的许可执行的，应当以案外人为被告；被执行人反对申请执行人请求的，应当以案外人和被执行人为共同被告。

第二十二条　申请执行人依照民事诉讼法第二百零四条规定提起诉讼的，由执行法院管辖。

第二十三条　人民法院依照民事诉讼法第二百零四条规定裁定对异议标的中止执行后，申请执行人自裁定送达之日起十五日内未提起诉讼的，人民法院应当裁定解除已经采取的执行措施。

第二十四条　申请执行人依照民事诉讼法第二百零四条规定提起诉讼的，执行法院应当依照诉讼程序审理。经审理，理由不成立的，判决驳回其诉讼请求；理由成立的，根据申请执行人的诉讼请求作出相应的裁判。

最高人民法院
关于人民法院民事调解工作若干问题的规定

2004 年 9 月 16 日　　法释〔2004〕12 号

第二十条　调解书约定给付特定标的物的，

---

① 民事诉讼法原第二百零四条现已修改为第二百二十七条，下同。——编者注

调解协议达成前该物上已经存在的第三人的物权和优先权不受影响。第三人在执行过程中对执行标的物提出异议的，应当按照民事诉讼法第二百零四条规定处理。

最高人民法院
关于人民法院民事执行中查封、
扣押、冻结财产的规定

2004年11月4日　　法释〔2002〕15号

第三十一条　有下列情形之一的，人民法院应当作出解除查封、扣押、冻结裁定，并送达申请执行人、被执行人或者案外人：
（一）查封、扣押、冻结案外人财产的；
（二）申请执行人撤回执行申请或者放弃债权的；
（三）查封、扣押、冻结的财产流拍或者变卖不成，申请执行人和其他执行债权人又不同意接受抵债的；
（四）债务已经清偿的；
（五）被执行人提供担保且申请执行人同意解除查封、扣押、冻结的；
（六）人民法院认为应当解除查封、扣押、冻结的其他情形。
解除以登记方式实施的查封、扣押、冻结的，应当向登记机关发出协助执行通知书。

最高人民法院
关于人民法院民事执行中拍卖、
变卖财产的规定

2004年11月15日　　法释〔2004〕16号

第二十条　在拍卖开始前，有下列情形之一的，人民法院应当撤回拍卖委托：
（一）据以执行的生效法律文书被撤销的；
（二）申请执行人及其他执行债权人撤回执行申请的；
（三）被执行人全部履行了法律文书确定的金钱债务的；
（四）当事人达成了执行和解协议，不需要拍卖财产的；
（五）案外人对拍卖财产提出确有理由的异议的；
（六）拍卖机构与竞买人恶意串通的；
（七）其他应当撤回拍卖委托的情形。

最高人民法院
关于适用《中华人民共和国民事诉讼法》审判监督程序若干问题的解释

2008年11月25日　　法释〔2008〕4号

第五条　案外人对原判决、裁定、调解书确定的执行标的物主张权利，且无法提起新的诉讼解决争议的，可以在判决、裁定、调解书发生法律效力后二年内，或者自知道或应当知道利益被损害之日起三个月内，向作出原判决、裁定、调解书的人民法院的上一级人民法院申请再审。
在执行过程中，案外人对执行标的提出书面异议的，按照民事诉讼法第二百零四条的规定处理。

最高人民法院
关于刑事裁判涉财产部分
执行的若干规定

2014年10月30日　　法释〔2014〕13号

第十四条　执行过程中，当事人、利害关系人认为执行行为违反法律规定，或者案外人对执行标的主张足以阻止执行的实体权利，向执行法院提出书面异议的，执行法院应当依照民事诉讼法第二百二十五条的规定处理。
人民法院审查案外人异议、复议，应当公开听证。

第十五条　执行过程中，案外人或被害人认为刑事裁判中对涉案财物是否属于赃款赃物认定错误或者应予认定而未认定，向执行法院提出书面异议，可以通过裁定补正的，执行机构应当将异议材料移送刑事审判部门处理；无法通过裁定补正的，应当告知异议人通过审判监督程序处理。

最高人民法院
关于加强人民法院审判公开工作的若干意见

2007年6月4日　　法发〔2007〕20号

三、切实加强人民法院审判公开工作的基本要求

19. 对办案过程中涉及当事人或案外人重大权益的事项，法律没有规定办理程序的，各级人民法院应当根据实际情况，建立灵活、方便的听证机制，举行听证。对当事人、利害关系人提出的执行异议、变更或追加被执行人的请求、经调卷复查认为符合再审条件的申诉申请再审案件，人民法院应当举行听证。

最高人民法院
关于修改《民事案件案由规定》的决定

2011年2月18日　　法〔2011〕41号

29. 在第二级案由"四十三、执行异议之诉"项下增加"422、案外人执行异议之诉"、"423、申请执行人执行异议之诉"、"424、执行分配方案异议之诉"。

最高人民法院
关于依法制裁规避执行行为的若干意见

2011年5月27日　　法〔2011〕195号

三、依法防止恶意诉讼，保障民事审判和执行活动有序进行

9. 严格执行关于案外人异议之诉的管辖规定。在执行阶段，案外人对人民法院已经查封、扣押、冻结的财产提起异议之诉的，应当依照《中华人民共和国民事诉讼法》第二百零四条①和《最高人民法院关于适用民事诉讼法执行程序若干问题的解释》第十八条的规定，由执行法院受理。

案外人违反上述管辖规定，向执行法院之外的其他法院起诉，其他法院已经受理尚未作出裁判的，应当中止审理或者撤销案件，并告知案外人向作出查封、扣押、冻结裁定的执行法院起诉。

11. 对于当事人恶意诉讼取得的生效裁判应当依法再审。案外人违反上述管辖规定，向执行法院之外的其他法院起诉，并取得生效裁判文书将已被执行法院查封、扣押、冻结的财产确权或者分割给案外人，或者第三人与被执行人虚构事实取得人民法院生效裁判文书申请参与分配，执行法院认为该生效裁判文书系恶意串通规避执行损害执行债权人利益的，可以向作出该裁判文书的人民法院或者其上级人民法院提出书面建议，有关法院应当依照《中华人民共和国民事诉讼法》和有关司法解释的规定决定再审。

最高人民法院办公厅
关于切实保障执行当事人及案外人异议权的通知

2014年5月9日　　法办〔2014〕62号

各省、自治区、直辖市高级人民法院，解放军军事法院，新疆维吾尔自治区高级人民法院生产建设兵团分院：

2007年民事诉讼法修正案实施之后，各级人民法院在执行案件压力大、任务重的情况下，办理了大量的执行异议和复议案件，有效维护了执行当事人及案外人的合法权益。但是，我院在处理人民群众来信来访的过程中，也发现在个别地方法院，仍然不同程度地存在忽视甚

---

① 民事诉讼法原第二百零四条现已修改为第二百二十七条，下同。——编者注

至漠视执行当事人及案外人异议权的一些问题：有的法院对执行当事人及案外人提出的异议不受理、不立案；有的法院受理异议后，无正当理由不按照法定的异议期限作出异议裁定；有的法院违背法定程序，对异议裁定一裁终局，剥夺异议当事人通过执行复议和异议之诉再行救济的权利。

出现上述问题，既有执行案件数量大幅增加、执行机构人手不够、法律规定不够完善等客观方面的原因，也有个别执行人员司法为民意识不强、素质不高等主观方面的原因。执行当事人及案外人异议权行使渠道不畅，将使当事人对执行程序的公正性存在疑问，对强制执行产生抵触情绪，在一定程度上加剧"执行难"；另一方面，也会使部分群众对人民法院的执行工作产生负面评价，降低司法公信力。因此，必须采取切实有力的措施加以解决。现就有关事项通知如下：

一、高度重视执行当事人异议权的保障。执行异议制度是2007年民事诉讼法修正案所建立的一项救济制度，它对于规范执行程序，维护执行当事人及案外人的合法权利和利益，防止执行权滥用和"执行乱"具有重要意义。各级人民法院要认真组织学习领会民事诉讼法的规定，纠正"提异议就会妨碍执行"的错误认识，克服"怕麻烦"的思想，真正把法律赋予执行当事人及案外人的这项救济权利在司法实践中落到实处。同时，还要注意把政治素质高、业务素质强、作风扎实的法官充实到执行异议审查机构中来，为执行当事人及案外人的异议审查提供人员保障。

二、严格依法受理和审查执行异议。对于符合法律规定条件的执行异议和复议、异议之诉案件，各级人民法院必须及时受理并办理正式立案手续，受理后必须及时审查、及时作出异议、复议裁定或者异议之诉判决。依法应当再审、另诉或者通过其他程序解决的，应当及时向异议当事人进行释明，引导当事人申请再审、另诉或者通过其他程序解决。上级人民法院应当恪尽监督职责，对于执行当事人及案外人反映下级人民法院存在拒不受理异议或者受理异议后久拖不决的，应当责令下级人民法院依法及时受理和审查异议，必要时，可以指定异地人民法院受理和审查执行异议。

三、提高执行异议案件审查的质量。对于受理的执行异议案件，一要注意正确区分不同性质的异议，严守法定程序，确保认定事实清楚，适用法律正确，处理得当；二要注意提高法律文书质量，做到格式规范，逻辑清晰，说理透彻，依据充分；三要注意公开透明，该听证的要及时组织公开听证，确保当事人的知情权和程序参与权。

四、开展专项检查和抽查活动。各高级人民法院要结合最高人民法院安排的各项专项活动，对辖区内各级人民法院保障执行当事人及案外人异议权的情况进行检查，对检查中发现的问题应当及时提出意见、建议并报告我院。我院将结合群众来信来访适时进行抽查。本通知下发之后，对于人民群众反映相关法院存在前述问题的案例，我院一经查实，将在全国法院范围内予以通报批评；情节严重的，要依法依纪严肃处理。

最高人民法院
关于防范和制裁虚假诉讼的指导意见

2016年6月20号　　法发〔2016〕13号

10. 在第三人撤销之诉、案外人执行异议之诉、案外人申请再审等案件审理中，发现已经生效的裁判涉及虚假诉讼的，要及时予以纠正，保护案外人诉权和实体权利；同时也要防范有关人员利用上述法律制度，制造虚假诉讼，损害原诉讼中合法权利人利益。

最高人民法院
关于案外人对执行标的提出异议问题的复函

1992年5月5日　　法函〔1992〕59号

贵州省高级人民法院：

从你院报送的材料看，遵义市北关贸易经

营部（需方）与老河口市两个粮管所（供方）签订的购销粮食合同，明确约定在遵义市南站交货，运费由供方负担，货到站需方先付总货款的50%。供方将货物托运后，又派人与需方的合同签订人一道到遵义市收款交货，提货单由供方携带，待收到需方先付50%的货款后，再交提货单给需方提货。以上事实表明该合同是有约定附加条件的。需方在未按约履行附加条件又未取得提货单的情况下，故意避开已到遵义市的供方派员，将货物提出变卖抵债，应当视为非法占有处分了他人的合法财产。

因其他案件，执行法院根据已生效法律文书，监控执行了遵义市北关贸易经营部非法占有处分的他人的合法财产，直接损害了案外人的合法权益，应当立即予以执行回转，并依法做好善后工作。

最高人民法院
关于长顺县法院划拨所有权尚未转移给被执行人的款项问题的函

1997年1月13日　　经监〔1997〕17号

贵州高级人民法院：

大连华兴实业总公司向我院反映，长顺县法院违法划拨其存款，请求我院依法纠正长顺县法院的错误。

经查，大连华兴实业总公司与贵州省长顺县化工原料厂于1996年6月5日签订购销30吨锑锭的合同，并于6月11日在长顺县公证处作了公证。依据该合同，大连华兴实业总公司将237.9万元汇入长顺县建设银行以长顺县化工原料厂的执照所建的账户上。大连华兴实业总公司与长顺县化工原料厂的有关人员在长顺县建设银行办理了预留印鉴手续，以共同监管该笔资金。根据合同约定，待大连华兴实业总公司完全取得长顺县化工原料厂提供的该批货物品质、重量、数量证书及出口商品检验换证凭单并确认达到合同的技术标准后，一次性付清全部货款。之后，长顺县化工原料厂没有履行该合同。当年6月12日至6月19日，长顺县法院以长顺县化工原料厂欠他人款项为由，先后七次将该笔存款中的1,985,426.80元划走。

我院认为：根据《中华人民共和国民法通则》第七十二条的规定，大连华兴实业总公司的237.9万元虽然汇入以长顺县化工原料厂的执照所建的账户上，但因有预留印鉴手续，该笔款项的所有权尚未转移，仍归大连华兴实业总公司所有。长顺县法院以长顺县化工原料厂欠他人款项为由，划走大连华兴实业总公司的资金1,985,426.80元，侵犯了大连华兴实业总公司的合法权益。

现将有关材料转去，请你院监督长顺县法院立即将上述划走的1,985,426.80元款项退还大连华兴实业总公司，并将结果报告我院。

最高人民法院
关于执行案件中车辆登记单位与实际出资购买人不一致应如何处理问题的复函

2000年11月21日　　〔2000〕执他字第25号

上海市高级人民法院：

你院沪高法〔1999〕321号《关于执行案件车辆登记单位与实际出资购买人不一致应如何处理的请示》收悉。经研究，答复如下：

本案被执行人即登记名义人上海福久快餐有限公司对其名下的三辆机动车并不主张所有权；其与第三人上海人工半岛建设发展有限公司签订的协议书与承诺书意思表示真实，并无转移财产之嫌；且第三人出具的购买该三辆车的财务凭证、银行账册明细表、缴纳养路费和税费的凭证，证明第三人为实际出资人，独自对该三辆机动车享有占有、使用、收益和处分权。因此，对本案的三辆机动车不应确定登记名义人为车主，而应当依据公平、等价有偿原则，确定归第三人所有。故请你院监督执行法院对该三辆机动车予以解封。

[提示] 被执行人或其他人擅自处分已被查封、扣押、冻结财产的,人民法院有权责令责任人限期追回财产或承担相应的赔偿责任

最高人民法院
关于深圳市华旅汽车运输公司出租车牌照持有人对深圳市中级人民法院执行异议案的复函

2001年10月30日 〔2001〕执监字第232号

广东省高级人民法院:

你院〔2001〕粤高法执监字第188号《关于深圳中院执行华旅汽车运输公司一案的复查报告》收悉。经研究,同意你院的复查意见,现具体答复如下:

一、《最高人民法院关于适用〈中华人民共和国民事诉讼法〉若干问题的意见》第108①、109条②规定,诉讼中的财产保全裁定的效力一般应维持到生效的法律文书执行时止;在财产保全期内,任何单位均不得擅自解除保全措施。《最高人民法院关于人民法院执行工作若干问题的规定(试行)》第44条规定,"被执行人或其他人擅自处分已被查封、扣押、冻结财产的,人民法院有权责令责任人限期追回财产或承担相应的赔偿责任。"本案被执行人深圳市华旅汽车运输公司在诉讼保全期间内将人民法院已经查封的142块出租车营运牌照作为合同标的物以每块28万元至45万元不等的价格融资租赁给他人的行为无效。执行法院有权责令被执行人深圳市华旅汽车运输公司限期追回查封标的物(出租车营运牌照)或直接执行该标的物。

二、《最高人民法院关于人民法院执行工作若干问题的规定(试行)》第86条第1款规定:

"在执行程序中,双方当事人可以自愿达成执行和解协议,变更生效法律文书确定的履行义务主体、标的物及其数额、履行期限和履行方式。"依据本规定,执行和解协议的有效要件之一是双方当事人出于自愿并就协议内容的意思表示一致。而本案的各申请执行人于2001年4月29日、5月9日(拍卖前一日)两次向执行法院明确表示不同意和解并要求执行法院依法对查封标的物进行拍卖,表明本案申请执行人与被执行人之间并没有达成有效的执行和解协议。申诉人(牌照持有人)要求按所谓的和解协议执行,没有事实根据,不予支持。

三、《最高人民法院关于人民法院执行工作若干问题的规定(试行)》第47条规定:"人民法院对拍卖、变卖被执行人的财产应当委托依法成立的资产评估机构进行价格评估。"据此规定,评估程序应当是人民法院拍卖、变卖被执行人财产的必经程序。本案执行法院曾于1999年12月委托深圳市国有资产评估有限公司对华旅公司所有的100个出租车营运牌照(产权证编号为:03151—03250)的权益进行评估,评估公司于同年12月16日出具《关于法院委托评估的资产评估结果报告书》。评估报告书确认:每个出租车营运牌照权益价值的评估值为45.49万元;建议拍卖保留价为40.941万元/个。评估公司出具的《评估过程说明》第5条第6项注明:本次评估报告在市场价格无较大波动情况下的有效期为半年,若超过此期限或市场价格发生较大波动时,需重新评估。后因双方当事人磋商执行和解,此次拍卖没有进行。2001年5月10日,深圳市中级法院在没有进行重新评估的情况下,合议庭决定该批出租车营运牌照的拍卖保留价为70万元/个,委托广东机电深圳拍卖行进行拍卖。我们认为,在第一次评估报告已经过期并自动

---

① 第一百零八条已被最高人民法院《关于适用〈中华人民共和国民事诉讼法〉的解释》(法释〔2015〕5号)第一百六十五条修改为:"人民法院裁定采取保全措施后,除作出保全裁定的人民法院自行解除或者其上级人民法院决定解除外,在保全期限内,任何单位不得解除保全措施。"——编者注

② 第一百零九条已被最高人民法院《关于适用〈中华人民共和国民事诉讼法〉的解释》(法释〔2015〕5号)第一百六十八条修改为:"保全裁定未经人民法院依法撤销或者解除,进入执行程序后,自动转为执行中的查封、扣押、冻结措施,期限连续计算,执行法院无需重新制作裁定书,但查封、扣押、冻结期限届满的除外。"——编者注

失效的情况下，深圳市中级法院未经重新评估，执行合议庭合议确定拍卖保留价并委托拍卖的行为违反法定程序。鉴于该批出租车营运牌照的拍定价格大幅度高于原评估价格且已经公开拍卖完毕，可予以维持。但为维护程序公正和保证拍卖物的价格真实，应由深圳市中级法院另行指定评估机构按拍卖时的市场行情再行评估一次，如重新评估的价格未超过原拍卖价，则维持拍卖结果；如超过原拍卖价，则重新拍卖。

鉴于本案的执行涉及群体利益，故请你院接函后即督促深圳市中级法院制定详细工作方案，积极、稳妥地做好申诉人息诉工作，以维护社会稳定。

此复。

【附：案例评析】

深圳市华旅汽车运输公司出租车牌照持有人对深圳市中级人民法院执行异议案

四、深圳中院意见

1. 关于当事人是否达成和解协议的问题

在长达5年的执行期间内，法院多次召集当事人进行协商，均未达成和解协议。在拍卖前，两家债权人均表示无法和解，要求拍卖，因此法院的拍卖没有问题。

2. 关于评估报告是否过期的问题

评估报告规定的评估期限是评估人自行设定的，相关法律、法规对此没有规定。在评估至拍卖期间，市政府投放了1200辆"绿的"并下调了的士营运价格，对拍卖行情造成了一定的影响。法院在委托拍卖时，经合议庭研究决定以高于评估价70%的价格拍卖（原评估价为每块营运牌照45.49万元），经过竞买人的竞价，均以超过深圳中院确定的底价（70万元）拍卖成交。

3. 华旅公司未进入拍卖现场被剥夺知情权的问题

拍卖时，为防止突发事件，市公安局对进入现场的人进行了控制，凡与拍卖无关的人不得进入拍卖现场，拍卖前，华旅公司未向法院或公安局提出进入拍卖现场的申请。法院并未剥夺其知情权。

综上，深圳中院认为其执行手续完备，程序合法，牌照持有人的申诉应予驳回。

五、广东高院意见

1. 原则同意深圳中院的意见。

2. 出租车营运牌照被查封后进行的买卖行为均为无效，买受人转手倒卖牟利，其行为不受法律保护。

3. 华旅公司恶意逃债，应追究其妨碍民事诉讼行为的责任对有关责任人员采取民事制裁措施直至追究刑事责任。

4. 关于评估过期问题，考虑到出租车营运牌照的价格受市场影响，应对该营运牌照再行评估，如重新评估后，评估值未超过拍卖价，维持原拍卖价，若超过原拍卖价，重新拍卖。

5. 从拍卖款项中对营运牌照的最后持有人进行适当的补偿，拟以华旅公司第一手非法转让所收取的金额的100%作为补偿的标准，不足部分，由牌照持有人向上一手追索。

6. 建议深圳市主管部门加强对出租小汽车营运的管理。

7. 深圳中院做债权人工作，在本金得到保护的前提下，利息方面争取作出让步。

六、本案的核心问题

1. 华旅公司与承租人签订的《出租小汽车融资承包合同》的性质及其效力；2. 当事人双方是否达成了执行和解协议？3. 法院是否有权审查当事人之间达成的执行和解协议？4. 评估报告是否过期、过期后将产生什么法律后果？5. 合议庭能否决定评估价格？

七、评析意见

撰稿人依本案的事实，结合合议庭讨论意见和承办人意见，提出以下评析意见：

1. 关于华旅公司与各家银行签订的"抵押贷款合同"的性质及其与承包人签订的《出租小汽车融资承包合同》的效力问题

（1）"抵押贷款合同"的性质

如前所述，1994年4月至12月间，华旅公司将其所有的产权证编号为03151—03250、001—028的出租车营运牌照"抵押"给了前述各债权人，进行"抵押贷款"。在法院对华旅公司与大厦支行、盐田支行和红宝支行等3家银行的贷款合同纠纷所作的生效法律文书（包括判决书、调解书）中也确认了上述"抵押合同"关系，并判决：在借款逾期不能得到偿还时，有关债权人有权向法院申请拍卖"抵押物"——出租车营运牌照。我认为，从营运牌照本身的性质来看，将华旅公司与各家银行之间的法律关系认定为"抵押贷款"的关系是值得商榷的。理由如下：

《深圳经济特区出租小汽车管理条例》第10条规定："出租车必须依本条例取得营运牌照后，方可从事出租业务。未取得营运牌照的小汽车不得从事出租业务。营运牌照实行一证一车制，每一营运牌照应当同其所载明的出租车牌号相符合；营运牌照设正本和副本，正本交出租车经营者持有，副本由市运政管理机关保存备查。本条例所称营运牌照，是指市运政管理机关颁发的允许从事出租车业务的经营资格证明。"依据上述规定，出租车营运牌照是由特定行业管理部门监管并颁发的、允许从事出租车业务的经营资格证明。出租车营运牌照本身并不具有财产价值，其财产价值体现在"依行业管理部门的授权，从事出租车营运业务"上。这一特征集中反映了，营运出租车是一种权利，出租车营运牌照是一种权利凭证。依据《担保法》的有关规定和物权法理论，抵押适用于不动产或特定动产（也包括当事人自愿办理抵押登记的其他财产）；质押适用于动产和权利。另依据《深圳经济特区出租小汽车管理条例实施细则》第27、28条规定："营运牌照持有人可依法以营运牌照证书设定质押。但同一营运牌照证书不得设立两个以上质押。以营运牌照证书设定质押的，出质人与质权人应当订立书面合同，并向管理机构办理出质登记；质押合同自登记之日起生效。"综上所述，出租车营运牌照作为一种证明权利存在的凭证，其客体是"权利"。在出租车营运牌照上设定担保物权，应当适用《担保法》第四章第二节的有关规定——即权利质押。

然而，就本案所涉"权利质押"合同是否有效的问题存在一些争议。一种观点认为：《担保法》第四章第二节规定的权利质押权使用于该法第75条及有关司法解释所规定的各项"权利"——即汇票、支票、本票、债券、存款单、仓单、提单，依法可以转让的股份、股票，依法可以转让的商标专用权，专利权、著作权中的财产权，过路、过桥的收费权等。"出租车营运牌照"的客体尽管是权利，但其没有包含在法律规定的上述各项"权利凭证"之中，基于"物权法定"原则，以"出租车营运牌照"为质物签订的权利质押合同无效。我认为这种观点是值得商榷的，理由如下：a.《担保法》尽管没有规定"出租车营运牌照"可以作为权利质押的客体，但从现有的法律、法规和司法解释看，也没有"禁止性规定"——即如果以其他权利质押，则

合同无效。相反，《担保法》第75条第4项规定了权利质押扩大适用的情形，即"依法可以质押的其他权利"。依据民法理论，法律没有禁止的行为，便是适法行为（除非违反法律、妨害社会公共利益、违反善良风俗等）出租车营运牌照作为一种权利进行质押，并没有违反有关法律规定，该合同应当是有效的。b. 如前所述，依据《深圳经济特区出租小汽车管理条例》及其《实施细则》的有关规定，出租车营运牌照允许进行质押。且该规定没有与担保法的有关规定发生冲突。因此，本案所涉"质押合同"具有适法性。c. 依据《深圳经济特区出租小汽车管理条例》及其《实施细则》的有关规定，出租车营运牌照由专门机关进行行政管理；出租车营运牌照的转让、质押必须到该机关办理登记手续，否则视为转让、质押行为无效。依据上述规定，对出租车营运牌照所进行的权利质押登记是具有公示力和公信力的，其可以对抗其他任何未经登记的权利。其符合了"权利质押"的法律要件。d. 从国外立法及司法实践看，"权利质押"的适用范围非常广泛。为积极维护合同效力、充分保障市场交易安全，我们应当积极借鉴国外立法及司法的先进经验。

上述讨论仅是就"合同"的性质进行的法理分析，其对本案的最终处理结果并不产生影响。因为就本案所涉"合同"而言，无论称之为"抵押"还是"质押"，无论是否经过诉讼程序，只要合同有效，权利人的优先受偿权均是要保障的。

（2）华旅公司与承包人签订的《出租小汽车融资承包合同》的性质及效力问题。

在案件办理过程中，就《融资承包合同》的效力及是否存在"善意第三人"问题，有的人认为，融资承包合同的承包人无从知道该批"出租车营运牌照"已经被质押、被查封，其在主观上是善意的，应将其作为善意第三人予以保护；同时，根据深圳市人大、市政府的有关规定，签订《融资承包合同》无须到运输行政管理机关进行登记，因此合同是有效的。笔者不同意上述观点，理由如下：

A. 如前所述，1994年4月至12月间，华旅公司将其所有的产权证编号为03151—03250、001—028的出租车营运牌照质押给了前述各债权人，进行质押贷款。在法院对华旅公司与大厦支行、盐田支行和红宝支行等3家银行的贷款合同纠纷所作的生效法律文书（包括判决书、调解书）中也确认了上述"抵押合同"关系，并判决：在借

款逾期不能得到偿还时，有关债权人有权向法院申请拍卖本案标的物——出租车营运牌照。在质押合同关系相当明确的情况下，华旅公司将质押物（营运牌照）以30~50年不等的使用年限融资承包给了承租人。依据《担保法》的有关规定，当债务人不履行债务时，质押权人有权以质物折价或者以拍卖、变卖该质物的价款优先受偿。质押人对质物的处分不得损害质押权人的利益或影响质押权人实现优先受偿权。出租车营运牌照作为一种权利，其本身是不具有财产价值的，其具有财产价值的是"依据授权营运出租车业务"的权利——即经营权。另依深圳市运输行政管理机关的授权，华旅公司对该批出租车营运牌照的经营年限为45~50年不等。现华旅公司将已经质押的出租车营运牌照的经营权以30~50年不等的使用年限一次性地卖给了融资承包的承包人，该行为名为"融资承包"实为"经营权买卖"，其将直接导致质押权人的优先受偿权无法实现，损害了质押权人的利益。依据《担保法》的有关规定，华旅公司将已经质押的出租车营运牌照进行的所谓融资承包行为是非法的、无效的。

如前所述，依据《深圳经济特区出租小汽车管理条例》及其实施细则的有关规定，出租车营运牌照由深圳市运输行政管理机关进行行政管理；转让、质押出租车营运牌照应当到市运输行政管理机关办理登记手续，否则，该转让、质押行为无效。依据上述规定，承包人作为合同一方，在购买出租车营运牌照经营权时，应当具有到有关部门了解出租车营运牌照的权利状态的注意义务——即该权利是否真实、是否已经设定了其他权利、是否存在质押、查封情形等。但本案的承包人在合同签订过程中，没有尽到上述注意义务，其将该批出租车营运牌照作为一个完整的、无瑕疵的权利进行购买，结果损害了质押权人的利益，应当说其在主观上是存有重大过失的，故不能适用"善意第三人"制度。

B. 在沙河支行诉深圳市深华旅游饮食服务公司（已破产）和华旅公司借款纠纷一案中，南山区法院根据沙河支行的申请，于1995年6月6日，保全查封了华旅公司的出租车营运牌照（产权证编号：03151—03300，其中包括已经质押的128块出租车营运牌照），并将有关法律文书送达被执行人华旅公司和协助执行单位深圳营运汽车管理中心。在法院查封以后，华旅公司将已查封的（也是已经抵押的）出租车营运牌照以30~50年不等的使用年限又融资承包给了承包人。依据有关法律规定及最高人民法院的有关司法解释：人民法院进行查封后，任何人均不得擅自处分查封物；未经人民法院同意擅自处分查封物的，查封物必须追回，且在其流转过程中不适用善意第三人制度。依据《最高人民法院关于人民法院执行工作若干问题的规定（试行）》第44条的规定，该《融资承包合同》无效，应当追回查封物。

2. 关于和解协议的问题

(1) 关于订立和解协议的过程

深圳中院在执行本案的过程中做了大量的协调工作，期间组织了多次协调会议。申诉人主要是对深圳中院在4月29日的不同意执行和解协议的行为有异议。基于卷宗和申诉人反映材料，现将三方当事人和解过程介绍如下：自2001年4月初始，深圳中院多次组织申请执行人、华旅公司和司机代表进行协调，目的在于使各方当事人达成执行和解协议。在和解过程中（即4月13日），牌照持有人（司机）自发组织在一起，同意由其筹集资金偿还银行债务。司机代表、华旅公司与申请执行人就还款方案进行了多次协商。4月28日，协议各方按照协商意见草拟了执行和解协议（附后），并约定4月29日协议各方共同到法院，在法院的主持下签订执行和解协议。4月29日，作为债权人之一的长城资产公司发函深圳中院执行庭请求推迟拍卖至2001年5月25日。4月29日，协议各方共同来到了法院。据申诉人反映：协议各方到达法院后，法院主管领导及本案执行人员与债权人进行了单独会面，会面以后，债权人便表示：法院不同意和解协议第5条，并向债权人威胁：如果双方达成和解协议，发生第5条所述情况的，法院不予恢复执行。2001年5月10日，深圳中院委托广东机电设备深圳拍卖行对该批营运出租牌照进行了拍卖。

(2) 对发生在执行和解协议过程中的有关问题的认定

A. 承包人（现牌照持有人）可否替华旅公司还款？

依据《民事诉讼法》及《最高人民法院关于〈人民法院执行工作若干问题的规定（试行）〉的有关规定》，华旅公司将已经抵押、查封的出租车营运牌照以融资承包的形式将牌照的经营权卖给承租人的行为是非法的。华旅公司与承包人之间签订的融资承包合同因违反禁止性法律、司法解释规定而自始无效。因此，牌照持有人以代华旅公司还款的方式来维护非法合同（即承包合同）的有效性的做法是不能支持的，除非债权人明确表示同意。

B. 深圳中院不同意执行和解协议第5条的做法是否合法？

华旅公司与债权人草拟的《执行和解协议》第5条规定：在乙方清偿上述全部贷款本息之前，甲、乙双方仍维持原128辆营运车牌的质押，如乙方未能按上述约定还款（和解协议要求乙方在第一次支付近1/3款项后，其余部分按每月分期缴纳），则甲方有权向深圳市中级人民法院申请恢复执行。深圳中院不同意执行和解协议第5条的理由是：牌照持有人不是案件被执行人，现在其主动愿意替华旅公司还款，但如果后期其不愿还或不能还款时，将给法院的执行带来巨大困难（因其在没有义务还款的情况下支付了大量资金，如果其在将来不愿还或不能还款时，法院再次拍卖该批营运牌照将非常困难，牌照持有人有可能不服）。我认为单从《和解协议》第5条看，其内容是符合《民事诉讼法》关于执行和解的有关规定的。但从本案的具体情况看，由于牌照持有人取得牌照所基于的"融资承包合同"是非法、无效的，现法院如果同意了和解协议，便等于是承认了承租合同的合法性，如果将来牌照持有人不能还款或不还款时，法院想再次否认承租合同效力、拍卖营运牌照，由于牌照持有人在没有任何义务的情况下已经支付了大量资金，法院恢复执行与拍卖将成为不可能。综上，撰稿人认为，依据民法及诉讼法理论，人民法院对当事人的民事处分行为有审查权。《最高人民法院关于人民法院执行工作若干问题的规定（试行）》第86条第1款规定："在执行程序中，双方当事人可以自愿达成执行和解协议，变更生效法律文书确定的履行义务主体、标的物及其数额、履行期限和履行方式。"依据该规定，当事人之间签订执行和解协议与放弃诉权、放弃申请回避权、进行诉讼和解行为等相同，都是当事人对自己民事诉讼权利的处分行为。人民法院有权对执行和解协议是否合法、是否违反社会道德、是否妨碍社会公共利益、是否恶意损害他人利益等事项进行审查。深圳中院基于该项审查权对执行和解协议提出意见（通过卷宗反映，深圳中院并没有强迫当事人不能和解

的意思）、做申请执行人的工作是符合法理精神的。另《融资承包合同》自身的非法性是决定该执行和解协议最终不能成型的根本性原因。从这一点来看，深圳中院不承认执行和解协议的效力也是有理由的。

C. 申请执行人最终是否同意了执行和解协议

从卷宗材料看，在4月29日下午、5月9日下午（拍卖日为5月10日）深圳中院两次召集各债权人进行谈话，各债权人明确表示不同意和解，要求法院依法进行拍卖（上述意思表示已经记入谈话笔录）。各债权人在拍卖后——即6月1日，又向法院来函表示承认拍卖结果并感谢深圳中院的依法执行行为。《最高人民法院关于人民法院执行工作若干问题的规定（试行）》第86条第1款规定："在执行程序中，双方当事人可以自愿达成执行和解协议，变更生效法律文书确定的履行义务主体、标的物及其数额、履行期限和履行方式。"依据本规定，执行和解协议的有效要件之一是双方当事人出于自愿就协议内容达成意思表示一致。从申请执行人最终的意思表示看，其没有同意执行和解协议的明确意思表示，据此，我们可以认定：该执行和解协议没有达成。

D. 关于申诉人反映：4月28日，申请执行人长城资产公司向深圳中院执行庭发函要求推迟拍卖至2001年5月25日，深圳中院为何不中止执行的问题。

据上所述，长城资产公司在4月29日、5月9日与法院进行的两次谈话中，明确表示其与被执行人不能达成执行和解协议，并要求法院进行拍卖。据此可以推定，长城资产公司对申请延期拍卖的意思表示进行了修正。法院应当确认当事人最终的意思表示。

3. 关于评估报告问题

（1）事实经过

在长达5年的执行期间内，深圳中院数次要拍卖该批出租车营运牌照。其曾于1999年12月委托深圳市国颂资产评估有限公司对华旅公司所有的100个出租车营运牌照（产权证编号为：03151—03250）的权益进行评估，评估公司于同年12月16日出具《关于法院委托评估的资产评估结果报告书》。评估报告书确认：每个出租车营运牌照权益价值的评估值为454900元；建议拍卖保留价为409410/个。评估公司在《评估过程说明》第5条第6项注明：本次评估报告在市场价

格无较大波动情况下的有效期为半年,若超过此期限或市场发生较大波动时,需重新评估。后因当事人拟进行和解,此次拍卖行为没有成型。2001年5月10日,经深圳中院委托,广东机电设备深圳拍卖行对设定抵押、已经查封的142块出租车营运牌照进行了拍卖。此次拍卖没有进行重新评估,拍卖保留价(70万元)是由合议庭经合议确定的。合议庭确定评估价的理由是:以执行xx公司案的拍卖价格为基础(在深圳中院执行xx出租车公司案中,出租车营运牌照的拍卖价格约是80~90万元);但从原评估报告完成至此次拍卖期间,市政府又投放了1200辆"绿的",并下调了的士营运价格。其对拍卖行情造成了一定的影响。因此,法院在委托拍卖时,经合议庭研究决定以高于原评估价70%(70万元)的价格进行拍卖(原评估价为每块营运牌照45.49万元)。此次拍卖经过竞买人的竞价,均以超过深圳中院确定的底价(70万元)拍卖成交,平均价格为76.25万元/个。

(2)对本案评估、拍卖中有关问题的意见

在案件办理过程中,对本案评估、拍卖中存在的问题,有两种观点。第一种观点认为:《最高人民法院关于人民法院执行工作若干问题的规定(试行)》第46条规定:人民法院拍卖、变卖被执行人的财产,应当委托依法成立的评估机构进行价格评估。本规定是强制性规定,除有法律规定的情形,执行法院不得违反,合议庭更无权决定拍卖保留价。但如上所述,深圳中院在委托广东机电深圳拍卖行进行拍卖时,先前的评估报告结果已经过期,其在没有进行重新评估的情况下,便委托广东机电深圳拍卖行进行拍卖,其执行行为是不妥当的,是违法的。第二种观点认为:本案存在一些特殊的情况:a.深圳中院委托拍卖没有按照原有的评估价格进行拍卖,其合议庭所确定的拍卖起价远远高于原评估报告所确定的"建议拍卖价";b.从原评估至此次拍卖期间,市政府又投放了1200辆"绿的",并下调了的士营运价格,该行为对拍卖行情造成了一定的影响;深圳中院合议庭所确定的拍卖保留价基本反映了该批出租车营运牌照的当时市场价格;c.该批营运牌照经过公开竞价最后拍定买受人,其拍卖过程

及结果基本真实地反映了市场需求及标的物价值;d.由于本案拍卖标的额较大,如因执行法院的工作瑕疵而撤销原拍卖结果,如再次评估、拍卖的价格低于此次评估、拍卖的结果,将带来不必要的损失。我院多数意见认为,正当的评估程序、有效的评估结果将公正、客观地反映执行标的物的真实市场基准价值,其是进行公正、合法的拍卖程序的基础。为严格执法、保障程序公正,依据《最高人民法院关于人民法院执行工作若干问题的规定(试行)》第47条的规定,我们认为,评估程序是人民法院委托拍卖的必经程序,执行法院及相关合议庭无权确定执行标的物的拍卖保留价。据此认定,在第一次评估报告已经过期并自动失效的情况下,深圳中院未经重新评估,执行合议庭合议确定拍卖保留价并委托拍卖的行为违反法定程序。

八、结论意见

基本同意广东高院的复查意见。

关于本案执行程序中存在的未经重新评估的问题,鉴于该批出租车营运牌照的拍定价格大幅度高于原评估价格且已经公开拍卖程序,为维护程序公正和保证拍卖物的价格真实,应由深圳市中级人民法院另行指定评估机构按拍卖时的市场行情再行评估一次,如重新评估的价格未超过原拍卖价,则维持拍卖结果;如超过原拍卖价,则重新拍卖。①

最高人民法院执行工作办公室
关于案外人李福胜异议一案的复函

2001年11月26日 〔2000〕执监字第226—1号

新疆维吾尔自治区高级人民法院:

关于案外人李福胜异议一案,本院现已审查完毕,经研究,提出处理意见如下:

你院在执行本院〔1997〕经终字第147号民事判决时,于1999年6月25日追加刘晓军为被执行人,而刘晓军将其所购买的长安花园A—20—G房屋通过深圳市长城房地产发展公

---

① 李亮:《深圳市华旅汽车运输公司出租车牌照持有人对深圳市中级人民法院执行异议案》,载最高人民法院执行工作办公室编:《强制执行指导与参考》2002年第1辑(总第1辑),法律出版社2002年版,第225~239页。

司（以下简称长城公司）转让给李福胜，时间是在1998年7月。同年10月15日，深圳市人民政府向李福胜核发了房地产证。你院以刘晓军与李福胜恶意串通，逃避债务为由，强制执行李福胜名下的房产，证据并不充分。而李福胜向本院提供了如下证据：1. 刘晓军同意将其购买的长安花园A－20－G号房屋转让给李福胜；2. 李福胜支付购房尾款60987元给长城公司，刘晓军先前支付的房款723172元，李福胜以现金和存折支付给李晓军；1998年7月16日，李福胜从存折上取款53万元，同一天，刘晓军储蓄开户存款53万元；3. 刘晓军2000年6月8日出具证明：1998年7月16日将上述房屋转让给李福胜，并收受63万元的转让费；4. 长城公司于1998年7月22日为李福胜开具的购买上述房屋的转让（销售）房地产收入发票，金额为784159.00元；5. 长城公司与李福胜签订的上述房屋买卖合同（13443号）；6. 1998年10月15日，深圳市政府为李福胜核发的《房地产证》。这些证据足以证明李福胜对该房屋拥有所有权，本院予以认可。故你院强制执行李福胜名下的房屋是错误的，应当依法纠正。如申请执行人对李福胜名下的房屋权属有异议，认为刘晓军与李福胜之间转让房屋的行为侵犯其合法权益，可通过诉讼程序解决。

你院应将纠正执行错误的情况报告我院。

【附：案例评析】

案外人李福胜对新疆高院执行其个人房产提出异议案

三、新疆高院的意见

该院在执行中，发现被执行人刘晓军将1995年11月30日向长城公司购买的长安花园A－20－G室房屋一套，于1998年7月8日向长城公司提出申请，将该房屋转让给李福胜，7月13日长城公司同意更名，7月14日由刘晓军交纳10000元，将该房主更名为李福胜。经查，该房价款为784159元，其中723172元由新疆博尔塔拉蒙古自治州驻深办事处支付，其余现金60987元以李福胜个人名义支付，为此该院以〔2000〕新执字第37号通知李福胜将723172元房款向该院支付，同时调查李福胜本人，李一口咬定该套住宅不是从被执行人处买的，不认识刘晓军，并讲已将所有房款交长城公司。后李福胜对该院通知再次提出异议推翻前列所述，提出将723172元房款交付刘晓军后，取得了房产。该院认为只凭银行个人取款凭条和同一天开户入账并不能证明该笔款项的专指，如此大的款项竟没让收款人开具收条，不符合常理，同时，异议人一再提出是双方结清房款后，办理的转让手续，异议人双方所提交款日期为1998年7月18日，而异议人与长城公司所签合同为1998年7月15日，与异议人所述不符，异议人的陈述前后自相矛盾不能自圆其说。同时根据深圳市政府关于《深圳经济特区房屋交易管理细则》第4条"禁止私买私卖和利用房屋交易进行投机倒把，牟取暴利等非法活动"和第5条第1款"房屋交易必须到交易所办理手续"，第2款"经营单位出售的房屋再买卖的，应当到交易所办理手续"之规定，该院认为是被执行人刘晓军与异议人李福胜相互串通故意逃避债务，故本院以〔1999〕新执字第37—4号民事裁定书裁定驳回李福胜的异议。执行该套房产是正确的。

四、最高法院处理意见

新疆高院在执行最高法院〔1997〕经终字第147号民事判决时，于1999年6月25日追加刘晓军为被执行人，而刘晓军将其所购买的长安花园A—20—G号房屋通过深圳市长城房地产发展公司（以下简称长城公司）转让给李福胜，时间是在1998年7月。同年10月15日，深圳市人民政府向李福胜核发了房地产证。新疆高院以刘晓军与李福胜恶意串通，逃避债务为由，强制执行李福胜名下的房产，证据并不充分。而李福胜提供的证据足以证明其对该房屋拥有所有权，最高法院予以认可。故新疆高院强制执行李福胜名下的房屋是错误的，应当依法纠正。如申请执行人对李福胜名下的房屋权属有异议，认为刘晓军与李福胜之间转让房屋的行为侵犯其合法权益，可通过诉讼程序解决。

五、评析意见

本案的核心问题是长安花园A座20－G号房产的权属问题。该房产登记在李福胜名下，新疆高院能否在本案中认定其与被执行人刘晓军恶意串通，逃避债务，否定其所有权，作为被执行人刘晓军的财产予以强制执行。

笔者认为，长安花园A座20－G号房屋，深圳市人民政府于1998年10月15日向李福胜核发了房地产证，新疆高院在执行本案中于1999年6

月 25 日，追加刘晓军为被执行人。该院以刘晓军与李福胜恶意串通，逃避债务为由，强制执行李福胜名下的房产，理由并不充分。该院应有充分的证据证明双方转让房产的行为确系恶意串通，逃避债务。而该院仅依据 1. 对李德胜调查时前后说法不一，即开始说将所有房款交长城公司，后又说 723172 元给了刘晓军；2. 其说不认识刘晓军，却能在 2000 年 6 月 8 日该院送达民事裁定书的当天在新疆找到刘晓军，刘即给其出具证明收到房款；3. 李福胜一再提出双方是在结清房款后，办理的转让手续，其与刘晓军交款日期为 1998 年 7 月 18 日，而李福胜与长城公司所签订的合同为 1998 年 7 月 15 日，与李福胜所述不符等 3 个证据即认定李福胜同刘晓军恶意串通，逃避债务，证据不充分，不能得出这样的结论。尽管李福胜前后说法有不一致的地方，但关键要看主要证据，看原始证据。时间前后有出入，跟李福胜记忆不准确有关；跟刘晓军认识与否，李福胜能否找到他，并不对双方是否恶意串通起决定性作用，认识或熟悉在理解上应有一个程度问题。

李福胜对长安花园 A—20—G 号房屋拥有房地产证，其对新疆高院执行其房屋提出异议，并提供了大量的证据材料证明其对该房屋拥有所有权。主要有：

1. 刘晓军同意转让其原购买的长安花园 A—20—G 号房屋给李福胜；

2. 李福胜付购房尾款 60987 元给长城公司，刘晓军先前支付的房款 723172 元，李福胜以现金和存折支付。1998 年 7 月 16 日，李福胜从存折上取款 53 万元，同一天，刘晓军储蓄开户存款 53 万元；

3. 刘晓军 2000 年 6 月 8 日出具证明：1998 年 7 月 16 日将上述房屋转让给李福胜，并收受 63 万元的转让费；

4. 长城公司于 1998 年 7 月 22 日为李福胜开具的购买上述房屋的转让（销售）房地产收入发票，金额为 784159 元；

5. 长城公司与李福胜签订的上述房屋买卖合同（13443 号）；

6. 1998 年 10 月 15 日，深圳市政府为李福胜核发的《房地产证》等等。

以上证据足以证明，李福胜对该房屋拥有所有权。

李福胜所提异议应当予以支持。新疆高院在证据不充分的情况下，以李福胜与被执行人恶意串通，逃避债务为由，强制执行李福胜名下的房屋是错误的，该院应当撤销〔1999〕新执字第 37—4 号裁定书。①

[提示] 抵押登记的效力不宜在执行程序中直接裁定

最高人民法院执行工作办公室关于中奥（珠海）塑料包装有限公司执行申诉一案的复函

2002 年 1 月 17 日　　〔2001〕执监字第 80 号

广东省高级人民法院：

你院〔1999〕粤高法执督字第 57 号函收悉，经研究，答复如下：

一、珠海王子实业有限公司在执行程序中提供的汇率结算协议书，未经实体判决认定，在执行程序中不能采信。债务人应按生效判决之判定以美元给付债权人。若给付美元不能的，应按实际给付之日的国家外汇牌价汇率予以折算成人民币给付。

二、珠海市中级人民法院根据珠海市人民政府的协调安排意见，裁定由中奥（珠海）塑料包装有限公司承担 11 套职工住房转让款及租金，缺乏法律依据，且改变了〔1996〕粤高法审监经字第 4 号民事判决的内容，应予纠正。

三、中奥公司将其位于珠海市拱北夏湾二路排洪沟北侧的 10,853 平方米土地及地上附着物 5878 平方米建筑物抵押给中国银行珠海分行的抵押登记时间是 1999 年 12 月 26 日，而此时依〔1998〕珠法执字第 62—1 号民事裁定书，珠海王子实业有限公司尚欠中奥（珠海）塑料包装有限公司 3,493,025.13 元人民币，故不能认定中奥（珠海）塑料包装有限公司为逃避

---

① 刘涛：《案外人李福胜对新疆高院执行其个人房产提出异议案》，载最高人民法院执行工作办公室编：《强制执行指导与参考》2002 年第 4 辑（总第 4 辑），法律出版社 2003 年版，第 216~223 页。

债务恶意抵押。珠海市中级人民法院在执行程序中裁定登记机关的抵押登记行为失当,应予纠正。

请你院按照上述意见予以办理。

【附:案例评析】

中奥(珠海)塑料包装有限公司执行申诉案

二、本案争议的焦点问题

本案争议的问题主要有以下三方面:

1. 王子公司出具的汇率折算函的效力问题

中奥公司认为,根据广东省高级人民法院(1996)粤高法审监经字第4号民事判决,王子公司应偿还中奥公司占用的资金751,522.41美元及利息,并未判定折成人民币偿还。广东省高级人民法院仅凭一份未经双方当事人质证、也未经司法鉴定且显属事后伪造的汇率折算函,改变了判决书中的判项,使中奥公司由申请执行人变成被执行人,没有任何法律依据,也违背了司法程序。并提出下列理由证明王子公司出具的汇率折算函系伪造:(1)汇率折算函所用信笺纸上印有的335669电话号码,系中奥公司1990年5月24日才到珠海电信部门申请放号的,此种信笺纸也是1990年7月24日才委托印刷厂印刷的,而该函的签字日期却是1990年4月27日。(2)汇率折算函上的751,522.41美元的数字是1990年11月经广州会计师事务所经审核中奥公司多个账户汇总后以粤财所字〔1990〕028号报告,最后由法院确认后才得出的,签此汇率折算函之时不可能知道此数额。(3)王子公司与托咨询公司合资成立的中奥公司章程规定,重大问题必须经董事会研究决定,而此函在公司董事会和办公会记录中根本就没有记载。(4)汇率折算函中说1990年4月27日国家外汇牌价为1:3.7216,而实际上此日的国家外汇牌价为1:4.7339。(5)自1990年开始诉讼到1997年的再审判决,汇率折算函从未在法庭出现,王子公司一直不承认其占用中奥公司的该笔美金,而王子公司却在珠海市中级人民法院将其作为被行人案执行了3年后才出具此汇率折算函。(6)原中奥公司法定代表人兼总经理邢玉武系王子公司派往中奥公司的,从汇率折算函先盖章后打印的痕迹看,完全证明此函是其事后伪造的,其本人承认该函的真实性是不能信的。(7)依据《中华人民共和国合同法》规定,凡违反国家法律、法规的合同无效,汇率折算函的内容本身也违反了国家外汇管理有关禁止私自调汇的规定。

广东省高级人民法院认为,该院于2000年7月4日向原中奥公司法定代表人兼总经理邢玉武调查核实了汇率折算函的真实性,中奥公司的时任总经理肖若帆也在1999年11月2日珠海中院的调查中承认该函上的公章及邢玉武签名是真实的,因而认定该函是真实的,在执行程序中也应尊重当事人的约定,按汇率1:3.7216将美元折算成人民币来执行双方的债权债务。

2. 关于13套职工住房的问题

中奥公司认为:〔1996〕粤高法审监经字第4号民事判决书明确判定"中奥公司的职工居住中技公司(即王子公司)的13套住房,产权属于中技公司,但中奥公司未有承诺代其职工给付住房租金,此13套房应由中技公司与住户另行解决,中技公司要求中奥公司支付租金的理由缺乏依据,不予支持。"珠海市人民政府以〔1999〕第85号市长办公会纪要和珠海市人民政府办公室于2000年10月12日给珠海市中级人民法院的指令函属于行政干预司法,非法指令珠海中院改变广东省高级人民法院的判决内容,要求中奥公司向王子公司支付房款289.776万元,珠海市中级人民法院依此作出的执行裁定应予撤销。

广东高院认为,13套职工的住房问题,是经珠海市人民政府协调,双方当事人认可,并以市长办公会议纪要的文件确认的,应依此执行。

3. 中奥公司向中国银行珠海市分行的抵押问题

中国银行珠海市分行认为,1999年12月26日在珠海市房地产登记管理中心办理中奥公司的厂房抵押登记时,依〔1998〕珠执法字第62—1号民事裁定书,王子公司尚欠中奥公司人民币3,493,025.13元,不存在中奥公司为逃避债务恶意抵押的问题,因此,该抵押合法有效,其抵押物优先受偿权应受到保护。

珠海市中级人民法院认为,根据中奥公司在2001年3月19日之时的债务情况,其〔2000〕珠法执字第194—2号民事裁定中裁定抵押登记行为无效,抵押登记行为即予撤销是正确的。

广东高院对此问题没有提出意见。

三、最高人民法院的处理意见

最高法院于2002年1月17日作出〔2001〕执监字第80号函,函的内容如下:(1)王子公司在执行程序中提供的汇率结算协议书,未经实体判决认定,在执行程序中不能采信。债务人应按生效判决之判定给付债权人。若美元给付不能的,应按实际给付之日的国家外汇牌价汇率予以折算成人民币给付。(2)珠海中院根据珠海市政府的协调安排意见,裁定中奥公司承担11套职工住房转让款及租金,缺乏法律依据,且改变了〔1996〕粤高法审监经字第4号民事判决的内容,应予纠正。(3)中奥公司将其位于珠海市拱北夏湾二路排洪沟北侧的10,853平方米土地及地上附着物5878平方米建筑物抵押给中国银行珠海分行的抵押登记时间是1999年12月26日,而此时依〔1998〕珠法执字第62—1号民事裁定书,王子公司尚欠中奥公司三百多万元,因此不能认定该抵押系为中奥公司逃避王子公司的债务而进行的恶意抵押。珠海市中级人民法院在执行程序中裁定登记机关的抵押登记行为无效不妥,应该予以纠正。

四、本案评析意见

1. 未经实体判决判定的约定在执行程序中采信属于以执代审

中奥公司由申请执行人变成被执行人的关键证据就是1990年4月27日中奥公司与王子公司在结算文件中对美元汇率的换算约定,该函的真实性及是否采信是各方争议的焦点之一。从证据法的一般原理和有关证据规则看,广东省高级人民法院确认该函真实有效的两个证据明显存在不充分,对中奥公司提出否定汇率折算函效力的几个证据没有进一步查证,却在确认该函效力的《执行意见函》中认为"本案判决书未提及美元兑换人民币的汇率问题,当事人双方在1990年4月约定按汇率1∶3.7216将美元折算成人民币来结算双方的债权债务,执行中应尊重当事人的约定。"并以此作为执行的依据。既然要尊重当事人的约定,那在执行程序中就只能依靠当事人的自觉履行,而不能进入法院的强制执行程序,因为作为有实体权利义务内容的自由约定只有依赖于法院的实体判决判定后才能有强制执行力,在执行程序中通过裁定予以采信,实质上是以执行程序中的裁定替代审判程序中的判决,这种以执代审是在执行程序中经常易犯的错误。

美元作为给付的判项,在强制执行时如何折算成人民币来执行也是我们经常遇到的问题。美元本身作为判决书判定给付的特定标的物,是有确定的给付内容,也是可实际执行的,在执行程序中一般应严格按照判项的内容来执行,只有确实在该类标的物在给付不能时,才能按实际给付之日的国家外汇牌价折算成人民币后予以给付。

2. 行政文件不能作为法院强制执行的依据

1999年7月18日生效的《关于人民法院执行工作若干问题的规定(施行)》第2条明确规定了人民法院执行机构据以强制执行的生效法律文书的种类,珠海市中级人民法院将珠海市政府的办公会议纪要和协调安排意见作为执行依据,显然缺乏法律依据。何况,该争议的事项在再审判决中已明确判定"此13套房应由中技公司与住户另行解决",珠海市政府办公会议纪要和珠海市政府办公室给珠海中院指令函要求中奥公司承担房款289.776万元,此款不属本案的执行款项,王子公司要求中奥公司支付该款项不属法院执行内容,珠海中院在执行中以行政文件作为执行依据,没有法律根据,应予纠正。

3. 抵押登记的效力不宜在执行程序中直接裁定

在本案中,可以从两个方面认定中奥公司的抵押不是恶意的:首先,中奥公司欠中国银行珠海分行的贷款是真实的,1996年8月13日至1997年8月28日间中奥公司共贷了1200万元。其次,在1999年12月26日抵押时,中奥公司并不欠王子公司的债务,相反,此时依据珠海中院1999年10月25日的执行裁定,中奥公司还是王子公司的债权人,债权人肯定不会存在逃避债务的问题。因此,珠海市中级人民法院认定该抵押行为系在执行中转移财产、逃避债务是缺乏依据的。另外,中奥公司将土地及附着物抵押给中国银行珠海市分行的抵押合同本身是否有效,中国银行珠海市分行是否对该抵押物享有优先受偿权,均应通过民事诉讼解决,登记机关的登记行为的效力也应通过行政复议或行政诉讼来解决,珠海市中级人民法院在执行中直接认定房地产登记管理中心的登记行为无效的做法是不当的。[①]

[①] 黄年:《中奥(珠海)塑料包装有限公司执行申诉案》,载最高人民法院执行工作办公室编:《强制执行指导与参考》2004年第1集(总第9集),法律出版社2004年版,第89~95页。

最高人民法院
关于阳江波士发时装厂对广州市中级人民法院执行异议案的复函

2002年3月6日　〔1999〕执监字第167—1号

广东省高级人民法院：

你院〔1996〕粤高法执监字第66—2号《关于阳江波士发时装厂来信反映广州中院违反执行程序低价处理其股权权益问题的审查情况报告》收悉，经研究，答复如下：

阳光波士发时装厂（以下简称波士发）与中国农村发展信托投资公司广东办事处证券交易营业部（以下简称中农信）证券承销兑付纠纷一案，广东省高级人民法院经二审于1996年8月29日作出判决，由债务人波士发在判决生效后10日内向中农信交付债券本金1000万元及利息。波士发逾期未履行义务，中农信申请执行。

在执行过程中，广州市中级人民法院将被执行人波士发在其与第三人广东省信托房地产开发公司广州开发区公司（以下简称广信托）合作开发广州芳村花地湾项目中投入的1200万元定金按照投资权益裁定作价1392万元以物抵债给中农信。波士发对此裁定不服，以如下理由向本院提出申诉：（一）涉案财产未经拍卖就裁定以物抵债，违反法定程序，应予纠正；（二）执行法院委托的评估是在未通知被执行人，没有得到被执行人地产资料的情况下所作的评估，该评估与其他评估机构的评估价相差10倍左右，显失公平；（三）涉案房地产为被执行人与第三人共有，在未经审判确定双方权益的情况下，执行法院在执行中裁定确定被执行人与第三人的具体权益，于法不符。

本院经审查认为：在被执行人波士发没有财产可供执行时，执行法院可以执行其投资权益。但是，波士发与广信托之间就涉案房地产的开发合作仅有合作开发协议，没有成立开发该项目的公司或者其他形式的合作开发房地产的企业，尚无投资权益依附的民事主体，且波士发在履约之初交付定金后，双方是否继续履行合作协议，是否形成投资权益，该定金应如何处理，以及该合作协议的效力如何，出现的民事责任是违约责任还是过错责任等问题，应当通过诉讼等途径解决。广州市中级人民法院在执行程序中认定波士发支付的1200万元定金为投资权益，并裁定予以抵债1392万元，不符合法律规定，应予纠正。请你院督促执行法院纠正执行错误，撤销〔1996〕穗中法经执字第367号裁定。

此复。

【附：案例评析】

阳江波士发时装厂对广州市中级人民法院执行异议案

四、相关法院查明的事实、处理意见及理由

1. 广州市中级人民法院的处理意见及理由。

鉴于波士发不主动履行判决义务，广州市中级人民法院决定处理上述合作建房款及相关权益。广州市中级人民法院委托评估后，于1996年11月6日将评估结果通知被执行人，责令其7日内履行债务，并允许其以1374万元回赎建房款及相关权益，或者采取其他融资渠道偿还债务。对此，广州市中级人民法院认为：（1）在向被执行人发出履行通知后，曾多次限令其履行债务；查封的财产已经评估并告知被执行人评估结果；评估结果告知被执行人后，允许其以评估价格回赎该财产，也允许其抵押融资或找其他企业出资作赎，但限定期限内被执行人不但不设法集资兑付，还三番五次地提出"发新还旧"。（2）考虑到广信托不愿意接受新的合作伙伴，房地产业又处于低潮，且被执行人无其他财产可供执行，故于同年11月13日裁定以物抵债。（3）广州市中级人民法院处理的是被执行人合资建房的定金。由于波士发在缴纳定金后未继续投资，已构成违约，定金本来不必退还，但鉴于波士发已无其他财产可供执行，为保护各方当事人合法权益，经征求广信托的意见，广信托同意放弃追究被执行人违约责任的权利，退回定金；同时广信托又表示波士发退出后自己独立开发，因此，该投资权益经中农信转手后又回到广信托手里。（4）广州资产评估公司提供的材料证实：涉案房产尚未进入开发阶段，仍是一块菜地。从现场勘查及广州市中级人民法院提供的材料来看，该权益的价值很大程度上依赖于对未来收益的估算。但由于相关合同的履行会受诸多不确定因素的制约，导致现时对未来收益的估算不太可能。故在假定合作开发合同能够正常履行，被执行人的投资权益不会因为合同纠纷而减值，以及后续受让人可以正常承继被执行人支付定金后的权利义务情况下才可评估。现在评估的主要依据是银行利息。

2. 广东省高级人民法院的处理意见。

广东省高级人民法院有两种意见。

第一种意见认为：本案关键是如何确定波士发在涉案房地产开发项目中的1200万元投资权益问题，也就是原评估价为13911060元是否合理的问题。虽然波士发与广信托的合作开发纠纷尚未经法院审理，但依据相关法律规定，波士发与广信托的合作开发合同无效，广信托应将该定金1200万元及利息返还给波士发。另外，广州市中级人民法院委托评估的结果与银行利息差别不大，建议该案不再变动。此意见为多数意见。

另一种意见认为：广州市中级人民法院在执行程序上存在问题。评估结论与评估报告过于简单，且未及时将评估结果送达被执行人；处理投资权益时未经拍卖，直接裁定以物抵债违反法定程序，应予纠正。

3. 最高人民法院查明的事实。

（1）波士发与广信托之间仅有合作开发协议，并拟以该开发协议为基础，合作开发广州芳村花地湾的房地产，但双方并没有成立开发项目公司或者其他任何形式的合作开发房地产企业。（2）涉案定金1200万元是波士发于1995年2月8日之前，为履行合同约定的第一期付款而支付给广信托的。（3）涉案项目中，依照合同的约定，波士发需投资21500万元，但波士发支付了1200万元定金后，就没再按照合同的约定完成第二期付款。经查原因，波士发认为是由于广信托没有依照合同办理建筑规划许可证。但广州市中级人民法院认为是波士发缺乏后续资金，因为波士发在广东省有相当数量的债务在执行阶段没有偿清。广州市中级人民法院还查明广信托办理了建筑规划许可证。（4）波士发以投资权益所作的两次评估，是假定波士发充分投资，并能按照预期的目标完成开发、销售等事项后应得的收益，而非1200万元定金所代表的投资权益。（5）涉案标的物因缺乏后续投资仍是一块菜地，广州市土地局已公布该土地如不开发将被收回。

五、本案存在的主要问题

广州市中级人民法院直接裁定以物抵债的财产，是广信托基于合同关系返还的1200万元定金及其利息，还是被执行人波士发作为投资人在此房地产项目中的投资权益，以及在两种情况下执行法院如何执行。

六、评析意见

笔者认为，尽管广州市中级人民法院认为其执行的是定金，而非投资权益，并据此认定这是广信托放弃对波士发违约追索，自愿返还被执行人预先支付定金的结果，但事实上广州市中级人民法院仍是将其作为投资权益进行转让、处分的。1. 从评估报告可以看出，该评估是将涉案财产作为投资权益评估的；2. 如果广州市中级人民法院执行广信托自愿放弃定金的理由成立，那么，广信托作为协助执行人，只要返还1200万元定金，解除合同，就可以达到不加入新合作伙伴、独自开发的目的，而没有必要绕一个圈子，先由法院裁定以物抵债，然后再由债权人中农信将涉案财产转让给案外人广信托；3. 执行过程中，广州市中级人民法院曾允许被执行人回赎该权益，或者用其融资偿还债务。如果广州市中级人民法院认为是定金返还，直接截留返还的定金即可，其既没有必要进行评估，也不存在允许回赎的必要与可能；4. 广东省高级人民法院虽然没有明确肯定广州市中级人民法院的执行，而且多数意见在结果上支持广州市中级人民法院的做法，但却在推理上显然否定了广州市中级人民法院的意见。广东省高级人民法院不认为广州市中级人民法院执行的款项是案外人广信托主动放弃权利退还的定金，而认为是因被执行人与案外人广信托合作协议无效，案外人应当返还给被执行人的财产。但这里有个问题：首先，合同效力的认定应当通过审判程序来解决；其次，即使可以认定合同无效，也无法维持广州市中级人民法院的评估、以物抵债等执行行为，因为对无效合同的处理是返还财产。本案返还的财产是现金，无需评估，更不存在以物抵债。

综上，广州市中级人民法院的执行行为是不妥当的。首先，被执行人波士发与案外人广信托之间的合作开发合同是否有效、波士发是否构成违约，应当通过审判程序解决，执行机构无权决定该协议的效力。其次，广州市中级人民法院不能因为案外人不愿意在合作项目中加入新的合作伙伴而不经拍卖，直接裁定以物抵债，从而变相实现案外人的目的。依据《中华人民共和国民事诉讼法》第226条、《最高人民法院关于贯彻执行〈民事诉讼法〉若干问题意见》第281条的规定，直接裁定以物抵债必须经申请执行人和被执行人同意，或者被执行人的财产无法拍卖或变卖经申请执行人同意，而本案并不具备直接抵债的条件。再次，广州市中级人民法院委托的评估机构虽然按投资权益对涉案财产进行了评估，但以银行利息作为评估依据明显失当。最后，被执行人虽然没有在广州市中级人民法院允诺的7日内筹资回赎投资权益，也没有采取其他渠道融资，但这些均无法成为广州市中级人民法院不经拍卖，直接裁定将涉案财产以物抵债的充分理由。

在这里需要说明的是，通常所说的投资权益总是依附于一个民事主体，这一民事主体并不限于法人企业，对依法成立的合伙企业享有的投资权益，仍为通常所说的投资权益。鉴于主体法定，投资权益的评估也应根据这一民事主体现有的资产状况（包括资产与负债、资产结构等）、发展前景、管理水平、短期效益与长期效益等综合因素确定。本案中波士发与广信托并没有另行成立合作开发项目的公司或者合伙企业，其以内部合同形式进行的合作开发所产生的相关权利，仅可能成为合同权利而不是投资权益，因此，广州市中级人民法院认定被执行标的物为投资权益是错误的。波士发以其投资权益所作的评估也有混淆视听之嫌。因为波士发的评估是对合同充分履行，并且如期实现合同目的后取得投资收益所作的评估，而投资收益需要充分完成投资并达到预期的目标才能实现。本案中波士发并没有完成充足出资21500万元，如果合同因资金不足不能履行，波士发非但不能获得投资收益，还将承担定金损失，所以，波士发的评估不足为凭。

执行标的是否为合同权利问题，笔者认为，这是由合同履行情况决定的。如果依波士发所言是广信托违约才没有继续投资，那么对波士发享有定金双倍求权的执行（对债权的执行），才是对合同权利的执行；如果依广州市中级人民法院所言是波士发无力继续投资才导致开发停止，那么对该1200万元及其利息的执行就不是对合同权利的执行，因为波士发违约后就丧失了定金返还的权利，自然也就没有这些合同权利。从合同订立及波士发1995年2月8日给付定金，到1996年2月1日该定金被冻结，时隔近1年，波士发都没有再进行第二期投资。即使抛开波士发所欠其他债务，如果波士发资金充足也应不会因为债务而放弃合同权利。广州市中级人民法院能否以合同权利执行涉案财产并非确定。一般而言，如果合同相对人（此案为广信托）认为被执行人具有合同权利，经其许可，由其支付相应价款是可以执行的；如果合同相对人否认，应告知申请执行人行使相应的诉权如代位权，通过诉讼程序实现权利。

关于合同效力问题，笔者认为不便审查也不必审查。事实上，即使波士发能够证明它有投资能力，因其投资一审期间已经被法院冻结无法用于合同目的，也表明其不能依约履行合同构成违约，波士发应承担违约责任。如果广州市中级人民法院执行的不是投资权益，而是在广信托同意情况下执行的波士发给付的定金则是可以的。

七、结论意见

笔者认为，鉴于该项土地实质上已经交给广信托多年，不便于再回复原状；该合同因波士发没有继续出资且被法院强制执行，实际上就是广州市中级人民法院没有强制执行以物抵债，也早就由于无法继续履行而终止。广州市中级人民法院虽然在法律关系的认识上确有错误，但对最终利益的分配影响不大。即使如波士发所言广信托违约，那么波士发应享有的定金返还（双倍返还）的权益被部分执行也是没有问题的。波士发想要讨回余下的定金可以另行起诉广信托，追索定金，但这不妨碍法院已为的执行。如果是由于波士发违约导致合同不能履行，波士发根本就没有权利主张该1200万元权益，该权益应当由广信托主张。但是，对于广州市中级人民法院法律关系上认识的错误还是要纠正的，应当撤销原执行投资权益的裁定。[1]

---

[1] 刘文涛、黄文艺：《阳江波士发时装厂对广州市中级人民法院执行异议案》，载最高人民法院执行工作办公室编：《强制执行指导与参考》2002年第2辑（总第2辑），法律出版社2002年版，第168～177页。

最高人民法院执行工作办公室
关于李红光执行申诉一案的复函

2003年1月2日　〔2001〕执监字第208—1号

广东省高级人民法院：

你院〔2000〕粤高法执督字第217号《关于赖移生拖欠李红光借款纠纷执行一案审查的情况报告》收悉。经研究，答复如下：

你院制作《关于解除冻结广交会支行有关存款的通知》的法律依据是最高人民法院《关于人民法院执行工作若干问题的规定（试行）》（以下简称《执行规定》）第74条规定，但是，适用该条必须同时具备两个条件，一是对案外人提出的异议一时难以确定是否成立，二是案外人已提供确实有效的担保。你院下达上述通知的时间是2001年5月25日，而对案外人深圳发展银行广州市分行广交会支行（以下简称广交会支行）提出的异议，韶关市中级人民法院（以下简称韶关中院）已于2000年12月19日以〔2000〕韶执字第178—1号裁定予以驳回。因此，不存在案外人的异议一时难以确定是否成立的问题。根据《执行规定》第130条的规定，你院有权对韶关中院的执行行为进行监督。但是，对广交会支行以对执行法院所冻结的款项享有质押权为由提出的案外人异议，在韶关中院已以裁定予以驳回后，你院不能直接处理案外人异议，只能审查韶关中院的裁定。你院用通知解除该裁定冻结的款项是错误的。

广交会支行是以对广东省韶生实业有限公司注册资金账户中的570万元享有质押权为由提出的案外人异议并提供相应担保，你院指令韶关中院将该账户上的990万元全部予以解冻不妥。另外，广交会支行向你院提交的《关于暂缓执行的担保函》表示："若因暂缓执行申请错误导致有关当事人的损失，我行愿意承担相应的责任。"《执行规定》第74条规定，案外人或申请执行人应提供的确实有效的担保，既包括财产担保，也包括人保。因此，广交会支行在本案中应依法承担担保责任。

综上，你院于2001年5月25日作出的〔2000〕粤高法执督字第217—1号《关于解除冻结广交会支行有关存款的通知》适用法律不当，立即予以纠正；维持韶关中院韶执字第178—1号裁定，由广交会支行承担本案的担保责任。

请你院接此函后，尽快落实并将结果报告本院。

【附：案例评析】

案外人提供书面担保是否应该解除强制措施

三、本案争议的焦点问题

案外人广交会支行提供了书面担保，按照《执行规定》第七十四条，是否应解除对其异议款项的冻结措施？

广东高院认为，广交会支行已提供解除冻结的担保，并表示若解除冻结错误，愿对当事人的损失承担相应责任。根据《执行规定》第七十四条和第一百三十条，该院发函指令韶关中院解除对该款项的冻结并无不当。

韶关中院认为，根据《执行规定》第七十四条，对案外人提出的执行异议，若要解除查封、扣押措施，必须同时具备两个前提条件：一是案外人提出的异议一时难以确定是否成立，二是案外人提供了确实有效的担保。本案中，案外人广交会支行虽以对570万元享有质押权等为由提出了异议，但该院对其提供的证据进行了认真审查，明确认定该异议不能成立，并已裁定予以驳回；案外人也并未向该院提供确实有效的担保。故案外人广交会支行的异议情形，不符合《执行规定》第七十四条要求的两个条件，该院对该款项不予解冻是符合法律规定的。

申请执行人李红光认为，广东高院依据广交会支行提交的《关于暂缓执行的担保函》解除对990万元的冻结是错误的。理由是：1. 广交会支行所请求的只是暂缓执行，并未要求解除对款项的冻结。2. 广交会支行提交的《关于暂缓执行的担保函》只针对其认为享有质押权的570万元，而非990万元。

四、最高人民法院的处理意见

最高人民法院经研究认为，广东高院制作《关于解除冻结广交会支行有关存款的通知》的法律依据是《执行规定》第七十四条，适用该条款必须同时具备两个前提条件：一是对案外人提出的异议一时难以确定是否成立，二是案外人已提供确实有效的担保。广东高院下达上述通知的时间是 2001 年 5 月 25 日,而对案外人广交会支行提出的异议,韶关中院已于 2000 年 12 月 19 日以〔2000〕韶执字第 178-1 号裁定予以驳回。可见,广东高院下达通知前韶关中院已经驳回了案外人广交会支行的异议,因此,不存在案外人的异议一时难以确定是否成立的问题。根据《执行规定》第一百三十条的规定,广东高院有权对韶关中院的执行行为进行监督。但是,对广交会支行以对执行法院所冻结的款项享有质押权为由提出的案外人异议,在韶关中院已以裁定予以驳回后,广东高院不能直接处理案外人异议,只能审查韶关中院的裁定。

广交会支行是以对韶生公司注册资金账户中的 570 万元享有质押权为由提出的案外人异议,广东高院指令韶关中院将该账户上的 990 万元全部予以解冻不妥。另外,广交会支行向广东高院提交的《关于暂缓执行的担保函》表示若因暂缓执行申请错误导致有关当事人的损失我行愿意承担相应的责任。《执行规定》第七十四条规定,案外人或申请执行人应提供的确实有效的担保,既包括财产担保,也包括人保。因此,广交会支行在本案中应依法承担担保责任。

五、本案评析

在本案的案件事实方面,广东高院存在两个错误:一是案外人广交会支行提供的担保函明确表明请求的是暂缓执行,而广东高院却要求韶关中院解除已冻结的款项,超越了案外人广交会支行担保请求的标的。二是案外人广交会支行认为其享有质押权的标的额是 570 万元,给广东高院的担保函中表明的担保数额也是 570 万元,而广东高院要求韶关中院解除对 990 万元的冻结,这也超出了案外人广交会支行担保请求的数额范围。

案外人提供担保,请求人民法院解除查封、冻结、扣押的强制措施,或申请人提供担保,请求人民法院继续执行,是执行实务中经常面临的问题。从本案可以看出,尚需加强对《执行规定》第七十四条的理解。此条款的立法本意是利用担保措施,解决对案外人异议(比如执行的标的物为房地产权属纠纷)一时难以查清、难以确定是否成立的时候,在人民法院对案外人异议审查处理期间是否继续执行的问题,避免因案外人异议悬而不决导致执行措施停滞,影响执行效率,同时也防止因执行错误给案外人造成损失,造成执行回转困难。适用本条款需要注意以下四个方面的问题:

1. 适用该条第一款时,有两个条件:一是对案外人的异议一时难以确定是否成立,二是案外人已提供确实有效的担保。二者必须同时具备,执行法院才能考虑是否解除查封、冻结、扣押措施。当前述两个条件都具备时,不是"应当"、"必须",而是"可以"解除强制措施,即赋予执行法院根据案件实际情况处理的决定权,这一方面是维护诉讼保全等强制措施的权威性,另一方面也是对申请执行人权益的保护进行了倾斜。而作为法律规定的"可以"的情形,执行法院不管解除还是不解除,都不存在违法性的问题。这个权利是执行法院的权利,在实践中,上级法院不宜强行干预。

2. 对"确实有效的担保"的理解。在研究本案时,有个别意见赞同韶关中院的观点,认为应结合本条的第三款"给对方造成损失的,应裁定以担保的财产予以赔偿"进行理解,故这里的担保仅指财产担保,不包括人保的形式。多数意见认为,按照本条的立法旨意,这里设置担保是为了保障在因申请解除查封或申请继续执行有错误时,能够给相对方的损失予以赔偿。因此,此条的担保既应包括财保,也应包括确有担保能力的人保,如在本案中银行提供的人保是完全可以的。

3. 案外人和申请执行人同时提供担保时如何处理。案外人和申请执行人均可能提供担保,谁提供了确实有效的担保,执行法院就作出有利于谁的处理:案外人提供担保的,即可解除执行措施;申请执行人提供担保的,就应继续执行。但是,如果二者同时提供了确实有效的担保(比如都提供了银行存款作为担保)时怎么办?这时,主要应考虑四方面的因素:一要从提高执行效率、使案件得以尽快执行的角度出发,向申请执行人这一方适度倾斜;二要考虑案外人异议成立的可能性有多大,需要对案外人异议的理由及提供的证据进行初步审查,尽量避免今后出现执行回转的难题;三要考虑提供担保的确实可靠性,使得在解除强制措施或继续执行行为错误时,担保人有承担担保责任的能力。四要考虑物保优于人保的问题,对提供实际财物作担保的,要优先考虑。

4. 查封、冻结、扣押等强制措施是上级法院的裁定,应报请上级法院裁定解除。由于执行法院是一审法院,在执行中常会出现符合本条规定的解除强制措施的情形,而执行的标的物是上级法院在二审或再审时裁定保全的,这种情况应如何处理呢?《执行规定》第七十五条规定"需报经上级人民法院批准",有意见认为,"批准"是上级法院同意即可。笔者认为,"批准"应理解为报请上级法院通过裁定的形式予以确定,因为解除强制措施是违背上级法院采取保全措施的司法目的,需要慎重处理;另外,从法律文书的效力看,即使经报上级法院同意,下级法院的裁定也不能解除上级法院裁定实施的保全措施,或中止执行上级法院的法律文书。

上级法院如何按照《执行规定》第一百三十条的规定对下级法院进行监督。对下级法院的违法或不当执行,上级法院的监督首先是责令下级法院自我纠正,同时可通知暂缓执行;其次是在必要情况下上级法院直接作出裁定或决定予以纠正,同时可通知有关单位协助执行。对下级法院来说,一方面应当服从上级法院的指令,另一方面也可以向上级法院提出复议,上级法院经复议仍然认为下级法院执行错误时,后者应当坚决执行前者的意见。但是,这里需要注意的是,上级法院在直接纠正下级法院作出的裁定时,也必须采用裁定形式。上级法院的决定、通知,在对外效力上均不能否定下级法院的裁定的效力。本案中,广东高院在行使监督权时,避开对韶关中院裁定驳回的案外人异议内容的审查,直接去处理案外人的请求,这干预了执行法院依据《执行规定》第七十四条视情况决定的权利,属于监督不当;另外,用通知的文书形式更改裁定已经认定的事项,此做法也是欠妥的。①

最高人民法院关于工商银行福建省厦门市分行对陕西省高级人民法院执行厦门宏都大饭店异议案的复函

2004年2月27日 〔2003〕执监字第99号

陕西省高级人民法院:

你院〔2000〕陕执经字第04号《关于宝鸡市怡高工贸有限公司申请执行厦门宏都大饭店债务纠纷一案有关情况的报告》收悉,经研究,答复如下:

中国工商银行厦门市分行(以下简称厦门工行)与厦门普益房地产有限公司(以下简称普益公司)、厦门宏都大饭店(以下简称宏都饭店)系列借款担保纠纷案,厦门市中级人民法院作出〔2000〕厦经初字第81至90号、384号民事判决,均确认:普益公司对其开发的普利花园项目包括宏都饭店使用的该项目B幢大楼享有所有权;厦门工行对该项目大部分房产包括你院查封的宏都饭店房产享有抵押权。你院对此也无异议。这即否定了你院的查封效力,因为你院查封的房产并非被执行人宏都饭店的房产,宏都饭店并不享有其正在使用且被你院查封的房产的所有权。

你院查封宏都饭店房产以及驳回厦门工行异议的有关民事裁定书违反了有关法律和司法解释的规定,应依法予以撤销;你院应对查封的房产予以解封,交由厦门市中级人民法院依法执行。

【附:案例评析】

工商银行福建省厦门市分行对陕西省高级人民法院执行厦门宏都大饭店异议案

三、本案主要争议及处理意见

1. 最高法院查明的有关事实

综合有关法律文书和双方反映的情况,我院认为第一部分双方各自反映的案件处理过种等事实问题双方没有异议,可以认定。另外,在陕西高院报告称,保全查封宏都大饭店房产的依据的《关于人民法院执行工作若干问题的规定(试行)》第40条之规定:"人民法院对被执行人所有的其他人享有抵押权、质押权或留置权的财产,可以采取查封、扣押措施。财产拍卖、变卖后所得价款,应当在抵押权人、质权人或留置权人优先受偿后,其余额部分用于清偿申请执行人的债权。"可见,对被执行人财产采取执行措施的前提是"被执行人享有该财产的所有权"。而宏都大饭店占用的房产产权人并非宏都饭店,陕西高院采取

---

① 黄年:《案外人提供书面担保是否应该解除强制措施》,载最高人民法院执行工作办公室编:《强制执行指导与参考》2004年第4集(总第12集),法律出版社2005年版,第89~94页。

执行措施的对象错误。

下面分析一下陕西高院驳回厦门工行抵押权主张裁定的效力。从陕西高院得知，厦门工行寄送抵押优先权的请求后，陕西高院专门派人到厦门工行核实，因厦门工行工作人员互相推诿，不予配合，他们回院后就作出了该裁定。作出后，厦门工行寄送了经过公证的证明文件。陕西高院再次到厦门房管部门调查，查清了普利花园的全部产权情况，包括厦门工行享有的抵押权。因此，虽然有该裁定，但陕西高院也没有采取进一步的执行措施。

民事诉讼法第208条以及执行规定第71条均规定，人民法院对案外人异议"应该按照法定程序审查"。对这个"法定程序"的具体内容法律没有明确。但在实践中，就抵押权的存在与否，案外人提出异议之后，执行机构到有关管理部门调查核实应该是通行的做法。执行机构限期让当事人举证，过期未能举证的以证据不足为由驳回抵押权异议，虽然对执行机构来讲可能是一种比较有效的执行方式，但是执行法律法规没有赋予执行机构这样的权力，而且这种做法随意性太大，很容易侵害案外人利益，从价值角度考虑可能弊大于利，不应予以支持。陕西高院发出公告限定权利人10天内主张债权，接到厦门工行声明后，到厦门找工行却不到房管部门核实，因为工行没有配合，回来后就裁定不予认定，程序上是有瑕疵的。在其知道厦门工行确实享有抵押权后也没有纠正不当的裁定。而厦门工行因为没有按照陕西高院要求及时提供证据，被陕西高院驳回了抵押权的主张，致使生效判决长达3年无法执行，厦门工行为自己不积极配合的行为也付出了代价。而抵押权有关证明文件是否经过公证已经无关紧要。

因此，本案实际上就是如何处理的问题。根据本案情况，有两个情况需要研究，一是陕西高院的案件正在进行再审，在此期间双方当事人达成和解协议；二是陕西高院报告中认为怡高公司投入巨资无法收回，有失公平的问题。对此，最高法院认为：

（1）陕西高院再审及双方当事人达成的和解协议不影响本案处理

陕西高院提起再审的理由是怡高公司负责人承认陕西高院判决依据的股权改债权的协议是其为避免承担普益公司和宏都饭店的债务而私下和宏都饭店的副总搞的（厦门中院另案的刑事判决予以确认），宏都饭店董事长并不知晓。陕西高院如果否定前一个判决，确认二者之间是投资关系，则怡高公司对宏都饭店投资并享有40%的股权，对其债务要承担相应的责任，不会产生对抗厦门中院判决确认的厦门工行享有的抵押优先权的效果。因此，陕西的再审案件不影响厦门案件对房产的执行。

根据民事诉讼法以及我院有关司法解释的规定，进入再审程序后，执行案件应该中止执行或暂缓执行。陕西高院已经裁定中止执行原判决，在该案进入再审程序10个月后双方达成《执行和解协议》，其效力作为执行部门不宜下结论，但该协议显然也不能产生对抗厦门工行抵押优先权的效果。厦门中院和厦门工行均强烈反对该协议，要求我院支持其依法执行和保护其合法利益。

（2）怡高公司损失属正常的商业风险

陕西高院报告称，陕西案件申请人投入了巨额资金到厦门，给当地财政收入造成很大的损失。怡高公司原意是合作开发房产，没有要求任何担保，其负责人由于在该投资项目中渎职、受贿等行为已被判刑，加之房地产市场滑坡，造成了这样的后果。

无论如何该债权只能作为普通债权看待。如果怡高公司和宏都饭店承认上述和解协议，则属于当事人意思自治范围的事项，怡高公司能否得到一定的补偿，应由当事人自己采取救济措施，人民法院不宜干涉。

四、最高法院处理意见

案外人厦门工行异议成立，发函纠正陕西高院的执行错误，由厦门中院依法执行。①

---

① 黄文艺：《工商银行福建省厦门市分行对陕西省高级人民法院执行厦门宏都大饭店异议案》载最高人民法院执行工作办公室编：《强制执行指导与参考》2004年第1集（总第9集），法律出版社2004年版，第82~88页。

最高人民法院执行工作办公室
关于案外人长春市西新镇镇府土地出让金被冻结执行异议案的复函

2006年3月16日　〔2005〕执监字第217号函

山东省高级人民法院：

你院2005年12月27日和2006年3月6日《关于申请执行人德州富达玻璃钢制品有限公司与被执行人长春绿新大市场加工承揽合同纠纷一案执行情况的报告》收悉。经研究，提出以下意见：

长春市绿园区西新镇政府不是本案的被执行人，与本案被执行人长春绿新大市场无任何法律关系，在此情况下，德州市中级人民法院裁定冻结、扣划西新镇政府财政所款项属执行错误，依法应予纠正。德州中院在冻结西新镇政府款项后，对农业银行长春西新分理处的处罚不当，亦应依法予以纠正。至于西新镇政府依据吉林省、长春市有关文件收取土地出让金的做法是否违法，非执行程序审查的范围，应通过其他途径解决。

【附：案例评析】

长春市西新镇镇府土地出让金被冻结执行异议案

三、山东省高级人民法院的意见

根据我院的要求，山东省高级人民法院将该省德州市中级人民执行的关于德州富达玻璃钢制品有限公司申请执行长春绿新大市场一案的有关情况向我院进行了报告。具体情况如下：

（一）案件基本情况

申请执行人：德州富达玻璃钢制品有限公司（以下简称富达公司）被执行人：长春绿新大市场（以下简称大市场）；异议人：农行长春市西新分理处；执行依据：〔2001〕德中民初字第39号民事调解书。

本案在审理中，德州市中级人民法院于2001年11月23日查封了绿新大市场的土地34万平方米，4个营业大厅（审理时查封12个营业大厅，后又解封8个营业大厅，解封后的房产全部被长春中级人民法院查封）。

（二）案件执行情况

执行中，执行法院经过调查了解，被执行人正在办理土地出让手续，有900万元存到长春市绿园区西新镇政府财政所账户上。虽然西新镇政府财政所是义务协助人，但无权收取土地出让金。为了便于案件的执行，2005年8月2日，德州市中级人民法院冻结了长春绿新大市场存放在西新镇财政所账户上的存款900万元。同时向西新镇送达协助执行通知书，扣留长春绿新大市场存放于西新镇政府的存款900万元。西新镇政府称这900万元是绿新大市场交纳的土地出让金，依据是吉林省长春市有关地方文件，结吉林省十强镇提供优惠条件（西新镇是吉林省十强镇），土地出让金可以直接进镇级财政，用于基础建设。8月5日，执行人员依法扣划冻结的存款，而农行西新分理处主任电话称不能协助，原因是长春市刑警支队下文，由于有人冒充执行工作人员，骗取了一家银行人民币200多万元，法院扣划冻结的存款暂不协助，执行人员置送达扣划手续。2005年8月9日，执行法院收到长春市西新镇政府异议，称长春绿新大市场缴纳的出让金是该镇的财政收入，所有权为该镇所有（未提供全部证据），执行法院经审查，认定长春市西新镇政府根据吉林省颁发的有关文件，收取长春绿新大市场存放在西新镇的存款并无不当，西新镇政府以土地出让金形式收取绿新大市场900万元无合法依据，遂裁定驳回异议，继续执行。2005年10月27日，经查询西新镇财政所账户，发现在执行法院送达协助扣划裁定后，擅自向他人支付款项（其中一笔900万元），责令其限期追回擅自支付的款项，但逾期未追回。2005年11月1日，送达民事裁定书，裁定农行长春西新分理处在未追回被转移款项范围内以自己的财产向申请人承担责任，经过吉林省农行、长春市农行协调，农行愿意在扣划名称一致时再予协助。2005年11月28日，执行法院裁定长春市绿园区西新财政所在其占有的被执行人900万元款项范围内向申请执行人承担责任。银行拒绝签收协助扣划存款通知书，执行人员将法律文书留置送达，后农行表示同意协助扣划，但至今未扣划至执行法院。

（三）德州市中级人民法院意见

西新镇政府以土地出让金形式收取的长春绿新大市场的900万元无合法依据，应扣划被冻结的存款至德州市中级人民法院。

(四)山东省高级人民法院审查意见

依据国家有关法律定,土地出让金必须上缴至县级以上财政账户,而被执行人的土地出让金仅依据吉林省办公厅的一般行政文件规定上缴至镇财政账户自由支配,该款项性质发生了变化。因此,德州市中级人民法院对案件执行的程序合法、手续齐全,执行是没问题的。另,申请人德州富达玻璃钢制品有限公司是德州市的支柱企业,目前职工因养老保险金等问题经常到市里集体上访,从维护社会稳定的大局考虑,我们认为该案也应尽快予以执行。请求最高人民法院依法予以支持。

2006年3月8日,山东省高级人民法院执行局及德州中院再次来我院汇报了该案。尽管西新镇政府等向山东高院提供了吉林省、长春市有关部门的文件,但山东高院认为,根据国家法律规定,土地出让金必须上缴到县级以上政府的财政专用账户,而吉林省有关文件中,"土地收益直接进镇级财政"的规定,违背了国家的有关规定,不能作为对抗执行的依据。因此,西新镇政府收取长春绿新大市场的900万元,依法不属土地使用权出让金,只能列为一般性存款。山东省高级人民法院认为,德州中院执行并无不当,请求我院予以支持。

四、最高人民法院的审查意见

此案经我院责成山东省高级人民法院审查并进行执行听证,山东省高级人民法院依然认为德州市中级人民法院的执行并无不当。鉴此,我院提出以下处理意见:长春市绿园区西新镇政府不是本案的被执行人,与本案被执行人长春绿新大市场无任何法律关系,在此情况下,德州市中级人民法院裁定冻结、扣划西新镇政府财政所款项属执行错误,依法应予纠正。同时,德州市中级人民法院的冻结西新镇政府款项后,对农业银行长春西新分理处的处罚不当,亦应依法予以纠正。至于西新镇政府依据吉林省、长春市有关文件收取土地出让金的做法是否违法,非执行程序审查的范围,应通过其他途径解决。

五、评析意见

笔者不同意山东省高级人民法院和德州市中级人民法院的意见,本案依法不能执行。具体理由如下:

1. 德州中院在执行程序中追加西新镇政府为被执行人既无事实依据,也无法律依据。因西新镇政府与被执行人在法律上无任何关系,既不是其开办单位也不是其上级主管部门,因此,德州市中级人民法院裁定冻结西新镇政府财政所的款项没有任何法定理由。

2. 西新镇政府和被执行人绿新大市场一致反映德州市中级人民法院冻结扣划的900万元款项系土地出让金,德州市中级人民法院在无任何证据的情况下予以否定缺乏事实和法律依据。

3. 西新镇政府收取土地出让金的时间是2004年12月30日,而德州市中级人民法院却在8个月以后即2005年8月2日冻结扣划西新镇财政所账户的900万元,应认定属执行错误。

4. 西新镇政府于2001年7月10日被吉林省政府列为"十强镇"。吉林省政府经济体制改革办公室吉改办发〔2001〕52号文件确定为改省"十强镇"综合改革试点镇.长春市财政局财综〔2003〕611号文件明确规定"十强镇"的土地出让金可直接用于该镇的小城镇建设.可直接作为本级政府的收入。吉林省委吉发〔1995〕22号关于《鼓励和扶持"十强镇"综合改革试点的若干政策》文件规定:"十强镇"享受计划、财税、工商、城建、林业环卫等方面的县级经济管理权、审批权以及相应的干部管理权和行政审批权。《吉林省关于加快省"十强镇"改革与发展的若干政策》第三条明确规定:"国有土地有偿使用收益,除新增建设用地(指农用地转用)收益30%上缴国家外,其余全部留镇用于开发建设,土地收益直接进镇级财政。"对此,长春市国土资源局于2005年2月7日证明:绿园区西新镇属省政府确立的"十强镇",土地出让金直接进入镇财政,并开讫专用票据作为国土部门办理土地出让手续缴纳土地出让金直接进入镇财政,并开讫专用票据作为国土部门办理1:地出手续缴纳土地出让金的凭证。且中共中央、国务院于2000年6月13日发布的《关于促进小城镇发展的若干意见》第六条明确指出:"小城镇现有建设用地的有偿使用收益,留给镇级财政,统一用于小城镇的开发和建设。"上述情况表明,西新镇政府收取土地出让金既是依据吉林省委、省政府的文件规定,长春市国土资源局也予以认可;而且也进一步说明,吉林省的改革试点是完全符合党中央、国务院的文件精神的。而德州市中级人民法院未经诉讼程序直接在执行程序中否定吉林省、长春市的有关文件规定不妥,依法应予纠正。

由于西新镇政府不是本案的被执行人，因此，农业银行吉林省分行营业部不明情况不便协助应认定并无不当，德州市中级人民法院裁定让农业银行吉林分行承担责任及处以罚款也属不当，也应予以纠正。①

[提示] 人民法院已经查封的财产又被仲裁裁决确权给案外人如何处理

最高人民法院对新疆维吾尔自治区高级人民法院《关于新疆建工集团建设工程有限责任公司与新疆宝亨房地产开发有限公司一案中有关问题的请示》的复函

2009年4月16日　〔2007〕执他字第9号

新疆维吾尔自治区高级人民法院：

你院《关于新疆建工集团建设工程有限责任公司与新疆宝亨房地产开发有限公司一案中有关问题的请示》收悉。现对有关法律问题答复如下：

在人民法院已经查封的财产又被仲裁裁决确权给案外人的情况下，执行法院可以依照民事诉讼法第二百一十三条②第三款的规定对仲裁裁决进行审查。如果认定当事人恶意串通进行仲裁裁决损害其他债权人的利益，妨害执行秩序，执行法院应当依法将该裁决视为有违背社会公共利益的情形而裁定不予执行。同时，还应将此种行为视为妨害人民法院执行的行为，依法予以制裁。

此复。

【附：案例评析】

关于人民法院能否在执行程序中依职权对确认执行标的物权属的仲裁裁决效力进行审查的请示案——兼谈妨害执行秩序的公共利益属性

二、新疆维吾尔自治区高级人民法院审委会意见

新疆维吾尔自治区高级人民法院多数意见认为，宝亨集团异议不成立。该案诉讼过程中，宝亨大厦虽没有房产证，但登记部门的所有相关登记资料均显示宝亨大厦登记在宝亨房地产公司名下，新疆维吾尔自治区高级人民法院据此对宝亨大厦保全查封合法有效。两年十个月之后，乌鲁木齐仲裁委员会作出的〔2006〕乌仲裁字第150号裁决，依宝亨集团与宝亨房地产公司签订的《宝亨大厦项目委托代建协议》及宝亨集团的付款凭证裁决宝亨大厦三层（含三层）至二十九层产权为宝亨集团所有，鉴于申请人宝亨集团为被申请人宝亨房地产公司的控股公司，且宝亨房地产公司此前从未向新疆维吾尔自治区高级人民法院及吐鲁番中院告之代建事宜，宝亨集团也从未就宝亨大厦的权属主张权益，故乌鲁木齐仲裁委员会作出的〔2006〕乌仲裁字第150号裁决不能对抗该院保全查封。

少数意见认为，宝亨集团异议成立。乌鲁木齐仲裁委员会作出的〔2006〕乌仲裁字第150号裁决，裁决宝亨大厦三层（含三层）至二十九层产权为宝亨集团所有。该仲裁裁决当事人未申请撤销，是生效的法律文书，乌鲁木齐仲裁委员会及人民法院均无程序撤销仲裁裁决。对宝亨集团异议无需实体审查，乌鲁木齐仲裁委员会作出的〔2006〕乌仲裁字第150号裁决已经确认执行标的物权属，宝亨集团异议成立。

同时，新疆维吾尔自治区高级人民法院审判委员会一致意见认为，本案被执行人涉嫌与案外人恶意串通，规避法律，且带有普遍性，应当书面请示最高人民法院。

三、评析意见

被执行人与案外人恶意串通在执行程序中通过诉讼或者仲裁确权程序来达到逃避执行的目的，已经成为执行程序中的突出问题，如果处理不当将给一般认为，社会公共利益在于强调其"公共性"，包括社会利益和国家利益，至于利益主体数量上的多寡，并不是其考虑因素。本案中，将人民法院依职权审查仲裁裁决的范围仅限于对人民法院已经查封的财产进行恶意串通确权的行为，

---

① 张小林：《长春市西新镇镇府土地出让金被冻结执行异议案》，载江必新主编、最高人民法院执行局编：《执行工作指导》2008年第3辑（总第27辑），人民法院出版社2009年版，第39～44页。

② 民事诉讼法原第二百一十三条现已修改为第二百三十七条。——编者注

着眼点并不在于这样的裁决损害了多少债权人的利益,而在于这样的仲裁裁决,损害了法院执行的公法秩序,是对法院司法权威的公然蔑视。把人民法院的执行秩序列入公共利益,从法理上没有任何问题。

2. 社会公共利益条款本身就是一个弹性条款,是为法院应对各种复杂的情势而设的

目前,对法院查封、冻结、扣押的财产通过仲裁确权来逃避执行,具有一定的普遍性。对这种行为我们必须加以制裁,而社会公共利益条款就为我们提供了防渗补漏的武器。

3. 最高人民法院并不是一个单纯地僵化地适用法律的机关

因为法律永远落后于社会生活,而最高人民法院就负有在法律适用中及时通过解释法律来弥补法律漏洞的职责。法院解释法律无非两种途径:第一,通过个案的审理创制新的规则。比如,最高人民法院执行局曾经在法律没有规定的情况下,设定了执行回转的债权在破产程序中享有优先权就是明显的一例(〔2005〕执他字第27号)。第二,对法律不明确的地方进行明确或者赋予法律以新的涵义。本案中,从新疆维吾尔自治区高级人民法院的认定事实看,当事人与其关联公司涉嫌互相串通,对人民法院已经查封的财产通过仲裁确权的方式转移财产权属。这种行为一方面侵害了执行程序中债权人的利益,另一方面也是对人民法院公法执行秩序的公然挑战。本案将债务人与案外人恶意串通对法院查封财产的确权看作对执行秩序——这一公共利益的损害,应当是司法能动性的应有之意。

(二)仲裁程序的特点决定了债权人不可能介入被执行人与案外人之间的仲裁程序

仲裁程序具有封闭性和私密性,当事人之间如果没有仲裁协议,仲裁庭无法将债权人纳入仲裁程序。仲裁程序也没有第三人制度,债权人无法以第三人的身份参与仲裁程序。并且,仲裁庭在没有当事人申请的情况下不会公开开庭审理。这些特点决定了债权人根本就无法介入到仲裁确权程序中来,无法在仲裁确权程序中对执行标的物的真正权属发表意见,进行质证。这样的程序特点为执行人通过仲裁裁决损害第三人特别是在执行程序中与案外人串通损害债权人利益留下了制度缺口,这就要求执行法院必须有权对损害第三人利益的仲裁裁决有进行审查的权力。

(三)现有法律的疏漏导致债权人对损害其利益的仲裁裁决没有救济渠道首先,如果说对于被执行人利用判决确权程序来逃避执行,当事人还可以通过再审程序来对确权判决进行救济的话,仲裁程序由于没有再审制度,债权人无法对损害其利益仲裁裁决通过再审程序进行救济。其次,现行法律将对仲裁裁决撤销和不予执行的程序启动权仅赋予给了仲裁当事人和人民法院,债权人无法通过申请撤销和不予执行仲裁裁决来保护自己的合法权益。因此,有必要将恶意串通损害债权人利益的仲裁裁决也纳入到"违背社会公共利益"的范围,由人民法院依职权裁定不予确认,以防止被执行人逃避执行。

(四)如果执行法院对仲裁结果无条件确认,将使执行程序遭受严重损害如果执行程序中执行法院对仲裁确权程序不能审查而改为无条件确认其

效力,被执行人将极有可能利用这一程序,串通关联方随时通过仲裁确权程序来排除人民法院的执行。甚至在人民法院执行程序终结后,被执行人也可串通案外人进行确权,进而要求人民法院纠正执行错误。因为,现行执行程序并没有对案外人提出执行监督程序的期间进行限制。那样的话,以本案为例,就会形成这样的结果,在宝亨集团作为被执行人时,其会以宝亨大厦登记在宝亨房地产公司名下作为抗辩理由;而在宝亨房地产公司作为被执行人时,宝亨集团又会凭借仲裁确权程序来使债权人受偿的希望落空。最终,将给被执行人转移财产、逃避执行,从法律制度上开了一个大大的口子。应该说,从最高人民法院监督的一些案件来看,目前已经出现了这样的苗头。

应当指出,对执行标的物的仲裁确权裁决赋予执行法院司法审查权,仅仅是权宜之计,因为对于通过判决或者调解确权,尤其对是通过执行法院辖区以外的法院所作出的确权判决或者调解,执行法院就显得鞭长莫及,力有不逮。同时,虽然我们可以将不予执行仲裁裁决宽泛解释成可以包括不予确认其效力。但从法律条文的规定内容看,对确权仲裁裁决裁定不予执行,总给人文不对题的感觉。所以,最根本的解决之道是赋予执行法院对执行实体异议的专属管辖权,即人民法院已经查封、扣押、冻结的财产,案外人主张实体权益的,一律应当向执行法院提起执行异议或

者第三人异议之诉,不能另案确权。唯如此,方能公平保护债权人、债务人、案外人的合法权益,彰显正当程序的光辉。同时,此类问题还牵涉到民法上的一个重大问题,即确权裁决本身能否成为物权变动的原因?因此问题涉及理论和实践问题甚大,容另文详述,本文不赘。①

[提示] 法院执行标的物与法院确权判决确定的所有权人冲突问题的协调处理

最高人民法院
关于广东、江西两地法院执行东莞市虎门镇解放路55号粤信花艺海滨花园房产争议案答复函

〔2009〕执协字第3—1号

江西省高级人民法院:

你院赣高法执〔2009〕9号《关于江西省鹰潭市中级人民法院与广东省东莞市中级人民法院执行争议案的协调处理意见》收悉。经研究,答复如下:

一、江西省鹰潭市中级人民法院(以下简称鹰潭市中院)2008年2月4日再次拍卖争议房产时,广东省东莞市中级人民法院(以下简称东莞市中院)已经就争议房产的所有权问题于2007年8月28日作出了确权判决,判令争议房产的所有权归属案外人刘超群所有。鹰潭市中院在明知争议房产已经确权归属刘超群的情况下,不应再次拍卖争议房产。

二、关于蔡建伟欠鹰潭市大江实业有限公司(以下简称大江公司)530万元欠款问题。经审查,一是该笔欠款与争议房产的购房款无关。东莞市中院的相关判决已经查明争议房产的购房款系刘超群直接向开发商东莞粤信花艺海滨花园开发有限公司通过银行转账方式支付,与蔡建伟的欠款没有直接法律关系。二是鹰潭市中院认为蔡建伟欠大江公司的530万元系因其代理关系产生的,该认定并未被相关判决确认。蔡建伟和梁青受刘超群委托以受托人名义购买房屋,以及530万元系蔡建伟购房过程中发生的费用等事实,虽已被两地法院相关判决认定,但蔡建伟给付大江公司补偿款,是否也系受刘超群委托,并无相关证据。故鹰潭市中院裁定蔡建伟欠大江公司的欠款由刘超群承担缺乏事实和法律依据。

综上,据两地法院的生效判决和现有证据,鹰潭市中院的执行错误,请你院依法监督该院对已执行的争议房产执行回转,或将拍卖款项返还给刘超群。

特此函复。

【附:案例评析】

关于广东、江西两地法院执行东莞市虎门镇解放路55号粤信花艺海滨花园房产争议案

三、广东省高院向最高人民法院报请协调意见

该院在与江西省高院多次协调未果的情况下,报请最高人民法院协调。该院认为:(1)关于争议房产的权属问题。争议房产的权属已经为东莞市中院〔2007〕东中法民一初字第31号判决确定,刘超群系争议房产的所有权人。(2)关于鹰潭市中院追加刘超群为被执行人问题。鹰潭市中院依据蔡建伟与刘超群之间的代理关系裁定追加刘超群为被执行人,并对上述争议房产予以执行,实质上否定了江西省高院作出的〔2006〕赣民一终字第113号民事判决。同时,该院以代理关系追加刘超群为被执行人没有事实和法律依据,有以执代审的嫌疑。(3)关于鹰潭市中院处分协调争议标的物问题。该院在明知刘超群就法院执行标的物的权属问题已向东莞市中院提起诉讼的情况下,仍继续拍卖上述争议标的物,明显违反了法律和司法解释的相关规定。

综上,广东省高院认为,鹰潭市中院的执行缺乏事实和法律依据,程序违法,依法应当予以纠正,并将拍卖标的物交由东莞市中院依法处理。

四、江西省高院报送意见

该院认为,鹰潭市中院执行并无不当,理由:

---

① 范向阳:《关于人民法院能否在执行程序中依职权对确认执行标的物权属的仲裁裁决效力进行审查的请示案——兼谈妨害执行秩序的公共利益属性》,载江必新主编、最高人民法院执行局编:《执行工作指导》2009年第2辑(总第30辑),人民法院出版社2009年版,第128~134页。

(1) 关于鹰潭市中院查封房产的效力问题。该院认为，争议标的物登记在被执行人蔡建伟名下，鹰潭市中院据此执行并无不当。东莞市中院的确权判决是在鹰潭市中院查封之后作出的，并不能否定鹰潭市中院查封效力。广东省高院根据物权法第二十八条的规定认定鹰潭市中院所查封的房产为刘超群所有，该认定系引用法律错误。（2）关于鹰潭市中院能否追加刘超群为被执行人问题。该院认为，根据东莞市中院和鹰潭市中院作出的相关判决认定的事实，确认被执行人蔡建伟所欠大江公司的530万元欠款系因其代理关系产生的，基于此所产生的权利义务应由刘超群承受，裁定追加刘超群为被执行人并无不当。根据《中华人民共和国民法通则》和《中华人民共和国合同法》等法律规定，代理人因代理事项所产生的权利义务由被代理人享有和承担。刘超群与蔡建伟之间的代理的委托代理购买争议房产的关系，已经被东莞市中院〔2007〕东中法民一初字第31号民事判决书予以确认，蔡建伟欠大江公司款项，也是购买上述争议房产所产生的。虽然《最高人民法院关于人民法院执行工作若干问题的规定（试行）》（以下简称《执行规定》）对此种情形追加被执行人没有明确规定，但是该院认为，对已经经过法院审理确认的非常明确的事实，没有必要通过另行诉讼的方式解决，否则，会影响法律的公正，影响司法效率，直接将刘超群追加为被执行人符合法律的规定和精神。因此，鹰潭市中院裁定追加刘超群为被执行人并无不当。

五、最高人民法院意见

（1）鹰潭市中院明知东莞市中院就争议房产作出确权判决后，继续拍卖错误，依法应予纠正；（2）蔡建伟欠大江公司的530万元欠款与刘超群购房款无关，且该欠条的出具与刘超群购买争议房产无直接法律关系。鹰潭市中院应当将已执行的争议房产执行回转，或将拍卖款项返还给刘超群。

六、评析意见

该协调案争议的焦点问题主要集中在谁是争议标的物所有权人以及追加刘超群为被执行人的合法性等问题上。对此，分析如下：

（一）关于谁是争议标的物所有权人问题

鹰潭市中院在执行过程中，以争议标的物登记在被执行人蔡建伟名下，对其采取执行措施并无不当。此后，案外人刘超群提出执行异议被鹰潭市中院驳回后，刘超群以争议标的物所有权纠纷向东莞市中院提起确权诉讼。2007年8月28日，东莞市中院作出〔2007〕东中法民一初字第31号民事判决书，确认了刘超群对争议标的物享有所有权，并判令争议房产名义登记人蔡建伟、梁青协助刘超群将争议房产过户到其名下。至此，产生了法院执行标的物与法院确权判决确定的所有权人冲突问题。对此问题，我认为，法院在执行过程中对执行标的物的审查仅是程序性审查，并不涉及设定在执行标的物上的实体权利义务关系。根据《执行规定》第102条第（3）项的规定，执行标的物是其他法院或仲裁机构正在审理的案件的争议标的物，需要等待该案件审理完毕确定权属的，应当中止执行。这一规定就是为了防止确权判决与执行冲突问题的产生。本案东莞市中院既然已经针对争议标的物作出了确权判决，认定刘超群为争议房产的所有权人，该判决的效力就应当维持。因此，笔者认为争议标的物所有权人应当认定为刘超群，而非蔡建伟。

（二）关于鹰潭市中院裁定追加刘超群为被执行人的合法性问题

2007年12月25日，鹰潭市中院作出追加刘超群为被执行人的裁定，理由是：因案外人刘超群与蔡建伟等在东莞市中院进行确权诉讼，东莞市中院于2008年8月28日以二者协议书为依据作出判决，将蔡建伟名下粤信花艺海滨花园房产确认归属刘超群所有，现该判决已发生法律效力；同时，依据江西省高院〔2006〕赣民终字第113号民事判决书所认定的事实，蔡建伟所欠大江公司人民币530万元欠款系因其代理购买上述房产产生的，基于此产生的权利义务应由刘超群承受，故裁定追加刘超群为被执行人。从鹰潭市中院裁定中提到的东莞市中院和江西省高院的两份判决情况看，东莞市中院判决确定的主要事项是刘超群与蔡建伟、梁青之间就争议房产的权属问题，而且明确判令刘超群对争议房产享有所有权。江西省高院判决解决的主要问题是大江公司与蔡建伟之间的债务纠纷，明确判令蔡建伟给付大江公司欠款530万元。两份判决中虽然查明了刘超群与蔡建伟之间存在委托关系，但并未判决蔡建伟应承担的民事责任应当由刘超群来承担。鹰潭市中院以代理关系为依据裁定追加刘超群为被执行人承担蔡建伟应当承担的责任，有以执代审之嫌。同时，鹰潭市中院以代理关系裁定追加刘超群为被执行人也不符合执行规定关于追加被执行主体的法定情形。因此，笔者认为，鹰潭市中院以刘超群和蔡建伟之间存在代理关系裁定追加刘超群为被执行人缺乏事实和法律依据。

（三）关于鹰潭市中院处分协调争议标的物问题

从广东、江西两省高院报送的情况，并结合案件查明的事实情况看，鹰潭市中院在明知东莞市中院已经受理并正在审理刘超群与蔡建伟、梁青之间就涉案争议标的物的权属争议问题中，该院就应当依据《执行规定》第102条第（3）项的规定依法裁定中止执行。东莞市中院就争议标的物权属问题作出确权判决后，鹰潭市中院不顾上述确权判决内容，以及案外人刘超群提出的异议，强行将争议标的物进行拍卖的做法错误，依法应予纠正。

（四）关于大江公司与蔡建伟之间债务产生的原因，以及该债务与争议房产购房款之间的关系问题

蔡建伟给大江公司出具的欠条并没有说明欠款产生的原因，且与争议房产购房款无关。理由是：（1）从蔡建伟给大江公司出具的欠条内容看，明确了蔡建伟欠大江公司530万元，但并未说明该笔欠款是基于什么原因产生的，仅是说"我们总计欠贵公司人民币现款伍佰叁拾万元正"。那么，这笔欠款究竟是什么款，不得而知。蔡建伟主张该欠条形成的原因是大江公司董事长孙江承诺能够为其贷款3500?4000万元而索要的活动经费，其后并未为其贷到款，故该欠条是附条件的；而大江公司认为，争议的问题是欠条的真实性问题，至于欠条是如何形成的不影响欠条的真实性。不管双方对欠条的性质如何争议，但可以肯定的是，该笔欠款与购房款无关（因为购房款已经判明是刘超群支付的）。（2）欠条中明确说明，蔡建伟按下列方式支付"第一，在东莞粤信花艺海滨花园2至6层商场及地下车库房产证办妥时即付壹佰万元正。第二，在以东莞粤信花艺海滨花园2至6层商场及停车场做抵押并办妥贷款时，全部付清，即付肆佰壹拾万元正。"由此可以说明，在支付欠款方式上虽然与争议房产有关，但该内容表现出来的意思仅是蔡建伟在什么时间给付，以及给付多少的问题，并未约定如果到期后不支付，是否危及到争议房产买卖合同的签订及其性质等问题。也并不是像江西省高院所说的"蔡建伟欠大江公司的530万元系因其代理刘超群购买争议房产所产生的"。（3）从商品房买卖合同文本可以看出，争议房产买卖合同双方为：出卖人是东莞粤信花艺海滨花园开发有限公司（以下简称粤信花艺），买受人是蔡建伟、梁青。整个商品房买卖合同中看不出与大江公司有什么关系。然而，从东莞市中院的相关判决却可以看出，争议房产的实际出资人为刘超群，蔡建伟和梁青仅是名义登记权利人，蔡建伟和梁青也没有出资。对此，有支付购房款的银行凭证等证据佐证。（4）争议房产被鹰潭市中院拍卖偿还蔡建伟欠大江公司的欠款，导致的直接后果是，争议房产实际出资人刘超群在支付争议房产价款后，并未得到相应的房产。而其中最大受益者是大江公司，该公司没有付出任何实际代价便轻松获得巨额财产。因此说，蔡建伟给大江公司出具的相关欠条与争议房产购房款无关，更没有涉及改变争议房产所有权性质等问题。

（五）刘超群与蔡建伟、梁青签订的《协议书》能否视为他们之间存在代理与被代理关系问题

1. 分析一下《协议书》是如何约定的。刘超群与蔡建伟、梁青签订的《协议书》明确约定：（1）刘超群先生出资向东莞粤信花艺海滨花园开发有限公司购买位于中华人民共和国广东省东莞市虎门镇解放路55号粤信花艺海滨花园2?6层以及地下车库，购买合同由甲方（蔡建伟）、乙方（梁青）代理丙方（刘超群）签署，所有权益由刘超群先生享有，甲乙方只出名，该宗物业登记在甲乙方名下，但是甲乙方对此无处分权和抵押权；东莞市虎门镇解放路55号粤信花艺海滨花园2?6层以及地下车库一切所有权、处分权和抵押权以及收益权、占有权等所有物权全部归于丙方，甲乙方对此无异议。（2）丙方需要对东莞市虎门镇解放路55号粤信花艺海滨花园2?6层以及地下车库抵押、出租、出售等权利时，甲乙方无条件配合签约、过户、登记等手续，不得拒绝或拖延。（3）如果丙方将虎门镇解放路55号粤信花艺海滨花园2?6层以及地下车库出租、出售，所有权益由丙方享有，甲乙方无权享有和干涉，如果丙方用该宗物业抵押，一切风险也由丙方承担，甲乙方无义务承担。从此从《协议书》约定内容可以看出，蔡建伟和梁青仅是该争议房产的名义权利人，刘超群作为实际出资人对该争议房产享有占

有、使用、收益和处分权能,即享有所有权。这一点,东莞市中院的相关判决已经判明。

2. 刘超群与蔡建伟、梁青之间签订的《协议书》能否视为代理合同?蔡建伟出具欠条的行为能否适用代理与被代理的关系?根据民法通则第六十三条的规定,代理人在代理权限内,以被代理人的名义实施民事法律行为。被代理人对代理人的代理行为,承担民事责任。该条的前提条件是代理人与被代理人之间如有书面委托代理的,应当载明代理人的姓名或者名称、代理事项、权限和期间……。从《协议书》来看,该《协议书》只能视为是刘超群与蔡建伟、梁青之间就特定事项进行的约定,即约定赋予蔡建伟代表刘超群与粤信花艺签订争议房产的买卖合同的权利,并未赋予蔡建伟其他任何权限或代理事项。刘超群与蔡建伟、梁青之间签订的《协议书》不能视为代理合同;蔡建伟以个人名义出具的欠条也不能视为代理行为。上述内容不符合民法上代理与被代理的关系。

3. 鹰潭市中院以蔡建伟所欠大江公司的530万元系因其代理购买争议房产所产生的认定与事实不符。不符一,蔡建伟给大江公司出具的欠条虽然涉及争议房产,但仅是作为蔡建伟给付大江公司欠款的时间点,说明在什么情况下蔡建伟给付大江公司欠款,并不涉及争议房产的买卖以及所有权性质等内容;不符二,刘超群授权蔡建伟仅是代其与粤信花艺签订争议房产的买卖合同,凡涉及争议房产的所有权利及风险均有刘超群承担,除此之外,刘超群并未赋予蔡建伟任何其他权利。蔡建伟给大江公司出具的有关欠条并没有证据显示是刘超群委托蔡建伟代为行使的,更与购买争议房产无关,因此,鹰潭市中院以530万元系蔡建伟代理购买争议房产产生的,基于此产生的权利义务由刘超群承担的说法缺乏事实和法律依据。

4. 根据民法通则第六十六条的规定,没有代理权、超越代理权或者代理权终止后的行为,只有经过被代理人的追认,被代理人才承担民事责任。未经追认的行为,由行为人承担民事责任。本人知道他人以本人名义实施民事行为而不作否认表示的,视为同意。本案,即便蔡建伟是刘超群的代理人,但其给大江公司出具欠条的行为,是否属于代理权限范围内的事情,尚不得而知。况且,蔡建伟出具的欠条署名为蔡建伟,而非刘超群。也就是说,蔡建伟并非以被代理人刘超群的名义出具的欠条,而是其本人直接给大江公司出具的欠条。形式上不符合代理与被代理关系,实质上也与购买涉案房产无关。

5. 关于东莞市中院的确权判决是否确认了蔡建伟与刘超群之间的代理关系问题。从东莞市中院的判决看,该院仅是对刘超群与蔡建伟、梁青之间签订的有关《协议书》的真实合法性以及争议房产的所有权人的角度作出的判决,至于二者期间是否存在代理与被代理的关系,并未给予确认。鹰潭市中院依据此判决确认刘超群与蔡建伟、梁青之间存在代理与被代理关系,将蔡建伟给大江公司出具欠条的款项裁定由刘超群承担缺乏事实和法律依据。

综上,笔者认为,该案是一个典型的执行权与案外人异议冲突问题,因该案的执行与确权诉讼均发生在新修订的民事诉讼法实施前,因此出现了受理案外人异议之诉的法院与执行法院不在同一法院的情形。新民事诉讼法实施后,对此问题已经明确赋予了案外人有提起异议之诉的权利,而且管辖法院是执行法院。即案外人异议被人民法院驳回后,案外人可以依据民事诉讼法第二百零四条的规定向执行法院提出诉讼,人民法院应当依法受理。经审理,理由不成立的,判决驳回其诉讼请求;理由成立的,根据案外人的诉讼请求作出相应的裁判。也就是说,新民事诉讼法对此问题进行了规范,从而避免本案出现的冲突问题。①

---

① 董志强:《关于广东、江西两地法院执行东莞市虎门镇解放路55号粤信花艺海滨花园房产争议案》,载江必新主编、最高人民法院执行局编:《执行工作指导》2009年第3辑(总第31辑),人民法院出版社2010年版,第63~70页。

最高人民法院
关于法院执行程序中能否对案外人财产进行处理的请示的答复

〔2010〕执他字第 1 号

吉林省高级人民法院：

你院《关于法院执行程序中能否对案外人财产进行处理的请示》收悉。经研究，答复如下：

执行程序中案外人无合法依据占有被执行的标的物不动产的，执行法院依法可以强制迁出；案外人拒不迁出，对标的物上的财产，执行法院可以指定他人保管并通知领取；案外人不领取或下落不明的，为避免保管费用过高或财产价值减损，执行法院可以处分该财产，处分所得价款，扣除搬迁、保管及拍卖变卖等相关费用后，保存于执行法院账户，通知该案外人领取。

[提示] 案外人以质押保证金为由提起执行异议之诉应如何处理

最高人民法院
民事裁定书

〔2016〕最高法民申 2052 号

再审申请人（一审原告、二审上诉人）：菏泽市兴农百盛农资有限公司。

法定代表人：王某，该公司总经理。

委托代理人：王道鸿，重庆新合（沙坪坝）律师事务所律师。

委托代理人：景栋臣，重庆新合（沙坪坝）律师事务所律师。

被申请人（一审被告、二审被上诉人）：宋某。

再审申请人菏泽市兴农百盛农资有限公司（以下简称百盛公司）因与被申请人宋某案外人执行异议之诉纠纷一案，不服山东省高级人民法院（2016）鲁民终 298 号民事判决，向本院申请再审。本院依法组成合议庭对本案进行了审查，现已审查终结。

百盛公司申请再审称：（一）二审判决认定事实错误。百盛公司金钱质押已经依法设立，并将 70 万元金钱质押物存于特户之中。70 万元已经从一般的不特定物转化为质权关系中的特定物，符合金钱质押物"特户"的法律规定。（二）二审判决适用法律错误。百盛公司与银昱公司关于"特户"的约定符合担保法司法解释的相关规定。1. 百盛公司与银昱公司设立了特户，并交纳了 70 万元的质押保证金，符合以特户形式将金钱特定化、移交债权人及双方共同管理的规定。2. 案涉账户属于保证金专户，未做其他业务使用。3. 根据案涉账户的性质以及银昱公司签订的担保合作协议，对于案涉账户的性质、用途、账户内资金的属性，百盛公司及银昱公司不必再履行告知义务。案涉账户本身就是银昱公司名下账户，不存在开设于第三人处的事实。4. 案涉账户完全具有对抗任何第三人的效力。（三）二审判决显失公平，违背了程序正义与实体正义。百盛公司依据《中华人民共和国民事诉讼法》第二百条第二项、第六项的规定申请再审。

本院认为：本案再审审查的焦点是，百盛公司对 70 万元款项是否构成保证金质押，能否排除执行。首先，关于案涉账户是否特定的问题。构成质押保证金的特定账户，即特户应当是用于质押关系的专用账户。虽然百盛公司与银昱公司签订的《保证金质押合同》约定，账号为 37××3175 的案涉账号为双方的保证金专户，但该账户实际上是银昱公司和中国建设银行股份有限公司菏泽分行（以下简称建行菏泽分行）签订的担保合作协议项下的保证金账户，系银昱公司开展借款担保业务而向建行菏泽分行缴纳保证金的专用账户，并非银昱公司与百盛公司之间用于设立质押保证金的专用账户。根据银昱公司与建行菏泽分行签订的担保合作协议书第七条约定，在担保期间，银昱公司对该账户款项的支出，应事先征得建行菏泽分行的同意。因此，银昱公司和百盛公司均不能实际控制案涉账户。案涉账户虽然在银昱公司名下，但该账户开立在建行菏泽分行处，根据银昱公司和建行菏泽分行的约定，案涉账户专用于银昱公司向建行菏泽分行缴纳保证金，不构成百盛公司与银昱公司之间的特户，也没有区别于其他账户的外在特征，第三人无法直接识别案涉账户系百盛公司和银昱公司之间专门用于质押关系的特户。案涉账户不符合特定化的要件，百盛公司对案涉账户并无排他性权利。

其次，关于案涉70万元款项是否特定的问题。账号为37××3175的案涉账户对百盛公司和银昱公司而言，并未形成具有质押关系的专用账户。百盛公司向银昱公司支付案涉70万元款项，系用现金支付，百盛公司并未提交证据证明该70万元进入双方约定的保证金专用账户，亦未提交证据证明该账户中有70万元资金对本案而言可以与账户中其他款项明确区分而被特定化。因此，案涉70万元款项亦不构成质押保证金。

综上，百盛公司的再审申请不符合《中华人民共和国民事诉讼法》第二百条第二项、第六项规定的情形。依照《中华人民共和国民事诉讼法》第二百零四条第一款之规定，裁定如下：

驳回菏泽市兴农百盛农资有限公司的再审申请。

【附：案例评析】

案外人执行异议之诉中质押保证金的认定
——菏泽市兴农百盛农资有限公司与宋某案外人执行异议之诉纠纷案评析

五、最高人民法院处理意见

最高人民法院认为：本案再审审查的焦点是，案涉70万元款项是否构成质押保证金，能否排除执行。

首先，关于案涉账户是否特定的问题。构成质押保证金的特定账户，即特户应当是用于质押关系的专用账户。虽然百盛公司与银昱公司签订的《保证金质押合同》约定，账号为37××3175的案涉账户为双方的保证金专户，但该账户实际上是银昱公司和建行菏泽分行签订的担保合作协议项下的保证金账户，系银昱公司开展借款担保业务而向建行菏泽分行缴纳保证金的专用账户，并非银昱公司与百盛公司之间用于设立质押保证金的专用账户。根据银昱公司与建行菏泽分行签订的担保合作协议书第7条约定，在担保期间，银昱公司对该账户款项的支取，应事先征得建行菏泽分行的同意。因此，银昱公司和百盛公司均不能实际控制案涉账户。案涉账户虽然在银昱公司名下，但该账户开立在建行菏泽分行处，根据银昱公司和建行菏泽分行的约定，案涉账户专用于银昱公司向建行菏泽分行缴纳保证金，不构成百盛公司与银昱公司之间的特户，也没有区别于其他账户的外在特征，第三人无法直接识别案涉账户系百盛公司和银昱公司之间专门用于质押关系的特户。案涉账户不符合特定化的要件，百盛公司对案涉账户并无排他性权利。

其次，关于案涉70万元款项是否特定的问题。账号为37××3175的案涉账户对百盛公司和银昱公司而言，并未形成具有质押关系的专用账户。百盛公司向银昱公司支付案涉70万元款项，系用现金支付，百盛公司并未提交证据证明该70万元进入双方约定的保证金专用账户，亦未提交证据证明该账户中有70万元资金对本案而言可以与账户中其他款项明确区分而被特定化。因此，案涉70万元款项亦不构成质押保证金。

综上，百盛公司的再审申请不符合《民事诉讼法》第200条第2项、第6项规定的情形。依照《民事诉讼法》第204条第1款之规定，裁定驳回百盛公司的再审申请。

六、评析意见

百盛公司主张其以案涉70万元款项作为质押保证金，法院不应对该70万元强制执行，请求确认建行菏泽分行账户37××3175中的70万元质押保证金归百盛公司所有，并停止对上述账户中的70万元强制执行。本案属于再审审查案件，法院审查范围限于再审申请人的请求和理由，不对案件作全面评判。与本案相关的法律问题有以下几项：

（一）案外人以成立质押保证金为由对执行标的主张权利的救济程序

案外第三人对作为执行标的的金钱，以成立质押保证金为由，请求排除对该部分金钱强制执行的，应当通过案外人异议程序审查，还是通过利害关系人异议程序审查，在执行程序中存在争议。这一程序的选择或确定，对相关权利人后续救济程序也有实质影响，如果通过案外人异议处理，则异议人、相关当事人对案外人异议审查裁定不服的，应当依据《民事诉讼法》第227条规定，通过提起执行异议之诉的方式再行救济；如果通过利害关系人异议处理，则异议人、相关当事人对利害关系人异议审查裁定不服的，则应依据《民事诉讼法》第225条规定，通过向上一级法院申请复议的途径寻求救济。对案外人第三人在执行中的此类异议，究竟应当按照案外人异议程序处理，还是按照利害关系人异议处理，主要有以下两种观点。

1. 利害关系人异议

主张通过利害关系人异议程序处理的观点认为，《民事诉讼法》第225条规定的利害关系人异议，是指因执行行为违反程序性规定，侵害执行案件当事人以外第三人的合法权益，由利益受损的第三人以法院违反执行程序为由提出的程序异议。案外第三人对执行法院冻结或划拨的金钱以成立质押保证金为由提出执行异议的，在法律性质上可以识别为一种程序性异议，可以通过利害关系人异议、复议程序处理。理由如下：

在我国目前的强制执行制度中，执行标的负担的担保物权不能阻止法院对该标的采取执行措施。因为根据《最高人民法院关于人民法院执行工作若干问题的规定（试行）》第40条规定，人民法院对被执行人所有的其他人享有抵押权、质押权或留置权的财产，可以采取查封、扣押措施。财产拍卖、变卖后所得价款，应当在抵押权人、质押权人或留置权人优先受偿后，其余额部分用于清偿申请执行人的债权。也就是说，执行标的上负担的担保物权不能阻止法院对该标的采取查封、扣押、冻结、拍卖、变卖等执行措施，法院只需将财产变现后，保障担保物权人对变价款优先受偿的顺位即可。对于质押保证金问题来说，案外第三人对特定金钱主张成立质押担保，可以转化成执行顺序或者受偿顺序的先后问题，根据《最高人民法院关于人民法院办理执行异议和复议案件若干问题的规定》第7条第1款第2项规定，执行的顺序问题也属于程序问题，可以提出利害关系人异议。

另外，质押保证金属于保证金的一种，最高人民法院曾以司法解释、通知、复函等多种形式，对信用证开证保证金、证券期货交易保证金、银行承兑汇票保证金、旅行社质量保证金、股民保证金等多种类型保证金的冻结或者划拨作了限制，并规定了相应的执行条件。这些限制可以从执行程序角度看作将保证金作为不得冻结、划拨的特殊财产对待。对于质押保证金也可以参照上述保证金执行的限制，将其归入不得强制执行的财产，从程序的角度赋予当事人、案外第三人权利救济途径。故案外第三人以构成质押保证金为由提出的异议，可以作为程序异议处理，按利害关系人异议处理，并可以赋予其向上一级法院申请复议的权利。

2. 案外人异议

主张通过案外人异议程序处理的观点认为，《民事诉讼法》第227条规定的案外人异议，是指执行案件当事人以外的第三人对执行标的主张阻止执行的实体权利，请求对该标的停止执行的实体异议。案外第三人对法院强制执行的金钱以属于质押保证金为由提出的异议，系基于实体权利提出的排除对特定标的执行的异议，应通过案外人异议及执行异议之诉处理。理由如下：

首先，案外人对特定金钱主张成立质押保证金，在法律性质上属于实体争议，能否成立质押保证金涉及质权相关的民事实体法的适用，案外人对质押保证金的权利性质也属于实体权利的范畴，因此该类情形属于案外人对执行标的主张实体权利。

其次，质押保证金如果成立，则具有排除执行的效力。质押保证金的成立需满足"特定化"和"移交债权人占有"两个条件。质权人对质押保证金的占有本身具有排他性，质权人的占有是质押保证金成立的前提之一，在法律效力上完全可以排除执行。如果允许对质押保证金强制执行，那么必然破坏质权人对保证金的占有状态，质押法律关系也将不复存在。

再次，质押保证金的标的本身即为金钱，不需要采取拍卖、变卖措施予以变现，质权人对该特定金钱的占有，使质押保证金问题不同于需要通过拍卖、变卖进行变现的财产，质权人对质押保证金的占有，使得其权利主张具有对抗申请执行人的效力。

因此其得出的结论是，案外人对特定金钱主张成立质押保证金的，属于对执行标的基于实体权利提出排除执行的实体异议，且权利性质足以排除执行，完全符合案外人异议的条件，应按照案外人异议程序处理，相关主体对异议裁定审查结论不服的，可以依法提起执行异议之诉。

上文所列举的两种理由各有其合理性，也均是基于我国目前执行程序的制度规定得出各自不同的结论。目前，尚未有法律、司法解释直接作出取舍，还不能从法律规范层面得出支持其中一种做法，而否定另外一种做法的结论。从司法实践情况看，法院按照利害关系人异议审查和按照案外人异议审查的做法，也都不同程度存在，两者都存在于我国现行的司法实践中。据笔者观察，随着司法实践的深入，按照案外人异议程序处理质押保证金争议的做法，较利害关系人异议而言，在逐渐占据上风。毕竟，案外人对特定金钱主张成立质押保证金的权利基础和法律依据，在根源上均为实体性的，本质上属于实体争议。而对于实体争议，通过诉讼程序赋予各方当事人依法举证、质证、进行法庭辩论等更加充分的程序权利，更有利于程序正义在解决实体法纠纷中的实现，保障纠纷通过正当法律程序得以解决，维护各方当事人实体权利和程序权利。笔者赞同执行过程中，案外第三人以成立质押保证金为由对执行标的提出异议的，应通过案外人异议程序处理。

（二）质押保证金执行异议之诉的裁判范围

关于执行异议之诉的审理范围问题，需要按照当事人诉讼请求的范围而定。根据《最高人民法院关于适用〈中华人民共和国民事诉讼法〉的解释》第312条规定，案外人就执行标的享有足以排除强制执行的民事权益的，法院应判决不得执行该标的，案外人就执行标的不享有足以排除强制执行的民事权益的，法院应判决驳回诉讼请求；对于案外人同时提出确认其权利的诉讼请求的，法院可以在判决中一并作出裁判。对这一规定的理论解读，学术界和实务界有不同观点。

一种具有代表性的观点认为，当事人之间实体法律关系的确定及排除对特定标的强制执行，均为案外人执行异议之诉的诉讼标的，应在执行异议之诉中一并审理。执行异议之诉的诉讼标的并非仅为基于当事人之间实体法律关系所产生的执行程序上的异议权，当事人主张的实体法律关系也是执行异议之诉的诉讼标的，法院对当事人之间的实体法律关系也应在执行异议之诉判决主文中一并作出裁判。

另一种观点认为，案外人执行异议之诉系案外人基于实体法上的权利，对强制执行提出异议，请求法院宣告不许对执行标的为强制执行，其诉讼标的系诉讼法上的异议权。产生该异议权的实体权利仅为判决的原因事实，并非执行异议之诉判决既判力所及。当事人仍可就该实体法律关系另行起诉。如果案外人在提起执行异议之诉的同时向法院主张对实体权利义务关系作出明确裁判，例如请求法院确认其实体权利成立，或者提出其他实体请求的，则属于诉的合并，即案外人执行异议之诉与普通民事诉讼的合并，受案法院应当对是否排除对特定标的的执行和当事人主张的实体权利是否成立均作出判决。这种一并裁判的情况，属于诉的合并的当然结果，并不表示当事人之间的实体权利义务关系属于案外人执行异议之诉的诉讼标的。

上述第一种观点为我国很多学者所提倡，第二种观点为德日及我国台湾地区案外人执行异议之诉诉讼标的的通说。笔者赞同第二种观点。案外人执行异议之诉的诉讼标的应为诉讼法上的异议权，提起执行异议之诉的目的，应为排除对特定执行标的的强制执行程序，当事人之间的实体法律关系虽为该异议权存否的先决问题，但并非案外人执行异议之诉的诉讼标的，案外人执行异议之诉只需解决对当事人主张的特定执行标的是否强制执行的问题，无须对当事人之间的实体权利义务关系作出裁判。如果案外人仅向执行法院主张排除对特定标的强制执行，并未请求法院对其实体权利成立作出裁判的，则为纯粹的案外人执行异议之诉，法院应依照《最高人民法院关于适用〈中华人民共和国民事诉讼法〉的解释》第312条第1款规定，对是否执行该标的作出判决；如果当事人在对执行程序是否进行提起执行异议之诉的同时，又提出诉讼请求主张法院对实体法律关系一并作出裁决的，则属于执行异议之诉与普通民事诉讼的合并，而非单纯的执行异议之诉，法院应依照《最高人民法院关于适用〈中华人民共和国民事诉讼法〉的解释》第312条第2款规定，根据当事人的诉讼请求一并作出裁判。具体理由涉及较为复杂的理论问题，将另行撰文分析，此处不赘。

就本案的裁判范围而言，百盛公司的诉讼请求既包括确认其对案涉款项的实体权利成立，又包括请求对案涉款项停止执行，故其实体权利是否成立和法院是否应对案涉款项强制执行，均在本案的裁判范围之内，在理论上可以解释为案外人执行异议之诉与普通民事诉讼的合并，依据《最高人民法院关于适用〈中华人民共和国民事诉讼法〉的解释》第312条规定，法院应对百盛公司的上述请求一并裁判。

（三）质押保证金成立的法律条件

1. 金钱质押和账户质押的一般原理

根据《最高人民法院关于适用〈中华人民共

和国担保法〉若干问题的解释》第85条规定，质押保证金的成立要件需同时满足"特定化"和"移交债权人占有"两个条件。该条司法解释涉及多种金钱质押。

金钱作为一般等物，其所有权随占有转移，因此在金钱上设定质权，必须对金钱进行特定化，以保证交付的金钱与质权人的财产相区分。该条司法解释列举的特户和封金即符合金钱特定化的要求，以特户中的金钱和封金作为债权担保的，属于质押担保形式，成立金钱质权。其中，特户是金融机构为出质金钱所开设的专用账户，该账户被特定化以区别于普通账户。特户一般须开在质权人处才符合交付的要求，如果开在第三人处，须有债权人与出质人的约定以明确特户的担保性质，并由出质人向第三人为书面通知，第三人收到通知后未经债权人同意不得处置特户中的金钱。保证金作为担保物交付债权人后，如果符合特户的要求，也可以成立金钱质权。如果保证金被混同于一般资金账户，未按照特户管理的，不成立质权。

另外，关于账户质押，是指账户的权利人以账户向银行出质，承诺将账户中的资金作为偿还贷款担保的融资方式。比如甲企业向乙银行贷款，将开在乙银行的账户质押给乙银行，承诺到期不能清偿贷款时，乙银行可以直接在出质的账户中扣划存款获得清偿。账户质押是实务中一种新型担保方式。由于账户本身没有交换价值，不能变现，故账户质押的本质是以账户中的资金作为担保财产，构成金钱质押。《最高人民法院关于适用〈中华人民共和国担保法〉若干问题的解释》第85条关于特户形式金钱质押的规定，系账户质押的法律依据。具体而言，债务人以账户向开户行质押，账户符合特户要求的，开户行在账户里的资金上成立质权。质押账户必须符合"特定化"的要求，账户出质后不能再由出质人自由使用，作为债权人的开户行取得对账户的实际控制权；如果账户不符合"特定化"的要求，债务人仍然可以使用出质后的账户，账户中的资金也处于浮动状态的话，根据上述司法解释第85条规定，此种账户质押不符合质权成立要件，不能成立质权；如果债务人以账户向开户行以外的第三人质押，第三人不实际占有和控制账户，债务人向开户行发出书面通知，开户行收到通知后向第三人承诺，未经第三人许可不得动用账户中的资

金，这种账户质押符合上述司法解释第85条"特定化"的要求，可以成立质权，其中第三人取得开户行的承诺至关重要。①

2. 本案百盛公司关于质押保证金的权利主张是否成立

首先，关于案涉账户是否特定的问题。构成质押保证金的特定账户，即特户应当是用于质押关系的专用账户，只有将质押保证金账户特定化，才能区别于普通账户和普通账户中的钱款，特定化后的账户才能单独用于出质人和质权人之间的质押担保关系。虽然百盛公司与银昱公司签订的《保证金质押合同》约定，账号为37××3175的案涉账户为双方的保证金专户，但该账户实际上是银昱公司和建行菏泽分行签订的担保合作协议项下的保证金账户，是银昱公司开展借款担保业务而向建行菏泽分行缴纳保证金专用账户，并非银昱公司与百盛公司之间用于设立质押保证金的专用账户。根据银昱公司与建行菏泽分行签订的担保合作协议书的约定，在担保期间，银昱公司对该账户款项的支取，应事先征得建行菏泽分行的同意。因此，银昱公司和百盛公司均不能掌控该账户，该账户实际上由建行菏泽分行控制。案涉账户名称虽然是银昱公司名下，但该账户开立在建行菏泽分行处，根据银昱公司和建行菏泽分行的约定，案涉账户专用于银昱公司向建行菏泽分行缴纳保证金，建行菏泽分行作为质权人是账户的实际占有者和控制人，案涉账户不构成百盛公司与银昱公司之间特定的担保账户，也没有区别于其他账户的外在特征，第三人无法直接识别案涉账户就是百盛公司和银昱公司之间专门用于质押关系的特户。故案涉账户并不是百盛公司和银昱公司质押关系中被特定化的专用账户。该账户中的款项也非特定用于百盛公司与银昱公司之间质押关系。该账户不符合特定化的要件，百盛公司对该账户并无排他性权利。

其次，关于案涉70万元是否特定的问题。如果保证金没有按照特户管理，而是与普通账户中其他资金混同，不能明确区分哪些钱用于出质，哪些钱是质权人自有金钱的，则无法实现金钱的特定化，不能认定质押保证金成立。由于37××3175账户对百盛公司和银昱公司而言并未形成具

---

① 曹士兵：《中国担保制度与担保方法》，北京：中国法制出版社2015年版，第330～332页。

有质押关系的专用账户,百盛公司向银昱公司支付该 70 万元款项时,是用现金支付,而不是直接转账进入该账户。百盛公司并未提交证据证明该 70 万元进入双方约定的保证金账户,亦未提交证据证明该账户中有 70 万元资金对于本案而言可以与账户中其他款项明确区分而被特定化。因此,案涉 70 万元没有被特定化,不构成质押保证金。百盛公司关于质押保证金和排除对特定款项执行的主张均不能成立,其诉讼请求应予驳回。

(四)关于本案需要说明的法律问题

本案中,案外人是在执行法院划拨款项后提出案外人异议,此时是否符合提出案外人异议的时间条件可能存在不同看法。但本案属于再审查案件,一、二审法院已经对案外人的诉讼请求进行审理并作出判决。受一、二审判决内容和再审申请限制,再审审查程序不对案件的事实和法律问题做全面审查,只围绕申请人的再审申请进行审查处理。当事人在再审审查程序中均未提及上述问题,故该问题不属于再审审查范围,不影响本案再审审查。①

[提示] 案外人执行异议之诉中,金钱财产权属如何判断

最高人民法院
民事裁定书

〔2016〕最高法民申 2528 号

再审申请人(一审原告、二审被上诉人):廊坊市澳凯商贸有限责任公司。

法定代表人:尹某,该公司董事长。

委托代理人:刘东旭,河北张克峰律师事务所律师。

被申请人(一审被告、二审上诉人):江苏银行股份有限公司北京分行。

负责人:张某某,该行行长。

一审被告:廊坊市汇通房地产开发有限公司。

法定代表人:祝某某,该公司董事长。

再审申请人廊坊市澳凯商贸有限责任公司(以下简称澳凯公司)因与被申请人江苏银行股份有限公司北京分行(以下简称江苏银行北京分行)及一审被告廊坊市汇通房地产开发有限公司(以下简称汇通公司)案外人执行异议之诉纠纷一案,不服河北省高级人民法院(2015)冀民一终字第 430 号民事判决,向本院申请再审。本院依法组成合议庭对本案进行了审查,现已审查终结。

澳凯公司申请再审称:(一)二审判决认定事实与判决结果矛盾。二审判决在认定河北省永清县人民法院(2014)永民初字第 1747 号民事调解书确定的因开发永清县凯悦花苑小区项目所产生的债权或债务全部由澳凯公司享有或负担,以及账号为 50×××28 的账户内资金系凯悦花苑小区项目售房款的事实前提下,却撤销一审判决,改判许可对汇通公司在 50×××28 账户内的资金强制执行,损害澳凯公司的合法权益。(二)二审判决适用法律错误。二审判决认为货币作为民法上一种具有高度替代性的种类物和消费物,其特性为占有即所有,本案所涉开设在汇通公司名下的一般账户内资金,汇通公司基于占有即所有的原则,享有该账户内货币的所有权。这一认定属于适用法律错误。澳凯公司依据《中华人民共和国民事诉讼法》第二百条的规定申请再审。

本院认为:本案再审审查的焦点是,案涉账户中的资金能否作为执行标的。货币为种类物,虽然权利人对货币的占有可以认定为所有,但在特定条件下,不能简单根据占有即认定为所有。对于一般账户中的货币,应以账户名称为权属判断的基本标准。对于特定专用账户中的货币,应根据账户当事人对该货币的特殊约定以及相关法律规定来判断资金权属,并确定能否对该账户资金强制执行,如信用证开证保证金、证券期货交易保证金、银行承兑汇票保证金、质押保证金、基金托管专户资金、社会保险基金等。对特定账户中的货币主张权利,

---

① 乔宇:《案外人执行异议之诉中质押保证金的认定——菏泽市兴农百盛农资有限公司与宋某案外人执行异议之诉纠纷案评析》,载江必新、刘贵祥主编,最高人民法院执行局编:《执行工作指导》2016 年第 3 辑(总第 59 辑),国家行政学院出版社 2016 年版,第 78~94 页。

符合法定专用账户构成要件及阻止执行条件的,可以排除对该账户的执行。就本案而言,50×××28账户系以被执行人汇通公司名义开立的一般账户,而非保证金专用账户或其他专用账户,故该账户中的款项应作为汇通公司的责任财产清偿民事债务。澳凯公司所提河北省永清县人民法院(2014)永民初字第1747号民事调解书中"因开发永清县凯悦花苑小区项目所产生的债权或债务全部由原告澳凯公司享有或负担"的内容,系关于债权债务的安排,仅具有债权性质的效力,并未直接确定上述账户中款项的归属。澳凯公司未提供其他充分证据证明上述账户中的款项属于其所有。因此,澳凯公司对该账户中款项的权利不能排除执行,其再审请求和理由不能成立。

综上,澳凯公司的再审申请不符合《中华人民共和国民事诉讼法》第二百条规定的情形。依照《中华人民共和国民事诉讼法》第二百零四条第一款之规定,裁定如下:

驳回廊坊市澳凯商贸有限责任公司的再审申请。

【附:案例评析】

案外人执行异议之诉中账户资金的权属判断
——廊坊市澳凯商贸有限责任公司与江苏银行股份有限公司北京分行、廊坊市汇通房地产开发有限公司案外人执行异议之诉纠纷案评析

五、最高人民法院处理意见

本案再审审查的焦点是:案涉50×××28账户中的资金能否作为执行标的。货币为种类物,权利人对货币的占有可以认定为所有,对一般账户中的货币应以账户名称为权属判断的基本标准,但案外人对特定账户的权利主张,如果符合法定的保证金专用账户构成要件,可以排除对该账户的执行。上述账户系以被执行人汇通公司名义开立的一般账户,而非保证金专用账户,故该账户中的款项应作为汇通公司的责任财产清偿民事债务。澳凯公司所提河北省永清县人民法院(2014)永民初字第1747号民事调解书中"因开发永清县凯悦花苑小区项目所产生的债权或债务全部由原告澳凯公司享有或负担"的内容,系关于债权债务的安排,仅具有债权性质的效力,并未直接确定上述账户中款项的归属。澳凯公司未提供其他充分证据证明上述账户中的款项属于其所有。因此,澳凯公司对该账户中款项的权利不能排除执行,其再审请求和理由不能成立。澳凯公司的再审申请不符合《中华人民共和国民事诉讼法》第二百条规定的情形。依照《中华人民共和国民事诉讼法》第二百零四条第一款之规定,裁定驳回澳凯公司的再审申请。

六、评析意见

(一)案外人执行异议之诉中金钱财产权属判断的一般规则及例外

货币是充当一般等价物的特殊商品,属于民法上的种类物,具有很高的替代性。货币在民事法律关系中既可以充当物权的客体,如民事主体可以对货币行使占有、使用、收益和处分的权利,也可以充当债权的标的物,如货币可以作为买卖之债中的价款、劳务之债中的酬金。由于货币是一般等价物,在民法上属于一类较为特殊的种类物。其特殊之处在于:

1. 货币所有权的归属。在物权法上,货币占有权与所有权合二为一,货币的占有人视为货币所有人。货币所有权的转移以交付为要件,即使在借款合同中,转移的也是货币所有权,而非货币的使用权。无行为能力人交付的货币也发生所有权的转移。货币不能发生返还请求权与占有回复之诉,仅能基于合同关系、不当得利或侵权行为提出相应的请求。这种物权法上的特殊之处,是由货币流通手段的属性决定的。①

2. 货币具有特殊的法律地位。在债权法上,货币之债是一种特殊的种类债,货币的使用价值寓于交换价值之中,作为一般等价物,货币可以交换其他物品、劳务等。所以,较之其他实物,货币具有更大的流通性。在其他类型的债发生履行不能时,可以转化为货币之债履行,而货币之债本身原则上只发生履行迟延,不发生履行不能,债务人不得以履行不能为由免除付款义务。

一般情况下,对货币的占有即视为所有,但在某些特殊情况下,也存在对这一原则的例外,不能简单根据对货币的占有就认定为所有。对于一般账

---
① 魏振瀛:《民法》,北京大学出版社2010年版,第130页。

户中的货币,应以账户名称为权属判断的基本标准。案外人在执行异议之诉中提出充分证据证实一般账户中的货币为其合法财产并足以排除执行的除外。对于某些特定专用账户中的货币,应根据账户当事人对该账户中货币的特殊约定和法律规定等相关条件判断资金权属,以及能否对该账户中的资金强制执行。例如,民事主体在金钱上设定质权,符合《最高人民法院关于适用〈中华人民共和国担保法〉若干问题的解释》第85条规定的"特定化"和"移交债权人占有"两个条件的,可以成立金钱质权,从而构成上述原则的例外。案外人对作为执行标的的金钱财产主张系其质押保证金的,如果符合上述质押保证金的构成要件,可以排除执行。再如,信用证开证保证金、证券期货交易保证金、银行承兑汇票保证金、社会保险基金等实践中存在的其他例外情形,需要根据案件具体事实和相关法律规定判断是否构成专用账户,以及对该账户中的资金能否强制执行。

就本案而言,案涉50×××28账户系以被执行人汇通公司名义开立的一般账户,而非保证金专用账户或其他专用账户。在没有充分证据证实账户资金权属另有其人的情况下,对该一般账户中的款项,根据占有即所有的原则,应按照账户名称判断权属,可作为汇通公司的责任财产清偿民事债务。执行法院可以对该账户中的金钱财产强制执行。

(二)另案生效民事调解书对金钱财产权属判断的影响

金钱债权执行中,案外人依据另案生效的法律文书提出案外人异议的,《最高人民法院关于人民法院办理执行异议和复议案件若干问题的规定》第二十六条规定了针对此类情形的案外人异议审查规则。严格来讲,该规定主要适用于执行程序中案外人异议的处理,对案外人执行异议之诉的审理有一定的参考意义,但案外人执行异议之诉属于民事审判程序,并非一定按照该条对于案外人异议审查的规定处理执行异议之诉案件。案外人执行异议之诉中,如何对待另案作出的涉及执行标的的生效法律文书,应根据该生效法律文书的具体内容和案件自身情况而定。

澳凯公司提出,永清县人民法院(2014)永民初字第1747号民事调解书中已经确定"因开发永清县凯悦花苑小区项目所产生的债权或债务全部由原告澳凯公司享有或负担",本案所涉账户中的资金应属该公司所有。对于这一问题,应从该调解书确定的内容是否赋予澳凯公司对执行标的享有足以排除执行的实体权利角度分析。该调解书中的上述内容系关于当事人之间债权债务的安排,仅具有债权性质的效力,并未直接确定案涉50×××28账户中款项的归属,对于该账户中资金的权属问题,不能直接产生确定物权的法律效力。澳凯公司也未提供其他充分证据证明账户中的款项归其所有。该公司依据永清县人民法院(2014)永民初字第1747号民事调解书主张排除执行的请求亦不能成立。①

人民法院办理执行案件规范

2017年4月

923.【案外人异议的一般规定】

执行过程中,案外人对执行标的主张所有权或者有其他足以排除执行标的转让、交付的实体权利的,可以向执行法院提出案外人异议。

对案外人提出的异议,人民法院应当自收到书面异议之日起十五日内审查。

924.【案外人异议的形式要件】

异议人提出案外人异议,应当向人民法院提交申请书。申请书应当载明具体的异议请求、事实、理由等内容,并附下列材料:

(一)异议人的身份证明;

(二)相关证据材料;

(三)送达地址和联系方式。

925.【案外人异议的提出时间】

案外人依照民事诉讼法第二百二十七条规定提出异议的,应当在异议指向的执行标的执行终结之前提出;执行标的由当事人受让的,应当在执行程序终结之前提出。

---

① 乔宇:《案外人执行异议之诉中账户资金的权属判断——廊坊市澳凯商贸有限责任公司与江苏银行股份有限公司北京分行、廊坊市汇通房地产开发有限公司案外人执行异议之诉纠纷案评析》,载江必新、刘贵祥主编,最高人民法院执行局编:《执行工作指导》2016年第4辑(总第60辑),国家行政学院出版社2017年版,第90~100页。

926.【案外人异议的立案】

案外人异议符合民事诉讼法第二百二十七条规定条件的,人民法院应当在三日内立案。不符合受理条件的,裁定不予受理;立案后发现不符合受理条件的,裁定驳回申请。

案外人异议申请材料不齐备的,人民法院应当一次性告知异议人在三日内补足,逾期未补足的,不予受理。

异议人对不予受理或者驳回申请裁定不服的,可以自裁定送达之日起十日内向上一级人民法院申请复议。

927.【消极立案、审查的救济】

执行法院收到案外人异议后三日内既不立案又不作出不予受理裁定,或者受理后无正当理由超过法定期限不作出异议裁定的,异议人可以向上一级人民法院提出异议。上一级人民法院审查后认为理由成立的,应当指令执行法院在三日内立案或者在十五日内作出异议裁定。

928.【通知异议人和相关当事人】

人民法院应当在案外人异议案件立案后三日内通知异议人和相关当事人。

929.【执行法院变更后的异议审查】

执行案件被指定执行、提级执行、委托执行后,案外人对原执行法院的执行标的提出异议的,由提出异议时负责该案件执行的人民法院审查处理;受指定或者受委托的人民法院是原执行法院的下级人民法院的,仍由原执行法院审查处理。

首先查封、扣押、冻结法院将财产移送其他法院执行后,案外人对该财产提出异议的,参照前款规定审查处理。

930.【再次提出异议的处理】

案外人撤回异议或者被裁定驳回异议后,再次就同一执行标的提出异议的,人民法院不予受理。

931.【执行实施机构的配合】

执行审查机构在审查案外人异议案件过程中,根据案情需要可以向执行实施机构了解案件情况或者调取卷宗。

932.【案外人异议案件的审查内容】

对案外人提出的排除执行异议,人民法院应当审查下列内容:

(一)案外人是否系权利人;

(二)该权利的合法性与真实性;

(三)该权利能否排除执行。

933.【权利人的判断标准】

对案外人的异议,人民法院应当按照下列标准判断其是否系权利人:

(一)已登记的不动产,按照不动产登记簿判断;未登记的建筑物、构筑物及其附属设施,按照土地使用权登记簿、建设工程规划许可、施工许可等相关证据判断;

(二)已登记的机动车、船舶、航空器等特定动产,按照相关管理部门的登记判断;未登记的特定动产和其他动产,按照实际占有情况判断;

(三)银行存款和存管在金融机构的有价证券,按照金融机构和登记结算机构登记的账户名称判断;有价证券由具备合法经营资质的托管机构名义持有的,按照该机构登记的实际投资人账户名称判断;

(四)股权按照工商行政管理机关的登记和企业信用信息公示系统公示的信息判断;

(五)其他财产和权利,有登记的,按照登记机构的登记判断;无登记的,按照合同等证明财产权属或者权利人的证据判断。

案外人依据另案生效法律文书提出排除执行异议,该法律文书认定的执行标的权利人与依照前款规定得出的判断不一致的,依照本规范第934条规定处理。

934.【另案生效法律文书排除执行异议的处理】

金钱债权执行中,案外人依据执行标的被查封、扣押、冻结前作出的另案生效法律文书提出排除执行异议,人民法院应当按照下列情形,分别处理:

(一)该法律文书系就案外人与被执行人之间的权属纠纷以及租赁、借用、保管等不以转移财产权属为目的的合同纠纷,判决、裁决执行标的的归属于案外人或者向其返还执行标的且其权利能够排除执行的,应予支持;

(二)该法律文书系就案外人与被执行人之间除前项所列合同之外的债权纠纷,判决、裁决执行标的的归属于案外人或者向其交付、返还执行标的的，不予支持；

（三）该法律文书系案外人受让执行标的的拍卖、变卖成交裁定或者以物抵债裁定且其权利能够排除执行的，应予支持。

金钱债权执行中，案外人依据执行标的被查封、扣押、冻结后作出的另案生效法律文书提出排除执行异议的，人民法院不予支持。

非金钱债权执行中，案外人依据另案生效法律文书提出排除执行异议，该法律文书对执行标的权属作出不同认定的，人民法院应当告知案外人依法申请再审或者通过其他程序解决。

申请执行人或者案外人不服人民法院依照本条第一、二款规定作出的裁定，可以依照民事诉讼法第二百二十七条规定提起执行异议之诉。

935.【案外人异议的审查处理】

案外人对执行标的提出的异议，经审查，按照下列情形分别处理：

（一）案外人对执行标的不享有足以排除强制执行的权益的，裁定驳回其异议；

（二）案外人对执行标的享有足以排除强制执行的权益的，裁定中止执行。

936.【救济途径及其载明】

当事人、案外人对案外人异议裁定不服，认为原判决、裁定错误的，依照审判监督程序办理；认为与原判决、裁定无关的，可以自裁定送达之日起十五日内向人民法院提起诉讼。

人民法院依照民事诉讼法第二百二十七条规定作出裁定时，应当告知相关权利人提起执行异议之诉的权利和期限。

937.【案外人异议审查期间的执行】

案外人异议审查期间以及驳回案外人执行异议裁定送达案外人之日起十五日内，人民法院不得对执行标的进行处分。

案外人向人民法院提供充分、有效的担保请求解除对异议标的的查封、扣押、冻结的，人民法院可以准许；申请执行人提供充分、有效的担保请求继续执行的，应当继续执行。

因案外人提供担保解除查封、扣押、冻结有错误，致使该标的无法执行的，人民法院可以直接执行担保财产；申请执行人提供担保请求继续执行有错误，给对方造成损失的，应当予以赔偿。

938.【案外人异议之诉审理期间的执行】

案外人执行异议之诉审理期间，人民法院不得对执行标的进行处分。申请执行人请求人民法院继续执行并提供相应担保的，人民法院可以准许。

被执行人与案外人恶意串通，通过执行异议、执行异议之诉妨害执行的，人民法院应当依照民事诉讼法第一百一十三条规定处理。申请执行人因此受到损害的，可以提起诉讼要求被执行人、案外人赔偿。

939.【申请执行人未提起异议之诉的处理】

人民法院对执行标的裁定中止执行后，申请执行人在法律规定的期间内未提起执行异议之诉的，人民法院应当自起诉期限届满之日起七日内解除对该执行标的采取的执行措施。

940.【案外人异议之诉判决后的处理】

对案外人执行异议之诉，人民法院判决不得对执行标的的执行的，执行异议裁定失效。

对申请执行人执行异议之诉，人民法院判决准许对该执行标的的执行的，执行异议裁定失效，执行法院可以根据申请执行人的申请或者依职权恢复执行。

941.【申请执行人优先受偿权的保护】

申请执行人对执行标的的依法享有对抗案外人的担保物权等优先受偿权，人民法院对案外人提出的排除执行异议不予支持，但法律、司法解释另有规定的除外。

942.【无过错买受人物权期待权的保护之一】

被执行人将其所有的需要办理过户登记的财产出卖给第三人，第三人已经支付部分或者全部价款并实际占有该财产，但尚未办理产权过户登记手续的，人民法院可以查封、扣押、冻结；第三人已经支付全部价款并实际占有，但未办理过户登记手续的，如果第三人对此没有过错，人民法院不得查封、扣押、冻结。

943.【无过错买受人物权期待权的保护之二】

金钱债权执行中，买受人对登记在被执行人名下的不动产提出异议，符合下列情形且其权利能够排除执行的，人民法院应予支持：

（一）在人民法院查封之前已签订合法有效

的书面买卖合同；

（二）在人民法院查封之前已合法占有该不动产；

（三）已支付全部价款，或者已按照合同约定支付部分价款且将剩余价款按照人民法院的要求交付执行；

（四）非因买受人自身原因未办理过户登记。

944.【消费者物权期待权的保护】

金钱债权执行中，买受人对登记在被执行的房地产开发企业名下的商品房提出异议，符合下列情形且其权利能够排除执行的，人民法院应予支持：

（一）在人民法院查封之前已签订合法有效的书面买卖合同；

（二）所购商品房系用于居住且买受人名下无其他用于居住的房屋；

（三）已支付的价款超过合同约定总价款的百分之五十。

买受人对登记在被执行的房地产开发企业名下的商品房提出异议，符合本规范第943条规定的情形，且其权利能够排除执行的，人民法院应予支持。

945.【建设工程价款优先受偿权与消费者保护】

人民法院在办理执行案件中，应当依照合同法第二百八十六条的规定，认定建筑工程的承包人的优先受偿权优于抵押权和其他债权。但消费者交付购买商品房的全部或者大部分款项后，承包人就该商品房享有的工程价款优先受偿权不得对抗买受人。

建筑工程价款包括承包人为建设工程应当支付的工作人员报酬、材料款等实际支出的费用，不包括承包人因发包人违约所造成的损失。建设工程承包人行使优先权的期限为六个月，自建设工程竣工之日或者建设工程合同约定的竣工之日起计算。

946.【不动产预告登记的保护】

金钱债权执行中，对被查封的办理了受让物权预告登记的不动产，受让人提出停止处分异议的，人民法院应予支持；符合物权登记条件，受让人提出排除执行异议的，应予支持。

947.【不动产租赁权的保护】

承租人请求在租赁期内阻止向受让人移交占有被执行的不动产，在人民法院查封之前已签订合法有效的书面租赁合同并占有使用该不动产的，人民法院应予支持。

承租人与被执行人恶意串通，以明显不合理的低价承租被执行的不动产或者伪造交付租金证据的，对其提出的阻止移交占有的请求，人民法院不予支持。

案外人优先受偿的主张不成立的，应采取何种形式驳回？

问题：我院在执行张某与李某民间借贷纠纷一案中，依法查封了被执行人李某的房屋一栋。之后，某信用社以该房系抵押物为由向我院申请参与分配程序，并主张优先受偿权。经审查，信用社与李某虽签订了抵押贷款合同，并以被查封的房屋设立了抵押，但没有依照有关规定办理抵押登记，抵押合同无效，其优先受偿的主张不能成立。在决定对信用社的优先受偿主张应采取何种形式予以驳回时，我们有不同的意见。有的主张应用裁定驳回，有的主张以决定形式处理。请问，对案外人优先受偿的主张不成立的，应采取何种形式驳回？

《人民司法》研究组认为：最高人民法院《关于人民法院执行工作若干问题的规定（试行）》（以下简称《执行规定》）第71条规定："对案外人提出的异议，执行法院应当依照民事诉讼法第二百零八条[①]的规定进行审查。审查期间可以对财产采取查封、扣押、冻结等保全措施，但不得进行处分。正在实施的处分措施应当停止。经审查认为案外人的异议理由不成立的，裁定驳回其异议，继续执行。"本案中的某信用社系案外人，执行法院对其主张的优先受偿权的异议经审查认为不成立，应当以裁定驳回。

案外人异议实际上是对财产权属之实体问题的争议，对此最合理的处理方式是通过诉讼并作出判决书或调解书加以解决，裁定一般只适用于

---

① 民事诉讼法原第二百一十三条现已修改为第二百二十七条。——编者注

解决有关诉讼程序上的问题。但因为对案外人异议的处理现阶段在我国被置于执行程序中，无法作出判决书或调解书，故《执行规定》采用了裁定的形式，以利于更好地保护当事人的合法权利。而决定在法律上一般是针对行政性或司法强制性事项而言，对于处理实体争议显然不当。①

能否以执行标的物不可分为由，在执行被执行人的房产时将属于案外人的土地使用权合并执行？

问题： 位于某市的某处房产与占用范围内的土地分属于不同的所有权人张三和使用权人李四。后土地使用权人李四将土地使用权转让给王武所有，张三将房屋抵押给银行。因张三欠债，法院以张三的房屋与王武的土地使用权属于不可分物不可分为由，裁定合并拍卖。请问法院的做法对吗？

《人民司法》研究组认为： 法院的做法是错误的。最高人民法院《关于人民法院民事执行中拍卖、变卖财产的规定》第18条虽然规定了"拍卖的多项财产在使用上不可分，或者分别拍卖可能严重减损其价值的，应当合并拍卖"，但这里所指的不可分物是指该多项财产的所有权同属于被执行人所有的情况。对于不属于同一所有权主体的财产，只能在进行变价时，告知权属状况，由买受人决定是否承担权属瑕疵所带来的风险。买受人一旦买受，只能承受原权利人的权利。②

执行法院根据案外人与执行当事人达成的以物抵债协议作出房产过户裁定，上级法院能否以该协议导致案外人的债权无法受偿为由予以撤销？

问题： 某银行申请执行甲公司借贷纠纷一案，执行过程中，甲公司的债务人乙公司与某银行和甲公司签订抵债协议，自愿以其所有的一栋房产抵偿甲公司所欠某银行的债务。尔后，执行法院根据以物抵债协议下达了以物抵债裁定，并向房产管理部门送达了协助过户通知书。一年之后，丙公司诉乙公司借款纠纷生效判决确定。丙公司持生效判决向执行法院的上级法院提出执行申诉称，法院以裁定的形式执行当事人之间的和解协议没有法律依据。同时，在执行法院下达过户裁定时，丙公司与乙公司债权债务关系就已经存在，乙公司将自己的全部财产与某银行以及甲公司签订抵债协议，导致其债权无法受偿，侵害了其合法权益故要求撤销执行法院的过户裁定。请问：丙公司的执行申诉请求是否成立？

《人民司法》研究组认为： 实践中为了方便执行当事人之间完成财产过户手续，不少执行法院都通过裁定帮助当事人履行和解协议。这种做法虽然不妥，但也确实是习惯做法，不能无条件地一律撤销，应视具体情况而定。比如，对案外人的财产进行强制执行，其实质就是在没有执行依据的情况下，让案外人承受强制执行所带来的痛苦，它损害的是案外人的利益，也就是说有权申诉的主体只能是被强制执行的案外人。本案中，如果案外人乙公司对此提出异议，则应撤销原裁定；如果乙公司对强制执行没有异议，从维护强制执行程序安定性的角度，不应仅根据此种情况就撤销以物抵债裁定。同时，按照我国现行法律，在债务人有多个债权人的情况下，法律并不禁止债务人对其中一个债权人先为履行，因为在其他债权人取得对债务人的强制执行依据并依法对债务人财产查封、扣押、冻结之前，债务人仍然有权自主处分自己的财产，包括向其中一个或者几个债权人进行全部或者部分履行。具体到本案，乙公司代替甲公司还债从而消灭两者之间的债权债务关系的行为也是履行债务的一种方式，除非甲公司所欠银行的债务是虚假的，否则这种履行就有效。但是，债务人的债务是否虚假，不宜由执行程序直接认定，应当由提出异议的其他债权人通过撤销权诉讼解决。因此，丙公司在执行监督程序中的请求不能成立。③

法院能否执行债务从涉嫌诈骗所得并登记在自己名下的房产？

问题： 刘某于2005年通过拍卖合法取得厂房及土地一处，后对该厂房进行扩建，并委托原租赁该厂房的战某办理有关房产登记手续。战某却采取欺骗手段将该房产登记在自己名下，又办理

---

① 载《人民司法》2003年第10期。
② 载《人民司法》2009年第13期。
③ 载《人民司法》2009年第13期。

了一份假房产证迷惑刘某。后因战某欠债不还，谢某诉至法院并申请对战某名下的上述房产进行保全。法院判决谢某胜诉后，谢某即请求拍卖该房产。而刘某也向公安机关报案，要求追究战某的刑事责任，公安机关对战某立案并予以通缉。请问：执行法院能执行战某名下的该处房产吗？

《人民司法》研究组认为：物权登记具有公示效力，除非经过法定程序撤销登记以及法定情形外，执行程序中对财产所有权的认定一般以登记为准。涉案的房产既然登记在债务人战某名下，就应当作为战某的责任财产来履行对谢某的债务。至于刘某与战某之间所产生的民事和刑事法律关系，则属于另案解决的范畴，不影响本案的执行。刘某如果认为该涉案房产的所有权属于自己，可以通过向执行法院提起第三人异议之诉的方式维护自己的合法权益。①

法院能否对该宗房产继续查封？

问题：2002年上半年，我县法院对被执行人某甲坐落在县城的一处房产予以查封，当时向房管部门送达了查封裁定（后来得知实际上房管部门并没有办理查封登记），没有对房屋张贴封条，也没有进行公告。2004年，被执行人将被查封的房屋出卖给某乙（某乙不知道该房屋已被查封），并在房产和土地管理部门办理了过户手续。法院在得知该情况后，于2004年11月8日重新下达了查封裁定，对房屋进行了查封并张贴封条。某乙对此提出异议，认为自己已经合法取得该宗房屋的所有权，要求法院解除查封。请问，法院是否有权对该宗房屋继续查封？

《人民司法》研究组认为：这个问题实际上涉及查封的主观效力以及查封的公示方式。查封的主观效力就是查封措施对什么人有效的问题。查封裁定一旦作出并送达，就对被执行人产生法律效力，被执行人非经法院许可不得对查封标的物进行处分。但是，对于第三人而言，这个问题就比较复杂了，查封必须以一定的方式进行公示，使第三人能够判断该标的物为查封物，否则查封行为对第三人就不产生效力。对于有产权登记的房地产而言，查封的公示方式应当是在房地产管理部门办理查封登记。就本案来说，由于房产管理部门没有为该宗房地产办理查封登记，某乙基于对国家物权登记的信赖而与某甲进行交易的行为应当是有效的，其已经依法取得了该宗房屋的所有权，法院不能对属于案外人的某乙的财产进行查封。当然，人民法院可以对被执行人某甲擅自转让查封财产以及该县房产管理部门拒不协助办理查封登记的行为依法进行制裁。②

乙法院能否对甲法院裁定以物抵债但尚未办理过户手续的房屋进行查封？

问题：在王某申请执行刘某一案中，甲法院查封了刘某位于丙处的房产，在拍卖过程中，因无人应买而造成流拍。经刘某同意，甲法院裁定将该房产以物抵债给王某。在王某办理过户手续的过程中，乙法院又以刘某为另一案件的被执行人且丙处房产尚未办理过户手续仍属于刘某所有为由，将丙处房产查封。请问：乙法院能否对该房产进行查封？

《人民司法》研究组认为：不动产物权变动的原因可以区分为法律行为和事实行为。对于买卖、赠与等法律行为所引起的物权变动，法律要求当事人必须履行过户登记手续后，不动产方能产生物权变动的后果。而对于继承、自建、强制执行等事实行为所引起的物权变动，自该事实行为完成之日起就产生不动产物权变动的后果，并不以履行过户登记为要件。本案中，自甲法院的以物抵债裁定生效时起，丙处房产的所有权就从刘某变更为王某，只不过王某此时对该房产的所有权由于没有经过登记，尚不能进行法律上的处分。因此，乙法院不能查封属于案外人王某的房产。③

此案中未被直接占有的动产所有权是否已经转移？

问题：2001年2月，在法院的主持下曹某与某酒业公司达成自行和解协议，同意某酒业公司以该公司的基酒抵偿欠曹某的15万元。两天后办理了抵偿手续。曹某因为无处存放该批基酒，一直未将基酒运走。5月，酒业公司宣告破产，清

---

① 载《人民司法》2009年第7期。
② 载《人民司法》2005年第7期。
③ 载《人民司法》2005年第2期。

算组对该批基酒主张权利。法院在讨论时形成两种意见：一种意见认为，动产以占有为所有权转移的标志，该批基酒属于破产财产；另一种意见认为，曹某已经取得了基酒所有权，清算组无权对该批基酒主张权利。请问哪种意见正确？

《人民司法》研究组认为：合同法第一百三十三条规定："标的物的所有权自标的物交付时起转移，但法律另有规定或者当事人另有约定的除外。"民法通则也有相似的规定。动产的所有权以交付为转移，交付即占有的变更，通常是指将财物实际交付给另一方当事人。除此以外，还存在法律拟制的交付，即出卖人将标的物的所有权凭证交付给买受人，用来代替标的物的实际交付。同时，对占有的变更不能理解为仅仅局限于现实占有的变更，还包括简易交付、占有改定、指示交付等间接占有变更的情况。这样就把交付的概念从直接占有的转移扩展到间接占有的转移。

法院的执行权是一种公权力，执行的完结表明所有权的转移已经得到国家公权力认可。此案中，双方当事人已办理了抵偿手续，可见该案已经执行完毕，只因当时曹某没有贮藏设备才一直未将该批基酒领回。事实上，曹某已经相当于以占有改定的方式间接占有了该批基酒，该批基酒的所有权已经合法转移了。因此，该批基酒不能被列为破产财产，曹某有权行使财产取回权取回基酒。①

登记于被执行人名下的房屋因欠交购房款而被开发商转卖他人，该房屋的拍卖款应如何处理？

问题：1998年，马某从某开发公司购商品房一套，双方约定由开发公司统一代办产权证，8.8万元房款分两次交付，签订协议时付4万元，余款在领取产权证时付清。马某依协议交付了4万元，开发公司到市房地产管理部门为该批商品房办理了产权登记手续，代领了产权证。后马某因负债累累突然举家出逃，长期下落不明。开发公司为收回房款，将已登记在马某名下的住房转售给了陈某，陈某交付了全部房款，领回了马某的产权证，并实际居住使用该房。1999年6月，债权人杨某向法院起诉，要求马某偿还欠款13万元。法院根据产权登记，至房地产管理部门办理了查封房产手续。案件进入执行阶段后，马某仍下落不明，法院依法对该房委托评估拍卖。对这笔拍卖款如何处理，有不同意见。一种意见认为，马某只给付了4万元房款，法院对拍卖所得款的处分也应限定在4万元以内，否则有失公允；另一种意见认为，马某违约，开发公司应及时提起诉讼维护自己的权益。开发公司没有起诉，而将产权已属马某所有的住房转卖给陈某，是没有法律效力的，由此造成的损失应由其自行承担，该房仍应认定为马某的财产，因此拍卖所得款应全部用于抵偿杨某的债权。请问哪种意见正确？

《人民司法》研究组认为：民法通则第七十二条第二款规定："按照合同或者其他合法方式取得财产的，财产所有权从财产交付时起转移，法律另有规定或者当事人另有约定的除外。"法律已明确规定商品房的买卖以登记部门产权登记为准。此案中，开发商已经将房屋登记于马某的名下，房屋的所有权已合法转移，在产权登记未依法变更之前，房屋的所有权属于马某。马某未按约履行剩下的4.8万元房款，违反了其与开发商订立的债权契约，但这并不影响房屋所有权合法转移这一物权行为的有效性。开发商向陈某交付其无权处分的房屋是合同的不适当履行，陈某明知该情况而接受房屋，对此亦负有一定的过错责任。因此，我们同意后一种意见，法院拍卖的房款应全部用于偿还杨某的债权，开发商只能向马某主张违约责任。②

---

① 载《人民司法》2001年第11期。
② 载《人民司法》2001年第8期。

第六十二章　执行回转

中华人民共和国民事诉讼法

2017年6月27日

第二百三十三条　执行完毕后，据以执行的判决、裁定和其他法律文书确有错误，被人民法院撤销的，对已被执行的财产，人民法院应当作出裁定，责令取得财产的人返还；拒不返还的，强制执行。

最高人民法院
关于适用《中华人民共和国民事诉讼法》的解释

2015年1月30日　　法释〔2015〕5号

第四百七十六条　法律规定由人民法院执行的其他法律文书执行完毕后，该法律文书被有关机关或者组织依法撤销的，经当事人申请，适用民事诉讼法第二百三十三条规定。

最高人民法院
关于人民法院执行工作若干问题的规定（试行）

1998年7月8日　　法释〔1998〕15号

109. 在执行中或执行完毕后，据以执行的法律文书被人民法院或其他有关机关撤销或变更的，原执行机构应当依照民事诉讼法第二百一十条的规定，依当事人申请或依职权，按照新的生效法律文书，作出执行回转的裁定，责令原申请执行人返还已取得的财产及其孳息。拒不返还的，强制执行。

执行回转应重新立案，适用执行程序的有关规定。

110. 执行回转时，已执行的标的物系特定物的，应当退还原物。不能退还原物的，可以折价抵偿。

最高人民法院
关于依法妥善处理历史形成的产权案件工作实施意见

2016年11月28日　　法发〔2016〕28号

17. 依法妥善处理涉案财产处置申诉案件。对于因错误实施保全措施、错误采取执行措施、错误处置执行标的物，致使当事人或利害关系人、案外人等财产权利受到侵害的，应当及时解除或变更强制措施、执行回转、返还财产。执行过程中，对执行标的异议所作裁定不服的，当事人、案外人可以通过执行异议之诉或者审判监督程序等法定途径予以救济；造成损害的，受害人有权依照法律规定申请国家赔偿。

[提示]原执行案件中的申请执行人才能作为执行回转案中的被执行人

最高人民法院执行工作办公室
关于石油工业出版社申请执行回转一案的复函

2002年9月12日　　〔2002〕执监字第103—1号

湖南省高级人民法院：

你院〔2002〕湘高法执函字第16号《关于石油工业出版社申请执行回转一案有关问题的请示报告》收悉。经研究，答复如下：

同意你院对本案的第一种处理意见，即不应将深圳凯利集团公司（以下简称凯利公司）

列为本执行回转案的被执行人。理由如下：

一、按照《民事诉讼法》第 214 条[①]和《关于人民法院执行工作若干问题的规定（试行）》第 109 条规定，"原申请执行人"，是指原执行案件中的申请执行人，才能作为执行回转案中的被执行人。在本案中，原申请执行人是湖南利达国际贸易长沙物资公司（以下简称利达公司），凯利公司并非该案的当事人，故将凯利公司列为执行回转案中的被执行人没有事实和法律依据。

二、凯利公司取得的 248 万元，是在利达公司对其欠债的情况下，依据长沙市中级人民法院〔1997〕长中经初字第 124 号民事调解书，通过执行程序取得的，而且不论利达公司与北京城市合作银行和平里支行、石油工业出版社纠纷案是否按撤诉处理，均不能否定凯利公司对利达公司的债权。

三、利达公司在长沙市中级人民法院〔1997〕长中经初字第 124 号民事调解书中，明确表示其将用从石油工业出版社执行回的款项清偿其对凯利公司的债务。

四、利达公司与凯利公司的债权债务关系同石油工业出版社与利达公司的债权债务关系是两种不同的法律关系，不能混淆，单独处理前者的债权债务并无不妥。

【附：案例评析】

石油工业出版社申请执行回转案

四、湖南省高级人民法院的审查处理意见

对于此案究竟应当从利达公司还是从凯利公司执行回转的问题，该院形成了两种不同的意见：

第一种意见认为不应将凯利公司列为执行回转案的被执行人。其理由主要有：

1. 民事诉讼法第 214 条规定的"财产取得人"，已被《关于人民法院执行工作若干问题的规定（试行）》第 109 条限制性解释为"原申请执行人"，按照此规定，只有原执行案件中的申请执行人，才能作为执行回转案中的被执行人。从出版社执行 250 万元款的案件是利达公司诉和平里支行和出版社一案，此案中的申请执行人是利达公司，凯利公司并非该案的当事人，且没有任何过错，在执行回转案中将其列为被执行人没有事实和法律依据。因而，只能从利达公司执行回转，凯利公司不应作为执行回转案的被执行人。

2. 凯利公司是依据长沙市中级人民法院〔1997〕长中经初字第 124 号民事调解书，通过执行程序取得 248 万元款的，具有合法根据，而在凯利公司取得此款时，长沙市中级人民法院〔1998〕长中经再终字第 21 号再审判决属于生效法律文书，利达公司将岳麓区法院依据该再审判决从出版社执行的款项已用于清偿其对凯利公司的债务，真正受益者是利达公司，且利达公司作为原告的案件，一、二审在实体上已经胜诉，因为管辖权的问题移交北京市东城区人民法院审理后，利达公司无正当理由拒不到庭，怠于行使自己的权利，致使该案作撤诉处理，造成执行回转的后果利达公司应承担全部责任。因此，从公平、合理原则看，也应从利达公司执行回转。

3. 出版社与利达公司的债权债务关系同利达公司与凯利公司的债权债务关系是两种不同的法律关系，最高人民法院经济庭〔1993〕24 号函所涉及的案例与本案实质上相同，应当参照执行。

第二种意见认为应将凯利公司列为被执行人。其理由主要有：

1. 对《关于人民法院执行工作若干问题的规定（试行）》第 109 条规定中的"原申请执行人"不应作机械的理解，而应适当地扩大解释。在本案中，利达公司、凯利公司申请执行的是同一标的物，即和平里支行、出版社对利达公司的债权，这样，利达公司和凯利公司都可以视为是申请执行人，都可以作为执行回转案的被执行人。

2. 在凯利公司诉利达公司案的执行中，凯利公司取得从出版社执行的 248 万元款的依据是利达公司诉和平里支行、出版社案的执行。现在利达公司诉和平里支行、出版社案的执行依据——长沙市中级人民法院〔1998〕长中经再终字第 21 号再审判决已被撤销，且未取得新的执行依据，那么，凯利公司取得此款就失去了合法依据，理应返还。

五、本案争议的焦点

本案的争议焦点是凯利公司能否作为本执行回转案的被执行人。

[①] 民事诉讼法原第二百一十四条现已修改为第二百三十八条。——编者注

六、最高人民法院处理意见

在本案中不应将凯利公司列为本执行回转案的被执行人。

七、评析意见

1. 根据民事诉讼法第214条和《关于人民法院执行工作若干问题的规定（试行）》第109条规定原申请执行人，是指原执行案件中的申请执行人，才能作为执行回转案中的被执行人。在本案中，原申请执行人是利达公司，而凯利公司并非该案的当事人，故将凯利公司列为执行回转案中的被执行人没有事实和法律依据。且湖南省高级人民法院对本案的第二种意见中，对《关于人民法院执行工作若干问题的规定（试行）》第109条规定中的"原申请执行人"不应作机械的理解，而应适当地扩大解释的问题。我院认为其他法院或部门无权对最高法院的司法解释再作扩大解释。

2. 凯利公司获得的248万元是基于利达公司对其欠债的情况下，依据长沙中院〔1997〕长中法初字第124号民事调解书而取得的。同时，该笔248万元款项，是利达公司在诉和平里支行、出版社一案中收回本息后，偿还了其所欠凯利公司的债务。从以上的事实和法律关系中，凯利公司取得248万元款项程序合法。而执行法院在本案中，将凯利公司作为被执行人既无事实根据也无法律依据。

3. 利达公司在长沙市中级人民法院〔1997〕长中经初字第124号民事调解书中，明确表示其将用从石油出版社执行的款项清偿其对凯利公司的债务。而且，利达公司与凯利公司的债权债务关系同石油出版社与利达公司的债权债务关系是两种不同的法律关系，不能混淆，单独处理前者的债权债务并无不妥。①

[提示] 执行回转程序依当事人申请或依职权提起

最高人民法院关于中国工商银行运城市分行广场分理处与中国建设银行太原市分行承兑汇票纠纷执行争议案的复函

2002年11月19日　　〔2001〕执监字第26号

山西省高级人民法院：

你院〔2001〕晋法执字第54号《关于申请人中国工商银行运城分行广场办事处解州分理处与被执行人中国建设银行太原市分行承兑汇票纠纷一案执行情况的报告》收悉，经研究，答复如下：

1. 你院〔1998〕晋经监字第2号再审判决为本案最终执行依据，该判决明确判定了中国建设银行太原市分行（以下简称建行太原分行）、中国工商银行运城分行广场办事处解州分理处（现为中国工商银行运城分行城建办事处解州分理处，以下简称工行运城分行）、山西宏宝贸易公司（以下简称宏宝公司）、山西省朔州市物贸中心（以下简称朔州物贸）、山西金丰实业有限公司（以下简称金丰公司）具有返还义务的法律责任，且各方当事人的权利义务明确，各债权人可据以单独申请执行。

2. 依据《民事诉讼法》第二百零七条②、二百一十六条③、二百一十九条④和《最高人民法院关于人民法院执行工作若干问题的规定（试行）》第19条之规定，你院〔1998〕晋经监字第2号再审判决生效后，债权人未向法院申请执行的，法院不应依职权进行执行。本案只

---

① 裴莹硕：《石油工业出版社申请执行回转案》，载最高人民法院执行工作办公室编：《强制执行指导与参考》2003年第1辑（总第5辑），法律出版社2003年版，第209~215页。
② 民事诉讼法原第二百零七条现已修改为第二百三十条。——编者注
③ 民事诉讼法原第二百一十六条现已修改为第二百四十条。——编者注
④ 民事诉讼法原第二百一十九条现已修改为第二百四十三条。——编者注

有朔州物贸、工行运城分行向太原市中级人民法院申请执行，且朔州物贸申请执行宏宝公司后，在太原市中级人民法院主持下，双方已于2000年11月达成执行和解协议并已履行完毕。工行运城分行申请执行建行太原分行后，因后者申诉而至今尚未执行。其他债权人均未申请执行，且已过法定申请执行期限，放弃申请执行的后果只能由其自行承担。建行太原分行未在法定期限内向法院申请强制执行，不能因其债权未予实现而拒绝履行其应向工行运城分行返还款项的义务。

3. 你院〔1997〕晋经终字第102号二审判决生效后，金丰公司于1997年12月14日向太原市中级人民法院申请执行，该院于同年12月22日立案后将冻结在建行太原分行账户上贴现款486.4597万元全部执行给金丰公司。二审判决执行完毕后，你院又以〔1998〕晋经终字第2号再审判决撤销了你院二审判决。本案由于判决的错误而造成执行的错误，根据《民事诉讼法》第二百一十四条①和《最高人民法院关于人民法院执行工作若干问题的规定（试行）》第109条之规定，应依职权对金丰公司依据二审判决获得的款项执行回转，并返还建行太原分行，以维护其合法权益。

4. 请你院按上述意见函复本案有关的执行当事人。

【附：案例评析】

中国工商银行运城市分行广场分理处与中国建设银行太原市分行承兑汇票执行争议案

三、本案争议焦点

再审判决生效后，工行运城分行即向太原市中级法院申请执行建行太原分行，但对本案如何执行存在两种不同意见。一是依据再审判决书所确定的义务，把宏宝公司、朔州物贸、金丰公司、解州铝厂作为本案第三人，按其在判决书中各自应承担的义务，按判决顺序逐个返还，彻底解决本案，即全案通盘执行。二是根据再审判决书所确定的内容，分段执行，不受法律文书排列顺序的限制，对有履行能力的可执行一项了结一项。

太原市中级法院认为第一种意见即建行太原分行要求全案通盘执行，虽然在理论上好像能彻底解决本案，不留矛盾，但此方案已无实际操作的可能性，因从源头开始的宏宝公司主体资格已不存在，且无财产可供执行，结果只能全案终止执行。第二种意见虽没有彻底解决本判决的全部内容，有些当事人权利没能实现，但具有可操作性，申请执行人工行运城分行也坚持这个意见，该院倾向于第二种意见。

山西省高级法院倾向于第一种意见，认为全案通盘执行的方案比较全面、准确。第二种意见即打破执行顺序，先执行有履行能力的建行太原分行，虽能保护债权人工行运城分行及解州铝厂的利益，但无法律依据，因再审判决并未判处建行太原分行承担连带清偿责任。

四、最高法院处理意见

1. 山西省高级法院〔1998〕晋经监字第2号再审判决书为本案最终执行依据，该判决明确判定了建行太原分行、工行运城分行、宏宝公司、朔州物贸、金丰公司具有返还义务的法律责任，且各方当事人的权利义务明确，各债权人可据以单独申请执行。

2. 依据《民事诉讼法》第207、216、219条和《最高人民法院关于人民法院执行工作若干问题的规定（试行）》第19条之规定，你院〔1998〕晋经监字第2号再审判决生效后，债权人未向法院申请执行的，法院不应依职权进行执行。本案只有朔州物贸、工行运城分行向太原市中级人民法院申请执行，且朔州物贸申请执行宏宝公司后，在太原市中级人民法院主持下，双方已于2000年11月达成执行和解协议并已履行完毕。工行运城分行申请执行建行太原分行后，因后者申诉而至今尚未执行。其他债权人均未申请执行，且已过法定申请执行期限，放弃申请执行的后果只能由其自行承担。建行太原分行未在法定期限内向法院申请强制执行，不能因其债权未予实现而拒绝履行其应向工行运城分行返还款项的义务。

3. 山西省高级法院〔1997〕晋经终字第102号二审判决生效后，金丰公司于1997年12月14日向太原市中级人民法院申请执行，该院于同年12月22日立案后将冻结在建行太原分行账户上的贴现款486.4597万元全部执行给金丰公司。二审

---

① 民事诉讼法原第二百一十四条现已修改为第二百三十八条。——编者注

判决执行完毕后，山西省高级法院又以〔1998〕晋经终字第2号再审判决撤销了该院二审判决。本案由于判决的错误而造成执行的错误，根据《民事诉讼法》第214条和《最高人民法院关于人民法院执行工作若干问题的规定（试行）》第109条之规定，应依职权对金丰公司依据二审判决获得的款项执行回转，并返还建行太原分行，以维护其合法权益。

五、评析意见

1. 山西省高级法院〔1998〕晋经监字第2号再审判决书应为本案执行依据。此案由于一审、二审和再审判决出现来回反复，故给判决的执行带来相当的困难。根据再审判决，此案最终权利人为解州铝厂。太原市中级法院在执行再审判决过程中欠妥考虑保护全案最终债权人的利益，从一开始就应安排统一由一个人主持全案的执行，所执行到的标的在全案未执行前应保存在法院，如朔州物贸执行宏宝公司100万元，在朔州物贸不能返还金丰公司的情况下，应作为金丰公司的执行标的。

2. 从山西省高级法院再审判决来看，首先判决明确判定了具有返还义务的建行太原分行、工行运城分行、宏宝公司、朔州物贸、金丰公司的法律责任；且各方当事人的权利义务明确，他们之间有相互返还的义务，但是并非对等给付。即并非如建行太原分行所述称的该行只有等待第三人金丰公司将486万元返还给该行后，该行才能将此款转交给工行运城分行，该行承担的是转交义务，而不是法律责任，故不能在金丰公司未返还给该行款项的情况下执行该行，否则该行即承担了连带清偿责任。此说法明显歪曲了判决的内容，是为其推卸法律责任寻找的借口。其次，从再审判决内容来看，亦未确定履行的顺序，故不存在执行顺序的问题。因此各方当事人在执行中均不得以其权利未实现作为抗辩理由拒不对其他权利人履行义务。建行太原分行以金丰公司未返还其款而拒不履行对工行运城分行的付款义务显属无理。

3. 此案如能按票据流通顺序全案通盘执行为最好，但事实上已完全不可能，只能分段执行，且此案已实际形成了分段执行，而分段执行并不违反法律规定。首先，此案涉及具有返还义务的5方当事人互相返还的标的物均不一致；其次，互相返还的债权人与债务人也不一致，不同债权人向相应债务人申请执行理所应当，在全案通盘执行不可能的情况下，任何一方债权人不能越权向另一方债务人申请执行。而此案如前所述，已有两个债权人向法院申请执行，如朔州物贸申请执行宏宝公司一案已于2000年达成执行和解协议，且已履行完毕结案。工行运城分行申请执行建行太原分行因有争议尚未执行，其他债权人均未申请执行，且已过法定申请执行期限，故工行运城分行申请执行建行太原分行应予支持。

4. 工行运城分行申请执行建行太原分行后，对建行太原分行的权益如何保护。对此问题，本不应涉及，但考虑此案有些特殊情况，即山西高院二审判决撤销了太原市中级法院一审判决，改判金丰公司合法享有177号票据的权利。对此判决的送达山西省高级法院采用了打时间差的做法，即1997年11月1日先将此判决送达金丰公司和建行太原分行后，才于同年11月27日将其余4方当事人判决书退由太原市中级法院送达，而这4方当事人何时签收的判决书，现又因查找不到送达回证，故造成金丰公司先行申请执行（1997年12月14日申请），太原市中级法院于同年12月22日立案，当天即匆忙以〔1997〕并法执字第286号通知书，解冻了金丰公司在建行账户上的贴现款486万余元，致金丰公司将此款全部占用。工行运城分行和解州铝厂却称他们签收判决的时间为1997年12月31日，经过调查却又无法佐证。但工行和铝厂向山西省高级法院申请再审的时间是1998年1月2日，两天后山西省高级法院立案再审，后作出撤销该院二审判决，作出金丰公司退出票据款486万余元给建行太原分行，由建行返还工行运城分行500万元票据款的再审判决。为此，山西省高级法院和太原市中级法院在此案二审判决书的送达和执行上虽存在一定问题，但根本的问题是由于判决的错误而造成的执行的错误。故根据民诉法第214条和执行工作若干问题的规定（试行）第109条之规定，太原市中级法院在执行建行太原分行后，应依职权对金丰公司进行执行回转，将所执行财产返还建行太原分行，以保护其合法权益。①

---

① 王桂芳、刘涛：《中国工商银行运城市分行广场分理处与中国建设银行太原市分行承兑汇票执行争议案》，载裴莹硕主编、最高人民法院执行工作办公室编：《强制执行指导与参考》2002年第4辑（总第4辑），法律出版社2003年版，第224～233页。

最高人民法院
关于对第三人通过法院变卖程序取得的财产能否执行回转及相关法律问题的请示复函

2003年8月5日　　〔2001〕执他字第22号

山东省高级人民法院：

你院鲁高法函〔2001〕65号《关于对第三人通过法院变卖程序取得的财产能否执行回转及相关法律问题的请示》收悉。经研究，答复如下：

青岛市中级人民法院在执行中，裁定将案外人青岛美达实业股份公司的土地使用权变卖给青岛洁丽日化有限公司，侵犯了青岛美达实业股份公司的合法权益，是错误的。人民法院在执行中依法采取拍卖、变卖措施，是基于国家公权力的行为，具有公信力。买受人通过法院的拍卖、变卖程序取得财产的行为，不同于一般的民间交易行为，对其受让所获得的权益应当予以保护。根据本案的具体情况，买受人已经取得的土地使用权不宜再执行回转。你院可据此尽力促成案外人青岛美达实业股份公司与买受人青岛洁丽日化有限公司和解，妥善处理本案。

最高人民法院执行工作办公室
关于再审判决作出后如何处理原执行裁定的答复函

2006年3月13日　　〔2005〕执他字第25号

辽宁省高级人民法院：

你院《关于本溪钢铁（集团）有限公司申请执行无锡梁溪冷轧薄板有限公司一案的疑难请示报告》收悉。经研究，答复如下：

一、关于再审判决生效后，本溪市中级人民法院已给付裁定的抵债标的额在没有超出再审判决所确认标的额的情况下，是否需要依据再审判决重新进行评估的问题。

本院认为，执行裁定发生法律效力后，并不因据以执行的法律文书的撤销而撤销。如果新的执行依据改变了原执行内容，需要执行回转的，则人民法院作出执行回转的裁定；如已执行的标的额没有超出新的执行依据所确定的标的额，则人民法院应继续执行。本案中，本溪市中级人民法院已给付裁定的抵债标的额没有超出再审判决所确认标的额，因此，是否需重新评估，关键看执行程序是否合法。如果执行程序合法，则维持原执行裁定的效力，继续执行，否则应予纠正，重新评估。

二、关于被执行人无锡梁溪冷轧薄板有限公司（以下简称梁溪公司）的投资权益未经当事人同意直接抵债是否合法的问题。

本院认为，本案不存在以物抵债的问题。韩国联合钢铁工业株式会社（以下简称韩方）只是作为合资他方，收购了被执行人梁溪公司的股权，其并不是债权人。本溪市中级人民法院处理梁溪公司在无锡长江薄板有限公司、无锡太平洋镀锌板有限公司各占25%的股份时，考虑到韩方在两公司分别占有75%的股份，根据最高人民法院《关于人民法院执行工作若干问题的规定（试行）》第54条第二款以及第55条第二款的规定，同意韩方以评估价格收购上述股权，由于当时的法律和司法解释，均未明确在拍卖过程中保护优先购买权。因此，本溪市中级人民法院未经拍卖，在韩方同意收购梁溪公司股权的情况下，直接以评估价格将上述股权转给韩方并不违法。

此外，请你院对中国航天科工集团公司、被执行人梁溪公司反映的评估报告中存在的问题，尤其是评估程序、评估方法及评估价格过低的问题认真进行核查。如反映属实，可考虑重新评估拍卖，同时依据最高法院《关于人民法院民事执行中拍卖、变卖财产的规定》第十四条、第十六条的规定，保护韩方作为合资他方的优先购买权。

【附：案例评析】

关于再审判决作出后如何处理原执行裁定的请示案

三、辽宁省高级人民法院请示的问题

1. 该院再审判决生效后，本溪市中级人民法院已给付裁定的抵债标的额在没有超出再审判决所确认标的额的情况下，是否需要依据再审判决重新进行评估。

2. 被执行人梁溪公司的投资权益未经当事人同意直接抵债是否合法。

四、辽宁省高级人民法院及执行法院的意见

辽宁省高级人民法院多数人意见，依据《最高人民法院关于人民法院执行工作若干问题规定（试行）》第四十六条，对被执行人的财产进行变价的，应当委托拍卖机构进行拍卖。财产无法拍卖或当事人双方同意方可变卖。而本溪市中级人民法院在执行过程中，未经当事人同意直接将被执行人的财产抵债变卖，违反此规定，应重新评估拍卖。少数人意见，韩方已将收购股权款给付本溪市中级人民法院，如重新拍卖，将增加当事人的成本。

本溪市中级人民法院的意见是，在处置股权时本案并未提起再审，且韩方已按给付裁定实际付款收购被执行人的股权，现重新评估的理由并不存在，韩方已实际付款近一年零十个月，应按原裁定办理过户。

五、最高人民法院处理意见

执行裁定生效后，并不因据以执行的法律文书的撤销而撤销。如果新的执行依据改变了原执行内容，需要执行回转的，则人民法院作出执行回转的裁定；如已执行的标的额没有超出新的执行依据所确定的标的额，则人民法院应继续执行。本案中，本溪市中级人民法院已给付裁定的抵债标的额没有超出再审判决所确认标的额，因此，是否需重新评估，关键看执行程序是否合法。如果执行程序合法，则维持原执行裁定的效力，继续执行，否则应予纠正，重新评估。本案不存在以物抵债的问题。韩方只是作为合资他方，收购了被执行人梁溪公司的股权，其并不是债权人。本溪市中级人民法院处理梁溪公司在无锡长江薄板有限公司、无锡太平洋镀锌板有限公司各占有的25％股份时，考虑到韩方在两公司分别占有75％的股份，根据最高人民法院《关于人民法院执行工作若干问题的规定（试行）》第五十四条第二款以及第五十五条第二款的规定，同意韩方以评估价格收购上述股权，由于当时的法律和司法解释，均未明确在拍卖过程中保护优先购买权，因此本溪市中级人民法院未经拍卖，在韩方同意收购梁溪公司股权的情况下，直接以评估价格将上述股权转给韩方并不违法。

六、评析意见

1. 关于辽宁省高级人民法院再审判决生效后，本溪市中级人民法院已给付裁定的抵债标的额在没有超出再审判决所确认标的额的情况下，是否应撤销原执行裁定，重新评估执行的问题。

笔者认为，原生效法律文书被撤销后，原执行裁定并不当然一并撤销。执行裁定发生法律效力后，并不因据以执行的法律文书的撤销而撤销。如果新的执行依据改变了原执行内容，需要执行回转的，则人民法院作出执行回转的裁定；如已执行的标的额没有超出新的执行依据所确定的标的额，则人民法院应继续执行。本案中，本溪市中级人民法院已给付裁定的抵债标的额没有超出再审判决所确认标的额，因此，是否需重新评估，关键看执行程序是否合法。如果执行程序合法，则维持原执行裁定的效力，继续执行。否则应予纠正，重新评估。

2. 关于被执行人梁溪公司的投资权益未经当事人同意直接抵债是否合法的问题。

笔者认为，此问题本身不准确。因为本案不存在以物抵债的问题，韩方只是作为合资他方，收购了梁溪公司的股权，其并不是债权人。本案探讨的应是本溪市中级人民法院未将被执行人的股权拍卖，直接将股权让韩方收购是否正确的问题。笔者认为，本案处理的梁溪公司在无锡长江薄板有限公司、无锡太平洋镀锌板有限公司分别占有25％的股份，由于韩方在两公司分别占有75％的股份。因此，在处理梁溪公司25％的股份时，应保护韩方的优先购买权。因为最高人民法院《关于人民法院执行工作若干问题的规定（试行）》并未像当前《关于人民法院民事执行拍卖、变卖财产的规定》明确如何在拍卖过程中保护优先购买权。根据《关于人民法院执行工作若干问题的规定（试行）》第五十四条第二款规定：对被执行人在有限责任公司中被冻结的投资权益或股权，人民法院可以依据《公司法》第三十五条、第三十六条的规定，征得全体股东过半数同意后，予以拍卖、变卖或以其他方式转让。不同意转让的股东，应当购买该转让的投资权益或股权，不购买的，视为同意转让，不影响执行。从该条可以看出，股东购买应是在强制执行之前。因此，本溪市中级人民法院未经拍卖，同意韩方收购股权符合该条的规定。为保护韩方的优先购买权同意其收购股权，不能完全等同于法院将被执行人的财产变卖他人，适用未经拍卖或征求当事人双方同意不得变卖的原则。因此，本溪市中级人民法院未经拍卖，在韩方同意收购梁溪公司股权的情况下，直接以评估价格转给韩方并不违法。

由于本案采取不经拍卖，将股权以评估价格抵给合资他方韩方的方式，如果评估报告存在问题，评估方法和程序不当，评估价格过低，就会损害被执行人梁溪公司的权益。因此，应对此问题认真核查，如确实存在上述问题，应重新评估拍卖，同时依据最高人民法院《关于人民法院民事执行拍卖、变卖财产的规定》第十四条、第十六条的规定保护韩方作为合资他方的优先购买权。①

最高人民法院关于执行回转案件的申请执行人在被执行人破产案件中能否得到优先受偿保护的请示的答复

2006年12月14日 〔2005〕执他字第27号

天津市高级人民法院：

你院《关于执行回转案件的申请执行人在被执行人破产案件中能否得到优先受偿保护的请示》收悉。经研究，答复如下：

人民法院因原错误判决被撤销而进行执行回转，申请执行人在被执行人破产案件中能否得到优先受偿保护的问题，目前我国法律尚无明确规定。我们认为，因原错误判决而被执行的财产，并非因当事人的自主交易而转移。为此，不应当将当事人请求执行回转的权利作为普通债权对待。在执行回转案件被执行人破产的情况下，可以比照取回权制度，对执行回转案件申请执行人的权利予以优先保护，认定应当执行回转部分的财产数额，不属于破产财产。因此，审理破产案件的法院应当将该部分财产交由执行法院继续执行。

【附：案例评析】

关于执行回转的债权在破产程序中能否优先受偿问题请示案

一、请示的问题

天津市高级人民法院向最高人民法院报送《关于执行回转案件的申请执行人在被执行人破产案件中能否得到优先受偿保护的请示》。

该请示所涉及的情况及问题是：

天津二中院依据该院及高院的二审判决，已经对原被执行人执行1186万元，划给原申请执行人。后该案经最高法院提审，推翻了原生效判决。据此原被执行人申请执行回转。但在回转执行过程中，现被执行人（原申请执行人）被宣告破产。需要解决的问题是：现申请执行人能否从破产财产中就其执行回转的债权优先受偿。申请执行人认为：执行回转程序不能因破产程序而中止；原被执行的财产不能作为破产财产；申请执行人应当优先受偿。

二、天津市高级人民法院审委会意见

天津市高级人民法院审委会的意见是：在破产案件中享有取回权的仅为物权，不包括一般债权。虽然执行回转程序具有一定的特殊性，但本案申请执行标的从根本上应为一般债权性质，且法律也未明确将该种情况列为享有取回权的范畴。因此本案不应比照破产案件中享有取回权的程序处理。但本案涉及的执行回转申请人在被执行人破产过程中是否享有优先受偿的权利问题其处理结果对于执行过程中如何适用法律具有指导意义。鉴于目前的法律及司法解释对此均无规定，故请示。

三、最高人民法院答复意见

经与有关审判部门协商，此请示由最高人民法院执行办公室负责答复。执行办答复意见如下：

因原错误判决而被执行的财产，并非因当事人的自主交易而转移。为此，不应当将当事人请求执行回转的权利作为普通债权对待。在执行回转案件被执行人破产的情况下，可以比照取回权制度，对执行回转案件申请执行人的权利予以优先保护，认定应当执行回转部分的财产数额，不

---

① 刘涛：《关于再审判决作出后如何处理原执行裁定的请示案》，载最高人民法院执行工作办公室编：《执行工作指导》2006年第2辑（总第18辑），人民法院出版社2006年版，第77～82页。

属于破产财产。

四、分析

1. 首先应当肯定，在价值判断方面，执行回转的权利应当得到优先保护。执行回转作为再审制度的辅助手段，应当保护真正权利人的合法利益。如果当事人有能力执行回转而不予执行回转，势必造成再审公正价值的落空，使再审判决成为一张空头支票（"再审白条"）。由此将导致再审制度的功能丧失殆尽，加剧社会对司法不公的抱怨。

2. 不宜简单地将执行回转债权视为是一般不当得利债权。可以从执行回转所针对的财产的角度，讨论其与破产财产的关系。应当执行回转的财产，是一种特殊的财产，有必要区别于破产债务人的一般财产。这种财产是通过法院错误判决而强制执行的，是因公权错误干预而使其暂时处于非真正权利人掌控之下的一种特殊的财产，不以原债务人（现债权人）的自由意志为转移，与当事人之间通过自主交易行为而转移资金有本质不同。如不将该财产区别于破产财产，则执行回转债权人因错误司法判决而被强制执行的财产，将作为其他债权人分配的基础，对回转债权人严重不公。

3. 认定应当执行回转的财产不属于破产财产，解释上也有一定的可行性。法律和司法解释中没有提到执行回转与破产财产处理上的关系问题，只能说是法律上的遗漏，并不能说是根本上否定执行回转优先得到保护。最高人民法院《关于审理企业破产案件若干问题的规定》第七十一条列举的不属于破产财产的财产，不应理解为是对该类财产的全部范围的规定，应不排斥实践中依法认定其他不属于破产财产范围的财产。这在起草者的有关著作中已经得到肯定。从取回权的角度看，破产取回权中涉及的财产一般都是有物的形态或者来源于有体物（如因原物毁损灭失而形成的代偿性取回权），但也承认以金钱形态存在的取回权，如信托财产、股民保证金等。理论上说，破产债务人持有这类财产构成一种推定的信托占有（借鉴英美法上的概念），其实质上的权利应属于执行回转债权人。如此比照，可将应当执行回转的财产（即使是金钱）认定为不属于破产

财产，申请执行回转的权利人有取回权。①

最高人民法院执行工作办公室
关于原执行裁定被撤销后能否对第三人从债权人处买卖的财产进行回转的请示的答复

2007年9月10日　〔2007〕执他字第2号

辽宁省高级人民法院：

你院《关于申请执行人中国工商银行铁岭市清河支行西丰分理处与被执行人西丰百货公司第三商店借款合同纠纷一案的请示报告》收悉。经研究，答复如下：

依照我院《关于人民法院执行工作若干问题的规定（试行）》第109条、第110条的规定，如果涉案执行财产已经被第三人合法取得，执行回转应当由原宴请执行人折价抵偿。至于涉案执行财产的原所有人是否申请国家赔偿，可告知其自行按照国家有关法律规定办理。

此复。

【附：案例评析】

原执行裁定被撤销后能否对第三人从债权人处买受的财产进行回转的请示案

二、辽宁高院意见

辽宁高院审委会倾向性意见认为，原民事诉讼法第二百一十四条规定："执行完毕后，据以执行的判决、裁定和其他法律文书确有错误，被人民法院撤销的，对已被执行的财产，人民法院应当作出裁定，责令取得财产的人返还，拒不返还的，强制执行。"而最高人民法院《关于人民法院执行工作若干问题的规定（试行）》（以下简称《执行规定》）第一百零九条规定："在执行中或执行完毕后，据以执行的法律文书被人民法院或其他有关机关撤销或变更的，原执行机构应当依照民事诉讼法第二百一十四条的规定，依当事人申请或依职权，按照新的生效法律文书，作出执行

---

① 黄金龙：《关于执行回转的债权在破产程序中能否优先受偿问题请示案》，载最高人民法院执行工作办公室编：《执行工作指导》2007年第1辑（总第21辑），人民法院出版社2007年版，第57～59页。

回转的裁定,责令原申请执行人返还已取得的财产及其孳息。拒不返还的,强制执行。"本案应当适用《执行规定》第一百零九条的规定。按照该规定,执行回转只能从原申请执行人返还已取得财产。因为,原申请执行人取得财产后,会出现对财产处置和转让的问题,如果已经转几手就不能回转。执行回转只是对申请人而言,不能对其他组织(个人)执行回转。所以,该案的执行回转,只能从申请执行人处进行。现申请执行人将房产卖让给赵恒春,赵恒春属于善意取得,应保护赵恒春的权益。因实际上从申请执行人处回转财产已不可能,应当按照原民事诉讼法第一百一十条的规定,由申请执行人铁岭工行西丰县分理处向西丰县百货公司第一商店折价抵偿。如果工商银行不能抵偿,则执行回转的申请人可以按照国家赔偿程序申请国家赔偿。

三、评析意见

本案的关键问题是,在原执行裁定被撤销后,如何在保护原所有权人对物的所有权和社会的交易安全之间进行取舍的问题。应当说在此问题上原民事诉讼法第二百一十四条和《执行规定》第一百零九条的规定是不一致的。原民事诉讼法第二百一十四条的规定责令取得财产人的返还,并没有区分债权人和案外人的不同,也就是说不管原执行标的物在何人手中,一律都要回转。这实际上反映了当时的立法者还是停留在保护静态的安全——所有者的所有权这一价值层面上。而《执行规定》第一百零九条,则强调执行回转只能从原申请执行人手中回转,已经侧重于对案外人取得财产权的保护。《执行规定》反映了随着社会经济的发展,大家逐渐认识到,与静态的安全相比,动态的安全更重要。因为,没有交易安全,社会资源便无法流转,而没有社会资源的流转,社会的进步便无从谈起。当然,这样进行取舍,并非就不保护原所有权人的利益,只是原所有权人对原物享有的占有、使用、支配的权利将不再保护,但是可以通过其他程序从价值上寻求赔偿。

所以,笔者的观点是,因为执行行为违法被撤销而进行的执行回转,如果原申请执行人通过该执行行为取得的财产已被案外第三人合法取得,则不应该对案外人合法取得的财产进行回转。因为,在涉案财产已经被申请执行人合法取得的情况下,申请执行人作为所有权人自然享有对该财产进行占有、使用、收益、处分的权利,案外第三人与申请执行人进行交易,属于合法的财产交易行为,在依法取得涉案财产的所有权后,其作为合法所有权人应当得到保护。如果第三人所取得的所有权因为原执行行为被撤销,就要被追夺其依法取得的财产,那么任何人都不敢再购买经过法院执行程序处置的财产,最终将严重危害交易安全。这对第人来说也是无法预料到的风险,让交易当事人承担无法预料的交易风险,从制度设计上是不公平的。这里需要指出的是,辽宁高院对案外人赵恒春的利益进行保护的理论基点乃是赵恒春系善意取得。这种认识实际上是错误的,因为,按照民法理论,善意取得是指无处分权人擅自处分他人之物,法律对信赖处分人有处分权的善意买受人进行特殊保护的制度,法学理论通说认为善意取得制度一般只适用于动产。而本案中,铁岭工行已经通过法院的执行取得了涉案房产的所有权并且办理了过户手续,拥有合法的处分权利。赵恒春与之进行交易是正常的民事交易,不存在善意还是恶意的问题,也就是说在正常的民事交易中没有区分其主观心理态度的必要。

综上,本案只能按照《执行规定》第一百零九条的规定从原申请执行人处回转,由于涉案房屋已被案外人赵恒春合法取得所有权,可以由原申请执行人铁岭市工商银行进行折价赔偿,如赔偿不能则按照国家赔偿程序处理。[1]

人民法院办理执行案件规范

2017年4月

248.【执行回转的一般规定】

在执行中或执行完毕后,据以执行的法律文书被人民法院或其他有关机关撤销或变更的,原执行机构应当依照民事诉讼法第二百三十三条的规定,依当事人申请或依职权,按照新的生效法律文书,作出执行回转的裁定,责令原

---

[1] 范向阳:《原执行裁定被撤销后能否对第三人从债权人处买受的财产进行回转的请示案》载最高人民法院执行工作办公室编:《执行工作指导》2007年第3辑(总第23辑),人民法院出版社2008年版,第53~55页。

申请执行人返还已取得的财产及其孳息。拒不返还的，强制执行。

执行回转应重新立案，适用执行程序的有关规定。

249.【执行回转与继续执行】

发生法律效力的执行裁定，并不因据以执行的法律文书被撤销而撤销。新的执行依据改变了原执行内容，需要执行回转的，人民法院应作出执行回转的裁定；已执行的内容没有超出新的执行依据所确定内容的，人民法院应继续执行。

250.【特定物的执行回转】

执行回转时，已执行的标的物系特定物的，应当退还原物。不能退还原物的，经双方当事人同意，可以折价赔偿。

双方当事人对折价赔偿不能协商一致的，人民法院应当终结执行程序。执行回转的申请执行人可以另行起诉。

251.【破产时的执行回转】

在执行回转案件被执行人破产的情况下，人民法院可以比照取回权制度，对执行回转案件申请执行人的权利予以优先保护，认定应当执行回转部分的财产数额，不属于破产财产。审理破产案件的法院应当将该部分财产交由执行法院继续执行。

252.【执行回转中的迟延履行责任】

执行回转案件的被执行人迟延履行的，应当按照本规范第十二章的规定承担迟延履行期间的债务利息或迟延履行金。

执行依据被撤销后，能否对执行拍卖的标的物实行执行回转？

问：人民法院在执行债权人李某某与债务人江西某水电公司财产清算组确认股权纠纷一案时，依法对水电公司所有的水电站进行了拍卖。李某某竞得该财产，在扣除其债权及利息 1462730 元后，支付了全部价金，该电站过户到李某某名下。后该股权纠纷案的执行依据被撤销，江西某水电公司清算组申请执行回转。但对何种财产进行回转有两种不同意见：一种意见认为应当对李某某分得的债权及利息 1462730 元回转；另一种意见认为应当对水电站进行执行回转。请问哪种意见正确？

答：原执行依据被撤销后，执行回转的对象只能是原债权人按照原执行依据所取得的利益。本案中，李某某依据执行依据取得的利益就是 1462730 元债权及利息。至于李某某所有的水电站，由于是其在法院的拍卖程序中以竞买人身份竞得的财产，除非拍卖程序本身因违法而被撤销，为了维护司法拍卖的公信力，不得因执行依据的撤销而对拍卖标的物进行执行回转。①

原生效法律文书被撤销，执行裁定是否也要相应撤销？

问题：有这样一个案件，甲诉乙损害赔偿纠纷，人民法院判决乙向甲赔偿损失 100 万元。判决生效进入执行程序后，人民法院执行了 50 万元。后因乙提请再审，人民法院在再审判决中撤销了原判决并判令乙向甲赔偿损失 75 万元。现乙以原判决已经被撤销为理由要求撤销原执行裁定，并对已经执行的 50 万元恢复原状。请问乙的请求应否得到支持？

《人民司法》研究组认为：除执行程序本身存在违法情形外，人民法院在执行程序中为执行生效判决所作出的生效裁定并不因执行依据被撤销而撤销。至于已经执行完毕的执行依据被再审程序撤销，则牵涉到人民法院是否需要作出执行回转裁定从而对已经执行的标的物进行回转的问题。就本案而言，如果人民法院的执行程序合法，虽然原执行依据被撤销，但是因为新的执行依据所确定的赔偿额仍然超过已经执行的标的额，不需执行回转，并且还要对没有执行的差额部分继续执行。因此，乙的请求不能得到支持。②

财产刑被撤销的，已执行的财产应返还

问：如果财产刑判决、裁定出现改变而发生错误执行的情况，如何补救？已经执行的财产应当怎么处理？原物无法返还时是否应予赔偿？

答：对于财产刑的判决、裁定发生错误而被撤销以后，已经执行的财产刑如何处理？《规定》

---

① 载《人民司法》2006 年第 11 期。
② 载《人民司法》2006 年第 3 期。

规定,财产刑全部或者部分被撤销的情况下,已经执行的财产应当全部或者部分返还被执行人。能够返还原物的,应当返还原物。无法返还的,应予赔偿。这一规定是为了保障犯罪人的合法财产权益,符合民事执行中执行回转制度的基本精神。

另外,执行机构在执行财产刑的过程中发现对犯罪分子不应判处财产刑或者发现判决、裁定认定的主要犯罪事实或者适用的法律可能有错误的,不停止财产刑的执行。确有错误的,通过法律规定的审判监督程序解决。[①]

第六十三章　执行减免、司法救助

中华人民共和国刑法

2015年8月29日

第五十三条　罚金在判决指定的期限内一次或者分期缴纳。期满不缴纳的,强制缴纳。对于不能全部缴纳罚金的,人民法院在任何时候发现被执行人有可以执行的财产,应当随时追缴。

如果由于遭遇不能抗拒的灾祸等原因缴纳确实有困难的,经人民法院裁定,可以延期缴纳、酌情减少或者免除。

最高人民法院
关于刑事裁判涉财产部分
执行的若干规定

2014年10月30日　　法释〔2014〕13号

第九条　判处没收财产的,应当执行刑事裁判生效时被执行人合法所有的财产。执行没收财产或罚金刑,应当参照被扶养人住所地政府公布的上年度当地居民最低生活费标准,保留被执行人及其所扶养家属的生活必需费用。

【附:答记者问】

重点明确了罚金刑减免的程序

问:《规定》对罚金刑的减免作出了什么新的规定?

答:我国刑法对于罚金的减免条件规定为"遭遇不能抗拒的灾祸缴纳确实有困难"。2000年最高人民法院《关于适用财产刑若干问题的规定》对财产刑减免条件进一步解释为"因遭受火灾、水灾、地震等灾祸而丧失财产;罪犯因重病、伤残等而丧失劳动能力,或者需要罪犯抚养的近亲属患有重病,需支付巨额医药费等,确实没有财产可供执行。"实践中遇到罚金刑减免的条件问题,仍按照《关于适用财产刑若干问题的规定》办理。

《规定》重点明确的是罚金刑减免的程序问题:一是明确了法院审理罚金刑减免申请的期限为收到申请后一个月;二是明确了法院审理罚金刑减免申请后应当以裁定的方式作出准予减免或者驳回申请的裁决。这一规定对罚金刑减免程序的明确化、具体化,将从一定程度上缓解实践中存在的罚金刑减免申请难的问题。[②]

---

① 《最高人民法院研究室负责人就〈关于财产刑执行问题的若干规定〉答记者问》,载《人民法院报》2010年5月31日。
② 同上。

最高人民法院
关于加强和规范人民法院国家司法救助工作的意见

2016 年 7 月 1 日　　法发〔2016〕16 号

为加强和规范审判、执行中困难群众的国家司法救助工作，维护当事人合法权益，促进社会和谐稳定，根据中共中央政法委员会、财政部、最高人民法院、最高人民检察院、公安部、司法部《关于建立完善国家司法救助制度的意见（试行）》，结合人民法院工作实际，提出如下意见。

第一条　人民法院在审判、执行工作中，对权利受到侵害无法获得有效赔偿的当事人，符合本意见规定情形的，可以采取一次性辅助救济措施，以解决其生活面临的急迫困难。

第二条　国家司法救助工作应当遵循公正、公开、及时原则，严格把握救助标准和条件。

对同一案件的同一救助申请人只进行一次性国家司法救助。对于能够通过诉讼获得赔偿、补偿的，一般应当通过诉讼途径解决。

人民法院对符合救助条件的救助申请人，无论其户籍所在地是否属于受案人民法院辖区范围，均由案件管辖法院负责救助。在管辖地有重大影响且救助金额较大的国家司法救助案件，上下级人民法院可以进行联动救助。

第三条　当事人因生活面临急迫困难提出国家司法救助申请，符合下列情形之一的，应当予以救助：

（一）刑事案件被害人受到犯罪侵害，造成重伤或者严重残疾，因加害人死亡或者没有赔偿能力，无法通过诉讼获得赔偿，陷入生活困难的；

（二）刑事案件被害人受到犯罪侵害危及生命，急需救治，无力承担医疗救治费用的；

（三）刑事案件被害人受到犯罪侵害而死亡，因加害人死亡或者没有赔偿能力，依靠被害人收入为主要生活来源的近亲属无法通过诉讼获得赔偿，陷入生活困难的；

（四）刑事案件被害人受到犯罪侵害，致使其财产遭受重大损失，因加害人死亡或者没有赔偿能力，无法通过诉讼获得赔偿，陷入生活困难的；

（五）举报人、证人、鉴定人因举报、作证、鉴定受到打击报复，致使其人身受到伤害或财产受到重大损失，无法通过诉讼获得赔偿，陷入生活困难的；

（六）追索赡养费、扶养费、抚育费等，因被执行人没有履行能力，申请执行人陷入生活困难的；

（七）因道路交通事故等民事侵权行为造成人身伤害，无法通过诉讼获得赔偿，受害人陷入生活困难的；

（八）人民法院根据实际情况，认为需要救助的其他人员。

涉诉信访人，其诉求具有一定合理性，但通过法律途径难以解决，且生活困难，愿意接受国家司法救助后息诉息访的，可以参照本意见予以救助。

第四条　救助申请人具有以下情形之一的，一般不予救助：

（一）对案件发生有重大过错的；

（二）无正当理由，拒绝配合查明案件事实的；

（三）故意作虚伪陈述或者伪造证据，妨害诉讼的；

（四）在审判、执行中主动放弃民事赔偿请求或者拒绝侵权责任人及其近亲属赔偿的；

（五）生活困难非案件原因所导致的；

（六）已经通过社会救助措施，得到合理补偿、救助的；

（七）法人、其他组织提出的救助申请；

（八）不应给予救助的其他情形。

第五条　国家司法救助以支付救助金为主要方式，并与思想疏导相结合，与法律援助、诉讼救济相配套，与其他社会救助相衔接。

第六条　救助金以案件管辖法院所在省、自治区、直辖市上一年度职工月平均工资为基准确定，一般不超过三十六个月的月平均工资总额。

损失特别重大、生活特别困难，需适当突破救助限额的，应当严格审核控制，救助金额不得超过人民法院依法应当判决给付或者虽已判决但未执行到位的标的数额。

第七条 救助金具体数额，应当综合以下因素确定：

（一）救助申请人实际遭受的损失；

（二）救助申请人本人有无过错以及过错程度；

（三）救助申请人及其家庭的经济状况；

（四）救助申请人维持其住所地基本生活水平所必需的最低支出；

（五）赔偿义务人实际赔偿情况。

第八条 人民法院审判、执行部门认为案件当事人符合救助条件的，应当告知其有权提出国家司法救助申请。当事人提出申请的，审判、执行部门应当将相关材料及时移送立案部门。

当事人直接向人民法院立案部门提出国家司法救助申请，经审查确认符合救助申请条件的，应当予以立案。

第九条 国家司法救助申请应当以书面形式提出；救助申请人书面申请确有困难的，可以口头提出，人民法院应当制作笔录。

救助申请人提出国家司法救助申请，一般应当提交以下材料：

（一）救助申请书，救助申请书应当载明申请救助的数额及理由；

（二）救助申请人的身份证明；

（三）实际损失的证明；

（四）救助申请人及其家庭成员生活困难的证明；

（五）是否获得其他赔偿、救助等相关证明；

（六）其他能够证明救助申请人需要救助的材料。

救助申请人确实不能提供完整材料的，应当说明理由。

第十条 救助申请人生活困难证明，主要是指救助申请人户籍所在地或者经常居住地村（居）民委员会或者所在单位出具的有关救助申请人的家庭人口、劳动能力、就业状况、家庭收入等情况的证明。

第十一条 人民法院成立由立案、刑事审判、民事审判、行政审判、审判监督、执行、国家赔偿及财务等部门组成的司法救助委员会，负责人民法院国家司法救助工作。司法救助委员会下设办公室，由人民法院赔偿委员会办公室行使其职能。

人民法院赔偿委员会办公室作为司法救助委员会的日常工作部门，负责牵头、协调和处理国家司法救助日常事务，执行司法救助委员会决议及办理国家司法救助案件。

基层人民法院由负责国家赔偿工作的职能机构承担司法救助委员会办公室工作职责。

第十二条 救助决定应当自立案之日起十个工作日内作出。案情复杂的救助案件，经院领导批准，可以适当延长。

办理救助案件应当制作国家司法救助决定书，加盖人民法院印章。国家司法救助决定书应当及时送达。

不符合救助条件或者具有不予救助情形的，应当将不予救助的决定及时告知救助申请人，并做好解释说明工作。

第十三条 决定救助的，应当在七个工作日内按照相关财务规定办理手续。在收到财政部门拨付的救助金后，应当在二个工作日内通知救助申请人领取救助金。

对具有急需医疗救治等特殊情况的救助申请人，可以依据救助标准，先行垫付救助金，救助后及时补办审批手续。

第十四条 救助金一般应当一次性发放。情况特殊的，可以分批发放。

发放救助金时，应当向救助申请人释明救助金的性质、准予救助的理由、骗取救助金的法律后果，同时制作笔录并由救助申请人签字。必要时，可以邀请救助申请人户籍所在地或者经常居住地村（居）民委员会或者所在单位的工作人员到场见证救助金发放过程。

人民法院可以根据救助申请人的具体情况，委托民政部门、乡镇人民政府或者街道办事处、村（居）民委员会、救助申请人所在单位等组织发放救助金。

第十五条 各级人民法院应当积极协调财政部门将国家司法救助资金列入预算，并会同财政部门建立国家司法救助资金动态调整机制。

对公民、法人和其他组织捐助的国家司法救助资金，人民法院应当严格、规范使用，及时公布救助的具体对象，并告知捐助人救助情况，确保救助资金使用的透明度和公正性。

第十六条　人民法院司法救助委员会应当在年度终了一个月内就本院上一年度司法救助情况提交书面报告，接受纪检、监察、审计部门和上级人民法院的监督，确保专款专用。

第十七条　人民法院应当加强国家司法救助工作信息化建设，将国家司法救助案件纳入审判管理信息系统，及时录入案件信息，实现四级法院信息共享，并积极探索建立与社会保障机构、其他相关救助机构的救助信息共享机制。

上级法院应当对下级法院的国家司法救助工作予以指导和监督，防止救助失衡和重复救助。

第十八条　人民法院工作人员有下列行为之一的，应当予以批评教育；构成违纪的，应当根据相关规定予以纪律处分；构成犯罪的，应当依法追究刑事责任：

（一）滥用职权，对明显不符合条件的救助申请人决定给予救助的；

（二）虚报、克扣救助申请人救助金的；

（三）贪污、挪用救助资金的；

（四）对符合救助条件的救助申请人不及时办理救助手续，造成严重后果的；

（五）违反本意见的其他行为。

第十九条　救助申请人所在单位或者基层组织等相关单位出具虚假证明，使不符合救助条件的救助申请人获得救助的，人民法院应当建议相关单位或者其上级主管机关依法依纪对相关责任人予以处理。

第二十条　救助申请人获得救助后，人民法院从被执行人处执行到赔偿款或者其他应当给付的执行款的，应当将已发放的救助金从执行款中扣除。

救助申请人通过提供虚假材料等手段骗取救助金的，人民法院应当予以追回；构成犯罪的，应当依法追究刑事责任。

涉诉信访救助申请人领取救助金后，违背息诉息访承诺的，人民法院应当将救助金予以追回。

第二十一条　对未纳入国家司法救助范围或者获得国家司法救助后仍面临生活困难的救助申请人，符合社会救助条件的，人民法院通过国家司法救助与社会救助衔接机制，协调有关部门将其纳入社会救助范围。

第六十四章　执行赔偿

最高人民法院
关于人民法院赔偿委员会审理
国家赔偿案件程序的规定

2011年3月17日　　法释〔2011〕6号

根据2010年4月29日修正的《中华人民共和国国家赔偿法》（以下简称国家赔偿法），结合国家赔偿工作实际，对人民法院赔偿委员会（以下简称赔偿委员会）审理国家赔偿案件的程序作如下规定：

第一条　赔偿请求人向赔偿委员会申请作出赔偿决定，应当递交赔偿申请书一式四份。赔偿请求人书写申请书确有困难的，可以口头申请。口头提出申请的，人民法院应当填写《申请赔偿登记表》，由赔偿请求人签名或者盖章。

第二条　赔偿请求人向赔偿委员会申请作出赔偿决定，应当提供以下法律文书和证明材料：

（一）赔偿义务机关作出的决定书；

（二）复议机关作出的复议决定书，但赔偿义务机关是人民法院的除外；

（三）赔偿义务机关或者复议机关逾期未作出决定的，应当提供赔偿义务机关对赔偿申请的收讫凭证等相关证明材料；

（四）行使侦查、检察、审判职权的机关在赔偿申请所涉案件的刑事诉讼程序、民事诉讼程序、行政诉讼程序、执行程序中作出的法律文书；

（五）赔偿义务机关职权行为侵犯赔偿请求人合法权益造成损害的证明材料；

（六）证明赔偿申请符合申请条件的其他材料。

第三条 赔偿委员会收到赔偿申请，经审查认为符合申请条件的，应当在七日内立案，并通知赔偿请求人、赔偿义务机关和复议机关；认为不符合申请条件的，应当在七日内决定不予受理；立案后发现不符合申请条件的，决定驳回申请。

前款规定的期限，自赔偿委员会收到赔偿申请之日起计算。申请材料不齐全的，赔偿委员会应当在五日内一次性告知赔偿请求人需要补正的全部内容，收到赔偿申请的时间应当自赔偿委员会收到补正材料之日起计算。

第四条 赔偿委员会应当在立案之日起五日内将赔偿申请书副本或者《申请赔偿登记表》副本送达赔偿义务机关和复议机关。

第五条 赔偿请求人可以委托一至二人作为代理人。律师、提出申请的公民的近亲属、有关的社会团体或者所在单位推荐的人、经赔偿委员会许可的其他公民，都可以被委托为代理人。

赔偿义务机关、复议机关可以委托本机关工作人员一至二人作为代理人。

第六条 赔偿请求人、赔偿义务机关、复议机关委托他人代理，应当向赔偿委员会提交由委托人签名或者盖章的授权委托书。

授权委托书应当载明委托事项和权限。代理人代为承认、放弃、变更赔偿请求，应当有委托人的特别授权。

第七条 赔偿委员会审理赔偿案件，应当指定一名审判员负责具体承办。

负责具体承办赔偿案件的审判员应当查清事实并写出审理报告，提请赔偿委员会讨论决定。

赔偿委员会作赔偿决定，必须有三名以上审判员参加，按照少数服从多数的原则作出决定。

第八条 审判人员有下列情形之一的，应当回避，赔偿请求人和赔偿义务机关有权以书面或者口头方式申请其回避：

（一）是本案赔偿请求人的近亲属；

（二）是本案代理人的近亲属；

（三）与本案有利害关系；

（四）与本案有其他关系，可能影响对案件公正审理的。

前款规定，适用于书记员、翻译人员、鉴定人、勘验人。

第九条 赔偿委员会审理赔偿案件，可以组织赔偿义务机关与赔偿请求人就赔偿方式、赔偿项目和赔偿数额依照国家赔偿法第四章的规定进行协商。

第十条 组织协商应当遵循自愿和合法的原则。赔偿请求人、赔偿义务机关一方或者双方不愿协商，或者协商不成的，赔偿委员会应当及时作出决定。

第十一条 赔偿请求人和赔偿义务机关经协商达成协议的，赔偿委员会审查确认后应当制作国家赔偿决定书。

第十二条 赔偿请求人、赔偿义务机关对自己提出的主张或者反驳对方主张所依据的事实有责任提供证据加以证明。有国家赔偿法第二十六条第二款规定情形的，应当由赔偿义务机关提供证据。

没有证据或者证据不足以证明其事实主张的，由负有举证责任的一方承担不利后果。

第十三条 赔偿义务机关对其职权行为的合法性负有举证责任。

赔偿请求人可以提供证明职权行为违法的证据，但不因此免除赔偿义务机关对其职权行为合法性的举证责任。

第十四条 有下列情形之一的，赔偿委员会可以组织赔偿请求人和赔偿义务机关进行质证：

（一）对侵权事实、损害后果及因果关系争议较大的；

（二）对是否属于国家赔偿法第十九条规定的国家不承担赔偿责任的情形争议较大的；

（三）对赔偿方式、赔偿项目或者赔偿数额争议较大的；

（四）赔偿委员会认为应当质证的其他情形。

第十五条　赔偿委员会认为重大、疑难的案件，应报请院长提交审判委员会讨论决定。审判委员会的决定，赔偿委员会应当执行。

第十六条　赔偿委员会作出决定前，赔偿请求人撤回赔偿申请的，赔偿委员会应当依法审查并作出是否准许的决定。

第十七条　有下列情形之一的，赔偿委员会应当决定中止审理：

（一）赔偿请求人死亡，需要等待其继承人和其他有扶养关系的亲属表明是否参加赔偿案件处理的；

（二）赔偿请求人丧失行为能力，尚未确定法定代理人的；

（三）作为赔偿请求人的法人或者其他组织终止，尚未确定权利义务承受人的；

（四）赔偿请求人因不可抗拒的事由，在法定审限内不能参加赔偿案件处理的；

（五）宣告无罪的案件，人民法院决定再审或者人民检察院按照审判监督程序提出抗诉的；

（六）应当中止审理的其他情形。

中止审理的原因消除后，赔偿委员会应当及时恢复审理，并通知赔偿请求人、赔偿义务机关和复议机关。

第十八条　有下列情形之一的，赔偿委员会应当决定终结审理：

（一）赔偿请求人死亡，没有继承人和其他有扶养关系的亲属或者赔偿请求人的继承人和其他有扶养关系的亲属放弃要求赔偿权利的；

（二）作为赔偿请求人的法人或者其他组织终止后，其权利义务承受人放弃要求赔偿权利的；

（三）赔偿请求人据以申请赔偿的撤销案件决定、不起诉决定或者无罪判决被撤销的；

（四）应当终结审理的其他情形。

第十九条　赔偿委员会审理赔偿案件应当按照下列情形，分别作出决定：

（一）赔偿义务机关的决定或者复议机关的复议决定认定事实清楚，适用法律正确的，依法予以维持；

（二）赔偿义务机关的决定、复议机关的复议决定认定事实清楚，但适用法律错误的，依法重新决定；

（三）赔偿义务机关的决定、复议机关的复议决定认定事实不清、证据不足的，查清事实后依法重新决定；

（四）赔偿义务机关、复议机关逾期未作决定的，查清事实后依法作出决定。

第二十条　赔偿委员会审理赔偿案件作出决定，应当制作国家赔偿决定书，加盖人民法院印章。

第二十一条　国家赔偿决定书应当载明以下事项：

（一）赔偿请求人的基本情况，赔偿义务机关、复议机关的名称及其法定代表人；

（二）赔偿请求人申请事项及理由，赔偿义务机关的决定、复议机关的复议决定情况；

（三）赔偿委员会认定的事实及依据；

（四）决定的理由及法律依据；

（五）决定内容。

第二十二条　赔偿委员会作出的决定应当分别送达赔偿请求人、赔偿义务机关和复议机关。

第二十三条　人民法院办理本院为赔偿义务机关的国家赔偿案件参照本规定。

第二十四条　自本规定公布之日起，《人民法院赔偿委员会审理赔偿案件程序的暂行规定》即行废止；本规定施行前本院发布的司法解释与本规定不一致的，以本规定为准。

最高人民法院　最高人民检察院
关于办理刑事赔偿案件适用法律若干问题的解释

2015年12月28日　　法释〔2015〕24号

第三条　对财产采取查封、扣押、冻结、追缴等措施后，有下列情形之一，且办案机关未依法解除查封、扣押、冻结等措施或者返还财产的，属于国家赔偿法第十八条规定的侵犯财产权：

（一）赔偿请求人有证据证明财产与尚未终

结的刑事案件无关,经审查属实的;

(二)终止侦查、撤销案件、不起诉、判决宣告无罪终止追究刑事责任的;

(三)采取取保候审、监视居住、拘留或者逮捕措施,在解除、撤销强制措施或者强制措施法定期限届满后超过一年未移送起诉、作出不起诉决定或者撤销案件的;

(四)未采取取保候审、监视居住、拘留或者逮捕措施,立案后超过两年未移送起诉、作出不起诉决定或者撤销案件的;

(五)人民检察院撤回起诉超过三十日未作出不起诉决定的;

(六)人民法院决定按撤诉处理后超过三十日,人民检察院未作出不起诉决定的;

(七)对生效裁决没有处理的财产或者对该财产违法进行其他处理的。

有前款第三项至六项规定情形之一,赔偿义务机关有证据证明尚未终止追究刑事责任,且经人民法院赔偿委员会审查属实的,应当决定驳回赔偿请求人的赔偿申请。

第二十二条 下列赔偿决定、复议决定是发生法律效力的决定:

(一)超过国家赔偿法第二十四条规定的期限没有申请复议或者向上一级人民法院赔偿委员会申请国家赔偿的赔偿义务机关的决定;

(二)超过国家赔偿法第二十五条规定的期限没有向人民法院赔偿委员会申请国家赔偿的复议决定;

(三)人民法院赔偿委员会作出的赔偿决定。

发生法律效力的赔偿义务机关的决定和复议决定,与发生法律效力的赔偿委员会的赔偿决定具有同等法律效力,依法必须执行。

最高人民法院
关于审理民事、行政诉讼中司法赔偿案件适用法律若干问题的解释

2016年9月7日　　法释〔2016〕20号

根据《中华人民共和国国家赔偿法》及有关法律规定,结合人民法院国家赔偿工作实际,现就人民法院赔偿委员会审理民事、行政诉讼中司法赔偿案件的若干法律适用问题解释如下:

第一条 人民法院在民事、行政诉讼过程中,违法采取对妨害诉讼的强制措施、保全措施、先予执行措施,或者对判决、裁定及其他生效法律文书执行错误,侵犯公民、法人和其他组织合法权益并造成损害的,赔偿请求人可以依法向人民法院申请赔偿。

第二条 违法采取对妨害诉讼的强制措施,包括以下情形:

(一)对没有实施妨害诉讼行为的人采取罚款或者拘留措施的;

(二)超过法律规定金额采取罚款措施的;

(三)超过法律规定期限采取拘留措施的;

(四)对同一妨害诉讼的行为重复采取罚款、拘留措施的;

(五)其他违法情形。

第三条 违法采取保全措施,包括以下情形:

(一)依法不应当采取保全措施而采取的;

(二)依法不应当解除保全措施而解除,或者依法应当解除保全措施而不解除的;

(三)明显超出诉讼请求的范围采取保全措施的,但保全财产为不可分割物且被保全人无其他财产或者其他财产不足以担保债权实现的除外;

(四)在给付特定物之诉中,对与案件无关的财物采取保全措施的;

(五)违法保全案外人财产的;

(六)对查封、扣押、冻结的财产不履行监管职责,造成被保全财产毁损、灭失的;

(七)对季节性商品或者鲜活、易腐烂变质以及其他不宜长期保存的物品采取保全措施,未及时处理或者违法处理,造成物品毁损或者严重贬值的;

(八)对不动产或者船舶、航空器和机动车等特定动产采取保全措施,未依法通知有关登记机构不予办理该保全财产的变更登记,造成该保全财产所有权被转移的;

(九)违法采取行为保全措施的;

(十)其他违法情形。

第四条 违法采取先予执行措施,包括以下情形:
(一)违反法律规定的条件和范围先予执行的;
(二)超出诉讼请求的范围先予执行的;
(三)其他违法情形。

第五条 对判决、裁定及其他生效法律文书执行错误,包括以下情形:
(一)执行未生效法律文书的;
(二)超出生效法律文书确定的数额和范围执行的;
(三)对已经发现的被执行人的财产,故意拖延执行或者不执行,导致被执行财产流失的;
(四)应当恢复执行而不恢复,导致被执行财产流失的;
(五)违法执行案外人财产的;
(六)违法将案件执行款物执行给其他当事人或者案外人的;
(七)违法对抵押物、质物或者留置物采取执行措施,致使抵押权人、质权人或者留置权人的优先受偿权无法实现的;
(八)对执行中查封、扣押、冻结的财产不履行监管职责,造成财产毁损、灭失的;
(九)对季节性商品或者鲜活、易腐烂变质以及其他不宜长期保存的物品采取执行措施,未及时处理或者违法处理,造成物品毁损或者严重贬值的;
(十)对执行财产应当拍卖而未依法拍卖的,或者应当由资产评估机构评估而未依法评估,违法变卖或者以物抵债的;
(十一)其他错误情形。

第六条 人民法院工作人员在民事、行政诉讼过程中,有殴打、虐待或者唆使、放纵他人殴打、虐待等行为,以及违法使用武器、警械,造成公民身体伤害或者死亡的,适用国家赔偿法第十七条第四项、第五项的规定予以赔偿。

第七条 具有下列情形之一的,国家不承担赔偿责任:
(一)属于民事诉讼法第一百零五条、第一百零七条第二款和第二百三十三条规定情形的;
(二)申请执行人提供执行标的物错误的,但人民法院明知该标的物错误仍予以执行的除外;
(三)人民法院依法指定的保管人对查封、扣押、冻结的财产违法动用、隐匿、毁损、转移或者变卖的;
(四)人民法院工作人员与行使职权无关的个人行为;
(五)因不可抗力、正当防卫和紧急避险造成损害后果的;
(六)依法不应由国家承担赔偿责任的其他情形。

第八条 因多种原因造成公民、法人和其他组织合法权益损害的,应当根据人民法院及其工作人员行使职权的行为对损害结果的发生或者扩大所起的作用等因素,合理确定赔偿金额。

第九条 受害人对损害结果的发生或者扩大也有过错的,应当根据其过错对损害结果的发生或者扩大所起的作用等因素,依法减轻国家赔偿责任。

第十条 公民、法人和其他组织的损失,已经在民事、行政诉讼过程中获得赔偿、补偿的,对该部分损失,国家不承担赔偿责任。

第十一条 人民法院及其工作人员在民事、行政诉讼过程中,具有本解释第二条、第六条规定情形,侵犯公民人身权的,应当依照国家赔偿法第三十三条、第三十四条的规定计算赔偿金。致人精神损害的,应当依照国家赔偿法第三十五条的规定,在侵权行为影响的范围内,为受害人消除影响、恢复名誉、赔礼道歉;造成严重后果的,还应当支付相应的精神损害抚慰金。

第十二条 人民法院及其工作人员在民事、行政诉讼过程中,具有本解释第二条至第五条规定情形,侵犯公民、法人和其他组织的财产权并造成损害的,应当依照国家赔偿法第三十六条的规定承担赔偿责任。
财产不能恢复原状或者灭失的,应当按照侵权行为发生时的市场价格计算损失;市场价格无法确定或者该价格不足以弥补受害人所受损失的,可以采用其他合理方式计算损失。

第十三条 人民法院及其工作人员对判决、

裁定及其他生效法律文书执行错误，且对公民、法人或者其他组织的财产已经依照法定程序拍卖或者变卖的，应当给付拍卖或者变卖所得的价款。

人民法院违法拍卖，或者变卖价款明显低于财产价值的，应当依照本解释第十二条的规定支付相应的赔偿金。

第十四条 国家赔偿法第三十六条第六项规定的停产停业期间必要的经常性费用开支，是指法人、其他组织和个体工商户为维系停产停业期间运营所需的基本开支，包括留守职工工资、必须缴纳的税费、水电费、房屋场地租金、设备租金、设备折旧费等必要的经常性费用。

第十五条 国家赔偿法第三十六条第七项规定的银行同期存款利息，以作出生效赔偿决定时中国人民银行公布的一年期人民币整存整取定期存款基准利率计算，不计算复利。

应当返还的财产属于金融机构合法存款的，对存款合同存续期间的利息按照合同约定利率计算。

应当返还的财产系现金的，比照本条第一款规定支付利息。

第十六条 依照国家赔偿法第三十六条规定返还的财产系国家批准的金融机构贷款的，除贷款本金外，还应当支付该贷款借贷状态下的贷款利息。

第十七条 用益物权人、担保物权人、承租人或者其他合法占有使用财产的人，依据国家赔偿法第三十八条规定申请赔偿的，人民法院应当依照《最高人民法院关于国家赔偿案件立案工作的规定》予以审查立案。

第十八条 人民法院在民事、行政诉讼过程中，违法采取对妨害诉讼的强制措施、保全措施、先予执行措施，或者对判决、裁定及其他生效法律文书执行错误，系因上一级人民法院复议改变原裁决所致的，由该上一级人民法院作为赔偿义务机关。

第十九条 公民、法人或者其他组织依据国家赔偿法第三十八条规定申请赔偿的，应当在民事、行政诉讼程序或者执行程序终结后提出，但下列情形除外：

（一）人民法院已依法撤销对妨害诉讼的强制措施的；

（二）人民法院采取对妨害诉讼的强制措施，造成公民身体伤害或者死亡的；

（三）经诉讼程序依法确认不属于被保全人或者被执行人的财产，且无法在相关诉讼程序或者执行程序中予以补救的；

（四）人民法院生效法律文书已确认相关行为违法，且无法在相关诉讼程序或者执行程序中予以补救的；

（五）赔偿请求人有证据证明其请求与民事、行政诉讼程序或者执行程序无关的；

（六）其他情形。

赔偿请求人依据前款规定，在民事、行政诉讼程序或者执行程序终结后申请赔偿的，该诉讼程序或者执行程序期间不计入赔偿请求时效。

第二十条 人民法院赔偿委员会审理民事、行政诉讼中的司法赔偿案件，有下列情形之一的，相应期间不计入审理期限：

（一）需要向赔偿义务机关、有关人民法院或者其他国家机关调取案卷或者其他材料的；

（二）人民法院赔偿委员会委托鉴定、评估的。

第二十一条 人民法院赔偿委员会审理民事、行政诉讼中的司法赔偿案件，应当对人民法院及其工作人员行使职权的行为是否符合法律规定，赔偿请求人主张的损害事实是否存在，以及该职权行为与损害事实之间是否存在因果关系等事项一并予以审查。

第二十二条 本解释自2016年10月1日起施行。本解释施行前最高人民法院发布的司法解释与本解释不一致的，以本解释为准。

最高人民法院
关于人民法院执行《中华人民共和国国家赔偿法》几个问题的解释

1996年5月6日　　法发〔1996〕15号

二、依照赔偿法第三十一条的规定，人民

法院在民事诉讼、行政诉讼过程中，违法采取对妨害诉讼的强制措施、保全措施或者对判决、裁定及其他生效法律文书执行错误，造成损害，具有以下情形之一的，适用刑事赔偿程序予以赔偿：

（一）错误实施司法拘留、罚款的；

（二）实施赔偿法第十五条第（四）项、第（五）项规定行为的；

（三）实施赔偿法第十六条第（一）项规定行为的。

人民法院审理的民事、经济、行政案件发生错判并已执行，依法应当执行回转的，或者当事人申请财产保全、先予执行，申请有错误造成财产损失依法应由申请人赔偿的，国家不承担赔偿责任。

三、公民、法人和其他组织申请人民法院依照赔偿法规定予以赔偿的案件，应当经过依法确认。未经依法确认的，赔偿请求人应当要求有关人民法院予以确认。被要求的人民法院由有关审判庭负责办理依法确认事宜，并应以人民法院的名义答复赔偿请求人。被要求的人民法院不予确认的，赔偿请求人有权申诉。

最高人民法院
关于依法妥善处理历史形成的产权案件工作实施意见

2016年11月28日　　法发〔2016〕28号

17. 依法妥善处理涉案财产处置申诉案件。对于因错误实施保全措施、错误采取执行措施、错误处置执行标的物，致使当事人或利害关系人、案外人等财产权利受到侵害的，应当及时解除或变更强制措施、执行回转、返还财产。执行过程中，对执行标的异议所作裁定不服的，当事人、案外人可以通过执行异议之诉或者审判监督程序等法定途径予以救济；造成损害的，受害人有权依照法律规定申请国家赔偿。

最高人民法院
对《当事人对人民法院强制执行生效具体行政行为的案件提出申诉人民法院应如何受理和处理的请示》的答复

1995年8月22日　　法行〔1995〕12号

吉林省高级人民法院：

你院《关于当事人对人民法院强制执行生效具体行政行为的案件提出申诉人民法院应如何受理和处理的请示》收悉。经研究认为：公民、法人和其他组织认为人民法院强制执行生效的具体行政行为违法，侵犯其合法权益，向人民法院提出申诉，人民法院可以作为申诉进行审查。人民法院的全部执行活动合法，而生效具体行政行为违法的，应转送作出具体行政行为的行政机关依法处理，并通知申诉人同该行政机关直接联系；人民法院采取的强制措施等违法，造成损害的，应依照国家赔偿法的有关规定办理。

最高人民法院赔偿委员会
关于法院工作人员在执行公务中造成他人身体伤害国家应当承担赔偿责任的批复

1997年1月31日　　〔1996〕法赔他字第3号

海南省高级人民法院赔偿委员会：

你院《关于王栋伤害案经济赔偿处理意见的请示》收悉。经研究，答复如下：

王栋作为人民法院工作人员在执行公务时违法使用暴力造成他人身体伤害，依照《中华人民共和国国家赔偿法》第十五条第（四）项和第二十四条的规定，由国家承担赔偿责任。作为赔偿义务机关的人民法院在赔偿损失后，应当根据具体情况向王栋追偿赔偿费用。

最高人民法院赔偿委员会关于人民法院委托的查封财产保管人擅自动用处分其保管的财产国家不承担赔偿责任的批复

1998年3月11日　〔1997〕赔他字第8号

西藏自治区高级人民法院：

你院〔1997〕藏高法赔字第01号《关于拉萨市中级人民法院诉前保全措施不当引起的国家赔偿一案应如何处理的请示》收悉。经研究，答复如下：

党兴、唐国君申请诉前财产保全并提供相应价值的担保，拉萨市中级人民法院根据法律规定采取诉前财产保全措施并责令金敬土保管被查封的财产，均符合法律规定。该院得知金敬土擅自处理被查封的财产后，未采取措施予以制止是不对的，但财产无法执行的原因不是人民法院实施了违法行为，而是金敬土违法动用、变卖了人民法院已经查封的财产。依照《国家赔偿法》的有关规定，本案不属于国家赔偿范围。

最高人民法院赔偿委员会关于人民法院错误执行造成的直接财产损失应当承担国家赔偿责任的批复

1998年8月10日　〔1998〕赔他字第8号

四川省高级人民法院：

你院川高法〔1998〕60号《关于宋才永请求蒲江县、彭州市法院国家赔偿案有关法律问题的请示》收悉。经研究，答复如下：

一、蒲江县人民法院、彭州市人民法院在宋才永提出执行异议以及成都市农工商公司已表示保全财产不属该公司所有的情况下未严格审查，继续保全并执行，属执行对象错误，应当承担执行错误的主要责任。蒲江县中药材公司、彭州市中药材公司申请保全、执行对象错误，对错误执行应承担次要责任。蒲江县中药材公司、彭州市中药材公司与宋才永并无债权债务关系，获得中药材以及变卖的价款缺乏法律依据，应当予以返还。蒲江县人民法院、彭州市人民法院应对错误执行造成的直接损失部分（差价部分、霉变坏损部分）承担国家赔偿责任。

二、对已经被执行的财产估价，应当根据财产的质量、等级、当时当地市场价格等因素综合考虑。宋才永申请赔偿数额，却不能提供相关证据，故不应支持。

三、宋才永虽具有违反工商行政管理法规的行为，但该行为不影响其财产所有权。违反工商行政管理法规的行为应由工商行政管理部门依法查处，不应作为减轻国家赔偿的依据。

此复。

最高人民法院赔偿委员会关于人民法院执行对象错误应当对所造成的损失承担国家赔偿责任的批复

1998年12月30日　〔1998〕赔他字第13号

广西自治区高级人民法院：

你院1998年8月24日《关于广西藤县蒙江少雄船舶修造厂申请国家赔偿案如何适用法律问题的请示报告》收悉。经研究，答复如下：

本案虽然经中、高院审判委员会研究，均认为属错误执行案件，但从现有材料反映，本案未经法定确认程序，应当依法重新确认。在处理本案时应当考虑以下几点：

一、李宗文将尚不属于自己所有的油船壳作为还款保证，导致梧州市万秀区人民法院错误执行并执行所得为其偿还债务，李宗文应当承担主要责任，应将法院拍卖油船为其还债的部分予以偿还（65万元）；梧州市万秀区人民法院将属于少雄船舶修造厂所有的油船壳作为李宗文的财产予以强制执行，属执行对象错误，应当对李宗文偿还债务之后给少雄船舶修造厂造成的其他直接损失承担赔偿责任（如酌情赔偿少雄船舶修造厂为建造该油船而定购的机器、设备等遭受的损失）。

二、梧州市万秀区人民法院将油船予以变卖的行为，事前有公告，并请物价部门根据实物作价，且高于物价部门作价价格卖出，并无违法。根据《国家赔偿法》第二十八条第（五）项的规定，油船价格应当以拍卖价格为准（65万元）。

此复。

最高人民法院赔偿委员会
关于违法查封且未尽保管义务造成损害人民法院应当承担国家赔偿责任的批复

2002年3月7日　　〔2001〕赔他字第2号

四川省高级人民法院：

你院2001年2月5日〔2001〕川法委赔请字第01号《关于泸州汽车运输总公司、李平贵申请泸州市中级人民法院违法查封赔偿一案的请示报告》收悉。经研究，答复如下：

同意你院请示报告中的第二种意见。根据《中华人民共和国国家赔偿法》第二十八条第（五）项规定，泸州市中级人民法院违法查封且未尽妥善保管义务造成赔偿请求人的直接损失应以被查封汽车折旧后价值166980元减去该车最终变卖价格6万元的差价计算。

此复。

最高人民法院
关于发布第九批指导性案例的通知

2014年12月25日　　法〔2014〕337号

指导案例43号
国泰君安证券股份有限公司海口滨海大道（天福酒店）证券营业部申请错误执行赔偿案
关键词
　　国家赔偿　司法赔偿　错误执行　执行回转
裁判要点

1. 赔偿请求人以人民法院具有《中华人民共和国国家赔偿法》第三十八条规定的违法侵权情形为由申请国家赔偿的，人民法院应就赔偿请求人诉称的司法行为是否违法，以及是否应当承担国家赔偿责任一并予以审查。

2. 人民法院审理执行异议案件，因原执行行为所依据的当事人执行和解协议侵犯案外人合法权益，对原执行行为裁定予以撤销，并将被执行财产回复至执行之前状态的，该撤销裁定及执行回转行为不属于《中华人民共和国国家赔偿法》第三十八条规定的执行错误。

相关法条
《中华人民共和国国家赔偿法》第三十八条
基本案情

赔偿请求人国泰君安证券股份有限公司海口滨海大道（天福酒店）证券营业部（以下简称国泰海口营业部）申请称：海南省高级人民法院（以下简称海南高院）在未依法对原生效判决以及该院（1999）琼高法执字第9—10、9—11、9—12、9—13号裁定（以下分别简称9—10、9—11、9—12、9—13号裁定）进行再审的情况下，作出（1999）琼高法执字第9—16号裁定（以下简称9—16号裁定），并据此执行回转，撤销原9—11、9—12、9—13号裁定，造成国泰海口营业部已合法取得的房产丧失，应予确认违法，并予以国家赔偿。

海南高院答辩称：该院9—16号裁定仅是纠正此前执行裁定的错误，并未改变原执行依据，无须经过审判监督程序。该院9—16号裁定及其执行回转行为，系在审查案外人执行异议成立的基础上，使争议房产回复至执行案件开始时的产权状态，该行为与国泰海口营业部经判决确定的债权，及其尚不明确的损失主张之间没有因果关系。国泰海口营业部赔偿请求不能成立，应予驳回。

法院经审理查明：1998年9月21日，海南高院就国泰海口营业部诉海南国际租赁有限公司（以下简称海南租赁公司）证券回购纠纷一案作出（1998）琼经初字第8号民事判决，判决海南租赁公司向国泰海口营业部支付证券回购款本金3620万元和该款截止到1997年11月30日的利息16362296元；海南租赁公司向国泰海口营业部支付证券回购款本金3620万元的利息，计息方法为：从1997年12月1日起至付清之日止按年息18%计付。

1998年12月,国泰海口营业部申请海南高院执行该判决。海南高院受理后,向海南租赁公司发出执行通知书并查明该公司无财产可供执行。海南租赁公司提出其对第三人海南中标物业发展有限公司(以下简称中标公司)享有到期债权。中标公司对此亦予以认可,并表示愿意以景瑞大厦部分房产直接抵偿给国泰海口营业部,以偿还其欠海南租赁公司的部分债务。海南高院遂于2000年6月13日作出9-10号裁定,查封景瑞大厦的部分房产,并于当日予以公告。同年6月29日,国泰海口营业部、海南租赁公司和中标公司共同签订《执行和解书》,约定海南租赁公司、中标公司以中标公司所有的景瑞大厦部分房产抵偿国泰海口营业部的债务。据此,海南高院于6月30日作出9-11号裁定,对和解协议予以认可。

在办理过户手续过程中,案外人海南发展银行清算组(以下简称海发行清算组)和海南创仁房地产有限公司(以下简称创仁公司)以海南高院9-11号裁定抵债的房产属其所有,该裁定损害其合法权益为由提出执行异议。海南高院审查后分别作出9-12号、9-13号裁定,驳回异议。2002年3月14日,国泰海口营业部依照9-11号裁定将上述抵债房产的产权办理变更登记至自己名下,并缴纳相关税费。海发行清算组、创仁公司申诉后,海南高院经再次审查认为:9-11号裁定将原金通城市信用社(后并入海南发展银行)向中标公司购买并已支付大部分价款的房产当作中标公司房产抵债给国泰海口营业部,损害了海发行清算组的利益,确属不当,海发行清算组的异议理由成立,创仁公司异议主张应通过诉讼程序解决。据此海南高院于2003年7月31日作出9-16号裁定,裁定撤销9-11号、9-12号、9-13号裁定,将原裁定抵债房产回转过户至执行前状态。

2004年12月18日,海口市中级人民法院(以下简称海口中院)对以海发行清算组为原告、中标公司为被告、创仁公司为第三人的房屋确权纠纷一案作出(2003)海中法民再字第37号民事判决,确认原抵债房产分属创仁公司和海发行清算组所有。该判决已发生法律效力。2005年6月,国泰海口营业部向海口市地方税务局申请退税,海口市地方税务局将契税退还国泰海口营业部。2006年8月4日,海南高院作出9-18号民事裁定,以海南租赁公司已被裁定破产还债,海南租赁公司清算组请求终结执行的理由成立为由,裁定终结(1998)琼经初字第8号民事判决的执行。

(1998)琼经初字第8号民事判决所涉债权,至2004年7月经协议转让给国泰君安投资管理股份有限公司(以下简称国泰投资公司)。2005年11月29日,海南租赁公司向海口中院申请破产清算。破产案件审理中,国泰投资公司向海南租赁公司管理人申报了包含(1998)琼经初字第8号民事判决确定债权在内的相关债权。2009年3月31日,海口中院作出(2005)海中法破字第4-350号民事裁定,裁定终结破产清算程序,国泰投资公司债权未获得清偿。

2010年12月27日,国泰海口营业部以海南高院9-16号裁定及其行为违法,并应予返还9-11号裁定抵债房产或赔偿相关损失为由向该院申请国家赔偿。2011年7月4日,海南高院作出(2011)琼法赔字第1号赔偿决定,决定对国泰海口营业部的赔偿申请不予赔偿。国泰海口营业部对该决定不服,向最高人民法院赔偿委员会申请作出赔偿决定。

裁判结果

最高人民法院赔偿委员会于2012年3月23日作出(2011)法委赔字第3号国家赔偿决定:维持海南省高级人民法院(2011)琼法赔字第1号赔偿决定。

裁判理由

最高人民法院认为:被执行人海南租赁公司没有清偿债务能力,因其对第三人中标公司享有到期债权,中标公司对此未提出异议并认可履行债务,中标公司隐瞒其与案外人已签订售房合同并收取大部分房款的事实,与国泰海口营业部及海南租赁公司三方达成《执行和解书》。海南高院据此作出9-11号裁定。但上述执行和解协议侵犯了案外人的合法权益,国泰海口营业部据此取得的争议房产产权不应受到法律保护。海南高院9—16号裁定系在执行程序中对案外人提出的执行异议审查成立的基础上，对原9—11号裁定予以撤销，将已被执行的争议房产回复至执行前状态。该裁定及其执行回转行为不违反法律规定，且经生效的海口中院（2003）海中法民再字第37号民事判决所认定的内容予以印证，其实体处理并无不当。国泰海口营业部债权未得以实现的实质在于海南租赁公司没有清偿债务的能力，国泰海口营业部及其债权受让人虽经破产债权申报，仍无法获得清偿，该债权未能实现与海南高院9—16号裁定及其执行行为之间无法律上的因果联系。因此，海南高院9—16号裁定及其执行回转行为，不属于《中华人民共和国国家赔偿法》及相关司法解释规定的执行错误情形。

第十一编

涉港澳台、涉外案件执行程序

第六十五章　涉港澳台案件执行程序

第一节　涉香港特区民商事判决、仲裁裁决执行程序

最高人民法院
关于内地与香港特别行政区法院相互认可和执行当事人协议管辖的民商事案件判决的安排

2008年7月3日　　法释〔2008〕9号

根据《中华人民共和国香港特别行政区基本法》第九十五条的规定，最高人民法院与香港特别行政区政府经协商，现就当事人协议管辖的民商事案件判决的认可和执行问题作出如下安排：

第一条　内地人民法院和香港特别行政区法院在具有书面管辖协议的民商事案件中作出的须支付款项的具有执行力的终审判决，当事人可以根据本安排向内地人民法院或者香港特别行政区法院申请认可和执行。

第二条　本安排所称"具有执行力的终审判决"：
（一）在内地是指：
1. 最高人民法院的判决；
2. 高级人民法院、中级人民法院以及经授权管辖第一审涉外、涉港澳台民商事案件的基层人民法院（名单附后）依法不准上诉或者已经超过法定期限没有上诉的第一审判决，第二审判决和依照审判监督程序由上一级人民法院提审后作出的生效判决。
（二）在香港特别行政区是指终审法院、高等法院上诉法庭及原讼法庭和区域法院作出的生效判决。

本安排所称判决，在内地包括判决书、裁定书、调解书、支付令；在香港特别行政区包括判决书、命令和诉讼费评定证明书。

当事人向香港特别行政区法院申请认可和执行判决后，内地人民法院对该案件依法再审的，由作出生效判决的上一级人民法院提审。

第三条　本安排所称"书面管辖协议"，是指当事人为解决与特定法律关系有关的已经发生或者可能发生的争议，自本安排生效之日起，以书面形式明确约定内地人民法院或者香港特别行政区法院具有唯一管辖权的协议。

本条所称"特定法律关系"，是指当事人之间的民商事合同，不包括雇佣合同以及自然人因个人消费、家庭事宜或者其他非商业目的而作为协议一方的合同。

本条所称"书面形式"是指合同书、信件和数据电文（包括电报、电传、传真、电子数据交换和电子邮件）等可以有形地表现所载内容、可以调取以备日后查用的形式。

书面管辖协议可以由一份或者多份书面形式组成。

除非合同另有规定，合同中的管辖协议条款独立存在，合同的变更、解除、终止或无效，不影响管辖协议条款的效力。

第四条　申请认可和执行符合本安排规定的民商事判决，在内地向被申请人住所地、经常居住地或者财产所在地的中级人民法院提出，在香港特别行政区向香港特别行政区高等法院提出。

第五条　被申请人住所地、经常居住地或者财产所在地在内地不同的中级人民法院辖区的，申请人应当选择向其中一个人民法院提出认可和执行的申请，不得分别向两个或者两个以上人民法院提出申请。

被申请人的住所地、经常居住地或者财产所在地，既在内地又在香港特别行政区的，申请人可以同时分别向两地法院提出申请，两地

法院分别执行判决的总额，不得超过判决确定的数额。已经部分或者全部执行判决的法院应当根据对方法院的要求提供已执行判决的情况。

第六条 申请人向有关法院申请认可和执行判决的，应当提交以下文件：

（一）请求认可和执行的申请书；

（二）经作出终审判决的法院盖章的判决书副本；

（三）作出终审判决的法院出具的证明书，证明该判决属于本安排第二条所指的终审判决，在判决作出地可以执行；

（四）身份证明材料：

1. 申请人为自然人的，应当提交身份证或者经公证的身份证复印件；

2. 申请人为法人或者其他组织的，应当提交经公证的法人或者其他组织注册登记证书的复印件；

3. 申请人是外国籍法人或者其他组织的，应当提交相应的公证和认证材料。

向内地人民法院提交的文件没有中文文本的，申请人应当提交证明无误的中文译本。

执行地法院对于本条所规定的法院出具的证明书，无需另行要求公证。

第七条 请求认可和执行申请书应当载明下列事项：

（一）当事人为自然人的，其姓名、住所；当事人为法人或者其他组织的，法人或者其他组织的名称、住所以及法定代表人或者主要负责人的姓名、职务和住所；

（二）申请执行的理由与请求的内容，被申请人的财产所在地以及财产状况；

（三）判决是否在原审法院地申请执行以及已执行的情况。

第八条 申请人申请认可和执行内地人民法院或者香港特别行政区法院判决的程序，依据执行地法律的规定。本安排另有规定的除外。

申请人申请认可和执行的期间为二年。

前款规定的期间，内地判决到香港特别行政区申请执行的，从判决规定履行期间的最后一日起计算，判决规定分期履行的，从规定的每次履行期间的最后一日起计算，判决未规定履行期间的，从判决生效之日起计算；香港特别行政区判决到内地申请执行的，从判决可强制执行之日起计算，该日为判决上注明的判决日期，判决对履行期间另有规定的，从规定的履行期间届满后开始计算。

第九条 对申请认可和执行的判决，原审判决中的债务人提供证据证明有下列情形之一的，受理申请的法院经审查核实，应当裁定不予认可和执行：

（一）根据当事人协议选择的原审法院地的法律，管辖协议属于无效。但选择法院已经判定该管辖协议为有效的除外；

（二）判决已获完全履行；

（三）根据执行地的法律，执行地法院对该案享有专属管辖权；

（四）根据原审法院地的法律，未曾出庭的败诉一方当事人未经合法传唤或者虽经合法传唤但未获依法律规定的答辩时间。但原审法院根据其法律或者有关规定公告送达的，不属于上述情形；

（五）判决是以欺诈方法取得的；

（六）执行地法院就相同诉讼请求作出判决，或者外国、境外地区法院就相同诉讼请求作出判决，或者有关仲裁机构作出仲裁裁决，已经为执行地法院所认可或者执行的。

内地人民法院认为在内地执行香港特别行政区法院判决违反内地社会公共利益，或者香港特别行政区法院认为在香港特别行政区执行内地人民法院判决违反香港特别行政区公共政策的，不予认可和执行。

第十条 对于香港特别行政区法院作出的判决，判决确定的债务人已经提出上诉，或者上诉程序尚未完结的，内地人民法院审查核实后，可以中止认可和执行程序。经上诉，维持全部或者部分原判决的，恢复认可和执行程序；完全改变原判决的，终止认可和执行程序。

内地地方人民法院就已经作出的判决按照审判监督程序作出提审裁定，或者最高人民法院作出提起再审裁定的，香港特别行政区法院审查核实后，可以中止认可和执行程序。再审判决维持全部或者部分原判决的，恢复认可和执行程序；再审判决完全改变原判决的，终止认可和执行程序。

第十一条 根据本安排而获认可的判决与执行地法院的判决效力相同。

第十二条 当事人对认可和执行与否的裁定不服的,在内地可以向上一级人民法院申请复议,在香港特别行政区可以根据其法律规定提出上诉。

第十三条 在法院受理当事人申请认可和执行判决期间,当事人依相同事实再行提起诉讼的,法院不予受理。

已获认可和执行的判决,当事人依相同事实再行提起诉讼的,法院不予受理。

对于根据本安排第九条不予认可和执行的判决,申请人不得再行提起认可和执行的申请,但是可以按照执行地的法律依相同案件事实向执行地法院提起诉讼。

第十四条 法院受理认可和执行判决的申请之前或者之后,可以按照执行地法律关于财产保全或者禁制资产转移的规定,根据申请人的申请,对被申请人的财产采取保全或强制措施。

第十五条 当事人向有关法院申请执行判决,应当根据执行地有关诉讼收费的法律和规定交纳执行费或者法院费用。

第十六条 内地与香港特别行政区法院相互认可和执行的标的范围,除判决确定的数额外,还包括根据该判决须支付的利息、经法院核定的律师费以及诉讼费,但不包括税收和罚款。

在香港特别行政区诉讼费是指经法官或者司法常务官在诉讼费评定证明书中核定或者命令支付的诉讼费用。

第十七条 内地与香港特别行政区法院自本安排生效之日(含本日)起作出的判决,适用本安排。

第十八条 本安排在执行过程中遇有问题或者需要修改,由最高人民法院和香港特别行政区政府协商解决。

【附:答记者问】

最高人民法院副院长就《最高人民法院关于内地与香港特别行政区法院相互认可和执行当事人协议管辖的民商事案件判决的安排》答记者问

问:适用于《安排》的案件有哪些?有什么特点?

答:判决的相互认可和执行是内地与香港特区民商事司法协助领域中最为复杂、最多争议的一个问题,而在认可和执行判决过程中遇到的最棘手的问题之一就是管辖权的确认问题。为了尽快达成共识,避免因争议过多而影响磋商的进程,内地与香港特区经协商,本着先易后难的原则,将管辖权较为简单、实践中相对规范的当事人协议管辖的商事合约案件作为安排最先调整的对象。《安排》第一条规定:内地人民法院和香港特别行政区法院在具有书面管辖协议的民商事案件中作出的须支付款项的具有执行力的终审判决,当事人可以根据本安排向内地人民法院或者香港特别行政区法院申请认可和执行。

根据上述规定,适用于《安排》的案件应当有以下几个特点:第一,当事人以书面形式明确约定争议的管辖地点,即当事人以合同书、信件和数据电文等形式,约定内地人民法院或者香港特别行政区法院具唯一管辖争议的权力。如果没有管辖约定或者约定不明,便不能适用《安排》;第二,只能是民商事合约案件。《安排》暂不适用于婚姻、继承、侵权、劳动争议、破产等其他民商事案件;第三,只适用于源于商业合约的争议所做出的给付金钱的判决,不包括确认权益或者要求履行某种行为等的其他判决;第四,《安排》所适用的民商事判决必须是具有执行力的终审判决。

问:《安排》是否允许债权人同时向两地法院申请执行?

答:从有利于保护债权人实现债权考虑,在被申请人的住所地、经常居住地或者财产所在地,既在内地又在香港特区的情况下,对于债权人实现债权,《安排》制定出区别于《内地与香港特别行政区相互执行仲裁裁决的安排》的制度,即:在上述情况下,申请人可同时分别向两地法院提出申请,两地法院分别执行判决的总额,不得超过判决确定的数额。已经部分或者全部执行判决的法院应当根据对方法院的要求提供已执行判决的情况。而《内地与香港特别行政区相互执行仲裁裁决的安排》在同样情况下,申请人不得同时分别向两地法院提出申请。只有一地法院执行不足以偿还其债务的情况下,才可以就不足部分向另一地法院申请执行。这一规定主要是为了避免恶意和重复执行,过多地考虑债务人的利益。但是,在司法实践中,满足"在一地执行不足以偿还其债务"的要求之后,再允许到另一地申请执行，对债权人实现债权的门槛设置过高，对债权人显失公允。为了解决这个问题，《安排》规定"可以同时分别向两地法院提出申请"，同时要求，"两地执行的总数额不超过判决确定的总金额，已经部分或者全部执行判决的法院应当根据对方法院的要求提供已执行判决的情况"，在制度设置上保证了债权人最大限度实现债权，同时又防止了执行程序重复、浪费司法资源情况的发生。

问：两地法院如何相互了解判决应否执行？

答：内地与香港特区在法律制度方面分属不同法系，因此在法官的司法理念、思维方式、司法制度的设置、法律名词或术语的含义和理解等方面，都会存在差异。此外，由于分属不同的司法区域，对于一方正在进行的诉讼处于何种阶段，判决已执行状况等，对方都无从知晓，因此，两地法院的相互联系、相互协助，对于《安排》的实施和执行显得特别重要。出于以上考虑，《安排》对需要两地法院相互配合的情况提出了明确要求。根据《安排》，对于需要确认判决是否是"终审判决"、申请到另一地执行的判决在判决作出地是否能够执行、判决执行到什么程度，是否已经全部或者部分执行以及案件是否处于再审、二审期间等问题，一地法院可根据另一地法院或当事人的请求，出具明确的证明书，以证明上述事实。《安排》的上述要求，既有利于当事人行使权利，也有利于密切两地法院的关系与合作，使认可和执行对方法院判决工作落实到实处。

问：申请认可和执行判决需提交哪些文件？

答：根据《安排》，当事人需要提交的文件，首先是申请书。申请书应载明下列事项：当事人的有关情况、申请执行的理由与请求的内容，被申请人的财产所在地、财产状况以及判决在原审法院执行情况的证明；其次是判决书，判决书应当加盖作出终审判决的法院的印章；第三，经作出终审判决的法院出具的证明该判决属于终审判决，并且在判决作出地可以执行的证明书；第四，申请人的身份证明材料。按照《安排》，提交的所有文件都要以中文制作。

问：哪些情形可以拒绝认可和执行？对于拒绝认可和执行的判决有什么救济措施？

答：《安排》规定了不予认可的七种情形。1. 根据当事人协议选择的原审法院地的法律，管辖协议属于无效。但选择法院已经判定该管辖协议为有效的除外。此规定最明显的特点，就是对于选择管辖协议的有效性采取较为宽容的态度。首先是以原审法院地法律作为确定协议是否有效依据，而不是依据判决作出地的法律；其次，即使执行地法院依据判决地法律认定选择管辖协议无效，但是，只要选择法院作出该管辖协议有效的判决，如果不存在其他拒绝认可和执行的情形的，管辖协议无效的认定就不能影响判决的执行。

最高人民法院
关于内地与香港特别行政区相互执行仲裁裁决的安排

2000年1月24日　　法释〔2000〕3号

根据《中华人民共和国香港特别行政区基本法》第九十五条的规定，经最高人民法院与香港特别行政区（以下简称香港特区）政府协商，香港特区法院同意执行内地仲裁机构（名单由国务院法制办公室经国务院港澳事务办公室提供）依据《中华人民共和国仲裁法》所作出的裁决，内地人民法院同意执行在香港特区按香港特区《仲裁条例》所作出的裁决。现就内地与香港特区相互执行仲裁裁决的有关事宜作出如下安排：

一、在内地或者香港特区作出的仲裁裁决，一方当事人不履行仲裁裁决的，另一方当事人可以向被申请人住所地或者财产所在地的有关法院申请执行。

二、上条所述的有关法院，在内地指被申请人住所地或者财产所在地的中级人民法院，在香港特区指香港特区高等法院。

被申请人住所地或者财产所在地在内地不同的中级人民法院辖区内的，申请人可以选择其中一个人民法院申请执行裁决，不得分别向两个或者两个以上人民法院提出申请。

被申请人的住所地或者财产所在地，既在内地又在香港特区的，申请人不得同时分别向两地有关法院提出申请。只有一地法院执行不足以偿还其债务时，才可就不足部分向另一地法院申请执行。两地法院先后执行仲裁裁决的总额，不得超过裁决数额。

三、申请人向有关法院申请执行在内地或

者香港特区作出的仲裁裁决的,应当提交以下文书:

（一）执行申请书;
（二）仲裁裁决书;
（三）仲裁协议。

四、执行申请书的内容应当载明下列事项:

（一）申请人为自然人的情况下,该人的姓名、地址;申请人为法人或者其他组织的情况下,该法人或其他组织的名称、地址及法定代表人姓名;

（二）被申请人为自然人的情况下,该人的姓名、地址;被申请人为法人或者其他组织的情况下,该法人或其他组织的名称、地址及法定代表人姓名;

（三）申请人为法人或者其他组织的,应当提交企业注册登记的副本。申请人是外国籍法人或者其他组织的,应当提交相应的公证和认证材料;

（四）申请执行的理由与请求的内容,被申请人的财产所在地及财产状况。

执行申请书应当以中文文本提出,裁决书或者仲裁协议没有中文文本的,申请人应当提交正式证明的中文译本。

五、申请人向有关法院申请执行内地或者香港特区仲裁裁决的期限依据执行地法律有关时限的规定。

六、有关法院接到申请人申请后,应当按执行地法律程序处理及执行。

七、在内地或者香港特区申请执行的仲裁裁决,被申请人接到通知后,提出证据证明有下列情形之一的,经审查核实,有关法院可裁定不予执行:

（一）仲裁协议当事人依对其适用的法律属于某种无行为能力的情形;或者该项仲裁协议依约定的准据法无效;或者未指明以何种法律为准时,依仲裁裁决地的法律是无效的;

（二）被申请人未接到指派仲裁员的适当通知,或者因他故未能陈述意见的;

（三）裁决所处理的争议不是交付仲裁的标的或者不在仲裁协议条款之内,或者裁决载有关于交付仲裁范围以外事项的决定的;但交付仲裁事项的决定可与未交付仲裁的事项划分时,裁决中关于交付仲裁事项的决定部分应当予以执行;

（四）仲裁庭的组成或者仲裁庭程序与当事人之间的协议不符,或者在有关当事人没有这种协议时与仲裁地的法律不符的;

（五）裁决对当事人尚无约束力,或者业经仲裁地的法院或者按仲裁地的法律撤销或者停止执行的。

有关法院认定依执行地法律,争议事项不能以仲裁解决的,则可不予执行该裁决。

内地法院认定在内地执行该仲裁裁决违反内地社会公共利益,或者香港特区法院决定在香港特区执行该仲裁裁决违反香港特区的公共政策,则可不予执行该裁决。

八、申请人向有关法院申请执行在内地或者香港特区作出的仲裁裁决,应当根据执行地法院有关诉讼收费的办法交纳执行费用。

九、1997年7月1日以后申请执行在内地或者香港特区作出的仲裁裁决按本安排执行。

十、对1997年7月1日至本安排生效之日的裁决申请问题,双方同意:

1997年7月1日至本安排生效之日因故未能向内地或者香港特区法院申请执行,申请人为法人或者其他组织的,可以在本安排生效后六个月内提出;如申请人为自然人的,可以在本安排生效后一年内提出。

对于内地或香港特区法院在1997年7月1日至本安排生效之日拒绝受理或者拒绝执行仲裁裁决的案件,应允许当事人重新申请。

十一、本安排在执行过程中遇有问题和修改,应当通过最高人民法院和香港特区政府协商解决。

最高人民法院副院长万鄂湘在全国涉港澳商事审判工作座谈会上的讲话

2007年11月22日

四、涉港澳商事审判工作中的几个具体问题

（五）关于仲裁的司法审查

全国法院要高度重视涉港澳仲裁的司法审

查工作，依法认真进行司法审查。对于经审查认为涉港澳仲裁协议无效、失效或者内容不明确无法执行的，涉港澳仲裁裁决应予撤销、不予执行或者不予认可和执行的，以及应通知重新仲裁的，受理案件的人民法院应在做出裁定前报请本辖区所属高级人民法院进行审查；如果高级人民法院同意其下级人民法院的意见，应将其审查意见报最高人民法院审查，待最高人民法院答复同意后，有关人民法院方可做出裁定。对于当事人申请撤销香港、澳门特别行政区仲裁机构做出的仲裁裁决或者临时仲裁庭在香港、澳门特别行政区做出的仲裁裁决的，人民法院应不予受理。

在司法审查工作中，要避免冲突和矛盾的情形发生。对于内地仲裁机构做出的涉港澳仲裁裁决，一方当事人申请撤销另一方当事人申请执行的，受理执行申请的人民法院应当按照《最高人民法院关于适用〈仲裁法〉若干问题的解释》第二十五条的规定中止执行程序。如果对受理撤销申请的人民法院做出的审查结论有异议，受理执行申请的人民法院不应直接做出相互矛盾的裁定，而应报共同的上级人民法院做出决定。

最高人民法院
关于香港仲裁裁决在内地执行的
有关问题的通知

2009年12月30日　　法〔2009〕415号

各省、自治区、直辖市高级人民法院，新疆维吾尔自治区高级人民法院生产建设兵团分院：

近期，有关人民法院或者当事人向我院反映，在香港特别行政区做出的临时仲裁裁决、国际商会仲裁院在香港作出的仲裁裁决，当事人可否依据《关于内地与香港特别行政区相互执行仲裁裁决的安排》（以下简称《安排》）在内地申请执行。为了确保人民法院在办理该类案件中正确适用《安排》，统一执法尺度，现就有关问题通知如下：

当事人向人民法院申请执行在香港特别行政区做出的临时仲裁裁决、国际商会仲裁院等国外仲裁机构在香港特别行政区作出的仲裁裁决的，人民法院应当按照《安排》的规定进行审查。不存在《安排》第七条规定的情形的，该仲裁裁决可以在内地得到执行。

特此通知。

最高人民法院　香港特别行政区政府
关于内地与香港特别行政区法院
相互认可和执行婚姻家庭民事
案件判决的安排

2017年6月20日

根据《中华人民共和国香港特别行政区基本法》第九十五条的规定，最高人民法院与香港特别行政区政府经协商，现就婚姻家庭民事案件判决的认可和执行问题作出如下安排：

第一条　当事人向香港特别行政区法院申请认可和执行内地人民法院就婚姻家庭民事案件作出的生效判决，或者向内地人民法院申请认可和执行香港特别行政区法院就婚姻家庭民事案件作出的生效判决的，适用本安排。

当事人向香港特别行政区法院申请认可内地民政部门所发的离婚证，或者向内地人民法院申请认可依据《婚姻制度改革条例》（香港法例第178章）第Ⅴ部、第ⅤA部规定解除婚姻的协议书、备忘录的，参照适用本安排。

第二条　本安排所称生效判决：

（一）在内地，是指第二审判决，依法不准上诉或者超过法定期限没有上诉的第一审判决，以及依照审判监督程序作出的上述判决；

（二）在香港特别行政区，是指终审法院、高等法院上诉法庭及原讼法庭和区域法院作出的已经发生法律效力的判决，包括依据香港法律可以在生效后作出更改的命令。

前款所称判决，在内地包括判决、裁定、调解书，在香港特别行政区包括判决、命令、判令、讼费评定证明书、定额讼费证明书，但不包括双方依据其法律承认的其他国家和地区法院作出的判决。

第三条 本安排所称婚姻家庭民事案件：

（一）在内地是指：

1. 婚内夫妻财产分割纠纷案件；
2. 离婚纠纷案件；
3. 离婚后财产纠纷案件；
4. 婚姻无效纠纷案件；
5. 撤销婚姻纠纷案件；
6. 夫妻财产约定纠纷案件；
7. 同居关系子女抚养纠纷案件；
8. 亲子关系确认纠纷案件；
9. 抚养纠纷案件；
10. 扶养纠纷案件（限于夫妻之间扶养纠纷）；
11. 确认收养关系纠纷案件；
12. 监护权纠纷案件（限于未成年子女监护权纠纷）；
13. 探望权纠纷案件；
14. 申请人身安全保护令案件。

（二）在香港特别行政区是指：

1. 依据香港法例第179章《婚姻诉讼条例》第Ⅲ部作出的离婚绝对判令；
2. 依据香港法例第179章《婚姻诉讼条例》第Ⅳ部作出的婚姻无效绝对判令；
3. 依据香港法例第192章《婚姻法律程序与财产条例》作出的在讼案待决期间提供赡养费令；
4. 依据香港法例第13章《未成年人监护条例》、第16章《分居令及赡养令条例》、第192章《婚姻法律程序与财产条例》第Ⅱ部、第ⅡA部作出的赡养令；
5. 依据香港法例第13章《未成年人监护条例》、第192章《婚姻法律程序与财产条例》第Ⅱ部、第ⅡA部作出的财产转让及出售财产令；
6. 依据香港法例第182章《已婚者地位条例》作出的有关财产的命令；
7. 依据香港法例第192章《婚姻法律程序与财产条例》在双方在生时作出的修改赡养协议的命令；
8. 依据香港法例第290章《领养条例》作出的领养令；
9. 依据香港法例第179章《婚姻诉讼条例》、第429章《父母与子女条例》作出的父母身份、婚生地位或者确立婚生地位的宣告；
10. 依据香港法例第13章《未成年人监护条例》、第16章《分居令及赡养令条例》、第192章《婚姻法律程序与财产条例》作出的管养令；
11. 就受香港法院监护的未成年子女作出的管养令；
12. 依据香港法例第189章《家庭及同居关系暴力条例》作出的禁制骚扰令、驱逐令、重返令或者更改、暂停执行就未成年子女的管养令、探视令。

第四条 申请认可和执行本安排规定的判决：

（一）在内地向申请人住所地、经常居住地或者被申请人住所地、经常居住地、财产所在地的中级人民法院提出；

（二）在香港特别行政区向区域法院提出。申请人应当向符合前款第一项规定的其中一个人民法院提出申请。向两个以上有管辖权的人民法院提出申请的，由最先立案的人民法院管辖。

第五条 申请认可和执行本安排第一条第一款规定的判决的，应当提交下列材料：

（一）申请书；

（二）经作出生效判决的法院盖章的判决副本；

（三）作出生效判决的法院出具的证明书，证明该判决属于本安排规定的婚姻家庭民事案件生效判决；

（四）判决为缺席判决的，应当提交法院已经合法传唤当事人的证明文件，但判决已经对此予以明确说明或者缺席方提出申请的除外；

（五）经公证的身份证件复印件。

申请认可本安排第一条第二款规定的离婚证或者协议书、备忘录的，应当提交下列材料：

（一）申请书；

（二）经公证的离婚证复印件，或者经公证的协议书、备忘录复印件；

（三）经公证的身份证件复印件。

向内地人民法院提交的文件没有中文文本的，应当提交准确的中文译本。

第六条 申请书应当载明下列事项：

（一）当事人的基本情况，包括姓名、住所、身份证件信息、通讯方式等；

（二）请求事项和理由，申请执行的，还需提供被申请人的财产状况和财产所在地；

（三）判决是否已在其他法院申请执行和执行情况。

第七条 申请认可和执行判决的期间、程序和方式，应当依据被请求方法律的规定。

第八条 法院应当尽快审查认可和执行的请求，并作出裁定或者命令。

第九条 申请认可和执行的判决，被申请人提供证据证明有下列情形之一的，法院审查核实后，不予认可和执行：

（一）根据原审法院地法律，被申请人未经合法传唤，或者虽经合法传唤但未获得合理的陈述、辩论机会的；

（二）判决是以欺诈方法取得的；

（三）被请求方法院受理相关诉讼后，请求方法院又受理就同一争议提起的诉讼并作出判决的；

（四）被请求方法院已经就同一争议作出判决，或者已经认可和执行其他国家和地区法院就同一争议所作出的判决的。

内地人民法院认为认可和执行香港特别行政区法院判决明显违反内地法律的基本原则或者社会公共利益，香港特别行政区法院认为认可和执行内地人民法院判决明显违反香港特别行政区法律的基本原则或者公共政策的，不予认可和执行。

申请认可和执行的判决涉及未成年子女的，在根据前款规定审查决定是否认可和执行时，应当充分考虑未成年子女的最佳利益。

第十条 被请求方法院不能对判决的全部判项予以认可和执行时，可以认可和执行其中的部份判项。

第十一条 对于香港特别行政区法院作出的判决，一方当事人已经提出上诉，内地人民法院审查核实后，可以中止认可和执行程序。经上诉，维持全部或者部份原判决的，恢复认可和执行程序；完全改变原判决的，终止认可和执行程序。

内地人民法院就已经作出的判决裁定再审的，香港特别行政区法院审查核实后，可以中止认可和执行程序。经再审，维持全部或者部份原判决的，恢复认可和执行程序；完全改变原判决的，终止认可和执行程序。

第十二条 在本安排下，内地人民法院作出的有关财产归一方所有的判项，在香港特别行政区将被视为命令一方向另一方转让该财产。

第十三条 被申请人在内地和香港特别行政区均有可供执行财产的，申请人可以分别向两地法院申请执行。

两地法院执行财产的总额不得超过判决确定的数额。应对方法院要求，两地法院应当相互提供本院执行判决的情况。

第十四条 内地与香港特别行政区法院相互认可和执行的财产给付范围，包括判决确定的给付财产和相应的利息、迟延履行金、诉讼费，不包括税收、罚款。

前款所称诉讼费，在香港特别行政区是指讼费评定证明书、定额讼费证明书核定或者命令支付的费用。

第十五条 被请求方法院就认可和执行的申请作出裁定或者命令后，当事人不服的，在内地可以于裁定送达之日起十日内向上一级人民法院申请复议，在香港特别行政区可以依据其法律规定提出上诉。

第十六条 在审理婚姻家庭民事案件期间，当事人申请认可和执行另一地法院就同一争议作出的判决的，应当受理。受理后，有关诉讼应当中止，待就认可和执行的申请作出裁定或者命令后，再视情终止或者恢复诉讼。

第十七条 审查认可和执行判决申请期间，当事人就同一争议提起诉讼的，不予受理；已经受理的，驳回起诉。

判决获得认可和执行后，当事人又就同一争议提起诉讼的，不予受理。

判决未获认可和执行的，申请人不得再次申请认可和执行，但可以就同一争议向被请求方法院提起诉讼。

第十八条 被请求方法院在受理认可和执行判决的申请之前或者之后，可以依据其法律规定采取保全或者强制措施。

第十九条 申请认可和执行判决的,应当依据被请求方有关诉讼收费的法律和规定交纳费用。

第二十条 内地与香港特别行政区法院自本安排生效之日起作出的判决,适用本安排。

第二十一条 本安排在执行过程中遇有问题或者需要修改的,由最高人民法院和香港特别行政区政府协商解决。

第二十二条 本安排在最高人民法院发布司法解释和香港特别行政区完成有关内部程序后,由双方公布生效日期。

最高人民法院

关于香港享进粮油食品有限公司申请执行香港国际仲裁中心仲裁裁决案的复函

2003年11月14日　〔2003〕民四他字第9号

安徽省高级人民法院:

你院〔2003〕皖执他字第01号"关于对香港国际仲裁中心仲裁裁决香港享进粮油食品有限公司与安徽粮油食品进出口(集团)公司买卖合同纠纷案不予执行的审查情况报告"收悉。经研究,答复如下:

根据你院所述事实,安徽粮油食品进出口(集团)公司(以下简称安徽粮油公司)系海南高富瑞工贸有限公司(以下简称海南高富瑞公司)的股东。本案所涉合同是海南高富瑞公司总经理张根杰,利用其持有的安徽粮油公司派驻海南高富瑞公司任职人员的相关文件的便利,采取剪取、粘贴、复印、传真等违法手段,盗用安徽粮油公司圆形行政公章,以安徽粮油公司的名义与香港享进粮油食品有限公司(以下简称享进公司)签订的。由于张根杰没有得到安徽粮油公司的明确授权,而是采用违法的手段盗用其印章签订合同,且事后张根杰未告知安徽粮油公司,更未得到追认,根据当事人的属人法即我国内地相应的法律规定,张根杰无权代理安徽粮油公司签订合同,亦即其不具备以安徽粮油公司名义签订合同的行为能力,相应地,其亦不具有以安徽粮

油公司名义签订合同中仲裁条款的行为能力。由于本案所涉仲裁协议是张根杰通过欺诈手段签订的,因此,根据本案仲裁地法即香港特别行政区的法律,该仲裁协议也应认定无效。故根据《最高人民法院关于内地与香港特别行政区相互执行仲裁裁决的安排》第七条第一款第(一)项的规定,应不予执行本案仲裁裁决。同意你院的处理意见,但你院不宜以《最高人民法院关于内地与香港特别行政区相互执行仲裁裁决的安排》第七条第三款的规定作为不予执行本案仲裁裁决的法律依据。

此复。

最高人民法院

关于香港东丰船务有限公司申请执行香港海事仲裁裁决请示的复函

2006年6月2日　〔2006〕民四他字第12号

辽宁省高级人民法院:

你院〔2005〕辽执一监字第3号《关于大连海事法院报送的〈中国外运沈阳集团公司申请不予执行香港仲裁裁决〉一案的审查报告》收悉。

经研究认为:根据你院请示报告认定的事实,申请执行人香港东丰船务有限公司并未提供相关书面证据证明被执行人中国外运沈阳集团公司接到另行指定仲裁员的适当通知,也无证据证明仲裁庭向被执行人发出仲裁开庭的书面通知。根据最高人民法院《关于内地与香港特别行政区相互执行仲裁裁决的安排》第七条第一款(二)项的规定,对香港东丰船务有限公司提交的香港海事仲裁裁决应裁定不予执行。

此复。

最高人民法院

关于不予执行香港欧亚科技公司与新疆啤酒花股份有限公司仲裁裁决一案的请示的复函

2007年11月28日　〔2006〕民四他字第48号

新疆维吾尔自治区高级人民法院:

你院〔2006〕新执监字第 97 号"关于不予执行香港欧亚科技公司与新疆啤酒花股份有限公司仲裁裁决一案的请示"收悉。经研究,答复如下:

据你院请示所附材料,申请人香港欧亚科技公司与被申请人新疆啤酒花股份有限公司为买卖啤酒花生产线进行磋商并一同检验设备后,因新疆啤酒花股份有限公司无进出口权,委托新疆农垦进出口公司代理进口。1996 年 10 月 19 日,新疆农垦进出口公司与香港欧亚科技公司在乌鲁木齐市签订了 96XK—1015HK 合同(包括两个附件 A 和 B),新疆啤酒花股份有限公司的副总经理在该合同的正本上签名确认。合同约定:本合同适用中国法律,如双方不能协商解决争议,则通过仲裁解决,仲裁地点将在香港。1997 年 12 月 1 日,新疆啤酒花股份有限公司与香港欧亚科技公司签订了《关于对 1996 年 10 月 19 日乌鲁木齐签订的 96XK—1015HK 合同和附件 B 的修改协议》,双方在此修改协议中约定:修改协议是原合同的组成部分。之后,新疆啤酒花股份有限公司与香港欧亚科技公司发生争议,香港欧亚科技公司将争议提交仲裁。2001 年 6 月 24 日,香港国际仲裁中心作出最终裁决。香港欧亚科技公司向乌鲁木齐市中级人民法院申请执行该裁决后,新疆啤酒花股份有限公司以双方之间没有仲裁协议为由提出应不予执行上述仲裁裁决。

本院经审查认为,新疆啤酒花股份有限公司与香港欧亚科技公司在修改协议中明确约定了该修改协议是原合同的组成部分,而原合同中有仲裁条款。因此,原合同中的仲裁条款对新疆啤酒花股份有限公司和香港欧亚科技公司双方具有约束力,不应以新疆啤酒花股份有限公司和香港欧亚科技公司之间不存在仲裁协议为由拒绝执行香港国际仲裁中心于 2001 年 6 月 24 日就新疆啤酒花股份有限公司与香港欧亚科技公司间买卖纠纷作出的仲裁裁决。此外,依照《最高人民法院关于适用〈中华人民共和国仲裁法〉若干问题的解释》第十六条和《最高人民法院关于内地与香港特别行政区相互执行仲裁裁决的安排》第七条第一款第一项,当事人未对仲裁协议的准据法作出约定但约定了仲裁地点的,适用仲裁地法律即香港特别行政区法律确定上述仲裁条款的效力。被申请人未主张上述仲裁条款依照香港特别行政区法律应确定为无效,也未提出仲裁裁决有《最高人民法院关于内地与香港特别行政区相互执行仲裁裁决的安排》第七条第一款规定的其他情形,如又不具有第二款、第三款规定的情形,则上述裁决应予执行。

此复。

最高人民法院
关于舟山中海粮油工业有限公司申请不予执行香港国际仲裁中心仲裁裁决一案的请示复函

2009 年 3 月 18 日　　〔2009〕民四他字第 2 号

浙江省高级人民法院:

你院〔2007〕浙执他字第 4 号《关于舟山中海粮油工业有限公司申请不予执行香港国际仲裁中心仲裁裁决一案的请示报告》收悉,经研究,答复如下:

本案因来宝资源有限公司(以下简称来宝公司)申请执行香港国际仲裁中心所作的仲裁裁决,舟山中海粮油工业有限公司(以下简称中粮公司)提出抗辩不予执行而提起。你院经审查后倾向性意见认为,执行本案仲裁裁决既有损行政命令的权威,又有损社会公众的健康,从而以违反社会公共利益为由,决定不予执行仲裁裁决。

从你院请示报告所陈述的事实可以看出,2004 年 5 月 10 日,国家质检总局发布〔2004〕322 号特急警示通报,决定从即日起暂停来宝公司及其他三家巴西供货商从巴西向我国出口大豆。但该特急警示通报明确指出,已启运在途的大豆,符合进境检验检疫要求的准予入境。本案中,特急警示通报发出前,案涉货物已经装船,系为启运在途货物。同年 6 月 23 日,国家质检总局终止了该进口禁令,恢复来宝公司等供货商向中国出口的资格。来宝公司于同年 7 月取得了大豆转基因生物安全证书,中粮公司也取得了大豆进口许可证。可见，该批货物符合进境检验检疫要求，不在禁止入境的货物之列。此外，并无证据表明案涉货物会带来严重的安全卫生问题，也不存在有损公众健康的事实。因此，执行香港国际仲裁中心的仲裁裁决并不违反社会公共利益。根据《最高人民法院关于内地与香港特别行政区相互执行仲裁裁决的安排》的规定，香港国际仲裁中心的仲裁裁决应予执行。

此复。

人民法院办理执行案件规范

2017 年 4 月

789.【可予认可与执行的范围】

香港特别行政区法院在具有书面管辖协议的民商事案件中作出的须支付款项的具有执行力的终审判决，当事人可以向内地人民法院申请认可和执行。

前款所称"具有执行力的终审判决"是指香港特别行政区终审法院、高等法院上诉法庭及原讼法庭和区域法院作出的生效判决书、命令和诉讼费评定证明书。

790.【书面管辖协议】

本规范第 789 条所称"书面管辖协议"，是指当事人为解决与特定法律关系有关的已经发生或者可能发生的争议，自 2008 年 8 月 1 日起，以书面形式明确约定香港特别行政区法院具有唯一管辖权的协议。

前款所称"特定法律关系"，是指当事人之间的民商事合同，不包括雇佣合同以及自然人因个人消费、家庭事宜或者其他非商业目的而作为协议一方的合同。

本条第一款所称"书面形式"是指合同书、信件和数据电文（包括电报、电传、传真、电子数据交换和电子邮件）等可以有形地表现所载内容、可以调取以备日后查用的形式。

书面管辖协议可以由一份或者多份书面形式组成。

除非合同另有规定，合同中的管辖协议条款独立存在，合同的变更、解除、终止或者无效，不影响管辖协议条款的效力。

791.【管辖】

申请认可和执行香港特别行政区法院作出的民商事判决，向被申请人住所地、经常居住地或者财产所在地的中级人民法院提出。

792.【管辖竞合】

被申请人住所地、经常居住地或者财产所在地在不同的中级人民法院辖区的，申请人应当选择向其中一个人民法院提出认可和执行的申请，不得分别向两个或者两个以上人民法院提出申请。

被申请人的住所地、经常居住地或者财产所在地，既在内地又在香港特别行政区的，申请人可以同时分别向两地法院提出申请，两地法院分别执行判决的总额，不得超过判决确定的数额。已经部分或者全部执行判决的法院应当根据对方法院的要求提供已执行判决的情况。

793.【申请文件】

申请人向有关法院申请认可和执行判决的，应当提交以下文件：

（一）请求认可和执行的申请书；

（二）经作出终审判决的法院盖章的判决书副本；

（三）作出终审判决的法院出具的证明书，证明该判决属于本规范第 789 条第二款所指的终审判决，在判决作出地可以执行；

（四）身份证明材料：

1. 申请人为自然人的，应当提交身份证或者经公证的身份证复印件；

2. 申请人为法人或者其他组织的，应当提交经公证的法人或者其他组织注册登记证书的复印件；

3. 申请人是外国籍法人或者其他组织的，应当提交相应的公证和认证材料。

向内地人民法院提交的文件没有中文文本的，申请人应当提交证明无误的中文译本。

执行地法院对于本条所规定的法院出具的证明书，无需另行要求公证。

794.【申请书的内容】

请求认可和执行申请书应当载明下列事项：

（一）当事人为自然人的，其姓名、住所；当事人为法人或者其他组织的，法人或者其他组织的名称、住所以及法定代表人或者主要负责人的姓名、职务和住所；

（二）申请执行的理由与请求的内容，被申请人的财产所在地以及财产状况；

（三）判决是否在原审法院地申请执行以及已执行的情况。

795.【认可和执行程序的法律适用原则】

申请人申请认可和执行香港特别行政区法院判决的程序，依据内地法律的规定。《最高人民法院关于内地与香港特别行政区法院相互认可和执行当事人协议管辖的民商事案件判决的安排》另有规定的除外。

796.【认可和执行的申请期间】

申请人申请认可和执行的期间为二年。

前款规定的期间，从判决可强制执行之日起计算，该日为判决上注明的判决日期，判决对履行期间另有规定的，从规定的履行期间届满后开始计算。

797.【不予认可与执行的情形】

对申请认可和执行的判决，原审判决中的债务人提供证据证明有下列情形之一的，受理申请的法院经审查核实，应当裁定不予认可和执行：

（一）根据当事人协议选择的原审法院地的法律，管辖协议属于无效。但选择法院已经判定该管辖协议为有效的除外；

（二）判决已获完全履行；

（三）根据内地的法律，内地人民法院对该案享有专属管辖权；

（四）根据内地法律，未曾出庭的败诉一方当事人未经合法传唤或者虽经合法传唤但未获依法律规定的答辩时间。但原审法院根据其法律或者有关规定公告送达的，不属于上述情形；

（五）判决是以欺诈方法取得的；

（六）内地人民法院就相同诉讼请求作出判决，或者外国、境外地区法院就相同诉讼请求作出判决，或者有关仲裁机构作出仲裁裁决，已经为内地人民法院所认可或者执行的。

在内地执行香港特别行政区法院判决违反内地社会公共利益的，不予认可和执行。

798.【认可与执行的阻却】

对于香港特别行政区法院作出的判决，判决确定的债务人已经提出上诉，或者上诉程序尚未完结的，内地人民法院审查核实后，可以中止认可和执行程序。经上诉，维持全部或者部分原判决的，恢复认可和执行程序；完全改变原判决的，终止认可和执行程序。

799.【认可与执行的复议】

当事人对认可和执行与否的裁定不服的，可以向上一级人民法院申请复议。

800.【另诉的不予受理及重复申请的禁止】

在法院受理当事人申请认可和执行判决期间，当事人依相同事实再行提起诉讼的，法院不予受理。

已获认可和执行的判决，当事人依相同事实再行提起诉讼的，法院不予受理。

对于根据本规范第797条不予认可和执行的判决，申请人不得再行提起认可和执行的申请，但是可以按照内地的法律依相同案件事实向相关法院提起诉讼。

801.【财产保全】

法院受理认可和执行判决的申请之前或者之后，可以按照内地法律关于财产保全的规定，根据申请人的申请，对被申请人的财产采取保全措施。

802.【费用交纳】

当事人向内地人民法院申请执行判决，应当根据内地有关诉讼收费的规定交纳执行费。

803.【执行标的范围】

内地与香港特别行政区法院相互认可和执行的标的范围，除判决确定的数额外，还包括根据该判决须支付的利息、经法院核定的律师费以及诉讼费，但不包括税收和罚款。

在香港特别行政区诉讼费是指经法官或者司法常务官在诉讼费评定证明书中核定或者命令支付的诉讼费用。

804.【适用时点】

香港特别行政区法院自2008年8月1日（含本日）起作出的判决，适用《最高人民法院关于内地与香港特别行政区法院相互认可和执行当事人协议管辖的民商事案件判决的安排》。

805.【可申请执行的范围】

当事人可以向内地人民法院申请执行香港特别行政区（以下简称香港特区）按香港特区《仲裁条例》所作出的裁决、在香港特区做出的临时仲裁裁决、国际商会仲裁院等国外仲裁机构在香港特区作出的仲裁裁决。

806.【管辖】

在香港特区作出的仲裁裁决，一方当事人不履行仲裁裁决的，另一方当事人可以向被申请人住所地或者财产所在地的中级人民法院申请执行。

被申请人住所地或者财产所在地在内地不同的中级人民法院辖区的，申请人可以选择其中一个人民法院申请执行裁决，不得分别向两个或者两个以上人民法院提出申请。

被申请人的住所地或者财产所在地，既在内地又在香港特区的，申请人不得同时分别向两地有关法院提出申请。只有一地法院执行不足以偿还其债务时，才可就不足部分向另一地法院申请执行。两地法院先后执行仲裁裁决的总额，不得超过裁决数额。

807.【申请材料】

申请人向有关法院申请执行香港特区作出的仲裁裁决的，应当提交以下文书：

（一）执行申请书；

（二）仲裁裁决书；

（三）仲裁协议。

808.【申请书的内容】

执行申请书的内容应当载明下列事项：

（一）申请人为自然人的情况下，该人的姓名、地址；申请人为法人或者其他组织的情况下，该法人或其他组织的名称、地址及法定代表人姓名；

（二）被申请人为自然人的情况下，该人的姓名、地址；被申请人为法人或者其他组织的情况下，该法人或其他组织的名称、地址及法定代表人姓名；

（三）申请人为法人或者其他组织的，应当提交企业注册登记的副本。申请人是外国籍法人或者其他组织的，应当提交相应的公证和认证材料；

（四）申请执行的理由与请求的内容，被申请人的财产所在地及财产状况。

执行申请书应当以中文文本提出，裁决书或者仲裁协议没有中文文本的，申请人应当提交正式证明的中文译本。

809.【申请时限】

申请人向有关法院申请执行香港特区仲裁裁决的期限依据内地法律有关时限的规定。

810.【法律适用】

有关法院接到申请人申请后，应当按内地法律程序处理及执行。

811.【申请不予执行香港仲裁裁决案件的处理】

在内地申请执行的仲裁裁决，被申请人接到通知后，提出证据证明有下列情形之一的，经审查核实，人民法院可裁定不予执行：

（一）仲裁协议当事人依对其适用的法律属于某种无行为能力的情形；或者该项仲裁协议依约定的准据法无效；或者未指明以何种法律为准时，依仲裁裁决地的法律是无效的；

（二）被申请人未接到指派仲裁员的适当通知，或者因他故未能陈述意见的；

（三）裁决所处理的争议不是交付仲裁的标的或者不在仲裁协议条款之内，或者裁决载有关于交付仲裁范围以外事项的决定的；但交付仲裁事项的决定可与未交付仲裁的事项划分时，裁决中关于交付仲裁事项的决定部分应当予以执行；

（四）仲裁庭的组成或者仲裁庭程序与当事人之间的协议不符，或者在有关当事人没有这种协议时与仲裁地的法律不符的；

（五）裁决对当事人尚无约束力，或者业经仲裁地的法院或者按仲裁地的法律撤销或者停止执行的。

人民法院认定依内地法律，争议事项不能以仲裁解决的，则可不予执行该裁决。

人民法院认定在内地执行该仲裁裁决违反内地社会公共利益，则可不予执行该裁决。

人民法院拟裁定不予执行的，应当参照《最高人民法院关于人民法院处理与涉外仲裁及外国仲裁事项有关问题的通知》的规定办理。

人民法院裁定不予执行仲裁裁决、驳回不

予执行仲裁裁决申请后，当事人对该裁定提出执行异议或者复议的，人民法院不予受理。

812.【费用交纳】

申请人向有关法院申请执行在香港特区作出的仲裁裁决，应当根据内地有关诉讼收费的办法交纳执行费用。

813.【适用时点】

1997年7月1日以后申请执行在香港特区作出的仲裁裁决按《最高人民法院关于内地与香港特别行政区相互执行仲裁裁决的安排》执行。

814.【1997年7月1日至2000年8月1日之间裁决的执行申请】

对1997年7月1日至2000年8月1日期间因故未能向内地法院或者香港特区法院申请执行，申请人为法人或者其他组织的，可以在2000年8月1日后六个月内提出；如申请人为自然人的，可以在2000年8月1日后一年内提出。

对于内地或香港特区法院在1997年7月1日至2000年8月1日拒绝受理或者拒绝执行仲裁裁决的案件，应允许当事人重新申请。

第二节　涉澳门特区民商事判决、仲裁裁决执行程序

最高人民法院
内地与澳门特别行政区关于相互认可和执行民商事判决的安排

2006年3月21日　　法释〔2006〕2号

根据《中华人民共和国澳门特别行政区基本法》第九十三条的规定，最高人民法院与澳门特别行政区经协商，就内地与澳门特别行政区法院相互认可和执行民商事判决事宜，达成如下安排：

第一条　内地与澳门特别行政区民商事案件（在内地包括劳动争议案件，在澳门特别行政区包括劳动民事案件）判决的相互认可和执行，适用本安排。

本安排亦适用于刑事案件中有关民事损害赔偿的判决、裁定。

本安排不适用于行政案件。

第二条　本安排所称"判决"，在内地包括：判决、裁定、决定、调解书、支付令；在澳门特别行政区包括：裁判、判决、确认和解的裁定、法官的决定或者批示。

本安排所称"被请求方"，指内地或者澳门特别行政区双方中，受理认可和执行判决申请的一方。

第三条　一方法院作出的具有给付内容的生效判决，当事人可以向对方有管辖权的法院申请认可和执行。

没有给付内容，或者不需要执行，但需要通过司法程序予以认可的判决，当事人可以向对方法院单独申请认可，也可以直接以该判决作为证据在对方法院的诉讼程序中使用。

第四条　内地有权受理认可和执行判决申请的法院为被申请人住所地、经常居住地或者财产所在地的中级人民法院。两个或者两个以上中级人民法院均有管辖权的，申请人应当选择向其中一个中级人民法院提出申请。

澳门特别行政区有权受理认可判决申请的法院为中级法院，有权执行的法院为初级法院。

第五条　被申请人在内地和澳门特别行政区均有可供执行财产的，申请人可以向一地法院提出执行申请。

申请人向一地法院提出执行申请的同时，可以向另一地法院申请查封、扣押或者冻结被执行人的财产。待一地法院执行完毕后，可以根据该地法院出具的执行情况证明，就不足部分向另一地法院申请采取处分财产的执行措施。

两地法院执行财产的总额，不得超过依据判决和法律规定所确定的数额。

第六条　请求认可和执行判决的申请书，应当载明下列事项：

（一）申请人或者被申请人为自然人的，应当载明其姓名及住所；为法人或者其它组织的，应当载明其名称及住所，以及其法定代表人或者主要负责人的姓名、职务和住所；

（二）请求认可和执行的判决的案号和判决日期；

（三）请求认可和执行判决的理由、标的，以及该判决在判决作出地法院的执行情况。

第七条 申请书应当附生效判决书副本，或者经作出生效判决的法院盖章的证明书，同时应当附作出生效判决的法院或者有权限机构出具的证明下列事项的相关文件：

（一）传唤属依法作出，但判决书已经证明的除外；

（二）无诉讼行为能力人依法得到代理，但判决书已经证明的除外；

（三）根据判决作出地的法律，判决已经送达当事人，并已生效；

（四）申请人为法人的，应当提供法人营业执照副本或者法人登记证明书；

（五）判决作出地法院发出的执行情况证明。

如被请求方法院认为已充分了解有关事项时，可以免除提交相关文件。

被请求方法院对当事人提供的判决书的真实性有疑问时，可以请求作出生效判决的法院予以确认。

第八条 申请书应当用中文制作。所附司法文书及其相关文件未用中文制作的，应当提供中文译本。其中法院判决书未用中文制作的，应当提供由法院出具的中文译本。

第九条 法院收到申请人请求认可和执行判决的申请后，应当将申请书送达被申请人。

被申请人有权提出答辩。

第十条 被请求方法院应当尽快审查认可和执行的请求，并作出裁定。

第十一条 被请求方法院经审查核实存在下列情形之一的，裁定不予认可：

（一）根据被请求方的法律，判决所确认的事项属被请求方法院专属管辖；

（二）在被请求方法院已存在相同诉讼，该诉讼先于待认可判决的诉讼提起，且被请求方法院具有管辖权；

（三）被请求方法院已认可或者执行被请求方法院以外的法院或仲裁机构就相同诉讼作出的判决或仲裁裁决；

（四）根据判决作出地的法律规定，败诉的当事人未得到合法传唤，或者无诉讼行为能力人未依法得到代理；

（五）根据判决作出地的法律规定，申请认可和执行的判决尚未发生法律效力，或者因再审被裁定中止执行；

（六）在内地认可和执行判决将违反内地法律的基本原则或者社会公共利益；在澳门特别行政区认可和执行判决将违反澳门特别行政区法律的基本原则或者公共秩序。

第十二条 法院就认可和执行判决的请求作出裁定后，应当及时送达。

当事人对认可与否的裁定不服的，在内地可以向上一级人民法院提请复议，在澳门特别行政区可以根据其法律规定提起上诉；对执行中作出的裁定不服的，可以根据被请求方法律的规定，向上级法院寻求救济。

第十三条 经裁定予以认可的判决，与被请求方法院的判决具有同等效力。判决有给付内容的，当事人可以向该方有管辖权的法院申请执行。

第十四条 被请求方法院不能对判决所确认的所有请求予以认可和执行时，可以认可和执行其中的部分请求。

第十五条 法院受理认可和执行判决的申请之前或者之后，可以按照被请求方法律关于财产保全的规定，根据申请人的申请，对被申请人的财产采取保全措施。

第十六条 在被请求方法院受理认可和执行判决的申请期间，或者判决已获认可和执行，当事人再行提起相同诉讼的，被请求方法院不予受理。

第十七条 对于根据本安排第十一条（一）、（四）、（六）项不予认可的判决，申请人不得再行提起认可和执行的申请。但根据被请求方的法律，被请求方法院有管辖权的，当事人可以就相同案件事实向当地法院另行提起诉讼。

本安排第十一条（五）项所指的判决，在不予认可的情形消除后，申请人可以再行提起认可和执行的申请。

第十八条 为适用本安排，由一方有权限公共机构（包括公证员）作成或者公证的文书正本、副本及译本，免除任何认证手续而可以在对方使用。

第十九条　申请人依据本安排申请认可和执行判决，应当根据被请求方法律规定，交纳诉讼费用、执行费用。

申请人在生效判决作出地获准缓交、减交、免交诉讼费用的，在被请求方法院申请认可和执行判决时，应当享有同等待遇。

第二十条　对民商事判决的认可和执行，除本安排有规定的以外，适用被请求方的法律规定。

第二十一条　本安排生效前提出的认可和执行请求，不适用本安排。

两地法院自1999年12月20日以后至本安排生效前作出的判决，当事人未向对方法院申请认可和执行，或者对方法院拒绝受理的，仍可以于本安排生效后提出申请。

澳门特别行政区法院在上述期间内作出的判决，当事人向内地人民法院申请认可和执行的期限，自本安排生效之日起重新计算。

第二十二条　本安排在执行过程中遇有问题或者需要修改，应当由最高人民法院与澳门特别行政区协商解决。

第二十三条　为执行本安排，最高人民法院和澳门特别行政区终审法院应当相互提供相关法律资料。

最高人民法院和澳门特别行政区终审法院每年相互通报执行本安排的情况。

第二十四条　本安排自2006年4月1日起生效。

【附：答记者问】

最高人民法院副院长就签署《内地与澳门特别行政区关于相互认可和执行民商事判决的安排》答记者问

问：签署《安排》有什么重要意义？

答：《安排》是顺应澳门回归后，尤其是随着两地经贸关系的加强，涉及两地的诉讼案件以及需要到对方执行的判决不断增加的形势签署的，具有重大意义。

1. 《安排》是一国两制下内地与澳门特区之间在民商事司法协助领域，继2001年8月关于相互委托送达司法文书和调取证据的安排达成之后，又一个成功的实践。根据《澳门特别行政区基本法》第九十三条的规定，澳门特别行政区与内地的司法协助通过相互协商进行，《安排》的签署是经协商进行司法协助的重要成果和规范形式。因为民商事判决的相互认可和执行是民事诉讼领域司法协助的最重要环节，因此《安排》的签署标志着两地司法协助向更紧密的层次迈出了强健的一步。既体现了司法为民的理念，也有利于维护两地司法判决的效力和增强司法的权威，更好地为两地的发展提供有效的司法保障。

2. 《安排》确定的相互认可和执行判决机制，使得诉讼当事人经一地法院判决确定的权利在另一地得到实现，在两地均享受在原审法院诉讼同样的便利；同时，《安排》使两地相互认可和执行判决的主要程序问题得以统一、明确。形成共同认可的制度，从而增强诉讼结果的可预见性。由此将使两地居民、企业的合法权益得到更有效的法律保障，增强跨区域投资、贸易的信心，从而促进两地在人员、物资、资金、信息的自由流动，有利于实现更紧密的经贸联系，促进中国经济的持续、健康、快速发展。

3. 在两地没有相互认可和执行判决的互惠机制的情况下，澳门法院已经根据澳门法律，受理认可和执行内地判决的申请，并已经执行若干件。而内地则因为缺乏法律的明确规定，不受理认可和执行澳门法院判决的申请，导致经过澳门法院判决的案件需要在内地另行诉讼，造成当事人诉讼成本增加和司法资源浪费。《安排》的签署，将为内地认可和执行澳门法院的判决提供依据，从而将结束目前澳门特区单方面认可和执行内地判决的局面，使两地的司法协助的局面达到平衡，并节省诉讼成本和司法资源。

4. 《安排》不仅对于强化两地既有的司法协助关系，具有重要意义，而且对于拓展两地之间新的司法协助领域，推动中国各个司法区域之间的各项司法协助关系，具有积极的作用。

问：磋商和签署《安排》是按照哪些原则进行的？

答：此次签署安排的磋商工作进展很顺利。自2004年11月最高人民法院肖扬院长访问澳门期间，双方正式确定启动该项目后，两地均着手积极运作。两地代表于2005年下半年分别在澳门和珠海进行了两次正式磋商。期间经过各自研究论证、征求相关部门意见，以及多次交换书面修订文本和电话沟通。经两地共同努力，到本月下旬就《安排》中的重大问题和一些技术性细节问题，均达成了一致意见，并于2月28日完成了签署。应当说磋商的工作是积极、稳妥、务实、高效的。

在磋商的过程中，我们坚持了以下原则：

1. 平等协商、充分交流、相互体谅、增进互信的原则。在一国两制的宪法框架下，澳门特别行政区有独立的司法权、终审权，两地司法协助必须坚持两个司法区域平等的原则，相互尊重，平等协商。磋商过程中，对于两地司法制度和相关实体法律制度，进行了充分的交流和探讨。双方以最大的诚意坦诚交换意见，对于因制度差异形成的司法协助方面的困难和问题，相互体谅，相互为对方作出有益的提示。通过这样的磋商，达到了在相互信任的基础上合作的目的。

2. 坚持求同存异、循序渐进、由易到难、稳步推进的原则。协商中，充分顾及双方法律制度和用语的差异，力求先在重点环节、大的原则性问题上达成一致，而不强求对所有问题达成一致。在两地法律概念不统一时，技术上采取分别表述的方式处理。一些细节问题，暂时不能达成一致的，留待今后根据实践发展的需要，再进一步解决。

3. 勇于创新、务求实效的原则。一国两制下的司法协助，没有现成的经验，需要在符合两地法律原则和程序的前提下，积极探索，求真务实。具体做法如，《安排》文本磋商中，参照了有关国际条约和以前的有关安排，但不拘泥于既有文件的范围或表述方式，而是根据保护当事人合法权益的实际需要，进行必要的创新。《安排》中对于当事人可能在两地分别或者连续提出执行申请的协调处理、提起认可程序前后的财产保全问题的规定，就是在这个原则指导下作出的。

这些原则是磋商迅速取得进展和成功的基础。我认为这也是今后两地进行司法协助磋商中均应坚持的原则。

问：《安排》包括哪些主要内容？

答：此次签署的《安排》文本涵盖的范围还是比较全面的。《安排》共二十四条，主要内容有：

1. 安排适用的范围、"判决"所涵盖的文书种类；

2. 受理认可和执行申请的管辖法院、在两地同时申请执行及其协调问题；

3. 请求认可和执行的申请书的内容、所附相关证明文件、所附司法文书的文本及证明问题，以及上述文书所用语文问题；

4. 认可判决的程序、拒绝认可的情形、当事人的救济途径；

5. 受理认可和执行请求期间的财产保全、另行诉讼问题；

6. 公共机构文书的免除认证、诉讼费用及其减免问题；

7. 《安排》生效前案件的处理问题；

8. 为执行《安排》，最高人民法院与澳门终审法院的协助问题。

这些内容形成了两地相互认可和执行对方法院判决的基本程序架构。

问：《安排》适用于哪些案件？

答：《安排》的适用范围比较广泛，适用于所有民商事案件中作出的判决，包括内地的劳动争议案件和澳门的劳动民事案件，也包括在刑事诉讼中作出的民事损害赔偿的判决、裁定。《安排》没有对案件的类型作出划分或者限制，所说的判决包括两地法院作出的各种形式的司法决定，不论这种决定采用什么名称或者形式。这表明两地可以相互认可和执行的民商事判决具有广阔的空间。

关于仲裁裁决和公证债权文书的认可和执行问题，与司法判决相比，有一定的特殊性，同时有强制执行效力的公证债权文书的执行问题，也有必要将其与所有其他公证文书在对方的效力问题一起考虑，另外内地处理这个问题需要司法行政机关参与。所以有待以后单独协商处理。相信不久即可启动。

问：认可和执行判决的基本程序是怎样的？

答：两地之间相互认可和执行判决，由当事人（判决确定的债权人）自行向对方有管辖权的法院提出申请，而不采取原审法院直接向对方法院提出请求的做法。这样可以避免由判决法院主动介入认可和执行的法律程序之中，以尊重当事人的权利，并提高申请认可与执行程序的效率。

澳门特区法院将认可外地判决和执行判决截然分开。认可程序在中级法院进行，执行程序在初级法院进行。而在内地认可和执行均由中级法院来处理，因此，申请认可和执行可以同时提出，也可分阶段提出，根据具体需要决定。并且内地因为地域辽阔，有很多中级法院，具体行使管辖权的中级法院要根据申请执行的债务人的住所地、经常居住地或者财产所在地来确定。

《安排》规定，法院收到请求认可和执行判决的申请后，应当将申请书送达被申请人。被申请人有权根据当地的法律提出答辩。被请求方法院应当尽快审查认可和执行的请求，并作出裁定。裁定应当及时送达。当事人对认可与否及执行的裁定不服的，可以根据被请求方法律的规定，向上级法院寻求救济。如，在澳门对于符合上诉条件的，可以提起上诉；在内地符合申请复议的条件的，可以向上级法院申请复议。经裁定予以认可的判决，与被请求方法院的判决具有同等效力。如果认可和执行申请是分别提出的，则对于其中有给付内容（即确认债务人须履行一定给付义务）的判决，可以向该方有管辖权的法院申请执行。

当然，目前的认可程序基本上仍是按照具有诉讼特点的程序来安排的。随着两地判决相互认可和执行实践的深化发展，将来可以考虑采取更简易的方式来处理这个程序问题。

此外，这个安排并不能解决所有的认可和执行的程序问题，为此《安排》第二十条规定：对民商事判决的认可和执行，除本安排有专门规定的以外，仍适用被请求方的法律规定。

问：如何解决债权人向两地法院同时申请执行的问题？

答：根据经验判断，债权人向两地法院同时申请执行的情况是不可避免的。而在债务人可能转移财产逃避执行的情况下，同时申请对保护债权是有利的。因此，可以考虑适当开放这条渠道，但应当确保两地执行的总数额不超过判决确定的总金额，并且防止两地执行程序的重复，浪费司法资源。为此，《安排》中作了这样的规定：被申请人在内地和澳门特区均有可供执行财产的，申请人可以向任一地法院提出执行申请。申请人向一地法院提出执行申请的同时，可以向另一地法院申请对被执行人的财产采取查封、扣押或者冻结等保全性执行措施。待一地法院执行完毕后，可以根据该地法院出具的执行情况证明，就不足部分向另一地法院申请采取处分财产的执行措施。同时规定，两地法院执行财产的总额，不得超过依据判决和法律规定所确定的数额这一原则。这一规定，可以说是对区际司法协助的一种创新。

问：申请认可和执行判决需要提交哪些文件？

答：请求认可和执行判决，应当提交申请书。申请书应当载明：当事人的有关情况、请求认可和执行的判决的案号和判决日期；请求的理由、标的，以及该判决在判决作出地一方法院的执行情况。

申请书应当附生效判决书副本，或者经作出生效判决的法院盖章的证明书，同时应当附具一些文件，以证明诉讼过程合法进行，如证明诉讼中对当事人依法作出了传唤、无诉讼行为能力人依法得到代理、判决已经送达当事人并生效等。这些规定是为了充分保障当事人的权利，尤其是败诉一方当事人的权利。

但如果判决书本身已经能够证明这些情况，或者被请求方法院认为已充分了解有关事项时，可以免除提交相关文件。被请求方法院在对当事人提供的判决书的真实性有疑问时，还可以请求作出生效判决的法院予以确认。

同时，《安排》还作出了便于在一地形成的文书在另一地使用的规定，即：为适用本安排，由一方有权限公共机构作成或者公证的文书正本、副本及译本，免除任何认证手续而可以在对方使用。

问：对于需要采取保全措施的情况是如何规定的？

答：《安排》充分考虑了提起认可程序期间及其前后，需要采取保全措施的必要性，并妥善解决了这一问题，规定：法院受理认可和执行判决的申请之前或者之后，可以按照被请求方法律关于财产保全的规定，根据申请人的申请，对被申请人的财产采取保全措施。这个规定在实际操作中，对于保护债权人的权益是很有必要的。这也是司法协助领域对于认可和执行判决都普遍关注的问题。在一国两制的实践中，不同司法区域间司法协助应当便利此问题的解决。

问：哪些情形可以拒绝认可和执行？

答：考虑到两地社会制度方面存在差异，两地间管辖权规则确实存在一定冲突，为公平保护败诉一方当事人的合法权益，以及协调司法程序以避免重复诉讼的需要，《安排》规定了不予认可和执行的六种情形：

1. 原判决法院无管辖权的情形。关于管辖权的审查问题，笔者认为在区际司法协助中应当尽量放宽，《安排》中的规定应当简单明了，易于操作。因此，没有详尽列举双方均应遵守的管辖权规则，没有规定按照被请求方法律审查管辖权问题，而是规定，只要不违背被请求方本地法律中的专属管辖权的规定，即应认可对方的管辖权。

而专属管辖的范围是非常有限的，这必将大大便利两地判决到对方法院申请认可和执行。

2. 被请求方法院存在待决诉讼的情况。这是为了解决因相同当事人就同一案件事实和请求进行重复诉讼的问题而作的规定。解决并行诉讼问题，可以采取的方式有：先受理案件优先原则、先作出判决优先原则。而先受理优先原则是区际司法协调的更紧密形式，故《安排》规定被请求方法院正在处理相同当事人之间具有相同标的的诉讼，且被请求方法院受理在先的，可以拒绝认可与执行对方法院判决。

3. 被请求方法院已认可或者执行被请求方法院以外的法院或仲裁机构就相同诉讼作出的判决或仲裁裁决。这与上款类似，也是为了解决重复诉讼，有效协调司法程序问题。

4. 败诉的当事人未得到合法传唤，或者无诉讼行为能力人未依法得到代理的情形。这是为了公平保护案件当事人合法权益的制度，即使在一个法域内部，也需要妥善处理这一问题。从相互尊重的角度，《安排》规定对这种情形，根据判决作出地的法律规定进行审查，而不能依据被请求方法律进行审查。

5. 根据判决作出地的法律规定，申请认可和执行的判决尚未发生法律效力，或者因再审被裁定中止执行的情形。与上款类似，这也是判决执行制度中的基本要求，即使在一个法域内部也需要遵守。

6. 认可和执行判决违反法律的基本原则、社会公共利益或者公共秩序的情形。由于内地与澳门存在不同的社会制度、经济制度、风俗习惯和法律原则，公共秩序条款对于维护各法域法律制度的独立性和各自法律制度下独特的生活方式，是必要的。但一国内各法域之间比国与国之间应有更强的凝聚力，因而两地应当尽量限制公共秩序条款的适用，以利于维护司法正义和当事人权益，促进两地交往。

对不予认可的裁定，也有一定的救济途径。当事人除了可以向上级法院寻求救济外，有的情况下可以再次提出认可和执行申请，有的情况下可以就相同案件事实向当地法院另行提起诉讼。

最高人民法院
关于内地与澳门特别行政区相互认可和执行仲裁裁决的安排

2007年12月12日　　法释〔2007〕17号

根据《中华人民共和国澳门特别行政区基本法》第九十三条的规定，经最高人民法院与澳门特别行政区协商，现就内地与澳门特别行政区相互认可和执行仲裁裁决的有关事宜达成如下安排：

第一条　内地人民法院认可和执行澳门特别行政区仲裁机构及仲裁员按照澳门特别行政区仲裁法规在澳门作出的民商事仲裁裁决，澳门特别行政区法院认可和执行内地仲裁机构依据《中华人民共和国仲裁法》在内地作出的民商事仲裁裁决，适用本安排。

本安排没有规定的，适用认可和执行地的程序法律规定。

第二条　在内地或者澳门特别行政区作出的仲裁裁决，一方当事人不履行的，另一方当事人可以向被申请人住所地、经常居住地或者财产所在地的有关法院申请认可和执行。

内地有权受理认可和执行仲裁裁决申请的法院为中级人民法院。两个或者两个以上中级人民法院均有管辖权的，当事人应当选择向其中一个中级人民法院提出申请。

澳门特别行政区有权受理认可仲裁裁决申请的法院为中级法院，有权执行的法院为初级法院。

第三条　被申请人的住所地、经常居住地或者财产所在地分别在内地和澳门特别行政区的，申请人可以向一地法院提出认可和执行申请，也可以分别向两地法院提出申请。

当事人分别向两地法院提出申请的，两地法院都应当依法进行审查。予以认可的，采取查封、扣押或者冻结被执行人财产等执行措施。仲裁地法院应当先进行执行清偿；另一地法院在收到仲裁地法院关于经执行债权未获清偿情况的证明后，可以对申请人未获清偿的部分进行执行清偿。两地法院执行财产的总额，不得超过依据裁决和法律规定所确定的数额。

第四条 申请人向有关法院申请认可和执行仲裁裁决的,应当提交以下文件或者经公证的副本:

(一)申请书;

(二)申请人身份证明;

(三)仲裁协议;

(四)仲裁裁决书或者仲裁调解书。

上述文件没有中文文本的,申请人应当提交经正式证明的中文译本。

第五条 申请书应当包括下列内容:

(一)申请人或者被申请人为自然人的,应当载明其姓名及住所;为法人或者其他组织的,应当载明其名称及住所,以及其法定代表人或者主要负责人的姓名、职务和住所;申请人是外国籍法人或者其他组织的,应当提交相应的公证和认证材料;

(二)请求认可和执行的仲裁裁决书或者仲裁调解书的案号或识别资料和生效日期;

(三)申请认可和执行仲裁裁决的理由及具体请求,以及被申请人财产所在地、财产状况及该仲裁裁决的执行情况。

第六条 申请人向有关法院申请认可和执行内地或者澳门特别行政区仲裁裁决的期限,依据认可和执行地的法律确定。

第七条 对申请认可和执行的仲裁裁决,被申请人提出证据证明有下列情形之一的,经审查核实,有关法院可以裁定不予认可:

(一)仲裁协议一方当事人依据其适用的法律在订立仲裁协议时属于无行为能力的;或者依当事人约定的准据法,或当事人没有约定适用的准据法而依仲裁地法律,该仲裁协议无效的;

(二)被申请人未接到选任仲裁员或者进行仲裁程序的适当通知,或者因他故未能陈述意见的;

(三)裁决所处理的争议不是提交仲裁的争议,或者不在仲裁协议范围之内;或者裁决载有超出当事人提交仲裁范围的事项的决定,但裁决中超出提交仲裁范围的事项的决定与提交仲裁事项的决定可以分开的,裁决中关于提交仲裁事项的决定部分可以予以认可;

(四)仲裁庭的组成或者仲裁程序违反了当事人的约定,或者在当事人没有约定时与仲裁地的法律不符的;

(五)裁决对当事人尚无约束力,或者业经仲裁地的法院撤销或者拒绝执行的。

有关法院认定,依执行地法律,争议事项不能以仲裁解决的,不予认可和执行该裁决。

内地法院认定在内地认可和执行该仲裁裁决违反内地法律的基本原则或者社会公共利益,澳门特别行政区法院认定在澳门特别行政区认可和执行该仲裁裁决违反澳门特别行政区法律的基本原则或者公共秩序,不予认可和执行该裁决。

第八条 申请人依据本安排申请认可和执行仲裁裁决的,应当根据执行地法律的规定,交纳诉讼费用。

第九条 一方当事人向一地法院申请执行仲裁裁决,另一方当事人向另一地法院申请撤销该仲裁裁决,被执行人申请中止执行且提供充分担保的,执行法院应当中止执行。

根据经认可的撤销仲裁裁决的判决、裁定,执行法院应当终结执行程序;撤销仲裁裁决申请被驳回的,执行法院应当恢复执行。

当事人申请中止执行的,应当向执行法院提供其他法院已经受理申请撤销仲裁裁决案件的法律文书。

第十条 受理申请的法院应当尽快审查认可和执行的请求,并作出裁定。

第十一条 法院在受理认可和执行仲裁裁决申请之前或者之后,可以依当事人的申请,按照法院地法律规定,对被申请人的财产采取保全措施。

第十二条 由一方有权限公共机构(包括公证员)做成的文书正本或者经公证的文书副本及译本,在适用本安排时,可以免除认证手续在对方使用。

第十三条 本安排实施前,当事人提出的认可和执行仲裁裁决的请求,不适用本安排。

自1999年12月20日至本安排实施前,澳门特别行政区仲裁机构及仲裁员作出的仲裁裁决,当事人向内地申请认可和执行的期限,自本安排实施之日起算。

第十四条 为执行本安排，最高人民法院和澳门特别行政区终审法院应当相互提供相关法律资料。

最高人民法院和澳门特别行政区终审法院每年相互通报执行本安排的情况。

第十五条 本安排在执行过程中遇有问题或者需要修改的，由最高人民法院和澳门特别行政区协商解决。

第十六条 本安排自2008年1月1日起实施。

最高人民法院副院长万鄂湘在全国涉港澳商事审判工作座谈会上的讲话

2007年11月22日

四、涉港澳商事审判工作中的几个具体问题

（五）关于仲裁的司法审查

全国法院要高度重视涉港澳仲裁的司法审查工作，依法认真进行司法审查。对于经审查认为涉港澳仲裁协议无效、失效或者内容不明确无法执行的，涉港澳仲裁裁决应予撤销、不予执行或者不予认可和执行的，以及应通知重新仲裁的，受理案件的人民法院应在做出裁定前报请本辖区所属高级人民法院进行审查；如果高级人民法院同意其下级人民法院的意见，应将其审查意见报最高人民法院审查，待最高人民法院答复同意后，有关人民法院方可做出裁定。对于当事人申请撤销香港、澳门特别行政区仲裁机构做出的仲裁裁决或者临时仲裁庭在香港、澳门特别行政区做出的仲裁裁决的，人民法院应不予受理。

在司法审查工作中，要避免冲突和矛盾的情形发生。对于内地仲裁机构做出的涉港澳仲裁裁决，一方当事人申请撤销另一方当事人申请执行的，受理执行申请的人民法院应当按照《最高人民法院关于适用〈仲裁法〉若干问题的解释》第二十五条的规定中止执行程序。如果对受理撤销申请的人民法院做出的审查结论有异议，受理执行申请的人民法院不应直接做出相互矛盾的裁定，而应报共同的上级人民法院做出决定。

人民法院办理执行案件规范

2017年4月

815.【可予认可和执行的范围】

对澳门特别行政区民商事案件（包括劳动民事案件）判决的认可和执行，适用《最高人民法院内地与澳门特别行政区关于互相认可和执行民商事判决的安排》。

该安排亦适用于刑事案件中有关民事损害赔偿的判决、裁定。

该安排不适用于行政案件。

816.【澳门法院作出的民商事判决的范围】

本部分所称"判决"，包括澳门特别行政区的裁判、判决、确认和解的裁定、法官的决定或者批示。

本部分所称"被请求方"，指内地法院。

817.【申请认可和执行】

澳门特别行政区作出的具有给付内容的生效判决，当事人可以向内地有管辖权的法院申请认可和执行。

818.【管辖】

内地有权受理认可和执行判决申请的法院为被申请人住所地、经常居住地或者财产所在地的中级人民法院。两个或者两个以上中级人民法院均有管辖权的，申请人应当选择向其中一个中级人民法院提出申请。

819.【管辖竞合】

被申请人在内地和澳门特别行政区均有可供执行财产的，申请人可以向一地法院提出执行申请。

申请人向一地法院提出执行申请的同时，可以向另一地法院申请查封、扣押或者冻结被执行人的财产。待一地法院执行完毕后，可以根据该地法院出具的执行情况证明，就不足部分向另一地法院申请采取处分财产的执行措施。

两地法院执行财产的总额，不得超过依据判决和法律规定所确定的数额。

820.【申请书的内容】
请求认可和执行判决的申请书,应当载明下列事项:
(一)申请人或者被申请人为自然人的,应当载明其姓名及住所;为法人或者其它组织的,应当载明其名称及住所,以及其法定代表人或者主要负责人的姓名、职务和住所;
(二)请求认可和执行的判决的案号和判决日期;
(三)请求认可和执行判决的理由、标的,以及该判决在判决作出地法院的执行情况。

821.【申请材料】
申请书应当附生效判决书副本,或者经作出生效判决的法院盖章的证明书,同时应当附作出生效判决的法院或者有权限机构出具的证明下列事项的相关文件:
(一)传唤属依法作出,但判决书已经证明的除外;
(二)无诉讼行为能力人依法得到代理,但判决书已经证明的除外;
(三)根据判决作出地的法律,判决已经送达当事人,并已生效;
(四)申请人为法人的,应当提供法人营业执照副本或者法人登记证明书;
(五)判决作出地法院发出的执行情况证明。

如被请求方法院认为已充分了解有关事项时,可以免除提交相关文件。

被请求方法院对当事人提供的判决书的真实性有疑问时,可以请求作出生效判决的法院予以确认。

822.【语言要求】
申请书应当用中文制作。所附司法文书及其相关文件未用中文制作的,应当提供中文译本。其中法院判决书未用中文制作的,应当提供由法院出具的中文译本。

823.【审查程序】
法院收到申请人请求认可和执行判决的申请后,应当将申请书送达被申请人。

被申请人有权提出答辩。

人民法院应当尽快审查认可和执行的请求,并作出裁定。

824.【不予认可的情形】
人民法院经审查核实存在下列情形之一的,裁定不予认可:
(一)根据内地法律,判决所确认的事项属于内地法院专属管辖;
(二)在内地法院已存在相同诉讼,该诉讼先于待认可判决的诉讼提起,且内地法院具有管辖权;
(三)内地法院已认可或者执行内地法院以外的法院或仲裁机构就相同诉讼作出的判决或仲裁裁决;
(四)根据澳门特别行政区的法律规定,败诉的当事人未得到合法传唤,或者无诉讼行为能力人未依法得到代理;
(五)根据澳门特别行政区的法律规定,申请认可和执行的判决尚未发生法律效力,或者因再审被裁定中止执行;
(六)在内地认可和执行判决将违反内地法律的基本原则或者社会公共利益。

825.【不服认可与否或执行行为的救济】
法院就认可和执行判决的请求作出裁定后,应当及时送达。

当事人对认可与否的裁定不服的,可以向上一级人民法院提请复议;对执行中作出的裁定不服的,可以根据内地法律的规定,向相关法院寻求救济。

826.【认可的判决的效力】
经裁定予以认可的判决,与内地法院的判决具有同等效力。判决有给付内容的,当事人可以向内地有管辖权的法院申请执行。

827.【部分认可与执行】
内地法院不能对判决所确认的所有请求予以认可和执行时,可以认可和执行其中的部分请求。

828.【财产保全】
人民法院受理认可和执行判决的申请之前或者之后,可以按照内地法律关于财产保全的规定,根据申请人的申请,对被申请人的财产采取保全措施。

829.【认可和执行程序对另诉的排除】
在内地法院受理认可和执行判决的申请期间,或者判决已获认可和执行,当事人再行提起相同诉讼的，内地法院不予受理。

830.【不予认可后的权利保障】

对于根据本规范第 824 条第一、四、六项不予认可的判决，申请人不得再行提起认可和执行的申请。但根据内地的法律，内地法院有管辖权的，当事人可以就相同案件事实向内地法院另行提起诉讼。

本规范第 824 条第五项所指的判决，在不予认可的情形消除后，申请人可以再行提起认可和执行的申请。

831.【公共机构作成或公证的文书认证的免除】

为适用《最高人民法院内地与澳门特别行政区关于互相认可和执行民商事判决的安排》，由一方有权限公共机构（包括公证员）作成或者公证的文书正本、副本及译本，免除任何认证手续而可以在对方使用。

832.【费用交纳】

申请人依据《最高人民法院内地与澳门特别行政区关于互相认可和执行民商事判决的安排》申请认可和执行判决，应当根据内地法律规定，交纳诉讼费用、执行费用。

申请人在澳门特别行政区获准缓交、减交、免交诉讼费用的，在内地法院申请认可和执行判决时，应当享有同等待遇。

833.【法律适用原则】

对民商事判决的认可和执行，除《最高人民法院内地与澳门特别行政区关于互相认可和执行民商事判决的安排》规定的以外，适用内地的法律规定。

834.【一般规定】

内地人民法院认可和执行澳门特别行政区仲裁机构及仲裁员按照澳门特别行政区仲裁法规在澳门作出的民商事仲裁裁决，适用《最高人民法院关于内地与澳门特别行政区相互认可和执行仲裁裁决的安排》。

该安排没有规定的，适用内地的程序法律规定。

835.【管辖】

在澳门特别行政区作出的仲裁裁决，一方当事人不履行的，另一方当事人可以向被申请人住所地、经常居住地或者财产所在地的内地中级人民法院申请认可和执行。

两个或者两个以上中级人民法院均有管辖权的，当事人应当选择向其中一个中级人民法院提出申请。

836.【管辖竞合】

被申请人的住所地、经常居住地或者财产所在地分别在内地和澳门特别行政区的，申请人可以向一地法院提出认可和执行申请，也可以分别向两地法院提出申请。

当事人分别向两地法院提出申请的，两地法院都应当依法进行审查。予以认可的，采取查封、扣押或者冻结被执行人财产等执行措施。仲裁地法院应当先进行执行清偿；另一地法院在收到仲裁地法院关于经执行债权未获清偿情况的证明后，可以对申请人未获清偿的部分进行执行清偿。两地法院执行财产的总额，不得超过依据裁决和法律规定所确定的数额。

837.【申请材料】

申请人向有关法院申请认可和执行仲裁裁决的，应当提交以下文件或者经公证的副本：

（一）申请书；

（二）申请人身份证明；

（三）仲裁协议；

（四）仲裁裁决书或者仲裁调解书。

上述文件没有中文文本的，申请人应当提交经正式证明的中文译本。

838.【申请书的内容】

申请书应当包括下列内容：

（一）申请人或者被申请人为自然人的，应当载明其姓名及住所；为法人或者其他组织的，应当载明其名称及住所，以及其法定代表人或者主要负责人的姓名、职务和住所；申请人是外国籍法人或者其他组织的，应当提交相应的公证和认证材料；

（二）请求认可和执行的仲裁裁决书或者仲裁调解书的案号或识别资料和生效日期；

（三）申请认可和执行仲裁裁决的理由及具体请求，以及被申请人财产所在地、财产状况及该仲裁裁决的执行情况。

839.【确定申请期限的法律适用原则】

申请人向有关法院申请认可和执行澳门特别行政区仲裁裁决的期限，依据内地法律确定。

840.【申请不予执行澳门仲裁裁决案件的处理】

对申请认可和执行的仲裁裁决,被申请人提出证据证明有下列情形之一的,经审查核实,人民法院可以裁定不予认可:

(一)仲裁协议一方当事人依对其适用的法律在订立仲裁协议时属于无行为能力的;或者依当事人约定的准据法,或当事人没有约定适用的准据法而依仲裁地法律,该仲裁协议无效的;

(二)被申请人未接到选任仲裁员或者进行仲裁程序的适当通知,或者因他故未能陈述意见的;

(三)裁决所处理的争议不是提交仲裁的争议,或者不在仲裁协议范围之内;或者裁决载有超出当事人提交仲裁范围的事项的决定,但裁决中超出提交仲裁范围的事项的决定与提交仲裁事项的决定可以分开的,裁决中关于提交仲裁事项的决定部分可以予以认可;

(四)仲裁庭的组成或者仲裁程序违反了当事人的约定,或者在当事人没有约定时与仲裁地的法律不符的;

(五)裁决对当事人尚无约束力,或者业经仲裁地的法院撤销或者拒绝执行的。

人民法院认定,依内地法律,争议事项不能以仲裁解决的,不予认可和执行该裁决。

人民法院认定在内地认可和执行该仲裁裁决违反内地法律的基本原则或者社会公共利益,不予认可和执行该裁决。

人民法院拟裁定不予执行的,应当参照《最高人民法院关于人民法院处理与涉外仲裁及外国仲裁事项有关问题的通知》的规定办理。

人民法院裁定不予执行仲裁裁决、驳回不予执行仲裁裁决申请后,当事人对该裁定提出执行异议或者复议的,人民法院不予受理。

841.【费用交纳】

申请人依据《最高人民法院关于内地与澳门特别行政区相互认可和执行仲裁裁决的安排》申请认可和执行仲裁裁决的,应当根据内地法律的规定,交纳诉讼费用。

842.【执行申请与撤销申请竞合的处理】

一方当事人向一地法院申请执行仲裁裁决,另一方当事人向另一地法院申请撤销该仲裁裁决,被执行人申请中止执行且提供充分担保的,执行法院应当中止执行。

根据经认可的撤销仲裁裁决的判决、裁定,执行法院应当终结执行程序;撤销仲裁裁决申请被驳回的,执行法院应当恢复执行。

当事人申请中止执行的,应当向执行法院提供其他法院已经受理申请撤销仲裁裁决案件的法律文书。

843.【申请的处理】

受理申请的法院应当尽快审查认可和执行的请求,并作出裁定。

844.【财产保全】

法院在受理认可和执行仲裁裁决申请之前或者之后,可以依当事人的申请,按照内地法律规定,对被申请人的财产采取保全措施。

845.【公共机构作成或公证的文书认证的免除】

由澳门特别行政区有权限公共机构(包括公证员)作成的文书正本或者经公证的文书副本及译本,在适用《最高人民法院关于内地与澳门特别行政区相互认可和执行仲裁裁决的安排》时,可以免除认证手续在内地法院使用。

第三节　对台湾地区民事判决、仲裁裁决执行程序

最高人民法院
关于审理涉台民商事案件法律适用问题的规定

2010年12月27日　　法释〔2010〕19号

为正确审理涉台民商事案件，准确适用法律，维护当事人的合法权益，根据民法通则、民事诉讼法等有关法律，制定本规定。

第一条　人民法院审理涉台民商事案件，应当适用法律和司法解释的有关规定。

根据法律和司法解释中选择适用法律的规则，确定适用台湾地区民事法律的，人民法院予以适用。

第二条　台湾地区当事人在人民法院参与民事诉讼，与大陆当事人有同等的诉讼权利和义务，其合法权益受法律平等保护。

第三条　根据本规定确定适用有关法律违反国家法律的基本原则或者社会公共利益的，不予适用。

最高人民法院
关于认可和执行台湾地区法院民事判决的规定

2015年6月29日　　法释〔2015〕13号

为保障海峡两岸当事人的合法权益，更好地适应海峡两岸关系和平发展的新形势，根据民事诉讼法等有关法律，总结人民法院涉台审判工作经验，就认可和执行台湾地区法院民事判决，制定本规定。

第一条　台湾地区法院民事判决的当事人可以根据本规定，作为申请人向人民法院申请认可和执行台湾地区有关法院民事判决。

第二条　本规定所称台湾地区法院民事判决，包括台湾地区法院作出的生效民事判决、裁定、和解笔录、调解笔录、支付命令等。

申请认可台湾地区法院在刑事案件中作出的有关民事损害赔偿的生效判决、裁定、和解笔录的，适用本规定。

申请认可由台湾地区乡镇市调解委员会等出具并经台湾地区法院核定，与台湾地区法院生效民事判决具有同等效力的调解文书的，参照适用本规定。

第三条　申请人同时提出认可和执行台湾地区法院民事判决申请的，人民法院先按照认可程序进行审查，裁定认可后，由人民法院执行机构执行。

申请人直接申请执行的，人民法院应当告知其一并提交认可申请；坚持不申请认可的，裁定驳回其申请。

第四条　申请认可台湾地区法院民事判决的案件，由申请人住所地、经常居住地或者被申请人住所地、经常居住地、财产所在地中级人民法院或者专门人民法院受理。

申请人向两个以上有管辖权的人民法院申请认可的，由最先立案的人民法院管辖。

申请人向被申请人财产所在地人民法院申请认可的，应当提供财产存在的相关证据。

第五条　对申请认可台湾地区法院民事判决的案件，人民法院应当组成合议庭进行审查。

第六条　申请人委托他人代理申请认可台湾地区法院民事判决的，应当向人民法院提交由委托人签名或者盖章的授权委托书。

台湾地区、香港特别行政区、澳门特别行政区或者外国当事人签名或者盖章的授权委托书应当履行相关的公证、认证或者其他证明手续，但授权委托书在人民法院法官的见证下签署或者经中国大陆公证机关公证证明是在中国大陆签署的除外。

第七条　申请人申请认可台湾地区法院民事判决，应当提交申请书，并附有台湾地区有关法院民事判决文书和民事判决确定证明书的正本或者经证明无误的副本。台湾地区法院民事判决为缺席判决的，申请人应当同时提交台

湾地区法院已经合法传唤当事人的证明文件，但判决已经对此予以明确说明的除外。

申请书应当记明以下事项：

（一）申请人和被申请人姓名、性别、年龄、职业、身份证件号码、住址（申请人或者被申请人为法人或者其他组织的，应当记明法人或者其他组织的名称、地址、法定代表人或者主要负责人姓名、职务）和通讯方式；

（二）请求和理由；

（三）申请认可的判决的执行情况；

（四）其他需要说明的情况。

第八条 对于符合本规定第四条和第七条规定条件的申请，人民法院应当在收到申请后七日内立案，并通知申请人和被申请人，同时将申请书送达被申请人；不符合本规定第四条和第七条规定条件的，应当在七日内裁定不予受理，同时说明不予受理的理由；申请人对裁定不服的，可以提起上诉。

第九条 申请人申请认可台湾地区法院民事判决，应当提供相关证明文件，以证明该判决真实并且已经生效。

申请人可以申请人民法院通过海峡两岸调查取证司法互助途径查明台湾地区法院民事判决的真实性和是否生效以及当事人得到合法传唤的证明文件；人民法院认为必要时，也可以就有关事项依职权通过海峡两岸司法互助途径向台湾地区请求调查取证。

第十条 人民法院受理认可台湾地区法院民事判决的申请之前或者之后，可以按照民事诉讼法及相关司法解释的规定，根据申请人的申请，裁定采取保全措施。

第十一条 人民法院受理认可台湾地区法院民事判决的申请后，当事人就同一争议起诉的，不予受理。

一方当事人向人民法院起诉后，另一方当事人向人民法院申请认可的，对于认可的申请不予受理。

第十二条 案件虽经台湾地区有关法院判决，但当事人未申请认可，而是就同一争议向人民法院起诉的，应予受理。

第十三条 人民法院受理认可台湾地区法院民事判决的申请后，作出裁定前，申请人请求撤回申请的，可以裁定准许。

第十四条 人民法院受理认可台湾地区法院民事判决的申请后，应当在立案之日起六个月内审结。有特殊情况需要延长的，报请上一级人民法院批准。

通过海峡两岸司法互助途径送达文书和调查取证的期间，不计入审查期限。

第十五条 台湾地区法院民事判决具有下列情形之一的，裁定不予认可：

（一）申请认可的民事判决，是在被申请人缺席又未经合法传唤或者在被申请人无诉讼行为能力又未得到适当代理的情况下作出的；

（二）案件系人民法院专属管辖的；

（三）案件双方当事人订有有效仲裁协议，且无放弃仲裁管辖情形的；

（四）案件系人民法院已作出判决或者中国大陆的仲裁庭已作出仲裁裁决的；

（五）香港特别行政区、澳门特别行政区或者外国的法院已就同一争议作出判决且已为人民法院所认可或者承认的；

（六）台湾地区、香港特别行政区、澳门特别行政区或者外国的仲裁庭已就同一争议作出仲裁裁决且已为人民法院所认可或者承认的。

认可该民事判决将违反一个中国原则等国家法律的基本原则或者损害社会公共利益的，人民法院应当裁定不予认可。

第十六条 人民法院经审查能够确认台湾地区法院民事判决真实并且已经生效，而且不具有本规定第十五条所列情形的，裁定认可其效力；不能确认该民事判决的真实性或者已经生效的，裁定驳回申请人的申请。

裁定驳回申请的案件，申请人再次申请并符合受理条件的，人民法院应予受理。

第十七条 经人民法院裁定认可的台湾地区法院民事判决，与人民法院作出的生效判决具有同等效力。

第十八条 人民法院依据本规定第十五条和第十六条作出的裁定，一经送达即发生法律效力。

当事人对上述裁定不服的，可以自裁定送达之日起十日内向上一级人民法院申请复议。

第十九条　对人民法院裁定不予认可的台湾地区法院民事判决，申请人再次提出申请的，人民法院不予受理，但申请人可以就同一争议向人民法院起诉。

第二十条　申请人申请认可和执行台湾地区法院民事判决的期间，适用民事诉讼法第二百三十九条的规定，但申请认可台湾地区法院有关身份关系的判决除外。

申请人仅申请认可而未同时申请执行的，申请执行的期间自人民法院对认可申请作出的裁定生效之日起重新计算。

第二十一条　人民法院在办理申请认可和执行台湾地区法院民事判决案件中作出的法律文书，应当依法送达案件当事人。

第二十二条　申请认可和执行台湾地区法院民事判决，应当参照《诉讼费用交纳办法》的规定，交纳相关费用。

第二十三条　本规定自2015年7月1日起施行。《最高人民法院关于人民法院认可台湾地区有关法院民事判决的规定》（法释〔1998〕11号）、《最高人民法院关于当事人持台湾地区有关法院民事调解书或者有关机构出具或确认的调解协议书向人民法院申请认可人民法院应否受理的批复》（法释〔1999〕10号）、《最高人民法院关于当事人持台湾地区有关法院支付命令向人民法院申请认可人民法院应否受理的批复》（法释〔2001〕13号）和《最高人民法院关于人民法院认可台湾地区有关法院民事判决的补充规定》（法释〔2009〕4号）同时废止。

最高人民法院
关于认可和执行台湾地区仲裁裁决的规定

2015年6月29日　　法释〔2015〕14号

为保障海峡两岸当事人的合法权益，更好地适应海峡两岸关系和平发展的新形势，根据民事诉讼法、仲裁法等有关法律，总结人民法院涉台审判工作经验，就认可和执行台湾地区仲裁裁决，制定本规定。

第一条　台湾地区仲裁裁决的当事人可以根据本规定，作为申请人向人民法院申请认可和执行台湾地区仲裁裁决。

第二条　本规定所称台湾地区仲裁裁决是指，有关常设仲裁机构及临时仲裁庭在台湾地区按照台湾地区仲裁规定就有关民商事争议作出的仲裁裁决，包括仲裁判断、仲裁和解和仲裁调解。

第三条　申请人同时提出认可和执行台湾地区仲裁裁决申请的，人民法院先按照认可程序进行审查，裁定认可后，由人民法院执行机构执行。

申请人直接申请执行的，人民法院应当告知其一并提交认可申请；坚持不申请认可的，裁定驳回其申请。

第四条　申请认可台湾地区仲裁裁决的案件，由申请人住所地、经常居住地或者被申请人住所地、经常居住地、财产所在地中级人民法院或者专门人民法院受理。

申请人向两个以上有管辖权的人民法院申请认可的，由最先立案的人民法院管辖。

申请人向被申请人财产所在地人民法院申请认可的，应当提供财产存在的相关证据。

第五条　对申请认可台湾地区仲裁裁决的案件，人民法院应当组成合议庭进行审查。

第六条　申请人委托他人代理申请认可台湾地区仲裁裁决的，应当向人民法院提交由委托人签名或者盖章的授权委托书。

台湾地区、香港特别行政区、澳门特别行政区或者外国当事人签名或者盖章的授权委托书应当履行相关的公证、认证或者其他证明手续，但授权委托书在人民法院法官的见证下签署或者经中国大陆公证机关公证证明是在中国大陆签署的除外。

第七条　申请人申请认可台湾地区仲裁裁决，应当提交以下文件或者经证明无误的副本：

（一）申请书；

（二）仲裁协议；

（三）仲裁判断书、仲裁和解书或者仲裁调解书。

申请书应当记明以下事项：

（一）申请人和被申请人姓名、性别、年龄、职业、身份证件号码、住址（申请人或者被申请人为法人或者其他组织的，应当记明法人或者其他组织的名称、地址、法定代表人或者主要负责人姓名、职务）和通讯方式；

（二）申请认可的仲裁判断书、仲裁和解书或者仲裁调解书的案号或者识别资料和生效日期；

（三）请求和理由；

（四）被申请人财产所在地、财产状况及申请认可的仲裁裁决的执行情况；

（五）其他需要说明的情况。

第八条 对于符合本规定第四条和第七条规定条件的申请，人民法院应当在收到申请后七日内立案，并通知申请人和被申请人，同时将申请书送达被申请人；不符合本规定第四条和第七条规定条件的，应当在七日内裁定不予受理，同时说明不予受理的理由；申请人对裁定不服的，可以提起上诉。

第九条 申请人申请认可台湾地区仲裁裁决，应当提供相关证明文件，以证明该仲裁裁决的真实性。

申请人可以申请人民法院通过海峡两岸调查取证司法互助途径查明台湾地区仲裁裁决的真实性；人民法院认为必要时，也可以就有关事项依职权通过海峡两岸司法互助途径向台湾地区请求调查取证。

第十条 人民法院受理认可台湾地区仲裁裁决的申请之前或者之后，可以按照民事诉讼法及相关司法解释的规定，根据申请人的申请，裁定采取保全措施。

第十一条 人民法院受理认可台湾地区仲裁裁决的申请后，当事人就同一争议起诉的，不予受理。

当事人未申请认可，而是就同一争议向人民法院起诉的，亦不予受理，但仲裁协议无效的除外。

第十二条 人民法院受理认可台湾地区仲裁裁决的申请后，作出裁定前，申请人请求撤回申请的，可以裁定准许。

第十三条 人民法院应当尽快审查认可台湾地区仲裁裁决的申请，决定予以认可的，应当在立案之日起两个月内作出裁定；决定不予认可或者驳回申请的，应当在作出决定前按有关规定自立案之日起两个月内上报最高人民法院。

通过海峡两岸司法互助途径送达文书和调查取证的期间，不计入审查期限。

第十四条 对申请认可和执行的仲裁裁决，被申请人提出证据证明有下列情形之一的，经审查核实，人民法院裁定不予认可：

（一）仲裁协议一方当事人依对其适用的法律在订立仲裁协议时属于无行为能力的；或者依当事人约定的准据法，或当事人没有约定适用的准据法而依台湾地区仲裁规定，该仲裁协议无效的；或者当事人之间没有达成书面仲裁协议的，但申请认可台湾地区仲裁调解的除外；

（二）被申请人未接到选任仲裁员或进行仲裁程序的适当通知，或者由于其他不可归责于被申请人的原因而未能陈述意见的；

（三）裁决所处理的争议不是提交仲裁的争议，或者不在仲裁协议范围之内；或者裁决载有超出当事人提交仲裁范围的事项的决定，但裁决中超出提交仲裁范围的事项的决定与提交仲裁事项的决定可以分开的，裁决中关于提交仲裁事项的决定部分可以予以认可；

（四）仲裁庭的组成或者仲裁程序违反当事人的约定，或者在当事人没有约定时与台湾地区仲裁规定不符的；

（五）裁决对当事人尚无约束力，或者业经台湾地区法院撤销或者驳回执行申请的。

依据国家法律，该争议事项不能以仲裁解决的，或者认可该仲裁裁决将违反一个中国原则等国家法律的基本原则或损害社会公共利益的，人民法院应当裁定不予认可。

第十五条 人民法院经审查能够确认台湾地区仲裁裁决真实，而且不具有本规定第十四条所列情形的，裁定认可其效力；不能确认该仲裁裁决真实性的，裁定驳回申请。

裁定驳回申请的案件，申请人再次申请并符合受理条件的，人民法院应予受理。

第十六条 人民法院依据本规定第十四条和第十五条作出的裁定，一经送达即发生法律效力。

第十七条 一方当事人向人民法院申请认可或者执行台湾地区仲裁裁决，另一方当事人向台湾地区法院起诉撤销该仲裁裁决，被申请人申请中止认可或者执行并且提供充分担保的，人民法院应当中止认可或者执行程序。

申请中止认可或者执行的，应当向人民法院提供台湾地区法院已经受理撤销仲裁裁决案件的法律文书。

台湾地区法院撤销该仲裁裁决的，人民法院应当裁定不予认可或者裁定终结执行；台湾地区法院驳回撤销仲裁裁决请求的，人民法院应当恢复认可或者执行程序。

第十八条 对人民法院裁定不予认可的台湾地区仲裁裁决，申请人再次提出申请的，人民法院不予受理。但当事人可以根据双方重新达成的仲裁协议申请仲裁，也可以就同一争议向人民法院起诉。

第十九条 申请人申请认可和执行台湾地区仲裁裁决的期间，适用民事诉讼法第二百三十九条的规定。

申请人仅申请认可而未同时申请执行的，申请执行的期间自人民法院对认可申请作出的裁定生效之日起重新计算。

第二十条 人民法院在办理申请认可和执行台湾地区仲裁裁决案件中所作出的法律文书，应当依法送达案件当事人。

第二十一条 申请认可和执行台湾地区仲裁裁决，应当参照《诉讼费用交纳办法》的规定，交纳相关费用。

第二十二条 本规定自2015年7月1日起施行。

本规定施行前，根据《最高人民法院关于人民法院认可台湾地区有关法院民事判决的规定》（法释〔1998〕11号），人民法院已经受理但尚未审结的申请认可和执行台湾地区仲裁裁决的案件，适用本规定。

最高人民法院关于认真贯彻执行《关于人民法院认可台湾地区有关法院民事判决的规定》的通知

1998年6月17日　　法〔1998〕54号

各省、自治区、直辖市高级人民法院，解放军军事法院：

《最高人民法院关于人民法院认可台湾地区有关法院民事判决的规定》（以下简称《规定》）已于1998年5月26日起施行，请遵照执行。为切实贯彻执行好《规定》，现将有关问题通知如下：

一、各级人民法院要及时组织审判人员认真学习，正确贯彻执行中央对台工作的方针政策和《规定》，准确掌握《规定》条款的含义。

二、人民法院在制作受理申请认可通知书和认可或者不予认可的裁定书时，不得在该通知书和裁定书中出现"中华民国"的称谓、纪年等一类的文字。对于当事人申请认可的台湾地区有关法院的民事判决书（含民事裁定书和台湾地区仲裁机构的裁决书，下同），如有"中华民国"的称谓、纪年等与"一个中国"相违背的文字，应当更正或做技术性处理，如将"中华民国"改写为"台湾地区"，将"中华民国八十七年"改写为"公元1998年"等。

三、人民法院在制作认可或者不予认可台湾地区有关法院民事判决的裁定书时，应参照最高人民法院制定的《认可台湾地区有关法院民事判决的裁定书样式》办理。

四、在目前一段时间内，当事人申请认可台湾地区有关法院的民事判决，人民法院在裁定认可或者不予认可之前，应当报请本辖区所属高级人民法院进行审查。高级人民法院经审查同意或不同意认可，均应及时予以答复，并报最高人民法院备案。

五、依照《规定》向人民法院申请认可台湾地区有关法院民事判决的，不收取案件受理费。

六、在执行中，要注意总结经验，如有新情况、新问题，应当及时逐级上报。

特此通知。

最高人民法院
关于人民法院认可台湾地区有关法院民事判决的规定[①]

1998年5月22日　　法释〔1998〕11号

第一条 为保障我国台湾地区和其他省、自治区、直辖市的诉讼当事人的民事权益与诉讼权利，特制定本规定。

第二条 台湾地区有关法院的民事判决，当事人的住所地、经常居住地或者被执行财产所在地在其他省、自治区、直辖市的，当事人可以根据本规定向人民法院申请认可。

第三条 申请由申请人住所地、经常居住地或者被执行财产所在地中级人民法院受理。

第四条 申请人应提交申请书，并须附有不违反一个中国原则的台湾地区有关法院民事判决正本或经证明无误的副本、证明文件。

第五条 申请书应记明以下事项：

（一）申请人姓名、性别、年龄、职业、身份证件号码、申请时间和住址（申请人为法人或者其他组织的，应记明法人或者其他组织的名称、地址、法定代表人姓名、职务）；

（二）当事人受传唤和应诉情况及证明文件；

（三）请求和理由；

（四）其他需要说明的情况。

第六条 人民法院收到申请书，经审查，符合本规定第四条和第五条的条件的，应当在七日内受理；不符合本规定第四条和第五条的条件的，不予受理，并在七日内通知申请人，同时说明不受理的理由。

第七条 人民法院审查认可台湾地区有关法院民事判决的申请，由审判员组成合议庭进行。

第八条 人民法院受理申请后，对于台湾地区有关法院民事判决是否生效不能确定的，应告知申请人提交作出判决的法院出具的证明文件。

第九条 台湾地区有关法院的民事判决具有下列情形之一的，裁定不予认可：

（一）申请认可的民事判决的效力未确定的；

（二）申请认可的民事判决，是在被告缺席又未经合法传唤或者在被告无诉讼行为能力又未得到适当代理的情况下作出的；

（三）案件系人民法院专属管辖的；

（四）案件的双方当事人订有仲裁协议的；

（五）案件系人民法院已作出判决，或者外国、境外地区法院作出判决或境外仲裁机构作出仲裁裁决已为人民法院所承认的；

（六）申请认可的民事判决具有违反国家法律的基本原则，或者损害社会公共利益情形的。

第十条 人民法院审查申请后，对于台湾地区有关法院民事判决不具有本规定第九条所列情形的，裁定认可其效力。

第十一条 申请人委托他人代理申请认可台湾地区有关法院民事判决的，应当向人民法院提交由委托人签名或盖章并经当地公证机关公证的授权委托书。

第十二条 人民法院受理认可台湾地区有关法院民事判决的申请后，对当事人就同一案件事实起诉的，不予受理。

第十三条 案件虽经台湾地区有关法院判决，但当事人未申请认可，而是就同一案件事实向人民法院提起诉讼的，应予受理。

第十四条 人民法院受理认可申请后，作出裁定前，申请人要求撤回申请的，应当允许。

第十五条 对人民法院不予认可的民事判决，申请人不得再提出申请，但可以就同一案件事实向人民法院提起诉讼。

第十六条 人民法院作出民事判决前，一方当事人申请认可台湾地区有关法院就同一案件事实作出的判决的，应当中止诉讼，对申请进行审查。经审查，对符合认可条件的申请，予以认可，并终结诉讼；对不符合认可条件的，则恢复诉讼。

[①] 该文件已被最高人民法院《关于认可和执行台湾地区法院民事判决的规定》废止，仅供参考。——编者注

第十七条 申请认可台湾地区有关法院民事判决的，应当在该判决发生效力后一年内提出。

第十八条 被认可的台湾地区有关法院民事判决需要执行的，依照《中华人民共和国民事诉讼法》规定的程序办理。

第十九条 申请认可台湾地区有关法院民事裁定和台湾地区仲裁机构裁决的，适用本规定。

最高人民法院
关于当事人持台湾地区有关法院民事调解书或者有关机构出具或确认的调解协议书向人民法院申请认可人民法院应否受理的批复①

1999年4月27日　　法释〔1999〕10号

四川省高级人民法院：

你院关于当事人持台湾地区有关法院民事调解书或者有关机构出具或确认的调解协议书向人民法院申请认可，人民法院应否受理的请示收悉。经研究，答复如下：

台湾地区有关法院出具的民事调解书，是在法院主持下双方当事人达成的协议，应视为与法院民事判决书具有同等效力。当事人向人民法院申请认可的，人民法院应比照我院《关于人民法院认可台湾地区有关法院民事判决的规定》予以受理。但对台湾地区有关机构（包括民间调解机构）出具或确认的调解协议书，当事人向人民法院申请认可的，人民法院不应予以受理。

此复。

最高人民法院
关于当事人持台湾地区有关法院支付命令向人民法院申请认可人民法院应否受理的批复②

2001年4月10日　　法释〔2001〕13号

广东省高级人民法院：

你院粤高法立〔2000〕30号《关于当事人持台湾地区有关法院支付命令向人民法院申请认可，人民法院应否受理的请示》收悉。经研究，答复如下：

人民法院对当事人持台湾地区有关法院支付命令及其确定证明书申请其认可的，可比照我院《关于人民法院认可台湾地区有关法院民事判决的规定》予以受理。

最高人民法院
关于人民法院认可台湾地区有关法院民事判决的补充规定③

2009年4月24日　　法释〔2009〕4号

为了更好地解决认可台湾地区有关法院民事判决的相关问题，维护当事人的合法权益，现对最高人民法院《关于人民法院认可台湾地区有关法院民事判决的规定》（以下简称《规定》）作出补充规定。

第一条 申请人同时提出认可和执行台湾地区有关法院民事判决申请的，人民法院应按规定对认可申请进行审查。

经人民法院裁定认可的台湾地区有关法院民事判决，与人民法院作出的生效判决具有同

---

① 该文件已被最高人民法院《关于认可和执行台湾地区法院民事判决的规定》废止，仅供参考。——编者注
② 该文件已被最高人民法院《关于认可和执行台湾地区法院民事判决的规定》废止，仅供参考。——编者注
③ 该文件已被最高人民法院《关于认可和执行台湾地区法院民事判决的规定》废止，仅供参考。——编者注

等效力。申请人依裁定向人民法院申请执行的，人民法院应予受理。

第二条　申请认可的台湾地区有关法院民事判决，包括对商事、知识产权、海事等民事纠纷案件作出的判决。

申请认可台湾地区有关法院民事裁定、调解书、支付令，以及台湾地区仲裁机构裁决的，适用《规定》和本补充规定。

第三条　申请人向两个以上有管辖权的中级人民法院申请认可的，由最先立案的中级人民法院管辖。

申请人向被执行财产所在地中级人民法院申请认可的，应当提供被执行财产存在的相关证据。

第四条　申请人申请认可台湾地区有关法院民事判决，应当提供相关证据，以证明该判决真实并且效力已确定。

第五条　申请人提出认可台湾地区有关法院民事判决的申请时，或者在案件受理后、人民法院作出裁定前，可以提出财产保全申请。

申请人申请财产保全的，应当向人民法院提供有效的担保。申请人不提供担保或者提供的担保不符合条件的，驳回其申请。

第六条　具有下列情形之一的，人民法院应当及时解除财产保全：

（一）人民法院作出准予财产保全的裁定后，被申请人提供有效担保的；

（二）人民法院作出认可裁定后，申请人在申请执行期限内不申请执行的；

（三）人民法院裁定不予认可台湾地区有关法院民事判决的；

（四）申请人撤回保全申请的。

申请财产保全的其他程序，适用民事诉讼法及相关司法解释的规定。

第七条　申请认可台湾地区有关法院民事判决的案件，应根据案件的不同类型，由相关民事审判庭的审判人员组成合议庭进行审理。

第八条　人民法院经审查能够确认该判决真实并且效力已确定，且不具有《规定》第九条所列情形的，裁定认可其效力；不能确认的，裁定驳回申请人的申请。

第九条　申请认可台湾地区有关法院民事判决的，应当在该判决效力确定后二年内提出。

当事人因不可抗拒的事由或者其他正当理由耽误期限而不能提出认可申请的，在障碍消除后的十日内，可以申请顺延期限。

第十条　人民法院受理申请人申请后，应当在六个月内审结。

人民法院办理执行案件规范

2017年4月

846.【一般规定】

台湾地区法院民事判决的当事人可以根据《最高人民法院关于认可和执行台湾地区法院民事判决的规定》，作为申请人向人民法院申请认可和执行台湾地区有关法院民事判决。

847.【可予认可和执行民事判决的范围】

本部分规范所称台湾地区法院民事判决，包括台湾地区法院作出的生效民事判决、裁定、和解笔录、调解笔录、支付命令等。

申请认可台湾地区法院在刑事案件中作出的有关民事损害赔偿的生效判决、裁定、和解笔录的，适用《最高人民法院关于认可和执行台湾地区法院民事判决的规定》。

申请认可由台湾地区乡镇市调解委员会等出具并经台湾地区法院核定，与台湾地区法院生效民事判决具有同等效力的调解文书的，参照适用《最高人民法院关于认可和执行台湾地区法院民事判决的规定》。

848.【认可和执行申请或直接执行申请的处理】

申请人同时提出认可和执行台湾地区法院民事判决申请的，人民法院先按照认可程序进行审查，裁定认可后，由人民法院执行机构执行。

申请人直接申请执行的，人民法院应当告知其一并提交认可申请；坚持不申请认可的，裁定驳回其申请。

849.【管辖】

申请认可台湾地区法院民事判决的案件，由申请人住所地、经常居住地或者被申请人住所地、经常居住地、财产所在地中级人民法院或者专门人民法院受理。

申请人向两个以上有管辖权的人民法院申请认可的,由最先立案的人民法院管辖。

申请人向被申请人财产所在地人民法院申请认可的,应当提供财产存在的相关证据。

850.【认可申请的审查机构】

对申请认可台湾地区法院民事判决的案件,人民法院应当组成合议庭进行审查。

851.【委托代理的文件要求】

申请人委托他人代理申请认可台湾地区法院民事判决的,应当向人民法院提交由委托人签名或者盖章的授权委托书。

台湾地区、香港特别行政区、澳门特别行政区或者外国当事人签名或者盖章的授权委托书应当履行相关的公证、认证或者其他证明手续,但授权委托书在人民法院法官的见证下签署或者经中国大陆公证机关公证证明是在中国大陆签署的除外。

852.【申请书内容及应附文件】

申请人申请认可台湾地区法院民事判决,应当提交申请书,并附有台湾地区有关法院民事判决文书和民事判决确定证明书的正本或者经证明无误的副本。台湾地区法院民事判决为缺席判决的,申请人应当同时提交台湾地区法院已经合法传唤当事人的证明文件,但判决已经对此予以明确说明的除外。

申请书应当记明以下事项:

(一)申请人和被申请人姓名、性别、年龄、职业、身份证件号码、住址(申请人或者被申请人为法人或者其他组织的,应当记明法人或者其他组织的名称、地址、法定代表人或者主要负责人姓名、职务)和通讯方式;

(二)请求和理由;

(三)申请认可的判决的执行情况;

(四)其他需要说明的情况。

853.【立案审查及救济程序】

对于符合本规范第849条和第852条规定条件的申请,人民法院应当在收到申请后七日内立案,并通知申请人和被申请人,同时将申请书送达被申请人;不符合本规范第849条和第852条规定条件的,应当在七日内裁定不予受理,同时说明不予受理的理由;申请人对裁定不服的,可以提起上诉。

854.【判决真实且生效的证明】

申请人申请认可台湾地区法院民事判决,应当提供相关证明文件,以证明该判决真实并且已经生效。

申请人可以申请人民法院通过海峡两岸调查取证司法互助途径查明台湾地区法院民事判决的真实性和是否生效以及当事人得到合法传唤的证明文件;人民法院认为必要时,也可以就有关事项依职权通过海峡两岸司法互助途径向台湾地区请求调查取证。

855.【财产保全】

人民法院受理认可台湾地区法院民事判决的申请之前或者之后,可以按照民事诉讼法及相关司法解释的规定,根据申请人的申请,裁定采取保全措施。

856.【申请认可和起诉的相互排斥】

人民法院受理认可台湾地区法院民事判决的申请后,当事人就同一争议起诉的,不予受理。

一方当事人向人民法院起诉后,另一方当事人向人民法院申请认可的,对于认可的申请不予受理。

857.【未申请认可的可诉性】

案件虽经台湾地区有关法院判决,但当事人未申请认可,而是就同一争议向人民法院起诉的,应予受理。

858.【撤回认可申请的处理】

人民法院受理认可台湾地区法院民事判决的申请后,作出裁定前,申请人请求撤回申请的,可以裁定准许。

859.【认可申请的审查期限】

人民法院受理认可台湾地区法院民事判决的申请后,应当在立案之日起六个月内审结。有特殊情况需要延长的,报请上一级人民法院批准。

通过海峡两岸司法互助途径送达文书和调查取证的期间,不计入审查期限。

860.【不予认可的情形】

台湾地区法院民事判决具有下列情形之一的,裁定不予认可:

（一）申请认可的民事判决，是在被申请人缺席又未经合法传唤或者在被申请人无诉讼行为能力又未得到适当代理的情况下作出的；

（二）案件系人民法院专属管辖的；

（三）案件双方当事人订有有效仲裁协议，且无放弃仲裁管辖情形的；

（四）案件系人民法院已作出判决或者中国大陆的仲裁庭已作出仲裁裁决的；

（五）香港特别行政区、澳门特别行政区或者外国的法院已就同一争议作出判决且已为人民法院所认可或者承认的；

（六）台湾地区、香港特别行政区、澳门特别行政区或者外国的仲裁庭已就同一争议作出仲裁裁决且已为人民法院所认可或者承认的。

认可该民事判决将违反一个中国原则等国家法律的基本原则或者损害社会公共利益的，人民法院应当裁定不予认可。

861.【认可申请的处理】

人民法院经审查能够确认台湾地区法院民事判决真实并且已经生效，而且不具有本规范第860条所列情形的，裁定认可其效力；不能确认该民事判决的真实性或者已经生效的，裁定驳回申请人的申请。

裁定驳回申请的案件，申请人再次申请并符合受理条件的，人民法院应予受理。

862.【认可判决的效力】

经人民法院裁定认可的台湾地区法院民事判决，与人民法院作出的生效判决具有同等效力。

863.【认可裁定的生效时间及复议程序】

人民法院依据本规范第861条和第862条作出的裁定，一经送达即发生法律效力。

当事人对上述裁定不服的，可以自裁定送达之日起十日内向上一级人民法院申请复议。

864.【不予认可后起诉的允许】

对人民法院裁定不予认可的台湾地区民事判决，申请人再次提出申请的，人民法院不予受理，但申请人可以就同一争议向人民法院起诉。

865.【认可与执行申请期限的确定与中断】

申请人申请认可和执行台湾地区法院民事判决的期间，适用本规范第22条第一款、第二款的规定，但申请认可台湾地区法院有关身份关系的判决除外。

申请人仅申请认可而未同时申请执行的，申请执行的期间自人民法院对认可申请作出的裁定生效之日起重新计算。

866.【文书送达】

人民法院在办理申请认可和执行台湾地区法院民事判决案件中作出的法律文书，应当依法送达案件当事人。

867.【费用交纳】

申请认可和执行台湾地区法院民事判决，应当参照《诉讼费用交纳办法》的规定，交纳相关费用。

868.【一般规定】

台湾地区仲裁裁决的当事人可以根据《最高人民法院关于认可和执行台湾地区仲裁裁决的规定》，作为申请人向人民法院申请认可和执行台湾地区仲裁裁决。

869.【可予认可和执行的范围】

本部分规定所称台湾地区仲裁裁决是指，有关常设仲裁机构及临时仲裁庭在台湾地区按照台湾地区仲裁规定就有关民商事争议作出的仲裁裁决，包括仲裁判断、仲裁和解和仲裁调解。

870.【认可和执行同时申请或仅执行申请的处理】

申请人同时提出认可和执行台湾地区仲裁裁决申请的，人民法院先按照认可程序进行审查，裁定认可后，由人民法院执行机构执行。

申请人直接申请执行的，人民法院应当告知其一并提交认可申请；坚持不申请认可的，裁定驳回其申请。

871.【管辖】

申请认可台湾地区仲裁裁决的案件，由申请人住所地、经常居住地或者被申请人住所地、经常居住地、财产所在地中级人民法院或者专门人民法院受理。

申请人向两个以上有管辖权的人民法院申请认可的，由最先立案的人民法院管辖。

申请人向被申请人财产所在地人民法院申请认可的，应当提供财产存在的相关证据。

872.【认可申请的审查机构】

对申请认可台湾地区仲裁裁决的案件,人民法院应当组成合议庭进行审查。

873.【委托代理的文件要求】

申请人委托他人代理申请认可台湾地区仲裁裁决的,应当向人民法院提交由委托人签名或者盖章的授权委托书。

台湾地区、香港特别行政区、澳门特别行政区或者外国当事人签名或者盖章的授权委托书应当履行相关的公证、认证或者其他证明手续,但授权委托书在人民法院法官的见证下签署或者经中国大陆公证机关公证证明是在中国大陆签署的除外。

874.【申请材料】

申请人申请认可台湾地区仲裁裁决,应当提交以下文件或者经证明无误的副本:

(一)申请书;

(二)仲裁协议;

(三)仲裁判断书、仲裁和解书或者仲裁调解书。

875.【申请书内容】

申请书应当记明以下事项:

(一)申请人和被申请人姓名、性别、年龄、职业、身份证件号码、住址(申请人或者被申请人为法人或者其他组织的,应当记明法人或者其他组织的名称、地址、法定代表人或者主要负责人姓名、职务)和通讯方式;

(二)申请认可的仲裁判断书、仲裁和解书或者仲裁调解书的案号或者识别资料和生效日期;

(三)请求和理由;

(四)被申请人财产所在地、财产状况及申请认可的仲裁裁决的执行情况;

(五)其他需要说明的情况。

876.【立案审查及救济程序】

对于符合本规范第871条、第874条和第875条规定条件的申请,人民法院应当在收到申请后七日内立案,并通知申请人和被申请人,同时将申请书送达被申请人;不符合本规范第871条、第874条和第875条规定条件的,应当在七日内裁定不予受理,同时说明不予受理的理由;申请人对裁定不服的,可以提起上诉。

877.【裁决真实性的证明】

申请人申请认可台湾地区仲裁裁决,应当提供相关证明文件,以证明该仲裁裁决的真实性。

申请人可以申请人民法院通过海峡两岸调查取证司法互助途径查明台湾地区仲裁裁决的真实性;人民法院认为必要时,也可以就有关事项依职权通过海峡两岸司法互助途径向台湾地区请求调查取证。

878.【财产保全】

人民法院受理认可台湾地区仲裁裁决的申请之前或者之后,可以按照民事诉讼法及相关司法解释的规定,根据申请人的申请,裁定采取保全措施。

879.【申请认可和起诉的相互排斥】

人民法院受理认可台湾地区仲裁裁决的申请后,当事人就同一争议起诉的,不予受理。

当事人未申请认可,而是就同一争议向人民法院起诉的,亦不予受理,但仲裁协议无效的除外。

880.【撤回认可申请的处理】

人民法院受理认可台湾地区仲裁裁决的申请后,作出裁定前,申请人请求撤回申请的,可以裁定准许。

881.【认可申请的审查期限】

人民法院应当尽快审查认可台湾地区仲裁裁决的申请,决定予以认可的,应当在立案之日起两个月内作出裁定;决定不予认可或者驳回申请的,应当在作出决定前按有关规定自立案之日起两个月内上报最高人民法院。

通过海峡两岸司法互助途径送达文书和调查取证的期间,不计入审查期限。

882.【不予认可的情形】

对申请认可和执行的仲裁裁决,被申请人提出证据证明有下列情形之一的,经审查核实,人民法院裁定不予认可:

(一)仲裁协议一方当事人依对其适用的法律在订立仲裁协议时属于无行为能力的;或者依当事人约定的准据法,或当事人没有约定适用的准据法而依台湾地区仲裁规定,该仲裁协议无效的;或者当事人之间没有达成书面仲裁协议的,但申请认可台湾地区仲裁调解的除外;

（二）被申请人未接到选任仲裁员或进行仲裁程序的适当通知，或者由于其他不可归责于被申请人的原因而未能陈述意见的；

（三）裁决所处理的争议不是提交仲裁的争议，或者不在仲裁协议范围之内；或者裁决载有超出当事人提交仲裁范围的事项的决定，但裁决中超出提交仲裁范围的事项的决定与提交仲裁事项的决定可以分开的，裁决中关于提交仲裁事项的决定部分可以予以认可；

（四）仲裁庭的组成或者仲裁程序违反当事人的约定，或者在当事人没有约定时与台湾地区仲裁规定不符的；

（五）裁决对当事人尚无约束力，或者业经台湾地区法院撤销或者驳回执行申请的。

依据国家法律，该争议事项不能以仲裁解决的，或者认可该仲裁裁决将违反一个中国原则等国家法律的基本原则或损害社会公共利益的，人民法院应当裁定不予认可。

883.【认可申请的处理】

人民法院经审查能够确认台湾地区仲裁裁决真实，而且不具有本规范第882条所列情形的，裁定认可其效力；不能确认该仲裁裁决真实性的，裁定驳回申请。

裁定驳回申请的案件，申请人再次申请并符合受理条件的，人民法院应予受理。

884.【认可裁定的生效时间】

人民法院依据本规范第882条和第883条作出的裁定，一经送达即发生法律效力。

885.【认可或执行申请与撤销申请竞合的处理】

一方当事人向人民法院申请认可或者执行台湾地区仲裁裁决，另一方当事人向台湾地区法院起诉撤销该仲裁裁决，被申请人申请中止认可或者执行并且提供充分担保的，人民法院应当中止认可或者执行程序。

申请中止认可或者执行的，应当向人民法院提供台湾地区法院已经受理撤销仲裁裁决案件的法律文书。

台湾地区法院撤销该仲裁裁决的，人民法院应当裁定不予认可或者裁定终结执行；台湾地区法院驳回撤销仲裁裁决请求的，人民法院应当恢复认可或者执行程序。

886.【不予认可后的权利保障途径】

对人民法院裁定不予认可的台湾地区仲裁裁决，申请人再次提出申请的，人民法院不予受理。但当事人可以根据双方重新达成的仲裁协议申请仲裁，也可以就同一争议向人民法院起诉。

887.【认可和执行申请期限的确定与中断】

申请人申请认可和执行台湾地区仲裁裁决的期间，适用本规范第22条第一款、第二款的规定。

申请人仅申请认可而未同时申请执行的，申请执行的期间自人民法院对认可申请作出的裁定生效之日起重新计算。

888.【文书送达】

人民法院在办理申请认可和执行台湾地区仲裁裁决案件中所作出的法律文书，应当依法送达案件当事人。

889.【费用交纳】

申请认可和执行台湾地区仲裁裁决，应当参照《诉讼费用交纳办法》的规定，交纳相关费用。

海峡两岸共同打击犯罪及司法互助协议

2009年4月26日

为保障海峡两岸人民权益，维护两岸交流秩序，海峡两岸关系协会与财团法人海峡交流基金会就两岸共同打击犯罪及司法互助与联系事宜，经平等协商，达成协议如下：

第一章 总则

一、合作事项

双方同意在民事、刑事领域相互提供以下协助：

（一）共同打击犯罪；

（二）送达文书；

（三）调查取证；

（四）认可及执行民事裁判与仲裁裁决（仲裁判断）；

（五）移管（接返）被判刑人（受刑事裁判确定人）；

（六）双方同意之其他合作事项。

二、业务交流

双方同意业务主管部门人员进行定期工作会

晤、人员互访与业务培训合作，交流双方制度规范、裁判文书及其他相关资讯。

三、联系主体

本协议议定事项，由各方主管部门指定之联络人联系实施。必要时，经双方同意得指定其他单位进行联系。

本协议其他相关事宜，由海峡两岸关系协会与财团法人海峡交流基金会联系。

第二章 共同打击犯罪

四、合作范围

双方同意采取措施共同打击双方均认为涉嫌犯罪的行为。

双方同意着重打击下列犯罪：

（一）涉及杀人、抢劫、绑架、走私、枪械、毒品、人口贩运、组织偷渡及跨境有组织犯罪等重大犯罪；

（二）侵占、背信、诈骗、洗钱、伪造或变造货币及有价证券等经济犯罪；

（三）贪污、贿赂、渎职等犯罪；

（四）劫持航空器、船舶及涉恐怖活动等犯罪；

（五）其他刑事犯罪。

一方认为涉嫌犯罪，另一方认为未涉嫌犯罪但有重大社会危害，得经双方同意个案协助。

五、协助侦查

双方同意交换涉及犯罪有关情资，协助缉捕、遣返刑事犯与刑事嫌疑犯，并于必要时合作协查、侦办。

六、人员遣返

双方同意依循人道、安全、迅速、便利原则，在原有基础上，增加海运或空运直航方式，遣返刑事犯、刑事嫌疑犯，并于交接时移交有关证据（卷证）、签署交接书。

受请求方已对遣返对象进行司法程序者，得于程序终结后遣返。

受请求方认为有重大关切利益等特殊情形者，得视情决定遣返。

非经受请求方同意，请求方不得对遣返对象追诉遣返请求以外的行为。

第三章 司法互助

七、送达文书

双方同意依已方规定，尽最大努力，相互协助送达司法文书。

受请求方应于收到请求书之日起三个月内及时协助送达。

受请求方应将执行请求之结果通知请求方，并及时寄回证明送达与否的证明资料；无法完成请求事项者，应说明理由并送还相关资料。

八、调查取证

双方同意依已方规定相互协助调查取证，包括取得证言及陈述；提供书证、物证及视听资料；确定关系人所在或确认其身份；勘验、鉴定、检查、访视、调查；搜索及扣押等。

受请求方在不违反已方规定前提下，应尽量依请求方要求之形式提供协助。

受请求方协助取得相关证据资料，应及时移交请求方。但受请求方已进行侦查、起诉或审判程序者，不在此限。

九、罪赃移交

双方同意在不违反已方规定范围内，就犯罪所得移交或变价移交事宜给予协助。

十、裁判认可

双方同意基于互惠原则，于不违反公共秩序或善良风俗之情况下，相互认可及执行民事确定裁判与仲裁裁决（仲裁判断）。

十一、罪犯移管（接返）

双方同意基于人道、互惠原则，在请求方、受请求方及被判刑人（受刑事裁判确定人）均同意移交之情形下，移管（接返）被判刑人（受刑事裁判确定人）。

十二、人道探视

双方同意及时通报对方人员被限制人身自由、非病死或可疑为非病死等重要讯息，并依已方规定为家属探视提供便利。

第四章 请求程序

十三、提出请求

双方同意以书面形式提出协助请求。但紧急情况下，经受请求方同意，得以其他形式提出，并于十日内以书面确认。

请求书应包含以下内容：请求部门、请求目的、事项说明、案情摘要及执行请求所需其他资料等。

如因请求书内容欠缺致无法执行请求，可要求请求方补充资料。

十四、执行请求

双方同意依本协议及已方规定，协助执行对方请求，并及时通报执行情况。

若执行请求将妨碍正在进行之侦查、起诉或

审判程序，可暂缓提供协助，并及时向对方说明理由。

如无法完成请求事项，应向对方说明并送还相关资料。

十五、不予协助

双方同意因请求内容不符合己方规定或执行请求将损害己方公共秩序或善良风俗等情形，得不予协助，并向对方说明。

十六、保密义务

双方同意对请求协助与执行请求的相关资料予以保密。但依请求目的使用者，不在此限。

十七、限制用途

双方同意仅依请求书所载目的事项，使用对方协助提供之资料。但双方另有约定者，不在此限。

十八、互免证明

双方同意依本协议请求及协助提供之证据资料、司法文书及其他资料，不要求任何形式之证明。

十九、文书格式

双方同意就提出请求、答复请求、结果通报等文书，使用双方商定之文书格式。

二十、协助费用

双方同意相互免除执行请求所生费用。但请求方应负担下列费用：

（一）鉴定费用；

（二）笔译、口译及誊写费用；

（三）为请求方提供协助之证人、鉴定人，因前往、停留、离开请求方所生之费用；

（四）其他双方约定之费用。

第五章 附 则

二十一、协议履行与变更

双方应遵守协议。

协议变更，应经双方协商同意，并以书面形式确认。

二十二、争议解决

因适用本协议所生争议，双方应尽速协商解决。

二十三、未尽事宜

本协议如有未尽事宜，双方得以适当方式另行商定。

二十四、签署生效

本协议自签署之日起各自完成相关准备后生效，最迟不超过六十日。

本协议于四月二十六日签署，一式四份，双方各执两份。

第六十六章 涉外执行程序

第一节 对我国涉外仲裁机构裁决的执行程序

中华人民共和国民事诉讼法

2017年6月27日

第二百七十一条 涉外经济贸易、运输和海事中发生的纠纷，当事人在合同中订有仲裁条款或者事后达成书面仲裁协议，提交中华人民共和国涉外仲裁机构或者其他仲裁机构仲裁的，当事人不得向人民法院起诉。

当事人在合同中没有订有仲裁条款或者事后没有达成书面仲裁协议的，可以向人民法院起诉。

第二百七十二条 当事人申请采取保全的，中华人民共和国的涉外仲裁机构应当将当事人的申请，提交被申请人住所地或者财产所在地的中级人民法院裁定。

第二百七十三条 经中华人民共和国涉外仲裁机构裁决的，当事人不得向人民法院起诉。一方当事人不履行仲裁裁决的，对方当事人可以向被申请人住所地或者财产所在地的中级人民法院申请执行。

第二百七十四条 对中华人民共和国涉外仲裁机构作出的裁决，被申请人提出证据证明仲裁裁决有下列情形之一的，经人民法院组成合议庭审查核实，裁定不予执行：

（一）当事人在合同中没有订有仲裁条款或者事后没有达成书面仲裁协议的；

（二）被申请人没有得到指定仲裁员或者进行仲裁程序的通知，或者由于其他不属于被申请人负责的原因未能陈述意见的；

（三）仲裁庭的组成或者仲裁的程序与仲裁规则不符的；

（四）裁决的事项不属于仲裁协议的范围或者仲裁机构无权仲裁的。

人民法院认定执行该裁决违背社会公共利益的，裁定不予执行。

第二百七十五条 仲裁裁决被人民法院裁定不予执行的，当事人可以根据双方达成的书面仲裁协议重新申请仲裁，也可以向人民法院起诉。

中华人民共和国仲裁法

2017年9月1日

第六十二条 当事人应当履行裁决。一方当事人不履行的，另一方当事人可以依照民事诉讼法的有关规定向人民法院申请执行。受申请的人民法院应当执行。

第六十三条 被申请人提出证据证明裁决有民事诉讼法第二百一十三条①第二款规定的情形之一的，经人民法院组成合议庭审查核实，裁定不予执行。②

第六十四条 一方当事人申请执行裁决，另一方当事人申请撤销裁决的，人民法院应当裁定中止执行。

人民法院裁定撤销裁决的，应当裁定终结执行。撤销裁决的申请被裁定驳回的，人民法院应当裁定恢复执行。

第六十八条 涉外仲裁的当事人申请证据保全的，涉外仲裁委员会应当将当事人的申请提交证据所在地的中级人民法院。

第七十一条 被申请人提出证据证明涉外仲裁裁决有民事诉讼法第二百五十八条③第一款规定的情形之一的，经人民法院组成合议庭审查核实，裁定不予执行。

第七十二条 涉外仲裁委员会作出的发生法律效力的仲裁裁决，当事人请求执行的，如果被执行人或者其财产不在中华人民共和国领域内，应当由当事人直接向有管辖权的外国法院申请承认和执行。

最高人民法院
关于适用《中华人民共和国民事诉讼法》的解释

2015年1月30日　　法释〔2015〕5号

第五百四十条 申请人向人民法院申请执行中华人民共和国涉外仲裁机构的裁决，应当提出书面申请，并附裁决书正本。如申请人为外国当事人，其申请书应当用中文文本提出。

第五百四十一条 人民法院强制执行涉外仲裁机构的仲裁裁决时，被执行人以有民事诉讼法第二百七十四条第一款规定的情形为由提出抗辩的，人民法院应当对被执行人的抗辩进行审查，并根据审查结果裁定执行或者不予执行。

最高人民法院
关于适用《中华人民共和国仲裁法》若干问题的解释

2006年8月23日　　法释〔2006〕7号

第十六条 对涉外仲裁协议的效力审查，适用当事人约定的法律；当事人没有约定适用

---

① 民事诉讼法原第二百一十三条现已修改为第二百三十七条。——编者注
② 本条已根据《全国人民代表大会常务委员会关于修改部分法律的决定》第九十五条修改。——编者注
③ 民事诉讼法原第二百五十八条现已修改为第二百七十四条。——编者注

的法律但约定了仲裁地的，适用仲裁地法律；没有约定适用的法律也没有约定仲裁地或者仲裁地约定不明的，适用法院地法律。

第十七条 当事人以不属于仲裁法第五十八条或者民事诉讼法第二百五十八条①规定的事由申请撤销仲裁裁决的，人民法院不予支持。

第十八条 仲裁法第五十八条第一款第一项规定的"没有仲裁协议"是指当事人没有达成仲裁协议。仲裁协议被认定无效或者被撤销的，视为没有仲裁协议。

第十九条 当事人以仲裁裁决事项超出仲裁协议范围为由申请撤销仲裁裁决，经审查属实，人民法院应当撤销仲裁裁决中的超裁部分。但超裁部分与其他裁决事项不可分的，人民法院应当撤销仲裁裁决。

第二十条 仲裁法第五十八条规定的"违反法定程序"，是指违反仲裁法规定的仲裁程序和当事人选择的仲裁规则可能影响案件正确裁决的情形。

第二十一条 当事人申请撤销国内仲裁裁决的案件属于下列情形之一的，人民法院可以依照仲裁法第六十一条的规定通知仲裁庭在一定期限内重新仲裁：

（一）仲裁裁决所根据的证据是伪造的；

（二）对方当事人隐瞒了足以影响公正裁决的证据的。

人民法院应当在通知中说明要求重新仲裁的具体理由。

第二十二条 仲裁庭在人民法院指定的期限内开始重新仲裁的，人民法院应当裁定终结撤销程序；未开始重新仲裁的，人民法院应当裁定恢复撤销程序。

第二十三条 当事人对重新仲裁裁决不服的，可以在重新仲裁裁决书送达之日起六个月内依据仲裁法第五十八条规定向人民法院申请撤销。

第二十四条 当事人申请撤销仲裁裁决的案件，人民法院应当组成合议庭审理，并询问当事人。

第二十五条 人民法院受理当事人撤销仲裁裁决的申请后，另一方当事人申请执行同一仲裁裁决的，受理执行申请的人民法院应当在受理后裁定中止执行。

第二十六条 当事人向人民法院申请撤销仲裁裁决被驳回后，又在执行程序中以相同理由提出不予执行抗辩的，人民法院不予支持。

第二十七条 当事人在仲裁程序中未对仲裁协议的效力提出异议，在仲裁裁决作出后以仲裁协议无效为由主张撤销仲裁裁决或者提出不予执行抗辩的，人民法院不予支持。

当事人在仲裁程序中对仲裁协议的效力提出异议，在仲裁裁决作出后又以此为由主张撤销仲裁裁决或者提出不予执行抗辩，经审查符合仲裁法第五十八条或者民事诉讼法第二百一十三条②、第二百五十八条规定的，人民法院应予支持。

第二十八条 当事人请求不予执行仲裁调解书或者根据当事人之间的和解协议作出的仲裁裁决书的，人民法院不予支持。

第二十九条 当事人申请执行仲裁裁决案件，由被执行人住所地或者被执行的财产所在地的中级人民法院管辖。

第三十条 根据审理撤销、执行仲裁裁决案件的实际需要，人民法院可以要求仲裁机构作出说明或者向相关仲裁机构调阅仲裁案卷。

人民法院在办理涉及仲裁的案件过程中作出的裁定，可以送相关的仲裁机构。

最高人民法院
关于人民法院处理与涉外仲裁及外国仲裁事项有关问题的通知

1995年8月28日　　法发〔1995〕18号

各省、自治区、直辖市高级人民法院，解放军军事法院：

为严格执行《中华人民共和国民事诉讼法》

---

① 民事诉讼法原第二百一十三条现已修改为第二百三十七条，下同。——编者注
② 民事诉讼法原第二百五十八条现已修改为第二百七十四条。——编者注

以及我国参加的有关国际公约的规定，保障诉讼和仲裁活动依法进行，现决定对人民法院受理具有仲裁协议的涉外经济纠纷案、不予执行涉外仲裁裁决以及拒绝承认和执行外国仲裁裁决等问题建立报告制度。为此，特作如下通知：

一、凡起诉到人民法院的涉外、涉港澳和涉台经济、海事海商纠纷案件，如果当事人在合同中订有仲裁条款或者事后达成仲裁协议，人民法院认为该仲裁条款或者仲裁协议无效、失效或者内容不明确无法执行的，在决定受理一方当事人起诉之前，必须报请本辖区所属高级人民法院进行审查；如果高级人民法院同意受理，应将其审查意见报最高人民法院。在最高人民法院未作答复前，可暂不予受理。

二、凡一方当事人向人民法院申请执行我国涉外仲裁机构裁决，或者向人民法院申请承认和执行外国仲裁机构的裁决，如果人民法院认为我国涉外仲裁机构裁决具有民事诉讼法第二百五十八条情形之一的，或者申请承认和执行的外国仲裁裁决不符合我国参加的国际公约的规定或者不符合互惠原则的，在裁定不予执行或者拒绝承认和执行之前，必须报请本辖区所属高级人民法院进行审查；如果高级人民法院同意不予执行或者拒绝承认和执行，应将其审查意见报最高人民法院。待最高人民法院答复后，方可裁定不予执行或者拒绝承认和执行。

最高人民法院
关于人民法院撤销涉外仲裁裁决有关事项的通知

1998年4月23日　　法〔1998〕40号

各省、自治区、直辖市高级人民法院，解放军军事法院：

为严格执行《中华人民共和国仲裁法》（以下简称仲裁法）和《中华人民共和国民事诉讼法》（以下简称民事诉讼法），保障诉讼和仲裁活动依法进行，现决定对人民法院撤销我国涉外仲裁裁决建立报告制度，为此，特作如下通知：

一、凡一方当事人按照仲裁法的规定向人民法院申请撤销我国涉外仲裁裁决，如果人民法院经审查认为涉外仲裁裁决具有民事诉讼法第二百五十八条第一款规定的情形之一的，在裁定撤销裁决或通知仲裁庭重新仲裁之前，须报请本辖区所属高级人民法院进行审查。如果高级人民法院同意撤销裁决或通知仲裁庭重新仲裁，应将其审查意见报最高人民法院。待最高人民法院答复后，方可裁定撤销裁决或通知仲裁庭重新仲裁。

二、受理申请撤销裁决的人民法院如认为应予撤销裁决或通知仲裁庭重新仲裁的，应在受理申请后三十日内报请其所属的高级人民法院，该高级人民法院如同意撤销裁决或通知仲裁庭重新仲裁的，应在十五日内报最高人民法院，以严格执行《仲裁法》第六十条的规定。

最高人民法院
关于审理和执行涉外民商事案件应当注意的几个问题的通知

2000年4月17日　　法〔2000〕51号

各省、自治区、直辖市高级人民法院：

为了依法及时、公正地处理好涉外民商事案件，促进我国对外经济贸易和招商引资等重大经济活动，适应即将加入世贸组织的新形势，现就审理和执行涉外民商事案件中应当注意的问题通知如下：

一、严格执行涉外民商事案件审查程序，切实保护各方当事人的诉讼权利。各级人民法院要严格遵守《中华人民共和国民事诉讼法》和最高人民法院及其批准的高级人民法院有关案件管辖的规定，对诉至法院的涉外民商事案件认真进行审查。对属于人民法院受理范围、符合级别管辖、地域管辖和专属管辖规定并符合法律规定的起诉条件的，应当在法定期限内及时立案，不得拖延、推诿；对不属于人民法院受理范围的要及时告知当事人采取其他救济方式，不得违法滥用管辖权或无故放弃管辖权。对涉外合同中订有仲裁条款或者当事人事后达成书面仲裁协议的，人民法院不予受理；根据当事人的申请,依照法律规定,拟裁定涉外合同仲裁协议无效的,应先逐级呈报最高人民法院,待最高人民法院答复同意后才可以确认仲裁协议无效。涉外民商事案件法律文书的送达手续必须合法;如用公告方式送达,必须严格按照《中华人民共和国民事诉讼法》第九十二条规定办理,并应当在《人民法院报》或省级以上对外公开发行的报纸上和在受案法院公告栏内同时刊登。

二、严格依照冲突规范适用处理案件的民商事法律,切实做到依法公开、公正、及时、平等地保护国内外当事人的合法权益。各级人民法院审理涉外民商事案件时,要坚持国家主权原则和依法独立审判原则,保证案件处理的程序公正和实体公正。涉外民商事案件除法律另有规定的以外一律公开审理,允许新闻媒体自负其责地进行报道。审理案件必须做到认定事实客观、全面,适用法律准确、适当,实体处理公正、合法,除《中华人民共和国合同法》第一百二十六条第二款规定的三类合同必须适用中国法律外,均应依照有关规定或者当事人约定,准确选用准据法;对我国参加的国际公约,除我国声明保留的条款外,应予优先适用,同时可以参照国际惯例。制作涉外法律文书应文字通畅,逻辑严密,格式规范,说理透彻。

三、严格遵守涉外民商事案件生效法律文书的执行规定,切实维护国家司法权威。各级人民法院在强化执行工作过程中,应从维护国家司法形象和法制尊严的高度认识涉外执行工作的重要性,进一步加强涉外案件的执行,要注意执行方法,提高执行效率,注重执行效果。对涉外仲裁裁决和国外仲裁裁决的审查与执行,要严格依照有关国际公约和《中华人民共和国民事诉讼法》、最高人民法院《关于适用〈中华人民共和国民事诉讼法〉若干问题的意见》[①]、《最高人民法院关于人民法院执行工作若干问题的规定(试行)》中有关涉外执行的规定和最高人民法院(法)经发〔1987〕5号通知、法发〔1995〕18号通知、法释〔1998〕28号规定及法〔1998〕40号通知办理。各级人民法院凡拟适用《中华人民共和国民事诉讼法》第二百五十八条[②]和有关国际公约规定,不予执行涉外仲裁裁决、撤销涉外仲裁裁决或拒绝承认和执行外国仲裁机构的裁决的,均应按规定逐级呈报最高人民法院审查,在最高人民法院答复前,不得制发裁定。

四、各级人民法院要加强对国际条约、国际惯例等国际经贸规范的学习,不断提高审查涉外民商事案件的水平。对在适用法律上有重大争议的,应按最高人民法院《关于建立经济纠纷大案要案报告制度的通知》(法经函〔1989〕第4号)执行。审判人员要严格遵守审判纪律,不得私自接待国外当事人或其他有关人员;严格执行回避制度,不得单独接触一方当事人及其关系人;对于涉外案件外国当事人所在国家外交机构代表的正式询问,应由受案法院负责接待,有关情况应及时报告上级法院。

最高人民法院
关于印发《第二次全国涉外商事海事审判工作会议纪要》的通知

2005年12月16日　　法发〔2005〕26号

一、关于案件管辖

6. 当事人申请确认涉外仲裁协议效力的案件,由申请人住所地、被申请人住所地或者仲裁协议签订地有权受理涉外商事案件的中级人民法院管辖;申请执行我国涉外仲裁裁决的案件,由被申请人住所地、财产所在地有权受理涉外商事案件的中级人民法院管辖;申请撤销我国涉外仲裁裁决的案件,由仲裁机构所在地有权受理涉外商事案件的中级人民法院管辖;申请承认与执行外国仲裁裁决的案件,由被申

[①] 该意见已被最高人民法院《关于适用〈中华人民共和国民事诉讼法〉的解释》(法释〔2015〕5号)废止。——编者注

[②] 民事诉讼法原第二百五十八条现已修改为第二百七十四条,下同。——编者注

请人住所地或者财产所在地有权受理涉外商事案件的中级人民法院管辖。

六、关于国际商事海事仲裁的司法审查

（一）涉外仲裁协议效力的审查

58. 当事人在合同中约定的适用于解决合同争议的准据法，不能用来确定涉外仲裁条款的效力。当事人在合同中明确约定了仲裁条款效力的准据法的，应当适用当事人明确约定的法律；未约定仲裁条款效力的准据法但约定了仲裁地的，应当适用仲裁地国家或者地区的法律。只有在当事人未约定仲裁条款效力的准据法亦未约定仲裁地或者仲裁地约定不明的情况下，才能适用法院地法即我国法律作为确认仲裁条款效力的准据法。

59. 当事人达成的仲裁协议对仲裁事项或者仲裁机构没有约定或者约定不明，应认定仲裁协议无效，但当事人达成补充协议的除外。

60. 当事人在订立仲裁协议后合并、分立或者死亡的，该仲裁协议对承受仲裁事项所涉权利义务的人具有约束力，但当事人在订立仲裁协议时另有约定的除外。

61. 当事人在订立仲裁协议后转让全部或部分债权债务的，仲裁协议对受让人有效，但当事人另有约定、明确反对或者受让人在受让债权债务时不知有单独仲裁协议的除外。

62. 仲裁协议仅约定纠纷适用的仲裁规则的，视为未约定仲裁机构，但当事人达成补充协议或者按照约定的仲裁规则能够确定仲裁机构的除外。

63. 仲裁协议明确约定两个以上仲裁机构的，当事人可以协议选择其中的一个仲裁机构申请仲裁；当事人无法就仲裁机构达成一致的，仲裁协议无效。

64. 仲裁协议约定由某地的仲裁机构仲裁且该地仅有一个仲裁机构的，该仲裁机构为约定的仲裁机构。该地有两个以上仲裁机构的，当事人可以协议选择其中的一个仲裁机构申请仲裁；当事人无法就仲裁机构达成一致的，仲裁协议无效。

65. 仲裁条款独立于合同中的其他条款。当事人在订立合同时就争议达成仲裁协议的，合同未成立不影响仲裁协议的效力；合同成立后未生效以及生效后变更、解除、终止或者被撤销、被认定无效的，不影响合同中仲裁条款的效力。

66. 仲裁协议应当采用书面形式。是否具有书面形式，按照《中华人民共和国合同法》第十一条的规定办理。当事人在订立的涉外合同中援引适用其他合同、文件中的有效仲裁条款的，是书面形式的仲裁协议。

67. 一方当事人向仲裁机构或者仲裁庭申请仲裁，对方当事人未提出管辖异议且按照仲裁规则的要求指定仲裁员并进行实体答辩的，视为当事人同意接受仲裁。

68. 当事人约定争议可以向仲裁机构申请仲裁也可以向人民法院起诉的，仲裁协议无效。但一方向仲裁机构申请仲裁，另一方未在《中华人民共和国仲裁法》第二十条第二款规定的期间内提出异议的除外。

69. 仲裁协议中约定的仲裁机构名称不准确，但能够确定受理纠纷的具体仲裁机构的，应当认定选定了仲裁机构。

70. 涉外合同应当适用的有关国际条约中有仲裁规定的，发生合同争议时，当事人应当按照国际条约中的仲裁规定提请仲裁。

（二）涉外仲裁裁决的审查

71. 对在我国境内依法成立的仲裁委员会作出的仲裁裁决，人民法院应当根据案件是否具有涉外因素而适用不同的法律条款进行审查。上述仲裁委员会作出的不具有涉外因素的仲裁裁决，按照《中华人民共和国仲裁法》第五章、第六章和《中华人民共和国民事诉讼法》第二百一十七条①的规定审查；上述仲裁委员会作出的具有涉外因素的仲裁裁决，按照《中华人民共和国仲裁法》第七章和《中华人民共和国民事诉讼法》第二十八章的规定进行审查。是否具有涉外因素，应按照《最高人民法院关于贯彻执行〈中华人民共和国民法通则〉若干问题的意见（试行）》第178条的规定确定。

---

① 民事诉讼法原第二百一十七条现已修改为第二百三十七条。——编者注

72. 人民法院对在香港特别行政区作出的仲裁裁决或者台湾地区仲裁机构作出的仲裁裁决，应当按照《最高人民法院关于内地与香港特别行政区相互执行仲裁裁决的安排》或《最高人民法院关于人民法院认可台湾地区有关法院民事判决的规定》办理。

73. 涉及执行香港特别行政区、澳门特别行政区、台湾地区仲裁裁决的收费及审查期限问题，参照法释〔1998〕28号《最高人民法院关于承认和执行外国仲裁裁决收费及审查期限问题的规定》办理。

74. 人民法院受理当事人撤销涉外仲裁裁决的申请后，另一方当事人又申请执行同一仲裁裁决的，受理申请执行仲裁裁决案件的人民法院应在受理后裁定中止执行。

75. 当事人在仲裁程序中未对仲裁庭的管辖权提出异议，在仲裁裁决作出后以仲裁庭无管辖权为由主张撤销或者提出不予执行抗辩的，人民法院不予支持。

76. 当事人向人民法院申请撤销仲裁裁决被驳回后，又在执行程序中提出不予执行抗辩的，人民法院不予支持。

77. 当事人主张不予执行仲裁调解书或者根据当事人之间的和解协议作出的仲裁裁决书的，人民法院不予支持。

78. 涉外仲裁裁决超出仲裁协议范围的，可以撤销超裁部分的裁决；超裁部分与其他裁项不可分的，应撤销该仲裁裁决。

79. 对存在《中华人民共和国民事诉讼法》第二百六十条①规定情形的涉外仲裁裁决，人民法院可以视情况通知仲裁庭在一定期限内重新仲裁。通知仲裁庭重新仲裁的，应裁定中止撤销程序；仲裁庭在指定的期限内开始重新仲裁的，应裁定终止撤销程序；仲裁庭拒绝重新仲裁或者未在指定的期限内重新仲裁的，应通知或裁定恢复撤销程序。对仲裁庭重新仲裁作出的裁决有异议的，有关当事人可以依法申请撤销。

80. 人民法院根据案件的实际情况，可以向相关仲裁机构调阅案件卷宗或者要求仲裁机构作出说明，人民法院作出的有关裁定也可以抄送相关的仲裁机构。

[提示] 仲裁裁决违背社会公共利益裁定不予执行

最高人民法院

关于北京市第一中级人民法院不予执行美国制作公司和汤姆·胡莱特公司诉中国妇女旅行社演出合同纠纷仲裁裁决请示的批复

1997年12月26日　　他〔1997〕35号

北京市高级人民法院：

你院京高法〔1996〕239号《关于同意北京市第一中级人民法院不予执行美国制作公司、汤姆·胡莱特公司诉中国妇女旅行社演出合同仲裁裁决请示的请示》收悉。经本院审判委员会讨论决定，现答复如下：

1992年8月28日美国制作公司和汤姆·胡莱特公司因雇佣美国演员来华演出签订"合同与演出协议"。该"合同与演出协议"第2条B款中明确规定："演员们应尽全力遵守中国的规章制度和政策并圆满达到演出的娱乐效果。"同年9月9日该两公司又签订"合同附件"。该"合同附件"第7条第2款中规定："中国有权审查和批准演员演出的各项细节。"美国两公司依据上述合同与协议于1992年12月23日与中国妇女旅行社签订了来华演出的"合同与协议"。约定美国南方派乐队自1993年1月25日到同年2月28日在华演出20至23场。但是，在演出活动中，美方演员违背合同协议约定，不按报经我国文化部审批的演出内容进行演出，演出了不适合我国国情的"重金属歌曲"，违背了我国的社会公共利益，造成了很坏的影响，被我文化部决定停演。由此可见，停演及演出收入减少，是由演出方严重违约造成的。中国国际经济贸易仲裁委员会〔1994〕贸仲字第0015号裁决书无视上述基本事实，是完全错误的。人民法院如果执行该裁决，就会损害我国

---

① 民事诉讼法原第二百六十条现已修改为第二百七十四条。——编者注

的社会公共利益。依照《中华人民共和国民事诉讼法》第二百五十八条①第二款的规定，同意你院对该仲裁裁决不予执行的意见。

此复。

【附：案例评析】

美国制作公司、汤姆·胡莱特公司与中国妇女旅行社演出合同纠纷仲裁裁决不予执行案

二、北京市第一中级人民法院和北京市高级人民法院的意见

北京市第一中级人民法院依法组成合议庭，对旅行社的异议和所提供的证据进行了审查，并向文化部对外联络局进行了调查，认定乐队来华演出的内容与样带不符，是我国国情不能接受的"重金属歌曲"，此次演出存在"三违反"：一是违反文化部1992年12月22日给旅行社发文同意邀请美国南方派乐队来华演出，演出曲目为美国优秀的、中国观众喜闻乐见的乡村音乐等流行歌曲，不得演出"重金属"摇滚歌曲的批复；二是违反了中美双方当事人"合同"中关于"演员们应尽全力遵守中国的规章制度和政策，并圆满达到演出的娱乐效果"的规定，演出内容与中国国情不符，且在社会上造成不良影响；三是违背了我国社会公共利益。北京市第一中级人民法院认为旅行社的异议成立，依据《民事诉讼法》第260条第2款的规定，拟对本案不予执行。请示北京市高级人民法院。

北京市高级人民法院经审查，同意北京市第一中级人民法院的意见。根据最高人民法院法发〔1995〕18号《关于人民法院处理与涉外仲裁及外国仲裁事项有关问题的通知》中的有关规定，以京高法〔1996〕239号文请示最高人民法院。

三、评析意见

本案的关键问题是美国南方派乐队在华演出的内容以及人民法院执行本案的仲裁裁决是否违背我国的社会公共利益。

在办理该案过程中，有两种意见。第一种意见认为：人民法院对于涉外仲裁裁决的审查，依照《民事诉讼法》第260条的规定，只能对程序方面的问题进行审查，不能进行实体审查。本案旅行社所提的反诉理由即使成立，也属实体方面的问题，在执行程序中是无权审查、处理实体方面的问题的。如果执行仲裁裁决书的结果并不产生违背社会公共利益的后果，就不能以此为由不予执行。从本案看，即使演出违背社会公共利益，但其与执行仲裁裁决违背社会公共利益还不是一回事。前者因系案件实体问题，故在执行程序中依法不能进行审查；而后者，从执行本仲裁裁决内容来看，并未违背我国的社会公共利益。本案仲裁裁决仅仅解决了合同双方当事人的民事责任问题，执行该裁决的结果也仅仅是合同一方当事人向另一方当事人支付欠款，并不涉及社会公共利益问题。故北京市第一中级人民法院和北京市高级人民法院不予执行的理由，不符合《民事诉讼法》第260条的规定。

第二种意见认为，依据本案事实，旅行社与制作公司、汤姆公司在"合同"中明确规定：美国南方派乐队的"演员们应尽全力遵守中国的规章制度和政策，并圆满达到演出的娱乐效果"，"中国有权审查和批准演员演出的各项细节"，"演出曲目应为美国优秀的、中国观众喜闻乐见的美国乡村音乐等流行歌曲"；该乐队还根据双方的约定录制了演出样带，报经中华人民共和国文化部批准。然而，美国南方派乐队来华演出的内容却与样带内容严重不符，其在演出中非常疯狂激烈，演员在演出中抽烟、喝水、洒水、躺在地上唱、翻筋斗、跳下台、随意中断演出等。演出内容经文化部鉴定为"与我国国情不符，违反了社会公共利益的'重金属歌曲'"。综上，美方当事人违反了"合同"中关于"应尽全力遵守中国的规章制度和政策"和"中国有权审查和批准演出的各项细节"的有关规定，不按经我文化部审批的演出内容进行演出，不听中方当事人的多次劝告，演出活动在社会上造成了很坏的影响，被我文化部决定停演，造成经济损失，责任完全在其自身。然而，仲裁委却置这一重要事实于不顾，驳回旅行社对这一问题提出的反诉请求，作出明显不公的裁决，实质是肯定了该乐队的演出内容，放纵乐队演员违反合同，无视中国对演出曲目的审查批准权，损害我们国家的形象。类似事件的孳生将对我国的文化氛围和文化导向产生不良影响，势必损害我国的社会公共利益。人民法院如果执行这样的裁决，就是对错误的事实予以承认，对

---

① 民事诉讼法原第二百五十八条现已修改为第二百七十四条。——编者注

错误的裁决予以肯定。这既违背了以事实为根据、以法律为准绳的办案准则，也违反了《民事诉讼法》第260条第2款关于社会公共利益的规定，同时损害了中方当事人的合法权益。人民法院对这样的裁决，应当裁定不予执行。

四、结论意见

最高人民法院审判委员会讨论了本案，并作出经他〔1997〕35号批复：中国国际经济贸易仲裁委员会〔1994〕贸仲字第0015号裁决书无视"演出不适合我国国情、违背社会公共利益"的基本案件事实，裁决错误；人民法院如果执行该裁决，就会损害我国的社会公共利益；故依照《民事诉讼法》第260条第2款的规定，对该仲裁裁决不予执行。①

[提示] 对涉外仲裁案件不予执行申请的审查应当适用民事诉讼法第二百五十八条之规定

最高人民法院
关于上海市第一中级人民法院驳回上海久事大厦置业有限公司、上海久茂对外贸易公司不予执行仲裁裁决申请案的复函

2001年11月20日　〔2001〕执他字第15号

上海市高级人民法院：

你院沪高法〔2001〕224号《关于对上海市第一中级人民法院驳回上海久事大厦置业有限公司、上海久茂对外贸易公司不予执行仲裁裁决申请案件的请示报告》收悉。经研究，答复如下：

根据《中华人民共和国仲裁法》第六十五条的规定，涉外仲裁是指对涉外经济贸易、运输和海事中发生的纠纷的仲裁。本案所涉及的合同是涉外合同，是因外国公司破产而使涉外合同的履行发生纠纷，故该纠纷应当属于"涉外经济贸易"中发生的纠纷。本案仲裁的对象、事实及结果均直接涉及外国公司及其权利义务，应属于涉外仲裁案件。因此，本案应依据《中华人民共和国民事诉讼法》第二百六十条和《中华人民共和国仲裁法》第七十一条的规定，只对程序性问题进行审查，而不应适用《中华人民共和国民事诉讼法》第二百一十七条②的规定对证据和事实认定问题进行审查。

关于上海美特幕墙有限公司提供的外文证据材料中未附中文译本是否违反法定程序的问题。我们认为，虽然《上海仲裁委员会仲裁规则（暂行）》中对外文材料附中文译本有明确要求，但该要求是仲裁庭可以根据实际需要决定的事项。至于当事人是否需要将证据材料的英文翻译成中文，应当由当事人自行决定。当事人在仲裁过程中没有提出需要中文译本，其事后对申请人提出的证据材料进行了逐项整理和辨别，说明当事人自己有能力识别理解外文资料，且本案中只是部分证据材料未附中文译本。我们认为，不能据此认定为本案的仲裁违反法定程序。

综上，我们认为，对上海久事大厦置业有限公司、上海久茂对外贸易公司不予执行仲裁裁决的申请，应依法予以驳回。

此复。

【附：案例评析】

上海久事大厦置业有限公司、上海久茂对外贸易公司申请不予执行仲裁裁决案

三、上海市第一中级人民法院意见

（一）首先，上海市第一中级人民法院认为该仲裁属于国内仲裁，理由是：（1）上海仲裁委不是涉外仲裁机构；（2）本案当事人各方均是中国籍法人，仲裁争议涉及的是中国籍法人之间因合同终止而产生的民事赔偿关系。因此，对该仲裁裁决的审查应适用《民事诉讼法》第217条。

（二）其次，上海市第一中级人民法院对当事

---

① 张甫旗：《美国制作公司、汤姆·胡莱特公司与中国妇女旅行社演出合同纠纷仲裁裁决不予执行案》，载最高人民法院执行工作办公室编：《强制执行指导与参考》2002年第1辑（总第1辑），法律出版社2002年版，第242～248页。

② 民事诉讼法原第二百一十七条现已修改为第二百三十七条，下同。——编者注

人提出的各项请求作出如下审查结论:

1. 关于程序问题

(1) 关于赔偿目录的审计、质证问题

上海一中院查明,仲裁庭曾告知双方当事人尽快提交损失清单,由仲裁庭委托有关部门进行审计。但因此后双方未对有关材料提出异议,故未进行审计,同时审计不是法定程序。在申请人美特公司提出损失赔偿目录后,两被申请人提出要求给予宽限答辩期,为此仲裁庭延期后再次开庭,要求对美特公司提出的补充证据进行质证,但两被申请人均未对该损失目录进行正面质证陈述,庭审记录中也没有任何质证的记录。

(2) 关于证据材料未附有中文译本的问题

上海仲裁委仲裁规则第35条确有规定:提供外文资料,应当附有中文译本。但上海市第一中级人民法院采信了两位仲裁员的观点,即:"应当"并非"必须",应当系指导性条款,必须才是强制性条款,故美特公司提供外文证据未附有中文译本并无不当。

上海市第一中级人民法院审委会据此认为,仲裁程序并无不当。

2. 关于实体问题——认定事实的主要证据是否不足

上海一中院对美特公司提供的赔偿目录清单进行了审查,认为美特公司提出的港捷公司安装费、Extima公司设计费、差旅费、利息损失费和工资费等约计300余万元的损失难以认定,因此不能认定为与美特公司履行合同义务有关。因此仲裁庭对上述损失裁决赔偿依据不足。

但上海一中院审委会认为,仲裁庭对证据的采信不是法院审理的范围,仅以300万元损失难以认定,不能认为仲裁"认定事实的主要证据不足"。

据此,上海市第一中级人民法院决定驳回被申请人提出的不予执行仲裁裁决的申请。

四、上海市高级人民法院意见

上海市高级人民法院认可上海市第一中级人民法院的下列结论:(1) 此案应适用《民事诉讼法》第217条审查。(2) 对当事人提供的证据是否进行审计和质证,上海仲裁规则中没有作为必经程序加以规定,因此未进行审计和质证,不违反法定程序。

但上海市高级人民法院认为:(1) 上海仲裁规则中明确要求提供外文材料,必须附有中文译本,美特公司提出的赔偿损失的外文材料没有附有中文译本,仲裁庭即据此作出了裁决,是违反法定程序的。仲裁员的解释不能成立。(2) 既然已经确定有300余万元的损失不能认定,却又要作为执行标的,对当事人显然是不公平的。鉴于法律没有规定法院可对仲裁裁决部分执行、部分不执行,该院倾向于对本案裁定不予执行。

五、争议问题

1. 解决此案需要明确的前提性问题:该仲裁是属于国内仲裁案件,还是涉外仲裁案件?

2. 仲裁过程中当事人提供的外文证据材料未附有中文译本,是否属于仲裁程序违反法定程序?

3. 裁决确定总赔偿金额1500万元中的300万元缺乏依据,是否构成认定事实的主要证据不足?

六、评析意见

(一) 关于本案仲裁是否属于涉外争议仲裁

这是本案需要解决的前提性问题。

1. 首先需要解决一个问题:涉外仲裁是按照机构划分还是按照不同机构办理的案件性质来划分?

民诉法的规定是按照机构划分涉外仲裁和国内仲裁的,即由"涉外仲裁机构"审理的案件就是涉外案件。但民诉法这样规定的前提,是当时只有一个特定机构处理涉外仲裁案件。现在情况发生变化,国内仲裁机构也处理涉外仲裁案件。本案所涉及的合同是涉外合同,是因外国公司破产而使涉外合同的履行发生纠纷,故该纠纷应当属于"涉外经济贸易"中发生的纠纷;本案仲裁的对象、事实及结果均直接涉及外国公司及其权利义务,应属于涉外仲裁案件。根据《仲裁法》第65条的规定,涉外仲裁是指对涉外经济贸易、运输和海事中发生纠纷的仲裁。因此,笔者倾向于按照案件性质来划分是否属于涉外仲裁案件,这样就对民诉法有关规定的理解进行了一定程度的扩张:即当国内仲裁机构审理涉外案件时,该机构就理解为"涉外仲裁机构"。此观点在最高人民法院执行工作办公室起草《关于人民法院执行工作若干问题的规定(试行)》时已形成,并在该规定中有所体现。该规定中第10、11条中只提到"仲裁机构作出的国内仲裁裁决"和"国内仲裁",而没有"涉外仲裁机构的裁决"或者"国内仲裁机构的裁决"等的表述。

从法院对仲裁裁决的审查的发展趋势来看,

应当认为将来的发展趋势是国内和涉外仲裁统一起来,均只审查程序,而不审查实体。法院应当顺应这种趋势,从涉外案件这一角度来做一定突破。

2. 在按照案件性质划分涉外仲裁的前提下,应当进一步明确本案是否属于涉外仲裁案

关于这个问题的认定,首先要明确:涉外仲裁的认定是按照发生合同关系的当事人的性质来认定,还是按照争议当事人的性质来认定?

本案所涉及的合同是涉外合同无疑。合同乙方由两方共同组成,即上海美特公司与比利时高乐文集团,该合同经过了上海市外经委审查确认,该两方共同构成合同的一方当事人——承包人。其中外方当事人承担80%的工程量。在合同的实际履行过程中,就信用证开证事宜,各方当事人曾在比利时签订有关协议,该协议经仲裁庭确认为合同的组成部分。《仲裁法》第七章涉外仲裁的特别规定第65条对涉外仲裁下的定义是"涉外经济贸易、运输和海事中发生的纠纷的仲裁"。本案争议发生的主要原因之一(另一主要原因是被申请人不能开证等违约行为)是外国公司的破产,致使合同(包括涉外权利义务部分)的履行发生纠纷,这属于在"涉外经济贸易"中发生的纠纷;上海仲裁委仲裁规则第63条规定:"本章所指的涉外案件,是指一方或双方当事人是外国人、无国籍人、外国企业或组织,或者争议的标的物、或者当事人之间经济法律关系的设立、变更、终止的法律事实发生在外国的合同争议或者其他财产权益争议案件。"本案中在比利时签订的信用证开证事宜的协议就属于法律关系变更的事实。

但在发生争议的仲裁案件当事人中没有外方,只有中方当事人。因此仅仅根据仲裁案件当事人还不足以彻底认定该"仲裁"的性质,需要考虑其他因素。本案中,上海仲裁委对此案的裁决书中也明确将该案的案由定为"涉外工程承包合同履行纠纷"在裁决书中,仲裁庭对下列涉外事实部分或涉外权利义务部分均予审查认定:(1)对合同的签订、审批过程及其涉外性质;(2)对合同履行及发生纠纷的事实经过予以审查,并认定被申请人的违约行为是导致承担主要工程量的外国当事人"未能进行材料采购和制作加工"的原因,而外国当事人的破产是导致本案纠纷的主要原因之一;(3)认定被申请人的反申请无理,因为被申请人的损失主要部分应由外国当事人承担,不应由申请人承担。仲裁庭裁决结果直接指向外国当事人及涉外权利义务,裁决该涉外合同终止履行,也即终止该合同的涉外权利义务,在法律上确定了涉外权利义务的终结。因此,根据本案仲裁的对象、事实及结果均直接涉及涉外合同、外国公司、涉外权利义务等情况看,笔者倾向于认为本案是涉外仲裁案件,不应当按照《民事诉讼法》第217条进行审查。

(二)关于上海法院请示中提到的审查结论问题

1. 关于程序问题——证据材料未附中文译本问题

上海仲裁委员会仲裁规则第7章附则第72条规定:"本会仲裁涉外案件,使用中华人民共和国通用的语言、文字。当事人需要语文翻译,可以由当事人自行确定;需要本会提供译员的,费用由当事人承担。对当事人提交的文书、证据,必须提供相应的中文译本以及仲裁庭要求的其他语文译本。"

贸促会仲裁规则第85条也作了类似规定:"仲裁委员会以中文为正式语文。当事人另有约定的,则从其约定。仲裁庭开庭时,如果当事人或其代理人、证人需要语文翻译,可以由仲裁委员会秘书局提供译员,也可以由当事人自行提供译员。对当事人提交的各种文书和证明材料,仲裁庭及(或)仲裁委员会秘书局认为必要时,可以要求当事人提供相应的中文译本或其他语文的译本。"

从上述规定可以看出:仲裁过程中适用中文是法定程序,但仲裁过程中提供的证据资料,是否需要中文,则并非是仲裁规则统一确定的。虽然仲裁过程中要求提供中文译本,但这主要是为了仲裁委工作的需要,是仲裁庭可以根据实际需要决定的事项。当事人是否需要翻译,应当由当事人自行决定。只是向仲裁庭提交材料时,必须按照仲裁庭的要求提供相应的文本。况且此案中并非全部证据材料未附中文,只是部分材料未附中文译本。当事人在仲裁中没有提出需要中文译本的问题,其事后提出的不予执行请求中也对申请人提出的证据材料进行了逐项整理和辨别。这只能理解为当事人自己有能力理解外文资料,不需要翻译。

因此,应当得出结论,本案仲裁中部分材料未附中文译本,不违反法定程序。

2. 关于实体问题——300 万元损失不能认定问题

(1) 如果认定本案为涉外仲裁案,从而应适用《民事诉讼法》第 260 条①进行审查,则关于认定事实问题就不应当作为法院的审查范围,不能以实体有问题为由不予执行。

(2) 如果认为本案不属于涉外仲裁,需要对实体问题进行审查的话,则上海市第一中级人民法院在此问题上的说法存在逻辑错误。上海市第一中级人民法院认为美特公司赔偿目录中约计 300 万元的损失难以认定,其理由是这些损失不能认定为与美特公司履行合同义务有关,仲裁庭裁决对此进行赔偿依据不足。其所说的损失是否与履行合同有关、予以赔偿是否有依据,不是认定事实或证据的问题,就是说他们并没有对该 300 万元损失这一事实的真实性、可靠性提出质疑,只是认为这 300 万元不应当赔偿。这 300 万元损失是否存在,是由仲裁庭在双方不对此进行异议和质证的情况下,依法推定存在的。而是否应当赔偿、这些损失的发生是否与履行合同有关系,是适用法律问题。上海市第一中级人民法院未就此是否违反法律规定提出意见。因此,这不属于认定事实的证据是否充足的问题。

(3) 上海市第一中级人民法院审委会的思路是:300 万元是构成整个赔偿额即 1500 万元这一事实中的部分证据,因此认为仅以 300 万元证据不足不足以否定整个事实。这一观点也存在问题。如果把 300 万元作为事实问题的话,它也是独立的事实,不是认定 1500 万元的证据。我们需要查明的是 300 万元的认定本身是否有证据。如果认定 300 万元的损失缺乏主要证据支持,则这 300 万元的事实认定就存在认定事实的主要证据不足的问题。而上海法院没有就此证据是否不足提出意见。

(4) 上海市高级人民法院提出我国法律未规定部分不予执行,这是错误的。依照现行法律,部分不予执行是允许的。民诉法适用意见第 277 条②规定:"仲裁裁决的事项部分属于仲裁协议

范围、部分超过仲裁协议范围的,对超过部分,人民法院应当裁定不予执行。"1999 年 6 月份最高人民法院又发布了《关于我国仲裁机构作出的仲裁裁决能否部分撤销问题的批复》(法释〔1999〕16 号)(1999 年 8 月 31 日起施行):"我国仲裁机构作出的仲裁裁决,如果裁决事项超出当事人仲裁协议约定的范围,或者不属当事人申请仲裁的事项,并且上述事项与仲裁机构作出裁决的其他事项是可分的,人民法院可以基于当事人的申请,在查清事实后裁定撤销该超裁部分。"该批复后段又提到可以裁定撤销贸促会深圳分会裁决中的超范围部分内容。

上述部分不予执行或部分撤销的理由虽然都是因为仲裁事项超出仲裁协议的范围,但在认定事实项目可分的前提下,如果部分事实的认定主要证据不足,也完全可以类比适用部分不予执行的原则。本案中 300 万元部分损失与其他损失是不同的项目,是完全可以从全部损失中分离出来的。因此,退一步说,即使本案不属于涉外仲裁,在确实存在 300 万元损失事实认定的主要证据不足的情况下,也只能对该部分裁决不予执行,而其他部分仍应当予以执行。③

[提示] 仲裁裁决超越仲裁庭仲裁范围和管辖权限系无权仲裁应裁定不予执行

最高人民法院
关于深圳市广夏文化实业总公司、宁夏伊斯兰国际信托投资公司、深圳兴庆电子公司与密苏尔有限公司仲裁裁决不予执行案的复函

2002 年 4 月 20 日 〔2000〕执监字第 96—2 号

广东省高级人民法院:

深圳市广夏文化实业总公司(以下简称广

---

① 民事诉讼法原第二百六十条现已修改为第二百七十四条。——编者注

② 第二百七十七条已被最高人民法院《关于适用〈中华人民共和国民事诉讼法〉的解释》(法释〔2015〕5 号)第四百七十七条修改为:"第四百七十七条 仲裁机构裁决的事项,部分有民事诉讼法第二百三十七条第二款、第三款规定情形的,人民法院应当裁定对该部分不予执行。"——编者注

③ 黄金龙:《上海久事大厦置业有限公司、上海久茂对外贸易公司申请不予执行仲裁裁决案》,载最高人民法院执行工作办公室编:《强制执行指导与参考》2002 年第 1 辑(总第 1 辑),法律出版社 2002 年版,第 312~322 页。

夏公司)、宁夏伊斯兰国际信托公司(以下简称宁夏公司)、深圳兴庆电子公司与密苏尔有限公司(以下简称密苏尔公司)合资纠纷一案,中国国际经济贸易仲裁委员会于1996年7月30日作出〔1996〕贸仲裁字第0271号裁决书。裁决:三申请人于裁决作出之日起60日内向被申请人密苏尔公司支付160万美元,逾期不付按年息8%计付利息;驳回双方的其他仲裁请求;本案仲裁费20950元由三申请人承担,反请求费及实际费用计145800元由被申请人密苏尔公司承担。同年9月9日,申请人三个公司以该仲裁裁决在程序和实体上存在错误为由向北京市第二中级人民法院申请撤销此裁决书。1997年7月29日,该院以本案中存在申请人三个公司由于其他不属于三个公司负责的原因未能陈述意见的情形,裁定本案中止撤销程序,通知中国国际经济贸易仲裁委员会对本案重新作出裁决。1998年6月30日,该仲裁委重新作出裁决;维持〔1996〕贸仲裁字第0271号裁决书的结果;本裁决构成原裁决的一部分。裁决生效后,密苏尔公司向深圳市中级人民法院申请强制执行;三个公司不服,则分别向北京市第二中级人民法院和深圳市中级人民法院申请,请求不予执行并撤销中国国际经济贸易仲裁委员会作出的裁决,被两地法院裁定驳回。深圳市中级人民法院遂裁定查封了三个公司的有关财产。三个公司则向我院提出申诉。

本院经审查认为:〔1996〕贸仲裁字第0271号仲裁裁决书原文第26页称"仲裁庭认为,申请人通过不正当的手段获取了不符事实的验资报告,并据此向政府有关部门提出变更股东的要求。政府有关部门作出的上述行政决定乃是申请人侵权行为的结果,决不是孤立的行政行为,申请人不能以行政机关行政行为为理由摆脱其应承担的侵权责任"。该文字表述违反了《民事诉讼法》和《仲裁规则》关于仲裁庭仲裁范围和管辖权限的有关规定,主要有以下两个错误:

一、该仲裁裁决的事项超越了仲裁范围。〔1996〕贸仲裁字第0271号裁决书认定了密苏尔公司对合资公司履行了出资义务,实际上否定了深圳市工商行政管理局关于密苏尔公司未按照合营合同规定的期限、金额出资,构成违约的结论;同时也违反了深圳市人民政府关于取消密苏尔公司股东资格的决定。合资公司如果认为股东出资没有到位,可以依据合资公司的章程等有关规定向有关行政管理部门申请更换或取消其股东资格,行政机关经审查后,可以依法作出行政决定。对行政机关依法作出的行政决定的合法性,仲裁庭无权进行裁决。依据《民事诉讼法》第二百六十条[①]第一款第四项之规定,该仲裁庭裁决的事项超越了仲裁范围,系无权仲裁。

二、仲裁裁决内容违反了仲裁规则。《中国国际经济贸易仲裁委员会仲裁规则》第二条规定"中国国际经济贸易仲裁委员会以仲裁的方式,独立、公正地解决产生于国际或涉外的契约性或非契约性的经济贸易等争议"。由此可知,仲裁庭仲裁的案件仅限于契约或非契约性的民商事纠纷案件,对于涉及侵权性质的纠纷案件则无权进行仲裁。本案的仲裁庭在裁决中认定政府等有关部门作出的具体行政行为是申请人三个公司侵权行为的结果,即认定合资公司按照政府等有关部门的批准进行股东更换,是一种侵权行为。因此,裁决申请人三个公司承担因侵权而产生的责任。仲裁庭的上述裁决明显违反了《中国国际经济贸易仲裁委员会仲裁规则》关于裁决案件受理范围的有关规定。

综上所述,申请人三个公司以中国国际经济贸易仲裁委员会〔1996〕贸仲裁字第0271号裁决书存在程序错误,向北京市第二中级人民法院和深圳市中级人民法院请求予以撤销和申请不予执行该裁决的异议理由成立,两中院裁定驳回三个公司的申请错误。深圳市中级人民法院应撤销该院作出的〔1998〕深中法经二初字第97号裁定书,同时裁定对中国国际经济贸易仲裁委员会〔1996〕贸仲裁字第0271号裁决不予执行,并函复当事人。

请你院收到此函后,立即监督深圳市中级

---

① 民事诉讼法原第二百六十条现已修改为第二百七十四条。——编者注

人民法院照此意见执行并报告落实情况。

【附：案例评析】

深圳市广厦文化实业总公司、宁夏伊斯兰国际信托投资公司、深圳兴庆电子公司与密苏尔有限公司仲裁裁决不予执行案

六、合议庭意见

2000年10月27日，执行办组成合议庭，对该案进行合议。合议庭一致认为该案的仲裁裁决应不予执行。理由是：对行政机关依法作出的行政决定仲裁庭无权否认，该仲裁既属无权仲裁，又违背了社会公共利益。但此后，由于各方面关注此案的执行，经办领导决定重新对此案进行合议。2001年7月17日，执行办对该案重新进行合议。合议庭认为该仲裁裁决超越了仲裁范围，依据民诉法第260条的规定，应对本案仲裁裁定不予执行。但为慎重对待侨联等部门的意见，建议提请本院审委会研究决定。

七、本院审判委员会讨论意见

2002年3月4日，最高人民法院审判委员会第1217次会议对该案进行讨论。会议认为，本案属侵权纠纷，依照仲裁规则不属仲裁庭受理案件范围，且本案仲裁裁决对行政机关依法作出的决定予以否认，属无权仲裁，故人民法院对本案仲裁裁决不予执行。

八、处理意见

本院经审查认为，中国国际经济贸易仲裁委员会〔1996〕贸仲裁字第0271号仲裁裁决书原文第26页称"仲裁庭认为：申请人（广厦等三公司）通过不正当手段获取了不符事实的验资报告，并据此向政府有关部门提出变更股东的要求。政府有关部门作出的上述行政决定乃是申请人侵权行为的结果，绝不是孤立的行政行为，申请人不能以行政机关行政行为为由摆脱其应承担的侵权责任"。该表述违反了《民事诉讼法》和《仲裁规则》关于仲裁庭仲裁范围和管辖权限的有关规定，主要有两个错误：一是该仲裁裁决的事项超越了仲裁范围，二是仲裁裁决内容违反了仲裁规则。申诉人三公司以中国国际经济贸易仲裁委员会〔1996〕贸仲裁字第0271号裁决书存在程序错误，向北京市第二中级人民法院和深圳市中级人民法院请求予以撤销和申请不予执行该裁决的异议理

由成立，两中院裁定驳回三公司的申请错误。深圳市中级人民法院应撤销该院作出的〔1998〕深中法经二初字第97号裁定书，同时裁定对中国国际经济贸易仲裁委员会〔1996〕贸仲裁字第0271号裁决不予执行，并函复当事人。

九、案件评析意见

本案属对中国国际经济贸易仲裁委员会裁决不予执行案。对涉外仲裁裁决的审查应严格依据《中华人民共和国民事诉讼法》第260条[①]第1款和《中华人民共和国仲裁法》第71条的规定进行，对申诉人提出的涉及实体问题，执行机构在执行过程中无权进行审查。为此，笔者主要从申诉人提出的程序性问题评析如下：

1. 关于申诉人提出的仲裁条款问题。当事人向仲裁机构申请仲裁应有事前的仲裁协议或事后达成提交仲裁的合意，经查：1989年6月17日，广夏公司、宁夏计算机开发公司与香港登宝山磁制品有限公司签订《关于合资经营深圳广夏微型软盘有限公司的合同》，决定成立深圳广夏微型软盘有限公司。该合同约定：各方对发生的纠纷如协商不成，提交中国国际经济贸易仲裁委员会仲裁。同年6月26日，合营各方签订《承包合同》。该合同第42条约定：本合同及其附件是《合资合同》的附件，视为《合资合同》不可分割的部分，具有同等的法律效力。1989年12月9日，合资各方一致同意并签署《关于广夏微型软盘有限公司更换股东的总协议书》，将合资公司的股东增加及变更为广夏公司、深圳兴庆电子公司、宁夏伊斯兰国际信托投资公司及密苏尔公司。密苏尔公司确认和继续履行原合资合同外方香港登宝山磁制品有限公司签署的一切文件、决议和已约定的承诺。1989年12月16日，深圳市人民政府批复确认了上述股东的增换。同年12月15日，合资公司深圳广夏微型软盘有限公司与密苏尔公司签订《关于三寸半计算机微型软盘全自动生产线设备购买合同》。该合同虽未提及解决纠纷的方式，但合同第7条明确约定：本合同未提及的问题，一律按合资公司合同、章程、委托承包合同的规定执行。之后，合资各方在履约过程中，发生争议，广夏公司、宁夏计算机开发公司与宁夏伊斯兰国际信托投资公司以密苏尔公司未出资和不履行义

[①] 民事诉讼法原第二百六十条现已修改为第二百七十四条。——编者注

务为由向中国国际经济贸易仲裁委员会申请仲裁，同时，密苏尔公司提出反诉，该仲裁庭受理该案并作出仲裁。由此可见，合资各方签订的几份合同是相互关联，不可分割的。仲裁庭是对合资各方的合资经营的整体事项作出裁决，而不是仅仅依据某个合同对某个特定事项作出裁决。所以，申诉人提出的没有订立仲裁条款的意见没有道理。

2. 仲裁裁决内容违反了仲裁规则。《中国国际经济贸易仲裁委员会仲裁规则》第二条规定："中国国际经济贸易仲裁委员会以仲裁方式，独立、公正地解决产生于国际或涉外的契约性或非契约性的经济贸易等争议。"仲裁庭仲裁的案件仅限于契约性或非契约性的民商事纠纷案件，对涉及侵权性质的纠纷案件则无权进行仲裁。本案仲裁裁决在第二部分审查了三公司是否有侵犯了密苏尔公司合营者权益的行为。合资公司在成立之初对各股东的出资曾有过明确的约定，密苏尔公司依据约定应该以现金200万美元全部用于引进专利、专有技术和全自动生产线的定金。同时还约定合资公司验资时必须出具中国银行香港分行全部出资额的支付证明。但由于密苏尔公司未能按照约定进行投资，广厦公司等中方合资公司于1992年8月15日向深圳市工商管理局进行了报告，并要求按照有关规定视为密苏尔公司自动退出合资企业。同年8月26日深圳市工商局以通知形式，通知香港密苏尔公司按合同约定、限期1个月出资或提供出资证明。但该公司在规定的期限内既未出资，也没有提供有关出资证明。同年10月5日，深圳市人民政府又据广厦公司等中方合资公司的申请，以深府外复〔1992〕1443号文作出了更换股东等问题的批复，将密苏尔公司更换为美国金河实业有限公司。政府批复的作出是在密苏尔公司未按规定期限作出答复的情况下作出的。广厦公司等中方合资公司报请人民政府作出行政管理决定的行为，不应视为对密苏尔公司的侵权。况且，侵权行为的成立与否应该通过行政或诉讼手段解决，仲裁庭在对合同纠纷案件的仲裁中无权对侵权行为作出裁决。仲裁庭认定合资公司按照政府等有关部门的批准进行股东更换，是一种侵权行为，并进而裁决由申请人三公司承担因侵权而产生的责任。仲裁庭对此的裁决明显违反了《仲裁规则》关于裁决案件受理范围的有关规定。申诉人对此节的申诉理由成立，应予支持。

3. 仲裁裁决改变了行政部门依法作出的决定，系超越了仲裁范围，无权仲裁。〔1996〕贸仲裁字第0271号仲裁裁决书原文第26页称"仲裁庭认为，申诉人通过不正当的手段获取了不符事实的验资报告，并据此向政府有关部门提出变更股东的要求。政府有关部门作出的上述行政决定（指前述的批复等文）乃是申诉人侵权行为的结果，绝不是孤立的行政行为，申诉人不能以行政机关行为为理由摆脱其应承担的侵权责任"。仲裁庭的该部分文字表述虽然没有直言否定行政机关依法作出的具体行政行为，却实际上已经否认了行政机关依法作出的决定。裁决认定了密苏尔公司对合资公司履行了出资义务，既否定了深圳市工商局关于密苏尔公司未按照合资合同规定的出资期限、金额出资，已构成违约的结论，也违反了深圳市政府关于取消密苏尔公司股东资格的决定。合资公司如果认为股东出资没有到位，可以依据合资公司的章程等有关规定向有关行政管理部门申请更换或取消其股东资格，行政机关经审查后，可以依法作出行政决定。对行政机关依法作出的决定的合法性，当事人如果不服，可以向行政机关申请复议或通过行政诉讼方式解决。作为已经生效的行政决定，仲裁庭无权否定，即对行政机关依法作出的具体行政行为无权否定。依据《民事诉讼法》第260条第1款第4项之规定，仲裁庭裁决的事项超越了仲裁范围，系无权仲裁，申诉人的此节申诉有理，应予支持。①

---

① 《深圳市广厦文化实业总公司、宁夏伊斯兰国际信托投资公司、深圳兴庆电子公司与密苏尔有限公司仲裁裁决不予执行案》，载最高人民法院执行工作办公室编：《强制执行指导与参考》2002年第4辑（总第4辑），法律出版社2003年版，第234～244页。

[提示] 对仲裁裁决审查的管辖权

最高人民法院执行工作办公室
关于澳门大明集团有限公司与广州市东建实业总公司合作开发房地产纠纷仲裁裁决执行案的复函

2003年8月5日　　〔2003〕执他字第9号

广东省高级人民法院：

你院〔2002〕粤高法执监字第119号《关于澳门大明集团有限公司与广州市东建实业总公司合作开发房地产纠纷仲裁执行一案的请示》收悉。经研究，答复如下：

本案双方当事人在合同中有关合作合同的争议提交中国国际经济贸易仲裁委员会仲裁的约定，应当理解为双方选择的仲裁机构为中国国际经济贸易仲裁委员会，仲裁地点为北京。因此，根据澳门大明集团有限公司（简称澳门大明公司）的申请，中国国际经济贸易仲裁委员会有权对该案在北京进行仲裁。至于此前广州市东建实业总公司（简称广州东建公司）将其争议的事项提交中国国际经济贸易仲裁委员会深圳分会在深圳进行仲裁，鉴于双方当事人对仲裁事项无异议，且深圳分会也是中国国际经济贸易仲裁委员会的分支机构，其仲裁在程序上并不违法，即可维持其管辖权的效力，但并不影响在北京进行的仲裁。

因两个仲裁的申请人不同，请求裁决的内容和范围不同，且当事人对同一事项的法律权利不同，因此中国国际经济贸易仲裁委员会受理澳门大明公司的仲裁请求并不违反"一事不再理"的原则。同样，中国国际经济贸易仲裁委员会裁决支持澳门大明公司提出的解除两份协议书和合作合同的请求，与深圳分会裁决驳回广州东建公司提出的解除两份协议书的请求，因当事人各自基于解除协议的理由不同，并不矛盾，不会产生执行冲突。

因此，本案不存在《民事诉讼法》第二百六十条①规定的不予执行的事由，应当对中国国际经济贸易仲裁委员会在北京作出的裁决予以执行。

此复。

【附：案例评析】

澳门大明集团有限公司与广州市东建实业总公司合作开发房地产纠纷仲裁裁决执行请示案

三、广州中院及广东高院的意见

2002年7月1日，广东高院收到广州市中级人民法院《关于涉外仲裁机构作出的仲裁裁决相互矛盾应否予以执行问题的请示》函，广州中院请示的问题是：澳门大明与东建公司因合同争议，中国仲裁委于2000年6月9日作出〔2000〕贸仲裁字第0194号裁决。广州中院在执行该裁决中发现，深圳分会就同一合作合同争议，于1999年9月8日作出〔1999〕深国仲结字第70号裁决，且两会作出的裁决结果相互矛盾，对涉外仲裁机构就同一法律事实作出的相互矛盾的裁决，人民法院应否予以执行的问题，该院认为，中国仲裁委受理的争议与深圳分会受理的争议，申请仲裁的主体不同，裁决请求不同，中国仲裁委受理该争议没有违反《仲裁规则》，但中国仲裁委与深圳分会的仲裁结果矛盾，应裁定不予执行。

广东高院对广州中院请示的问题形成两种意见。多数意见认为：东建公司申请在深圳分会仲裁，澳门大明未提出异议，深圳分会也作出了仲裁裁决，因此，应当认为是双方选择了深圳分会为仲裁机构。此后，澳门大明再向中国仲裁委提出仲裁申请，违反了一事不再理的原则。而且两仲裁裁决内容互相矛盾。因此，对中国仲裁委的裁决不予执行。少数意见认为：双方当事人明确了发生纠纷由中国仲裁委仲裁，但未明确约定仲裁的地点，经仲裁申请人的选择和仲裁委员会的决定，两当事人分别提出的仲裁请求在北京和深圳进行仲裁，并不违反《仲裁规则》的规定，且深圳分会裁决驳回东建公司提出的解除两份协议书的请求，中国仲裁委裁决支持澳门大明提出的解除两份协议书和合作合同的请求。因两份仲裁裁决的申请人不同，其在仲裁中的法律权利不同，中国仲裁委的裁决是正确的，所以，应予执行。

---

① 民事诉讼法原第二百六十条现已修改为第二百七十四条。——编者注

广东高院以上述两种意见请示最高法院。

四、最高法院的处理意见

就广东高院请示的问题,最高人民法院执行工作办公室于2003年8月5日以〔2003〕执他字第9号复函广东高院。认为,本案双方当事人在合同中有关合作合同的争议提交中国仲裁委仲裁的约定,应当理解为双方选择的仲裁机构为中国仲裁委,仲裁地点为北京。因此,根据澳门大明的申请,中国仲裁委有权对该案在北京进行仲裁。至于此前东建公司将其争议的事项提交中国仲裁委深圳分会在深圳进行仲裁,鉴于双方当事人对仲裁事项无异议,且深圳分会也是中国仲裁委的分支机构,其仲裁在程序上并不违法,即可维持其管辖权的效力,但并不影响在北京进行的仲裁。

因两个仲裁的申请人不同,请求裁决的内容和范围不同,且当事人对同一事项的法律权利不同,因此中国仲裁委受理澳门大明的仲裁请求并不违反"一事不再理"的原则。同样,中国仲裁委裁决支持澳门大明提出的解除两份协议书和合作合同的请求,与深圳分会裁决驳回东建公司提出的解除两份协议书的请求,因当事人各自基于解除协议的理由不同,并不矛盾,不会产生执行冲突。

因此,本案不存在《民事诉讼法》第260条规定的不予执行的事由,应当对中国仲裁委在北京作出的裁决予以执行。

五、评析意见

《中国国际经济贸易仲裁委员会仲裁规则》第12条规定:"双方当事人可以约定将其争议提交仲裁委在北京进行仲裁,或约定将其争议提交深圳分会在深圳进行仲裁,或者约定将其争议提交上海分会在上海进行仲裁;如无此约定,则由当事人选择。作此选择时,以首先提出选择的为准;如有争议,应由仲裁委作出决定。"本案中,双方当事人明确了发生纠纷由中国仲裁委仲裁,应当理解为双方选择的仲裁机构为中国仲裁委,仲裁地点为北京。经仲裁申请人的选择,两当事人分别申请在北京和深圳进行仲裁,因申请仲裁的主体不同,裁决请求不同,并不违反《仲裁规则》的规定。且中国仲裁委作出(99)贸仲字第1887号管辖权决定,决定中国仲裁委对该争议有管辖权,东建公司提出的管辖权异议不能成立。两仲裁裁决中,深圳分会裁决驳回东建公司提出的解除两份协议书的请求,中国仲裁委裁决支持澳门大明提出的解除两份协议书和合作合同的请求。这从表面上看似矛盾。但该两裁决的申请人是不同的,其在仲裁中的法律权利是不同的。由两个仲裁裁决中查明的事实可知,在合作合同的履行中,东建公司一直未将19670平方米的土地使用权过户到合作公司名下,严重违约;澳门大明缴清全部注册资本,但其中部分出资延迟9个月,轻微违约。因此,东建公司作为违约方其提出的解除两份协议书的请求在深圳分会裁决中被驳回;而因前述同样的原因,中国仲裁委裁决支持澳门大明提出的解除两份协议书和合作合同的请求,所以两裁决并不矛盾。况且,这属于实体问题,本不属法院的审查范围。法院需要审查的应当是这两个仲裁裁决是否存在执行冲突,真的无法执行。深圳分会裁决的三项内容中,前两项无执行内容,第三项内容也应由工商部门办理,且当事人也未申请执行,因此,该裁决无执行内容。而澳门大明的解除合作合同及两个购地合同和赔偿损失的请求得到仲裁庭的支持,该裁决具有执行力。仲裁庭依据不同的履约情况针对不同主体的不同请求,作出不同的裁决,前后两个裁决一个是驳回违约当事人的请求,一个是支持守约当事人解除合同并获得赔偿,两个裁决均是适当的,且执行不会出现矛盾。本案可以执行。

从本案适用法律根据来看,《仲裁法》及《仲裁规则》对此情况都未作出明确规定,有关对国际仲裁不予执行的各项规定也不包含本案出现的情况,因此,对本案不予执行也没有法律根据。从另一个角度分析,本案若不予执行,必将导致澳门大明再次向法院起诉,判决后还须申请执行,给当事人带来严重诉累。①

---

① 刘立新:《澳门大明集团有限公司与广州市东建实业总公司合作开发房地产纠纷仲裁裁决执行请示案》,载最高人民法院执行工作办公室编:《强制执行指导与参考》2003年第3辑(总第7辑),法律出版社2004年版,第237~243页。

最高人民法院
关于不予执行中国国际经济贸易仲裁委员会〔2004〕中国贸仲京字第 0105 号裁决的请示的复函

2004 年 11 月 30 日 〔2004〕民四他字第 40 号

宁夏回族自治区高级人民法院：

你院〔2004〕宁高法执他字第 1 号《关于同意石嘴山中院不予执行中国国际经济贸易仲裁委员会〔2004〕中国贸仲京字第 0105 号裁决的请示报告》收悉。经研究，答复如下：

本案系一方当事人申请执行我国涉外仲裁裁决案。在另一方当事人提出不予执行的抗辩理由的情况下，人民法院应当根据《中华人民共和国仲裁法》第七十一条和《中华人民共和国民事诉讼法》第二百六十条[①]的规定对所涉仲裁裁决进行审查。

本案中宁夏民族化工集团有限责任公司（以下简称民族化工）提出的不予执行所涉仲裁裁决的理由主要有两个：一是仲裁程序违法；二是仲裁事项不属于仲裁协议的范围。

关于仲裁程序是否违法的问题。本案仲裁过程中，新加坡永航私人有限公司（以下简称永航公司）、新加坡新川利有限公司（以下简称新川利公司）委托司富韬为两公司的代理人参与仲裁，向仲裁庭出具了经过公证、认证的授权委托书，委托手续合法有效，并不存在仅银川变压器有限公司（以下简称变压器公司）一方参与仲裁的事实。因此，民族化工关于司富韬未获永航公司和新川利公司的授权、仅变压器公司一方参与仲裁、仲裁程序违法的抗辩理由不能成立。对此，同意你院的意见。

关于所涉仲裁裁决是否超裁的问题。本案当事人在《宁夏永川食品有限责任公司转让合同书》（以下简称《转让合同书》）中约定的仲裁条款称："因履行本合同及与本合同有关的事宜发生纠纷，甲乙各方应协商处理。若协商不成，则提请中国国际经济贸易仲裁委员会（北京）仲裁处理，依据该委员会的规则，且仲裁是终局的。"因此，"因履行本合同及与本合同有关的事宜发生纠纷"均属于可交付仲裁的事项。本案中，永航公司、新川利公司、变压器公司以民族化工未履行合同、构成违约为由向中国国际经济贸易仲裁委员会申请仲裁，并提出了具体的请求，仲裁庭围绕《转让合同书》的履行情况认定民族化工构成违约，并根据仲裁申请人的具体请求作出了仲裁裁决。解除合同并支付人民币 1241.41 万元或交付与人民币 1241.41 万元等额的财产、支付占用和使用财产费 619.49 万元等，均是仲裁庭针对仲裁被申请人民族化工的违约行为，并根据仲裁申请人的具体请求作出的实体处理结果，属于在当事人交付仲裁事项的范围内作出的裁决，不能以仲裁裁决对于违约行为的实际处理结果与合同中约定的违约责任不同而认为仲裁裁决超出了仲裁协议的范围。因此，民族化工关于本案所涉仲裁裁决事项不属于仲裁协议范围的观点不能成立。本案仲裁裁决的实体处理结果是否得当，不属于人民法院对涉外仲裁裁决的司法审查范围，这是当事人选择仲裁解决纠纷所应承受的风险。综上，本案所涉仲裁裁决不存在我国法律规定可不予执行的情形，人民法院应予执行。

此复。

[①] 民事诉讼法原第二百六十条现已修改为第二百七十四条，下同。——编者注

[提示] 当事人在合作合同中仅约定其纠纷由"仲裁机关判定",但未同时指明由哪一个仲裁机关,属于对仲裁机构约定不明的情形,当事人可以补充协议;达不成补充协议的,仲裁协议无效

最高人民法院民事审判第四庭关于柳大熙与长春铁路分局长春医院中外合作经营合同纠纷一案的请示的复函

2004年12月14日　民四他字〔2004〕第49号

吉林省高级人民法院:

你院〔2004〕吉民三他字第7号《关于柳大熙与长春铁路分局长春医院中外合作经营合同纠纷一案的请示》收悉。经研究,答复如下:

同意你院对本案所涉仲裁条款效力的处理意见。根据你院的请示报告,长春铁路分局长春医院与韩国全州市MORE齿科医院于1999年11月2日签订的中韩合作经营齿科医院合同书第34条约定:"在执行本合同时,如发生纠纷,双方应协商友好解决,如协商不成时,由仲裁机关判定"。由于双方当事人没有约定仲裁条款效力的准据法,亦未约定仲裁地,本案应当按照法院地法即中国法来确定该仲裁条款的效力。《中华人民共和国仲裁法》第十八条规定:"仲裁协议对仲裁事项或者仲裁委员会没有约定或者约定不明的,当事人可以补充协议;达不成补充协议的,仲裁协议无效"。本案当事人在合作合同中仅约定其纠纷由"仲裁机关判定",但未同时指明由哪一个仲裁机关,属于对仲裁机构约定不明的情形。现作为当事人一方的柳大熙以长春铁路分局长春医院为被告向人民法院提起诉讼,应当视为双方不能就仲裁机构达成补充协议,因此,依法应认定该合同中的仲裁条款无效,人民法院对本案具有管辖权。

此复。

[提示] 仲裁庭拒绝接受当事人一方提交的证据对仲裁的影响

最高人民法院民事审判第四庭关于天津先达大酒店申请撤销〔2003〕津仲裁字第364号仲裁裁决案请示的答复

2005年8月11日　〔2005〕民四他字第26号

天津市高级人民法院:

你院津高法〔2005〕74号"关于天津先达大酒店申请撤销〔2003〕津仲裁字第364号仲裁裁决一案的请示"收悉。经研究,答复如下:

天津仲裁委员会依据天津先达大酒店(以下简称先达大酒店)与大一能量株式会社签订的《协作型联营合同》中的仲裁条款作出〔2003〕津仲裁字第364号仲裁裁决后,先达大酒店以仲裁庭拒绝接受其提供的证据,程序违法;法律关系定性错误;裁决结果危害公共利益等为由申请人民法院撤销该裁决。本案系涉外商事纠纷案件,天津仲裁委员会就该纠纷所作出的裁决属于涉外仲裁裁决。根据《中华人民共和国民事诉讼法》和《中华人民共和国仲裁法》关于涉外仲裁的规定,人民法院对仲裁庭就本案法律关系性质所作的认定和裁决结果无权进行审查。《天津仲裁委员会仲裁规则》没有要求仲裁庭必须接受一方当事人提交的全部证据材料,先达大酒店亦未举证证明被拒绝接受的证据对裁决结果存在任何实质性影响,仲裁庭拒绝接受证据材料本身不能作为仲裁程序违法的理由。根据《中华人民共和国仲裁法》第七十条、《中华人民共和国民事诉讼法》第二百六十条①的规定,本案不存在依法应予撤销的情形,先达大酒店撤销仲裁裁决的申请应当予以驳回。

此复。

---

① 民事诉讼法原第二百六十条现已修改为第二百七十四条。——编者注

最高人民法院
关于是否裁定不予执行中国国际经济贸易仲裁委员会仲裁裁决的复函

2006年1月23日　〔2005〕民四他字第45号

安徽省高级人民法院：

你院〔2005〕皖执他字第11号"关于能否裁定不予执行〔2003〕贸仲裁字第0138号仲裁裁决的请示"收悉。经研究，答复如下：

中国国际经济贸易仲裁委员会依据深圳宝升竞高环保发展有限公司、合肥市市容环境卫生管理委员会（后变更为合肥市市容环境卫生管理局，以下简称市容管理局）、香港合升国际有限公司、合肥市进出口公司（后变更为合肥市进出口有限公司）以及美国Wildcat Mfg. co., Inc. 之间签订的《合肥市市容环境卫生管理委员会引进美国野猫公司城市生活垃圾处理设备及技术合同》中的仲裁条款作出〔2003〕贸仲裁字第0138号仲裁裁决后，市容管理局以仲裁裁决违反法定程序、主要证据未经当事人质证、认定事实的主要依据不足、适用法律错误等为由申请人民法院不予执行该裁决。因合同存在涉外和涉港因素，中国国际经济贸易仲裁委员会仲裁庭就该纠纷所作出的裁决属于我国涉外仲裁裁决。根据《中华人民共和国民事诉讼法》和《中华人民共和国仲裁法》关于涉外仲裁的规定，人民法院对仲裁庭就本案具体适用法律和有关事实认定无权进行审查，市容管理局提出的仲裁裁决认定事实的主要证据不足、适用法律错误的理由不应予以支持。

《中国国际经济贸易仲裁委员会仲裁规则》（2000年）第四十条规定："专家报告和鉴定报告的副本，应送给双方当事人，给予双方当事人对专家报告和鉴定报告提出意见的机会。任何一方当事人要求专家/鉴定人参加开庭的，经仲裁庭同意后，专家/鉴定人可以参加开庭，并在仲裁庭认为必要和适宜的情况下就他们的报告作出解释。"第四十一条规定："当事人提出的证据由仲裁庭审定；专家报告和鉴定报告，由仲裁庭决定是否采纳。"该仲裁规则并未要求相关鉴定报告必须经开庭质证，仲裁庭有权对鉴定报告进行审查并决定是否采纳。在本案中，仲裁庭将鉴定报告分别送达双方当事人并要求其提出书面意见的做法既不违反仲裁规则也保证了双方当事人的程序权利。市容管理局的此项理由亦不应予以支持。

关于是否可以根据《中华人民共和国民事诉讼法》第二百六十条[①]第二款的规定以裁决违背社会公共利益为由不予执行的问题。《中华人民共和国民事诉讼法》第二百六十条第一款规定的抗辩理由主要是为了维护仲裁程序上的公平和正义，赋予当事人以司法上的救济权利，而第二款社会公共利益不仅是为了维护仲裁程序上的公平，而且还担负着维护国家根本法律秩序的功能。从本案情况来看，有关合同的签订与执行并不存在违背社会公共利益以至无法为我国法律秩序所容忍的情节。同时，有关设备闲置并非执行相关仲裁裁决产生的结果，以违背社会公共利益为由不予执行仲裁裁决缺乏依据。

综上，本案相关仲裁裁决应当予以执行。

此复。

[提示] 仲裁委员会在对同一纠纷已经作出仲裁裁决的情况下，又作出撤销原裁决的补充裁决缺乏法律依据

最高人民法院
关于是否裁定撤销承德仲裁委员会仲裁裁决的请示的复函

2006年1月24日　〔2005〕民四他字第51号

河北省高级人民法院：

你院〔2005〕冀立民函字第89号"关于撤销承德仲裁委员会承仲裁字〔2000〕第33号、承仲裁补字〔2000〕第1号仲裁裁决的请示"收悉。经研究，答复如下：

本案属于申请撤销我国仲裁机构做出的涉

---

① 民事诉讼法原第二百六十条现已修改为第二百七十四条。——编者注

外仲裁裁决案件。根据你院请示报告及所附卷宗反映的情况，承德仲裁委员会就北京鹏华经济技术发展公司与英属韦津群岛好运有限公司之间的纠纷于 2000 年 12 月 26 日曾经做出了承仲裁字〔2000〕第 33 号仲裁裁决，但又于同年 12 月 28 日做出承仲裁补字〔2000〕第 1 号仲裁裁决，撤销了承仲裁字〔2000〕第 33 号裁决。《中华人民共和国仲裁法》第五十六条规定："对裁决书中的文字、计算错误或者仲裁庭已经裁决但在裁决书中遗漏的事项，仲裁庭应当补正；当事人自收到裁决书之日起三十日内，可以请求仲裁庭补正"。《承德仲裁委员会仲裁规则》第四十六条第三款规定："仲裁庭做出的补正或者补充裁决，是原裁决书的组成部分"。有关法律与仲裁规则仅授权仲裁委员会可以就程序和遗漏事项做出补充裁决，没有授权仲裁委员会撤销其已经做出、送达且生效的仲裁裁决。承德仲裁委员会在对同一纠纷已经做出仲裁裁决的情况下，又做出撤销原裁决的补充裁决缺乏法律依据，也不符合《承德仲裁委员会仲裁规则》的规定，属于《中华人民共和国民事诉讼法》第二百六十条[①]第一款第（三）项规定的"仲裁庭的组成或者仲裁的程序与仲裁规则不符"的情况，人民法院可以依据《中华人民共和国仲裁法》第七十条的规定撤销仲裁裁决。

鉴于本案仲裁裁决存在的主要问题是仲裁程序违反法定程序，这种对程序的违反（以补充裁决撤销原裁决）对当事人权利的影响可以以通知仲裁庭重新仲裁的方式纠正。根据本案所涉仲裁裁决的实际情况，应当根据《中华人民共和国仲裁法》第六十一条的规定，通知仲裁庭在一定期限内重新仲裁，并裁定中止撤销程序。仲裁庭拒绝重新仲裁的，应当裁定恢复撤销程序，依法一并撤销该两仲裁裁决。

此复。

---

① 民事诉讼法原第二百六十条现已修改为第二百七十四条。——编者注

[提示] 裁决事项是否超出合作合同仲裁协议范围、仲裁程序是否违反仲裁规则以及执行裁决是否违反社会公共利益的判断

最高人民法院关于是否裁定撤销中国国际经济贸易仲裁委员会华南分会仲裁裁决的请示的复函

2006 年 3 月 1 日　　〔2005〕民四他字第 47 号

广东省高级人民法院：

你院〔2005〕粤高法民四他字第 22 号"关于罗定市供电局申请撤销仲裁裁决一案的请示"收悉。经研究，答复如下：

中国国际经济贸易仲裁委员会华南分会就罗定市供电局与辉恩中国投资有限公司之间的合作合同纠纷作出了〔2005〕中国贸仲深裁字第 37 号裁决。罗定市供电局以裁决事项超出合作合同仲裁协议范围、仲裁程序违反仲裁规则以及执行裁决违反社会公共利益等为由向深圳市中级人民法院申请撤销该仲裁裁决。因是否接受当事人的变更反请求系仲裁庭有权自行决定的事项，且罗定市供电局作为民事主体参与民事活动应当承担责任，故其有关仲裁程序违反仲裁规则及执行裁决违反社会公共利益的理由依法不能成立。但本案合作合同存在于罗定市供电局与辉恩中国投资有限公司之间，合作合同中的仲裁条款应仅约束该两当事人之间的合作合同纠纷，仲裁庭无权就辉恩中国投资有限公司与合作公司辉罗力有限公司之间的借贷合同纠纷以及与罗定市供电局之间的借贷担保合同纠纷进行仲裁。由于借贷合同及借贷担保合同约定的仲裁机构为广州仲裁委员会且该委已就借贷担保合同纠纷作出了〔2004〕穗仲案字第 1692 号仲裁裁决，因此，本案仲裁裁决第一项中有关股东借贷损失的内容，超出了合作合同仲裁条款约定的范围，应认定属于超裁。同意你院的请示意见，本案应撤销仲裁裁决第

一项中的股东借贷损失部分。

此复。

最高人民法院
关于玉林市中级人民法院报请对东迅投资有限公司涉外仲裁一案不予执行的请示的复函

2006年9月13日　〔2006〕民四他字第24号

广西壮族自治区高级人民法院：

你院〔2006〕桂法执复字第2号、〔2006〕桂法执议字第4号《关于玉林市中级人民法院报请对东迅投资有限公司涉外仲裁一案不予执行的请示报告》收悉。经研究，答复如下：

关于你院请示的第一个问题，涉及人民法院是否应予执行我国仲裁机构作出的涉外仲裁裁决，应当根据《中华人民共和国民事诉讼法》第二百六十条①的规定进行审查。

从本案有关事实看，合作合同中明确约定合作双方为广西玉林市恒通有限公司（以下简称恒通公司）和东迅投资有限公司（以下简称东迅公司）。广西壮族自治区玉林市人民政府（以下简称玉林市政府）作为恒通公司的主管部门，路劲基建有限公司（以下简称路劲公司）作为东迅公司的主管部门，尽管亦在该合作合同上签署，但是合作合同第二章明确约定合作公司的合作双方为恒通公司和东迅公司。因此，玉林市政府和路劲公司均不是合作合同的当事人，合作合同中的仲裁条款不能约束玉林市政府。玉林市政府提供的担保函中没有约定仲裁条款，玉林市政府与东迅公司之间亦未就他们之间的担保纠纷的解决达成仲裁协议。仲裁庭依据合作合同中的仲裁条款受理本案，就涉及玉林市政府的担保纠纷而言，仲裁裁决已经超出了仲裁协议的范围。

综上，根据《中华人民共和国民事诉讼法》第二百六十条第一款第（四）项以及最高人民法院《关于适用〈中华人民共和国民事诉讼法〉若干问题的意见》第二百七十七条②的规定，人民法院应当裁定不予执行涉及玉林市政府部分的仲裁裁决，其余部分应予执行。对此，同意你院的处理意见。

关于你院请示的第二个问题，对于人民法院作出的中止执行的裁定，当事人不能申请复议，因此，你院不应受理东迅公司申请复议一案。

此复。

最高人民法院
关于宝源贸易公司与余建国买卖合同中仲裁条款的请示的复函

2007年11月29日　〔2007〕民四他字第38号

福建省高级人民法院：

你院〔2007〕闽民他字第22号《关于宝源贸易公司与余建国买卖合同中仲裁条款的请示》收悉。经研究，答复如下：

宝源贸易公司与余建国之间签订的2006年5月27日合同第八条仅约定争议提交"福建省晋江市仲裁委员会"仲裁，该条款未约定确认仲裁条款效力应适用的法律，亦未约定仲裁地点，根据《最高人民法院关于适用〈中华人民共和国仲裁法〉若干问题的解释》第十六条即"对涉外仲裁协议的效力审查，适用当事人约定的法律；当事人没有约定适用的法律但约定了仲裁地的，适用仲裁地法律；没有约定适用的法律也没有约定仲裁地或者仲裁地约定不明的，适用法院地法律"的规定，本案应适用法院地法律即中华人民共和国法律来审查本案所涉仲

---

① 民事诉讼法原第二百六十条现已修改为第二百七十四条，下同。——编者注
② 第二百七十七条已被最高人民法院《关于适用〈中华人民共和国民事诉讼法〉的解释》（法释〔2015〕5号）第四百七十七条修改为："仲裁机构裁决的事项，部分有民事诉讼法第二百三十七条第二款、第三款规定情形的，人民法院应当裁定对该部分不予执行。应当不予执行部分与其他部分不可分的，人民法院应当裁定不予执行仲裁裁决。"——编者注

裁条款的效力。由于"福建省晋江市仲裁委员会"并不存在，晋江市又没有其他的仲裁机构，当事人之间对此也不能达成补充协议，根据《中华人民共和国仲裁法》第十八条即"仲裁协议对仲裁事项或者仲裁委员会没有约定或者约定不明确的，当事人可以补充协议；达不成补充协议的，仲裁协议无效"的规定，本案所涉仲裁条款应确认无效。

同意你院的审查意见。

此复。

最高人民法院
关于是否应不予执行〔2007〕中国贸仲沪裁字第224号仲裁裁决请示的答复

2008年9月12日　〔2008〕民四他字第34号

浙江省高级人民法院：

你院《关于同意宁波市中级人民法院不予执行〔2007〕中国贸仲沪裁字第224号仲裁裁决的报告》收悉，经研究答复如下：

（一）你院对本案所涉仲裁裁决的审查适用中国法律；确认中国国际经济贸易仲裁委员会上海分会对本案纠纷具有管辖权；对该涉外仲裁裁决不做实体审查的意见，本院均同意。

（二）本案仲裁裁决所涉《AQ7200项目技术开发合同》中约定："任何因本合同产生的或相关的争议首先应双方协商解决，如果协商不能……，这些争议将提交中国国际经济贸易仲裁委员会上海分会进行仲裁。"从上述约定可以看出，提交仲裁解决的纠纷范围包括"因本合同产生的或相关的争议"。关于奥克斯集团有限公司主张超裁的7500欧元DVD制作费问题，从你院请示报告查明的事实看，该DVD的制作是瑞克—李普萨有限公司为使奥克斯集团有限公司清楚地了解整车完成后的效果及便于奥克斯集团有限公司对外宣传，而制作的视觉效果动画片，虽不在合同约定的技术范围内，但是与履行《AQ7200项目技术开发合同》相关联，由此产生的纠纷，仲裁机关有权进行裁决。

至于奥克斯集团有限公司主张仲裁裁决书认定的奥克斯集团有限公司的法定代表人在西班牙观看了DVD并接受7500欧元价格，与事实不符，认定事实不清的问题，属实体审理范围，人民法院无权进行审查，故奥克斯集团有限公司申请不予执行仲裁裁决的理由，不能得到支持。

综上，奥克斯集团有限公司向宁波市中级人民法院申请不予执行仲裁裁决的理由不能得到支持。中国国际经济贸易仲裁委员会上海分会作出的〔2007〕中国贸仲沪裁字第224号仲裁裁决应予执行。

此复。

人民法院办理执行案件规范

2017年4月

765.【保全的管辖】

当事人申请采取保全的，中华人民共和国的涉外仲裁机构应当将当事人的申请，提交被申请人住所地或者财产所在地的中级人民法院裁定。

766.【保全的担保】

依照本规范第765条规定，中华人民共和国涉外仲裁机构将当事人的保全申请提交人民法院裁定的，人民法院可以进行审查，裁定是否进行保全。裁定保全的，应当责令申请人提供担保，申请人不提供担保的，裁定驳回申请。

当事人申请证据保全，人民法院经审查认为无需提供担保的，申请人可以不提供担保。

767.【申请执行涉外裁决的材料】

申请人向人民法院申请执行中华人民共和国涉外仲裁机构的裁决，应当提出书面申请，并附裁决书正本。如申请人为外国当事人，其申请书应当用中文文本提出。

768.【涉外仲裁裁决的管辖】

经中华人民共和国涉外仲裁机构裁决的，当事人不得向人民法院起诉。一方当事人不履行仲裁裁决的，对方当事人可以向被申请人住所地或者财产所在地的中级人民法院申请执行。

769.【向外国法院申请承认和执行】

中华人民共和国涉外仲裁机构作出的发生

法律效力的仲裁裁决,当事人请求执行的,如果被执行人或者其财产不在中华人民共和国领域内,应当由当事人直接向有管辖权的外国法院申请承认和执行。

770.【申请不予执行涉外仲裁裁决案件的处理】

对中华人民共和国涉外仲裁机构作出的裁决

执行法院拟裁定不予执行的,应当按照《最高人民法院关于人民法院处理与涉外仲裁及外国仲裁事项有关问题的通知》的规定办理。

771.【涉外仲裁裁决不予执行后的救济途径】

人民法院裁定不予执行涉外仲裁裁决、驳回不予执行涉外仲裁裁决申请后,当事人对该裁定提出执行异议或者复议的,人民法院不予受理。

涉外仲裁裁决被人民法院裁定不予执行的,当事人可以根据双方达成的书面仲裁协议重新申请仲裁,也可以向人民法院起诉。

最高人民法院民事审判第四庭涉外商事海事审判实务问题解答(一)

68. 人民法院审理涉外仲裁案件如何确定管辖法院?

答:申请确认涉外仲裁协议效力的案件,由申请人住所地、被申请人住所地或者仲裁协议签订地有权受理涉外商事案件的中级人民法院管辖。

申请执行或者不予执行我国涉外仲裁裁决的案件,由被申请人住所地、财产所在地有权受理涉外商事案件的中级人民法院管辖。申请撤销我国涉外仲裁裁决,由仲裁机构所在地有权受理涉外商事案件的中级人民法院管辖。

申请承认与执行外国仲裁裁决的案件,由被申请人住所地或者财产所在地有权受理涉外商事案件的中级人民法院管辖。

69. 利害关系人能否申请撤销我国涉外仲裁裁决?

答:利害关系人不能申请撤销我国涉外仲裁裁决,因为该利害关系人不是该仲裁案件的任何一方当事人。

70. 申请人向人民法院申请执行或者不予执行以及撤销涉外仲裁裁决、申请承认和执行或者不予执行外国仲裁裁决时,一般应当提交哪些材料?

答:申请人向人民法院申请执行或者不予执行以及撤销我国涉外仲裁裁决、申请承认与执行或者不予执行外国仲裁裁决的,应当提交如下材料:(1)申请书。申请书应当载明申请人和被申请人的名称、住所地等基本情况,请求事项及所依据的事实和理由。(2)申请人的身份证明或者注册登记证明,法定代表人、负责人身份证明及授权委托书。(3)涉外仲裁协议。(4)申请执行或者不予执行、申请撤销的我国涉外仲裁裁决;申请承认与执行或者不予执行的外国仲裁裁决。(5)应当提交的证据材料。申请人提交的材料如系外文的,应当同时提供相应的中文译本。对于依照法律规定需要公证、认证的材料,申请人应当履行公证、认证手续。

71. 对于申请执行或者不予执行以及撤销我国涉外仲裁裁决、申请承认和执行或者不予执行外国仲裁裁决的案件,申请人的申请书是否必须送达被申请人?是否应当开庭?

答:人民法院对涉外仲裁案件的司法监督主要体现在对我国涉外仲裁裁决或者外国仲裁裁决的程序上的审查。在该审查过程中,人民法院应当将申请人的申请书送达被申请人;为了查明有关事实,可以询问当事人。但"开庭"是人民法院审理案件的程序,因此,在对涉外仲裁案件审查的过程中,开庭没有法律依据。

72. 对我国涉外仲裁裁决的审查期限如何确定?

答:根据最高人民法院法发〔1995〕18号《关于人民法院处理与涉外仲裁及外国仲裁事项有关问题的通知》、法释〔1998〕28号《关于承认和执行外国仲裁裁决收费及审查期限问题的规定》,人民法院决定承认和执行外国仲裁裁决的,应在受理申请之日起两个月内做出裁定;决定不予承认和执行的,在受理申请之日起两个月内上报最高人民法院。

根据《中华人民共和国仲裁法》第60条、最高人民法院法〔1998〕40号《关于人民法院撤销涉外仲裁裁决有关事项的通知》的规定,人民法院应当在受理撤销裁决申请之日起两个月内作出撤销裁决或者驳回申请的裁定;受理申请撤销裁决的人民法院如认为应予撤销裁决或通知仲裁庭重新仲裁的,应在受理申请后三十日内报其所属的高级人民法院,该高级人民法院如同意撤销裁决或通知仲裁庭重新仲裁的,应在十五日内报最高人民法院。

73. 如何理解涉外仲裁协议的书面形式?当事人达成的口头仲裁协议是否有效?

答:仲裁协议包括合同中订立的仲裁条款和以其他书面形式在纠纷发生前或者纠纷发生后达成的请求仲裁的协议。《中华人民共和国仲裁法》、1958年《联合国承认与执行外国仲裁裁决公约》(简称《纽约公约》)以及《中华人民共和国民事诉讼法》均要求仲裁协议以书面形式达成,因此,当事人订立涉外仲裁协议应当采用书面形式,当事人达成的口头仲裁协议不发生法律效力。

依照《中华人民共和国合同法》第11条的规定,书面形式是指合同书、信件和数据电文(包括电报、电传、传真、电子数据交换和电子邮件)等可以有形地表现所载内容的形式。因此,当事人通过上述方式达成的仲裁协议,都是书面形式的仲裁协议。如果当事人订立的涉外合同援引适用的文件或者合同中载有明确的仲裁协议,也符合书面形式的要求。

74. 如何确定认定涉外仲裁协议效力的准据法?

答:认定涉外仲裁协议的效力,应当适用当事人明确约定的法律。当事人没有约定仲裁协议准据法但约定了仲裁地的,适用仲裁地国的法律;没有约定仲裁地或者仲裁地约定不明的,适用法院地国的法律。

75. 涉外合同依法成立但未生效,合同中的仲裁协议效力如何?

答:涉外合同中的争议解决条款具有独立性,合同的无效不影响争议解决条款的效力。同样,涉外合同尚未生效也不影响涉外合同中仲裁条款的效力。只要有关当事人已经就有关争议达成了仲裁的意思表示,且该仲裁协议是明确、可执行的,即使有关合同尚未得到有关部门的批准,合同中的仲裁条款对合同当事人仍具有约束力。

76. 当事人约定有关争议既可提请仲裁又可提起法院诉讼的,其效力怎样?

答:当事人约定仲裁的法律后果就是排除法院的管辖权,因此,如果当事人约定有关争议既可提请仲裁又可提起诉讼,则该仲裁协议无效。

77. 当事人仅约定有关争议发生后可以提请仲裁的,对方当事人提出异议时其效力怎样?

答:当事人在涉外合同中仅约定有关争议发生后可以提请仲裁,在发生纠纷后一方当事人提请仲裁机构仲裁,对方当事人以提请仲裁不是义务、该约定未排除法院管辖为由向人民法院提起诉讼的,在适用我国仲裁法的前提下,只要其约定了明确的仲裁机构,人民法院应不予受理。

78. 当事人约定我国涉外仲裁裁决不具有约束力的仲裁协议的效力怎样?

答:根据《中华人民共和国仲裁法》第9条的规定,仲裁实行一裁终局制度。仲裁裁决作出后,当事人就同一纠纷再申请仲裁或者向人民法院起诉的,仲裁委员会或者人民法院应不予受理。因此,如果当事人约定仲裁裁决不具有约束力或者约定仲裁程序中败诉方可以另行向人民法院起诉或者向其他仲裁机构提请仲裁的,违反了我国法律关于一裁终局的制度,人民法院应认定该仲裁协议无效。

79. 当事人约定的仲裁机构不存在的,如何处理?

答:在适用我国仲裁法的前提下,如果当事人在仲裁协议中约定了仲裁机构,而该仲裁机构实际上并不存在,该仲裁协议应认定无效。当事人约定有关争议由某一仲裁机构的分支机构进行仲裁,而该仲裁机构不存在约定的分支机构的,人民法院不应认定由该仲裁机构仲裁,而应当认定该仲裁协议无效。

80. 涉外合同中约定的提请仲裁的权利不平等的,仲裁协议效力怎样?

答:当事人在涉外合同中约定提请仲裁的权利不平等,违背了公平、合理的法律原则,应认定该仲裁协议无效。

81. 如何认定委托代理人无权或者越权签订的仲裁协议的效力?

答:依照法律规定当事人可以委托代理人签订涉外合同或者涉外仲裁协议,但委托代理人应当在授权的范围内从事法律行为。委托代理人无权代理或者越权代理签订的仲裁协议,除非事后得到委托人的追认,否则,该涉外仲裁协议对委托人不具有约束力。

82. 涉外仲裁协议因一方当事人采取欺诈手段达成的,如何处理?

答:当事人采用欺诈手段订立的涉外仲裁协议违背了诚实信用的法律原则,应认定无效。

83. 国内当事人将其不具有涉外因素的合同或者财产权益纠纷约定提请外国仲裁的,仲裁协议是否有效?

答:根据《中华人民共和国民事诉讼法》第257条①和《中华人民共和国仲裁法》第65条的规定,涉外经济贸易、运输、海事中发生的纠纷,当事人可以通过订立合同中的仲裁条款或者事后达成的书面仲裁协议,提交我国仲裁机构或者其他仲裁机构仲裁。但法律并未允许国内当事人将其不具有涉外因素的争议提请外国仲裁。因此,如果国内当事人将其不具有涉外因素的合同或者财产权益纠纷约定提请外国仲裁机构仲裁或者在外国进行临时仲裁的,人民法院应认定有关仲裁协议无效。

84. 当事人在涉外仲裁协议中约定由两个或者两个以上仲裁机构仲裁的,该涉外仲裁协议如何认定?

答:根据最高人民法院法函〔1996〕176号《关于同时选择两个仲裁机构的仲裁条款效力问题的函》,当事人约定由两个或者两个以上仲裁机构仲裁的,只要当事人约定的仲裁机构是明确的,该仲裁协议应认定为有效仲裁协议。当事人只要选择约定的仲裁机构之一进行仲裁即可。对方当事人以仲裁机构不明确为由起诉至人民法院的,人民法院应当不予受理。

85. 当事人约定国内某地的仲裁机构进行仲裁,但未同时约定仲裁机构名称,而该仲裁地存在两个或者两个以上仲裁机构的,怎么处理?

答:当事人在仲裁条款或者其他仲裁协议中仅约定由某地的仲裁机构进行仲裁,但未同时指明仲裁机构的名称,而约定的仲裁地存在两个或者两个以上仲裁机构的,人民法院可以要求当事人协商选择其中一个仲裁机构进行仲裁。协商不成的,可认定该仲裁协议无效。

86. 对于我国法律规定属于我国法院专属管辖的案件,有关当事人能否提请仲裁?

答:根据我国法律规定应当由我国法院专属管辖的涉外商事案件,外国或者港澳台地区的法院无权管辖,有关当事人也不得协议选择境外法院管辖。但如果有关当事人在涉外合同中订有仲裁条款或者另有仲裁协议的,只要该仲裁条款或者仲裁协议合法有效,人民法院应当不予受理。当事人坚持起诉的,依法应当驳回起诉,不得以有关案件属于人民法院专属管辖为由而否定当事人间有关涉外仲裁协议的效力。

87. 当事人约定某仲裁机构仲裁但未约定适用何种仲裁规则的,怎么办?

答:当事人约定某仲裁机构仲裁但未约定适用何种仲裁规则的,可以推定仲裁时适用该仲裁机构当时有效的仲裁规则。因此,人民法院不应以当事人未约定仲裁规则为由认定该仲裁协议无效,或者不予执行或者撤销有关仲裁裁决。

88. 如何认定涉外临时仲裁协议的效力?

答:我国仲裁法和民事诉讼法均没有规定临时仲裁,但我国参加了《纽约公约》,该公约明确规定了缔约国对在其他缔约国境内作出的临时仲裁裁决有承认和执行的义务。因此,只要有关当事人约定在公约缔约国境内临时仲裁且该缔约国法律并不禁止,则人民法院应认定有关临时仲裁协议有效。但如果当事人约定在我国进行临时仲裁的,人民法院应认定该临时仲裁协议无效。

89. 如何对国内仲裁机构做出的具有涉外因素的仲裁裁决进行审查?

答:人民法院对依照仲裁法组建的仲裁委员会做出的具有涉外因素的仲裁裁决,应当按照《中华人民共和国民事诉讼法》第260条②的规定进行审查。

90. 人民法院能否部分撤销我国涉外仲裁裁决?

答:如果我国涉外仲裁裁决处理了仲裁协议范围之外或者依法不能申请仲裁的事项,并且上述事项与仲裁裁决的其他事项是可分的,人民法院可以基于当事人的申请,在审查核实后裁定撤销超裁或者不能仲裁部分的裁决。

91. 涉外仲裁裁决撤销后争议如何处理?

答:我国涉外仲裁裁决如果经人民法院审查后裁定撤销的,当事人就其争议可以根据重新达成的仲裁协议申请仲裁,也可以向人民法院起诉。

---

① 民事诉讼法原第二百五十七条现已修改为第二百七十一条。——编者注
② 民事诉讼法原第二百六十条现已修改为第二百七十四条。——编者注

第二节　申请外国法院承认和执行人民法院生效判决、裁定

中华人民共和国民事诉讼法

2017年6月27日

第二百八十条　人民法院作出的发生法律效力的判决、裁定，如果被执行人或者其财产不在中华人民共和国领域内，当事人请求执行的，可以由当事人直接向有管辖权的外国法院申请承认和执行，也可以由人民法院依照中华人民共和国缔结或者参加的国际条约的规定，或者按照互惠原则，请求外国法院承认和执行。

中华人民共和国涉外仲裁机构作出的发生法律效力的仲裁裁决，当事人请求执行的，如果被执行人或者其财产不在中华人民共和国领域内，应当由当事人直接向有管辖权的外国法院申请承认和执行。

最高人民法院关于适用《中华人民共和国民事诉讼法》的解释

2015年1月30日　　法释〔2015〕5号

第五百五十条　当事人在中华人民共和国领域外使用中华人民共和国法院的判决书、裁定书，要求中华人民共和国法院证明其法律效力的，或者外国法院要求中华人民共和国法院证明判决书、裁定书的法律效力的，作出判决、裁定的中华人民共和国法院，可以本法院的名义出具证明。

人民法院办理执行案件规范

2017年4月

763.【国外执行的途径】
人民法院作出的发生法律效力的判决、裁定，如果被执行人或者其财产不在中华人民共和国领域内，当事人请求执行的，可以由当事人直接向有管辖权的外国法院申请承认和执行，也可以由人民法院依照中华人民共和国缔结或者参加的国际条约的规定，或者按照互惠原则，请求外国法院承认和执行。

764.【判决、裁定法律效力的证明】
当事人在中华人民共和国领域外使用中华人民共和国法院的判决书、裁定书，要求中华人民共和国法院证明其法律效力的，或者外国法院要求中华人民共和国法院证明判决书、裁定书的法律效力的，作出判决、裁定的中华人民共和国法院，可以本法院的名义出具证明。

第三节　申请外国法院承认和执行人我国涉外仲裁裁决的程序

中华人民共和国民事诉讼法

2017年6月27日

第二百八十条　人民法院作出的发生法律效力的判决、裁定，如果被执行人或者其财产不在中华人民共和国领域内，当事人请求执行的，可以由当事人直接向有管辖权的外国法院申请承认和执行，也可以由人民法院依照中华人民共和国缔结或者参加的国际条约的规定，或者按照互惠原则，请求外国法院承认和执行。

中华人民共和国涉外仲裁机构作出的发生法律效力的仲裁裁决，当事人请求执行的，如果被执行人或者其财产不在中华人民共和国领域内，应当由当事人直接向有管辖权的外国法院申请承认和执行。

最高人民法院
关于进一步做好边境地区涉外民商事案件审判工作的指导意见

2010年12月8日　　法发〔2010〕57号

十、人民法院在审理边境地区涉外民商事纠纷案件的过程中，应当加强对当事人的诉讼指导。对在我国没有住所又没有可供执行的财产的被告提起诉讼，人民法院应当给予原告必要的诉讼指导，充分告知其诉讼风险，特别是无法有效送达的风险和生效判决在我国境内无法执行的风险。

败诉一方当事人在我国境内没有财产或者其财产不足以执行生效判决时，人民法院应当告知胜诉一方当事人可以根据我国与其他国家缔结的民商事司法协助国际条约的相关规定，向可供执行财产所在地国家的法院申请承认和执行我国法院的民商事判决。

第四节　对外国法院生效判决、裁定的承认和执行程序

中华人民共和国民事诉讼法

2017年6月27日

第三十三条　下列案件，由本条规定的人民法院专属管辖：

（一）因不动产纠纷提起的诉讼，由不动产所在地人民法院管辖；

（二）因港口作业中发生纠纷提起的诉讼，由港口所在地人民法院管辖；

（三）因继承遗产纠纷提起的诉讼，由被继承人死亡时住所地或者主要遗产所在地人民法院管辖。

第三十四条　合同或者其他财产权益纠纷的当事人可以书面协议选择被告住所地、合同履行地、合同签订地、原告住所地、标的物所在地等与争议有实际联系的地点的人民法院管辖，但不得违反本法对级别管辖和专属管辖的规定。

第二百六十六条　因在中华人民共和国履行中外合资经营企业合同、中外合作经营企业合同、中外合作勘探开发自然资源合同发生纠纷提起的诉讼，由中华人民共和国人民法院管辖。

第二百八十一条　外国法院作出的发生法律效力的判决、裁定，需要中华人民共和国人民法院承认和执行的，可以由当事人直接向中华人民共和国有管辖权的中级人民法院申请承认和执行，也可以由外国法院依照该国与中华人民共和国缔结或者参加的国际条约的规定，或者按照互惠原则，请求人民法院承认和执行。

第二百八十二条　人民法院对申请或者请求承认和执行的外国法院作出的发生法律效力的判决、裁定，依照中华人民共和国缔结或者参加的国际条约，或者按照互惠原则进行审查后，认为不违反中华人民共和国法律的基本原则或者国家主权、安全、社会公共利益的，裁定承认其效力，需要执行的，发出执行令，依照本法的有关规定执行。违反中华人民共和国法律的基本原则或者国家主权、安全、社会公共利益的，不予承认和执行。

最高人民法院
关于适用《中华人民共和国民事诉讼法》的解释

2015年1月30日　　法释〔2015〕5号

第五百四十三条　申请人向人民法院申请承认和执行外国法院作出的发生法律效力的判决、裁定，应当提交申请书，并附外国法院作出的发生法律效力的判决、裁定正本或者经证明无误的副本以及中文译本。外国法院判决、裁定为缺席判决、裁定的，申请人应当同时提交该外国法院已经合法传唤的证明文件，但判决、裁定已经对此予以明确说明的除外。

中华人民共和国缔结或者参加的国际条约对提交文件有规定的，按照规定办理。

第五百四十四条 当事人向中华人民共和国有管辖权的中级人民法院申请承认和执行外国法院作出的发生法律效力的判决、裁定的，如果该法院所在国与中华人民共和国没有缔结或者共同参加国际条约，也没有互惠关系的，裁定驳回申请，但当事人向人民法院申请承认外国法院作出的发生法律效力的离婚判决的除外。

承认和执行申请被裁定驳回的，当事人可以向人民法院起诉。

第五百四十六条 对外国法院作出的发生法律效力的判决、裁定或者外国仲裁裁决，需要中华人民共和国法院执行的，当事人应当先向人民法院申请承认。人民法院经审查，裁定承认后，再根据民事诉讼法第三编的规定予以执行。

当事人仅申请承认而未同时申请执行的，人民法院仅对应否承认进行审查并作出裁定。

第五百四十七条 当事人申请承认和执行外国法院作出的发生法律效力的判决、裁定或者外国仲裁裁决的期间，适用民事诉讼法第二百三十九条的规定。

当事人仅申请承认而未同时申请执行的，申请执行的期间自人民法院对承认申请作出的裁定生效之日起重新计算。

第五百四十八条 承认和执行外国法院作出的发生法律效力的判决、裁定或者外国仲裁裁决的案件，人民法院应当组成合议庭进行审查。

人民法院应当将申请书送达被申请人。被申请人可以陈述意见。

人民法院经审查作出的裁定，一经送达即发生法律效力。

第五百四十九条 与中华人民共和国没有司法协助条约又无互惠关系的国家的法院，未通过外交途径，直接请求人民法院提供司法协助的，人民法院应予退回，并说明理由。

最高人民法院
关于人民法院受理申请承认外国法院离婚判决案件有关问题的规定

2000年2月29日　　法释〔2000〕6号

1998年9月17日，我院以法〔1998〕86号通知印发了《关于人民法院受理申请承认外国法院离婚判决案件几个问题的意见》，现根据新的情况，对人民法院受理申请承认外国法院离婚判决案件的有关问题重新作如下规定：

一、中国公民向人民法院申请承认外国法院离婚判决，人民法院不应以其未在国内缔结婚姻关系而拒绝受理；中国公民申请承认外国法院在其缺席情况下作出的离婚判决，应同时向人民法院提交作出该判决的外国法院已合法传唤其出庭的有关证明文件。

二、外国公民向人民法院申请承认外国法院离婚判决，如果其离婚的原配偶是中国公民的，人民法院应予受理；如果其离婚的原配偶是外国公民的，人民法院不予受理，但可告知其直接向婚姻登记机关申请再婚登记。

三、当事人向人民法院申请承认外国法院离婚调解书效力的，人民法院应予受理，并根据《关于中国公民申请承认外国法院离婚判决程序问题的规定》进行审查，作出承认或不予承认的裁定。

自本规定公布之日起，我院法〔1998〕86号通知印发的《关于人民法院受理申请承认外国法院离婚判决案件几个问题的意见》同时废止。

最高人民法院
关于当事人申请承认澳大利亚法院出具的离婚证明书人民法院应否受理问题的批复

2005年7月26日　　法释〔2005〕8号

广东省高级人民法院：

你院报送的粤高法民一他字〔2004〕9号

"关于当事人申请承认澳大利亚法院出具的离婚证明书有关问题"的请示收悉。经研究，答复如下：

当事人持澳大利亚法院出具的离婚证明书向人民法院申请承认其效力的，人民法院应予受理，并依照《中华人民共和国民事诉讼法》第二百六十五条①和第二百六十六条②以及最高人民法院《关于中国公民申请承认外国法院离婚判决程序问题的规定》的有关规定进行审查，依法作出承认或者不予承认的裁定。

此复。

最高人民法院
关于中国公民申请承认外国法院离婚判决程序问题的规定

1991年8月13日　　法（民）〔1991〕21号

第一条　对与我国没有订立司法协助协议的外国法院作出的离婚判决，中国籍当事人可以根据本规定向人民法院申请承认该外国法院的离婚判决。

对与我国有司法协助协议的外国法院作出的离婚判决，按照协议的规定申请承认。

第二条　外国法院离婚判决中的夫妻财产分割、生活费负担、子女抚养方面判决的承认执行，不适用本规定。

第三条　向人民法院申请承认外国法院的离婚判决，申请人应提出书面申请书，并须附有外国法院离婚判决书正本及经证明无误的中文译本。否则，不予受理。

第四条　申请书应记明以下事项：

（一）申请人姓名、性别、年龄、工作单位和住址；

（二）判决由何国法院作出，判结果、时间；

（三）受传唤及应诉的情况；

（四）申请理由及请求；

（五）其他需要说明的情况。

第五条　申请由申请人住所地中级人民法院受理。申请人住所地与经常居住地不一致的，由经常居住地中级人民法院受理。

申请人不在国内的，由申请人原国内住所地中级人民法院受理。

第六条　人民法院接到申请书，经审查，符合本规定的受理条件的，应当在7日内立案；不符合的，应当在7日内通知申请人不予受理，并说明理由。

第七条　人民法院审查承认外国法院离婚判决的申请，由三名审判员组成合议庭进行，作出的裁定不得上诉。

第八条　人民法院受理申请后，对于外国法院离婚判决书没有指明已生效或生效时间的，应责令申请人提交作出判决的法院出具的判决已生效的证明文件。

第九条　外国法院作出离婚判决的原告为申请人的，人民法院应责令其提交作出判决的外国法院已合法传唤被告出庭的有关证明文件。

第十条　按照第八条、第九条要求提供的证明文件，应经该外国公证部门公证和我国驻该国使、领馆认证。同时应由申请人提供经证明无误的中文译本。

第十一条　居住在我国境内的外国法院离婚判决的被告为申请人，提交第八条、第十条所要求的证明文件和公证、认证有困难的，如能提交外国法院的应诉通知或出庭传票的，可推定外国法院离婚判决书为真实和已经生效。

第十二条　经审查，外国法院的离婚判决具有下列情形之一的，不予承认：

（一）判决尚未发生法律效力；

（二）作出判决的外国法院对案件没有管辖权；

（三）判决是在被告缺席且未得到合法传唤情况下作出的；

（四）该当事人之间的离婚案件，我国法院正在审理或已作出判决，或者第三国法院对该当事人之间作出的离婚案件判决已为我国法院

---

① 民事诉讼法原第二百六十五条现已修改为第二百八十二条。——编者注
② 民事诉讼法原第二百六十六条现已修改为第二百八十三条。——编者注

所承认；

（五）判决违反我国法律的基本原则或者危害我国国家主权、安全和社会公共利益。

第十三条　对外国法院的离婚判决的承认，以裁定方式作出。没有第十二条规定的情形的，裁定承认其法律效力；具有第十二条规定的情形之一的，裁定驳回申请人的申请。

第十四条　裁定书以"中华人民共和国××中级人民法院"名义作出，由合议庭成员署名，加盖人民法院印章。

第十五条　裁定书一经送达，即发生法律效力。

第十六条　申请承认外国法院的离婚判决，申请人应向人民法院交纳案件受理费人民币100元。

第十七条　申请承认外国法院的离婚判决，委托他人代理的，必须向人民法院提交由委托人签名或盖章的授权委托书。委托人在国外出具的委托书，必须经我国驻该国的使、领馆证明。

第十八条　人民法院受理离婚诉讼后，原告一方变更请求申请承认外国法院离婚判决，或者被告一方另提出承认外国法院离婚判决申请的，其申请均不受理。

第十九条　人民法院受理承认外国法院离婚判决的申请后，对方当事人向人民法院起诉离婚的，人民法院不予受理。

第二十条　当事人之间的婚姻虽经外国法院判决，但未向人民法院申请承认的，不妨碍当事人一方另行向人民法院提出离婚诉讼。

第二十一条　申请人的申请为人民法院受理后，申请人可以撤回申请，人民法院以裁定准予撤回。申请人撤回申请后，不得再提出申请，但可以另向人民法院起诉离婚。

第二十二条　申请人的申请被驳回后，不得再提出申请，但可以另行向人民法院起诉离婚。

最高人民法院
关于转发外交部、司法部、民政部《关于驻外使、领馆就中国公民申请人民法院承认外国法院离婚判决事进行公证、认证的有关规定》的通知

1997年7月16日　　法〔1997〕152号

各省、自治区、直辖市高级人民法院，各中级人民法院：

现将《关于驻外使、领馆就中国公民申请人民法院承认外国法院离婚判决事进行公证、认证的有关规定》转发你们，供在民事审判中参照执行。执行中有何问题，请及时报告我院。

【附：相关文件】

外交部、司法部、民政部关于驻外使、领馆就中国公民申请人民法院承认外国法院离婚判决事进行公证、认证的有关规定

1997年3月27日　　外领八函〔1997〕5号

各驻外使领馆、团、处：

近年来，随着我公民在国外结婚、离婚人数的增多，涉及中国公民向我人民法院申请承认外国法院离婚判决的案件也越来越多。为维护司法裁判的严肃性，统一、明确做法，方便当事人，经商最高人民法院，现对有关事宜做如下具体规定：

一、婚姻当事人一方为中国公民的外国法院的离婚判决书在国内使用，须经国内中级人民法院对该判决裁定承认后，才能为当事人出具以该外国法院离婚判决为准的婚姻状况公证。

二、婚姻当事人一方为中国公民的外国法院离婚判决书在国外使用：

（一）若居住国可根据外国法院离婚判决书或其他证明材料，为当事人出具婚姻状况证明，不需要我驻该国使、领馆出具以外国法院离婚判决为准的婚姻状况公证，我使、领馆可不予干预，但不干预不等于承认。

（二）若当事人不能在居住国取得婚姻状况证明，需我驻该国使、领馆出具以此判决为准的婚姻状况公证，应先向国内中级人民法院申请对该

判决的承认。该判决经裁定承认后,才能为当事人出具有关公证。

三、国内中级人民法院受理当事人的申请时,对外国法院离婚判决书的真伪不能判定,要求当事人对该判决书的真实性进行证明的,当事人可向驻外使、领馆申请公证、认证。外国法院的离婚判决书可经过居住国公证机构公证、外交部或外交部授权机构认证,我使、领馆认证;亦或居住国外交部直接认证,我使、领馆认证。进行上述认证的目的是为判决书的真伪提供证明,不涉及对其内容的承认。

四、当事人不能亲自回国申请承认外国法院的离婚判决,可委托他人代理。驻外使、领馆可为此类委托书办理公证或认证。受理委托书公证应要求当事人亲自申请。

五、当事人或其代理人申请国内中级人民法院对外国法院离婚判决书的裁定承认,必须提供:

(一)外国法院离婚判决书正本及经证明无误的中文译本;

(二)若申请人是离婚判决的原告,作出判决的外国法院出具的被告已被合法传唤出庭或合法传唤出庭文件已送达被告的有关证明文件及经证明无误的中文译文;

(三)若判决书中未指明判决已生效或生效时间的,作出判决的外国法院出具的判决已生效的证明文件及经证明无误的中文译文。

驻外使、领馆应按照公证、认证程序为上述文件办理公证或认证。

六、第五条中所述的"经证明无误的中文译文",可经如下途径证明:

(一)外国公证机构公证、外交部或外交部授权机构认证及我驻外使、领馆认证;

(二)驻外使、领馆直接公证;

(三)国内公证机关公证;

七、外国法院离婚判决书生效日期与我院裁定承认日期不同,离婚后未再婚公证应以外国法院离婚判决书生效日期为准。

八、国内中级人民法院裁定对外国法院离婚判决不予承认的,当事人可到国内原户籍所在地或婚姻缔结地中级人民法院起诉离婚。驻外使领馆可根据国内法院的离婚判决,为当事人出具在国外期间的婚姻状况证明。

九、有关外国法院离婚判决中夫妻财产分割、生活费负担、子女抚养等方面判决承认执行的公证、认证,不适用本规定。

原规定与上述规定不一致的,按此规定办理。上述规定以外的情况,请逐案报请国内。

最高人民法院
关于我国人民法院应否承认和执行日本国法院具有债权债务内容裁判的复函

1995年6月26日 〔1995〕民他字第17号

辽宁省高级人民法院:

你院〔1994〕民外字第72号请示收悉。关于日本国民五味晃向大连市中级人民法院申请承认和执行日本国横滨地方法院小田原分院具有债权债务内容的判决和熊本地方法院玉名分院所作债权扣押命令及债权转让命令,我国人民法院应否承认和执行问题,经研究认为,我国与日本国之间没有缔结或者参加相互承认和执行法院判决、裁定的国际条约,亦未建立相应的互惠关系。根据《中华人民共和国民事诉讼法》第二百六十八条①的规定,我国人民法院对该日本国法院裁判应不予承认和执行。故同意你们以裁定驳回日本国民五味晃申请的处理意见。至于裁定的理由如何表述,请根据上述精神斟酌考虑。

最高人民法院
关于明斯克自动线生产联合公司申请承认及执行白俄罗斯共和国最高经济法庭判决一案有关问题的请示的复函

2003年3月10日 〔2003〕民四他字第4号

北京市高级人民法院:

你院京高法〔2003〕第15号请示报告收

---

① 民事诉讼法原第二百六十条现已修改为第二百七十四条。——编者注

悉。经研究，答复如下：

本案涉及对白俄罗斯共和国法院所作判决的承认及执行问题，应根据我国与白俄罗斯签订的《中华人民共和国和白俄罗斯共和国关于民事和刑事司法协助的条约》（以下简称《双边条约》）的有关规定进行审查。根据你院请示报告所述事实，白俄罗斯最高经济法庭是通过邮寄方式向我国被执行人中国机床总公司送达判决书，而我国在加入《关于向国外送达民事或商事司法文书和司法外文书公约》时明确表明不承认外国司法机关通过邮寄途径直接向我国境内当事人送达司法文书，且我国与白俄罗斯共和国签订的《双边条约》中，也没有表明白俄罗斯的司法机关可以通过邮寄方式直接向我国境内当事人送达司法文书，而是规定应该经双方的中央机关联系，通过相互提供司法协助的方式进行。因此，白俄罗斯最高经济法庭通过邮寄方式向我国被执行人送达判决书的行为，不具有法律效力，可以认定本案所涉判决并未合法送达给我国相应的当事人。

承认和执行判决的一个必要的前提条件就是判决已经合法送达给相关当事人，由于白俄罗斯最高经济法庭所作判决未通过合法途径送达我国当事人中国机床总公司，依照我国与白俄罗斯共和国签订的《双边条约》第二十一条第（五）项的规定，应不予承认和执行本案所涉判决。

此复。

最高人民法院
关于中国公民黄爱京申请承认外国法院离婚确认书受理问题的复函

2003年5月12日　〔2003〕民立他字第15号

吉林省高级人民法院：

你院吉高法〔2003〕23号《关于中国公民申请承认外国法院离婚确认书的请示》收悉。经研究答复如下：

对于中国公民黄爱京申请人民法院承认的韩国法院离婚确认书，应视为韩国法院出具的法律文书。当事人向人民法院申请承认该离婚确认书法律效力的案件，人民法院可比照最高人民法院《关于中国公民申请承认外国法院离婚判决程序问题的规定》第一条和《关于人民法院受理申请承认外国法院离婚判决案件有关问题的规定》第三条规定的精神予以受理。

人民法院办理执行案件规范

2017年4月

772.【承认和执行的途径】

外国法院作出的发生法律效力的判决、裁定，需要中华人民共和国人民法院承认和执行的，可以由当事人直接向中华人民共和国有管辖权的中级人民法院申请承认和执行，也可以由外国法院依照该国与中华人民共和国缔结或者参加的国际条约的规定，或者按照互惠原则，请求人民法院承认和执行。

773.【承认和执行的审查原则】

人民法院对申请或者请求承认和执行的外国法院作出的发生法律效力的判决、裁定，依照中华人民共和国缔结或者参加的国际条约，或者按照互惠原则进行审查后，认为不违反中华人民共和国法律的基本原则或者国家主权、安全、社会公共利益的，裁定承认其效力，需要执行的，发出执行令，依照民事诉讼法的有关规定执行。违反中华人民共和国法律的基本原则或者国家主权、安全、社会公共利益的，不予承认和执行。

774.【国际间平行诉讼】

中华人民共和国法院和外国法院都有管辖权的案件，一方当事人向外国法院起诉，而另一方当事人向中华人民共和国法院起诉的，人民法院可予受理。判决后，外国法院申请或者当事人请求人民法院承认和执行外国法院对本案作出的判决、裁定的，不予准许；但双方共同缔结或者参加的国际条约另有规定的除外。

外国法院判决、裁定已经被人民法院承认，当事人就同一争议向人民法院起诉的，人民法院不予受理。

775.【先承认后执行】

对外国法院作出的发生法律效力的判决、裁定或者外国仲裁裁决，需要中华人民共和国法院执行的，当事人应当先向人民法院申请承认。人民法院经审查，裁定承认后，再根据民事诉讼法第三编的规定予以执行。

当事人仅申请承认而未同时申请执行的，人民法院仅对应否承认进行审查并作出裁定。

776.【申请承认和执行的期间】

当事人申请承认和执行外国法院作出的发生法律效力的判决、裁定的期间，适用本规范第 22 条第一款、第二款的规定。

当事人仅申请承认而未同时申请执行的，申请执行的期间自人民法院对承认申请作出的裁定生效之日起重新计算。

777.【申请的材料】

申请人向人民法院申请承认和执行外国法院作出的发生法律效力的判决、裁定，应当提交申请书，并附外国法院作出的发生法律效力的判决、裁定正本或者经证明无误的副本以及中文译本。外国法院判决、裁定为缺席判决、裁定的，申请人应当同时提交该外国法院已经合法传唤的证明文件，但判决、裁定已经对此予以明确说明的除外。

中华人民共和国缔结或者参加的国际条约对提交文件有规定的，按照规定办理。

778.【语言要求及翻译机构的确定】

当事人向人民法院提交的书面材料是外文的，应当同时向人民法院提交中文翻译件。

当事人对中文翻译件有异议的，应当共同委托翻译机构提供翻译文本；当事人对翻译机构的选择不能达成一致的，由人民法院确定。

779.【对外国法院作出判决、裁定的审查程序】

承认和执行外国法院作出的发生法律效力的判决、裁定的案件，人民法院应当组成合议庭进行审查。

人民法院应当将申请书送达被申请人。被申请人可以陈述意见。

人民法院经审查作出的裁定，一经送达即发生法律效力。

780.【无条约和互惠关系国裁判的承认和执行申请】

当事人向中华人民共和国有管辖权的中级人民法院申请承认和执行外国法院作出的发生法律效力的判决、裁定的，如果该法院所在国与中华人民共和国没有缔结或者共同参加国际条约，也没有互惠关系的，裁定驳回申请，但当事人向人民法院申请承认外国法院作出的发生法律效力的离婚判决的除外。

承认和执行申请被裁定驳回的，当事人可以向人民法院起诉。

781.【司法协助的文本要求】

外国法院请求人民法院提供司法协助的请求书及其所附文件，应当附有中文译本或者国际条约规定的其他文字文本。

人民法院请求外国法院提供司法协助的请求书及其所附文件，应当附有该国文字译本或者国际条约规定的其他文字文本。

782.【司法协助的途径】

请求和提供司法协助，应当依照中华人民共和国缔结或者参加的国际条约所规定的途径进行；没有条约关系的，通过外交途径进行。

783.【不合规司法协助请求的处理】

与中华人民共和国没有司法协助条约又无互惠关系的国家的法院，未通过外交途径，直接请求人民法院提供司法协助的，人民法院应予退回，并说明理由。

第五节　对国外仲裁机构生效裁决的承认和执行程序

中华人民共和国民事诉讼法

2017年6月27日

第二百八十三条 国外仲裁机构的裁决，需要中华人民共和国人民法院承认和执行的，应当由当事人直接向被执行人住所地或者其财产所在地的中级人民法院申请，人民法院应当依照中华人民共和国缔结或者参加的国际条约，或者按照互惠原则办理。

最高人民法院
关于适用《中华人民共和国民事诉讼法》的解释

2015年1月30日　法释〔2015〕5号

第五百四十五条 对临时仲裁庭在中华人民共和国领域外作出的仲裁裁决，一方当事人向人民法院申请承认和执行的，人民法院应当依照民事诉讼法第二百八十三条规定处理。

第五百四十六条 对外国法院作出的发生法律效力的判决、裁定或者外国仲裁裁决，需要中华人民共和国法院执行的，当事人应当先向人民法院申请承认。人民法院经审查，裁定承认后，再根据民事诉讼法第三编的规定予以执行。

当事人仅申请承认而未同时申请执行的，人民法院仅对应否承认进行审查并作出裁定。

第五百四十七条 当事人申请承认和执行外国法院作出的发生法律效力的判决、裁定或者外国仲裁裁决的期间，适用民事诉讼法第二百三十九条的规定。

当事人仅申请承认而未同时申请执行的，申请执行的期间自人民法院对承认申请作出的裁定生效之日起重新计算。

第五百四十八条 承认和执行外国法院作出的发生法律效力的判决、裁定或者外国仲裁裁决的案件，人民法院应当组成合议庭进行审查。

人民法院应当将申请书送达被申请人。被申请人可以陈述意见。

人民法院经审查作出的裁定，一经送达即发生法律效力。

全国人民代表大会常务委员会
关于我国加入《承认及执行外国仲裁裁决公约》的决定

1986年12月2日

第六届全国人民代表大会常务委员会第十八次会议决定：

中华人民共和国加入《承认及执行外国仲裁裁决公约》，并同时声明：

（一）中华人民共和国只在互惠的基础上对在另一缔约国领土内作出的仲裁裁决的承认和执行适用该公约；

（二）中华人民共和国只对根据中华人民共和国法律认定为属于契约性和非契约性商事法律关系所引起的争议适用该公约。

【附：相关文件】

承认及执行外国仲裁裁决公约

1958年6月10日联合国国际商事仲裁会议通过

第一条

（1）由于自然人或法人间的争执而引起的仲裁裁决，在一个国家的领土内作成，而在另一个国家请求承认和执行时，适用本公约。在一个国家请求承认和执行这个国家不认为是本国裁决的仲裁裁决时，也适用本公约。

（2）"仲裁裁决"不仅包括由为每一案件选定的仲裁员所作出的裁决，而且也包括由常设仲裁机构经当事人的提请而作出的裁决。

（3）任何缔约国在签署、批准或者加入本公约或者根据第10条通知扩延的时候，可以在互惠的基础上声明，本国只对另一缔约国领土内所作成的仲裁裁决的承认和执行，适用本公约。它也可以声明，本国只对根据本国法律属于商事的法律关系，不论是不是合同关系，所引起的争执适用本公约。

第二条

（1）如果双方当事人书面协议把由于同某个可以通过仲裁方式解决的事项有关的特定的法律关系，不论是不是合同关系，所已产生或可能产生的全部或任何争执提交仲裁，每一个缔约国应该承认这种协议。

（2）"书面协议"包括当事人所签署的或者来往书信、电报中所包含的合同中的仲裁条款和仲裁协议。

（3）如果缔约国的法院受理一个案件，而就这案件所涉及的事项，当事人已经达成本条意义内的协议时，除非该法院查明该项协议是无效的、未生效的或不可能实行的，应该依一方当事人的请求，令当事人把案件提交仲裁。

第三条 在以下各条所规定的条件下，每一个缔约国应该承认仲裁裁决有约束力，并且依照裁决需其承认或执行的地方程序规则予以执行。对承认或执行本公约所适用的仲裁裁决，不应该比对承认或执行本国的仲裁裁决规定实质上较烦的条件或较高的费用。

第四条

（1）为了获得前条所提到的承认和执行，申请承认和执行裁决的当事人应该在申请的时候提供：

①经正式认证的裁决正本或经正式证明的副本。

②第二条所提到的协议正本或经正式证明的副本。

③如果上述裁决或协议不是用裁决需其承认或执行的国家的正式语言作成，申请承认和执行裁决的当事人应该提出这些文件的此种译文。译文应该由一官方的或宣过誓的译员或一外交或领事代理人证明。

第五条

（1）被请求承认或执行裁决的管辖当局只有在作为裁决执行对象的当事人提出有关下列情况的证明的时候，才可以根据该当事人的要求，拒绝承认和执行该项裁决：

①第二条所述的协议的双方当事人，根据对他们适用的法律，当时是处于某种无行为能力的情况之下；或者根据双方当事人选定适用的法律，或在没有这种选定的时候，根据作出裁决的国家的法律，下述协议是无效的；或者

②作为裁决执行对象的当事人，没有被给予指定仲裁员或者进行仲裁程序的适当通知，或者由于其他情况而不能对案件提出意见，或者

③裁决涉及仲裁协议所没有提到的，或者不包括仲裁协议规定之内的争执；或者裁决内含有对仲裁协议范围以外事项的决定；但是，对于仲裁协议范围以内的事项的决定，如果可以和对于仲裁协议范围以外的事项的决定分开，那么，这一部分的决定仍然可予以承认和执行；或者

④仲裁庭的组成或仲裁程序同当事人间的协议不符，或者当事人间没有这种协议时，同进行仲裁的国家的法律不符；或者

⑤裁决对当事人还没有约束力，或者裁决已经由作出裁决的国家或据其法律作出裁决的国家的管辖当局撤销或停止执行。

（2）被请求承认和执行仲裁裁决的国家的管辖当局如果查明有下列情况，也可以拒绝承认和执行：

①争执的事项，依照这个国家的法律，不可以用仲裁方式解决；或者

②承认或执行该项裁决将和这个国家的公共秩序相抵触。

第六条 如果已经向第五条（1）⑤所提到的管辖当局提出了撤销或停止执行仲裁裁决的申请，被请求承认或执行该项裁决的当局如果认为适当，可以延期作出关于执行裁决的决定，也可以依请求执行裁决的当事人的申请，命令对方当事人提供适当的担保。

第七条

（1）本公约的规定不影响缔约国参加的有关承认和执行仲裁裁决的多边或双边协定的效力，也不剥夺有关当事人在被请求承认或执行某一裁决的国家的法律或条约所许可的方式和范围内，可能具有的利用该仲裁裁决的任何权利。

（2）1923年关于仲裁条款的日内瓦议定书和1927年关于执行外国仲裁裁决的日内瓦公约，对本公约的缔约国，在它们开始受本公约约束的时候以及在它们受本公约约束的范围以内失效。

第八条

（1）本公约在1958年12月31日以前开放供

联合国任何会员国,现在或今后是联合国专门机构成员的任何其它国家,现在或今后是国际法院规章缔约国的任何其他国家,或者经联合国大会邀请的任何其他国家的代表签署。

(2) 本公约须经批准,批准书应当交存联合国秘书长。

第九条

(1) 第八条所提到的一切国家都可以加入本公约。

(2) 加入本公约应当将加入书交存联合国秘书长处。

第十条

(1) 任何国家在签署、批准或加入本公约的时候,都可以声明:本公约将扩延到国际关系由该国负责一切或任何地区。这种声明在本公约对该国生效的时候生效。

(2) 在签署、批准或加入本公约之后,要作这种扩延,应该通知联合国秘书长,并从联合国秘书长接到通知之后九十日起,或从本公约对该国生效之日起,取其在后者生效。

(3) 关于在签署、批准或加入本公约的时候,本公约所没有扩延到的地区,各有关国家应当考虑采取必要步骤的可能性,以便使公约的适用范围能够扩延到这些地区;但是,在有宪法上的必要时,须取得这些地区的政府的同意。

第十一条

(1) 对于联邦制或者非单一制国家应当适用下列规定:

①关于属于联邦当局立法权限内的本公约条款,联邦政府的义务同非联邦制缔约国政府的义务一样。

②关于属于联邦成员或省立法权限内的本公约条款,如果联邦成员或省根据联邦宪法制度没有采取立法行动的义务,联邦政府应当尽早地把这些条款附以积极的建议以唤起联邦成员或省的相应机关的注意。

③本公约的联邦国家缔约国,根据任何其他缔约国通过联合国秘书长而提出的请求,应当提供关于该联邦及其构成单位有关本公约任何具体规定的法律和习惯,以表明已经在什么范围内采取立法或其他行动使该项规定生效。

第十二条

(1) 本公约从第三个国家交存批准书或加入书之日后九十日起生效。

(2) 在第三个国家交存批准书或加入书以后,本公约从每个国家交存批准书或加入书后九十日起对该国生效。

第十三条

(1) 任何缔约国可以用书面通知联合国秘书长退出本公约。退约从秘书长接到通知之日后一年起生效。

(2) 依照第十条规定提出声明或者通知的任何国家,随时都可以通知联合国秘书长,声明从秘书长接到通知之日后一年起,本公约停止扩延到有关地区。

(3) 对于在退约生效以前已经进入承认或执行程序的仲裁裁决,本公约应继续适用。

第十四条

缔约国除了自己有义务适用本公约的情况外,无权利用本公约对抗其他缔约国。

第十五条

联合国秘书长应当将下列事项通知第八条中所提到的国家:

(1) 依照第八条的规定签署和批准本公约;

(2) 依照第九条的规定加入本公约;

(3) 依照第一、十和十一条的规定的声明和通知;

(4) 依照第十二条所规定的本公约的生效日期;

(5) 依照第十三条所规定的退约和通知。

第十六条

(1) 本公约的中、英、法、俄和西班牙各文本同等有效,由联合国档案处保存。

(2) 联合国秘书长应当把经过证明的本公约副本送达第八条所提到的国家。

最高人民法院
关于承认和执行外国仲裁裁决收费及审查期限问题的规定

1998年11月14日　　法释〔1998〕28号

为正确执行我国加入的联合国《承认及执行外国仲裁裁决公约》(以下称纽约公约),现对人民法院依照纽约公约规定,承认和执行外国仲裁裁决收费及审查期限问题作出如下规定:

一、人民法院受理当事人申请承认外仲

裁裁决的，预收人民币 500 元。

二、人民法院受理当事人申请承认和执行外国仲裁裁决的，应按照《人民法院诉讼收费办法》有关规定，依申请执行的金额或标的价额预收执行费。如人民法院最终决定仅承认而不予执行外国仲裁裁决时，在扣除本规定第一条所列费用后，其余退还申请人。

三、人民法院受理当事人申请承认和执行外国仲裁裁决，不得对承认和执行分别两次收费。对所预收费用的负担，按照《人民法院诉讼收费办法》有关规定执行。

四、当事人依照纽约公约第四条规定的条件申请承认和执行外国仲裁裁决，受理申请的人民法院决定予以承认和执行的，应在受理申请之日起两个月内作出裁定，如无特殊情况，应在裁定后六个月内执行完毕；决定不予承认和执行的，须按最高人民法院法发〔1995〕18号《关于人民法院处理与涉外仲裁及外国仲裁事项有关问题的通知》的有关规定，在受理申请之日起两个月内上报最高人民法院。

最高人民法院
关于执行我国加入的《承认及执行外国仲裁裁决公约》的通知

1987 年 4 月 10 日　　法（经）发〔1987〕5 号

全国地方各高、中级人民法院，各海事法院、铁路运输中级法院：

第六届全国人民代表大会常务委员会第十八次会议于 1986 年 12 月 2 日决定我国加入1958 年在纽约通过的《承认及执行外国仲裁裁决公约》（以下简称《1958 年纽约公约》），该公约将于 1987 年 4 月 22 日对我国生效。各高、中级人民法院都应立即组织经济、民事审判人员、执行人员以及其他有关人员认真学习这一重要的国际公约，并且切实依照执行。现就执行该公约的几个问题通知如下：

一、根据我国加入该公约时所作的互惠保留声明，我国对在另一缔约国领土内作出的仲裁裁决的承认和执行适用该公约。该公约与我国民事诉讼法（试行）有不同规定的，按该公约的规定办理。

对于在非缔约国领土内作出的仲裁裁决，需要我国法院承认和执行的，应按民事诉讼法（试行）第二百零四条的规定办理。

二、根据我国加入该公约时所作的商事保留声明，我国仅对按照我国法律属于契约性和非契约性商事法律关系所引起的争议适用该公约。所谓"契约性和非契约性商事法律关系"，具体的是指由于合同、侵权或者根据有关法律规定而产生的经济上的权利义务关系，例如货物买卖、财产租赁、工程承包、加工承揽、技术转让、合资经营、合作经营、勘探开发自然资源、保险、信贷、劳务、代理、咨询服务和海上、民用航空、铁路、公路的客货运输以及产品责任、环境污染、海上事故和所有权争议等，但不包括外国投资者与东道国政府之间的争端。

三、根据《1958 年纽约公约》第四条的规定，申请我国法院承认和执行在另一缔约国领土内作出的仲裁裁决，是由仲裁裁决的一方当事人提出的。对于当事人的申请应由我国下列地点的中级人民法院受理：

1. 被执行人为自然人的，为其户籍所在地或者居所地；

2. 被执行人为法人的，为其主要办事机构所在地；

3. 被执行人在我国无住所、居所或者主要办事机构，但有财产在我国境内的，为其财产所在地。

四、我国有管辖权的人民法院接到一方当事人的申请后，应对申请承认及执行的仲裁裁决进行审查，如果认为不具有《1958 年纽约公约》第五条第一、二两项所列的情形，应当裁定承认其效力，并且依照民事诉讼法（试行）规定的程序执行；如果认定具有第五条第二项所列的情形之一的，或者根据被执行人提供的证据证明具有第五条第一项所列的情形之一的，应当裁定驳回申请，拒绝承认及执行。

五、申请我国法院承认及执行的仲裁裁决，仅限于《1958 年纽约公约》对我国生效后在另一缔约国领土内作出的仲裁裁决。该项申请应当在民事诉讼法（试行）第一百六十九条规定的申请执行期限内提出。

特此通知，希遵照执行。

附件一：

本通知引用的《承认及执行外国仲裁裁决公约》有关条款

第四条 一、声请承认及执行之一造，为取得前条所称之承认及执行，应于声请时提具：

（甲）原裁决之正本或其正式副本；

（乙）第二条所称协定之原本或其正式副本。

二、倘前述裁决或协定所用文字非为援引裁决地所在国之正式文字，声请承认及执行裁决之一造应具备各该文件之此项文字译本。译本应由公设或宣誓之翻译员或外交或领事人员认证之。

第五条 一、裁决唯有受裁决援用之一造向声请承认及执行地之主管机关提具证据证明有下列情形之一时，始得依该造之请求，拒予承认及执行：

（甲）第二条所称协定之当事人依对其适用之法律有某种无行为能力情形者，或该项协定依当事人作为协定准据之法律系属无效，或未指明以何法律为准时，依裁决地所在国法律系属无效者；

（乙）受裁决援用之一造未接获关于指派仲裁员或仲裁程序之适当通知，或因他故，致未能申辩者；

（丙）裁决所处理之争议非为交付仲裁之标的或不在其条款之列，或裁决载有关于交付仲裁范围以外事项之决定者，但交付仲裁事项之决定可与未交付仲裁之事项划分时，裁决中关于交付仲裁事项之决定部分得予承认及执行；

（丁）仲裁机关之组成或仲裁程序与各造间之协议不符，或无协议而与仲裁地所在国法律不符者；

（戊）裁决对各造尚无拘束力，或业经裁决地所在国或裁决所依据法律之国家之主管机关撤销或停止执行者。

二、倘声请承认及执行地所在国之主管机关认定有下列情形之一，亦得拒不承认及执行仲裁裁决：

（甲）依该国法律，争议事项系不能以仲裁解决者；

（乙）承认或执行裁决有违该国公共政策者。

附件二：

本通知引用的《中华人民共和国民事诉讼法（试行）》有关条款

第一百六十九条 申请执行的期限，双方或者一方当事人是个人的为一年；双方是企业事业单位、机关、团体的为六个月。

第二百零四条 中华人民共和国人民法院对外国法院委托执行的已经确定的判决、裁决，应当根据中华人民共和国缔结或者参加的国际条约，或者按照互惠原则进行审查，认为不违反中华人民共和国法律的基本准则或者我国国家、社会利益的，裁定承认其效力，并且依照本法规定的程序执行。否则，应当退回外国法院。

附件三：

加入《承认及执行外国仲裁裁决公约》的国家

丹麦（1、2）法国（1、2）希腊（1、2）罗马教廷（1、2）美国（1、2）奥地利（1）

比利时（1）联邦德国（1）爱尔兰（1）日本（1）卢森堡（1）荷兰（1）瑞士（1）

英国（1）挪威（1）澳大利亚 芬兰 新西兰（1）圣马利诺 西班牙 意大利 加拿大

瑞典 民主德国（1、2）匈牙利（1、2）波兰（1、2）罗马尼亚（1、2）

南斯拉夫（1、2、3）保加利亚（1）捷克斯洛伐克（1）苏联（1）苏联白俄罗斯共和国（1）

苏联乌克兰共和国（1）博茨瓦纳（1、2）中非共和国（1、2）中国（1、2）古巴（1、2）

塞浦路斯（1、2）厄瓜多尔（1、2）印度（1、2）印度尼西亚（1、2）马达加斯加（1、2）

尼日利亚（1、2）菲律宾（1、2）特立尼达和多巴哥（1、2）突尼斯（1、2）

危地马拉（1、2）南朝鲜（1、2）摩纳哥（1、2）科威特（1）摩洛哥（1）坦桑尼亚（1）

贝宁 智利 哥伦比亚 民主柬埔寨 埃及 加纳 以色列 约旦 墨西哥 尼日尔 南非

斯里兰卡 叙利亚 泰国 乌拉圭 吉布提 海地 巴拿马 马来西亚 新加坡

注：1. 该国声明，只适用本公约于在另一缔约国领土内作出的仲裁裁决，即作互惠保留。

2. 该国声明，只适用本公约于根据其本国的法律认定为属于商事的法律关系（契约性或非契约性的）所引起争议，即作商事保留。

3. 该国声明，只承认和执行该国加入本公约之后在外国作出的仲裁裁决。

最高人民法院
关于人民法院处理与涉外仲裁及外国仲裁事项有关问题的通知

1995年8月28日　　法发〔1995〕18号

各省、自治区、直辖市高级人民法院，解放军军事法院：

为严格执行《中华人民共和国民事诉讼法》以及我国参加的有关国际公约的规定，保障诉讼和仲裁活动依法进行，现决定对人民法院受理具有仲裁协议的涉外经济纠纷案、不予执行涉外仲裁裁决以及拒绝承认和执行外国仲裁裁决等问题建立报告制度。为此，特作如下通知：

一、凡起诉到人民法院的涉外、涉港澳和涉台经济、海事海商纠纷案件，如果当事人在合同中订有仲裁条款或者事后达成仲裁协议，人民法院认为该仲裁条款或者仲裁协议无效、失效或者内容不明确无法执行的，在决定受理一方当事人起诉之前，必须报请本辖区所属高级人民法院进行审查；如果高级人民法院同意受理，应将其审查意见报最高人民法院。在最高人民法院未作答复前，可暂不予受理。

二、凡一方当事人向人民法院申请执行我国涉外仲裁机构裁决，或者向人民法院申请承认和执行外国仲裁机构的裁决，如果人民法院认为我国涉外仲裁机构裁决具有民事诉讼法第二百五十八条①情形之一的，或者申请承认和执行的外国仲裁裁决不符合我国参加的国际公约的规定或者不符合互惠原则的，在裁定不予执行或者拒绝承认和执行之前，必须报请本辖区所属高级人民法院进行审查；如果高级人民法院同意不予执行或者拒绝承认和执行，应将其审查意见报最高人民法院。待最高人民法院答复后，方可裁定不予执行或者拒绝承认和执行。

最高人民法院
关于审理和执行涉外民商事案件应当注意的几个问题的通知

2000年4月17日　　法〔2000〕51号

三、严格遵守涉外民商事案件生效法律文书的执行规定，切实维护国家司法权威。各级人民法院在强化执行工作过程中，应从维护国家司法形象和法制尊严的高度认识涉外执行工作的重要性，进一步加强涉外案件的执行，要注意执行方法，提高执行效率，注重执行效果。对涉外仲裁裁决和国外仲裁裁决的审查与执行，要严格依照有关国际公约和《中华人民共和国民事诉讼法》、最高人民法院《关于适用〈中华人民共和国民事诉讼法〉若干问题的意见》②、《最高人民法院关于人民法院执行工作若干问题的规定（试行）》中有关涉外执行的规定和最高人民法院（法）经发〔1987〕5号通知、法发〔1995〕18号通知、法释〔1998〕28号规定及法〔1998〕40号通知办理。各级人民法院凡拟适用《中华人民共和国民事诉讼法》第二百五十八条③和有关国际公约规定，不予执行涉外仲裁裁决、撤销涉外仲裁裁决或拒绝承认和执行外国仲裁机构的裁决的，均应按规定逐级呈报最高人民法院审查，在最高人民法院答复前，不得制发裁定。

四、各级人民法院要加强对国际条约、国际惯例等国际经贸规范的学习，不断提高审查涉外民商事案件的水平。对在适用法律上有重大争议的，应按最高人民法院《关于建立经济纠纷大案要案报告制度的通知》 （法经函

---

① 民事诉讼法原第二百五十八条现已修改为第二百七十四条。——编者注
② 该意见已被最高人民法院《关于适用〈中华人民共和国民事诉讼法〉的解释》（法释〔2015〕5号）废止。——编者注
③ 民事诉讼法原第二百五十八条现已修改为第二百七十四条。——编者注

〔1989〕第 4 号）执行。审判人员要严格遵守审判纪律，不得私自接待国外当事人或其他有关人员；严格执行回避制度，不得单独接触一方当事人及其关系人；对于涉外案件外国当事人所在国家外交机构代表的正式询问，应由受案法院负责接待，有关情况应及时报告上级法院。

最高人民法院

关于印发《第二次全国涉外商事海事审判工作会议纪要》的通知

2005 年 12 月 16 日　　法发〔2005〕26 号

一、关于案件管辖

6. 当事人申请确认涉外仲裁协议效力的案件，由申请人住所地、被申请人住所地或者仲裁协议签订地有权受理涉外商事案件的中级人民法院管辖；申请执行我国涉外仲裁裁决的案件，由被申请人住所地、财产所在地有权受理涉外商事案件的中级人民法院管辖；申请撤销我国涉外仲裁裁决的案件，由仲裁机构所在地有权受理涉外商事案件的中级人民法院管辖；申请承认与执行外国仲裁裁决的案件，由被申请人住所地或者财产所在地有权受理涉外商事案件的中级人民法院管辖。

六、关于国际商事海事仲裁的司法审查

（三）外国仲裁裁决的审查

81. 外国仲裁机构或者临时仲裁庭在我国境外作出的仲裁裁决，一方当事人向人民法院申请承认与执行的，人民法院应当依照《中华人民共和国民事诉讼法》第二百六十九条①的规定办理。

82. 对具有执行内容的外国仲裁裁决，当事人仅申请承认而未同时申请执行的，人民法院仅对应否承认进行审查。承认后当事人申请执行的，人民法院应予受理并对是否执行进行审查。

83. 经当事人提供证据证明外国仲裁裁决尚未生效、被撤销或者停止执行的，人民法院应当拒绝承认与执行。外国仲裁裁决在国外被提起撤销或者停止执行程序尚未结案的，人民法院可以中止承认与执行程序；外国法院在相同情况下不中止承认与执行程序的，人民法院采取对等原则。

84. 外国仲裁裁决裁决当事人向仲裁员支付仲裁员费用的，因仲裁员不是仲裁裁决的当事人，其无权申请承认与执行该裁决中有关仲裁员费用的部分，但有关仲裁员可以单独就仲裁员费用以仲裁裁决为依据向有管辖权的人民法院提起诉讼。

最高人民法院

关于英国嘉能可有限公司申请承认和执行英国伦敦金属交易所仲裁裁决一案请示的复函

2001 年 4 月 19 日　　〔2001〕民四他字第 2 号

重庆市高级人民法院：

你院 2000 年 12 月 12 日〔2000〕渝高法执示字第 26 号《关于对英国嘉能可有限公司申请承认及执行英国伦敦金属交易所仲裁裁决一案有关问题的请示》收悉。经研究认为：根据联合国《承认及执行外国仲裁裁决公约》第五条第一款（甲）项规定，对合同当事人行为能力的认定，应依照属人主义原则适用我国法律。重庆机械设备进出口公司职员孙健与英国嘉能可有限公司签订合同，孙健在"代表"公司签订本案合同时未经授权且公司也未在该合同上加盖印章，缺乏代理关系成立的形式要件，事后重庆机械设备进出口公司对孙健的上述行为明确表示否认。同时孙健的签约行为也不符合两公司之间以往的习惯做法，不能认定为表见代理。根据《中华人民共和国民法通则》第六十六条第一款和我院《关于适用〈中华人民共和国涉外经济合同法〉若干问题的解答》第三条第一款第四项的规定，孙健不具代理权，其"代表"公司签订的合同应当认定为无效合同，其民事责任不应由重庆机械设备进出口公司承

---

① 民事诉讼法原第二百六十九条现已修改为第二百八十三条。——编者注

担。同理，孙健"代表"公司签订的仲裁条款亦属无效，其法律后果亦不能及于重庆机械设备进出口公司。本案所涉仲裁裁决，依法应当拒绝承认及执行。

此复。

最高人民法院
关于麦考·奈浦敦有限公司申请承认和执行仲裁裁决一案请示的复函

2001年4月23日　　法民二〔2001〕32号

上海市高级人民法院：

你院〔1999〕沪高执他字第5号函《关于麦考·奈浦敦有限公司申请承认和执行仲裁裁决一案的请示》收悉。经研究，答复如下：

一、关于申请人提出的承认及执行申请是否符合立案受理条件的问题。根据我院1987年《关于执行我国加入的〈承认和执行外国仲裁裁决公约〉的通知》第五条的规定，申请承认及执行的期限为6个月，该期限应从法律文书规定的履行期限的最后1日起计算。具体到本案，因裁决书没有关于履行期限的内容，但应给当事人一个合理的履行期限，故从仲裁裁决送达当事人第二日起计算较为合理，而不应从仲裁裁决作出之日起计算申请承认及执行的期限。另外，尽管申请人在有效期内提供的申请材料不完全符合有关规定，但经人民法院通知补充后基本上是符合要求的，人民法院应当立案受理并已受理，故不能以"申请人未在法定期限内提出有效的申请"为由拒绝承认和执行本案所涉仲裁裁决。

二、关于本案所涉仲裁裁决是否存在不予承认和执行的情形的问题。申请人提出的六点理由均不构成《纽约公约》第5条第1款规定的可以据以拒绝承认和执行的几种情形。你院对此点的分析与认定是全面、正确的。申请人提出的"裁决本身存在不予承认和执行的情形"没有事实和法律依据，不能成为拒绝承认及执行本案所涉仲裁裁决的理由。

三、关于你院提出的"本案仲裁裁决因未作初步裁决而违反仲裁地法律"以及"裁决裁定被诉人补偿申诉人律师费，超出当事人交付仲裁范围"的问题。根据《纽约公约》第5条的规定，这类问题属应当事人请求才予审查的情形，人民法院不应依职权提起。而本案当事人始终未提及该问题，故人民法院不能以此为由拒绝承认及执行本案所涉仲裁裁决。

四、关于本案是否适用《纽约公约》的问题。《纽约公约》第1条第1款规定的适用范围有两种情形：一是"仲裁裁决，因自然人或法人间之争议而产生且在声请承认及执行地所在国以外之国家领土内做成者，其承认及执行适用本公约。"你院请示所述案符合此种情形，应当适用《纽约公约》；另一种情形是"本公约对于仲裁裁决经声请承认及执行地所在国认为非内国裁决者，亦适用之。"这里所指的"非内国裁决"是相对"声请承认及执行地所在国"而言的。你院请示所述案并非我国国内裁决，当然应适用《纽约公约》。你院提出的"本案所涉裁决系'非国内裁决'，尚不能明确是否适用于《纽约公约》"的问题，系对公约有关条款的误解。

综上，本案不存在可以拒绝承认和执行所涉仲裁裁决的理由。上海市中级人民法院应当裁定承认和执行本案所涉瑞士苏黎士商会仲裁庭的仲裁裁决。

此复。

最高人民法院
关于不承认及执行伦敦最终仲裁裁决案的请示的复函

2001年9月11日　　〔2000〕交他字第11号

湖北省高级人民法院：

你院鄂高法〔2000〕231号关于不承认及执行伦敦最终仲裁裁决案的请示收悉。经研究认为：

一、鉴于本案被申请人中国外运南京公司的所有活动都是通过其经纪人丸红公司进行的，因此应当认定丸红公司是被申请人的代理人，被申请人应当受丸红公司代其签订的租船合同的约束。

二、被申请人签发航次指令的行为是一种履行合同的行为，该行为表明被申请人与申请人之间有租船合同。

三、因为本案租船合同和租船概要中均含有仲裁条款，所以应当认定被申请人与申请人之间存在仲裁协议，本案仲裁裁决不具有不予承认和执行的情形。根据《中华人民共和国民事诉讼法》第二百六十九条①和《承认和执行外国仲裁裁决公约》的规定，该仲裁裁决应当得到承认与执行。

此复。

最高人民法院
关于ED&F曼氏（香港）有限公司申请承认和执行伦敦糖业协会仲裁裁决案的复函

2003年7月1日　〔2003〕民四他字第3号

北京市高级人民法院：

你院2003年1月15日京高法〔2003〕7号《关于对ED&F曼氏（香港）有限公司申请承认与执行伦敦糖业协会第158号仲裁裁决一案的请示》收悉。经本院审判委员会讨论决定，答复如下：

中国糖业酒类集团公司与ED&F曼氏（香港）有限公司于1994年12月14日签订的8008合同明确约定，因该合同引起的一切争议均需提交伦敦糖业协会依照该协会规则进行仲裁。双方当事人就履行8008合同发生争议后，伦敦糖业协会依照双方当事人的上述约定受理有关争议具有法律依据。经审查，伦敦糖业协会在仲裁本案过程中不存在1958年《承认与执行外国仲裁裁决公约》第五条第一款规定的任何情形。双方当事人因履行期货交易合同产生的纠纷，在性质上属于因契约性商事法律关系产生的纠纷，依照我国法律规定可以约定请仲裁。

依照我国有关法律法规的规定，境内企业未经批准不得擅自从事境外期货交易。中国糖业酒类集团公司未经批准擅自从事境外期货交易的行为，依照中国法律无疑应认定为无效。但违反我国法律的强制性规定不能完全等同于违反我国的公共政策。因此，本案亦不存在1958年《承认与执行外国仲裁裁决公约》第五条第二款规定的不可仲裁及承认与执行该判决将违反我国公共政策的情形。依照《中华人民共和国民事诉讼法》第二百六十九条②及1958年《承认与执行外国仲裁裁决公约》第五条之规定，应当承认和执行本案仲裁裁决。

此复。

最高人民法院
关于美国GMI公司申请承认英国伦敦金属交易所仲裁裁决案的复函

2003年11月12日　民四他字〔2003〕第12号

安徽省高级人民法院：

你院〔2002〕皖民二他终字第10号《关于对美国GMI公司申请承认英国伦敦金属交易所仲裁裁决一案的审查意见》收悉，经研究，答复如下：

你院请示报告对于争议的焦点问题归纳准确，对于当事人争议的GMI公司提出申请的期限问题、芜湖冶炼厂称已丧失履行能力裁决不应执行问题、芜湖冶炼厂是否得到指派仲裁员及仲裁程序通知的问题等，请示报告中均依据充分的事实和法律作出了清晰的分析，本院同意你院对上述问题的分析意见。

本案仲裁庭根据美国GMI公司与芜湖冶炼厂签订的买卖合同中的仲裁条款受理案件，就仲裁范围而言，仲裁庭只能对GMI公司与芜湖冶炼厂之间的买卖合同纠纷作出裁决，但其却根据GMI公司的申请，将与GMI公司之间没

---

① 民事诉讼法原第二百六十九条现已修改为第二百八十三条。——编者注
② 民事诉讼法原第二百六十九条现已修改为第二百八十三条。——编者注

有仲裁协议的芜湖恒鑫铜业集团有限公司列为仲裁被申请人,对所谓的 GMI 公司与芜湖冶炼厂及芜湖恒鑫铜业集团有限公司三方之间的纠纷作出了裁决,仲裁庭对 GMI 公司与芜湖恒鑫铜业集团有限公司之间所谓的买卖合同纠纷所作裁决,显然已经超出了本案仲裁协议的范围。

根据《纽约公约》第 5 条第 1 款(丙)项的规定,仲裁事项超出仲裁协议范围的,应不予执行,但如果仲裁庭有权裁决部分与超裁的部分是可分的,则有权裁决的部分是应该承认和执行的。本案中仲裁庭有权裁决部分和超裁部分是明确可以区分的。虽然仲裁庭在裁决书中多次使用"被申请人"的称谓,均未指明是芜湖冶炼厂还是芜湖恒鑫铜业集团有限公司,而从裁决书首部将芜湖冶炼厂和芜湖恒鑫铜业集团有限公司均列为被申请人看,裁决书在没有特别指明的情况下,其被申请人的含义应该既包括芜湖冶炼厂,也包括芜湖恒鑫铜业集团有限公司,但使用这种称谓,并不表明有权裁决部分和超裁部分是不可分的,从最终裁决结果看,有明确裁决芜湖冶炼厂单独承担责任的部分,就该部分裁决而言,仲裁庭有权裁决,而且与超裁部分是可分的,亦不存在其他不应予以承认和执行的情形,因此对于涉及芜湖冶炼厂单独承担责任部分的裁决应予承认和执行。而其他使用"被申请人"这个称谓表明应该承担责任部分的裁决,由于对于芜湖冶炼厂及芜湖恒鑫铜业集团有限公司承担的责任没有明确区分,因此,人民法院对于仲裁庭有权裁决部分和超裁部分亦无法区分,故对于无法区分部分的裁决不应予以承认和执行。

此复。

最高人民法院
关于不予执行国际商会仲裁院 10334/AMW/BWD/TE 最终裁决一案的请示的复函

2004 年 7 月 5 日   〔2004〕民四他字第 6 号

山西省高级人民法院:

你院〔2004〕晋法民四请字第 1 号"关于同意太原中院不予执行国际商会仲裁院 10334/AMW/BWD/TE 最终裁决一案的报告"收悉。经研究,答复如下:

本案所涉裁决是国际商会仲裁院根据当事人之间达成的仲裁协议及申请作出的一份机构仲裁裁决,由于国际商会仲裁院系在法国设立的仲裁机构,而我国和法国均为《承认及执行外国仲裁裁决公约》的成员国,因此审查本案裁决的承认和执行,应适用该公约的规定,而不应适用《最高人民法院关于内地与香港特别行政区相互承认和执行仲裁裁决的安排》的规定。你院请示报告中所述两点不予承认和执行本案裁决的理由,均不符合《承认及执行外国仲裁裁决公约》的规定,因此你院以该两点理由不予承认和执行本案裁决的意见不能成立。

对于本案中伟贸国际(香港)有限公司是否在申请执行期限内提交了申请这一事实,你院应审查清楚。如其确系在申请执行期限内提交了申请,则即使其提交的材料不完备,你院亦不应直接裁定拒绝承认和执行本案裁决,而应该明确告知当事人,并限定一合理的时间让其补正,如其在限定的合理时间内拒绝补正,则应考虑以其申请不符合立案条件为由驳回其申请。

此复。

[提示] 违反行政法规和部门规章的强制性规定并不必然构成对我国公共政策的违反

最高人民法院
关于对海口中院不予承认和执行瑞典斯德哥尔摩商会仲裁院仲裁裁决请示的复函

2005 年 7 月 13 日   〔2001〕民四他字第 12 号

海南省高级人民法院:

你院〔2001〕琼经复字第 1 号《关于对海口中院"瑞典斯德哥尔摩商会仲裁院第 060/1999 号仲裁裁决述不予承认和执行案"审查意

见的请示报告》收悉。经本院审判委员会研究，答复如下：

海南省纺织工业总公司作为国有企业，在未经国家外汇管理部门批准并办理外债登记手续的情况下，对日本三井物产株式会社直接承担债务，违反了我国有关外债审批及登记的法律规定和国家的外汇管理政策。但是，对于行政法规和部门规章中强制性规定的违反，并不当然构成对我国公正政策的违反。你院请示报告中所述的应当拒绝承认和执行本案仲裁裁决的理由依法均不成立，本案仲裁裁决不应以违反公共政策为由拒绝承认和执行。

此复。

最高人民法院民事审判第四庭关于对伏尔加—第聂伯航运公司申请执行俄罗斯联邦乌里扬诺夫斯克州仲裁法院裁决处理结果的请示的答复

2005年9月25日　〔2005〕民四他字第33号

北京市高级人民法院：

你院京高法〔2005〕138号《关于对伏尔加—第聂伯航运公司申请执行俄罗斯联邦乌里扬诺夫斯克州仲裁法院裁决处理结果的请示》收悉。经研究，答复如下：

该八份裁决均为俄罗斯法院的裁决。对你院请示的第一个问题，我们认为：本案系被申请人 Garment Fashion Corporation（中国）〔服装时装总公司（中国）〕未到庭而缺席做出裁决的案件。根据1993年11月14日生效的《中华人民共和国和俄罗斯联邦关于民事和刑事司法协助的条约》第十七条第二款第（二）项之规定，应当证明未出庭的当事一方已经合法传唤。而俄罗斯联邦乌里扬诺夫斯克州仲裁法院仅证明开庭审理的日期和地点已通过应有的途径通知了被申请人，但未同时指明"应有的途径"具体是什么途径。此种证明是不充分的。此外，该法院亦未证明申请人申请执行的八份裁决已经合法送达给了被申请人。鉴于上述情况，可以认定申请人提出司法协助请求的手续不齐全，但不宜以上述条约第二十条第（五）项之规定拒绝承认与执行。

对你院请示的第二个问题，由于被申请人在国家工商行政管理局和北京市工商行政管理局均未注册，而申请人提供的被申请人的法定地址系客房，不存在长期包租情况，亦从未被被申请人包租过，因此，可以认定被申请人主体不明或者不存在。上述条约第十八条第一款规定，法院裁决的承认与执行，由被请求的缔约一方依照本国法律规定的程序进行，故本案所涉八份裁决应依照我国民事诉讼法规定的程序和条件进行审查。根据我国民事诉讼法第一百零八条①第（二）项、第二百零七条②第二款之规定，本案没有明确的被申请人，亦无证据证明被申请人在我国境内存在任何财产，因此，本案不符合法律规定的受理条件，依法应予退回并明确告知退回理由。至于被申请人在北京以外地区注册成立可能引起的问题，我们认为：如果有事实证明被申请人在我国境内其他地区注册成立或者在其他地区存在财产，说明申请人向北京有关法院申请承认与执行有关裁决不当。在此情形下，申请人可以依法向有管辖权的人民法院申请承认与执行，有关人民法院应依法进行审查，不存在裁定相互矛盾的问题。

对你院请示的第三个问题，我们认为：翻译费用不同于诉讼费用。人民法院在申请人依法缴纳诉讼费用之后，要求其支付人民法院因履行通知职能而发生的翻译费用没有法律依据，该笔费用应由受理案件的人民法院自行承担。

此复。

---

① 民事诉讼法原第一百零八条现已修改为第一百一十九条。——编者注
② 民事诉讼法原第二百零七条现已修改为第二百三十六条。——编者注

最高人民法院
关于是否承认和执行大韩商事仲裁院仲裁裁决的请示的复函

2006 年 3 月 3 日　　〔2005〕民四他字第 46 号

黑龙江省高级人民法院：

你院〔2005〕黑高商外他字第 1 号《关于（株）TS 海码路申请承认并执行大韩商事仲裁院仲裁裁决一案的请示报告》收悉。经研究，答复如下：

大韩商事仲裁院就（株）TS 海码路与大庆派派思食品有限公司之间的开发协议和连锁协议纠纷，于 2004 年 10 月 22 日做出了第 04113－0004 号仲裁裁决。大庆派派思食品有限公司在（株）TS 海码路向哈尔滨市中级人民法院申请承认和执行该仲裁裁决后，以仲裁庭未按照《中华人民共和国和大韩民国关于民事和商事司法协助的条约》第 4 条和第 8 条的规定向其送达开庭通知书和仲裁裁决书为由主张拒绝承认和执行该仲裁裁决。由于双方当事人在开发协议和连锁协议中明确约定"仲裁适用《大韩商事仲裁院仲裁规则》"，而本案仲裁庭按照该仲裁规则的规定通过邮寄方式向大庆派派思食品有限公司送达了开庭通知书和仲裁裁决书，也有证据证明大庆派派思食品有限公司收到了上述开庭通知书和仲裁裁决书。虽然仲裁庭在送达开庭通知书和仲裁裁决书时未附中文译本，但通过邮寄方式送达以及未附中文译本的做法并不违反韩国仲裁法和《大韩商事仲裁院仲裁规则》的规定。《中华人民共和国和大韩民国关于民事和商事司法协助的条约》中有关"司法协助的联系途径"和"文字"的规定，仅适用于两国司法机关进行司法协助的情形，不适用于仲裁机构或者仲裁庭在仲裁程序中的送达。大庆派派思食品有限公司没有举证证明本案仲裁裁决存在我国参加的《1958 年承认执行外国仲裁裁决公约》第 5 条第 1 款规定的情形，本案仲裁裁决依法应予承认和执行。

此复。

最高人民法院
关于马绍尔群岛第一投资公司申请承认和执行英国伦敦临时仲裁庭仲裁裁决案的复函

2008 年 2 月 27 日　　〔2007〕民四他字第 35 号

福建省高级人民法院：

你院〔2007〕闽民他字第 36 号《关于马绍尔群岛第一投资公司申请承认和执行英国伦敦临时仲裁庭仲裁裁决一案的请示》收悉。经研究，同意你院审委会对该案处理意见的结论。

本案是马绍尔群岛第一投资公司申请承认和执行英国伦敦临时仲裁庭仲裁裁决案。我国为《1958 年承认和执行外国仲裁裁决公约》（以下简称《纽约公约》）的参加国，应当依照纽约公约的规定审查该裁决是否应当予以承认和执行。

本案仲裁庭虽由 3 名仲裁员组成，但是仲裁员王生长并未参与仲裁的全过程，没有参与最终仲裁裁决的全部审议。因此，仲裁庭的组成或仲裁程序与当事人之间仲裁协议的约定不符，也与仲裁地英国的法律相违背。根据《纽约公约》第 5 条第 1 款第（4）项的规定，该仲裁裁决不应予以承认和执行。

最高人民法院
关于不予承认日本商事仲裁协会东京 04—05 号仲裁裁决的报告的复函

2008 年 3 月 3 日　　〔2007〕民四他字第 26 号

江苏省高级人民法院：

你院〔2007〕苏民三他字第 0002 号《关于不予承认日本商事仲裁协会东京 04—05 号仲裁裁决的报告》收悉。经本院审判委员会讨论，答复如下：

本案系日本信越化学工业株式会社（以下简称信越社）向我国法院申请承认日本商事仲裁协会作出的仲裁裁决，中日两国均为《承认及执行外国仲裁裁决公约》（以下简称《纽约公约》）的缔约国，因此，应当依据《纽约公约》的有关规定进行审查。

从你院请示报告中反映的情况看，本案仲裁裁决在作出的期限及相关通知程序方面与《日本商事仲裁协会商事仲裁规则》（以下简称《仲裁规则》）和《日本仲裁法》的相关规定不符，存在《纽约公约》第五条第一款（乙）、（丁）项规定的情形。

首先，本案仲裁裁决在作出裁决的期限方面与《日本商事仲裁协会商事仲裁规则》（以下简称《仲裁规则》）不符。根据上述《仲裁规则》第53.1条的规定，"仲裁庭认为仲裁程序已进行得完全充分，可以进行裁决并决定终结审理程序时，仲裁庭应在作出该决定之日起5周内作出仲裁裁决；如果因为案情复杂或其他原因，仲裁庭认为有必要时，可以适当延长该期限，但不得超过8周。"2005年7月7日，仲裁庭决定接受日本信越化学工业株式会社（以下简称信越会社）变更仲裁请求的申请，并结束审理。2005年8月31日，仲裁庭宣布延后20天即2005年9月20日作出仲裁裁决，而实际作出仲裁裁决的日期为2006年2月23日，在决定结束审理之后，仲裁庭没有依照《仲裁规则》的规定按期作出仲裁裁决。当事双方在合同中约定：由本协议产生和与本协议相关的所有纠纷在双方无法协商解决的情况下，根据《日本商事仲裁协会商事仲裁规则》在日本东京进行仲裁。当事双方在合同中选择仲裁作为处理争议的方式，并明确约定了适用《日本商事仲裁协会商事仲裁规则》，因此，该《仲裁规则》中的有关内容已经成为当事人协议的一部分。上述仲裁庭违反《仲裁规则》以及《日本仲裁法》的行为构成了《纽约公约》第五条第一款（丁）项规定的"仲裁机关之组成或仲裁程序与各造间之协议不符，或无协议而与仲裁地所在国法律不符"的情形。

其次，《仲裁规则》第53.2条规定："仲裁庭在前款审理终结时，应把将要作出裁决的期限通知当事人"，仲裁庭在宣布2005年9月20日作出仲裁裁决后，直至实际作出裁决的2006年2月23日，没有按照《仲裁规则》的规定再次决定延期并通知当事人，构成了《纽约公约》第五条第一款（乙）项规定的"受裁决援用之一造未接获关于指派仲裁员或仲裁程序之适当通知，或因他故，致未能申辩者"的情形。

综上，同意你院的处理意见，本案仲裁裁决存在《纽约公约》第五条第一款（乙）、（丁）项规定的情形，不应予以承认。

此复。

最高人民法院
关于不予承认和执行国际商会仲裁院仲裁裁决的请示的复函

2008年6月2日　〔2008〕民四他字第11号

山东省高级人民法院：

你院〔2007〕鲁民四他字第12号《关于不予承认和执行国际商会仲裁院仲裁裁决的请示》收悉。经研究，答复如下：

本案仲裁裁决系国际商会仲裁院作出，应根据我国加入的1958年《承认及执行外国仲裁裁决公约》进行审查。

Hemofarm DD、MAG国际贸易公司、苏拉么媒体有限公司与济南永宁制药股份有限公司在《济南－海慕法姆制药有限公司合资合同》中约定的仲裁条款仅约束合资合同当事人就合资事项发生的争议，不能约束济南永宁制药股份有限公司与合资公司济南－海慕法姆制药有限公司之间的租赁合同纠纷。国际商会仲裁院在仲裁Hemofarm DD、MAG国际贸易公司、苏拉么媒体有限公司与济南永宁制药股份有限公司合资合同纠纷案件中，对济南永宁制药股份有限公司与合资公司济南－海慕法姆制药有限公司之间的租赁合同纠纷进行了审理和裁决，超出了合资合同约定的仲裁协议的范围。在中国有关法院就济南永宁制药股份有限公司与合资公司济南－海慕法姆制药有限公司之间的租赁合同纠纷裁定对合资公司的财产进行保全并作出判决的情况下，国际商会仲裁院再对济南永宁制药股份有限公司与合资公司济南－海慕法姆制药有限公司之间的租赁合同纠纷进行审理并裁决，侵犯了中国的司法主权和中国法院的司法管辖权。依据《承认及执行外国仲裁决公约》第五条第一款（丙）项和第二款（乙）项之规定，应拒绝承认和执行国际商会仲裁院第 13464/MS/JB/JEM 号仲裁裁决。

同意你院的请示意见。

此复。

人民法院办理执行案件规范

2017 年 4 月

784.【一般规定】

国外仲裁机构的裁决，需要中华人民共和国人民法院承认和执行的，应当由当事人直接向被执行人住所地或者其财产所在地的中级人民法院申请，人民法院应当依照中华人民共和国缔结或者参加的国际条约，或者按照互惠原则办理。

785.【承认和执行的申请期间】

当事人申请承认和执行外国仲裁裁决的期间，适用本规范第 22 条第一款、第二款的规定。

当事人仅申请承认而未同时申请执行的，申请执行的期间自人民法院对承认申请作出的裁定生效之日起重新计算。

786.【审查程序】

承认和执行外国仲裁裁决的案件，人民法院应当组成合议庭进行审查。

人民法院应当将申请书送达被申请人。被申请人可以陈述意见。

人民法院经审查作出的裁定，一经送达即发生法律效力。

787.【临时仲裁庭裁决承认和执行的处理】

对临时仲裁庭在中华人民共和国领域外作出的仲裁裁决，一方当事人向人民法院申请承认和执行的，人民法院应当依照本规范第 784 条规定处理。

最高人民法院民事审判第四庭涉外商事海事审判实务问题解答（一）

70. 申请人向人民法院申请执行或者不予执行以及撤销涉外仲裁裁决、申请承认和执行或者不予执行外国仲裁裁决时，一般应当提交哪些材料？

答：申请人向人民法院申请执行或者不予执行以及撤销我国涉外仲裁裁决、申请承认与执行或者不予执行外国仲裁裁决的，应当提交如下材料：（1）申请书。申请书应当载明申请人和被申请人的名称、住所地等基本情况，请求事项及所依据的事实和理由。（2）申请人的身份证明或者注册登记证明，法定代表人、负责人身份证明及授权委托书。（3）涉外仲裁协议。（4）申请执行或者不予执行、申请撤销的我国涉外仲裁裁决；申请承认与执行或者不予执行的外国仲裁裁决。（5）应当提交的证据材料。申请人提交的材料如系外文的，应当同时提供相应的中文译本。对于依照法律规定需要公证、认证的材料，申请人应当履行公证、认证手续。

71. 对于申请执行或者不予执行以及撤销我国涉外仲裁裁决、申请承认和执行或者不予执行外国仲裁裁决的案件，申请人的申请书是否必须送达被申请人？是否应当开庭？

答：人民法院对涉外仲裁案件的司法监督主要体现在对我国涉外仲裁裁决或者外国仲裁裁决的程序上的审查。在该审查过程中，人民法院应当将申请人的申请书送达被申请人；为了查明有关事实，可以询问当事人。但"开庭"是人民法院审理案件的程序，因此，在对涉外仲裁案件审查的过程中，开庭没有法律依据。

78. 当事人约定我国涉外仲裁裁决不具有约束力的仲裁协议的效力怎样？

答：根据《中华人民共和国仲裁法》第 9 条的规定，仲裁实行一裁终局制度。仲裁裁决作出后，当事人就同一纠纷再申请仲裁或者向人民法院起诉的，仲裁委员会或者人民法院应不予受理。因此，如果当事人约定仲裁裁决不具有约束力或者约定仲裁程序中败诉方可以另行向人民法院起诉或者向其他仲裁机构提请仲裁的，违反了我国法律关于一裁终局的制度，人民法院应认定该仲裁协议无效。

79. 当事人约定的仲裁机构不存在的，如何处理？

答：在适用我国仲裁法的前提下，如果当事人在仲裁协议中约定了仲裁机构，而该仲裁机构实际上并不存在，该仲裁协议应认定无效。当事人约定有关争议由某一仲裁机构的分支机构进行仲裁，而该仲裁机构不存在约定的分支机构的，人民法院不应认定由该仲裁机构仲裁,而应当认定该仲裁协议无效。

80.涉外合同中约定的提请仲裁的权利不平等的,仲裁协议效力怎样?

答:当事人在涉外合同中约定提请仲裁的权利不平等,违背了公平、合理的法律原则,应认定该仲裁协议无效。

81.如何认定委托代理人无权或者越权签订的仲裁协议的效力?

答:依照法律规定当事人可以委托代理人签订涉外合同或者涉外仲裁协议,但委托代理人应当在授权的范围内从事法律行为。委托代理人无权代理或者越权代理签订的仲裁协议,除非事后得到委托人的追认,否则,该涉外仲裁协议对委托人不具有约束力。

82.涉外仲裁协议因一方当事人采取欺诈手段达成的,如何处理?

答:当事人采用欺诈手段订立的涉外仲裁协议违背了诚实信用的法律原则,应认定无效。

83.国内当事人将其不具有涉外因素的合同或者财产权益纠纷约定提请外国仲裁的,仲裁协议是否有效?

答:根据《中华人民共和国民事诉讼法》第257条①和《中华人民共和国仲裁法》第65条的规定,涉外经济贸易、运输、海事中发生的纠纷,当事人可以通过订立合同中的仲裁条款或者事后达成的书面仲裁协议,提交我国仲裁机构或者其他仲裁机构仲裁。但法律并未允许国内当事人将其不具有涉外因素的争议提请外国仲裁。因此,如果国内当事人将其不具有涉外因素的合同或者财产权益纠纷约定提请外国仲裁机构仲裁或者在外国进行临时仲裁的,人民法院应认定有关仲裁协议无效。

84.当事人在涉外仲裁协议中约定由两个或者两个以上仲裁机构仲裁的,该涉外仲裁协议如何认定?

答:根据最高人民法院法函〔1996〕176号《关于同时选择两个仲裁机构的仲裁条款效力问题的函》,当事人约定由两个或者两个以上仲裁机构仲裁的,只要当事人约定的仲裁机构是明确的,该仲裁协议应认定为有效仲裁协议。当事人只要选择约定的仲裁机构之一进行仲裁即可。对方当事人以仲裁机构不明确为由起诉至人民法院的,人民法院应当不予受理。

85.当事人约定国内某地的仲裁机构进行仲裁,但未同时约定仲裁机构名称,而该仲裁地存在两个或者两个以上仲裁机构的,怎么处理?

答:当事人在仲裁条款或者其他仲裁协议中仅约定由某地的仲裁机构进行仲裁,但未同时指明仲裁机构的名称,而约定的仲裁地存在两个或者两个以上仲裁机构的,人民法院可以要求当事人协商选择其中一个仲裁机构进行仲裁。协商不成的,可认定该仲裁协议无效。

86.对于我国法律规定属于我国法院专属管辖的案件,有关当事人能否提请仲裁?

答:根据我国法律规定应当由我国法院专属管辖的涉外商事案件,外国或者港澳台地区的法院无权管辖,有关当事人也不得协议选择境外法院管辖。但如果有关当事人在涉外合同中订有仲裁条款或者另有仲裁协议的,只要该仲裁条款或者仲裁协议合法有效,人民法院应当不予受理。当事人坚持起诉的,依法应当驳回起诉,不得以有关案件属于人民法院专属管辖为由而否定当事人间有关涉外仲裁协议的效力。

92.如何承认和执行外国仲裁裁决?

答:人民法院在审查申请承认与执行外国仲裁裁决的案件时,应当依照《中华人民共和国民事诉讼法》第269条②和最高人民法院有关司法解释的规定进行。如果有关裁决属于《纽约公约》缔约国作出的裁决,则按照《纽约公约》的规定进行审查;如果有关裁决不是《纽约公约》缔约国作出的,则审查有关国家与我国是否具有互惠关系。有互惠关系的,只要承认和执行该裁决不违反我国的国家主权、尊严,不违反我国法律的基本原则和社会公共利益,人民法院可以裁定予以承认与执行。没有互惠关系的,人民法院应当拒绝承认与执行。

93.人民法院对外国仲裁裁决不予承认与执行后,当事人间的争议如何处理?

答:外国仲裁裁决被人民法院裁定不予承认与执行的,当事人就其争议可以根据重新达成的仲裁协议申请仲裁,也可以向人民法院起诉。

---

① 民事诉讼法原第二百五十七条现已修改为第二百七十一条。——编者注
② 民事诉讼法原第二百六十九条现已修改为第二百八十三条。——编者注

第十二编

执行工作管理制度

第六十七章　执行立案、结案标准

最高人民法院
关于执行案件立案、结案若干问题的意见

2014年12月17日　　法发〔2014〕26号

为统一执行案件立案、结案标准，规范执行行为，根据《中华人民共和国民事诉讼法》等法律、司法解释的规定，结合人民法院执行工作实际，制定本意见。

第一条　本意见所称执行案件包括执行实施类案件和执行审查类案件。

执行实施类案件是指人民法院因申请执行人申请、审判机构移送、受托、提级、指定和依职权，对已发生法律效力且具有可强制执行内容的法律文书所确定的事项予以执行的案件。

执行审查类案件是指在执行过程中，人民法院审查和处理执行异议、复议、申诉、请示、协调以及决定执行管辖权的移转等事项的案件。

第二条　执行案件统一由人民法院立案机构进行审查立案，人民法庭经授权执行自审案件的，可以自行审查立案，法律、司法解释规定可以移送执行的，相关审判机构可以移送立案机构办理立案登记手续。

立案机构立案后，应当依照法律、司法解释的规定向申请人发出执行案件受理通知书。

第三条　人民法院对符合法律、司法解释规定的立案标准的执行案件，应当予以立案，并纳入审判和执行案件统一管理体系。

人民法院不得有审判和执行案件统一管理体系之外的执行案件。

任何案件不得以任何理由未经立案即进入执行程序。

第四条　立案机构在审查立案时，应当按照本意见确定执行案件的类型代字和案件编号，不得违反本意见创设案件类型代字。

第五条　执行实施类案件类型代字为"执字"，按照立案时间的先后顺序确定案件编号，单独进行排序；但执行财产保全裁定的，案件类型代字为"执保字"，按照立案时间的先后顺序确定案件编号，单独进行排序；恢复执行的，案件类型代字为"执恢字"，按照立案时间的先后顺序确定案件编号，单独进行排序。

第六条　下列案件，人民法院应当按照恢复执行案件予以立案：

（一）申请执行人因受欺诈、胁迫与被执行人达成和解协议，申请恢复执行原生效法律文书的；

（二）一方当事人不履行或不完全履行执行和解协议，对方当事人申请恢复执行原生效法律文书的；

（三）执行实施案件以裁定终结本次执行程序方式报结后，如发现被执行人有财产可供执行，申请执行人申请或者人民法院依职权恢复执行的；

（四）执行实施案件因委托执行结案后，确因委托不当被已立案的受托法院退回委托的；

（五）依照民事诉讼法第二百五十七条的规定而终结执行的案件，申请执行的条件具备时，申请执行人申请恢复执行的。

第七条　除下列情形外，人民法院不得人为拆分执行实施案件：

（一）生效法律文书确定的给付内容为分期履行的，各期债务履行期间届满，被执行人未自动履行，申请执行人可分期申请执行，也可以对几期或全部到期债权一并申请执行；

（二）生效法律文书确定有多个债务人各自单独承担明确的债务的，申请执行人可以对每个债务人分别申请执行，也可以对几个或全部债务人一并申请执行；

（三）生效法律文书确定有多个债权人各自享有明确的债权的（包括按份共有），每个债权人可以分别申请执行；

（四）申请执行赡养费、扶养费、抚养费的案件，涉及金钱给付内容的，人民法院应当根据申请执行时已发生的债权数额进行审查立案，执行过程中新发生的债权应当另行申请执行；涉及人身权内容的，人民法院应当根据申请执行时义务人未履行义务的事实进行审查立案，执行过程中义务人延续消极行为的，应当依据申请执行人的申请一并执行。

第八条 执行审查类案件按下列规则确定类型代字和案件编号：

（一）执行异议案件类型代字为"执异字"，按照立案时间的先后顺序确定案件编号，单独进行排序；

（二）执行复议案件类型代字为"执复字"，按照立案时间的先后顺序确定案件编号，单独进行排序；

（三）执行监督案件类型代字为"执监字"，按照立案时间的先后顺序确定案件编号，单独进行排序；

（四）执行请示案件类型代字为"执请字"，按照立案时间的先后顺序确定案件编号，单独进行排序；

（五）执行协调案件类型代字为"执协字"，按照立案时间的先后顺序确定案件编号，单独进行排序。

第九条 下列案件，人民法院应当按照执行异议案件予以立案：

（一）当事人、利害关系人认为人民法院的执行行为违反法律规定，提出书面异议的；

（二）执行过程中，案外人对执行标的提出书面异议的；

（三）人民法院受理执行申请后，当事人对管辖权提出异议的；

（四）申请执行人申请追加、变更被执行人的；

（五）被执行人以债权消灭、超过申请执行期间或者其他阻止执行的实体事由提出阻止执行的；

（六）被执行人对仲裁裁决或者公证机关赋予强制执行效力的公证债权文书申请不予执行的；

（七）其他依法可以申请执行异议的。

第十条 下列案件，人民法院应当按照执行复议案件予以立案：

（一）当事人、利害关系人不服人民法院针对本意见第九条第（一）项、第（三）项、第（五）项作出的裁定，向上一级人民法院申请复议的；

（二）除因夫妻共同债务、出资人未依法出资、股权转让引起的追加和对一人公司股东的追加外，当事人、利害关系人不服人民法院针对本意见第九条第（四）项作出的裁定，向上一级人民法院申请复议的；

（三）当事人不服人民法院针对本意见第九条第（六）项作出的不予执行公证债权文书、驳回不予执行公证债权文书申请、不予执行仲裁裁决、驳回不予执行仲裁裁决申请的裁定，向上一级人民法院申请复议的；

（四）其他依法可以申请复议的。

第十一条 上级法院对下级法院，最高人民法院对地方各级人民法院依法进行监督的案件，应当按照执行监督案件予以立案。

第十二条 下列案件，人民法院应当按照执行请示案件予以立案：

（一）当事人向人民法院申请执行内地仲裁机构作出的涉港澳仲裁裁决或者香港特别行政区、澳门特别行政区仲裁机构作出的仲裁裁决或者临时仲裁庭在香港特别行政区、澳门特别行政区作出的仲裁裁决，人民法院经审查认为裁决存在依法不予执行的情形，在作出裁定前，报请所属高级人民法院进行审查的，以及高级人民法院同意不予执行，报请最高人民法院的；

（二）下级法院依法向上级法院请示的。

第十三条 下列案件，人民法院应当按照执行协调案件予以立案：

（一）不同法院因执行程序、执行与破产、强制清算、审判等程序之间对执行标的产生争议，经自行协调无法达成一致意见，向共同上级法院报请协调处理的；

（二）对跨高级人民法院辖区的法院与公安、检察等机关之间的执行争议案件，执行法院报请所属高级人民法院与有关公安、检察等机关所在地的高级人民法院商有关机关协调解决或者报请最高人民法院协调处理的；

(三) 当事人对内地仲裁机构作出的涉港澳仲裁裁决分别向不同人民法院申请撤销及执行,受理执行申请的人民法院对受理撤销申请的人民法院作出的决定撤销或者不予撤销的裁定存在异议,亦不能直接作出与该裁定相矛盾的执行或者不予执行的裁定,报请共同上级人民法院解决的;

(四) 当事人对内地仲裁机构作出的涉港澳仲裁裁决向人民法院申请执行且人民法院已经作出应予执行的裁定后,一方当事人向人民法院申请撤销该裁决,受理撤销申请的人民法院认为裁决应予撤销且该人民法院与受理执行申请的人民法院非同一人民法院时,报请共同上级人民法院解决的;

(五) 跨省、自治区、直辖市的执行争议案件报请最高人民法院协调处理的;

(六) 其他依法报请协调的。

第十四条 除执行财产保全裁定、恢复执行的案件外,其他执行实施类案件的结案方式包括:

(一) 执行完毕;

(二) 终结本次执行程序;

(三) 终结执行;

(四) 销案;

(五) 不予执行;

(六) 驳回申请。

第十五条 生效法律文书确定的执行内容,经被执行人自动履行、人民法院强制执行,已全部执行完毕,或者是当事人达成执行和解协议,且执行和解协议履行完毕,可以以"执行完毕"方式结案。

执行完毕应当制作结案通知书并发送当事人。双方当事人书面认可执行完毕或口头认可执行完毕并记入笔录的,无需制作结案通知书。

执行和解协议应当附卷,没有签订书面执行和解协议的,应当将口头和解协议的内容作成笔录,经当事人签字后附卷。

第十六条 有下列情形之一的,可以以"终结本次执行程序"方式结案:

(一) 被执行人确无财产可供执行,申请执行人书面同意人民法院终结本次执行程序的;

(二) 因被执行人无财产而中止执行满两年,经查证被执行人确无财产可供执行的;

(三) 申请执行人明确表示提供不出被执行人的财产或财产线索,并在人民法院穷尽财产调查措施之后,对人民法院认定被执行人无财产可供执行书面表示认可的;

(四) 被执行人的财产无法拍卖变卖,或者动产经两次拍卖、不动产或其他财产权经三次拍卖仍然流拍,申请执行人拒绝接受或者依法不能交付其抵债,经人民法院穷尽财产调查措施,被执行人确无其他财产可供执行的;

(五) 经人民法院穷尽财产调查措施,被执行人确无财产可供执行或虽有财产但不宜强制执行,当事人达成分期履行和解协议,且未履行完毕的;

(六) 被执行人确无财产可供执行,申请执行人属于特困群体,执行法院已经予其适当救助的。

人民法院应当依法组成合议庭,就案件是否终结本次执行程序进行合议。

终结本次执行程序应当制作裁定书,送达申请执行人。裁定应当载明案件的执行情况、申请执行人债权已受偿和未受偿的情况、终结本次执行程序的理由,以及发现被执行人有可供执行财产,可以申请恢复执行等内容。

依据本条第一款第(二)、(四)、(五)、(六)项规定的情形裁定终结本次执行程序前,应当告知申请执行人可以在指定的期限内提出异议。申请执行人提出异议的,应当另行组成合议庭组织当事人就被执行人是否有财产可供执行进行听证;申请执行人提供被执行人财产线索的,人民法院应当就其提供的线索重新调查核实,发现被执行人有财产可供执行的,应当继续执行;经听证认定被执行人确无财产可供执行,申请执行人亦不能提供被执行人有可供执行财产的,可以裁定终结本次执行程序。

本条第一款第(三)、(四)、(五)项中规定的"人民法院穷尽财产调查措施",是指至少完成下列调查事项:

(一) 被执行人是法人或其他组织的,应当向银行业金融机构查询银行存款,向有关房地产管理部门查询房地产登记,向法人登记机关查询股权,向有关车管部门查询车辆等情况;

（二）被执行人是自然人的，应当向被执行人所在单位及居住地周边群众调查了解被执行人的财产状况或财产线索，包括被执行人的经济收入来源、被执行人到期债权等。如果根据财产线索判断被执行人有较高收入，应当按照对法人或其他组织的调查途径进行调查；

（三）通过最高人民法院的全国法院网络执行查控系统和执行法院所属高级人民法院的"点对点"网络执行查控系统能够完成的调查事项；

（四）法律、司法解释规定必须完成的调查事项。

人民法院裁定终结本次执行程序后，发现被执行人有财产的，可以依申请执行人的申请或依职权恢复执行。申请执行人申请恢复执行的，不受申请执行期限的限制。

第十七条　有下列情形之一的，可以以"终结执行"方式结案：

（一）申请人撤销申请或者是当事人双方达成执行和解协议，申请执行人撤回执行申请的；

（二）据以执行的法律文书被撤销的；

（三）作为被执行人的公民死亡，又无遗产可供执行，又无义务承担人的；

（四）追索赡养费、扶养费、抚育费案件的权利人死亡的；

（五）作为被执行人的公民因生活困难无力偿还借款，无收入来源，又丧失劳动能力的；

（六）作为被执行人的企业法人或其他组织被撤销、注销、吊销营业执照或者歇业、终止后既无财产可供执行，又无义务承受人，也没有能够依法追加变更执行主体的；

（七）依照刑法第五十三条规定免除罚金的；

（八）被执行人被人民法院裁定宣告破产的；

（九）行政执行标的灭失的；

（十）案件被上级人民法院裁定提级执行的；

（十一）案件被上级法院裁定指定由其他法院执行的；

（十二）按照《最高人民法院关于委托执行若干问题的规定》，办理了委托执行手续，且收到受托法院立案通知书的；

（十三）人民法院认为应当终结执行的其他情形。

前款除第（十）项、第（十一）项、第（十二）项规定的情形外，终结执行的，应当制作裁定书，送达当事人。

第十八条　执行实施案件立案后，有下列情形之一的，可以以"销案"方式结案：

（一）被执行人提出管辖异议，经审查异议成立，将案件移送有管辖权的法院或申请执行人撤回申请的；

（二）发现其他有管辖权的人民法院已经立案在先的；

（三）受托法院报经高级人民法院同意退回委托的。

第十九条　执行实施案件立案后，被执行人对仲裁裁决或公证债权文书提出不予执行申请，经人民法院审查，裁定不予执行的，以"不予执行"方式结案。

第二十条　执行实施案件立案后，经审查发现不符合《最高人民法院关于人民法院执行工作若干问题的规定（试行）》第18条规定的受理条件，裁定驳回申请的，以"驳回申请"方式结案。

第二十一条　执行财产保全裁定案件的结案方式包括：

（一）保全完毕，即保全事项全部实施完毕；

（二）部分保全，即因未查询到足额财产，致使保全事项未能全部实施完毕；

（三）无标的物可实施保全，即未查到财产可供保全。

第二十二条　恢复执行案件的结案方式包括：

（一）执行完毕；

（二）终结本次执行程序；

（三）终结执行。

第二十三条　下列案件不得作结案处理：

（一）人民法院裁定中止执行的；

（二）人民法院决定暂缓执行的；

（三）执行和解协议未全部履行完毕，且不

符合本意见第十六条、第十七条规定终结本次执行程序、终结执行条件的。

第二十四条 执行异议案件的结案方式包括：

（一）准予撤回异议或申请，即异议人撤回异议或申请的；

（二）驳回异议或申请，即异议不成立或者案外人虽然对执行标的享有实体权利但不能阻止执行的；

（三）撤销相关执行行为、中止对执行标的的执行、不予执行、追加变更当事人，即异议成立的；

（四）部分撤销并变更执行行为、部分不予执行、部分追加变更当事人，即异议部分成立的；

（五）不能撤销、变更执行行为，即异议成立或部分成立，但不能撤销、变更执行行为的；

（六）移送其他人民法院管辖，即管辖权异议成立的。

执行异议案件应当制作裁定书，并送达当事人。法律、司法解释规定对执行异议案件可以口头裁定的，应当记入笔录。

第二十五条 执行复议案件的结案方式包括：

（一）准许撤回申请，即申请复议人撤回复议申请的；

（二）驳回复议申请，维持异议裁定，即异议裁定认定事实清楚，适用法律正确，复议理由不成立的；

（三）撤销或变更异议裁定，即异议裁定认定事实错误或者适用法律错误，复议理由成立的；

（四）查清事实后作出裁定，即异议裁定认定事实不清，证据不足的；

（五）撤销异议裁定，发回重新审查，即异议裁定遗漏异议请求或者异议裁定错误对案外人异议适用执行行为异议审查程序的。

人民法院对重新审查的案件作出裁定后，当事人申请复议的，上级人民法院不得再次发回重新审查。

执行复议案件应当制作裁定书，并送达当事人。法律、司法解释规定对执行复议案件可以口头裁定的，应当记入笔录。

第二十六条 执行监督案件的结案方式包括：

（一）准许撤回申请，即当事人撤回监督申请的；

（二）驳回申请，即监督申请不成立的；

（三）限期改正，即监督申请成立，指定执行法院在一定期限内改正的；

（四）撤销并改正，即监督申请成立，撤销执行法院的裁定直接改正的；

（五）提级执行，即监督申请成立，上级法院决定提级自行执行的；

（六）指定执行，即监督申请成立，上级法院决定指定其他法院执行的；

（七）其他，即其他可以报结的情形。

第二十七条 执行请示案件的结案方式包括：

（一）答复，即符合请示条件的；

（二）销案，即不符合请示条件的。

第二十八条 执行协调案件的结案方式包括：

（一）撤回协调请求，即执行争议法院自行协商一致，撤回协调请求的；

（二）协调解决，即经过协调，执行争议法院达成一致协调意见，将协调意见记入笔录或者向执行争议法院发出协调意见函的。

第二十九条 执行案件的立案、执行和结案情况应当及时、完整、真实、准确地录入全国法院执行案件信息管理系统。

第三十条 地方各级人民法院不能制定与法律、司法解释和本意见规定相抵触的执行案件立案、结案标准和结案方式。

违反法律、司法解释和本意见的规定立案、结案，或者在全国法院执行案件信息管理系统录入立案、结案情况时弄虚作假的，通报批评；造成严重后果或恶劣影响的，根据《人民法院工作人员纪律处分条例》追究相关领导和工作人员的责任。

第三十一条 各高级人民法院应当积极推进执行信息化建设，通过建立、健全辖区三级法院统一使用、切合实际、功能完备、科学有效的案件管理系统，加强对执行案件立、结案的管理。实现立、审、执案件信息三位一体的综合管理;实现对终结本次执行程序案件的单独管理;实现对恢复执行案件的动态管理;实现辖区的案件管理系统与全国法院执行案件信息管理系统的数据对接。

第三十二条 本意见自2015年1月1日起施行。

第六十八章　执行公开制度

最高人民法院
关于人民法院执行公开的若干规定

2006年12月23日　　法发〔2006〕35号

为进一步规范人民法院执行行为,增强执行工作的透明度,保障当事人的知情权和监督权,进一步加强对执行工作的监督,确保执行公正,根据《中华人民共和国民事诉讼法》和有关司法解释等规定,结合执行工作实际,制定本规定。

第一条 本规定所称的执行公开,是指人民法院将案件执行过程和执行程序予以公开。

第二条 人民法院应当通过通知、公告或者法院网络、新闻媒体等方式,依法公开案件执行各个环节和有关信息,但涉及国家秘密、商业秘密等法律禁止公开的信息除外。

第三条 人民法院应当向社会公开执行案件的立案标准和启动程序。

人民法院对当事人的强制执行申请立案受理后,应当及时将立案的有关情况、当事人在执行程序中的权利和义务以及可能存在的执行风险书面告知当事人;不予立案的,应当制作裁定书送达申请人,裁定书应当载明不予立案的法律依据和理由。

第四条 人民法院应当向社会公开执行费用的收费标准和根据,公开执行费减、缓、免交的基本条件和程序。

第五条 人民法院受理执行案件后,应当及时将案件承办人或合议庭成员及联系方式告知双方当事人。

第六条 人民法院在执行过程中,申请执行人要求了解案件执行进展情况的,执行人员应当如实告知。

第七条 人民法院对申请执行人提供的财产线索进行调查后,应当及时将调查结果告知申请执行人;对依职权调查的被执行人财产状况和被执行人申报的财产状况,应当主动告知申请执行人。

第八条 人民法院采取查封、扣押、冻结、划拨等执行措施的,应当依法制作裁定书送达被执行人,并在实施执行措施后将有关情况及时告知双方当事人,或者以方便当事人查询的方式予以公开。

第九条 人民法院采取拘留、罚款、拘传等强制措施的,应当依法向被采取强制措施的人出示有关手续,并说明对其采取强制措施的理由和法律依据。采取强制措施后,应当将情况告知其他当事人。

采取拘留或罚款措施的,应当在决定书中告知被拘留或者被罚款的人享有向上级人民法院申请复议的权利。

第十条 人民法院拟委托评估、拍卖或者变卖被执行人财产的,应当及时告知双方当事人及其他利害关系人,并严格按照《中华人民共和国民事诉讼法》和最高人民法院《关于人民法院民事执行中拍卖、变卖财产的规定》等有关规定,采取公开的方式选定评估机构和拍卖机构,并依法公开进行拍卖、变卖。

评估结束后,人民法院应当及时向双方当事人及其他利害关系人送达评估报告;拍卖、变卖结束后,应当及时将结果告知双方当事人及其他利害关系人。

第十一条 人民法院在办理参与分配的执行案件时,应当将被执行人财产的处理方案、分配原则和分配方案以及相关法律规定告知申请参与分配的债权人。必要时，应当组织各方当事人举行听证会。

第十二条 人民法院对案外人异议、不予执行的申请以及变更、追加被执行主体等重大执行事项，一般应当公开听证进行审查；案情简单，事实清楚，没有必要听证的，人民法院可以直接审查。审查结果应当依法制作裁定书送达各方当事人。

第十三条 人民法院依职权对案件中止执行的，应当制作裁定书并送达当事人。裁定书应当说明中止执行的理由，并明确援引相应的法律依据。

对已经中止执行的案件，人民法院应当告知当事人中止执行案件的管理制度、申请恢复执行或者人民法院依职权恢复执行的条件和程序。

第十四条 人民法院依职权对据以执行的生效法律文书终结执行的，应当公开听证，但申请执行人没有异议的除外。

终结执行应当制作裁定书并送达双方当事人。裁定书应当充分说明终结执行的理由，并明确援引相应的法律依据。

第十五条 人民法院未能按照最高人民法院《关于人民法院办理执行案件若干期限的规定》中规定的期限完成执行行为的，应当及时向申请执行人说明原因。

第十六条 人民法院对执行过程中形成的各种法律文书和相关材料，除涉及国家秘密、商业秘密等不宜公开的文书材料外，其他一般都应当予以公开。

当事人及其委托代理人申请查阅执行卷宗的，经人民法院许可，可以按照有关规定查阅、抄录、复制执行卷宗正卷中的有关材料。

第十七条 对违反本规定不公开或不及时公开案件执行信息的，视情节轻重，依有关规定追究相应的责任。

第十八条 各高级人民法院在实施本规定过程中，可以根据实际需要制定实施细则。

第十九条 本规定自 2007 年 1 月 1 日起施行。

最高人民法院
印发《关于司法公开的六项规定》和《关于人民法院接受新闻媒体舆论监督的若干规定》的通知

2009 年 12 月 8 日　　法发〔2009〕58 号

全国地方各级人民法院、各级军事法院、各铁路运输中级法院和基层法院、各海事法院、新疆生产建设兵团各级法院：

《最高人民法院关于司法公开的六项规定》和《最高人民法院关于人民法院接受新闻媒体舆论监督的若干规定》已经中央批准，现印发给你们，请认真贯彻执行。贯彻执行中的重大事项，请及时报告我院。

附一：

关于司法公开的六项规定

为进一步落实公开审判的宪法原则，扩大司法公开范围，拓宽司法公开渠道，保障人民群众对人民法院工作的知情权、参与权、表达权和监督权，维护当事人的合法权益，提高司法民主水平，规范司法行为，促进司法公正，根据有关诉讼法的规定和人民法院的工作实际，按照依法公开、及时公开、全面公开的原则，制定本规定。

一、立案公开

立案阶段的相关信息应当通过便捷、有效的方式向当事人公开。各类案件的立案条件、立案流程、法律文书样式、诉讼费用标准、缓减免交诉讼费程序、当事人重要权利义务、诉讼和执行风险提示以及可选择的诉讼外纠纷解决方式等内容，应当通过适当的形式向社会和当事人公开。人民法院应当及时将案件受理情况通知当事人。对于不予受理的，应当将不予受理裁定书、不予受理再审申请通知书、驳回再审申请裁定书等相关法律文件依法及时送达当事人，并说明理由，告知当事人诉讼权利。

二、庭审公开

建立健全有序开放、有效管理的旁听和报

道庭审的规则,消除公众和媒体知情监督的障碍。依法公开审理的案件,旁听人员应当经过安全检查进入法庭旁听。因审判场所等客观因素所限,人民法院可以发放旁听证或者通过庭审视频、直播录播等方式满足公众和媒体了解庭审实况的需要。所有证据应当在法庭上公开,能够当庭认证的,应当当庭认证。除法律、司法解释规定可以不出庭的情形外,人民法院应当通知证人、鉴定人出庭作证。独任审判员、合议庭成员、审判委员会委员的基本情况应当公开,当事人依法有权申请回避。案件延长审限的情况应当告知当事人。人民法院对公开审理或者不公开审理的案件,一律在法庭内或者通过其他公开的方式公开宣告判决。

三、执行公开

执行的依据、标准、规范、程序以及执行全过程应当向社会和当事人公开,但涉及国家秘密、商业秘密、个人隐私等法律禁止公开的信息除外。进一步健全和完善执行信息查询系统,扩大查询范围,为当事人查询执行案件信息提供方便。人民法院采取查封、扣押、冻结、划拨等执行措施后应及时告知双方当事人。人民法院选择鉴定、评估、拍卖等机构的过程和结果向当事人公开。执行款项的收取发放、执行标的物的保管、评估、拍卖、变卖的程序和结果等重点环节和重点事项应当及时告知当事人。执行中的重大进展应当通知当事人和利害关系人。

四、听证公开

人民法院对开庭审理程序之外的涉及当事人或者案外人重大权益的案件实行听证的,应当公开进行。人民法院对申请再审案件、涉法涉诉信访疑难案件、司法赔偿案件、执行异议案件以及对职务犯罪案件和有重大影响案件被告人的减刑、假释案件等,按照有关规定实行公开听证的,应当向社会发布听证公告。听证公开的范围、方式、程序等参照庭审公开的有关规定。

五、文书公开

裁判文书应当充分表述当事人的诉辩意见、证据的采信理由、事实的认定、适用法律的推理与解释过程,做到说理公开。人民法院可以根据法制宣传、法学研究、案例指导、统一裁判标准的需要,集中编印、刊登各类裁判文书。除涉及国家秘密、未成年人犯罪、个人隐私以及其他不适宜公开的案件和调解结案的案件外,人民法院的裁判文书可以在互联网上公开发布。当事人对于在互联网上公开裁判文书提出异议并有正当理由的,人民法院可以决定不在互联网上发布。为保护裁判文书所涉及到的公民、法人和其他组织的正当权利,可以对拟公开发布的裁判文书中的相关信息进行必要的技术处理。人民法院应当注意收集社会各界对裁判文书的意见和建议,作为改进工作的参考。

六、审务公开

人民法院的审判管理工作以及与审判工作有关的其他管理活动应当向社会公开。各级人民法院应当逐步建立和完善互联网站和其他信息公开平台。探索建立各类案件运转流程的网络查询系统,方便当事人及时查询案件进展情况。通过便捷、有效的方式及时向社会公开关于法院工作的方针政策、各种规范性文件和审判指导意见以及非涉密司法统计数据及分析报告,公开重大案件的审判情况、重要研究成果、活动部署等。建立健全过问案件登记、说情干扰警示、监督情况通报等制度,向社会和当事人公开违反规定程序过问案件的情况和人民法院接受监督的情况,切实保护公众的知情监督权和当事人的诉讼权利。

全国各级人民法院要切实解放思想,更新观念,大胆创新,把积极主动地采取公开透明的措施与不折不扣地实现当事人的诉讼权利结合起来,把司法公开的实现程度当作衡量司法民主水平、评价法院工作的重要指标。最高人民法院将进一步研究制定司法公开制度落实情况的考评标准,并将其纳入人民法院工作考评体系,完善司法公开的考核评价机制。上级人民法院要加强对下级人民法院司法公开工作的指导,定期组织专项检查,通报检查结果,完善司法公开的督促检查机制。各级人民法院要加大对司法公开工作在资金、设备、人力、技术方面的投入,建立司法公开的物质保障机制。要疏通渠道,设立平台,认真收集、听取和处理群众关于司法公开制度落实情况的举报投诉或意见建议，建立健全司法公开的情况反馈机制。要细化和分解落实司法公开的职责，明确责任，对于在诉讼过程中违反审判公开原则或者在法院其他工作中违反司法公开相关规定的，要追究相应责任，同时要注意树立先进典型，表彰先进个人和单位，推广先进经验，建立健全司法公开的问责表彰机制。

本规定自公布之日起实施。本院以前发布的相关规定与本规定不一致的，以本规定为准。

附二：

关于人民法院接受新闻媒体舆论监督的若干规定

为进一步落实公开审判的宪法原则，规范人民法院接受新闻媒体舆论监督工作，妥善处理法院与媒体的关系，保障公众的知情权、参与权、表达权和监督权，提高司法公信，制定本规定。

第一条 人民法院应当主动接受新闻媒体的舆论监督。对新闻媒体旁听案件庭审、采访报道法院工作、要求提供相关材料的，人民法院应当根据具体情况提供便利。

第二条 对于社会关注的案件和法院工作的重大举措以及按照有关规定应当向社会公开的其他信息，人民法院应当通过新闻发布会、记者招待会、新闻通稿、法院公报、互联网站等形式向新闻媒体及时发布相关信息。

第三条 对于公开审判的案件，新闻媒体记者和公众可以旁听。审判场所座席不足的，应当优先保证媒体和当事人近亲属的需要。有条件的审判法庭根据需要可以在旁听席中设立媒体席。记者旁听庭审应当遵守法庭纪律，未经批准不得录音、录像和摄影。

第四条 对于正在审理的案件，人民法院的审判人员及其他工作人员不得擅自接受新闻媒体的采访。对于已经审结的案件，人民法院可以通过新闻宣传部门协调决定由有关人员接受采访。对于不适宜接受采访的，人民法院可以决定不接受采访并说明理由。

第五条 新闻媒体因报道案件审理情况或者法院其他工作需要申请人民法院提供相关资料的，人民法院可以提供裁判文书复印件、庭审笔录、庭审录音录像、规范性文件、指导意见等。如有必要，也可以为媒体提供其他可以公开的背景资料和情况说明。

第六条 人民法院接受新闻媒体舆论监督的协调工作由各级人民法院的新闻宣传主管部门统一归口管理。新闻宣传主管部门应当为新闻媒体提供新闻报道素材，保证新闻媒体真实、客观地报道人民法院的工作。对于新闻媒体报道人民法院的工作失实时，新闻宣传主管部门负责及时澄清事实，进行回应。

第七条 人民法院应当建立与新闻媒体及其主管部门固定的沟通联络机制，定期或不定期地举办座谈会或研讨会，交流意见，沟通信息。人民法院与新闻媒体可以研究制定共同遵守的行为自律准则。对于新闻媒体反映的人民法院接受舆论监督方面的意见和建议，有关法院应当及时研究处理，改进工作。

第八条 对于新闻媒体报道中反映的人民法院审判工作和其他各项工作中存在的问题，以及反映审判人员和其他工作人员违法违纪行为，人民法院应当及时调查、核实。查证属实的，应当依法采取有效措施进行处理，并及时反馈处理结果。

第九条 人民法院发现新闻媒体在采访报道法院工作时有下列情形之一的，可以向新闻主管部门、新闻记者自律组织或者新闻单位等通报情况并提出建议。违反法律规定的，依法追究相应责任。

（一）损害国家安全和社会公共利益的，泄露国家秘密、商业秘密的；

（二）对正在审理的案件报道严重失实或者恶意进行倾向性报道，损害司法权威、影响公正审判的；

（三）以侮辱、诽谤等方式损害法官名誉，或者损害当事人名誉权等人格权，侵犯诉讼参与人的隐私和安全的；

（四）接受一方当事人请托，歪曲事实，恶意炒作，干扰人民法院审判、执行活动，造成严重不良影响的；

（五）其他严重损害司法权威、影响司法公正的。

第十条 本规定自公布之日起实施

最高人民法院关于全面加强接受监督工作的若干意见

2011年10月12日　　法发〔2011〕14号

自觉接受党的领导、人大监督、政协民主监督、检察机关法律监督以及社会监督，是中国特色社会主义司法制度的重要内容，是加强司法民主、促进司法公正的必然要求。为有效发挥接受监督作用，推动人民法院工作科学发展，根据宪法和法律规定，结合工作实际，现就全面加强人民法院接受监督工作提出如下意见。

一、充分认识接受监督工作的重要意义

（一）接受监督是人民法院的义务和责任。我国是人民当家作主的社会主义国家，一切权力来自人民、属于人民。对司法工作进行监督，不仅是人民民主专政国家的本质要求，也是宪法和法律确定的法定原则。人民法院作为国家审判机关，必须始终坚持党的领导，通过深化司法公开，广泛接受监督，有效保障人民群众对司法工作的知情权、参与权、表达权和监督权，切实实现好、维护好和发展好人民群众的根本利益。

（二）接受监督是人民法院正确行使审判权的重要保障。加强接受监督工作，有利于人民法院进一步规范司法行为、确保司法廉洁，依法公正行使人民赋予的审判权和执行权，更好地为党和国家工作大局提供有力司法保障，为人民群众提供优质司法服务。

（三）接受监督是人民法院加强改进工作，提升司法公信的有效途径。司法公信力是国家的司法之基，更是人民法院的立院之本。人民法院只有主动将审判执行活动置于广泛公开的监督之下，才能不断加强和改进自身各项工作，有效争取广大人民群众和社会各界的理解和信任，进一步树立司法公正、廉洁、为民的良好形象，为人民法院工作营造良好的环境。

二、进一步明确接受监督工作的主要内容

（一）自觉接受人民代表大会及其常委会监督。认真完成向人民代表大会报告人民法院工作的相关工作，全面听取人大代表审议意见和建议；结合人大常委会年度工作安排和人民法院工作重点，切实做好向人大常委会专项报告工作；认真落实人大及其常委会的审议意见和有关决议；积极配合人大常委会开展法律法规实施情况检查、规范性文件备案审查以及人事任免的审议和决定等各项监督工作。对于人大及其常委会在审议工作报告和监督工作中提出的意见，要及时研究，认真整改，并将有关情况向人大常委会报告。

（二）主动接受人民政协民主监督。进一步建立健全与人民政协以及各民主党派、工商联、无党派人士的联络沟通机制，通过召开座谈会以及开展联合调研、专项考察等多种形式，通报工作，听取意见和建议，共同协商解决有关问题，切实保障人民政协民主监督以及各民主党派、工商联、无党派人士参政议政的权利。

（三）认真办理人大代表建议、政协提案以及人大代表、政协委员关注事项。重点加强对人民群众普遍关心，人大代表、政协委员广泛关注的建议、提案和事项的办理工作，及时转化为加强改进工作的重要参考依据。切实加强与人大代表、政协委员以及有关方面的沟通，促进提办双方相互理解、增进共识，不断提高办理工作质量。

（四）积极开展与人大代表、政协委员联络工作。从人民群众和社会各界关心关注的问题入手，丰富和创新更多符合人民法院工作实际，人大代表、政协委员便于接受的工作形式和方法，切实增强联络工作的实效性，为人大代表、政协委员全面了解和监督人民法院工作创造条件、提供便利。注重加强与人大、政协有关办事机构的联系，取得他们对开展接受监督工作的支持。

（五）依法配合检察机关开展法律监督工作。依照法律程序审理各类抗诉案件，认真听取检察机关依照法律规定提出的检察建议，及时检查和纠正案件审判执行过程中存在的问题，确保办案程序合法，裁判实体公正。进一步完善依法接受检察机关法律监督的工作机制，共同维护司法公正和司法权威。

（六）有效推进人民法院特约人员工作。通过在人大代表、政协委员、民主党派和无党派人士、专家学者以及社会各界人士中聘请特邀咨询员、特约监督员等形式，充分发挥他们决策咨询和监督司法的作用，不断加强和改进人民法院工作。

（七）广泛接受社会监督。进一步深化司法公开，为广大人民群众和社会各界全面客观了解和监督人民法院工作提供平台，并通过开设院长邮箱、民意沟通信箱等形式，倾听民意、了解民情。切实加强对人民群众和社会各界所提意见、建议的分析研究，及时办理反馈，积极回应人民群众对人民法院工作的关切。

三、建立健全接受监督工作的制度机制

（一）建立定向联络制度。各级人民法院要实行与人大代表定向联络工作机制，特别是对辖区内全国人大代表，要采取多种形式，加强沟通，增进理解。要设立专项工作台账，制定计划措施，认真开展实施，积极争取人大代表对人民法院工作的支持。

（二）健全人大代表建议、政协提案以及有关事项办理工作制度。各级人民法院要认真落实全国人大常委会、全国政协以及最高人民法院有关办理工作的规章制度，进一步完善归口管理、统一交办、分级负责、跟踪督办、沟通反馈等各项办理工作机制，确保办理工作规范有序。

（三）完善旁听案件庭审制度。各级人民法院要认真总结实践经验，进一步细化操作规程，充分发挥旁听案件庭审工作规范司法行为、促进审判公正的作用。要主动争取人大、政协等机关的支持，共同推动此项工作有效开展。

（四）健全重要工作事项通报制度。各级人民法院要通过召开会议、编发专刊以及信息发布等形式，及时通报人民法院重大工作部署、重要工作事项和重大案件的审判情况，确保人大代表、政协委员和社会各界全面准确了解人民法院工作情况。

（五）健全信息报送制度。各级人民法院要加强对开展接受监督工作新做法、新情况、新问题的总结、分析和归纳，认真做好工作动态和信息的整理报送工作，为本院领导和上级法院掌握情况和科学决策提供服务。

四、切实加强对接受监督工作的组织领导

（一）健全长效机制。各级人民法院要高度重视接受监督工作，将此项工作纳入重要议事日程，结合本地实际，认真研究制定接受监督工作计划，并通过定期召开会议、下发文件等形式，及时部署工作任务，明确工作要求，确保接受监督工作扎实开展。

（二）强化责任落实。各级人民法院要实行接受监督工作院长负责制，切实建立"领导带头，全员参与"的接受监督工作机制，加强对接受监督工作的检查、督促和指导，确保各项制度、措施落到实处。

（三）密切协同配合。各级各地人民法院要强化大局意识，牢固树立全国法院"一盘棋"思想，密切配合，形成合力，共同推进接受监督工作深入开展。

（四）加强机构建设。各高级人民法院和有条件的中级人民法院应当设立相应工作机构，基层人民法院和不具备单独设立专门工作机构的中级人民法院应当配备专职人员，具体负责接受监督工作。

（五）完善考核制度。各级人民法院要将接受监督工作纳入绩效考核，切实调动工作主动性和积极性。对于开展接受监督工作成绩突出的单位和个人，应当予以表彰奖励；对于因工作失职造成不良影响和其他不良后果的，要给予问责。

（六）加大物质保障。各级人民法院要为开展接受监督工作提供必要的经费和装备，切实保障日常工作顺利开展。

最高人民法院
关于人民法院在审判执行活动中主动接受案件当事人监督的若干规定

2014年7月15日　　法发〔2014〕13号

为规范人民法院在审判执行活动中主动接

受案件当事人监督的工作，促进公正、高效、廉洁、文明司法，根据《中华人民共和国法官法》，制定本规定。

第一条 人民法院及其案件承办部门和办案人员在审判执行活动中应当严格执行廉政纪律，不断改进司法作风，主动接受案件当事人监督。

第二条 人民法院应当在本院诉讼服务大厅、立案大厅、派出人民法庭等场所公布人民法院的纪律作风规定、举报受理电话和举报受理网址。

第三条 在案件立案、审理程序中，人民法院应当通过适当方式，及时将立案审查结果、诉讼保全及程序变更等关键节点信息主动告知案件当事人。

第四条 在案件执行程序中，人民法院应当通过适当方式，及时将执行立案、变更与追加被执行人、执行措施实施、执行财产查控、执行财产处置、终结本次执行、终结本次执行案件的恢复执行、终结执行等关键节点信息主动告知案件当事人。

第五条 案件当事人需要向人民法院了解办案进度的，人民法院案件承办部门及办案人员应当告知。

第六条 人民法院案件承办部门应当在向案件当事人送达相关案件受理法律文书时，向案件当事人发送廉政监督卡。案件当事人也可以根据需要到人民法院诉讼服务大厅、立案大厅、派出人民法庭直接领取廉政监督卡。

廉政监督卡应当按照最高人民法院规定的格式进行制作。

第七条 案件当事人可以在案件办理期间或者案件办结之后，将填有本人意见的廉政监督卡直接寄交人民法院监察部门。

人民法院监察部门应当对案件当事人反映的廉政监督意见进行统一处置和管理。

第八条 人民法院应当按照本院每年办案总数的一定比例，从当年审结或者执结的案件中随机抽取部分案件进行廉政回访，主动听取案件当事人对办案人员执行纪律作风规定情况的评价意见。

第九条 人民法院除随机抽取案件进行廉政回访外，还应当对当年审结或者执结的下列案件进行廉政回访：

（一）社会广泛关注的案件；

（二）案件当事人反映存在违反廉政作风规定的案件；

（三）其他有必要进行回访的案件。

第十条 廉政回访可以采取约谈回访、上门回访、电话回访、信函回访等方式进行。对案件当事人在回访中反映的意见应当记录在案。

第十一条 廉政回访工作由人民法院监察部门会同案件承办部门共同组织实施。

第十二条 人民法院监察部门对案件当事人在廉政监督卡和廉政回访中提出的意见，应当按照下列方式进行处置：

（一）对提出的批评意见，转案件承办部门查明情况后酌情对被监督人进行批评教育；

（二）对提出的表扬意见，转案件承办部门查明情况后酌情对被监督人进行表扬奖励；

（三）对反映的违纪违法线索，会同案件承办部门廉政监察员进行核查处理；

（四）对反映的办案程序、法律适用及事实认定等方面问题，依照相关规定分别移送案件承办部门、审判监督部门或者审判管理部门处理。

第十三条 人民法院案件承办部门对案件当事人反映的批评意见进行处置后，应当适时向案件当事人反馈处置情况。

人民法院监察部门在对案件当事人反映的违纪违法线索进行处置后，应当适时向案件当事人反馈处置情况。

因案件当事人反映问题不实而给被反映人造成不良影响的，人民法院监察部门和案件承办部门应当通过适当方式为被反映人澄清事实。

第十四条 人民法院监察部门应当定期对案件当事人在廉政监督卡和廉政回访中提出的意见进行梳理分析，并结合分析发现的普遍性问题向本院党组提出进一步改进工作的意见建议。

第十五条 人民法院监察部门应当对本院各部门及其工作人员落实本规定的情况进行检查督促。人民法院政工部门应当将本院各部门及其工作人员落实本规定的情况纳入考核范围。

第十六条　尚未设立监察部门的人民法院，由本院政工部门承担本规定赋予监察部门的各项职责。

第十七条　本规定所称案件当事人，包括刑事案件中的被告人、被害人、自诉人、附带民事诉讼的原告人和被告人；民事、行政案件中的原告、被告及第三人；执行案件中的申请执行人、被执行人、案外人。

受案件当事人的委托，辩护人、诉讼代理人可以代表案件当事人接收、填写廉政监督卡或者接受廉政回访。

第十八条　人民法院在办理死刑复核案件、国家赔偿案件中主动接受案件当事人监督的工作另行规定。

第十九条　各高级人民法院可以依照本规定制定本院及辖区法院主动接受案件当事人监督工作的实施细则。

第二十条　本规定自发布之日起实施，由最高人民法院负责解释。

第六十九章　执行工作的统一管理制度

最高人民法院
关于高级人民法院统一管理执行工作若干问题的规定

2000年1月14日　　法发〔2000〕3号

为了保障依法公正执行，提高执行工作效率，根据有关规定和执行工作具体情况，现就高级人民法院统一管理执行工作的若干问题规定如下：

一、高级人民法院在最高人民法院的监督和指导下，对本辖区执行工作的整体部署、执行案件的监督和协调、执行力量的调度以及执行装备的使用等，实行统一管理。地方各级人民法院办理执行案件，应当依照法律规定分级负责。

二、高级人民法院应当根据法律、法规、司法解释和最高人民法院的有关规定，结合本辖区的实际情况制定统一管理执行工作的具体规章制度，确定一定时期内执行工作的目标和重点，组织本辖区内的各级人民法院实施。

三、高级人民法院应当根据最高人民法院的统一部署或本地区的具体情况适时组织集中执行和专项执行活动。

四、高级人民法院在组织集中执行、专项执行或其他重大执行活动中，可以统一调度、使用下级人民法院的执行力量，包括执行人员、司法警察、执行装备等。

五、高级人民法院有权对下级人民法院的违法、错误的执行裁定、执行行为函告下级法院自行纠正或直接下达裁定、决定予以纠正。

六、高级人民法院负责协调处理本辖区内跨中级人民法院辖区的法院与法院之间的执行争议案件。对跨高级人民法院辖区的法院与法院之间的执行争议案件，由争议双方所在地的两地高级人民法院协商处理；协商不成的，按有关规定报请最高人民法院协调处理。

七、对跨高级人民法院辖区的法院与公安、检察等机关之间的执行争议案件，由执行法院所在地的高级人民法院与有关公安、检察等机关所在地的高级人民法院商有关机关协调解决，必要时可报请最高人民法院协调处理。

八、高级人民法院对本院及下级人民法院的执行案件，认为需要指定执行的，可以裁定指定执行。

高级人民法院对最高人民法院函示指定执行的案件，应当裁定指定执行。

九、高级人民法院对下级人民法院的下列案件可以裁定提级执行：

1. 高级人民法院指令下级人民法院限期执结，逾期未执结需要提级执行的；

2. 下级人民法院报请高级人民法院提级执行，高级人民法院认为应当提级执行的；

3. 疑难、重大和复杂的案件，高级人民法院认为应当提级执行的。

高级人民法院对最高人民法院函示提级执行的案件，应当裁定提级执行。

十、高级人民法院应监督本辖区内各级人民法院按有关规定精神配备合格的执行人员，并根据最高人民法院的要求和本辖区的具体情况，制定培训计划，确定培训目标，采取切实有效措施予以落实。

十一、中级人民法院、基层人民法院和专门人民法院执行机构的主要负责人在按干部管理制度和法定程序规定办理任免手续前应征得上一级人民法院的同意。

上级人民法院认为下级人民法院执行机构的主要负责人不称职的，可以建议有关部门予以调整、调离或者免职。

十二、高级人民法院应根据执行工作需要，商财政、计划等有关部门编制本辖区内各级人民法院关于交通工具、通讯设备、警械器具、摄录器材等执行装备和业务经费的计划，确定执行装备的标准和数量，并由本辖区内各级人民法院协同当地政府予以落实。

十三、下级人民法院不执行上级人民法院对执行工作和案件处理作出的决定，上级人民法院应通报批评；情节严重的，可以建议有关部门对有关责任人员予以纪律处分。

十四、中级人民法院、基层人民法院和专门人民法院对执行工作的管理职责由高级人民法院规定。

十五、本规定自颁布之日起执行。

第七十章　执行工作的督促检查

最高人民法院
关于加强和改进人民法院督促检查工作的若干意见

2010年10月29日　　法发〔2010〕44号

为深入推进党的路线方针政策、人民法院重大决策部署、重要专项工作和各级领导批示交办事项的及时有效落实，促进人民法院工作科学发展，现就加强和改进人民法院督促检查（以下简称督查）工作提出如下意见。

一、充分认识人民法院督查工作的重要性

（一）督查工作的重要性。督查工作是人民法院工作的重要组成部分，是加强人民法院管理工作的重要方法，是人民法院贯彻执行党的路线方针政策，促进为大局服务、为人民司法，落实重大决策部署、领导批示交办事项和促进司法作风转变的必然要求。各级人民法院要站在事关人民司法事业兴衰成败的高度，充分认识新形势下加强和改进人民法院督查工作的重要性和必要性，把督查工作摆上重要议事日程，努力实现科学督查、高效督查、廉洁督查的工作目标，以督查工作的科学发展更好地推动人民法院各项工作科学发展。

二、进一步明确人民法院督查工作的职能和任务

（二）工作职能。人民法院督查工作的职能主要体现在三个方面：一是推动工作落实。通过督促检查，有力推动人民法院重大决策部署和领导批示交办事项的贯彻落实。二是辅助科学决策。通过督促检查，及时了解决策落实的情况，掌握落实存在的问题，加强指导，促进落实，纠正偏差，完善决策。三是促进作风转变。通过督促检查，促使被督查单位注重工作成效，提高工作效率，解决实际问题。

（三）主要任务。人民法院督查工作是对人民法院重大决策部署、重要专项工作，上级或同级党委和人大常委会等有关机关及其领导、上级人民法院及其领导或本院领导批示交办事项进行的督查。既包括专项督查，又包括决策督查。

三、努力实现督查工作的"三个转变"

（四）转变工作职能。要将督查工作职能由

单纯的推动工作落实转变为推动工作落实与辅助科学决策、促进作风转变相结合。在推动重大决策部署顺利实施的同时，通过督查掌握相关信息，为领导科学决策提供可靠依据；通过督查促使被督查单位求真务实，提高效率。

（五）转变工作重心。要将督查工作重心由单纯的专项督查转变为专项督查与决策督查相结合。改变只注重抓领导批示交办事项特别是批示交办案件的督查，忽视抓重大决策部署督查的状况，有力促进人民法院重大决策部署的贯彻实施。

（六）转变工作模式。要将督查工作模式由单纯的被动督查转变为被动督查与主动督查相结合。在坚持"有令即办、无令不办"这条督查工作原则的同时，对于专项督查，要及时掌握进展，主动反馈情况。对于决策督查，在立项环节要提前介入，及时提出督查建议和方案；在查办环节要主动跟踪，实时掌握落实情况；在总结环节要积极作为，客观反映落实情况和问题，为改进工作建言献策。

四、进一步完善督查工作制度

（七）建立完善领导责任制度。要建立主要领导负总责，其他领导分工负责的自上而下各层次各部门抓落实的责任体系。

（八）建立完善工作运行制度。要对督查任务的启动立项、拟办送审、转交方式、催办程序、反馈时限、报告要求、结项标准、保密归档等作出明确规定，确保督查工作有章可循，高效运转。

（九）建立完善优先办理制度。对于决策督查事项，需要院党组会或院长办公会研究的要优先安排上会研究；对于案件督查事项，要优先立项，及时落实到案件承办人，确保依法、及时审结。

（十）建立完善报告通报制度。要严格按照确定的时限，实事求是地向有关领导机关和领导同志报告督查结果；要对各级人民法院和本院各部门贯彻落实人民法院重大决策部署和办理领导批示交办事项的情况进行定期通报。

（十一）建立完善督查工作考评制度。要结合工作实际，建立督查工作考评制度，将督查工作纳入院内绩效考评体系。

五、进一步创新督查工作方式

（十二）积极创新督查工作方式。要在加强电话督查和书面督查的基础上，采取灵活多样的督查工作方式。要借鉴党政系统督查工作经验，对重大决策部署开展联合督查、交叉督查、实地督查；对于带有普遍性、倾向性的问题积极开展督查调研，了解实情，发现问题，总结经验，提出建议。

（十三）研发应用督查工作软件。有条件的法院要结合本地本单位实际，依托科技手段，积极研发督查工作软件，推进督查信息化建设，实行区域性网上督查，提高督查工作质量和效率。

六、进一步健全督查工作网络

（十四）健全督查工作网络。要建立上下互动的工作机制，逐步规范上下级法院督查机构的设置，明确督查机构职能，加强上下级法院工作交流，构建上下一致、职能统一的工作格局。要建立左右协同的工作机制，建立督查部门与院内各部门之间的协作机制，建立督查部门与职能部门之间的联合督查机制，建立兄弟法院间的交流机制，对事关重大、任务交叉的事项，及时沟通协调，共同研究推动工作落实的措施和办法。要建立专兼结合的工作机制，配齐配强专职督查工作人员，充分挖掘督查部门工作人员潜力，着力提高督查工作人员的理论水平和业务能力，同时在院内其他部门设立兼职督查工作联络员，负责协助督查任务的落实。

七、进一步严格督查工作的纪律要求

（十五）严格督查工作纪律。要严格按照法律政策、制度规定和工作程序开展督查，任何督查活动的立项实施都必须经过领导同志的批准；不准擅自立项督查，不准借督查之名干预案件审理，不准为个人私利欺上瞒下、弄虚作假。

八、切实加强对督查工作的组织领导

（十六）加强组织领导。最高人民法院和高级人民法院要成立以院长或常务副院长为组长，有关院领导为副组长，综合行政部门、人事管理部门、审判管理部门、纪检监察部门及有关审判业务部门等为成员单位的督查工作领导小

组,为加强和改进督查工作提供有力的组织保障。

(十七)健全机构设置。要进一步落实《人民法院督促检查工作规定》的要求,高级人民法院应当设立专门的督查工作机构,有条件的中级、基层人民法院可以设立专门的督查工作机构。

(十八)加强力量配备。已设立专门机构的法院,要配齐配强督查工作力量,将一些政治素质高、工作能力强、具有审判职称的同志选配到督查工作岗位;没有条件设立专门机构的中级、基层人民法院,要根据工作实际,配备专职或兼职督查工作人员。要加大督查干部交流力度,可以将院内其他部门的优秀干部充实到督查队伍中来,也可以将督查岗位上熟悉审判业务的同志交流到审判业务部门。

(十九)抓好业务培训。最高人民法院要有计划地组织必要的督查工作专项培训和加强对下指导,各高级人民法院也要相应开展督查工作培训和对下指导,提高督查队伍素质,提升督查工作水平。

(二十)提供工作保障。要为督查工作提供必要的工作便利,重要文件应印发督查工作部门,重要工作会议应让督查工作人员列席,创造条件让督查工作人员跟随院领导深入基层调研检查工作,以便督查工作人员把握工作大局,找准督查工作着力点,更好地履行工作职责。

第七十一章　执行款物管理

最高人民法院
关于执行款物管理工作的规定

2017年2月27日　　法发〔2017〕6号

为规范人民法院对执行款物的管理工作,维护当事人的合法权益,根据《中华人民共和国民事诉讼法》及有关司法解释,参照有关财务管理规定,结合执行工作实际,制定本规定。

为规范人民法院对执行款物的管理工作,维护当事人的合法权益,根据《中华人民共和国民事诉讼法》及有关司法解释,参照有关财务管理规定,结合执行工作实际,制定本规定。

第一条　本规定所称执行款物,是指执行程序中依法应当由人民法院经管的财物。

第二条　执行款物的管理实行执行机构与有关管理部门分工负责、相互配合、相互监督的原则。

第三条　财务部门应当对执行款的收付进行逐案登记,并建立明细账。

对于由人民法院保管的查封、扣押物品,应当指定专人或部门负责,逐案登记,妥善保管,任何人不得擅自使用。

执行机构应当指定专人对执行款物的收发情况进行管理,设立台账、逐案登记,并与执行款物管理部门对执行款物的收发情况每月进行核对。

第四条　人民法院应当开设执行款专户或在案款专户中设置执行款科目,对执行款实行专项管理、独立核算、专款专付。

人民法院应当采取一案一账号的方式,对执行款进行归集管理,案号、款项、被执行人或交款人应当一一对应。

第五条　执行人员应当在执行通知书或有关法律文书中告知人民法院执行款专户或案款专户的开户银行名称、账号、户名,以及交款时应当注明执行案件案号、被执行人姓名或名称、交款人姓名或名称、交款用途等信息。

第六条　被执行人可以将执行款直接支付给申请执行人;人民法院也可以将执行款从被执行人账户直接划至申请执行人账户。但有争议或需再分配的执行款,以及人民法院认为确有必要的,应当将执行款划至执行款专户或案款专户。

人民法院通过网络执行查控系统扣划的执行款，应当划至执行款专户或案款专户。

第七条 交款人直接到人民法院交付执行款的，执行人员可以会同交款人或由交款人直接到财务部门办理相关手续。

交付现金的，财务部门应当即时向交款人出具收款凭据；交付票据的，财务部门应当即时向交款人出具收取凭证，在款项到账后三日内通知执行人员领取收款凭据。

收到财务部门的收款凭据后，执行人员应当及时通知被执行人或交款人在指定期限内用收取凭证更换收款凭据。被执行人或交款人未在指定期限内办理更换手续或明确拒绝更换的，执行人员应当书面说明情况，连同收款凭据一并附卷。

第八条 交款人采用转账汇款方式交付和人民法院采用扣划方式收取执行款的，财务部门应当在款项到账后三日内通知执行人员领取收款凭据。

收到财务部门的收款凭据后，执行人员应当参照本规定第七条第三款规定办理。

第九条 执行人员原则上不直接收取现金和票据；确有必要直接收取的，应当不少于两名执行人员在场，即时向交款人出具收取凭证，同时制作收款笔录，由交款人和在场人员签名。

执行人员直接收取现金或者票据的，应当在回院后当日将现金或票据移交财务部门；当日移交确有困难的，应当在回院后一日内移交并说明原因。财务部门应当按照本规定第七条第二款规定办理。

收到财务部门的收款凭据后，执行人员应当按照本规定第七条第三款规定办理。

第十条 执行人员应当在收到财务部门执行款到账通知之日起三十日内，完成执行款的核算、执行费用的结算、通知申请执行人领取和执行款发放等工作。

有下列情形之一的，报经执行局局长或主管院领导批准后，可以延缓发放：

（一）需要进行案款分配的；
（二）申请执行人因另案诉讼、执行或涉嫌犯罪等原因导致执行款被保全或冻结的；
（三）申请执行人经通知未领取的；
（四）案件被依法中止或者暂缓执行的；
（五）有其他正当理由需要延缓发放执行款的。

上述情形消失后，执行人员应当在十日内完成执行款的发放。

第十一条 人民法院发放执行款，一般应当采取转账方式。

执行款应当发放给申请执行人，确需发放给申请执行人以外的单位或个人的，应当组成合议庭进行审查，但依法应当退还给交款人的除外。

第十二条 发放执行款时，执行人员应当填写执行款发放审批表。执行款发放审批表中应当注明执行案件案号、当事人姓名或名称、交款人姓名或名称、交款金额、交款时间、交款方式、收款人姓名或名称、收款人账号、发款金额和方式等情况。报经执行局局长或主管院领导批准后，交由财务部门办理支付手续。

委托他人代为办理领取执行款手续的，应当附特别授权委托书、委托代理人的身份证复印件。委托代理人是律师的，应当附所在律师事务所出具的公函及律师执照复印件。

第十三条 申请执行人要求或同意人民法院采取转账方式发放执行款的，执行人员应当持执行款发放审批表及申请执行人出具的本人或本单位接收执行款的账户信息的书面证明，交财务部门办理转账手续。

申请执行人或委托代理人直接到人民法院办理领取执行款手续的，执行人员应当在查验领款人身份证件、授权委托手续后，持执行款发放审批表，会同领款人到财务部门办理支付手续。

第十四条 财务部门在办理执行款支付手续时，除应当查验执行款发放审批表，还应当按照有关财务管理规定进行审核。

第十五条 发放执行款时，收款人应当出具合法有效的收款凭证。财务部门另有规定的，依照其规定。

第十六条 有下列情形之一，不能在规定期限内发放执行款的，人民法院可以将执行款提存：

（一）申请执行人无正当理由拒绝领取的；

（二）申请执行人下落不明的；

（三）申请执行人死亡未确定继承人或者丧失民事行为能力未确定监护人的；

（四）按照申请执行人提供的联系方式无法通知其领取的；

（五）其他不能发放的情形。

第十七条 需要提存执行款的，执行人员应当填写执行款提存审批表并附具有提存情形的证明材料。执行款提存审批表中应注明执行案件案号、当事人姓名或名称、交款人姓名或名称、交款金额、交款时间、交款方式、收款人姓名或名称、提存金额、提存原因等情况。报经执行局局长或主管院领导批准后，办理提存手续。

提存费用应当由申请执行人负担，可以从执行款中扣除。

第十八条 被执行人将执行依据确定交付、返还的物品（包括票据、证照等）直接交付给申请执行人的，被执行人应当向人民法院出具物品接收证明；没有物品接收证明的，执行人员应当将履行情况记入笔录，经双方当事人签字后附卷。

被执行人将物品交由人民法院转交给申请执行人或由人民法院主持双方当事人进行交接的，执行人员应当将交付情况记入笔录，经双方当事人签字后附卷。

第十九条 查封、扣押至人民法院或被执行人、担保人等直接向人民法院交付的物品，执行人员应当立即通知保管部门对物品进行清点、登记，有价证券、金银珠宝、古董等贵重物品应当封存，并办理交接。保管部门接收物品后，应当出具收取凭证。

对于在异地查封、扣押，且不便运输或容易毁损的物品，人民法院可以委托物品所在地人民法院代为保管，代为保管的人民法院应当按照前款规定办理。

第二十条 人民法院应当确定专门场所存放本规定第十九条规定的物品。

第二十一条 对季节性商品、鲜活、易腐烂变质以及其他不宜长期保存的物品，人民法院可以责令当事人及时处理，将价款交付人民法院；必要时，执行人员可予以变卖，并将价款依照本规定要求交财务部门。

第二十二条 人民法院查封、扣押或被执行人交付，且属于执行依据确定交付、返还的物品，执行人员应当自查封、扣押或被执行人交付之日起三十日内，完成执行费用的结算、通知申请执行人领取和发放物品等工作。不属于执行依据确定交付、返还的物品，符合处置条件的，执行人员应当依法启动财产处置程序。

第二十三条 人民法院解除对物品的查封、扣押措施的，除指定由被执行人保管的外，应当自解除查封、扣押措施之日起十日内将物品发还给所有人或交付人。

物品在人民法院查封、扣押期间，因自然损耗、折旧所造成的损失，由物品所有人或交付人自行负担，但法律另有规定的除外。

第二十四条 符合本规定第十六条规定情形之一的，人民法院可以对物品进行提存。

物品不适于提存或者提存费用过高的，人民法院可以提存拍卖或者变卖该物品所得价款。

第二十五条 物品的发放、延缓发放、提存等，除本规定有明确规定外，参照执行款的有关规定办理。

第二十六条 执行款物的收发凭证、相关证明材料，应当附卷归档。

第二十七条 案件承办人调离执行机构，在移交案件时，必须同时移交执行款物收发凭证及相关材料。执行款物收发情况复杂的，可以在交接时进行审计。执行款物交接不清的，不得办理调离手续。

第二十八条 各高级人民法院在实施本规定过程中，结合行政事业单位内部控制建设的要求，以及执行工作实际，可制定具体实施办法。

第二十九条 本规定自 2017 年 5 月 1 日起施行。2006 年 5 月 18 日施行的《最高人民法院关于执行款物管理工作的规定（试行）》（法发〔2006〕11 号）同时废止。

最高人民法院　最高人民检察院
**关于开展执行案款集中清理
工作的通知**

2016年3月31日　　法〔2016〕98号

各省、自治区、直辖市高级人民法院、人民检察院，新疆维吾尔自治区高级人民法院生产建设兵团分院、新疆生产建设兵团人民检察院：

针对部分法院存在的执行案款滞留等问题，为强化监督和管理，防范廉政风险，确保执行案款依法及时发放给申请执行人，保障当事人的合法权益，经研究决定，从2016年4月1日至2016年10月31日，对全国法院执行案款开展集中清理活动。现就有关要求通知如下：

一、清理范围及目标

针对2015年12月31日前已经收取但尚未发放的执行案款，开展集中清理活动，理清人民法院未处理的执行案款的具体情况，一边摸清底数，逐笔逐案建立执行案款台账，一边发放案款，及时执结一批积案，对不能发放的案款进行规范管理，彻底清除历史包袱，堵塞管理漏洞，为今年下半年推行执行案款信息化、规范化管理奠定基础。

二、清理步骤和方法

清理工作分三个阶段进行：

（一）边清边发阶段（2016年4月1日—9月30日）

各级法院执行局与财务管理部门密切配合，确保案件和款项一一对应，形成清晰台账，并坚持边清边发，分类处理，全面清理滞留法院账户上的执行暂存款。

具体清理方法：最高人民法院已经统一开发执行暂存款清理软件，各级法院财务部门和执行局在清理过程中，要根据软件中的项目逐项填报。该清理软件于3月底安装，并通过视频方式，对全国各级法院操作人员进行应用培训。第一，由财务部门将暂存款账户中的执行案款予以分离，逐笔登记执行暂存款流水号、到账金额、到账日期、暂存款留存法院时长等信息；能够对应执行案件号和执行案件承办人的，应一并填报。第二，执行局根据财务部门逐笔填报的暂存款信息，通过对照案卷等方式，逐笔核对案号及当事人。能够发放的，及时发放给当事人，并填写对应案号、承办人、本次发还金额、发还日期、收款人等信息。发放案款后，符合结案条件的，应当及时在执行程序中作出相应处理。第三，因等待程序事项（如异议、复议、再审等），暂时不能发还的，应如实填报相应金额及案件信息。第四，无法发还的，应逐笔填写无法发还原因及金额。无法发还原因包括无交款人姓名、无法对应具体案件、申请执行人明确拒绝或者放弃、联系不上当事人及其他。清理软件中对前述原因设计了相应的勾选项，直接予以勾选即可。清理完毕后，对无法发还的款项，各级法院应建专门台账，并商当地财政部门，建立专门账户予以集中管理。

（二）抽查整改阶段（2016年10月1日—10月31日）

可由法检两院联合组成抽查小组，各高级人民法院执行局牵头，高级人民法院财务部门、省级人民检察院、被抽查地区检察院民事行政检察部门派员参与，针对重点问题进行抽查、督促纠正。抽查范围、案件数量、抽查方式等由抽查小组协商确定。

（三）总结报告阶段

活动结束后，向中央政法委书面报告情况。

三、工作要求

（一）加强组织领导。各级法院要提高对开展清理工作重要意义的认识，将其列入今年工作的重要议事日程，一把手亲自过问亲自抓，认真研究，精心部署，集中调配人力、物力、财力，全面有效地开展清理发还工作。最高人民法院、最高人民检察院联合成立执行案款清理工作协调小组，最高人民法院党组副书记、副院长江必新、最高人民检察院副检察长姜建初任组长，最高人民法院党组成员、副院长贺荣和审判委员会专职委员、执行局局长刘贵祥任副组长，成员包括最高人民检察院民事行政检察厅厅长郑新俭、最高人民法院行装局局长王少南、执行局副局长吴少军、信息中心主任许建峰。最高人民法院执行局负责协调具体事务。各高级人民法院应商请同级检察机关建立相应的协调组织。

（二）明确法检分工。为提高此次清理工作透明度，人民法院要自觉接受检察机关监督，同时，法院和检察院应明确分工，各负其责。第一，在2016年9月30日前，由人民法院自主进行全面清理。在此期间，检察机关根据所掌握的情况提出由人民法院清查的重点事项、重点案件、重点案款以及其他建议。各级人民法院每两个月向同级检察院书面通报一次进展情况及阶段性成果，并由各高级人民法院、省级人民检察院分别书面报告最高人民法院、最高人民检察院。第二，2016年9月30日后，最高人民法院、高级人民法院应向同级检察院通报全部清理情况以及明细台账，会商查找存在的问题，针对重点问题进行抽查、督促纠正。

（三）严明纪律要求。最高人民法院从执行案件暂存款清理软件系统中自动提取数据，结合各地书面报告，每两个月进行一次清理情况通报。对拒不进行清理或不按要求完成清理工作，特别是弄虚作假、虚报瞒报清理情况的，要追究有关人员的责任。对发现违纪违法问题的，要坚决依法移送有关机关追究纪律和法律责任。各级检察机关要坚持立足执行检察监督职能，严格遵守各项检察纪律，按照本通知确定的法检分工，不越位、不越权。各级法检两院要严守保密制度，未经批准不得擅自宣传报道。

（四）完善管理机制。要认真梳理执行案款在收取、管理、发还等各个环节的操作流程，查找其中存在的问题、漏洞，分析原因，提出有效整改方案。最高人民法院将建立全国四级法院统一的执行案件信息管理系统，强化执行案件流程关键节点监督管理与关键节点信息公开，同时在该管理系统中安装专门的执行案款管理软件，做到一案一账号，规范执行案款管理。该管理系统将在2016年下半年在全国推广使用，2016年1月1日后新收案款应当纳入该管理系统进行统一管理。

各级法院对执行案款以外的其他暂存款，可结合本次集中清理活动，一并予以清理。

清理活动中遇到情况和问题，分别报告最高人民法院、最高人民检察院。

最高人民法院
关于执行款物管理工作的规定（试行）[①]

2006年5月18日　　法发〔2006〕11号

为了加强人民法院执行款物的管理工作，维护当事人的合法权益，根据《中华人民共和国民事诉讼法》及有关司法解释，参照有关财务管理规定，结合执行工作实际，制定本规定。

第一条　本规定所指的执行款物是在执行程序中，依法应当由人民法院经管的财物。

第二条　各级人民法院财务部门应当开设执行款专户，对执行款实行专项管理、专款专付。

执行机构和财务部门应当分工负责，相互配合，相互监督。

第三条　财务部门对执行款的收付进行逐案登记并建立明细账，执行机构应当指定专人负责对执行款的收付情况设立台账，同时对每个案件实行明细记账。案件承办人应当对每个执行案件的执行款往来情况进行登记，并归入案件档案。

第四条　人民法院在强制执行中，执行款可以由被执行人直接交付给申请执行人，也可以从被执行人账户直接划至申请执行人账户。但对于有争议或需再分配的执行款，或因其他情况，人民法院认为确有必要先存入执行款专户的，应当划进执行款专户。

第五条　被执行人直接向法院支付现金或票据的，执行人员应当会同被执行人将现金或者票据交本院财务部门，财务部门应当出具收款凭据。

第六条　执行中确需执行人员直接代收现

[①] 该文件已被最高人民法院《关于执行款物管理工作的规定》废止，仅供参考。——编者注

金或者票据的，应当不少于两名执行人员在场，即时向付款人出具收据，并将收款情况记入笔录并由付款人签名。

收款人应当在回院后一个工作日内移交本院财务部门或将有关款项缴入执行款专户。

第七条　人民法院委托拍卖机构拍卖被执行人财产时，应在拍卖委托书中要求竞买人或买受人将保证金或者拍卖价款直接汇入法院执行款专户。汇款时应注明汇款单位、拍卖机构名称、被执行人名称、案号。

第八条　执行款到账次日，财务部门应当将到账情况告知执行机构，执行机构应当在五日内将收款时间和数额等有关情况告知案件当事人。

第九条　执行款到账后，执行法院应当在一个月内核算执行费用和执行款，并及时通知申请执行人办理取款手续。需要延期划付的，应当在期限届满前书面说明原因并报主管院领导审查批准。

第十条　执行款专户的款项需要支付时，执行人员应当填报有关支付案款审批表并附以下材料，报经执行局长或主管院领导审批后，交由财务部门办理。

（一）生效的法律文书、立案审批表；

（二）款项到账的相关证明；

（三）申请付款人的有效身份证明。委托他人代收的，应当向法院出具特别授权委托书；

（四）已扣缴或应当扣缴的票据或说明。

财务部门支付执行款时，应当按照有关财务管理规定认真审核。

第十一条　人民法院向申请执行人支付执行款前，应当依法扣除未缴的申请执行费和执行中实际支出费用。

第十二条　人民法院向当事人交付执行款时，应当同时收取和审核当事人出具的收款凭据。

第十三条　由人民法院保管的查封、扣押物品应当指定专人负责，妥善保管，任何人不得擅自使用。

第十四条　执行法院解除对财产的查封、扣押、冻结措施后，应当将财产及时返还。

第十五条　案件承办人调离执行机构，在移交案件时，必须同时移交执行款物及相关材料。执行款物交接不清的，不得办理调离手续。

第十六条　严禁使用、截留、挪用、侵吞和私分执行款物。违反者，按有关规定追究责任。

第十七条　各高级人民法院在实施本规定过程中，可以根据实际需要制定实施细则。

第十八条　本规定自公布之日起施行。

人民法院办理执行案件规范

2017年4月

486.【执行款的扣划方式】

被执行人可以将执行款直接支付给申请执行人；人民法院也可以将执行款从被执行人账户直接划至申请执行人账户。但有争议或需再分配的执行款，以及人民法院认为确有必要的，应当将执行款划至执行款专户或案款专户。

人民法院通过网络执行查控系统扣划的执行款，应当划至执行款专户或案款专户。

487.【不直接收取现金和票据原则】

执行人员原则上不直接收取现金和票据；确有必要直接收取的，应当不少于两名执行人员在场，即时向交款人出具收取凭证，同时制作收款笔录，由交款人和在场人员签名。

执行人员直接收取现金或者票据的，应当在回院后当日将现金或票据移交财务部门；当日移交确有困难的，应当在回院后一日内移交并说明原因。

488.【发放期限】

执行人员应当在收到财务部门执行款到账通知之日起三十日内，完成执行款的核算、执行费用的结算、通知申请执行人领取和执行款发放等工作。

有下列情形之一的，报经执行局局长或主管院领导批准后，可以延缓发放：

（一）需要进行案款分配的；

（二）申请执行人因另案诉讼、执行或涉嫌犯罪等原因导致执行款被保全或冻结的；

（三）申请执行人经通知未领取的；
（四）案件被依法中止或者暂缓执行的；
（五）有其他正当理由需要延缓发放执行款的。

上述情形消失后，执行人员应当在十日内完成执行款的发放。

489.【执行款发放方式】

人民法院发放执行款，一般应当采取转账方式。

执行款应当发放给申请执行人，确需发放给申请执行人以外的单位或个人的，应当组成合议庭进行审查，但依法应当退还给交款人的除外。

490.【执行款发放审批】

发放执行款时，执行人员应当填写执行款发放审批表。执行款发放审批表中应当注明执行案件案号、当事人姓名或名称、交款人姓名或名称、交款金额、交款时间、交款方式、收款人姓名或名称、收款人账号、发款金额和方式等情况。报经执行局局长或主管院领导批准后，交由财务部门办理支付手续。

委托他人代为办理领取执行款手续的，应当附特别授权委托书、委托代理人的身份证复印件。委托代理人是律师的，应当附所在律师事务所出具的公函及律师执照复印件。

491.【办理支付手续】

申请执行人要求或同意人民法院采取转账方式发放执行款的，执行人员应当持执行款发放审批表及申请执行人出具的本人或本单位接收执行款的账户信息的书面证明，交财务部门办理转账手续。

申请执行人或委托代理人直接到人民法院办理领取执行款手续的，执行人员应当在查验领款人身份证件、授权委托手续后，持执行款发放审批表，会同领款人到财务部门办理支付手续。

492.【符合财务管理规定】

财务部门在办理执行款支付手续时，除应当查验执行款发放审批表，还应当按照有关财务管理规定进行审核。

发放执行款时，收款人应当出具合法有效的收款凭证。财务部门另有规定的，依照其规定。

493.【执行款的提存】

有下列情形之一，不能在规定期限内发放执行款的，人民法院可以将执行款提存：

（一）申请执行人无正当理由拒绝领取的；
（二）申请执行人下落不明的；
（三）申请执行人死亡未确定继承人或者丧失民事行为能力未确定监护人的；
（四）按照申请执行人提供的联系方式无法通知其领取的；
（五）其他不能发放的情形。

494.【提存的审批】

需要提存执行款的，执行人员应当填写执行款提存审批表并附具有提存情形的证明材料。执行款提存审批表中应注明执行案件案号、当事人姓名或名称、交款人姓名或名称、交款金额、交款时间、交款方式、收款人姓名或名称、提存金额、提存原因等情况。报经执行局局长或主管院领导批准后，办理提存手续。

提存费用应当由申请执行人负担，可以从执行款中扣除。

495.【物品的交付】

被执行人将执行依据确定交付、返还的物品（包括票据、证照等）直接交付给申请执行人的，被执行人应当向人民法院出具物品接收证明；没有物品接收证明的，执行人员应当将履行情况记入笔录，经双方当事人签字后附卷。

被执行人将物品交由人民法院转交给申请执行人或由人民法院主持双方当事人进行交接的，执行人员应当将交付情况记入笔录，经双方当事人签字后附卷。

496.【物品的交接】

查封、扣押至人民法院或被执行人、担保人等直接向人民法院交付的物品，执行人员应当立即通知保管部门对物品进行清点、登记，有价证券、金银珠宝、古董等贵重物品应当封存，并办理交接。保管部门接收物品后，应当出具收取凭证。

对于在异地查封、扣押，且不便运输或容易毁损的物品，人民法院可以委托物品所在地人民法院代为保管，代为保管的人民法院应当按照前款规定办理。

497.【物品保管场所】

人民法院应当确定专门场所存放本规范第 496 条规定的物品。

498.【特殊物品的处理】

对季节性商品、鲜活、易腐烂变质以及其他不宜长期保存的物品,人民法院可以责令当事人及时处理,将价款交付人民法院;必要时,执行人员可予以变卖,并将价款依照《最高人民法院关于执行款物管理工作的规定》要求交财务部门。

499.【物品发放期限】

人民法院查封、扣押或被执行人交付,且属于执行依据确定交付、返还的物品,执行人员应当自查封、扣押或被执行人交付之日起三十日内,完成执行费用的结算、通知申请执行人领取和发放物品等工作。不属于执行依据确定交付、返还的物品,符合处置条件的,执行人员应当依法启动财产处置程序。

500.【物品的提存】

符合本规范第 493 条规定情形之一的,人民法院可以对物品进行提存。

物品不适于提存或者提存费用过高的,人民法院可以提存拍卖或者变卖该物品所得价款。

第七十二章　执行文书立卷归档

人民法院执行文书立卷归档办法(试行)

2006 年 5 月 18 日　　法发〔2006〕11 号

一、总则

第一条　为了加强执行文书的立卷归档工作,根据《中华人民共和国档案法》、《人民法院档案管理办法》等有关规定,结合人民法院执行工作实际,制定本办法。

第二条　本办法所称的执行文书,是指人民法院在案件执行过程中所形成的一切与案件有关的各类文书材料。

第三条　人民法院办理的下列执行案件,纳入立卷归档的范围。

1. 本院直接受理的执行案件;
2. 提级执行、受指定执行的案件;
3. 受托执行的案件;
4. 执行监督、请示、协调的案件;
5. 申请复议的案件;
6. 其他执行案件。

第四条　执行案件由立案庭统一立案,按照案件类型分类编号。

执行案件必须一案一号。一个案件从收案到结案所形成的法律文书、公文、函电等所有司法文书以及执行文书的立卷、归档、保管均使用收案时编定的案号。

中止执行的案件恢复执行后,不得重新立案,应继续使用原案号。

第五条　执行文书材料由承办书记员负责收集、整理立卷,承办执行法官或执行员和部门领导负责检查卷宗质量,并监督、承办书记员按期归档。

二、执行文书材料的收集

第六条　执行案件收案后,承办书记员即开始收集有关本案的各种文书材料,着手立卷工作。

第七条　执行文书材料应全面、真实地反映执行的整个过程和具体情况。

第八条　送达法律文书应当有送达回证附卷。

邮寄送达法律文书被退回的,挂号函件收据、附有邮局改退批条的退回邮件信封应当附卷。

公告送达法律文书的,公告的原件和附件、刊登公告的报纸版面或张贴公告的照片应当附卷。

第九条　执行款物的收付材料必须附卷,包括收取执行款物的收据存根;交付、退回款物后当事人开具的收据；划款通知书；法院扣收申请执行费、实际支出费的票据；以物抵债裁定书及抵债物交付过程的材料；双方当事人签订和解协议后交付款物的收据复印件等。

第十条 入卷的执行法律文书，除卷内装订的外，应当随卷各附三份归档，装入卷底袋内备用。其他文书材料，一般只保存一份（有领导人批示的材料除外）。

第十一条 入卷的执行文书材料应当保留原件，未能提供原件的可保存一份复印件，但要注明没有原件的原因。执行人员依职权通过摘录、复制方式取得的与案件有关的证明材料，应注明来源、日期，并由经手人或经办人签名，同时加盖提供单位印章。

第十二条 下列文书材料一般不归档：
1. 没有证明价值的信封、工作材料；
2. 内容相同的重份材料；
3. 法规、条例复制件；
4. 一般的法律文书草稿（未定稿）；
5. 与本案无关的材料。

第十三条 在案件办结以后，执行人员应当认真检查全案的文书材料是否收集齐全，若发现法律文书不完备的，应当及时补齐。

三、执行文书材料的排列

第十四条 执行文书材料的排列顺序应当按照执行程序的进程、形成文书的时间顺序，兼顾文书材料之间的有机联系进行排列。

执行卷宗应当按照利于保密、方便利用的原则，分别立正卷和副卷。无不宜公开内容的案件可以不立副卷。

第十五条 执行案件正卷文书材料排列顺序：
1. 卷宗封面；
2. 卷内目录；
3. 立案审批表；
4. 申请执行书；
5. 执行依据；
6. 受理案件通知书、举证通知书及送达回执；
7. 案件受理费及实际支出费收据；
8. 执行通知书、财产申报通知书及送达回执；
9. 申请执行人、被执行人身份证明、工商登记资料、法定代表人身份证明及授权委托书、律师事务所函；
10. 申请执行人、被执行人、案外人举证材料；
11. 询问笔录、调查笔录、听证笔录、执行笔录及人民法院取证材料；
12. 采取、解除、撤销强制执行措施（包括查询、查封、冻结、扣划、扣押、评估、拍卖、变卖、搜查、拘传、罚款、拘留等）文书材料；
13. 追加、变更执行主体裁定书正本；
14. 强制执行裁定书正本；
15. 执行和解协议；
16. 执行和解协议履行情况的证明材料；
17. 以物抵债裁定书及相关材料；
18. 中止执行、终结执行、不予执行裁定书及执行凭证；
19. 执行款物收取、交付凭证及有关审批材料；
20. 延长执行期限的审批表；
21. 结案报告、结案审批表；
22. 送达回证；
23. 备考表；
24. 证物袋；
25. 卷底。

第十六条 执行监督案件正卷文书材料的排列顺序：
1. 卷宗封面；
2. 卷内目录；
3. 立案审批表；
4. 执行监督申请书；
5. 原执行裁定书；
6. 当事人身份证明或法定代表人身份证明及授权委托书、律师事务所函；
7. 当事人提供的证据材料；
8. 听证笔录、调查笔录；
9. 督办函；
10. 执行法院书面报告；
11. 监督结果或有关裁定书；
12. 结案报告、结案审批表；
13. 送达回证；

14. 备考表；

15. 证物券；

16. 卷地。

第十七条 执行协调案件文书材料的排列顺序：

1. 卷宗封面；
2. 卷内目录；
3. 立案审批表；
4. 请求协调报告及相关证据材料；
5. 协调函；
6. 被协调法院的报告及相关证据材料；
7. 协调会议记录；
8. 承办人审查报告；
9. 合议庭评议案件笔录；
10. 执行局（庭）研究案件记录及会议纪要；
11. 审判委员会研究案件记录及会议纪要；
12. 协调意见书；
13. 结案报告、结案审批表；
14. 备考表；
15. 证物袋；
16. 卷底。

第十八条 执行请示案件文书材料的排列顺序：

1. 卷宗封面；
2. 卷内目录；
3. 立案审批表；
4. 请示报告及相关证据材料；
5. 承办人审查报告；
6. 合议庭评议案件笔录；
7. 执行局（庭）研究案件笔录及会议纪要；
8. 本院审判委员会评议案件笔录及会议纪要；
9. 向上级法院的请示或报告；
10. 批复意见；
11. 结案报告、结案审批表；
12. 备考表；
13. 证物袋；
14. 卷底。

第十九条 执行复议案件正卷文书材料的排列顺序：

1. 卷宗封面；
2. 卷内目录；
3. 立案审批表；
4. 复议申请书；
5. 原决定书；
6. 复议申请人身份证明、法定代表人身份证明及授权委托书、律师事务所函；
7. 复议申请人提供的证据材料；
8. 听证笔录、调查笔录；
9. 复议决定书；
10. 结案报告、结案审批表；
11. 送达回证；
12. 备考表；
13. 证物袋；
14. 卷底。

第二十条 各类执行案件副卷文书材料的排列顺序：

1. 卷宗封面；
2. 卷内目录；
3. 阅卷笔录；
4. 执行方案；
5. 承办人与有关部门内部交换意见的材料或笔录；
6. 有关案件的内部请示与批复；
7. 上级法院及有关单位领导人对案件的批示；
8. 承办人审查报告；
9. 合议庭评议案件笔录；
10. 执行局（庭）研究案件记录及会议纪要；
11. 审判委员会研究案件记录及会议纪要；
12. 法律文书签发件；
13. 其他不宜公开的材料；
14. 备考表；
15. 证物袋；
16. 卷底。

四、执行文书的立卷及卷宗装订

第二十一条 人民法院执行文书材料经过系统收集、整理、排列后，逐页编号。页号一律用阿拉伯数字编写，正面书写在右上角，背面书写在左上角，背面无字迹的不编页号。卷宗封面、卷内目录、备考表、证物袋、卷底不编页号。

第二十二条 执行文书材料包括卷皮的书写、签发必须使用碳素墨水、蓝黑墨水或微机打印，如出现文书材料使用红、蓝墨水或铅笔、圆珠笔及易褪色不易长期保管书写工具书写的，要附复印件。需要归档的传真文书材料必须复印，复印件归档，传真件不归档。

第二十三条 卷宗封面必须按项目要求填写齐全，字迹工整、规范、清晰。卷面案号应当与卷内文件案号一致；案件类别栏填写"执行"；案由栏填写执行依据确认的案由；当事人栏应当填写准确、完整，不能缩写、简称或省略；收、结案日期应当与卷内文书记载一致；执行标的栏，应当填写申请执行标的；执行结果栏，应当填写已经执行的金额或其他情况；裁决机关栏，应当填写作出生效法律文书的机关；结案方式栏，按不同情况分别填写自动履行、强制执行、终结执行、执行和解或不予执行等；结案日期栏，应当填写批准报结的日期。

第二十四条 卷内目录应当按文书材料顺序逐项填写。一份文书材料编一个顺序号。

第二十五条 卷内文件目录所在页的编号，除最后一份需填写起止号外，其余只填起号。

第二十六条 卷内备考表，由本卷情况说明、立卷人、检查人、验收人、立卷日期等项目组成。

"本卷情况说明"栏内填写卷内文书缺损、修改、补充、移出、销毁等情况："立卷人"由立卷人签字："检查人"由承办执行法官或执行员签字："验收人"由档案部门接收人签字："立卷日期"填写立卷完成的日期。

第二十七条 卷宗的装订必须牢固、整齐、美观，便于保管和利用。

每卷的厚度以不超15毫米为宜，材料过多的，应当按顺序分册装订。每册案卷都从"1"开始编写页号。卷宗装订齐下齐右、三孔一线，长度以180毫米左右为宜，并在卷底装订线结扣处粘贴封条，由立卷人盖章。

第二十八条 卷宗装订前，要对文书材料进行全面检查，材料不完整的要补齐，破损或褪色、字迹扩散的要修补、复制。

卷内材料用纸以A4办公纸为标准。纸张过大的要修剪折叠，纸张过小、订口过窄的要加贴衬纸。

外文及少数民族文字材料应当附上汉语译文。

作为证据查考日期的信封，保留原件，打开展平加贴衬纸。

卷宗内严禁留置金属物。

五、执行卷宗的归档和保管

第二十九条 执行人员应当妥善保管执行卷宗，防止卷宗毁损、遗漏、丢失。

第三十条 承办书记员应当在案件报结后一个月内将执行卷宗装订完毕，并送有关部门或负责人核查是否符合案件归档条件，验收合格的应当立即归档。不合格的，应当及时予以补救。

执行卷宗应当在案件报结后的三个月内完成归档工作。

第三十一条 执行机构应当对执行卷宗的归档情况登记造册，归档案件必须有档案部门的签收手续。

第三十二条 中止执行的案件可以由执行机构统一保管执行卷宗，不得在执行人员处存放。

第三十三条 执行档案的保管期限由档案管理部门按照有关规定确定。

第三十四条 已经归档的卷宗不得抽取材料，确需增添材料的，应当征得档案管理人员同意后，按立卷要求办理。

第三十五条 对违反本办法未及时归档、任意从案卷中抽取文书材料或损毁、遗漏、丢失案卷材料的有关人员，视情节轻重，依有关规定作出相应处理。

六、附则

第三十六条 各高级人民法院在实施本办法过程中，可以根据实际需要制定实施细则。

第三十七条 本办法自公布之日起施行。

第七十三章 司法建议

最高人民法院
关于加强司法建议工作的意见

2012年3月15日　　法〔2012〕74号

为充分发挥人民法院审判职能作用，坚持能动司法，深入推进三项重点工作，为经济社会全面协调可持续发展与社会和谐稳定提供更加有力的司法保障，根据有关法律规定，结合人民法院工作实际，现就加强和规范司法建议工作，提出以下意见：

一、认清形势，提高认识，进一步增强司法建议工作的自觉性

1. 司法建议是法律赋予人民法院的重要职责，是人民法院工作的重要组成部分，是充分发挥审判职能作用的重要方式。各级人民法院要准确把握国内外形势的新变化、新特点，牢牢抓住科学发展这个主题，紧紧围绕加快转变经济发展方式这条主线，在狠抓执法办案第一要务的同时，依法履行好司法建议职责，积极促进有关单位科学决策、完善管理、消除隐患、改进工作、规范行为，不断提高科学管理水平，预防和减少社会矛盾纠纷。

2. 司法建议是人民法院坚持能动司法，依法延伸审判职能的重要途径。我国正处于经济社会发展的重要战略机遇期和社会矛盾凸显期，站在新起点，面对新形势，人民法院在充分发挥审判职能作用的同时，应当更加重视运用司法建议，通过延伸审判职能，积极践行"为大局服务，为人民司法"工作主题，促进经济社会发展，切实维护社会和谐稳定。

3. 司法建议是人民法院深入推进三项重点工作，提升司法能力和司法公信力的重要手段。要高度重视和充分运用司法建议来扩展审判效果，以司法建议作为化解社会矛盾、创新社会管理的重要切入点和有效方法，充分发挥司法建议在维护社会和谐稳定、推动社会建设中的重要作用，不断提升人民法院化解社会矛盾和参与社会管理创新的能力和水平，努力维护司法权威，提高司法公信力。

二、创新机制，加强规范，切实提升司法建议工作水平

4. 司法建议工作应当纳入人民法院的整体工作部署，要创新建议形式，规范建议程序，确保建议质量，增强建议效果，推动司法建议工作依法有序开展，努力实现司法建议工作的法律效果和社会效果的有机统一。

5. 正确处理司法建议工作与审判执行工作的关系，坚持以做好审判执行工作为出发点，同时充分发挥司法建议延伸审判职能的作用。审判执行工作中发现有关单位普遍存在的工作疏漏、制度缺失和隐患风险等问题，人民法院应当及时提出司法建议。

6. 提出司法建议要坚持必要性、针对性、规范性和实效性原则，做到把握问题准确，分析问题透彻，依据充足，说理充分，建议客观合理，方案切实可行，行文严谨规范，确保建议质量，符合保密规定。

7. 对审判执行工作中发现的下列问题，人民法院可以向相关党政机关、企事业单位、社会团体及其他社会组织提出司法建议，必要时可以抄送该单位的上级机关或者主管部门：

（1）涉及经济社会发展重大问题需要相关方面积极加以应对的；

（2）相关行业或者部门工作中存在的普遍性问题，需要有关单位采取措施的；

（3）相关单位的规章制度、工作管理中存在严重漏洞或者重大风险的；

（4）国家利益、社会公共利益受到损害或者威胁，需要有关单位采取措施的；

（5）涉及劳动者权益、消费者权益保护等民生问题，需要有关单位采取措施的；

(6）法律规定的有义务协助调查、执行的单位拒绝或者妨碍人民法院调查、执行，需要有关单位对其依法进行处理的；

(7）拒不履行人民法院生效的判决、裁定，需要有关单位对其依法进行处理的；

(8）发现违法犯罪行为，需要有关单位对其依法进行处理的；

(9）诉讼程序结束后，当事人之间的纠纷尚未彻底解决，或者有其他问题需要有关部门继续关注的；

(10）其他确有必要提出司法建议的情形。

8．人民法院提出司法建议，应当制作司法建议书。

司法建议书包括以下类型：

(1）针对个案中反映的具体问题制作的个案司法建议书；

(2）针对某一类案件中反映的普遍性问题制作的类案司法建议书；

(3）针对一定时期经济社会发展中存在的普遍性、系统性问题制作的综合司法建议书。根据实际需要，综合司法建议书可以附相关调研报告、审判工作报告（白皮书）等材料。

9．司法建议书应当按照统一的格式制作，一般包括首部、主文和尾部三部分。

首部包括：法院名称、司法建议书、司法建议书编号、主送单位（被建议单位）名称。

主文包括：在审理和执行案件中或者相关调研中发现的需要重视和解决的问题，对问题产生原因的分析，依据法律法规及政策提出的具体建议，以及其他需要说明的事项。

尾部包括：院印和日期。如需抄送被建议单位的上级机关、主管部门或其他有关部门的，应当列明抄送单位全称。

10．个案、类案司法建议书由所涉案件审判业务部门负责起草，综合司法建议书可以由有关综合性部门或者审判业务部门负责起草。司法建议书起草完成后，交司法建议工作日常管理机构审核，报分管院领导签发。向党政机关发送的重要司法建议书或者审判委员会决定发送的司法建议书，由院长签发。

11．院长、庭长在履行审判监督指导职责、审判监督部门和审判管理部门在开展案件质量评查等活动、上级人民法院对下级人民法院的案件进行监督评查时，发现需要向有关部门提出司法建议的，应当建议提出司法建议。

12．个案司法建议书一般应当在所涉案件裁判文书生效后或者执行、涉诉信访案件办结后，及时发送。

13．司法建议书应当以人民法院的名义发送，不得以法院内设机构或者个人名义发送。拟向上级党委、人大、政府及其部门提出的司法建议书，必要时可以提请上级人民法院发送。

14．司法建议书应当及时送达被建议单位。必要时，人民法院可以将相关材料一并送达被建议单位。

15．司法建议起草部门应当及时将司法建议书、被建议单位反馈意见及相关材料整理立卷，移送档案管理部门集中归档。

16．司法建议应当纳入司法统计范围，为分析和指导司法建议工作提供数据支持。利用信息技术，建立司法建议信息库，充分整合、利用司法建议信息资源，打造司法建议信息平台。

三、加强领导，科学管理，为司法建议工作提供切实保障

17．各级人民法院应当高度重视司法建议工作，切实加强对司法建议工作的组织领导和统筹协调。上级人民法院应当加强对本辖区内人民法院司法建议工作的指导，使司法建议工作更加规范，注重实效。

18．确定司法建议工作日常管理机构，建立司法建议工作归口管理制度。司法建议工作日常管理机构应当严格把关，确保司法建议质量，认真履行以下工作职责：

(1）负责本院司法建议书的审核工作；

(2）负责司法建议工作情况通报、总结工作；

(3）负责司法建议培训、经验交流等工作。

19．加强司法建议情况通报和总结工作，司法建议工作日常管理机构应当定期制作司法建议情况通报和年度司法建议总结报告。

20. 加强司法建议工作培训、经验交流等工作。各高级人民法院要开展司法建议专项培训，增强法官司法建议工作能力，提升司法建议书制作水平。组织司法建议经验交流活动，推荐优秀司法建议书，推广工作经验和方法，努力提高司法建议工作水平。

21. 积极争取党委、人大和政府对司法建议工作的支持，推动将司法建议工作纳入当地社会治安综合治理工作体系。

22. 加强与新闻媒体等社会各个方面的合作，通过多种渠道和形式加大司法建议宣传力度，不断扩大社会影响，努力赢得社会各界对司法建议工作的理解、尊重和支持，为司法建议工作营造良好的工作环境。

附：司法建议文书样式（略）

最高人民法院
关于审理发生在我国管辖海域
相关案件若干问题的规定（二）

2016年8月1日　　法释〔2016〕17号

第二条　人民法院在审判执行工作中，发现违法行为，需要有关单位对其依法处理的，应及时向相关单位提出司法建议，必要时可以抄送该单位的上级机关或者主管部门。违法行为涉嫌犯罪的，依法移送刑事侦查部门处理。

最高人民法院
关于人民法院为防范化解金融风险
和推进金融改革发展提供司法
保障的指导意见

2012年2月10日　　法发〔2012〕3号

五、深化能动司法理念，全面提升金融审判水平

化解金融纠纷的创新性和前沿性，要求人民法院必须大力开展调查研究，发挥司法建议功能，延伸能动司法效果，构建专业审判机制，拓展金融解纷资源，不断提高金融审判水平。

16. 发挥司法建议功能，延伸能动司法效果。各级人民法院要关注金融纠纷的市场和法律风险，加强各种信息的搜集、分析、研判，充分发挥司法建议的预警作用。要通过对审理案件过程中发现的问题，有针对性地提出对策建议，有效帮助金融机构完善产品设计。要通过行政审判，探索符合金融领域规律的审查标准和方式，促进政府依法行政和有效防范化解金融风险。要充分发挥金融商事审判的延伸服务功能，对金融机构自身管理方面存在的缺陷，要及时发现，及时反馈，为金融监管部门和金融机构查堵漏洞、防范风险提出司法建议。

最高人民法院
关于防范和制裁虚假诉讼的指导意见

2016年6月20号　　法发〔2016〕13号

8. 在执行公证债权文书和仲裁裁决书、调解书等法律文书过程中，对可能存在双方恶意串通、虚构事实的，要加大实质审查力度，注重审查相关法律文书是否损害国家利益、社会公共利益或者案外人的合法权益。如果存在上述情形，应当裁定不予执行。必要时，可向仲裁机构或者公证机关发出司法建议。

第七十四章　涉执行信访处置

最高人民法院
关于人民法院办理执行信访案件若干问题的意见

2016 年 7 月 14 日　　法发〔2016〕15 号

为贯彻落实中央关于涉诉信访纳入法治轨道解决、实行诉访分离以及建立健全信访终结制度的指导精神,根据《中华人民共和国民事诉讼法》(以下简称《民事诉讼法》)及有关司法解释,结合人民法院执行工作实际,现针对执行信访案件交办督办、实行诉访分离以及信访终结等若干问题,提出如下意见:

一、关于办理执行信访案件的基本要求

1. 执行信访案件,指信访当事人向人民法院申诉信访,请求督促执行或者纠正执行错误的案件。执行信访案件分为执行实施类信访案件、执行审查类信访案件两类。

2. 各级人民法院执行部门应当设立执行信访专门机构;执行信访案件的接待处理、交办督办以及信访终结的复查、报请、决定及备案等各项工作,由各级人民法院执行部门统一归口管理。

3. 各级人民法院应当建立健全执行信访案件办理机制,畅通执行申诉信访渠道,切实公开信访办理流程与处理结果,确保相关诉求依法、及时、公开得到处理:

(1) 设立执行申诉来访接待窗口,公布执行申诉来信邮寄地址,并配备专人接待来访与处理来信;

(2) 收到申诉信访材料后,应当通过网络系统、内部函文等方式,及时向下级人民法院交办;

(3) 以书面通知或其他适当方式,向信访当事人告知案件处理过程及结果。

4. 各级人民法院应当建立执行信访互联网申诉、远程视频接访等网络系统,引导信访当事人通过网络反映问题,减少传统来人来信方式信访。

5. 各级人民法院应当建立和落实执行信访案件交办督办制度:

(1) 上级人民法院交办执行信访案件后,通过挂牌督办、巡回督导、领导包案等有效工作方式进一步督促办理;

(2) 设立执行信访案件台账,以执行信访案件总数、已化解信访案件数量等作为基数,以案访比、化解率等作为指标,定期对辖区法院进行通报;

(3) 将辖区法院执行信访工作情况纳入绩效考评,并提请同级党委政法委纳入社会治安综合治理考核范围;

(4) 下级人民法院未落实督办意见或者信访化解工作长期滞后,上级人民法院可以约谈下级人民法院分管副院长或者执行局长,进行告诫谈话,提出整改要求。

二、关于执行实施类信访案件的办理

6. 执行实施类信访案件,指申请执行人申诉信访,反映执行法院消极执行,请求督促执行的案件。

执行实施类信访案件的办理,应当遵照"执行到位、有效化解"原则。如果被执行人具有可供执行财产,应当穷尽各类执行措施,尽快执行到位。如果被执行人确无财产可供执行,应当尽最大努力解释说明,争取息诉罢访,有效化解信访矛盾;经解释说明,仍然反复申诉、缠访闹访,可以依法终结信访。

7. 执行实施类信访案件,符合下列情形的,可以认定为有效化解,上级人民法院不再交办督办:

(1) 案件确已执行到位;

(2) 当事人达成执行和解协议并已开始依协议实际履行;

(3) 经重新核查,被执行人确无财产可供执行，经解释说明或按照有关规定进行司法救助后，申请执行人书面承诺息诉罢访。

8. 申请执行人申诉信访请求督促执行，如果符合下列情形，上级人民法院不再作为执行信访案件交办督办：

（1）因受理破产申请而中止执行，已告知申请执行人依法申报债权；

（2）再审裁定中止执行，已告知申请执行人依法应诉；

（3）因牵涉犯罪，案件已根据相关规定中止执行并移送有关机关处理；

（4）信访诉求系认为执行依据存在错误。

9. 案件已经执行完毕，但申请执行人以案件尚未执行完毕为由申诉信访，应当制作结案通知书，并告知针对结案通知书提出执行异议。

10. 被执行人确无财产可供执行，执行法院根据相关规定作出终结本次执行程序裁定，申请执行人以案件尚未执行完毕为由申诉信访，告知针对终结本次执行程序裁定提出执行异议。

三、关于执行审查类信访案件的办理

11. 执行审查类信访案件，指信访当事人申诉信访，反映执行行为违反法律规定或对执行标的主张实体权利，请求纠正执行错误的案件。

执行审查类信访案件的办理，应当遵照"诉访分离"原则。如果能够通过《民事诉讼法》及相关司法解释予以救济，必须通过法律程序审查；如果已经穷尽法律救济程序以及本意见所规定的执行监督程序，仍然反复申诉、缠访闹访，可以依法终结信访。如果属于审判程序、国家赔偿程序处理范畴，告知通过相应程序寻求救济。

12. 信访当事人向执行法院请求纠正执行错误，如果符合执行异议、案外人异议受理条件，应当严格按照立案登记制要求，正式立案审查。

13. 信访当事人未向执行法院提交《执行异议申请》，但以"申诉书""情况反映"等形式主张执行行为违反法律规定或对执行标的主张实体权利的，应当参照执行异议申请予以受理。

14. 信访当事人向上级人民法院申诉信访，主张下级人民法院执行行为违反法律规定或对执行标的主张实体权利，如案件尚未经过异议程序或执行监督程序处理，上级人民法院一般不进行实质性审查，按照如下方式处理：

（1）告知信访当事人按照相关规定寻求救济；

（2）通过信访制度交办督办，责令下级人民法院按照异议程序或执行监督程序审查；

（3）下级人民法院正式立案审查后，上级人民法院不再交办督办。

15. 当事人、利害关系人不服《民事诉讼法》第二百二十五条所规定执行复议裁定，向上一级人民法院申诉信访，上一级人民法院应当作为执行监督案件立案审查，以裁定方式作出结论。

16. 当事人、利害关系人在异议期限之内已经提出异议，但是执行法院未予立案审查，如果当事人、利害关系人在异议期限之后继续申诉信访，执行法院应当作为执行监督案件立案审查，以裁定方式作出结论。

当事人、利害关系人不服前款所规定执行监督裁定，向上一级人民法院继续申诉信访，上一级人民法院应当作为执行监督案件立案审查，以裁定方式作出结论。

17. 信访当事人向上级人民法院申诉信访，反映异议、复议案件严重超审限的，上级人民法院应当通过信访制度交办督办，责令下级人民法院限期作出异议、复议裁定。

18. 当事人、利害关系人申诉信访请求纠正执行错误，如果符合下列情形，上级人民法院不再作为执行信访案件交办督办：

（1）信访诉求系针对人民法院根据行政机关申请所作出准予执行裁定，并非针对执行行为；

（2）信访诉求系认为执行依据存在错误。

四、关于执行信访案件的依法终结

19. 被执行人确无财产可供执行，申请执行人书面承诺息诉罢访，如果又以相同事由反复申诉、缠访闹访，执行法院可以逐级报请高级人民法院决定终结信访。

20. 当事人、利害关系人提出执行异议，经异议程序、复议程序及执行监督程序审查，最终结论驳回其请求，如果仍然反复申诉、缠访闹访，可以依法终结信访：

（1）执行监督裁定由高级人民法院作出的，由高级人民法院决定终结信访；

（2）执行复议、监督裁定由最高人民法院作出的，由最高人民法院决定终结信访或交高级人民法院终结信访。

21. 执行实施类信访案件，即使已经终结信访，执行法院仍然应当定期查询被执行人财产状况；申请执行人提出新的财产线索而请求恢复执行的，执行法院应当立即恢复执行。

22. 申请执行人因案件未能执行到位而导致生活严重困难的，一般不作信访终结。

23. 高级人民法院决定终结信访之前，应当报请最高人民法院备案。最高人民法院对于不符合条件的，及时通知高级人民法院予以补正或者退回。不予终结备案的，高级人民法院不得终结。

24. 最高人民法院、高级人民法院决定终结信访的，应当书面告知信访当事人。

25. 已经终结的执行信访案件，除另有规定外，上级人民法院不再交办督办，各级人民法院不再重复审查；信访终结后，信访当事人仍然反复申诉、缠访闹访的，依法及时处理，并报告同级党委政法委。

26. 执行信访终结其他程序要求，依照民事案件信访终结相关规定办理。

最高人民法院
关于进一步加强和规范执行工作的若干意见

2009年7月17日　　法发〔2009〕43号

一、进一步加大执行工作力度

（一）建立执行快速反应机制（略）

（二）完善立审执协调配合机制（略）

（三）建立有效的执行信访处理机制。各级人民法院要设立专门的执行申诉处理机构，负责执行申诉信访的审查和督办，在理顺与立案庭等部门职能分工的基础上，探索建立四级法院上下一体的执行信访审查处理机制。上级法院要建立辖区法院执行信访案件挂牌督办制度，在人民法院网上设置专页，逐案登记，加强督办，分类办结后销号。进一步规范执行信访案件的办理流程，畅通民意沟通途径，对重大、复杂信访案件一律实行公开听证。要重视初信初访，从基层抓起，从源头抓起。要加强与有关部门的协作配合，充分发挥党委领导下的信访终结机制的作用。加大信访案件督办力度，落实领导包案制度，开展执行信访情况排名通报。完善执行信访工作的考评机制，信访责任追究和责任倒查机制。

最高人民法院
关于深入贯彻落实全国政法工作电视电话会议精神的意见

2009年12月24日　　法发〔2009〕59号

5. 清积案，进一步解决涉诉信访和执行难问题。认真贯彻中央关于进一步加强和改进涉法涉诉信访工作的指示，始终把解决实际问题、化解社会矛盾放在首位，落实领导责任和办案责任，落实依法纠错原则，落实领导干部定期接访和上级法院带案下访、巡回接访等制度，落实信访案件终结规定，努力解决信访当事人的合法合理诉求。巩固集中清理执行积案成果，加快清理无财产可供执行的积案，同时从提高审判质量、强化执行管理、完善联动机制入手，进一步提高执行质量和效率，构建综合治理执行难的工作格局。

最高人民法院副院长江必新在全国法院执行申诉信访工作现场会上的讲话

2010年4月13日

同志们：

值此全国法院执行申诉信访工作现场会在江苏省南京市隆重召开之际，我谨代表最高人民法院，对会议的召开表示热烈地祝贺，向长期从事执行申诉信访工作的广大执行干警表示诚挚的慰问，向为本次会议作出重要贡献的江苏省各高级法院表示衷心的感谢！这次会议，是在全国各地深入贯彻落实全国政法工作电视电话会议精神、积极推进"三项重点工作"之际召开的，具有极为重要的意义。长期以来，执行信访工作一直是人民法院发挥职能作用、化解社会矛盾，维护人民利益，确保稳定大局的重要途径，各级法院非常重视，形成了一套行之有效的工作方法，取得了一定成效，但仍存在着一些不容忽视的问题。一是部分法院执行信访比例上升比较快，尤其进京上访的重户、老户增多；二是案件进入执行程序不久即提出申诉的增多，甚至案件刚一进入执行程序当事人就开始申诉；三是复信复访多，案件执结后当事人多次申诉的情况时有发生；四是从事执行申诉信访的人员责权不明，工作措施不能落到实处；五是不少执行案件的当事人上访情绪激烈，部分上访人串访、聚集，呈现组织化特点，闹访、暴力访等过激行为时有发生。因此，在当前社会矛盾复杂多变的形势下，对如何进一步加强新时期人民法院的执行申诉信访工作进行一些理性思考很有必要。借此机会，我就搞好人民法院执行信访工作需要特别关注的几个问题谈几点意见，供与会人员在会议期间一并讨论研究。

一、要高度重视

信访工作作为一项有中国特色的制度，是党和政府保持同人民群众血肉联系的重要途径，是联系人民群众的桥梁和纽带，是吸纳民意，正确决策的重要条件之一，是发扬民主的重要窗口，是保障人民民主并接受群众监督的有效方式。中央一直高度重视涉法涉诉信访问题，去年中央政治局常委会审议通过了有关涉法涉诉信访的两个文件——《中央政法委员会关于进一步加强和改进涉法涉诉信访工作的意见》（"中办发〔2009〕22号"）和《中央政法委、中央维护稳定工作领导小组关于深入推进社会矛盾化解、社会管理创新、公正廉洁执法的意见》，中办发〔2009〕22号文件深刻分析指出：涉法涉诉信访居高不下，客观上是利益格局深刻调整、社会矛盾易发多发的综合反映，主观上是政法机关执法理念、执法能力与人民群众的期望不相适应的集中表现。解决好这个问题，是巩固党的执政地位、维护人民群众合法权益、促进社会和谐稳定的必然要求。因此，做好执行信访工作是事关社会稳定、事关社会主义和谐社会建设、事关群众切身利益、事关司法为民成效的大事。各级法院必须从思想上提高认识，从讲政治的高度重视执行信访工作，把涉执信访工作作为当前和今后一个时期法院工作的一项法定职责和长期任务全力抓好。

重视执行信访工作，一是必须强化公正观，就是对当事人执行申诉信访中发现的问题及时解决，有错必纠，决不姑息，切实保护当事人的合法权利，从根本上维护司法公正，树立司法权威。二是必须强化效率观，就是改变少数申诉信访工作人员疲沓拖拉的工作作风，努力提高信访工作的效率，及时把当事人从讼累中解脱出来。三是必须强化效果观，就是在利益衡量和价值判断中善于使用社会效果和综合效应这一尺度，注重说服教育，从源头上解决问题。四是必须强化稳定观，就是在充分了解案情的基础上，注意倾听申诉人的意见，晓之以法，服之以理，动之以情，有针对性地做好工作。

信访工作搞得好坏，领导重视与否是关键。长期以来，法院信访实践中形成的"一把手"负总责，分管领导具体抓，职能部门认真办，一级抓一级，一级对一级负责的信访工作领导责任制，是一项行之有效的信访管理制度，在当前形势下必须抓深抓细抓实，抓出成效。一把手要负总责，精心组织部署，定期听取信访工作汇报，研究分析对策，对重大问题及时作出批示和指导，督促相关部门抓好落实。分管院领导组织实施各项工作决策部署，加强检查、指导和督办，确保工作目标的实现。有关庭室负责人和承办人要具体落实上级和本院的工作部署，认真办理每件执行信访事项，及时汇总、分析工作中的新问题、新情况，探索解决问题的对策和途径，及时为领导决策提供科学依据和对策参考。

二、要真情面对

化解执行当事人的信访除了依法纠错之外，最为重要的工作就是情绪疏导、心理干预和思想教育。从事执行信访工作的人员看待来访人员的出发点和初始态度将影响到他的接访行为，进而影响到来访当事人的心态和情绪。正是基于这个道理，我们应当牢固树立"真情面对"当事人的理念，杜绝有访不接、久拖不复、敷衍应付、态度生硬等漠视当事人感受的工作作风。同时，要增强信访接待的亲和力，努力平复来访人的思想情绪。

真情面对当事人要求执行人员强化换位思考意识，想当事人之所想，急当事人之所急；真情面对当事人要求执行人员强化以当事人为本的意识，带着对人民群众的深厚感情去处理信访案件；真情面对当事人要求执行人员不分亲疏、贵贱、贫富、远近，一律平等对待，尤其要善待那些没有或拒绝利用任何关系而严格按照法定程序申诉的当事人的案件；真情面对当事人要求执行人员强化责任意识，切实做到听明白、弄清楚，不推诿、不耽误，直到来访人息访罢诉；真情面对当事人要求执行人员强化效果意识，坚决防止因工作不细、方法不当而引发新的矛盾；真情面对当事人要求执行人员切实解决信访人员的实际困难，对于司法手段解决不了的信访案件，在了解信访人具体困难的基础上，及时提出给予司法救助、社会救济或其他帮扶的工作方案和建议。

真情面对当事人，要注意防止两种不良倾向：一要防止因自身工作繁忙而对接待工作敷衍了事的不良倾向，要按照在不违反法律和不创造不良先例的前提下，"穷尽一切可能、想尽一切办法、采取一切措施"的工作思路开展工作。二要注意防止因自身言行失误而造成新的信访的不良倾向。对发现有上访苗头的当事人，要从法理上、事实上讲明不能执行或中止执行的情况和原因，达到定分止争的目的。

三、要穷尽所能

化解执行信访必须因案施策，多措并举，全面构筑涉执信访工作的内部和外部两个格局。构筑涉执信访工作外部格局就是要积极推进处理涉执信访工作联动机制，对群众反映的问题，多层次、多角度地探索解决方法，拓宽工作思路，加强与地方党委、人大和政府等有关部门的联系、沟通和协调，强化横向联动，发挥整体合力解决问题。构筑涉执信访工作内部格局包括本院内部、纵向和横向三个层面：本院内部就是进一步强化法院内部协作，对于涉及法院内部其他环节的信访问题，积极联络、沟通、协调，通过加强与有关部门的分工合作、协调配合，共同研究、统筹考虑，彻底解决矛盾，形成本院内部减少涉执信访问题的合力。纵向就是上级法院加强对下级法院信访、复查工作的指导和督促，认真执行重大信访事项请示制度、重要信访专报制度、信访动态月报制度、重要时期信访工作安排及应急预案制度。要高度重视交办案件的办理，加强管理，定期督办，及时报告办理情况，杜绝交而不办、办而不力、办而不报和办理不及时的现象。横向就是兄弟法院之间密切协作，加大对重点信访问题的工作力度。

穷尽所能要求执行人员用足用够法律手段，凡是能够实现息诉罢访、案结事了的方法，只要不违反法律法规、国家有关政策的规定，都可以大胆尝试。决不能把工作停留在走完规定程序上、停留在机械套用法律条文上、停留在给当事人一个简单的答复上，更不能不加分析地把上访的执行当事人视为无理取闹。

穷尽所能要求执行人员不断改进工作作风，就是要树立信访工作无小事、稳定压倒一切的观念，增强责任意识，"对待上访群众不能一送了之，接访工作更不能一接了之"，"群众要个说法，我们就要给个说法"；穷尽所能要求执行人员改进工作态度，就是要在不违法、不创造不良先例的前提下穷尽任何措施、想尽任何办法，限定处结时限，确保不再反弹；穷尽所能要求执行人员改进工作作风，就是要推行重点案件预约恳谈制度，公开信访联系电话，增强接待的及时性；穷尽所能要求执行人员改进工作方式，实行"信访下沉"，"变被动接访为积极处访"，"变坐等上访为主动下访"，与信访当事人零距离接触，提高处理的成功率。

穷尽所能要防止两种不良倾向：一要注意防止案件执结后当事人再上访便与己无关的不

良倾向，牢固树立"案结事了"的观念，力争在初信初访的处理阶段就化解矛盾，避免"来信变为来访"、"初访变为重访"、"逐级访变为越级访"；二要注意防止只重视领导、有关机关或人大代表关注的案件而轻视自觉按法定程序申诉的当事人的案件的倾向，要创新工作方法，与信访人进行深入交流，使其消除抵触情绪，促使问题及时得到有效解决。

四、要勇于纠错

从当前执行申诉信访工作的总体情况看，一些地方存在一定程度的文过饰非的不良倾向，主要表现为：有错不改、大错小改、大错怕改、小错不改或不屑于改等情况。对此，各级法院必须建立健全由上而下的责任机制，明确任务，逐级负责，要坚持"围绕案件找问题、围绕问题查原因、围绕原因追责任、围绕责任建制度"的工作原则，对发生的每一起信访案件，都要认真分析问题产生的原因；对因违法违纪或者工作不负责任引发执行信访的，各级法院和有关部门要严肃追究相关人员的责任，确保司法的公正、廉洁和权威。对于媒体曝光的执行人员违法违纪行为和突发性事件，如经查实执行机构和人员确有违法不当之处，要勇于承认错误，并向社会表明改正错误的决心，提出改正错误的办法，公布处理和整改的结果。

勇于纠错必须做到三个到位，一是问题解决到位，就是对存在问题的执行案件，执行机构应商立案、审监、赔偿办等相关职能部门，按照有利于化解矛盾的目标要求，依法提出司法解决的具体方案。同时，在实施司法解决方案的过程中，要选择好时机和方式，把握好节奏，做好后续工作的预案；二是责任问题查纠到位，就是法官和其他工作人员确有违法行为、作风问题、纪律问题，信访群众反映强烈的，要按照"不查清问题不放过，不纠正错误不放过，不追究责任不放过"的要求，对重点案件实行责任倒查，严肃追究相关人员的责任并公示调查处理结果，以取得信访当事人的信任；三是目标考核到位，就是通过来信率、重信率、来访率、重访率、有责信访率、非正常信访率、越级信访率、案中访率、息访率等信访考核指标，强化执行信访的目标考核，通过考核提高执行人员的责任意识。

各级法院执行机构要积极配合纪检监察部门跟进查处工作，对执行信访中存在的问题，要认真调查核实办案过程中是否存在过错和违法违纪行为，并依规定追究相应责任；对明显存在问题，顶着不处理、不改进的，要严肃追究包案领导和办案人员的责任。

五、要坚守底线

中办发〔2009〕22号文件（中办、国办转发的《中央政法委员会关于进一步加强和改进涉法涉诉信访工作的意见》）提出了"四个坚持"——坚持把解决问题放在首位、坚持把问题解决在源头、坚持依靠基层解决问题、坚持依靠法制解决问题。因此，各级法院在认真解决当事人的矛盾和问题的同时，也要明确善待信访当事人，真诚解决他们的困难，决不是搞非法迁就或无原则地妥协。处理好执行申诉信访问题必须坚守住法律底线，引导当事人依法申诉信访，形成执行申诉信访良性发展的态势。对此要注意把握以下四条底线：第一，不得违反法律法规和司法解释的规定，不作在法律上难以兑现的承诺，要强调一切申诉信访问题必须在法律法规和司法解释允许的范围之内解决，不能让任何人获得超越法律之外的额外利益和特权；第二，不得创造恶劣先例，各级法院执行申诉信访人员应严格依法处理信访问题，不能使任何人通过合法的申诉信访途径来实现其非法侵占他人合法权益的目的；第三，不得助长非法闹访、缠访，对于已经合法合理解决的问题，当事人不服继续无理闹访、缠访的应及时协调公安、检察机关依法处理，不能一味姑息纵容；第四，不得形成闹而优则赢的社会心态，目前社会上存在着一种"上诉不如上访"、"大闹大解决、小闹小解决、不闹不解决"的错误心态，各级法院执行申诉信访人员必须对此保持高度的警惕，坚持依法解决信访问题，严格做到在法律之内，一视同仁。

六、要回归源头

要从根本上抓好执行申诉信访工作，单从执行申诉信访工作自身抓起是远远不够的，必须回到执行申诉信访问题的源头，强调源头治理，努力构筑起有效预防执行申诉信访问题产生的长效机制。为此，一要加快建立以执行行为分权、分阶段流程管理和节点控制为特征的规范执行行为制度体系，从立案执行、财产调查、查封扣押、评估拍卖、款物交接、结案标准、执行考核等各个关键环节明确责任，切实遏制"执行乱"、"乱执行"现象，减少因执行不规范引发的信访问题。二要加快推进执行工作快速反应机制建设，各级法院应尽快建立起有效运转的执行快速反应指挥中心，对发现的各种执行线索及时做出回应，确保案件得到快速、高效的执行，彻底杜绝消极执行、懈怠执行引发的申诉信访问题。三要注重完善执行和解机制，强调和谐执行，从制度上给双方当事人协商解决问题创造条件，最大限度地保护双方当事人的合法权益，最大限度地减少采取强制执行措施，以提高自动履行率、执行和解率。四要畅通立、审、执配合渠道，建立执行申诉信访研判预警体系，努力将执行申诉信访问题预防在执行行为开始之前。五要进一步落实执行公开制度，提倡阳光执行，将执行工作的全部过程和各个环节均置于当事人及社会公众的监督之下，以执行公开促进执行公正，以执行公正减少执行申诉信访问题。六要强化执行申诉信访责任倒查制度，对于通过申诉信访途径发现的违法执行、消极执行、失职渎职等执行问题案件要实行责任倒查，对于相关责任人员和责任单位要依法依纪严肃处理，推动形成预防执行申诉信访问题的源头治理制度体系。

七、要依靠基层

长期以来，上访当事人信上不信下、信中央不信地方，越级上访问题突出，涉诉信访呈倒金字塔结构。为了破解这个难题，中办发〔2009〕22号文件明确提出了分级受理的原则，要求加强基层基础工作，把信访问题化解在基层。基层是信访问题产生的主要源头，也是解决问题、化解矛盾的第一关口。要切实做好基层信访工作一是必须认真落实基层法院各项执行申诉信访工作制度，对信访工作问题突出的基层法院实行重点督导，上级法院要加强指导，责成其认真履行信访工作责任，限期整改。二是必须坚持定期排查矛盾，特别是对那些带有群体性的执行案件，要找准症结，超前工作，及时化解。对已经发生的集体上访，要制定工作方案，实行领导包案，连续跟进，直到问题彻底解决。三是必须加大对执行申诉信访工作的投入，加强软硬件建设，改善申诉信访工作人员的工作条件和生活待遇。四是必须加大对广大基层法院执行人员的培训力度，努力提高他们的政治业务素质，使他们成为既善于依法处理矛盾纠纷、又善于做群众工作的行家里手。

八、要探索创新

执行信访、申诉数量居高不下，在一定程度上反映了案件质量问题，仅靠法院立案信访部门单方面被动处理不能根本解决，必须围绕案件质量这个中心进行综合治理和主动治理。针对当前执行当事人申诉提前、反复申诉等新情况，特别是因部分执行人员忽视案件处理的社会效果导致执行申诉案件数量居高不下等新问题，为确保执行信访工作的效率和效果，在总结以前工作经验的基础上，有必要研究采取以下工作措施：一是建立执行局（庭）长初访接待制度。对执行当事人的初访，原则上由原承办案件的执行局（庭）长会同合议庭执行长、处长负责接待和息诉工作。通过延伸执行局（庭）长的监督职能，加强事中监督，以便及时发现问题和解决问题。同时，这也是对执行人员重视案件处理的社会效果，加强案件当事人服执息诉工作的一种敦促。二是建立法院分管院长或执行局（庭）长预约接待制度。目前，各地大都建立了院长接待日制度，实践证明，它是法院信访工作中一项卓有成效的制度，很受群众欢迎，然而，实践中也暴露出一些问题，例如比较突出的老户缠访问题。由于是定日接待，部分老户每次必到，就同一问题反复缠访，严重影响了接待的秩序和效果。鉴于此，有必要改定日接待为预约接待，先由信访职能部门进行预接待，并整理出来访要点，报分管院长审核后，按分管院长确定的时间通知当事人，由分管院长或执行局（庭）长正式接待。这样，既便于节省领导决策时间，也利于提高接待的效率和效果。三是建立上访老户工作领导责任制度。对上访老户要建立档案，上访老户工作要包干到院长、分管院长或执行局（庭）长庭长和具体承办人，并落实责任追究制度。对越级上访、集体上访和上访老户问题要实行"四包",即包审查、包处理、包做思想工作、包息执止访。四是建立重点涉执上访案件走访调查制度,分管院长或执行局(庭)长对重点涉执上访案件要主动深入来访人家中了解上访原因,研究解决对策。五是建立联合接访听证制度,对缠诉缠访案件,邀请上访人所在街道居委会、公安派出所、人大代表及特邀监督员等共同参与听证,接受监督,共同做好解释和息访工作。

同志们,执行申诉信访工作是事关群众切身利益的大事,是事关人民法院形象的大事,我们一定要以坚忍不拔的精神,迎难而上的魄力,切实有效的措施,痛下决心,全面做好执行申诉信访的各项工作,扎实完成好执行工作任务,力争使执行申诉信访工作在短期内有一个积极趋好的根本改观。

最高人民法院
关于执行权合理配置和科学运行的若干意见

2011年10月19日　　法发〔2011〕15号

8. 人民法院在执行局内建立执行信访审查处理机制,以有效解决消极执行和不规范执行问题。执行申诉审查部门可以参与涉执行信访案件的接访工作,并应当采取排名通报、挂牌督办等措施促进涉执行信访案件的及时处理。

最高人民法院
关于充分发挥审判职能作用加强和创新社会管理的若干意见

2011年10月27日　　法发〔2011〕16号

7. 认真做好涉诉信访工作。妥善处理涉诉信访案件,切实解决群众信访中反映的问题,是加强和创新社会管理的重要任务。要从实现好、维护好、发展好最广大人民根本利益出发,下大力气解决涉诉群众的合法合理要求。要严格贯彻"四个必须",即必须强化群众观念、坚持源头治理、建立长效机制、工作重心下移;大力推行"五项制度",即评估预防制度、涉诉信访通报制度、约期接谈制度、多元化解制度和信访案件终结制度,进一步加强解决涉诉信访问题长效机制建设,切实增强审判、执行人员化解矛盾纠纷、促进案结事了的意识,抓好一审、二审、再审和执行工作,做好初信初访工作,实行责任倒查制度,真正从源头上预防和减少涉诉信访案件。

人民法院办理执行案件规范

2017年4月

985.【申诉案件的一般规定】

执行案件的当事人、利害关系人、案外人认为执行法院的执行行为不当或确有错误,侵害其合法权益的,可以向上级法院申诉,上级法院审查后决定是否启动执行监督程序。

986.【执行申诉的形式要件】

申诉人提出申诉的,应当向人民法院提交申诉书。申诉书应当载明具体的申诉请求、事实、理由等内容,并附下列材料:

(一)申诉人的身份证明;

(二)相关证据材料;

(三)送达地址和联系方式。

987.【申诉案件的审查立案】

当事人、利害关系人、案外人直接向上级法院申诉,请求执行监督,其请求事项符合民事诉讼法第二百二十五条、第二百二十七条规定情形的,由执行法院按照相关规定处理,上级法院不予受理。不符合上述规定情形的,由上级法院决定是否启动执行监督程序。

当事人、利害关系人、案外人直接向上级法院申诉,上级法院指令相关法院对其下级法院立案监督的,相关法院应当立案审查。

988.【对复议裁定的申诉】

当事人、利害关系人不服民事诉讼法第二百二十五条所规定的执行复议裁定,向上一级人民法院申诉,上一级人民法院应当作为执行监督案件立案审查,以裁定方式作出结论。

989.【超过异议期限的申诉】

当事人、利害关系人在异议期限之内已经提出异议,但是执行法院未予立案审查,如果当事人、利害关系人在异议期限之后继续申诉,执行法院应当作为执行监督案件立案审查,以裁定方式作出结论。

当事人、利害关系人不服前款所规定的执行监督裁定,向上一级人民法院继续申诉,上一级人民法院应当作为执行监督案件立案审查,以裁定方式作出结论。

990.【申诉案件的审查处理】

上级人民法院审查申诉案件,应当按照下列情形,分别作出处理:

(一)准许撤回申请,即当事人撤回申诉的;

(二)驳回申请,即申诉不成立的;

(三)限期改正,即申诉成立,指定执行法院、复议法院在一定期限内改正的;

(四)撤销并改正,即申诉成立,撤销执行法院、复议法院的裁定直接改正的;

(五)其他,即其他可以报结的情形。

991.【参照复议案件相关规定审查】

除本章另有规定外,申诉案件可以参照本规范第二十六章关于复议案件的相关规定进行审查。

中共中央政法委员会涉法涉诉信访案件终结办法

2005年2月16日　　政法〔2005〕9号

第一条　为做好涉法涉诉信访案件终结工作,根据国家有关法律和《信访条例》等法规的有关规定,制定本办法。

第二条　涉法涉诉信访案件是指依法属于人民法院、人民检察院、公安部门和司法行政部门处理的信访案件。

第三条　符合下列条件之一的案件,可予以终结:

(一)经复查后作出的决定、鉴定、判决、裁定等认定事实清楚,证据充分,程序完备,定性准确,处理意见合法适当,当事人又提不出新的证据的。

(二)当事人的合理诉求已经依政策、法律法规妥善解决但仍坚持信访,所提出的要求超出政策、法律法规规定的。

(三)信访反映的问题已妥善处理,当事人明确表示接受处理意见,又以同一事由重新信访的。

(四)经认真工作,限于客观条件,案件仍无法侦破、无法执结或犯罪嫌疑人暂时无法抓获,当事人又不能帮助提供新的证据或线索的。

上款第(一)、(四)项中,案件终结后,如果发现或当事人提供了新的证据或线索,办案部门应当立即恢复办案工作。

第四条　作出案件终结结论必须遵循以下程序:

(一)案件终结结论必须由中央或省级政法部门经复核后以书面形式正式作出。

(二)有权确认部门在作出终结结论前,必须对案件进行全面认真的复核,重点审查信访反映问题的解决情况,必要时进行调查核实,或召开听证会听取意见。符合案件终结标准的,按工作程序作出终结结论,必要时,提请审判委员会、检察委员会、部长(厅、局长)办公会等决策机构讨论后作出决定。

(三)凡决定终结的案件,应在作出决定后7日内通知原办案部门,并通报有关信访工作机构。属于党委政法委交办、督办的案件,报党委政法委备案。省级政法部门决定终结的案件,应报中央政法部门备案。原办案部门应当在接到终结通知后7日内,告知当事人,并通知当事人所在单位和乡(镇)、街道。

第五条　告知当事人案件终结结论时,要耐心细致地做好法律解释和思想教育工作,劝其息诉罢访。当事人以同一事实和理由继续信访的,有关部门不再受理,并通知当事人所在地有关部门做好稳控工作。

第六条　终结案件工作要严格按照标准、遵循程序进行,不得扩大范围、超越权限、缺省步骤、颠倒顺序、超出时限。终结结论要经得起检验。

第七条　同级党委政法委和上级政法部门对报备案的终结结论应进行审查,发现确有错误的,依职权予以纠正或责令作出决定部门重新复核,纠正错误;错误严重或导致出现严重后果的,对责任人或责任单位视情况作以下处理:

(一)对作出错误决定部门予以通报批评;

(二)对有关领导人予以通报批评,责令作出书面检查、取消其年内评先评优、晋职晋升资格。

（三）对具体承办人员予以通报批评、取消年内评先评优、晋职晋升资格，并视具体情况予以离岗培训、调离执法岗位、取消执法资格，直到清理出政法队伍。

（四）有违法违纪行为的，提请有关部门按规定予以严肃处理。

第八条 本办法自下发之日起施行。中央政法部门可以结合本系统工作特点，制定具体实施办法。

国务院法制办公室、国家信访局对《信访条例》第三十四条、第三十五条中"上一级行政机关"的含义及《信访条例》适用问题的解释

2005年6月3日　　国法函〔2005〕253号

各省、自治区、直辖市法制工作机构、信访局（办）：

根据《信访条例》的立法精神和所确定的原则，经国务院批准，现对《信访条例》第三十四条、第三十五条中"上一级行政机关"的含义及《信访条例》的适用问题解释如下：

一、《信访条例》第三十四条、第三十五条中"上一级行政机关"的含义：原办理行政机关、复查机关是设区的市级以下人民政府工作部门的，其上一级行政机关是指本级人民政府或者上一级人民政府主管部门；原办理行政机关、复查机关是省级人民政府工作部门的，其上一级行政机关是指本级人民政府。

二、信访人在2005年5月1日前提出的信访事项尚未办理完毕的，参照新修订的《信访条例》的规定办理；已经办结，信访人提出新的事实或者理由重新信访的，按照新修订的《信访条例》的规定办理。不能提出新的事实或者理由的，不再重新受理。